GongLuJianShe

ZhuanJiaShouCe

公路建设
专家手册

陈明宪　李冠平　编著

人民交通出版社
China Communications Press

图书在版编目(CIP)数据

公路建设专家手册/陈明宪,李冠平编著. --北京:人民交通出版社,2010.12

ISBN 978-7-114-08931-2

Ⅰ.①公… Ⅱ.①陈…②李… Ⅲ.①道路工程-技术手册 Ⅳ.①U41-62

中国版本图书馆 CIP 数据核字(2011)第 032549 号

书　　名:公路建设专家手册
著 作 者:陈明宪　李冠平
责任编辑:张征宇　赵瑞琴
出版发行:人民交通出版社
地　　址:(100011) 北京市朝阳区安定门外外馆斜街 3 号
网　　址:http://www.ccpress.com.cn
销售电话:(010) 59757969, 59757973
总 经 销:人民交通出版社发行部
经　　销:各地新华书店
印　　刷:北京市密东印刷有限公司
开　　本:880×1230　1/16
印　　张:75.5
字　　数:2704 千
版　　次:2010 年 12 月　第 1 版
印　　次:2012 年 4 月　第 2 次印刷
书　　号:ISBN 978-7-114-08931-2
印　　数:3001-5000 册
定　　价:180.00 元

前　言

公路是社会主义国民经济中投资进行的固定资产的建设，是造福于民的伟大工程。我们需要在已建成公路网的基础上，再接再厉，更加努力地建造未来艰巨的工程。

公路工程设计、施工以及项目管理的践行是以技术标准和规范作指导，同时需要掌握循序渐进的方法。手册围绕国内近二十年来公路建设中的路基、路面、桥梁、隧道工程技术，结合新技术、新工艺、新材料、新设备等应用内容，密切联系工程实际，认真解读公路工程技术标准和规范，积极推行公路设计新理念，推崇国内公路建设的先进技术和经验，多方面体现公路建造水平。手册涉及公路工程设计、施工技术、建设管理和公路工程经济分析等方面，专门记录了公路建设管理方法、建造技术、工程实物量数据内容，化零为整，帮助有公路建设专门技能、知识和经验的专家，可不用在卷帙浩繁的专业书籍中找到记忆——即检索公路建设的方法与参数及图例，查阅技术经济指标和专业词汇等。公路工程实物量与计价篇内容，是在工程设计和施工技术篇基础上构建的公路工程模拟量，介绍了公路工程量计算方法，以及引入了公路工程定额计价指导，但还不够完善有待于拓展其中内容。

在手册编写过程中，我们恳请了资深专家，对本书各章节给予指导，促成完善。参加编写工作的同志有彭哲霞、程秋、章晴晴、龚静敏、谭峰、谢先康、彭锋、刘爱仙、张燕、何敏、丁加明、唐文英、刘家亿、曾雄心、李笑一、杨辉；参加审稿工作的有冯桂炎、郭庆余、邹苏华、张伟华、涂征宇、李柏林、陈政、安永林、孙广成；在此一并表示感谢。由于编写水平有限，书中难免有不足之处，敬请专家和读者给予谅解和斧正。

编著者

2010年10月

目 录

建设管理篇

工程设计篇

施工技术篇

实 物 量 篇

工程计价篇

工程经济学篇

建设管理篇

第一章　公路网规划

公路网是指一个国家或一个地区，根据公路交通运输的需要由各等级公路组成的一个四通八达的网状系统。公路网规划是公路交通建设的组成部分，是确定公路建设的发展目标，并通过设计达到这些目标的策略、过程和方案。

1.1　一般概念

1.1.1　公路网规划定义

公路网规划是指在某一区域内进行规划该区域内公路网系统。这个区域内的城市或集镇以及某些运输集散点（工业、农业基地，火车站，汽车站，港口码头等）被称为运输点，运输点之间的连接道路称为公路。公路网的确定是由规划区域内的运输点以及连接诸运输点的所有公路，按照一定的规律和特定功能组成的。合理的公路网一般应具有必要的通达深度和公路里程长度，并要有与交通量相适应的技术标准和使用质量，同时还要具有经济合理的平面网络布局。

1.1.2　公路网系统特征

公路网系统是指为实现公路网规定功能以达到某一目标而构成的相互关联的一个集合体。公路网规划是研究公路系统，实质属性是系统研究公路网发展。公路网具有以下特征。

1. 集合性

区域公路网由许多元素（运输点和公路路线等）按一定方式组合而成。区域范围内运输点的规模和重要性不同，公路网的组合结构与级别亦应有所差别。我国目前的公路网可以分为三个级别，即国道网、省道网和地方道路网（县乡公路网）。前两者是全国和省（市）公路网的骨架，是公路运输的主动脉，而众多的地方道路则作为枝杈，直接深达区域内的各有关用户，三者共同组成一个有机整体。三级公路网的建设及维护管理，可分别由全国、省（市）和县的有关交通部门承担。三级公路网的区域范围、运输点组成和作用如表 1-1 所列。实际工作中还可根据区域划分的需要，做必要的调整，如经济区、特定开发区等，但所属管辖级别与范围应相应划定。

公路网分级　表 1-1

网别	区域范围	运输点构成	主要作用
国道网	全国	省、市、自治区、各大军区机关所在地、大型工农业基地和重要交通枢纽	在全国范围内沟通各主要运输点的高效快速的运输联系
省道网	省和相当于省的市、区	省、市、自治区所辖各市（县）及主要工农业基地和较大交通枢纽	为国道的重要补充，沟通各运输点的运输联系，包括相邻区域的横向联系
地方道路网	县和相当于县的地区	县属各乡、镇和居民密集村以及相关的工农业基地和车站、码头、渡口等	为上两级路网的补充，深达各主要用户，实现直达门户的公路运输，其中包括与邻县和地区的横向联系

2. 关联性

构成公路网的全部运输点和公路，是相互联系、相互制约且具有一定规律性的整体。公路网并不等同于若干条公路的简单相加，它是在布局和结构组成方面，具有与地区的自然条件、社会经济条件及功能等相适应的，符合一定规律性并具有高效益的有机整体。公路网中每新建或改建任意一条线路，均要受到全局因素的制约，又由于区域经济和运输需求随时间的推移不断的变化和发展，因此使得公路网建设成为一个动态的过程。公路网的关联性包含时间关联性与空间关联性两方面的特征。

3. 目的性

公路网具有特定的功能，亦带有一定的目的性。各条公路也只有在特定的公路网系统中，才能充分发挥汽车运输的优势，给区域的整体性交通运输创造良好的条件。一般情况下，区域公路网的主要目的（功能）是满足区域内外的交通需求，承担区域内外的运输联系；维持区域内交通的通畅及保证交通运输的快速和高效益；确保交通安全和提供优质运输服务；维护生态平衡，防止水土流失，保护环境，方便人们生活；满足国防建设和防灾、抗灾需要等。

4. 适应性

任何一个系统总是存在和活动于特定的环境中，且必须与之相适应。公路网是区域公路运输的基本组成部分，而公路运输是区域综合运输的子系统，综合运输则是为区域的社会、经济、政治、文化等服务。也就是说，公路网必须适用于区域国土开发利用和经济发展规划，适用于区域综合运输系统发展规划，适用于公路运输的发展需求。

1.1.3 公路网规划目的

公路网规划是公路建设的前期工作之一，是公路建设的支撑系统。公路网规划要以科学技术、实事求是为原则，分析规划区域公路交通状况，研究规划区域公路建设发展存在的问题，预测规划区域社会经济发展趋势和交通需求，制定合理可行的公路网规划方案以及公路建设时序，为规划区域公路近期建设和远期建设提供决策依据。公路网规划的主要目的是提高公路运输效益，保障国民经济持续健康发展，促进区域经济平衡协调发展，促进公路交通运输协调发展，节约土地资源，保护自然环境。

1.1.4 公路网规划原则

公路网规划是国民经济发展的需要，是宏观控制和决策的需要，是合理建设公路、实现公路网建设达到最优目标的保证。公路网规划需要平衡区域内公路与公路、公路与铁路、公路与航道之间的相互联系，分析彼此制约和不同环境条件的影响等，还应满足下列公路网规划原则。

1. 公路交通便利原则

公路交通便利是指公路通达四面八方，畅通无阻。其要求区域内有一定公路数量和通达里程，可以满足和适应社会交通运输的需求，能够充分体现公路交通深入门户的优越性。

2. 公路干支结合原则

一般干线公路是指国道和省道，支线公路是指县道和乡镇道路。干支结合是要求各条公路具有相应的技术等级，并能够在区域内的公路网中整体配套，干线公路与一般地方公路能够组合协调。

3. 合理布局公路网原则

现代公路网可视为一个系统，公路网规划必须以系统分析为基础，运用系统工程软科学，定量分析系统诸元素间的相互关系，建立数学模型，进行优化分析，合理布局公路网，使公路网能够实现预期功能。公路走向与技术标准的选定必须是局部服从整体，根据实际需要和可能做出在公路网中最佳的方案选择。

4. 公路效益最大原则

效益是指项目对国民经济所作的贡献，它包括项目本身得到的直接效益和由项目引发的间接效益。效益最大是指公路网规划方案实施后将在区域内产生的国民经济效益最大。这就需要对公路网方案进行定量分析和科学评价，并加以优化决策，从而使得公路网在使用中获得较好的经济效益和社会效益。

5. 结合实际量力而行原则

改革开放以来，特别是20世纪90年代后，我国的经济和公路交通建设都取得了显著的成绩，经济发展水平和公路网的规模与质量不断提高。公路网建设面广量大，耗资巨大，不宜多占耕地。各地经济和自然条件以及公路网现状等有较大差别，区域公路网的规划，无论是在宏观上还是微观上，均涉及许多复杂的因素和条件，同时区域公路网的规划处于一个变化的动态过程之中。因此，公路网规划必须遵守从实际条件出发的原则，“一次规划，分期实现”，既要保证公路建设适应区域交通运输的需要，同时也要切实可行。经批准后的公路网规划方案，虽然在实施过程中还必须通过信息反馈做必要的修改，但其仍是公路建设的基本依据。

6. 保护环境原则

公路网是区域社会发展的重要基础设施之一。公路建设项目，尤其是高速、一级公路建设项目，是属于重大基本建设项目，投资巨大，影响深远，在充分发挥经济效益和社会效益的同时，要采取切实有效的措施保护环境，使得规划方案和建设计划合理利用资源，兼顾建设者与使用者及全社会成员的利益，保护环境和资源，彰显区域的人文生态特色等。

7. 综合运输协调发展原则

现代化交通运输方式有公路、铁路、水路、航空和管道运输五种，它们各自适应于一定的条件。在进行区域公路网规划时，首先要考虑各种运输方式的现状与发展规模，特别要注意规划区的铁路和水路的宏观总体协调规划，并以此作为公路网规划的基本依据之一。为了充分发挥公路运输直达门户的优势，实现运输的需要，一般情况下，规划区域内的公路宜自成体系并形成网络，但公路网规划又需要以综合运输为依据。

8. 近期与远期发展原则

公路网建设是一个长期发展的过程，一个合理的公路网规划应包括近期项目建设计划、远期发展战略规划两个层次，并满足“近期宜细，中期有准备，远期有设想”的要求。公路网建设的长期性决定了公路网规划必须具有“规划滚动”的可操作性，规划的滚动应以近期规划和远期规划相结合为前提。

除上所述几项原则，对公路网规划而言还必须注意以下几点：

①公路网规划应密切联系实际，只有对公路网交通做出系统分析、预测、规划和评价后，才能获得总体效益最佳的国家干线公路网规划布局及建设方案。

②公路网规划要分级进行，省道网应以国道网为基础，地方道路网应以国、省道网为基础，三者协调研究，逐步完善。

③公路网以区域内公路运输为主，但针对目前各地现有公路存在跨区的断头路较多，不利于发展横向联系的特点，规划新网时要切实加强区域之间的公路网建设。

④合理的公路网规划，应是政策、技术和联系实际三者的有机结合。在规划设计过程中，任何精确计算只能是相对而言，非定性因素更是如此。因此，公路网规划的最终方案，必须在理论计算的基础上，联系实际做出必要的修正和补充。

⑤公路网规划方案，应定期进行调整和完善。

1.1.5　公路网规划程序

公路网是综合运输网的子系统，其轮廓和组成方案取决于所服务的运输点及其分布情况，取决于各运输点之间的运输量及性质。公路网规划程序如图1-1所示。

区域国土规划和区域综合交通规划是公路网规划的前提，交通设施的发展反过来促进土地的使用和区域经济活动。公路网规划的目标分析与确定、远景交通量预测，直接依赖规划区国土规划和综合交通规划。公路网规划方案优化是规划工作的一项重要内容，它以交通量预测、公路网评价为基础，以最优化技术为手段完成公路网规划的任务和目标。公路网规划总的概括是预测、评价、方案优化，具体的步骤是：

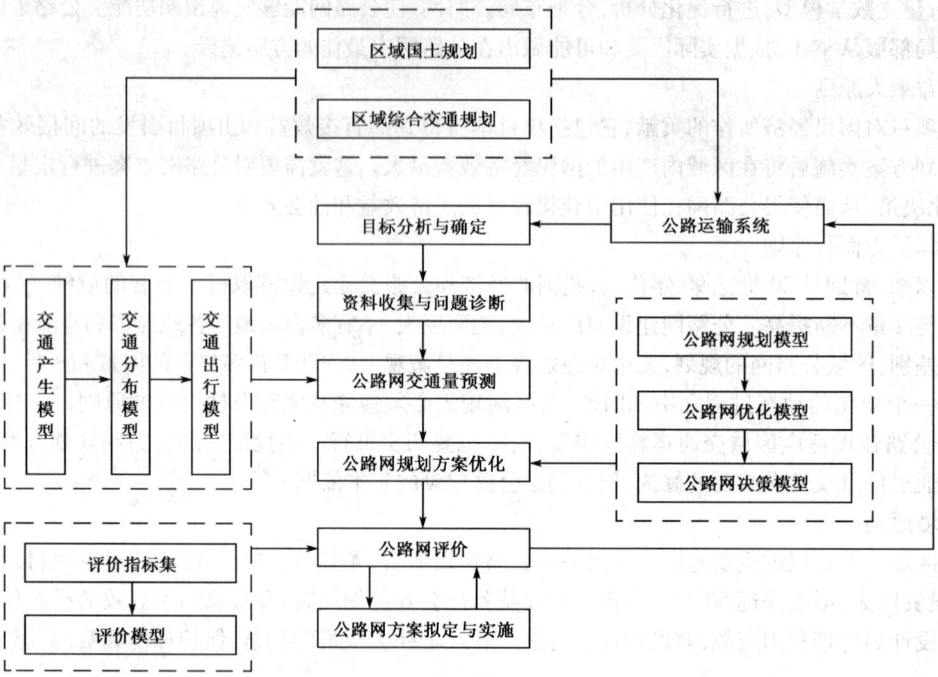

图 1-1　公路网规划程序

①区域技术经济调查分析；

②公路网的远景交通量预测；

③公路网线路(包括新建公路和原有公路的改建)平面布局和等级结构方案的设计；

④公路网评价系统模型的建立与运用；

⑤公路网目标优化模型的建立与运用；

⑥公路网方案决策模型的建立与运用；

⑦公路网实施计划和投资优化决策模型的拟定和运用。

1.1.6　公路网规划方法

目前公路网规划方法中，可以归纳为四阶段法、总量控制法及交通区位线法等。

1. 四阶段法

四阶段法是指以交通流分析为重点，在拟定不同的公路网布局方案的基础上，通过分析公路网交通流的适应情况，调整、优化布局方案，最终提出合理的公路网布局的过程。四阶段法是分析预测交通需求，把如何解决交通需求作为主线，贯穿于公路网规划的全过程。交通需求的预测是以机动车起讫点调查(OD 调查)为基础的，具体工作步骤如下：

①进行区域社会经济的调查分析，对未来社会经济发展趋势进行预测；

②预测区域交通集中发生的总量；

③预测交通集中发生总量在区域间的分布；

④把区域间的交通量分配到公路网的具体路线上。

四阶段法需要进行大量的交通流量、流向调查，分析工作比较复杂，技术水平要求高，适用于经济比较发达、路网较密的地区。

2. 总量控制法

总量控制法是从区域交通总需求出发，以布局优化为重点，采用优化模型确定公路网规模及各等级公路里程的比重，通过分析区域内节点分布和社会经济发展的总需求，用网络理论的“最优树”原理，并根据其功能、地位和作用,确定路网布局。在此基础上,配置线路的技术等级,根据建设紧迫度提出建设时序。这种方法在公路网现状评价方面,提出了包括公路网道路特征、交通特征、服务水平及通达深度等因素在内的公路网评价体系。在公路网布局研究方面,利用路线重要度"最大树"原理,确定公路网主骨架。总量控制法不需要进行机动车起讫点调查,因此,有效地减少了现场调查的工作量。在研究经费较少时,是行之有效的方法。

3. 交通区位线法

交通区位线法的原理是进行现状分析,找出公路网存在的问题;根据社会经济与交通运输发展预测和相关分析,运用"交通场"的概念及理论预测未来交通量;依据经济发展水平、人口和国土面积分布情况以及未来交通需求情况,预测公路网总规模;依照"交通区位线法"研究公路网布局;通过单因素和多因素分析,对路网进行优化。公路网布局与优化有两个层次。第一层次优化包括"交通区位线"优化、交通发展战略优化、公路交通网络优化。具体做法是:将区域内外连接城镇、资源地最密集和发生交通量可能性最大的地域走廊,作为"交通区位线",并在"交通区位线"处布设公路网;再根据地区经济发展战略的分析研究,评价公路路线的交通战略地位,确定区域交通路网布局,达到交通发展战略优化的目的;公路交通网络优化,是采用"最优树"方法,寻找路网距离最小树、交通量最大树、拥挤度最大树及行政联系最优树,通过计算上述四种"树"的重叠次数,确定公路网路线的重要度。第二层次优化,是在以上分析的基础上,综合上述三种因素权重进行分析,初步确定区域干线公路网,再根据各路线的功能、作用,划分公路网层次,拟定公路网的布局。

1.1.7 公路交通特点

交通是指从事旅客和货物运输及语言和图文传递的行业,包括运输和邮电两个方面,在国民经济中属于第三产业。运输有铁路、公路、水路、航空和管道五种方式,邮电包括邮政和电信两方面内容。交通随着人类生产和生活的需要而发展。在蒸汽机发明之前,人类为了生存,都尽量沿河居住,随着居民点人口的增多,逐渐形成了闹市和集镇,水上交通就成为最早的运输方式。由于水上运输受自然条件和速度的限制及人类需要发展,蒸汽机发明之后,陆上铁路和公路运输在世界各地相继兴起。目前,在各种交通运输方式中,公路运输覆盖面最大,通达性最强,具有以下特点。

1. 适应性

公路运输能够满足城镇、乡村、矿区、林区、边疆的运输需求,可以适应各种陆上运输环境,适应厂矿企业、部队、机关、学校、商铺以及不同家庭、个人的各种使用要求。不论旅客、货物的集散有多少,都可以做到随走随停等特殊要求。公路交通发展潜力非常大。

2. 直达性

公路运输最大的优势是直达性好,可以实现门对门运输。运客可以招手即停、送客到家,运货可以上门取货、送货上门,减少了周转环节。

3. 灵活性

汽车的单位运量小,调度灵活,既易于集中,也利于疏散,可采用多车辆运输,也可增加运输次数来调节运量大小,在突发事件中抢运优势更加明显。另外,公路运输是连接其他交通运输方式的纽带,且公路运输装卸次数比铁路、水运少,由此可以节省装卸、包装费用和减少货物的运输损失等。

4. 及时性

汽车运输送达时间比铁路、水运快,商品投放市场及时、资金周转快、流动资金少,能为商家带来较大的收益;公路网密度大,可以选择灵活机动的运输路线和营运时间表,适应精密高档商品和鲜活易腐货物的运输。

5. 专业化

公路运输可结合所运货物的不同种类、特点和不同的运输机具,组成不同的专业车辆。如冷藏保温车、液罐车、粉粒散装车、家禽牲畜车、集装箱运输车等,实行专业化运输与专业化作业,可以大大提高运输效率,降低运输成本。

6. 经济性

公路交通是汽车运输的载体,有了适应性、直达性、灵活性等前提,加上资金投入相对适中、交通工具购置费用少和运输成本低,突显了高性价比(即性能/价格)。因此,社会物流与客流能最大量度的享受公路交通带来的便利与实惠,而且公路运输投资的周转速度快。公路修通后,当地的拖拉机、自行车和行人等都可以通行,既方便了群众的出行,又极大地促进了当地工农业生产的发展和人民群众生活的改善。公路是名副其实的富国利民的基础设施。

1.1.8 公路交通作用

在当今人类社会,汽车已成为必不可少的交通工具,因而需要公路交通基础设施与之相匹配,更重要的是公路交通与汽车工业的发展互补,对公路建设提出了客观要求。

1. 公路建设带来规模经济和范围经济

规模经济又称"规模利益",是指由于生产专业化水平的提高等原因,使企业单位成本下降,从而形成企业的长期平均成本随着产量的增加而递减的经济。范围经济是指当同时生产两种产品的费用低于分别生产每种产品时,所存在的状况就被称为范围经济;只要将两种或更多的产品合并在一个区域生产,比分开来生产的成本要低,就会产生范围经济。

公路交通运输是国民经济的命脉,是物质生产活动和商品流通的支柱,也是国民经济现代化的重要组成部分和必要条件。公路建设建立了地区之间联系的快速通道,特别是高速公路带来规模经济和范围经济,促进产业之间良性竞争与合作的不断发展,推动了产业结构的不断升级。

(1)公路交通对经济增长的直接贡献

从国民经济行业划分看,公路建设属于建筑业,客货运输属于运输业。建筑业提供的是有形的产品,运输业提供的是无形的服务,二者都是国民经济的重要物质生产部门。二者在提供有形产品或无形服务的同时,本身也都创造了劳动者报酬、生产净税额、固定资产折旧和营业盈余等组成的增加值,从而成为国内生产总值的主要贡献行业。

(2)公路交通对经济增长的间接贡献

除了上述直接贡献外,公路交通对经济增长还有着不可估量的间接贡献。

①公路交通的后向波及作用是指中间投入的产品生产所创造的增加值。例如交通建设要消耗大量的钢材、水泥、沥青、砂石和能源等物品,这些中间物品的生产会创造出一定数量的增加值。同样,这些钢材、水泥、沥青、砂石和能源等物品的生产又要消耗矿石、能源等中间物品,这些中间物品的生产也会创造出一定数量的增加值。如此循环下去并逐步收敛,直至最初产品的生产。由此创造的增加值即为交通行业的后向波及效果,它与交通行业直接创造的增加值之和称为交通行业对国民经济发展的首轮拉动作用。

②公路交通的前向波及作用是指交通行业先行发展,则能促进其他部门的经济发展,也称交通行业对国民经济发展的支撑作用。交通运输是开展经济活动的必要条件,经济活动的各个领域,无论资源开发、产品加工还是商品流通,都要以客货运输作为中间投入。各经济活动部门若要扩大活动规模、扩展活动范围,实现产品和劳务的商品化,都需交通行业相应增加产品作为这些部门的中间投入。

(3)公路交通加快产业结构调整

产业结构是指各产业的构成及各产业之间的联系和比例关系。各产业部门的构成及相互之间的联系、比例关系不尽相同,对经济增长的贡献大小也不同。因此,把包括产业的构成、各产业之间的相互关系在内的结构特征概括为产业结构。发达的公路运输系统,加速了统一市场的形成,而市场竞争所形成的淘汰机制,又进一步促进了不同产业之间的调整组合,推进区域经济一体化、产业发展规模化、企业经营集约化,从而提高了公路沿线地区工业产品结构的高级化程度、农业产业化和农产品商品化程度,促进第三产业和高新技术产业的发展。

2. 公路建设改善投资和发展环境

一个地区的公路建设速度与该地区的经济发展速度有密切的关系,"要想富,先修路"、"公路通,百业兴",公路已成为地区经济发展的晴雨表。公路交通跟不上,投资环境不改善,则该地区的优惠政策、廉价劳力、优质服务、生态和物质资源始终"优势不优",许多颇具优势的资源型开发项目、旅游景点开发项目等,总是只能谈而得不到落实,招商引资成功率相当低。

(1)公路交通改变了传统的经济地理概念

自然资源在地理上的分布是不均匀的,交通运输状况和距离市场的远近对资源的开发及经济价值的实现,往往具有决定性的影响。现代运输可以改变传统的经济地理概念,即可以克服自然力量规定的资源分配状况,使缺少资源的区域由于便利的公路运输而处于使用资源的优越地位。

(2)公路交通促进了生产力发展

环境也是生产力,是因为环境反映劳动者的精神状态;环境也是生产力,又是因为环境能吸引也能排斥投资者;环境也是生产力,还因为环境可以提高劳动者素质,促进生产力发展。公路建设打通了发达地区、中等发达地区与欠发达地区之间的联系通道,从根本上打破了严重制约经济发展的瓶颈问题,有效改善了内陆地区的投资和发展环境，提高了招商引资的成功率，促使经济突飞猛进，促进了内陆地区自然资源和劳动力资源优势向竞争优势的转化，为内陆地区融入一体化的生产分工体系提供了便利。

(3)公路交通提高了市场竞争力

随着高速公路的相继开通，以及国、省、县乡公路的全面升级改造，大大缩短了发达地区、中等发达地区与欠发达地区之间的距离，提高了市场竞争力，开创了招商引资新局面。

3. 公路建设推动城镇化进程

所谓城镇化，就是指农村人口不断向城镇转移，第二、三产业不断向城镇聚集，从而使城镇数量增加，是城镇规模扩大的一种历史进程。城镇化作为一种社会历史现象，既是物质文明进步的体现，也是精神文明前进的动力。公路交通运输网络是城镇体系发展的基础，是进行城镇体系布局要考虑的最主要的因素之一。公路交通的发展缩小了城乡之间的差距，为城镇的发展创造了有利的空间条件，带动了新的城镇群体的出现和原有城市的扩展，调整了区域城镇体系的布局，使沿线企业和商业的交通区位优势显著增强，使城镇的城市功能、职业特色和人口吸纳能力不断加强，使区域城镇化进程进一步加快。

(1)能促进城镇规划和布局的合理化

城镇规划和布局的合理性是城镇可持续发展的重要前提。我国农村城镇化发展存在规划滞后、布局分散的问题，城镇地域、规模偏小，城镇发展没有和交通发展规划紧密联系。城镇合理规划与建设的前提，是要与交通发展规划相衔接。公路的建设可以使沿线城镇纳入公路交通影响区，获取公路的巨大交通运输优势，成为公路经济带的一部分。公路经济带内的城镇，可以摆脱在规划和建设中不利因素的束缚，依赖优越的交通条件加快发展。所以公路的发展可以纠正农村城镇化之初的一些盲目性。而且，公路沿线的小城镇，可以利用公路的辐射和带动作用，发展成为中心城镇，为城镇等级规模的提高以及带动其他城镇的发展奠定基础。公路交通的发展不仅有利于局部农村城镇化中规划和布局的优化，也有利于全国农村城镇化的空间布局优化。我国“五纵七横”的国道主干线横贯东西、连接南北，使我国多数城市与高速公路相通，这对农村城镇化的整体布局有很重要的意义。特大城市周边农村可以依靠高速公路发展卫星城镇，减缓特大城市人口和产业过于集中的压力，提高城镇化水平。

(2)有利于提高农村城镇化水平

我国城市化滞后于工业化发展的根本原因在于工业布局的分散割裂了城市化和工业化的联系。高速公路的发展有利于农村工业的集聚，实现乡镇企业和小城镇两大战略的有机结合。公路网经过的城镇可以根据需要开辟工业园区，以优惠的政策引导乡镇企业的集聚；乡镇企业的集聚又有利于企业获取集聚效益和规模效益，实现企业的进一步扩张，同时能够有效地吸引农村剩余劳动力，为乡镇建设积累经济基础。乡镇企业对农村劳动力不断吸收，以及公路交通开通所创造的有利条件会使农业结构调整、农业产业化速度加快。公路交通作为城乡商品流通的纽带，不仅为沿线小城镇的企业发展提供了基础设施支撑，而且加强了资本、技术、人才向小城镇的聚集，增强了乡镇企业市场导向意识，为乡镇企业的二次创业提供了有利条件。

(3)有助于完善城—镇—乡体系

城—镇—乡村体系是以大中城市为中心，以农村为基础，以小城镇为连接纽带的社会结构体系。城—镇—乡村体系以各种交通基础设施作为连接渠道，而公路交通的出现无疑会相对缩短地区间的时空距离，增强城—镇—乡村体系的整体功能。高速公路连接的城镇乡体系通过公路加强人流、物流、信息流联系，各种社会发展要素的加速流动促进了城—镇—乡村共同进步和发展。城—镇—乡村体系的发展完善使得三个构成主体之间紧密联系，存在一损俱损，一荣俱荣的制约关系，其终级目标是实现城乡一体化。

4. 公路建设带动旅游业快速发展

旅游业，国际上称为旅游产业，是凭借旅游资源和设施，专门或者主要从事招徕、接待游客，为其提供交通、游览、住宿、餐饮、购物、文娱等环节的综合性行业。旅游事业是国民经济中的一个重要部门，与旅游业密切相关的是旅游交通，而公路交通又是几种旅游交通中最重要的一种，公路交通状况的好坏，将影响我国旅游业的发展。公路建设改善了出行条件和旅游条件，直接推动旅游带、旅游圈的形成和拓展。随着汽车越来越多地走进普通家庭，便捷的公路交通条件则对自驾车旅游市场的开拓起着举足轻重的作用。

旅游业发展如此迅速与交通运输高度现代化有密切关系。现代人们外出旅游离不开公路交通，这是其他交通方式所不能代替的。它为游客提供“从门到门”、灵活、机动、方便、舒适、安全的交通条件，并具有可以沿途观景等优点。新建的旅游公路还可以帮助开发更多景点，吸引更多的游客前来观光游览。旅游公路是旅游活动的基础，尽管那里风景很美，但没有公路吸引不了游客，只能是“藏在深山无人知”，而备受人们的冷落。所以，要发展旅游业，开发旅游资源，必须优先修建公路。

5. 公路建设加快贫困落后地区脱贫致富

公路交通落后是制约贫困落后地区经济发展的一个最主要因素，要加快贫困落后地区经济发展步伐，从根本上解决人民群众脱贫致富的问题，首先必须以强烈的使命感和责任感加快公路交通基础设施建设，为经济的开发和建设创造坚实的载体条件。在欠发达地区的全面开发和建设中，如果不首先从加快公路基础设施建设入手，打破那种封闭、半封闭的生产和生活环境，自然资源就无法开发利用，地域优势得不到充分发挥，商品观念难以形成，企业的经济效益肯定比不上公路交通发达地区，在全国大市场的竞争中相形见绌是必然的，社会经济也终究难以摆脱尾随发达地区艰难爬行的被动局面。公路交通落后是欠发达地区经济社会发展的严重障碍，应该正视现实，迎难而上，咬紧牙关，哪怕是暂时放慢经济发展速度，也要完成这一艰巨的历史任务，为根治贫穷，为子孙后代走向富裕奠定坚实基础。

改革开放以来，全国先后实施通县公路、县际及农村公路建设，“通达工程”、“通畅工程”等一系列重大举措，促进了城乡之间、区域之间的多方面交流，打破了落后地区封闭的发展模式，加快了脱贫致富步伐。同时，由于公路行业大量使用中低收入工人和农村劳动力，提高了中低收入者和部分农村居民的收入水平，对缓解就业压力、创造就业机会、促进消费增长起到了积极作用。

1.1.9 公路交通发展

交通运输业的发展历程，是解放思想、探索前进的历程。几十年来，交通运输业始终围绕着服务于国民经济发展，服务于社会主义新农村建设、服务于人民群众安全便捷出行的社会主题不断地完善和发展。公路交通发展是交通运输的重要部分，可以增加国家经济实力，改善投资环境，加快城市化步伐，优化综合交通运输体系和提高人民生活水平。

1. 我国公路交通初级发展

20 世纪 50 年代初期，全国公路通车里程很少，公路等级较低。经过几十年的建设，我国公路网体系已初具规模，公路等级结构得到提高。从 20 世纪 50 年代初期至 1978 年，公路建设基本在原大车道、简易道路上进行改造，公路线形强调“隐蔽、迂回、靠山、钻林”等战备需要，公路建设主要依靠国防投资和“民工建勤”等方式进行。这一时期的公路等级仍然偏低，80% 以上为等级以外公路。1978 年以后，国家采取加快发展公路和制定各种优惠政策，积极投入公路建设，到 1998 年全国已实现 100% 的县、99% 的行政乡、87% 的行政村通达公路。也就是这一年，为保持国民经济持续、快速、健康发展，国家又做出了扩大内需、加快基础设施建设的重大决策，明确扩大公路建设的投资规模。高速公路是社会经济发展的必然产物，其产生和发展是与整个社会政治、经济等发展息息相关。

“七五”期间，国家开始提出建设汽车专用公路。1984 年我国开始建设高速公路，1988 年建成的第一条高速公路——上海至嘉定高速公路，通车里程 15.9km，结束了我国大陆没有高速公路的历史，标志着我国公路发展进入新时期。1990 年沈阳—大连建成全立交全互通 348km、四车道高速公路，这条高速公路被誉为“神州第一路”。

“八五”以来，高速、一级公路通车里程迅速增长。1993 年北京—天津—塘沽高速公路建成，通车里程142.7km，标志着我国拥有第一条利用世界银行贷款建设的跨省市的高速公路。高速公路经过多年的建设，又充分带动了一般公路建设的发展，包括高速公路里程在内的全国公路通车里程达 373 万 km。

“九五”期间，新增高速公路 1.3 万公里，在一些大经济区域内，已经形成以高速公路为主的高等级干线公路网，如沈阳、大连、北京、天津、石家庄、德州、济南、青岛等环渤海湾地区，长江中下游地区以及珠江三角洲地区。到 2000 年底，我国高速公路通车总里程已达到 16314km，居世界第三位，仅次于美国和加拿大，在我国东北、华北、华东地区之间形成了公路快速运输大通道。

2. 我国公路交通快速发展

“十五”期间，国务院批准“五纵七横”国道主干线 3.5 万 km 的高速公路网规划。2001 年底，我国高速公路取得新突破，总里程达 19437km，跃居世界第二位。2002 年是全国高速公路通车里程最多的一年，全年新增高速公路通车里程 5693km，总里程达到 25130km。2005 年初，国家提出用 30 年建成“7918”国家高速公路网。

我国高速公路建设的 25 年，走过了许多发达国家一般需要 40 年才能走完的路，已经创造了世界瞩目的中国速度。历经艰苦，公路交通实现了大山与大海不再遥远，省会到地市当天往返的梦想。据测算，我国每亿元高速公路的建设投资，能直接带动社会总产出近三亿元。

各时期全国公路通车里程如表 1-2 所列，全国历年高速公路通车里程如图 1-2 所示。

各时期全国公路通车里程(单位:万 km)　表 1-2

年代时段	通车里程累计达到	平均年增长里程	备注
1949 ~ 1955	8.0	—	
1956 ~ 1977	17.8	0.5	经历 5 个五年计划,等级以外公路 71.2,占总量的 80%
1978 ~ 1985	94.2	0.7	
1986 ~ 1990	102.8	1.7	"七五"计划期
1991 ~ 2000	140.0	6.5	到 1998 年,我国公路总里程居世界第四位
2001 ~ 2008	373.0	29.1	到 2007 年底,我国高速公路里程排名世界第二位

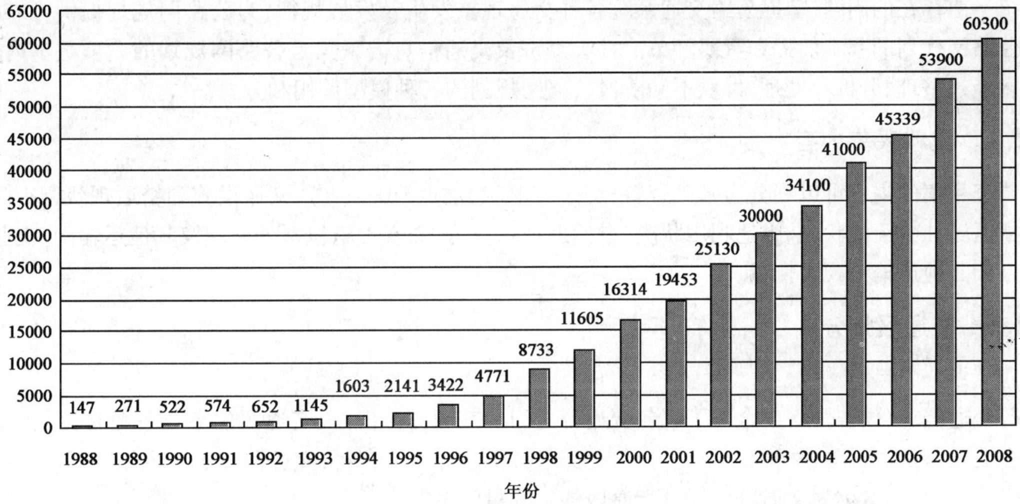

图 1-2　全国历年高速公路通车里程(2008 年总里程达到 358 万 km)

截至 2008 年底,全国建成通车 373 万 km、公路桥梁近 60 万座、公路隧道 5000 多座,各等级公路里程见图 1-3。其中,沥青路面占 11.82%、水泥路面占 27.43%,有铺装路面占 39.27%。

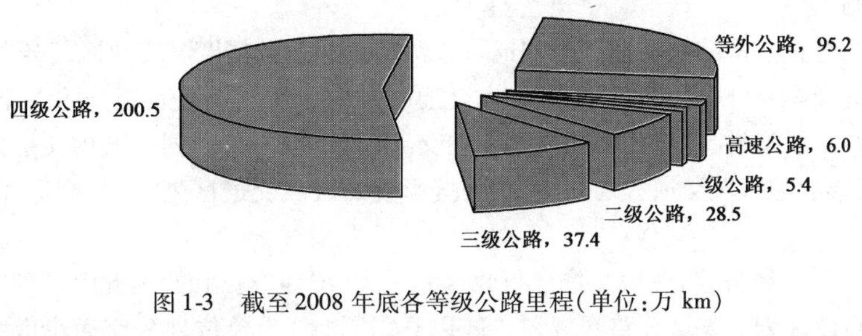

图 1-3　截至 2008 年底各等级公路里程(单位:万 km)

近 30 年间,我国公路建设达到 38.85km/100km^2。随着公路里程的不断延伸,规模效益逐步发挥,人们切身感受到公路通行带来的时间、空间观念的变化。在这 30 年,突破了多项重大技术,积累了设计、施工、监理和运营管理等全过程的经验。中国公路"零公里"标志于 2006 年 9 月 24 日立于天安门前,这是中国干线公路总起点的象征,标志着公路网络四通八达。

3. 我国公路交通发展趋势

根据我国社会经济的发展状况,交通运输部下属规划部门预测我国公路交通发展未来将表现出以下一些趋势:

①在今后较长的一段时间内,我国公路运输需求将随着社会经济的进一步发展继续保持快速增长趋势。

②对于公路运输量内部结构而言,公路客运量及旅客周转量的增长将明显快于公路货运量及货物周转量的增长。

③从我国公路运输需求的地域分布情况来看,随着西部大开发战略的实施、东北等老工业基地的振兴,中西部地区公路运输量的增长速度将呈现出逐步加快的趋势,但在较长的一段时期内,东部地区公路运输量所占的比重仍居于主导地位。

④人均出行次数的增加是我国公路客运快速增长的主要因素之一。2002 年,我国公路客运的人均出行次数为 12 人次/年,比 1990 年增长 1 倍多。随着人民生活水平的提高、私人汽车在家庭中的普及,预计我国公路客运的人

均出行次数将继续保持高增长。

⑤随着工业化的进一步发展,货物运输中大宗货物、初级产品所占的份额将继续下降,公路的货运强度将呈逐步降低趋势,但对运输的服务水平和服务质量有更高的要求。

⑥随着区域经济的发展以及公路基础设施和车辆的改进,中长距离公路运输将进一步发展,预计公路运输平均运距将继续稳步增长。

1.2 交通调查与分析

公路交通调查与数据分析在公路网规划中占有重要的地位。对公路交通系统及其相关系统进行调查,了解公路交通系统当前存在的问题,掌握公路交通系统各种交通现象发生及发展规律,为公路网规划提供可靠的依据,是制定合理公路网规划的基本前提和重要环节。社会经济及交通信息的采集是公路网规划的一项基本内容,采集到的各类信息经过整理、分析和处理,可供不同阶段公路网规划的各种模型调用和分析。

1.2.1 资料采集内容

交通调查采集的内容可以划分为基础资料、交通需求(起讫点 OD 调查)、交通设施和交通现状调查四大项。基础资料包括区域社会经济状况、土地利用状况、自然地理状况等;交通设施包括公路网及其他运输网;交通现状包括公路交通量和其他运输方式运输量。

1.2.2 交通区划分

1. 交通区划分的目的

在进行交通需求分析时,需要全面了解各交通源之间的交通流。但是,交通源的数量一般是比较大的,因而不可能对每个交通源都进行单独研究。因此,在交通需求分析过程中,需要将交通源按照一定原则和行政区划划分成一系列的小区,这些小区称为交通区。划分交通区的主要目的是:

①将区域交通需求的产生、吸引与区域的工农业产值、人口等社会经济指标联系起来;

②将交通需求在空间上的流动用交通区之间的交通分布图表现出来;

③便于用分配理论来模拟公路网上的交通流。

2. 交通区划分的原则

交通区划分是否适当将直接影响到交通调查、分析、预测的工作量及精度。交通区划分首先要确定划分交通区的区域范围。其除规划区域本身外,还应包括与有较大交通联系的区域。交通区划分的大小应视交通流的复杂程度和研究目的具体确定。一般来说,区域公路网规划中的交通划分区较大;规划区域内交通区划分小,规划区域外的交通区划分大;有直接影响的区域交通区划分小,有间接影响的区域交通区划分大;交通矛盾突出的区域交通区划分小,反之交通区划分大。

通常由于基础资料(人口、经济等)一般是按照行政区划采集、统计、规划的,因此为了便于采集基础资料,交通区的划分一般不应打破行政区划。省域公路网规划一般以县(市、区)为单位划分交通小区,县乡公路网规划一般以乡镇为单位划分交通小区。

在研究交通区之间的交通流时,交通区是被视作一个交通源的,因此当交通区划分区域内有河流、铁路等天然或人工分隔时,一般应将其作为交通区的边界。

1.2.3 国家有关政策文件收集

国家有关政策文件的收集内容通常包括:国家经济建设、国防建设的方针、政策以及相关区域的社会经济发展规划;国家、省(自治区、直辖区)正式批准的资源报告、国土开发规划、综合运输网规划及有关行业发展规划等;有关的人口政策、用地政策、资源政策、环保政策及交通运输政策等;国防建设的需要,要求路线方案的走向;现行的有关公路工程技术标准、规范、定额、指标及基本建设法规等;当地政府及交通部门对公路的需求及改建方案的建议等。

1.2.4 资源环境信息调查

资源环境信息调查的主要内容包括:矿藏分布、蕴藏量、质量特征(如煤炭品种,石油的含硫、含蜡量,金属矿的品种等);主要工矿布局、产品产量、当地销量、外销量、库存量和所需原料、材料、燃料的数量;公路建设所需的人力、物力及主要材料单价；现有公路建设人才的概况；环境保护、森林保护、水土保护、野生动物保护及文物保护的等级和范围等。

1.2.5 人口和经济及土地利用信息调查

人口、经济及土地利用信息调查的主要内容有：规划区域内的总人口、各种产业人口、总面积、耕地面积、社会总产值、主要产品产值、国民收入、人均收入等；规划区域内的经济结构、产业结构、产业政策、城镇建制、布设格局及其发展方向等；重大经济布局的调整和安排，新建、扩建和改建的大型工矿企业等；主要产品，如煤炭、石油、金属矿石、钢材、矿建材料、水泥、木材、非金属矿石、化肥及农药、盐、粮食、日用工业品等。

1.2.6 交通基础设施调查

公路交通基础设施信息采集的内容主要包括道路信息、道路运输站场信息和公路网结构信息等。通过对公路交通基础设施信息的采集，可以建立公路交通基础设施信息数据库，该数据库是进行交通分析的基础和前提。

1. 道路信息

道路信息采集主要是收集调查区域内公路交通信息，在实际工作中可能还包括某些专用道路，如林业道路、边境国防公路等的信息收集。道路信息采集可以分为道路几何参数、路面状况和交通事故采集三个部分。

①道路几何参数采集主要包括反映道路现状的一些项目，如：道路的起点、终点、长度、宽度、技术等级及路肩宽度、行车道宽度、交叉口类型与尺寸等。

②路面状况信息采集包括路面类型（水泥混凝土、沥青混凝土、砂石路面、土路面等）、路基材料与结构、使用时间以及道路铺面状况（优、良、中、差、坏）。

③交通事故采集主要包括事故次数、伤亡人数、经济损失及事故多发地段等。

道路信息采集还应该分路段注明道路类型（国道、省道、县道、乡道）和地形特征（平原微丘、山岭重丘）等情况。

2. 道路运输站场信息

运输站场采集的信息包括现有设施的容量和利用程度、趋势分析和未来市场预测。采集内容的详与略取决于信息采集结果是用于改、扩建原有站场，还是建造全新的站场。除此之外，还应对规划区域内的每一个客运站、货运站和集装箱中转站进行信息采集。

针对客运站完成旅客集散、换乘、服务等功能，分别采集各站的级别、日发送量、日发班次、建筑面积、占地面积和总投资等。针对货运站完成理货、分装、仓储、服务等功能，分别采集各站年吞吐能力、配载率、占地面积和总投资等。对于集装箱中转站，分别采集各站的年吞吐能力、占地面积、掏箱率、自有箱数、装卸机械数和总投资等。

3. 公路网结构信息

公路网结构信息主要包括网络邻接目录表、结点坐标系统表、交通结点类型表以及交通结点与交通区对应表。网络邻接目录表主要包括各结点的编号、各结点的邻接边数以及各结点的邻接点号；结点坐标系统表包括各结点的纵坐标和横坐标；结点类型表确定了不同结点的类型，通常将结点分为信号交叉口、无控制交叉口、环形交叉口、立体交叉口、交通枢纽以及城市或集镇所在地；交通结点与交通区对应关系表包括交通小区与所对应的交通结点号。

1.2.7 综合运输信息调查

综合运输信息调查包括公路、铁路、水运、航空及管道五个方面，综合运输信息调查内容包括网络信息和交通信息。

1. 综合网络信息

综合网络信息采集的内容主要包括：

①铁路网各线路起讫点、主要经过点、里程、铁路等级、通过能力、主要站场规模及适应状况；

②水运网各航道起讫点、主要经过点、里程、航道等级、通过能力、主要靠岸码头规模及适应状况；

③航空线起讫点、里程、机场位置、通过能力及适应状况；

④管道起讫点、主要经过点、里程及通过能力；

⑤铁路、水运、航空和管道设施的发展规划。

2. 综合交通信息

综合交通信息采集的内容主要包括：

①各运输方式历年完成的客货运输量及所占比重；

②公路交通运输部门完成的历年公路客货运输量及周转量；

③非交通运输部门车辆完成的历年公路客货运输量及周转量；

④国家、省级公路的历年交通量和县、乡级公路的基本交通量；

⑤铁路、公路、水运、航空及管道等运输方式的基年运输OD表；

⑥铁路、公路、水运、航空及管道等运输方式的运输成本、平均速度、实载率（使用率）以及汽车平均工作率、平均车日行程、平均运距等运营指标；

⑦铁路、水运、航空等运输方式转移到公路的客货运输量。

1.2.8 出行端点OD调查

出行是指公路上的人、货物或其运输工具，从某一地点向另一地点的移动。将出行的两端点即起点与终点（迄点）叫做出行端点。起讫点调查，又称OD（Origin Destination）调查，是为了获取公路上交通流的构成、流量、流向、车辆起讫点、货物类别、车辆等数据，在公路网规划中有极为重要的位置。

OD信息采集的方法很多，有路边询问法、给驾驶员发明信片、记录汽车牌号法、给车辆贴标签法、家庭访问法和给车主发调查表法等。这些方法各有优缺点和局限性，实际应用时应根据信息采集的内容和数据要求，并权衡人员、经费和时间等的要求来选择。我国目前多采用路边询问法。路边询问法的记录表见表1-3和表1-4。

客车OD调查路边询问记录表（格式） 表1-3

调查路段： 断面编号： 第 页共 页

观测方向编号： 观测人员： 观测日期：

车型				车辆归属		额定座位（个）	实载人数（个）	出行起点	出行端点
小客	中客	大客	摩托车	市内	市外				

说明：1. 定额座位数不含驾驶员座位；

2. 车型划分：大型车-轴数大于3轴；中型车-黄色牌照，轴数为2；小型车-蓝、黑牌照。

货车OD调查路边询问记录表（格式） 表1-4

断面编号： 道路名称： 第 页共 页

观测方向编号： 观测方向： 观测人员： 观测日期： 天气：

车型				车辆归属		额定吨位（t）	实载载重（t）	出行起点	出行端点	货物类别
小货	中货	大货	拖拉机	市内	市外					

说明：1. 货物类别共分11类：（1）燃料；（2）金属及制品；（3）机械及制品；（4）建材产品；（5）纺织产品；（6）化学及制品；（7）食品及饮料；（8）粮食；（9）农副产品；（10）矿石；（11）其他。

2. 车型划分：大型车-轴数大于3轴；中型车-黄色牌照，轴数为2；小型车-蓝、黑牌照。

1.3 社会经济预测

社会经济预测，是在国家与地方政府制定的宏观和微观经济政策指导下，以经济发展的历史和现状为出发点，以调查研究和统计资料为依据，以科学的定性分析和严谨的定量计算为手段，揭示与预测对象有关的经济活动的发展演变规律，从而对预测对象的未来发展演变程度预先做出科学的推测。

对于公路网规划研究来说，要求分析研究在各种可能的社会经济水平下区域公路网规划方案的经济合理性，所以对未来社会经济发展水平应尽可能确定在一个合理的范围内，而不应仅仅考虑一种方案的经济发展水平。

1.3.1 人口增长预测

人口是影响交通需求的主要因素之一。在直观上，人口的流动是客运流量的构成基础，而间接的，一个小区人口的数量是该小区生产和消费水平的重要标志之一，对货物的流动方向及数量产生很大的影响。因此，掌握当前人口与交通需求的关系和未来年份的人口数量、流动情况和年龄分布的特点，对于交通需求预测是十分必要的。

应用于公路网规划中的人口预测模型比较多，具体应用应根据规划年限及规划精度的不同而不同。一般长期的、精度要求高的规划需要使用比较复杂的模型，以达到预测的要求，这些模型有群体生存模型和基于神经网络的一些模型等；而对于精度要求比较低的规划或是短期规划，人口的发展比较稳定，人口流动和变化趋势比较小时，可以考虑采用比较简单的曲线模型。下面介绍几种常用的人口预测模型。

1. 人口回归预测模型

该模型是根据统计部门提供的各区历年年末人口总数，在人口总量与年份之间进行回归分析，根据回归模型进行趋势外推，确定规划年份的人口总量。

2. 人口自然增长与机械增长预测模型

该模型的出发点是各区历年年末的人口数是由上年度的年末人口数、本年度的自然增长数及机械增长数三部分组成。自然增长数为出生人数减死亡人数，机械增长数为该地区迁入人数减去迁出人数。

3. 人口增长率预测模型

人口增长率预测模型是一类比较简单的模型，它主要以人口的增长率作为变量，预测今后人口的发展趋势，主要包括线性增长模型和指数增长模型。线性增长模型设每年人口增长数量为一个常数。指数增长模型是基于某地区人口每年的增长数量是以人口数量本身为基数的指数增长。

4. 人口生长理论曲线预测模型

生长理论曲线是由比利时数学家维哈尔斯特在研究人口增长规律时提出的，又称为 Logistic 曲线。其描述人口开始增长缓慢，随后增长加快，达到一定程度后，增长速率减慢，最后达到饱和状态。

1.3.2 社会经济发展预测

社会经济发展预测按照不同的划分标准，可以有不同的分类。

1. 按照预测方法的性质不同划分

按照预测方法的性质不同，可以分为定性经济预测和定量经济预测。

(1)定性经济预测

定性经济预测是预测者通过调查研究了解实际情况，并凭自己的实践经验、理论和业务水平，对经济现象发展前景的性质、方向和程度作出判断，从而进行预测的方法，也称为判断预测或调研预测。定性预测方法主要有市场调查法、专家评估法、主观概率法、交叉影响法等。

定性经济预测方法比较简单易行，可利用有关人员的丰富经验、专业知识及掌握的实际情况，考虑不定量因素的影响，进行比较切合实际的预测。其缺点在于进行预测时包含的主观因素较多，往往会过于乐观而浮夸估计，或偏于保守而估计过低。预测者由于工作岗位不同、掌握的情况不同、理论水平及实践经验各异，对同一问题，不同人会作出不同的判断，得出不同的结论。

(2)定量经济预测

定量经济预测是指根据准确、及时、系统、全面地调查统计资料和经济信息，运用统计方法和数学模型，对经济现象未来发展的规模、水平、速度的测定的方法，也称为统计预测。定量预测的方法主要有回归预测法、时间序列分析法、趋势曲线模型预测法、随机时间序列预测法、马尔科夫预测法、判别分析预测法等。

定量经济预测模型，以调查统计资料和经济信息为依据，考虑经济现象发展变化规律和因果关系，建立数学模型，可以对经济现象未来发展前景进行科学的定量分析。其缺点在于不能考虑定性因素的影响，需以经济条件和影响经济的各主要因素进行比较稳定为前提，当经济条件和因素发生突然变动时，定量预测结果就会出现较大偏差。为了使预测结果切合实际，提高预测质量，为决策和计划提供可靠的依据，通常是将两种方法相结合，对定性预测结果和定量预测结果进行比较、核对，分析产生差异的原因，根据经济情况进行综合判断。

2. 按照预测时间长度不同划分

按照预测时间长度的不同又可分为：

①长期经济预测(预测年限一般为 15 年以上)；

②中期经济预测(预测年限一般为5~15年);

③短期经济预测(预测年限一般为5年以下)。

3. 按照预测的时态不同划分

按照预测的时态不同可分为静态经济预测和动态经济预测。静态经济预测是指不包含时间变动因素,对同一时期经济因果关系的预测;动态经济预测是指包含时间变动因素,跟进经济现象发展的历史和现状,对未来发展前景的预测。

4. 常用的经济预测模型

下面介绍常用的经济预测模型。

(1)类推预测法

类推预测法是指利用某一先导事件的发展规律来预测与其有联系的迟发事件的发展趋势。类推预测法的种类取决于预测事件之间的联系性质。应用此法进行预测时,其预测结果的准确程度主要取决于预测者的实际经验和对预测对象的认识程度,并要选定好与预测事件相关的先导事件。

(2)时间序列分析法

在社会经济活动中,某一变量或指标的数量值或观测值,按其出现时间的先后次序,以相同的时间间隔排列的一组数值,称为时间序列。任何一个社会中,经济变量总会是受到各种动态因素的影响,因而时间序列就是这些动态因素影响的总结果,一般表现为动态变化。时间序列分析的数学模型可分为移动平滑法、指数平滑法、季节平滑法、灰色预测等。除此之外,目前还有采用人工神经网络、模糊逻辑理论等进行经济分析和预测的研究。

(3)回归预测法

回归预测法是基于事物之间相关关系的一种数理统计预测方法。在回归预测中,首先要对预测对象(因变量)进行定性和定量的分析,确定影响其变化的一个或多个因素(自变量),然后通过预测对象和影响因素的多组观察值建立适当的预测模型,最好应用此预测模型对事物进行预测。回归预测技术的种类很多,按自变量的多少,可以分为单元回归和多元回归;按变量之间的函数关系,可以分为线性回归和非线性回归,非线性回归中又有多项式回归、对数回归、指数回归、幂回归等;按自变量的性质分,有因子回归和时序回归等。其中最基本的是单元线性回归和多元线性回归。

1.4 交通需求预测

交通需求预测是公路网规划中的核心内容之一。交通发展政策的制定、公路网设计以及方案评价都与交通需求预测有密切的关系。

1.4.1 交通需求预测原则

区域交通需求预测要比城市交通需求预测复杂和困难,因此,在预测过程中要坚持以下原则:

1. 系统分析原则

系统分析原则具体体现在以下四个方面:

①要将区域社会经济系统与周边地区社会经济系统联系起来;

②要将区域交通运输系统与区域社会经济系统联系起来;

③要将区域运输系统中各种运输方式联系起来;

④要将区域公路运输系统中各个要素联系起来。

2. 政策协调原则

对区域未来交通需求的预测必须建立在与国家、区域和社会经济发展政策相协调的基础上,以政策为导向来进行交通需求预测。

3. 定性与定量相结合原则

由于预测无法回避社会经济发展同时具有规律性和偶然性的矛盾,因此我们既要充分运用科学的定量分析手段寻找交通需求发展的规律,也要充分考虑未来发展中的偶然性(不确定性),充分利用政策、专家经验和领导决策等定性分析手段把握预测的方向。

4. 弹性原则

既然未来社会经济发展具有偶然性,那么预测结果将不是唯一不变的,应充分考虑未来交通需求的多种可能性，预测结果应留有必要的弹性范围。

5. 历史与未来发展相结合原则

这个原则是上述四个原则的自然延伸，我们只能从区域社会经济与交通运输历史发展、演变中探索出区域交通需求发展的规律性，而对区域未来的交通需求预测既要考虑区域交通需求的历史现状，又要根据对区域未来社会经济发展政策、条件、制约因素的分析，作出合乎逻辑的判断、决策。

公路交通需求预测习惯上分四个阶段进行，即交通产生预测、交通分布预测、交通方式分担预测及交通网络分配预测。

1.4.2　交通总量预测

交通总量预测是指根据国民经济发展状况，对规划区域及公路交通需求总量的发生进行预测，也称为交通需求生成预测，通常采用专家法或模型法。

1. 专家法

专家法是以专家系统的经验为依据，对预测指标及预测结果进行判断，并根据专家意见进行修正，直至基本满意为止。

2. 模型法

模型法是根据历史资料建立数学模型进行预测的方法。模型法预测结果也必须通过征求专家意见，进行判断和修正，直至基本满意为止。模型法中的主要方法有增长率法、乘车系数法、产值系数法、弹性系数法、时间序列法、回归分析法、灰色预测法、经济计量模型和类比法等。

①增长率法是根据预测对象（如客货运量、经济指标等）的预计增长速度进行预测的方法。

②乘车系数法定义为区域旅客运量与人口数之比。

③产值系数法是根据预测国民经济指标（如工农业总产值、社会总产值、国民收入等）和确定的每单位指标值所引起的货运量或客运量进行预测的方法。

④弹性系数法借用了经济学弹性的概念，它是建立在回归分析基础之上。

⑤时间序列法是根据规划区域客、货运输的历史统计资料，以时间 t 为自变量建立模型，对未来客、货运输量进行预测的方法。

⑥回归分析法就是一种通过分析研究客货运量与相关因素的联系规律从而进行预测的方法。

⑦灰色系统理论是处理不完全信息的一种新理论，该理论应用关联度收敛原理、生成数、灰导数等概念和方法建立微分方程模型。

⑧经济计量模型是指依据由统计学、经济学、数学三者结合而成的经济计量学，用定量的方法描述经济系统的运行机制，研究经济变量间的数量关系，最后得到一个联立方程组。

⑨类比法也叫“比较类推法”，是指由一类事物所具有的某种属性，可以推测与其类似的事物也应具有这种属性的推理方法。

⑩强度指标法是根据现状强度指标，乘以自变量预测值得到因变量的预测值的一种方法。强度指标是因变量与自变量的比值。在现状与预测年度状况相差较大时，应考虑对强度指标进行修正，常用的强度指标有人均系数、单位 GDP 系数、单位面积系数等。

1.4.3　交通分布预测

交通分布预测是指根据预测得到的各交通分布区的交通发生、吸引量，确定各交通区之间的交通流量、流向。交通分布模型有很多种，根据时间适用性，交通分布预测可以分为短期交通预测和长期交通预测；根据模型的具体算法，可以分为增长系数法和综合法。

增长系数法：是假设将来的交通区之间出行分布模型与现状的分布模式基本一致，其分布量按某一系数增加。增长系数法主要有平均增长系数法、Fratar 法、Furness 法等。平均增长系数模型假设将来的 OD 量按起讫点交通小区增长系数的平均值增长；Fratar 模型考虑了 OD 量起点和终点区之间的吸引强度，预测结果优于平均增长模型。Furness 模型是由起点区所产生的出行量首先取得平衡，随之吸引到终点区的出行量再取得平衡。

综合法：主要有重力模型法、系统平衡模型法、综合模式法等。重力分布模型主要是用来研究当网络中出现了比较大的变化时，未来年份的交通分布预测。介入机会模型将距离作为一个普通变量，考虑从起点出发后介入出行目标的机会。综合模式法是利用区域经济活动质量和交通出行阻抗情况，预测将来交通出行分布的一种方法。综合模式法主要的模型形式是基本重力模型及其变形。

1.4.4 交通出行预测

交通方式选择又称交通方式分担或交通方式划分，指将货物运输、个人出行按其可使用的交通工具划分出各种交通方式的交通量。对于公路建设项目可行性研究或公路网规划，交通方式分担预测包含了两部分内容：其一是公路运输与铁路、水运、航空等运输方式之间的分担量预测；其二是公路客、货运输不同车型的分担量预测。

第一个分担量预测内容，可分为两种情况来处理：一是在只有公路 OD 资料，而没有铁路、水运等其他方式的 OD 资料时，只能从间接资料中依据定性分析和专家经验来确定不同方式的分担量；二是当研究区域具有比较完整的与公路同口径的铁路、水运等其他运输现状或历史 OD 资料时，可以根据这些资料建立起不同方式分担预测模型来预测，如专家经验法、总量控制法、运输方式分担率法、车辆效率法、交通系数法等。

第二个分担量预测内容，一般根据现状 OD 调查或交通量调查资料，综合地区未来机动车、非机动车拥有量的发展预测近似地计算。

1.4.5 交通分配

公路交通分配是公路网交通需求预测中的重要环节，其是把预测的各目标年的 OD 矩阵分配到具体的公路网上。通过交通分配，可获得规划公路网中各路段和交叉口的交通量、车速、流向、车型组成等资料。交通分配常用的方法包括全有全无法、考虑容量限制的最短路径迭代分配法、多路径概率分配法和均衡分配法等。

1. 全有全无法

全有全无法是根据路线阻抗，寻求 i 区到 j 区的最短路径，将分布交通量 Q_{ij} 一次分配到最短路径上的预测方法。全有全无法仅适用于各路线阻抗相差较大或单个路线的情况。

2. 最短路径迭代分配法

考虑容量限制的最短路径迭代分配法的思路是将分布交通量 Q_{ij} 分割成若干份，按照全有全无法进行多次交通量的路线分配，所不同的是每次分配要根据上一次的分配结果，结合路段通行能力重新计算路线阻抗，寻求新的最短路径。

3. 多路径概率分配法

多路径概率分配法的分配步骤与考虑容量限制的最短路径迭代分配法完全一样，所不同的是每一次分配时，需要根据路线阻抗，寻求 i 区到 j 区包括最短路径与次短路径在内的若干路径，然后按照一定概率把分割后的分布交通量分配到这些路线上。

4. 均衡分配法

均衡分配法包括用户最优均衡法和系统最优均衡法。用户最优均衡法为假设通过交通量分配，使得使用的路线路阻相等，且都小于未被使用路线的路阻。系统最优均衡法为假设通过交通分配，使得路网上所有车辆的总出行阻抗最小。在这两个假设的基础上构建数学模型，求解分配结果。

1.5 公路网布局

公路网布局是公路网规划的一个重要组成部分，是指在对公路网现状进行调查分析、对所在区域的社会经济及交通需求进行预测之后，以一定的目标和条件为依据，采用适当的方法选择规划线路将选定的控制点连接起来，形成未来公路网平面布局方案的过程，包括公路网合理发展规模的确定、公路网结点的选择、公路网布局。

1.5.1 公路网布局形式

公路网布局的典型形式主要有三角形（星形）、棋盘形（格网形）、放射形（射线形）、并列形、树杈形、条形以及扇形，如图 1-4 所示。

由于各个公路网中的运输点地理位置不同，影响公路走向的因素众多，因此，公路网布局的形式不可能千篇一律。一般来说，在平原和微丘区，公路网布局形式中的三角形（星形）、棋盘形（格网形）和放射形（射线形）较为普遍；而重丘区和山岭区，由于受到山脉和河川的限制，公路网布局往往形成并列形、树杈形或条形；而当区域内的主要交通运输点（省、市或县行政机关所在地等）偏于区域边缘时，有可能产生扇形或树杈形路网；条形是特例，有可能在狭长地带的地方公路网中出现。各种布局形式往往又相互组合而形成混合型。如果条件许可，为了满足公路网能够四通八达和达到效益的最佳要求，通常区域公路网宜成环状。

1.5.2 公路网规模确定方法

公路网在不同的发展阶段应有不同的发展规模，这主要与区域经济发展状况、规划结点分布状况及交通发展状况有关。公路网合理发展规模的确定，是进行公路布局规划的首要工作和前提。由于出发点的不同，公路网发展规模的表示方法也存在差异。常采用公路网密度、公路网通达深度、公路网等级结构、出行距离以及出行时间等来表示。这些表示均具有科学性，并且与公路网发展的一定阶段、一定层次相适应。公路网合理发展规模的确定方法主要有以下几种：

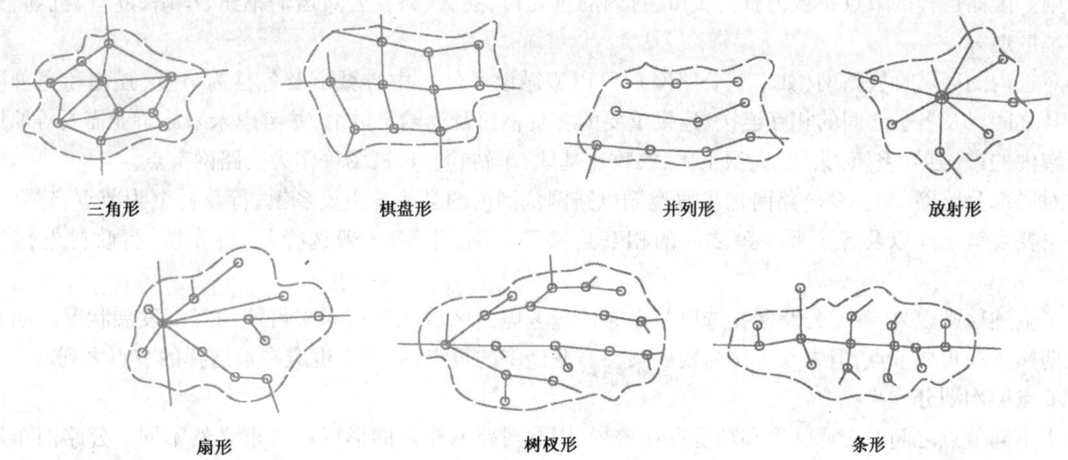

图 1-4 公路网布局形式

1. 经济系数法

经济系数法包含了弹性系数法、结构类比法、期望密度法、国土系数法和公路网车辆密度法等。

①弹性系数法是指通过建立公路建设增长速度与经济建设增长速度的关系来推知未来公路网的发展规模。

②结构类比法是通过建立规划区与国内发达地区的类比关系来确定规划区远景公路网规模，如在规划落后地区时，将其一定时期规划目标定在相当于国内发达地区现有水平；在规划发达地区时，设定其规划目标相当于国外发达地区现有水平。

③期望密度法是根据不同的经济发展阶段需要不同的公路网密度而确定的，主要因素有人口密度和人均国民生产总值。

④国土系数法是假定人为公路网密度与人口密度的平方根成正比。

⑤公路网车辆密度法是通过研究公路里程与车辆总数的关系来确定公路网发展规模。

2. 公路网周转量分析法

公路网周转量分析法是通过研究客货周转量和公路运输能力、服务水平的关系来确定公路网的发展规模。

3. 时间序列趋势外推法

时间序列趋势外推法是通过建立公路总里程与时间的相关关系来推知未来公路网远景发展规模。

4. 线性规划法

线性规划法是以建设费用最小为目标建立优化模型，采用单纯形法进行公路网等级结构优化。

1.5.3 公路网节点选择

公路网结点的选择是公路网布局规划的基础性工作和重要内容。节点选择的范围直接关系到公路网布局规划层次的深度、路网布局方案的合理性和研究工作的繁杂程度。一般情况下，节点选择范围过小，会使得布局规划工作脱离实际，影响布局精度，使得布局方案缺乏合理性；节点选择范围过大，则会使工作过于繁杂。

1. 节点选择的原则和方法

在进行节点选择时，一般应根据公路网的特征、地位或层次、作用以及发展的战略目标，结合区域社会经济、政治、国防等发展的需要，选择合理范围的节点作为路网布局的控制点。

①对全国性的干线公路网（如国家高速公路网、国道主干线公路网、国家重点干线公路网），一般遵循以城市为

节点,强化和完善省会城市(直辖市、自治区首府)之间以及区域经济中心城市之间的相互连接,建立完善的综合运输体系为主轴,连接重要交通枢纽,为维护国家政治稳定和国防安全提供交通保障,适应未来旅游业的发展和更高层次对外开放的需要等原则。因而选择的节点一般为大、中城市(省会城市、直辖市、自治区首府、经济中心城市等),重要的沿海和内河港口,航空港,铁路及公路运输枢纽,其他重要的客货集散地,重要军事战略要地和军事敏感区,重要旅游城市和陆路边贸口岸。

②对省域干线公路网,可以遵循以省内各中心城市(县)为节点,强化和完善省会城市与各中心城市(县)之间以及各中心城市(县)之间的相互连接,建立完善的综合运输体系,连接重要的客货运输枢纽,并考虑未来旅游业需要等原则。因而选择的节点一般为省会城市、省内的重要市、县、铁路及公路运输枢纽、车站、港口、机场、其他重要的客货集散地等。

③对省内的区域性公路网(如市域公路网),可以遵循以区域内中心城市及各县为节点,强化和完善该中心城市与各县之间以及各县之间的相互连接、连接重要的客货枢纽及运输集散地,并考虑未来旅游业需要等原则。一般选择区域内的市(县)、乡镇、集镇、大型工矿、农牧业基地、车站、港口、机场等作为公路网节点。

④对局部公路网(如县乡公路网),可以遵循以路网范围内的县及各主要乡镇、行政村屯为节点,建立和强化该县与各主要乡镇之间以及各主要乡镇之间的相互连接等原则。因而一般选择县、各乡镇、行政村屯作为公路网节点。

除了上述原则以外,各类公路网在选取节点时还应考虑到区域及节点未来可能的经济发展状况。如某节点虽然在近期属于非重要节点,但未来将作为发展某一产业经济的重点,则该点也应在被选择的节点之列。

2. 节点层次划分

由于不同节点之间的交通强度和功能存在差异,因此对路网布局的形式和要求必然不同。公路网布局应首先保障重要节点之间的彼此连接,然后考虑较重要节点和一般节点与重要节点的连接以及它们之间的彼此连接,以体现和区分不同层次节点的功能强弱,使得层次清楚、重点突出,并有利于公路网的分期、分重点建设和分级管理。因此,在进行公路网布局之前应对选定的公路网节点进行层次划分。其主要思想是选取能够反映所代表区域的社会经济、政治等宏观因素发展水平的指标,依据"功能相似"的原则将入选节点划分为具有不同功能和地位的几个层次。一般情况下,可以根据需要将入选节点划分为三个层次:重要节点、较重要节点和一般节点。节点层次划分的方法主要有重要度法、动态聚类法、模糊聚类法、模拟退火聚类法等。

重要度法:划分节点层次的过程是首先计算各节点的重要度,然后根据节点重要度排定节点的顺序,进而选择节点。将各节点的重要度从大到小进行排序,可以根据经验判断,按工作需要进行初步的节点层次划分。为了便于理解和把握,一般分为3~5个层次。同时,为了判别初步划分的合理性,尤其是对于中间层次,采用两个过程进行节点层次的分析判别:一是各层次内节点的鉴别,二是不同层次间相邻节点的鉴别,以选择其分或合。

动态聚类法:其又称移动中心聚类法,是对事物进行科学分类的一种常见的分析方法。将其应用于公路网的基本思想是:先将规划区域中的所有节点视为聚类分析的样本,再按一定的标准将样本分为不同类,每一类具有典型的特征。如将区域内各节点视为样本,选取能从不同侧面反映节点经济发展水平的指标值作为每个样本点的观测数据,并运用欧氏距离或相似系数所反映的相近程度进行分类,把区域内特别发达城市所对应的点分为一类等,最后根据需要按重要程度逐类选择节点。

1.5.4 干线网布局方法

从使用目的、服务对象和具体规模等方面考虑,路网中的道路分为干线公路和支线公路。根据《公路管理条例实施细则》中的规定,干线公路主要包括国家干线公路和省(直辖市、自治区)干线公路两个部分,即所谓的国道和省道。国道是指具有全国性政治、经济意义的主要干线公路,包括重要的国际公路和国防公路,连接首都与各省、自治区、直辖市的公路,联络各大经济中心、港站枢纽、商品生产基地和战略要地的公路。省道是指具有全省(自治区、直辖市)政治、经济意义,连接省内中心城市和主要经济区的公路,以及不属于国道的省际的重要公路。由于布局规划的区域、层次和要求的不同,具体布局规划方案中的干线公路是个相对的概念。例如在进行国道主干线布局规划时,干线公路是指连接特别重要的节点的公路,基本上是在国道范围内选择规划对象。相对而言,尽管存在对省域而言比较重要的公路,但也只能考虑到其对国道主干线的影响,而不作为研究的主体;而对于一个县域公路网的布局规划,尽管可能整个地区只有县道和乡道,但这些公路中仍存在干线公路和支线公路的区分。干线公路网的布局规划可以采用动态规划法和最优树法。

1. 动态规划法

动态规划是系统工程中控制论的一个组成部分，也是规划论的方法之一。动态规划又称马氏决策动态序列研究过程，即按同一方法相继采取一系列决策活动以达到最优化的目的。动态规划的基本原理，是将一个求解过程即系列决策过程，分解为多阶段、多步骤，不论最初时刻的系列初始状态的决策如何，每一步骤均为最优化，也就是说后一步的最优化是以前一步的最优化为基础。公路网规划中，动态规划最好以行程时间作为目标，因为行程时间能综合地表现出行程距离、行车速度、运输量及交通量的状况和条件。为了说明动态规划的原理和步骤，举图 1-5 所示的简例，图上 16 个节点中 A 和 B 为主点（规划区内主要的运输集散点），各点之间标明行程时间 t，决策目标是由 A 至 B 的总行程时间为最小。

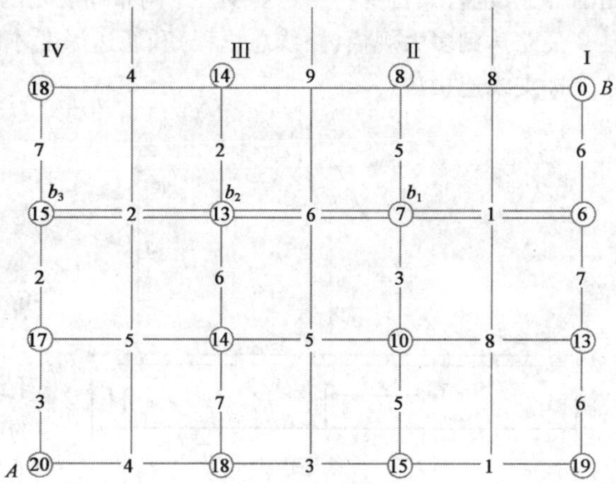

图 1-5　动态规划网络

首先将网络图划分为四个分区（Ⅰ～Ⅳ 个阶段），按反向法（也可按正向法）由 B 至 A，逐阶段进行决策。B 为始点，$t=0$（数字填在节点圈内），B 点由Ⅰ区至Ⅱ区内各节点的最短时间，分别填入相应节点内，本例由Ⅰ至Ⅱ诸节点的最短时间 $t=7$，即图中 b_1 点。继而由Ⅱ至Ⅲ的决策，以 b_1 为始点，得Ⅲ区内时间最小（$t=13$）的 b_2。Ⅲ至Ⅳ以 b_2 为始点，Ⅳ区内各点最小行程时间 $t=15$，得 b_2 点，b_3 点与终点 A 相接。最后决策的最短线路为：$B—b_1—b_2—b_3—A$，总的行程时间 $t=20$。

对路网布局设计而言，上述动态规划的决策，就是规划区内的公路干线的走向。当规划区内节点较多，而且运输主要方向不限于 1～2 个，主干线走向确定后，可按相同原理和步骤，再进行次干线走向的决策。规划区内主干线和次干线的走向确定后，再辅以其他设计方法，将规划区内其余各节点与干线相接，则区域公路网布局方案即可形成。当规划区内节点较多或运输关系较复杂时，动态规划需要运用计算机求解，而且动态规划也正是适应这种需要而形成和发展起来一种现代化方法。

2. 最优树法

设给定的初始网络为 $N=(G,W)$。其中 $G=(V,E)$ 为相应的网络图，V、E 分别为网络中节点与边（或称线路）的集合；W 为定义于 E 上的正值实函数，称为权。

定义 1：若规划所确定的节点集为 $V_T \in V$，G 中连接 V_T 中全部节点而不形成回路的线路集记为 E_T，则称 G 的部分图 $T_T=(V_T,E_T)$ 为对应网络的主干线。

定义 2：将所有 $v \notin V_T$，但 $v \in V$ 用线连通且不形成回路，构成的部分图称为 N 在 T_b 基础之上扩展形成的一棵生成树，记为 T。

就给定的网络 N 而言，这样的生成树一般不是唯一的，其全体记为 S_T。树间的区别可用权函数 W 来反映。

定义 3：在 N 所有生成树 S_T 中，满足式（1-1）的树 T^* 称为权意义上的最优树。

$$\underset{T \in S_T}{opt} W(T) = W(T^*) \tag{1-1}$$

根据规划工作的实际需要，权的数既可以是相应线路的距离、工程造价等，又可以是线路密度或反映线路效益的其他综合指标。对于前一类权，最优化（opt）意为求权和的最小值（min）；而对于后者，则应为求权和的最大值（max）。最优树可以作为运输网干线网布局的参考方案。因此，把以网络最优树作为干线网布局依据的布局方法称为最优树方法。

求网络最优树可采用 Kruskal 算法（即避圈法），依下列步骤进行：

第一步，简记已选边 (v_i,v_j) 为 e_i，$k=1$，选边 e_k 使得式（1-2）成立。

$$W(e_k) = \underset{e_i \in E}{opt} W(e_i) \tag{1-2}$$

第二步，若 $e_1,e_2,\cdots e_k$ 已选好，则从 $E'=E-\{e_1,e_2,\cdots,e_k\}$ 中选取 e_{k+1}，使得 $G(V,\{e_1,e_2,\cdots e_k,e_{k+1}\})$ 中无圈，且 $W(e_{k+1}) = \underset{e_i \in E'}{opt} W(e_i)$。

第三步，若所选节点数为 N，则当 $k+1=N-1$ 时，算法终止，已求得最优树 $T^*=(V_T,\{e_1,e_2,\cdots e_k,e_{N-1}\})$。否则，令 $k=k+1$，转入第二步，直至符合上述要求为止。

1.5.5 支线网布局方法

支线网布局,也即县乡公路网布局。县乡公路作为国、省道主干线公路网的集散通道和国、省道主干线功能不足的补充,也有其自身特点。县乡公路网布局规划的重点应该是在规划区域的某种经济水平下,在规划期内该区域县乡公路达到多大规模(路线总里程)和通达深度才可以满足人们的基本出行需求。

1. 支线连接法

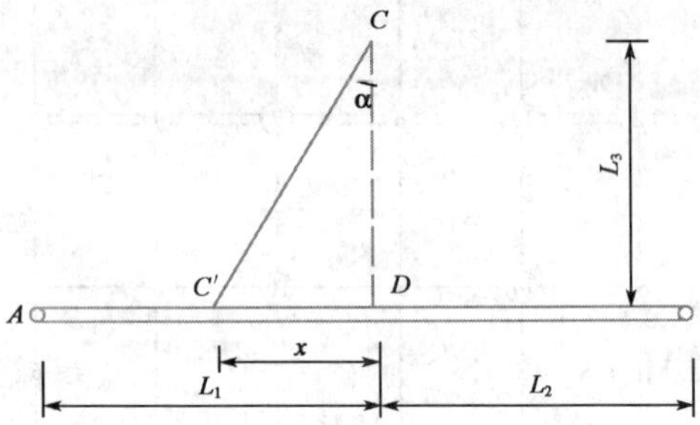

图 1-6　支线连接法示意

支线连接法用于公路支线的布置连接,可用此法选定路线的走向。该方法的基本原则是使交通运输费用最小。图 1-6 中 AB 为干线,C 点分别与 A、B 两点有交通联系。现以交通运输费用最小为原则,求支线 CC' 的走向。显然,支线的走向取决于偏移角 α。

设 C 点与 A、B 两点间的 OD 运输量分别为 Q_a 和 Q_b,支线和干线的运输单价[元/(车公里)]分别为 S_z 和 L_c。作 C 点对 AB 线的中垂线(长度为 L_3),AD 和 BD 长度分别为 L_1 和 L_2,$C'D$ 的长度为 x,则总的运输费为:

$$\begin{aligned} p &= (Q_a + Q_b)\overline{CC'}S_z + [(L_1 - x)Q_a + (L_2 + x)Q_b]S_c \\ &= (Q_a + Q_b)\sqrt{L_3^2 + x^2}S_z + (L_1Q_a + L_2Q_b)S_c - (Q_a - Q_b)xS_c \end{aligned} \tag{1-3}$$

欲使 p 最小,则应 $\frac{\mathrm{d}p}{\mathrm{d}x}=0$,即:

$$\frac{\mathrm{d}p}{\mathrm{d}x} = (Q_a + Q_b)S_z\frac{x}{\sqrt{L_3^2 + x^2}} - (Q_a + Q_b)S_c = 0 \tag{1-4}$$

因为 $\frac{x}{\sqrt{L_3^2 + x^2}} = \sin\alpha$,所以:

$$\sin\alpha = \frac{Q_a - Q_bS_C}{Q_a + Q_bS_Z} \tag{1-5}$$

当 C 点仅与其中一点(例如 A 点)有交通联系时,$Q_b=0$;如果支线与干线的运输单价相同,即 $S_z=S_c$,此时 $\sin\alpha=1$,$\alpha=90°$,这显然不合理。所以约束条件为:

$$\alpha = \sin^{-1}\frac{Q_a - Q_bS_C}{Q_a + Q_bS_Z} \leqslant \alpha_{max} \tag{1-6}$$

式中:$\alpha_{max}=\max(\angle DCA, \angle DCB)$。

式(1-6)中未考虑支线的工程造价(元/km)。如果设支线的工程造价为 k,按上述相同的原理可得使交通费用和工程造价最小的走向为:

$$\alpha = \sin^{-1}\left[\frac{(Q_a - Q_b)S_C}{(Q_a + Q_b)S_Z + k}\right] \tag{1-7}$$

由上式可知,确定 α 时,需要已知支线的运输单价 S_z;如果考虑支线的工程造价,还需已知支线的工程造价 k,而运输单价和工程造价与公路等级有密切的关系。因此,在确定 α 之前,应先根据支线的交通量(Q_a+Q_b),确定支线的等级,进而确定 S_z 和 k。如已知干线运输单价,则可求得 α。

2. 干道方向法

干道方向法用于布置县乡公路网或小规模新开发地区公路网中的干道。它是首先在规划区的诸运输节点中,选定主要和次要的干线走向,以此作为公路网的骨架,再辅以支线连接等方法,将有关节点与干线相接,共同组成路网平面布局方案。干道方向法又包括力多边形法和索多边形法等,其中力多边形和索多边形两种方法均是图解的方法,在实际运用中因需作图,有时感到不方便,不利于计算工作的现代化。因此,可取多边形的坐标值和倾斜角。通过对合力线的坐标和倾斜角的计算,实现干道方向法的数解。当规划区内运输流向比较明确,特别是规划区范围成狭长地带,或运输集散中心比较集中时,欲规划一条干线时,以 OD 交通量 N 或 OD 货运量 Q 或 OD 周转量 W 等为权,运用力多边形法求合力的方法,将合力方向取为该地带的公路干线方向,即是力多边形法。

图 1-7 为规划区某一地带的运输服务图,图中 $a \sim f$ 为 6 个运输点,各运输点之间的 OD 交通量 N,OD 货运量 Q,

OD 货运周转量 W 注于各线路上。如以货运周转量为权，运用力多边形法进行干道布置设计，其步骤如下：

①以 a 点为始点，取货运周转量 W（可先根据各运输点间的空间距离和货运 OD 量近似确定）为权，依次分别对 ac、ab、ad、ae 和 af 作力多边形图，连 aR_1、则得合力 R_1 的方向，绘入原图中，见图 1-8。

②对 b 和 f 两点，用支线连接法，在干线方向 R_1 上分别得 D_1、D_2 两交点。

③以 D_2 为始点，依次分别对 D_2c、D_2d、D_2e 作力多边形，得干线方向 R_2，再绘入原图（图 1-8）中，以 D_2 为始点时，D_2 对于 c、d、e 的货运周转量 W，需将相关点的货运量 Q 和经 aD_2 等干、支线后的空间距离值按图中已知值重新计算。

④对 e 和 c 两点，用支线连接法，在干线方向 R_2 上得 D_3、D_4 两交点。

⑤连接 D_3 和 d 两点，则得到以 ad 为干线方向、其他四点以支线与之相连接的公路规划布局方案，设计完成图见图 1-9，根据图中注明的路段交通量可选择技术等级。

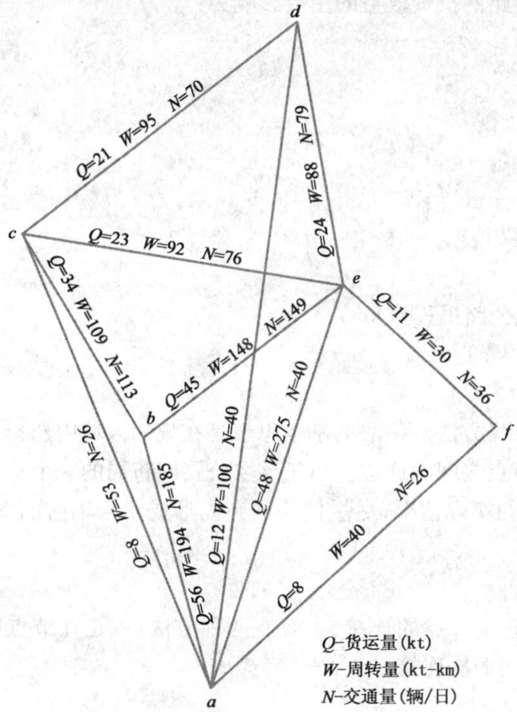

图 1-7 运输联系示意

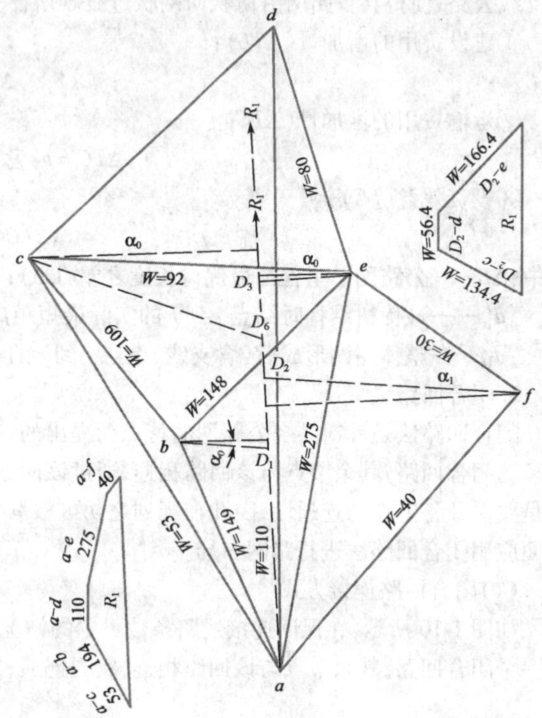

图 1-8 力多边形图解示例

3. 密度分析法

密度分析法通常是指在原有县乡公路网的基础上，通过增设新线路或者提高部分公路等级来对公路网进行局部改善的方法。该方法可通过公路网密度指标来确定区域未来的公路网密度。该方法进行路网改善的主要依据是：规划年限公路网密度应达到一个最低限度，通过函数关系使公路网最小密度对应一个最小公路里程，而新公路网的里程，要符合或超过对最小里程的要求。最小里程可通过式（1-8）确定。

$$d_0 = k_0 p^{0.5} \text{ 或 } L/A = k_0 (P/A)^{0.5} \tag{1-8}$$

式中：d_0——公路网最小密度（km/km^2）；

k_0——国土系数；

p——人口密度（人/km^2）；

P——总人口数（人）；

L——公路网总里程（km）；

A——国土面积（km^2）。

4. 最优树扩张法

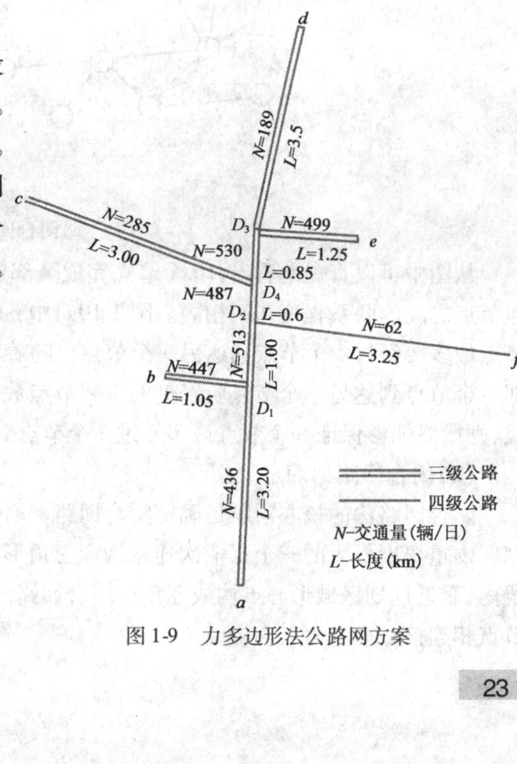

图 1-9 力多边形法公路网方案

我国县乡公路的路网布局形式多呈树状，即公路是随着行政关系修建的，往往从县政府所在地“树干”，向乡镇政府所在地修路，再由乡镇政府所在地向行政村所在地修路，呈“枝叶”状延伸。基于此特点，可借鉴图论中关于树的定义对县乡公路网布局进行优化设计。具体步骤如下：

(1)确定路网中最优树

由于规划的侧重点不同，确定路网的最优树标准也不同。例如在一些情况下，要求主控点里程最短，这就需要确定最短路径作为最优树；有些情况要求路网改造资金最少，这就需要选择经济最优的路径；此外还有几方面综合考虑的情况。尽管需求目标不一，但确定最优树的方法是基本一致的。

(2)最优树的扩张

在确定最优树的同时，也相应的确定了规划区域内的干线公路。在干线公路的基础上，对最优树进行扩充，增补支线公路，使得县乡路网由树状向网状过渡。增补支线后，对路网投资效益的主要影响为：

①建设费用的增加量(ΔTL)：

$$\Delta TL = b_2 \Delta L$$

②运输费用的增加量(ΔTC)：

$$\Delta TC = b_1 \sum \sum [a_{ir} G_i (d'_{ir} - d_{ir})]$$

③投资效益(LC)：

$$LC = \Delta TC / \Delta TL$$

式中：ΔL——公路网总里程与最优树长度之差(km)；

d'_{ir}——最优树结构时结点 i 到 r 的实际最短距离(含干线公路里程)(km)；

d_{ir}——整体路网形成后(含支线)节点 i 到 r 的最短距离(km)。

5. 闭合回路法

闭合回路法是针对县乡公路网的特点而提出的一种路网布局方法。该法的基本思想是在规划区域内选择一个合理的闭合回路，其余节点与该回路相连，通过该回路实现各节点之间的通达。由于县乡公路网布局的一个基本要求是要保证各节点的连通性，因此在规划之初可根据规划区域的实际情况，尽量使路网布局形成闭合辐射的图示，以便应用闭合回路法进行路网布局。

(1)闭合回路连接方式

如图 1-10 所示，在保证连接线路条数最少的情况下实现 10 个节点的连接，主要有两种方法：一是在节点间建立一个闭合回路，其余节点与该回路相连，实现连通；二是节点间顺次连接。

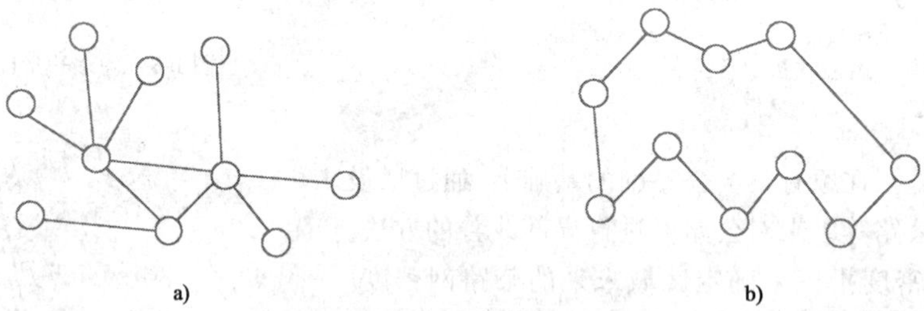

图 1-10　两种节点连接方式

a)闭合回路连接；b)简单的顺序连接

从图中可以直观地看出，10 个节点完成全部连通(形成回路)所需要的最少线路条数是相同的，即均为 10 条，但节点之间的联系程度却不相同。图 1-10a)中，一个节点最多需经过 2 个节点到达另一个节点；图 1-10b)中，一个节点最多要经过 4 个节点到达另一个节点。随着节点数目的增加，采用顺次连接的方式会使节点连通性越来越差，即一个节点到达另一个节点所经过的中间节点数目逐步增多；而采用闭合回路(回路为三角形的情况下)的连接方式，则始终能够保证一个节点最多经过 2 个节点到达另一个节点。

(2)闭合回路的确定

闭合回路法的核心问题是确定闭合回路。通常回路形状可用三角形作为闭合域，节点的选择参考如下方式：规划区内重要度最大的三个点依次连接构成三角形；选择规划区边界的节点，使得大部分节点均在确定三角形的轮廓线内；靠近规划区域形心点构成三角形闭合回路。以上原则是为了保证闭合路段具有较大重要度并且易于和其他节点相连接。

(3)闭合回路的应用

应用闭合回路法进行县乡公路网布局的基本步骤是:

①确定重要节点,组成闭合回路,以该回路作为路网的主骨架;

②其余节点依次与闭合回路中最近的节点相连接,形成次骨架;

③对于重复线路或网距较近的路线进行优化,并增加联络线,形成路网。

闭合回路法从图论的角度,很好地保证了所选定的路网节点的全部连通,体现出连通的优势。考虑到该方法缺乏必要的量化分析与求解,不适用于干线公路以及大区域的路网布局规划,但针对小区域、结构层次简单的县乡公路网布局,该方法理论简单,设计步骤明确,具有很强的实用性。

1.5.6　区域网布局方法

区域公路网是区别于干线公路网和县乡公路网的一种既含有干线公路,又含有县乡公路的公路网。这类公路网在进行布局规划时,可以先采用最优树法或动态规划法进行干线公路的布局,然后在干线公路确定的基础上采用最优树扩张法或支线连接法进行支线(县乡)公路的布局,将这两种布局综合在一起,便得到整个区域公路网的布局规划方案。除此之外,区域公路网的布局规划还可以采用最佳规模法和逐步调整法进行。

1. 最佳规模法

假定公路网节点数为 M,分两个层次考虑路网的布局规划:首先确定 M-1 条线路构成的最优树,把 M 个节点连起来;其次,以此最优树为基础进行线路扩充,寻求网络整体布局效率最高的公路网。根据布局规划的着眼点,将其称为最佳规模法。

(1)线路权值

在布置线路时,通常是考虑应尽量使之通过人口稠密、工业集中、交通繁忙的地区,因此可选择线路沿线人口、工业总产值、交通量(或运量)作为评价标准,按多目标决策的目标加权法,定义线路的综合指标。线路权值为:

$$W_{ij} = a_1 R_{ij}/\overline{R} + a_2 GN_{ij}/\overline{GN} + a_3(T_{ij}/\overline{T}) \times 100 \tag{1-9}$$

式中:W_{ij}——i 点到 j 点间线路的权值;

R_{ij}——i 点到 j 点间沿线的人口(万人);

$\overline{R}$——所有线路沿线人口的平均值(万人);

GN_{ij}——i 点到 j 点间沿线工业总产值(万元);

$\overline{GN}$——所有线路沿线工业总产值的平均值(万元);

T_{ij}——i 点到 j 点间线路交通量(或运量),标准车(或万人、万吨);

$\overline{T}$——所有线路交通量(或运量)的平均值,标准车(或万人、万吨);

a_i——指标的权重($i=1,2,3$)。

(2)数学模型

给定初始赋权网络 $N=(G,W)$,其中 $G=(V,E)$ 为相应的公路网络图。对于已选 M 个节点构成的集合 $V^* \subset U$,求规划线路集 $E^* \subset E$,使单位里程上获得最大的线路权值。即:

$$\max F = \sum_{(v_i,v_j)\in E} W_{ij} / \sum_{(v_i,v_j)\in E} l_{ij} \tag{1-10}$$

$$s.t.\ (v_i,v_j) \in V^*$$

边集$\{(v_i,v_j)\}$应使 V^* 中 M 个节点连通。容易证明,当边数刚好为 M-1 条时,相应的连通子图无圈,为一个生成树。

(3)求最佳规模的算法

可采用以下过程求最佳规模:

①对初始网络 $N=(G,W)$,建立边 $e_{ij}=(v_i,v_j)$、距离 l_{ij}、人口 R_{ij}、产值 GN_{ij}、运量 T_{ij}等基础数据。

②计算线路权值 W_{ij}。

③计算线路密度值,定义:

$$d_{ij} = W_{ij}/l_{ij}$$

$$V(v_i,v_j) \in E \tag{1-11}$$

④运用 Kruskal 算法求解式(1-10)的模型,确定 M-1 条连接 V^* 的所有 M 个节点的边,构成最优树,其边的集合记为 E^*。

⑤扩充边，寻求布局最佳的线路规模。将 E 中未选入 E^* 的线路，按其密度值大小，由大到小排序，记序列为 $r(k), k=1,2,\cdots e(G-E^*)$，这里 $e(G-E^*)$ 是部分图 $(G-E^*)$ 的边数。计算最小比值得到 k^*，而 $r(k^*)$ 对应的线路密度如记为 d_{st}^*，则扩充线路 (v_i, v_j) 的条件是：

$$d_{ij} > d_{st}^* \tag{1-12}$$

运用上述方法确定的线路规模与累计线路权值的关系如图 1-11 所示。可见，当线路规模达到某一阈值时，关系曲线有一明显的拐点；规模继续扩大，累计线路权值的增长速度明显减慢，相应线路布局效率下降，故这时的线路里程值称为效率最高的规模值。

2. 逐步调整法

用于公路网规划中的数学、系统工程方法能在一定范围内考虑技术经济的最优，是从优化的角度进行公路网规划，规划过程中也能同时确定公路的交通量和等级。但这些方法考虑的因素只是交通布局和技术经济最优，而没有考虑地形、河流、铁路布局、原有公路网等的影响。同时，当地带或地区的交通布局较为复杂时，这些方法的使用会非常复杂，甚至不能使用。因此，还需要一种能应用于各种情况的公路网布局规划方法，这就是逐步调整法（或称模拟评价法）。

逐步调整法首先是根据公路网布局规划的原则，直接确定初始公路网方案，然后将预测交通 OD 量用交通分配方法分配到初始网络上，根据分配的结果对公路网进行交通质量分析评价，分析评价各路段、交叉口的饱和度及服务水平是否满足规划要求。若满足，则该方案为可行方案；否则，对初始方案根据公路网布局规划的原则进行修改，再进行交通分配，直至交通质量满足规划要求，成为可行方案。

逐步调整法也可用于公路网布局规划，或者用数学、系统工程方法先提出区域局部公路网方案，区域其他部分公路网布局根据前述原则确定，将两者结合作为初始方案，再进行交通分配、评价和调整，直至方案可行为止，其过程如图 1-12 所示。

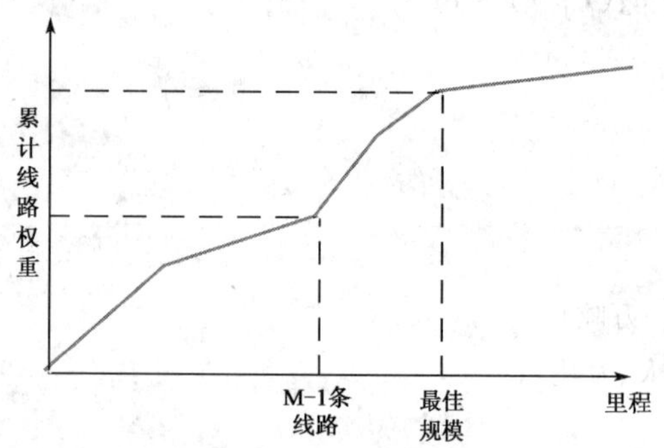

图 1-11　最佳规模里程示意

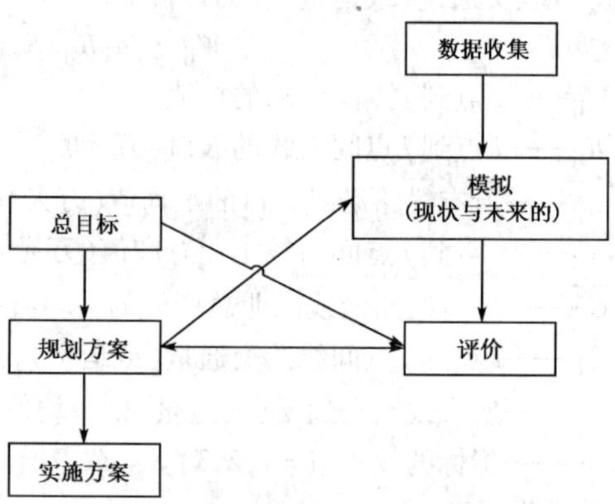

图 1-12　公路网的逐步调整布局规划法

1.5.7　公路网布局优化

公路网布局优化主要是指在原有路网的基础上，以公路的整体最优化为目标，根据可能的投资条件，确定新建和改建公路。

1. 公路网布局优化的含义

公路网布局优化主要包括公路网布局方案设计、规划建设期内总建设效益最大、最大可能地满足运输需求三个方面的含义。

①一般所说的公路网优化是指根据资金的许可情况，以路网的整体优化为目标对原有路网进行的改善和扩展，即公路网布局方案的设计内容。

②公路网优化是公路网规划全过程的优化，除了公路网布局方案优化外，还应包括规划期安排的实施顺序，以使得规划建设期内的总建设效益最大。

③公路网规划实施是一个长期的过程。在此期间，由于经济发展速度、生产力布局、投资结构或国家有关政策发生变化，其运输结构和公路交通与预测的情况不会完全相符，致使公路网结构、规模及路线等级的运输需求适用性发生变化。这样需要参考公路网建设投资方向进行调整，以充分利用有限的投资，尽最大可能地满足运输需求的变化。

2. 公路网布局优化理论和方法

(1)四阶段法布局

四阶段法布局是以技术评价为核心，以微观经济学理论为基础，通过现状OD调查、交通数据采集和历史资料分析，研究区域经济在时间和空间上的发展对交通需求的影响，建立需求预测模型，把公路网布局规划同经济发展有机地联系起来的一种方法。这种方法通过未来交通增长需求条件下各规划路网布局方案的运行分析，如流量、车速、饱和度等技术指标，对布局规划方案进行评价和比选。四阶段法的有效性较多地依赖于OD流量资料，分析过程偏重于改善交通运行状况为目的进行网络和线路的优化。四阶段法布局是以路段分配交通量结果为依据，提出几种备选方案，然后进行公路网的建设效益计算，最终在资金约束的条件下，选出一个总效益最大的公路网。这种布局方法的局限性在于：

①公路网布局方案的确定缺乏系统性。四阶段法路网布局在进行路段交通量分配以后，主要采用经验调查法进行备选方案设计，即由专家构思、集体共议献策，进行有限的调查和研究测算，最终确定几个路网方案。因此，随意性大，难以实现操作方法的规范化和系统化。备选方案经过评价优选以后得到的最终方案，虽然相对于其他备选方案而言是优的，然而由于缺乏理论说明，无法确定最终方案就是唯一最优的。

②在方案比选上仅仅选择公路网建设效益为单一目标进行优化。同时，其方案设计仅以路段交通拥挤度大小作为唯一的依据，忽略了公路网方案设计是受社会、经济、环境等多条件约束的产物，往往导致规划方案与实际脱节，不易被决策部门接受。

(2)节点法布局

这种方法是将路网布局优化分解成路网节点的选择和路网线路的选择两部分进行。不同地区、规模和不同层次的路网布局对节点的选择可以有不同的依据，其核心是通过交通、经济要素的综合考虑建立节点重要度模型和节点间连线重要度模型，作为网络布局的依据。由于城镇体系发展、土地开发和交通网络之间存在必然的联系，这类方法能比较好的解释土地利用、交通需求与交通设施之间的关系，可以体现网络的整体服务要求而不仅仅是交通需求。然而，节点选择重要度模型建立过程中定性成分相对较多，无法对线路布局进行优化分析。

(3)总量控制法布局

总量控制法布局的基本思想是：从宏观整体出发，以区域内道路交通总需求控制公路网建设总规模；以区域内社会经济发展和生产力分布特点，确定路网的总格局和分期实施方案。作为一种宏观规划方法，总量控制法的优点是可以科学地把握网络总规模，总体上属于“供给追随型”规划思想，即根据需求决定“供给”水平，对线路布局和优化还有待研究更为合理的方法。在公路网布局设计优化问题上，目前主要有以下几种优化方法或方式：

①把单位里程的路段重要度最大作为优化目标，公路网的规划总里程作为约束条件。

②把路网的重要度最大作为优化目标，建设资金、公路网发展规模、政策等条件作为约束条件，用0-1整数规划模型求解。

③只是进行节点的聚类分析，然后根据经验将不同层次的节点连接起来。

④先应用图论理论分块得到公路网的最优树，然后增补附加联络线，最后将各块合并得到最终的布局优化方案。

⑤将路网中节点的吸引度之和作为路网的吸引度，并把路网吸引度最大作为优化目标，同时满足公路网发展规模、建设资金等约束条件。

上述各种方法都有一定的优越性，同时也不同程度地存在各种各样的缺陷或问题。目前，优化问题的深入研究正在进行之中。在选择公路网布局的优化方法时，由于分层叠加布局在进行某一个层次的优化时，没有考虑其他层次节点对它的影响，而对于实际的公路网中这种情况是不存在的，故不宜选择此种方法。对于混层布局和逐层展开布局这两种方法，虽然它们的最终布局优化结果是相同的，但由于混层布局把全部节点混在一起布局，没有区分不同层次节点的功能强弱，层次不清楚，重点不突出，不利于公路网的分期、分重点建设和分级管理。因此，在实际公路网布局优化时，一般宜选择逐层展开布局的公路网布局优化方法。

1.6 公路网规划综合评价

评价是指依据明确的目标确定系统的属性，把这种属性转换为主观价值，并通过评价指标来反映事物价值的过程。公路网规划综合评价是对公路网状况、公路网规划方案及其各阶段效果的描述和价值的阐明。

1.6.1 综合评价概述

评价不等于决策，而是辅助决策的一个必要的手段。评价为决策过程的各种参与者，如规划师、领导阶层以及公众进行决策提供现实依据和度量准绳。为帮助决策，评价工作应阐明所用的假设和前提，规定评价分析的范围和可信性。公路网规划是一项综合性、社会性很强的工作，尤其需要注意这一点。

1. 评价的作用

在规划前期评价的作用是进行现状分析，研究存在的问题及其成因；在规划设计过程中，评价可以作为设计者的一个辅助工具，引导做出较优的方案；在方案实施以后，借助于评价分析可以明了实施方案的效果，并对营运状况进行监测反馈。总结评价在公路网规划过程中的作用和目的，主要包括以下三个方面：

①评价是确定每一个备选方案价值并进行优劣排序的过程。其中要解决两个关键问题：一是如何衡量方案的价值；二是正确估计实施方案的费用、效益来源及时机选择。

②评价可为决策者提供政策建议的影响、权衡轻重和不确定性的主要方面等信息。不仅要明确影响的程度，而且要指出每一备选方案影响的团体、阶层或社区，包括积极的影响和消极的影响。

③评价还要为规划人员提供一种对交通系统进一步研究改进的机会。评价不仅是规划人员与决策人员联系的桥梁，也将公路网规划中的每一步研究工作联系在一起。

2. 评价的目标

交通运输业是联系生产、分配、交换和消费的纽带，是国民经济的基础产业和先导产业。为了使公路建设适应城乡经济发展和人民生活需要，同时符合科学发展观的要求，实现安全高效、资源节约、环境友好的交通发展目标，所制订的公路网规划方案目标特性如下：

①充分性。公路网规划方案必须在适当的原则下能为规划地域范围和规划年限内的客货运输需求提供充分的设施和服务，满足人和物的输送的高效性、安全性和可靠性的要求。

②与总体规划的一致性。公路网规划要与区域和城市发展的总体规划相适应和相协调。通过公路网规划方案的实施可以保证区域和城市总体规划所确定的社会经济发展、土地利用开发、文化遗产保护等方面的目标能顺利实现。

③与环境的一致性。公路网规划方案必须与环境发展的目标相一致。

④可接受性。规划方案必须能够为大多数人、政治团体、利益集团及其他可能反对方案实施的人们所接受。

⑤财政可行性。规划方案的投资必须在国家、地区或城市财力所允许的限度之内。

3. 综合评价体系

评价贯穿于公路网规划的每一个环节。现代公路网规划正在朝着决策化过程迈进，价值体系和评价分析将是今后公路网规划中的关键内容。

(1)规划阶段与评价的关系

公路网规划分为五个阶段，即规划目标阶段、现状分析阶段、发展预测阶段、规划方案阶段和规划实施阶段。公路网规划阶段与综合评价的关系如图 1-13 所示。

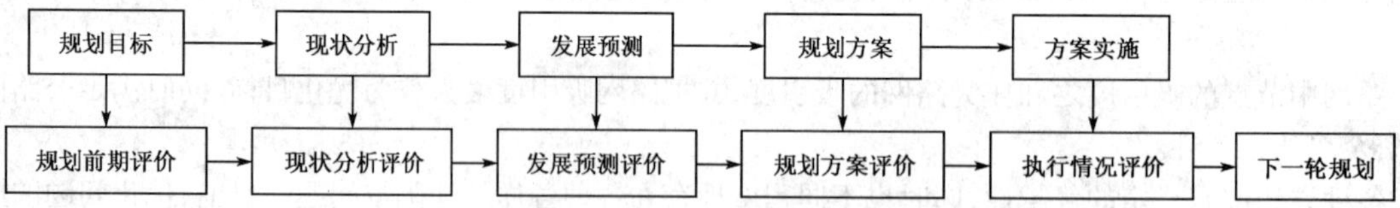

图 1-13　规划阶段与评价的关系

(2)评价系统组成

公路网综合评价系统包含技术评价、经济评价、环境评价、社会评价四个子系统。

①技术评价是指在进行技术开发和应用时，预先从各个方面、采用各种方法来研究技术带来的影响，并对其利弊得失进行综合评价。公路网的技术评价是从公路网的技术性能方面分析其内部结构和功能，目的是揭示公路网的使用质量，为编制公路网规划方案、验证方案的合理性，并进行方案优化和决策，提供技术方面的依据。就整体而言，公路网的社会效益和经济效益如何，首先取决于公路网规划方案的技术性能。

②经济评价是指从经济角度对影响生产布局的自然条件和社会经济条件进行综合性评估。公路网的经济评价是指对公路网进行的经济效益分析。公路网规划的根本目的和重要原则之一，就是要以最少的投资获得公路运输

的最大经济效益。一般公路网经济评价主要是指经济指标方面的计算与分析,通过比较规划方案的建设、运营费用和效益,并结合规划期的未来资金预测,对方案的经济合理性进行分析论证。

③环境评价是环境影响评价和环境质量评价的简称。从广义上说,环境评价是对环境系统状况的价值评定、判断和提出对策。公路网系统处在整个社会经济系统和综合交通系统的大环境之中,与周围环境有着密切联系。公路网的环境评价就是对公路网建设和运营给环境造成的正负影响和影响程度做出评价,用以指导公路网规划方案的决策。所影响的环境一般包括政治、经济、文化、人民生活和生态环境等。由于政治、经济、文化环境属于社会性环境,其应属于社会评价内容,因此公路网的环境评价主要是指对人民生活环境和生态环境的评价。

④社会评价是分析拟建项目对当地社会的影响和当地社会条件对项目的适应性和可接受程度,评价项目的社会可行性。公路网规划方案实施后,除了给全社会公路使用者带来直接经济效益外,还将对规划区域的社会经济发展产生深远影响。公路网的社会评价就是分析公路网系统对规划区域的社会方面的作用和影响,包括对区域政治、经济和文化等方面的影响。相对经济评价而言,公路网规划方案的社会评价具有宏观性、长期性、多目标性以及间接效益多、指标定量难等特点。从定量分析要求出发,社会评价是难度较大的一类评价,还有待进一步研究。

公路网的技术评价、经济评价、环境评价、社会评价,分别以相应的单因素为指标,从不同方面对公路网的性能和价值做出定量或定性的分析判断。由于单一评价指标较多,而且相互之间往往存在相关性,而又缺少可比性,甚至各方案之间优劣程度不相一致。因此,有必要对公路网规划方案的整体加以综合评价。

(3)建立指标体系原则

建立一个科学、合理的评价指标体系,以全面、系统地反映规划方案的性能,对于最终评价结果的科学性和合理性有着至关重要的意义。考虑综合评价的普遍性和特殊性,在建立公路网规划的评价指标体系时应遵守以下原则:

①系统性原则。公路网规划是一个多层次、多因素的复杂系统,单项指标只能从某一侧面反映评价对象的性能,而不能反映系统整体效益和结构。因此,指标体系应力求全面反映备选方案的综合情况,从中抓住主要因素,既能反映系统内部结构情况,又能正确地评估系统与外部环境的关系,既能反映直接效果,又能反映间接影响,以保证评价的全面性和可信度。

②科学性原则。评价指标体系必须客观反映各公路网规划方案的可行性与满意性,既有定量分析,也有定性分析,既有宏观分析,又有微观分析,做到宏观与微观分析相结合,定性与定量分析相结合。

③可比性原则。选择评价指标时,要考虑到时间与空间的变化及其影响,合理选用相对指标与绝对指标,以保证各方案之间的可比性。评价不是监测,而监测只是对某个体进行客观的描述,不涉及价值体系;而评价必须以价值为依据来考察不同个体之间、个体与标准之间的优劣,因此必须是在平等的、可比的价值体系下才能进行,否则就无法判断不同公路网规划方案的相对优劣。

④实用性原则。指标体系应力求达到层次清晰、指标精炼、方法简单易行,使之具有实际应用价值,并且易于推广。

根据建立指标体系的原则,在选定评价指标时还需要考虑以下几个方面的问题:

①各指标尽可能相互独立;

②在保证反映公路网系统特征的前提下,尽可能减少指标数;

③所选指标尽可能定量描述。

据此,可建立一套公路网规划综合评价指标体系,如图 1-14 所示。

4. 评价工作流程

交通系统属于多层次、多因素、多目标的复杂系统。对这样一个复杂系统,仅考虑某一两个方面或单靠人为分析是不够的,也是不合适的;而应该运用科学的方法,从技术、经济、社会多方面综合考虑该系统及其与周围环境的相互作用,从而对公路网规划的备选方案进行全面系统的定性和定量分析,以度量不同方案的相对价值,为公路网规划方案的选择提供科学的判别依据。所谓综合评价就是在各部分、各阶段、各层次子系统评价的基础上,谋求规划系统整体功能的"最优"调节,同时,在系统整体优化过程中,不断向决策者提供各种关联信息。综合评价是一项十分复杂而细致的工作,其工作流程如图 1-15 所示。

(1)明确评价前提

须明确评价立场,即明确评价主体是系统使用者,还是系统经营与管理者,抑或是二者兼而有之或其他受影响者,这对于评价目标的确定、评价指标的选择都有直接的影响。公路网规划是为政府决策部门制定政策服务的,因此,评价必须是以人民生活水平的提高、社会经济的发展、环境质量的改善以及资源的高效利用为根本出发点。

要明确评价的范围和时期，即评价对象涉及哪些地区和部门，评价处于规划研究的哪个时期。如公路网规划从区域范围上讲有国道网规划、省道网规划、地区（市）级公路网规划、县乡公路网规划等，涉及的部门有交通、经济、统计、计划、土地管理、环境保护等部门。这些须在评价前确定下来，以便尽可能地组织各方参与评价工作。至于评价的时期，一般分为初期评价、中期评价、终期评价和跟踪评价四个阶段。不同时期的评价目的和评价要求各不相同，其评价方法也不完全一样，一般是以定性分析为主过渡到定量分析。

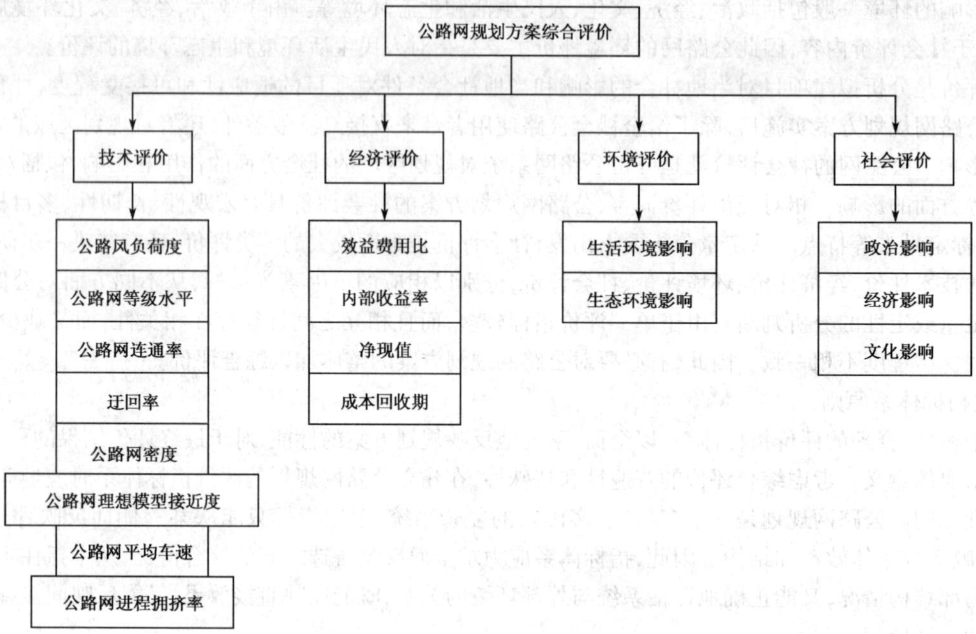

图 1-14　公路网规划方案综合评价指标体系

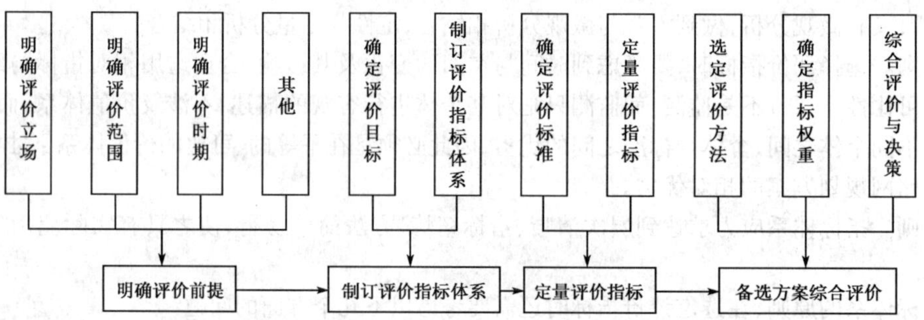

图 1-15　综合评价工作流程

（2）制订评价指标体系

综合评价指标体系通常具有多层次结构。首先要确定评价目标，这是评价的依据。综合评价从广义上说是对人类实践活动进行选择和优化的过程，它研究人们的实践活动与其宗旨和目标的接近程度及其所需付出代价的大小，进而指导人们优化、优选合适的行为决策。目标也是分层次的，可分为总目标和具体目标。公路网规划方案的综合评价总目标应是整体评价备选方案并选择最佳方案，具体目标要根据方案的性质、范围、类型、条件等确定。目标结构确定之后，就要建立评价指标体系，评价指标和标准可以说是目标的具体化，根据具体目标设立相应的评价指标。

（3）定量各项评价指标

要定量各项评价指标，必须首先确定相应的量化标准。每项评价指标都应有详细的评价标准，对于可用货币、时间、材料等衡量的指标，可进行定量的分析评价，对社会、自然环境等的影响评价，有些方面则只能先作定性分析，然后确定量化方法。对每项评价指标，均须规定计算方法，并对评价标准作恰当的说明。评价标准确定后，就可依据该标准对评价指标进行划分。在确定评价指标的量值时，可采用直接定量、模糊定量或等级定量等方法，视具体指标的特点分别加以应用。

（4）备选方案综合评价

①须确定综合评价方法，即根据各指标间的相互关系及其对总目标的贡献确定各项指标的合并计算方法。下

层指标值复合成上层指标值需借助一定的合并规则,常用有:加法规则、乘法规则、指数运算规则、取大规则、取小规则、代换规则、定量规则等,各种规则还可和“权”配合使用。另外,也可以以上述规则为基础进行某种组合和修正,选取合并规则时应考虑到指标的含义和相应的合并目的。

②根据各指标的重要性确定合并计算中相应的权重系数值,常用的方法有层次分析、熵法等。

③按选定的合并方法计算上层指标的值。如果评价指标体系有多个层次,则逐层向上计算,直至得到第一层指标的值为止,并据此排出各备选方案的优劣顺序,进行分析和决策。

5. 综合评价技术经济指标

衡量公路网规划方案的充分性、适应性、协调性和可行性,必须通过一系列技术经济指标的定性、定量分析和评价才能达到。涉及公路网系统的评价,技术经济指标多达几十种。对具体规划方案的评价,绝非指标越繁多、越细致就越好。精确的量化也不等于评价得准确。技术经济指标选取的原则是以尽量少的指标,反映最主要和较全面的信息。此外,每项技术经济指标应具有独立性、可量化、通用。公路网规划方案的技术经济指标大致包括以下几个方面:

①相对规模指标。这类指标是将交通设施的规模指标与地区经济、用地、人口等社会经济指标相对比较,用可比的指标进行评估分析。如针对公路网规划而言的路网密度、公路面积率、人均公路面积等。

②等级结构指标。这类指标是指交通网络系统中不同等级或标准的交通设施的相对比重,如公路网中高速公路,一级、二级、三级、四级公路所占的相对比重。

③布局形态指标。如公交线路的非直线系数、重复系数,公路网中位点的吻合度和公路网的连通度等。

④投资费用指标。这类指标主要指不同规划方案的投资费用大小,又可细分为工程直接费用、征地拆迁费用等。

6. 服务性能和社会环境影响

衡量公路网规划方案优劣的主要标准是人和物运输的高效性、安全性、可达性等,即交通系统的服务性能的优劣。此外,还需考虑对社会环境的影响,是否有利于人类和自然的可持续发展。

①交通系统的服务性能指标包括交通设施的饱和度,人、物、车的运送速度,乘客的舒适度,交叉口的延误,交通系统的安全性等。

②交通系统对社会环境的影响体现在正负两方面。负面效应包括对历史文化遗产的破坏、自然人文景观的损害、大气污染、噪声污染、社区分隔、生态环境的恶化等;正面效应包括可达性提高、促进生产、扩大市场、地价升高等。

1.6.2 方案效益评价原则

公路网评价是通过一系列的准则、标准和指标来衡量拟定的公路网方案,并对各种定性、定量的指标加以综合,得出量化结果,为方案比选提供科学依据。

1. 国民经济评价原则

经济评价一般分为财务评价和国民经济评价。公路的效益是以公路使用者获得的社会效益为主,而不是公路运输部门的效益。因此,公路网方案一般进行国民经济评价。

2. 使用者获得效益原则

直接效益主要是指可用货币形式表现出的项目产出物的经济价值,一般在方案规划中只计算直接效益,即公路使用者获得的效益。

3. 有无方案比较原则

公路网建设方案有无比较方法,是将规划方案建设实施的情况下发生的各种费用和效益与假定方案不实施的情况下的各种费用和效益进行比较,来评估方案的费用与效益。这是准确衡量方案所产生的净效益的必要方法。

4. 统一年限和价格原则

为了使结果具有可比性,应采用统一的年限和价格。如采用统一规划期初价格,计算年限包括建设年限和预测年限,投入使用后的预测年限一般以 20 年计算。

5. OD 量进行网络分析原则

交通量反映了公路使用者的多少,是计算公路使用者在网络上获得效益和费用多少的最基本数据。方案实施后可能会引起公路网上的交通量重新分布,也可能使其他运输方式的交通量转移,甚至可能引发新的交通出行。所有这些交通量可分为转移交通量和诱增交通量两类。

1.6.3 综合评价方法

评价是确定各个比较方案的价值,确定一个比较方案比另一个方案更为可取的过程。评价为决策者提供政策建设的影响、权衡轻重、不可靠性等,主要方面信息。评价向规划人员提供进一步研究、改进的机会。对于公路网规划方案的综合评价,现阶段所用的综合评价方法很多,典型的方法有层次分析法、纯矩阵法、主成分分析法、模糊综合评判法、层次－灰色关联分析法等,各种综合评价方法的特点及其模型原理如下。

1. 层次分析法

层次分析法是将与决策有关的元素分解成目标、准则、方案等层次,在此基础之上进行定性和定量分析的决策方法。该方法的特点在于首先将整个系统划分为目标、准则和方案三个层次,然后对方案进行相互比较,运用判断矩阵作相对评价,最后进行综合评价,从而排出各方案的优劣次序。

2. 纯矩阵法

纯矩阵评价法的特点是尽量避开系统(方案)中各种因素之间的错综复杂关系,主要着眼于判断各种评价指标和系统两两之间加权值优劣关系。

3. 主成分分析法

主成分分析也称主分量分析,旨在利用降维的思想,把多指标转化为少数几个综合指标。在实证问题研究中,为了全面、系统地分析问题,我们必须考虑众多影响因素。这些涉及的因素一般称为指标,在多元统计分析中也称为变量。因为每个变量都在不同程度上反映了所研究问题的某些信息,并且指标之间彼此有一定的相关性,因而所得的统计数据反映的信息在一定程度上有重叠。在用统计方法研究多变量问题时,变量太多会增加计算量和增加分析问题的复杂性,人们希望在进行定量分析的过程中,涉及的变量较少,得到的信息量较多。

4. 模糊综合评价法

模糊综合评价法是对不适宜定量的多指标事件进行半量化分析的一种方法。它可将某种定性描述和人的主观判断用量化形式表达,通过模糊运算和处理在一定程度上检查和减少人的主观影响,有效地避免了用"是"与"非"这种硬性尺度衡量被评价对象的作法,克服了采用传统的综合评价法可能出现的不同程度地偏离客观真实状况的缺陷,使分析和判断更科学。

5. 因子分析法

因子分析法是多元统计分析的一个重要分支,主成分分析法是因子分析法的一种,其主要思想是将多个指标通过数学转换变为少数相互独立的指标。

6. 层次—灰色关联分析法

层次—灰色关联分析法是将层次分析法和关联分析法有机结合起来,应用层次分析法确定各层次各指标的权系数,并把按乘数准则合并而得到的各指标权系数加入关联度的计算,及将各元素的关联系数取平均值改进为取加权平均。

1.7 公路网实施项目计划

公路网规划的一个重要成果就是制订出一个计划,列出要实施的建设项目、实施这些项目的时间及每个实施项目所需要的投资。

1.7.1 项目排序原则

项目排序应是一个动态的过程,对项目进行比较排序的方法必须符合项目建设的实际意义和满足决策的需要,同时又要在可能实现的计算量下进行排序。在建设项目排序过程中应遵循以下原则。

1. 拟订实施方案与布局方案相结合的原则

公路网建设项目实施计划的编制必须与以前的公路网规划步骤紧密联系在一起。不但实施计划中的项目应首先经过分析和评价,而且规划中的交通政策要与实施计划中的实际政策相一致。

2. 计算机分析与专家决策相结合的原则

项目排序的计算量很大,而为了保证各个项目之间具有可比性,各项目的分析过程又应是相同的,具有重复性,因此可以利用计算机进行自动排序。但由于实际情况是复杂的,因而对计算机运行所得到的结果还要由专家进行分析选择,从而确定最终方案。在实施计划的编制过程中,可能还伴随着政策磋商的过程,因此必须与规划地区乃至国家的有关政策制定部门协调,详细了解投资等有关政策。

3. 统一分析和区别分析相结合的原则

为了对所有的备选项目进行比较,要对各备选项目进行评价。为了保证评价的可比性,在评价指标和评价方法上应保持统一性。由于各个项目的实际情况各不相同,因此有必要对某些项目进行单独分析,或将项目分为不同的类型,分别进行排序。

4. 计划性与建议性相结合的原则

对于近期规划,在实施方案设计中需要制订详细的计划。但当规划期较长时,由于许多因素无法确定,因此不可能也不必要制订详尽的计划,而只需给出建议性的建设方向和框架,为决策者提供未来大致的图景,有时还要对可能出现的不同情况分别提出建议,为决策者提供决策的依据。

无论是近期规划还是远期规划,都有可能出现交通需求与目前已经制订的一些政策和计划不完全一致的情况,这时也可对这些政策和计划提出一些改进建议。

1.7.2 项目排序方法

公路网建设实施项目的排序旨在为公路网建设实施方案的拟订与决策提供依据,是将在公路网布局规划方案中确定的各个建设项目安排实施顺序,以使得规划期内的总建设效益最大。路网建设项目的评估与排序可以提供两个方面的决策依据,一是确定最佳的投资方向,二是确定最佳的项目建设时机。

1. 全部可能顺序比较法

最佳的公路网建设项目实施方案满足下面的条件:

$$A_s = \max\{A_{s1}, A_{s2}, \cdots A_{sn}\} \tag{1-13}$$

式中:A_s——n 个实施方案中建设总效益最大的方案;

A_{si}——第 i 个实施方案的建设总效益($i=1,2,\cdots n$)。

对于短期规划和只有几个建设项目的情况,可以将各种可能的实施顺序一一比较,得到建设项目的实施顺序。但对于规划期较长、建设项目较多的情形,此法就无法适用了。如果有 n 个路网建设项目,则其可能的实施顺序有 $n!$ 种,也就是说要对 $n!$ 个实施方案做出评价。要对这些方案一一加以评价比较,难以实现,因此必须找到一个适用的方法。

2. 项目一次性比较法

目前经常被采用的一种较简单的方法,是对各建设项目只进行一次评价比较,按这一次评价得到的评价指标从优到劣的顺序来确定路网建设项目的实施方案,这样就只需对 n 个项目进行评价。

然而实际上各项目的评价指标并不是静态的,一次比较仅代表一个时刻的情形。低优先次序的项目可能随着时间的推移,在规划期末成为高优先次序的项目(由于项目未建而使得交通紧张),而高优先次序的项目也有可能随着时间的推移在规划期末成为低优先次序的项目(由于其他平行项目已经建成)。因此,一次性的项目比较也只适用于短期规划和项目数较少的情况。

3. 项目滚动排序法

滚动排序是一种动态的排序方法,既不像静态的一次性项目比较方法仅考虑了目建设的实际情况,又不像项目全部可能顺序比较方法那样计算量过大而难以实现。滚动排序可以看成是一个公路网建设的模拟过程,重复地进行了“比较—建设”的过程:在滚动的某一时刻,对建设项目进行比较,选择最优的项目建设,从而修改了当前的路网和时间(对应不同的交通需求量)到达滚动的下一时刻,直到所有项目建完为止。项目滚动排序法的流程如图1-16所示。

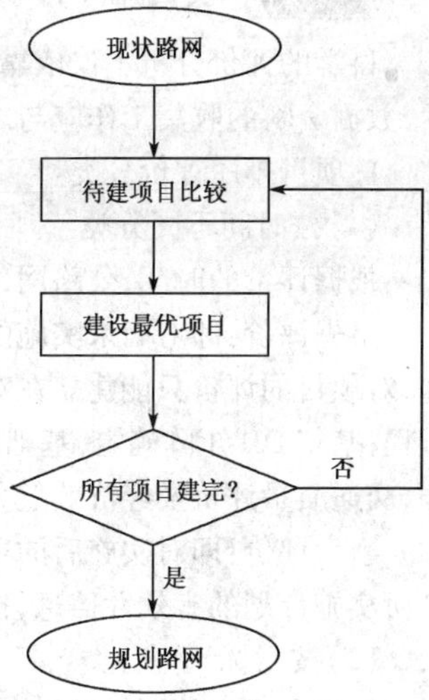

图1-16　项目滚动排序法的流程

项目滚动排序法在第 i 滚动中要比较 $(n-i+1)$ 个项目,或者说对 $(n-i+1)$ 个项目进行评价。对 n 个项目,要进行 $n-1$ 次滚动。因此,总计要进行的评价次数为:

$$n+(n-1)+(n-2)+\cdots+2 = \frac{n^2}{2} - \frac{n}{2} - 1 \tag{1-14}$$

显然,滚动排序得到的项目实施顺序,并不是实施方案的最优解,而只是近似最优解。

4. 阶段滚动排序法

当项目数较多时,上述滚动排序的计算量仍是较大的。并且在实际的建设过程中，并不是一个项目完全建成后再建下一个项目，一般是多个项目同时实施，或在一个建设阶段内安排几个项目，这几个项目的具体实施日期是比较灵活的。因此，可以考虑在每次滚动中选出多个项目，而不仅仅是一个项目。每次选出的项目数可以相同，也可以不同。例如将整个建设期分为若干个建设阶段，依次按各建设阶段滚动，对各阶段的建设项目进行排序。对同一建设阶段内的各个项目，按其评价指标进行排列。按这种方法得到的项目优先次序与按照项目滚动法得到的结果可能稍有不同，但一般对建设实施方案的安排影响不大。一般建设期和建设阶段的长短是已知的或可以大致确定的：建设期为5～30年，建设阶段为3～5年，则进行的滚动次数一般不超过10次，对确定的滚动次数N_r，需做评价的次数为：

$$N = N_r \times \frac{N_p + N_p^n}{2} \tag{1-15}$$

式中：N_r——阶段滚动排序方法所需做的项目评价次数（次）；

N_p——项目数（个）；

N_p^n——最后一次滚动评价的建设项目数（个）。

阶段滚动排序的另一个好处在于它可以利用调整滚动的次数来控制评价的次数，以适应不同的评价方法。此外，在路网建设项目的实施过程中，很可能因资金、施工等多种因素而导致项目的实际建设和完成时间发生变动，由于阶段滚动排序的同一滚动阶段内，各项目的优先次序不受项目建设先后次序的影响，因而排序结果仍可作为其他待建项目实施顺序决策的依据。

5. 各种项目排序方法的比较

一般来说，结果的准确性是随着计算量的增加而提高的，合理的计算方法应具有适用的准确性和可行的计算量。上述四种排序方法的计算量和结果准确性的比较如表1-5所示。

各种排序方法的计算量和结果准确性的比较 表1-5

方法	单项评价次数	结果准确性
全部可能顺序比较法	$n!$	最优解
项目一次性比较法	N	静态（某一时刻）解
项目滚动排序法	$\frac{n^2}{2}-\frac{n}{2}-1$	近似最优解
阶段滚动排序法	$N=N_r\times\frac{N_p+N_p^n}{2}$	近似最优解

注：表中N为项目数，n为滚动次数。

一般而言，后两种方法是较好的方法。阶段滚动排序法是在其他方法的基础上得到的。取单个项目的建设年限为滚动阶段时，阶段滚动排序法即转化为项目滚动排序法；取滚动次数为1时，阶段滚动排序法又转化为静态的一次性项目比较方法。一般情况下建议采用阶段滚动排序的方法。

1.7.3 项目排序评价

科学的评价分析不仅依靠科学的评价方法和指标，更需要可信的数据资料，在明确评价指标体系和评价方法以后，数据资料的收集工作应与之相适应。

1. 项目排序评价分类

（1）按时间不同分类

根据评价的时间，公路网建设项目的评价分为事先评价和事后评价。一般所说的评价是指事先评价。

事先评价：即对尚未实施的项目的评价。项目的事先评价是项目比较排序的直接依据。由于建设项目尚未实施，对项目的评价只能建立在对未来预测和模拟的基础上。也就是说，对每个建设项目的评价，都要经过如下复杂过程：基年OD矩阵确定，基础网络确定，基础网络与评价项目的叠加，网络交通分配，交通特征（车速、交通负荷）预测，交通质量评价及经济效益分析。

事后评价：即对实施后的项目的评价。事后评价不仅可以反映出项目实施达到目的的程度，而且还向决策者提供所实施计划的有效性信息，指导今后的实施计划的安排，事实上这是公路网规划跟踪调整的一部分内容。

（2）按指标不同分类

根据所采用的评价指标不同，建设项目的评价分为单一目标评价（经济效益评价）和多目标评价（综合评价）。

单一目标评价：公路网规划中常用的是经济效益评价，将比较方案的效益和成本折合成货币单位，以确定提供最大净效益的方案。一般采用的指标主要有:净现值、效益费用比、内部收益率、投资回收期等。

多目标评价:单一目标评价把公路建设项目可能产生的多种效益都转化为用货币衡量的经济价值,以便对所有项目进行比较。但公路网规划中的各个项目是为了不同的目标,一个项目也可能有多个目标,单一的目标评价虽然为规划过程提供了很有用的信息,却不可能把常常是矛盾的目标系统地包含到评价的过程中去,而这些目标可能反映了决策者最关心的内容,因此有时需要进行多目标分析。

2. 项目排序对比

公路网建设项目的评价一般采用有无项目法进行经济效益对比。应该注意的是,项目排序中的经济评价是为了项目比较而进行的,与建设项目经济评价不同。后者要求投资、效益等估算的数值与实际尽可能接近,而前者要求尽可能地体现有无项目的区别和不同项目之间的区别。

(1)采用经济评估

项目评价一般分为财务评价和国民经济评价。考虑到公路运输尚未形成建设和运营统一核算的独立企业,更重要的是公路的效益是以公路使用者获得的社会效益为主,而不仅仅是公路运输部门的效益,因此,公路的建设项目一般进行国民经济评价。

(2)采用直接费用和效益

项目的效益应包括该项目为国民经济做出的全部贡献。直接效益主要指可用货币形式表现的项目产出物的经济价值,一般在项目实施方案规划设计中只计算直接效益,即公路使用者所获得的效益。主要表现为有此项目相对无此项目时的汽车运输成本的节约,客、货在途时间的减少及交通事故费、货损事故费的减少。

相应的,项目的费用应考虑直接费用,即可用货币形式表现的为完成规划项目的建设、管理、运营所付出的经济价值。主要表现为公路建设费、公路大修费、公路养护费、交通管理费和残值(以负值计入费用)。

(3)采用"有""无"项目网络比较方法

公路网建设项目的"有""无"比较是将拟建项目实施情况下发生的各种费用和效益,与假定拟建项目不实施情况下的各种费用和效益进行比较,这是准确衡量项目所产生的净效益的可行方法。

公路网建设项目的效益主要产生于公路项目本身或邻近的平行公路,建成项目的部分运量是由公路网其他路段上转移过来的,从而缓解了这些路段的拥挤程度,产生伴生效益;相反,如果项目的建设使得与其相连的未改建路段的交通量增加,道路拥挤程度增大,则会产生负效益。因此,计算某待建公路的效益时应考虑整个路网,而不仅仅是项目本身发生的费用,即进行有无项目网络费用比较。

(4)采用统一年限和价格

为了使结果具有可比性,排序中应采用统一的年限和价格,如统一采用规划初期价格,计算年限包括建设年限和预测年限,投入使用后的预测年限一般以20年计算。

(5)采用预测的需求交通量进行网络分配

交通量反映了公路使用者的多少,是计算公路使用者在网络上获得的效益和费用多少的基本数据之一。项目建设后可能会引起公路网上的交通量重新分布,也可能使其他运输方式原有的一部分交通量转移到公路网上,甚至可能引发新的交通出行。所有这些交通量可分为转移交通量和诱增交通量两类。

在建设项目实施方案的规划中,如果被动地仅考虑是由建设项目引起的交通量变化,并以此作为确定项目优先次序的依据,将使得公路网规划失去主动的指导意义。这种做法是不合理的,而且也不便于不同项目的比较。因而在排序中从另一角度考虑:依据经济发展规划来预测交通需求(即预测未来的OD出行量)并进行网络交通分配。建设项目为需求交通量提供服务获得的效益,反映了建设项目满足公路网交通需求的程度,或者说是经济发展对于该建设需求程度高低的一种度量,用这种效益作为评价项目优先次序的指标是合理的。这样也使得发展性项目(为满足经济或运输发展扩大的要求)和提高性项目(提高现有路网水平)具有较好的可比性,并与投资约束中的考虑相一致。

3. 项目经济效益评价方法

公路网建设项目的效益是有无项目时路网费用之差,即:项目效益 = 无项目时路网费用 - 有项目时路网费用。这里所指的路网费用,是指公路网上发生的各种费用中由于项目的建设而可能发生变化的部分。网络费用是网络中所有路段上的费用之和,即:

$$C_{net} = \sum_{a} C_a (a \in A_{net}) \tag{1-16}$$

式中:C_{net}——网络总费用(元);

C_a——路段 a 上的费用(元);

A_{net}——构成网络的所有路段的集合。

每一路段上的运营费用都与该路段上三方面的因素有关,即:

(1)路段的道路条件

主要是路段的等级和长度。这两个参数可以从公路网调查数据库中直接得到。对于新建路段的长度,由于项目的路线走向尚未具体确定,因而当路网中各点间的距离不大时,可采用节点间距离之和。对于两个交通节点间有多个不同等级和长度路段的情形,采用各路段的加权平均值。

(2)路段的交通状况

主要包括路段上的交通量、路段行程时间、路段饱和度及路段的平均车速。这些数据可以通过预测的需求 OD 量在计算路网上分配得到。

(3)路段上各种费用的经济参数

主要包括路段上的旅客时间价值、货物时间价值、路段上按时间计算的车辆运输成本及按距离计算的车辆运输成本(包括车辆使用道路的道路成本),它们与路段饱和度、平均车速和路段等级有关。最后采用的项目效益计算公式为:

$$B_{pi} = C_{net0} - C_{net0+pi} \tag{1-17}$$

式中:B_{pi}——项目 P_i 的效益(元);

C_{net0}——"无"项目网(基础网)的网络费用(元);

$C_{net0+pi}$——"有"项目网(已建设项目 P_i)的网络费用(元)。

式(1-16)中 C_a 的计算公式为:

$$C_a = W_a(CT_a \cdot T_a + CL_a \cdot L_a) \tag{1-18}$$

式中:W_a——路段 a 上的客货交通总量(标准车);

T_a——路段 a 上的平均行驶时间(h);

L_a——路段 a 的长度(km);

CT_a——路段 a 上与时间有关的价值系数(元/标准车·km);

CL_a——路段 a 上与距离有关的价值系数(元/标准车·km)。

其中 CT_a 及 CL_a 的计算公式为:

$$CT_a = CTF_a \cdot \frac{VF_a}{VV_a} + CTP_a \cdot \frac{VP_a}{VV_a} + CTU_a \tag{1-19}$$

$$CL_a = CLB_a \cdot f_{VC1}(VC_a) \cdot f_{VC2}(VC_a) \cdot f_s(S_a) \cdot f_t(t_a) \tag{1-20}$$

式中: CTF_a——路段 a 上的货车时间价值系数(元/km);

CTP_a——路段 a 上的客车时间价值系数(元/km);

CTU_a——路段 a 上的与时间有关的运输费用价值系数(元/km);

VF_a——路段 a 上的货车交通量(标准车);

VP_a——路段 a 上的客车交通量(标准车);

CLB_a——路段 a 上的距离价值系数矩阵(元/标准车·h);

$f_{VC1}(VC_a)$——饱和度(V/C)对油耗的影响系数;

$f_{VC2}(VC_a)$——饱和度(V/C)对轮胎消耗的影响系数;

$f_s(S_a)$——道路坡度(S_a)对油耗的影响系数;

$f_t(t_a)$——道路不平整度(t_a)对油耗的影响系数。

1.8 公路网规划编制办法

《公路网规划编制办法》〔交通运输部交规划发 2010[112]号〕规定,公路网规划是公路建设前期工作的重要环节,是公路合理布局、协调发展的重要手段,是编制公路建设五年规划的依据,是确定公路建设项目的基础。公路网规划期限一般为 10~20 年。

1.8.1 公路网规划内容

编制公路网规划必须贯彻国家的方针和政策,严格执行国家颁布的有关法规、制度,以及相关技术规范、标准;

满足经济社会发展要求，与生产力布局、国土规划和城镇体系规划相适应，与其他运输方式相衔接；注重经济和社会效益，集约利用土地，保护环境，实现可持续发展。

①公路网规划主要内容是评价公路网现状，研究未来经济社会和交通发展需求，明确公路发展目标，确定路网规模、布局和技术标准，提出公路网建设总体安排以及保障规划实施的政策与措施。

②公路网规划分为公路等级网规划、区域范围网规划两类。

a. 公路等级网规划，可分为国道规划、省道规划、县道规划、乡道规划，以及专用公路规划；

b. 区域范围网规划，可分为各级行政区域的公路网规划和特定区域的公路网规划。

1.8.2 公路网规划编制和审批

①国道规划由国务院交通运输主管部门会同国务院有关部门并商国道沿线省、自治区、直辖市人民政府编制，报国务院批准。

②省道规划由省、自治区、直辖市人民政府交通运输主管部门会同同级有关部门并商省道沿线下一级人民政府编制，报省、自治区、直辖市人民政府批准，并报国务院交通运输主管部门备案。

③县道规划由县级人民政府交通运输主管部门会同同级有关部门编制，经本级人民政府审定后，报上一级人民政府批准。

④乡道规划由县级人民政府交通运输主管部门协助乡、民族乡、镇人民政府编制，报县级人民政府批准。县道、乡道规划应当报批准机关的上一级人民政府交通运输主管部门备案。

⑤专用公路规划由专用公路的主管单位编制，经其上级主管部门审定后，报县级以上人民政府交通运输主管部门审核。专用公路规划应与其他公路规划相协调。

⑥按行政区域编制的公路网规划，由该行政区域交通运输主管部门编制，规划编制后，报该行政区域人民政府批准，并报上一级交通运输主管部门备案。跨行政区域的公路网规划可由上一级交通运输主管部门组织相关行政区域的交通运输主管部门编制。按行政区域编制的公路网规划应服从上一级公路网规划。

⑦公路网规划研究及报告编制工作应由具有相应咨询资质的单位承担，其中承担国道和省道规划的研究单位应具备甲级咨询资质。公路网规划要广泛征询公众、相关部门和相邻行政区交通运输主管部门的意见。公路网规划的环境影响评价按国家相关规定执行。

1.8.3 公路网规划调编

交通运输主管部门可根据社会经济和交通发展的新形势及规划实施情况，适时组织规划调整。当出现重大调整时，须履行相关审批程序。

第二章　公路建设程序

2.1　一般概念

社会主义国民经济是建立在生产资料的社会主义公有制基础之上。基本建设是国民经济各部门为了扩大再生产而进行的增加固定资产的建设工作。为适应国民经济发展生产、流通领域的需要，国家对公路进行新建、改建、扩建和重建，以不断扩大公路运输能力，这是公路运输业中公路固定资产扩大再生产的主要形式，称之为公路基本建设。国家大型项目基本建设程序如见图2-1所示。

2.1.1　国民经济计划

国民经济是指一个国家范围内各社会生产部门、流通部门和其他经济部门所构成的互相联系的总体。工业、农业、建筑业、运输业、邮电业、商业、对外贸易、服务业、城市公用事业等，都是国民经济的组成部分。国民经济计划即国民经济和社会发展计划，是指国家对国民经济和社会发展各项内容所进行的分阶段的具体安排。它分为长期计划（一般为10年或10年以上）、中期计划（一般为5年）和短期限计划（又称年度计划）。

1. 国民经济长期计划

编制长期计划目的是使一定历史时期内的社会、经济战略决策具体化。它不仅要为中期、短期计划提供总体框架，决定中、短期计划的方向、任务和内容，保证整个计划体系的稳定、协调和连续性，而且为全国人民树立一个具体的奋斗目标，发挥巨大的动员和组织力量。因此，在计划体系中，长期计划具有特别重要的地位和主导作用。在长期计划编制和执行过程中，遇到的不确定因素较多，所以它只能是纲要性计划，主要反映重大比例关系、发展速度，以及重大科学研究项目和建设项目。

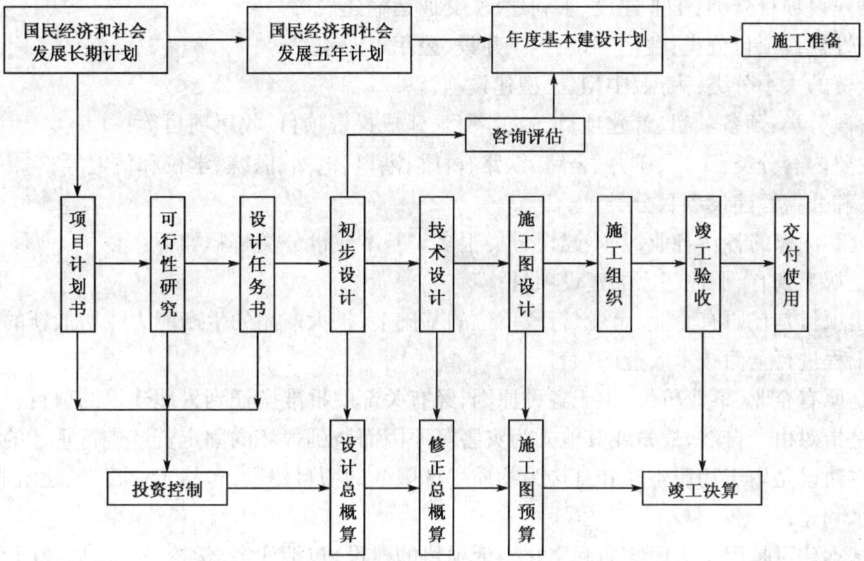

图 2-1　国家大型项目基本建设程序示意

2. 国民经济五年规划

国民经济五年规划以国民经济和社会发展战略的目标和步骤为依据，对长期计划的各项任务，给以一定时间里的数量要求，并规定为达到计划要求的途径和手段。五年规划主要是对全国重大建设项目、生产力分布和国民经济重要比例关系等做出规划，是国民经济发展远景规划的目标和方向。

3. 年度基本建设计划

年度投资计划管理主要包括年度投资建议计划的编制、上报和年度投资计划的下达、调整和检查监督。主要是根据有关政策要求和国家下达的基建投资控制指标、在建规模及当年必须考虑的因素，提出安排项目的投资、投资指标、建筑面积的“切块”原则和要求，以及重点项目计划安排的建议，经与有关专业部门组织审查后，提交决策机关决策。

2.1.2　基本建设

基本建设是形成固定资产的生产活动。固定资产是指在其有效使用期内重复使用而不改变其实物形态的主要劳动资料，它是人们生产和活动的必要物质条件，是一个物质资料生产的动态过程，这个过程概括起来，就是将一定的物资、材料、机器设备通过购置、建造和安装等活动把他转化为固定资产，形成新的生产能力或使用效果的建设工作。

1. 基本建设的地位和作用

基本建设在整个国民经济中占有重要地位，对经济发展起着主导、决定性的作用。通过基本建设可改变国民经济的重大比例关系，调整产业和部门结构及生产力的地区分布，促进国民经济健康发展。

基本建设是促进社会生产发展和提高人民生活水平的重要手段。它为国民经济各部门新增固定资产和生产能力，对有计划地建立新兴产业部门，调整原有经济结构，合理分布生产力，采用先进技术改造国民经济，加速生产发展速度，以及为社会提供住宅和科研、文教卫生设施以及城市基础设施，为改善人民物质文化生活等方面，都具有重要意义。基本建设工程建设周期长，要在较长的时间内占用和消耗大量的生产资料、生活资料和劳动力。因此，在社会主义经济建设中，要十分重视合理确定建设规模，选择投资方向，讲求效果，以充分发挥基本建设应有的积极作用。

2. 基本建设分类

基本建设按功能作用分，主要有两类。一是为了国民经济增加新的固定资产和生产能力的基本建设项目，它对建立新的生产部门，调整原有经济结构，促进生产力的合理配置，提高生产技术水平等具有重要的作用。二是改善和提高人民生活水平的基本建设项目，在增强国家经济实力的基础上，提供大量住宅和科研、文教卫生设施以及城市基础设施，对改善和提高人民的物质文化生活水平具有直接的作用。基本建设按建设性质、投资规模等分类有：

(1)按建设项目性质分类:新建、扩建、改建、恢复建和迁建;

(2)按生产性建设项目分类:工业建设、水利建设、交通运输建设等;

(3)按非生产性建设项目分类:住宅建设、卫生建设、公用事业建设等;

(4)按建设投资的大小分类:大型、中型、小型建设项目;

(5)按建设阶段分类:预备项目、筹建项目、施工项目、建成投资项目、收尾项目等;

(6)按建设主要内容分类:工厂、矿井、公路、铁路、桥梁、港口、电站、医院、学校和住宅等;

(7)按基础性和公益性建设项目分类。

根据国家制度和国家的各行各业,基本建设分类很多。基本建设分类解释如下:

①新建项目是从无到有、平地起家的建设项目;

②扩建和改建项目是在原有企业、事业、行政单位的基础上,扩大产品的生产能力或增加新的产品生产能力,以及对原有设备和工程进行全面技术改造的项目;

③迁建项目是原有企业、事业单位,由于各种原因,经有关部门批准搬迁到另地建设的项目;

④恢复项目是指对由于自然、战争或其他人为灾害等原因而遭到毁坏的固定资产进行重建的项目;

⑤生产性基本建设是用于物质生产和直接为物质生产服务的项目建设,包括工业建设、建筑业和地质资源勘探事业建设和农林水利建设;

⑥非生产性基本建设是用于人民物质和文化生活项目的建设,包括住宅、学校、医院,以及国家行政机关和金融保险业的建设等;

⑦基础性建设项目是指建设周期长、投资额较大的基础设施和部分基础工业项目,如交通、通讯、能源、水利、城市公用设施等。一些基础性项目具有自然垄断性,有些基础性项目经济效益较低,社会效益较高;

⑧公益性建设项目,是指那些主要为社会发展服务、难以生产直接回报的建设项目,如科研、教育、医疗保健、文化等社会事业,也包括某些公路建设项目。

3.基本建设的主要内容

一般情况下的基本建设是一项土建工程,其内容主要包括建筑安装工程、设备工具购置和工程建设的其他工作。

1)建筑安装工程

建筑安装工程内容,包括各种建筑工程、水利工程、公路工程、人防工程、电力工程等,以及各种与机械设备相连的装配工程。

①建筑工程是指各类房屋建筑及其附属设施和与其配套的线路、管道、设备安装及室内外装修工程。一般称建筑工程为新建、改建或扩建房屋建筑物和附属构筑物,所进行的勘察、规划、设计、施工、安装和维护等各项技术工作和完成的工程实体。

②水利工程是指对自然界的地表水和地下水进行控制、治理、调配、保护,开发利用,以达到除害兴利的目的而修建的工程。水是人类生产和生活必不可少的宝贵资源,但其自然存在的状态并不完全符合人类的需要。只有修建水利工程,才能控制水流,防止洪涝灾害,并进行水量的调节和分配,以满足人民生活和生产对水资源的需要。

③公路工程是指主要包括有路基、路面、桥梁、涵洞、隧道、排水系统、安全防护设施、绿化和交通监控设施,以及管理和养护房屋、服务性设施等的建设。

④人民防空工程也叫人防工程,是指为防备敌人突然袭击,保障战时人员与物资掩蔽、人民防空指挥、医疗救护而单独修建的地下防护建筑,以及结合地面建筑修建的战时可用于防空的地下工程。

⑤电力工程是指与电能的生产、输送、分配有关的工程。电能易转换、传输和控制,已成为现代社会物质文明与精神文明的技术基础。电能的生产主要是投入火电厂、水电站和核电站等的工程建设。

2)设备及工器具购置

设备及工器具购置内容,包括购置设备、工具和器具等。

3)工程建设其他工作

工程建设其他工作内容,包括勘察、设计、科学研究实验、征地、拆迁、试运转、生产职工培训和建设单位管理工作等。

4.基本建设程序

基本建设项目是根据国民经济长远规划和布局要求,有步骤地进行。即初步提出建设项目;对建设项目进行可行性研究;提出建设项目计划任务书;选定建设地点;待计划任务书批准后,勘察设计,购置设备,生产准备,组织施工,交付使用,直至竣工验收。建设项目工作程序如下:

①根据国民经济长远规划及公路网建设规划,进行可行性研究,编制计划任务书;

②进行踏勘及初步设计;

③列入国家年度基本建设计划后,进行详细测量,编制施工图;

④招标投标进行施工前的准备;

⑤组织施工;

⑥竣工验收;

⑦交付使用。

5. 基本建设投资

基本建设投资是指以货币形式表现的基本建设工作量。其来源主要为国家预算内基建拨款及专项拨款,部门、地方和企业自筹投资,以及国内外基本建设贷款。

1)基本建设投资的重要性

在社会主义经济中,基本建设投资在国民收入积累部分和国家财政支出部分都占很大比重,它是社会主义扩大再生产的源泉。国家在各个计划时期,规划基本建设投资的来源,决策建设投资的规模、发展速度、结构和重大建设项目。进行巨额的基本建设投资,目的在于增添社会主义的固定资产,扩大生产能力和效益,以促进国民经济和社会的发展,增加国民收入,巩固国防,改善人民生活。

2)基本建设投资的计划性

基本建设投资是按工程预算价格计划和计算的。基本建设投资额就是根据预算价格计算并以货币形式表现的固定资产建设活动的工作量,它是反映基本建设投资规模、方向和进度的综合性指标。基本建设投资额由建筑安装工程费用、设备购置费用和其他费用构成。

3)基本建设投资的规模性

国民经济基本建设投资,分配使用于不同部门、不同地区和社会再生产的不同方面,构成不同的投资结构。合理的建设投资规模和投资结构可以促进国民经济有计划按比例高效益地发展。

2.1.3 公路的地位和功能

公路建设的直接意义就是快速促进汽车工业的发展,而重大意义还是在于促进国民经济、社会协调发展,实现小康社会目标,增加全社会的机动性,改善人民生活水准和品质。公路按国家或区域公路网规划,根据政治、军事、经济、人民生活等需要,结合地理环境条件,划分公路等级。

1. 高速公路

高速公路具有汽车专用主干道功能,是全部控制出入、专供汽车在分隔的车道上高速行驶的公路。主要用于连接政治、经济、文化上重要的城市和地区,是国家公路干线网中的骨架。四车道高速公路应能适应将各种汽车折合成小客车的年平均日交通量25000~55000辆;六车道高速公路应能适应将各种汽车折合成小客车的年平均日交通量45000~80000辆;八车道高速公路应能适应将各种汽车折合成小客车的年平均日交通量60000~100000辆。与一般公路相比,高速公路具有如下功能特征:

①实行交通限制,规定汽车专用。交通限制主要指对车辆和车速限制。凡非机动车辆和由于车速限制可能形成危险和妨碍交通的车辆均不得使用高速公路。车速限制主要是对最高和最低车速的限制,以使高速公路上的车速差减小,超车次数减少,确保行车安全。

②实行分隔行驶。分隔行驶包括两方面的内容:一是对向车用中间隔离带分离,以避免对向车辆行车干扰;二是每一行车方向设置两个或两个以上用画线办法分隔的行车道,将同向行驶的快车、慢车和超车分离,以减少同向行车间的干扰。

③严格控制出入,实行全"封闭"。是指对进出高速公路的车辆加以严格控制,禁止非机动车和行人上路。车辆出入的控制方法是在交叉口处设置立体交叉,使相交车流在空间上分离,通过立交的进出口来控制车辆出入。高速公路沿线还通过设置高路堤、高架桥、护栏、分隔网等"封闭"措施,使汽车与非机动车和行人分离。通过控制和"封闭",减少行车的侧向干扰,以保证行车安全。

④采用较高的设计标准,设置完善的交通与服务设施。高速公路路线采用较高的技术指标。高速公路沿线还

设有完善的安全设施、服务设施、交通控制设施、管理设施及绿化设施。高标准的设计指标和完善的交通服务设施，为高速、安全、舒适行车，调节恢复驾驶员疲劳，方便旅客，保护环境提供了可靠的保证。

2. 一级公路

一级公路具有疏散交通的干线功能，有供汽车分向、分车道行驶，并部分控制出入、部分立体交叉的公路。主要连接重要政治、经济中心，通往重点工矿区，是国家的干线公路。一般四车道一级公路应能适应将各种汽车折合成小客车的年平均日交通量15000～30000辆；六车道一级公路应能适应将各种汽车折合成小客车的年平均日交通量25000～55000辆。一级公路的设计速度有100km/h、80km/h、60km/h三种，为干线公路时，取100km/h或80km/h，为集散公路时取80km/h或60km/h。

3. 二级公路

二级公路具有区域干线功能，是连接政治、经济中心或大工矿区等地的干线公路，或运输繁忙的城郊公路。二级公路为供汽车行驶的双车道公路，应能适应将各种汽车折合成小客车的年平均日交通量5000～15000辆。

4. 三级公路

三级公路具有区间支线功能，是沟通县及县以上城镇的一般公路。三级公路为主要供汽车行驶的双车道公路。双车道三级公路应能适应将各种车辆折合成小客车的年平均日交通量2000～6000辆。

5. 四级公路

四级公路具有沟通县及乡的支线功能。双车道四级公路应能适应将各种车辆折合成小客车的年平均日交通量2000辆以下；单车道四级公路应能适应将各种车辆折合成小客车的年平均日交通量400辆以下。

2.1.4 公路建设项目

公路建设项目是将投资转化为固定资产的过程。建设项目具有特定的对象和建设规模，有一定的时间限制，有技术经济性和资金限制的要求。建设项目是一次性设计和实施，具有庞大性、复杂性和系统性，有新技术、新工艺要求。公路建设项目在满足使用功能和安全要求的前提下，应是资源节省和环境协调。

1. 投资再生产性

固定资产再生产是指固定资产不断补偿，替换和扩大的过程。固定资产再生产包括简单再生产和扩大再生产、更新改造和基本建设等形式。按投资的再生产性质可分为基本建设项目和更新改造项目。属于基本建设项目的有新建、扩建、迁建和重建等；属于更新改造项目的有技术改造项目、技术引进项目和设备技术更新项目等。

2. 资金筹措

资金筹措就是筹集资金，是指企业向外部有关金融机构或企业内部筹集生产所需的财务活动。筹集资金是资金运动的起点，是决定资金运动规模和生产发展程度的重要环节。公路建设面域广、规模大、需要投入的资金量非常大、筹资期短，必须采取多方筹集方式解决实际需要。我国公路建设资金来源主要有以下几种。

1）政府投资

政府投资是由政府预算直接安排的投资，通过政府财政拨款的方式，根据建设进度分期拨给建设单位，然后直接用于公路建设。政府投资即国家财政资金，是指税收收入或国家企业上缴的一部分税后利润。政府投资的职能表现如下：

①均衡社会投资，政府发挥宏观调控作用；

②政府投资对调节投资结构、引导社会投资方向起着重要作用；

③为社会、民间，创造良好的投资环境；

④支持某地区的国家重点项目建设。

2）地方投资

在政府预算的安排之外，由各地区、各部门按照国家规定自筹资金安排的投资。这是我国建设资金的一项补充来源。

3）银行贷款

银行贷款是指银行根据国家政策以一定的利率将资金贷放给资金需求者，并约定期限归还的一种经济行为。银行信贷是以银行为主体，根据信贷自愿的原则，依据经济合同所施行的有偿有息投资。政府主管部门对公路建设贷款额度和贷款期限方面有明文规定。金融机构是指专门从事货币信用活动的中介组织。我国的金融机构，按地位和功能可分为中央银行、银行、非银行金融机构等。

4)国外资金

在国家统一政策的指导下,积极慎重地引进国外的先进技术和国外投资,以弥补我国建设资金的不足,加速我国经济建设的发展。目前我国可利用的外来资源,主要有从国外以及港、澳、台地区借入资金和由投资者直接投资等方面。

①世界银行、亚洲开发银行等机构提供的贷款;

②国外政府贷款,即外国政府预算中拨出资金开展对外援助或促进本国出口贸易而进行的贷款;

③出口信贷是指西方国家为鼓励资本输出和商品输出而设置的信贷;

④国际金融市场贷款是指各国商业银行和私人银行利用吸收的外汇存款发放的贷款;

⑤合资经营是指由境外合营者提供设备、技术、培训人员,我国合营者提供土地、厂房、动力、原材料、劳动力等,双方按协议计算投资股份,分享利润和承担风险;

⑥租赁信贷、发放国外证券等。

5)其他资金来源

其他资金来源包括联营投资、股票投资、发行债券等。目前,由于公路建设资金不足,在国务院直接领导下,已制定几项发展交通建设的政策,建立了国家公路建设特别基金如下:

①养护税费改革增加投资;

②增加车辆购置附加费;

③允许集资贷款修建高速公路、独立大桥和隧道等,以收取一定费用还本息;

④确定能源、交通基金返还,实行“以工代赈”地方集资等政策和措施,使公路建设部分资金有了长期稳定的来源。

3. 行政隶属关系

按《中华人民共和国公路管理条例实施细则》第三条规定,划分为国道,省道,县道,乡道,专用公路五个行政等级。明确规定新建公路应当符合技术等级的要求;原有不符合最低技术等级要求的等级外公路,应当采取措施,逐步改造为符合技术等级要求的公路。

①国道,是指具有全国性政治、经济意义的主要干线公路。包括连接各大经济中心、港站枢纽、商品生产基地和战略要地的公路。

②省道,是指具有全省(自治区、直辖市)政治、经济意义,联结省内中心城市和主要经济区的公路,以及不属于国道的省际的重要公路。

③县道,是指具有全县(旗、县市级)政治、经济意义,联结县城和县内主要乡镇和主要商品生产和集散地的公路,以及不属于国道、省道的县际间的公路。

④乡道,是指主要为乡(镇)内部经济、文化、行政服务的公路,以及不属于县道以上公路的乡与乡之间及乡与外部联络的公路。

⑤专用公路是指专供或者主要供厂矿、林区、油田、农场、旅游区、军事要地等与外部联络的公路。

4. 公路建设项目分类

公路建设是属于国家基本建设中的一种工程建设,自然有其基本建设项目的特性。公路建设项目按划分的标准不同,有以下不同的分类方法。

1)按投资的再生产性质划分

①公路小修和保养,是通过固定资产维修来实现固定资产简单再生产。

②公路大、中修,是通过固定资产更新和技术改造来实现的固定资产简单再生产和部分扩大再生产。

③公路新建、改建、扩建和重建四种形式,是通过基本建设来实现的固定资产扩大再生产。

2)按建设规模划分

建设规模一般是指工程规模或投资规模。工程规模是指建设项目采用的技术标准高低、工程量大小,占地面积多少等;投资规模是指建设项目的总造价大小,也就是这项工程建设得用多少钱。

①依据国家颁布的《基本建设项目大中小型划分标准》规定,对于新建公路、扩建国防、边防公路和跨省干线长度 >200km,独立公路大桥 >1000m 的,为大、中型项目。对于公路更新改造项目,总投资 >5000 万元的,为限额以上项目;总投资在 100~5000 万元的,为限额以下项目;总投资 <100 万元的,为小型项目。

②依据《公路工程技术标准》(JTG B01—2003)规定,公路桥梁总长 $8\text{m} \leq L \leq 30\text{m}$,单孔跨径 $5\text{m} \leq L_k < 20\text{m}$ 的为

小桥；总长 $30m < L < 100m$，单孔跨径 $20m \leq L_k < 40m$ 的为中桥；总长 $100m \leq L \leq 1000m$，或单孔跨径 $40m \leq L_k \leq 150m$ 的为大桥；总长 $L > 1000m$，单孔跨径 $L_k > 150m$ 的为特大桥。

③依据《公路工程技术标准》(JTG B01—2003)规定，公路隧道长度 $L > 3000m$ 的为特长隧道；$3000m \geq L > 1000m$ 为长隧道；$1000m \geq L > 500m$ 的为中隧道；$L \leq 500m$ 的为短隧道。

3)按资金来源划分

按资金来源可分为国家预算拨款项目、国家拨改贷项目、银行贷款项目、企业联合投资项目、企业自有资金项目、利用外资项目等。

4)按公路技术等级划分

按照《公路工程技术标准》(JTG B01—2003)规定，根据公路使用任务、功能和适应的交通量分为高速公路、一级公路、二级公路、三级公路、四级公路，五个等级的建设项目。

5)按公路的经济性质划分

按公路的经济性质划分为经营性公路和非经营性公路。

经营性公路：是指包括有偿转让经营权的公路，实施公路企业资本化经营的公路和实施“建设—经营—转让”(BOT)的公路。它是政府对公路基础设施的特许经营。

非经营性公路：其可以细分为两种，一种是收费性的高等级公路，这类收费公路并不是以盈利为目的，其收费的目的，国家有明文规定是为了偿还借贷款，一旦借贷款还清本息之后，是要立即停止收费。另一种是不收费的社会公益性公路，是由国家财政拨款投资、养路费投资、民工建勤、以工代赈或者个人及社会捐资修建的公路，这些公路不收取过路费，其价值补偿和实物补偿要通过收取税费的方式解决。

2.1.5 公路建设的特点

公路交通建设是国家和地方建设中的一个重要内容，包括勘察设计、工程造价管理、施工技术与管理、工程监督与监理等，国家规定政府投资公路建设项目实行审批制，企业投资公路建设项目实行核准制。公路建设特点如下。

1. 具有明确的建设目标

公路建设目标既有宏观目标，又有微观目标。政府审核公路建设项目，主要审核建设项目的宏观经济效果和社会效果。企业则更多地重视在项目建设中的盈利能力等微观的财务目标。

2. 众多的约束条件可以实现建设目标

公路建设项目有路基、路面、桥梁、隧道和沿线设施等工程内容，实现这个多项的建设目标主要约束条件有：

(1)时间约束

时间约束即一项工程要有合理的建设工期时限。

(2)资源约束

资源约束即一项工程要在一定的投资额度、物力、人力条件下来完成建设任务。系统资源约束理论认为，一切系统资源(包括传统的经济资源、非传统资源)皆有现实或潜在的利用价值，系统产出要依赖系统资源支持，同时受其约束。不同的生产技术水平、资源利用程度、组织运行效率、学习知识能力等，对应不同产出量曲线。在系统资源约束条件下，(相对)独立系统内经济体的发展在可用资源限制下呈 logistic 曲线增长。

(3)质量约束

质量约束即一项工程要有预期的使用能力、技术水平、工程质量或建设工程的社会效益和使用效果的要求。

3. 具有一次性和不可逆性

具有一次性和不可逆性表现为投资建设地点一次性固定，建成后不可移动。设计的单一性，施工的单件性。工程建设与一般商品生产不同，不是批量生产。工程项目(尤其是公路项目)建设一旦完成，一般不可能改变用途。

4. 投资规模大

公路建设存在投资规模大、建设周期长，投资回收期长，工程寿命周期长，其质量优劣影响面大、作用时间长等问题。但公路交通建设是基础工作，与国家或区域交通运输发展、国民经济发展息息相关，公路的作用和产生的社会效益巨大，而且具有长期的效益和效果，尤其是可以拉动内需，搞活经济。

5. 风险大

由于项目建设是一次性的，建设过程中各种不确定性因素很多，因此投资的风险性很大。

6. 技术复杂

项目的内部结构存在许多结合部，是项目管理的薄弱环节，给参加建设的各单位之间的沟通、协调造成许多困难，这也是工程实施中容易出现事故和质量问题的地方。

2.1.6 公路建设的作用

公路建设是基本建设的一个重要方面。基本建设是国民经济和社会发展中的重大经济行为，对于国计民生和现代化建设事业有着重要影响。基本建设在社会经济发展中的作用表现在以下几个方面：

(1)促进社会生产力和国民经济发展

生产能力是指在计划期内，企业参与生产的全部固定资产，在既定的组织技术条件下，所能生产的产品数量，或者能够处理的原材料数量。生产能力是反映企业所拥有的加工能力的一个技术参数，也可以反映企业的生产规模。工程效益，又称新增生产能力，指通过固定资产投资活动而增加的设计能力或工程效益，它是用实物形态表示的固定资产投资的成果。任何生产能力与工程效益的获得，必须通过一定量的资本与劳动投入才能实现，这个过程就是基本建设。它一方面要弥补在生产和使用过程中的自然损耗与经济损耗，以维持简单再生产；另一方面又要在此基础上增加生产规模和效益，以满足扩大再生产。因此在国民经济发展中，基本建设发挥着重要的发动机作用，公路发挥交通运输的纽带作用。

(2)调整产业结构和生产力布局

产业结构是指各产业的构成及各产业之间的联系和比例关系。各产业部门的构成及相互之间的联系、比例关系不尽相同，对经济增长的贡献大小也不同。因此，把包括产业的构成、各产业之间的相互关系在内的结构特征概括为产业结构。生产力布局是指物质生产及其单元(企业、设施)等的区位、地点及地区规模、部门结构及地域组织。

一个国家或地区在不同的经济发展阶段，具有不同的产业结构特征。它要求基本建设投资应顺应经济发展的内在规律，通过在各部门、各行业之间的分配来建立比较合理的产业结构关系；而在经济转型期，产业结构的调整又需要以基本建设投资为引导来逐步推动。同理，一个国家或地区的空间发展也总是不平衡的，要依靠基本建设投资在地域上的分布实现生产力的合理布局，从而促进区域的平衡发展。可见在国民经济发展中，基本建设又起着独特的调节器的作用。

2.1.7 公路建设的任务

公路建设需要认真完成建设市场管理，筹集建设资金，实施四项制度，合理组织招投标，保证工程质量等中心任务。公路建设的任务是：

①县级以上人民政府交通运输主管部门，应当依据职责维护公路建设秩序，加强对公路建设的监督管理。

②筹集公路建设资金，除各级人民政府的财政拨款，包括依法征税筹集的公路建设专项资金转为的财政拨款外，可以依法向国内外金融机构或者外国政府贷款。组织国内外经济组织对公路建设进行投资。开发、经营公路的公司可以依照法律、行政法规的规定发行股票、公司债券筹集资金。

③按照国家规定的基本建设程序和有关规定，实施公路建设。实行法人负责制度、招标投标制度和工程监理制度。

④根据公路建设工程的特点和技术要求，按照公开、公平、公正和诚实信用的原则，选择具有相应资格的勘查设计单位、施工单位和工程监理单位，并依照有关法律、法规、规章的规定和公路工程技术标准的要求，分别签订合同，明确双方的权利义务。

⑤承担公路建设项目的设计单位、施工单位和工程监理单位，应当按照国家有关规定建立健全质量保证体系，落实岗位责任制，并依照有关法律、法规、规章以及公路工程技术标准的要求和合同约定进行设计、施工和监理，保证公路工程质量。

⑥按照国家有关法律、行政法规的规定，办理公路建设用地，贯彻切实保护耕地、节约用地的原则。

⑦管理设计和施工，应当符合国家依法保护环境、保护文物古迹和防止水土流失的要求。

⑧公路建设项目和公路修复项目竣工后，应当按照国家有关规定进行验收；未经验收或者验收不合格的，不得交付使用。

2.2 公路建设相关制度

公路建设管理贯彻实施公路建设项目法人责任制度、招标投标制度、工程监理制度和合同管理制度。

2.2.1 项目法人管理

法人是规范经济秩序以及整个社会秩序的一项重要法律制度。项目法人是依据《中华人民共和国公司法》规定成立的从事项目开发的有限责任公司和股份有限公司。项目法人是项目建设的责任主体,依法对所开发的项目负有项目的策划、资金筹措、建设实施、生产经营、债务偿还和资本的保值增值等责任,并享有相应的权利。

1. 项目法人

公路建设项目法人分为经营性公路建设项目法人、公益性公路建设项目法人两类,依法投资建设经营性公路项目的国内外经济组织为经营性公路建设项目法人,非经营性公路建设项目法人为公益性公路建设项目法人。凡列入国家和地方基本建设计划的公路建设项目必须实行项目法人责任制度,由项目法人对建设项目负总责。

①经营性公路建设项目应依法成立有限责任公司或股份有限公司,对建设项目筹划、资金筹措、建设实施、运营管理、债务偿还和资产管理全过程负责。

②公益性公路建设项目应明确或组建项目法人,根据交通运输主管部门授权,对建设项目筹划、资金筹措、建设实施全过程负责。

③项目法人如委托中介机构对项目进行建设管理,必须按项目管理权限报交通运输主管部门核备。

④可行性研究报告批准后,应正式成立或明确项目法人,在初步设计批准前,按项目管理权限报交通运输主管部门审批。新组建的项目法人应依法办理公司注册或企业法人登记手续。

⑤项目法人机构设置和技术、管理人员素质,必须满足工程建设管理的需要,符合公路建设市场准入条件。

2. 项目法人职责

经营性公路建设项目法人应按照基建程序,履行以下职责;公益性公路建设项目法人,根据交通运输主管部门授权,履行以下相应职责。

①筹措建设资金;

②编制项目实施计划和年度计划;

③依法选择勘察设计、施工、监理单位和设备、材料供应单位;

④向交通运输主管部门办理开工报告;

⑤按照合同约定,对工程质量、进度、投资、安全生产和环境保护进行监督管理,审查施工组织设计、重要施工工艺和标准试验以及工程分包等事项,保证工程处于受控状态;

⑥接受交通运输主管部门和公路工程质量监督机构的监督检查,按时报送项目建设的有关信息资料;

⑦执行国家档案管理规定,建立健全建设项目的所有档案;

⑧及时组织交工验收,做好竣工验收的准备工作;

⑨组织项目后评价,提出项目后评价报告;

⑩按照有关技术标准和规范的要求,做好公路养护管理工作。负责收费管理,按期偿还贷款。

3. 协调机构

政府交通运输主管部门可以成立项目建设协调机构(指挥部),负责协调征地拆迁、建设环境等方面的工作,履行政府监督管理职能。

2.2.2 招标投标管理

招标投标是指在市场经济条件下进行大宗货物的买卖、工程建设项目的发包与承包、服务项目的采购与供货,所采用的一种交易方式。

1. 招标方式

公路建设项目招标分为公开招标和邀请招标。公路建设项目应实行公开招标。国家重点项目和省级人民政府确定的地方重点项目不宜公开招标的,经国务院发展计划部门或省级人民政府批准,可以进行邀请招标。达到下列建设规模标准之一的,必须进行招标:

①施工单位合同估算价在200万元人民币以上的;

②重要设备、材料等货物的采购,单项合同估算在100万元人民币以上的;

③勘察、设计、监理等服务的采购，单项合同估算价在 50 万元人民币以上的；

④单项合同估算价低于第①、②、③项规定的标准。但项目总投资额在 3000 万元人民币以上的。

2. 招标和投标规定

①公路建设项目招标投标活动必须严格按照国家有关法律、法规进行，遵循公开、公平、公正和诚实信用原则。

②交通运输主管部门依法对招标投标活动实施监督，受理投标人和其他利害关系人的投诉，依法查处招标投标活动中的违法行为。

③严禁任何单位和个人以任何名义、任何形式干预正当的招标投标活动，严禁地方和行业保护。严禁将必须招标的公路建设项目化整为零或以其他任何方式规避招标。

3. 招标人

项目法人作为招标人。具备编制招标文件和组织评标能力的，可自行办理招标事宜；不具备上述条件的，须委托符合市场准入条件的招标代理机构办理招标事宜。任何单位和个人不得以任何方式为项目法人指定招标代理机构。

①依法必须招标的项目，招标人应依据评标委员会提交的书面评标报告和推荐的中标候选人确定中标人，并在 15 日之内按项目管理权限报政府交通运输主管部门核备。

②在中标通知书发出后，招标人和中标人应在招标文件规定的期限内签订合同。

③使用国际金融组织或外国政府贷款、援助资金的公路建设项目，贷款方、资金提供方对招标投标有特殊规定的，适用其规定，但不得违背我国的社会公共利益。

4. 招标程序

公路建设项目招标按下列程序进行：

①编制招标文件；

②发布招标公告或发出投标邀请书；

③对潜在投标人进行资格审查；

④向合格的潜在投标人发售招标文件；

⑤组织潜在投标人勘察现场，召开标前会；

⑥接受投标人的投标文件，并公开开标；

⑦组建评标委员会评标，推荐中标候选人；

⑧确定中标人，发中标通知书；

⑨与中标人签订合同。

公路工程施工招标的项目应具备三个条件：一是初步设计文件已被批准，二是建设资金已经落实，三是项目法人已经确定，并符合项目法人资格标准要求。

5. 招标投标文件

公路建设项目招标文件，应按照交通运输部或省级交通运输主管部门颁布的相关招标文件范本并结合项目特点编制。招标文件应按规定报交通运输主管部门审查。

①分标段招标的，招标人应合理划分标段，合理确定工期。施工标段的确定应有利于施工单位的合理投入和机械化施工。高速公路标段路基工程一般应不少于 10km，路面工程一般应不少于 15km。其他等级公路标段工作量一般应不少于 5000 万元。边远地区和特殊地段可视实际情况调整。监理标段的划分应不低于施工标段标准。

②施工工期应依据初步设计批复的建设期限，结合项目实际情况合理确定。

③公开招标的公路建设项目，应通过国家指定的报刊和信息网络发布招标公告。

④邀请招标的项目，应向三个以上具备承担招标项目能力、资信良好的特定法人发出投标邀请书。

⑤招标人应合理确定编制资格预审文件和投标文件的时间。自资格预审公告发布之日起至递交资格预审文件截止时间不得少于 14 天。自招标文件开始发出之日起至投标人递交投标文件截止之日止，不得少于 20 天。

⑥公开招标的公路建设项目应进行资格预审，邀请招标的应进行资格后审。招标人应按交通运输部制定的资格预审办法，对潜在投标人的资信、业绩、施工能力等进行审查，做出公正、客观的评价，并将资格预审评审结果按项目管理权限报政府交通运输主管部门核备。

⑦参加公路建设项目投标的单位，必须符合公路建设市场准入条件。两个以上法人可以组成联合体，以一个投

标人身份共同投标。由同一专业的单位组成的联合体,按资质等级低的单位确定资质等级。分包单位的资质条件应与其承担的工程标准和规模相适应。

⑧投标人应按招标文件的要求编制投标文件。投标人在投标过程中,不得串通投标、哄抬标价和以低于成本的报价抢标。

⑨开标应在招标文件规定的时间和地点举行,由招标人主持,邀请所有投标人参加。开标时要检查投标文件的密封情况,经确认无误后,当众拆封,宣读投标人名称、报价和投标书的其他主要内容。

⑩超过投标截止时间送达的投标文件,招标人应当拒收。投标人少于三个的,招标人应依法重新招标。开标过程应当记录,存档备查,并可邀请公证机关公证。

6. 评标

招标人依法设立评标委员会,评标由评标委员会负责。评标委员会应按照有关法律、法规和招标文件的要求进行评标,出具书面评标报告,并推荐1~2名合格的中标候选人。

①评标委员会由招标人代表和有关技术、经济等方面的专家组成,成员人数为5人以上单数,其中技术、经济等方面的专家不少于成员总数的2/3。评标专家应从事公路建设项目管理工作满8年,具有高级职称或同等专业水平和丰富的评标经验。

②国道主干线项目和国家、交通运输部确定的重点公路建设项目的评标委员会专家,从交通运输部设立的评标专家库中确定,或根据交通运输部授权从省级交通运输主管部门设立的评标专家库中确定。其他公路建设项目的评标委员会专家,从省级交通运输主管部门设立的评标专家库中确定。评标委员会成员名单在中标结果确定前应当保密。

③公路建设项目评标原则:

a. 设计、监理招标的评标应采用综合评价的方法,对投标人的人员素质、管理水平、技术方案、投标价分别打分,按照得分高低推荐中标候选人。

b. 施工招标的评标可采用综合评价的方法,对投标人的人员素质、设备投入、技术方案、业绩信誉、投标价等方面分别打分,按照得分高低推荐中标候选人;也可以按照通过商务和技术评审,最低评标价中标的原则,推荐中标候选人,但不得推荐投标价低于成本价的投标人。

c. 重要设备、材料采购招标的评标应以满足招标文件实质性要求、最低评标价中标的原则推荐中标候选人。大型设备招标的评标也可采用综合评价的方法,对投标人的信誉、设备质量、售后服务、投标价等方面分别打分,按照得分高低推荐中标候选人。

④评标委员会成员应当客观、公正地履行职责,遵守职业道德,对所提出的评审意见承担个人责任。

⑤评标委员会成员不得私下接触投标人,不得收受投标人的财物或其他好处,不得透露对投标文件的评审、中标候选人的推荐情况以及与评标有关的其他情况。

2.2.3 工程监理

工程监理是指具有相关资质的监理单位受建设单位(项目法人)的委托,依据国家批准的项目建设文件、有关工程建设的法律、法规和工程建设监理合同及其他,代替建设单位对承建单位的工程建设实施监控的一种专业化服务活动。公路建设项目必须实行工程监理制度。公路建设项目工程监理是由具有公路工程监理资格的监理单位,按国家有关规定受项目法人委托对施工承包合同的执行、工程质量、进度、费用等方面进行监督与管理。

1. 监理组织

从事公路建设项目的工程监理单位,必须符合公路建设市场准入条件。监理单位必须根据监理服务合同,建立相应的现场监理机构,健全工程监理质量保证体系,配备足够的、合格的人员和设备,确保对工程进行有效监控。

2. 监理条件

承担工程监理任务的单位和人员应具备下列能力和技术条件:

①项目总监、总监代表、高级驻地监理工程师,应具有高级工程师或高级经济师职称,并具有交通运输部颁发的监理工程师证书。

②专业监理工程师应具有工程师或经济师职称和省级以上交通运输主管部门颁发的专业监理工程师证书。

③测量、试验及现场旁站等监理员应具有初级技术职称并经过专业技术培训和监理业务培训。

④监理人员数量应根据工程规模、投资、工期、复杂程度等因素确定，并签订合同。监理人员在工程施工期间不得随意更换，保证监理工作的连续性。

⑤监理现场必须配备相应的检测、通信、交通工具等设备，设有经交通运输主管部门检验合格的独立试验室。

3. 监理职责

监理单位和监理人员必须全面履行监理服务合同和施工合同规定的各项监理职责，按照有关法律、法规、规章、技术规范、设计文件的要求进行工程监理。不得营私舞弊、滥用职权，不得损害项目法人和承包人的利益。

2.2.4 合同管理

企业合同管理是指企业对以自身为当事人的合同依法进行订立、履行、变更、解除、转让、终止以及审查、监督、控制等一系列行为的总称。其中订立、履行、变更、解除、转让、终止是合同管理的内容；审查、监督、控制是合同管理的手段。合同管理必须是全过程的、系统性的、动态性的。公路建设项目的勘察设计、施工、监理以及与工程建设有关的重要设备、材料的采购，必须遵循诚实信用的原则，依法签订合同。

1. 合同签订原则

①公路建设项目合同必须明确双方的权利和义务，按照法定程序和有关要求，由签约双方的法定代表人或其授权代表签订。公路建设项目合同应采用交通运输主管部门颁布的有关合同范本，并可邀请公证机关公证。

②公路建设项目合同，必须符合国家和交通运输部制定的有关技术标准、规范、规程以及批准的设计文件，科学、合理地确定勘察设计周期、施工工期和供货安装期限。

③项目法人必须按合同约定，及时提交施工合同，提供或协助安排监理驻地、交通工具、试验检测仪器等，按期支付监理费用，为监理单位开展工作创造条件。

④合同双方应按合同履行自己的义务，不得违约。合同一方有权按规定对不能履行合同义务的另一方提出索赔，违约方应按合同规定承担赔偿责任。

⑤合同内容变更应依据合同约定办理。对超出合同约定范围的变更，合同双方可进行协商，签订补充协议或修改合同，但不得对合同内容作实质性的更改，也不得订立背离合同实质性内容的其他协议，更不能擅自终止或解除合同。

⑥合同双方在执行合同过程中发生争议的，可以和解或请第三方进行调解，也可以依法仲裁或向人民法院提起诉讼。

⑦各级政府交通运输主管部门应依照法律、法规的规定，加强对合同执行情况的监督；对造成工程质量、安全事故或工程进度严重滞后的，应按照公路建设市场管理的有关规定进行处罚。

⑧任何单位和个人不得非法干预合同的签订和履行。

2. 勘察设计合同

勘察设计合同内容应包括提交有关基础资料和设计文件的期限、质量要求、费用支付等条款。勘察设计单位必须按照合同约定，按期提供勘察资料和设计文件，并对所提供资料的真实性、完整性和设计质量负责，完成设计变更、派驻设计代表等后续服务工作。项目法人应提供勘察设计必须的有关资料和相关条件，按合同规定支付费用。

3. 施工合同

施工合同内容应包括工程范围、建设工期、合同价、合同条款、技术规范、图纸等。施工单位对施工的工程质量、进度和安全负责。施工单位的管理、技术人员及施工设备必须按合同约定及时到位，均衡组织生产，按期完成施工任务；严禁将工程转包和违法分包。项目法人必须按合同约定及时提供施工图、施工用地，按时拨付工程款，协调施工外部环境。不得违反合同，强行分包，不得指定采购材料和设备，不得随意压缩工期。

4. 监理服务合同

监理服务合同内容应包括监理现场组织机构、监理工程师资格、主要检测设备的配备要求、质量责任、费用支付等条款。监理单位应按合同约定及时派驻现场监理机构和人员，配齐设备，依照公路工程监理办法和监理规范要求开展监理工作。

5. 设备材料采购合同

设备材料采购合同内容应包括供货品种、交货期限、设备安装要求、质量标准、验收方法、费用支付等条款。供货人应按合同约定的期限和地点交付货物，安装设备，并负责设备调试和质量保修期内的维修服务。因货物或设备安装不符合质量要求的，受货人可以拒收，并按合同规定提出索赔或解除合同。

2.3 公路建设市场管理

广义的市场管理，是指国家运用法律、政策和经济措施对市场交易活动进行的管理。国家建立和完善统一、开放、竞争、有序的公路建设市场，禁止任何形式的地区封锁。公路建设市场应当遵循公平、公开、公正、诚信的原则。

2.3.1 市场监督管理职责

我国公路建设市场管理实行统一管理、分级负责。国务院交通运输主管部门负责公路建设市场的监督管理工作，主要职责是：

①贯彻执行国家有关法律、法规，制定全国公路建设市场管理的规章制度；

②组织制定和监督执行公路建设的技术标准、规范和规程；

③依法实施公路建设市场准入管理、市场动态管理，并依法对公路建设市场进行监督检查；

④建立公路建设行业评标专家库，加强评标专家管理；

⑤发布全国公路建设市场信息；

⑥指导和监督省级地方人民政府交通主管部门的公路建设市场管理工作；

⑦依法受理举报和投诉，依法查处公路建设市场违法行为；

⑧法律、行政法规规定的其他职责。

2.3.2 市场准入管理

所谓市场准入，一般是指货物、劳务与资本进入市场的程度。市场准入制度是国家对市场主体资格的确立、审核和确认的法律制度，包括市场主体资格的实体条件和取得主体资格的程序条件。其表现是国家通过立法，规定市场主体资格的条件及取得程序，并通过审批和登记程序执行。公路建设市场主体是指公路建设的从业单位和从业人员。从业单位是指从事公路建设的项目法人，项目建设管理单位，咨询、勘察、设计、施工、监理、试验检测单位，提供相关服务的社会中介机构以及设备和材料的供应单位。从业人员是指从事公路建设活动的人员。

①凡符合法律、法规规定的市场准入条件的从业单位和从业人员均可进入公路建设市场，任何单位和个人不得对公路建设市场实行地方保护，不得对符合市场准入条件的从业单位和从业人员实行歧视待遇。

②公路建设项目依法实行项目法人责任制。项目法人可自行管理公路建设项目，也可委托具备法人资格的项目建设管理单位进行项目管理。项目法人或者其委托的项目建设管理单位的组织机构、主要负责人的技术和管理能力应当满足拟建项目的管理需要，符合国务院交通运输主管部门有关规定的要求。

③收费公路建设项目法人和项目建设管理单位进入公路建设市场实行备案制度。收费公路建设项目可行性研究报告批准或依法核准后，项目投资主体应当成立或明确项目法人。项目法人应当按照项目管理的隶属关系将其或其委托的项目建设管理单位的有关情况报交通运输主管部门备案。对不符合规定要求的项目法人或者项目建设管理单位，交通运输主管部门应当提出整改要求。

④公路工程勘察、设计、施工、监理、试验检测等从业单位应当按照法律、法规的规定，取得有关管理部门颁发的相应资质后，方可进入公路建设市场。

⑤法律、法规对公路建设从业人员的执业资格作出规定的，从业人员应当依法取得相应的执业资格后，方可进入公路建设市场。

2.3.3 市场行为管理

公路建设从业单位和从业人员在公路建设市场中必须严格遵守国家有关法律、法规和规章，严格执行公路建设行业的强制性标准、各类技术规范及规程的要求。

1. 执行基本建设程序

公路建设项目法人必须严格执行国家规定的基本建设程序，不得违反或者擅自简化基本建设程序。

2. 施工图设计文件审批

公路建设项目法人负责组织有关专家或者委托有相应工程咨询或者设计资质的单位，对施工图设计文件进行审查。

(1)审查的主要内容

施工图设计文件审查的主要内容包括：

①是否采纳工程可行性研究报告、初步设计批复意见；

②是否符合公路工程强制性标准、有关技术规范和规程要求；

③施工图设计文件是否齐全，是否达到规定的技术深度要求；

④工程结构设计是否符合安全和稳定性要求。

(2)申请审批需提交的材料

公路建设项目法人应按项目管理隶属关系，将施工图设计文件报交通运输主管部门审批。施工图设计文件未经审批的，不得使用。申请施工图设计文件审批应当向相关的交通运输主管部门提交以下材料：

①施工图设计的全套文件；

②专家或者委托的审查单位对施工图设计文件的审查意见；

③项目法人认为需要提交的其他说明材料。

交通运输主管部门应当自收到完整齐备的申请材料之日起20日内审查完毕。经审查合格的批准使用，并将许可决定及时通知申请人。审查不合格的不予批准使用，应当书面通知申请人并说明理由。

3.招标投标工作

公路建设项目法人应当按照公开、公平、公正的原则，依法组织公路建设项目的招标投标工作。不得规避招标，不得对潜在投标人和投标人实行歧视政策，不得实行地方保护和暗箱操作。

①公路工程的勘察、设计、施工、监理单位和设备、材料供应单位应当依法投标，不得弄虚作假，不得串通投标，不得以行贿等不合法手段谋取中标。

②公路建设项目法人与中标人应当根据招标文件和投标文件签订合同，不得附加不合理、不公正条款，不得签订虚假合同。

4.项目施工管理

①国家投资的公路建设项目，项目法人与施工、监理单位应当按照国务院交通运输主管部门的规定，签订廉政合同。

②公路建设项目依法实行施工许可制度。国家和国务院交通运输主管部门确定的重点公路建设项目的施工许可由国务院交通运输主管部门实施，其他公路建设项目的施工许可按照项目管理权限由县级以上地方人民政府交通运输主管部门实施。

③项目施工应当具备以下条件：

a.项目已列入公路建设年度计划；

b.施工图设计文件已经完成并经审批同意；

c.建设资金已经落实，并经交通运输主管部门审计；

d.征地手续已办理，拆迁基本完成；

e.施工、监理单位已依法确定；

f.已办理质量监督手续，已落实保证质量和安全的措施。

④项目法人在申请施工许可时应当向相关的交通运输主管部门提交以下材料：

a.施工图设计文件批复；

b.交通运输主管部门对建设资金落实情况的审计意见；

c.国土资源部门关于征地的批复或者控制性用地的批复；

d.公路建设项目各合同段的施工单位和监理单位名单、合同价情况；

e.应当报备的资格预审报告、招标文件和评标报告；

f.已办理的质量监督手续材料；

g.保证工程质量和安全措施的材料。

交通运输主管部门应当自收到完整齐备的申请材料之日起20日内作出行政许可决定。予以许可的，应当将许可决定及时通知申请人；不予许可的，应当书面通知申请人并说明理由。

5.从业单位义务

公路建设从业单位应当按照合同的约定，全面履行以下义务：

(1)项目法人和监理单位

①项目法人应当按照合同约定履行相应的职责，为项目实施创造良好的条件；

②监理单位应当按照合同约定配备人员和设备，建立相应的现场监理机构，健全监理管理制度，保持监理人员稳定，确保对工程的有效监理；

③项目法人和监理单位应当加强对施工单位工程分包的管理，工程分包计划和所有分包协议须报监理工程师审查，并报项目法人同意；

④项目法人和监理单位应当加强对施工单位使用农民工的管理，对不签订劳动合同、非法使用农民工的，或者拖延和克扣农民工工资的，要予以纠正；拒不改正的，项目法人要及时将有关情况报交通运输主管部门调查处理。

(2)勘察设计单位

勘察设计单位应当按照合同约定，按期提供勘察设计资料和设计文件。工程实施过程中，应当按照合同约定派驻设计代表，提供设计后续服务。勘察设计单位经项目法人批准，可以将工程设计中跨专业或者有特殊要求的勘察设计工作委托给有相应资质条件的单位，但不得转包或者两次分包。

(3)施工单位

①施工单位应当按照合同约定组织施工，管理和技术人员及施工设备应当及时到位，以满足工程需要。要均衡组织生产，加强现场管理，确保工程质量和进度，做到文明施工和安全生产；

②施工单位应当加强工程款管理，做到专款专用，不得拖欠分包人的工程款和农民工工资；项目法人对工程款使用情况进行监督检查时，施工单位应当积极配合，不得阻挠或拒绝。

③施工单位可以将非关键性工程或者适合专业化队伍施工的分部工程分包给具有相应资质的单位，并对分包工程负连带责任。允许分包的工程范围应当在招标文件中规定，分包的工程不得超过总工程量的30%。分包工程不得再次分包，严禁转包。

④施工单位可以直接招用农民工或者将劳务作业分包给具有劳务分包资质的劳务分包人。施工单位招用农民工的，应当依法签订劳动合同，并将劳动合同报项目监理工程师和项目法人备案。

⑤施工单位和劳务分包人应当按照合同按时支付劳务工资，落实各项劳动保护措施，确保农民工安全。劳务分包人应当接受施工单位的管理，按照技术规范要求进行劳务作业。劳务分包人不得将其分包的劳务作业再次分包。

(4)设备和材料供应单位

设备和材料供应单位应当按照合同约定，确保供货质量和时间，做好售后服务工作。

(5)试验检测单位

试验检测单位应当按照试验规程和合同约定进行取样、试验和检测，提供真实、完整的试验检测资料。

(6)各从业单位和个人

公路建设从业单位和从业人员应当严格执行国家和地方有关环境保护和土地管理的规定，采取有效措施保护环境和节约用地。公路建设项目法人、监理单位和施工单位对勘察设计中存在的问题应及时提出设计变更的意见，并依法履行审批手续。设计变更应当符合国家制定的技术标准和设计规范要求。任何单位和个人不得借设计变更虚报工程量或者提高单价，重大设计变更应当按有关规定报原初步设计审批部门批准。

6. 竣工验收

项目法人应当按照交通运输部《公路工程竣(交)工验收办法》的规定及时组织项目的交工验收，并报请交通运输主管部门进行竣工验收。

7. 信用记录

公路工程勘察、设计、施工、监理等从业单位应当按照项目管理的隶属关系，向交通运输主管部门提供本单位的基本情况、承接任务情况和其他动态信息，并对所提供信息的真实性、准确性和完整性负责。项目法人应当将其他从业单位在公路建设项目中的履约情况，按照项目管理的隶属关系报交通运输主管部门，由交通运输主管部门核实后记入从业单位信用记录中。

2.3.4 企业资质管理

企业资质就是企业在从事某种行业经营中，应具有的资格以及与此资格相适应的质量等级标准。企业资质包括企业的人员素质、技术及管理水平、工程设备、资金及效益情况、承包经营能力和工程建设业绩等。参加公路建设项目的工程勘察、设计、施工、监理等单位应该取得相应资质，具备符合规定的工程业绩、技术人员、管理人员、注册资金和办公场所等资质条件，方可进入公路建设市场。

1. 公路工程施工企业资质分类

公路工程施工企业根据国家有关规定,结合公路工程特点,共分六大类,具体等级划分如下:

第一类:公路工程施工总承包企业。分为特级企业、一级企业、二级企业、三级企业。

第二类:公路路面工程专业承包企业。分为一级企业、二级企业、三级企业。

第三类:公路路基工程专业承包企业。分为一级企业、二级企业、三级企业。

第四类:桥梁工程专业承包企业。分为一级企业、二级企业。

第五类:隧道工程专业承包企业。分为一级企业、二级企业。

第六类:公路交通工程专业分包企业。按施工内容分为5五个分项施工企业。即交通安全设施,通信系统工程,监控系统工程,收费系统工程和通信、监控、收费综合系统工程5个分项,不分等级。

公路施工企业承包工程范围,由交通运输主管部门规定。

2. 公路工程勘察设计企业资质分类

(1)工程勘察资质

工程勘察资质分为工程勘察综合资质、工程勘察专业资质、工程勘察劳务资质。

工程勘察综合资质只设甲级;工程勘察专业资质设甲级、乙级,根据工程性质和技术特点,部分专业可以设丙级;工程勘察劳务资质不分等级。

(2)工程设计资质

工程设计资质分为工程设计综合资质、工程设计行业资质、工程设计专业资质和工程设计专项资质。工程设计综合资质只设甲级;工程设计行业资质、工程设计专业资质、工程设计专项资质设甲级、乙级。根据工程性质和技术特点,个别行业、专业、专项资质可以设丙级,建筑工程专业资质可以设丁级。建设工程勘察、工程设计资质标准和各资质类别、级别企业承担工程的具体范围由国务院建设主管部门会商国务院有关部门制定。

3. 公路工程监理企业资质分类

公路工程专业监理资质分为甲级、乙级、丙级三个等级和特殊独立大桥专项、特殊独立隧道专项、公路机电工程专项。

公路工程监理企业应当按照其获得的资质等级和业务范围开展监理业务:

①获得公路工程专业甲级监理资质,可在全国范围内从事一、二、三类公路工程、桥梁工程、隧道工程项目的监理业务;

②获得公路工程专业乙级监理资质,可在全国范围内从事二、三类公路工程、桥梁工程、隧道工程项目的监理业务;

③获得公路工程专业丙级监理资质,可在企业所在地的省级行政区域内从事三类公路工程、桥梁工程、隧道工程项目的监理业务;

④获得公路工程专业特殊独立大桥专项监理资质,可在全国范围内从事特殊独立大桥项目的监理业务;

⑤获得公路工程专业特殊独立隧道专项监理资质,可在全国范围内从事特殊独立隧道项目的监理业务;

⑥获得公路工程专业公路机电工程专项监理资质,可在全国范围内从事各等级公路、桥梁、隧道工程通讯、监控、收费等机电工程项目的监理业务。

2.4 公路建设质量保证体系

《公路建设市场管理办法》(2004年14号交通运输部令)规定,公路工程实行政府监督、法人管理、社会监理、企业自检的质量保证体系。交通运输主管部门及其所属的质量监督机构对工程质量负监督责任;项目法人对工程质量负管理责任;勘察设计单位对勘察设计质量负责;施工单位对施工质量负责;监理单位对工程质量负现场管理责任;试验检测单位对试验检测结果负责;其他从业单位和从业人员按照有关规定对其产品或者服务质量负相应责任。

2.4.1 政府监督

政府监督一般是指国家行政机关的监督管理。即国务院及其所属各部、委、各直属机构,地方各级人民政府的派出机构,这些国家行政机关对主管事物负责相应事项的全过程依法监视、督促和管理,称为政府监督。

①各级交通运输主管部门及其所属的质量监督机构,负责本行政区域内公路工程质量管理工作,公路建设从业单位应建立健全公路工程质量保证体系等。各级交通运输主管部门及其所属的质量监督机构,对公路建设项目进

行工程监督检查时,公路建设从业单位和从业人员应当积极配合,不得阻挠或拒绝。

②公路建设从业单位和从业人员应当严格执行国家有关安全生产的法律、法规、国家标准及行业标准,建立健全安全生产的各项规章制度,明确安全责任,落实安全措施,履行安全管理的职责。

③发生工程质量、安全事故后,从业单位应当按照有关规定及时报有关主管部门,不得拖延和隐瞒。

2.4.2 法人管理

公路建设项目法人对建设项目筹划、资金筹措、建设实施全过程负责。项目法人机构设置和技术、管理人员素质,必须满足工程建设管理的需要,符合公路建设市场准入条件。项目法人应当严格执行公路建设程序,按照技术标准和规范的要求、建设规模和合同要求等组织项目建设,及时组织交工验收。接受交通运输主管部门和公路工程质量监督机构的监督检查,按时报送项目建设的有关信息资料等。

2.4.3 社会监理

社会监理是指项目法人根据有关规定,用公开社会竞标形式选中的监理单位,其代表外界社会依据合同要求对所建工程承包人的生产(进度、质量和投资)进行监督和管理的工作,则监理的工作带有社会性。

项目监理机构负责编写项目监理规划,审查承包单位提交的开工报告、施工组织设计、技术方案、进度计划、分包单位的资质、申请和支付证书、工程变更,签认工程的质量检验评定资料,组织工程项目的质量检查,完成必要的试验,调解建设单位与承包单位的合同争议、处理索赔等。

2.4.4 企业自检

施工企业必须对承揽的工程负责,应依据有关公路工程建设的法律、法规、规章、技术标准和规范的规定,组织切实可行的和政府监督相结合的质量管理体制,按照设计文件、合同要求和施工工艺要求组织施工,推行全面质量管理,制定和完善岗位质量规范、质量责任及考核办法,按照规定完成自检和接受检查,以致项目工程达到质量要求目标,最终完成竣工验收工作。

企业自检是指在某项工程完工后,企业自行组织的对工程质量问题、工程缺陷的检查。企业自检应规范程序,建立自检小组;不走过场,认真按检查评定标准逐项检查,要作自检记录,对问题认真分析,提出整改意见和加以落实。

自检能够查找问题和缺陷,减少失误,提高正确率,保证工程质量和效果。自检以自我发现为主,找出缺乏合理性、规范性等问题。自检是对工程完成后的回顾,以达到最完整、准确的目的。自检是从失败走向成功的桥梁,“自检事虽小,却系重大事”。

2.5 公路建设勘察设计管理

公路工程勘察、设计是安排公路建设项目、投资控制、编制招标文件、组织工程施工和竣工验收的重要工作。公路勘察是指依据工程项目的建设要求,对公路用地、公路沿线的地形、地质和水文等要素进行测量、勘探、测试及分析评价,查明建设场地和有关范围内的地质地理环境特征和岩土工程条件,编制工程项目所需的文件和提供相关服务的活动。公路设计是指依据工程项目的建设要求,对建设项目的技术、经济、资源、环境等进行综合策划、论证、比选,编制工程项目所需的文件和提供相关服务的活动。公路设计内容,包括路基、路面、桥涵、路线交叉、隧道、沿线设施、环境保护、管理养护服务房屋等工程设计。

2.5.1 资质资信管理

公路工程勘察、设计实行资质管理和资信登记制度。只有通过资信登记和年检合格的勘察、设计单位,方能在公路建设市场从事公路工程勘察、设计活动。

①公路工程勘察、设计单位应当根据交通运输部公路工程勘察、设计资格分级标准,在资质、资信等级许可的范围内承揽勘察、设计任务。

②勘察、设计单位应当根据本单位的生产能力和人员数量,在保证合理设计周期的前提下,按照自己资质资信等级承揽勘察、设计任务。禁止转让本单位资质资信等级,或者为其他单位和个人编制的勘察、设计文件代盖图签、公章。

③从事勘察、设计活动的专业技术人员只能受聘于一个勘察、设计单位,不得在两个以上的勘察、设计单位从事

业务工作。

④勘察、设计单位借用其他单位的勘察、设计人员，应当征得被借用人员所在单位的同意，并以书面形式签订合同。

2.5.2 设计合同管理

项目法人单位在公路建设项目勘察、设计前，均应由项目法人单位与勘察、设计单位按照《合同法》及有关规定签订勘察、设计承包合同。勘察、设计合同的双方必须具有法人资格。

①实行公开招标投标的工程项目，应当遵循公开、公平、公正的原则。项目法人单位必须发包给持有勘察资质资信证书、设计资质资信证书的单位承担。任何人员不得以个人的名义承揽勘察、设计业务。

②项目法人单位与承包方签订勘察、设计合同，应当依据交通行政主管部门批准的项目"可行性研究报告"或者勘察、设计方案或者批准的初步设计。一般中小型项目工程须具有交通行政主管部门批准的文件或者年度计划。

③项目法人单位应当全面履行合同，提供开展勘察、设计工作所需的有关基础资料；提出各阶段勘察、设计工作的具体要求、附图和提供满足各阶段设计要求的技术资料，为勘察、设计人员现场工作或者配合施工创造条件；向承包方支付定金并根据勘察、设计的进度，按照合同规定时间向勘察、设计单位支付相关费用。

④勘察、设计单位应当依据项目批准文件和交通运输部《公路工程基本建设项目设计文件编制办法》、《设计文件图表示例》的各项要求，按照合同约定工期完成勘察、设计文件的编制。

⑤为保证勘察、设计单位的设计质量和现场服务，合同中应当约定一定比例的勘察、设计费用（不低于合同总价的10%）作为质保金，根据施工中的设计服务水平等，在公路建设项目竣工验收后合理结算剩余费用。

⑥因勘察、设计原因造成返工或者延误工期的，项目法人单位根据损失的大小有权酌情少付或者免付勘察、设计费，并有权要求勘察、设计单位赔偿损失。

⑦因项目法人单位原因不能履行合同，造成勘察、设计的返工、停工、窝工或者修改设计，项目法人单位应当按照承包方实际消耗的工作量增付费用。因项目法人单位责任而造成的重大返工或者重新设计，应当另行增加费用。

2.5.3 设计文件管理

勘察、设计文件是工程项目决策和实施的依据。勘察、设计单位应当注重技术经济效果，保护自然环境，提供正确完整的勘察、设计技术基础资料和设计文件。各阶段设计文件必须按照审批权限报交通行政主管部门批准，未经批准的设计文件，不得作为下一阶段设计的依据。施工图未经审查批准的，不得交付使用。

①公路工程基本建设项目一般采用两阶段设计，即初步设计和施工图设计。对于技术简单、方案明确的小型建设项目，可采用一阶段设计，即一阶段施工图设计；技术复杂、基础资料缺乏和不足的建设项目或建设项目中的特大桥、互通式立体交叉、隧道、高速公路和一级公路的交通工程，以及沿线设计中的机电设备等，必要时采用三阶段设计，即初步设计、技术设计和施工图设计。公路建设项目采用多个阶段设计，由交通行政主管部门批准执行。

②初步设计或者一阶段施工图设计必须按照批准的可行性研究报告进行。勘测、设计单位在初步设计阶段应当编制初测规定、初步设计原则和内业设计指导书；在施工图设计阶段编制定测规定、施工图设计原则及外业勘测和内业设计指导书。编制的设计指导书应当征得项目法人单位的同意。

③勘察、设计单位完成外业勘测后，项目法人单位应当根据勘查、设计单位的申请及时组织初测或者定测的外业验收，勘察、设计单位在申请验收前应当完成下列工作：

a. 编写初测或者定测验收汇报材料，整理外业调查资料、测量记录及方案设计图表；

b. 勘察、设计单位组成验收小组进行自检并写出书面验收报告。

④设计文件执行校审制度，明确各阶段的责任人。勘察、设计人员在图纸文件上签字必须使用本人真实姓名，校审必须有详细的校审记录。所有成品图纸必须加盖具有相应资格的勘察、设计单位出图专用章，否则勘察、设计文件无效。未经校审签名或校审签名不全的勘察、设计图纸不得交付使用。

⑤为了优化设计，全面提高设计质量，设计必须多方案比选，设计文件的深度应当满足相应设计阶段的有关规定。对因设计方案不足、深度不够引发的质量问题或者造成的重大设计变更由勘察、设计单位负责。

⑥为保证勘察、设计单位的知识产权，未经原勘察、设计单位的同意并支付合理的费用，任何单位和个人不得采用不正当手段套用、抄袭或者复制已有的工程勘察、设计文件或者侵犯技术专有权。

⑦项目法人单位不得将规定的公路建设项目工程勘察、设计文件擅自用于其他工程或者擅自转让给第三方。

2.5.4 设计变更管理

根据《公路工程设计变更管理办法》(交通运输部令2005年第5号)规定,设计变更是指自公路工程初步设计批准之日起至通过竣工验收正式交付使用之日止,对已批准的初步设计文件、技术设计文件或施工图设计文件所进行的修改、完善等活动。各级交通运输主管部门应当加强对公路工程设计变更活动的监督管理。

1. 设计变更分类

公路工程勘察设计、施工及监理等单位可以向项目法人提出公路工程设计变更的建议。设计变更的建议应当以书面形式提出,并应当注明变更理由。项目法人也可以直接提出公路工程设计变更的建议。公路工程设计变更分为重大设计变更、较大设计变更和一般设计变更。

(1)重大设计变更

有下列情形之一的属于重大设计变更:

①连续长度10km以上的路线方案调整的;

②特大桥的数量或结构形式发生变化的;

③特长隧道的数量或通风方案发生变化的;

④互通式立交的数量发生变化的;

⑤收费方式及站点位置、规模发生变化的;

⑥超过初步设计批准概算的。

(2)较大设计变更

有下列情形之一的属于较大设计变更:

①连续长度2km以上的路线方案调整的;

②连接线的标准和规模发生变化的;

③特殊不良地质路段处置方案发生变化的;

④路面结构类型、宽度和厚度发生变化的;

⑤大中桥的数量或结构形式发生变化的;

⑥隧道的数量或方案发生变化的;

⑦互通式立交的位置或方案发生变化的;分离式立交的数量发生变化的;

⑧监控通讯系统总体方案发生变化的;管理养护和服务设施的数量和规模发生变化的;

⑨其他单项工程费用变化超过500万元的;

⑩超过施工图设计批准预算的。

(3)一般设计变更

一般设计变更是指除重大设计变更和较大设计变更以外的其他设计变更。

2. 设计变更工作

项目法人对设计变更的建议及理由应当进行审查核实。必要时,项目法人可以组织勘察设计、施工、监理等单位及有关专家对设计变更建议进行经济、技术论证。

①对一般设计变更建议,由项目法人根据审查核实情况或者论证结果决定是否开展设计变更的勘察设计工作。

②对较大设计变更和重大设计变更建议,项目法人经审查论证确认后,向省级交通运输主管部门提出公路工程设计变更的申请,并提交以下材料:

a. 设计变更申请书。包括拟变更设计的公路工程名称、公路工程的基本情况、原设计单位、设计变更的类别、变更的主要内容、变更的主要理由等;

b. 对设计变更申请的调查核实情况、合理性论证情况;

c. 省级交通运输主管部门要求提交的其他相关材料。

③省级交通运输主管部门自受理申请之日起15日内作出是否同意开展设计变更的勘察设计工作的决定,并书面通知申请人。

④设计变更的勘察设计应当由公路工程的原勘察设计单位承担。经原勘察设计单位书面同意,项目法人也可以选择其他具有相应资质的勘察设计单位承担。设计变更勘察设计单位应当及时完成勘察设计,形成设计变更文件,并对设计变更文件承担相应责任。

⑤设计变更文件完成后，项目法人应当组织对设计变更文件进行审查。一般设计变更文件由项目法人审查确认后决定是否实施。项目法人应当在15日内完成审查确认工作。重大及较大设计变更文件经项目法人审查确认后报省级交通运输主管部门审查。其中，重大设计变更文件由省级交通运输主管部门审查后报交通运输部批准；较大设计变更文件由省级交通运输主管部门批准，并报交通运输部备案。若设计变更与可行性研究报告批复内容不一致，应征得原可行性研究报告批复部门的同意。

⑥项目法人在报审设计变更文件时，应当提交以下材料：

a. 设计变更说明；

b. 设计变更的勘察设计图纸及原设计相应图纸；

c. 工程量、投资变化对照清单和分项概、预算文件。

⑦对需要进行紧急抢险的公路工程设计变更，项目法人可先进行紧急抢险处理，同时按照规定的程序办理设计变更审批手续，并附相关的影像资料说明紧急抢险的情形。

⑧项目法人有以下行为之一的，交通运输主管部门责令改正；情节严重的，对全部或者部分使用国有资金的项目，暂停项目执行。构成犯罪的，依法追究刑事责任：

a. 不按照规定权限、条件和程序审查、报批公路工程设计变更文件的；

b. 将公路工程设计变更肢解规避审批的；

c. 未经审查批准或者审查不合格，擅自实施设计变更的。

3. 设计变更审批

公路工程重大、较大设计变更实行审批制度。未经审查批准的设计变更不得实施。不得肢解设计变更规避审批。经批准的设计变更一般不得再次变更。

①重大设计变更由交通运输部负责审批；

②较大设计变更由省级交通运输主管部门负责审批；

③项目法人负责一般设计变更进行审查，并应当加强对公路工程设计变更实施的管理。

④设计变更文件的审批应当在20日内完成。无正当理由，超过审批时间未对设计变更文件的审查予以答复的，视为同意。需要专家评审的，所需时间不计算在上述期限内。审批机关应当将所需时间书面告知申请人。

⑤设计变更审批部门违反规定，不按照规定权限、条件和程序审查批准公路工程设计变更文件的，上级交通运输主管部门或者监察部门责令改正；造成严重后果的，对直接负责的主管人员和其他直接责任人员依法给予行政处分；构成犯罪的，依法追究刑事责任。

⑥交通运输主管部门工作人员在设计变更审查批准过程中滥用职权、玩忽职守、谋取不正当利益的，由主管部门或者监察部门给予行政处分；构成犯罪的，依法追究刑事责任。

4. 设计变更实施

公路工程设计变更工程的施工原则上由原施工单位承担。原施工单位不具备承担设计变更工程的资质等级时，项目法人应通过招标选择施工单位。

①交通运输主管部门审查批准公路工程设计变更文件时，工程费用按《公路基本建设工程概算、预算编制办法》核定。

②项目法人应当建立公路工程设计变更管理台账，定期对设计变更情况进行汇总，并应当每半年将汇总情况报省级交通运输主管部门备案。省级交通运输主管部门可以对管理台账随时进行检查。

③按照规定经过审查批准的公路工程设计变更，其费用变化纳入决算。未经批准的设计变更，其费用变化不得进入决算。

④施工单位不按照批准的设计变更文件施工的，交通运输主管部门责令改正；造成建设工程质量不符合规定的质量标准的，负责返工、修理，并赔偿因此造成的损失；情节严重的，责令停业整顿，降低资质等级或者吊销资质证书。

2.5.5 设计质量管理

勘察、设计单位应当逐步建立和完善“企业自律、专家咨询、设计审查、社会保险、政府监督”五个层次的质量保证体系，积极贯彻GB/T 19000—ISO9000国际系列标准，保证勘察、设计的科学性和合理性。勘察、设计单位对公路建设项目在合理使用年限内的勘察、设计质量负终身责任。

①勘察、设计单位应当强化对现场踏勘、勘察纲要编制、原始资料收集和成果资料审核等环节的管理，建立项目勘察、设计全过程的技术、质量档案，确保其基础资料的真实性和准确性，并对所提供的地质、地震、水文、气象、测量等勘察资料负责。

②设计单位应积极配合现场施工，负责设计项目的技术交底，在项目实施中派熟悉业务的技术人员作为设计代表（或设计代表组）常驻施工现场，及时解决施工中的设计问题并参加所有隐蔽性工程的中间验收。对于地质不良地段上的路基和构造物，施工前必须同建设单位一起组织做好工程试验工作，验证设计计算中采用参数的准确性，以指导设计的科学合理性，保证设计文件既符合规范要求，又杜绝不必要的浪费。

③勘察、设计单位的法定代表人对本单位编制的勘察、设计文件全面负责；勘察、设计单位的总工程师对其负责的勘察、设计文件承担技术责任；勘察、设计的项目负责人、专业设计等人员对其负责编制的勘察、设计文件承担直接责任。

④公路基本建设项目进行分期修建时，应做好总体设计，一次设计、分期实施，处理好前、后期工程的相互衔接，避免工程废弃。一个建设项目由两个或两个以上单位设计时，应由一个设计单位负责总体设计，统一设计原则，编写说明书，绘制总体设计图，编制主要工程数量表和汇编总概（预）算，协调统一文件的编制。高速公路、一级公路改（扩）建工程应进行施工期间交通组织设计方案的论证比选。

⑤设计文件的编制，必须贯彻国家有关方针政策，按照基本建设程序和有关标准、规范、规程，精心设计，做到客观、公正、准确。设计必须贯彻“安全、环保、舒适、和谐”的设计理念。应遵循因地制宜、就地取材的原则；结合我国经济、技术条件，吸取国内外先进经验，积极采用新技术、新材料、新设备、新工艺；节约用地，重视环境保护，注意与其他建设工程的协调，使设计的工程取得经济、社会和环境的综合效益。设计必须充分进行方案比选。对难以取舍及投资有较大影响的方案，应进行同等深度的技术、经济等方面的比选，确定合理的设计方案。

2.5.6 设计监督管理

交通行政主管部门对公路工程勘察、设计活动实施统一监督管理。勘察、设计单位在公路工程勘察、设计资质资信证书规定的业务范围内跨地区承揽勘察、设计业务的，有关地方交通行政主管部门不得设置任何障碍，不得违反国家规定收取任何费用。

①各级交通行政主管部门或者其委托的监督检查机构，在履行公路工程勘察质量审查、监督职责时，有权采取以下措施：

a. 要求被审查或者检查的单位提供有关工程勘察质量文件、文字报告、图纸图表、数据、原始资料等；

b. 到被检查单位的作业现场进行检查；

c. 发现有影响勘察质量的问题时，责令其改正。

②各级交通行政主管部门应当建立健全勘察、设计的质量监督检查和事故报告制度，依法查处勘察、设计的质量责任事故和违规事件，追究质量责任单位和责任人的责任，并定期向社会公布检查和处理结果。

③重大勘察、设计事故必须经县以上交通运输主管部门组织专业技术人员进行技术鉴定。勘察、设计单位应当参加承揽的建设工程质量事故分析，并对因勘察、设计造成的质量事故，提出相应的技术处理方案。

④任何单位和个人对公路工程勘察、设计活动中的违法行为都有权检举、控告、投诉。

⑤公路工程勘察、设计有关各方应当认真执行国家法律、法规和技术标准，对违规的各方，应当按照《中华人民共和国公路法》、《中华人民共和国合同法》、国务院《建设工程勘察设计管理条例》等法律、法规进行处理。

2.6 公路建设施工管理

施工管理是指工程修建过程中的组织管理和技术管理工作。工程施工管理是建筑安装企业组织工程施工的过程，按照法规、规范、标准制定施工计划，并实施和检查，发现问题进行纠正，保证工程质量。

2.6.1 施工图设计会审

图纸会审是指承担施工阶段监理的监理单位组织施工单位以及建设单位、材料、设备供货等相关单位，在收到审查合格的施工图设计文件后，在设计交底前进行的全面细致熟悉和审查施工图纸的活动。图纸会审目的有两方面：一是使施工单位和各参建单位熟悉设计图纸，了解工程特点和设计意图，找出需要解决的技术难题，并制定解决方案；二是为了解决图纸中存在的问题，减少图纸的差错，将图纸中的质量隐患消灭在萌芽之中。图纸会审的主要内容有以下几个方面：

①是否无证设计或越级设计；图纸是否经设计单位正式签署；设计图纸与说明是否齐全，有无分期供图的时间表；

②地质勘探资料是否齐全；设计地震烈度是否符合当地要求；

③几个设计单位共同设计的图纸相互间有无矛盾；专业图纸之间、平立剖面图之间有无矛盾；标注有无遗漏；

④总平面与施工图的几何尺寸、平面位置、高程等是否一致；

⑤图纸本身是否有差错及矛盾；图纸尺寸及高程是否一致；图的表示方法是否清楚；是否符合制图标准；有无钢筋明细表；钢筋的构造要求在图中是否表示清楚。

⑥施工图中所列各种标准图册，施工单位是否具备；

⑦材料来源有无保证，能否代换；图中所要求的条件能否满足；新材料、新技术的应用有无问题；

⑧地基处理方法是否合理，是否存在不能施工、不便于施工的技术问题，或容易导致质量、安全、工程费用增加等方面的问题。

2.6.2 设计交底

设计交底是指在施工图完成并经审查合格后，设计单位在设计文件交付施工时，按法律规定的义务就施工图设计文件向施工单位和监理单位做出详细的说明。其目的是对施工单位和监理单位正确贯彻设计意图，使其加深对设计文件特点、难点、疑点的理解，掌握关键工程部位的质量要求，确保工程质量。

设计交底的主要内容一般包括：施工图设计文件总体介绍，设计的意图说明，特殊的工艺要求，建筑、结构、工艺、设备等各专业在施工中的难点、疑点和容易发生的问题说明，对施工单位、监理单位、建设单位等对设计图纸疑问的解释等方面。

2.6.3 工程测量管理

工程测量是工程建设和资源开发的勘测设计、施工、竣工、变形观测和运营管理各阶段中进行的各种测量工作的总称，它是做好施工技术准备、保证工程施工顺利进行、确保工程质量的重要环节，各级施工管理人员必须重视和支持测量工作。项目经理部均应设专职测量人员，坚持持证上岗，明确职责，严格岗位责任制，搞好工程测量工作。

①工程测量工作在各级技术主管的领导下，实行公司、项目经理部二级管理。对测量人员的使用及调配必须征得测量专业技术委员会的批准。

②各级工程测量人员必须坚持测量工作程序，遵循施工测量工作流程。施工准备阶段，要认真熟悉图纸，根据移交的测量资料做好复测、方案编制等工作；施工阶段，要严格控制测量精度，并做好记录；工程竣工阶段，做好竣工测量，及时准确地提出测量成果，以满足施工和竣工验收的需要。

③测量工作必须做好原始记录，坚持复核和签字制度，不得随意涂改和损坏，工程测量资料和测量成果资料应妥善归档保管，装订成册。

④对大包工程要纳入正常管理。首先大包工程队伍的测量人员必须经过考评，如上岗证、操作能力等，合格后方可从事本工程的测量工作，同时对外包队的合格测量工纳入测量系统，统一管理。

⑤建立测量日志制度。工程测量是先导，测量工作必须有序，要求现场测量人员养成记测量日志习惯。一天一总结，一天一计划，有利于安排工作，提高效率和质量。

2.6.4 材料及构件试验

公路工程试验检测，是指根据国家有关法律、法规的规定，依据工程建设技术标准、规范、规程，对公路工程所用材料、构件、工程制品、工程实体的质量和技术指标等进行的监理抽检、施工自检或第三方检测。

公路工程试验检测机构（以下简称检测机构）是指承担公路工程试验检测业务并对试验检测结果承担责任的机构。公路工程试验检测人员（以下简称检测人员），是指经考试合格，具备相应公路工程试验检测知识、能力，并承担相应公路工程试验检测业务的专业技术人员。

试验检测机构包括等级试验检测机构、无等级资质试验检测机构和工地试验室。等级试验检测机构是指取得交通运输主管部门颁发《等级证书》的试验检测机构；无等级资质检测机构是指未取得交通运输主管部门颁发《等级证书》但取得CMA计量认证且经交通工程质量监督部门考核确认其检测能力的常设试验检测机构，此类机构是在等级试验检测机构无法完成试验检测任务的情况下，作为试验检测队伍的必要补充，同时严格控制使用；工地试验室是在建工程项目监理、施工单位自行组建或联合组建的为满足工地现场检测需要，并经市监督部门考核确认其检测能力的工地临时试验检测机构。

监督部门负责本行政区域内公路水运工程试验检测活动的管理，应每年组织1～2次试验检测机构检测能力验证考核工作和试验检测专项检查工作。试验检测活动应根据国家有关法律、法规的规定，依据工程建设技术标准、规范、规程，遵循科学、客观、严谨、公正、真实、准确的原则开展。工地试验检测中施工自检频率为100%，监理平行抽检频率不少于20%，隐蔽工程须100%抽检；其中5%～10%施工自检须送同时具有交通行业资质和CMA资质的或经监督部门批准且确认其检测能力的无等级资质试验检测机构进行。

2.6.5 隐蔽工程验收

隐蔽工程是指为下道工序施工所隐蔽的工程项目，隐蔽前必须进行质量检查和验收，由施工项目负责人组织施工人员、质检人员，并请监理单位、建设单位代表参加，必要时请设计人参加，检查意见应具体明确，检查手续应及时办理，不得后补。须复验的要办理复验手续，填写复验日期并由复验人做出结论。

①地基与基础，包括土质情况、槽基几何尺寸、高程、地基处理；

②主体结构各部位钢筋，包括钢筋品种、规格、数量、间距、接头情况及除锈、代用变更情况；

③桥梁等结构物预应力筋、预留孔道的直径、位置、坡度、接头处理、孔道绑扎牢固等情况；

④现场结构焊接，包括焊条牌号(型号)焊口规格、焊缝长度、高度及外观清渣等；

⑤桥梁工程桥面防水层下找平层的平整度、坡度、桥头搭板位置、尺寸；

⑥桥面伸缩缝埋件规格、数量及埋置位置；钢管管道内外绝缘防腐。

2.6.6 质量检验评定

质量检验就是对产品的一项或多项质量特性进行观察、测量、试验，并将结果与规定的质量要求进行比较，以判断每项质量特性合格与否的一种活动。为了加强公路工程质量管理，统一公路工程质量检验标准和评定标准，保证工程质量，进行质量检验评定。公路工程质量检验评定应以《公路工程质量检验评定标准》(JTG F80/1—2004)为准。对采用新材料、新结构、新工艺的工程，在标准中缺乏适宜的技术规定时，在确保工程质量的前提下，可参照相关标准或按照实际情况制定相应的技术标准，并按规定报主管部门批准。

根据建设任务、施工管理和质量检验评定的需要，应在施工准备阶段将公路建设项目，划分为单位工程、分部工程和分项工程。施工单位、工程监理单位和建设单位应按相同的工程项目划分进行工程质量的监控和管理。

工程质量检验评分以分项工程为单元，采用100分制进行。在分项工程评分的基础上，逐级计算各相应分部工程、单位工程、合同段和建设项目评分值。工程质量评定等级分为合格与不合格，应按分项、分部、单位工程、合同段和建设项目逐级评定。施工单位应对各分项工程按《公路工程质量检验评定标准》所列基本要求、实测项目和外观鉴定进行自检，按“分项工程质量检验评定表”及相关施工技术规范提交真实、完整的自检资料，对工程质量进行自我评定。工程监理单位应按规定要求对工程质量进行独立抽检，对施工单位检评资料进行签认，对工程质量进行评定。建设单位根据对工程质量的检查及平时掌握的情况，对工程监理单位所做的工程质量评分及等级进行审定。质量监督部门、质量检测机构可依据《公路工程质量检验评定标准》对公路工程质量进行检测评定。

2.6.7 施工技术总结

从工程设计到施工需要经历较长的过程，期间，工程人员发挥了工程建设者的聪明才智，战胜了种种困难，以自己的辛勤劳动和汗水建设了一项项平凡而伟大的工程，留下了许多值得记载的事迹和珍贵的技术资料，所以有必要对施工技术进行总结，以更好的指导工程从业的工作。施工技术总结包括以下内容：

①工程概况及完成工作量。

②项目管理总结。包括施工组织设计，施工质量管理，安全管理，现场技术管理，工程成本管理，合同管理，施工现场生产要素管理。

③关键技术总结。包括了路基工程、路面工程、公路桥梁及隧道工程、交通工程等方面的分类、形式、原因分析和解决方法、采用的工艺和技术、养护预防措施等内容进行阐述。

④安全生产、文明施工、环保施工的总结。

2.7 公路建设程序

公路建设前期工作是指项目研究阶段和勘察设计阶段的工作。总体上,公路建设基本程序如图2-2所示,这个顺序是由基本建设的客观规律决定的,指导基本建设工作有计划、按步骤地进行,是基本建设的重要内容。所有新建及改建的大、中型项目都必须严格按照上述程序进行。

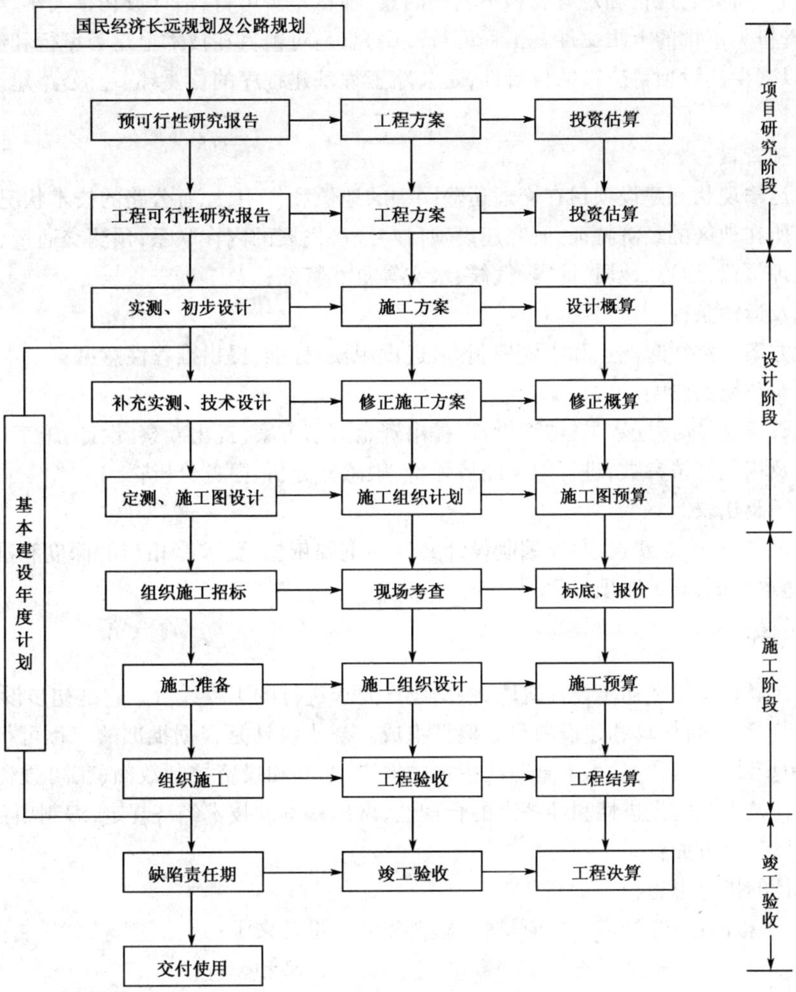

图2-2　公路建设程序

根据交通运输部的规定,设计文件必须由具有相应资质等级的公路勘察设计单位编制。当一个公路建设项目由两个或两个以上单位设计时,设计委托单位应指定一个设计单位协调统一文件的编制,编写总说明和汇编总概(预)算。

2.7.1 工程预可行性研究报告

工程预可行性研究是在投资机会研究的基础上,对项目方案进行的技术经济论证,对项目是否可行进行初步判断。预可行性研究又称项目建议书,是业主单位向国家提出的建设某一项目的建议文件,是对项目建设的轮廓设想,是根据国民经济发展规划、公路网规划和公路建设五年规划,通过踏勘和调查研究,提出项目的建设规模、技术标准,并进行简要的经济效益分析。其内容主要包括以下几个方面:

①有项目影响区域社会经济和交通运输的现状及发展,项目建设的必要性和依据;

②交通量预测、拟建规模和技术标准、建设起讫点的初步设想;

③资源配置情况、建设条件、协调关系等初步分析;

④投资估算和资金筹措设想;

⑤项目的进度安排;

⑥经济效益和社会效益的估计。

项目建议书经批准后,可以进行下一步的工程可行性研究工作,但并不表明项目立项。

2.7.2 工程可行性研究报告

可行性研究报告是从事一种经济活动(投资)之前,双方要从经济、技术、生产、供销以及社会各种环境、法律等各种因素进行具体调查、研究、分析,确定有利和不利的因素、项目是否可行,估计成功率大小、经济效益和社会效果程度,为决策者和主管机关审批的上报文件。工程可行性研究,是对项目在技术上是否可行和经济上是否合理进行科学的分析和论证,以减少建设项目决策的盲目性,是公路工程基建程序的首要环节。公路建设项目可行性研究报告的主要内容包括:

①建设项目依据和背景;

②建设区域综合运输现状和建设项目在交通运输网中的地位和作用,原有公路的技术状况及适应程度;

③论述建设项目所在地区的经济特征,研究建设项目与经济发展的内在联系,预测交通量、运输量的发展水平;

④建设项目的地理位置、地形、地质、地震、气候、水文等自然特征;

⑤筑路材料来源及运输条件;

⑥论证不同建设方案的路线起讫点和主要控制点、建设规模、标准,提出推荐性意见;

⑦评价建设项目对环境的影响;

⑧测算主要工程数量、征地拆迁数量,估算投资,提出资金筹措方案,提出勘察、设计、施工计划安排;

⑨确定运输成本及相关经济参数,进行国民经济评价、敏感性分析、财务分析;

⑩提出存在的问题及建议。

工程可行性研究报告,是确定建设项目、编制设计文件的重要依据,要求有相当的深度和准确性。可行性研究报告批准后,一般不随意变更,其表明项目立项。

2.7.3 初步设计

公路工程初步设计概算是指在初步设计阶段,根据设计要求进行的工程计价。它是初步设计文件的组成部分,由单位工程概算、单项工程综合概算和建设项目总概算组成。初步设计是根据批准的工程可行性研究报告拟定的项目建设原则,进行初步设计。目的是为了阐明在指定的地点、时间和投资控制数额(工可投资估算的 ±10%)内,对建项目的设计方案在技术上的先进性和经济上的合理性,做出基本的技术经济规定,编制项目总概算。初步设计的内容一般应包括以下几个方面:

①设计依据和设计的指导思想;

②提出设计方案,工程图纸和建设规模,原材料、燃料和的用量及来源;

③计算建筑物、构筑物、公用辅助设施的工程数量、主要设备选型和配置;

④占地面积和土地使用情况;

⑤外部协作配合条件;

⑥综合利用、环境保护和抗震措施;

⑦生产组织、劳动定员和各项技术经济指标;

⑧编制项目总概算。

初步设计文件经批准后,总体方案和总概算等不得随意修改和变更。当初步设计提出的总概算超过可行研究报告总投资的10%以上或其他主要指标需要变更时,应说明原因和计算依据,并重新向原审批单位报批可行性研究报告。

2.7.4 技术设计

公路工程技术设计应根据批复的初步设计的要求,对重大、复杂的技术问题通过科学试验、专题研究,加深勘探调查及分析比较,解决初步设计中未解决的问题,落实技术方案,计算工程数量,修正设计概算。设计应满足下列要求:

①对初步设计所定方案进一步补充和修改;

②补充必要的地质、水文、气候、地震和地质钻探资料,以及土木、材料、结构或模型试验结果;

③提出科学试验成果、专题报告;

④提出修正的施工方案；

⑤编制修正概算。

2.7.5 施工图设计

施工图设计是设计程序的最后阶段。设计文件和图纸的内容深度必须满足施工、安装的要求。施工图设计应根据批复的初步设计或技术设计的要求，对建设项目做更深入细致的设计。因此，施工图设计是最全面、最详尽的设计，也是工程项目的最终设计。设计单位应对设计质量负责，并按规定不得任意更改。如必须更改时，应按交通运输部现行的有关规定办理。施工图设计内容包括：

(1)路线具体位置；路基标准横断面和特殊路基横断面，绘制路基超高、加宽设计图，计算土石方数量并进行调配，路基取弃土场位置，绘制取弃土场纵、横断面图；

(2)路基路面排水系统和防护工程的结构类型及尺寸，绘制相应的布置图和结构设计图；特殊路基设计的结构类型及尺寸，绘制特殊路基设计图；

(3)各路段的路面结构类型及尺寸，绘制路面结构图；

(4)特大、大、中桥的位置、孔数及孔径、结构类型及各部尺寸，绘制布置图，特殊设计的，应绘制特殊设计详图；小桥、涵洞、漫水桥、过水路面等位置、孔数及孔径、结构类型及各部尺寸，绘制布置图，特殊设计的，应绘制特殊设计详图；

(5)隧道及其附属设施的形式和尺寸，绘制布置图及设计详图；

(6)路线交叉形式、结构类型及各部尺寸，绘制布置图及设计详图；

(7)交通工程及沿线设施的各项工程位置、类型及各部尺寸，绘制布置图和设计详图；

(8)环境保护设施的位置、类型及各部尺寸，绘制布置图和设计详图；

(9)渡口码头及其他工程的位置、结构形式尺寸，绘制相应的布置图和设计详图；

(10)沿线筑路材料的质量、储藏量、供应量及运距，绘制筑路材料运输示意图；

(11)征用土地、拆迁建筑物以及电力、电讯等的数量；

(12)计算各项工程数量；提出施工组织计划；人工数量及主要材料、机具、设备的规格及数量；

(13)编制施工图预算。

2.7.6 组织施工招标

公路建设项目招标应具备概算已经批复，建设用地的征用工作已经完成，有满足施工需要的施工图设计，建设资金和主要材料设备的来源已经落实，已经过有关主管部门批准。

1. 准备工作

准备工作主要内容包括：

①征地、拆迁和场地平整。

②完成施工用水、电、路等工作。

③组织设备、材料订货。

④准备必要的施工图纸。

2. 择优选定施工单位

按规定进行了建设准备和具备了开工条件以后，便应组织开工。建设单位申请批准开工要经国家统一审核后，编制年度大中型和限额以上建设项目新开工计划报国务院批准。部门和地方政府无权自行审批大、中型和限额以上建设项目开工报告。年度大、中型和限额以上新开工项目经国务院批准，国家计委下达项目计划。

一般项目在报批新开工前，必须由审计机关对项目的有关内容进行审计证明。审计机关主要是对项目的资金来源是否正当及落实情况，项目开工前的各项支出是否符合国家有关规定，资金是否存入规定的专业银行进行审计。新开工的项目还必须具备按施工顺序需要至少3个月以上的工程施工图纸，否则不能开工建设。

2.7.7 建筑安装工程施工

工程项目经批准开工建设，项目即进入建筑安装施工阶段。项目开工时间是指建设工程设计文件中规定的任何一项永久性工程第一次正式开始施工的日期。工程地质勘察、平整场地、旧建筑物的拆除、临时建筑、施工用临时道路和水、电等工程开始施工的日期不能算作正式开工日期。分期建设的项目分别按各期工程开工的日期计算，如二期工程应根据工程设计文件规定的永久性工程开工的日期计算。

建筑安装施工活动应按照工程设计要求、施工合同条款及施工组织设计，在保证工程质量、工期、成本及安全、环境等目标的前提下进行，达到竣工验收标准后，由施工单位移交给建设单位。

2.7.8 竣工验收

竣工验收是指建设工程项目竣工后开发建设单位会同设计、施工、设备供应单位及工程质量监督部门，对该项目是否符合规划设计要求以及建筑施工和设备安装质量进行全面检验，取得竣工合格资料、数据和凭证。工程竣工验收就是由建设单位、施工单位和项目验收委员会，以项目批准的设计任务书和设计文件，以及国家颁发的施工验收规范和质量检验标准为依据，按照一定的程序和手续，在项目建成并试生产合格后，对工程项目的总体进行检查和认证的活动。当工程项目按设计文件的规定内容和施工图纸的要求全部建成后，便可组织工程验收。竣工验收是工程建设过程的最后一环，是投资成果转入使用的标志，也是全面考核基本建设成果、检验设计和工程质量的重要步骤。竣工验收对促进建设项目及时投入使用，发挥投资效益及总结建设经验，都有重要作用。

1. 竣工验收的范围和标准

按照国家现行规定，所有基本建设项目和更新改造项目，按批准的设计文件所规定的内容建成，符合验收标准合格，符合设计要求，都应办理固定资产移交手续。

2. 竣工验收的准备工作

建设单位应做好工程竣工验收的准备工作，主要包括：

(1)整理技术资料

技术资料主要包括土建施工、设备安装方面及各种有关文件、合同和试生产情况报告等。

(2)绘制竣工图

公路建设项目竣工图是真实记录各种地下、地上建筑物等详细情况的技术文件，是对工程进行交工验收、维护、扩建、改建的依据，同时也是使用单位长期保存的技术资料。关于绘制竣工图的规定如下：

①凡按图施工没有变动的，由施工承包单位(包括总包单位和分包单位)在原施工图上加盖“竣工图”标志后即作为竣工图；

②凡在施工中，虽有一般性设计变更，但能将原图加以修改补充作为竣工图的，可不重新绘制，由施工承包单位负责在原施工图(必须新蓝图)上注明修改部分，并附以设计变更通知单和施工说明，加盖“竣工图”标志后，即作为竣工图；

③凡结构形式改变、工艺改变、平面布置改变、项目改变以及有其他重大改变，不宜再在原施工图上修改补充者，应重新绘制改变后的竣工图。由于设计原因造成的，由设计单位负责重新绘制图；由于施工单位原因造成的，由施工承包单位负责重新绘图；由于其他原因造成的，由业主自行绘图或委托设计单位绘图，施工承包单位负责在新图上加盖“竣工图”标志，并附以有关记录和说明，作为竣工图。

竣工图必须准确、完整、符合归档要求，方能交工验收。

(3)编制竣工决算

建设单位必须及时清理所有财产、物资和未花完或应收回的资金，编制工程竣工决算，分析概(预)算执行情况，考核投资效益，报请主管部门审查。

3. 竣工验收的程序和组织

根据国家现行规定，规模较大、较复杂的建设项目应先进行初验，然后进行正式验收。规模较小、较简单的工程项目，可以一次进行全部项目的竣工验收。工程项目全部建完，经过各单位工程的验收，符合设计要求，并具备竣工图、竣工决算、工程总结等必要文件资料，由项目主管部门或建设单位向负责验收的单位提出竣工验收申请报告。大、中型和限额以上项目由国家计委或国家计委委托项目主管部门、地方政府组织验收。小型和限额以下项目，由项目主管部门或地方政府组织验收。竣工验收要根据工程规模及复杂程度组成验收委员会或验收组。验收委员会或验收组负责审查工程建设的各个环节，听取各有关单位的工作汇报。审阅工程档案、实地查验建筑安装工程实体，对工程设计、施工和设备质量等做出全面评价。不合格的工程不予验收。对遗留问题要提出具体解决意见，限期落实完成。

2.7.9 项目后评价

项目后评价是工程项目竣工投产、生产运营一段时间后，再对项目的立项决策、设计施工、竣工投产、生产运营等全过程进行系统评价的一种技术经济活动，是固定资产投资管理的一项重要内容，也是固定资产投资管理的最后一个环节。通过建设项目后评价，可以达到肯定成绩、总结经验、研究问题、吸取教训、提出建议、改进工作、不断提高项目决策水平和投资效果的目的。项目后评价的内容包括立项决策评价、设计施工评价、生产运营评价和建设效益评价。在实际工作中，可以根据建设项目的特点和工作需要而有所侧重。项目后评价的基本方法是对比法。就是将工程项目建成投产后所取得的实际效果、经济效益和社会效益、环境保护等情况与前期决策阶段的预测情况相对比，与项目建设前的情况相对比，从中发现问题，总结经验和教训。在实际工作中，往往从以下三个方面对建设项目进行后评价。

1. 影响评价

通过项目竣工投产（营运、使用）后对社会的经济、政治、技术和环境等方面所产生的影响来评价项目决策的正确性。如果项目建成后达到了原来预期的效果，对国民经济发展、产业结构调整、生产力布局、人民生活水平的提高、环境保护等方面都带来有益的影响，说明项目决策是正确的；如果背离了既定的决策目标，就应具体分析，找出原因，引以为戒。

2. 经济效益评价

通过项目竣工投产后所产生的实际经济效益与可行性研究时所预测的经济效益相比较，对项目进行评价。对生产性建设项目要运用投产运营后的实际资料计算财务内部收益率、财务净现值、财务净现值率、投资利润率、投资利税率、贷款偿还期、国民经济内部收益率、经济净现值、经济净现值率等一系列后评价指标，然后与可行性研究阶段所预测的相应指标进行对比，从经济上分析项目投产运营后是否达到了预期效果。没有达到预期效果的应分析原因，采取措施，提高经济效益。

3. 过程评价

对工程项目的立项决策、设计施工、竣工投产、生产运营等全过程进行系统分析，找出项目后评价与原预期效益之间的差异及其产生的原因，同时，针对问题提出解决办法。

以上三个方面的评价有着密切的联系，必须全面理解和运用，才能对后评价项目作出客观、公正、科学的结论。

第三章　公路建设项目管理

3.1　一般概念

建设项目是指在一定的约束条件下具有专门组织、具有特定目标的一次性任务。公路建设项目管理是在公路建设周期内，采用系统工程的理论、观点和方法，进行有效的计划、组织、协调、控制等科学的管理方法，按建设项目既定的质量要求、控制工期、投资总额、资源限制和环境条件，圆满地实现工程建设目标。

3.1.1　建设项目

建设项目一般可以进一步划分为单位工程、分部工程和分项工程。建设项目也称为基本建设项目，是指按一个总体设计进行建设的各个单项工程所构成的总体。

1. 建设项目的基本特征

①在一个总体设计或初步设计范围内，由一个或若干个互相有内在联系的单项工程所组成，建设中实行统一核算、统一管理。

②在一定的约束条件下，以形成固定资产为特定目标。建设项目有工期目标，有资源约束，有投资总量目标，有质量要求。公路建设项目有预期的通行能力、使用功能和投资效益目标。

③建设项目需要遵循必要的建设程序和特定的过程。即一个建设项目从提出设想、建议、方案选择、评估、决策、勘察、设计、施工到竣工验收，投入使用，均有一个较长的过程。

④按照特定的任务，具有一次性特点的组织形式。其表现是投资的一次性，设计的单一性，建设地点的一次性，

施工单件的固定性。

2. 建设项目的特定要求

公路建设项目分为经营性公路建设项目和公益性公路建设项目。经营性公路建设项目应依法成立有限责任公司或股份有限公司,对建设项目筹划、资金筹措、建设实施、运营管理、债务偿还和资产管理全过程负责。公益性公路建设项目应明确或组建项目法人,根据交通主管部门授权,对建设项目筹划、资金筹措、建设实施全过程负责。地方人民政府或政府交通主管部门可以成立项目建设协调机构(指挥部),负责协调征地拆迁、建设环境等方面的工作,履行政府监督管理职能。公路建设项目的特定要求是:

①管理上根据有关规定设立建设管理单位,实施公路建设项目法人责任制度,由项目法人对建设项目负总责。可行性研究报告批准后,应正式成立或明确项目法人,在初步设计批准前,按建设项目管理权限报交通主管部门审批。新组建的项目法人应依法办理公司注册或事业法人登记手续。

②技术上执行国家有关公路建设工作方针、强制性技术标准等。建设项目应满足在一个总体设计或初步设计范围内,建设项目应由一个或几个相互关联的单项工程所组成。

③过程中应当按照国家规定建立健全质量保证体系,建立质量管理制度,落实质量岗位责任制。执行国家法律、法规、规章制度,认真组织交工验收,圆满实现建设目标。

3. 建设项目管理

建设项目的管理者是由参与建设活动的各方组成,包括业主单位、设计单位、监理单位和施工单位等。由建设单位进行的建设项目管理,如委托给建设监理单位对建设项目实施监督管理,在我国称为建设监理,一般由监理单位进行该建设项目的质量管理等工作。经营性公路建设项目法人应按照基本建设程序,履行以下职责;公益性公路建设项目法人,根据交通主管部门授权,履行以下相应职责。

①筹措建设资金;编制项目实施计划和年度计划;

②依法选择勘察设计、施工、监理单位和设备、材料供应单位;

③向交通主管部门办理开工报告;

④按照合同约定,对工程质量、进度、投资、安全生产和环境保护进行监督管理,审查施工组织设计、重要施工工艺和标准试验以及工程分包等事项,保证工程处于受控状态;

⑤接受交通主管部门和公路工程质量监督机构的监督检查,按时报送项目建设的有关信息资料;

⑥执行国家档案管理规定,建立健全建设项目的所有档案;

⑦及时组织交工验收,做好竣工验收的准备工作;

⑧组织建设项目后评价,提出建设项目后评价报告;

⑨按照有关技术标准和规范的要求,做好公路养护管理工作。负责收费管理,按期偿还贷款。

3.1.2 现场管理

现场管理就是指用科学的管理制度、标准和方法对生产现场各生产要素,包括工人和管理人员,工具和设备,工程材料,工序和检测方法,管理信息等进行合理有效的计划、组织、协调和控制,使之处于良好的结合状态,达到优质、高效、低耗、均衡、安全、文明生产的目的。现场管理是生产第一线的综合管理,是生产管理的重要内容,也是生产系统合理布置的补充和深入。

1. 现场管理三大工具

(1)标准化

所谓标准化,就是将各种各样的规范,如规程、规定、规则、要领等形成文字化的东西,制定标准,然后依标准付诸行动则称之为标准化。创新与标准化是提升管理水平的两大轮子。创新是使企业管理水平不断提升的驱动力,而标准化则是防止企业管理水平下滑的制动力。没有标准化,企业不可能维持在较高的管理水平上。

(2)目视管理

目视管理是利用形象直观,而又适宜的各种色彩视觉感知信息来组织现场生产活动,达到提高劳动生产率的一种管理手段,也是一种利用视觉来进行管理的科学方法。目视管理是一种以公开化和视觉显示为特征的管理方式,综合运用管理学、生理学、心理学、社会学等多学科的研究成果。

(3)看板管理

看板管理是目视管理的一种表现形式,即用数据、情报等状况一目了然地表现,主要是对管理对象、情报进行的透明化管理活动。它通过各种形式,如标语、现况板、图表、电子屏等把文件上、脑子里或现场等隐藏的情报揭示出来,以便于全体人员都可以及时掌握管理现状和必要的情报,从而能够快速制定并实施应对措施。

2. 施工方现场管理

(1)施工操作规程

规程就是指流程和规则。流程即为实现特定目标而采取的一系列前后相继的行动组合,是多个活动组成的工作程序。规则是指对工作的要求、规定、计划、标准和制度等。现场施工应遵循施工规范,按批准的施工组织计划、施工工序进行工程施工,施工管理必须检查施工操作规程。

(2)施工物件达标

施工物件是指分项、分部工程,是主体工程的一个部位。施工设计图中已对施工物件标注了其所在位置,具体的几何尺寸,使用的材料名称、规格和工艺要求等。现场施工应遵循施工图设计规定,按时间要求、按设计工程量、按设计尺寸和位置完成施工,达到设计标准、质量标准。

(3)工程材料质量

材料是物质,是现代文明的支柱,简单地说是公路建设的基础。材料多种多样,除了具有重要性和普遍性以外,还具有多样性。公路工程建筑材料需要经过检验,材料的品质和规格符合设计要求才能够选用。

(4)工程试验和检测

试验是为了查明某物体的实际性能的结果而进行的尝试性活动。检测是用指定的方法检验测试某种物体指定的技术性能指标,可用于质量评定。施工方自检非常重要,现场试验和检测能够实现公路的功能要求和达到工程质量的目的。

3. 监理现场管理

监理现场管理包括旁站、监理工程师巡视、监理处中心试验室对工程的试验和检测等。监理是检查公路建设过程和施工完成的公路功能和工程质量。

3.1.3 生产要素

生产要素是指进行社会生产经营活动时所需要的各种社会资源,维系国民经济运行及市场主体生产经营过程中所必须具备的基本要素。它包括劳动力、材料和机械、土地资源、资本投入、工程技术、信息等内容,而且这些内容随着时代的发展也在不断发展变化。

1. 劳动力配置

劳动力的素质、数量是施工现场生产要素管理的重要因素。建设项目劳动力配置时应遵循以下几个原则:

①保证施工过程的连续性对劳动力的需要;

②保证施工过程的协调性对劳动力的需要;

③保证施工过程的均衡性对劳动力的需要;

④保证施工过程经济性的要求。

劳动力的组织形式是根据工程的性质、特点、规模、技术难度、工期要求及施工条件等确定。公路工程劳动力组织形式一般表现为工程施工队、专业班组、混合班组。根据建设项目性质不同,可以设置土方施工队、路面施工队、桥梁施工队、隧道施工队、小型结构物施工队等;施工队根据施工工程内容配置不同数量的专业班组,如钢筋班、模具班、机务班等;各专业班组根据施工量大小配置不同数量、不同工种的劳动力。

2. 工程材料

材料管理的最终目的是控制材料成本,对施工过程中涉及材料的各个环节进行控制。其控制过程包括购入原价(材料原价)的控制、运杂费控制、场外运输损耗控制、采购及保管费的控制。

材料购入原价是材料费的重要组成部分,特别是钢材、木材、水泥、沥青四大材料的比重很大,物资人员熟悉各类物资产品标准和市场行情是避免购入质次价高材料的基本要求。运杂费是指材料自供应地点至工地仓库(施工地点存放材料的地方)的运杂费用,包括装卸费、运费,如果发生,还应计囤存费及其他杂费。场外运输损耗是指有些材料在正常的运输过程中发生的损耗,这部分损耗应摊入材料单价内。材料采购及保管费是指材料部门在组织采购、供应和保管材料过程中,所需的各项费用及工地仓库的材料储存损耗。

3. 机械设备

工程机械设备是一项重要的生产因素,在公路建设项目中,发挥着非常重要的作用。合理的工程机械和设备配置，可以节省大量的劳动力、提高劳动生产率、降低作业成本。公路工程施工机械设备，包括土石方工程机械、路面工程机械、混凝土及灰浆机械、水平运输机械、起重及垂直运输机械、打桩钻孔机械、金属石料加工机械、动力机械、工程船舶及其他机械设备等。

4. 土地资源

土地作为生产要素范畴，既包括一般的可耕地和建筑用地，也包括森林、矿藏、水面等。土地是任何经济活动都必须依赖和利用的经济资源，较其他经济资源，其自然特征主要是它的位置不变性和持久性，以及丰度（是指在某一区域或群落内，某种或某一类群生物的个体数量的估量）和位置优劣的差异性。相对于其他经济资源和生产要素，土地是最难以增加的，其稀缺性比其他生产要素更显著，土地是不可再生的资源。特别是随着人口的增多、经济活动规模的扩大和深度的发展，土地的稀缺性更加突出。如何保护和利用好现有的土地资源、开发新的土地资源，始终是经济活动的重要问题。

5. 投入资本

在现实生活中，资本总是表现为一定的物，如货币、机器、厂房、原料、商品等，但资本的本质不是物，而是表现在物上的生产关系。资本的主要特征是能够带来剩余价值的价值。投入资本是指所有者在企业注册资本的范围内实际投入的资本，是指出资人作为资本实际投入企业的资金数额。投入资本一般可分四类：

①国家投入资本，是有权代表国家投资的政府部门或机构，以国有资产投入的资本；

②法人投入资本，是其他企业法人以其依法可支配的财产，投入本企业的资本。事业单位和社会团体，以国家允许其用于生产经营的资产向本企业投入的财产，亦属法人投入资本；

③个人投入资本，是社会个人或企业内部职工以个人合法财产投入企业的资本；

④外商投入资本，是中国境外的法人和个人以其外币、设备、无形资产或其他资产投入本的资本。

6. 工程技术

技术是人类在实践基础上通过经验总结、科学研究和实验等方式创造和发明出来的可以直接地改进生产或改善生活的知识和技能。技术一般以知识形态存在，在生产上，技术具有创造性和单一性，在使用上具有持续性，并能不断得到改进。科学技术是第一生产力，工程技术是科学技术的应用，有使用价值，是人类劳动的成果。科学技术在当今世界，已经成为经济发展最重要的推动力量。

（1）科学技术的表现

①科学技术促进劳动者素质提高、生产过程的自动化、信息化，提高劳动生产率。

②科学技术促进节约能源和原料，使有限的自然资源得到更合理的利用，并使产品的质量更高、性能更优。

③科学技术促进生产和生态环境的平衡、协调，实现清洁生产，使经济可持续增长。

（2）工程技术的特点

工程技术亦称生产技术，是在工业生产中实际应用的技术。就是说人们应用科学知识或利用技术发展的研究成果于生产过程，以达到改造自然的预定目的的手段和方法。

①实用性。人们改造客观自然界的活动，都是为了人类的生存和社会的需要，所以就要运用工程技术的手段和方法，按照人的意愿，去选择、强化和维持客观物质的运动为人类造福，而要限制、排除那些不利于人类和社会需要的可能性。

②可行性。任何工程技术都有具体目标，但这个目标的实现，要受许多条件的约束，即受规模、发展速度、资金、能源、材料、设备、人力、工艺、环境等条件的约束。某项工程技术在设计的构思阶段，都必须考虑国家经济和社会发展的需要和可能，而往往可以形成几种方案。然后对各种方案要进行分析和评价，从中选出既满足实用性要求，又能满足上述约束条件的最佳方案，才是可行的。

③经济性。工程技术必须把促进经济、社会发展作为首要任务，并要有好的经济效果，从而达到技术先进和经济效益的统一。因为工程技术的物化形态既是自然物，又是社会经济物。它不仅要受自然规律的支配，而且还要受社会规律，特别是经济规律的支配。某项工程技术，尽管它符合最新科学所阐明的自然规律，如果它不符合社会要求不能提高劳动生产率，不能带来经济效益，缺乏竞争力，它就不能存在或发展。

④综合性。工程技术是多学科的综合运用。它不仅要运用基础科学、应用科学等知识，同时也要运用社会科学的理论成果，并根据当前的国情，还应采用多种水平的技术同时并举。随着工程技术的发展和进步，它的综合性愈来愈显著。现代工程技术综合运用多学科系统、物料系统（材料、设备、综合多种技术和技术手段，现代工程是由人、设备、资金、能源等）、信息系统（指标、进度、数据、图纸、方案、决策等）和控制系统组成的复杂的综合系统。

3.1.4 项目风险

项目风险是指在建设项目决策和实施过程中，造成实际结果与预期目标的差异性及其发生的概率。风险管理就是一个识别、确定和度量风险，并制定、选择和实施风险处理方案的过程。风险管理应是一个系统的、完整的过程，一般也是一个循环过程。风险管理过程一般包括风险识别、风险评价、风险对策、实施决策、风险检查五个方面内容。建设项目风险管理是指建设项目管理班子通过风险识别、风险估计和风险评价，并以此为基础合理的使用多种管理方法、技术和手段对项目建设活动涉及的风险实行有效的控制，采取主动行为，创造条件，尽量扩大风险事件的有利结果，妥善的处理风险事故造成的不利后果，以最少的成本保证安全，可靠的实现项目建设的总称。

1. 风险识别

风险识别是风险管理中的首要步骤，是指通过一定的方式，系统而全面地识别出影响工程建设目标实现的风险事件并加以适当归类的过程，必要时，还需对风险事件的后果作出定性的估计。

2. 风险评价

风险评价是将工程建设风险事件的发生可能性和损失后果进行定量化的过程。这个过程在系统地识别工程风险与合理地作出风险对策决策之间起着重要的桥梁作用。风险评价的结果主要在于确定各种风险事件发生的概率及其对工程目标影响的严重程度，如投资增加的数额、工期延误的天数等。

3. 风险对策

风险对策是确定工程建设风险事件最佳对策组合的过程。一般来说，风险管理中所运用的对策有风险回避、损失控制、风险自留和风险转移等。这些风险对策的适用对象各不相同，需要根据风险评价的结果，对不同的风险事件选择最适宜的风险对策，从而形成最佳的风险对策组合。

(1)风险回避

风险回避是指在完成项目风险分析与评价后，如果发现项目风险发生的概率很高，而且可能的损失也很大，又没有其他有效的对策来降低风险时，应采取放弃项目建设、放弃原有计划或改变目标等方法，使其不发生或不再发展，从而避免可能产生的潜在损失。

(2)损失控制

所谓损失控制，是指企业对不愿放弃也不愿转移的风险，通过降低其损失发生的概率，缩小其损失发生的程度来达到控制目的的各种控制技术或方法。损失控制的目的在于积极改善风险发生的概率，使其能为企业所接受，从而使企业不丧失获利机会。

(3)风险自留

风险自留也称为风险承担，是指企业自己非理性或理性地主动承担风险，即指一个企业以其内部的资源来弥补损失。

(4)风险转移

风险转移是指通过合同或非合同的方式将风险转嫁给另一个人或单位的一种风险处理方式。

4. 实施决策

对风险对策所作出的决策还需要进一步落实到具体的计划和措施中，例如制定预防计划、灾难计划、应急计划等；又如在决定购买工程保险时，要选择保险公司，确定恰当的保险范围、免赔额、保险费等。这些都是实施风险对策的决策重要内容。

(1)保险公司

保险公司是指销售保险合约、提供风险保障的公司。保险公司是采用公司组织形式的保险人，经营保险业务。保险关系中的保险人，享有收取保险费、建立保险费基金的权利。同时，当保险事故发生时，有义务赔偿被保险人的经济损失。

(2)免赔额

免赔额，顾名思义，是免赔的额度。是指由保险人和被保险人事先约定，被保险人自行承担损失的一定比例、金额，损失额在规定数额之内，保险人不负责赔偿。免赔额是指保险人根据保险的条件作出赔付之前，被保险人先要自己承担的损失额度。

(3)保险费

保险费是指被保险人参加保险时，根据其投保时所订的保险费率，向保险人交付的费用。当保险财产遭受灾害和意外事故造成全部或部分损失，或人身保险中人身发生意外时，保险人均要付给保险金。保险费由保险金额、保险费率和保险期限构成。

5. 风险检查

在项目建设过程中，要对各项风险对策的执行情况不断地进行检查，并评价各项风险对策的执行效果；在工程实施条件发生变化时，要确定是否需要提出不同的风险处理方案。除此之外，还需要检查是否有被遗漏的工程风险或者发现新的工程风险，也就是进入新一轮的风险识别，开始新一轮的风险管理过程。

3.1.5 信息化

信息是事物现象及其属性标志的集合。信息资源可以理解为有价值的信息。信息的价值是体现在使用中，对于不同的使用者，信息可以有不同的价值，而且信息的不同组合、不同的关联也能使信息具有不同的价值。信息化是充分利用信息技术，开发利用信息资源，促进信息交流和知识共享，提高经济增长质量，推动经济社会发展转型的历史进程。信息化是当今世界科技、经济与社会发展的重要趋势，信息技术已广泛渗透到经济和社会的各个领域，推动人类社会生产力达到一个崭新的高度。在建设工程领域，信息化是提高交通管理科学性，保证交通管理依法办事的重要手段；信息化有助于提高工程质量，规范交通建设市场秩序；依靠信息技术是建设工程持续发展的必由之路；信息化可以较大程度的改善人民群众生活质量。

1. 管理信息形态

管理的主要方法之一是控制，控制的基础是信息，信息管理是项目建设的主要内容之一。信息管理工作的好坏，将会直接影响项目建设的成败。由于施工管理信息工作涉及多部门、多环节、多专业、多渠道，建设项目信息量大、来源广、形式多样。信息管理形态有下列几种形式：

（1）文字图像信息

文字图像信息包括勘察、测绘、设计图纸及说明书、计算书、合同、工作条例及规定、施工组织设计、情况报告、原始记录、统计图表、报表、信函等信息。

（2）语言信息

语言信息包括领导指示、专家发言、口头分配任务、工作汇报、工作检查、情况介绍、谈判交涉、建议和批评、工作讨论和研究、会议录音等信息。

（3）高科技信息

高科技信息是利用电子计算机、遥感技术、现代通信技术、智能控制技术等手段，获取、传递、存储、显示等信息。

①电子计算机。电子计算机是一种能够按照事先存储的程序，自动、高速地进行大量数值计算和各种信息处理的现代化智能电子设备。计算机系统中所使用的电子线路和物理设备，包括中央处理器（CPU）、存储器、外部设备（输入输出设备、I/O 设备）及总线等。

②遥感技术。遥感技术是不接触物体本身，用传感器收集目标物的电磁波信息，经处理、分析后，识别目标物，揭示其几何、物理性质和相互关系及其变化规律的现代科学技术。

③现代通信技术。通信就是人与人沟通的方法。无论是电话，还是网络，解决的最基本的问题，还是人与人所需要的沟通。现代通信技术，就是随着科技的不断发展，采用最新的技术来不断优化通信方式，让人们的沟通变得更加便捷、有效。

④智能控制技术。智能控制是指在无人干预的情况下，能自主驱动智能机器实现控制目标的自动控制技术。智能控制技术是控制理论发展的新阶段，主要用来解决那些用传统方法难以解决的复杂系统的控制问题。常用的智能控制技术包括模糊逻辑控制、神经网络控制、专家系统、学习控制、分层递阶控制、遗传算法等。以智能控制为核心的智能控制系统具备一定的智能行为，如自学习、自适应、自组织等。

2. 信息分类和编码原则

大型工程施工的处理信息工作量非常大，必须借助计算机系统才能实现。统一的信息分类和编码体系的意义，在于应用计算机系统和参建各方之间具有共同的语言，一方面使用计算机系统更有效的处理、存储信息，另一方面也有利于项目参建各方更方便对各种信息进行交流和查询。信息分类是指在一个信息管理系统中，将各种信息按一定的原则和方法进行区分和归类，并建立起一定的分类系统和排列顺序，以便管理和使用信息。对项目建设的信息进行分类必须遵循以下原则。

（1）稳定性原则

信息分类应选择分类对象最稳定的本质属性,或其特征行为作为信息分类的基础和标准。信息分类体系应建立在对基本概念和划分对象的透彻理解上。

(2)兼容性原则

信息分类体系必须考虑到项目参建各方所应用的编码体系的情况,信息分类体系应能满足高效信息交换的需要。同时,应考虑与有关国际、国内标准的一致性、兼容性。

(3)可扩展原则

信息分类体系应具备较强的灵活性,可以在使用过程中进行方便扩展。在分类中通常应设置收容类目,以保证增加新的信息类型时,不至于打乱已建立的分类体系。

(4)逻辑性原则

信息分类体系中,信息类目的设置应有着极强的逻辑性,如要求同一层面上各个子类相互排斥。

(5)综合性原则

信息分类应从系统工程的角度出发,放在具体的应用环境中进行整体考虑,体现在信息分类的标准与方法的选择上,应综合考虑建设项目的实施环境和信息技术工具。

3. 信息分类的基本方法

国际上的信息化发展和研究,信息分类有线分类法和面分类法两种方法。

(1)线分类法

线分类法又名层级分类法或称树状结构分类法,它是将分类对象按所选定的若干属性或其特征逐次的分成相应的若干个层级目录,并排列成一个有层次的、逐级展开的树状信息分类体系。

(2)面分类法

面分类法是将所选定的分类对象的若干个属性或特征视为若干个"面",每个"面"中又可以分成许多彼此独立的若干类目。在工程实践中,由于施工管理信息的复杂性,单独使用一种信息分类方法往往不能满足使用需要。在实际应用中往往是根据应用环境组合使用,以某一类方法为主,辅以另一种方法,同时进行一些人为的特殊规定以满足信息使用者的要求。

3.2 施工管理

施工管理就是对建设项目施工过程进行科学的指挥、合理的组织、监督和调节,最有效的利用人力、物力和财力,全面完成施工任务,满足质量要求。

3.2.1 施工管理主要任务

施工管理应该是在制订计划(标准化)后,进行执行、检查和改进工作等。各参建单位应担负起责任,应完成的主要任务如下:

①认真贯彻执行国家基本建设方针、政策、法令,科学合理地组织施工,全面履行工程承包合同。

②合理调配施工人员,正确指挥和使用施工力量,调动一切积极因素,促进生产管理水平的提高。

③积极采用先进技术,努力提高工程质量,认真履行工程合同和上级主管部门的指示。

④确保安全生产,合理使用材料、机具等施工资源,降低成本,提高劳动生产率。

⑤因地制宜的安排施工计划,并在计划执行过程中加强监督和调节,协调工程施工与其他工作的相关关系,不断提高技术水平和管理水平。

3.2.2 施工管理主要内容

施工管理的内容包括计划管理、技术管理、全面质量管理、合同管理、物资管理、财务管理等。

1. 计划管理

项目建设计划管理是对项目预期目标,进行统筹安排等一系列活动的总称。其内容包括安排施工进度、编制施工计划、管理班组作业计划、进度偏差分析与调整控制。

2. 技术管理

技术管理是开发和实现技术能力,完成组织和运营目标。包括施工测量、施工预算、施工组织设计、技术方案与技术措施、建立技术责任制、技术交底、执行技术规程、质量安全事故处理及建立工程技术档案等。

3. 全面质量管理

全面质量管理是指在全社会的推动下，参建各单位所有部门，全体人员都以产品质量为核心，把专业技术、管理技术、数理统计技术集合在一起，建立起一套科学严密高效的质量保证体系，控制生产过程中影响质量的因素，以优质的工作，创造优质工程的全部活动。全面质量管理包括按 ISO9001—2000 建立的质量保证体系，质量管理工作计划、质量检验、质量分析与质量控制等。

4. 物资管理

所谓物资管理，是指在施工过程中，对工程所需物资的采购、使用、储备等行为进行计划、组织和控制。物资管理包括编制物资计划、物资采购与储备、物资使用控制及相关责任制。

5. 财务管理

财务管理是在一定的整体目标下，关于资产的购置（投资），资本的融通（筹资）和经营中现金流量（营运资金），以及利润分配的管理。财务管理包括资金的筹集、计划、分配、使用、监督和核算等。

3.2.3 施工组织设计

施工组织是根据批准的施工图设计文件和工程承包合同，对建筑安装工程任务从开工到竣工交付使用，所进行的计划、组织、控制等活动的统称。施工组织设计的内容，决定于它的任务和作用。

1. 施工组织设计内容

①总说明；

②施工方法与相应的技术组织措施；

③施工进度计划；

④施工现场平面布置；

⑤各种资源需要量及其供应。

在这五项基本内容中，第④、⑤项主要用于指导准备工作的进行，为施工创造物质和技术条件。人力、物力的需要量是决定施工平面布置的重要因素之一，而施工平面布置又反过来指导各项物质的因素在现场的安排。第②、③两项内容则主要指导施工过程的进行，规定整个的施工活动。

2. 路基施工组织设计

（1）土石方调运

土石方调运是指在路基施工中，经济合理地调配挖方作为填方的作业。根据路基横断面计算出土石方的“断面方数”，经复核后，即可进行土石方调配。调配时需要考虑技术经济条件，尽量在经济合理的范围内移挖作填，使路堑和路堤中土石方数量达到平衡，减少废方与借方。在全部土石方合理调配后，即可得出路基土石方施工数量。路基施工中，应以路基填方为主导工序，重点处理好摊铺、碾压以及桥涵施工的关系，做到分段施工，使工作面得到充分利用。

（2）选择施工方法

按照土石方种类、数量、运距、施工机械等具体条件，并根据工程期限和各种施工方法的技术经济指标来决定施工方法，正确地选用土石方机械，并据以进行土石方调运。土石方调运与施工方法的选择二者密切相关，互为影响，必须同时考虑。

（3）编制施工进度计划

根据施工图预算可以得到劳动力的工日数和施工机械的台班数量，按其安排施工日期和施工程序，确定工人和机械的劳动组织，并决定其转移的次序，保证在规定期限内完成路基施工任务。

（4）工地施工组织

现场施工应根据施工进度计划，安排确定施工方法、施工期限、施工程序。每一施工工地应按照所规定的施工程序，将路基土石方专业施工队所承担的施工地段，具体按各种施工机械所施工的地段划分为施工分段，该施工分段将开挖路堑与填筑路堤的地点规划在一段，成为完整的挖、运、填、压的工作循环。

3. 路面施工组织设计

①铺筑试验路段，获取数据。

②选择采购材料，编制材料供应计划，计算材料场外运输距离。制订劳动力组织计划。

③在编制路面施工组织设计时，应考虑各结构层工序之间的关系，一般采用搭接流水方式以加快施工进度。根据施工速度选择搭接类型，见表 3-1。

路面施工选型及计算搭接时距 表 3-1

施工情况	选择类型	搭接时距	备注
前道工序速度快于后道工序时	开始到开始	根据各结构层施工速度和所需要的工作面大小计算	
前道工序速度慢于后道工序时	完成到完成		

同时,应考虑到各结构层可能需要技术间隙时间的影响,以及路面各结构层的质量检验所需的时间等。

④应注意各结构层的特殊技术要求,各种缝的施工要求。对于沥青混凝土路面结构、水泥混凝土路面结构,应分别考虑各层的技术要求、设备配置、施工时间的关系。

⑤路面用材料数量大,应合理布置材料堆料点、运料线、行车路线。

⑥路面施工对拌和设备的生产能力、材料、温度等要求相适应,以选择施工机械的数量和规格。路面施工机械设备主要有拌和设备、运输机械、集料摊铺设备、整形设备、碾压设备、养生设备等。

⑦在施工组织时,要安排进行各结构层的质量检验。

4. 桥梁施工组织设计

桥梁结构类型不同施工组织设计有所不同,其内容有深有浅,一般桥梁施工组织设计的内容如下:

①编制依据;

②工程概况;

③施工准备工作;

④各分部工程的施工方案;包括下部构造、上部构造和附属工程,每个分部工程又分为若干个分项工程,如下部构造分为明挖基础、桩基、承台、沉井、钢筋加工安装、墩台混凝土等分项工程。

⑤施工进度计划;生产要素配置计划;

⑥施工总平面布置;

⑦施工管理机构及劳动力组织;

⑧技术、质量、安全组织及保证;文明施工和环境保护措施。

5. 隧道施工组织设计

需要根据隧道工程施工的特点,重点考虑如下内容:

(1)洞口场地平面布置

以洞口为中心的施工场地总体布置应注意结合工程规模、工期、地形特点、弃渣场和水源等情况,本着因地制宜,充分利用地形、合理布置、统筹安排的原则进行。

①以洞口为中心布置施工场地,分期安排,并减少与现有道路交叉和干扰。

②铺道运输的弃渣线、编组线和联络线,应形成有效的循环系统。

③长隧道洞外应有大型机械设备安装、维修和存放的场地。

④机械设备、附属车间、加工场地应相对集中。仓库应靠近施工便道或公路。

⑤合理布置大型堆料场,施工设备用品及回收材料堆放场地的位置。

⑥生活服务设施应集中布置,除宿舍和办公用房外,还应有球场、食堂等。

⑦运输便道、场区道路和临时排水设施等,应统一规划,做到合理布置。

⑧危险品库房按有关安全规定配置。

(2)不同岩层段的开挖和出渣方案

①掘进需要考虑的有关因素有围岩类别、机具设备、隧道掘进进尺等要素。

②在有大型机具设备的条件下进尺的选择。软弱围岩开挖时,爆破开挖一次进尺不能过大,应控制在一定的范围内;一般中硬度及以上的完整围岩可采用深孔爆破,适当增加进尺以提高进度;坚硬完整的围岩应根据周边炮眼的外插角及允许超挖量确定其进尺。

③钻爆作业设计。

④风、水、电等临时设施的设计。可选用的机械通风方式有风管式、风墙式、巷道式。

⑤弃渣场设计。

⑥劳动力组织与计划。

⑦施工机具设备配置与劳动组织。

⑧施工监测分析系统的设计与组织。

6. 施工机械配置

合理机械组合,包括机械技术性能的合理组合和机械类型及其台数的合理组合。机械组合要注意牵引车与配置机具的组合,主要机械和配套机械的组合。在配置机械设备时,力求选用统一的机型,以便维修和管理,从而提高公路施工水平。

(1)施工机械选型原则

①适应性原则,是指施工机械需要适应于工程的施工条件和作业内容。

②先进性原则,新型的施工机械具有高效低耗、性能稳定、安全可靠、质量好的优点,更能保质保量地完成公路施工任务。

③通用性和专用性原则,应尽可能选用同一种机械代替一系列机型,扩大机械使用范围,提高机械利用率,方便管理和维修。

(2)路基施工机械配置

①对于清基和料场准备等路基施工前的准备工作,选择的机械与设备主要有推土机、挖掘机、装载机和平地机等;遇有沼泽地段的土方挖运任务,应选用湿地推土机;

②对于土方开挖工程,选择的机械与设备主要有推土机、铲运机、挖掘机、装载机和自卸汽车等;

③对于石方开挖工程,选择的机械与设备主要有挖掘机、推土机、移动式空气压缩机、凿岩机、爆破设备等;

④对于土石填筑工程,选择的机械与设备主要有推土机、铲运机、羊足碾、压路机、洒水车、平地机和自卸汽车等;

⑤对于路基整型工程,选择的机械与设备主要有平地机、推土机和挖掘机等。

(3)路面施工机械配置

①沥青混凝土路面施工机械配置,高速、一级公路一般选用生产量高的强制间歇式沥青混凝土搅拌设备;沥青混凝土摊铺机的配置,通常选择摊铺机的摊铺宽度不宜超过7.5m;沥青路面压实机械配置有光轮压路机、轮胎压路机和双轮双振动压路机。

②水泥混凝土路面施工机械主要有混凝土搅拌楼、装载机、运输车、布料机、挖掘机、吊车、滑模摊铺机、整平梁、拉毛养生机、切缝机、洒水车。

(4)桥梁施工机械配置

桥梁施工常用的机械有各类吊车、各类运输车辆和自卸车等;桥梁混凝土生产与运输机械主要有混凝土搅拌站、混凝土运输车、混凝土泵和混凝土泵车。

①预制桩施工机械常用蒸汽打桩机、液压打桩机、振动沉拔桩机、静压沉桩机等;灌注桩根据施工方法不同配置不同施工机械。全套管施工法相应配置全套管钻机,旋转钻施工法相应配置有钻杆旋转机和无钻杆旋转机(潜水钻机),旋挖钻孔法相应配置旋挖钻桩机,冲击钻孔法相应配置冲击钻机,螺旋钻孔法相应配置螺旋钻孔机。

②顶推法主要施工设备有油泵车,大吨位千斤顶,穿心式千斤顶,导向装置等;滑模施工方法主要施工设备有滑移模架、卷扬机油泵、油缸、钢模板等;悬臂施工方法主要施工设备有吊车、悬挂用专门设计的挂篮设备。

③预制吊装施工方法主要施工设备有各类吊车或卷扬机、万能杆件、贝雷架等;满堂支架现浇法主要施工设备有各类万能杆件、贝雷架和各类轻型钢管支架等。

(5)隧道施工机械配置

①暗挖施工法机械配置:

a. 钻孔机械有风动凿岩机、液压凿岩机、凿岩台车;

b. 装药台车;找顶及清底机械;

c. 初次支护机械有锚杆台车、混凝土喷射机、混凝土喷射机械手;

d. 注浆机械(包括钻孔机、注浆泵);

e. 装渣机械包括轮胎式、履带式装载机、扒爪装岩机、铲斗式装岩机;

f. 运输机械包括自卸汽车、矿山铲车;

g. 二次支护衬砌机械有模板衬砌台车、混凝土搅拌站、搅拌运输车、混凝土输送泵。

②隧道施工专用机械,如使用全断面掘进机(TBM)、臂式掘进机(EPB)、液压冲击锤等。

③盾构法施工按开挖方式不同,可分为手工挖掘式、半机械挖掘式、机械化挖掘三种;机械化盾构主要有刀盘式、行星轮式、铲斗式、钳爪式、铣削臂式和网格切割式盾构。

3.2.4 施工技术组织措施

在施工组织设计或施工方案中，有些技术组织方面的内容，不能完全反映出来，一般是通过编写技术组织措施将它们反映出来的。也可以说，施工技术组织措施是施工组织设计的内容之一，是施工方案的补充内容，它主要反映建设项目的质量、进度、安全、环保等方面的要求。

1. 保证工程质量措施

保证工程质量的关键是进行预控，对工程中经常发生的质量通病和重要部位、难度较大的工序操作应事先提出相应控制措施，设计出质量控制点，制订防治措施，按照“计划、实施、检查、处理”(PDCA)循环法则，进行正常运转。保证冬、雨季等施工质量的措施。

(1)冬季施工

冬季施工要根据工程所在地的气温、降雪量、工程内容和特点、施工单位条件等因素，在保温、防冻、改善操作环境等方面采取一定的措施。

①对土方工程，可在冬季冻土前采取松土、覆盖等防冻措施；

②对混凝土工程，可根据具体情况采用蓄热法、暖棚法和添加抗冻剂法进行施工；

③施工道路上可采取撒盐、撒砂，构造物上采取覆盖等办法。

(2)雨季施工

雨季施工则要根据工程所在地的雨期、雨量和工程特点，在防淋、防潮、防淹、防泡、防拖延工期等方面，分别采取疏导、堵漏、遮盖、防雷、排水、合理贮料、改变施工顺序、避雨施工、加固防陷等措施。

①对基础工程、基坑应采用设置支撑或清除坑边等防塌措施，坑底设置排水沟、集水井等进行抽水，缩小施工作业面，逐段逐片分期施工，对个别特殊部位可搭设专用雨棚。

②对混凝土工程，要加强砂厂含水率的测定工作，及时调整配合比，避开大雨浇筑，当在雨中浇筑时要做好覆盖保护工作等。

2. 安全防护措施

建立安全保证体系，应根据工程对象的特点和条件，充分识别各个施工阶段、部位和场所需控制的危险源与不利环境因素，制订相应的预防措施，并加以落实，对其中重大危险源与重大不利环境因素的控制应制订专项施工方案或专项安全措施，针对可能发生的事故制定相应的应急救援预案。主要包括以下施工技术组织措施：

(1)安全用电

如各种电器设备的接零、接地保护，电气设备、手持电动工具均应在配电箱内装漏电保护装置，控制与高压线的安全距离等。

(2)高空作业的防护和保护

如安全帽、安全网、安全带的使用，对悬空作业，临边和洞口的防护措施。

(3)施工机械的保护

如每台机械设备都应采用单独的开关和熔断保险，严禁一闸多机等。

(4)防火防爆

如配备必要的消防设施，实行防火审批制度，对易燃、易爆物品应专人负责看管、使用等。

(5)基坑安全防护

如基坑的临边保护，预防土方坍塌的措施，排水措施等。

(6)脚手架搭拆防护

如拆脚手架时，应先制订作业安排，全面检查，报请批准，进行技术交底后才准工作；划分作业区，周围设置围栏或树立警戒标志，地面应设专人指挥，禁止非作业人员进入；统一指挥，上下呼应，动作协调，以防坠落等。

(7)预防自然灾害

如防雷击、防台风、防地震、防滑等措施。

(8)预防职业性疾病

如制定个人健康预防管理措施，对主要危害源的检测措施，对通风除尘、排毒、降温等设备的维护保养计划和措施等。

3. 保证进度目标的措施

编制总进度计划时应切合实际，加强周、月以及重大节点的施工计划，要正常进行施工部署，使工序衔接紧凑，劳动力安排合理，避免窝工现象。要定期进行检查和调整，对实际施工进度进行分析和比较，采用网络计划技术，对关键线路上的关键工作进行重点控制，同时要及时收集工期索赔资料，为工期调整提供依据。选择适当的流水施工方法组织施工，以保证施工的节奏性、均衡性和连续性，既可以缩短工期，又能使大部分的工种连续起来。

①建立工程例会制度；

②组织劳动竞赛；

③扩大构件预制的工厂化程度和施工机械化程度；

④采用先进施工技术和合理组织流水作业施工；

⑤规范操作程序，避免返工等。

4. 降低成本的措施

降低成本是企业的利益所在，在保证安全、质量的前提下，应提高劳动生产率，节约资源是管理的目标，加速资金周转、防止拖欠工程款是降低成本的重要环节，但全部施工过程中的技术组织措施，不可淡漠视之。

①尽量利用已有的各项设施，宜采用工具式活动工棚；

②采用先进的钢筋焊接技术等；

③合理选用运输、吊装设备，尽量减少机械设备停置费用；

④材料可以采用集团市场采购。

3.2.5 施工管理组织形式

施工管理组织形式应根据建设项目的特点、建设项目的承包模式、业主委托的任务以及单位自身情况而确定。

1. 直线式组织

直线式组织中的各种职位均按直线排列，项目经理直接进行单线垂直领导，人员相对稳定，接受任务快，信息传递简单迅速，人事关系容易协调。这种形式的优点是机构简单、权力集中、命令统一、职责分明、决策迅速、隶属关系明确。缺点是没有职能机构的“个人管理”，这就要求决策者懂得各种业务，懂得多种知识技能，成为“全能”式人物；另外是专业分工差，横向联系困难。直线式组织，适用于中小型项目。

2. 职能式组织

职能式组织是在项目经理下设一些职能部门，分别从不同的职能角度，对基层进行业务管理。这些职能部门可以在项目经理授权范围内，就其主要管理的业务范围，向下下达指令。这种形式的优点是强调管理业务的专业化，注意发挥各类专家在项目管理中的作用。由于管理人员工作单一，易提高工作质量，同时可以减轻领导者的负担。缺点是没有处理好管理层次和管理部门之间的关系，形成多头领导，下级执行者可能接受多人指令，容易造成职责不清。职能式组织，适用于施工地理位置相对集中的项目。

3. 矩阵式组织

矩阵式组织是将项目建设组织机构与职能部门按矩阵方式组成的机构组织。矩阵中每个成员都受项目经理和职能部门的双重领导，项目经理、职能部门经理对项目成员都有权控制和使用。职能部门负责人在安排人员时，要保证项目的职能服务，根据项目不同的职能需要配置人员。这种形式的优点是根据工程任务的实际情况灵活地组建与之相适应的管理机构，具有较大的机动性和灵活性。它体现了集权与分权的最优组合，有利于调动各项工作人员的积极性，使得项目建设管理工作顺利进行。缺点是人员经常变动，稳定性差；另外，组织中任何一个成员都受两个领导指挥，如果处理不当，会造成矛盾，产生扯皮现象。矩阵式组织，适用于大型复杂建设项目，或多个同时进行的建设项目。

3.3 进度管理

公路建设项目进度管理是指对项目各建设阶段的工作内容、工作程序、持续时间和衔接关系编制计划，在实际建设进度与计划进度出现偏差时进行纠正，并控制整个计划的实施。进度管理在项目建设中与质量管理、工程造价管理之间有着相互影响、相互依赖、相互制约的关系。

3.3.1 项目进度计划

建设项目进度计划是在工作分解结构的基础上，对项目活动进行一系列的时间安排，它要对项目活动进行排序，明确项目活动必须何时开始以及完成项目活动所需要的时间。制订建设项目进度计划的主要目的是控制和节约时间，保证建设项目在规定的时间内能够完成。常用的制订进度计划的方法有以下几种：

1. 横道图

横道图又叫甘特图，它是以图示的方式通过活动列表和时间刻度形象地表示出任何特定项目的活动顺序与持续时间。公路工程的进度横道图是以时间为横坐标，以各分部（项）工程或工作内容为纵坐标，按一定的先后施工顺序，用带时间比例的水平横线表示对应工作内容持续时间的进度计划图表。公路工程中常常在横道图的对应分项的横线下方表示当月计划应完成的累计工程量或工作量百分数，横线上方表示当月实际完成的累计工程量或工作量百分数。

2. "S"曲线

"S"曲线是以时间为横轴，以累计完成的工程费用的百分数为纵轴的图表化曲线。一般在图上标注有一条计划曲线和实际支付曲线，实际线高于计划线则实际进度快于计划，否则就慢；曲线本身的斜率也反映进度推进的快慢。有时，为反映实际进度另增加一条实际完成线。

3. 垂直图

垂直图也称斜条图、时间里程图，是以公路里程或工程位置为横轴，以时间为纵轴，而各分部（项）工程的施工进度则相应的以不同的斜线表示。在图中可以辅助表示平面布置图和工程量的分布。垂直图很适合表示公路、隧道等线形工程的总体施工进度。斜率越陡进度越慢，斜率越平坦进度越快。

4. 斜率图

斜率图是以时间（月份）为横轴，以累计完成的工程量的百分数为纵轴，将各分项工程的施工进度相应的用不同斜率表示的图表化曲（折）线。

3.3.2 项目进度控制

影响建设项目进度，在过程进度管理上表现有不满足使用要求的设计变更；业主提供的施工场地不能满足施工需要；勘察资料不准确；设计、施工中采用的技术及工艺不合理；不能及时提供设计图纸；材料供应不及时；各专业、工序交接不协调；社会环境干扰；质量事故时的停工调查；业主资金供应问题；突发事件的影响等。施工项目进度计划与控制是施工企业一项十分重要的工作。

1. 事前进度管理

事前进度管理是指建设项目正式施工前进行的进度管理。

2. 事中进度管理

事中进度管理是指建设项目施工过程中进行的进度管理，这是施工进度计划能否付诸实现的关键过程。进度管理人员一旦发现实际进度与目标偏离，组织及各部门必须及时采取措施纠正这种偏差。

3. 事后进度控制

事后进度控制是指完成整个施工任务后进行的进度管理工作。

3.3.3 进度控制措施

为了取得目标控制的理想效果，应当从多方面采取措施实施控制。通常可以将这些措施归纳为若干方面，如组织方面的措施、技术方面的措施、经济方面的措施和合同方面的措施等。

1. 组织措施

控制是由人来执行的，监督按计划要求投入劳动力、机具、设备、材料，巡视、检查工程运行情况，对工程信息的收集、加工、整理、反馈，发现和预测目标偏离，采取纠正行动等都需要事先委任执行人员，授予相应职权，确定职责，制订工作考核标准，并力求使之一体化运行。除此之外，如何充实控制机构，挑选与其工作相称的人员；对工作进行考评，以便评估工作、改进工作、挖掘潜在工作能力、加强相互沟通；在控制过程中激励人们以调动和发挥他们实现目标的积极性、创造性；培训人员等等都是在控制中需要考虑采取的措施。采取适当的组织措施，保证目标控制的组织工作明确、完善，才能使目标控制有效发挥作用。

2. 技术措施

控制在很大程度上要通过技术来解决问题。实施有效控制，如果不对多个可能的主要技术方案作技术可行性分析，不对各种技术数据进行审核、比较，不对设计方案评选事先确定原则，不通过科学试验确定新材料、新工艺、新方法的适用性，不对各投标文件中的主要施工技术方案做必要的论证，不对施工组织设计进行审查，不想方设法在整个建设项目实施阶段寻求节约投资、确保工期和质量的技术措施等，那么目标控制也就毫无效果可谈。使计划能够输出期望的目标正是依靠掌握特定技术的人,并应用工程技术,采取一系列有效的技术措施以实现目标控制。

3. 经济措施

一项工程的建成使用,归根结底是一项投资的实现。从建设项目的提出到建设项目的实现,始终贯穿着资金的筹集和使用工作。无论是对投资实施控制,还是对进度、质量实施控制,都离不开经济措施。为了理想地实现建设项目,项目管理者要收集、加工、整理工程经济信息和数据,要对各种实现目标的计划进行资源、经济、财务等诸方面的可行性分析,要对经常出现的各种设计变更和其他工程变更方案进行技术经济分析,以力求减少对计划目标实现的影响,要对工程概(预)算进行审核,要编制资金使用计划,要对工程付款进行审查等。如果项目管理者在目标控制时忽视了经济措施,那么不但投资目标难以实现,而且进度目标和质量目标也同样难以实现。

4. 合同措施

项目建设需要设计单位、施工单位、材料设备供应单位和监理单位分别承担设计、施工、材料设备供应和监理工作。没有这些工程建设行为,项目就无法建成使用。在市场经济条件下,这些承建商是根据分别与业主签订的合同来参与项目建设的,他们与业主构成了工程承发包关系。设计单位应根据合同保障建设项目设计的安全可靠性,提高建设项目的适用性和经济性,并保证设计工期的要求。施工单位根据合同要保证实现规定的施工质量和工期。材料设备供应单位应根据合同保证按质、按量、按时供应工程所需的材料和设备。项目管理者实施目标控制也是紧紧依靠建设工程合同来进行的。因此,协助业主确定对目标控制有利的承发包模式和合同结构,拟订合同条款,参加合同谈判,处理合同执行过程中的问题,做好防止和处理索赔工作等,都是重要的目标控制措施。所以,目标控制离不开合同措施。

3.4 安全管理

安全管理是管理科学的一个重要分支,它是为实现安全目标而进行的有关决策、计划、组织和控制等方面的活动;主要运用现代安全管理原理、方法和手段,分析和研究各种不安全因素,从技术上、组织上和管理上采取有力的措施,解决和消除各种不安全因素,防止事故的发生。

3.4.1 安全计划

针对建设项目的特点进行安全策划,规划安全作业目标,确定安全技术措施,最终形成的文件称为安全计划。它是进行安全控制和管理的指南,是考核安全控制和管理工作的依据。安全计划应在建设项目开始实施前确定,在建设项目实施过程中不断加以调整和完善。

①项目概况。包括项目的基本情况,可能存在的主要的不安全因素等。

②安全控制和管理目标。应明确安全控制和管理的总目标和子目标,且目标要具体化。

③安全控制和程序。主要应明确安全控制和管理工作过程、安全事故的处理过程。

④安全组织机构。包括安全组织机构形式,安全组织机构的组成。

⑤职责权限。根据组织机构状况,明确不同组织层次,各相关人员的职责和权限,进行责任分配。

⑥规章制度。包括安全管理制度、操作规程、岗位职责等规章制度的建立,应遵循的法律法规和标准等。

⑦资源配置针对建设项目特点,提出安全管理和控制所必需的材料、设施等资源和具体配置方案。

⑧安全措施。针对不安全因素,确定相应措施。

⑨检查评价。明确检查评价方法和评价标准。

⑩奖惩制度。明确检查奖惩标准和方法。

3.4.2 安全保障

保障是指作为社会成员之间的某种意义上的交互动态的有限支撑和支持。安全保障是指没有危险、危害、损失,而要对事物起防卫作用。

①项目经理部应当按照施工总平面图设置各项临时设施。堆放大宗材料、成品、半成品和机具设备,不得侵占场内道路及安全防护等设施。

②施工现场用电线路、用电设备的安装和使用必须符合规范和安全操作规程,并按照施工组织设计进行架设,严禁任意拉线接电。施工现场必须设有保护施工安全要求的夜间照明。

③施工机械应当按照施工总平面图规定的位置和线路设置,不得任意侵占场内道路。施工机械进场必须经过安全检查,经检查合格的方能使用,施工机械操作人员必须建立机组责任制,并依照有关规定持证上岗,禁止无证人

员操作。

④施工中需要进行爆破作业的,必须经上级主管部门审查同意,并持说明使用爆破器材的地点、品名、数量、用途、四邻距离的文件和安全操作规程,向所在地县、市公安局申请《爆破物品使用许可证》,方可使用。进行爆破作业时,必须遵守爆破安全规程。

⑤施工中需要架设临时电网,移动电缆等,施工单位应当向有关主管部门提出申请,经批准后在有关专业技术人员指导下进行。

⑥施工单位进行地下工程或者基础工程施工时,发现文物、古文化、爆破物、电缆等应当暂停施工,保护好现场,并及时向有关部门报告,在按照有关规定处理后,方可继续施工。

⑦项目经理部必须执行国家有关安全生产和劳动保护的法规,建立安全生产责任制,加强规范化管理,进行安全交底,安全教育和安全宣传,严格执行安全技术方案,施工现场的各种安全设施和劳动保护器具,必须定期进行检查和维护,及时消除隐患,保证其安全有效。

⑧项目经理部应当做好施工现场安全保卫工作,采取必要的防盗措施,在现场周边设立围护措施。非施工人员不得擅自进入施工现场。

⑨项目经理部应当严格按照《中华人民共和国消防条例》的规定,在施工现场建立和执行防火管理制度,设置符合消防要求的消防设施,并保持完好的备用状态。在容易发生火灾的地区施工,使用易燃易爆器材时,施工单位应当采取特殊的消防安全措施。

⑩施工现场发生的工程建设重大事故的处理,依照《工程建设重大事故报告和调查程序规定》执行。

3.4.3 安全控制

在建设项目实施过程中,通过采用计划、组织、技术、控制等手段,依据并适应建设项目进行中人、物、环境等因素的运动规律,使其既能充分发挥自身作用,而又有利于控制安全事故不致发生的行为过程即为安全控制。安全控制的目的是保证建设项目实施过程中能避免危险、避免造成人身伤亡和财产损失。

1.安全控制工作内容及方法

建设项目实施过程中存在着许多不安全因素,控制人们不安全行为和物的不安全状态是安全控制的重点。其主要内容包括进行安全立法,执法和守法;建立安全控制体系;进行安全教育与训练;采取安全技术措施;进行安全检查与考核;作业标准化。

两种通用的安全控制方法是安全系统工程和安全心理学。安全系统工程就是采用系统的理论、观点和方法对安全进行管理和控制。安全心理学就是运用心理学原理研究人的心理特征及其受环境影响变化的规律,以达到控制人的非理智行为的目的。

2.安全管理的范围

公路工程安全管理的范围主要包括路基、路面、桥梁、隧道、水上、陆地、高空、爆破、电气使用等各种作业的安全管理。

①路基工程的安全管理包括土方施工的安全管理和石方施工的安全管理等。其中各个管理方面都包含了对在过程中起到能动作用的人的管理,对各种机械、工具等物的管理以及对施工环境的管理。

②路面工程的安全管理包括沥青路面工程的安全管理、水泥混凝土路面工程的安全管理等。其中沥青路面工程及水泥混凝土路面工程的安全管理包括对施工中人员的安全管理、施工中机械的安全管理、施工环境的安全管理。

③桥梁工程的安全管理包括桩基工程的安全管理、墩台工程的安全管理、墩身工程的安全管理、桥面工程的安全管理、塔身工程的安全管理等。其中各个管理方面都包含了对施工中人的安全管理,机械、工具等物的安全管理以及施工环境的安全管理。

④隧道工程的安全管理包括隧道施工爆破作业的安全管理、隧道内运输的安全管理、隧道施工支护的安全管理、隧道施工衬砌的安全管理、隧道施工中通风、防尘、照明、排水以及防火、防瓦斯的安全管理等。

⑤水上工程的安全管理包括针对施工管理人员的安全培训、技术交底等人员的安全管理、针对气候、水文、海域、航道等的外界施工环境的安全管理、针对水上交通、浮吊等施工机械的安全管理。

⑥陆地工程的安全管理包括各类人员的安全培训考核、特殊工种持证上岗以及各种安全技术交底等针对人的安全管理;针对运输车辆、吊车、装载机、拌和站,摊铺机、压路机等的机械、机具的安全管理;针对施工现场各种安全

防护、标志标语等的环境的安全管理。

⑦高空工程的安全管理包括高空作业的人员管理,如人员的培训、技术交底、现场监督检查等;高空作业临边防护及高空作业平台、高空防坠落等现场环境安全管理;高空作业机械、机具、各种用电等物的安全管理。

⑧爆破工程的安全管理包括对操作人员进行的培训考核、技术交底、考试取证、安全教育等人员的安全管理,对炸药、雷管、导火线以及其他爆破用器材等物的安全管理,对爆破现场安全距离、安全防护、安全警示等环境的安全管理。

⑨电气作业的安全管理范围包括配电室的安全管理,配电线路的安全管理,施工现场配电箱与开关箱设置的安全管理,配电箱、开关箱内的电器装置的安全管理,发电机组的安全管理,电动机械设备的安全管理,施工现场照明电器的安全管理等。

3.4.4 安全管理措施

安全生产是保护劳动者的安全和健康,促进工程进度目标、质量目标实现的基本保证,施工中必须贯彻执行"安全第一,预防为主"的方针,做到管生产必须管安全,并结合工程实际,制订安全措施。

①负责生产管理的经理在抓生产的同时必须将安全管理工作一并考虑,做到生产和安全两手都要抓。

②主管安全的经理对职责范围内的安全管理工作负责。

③安全管理工作重在预防,由于事故的不确定性的特点,使我们在时间、地点、规模上不能将其量化,只有将重点工作放在预防事故发生的前面。

④安全管理过程是一个动态的管理过程,随着施工进展,安全管理的内容和重点也在发生着变化,所以在公路工程安全管理方面要坚持动态管理的原则。

⑤安全管理的两个显著特点,即计划性和系统性。安全管理和其他管理大同小异,都要将其列入年度或月度计划中去,所以安全管理要坚持计划性的原则;另外安全管理作为一种企业管理模式也具有一定的系统性,它包括在企业管理的大系统中,同时安全管理自身也是一种系统,本身具有一定的整体性、相关性、目的性等。

⑥在公路工程安全管理当中既要采用奖励的管理手段,同时也要有惩罚的管理手段,奖优罚劣,做到奖励和惩罚相结合。

⑦在公路工程安全管理中,要处处做到把人的安全放在首位,关注安全、关爱生命。

⑧安全设施必须与主体工程同时计划、同时布置、同时检查、同时总结、同时评比验收。

⑨对发生重特大事故的建设项目、部门和单位,将实行安全生产"一票否决",取消评优评先和领导干部晋职晋级的资格。

3.5 成本管理

成本管理是指企业生产经营过程中各项成本核算、成本分析、成本决策和成本控制等一系列科学管理行为的总称。建设项目的成本管理,是根据企业的总体目标和建设项目的具体要求,在建设项目实施过程中,对建设项目的成本进行有效的组织、实施、控制、跟踪、分析和考核的管理活动。

3.5.1 成本结构分析

施工成本是建设项目在施工过程中所发生的费用支出的总和。它研究的是财务成本(即现金成本),是以货币或资金的形式表现出来的。非财务成本则是一种不能通过资金形式直接表示的成本。非财务成本虽然耗费了资金,它却不能马上表现为现金支出,但是日后也会通过其他途径最终表现在资金形态上。如精神成本、企业形象和企业的声誉等。

1. 成本分类

施工成本是由许多项费用所组成的,由于各种费用的性质和特点各异,必须对这些费用进行科学分类。

(1)按经济性质分类

按经济性质分类,施工成本是指施工过程中所发生的费用支出,可分为劳动、劳动对象和劳动手段三大类。为便于成本管理,可具体划分为工资及附加费、外购材料及动力费、折旧费、其他费等。

(2)按经济用途分类

按经济用途分类,施工成本是指施工过程中所发生的费用支出,可分为人工费、材料费、机械使用费、其他直接费和间接费。

(3)按计入成本的方法分类

这种分类方法的目的是为了便于组织施工成本的核算。它可分为直接费和间接费。直接费用发生时就能确定用于哪些工程,可以直接计入该工程成本的费用;间接费用是指发生时不用明确区分用于哪种工程,只能采用分摊费用方法计入。如项目经理部为组织和管理施工生产活动所发生的支出就是属于间接费用支出。

(4)按费用与工程量的关系分类

施工费用支出的数量与工程量成果有依存关系,按这种关系可把施工费用分为变动费用和固定费用。变动费用是指成本总额随业务量的变化而成比例变动的费用,如构成工程或产品实体而发生的直接材料费。固定费用是指在一定时期和一定生产规模的情况下,其耗费总额不受业务量增减变化的影响,基本保持一个常数或相对固定的费用。

2. 成本管理职能

施工企业内部的各项管理工作,如生产、材料供应、机械设备及劳动管理等工作,都同成本管理有着紧密的联系,都反映到成本上。成本管理的好坏直接影响企业所创造利润的多少,影响企业的经济效益。成本管理一般包括成本预测、成本决策、成本计划、成本核算、成本控制、成本分析、成本考核等职能。

(1)成本预测

成本预测是根据掌握的各类信息资料,采用科学的预测方法,对未来生产经营活动进行定性研究和定量分析,从而预测未来的成本水平及其变动趋势。按其内容可分为制定成本计划阶段的成本预测和成本计划实施进程中的预测。因此,根据施工企业的经营管理需要,可分类、分项对某一重大经济业务进行成本预测,如对工程投标进行单项成本预测,通过预测技术、衡量得失,作为是否投标承包该工程投标报价的依据。

(2)成本决策

成本决策是指用决策理论,根据成本预测及有关成本资料,运用定性与定量的方法,抉择最佳成本方案的过程。成本决策可分为宏观成本决策和微观成本决策。它贯穿于整个生产经营过程,涉及面广,因此,在每个环节都应选择最优的成本决策方案,才能达到总体的最优。

(3)成本计划

成本计划是企业生产经营总预算的一部分,它以货币形式规定企业在计划期内产品生产耗费和各种产品的成本水平以及相应的成本降低水平和为此采取的主要措施的书面方案。成本计划属于成本的事前管理,是企业生产经营管理的重要组成部分,通过对成本的计划与控制,分析实际成本与计划成本之间的差异,指出有待加强控制和改进的领域,达到评价有关部门的业绩,增产节约,从而促进企业发展的目的。

(4)成本核算

成本核算是企业工程施工所发生的生产费用进行事后核算,以便确定产品实际制造成本和归集期间费用,及时反映成本目标和成本计划的完成情况。在进行工程成本核算时,首先应对发生的费用进行审核,确认其是否属于生产消耗,能否计入工程成本,应计入哪类产品的成本等;其次,还要将确认的生产费用按用途进行归集、分配,按既定的成本核算对象分别计算其制造成本,确定最终产品的成本。

(5)成本控制

成本控制是按成本计划制订的成本水平和降低成本目标,对成本形成过程的生产耗费进行严格的计算、调节和监督,及时发现与预定的成本目标之间的差异,并采取措施解决存在的问题,使工程的实际成本被控制在预定的目标范围内,促使成本降低的一项管理活动。

施工企业进行成本控制,必须确定成本控制的标准。同时,为了有效地发挥成本控制的作用,施工企业应当建立事前控制、事中控制和事后控制的成本控制体系。事前控制是指通过成本的预测和决策,确定计划期的目标成本的活动;成本的事中控制是在成本的形成过程中,用具体的成本控制标准加以衡量,及时解决存在的问题,以达到控制生产耗费为目标的一种管理工作;成本的事后控制,又称反馈控制,它主要是在一定时期内将各类生产的实际成本与计划成本加以比较,检查成本计划的执行情况。

(6)成本分析

成本分析是利用成本核算以及有关计划、定额和技术资料,运用一定的分析方法,研究影响成本升降的诸因素及其形成的原因,挖掘降低成本潜力的一种管理活动。成本分析按其用途可分为成本预算分析、成本控制分析和成本计划执行情况的综合分析。通过成本预测分析,提出获得最佳经济效益的降低成本方案,为制订成本计划提供依据。成本控制分析是成本计划实施过程中的分项,通过分析,及时发现差异,采取措施,使生产耗费控制在预定的限额内,保证成本计划的实现。

(7)成本考核

成本考核是指定期通过成本指标的对比分析,对目标成本的实现情况和成本计划指标的完成结果进行的全面审核、评价,是成本会计职能的重要组成部分。成本会计是指为了求得产品的总成本和单位成本而核算全部生产费用的会计。成本会计的中心内容为成本核算。

成本预测、成本决策、成本计划、成本控制、成本核算、成本分析和考核,互为条件,紧密联系,构成施工企业成本管理的完整体系。成本预测为制订成本计划提供依据,成本计划为成本控制提出目标和要求,成本控制与成本核算为成本分析与成本考核提供分析和考核的依据,成本分析与考核的结果又可供进行新的成本预测。如此互相作用,促使企业不断加强和提高管理工作。

3.5.2 成本管理体系

成本管理体系是指在成本方面指挥和控制组织的管理体系。成本管理体系是管理体系中的一个体系,管理体系是建立方针和目标并实现这些目标的体系。成本管理体系作用在成本方面,也就是指挥和控制成本。

1. 基本要素

成本管理体系的四个要素是组织机构、程序、过程和资源,四者相互联系相互作用来实现成本管理体系作用。

①组织机构是指人员的职责、权限和相互关系的安排。在一个组织机构中应安排所需的管理职能,配置相应的人员,并规定其职责和权限,并在工作过程中明确相互关系和活动的接口,确保有效沟通和密切配合,为实现组织的目标和使命而工作。

②程序是为进行某项活动或过程所规定的途径。过程是将输入转化为输出的系统。

③过程是广义的概念,包括成本发生过程和成本管理体系过程。

④资源是指凡是能被人所利用的物质(包括人员、设施、设备、材料、资金、技术、方法、信息等)。管理和控制成本也需要发生成本,运行一个行之有效的成本管理体系也要投入必要的资源,这是成本换取性的要求,用较小的成本代价来替换较大的成本代价,以获取更大的利益。

2. 成本管理体系的作用

成本管理体系是一个成本保证体系。组织通过成本管理体系的有效运行可以持续提高以下方面的成本保证能力:

(1)组织保证

组织在建立、实施和保持成本管理体系的过程中,最高管理者应任命成本管理体系负责人,并授权全权代表最高管理者来领导、组织、指挥和协调组织的整个成本管理体系工作。最高管理者还应建立健全成本管理的组织机构,成立成本管理的归口管理部门,并规定与成本水平和成本管理有关的部门、单位和人员的成本职责、权限、相互关系和活动接口,使各有关部门、单位和全体人员都能知道并理解自己对成本和成本管理的责任和义务,从而保证成本得到持续的控制和降低。

(2)制度保证

项目建设的组织应研究、规划并实施成本和成本管理制度,策划、建立和保持成本管理体系文件,包括成本管理手册、程序文件、规章制度、各种定额、标准成本、全面预算、成本计划以及作业文件等成本控制文件。这些文件是成本发生过程和成本管理的依据,用来约束、指导和规范成本发生和成本管理的行为、指导成本管理工作和活动。从而保证成本水平得到持续的控制和降低。

(3)活动保证

项目建设的成本管理体系要求管理者和成本管理归口部门应持续、有效地组织开展成本管理活动。包括成本策划、评审、实施、检查、内部审核、成本考核、成本否决、成本控制、成本核算、成本分析、识别提高成本因素、增产节约或增收节支、合理化建议、员工培训和教育、预防风险、供方管理、持续改进、管理评审等活动。从而保证成本水平得到持续的控制和降低。

(4)资源保证

资源是成本管理体系的物质基础。组织的最高管理者应确保为成本管理体系的有效运行提供必要的、适当的资源,包括人力资源、材料、工具、设备、设施、技术、方法、资金、信息等资源。从而保证成本水平得到持续的控制和降低。

(5)方法保证

成本管理问题要靠相应的成本管理和成本控制方法去解决。组织的管理者在实施成本管理体系的过程中应不断地、准确地识别、确定和正确应用成本管理与控制的技术、方法和工具,以提高成本管理体系的有效性和效率。

3. 施工成本管理原则

施工成本管理的原则有成本最低化原则、全面成本管理原则、成本责任制原则、成本管理科学化原则等。

(1)成本最低化原则

施工成本管理的根本目的,在于通过成本管理的各种手段,促使不断降低施工成本,以达到可能实现最低目标成本的要求。但是,在实行成本最低化原则时,应注重研究降低成本的可能性和合理的成本最低化。一方面挖掘各种降低成本的潜力,使可能性变成现实;另一方面要从实际出发,制订通过主观努力可能达到合理的最低成本水平,并据此进行分析、考核评比。

(2)全面成本管理原则

全面成本管理是全企业、全员和全过程的管理,亦称"三全"管理。长期以来,在施工成本管理中,存在"三重三轻"问题,即重实际成本的计算和分析,轻全过程的成本管理和对其影响因素的控制;重施工成本的计算分析,轻采购、工艺成本和质量成本;重财会人员的管理,轻群众性的日常管理。因此,为了确保不断降低施工成本,达到成本最低化目的,必须实行全面成本管理。

(3)成本责任制原则

为了实行全面成本管理,必须对施工成本进行层层分解,以分级、分工、分人的成本责任制作保证。项目经理部应对企业下达的成本指标负责,班组和个人对项目经理部的成本目标负责,以做到层层保证,定期考核评定。成本责任制的关键是划清责任,并要与奖惩制度挂钩,使各部门、各班组和个人都来关心施工成本。

(4)成本管理科学化原则

成本管理是企业管理学中一个重要内容,企业管理要实行科学化,必须把有关自然科学和社会科学中的理论、技术和方法运用于成本管理。在施工成本管理中,可以运用预测与决策方法、目标管理方法、产量成本利润分析方法和价值工程方法等。

3.5.3 施工成本控制

施工成本控制是指在工程成本的形成过程中,对生产经营所消耗的人力资源、物质资源和费用开支,进行指导、监督、调节和限制,及时纠正将要发生和已经发生的偏差,把各项生产费用控制在计划成本之内,以保证目标的实现。它包括以下五大方法。

1. 成本控制目标预测

施工成本事前控制是通过成本预测估计出施工成本目标,并且通过成本计划的编制作出成本控制的规划实施措施的过程。通过成本预测,有利于及时发现问题,找出施工成本管理中的薄弱环节,采取措施控制成本。在公路工程施工成本控制预测中,主要从以下三点进行:

(1)成本估算

按照施工属地进行市场价估算,根据施工地所属区域的市场实物价对工、料、机三项费用进行科学合理的分析估算。

(2)合同承包价与成本估算比较

在核算承包成本时,要充分考虑工程不可预见费用的发生,进行降低成本的可行性分析,特别当合同成本高于估算成本时,对工程合理索赔进行可行性分析是必不可少的。

(3)降低成本目标

根据利润目标,提出降低施工成本要求,也就是对降低合同成本目标进行决策。在企业控制目标确定后,订出项目经理部的成本控制目标。

2. 完善制度加强成本管理

施工成本控制是建设项目全员管理的工作,落实责任制度,建立成本管理的组织机构和人员,明确各级施工人员、管理人员的任务、岗位责任,与各自在工作中的工作方法、方式和岗位责任相对应,不断检验自己的工作。如拌和场施工员就一定要熟悉配比,按配合比精确配料,不断检验水泥用量、碎石用量是否准确,用实际运输及摊铺数量检验所拌混合料数量是否吻合。若有偏差要加予调整,不断改进,最终要使水泥、石料用量不超过预算,配合比要准确到位。

在项目管理工作中不断建立和完善各项成本管理制度，对材料采购价格、进货渠道、劳动力价格、机械台班价格的拟订进行管理，完善材料保管与使用、劳动力、机械台班、工程数量的计量管理制度，避免材料的损失、浪费、积压，杜绝因施工计划不周和盲目调度造成窝工、机械利用率低。通过制度管理、监控施工管理费开支，严格执行管理费审批和报销制度，减少、杜绝不必要的费用开支。通过合理的管理制度、完善的规章制度、明确的岗位责任，使生产各要素进行优化配置，合理使用，避免开支的随意性、盲目性，能有效的控制和管理实际施工成本的发生。

3. 优化施工方案降低工程成本

在施工进行的全过程中采取各种技术措施，进行技术经济分析，以确定最佳的方案。对材料使用进行比较与选择，通过代用、改变配合比、使用添加剂、采用新技术、新方法降低材料消耗费用；选择最合适的施工机械配置和设备使用方案，提高生产效率；加强材料管理，降低材料的库存成本和运输成本，以降低整个工程成本。

4. 加强合同管理降低工程成本

在实际施工中，有施工单位与业主签订的施工合同和施工单位内部与劳务队伍、材料供应商、机械供应商之间签订的劳务合用、材料供应合同、机械租赁合同等。通过对合同的严格管理，减小工程风险，降低工程成本。首先，在与业主签订施工合同时要选用合适的合同结构，争取能适合工程的规模、性质、特点，要考虑一切影响工程效益的因素，加强合同风险的识别和分析，采取必要的风险对策。其次，对内部的材料供应商、劳务合同、机械租赁合同要加强分析、研究，明确各自在合同履行过程的责任和义务，依据与业主的合同对工期、质量、技术要求、违约责任进行明确，将成本风险进行转移和分担，同时对签约对象进行选择，要选用信誉好的合作伙伴。

5. 成本控制的总结评价

工程完工后，对实际发生成本进行汇总和分类，计算出施工费用的实际发生额、施工的总成本和单位成本，并与相应预算成本进行比较分析。工程成本审核分析完成后，对工程成本进行总体评价，以评价该工程成本控制的情况，人工、材料、机械、管理费成本是否超标，总结经验教训，取长补短，明确以后成本控制的重点和注意事项，不断完善成本控制与管理理念。

3.6 合同管理

我国《合同法》规定，合同是平等主体的自然人、法人、其他组织之间设立、变更、终止民事权利义务关系的协议。项目合同管理是指各级工商行政管理机关、交通行政主管机关和金融机构，以及工程发包单位、社会监理单位、承包企业依照法律和法规、规章制度，采取法律的、行政的手段，对施工合同关系进行组织、指导、协调及监督，保护施工合同当事人的合法权益，处理施工合同纠纷，防止和制裁违法行为，保证施工合同法规的贯彻实施等一系列活动。企业合同管理是指以企业自身为当事人的合同依法进行订立、履行、变更、解除、转让、终止以及审查、监督、控制等一系列行为的总称。其中订立、履行、变更、解除、转让、终止是合同管理的内容；审查、监督、控制是合同管理的手段。合同管理必须是全过程的、系统性的、动态性的。

3.6.1 工程计量

计量是指建设项目在具体实施过程中，组织对工程的品质、效率的标志性度量与审计。工程计量是指实现单位统一、量值准确可靠的活动。

1. 工程计量程序

(1)工程计量组织类型

①监理工程师计量；计量工作由监理工程师单独承担，然后将计量的记录送承包人。承包人对计量有异议，可在7天内以书面形式提出，再由监理工程师对承包人提出的质疑进行复核，并将复议后的结果通知承包人。

②承包人计量；由承包人对已完的工程进行计量，然后将计量的记录及有关资料报送监理工程师核实确认。

③监理工程师与承包人共同计量；在进行计量前，由监理工程师通知承包人计量的时间与工程部位，然后由承包人派人同监理工程师共同计量，计量后双方签字认可。

(2)现场计量程序

对于签发中间交工证书的工程项目，首先由监理人员通知承包人计量的时间，并做好有关的计量准备工作。采用监理工程师与承包人共同计量的方式，一般由监理工程师与承包人委派的计量支付负责人组成一个计量小组，小组人员按通知的时间到现场进行计量，然后将计量的记录（中间计量表）及有关资料报监理工程师核对确认，经监理工程师确认的中间计量表，作为中期支付的依据。

(3)驻地监理对计量结果审查

驻地监理对计量结果审查包括两个方面：一是计量的工程质量是否达到合同标准；二是计量的过程是否符合合同条件。

(4)总监代表对工程计量审定

在审定过程中总监代表有权对计量的工程项目的质量进行抽检，抽检不合格的工程项目不予计量，对计量过程有错误的工程项目进行修正或不予计量。只有经总监理工程师审查批准的工程项目，才予以支付工程款项。

2. 工程计量方法

①断面法，主要用于计算取土坑和路基土石方的计量。

②图纸法，根据计量支付条款的规定，部分工程的数量根据图纸法进行计量。

③钻芯取样法，主要用于道路面层结构的计量。

④分项计量法，就是根据工序或部位将一个项目分解成若干子项，对完成的各子项进行计量支付。

⑤均摊法，就是对清单中合同价按合同工期每月平均计量。

⑥凭证法，就是根据合同中要求承包人提供的票据进行计量支付。

⑦估价法，就是按合同文件的规定，根据监理工程师估算的已完成的工程价值支付。

3.6.2 工程费用支付

工程费用的支付原则是支付必须以工程计量为基础；支付必须以技术规范和报价单为依据；支付必须及时；支付必须以日常记录和合同条款为依据；支付必须遵循严格的程序。

1. 中期支付程序

①中期支付申请。申请的形式是填报月结账单一式六份。

②中期支付申请的审定：申请的格式和内容应满足合同要求；各项资料、证明文件手续齐全；所有款项计算与汇总无误。

③《中期支付证书》的签发。监理工程师审核并修正承包人的支付申请后，将需要扣留的保留金和扣回的预付款从承包人月报表中应得的金额中扣除，计算付款净金额，签发《中期支付证书》。

2. 最终支付程序

在工程交工证书签发后 42 天之内，承包人应以监理工程师批准的格式向监理工程师提交一份交工结账单，并附上详细资料说明的证明文件。下述 3 项款额估算值应在完工结账单内单独填报；监理工程师应根据中期支付的规定核证此项支付，并报业主审批：

①合同规定，直到交工证书中写明的交工日期为止按合同完成的全部工程的最终价值；

②承包人认为应付给他的其他款项；

③承包人认为本合同项（整个合同期）到期应付给他的各项款额的估算值。

在发出缺陷责任终止证书后的 28 天之内，承包人应以监理工程师批准的格式向监理工程师提交一份最后结账单草案，并附上详细的证明文件，下述 2 项供监理工程师考虑。如果监理工程师不同意或者不核证最后结账单草案的任一部分，承包人应按监理工程师的合理要求，提交进一步的资料，并对最后结账单草案做出他们之间协商同意的修改，然后由承包人编制，并向监理工程师提交双方同意的最后结账单：

①根据合同规定已经完成的全部工程的价值；

②承包人根据合同规定认为应付给他的任何其他款项。

在提交最后结账单时，承包人应交业主一份书面清账单，并抄送监理工程师，确认最后结账单中的总金额代表了根据合同规定应付给承包人的全部款项的最后结算。但是该清账书仅在发出的最后支付证书项下的应付款已经支付，和保留金已经退还给承包人之后才生效。在最后结账单和清账书收到 14 天之后，监理工程师应签发一份最后支付证书报业主审批，并抄给承包人。最后支付证书内容如下：

①监理工程师认为根据合同规定的最后应付的款额；

②承包人在对以前所付款额和根据合同规定应得的全部款额应经业主确认，计算业主尚付承包人的差额（如有）。

3.6.3 合同价款调整

在公路工程合同中，大部分合同为可调价合同，规定调整合同价款的方式和方法，最终确定合同结算价款。

1. 原工程量清单工程数量

原工程量清单工程数量为合同数量，根据监理工程师确认计量的数量，即实际完成数量对合同价款进行调整。

2. 工程价款价差调整的方法

(1)工程造价指数调整法

甲乙双方采用当时的预算(或概算)定额单价计算承包合同价，待竣工时，根据合理的工期及当地工程造价管理部门所公布的该月度(或季度)的工程造价指数，对原承包合同价予以调整。

(2)实际价格调整法

有些合同规定对钢材、水泥、木材等三大材的价格采取按实际价格结算的方法，对这种办法，地方主管部门要定期发布最高限价，同时合同文件中应规定建设单位或监理工程师有权要求承包人选择更廉价的供应来源。

(3)调价文件计算法

甲乙双方按当时的预算价格承包，在合同期内，按工程造价管理部门调价文件的规定，进行抽料补差(按所完成的材料用量乘以价差)。

(4)调值公式法

调值公式法应首先确定参与价格调整的因素(或指标)，然后确定各成本因素(或指标)的权重系数以及固定因子的权重系数。权重系数是表示某一指标项在指标项系统中的重要程度，它表示在其他指标项不变的情况下，这一指标项的变化，对结果的影响。此种调值公式一般包括固定部分、材料部分和人工部分，调值公式一般为：

$$P = P_0(a_0 + a_1 A/A_0 + a_2 B/B_0 + a_3 C/C_0 + \cdots) \qquad (3\text{-}1)$$

式中：P——调值后合同价款或工程实际结算款；

P_0——合同价款中工程预算进度款；

a_0——固定要素，代表合同支付中不能调整部分占合同总价的比重；

a_1、a_2、a_3……——代表各有关费用(如人工费、钢材费用、水泥费用等)在合同总价中所占的比重，$a_0 + a_1 + a_2 + a_3 + \cdots = 1$；

A_0、B_0、C_0……——与a_1、a_2、a_3对应的各项费用的基期价格指数；

A、B、C……——与a_1、a_2、a_3对应的各项费用的现行价格指数。

3. 法律法规变化引起的合同价款调整

在送交投标文件截止期前28天之后，国家或省(自治区、直辖市)颁布的法律、法规出现修改或变更，因采用新的法律、法规使承包人在履行合同中的费用发生价差调整以外的增加或减少，则此项增加或减少的费用应由监理工程师在与承包人协商并报经业主批准后确定，增加到合同价或从合同价中扣除。

4. 工程拖期的价款调整

如果承包人未能在投标书附录中写明的工期内完成本合同工程，则在该交工日期以后施工的工程，其价格调整计算应采用该交工日期所在年份的价格指数作为当期价格指数。如果延期符合合同规定的情况，则在该延长的交工日期到期以后施工的工程，其价格调整计算应采用该延长的交工日期所在年份的价格指数作为当期价格指数。

3.6.4 合同变更

合同变更是指有效成立的合同在尚未履行或未履行完毕之前，由于一定法律事实的出现而使合同内容发生改变。广义的合同变更，包括合同内容的变更与合同主体的变更。前者是指当事人不变，合同的权利义务予以改变的现象。后者是指合同关系保持同一性，仅改换债权人或债务人的现象。

1. 工程变更的概念及产生原因

工程变更包括设计变更、进度计划变更、施工条件变更以及原招标文件和工程量清单中未包括的“新增工程”。其产生原因有主观原因，如设计工作粗糙；有客观原因，如不可预见的事故。

2. 工程变更的确认及处理程序

工程变更的确认过程是提出工程变更→分析提出的工程变更对项目建设目标的影响→分析有关的合同条款和会议、通信记录→初步确定处理变更所需的费用、时间范围和质量要求→确认工程变更。工程变更的处理程序如下：

①发包人对原设计进行变更。施工中发包人如果需要对原工程设计进行变更,应不迟于14天以书面形式向承包人发出变更通知。承包人对发包人的变更通知没有拒绝的权利,但是当变更超过原设计标准或者批准的建设规模时,需经原规划管理部门和其他有关部门审查批准,并由原设计单位提供变更相应的图纸和说明;

②承包人原因对原设计进行变更。承包人应严格按照图纸施工,不得随意变更设计。施工中承包人提出的合理化建议涉及对设计图纸或施工组织设计的更改及对原材料、设备的更换,需经监理工程师同意,监理工程师同意变更后,也需经原规划管理部门和其他有关部门审查批准,并由原设计单位提供变更相应的图纸和说明。承包人未经监理工程师同意不得擅自更改,否则承包人承担由此发生的费用,赔偿发包人的有关损失,延误的工期不予顺延。

③其他变更的程序:除设计变更外,其他能够导致合同内容变更的都属于其他变更。如双方对工程质量要求的变化(当然是强制性标准以上的变化)、双方对工期要求的变化、施工条件和环境的变化导致施工机械和材料的变化等。这些变更的程序,首先应由一方提出,与对方协商一致签署补充协议后,方可进行变更。

3.变更后合同价款的确定

工程变更发生后,承包人在工程变更确定后14天内,提出变更工程价款的报告,经监理工程师确认后调整合同价款。承包人在确定变更后14天内不向监理工程师提出变更工程价款报告时,视为该项设计变更不涉及合同价款的变更。监理工程师收到变更工程价款报告之日起7天内,予以确认。监理工程师无正当理由不确认时,自变更报告送达之日起14天后变更工程价款报告自行生效。确定方法如下:

①合同中已有适用于变更工程的价格,按合同已有的价格计算变更合同价款;

②合同中有类似于变更工程的价格,可以参照此价格确定变更价格,变更合同价款;

③合同中没有适用或类似于变更工程的价格,由承包人提出适当的变更价格,经监理工程师确认后执行。

3.6.5 合同索赔

索赔是指索取赔偿,是指当事人一方在合同实施过程中,根据合同及法律规定,对并非由于自己的过错,而是属于对方的风险责任或过错所造成的实际损失,凭有关证据向对方提出请求给予补偿的过程。索赔包括承包人向业主的索赔,业主向承包人的索赔(反索赔)。处理索赔事件依据的原则是索赔必须以合同为依据;必须注意资料的积累;必须及时、合理的处理索赔;必须加强索赔的前瞻性,有效地避免过多索赔事件的发生。

1.索赔的基本程序及其规定

①索赔事件发生后,在合同规定的期限内,向监理工程师发出索赔意向通知;

②发出索赔意向通知后在合同规定的期限内,向监理工程师提出补偿经济损失和(或)延长工期的索赔报告及有关资料;

③监理工程师在收到承包人提供的索赔报告和有关资料后,于合同规定的期限内给予答复,或要求承包人进一步补充索赔理由和证据;

④监理工程师在收到承包人提供的索赔报告和有关资料后,于合同规定的期限内未予答复或未对承包人作进一步要求,视为该项索赔已经认可;

⑤当该索赔事件持续进行时,承包人应阶段性向监理工程师发出索赔意向,在索赔事件终了后合同规定的期限内,向监理工程师提供索赔的有关资料和最终索赔报告。

2.费用索赔的计算方法

索赔费用的计算方法有实际费用法、总费用法和修正的总费用法。

①实际费用法是在直接费的额外费用部分的基础上,再加上应得的间接费和利润,即是承包人应得的索赔金额。由于实际费用法所依据的是实际发生的成本记录或单据,所以在施工过程中,系统而准确地积累记录资料是非常重要的。实际费用法是计算工程索赔时最常用的一种方法。这种方法的计算原则是以承包人为某项索赔工作所支付的实际开支为根据,向业主要求费用补偿。

②总费用法就是当发生多次索赔事件以后,重新计算该工程的实际总费用,实际总费用减去投标报价时的估算总费用,即为索赔金额。这种方法只有在难以采用实际费用法时才应用。

③修正的总费用法是对总费用法的改进,即在总费用计算的原则上,去掉一些不合理的因素,使其更合理。修正的内容如下:将计算索赔款的时段局限于受到外界影响的时间,而不是整个施工期;只计算受影响时段内的某项工作所受影响的损失,而不是计算该时段内所有施工工作所受的损失;与该项工作无关的费用不列入总费用中;对投标报价费用重新进行核算:按受影响时段内该项工作的实际单价进行核算,乘以实际完成的该项工作的工程量,

得出调整后的报价费用。

3. 工期索赔的计算方法

(1)网络分析法

网络分析法就是利用进度计划网络图,分析其关键线路。如果延误的工作为关键工作,则总延误的时间为批准顺延的工期;如果延误的工作为非关键工作,当该工作由于延误超过时差限制而成为关键工作时,可以批准延误时间与时差的差值;若该工作延误后仍为非关键工作,则不存在工期索赔问题。

(2)比例计算法

对于已知额外增加工程量的价格:

$$工期索赔值 = 额外增加的工程量的价格 \div 原合同价 \times 原合同总工期 \tag{3-2}$$

比例计算法不适用于变更施工顺序、加速施工等事件的索赔。

4. 造成索赔的原因

(1)合同文件出错引起的索赔

合同文件出错或互相矛盾时:

①监理工程师必须解释及修正构成合同的文件;

②监理工程师必须向承包人发出指示,以便承包人按指示施工;

③若监理工程师认为发出的指示会使承包人付出额外费用,且承包人确实无法事先预见该合同文件的错误或矛盾的地方时,监理工程师应予以证明,由业主支付给承包人额外费用作为补偿,该索赔仅为工程费用,不包括利润。

(2)由于图纸延迟交出造成的索赔

承包人因下列情况发生而多付出款项时,应该得到补偿:

①监理工程师未按合同规定或承包人要求的合理时间发出有关图纸、指示或给予批准;

②承包人已向监理工程师发出书面通知,说明工程进度等可能会受到阻延。

(3)由于不利的实物障碍和不利的自然条件引起的索赔

承包人遇到下列情况时,享有额外付款和工期延长:

①工程地质情况变化(除天气情况外);

②实物阻碍(如人工构造物等),且以上情况是不易由一个十分有经验的承包人所预知的。承包人只能索赔工程费用而无利润。

(4)由于工程师提供的水准点、基线等测量资料不准确造成的失误与索赔

若测量资料出错是因承包人自己的错,则承包人应自费负责改正错误;若测量资料出错是因工程师提供的不正确资料所引起,承包人从事了针对该项错误的补救,而改正工程时,有权索取工程费用和利润。

(5)承包人根据监理工程师指示进行额外钻孔及勘探工作引起的索赔

当监理工程师要求承包人进行合同之外的钻孔或勘探性的开挖工作时,承包人有权提出索赔申请,索赔工程费用和利润。

(6)由业主风险所造成的损害的补救和修复所引起的索赔

由业主风险所造成的任何损害,承包人必须进行工程补救,其费用应由业主支付,根据风险公平分担的原则,承包人只能索赔工程费用,无权索赔利润。

(7)因施工中承包人开挖到文物、化石、矿产等珍贵物品,需要停工处理引起的索赔

在工地上发现的贵重物品,应当为国家所有;承包人必须采取合理的预防措施,以免移动或破坏这类物品;承包人必须遵照监理工程师的指示来帮助处理这类物品,所花费的款项由业主支付,包括工程费用和利润,若影响的工程处于关键线路,可申请工期延长。

(8)由于需要加强道路与桥梁结构以承受特殊超重荷载的索赔

承包人进行加强结构工程,只可索赔有关工程费用,无权得到利润。

(9)由于业主雇佣其他承包人,并为其他承包人提供服务后提出的索赔

由监理工程师提出要求,业主委托其他承包人,获准使用承包人所属的支架材料或施工设备,或者得到承包人以任何方式的协助与服务。承包人为业主委托的其他承包人提供机械设备或服务,应获得一批款额,包括工作费用和利润。

(10)由于额外样品与试验而引起的索赔

若监理工程师下令进行了任何其他额外试验，均符合规范和设计要求，试验费用则应由业主承担。这时承包人只有权索取试验或样品费用，无权索取利润。

(11)由于揭露隐蔽工程或开孔检查引起的索赔

已覆盖的隐蔽工程，监理工程师下令再行揭露或开孔，属于下列情况者，一切费用应由业主承担：

①揭开后的隐蔽工程符合图纸和规范要求；承包人已经在隐蔽工程建好将要隐蔽之前，书面通知了监理工程师或驻地监理工程师，并给予了充分的时间，让其检查将要覆盖的工程，而驻地监理工程师未去检查；

②若揭开后的工程并不符合合同及规范的要求，或承包人未能按规定为驻地监理工程师提供时机检查隐蔽工程或发出正式书面通知，则由承包人承担一切费用；

③若揭开后的工程符合要求，承包人有权索赔工程成本、管理费和利润。

(12)由于工程中止引起的索赔

工程是由于监理工程师或业主所犯的过失而中止，或由于特殊风险而不得不中止；监理工程师下令暂停工程后，承包人应在规定的时间内发出书面通知，表明要索赔款项的意向；承包人只能索赔与工程中止有关的费用，无权索赔利润。

(13)由于业主将土地延迟移交引起的索赔

业主未能及时按承诺或合同规定将工地移交承包人，承包人可索赔有关费用，不能取得利润。

(14)由于非承包人原因造成了工程缺陷需要修复而引起的索赔

若工程的任何缺陷的修复工作是由于非承包人的原因所造成的，承包人在按监理工程师的指令进行修复工作后，可以向业主索赔工程费用和利润，监理工程师应予以证明，业主应予以付款。

(15)由于要求调查和检查缺陷而引起的索赔

在施工阶段的缺陷检查处理费用，要证明和分清是什么原因造成的，若是承包人的责任造成的，则承包人应自费调查、检查和修复这些缺陷；若是由业主等原因造成了缺陷，这些调查缺陷的费用由业主支付。

(16)由于工程变更引起的索赔

索赔工程变更款项时，即可索赔到工程费用，也可索赔到利润。

(17)由于变更使合同总价超出有效合同价而引起的索赔

此项费用索赔参见工程变更的相关内容。

(18)由于特殊风险工程被破坏而引起的索赔

特殊风险发生后，造成工程破坏或损害的工程以及永久性工程的任何损坏，承包人都有权要求索赔修复工程所需费用以及替换或修复工程的材料或设备。

(19)因特殊风险使合同终止后的索赔

若发生特殊风险，根据法律和合同约定，合同可以终止。合同提前终止后，除了要对终止前的债权债务进行清理结算外，双方都不负责赔偿责任。其中承包人已经履行了义务的任何开办费、服务费、工程材料费、设备费、遣返费、附加费、已完工程遭受损坏甚至全部毁灭等，业主都应向承包人付款。

(20)合同解除后的索赔

合同解除后，当事人之间都有要求赔偿损失的权利，合同的有关解决争端、结算互欠债务或工程款等不因合同的解除而失去法律效力。若合同当事人之间还有未尽义务和争端，原合同条款仍有效。当事人一方除按合同解除前已进行的工作结算外，还可以对合同解除前已发生的经济损失以及解除合同本身所产生的损失向对方索赔。

(21)因业主违约引起工程终止等的索赔

当业主违约后，承包人可以立即给予业主和监理工程师以书面通知，要求终止合同，在通知发出14天之后便有权从工地尽快撤离所有的设备，终止工程施工，但下列情况除外：

①当发生业主迟付工程进度款后，承包人发出了索赔及要求中断工程的申请，监理工程师已受理，并通知业主加付迟付工程款的利息，承包人这时应正常进展工程；

②当业主的无理干涉、阻挠或拒绝证书颁发等事项经与监理工程师等交涉获准，承包人只可提起延期或费用索赔，而不必再中止工程。

(22)由于物价变动工程成本的增加引起的索赔

若合同中写明施工期间考虑物价风险，并确定了价格调整公式，当物价波动使承包人付出了额外费用时可提出物价索赔。

(23)由于后继法规的变化引起的索赔

如果在本工程的递交投标书截止日之前的28天以后,本工程施工所在国家或地方的法令、法规、命令、法律或规章发生了变化,由此引起了承包人施工费用的额外增加,承包人有权提出索赔。

(24)由于汇率及货币变化引起的索赔

在承包人递交投标书截止日之前的28天以后,若本工程施工所在国家实行货币限制以及货币汇兑限制或汇率发生变化,使承包人受到经济损失,则有权提出索赔要求,并从业主那里得到相应的经济补偿,以使承包人免受此类损失和损害。

3.6.6 主合同管理

主合同是指不以他种合同的存在为前提,不受他种制约而能独立存在的合同。

1. 施工合同的风险和控制

①单价合同的风险和控制

在单价合同中,业主的风险主要有工程量的变更风险及因此而造成承包人对其的索赔风险;承包人的合同风险主要是价格风险,它包括工程过程中由于物价和人工费涨价所带来的风险,漏报子项的风险,通货膨胀带来的风险,以及报价错误的风险。

②总价合同的风险和控制

总价合同中,业主的风险很小,主要承担不可抗力风险和合同规定的其他风险。承包人除了承担合同明确规定的风险和单价合同中的价格风险外,还包括工程量风险。

③成本加酬金合同的风险和控制

成本加酬金合同的合同风险主要是业主方面的风险,承包人几乎不承担什么风险。因此,对于业主来说,只有当工程内容及其技术经济指标尚未完全确定,而由于种种理由工程又必须向外发包时,才采用成本加酬金合同的形式。

2. 施工合同类型

施工合同明确了发包人和承包人在工程中的权利和义务,一经签订,即具有法律效率。合同类型参考选择,见表3-2。

合同类型参考选择　　表3-2

合同类型	设计阶段	数据包括的主要内容	设计深度要求满足
总价合同	施工详图设计阶段	1. 详细设备清单; 2. 详细材料清单; 3. 施工详图; 4. 施工图预算; 5. 施工组织设计	1. 设备、材料的安排; 2. 非标准设备的制造; 3. 施工图预算的编制; 4. 施工组织设计的编制; 5. 其他施工要求
单价合同	技术设计阶段	1. 较详细的设备清单; 2. 较详细的材料清单; 3. 工程必需的设计内容; 4. 修正总概算	1. 设计方案中重大技术问题要求; 2. 有关试验方面的要求; 3. 有关设备制造方面的要求
成本加酬金合同	初步设计阶段	1. 总概算; 2. 设计依据、指导思想; 3. 建设规模、生产方案; 4. 主要设备选型和配置; 5. 主要材料需要概数; 6. 主要建筑物、构筑物; 7. 公用、辅助设施; 8. 主要技术经济指标	1. 主要材料设备订货; 2. 项目总造价控制; 3. 技术设计的编制; 4. 施工组织设计的编制

总之,究竟采用何种形式合同,主要根据工程发包时设计准备情况及建设项目特征而定。大中型管理工程一般采用单价合同,可以降低报价的总体水平,也便于进行监督和管理。但对于设计很成熟,能预知将来风险的工程,如一般的房屋建筑工程,可以来用总价合同。如果建设项目的设计深度不够,风险难以估计,以及工程的特殊性,则可

采用成本加酬金合同的形式。

3.6.7 派生合同管理

任何承包人都不可能、也不必具备所有专业工程的施工能力、材料和设备的生产和供应能力，可能将某些专业工作委托出去，即将与业主签订来的合同再次签订给自己的承包人的合同称为派生合同。

1. 分包合同的风险分析

①承包人低价分包，即分包价格低于成本价。

②分包人以其他施工单位名义分包工程或个人以某施工单位的名义分包工程。

③分包人将其分包的工程又全部转包他人。

2. 分包合同的风险控制

在签订分包合同中应注意以下几个方面的事项。

①分包合同签订前应得到业主批准，否则不得将承包工程的任何部分进行分包；分包虽经业主批准，但并不免除总承包方相对于业主的任何责任及义务。总承包人对业主负责，分包人对总承包人负责，总承包人和分包人就分包工程对业主承担连带责任。

②分包人营业资料应齐全，资质应与分包工程相符。

③总承包人不行使承包人的管理职能，不承担技术经济责任，将所承包的工程倒手转给他人承包的行为为转包行为，亦是违法行为。

④分包合同的签订原则：不与总承包合同条款矛盾；平等互利，价格有利可图(不低于成本价)。

⑤分包合同应条款清晰、责权明确、内容齐全、严密，少留活口；价格、安全、质量、工期目标明确。当对格式条款的理解不一致时，应按不利于提供格式条款方的理解进行处理。

⑥分包合同的签订人应为法人代表或法人代表委托人，合同内容合法，意见一致，否则合同无效。

⑦分包合同应采用书面形式，双方应本着诚实守信原则，严格按合同条款办事。

⑧为保障合同目标的实现，合同条款对分包方提出了较多的约束，但总承包方要加强对分包方的服务与指导，尽量为分包方创造施工条件，帮助分包方降低成本，实现预期效益，最终获得“双赢”，以顺利实现合同目标。

3.7 现场环境保护

环境保护是我国一项基本国策，公路建设过程中应与当地环境管理部门协调，控制施工污染，减少污水、水泥、粉尘及空气噪声污染，严格控制水土流失，保持生态平衡，创造良好生态环境。应成立以项目经理为首的环境保护领导小组，配备环保管理的技术人员，全体共同搞好环保工作。

3.7.1 保护措施

在建设项目实施过程中应考虑粉尘、噪声、水源污染、环境卫生等问题；在组织大型项目时，就应考虑环境污染和环境卫生问题。在建设项目进行过程中，保护和改善项目环境是保证人们身体健康的需要，是保证建设项目顺利进行的需要，是建设项目参与者应尽的职责，是现代化大生产的客观要求。

1. 实行环境保护目标责任制

环境保护目标责任制是指将环境保护指标以责任书的形式层层分解到有关部门和人员并列入岗位责任制，形成环境保护自我监控体系。项目经理是环境保护的第一责任人，是建设项目环境自我监控体系的领导者和责任人。

2. 加强检查和监控工作

项目建设对环境的影响程度，需要通过不断检查和监控加以掌握。只有掌握了项目建设环境的具体情况，才能采取有针对性的措施。

3. 进行综合治理

一方面要采取措施控制污染；另一方面应与外部的有关单位、人员及环保部门保持联系，加强沟通。要统筹考虑项目建设目标的实现与环境保护问题，使两者达到高度的统一。

4. 严格执行相关法律法规

国家、地区、行业在环境保护方面颁布了相应的法律、法规。项目管理者应掌握这些法律、法规，并在项目建设过程中严格执行。

5. 采取有效技术措施

在进行项目建设计划时，必须提出针对性的技术措施；在项目建设过程中应按计划实施技术措施，并根据具体情况加以调整。

3.7.2 现场管理

施工大型机械和车辆多且来往频繁、人员多且关系复杂、施工时间长等，对周围环境有很大程度的影响作用，因此，现场施工的环境保护问题涉及面广、政策性强。项目经理部应当遵守国家有关环境保护的法律规定，采取措施控制施工现场的各种粉尘、废气、废水、固体废弃物以及噪声、振动对环境的污染和危害。工程施工由于受到技术、经济各种限制，对环境的污染不能控制在规定范围内的，项目经理部应会同业主事先报请当地人民政府建设行政主管部门和环境保护行政主管部门批准。施工现场环境管理应切实做到以下工作：

1. 采取措施防止大气污染

①施工现场垃圾要及时清理出场，应搭设封闭式专用垃圾道，采用容器吊运或永久性垃圾道随结构安装好以供施工使用，严禁凌空随意抛撒。使用密封式的圈筒或采取其他措施处理高空废弃物。

②施工现场道路采用焦砟、级配砂石、沥青混凝土或水泥混凝土等铺设，有条件的可以利用永久性道路，并指定专人定期洒水清扫，防止道路扬尘。

③袋装水泥、白灰、粉煤灰等易飞扬的细颗粒散体材料，应在库内存放；室外临时露天存放时，必须下垫上盖，防止扬尘。

④除设有符合相关规定的装置外，禁止在施工现场焚烧油毡、橡胶、皮草、树叶等以及其他会产生有毒有害烟尘的物质。

⑤施工现场的混凝土搅拌站是防止大气污染的重点。有条件的应修建集中搅拌站，利用计算机控制进料、搅拌和输送全过程，在进料仓上方安装除尘器。采用普通搅拌站时，应将搅拌站封闭严实，尽量不使粉尘外扬，并利用水雾除尘。

⑥超标排放车辆、机械要安装净化装置，降低废气排放量。

2. 采取措施防止水源污染

①生活营地不要靠近饮水源（上游500m，下游500m）的范围内设营。现场条件限制难以避开时，生活污水要用管道排至下游100m以外，然后排放，以免污染水源。

②生活污水不能随意排放，挖化粪池处理应与当地村民联系作为农肥使用。

③施工现场搅拌站废水、电石的污水经沉淀后再排入污水管道或河流。

④清理、修理施工的废油、废水采取回收方式进行处理，不得随意倾泄。

⑤现场存放的油料，必须对库房地面进行防渗处理，防止油料跑、冒、滴、漏，污染水体；化学药品、外加剂等应妥善保管，库内存放时防止污染环境。

3. 采取措施防止噪声污染

①严格控制人物噪声，进入施工现场不得高声喊叫，无故甩打模板；机械作业要合理组织，科学安排，最大限度地减少噪声扰民。

②操作产生高分贝噪音的机械人员和操作产生低分贝噪音的机械人员要定期调换，并在工作中配置防护用具。

③在人口稠密区进行强噪声作业时，应严格控制作业时间。

④采取措施从声源上降低噪声，如尽量选用低噪声设备和施工工艺代替高噪声设备和施工工艺，如低噪声振捣器、风机、空压机、电锯等。

⑤在声源处安装消声器消声；采取吸声、隔声、隔振和阻尼等声学处理的方法，在传播途径上控制噪声。

4. 废弃物处理方案

①施工现场的生活垃圾和工程废弃物应集中堆放，经处理后，除部分用于农作物肥料外，其余均挖坑深埋并填坑、平整土地，恢复植被。禁止将有毒有害废弃物作为土方回填。

②对于锅炉渣，可用于便道养护。

③油料贮放在业主指定的贮运仓库，现场用油应使用临时小型贮藏罐，不使用不合格油罐，以免污染发生。

3.7.3 文物保护

施工前联系当地文物保护部门，并向当地居民了解调查当地的文物分布情况，及早采取保护措施。施工过程中一旦发现地下文物，应立即停止施工，通知监理工程师和业主及有关文物保护部门，并采取保护措施。

3.7.4 生态保护

建设项目要教育全体员工,自觉保护、爱护沿线的动植物,严禁上山猎捕野生动物,严禁挖采野生植物,以保持动植物的生态平衡。在施工期间要爱护、保护好现有水资源,一般情况下不得随意改变现有水资源的流向、流量,维护现有平衡状态。取土、弃方不侵占耕地,维护好自然地形地貌,防止引发地质灾害。

3.8 文明施工

施工现场是企业的窗口。施工过程中必须以现场管理为中心,推行创建文明工地活动,使管理职能落实到现场,管理人才流向现场,技术进步渗透到现场,企业后方服务到现场。通过创建文明工地活动,强化施工现场施工质量、进度、安全生产管理。

3.8.1 工地管理

办公、生活区应与施工区划分明确。工地的明显处应设置统一式样的施工标牌,办公大院外应设置"一图三板"(是指施工总平面图和安全生产管理制度板、消防保证管理制度板、场容卫生环保制度板),内容应详细、规范和清晰。施工现场应采取排水措施,施工道路要平整坚实、畅通;施工现场的各种标语牌,应统一加工制作,字体要求正确规范,应保持完好,经常清洁。

3.8.2 工地料机保管

施工用砂石材料应规划好堆放地点,钢材和物件等应搭设工棚、建筑仓库放置。施工常用机械、设备应规划好停放地点等。

①施工现场各种料具按施工平面布置图指定位置存放,并分规格码放整齐、稳固,做到一头齐,一条线,砂、石和其他散料应成堆,界限清楚,不得混杂,标志明确。

②施工现场材料保管,应依据材料性能采取必要的防雨、防潮、防晒、防冻、防火、防爆、防损坏等措施,贵重物品、易燃、易爆和有毒物品要及时放库,专库专管,加设明显标志,并建立严格的领退料手续。各项施工操作要做到活完料净场地清,现场内按平面图的位置设立垃圾站,并及时集中分拣、回收、利用、清运,施工现场节约用水用电,消灭长流水、长明灯现象。

③施工现场严格实行限额领料,领退料手续齐全,进出场材料要有严格的检验制度和必要的登记手续,并建立健全材料节约台账。

3.8.3 工地环境卫生

工地环境卫生需要经常检查,保持一种施工现场井井有条,保持工地周边环境优美,工作紧张有序,生活安静高雅。

①施工现场要经常保持整洁卫生,运输车辆不带泥沙出现场,并做到沿途不遗撒,办公室和工人宿舍要保持整洁有序,生活区周围要保持卫生,无污物和污水,生活垃圾集中堆放,及时清运。

②食堂、伙房要设专人负责,统一管理、严格执行食品卫生法和食品卫生的管理规定,建立食品卫生管理制度,要办理卫生许可证。炊事人员要有身体健康证,并定期体检。伙房内外整洁,炊事用具干净,不食腐烂变质食品。操作人员上岗必须穿戴整洁的工作服并保持个人卫生。食堂、操作间、仓库要做到生熟食分开操作和保管。有灭鼠、防蝇措施,做到无蝇、无鼠、无蛛网。施工现场供应开水,饮水器具要卫生。

③施工现场内的厕所设专人保洁,按规定采取冲水措施,及时打药,墙壁屋顶要严密,门窗要齐全,并保证良好通风。

④施工现场严禁酗酒、聚众斗殴、聚赌,保持安静环境。

⑤现场建立门卫岗、专人管理门岗,施工出入人员必须佩戴标志胸卡。施工中,谢绝无关人员参观。

3.8.4 财产保护

工程施工期间,应采取有效措施保护施工现场附近的建筑物、地上或地下的管线设施、水利设施、道路、铁路、河道、古树、光缆及通讯等。

①不损坏施工现场以外的公共财产、私有财产。

②在靠近公用设施处进行开挖、拆除作业时,应事先通知当地有关产权管理部门,应有产权部门代表在场时进

行作业。

③在进行开挖、拆除作业时,承包人应采取支撑或防护等措施,避免损坏附近建筑物和保证人员及财产的安全。

3.9 信息化系统

信息化是以信息技术广泛应用为主导,信息资源为核心,信息网络为基础,信息产业为支撑,信息人才为依托,法规、政策、标准为保障的综合体系。

3.9.1 信息化系统的重要性

信息化对促进中国经济发展具有不可替代的作用,这种作用主要是通过信息产业的经济作用予以体现。主要有以下几个方面:

1. 信息产业的支柱作用

信息产业是国民经济的支柱产业。其支柱作用体现在两个方面:

①信息产业是国民经济新的增长点。近年来信息产业以3倍于国民经济的速度发展,增加值在国内生产总值(GDP)中的比重不断攀升,对国民经济的直接贡献率不断提高,间接贡献率稳步提高;

②信息产业将发展成为最大的产业。到2005年年底,中国电子信息产品出口占全国外贸出口比重已超过30%,其在国家外贸出口中的支柱地位将得到进一步巩固和提高。信息产业在国民经济各产业中位居前列,将发展成为最大的产业。

2. 信息产业的基础作用

信息产业是关系国家经济命脉和国家安全的基础性和战略性产业。这一作用体现在两个方面:

①通信网络是国民经济的基础设施,网络与信息安全是国家安全的重要内容;强大的电子信息产品制造业和软件业是确保网络与信息安全的根本保障;

②信息技术和装备是国防现代化建设的重要保障;信息产业已经成为各国争夺科技、经济、军事主导权和制高点的战略性产业。

3. 信息产业的先导作用

信息产业是国家经济的先导产业。这一作用体现在以下几个方面:

①信息产业的发展已经成为世界各国经济发展的主要动力和社会再生产的基础;

②信息产业作为高新技术产业群的主要组成部分,是带动其他高新技术产业腾飞的龙头产业;

③信息产业的不断拓展,信息技术向国民经济各领域的不断渗透,将创造出新的产业门类;

④信息技术的广泛应用,将缩短技术创新的周期,极大提高国家的知识创新能力。

4. 信息产业的核心作用

信息产业是推进国家信息化、促进国民经济增长方式转变的核心产业。这一作用体现在:

①通信网络和信息技术装备是国家信息化的物质基础和主要动力。

②信息技术的普及和信息产品的广泛应用,将推动社会生产、生活方式的转型。

③信息产业的发展大量降低物资消耗和交易成本,对实现我国经济增长方式向节约资源、保护环境、促进可持续发展的内涵集约型方式转变具有重要推动作用。

3.9.2 项目管理系统

项目建设管理系统,是项目建设的管理者应用专门管理项目的应用软件,在有限的资源约束下,运用系统的观点、方法和理论,对项目建设涉及的全部工作进行有效地管理。它从项目建设的投资决策开始到项目建设结束的全过程进行计划、组织、指挥、协调、控制和评价,以实现项目建设的目标。

1. Microsoft Project 专案管理软件

Microsoft Project(或 MSP)是专案管理软件程序,由微软开发销售。软件设计目的在于协助专案经理发展计划、为任务分配资源、跟踪进度、管理预算和分析工作量。Microsoft Project 是到目前为止全世界范围内应用最为广泛的、以进度计划为核心的项目管理软件。Microsoft Project 可以帮助项目管理人员编制进度计划,管理资源的分配,生成费用预算,也可以绘制商务图表,形成图文并茂的报告。

2. P6 项目管理软件

P6 是美国 Primavera System Inc. 公司研发的项目管理软件 Primavera 6.0(2007 年 7 月 1 日全球正式发布)的缩

写，暨 Primavera 公司项目管理系列软件的最新注册商标。

Oracle Primavera P6 EPPM 荟萃了 P3 软件 20 年的项目管理精髓和经验，采用最新的 IT 技术，在大型关系数据库 Oracle 和 MS SQL Server 上构架起企业级的、包涵现代项目管理知识体系的、具有高度灵活性和开放性的、以计划—协同—跟踪—控制—积累为主线的项目管理软件，是项目管理理论演变为实用技术的经典之作。

3. GTimeSheet 项目管理软件

GTimeSheet 电子工时表是一个集成员工考勤，时间记录，任务分配，财务报销，项目建设实时跟踪，项目风险预警和报表的项目管理软件。该产品提供了一个实时跟踪解决方案，专业服务供应商。该产品的设计，以满足实时跟踪的需要特定行业的服务为前提，包括实时跟踪和时间计费的应用。

电子工时表是完全基于 WEB 的工作时间及费用的跟踪、报告、结算的软件。管理人员可以随时按照自己的需要查看员工日常工作情况和项目建设情况，从而对员工的工作和项目建设进行实施控制。

4. 同望

广东同望科技股份有限公司编制的项目管理集成系统，是由智能项目管理动态系统控制、建设项目投资控制系统、机具设备管理、合同管理与动态控制、材料管理系统、图纸管理系统和安全管理系统组成，可对建设项目进行全方位的管理。软件包括以下功能：

①灵活方便的作图功能，可以在计算机屏幕上直接制作网络图，还可以采用文本输入方式制作网络图，包括双代号输入法、紧前关系输入法和紧后关系输入法。

②瞬间即可生产流水网络。

③方便实用的网络图分级管理功能（子网络功能），可以根据工程的实际情况分为多级网络，使不同的管理层对应不同级别的网络计划，实现分级网络计划管理。

④利用前锋线功能实现对工程的动态控制。

⑤资源费用优化控制：可以将资源按人工、材料、施工机械分开管理，可按不同属性进行分布，还可以根据定额分别计算人工、材料、施工机械费用及总费用；资源可按不同种类管理，可自定义名称，通过网络可做出各种资源的分布曲线及报表；对资源及数据可进行优化计算；根据不同分布曲线可分别做出用工计划、机具安排计划、材料供应计划及费用投资计划等。

⑥综合控制功能。

⑦提供了合同及图纸等工程信息的管理，并内置了针对这些信息的自动报警体系。

⑧支持双代号网络图。

3.9.3 合同管理系统

合同管理系统，是建立在信息技术基础上，利用现代企业的先进管理思想，为企业提供决策、计划、控制与经营绩效评估的全方位、系统化的合同管理平台。

1. Primavera Expedition 合同管理软件

Primavera Expedition 是国际规范的施工管理和合同管理软件以合同管理为中心有机地管理合同履行过程。Expedition 以合同为主线，通过对合同执行过程中发生的诸多事务进行分类、处理和登记，并和相应的合同有机地关联，使用户可以对合同的签订、预付款、进度款和工程变更进行控制；同时，可以对各项工程费用进行分摊和反检索分析；可以有效处理合同各方的事务，跟踪由多个审阅回合和多人审阅的文件审批过程，加快事务的处理进程；可以加快检索合同事务文档。其基本功能如下：

（1）合同采购订单管理

用户可以创建、跟踪和控制其合同和采购清单的所有细节，提供各类实时信息。Expedition 内置了一套符合国家惯例的工程变更管理模式，用户也可以自定义变更管理的流程；Expedition 还可以根据既定的关联关系帮助用户自动处理项目建设实施过程中的设计修改审定、修改图的分发、工程变更、工程概算预算、合同进度款结算。

（2）变更跟踪管理

Expedition 对变更的处理采取变更事项跟踪的形式。将变更文件分成四大类：请示类、建议类、变更类和通知类，可以实现对变更事宜的快速检索。通过可自定义的变更管理，用户可以快速解决变更的问题，可以随时评估变更对工程费用和总体进度计划的影响，评估对单个合同的影响和对多个合同的连锁影响，对变更费用提供从估价到确认的全过程管理，通过追踪已解决和未解决的变更对项目建设未来费用变化趋势进行预测。

(3)费用管理

费用控制上,通过可动态升级的费用工作表,将实际情况自动传递到费用工作表中,各种变更费用也可反映到对应的费用类别中,从而为用户提供分析和预测项目建设需要的实时信息,以便用户做出更好的费用管理决策;通过对所管理的工程的费用趋势分析,例如可以分析材料短缺或工资上涨对工程费用的影响,用户能够采取适当的行动,以避免不必要的损失。

(4)交流管理

Expedition 通过内置的记录系统来记录各种类型的项目建设交流情况。通过请示记录功能帮助用户管理整个工程的跨度内各种送审文件,无论其处理的哪个阶段,在什么人手中,都可以随时评估其对费用和进度的潜在影响;通过会议纪要功能记录每次会议的各类信息;通过信函和收发文的功能,实现往来信函和文档的创建、跟踪和存档;通过电话记录功能记录重要的电话交谈内容。

(5)事务记录

可以对送审文件、材料到货、问题、日报进行登录、归类、事件关联、检索、制表等。

(6)项目建设状况

可以反映项目参建各方的信息、项目建设执行状态及项目建设的简要说明。

2. Prolog Manager 合同事务管理软件

Prolog Manager 是 Meridian 公司开发的以合同事务管理为主线的管理软件。该软件可以处理项目管理中除进度管理外的大部分事务外,该软件的典型功能如下:

(1)合同管理

可以管理工程所涉及的所有的合同信息,包括相关的单位信息、每个合同的预算费用、已发生的变更(包括设计变更、进度计划变更、施工条件变更)、将要发生的变更、进度款的支付和预留等。

(2)费用管理

可以准确获取最新的预算、实际费用信息、使用户及时了解建设项目费用的情况。

(3)采购管理

可以管理建设项目中需要采购的各种材料、设备,可以直接和进度作用连接。

(4)文档管理

提供图纸分发、文件审批、文档传送的功能,可以通过预先设置的有效期发出催办函。

(5)工程事务管理

可以完成项目管理过程中的事务性管理工作,包括对工程中的人工、材料和设备、施工机械等进行记录和跟踪,处理施工过程中的日常记事、施工日报、安全通知、质量检查、现场工作指示等。

(6)标准化管理

可以将项目管理所需的各种信息,分门别类管理起来;各个职能部门按照所制定的标准对自己的工作情况进行输入和维护,管理层可随时审阅项目建设各个方面的综合信息,考核各个部门的工作情况,掌握工作的进度,准确及时地做出决策。

(7)兼容性

可以输入输出相关数据,与其他应用软件相互读写信息;既可将进度作业输出到有关进度软件(Microsoft Project、P3、Sure Trak、Open Plan),又可以将进度计划软件的作业输入到该软件中。

3. 恒润基合同管理系统

恒润基合同管理系统是以合同管理和资金管理为核心,围绕合同相关项目、客户、收付款等信息建立关联,有个人桌面、项目管理、合同管理、收款管理、付款管理、统计分析、系统设置、联机帮助等模块,对于收付款信息,系统给予及时的提醒,图文并茂的统计分析模块,使用户很直观的了解合同、收款、付款的预计和实际情况,为领导的决策提供便捷的查询;可以导出 EXCEL 表格文件,也可以产生打印格式的合同报表,以便于手工审批和与其他系统交换数据。

恒润基合同管理系统统计分析是该产品的亮点,包含合同统计分析、收付款统计分析。它能随时按照日、周、月、年产生三维统计图表,还有对比分析功能,帮助归纳所需要的资料。例如各个阶段合同的统计,各个阶段收付款的统计,对管理者的决策提供了强有力的支持。恒润基合同管理系统对每一个模块都有查询功能,例如项目、合同、收款、付款、客户等,可以细化到选项里的每一元素,来进行查询;还支持多条件、自定义的查询,关联的查询。而且在列表页面,每一个选项都可以进行排序,自己定义所显示数据列,方便查阅。

3.9.4 标准化管理系统

标准化管理是指符合外部标准(法律、法规或其他相关规则)和内部标准(企业所倡导的文化理念)为基础的管理体系。管理标准是企业为了保证与提高产品质量,实现总的质量目标而规定的各方面经营管理活动、管理业务的具体标准。若按发生作用的范围分,标准又可分为国际标准、国家标准、部颁标准和企业标准。以生产过程的地位分,又有原材料标准、零部件标准、工艺和工艺装备标准、产品标准等。在标准化工作中,又通常把标准归纳为基础标准、产品标准、方法标准、安全标准和卫生标准。

1. 基础标准

基础标准是指具有广泛的适用范围或包含一个特定领域的通用条款的标准。基础标准在一定范围内可以直接应用,也可以作为其他标准的依据和基础,具有普遍的指导意义。一定范围是指特定领域,如企业、专业、国家等。也就是说,基础标准既存在于国家标准、专业标准,也存在于企业标准中。在某领域中基础标准是覆盖面最大的标准。它是该领域中所有标准的共同基础。

2. 产品标准

对产品结构、规格、质量和检验方法所做的技术规定,称为产品标准。产品标准按其适用范围,分别由国家、部门和企业制定;它是一定时期和一定范围内具有约束力的产品技术准则,是产品生产、质量检验、选购验收、使用维护和洽谈贸易的技术依据。

3. 方法标准

方法标准包括两类,一类以试验、检查、分析、抽样、统计、计算、测定、作业等方法为对象制定的标准。例如:试验方法、检查方法、分析计法、测定方法、抽样方法、设计规范、计算方法、工艺规程、作业指导书、生产方法、操作方法及包装、运输方法等。另一类是为合理生产优质产品,并在生产、作业、试验、业务处理等方面为提高效率而制定的标准。

4. 安全标准

安全标准是指为保护人体健康,生命和财产的安全而制定的标准,是强制性标准,即必须执行的标准。

5. 卫生标准

环境中有害物质的最高容许浓度是通过现场调查研究和科学实验确定的,由相关单位提出制订卫生标准的科学依据,结合经济和技术的可行性,由国家主管部门批准并正式颁布后,成为法定卫生标准。卫生标准一经批准,就是技术法规,各级生产、建设、设计、文教部门和企事业单位,都必须贯彻执行。

第四章　公路工程质量管理

4.1　质量管理概念

实物产品含有无形的产品质量，需要经历一个不断改进、完善的过程。质量还需要人们在社会经济和科学技术条件下，不断地去深化认识。按 GB/T 1900—ISO9000 标准的定义，质量是反映实物满足明确和隐含的需要能力特性的总和。ISO9001:2005 质量管理体系标准定义为"在质量方面指挥和控制组织的管理体系"，包括制定质量方针、目标以及质量策划、质量控制、质量保证和质量改进等活动。实现质量管理的方针目标，有效地开展各项质量管理活动，必须建立相应的管理体系。

4.1.1　质量相关特性

质量管理的发展与工程技术和管理科学的发展密切相关。现代质量的概念包括以下几个方面的认识。

1. 社会性

质量的好坏不仅从直接的用户，还是从整个社会的角度来评价，尤其关系到生产安全、环境污染、生态平衡等问题时更是如此。

2. 经济性

质量不仅从某些技术指标来考虑，还从制造成本、价格、使用价值和消耗等方面来综合评价。在确定质量水平或目标时，不能脱离社会的条件和需要，不能单纯追求技术上的先进性，还应考虑使用上的经济合理性，使质量和价格达到合理的平衡。

3. 系统性

质量管理体系是相互关联和作用的组合体，包括：

①合理的组织机构和明确的职责、权限及协调关系；

②规定到位的形成文件的程序和作业指导书，是过程运行和进行活动的依据；

③质量管理体系的有效实施，是通过其所需过程的有效运行来实现的；

④必需有充分的资源，包括人员、资金、设施、设备、材料、能源、技术和方法。

4. 符合性

质量管理组织的最高管理者对 ISO9001 国际标准设计、建立、实施和保持质量管理体系的决策负责，对建立合理的组织结构和提供适宜的资源负责；管理者代表和质量职能部门对形成文件的程序的制定和实施、过程的建立和运行负责。开展质量管理，应符合 ISO9001 国际认证标准。

5. 唯一性

质量管理体系的设计和建立，应结合组织的质量目标、产品类型、过程特点和实践经验进行。因此，不同组织的质量管理体系有不同特点。

6. 有效性

质量管理体系的运行应是全面有效的，既能满足组织内部质量管理的要求，又能满足组织与顾客的合同要求，还能满足第二方认定、第三方认证和注册的要求。

7. 预防性

质量管理体系要有预防措施，能够防止重要质量问题的发生。

8. 动态性

最高管理者定期批准进行内部质量管理体系审核，定期进行管理评审，以改进质量管理体系；还要支持质量职能部门，采用纠正措施和预防措施改进过程，从而完善体系。

9. 持续受控

质量管理体系的全过程及其活动，应持续受控。

10. 最佳化

组织应综合考虑利益、成本和风险，通过质量管理体系持续有效运行，使其最佳化。

4.1.2 质量目标和方针

质量目标就是以行为科学中的“激励理论”为基础而产生的，但它又借助系统理论向前发展。按照系统论的观点，一个目的系统，包括若干个带有目的性的子系统，子系统又包括若干个带有目的性的子子系统，系统无穷尽。以系统论思想作为指导，从实现总的质量目标，去协调组织乃至每个人的活动，这就是质量目标的核心思想。

质量目标按时间可分为中长期质量目标、年度质量目标和短期质量目标；按层次可分为企业质量目标、各部门质量目标以及班组和个人的质量目标；按建设项目可分为总的质量目标、分项质量目标和专门课题的质量目标。

1. 质量目标

目标是个人、组织所期望的成果。质量的主体包括产品质量、服务质量、工作质量、设计质量和制造质量。实现目标有以下几个过程。

(1)制定目标

制定目标要有前瞻性，过小过大都不可，应能够实现，提倡目标的适宜性、充分性和有效性。再根据逻辑推理的方法，将目标分解成若干个小目标。

(2)优化目标

优化目标从结果入手，选择核心目标，删除次要目标；直接从目标的作用、功能、主次关系等方面入手优化目标；从时间、资金、环境等条件入手选择可行、有效的目标；从目标实现的过程入手考虑各种困难和意外的事件发生。选择最优的目标实现路线，做到事半功倍。

(3)实现目标

从目标与目标之间的关系入手，先解决简单的目标，再解决有困难的目标；先解决小的目标，再解决大的目标；先解决核心目标，再解决一般性目标。设定目标起始时间，要考虑周全，有一定余地；实现目标要在设定的截止时间之内。

(4)改进目标

改进目标可以采取随机时间改进，也可以采取规定的时间改进。改进目标需要重复制定、优化、实现目标的所有过程，即改进目标法则。改进目标需要有改进重点，首先是相互交流、找出问题；其次是总结失败的教训、成功的经验；最后是改进、创新的方法。

(5)宣传激励

将目标告诉大家，不断激励员工的积极性和创造性，宣传励志类的人和事，宣传目标是动力、成功是力量，失败是成功之母等。找缺点和不足,激励创新,明确观点。

(6)充实力量

实现目标需要充实力量。一方面思考问题要周全,严谨方法,充实目标法则;另一方面剖析问题所在,充实人力、物力、财力,再实践,再提高。

2. 质量方针

质量方针是指由组织的最高管理者正式发布的该组织总的质量宗旨和方向,管理者对质量的指导思想和承诺。质量方针的基本要求应包括供方的组织目标和顾客的期望和需求,也是供方质量行为的准则。质量方针为质量目标的制定提供了框架,质量目标应建立在质量方针的基础之上。我们可以采用从质量方针引出质量目标的方法,即在充分理解质量方针实质的基础上,将具体目标引发出来。总之,要确保质量目标与质量方针保持一致。

4.1.3 质量策划

质量策划是质量管理的一部分,致力于制定质量目标并规定必要的运行过程和相关资源以实现质量目标。质量策划针对三个方面:一是产品策划,对质量特性进行识别、分类和比较,并建立其目标、质量要求和约束条件。二是管理和作业策划,对实施质量体系进行准备,包括组织和安排。三是编制质量计划,做出对产品质量改进的规定。

要想使质量目标真正地符合实际情况,在管理中起到作用,需要对质量目标涉及的问题进行综合考虑,这是质量策划的重要内容。针对建设项目情况从人员、设备、材料、工艺、检验和试验技术、生产进度等做全面的策划。质量策划的内容必须包括:

1. 设定质量目标

任何一种质量策划,都应根据其质量方针或上一级质量目标的要求,以及顾客和其他相关方的需求和期望,来设定具体的质量目标。

2. 确定达到目标的途径

也就是说,确定达到目标所需要的过程。这些过程可能是链式的,从一个过程到另一个过程,最终直到目标的实现。也可能是并列的,各个过程的结果共同指向目标的实现。还可能是上述两种方式的结合,既有链式的过程,又有并列的过程。事实上,任何一个质量目标的实现,都需要多种过程。因此,在质量策划时,要充分考虑所需要的过程。

3. 确定相关的职责和权限

质量策划是对相关过程进行的一种事先安排和部署,而任何过程必须由人来完成。质量策划的难点和重点就是落实质量职责和权限。如果某一个过程所涉及的质量职责未能明确,没有文件给予具体规定,会出现推诿扯皮现象。

4. 确定其他资源

其他资源包括人员、设施、材料、信息、经费、环境等。并不是所有的质量策划都需要确定这些资源,只有那些必要的资源,才需要纳入到质量策划中来。

5. 确定实现目标的方法和工具

一般情况下,具体的方法和工具可以由承担质量职能的部门或人员去选择。但如果某项质量职能或某个过程是一种新的工作,或者是一种需要改进的工作,那就需要确定其使用的方法和工具。

6. 确定其他的策划需求

包括质量目标和具体措施完成的时间,检查或考核的方法,评价其业绩成果的指标,完成后的奖励方法,所需的文件和记录等。

4.1.4 质量控制

质量控制是指对某一物项或服务,监视其质量形成过程,消除引起质量不合格因素,以达到对质量满意的要求,最终获取社会效果或经济效益,而采用的各种作业技术和活动。质量检验从属于质量控制,是质量控制的重要活动。

1. 质量控制阶段

20 世纪 90 年代以后,质量控制学说已发生了较大的变化,现代质量工程技术把质量控制划分为若干阶段。在产品开发设计阶段的质量控制叫做质量设计;在制造中需要对生产过程进行监测,该阶段称作质量监控阶段;以抽样检验控制质量的传统质量控制,被称之为事后质量控制。在上述若干阶段中最重要的是质量设计;其次是质量监控;再次是事后质量控制,对于有些生产工序事后检验是不可少的。综上所述,产品质量的关键是过程监控,应从源头抓起。

2. 质量控制目标

质量控制的目标就是要确保工程质量能满足法律法规、技术标准和规范、工程合同等方面所提出的质量要求。质量控制的范围涉及工程质量形成全过程,如设计过程、生产过程等。

3. 质量控制措施

质量控制的工作内容包括作业技术和活动,其中含有专业技术和管理技术两个方面。技术活动中围绕工程质量形成过程的每个环节,认真研究影响工程质量的人、材料、机械、施工方法和环境五大因素,提出确保工程质量的具体措施,以实现工程质量的全面管理,提高企业综合素质以及经济和社会效益,使企业赢得市场与发展。

4.1.5 质量保证

质量保证是指为使人民确信某实体能满足质量要求,而在质量体系中实施并根据需要进行证实的全部有计划、有系统的活动。显然,质量保证主要目的是使用户确信产品或服务能满足规定的质量要求。如果给定的质量要求不能完全反映用户的需要,则质量保证也就不完善。质量保证就是承诺按照一定的标准、规范生产物项,符合规定的质量要求,并提供足够的置信度。

4.1.6 质量改进

质量改进是消除系统性的问题,对现有的质量水平在控制的基础上加以提高,使质量达到一个新水平、新高度。专家认为质量管理活动可划为两个类型,一类是维持现有的质量,其方法是质量控制;另一类是改进目前的质量,其方法是主动采取措施,使质量在原有的基础上有突破性的提高。质量改进的步骤本身是一个 PDCA 循环,即计划,实施,检查,处置四个阶段内容。

1. 计划(Plan)

包括制定方针、目标、计划书、管理项目等。

2. 实施(Do)

按计划实施,落实具体对策。

3. 检查(Check)

实施了具体对策后,验证其效果。

4. 处置(Action)

总结成功的经验,实施标准化,以后可以按该标准进行。对于没有解决的问题,转入下一轮 PDCA 循环解决,为制定下一轮改进计划提供资料。质量改进是各部门人员参加的突破性改进;由各部门内部人员对现有过程进行渐进的持续改进活动。质量改进是一个过程,要按照一定的规则进行,否则会影响改进的成效。质量改进的组织是分为两个层次,一是从整体的角度为改进建设项目调动资源,这是管理层,即质量管理委员会。二是为了具体地开展工作,这是实施层,即质量改进团队或称为质量改进小组。

4.1.7 全面质量管理

全面质量管理(Total Quality Management)是对于一个工程建设组织而言,以质量为中心,全员参与为基础的管理方法;是指在全社会的推动下,企业中所有部门,所有人员都以产品质量为中心,把专业技术,管理技术,数理统计技术集合在一起,建立起一套科学严密高效的质量保证体系,控制生产过程中影响质量的因素,以优质的工作、最经济的办法提供满足用户需要的产品的全部活动。

1. 质量管理经历阶段

质量管理经历了三个阶段。

(1)质量检验阶段

20 世纪前,产品质量主要依靠操作者本人的技艺水平和经验来保证,属于“操作者的质量管理”。20 世纪初,以 F. W. 泰勒为代表的科学管理理论的产生,促使产品的质量检验从加工制造中分离出来,质量管理的职能由操作者转移给工长,是“工长的质量管理”。随着企业生产规模的扩大和产品复杂程度的提高,产品有了技术标准,公差制度也日趋完善,各种检验工具和检验技术也随之发展,大多数企业开始设置检验部门,这种情况是“事后检验员的质量管理”。

(2)统计质量控制阶段

1924 年,美国数理统计学家 W. A. 休哈特提出控制和预防缺陷的概念。与此同时,美国贝尔研究所提出关于抽样检验的概念及其实施方案,成为运用数理统计理论解决质量问题的先驱,但当时并未被普遍接受。由于事后检验无法控制武器弹药的质量,美国国防部决定把数理统计法用于质量管理,并由标准协会制定有关数理统计方法应用于质量管理方面的规定,成立了专门委员会,并于 1942 年公布一批美国战时的质量管理标准。

(3)全面质量管理阶段

20 世纪 50 年代以后,随着生产力的迅速发展和科学技术的日新月异,人们对产品的质量从注重产品的一般性能发展为注重产品的耐用性、可靠性、安全性、维修性和经济性等。在生产技术和企业管理中要求运用系统的观点来研究质量问题。在管理理论上也有新的发展,突出重视人的因素,强调依靠企业全体人员的努力来保证质量。此外,还有"保护消费者利益"运动的兴起,企业之间市场竞争越来越激烈。在这种情况下,美国 A. V. 费根鲍姆于 20 世纪 60 年代初提出全面质量管理的概念。全面质量管理是"为了能够在最经济的水平上、并考虑到充分满足顾客要求的条件下进行生产和提供服务,并把企业各部门在研制质量、维持质量和提高质量方面的活动构成为一体的一种有效体系"。中国自 1978 年开始推行全面质量管理,并取得了一定成效。

2. 全面质量管理过程

质量管理过程的全面性,决定了全面质量管理的内容应当包括设计过程、制造过程、辅助过程、使用过程等四个过程的质量管理。

(1)设计过程质量管理

产品设计过程的质量管理是全面质量管理的首要环节。这里所指设计过程,包括市场调查、产品设计、工艺准备、试制和鉴定等过程。主要内容包括通过市场调查研究,根据要求、科技情报,制定产品质量目标;组织科研、设计、制度和质管等多部门参加的审查和验证,确定合理的设计方案;保证技术文件的质量;做好标准化的审查工作;督促遵守设计试制的工作程序等。

(2)建造过程质量管理

建造过程质量管理是指对产品直接进行加工的过程。它是产品质量形成的基础,是质量管理的基本环节。它的基本任务是保证产品的建造质量,建立一个能够生产合格品和优质品的生产系统。主要内容包括组织质量检验;组织和促进文明生产;组织质量分析,掌握质量动态;组织工序的质量控制,建立管理点等。

(3)辅助过程质量管理

辅助过程质量管理是指为保证制造过程正常进行而提供各种物资、技术条件的过程。包括物资采购供应、动力生产、设备维修、工具制造、仓库保管、运输服务等。主要内容有做好物资采购供应的质量管理,保证采购质量,严格入库物资的检查验收,按质按量按期提供生产所需要的各种物资;组织好设备维修工作,保持设备良好的技术状态;做好工具制造和供应的质量管理等。

(4)使用过程质量管理

使用过程质量管理是考验产品实际质量的过程,内部质量管理的继续,也是全面质量管理的出发点和落脚点。这一过程质量管理的基本任务是提高服务质量,保证产品的使用效果,不断促使研究和改进产品质量。主要内容有开展技术服务,处理质量问题;调查使用效果和用户要求。

质量管理发展到全面质量管理,是质量管理一大进步。产品质量的形成过程不仅与生产过程有关,还与其他许多过程、许多环节和因素相关联。全面质量管理适应现代化大生产对质量管理整体性、综合性的客观要求,从过去限于局部性的管理进一步走向全面性、系统性的管理。

4.2　公路工程质量管理体系

公路工程质量是指公路建设的法规、技术标准,批准的设计和工程合同文件,对公路安全、适用、经济、美观等特性的综合要求。公路工程质量实行建设单位或项目法人全面负责,监理单位控制,设计和施工单位保证,政府监督相结合的管理体系。在公路设计使用年限内,实行工程质量终身负责制。

4.2.1　工程质量管理职责

根据《公路工程质量管理办法(交公路发[1999]90 号)》的规定,国务院交通运输主管部门主管全国公路建设质量管理工作。省、自治区、直辖市人民政府交通运输主管部门负责本行政区域内公路建设的质量管理工作。县级以上人民政府交通运输主管部门设置的公路工程质量监督机构，根据交通运输主管部门委托的权限，代表交通运输主管部门行使行政执法职能，具体负责公路工程质量监督工作。

公路建设质量管理是指建设项目从设计、施工到交付使用的全过程，对确定和达到质量要求所必须的职责和活动的管理。

4.2.2 工程质量管理任务

工程质量管理任务是根据国家现行的有关法规、技术标准和合同规定的公路建设各阶段质量目标实施全过程监督管理。由于公路建设各阶段的质量目标不同，因此需要分别确定各阶段的质量控制对象和任务。

4.2.3 工程质量控制方法

方法是指为达到某种目的而采取的手段与行为方式。质量控制方法就是质量管理方法。质量控制是指为使人们确信某一物项或服务的质量，满足规定要求而必须进行的有计划的系统化的活动。

1. 质量控制理论工具

质量控制需要方法，以下介绍几种理论工具：

(1)核检清单法

核检清单是建设项目质量控制中的一种独特的结构化质量控制方法。

(2)质量检验法

质量检验是指运用测量、检验和测试等手段对工程实体进行检测，以保证工作结果与质量要求相一致的质量控制方法。

(3)控制图法

控制图是用于开展建设项目质量控制的一种图示方法。控制图法是建立在统计质量管理方法基础之上的，它利用有效数据建立控制界限，如果建设项目过程不受异常原因的影响，从建设项目运行中观察得到的数据将不会超出这一界限。

(4)帕累斯图法

帕累斯(Pareto)图是一种表明"关键的少数和次要的多数"关系的一种统计图表，它也是质量控制中经常使用的一种方法。帕累斯图又叫排列图，它将有关质量问题的要素进行分类，从而找出"重要的少数"(A 类)，和"次要的多数"(C 类)，以便对这些要素采取分类管理的方法。

(5)统计样本法

统计样本是指选择一定数量的样本进行检验，从而推断总体的质量情况，以获得质量信息和开展质量控制的方法。

(6)流程图法

流程图主要用于建设项目质量控制中，有关分析项目质量问题发生在项目流程的哪个环节和造成这些质量问题的原因以及这些质量问题发展和形成的过程。

(7)趋势分析法

趋势分析是指使用各种预测分析技术来预测项目质量未来发展趋势和结果的一种质量控制方法。

2. 质量控制常用方法

质量控制方法是为了通过监视质量形成过程，消除质量环上引起不合格或不满意的因素。公路建设项目由分项、分部、单位和单项工程组成，则质量体系中包含工序质量、分项工程质量、分部工程质量、单位工程质量等内容，体现公路施工阶段质量控制是一个由投入原材料的质量控制开始，直到完成工程质量检验为止的全过程的系统。公路建设实践中，惯用下列几种控制质量的办法：

(1)事前质量控制

事前质量控制是指在正式施工前进行的质量控制。其应遵循质量第一、预防为主、4M1E(即人、机械、材料、方法、环境)、设立质量控制点、坚持质量标准、恪守职业道德等原则。施工质量事前控制的准备工作包括：

①确定质量标准，明确质量要求；

②完善建设项目监理的质量控制体系；

③督促检查承包单位的质量保证体系；

④复验测量放线成果；

⑤审查分包单位资质；

⑥审核施工方法；

⑦特种作业人员的审核；

⑧施工机械设备的控制。

(2)事中质量控制

事中质量控制是指在施工过程中进行的质量控制。其策略是全面控制施工过程，重点控制工序质量。具体方法是工序交接有检查；质量预控有对策；施工管理有方案、技术措施有交底，图纸会审有记录；配制材料有试验；隐蔽工程有验收；设计变更有手续；质量处理有复查；成品保护有措施；行使质控有否决（如发现质量异常、隐蔽工程未经验收、质量问题未处理、擅自变更设计图纸、擅自代换或使用不合格材料、无证上岗未经资质审查的操作人员等，均应对质量予以否决）；质量文件有档案（凡是与质量有关的技术文件，如水准、坐标位置，测量、放线记录，沉降，图纸会审记录，材料合格证明、试验报告，施工记录，隐蔽工程记录，设计变更记录，调试、试压运行记录，竣工图等都要编目建档）。

(3)事后质量控制

事后质量控制是指完成施工过程形成产品质量的抽样检验。其具体工作内容有：

①成立验收小组，组织自检和初步验收。

②准备竣工验收图纸和资料。

③按规定的质量评定标准和办法，对完成的分项、分部工程，单位工程进行质量评定。

④组织竣工验收标准是：

a. 按设计文件规定的内容和合同规定的内容完成施工，质量达到国家质量标准，能满足生产和使用要求。

b. 交工验收的各路段及设备运转正常。

c. 交工验收的工程应内净外洁，施工中的残余物料运离现场，道路、绿化、其他配套设施已完成。

d. 技术档案资料齐全。

(4)现场技术文件检查审核

对于现场技术文件、报告、报表的审核与分析是对工程质量进行全面质量控制的重要手段，项目经理应总负责，各相关部门应恪守职责，做好本职工作，确保控制有效。主要检查内容包括：

①审核有关技术资质证明文件；审核开工报告，并经现场核实。

②审核施工组织设计、施工方案、施工方法和技术措施。

③审核有关材料、半成品的质量检验报告。

④审核有关施工机械设备、检测试验仪具的相关合格证件及使用说明。

⑤审核反映工序质量动态的统计资料和控制图表。

⑥审核设计变更、修改图纸和技术核定书。

⑦审核有关质量问题的修补、加固、改进的施工方案、方法与措施及处理报告。

⑧审核有关应用新工艺、新材料、新技术、新结构、新设备的技术鉴定书。

⑨审核有关工序交接检查，分项、分部工程质量检查报告。

⑩审核有关施工安全技术措施。

(5)现场质量检查

现场质量检查内容是测量、试验、观察、分析、监督、总结提高。具体内容见表4-1。

现场质量检查方法　　表4-1

方法	具体内容
测量	测量是现场控制，特别是质量控制必不可少的手段。 测量包括的内容很多，如定线控制测量，施工放线测量，控制工程位置、高程、尺寸及其线形的测量，各分项工程、分部工程、单位工程、工程段落或总体工程中的中间交工和竣工验收时的测量检查等。这些测量成果必须确保精度规定要求，并应取得监理工程师的认可
试验	试验包括的内容很多，如对各项工程的材料、配合比、强度等进行有效控制，以确保各项工程的物理、化学、力学性能及使用功能如平整度、抗滑能力等达到规定要求。 试验是施工现场施工控制必不可少的手段

续上表

方法	具体内容
观察	观察是指对施工现场所进行的施工活动进行全过程或部分关键工程(如全工序或工序中的某一关键环节)进行观察,检查操作程序或操作方法是否符合规定要求,发现问题,应及时进行控制纠正
分析	分析是指对施工现场所展开的施工活动情况及收集得到的相关数据,通过科学有效的方法如直方图、因果分析法、列表比较法等对其进行整理分析、以控制施工的质量、进度等;并发现问题,找出原因,在此基础上提出应采取的有针对性的措施,解决问题和偏差
监督	施工单位应建立岗位责任制,各部门人员应对所属工作任务负责,层层监督。例如:总工程师(或主任工程师)应对实施性施工组织设计在实施过程中在技术上全面负责,检查和监督各施工队、试验室、技术人员所负责的相关工作,特别是对质检工作应加大力度检查和监督,以确保工作质量的可靠性。作为施工单位还应根据合同规定,积极主动配合和支持监理工程师的工作,服从政府监督部门的管理
总结提高	施工活动是动态的过程,因此控制也是动态的控制。旧的矛盾解决了,新的矛盾和问题又会产生。这就要求进行新的控制,因此,在这个过程中,应不断总结经验教训,以利以后的控制工作更好更有效地展开

4.2.4 工程质量保证体系

公路建设项目必须建立“政府监督、社会监理、企业自检”三级质量保证体系,建立年度工程质量检查制度。

严禁设计、施工、监理单位将承接的公路建设项目转包,严格控制公路工程的分包。工程分包单位必须具有相应的资质等级,且不得二次分包。设计和监理合同分包必须经建设单位同意;施工合同分包必须经监理单位审查,建设单位批准。分包单位必须按照分包合同的约定,对工程质量向总承包单位负责,接受总承包单位的质量管理;总承包单位按照总承包合同的约定,对全部工程质量向建设单位负责,对分包工程的质量与分包单位承担连带责任。加强合同管理并严格控制工程分包和劳务队伍的选择。督促监理工程师不定期对承包人进行全面的检查,防止以提供劳务的名义非法分包工程或采取挂靠的方式承揽工程。

4.2.5 工程质量保证措施

措施是解决问题的办法,需要具体的实施。质量目标是由业主、设计、监理、承包单位的质量保证措施来实现。

1. 质量监督主体保证措施

国家实行公路工程质量监督管理制度,交通运输部主管全国公路工程质量监督管理工作。县级以上地方人民政府交通运输主管部门负责本行政区域内公路工程质量监督管理工作。公路工程质量监督应遵循科学、客观、公开、公平、公正的原则。公路工程从业单位依法承担公路工程质量责任,接受、配合交通运输主管部门和其所属的质量监督机构的监督检查,不得拒绝或者阻碍。公路工程质量监督主要包括以下内容:

(1)工程质量管理的法规、技术标准和规范的执行情况;

(2)从业单位的质量保证体系及其运转情况;

(3)勘察、设计质量,工程质量,使用的材料、设备质量等情况;

(4)工程试验检测工作;

(5)工程质量资料的真实性、完整性、规范性、合法性;

(6)从业单位在工程实施过程中的质量行为。

交通运输主管部门对公路工程质量监督的职责主要是:

(1)监督检查从业单位是否具有依法取得的相应等级的资质证书,从业人员是否按照国家规定经考试合格,取得上岗资格;

(2)监督检查建设、勘察、设计单位、施工和监理单位质量保证体系的针对性、严密性和运行的有效性,以及各单位质量保证体系之间的协调性和一致性;

(3)监督检查勘察、设计文件是否符合国家规定的技术标准和规范要求,设计文件是否达到国家规定的编制要求;

(4)监督检查施工、监理和设备、材料供应单位是否严格按照有关质量标准和技术规范进行施工、监理和供应设备、材料;

(5)监督检查监理单位的质量管理和现场质量控制情况,以及对公路工程关键部位和隐蔽工程的旁站情况、对各施工工序的质量检查情况;

(6)监督检查试验检测设备是否合格,试验方法是否规范,试验数据是否准确,试验检测频率是否符合有关规定;

(7)监督检查材料采购、进场和使用等环节的质量情况,并公布抽查样品的质量检测结果,检查关键设备的性能情况;

(8)对公路工程质量情况进行抽检,分析主要质量指标的变化情况,评估总体质量状况和存在的主要问题,提出加强质量管理的政策措施和指导性意见,定期发布质量动态信息;

(9)对完工项目进行质量检测和质量鉴定。

建设项目开工,建设单位办理公路工程质量监督手续,应向所在地的质监机构提出申请,并提交以下材料:

(1)公路工程质量监督申请书。包括公路建设项目名称及地点、建设单位、联系方式、提出工程质量监督的申请等;

(2)公路建设项目审批文件;

(3)公路建设项目设计、施工、监理等合同文件;

(4)公路建设项目从业单位的资质证明材料;

(5)交通运输主管部门要求的其他相关材料。

交通运输主管部门及其委托的质监机构履行监督检查职责时,有权采取下列措施:

(1)要求被检查的单位提供有关工程质量的文件和资料;

(2)进入被检查单位的施工现场进行检查;

(3)发现有影响工程质量的问题时,责令改正。

交通运输主管部门及其委托的质监机构对检查中发现的问题,应当及时以书面方式通报有关单位。对一般质量管理问题和一般质量缺陷,责令限期整改;对不合格工程,责令限期返修;对违法的质量行为依法予以纠正。存在问题的单位应当按要求进行整改、返修,并提交整改报告。

2. 业主的质量保证措施

业主可以是自然人、法人和其他组织,可以是本国公民或组织,也可以是外国公民或组织。公路建设中讲的业主是指建设单位、项目法人。业主的质量保证措施有:

(1)建立质量保证体系,建立质量管理制度,落实质量岗位责任。

(2)根据公路建设特点和技术要求,合理确定工期和工程造价,通过建设项目招标选择有相应资格的勘察设计、施工和监理单位,并签订合同和实行合同管理制。

(3)应认真组织设计文件会审和交底、工程质量检查,及时组织交竣工验收工作。业主的质量保证措施有:

①制订施工计划,检查水土保持措施,确保良好的施工环境。

②督促监理工程师对所有施工环节进行有效的质量控制,通报出现的重大问题。

③会同设计、监理等单位深入施工现场,积极协调解决和处理工程中出现的技术问题。

④建立质量评比和奖惩制度,开展样板工程的活动。

3. 设计单位的质量保证措施

勘察设计单位必须按照公路工程建设强制性标准,进行勘察、设计,并对其勘察、设计的质量负责。

(1)建立健全设计质量保证体系,加强设计全过程的质量控制,建立完整的设计文件的编制、复核、审核、会签制度,明确各阶段的责任人,并对公路工程设计质量负责。

(2)对设计审查提出的图纸错误和疏漏及时修改和补充。开工前做好设计文件的技术交底工作。

(3)在施工过程中派驻设计代表,随时掌握施工现场情况,解决施工过程中的设计图纸问题。

(4)对重大变更设计要进行方案比选,采取有效的技术措施,以保证建设工程的先进性、安全性。

4. 监理单位的质量保证措施

工程监理工作应以现场控制为重点,以治理和消灭质量通病为突破口。

(1)制定详细的监理工作计划和检查制度,监督工程施工承包合同的实施。监理人员应具有独立、公正、有效开展监理业务的能力和责任感;应实事求是,用数据说话,确保监理试验的权威性和公正性。

(2)履行监理合同,配足合格的监理人员和监理设施,加强对监理人员的技术业务素质和职业道德的教育和培养。认真审查施工组织设计和技术措施;提出或审查设计变更;进行工程质量检测,参加质量事故处理和工程验收。

(3)依据合同文件及技术规范,严格审查工地试验室、材料、设备、劳动力及现场技术管理人员等准备情况。在工程开工前，对影响工程质量的各种因素进行分析，了解工程的重点和难点，对工程质量主动实行动态控制，对可以预见的问题事先提醒承包人采取措施，避免不必要的返工和损失。

(4)验证承包人对控制桩点的复测资料；要求承包人对控制桩点进行有效保护并进行有效复查，抽查并确认承包人的施工定线和放样测量，定期检查承包人使用的测量仪器精度。对重点工序和隐蔽工程，应进行有效的全过程旁站。

(5)坚持工序验收制度，对质量符合要求的部分予以签认，对不符合质量要求的工程必须要求承包人返工处理。

(6)加强工程变更管理，按程序严格审批。

(7)按项目建设档案管理的有关规定，做好监理资料的整理及归档工作。确保内业资料的完整、系统、准确，并督促承包人完善各种内业资料的归档工作。

5. 承包人的质量保证措施

承包人必须履行施工合同，执行施工工艺要求，认真组织施工，并对工程质量负责。

(1)必须建立施工质量保证体系，推行全面质量管理，制定和完善岗位质量规范、质量责任及考核办法。建立工地实验室，加强施工过程中的自检、互检和交接检工作。

(2)承包人应选配技术水平高、质量意识强、整体素质好、遵章守纪的项目班子，技术负责人、质量管理负责人，均应有相应的施工经历和业绩。

(3)明确岗位职责，建立各项工程技术管理制度，认真执行自检、互检、交接检。加强对员工的培训，树立质量高于一切的意识。

(4)在重要、大面积工程正式施工前，应通过试验性工程检查原材料、混合料及其施工工艺能否满足规范的要求，再进行施工；应整理试验工程的各项数据，并总结试验报告，交监理工程师批准以指导规模生产。

(5)加强技术交底制度，每道工序施工前进行书面交底，使质量责任落实到人。坚持做到每个施工工点都有持证技术人员的现场管理，执行登记备案制度。

(6)做好导线控制桩、结构物定位桩、水准基点等复测工作，确保施工放样的准确性。

(7)对工程的重要部位和隐蔽工程要有质量控制和复检制度。推广使用有利于提高工程质量的先进技术和施工手段。对所有外购材料应提供出厂合格证和产品质量检验单，并满足技术规范要求，才能用于施工。

(8)发生质量事故，承包人应按规定向有关部门报告，暂停施工，并采取有效的安全措施，尽量保护现场原貌接受调查。

(9)及时收集、整理施工中的现场试验、质量检查、验收资料等技术档案。

4.2.6 工程质量管理原则

工程质量管理即采取检测、试验、监控等手段，按照质量策划和质量改进的要求，确保合同、规范所规定的质量标准的实现。根据公路施工的特点，在控制过程中，应遵循以下几条基本原则：

1. 坚持“质量第一，用户至上”的原则

公路作为一种特有的商品，使用年限较长。建设工程质量不仅关系工程适用性和建设项目投资效果，还直接关系到人们生命财产的安全。所以，监理工程师在处理投资、进度、质量三大目标关系时，应坚持“百年大计，质量第一”；建设项目在施工中应自始至终把“质量第一，用户至上”作为质量控制的基本原则。

2. 坚持“以人为主”的原则

人是公路建设项目的决策者、组织者、管理者和操纵者。公路建设中各单位、各部门的完善程度和各岗位人员的工作质量水平，都直接或间接地影响工程质量。所以在质量管理控制中，要以人为核心，重点提高人的素质，充分发挥人的积极性和创造性，以人的工作质量保证工作质量目标的实现。

3. 坚持“以预防为主”的原则

工程质量管理应该是积极主动的，应事先对影响质量的各种因素加以控制，而不能是消极被动的，等出现质量问题后再进行处理。所以，要重点做好质量的事先控制和事中控制，以预防为主，加强过程和中间产品的质量检查和控制。

4. 坚持质量标准用数据说话的原则

质量标准是评价产品质量的尺度，工程质量是否达到合同规定的质量标准要求，应通过数据并和质量标准对照，符合质量标准要求的才是合格，否则，必须返工处理。

5. 坚持贯彻科学公正守法执业的原则

在工程质量控制中，监理人员必须坚持科学、公正、守法执业的原则，尊重科学，尊重事实，以数据资料为依据，客观、公正地处理质量问题。要坚持原则，遵纪守法，秉公监理。

4.2.7 工程质量控制点

工程质量控制点是在质量活动中需要重点进行控制的对象或实体，具有动态特性；是生产现场在一定的期间内、一定的条件下对需要重点控制的质量特性、关键部位、薄弱环节，以及主导因素等采取特殊的管理措施和方法，实行强化管理，使之处于良好的控制状态，能够保证达到规定的质量要求。

国际上的质量控制对象，是根据质量的重要程度和监督控制要求不同，又可设置“见证点”或“停止点”。由于“见证点”和“停止点”的重要性或质量后果影响程度有所不同，其运作程序和监督要求也不同。

1. 见证点

(1)施工单位应在到达某个见证点之前的一定时间，书面通知监理工程师，说明将到达该见证点准备施工的时间，请监理人员届时现场进行见证和监督。

(2)监理工程师收到通知后，应在“施工跟踪档案”上注明收到该通知的日期并签字。

(3)监理人员应在约定的时间到现场见证。监理人员应对见证点实施过程进行监督、检查，并在见证表上作详细记录后签字。

(4)如果监理人员在规定的时间未能到场见证，施工单位可以认为已获监理工程师认可，有权进行该项施工。

(5)如果监理人员在此之前已到现场检查，并将有关意见写在“施工跟踪档案”上，则施工单位应写明已采取的改进措施，或具体意见。

2. 停止点

停止点是重要性高于见证点的质量控制点，它通常是针对“特殊过程”或“特殊工艺”而言。凡列为停止点的控制对象，要求必须在规定的控制点到来之前通知监理方派人对控制点实施监控，如果监理方未能在约定的时间到现场监督、检查，施工单位应停止进入该控制点相应的工序，并按合同规定等待监理方，未经认可不能越过该点继续活动。监理方通常用书面形式批准其继续进行，但也可以按商定的授权制度批准其继续进行。

见证点和停止点通常由施工单位在质量计划中明确，并将施工计划提交监理工程师审批。如果监理工程师对见证点和停止的设置有不同意见，应书面通知施工单位，要求予以修改，再报监理工程师审批后执行。

4.2.8 工程质量控制点编目

工程质量控制点的建立原则是对产品的适用性有严重影响的关键部件，对工艺上有严格要求的工序，对质量不稳定出现不合格的项目等，都应建立控制点。对于特殊管理的质量控制点，应编制质量控制点名册，并经批准后纳入质量管理体系文件中。公路建设质量控制点，经过多年的工作实践，已有相应的编目。

1. 路基工程

(1)施工放样与断面测量；

(2)路基原地面处理，按施工技术合同或规范规定要求处理，并认真整平压实；

(3)使用适宜材料，必须采用设计和规范规定的适用材料，保证原材料合格，正确确定土的最大干密度和最佳含水量；

(4)每层的松铺厚度，横坡；

(5)分层压实，控制填土的含水量，确保压实度达到设计要求。

2. 路面工程

(1)路面基层及底基层

①基层施工所采用设备组合；

②配合比的设计；

③拌和设备计量装置校验；

④路面基层(底基层)所用结合料(如水泥、石灰)剂量；

⑤原材料符合要求，混合料的含水量、拌和均匀性、配合比；

⑥路面基层(底基层)的压实度、弯沉值、平整度及横坡等；

⑦如采用级配碎(砾)石还需要注意集料的级配和石料的压碎值。

(2)水泥混凝土路面

①基层强度、平整度、高程的检查与控制;

②混凝土材料的检查与试验;

③混凝土配合比设计和试件的试验;

④混凝土的水灰比、外加剂掺加量、坍落度控制;

⑤混凝土的摊铺、振捣、成型及离析控制;

⑥锯缝时间和养生技术的采用。

(3)沥青混凝土路面

①基层强度、平整度、高程的检查与控制;

②沥青混凝土材料的检查与试验;

③集料的级配、沥青混凝土配合比设计和试验;

④路面施工机械设备配置与组合;

⑤沥青混凝土的运输及摊铺温度控制;

⑥沥青混凝土摊铺厚度控制和摊铺中的离析控制;

⑦沥青混凝土的碾压与接缝施工。

3. 桥梁工程

1)基础工程

(1)扩大基础

①基底地基承载力的检测确认,满足设计要求;

②清理基底表面松散层;

③及时浇筑垫层混凝土,减少基底暴露时间;

④大体积混凝土施工的防裂。

(2)钻孔桩基础

①桩位坐标与垂直度控制;

②护筒埋深;

③泥浆指标控制;

④护筒内水头控制;

⑤孔径的控制,防止缩径;

⑥桩顶、桩底标高的控制;

⑦清孔质量(嵌岩桩与摩擦桩要求不同);

⑧钢筋笼接头质量;

⑨导管接头质量检查与水下混凝土的灌注质量。

(3)沉井基础

①初始平面位置的控制;

②刃脚质量;

③下沉过程中沉井偏斜与移位的动态控制;

④封底混凝土的浇筑工艺确保封底混凝土的质量。

2)水中承台

水中承台施工一般可采用筑岛围堰、钢板桩围堰、钢吊箱围堰、钢套箱围堰等。

(1)钢围堰施工法

①钢围堰的设计与加工制造;

②钢围堰入水、落床及入土下沉过程中平面位置、高程等的控制;

③钢围堰下沉到位后的清底及整平;

④封底混凝土浇筑时的导管布设与封底混凝土厚度控制;

⑤承台混凝土配合比设计;

⑥抽水后封底混凝土基底的调平；
⑦承台混凝土浇筑导管布设及混凝土振捣；
⑧大体积混凝土温控设施的设计、施工及大体积混凝土养生；
⑨各类预埋件的施工质量控制。

(2)钢套箱施工法

①钢套箱的设计与加工制造质量控制；
②钢套箱水平及竖向限位装置的施工质量控制；
③封底混凝土浇筑时的导管布设与封底混凝土厚度控制；
④承台混凝土配合比设计；
⑤抽水后封底混凝土基底的调平；
⑥承台混凝土浇筑导管布设及混凝土振捣；
⑦大体积混凝土温控设施的设计、施工及大体积混凝土养护；
⑧各类预埋件的施工质量控制。

3)下部构造

(1)实心墩

①墩身锚固钢筋预埋质量控制；
②墩身平面位置控制；
③墩身垂直度控制；
④模板接缝错台控制；
⑤墩顶支座预埋件位置、数量控制。

(2)薄壁墩

①墩身锚固钢筋预埋质量控制；
②墩身平面位置控制；
③墩身垂直度控制；
④模板接缝错台控制；
⑤墩顶支座预埋件位置、数量控制；
⑥墩身与承台连接处混凝土裂缝控制；
⑦墩顶实心段混凝土裂缝控制。

4)上部构造

(1)简支梁桥

①简支梁混凝土的强度控制；
②预拱度的控制；
③支座预埋件的位置控制；
④大梁安装时梁与梁之间高差控制；
⑤支座安装型号、方向的控制；
⑥梁板之间现浇混凝土质量控制；
⑦伸缩缝安装质量控制。

(2)连续梁桥

①支架施工——支架沉降量的控制；
②先简支后连续——后浇段工艺控制、体系转换工艺控制、后浇段收缩控制、临时支座安装与拆除控制；
③挂篮悬臂施工——浇筑过程中的线形控制、边跨及跨中合龙段混凝土的裂缝控制；
④预应力梁——张拉吨位及预应力钢筋伸长量控制。

(3)拱桥

①预制拼装——拱肋拱轴线的控制；
②支架施工——支架基础控制、支架沉降控制、拱架加载控制、卸架工艺控制；
③钢管拱——钢管混凝土压注质量控制。

(4)斜拉桥

①主塔空间位置的控制;

②斜拉索锚固管或锚箱空间定位控制;

③斜拉桥线形控制;

④牵索挂篮悬臂施工——斜拉索索力控制、索力调整;

⑤悬臂吊装——梁段外形尺寸控制、斜拉索索力控制、索力调整;

⑥合龙段的控制。

(5)悬索桥

①猫道线形控制;

②主缆架设线形控制;

③索股安装——基准索股的定位控制、索股锚固力的控制;

④索股架设塔顶位移及索鞍位置的调整;

⑤紧缆——空隙率的控制;

⑥索夹定位控制;

⑦缠丝拉力控制;

⑧吊索长度的确定;

⑨加劲梁的焊接质量控制。

4. 隧道工程

①正确判断围岩级别,及时调整施工方案。

②认真测量、检查和修正开挖断面,减少超挖。

③制定切实可行的开挖方案,包括新奥法、矿山法的选择,炮孔布置、装药量、每一循环的掘进深度。

④锚喷支护,控制在开挖后围岩自稳定时间的1/2以内完成。

⑤认真观测,收集资料,做好施工质量的信息反馈。

4.3 公路工程质量设计

现代质量工程技术,将产品开发设计阶段的质量控制定义为质量设计,充分的形体属性表明工程设计阶段是建设项目的质量设计。公路工程勘察设计质量管理,贯穿建设项目可行性研究报告开始,经过审批立项、初步设计直至施工图设计的完成,并交付使用为止的各个阶段。勘察设计的质量优劣对于公路建设项目的质量起着决定性的作用。测量资料不准确会导致采用不适当的地基处理或基础设计,使得工程的成本增加或结构基础存在隐患;设计方面的不合理、不便于施工等问题都会直接影响到公路建设的投资、进度和质量目标的实现。

4.3.1 工程勘察设计质量保证措施

工程勘察设计应在技术上是否可行、工艺是否先进、经济是否合理、设备是否配套、结构是否安全可靠等方面,更多的为工程实体的质量考虑。建设项目的质量目标和水平,需要通过设计加以具体化。为了提高设计质量,可以采取以下有效措施。

1. 加强工程勘察设计的标准化工作

标准化工作是指对设计中的重复性事物和概念所做的统一规定,是以技术成果和先进经验为基础,如标准图、标准表格等,可以在一定范围内促进技术合作,获得最佳工作秩序。标准图表,需经主管部门批准并发布和实施。标准化理念和标准化工作有促进技术进步、科技创新,保证设计质量等重要作用。

对于执行技术标准、规范条文应做出明确规定,凡是列入《强制性条文》的内容,必须严格执行;说明不执行就会为工程带来隐患,给人民生命财产造成一定的损失甚至重大的损失。

2. 严把设计方案的选择与审核关

设计方案的合理性和先进性是设计质量的基础。各专业设计方案的选择与审核,重点是路线走向、设计标准、结构类型、设计参数等方面,是否满足使用功能、安全、经济、美观等要求。设计审核是对设计文件综合性、系统性、科学性的检查,以评价设计是否满足了相关的质量要求,找出存在的问题,提出解决的办法。设计审核主要依据质量相关特性的社会性、系统性、安全性、适应性、经济性和美学等方面进行衡量。

3. 搞好设计接口的管理

设计接口是指在设计过程中各部门或各专业设计之间能做到的协调和统一。必须明确规定并切实做好设计部门与勘察部门及各设计专业间的设计协调。

4. 建立设计成果校审制度

勘察设计文件校审是对所作的勘察设计逐级检查和验证检查,以保证规定的质量要求。校审工作应按勘察设计过程中规定的每一个阶段进行,对阶段性成果和最终成果质量进行严格校审,具体包括对计算依据的可靠性,成果资料数据和计算结果的准确性,论证证据和结论的合理性,现行标准、规范的执行,各阶段设计文件的内容和深度,文字说明的准确性,图纸的清晰与准确性,成果资料标准化等内容的校审。

5. 建立勘察设计文件的会签制度

勘察设计文件会签是保证各专业设计相互配合和正确衔接的必要手段。通过会签,可以消除专业设计人员对设计条件或相互联系中的误解、错误或遗漏,是保证设计质量的重要环节。

4.3.2 勘察质量管理

公路建设工程勘察质量管理是根据规范要求,查明、分析、评价建设场地的地质、地理环境特征和岩土工程条件,编制公路建设工程勘察文件的活动。

1. 勘察阶段内容划分

公路建设工程勘察的主要内容是按规范要求,正确反映工程地质条件,为设计、施工提供依据。公路建设工程勘察工作一般分为初步勘察和施工定测。

(1)初步勘察内容

路线勘察、路基勘察、路面勘察与调查,桥涵勘察与调查,隧道勘察,路线交叉勘察,交通工程及沿线设施勘察,环境保护勘察与调查,筑路材料勘察,工程经济调查与其他勘察,工程地质勘探与调查。

(2)施工定测内容

路线放样,高程测量,控制横断面测量,地形测量,路基补充勘察与调查,小桥勘察,大中桥桥位补充勘察,隧道补充勘察,路线交叉补充勘察,沿线设施补充勘察与调查,环境保护补充勘察与调查,其他勘察与经济调查,工程地质补充勘察,外业验收与工点核对。

2. 勘察阶段质量管理

(1)选定合适的勘察单位

公路建设可采用公开招标和邀请招标的形式选定勘察单位。在选择勘察单位时,除重点对其资质进行控制外,还要检查勘察单位的技术管理制度和质量管理程序,考察勘察单位的专职技术骨干素质、业务及服务意识。

(2)方案审查和控制

工程勘察单位在实施勘察工作之前,应结合各勘察阶段的工作内容和深度要求,按照有关规范、规程的规定,结合工程的特点编制勘查工作方案。

(3)现场作业质量管理

①现场作业人员应进行专业培训,重要岗位要实施持证上岗制度,并严格按勘察工作方案及有关操作规程的要求开展现场工作并留下印证记录。

②原始资料取得的方法、手段及使用的仪器设备应当正确、合理,勘察仪器、设备、试验室应有明确的管理程序,现场钻探、取样、机具应通过计量认证。

③原始记录表格应按要求认真填写清楚,并经有关作业人员检查、签字。

④项目负责人应始终在作业现场进行指导、督促检查,并对各项作业资料检查验收签字。

(4)勘察文件质量管理

对于工程勘察资料、图表、报告等文件要依据工程类别按有关规定执行各级审核、审批程序,并由负责人签字。工程勘察成果应齐全、可靠,满足国家有关法规及技术标准和合同规定的要求。工程勘察成果必须严格按照质量管理有关程序进行检查和验收,质量合格方能提供使用。随勘察工作进程及时进行路线设计和局部方案的研究、比选和取舍工作,并根据总体设计进行路面、路基、桥涵、立交等工程的方案论证和比较,同时综合检验路线设计和各专业设计的配合与合理性。对地形复杂的路线、不良地质地段、大型桥隧、立交等重点工程地段,必须进行现场核对。勘察阶段完成后,在搜索整理好以下成果资料后,才能进行勘察验收。

①各种调查、勘察原始记录、图纸及资料。

②各专业勘察调查的质量检查及分析评定资料。

③路线纵、横断面设计及各种底图、底表。

④大、中、小桥及涵洞通道、隧道、立交方案设计主要工程技术经济一览表及路线方案和重点工程的比较图表，工可方案主要工程对照表。

⑤各项测设主要计算分析论证资料。

⑥各项测设主要设计布置图及方案设计比较表。

⑦外业勘察说明书及有关协议和文件。

⑧开放设计需要重点落实解决的问题和建议。

4.3.3 设计质量管理

公路建设一般采用初步设计和施工图设计两个阶段。重大建设项目由交通运输主管部门确定采用初步设计、技术设计、施工图设计三个阶段。各阶段设计内容包括设计说明、技术图表文件和工程经济概算预算文件等，其目的是通过不同阶段设计深度的质量控制，保证设计质量。设计质量管理中应鼓励设计人员进行设计创新，通过开展优秀设计竞赛评比活动，激励设计人员加强基本训练，不断提高技术水平，鼓励设计人员增强创新意识，积极吸收和应用新技术、新工艺，提出合理化建议，促进设计质量的提高。

1. 初步设计的质量管理

(1)设计内容

初步设计文件根据批准的设计方案进行编制，由设计说明书、设计图表、工程概算三部分组成。包括总体设计、路线方案设计、路基路面及排水方案设计，桥涵方案设计，隧道方案设计，路线交叉方案设计，交通工程及沿线设施方案设计，环境保护方案设计，天然筑路材料，施工组织方案、概算编制等。总体设计内容如下：

①根据全国和地区路网结构规划、交通量的发展趋势和《公路工程技术标准》中的技术指标，进行全面的综合分析，必要时进行高、低指标值的技术经济比较。

②路线的起点、终点与后续工程设计方案，近期与远期工程界限进行多方案比较，推荐近期实施方案的可行性和远期后续工程实施的可能性，确保建设项目建成后其他后续建设项目能够顺利实施。

③总体设计时要综合考虑路、桥、隧、交叉、交通工程及沿线设施、环境保护、水土保持等因素，确定全线采用合理的技术指标。另外，从公路美学、景观协调等方面进行方案比选。

(2)设计深度要求

①应符合已审定的设计方案。

②能据以确定土地征用范围。

③能据以准备主要设备及材料。

④应提供工程设计概算，作为审批确定建设项目投资的依据。

⑤能据以进行施工图设计。

⑥能据以进行施工准备。

(3)质量管理要点

①有关部门的审批意见和设计要求。

②建设法规、技术规范和功能要求的满足程度。

③技术参数先进合理性与环境协调程度，对环境保护要求的满足情况。

④设计深度是否满足施工图设计阶段的要求。

⑤采用的新技术、新工艺、新设备、新材料是否安全可靠、经济合理。

⑥工程总概算是否在投资估算以内，工程建设周期是否满足投资回报要求等等，并着重审核其他方案比较，相类似项目比较情况，分析、判断其论证是否充分。

2. 技术设计的质量管理

(1)设计内容和深度要求

技术设计文件是针对技术上复杂或有特殊要求而又缺乏设计经验的建设项目而增设的一个设计阶段，用以进一步解决初步设计阶段一时无法解决的一些重大问题。

技术设计应根据批准的初步设计进行，其具体内容视建设项目的具体情况、特点和要求确定，其深度以能解决重大技术问题，指导施工图设计为原则。技术设计阶段在初步设计总概算的基础上编出修正概算，技术设计文件要报主管部门批准。

(2)质量管理要点

技术设计是在初步设计基础上方案设计的具体化，因此，对技术设计图纸的审核应侧重于各专业设计是否符合预定的质量标准和要求。由于建设项目要求的质量与其所发生的投资是成正比的。因此，在技术设计阶段，在审核图纸的同时，还要审核相应的修正概算文件是否符合投资限额的要求。

3. 施工图设计的质量管理

(1)设计内容

施工图设计文件是在初步设计、技术设计或方案设计的基础上进行详细、具体的设计，绘制出正确、完整和详细的施工图，并配合必要的详细文字说明，包括设计总说明，总平面布置图及说明。

(2)设计深度要求

①设计文件的编制必须严格执行国家基本建设程序、工程建设标准强制性条文及有关公路建设的法规、规程、定额和合同的要求。

②设计依据的基本资料应完整、准确、可靠，设计方案论证充分，计算可靠，并符合系统运行安全的要求。

③设计文件的深度应满足相应设计阶段的有关规定要求，并符合相关规范的要求。能据以编制施工图预算。

④设计文件必须保证公路工程质量和安全的要求，符合安全、适用、经济、美观的综合要求；并应特别注意沿线景观及沿线设施的协调性和满足环境保护、水土保持的要求。

⑤设计文件中关于材料、配件和设备的选用，应当注明其性能及技术标准、质量要求等必须符合国家的规定，但不得指定生产厂、供应商和产品品牌。

⑥能据以进行工程验收。

(3)质量管理要点

①施工图设计阶段质量管理的重点是使用功能是否符合有关质量标准。

②选用技术参数先进合理性与环境协调程度，设计中的具体描述。

③设计单位提交的设计文件是否完整、准确，是否符合编制深度要求。不能满足要求，应要求修改后再进行审核验收。

4.3.4 设计图纸会审与交底及处理

1. 设计图纸会审内容

图纸会审是指工程各参建单位，在收到设计单位施工图设计文件后，对图纸进行全面细致的阅悉，审查出施工图中存在的问题及不合理情况并提交设计单位进行处理的一项重要活动。通过图纸会审可以使各参建单位特别是施工单位熟悉设计图纸、领会设计意图、掌握工程特点、难点及疑点，找出需要解决的技术难题并拟定解决方案，从而把设计缺陷或存在的问题消除在施工之前。图纸会审的内容一般包括：

①是否无证设计或越级设计；图纸是否经设计单位正式签署。

②地质勘探资料是否齐全。

③设计图纸与说明是否齐全，有无分期提供图纸的时间表。

④几个设计单位共同设计的图纸相互间有无矛盾；专业图纸之间、平立剖面图之间有无矛盾；标注有无遗漏。

⑤施工单位是否接收到施工图中所列各种图册。

⑥材料来源有无保证，能否替换；新材料、新技术的应用有无问题。

⑦施工安全、环境保护有无保证。

2. 设计交底内容

设计交底是指在施工图设计完成并经审查批复后，交付施工时，按法律规定的义务就施工图设计文件向施工单位和监理单位做出详细的说明。其目的是对承包人和监理单位正确贯彻设计意图，使其加深对设计文件特点、难点、疑点的理解，掌握关键工程部位的质量要求。

设计交底的主要内容一般包括：施工图设计文件总体介绍，设计的意图说明，特殊的工艺要求，施工中的难点、疑点和容易发生的问题说明，对承包人、监理单位、业主等提出的设计图纸疑问的解释等。

3. 会审和交底组织工作

图纸会审由监理单位负责组织，业主、承包人、设计等相关单位参加。设计交底由建设单位负责组织，设计单位向施工单位和监理单位做设计交底，相关单位参加。

设计交底与图纸会审通常做法是，设计文件完成后，设计单位将设计图纸移交业主，报经有关部门批准后业主发给承担施工监理的监理单位和承包人。由施工阶段监理单位组织参建各方进行图纸会审，并整理成会审问题清单，在设计交底前一周交设计单位。承担设计阶段监理的监理单位组织设计单位做交底准备，并对会审问题清单拟定解答。设计交底一般以会议形式进行，先进行设计交底，后转入图纸会审问题解释，通过设计、监理、施工三方或参建多方研究协商，确定存在的图纸和各种技术问题的解决方案。设计交底应在施工开始前完成。

设计交底应由设计单位整理会议纪要，图纸会审应由承包人整理会议纪要，与会各方会签。设计交底与图纸会审中涉及设计变更的应按监理程序办理设计变更手续。设计交底会议纪要、图纸会审会议纪要一经各方签认，即成为施工和监理的依据。

4.3.5 设计变更控制

公路建设的设计变更是指自公路工程初步设计批准之日起，至通过竣工验收正式交付使用之日止，对已批准的初步设计文件、技术设计文件或施工图设计文件所进行的修改、完善等。设计变更应符合国家有关公路工程强制性标准和技术规范的要求，符合公路工程质量和使用功能的要求，符合环境保护的要求。设计变更分为重大设计变更、较大设计变更和一般设计变更。公路工程重大、较大设计变更，已对原设计文件内容作了重大修改，应按规定的程序进行审批。未经审批的设计变更不得实施。

设计变更必须征得业主同意并且办理书面变更手续，凡涉及施工图审查内容的设计变更，还必须报请原审查机构审准。为保证工程质量，监理工程师应注意以下几点：

①对业主和承包人等提出的设计变更要求进行统筹考虑，确定其必要性。

②要严格控制设计变更的签批手续，以明确责任，减少索赔。

③加强对变更设计的质量控制。

4.4 公路工程质量监控

施工阶段是对工程设计意图最终实现并形成工程实体的阶段，是最终完成建设工程质量的过程。施工阶段的质量管理包括对投入资源的质量管理、生产过程的质量管理和各环节的质量管理，以及完成的产品质量检验等工作。公路建设施工质量管理内容划分，见表4-2。

公路建设施工质量管理划分 表4-2

项目	内容
按时间阶段划分	对施工准备质量监控、施工过程质量监控、竣工验收质量监控
按物质形态划分	对原材料、半成品、构件、配件、设备质量等全过程监控
按建筑安装工程费划分	对单位工程质量监控、分部工程质量监控、分项工程质量监控

4.4.1 施工准备质量监控

1. 承包人资质的核查

交通运输部对公路工程施工总承包企业、路基工程专业、路面工程专业、桥梁工程专业、隧道工程专业等级和公路交通工程的交通安全设施、通信系统、监控系统、收费系统、综合系统工程等的企业等级及承包工程范围进行了规定。公路施工企业不得跨资质序列、越级、超范围承包工程，建设项目业主应对施工承包人资质进行核查。

2. 施工现场准备的质量控制

(1)工程定位及高程的控制

承包人对业主（或其委托的单位）给定的原始基准点、基准线和高程等测量控制点进行复核，并将复测结果报监理工程师审核，经批准后施工承包单位才能据以进行准确的测量放线，建立施工测量控制网，并应对其正确性负责，同时做好基桩的保护。

(2)施工平面布置的控制

施工现场总体布置要合理，要有利于保证施工的正常、顺利进行，有利于保证质量，特别是要对场区的道路、防洪排水、器材存放、给水及供电、混凝土供应及主要垂直运输机械设备布置等方面予以重视。

(3)材料采购订货的控制

①凡由承包单位负责采购的原材料、半成品或构配件，在采购订货前应向监理工程师申报；对于重要的材料，还应提交样品，供试验或鉴定，有些材料则要求供货单位提交理化试验单（如预应力钢筋的硫、磷含量等），经监理工程师审查认可后，方可进行订货采购。

②对于半成品或构配件，应按经过审批认可的设计文件和图纸要求采购订货，质量应满足有关标准和设计的要求，交货期应满足施工及安装进度安排的需要。

③优选合格的供货厂家，大宗器材或材料的采购应当实行招标采购的方式。供货厂方应向订货方提供质量文件，用以表明其提供的货物能够完全达到质量要求。

④进口材料的检查、验收，应会同国家商检部门进行。

⑤材料构配件进场后，在使用之前应达到规定的存放条件。

(4)施工机械配置的控制

施工机械设备的选择，除应考虑施工机械的技术性能、工作效率，工作质量，可靠性及维修难易、能源消耗，以及安全、灵活等方面对施工质量的影响与保证外，还应考虑其数量配置对施工质量的影响与保证条件。此外，要注意设备型式应与施工对象的特点及施工质量要求相适应。在选择机械性能参数方面，也要与施工对象特点及质量要求相适应。

(5)分包单位资格的审核

①分包单位向总承包人提交《分包单位资质报审表》。

②审核总承包人提交的《分包单位资质报审表》。

③对分包单位进行调查。调查的目的是核实总承包单位申报的分包单位情况是否属实。

(6)设计图纸的现场核对

3.开工前工序准备的检查

(1)设置的质量控制点

质量控制点是指为了保证作业过程质量而确定的重点控制对象、关键部位或薄弱环节。对于质量控制点，一般要事先分析可能造成质量问题的原因，再针对原因制定对策和措施进行预控。以下工序或部位可作为质量控制点：

①施工过程中的关键工序或环节以及隐蔽工程。

②施工中的薄弱环节，或质量不稳定的工序、部位或对象。

③对后续工程施工、后续工序质量或安全有重大影响的工序、部位或对象。

④采用新技术、新工艺、新材料的部位或环节。

⑤施工上无足够把握的、施工条件困难的或技术难度大的工序或环节。

(2)质量预控对策

所谓工程质量预控，就是针对所设置的质量控制点或分部、分项工程，事先分析施工中可能发生的质量问题和隐患，分析可能产生的原因，并提出相应的对策，采取有效的措施进行预先控制，以防在施工中发生质量问题。工程质量预控的措施有：

①检查承包人的工序质量管理体系。

②工序作业技术交底。

③工序现场施工条件检查。

4.施工测量及计量器具的检查

①工程作业开始前，承包单位应向建设项目监理机构报送工地试验室（或外委试验室）的资质证明文件，列出本试验室所开展的试验、检测项目、主要仪器、设备；法定计量部门对计量器具的标定证明文件；试验检测人员上岗资质证明；试验室管理制度等。

②施工测量开始前，承包单位应向建设项目监理机构提交测量仪器的型号、技术指标、精度等级、法定计量部门的标定证明，测量工的上岗证明，经监理工程师审核确认后，方可进行正式测量作业。

5.施工现场劳动组织及上岗资格的检查

施工现场的操作人员工种、数量等要合理。管理人员的管理活动要落实责任制。从事特殊作业的人员必须持证上岗。

4.4.2 施工过程质量监控

1. 承包人自检

承包人是施工质量的直接实施者和责任者。因此,必须建立起完善的自检体系并保证运转有效。承包单位的自检体系表现在以下几点:

(1)作业活动的作业者在作业结束后必须自检。

(2)不同工序交接、转换必须由相关人员交接检查。

(3)承包单位专职质检员的专检。

为实现上述三点,承包单位必须有整套的制度及工作程序;具有相应的试验设备及检测仪器,配备数量满足需要的专职质检人员及试验检测人员。

2. 监理工程师检查

监理工程师是指经全国统一考试合格,取得《监理工程师资格证书》并经注册登记的工程建设监理人员。监理工程师代表业主监控工程质量,是业主和承包人之间的桥梁,应具有法律、法规和工程专业知识,技术熟练,懂得成本核算。监理工程师应眼勤、手勤、腿勤、口勤、脑勤,工作方式上应要严格按施工规范要求施工,严格检查施工质量,杜绝工程中存在的质量隐患。

监理工程师的检查与验收,是对承包单位作业活动质量的复核与确认。监理工程师的检查是在承包单位自检并确认合格的基础上进行。专职质检员没检查或检查不合格不能报监理工程师,不符合上述规定,监理工程师一律拒绝进行检查。工程监理的质量检查应采取静态检查、动态控制相结合,才能收到很好的效果。

(1)旁站

旁站是指在关键部位或关键工序施工过程中由监理人员在现场进行的监督活动。一般而言,混凝土灌注、预应力张拉过程及压浆、基础工程中的软基处理、复合地基施工、路面工程的沥青拌和料摊铺、沉井施工过程、桩基的打桩过程、防水施工、隧道衬砌施工中超挖部分的回填、边坡喷锚打锚杆等要施行旁站。

(2)现场巡视

现场巡视是指监理人员对正在施工的部位或工序现场进行的定期或不定期的监督活动,巡视是一种“面”上的活动,不限于某一部位或过程。现场巡视是实地测量工程数据,检查和判断工程质量,评定质量等级,对出现的问题提前以书面形式通知施工单位改正。处理问题不能马虎、不能遮掩。

3. 现场监督检查方式

首先主要是监督、检查在工序施工过程中,人员、施工机械设备、材料、施工方法及工艺或操作,以及施工环境条件等是否都处于良好状态,是否符合保证工程质量的要求,若发现有问题可及时纠偏和加以控制。

(1)测量和复测

测量工作贯穿于施工的全过程。特别是放线所依据的基准点、基准线,都要实地严格复查。在各项工程开工前,监理工程师对承包人的施工放线测量进行监督、检查和认可;在各项工程施工进行中,对控制工程线位、高程和尺寸的各个环节进行监督、检查、认定;在分部工程完工后的中间交工验收时进行测量检查,提出各单位工程测量成果资料;与相邻承包人协调工作,以便相邻工程导线点和水准点的衔接。

(2)抽样检验

每道工序后,承包人自检合格,监理按合同规定的频率抽样检验,用数据反映工程质量水平,并能及时对缺陷工程进行处理,保证每道工序的质量。

(3)平行检验

平行检验是监理工程师利用一定的检查或检测手段在承包单位自检的基础上,按照一定的比例独立进行检查或检测的活动。

(4)成品检查验收

对已完成的分部、分项工程,监理工程师抽查其外观质量,并按规定的频率抽检各分部、分项工程的各项质量指标,对合格的工程,监理工程师签认《中间交工证书》。

4.4.3 工程材料质量监控

材料是用于制造物品、构件等的物质。经过试验合格的材料才能用于工程建设。

1. 设计配合比的试验

有关材料进行试验后，应出具材料试验报告单，无论是抽样检查还是取样送检，所出具的报告必须符合政府监督部门关于资质规格的要求。若发现原材料不合格，工地试验室要及时向监理工程师反映，由监理工程师提出处理意见。

承包人必须根据施工进展情况，超前适时进行砂浆、混凝土及混合料设计配合比的试验，向监理中心试验室提出推荐的配合比。

2. 现场检测试验

施工前总监办与承包人的试验人员，按规范确定的检测项目，施工中共同按规范要求的频率进行试验，或在工地试验室旁站监督承包人的试验过程，检查原始记录并按规定频率对现场进行独立抽查，将抽查结果填入质量检验单，对无条件做的试验项目在监理中心试验室或在政府有关部门认定了资质的试验室进行。施工中试验人员重点检查工程的关键部位及隐蔽工程部位。工地试验室应将抽查情况和旁站监督的资料及承包人自查的原始试验记录，以规定频率对分项工程进行复查检验，并将检查结果反馈给承包人。

3. 监理中心试验室工作

(1)监理验收抽检

承包人对分项工程自检合格后，提出中间交验申请，同时向监理中心试验室提出验收申请。监理中心试验室首先检查承包人的自己记录和监理的抽检记录，然后对已完成的分项工程进行抽查，通过驻地办高监向承包人发出分项工程质量评定，签发《中间交工证书》。

(2)设计配合比的复核试验

混合料、砂浆及混凝土等配合比的复核试验，由监理中心试验室完成。当承包人推荐的设计配合比复核试验结果不符合要求时，通知承包人重新选取合格材料再进行配合比设计，复试完毕应提出复核试验报告，作为监理批准配合比的依据。施工中应以批准的配合比控制各项技术指标。

(3)工程质量抽检

业主或政府质量监督部门在巡视现场检查工程质量的过程中，如怀疑质量上有问题而下达抽样试验的指令时，监理中心试验室应根据检查内容、要求，做好准备，检查时各驻地办予以配合，检查结果应及时上报，总监办同时留底存档。

(4)试验段的监督

试验段开工前，监理中心试验室对试验段的试验资料进行审查，并对送来的原材料及其混合料进行试验。在施工中，监理中心试验室要与承包人共同取样检查，最后验收由监理中心试验室再进行试验，并提出试验报告，以此作为验收的依据。

4. 中间产品质量监控

公路建设项目会涉及一些中间产品的生产。如混凝土工程中，砂、石集料本身的级配，混凝土拌制的配合比；路面工程铺面的级配和拌制；路面工程中沥青摊铺料的级配。不同原材料的级配和拌制后的产品，对最终工程质量有重要影响。

(1)拌和原材料的质量控制

使用的原材料除材料本身质量要符合规定要求外，材料本身的级配也必须符合相关规定，如粗骨料的粒径级配，细集料的级配曲线要在规定的范围内。

(2)材料配合比的审查

根据设计要求，承包单位首先进行理论配合比设计，进行试配试验后，确认 2 ~ 3 个能满足要求的理论配合比提交监理工程师审查。报送的理论配合比必须附有原材料的质量证明资料(现场复验及见证取样试验报告)、现场试块抗压强度报告及其他必需的资料。监理工程师经审查后确认其符合设计及相关规范的要求后，予以批准。

(3)现场作业的质量控制

①拌和设备状态及相关拌和料计量装置，称重衡器的检查；

②投入使用的原材料(如水泥、砂、外加剂、水、粉煤灰、粗集料)的现场检查。是否与批准的配合比一致；

③现场作业实际配合比是否符合理论配合比。作业条件发生变化是否及时进行了调整。

(4)预制场及预制构件的质量控制

对预制场及自行制作的预制构件，设专职监理工程师对生产全过程进行监理，重点检查水泥、钢筋、碎石、预应力钢材、外掺剂及锚具的质量，审查混凝土的设计配合比，生产中对每道工序要严格检查验收，不合格的构件禁止运到施工现场。

4.4.4 质量检查验收方法

1. 工序质量检查验收方法

对于现场所用原材料、半成品、工序过程或工程产品质量进行检验的方法，一般可分为三类，即目测法、检测工具量测法以及试验法。

①目测法即凭借感官进行检查，也可以叫做观感检验。这类方法主要是根据质量要求，采用看、摸、敲、照等手法对检查对象进行检查。

②量测法就是利用量测工具或计量仪表，通过实际量测结果与规定的质量标准或规范的要求相对照，从而判断质量是否符合要求。量测的手法可归纳为靠、吊、量、套。

③试验法是指通过进行现场试验或试验室试验等理化试验手段，取得数据，分析判断质量情况。包括理化试验、无损测试或检验。

2. 隐蔽工程验收

隐蔽工程验收是指将被其后工程施工所隐蔽的分项、分部工程，在隐蔽前所进行的检查验收。它是对一些已完分项、分部工程质量的最后一道检查，由于检查对象就要被其他工程覆盖，给以后的检查整改造成障碍，故显得尤为重要，它是质量控制的一个关键过程。隐蔽工程验收程序：

①隐蔽工程施工完毕，承包单位按有关技术规程、规范、施工图纸先进行自检，自检合格后，填写《报验申请表》，附上相应的工程检查证（或隐蔽工程检查记录）及有关材料证明，试验报告，复试报告等，报送监理机构。

②监理工程师收到报验申请后首先对质量证明资料进行审查，并在合同规定的时间内到现场检查（检测或核查），承包单位的专职质检员及相关施工人员应随同一起到现场。

③经现场检查，如符合质量要求，监理工程师在《报验申请表》及工程检查证（或隐蔽工程检查记录）上签字确认，准予承包单位隐蔽、覆盖，进入下一道工序施工。如经现场检查发现不合格，监理工程师签发“不合格项目通知”，指令承包单位整改，整改后自检合格再报监理工程师复查。

4.4.5 工地专题评审会议

工地例会是施工过程中参加建设项目各方沟通情况、解决分歧、达成共识，做出决定的主要渠道。通过工地例会，可以检查分析施工过程的质量状况，指出存在的问题，提出整改的措施，并做出相应的保证。针对某些专门质量问题，还可组织专题会议，集中解决较重大或普遍存在的问题。实践表明，采用这种方式比较容易解决问题，使质量状况得到改善。

①在出现下列情况需要停工处理时，应下达停工令，及时进行质量控制。施工工序存在重大隐患，可能造成质量事故或已经造成质量事故；施工中出现质量异常情况，经提出后，承包单位未采取有效措施，或措施不力未能扭转异常情况者；隐蔽作业未经依法查验确认合格，而擅自封闭者；已发生质量问题迟迟未按监理工程师要求进行处理，或者是已发生质量缺陷或问题，如不停工则质量缺陷或问题将继续发展的情况下；未经监理工程师审查同意，而擅自变更设计或修改图纸进行施工者；未经技术资质审查的人员或不合格人员进入现场施工；使用的原材料、构配件不合格或未经检查确认者；或擅自采用未经审查认可的代用材料者；擅自使用未经监理机构审查认可的分包单位进场施工。

②恢复施工指令的下达：承包人经过整改具备恢复施工条件时，承包人向监理机构报送复工申请及有关材料，证明造成停工的原因已消失。经监理工程师现场复查，认为已符合继续施工的条件，造成停工的原因确已消失，总监理工程师应及时签署工程复工报审表，指令承包单位继续施工。

4.4.6 工程质量记录资料管理

质量资料是承包人进行工程施工或安装期间，实施质量控制活动的记录，还包括监理工程师对这些质量控制活动的意见及施工承包单位对这些意见的答复，它详细地记录了工程施工阶段质量控制活动的全过程。因此，它不仅在工程施工期间对工程质量的控制有重要作用，而且在工程竣工和投入运行后，对于查询和了解工程建设的质量情况以及工程维修和管理也能提供大量有用的资料和信息。质量记录资料包括以下三方面内容：

①施工现场质量管理检查记录资料。

②工程材料质量记录。

③施工过程作业活动质量记录资料。

施工或安装过程可按分项、分部、单位工程建立相应的质量记录资料。施工质量记录资料应真实、齐全、完整，相关各方人员的签字齐备、字迹清楚、结论明确，与施工过程的进展同步。在对作业活动效果的验收中，如缺少资料和资料不全，监理工程师应拒绝验收。

4.5 公路工程质量验收

4.5.1 竣工验收质量监控

工程验收分为交工验收和竣工验收两个阶段，交工验收是项目管理行为，而竣工验收是政府管理行为。交工验收时间上在前，由业主组织进行，主要工作是检查施工合同的执行情况，评价工程质量，对各参建单位工作进行初步评价。竣工验收时间上在后，由交通运输主管部门、质量监督站、造价管理站、业主等单位代表组成的竣工验收委员会组织进行，主要工作是对工程质量、参建单位和建设项目进行综合评价，并对公路建设项目做出整体性综合评价。

施工单位把已完成的工程移交给投建单位，是在施工单位自行质量检查评定的基础上，参与建设活动的有关单位共同对移交的分项、分部、单位工程的质量进行抽样复验，根据相关标准以书面形式对工程质量达到合格与否做出评分、确认。工程质量检验包括路基、路面、桥梁、隧道工程等，即包括分项工程、分部工程和单位工程的质量检验。工程质量检验编目如下：

1. 路基工程质量检验

(1)路基工程质量检验

①路基的平面位置；

②路基的宽度和高程(包括边沟)；

③边坡坡度及边坡加固；

④排水设施的尺寸及底面纵坡；

⑤填土压实度、弯沉值；

⑥取土坑、弃土堆、护坡道、截水沟、排水沟的位置和形式是否正确；

⑦隐蔽工程检查记录。

(2)路基土方实测项目

路基土方实测项目有压实度、弯沉值、纵断面高程、中线偏位、宽度、平整度、横坡、边坡。路基土方的压实度的规定值分高速公路、一级公路，二级公路，三、四级公路三个档次设定。高速公路、一级公路填方0～0.8m规定值是96%，二级公路填方0～0.8m规定值是95%，三、四级公路填方0～0.8m规定值是94%。其他各检测项目的规定值或允许偏差、检查方法和频率依据的标准，可参见《公路工程质量检验评定标准》及项目专用技术规范。

(3)路基石方实测项目

石方路基实测项目有压实、纵断面高程、中线偏位、宽度、平整度、横坡、边坡坡度和边坡平顺度。路基石方的压实要求层厚和碾压遍数符合要求，其他各检测项目的规定值或允许偏差、检查方法和频率依据的标准，可参见《公路工程质量检验评定标准》及项目专用技术规范。

2. 路面工程质量检验

(1)路面基层、底基层的检验

路面基层、底基层的检验内容主要包括高程、厚度、宽度、横坡度和平整度、基层的压实度和强度。水泥稳定粒料基层实测项目有压实度、平整度、纵断面高程、宽度、厚度、横坡、强度。石灰土基础实测项目有压实度、平整度、纵断面高程、宽度、厚度、横坡、强度；填隙碎石(矿渣)基层和底基层实测项目有压实度、弯沉值、平整度、纵断面高程、宽度、厚度、横坡。

①压实度——按路基、路面压实度评定标准检查，每200m每车道检测2处。

②平整度——用3m直尺进行检查，每200m测2处×10尺。

③纵断面高程——用水准仪进行检查，每200m测4个断面。

④宽度——各级公路的宽度应符合设计要求，用尺量，每200m测4处。

⑤厚度——按路面结构层厚度评定标准检查，每200m每车道检测1点。

⑥横坡——用水准仪进行检查，每200m测4个断面。

⑦强度——各级公路的强度应符合设计要求，按半刚性基层和底基层材料强度评定标准检查。

(2)水泥混凝土路面检验

水泥混凝土路面主要检验的内容有水泥混凝土面板的弯拉强度、板厚度、平整度、抗滑构造深度、相邻板高差、纵横缝顺直度、中线平面偏位、路面宽度、纵断面高程和路面横坡。

①弯拉强度——各级公路的弯拉强度应在合格标准之内,按水泥混凝土弯拉强度评定标准检查。

②板厚度——按路面结构层厚度评定标准检查,每200m每车道检测2处。

③平整度——用平整度仪按全线每车道连续检测,每100m计算标准偏差σ、国家平整度指数IRI。除高速公路、一级公路以外的其他公路的平整度也可用3m直尺检测,半幅车道板带每200m测2处×10尺,最大间隙为5mm。

④抗滑构造深度——用铺砂法进行检测,每200m测1处。

⑤相邻板高差——抽量为每条胀缝检测2点;每200m抽纵、横缝各2条,每条检测2点。

⑥纵、横缝顺直度——纵缝20m拉线,每200m检测4处;横缝沿板宽拉线,每200m检测4条。

⑦中线平面偏位——用经纬仪进行检测,每200m测4点。

⑧路面宽度——各级公路的路面宽度的允许偏差为+20mm~-20mm,每200m测4处。

⑨纵断面高程——用水准仪进行检测,每200m测4断面。

⑩横坡——用水准仪进行检测,每200m测4断面。

(3)沥青混凝土路面的检验

沥青混凝土路面主要检验的内容有沥青混凝土面层的压实度、平整度、弯沉值、渗水系数、摩擦系数、构造深度、厚度、中线平面偏位、纵断面高程、路面宽度及横坡。

①压实度——按路基、路面压实度评定标准检查,每200m每车道检测1处。

②平整度——用平整度仪按全线每车道连续检测,每100m计算标准偏差σ、国家平整度指数IRI。除高速公路、一级公路以外的其他公路的平整度也可用3m直尺检测,半幅车道板带每200m测2处×10尺,最大间隙为5mm。

③弯沉值——各级公路的弯沉值应符合设计要求,按路基、柔性基层、沥青路面弯沉值评定标准检查。

④渗水系数——用渗水试验仪进行检测,每200m测1处。

⑤抗滑——高速公路、一级公路的摩擦系数与构造深度应符合设计要求。摩擦系数的测定可用摆式仪,每200m测1处;摩擦系数的测定可用横向力系数测定车,全线连续,按路面横向力系数标准检查;构造深度用铺砂法进行检测,每200m测1处。

⑥厚度——按路面结构厚度评定标准检查,双车道每200m测1处。

⑦中线平面偏位——用经纬仪进行检测,每200m测4点。

⑧纵断面高程——用水准仪进行检测,每200m测4断面。

⑨宽度——用尺量,每200m测4断面。

⑩横坡——用水准仪进行检查,每200m测4个断面。

3. 桥梁工程质量检验

1)桥梁总体

(1)桥梁的净空

(2)桥梁中心偏位、桥面宽度和桥长

①桥面中心偏位要求用经纬仪检查3~8处;

②桥面宽度(车行道、人行道)要求用钢尺量每孔3~5处;

③桥长要求用测距仪检查。

(3)桥梁中心线及桥头高程衔接

①桥头接线中心线与桥梁中心线的衔接,要求分别将桥头接线中心线和桥梁中心线延长至两岸桥长端部,比较其平面位置,允许偏差±20mm;

②桥头高程衔接要求用水准仪测量。

2)钻孔灌注桩施工

(1)在终孔和清孔后应对成孔的孔位、孔深、孔形、孔径、倾斜度、泥浆相对密度、孔底沉淀厚度、钢筋骨架底面高程等检查。

①群桩、排架桩的桩位要求用经纬仪检查纵横方向；

②桩孔倾斜度查灌注前记录，允许偏差为1%；

③孔底沉淀厚度查灌注前记录，均应符合设计要求；

④钢筋骨架底面高程查灌注前记录。

(2)钻孔灌注桩混凝土的强度要求按水泥混凝土抗压强度评定标准检查。

(3)凿除桩头混凝土后，看有无残缺的松散混凝土。

(4)需嵌入承台内的混凝土桩头及锚固钢筋长度应符合要求。

(5)钢筋骨架底面高程要求查灌注前记录。

3)沉井施工

(1)沉井混凝土的强度要求按水泥混凝土抗压强度评定标准评定。

(2)沉井刃脚底面标高要求用水准仪检查，必须符合设计规定。

(3)沉井的平面尺寸(长、宽或半径)要求用尺量，井壁厚度要求沿周边量4点。

(4)沉井的最大纵、横向倾斜度和平面扭转要求吊垂线检查。

(5)平面扭转角要求用吊垂线检查垂直两个方向。

4)明挖地基

(1)基底平面位置、尺寸大小和基底高程应与设计资料相符。

(2)基底地质情况和承载力是否与设计资料相符。

(3)地基所用材料是否达到设计标准。

5)钢筋加工及安装施工

(1)钢筋、焊条的规格的技术性能符合要求，受力钢筋同一截面的接头数量、搭接长度和焊接、机械接头质量符合规定。

(2)冷拉钢筋的机械项目须符合要求，钢筋平直，表面无裂皮和油污。

(3)受力钢筋间距，横向水平钢筋、螺旋筋间距，要求每构件检查5~10个间距。

(4)钢筋骨架尺寸、弯拉筋位置和保护层厚度：

①钢筋骨架尺寸按骨架总数30%抽检；

②弯拉筋位置每骨架抽查30%；

③要求对柱、梁、拱肋、基础、锚碇、墩台和板保护层厚度进行检查，每构件沿模板周边检查8处。

6)后张法预应力筋的加工和张拉

(1)预应力筋的各项技术性能应符合要求，千斤顶、油表、钢尺等应检查校正。

(2)预应力管道坐标及管道间距，要求在梁长方向和梁高方向抽查30%，每根查10个点。

(3)张拉时的应力值、张拉伸长率和张拉断丝滑丝数：

①张拉时的应力值要求检查张拉记录，必须符合设计要求；

②张拉伸长率要求查张拉记录，必须在±6%范围内；

③钢束的断丝滑丝数每束允许1根，且每断面不超过钢丝总数的1%；钢筋不允许断丝。

7)承台混凝土浇筑

(1)混凝土强度，要求按水泥混凝土抗压强度评定标准检查，必须在合格标准内。

(2)承台尺寸、承台顶面高程和轴线偏位：

①承台尺寸用尺量长、宽、高各2点。

②承台顶面高程用水准仪测量；

③承台轴线偏位要求用经纬仪测量纵、横各2点。

8)墩、台身混凝土浇筑

(1)墩、台身混凝土强度要求按水泥混凝土抗压强度评定标准检查，必须在合格标准内。

(2)墩、台身断面尺寸、顶面高程和轴线偏位：

①墩、台身断面尺寸要求检查3个断面；

②顶面高程要求用水准仪测量3处；

③轴线偏位要求用经纬仪测量纵、横各2点。

(3)墩、台身竖直度或斜度、大面积平整度和预埋件位置：

①墩、台身竖直度或斜度、大面积平整度要求用2m直尺检查；

②预埋件位置要求用尺量。

9)柱或双壁墩混凝土浇筑

(1)混凝土强度要求按水泥混凝土抗压强度评定标准检查，必须在合格标准内。

(2)柱或双壁墩断面尺寸、顶面高程和轴线偏位：

①柱或双壁墩断面尺寸要求检查3个断面；

②柱(墩)顶高程要求用水准仪检查；

③轴线偏位要求用经纬仪定出轴线检查4处。

(3)墩、台身竖直度和相邻间距

①墩、台身竖直度要求用垂线或经纬仪，每柱纵、横向各检查2处；

②相邻间距要求用尺量或测距仪测量(顶、中、底)3处。

10)墩台帽或盖梁混凝土浇筑

(1)混凝土强度要求按水泥混凝土抗压强度评定标准检查，且必须在合格标准内。

(2)墩、台帽或盖梁断面尺寸、支座处顶面高程和轴线偏位：

①墩、台帽或盖梁断面尺寸检查3个；

②简支梁、连续梁和双支座连续梁的支座处顶面高程要求用水准仪每支座检查1点；

③轴线偏位要求用经纬仪测量纵横各2点。

(3)墩、台帽或盖梁预埋件位置要求用尺量。

11)预制梁板

(1)梁、板混凝土强度按水泥混凝土抗压强度评定标准检查，应在合格标准内。

(2)梁、板的几何尺寸(长度、宽度、高度和跨径)：

①梁、板的长度用尺量；

②梁(板)的宽度，包括干接缝(梁翼缘、板)、湿接缝(梁翼缘、板)、箱板顶宽及腹板或梁肋均要求用尺量3处；

③梁(板)跨径，要求用尺量支座中心距离；

④梁(板)及箱梁的高度要求用尺量3处。

(3)梁、板平整度及梁、板支座预埋件表面的平整度

①梁、板平整度要求用2m直尺检测；

②梁、板支座预埋件表面的平整度要求查浇筑前记录。

(4)预埋件位置要求用尺量。

12)梁板安装

(1)梁、板支座中心偏位要用尺量，每孔抽查4~6个支座。

(2)梁、板安装的竖直度要用吊垂线，每孔2片梁。

(3)梁、板顶面纵向高程要用水准仪检查，每孔2片，每片3点。

(4)梁、板间的接缝填充材料应符合要求。

13)悬臂浇筑施工

(1)必须对桥墩根部(0号块)的高程、桥轴线进行详细复核，符合设计要求后，方可进行悬浇施工。

(2)悬臂浇筑施工必须对称进行，并确保轴线和挠度达到设计要求和在允许的误差范围内。

(3)施工过程中梁体不得出现裂缝，并确保接头质量。

(4)合龙段混凝土强度按水泥混凝土抗压强度评定标准检查在合格标准内。

(5)桥梁的轴线偏位，顶面高程，断面尺寸和同跨对称点高程差：

①桥梁的轴线偏位用经纬仪检查，每跨5处；

②顶面高程用水准仪检查，每跨5处；

③断面尺寸检查施工记录，每跨5个断面；

④同跨对称点高程差用水准仪检查，每跨5处。

14)悬臂拼装桥梁施工

(1)必须对桥墩根部(0号块)的高程、桥轴线进行详细复核,符合设计要求后,方可进行悬拼施工。

(2)悬臂拼装施工必须对称进行,并确保轴线和挠度达到设计要求和在允许的误差范围内。

(3)施工过程中梁体不得出现裂缝,并确保接头质量。

(4)桥梁的轴线偏位、梁体的顶面高程和同跨对称点高程差:

①桥梁的轴线偏位用经纬仪检查,每跨5处;

②梁体的顶面高程用水准仪检查,每跨5处;

③同跨对称点高程差用水准仪检查,每跨5处。

(5)合龙段混凝土强度按水泥混凝土抗压强度评定标准检查,要求在合格标准内。

15)拱的安装施工

(1)拱段接头采用现浇混凝土时必须保证其强度和质量,并在强度达到70%以上时方可进行拱上建筑施工。

(2)拱圈轴线横向偏位,拱圈高程:

①轴线横向偏位用经纬仪检查5处;

②拱圈标高用水准仪检查5~7点。

(3)主拱圈两对称接头点相对高差,同跨各拱肋相对高差和同跨各拱肋间距:

①主拱圈两对称接头点相对高差用水准仪检查每段;

②同跨各拱肋相对高差用水准仪检查5处;

③同跨各拱肋间距用尺量5处。

(4)腹拱起拱线高程和相邻块件高差:

①腹拱起拱线高程用水准仪检查;

②相邻块件高差用尺量5处。

16)斜拉桥钢筋混凝土索塔施工

(1)索塔的索道孔及锚箱位置,以及锚箱锚固面与水平面的交角控制,锚板与孔道是否相互垂直。

(2)索塔混凝土强度按水泥混凝土抗压强度评定标准评定。

(3)地面处水平偏位,索塔的倾斜度、断面尺寸:

①地面处水平偏位用经纬仪或全站仪检查;

②索塔的倾斜度用经纬仪或全站仪纵、横方向各检查3~4点,要求不超过塔高的1/3000,且不大于30mm;或设计规定的允许偏差;

③断面尺寸用尺量,每5m检查1点。

(4)锚固点高程、系梁高程和孔道位置:

①锚固点高程用水准仪或全站仪测量;

②系梁高程用水准仪或全站仪测量;

③孔道位置用钢尺量。

17)斜拉桥悬臂浇筑混凝土梁施工

(1)索的技术性能应符合设计标准,千斤顶和油表等斜拉索张拉工具应检查校正。

(2)穿索前应将锚箱孔道毛刺打平,避免钢索损伤。

(3)悬臂浇筑混凝土斜拉桥的梁混凝土强度按水泥混凝土抗压强度评定标准评定。

(4)梁的轴线偏位、断面尺寸、梁锚固点高程:

①梁的轴线偏位用经纬仪或全站仪检查;

②断面尺寸包括梁高、顶宽和板厚要求用尺量,每段2个断面;

③梁锚固点高程用水准仪或全站仪测量。

(5)斜拉索拉力、锚具轴线与孔道轴线偏位:

①斜拉索拉力用测力仪测每索拉力,要求符合设计要求;

②锚具轴线与孔道轴线偏位用尺量,抽查25%,允许偏差5mm。

18)悬索桥钢筋混凝土索塔施工

(1)索塔的索道孔及锚箱位置,以及锚箱锚固与水平面的交角控制,锚板与孔道是否相互垂直。

(2)索塔混凝土强度按水泥混凝土抗压强度评定标准评定。

(3)索塔底水平偏位、索塔倾斜度、断面尺寸和预埋件位置:

①索塔底水平偏位用经纬仪或全站仪检查;

②索塔倾斜度用经纬仪或全站仪纵、横方向和检查3~4点,要求不超过塔高的1/3000,且不大于30mm且不大于30mm;

③断面尺寸用尺量,每5m检查1点;

④预埋件位置用钢尺量,要求符合设计要求。

(4)系梁高程和索鞍底板面高程:

①系梁高程用水准仪或全站仪测量;

②系梁底板面高程用水准仪或全站仪测量。

19)悬索桥索鞍安装

(1)索鞍满足设计要求和施工技术规范,索槽内部清洁,运输过程中避免焊缝损坏和涂层损伤。

(2)索鞍高程,四角高差,横向偏位和纵向最终偏位:

①索鞍高程用经纬仪或全站仪测量;

②四角高差用经纬仪或全站仪测量;

③横向偏位用经纬仪或全站仪测量;

④纵向最终偏位用经纬仪或全站仪测量,要求符合设计要求。

(3)散索鞍纵、横向偏位,高程和角度:

①散索鞍纵、横向偏位用经纬仪或全站仪测量;

②散索鞍高程用经纬仪或全站仪测量;

③角度用经纬仪或全站仪测量,要求符合设计要求。

20)悬索桥锚碇混凝土施工

(1)悬索桥锚碇混凝土强度按水泥混凝土抗压强度评定标准评定,必须在合格标准内。

(2)基础的地基承载力满足要求,锚室无渗水,无积水。

(3)锚碇的轴线偏位,断面尺寸和大面积平整度:

①锚碇的轴线偏位用经纬仪或全站仪检查,要求基础不超过20mm,锚面槽口不超过10mm;

②锚碇的断面尺寸用尺量;

③大面积平整度用2m直尺检查。

(4)锚碇基础底面高程、锚碇的顶面高程及预埋件位置:

①锚碇基础底面高程用水准仪或全站仪测量8~10处;

②锚碇的顶面高程用水准仪或全站仪测量8~10处;

③预埋件位置用尺量,要求符合设计要求。

21)主缆架设与防护施工

(1)索股按设计要求和有关标准验收合格,锚头、锚头灌注合金及锁定应经检验。

(2)缠丝机使用前应进行检验,索股入鞍、入锚位置符合要求。

(3)索股高程、索股力与设计的偏差:

①索股标高查记录,对基准索股,其规定值或允许偏差为:中跨跨中L/20000,边跨跨中为中跨跨中的2倍,上、下游基准索股高差10倍;

②索股力与设计的偏差应抽查5%~10%,采用锚端放传感器测量,要符合设计要求。

(4)主缆空隙率和主缆防护:

①主缆空隙率应查记录,要求不超过±2%;

②主缆防护查防护记录,应符合设计要求。

22)桥面铺装施工

(1)桥面铺装应符合同等级路面的要求,桥面泄水孔的进水口应略低于桥面面层。

(2)桥面铺装的强度和压实度按路基、路面压实度评定标准或水泥混凝土抗压强度评定标准检查。

(3)铺装层的厚度、平整度和抗滑构造深度:

①铺装层的厚度应对比路面浇筑前后高程检查,每100m检查5处;

②平整度应用平整度仪检测：全桥每车道连续检测，每100m计算IRI或σ；

③抗滑构造深度用砂铺法每100m检查3处。

(4)桥面横坡

无论是水泥混凝土还是沥青面层均应每100m检查3个断面。桥梁工程检验和评定的标准是交通运输部颁布的《公路工程质量检验评定标准》(JTG F80/1—2004)及项目专用技术规范。

4. 隧道工程质量检验

1)锚喷支护的质量要求

(1)喷射混凝土抗压强度检查：

①隧道（两车道隧道）每10延米至少在拱脚部和边墙各取一组试样，材料或配合比变更时另取一组，每组至少取三个试块进行抗压试验。

②满足以下条件者为合格，否则为不合格。

a. 同批（指同一配合比）试块的抗压强度平均值，不低于设计强度或C20。

b. 任意一组试块抗压强度平均值，不得低于设计强度的80%。

c. 同批试块为3～5组时，低于设计强度的试块组数不得多于1组；试块为6～16组时，不得多于2组；17组以上，不得多于总数的15%。

③检查不合格时，应查明原因并采取措施，可用加厚喷层或增设锚杆的办法予以补强。

(2)喷层与围岩黏结情况的检查可用锤敲击，如有空响应凿除喷层，洗净重喷。必要时应进行黏结力测试。

(3)喷层厚度检查可分喷射过程和支护完成后两个阶段进行。喷射时可插入长度比设计厚度长5cm的钢丝，纵、横向1～2m设一根，做施工控制用。支护完成后每10延米至少检查一个断面，再从拱顶中线起每隔2m凿孔检查一个点。每个断面拱、墙分别统计，全部检查孔处喷层厚度应有60%以上不小于设计厚度，平均厚度不得小于设计厚度，最小厚度不小于设计厚度1/2。

(4)当发现喷混凝土表面有裂缝、脱落、露筋、渗透漏水等情况时，应予修补，凿除喷层重喷或进行整治。

(5)锚杆安设后每300根至少选择3根作为1组进行抗拔力试验，围岩条件或原材料变更时另作1组。同组锚杆28d的抗拔力平均值应满足设计要求；每根锚杆的抗拔力最低值不得小于设计值的90%。

2)隧道总体的检验内容

(1)车行道每20m（曲线）或50m（直线）检查1次。

(2)净总宽每20m（曲线）或50m（直线）检查1次。

(3)隧道净高每20m（曲线）或50m（直线）检查1个断面，每断面测拱顶和两拱腰3点。

(4)隧道偏位每20m（曲线）或50m（直线）检查1处。

(5)路线中心线与隧道中心线的衔接：分别将引道中心线和隧道中心线延长至两侧洞口，比较其平面位置。

(6)边坡、仰坡：用坡度板检查10处。

5. 交通安全设施的检验

1)交通标志的检验

(1)交通标志的制作应符合《道路交通标志和标线》(GB 5768—2009)、《公路交通标志板技术条件》(JT/T 279—2004)、《公路交通标志反光膜》(GB/T 18833—2002)以及设计图纸的要求。

(2)对于交通标志各构件的检验项目主要包括标志板外形尺寸、标志字符尺寸、标志面反光膜等级及逆反射系数、金属构件的防腐、标志板反光膜缺陷、气泡检查、反光膜拼装、支撑结构及连接件的质量、标志板与铝槽的连接等。另外，还应根据《公路交通标志反光膜》(GB/T 18833—2002)中的要求对标志面所用的反光膜的性能进行检验。

(3)对于施工完毕的标志，主要应进行标志板安装平整度检验、立柱垂直度检验、标志板下缘至路面净空高度检验、标志板内侧距土路肩边线距离检验、基础尺寸检验等。特别要注意，悬臂式和门架式标志的标志板下缘至路面净空高度（允许偏差为+100mm，0），柱式标志的标志板内侧距土路肩边线距离（允许偏差为+100mm，0），从而满足公路净空及建筑限界的要求。

(4)里程标和百米标（铝合金）的检验项目与标志相同。

2)交通标线的检验

所有标线涂料应符合《路面标线涂料》(JT/T 280—2004)和《路面标线用玻璃珠》(GB/T 24722—2009)中的要求，突起路标则应符合《突起路标》(GB/T 24725—2009)中的要求。对于标线涂料应根据涂料的类型不同进行不同项目的检验。

(1)溶剂型路面标线涂料分为普通型和反光型,普通型是指涂料中不含玻璃珠,施工时也不撒布玻璃珠;反光型是指涂料中不含玻璃珠,施工时涂布涂层后立即将玻璃珠撒布在其表面。溶剂型涂料主要的检验项目包括容器中的状态、密度、黏度、施工性能、加热稳定性、涂膜外观、不粘胎干燥时间、遮盖率、色品性能、耐磨性、耐水性、耐碱性、附着点、柔韧性、固体含量等。

(2)热熔型涂料分为普通型、反光型和突起型,涂料的主要检验项目包括密度、软化点、涂膜外观、不粘胎干燥时间、色品性能、抗压强度、耐磨性、耐水性、耐碱性、玻璃珠的含量、流动性、涂层低温抗裂性、加热稳定性、人工加速耐候性等。

(3)双组分涂料分为普通型、反光型和突起型,涂料的主要检验项目包括容器中状态、密度、施工性能、漆膜外观、不粘胎干燥时间、遮盖率、色品性能、耐磨性、耐水性、耐碱性、附着性、柔韧性、玻璃珠的含量、人工加速耐候性等。

(4)水性涂料分为普通型和反光型,涂料的主要检验项目包括容器中状态、黏度、密度、施工性能、漆膜外观、不黏胎干燥时间、遮盖率、色品性能、耐磨性、耐水性、耐碱性、冻融稳定性、早期耐水性、附着性、固体含量等。

对于已完工的标线,主要的检验项目包括标线的横断位置、标线线形、标线的长度及宽度、标线纵向间距、标线厚度、表面污染、涂层变色、发光效果、缺陷检查等。

对于突起路标,主要检查外观和尺寸、色度、逆反射性能、抗冲击性能、抗压性能、密封性、安装位置、线形与路面粘结性能等。

3)护栏检验

(1)波形护栏

波形护栏构件均应符合《高速公路波形梁钢护栏》(JT/T 281—1995)、《公路三波形梁钢护栏》(JT/T 457—2007)、《公路交通安全设施设计规范》(JTG D81—2006)和《公路交通安全设施施工技术规范》(JTG F71—2006)的有关要求。波形护栏的端头处理及与桥梁护栏过渡段的处理应满足设计要求。护栏的检验项目主要包括构件的材料性能和外观尺寸、金属构件的防腐处理、混凝土强度和外观尺寸、护栏的安装情况、高度、横断位置、线形等。

(2)混凝土护栏

护栏混凝土强度和护栏的正截面尺寸应符合《公路交通安全设施设计规范》(JTG D81—2006)和《公路交通安全设施施工技术规范》(JTG F71—2006)及设计要求。混凝土护栏的检验项目主要包括混凝土强度、外观尺寸、安装情况、混凝土表面外观、地基压实度、基础平整度等。

4)隔离栅及桥梁防抛网的检验

隔离栅构件应符合《隔离栅技术条件》(JT/T 374—1998)、《公路交通安全设施设计规范》(JTG D81—2006)和《公路交通安全设施施工技术规范》(JTG F71—2006)及设计图纸的要求。隔离栅的检验项目主要包括网片的丝径、网孔尺寸、网片的平整度、立柱的尺寸、混凝土构件的尺寸及强度、钢构件的防腐处理、隔离栅的安装高度、立柱间距、顺直度等。不同的隔离栅形式应根据结构特点选取检验项目。桥梁防抛网的检验项目与隔离栅相同。

5)轮廓标的检验

轮廓标构件均应符合《轮廓标技术条件》(JT/T 388—1999)的要求。轮廓标的检验项目主要包括外观要求、反射器尺寸、金属构件的防腐处理,反射材料的色度和逆反射性能、反射器的密封性、轮廓标安装的角度和高度、轮廓标的间距、柱式轮廓标柱体的竖直度、混凝土基础尺寸及强度等。

6)防眩设施的检验

防眩设施构件均应符合《防眩板》(GB/T 24718—2009)的要求。防眩设施的主要检验项目包括外观尺寸、材料性能、金属构件的防腐处理、防眩板的设置间距和垂直度、防眩设施的安装高度和顺直度等。

7)里程碑、百米桩、公路界碑的检验

钢筋混凝土里程碑、百米桩、公路界碑的检验的项目主要包括外形尺寸、混凝土强度、安装位置、埋设深度等。

4.5.2 工程质量缺陷

缺陷是指制造的物件与规定要求不相符的部分。质量缺陷是指公路建设工程的质量不符合工程建设强制性标准以及合同的约定。

1. 一般规定

缺陷责任期是指预留质保金的一个期限，一般为6个月、12个月，国际上最长为12个月，具体可由发、承包双方在合同中约定。

缺陷责任期从工程通过竣（交）工验收之日起计。由于承包人原因导致工程无法按规定期限进行竣（交）工验收的，缺陷责任期从实际通过竣（交）工验收之日起计。由于发包人原因导致工程无法按规定期限进行竣（交）工验收的，在承包人提交竣（交）工验收报告90天后，工程自动进入缺陷责任期。缺陷责任期内，由承包人原因造成的缺陷，承包人应负责维修，并承担鉴定及维修费用。如承包人不维修也不承担费用，发包人可按合同约定扣除保证金，并由承包人承担违约责任。承包人维修并承担相应费用后，不免除对工程的一般损失赔偿责任。

缺陷责任期的起算日期必须以工程的实际竣工日期为准，与之相对应的工程照管义务期的计算时间是以业主签发的工程接收证书起。对于有一个以上交工日期的工程，缺陷责任期应分别从各自不同的交工日期起算。

2. 质量缺陷性质确定

质量缺陷性质的确定，是最终确定缺陷问题处理办法的首要工作和根本依据。一般通过下列方法来确定缺陷的性质。

(1)了解和检查

是指对有缺陷的工程进行现场情况、施工过程、施工设备和全部基础资料的了解和检查，主要包括调查、检查质量试验检测报告、施工日志，施工工艺流程、施工机械情况以及气候情况等。

(2)检测与试验

通过检查和了解可以发现一些表面的问题，得出初步结论，但往往需要进一步的检测与试验来加以验证。检测包括直观检测和仪器检测。检测与试验主要是检验该缺陷工程的有关技术指标，对原材料、半成品、成品分别检验以便准确找出产生缺陷的原因。检测和试验的结果将作为确定缺陷性质的主要依据。

(3)专门调研

有些质量问题，仅仅通过以上两种方法仍不能确定。如某工程出现异常现象，但在发现问题时，有些指标却无法被证明是否满足规范要求，只能采用参考的检测方法。为了得到这样的参考依据并对其进行分析，往往有必要组织有关方面的专家或专题调查组，提出检测方案，对所得到的一系列参考依据和指标进行综合分析研究，找出产生缺陷的原因，确定缺陷的性质。这种专题研究，对缺陷问题的妥善解决作用重大，因此经常被采用。

3. 质量缺陷处理方法

(1)整修与返工

缺陷的整修，主要是针对局部性的、轻微的且不会给整体工程质量带来严重影响的缺陷。如水泥混凝土结构的局部蜂窝、麻面，道路结构层的局部压实度不足等。返工的决定应建立在认真调查研究的基础上。是否返工，应视缺陷经过补救后能否达到规范标准而定。

(2)综合处理办法

综合处理办法主要是针对较大的质量事故而言，这种处理办法不像返工和整修那样简单具体，它是一种综合的缺陷（事故）补救措施，能够使得工程缺陷（事故）以最小的经济代价和工期损失，重新满足规范要求。

4.5.3 工程质量事故处理

1. 质量事故的分类

公路工程质量事故分质量问题、一般质量事故及重大质量事故三类。第二类、第三类中又各分三级。第一类是指质量较差，造成直接经济损失的事故；第二类是指质量低劣或达不到合格标准，需加固补强，造成直接经济损失较大的事故；第三类是指由于责任过失造成工程倒塌、报废和造成人身伤亡或直接经济损失重大的事故。工程质量事故分类见表4-3。

工程质量事故分类 表4-3

类型		事故情况
第一类：质量较差、造成直接经济损失的事故	质量问题	直接经济损失在20万元以下
第二类：质量低劣或达不到合格标准，需加固补强，造成直接经济损失的事故	一级一般质量事故	直接经济损失在150~300万元
	二级一般质量事故	直接经济损失在50~150万元
	三级一般质量事故	直接经济损失在20~50万元

续上表

类型		事故情况
第三类:由于责任过失造成工程倒塌、报废和造成人身伤亡或者重大经济损失的事故	一级重大质量事故	死亡 30 人以上
		直接经济损失 1000 万元以上
		特大型桥梁主体结构垮塌
	二级重大质量事故	死亡 10 人以上,29 人以下
		直接经济损失在 500 万元以上,不满 1000 万元
		大型桥梁主体结构垮塌
	三级重大质量事故	死亡 1 人以上,9 人以下
		直接经济损失在 300 万元以上,不满 500 万元
		中小型桥梁主体结构垮塌

2. 质量事故报告制度

国务院交通运输主管部门归口管理全国公路工程质量事故,省级交通运输主管部门归口管理本辖区内的公路工程质量事故。质量事故的调查处理实行统一领导、分级负责的原则。重大质量事故由国务院交通运输主管部门会同省级交通运输主管部门负责调查处理;一般质量事故由省级交通运输主管部门负责调查处理;质量问题原则上由建设单位或企业负责调查处理。任何单位和个人均有权力和义务将工程质量事故的情况及时报告有关部门。公路工程在建项目,施工单位为事故报告单位;交付使用的工程,接养单位为事故报告单位。

质量事故发生后,事故发生单位必须以最快的方式,将事故的简要情况同时向建设单位、监理单位、质量监督站报告。在质量监督站初步确定质量事故的类别性质后,再按下述要求进行报告:

(1)质量问题

问题发生单位应在 2 天内书面上报建设单位、监理单位、质量监督站。

(2)一般质量事故

事故发生单位应在 3 天内书面上报质量监督站,同时报企业上级主管部门、建设单位、监理单位和省级质量监督站。

(3)重大质量事故

事故发生单位必须在 2 小时内速报省级交通运输主管部门和国务院交通运输主管部门,同时报告省级质量监督站和部质监总站,并在 12 小时内报出《公路工程重大质量事故快报》。质量事故书面报告内容:

①建设项目名称,事故发生的时间、地点,建设、设计、施工、监理等单位名称。

②事故发生的简要经过、造成工程损伤状况、伤亡人数和直接经济损失的初步估计。

③事故发生原因的初步判断。

④事故发生后采取的措施及事故控制情况。

⑤事故报告单位。

发生重大质量事故的现场保护措施:事故发生后,事故发生单位和该工程的建设、施工、监理等单位,应严格保护事故现场,采取有效措施抢救人员和财产,防止事故扩大。因抢救人员、疏导交通等原因,需要移动现场物件时,应当做出标志,绘制现场简图并做出书面记录,妥善保存现场重要痕迹、物证,并应采取拍照或录像等直录方式反映现场原状。

质量事故处理实行“三不放过”原则:事故原因不清不放过;事故责任者和群众没有受到教育不放过;没有防范措施不放过。质量事故发生后事故发生单位隐瞒不报、谎报、故意拖延报告期限的,故意破坏现场的,阻碍调查工作正常进行的,拒绝提供与事故有关情况、资料的,提供伪证的,由上级主管部门按有关规定给予行政处分。构成犯罪的,由司法机关依法追究刑事责任。

3. 质量事故处理方法

1)质量问题的成因

(1)违背建设程序和有关法律法规

基本建设程序是项目建设过程及其客观规律的反映,不按建设程序办事,会给建设项目质量带来极大的影响。

(2)地质勘察失真

未认真进行地质勘察或勘探时钻孔深度、间距、范围不符合规定要求,地质勘察报告不详细、不准确、不能全面反映实际的地基情况等，从而使得地下情况不清，或对基岩起伏、土层分布误判，或未查清地下软土层、墓穴、孔洞等，它们均会导致采用不恰当或错误的基础方案，造成地基不均匀沉降、失稳，使上部结构或墙体开裂、破坏，或引发建筑物倾斜、倒塌等质量问题。

(3)未加固处理好地基

对软弱土、冲填土、杂填土、湿陷性黄土、膨胀土、岩层出露、溶岩、土洞等不均匀地基未进行加固处理或处理不当，均是导致重大质量问题的原因。

(4)计算设计差错

盲目套用图纸，采用不正确的结构方案，计算简图与实际受力情况不符，荷载取值过小，内力分析有误，沉降缝或变形缝设置不当，悬挑结构未进行抗倾覆验算，以及计算错误等，都是引发质量问题的原因。

(5)施工与管理不到位

不按图施工或未经设计单位同意擅自修改设计。施工组织管理紊乱，不熟悉图纸，盲目施工；施工方案考虑不周，施工顺序颠倒；图纸未经会审，仓促施工；技术交底不清，违章作业；疏于检查、验收等，均可能导致质量问题。

(6)使用不合格的原材料、制品及设备

建筑材料及制品不合格，建筑设备不合格。

(7)自然环境因素

空气温度、湿度、暴雨、大风、洪水、雷电、日晒和浪潮等均可能成为质量问题的诱因。

2)质量问题分析

由于影响工程质量的因素众多，一个工程质量问题的实际发生，可能是多种原因的作用。要分析是哪种原因所引起，必须针对质量问题的特征表现，以及其在施工中和使用中所处的实际情况和条件进行具体分析。分析的基本步骤是：

(1)进行细致的现场调查研究，观察记录全部实况，充分了解与掌握引发质量事故的现象和特征。

(2)收集调查与质量事故有关的全部设计和施工资料，分析摸清工程在施工或使用过程中所处的环境及面临的各种条件和情况。

(3)找出可能产生质量事故的所有因素。

(4)分析、比较和判断，找出最可能造成质量事故的原因。

(5)进行必要的计算分析或模拟试验予以论证确认。

3)质量问题处理程序

当公路建设项目发现工程质量问题后，应按程序进行处理。

(1)当发生工程质量问题时，首先应判断其严重程度。对可以通过返修或返工弥补的质量问题可签发《质量整改通知》，责成施工队伍提出处理方案并付诸实施，处理结果应重新进行验收。

(2)对需要加固补强的质量问题，或质量问题的存在影响下道工序和分项工程的质量时，应签发《工程暂停令》，指令施工队伍、班组停止有质量问题部位和与其有关联部位及下道工序的施工。必要时，应要求施工队伍、班组采取防护措施，协助现场工程师、项目负责人写出质量问题调查报告，提出处理方案，征得监理、建设单位同意。处理结果应重新进行验收。

(3)承包人接到通知后，在监理工程师的组织参与下，尽快进行质量问题调查并完成报告编写。调查报告主要内容应包括：

①与质量问题相关的工程情况。

②质量问题发生的时间、地点、部位、性质、现状及发展变化等详细情况。

③调查中的有关数据和资料。

④原因分析与判断。

⑤是否需要采取临时防护措施。

⑥质量问题处理补救的建议方案。

⑦涉及的有关人员和责任及预防该质量问题重复出现的措施。

(4)监理工程师审核、分析质量问题调查报告，判断和确认质量问题产生的原因。在原因分析的基础上，认真审核签认质量问题处理方案。

(5)承包人按既定的处理方案实施处理并进行跟踪检查。

(6)质量问题处理完毕,对处理的结果进行严格地检查、鉴定和验收,写出质量问题处理报告,报业主和监理单位存档。主要内容包括:

①基本处理过程描述。

②调查与核查情况,包括调查的有关数据、资料。

③原因分析结果。

④处理的依据。

⑤审核认可的质量问题处理方案。

⑥实施处理中的有关原始数据、验收记录、资料。

⑦对处理结果的检查、鉴定和验收结论。

⑧质量问题处理结论。

4)质量事故处理依据

进行工程质量事故处理的主要依据有四个方面:质量事故的实况资料;具有法律效力的,得到有关当事各方认可的工程承包合同、设计委托合同、材料或设备购销合同以及监理合同或分包合同等合同文件;有关的技术文件、档案和相关的建设法规。

(1)质量事故的实况资料

①承包人的质量事故调查报告

质量事故发生后,施工单位有责任就所发生的质量事故进行周密的调查、研究掌握情况,并在此基础上写出调查报告,提交监理工程师和业主。在调查报告中首先就与质量事故有关的实际情况做详尽的说明,其内容应包括:

a. 质量事故发生的时间、地点。

b. 质量事故状况的描述。

c. 质量事故发展变化的情况。

d. 有关质量事故的观测记录、事故现场状态的照片或录像。

②监理单位调查研究所获得的第一手资料,其内容大致与施工单位调查报告中有关内容相似,可用来与施工单位所提供的情况对照、核实。

(2)有关合同及合同文件

所涉及的合同文件可以是工程承包合同;设计委托合同;设备与器材购销合同;监理合同等。有关合同和合同文件在处理质量事故中的作用是:确定在施工过程中有关各方是否按照合同有关条款实施其活动,借以探寻产生事故的可能原因。

(3)有关的技术文件和档案

①有关的设计文件。如施工图纸和技术说明等。它是施工的重要依据。在处理质量事故中,其作用一方面是可以对照设计文件,核查施工质量是否完全符合设计的规定和要求;另一方面是可以根据所发生的质量事故情况,核查设计中是否存在问题或缺陷,成为导致质量事故的一方面原因。

②与施工有关的技术文件、档案和资料。属于这类文件、档案有:

a. 施工组织设计或施工方案、施工计划。

b. 施工记录、施工日志等。

c. 有关建筑材料的质量证明资料。

d. 现场制备材料的质量证明资料。

e. 质量事故发生后,对事故状态的观察记录、试验记录或试验报告等。

f. 其他有关资料。

(4)相关的建设法规

①勘察、设计、施工、监理等单位资质管理方面的法规

②从业者资格管理方面的法规

③公路建设市场方面的法规

④公路建设施工方面的法规

⑤工程建设强制性标准

5)质量事故处理方案

(1)修补处理

某个分项或分部的质量虽未达到规定的规范、标准或设计要求,存在一定缺陷,但通过修补或更换器具、设备后还可达到要求的标准,又不影响使用功能和外观要求,在此情况下,可以进行修补处理。

(2)返工处理

当工程质量未达到规定的标准和要求,存在严重的质量问题,对结构的使用和安全构成重大影响,且又无法通过修补处理的情况下,可对分项、分部甚至整个工作做返工处理。

(3)不做专门处理

通常不用专门处理的情况有以下几种:

①不影响结构安全和正常使用。

②有些质量问题,经过后续工序可以弥补。

③经法定检测单位鉴定合格。

④出现的质量问题,经检测鉴定达不到设计要求,但经原设计单位核算,仍能满足结构安全和使用功能。

对于不做处理的质量问题,均要备好必要的书面文件,对技术处理方案、不作处理结论和各方协商文件等有关档案资料认真组织签认。

4.6 工程质量与设计施工的关系

公路建设的全过程是从立项开始直至竣工验收到投入使用,经历了投资决策、工程设计、建设施工三个阶段。多年来,公路建设者认真分析研究工程质量与工程设计、建设施工、工程造价的关系,改进工作方法,使工程建设顺利进行,于期达到公路建设的功能要求、质量达标的目的。

4.6.1 设计质量的引领作用

"百年大计、质量第一",其概念提出了在任何情况下必须保证工程质量。对于工程质量,国家有关部门历年来有着严格的要求和规定,工程管理及参建各单位的质量意识在不断提升,共同意识到工程质量是每个技术人员的责任和义务,必须贯彻工程质量标准于工程建设始终。

1. 设计质量是工程质量的保障

公路设计水平的不断提高,对其内涵和外在的认识也在不断深化。一支高素质的设计队伍和一个优良的设计方案,对公路建设投资决策、降低工程造价、确保工程质量可以产生巨大的作用。

1)工程设计的重要地位

工程设计在我国国民经济建设和社会发展中占有重要的地位。没有高质量的工程设计,就没有高质量的工程,精心设计是工程质量的重要保障。公路建设必须强化设计管理,提高设计水平、优化设计方案。

2)工程设计质量目标

工程设计是对建设项目所需的技术、经济、资源、环境等进行综合分析和论证,编制建设项目设计文件、编制工程造价文件的活动。公路工程设计是在保证工程安全、工程质量的前提下,确保工程项目的技术可靠性、经济合理性;通过提升设计管理水平和技术水平;通过设计方案技术经济的综合比较并积极采用新技术、新工艺、新设备、新材料,可以达到减少工程量,降低工程造价,提高工程投资效益的目的。

3)创优工程的意义

创优工程就是要求建造高水平、高质量工程。公路建设始终要把工程质量作为主要目标,即需要考虑长远利益,需要很好的计划和有效的措施。

4)优良设计创造优质工程

如果每一项工程的设计都能够达到基本优良,则很能体现工程设计水平,则可以减少很多的投资,节约很多的人力、财力、物力等大量资源。盲目追求安全系数,设计过于保守,错和漏、超标准等低劣的工程设计,只能是加大投资,造成资源浪费。高水平的设计可以在一定程度上升华,做出更高水平的设计,对于工程方案的选定、技术标准的选用,以及领悟设计内涵和对外在环境认识极为深刻,设计进入灵感状态速度快、质量高,此类情况出现创优的可能性很大。优良设计的实际意义是不断提高设计水平,不断提升设计水准,不断创造优质工程。

5)设计阶段质量控制

为加强对工程设计阶段质量的控制,除应健全与完善设计单位质量保证体系外,还应大力推行设计监理。建设单位应从工程设计阶段开始,委托监理单位介入设计质量监督。

(1)设计质量控制的依据

设计质量控制的依据是有关工程建设及质量管理方面的法律、法规,国家规定的工程设计深度要求;有关工程技术标准等。例如工程建设强制性标准规范及规程、设计参数、定额和指标等;建设项目批准文件;体现建设单位建设意图的勘察设计大纲和合同文件;反应项目建设过程中和建设后所需要的有关技术、资源、经济、社会协作等方面的协议、数据和资料。

(2)设计质量控制的任务

设计质量控制的任务是编制"设计任务书"中有关质量控制的内容;组织设计招标,进行设计单位的资质审查,优选设计单位,签订合同并履行合同;审核优化设计方案是否满足业主的质量和标准以及规划及其他规范要求;组织专家对优化设计方案进行评审;督促设计单位完成设计工作;从质量控制角度对设计方案提出合理化建议;跟踪审核设计图纸;建立项目设计协调程序,在施工图设计阶段进行设计协调,督促设计单位按时完成设计工作;审核施工图设计,并根据需要提出修改意见,确保设计质量达到设计合同要求及获得政府有关部门审批通过,确保施工进度计划顺利进行;审核特殊专业设计的施工图纸是否符合设计任务书的要求,是否满足施工的要求。

(3)设计要求和任务书

对于设计阶段质量控制,通常是通过事前控制和设计阶段成果优化来实现的。"设计要求文件"能够起到关键的作用,在各阶段设计前应编制一份好的设计要求文件,分阶段提交给设计单位,明确各阶段设计要求和内容,是设计阶段进行质量控制的主要手段。设计要求文件的编制是一个对建设项目的目标、内容、功能、规模和标准进行研究、分析和确定的过程。因此,安排设计任务必须重视设计任务书的编制。设计任务书一般要包括以下内容:建设项目组成结构;建设项目的规模;建设项目的功能;设计的标准和要求;建设项目的目标。其中,设计的要求是设计任务书的核心内容。

2. 质量合格工程需要优良设计

公路建设质量合格工程需要通过设计加以具体化,低劣的设计不可能使工程质量达标。一项工程设计,如果选用的技术标准合适、工艺先进、结构安全、设备配套、工程经济合理等,可以基本确定工程实体的质量。工程设计是公路建设前期的关键环节,注重工程设计阶段的质量,对于控制整个工程质量、工程进度和工程造价有着非常大的作用。

工程设计的个别质量问题一般在施工时才显露出来,必须在现场对其补充和及时修改,不能直接影响施工或出现停工现象。由于设计质量问题需要申请变更时,应按规定的程序及时完成变更设计。保证设计质量需要加强勘察设计的标准化工作、建立勘察设计成果校审制度、建立勘察设计文件的会签制度等,强化个人质量意识,尽可能避免出现勘察设计质量问题。正常的工程设计在技术标准规范的指导下,考虑工程的可靠性、安全性、实用性等方面是合理的。但由于设计怕承担风险,或设计理念不新,或为赶时间和任务缺乏深入研究,而使设计偏离方向,给工程带来的损失是较大的。

3. 优质工程需要优良设计

公路建设的重大工程、优质工程需要优良设计。重大工程建设工期长、规模大、技术难度大、投资风险大、工程质量要求高、社会影响面大,必须选择高素质设计队伍做出优良设计。优质工程的评定,要求工程设计质量必须是优良的。优质工程评定条件是:符合基本建设程序;经质量监督部门认定,已建成并经竣工验收备案的精品工程;工程规模较大;工程技术资料齐全、完整、真实;基础及主体工程未发生质量事故;无违反国家法律、法规、规章及国家强制性标准的不良行为等。

4.6.2 合理确定工程造价的重要性

公路工程技术,是指设计和施工技术。公路工程计价必须贯彻工程技术与工程经济相结合的原则,既要保证工程需要,又要最少的投资和合理的工程造价,工程技术与工程造价是一个统一体。经过实践证明,合理的工程造价是实现合格工程、优良工程的经济保障。

1. 工程质量需要资金保障

资金是用于发展国民经济的货币。资金是垫支于社会再生产过程,用于创造新价值。投资是指货币转化为资本的过程,分为实物投资、资本投资和证券投资,投资公路建设属于实物投资。建设项目全过程,分为投资决策、工程设计、建设施工三个阶段。投资决策阶段确定投资货币量,工程设计阶段确定工程造价。

公路建设项目的投资决策阶段，是指立项和确定投资。公路建设项目的工程质量，必须从源头抓起。一个好的投资决策不但可以节省工程投资，也可为确保工程质量创造先期条件。投资决策阶段必须根据工程建设的需要，合理确定建设资金，为工程质量奠定基础。

公路建设投入资金的合理性原则是为了保证公路功能和安全，为了保证工程质量，在合理确定工程方案、合理采用技术标准，符合国家技术经济政策和节约有限的资源等情况下，合理确定建设资金。

2. 工程质量需要合理工程造价

工程设计阶段是对建设项目有最大影响的阶段，在建设项目做出投资决策后，初步设计是合理确定工程造价的关键。保证工程设计阶段的质量，就是保证建设施工阶段的质量；工程设计是源头，对整个建设项目的效益发挥有着非常重要作用。

建设施工阶段，当质量与工期、工程造价发生矛盾时，必须无条件地服从质量。工程设计阶段已经确定了工程造价，施工阶段不应谈如何降低工程造价，应该是保证质量时不突破工程造价，发现个别工程造价有问题，应予以及时解决。长期以来人们的共识是保证工程质量，是最大的成本节约；工程设计质量的低劣直接影响工程造价，直接影响工程质量；施工质量的低劣（拆掉重做），是一种最大的浪费；人的工作质量是工程设计质量的关键，是合理确定工程造价的关键，是保证工程质量的关键；确定一个合理的工程造价，是保证工程质量的前提条件；没有充分的投入，不可能有合格质量的工程。公路建设的工程造价，不可偏废任何一个方面。

3. 优良设计优化工程造价

工程设计除了绘制工程图表以外，还要确定工程造价。一个建设项目，必须要有一个合理的工程造价，这就需要优良的工程设计。设计一般重点关心的是工程的功能和安全，技术方案研究等内容。对于增加工程造价、资金损失和浪费不用心对待，很少对概算或预算的成果指标、设计问题进行分析，很大程度上影响工程方案的比选，甚至影响投资决策。

工程设计阶段盲目的压价，必然导致施工阶段的偷工减料；施工阶段不按设计要求施工，使用劣质材料等手段获取高额利润；都表现有比较严重的问题。前者是引起人们对合理确定工程造价的重视，后者是说明大家要维护工程设计、工程造价的合理性，维护国家利益不受侵害。优良的工程设计，可以纠正和优化工程造价。

工程设计阶段的工程造价（建安费）概念是建设工程的价值，与建设施工阶段的工程招标（投标）价格的对比关系，价格与价值时有相背离的现象。如果价格高于价值，就会影响工程进度出现变更等问题，其影响工程投资效益；如果价格低于价值，就会造成工程建设质量低劣，埋下较多隐患。工程造价管理工作的好坏，直接影响建设施工进度的快慢和建设工程质量的优劣。

有效控制工程造价是指建设施工的招标价格，不得超过施工图设计预算；施工图设计预算，不得超过初步设计概算。工程造价必须贯彻技术与经济相结合的原则，既要保证工程质量，又要确定一个合理的工程造价。

4.6.3 精细化施工确保工程质量

公路建设工程质量是指竣工验收工程应达到图纸的技术要求，符合国家规范和标准的要求。工程质量标准是从建设工程的功能、安全性、全寿命周期和经济性等方面综合考虑制定。在工程建设中，只有质量符合技术要求、标准要求的工程才能投入生产和交付使用，才能发挥投资效果。质量成本是指使产品达到质量标准所发生的一切费用，包括为了保证及提高产品质量所支出的费用和因未达到质量标准所造成的损失及处理质量缺陷所发生的费用。质量成本由内部故障成本、外部故障成本、鉴定成本、预防成本等构成。工程质量需要付出代价，无论是高质量的工程，或不合格工程，都消耗了资源。因此，在确定工程质量目标时，目标值不宜过高。

1. 工程技术是工程质量的保障

工程可以是指某一个建设项目。工程技术是称生产技术，是应用科学知识或利用技术发展的研究成果用于生产过程，以达到改造自然的预定目的的手段和方法。对于公路工程技术而言，可以是直接指设计和施工技术。公路建设工程的质量离不开先进的工程技术、先进的设备和科技创新人才。

2. 施工技术是工程质量的保障

施工是有计划进行的各种实体建造。施工技术是指根据生产实践经验和自然科学原理而采用的各种工艺操作方法与技能。公路施工是指公路建设施工阶段的生产活动，是把工程设计图纸上的线条，在实地变成实物的过程。公路建设包括路基施工、路面施工、桥梁施工、隧道施工等。公路施工只要不带有盲目性，而是采用正常的操作规程、合格的材料、科学的原理，一定能够保证产品质量。经过多年的实践，公路建设施工已经有了很多成功的经验、成熟的工艺和无数高质量的建设成果，施工技术是工程质量的保证。

3. 质量管理体系是工程质量的保障

质量管理体系主要包括组织质量检验；组织和促进文明生产；组织质量分析，掌握质量动态；组织工序的质量控制，建立管理点等。建立和完善质量体系一般需要经历质量体系的策划与设计，质量体系文件的编制，质量体系的试运行，质量体系审核和评审四个阶段。质量方针体现了一个组织对质量的追求，是质量行为的准则和质量工作的方向。建设项目施工阶段，应由“质量、工期、费用”三项内容组成目标系统。其中任何一项发生变化，都势必引起另外两项发生变化，并受到彼此的影响和制约。所以，施工阶段的重要工作就是科学组织施工，正确安排工期。工程设计阶段出图纸、合理确定工程造价，适时地处理施工中存在的工程费用问题。

4. 精心组织和施工是工程质量的保障

在工程设计质量和合理工程造价作保证的前提下，建设施工阶段仍需要精心组织和精心施工。现场施工应是工程质量的最终保障，以安全第一、质量第一为原则确保工程质量，构建质量管理体系，选择高素质的施工队伍，开展全面质量管理活动，努力完成和实现公路建设的最终目标。

(1)健全项目法人负责制度

工程质量的保证必须有健全的项目法人负责制度，只有这样才能为控制工程质量和工程造价，发挥组织保障作用。因此，在工程建设中要充分发挥项目法人统揽全局的主导作用，充分行使业主组织指挥、协调的职能，以高度的责任心和使命感，与施工单位、监理、设计和政府齐心协力，各司其职，全力推进工程建设。

(2)执行招标投标制度

公路建设项目招标投标活动必须严格按照国家有关法律、法规进行，遵循公开、公平、公正和诚实信用原则。公路建设项目招标分为公开招标和邀请招标。交通运输主管部门依法对招标投标活动实施监督。

(3)执行工程监理制度

工程监理应本着严谨、科学、求真务实的精神，深入工地调查研究，及时掌握工程建设中出现的新情况、新问题。发现安全和质量问题，及时整改，消除隐患。完善施工现场签证制度。在整个施工过程中都会发生现场签证而最终以价格的形式体现在工程结算中。必须认真负责地对工程质量签证、工程量签证、设计变更签证、施工变更签证。监理单位和监理人员必须全面履行监理服务合同和施工合同规定的各项监理职责，按照有关法规、技术规范、设计文件的要求进行工程监理。不得营私舞弊、滥用职权，不得损害项目法人和承包人的利益。

在公路建设施工中，质量监理推行以动态控制为主，事前预防为辅的管理办法，主要抓住事先指导、事中检查、事后验收三个环节，从预防的角度出发，主动发现问题，一切以数据出发，一切以书面为依据。对重点部位、重要工序实行全过程、全方位、全天候的质量监控，从而有效地实现建设项目的全面质量管理。

(4)执行合同管理制度

公路建设项目的勘察设计、施工、监理以及与工程建设有关的重要设备、材料的采购，必须遵循诚实信用的原则，依法签订合同。合同双方应按合同履行自己的义务，不得违约。合同一方有权按规定程序，对不能履行合同义务的另一方提出索赔，违约方应按合同规定承担赔偿责任。合同内容变更应依据合同约定办理。对超出合同约定范围的变更，合同双方可进行协商，签订补充协议或修改合同。

各级政府交通运输主管部门应依照法律、法规的规定，加强对合同执行情况的监督；对造成工程质量、安全事故或工程进度严重滞后的，应按照公路建设市场管理的有关规定进行处罚。

第五章 公路工程造价管理

公路工程造价管理是社会主义市场经济条件下，公路建设市场管理的一个重要方面。它起着合理确定工程造价、有效保证工程质量，充分发挥工程投资效益的作用。工程造价管理是运用科学、技术原理和方法，在基本建设程序和统一目标下，为确保公路交通建设的经济效益和有关各方面的经济权益而对公路工程造价所进行的全过程、全方位的符合国家政策和客观规律的全部业务行为和组织活动。

5.1 一般概念

5.1.1 工程技术

工程技术是指根据生产实践经验和自然科学原理而发展成的各种工艺操作方法与技能。也可以指更广的架构，如系统工程、组织方法等。随着人类文明的发展，人们可以建造出比单一产品更大、更复杂的产品，这些产品不再是结构或功能单一的东西，而是各种各样的"人造系统"，比如桥梁、轮船、飞机等，于是工程的概念就产生了，并且它逐渐发展为一门独立的工程技术学科。

1. 工程的定义

工程是指土木建筑或其他生产、制造部门用比较大而复杂的设备来进行的工作，如建筑工程、公路桥梁工程、水利工程、采矿工程等。工程是科学的某种应用。工程是使自然界的物质和能源的特性，能够通过各种结构、机器、产品、系统形式和过程，在以最短的时间和精而少的人力做出高效、可靠且对人类有用的物件。

2. 工程学

在人类知识的演化过程中，工程技术的发展先于基础科学的发展。在新石器时代，人类就学会了制造一些简单的工具来增加自己适应自然和改造自然的能力，对自然的认识也逐渐广泛和深入。早期，有一批基础科学是从工程技术领域中抽象和分化出来的。如几何学便是在人类的营造活动中积累起来的。工程技术的发展提高了基础科学研究的实验手段，并为基础科学的研究提供新的方向和理论依据。以前的工程技术对基础科学的依赖性并不很强，两者相对比较独立。到了十九世纪以后，工程技术的进步则日益依赖于基础科学的进步，基础科学的原理直接推动着工程技术的发展，至此，工程技术便成为应用科学。

(1)工程学的类别

整个科学由自然科学和社会科学组成，而自然科学又是由基础科学和工程技术（即工程学)所组成。现代工程学已经分化为涉及包括工业、农业、医学、军事和环境保护以及日常生活在内的所有领域，工程技术的发展标志着人类征服自然、改造自然、适应自然和保护自然的能力的扩大。工程学的主要分支学科有农业、林业工程、水力电力工程、土木建筑工程、电子及计算机工程、机械工程、化学工程、仿生及生物工程、环境工程、海洋工程、医药工程、航天航空工程、军事工程。

(2)工程学的方法论

在工程学中有两个层面上的问题。一是应用研究，即怎样将基础科学领域的原理应用到工程中去。二是工程设计和施工建造，即如何将应用研究成果付诸于工程实施。应用研究仅仅产生一个合理的构想，技术路线和工艺；要使之付诸实施，还必须进行工程设计。施工制造则是把工程设计进一步物化、实施。解决工程问题的几个步骤：

①对需要解决的问题进行细致的分析，这个问题是新问题还是旧问题，如果是新问题，则是否有相近的资料可供参考，解决新问题的关键在哪里。

②草拟解决问题的各种方案和措施。这一步骤非常重要，创新的想法就产生在这一阶段。工程技术人员要凭借已获得的知识和经验大胆设想和创新。各种方案和措施都必须合乎基础科学原理和应用研究的结论。有些新方案的确定需要进一步做应用研究，经过小试、中试，甚至生产性实验。

③对各种方案进行比较、筛选和综合。方案比较考虑的原则是该方案是否创新，是否经济可靠，经济性要包括社会效益、环境效益和经济效益在内，最后根据这些进行审议，确定最佳方案。

④对最优方案进行设计。设计分为初步设计、技术设计和施工图设计三个步骤，初步设计是对方案的进一步具体化，对关键性部分进行计算，初步设计完成后进行评价和审核。技术设计是在初步设计的基础上进行详细的计算和完整的设计，有了初步设计，就可以估计到工程的投资。但技术设计的成果还不能付诸实施，还必须补充各种细节，这就是施工图设计。在有些场合，初步设计可以省略。这要看具体工程规模的大小，技术复杂程度或者设计者对该项设计是否熟悉来确定。

⑤在每一步骤中，都会碰到一些新问题，必须查找一些相关资料或进行应用研究和工程实验。大部分定型的技术措施或参数都有国家颁布的标准图件、手册，供查找、选用。

(3)解决工程问题的原则

①效用原则就是无论是应用研究还是工程设计都必须考虑到工程效用。正是这条原则，体现了工程技术的实用性。

②合理的原则是在研究和设计某一建设项目时，采用的工艺方法、设计参数必须要有科学的依据，符合科学原理。应用研究必须符合基础科学的原理，规程设计则必须符合应用研究的成果。

③创新原则是工程技术的构想必须体现创新性，在原来的基础上有所创新和提高，尤其是应用研究更要体现这一原则，没有创新便没有进步，要时刻注视各类基础学科的进展，不断地吸取最新成果。

④可靠性原则是建设项目必须要有可靠的技术支撑，否则会造成很大的经济损失。尤其是一些大型的建设项目（如供水、供电、大坝、桥梁、航空航天以及环境工程）。因为，一旦技术上出现了故障，非但造成巨大的经济损失，而且会造成社会的混乱，甚至给人民的生活带来灾难。工程设计中也应有专门的一种可靠性方法，以可靠性作为设计目标。

⑤可行性原则分为技术可行性和经济可行性两种。技术可行性是指必须满足施工和制造上的可行及技术路线与工艺设计必须和现有施工制造水平、操作条件相符合。如悉尼歌剧院的建造就因力学计算及施工问题没有解决而拖延了几十年。经济可行性是指在保证满足以上4个原则的前提下，尽可能地做到工程投资最省、效益最高。这一效益要兼顾到经济效益、社会效益和环境效益。

3. 工程哲学

工程哲学研究是以工程与社会双向互动关系为逻辑出发点，力图从科学性、经济性、生态性及人文性等四个方面对工程活动的基本特征进行疏理和探讨，以构建科学的工程观，彰显工程的时代特征，建设人类美好未来。

(1)工程哲学的特征

在工程哲学中的"工程"，主要是针对物质对象的"工程"，如三峡工程、载人航天、高速公路等。现代社会，工程的数量越来越多、规模越来越大、程度越来越复杂，需要进行跨学科、多学科的研究，特别需要从宏观层面、以哲学思维把握工程活动的本质和规律。工程哲学就是由此而产生的，其目的是为工程活动和工程建设提供科学的世界观、方法论，从而把各种工程做得更好。工程哲学就是研究和分析在工程过程中出现的各种问题，特别是工程决策和战略的哲学问题，工程科学、工程技术和建设项目的关系和转化问题，工程建设和产业发展的关系问题，工程活动的制度安排和社会影响问题等等，就是要在哲学和工程之间架起一座桥梁，把工程和哲学贯通起来。

工程哲学是哲学家和工程师对话的一个领域，它的目的是要讲怎么样出现和谐的工程，科学发展的工程。工程哲学，体现了哲学在新世纪的一种发展趋势，体现在人类生存和发展的大智慧。其实工程哲学与我们的生活息息相关。比如说，国家干线网的总体合理规划上就可以体现工程哲学思想。

(2)工程哲学思想

①哲学与工程是现代社会不可或缺的两项基本活动，工程哲学就是沟通工程和哲学的一个桥梁。如果说哲学是时代精神的精华，那么工程就具体体现了人类赖以生存的物质文明。在推动和谐社会的建设进程中，哲学研究要着重在工程活动中反思并贯彻"人的全面发展"和终极关怀的精神；工程需要思考在哲学层面实现从"征服自然观"到"和谐工程观"的理念变迁。建立哲学界和工程界的联盟关系，共同研究工程哲学，将有利于工程哲学学科在建设人与自然人与社会发展中发挥自己独特的作用。

②科学、技术与工程"三元论"是工程哲学得以成立的基础。"三元论"认为，科学、技术和工程是三类既有密切联系又有本质区别的社会活动。科学活动是以探索发现为核心的活动，技术活动是以发明革新为核心的活动，工程活动是以集成建构为核心的活动。人们既不应把科学与技术混为一谈，也不应把技术与工程混为一谈。工程并不是单纯的科学应用或者技术应用，也不是相关技术的简单堆砌和剪贴拼凑，而是科学要素、技术要素、经济要素、管理要素、社会要素、文化要素、制度要素、环境要素等多要素的集成、选择和优化。"三元论"明确承认科学、技术与工程存在密切的联系，而且突出强调它们之间的转化关系，强调"工程化"环节对于转化为直接生产力的关键作用、价值和意义，强调应该努力实现工程科学、工程技术和工程实践的有机互动与统一。

③从知识层面看，工程位于"科学——技术——工程——产业——经济——社会"的知识链和知识网络的中心位置，工程是知识转化为现实生产力过程中的关键环节。对于科学和技术来说，工程发挥集成的作用，而这种集成还有赖于工程科学的指导和支撑。对产业和经济来说，工程是构成单元，各类相关工程的关联、集聚就形成了各种不同的产业。因此，现代工程活动需要在相关知识网络链接的大背景中，研究和总结工程活动中所遇到的各类事物和现象，揭示其中隐藏的带有普遍性的工程规律，发展工程科学。

④工程是直接生产力，工程创新是创新活动的主战场。工程架起了科学发现、技术发明与产业发展之间的桥梁，是促进产业革命、经济发展和社会进步的强大杠杆。各种类型的创新成果、知识成果的转化，归根结底都需要在工程活动中实现，并据此检验其有效性与可靠性。工程创新的目标就是通过工程理念、工程决策、工程设计、施工技术和生产运行、控制管理等方面的创新，努力寻求和实现在一定边界条件下的集成和优化。可以说，工程创新具有广泛的关联度和综合显示度，工程创新的状况往往直接决定着国家、地区、产业、企业和有关单位的发展水平和发展进程。

⑤在工程实践中，既要重视突破性的工程创新，也要重视渐进性的工程创新。突破性的工程创新往往立足于基础科学层面的原创发现，体现出高超的才智和重大的突破，因而显得特别引人注目。然而，多数工程创新却并不依赖于基础科学层面的原始创新，而是通过知识、技能的渐进性积累、综合集成、逐步改进和加以完善来实现；这类创新通过积累效应和集成效应同样可以产生重大的经济社会效果和历史性影响。

⑥要高度重视工程思维与工程方法的研究。与注重理论理性的理论思维相比，工程思维是构建性思维、设计性思维和实践性思维，体现的主要是实践性。与注重想象和虚构的艺术思维相比，工程思维也具有想象性，但强调的是目标想象性和可实践的过程。工程思维也追求美，弘扬美，但这种美是通过工程活动，变成现实后可以实实在在感受到的美。与科学思维和艺术思维一样，工程思维中也渗透着价值追求，但工程思维所追求的价值目标更加具有综合性，往往是知识价值与经济价值、社会价值、环境价值、人文价值等的融合。工程思维渗透到工程理念、工程系统分析、工程决策、工程设计、工程构建、工程运行以及工程价值评价等工程活动的各个环节之中，从而在很大程度

上决定着工程的成败和效率。

⑦工程理念和工程观是人们关于工程活动所形成的总体观念和基本观点，它渗透到工程活动的全过程，并深刻影响着工程战略、工程决策、工程规划、工程设计、工程建构、工程运行以及工程管理的各个阶段和环节。只有从工程理念和工程观的高度重新审视各类工程，才能创造出更加美好的工程和世界。近代以来，工程往往被不恰当地视为人类征服自然、改造自然的活动，对工程活动可能产生的长期的、多方面的生态效应和各种风险估计不足，这种"征服自然"的工程理念已经对工程实践产生了严重的负面影响。新的工程理念和工程观要求工程活动要建立在遵循自然规律和社会规律的基础上，遵循社会道德、社会伦理以及社会公正、公平的准则，坚持以人为本，环境友好，促进人与自然、社会的协调发展。

⑧工程应该以为公众服务为目的，因而，公众应该理解和参与工程。工程直接关系到大众的利益和社会的福祉，工程决不是、也决不能成为一个被专家垄断的领域，工程活动必须得到公众的理解，也必须有公众的参与。公众作为重大工程创新的利益相关者，有权以适当方式参与有关工程创新的决策和实施过程。社会应鼓励公众真正作为有资质的行动者，介入重大工程的决策、设计和价值评价过程，从而促成重大工程决策的科学化、民主化，从根本上将未来可能发生的利益冲突尽量解决在工程实施之前，并使可能产生的负面影响尽量消灭在萌芽之中。

⑨需要将工程哲学的新观念落实到工程人才的培养过程中。工程人才和科学人才是两种不同类型的人才，各有其特点和教育规律，绝不能简单地按照培养以自然科学研究为目标的科学人才的思路和方法去培养工程人才，应该认识和掌握工程人才成长的特点与规律。与此相关，应高度重视并充分发挥工程师的作用，采取有力措施，提高工程师的社会声望和待遇，使工程师成为对青少年有吸引力的职业。

⑩理论联系实际是研究工程哲学的灵魂。案例研究在工程哲学研究领域有着特别重要的作用。案例研究可以成为直接沟通理论与实践的桥梁，它不但可以成为抽象理论的"落实"过程，同时又可以成为实现理论"起飞"的基地。

(3)工程哲学的应用价值

工程哲学具有很强的实践性和应用价值，它的研究和普及将使我们在工程活动中少走弯路，提高效率和效益。如中国工程院院长徐匡迪所说"工程需要有哲学支撑，工程师需要有哲学思维"，用唯物主义武装工程师和工程的领导、管理者，有助于避免主观主义、政绩工程、拍脑袋工程、豆腐渣工程；而辩证思维有助于避免片面性、走极端、思想僵化等。所以，对工程技术人员来说，工程哲学是思想方法、思想武器，也是可以转化为物质的精神力量。一名优秀的工程师要学习、研究和运用工程哲学，力求具有较好的哲学素养。

5.1.2 工程设计

工程设计是指为建设项目提供技术依据的设计文件和图纸的整个活动过程，是建设项目生命期中的一个重要阶段，是建设项目进行整体规划和具体实施意图的重要过程，是科学技术转化为生产力的纽带，是处理技术与经济关系的关键性环节，是确定与控制工程造价的重点阶段。工程设计是否经济与合理，对建设项目工程造价的确定与控制具有十分重要的意义。

1. 设计方案

人类通过劳动改造世界，创造文明，创造物质财富和精神财富，而最基础、最主要的创造活动是造物。设计是造物活动进行预先的计划，任何造物活动都有计划技术和计划过程。方案才是行动的计划，是造物计划中最为复杂的工作；要使一个大型、繁琐、复杂的建设项目有条理，有顺序，有效率的实施，重点在于运用科学的方法，在掌握大量各类设计资料数据的基础上，进行分析测算，多方案比选，而最终选取最优化的设计方案。正确理解设计、理解设计方案有以下3个要点：

①设计应包含建设项目的目标、要求和步骤等，尽最大的降低工作过程中的返工、错误与偏差；

②设计方案标定一个工程设计的大方向，关键在于经过比较以后再来确定设计方案，因此工程设计有多个设计方案；

③设计是造物的计划，是确保工程质量的重要环节，因此在重视设计的同时再去重视设计方案的选择。

2. 工程结构

一个工程结构的完成是在满足人们和社会需要的前提下，以建筑材料、设备为重点，以相应的结构力学理论与建筑施工技术为依据，配合当地的环境状况和建筑艺术而相辅相成的综合性创作。施工技术和设备是促进工程结构发展的重要手段,平面运输、垂直运输、构件制作、现场施工、设备安装等各种施工工具和设施的改进以及施工方法的机械化、电子化,加速了工程结构的发展进程。

3. 工程图纸

工程图纸是指用投影的方法来表达工程物体的形状和大小,按照国家工程建设标准、行业规定绘制的物件图样。它是审批建设项目的依据;在生产施工中,它是备料和施工的依据;当工程竣工时,要按照工程图纸的设计要求进行质量检查和验收,并以此评价工程质量的优劣;工程图纸是审核工程量的依据,是编制工程概算或预算或决算的依据;工程图纸是具有法律效力的技术文件。

4. 工程量

工程量是以自然计量单位或物理计量单位表示的各分项工程或结构构件的工程数量。

(1)工程量的基础

工程图纸及配套的标准图集,是工程量计算的基础资料。因为,工程图纸全面反映构筑物的结构、各部位的尺寸及工序要求。

(2)工程量的作用

工程量是工程计价的依据。计算工程量应选择相应的工程量计算规则,编制概算或预算,应按概算预算定额及其工程量计算规则算量。

(3)工程量计算依据

工程图纸主要表现拟建工程的实体,分项工程的具体施工方法及措施,应按施工组织设计或施工方案确定。如计算挖基础土方,施工方法是采用人工开挖,还是采用机械开挖,基坑周围是否需要放坡、预留工作面或做支撑防护等,应以施工组织设计或施工方案为计算依据。

5.1.3 工程管理

现代社会的发展趋势,显示出社会分工越来越明确,社会生产越来越精细,专业隔离越来越明显,隔行如隔山的情形越来越普遍;而另一方面,现代社会生产却越来越要求复合型的人才,即常说的T型人才。单纯的具有管理技能,或者是单纯的具有工程技术的人才,已经不能适应社会的发展。

工程管理是新兴的工程技术与管理交叉复合性学科。为适应21世纪国际国内经济建设发展需求,应培养工程技术人员广泛具备工程技术、管理学、经济学、法律政策、计算机应用知识,运用现代管理科学的理论、方法和手段,在国际国内工程建设领域中,从事工程投资决策、工程建设项目管理、工程监理,政府部门宏观调控管理的应用型复合型人才。

5.1.4 系统工程

系统工程是一个跨多学科领域的工程,通常专注于如何设计和管理复杂的工程专案。系统工程的关键作用如下:

①当处理大型、复杂的专案时,一般方法所面临的问题特别困难。系统工程以工作流程、和工具来处理此类型的专案,利用工程技术、基础科学相互重叠关系显得简单。

②通过建立系统工程学模型,可以研究系统的结构、功能和行为之间的动态关系,以便寻求较优的系统结构和功能。

③系统工程学通过人和计算机的配合,能充分发挥人的理解、分析、推理、评价、创造等能力的优势,又能利用计算机高速计算和跟踪能力。以此来实验和剖析系统,从而获得丰富的信息,为选择最优的系统方案提供有力工具。

④系统工程与优化设计的最主要目的之一,是保证建设项目的经济合理性。

5.1.5 价值工程

价值工程也称价值分析,是指以产品或作业的功能分析为核心,以提高产品或作业的价值为目的,力求以最低寿命期成本实现产品或作业使用所要求的必要功能的一项有组织的创造性活动,有些人也称其为功能成本分析。价值工程涉及价值、功能和寿命期成本3个基本要素。价值工程是一门工程技术理论,其基本思想是以最少的费用换取所需要的功能。这门学科以提高工业企业的经济效益为主要目标,以促进老产品的改进和新产品的开发为核心内容。

5.1.6 工程经济

公路工程经济是综合运用工程技术、经济学和管理学原理,使投入的公路建设项目资金发挥最大经济效益的一种科学方法。其目的是降低投资风险,使决策科学化、合理化;在建设项目前期进行各种技术方案的论证,在工程投资前发现问题,及时否定不可行的方案。工程经济分析是以系统的观点,运用数学的、经济的、技术的手段来客观地揭示事物特征的过程。

1. 工程经济研究内容

经济学的理论博大精深,内容涉及社会生活的方方面面。经济学的定义包括研究在经济活动中如何确定劳动、资本和土地的价格,以及如何运用这些价格配置资源;考察金融市场如何将资本配置到其他经济部门等。经济学研究的是社会如何利用稀缺的资源来生产有价值的商品,并将它们分配给不同的个人。这个定义的背后隐含了经济学的两大核心思想,即物品是稀缺的和社会必须有效的利用。

2. 公路工程经济评价

工程经济评价是可行性研究的重要组成部分,内容包括国民经济评价和财务评价等。其主要作用是在预测、选址、技术方案等项研究的基础上,对建设项目投入产出的各种经济因素进行调查研究,通过多项指标的计算,对建设项目的经济合理性、财务可行性及抗风险能力做出全面的分析与评价,为建设项目决策提供主要依据。经济评价的重点是国民经济评价。因为公路建设项目是通过为社会提供运输服务创造价值,这与一般工业生产项目是不同的,所以公路建设项目是以取得社会效益为主。

3. 多方案经济比选

工程经济中的所谓项目(或方案)是指一种投资的可能性。忽略影响投资的外部条件(比如政治、经济、政策和组织等)的工程投资项目,由于受自然条件、技术水平等的影响,为了实现某一目标会形成众多的工程方案。为了保证某项投资活动得到较好的预期效益,通常需要制定出多个方案,通过方案比较,选择出较优的方案。

5.1.7 工程的技术经济特征

工程经济主要研究工程的实现,在一定功能要求的基础上而提出的在技术上可行的技术方案、生产过程,通过经济上进行计算分析、比较和论证,做出科学的选择。

1. 工程技术与经济的关系

工程研究主要落实两个方面内容。一是工程技术,研究工程技术上的可行性,研究如何把自然规律应用于工程实践;二是工程经济,研究工程经济上的合理性,研究如何把经济规律在工程问题中的应用。总体来说,工程主要体系工程技术,工程经济不能离开工程技术进行研究,这里用工程技术的两重性解释比较清楚:

(1)工程技术的先进性,是指能够创造落后技术不能创造的产品和劳务,例如宇宙航行技术、海底资源开发技术,原子能利用技术等等;能够用更少的物力和人才创造出相同的产品和劳务。

(2)工程技术的经济性,对于任何一种技术,在一般的情况之下,都不能不考虑经济效果的问题。脱离了经济效果的标准,技术是好、是坏、是先进、是落后,都无从加以判断。

2. 经济发展水平对工程技术的影响

任何一项工程技术,一定要受到经济发展水平的制约和影响。而工程技术的进步又促进了经济的发展,是经济发展的动力和条件。总之,建设项目和国民经济,工程技术和工程经济是辩证统一的存在于工程建设过程中,是相互促进又相互制约。经济发展是技术进步的目的,技术是经济发展的手段。

3. 公路工程技术经济特征

公路建设项目除具有工程的内在特征以外,还具有以下技术经济特点:

(1)公路建设项目一般属于线形工程。由于公路路线所经路段地形、地貌和地质特性的多变性,使得公路路基施工复杂、多变性凸现,结构物的施工也因地质条件的不确定性经常导致设计变更、工期延长,工程进度控制、质量控制、投资控制难度加大。

(2)公路建设项目构成复杂。公路建设项目的单位工程包括:路基土石方工程、路面工程、桥梁工程、隧道工程、互通式立体交叉工程、沿线设施及交通工程、绿化工程等。各单位工程中工程内容差异很大。

(3)公路建设项目形体庞大,施工过程多,工作面有限,决定了其施工工期较长。

(4)公路建设项目投资额大。

(5)施工流动性大。公路建设线长点多,工程量分布不均,在建造过程中和建成后都无法移动,因此,施工人员和机械等沿着线路移动进行施工。

(6)受外界干扰及自然因素影响大。公路建筑产品具有固定性,因此施工的大部分是露天进行的,受外界干扰及自然条件的影响很大。

5.1.8 工程造价

工程造价包括建设程序的各阶段所编制的各种工程造价文件。由于建设工程的各阶段的深度不同,各阶段所编制的工程造价文件的准确性和作用也就有所不同,所使用的主要计价的工程定额也就不相同。建设项目从筹建到竣工验收整个过程,工程造价不是固定的、唯一的、静止的,它是一个随着工程不断进展而逐步深化、逐步细化和逐渐接近工程实际造价的动态过程。

1. 投资估算

公路工程投资估算是在项目建议书和可行性研究阶段编制的。其主要作用是决策、筹资和控制工程造价的主要依据。估算应依据交通运输部颁布的《公路工程基本建设投资估算编制办法》及《公路工程估算指标》编制。

2. 概算

概算是在初步设计阶段编制的。概算较投资估算准确性有所提高,但它受批复的投资估算控制。其主要作用如下:

(1)按两阶段设计的建设项目,概算经批准后是确定建设项目投资的额度。

(2)是签订建设项目总承包合同的依据;

(3)在初步设计批准后即进行招标的工程,其概算的建筑安装工程费用,是编制标底的控制依据;

(4)是编制施工图预算的依据。

概算应依据交通运输部颁发的《公路工程基本建设项目概算预算编制办法》及《公路工程概算定额》、《公路工程预算定额》编制。

3. 修正概算

修正概算是在技术设计阶段编制的。修正概算是对初步设计概算进行修正调整,比概算准确,但受批复的概算控制。其主要作用如下:

(1)按三阶段设计的建设项目,修正概算经批准后是确定建设项目投资控制的额度。

(2)是签订建设项目总承包合同的依据;

(3)在技术设计批准后即进行招标的工程,其修正概算的建筑安装工程费用,是编制标底的控制依据。

4. 预算

施工图预算是在施工图设计阶段编制的。它比概算或修正概算更为详尽和准确,但同样要受前一阶段所确定的工程造价即概算的控制。其主要作用如下:

(1)施工图预算经批准后,是签订建筑安装工程承包合同,办理工程价款结算的依据。

(2)是实行建筑安装工程造价包干的依据。

(3)实行招标的工程,其建筑安装工程费用是编制标底的基础。

预算应依据交通运输部颁发的《公路工程基本建设项目概算预算编制办法》及《公路工程预算定额》编制。

5. 标底和报价

标底、报价是在工程招投标阶段编制的。标底是建筑产品在建筑市场交易中的一种预期价格;报价是投标者根据本企业的成本核算情况,在本建设项目成本预测的基础上,考虑适当利润及相应的投资策略确定出来的。标底、报价不能超过预算或概算。其主要作用是:

(1)标底是评价中衡量投标报价是否合理的尺度,是确定投标单位能否中标的重要依据;是招标中防止盲目报价、抑制低价抢标现象的重要手段;是控制投资额核实建设规模的文件。

(2)投标报价是投标单位在对建设项目进行成本预测的基础上考虑适当利润而确定出来的,报价是投标单位完成或招标文件规定的工作内容向建设单位提出的意向性价格。

6. 合同价

合同价是在工程招投标阶段编制的,是合同双方在合同执行过程中的依据。合同价属于市场价格的性质,它是由承发包双方,即商品和劳务买卖双方根据市场行情共同议定和认可的成交价格,但它并不等同于实际工程造价。

7. 结算价

结算价是在合同实施阶段编制的,是该结算工程的实际价格。结算价是指在合同实施阶段,在工程结算时按合同调价范围和调价方法,对实际发生的工程量增减、设备和材料价差等进行调整后计算和确定的价格。

8. 工程决算

工程决算是在工程完工后编制，是确定新增固定资产价值，全面反映工程建设成果的文件，是竣工验收和移交固定资产的依据。竣工决算是工程完工后，根据施工图设计图纸将设计变更和施工变化等方面的因素考虑进去，对施工图预算进行最后调整补充的工程建设最终造价。

工程造价就是建设项目投资，是指工程建设项目有计划的一次性投入费用的总和。工程造价是指建设工程从筹建到竣工验收交付使用前所需的全部费用，包括下列内容：

(1)建筑安装工程费用，包括直接费、间接费、利润和法定税金。

(2)设备及工器具购置费用，包括渡口设备、隧道照明、消防、通风的动力设备，高等级公路的收费、监控、通信、供电设备，养护用的机械、设备和工具、器具等的购置费用。

(3)工程建设其他费用，包括土地征用及拆迁补偿费、建设项目管理费、研究试验费、建设项目前期工作费、专项评价(估)费、施工机构拆迁费、供电贴费、联合试运转费、生产人员培训费、固定资产投资方向调节税、建设期贷款利息。

(4)预备费，包括价差预备费、基本预备费。

价差预备费是指设计文件编制年至工程竣工年间，第一部分费用的人工费、材料费、机械使用费、其他工程费、间接费等以及第二、三部分费用由于政策、价格变化可能发生上浮而预留的费用及外资贷款汇率变动部分的费用。

基本预备费是指在初步设计和概算中难以预料的工程和费用，其用途如下：

①在进行技术设计、施工图设计和施工过程中，在批准的初步设计和概算范围内所增加的工程费用。

②在设备订货时，由于规格、型号改变的价差；材料货源变更、运输距离或方式的改变以及因规格不同而代换使用等原因发生的价差。

③由于一般自然灾害所造成的损失和预防自然灾害所采取的措施费用。

④在建设项目主管部门组织竣(交)工验收时，验收委员会(或小组)为鉴定工程质量必须开挖和修复隐蔽工程的费用。

⑤投保的工程根据工程特点和保险合同发生的工程保险费用。

5.1.9 工程计价方法

建设项目的工程设计完成后，各行业依据统一的工程量计算规则，采用单位估价法或实物量法或清单计价法进行工程计价。

1. 单位估价法

单位估价法是指按统一基价表或单位估价表、费用定额及有关规定和取费程序计算工程的直接费、间接费、利润、税金的计价方法。

(1)单位估价法计价公式

$$\text{直接费}=(\text{工程量}\times\text{综合单价})\times(1+\text{其他直接费率}) \tag{5-1}$$

(2)计算步骤是计算工程量→套用综合单价(定额基价)→编制工料机分析表→计算其他费用、利税并汇总工程造价；

(3)单位估价法编制施工图预算，是套用各地区统一编制的综合单价，其特点是工作量小、计算简单；但在市场价格波动较大的情况下，采用单位估价法计算的结果会偏离实际价格水平，误差较大，往往需要利用一些系数或价差弥补。

2. 实物量法

实物量法是指按实物工程数量、工程定额及有关规定和工程取费程序，逐一计算工程的直接费、间接费、利润、税金的计价方法。

(1)实物量法计价公式：

$$\text{直接费}=\text{直接工程费}+\text{其他工程费}=\text{直接工程费}\times(1+\text{其他工程费综合费率})$$

$$\begin{aligned}\text{直接工程费}=\text{工程量}\times(&\text{人工消耗量}\times\text{当时当地人工工资单价}+\text{材料消耗量}\times\text{当时当地材料预算价格}+\\&\text{施工机械台班消耗量}\times\text{当时当地机械台班单价})\end{aligned} \tag{5-2}$$

(2)计算步骤是计算工程量→套用人工、材料、机械台班定额→确定当时和当地的人工、材料和机械台班单价→计算其他工程费综合费率→计算直接工程费、其他工程费用、利税之后，各分项工程费用汇总得到单位工程造价。

(3)采用实物量法编制施工图预算,由于所用的人工,材料和机械台班的单价都是当时当地的实际价格,所以编制出的预算能比较准确地反映实际价格水平,误差较小,但是由于采用这种方法需要统计人工、材料、机械台班消耗量,还需要收集相应的当地价格,因而工作量较大。目前实物量法结合计算机应用,编制工程造价已成为方便的途径。

3. 清单计价法

清单计价法即工程量清单计价法,是指按工程数量、工程定额及开办费用等计算的工程计价方法。

(1)清单计价法计价公式

$$总报价 = \sum(工程量 \times 综合单价) + 开办费用 \tag{5-3}$$

(2)计算步骤是计算工程量→提供分项名称的实物工程量清单→计算综合单价→计算开办项目的费用→汇总工程造价;

(3)工程量清单的工程计价法需要有统一的项目划分,统一的工程量计算规则和清单,承包商可以根据工程特点、自身条件、市场价格确定综合单价,自主报价。这种方法不需要计算工程量,工作量较小,投标单位可以集中精力搞好施工组织设计和市场询价,但是目前还没有适应于工程量清单的工程消耗量定额。

5.1.10　工程造价师

工程造价师又称造价工程师,是指既懂得工程技术、又懂得工程经济和工程管理,并具有实践经验,为建设项目提供全过程工程造价的确定和管理,使工程技术与经济管理密切结合,达到人力、物力和建设资金最有效地利用,使既定的工程造价得到控制,并取得最大投资效益的工程经济专业人员。其应经过专门的考试,国家授予造价工程师资格并注册后执业,专门接受某个部门或某个单位的指定、委托或聘请,负责并协助进行工程的计价、定价及管理业务。

根据国家规定,建设工程勘察、设计、施工、监理、工程造价咨询、招标代理、工程造价管理及重点建设项目、建设代理等单位,其工程计价、评估、审核、控制等关键岗位,应当配备造价工程师。

1. 造价工程师资格制度

(1)参加资格考试并合格发证,或通过年检认证合格,方可执业;

(2)凡具有助理工程师及以上专业职称,从事工程造价工作连续三年以上的现职在岗人员,可以参加资格考试;

(3)具有高级工程师专业职称,从事工程造价工作八年以上,有显著业绩的可免考。

2. 造价工程师业务范围

(1)造价工程师不能同时在两个或者两个以上单位注册和执业,并应当按照国家规定的造价工程师执业资格制度从事工程造价咨询活动。

(2)有造价工程师的单位,可以自行编制建设项目投资估算、设计概算、施工图预算、工程量清单、招标标底、投标报价、竣工结算等工程造价成果文件;没有注册造价工程师的单位,应当委托具有相应资质的工程造价咨询机构编制。

(3)工程造价成果文件由负责编制的造价工程师签名并加盖执业专用章和编制单位印章。编制单位和负责编制的注册造价工程师对其编制的工程造价成果文件承担法律责任。

3. 造价工程师应履行的义务

(1)造价工程师必须熟悉并严格执行国家的法律法规和规定,执行国家的方针、政策和有关制度,符合工程设计、施工技术规范要求。

(2)应恪守职业道德和行为规范,遵纪守法、秉公办事;对经办的工程造价文件质量负有经济的和法律的责任;

(3)应及时掌握国内外新技术、新材料、新工艺的发展应用,为工程造价管理部门制定、修订工程定额和计价办法提供依据;

(4)应自觉接受继续教育,更新知识。积极参加职业培训,不断提高业务技术水平;

(5)造价工程师不得参与与经办工程有关的其他单位有关本项工程的经营活动;

(6)应严格保守执业中得知的技术和经济秘密。

5.2　公路工程造价管理体系

公路工程造价是基本建设项目投资,一般是指建设一项工程预期开支或实际开支的全部固定资产投资费用。

根据我国现行制度规定，建设工程造价由建筑安装工程费用、设备和工器具购置费用、工程建设其他费用，以及预备费等组成。公路工程造价管理是强化工程造价的约束机制，维护有关各方的经济效益，规范价格行为，促进微观效益和宏观效益的统一。工程造价管理体系是指对工程造价实施管理所采取的组织体系和管理方法。其核心是在有利于工程建设的前提下，如何处理中央和地方、国家与部门、参与建设的各方之间的管理权限、经济责任和经济利益。工程造价管理体制是国家经济体制和国家建设管理体制的一部分，在总体上受国家经济体制和国家建设管理体制的制约，在具体实施上有其独有的特性。

5.2.1 建设程序与工程造价的关系

公路基本建设程序依据国家大中型项目基本建设程序，各阶段工作对应编制工程造价文件。公路基本建设程序与各阶段工程造价的关系，见表5-1、图5-1。

建设程序与各阶段工程造价的关系 表5-1

<table>
<tr><th>工程造价文件</th><th>建设程序所处的阶段</th><th colspan="2">相互关系</th></tr>
<tr><td>投资估算</td><td>项目建议书和可行性研究</td><td>对拟建项目所需投资，通过编制估算文件预先测算和确定</td><td rowspan="8">各个阶段的工程造价文件是相互衔接，由粗到细，由浅到深，由预期到实际，前者制约后者，后者修正和补充前者的</td></tr>
<tr><td>概算</td><td>初步设计阶段</td><td>概算较投资估算准确性有所提高，但它受批复的投资估算控制</td></tr>
<tr><td>修正概算</td><td>技术设计阶段</td><td>是对初步设计概算进行修正调整，比概算准确，但受批复概算控制</td></tr>
<tr><td>预算</td><td>施工图设计阶段</td><td>它比概算或修正概算更为详尽和准确，但同样受批复概算控制</td></tr>
<tr><td>标底、报价</td><td>工程招投标阶段</td><td>标底是建筑产品在建筑市场交易中的一种预期价格；报价是投标者根据本企业的成本核算情况，在本项目成本预测的基础上，考虑适当利润及相应的投资策略确定出了的。标底、报价不能超过预算或概算</td></tr>
<tr><td>合同价</td><td>工程招投标阶段</td><td>合同价属于市场价格的性质，它是由承发包双方，即商品和劳务买卖双方根据市场行情共同议定和认可的成交价格，但它并不等同于实际工程造价</td></tr>
<tr><td>结算价</td><td>合同实施阶段</td><td>结算价是指在合同实施阶段，在工程结算时按合同调价范围和调价方法，对实际发生的工程量增减、设备和材料价差等进行调整后计算和确定的价格</td></tr>
<tr><td>竣工决算</td><td>工程完工后</td><td>根据施工图设计图纸将设计变更和施工变化等方面的因素考虑进去，对施工图预算进行最后调整补充的工程建设最终造价</td></tr>
</table>

由以上可知，公路工程造价的编制泛指估算、概算、预算、标底、报价、工程结算和竣工决算等工程造价文件的编审工作。工程建设不论其投资来源和隶属关系如何，都必须按基本建设程序办事，进行工程建设各阶段的工程造价文件的编制。

5.2.2 工程造价管理方式

管理是针对一个组织单元而言，是通过市场经济选择，科学、合理、优化配置资源，有组织地达到低投入、高产出的目的的行为。公路工程造价管理涉及管理学科分类有农村区域发展、土地资源管理、公共事业管理、行政管理、人力资源管理、工程管理、信息管理与信息系统、管理科学等，公路建设主要应用工程管理学、行政管理学、信息管理学进行工程造价管理。公路工程造价管理具有工程管理和行政管理职能和作用。工程造价管理组织，是指为了实现

- 建设程序
  - 建设前期
    - 项目建议书投资估算——估算指标中的综合指标、投资估算编制办法
    - 预可行研究或工程可行性研究投资估算——估算指标中的分项指标、投资估算编制办法
  - 设计阶段
    - 初步设计概算——概算定额、概预算编制办法
    - 技术设计修正概算——概算定额、概预算编制办法
    - 施工图预算——预算定额、概预算编制办法
  - 施工准备
    - 标底——预算定额
    - 报价——企业定额
    - 合同价
  - 施工阶段
    - 中间结算
  - 竣工验收
    - 竣工结算
    - 竣工决算

图 5-1 建设程序和各阶段工程造价的关系

工程造价管理目标而进行的有效组织活动，以及与工程造价管理功能相关的有机群体。它是工程造价动态的组织活动过程和相对静态的工程造价管理部门的统一。

随着国家经济体制改革的深入和对外开放政策的实施，现已逐步将基本建设工程概算预算定额管理的方式，转变为工程造价管理的方式，充分体现了对基本建设工程造价的高度重视和管理的更高要求。

(1)重视和加强建设项目决策阶段的投资估算管理，努力提高可行性研究报告投资估算的准确度，切实发挥其控制公路建设项目总造价的作用。

(2)明确概算预算工作不仅要反映设计、计算工程造价，更要能动地影响设计、优化设计，并发挥控制工程造价、促进合理使用建设资金的作用。工程经济人员与设计人员要密切配合，做好多方案的技术经济比较，通过优化设计来保证设计的技术经济合理性。要求明确规定设计单位逐级控制工程造价的责任制度。

(3)从建设工程也是商品的认识出发，以价值为基础，确定建设工程的造价和建筑安装工程的造价，使工程造价的构成合理化，逐渐与国际惯例接轨。

(4)把竞争机制引入工程造价管理体制，打破以行政手段分配建设任务和施工单位依附于主管部门吃大锅饭的体制，冲破地区封锁，在相对平等的条件下进行招标承包，择优选择工程承包公司和设备材料供应单位，以促使这些单位改善经营管理，提高应变能力和竞争能力。

(5)提出用“动态”方法研究和管理工程造价。研究如何体现建设项目投资额的时间价值，工程造价管理机构应定期公布各种设备、材料、工资、机械台班的价格指数以及各类工程造价指数，应尽快建立地区、部门以至全国的工程造价管理信息系统。

(6)分析研究对工程造价的估算、概算、预算、承包合同价、结算价、竣工决算实行“一体化”管理，并研究如何建立一体化的管理制度，改变过去分段管理的状况。

(7)工程造价咨询业的产生并逐渐发展。作为受委托方委托，为建设项目的工程造价的合理确定和有效控制提供咨询服务的工程造价咨询单位在全国全面地迅速发展，造价工程师执业资格制度正式建立，中国建设工程造价管理协会及各专业委员会和各省、市、自治区工程造价管理协会普遍建立。

5.2.3 工程造价管理特点

公路工程造价管理必须是根据基本建设程序，按照价值规律，利用科学管理手段，合理的确定工程造价，以提高公路工程投资效益。公路工程造价管理特点如下：

1. 政策性

政策是国家政权机关为了实现自己所代表的利益与意志，以权威形式和标准化方式规定了在一定的时期内，应该达到的目标、遵循的行动原则、完成的任务、实行的工作方式、采取的一般步骤和具体措施。公路作为国家基础设施，其建设具有一定的政治、经济及国防意义。因此，公路工程建设项目从立项到实施必须认真贯彻国家的建设方针、技术政策，按经济规律办事，工程造价必须受约于这些影响。公路作为国家基础设施，决定了政府处于主要的投资主体地位，并将在较长时期内占有相当大的投资份额。这就决定了政府在交通建设项目的工程造价管理中的主导地位。

2. 社会性

社会是共同生活的人们通过各种各样社会关系联合起来的集合，其中形成社会最主要的社会关系包括家庭关系、共同文化以及传统习俗。微观上，社会强调同伴的意味，并且延伸到为了共同利益而形成的自愿联盟。宏观上，社会就是由长期合作的社会成员通过发展组织关系形成的团体，并形成了机构、国家等组织形式。社会性是生物作为集体活动的个体，或作为社会的一员而活动时所表现出的有利于集体和社会发展的特性。公路工程造价是指公路从筹建到竣工验收所需支付的全部建筑安装费、设备工器具购置费以及其他建设工程费用，所有这些都与社会各个方面有着密不可分的联系，说明了工程造价管理具有社会性。

3. 技术性

公路工程造价管理是一项技术性、政策性很强的工作，直接关系到公路建设投资效益。要做好此项工作，除了建设单位、设计单位及施工单位共同努力外，必须要有公路工程造价管理机构，并在其管理范围内赋予相应的行政职能。必须配备一支责任心强、懂技术，有专业知识、有政策水平的公路工程造价管理队伍。目前，省级以上的公路工程造价管理机构已基本健全和完善。由于公路工程造价管理工作的特殊性，要求从事这项工作的人员必须要有实事求是、认真负责的工作作风，要有严密、谨慎的科学态度；需要有扎实的公路桥梁专业基础，需要有丰富的工程计价经验。

公路工程建设是基础设施建设的重要组成部分，必须严格按基本建设程序组织实施。技术的先进性、经济的合理性是一个建设项目的重要内容，必须从全方位、全过程着手加强公路工程造价管理。应该看到，技术与经济相结合是合理确定工程造价最有效的手段。

4. 多样性

公路运输快捷、灵活直达及运价低等特点逐步被社会公众所认识，公路给沿线带来的社会效益、经济效益日益显著。各地区、各部门对修建公路的积极性空前高涨，在国家投资有限的情况下，出现了多渠道筹资修路的可喜局面，现阶段主要有国家投资、引进外资、社会集资及民办公助等形式，即公路建设筹资的多样性。

5.2.4 工程造价管理职能

交通运输部是行政主体，拥有主管全国交通工作的职权与职责。所谓行政主体，是指依法享有国家行政权力，以自己的名义实施行政管理活动，并独立承担由此产生的法律责任的组织。行政主体是一个法律概念，行政主体不只是一个行政管理组织，更重要的是一个法律行为主体，独立拥有行政职权与职责，以自己的名义做出行政行为和参加法律活动，能够有资格成为行政行为主体、行政复议被申请人、行政诉讼被告人和国家赔偿义务机关。行政主体资格的构成要件包括四项：

(1)行政主体是依法定程序批准成立的组织；

(2)行政主体应当具备一定的组织机构和职位人员编制；

(3)行政主体拥有法定的独立职权与职责；

(4)能以自己的名义实施行政活动和承担法律责任。

交通运输厅及县级以上地方人民政府交通运输主管部门，拥有主管本行政区域内的交通工作的职权与职责。交通建设工程造价管理站是交通运输主管部门职能的延伸，是交通建设工程造价管理的主体，是为政府的建设工程造价决策提供服务的部门。

5.2.5 工程造价管理职责

国家交通行政主管部门的工程造价管理机构在全国范围内行使管理职能，它的工程造价管理工作职责是：

(1)组织制定工程造价管理有关法规、制定并组织贯彻实施；

(2)组织制定全国统一的公路工程定额和工程定额的修订工作；

(3)组织制定全国统一的工程计价办法和工程计价办法的修订工作；

(4)监督指导全国统一的工程定额和工程计价办法的实施；

(5)组织制定全国统一的工程造价专业技术人员执业资格标准。

省级交通行政主管部门的工程造价管理机构在全省范围内行使管理职能，它的工程造价管理工作职责是：

(1)认真贯彻执行国家、省和交通运输部等有关部委关于工程建设和工程造价管理的方针、政策、法律、法规；监督、检查有关计价依据的执行情况；制定本省的工程造价管理办法，报交通运输厅批准后组织实施，同时报交通运输部备案。

(2)组织本省交通建设工程定额的测定，编制、修订本省交通建设工程预算定额；负责编制、修订本省的补充计价规则和计价办法，经批准后组织实施，同时报交通运输部工程造价管理机构备案。参加交通运输部组织的全国统一的交通基本建设各阶段计价依据的编制和修订工作。

(3)负责由省审批或上报的交通建设项目的投资估算、初步设计概算、施工图预算文件的审查，并提出审查意见，为交通主管部门审批或上报提供依据。监督审查工程量清单的编制及清单预算。

(4)监督检查重点交通建设项目的投资执行情况和工程结算情况，分析投资的执行情况及存在的问题，发现不合理的重大设计变更情况应及时向厅报告。

(5)负责交通建设项目重大设计变更预算、调整概算的审查，为交通运输主管部门审批提供依据。

(6)负责审查竣工决算，并出具审核报告；参加本省交通建设项目的交(竣)工验收，参与组织交通建设项目后评价工作。监督审查养护工程造价。

(7)按照国家规定负责交通建设工程造价咨询机构和人员的资质(格)管理。

(8)建立全省工程造价信息网络系统，负责本省交通建设工程造价资料的收集、整理，定期发布人工、材料、机械、调价指数等价格信息；搜集、储存、分析已完工工程的造价资料，建立工程造价数据库，定期向交通运输部工程造价数据库提供信息；实施全省交通建设工程造价计算软件的开发和管理。

(9)负责解释工程定额计价规则，调解工程造价争议；受有关部门委托，对交通建设工程造价仲裁提供鉴证。

5.2.6 工程造价管理任务

交通建设工程造价管理的主要任务是贯彻执行国家经济政策，制定交通基本建设合理、科学的定价依据，研究和处理有关工程造价问题；审查建设项目的估算、概算、预算、决算等，监督管理工程施工计价行为；按照国家规定负责咨询机构及其从业人员的资质(格)管理；调解工程造价争议；收集、整理、发布有关工程造价信息。

交通建设工程造价管理是强化工程造价的约束机制，维护有关各方的经济效益，规范价格行为，促进微观效益和宏观效益的统一。工程造价管理包括工程投资费用的管理和工程价格管理。工程建设投资费用管理是指为了实现投资的预期目标，在拟定的规划、设计方案的条件下，预测、计算、确定和监控工程造价及其变动的系统活动。工程价格管理属于价格管理的范畴，包括生产企业在掌握市场价格信息的基础上，为实现管理目标而进行的成本控制、计价定价和竞价的系统活动；也包括政府根据社会经济发展的要求，利用法律手段、经济手段和行政手段对价格进行管理和调控，以及通过市场管理规范市场主体价格行为的系统活动。

5.2.7 工程造价管理原则

公路建设工程的参建各方，都必须运用科学的技术、科学的管理手段对工程投资所实施内容进行严格组织和监督。依据公路基本建设程序，从公路建设投资决策、设计、招投标、工程实施到竣工验收各阶段投资特点出发，总结公路工程造价管理的一些实践经验。公路工程造价管理原则是：

(1)主动影响与动态管理工程造价相结合，重视建设项目前期的分析论证，走技术与经济相结合之路，坚持以工程决策阶段和设计阶段为重点的投资控制方法。

(2)参建各方必须坚持全过程工程造价管理的思想，对公路建设工程投资进行全过程工程造价管理，改变过去分段管理的方式。

(3)应当加强公路建设的合同管理，从招标文件的编制、工程实施的过程中严格按照合同办事，严谨的合同可以使后期投资的节省。

(4)实现公路工程造价信息化管理，进一步改进我国公路建设工程的造价管理手段，采用现代化的工具提高参建各方的管理水平。

5.2.8 工程造价管理措施

工程造价的形成，是一个采用实事求是的原则影响工程造价的过程，更重要的是需要一个合理确定工程造价的过程。公路工程造价贯穿工程建设的全过程，即包括工程决策阶段、工程设计阶段、工程实施阶段和竣工阶段。工程决策阶段和设计阶段是工程造价管理的基础，它直接影响决策之后的工程实施效果，是研究和分析公路建设项目的经济效应的重要依据。公路工程造价管理贯穿于建设项目的可行性研究报告、设计、施工到竣工交付使用(含缺陷责任期)全过程，应遵循经济规律，合理确定工程所需费用，并分析影响建设期工程造价变化因素，应对工程造价实行动态管理。

1. 工程决策阶段造价管理措施

工程决策是对拟建工程进行必要性和可行性的技术经济论证，对不同的工程方案进行技术经济比较、选择及做出判断和决定的过程。公路建设工程的预可行性研究、可行性研究、计划书等，是建设工程决策阶段的重要工作内容。该阶段决定工程方案和工程造价，确定建设工程立项，影响工程造价的因素是：

(1)工程决策阶段是正确确定建设项目计划投资数额的关键，对投资者准确投资和确定目标具有重大意义。不论何种项目，该阶段工作的核心是编制符合实际的投资估算，对于后续的初步设计概算、施工图预算，实现投资者预期的投资效果有着重大的影响。

(2)就公路建设而言，公路建设工程必须根据公路网规划的公路建设路线及时序进行。地方公路是在公路网规划中的项目，应选择社会效益好的、有影响的项目开工建设。

(3)建设工程立项是以各工程方案的投资估算作为方案选择的主要依据，根据投资者的投资意图，综合考虑多种因素，对建设项目进行多方案的技术经济分析和经济评价，选择出技术可行、经济合理的工程方案，确定工程规模和投资规模。

(4)工程定位起决定性的影响，成功的工程定位确定了工程实施的路线和方针；

(5)建设工程标准涉及工程规模、投资规模、占地规模等内容，是衡量工程是否合理的客观尺度。

(6)设计方案策划与工程造价密切相关，工程决策阶段需要在准确定位的基础上进行工程方案的策划，用于给设计单位提出指导与要求。

2. 工程设计阶段造价管理措施

工程设计是在技术和经济上对拟建工程的实施进行全面安排，是工程建设的活力和灵魂，是科学技术转化为生产力的纽带，是处理技术与经济关键性环节，是具体实现技术与经济对立统一的过程，是确定工程造价的重点阶段。经过建设工程决策阶段研究之后，其质量直接影响工程建设的质量好坏、投资回报和工程效益。工程设计阶段一般分为初步设计阶段、技术设计阶段、施工图设计阶段。按照工程造价管理原则，初步设计概算及施工图预算要求全面准确，力求不漏项，不留缺口。在选择施工方案时，应从我国实际出发，以提高投资效益为前提，积极而稳妥的采用先进的技术方案和成熟的新技术、新工艺。

1)反馈造价信息影响工程设计

设计应从安全、功能、标准和经济等方面全面的考虑，首先是确定一个比较合理的设计方案。从建设方案的优选开始，就应该将工程造价的影响渗透到设计的全过程中。设计单位和设计人员必须树立工程经济的观念，克服重技术轻经济、设计保守浪费脱离国情的倾向。设计人员与工程经济人员要密切配合，严格按照设计任务书规定的投资估算做好多方案的技术经济比较，要在降低工程造价上下工夫。工程经济人员在设计过程中应及时的对工程造价进行分析对比，反馈工程造价信息，能动的影响设计，以保证合理确定工程造价。

2)工程方案比选技术先进经济合理

设计方案比选就是通过对工程设计方案的经济分析，从若干个设计方案中选出最佳方案的过程。由于设计方案的经济效果不仅取决于技术条件，而且还受不同地区的自然条件和社会条件的影响，设计方案比选时，须综合考虑各方面因素，对方案进行全方位技术经济分析与比较，须结合当时当地的实际条件，选择功能完善、技术先进、经济合理的设计方案。设计方案选择最常用的方法是比较分析法。其原则如下：

(1)必须要处理好经济合理性与技术先进性之间的关系；

(2)必须兼顾近期与远期的要求；

(3)必须兼顾建设与使用，考虑建设项目全寿命费用。

在公路工程设计中，影响工程造价的主要因素有路线平纵面设计、构造物结构方案的比选确定、建筑材料的选择应用等。

3)增强标准化工程设计意识

公路建设工程标准设计，来源于工程建设的实践经验和科研成果，是工程建设必须遵循的科学依据。标准设计一经颁发，建设单位和设计单位要因地制宜积极采用。且在采用标准设计中，除了为适应施工现场的具体条件而对施工图进行某些局部改动外，均不得擅自修改原设计。广泛采用标准设计，可以节约建筑材料，降低工程造价。由于标准构配件的生产是在工厂内批量生产，便于预制厂统一安排，合理配置资源，发挥规模经济的作用，节约工程材料。据统计，采用标准构配件可降低建筑安装工程费用15%。

4)完善工程设计的管理工作

设计单位认真做好图纸审查工作，可以减少图纸中的错、漏现象，使设计阶段的概算预算更为准确。图纸本身不完善或设计深度不够,将导致在施工阶段的设计变更增加,从而导致投资的增加。对于业主而言,要防止此现象发生,让设计单位提高设计深度,完善设计图纸,应注意:

(1)在设计阶段确定建设的最终方案,避免在施工阶段提出更改;

(2)给设计单位充足的设计时间,加强设计的前期准备工作,如勘察、钻探等,设计时间过短,将导致设计深度不够,图纸不完善;

(3)选择合适的设计单位,合理的设计费用,设计费用过低,设计人员的积极性不大,图纸质量较难保证;

(4)对由于设计单位的原因造成的设计变更而产生的投资失控,应明确其应承担的责任。同时,不允许出现边设计边施工的现象。

3. 工程招投标阶段造价管理措施

公路建设工程招投标阶段的造价管理措施是合理确定工程标底,具体择优选取工程施工队伍、选择工程材料和设备等方面,积极推行工程公开招投标制度。

1)选择工程施工队伍

通过工程招标方式选择好的施工队伍,是工程实施的关键。通过招标选定的施工单位,首先其报价应是合理的,除此外,其资质、信誉、管理水平、施工水平等也是较好的。

2)合理确定工程标底

标底是招标工程的预期价格,是招标者对招标工程所需费用的测算,也是投标人判断投标报价合理性的依据,更是双方对工程技术、工程施工组织方案的明确和认识。标底价格应由成本、利润、税金等组成,一般应控制在批准的总预算及投资包干的限额内。招标工程标底也可由招标控制价来充当。

3)合理确定施工承包价格

施工承包价格与施工企业的利益紧密相关,是建设项目工程造价的重要组成部分,建设项目管理单位应根据实事求是的原则合理确定施工承包价格。同时,工程造价管理部门应对工程价格作宏观调控和监督。

4)严格管理工程材料和设备

在工程造价中,材料、设备费用所占的比重很大,其采购供应和管理是否科学,不仅直接影响工程质量,而且影响着工程造价。严密工程承发包合同。通过招标投标选定施工队伍,即可签订建设工程承发包合同。合同的订立,使得工程造价进一步明确、清晰,投标书中已明确的合同条款在签订时不得更改,合同价即为中标价。

4. 工程实施阶段造价管理措施

施工阶段进行造价控制的基本原理是把计划投资额作为投资控制的目标值,在工程施工过程中定期地进行投资实际值与目标值的比较,通过比较发现并找出实际支出额与投资控制目标值之间的偏差,分析产生偏差的原因,并采取有效措施加以控制,以保证投资控制目标的实现。

1)制定合理的资金使用计划

由于施工阶段的投资强度远高于其他阶段,因此为了控制施工阶段的工程造价,造价工程师必须制定一个资金使用计划,既要能保证工程建设有足够的资金不致因资金供应不足或不及时而影响工程建设的进度,又要尽可能不占用过度的资金以减少利息的支出,减少资金筹措的困难。

2)认真做好施工组织设计方案

为了控制工程造价,每一个建设工程都应在保证质量的前提下,对各种施工方案进行技术上、经济上的对比分析,从中选出最能合理利用人力、物力、财力资源的方案。

3)应按合同要求履行职责

由于项目业主或其他方面的原因,致使施工单位在项目施工中付出了额外的费用或造成了损失,施工单位可以通过合法途径和程序,通过谈判、仲裁或诉讼,要求建设业主偿还其在施工中的费用损失。

4)加强现场施工管理

首先,在施工前认真做好图纸会审和技术交底工作,听取各方意见和合理化建议,及时变更设计。其次,做好工程质量管理。严格控制施工现场的每一隐蔽工程签证,建立完备的掩蔽工程现场签证手续。要合理安排施工顺序,按照工程施工本身的要求和内在规律,加强施工现场的组织协调,充分发挥现有机械设备的作用,搞好物资调运,确定劳动力、机械、材料及资金等的组合方式,以避免不必要的重复劳动,节省人力、物力消耗,降低工程成本。在施工过程中,一定要按相关程序办事、尊重科学、避免盲目指挥造成的浪费,力争将工程预算控制在设计概算以内。工程竣工结算时,应严格把好审核关,同时要求相关审核人员具有深厚的专业基础和良好的职业道德。在工程结算管理方面，主要应做好三项工作：

(1)严格审核工程量

对施工过程中出现的设计变更、现场签证等进行审核，要求审核人员对施工图纸、现场情况、现行预算定额中的说明、规定、计算规则都很清楚。在工程量审核时，要求施工单位报送相应的工程量计算式，建设单位编制一份完整的结算书，准确地计量审核。不能简单的在施工单位报送的结算书上进行计量审核。

(2)审核分项正确性

审核人员对图纸内容、工程定额项目的划分及工程定额项目所包含的内容要很熟悉，不得重复列项，且要有说服力。

(3)审核项目单价

对有些模棱两可的项目，不得任意取最高值，对工程定额缺项的不得任意高估，要结合实际情况分析计算。

5. 竣工验收阶段造价管理措施

建设项目竣工验收是指由建设单位、施工单位和建设项目验收委员会，以建设项目批准的设计任务书和设计文件以及国家或部门颁发的施工验收规范和质量检验标准为依据，遵循一定的程序和手续，在项目建成并试生产合格后，对建设项目的总体进行检验和认证、综合评价和鉴定的活动。所有竣工验收的建设项目在办理验收手续之前，必须对所有的财产和物资进行清理。搞好竣工决算，及时、准确的审查建设项目竣工决算，这是控制工程造价的最后一个环节。因此，要通过设置行业内部的结算审核制度，规范实施过程中的工程造价管理行为，强化工程造价控制手段。

1)搜集资料打好基础

由于在施工中经常会出现各种变化，如地质条件的变化，材料的代换，工程量的增减等，使得在工程竣工决算时，应付给施工企业的工程价款总额往往不等于原合同金额。因此，建设项目业主应根据实际发生的变化，及时将设计变更、工程签证、隐蔽工程验收等情况记入台账，为及时、准确的审核建设项目竣工决算打好基础。

2)做好竣工决算的审核工作

(1)首先以图纸为主，审查工程量计算是否准确

审查所报工程量是否与设计图纸、工程变更所要求的工程量一致，超出设计图纸要求而无签证的工程量不予以认可。

(2)审查单位套用是否正确，新增项目单价是否合理

审查各分项工程的名称、规格、计量单位、所包括的工程内容及单件是否与原合同一致；对新增项目的单价，其组件应合理，价格水平应与原投标报价相一致。

(3)量价计算复核

借助电脑软件等工具，对承包人所报量价的计算过程进行复核，避免计算错误，确保结算、决算准确无误。

5.2.9 工程造价控制

工程造价控制是工程造价管理的目的。工程造价管理的核心部分是工程造价的控制，或者说在工程造价管理的影响下，不使工程造价任意超出某一范围。

1. 工程规模控制工程造价

公路基本建设的一项工程造价，是在工程所在地的工程地质和工程环境、所选工程方案等影响下，以及所选技术标准的前提下确定工程规模，确定工程造价。由此说明，工程造价是受约于工程规模。总体来说，不同的工程地质条件、不同的技术标准影响会制约工程造价，因此工程造价可以通过工程技术实现。

2. 优化设计控制工程造价

公路建设管理部门不允许由于设计深度不够，而使工程造价得不到控制；而是严格要求技术与经济相结合，分析研究工程实际问题与工程造价的关系，合理确定工程造价。

1)设计直接影响工程造价

公路建设的工程立项和设计阶段对确定工程造价有很大的作用。工程可行性研究报告、初步设计、施工图设计对工程规模和投资规模有相互复核作用，也有相互限制的作用，公路工程造价应该能够在各设计阶段(纵向)得到控制。

(1)工程可行性研究报告经过路线方案比选、技术与经济分析，确定建设规模、技术标准和本阶段投资估算；

(2)初步设计经过局部方案比选，较深入地进行路线平、纵、横及构造物的设计，确定工程数量和公路、桥梁基本造价；

(3)施工图设计进一步深化设计，核算工程数量、建设资金；预算是考核施工图设计经济合理性的依据，指导招投标报价和配备项目建设所需资源。

2)工程定额影响工程造价

公路工程造价可能受到各个方面的影响和作用。但是，工程造价总体上是受工程设计的影响和在工程定额的指导下进行。

(1)工程定额的作用

公路工程定额是工程技术标准之一，是工程计价的依据。公路工程估算指标、概算定额、预算定额，分别在工程可行性研究报告、初步设计、技术设计、施工图设计中起到非常重要的作用，甚至在工程施工阶段工程定额仍然在起作用。

(2)技术经济指标的作用

在公路建设项目复杂的情况下必须分析和研究工程造价结果——技术经济指标。桥梁工程师用这种分析比较方法选择较为经济的上下部结构；路线工程师用这种分析比较方法在多个方案中选举推荐方案；造价工程师用这种分析比较方法(感性)判断计算结果的对和错。费用比例与技术经济指标一样，都有合理确定和有效控制工程造价的作用。

(3)公路建设经济政策的作用

公路建设优惠政策有公路征地拆迁补偿费每公里指标、钢材水泥和油燃料单价、车辆养路费征收标准等。

3. 建设程序控制工程造价

公路工程造价一方面是由公路工程设计确定，另一方面是由工程管理确定，即其中包括工程技术咨询、工程造价审查等，致力于工程方案、技术标准、工程规模评审和工程定额、计价规则、工程造价、资质管理等内容的审查。工程设计说明了直接控制的微观管理，工程管理说明了间接控制的宏观管理。在公路建设市场尚未完全成熟时期，应开始和着重研究公路工程造价的宏观管理，做好基础工作，正确引导公路建设市场工程价格的健康发展。

下一阶段的工程造价应控制在上一阶段工程造价的允许范围之内。工程概算应控制在批复的投资估算 ±10%范围之内，施工图预算应控制在批复的概算范围之内。

4. 加强管理影响工程造价

工程造价管理主要以合理确定工程造价为重点，采取全过程全方位的管理方针予以保证。公路建设项目的工可估算、初设概算、施工图预算、变更设计预算、工程决算都需要经过造价管理单位审查，报交通运输主管部门审批。

1)正确处理工程设计与造价的关系

工程设计一方面是表现工程实体功能上的需要，另一个方面是体现技术与经济的对立统一关系，就是我们经常称之的“技术经济指标”的合理性、实时性。技术经济指标的合理性体现了工程设计的经济性原则，技术经济指标的实时性体现了工程技术决定工程造价的规律。

2)提高工程造价管理意识培养复合型人才

设计阶段是控制工程造价的关键，施工阶段也是控制工程造价和杜绝浪费的关键。工程造价管理要上台阶一是靠管理体制，二是靠技术人才。必须加大推行造价工程师执业资格制度，设计阶段、施工结算都要有造价工程师执业。而且要打破只有造价工程师参入造价管理工作的格局，应进一步要求设计单位主任工程师既要有高级工程师职称，又要有造价工程师资质才能胜任其职。施工单位、建设项目管理单位也应要求更多的技术人员共同参入造价管理工作，各个部门都能提高造价管理意识，发现和培养更多的复合型人才，齐抓共管才能合理确定和有效控制工程造价。

5. 重视工程定额管理有效控制工程造价

公路工程定额是由交通运输主管部门通过审批程序颁发，其中包括工料机消耗定额和费用定额两大类。工程定额是工程计价的基础，应加快完善工程定额管理体系，加快工程造价标准体系建设。要利用交通部门多年来积累的工程造价资料，开展公路工程计价依据、计价规则、造价编制办法等方面的研究工作，及时分析工程定额中存在的问题并加以解决，使工程定额更为科学合理，保证根据工程定额编制的工程造价能够反映工程的实际水平，为合理确定工程造价打下基础。

5.3 公路工程定额管理

工程定额管理是指利用工程定额来合理安排和使用人力、物力、财力的一种管理方法，是信息的采集、加工、传递、反馈的过程。工程定额管理具体表现在建立和健全工程定额体系，制定和修订工程定额，保证工程定额的贯彻执行，检查和分析工程定额中存在的问题，认真总结工程定额管理经验等。公路工程定额是由交通运输主管部门通过审批颁发，具有法令性质，其中包括工料机消耗定额和费用定额两大类。工程定额是工程实践经验的科学总结，工程定额中所列工料机消耗量是通过对大量工程实践数据统计、分析、归纳、总结取定的，并体现社会平均水平。

5.3.1 工程定额的含义

工程定额是指合理的劳动组织和合理地使用材料与机械的条件下，预先规定完成单位合格产品消耗资源数量的标准。

1. 工程定额管理的二重性

工程定额管理的二重性主要取决于管理的二重属性。管理的二重性即自然属性和社会属性。管理的自然属性是生产和劳动社会化的客观要求。凡是人类共同劳动，就需要管理。它不受社会经济形态和社会制度不同的影响。管理的社会属性，主要取决于生产关系。任何劳动都处在一定的生产关系之中，因此管理带有生产关系的烙印。

工程定额管理是一项长期、不间断的工程造价管理基础工作。为进一步加强这项工作，需要工程造价管理部门根据收集积累的工程造价资料，对某些定额水平明显不合理的定额子目，及时进行部分调整发布信息；组织技术人员对目前技术基本成熟，在未来具有广阔应用前景的新设备、新技术、新材料、新工艺进行调查和测定，及时发布补充定额，及时发布材料价格信息，及时发布工程造价信息。使工程定额能够比较准确地反映目前的建设施工技术水平，保证工程定额作为工程造价依据的科学性。

2. 工程定额水平

工程定额水平就是定额标准的高低，它与生产因素及生产力水平有着密切的关系，是一定时期社会生产力的反映。工程定额水平高就是反映生产力水平高，完成单位合格产品所消耗的资源少；工程定额水平低就是反映生产力水平低，完成单位合格产品所消耗的资源多。影响工程定额水平的因素有：

（1）被考察工人的技术水平、心理因素、劳动态度等；

（2）被考察对象的机械化程度；

（3）新材料、新工艺、新技术、新设备的应用；

（4）企业的组织管理水平；

（5）劳动生产环境；

（6）产品的质量及操作安全等因素。

因此，工程定额水平的确定必须从实际出发，根据生产条件、质量标准和现有的技术水平，选择先进合理的操作对象进行观测、分析和计算而定；并随着生产力水平的提高而进行补充修订，以适应生产发展的需要。工程定额应起到调动职工积极性、提高劳动生产率、降低工程成本、保证质量及工期的作用；因此，既要考虑工程定额的先进合理性，还要考虑在正常条件下，多数人经过努力均可达到且少数人可能超额的情况。

5.3.2 工程定额的分类

工程定额一般可按生产要素、定额用途、适用范围、专业性质分四类。其中按生产要素分类是工程计价基本形式。

1. 按生产要素内容分类

在施工生产过程中起主要作用的有三大要素，即劳动力、材料和机械。公路工程定额是建立在实物法计价的基础上，所以工、料、机三要素在公路工程定额中起主要作用。见表5-2。

工程定额按生产要素分类 表5-2

项目	表现形式	内容解释	计量单位	相关关系
劳动定额	时间定额	生产单位数量合格产品所消耗的劳动量标准	劳动定额单位/产品单位；如：工日/m^3	时间定额与产量定额互为倒数
	产量定额	劳动者在单位劳动量内完成合格产品的数量	产品单位劳动量单位；如：m^3/工日	时间定额与产量定额互为倒数

续上表

项目	表现形式	内容解释	计量单位	相关关系
材料定额	材料净消耗定额	在合理的施工条件下，生产单位合格产品所消耗的材料净用量	以材料的实物计量单位来表示；如：m，kg，t 等	材料消耗量 =（1 + 材料损耗率）× 完成单位产品的材料净用量
	必要损耗量	在施工过程中发生的自然和工艺性的损耗量	以材料的实物计量单位来表示；如：m，kg，t 等	
	材料产品定额	一定规格的原材料，在合理的操作前提下，规定完成合格产品的数量	件、块、根等可以表达产品数量的单位	
	材料周转定额	周转性材料（如模板、支架的木料）在施工中合理使用的次数和用量标准	表达为一次使用量和摊销量，其单位可用实物计量单位来表达	影响因素有：一次使用量；每周转使用一次材料的损耗；周转使用次数；最终回收折价
机械台班定额	时间定额	在一定的操作内容、质量和安全要求的前提下，生产单位数量合格产品所消耗的台班量标准	作业量单位/产品单位；如台班/m^3	机械台班消耗定额的时间定额与机械台班消耗定额的产量定额互为倒数
	产量定额	在一定的操作内容、质量和安全要求的前提下，机械在单位劳动量内完成合格产品的数量	产品单位/作业量单位；如：m^3/台班	机械台班消耗定额的时间定额与机械台班消耗定额的产量定额互为倒数
	费用定额	以机械的一个台班为单位，规定其所消耗的工时、燃料及费用等数量标准并可折算为货币形式表现的定额	金额/台班；如 334.8 元/台班，334.8 元中包括每台班所消耗的可变和不变费用	

2. 按定额用途分类

在基本建设活动中，工程建设工作所处的阶段不同，编制的造价文件主要依据也不相同。按工程定额的用途分类，有施工定额、预算定额、概算定额、投资估算指标等，见表 5-3。

工程定额按用途分类　　表 5-3

名称	内容	使用阶段	作用	特点	定额水平
施工定额	施工企业为组织生产和加强管理在企业内部使用的一种定额	施工阶段	是施工单位组织生产、编制施工组织设计、签发任务单、计算计件工资，进行经济核算等的依据	项目划分很细，是定额中分项最细、定额子目最多的一种定额，是工程建设中的基础性定额	平均先进定额
预算定额	确定工程造价、计算工料机使用量时使用的定额	施工图设计	是编制施工图预算的依据，也是编制概算定额、估算指标、进行设计方案技术经济比较分析的依据；是编制标底报标和工程结算的依据	产品计量单位比施工定额大	社会平均
概算定额	确定项目概算、计算工料机需要量时使用的定额	初步设计	是编制项目概算、修正概算的依据；设计方案比较的依据；编制主要材料需要量的计算基础	是在预算定额基础上加以综合而成的，定额中的工程项目单位都比较大	社会平均
估算指标	在编制项目建议书、可行性研究报告阶段计算投资需要量时使用的一种定额	项目建议书、可行性研究报告	是编制可行性研究报告投资估算的依据，用于确定设计方案的成本，判断是否经济可行；是编制建设项目建议书投资估算的依据，研究建设项目的经济合理性、公路网布局的合理性、用于编制长远发展规划等	是以各项工程的工、料指标、机械使用费为表现形式；其项目的划分与概算十分接近	社会平均

3. 按适用范围分类

工程定额按编制单位和执行定额的范围不同，分为全国统一定额、行业统一定额、地区统一定额、企业定额和补充定额，见表5-4。

定额按适用范围分类 表5-4

名称	编制单位	适用范围	内容
全国统一定额	国家建设行政主管部门	全国范围	分为两类：一类是通用性较强的；一类是专业性较强的，如公路工程定额
地区统一定额	省、自治区、直辖市	地区内	如建筑工程预算定额、市政工程预算定额、房屋修缮定额等结合各地区特点编制的工程定额
行业统一定额	各行业部门	在本行业和相同专业性质的范围内使用	是考虑到各行业部门专业工程技术特点，以及施工生产和管理水平编制的专业定额，如公路工程定额、矿井建设工程定额、铁路建设工程定额等
企业定额	企业自行编制	企业内部	如施工企业附属的加工厂、车间为了内部核算便利而编制的定额。企业定额水平一般应高于国家现行定额，才能满足生产技术发展、企业管理和市场竞争的需要
补充定额	一般由施工企业提出测定资料，与建设单位或设计部门协商议定	在指定的范围内使用只作为一次使用，并同时报主管部门备查	是指随着设计、施工技术的发展在现行定额不能满足需要的情况下，为了补充缺项所编制的定额，经过总结和分析，往往成为补充或修订正式统一定额的基本资料

4. 按专业性质分类

按照专业性质，工程定额可以分为建筑工程定额、装饰工程定额、安装工程定额、市政工程定额、园林绿化定额、修缮工程定额、人防工程定额、公用管线工程定额、沿海港口建设工程定额、水利工程定额等。

5.3.3 工程定额的特点

公路工程定额是由交通运输主管部门通过审批颁发，具有法令性质的，其中包括工料机消耗定额和费用定额两大类。工程定额是工程实践经验的科学总结，工程定额中所列工料机消耗量是通过对大量工程实践数据统计、分析、归纳、总结取定的，并体现社会平均水平。

1. 科学性

工程定额的科学性是指工程定额和生产力发展水平相适应，反映出工程建设中生产消费的客观规律，在工程定额管理方法和手段上能够适应现代科学技术和信息社会发展的需要。

(1)表现在用科学的态度制定工程定额，尊重客观实际，力求定额水平先进；

(2)表现在制定定额的技术方面，利用现代科学管理的成就，形成一套系统的、完整的、在实践中行之有效的方法；

(3)表现在定额制定和贯彻的一体化。制定工程定额是为了提供贯彻的依据，贯彻是为了实现管理的目标；

(4)表现在工程定额需要实践应用，反馈信息，不断完善。

2. 系统性

工程定额是相对独立的系统，它是由多种定额结合而成的有机的整体。它的结构复杂、层次鲜明、目标明确。工程定额的系统性是由工程建设的特点决定的。按照系统论的观点，工程建设就是庞大的实体系统。工程定额是为这个实体系统服务的，因而工程建设本身的多种类、多层次决定了以它为服务对象的工程定额的多种类、多层次。从整个国民经济来看，进行固定资产生产和再生产的工程建设，是一个有多项工程集合体的整体。其中包括农林水利、机械、煤炭、电力、石油、冶金、化工、建材、交通运输、邮电工程，以及商业物资、科学教育文化、社会福利和住宅工程等。这些工程的建设又有严格的项目划分，如建设项目下分为单位工程、分部工程和分项工程三项内容；在计划和实施过程中有严密的逻辑阶段，如规划、可行性研究、设计、施工、竣工交付使用，以及投入使用后的维修。与此相适应必然形成工程定额的多种类、多层次。

3. 统一性

工程定额的统一性，主要是由国家对经济发展的有计划的宏观调控职能决定的。为了使国民经济按照既定的目标发展，就需要借助于某些标准、定额、参数等，对工程建设进行规划、组织、调节、控制。

工程定额的统一性按照其影响力和执行范围来看，有全国统一定额，地区统一定额和行业统一定额等；按照定额的制定、颁布和贯彻使用来看，有统一的程序、统一的原则、统一的要求和统一的用途。

我国工程定额的统一性和工程建设本身的巨大投入和巨大产出有关。它对国民经济的影响不仅表现在投资的总规模和全部建设项目的投资效益等方面，还表现在具体建设项目的投资数额及其投资效益方面。

4. 权威性

工程定额是由国家或地方的被授权部门编制并颁发的一种法令性指标。在工程定额规定范围内，任何建设工程、任何单位都必须严格遵照执行。未经原编制部门批准，不能任意改变其内容和水平；工程定额的管理、修订和解释权，也属被授权部门。

工程定额的权威性的客观要求是制定定额的科学性。只有科学的定额才具有权威性。但是，在社会主义市场经济条件下，它必然涉及各有关方面的经济关系和利益关系。赋予工程定额以一定的权威性，就意味着在规定的范围内，对于工程定额的使用者和执行者来说，不论主观上愿意不愿意，都必须按工程定额的规定执行。在当前市场不规范的情况下，赋予工程定额以权威性是十分重要的。但在竞争机制引入工程建设的情况下，工程定额的水平必然会受市场供求状况的影响，从而在执行中可能产生定额水平的浮动。

在社会主义市场经济条件下，工程定额的权威性不应绝对化。定额毕竟是主观对客观的反映，定额的科学性会受到局限，定额的权威性也就会面对新的挑战，我们必须进一步强化工程定额的管理。

5. 指导性

随着我国建设市场的不断成熟和规范，工程定额尤其是统一定额原具备的指令性特点逐渐弱化，转而成为对整个建设市场和具体建设产品交易的指导作用。

工程定额的指导性的客观基础是定额的科学性。只有科学的定额才能正确地指导客观的交易行为。工程定额的指导性体现在两个方面：一方面工程定额作为国家各地区和行业颁布的指导性依据，可以规范建设市场的交易行为，在具体的建设产品定价过程中也可以起到相应的参考性作用，同时统一定额还可以作为政府投资项目定价以及控制工程造价的重要依据；另一方面，在现行的工程量清单计价方式下，体现交易双方自主定价的特点，投标人报价的主要依据是企业定额，但企业定额的编制和完善仍然离不开统一定额的指导。

6. 稳定性与时效性

工程定额中的任何一种都是一定时期技术发展和管理水平的反映，因而在一段时间内都表现出稳定的状态。稳定的时间有长有短，一般在5年至10年之间。保持工程定额的稳定性是维护定额的指导性所必须的，更是有效地贯彻工程定额所必要的。如果某种定额处于经常修改变动之中，那么必然造成执行中的困难和混乱，很容易导致定额指导作用的丧失。工程定额的不稳定也会给定额的编制工作带来极大的困难。

但是工程定额的稳定性是相对的。当生产力向前发展时，定额就会与生产力不相适应。这样定额原有的作用就会逐步减弱以至消失，需要重新编制或修订。

5.3.4 工程定额的地位

工程定额是管理科学的基础，也是现代管理科学中的重要内容和基本环节。我国要实现工业化和生产的社会化、现代化，就必须积极吸收和借鉴世界上各个发达国家的先进管理方法，必须充分认识工程定额在社会主义经济管理中的地位。

1. 工程定额是节约社会劳动、提高劳动生产率的重要手段

降低劳动消耗，提高劳动生产率，是人类社会发展的普遍要求和基本条件。节约劳动时间是最大的节约。定额为生产者和经营管理人员树立了评价劳动成果和经营效益的标准尺度，同时也使广大职工明确了自己在工作中应该达到的具体目标。从而增强责任感和自我完善的意识，自觉地节约社会劳动和消耗，努力提高劳动生产率和经济效益。在我国，整个社会的经济效益还很低，生产、建设和流通领域浪费资源和社会劳动的现象还很严重，因此，定额在这方面的作用更具现实意义。

2. 工程定额是组织和协调社会化大生产的工具

“一切规模较大的直接社会劳动或共同劳动，都或多或少地需要指挥，以协调个人活动，并执行生产总体的运

动……所产生的各种一般职能。”随着生产力的发展，分工越来越细，生产社会化程度不断提高。任何一种产品都可以说是许多企业、许多劳动者共同完成的社会产品。因此，必须借助定额实现生产要素的合理配置；以定额作为组织、指挥和协调社会生产的科学依据和有效手段，从而保证社会生产持续、顺利地发展。

3. 工程定额是宏观调控的依据

我国社会主义经济是以公有制为主体的，它既要充分发展市场经济，又要有计划经济的指导和调节。这就需要利用一系列定额为预测、计划、调节和控制经济发展提供出有技术依据的参数，提供出可靠的计量标准。

4. 工程定额在社会公平方面有巨大的作用

工程定额作为评价劳动成果和经营效益的尺度，也就成为资源分配的个人消耗品分配的依据。从工程定额管理角度分析，定额要适应社会主义市场经济发展的需要，要不断完善定额体系、内容和管理体制。

目前公路建设的工程定额管理工作，已经基本完善并形成了交通运输主管部门和有关专业部门自上而下的管理体系。交通运输部公路工程定额主管部门主管公路工程标准定额工作；各省、自治区、直辖市交通运输厅（局）设立交通建设工程造价管理站（或定额管理），行使相应的工程造价、工程定额的行政管理职能。

交通运输部根据公路基本建设的专项特点，编制和发布了与之相关的标准定额、指标和相应的估算及概算预算的编制办法。通用的全国统一预算定额由主编部门组织审查，报国家发改委批准颁发；其余的均由主管部门审批，报国家发改委备案。概算定额、预算定额指标和估算指标，分别由有关部门和各省、自治区、直辖市主管部门根据需要，在预算定额的基础上进行编制审批，报国家发改委备案。工程定额的补充工作应作为一项重要任务，经常收集整理分析有关资料，及时制定必要的补充预算定额，以适应工作的需要。费用定额按有关规定由各部门、省、自治区、直辖市制定颁布。

各部门、各地区的工程造价管理站为本部门、本地区的工程造价管理机构，其职能是制定工程造价管理制度；制定并管理工程建设的估算指标、概预算定额、费用定额、扩大材料消耗定额；搜集、储存、分析已完工程造价资料，建立数据库；掌握材料设备价格信息，预测价格上涨系数及发布结算价格指数；监督检查工程预算或招标承包工程的标底及中标价是否合理。交通建设工程造价管理部门，一般都是具有行政职能的事业单位。一是执行工程定额管理和工程造价管理的行政职能；二是从事工程定额和工程造价业务活动的咨询和研究。

5.3.5 工程定额的作用

公路工程定额是国家交通运输部关于公路建设行业的标准，是公路工程计价的依据。全国各公路建设项目，是在工程设计之后采用工程定额单件计价、分项工程计价、组合计价的统一计价方式，对各建设项目工程造价影响是均衡的。估算指标、概算定额、预算定额计价，对建设项目的估算、概算、预算影响也是均衡的。造价工程师，可以通过各种技术经济指标进行横向比较，反复研究工程造价。公路工程设计是分阶段进行、对应各阶段编制工程造价，造价工程师可以通过编制的估算、概算、预算结果进行纵向比较，多次影响工程造价。

1. 单件计价

单件计价是针对公路建设项目中工程设计的每一项工程物件内容，逐一按细目工程量、相应的工程定额、费用定额进行计价。以不重复、不遗漏设计物件，采用工程定额计价原则计价。

2. 分项工程计价

分项工程计价是针对公路建设项目中工程设计的每一个分项工程，在单件计价的基础上，进行统计汇总。

3. 组合计价

组合计价就是指对整个公路建设项目的设计内容全部计价，在分项工程计价的基础上分层次统计汇总，见图5-2。

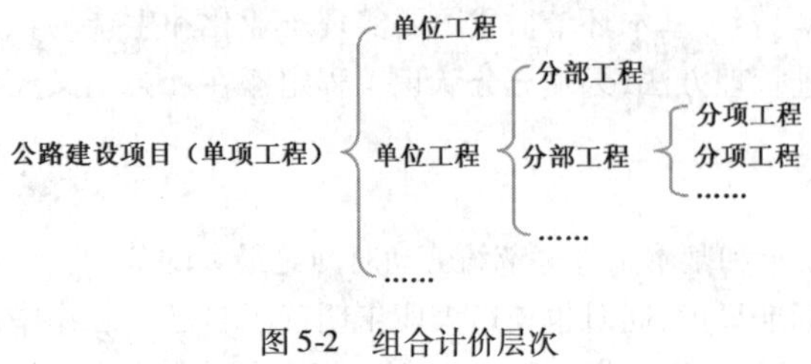

图 5-2　组合计价层次

工程定额是进行成本核算和成本分析的基础。工程定额，对于节约使用原材料，合理组织劳动，调动劳动者的积极性，提高设备利用率和劳动生产率，降低成本，提高经济效益，都有重要的作用。

5.3.6 工程定额管理

工程定额管理就是指定额的制定、执行、统计与分析、修订工作和相应的组织管理工作。从工作性质分，可以把定额的制定、执行、统计与分析、修订这四方面的工作称为定额的技术管理工作。

1. 工程定额管理原则

工程定额要适应社会主义市场经济发展的需要，不断完善工程定额的体系、内容和管理体制。

从工程造价管理角度谈原则，一是用好工程定额，检查工程定额的使用情况，才能合理确定和有效控制工程造价。二是编制和审定补充定额，工程定额缺项不行，使用未经审定的补充定额也不行，适时编审补充定额是合理确定和有效控制工程造价的关键。

2. 正确执行工程定额

对工程定额的贯彻过程就是定额的执行过程。工程定额的执行就是指将已制定了的先进合理的、有技术依据的定额贯彻到公路建设中去，并使该建设项目的各个方面都能在工程定额规定的范围内完成。如果每个定额在它的执行过程中都能被正确的贯彻和完成，那么，由它们的执行过程所组成的建设过程就会是一个具有先进的施工技术、合理的施工组织调配和高效率的过程，这样的建设过程结束之后，会给实施该建设项目的各个方面带来预期的经济效益和社会效益。由此看出，在建设过程中，能否正确执行每一个相关的定额，是建设项目取得效益的关键，所以必须加强这一关键环节的管理工作。

3. 检查和分析定额

检查、监督工程定额的执行情况，统计、分析定额水平的过程，可以为修订定额时积累大量的原始资料。它是工程定额的技术管理工作中的重要组成部分，是一项长期的、细致的、工作量很大的任务，又是贯彻落实各类经济核算制的必不可少的基础工作。

及时、全面掌握工程定额执行情况，需要加强对原始情况的记录，不但为正确检查、分析工程定额完成情况提供了真实的原始资料，还为准备进行经济核算提供了详细的依据。通过对大量统计资料和原始记录的分析工作，如对执行定额过程中的工作环境、工人技术等级和熟练程度、机械的完好程度、材料的质量等与定额要求的条件进行比较和分析，去伪求真，切实掌握工人和机械设备的实际生产效率，切实掌握定额的合理程度，完成、超额完成或未完成定额的原因，阻碍提高社会劳动生产率的因素等等，以便及时采取措施，扬长避短，巩固先进的生产管理水平，克服不利于生产的因素，就会促进社会劳动生产率的提高，同时还能切实掌握不合理的定额，并为修订工程定额积累资料。

4. 补充定额内容

当设计图纸上某项工程采用了新材料、新结构、新工艺、新设备，而现行的工程定额中又无相近的定额套用，在无法编制这类工程造价时，可以编制补充定额，作为这类工程计价的依据。凡有近似定额可以套用的，均不允许编制补充定额，但也不能随意套用工程内容不同和差异较大的定额进行工程计价。

(1)补充定额的内容和表现形式，如定额的计量单位、工程内容等必须与现行的同类定额标准一致。

(2)编制补充定额要做到科学合理、严谨准确、简明适用、便于从设计图纸中摘取工程量进行计价，同时要符合技术规范、施工安全操作规程和有关规定。

(3)要根据设计图纸按施工工序计算出全部工序的工程细目数量，以便将确定的定额子目折算成定额单位的工程含量，计算工料机消耗量。如无图纸资料，必须自行绘制草图，作为计算工程数量的依据。总之，要有依有据。

(4)人工、材料施工机械的基本消耗定额资料，可参照《公路工程预算定额》附录中的各种计算基础资料、基本定额、材料的周转及摊销等，作为编制补充定额计算分析的依据。当没有资料可利用时，应在确定合理的劳动组合、安全可靠的施工方法和最大可能的工时利用的原则下，通过必要的调查研究确定各种消耗水平，作为编制补充定额的依据。

(5)在编制公路工程概预算时，若施工机械台班费用定额缺项，可以编制补充定额。但必须参照制订同类型号施工机械台班费用所采用的基础数据资料，包括使用总台班、年工作台班、时间利用系数、大修理费和经常修理费标准、油燃料消耗的计算原则以及人员配备等作为计算编制依据，不得随意提高或降低标准。同时，要确定相应的产量定额，以便与台班费用定额配套使用。至于购置新的或进口同类型施工机械设备的补充定额，其编制原则和方法应按照国家统一规定，取定各项计算数据。

(6)要按照制订概算预算定额的方法和要求，编制人工、机械台班数量计算表，材料消耗数量计算表，其他材料费、小型机具使用费、设备摊销费计算表，基价及质量计算表，最后提出定额成果表并写出定额编制说明，作为公路工程造价文件的附件。同时，应抄送当地交通建设工程造价管理部门备案。若有普遍使用和推广价值的，定额管理部门可以作为工程价格信息进行交流。

5. 工程定额修订工作

工程定额的修订工作是指随着生产的客观条件不断变化,生产水平不断提高,从而对工程定额进行定期修订和补充的一项工作。工程定额是相对稳定在某一个时期的社会劳动生产率条件下的,一旦社会劳动生产率水平随着科学技术的进步而增长了,反映社会劳动生产率水平的定额水平也应及时调整。所以,工程定额的修订工作是一个长期的、连续性的工作。

工程定额的修订工作分为两种,一种是单项修订,一种是整体修订。单项修订一般是在实现了一定的技术组织措施以后进行的,或者是原规定的工程技术条件发生了较大的变化时,则根据所引起的定额各个组成部分的延续时间的变化来修订相应的工时消耗和所匹配的机械台班消耗定额。整体修订是由于工程定额使用时间过长,工程技术条件发生了变化,以及国家对基本建设工程的要求而进行的。

修订定额的方法同制定定额的方法相同。在经过调查研究、认真分析现有资料之后,反复到现场测定、核对,汇总各方面的资料,修订出具有代表性的、先进合理的定额,上报批准后方可使用,以此确保它的科学性和严肃性。

5.4 公路工程造价审查

工程造价审查是指对工程造价形成过程中的一切费用进行严格的复核和审查。工程造价审查是合理确定工程造价的必要措施和重要手段。及时纠正所存在的错误和问题,能够有效地影响工程造价,甚至可以说是能够保证公路建设目标的实现。因此,必须做好工程造价审查工作。

5.4.1 工程造价审查内容

工程造价审查包括概算预算审查、竣工决算的审查。审查的重点是工程定额、工程量、材料价格、取费标准等。

1. 审查范围

工程造价审查范围,包括工程行性研究报告估算、初步设计概算、技术设计修正概算、施工图预算、清单预算、竣工决算。

2. 审查工程造价文件

审查公路工程造价文件,主要包括建筑安装工程费用,设备购置费、工程建设其他费用等全部内容。应审查建设项目工程造价文件是否符合上一个阶段设计文件批准的要求和规定,如审查初步设计概算文件时,应掌握可行性研究报告批复的要求和规定。下列内容直接影响工程造价的确定:

①建设依据、重要意义、上一阶段设计文件的批复;路线或独立大桥的建设规模及修建性质;

②路线或独立大桥的主要特点;工程技术标准和主要技术指标;

③设计按几阶段,工程技术的设计审查专家意见执行情况;

④建设工期和资金筹措,以及是否有分期修建的要求;

⑤在技术方案中需要进一步研究的问题是否解决;

⑥设计方案和施工方案的合理性、正确性、经济性,着重是路线、路面、隧道、大桥、互通式立体交叉等方面。

3. 审查其编制依据

①交通运输部《公路工程技术标准》(JTG B01-2003)、规范等;

②交通运输部2007年以来关于公路建设估算、概算、预算定额、工程机械台班费用定额,省级交通运输行政管理部门关于工程预算的补充定额;

③交通运输部《公路工程基本建设项目概算预算编制办法》(JTG B06-2007),省级交通运输行政管理部门关于工程估算概算预算编制的补充办法;

④国家、省级、市级人民政府关于征地拆迁补偿安置办法、征地拆迁补偿安置标准;

⑤工程设计文件(即工程可行性研究报告、初步设计、技术设计、施工图设计)等。

4. 审查步骤

具体采取的审查步骤如下:

①审查工程量的误差分为正误差和负误差。对工程量的审查最重要的是熟悉工程量的计算规则。一是分清计算和限制范围,二是图示尺寸是否正确。防止计算错误产生,做到实事求是,准确计算,审查其合理性和有效性。

②审查单价,包括人工工日单价、外购材料和地方材料、土石方施工机械和混凝土施工机械等台班单价,以及施

工设备台班单价；审查机械台班单价，首先审查油然料单价以及车船使用税标准采用是否准确，此项影响工程造价较大；

③审查套用定额的准确性；工程定额具有科学性、权威性、法令性，它的形式和内容任何人在使用时都不能随意提高和降低；要理解定额所规定的工程内容，尤其是近似套用定额时要对其名称和内容加深理解；定额的调整必须是根据工程定额的章节说明或附注说明规定进行；

④取费应根据交通运输部颁发的《公路工程基本建设项目概算预算编制办法》或省级交通建设工程造价管理部门颁发的文件规定计算；审查时还应注意取费文件的时效性，执行的取费表是否与工程性质相符，费率计算是否正确等；

⑤提出对设计内容的修改意见，会同设计等单位完善设计文件；

⑥会议

5. 工程造价确定原则

公路建设总投资包括建筑安装费、设备购置费、工程建设其他费用、预备费等全部内容，工程造价确定的基本要求是准确性和合理性。确定原则如下：

①工程造价确定必须尊重客观事实，公平、公正、合理，不存偏见，坚持原则；

②根据标准、规范和工程实际等要求打足投资，不留缺口，且讲求投资效益；

③工程造价文件内容，应与设计文件内容一致，应与基本建设程序各阶段的要求和作用、深度相对应。

④设计概算（或修正概算）总额应控制在批准的投资估算的允许幅度范围之内，是建设项目投资最高限额，一般不允许突破；

⑤施工图预算总额应控制在已批准的设计概算或修正概算的范围之内；

⑥在已批准的初步设计或技术设计基础上进行施工招标的工程，其招标控制价应控制在批准的概算总额之内；在施工图设计基础上进行施工招标的工程，其招标控制价应控制在批准的施工预算总额之内。

5.4.2 工程造价审查方法

充分运用公路工程技术和施工方法等是合理确定工程造价的关键，掌握和灵活运用审查方法是确保审查质量、提高审查效率的关键。工程造价审查的方法很多，目前常用的审查方法有下列四种。

1. 对比审查法

对比审查法主要是通过建设规模、标准与批复文件对比，工程数量与设计图纸对比，各项取费与规定标准对比，材料人工单价与统一规定对比，经济指标与同类工程对比等。通过以上对比分析，容易发现存在的问题和偏差。另外可以在总结分析的基础上，找出同类工程造价及工料消耗的规律性，整理出用途不同、结构形式不同、地区不同的工程技术经济指标、工程量指标非常适用。

①工程方案不同，工程造价结果就不同，优化方案时需要对各种设计方案的工程造价进行对比；

②各单位工程、单项工程、分部工程、分项工程费用，应与同用途、同结构、同技术标准的工程，做技术经济指标的对比；

③采用同种材料、相同施工方法的工程技术经济指标的对比；

④单位面积、单位体积工程量指标的对比；

⑤估算、概算、预算的每公里工程造价，与相同地形、相同桥隧比例、相同公路技术等级作技术经济的对比。

针对这些比较，从中找出不符合规律、与技术经济指标不符的分项工程，分析较大差异的原因和问题，进行逐项修改。

2. 重点审查法

重点审查法就是抓住工程预算或概算中的重点进行审查的方法。这种方法类同于全面审查法，其区别仅是审查范围不同而已。该方法是有侧重的，一般选择工程量大而且费用比较高的分项工程作为审查重点，其他分项采用对比法审查。如基础工程、桥梁上部梁体工程等。

3. 全面审查法

全面审查是指按照全部施工图设计的要求，或全部初步设计的要求，按预算或概算中分项工程的工程细目，逐项全面地审查工程数量、定额消耗和取费费用的方法。其具体审查方法和审查过程，与编制工作的过程和方法基本相同。

4. 经验审查法

经验审查法是根据工程特点，采用积累的可比性数据，及时发现问题，找出差错，进一步重点抽查落实的一种方法。运用这种方法，要求审查人员具有较丰富的经验和判断能力。此种方法对较大的工程尤为适用。

5. 分组审查法

分组审查是把预算或概算中的项目划分若干个组，对应分组安排人员进行审查的方法。分组的意见汇总，分组审查的问题及时修改。

6. 单审和会审

单审是一个造价工程师审查或一个单位组织造价工程师审查。会审是多个造价工程师审查或组织多个单位的造价工程师会同审查；或以会议组织形式的审查，简称“会审”。

5.4.3 工程造价审查原则

工程造价编制是一项很烦琐而又必须很细致的工作，对审查人员要求具有一定的专业技术知识，包括工程设计、施工技术等一系列的知识，而且还要有较高的工程造价业务素质。

①应严格贯彻国家的方针、政策和执行有关制度；

②应遵循公路工程技术标准的要求，遵循设计规范、施工规范的要求；

③应执行公路基本建设工程估算、概算预算编制办法的规定；

④应执行公路工程估算定额、概算定额、预算定额的规定；

⑤工程设计方案最优，工程设计和工程造价都要真实的反映建设项目的实际内容；

⑥按照技术与经济相结合的原则编制设计文件和工程造价文件，做到工程的经济合理、不重不漏、数据准确等要求，设计文件和工程造价文件有较高的质量。

5.4.4 工程造价审查中常见的问题

1. 工程可行性研究报告估算中

①某三级公路估算，遗漏主副食运费补贴、工地转移的取费；各分项工程计价的物价上涨系数0.16%未计列，应检查修改。

②某路基土石方设计数量填挖平衡。计价土石方总量49.88万m^3，填方总量31.31万m^3。其中弃石方数量17.09万m^3，占挖石方总量的63%，弃石方数量偏大；弃土方数量1.48万m^3，占挖土方总量11.6%；借土方数量9.98万m^3，占填土方总量47%，借土方数量偏大。总体分析，一是在弃方数量偏大的情况，借土方数量就应该少，或不存在借方，或将弃方利用；二是弃石方数量偏大、借土方数量偏大，说明土石方调配不合理，或路基纵断面设计不合理。此类情况应查设计中存在的问题，尽可能减少弃方和借方，降低计价方数量，即降低工程费用。

③某高速公路项目特殊路基计列5.49亿元，费用明显偏高。其中软基处理长度设计为36.37km，占路线总长33.25%，与实际不符，设计不合理建议修改估算。

④某建设项目，机动车道路面设计宽度24.0m；估算中机动车道路面宽度23.75m，工程数量不足建议修改。非机动车道路面技术经济指标184.5元/m^2，机动车道路面技术经济指标163.96元/m^2，指标相差12.53%，分项工程估算中计算存在错误建议修改。

⑤某主桥桩基础直径在桥型总体布置图中标注为250cm，在横断面图中标注为220cm，桩径尺寸标注错误应注意更正。

⑥某桥梁长度中，未计算桥台长度不正确，应修改。

⑦斜拉桥方案的路线起终点不明确，图纸不全、估算不准确，应进一步修改完善。

⑧某项目的连接线工程，为二级公路标准，路线长度21.1km，不应计列服务设施费用，应核减该项费用。

⑨某改建公路，路基宽度10m；新征用地152.43亩，每延米公路平均新征地宽度9.93m太宽，没有充分利用老路基；其中水田、旱地、菜地和水塘共征用101亩、占总量的59%，不符合少占耕地的原则。

⑩某拟建公路长度35.1km，路基宽度12m，为银行贷款建设项目；建设期贷款利息估算中计列214万元费用不足，约为500万元应修改。

2. 初步设计概算中

①某新建公路，“路基每公里土石方数量表”中，挖方≠本桩利用方+远运利用方+弃方，土方设计填挖不平衡，土石方数量有错误，应修改。

②某公路防护设计,"路堤方格草皮护坡"表的第一页,设计漏列方格带铺草皮工程数量;概算计价应为方格带铺草皮和方格内植草两项。

③某公路设计的"路基边沟排水数量表"共5页,设计未分别统计A、B型水沟工程数量不合理,设计的工程数量表栏目划分不符合设计文件编制办法要求。

④某高速公路,第一设计标段、第三设计标段的涵洞数量指标分别为2.72道/km、1.98道/km,尽管有通道兼作涵洞,但根据实际情况仍然偏少,建议适当增加;第二设计标全部设计为盖板涵,数量100道,建议核查地质、地形条件适当考虑圆管涵,以降低工程造价。

⑤某高速公路,概算整体编排上存在问题。主线路面工程中按主线、互通、隧道、服务区、停车区、收费站、连接线路面分别计价;连接线单独编制概算,其路面工程不应列入主线工程内,否则不能反映主线、连接线各自完整的概算费用。

⑥某公路概算中,第二设计标段沥青混凝土上面层厚度4cm,技术经济指标71.01元/m^2计算存在错误,高出第一设计标段32%,应修改。

⑦某高速公路,第一设计标和第三设计标,漏计公路交工前养护费,应补充。第一设计标的绿化环保工程费用8490.2万元,平均272.3万元/km,工程造价偏高,主要原因是取弃土场防护工程量36.13万m^3工程规模过大,耗资7753.8万元,应修改设计。

⑧某概算中,计列定额测定费和工程质量监督费,根据财政部、发改委(财综[2008]78号)文件规定,应取消该两项费用。

⑨某水泥混凝土路面工程概算,经济指标167元/m^2基本合理;但检查发现路面钢筋数量指标为0.55kg/m^2偏低,概算需要增加建安费约300万元。

⑩某公路概算的大桥拆除费用,不应计列在"第一、二、三部分费用合计"之后,应计列在"第一部分　建筑安装工程费"中。

3.施工图预算中

①某公路建设项目第一合同段,挂网喷播植草经济指标15.31元/m^2不正确,与其他合同段44元/m^2比较明显偏低,查明是设计锚杆钢筋工程量的错误,应进一步核对。

②某建设项目初设路线长8.696km,路基宽12m;其中有连续梁桥长437.2m、T梁+连续梁桥长797.2m,批复概算1.788亿元。施工图设计工程规模与初设比较,路线长度减短553m、桥梁长度减短260m;预算与批复概算比较多1786万元,预算超概算8.6%。经造价审查后发现工程量存在较大问题,最终审定预算为1.691亿元,预算没有超过概算。

③某二级公路长度8.143km,预算防护工程费用78.43万元/km偏高。其中设计挡土墙占11.3%、坡面砌石防护占31%、坡面防护占57.7%,防护形式和比例基本合理。只是采用挂网喷播植草坡面防护形式单一,其9.1万m^2数量较大,42元/m^2不经济,工程费用高达382万元,是引起防护工程费用偏高的主要原因。建议填方边坡采用植草方式,减少挂网喷播植草坡面防护,降低防护工程费用。

④某公路工程预算中,编制及复核人员未签章,不符合交通运输厅关于造价工程师持正上岗文件规定。

⑤某公路工程设计和预算中,未按规定计列清除表土工程费用,应修改。

⑥某改建公路,未做施工期保通设计,预算未计保通费用,不符合规定,设计单位应予以核实。

⑦某公路预算中,漏计企业管理费基本费用,其他各项费率取用基本合理。

⑧该建设项目征迁费用,平均187万元/km基本合适。由于预算文本中无"工程建设其他费用计算"06表,建议设计单位进一步复核征用土地数量及费用标准。

⑨某公路工程预算中"清理与掘除"分项内容不明确,应分列为"清除表土"、"伐树挖根除草"等分项工程。其中清除表土的技术经济指标3.35元/m^2偏低,部分表土工程量应加计1km装运费用。

⑩某公路A1合同段预算中,土方、石方填筑未分开计价不合理,不能分别体现土方、石方经济指标。A2合同段的"利用土方填筑"预算中,计入零填工程费用不合理,致使土方填筑技术经济指标9.74元/m^3偏高;利用石方填筑费用计入"耕地填前压实"预算中不合理,不能体现石方填筑计价。

a.某公路分9个合同段,施工图预算中有6个合同段均未计列征地拆迁费用,预算不完整,应修改预算。

b.某公路路基工程预算,路堑菱形骨架植草护坡经济指标163.4元/m^2偏高;查明分项工程预算中计三维植被网工程费用(33.74元/m^2)是合理的,但再计喷混植草护坡工程费用(32.18元/m^2)不合理,属于重复计价,应予以删除。

c. 某公路预算，小桥 9.4m，工程费用 65.54 万元，平均 7.0 万元/m、6970 元/m^2 不经济；查明是由于桥跨(8m)小，U 形桥台高大，混凝土圬工数量大的原因，建议设计改为桩柱式轻型桥台。

5.5 公路工程造价监督

公路工程造价监督是对现场或特定环节、过程进行督促和管理，使其结果能达到预期的目标。为保证公路建设项目的工程质量，提高投资效益，根据《公路建设监督管理办法》(交通运输部令[2006]第六号)的规定，实行对公路建设项目的前期工作、施工许可、招标投标、工程质量、工程进度、建设资金、安全环保和竣工验收工作的监督管理，公路工程造价施行动态监督管理。

5.5.1 工程造价监督的目的

为促进公路事业持续、快速、健康发展，加强公路建设监督管理，维护公路建设市场秩序，必须执行项目法人、项目监理、工程招投标、合同管理的四项制度，必须执行公路建设监督管理办法。工程造价监督的目的是确保工程质量、工程进度，提高投资效益。

5.5.2 工程造价监督内容和步骤

公路建设是指公路、桥梁、隧道、交通工程及沿线设施和公路渡口等工程，为项目建议书、可行性研究报告、工程勘察设计、项目施工、项目竣工验收和后评价全过程的活动。这些活动中均有不同程度的工程造价管理工作。

1. 工程造价监督的内容

①建设项目基本建设程序执行情况；建设项目设计审查、审批意见执行情况；建设标准、工程规模的控制情况；

②建设项目合同与工程造价执行情况，完成招标的项目招标节余情况；承包合同的执行情况；

③建设工程施工动态管理情况，工程费用支付情况；掌握工程造价执行情况，分析存在的问题；

④变更是否符合基建程序，变更原因及变更费用是否合理；分析建设项目工程造价调整情况；

⑤合同暂定金(专项暂定金、不可预见暂定金)使用是否符合有关规定；工程预备费使用是否符合有关规定。

2. 工程造价监督的步骤

工程造价监督工作包括建设项目工程造价分析、现场检查、变更工程管理。现场检查采取全面检查与重点抽查相结合的方式。

①首先在公路建设项目上进行示范，建立“公路建设项目工程造价执行情况报表”制度，报表分为“建筑安装工程费用统计报表”和“工程其他费用统计报表”两部分，对应列出已批复建设项目的概算或预算内容、施工合同支付费用，以及变更工程费用等。

②以报表为基础，进行建设项目的工程造价监督检查，工程造价管理制度是否健全，造价工程师是否持证上岗；计量支付台账是否建立和及时支付，分析工程造价与完成投资的情况。

③进行建设项目的变更设计核查，主要包括变更设计审批手续是否齐全、变更原因及变更费用是否合理等。

④逐步实现高速公路、一般公路、独立大桥等工程，新建和改建项目，分期、分批的开展工程造价监督检查。逐步建立公路建设项目的全过程工程造价管理制度。公路建设项目的工程造价管理工作要落实措施，认真开展工程造价动态跟踪管理，应每季度整理上报统计报表，直至建设项目竣工决算完成。

5.5.3 工程造价监督措施

公路建设项目的工程造价监督必须由交通运输行政主管部门组织，由工程造价管理机构执行，由建设项目、监理、施工、设计单位参加的一项非常重要的工作。

①建设项目管理单位必须根据工程造价监督内容，每年进行一次内部自检，每季编制一份“公路建设项目工程造价执行情况报表”，上报交通运输行政主管部门。主要内容有工程概况、技术标准、建设规模、重大施工方案、承包合同、资金筹措、建设项目组织等情况和存在的问题，以及概算批复、工程实施经费支出情况和资金到位情况等。

②建设项目管理单位必须指定专人，作为工程造价动态跟踪管理的联络员，开展建设项目施工过程的工程造

价管理工作。建设项目管理单位安排监理、施工、设计单位，参加此项工作。对于工程造价监督发现的问题及时处理。

③项目管理单位对于重大设计变更工程，必须是事前提醒、适时跟踪、及时上报。

④交通行政主管部门的工程造价管理机构应及时认真的开展工程造价的监督，会同相关单位检查项目的建设程序执行情况、工程造价与合同执行情况、工程实施的计量支付情况、变更设计管理情况、造价工程师持证上岗情况等，根据对各建设项目工程造价监督检查情况，编制"公路建设项目工程造价监督报告"，报送给交通行政主管部门。

⑤交通行政主管部门根据工程造价监督报告，进行表彰和批评通报。通报结果作为各建设项目管理单位年度考核评比的依据。

5.5.4　工程造价监督原则

国家规定，各级交通运输主管部门必须对公路建设资金的筹集、使用和管理实行全过程监督检查，确保建设资金的安全。公路建设项目工程造价监督管理充分发挥了政府指导监督作用，有利于维护公路建设市场秩序，促进公路事业持续和健康发展，参建各方必须认真贯彻执行。

①工程造价监督必须是促进公路建设项目顺利实施，解决实际问题，保证工程质量、工程进度和提高投资效益；

②必须监督公路建设项目建设程序的履行，监督公路工程质量和工程安全；

③必须监督公路建设资金的到位情况、使用情况，指导和检查建设项目的工程造价管理工作；

④监督管理专款专用、不得侵占和挪用，严格执行概预算管理规定，有无将建设资金用于计划外工程；

⑤监督管理资金来源是否符合国家有关规定，是否按合同规定拨付工程进度款，计量支付有无高估冒算、虚报冒领等情况；

⑥是否在工程造价控制额度内按规定使用建设资金，是否按规定的比例预留工程质量保证金，有无非法扩大建设成本的问题；

⑦是否按规定编制建设项目竣工决算，办理财产移交手续，形成的固定资产是否及时登记入账管理；

⑧财会机构是否建立健全，并配备相适应的财会人员。各项原始记录、统计台账、凭证账册、会计核算、财务报告、内部控制制度等基础性工作是否健全、规范；

⑨工程造价监督管理必须是依法、依规查处公路建设违法行为。

5.6　公路工程造价资质管理

5.6.1　从业人员

公路工程造价从业人员的管理，是结合交通建设工程造价管理工作的实际，根据国家有关规定和要求进行。

交通建设工程造价管理工作，包含指导工程造价从业人员开展工程造价咨询工作，规范交通建设工程造价行为，提高交通建设工程造价从业人员的业务知识和服务水平，确保咨询成果文件的质量和效果。

1. 从业人员不良行为

①不执行有关工程造价管理规定，粗制滥造或弄虚作假，编审文件质量低劣，造成经济损失。迎合委托方意愿，故意少算或高估冒算，非法扩大建设成本。

②与建设单位、施工单位串通虚报工程造价，泄露工程标底。在工程招标投标和签订承包合同中，违反有关规定，徇私舞弊，弄虚作假，以权谋私等。

③无证编审工程造价文件和伪造、出卖、转让工程造价资质（格）证书。同时在两个以上单位执业。不按时参加年检和继续教育。

④在解决经济纠纷的工程造价签证业务中分别接受当事人双方委托。

⑤在工程造价文件编审中，因调查资料不详实，采用定额不准确，计算统计错误、审查把关不严，造成概算超出估算10%以上，预算突破概算，决算突破预算。

⑥不遵守国家和地方行业部门关于本行业的规定和各项制度。

对上述不良行为的从业人员，应进行处罚。情节较轻的，给予通报批评，限期改正；情节较重的，建议原发证机关降低资质（格）或收回工程造价执业资质（格）证书；触犯刑律的，建设司法机关追究其法律责任。

2. 持证上岗

根据全面实行工程造价从业人员持证上岗制度的规定，公路工程造价咨询业务的专业人员必须依法取得公路工程造价人员资格证书后，方可从事交通建设工程造价业务，严禁无证上岗。

从业人员应对所编审的工程造价文件质量负责，必须在所编审的工程造价文件（含投标报价部分）上签名（签章），并附本人资格证书复印件。无资质人员编制的工程造价文件一律无效。有执业资格的工程造价人员不能同时在两个或者两个以上单位注册和执业，并应当按照国家规定的工程造价人员执业资格制度从事工程造价咨询活动。

工程造价从业人员的咨询业务包括估算、概算、预算的编审、经济评价、编制招标标底、投标报价、工程造价监理、招标代理、办理工程计量、决算、承担工程造价咨询、工程定额或造价等专题研究项目、工程经济纠纷的调解等。

3. 继续教育

从事公路工程概算预算编审工作，承接编制概算预算定额等专题研究项目的交通建设工程造价从业人员必须按照有关和要求，接受继续教育和年检。

4. 造价工程师年检

凡持有公路工程造价人员资格证书、资格专用章已满两年的所有甲、乙级造价工程师，都必须在规定的时间到省交通运输厅交通建设工程造价管理站办理复查检验手续。

凡需从事交通建设工程造价业务的造价工程师必须到省级工程造价管理部门办理登记备案手续，参加公路工程造价师资格认证培训并获得交通运输部颁发的结业证后，方可从事交通建设工程造价业务。

5.6.2 协会

协会是指包括职业、雇主、行业、学术和科学等方面为达成一种目标，通过签署协议，自愿组成的团体或组织。公路工程造价协会应充当好交通运输业工程造价职能部门的助手，在一定范围内开展管理事务。按照国家相关法律、法规、规则及规定，协会应加强对交通建设工程造价从业个人和从业单位监督管理，接受相关单位和个人的举报，查证咨询单位是否违反规定执业，负责对工程造价从业人员进行继续教育和年度检查等工作。

5.6.3 咨询业

工程造价咨询单位系指面向社会接受委托，承担建设项目可行性研究投资估算、工程经济评价、工程设计概算和预算、工程结算、竣工决算、工程招标标底、投标报价的编制和审核，对工程造价进行监控，以及提供有关工程造价信息资料等业务工作，取得《工程造价咨询单位资质证书》，具有独立法人资格的企业单位。

凡从事交通建设工程造价文件编制和审查的工程造价咨询机构，应依法按照国家有关规定申办工程造价从业资质证书。资质（格）证书应遵照国家有关规定按时进行复查检验。

5.7 公路工程造价信息管理

信息管理是指在整个管理过程中，人们收集、加工和输入、输出信息的总称。随着科学技术特别是信息工程、计算机技术等高科技技术的飞速发展和普及，当今世界已进入信息时代。为了让管理者及时掌握准确、可靠的信息，以及事务执行之后构成真实的反馈，必须建立一个功能齐全和高效率的信息管理系统。采用信息管理方式，完善相应的工作机制，进行工程造价资料的积累，建立工程造价管理信息系统，及时掌握本地区价格动态，指导公路工程计价工作是非常必要的。

5.7.1 信息管理内容

信息的内容非常广泛，又具有非常多的特性，即可存储性、可利用性、可转换性、可共享性。最重要的是信息的准确性和真实性，公路工程造价信息必须客观反映建设工程实际内容和情况。

1. 工程造价管理信息

①材料单价；是指工程过程中材料耗用的构成工程实体的原材料、辅助材料、构（配）件、零件、半成品、成品的用量和周转材料的摊销量，按工程所在地的材料预算价格计算的费用。

②机械台班单价；是指列入概、预算定额的施工机械台班数量，按相应的机械台班费用定额计算的施工机械使用费和小型机具使用费。

③技术经济指标；是指国民经济各部门、企业、生产经营组织对各种设备、各种物资、各种资源利用状况及其结

果的度量标准。它是技术方案、技术措施、技术政策的经济效果的数量反映。

④工程量指标；是对构成工程实体主要构件或要素数量的统计分析，包括单方钢筋、混凝土、模板等工程量。

⑤征地拆迁费用标准；是指《中华人民共和国土地管理法》及《中华人民共和国土地管理法实施条例》、《中华人民共和国基本农田保护条例》等法律、法规的规定，为进行公路建设需征用土地征用及拆迁补偿费等费用。

⑥工程造价项目表；包括第一部分建筑安装工程费、第二部分设备及工具、器具购置费、第三部分工程建设其他费用和第一、二、三部分费用合计等内容。

⑦工程定额库；包含了部颁布定额、补充定额等数据库资料。包括《公路工程概算定额》、《公路工程预算定额》、《公路工程机械台班费用定额》等。

⑧取费费率库；包括了其他工程费、间接费、利润、税金等。

⑨计价规则；《公路工程基本建设项目概算预算编制办法》(JTG B06—2007)(以下简称"编制办法")是交通运输行政主管部门为贯彻执行国家关于工程计价提出具体规定的法规性文件。附录四"概、预算项目表"规定了公路建设项目工程概算或预算编制，其各项费用计价采用项、目、节、细目形式表现，建设工程全部费用计价清楚明了。本章内容包括《编制办法》、《公路工程预算定额》、《公路工程概算定额》、《公路工程估算指标》中的计价规定，以及公路工程建设实践中一些约定俗成的计价方法，内容按"概算预算项目表"顺序编排。

⑩工程建设各项费用计算程序。

2. 工程造价文件

工程造价文件的编制工作是一项专业性、技术性、政策性、经济性很强的工作。工程造价文件跟随工程设计、工程施工的不断深入而产生。

①工程可行性研究报告估算；是工程立项和决策的重要依据，经批准后的工程投资估算是编制初步设计概算的依据。

②初步设计概算；就是对应初步设计文件编制的概算，总金额应控制在批准的工程可行性研究估算的允许范围之内。

③技术设计修正概算；就是对应技术设计文件编制的概算，总金额应控制在批准的工程可行性研究估算的允许范围之内。

④施工图预算；就是对应施工图设计文件编制的预算，总金额应控制在批准的初步设计概算范围之内。

⑤清单预算；按招标文件中工程量清单编制的预算，包括专项暂定金额和暂定金额。

⑥计量支付季报；是指公路建设项目法人向交通运输主管部门，按季度报送工程施工进度、计量支付情况的报表。

⑦变更设计预算；是指施工图设计批复后，至工程正式验收前进行施工图设计修改、完善的活动。

⑧调整概算；是指工程在建设过程中由于国家政策性因素变化，有批准的重大设计变更，主要材料、设备价格上涨超出原批准概算，发生不可抗拒的自然灾害等，引起工程建设费用变化的调整。

⑨竣工决算；是工程完工后，将设计变更和施工变化等方面因素考虑进去，对施工图预算进行的最后补充和完善的工程造价文件。

3. 经济政策文件

①工程造价管理办法；根据《中华人民共和国公路法》、《公路建设市场管理办法》，为加强政府对交通建设工程造价的监督管理，合理确定投资，规范工程计价行为，提高投资效益，结合实际情况制定。

②公路工程技术标准；是由交通运输部颁布，2004 年 3 月实施新版标准，随后颁发了与之配套的各相关专业的设计规范、设计细则、施工技术规范和施工技术细则等。

③估算及概算预算编制办法；是为构建节约型公路行业，适应公路交通建设发展的需要，合理确定工程造价，规范工程造价文件的编制，结合公路行业的特点制定。

④征地拆迁管理办法；为加强建设项目征地拆迁管理，依法征收土地，切实维护被征地农民的合法权益，确保建设项目顺利实施，根据《中华人民共和国土地管理法》以及各省市颁布的相关法律、法规的规定，结合实际制定。

⑤设计变更管理办法；为加强公路建设项目管理，进一步规范公路工程变更设计行为，保护公路工程质量，根据《中华人民共和国公路法》、《建设工程质量管理条例》、《建设工程勘察设计管理条例》等相关法律和行政法规制定。

⑥计量支付管理办法；为规范各省公路建设项目的计量与支付工程，确保工程质量，有效控制工程造价，根据交通运输部《公路工程国内招标文件范本》、省级交通运输主管部门等有关规定制定。

5.7.2 信息开发与利用

以统一标准和格式为基础，开发各类工程造价信息资源，培育信息需求市场，建立全方位的信息服务体系为重点；另外，建立完整的工程造价信息库体系，合理保证信息的标准化、信息的合理分类，提高信息质量，实现工程造价信息处理和管理的现代化。

①信息收集是指通过各种方式获取所需要的信息。信息收集是信息得以利用的第一步，也是关键的一步。信息收集工作的好坏，直接关系到整个信息管理工作的质量。

②信息加工是对收集来的信息进行去伪存真、去粗取精、由表及里、由此及彼的加工过程。它是在原始信息的基础上，生产出价值含量高、方便用户利用的二次信息的活动过程。这一过程将使信息增值。只有在对信息进行适当处理的基础上，才能产生新的、用以指导决策的有效信息或知识。

③信息输出是在信息加工完后，将新的有效信息或知识传送出去，解决实际问题。

5.7.3 加强和完善信息系统

加强和完善公路工程造价信息系统，包括公路工程造价数据库、信息网站、信息刊物和事务管理平台等。通过系统的建立，上传和网络沟通，可以促进信息交流和管理形象。减少信息的不对称，增强信用信息的透明度，防止逆向选择和道德风险行为，建立公开、公正、公平竞争秩序。

1. 资料库

(1)图书管理

图书是人类用来纪录成就的主要工具，也是用来学习的工具。工程造价管理、工程定额管理需要大量的图书资料予以支撑，工程技术人员和造价工程师需要图书的知识来充实自己、提高认识水平和工作能力，拓展视野，为公路建设事业的发展起到重要的作用。

(2)设计文件管理

工程造价管理是勘察设计工作的延伸，为优化设计、评优工程完成了部分工作。设计文件是工程造价管理活动中必不可少的一部分，应采取具体措施，安排存放地点，做好分类管理工作，便于工程技术人员、造价工程师查找和翻阅。同时，是存档提供见证的依据。

(3)工程造价文件管理

公路工程造价文件分为纸质文件和电子文档两类管理。纸质文件是指估算、概算、预算文件等，电子文档是指对应纸质文件的计算机软件数据文件。数据文件应当保存未修改过的和修改批复工程造价后的两类文件。目前，我国公路工程造价管理应用计算机较多，也较好，为工程造价管理工作带来了很多便利。

2. 数据库

工程造价资料中蕴含着大量有用的信息，经过认真挑选、整理和分析的工程造价信息是建设项目技术经济特点的反映，也是对不同时期项目建设各个环节技术、经济、管理水平和工作经验教训的综合反映。利用这些信息，为各阶段工程造价审核提供非常有价值的信息，为建设工程管理提供借鉴，为后继建设项目决策提供参考依据。数据库是一个长期存储在计算机内有组织的、共享的、统一管理的数据集合。公路工程造价管理，需要对工程定额分析、工程造价审查、工程造价监督、价格信息、资质管理内容分类，定期或不定期地收集和整理到数据库中。在信息化发展的今天，必须提倡和加强计算机开发数据库系统软件，提高工作效率和资料的准确性。

工程造价管理部门要投入一定的力量，建立工程造价动态管理数据库，改变工程造价信息资源丢失和缺乏的现状。对各种工程类型的工程造价进行测算、分析和研究，制定统一的工程量计价规则和确定先进合理的定额工料机消耗量。利用计算机建立多个子模块，包括工料机的价格信息、各种类型的工料机消耗量、材料价格指数和工程造价指数，为工程造价的动态管理提供依据，提高工作效率，促使工程造价管理尽快迈上现代化。

3. 信息网站

信息网站是通过现代化网络手段提供工程造价信息的平台，是宣传国家政策、交流工程技术的窗口。可以建立政策法规、工程定额管理、工程造价管理、材料价格、资料园地、合同仲裁、网上办公等栏目内容。

4. 信息刊物

刊物是指登载各类作品的定期或不定期的连续出版物。工程造价信息刊物，可以及时掌握交通运输部和各省市颁发的政策性和工程经济等文件，可以及时了解各省公路建设动态，是造价工程师信息交流的平台。工程造价信息刊物可分为文件选登、领导讲话、工作动态、纠纷仲裁、问题研究、工程造价信息、材料信息、企业窗口等栏目。

5.7.4 培养信息化人才

人力资源是任何管理工作的关键,公路工程造价信息化管理与其他任何工作一样,最终取定于人力资源。要实现公路工程造价管理信息化,需要建立相应的管理机制,采取多种有效形式,培养大量的各类层次的能够适应公路工程造价管理信息化发展的,既懂得信息技术,又懂得公路工程造价业务的人才。只有建立一支强大的信息技术开发与应用队伍,才能满足公路工程造价管理信息化建设的需要。

重视培养大批适应社会主义市场经济需要的工程造价管理人才,必须定期举办各种专业培训班,认真开展工程造价动态管理学术研究,不断提高工程造价管理水平。整合各类信息资源,建立起实用、高效、统一、协调的工程造价信息网络系统,实现资源共享,有效地构建信息技术平台,使信息更贴近市场,更敏感地反映市场变化。

工程设计篇

第一章　公路设计理念

公路设计理念是公路设计的总体思路、指导思想，是公路设计的原则，是公路设计工程技术人员的思维意识，是公路设计产品的精髓和灵魂，是设计产品的生命。2004 年交通部提出"坚持以人为本，树立安全至上的理念；坚持人与自然相和谐，树立尊重自然、保护环境的理念；坚持可持续发展，树立节约资源的理念；坚持质量第一，树立让公众满意的理念；坚持合理选用标准，树立设计创作的理念；坚持系统论的思想，树立寿命周期成本的理念"。为使公路建设达到安全舒适、生态环保、景观优美、资源节约、公益保障的目标，公路设计必须做到"建设与保护同步"、"公路与环境和谐"，必须不断提升设计理念，创新设计方法，优化设计过程。

1.1　安全至上设计理念

安全是指不受威胁，没有危险、危害和损失。安全是免除了不可接受的损害风险的状态。要保持没有危险的安全状态，就需要有安全至上的思想。勘察设计工作的着力点，应该是把满足人的出行需要作为根本，在工程本身的细微之处，体现对人的关注，体现人性化的要求，注重公路安全性、方便性、舒适性、愉悦性的和谐统一，提供最大限度的出行便利和安全。

1.1.1　安全生产的重要性

公路使用者包括驾驶员、乘客、路上行人。公路交通安全是指工程质量实体安全和日常行车（运行）安全。影响实体安全的因素主要是设计和施工质量以及自然灾害等，精心设计和施工，工程实体安全基本可以得到保证；影响运行安全的因素包括人、车、路、环境和交通管理设施等，提高运行安全、降低事故损失是一个系统工程，需要全社会、多行业的共同参与和努力来实现。

安全生产是关系到公众生命安全和财产安全、国家财产安全和社会稳定祥和的大事，是建设和谐社会的需要。公路设计和施工的安全，是公路建设必须考虑的首要因素。"以人为本"、重视人的生命，分析把握不同因素对安全的影响，制定和采取相应安全的公路设计施工策略尤为重要。

1.1.2　安全生产法律制度

安全生产法律制度是指国家为了加强安全生产监督管理，防止和减少安全事故，保障公民生命和财产安全及国家财产安全而建立的法规体系。2002 年我国颁布了安全生产的首部法律——《中华人民共和国安全生产法》，2003 年国务院颁布了建设工程安全生产的行政法规——《建设工程安全生产管理条例》。

1. 安全生产法规体系

建设工程安全生产法律、法规体系，是指国家、地方政府或行政主管部门为改善劳动条件，实现建设工程安全生产，保护劳动者在施工中的安全和健康而制定的各种法律、法规、规章制度和规范性条文的总称。总览建设工程安全生产法律、法规体系，包括以下七个层面。

①《中华人民共和国安全生产法》、《中华人民共和国道路交通安全法》等，属于全国人民代表大会及其常务委员会审议通过的建设工程安全生产法律。

②《建设工程安全生产管理条例》、《安全生产许可证条例》、《建设工程质量管理条例》等，属于中央人民政府（国务院）颁发的建设工程安全生产行政法规。

③《公路水运工程安全生产监督管理办法》、《建筑施工企业安全生产许可证管理规定》、《工程建设国家标准管理办法》等，属于国务院行政主管部门颁发的建设工程安全生产部门规章。

④《重庆市劳动安全条例》、《河南省劳动安全条例》等，属于省（自治区、直辖市）级人民代表大会审议通过的安全生产地方性法律。

⑤《重庆市安全评价管理办法（试行）》、《辽宁省安全生产监督管理规定》等，属于省（自治区、直辖市）级人民政府颁发的安全生产地方性行政法规。

⑥《重庆市劳动防护用品监督管理实施细则（试行）》、《浙江省安全事故报告和调查处理暂行规定》等，属于省（自治区、直辖市）级人民政府行政主管部门颁发的安全生产地方性规章。

⑦《公路工程施工安全技术规程》、《施工企业安全生产评价标准》等，是国务院行政主管部门等根据工程建设技术、安全、项目使用功能等需要和要求而制定和发布的建设工程技术标准（规范、规程）。

其中，建设工程技术标准用以规范工程项目不同时期有关单位和个人的技术行为的规定。从项目建设周期来看，建设工程技术标准可能会涉及项目的勘察、设计、施工、验收、使用、维修养护、报废拆除等全过程，因此有一系列的技术规范和规程；从国家管理要求来看，技术标准（规范、规程）又分为国家标准、行业标准和地方标准。

公路建设工程技术标准（规范、规程）中的强制性条文，是确保工程建设和工程使用的安全性、可靠性的基本保证，是公路工程在建设过程中勘察、设计、施工、监理必须遵守和执行的，不得违背的条文。

2. 勘察类标准中的强制性条文

《公路工程地质勘察规范》（JTJ 064—98）中的强制性条文见表 1-1。

《公路工程地质勘察规范》（JTJ 064—98）中强制性条文 表 1-1

条款号	条文内容
3.1.4 勘察评价准则	1. 公路工程地质勘察评价，应对路线走廊、桥位、隧址等工程地质条件作出论证，并结合全线工程地质特征，作出总体评价。 2. 公路工程地质勘察评价的内容主要有稳定性、经济性、适宜性等，同时还应注意对公路环境保护和文物保护的评价
5.2.2 路线初勘 1. 工程地质选线	1）选择路线方案，应十分重视工程地质条件。当区域稳定条件差，有不良地质现象和特殊性岩土存在，山体或基底有可能失稳时，尤应衡量地质条件对工程稳定、施工条件和安全及营运养护的长期影响，合理选定路线方案
5.2.3 路基初勘 4. 深路堑 1）勘察重点	（1）对于初拟路堑边坡高度大于或等于20m者，或边坡高度虽小于20m，但需要特殊处理者，均应对开挖边坡的土层、岩层及沿软弱结构面滑动的稳定性进行调查
5.3 桥位初勘 5.3.2 勘察要求	1. 应根据工程可行性研究报告的审批意见，在工程可行性研究地质勘察资料的基础上，进行初勘。对工程地质条件复杂的特大桥和大桥，必要时，增加技术设计阶段勘察（技勘），对初勘作进一步补充勘察工作。 3. 初勘阶段，应对各桥位方案进行工程地质勘察，并对建桥适宜性和稳定性有关的工程地质条件作出结论性评价
5.4 隧道初勘 5.4.6 初勘要求	1. 应在工程可行性研究的基础上检验或复查隧道位置的最佳方案。通过资料收集和实地调绘、勘察，对隧道区工程地质、水文地质作出正确评价和地质论证。 4. 要求分段确定隧道通过地段的围岩类别，为隧道初步设计提供必要的地质资料

续上表

条款号	条文内容
6.2.2　路基详勘 4. 深路堑 1)勘察重点	(1)对已确定存在开挖边坡稳定问题路段的设计方案,应查明其地层岩性、地质构造、水文地质条件及可能滑坍影响范围。 (2)对可能滑坍的边坡土体和岩体的结构面的测试,应掌握设计所需的各种物理力学指标,重点是抗剪、抗滑指标
6.2.2　路基详勘 4. 深路堑 2)调查与测绘	(3)综合调绘资料,核定控制横断面位置及数量,一般应每100m设一个。根据地层变化和边坡高度可以加密到50m或放宽到200m设一个,或每个工段不少于两个
6.2.2　路基详勘 4. 深路堑 3)勘探	每一个控制横断面上至少应设1个钻探孔,或每个工段至少应设2个钻孔,辅以触探、挖探、简便钻探等在内。每个控制横断面上应不少于3个勘探点
6.3　桥位详勘 6.3.1　勘察重点	1. 查明桥位区地层岩性、地质构造、不良地质现象的分布及工程地质特性。 3. 测试岩土的物理力学、化学特性,提供地基的基本承载力、桩壁摩阻力、钻孔桩极限摩阻力,作出定量评价。 5. 对地质复杂的桥基或特大的塔墩、锚碇基础应采用综合勘探,并根根设计需要,可现场鉴定岩土地基特性以补充原地质勘察工作的不足
6.4　隧道详勘 6.4.1　详勘要求	2. 要求对隧道所在区域的地形、地貌、工程地质特征及水文地质条件作出详细的评价。 3. 根据控制隧道围岩稳定的各项因素,分段确定隧道围岩类别

3. 设计类标准中的强制性条文

《公路路线设计规范》(JTG D20—2006)中的强制性条文见表1-2。

《公路路线设计规范》(JTG D20—2006)中强制性条文　　表1-2

条款号	条文内容
6.6　公路建筑限界 6.6.1	公路建筑限界是为了保证公路上规定的车辆正常运行与安全,在一定宽度和高度范围内,不得有任何障碍物侵入的空间范围。 在公路横断面设计中,公路标志、护栏、照明灯柱、电杆、管线、绿化、行道树以及跨线桥的梁底、桥台、桥墩等的任何部分不得侵入公路建筑限界内
6.6　公路建筑限界 6.6.2	各级公路的建筑限界规定如图6.6.2。 (1)当设置加(减)速车道、爬坡车道、慢车道、紧急停车带、错车道时,建筑限界应包括该部分的宽度。 (2)八车道及其以上整体式路基的高速公路,设置左侧硬路肩时,建筑限界应包括相应部分的宽度,如图6.6.2b)所示。 (3)隧道最小侧向宽度如表6.6.2。 (4)桥梁、隧道设置检修道、人行道时,建筑限界应包括相应部分的宽度。 (5)检修道、人行道与行车道分开设置时,其净高应为2.50m。 (6)高速公路、一级公路、二级公路的净高应为5.00m;三级公路、四级公路的净高应为4.50m
6.7　公路用地范围 6.7.2　公路用地范围	(1)公路路堤两侧排水沟外边缘(无排水沟时为路堤或护坡道坡脚)以外,或路堑坡顶截水沟外边缘(无截水沟为坡顶)以外不小于1m范围内的土地,在有条件的地段,高速公路和一级公路不小于3m、二级公路不小于2m范围内的土地为公路路基用地范围。 (2)在风沙、雪害等特殊地质地带,需设置防护林,种植固沙植物,安装防沙或防雪栅栏以及设置反压护道等设施时,应根据实际需要确定其用地范围。 (3)桥梁、隧道、互通式立体交叉、分离式立体交叉、平面交叉、交通安全设施、服务设施,管理设施、绿化以及料场、苗圃等,应根据实际需要确定用地范围。 (4)有条件或环境保护要求种植多行林带的路段,应根据实际情况确定用地范围。 (5)改建公路可参照新建公路用地范围的规定执行

续上表

条款号	条文内容
7.9 视距 7.9.1	各级公路每条车道的停车视距规定如表7.9.1
12.2.6 铁路上跨公路时的设计要点	(1)铁路跨线桥的跨径与净高必须符合公路建筑限界的规定。 (2)铁路跨越二级公路、三级公路、四级公路时,严禁在行车道上设置中墩。 铁路跨越四车道高速公路时,不得在中间带设置中墩。 铁路跨越六车道及其以上高速公路时,若须在中间带设置中墩时,中墩两侧必须设防撞护栏,并留足设置防撞护栏和护栏缓冲变形的安全距离。 (3)铁路跨线桥所跨越的宽度应包括该路段公路标准横断面宽度及其所附属的变速车道、爬坡车道、边沟等的宽度。 (4)铁路跨线桥的跨径与布孔应留有足够的侧向余宽,不得将墩、台设置在公路排水边沟以内,并满足公路视距和对前方公路识别的要求。不能满足公路视距和对前方公路识别要求时,应设置边孔。 (5)铁路跨越高速公路、一级公路时,其铁路跨线桥应设置防落网。 (6)铁路跨线桥及其引道的排水系统应自成体系排除,跨线桥桥面雨水不得直接排至公路建筑限界范围内

《公路水泥混凝土路面设计规范》(JTG D40—2002)中的强制性条文见表1-3。

《公路水泥混凝土路面设计规范》(JTG D40—2002)中强制性条文 表1-3

条款号	条文内容
3.0.6	水泥混凝土强度以28d龄期的弯拉强度控制。当混凝土浇筑后90d内不开放交通时,可采用90d龄期的弯拉强度。各交通等级要求的混凝土弯拉强度标准值不得低于表3.0.6的规定

《公路桥涵设计通用规范》(JTG D60—2004)中的强制性条文见表1-4。

《公路桥涵设计通用规范》(JTG D60—2004)中强制性条文 表1-4

条款号	条文内容
1.0.6	公路桥涵结构的设计基准期为100年
1.0.9	按持久状况承载能力极限状态设计时,公路桥涵结构设计的安全等级,应根据结构破坏可能产生的后果的严重程度划分为三个设计等级,并不低于表1.0.9的规定。 对于有特殊要求的公路桥涵结构,其设计安全等级可根据具体情况研究确定。 同一桥涵结构构件的安全等级宜与整体结构相同,有特殊要求时可作部分调整,调整后级差不得超过一级
4.1 作用分类、代表值和作用效应组合 4.1.2	公路桥涵设计时,对不同的作用应采用不同的代表值。 1.永久作用应采用标准值作为代表值。 2.可变作用应根据不同的极限状态分别采用标准值、频遇值或准永久值作为其代表值。承载能力极限状态设计及按弹性阶段计算结构强度时应采用标准值作为可变作用的代表值。正常使用极限状态按短期效应(频遇)组合设计时,应采用频遇值作为可变作用的代表值;按长期效应(准永久)组合设计时,应采用准永久值作为可变作用的代表值。 3.偶然作用应采用标准值作为代表值
4.1 作用分类、代表值和作用效应组合 4.1.6	公路桥涵结构按承载能力极限状态设计时,应采用以下两种作用效应组合: 1.基本组合。永久作用的设计值效应与可变作用设计值效应相组合,其效应组合表达式为式(4.1.6.1)和式(4.1.6.2)。 设计弯桥时,当离心力与制动力同时参与组合时,制动力标准值或设计值按70%取用。 2.偶然组合。永久作用标准值效应与可变作用某种代表值效应、一种偶然作用标准值效应相组合。偶然作用的效应分项系数取1.0;与偶然作用同时出现的可变作用,可根据观测资料和工程经验取用适当的代表值。地震作用标准值及其表达式按现行《公路工程抗震设计规范》规定采用

续上表

条款号	条文内容
4.3　可变作用 4.3.1	公路桥涵设计时,汽车荷载的计算图式、荷载等级及其标准值、加载方法和纵横向折减等应符合下列规定: 1. 汽车荷载分为公路—Ⅰ级和公路—Ⅱ级两个等级。 2. 汽车荷载由车道荷载和车辆荷载组成。车道荷载由均布荷载和集中荷载组成。桥梁结构的整体计算采用车道荷载;桥梁结构的局部加载、涵洞、桥台和挡土墙土压力等计算采用车辆荷载。车辆荷载与车道荷载的作用不得叠加。 3. 各级公路桥涵设计的汽车荷载等级应符合表4.3.1-1的规定。 二级公路为干线公路且重型车辆多时,其桥涵的设计可采用公路—I级汽车荷载。 四级公路上重型车辆少时,其桥涵设计可采用公路—Ⅱ级车道荷载的效应可乘以0.8的折减系数,车辆荷载的效应可乘以0.7的折减系数。 4. 车道荷载的计算图示见图4.3.1-1。 1)公路—I级车道荷载的均布荷载标准值为qk = 10.5kN/m;集中荷载标准值按以下规定选取:桥梁计算跨径小于或等于5m时,Pk = 180kN;桥梁计算跨径等于或大于50m时,Pk = 360kN;桥梁计算跨径在5~50m之间时,Pk值采用直线内插求得。计算剪力效应时,上述集中荷载标准值Pk应乘以1.2的系数。 2)公路—II级车道荷载的均匀荷载标准值qk和集中荷载标准值Pk按公路—I级车道荷载的0.75倍采用。 3)车道荷载的均匀荷载标准值应满布于使结构产生最不利效应的同号影响线上;集中荷载标准值只作用于相应的影响线中一个最大影响线峰值处。 5. 车辆荷载的立面、平面尺寸见图4.3.1-2,主要技术指标规定于表4.3.1-2。公路—I级和公路—II级汽车荷载采用相同的车辆荷载标准值。 6. 车道荷载横向分布系数应按设计车道数如图4.3.1-3布置车辆荷载进行计算。 7. 桥梁设计车道数应符合表4.3.1-3的规定。多车道桥梁上的汽车荷载应考虑多车道折减。当桥涵设计车道数等于或大于2时,由汽车荷载产生的效应按表4.3.1-4规定的多车道折减系数进行折减,但折减后的效应不得小于两设计车道的荷载效应。 8. 大跨径桥梁上的汽车荷载应考虑纵向折减。 当桥梁计算跨径大于150m时,应按表4.3.1-5规定的纵向折减系数进行折减。当为多跨连续结构时,整个结构应按最大的计算跨径考虑汽车荷载效应的纵向折减
4.3　可变作用 4.3.2	汽车荷载冲击力应按下列规定计算: 1. 钢桥、钢筋混凝土及预应力混凝土桥、圬工拱桥等上部构造和钢支座、板式橡胶支座、盆式橡胶支座及钢筋混凝土柱式墩台,应计算汽车的冲击作用。 2. 填料厚度(包括路面厚度)等于或大于0.5m的拱桥、涵洞以及重力式墩台不计冲击力。 3. 支座的冲击力,按相应的桥梁取用。 4. 汽车荷载的冲击力标准值为汽车荷载标准值乘以冲击系数μ。 5. 冲击系数μ可按公式(4.3.2)的计算。 6. 汽车荷载的局部加载及在T梁、箱梁悬臂板上的冲击系数采用1.3
4.3　可变作用 4.3.5	人群荷载标准值应按下列规定采用: 1. 当桥梁计算跨径小于或等于50m时,人群荷载标准值为3.0kN/m^2;当桥梁计算跨径等于或等于150m时,人群荷载标准值为2.5kN/m^2;当桥梁计算跨径在50~150m之间时,可由线性内插得到人群荷载标准值。对跨径不等的连续结构,以最大计算跨径为准。 城镇郊区行人密集地区的公路桥梁,人群荷载标准值为上述规定值的1.15倍。 专用人行桥梁,人群荷载标准值为3.5kN/m^2。 2. 人群荷载在横向应布置在人行道的净宽度内,在纵向施加于使结构产生最不利荷载效应的区段内。 3. 人行道板(局部构件)可以一块板为单元,按标准值4.0kN/m^2的均布荷载计算。 4. 计算人行道板栏杆时,作用在栏杆立柱顶上的水平推力标准值取0.75kN/m;作用在栏杆扶手上的竖向力标准值取1.0kN/m

《公路圬工桥涵设计规范》(JTG D61—2005)中的强制性条文见表1-5。

《公路圬工桥涵设计规范》(JTG D61—2005)中强制性条文　表1-5

条款号	条文内容
3.2　材料基本要求 3.2.1	公路圬工桥涵结构物所使用的材料的最低强度等级应符合表3.2.1的规定

续上表

<table>
<tr><th>条款号</th><th>条文内容</th></tr>
<tr><td>3.3 材料设计指标
3.3.1</td><td>石材强度设计值应按表3.3.1的规定采用</td></tr>
<tr><td>3.3 材料设计指标
3.3.2</td><td>混凝土强度设计值应按表3.3.2的规定采用</td></tr>
<tr><td>3.3 材料设计指标
3.3.3</td><td>砂浆砌体抗压强度设计值规定如下：
1. 混凝土预制块砂浆砌体轴心抗压强度设计值f_{cd}应按表3.3.3-1的规定采用。
2. 块石砂浆砌体轴心抗压强度设计值f_{cd}应按表3.3.3-2的规定采用。
3. 片石砂浆砌体轴心抗压强度f_{cd}应按表3.3.3-3的规定采用。
4. 各类砂浆砌体的轴心抗拉强度设计值f_{td}、弯曲抗拉强度设计值f_{tmd}和直接抗剪强度设计值f_{vd}应按表3.3.3-4的规定采用。
5. 施工阶段砂浆尚未硬化的新砌砌体的强度，可按砂浆强度为零进行验算</td></tr>
<tr><td>3.3 材料设计指标
3.3.4</td><td>小石子混凝土砌块石、片石砌体强度设计值应分别按表3.3.4-1和表3.3.4-2及表3.3.4-3的规定采用</td></tr>
<tr><td>4.0.3</td><td>圬工桥涵结构的承载能力极限状态，应按规定的安全等级进行设计</td></tr>
<tr><td></td><td><table>
<tr><th>设计安全等级</th><th>桥涵结构</th></tr>
<tr><td>一级</td><td>特大桥、重要大桥</td></tr>
<tr><td>二级</td><td>大桥、中桥、重要小桥</td></tr>
<tr><td>三级</td><td>小桥、涵洞</td></tr>
</table>
注：本表所列特大、大、中桥等系指《公路桥涵设计通用规范》（JTG D60—2004）规定的桥梁、涵洞，按其单孔跨径分类确定，对多孔不等跨桥梁，以其中最大跨径为准。本表冠以“重要”的大桥和小桥，系指高速公路和一级公路上、国防公路上及城市附近交通繁忙公路上的桥梁</td></tr>
<tr><td>4.0.4</td><td>公路圬工桥涵结构按承载能力极限状态设计时，应采用表达式（4.0.4）</td></tr>
<tr><td>5.3 拱桥施工阶段验算
5.3.4</td><td>预制构件的吊环应采用R235钢筋制作，严禁使用冷加工钢筋。每个吊环按两肢截面计算，在构件自重标准值作用下，吊环应力不应大于50MPa。当一个构件设有四个吊环时，设计仅考虑三个吊环同时发挥作用。吊环埋入混凝土深度不应小于35倍吊环钢筋直径，端部做成180°弯钩，且与构件内钢筋焊接或绑扎。吊环内直径不应小于3倍钢筋直径，且不应小于60mm</td></tr>
</table>

《公路钢筋混凝土及预应力混凝土桥涵设计规范》（JTG D62—2004）中的强制性条文见表1-6。

《公路钢筋混凝土及预应力混凝土桥涵设计规范》（JTG D62—2004）中强制性条文 表1-6

条款号	条文内容
3.1 混凝土 3.1.3	混凝土轴心抗压强度标准值f_{ck}和轴心抗拉强度标准值f_{ck}应按表3.1.3采用
3.1 混凝土 3.1.4	混凝土轴心抗压强度设计值f_{cd}和轴心抗拉强度设计值f_{td}应按表3.1.4采用
3.2 钢筋 3.2.2	钢筋的抗拉强度标准值应具有不小于95%的保证率。 普通钢筋抗拉强度标准值f_{sk}和预应力钢筋抗拉强度标准值f_{pk}应分别按表3.2.2-1和表3.2.2-2采用
3.2 钢筋 3.2.3	普通钢筋的抗拉强度设计值f_{sd}和抗压强度设计值f'_{sd}应按表3.2.3-1采用；预应力钢筋抗拉强度设计值f_{pd}和抗压强度设计值f'_{pd}应按表3.2.3-2采用
5.1.5	桥梁构件的承载能力极限状态计算，应采用表达式（5.1.5-1）和式（5.1.5-2）

续上表

<table>
<tr><th>条款号</th><th>条文内容</th></tr>
<tr><td>6.3　抗裂验算
6.3.1　预应力混凝土受弯构件应按下列规定进行正截面和斜截面抗裂验算：</td><td>1. 正截面抗裂应对构件正截面混凝土的拉应力进行验算，并应符合下列要求：
1）全预应力混凝土构件，在作用（或荷载）短期效应组合下：
预制构件
$$\sigma_{st}-0.85\sigma_{pc}\leqslant 0 \quad (6.3.1\text{-}1)$$
分段浇筑或砂浆接缝的纵向分块构件
$$\sigma_{st}-0.80\sigma_{pc}\leqslant 0 \quad (6.3.1\text{-}2)$$
2）A 类预应力混凝土构件，在作用（或荷载）短期效应组合下：
$$\sigma_{st}-\sigma_{pc}\leqslant 0.7f_{tk} \quad (6.3.1\text{-}3)$$
但在荷载长期效应组合下
$$\sigma_{lt}-\sigma_{pc}\leqslant 0 \quad (6.3.1\text{-}4)$$
2. 斜截面抗裂应对构件斜截面混凝土的主拉应力 σ_{tp} 进行验算，并应符合下列要求：
1）全预应力混凝土构件，在作用（或荷载）短期效应组合下：
预制构件
$$\sigma_{tp}\leqslant 0.6f_{tk} \quad (6.3.1\text{-}5)$$
现场浇筑（包括预制拼装）构件
$$\sigma_{tp}\leqslant 0.4f_{tk} \quad (6.3.1\text{-}6)$$
2）A 类和 B 类预应力混凝土构件，在作用（或荷载）短期效应组合下：
预制构件
$$\sigma_{tp}\leqslant 0.7f_{tk} \quad (6.3.1\text{-}7)$$
现场浇筑（包括预制拼装）构件
$$\sigma_{tp}\leqslant 0.5f_{tk} \quad (6.3.1\text{-}8)$$
式中：σ_{st}——在作用（或荷载）短期效应组合下构件抗裂验算边缘混凝土的法向拉应力，按该规范公式（6.3.2-1）计算；
σ_{lt}——在荷载长期效应组合下构件抗裂验算边缘混凝土的法向拉应力，按该规范公式（6.3.2-2）计算；
σ_{pc}——扣除全部预应力损失后的预加力在构件抗裂验算边缘产生的混凝土预压应力，按规范第 6.1.5 条规定计算；
σ_{tp}——由作用（或荷载）短期效应组合和预加力产生的混凝土主拉应力，按规范第 6.3.3 条规定计算；
f_{tk}——混凝土的抗拉强度标准值，按规范表 3.1.3 采用。
注：①本条规定的荷载长期效应组合系指结构自重和直接施加于桥上的活荷载产生的效应组合，不考虑间接施加于桥上的其他作用效应；
②B 类预应力混凝土受弯构件在结构自重作用下控制截面受拉边缘不得消压</td></tr>
<tr><td>9.1　一般规定
9.1.1</td><td>普通钢筋和预应力直线形钢筋的最小混凝土保护层厚度（钢筋外缘或管道外缘至混凝土表面的距离）不应小于钢筋公称直径，后张法构件预应力直线形钢筋不应小于其管道直径的 1/2，且应符合表 9.1.1 的规定</td></tr>
<tr><td>9.1　一般规定
9.1.12</td><td>钢筋混凝土构件中纵向受力钢筋的最小配筋百分率应符合下列要求：
1. 轴心受压构件、偏心受压构件全部纵向钢筋的配筋百分率不应小于 0.5，当混凝土强度等级 C50 及以上时不应小于 0.6；同时，一侧钢筋的配筋百分率不应小于 0.2。当大偏心受拉构件的受压区配置按计算需要的受压钢筋时，其配筋百分率不应小于 0.2。
2. 受弯构件、偏心受拉构件及轴心受拉构件的一侧受拉钢筋的配筋百分率不应小于 $45f_{td}/f_{sd}$，同时不应小于 0.20。
轴心受压构件、偏心受压构件全部纵向钢筋的配筋百分率和一侧纵向钢筋（包括大偏心受拉构件受压钢筋）的配筋百分率应按构件的毛截面面积计算。轴心受拉构件及小偏心受拉构件一侧受拉钢筋的配筋百分率应按构件毛截面面积计算。受弯构件、大偏心受拉构件的一侧受拉钢筋的配筋百分率为 $100A_s bh_0$，其中 A_s 为受拉钢筋截面面积，b 为腹板宽度（箱形截面梁为各腹板宽度之和），h_0 为有效高度。当钢筋沿构件截面周边布置时，“一侧的受压钢筋”或“一侧的受拉钢筋”系指受力方向两个对边中的一边布置的纵向钢筋。
预应力混凝土受弯构件最小配筋率应满足公式（9.1.12）</td></tr>
</table>

续上表

条款号	条文内容
9.4 预应力混凝土上部构造 9.4.1	预应力混凝土梁当设置竖向预应力钢筋时,其纵向间距宜为500~1000mm。 预应力混凝土T形、I形截面梁和箱形截面梁腹板内应分别设置直径不小于10mm和12mm的箍筋,且应采用带肋钢筋,间距不应大于250mm;自支座中心起长度不小于一倍梁高范围内,应采用闭合式箍筋,间距不应大于100mm。 在T形、I形截面梁下部马蹄内,应另设直径不小于8mm的闭合式箍筋,间距不应大于200mm。此外,马蹄内尚应设直径不小于12mm的定位钢筋
9.8 涵洞、吊环和铰 9.8.2	预制构件的吊环应采用R235钢筋制作,严禁使用冷加工钢筋。每个吊环按两肢截面计算,在构件自重标准值作用下,吊环的拉应力不应大于50MPa。当一个构件设有四个吊环时,设计时仅考虑三个吊环同时发挥作用。吊环埋入混凝土深度不应小于35倍吊环直径,端部应做成180°弯钩,且应与构件内钢筋焊接或绑扎。吊环内直径不应小于3倍钢筋直径,且不应小于60mm

《公路桥涵地基与基础设计规范》(JTG D63—2007)中的强制性条文见表1-7。

《公路桥涵地基与基础设计规范》(JTG D63—2007)中强制性条文 表1-7

条款号	条文内容
4.1 基础埋置深度 4.1.1	桥涵墩台基础(不包括桩基础)基底埋置深度应符合下列规定: 2.上部为外超静定结构的桥涵基础,其地基为冻胀土层时,应将基底埋入冻结线以下不小于0.25m。 5.涵洞基础,在无冲刷处(岩石地基除外),应设在地面或河床底以下埋深不小于1m处;如有冲刷,基底埋深应在局部冲刷线以下不小于1m;如河床上有铺砌层时,基础底面宜设置在铺砌层顶面以下不小于1m。 6.非岩石河床墩台基底埋深安全值应根据桥梁类别,设定基底埋深安全值。具体数值见表4.1.1-6
4.4 基础稳定性计算 4.4.3	验算墩台抗倾覆和抗滑动的稳定时,稳定性系数小应小于表4.4.3的规定
5.2 构造 5.2.2 混凝土桩	1.桩身混凝土强度等级:钻(挖)孔桩、沉桩不应低于C25;管桩填芯混凝土不应低于C15
7.1 一般规定 7.1.2	地下连续墙支护结构的设计安全等级及结构重要性系数应根据支护结构破坏、土体失稳或过大变形对基坑周边环境及地下结构施工造成影响的严重性按表7.1.2选用。 地下连续墙基础的设计安全等级及结构重要性系数应与桥梁整体结构一致
7.2 支护结构设计 7.2.1	基坑支护结构应保证岩土开挖、地下结构施工的安全
7.2 支护结构设计 7.2.4	支护结构的支撑必须采用稳定的结构体系和连接构造,刚度应满足变形要求

《公路桥涵钢结构及木结构设计规范》(JTJ 025—86)中的强制性条文见表1-8。

《公路桥涵钢结构及木结构设计规范》(JTJ 025—86)中强制性条文 表1-8

<table>
<tr><th>条款号</th><th colspan="3">条文内容</th></tr>
<tr><td>1.2.5</td><td colspan="3">钢材的容许应力规定见表1.2.5</td></tr>
<tr><td rowspan="8">1.2.10 容许应力的提高系数</td><td colspan="3">验算结构在各种荷载作用下的强度和稳定性时,基本钢材和各种连接件的容许应力乘以下表的提高系数 k。</td></tr>
<tr><td>构造物性质</td><td>荷载组合</td><td>k</td></tr>
<tr><td rowspan="3">永久性结构</td><td>组合Ⅰ</td><td>1.0</td></tr>
<tr><td>组合Ⅱ、Ⅲ、Ⅳ</td><td>1.25</td></tr>
<tr><td>组合Ⅴ</td><td>1.30~1.40</td></tr>
<tr><td rowspan="2">临时性结构</td><td>组合Ⅰ</td><td>1.30</td></tr>
<tr><td>组合Ⅱ、Ⅲ、Ⅳ、Ⅴ</td><td>1.40</td></tr>
<tr><td colspan="3">注:节点销子的容许弯应力在任何荷载作用下,均不得提高</td></tr>
</table>

续上表

条款号	条文内容
1.2.12	桥跨结构在施工架设时期应保证横向和纵向倾覆稳定性。稳定系数应不小于1.3
1.2.17	凡承受动应力的结构构件或连接件，应进行疲劳验算。以压为主兼受拉力的构件，在验算疲劳强度的同时，还应验算构件的总稳定性
1.2.19	杆件容许最大长细比见表1.2.19
1.3.16	螺栓或铆钉连接的布置，应与构件的轴线对称，避免偏心。螺栓或铆钉的距离应符合表1.3.16的规定
1.3.22	在销接接头中，带销孔的受拉杆件其销孔各部尺寸应符合下列规定： 一、垂直受力方向销孔直径处的净截面面积应比杆件计算所需面积大40%； 二、由销孔边至杆端的截面积应不小于杆件的计算截面积。 注：腹杆端部如用钢板加强时，在销孔中线每边连接钢板的焊缝长度，应与此项钢板的净截面面积作等强度计算
1.5.2	不得将各种辅助构件（如拉杆、人行道托梁及管道托架等）直接焊在主桁弦杆或主梁翼缘板上。不得在板梁的受拉翼缘上布置横向角焊缝

《公路工程抗震设计规范》(JTJ 004—89)中的强制性条文见表1-9。

《公路工程抗震设计规范》(JTJ 004—89)中强制性条文　　表1-9

条款号	条文内容
1.0.4	对构造物的地震作用，应根据路线等级及构造物的重要性和修复(抢修)的难易程度，按表1.0.4进行修正
1.0.6	立体交叉的跨线工程，其抗震设计不应低于下线工程的要求
1.0.7	验算构造物的地震作用时，水平地震系数 K_h 应按表1.0.7采用。竖向地震系数 K_v 取 $K_h/2$ 值
3.1.2	路基应按表3.1.2规定的范围和要求，验算其抗震稳定性
3.1.4	挡土墙应按表3.1.4规定的范围和要求验算其抗震强度和稳定性
5.2.1	隧道应按表5.2.1的规定范围，验算其抗震强度和稳定性
5.3.3	隧道的洞口浅埋和偏压地段，应为抗震设防地段
5.3.6	棚式明洞应采取防止落梁的措施

《公路隧道设计规范》(JTG D70—2004)中的强制性条文见表1-10。

《公路隧道设计规范》(JTG D70—2004)中强制性条文　　表1-10

条款号	条文内容
1.0.3	隧道规划和设计应遵循能充分发挥隧道功能、安全且经济地建设隧道的基本原则。 隧道设计应有完整的勘测、调查资料，综合考虑地形、地质、水文、气象、地震和交通量及其构造，以及营运和施工条件，进行多方案的技术、经济、环保比较，使隧道设计符合安全实用、质量可靠、经济合理、技术先进的要求
1.0.5	隧道主体结构必须按永久性建筑设计，具有规定的强度、稳定性和耐久性；建成的隧道应能适应长期营运的需要，方便维修作业
1.0.6	应加强隧道支护衬砌、防排水、路面等主体结构设计与通风、照明、供配电、消防、交通监控等营运设施设计之间的协调，形成合理的综合设计。必要时应对有关的技术问题开展专项设计和研究
1.0.7	隧道土建设计应体现动态设计与信息化施工的思想，制定地质观察和监控量测的总体方案；地质条件复杂的隧道，应制定地质预测方案，以及时评判设计的合理性，调整支护参数和施工方案。通过动态设计使支护结构适应于围岩实际情况，更加安全、经济
3.1　一般规定 3.1.1	应根据隧道不同设计阶段的任务、目的和要求，针对公路等级、隧道的特点和规模，确定搜集、调查资料的内容和范围，并认真进行调查、测绘、勘探和试验。调查的资料应齐全、准确，满足设计的要求
3.1　一般规定 3.1.3	应根据隧道所通过地区的地形、地质条件，并综合考虑调查的阶段、方法、范围等，编制相应的调查计划。在调查过程中，如发现实际的地质情况与预计的情况不符，应及时修正调查计划

续上表

条款号	条文内容
7.1.2	隧道应遵循"早进洞、晚出洞"的原则,不得大挖大刷,确保边坡和仰坡的稳定
8.1.2	隧道衬砌设计应综合考虑地质条件、断面形状、支护结构、施工条件等,并应充分利用围岩的自承能力。衬砌应有足够的强度和稳定性,保证隧道长期安全使用
10.1.1	隧道防排水应遵循"防、排、截、堵结合,因地制宜,综合治理"的原则,保证隧道结构物和营运设备的正常使用和行车安全。隧道防排水设计应对地表水、地下水妥善处理,洞内外形成一个完整通畅的防排水系统
15.1.1	隧道路基应稳定、密实、匀质,为路面结构提供均匀的支承
15.1.2	隧道路面应具有足够的强度和平整、耐久、抗滑、耐磨等性能
16.1.1	公路隧道通风设计应综合考虑交通条件、地形、地物、地质条件、通风要求、环境保护要求、火灾时的通风控制、维护与管理水平、分期实施的可能性、建设与营运费用等因素

《公路隧道通风照明设计规范》(JTJ 026.1—1999)中的强制性条文见表1-11。

《公路隧道通风照明设计规范》(JTJ 026.1—1999)中强制性条文 表1-11

条款号	条文内容
1.0.10	通风与照明设计除考虑正常交通工况外,还应考虑洞内发生火灾等工况
3.2.3	隧道通风要求: 1. 单向交通的隧道设计风速不宜大于10m/s,特殊情况可取12m/s;双向交通的隧道设计风速不应大于8m/s;人车混合通行的隧道设计风速不应大于7m/s
3.6.2	射流风机的选型、布置与控制: 1)射流风机的选型; 2)在环境温度为250℃情况下运行射流风机应能正常可靠运转60min
3.6.3	轴流风机的选型、设置与控制: 1)轴流风机的选型; 2)轴流风机的耐热性。 轴流风机应能在环境温度为250℃情况下运行60min以上
3.8.1 一般规定	5. 风机房与风道的连接处,其周壁必须密封,严禁漏风
3.9.4	火灾时半横向和全横向通风方式应通过主风道排烟;纵向通风应视隧道内火灾点的位置确定风机的正反转,应尽量缩短火灾烟雾在车道内的行程
4.9.1	高速公路隧道应设置不间断照明供电系统
4.9.4	在高速公路长隧道和长度大于2000m的其他隧道中,应设置避灾引导灯

《公路交通安全设施设计规范》(JTG D81—2006)中的强制性条文见表1-12。

《公路交通安全设施设计规范》(JTG D81—2006)中强制性条文 表1-12

条款号	条文内容
4.2.1 路侧护栏	(1)车辆驶出路外有可能造成二次特大事故的路段必须设置路侧护栏。 (2)凡符合下列情况之一,车辆驶出路外有可能造成单车特大事故或二次重大事故的路段必须设置路侧护栏: ①二级及以上等级公路边坡坡度和路堤高度在图4.2.1的Ⅰ区方格阴影范围之内的路段; ②路侧有江、河、湖、海、沼泽、航道等水域的路段
4.2.2 中央分隔带护栏	(1)当整体式断面中间带宽度小于或等于12m时,必须设置中央分隔带护栏;大于12m时,应分路段确定是否设置中央分隔带护栏
5.2.1	高速公路桥梁的外侧和中央分隔带必须设置桥梁护栏
5.2.2	作为干线公路一级、二级公路桥梁必须设置路侧护栏,作为干线公路的一级公路桥梁必须设置中央分隔带护栏
8.2.1 隔离栅	(1)除特殊路段外,高速公路、需要控制出入的一级公路沿线两侧必须连续设置隔离栅,其他公路可根据需要设置

1.1.3 质量第一设计理念

科学发展观内容包括以人为本的发展观、全面发展观、协调发展观、可持续发展观。对于勘察设计质量需要注入新的内容、新的要求，实现经济效益、社会效益、环境效益的统一，必须转变传统的勘察设计质量观念。

1. 工程实体安全需要质量第一

工程质量是一个综合概念，施工单位施工不当、监理方监督不到位将造成工程质量下降，设计不用心、不精细，设计审核不严，同样会为工程质量埋下隐患。传统概念上大家都把工程质量理解为施工质量，而忽视设计质量。实质上把握工程质量应当从工程设计之初开始，加强设计质量的管理，提高设计质量，才能把握工程质量。

公路实体质量是指工程实体具有安全、耐久的性能，把安全生产各项指标严格控制在达标范围之内，公路工程实体质量合格率应在95%以上。功能质量是综合运用工程技术，通过物质要素、文化要素和生态环境的有效整合，实现内在质量与外在质量的统一，全面贯彻“安全、适用、经济、美观”的方针，为人类生存和发展创造良好的工程。

质量责任，重如泰山。确保工程质量，必须建立层层负责的工程质量责任制。这是工程质量的组织保证。历史经验证明，提高工程质量必须贯彻预防为主的方针，做到“未雨绸缪”，凡属一切应做而又能做好的工作，均应扎实认真地去做，尽量少做“亡羊补牢”的事。

2. 百年大计需要质量第一

公路是永久性的公共设施，必须经久耐用，而且应具有可观赏性。工程质量代表技术水平、代表诚信，百年大计离不开工程质量。公路工程勘察设计质量的优劣是保证施工质量的重要环节。只有以优质的勘察设计质量，才能产生既有合理工程造价又有一流施工质量的建设工程。

①质量第一，必须严格执行公路基本建设程序。要把握项目建议书、可行性研究报告、初步设计、施工图设计、开工报告和竣工验收等审查环节，项目可行性研究必须经过有资质、有权威的机构和专家咨询评估，重大工程还要聘请国外专家、专门机构参与评估。要按合理工期组织施工，不能违背科学盲目赶工期等，要建立健全招标投标制度，这是运用市场竞争机制保证工程质量的重要措施。建设项目要认真选择施工单位、材料供应单位，要进行公开招标选择勘察、设计、监理单位，通过竞争，择优录用。

②质量第一，必须依靠科学技术和高素质队伍。要积极推广使用新技术、新工艺、新设备、新材料，及时修改质量标准和设计规范。要认真研究公路工程勘察设计检查、验收和评定规程，积极贯彻公路工程施工质量检验评定标准的执行。

③质量第一，必须加强公路勘察设计过程控制。传统的把关设计质量的做法是当设计文件全部完成后再进行审查，最终评价设计文件质量的优劣。这种结果管理型模式，局限于对设计文件本身的质量检查，而忽视了对设计成果形成的过程管理。由于审查时间短，技术审查一般难以深入，修改发现的质量问题工作量比较大。加强勘察设计过程控制，必须实行公路勘察设计质量监理。做好总体设计，关键还是在于设计和监理两个方面的负责人。因为公路建设是为社会发展服务的，他们必须懂得工程经济，有助于在有限的资金条件下获得最佳效果；要懂得管理，把各个专业融会起来，有效地推进项目进程；要懂得社会学和了解历史，以求知道社会需求、防止重犯类似的错误；还必须具备较强的协调能力，修改调整不够完善的布局和方案。

④质量第一，必须重视公路线形等设计。优良的公路线形设计是保证行车安全的根本，可直接消除事故诱因，改善长陡纵坡设计是改进线形的有效方法。做好公路与环境的配合，展现公路景观美、线形美，是提高公路外观质量的基础。深入设计，和谐工程各细部衔接，是提高公路外观质量的重要途径。

⑤质量第一，必须强化公路设计服务意识。强化各阶段的校审管理和具体工作，以减少“错、漏、碰”等非技术性问题；在各环节控制上认真做好事先指导和中间检查，以减少成果评审时发现问题引起的返工。认真做好各专业间、主体单位与外协单位的技术接口管理，严格执行互提资料的传递和确认，避免设计文件中由于协调沟通不够而产生的错漏或自相矛盾等现象。树立进度服从质量的思想，进一步加强质量意识、服务意识，要求各级技术人员树立严格认真的工作作风，加强工作责任心。认真对待设计交底和图纸检查，加强设计文件管理并做好及时标识、归档工作；设计代表在现场应积极收集与勘测设计有关的设计质量、工程技术信息，认真填写各种质量记录，定时向主管部门汇报。

3. 公众满意需要质量第一

公路外观质量是指工程外部属性的光洁度、造型、色泽等。社会质量是在于社会文化的状况如何，最终反映到对工程质量的满意程度上、资金投入上、质量意识宣传工作的投入上。公众对公路建设工程质量满意，能够体现社会质量文化水平。

(1)满意程度

全面质量管理的象征意义是质量文化。从公路工程建设过程来看,强调的是全员参加、全过程的质量管理;从使用过程来看,强调的是使用者的全面满意(包括政府和整个社会)。使用者满意的工程质量不仅是技术合格、经济合算,而是在此基础上还要使使用者心理上感到满意,质量涉及的范围更广、内容更深。

这种社会质量文化一方面要求公路建设工程跟得上时代发展步伐,加强企业内部质量文化建设;另一方面整个社会应作出质量要求,在质量法制建设、质量观念改变、质量道德提升等诸多问题上不断进步。可以说,这样的质量文化适合科学发展观的要求,符合构建和谐社会的要求,值得全社会共同努力建设。视觉传递美,和谐表达美。

(2)资金投入

公路建设工程的质量不是免费的,社会质量文化的性质如何,往往反映在对工程优质优价原则的承认程度上。所谓优质优价,就是社会对优质产品的承认和投入。人们愿意为优质工程支付建设资金,实际上就是对建设优质工程的企业进行资金投入,从而鼓励和支持企业保持建设工程质量水平,使其在竞争中处于优势地位。当然,建设优质工程的企业也可以通过提高自身管理、创新技术等手段来降低优质工程的成本。

(3)质量工作投入

公路建设资金投入固然重要,但工程质量工作的投入更重要。没有全社会对质量工作的投入,保证工程质量很可能就是一张白纸。质量法制建设、质量监督管理、质量咨询服务、各种质量引导措施(例如质量认证之类),都可以说是社会对质量的投入形式。政府在这方面具有主导作用。而对于社会成员来说,除了对工程质量进行监督之外,对质量工作的投入主要表现在"从我做起,从现在做起,从本职工作做起",提高工作质量。只有全社会都这样做了,才能形成优良的、浓厚的社会质量风气,社会质量文化才能有根基。

1.1.4 宽容性设计理念

宽容公路是指允许驾驶员由于疲劳、天气、汽车故障等原因造成的一些失误,考虑非主观因素的行为失误避免造成交通事故较大损失所设计的公路。公路宽容性设计理念应树立以安全至上为原则,路侧防护、景观处理力求宽容,以求最大限度地降低交通事故发生的可能性及所造成的损失。宽容性设计理念主要包括三个方面,一是基于车辆性能和驾驶员生理特点的公路平、纵、横线形设计;二是路侧净宽和净空区设计;三是宽容性交通设施设计。

"生态型安全",亦称"绿色安全"。它是在"安全、环保、舒适、和谐"的公路建设理念基础上,以减少交通事故引发的二次伤害为目标,从公路使用者的视觉感官为出发点,通过植物栽植、地形设置等生态型方法,减少人为的硬质不安全因素,丰富公路使用者的视觉色彩,缓解视觉疲劳,同时弱化硬质构造物对发生事故的人、车造成伤害。与传统安保工程相比较,这种生态型安保设施事故伤害性更低,道路景观效果更好、安全性更高。

1. 公路平纵横设计

车辆和驾驶员是公路使用者的主体,公路宽容性设计理念要求在平、纵、横设计中充分考虑车辆性能和驾驶员的生理特点的局限性,公路线形与车辆、驾驶员的特点相适应。以运行车速理论指导路线方案选择和线形设计,是从根本上解决安全问题。公路相邻路段线形指标不均衡,衔接不合理,会使车辆行驶速度出现较大悬殊,从而导致交通事故。以运行车速理论指导线形设计是改善线形安全的有效方法。

山区高速公路长、陡纵坡的安全问题比较突出,路线走廊选择时应予以特别重视。项目所在区域的工程地质灾害评价和环境影响评价应在路线走廊选择前完成,路线走廊选择应绕避活动断裂带、大型滑坡、泥石流等巨大的质灾害多发区,绕避环境敏感点。路线走廊选择要从建设、养护、运营、管理等各阶段进行全面经济比较,树立寿命期成本的理念。统筹考虑公路规划、建设、养护、运营的全过程,系统解决工程结构的耐久性、抗疲劳性,人车行驶的安全性,养护维修的可行性,防灾减灾的有效性,以及环境景观的协调性等问题,实现公路使用寿命更长、环境更美、行车更舒适、投资更节省的目标。

2. 路侧净空区设计

路侧净区是从行车道边缘开始,车辆使出路外后能够安全驶回车道的一个宽度范围。有条件的路段,应尽量提供路侧净区。当路侧安全净区内存在障碍物时,应考虑采用解体消能式立柱代替普通立柱;采用可越式端墙(通道、涵洞等)、可穿越式纵向排水沟、浅碟式边沟等措施。

(1)放缓边坡

传统高速公路边坡坡率一般为1: 1.5,当汽车发生事故时,很容易翻车。在地势较平坦的路段,可对路堤边坡进行安全改造,增加路侧净空,缓解驾驶员从视觉到心理的紧张和疲劳,体现容错理念。在不增加占地的前提下,对

4m 以下的路堤进行放缓边坡改造，采取由土路肩外边缘至占地界内边缘连线的方式进行土方回填，同时取消路侧防撞护栏及边坡叠拱防护，增加行车安全。

(2)生态边坡

设计不应消极依赖天然景观，而是积极介入，主动营造景观。据有关研究表明，驾驶人员在同一色调的环境中行驶 15 分钟，就会产生注意力不集中或困乏现象；同时如果景观色彩过多或变换过于频繁，也会引发驾驶员注意力不集中。因此高速公路路域的景观色彩变换对于缓解驾驶员的视觉疲劳或引发注意力不集中起着关键性的作用。在详细调查公路沿线现状的基础上，设计应深入分析公路沿线的景观特征、自然植被的演替规律，对公路边坡防护进行系统规划，并结合规划段落特点及主题，选择与周围环境协调的乡土树种和草种进行路侧生态防护，并通过借景等方式，使高速公路融入周围自然之中，缓解驾驶疲劳，提高行车安全性。

(3)柔性防护

以往的公路建设中，比较多的设计是硬质边坡。为了将硬质边坡的不安全因素对人、车的伤害性降到最低，应取消部分硬质边坡，采取在其前面增加遮挡式绿化物的方法，栽植灌木和小乔木，发挥植物的遮挡柔化和消能功能，让原有的圬工防护、硬质防护变成生态防护、柔性防护，在柔化公路使用者视觉效果的同时，对驶出行车道的车辆还起到消能作用，降低二次伤害的几率，提升了公路安全品质。

(4)生态边沟

以往的公路建设中，路堑和路堤边沟形式通常为矩形或梯形的浆砌片石结构，这种砌筑的边沟对行车安全有一定的影响，对发生事故的车辆及人员造成二次伤害的可能性极大，同时景观效果不佳。总结过去的边沟设置经验，应根据路基边坡汇水量，将断面形式设计成浅碟形生态植草边沟，这种断面形式的边沟能够满足排水要求，视觉效果也好，还能降低事故造成的危害。

3. 交通设施设计

宽容性交通设施设计是宽容设计理念非常重要的体现。交通设施包括标志和路面标线、路侧功能型固定物、路基排水防护设施等多个方面。

在传统意义上，安全理念直接体现在交通安全保障工程中，包括护栏、交通标志、交通标线、隔离栅、桥梁护栏、防眩设施、轮廓标、活动护栏等安全设施。但是，传统的高速公路安全设施设计存在造成交通事故二次伤害的隐患，一些附属设施也往往成为造成交通事故二次伤害的隐形杀手。当车辆发生事故驶离正常路线，撞向坚如壁垒的高大圬工挡墙、深如陷阱的路侧浆砌边沟、相撞之后会产生巨大反作用力的波形护栏等设施时，往往会加重事故后果，甚至造成本来可以避免的车毁人亡的更大损失。

(1)生态防眩

中央分隔带是高速公路的重点部位，传统的防眩板具有较好的防眩光功能，为夜间行车提供了安全保障。但是连续设置防眩板，白天容易造成驾驶员视觉疲劳。设计应尝试在中央分隔带内种植具有防眩功能的植物，合理种植高度为 1.5 ~ 1.6m，并每隔 6km 距离变换一种植物间隔栽种，如榆叶梅、丁香和灌木等，由此中央分隔带内就会有间隔变换一种色彩。由于景观的变化将大大降低驾驶员的视觉疲劳，同时具备防眩和引导视线的功能，极大地改善了行车安全。

(2)柔性缆索护栏

高速公路路侧护栏可大量采用柔性缆索护栏，对车辆发生交通事故时迅速消能有很好的作用，避免肇事车辆因刚性碰撞产生剧烈破坏，能较好地保护车辆和驾乘人员安全，提高了道路安全性；另外，还有利于提高行车视觉的通透效果，缓解驾驶疲劳。

(3)改进型隆声警示带

高速公路在行车道外侧可全线增设改进型隆声警示带，降低由于驾驶员疲劳驾驶引发的交通事故。这种设计经验也值得推广。

(4)改造互通匝道三角区

在公路互通匝道内侧回填 2m 宽土方后进行缓坡处理，增加匝道转弯处曲线半径，保证加长车辆能够顺利、安全通过。在高速公路中取消互通立交三角区防撞护栏，设置生态疏流岛消除此处安全隐患。即在互通区、服务区合流三角区域填土，进行地形改造，并种植草花和小灌木，保持视线通透；在三角区域进行 50 ~ 100cm 的地形改造，并种植灌木和小乔木，起到生态分流岛作用，并将地点指示标志向远离互通方向移 10m 左右，保证安全距离。三角区选择色彩突出的植物进行种植，可起到警示作用。

生态安全体现宽容设计理念，细节设计提升公路安全品质。经济社会的快速发展，使高速公路愈来愈成为缩短城际空间、时间距离的快捷通道。“安全至上”已成为公路设计和建设所遵循并坚持的重要原则，在致力于打造“安全路、生态路、景观路、环保路”的过程中，努力将安全理念落实到每一个设计细节。

1.1.5 公路安全保障设计理念

公路安全保障工程应贯穿在建设和营运期两个过程中，树立公路安全保障理念，应处理好每一个设计方案。公路安全保障工程是针对影响行车安全的急弯、陡坡、连续下坡、路侧险要、桥头（宽路窄桥、弯路直桥等）、隧道进出口、平面交叉口、路面抗滑能力不足、路面标志标线等影响行车安全路段，所采用交通工程及交通标志等措施进行综合整治，以起到公路行车被动安全防护和主动引导警示目的的专项工程。公路安全保障工程是提高公路行车安全水平，降低交通事故率和重大事故发生率，贯彻“以人为本”的公路交通服务理念。

1. 单个急弯路段设计方案

单个急弯路段存在的主要安全隐患一般是视距不良或车速过快，易造成两车相撞、单车碰撞山体或车辆驶出路外。设计方案可采用以下措施：

①设置向左（右）弯路或（和）事故多发路段等警告标志。

②设置限速标志，并根据需要设置解除限速标志。如果超速现象严重，且是造成事故频发的主要原因时，可在进入弯道前一定距离设置 20～30m 的比利时（块石）路面，或设置其他物理减速设施。

③设置禁止超车标志，并根据需要设置解除禁止超车标志。

④路侧设置线形诱导标和（或）轮廓标。

⑤设置中心实线或物理分隔设施，减少因视距不良车辆越过中心线发生的对撞事故。

⑥弯道处外侧路面加宽。

⑦根据路侧危险程度和历史事故资料在弯道外侧设置护栏。

⑧根据事故资料和弯道处实际车速，确定是否需要增加超高。

2. 连续急弯设计方案

连续急弯存在的安全隐患与单个急弯路段类似，但交通事故的发生率更高。因此，除可选择单个急弯采取的处治措施外，还可采取以下措施之一或综合采用以下措施：

①设置“连续弯道”警告标志，还可以加设辅助标志说明前方连续弯路的长度，或使用告示牌，说明前方××m连续弯道。

②设置限速标志，可以设置解除限速或使用辅助标志说明限速路段长度。

3. 桥头接小半径路段设计方案

桥头接小半径曲线路段存在的安全隐患与单个急弯路段类似，但由于事故形态以碰撞桥头和冲到桥下为主，因此事故后果更为严重。方案设计时，除采用急弯路段处治措施外，还可重点考虑控制车速和被动防护措施。可采用以下措施之一或综合采用以下措施：

①桥头设置警示标志，曲线外侧设置视线诱导设施。

②根据路侧危险程度可以设置护栏，并注意桥头路基上设置的护栏与桥梁护栏之间的过渡。

③在车速较快的桥头路段可提前采用强制性减速设施。

4. 陡坡路段设计方案

下坡路段存在的主要安全隐患一般是车速过快或连续制动导致车辆制动失效，易造成追尾或对撞事故。方案设计时，可采用以下措施之一或综合采用以下措施：

①设置下陡坡警告标志或其他文字型警告标志。

②设置限速标志、减速设施和视线诱导设施。

③根据路侧危险程度和历史事故资料设置护栏。

④如果设置了避险车道，应在坡道起点处设置避险车道的告示牌，在避险车道前至少设置两处预告标志。

上坡路段存在的主要安全隐患一般是占道行驶或违章强行超车造成与下坡车辆发生对撞事故。方案设计时，应重点以标志和标线（实线）为主要措施进行处治，提醒驾驶员禁止超车。

5. 连续下坡路段设计方案

连续下坡路段主要安全隐患与陡坡路段类似，但由于下坡的长度较长，因此交通事故发生率较高且事故较严

重。方案设计时,可采用以下措施之一或综合采用以下措施:

①设置连续下坡告示牌标志,根据情况可以用辅助标志标明连续下坡长度,或使用告示牌,说明“前方连续下坡××m,超速危险”。

②设置限速标志、禁止超车标线、减速设施。

③在因制动失灵造成事故频发的路段,可根据地形条件设置避险车道;避险车道受地形条件限制,不能满足失控车辆的制动要求时,应在避险车道端部设置柔性防撞设施。

④根据路侧危险程度和历史事故资料设置护栏

6. 急弯陡坡路段设计方案

由于下陡坡路段的车速比较快,因此急弯陡坡路段除具有单个急弯路段的安全隐患外,还容易产生因车速过快、视距不良等综合因素造成车辆侧翻、对撞或冲出路外事故。方案设计时,除选择单个急弯路段采取的处治措施外,还可采取以下措施之一或综合采用以下措施:

①在急弯前的直线路段就设置限速标志,宜结合设置其他减速设施,逐步控制车速,使车辆能以较安全的车速通过小半径曲线。

②如果路侧较危险且事故较多,可考虑设置护栏及强制减速措施:

7. 视距不良路段设计方案

视距不良路段主要安全隐患一般是车辆占用对向车道时易造成对撞事故。方案设计可采用以下措施之一或综合采用以下措施:

①设置鸣喇叭标志、限速标志、禁止超车标线。

②设置线形诱导设施、强制减速设施。

③根据路侧危险程度和历史事故资料设置护栏。

④设置交通凸面镜。

⑤修剪、处治弯道内侧树木,使弯道内侧通视。

8. 路侧险要路段设计方案

路侧险要路段主要安全隐患是车辆驶出路外的事故。方案设计时,首先应合理设置标志、标线等设施,加强诱导,控制车速使车辆保持在车道内行驶;其次加强防护,减轻事故严重程度。可采用以下措施之一或综合采用以下措施:

①根据路侧危险程度和历史事故资料设置护栏。

②设置“超速危险”等警告标志。

③设置视线诱导设施。

④根据历史事故数据设置强制减速措施。

9. 隧道洞口设计方案

隧道路段由于缺乏照明设施、隧道出入口光线强度变化、驾驶者视觉对光线强度的适应性反应需求,易引起的主要安全隐患是车辆碰撞洞口、洞身以及车辆对撞、追尾等事故;解决的基本原则是提供良好的视线诱导,限制车速,禁止超车。方案设计时,综合采用以下措施:

①隧道入口前根据隧道长度和线形、交通情况、隧道前后路段线形情况,选择设置以下标志:隧道标志、限高标志、限速标志、禁止超车标志等。如果需要,并可根据具体情况设置其他必要的标志。例如:隧道内连续下坡,可在隧道入口前一定距离设置连续下坡的警告标志或人性化图形标志。双向行车的公路隧道内应施画黄色中心实线,所有标线应采用反光标线。隧道内宜配合标线设置反光突起路标。

②设置必要的视线诱导设施,如主动发光诱导设施。

③隧道洞口可根据具体情况需要设置必要的安全防护设施,并做好连接过渡处理。

10. 平面交叉路口设计方案

平面交叉根据相交公路的功能、等级、交通量等可分别采用主路优先交叉、无优先交叉或信号交叉三种不同的交通管理方式。结合不同的交通管理方式,综合采取以下措施:

①主路优先交叉,应在支路上设置“停车让行”、“减速让行”等标志配合停止线或让行线,主路上设置平面交叉的警告标志或道口标注;无优先交叉应设置渠化,合理分配通行权。

②在事故率高的非信号平面交叉和人行道口前适当位置可设置黄闪信号灯。

③视距不良的平面交叉应修剪路侧树木，保证平面交叉的视距条件。

④支路可以根据实际情况在支路路口设置物理减速装置，强制支路车辆在汇入干路之前减速。

11. 穿越学校集镇路段设计方案

公路穿越学校、集镇路段主要的安全隐患是快速行驶的车辆和横穿行人、自行车的碰撞，解决的基本原则是规范行人的过路行为，给车辆提供必要的警告，并使车辆降低车速。方案设计时，可采用以下措施之一或综合采用以下措施：

①穿越学校路段，设置注意儿童标志和限速标志，在学校学生集中穿越公路的地方应设置人行横道线。视距不良路段还可设置强制性减速措施。

②穿越集镇和村庄路段，设置限速标志、村庄警告标志或注意行人等警告标志。易超速路段可以设置强制性减速措施。

③在横向干扰严重的事故多发路段可设置护栏等隔离设施。设置隔离设施处应考虑行人、牲畜穿越公路的路径。

④在街道化较严重的路段，设置信号灯、黄闪灯和安全岛等设施。

12. 公路条件变化路段设计方案

当公路条件发生变化时，驾驶员应根据变化的情况调整行驶车速。有些变化驾驶员能够看到或感受到，如路基变窄、宽路窄桥、路中间出现上跨桥墩等；有些变化驾驶员可能发现不了，如设计速度变化。无论哪种情况，都应给驾驶员足够的提前警告。

公路条件变化路段主要安全隐患是驾驶员没有及时调整驾驶行为而导致车辆碰撞障碍物、对撞等事故的发生。尤其是公路条件发生了不利于驾驶变化的一个方向，如有中央带分隔的路段变化为仅有路面中心标线的路段。方案设计时，可根据实际情况采用以下措施之一或综合采用以下措施：

①设置窄路、窄桥、路面障碍物等警告标志。

②设置限速和禁止(解除禁止)超车标志。

③设计良好的过渡段。

④在窄桥两端设置护栏或诱导设施。

13. 公路与铁路立交设计方案

公铁立交的主要安全隐患是失控车辆冲出路外，跌落在铁路上引起二次事故或影响铁路正常运营。方案设计时，可根据实际情况采用以下措施之一或综合采用以下措施：

①增设或完善公路交通标志、标线；立交及进入立交前路段应施画中心实线。

②宜设置不低于 SB 级防撞护栏。

③根据需要设置必要的防护网。

④根据线形，进入立交段前设置必要的减速设施等。

⑤根据线形，设置必要的视线诱导设施。

14. 多种不良情况组合设计方案

对于两种及两种以上不良情况组合的路段，根据事故资料，分析事故形态及事故原因，针对主要事故形态和主要矛盾，采取相应的措施。

15. 桥头跳车设计方案

桥头路基和桥梁结构部分沉降不均，车速较快时易跳车导致不舒适感，并发生交通事故。可在桥头设置路面不平的警告标志，设置桥梁护栏并注意桥梁护栏与路基护栏的连接过渡处理。

16. 加油站设计方案

加油站的设置不得侵占公路建筑限界。加油站附近易发生同方向车辆交织冲突和逆方向的侧撞事故，应注意加油站的出入口及过渡段的设计。在经常发生加油站进出车辆与主路车辆碰撞事故的路段，可以考虑设置警告标志，对进出加油站的路段进行渠化处理等。

17. 收费站设计方案

收费站宜设置在视距好、线形平直路段。如经常发生碰撞收费亭事故，应分析其事故原因，针对事故原因，采取措施。当收费站端部处于长下坡路段终点处，频繁发生车辆碰撞收费岛事故。在不可能移建收费站情况下，在坡顶可设置长下坡的警告标志、收费站预告标志，在收费岛头设置消能防撞桶。

1.2 保护环境设计理念

公路设施和特意的景观设计，是展现公路环境与沿线环境融为一体的前提和基础。公路建设破坏了环境，通过设计，再造环境。尊重自然保护环境设计理念是指公路线形及构造物有美观的造型，与周围环境充分协调，从而构成优美的自然画面，使公路不仅仅是一条行车通道，而且是一个个风景独特，雅致的景观，使人在公路运输线上感到赏心悦目，既改善了运输环境，又体现了当地的经济发展的水平和文明程度，与大自然有机协调，具有与其相应的环境美。

尊重自然保护环境设计，从学术上讲，是集公路工程学、园林学、草地、草坪学、水土保持学和环境生态学为一体的，具有多重效应的综合学科的综合体现。公路景观设计是一个新的课题，无固定的模式也不存在统一的内容，但景观设计应与公路构造相协调，与沿线自然环境相协调，与当地风土、历史及文化协调，与时代感协调，与车辆运动中人的感知协调。创造良好的行驶空间和优美的行驶环境是公路建设的重要内容。

1.3 节约资源设计理念

资源短缺是我国可持续发展面临的严峻挑战。公路作为一种主要的交通运输方式，从公路网规划、工程设计和施工，直至通车使用的整个生命期中都与其所在的环境与自然资源发生着直接或间接的联系。降低工程造价，提高投资效益，是时代对公路建设提出的要求，也是公路建设者追求的目标。当前资源短缺的矛盾越来越突出，千方百计地节约每一寸土地，精雕细琢地处理好每一个细部工程，精打细算地用好每一分钱显得尤为重要。建立“节约型社会”的基本要求就是从勘察设计的每一个细节入手，深入到工程概算预算编制过程中去。

1.3.1 公路建设资源消耗

资源是一个国家或一个地区拥有的物力、财力、人力等各种物质要素的总称，资源也可指资金、劳动力、能源、信息等，资源的相对有限性就是稀缺性。资源是人类生存发展的物质基础，也是可持续发展的重要保证。我国人口众多，人均资源相对贫乏。公路建设需要消耗资源，占用土地资源，消耗人力和物力资源较大。公路建设规模 1000km 资源消耗见表 1-13。

公路建设规模 1000km 资源消耗 表 1-13

公路等级	人工	钢材	水泥	沥青	燃油	砂石料	备注
	亿工日	万吨				万 m^3	
二级公路	0.20	3.1	183	—	6.1	1340	老路扩建路基 12m 宽，桥占路线长 0.4%
一级公路	1.38	70.3	476	36.5	28.6	3940	24.5m 路基，桥隧占路线长 20%
高速公路	2.34	94.4	752	68.6	45.4	7280	26.0m 路基，桥隧占路线长 20%
		0.47‰	1.34‰		1.0‰		占年产比例
全国年产量		50000	140000		9800		燃油量中不含进口

在公路建设中要坚持可持续发展、建立节约型交通，就要正确处理好节约资源和公路发展的关系。从全局从长远来考虑，公路交通也是一种资源，公路建设是利用资源达到开发资源的目的，所以公路设计应该合理和有效地使用资源。

1.3.2 节约资源要点

公路建设应保护好公路区域内绿地、各类国家和省级风景名胜区、自然保护区和森林公园、林业圈等；要根据地形地貌，实事求是，坚持按最小的工程量、最小的环境破坏、最省的投资原则进行；最终实现自然、和谐、秀美、精致的公路交通。建设资源节约型公路不仅是适应国情，适应社会的发展的需要，也是公路建设自身发展的客观需要。

1.3.2.1 路线方案

公路建设可能对沿线农民生产和生活产生影响，如耕地、房屋、噪声、尾气；对农业耕作区、水利排灌体系产生影响；对矿资源和开采利用产生影响；对自然景观、名胜古迹产生影响；消耗资源对自然和环境产生影响，如对森林、动物、大气、水源等。在工程可行性研究报告、初步设计、施工图设计阶段的路线设计中，应运用各种先进手段对路线方案做深入、细致的研究，在多方案论证、比选的基础上，选定最优的路线方案。考虑对沿线产生的影响最小，保证行车安全、舒适、迅速，促进工程数量小、工程造价低、运营费用省，有利于施工和养护。

1.合理规划用地

公路建设不可避免地要占用土地,但占用何种类型的土地与公路设计的路线方案有直接关系。在路线方案布设时必须时刻考虑尽量少占耕地,尽量在上坡或坡脚布线,避免在耕地中部穿过。不可避免时,尽量降低填土高度或者布设桥梁。在项目决策上,一定要根据规划认真研究,避免因工程重复建设或前、后期工程衔接不合理造成的土地资源浪费。路线方案节约资源设计要点:

①不盲目追求高的技术指标。工程量增加较小的情况下,应选用高指标,不选用低指标或极限指标。

②应避让基本农田,少占高产田、经济作物田或经济林园等。

③深入勘测地质和水文情况,防止滑坡、崩塌、泥石流、岩溶、软土等严重不良地质地段和沙漠、多年冻土等特殊地区,对公路的影响。一般情况下路线设法绕避;不能绕避应选择合适位置,缩小穿越范围,采取工程措施。

④控制路基高程,合适选择填土高度和路堑挖深高度;土石方填挖平衡,总量最少,包括弃方和借方较少、占地最少。

⑤对于不良地质、高填深挖路基,应作同深度的桥梁或隧道设计,与之进行技术经济比较。滑坡防护是设计阶段的工作重点,必须明确滑坡的可治性,做出路线避绕或治理的决策。

⑥掌握公路网规划,避免由此发生的变化,导致互通立交方案不合理。路线总体布局中应充分考虑互通立交布设,重视路线方案与互通方案的综合比选,处理好主线、匝道、被交路相互间的交叉关系。

2.保护水资源

路线方案布设时,时常遇到水库、湖泊、水产养殖区等,有些水体是附近居民的饮用水源地。因公路排水属污染水,直接排入是对水资源的一种破坏。因此路线布设时,应优先考虑在水体下游布线,不得已必须在上游布线或架桥跨越水体时,应进行专项排水设计,做到路面积水独立排除,避免对水资源的污染。

1.3.2.2 路基设计

路基设计是总体设计的重点组成部分。路基高度受沿线地形、地物、地质条件、地下水位及沿线构造物布局、路线总体等因素控制,是影响公路工程造价的直接因素。合理确定路基填高挖深,节约资源路基设计要点如下:

①路基断面形式应适应地形特点,充分利用平原区或山岭区路线走廊内的空间资源,合理布置整体式路基或分离式路基或错幅式路基。尽可能地降低平原微丘区的路堤高度,合理确定山岭重丘区的高填深挖路基。

②排水设施应根据需要,考虑安全冲刷和美观要求,设计选择结构形状和防护类型。

③边坡设计应根据岩土情况,选择合适的坡率使路基稳定。土质、岩石边坡可采用自然裸露开挖形式,为防冲刷和有视觉效果提倡植物防护。圬工防护存在与周围环境不协调,景观差的问题,应尽量少采用;尤其是不宜采用锚杆挂网喷浆。

④软土地基对路基的危害有程度大小,在沉降允许范围内,少做或不做处理;沉降不能达到要求时,应根据危害程度采取技术经济指标比较后进行处理。

⑤公路由于本身宽度较大而占用了大量土地,设计时应树立土地是不可恢复的自然资源的节约思想,尽可能地节约土地。

1.3.2.3 桥隧设计

目前,采用桥梁和隧道方案较多,不但解决绕行,而且取代过去的高填深挖,减少了对自然环境的破坏,节省了公路建设用地。节约资源桥隧设计要点:

①路基按填筑高度计算征地面积为最大,桥梁按投影面积计算征地较小,隧道洞内不计公路用地。如在工程造价控制允许范围,应尽量采用桥梁或隧道取代路基,用空间资源减少和替换土地资源。同时,应合理确定桥梁或隧道高程,以降低与其相接的路基填土高度。

②特大、大桥桥型布置应尽量避免高墩、大跨径及弯坡斜桥,随意增加桥梁工程规模及技术难度。应以选择安全、适用、经济、美观、便于施工及养护的桥型,进行多方案比选。结构尺寸选择合理,钢筋布设满足结构受力要求。结构选型要符合国内的实际情况和技术水平,不盲目追求高标准。

③施工方案与桥梁设计方案相结合,避免因施工方案选择不合理造成的施工费用增加。

④注重桥梁标准化,保证施工质量和加快施工进度,才能有效降低工程造价。

⑤隧道要结合地形、地质条件、洞外接线,按照早进洞晚出洞方法,合理选择洞口位置;洞门设计应安全、简捷、实用,少刷坡、少破坏洞口自然环境。

⑥隧道衬砌横断面与结构形式应适应建设条件，满足耐久性要求，一般采用复合式衬砌结构，并采取必要的辅助施工措施。

⑦隧道防排水设计应从材料选择、施工与养修等方面统筹考虑，因地制宜、综合治理；当可能造成水资源流失，或造成地面结构损坏时，应采取以堵为主、限量排放措施。

⑧隧道内机电设计应结合交通情况进行分析，机电设备规模应适中，注重安全与节能，一次规划，分期实施，逐步完善。

1.3.3 降低工程造价技术措施

在各个区域，社会、经济及自然条件方面存在较大差异。因此，公路建设标准选择及指标运用必须具有灵活性，方能适应不同的建设环境。要做到这一点，就必须深刻理解标准规范的内涵及各项指标值的适用条件，避免死套标准规范的教条做法，强调灵活设计。降低工程造价，需要技术措施，需要做到用心设计，细心设计，精心设计。

1.3.3.1 利用公路资源

高速公路网的形成，要求一般公路网快速跟进，充分利用旧路资源是改扩建工程的首要原则。在实际工作中，要避免出现采用新建公路的设计手法进行设计的现象，不要强求旧路某个平面设计指标、某段路基宽度满足标准规定值，避免废弃较长段落的旧路，导致新线位占用大量的土地资源，使工程造价上升。对于山区公路还应注意避免诱发新的地质灾害，影响道路安全运营。

1.3.3.2 注重动态设计

公路标准选择是在工程可行性研究阶段研究确定的，一般在后期的初步设计、施工图设计及施工阶段都不会改变。但在随后各阶段工作的不断深入，后期工作中如不根据实际情况对标准再进行研究分析，有时会对环境造成较大的负面影响。因此，后期工作中要验证整个项目对自然条件的适应性，加强动态设计，将标准选择与运用贯彻于勘察设计的各个阶段，甚至是施工阶段。而要做到这一点，需要决策者、设计者、建设管理者和施工技术人员具有实事求是的科学态度和客观公正的作风，并有所创新。

1.3.3.3 优化设计

细节决定成败。在以往的设计中有时只重视主体工程，忽视细节，设计粗放，精细化不够。如对防护排水工程、交通安全设施标志、标线等细节不重视，导致问题积少成多，甚至带来较大问题。细节问题不处理好，也会影响工程安全和公路的使用质量。建立"节约型社会"的基本要求，就是要从细节入手。

已建成通车的公路项目所出现的边坡坍塌、水毁等问题，以及在建项目所出现的设计变更，其原因除自然因素和施工不当外，也与设计深度不足有关。而处理所出现问题付出的代价，往往比建造费用更高。加大设计深度首先要有合理的设计周期，建设项目要选择具有丰富经验的设计队伍，还要加大前期工作的投入，各级管理、审查部门及审查人员，应按照规范规程的要求，结合项目的特点，严格把关，以确保设计工作的深度。

1.3.3.4 强调总体设计

总体设计方案不仅会受到地形、地质、水文条件的制约，而且也受到生态、水资源、人文、交通等环境的影响，这些因素使得路线总体设计方案及工程方案多样化，不同的总体设计方案在路线布置、工程设置、环境保护等方面需作全面分析、比较。

公路是人工铺筑的实体工程，面对着各种复杂因素，公路设计中的路线、路基、桥梁、隧道等专业项目无一不与这些复杂因素有关，而且这些专业项目之间也有着较强的内在联系，因此强调做好总体设计十分重要。首先必须充分分析项目的特点，研究项目的重点、难点，提出总体设计思想，制定项目总体设计原则。在具体设计中，这种看似宏观而又有较强针对性的措施是项目成功的关键。要做好项目总体设计，必须特别强调各专业之间的协调性，以总体设计的思想及原则，衡量路线及构造物与自然条件之间、路线与构造物之间、路线与交通工程及沿线设施之间、构造物与构造物之间、构造物与交通工程设计之间衔接的合理性。公路总体设计是一项综合的、技术含量高、整体性强的系统工程，公路总体设计应认真贯彻公路设计新理念。

1.3.4 成本最小化设计

成本最小化设计是应用全寿命期范围内的设计理念，在设计过程中满足功能要求的前提下，要求满足成本最小化,使公路建设工程的寿命期成本达到最低。其关键点体现在合理采用技术指标、合理确定建设规模、合理确定建设方案、综合研究后期养护费用四个方面。

1.3.4.1 合理确定建设规模

公路建设以满足功能为主要目标,不片面追求不符合实际要求和经济实力的高标准,尽量做到先进合理,经济适用。合理确定建设规模,重点考虑公路建设的适应性问题。

1.3.4.2 合理采用技术指标

只有充分理解标准、规范内容的实质,才能够合理采用技术指标,针对具体项目的特点、难点对症下药。如合理利用线位资源,可避免重复建设、少占耕地,可节约资源、降低工程造价;只有结合沿线实际,合理确定技术指标,才能满足公路使用功能、保证行车安全、保护生态环境。

1.3.4.3 合理确定工程方案

公路建设能利用原有道路进行改扩建的不新建,避免占用耕地良田,从而降低工程寿命周期成本中的建设成本。合理确定工程方案,首先必须重视设计基础资料的调查、收集工作,如项目所在区域的地质、水文、生态、环保、各种运输方式的要求、建设用地等。在设计中,要以节约为指导,强调"安全、环保、舒适、和谐"的理念,合理确定工程方案。对于特大型桥梁、枢纽互通以及公路附属工程,要避免采用高标准。

公路建设是一项系统工程,为合理确定工程寿命期成本,在勘察设计阶段,就要统筹考虑建设、运营、养护的全过程,系统解决工程结构的耐久性、抗疲劳性、人车行驶的安全性、养护维护的可靠性、防灾减灾的可靠性,以及环境景观的协调性问题,在可能的条件下,妥善处理先期投入与后期养护费用的关系,把工程全寿命期成本的总和降到最低点。

1.4 寿命期成本设计理念

寿命期内成本设计,就是把公路建设放到环境和社会两大系统中,从建设工程生命期的全过程去看待成本。研究降低公路工程造价措施,首先要树立全寿命期成本理念。以前我们较多关注公路建设的初期成本,对运营、养护的后期成本关注不多,尤其是对公路建设给环境带来的长远损失估计不足。一定条件下,增大先期投入,延长公路使用寿命,减少后期成本包括以下几个方面。

1. 先期建设投资

在可能的条件下,宁肯先期投入大一些,也要减少后期更大的成本投入,延长公路使用寿命,降低对社会、环境的影响,提高公路建设的综合服务能力。

(1)工程设计最优

设计方案选择不当,会加大初期成本和后期成本。如不选择桥梁方案,反而选择过江隧道方案,会造成寿命期成本成倍增加;如先期选择长隧道方案,不考虑运营养护后期成本,或选择长隧道方案,不选择隧道群与路基结合方案,都会加大运营养护成本;如先期路基设计宽度不足,改扩建加宽路基将造成工程二次投入,对环境造成再次破坏。

(2)环境保护设计

环境保护设计不足,致使寿命期成本加大。如设计路线追求高指标,使路基出现高填深挖,造成土石方和防护工程数量增大,开挖面增大而征地数量增加。高填深挖,易形成地质安全隐患,或引发地质灾害。

(3)工程质量达标

投入不足使公路寿命期缩短。如建设资金不足时,为降低工程造价,设计减少防护、排水等工程措施费用;如果工程质量不能达标,大修之前就可能诱发地质灾害,引发环境问题。

2. 后期养护费用

公路养护工程分为小修保养、中修工程、大修工程和改建工程四种类型。公路建成通车投入运营后,必须及时进行经常性、及时性和预防性的养护。目的是确保公路工程及沿线设施,如路基、路面、桥涵、隧道工程和安全、收费、服务设施等处于良好的运营状态,从而实现公路快捷、畅通、安全、舒适、经济的使用功能。随着时间的推移,交通量的增大,车辆载重的增加,养护维修工作量也越来越大,养护维修支出的费用也越来越多。

后期养护维修费用是一项长期综合成本,包括检测、维修、加固费用等。

1.5 灵活性设计理念

灵活性设计，就是实时、适地的合理选用技术标准，其是达到“安全、环境优美、节约资源、质量优良、系统最优”的手段，也是公路勘察设计新理念的精髓。对于每一个公路项目而言，其所处地区的地理位置、地形地貌、气候气象、社会环境、文化传统、风俗习惯、公路使用者的审美特点等，都是设计者必须考虑的重要因素。无论是公路的新建还是改造，都没有固定的解决模式。因此公路建设项目的设计者面临着在保证公路行车安全的前提下，如何把公路充分融入周围环境中的问题，正在寻求一种协调和统一的方法，这就要求设计者必须灵活、创造性地进行工程设计。

公路设计灵活性的理念，并不是试图去创建一个新的标准。而是建立在灵活应用现有的规范、标准、规章制度和法律规定的基础上，在不降低安全性的前提下，通过灵活设计寻求达到更符合公路沿线可持续发展的需要和利益目标的途径。为解决公路设计中遇到的一些具体问题，并获得均衡的解决方案，公路设计者在遵循项目规划与实施过程中已建立起来的参数的前提下，充分发挥想象力、独创性及灵活性，以标准规范为依据，在允许范围内灵活应用公路设计指标，设计出既能满足使用功能，又能安全运营，同时还能很好地融于自然及人文环境的高要求公路。

公路设计所采用的技术指标，就是在兼顾安全性和功能要求的基础上，通过合理选择和灵活运用设计标准达到整体最优的目标。标准规范中的指标有主次之分，主要指标是指对安全、功能有重大影响的指标，如最小圆曲线半径、最大纵坡、视距等，在设计中原则上应予保证；次要指标是指在满足安全的前提下，影响美学或舒适性的指标，如曲线间直线长度等。当次要指标对环境不构成影响时，可采用较高值；构成影响时应采用较低值；当次要指标对环境和生态影响巨大时，为了保护环境，可突破使用。

1.6 最优化设计理念

公路设计应该在保证安全通畅的同时，处理好自然环境与人文环境等方面的关系，以达到设计的综合最优化。最优化设计理念是打破以往只注重公路本身的设计，应该通过多学科、多人员的共同合作，以及公众的广泛参与，取得公路设计在交通功能、安全、景观、环境和生态等方面的系统最优和综合最优。在美国大力提倡和应用综合敏感性设计理念，即指强调灵活性与创造性地应用设计规范，去处理具体设计细节等思想，提倡多学科专业人员和公众对设计项目的参与，以形成一种在满足公众权益的基础上，于安全性和通畅性之间达成平衡的处理方法。它代表了一种寻求“在保护和加强对环境、自然风景、人文历史及社会资源建设的同时，为公众提供安全、高效的交通运输服务”的理念。

1. 工程优化设计

工程优化设计是以数学中的最优化理论为基础，以计算机为手段，根据设计所追求的性能目标，建立目标函数，在满足给定的各种约束条件下，寻求最优的设计方案。工程优化设计是从多个方案中选择最佳方案的设计方法。工程优化设计也可以在不降低安全效果的前提下，通过合理选择标准、灵活运用指标，寻求达到更符合公路沿线可持续发展的需要和利益目标。

2. 安全和环保设计

安全是指没有危险、危害和损失。环境保护是指人类为解决现实的或潜在的环境问题，协调人类与环境的关系，保障经济社会的持续发展而采取的各种措施的总称。用工程技术解决安全和环保问题是目前一种有效的方法和手段，做好安全设计和环保设计，应该说是公路建设的一大追求，实现行车安全、最小限度地影响公路周围的环境和生态是公路建设的目标。

3. 公众参与设计

公众参与是指社会公民、社会组织，以单位或个人为主体，在其权利义务范围内有目的的社会行动。公众参与可以体现在以下三个方面：

①将项目、规划或政策制定和评估活动中的有关情况，及时完整地通报给公众；

②它是一个连续的双向交换意见过程，以增进公众了解政府机构拟解决的环境问题的做法与过程；

③积极地征求公民意见和感觉：设计项目决策和资源利用，比选方案及管理对策的酝酿和形成，信息的交换和推进公众参与的各种手段与目标。

公众参与是一种有计划的行动。它通过政府部门和开发行动负责单位与公众之间双向交流，使公民能够参加决策过程，并且防止和化解公民和政府机构与开发单位之间、公民与公民之间的冲突。强调在决策早期吸纳各方面尤其是沿线公众的意见，并在项目建设过程中强调与各个部门的联系交流。

1.7 多学科创作设计理念

多学科创作设计理念应有创新思想。创新是以新思维、新发明和新描述为特征的一种概念化过程。其内容包括更新、创造新的东西。

1. 多学科融合

公路所处的外部景观环境是一个系统，景观因子众多，涉及领域广泛，与此对应的公路设计过程是一个跨学科的精细的“艺术创作”过程，而不是从单一的公路专业角度对以往设计的复制，这一创作过程应以设计人员对环境个性理解为基础，以公路学、美学、生态学、建筑学、社会学、人类文化学、历史学、心理学、地域学和风俗学等学科的综合知识为条件，对公路所处的自然环境和社会环境进行的一个再造或再融合的过程。随着国家“坚持以人为本，树立全面、协调、可持续的科学发展观”方针的提出，我们更应该不断提升设计理念，创新设计方法，优化设计过程，达到公路设计的综合最好。

2. 细节艺术

细节决定成败。细节是设计主题、设计团队和公众意见的最直观体现，项目的细节部分是最可贵的，也是设计人员充分发挥想象力、创造力，工程结构艺术的具体体现。因此，细节设计对于道路的美观有着至关重要的作用。在细节设计阶段，设计者需要对各细节进行再斟酌和实物化，必要时甚至可以对已形成的设计理念进行细微的改动，从而获得更好的效果。

3. 突出主题

公路设计总体方案一旦确定，各专业的诸多设计、创作过程均应围绕这个主题展开。不同路段如果设计主题不同(一般可分为自然景观主题、半自然景观主题、村落景观主题、田野景观主题、城镇景观主题、城市景观主题等)，各专业、各细节的表现手法就可以各异；但是对于具有特定主题的某一路段，各专业、各细节设计的手法和目的均应体现共同主题，追求共同效果。

1.8 国内外设计新理念动态

1. 国外设计新理念

虽然发达国家的公路建设高潮已经结束，但是对公路设计新理念的探求却一直没有停止，并且更加注重安全、环保和人性化的需求。

1991 年，美国通过《综合地面运输效率法案》，其核心内容包括综合协调交通运输功能、环境生态保护、社区价值的理念，强调对道路设计中多因素的考虑。

1997 年，美国提出了公路设计灵活性设计理念，即综合考虑道路风光、审美、历史、环境和自然资源等综合因素考虑，并推动多学科团队和公众一起参与设计。

2000 年以后，美国又提出了综合最优化设计，即公路强调多因素设计。考虑综合协调交通运输功能、环境生态保护、社区价值理念；综合最优化设计，强调通过多学科、多专业人员的协调工作，并推动公众一起参与设计，达到公路设计的环境、生态、景观、文化、历史、社区利益等方面最优化，为公众提供安全、高效的交通运输服务。

2. 国内设计新理念

随着我国社会经济的发展，人民生活水平的不断提高，我国公路设计新理念也在逐渐提升，在要求满足交通功能的同时，越来越注重安全性的提高、环境的保护和景观的协调。2004 年 9 月交通部提出“六个坚持，六个树立”的公路勘察设计新理念。

《公路工程技术标准》等标准规范在近 20 年内多次修订，体现了我国公路设计理念在不断提升。各个时期提出了不同要求的公路建设指导思想。

(1)1950 ~ 1970 年：以“多快好省、安全、经济”为指导思想，体现了当时百废待兴、大干快上，却又受制于经济条件的状况。

(2)1980 ~ 1990 年：以“快速、安全、舒适、经济”为指导思想，在改革开放的大背景下，拉开了我国公路建设的序幕，高速，一级公路的建设进入高潮。这一阶段的设计重心在公路本身，对安全、环境、生态、景观等方面重视还不够。

(3)2000 年进入新世纪后,我国经济水平和交通状况呈现了崭新的局面,在国家大力倡导"科学发展观"和建设"和谐社会"的形式下,公路设计也在"以人为本、安全第一"的理念指导下,追求"安全、环保、舒适、和谐"的目标。

我国在高速公路的设计中,一直没有停止过对新理念和新技术的研究,如灵活性、宽容性设计;京珠高速公路利用遥感和三维仿真技术优化路线方案;摄影测量技术在公路设计中的运用,大大提高了设计效率等。宁杭高速公路首次提出"环保、景观、旅游"高速公路的建设目标,也会成为将来公路建设的一个趋势。

第二章　公路工程技术标准

公路工程技术标准是指在一定自然环境条件下能保持车辆正常行驶，所采用的技术指标体系。其反映我国公路建设的技术方针，是法定的技术要求，公路设计时都应当遵守。各公路等级的技术标准，由对应的技术指标体现。交通部2004年3月颁布施行的《公路工程技术标准》(JTG B01—2003)适用于新建和改建工程，指导公路工程建设。

2.1　设计规定

为适应国民经济发展的需要，根据公路在路网中的地位和功能作用，以及远景交通量，将其划分为五个技术等级，即高速公路、一级公路、二级公路、三级公路、四级公路。各级公路主要技术指标见表2-1。

各级公路主要技术指标　　表2-1

公路等级	高速公路			一级公路			二级公路		三级公路		四级公路	
设计速度(km/h)	120	100	80	100	80	60	80	60	40	30	20	20
车道数(条)	4、6、8	4、6、8	4、6	4、6、8	4、6	4	2	2	2	2	2	1
车道宽度(m)	3.75	3.75	3.75	3.75	3.75	3.5	3.75	3.5	3.5	3.25	3.0	3.5
路基宽度(m)(一般值)	28.0 34.5 45.0	26.0 33.5 44.0	24.5 32.0	26.0 33.5 44.0	24.5 32.0	23.0	12.0	10.0	8.5	7.5	6.5	4.5

设计速度是在考虑公路使用功能和设计交通量的基础上，根据国家技术政策制定。设计速度是技术标准中最重要的指标，它对公路的几何设计、工程费用和运输效率影响较大。

2.1.1 公路分级

我国公路按技术分级，可划分为5个等级，见表2-2。按作用和功能分级，可分为干线公路、集散公路和支线公路。表中年平均日交通量是指各种汽车折合成小客车的年平均日交通量。

公路等级划分　　表2-2

公路等级	内容	车道数	年平均日交通量	公路功能	
高速公路	专供汽车分向、分车道行驶，全部控制出入，多车道公路	8	60000～100000	干线公路	
		6	45000～80000		
		4	25000～55000		
一级公路	为供汽车分向、分车道行驶，根据需要控制出入，多车道公路	6	25000～55000	干线公路	集散公路
		4	15000～30000		
二级公路	供汽车分车道行驶，双车道公路	2	5000～15000	干线公路	
三级公路	供汽车分车道行驶，双车道公路	2	2000～6000	支线公路	
四级公路	供汽车分车道行驶，双车道公路	2	2000辆以下	支线公路	
	供汽车行驶，单车道公路利用错车道会车	1	400辆以下		

2.1.2 交通组成

交通组成是指公路上的各种车型在车流中所占比例。不同车型有不同尺寸和行车特征，设计时都必须考虑。根据美国的《车速一致性评价方法比较》一文提出交通组成的调查，我国20世纪七八十年代的汽车可分为机动车、拖拉机、非机动车三大类。而现在的交通组成同过去相比，发生了非常大的变化。过去我国公路上行驶的车辆中，中型载重汽车占据了主导地位。随着近30年来经济的快速持续增长，公路交通建设迅速发展，对公路交通的需求已由货运逐渐向客运转变，中型货车的比重下降，大型货车的比例逐年增长。因此，结合公路运输主力车型外廓尺寸的出现频率和结构特征，设计车辆应分为小客车、载货汽车和鞍式列车三类。

2.1.3 交通量预测

各级公路设计交通量的预测应符合规范要求。预测是指在掌握现有信息的基础上，依照一定的方法与规律对未来的事情进行测算，以预先了解事情的发展结果。

1. 设计交通量预测年限

高速公路和具有干线功能的一级公路的设计交通量应按20年预测；具有集散功能的一级公路，以及二、三级公路的设计交通量应按15年预测。四级公路的设计交通量预测年限可根据实际情况具体确定。

2. 设计交通量预测的起算年

设计交通量预测的起算年，应为该建设项目工程可行性研究报告中的计划通车年。设计交通量的预测应充分考虑走廊带范围内远期社会、经济的发展和综合运输体系的影响。

2.1.4 公路等级选用

公路等级选用是根据公路功能、公路网规划和交通量，结合建设项目所在地区的综合运输体系、远期发展等因素，经技术论证后确定。公路等级选用基本原则如下：

①一条公路可分段选用不同的公路等级，或选用同一公路等级不同的设计速度、路基宽度。但不同公路等级、设计速度、路基宽度间的衔接应协调，过渡要顺适。

②预测的设计交通量介于一级公路与高速公路之间时，拟建公路为干线公路时，宜选用高速公路；拟建公路为集散公路时，宜选用一级公路。

③干线公路宜选用二级及二级以上公路。

不同公路等级的变化点，原则上选在交通量发生较大变化或驾驶员能够明显判断前方需要改变行车速度处；高速公路、一级公路宜设在互通式立体交叉或平面交叉处；二、三、四级公路宜设在交叉路口、桥梁、隧道、村镇附近或地形明显变化处。

公路功能与公路等级的关系见表2-3。国家及省属干线公路可选用高速公路、一级公路或二级公路,交通量不大的干线公路或一般县乡公路可选用三级公路,交通量小的县乡公路可选用四级公路。

公路功能与各级公路的对应关系　　表2-3

公路功能	高速公路	一级公路	二级公路	三级公路	四级公路
主要干线	★				
次要干线		★	★		
主要集散		★	★		
次要集散			★	★	
地方公路				★	★

对于纵、横向干扰少的干线公路,宜选用一级公路或高速公路进行论证;若选用一级公路论证,则必须采用确保较高的运行速度和安全措施。对于大、中城市与乡村结合部及混合交通量大的集散公路可选用一级公路,其里程不宜过长、设计速度不宜太高,且应设置相应的交通设施以保证通行能力和安全。当二级公路作为干线公路时,应采取相应安全措施。当二级公路作为城乡结合部及混合交通量较大的集散公路时,应设置相应设施以确保通行能力和安全。上述保证通行能力和安全措施,包括设置慢车道、增大平面交叉间距、采用渠化平面交叉、采用主路优先或信号交通管理方式等。

2.1.5 公路改建

公路交通量接近或达到饱和时,应采取对公路改建和新建方案的比选论证。采用公路改建方案时应符合以下规定。

1. 选用技术指标

当利用现有公路的局部路段,因提高设计速度可能诱发工程地质病害时,经论证该局部路段的设计可维持原设计速度。但其长度,不宜大于相应公路等级的设计长度。

2. 交通评价

交通评价是对交通的实际问题和交通条件进行研究,包括交通量预测、交通组织设计、交通安全等方面。高速公路的改建必须在交通评价的基础上做出具体实施方案设计。在工程实施中,应减少对既有公路的干扰,并应有保证通行安全的措施。公路改建的维持通车路段,服务水平可降低一级。

3. 保通设计

对于一级公路及二、三级公路的改建工程,应作保通设计方案。要充分理解长期快速运行车辆被迫"慢行"和"限制"产生的情绪,树立为社会服务的理念,以人为本、以车为本的理念,做好保通设计和保通体系框图,保障改建施工顺利进行。

2.1.6 公路用地范围

根据《中华人民共和国公路法》规定,公路用地的具体范围由县级以上人民政府确定,但最低不少于1m。公路用地供公路修筑路基和排水系统,设置防护设施和服务设施等,以及供公路修筑和养护取土、弃土、路侧绿化等使用。在公路用地范围内不得修建非路用建筑物,如开挖渠道,埋设管道、电缆、电杆及其他设施。在确定公路用地中,既要满足公路建设所必须的用地范围,又要充分考虑我国土地资源珍贵的特殊情况,应尽可能从设计和施工等方面节省每一寸土地,不占或少占高产田,提倡利用取土或弃土整田造地。公路用地范围具体规定如下:

①公路征地是在路堤两侧边沟外边缘,无边沟时为路堤或护坡道坡脚以外,或路堑坡顶截水沟外缘,无截水沟时为坡顶以外不小于1m的土地;在有条件的地段,高速公路、一级公路不小于3m,二级公路不小于2m范围内的土地。

②在风沙、雪害等特殊地质地带,需设置防护林、种植固沙植物、安装防沙或防雪栅栏以及设置反压护道等设施时,应根据实际需要确定用地范围。

③桥梁、隧道、立体交叉、平面交叉、服务设施、安全设施、管理设施、绿化及料场和苗圃等,应根据实际需要确定用地范围。

④有条件或环境保护要求种植多行林带的路段,应根据实际需要确定用地范围。

⑤改建公路可参考新建公路确定用地范围。

公路用地是根据国家法规征购。其中土地、青苗补偿、拆迁房屋费用,各种税费、管理费用,按当地人民政府制定的标准计算。

2.2 设计控制要素

公路设计控制要素是指对公路几何设计起控制作用的因素。公路几何设计必须符合技术标准的规定，必须与地形、地质等自然条件相适应，必须满足交通流特性要求，也必须符合公路网规划，这些都是控制公路设计的因素。

2.2.1 设计依据

在《公路工程技术标准》颁发后，交通运输部为适应公路路基、路面、桥涵、隧道工程等设计与施工的需要，又先后颁发了公路工程各专业的设计规范、设计细则、施工技术规范和施工技术细则等，是公路勘察设计的重要依据，详见表2-4。

公路勘察设计依据　表2-4

统一编号	标准、规范、细则名称	统一编号	标准、规范、细则名称
JTG B01—2003	公路工程技术标准	JTG E30—2005	公路工程水泥及水泥混凝土试验规程
JTJ 004—1989	公路工程抗震设计规范	JTG E40—2007	公路土工试验规程
JTG/T B02—01—2008	公路桥梁抗震设计细则	JTG E41—2005	公路工程岩石试验规程
JTG B03—2006	公路建设项目环境影响评价规范	JTJ 056—1984	公路工程水质分析操作规程
JTG/T B05—2004	公路项目安全性评价指南	JTG E51—2009	公路工程无机结合料稳定材料试验规程
JTG B04—2010	公路环境保护设计规范	JTG E42—2005	公路工程集料试验规程
JTG/T B07—01—2006	公路工程混凝土结构防腐蚀技术规范	JTG C10—2007	公路勘测规范
JTG D20—2006	公路路线设计规范	JTG/T C10—2007	公路勘测细则
JTG D30—2004	公路路基设计规范	JTG C30—2003	公路工程水文勘测设计规范
JTG D40—2011	公路水泥混凝土路面设计规范	JTJ C20—2011	公路工程地质勘察规范
JTG D50—2006	公路沥青路面设计规范	JTG/T C21—01—2005	公路工程地质遥感勘察规范
JTJ 018—1997	公路排水设计规范	JTG/T C22—2009	公路工程物探规程
JTJ/T 019—1998	公路土工合成材料应用技术规范	JTG F80/1—2004	公路工程质量检验评定标准(土建工程)
JTG D60—2004	公路桥涵设计通用规范	JTG F80/2—2004	公路工程质量检验评定标准(机电工程)
JTG D61—2005	公路圬工桥涵设计规范	JTG H20—2007	公路技术状况评定标准
JTG D62—2004	公路钢筋混凝土及预应力混凝土桥涵设计规范	JTG D80—2006	高速公路交通工程及沿线设施设计通用规范
JTG D63—2007	公路桥涵地基与基础设计规范	JTG D81—2006	公路交通安全设施设计规范
JTJ 025—1986	公路桥涵钢结构及木结构设计规范	JTG/T D81—2006	公路交通安全设施设计细则
JTG/T D65—04—2007	公路涵洞设计细则	JTG F71—2006	公路交通安全设施施工技术规范
JTG D70—2004	公路隧道设计规范	JTJ 076—1995	公路工程施工安全技术规程
JTG/T D65—01—2007	公路斜拉桥设计细则	JTG G10—2006	公路工程施工监理规范
JTG D61—2005	公路圬工桥涵设计规范	JTG/T D60—01—2004	公路桥梁抗风设计规范
JTG F10—2006	公路路基施工技术规范	JTG/T D71—2004	公路隧道交通工程设计规范
JTG F30—2003	公路水泥混凝土路面施工技术规范	JTG/T J22—2008	公路桥梁加固设计规范
JTG F40—2004	公路沥青路面施工技术规范	JTG/T J23—2008	公路桥梁加固施工技术规范
JTG F41—2008	公路沥青路面再生技术规范	2007版	公路工程基本建设项目设计文件编制办法
JTJ 034—2000	公路路面基层施工技术规范	2007版	公路工程基本建设项目设计文件图表示例
JTJ/T 037.1—2000	公路水泥混凝土路面滑模施工技术规程	JTG B06—2007	公路工程基本建设项目概算预算编制办法
JTG/T F50—2011	公路桥涵施工技术规范	JTG/T B06—01—2007	公路工程概算定额
JTG F60—2009	公路隧道施工技术规范	JTG/T B06—02—2007	公路工程预算定额
JTG/T F60—2009	公路隧道施工技术细则	JTG/T B06—03—2007	公路工程机械台班费用定额
JTG E20—2011	公路工程沥青及沥青混合料试验规程		……

近年来,我国公路工程技术标准和规范的研究与发展具有分工越来越细、周期越来越短、内容越来越丰富、覆盖面越来越宽,理论不断完善、技术不断更新等特点,与国际接轨的趋势更加明显。

2.2.2 自然条件

我国幅员辽阔,各地地理位置和自然条件各不相同。公路是设置在大地表面的带状建筑物,因此公路设计受到各种自然条件的限制。影响公路的自然因素主要有地形、气候、水文、地质、土壤及植被等;这些自然因素,主要影响公路等级和设计速度的选用、路线方案的确定、路线平纵横的几何形状、桥隧等构造物的位置和规模、工程数量和工程造价等。

1. 地表形态

地表形态决定了选线条件,也直接影响公路技术标准和指标的选定。根据我国地表形态、相对高差、倾斜度及平整度,按公路布线范围将地形大致划分为平原微丘地形和山岭重丘地形,参见表 2-5。

地表形态划分 表 2-5

地形	平原微丘		山岭重丘		备注
	平原	微丘	山岭	重丘	
地面自然坡度	<3°	<20°	≥20°	≥20°	

(1)平原微丘地形

平原微丘地形中,布线一般不受地形限制。平原地形是指一般平原、山间盆地等,地表平坦、无明显起伏,地面自然坡度一般在 3°以内;微丘地形是指起伏不大的丘陵,地面自然坡度在 20°以下,相对高差在 100m 以下;对于河湾顺适、地形开阔且有连续宽缓台地的河谷地形,河床坡度多在 5°以下,地面自然坡度在 20°以下。

(2)山岭重丘地形

山岭重丘地形中,路线平、纵、横面大部分受地形限制,桥、隧、涵以及防护支挡构造物增多,工程数量及工程造价明显增加。山岭地形是指山脊、陡坡、悬崖、峭壁、峡谷、深沟等,地形变化复杂、地面自然坡度大多在 20°以上;重丘地形是指连续起伏的山丘,且有深谷和较高的分水岭,地面自然坡度一般在 20°以上;高原地带的深侵蚀沟,以及有明显分水线的绵延较长的高地,地面自然坡度在 20°以上,也属山岭重丘地形。

2. 气候状况

气候状况直接或间接地影响地面水的数量、地下水位高度,以及泥泞期、冬季积雪和冰冻期等,影响路线平面位置和竖向高度的确定。

3. 水文情况

水文情况决定排水结构物的位置、数量和大小,水文地质情况决定了含水层厚度和位置、地基或边坡的稳定性。

4. 地质构造

地质构造决定了地基和路基附近岩层的稳定性,决定路线方案和布设,同时也决定了土石方施工的难易程度和筑路材料的质量。

5. 地表覆盖层

地表是由矿物质、有机物质、水、空气和生物组成,具有肥力,能生长植物的未固结层。影响路基、桥隧工程建筑,选择土质又可为筑路材料。

6. 植物覆盖层

植物生长在地表,是生命的主要形态之一,包括树木、灌木、藤类、青草、蕨类、地衣及藻类等熟悉的生物。植物覆盖层影响暴雨径流、水土流失程度。公路建设受植物覆盖层影响是必然的,但植物受国家保护要求公路建设做到最小的破坏和最大的恢复。

2.2.3 公路交通特征

公路交通特征是指公路等级、交通组成和行车速度。

1. 公路设计车辆

设计车辆是指公路设计所采用的汽车车型,以其外廓尺寸、质量、运转等特征作为公路设计的依据。公路上行驶的车辆主要是汽车,公路交通组成对公路几何设计具有决定作用。比如确定路幅宽度、车道宽度、平曲线加宽、纵坡大小、行车视距等都与设计车辆有密切关系。因此,选择有代表性的车辆作为公路设计的依据是必要的。

2. 公路设计速度

设计速度又称计算行车速度，是指当气候条件良好、交通密度小、汽车运行只受公路几何要素、路面、附属设施等的影响时，中等驾驶技术的驾驶员能保持安全顺适行驶的最大行驶速度。设计速度是公路设计时确定其几何线形的关键参数，我国从20世纪50年代起引入了设计车速的概念，根据车辆动力性能和地形条件，确定了不同等级公路的设计速度指标，各级公路按地形条件的差别，从20km/h到120km/h(见表2-6)。设计速度一经选定，公路的所有相关要素如视距、超高、纵坡、竖曲线半径等指标均与其配合以获得均衡设计。

各级公路设计速度 表2-6

公路等级	高速公路			一级公路			二级公路		三级公路		四级公路
设计速度(km/h)	120	100	80	100	80	60	80	60	40	30	20

3. 汽车运行速度

对一条公路设计速度是一个固定值，设计速度对极限值指标的选用，如最小半径、最大纵坡等，具有控制作用，但对非极限值指标无控制作用。设计中只要自然条件允许，尽量采用对提高车速有利的指标值，比如曲线半径很大、坡度很缓，汽车实际行驶速度比设计速度高出很多；相反，受自然条件限制时，不得不采用小的转弯半径、较陡的坡度，使大型载质汽车转弯和上坡行驶速度降低，甚至远低于设计速度。在这种公路上汽车的实际行驶速度变化很大，与固定的设计速度不一致，当车速由高到低无足够的过渡时，便产生速度的突变，容易发生交通事故。

针对设计速度存在不足，避免产生速度突变，保证、汽车行驶的连续性，引入运行速度的概念及其应用方法。运行速度是指中等技术水平的驾驶员在良好的气候条件、实际公路状况和交通条件下所能保持的安全速度。通常采用测定的第85个百分位行驶速度作为运行速度。应用运行速度的设计方法是根据设计速度初定公路线形，通过测算模型计算路段运行速度，用速度差控制标准检查和修正线形，以修正后的运行速度为依据确定路线其他设计指标。

4. 存在的问题

设计速度与运行速度有密切的关系。根据国内外观测研究，当设计速度较高时，运行速度低于设计速度；而当设计速度低时，运行速度高于设计速度。目前，基于设计速度的路线设计方法已被所有设计人员所掌握。

但是，经过多年来的实践，设计与管理人员发现这种设计方法本身存在一定的缺陷。现有路段观测结果表明，设计速度的设计方法不能保证线形标准的一致性。实际的行驶速度总是随公路线形、车辆动力性能及驾驶员特性等各种条件的改变而变化。只要条件允许，驾驶者总是倾向于采用较高的速度行驶。从公路使用者安全的角度考虑，在进行公路路线设计时，不能简单地以设计速度来控制公路线形指标，因为车辆是连续行驶的需要以动态的观点来考虑车辆进入曲线时的运行速度，所选择的设计速度要与车辆运行速度相适应，从而提高公路的安全性。

针对设计速度方法存在的主要问题，德、法等欧洲国家和美国、澳大利亚等发达国家广泛运用了以运行速度概念为基础的路线设计方法。运行车速的引入，可以有效地解决路线设计指标与实际行驶速度所要求的线形指标脱节的问题。但由于国内外的交通条件和驾驶员行为差别明显，欲采纳这种设计方法须对我国的运行速度进行深入的调查，确定适合国情的设计参数值。

2.2.4 交通量

公路网交通量预测是指在调查研究的基础上，通过建立相应的预测模型(目前比较常用的"四步骤"模型)，运用数理的、统计的、运筹的、规划的等相关知识及计算机现代化手段，分阶段逐步实现规划区域内未来规划年限综合运输量预测、公路分担的运输量推算、公路网各节点间交通量分布测算，以及节点间各线路上交通量分配的测算过程。

1. 交通量换算

交通量换算采用小客车为标准车型，作为确定公路等级的各汽车代表车型和车辆折算系数的规定，见表2-7。

各汽车代表车型与车辆折算系数 表2-7

汽车代表车型	车辆折算系数	说明
小客车	1.0	≤19座的客车和载质量≤2t的货车
中型车	1.5	>19座的客车和载质量>2t~≤7t的货车
大型车	2.0	载质量>7t~≤14t的货车
拖挂车	3.0	载质量>14t的货车

①畜力车、人力车、自行车等非机动车，在设计交通量换算中按路侧干扰因素计。

②一、二级公路上行驶的拖拉机按路侧干扰因素计；三、四级公路上行驶的拖拉机每辆折算为4辆小客车。

③公路通行能力分析所要求的车辆折算系数应针对路段、交叉口等形式，按不同的地形条件和交通需求，采用相应的折算系数。

公路主要供汽车行驶，对于混合交通的公路还有一部分非机动车，车辆的几何尺寸大小、性能对公路几何设计起决定作用。选择有代表性的车辆作为设计车辆是必要的。公路路线与路线交叉几何设计所采用的设计车辆外廓尺寸规定见表2-8。

设计车辆外廓尺寸 表2-8

车辆类型	总长(m)	总宽(m)	总高(m)	前悬(m)	轴距(m)	后悬(m)
小客车	6	1.8	2	0.8	3.8	1.4
载货汽车	12	2.5	4	1.5	6.5	4
鞍式列车	16	2.5	4	1.2	4+8.8	2

2. 公路远景设计使用年限

各级公路远景设计使用年限见表2-9，也可根据设计情况适当调整。

各级公路远景设计使用年限 表2-9

公路等级	设计年限	公路等级	设计年限
高速公路、一级公路	20年	三级公路	10年
二级公路	15年	四级公路	10年

3. 设计交通量

交通量是指单位时间内通过道路某一断面的车辆数，其计量单位常用年平均日交通量(pcu/d，用全年总交通量除以365而得)或小时交通量(pcu/h)。设计交通量是指拟建公路到预测年限时所能达到的年平均日交通量，其值是根据历年交通观测资料预测求得，目前多按年平均增长率计算确定，见式(2-1)。

$$AADT = ADT \times (1+\gamma)^{n-1} \tag{2-1}$$

式中：$AADT$——设计交通量(pcu/d)；

ADT——起始年平均日交通量(pcu/d)；

γ——年平均增长率(%)；

n——预测年限(年)。

设计交通量的预测起算年，应为该建设项目可行性研究报告中的计划通车年；当提交可行性研究报告年到公路通车年超过5年时，在编制初步设计前应对设计交通量予以核实。设计交通量在确定公路等级、论证公路建设费用或各项结构设计等有重要作用，但不宜直接用于公路几何设计。因为在一年中的每月、每日、每小时交通量都在变化，在某些季节、某些时段可能高出年平均日交通量的数倍，所以不宜作为具体设计的依据。

4. 设计小时交通量

小时交通量是以小时为计算时段的交通量，是确定车道数、车道宽度和评价服务水平的依据。统计表明，在一天及全年，每小时交通量的变化很大。若以一年中最大的高峰小时交通量作为设计依据，会造成工程浪费，但如果采用日平均小时交通量则不能满足高峰交通的需求，造成交通拥挤或阻塞。为使设计交通量的取值，既保证交通安全畅通，又能使工程造价经济合理，借助一年中每小时交通量的变化曲线来确定设计小时交通量。

将一年中8760个小时双向交通量，按其与年平均日交通量的百分数大小顺序排列并绘成曲线，见图2-1。由图可知,在 30 ~ 50 位小时交通量附近,曲线急剧变化,其右侧曲线明显变缓,而左侧曲线坡度则较大。如以第 30 位小时交通量作为设计依据,在一年中只有 29 个小时的交通量超过设计值,会发生拥挤,占全年小时数的 0.33%,而全年 99.67% 的时间能够保证交通畅通。

因此,公路设计小时交通量宜采用年第 30 位小时交通量,也可根据公路功能采用当地的年第 20 ~ 40 位小时之间最为经济合理的时位的小时交通量。在确定设计小时交通量时,应根据平时观测资料绘制各条路线交通量变化曲线,没有观测资料的路段可参考性质相似、交通状况相仿的其他公路观测资料确定。设计小时交通量按式(2-2)计算。

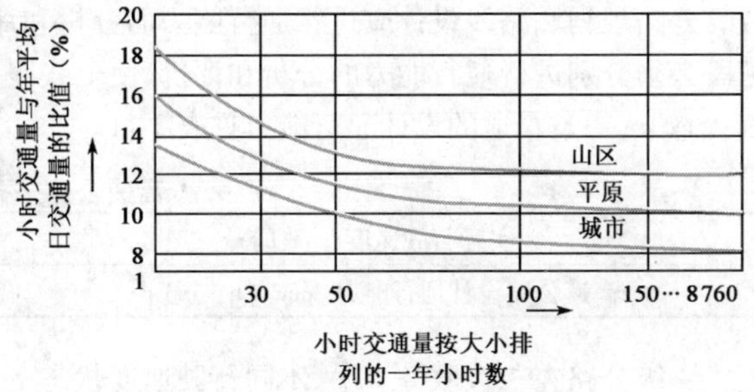

图 2-1　年平均日交通量与小时交通量的关系曲线

$$DDHV = AADT \times D \times K \tag{2-2}$$

式中:*DDHV*——单向设计小时交通量(辆/h);

AADT——设计交通量,即预测年的年平均日交通量(辆/d);

D——方向不均匀系数(%),宜取 50% ~ 60%,亦可根据当地交通量观测资料确定;

K——设计小时交通量系数(%),为选定时位小时交通量与年平均日交通量的比值,当有观测资料时绘制图 2-1 求得 *K* 值,无资料时可按表 2-10 取值。

设计小时交通量系数 *K* 值(%)　　表 2-10

地区		华北	东北	华东	中南	西南	西北
		京、津、冀、晋、蒙	辽、吉、黑	沪、苏、浙、皖、闽、赣、鲁	豫、湘、鄂、粤、桂、琼	川、滇、黔、藏	陕、甘、青、宁、新
城市近郊	高速公路	8.0	9.5	8.5	8.5	9.0	9.5
	一级公路	9.5	11.0	10.0	10.0	10.5	11.0
	二、三级公路	11.5	13.5	12.0	12.5	13.0	13.5
城间公路	高速公路	12.0	13.5	12.5	12.5	13.0	13.5
	一级公路	13.5	15.0	14.0	14.0	14.5	15.0
	二、三级公路	15.5	17.5	16.0	16.5	17.0	17.5

2.2.5　通行能力

通行能力是在确定的公路、环境和交通条件下,单位时间内某个断面上所能通过的最大车辆数,是特定条件下公路能承担车辆数的极限值,用辆/小时(pcu/h)表示。对通行能力和交通量的分析,可正确确定公路的等级、规模、主要技术指标和几何线形要素。高速公路及一、二、三级公路的路段,高速公路及一级公路互通式立体交叉匝道和交织区段,一、二、三级公路的平面交叉等,按规定需进行通行能力和服务水平的分析和评价。影响公路通行能力的因素,主要有路面条件、交通条件、控制条件及环境条件等。公路通行能力分为基本通行能力、设计通行能力和实际通行能力三类。

1. 基本通行能力

在理想条件下,公路设施在四级服务水平时所能通行的最大小时交通量,即理论上所能通行的最大小时交通量。基本通行能力是指在理想的路面和交通条件下,某一条车道或某个断面上,单位时间内所能通过小客车的最大数量,是计算各种通行能力的基础。理想条件包括路面条件和交通条件,即路面状况的车道宽、侧向净宽,平、纵线形及视距条件良好;交通状况的车道上只有单一标准车行驶,没有其他车型混入且车速不受限制。基本通行能力的计算可采用"车头时距"或"车头间距"求得。车头时距是指连续两车通过车道或道路上同一地点的时间间隔,车头间距是指交通流中连续两车之间的距离。

2. 设计通行能力

设计通行能力的含义是设计某一公路设施时,根据对交通运行质量的要求,即在一定服务水平要求下,公路设施所能通行的最大小时交通量。因此,设计通行能力与选取的服务水平级别有关。

3. 实际通行能力

实际通行能力的含义是设计或评价某一具体路段时,根据该设施具体的公路几何构造、交通条件以及交通管理水平,对不同服务水平下的服务交通量(如基本通行能力或设计通行能力)按实际公路条件、交通条件等进行相应修正后的小时交通量。

公路规划和路线设计应进行通行能力的分析和评价。高速公路、一级公路和互通式立体交叉的匝道及其交织区段必须分别进行通行能力的分析和评价,使全线服务水平保持均衡一致。高速公路在二级服务水平、不同行驶速度状态下,一条车道的设计通行能力见表2-11。

高速公路一条车道的设计通行能力 表2-11

实际行驶速度(km/h)	120	100	80
高速公路设计通行能力[pcu/(h·ln)]	1600	1400	1200

一级公路在二级服务水平、不同行驶速度状态下,一条车道的设计通行能力见表2-12。

一级公路一条车道的设计通行能力 表2-12

实际行驶速度(km/h)	100	80	60
具干线功能的一级公路设计通行能力[pcu/(h·ln)]	1300	1100	900
具集散功能的一级公路设计通行能力[pcu/(h·ln)]	850~1000	700~900	550~700

二级公路、三级公路的路段和一级公路的平面交叉,应进行通行能力的分析和评价。应根据设计速度、路段中不准超车区的比例按表2-13选用。二级公路、三级公路的平面交叉,应根据其重要程度进行通行能力的分析和评价。

二级、三级公路路段的设计通行能力 表2-13

公路等级	设计速度(km/h)	基本通行能力(pcu/h)	不准超车区比例(%)	V/C	设计通行能力(pcu/h)
二级公路	80	2500	<30	0.64	550~1600
	60	1400	30~70	0.48	
	40	1300	>70	0.42	
三级公路	40	1300	<30	0.54	400~700
	30	1200	>70	0.35	

2.2.6 服务水平

服务水平是指车辆在道路上运行过程中,驾驶员和乘客所感受的质量量度。服务交通量是指在普通的道路、交通和管制条件下,在规定的时间周期内能保持规定的服务水平时,公路上某一断面或均匀路段所能通过的最大小时交通量。服务交通量愈小,驾驶自由度就愈大,舒适性和安全性就愈好,运行质量愈高。反之,服务交通量大,则服务水平低。技术标准中将服务水平划分为一、二、三、四级。

一级:交通量小,车流为自由流,车辆相互间不受或很少受影响,驾驶便利,乘客舒适;

二级:交通量增加,车流基本为稳定流,车辆开始相互受到影响,驾驶和舒适质量下降;

三级:交通量较大,车流接近不稳定状态,行驶速度和驾驶自由度受到约束,舒适性下降;

四级:交通量大,车流处于强制状态,车辆出现排队,停停走走,极不稳定。

各级公路的设计服务水平应与其技术等级相适应。高速公路、一级公路应按二级服务水平设计;二、三级公路上的无信号交叉,可按三级服务水平设计;四级公路可视需要确定。各级公路设计采用的服务水平规定见表2-14。互通式立体交叉的分合流区段、匝道以及交织区段,可采用三级服务水平设计。

公路服务水平分级 表2-14

公路等级	高速公路	一级公路		二级公路	三级公路	四级公路
		干线功能	集散功能			
服务水平	二级	二级	三级		三级	视需要而定

各级公路的服务水平与服务交通量规定见表 2-15 ~ 表 2-17。

高速公路服务水平分级 表 2-15

服务水平	密度(pcu/km/ln)	设计速度 120km/h			设计速度 100km/h			设计速度 80km/h		
		速度(km/h)	V/C	最大服务交通量(pcu/h/ln)	速度(km/h)	V/C	最大服务交通量(pcu/h/ln)	速度(km/h)	V/C	最大服务交通量(pcu/h/ln)
一	≤7	≥109	0.34	750	≥96	0.33	700	≥78	0.30	600
二	≤18	≥90	0.74	1600	≥79	0.67	1400	≥66	0.60	1200
三	≤25	≥78	0.88	1950	≥71	0.86	1800	≥62	0.78	1550
四	≤45	≥48	接近 1.0	<2200	≥47	接近 1.0	<2100	≥45	接近 1.0	<2000
	>45	<48	>1.0	0 ~ 2200	<47	>1.0	0 ~ 2100	<45	>1.0	0 ~ 2000

注:V/C 是在理想条件下,最大服务交通量与基本通行能力之比,基本通行能力是四级服务水平上半部分的最大小时交通量。

一级公路服务水平分级 表 2-16

服务水平	密度(pcu/km/ln)	设计速度 100km/h			设计速度 80km/h			设计速度 60km/h		
		速度(km/h)	V/C	最大服务交通量(pcu/h/ln)	速度(km/h)	V/C	最大服务交通量(pcu/h/ln)	速度(km/h)	V/C	最大服务交通量(pcu/h/ln)
一	≤7	≥92	0.32	650	≥75	0.29	500	≥57	0.25	400
二	≤18	≥73	0.65	1300	≥60	0.61	1100	≥50	0.56	900
三	≤25	≥68	0.85	1700	≥56	0.78	1400	≥47	0.72	1150
四	≤40	≥50	接近 1.0	<2000	≥46	接近 1.0	<1800	≥40	接近 1.0	<1600
	>40	<50	>1.0	0 ~ 2000	<46	>1.0	0 ~ 1800	<40	1.0	0 ~ 1600

二、三、四公路服务水平分级 表 2-17

服务水平	延误率(%)	设计速度 80km/h				设计速度 60km/h				设计速度≤40km/h			
		速度(km/h)	V/C 不准超车区(%)			速度(km/h)	V/C 不准超车区(%)			速度(km/h)	V/C 不准超车区(%)		
			<30	30 ~ 70	>70		<30	30 ~ 70	>70		<30	30 ~ 70	>70
一	≤30	≥76	0.15	0.13	0.12	≥65	0.15	0.13	0.11	≥54	0.14	0.13	0.10
二	≤60	≥67	0.40	0.34	0.31	≥56	0.38	0.32	0.28	≥48	0.37	0.25	0.20
三	≤80	≥58	0.64	0.60	0.57	≥48	0.58	0.48	0.43	≥42	0.54	0.42	0.35
四	<100	≥48	1.0	1.0	1.0	≥40	1.0	1.0	1.0	≥37	1.0	1.0	1.0
		<48				<40				<37			

注:1. 设计速度为 80km/h、60km/h、40km/h,路面宽度为 9m 时,其基本通行能力分别为 2500pcu/h、2300pcu/h、2100pcu/h;

2. 延误率为车头时距小于或等于 5s 的车辆数占总交通量的百分比。

2.2.7 公路建筑限界

公路建筑限界是为保证车辆和行人正常通行,规定在公路的一定高度和宽度范围内不允许有任何设施及障碍物侵入的空间范围。公路建筑限界是横断面设计的重要依据,设计时应充分研究组成路幅要素的相互关系及公路各种设施的设置规划,在有限空间内做出合理的安排。不允许桥台、桥墩以及照明灯柱、护栏、标志、行道树、电杆等设施侵入公路建筑限界以内。公路建筑限界又称净空,由净高和净宽两部分组成。

公路建筑限界净高是指公路在横断面范围内保证安全通行所必须满足的竖向高度。净高应考虑汽车装载高度、安全高度及路面铺装等因素。一条公路应采用相同的最小净高。当构造物位于凹形竖曲线上方时,长大车辆通过会形成悬空而降低构造物下有效净高,设计时应保证有效净高的要求;公路下穿构造物时,应保证公路路面距构造物底部任意点的净高需要。

公路建筑限界净宽是指公路在横断面范围内保证安全通行所必须满足的横向宽度。净宽包括行车道、路肩、中间带、路缘带等宽度。路肩是在净空范围之内，因此公路上各种设施（标志、护栏等）均应设置在路肩以外，而且必须保证在其净高以上。设于中间带和路肩上的桥墩或门式支柱不应紧靠建筑限界设置，应留有设置防护栏位置（不小于0.5m）的余地。各级公路建筑限界规定见图2-2。

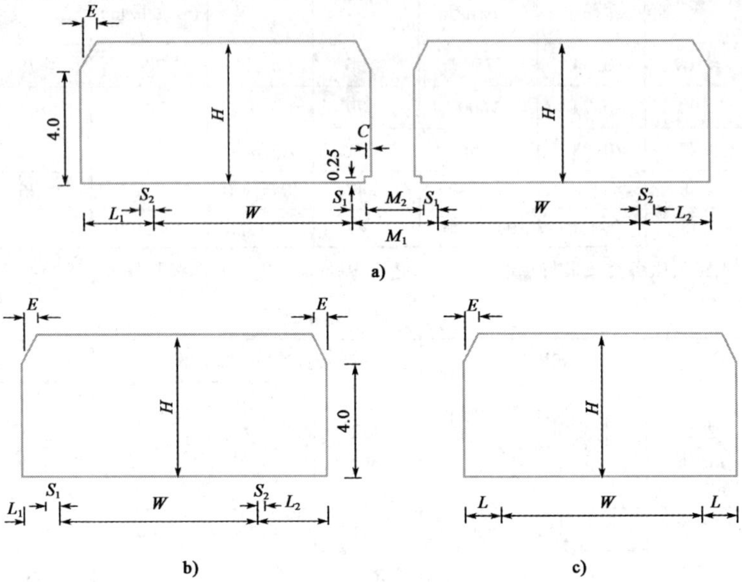

图2-2 公路建筑限界（单位：m）

a）高速公路、一级公路（整体式）；b）高速公路、一级公路（分离式）；c）二、三、四级公路

W-行车道宽度；L_1-左侧硬路肩宽度；L_2-右侧硬路肩宽度；S_1-左侧路缘带宽度；S_2-右侧路缘带宽度；L-侧向宽度：高速公路、一级公路的侧向宽度为硬路肩宽度（L_1或L_2），二、三、四级公路的侧向宽度为路肩宽度减去0.25m；C-当设计速度大于100km/h时为0.5m，等于或小于100km/h时为0.25m；M_1-中间带宽度；M_2-中央分隔带宽度；E-建筑限界顶角宽度，当$L \leqslant 1$m时，$E=L$，当$L>1$m时，$E=1$m；H-净空高度

对于公路建筑限界的具体规定：

①当设置有加（减）速车道、紧急停车带、爬坡车道、慢车道、错车道时，建筑限界应包括相应部分的宽度。

②八车道及其以上的高速公路（整体式），设置左侧硬路肩时，建筑限界应包括相应部分的宽度，如图2-2b）所示。

③一条公路应采用同一净高。高速公路、一级公路、二级公路的净高应为5.00m；三级公路、四级公路的净高应为4.50m。

公路建筑限界的边界线规定见图2-3。对设路拱的路段，上缘边界线为一条水平线，两侧边界线与水平线垂直；对设超高的路段，上缘边界线是与超高横坡平行的斜线，两侧边界线与超高横坡线垂直。

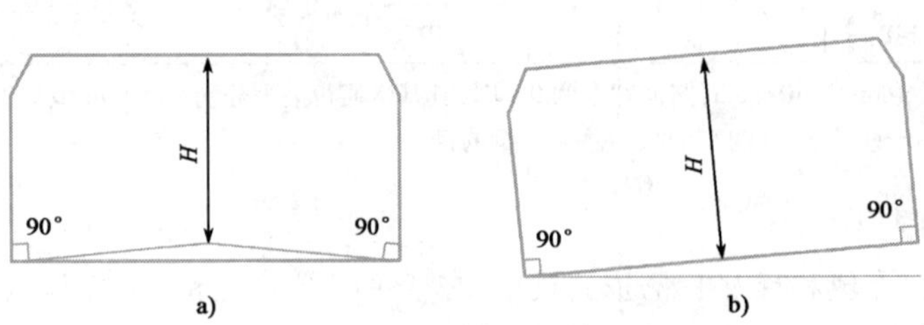

图2-3 建筑限界的边界线

a）一般路拱路段；b）设置超高路段

2.2.8 抗震设计

地震基本烈度与地震动峰值加速度系数之间的关系见表2-18。

地震基本烈度与地震动峰值加速度系数的对应关系 表 2-18

地震动峰值加速度系数(g)	<0.05	0.05	0.10	0.15	0.20	0.30	≥0.40
地震基本烈度	<Ⅵ	Ⅵ	Ⅶ	Ⅶ	Ⅷ	Ⅷ	≥Ⅸ

1. 简易设防

地震动峰值加速度系数不大于 0.05 地区的公路工程，除有特殊要求外，可采用简易设防。

2. 抗震设计

地震动峰值加速度系数在大于 0.05 至小于 0.4 地区的公路工程，应进行抗震设计；大于等于 0.40 地区的公路工程，应进行专门的抗震研究和设计；地震小区划地区的公路工程，应按主管部门审批的地震动峰值加速度系数进行抗震设计。

2.3 路线设计标准

路线设计应根据公路等级及其功能，正确运用技术指标，保持线形连续、均衡，确保行驶安全、舒适。

2.3.1 路基宽度

公路路基宽度为车道宽度×车道数、中间带和路肩宽度之和。当设有爬坡车道、加(减)速车道、错车道时，应计入该部分的宽度。

1. 整体式路基

整体式路基宽度规定值见表 2-19。

整体式路基宽度 表 2-19

公路等级		高速公路							
设计速度(km/h)		120			100			80	
车道数		8	6	4	8	6	4	6	4
路基宽度(m)	一般值	42.00	34.50	28.00	41.00	33.50	26.00	32.00	24.50
	最小值	40.00	—	25.00	38.50	—	23.50	—	21.50

公路等级		一级公路				
设计速度(km/h)		100		80		60
车道数		6	4	6	4	4
路基宽度(m)	一般值	33.50	26.00	32.00	24.50	23.00
	最小值	—	23.50	—	21.50	20.00

公路等级		二级公路		三级公路		四级公路	
设计速度(km/h)		80	60	40	30	20	
车道数		2	2	2	2	2 或 1	
路基宽度(m)	一般值	12.00	10.00	8.50	7.50	6.50(双车道)	4.50(单车道)
	最小值	10.00	8.50	—	—		

注："一般值"为正常情况下的采用值；"最小值"为条件受限制时可采用的值。

2. 分离式路基

分离式路基是高速公路或一级公路的另一种标准横断面形式，是因地势等原因分开修建的两个路幅的路基，宽度值见表 2-20。

高速公路、一级公路分离体式路基宽度 表 2-20

公路等级		高速公路							
设计速度(km/h)		120			100			80	
车道数		8	6	4	8	6	4	6	4
路基宽度(m)	一般值	22.00	17.00	13.75	21.75	16.75	13.00	16.00	12.25
	最小值	—	—	13.25	—	—	12.50	—	11.25

续上表

公路等级		一级公路				
设计速度(km/h)		100		80		60
车道数		6	4	6	4	4
路基宽度(m)	一般值	16.75	13.00	16.00	12.25	11.25
	最小值	—	12.50	—	11.25	10.25

注:1."一般值"为正常情况下的采用值;"最小值"为条件受限制时,经技术经济论证后可采用的值;

2.八车道的内侧车道宽度如采用3.50m,相应的路基宽度应减0.50m。

3.路基宽度选用要求

①具集散功能的一级公路设置慢车道的路段,可利用硬路肩、土路肩的宽度(若宽度不足则另加宽)作为慢车道,并在车道与慢车道之间设置隔离设施。

②设计速度为80km/h的具集散功能的二级公路,需设置慢车道的路段,经技术经济论证其路基宽度可采用15.0m,利用加固后的路肩作为慢车道,并应在车道与慢车道之间采用画线分隔。

③设计速度为60km/h的具集散功能的二级公路,需设置慢车道的路段,经技术经济论证其路基宽度可采用12.0m,利用加固后的路肩作为慢车道,并应在车道与慢车道之间采用画线分隔。

④四级公路宜采用6.5m路基宽度。交通量小且工程特别艰巨的路段,可采用单车道4.50m路基宽度。

⑤确定路基宽度时,其中央分隔带、路缘带、路肩等宽度的"一般值"和"最小值"应同类项相加。但高速公路、一级公路的六、八车道的路基宽度不采用"最小值"同类项相加。

2.3.2 平曲线

平面圆曲线最小半径技术标准规定应符合表2-21的规定。

圆曲线最小半径　　表2-21

设计速度(km/h)		120	100	80	60	40	30	20
圆曲线最小半径(m)	一般值	1000	700	400	200	100	65	30
	极限值	650	400	250	125	60	30	15
不设超高的圆曲线最小半径(m)	路拱≤2%	5500	4000	2500	1500	600	350	150
	路拱>2%	7500	5250	3350	1900	800	450	200

直线与小于不设超高的圆曲线最小半径相衔接处,应设置回旋线。四级公路的直线与小于不设超高的圆曲线最小半径相衔接处,可不设置回旋线,用超高、加宽缓和段径相连接。

2.3.3 纵断面

路线纵断面是通过公路轴线的垂直面显示的地面轮廓线,由直线和圆弧线组成。

1.纵坡

公路的纵坡不宜小于0.3%;横向排水不畅的路段或长路堑段,采用平坡或小于0.3%的纵坡时,其边沟应作纵向排水设计。公路最大纵坡见表2-22。

最大纵坡　　表2-22

设计速度(km/h)	120	100	80	60	40	30	20
最大纵坡(%)	3	4	5	6	7	8	9

设计速度为120km/h、100km/h、80km/h的高速公路受地形条件或其他特殊情况限制时,设计速度为40km/h、30km/h、20km/h的利用原有公路的路段,经技术经济论证,最大纵坡值可增加1%。越岭路线连续上坡(或下坡)路段,相对高差为200~500m时,平均纵坡不应大于5.5%;相对高差大于500m时,平均纵坡不应大于5%。任意连续3km路段的平均纵坡不应大于5.5%。四级公路位于海拔2000m以上或积雪冰冻地区的路段,最大纵坡不应大于8%。

大桥的纵坡不宜大于4%,桥头引道纵坡不宜大于5%;位于市镇附近非汽车交通量大的路段,桥上及桥头引道纵坡均不应大于3%。隧道内的纵坡应在0.3%~3%之间,但短于100m的隧道不受此限;高速公路、一级公路的中、短隧道,当受条件限制时,经技术经济论证后最大纵坡可适当加大,但不宜大于4%。

2.坡长

公路纵坡的最小坡长应符合表2-23的规定。

最小坡长　　表2-23

设计速度(km/h)	120	100	80	60	40	30	20
最小坡长(m)	300	250	200	150	120	100	60

公路不同纵坡的最大坡长应符合表2-24的规定。

不同纵坡最大坡长　　表2-24

设计速度(km/h)		120	100	80	60	40	30	20
最大坡长(m)	3%	900	1000	1100	1200	—	—	—
	4%	700	800	900	1000	1100	1100	1200
	5%	—	600	700	800	900	900	1000
	6%	—	—	500	600	700	700	800
	7%	—	—	—	—	500	500	600
	8%	—	—	—	—	300	300	400
	9%	—	—	—	—	—	200	300
	10%	—	—	—	—	—	—	200

公路连续上坡(或下坡)时,应在不大于表2-24所规定的纵坡长度范围内设置缓和坡段。缓和坡段的纵坡应不大于3%,其长度应符合纵坡长度的规定。

3. 竖曲线

公路纵坡变更处设置的竖曲线宜采用圆曲线,竖曲线最小半径和最小长度应符合表2-25的规定。其"极限值"是汽车在纵坡变更处行驶时,为了缓和冲击和保证视距所需的最小半径的计算值,该值在受地形等特殊情况约束时方可采用。

竖曲线最小半径和竖曲线长度　　表2-25

设计速度(km/h)		120	100	80	60	40	30	20
凸形竖曲线最小半径(m)	一般值	17000	10000	4500	2000	700	400	200
	极限值	11000	6500	3000	1400	450	250	100
凹形竖曲线最小半径(m)	一般值	6000	4500	3000	1500	700	400	200
	极限值	4000	3000	2000	1000	450	250	100
竖曲线长度(m)	一般值	250	210	170	120	90	60	50
	极限值	100	85	70	50	35	25	20

2.4 路基设计标准

路基应根据公路功能、公路等级、交通量,结合沿线地形、地质及路用材料等自然条件进行设计,保证其具有足够的强度、稳定性和耐久性。其设计应重视排水设施与防护设施的设计,取土、弃土应进行专门设计,防止水土流失、堵塞河道和诱发路基病害。

2.4.1 一般规定

路基高度设计应使路肩边缘高出路基两侧地面积水高度,同时考虑地下水、毛细水和冰冻的作用,不使其影响路基的强度和稳定性。路基设计洪水频率应符合表2-26的要求。

路基设计洪水频率　　表2-26

公路等级	高速公路	一级公路	二级公路	三级公路	四级公路
路基设计洪水频率	1/100	1/100	1/50	1/25	按具体情况确定

2.4.2 路基高程

公路路基设计高程为高速、一级公路的中央分隔带的外侧边缘处;二级、三级和四级公路的路基边缘处,在设置超高、加宽路段为设超高、加宽前的路基边缘处。沿河及受水浸淹的路基边缘标高,应高出设计洪水频率的计算水位加壅水高、波浪侵袭高和0.5m的安全高度。

2.4.3 路基压实度

路堤基底应清理和压实,基底强度、稳定性不足时,应进行处理,以保证路基稳定、减少工后沉降。路基压实度应符合表2-27的规定。

路基压实度要求　　表2-27

填挖类别	路床顶面以下深度(m)	压实度(%)		
		高速、一级公路	二级公路	三级、四级公路
零填及挖方	0~0.30	—	—	≥94
	0.3~0.80	≥96	≥95	—
填方	0~0.80	≥96	≥95	≥94
	0.80~1.50	≥94	≥94	≥93
	>1.50	≥93	≥92	≥90

注:1.表列数值以重型击实实验法为准;
2.特殊干旱或特殊潮湿地区的路基压实度,可适当降低;
3.当三级公路铺筑沥青混凝土或水泥混凝土路面时,其路基压实度应采用二级公路技术标准。

2.4.4 路基排水防护

路基排水设计应综合规划、合理布局,并与沿线排灌系统相协调,保护生态环境,防止水土流失和污染水源。特殊路基环境地段的路基排水,必须与该特殊工程整治措施相结合,进行综合设计。

路基防护应根据公路功能,结合当地气候、水文、地质等情况,采取相应防护措施,保证路基稳定。应采取工程防护与植物防护相结合的防护措施,并与景观相协调。深挖、高填路基边坡路段,必须查明工程地质情况,针对其工程特性进行路基防护设计。对存在稳定性隐患的边坡,应进行稳定性分析,采用加固、防护措施。沿河路段必须查明河流特性及其演变规律,采取防止冲刷路基的防护措施;凡侵占、改移河道的地段,必须做出专门防护设计。

2.5 路面设计标准

路面的损坏不仅与其结构、材料有关,而且同路线线位、排水、路基压实等因素直接相关。

2.5.1 一般规定

路面应根据公路功能、公路等级、交通量,结合沿线地形、地质及路用材料等自然条件进行设计,保证其具有足够的强度、稳定性和耐久性。高速公路、一级公路路面不宜分期修筑,但位于软土、高填方等工后沉降较大的局部路段,可按"一次设计、分期实施"的原则实施。路面设计标准轴载关系到路面使用寿命和汽车工业发展两个方面,公路工程技术标准规定路面设计标准轴载为双轮组单轴100kN。

2.5.2 路面面层

路面结构层所选材料应满足强度、稳定性和耐久性的要求,同时,路面垫层材料宜采用水稳性好的粗粒料和各种稳定类粒料。路面面层类型及适用范围见表2-28。

路面面层类型及适用范围　　表2-28

面层类型	适用范围	面层类型	适用范围
沥青混凝土	高速公路、一级公路、二级公路、三级公路、四级公路	沥青贯入、沥青碎石、沥青表面处治	三级公路、四级公路
水泥混凝土	高速公路、一级公路、二级公路、三级公路、四级公路	砂石路面	四级公路

2.5.3 路面基层

路面基层按其材料及铺筑方式主要有稳定土、级配粒料、嵌锁粒料,以及贫混凝土、碾压混凝土基层。基层分上基层和下基层,其应具有足够的抗冲能力和一定的刚度。垫层按其所起的作用可分为排水垫层、隔离垫层、防冻胀垫层、承托垫层等。最常用的无机结合料有石灰、水泥、粉煤灰、矿粉等，有机结合料多使用石油沥青。在路面基层中常用的集料有砂砾土、碎石土、砂砾、碎石、级配碎石等，与掺料组成混合料路面基层。

2.5.4 路面排水

路面排水设计应综合规划、合理布局，并与沿线排灌系统相协调，保护生态环境，防止水土流失和污染水源。特殊地质环境地段的路面排水，必须与该特殊工程整治措施相结合，进行综合设计。

根据公路等级，结合沿线气候、地形、地质、水文等自然条件，设置必要的地表排水、路面内部排水、地形排水等设施，并与沿线排水系统相配合，形成完整的排水体系。

2.6 桥涵设计标准

桥梁应根据公路功能、等级、通行能力及抗洪防灾要求，结合水文、地质、通航、环境等条件进行综合设计。其应遵循安全、使用、经济、美观和有利于环保的原则，并考虑因地制宜、便于施工、就地取材和养护等因素。桥涵设置应结合农田基本建设考虑排灌的需要。

特大、大桥桥位应选择河道顺直稳定、河床地质良好、河槽能通过大部分设计流量的河段，不宜选在断层、岩溶、滑坡、泥石流等不良地质地带。桥梁宜进行景观设计；上跨高速公路、一级公路的桥梁，应与自然环境和景观相协调。桥梁结构应考虑桥面铺装进行综合设计，桥面铺装应有完善的桥面防水、排水系统。采用标准化跨径的桥涵宜采用装配式结构，机械化和工厂化施工。

2.6.1 一般规定

桥涵孔径设计应根据河床地形，不宜过分压缩河道、改变水流的天然状态；应考虑壅水和冲刷对上下游的影响，确保桥梁附近路堤的稳定。桥梁全长规定为有桥台的桥梁为两岸桥台侧墙或八字墙尾端间的距离；无桥台的桥梁为桥面系长度。当标准设计或新建桥涵跨径在50m及以下时，宜采用标准化跨径。桥涵标准跨径为0.75m、1.0m、1.25m、1.5m、2.0m、2.5m、3.0m、4.0m、5.0m、6.0m、8.0m、10m、13m、16m、20m、25m、30m、35m、40m、45m、50m。

特大桥、大桥、中桥、小桥及涵洞按单孔跨径或多孔跨径总长分类规定见表2-29。

桥涵分类　　表2-29

桥涵分类	多孔跨径总长 L(m)	单孔跨径 L_k(m)
特大桥	$L>1000$	$L_k>150$
大桥	$100\leqslant L\leqslant 1000$	$40\leqslant L_k\leqslant 150$
中桥	$30<L<100$	$20\leqslant L_k<40$
小桥	$8\leqslant L\leqslant 30$	$5\leqslant L_k<20$
涵洞	—	$L_k<5$

注：1. 单孔跨径系指标准跨径；
2. 桥梁式、板桥式的多孔跨径总长为多孔标准跨径的总长；拱式桥为两岸桥台内起拱线间的距离；其他形式桥梁为桥面系车道长度；
3. 管涵及箱涵不论管径和跨径大小、孔数多少，均称为涵洞；
4. 标准跨径：梁式桥、板式桥以两桥墩中线之间桥中心线长度或桥墩中线与桥台台背前缘线之间桥中心线长度为准；拱式桥以净跨径为准。

2.6.2 设计洪水频率

为保证桥位附近水流顺畅，河槽和河岸不发生严重变形，必要时应在桥梁上下游修建调治构造物。非淹没式调治构造物的顶面，应高出桥涵设计洪水频率的水位至少0.25m，必要时尚应考虑壅水高、波浪爬高、斜水流局部冲高、河床淤积等影响。允许淹没的调治构造物的顶面应高出常水位。单边河滩流量不超过总流量的15%或双边河滩流量不超过25%时，可不设导流堤。桥涵设计洪水频率见表2-30。

桥涵设计洪水频率　　表2-30

公路等级	特大桥	大桥	中桥	小桥	涵洞及小型排水构造物
高速公路	1/300	1/100	1/100	1/100	1/100
一级公路	1/300	1/100	1/100	1/100	1/100
二级公路	1/100	1/100	1/100	1/50	1/50
三级公路	1/100	1/50	1/50	1/25	1/25
四级公路	1/100	1/50	1/50	1/25	不作规定

二级公路上的特大桥及三、四级公路上的大桥，在水势猛急、河床易于冲刷的情况下可提高一级洪水频率验算基础冲刷深度。三、四级公路，在交通容许有限度的中断时，可修建漫水桥和过水路面。漫水桥和过水路面的设计洪水频率，应根据容许阻断交通的时间长短和对上下游农田、城镇、村庄的影响以及泥沙淤塞桥孔、上游河床的淤高等因素确定。

2.6.3 桥梁净空

桥梁及高架桥的净空一般应与所在路段的净空相同。但在桥梁需设人行道，且当人行道宽度大于侧向宽度时，其增加的宽度应包括在净宽之内。桥面净空应符合公路建筑限界的规定(图 2-2)，并符合以下要求：

①高速公路、一级公路上的特殊大桥为整体式上部构造时，其中央分隔带和路肩的宽度可适当减小，但减窄后的宽度不应小于规定的"最小值"。

②桥上设置的各种管线等设施不得侵入公路建筑限界。

桥下净空应符合下列规定：

①通航或流放木筏的河流，桥下净空应符合通航标准及流放木筏的要求。

②跨线桥桥下净空，应符合被交叉公路、铁路、其他道路等建筑限界的规定。

③桥下净空还应考虑排洪、流冰、漂流物、冰塞以及河床冲淤等情况。

2.6.4 桥梁线形

桥梁及其引道的平、纵、横技术指标应与路线总体布设相协调。桥上纵坡不宜大于4%，桥头引道纵坡不宜大于5%。位于市镇混合交通繁忙处，桥上纵坡和桥头引道纵坡均不得大于3%。桥头两端引道线形应与桥上线形相配合。

2.6.5 渡口码头

渡口位置应选在河床稳定、水力水文状态适宜、无淤积或少淤积的河段。直线码头的引道纵坡宜采用9% ~ 10%；锯齿式码头宜采用4% ~6%。二级、三级公路的码头引道宽度不应小于8.5m；四级公路不应小于7.0m。

2.7 隧道设计标准

《公路工程技术标准》为山岭公路隧道提供技术准则，适用于以公路钻爆法为主要开挖手段的各级公路隧道。

2.7.1 一般规定

隧道应根据公路功能和发展的要求，遵照安全、经济、利于保护生态环境的原则，结合隧道所处地区的地形、地质、施工、运营、管理等条件进行综合设计。

①隧道选址必须对区域的自然地理、场地与生态环境、工程地质、水文地质、地震等进行勘察，取得完整基础资料，经技术经济论证后确定。

②隧道的标高和平面位置应根据公路等级、路线总体设计方案确定，选在地层稳定，利于设置洞口、洞口两端接线、防灾救助系统、管理养护等设施的地段。

③在拟定路线设计方案中，应论证采用隧道或深挖等不同方案给生态环境带来的影响。对生态环境脆弱的地带或可能因施工造成生态环境难以恢复的地段，应优先选择对环境影响小的方案，并辅以治理措施。

2.7.2 设计洪水频率

对于濒临水库地区的隧道，其洞口路肩设计高程应高出水库计算洪水位(含浪高和壅水高)不小于0.5m，同时应注意由于水的长期浸泡造成库壁坍塌对隧道稳定的不利影响，并采取相应的工程措施。隧道设计洪水频率取值标准，见表2-31。当观测洪水位高于标准值时，应按观测洪水设计；当观测洪水的频率在高速公路、一级公路超过1/300，二级公路超过1/100，三、四级公路超过1/50时，则应分别采用1/300、1/100和1/50的洪水频率设计。

隧道设计水位的洪水频率标准　　表2-31

公路等级 隧道类别	高速、一级公路	二级公路	三级公路	四级公路
特长隧道	1/100	1/100	1/50	1/50
长隧道	1/100	1/50	1/50	1/25
中、短隧道	1/100	1/50	1/25	1/25

2.7.3 隧道长度分类

根据隧道长度可将公路隧道分为特长隧道、长隧道、中隧道和短隧道，见表2-32。

隧道长度分类 表2-32

隧道分类	特长隧道	长隧道	中隧道	短隧道
隧道长度L(m)	$L>3000$	$3000\geqslant L>1000$	$1000\geqslant L>500$	$L\leqslant 500$

2.7.4 隧道净空

隧道建筑限界净宽由行车道、侧向宽度和检修道或人行道组成，见表2-33。

高速、一级公路隧道应在隧道两侧设置检修道，其宽度应大于或等于0.75m；二级、三级公路的隧道宜在两侧设置人行道，其宽度应大于或等于0.75m；四级公路的隧道可不设人行道，但应保留0.25m的C值。人行道、检修道与行车道分开设置时，其净高一般为2.5m。公路隧道横断面建筑限界，见图2-4。

公路隧道建筑限界横断面组成最小宽度（单位：m） 表2-33

设计速度(km/h)		高速、一级公路				二级、三级、四级公路				
		120	100	80	60	80	60	40	30	20
车道宽度		3.75	3.75	3.75	3.5	3.75	3.5	3.5	3.25	3.0
车道数		双洞两车道				单洞两车道				
侧向宽度	L_L	0.75	0.50	0.50	0.50	0.75	0.50	0.25	0.25	0.25
	L_R	1.25	1.00	0.75	0.75	0.75	0.50	0.25	0.25	0.25
检修道宽J或人行道宽R		0.75	0.75	0.75	0.75	1.0	1.0	0.75	0.75	0.25
建筑限界净宽	设检修道	11.0	10.5	10.25	9.75	—	—	—	—	—
	设人行道	—	—	—	—	11.0	10.0	9.0	8.5	—
	不设检修道人行道	—	—	—	—	—	—	—	—	7.0

设计速度(km/h)	高速、一级公路			
	120	100	80	60
车道宽度	3.75	3.75	3.75	3.5
车道数	双洞三车道			
建筑限界净宽	15.25	14.50	14.00	13.25

注：1. 三车道隧道除增加车道外，其他宽度同表；增加车道的宽度不得小于3.5m；

2. 连拱隧道的左侧可不设检修道，但应设50cm(120km/h与100km/h时)或25cm(80km/h与60km/h时)的余宽；

3. 设计速度120km/h时，两侧检修道宽度不宜小于1.0m；设计速度100km/h时，右侧检修道宽度不宜小于1.0m。

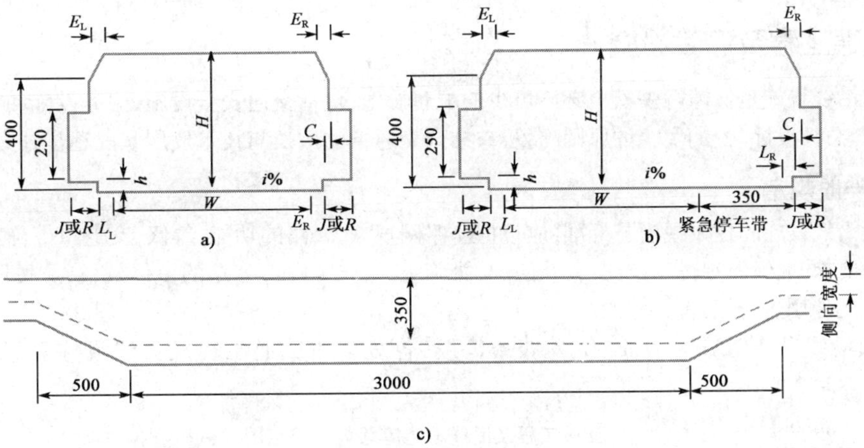

图2-4 隧道建筑限界（尺寸单位：cm）

a）主洞；b）紧急停车带；c）紧急停车带平面布置

H-建筑限界高度；W-行车道宽度；L_L-左侧向宽度；L_R-右侧向宽度；C-余宽；J-检修道宽度0.75m；R-人行道宽度；h-检修道或人行道的高度；E_L-建筑限界左顶角宽度，$E_L=L_L$；E_R-建筑限界右顶角宽度，当$L_R\leqslant 1$m时，$E_R=L_R$，当$L_R>1$m时，$E_R=1$m

隧道建筑限界高度 H，高速、一级和二级公路为5.0m，三级、四级公路为4.5m。隧道路面横坡 $i\%$，当隧道为单向交通时，应取单面坡；当隧道为双向交通时，可取双面坡；横坡度一般在1.5%～2.0%范围取值。长、特长隧道应在行车方向的右侧设置紧急停车带，紧急停车带的建筑限界见图2-4b)、c)。双向行车隧道，其紧急停车带应双侧交错设置；紧急停车带宽度，包含右侧侧向宽度应为3.5m；长度应取40m，其有效长度不应小于30m。紧急停车带间距不宜大于750m，一般与车行横通道同步设置。

上、下行分离式独立双洞的公路隧道之间应设置横向通道，见图2-5。车行横通道的纵向设置间距可取750m，并不大于1000m；长度1000～1500m的隧道宜设置1处，中、短隧道可以不设。人行横通道的纵向设置间距可取250m，并不大于500m。

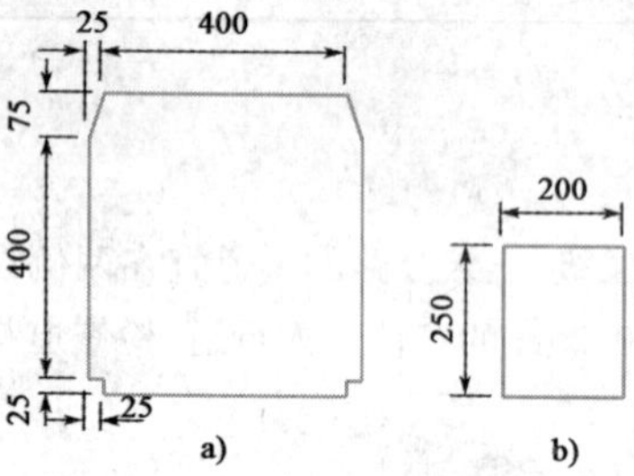

图2-5　横向通道建筑限界

a)车行横通道；b)人行横通道

2.7.5　隧道线形

隧道洞口段与路线连接线形应相协调，并符合以下规定：

①隧道洞口内外各3s设计速度行程长度范围的平面线形应一致。

②隧道洞口内外各3s设计速度行程长度范围的纵面线形应一致，有条件时宜取5s设计速度行程。

③当隧道建筑限界宽度大于所在公路的建筑限界宽度时，两端连接线应有不短于50m的、同隧道等宽的路基加宽段；当隧道限界宽度小于所在公路建筑限界宽度时，两端连接线的路基宽度仍按公路技术标准设计，其建筑限界宽度应设有4s设计速度行程的过渡段与隧道洞口衔接，以保持隧道洞口内外横断面顺适过渡。

④长、特长的双洞隧道，宜在洞口外合适位置设置联络通道，以利车辆掉头。

2.7.6　隧道安全设施等

隧道交通工程及沿线设施的技术标准与建设规模应根据公路等级、功能、交通量、隧道长度等确定，并应符合交通工程及沿线设施总体设计的要求。

①公路隧道应采用反光标志、反光标线。高速公路、一级公路隧道洞口两端的标志、标线、视线诱导标及护栏和洞口的连接过渡等应进行专门设计。

②特长隧道和高速公路、一级公路长隧道应设置监控设施。

③隧道通风设施应根据交通组成和交通量增长情况等，按统筹规划、总体设计、分期实施的原则设置。

④高速公路、一级公路隧道，其长度大于100m时应设置照明设施；二级、三级、四级公路隧道，其照明设施可根据具体情况设置。

⑤特长隧道和高速公路、一级公路的长隧道，其重要电力负荷必须保证供电可靠，技术、经济合理；必须配置报警设施、警报设施、消防设施、救助设施等。二级、三级公路的长隧道可根据需要设置报警设施、警报设施、消防设施、救助设施等。

2.8　交通工程及沿线设施

交通工程及沿线设施是保障行驶安全必不可少的配套设施，包括交通安全设施、服务设施和管理设施。各项设施应按统筹规划、总体设计、分期实施的原则配置，并结合交通量的增长与技术发展状况逐步补充、完善。

2.8.1　一般规定

交通工程及沿线设施的建设规模与标准，应根据公路网规划、公路的功能、等级、交通量等确定。其设计应符合公路总体设计的要求，准确体现设计意图，相互匹配，协调统一，充分发挥公路的整体效益；应按照“保障安全、提供服务、利于管理”的原则进行设计。

交通工程及沿线设施划分为A、B、C、D四个等级，各级公路交通工程及沿线设施等级与适用范围见表2-34。

交通工程及沿线设施等级与适用范围　　表2-34

交通工程及沿线设施等级	适用范围	交通工程及沿线设施等级	适用范围
A	高速公路	C	一级公路、二级公路作为集散公路时
B	一级公路、二级公路作为干线公路时	D	三级公路、四级公路

2.8.2 安全设施

公路交通安全设施是为了保障人、车安全，包括护栏、交通标志、交通标线、隔离栅、桥梁护网、防眩设施、轮廓标和活动护栏等设施，其配置见表2-35。

交通安全设施配置 表2-35

等级		说明及设施配置
一般规定	A	应配置系统、完善的标志、标线、视线诱导标、隔离栅、防护网；中间带必须连续设置中央分隔带护栏和必需的防眩设施；桥梁与高路堤路段必须设置路侧护栏；互通式立体交叉及其周边地区路网应连续设置预告、指路标志；车道边缘线、分合流路段宜连续设置反光突起路标；出口分流三角端应设置防撞设施
	B	应设置完善的标志、标线、视线诱导标以及必需的隔离栅、防护网；一级公路中间带必须连续设置中央分隔带护栏和必需的防眩设施；桥梁与高路堤路段必须设置路侧护栏；互通式立体交叉及其周边地区路网应连续设置预告、指路标志；平面交叉必须设置完善的预告、指路或警告、支线减速让行或停车让行等标志、反光突起路标和配套、完善的交通安全设施，并保证视距
	C	应设置较完善的标志、标线及必需的视线诱导标、隔离栅设施；一级公路中间带必须设置隔离设施；桥梁与高路堤路段必须设置路侧护栏；平面交叉应设置完善的预告、指路或警告、支线减速让行或停车让行等标志和配套、完善的交通安全设施，并保证视距
	D	应设置标志；视距不良、急弯、陡坡等路段应设置路面标线及必需的视线诱导标；路侧有悬崖、深谷、江河湖泊等路段应设置路侧护栏；平面交叉应设置标志和必需的交通安全设施
特殊情况下的交通安全设施		连续长陡坡路堤，危及运行安全处应设置避险车道
		风、雪、沙、坠石等危及公路安全的路段，应设置防风(雪、沙)栅、防落网等
		公路养护作业时，应设置限制速度等醒目的交通警示、诱导等交通安全设施
		公路改(扩)建时，交通安全设施应进行专门设计

2.8.3 服务设施

高速公路服务区内设施包括停车、住宿、餐饮、加油、汽车修理等功能。服务设施配置见表2-36。

服务设施配置 表2-36

等级	说明及设施配置
A	应设置服务区、停车区和公共汽车停靠站。服务区的平均间距应为50km，停车区与服务区或停车区之间的间距宜为15～25km
B	宜设置服务区(平均间距应为50km)、停车区、公共汽车停靠站
C、D	可根据需要设置加油站、公厕所等设施

2.8.4 管理设施

高速公路管理设施主要包括收费系统，通信系统，监控系统和供配电系统四项内容。

2.8.4.1 收费系统

高速公路收费系统是高速公路建设费用回收的途径，收费系统一般采用"收费车道→收费站→各运营公司收费中心→收费结算中心"的四级收费体制。各级站点的计算机设备，通过以太网交换机连成网络。

1. 系统功能

高速公路收费系统是在主线或匝道上设置收费站，根据进出交通量情况和道路条件设置若干条入口和出口收费车道。收费站各车道前后设收费广场，供车辆加减速缓冲和车辆排队等待交费时用；广场旁设收费监控楼，对收费及广场情况进行实时监控。收费系统采用计算机管理，分收费车道、收费站、各运营公司收费中心和收费结算中心四级，利用数据通讯网络组成一个高效率的计算机收费系统。收费系统除了征收车辆通行费外，还兼有数据采集、交通管理与控制功能。

2. 收费结算

收费车道采集的原始收费数据，通过计算机网络实时传送到收费站，收费站将采集的数据集中后发送给收费结算中心和相应的运营公司的收费中心。信息交换功能应负责为收费结算中心系统取得下层收费分中心和收费站内的收费数据，同时还应负责与银行交换收费数据、接收银行的指令和财务信息、发送清分系统计算得到的结果。

3. 清分功能

收费系统采用统一结算方法。即统一交易数据采集，统一结算账户管理，统一结算时间，统一结算资金划拨的四统一结算模式。系统交易数据包括通行交易数据，收费结算中心每天定时采集全部的交易数据，经处理形成拆分明细报表和资金划拨文件，并通知银行实现资金划拨。

2.8.4.2 通信系统

通信系统主要为高速公路运营管理及监控、收费系统提供必要的语音、数据、图像信息传输的通道，是保障高速公路安全、高速、畅通、舒适、高效运营及实现现代化交通管理必不可少的手段。根据目前的技术状况，通信系统基本采用 SDH 光纤数字传输系统或以太网技术。

2.8.4.3 监控系统

监控系统一般由监控中心和外场设备两部分组成。监控中心由计算机系统、闭路电视监视控制设备、投影设备、不间断电源系统等组成。监控中心计算机系统采用局域网结构，能接入视频、数据和语音信息，构成一个多媒体的信息平台，具备方便的扩展性。计算机系统具有每天 24h 连续工作的能力。监控软件是交通监控系统的灵魂工程，它采集外场设备检测到的信息，进行分析处理，生成相应的控制方案，通过外场的情报板等设备发布路况信息。

①监控分中心设一间大监控室，配置综合控制台和大型显示屏幕，便于管理人员分工操作、管理各个监控子系统。其包括闭路电视、紧急电话、数据采集处理、控制决策和执行、可变信息编辑和显示、图形编辑显示、通信控制等。各现场监控站及所有子系统都是由微处理器或计算机控制管理。各监控子系统之间的信息联系依靠计算机网络。

②系统主机（服务器）负责网络操作、系统进程的管理和运行。主机常作为系统的数据库服务器，储存监控系统的数据，储存大型通用软件，并供各分机调用。此外，它还通过网桥接受收费网传送过来的各进出口交通量和车型等信息。

③交通监控计算机监视各路段外场监控站设备的运行，并收集和处理车辆、交通环境和隧道的监测数据，运行各种优化控制模型，发出控制指令和数据越限报警；生成和打印各种报表。

④可变信息显示控制计算机接收主机数据，根据控制指令，编辑需要显示的图文，并向现场发出执行指令。为了保证工作迅速、有效，对经常发布的各种图文，要预先编辑，并存入已建成的图文数据库中。

⑤彩色图形计算机接收主机数据或 CAD 工作站等其他信息，生成管辖各路段的全部交通状态或局部细节图形，并操纵图形在大型投影屏幕上显示。本机需要配备图像编辑软件，并建立所辖路段的图形数据库。

⑥通信控制计算机与路段现场监控站的通信控制单元连接，目前大都采用异步半双工通信，监视各条传输信道的工作状态，并做出越限报警。

⑦计算机外部设备的配置随工作需要而定，常规使用键盘、鼠标和打印机，必要时配备扫描仪和绘图仪等。

⑧系统软件是支持计算机网络正常运行的通用软件，它是由软件公司编制并被广泛使用的一种软件，如网络操作系统、数据库软件和图形支持软件等，使用单位只需要根据交通监控计算机网络的规模和功能要求，从众多的系统软件中选用。

⑨应用软件，完成高速公路交通监控功能的专用软件，由研制交通监控软件的单位提供，如交通数据采集及处理软件等。公路管理部门应就这种软件向研制单位提出技术要求。

2.8.4.4 供配电系统

高速公路供配电系统沿路各收费系统、通信系统、隧道通风照明、运行监控及办公、生活设施等提供可靠的电力保障，这些负荷从不同角度保证整个高速公路的安全可靠运行和运营单位的正常经营，任何电力中断均有可能给交通安全和管理运营带来不可估量的损失，而高速公路的供配电系统又随着负荷点的分散呈现出沿着高速公路呈狭长的带状分布的特点，供配电所数量大，位置分散，按运营管理单位的不同可能面临几十公里和几百公里不等的供电范围，给整个供配电系统的管理提出较高的要求。

1. 中心变电所

一般将具有从当地供配电系统直接引入电源的变电所称为中心变电所。一条高速公路往往由几个中心变电所组成，各收费站、服务区、隧道或办公楼从中心变电所取电源经变压后给相应负荷供电。

2. 三层分布式供配电监控系统网络模式

根据供配电网络架构和设备安装的需要，应设计三层分布式供配电监控系统网络模式。即在高速公路管理中心设立供配电监控中心，为分层的最高层，也是全网数据汇流中心，负责高速公路网供配电系统的电网监视、远程控制和设备维护管理；在各中心变电所设立监控分中心，负责本所辖区各配电所的电网运行状态监视、远程控制和设备维护管理；在各收费站、隧道、高速公路服务区等设立监控站，负责相应中心变电所的电网数据采集和当地设备维护。

3. 供配电监控系统功能

综合电力自动化研究新成果和高速公路供配电管理运营实际，设计高速公路供配电监控系统包含电网运行状态的远程监视与控制、电网分析和操作闭锁、数据库管理、地理位置显示、系统运行工况监视等内容。

第三章　公路路线设计

公路是一条带状的三维空间结构物。由路基、路面、桥梁、隧道、排水系统、防护工程、交通服务设施等构造物组成。各等级公路的勘察设计始终围绕公路功能、通行能力、服务水平等内容，遵循安全、经济、保护生态环境的原则，按照规定的基本建设程序、技术标准和规范要求，根据沿线的实际情况，确定路线、桥梁和隧道方案等，确定工程造价。建设项目的设计阶段是在确定建设标准的前提下，遵循《公路工程技术标准》进行设计。

3.1　总体方案

总体方案应根据路线在公路网中的位置、功能，综合考虑路线走廊带范围的远期社会和经济发展，城市和工矿企业的现状与规划，铁路、水路、航空、管道的布局，自然资源状况等，确定建设项目起讫点、主要控制点以及与之相互平行、交叉等与其他建设项目的衔接关系。

3.1.1　交通组织

公路设计应根据公路的功能、使用任务及其在公路网中的作用，并考虑铁路、水路、航空、管道等运输方式，同城镇、农田规划的关系，合理确定公路等级和路线走向、走廊带。

确定路线走廊带应考虑走廊带内各种运输体系的分工配合，据以统筹规划、近远期结合、合理布局，充分发挥和提高公路总体综合效益。

3.1.2　路线方案

路线方案应在所选定走廊带与主要控制点基础上，进行布局和总体设计，合理运用技术指标，对可行的路线方案进行比选，以确定设计方案。当采用不同的设计速度、技术标准或设计方案对工程造价、自然环境、社会经济效益等有明显差异时，应作同等深度的技术经济论证。

路线选定应根据地形、地物条件，并在对工程地质、水文地质、山地自然灾害、筑路材料、生态环境、自然景观等进行充分调查的基础上，结合沿线小区域气候特征进行方案研究，选定路线线位、主要平纵技术指标。

路线设计必须贯彻执行加强环境保护和合理利用土地资源的基本国策，在确定路基、路面、桥梁、隧道、交叉、交通工程及沿线设施等人工构造物的结构形式、布设位置、取弃土场、征用土地等设计中，应减少因修建公路给沿线生态环境带来的影响，并结合绿化或采取相应工程措施，协调、改善人工构造物与同沿线自然景观间的配合，提高公路环境质量。

3.1.3 方案控制

公路设计应综合考虑公路的平面、纵断面、横断面三者间的关系，做到平面顺适、纵面均衡、横断面合理。必要时可运用公路透视图进行分析与评价。

①各级公路应注重线形设计，使之在视觉上能诱导视线，在心理上感到舒适和安全，并保持线形的连续性，且同沿线环境相协调。设计速度不同的路段相衔接处，或因条件制约线形设计受限制的地段，宜采用运行速度进行检验，以改善平纵技术指标或采用必要的交通安全技术、管理措施。

②高速公路、一级公路在设计完成后，或运营后，或改建时，宜进行安全性评价，以提高行车安全性。

③采用分期修建方案时，必须在综合分析、论证的基础上作出总体设计和实施计划。分期修建的设计应使前期工程在后期仍能充分利用，并为后期工程的修建留有余地和创造有利条件。

④高速公路根据公路网规划或交通量等因素，宜采用纵向分段或按建设项目分期修建的方式修建。四车道高速公路整体式路基的路段不得采用横向分幅分期修建。

⑤改建公路应遵照利用与改造相结合的原则，按规定公路等级的技术指标，合理、充分地利用原有工程。

⑥利用原有公路的路段，因提高设计速度可能诱发工程地质灾害时，经论证该局部路段维持原有设计指标。改线路段，则应按新建公路标准执行。

⑦公路工程勘察设计中，有关公路等级及其主要技术指标、路线设计、路线交叉设计等，除应符合规范要求外，尚应符合国家现行的有关强制性标准的规定。

⑧公路建设项目，应综合考虑设计、施工、养护、管理等成本效益，分析其安全、环保、运营等社会效益，选用综合效益最佳的方案。

3.2 路线总体设计

路线总体设计应协调各专业之间关系，协调公路建设项目与外部关系。确定建设项目的建设规模、主要技术指标和设计方案，符合安全、环保、可持续发展总体目标，保障公路通行安全，提高公路交通服务质量。高速公路、一级公路应做好总体设计，使各技术指标的设置与平、纵线形组合恰当，平面顺适，纵面均衡；各构造物的选型与布置合理、实用、经济。

3.2.1 一般规定

路线总体设计应考虑的因素：

①科学确定技术标准，合理运用技术指标，注意地区特性与差异，精心做好路线设计，必要时宜进行安全性评价，以保障行车安全。

②应在查明路线走廊带的自然环境、地形、地质等条件的基础上，认真研究路线方案或工程建设同生态环境、资源利用的关系，采取工程防护与生态防护相结合等技术措施，减少对生态的影响程度，加强恢复力度，最大限度地保护环境。

③做好同综合运输体系、农田与水利建设、城市规划等的协调与配合，充分利用线位资源，合理确定建设规模，切实保护耕地，使走廊带的自然资源得以充分利用，公路建设得以可持续发展。

④总体协调公路工程各专业间、相邻行业间和社会公众间的关系，其设计界面、接口等应符合相关法规、标准、规范的要求或规定，并注意听取社会公众意见。

⑤路线方案比选应对设计、施工、养护、营运、管理的各阶段，从安全、环保、可持续发展理念，运用全寿命期成本分析方法进行论证，采用综合效益最佳、服务质量最好的设计方案。

3.2.2 设计要点

路线起、终点应符合公路网规划要求，根据设计交通量论证并确定车道数、横断面形式。路线设计应合理确定填挖高度，出现高填或深挖时，应与分离式路基（特指高速、一级公路）、架桥和建隧进行技术经济论证。

①高速公路、一级公路应根据设计交通量论证并确定车道数;具有集散功能的一级公路、二级公路应根据混合交通量及其交通组成论证设置慢车道的条件,并确定其设置方式、横断面形式与宽度。

②高速公路、一级公路一般情况下宜采用整体式路基;位于丘陵、山区时,应结合地形、地质条件以及桥梁、隧道的布设等论证采用分离式路基的可行性。

③路线设计应合理确定路堤高度,减小对沿线生态环境的影响,并做好防护、排水、取土、弃土等设计,防止水土流失,保护环境,使公路工程建设融入自然。

④由面到带(走廊带)、由带到线(沿路线)查明工程地质、水文情况,重大自然灾害、地质病害的分布、范围、状态,及其对工程的影响程度,论证并确定绕行、避让或整治病害的方案与对策。

⑤拟分期修建的工程,必须在按远期规划的技术标准作出总体设计的基础上,制订分期修建方案,并作出相应的设计。

3.3 选线

选择应包括确定路线基本走向、路线走廊带、路线方案至选定线位的全过程。

3.3.1 路线控制点

路线起终点、必须连接的城镇、工矿企业,以及特大桥、特长隧道等的位置是路线基本走向的控制点。

大桥、长隧道、互通式立体交叉、与铁路交叉等的位置,原则上应服从路线基本走向。不同的设计阶段,选线工作内容应各有所侧重,后一阶段是前一阶段的继续与深化,随着勘察、设计工作的深入,应复查并优化前一阶段的路线方案,使路线的线位更臻完善。

3.3.2 选线原则

公路选线必须由面到带、由带到线,在对地形、工程地质、水文地质等调查与勘查的基础上论证、确定路线方案。

①应针对路线所经地域的生态环境、地形、地质的特性与差异,按拟定的各控制点由面到带、由带到线,由浅入深、由轮廓到具体,进行比较、优化与论证。同一起、终点的路段内有多个可行路线方案时,应对各设计方案进行同等深度的比较。

②影响选择控制点的因素多且相互关联、又相互制约,应根据公路功能和使用任务,全面权衡、分清主次,处理好全局与局部的关系,并注意由于局部难点的突破而引起的关系转换给全局带来的影响。

③应对路线所经区域、走廊带及其沿线的工程地质和水文地质进行深入调查、勘察,查清其对公路工程的影响程度。遇有滑坡、崩塌、岩堆、泥石流、岩溶、软土、泥沼等不良工程地质的地段应慎重对待,视其对路线的影响程度,分别对绕、避、穿等方案进行论证比选。当路线必须穿过时,应选择合适的位置,缩小穿越范围,并采取切实可行的工程措施。

④路线线位应考虑同农田与水利建设的配合,应充分利用建设用地,严格保护农用耕地。

⑤路线线位应考虑同城市规划的配合,尽可能避让不可移动文物、自然保护区。

⑥保护生态环境,并同当地自然景观相协调。

⑦高速公路、具干线功能的一级公路同作为路线控制点的城镇相衔接时,以衔接城市环线或以支线连接为宜,并与城市发展规划相协调。新建的二级公路、三级公路应结合城镇周边路网布设,避免穿越城镇。

⑧路线设计是立体线形设计,在选线时即应考虑平、纵、横面的相互间组合与合理配合。

3.3.3 选线方法

选线是在公路网规划(或批复工可报告)路线的起终点之间选定技术上可行、经济上合理、能符合使用要求的公路中心线。

①选线可采用纸上定线或现场定线。高速公路、一级公路应采用纸上定线并现场核定的方法。二级公路、三级公路、四级公路可采用现场定线,有条件或地形条件受限制时,可采用纸上定线或纸上移线并现场核定的方法。

②选线应在广泛搜集与路线方案有关的规划、计划、统计资料,相关部门的各种地形图、地质、气象等资料的基础上,深入调查、勘察,并运用遥感、航测、GPS、数字技术等新技术,确保其勘察工作的广度、深度和质量,以免遗漏有价值的比较方案。

3.4 横断面设计

高速公路、一级公路的标准横断面分为整体式路基和分离式路基。二级及以下公路一般为整体式路基。

3.4.1 车道

车道是指专门为纵向排列、安全顺适的通行车辆为目的而设置的公路带状部分。车道是公路横断面的主体。

1. 车道宽度

车道宽度取决于设计车速、大型车的混入率和车辆宽度。技术标准规定的车道宽度,见表3-1。

车道宽度 表3-1

设计速度(km/h)	120	100	80	60	40	30	20
车道宽度(m)	3.75	3.75	3.75	3.50	3.50	3.25	3.00(单车道时为3.50)

注:1. 设计速度为20km/h且为单车道时,车道宽度应采用3.50m;
2. 高速公路为八车道时,内侧车道宽度可采用3.50m。

2. 车道数

高速公路、一级公路各路段的车道数应根据预测交通量、服务水平等确定,当车道数为四车道以上时,应按双数增加;二级公路、三级公路应为双车道;四级公路宜采用双车道,交通量小且工程艰巨的路段可采用单车道。

3. 车道类型

高速公路、一级公路的互通式立体交叉、服务区、停车区、公共汽车停靠站、管理设施等的出入口,应设置加(减)速车道。高速公路、一级公路以及二级公路的连续上坡路段,当通行能力、运行安全受到影响时,应设置宽度为3.50m的爬坡车道;连续长陡下坡路段,危及运行安全处应设置避险车道。各类车道设置条件,见表3-2。

各类车道设置条件 表3-2

名称	公路等级	设置条件	车道宽(m)	设置位置
爬坡车道	高速、一级公路	连续上坡路段	3.5	紧靠车道外侧,可利用硬路肩
	二级公路			紧靠车道外侧,硬路肩外移
加速、减速车道	高速、一级公路	衔接处		进出互通匝道、服务区、停车区、停靠站、管养区等
避险车道		连续长、陡下坡	4.5	长、陡下坡(右侧)适当地段
错车道	四级公路	路基宽度4.5m时	3	<300m的间距,有效长度≥20m,设置段路基宽6.5m

3.4.2 中间带

公路中间带由中央分隔带和路缘带组成,分隔带以路缘石等设施分界,在构造上起到分隔往返交通的作用。

1. 中间带宽度

高速公路、一级公路整体式断面必须设置中间带,中间带由两条左侧路缘带和中央分隔带组成。中间带宽度规定,见表3-3。

中间带宽度 表3-3

设计速度(km/h)		120	100	80	60
中间带宽度(m)	一般值	4.50	3.50	3.00	3.00
	最小值	2.50	2.00	2.00	2.00

注:"一般值"为正常情况下的采用值,"最小值"为条件受限制时可采用的值。

2. 中央分隔带宽度

当中央分隔带宽采用刚性护栏,且无须设置管线或不设置跨线桥桥墩时采用,其宽度可采用1.0m。中央分隔带宽应符合表3-4规定。

中央分隔带宽度 表3-4

设计速度(km/h)		120	100	80	60
中央分隔带宽度(m)	一般值	3.00	2.00	2.00	2.00
	最小值	1.00	1.00	1.00	1.00

注:"一般值"为正常情况下的采用值,"最小值"为条件受限制时可采用的值。

3. 路缘带宽度

在分隔带的两侧设置路缘带。路缘带既引导驾驶员的视线，又增加行车安全，还能保证行车所必须的侧向余宽，提高行车道的使用效率。其左侧路缘带宽度应符合表3-5规定。

左侧路缘带宽度 表3-5

设计速度(km/h)		120	100	80	60
左侧路缘带宽度(m)	一般值	0.75	0.75	0.50	0.50
	最小值	0.75	0.50	0.50	0.50

注："一般值"为正常情况下的采用值；"最小值"为条件受限制时，经技术经济论证后可采用的值。

4. 分离式路基间距

整体式路基过渡为分离式路基后，行车道左侧应设置左侧路肩(包括硬路肩及土路肩)，最小间距不应小于规定的中央分隔带宽度。高速公路、一级公路采用分离式路基时，宜采用宽中间带，一般为6～15m。该宽中间带可随地形变化改变宽度，不必等宽。地面较为平坦的宽中间带范围内宜种植草皮，两侧路基不必等高，应与地形、周围景观配合。中间带内采用4:1～6:1向中央倾斜的斜坡，以利排水。

分离式路基中的一幅以桥梁形式叠于另一幅之上时，其最小间距不受最小间距限制。

5. 中央分隔带开口

互通式立体交叉、隧道、特大桥、服务区设施前后，以及整体式路基、分离式路基分离(汇合)处，应设置中央分隔带开口。中央分隔带开口间距应视需要而定，一般最小间距应不小于2km；长度不宜大于40m，八车道高速公路开口长度可适当增长，但不应大于50m。其开口处应设置活动护栏。

中央分隔带开口应设置在通视良好的路段，若开口设于曲线路段，该圆曲线半径的超高值不宜大于3%。中央分隔带宽度小于3m时可采用半圆形；中央分隔带宽度大于或等于3m时宜采用弹头形。

3.4.3 路肩

路肩是位于行车道外缘至路基边缘，具有一定宽度的带状部分。高速、一级公路整体式路基的路肩包括右侧硬路肩、土路肩，分离式路基的路肩包括右侧硬路肩、左侧硬路肩、土路肩。二级公路的路肩包括右侧硬路肩、土路肩。三级、四级公路的路肩是指土路肩。

1. 路肩的功能

①起支挡作用；供临时停车或堆料；

②增加有效行车道宽度；

③提供道路养护作业平面和埋设地下管线的空间；

④精心养护的路肩，能增加公路的美观。

2. 右侧路肩宽度

高速公路、一级公路应在右侧硬路肩宽度内设右侧路缘带，其宽度为0.5m。二级公路的硬路肩可供非汽车交通使用；二级公路、三级公路、四级公路在路肩上设置的标志、防护设施等不得侵入公路建筑限界，否则应加宽路肩。右侧路肩宽度，应符合表3-6的规定。

右侧路肩宽度 表3-6

<table>
<tr><td colspan="2" rowspan="2">设计速度(km/h)</td><td colspan="4">高速、一级公路</td><td colspan="5">二级、三级、四级公路</td></tr>
<tr><td>120</td><td>100</td><td>80</td><td>60</td><td>80</td><td>60</td><td>40</td><td>30</td><td>20</td></tr>
<tr><td rowspan="2">右侧硬路肩宽度(m)</td><td>一般值</td><td>3.0或3.5</td><td>3.0</td><td>2.5</td><td>2.5</td><td>1.5</td><td>0.75</td><td>—</td><td>—</td><td>—</td></tr>
<tr><td>最小值</td><td>3.0</td><td>2.5</td><td>1.5</td><td>1.5</td><td>0.75</td><td>0.25</td><td>—</td><td>—</td><td>—</td></tr>
<tr><td rowspan="2">土路肩宽度(m)</td><td>一般值</td><td>0.75</td><td>0.75</td><td>0.75</td><td>0.5</td><td>0.75</td><td>0.75</td><td rowspan="2">0.75</td><td rowspan="2">0.5</td><td rowspan="2">0.25(双车道)
0.5(单车道)</td></tr>
<tr><td>最小值</td><td>0.75</td><td>0.75</td><td>0.75</td><td>0.5</td><td>0.5</td><td>0.5</td></tr>
</table>

注：1. "一般值"为正常情况下的采用值，"最小值"为条件受限制时可采用的值；

2. 设计速度为120km/h的四车道高速公路，宜采用3.50m的右侧硬路肩；六车道、八车道高速公路，宜采用3.00m的右侧硬路肩。

3. 左侧路肩宽度

高速公路、一级公路的分离式路基，应设置左侧路肩，其宽度应符合表3-7规定。左侧硬路肩内含左侧路缘带，宽度为0.5m。

高速、一级公路分离式路基左侧路肩宽度　　表 3-7

设计速度(km/h)	120	100	80	60
左侧硬路肩宽度(m)	1.25	1.00	0.75	0.75
左侧土路肩宽度(m)	0.75	0.75	0.75	0.5

4. 紧急停车带

高速公路、一级公路右侧硬路肩宽度小于 2.5m 时，应设置紧急停车带(岛)，间距不宜大于 2km，宽度一般为 5m，有效长度一般为 50m，前后并设置 100m 和 150m 左右的过渡段。高速公路、一级公路的特长桥梁、隧道，根据需要可设置紧急停车带(岛)，其间距不宜大于 750m。二级公路根据需要可设置紧急停车带(岛)，其间距按实际情况确定。

3.4.4　标准横断面

高速、一级公路的整体式路基由车道、中间带(包括中央分隔带、左侧路缘带)、路肩(包括右侧硬路肩、土路肩)等组成，见图 3-1；分离式路基由车道、路肩(右侧硬路肩、左侧硬路肩、土路肩)等组成，见图 3-2。二级公路由车道、路肩(包括右侧硬路肩、土路肩)等组成，见图 3-3。三级、四级公路由车道、土路肩等组成，见图 3-4。

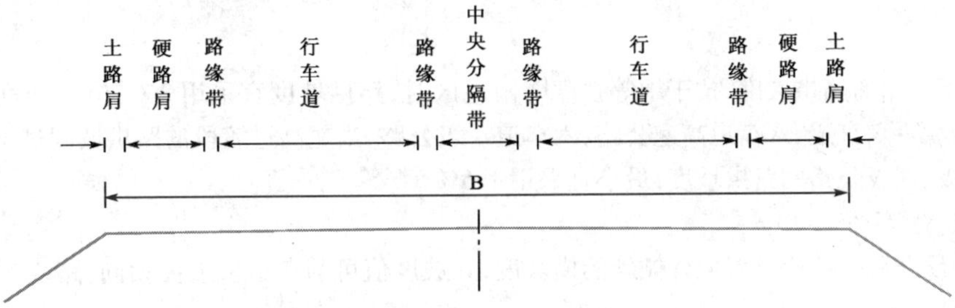

图 3-1　高速、一级公路整体式路基

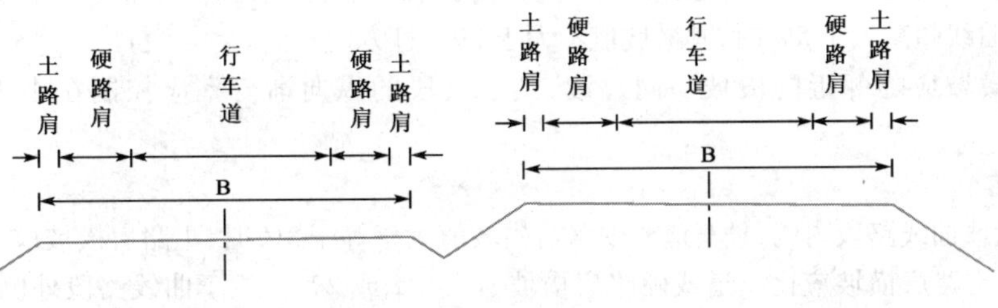

图 3-2　高速、一级公路分离式路基

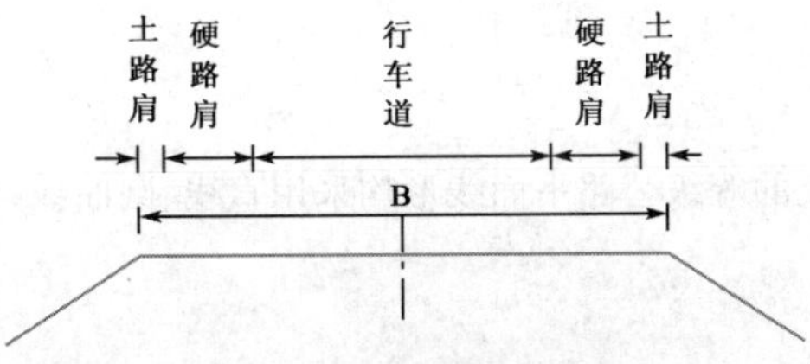

图 3-3　二级公路路基

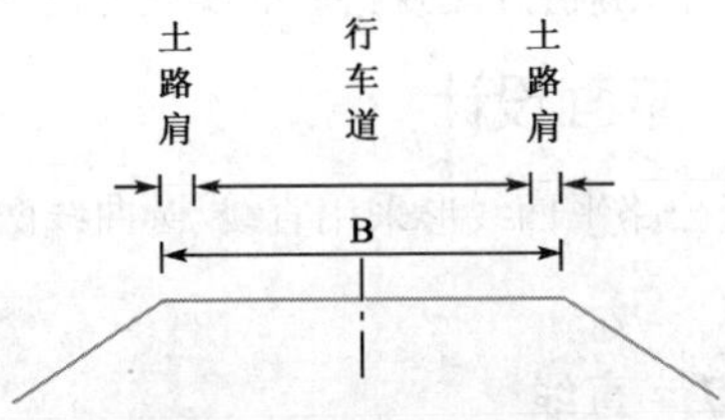

图 3-4　三、四级公路路基

高速公路设加(减)速车道、互通单向单车道匝道和对向双车道匝道、互通匝道收费站横断面见图 3-5、图 3-6、图 3-7。公路建筑限界见“公路工程技术标准解读”图 2-2。

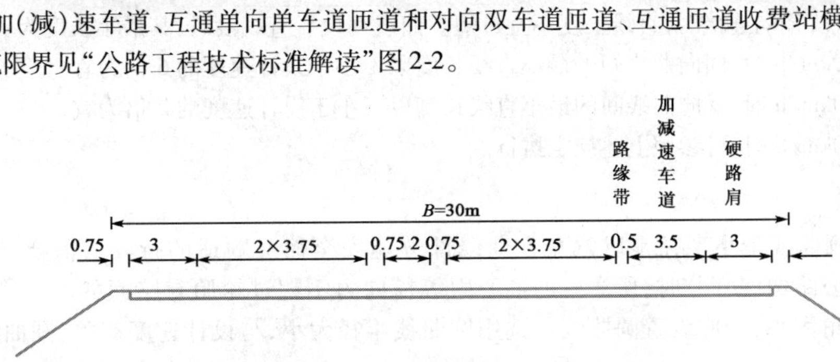

图 3-5　四车道高速公路设加(减)速车道

3.4.5 路拱坡度

公路的路拱坡度，一般采用由中央向两侧倾斜的双向路拱坡度。

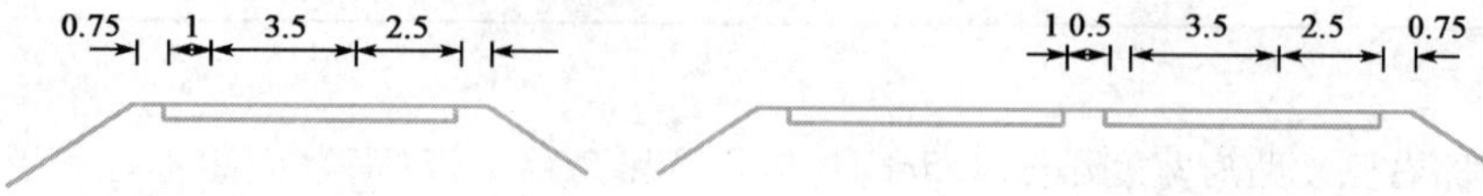

图 3-6 互通单向单车道匝道和对向双车道匝道

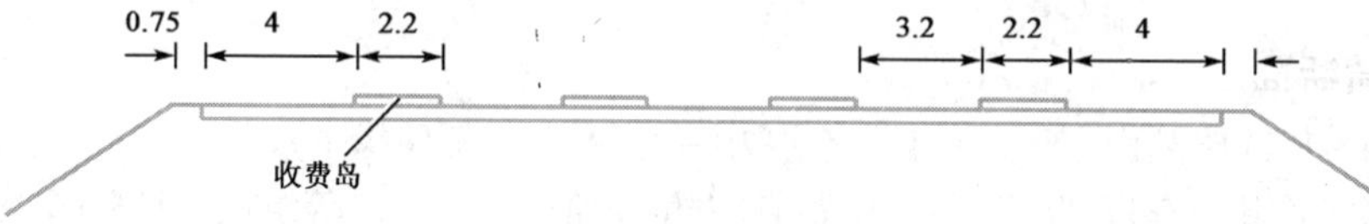

图 3-7 互通匝道收费站车道

1. 路拱横坡

高速公路、一级公路的路拱坡度，位于中等强度降雨地区时，路拱坡度宜采用 2%；位于严重强度降雨地区时，路拱坡度可适当增大。六车道、八车道高速公路，六车道一级公路，当超高过渡段的路拱坡度过于平缓时，可设置两个路拱。二级、三级、四级公路的路拱坡度，最小宜采用 1.5%。

2. 硬路肩横坡

①直线路段的硬路肩一般应设置向外倾斜的横坡度，其坡度值可与车道横坡度相同；路线纵坡平缓，且设置拦水带时，其坡度值宜采用 3% ~4%。

②曲线路段内、外侧硬路肩横坡度的横坡值及其方向：当曲线超高小于或等于 5% 时，其横坡值及其方向应与相邻车道相同；当曲线超高大于 5% 时，其横坡值不大于 5%，且方向相同。

③硬路肩的横坡应随邻近的横坡一同过渡，其过渡段的纵向渐变率应控制在小于 1/150 至大于 1/330 之间。

3. 土路肩横坡

位于直线路段或曲线路段内侧，且车道或硬路肩横坡值大于等于 3% 时，土路肩横坡应与车道或硬路肩横坡值相同；小于 3% 时，土路肩横坡应比车道或硬路肩横坡值大 1% 或 2%。位于曲线路段外侧的土路肩横坡，应采用 3% 或 4% 的反向横坡度。

大中桥梁、隧道区段硬路肩的横坡度值，应与车道相同。

3.5 平面设计

除四级公路平面线形采用直线、圆曲线两要素以外，四级以上的等级公路平面线形均采用直线、圆曲线、回旋线三要素。

3.5.1 直线

直线的长度不宜过长，受地形条件或其他特殊情况限制而采用长直线时，应结合沿线具体情况采取相应的技术措施。两圆曲线间以直线径向连接时，直线长度不宜过短。曲线间设置直线段时，其最小长度为：

①当设计速度≥60km/h 时，同向曲线间的最小直线长度以不小于设计速度的 6 倍为宜；

②当设计速度≥60km/h 时，反向曲线间的最小直线长度以不小于设计速度的 2 倍为宜；

③当设计速度≤40km/h 时，可参照上述规定执行。

3.5.2 圆曲线

技术标准规定的圆曲线最小半径是以汽车在曲线部分能安全而又顺适的行驶所需要的条件而确定的。其实质是汽车行驶在公路曲线部分时，所产生的离心力等横向力不超过轮胎与路面的摩阻力所允许的界限。各级公路平面不论转角大小，均应设置圆曲线。选用圆曲线半径大小，与设计速度有关，圆曲线最小半径见表 3-8。

圆曲线最小半径　表 3-8

设计速度(km/h)		120	100	80	60	40	30	20
圆曲线最小半径(m)	一般值	1000	700	400	200	100	65	30
	极限值	650	400	250	125	60	30	15

3.5.3 回旋线

1. 平曲线设回旋线的情况

高速公路、一级公路、二级公路、三级公路的直线同小于表 3-9 不设超高的圆曲线最小半径径相连接处,应设置回旋线。半径不同的同向圆曲线径相连接处,也应设置回旋线。

不设超高的圆曲线最小半径　表 3-9

设计速度(km/h)		120	100	80	60	40	30	20
不设超高的圆曲线最小半径(m)	路拱≤2%	5500	4000	2500	1500	600	350	150
	路拱 >2%	7500	5250	3350	1900	800	450	200

四级公路直线同小于表 3-9 不设超高的圆曲线最小半径径相连接处,应设置超高、加宽过渡段。

2. 平曲线不设回旋线的情况

符合下列条件时可不设回旋线:

(1)小圆半径大于表 3-9 规定时;

(2)小圆半径大于表 3-10 规定时,且符合下列条件之一者:

①小圆按最小回旋线长度设回旋线,大圆与小圆的内移值之差小于 0.10m 时;

②设计速度大于或等于 80km/h,大圆半径(R_1)与小圆半径(R_2)之比小于 1.5 时;

③设计速度小于 80km/h,大圆半径(R_1)与小圆半径(R_2)之比小于 2 时。

复曲线中小圆临界圆曲线半径　表 3-10

设计速度(km/h)	120	100	80	60	40	30	20
临界圆曲线半径(m)	2100	1500	900	500	250	130	—

3. 回旋线最小长度

回旋线长度应随圆曲线半径的增大而增长。圆曲线按规定需设置超高时,回旋线长度还应大于超高过渡段长度。回旋线最小长度规定,见表 3-11。

回旋线最小长度　表 3-11

设计速度(km/h)	120	100	80	60	40	30	20
回旋线最小长度(m)	100	85	70	50	35	25	20

注:四级公路为超高、加宽过渡段长度。

3.5.4 圆曲线超高

1. 最大超高值

圆曲线半径小于表 3-9 规定的不设超高圆曲线最小半径时,应在曲线上设置超高。超高的横坡度应根据设计速度、圆曲线半径、路面类型、自然条件和车辆组成等情况确定,必要时应按运行速度予以验算。

各级公路圆曲线部分的最大超高值规定见表 3-12。各级公路圆曲线部分的最小超高值应与该公路直线部分的正常路拱横坡度值一致。

各级公路圆曲线最大超高值　表 3-12

公路等级	高速公路、一级公路	二级公路、三级公路、四级公路
一般地区(%)	8 或 10	8
积雪冰冻地区(%)	6	

注:高速公路、一级公路正常情况下采用 8%;交通组成中小客车比例高时可采用 10%。

二级公路、三级公路、四级公路接近城镇且混合交通量较大的路段,车速受到限制时,其最大超高值可按表 3-13 执行。各圆曲线半径所设置的超高值应根据设计速度、圆曲线半径、公路条件、自然条件等计算确定。

车速受限制时最大超高值　表 3-13

设计速度(km/h)	80	60	40、30、20
超高值(%)	6	4	2

2. 超高过渡段

由直线段的双向路拱横断面逐渐过渡到圆曲线段的全超高单向横断面,其间必须设置超高过渡段。超高渐变率按旋转轴位置规定,见表 3-14。

超高渐变率　表 3-14

设计速度(km/h)	超高旋转轴位置		设计速度(km/h)	超高旋转轴位置	
	中线	边线		中线	边线
120	1/250	1/200	40	1/150	1/100
100	1/225	1/175	30	1/125	1/75
80	1/200	1/150	20	1/100	1/50
60	1/175	1/125			

3. 超高过渡方式

(1)无中间带公路

①超高横坡度等于路拱坡度时,将外侧车道绕路中线旋转,直至超高横坡值。

②超高横坡度大于路拱坡度时,分别采用以下三种过渡方式:

a. 绕内侧车道边缘旋转:新建工程宜采用此种方式。

b. 绕路中线旋转:改建工程可采用此种方式。

c. 绕外侧车道边缘旋转:路基外缘高程受限制或路容美观有特殊要求时可采用此种方式。

(2)有中间带公路

①绕中间带的中心线旋转:中间带宽度小于或等于 4.5m 的公路可采用。

②绕中央分隔带边缘旋转:各种宽度中间带的公路均可采用。

③分别绕行车道中线旋转:车道数大于 4 条的公路可采用。

(3)分离式路基公路

分离式路基公路的超高过渡方式,宜按无中间带公路分别予以过渡。超高的过渡应在回旋线全长范围内进行。当回旋线较长时,其超高的过渡可采用以下方式:超高过渡段可设在回旋线的某一区段范围内,其超高过渡段的纵向渐变率不得小于 1/330,全超高断面宜设在缓圆点或圆缓点处;六车道及其以上的公路宜增设路拱线。

四级公路超高的过渡应在超高过渡段的全长范围内进行。对线形设计要求较高的公路,应在超高过渡段的起、终点插入一段二次抛物线,使之连接圆滑、舒顺。高速公路、一级公路的纵坡较大处,其上、下行车道可采用不同的超高值。

4. 硬路肩超高方式

硬路肩超高值与相邻车道超高值相同时,其超高过渡段应与车道相同,且采用与车道相同的超高渐变率;硬路肩超高值比相邻车道超高值小时,应先将硬路肩横坡过渡到与车道路拱坡度相同,再与车道一起过渡,直至硬路肩达到其最大超高坡值。

3.5.5 圆曲线加宽

二级公路、三级公路、四级公路的圆曲线半径小于或等于 250m 时,应设置加宽。双车道公路路面加宽值规定,见表 3-15。

双车道路面加宽值　表 3-15

加宽类别	圆曲线半径(m) 加宽值(m) 汽车轴距加前悬(m)	250~200	<200~150	<150~100	<100~70	<70~50	<50~30	<30~25	<25~20	<20~15
1	5	0.4	0.6	0.8	1.0	1.2	1.4	1.8	2.2	2.5
2	8	0.6	0.7	0.9	1.2	1.5	2.0	—	—	—
3	5.2+8.5	0.8	1.0	1.5	2.0	2.5	—	—	—	—

注:单车道公路路面加宽值应为表中规定值的一半。

圆曲线加宽类别应根据公路的交通组成确定。二级公路以及设计速度为 40km/h 的三级公路有集装箱半挂车通行时，应采用第 3 类加宽值；不经常通行集装箱半挂车时，可采用第 2 类加宽值。四级公路和设计速度为 30km/h 的三级公路可采用第 1 类加宽值。

圆曲线上的路面加宽应设置在圆曲线的内侧；各级公路的路面加宽后，路基也应相应加宽。双车道公路当采取强制性措施实行分向行驶的路段，其圆曲线半径较小时，内侧车道的加宽值应大于外侧车道的加宽值，设计时应通过计算确定其差值。

设置回旋线或超高过渡段时，加宽过渡段长度应采用与回旋线或超高过渡段长度相同的数值；不设回旋线或超高过渡段时，加宽过渡段长度应按渐变率为 1∶15 且长度不小于 10m 的要求设置。

二级公路、三级公路、四级公路的加宽过渡段的设置，应采用在相应的回旋线或超高加宽过渡段全长范围内，按其长度成比例增加的方式。

3.5.6　超高和加宽过渡段

四级公路的直线同小于表 3-9 不设超高的圆曲线最小半径径相连接处，和半径小于或等于 250m 的圆曲线径相连接处，应设置超高、加宽过渡段。四级公路的超高、加宽过渡段长度应分别按超高和加宽的有关规定计算，取其较长者，但最短应符合渐变率为 1∶15 且不小于 10m 的要求。

四级公路的超高、加宽过渡段应设置在紧接圆曲线起点或终点的直线上。受地形条件或其他特殊情况限制时，允许将超高、加宽过渡段的一部分插入曲线，但插入曲线内的长度不得超过超高、加宽过渡段长度的一半。不同半径的同向圆曲线径相连接构成的复曲线，其超高、加宽过渡段应对称的设在衔接处的两侧。

四级公路设人工构造物处，当因设置超高、加宽过渡段而在圆曲线起、终点内侧边缘产生明显转折时，可采用路面加宽边缘线与圆曲线上路面加宽后的边缘圆弧相切的方法予以消除。

3.5.7　平曲线长度

平曲线最小长度规定，见表 3-16。

平曲线最小长度　　表 3-16

设计速度(km/h)		120	100	80	60	40	30	20
平曲线最小长度(m)	一般值	600	500	400	300	200	150	100
	最小值	200	170	140	100	70	50	40

注："一般值"为正常情况下的采用值；"最小值"为条件受限制时可采用的值。

当路线转角等于或小于 7°时，应设置较长的平曲线，其长度规定，见表 3-17。

公路转角等于或小于 7°时的平曲线长度　　表 3-17

设计速度(km/h)	120	100	80	60	40	30	20
平曲线长度(m)	1400/Δ	1200/Δ	1000/Δ	700/Δ	500/Δ	350/Δ	280/Δ

注：表中 Δ 为路线转角值(°)，当 Δ<2°时，按 Δ=2°计算。

3.5.8　视距

高速公路、一级公路的视距采用停车视距；二级公路、三级公路、四级公路的视距应满足会车视距要求，其长度应不小于停车视距的 2 倍。受地形条件或其他特殊情况限制而采取分道行驶措施的地段，可采用停车视距。各级公路每条车道的停车视距应符合表 3-18 规定。

停车视距　　表 3-18

设计速度(km/h)	120	100	80	60	40	30	20
停车视距(m)	210	160	110	75	40	30	20

1. 停车视距

高速公路、一级公路以及大型车比例高的二级公路、三级公路的下坡路段，应采用货车停车视距对相关路段进行检验。下坡段货车停车视距规定见表 3-19。

下坡段货车停车视距(m)　　表 3-19

设计速度(km/h)		120	100	80	60	40	30	20
纵坡坡度(%)	0	245	180	125	85	50	35	20
	3	265	190	130	89	50	35	20
	4	273	195	132	91	50	35	20
	5	—	200	136	93	50	35	20
	6	—	—	139	95	50	35	20
	7	—	—	—	97	50	35	20
	8	—	—	—	—	—	35	20
	9	—	—	—	—	—	—	20

2. 超车视距

二级公路、三级公路、四级公路的超车视距规定见表 3-20。

超车视距　　表 3-20

设计速度(km/h)		80	60	40	30	20
超车视距(m)	一般值	550	350	200	150	100
	最小值	350	250	150	100	70

注:"一般值"为正常情况下的采用值;"最小值"为条件受限制时可采用的值。

具干线功能的二级公路宜在 3min 的行驶时间内,提供一次满足超车视距要求的超车路段。其他双车道公路可根据情况间隔设置具有超车视距的路段。

平曲线内侧设置的人工构造物,或平曲线内侧挖方边坡妨碍视线,或中间带设置防眩设施时,应对视距予以检查与验算。不符合规定要求时,可加宽路肩或中间带,或将构造物后移,或设置交通安全设施。

3.5.9 回头曲线

越岭路线应利用地形自然展线,避免设置回头曲线。三级公路、四级公路在自然展线无法争取需要的距离以克服高差,或因地形、地质条件所限不能采取自然展线时,可采用回头曲线。

两相邻回头曲线之间,应有较长的距离。由一个回头曲线的终点至下一个回头曲线起点的距离,设计速度为 40km/h、30km/h、20km/h 时,分别应不小于 200m、150m、100m。设计速度为 40km/h 的公路根据地形条件可选用 35km/h 或 30km/h 的回头曲线设计速度。回头曲线各部分的技术指标规定如表 3-21。

回头曲线技术指标　　表 3-21

主线设计速度(km/h)	40		30	20
回头曲线设计速度(km/h)	35	30	25	20
圆曲线最小半径(m)	40	30	20	15
回旋线最小长度(m)	35	30	25	20
超高横坡度(%)	6	6	6	6
双车道路面加宽值(m)	2.5	2.5	2.5	3.0
最大纵坡(%)	3.5	3.5	4.0	4.5

3.6 纵断面设计

路线纵断面是指通过路线轴线的垂面显示的地面轮廓图形。

3.6.1 爬坡车道

四车道高速公路、四车道一级公路以及二级公路连续上坡路段,符合下列情况之一者,宜在上坡方向行车道右侧设置爬坡车道。

①沿连续上坡方向载重汽车的运行速度降低到表 3-22 的容许最低速度以下时。

②上坡路段的设计通行能力小于设计小时交通量时。

③经设置爬坡车道与改善主线纵坡不设爬坡车道技术经济比较论证,设置爬坡车道的效益费用比、行车安全性

较优时。

上坡方向容许最低速度 表3-22

设计速度(km/h)	120	100	80	60	40
容许最低速度(km/h)	60	55	50	40	25

1. 爬坡车道的超高、加宽

爬坡车道的曲线加宽按一个车道曲线加宽规定执行。爬坡车道的超高坡度规定见表3-23。超高横坡的旋转轴为爬坡车道内侧边缘线。

爬坡车道的超高值 表3-23

主线的超高坡度(%)	10	9	8	7	6	5	4	3	2
爬坡车道的超高坡度(%)	5		4					3	2

高速公路、一级公路爬坡车道长度大于500m,应按规定在其右侧设置紧急停车带。

2. 爬坡车道的起、终点和长度

爬坡车道的起点,应设于陡坡路段上载重汽车运行速度降低至表3-22中“容许最低速度”处。爬坡车道的终点,应设于载重汽车爬经陡坡路段后恢复至“容许最低速度”处,或陡坡路段后延伸的附加长度的端部。该陡坡路段后延伸的附加长度规定见表3-24。

陡坡路段后延伸的附加长度 表3-24

附加路段的纵坡(%)	下坡	平坡	上坡			
			0.5	1.0	1.5	2.0
附加长度(m)	100	150	200	250	300	350

相邻两爬坡车道相距较近时,宜将两爬坡车道直接相连。爬坡车道起点、终点处应设置分流、汇流渐变段,其长度规定见表3-25。

爬坡车道分流、汇流渐变段长度 表3-25

公路等级	分流渐变段长度(m)	汇流渐变段长度(m)
高速公路、一级公路	100	150~200
二级公路	50	90

3.6.2 合成坡度

公路最大合成坡度值见表3-26。在超高过渡段的变化处,合成坡度不应设计为0%;当合成坡度小于0.5%时,应采取综合排水措施,保证路面排水畅通。

公路最大合成坡度 表3-26

公路等级	高速公路			一级公路			二级公路		三级公路		四级公路
设计速度(km/h)	120	100	80	100	80	60	80	60	40	30	20
合成坡度值(%)	10.0	10.0	10.5	10.0	10.5	10.5	9.0	9.5	10.0	10.0	10.0

当陡坡与小半径圆曲线相重叠时,宜采用较小的合成坡度。特别是下述情况,其合成坡度必须小于8%。

①冬季路面有积雪、结冰的地区;

②自然横坡较陡峻的傍山路段;

③非汽车交通量较大的路段。

3.7 线形设计

路线设计应合理运用技术指标。路线走向和走廊带是根据地形、地物条件,并在工程地质、水文地质、山地自然灾害、建筑材料、生态环境、自然景观等进行充分调查的基础上,结合沿线小区域气候特征确定。

选线应包括确定路线的基本走向、路线走廊带、路线方案至选定线位的全过程。当采用不同的设计速度、技术指标或设计方案对工程造价、自然环境、社会经济效益等有明显差异时,应作同等深度的技术经济论证。路线设计必须贯彻执行环境保护和合理利用土地资源的基本国策,进行公路设计。

3.7.1 平面线形设计

平面线形应连续均衡，并与地形相适应，与周围环境相协调。各级公路不论转角大小均应敷设曲线，并宜选用较大的圆曲线半径。

1. 一般规定

①转角过小时，应调整平面线形。当不得已而设置小于7°的转角时，则必须按规定设置足够长的曲线。

②两同向圆曲线间应设有足够长度的直线，否则应调整线形设置为单曲线或复曲线。

③两反向圆曲线不应设置短直线段，否则应调整线形设置为S形曲线。

④六车道及其以上的高速公路，同向或反向圆曲线间插入的直线长度，还应符合路基外侧边缘超高过渡渐变率规定的要求。

⑤设计速度等于或小于40km/h的双车道公路，两相邻反向圆曲线无超高时可径相衔接，无超高有加宽时应设置长度不小于10m的加宽过渡段；两相邻反向圆曲线设有超高时，地形条件特殊困难路段的直线长度不得小于15m。

⑥设计速度等于或小于40km/h的双车道公路，应避免连续急弯的线形。地形条件特殊困难不得已而设置时，应在曲线间插入规定的直线长度或回旋线。

2. 直线的运用

直线的运用应注意同地形、环境的协调与配合，采用直线线形时，其长度不宜过长。以下情况应采用直线线形：

①农田、河渠规整的平坦地区、城镇近郊规划等以直线条为主体时；

②特长、长隧道或结构特殊的桥梁等构造物所处的路段，以及路线交叉点前后的路段；

③双车道公路为超车所提供的路段。

3. 圆曲线的运用

圆曲线半径的选用与设计速度、地形、相邻曲线的协调均衡、曲线长度、曲线间的直线长度、纵面线形的配合、公路横断面等诸多因素有关。

设置圆曲线时应与地形相适应，以采用超高为2%~4%的圆曲线半径为宜。且应同相衔接路段的平、纵线形要素相协调，使之构成连续、均衡的曲线线形，并避免小半径圆曲线与陡坡相重合的线形。条件受限制时，可采用大于或接近圆曲线最小半径的"一般值"；地形条件特殊困难不得已时，方可采用圆曲线最小半径的"极限值"。

4. 回旋线的运用

(1)基本形

设计速度大于或等于60km/h时，回旋线应作为线形要素之一加以运用。按回旋线→圆曲线→回旋线的长度大致接近为宜。两个回旋线的参数值亦可以根据地形条件设计成非对称的曲线，但$A_1:A_2$不应大于2.0。回旋线参数宜依据地形条件及线形要求确定，并与圆曲线半径相协调。

①当R小于100m时，A宜大于或等于R；

②当R接近于100m时，A宜等于R；

③当R较大或接近于3000m时，A宜等于$R/3$；

④当R大于3000m时，A宜小于$R/3$；

(2)S形曲线

两反向圆曲线径相衔接或插入的直线长度不足时，可用回旋线将两反向圆曲线连接组合成S形曲线。

①S形曲线的两回旋线参数A_1与A_2宜相等；

②当采用不同的两回旋线参数时，A_1与A_2之比应小于2.0，有条件时宜小于1.5为宜，当$A_2 \leq 200$时，A_1与A_2之比应小于1.5。

③两圆曲线半径之比不宜太大，以$R_1/R_2 \leq 2$为宜(R_1为大圆曲线半径；R_2为小圆曲线半径)。

(3)卵形曲线

两同向圆曲线径相衔接或插入的直线长度不足时，可用回旋线将两同向圆曲线连接组合为卵形曲线。

①卵形曲线的回旋线参数宜选$R_2/2 \leq A \leq R_2$(R_2为小圆曲线半径)。

②两圆曲线半径之比，以$R_2/R_1=0.2\sim0.8$为宜。

③两圆曲线的间距，以$D/R_2=0.003\sim0.03$为宜(D为两圆曲线间的最小间距)。

(4)凸形曲线

受地形条件限制时,可将两同向回旋线在曲率相同处径相衔接而组合为凸形曲线。凸形曲线只有在路线严格受到地形限制时,且对接点的曲率半径相当大时方可采用。

①凸形曲线的回旋线参数及其对接点的曲率半径,应分别符合容许最小回旋参数和圆曲线最小半径的规定。

②对接点附近的 0.3v(以 m 计;其中 v 为设计速度,按 km/h 计)长度范围内,应保持以对接点的曲率半径确定的路拱横坡度。

(5)复合形曲线

受地形条件限制时,大半径圆曲线与小半径圆曲线相衔接处,可采用两个或两个以上同向回旋线在曲率相同处径相连接而组合为复合曲线。复合曲线的两个回旋线参数之比小于 1.5 为宜。复合曲线在受地形条件限制,或互通式立体交叉的匝道设计中可采用。

(6)C 形曲线

受地形条件或其他特殊限制时,可将两同向圆曲线的回旋线曲率为零处径相衔接而组合为 C 形曲线。

3.7.2　纵面线形设计

纵面线形应平顺、圆滑、视觉连续,并与地形相适应,与周围环境相协调。纵坡设计应考虑填挖平衡,并利用挖方就近作为填方,以减轻对自然地面横坡与环境的影响。

1. 一般规定

①相邻纵坡之代数差小时,应采用大的竖曲线半径。

②连续上坡路段的纵坡设计,除上坡方向应符合平均纵坡、不同纵坡最大坡长规定的技术指标外,还应考虑下坡方向的行驶安全。

③路线交叉处前后的纵坡应平缓。

④位于积雪或冰冻地区的公路,应避免采用陡坡。

2. 纵坡坡值的运用

各级公路应避免采用最大纵坡值和不同纵坡最大坡长值,只有在为争取高度利用有利地形,或避开工程艰巨地段等不得已时,方可采用。纵坡以平、缓为宜,但最小纵坡不宜小于 0.3%,采用平坡或小于 0.3% 的纵坡路段,应做专门的排水设计。

3. 纵坡设计的要求

平原地形的纵坡应均匀、平缓,丘陵地形的纵坡应避免过分迁就地形而起伏过大。越岭线的纵坡应力求均匀,不应采用最大值或接近最大值的坡度,更不宜连续采用不同纵坡最大坡长值的陡坡夹短距离缓坡的纵坡线形。山脊线和山腰线,除应结合地形不得已时采用较大的纵坡外,在可能条件下应采用平缓的纵坡。

4. 竖曲线设计的要求

设计速度大于或等于 60km/h 的公路,竖曲线设计宜采用长的竖曲线和长直线坡段的组合,有条件时宜采用大于或等于表 3-27 所列视觉所需要的竖曲线半径度值。

视觉所需要的竖曲线半径度值　　表 3-27

设计速度(km/h)	竖曲线半径(m)	
	凸形	凹形
120	20000	12000
100	16000	10000
80	12000	8000
60	9000	6000

竖曲线应选用较大的半径。当条件受限制时,宜采用大于或接近于竖曲线最小半径的"一般值";地形条件特殊困难而不得已时,方可采用竖曲线最小半径的"极限值"。同向竖曲线间,特别是同向凹形竖曲线之间,如直线坡段接近或达到最小坡长时,宜合并设置为单曲线或复曲线。

3.7.3　横断面设计

公路横断面设计应最大限度地降低路堤高度,减小对沿线生态的影响,保护环境,使公路融入自然。条件受限制不得已而出现高填、深挖时,应同架桥、建隧、分离式路基等方案进行论证比选。

整体式路基布设应结合沿线地面横坡、自然条件、工程地质条件等进行设计。自然横坡较缓时,以整体式路基断面为宜；横坡较陡、工程地质复杂时，高速公路宜采用分离式路基断面。

整体式路基中间带宽度宜保持等值。当中间带的宽度增宽或减窄时，应设置过渡段。过渡段以设在回旋线范围内为宜，长度应与回旋线长度相等；条件受限制时，过渡段的渐变率不应大于1/100。当整体式路基为分离式路基或分离式路基汇合为整体式路基，中间带的宽度增宽或减窄时，其过渡段以设置在圆曲线半径较大的路段为宜。中间带设计如下：

①中央分隔带形式：中央分隔带宽度大于或等于3.0m时宜用凹形，其宽度小于3.0m时可采用凸形。

②中央分隔带缘石：中央分隔带宽度大于或等于3.0m时宜采用平齐式，其宽度小于3.0m时可采用平齐式或斜式。高速公路、一级公路中央分隔带不得采用栏式缘石。

③中央分隔带表面处理：中央分隔带宽度大于或等于3.0m时宜植草皮，其宽度小于3.0m时可栽灌木或铺面封闭。

3.7.4 线形组合设计

线形组合设计中，各技术指标除应分别符合平面、纵断面规定值外，还应考虑横断面对线形组合与行驶安全的影响。应避免平面、纵断面、横断面的最不利值的相互组合设计。

1. 基本要求

①在确定平面、纵断面的相对独立技术指标时，各自除应相对均衡、连续外，应考虑与之相邻路段的各技术指标值的均衡、连续。

②条件受限制时选用平面、纵断面的各接近或最大(最小)值及其组合时，应考虑前后地形、技术指标运用等对实际行驶速度的影响，其运行速度与设计速度之差不应大于20km/h。

③线形组合设计除应保持各要素间内部的相对均衡与变化节奏的协调外，还应注意同公路外部沿线自然景观的适用和地质条件等的配合。

④路线线形应能自然的诱导驾驶者的视线，并保持视觉的连续性。

2. 设计原则

①平、纵线形组合设计原则为宜相互对应。

②长直线不宜与陡坡或半径小且长度短的竖曲线结合。

③长的平曲线内不宜包含多个短的竖曲线；短的平曲线不宜与短的竖曲线组合。

④半径小的圆曲线起讫点不宜接近或设在凸形竖曲线的顶部或凹形竖曲线的底部。

⑤长的竖曲线内不宜设置半径小的平曲线。

⑥凸形竖曲线的顶部或凹形竖曲线的底部，不宜同反向平曲线的拐点重合。

⑦复曲线、S形曲线中的左转圆曲线不设超高时，应采用运行速度对其安全性予以验算。

设计速度大于或等于60km/h的公路，应注重路线平、纵线形组合设计；设计速度小于或等于40km/h的公路，可参照执行。六车道及其以上的高速公路，应重视直、曲线(含平、纵面)间的组合与搭配，应在曲线间设置足够长的回旋线或直线，使其衔接过渡顺适，路面排水良好。

3.7.5 线形与桥隧配合

桥梁及其引道的位置、线形，隧道的位置与隧道洞口连接线均应与路线线形相协调，使之视野开阔，视线诱导良好，以利行车的安全与舒适。

1. 桥头引道与桥梁线形

高速公路、一级公路上的桥梁线形应与路线线形相协调，且连续、流畅。桥梁、涵洞等人工构造物同路基的衔接，其平、纵线应符合路线布设的有关规定；其上设置防撞护栏时，桥(涵)路衔接处的外侧护栏在平面上应为同一直线或曲线。

2. 隧道洞口连接线与隧道线形

隧道洞口外连接线应与隧道洞口内线形相协调，洞口外侧不小于3s设计速度行程长度与洞口内侧不小于3s设计速度行程长度范围内的平面线形不应有急骤的方向改变。

高速公路、一级公路上的隧道分为上下行分离的双洞时，其洞口连接线的布设应与路线整体线形相协调，并就近在适宜位置设置联络车道。隧道洞口同路基衔接处的宽度不一致时，应在洞口外连接线内设置过渡段。

3.7.6 线形与沿线设施的配合

线形设计应考虑到主线收费站、匝道收费站、服务区、停车区等沿线设施布设的要求。主线收费站范围内路线宜为直线或不设超高的曲线，不应将收费站设置在凹形竖曲线的底部。路线设计应考虑标志、标线的设置，并与交通安全设施设计相互配合；标志、标线的设计应准确，充分体现路线设计意图；路侧设计受限制的路段，应合理设置相应防护设施，以策安全。

3.7.7 线形与环境协调

线形设计应充分考虑到速度对视觉的影响，设计速度高的公路，线形设计和周围环境配合的要求应更高。公路线形应充分利用地形、自然风景，尽量少改变周围的地貌、地形、天然森林、建筑物等景观，使公路与自然融为一体，最大限度地保护环境。

公路防护工程应采用工程防护与生态防护相结合的方式，减少对自然景观的影响，加大恢复力度，使公路工程与自然环境相和谐。宜适当放缓路堑边坡或将边坡的变坡点修整圆滑，使其接近于自然地面，增进路容美观。公路两侧的绿化应作为诱导视线、点缀风景以及改造环境的一种措施而进行专门设计。

3.8 交叉设计

在公路网中，公路与公路、公路跨江河、公路与铁路、管线等纵横交错，形成交叉。公路与公路在同一平面上相交称为平面交叉；相交的公路分别在不同平面上的交叉，称为立体交叉。立体交叉分为互通式立体交叉、分离式立体交叉。

3.8.1 平面交叉

平面交叉按构造组成分为渠化交叉和非渠化交叉；按几何形状分为T形、Y形、十字形和环形交叉等。

1. 一般规定

平面交叉位置的选定，应考虑公路网规划、地形和地质条件、经济与环境因素等。其形式应根据相交公路的功能、等级、交通量、交通管理方式和用地条件等确定。平面交叉范围内相交公路线形的技术指标应能满足视距、平面交叉连接部衔接等的要求。

一级公路作为干线公路时，应优先保证干线公路的畅通，适当限制平面交叉数量；一级公路作为集散公路时，应合理设置平面交叉，减少对主线交通的干扰，且应设置齐全、完善的交通安全设施。

2. 交通管理方式

交通管理方式分为主路优先、无优先交叉和信号交叉三种。应在总体设计中根据相交公路的功能、等级、交通量等确定所采用的方式。

3. 设计速度

两相交公路的等级或交通量相近时，平面交叉范围内的设计速度可适当降低，但不得低于路段设计速度的70%。平面交叉右转弯车道的设计速度不宜大于40km/h；左转弯车道的设计速度不宜大于20km/h。

4. 平面交叉间距

平面交叉间距应根据行车安全、通行能力和交通延误等影响确定。一、二级公路平面交叉的最小间距应符合规定，见表3-28。

平面交叉最小间距　　表3-28

公路等级	一级公路			二级公路	
公路功能	干线公路		集散公路	干线公路	集散公路
	一般值	最小值			
间距(m)	2000	1000	500	500	300

5. 渠化设计

渠化是通过导流岛与路面标线相结合的方式，以分隔或控制冲突的车流，使之进入一定的路线，从而满足平面交叉的基本要求。经过渠化设计的平面交叉在时间、空间上得到了充分利用，提高了平交口的通行能力，增进了安全性。

四车道以上的多车道公路的平面交叉，必须作渠化设计。二级公路的平面交叉，应作渠化设计。三级公路的平面交叉，当转弯交通量较大时应作渠化设计。

6. 公路与乡道交叉

公路与乡村道路相交叉的位置、形式、间隔等的确定，应考虑县、乡（镇）土地利用总体规划中农业耕作机械需求。必要时应结合规划，对农业机耕道作适当调整或归并。

高速公路与乡村道路相交叉必须设置通道或天桥。一级公路与乡村道路相交叉宜设置通道或天桥。二级公路与乡村道路相交叉应设置平面交叉，地形条件有利或公路交通量大时宜设置通道或天桥；二级及其以上公路位于城镇或人口稠密的村落或学校附近时，宜设置专供行人通行的人行通道或人行天桥。通道、天桥净高和净宽应满足要求，见表3-29。

通道、天桥净高及净宽（单位：m） 表3-29

项目		通道				天桥	
		人行	拖拉机	农用汽车	汽车	人行	车行和农机
桥下	净高	≥2.2	≥2.7	≥3.2	≥5.0	4.5或5.0m	
	净宽	≥4	≥4	≥4	6	—	
桥面净宽		—	—	—	—	≥3	4.5或7.0

车行天桥汽车荷载应符合技术标准关于四级公路汽车荷载等级的规定。人行天桥的人群荷载应符合技术标准规定。

3.8.2 互通式立体交叉

互通式立体交叉简称互通，分为枢纽互通式立体交叉和一般互通式立体交叉两类。

1. 一般规定

互通位置应根据公路网规划、相交公路状况、地形和地质条件、社会与环境因素等确定。其形式应根据被交公路的功能、等级、交通量及分布、收费制式等确定。互通常用形式见表3-30，互通组成内容见表3-31。

互通常见形式 表3-30

类型	一般互通			枢纽互通	
互通形式	喇叭形		菱形	苜蓿叶形	
	单	双		完全	部分
特点	两路交叉	三路交叉	用四条直线形匝道实现所有方向车辆转弯	四个小环道实现四个方向左转	对角象限部分苜蓿叶形全互通式立交

互通组成内容 表3-31

互通组成	说明
主线	是对互通所依附路段的统称，一般主线等级较高
被交道	指与主线相交的道路，是设计的第二服务对象
匝道	用以连接两相交道路，供左、右转弯车辆行驶的连接道路；单向单车道匝道路基宽8.5m，单向双车道匝道路基宽10.5m，对向分离双车道匝道路基宽15.5m
跨线桥	穿越相交道路的结构物，是互通式立体交叉实现车流分隔的主体；主线上跨被交道设置主线跨线桥
变速车道	由于匝道采用比干线低的设计车速，在匝道与干线的连接部，为进出车辆变速及分、合流而增设的附加车道
出、入口	由干线进入匝道的路口称出口，由匝道进入干线的路口称入口
集散车道	为减少进出干线的车辆在干线上频繁交织及减少干线上的进出口数量，在干线一侧或两侧所设置的与干线平行、分离（或不分离）、供车辆进出的专用车道
辅助车道	互通匝道为双车道的单向匝道时，为保证干线车道数平衡且基本车道数连续而在干线路侧增设的车道

2. 设置条件

高速公路与各级公路交叉必须设置互通。符合下列条件的应设置互通：

①高速公路与通往市（县）级及以上城市或其他重要政治、经济中心的主要公路相交时；

②高速公路与通往重要的工矿区、港口、机场、车站和游览胜地等主要公路相交时；

③高速公路与连接其他重要交通源的公路相交而使该公路成为其支线时。

一级公路与交通量大的公路交叉应设置互通。符合下列条件的应设置互通：

①一级公路与通往市（县）级及以上城市或其他重要政治、经济中心的主要公路相交时；

②一级公路与通往重要的工矿区、港口、机场、车站和游览胜地等的主要公路相交时；

③采用平面交叉冲突交通量较大，通过渠化或信号控制仍不能满足通行能力时；

④经对投资成本、运营费用和安全性分析，设置互通式立体交叉的效益投资比和社会效益等大于设置平面交叉时。

相邻互通式立体交叉的间距应符合下列规定：

①相邻互通的间距不应小于4km。受地形条件或其他特殊情况限制，经论证相邻互通的间距需适当减小时，其上一互通加速车道终点至下一互通减速车道起点之间的距离不得小于1km，且应设置完善、醒目的标志、标线和视线诱导标等交通安全设施。相邻互通的间距小于1km最小值，且经论证必需设置时，应将两互通合并设置为复合式互通。

②相邻互通的最大间距不宜超过30km。在人烟稀少地区，其间距可适当加大，但应在适当位置设置"U型转弯"设施。

③互通与服务区、停车区、公共汽车停靠站、隧道等其他重要设施之间的距离应能满足设置出口预告标志的需要。

3. 匝道设计

互通的匝道设计速度应符合规定，见表3-32。匝道车道数应根据匝道交通量和匝道长度确定。主线与匝道或匝道与匝道的分、合流连接部，应保持车道数的平衡。

匝道设计速度　　表3-32

匝道形式		直连式	半直连式	环形匝道
匝道设计速度（km/h）	枢纽互通式立体交叉	80、70、60、50	80、70、60、50、40	40
	一般互通式立体交叉	60、50、40	60、50、40	40、35、30

3.8.3 分离式立体交叉

分离式立体交叉的设置应根据公路网规划、相交公路的功能、等级、交通量、地形和地质条件、经济与环境因素等确定。符合下列条件应设置分离式立体交叉：

①高速公路与其他公路交叉，除已设置互通以外，其余均必须设置分离式立体交叉；

②一级公路与直行交通量较大的公路相交叉，宜采用分离式立体交叉；

③二、三、四级公路间的交叉，直行交通量很大，宜采用分离式立体交叉。

主线上跨或下穿应根据相交公路的功能、等级、地形和地质条件、跨线桥对主线、线形及相关工程的影响程度、工程造价等确定。主线下穿时，跨线桥及引道工程应采用被交叉公路现有公路等级的技术指标；当被交叉公路的规划已获批准时，应采用规划公路等级的技术指标。

分离式立体交叉跨线桥桥下净空及布孔除应符合技术标准要求，被交干线公路净高5.0m，支线公路净高4.5m，还应满足桥下公路的视距和对前方信息识别的要求，其结构形式应与周围环境相协调。

3.8.4 公路与铁路交叉

高速公路、一级公路、二级公路与铁路交叉时，必须设置立体交叉。符合下列情况之一者应设置立体交叉：

①路段旅客列车设计行车速度大于或等于120km/h的铁路、公路相交时；

②由于铁路调车作业对公路上行驶的车辆会造成较严重延误时；

③受地形等条件限制，采用平面交叉会危及行车安全时。

公路与铁路立体交叉范围内的公路平、纵技术指标应符合公路路线设计规范的要求。

1. 公路下穿

铁路从公路上跨越通过时，其跨线桥下净空及布孔应符合技术标准公路建筑限界、停车视距的规定，以及对前方信息识别的要求。

2. 公路上跨

铁路从公路跨线桥下通过时，桥下净空应符合现行铁路净空限界标准的规定，一般为6m，编组站、区间站高为

6.55m。

3. 平面交叉

公路与铁路平面相交时，交叉角宜为正交；必须斜交时，交叉角应大于45°，且道口应符合侧向瞭望视距的规定。

4. 与铁路相邻

公路与铁路相邻时，铁路用地界与高速公路、一级公路用地界相距不应小于10m；与二、三、四级公路用地界相距不应小于5m。

3.8.5 公路与管线等交叉

架空线路和管道线路等均不得侵入公路建筑限界，不得妨碍公路交通安全，不得损害公路的构造和设施。

1. 电缆线路

架空送电线路与公路交叉时，宜为正交；必须斜交时，应大于45°。架空送电线路跨越公路时，送电线路导线与公路交叉处距路面的最小垂直距离，必须符合相应送电线路标称电压规定的要求，跨越江河的电缆架设净高是在最高通航水位18m以上，跨越公路的电缆架设净高是在8～18m以上，穿越公路的电缆管线埋设净深是在2～10m范围。

2. 管道线路

原油、天然气输送管道与公路交叉时，应为正交；必须斜交时，其交叉锐角不应小于60°。管道与高速公路、一级公路交叉且采用下穿方式，应埋置地下通道；管道与二级及二级以下公路交叉时，应埋置套管。通道与套管应按相应公路等级的汽车荷载等级进行验算。

严禁天然气管道、输油管道、自来水管道，利用公路桥梁结构输送跨越江河。

第四章　公路路基设计

公路路基是在路线位置选定的基础上按照一定的技术要求修筑的带状构造物，包括建筑在良好的地质、水文、气候条件下的一般路基，及建筑在受不良地质地段或特殊环境因素影响强烈的特殊路基。公路路基设计应采取综合治理措施，增强公路防灾、抗灾能力；其设计质量，直接关系到公路的正常使用和交通安全畅通。

4.1　一般路基设计

公路路基设计前应做好全面调查研究，充分收集沿线地质、水文、地形、地貌、气候、地震等设计资料。改建公路设计时，还应收集历年路况资料及当地公路路基的翻浆、崩塌、水毁、沉降变形等病害的防治经验。公路路基设计应根据当地自然条件和工程地质条件，选择合适的路基横断面形式和边坡坡度；沿河地段不宜侵占河床，可视具体情况设置其他结构物和防护工程。

4.1.1　一般路基类型

公路一般路基横断面见图4-1。公路路基是由路堑边坡线、上路床顶面、路堤边坡线，与地面线所围面积构成其外形。表现公路路基特性的数据有路基宽度、上下路床厚度、路堑边坡坡率、路堤边坡坡率、路基中心高度、路堑边坡高度、路堤边坡高度、路堑挖方、路堤填方等。路基边坡坡率是指边坡高度 H 与边坡宽度 b 之比，常用 $1:n$ 表示边坡坡率。

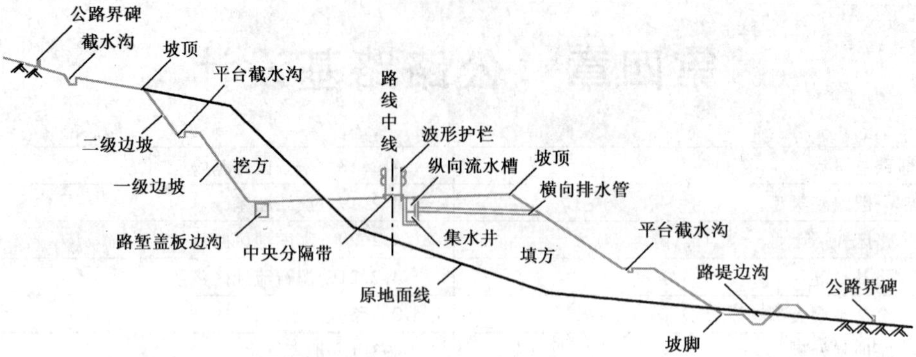

图 4-1　公路一般路基横断面

公路路基横断面应与沿线自然环境相协调，避免因深挖、高填对其造成不良影响。高速公路、一级公路宜采用浅挖、低填、缓边坡的路基断面形式。

①按填筑方式可分为半挖半填路基、挖方路基、填方路基；

②按填料类型可分为填土路基、填石路基、土石混填路基等；

③按横断面形式可分为高速公路、一级公路整体式路基和分离式路基两类；

④三、四级公路的悬崖陡壁，当山体岩石整体性好时，可采用半山洞路基。

4.1.2　路床

路床是路面结构设计底面以下的 80cm 厚度的路基填方部分。路床分上、下两层：路面底面以下深度 0～30cm 范围内的路基称为上路床；路面底面以下深度 30～80cm 范围内的路基称为下路床。

1. 路床填料

路床将承受从路面传递的较大荷载应力，因而要求路床均匀、密实、达到技术标准规定的强度。路床填料最大粒径应小于 10cm，路床顶面横坡应与路拱横坡一致。路床填料应均匀、密实，符合表 4-1 规定。表中压实度为筑路材料压实后的干密度与标准最大干密度之比，用百分率表示。

路床最小强度和压实度要求　　表 4-1

挖填类别	路面结构层底面以下深度（m）	填料最小强度（CBR）（%）			压实度（%）		
		高速、一级公路	二级公路	三级、四级公路	高速、一级公路	二级公路	三级、四级公路
填方路基	0～0.30	8	6	5	≥96	≥95	≥94
	0.30～0.80	5	4	3	≥96	≥95	≥94
零填及挖方路基	0～0.30	8	6	5	≥96	≥95	≥94
	0.3～0.80	5	4	3	≥96	≥95	—

注：1. 表列数值系按《公路土工试验规程》（JTJ 051）中重型击实实验法求得的最大干密度的压实度；

2. 当三、四级公路铺筑沥青混凝土和水泥混凝土路面时，其压实度应采用二级公路的规定值。

2. 路床加固

路床加固是根据土质和岩质、降水量、地下水类型及埋藏深度、加固材料等情况，经比较后采取的就地碾压、换土或土质改良、设置土工合成材料和加强地下排水等加固措施。

4.1.3　路基高度

公路路基高度是指填方路基的填筑高度或挖方路基的开挖深度。公路路基高度应使路肩边缘高出路基两侧地面积水高度，同时考虑地下水、毛细水和冰冻的作用，不使其影响公路路基的强度和稳定性。

1. 路基最小高度

根据对公路路基稳定性和强度要求，需要保证路基处于干燥或中湿状态，不受地面水、地下水、毛细水和冰冻作用的影响，且应结合路基临界高度和公路沿线具体的排水及防护措施，确定公路路基的最小高度。为便于排水，公路路基最小填土高度一般为：砂质土 0.3～0.5m，粉质土 0.5～0.8m，黏土 0.4～0.7m。

2. 路基适用及经济高度

公路路基应尽可能与沿线自然环境相协调，减少对生态环境的影响，避免选用高路堤和深路堑的设计方案。当路基中心填土高度为高填（例如超高 20m）或中心挖方深度为深挖（例如超过 30m）时，宜结合路线选择如桥梁或隧道等构造物形式或分离式路基进行方案比较。

3. 路基安全高度

公路路基高度必须满足路基设计洪水频率下的计算水位 + 波浪高度 + 壅水高度 +0.5m 的要求。

4. 路基设计高程

公路路基设计高程，对新建公路是指路基边缘高程，在设置超高、加宽地段，则为设置高程、加宽前的路基边缘高程；改建公路的路基设计高程可与新建公路相同，也可采用路中线高程。设有中央分隔带的高速公路、一级公路，其路基设计高程为中央分隔带的外侧边缘高程。

4.1.4　土基干湿类型

土基在不利季节的干湿状态，按路床表面下 80cm 深度内土的平均稠度 Wc 值，可分为干燥、中湿、潮湿和过湿四种。

1. 湿度的来源

公路路基干湿状态，由路基土含水量决定，水是主要原因。

①地表水是大气降水；通过路面、路肩、边坡直接渗入路基内部，边沟及排水不畅时的地表积水，以毛细水的形式渗入路基内部；

②地下水是靠近地面的地下水，借助毛细作用或温差作用上升到路基内部；

③凝结水是在路基土颗粒空隙中流动的水蒸气。

2. 路基干湿类型

公路路基干湿类型可以根据临界高度、平均稠度两种方法划分。H 为路床顶面距地下水位或地表积水水位高度，H_1、H_2、H_3分别为路基干燥、中湿、潮湿和过湿状态的临界高度，均以 m 单位。路基干湿类型的一般特征，见表 4-2。w_c

公路路基干湿类型　　表 4-2

路基干湿类型	平均稠度 w_c	一般特征	备注
干燥	>1.00	路基干燥、稳定，路基上部土层的强度不受地下河地面积水的影响。$H>H_1$	
中湿	0.75～1.00	路基上部土层处于地下水或地表积水影响的过渡区内。$H_2<H\leqslant H_1$	
潮湿	0.50～0.75	路基上部土层处于地下水或地表积水的毛细影响区内。$H_3<H\leqslant H_2$	
过湿	<0.50	路基极不稳定，冰冻区春融翻浆，非冰冻区雨季软弹。$H\leqslant H_3$	

(1) 以临界高度划分

在无法实测路基土的平均稠度时，路基临界高度可以按路面底面距地下水或地表积水水位的高度确定。

①当 $H>H_1$ 时，路基为干燥状态；

②$H_2<H\leqslant H_1$ 时，路基为中湿状态；

③$H_3<H\leqslant H_2$ 时，路基为潮湿状态；

④$H\leqslant H_3$ 时，路基为过湿状态。

(2) 以平均稠度划分

在能够实测路基土的平均稠度时，可以采用此方法。路基土的稠度 w_c 与土的含水量 w、液限含水量 w_l、塑限含水量 w_p 的关系，见式(4-1)。

$$w_{ci}=\frac{(w_{li}-w_i)}{(w_{li}-w_{pi})},w_c=\frac{\sum_{i=1}^{8}w_{ci}}{8} \tag{4-1}$$

式中：w_{ci}——第 i 层土的稠度；

w_i——第 i 层土的天然含水量(%);

w_{li}——第 i 层土的液限;

w_{pi}——第 i 层土的塑性。

土的稠度较准确地表示了土的各种形态与路基干湿度的关系,稠度指标综合了液限与塑限特性,全面直观地反映了土的硬软程度、物理概念。

4.1.5 原地基处理

原地基处理可根据实地情况,开挖土质台阶(宽度≥2m)、伐树挖根、清除表土(厚度≤30cm)、填前压实(下沉厚度按10cm计)、路堤两侧超填(两侧各50cm)等。

①地基表层处理应考虑原地表斜坡缓于1:5时,应清除原地面表土后填筑路堤。

②地表斜坡为1:5~1:2.5时,原地面应开挖台阶,平台宽度不小于2m。

③地表斜坡陡于1:2.5路段的陡坡路堤,应进行稳定性验算。否则应采取改善基底条件或设置支挡结构物等防滑措施。

④当地下水影响路堤稳定时,应采取拦截引排地下水或在路堤底部填筑渗水性好的材料等措施。

⑤应将地基表层碾压密实,在一般土质的高速公路、一级公路和二级公路的基底压实度(重型)不应小于90%;三、四级公路不应小于85%。当路基填土高度小于路面和路床总厚度时,应将地表土进行超挖并分层回填压实,其处理深度不应小于重型汽车荷载作用的工作深度。

⑥在稻田、湖塘等地段,应视具体情况采取排水、清淤、晾晒、换填、加筋、外掺无机结合料等处理措施。

4.1.6 半挖半填路基

陡坡上的半挖半填路基,可根据地形、地质条件,采用护肩、砌石或挡土墙;当山坡高陡或稳定性差,不宜多挖时,可采用桥梁、悬出路台等构造物;三、四级公路的悬崖陡壁,当山体岩石整体性好时,可采用半山洞。

4.1.7 挖方路基

挖方路基是指公路路基设计高程小于地面高程,由土方和石方工程构成,经机械开挖形成的公路路基。土质石质挖方边坡是根据工程地质与水文地质条件、边坡高度、排水措施、施工方法,结合自然稳定山坡和人工边坡调查、力学分析后确定。

1. 典型横断面

①直线形边坡断面;适用于边坡为均质的岩土,且路基开挖不深的路段。

②折线形边坡断面;适用于上部分边坡为土质覆盖层,下部分边坡为岩石的路段。

③设挡土墙或矮墙、护面墙断面;适用于当路基挖方为软弱土质、易风化岩层时,需要采取挡土墙或护面墙等支挡措施,以确保坡面稳定。

④边坡台阶形断面;适用于边坡由多层土质组成且边坡较高的路段。边坡平台设为2%~4%向内侧倾斜的排水坡度,平台宽度不小于2m,平台排水沟可做成斜口形或矩形断面。

2. 土质边坡

土质边坡适用于土层均质,且路基开挖不深的路段。其边坡是根据边坡高度、土的密实程度、地下水和地面水的情况、土的成因及生成年代等因素来确定。在一般情况下,挖方路基水文地质及工程地质条件较简单,砂类土、细粒土的挖方边坡高度不超过20m,粗粒土挖方边坡高度不超过20~30m。在调查路线附近已建工程的人工边坡及自然边坡稳定状况基础上,通过工程地质类比法分析。

一般情况下,土质挖方路基路堑边坡高度不超过20m,边坡坡率不宜大于表4-3的规定值。当土质路堑边坡高度大于20m时,应单独进行勘察设计。

土质路堑边坡坡率 表4-3

土的类别		边坡坡率
黏土、粉质黏土、塑性指数大于3的粉土		1:1
中密以上的中砂、粗砂、砾砂		1:1.5
卵石土、碎石土、圆砾土、角砾土	胶结和密实	1:0.75
	中密	1:1

3. 石质边坡

影响岩石路堑边坡稳定的因素有岩石性质、岩体结构、水的作用、风化作用、地震、地应力、地形地貌及人为因素等。岩质路堑边坡形式及坡率应根据工程地质与水文地质条件、边坡高度、施工方法，结合自然稳定边坡和人工边坡的调查综合确定。

一般情况下，岩质挖方路基边坡高度不超过30m，边坡坡率可按表4-4的确定。岩质挖方路基边坡高度大于30m时，应单独进行勘察设计。

挖方路基岩石边坡坡率　　表4-4

岩体种类	风化程度	边坡高度(m)	
		$H<15$	$15\leqslant H<30$
I类	未风化、微风化	1:0.1 ~ 1:0.3	1:0.1 ~ 1:0.3
	弱风化	1:0.1 ~ 1:0.3	1:0.3 ~ 1:0.5
III类	未风化、微风化	1:0.1 ~ 1:0.3	1:0.3 ~ 1:0.5
	弱风化	1:0.3 ~ 1:0.5	1:0.5 ~ 1:0.75
III类	未风化、微风化	1:0.3 ~ 1:0.5	
	弱风化	1:0.5 ~ 1:0.75	
IV类	弱风化	1:0.5 ~ 1:1.0	
	强风化	1:0.75 ~ 1:1.0	

注：1. 有可靠的资料和经验时，可不受本表限制；

2. IV类强风化程度包括各类风化的极软岩。

对于外倾软弱结构面的岩质边坡、坡顶边缘附近有较大荷载的边坡、边坡高度超过表4-4规定范围的边坡，边坡坡率应按高边坡的有关规定通过稳定性分析计算确定。硬质岩石挖方路基宜采用光面、预裂爆破技术。对于土质挖方边坡高度超过20m、岩石挖方边坡高度超过30m和不良地质地段路堑边坡，应进行路基高边坡单独处理设计。

4. 路堑边坡平台

当边坡较高时，可根据不同的土质、岩石性质和稳定要求开挖成折线式或台阶式边坡。边坡高度每升高6 ~ 10m设置一道边坡平台，平台顶宽不小于2m，坚硬岩石地段边坡可不设边坡平台。边坡高度大于20m的软弱松散岩质路基，宜采用分层开挖、分层防护和坡脚预加固技术。

边坡坡顶、坡面、坡脚和边坡中部平台应设置地表排水系统；当边坡有积水湿地、地下水渗出或地下水露头时，应根据实际情况设置地下渗沟、边坡渗沟或仰斜式排水孔，或在上游沿垂直地下水流向设置地下水的排水隧洞等排水设施。

5. 碎落台

当边坡较高时，要求开挖成折线式或台阶式边坡，边沟外侧应设置碎落台，其宽度不宜小于1.0m。

6. 路堑护脚墙

根据路堑边坡稳定情况，较差的路堑边坡坡脚应设置路堑护脚墙。

4.1.8 填方路基

填方路基的公路路基设计高程大于地面高程，又称路堤，是由本断面需要开挖的土石方或借方(包括远运利用)，采用土石方工程机械、自卸汽车运送并填筑压实而成。

1. 典型断面

①一般路堤是填方路基的基本形式，边坡坡率可根据填料种类及边坡总高度分别采用斜线形坡或折线形边坡。全部或部分填方可以在路基两侧设置取土坑，使之与坡脚边沟结合。为保护坡脚不受流水侵害，保持边坡稳定，通常在坡脚与沟渠之间预留护坡道，取土宽度可按填方路基边缘与取土坑底之高差选用。当此高差大于2m时，一般公路护坡道的宽度为1 ~ 2m；高速公路、一级公路护坡道不小于3m。

②矮路堤是在地势平坦、取土困难时采用的断面形式，特别是在湖区修筑的公路多采用这种断面。平坦地区容易受到地面水和地下水的影响，设计矮路堤应满足最小填土高度的要求。在只考虑排除降水的情况下的路基最小填土高度一般取为：砂质土0.3 ~ 0.5m、黏质土0.4 ~ 0.7m、粉质土0.5 ~ 0.8m。

③浸水路堤是沿河及受水浸淹地段的路堤，路基高度应在设计洪水频率的设计水位上再加壅水高、波浪侵袭高和0.5m的安全高度。路堤边坡应根据水流、风浪及冲刷情况进行防护设计。其边坡坡率一般在设计水位以下为1:1.75 ~ 1:2.0；在常水位以下1:2.0 ~ 1:3.0，若作砌石防护时边坡可以稍陡。

④护脚矮墙路堤是为了减少占用耕地、减少拆迁而采用的断面。矮墙可采用浆砌或干砌片石，顶宽0.5～0.8m墙内坡直立，墙外坡为1:0.2～0:0.5，矮墙高度，一般公路不宜超过3m，高速公路、一级公路不超过1.5m。软土地区或冰冻严重地段不宜设置护脚矮墙。在山坡上的挖方路基坡脚有沿斜坡下滑的倾向，可采用路堑护脚矮墙。

⑤挡土墙路堤是支撑路基填土或坡上土体、防止填土或土体变形失稳的构造物，是为了减少路基填方量（收缩边坡坡脚）和减少占用土地，是在防止水流对路基的冲刷或防止路基坡体下滑而采用的一种断面形式。

⑥护肩路堤是在傍山路段其填方部分的坡脚可能伸出较远，而不易填筑所采用的断面形式。护肩高度一般不宜大于2m，顶宽约为1m。护肩外侧襟边宽度 L 按表4-5确定。

襟边宽度 表4-5

地基地质情况	弱风化的硬质岩石	强风化岩石或软质岩石	密实的粗粒土
襟边宽度 L(m)	0.2～0.6	0.6～1.5	1.0～2.0

2. 填土路堤

填方路基又称路堤，是由0.8～1.5m的上路堤和1.5m以下的下路堤组成路基填方部分。

(1)填料选择

填方路基应优先选用级配较好的砾类石、砂类石等粗粒土作为填料，填料的最大粒径应小于15cm。桥涵台背和挡土墙墙背应优先选用渗水性良好的填料，在渗水材料缺乏的地区，采用细粒石填筑时，宜用石灰、水泥、粉煤灰等无机结合料进行处治。浸水路堤应选用渗水性良好的材料填筑。

细粒土作填料时，水的含水量应接近最佳含水量，当含水量过高时，应采取晾晒或掺入石灰、水泥、粉煤灰等材料进行处治。当采用细粒土填筑时，路堤填料最小强度应符合表4-6中规定。液限大于50%、塑性指数大于26的细粒土，不得直接作为路堤填料。

路堤填料最小强度要求 表4-6

项目分类	路面结构层底面以下深度(m)	填料最小强度(CBR)(%)		
		高速、一级公路	二级公路	三级、四级公路
上路堤	0.8～1.5	4	3	3
下路堤	1.5以下	3	2	2

注：1. 当路基填料的CBR值达不到表列要求时，可掺石灰或其他稳定材料处理；
2. 当三级、四级公路铺筑沥青混凝土或水泥混凝土路面时，其压实度应采用二级公路的规定值。

(2)压实度要求

填方路基压实标准，又称击实标准。路堤应分层铺筑，均匀压实，符合表4-7的规定。高速、一级、二级公路路堤与桥台、横向构造物（涵洞、通道）连接处，应设置长度宜为2～3倍路基填土高度的过渡段，其路基压实度不应小于96%，并注意填料强度、地基处理、台背防排水等综合设计。

路堤压实度 表4-7

填挖类型	路面结构层底面以下深度(m)	压实度(%)		
		高速公路、一级公路	二级公路	三、四级公路
上路堤	0.8～1.50	≥94	≥94	≥93
下路堤	1.50以下	≥93	≥92	≥90

注：1. 表列数值系按《公路土工试验规程》(JTJ 051)中重型击实实验法求得的最大干密度的压实度；
2. 当路堤采用特殊填料或处于特殊气候区时，压实度可根据试验状况在保证强度要求的前提下适当降低；
3. 当三级、四级公路铺筑沥青混凝土或水泥混凝土路面时，其压实度应采用二级公路的规定值。

(3)路堤边坡

路堤边坡形式和坡率应根据填料的物理力学性质、边坡高度和工程地质条件确定。当填方路基边坡高度不超过20m时，边坡坡率不宜大于表4-8的规定值。浸水路堤在设计水位以下的边坡坡率不宜陡于1:1.75。

填土路堤边坡坡率 表4-8

填料种类	上部高度(H≤8m)	下部高度(H≤12m)
细粒土	1:1.5	1:1.75
粗粒土	1:1.5	1:1.75
巨粒土	1:1.3	1:1.5

(4)路堤边坡平台

填土边坡高度过大时，应在边坡中部每隔 8 ~ 10m 设置边坡平台一道，平台宽度 1 ~ 3m。设置平台排水沟的平台应做成向内倾斜 2% ~5% 的排水坡度；不设平台排水沟的平台应做成向外倾斜 2% ~5% 的排水坡度。

3. 填石路堤

填石路堤可采用与土质路堤相同的路堤断面形式，填石路堤的边坡坡率应根据填石料种类、边坡高度和基底的地质条件确定。

(1)边坡坡率

对于利用易风化及软质的开山岩石填筑路堤时，其边坡坡率应按土质路堤边坡坡率取值。填石路堤的边坡面码砌，内侧填石，边坡坡率见表 4-9。

填石路堤边坡坡率 表 4-9

填料种类	边坡高度 H(m)			边坡坡率	
	全部高度	上部高度	下部高度	上部	下部
硬质岩石	20	8	12	1: 1.1	1: 1.3
中硬岩石	20	8	12	1: 1.3	1: 1.5
软质岩石	20	8	12	1: 1.5	1: 1.75

填石路堤高度小于 5m 时，边坡码砌厚度不小于 1m；高度 5 ~ 12m 时，边坡码砌厚度不小于 1.5m；高度在 12m 以上，边坡码砌厚度不小于 2m。填石边坡高度过大时，应在每隔 10 ~ 12m 的边坡中部设置边坡平台，平台宽度 1 ~ 3m。填石路堤的边坡平台不设平台排水沟，平台应做成向外倾斜 2% ~5% 的排水坡度。

(2)填石料

在填石料表面填筑土、粉煤灰等其他材料时，填石料顶面应无明显空隙、空洞。在其他填料填筑前，填石路堤最后一层的铺筑层厚应不大于 40cm，过渡层碎石料粒径应小于 15cm，其中小于 0.05mm 的细粒料含量不应小于 30%。在必要时，宜设置土工布作为隔离层。根据石料饱和抗压强度指标，可按表 4-10 将填石料分为硬质岩石、中硬岩石、软质岩石。

岩石分类表 表 4-10

岩石类型	单轴饱和抗压强度(MPa)	代表性岩石
硬质岩石	≥60	①花岗岩、闪长岩、玄武岩等岩浆岩类； ②硅质、铁质胶结的砾岩及砂岩、石灰岩、白云岩等沉积岩类； ③片麻岩、石英岩、大理岩、板岩、片岩等变质岩类
中硬岩石	30 ~ 60	
软质岩石	5 ~ 30	①凝灰岩等喷出岩类； ②泥砾岩、泥质砂岩、泥质页岩、泥岩等沉积岩类； ③云母片岩或千枚岩等变质岩类

(3)控制标准

不同强度的石料应采取不同的填筑层厚和压实控制标准，见表 4-11。

石料压实质量控制标准 表 4-11

分区		路面底面以下深度(m)	摊铺层厚(mm)	最大粒径(mm)	压实干重度(kN/m³)	孔隙率(%)
硬质石料	上路堤	0.80 ~ 1.50	≤400	小于层厚 2/3	由试验确定	≯23
	下路堤	>1.50	≤600			≯25
中硬石料	上路堤	0.80 ~ 1.50	≤400	小于层厚 2/3		≯22
	下路堤	>1.50	≤500			≯24
软质石料	上路堤	0.80 ~ 1.50	≤300	小于层厚		≯20
	下路堤	>1.50	≤400			≯22

填石路堤的质量控制：填石路堤的压实质量宜采用施工参数(压实功率、碾压速度、压实遍数、铺筑层厚度等)与压实质量检测联合控制；填石路堤压实质量可以采用压实沉降差或空隙率进行检测，孔隙率的检测应采用水袋法进行。

4. 砌石路基

砌石路基是选用不易风化、大于30cm的片、块石砌筑，其内侧填石。砌石顶宽不小于0.8m，路堤基底面应向内倾斜，砌石路堤高度不宜大于15m。砌石内外坡率不应大于表4-12的规定值。

砌石路基边坡坡率 表4-12

砌石高度(m)	内侧坡率	外侧坡率
≤5	1:0.3	1:0.5
≤10	1:0.5	1:0.67
≤15	1:0.6	1:0.75

5. 土石混填路堤

土石混填路堤的石料含量小于70%时，土石可混合填筑；当石料含量超过70%时，应先铺填大块石料，大面向下，再铺小块石料、石渣或石屑嵌缝找平，然后碾压整型。土石混合料比例相差过大时，应分层或分段填筑，否则应将含硬质石块的混合料铺于填筑层的下面，且石块不得过分集中或重叠，上面铺含软质混合料，再进行整理碾压。石料强度大于20MPa时，石块最大粒径不得超过压实层厚度的2/3。当所含石料为软质岩时，石料最大粒径不得超过压实层厚度。

6. 护肩挡土墙

挡土墙墙顶内缘与填方路基边缘齐平的护肩路堤，其墙顶面宽度不应侵占硬路肩或行车道及路缘带的路面范围。不受土压力作用的护肩矮墙高度不宜超过2m，受土压力作用的路肩挡土墙有仰斜式、垂直式、俯斜式等。

7. 路堤护脚路基

护脚路基加固高度不宜超过5m。路堤坡脚稳定性不足时、受水浸淹、当填方路基受地形地物限制时，可设置路堤护脚墙。

4.1.9 挖填交界处理

半挖半填路基中填方区，可采用冲击碾压或强夯等进行增强补压，消减路基挖填间的差异变形；对挖方区路床0.8m范围内土体进行超挖回填碾压，并在挖填交界处路床范围内铺设土工格栅；当挖方区为坚石时，填方区应采用填石路堤。根据地下水出露情况和岩土性质，可在挖填交界处设置横向或纵向渗沟。纵向挖填交界处应设置过渡段，土质地段过渡宜采用级配较好的砾类石、砂类石、碎石填筑，岩质地段过渡可采用填石路堤。

4.2 特殊路基设计

路线经过特殊地质和环境条件地区，应进行综合地质勘察和环境调查，查明地质性质、成因类型、稳定状况和变化规律。特殊路基设计所需要的物理力学参数，宜采用原位测试的数据，并结合室内试验资料综合分析确定。特殊路基处治应遵循以防为主、防治结合、力求根治的原则，通过综合技术经济比较，因地制宜，采取合理的整治方案和有效的工程措施。

4.2.1 特殊路基分类

对于公路路基的特殊路段，与一般路基相比则有明显的特殊性，经过多年的工程实践，公路特殊路基处理可归纳为不良地质地基、特殊环境下路基、特殊岩土路基三类。特殊路基的相对处理措施，主要是改良土质、防护和支挡、跨越和绕避，详见表4-13。

特殊路基处理措施 表4-13

特殊地基分类		处理措施
不良地质地基	软土地区	铺设垫层，轻质、加筋材料填筑，反压护道，排水固结，粒料桩、加固土桩
	岩溶地区	排水沟、片石填塞，混凝土支挡、盖板，桥梁跨越
	红黏土地区	放缓边坡，防护加固，路堑超挖换填，路堤基底设垫层、反滤层；压缩系数大于$0.5MPa^{-1}$的红黏土不得用于填筑路堤
	高液限土地区	放缓边坡，防护加固，路堑超挖换填、路堤基底设垫层、反滤层；高液限土不得直接用于填筑路堤
	膨胀土地区	放缓边坡，防护加固，基底换填或掺灰处理；强膨胀土不得用于填筑路堤
	黄土地区	放缓边坡，防护加固，路堑边坡小平台2～2.5m、大平台4～6m
	盐渍土地区	设隔断层，基底换填，加设护坡道

续上表

特殊地基分类		处理措施
特殊环境下路基	多年冻土地区	基底换填,放缓边坡,采用土工合成材料加筋结构
	风沙地区	低路堤,边坡坡率宜缓于1∶3,路侧防沙工程
	雪害地段	水平台阶、稳雪栅栏、防雪林、土丘及楔、导雪堤、防雪走廊,防雪栅、导风板、防雪堤
	涎流冰地段	提高路堤,桥涵跨越,设聚冰沟、挡冰堤
	采空区	开挖回填,充填,桥跨,注浆
	滨海地段	横断面宜采用斜坡式,坡面防护
	水库地区	横断面宜采用台阶式,坡面防护
	泥石流地区	桥梁跨越,设置排导沟、渡槽、导流堤、拦挡坝、格栅坝
特殊岩土路基	滑坡地段	排水、减载与反压措施、抗滑支挡工程
	崩塌地段	坡面清除或放缓边坡、工程防护,设置拦石墙、落石槽,采取明洞、棚洞等遮挡构造物
	岩堆地段	清除堆积物或放缓边坡、工程防护,设置拦石墙、落石槽、抗滑桩,采取明洞、棚洞等遮挡构造物
	高边坡地段	

4.2.2 滑坡地段

滑坡地段路基设计,应查明滑坡性质及滑坡体附近的地形地貌、水文地质和工程地质条件,以及滑坡的成因类型、滑坡规模与特征等,分析评价滑坡稳定状况、发展趋势和对公路工程的危害程度,及时采取有效措施,保证路基施工和运营安全。路线应尽量绕避大型滑坡地段;无法绕避滑坡时,应采取有效的工程措施。对于中小型滑坡,可考虑路基的外侧低填方或内侧浅挖方,应辅以排水设施。

山体滑坡防治主要根据滑坡类型、规模、稳定性,并结合滑坡区工程地质条件、公路的重要程度、施工条件及其他要求,采取排水、减载、反压与支挡工程的综合治理措施。开挖路基形成的高边坡、特殊岩土和存在不利结构面的边坡,应采取必要的预防措施,避免产生工程滑坡。滑坡地段防治措施,见表4-14。

滑坡地段防治措施　　表4-14

防治措施			条件/用途	备注
排水工程	地表水	环形截水沟	用于滑坡后缘的稳定地层上	有明显开裂变形的坡体,用黏土或水泥浆填实裂缝
		树枝状排水沟	滑坡范围较大时,用于滑坡体内	
	地下水	渗沟	用于排除或疏干滑坡体内浅层地下水	可与抗滑支挡结构结合考虑
		暗沟	用于排除滑坡体内外的封闭积水或地下出露泉水	
		仰斜式排水孔	用于疏干、排泄滑坡体内赋存的深层地下水	
		隧洞	用于引排深层地下水	其周围应设置若干渗井或渗管
减载和反压			用于滑坡后缘减重、前缘反压	
抗滑支挡工程	抗滑挡土墙		用于滑坡前缘	可与排水、减重、锚固措施联用
	抗滑桩(包括锚索、锚杆抗滑桩)		用于滑坡体较薄、推力较小、桩的嵌岩地基强度较高	桩长宜小于35m
	预应力锚固		必须置于滑面以下的稳定地层中	钢筋混凝土框架、地梁

4.2.3 崩塌地段

崩塌是指高陡斜坡上岩体或土体在重力作用下倒塌、倾倒或坠落的现象。路线应尽量绕避山体极不稳定、岩层非常破碎的陡峻山坡,崩塌范围不大,性质不严重时可考虑通过。易引起崩坍的高边坡,应采用边坡锚固构造物。当崩坍体较大、发生频繁且距离较近而设置拦截构造物有困难时,公路路基应采用明洞、棚洞等遮挡构造物方案。遮挡构造物应有足够的长度,洞顶应有缓冲层,并应考虑堆积石块荷载和冲击荷载的影响。

4.2.4 岩堆地段

对于发展阶段或较大范围的松散、稳定性差的岩堆,路线宜向山体内移以隧道方案在基岩中通过。或采取绕避方案。通过岩堆地段处治措施如下：

①对于稳定的岩堆，可以低路堤或浅路堑通过，尽量减少开挖。

②边坡或自然坡面比较平整、岩石表面风化易形成小块岩石呈零星坠落时，可采取坡面防护，以阻止风化发展、防止零星坠落。

③山坡岩块的体积及数量不大，岩石的破碎程度不严重，可采用全部清除并放缓边坡。

④岩体严重破碎，经常发生落石路段，应采用柔性防护系统或拦石墙与落石槽等构造物。拦石墙与落石槽宜配合使用，设置位置可根据地形合理布置。落石槽的槽深和底宽通过现场调查或试验确定。拦石墙墙背应设缓冲层，并按公路挡土墙设计，墙背压力考虑岩石冲击荷载的影响。

⑤对在边坡上局部悬空的岩石，但岩体仍较完整，有可能成为危岩石，可视具体情况采用钢筋混凝土立柱、浆砌片石支顶或柔性防护系统。

⑥岩堆地段的公路路基稳定性不足时，应设置抗滑挡土墙或抗滑桩。

4.2.5 高边坡路堤

高边坡路堤和陡坡路堤设计应贯彻综合设计和动态设计的原则。应在充分掌握场地水文地质条件、填料来源及其性质的基础上，综合进行路堤断面、排水设施、边坡防护、地基及堤身处治等的设计。当实际情况有变化时，应及时调整设计，保证路堤稳定。高边坡路堤和陡坡路堤与陡斜坡路堤的地质勘察，应查明地基土的土质类别、层位、厚度、分布特征和物理力学性质，确定地下水埋深和分布特征，确定地基土的承载能力，获取设计所需的物理力学指标。

高边坡和陡坡是指边坡高度超过20m的路堤和原地表斜坡坡率陡于1:2.5的路堤，应单独进行勘察设计，加以进行路堤断面、排水设施、边坡防护、地基和堤身等特殊设计，对于重要的路堤应进行稳定性监控。高路堤可采用冲击碾压或强夯等进行增强补压，消减路基挖填间的差异变形。高路堤横断面形式应采用挖台阶形式，降水量大的地区，平台上应加设截水沟。高路堤横断面边坡线向内7.0~10.0m范围，应设计加筋土。

4.2.6 挖方高边坡

对于深路堑设计时，应判别山体本身是否稳定，有无滑坡或倾向路基的软弱面等。因此，首先应进行路线方案优化设计，避让不稳定山体或降低挖方边坡高度。当路线必须通过时，则按深路堑要求进行特殊设计，对边坡采取应有的防护措施。设计深路堑时，应与隧道方案进行技术经济比较。路堑高边坡是指土质挖方边坡高度超过20m，岩质挖方边坡高度超过30m的路段，应单独进行勘察设计，将边坡开挖成折线式或台阶式。深路堑设计前，必须进行多种手段相结合的综合工程地质勘察，查明深路堑水文地质、工程地质条件，为深路堑设计提供准确、可靠的地质参数。修筑深路堑要大量开挖山体，容易引起崩塌、滑坡等病害，宜形成隐患，应慎重对待。

1. 岩石深路堑边坡设计

岩石深路堑边坡设计主要考虑以下几方面：

①岩石边坡地层的产状、层厚及岩石节理裂隙发育程度；

②岩石的矿物成分及物理、化学性质；

③当地水文地质条件和气候条件；

④当地已有人工岩石边坡的坡率及稳定情况。

2. 风化岩深路堑边坡设计

风化岩深路堑边坡设计应考虑以下几方面：

①风化岩深路堑边坡，通常考虑在不同密实程度下该地层的天然安息角，并根据水文地质和工程地质条件、产状特征、颗粒大小，并结合边坡高度，采用不同的安全系数。对于较疏松的碎石土路堑边坡，宜用直线滑动面法。

②在岩堆上开挖路堑时，除验算路堑边坡本身的稳定性外，还应验算岩堆与基岩层接触面间的滑动稳定性。

③如风化岩为坡积层时，须分析是否为古滑坡，以免开挖后因失去支撑而引起古滑坡复活。

3. 土质深路堑边坡设计

①土质深路堑边坡，应考虑土体最不利的湿度状态和受力状态等因素，取原状土样进行剪切试验，用圆弧或直线滑动面法验算其稳定性。

②黏性土具有较显著的黏聚力和内摩擦角，当边坡失去平衡时，破裂面近似与圆弧形，故宜用圆弧滑动面法进

行验算。

③低液限黏土具有较小的黏聚力，边坡破坏时的破裂面近似平面，故可采用直线滑动面法进行验算。当砂的颗粒较细或含黏土较多时，宜采用圆弧滑动面法进行验算。

4. 边坡岩体验算

边坡岩体抗剪强度指标宜根据现场原位试验确定，试验应符合现行国家标准《工程岩体试验方法标准》（GB/T 50266）的规定。当无条件进行试验时，可采用《工程岩体分级标准》（GB 50218）及表4-15和反算分析等方法综合确定。

结构面抗剪强度指标标准值　　表4-15

结构面类型		结构面结合程度	内摩擦角$\overline{\Phi}$(°)	黏聚力c(MPa)
硬性结构面	1	结合好	>35	>0.13
	2	结合一般	35~27	0.13~0.09
	3	结合差	27~18	0.09~0.05
软弱结构面	4	结合很差	18~12	0.05~0.02
	5	结合极差（泥化层）	根据地区经验确定	

注：1. 表中数值已考虑结构面的时间效应；
2. 极软岩、软岩取表中低值；
3. 岩体结构面连通性差，取表中的高值；
4. 岩体结构面浸水时取表中的低值。

岩体结构面的结合程度可按表4-16确定。边坡岩体性能指标标准值可按地区试验确定，对于重要边坡应通过试验确定。

结构面抗剪强度指标标准值　　表4-16

结合程度	结构面特征	
	张开度	胶结情况
结合好	<1mm	胶结良好，无充填
	1~3mm	硅质或铁质胶结
结合一般	1~3mm	钙质胶结
	>3mm	表面粗糙，钙质胶结
结合差	1~3mm	表面平直，无胶结
	>3mm	岩屑填充或岩屑夹泥质充填
结合很差、结合极差（泥化层）	表面平直光滑，无胶结；泥质充填或泥夹岩屑充填，充填物厚度大于起伏差；分布连续的泥化夹层；未胶结或强风化的小型断层破碎带	

4.2.7　软土地区路基

软土地区路基，应调查收集沿线地形、地貌、工程地质、水文地质、气候等资料，按照《公路工程地质勘察规范》（JTJ 064—1998）的有关规定，采用适宜的勘探方法进行综合勘探试验和现场原位测试，并进行统计与分析，为设计提供可靠的软土物理力学性质指标。公路路基对于软土地区的适用要求：

①软土和沼泽地区选线应进行全面比较；

②路线必须通过软土、沼泽地区时，路线位置尽量选择在软土、沼泽地最窄，泥炭、淤泥较浅，沼底横坡不大，地势较高及取土条件较好的地段通过；

③路线应避开河谷软土地带或古盆地的中央部位；

④路线应尽量避免沿湖塘边缘定线。

软土地基的鉴别指标，见表4-17。

软土地基鉴别指标　　表4-17

土类	天然含水量(%)		天然孔隙比	直剪内摩擦角(°)	十字板剪切强度(kPa)	压缩系数$\alpha_{0.1\sim0.2}$(MPa^{-1})
黏质土、有机质土	≥35	≥液限	≥1.0	宜小于5	<35	宜大于0.5
粉质土	≥30		≥0.90	宜小于8		宜大于0.3

软土地基上公路路基的设计包括沉降计算、稳定验算及其相应的处治方法的设计;施工中的沉降与侧向位移(稳定)观测的技术要求作为设计内容。

1. 地基沉降计算

①主固结沉降 S_c 采用分层总合法计算;

②总沉降宜采用沉降系数 m_s 与主固结沉降计算,见式(4-2):

$$S = m_s S_c \tag{4-2}$$

沉降系数 m_s 为经验系数,与地基条件、荷载强度、加荷速率等因素有关,其范围值为 1.1 ~ 1.7,应根据现场沉降观测资料确定,也可采用下面的经验式(4-3)估算:

$$m_s = 0.123\gamma^{0.7}(\theta H^{0.2} + VH) + Y \tag{4-3}$$

式中:θ——地基处理类型系数,地基用塑料排水板处理时取 0.95 ~ 1.1,用粉体搅拌桩处理时取 0.85,一般预压时取 0.90;

H——路基中心高度(m);

γ——填料重度(kN/m^3);

V——填土速率修正系数,填土速率在 0.02 ~ 0.07m/d 之间时,取 0.025;

Y——地质因素修正系数,满足软土层不排水抗剪强度小于 25kPa、软土层的厚度大于 5m、硬壳层厚度小于 2.5m三个条件时,$Y = 0$,其他情况下可取 $Y = -0.1$。

③总沉降还可以由瞬时沉降 S_d、主固结沉降 S_c 及次固结沉降 S_s 之和计算,即式(4-4):

$$S = S_d + S_c + S_s \tag{4-4}$$

④任意时刻地基的沉降量,考虑主固结随时间的变化过程,按下式(4-5)计算:

$$S_t = (m_s - 1 + U_t)S_c \tag{4-5}$$

或

$$S_t = S_d + S_c U_t + S_s \tag{4-6}$$

上式中地基平均固结度 U_t 采用太沙基一维固结理论解计算,对于砂井、塑料排水板等竖向排水体处理的地基,固结度按巴隆给出的太沙基——伦杜立克固结理论轴对称条件固结方程在等应变条件下的解计算。

2. 地基加固措施

软土地基上路堤底部应设置透水性水平垫层,厚度一般为 50cm。缺少砂砾的地区,可将土工合成材料和砂砾垫层配合使用,以减少砂砾垫层厚度,各类地基垫层及换填厚度见表 4-18。反压护道高度不宜超过路堤高度的1/2,宽度应通过稳定验算。路堤加筋应采用强度高、变形小、耐老化的土工合成材料作为路堤的加筋材料。

各类地基垫层及换填厚度 表 4-18

地基类型	填方	挖方		备注
	垫层	挖除换填		
软土	0.5m	—	—	
红黏土	0.3 ~ 0.5m	—	0.8m	
高液限土	0.3 ~ 0.5m	—	0.8m	
膨胀土	—	0.3 ~ 0.6m	0.8m	对强膨胀土换填 1 ~ 1.5m
盐渍土	—	—	—	加高路基、换填、隔断层
多年冻土	—	—	—	加高路基

①排水固结法是根据软土厚度与性质、路堤高度、路基稳定等,分析确定选用砂砾垫层预压、袋装砂井、塑料排水板预压、真空联合堆载预压方案,预压期不小于 6 个月。竖向排水体宜按等边三角形布置,其长度由路基对地基的稳定性和变形要求确定;对于较薄的软土层,宜贯穿软土层。

②振冲碎石桩、沉管碎石桩等均属于粒料桩。振冲粒料桩适用于十字板抗剪强度大于 15kPa 的地基土,沉管粒料桩适用于十字板抗剪强度大于 10kPa 的地基土。粒料桩的直径及埋设深度、间距应经稳定、沉降验算后确定,相邻桩净距不应大于 4 倍桩径。

③深层搅拌桩、粉喷搅拌桩和高压旋喷桩等属于加固土桩。采用深层拌和法加固地基的十字板抗剪强度不小于 10kPa;采用粉喷桩法加固软土地基,深度不超过 15m。

④饱和软黏土地基中夹有多层粉砂可采用强夯,在软土夯坑中回填块石、碎砾石、卵石等粒料进行置换可以采用强夯。强夯施工前,必须在施工现场选择有代表性的路段进行试夯,以指导大面积施工。

3. 路段横断面设计

软土地基上的路堤加宽，与软基路堤的边坡值、路堤坡脚处预压期末的沉降量两项指标有关。

4. 路面铺筑要求

路面铺筑应在沉降稳定后进行，采用双标准控制：即要求推算的工后沉降量小于设计容许值，同时要求连续2个月观测的沉降量每月不超过5mm，方可卸载开挖路槽并开始路面铺筑。

4.2.8 岩溶地区路基

岩溶地区路基设计，应采用遥感、物探、钻探及其他有效方法进行勘察，取得岩溶地貌、岩溶发育程度、发展规律、溶洞围岩性质以及地面水、地下水活动规律等方面的资料。

公路路基边坡上的岩溶泉和冒水洞，应采用排水沟将截水引排至路基外；下伏的岩溶泉和冒水洞，应设置集水明沟或渗沟，将截水引排至路基外。稳定的路堑边坡上的干溶洞，洞内应采用干砌片石填塞。路基基底的开口干溶洞，洞的体积不大、深度较浅时，采用回填夯实；体积较大、深度较深时，应采用构造物跨越。对有顶板但顶板强度不足的干溶洞，应炸除顶板后回填夯实或用构造物跨越。通过溶洞围岩分级或计算判断下伏溶洞有坍塌可能时，宜采用下列方法进行加固：

①洞径大、洞内施工条件好的无填充溶洞，宜采用浆砌片石或钢筋混凝土的支撑墙、支撑柱进行加固；

②深而小的溶洞不便于洞内加固时，宜采用石盖板或钢筋混凝土盖板跨越可能的破坏区。

③对于顶板较薄的溶洞，当采用地表构造物跨越有困难或不经济时，可炸除顶板，按明洞的方式进行处理。

④对于有充填物的溶洞，宜优先采用注浆法、旋喷法进行加固，不能满足设计要求时宜采用构造物跨越。

⑤如需保持洞内流水通畅，应设置排水通道。

当溶洞顶板岩层未被节理裂隙切割或虽被切割但胶结良好时，其溶洞顶板的安全厚度可按厚跨比法确定。当顶板的厚度与路基跨越溶洞的长度之比大于0.8时，溶洞的顶板岩层可不作处理。当岩溶地貌位于路基两侧时，应判断岩溶对路基的影响。对于开口的岩溶地貌可参照自然边坡来判别其稳定性及对路基的影响；对于地下溶洞可按坍塌时的扩散角和式(4-7)计算其影响范围。

$$L = H\cos\beta, \beta = \frac{45° + \frac{\varphi}{2}}{K} \tag{4-7}$$

式中：H——溶洞顶板厚度(m)；

β——坍塌扩散角(°)；

K——安全系数，取1.10~1.25(高速公路、一级公路应取最大值)；

φ——岩石内摩擦角。

如在顶部岩层上有覆盖土层，则自土层底部用45°角向上绘斜线，求出与地面的交点，路基坡脚应在交点范围以外。公路路基坡脚处于溶洞坍塌扩散的影响范围之外，该溶洞可不作处理。

4.2.9 红黏土地区路基

红黏土是指碳酸盐类岩石在温湿气候条件下经风化后形成的褐红色粉土或黏性土。路线通过红黏土地区，应查明红黏土分布范围、成因类型、土体的结构层次特征、湿度状态及其垂直分布带、土体中裂隙分布特征、地下水分布规律、物理力学性质及胀缩性等资料。

1. 红黏土分类

红黏土的结构可根据其裂隙发育特征按表4-19所示。

红黏土的结构分类 表4-19

土体结构	裂隙发育特征	S_t	备注
致密状结构	偶见裂缝(<1条/m)	>1.2	
巨块状结构	较多裂隙(1~2条/m)	0.8~1.2	
碎块状结构	富裂隙(>5条/m)	<0.8	

注：S_t为红黏土的天然状态与保湿扰动状态土样的无侧限抗压强度之比。

红黏土具有膨胀性时，应按膨胀土路基进行设计。该地区路基设计应避免高路堤、深路堑设计，不能避免时应与桥隧方案进行综合比选确定；应注意边坡排水与支挡工程的综合设计，并与路面结构设计相协调，减少路基过大变形或不均匀沉降而引起路面结构性破坏。

2. 填方路基

压缩系数大于0.5MPa^{-1}的红黏土不得用于填筑路堤，未经改性处理的红黏土填筑路堤高度不大于10m。在确定路堤填筑的最佳含水量和最大干密度时，宜采用湿土法重型击实试验。

边坡高度不大于10m的路堤边坡坡率宜为1:1.5～1:1.75，当边坡高度大于6m时，宜设置边坡平台。当边坡高度超过10m时，应按高边坡路堤与陡坡路段的有关规定，通过路基稳定性分析计算确定路段横断面形式、边坡坡度及路基防护加固措施。

路堤基底应设置排水隔离垫层，厚度30～50cm，采用渗水性良好的砂砾或碎石填筑，其顶面应设置反滤层。路堤边坡的防护，经改性处理或非红黏土外包封闭的可按一般路基防护处理。

3. 挖方路基

挖方边坡高度不宜超过20m，路堑边坡设计应遵循"缓坡率、宽平台、固坡脚"的原则。边坡坡率及平台宽度可按表4-20确定，当边坡高度超过6m时，挖方路基宜采用台阶式断面，若地形允许，宜放缓边坡。应根据红黏土的工程性质、公路等级，对于路堑路床0.8m范围内的红粘土应进行超挖，并换填渗水性良好的砂砾、碎石土或外掺石灰等材料处治。

红黏土路堑边坡坡率和平台宽度 表4-20

边坡高度(m)	边坡坡率	边坡平台宽度(m)
<6	1:1.25～1:1.5	—
6～10	1:1.25～1:1.5	2
10～20	1:1.5～1:1.75	≥2

红黏土地区路基应及时引排地面水和地下水。根据地下水发育情况，因地制宜地在堑坡上设置仰斜式排水孔、支撑渗沟，在路基边沟下设置渗沟。坡面宜采用骨架植物防护，当边坡稳定性不足时应增设支挡工程。全封闭的圬工防护，应在墙背设置厚度为0.15～0.3m的排水垫层。

4.2.10 高液限土地区路基

高液限土是指液限(100g锥试验)超过50%的细粒土。路线通过高液限土地区，应查明红黏土或高液限土分布范围、成因类型、土体的结构层次特征、湿度状态及其垂直分布带、土体中裂隙分布特征、地下水分布规律、物理力学性质及胀缩性等资料。高液限土具有膨胀性时，应按膨胀土路基进行设计。该地区路基设计应避免高路堤、深路堑设计，不能避免时应与桥隧方案进行综合比选确定；应注意边坡排水与支挡工程的综合设计，并与路面结构设计相协调，减少路基过大变形或不均匀沉降而引起路面结构性破坏。

1. 填方路基

高液限土不能直接作为路堤填料。当利用挖方路段高液限土填筑路堤时，应进行处治。在确定路堤填筑的最佳含水量和最大干密度时，宜采用湿土法重型击实试验。

边坡高度不大于10m的路堤边坡坡率宜为1:1.5～1:1.75，当边坡高度大于6m时，宜设置边坡平台。当边坡高度超过10m时，应按高边坡路堤与陡坡路段的有关规定，通过路基稳定性分析计算确定路段横断面形式、边坡坡度及路基防护加固措施。

路堤基底应设置排水隔离垫层，厚度30～50cm，采用渗水性良好的砂砾或碎石填筑，其顶面应设置反滤层。路堤边坡的防护，经改性处理或非高液限土外包封闭的可按一般路基防护处理。

2. 挖方路基

挖方边坡高度不宜超过20m，路堑边坡设计应遵循"缓坡率、宽平台、固坡脚"的原则。边坡坡率及平台宽度可参照表4-20确定，当边坡高度超过6m时，挖方路基宜采用台阶式断面，若地形允许，宜放缓边坡。

应根据高液限土的工程性质、公路等级，对于路堑路床0.8m范围内的高液限土应进行超挖，并换填渗水性良好的砂砾、碎石土或外掺石灰等材料处治。

高液限土地区路基应及时引排地面水和地下水。根据地下水发育情况，因地制宜地在堑坡上设置仰斜式排水孔、支撑渗沟，在路基边沟下设置渗沟。坡面宜采用骨架植物防护，当边坡稳定性不足时应增设支挡工程。全封闭的圬工防护，应在墙背设置厚度为0.15～0.3m的排水垫层。

4.2.11 膨胀土地区路基

膨胀土是指含亲水性矿物并具有明显的吸水膨胀与失水收缩特性的高塑性黏土。膨胀土地区路基设计，应查明膨胀土分布范围、成因类型、土体的结构层次、地下水分布及埋藏条件和膨胀土的矿物成分、物理、力学性质及膨胀特性等资料。路基设计应综合考虑膨胀土类型、土体结构与工程特性、环境地质条件与风化深度等因素，保证公路路基稳定，满足路用要求。路基对于膨胀土地区的适用要求：

路线遇到垄岗地貌时，应垂直于垄岗方向通过；路线跨越沟谷时，一般宜建桥并增加桥梁高度。路基设计应避免大填、大挖，以浅路堑、低路堤通过为宜；当挖填大、工程艰巨及稳定性差时，应与桥梁方案进行综合比选确定；以路基方式通过时，必须有保证公路路基稳定的措施。

公路通过膨胀土地段时，路基设计应以防水、保湿、防风化为主，结合坡面防护，连续施工，及时封闭路床和坡面。边坡防护加固应遵循下列规定：

①可能发生浅层破坏时，宜先采取半封闭的相对保湿防渗措施；

②可能发生深层破坏时，应先解决整体边坡的长期稳定，并采取防止浅层破坏的措施；

③膨胀土强度指标应采用低于峰值强度值，可采用反算和经验指标；

④支挡结构基础埋深应大于气候影响层深度，反滤层应适当加厚。

1. 填方路基

①高速公路及一、二级公路路基填方高度小于路面与路床的总厚度，基底为膨胀土时，宜挖除 0.3～0.6m，将路床换成非膨胀土或掺灰处理。

②强膨胀土不能作为路堤填料。

③高速公路及一、二级公路采用中等膨胀土作为路堤填料时应经改性处理后方可填筑。弱膨胀土作为路堤填料时，若胀缩总率不超过 0.7%，可直接填筑，并采取防水、保湿、封闭、坡面防护等措施；否则，应按公路等级、气候、水文特点、填土层位等具体情况，结合实践经验进行处治。

膨胀土改性处理的掺灰最佳配比，以其掺灰后胀缩总率不超过 0.7% 为宜。

④路床若采用弱膨胀土及中等膨胀土作为路床填料，应改性处理后方可填筑，改性后的胀缩总率不得超过 0.7%。

⑤弱膨胀土及中等膨胀土填筑路堤，其边坡坡率应根据路堤边坡的高度、填料重塑后的性质、区域气候特点，并参照既有公路路基的成熟经验综合确定。边坡高度不大于 10m 的路堤边坡坡率和平台宽度及边坡防护措施见表 4-21。

膨胀土路堤边坡坡率和平台宽度及边坡防护措施　　表 4-21

边坡高度(m)		边坡坡率		边坡平台宽度(m)	
		弱膨胀	中等膨胀	弱膨胀	中等膨胀
坡率台宽	<6	1:1.5	1:1.5～1:1.75	可不设	
	6～10	1:1.75	1:1.75～1:2	2	≥2
边坡防护	≤6	植物		骨架植物	
	>6	植物防护、骨架植物		支撑渗沟加拱形骨架植物	

2. 挖方路基

膨胀土路堑边坡坡率应根据土质的性质、软弱层和裂隙的组合关系、气候特点、水文地质条件，以及自然山坡、人工边坡的稳定坡度等综合确定。膨胀土地区路堑边坡设计应遵循缓坡率、宽平台、固坡脚的原则。边坡高度大于 10m 时应进行单独设计，必要时与隧道方案进行必选。膨胀土边坡坡率及平台宽度可按表 4-22 设计。

膨胀土边坡坡率和平台宽度　　表 4-22

类别	边坡高度(m)	边坡坡率	边坡平台宽度(m)	碎落台宽度(m)
弱膨胀土	<6	1:1.5	—	1.0
	6～10	1:1.5～1:2.0	1.5～2.0	1.5～2.0
中等膨胀土	<6	1:1.5～1:1.75	—	1.0～2.0
	6～10	1:1.75～1:2.0	2.0	2.0
强膨胀土	<6	1:1.75～1:2.0	—	2.0
	6～10	1:2.0～1:2.5	≥2.0	≥2.0

路堑路床 0.8m 范围内的膨胀土应进行超挖换填或进行改良或采取其他适宜的加固措施；对于强膨胀土、地下水发育的路堑、路床的换填深度应加深至 1～1.5m，及时引排地面水和地下水，根据地下水发育情况，可设置仰斜式

排水孔、支撑渗沟和纵向渗沟排水。路堑边坡的防护和加固类型依据工程地质条件、环境因素和边坡高度可按表4-23确定。

膨胀土路堑边坡防护及支挡措施　　表4-23

边坡高度(m)		弱膨胀土	中等膨胀土	强膨胀土
边坡防护	≤6	植物	骨架植物	—
	>6	骨架植物、植物防护、浆砌片石护坡	拱形骨架植物、支撑渗沟加拱形骨架植物	—
边坡支挡	≤6	不设	坡脚墙	护面墙、挡土墙
	>6	护面墙、挡土墙	挡土墙、抗滑桩	桩基承台挡土墙、抗滑桩、边坡锚固

4.2.12 黄土地区路基

黄土地区路基设计,应查明黄土分布范围、厚度及其变化规律;沿线黄土的成因类型和地层特征;路线所处的地貌单元及地表水、地下水等情况,各种不同地层黄土的物理、力学性质、湿陷性类型和湿陷等级。

1. 一般规定

①黄土塬梁地区的公路路基应避开有滑坡、崩塌、陷穴群、冲沟发育、地下水出露的塬梁边缘和斜坡地段。如必须通过,应有充分依据和切实可行的工程措施。

②位于冲沟沟头和陷穴附近的公路路基,应分析评价其发展趋势及对路基的危害程度,并在设计中考虑冲沟和陷穴对路基稳定性的影响。

③位于湿陷性黄土地段的公路路基,宜设在湿陷等级轻微、湿陷土层较薄、排水条件较好的地段。

④黄土地区路基设计应特别注意加强排水,采取拦截、分散的处理原则,设置防冲刷、防渗漏和有利于水土保持的综合排水设施及防护工程,并妥善处理农田水利设施与公路路基的相互干扰。

2. 填方路基

在黄土地区修筑填方路基时,填料的强度、基底的压实和处理等应符合填方路基的规定。高路堤的地基允许承载力低于车辆动力荷载和路堤自重压力时,还应按承载力要求对地基进行处理。

当路堤地基情况良好或经过处理、边坡高度不大于30m时,路堤的断面形式及边坡坡率可按表4-24选用。阶梯断面适用于年平均降水量大于500mm的地区,在边坡高20m处设宽2.0~2.5m的边坡平台,边坡平台宜设截水沟,并作防渗加固处理。

路堤断面形式及边坡坡率　　表4-24

断面形式	路基以下边坡分段坡率		
	$0<H\leqslant10$m	$10<H\leqslant20$m	$20<H\leqslant30$m
折线形	1:1.5	1:1.75	1:2
阶梯形	1:1.5	1:1.75	1:1.75

当路堤边坡高度大于30m时,宜与桥梁方案相比较,并按高边坡路堤和陡坡路堤规定进行个别设计。路堤边坡形式及边坡坡度应根据路堤本体及地基土的性质、边坡高度、公路等级,采用力学分析法经稳定性验算确定,并结合所处地形、地层及水文等不同条件论证采用。

边坡稳定检算宜采用圆弧法,其稳定系数不得小于表"路堤稳定安全系数"的规定值。填方的抗剪强度指标值应按设计填筑压实度的要求,采用压实后快剪试验测定。

对高度大于20m的路堤,应按工后沉降量预留路基顶面加宽值;工后沉降量可按路堤高度的0.7%~1.5%估算。

3. 挖方路基

黄土路堑边坡形式,应根据黄土类别及其均匀性、边坡高度按表4-25确定。高速公路、一级公路黄土路堑边坡宜采用台阶形。边坡小平台宽度为2.0~2.5m,边坡大平台宽度应根据稳定计算确定,宜为4~6m。年降水量大于250mm的地区,平台上应设截水沟,并应予以防护。

路堑边坡形式及适用条件 表4-25

边坡形式		适用条件
直线形(一坡到顶)		①均质土层,Q4、Q3 黄土边坡高度 $H\leqslant15$m; Q2、Q1 黄土边坡高度 $H\leqslant20$m; ②非均质土层,边坡高斜度 $H\leqslant10$m
折线形(上缓下陡)		非均质土层,边坡高度 H≤15m
台阶形	小平台	①均质土层,Q4、Q3 黄土边坡高度 15m < $H\leqslant30$m;Q2、Q1 黄土边坡高度 20m < $H\leqslant30$m; ②非均质土层,边坡高度 15m < $H\leqslant30$m
	宽平台	边坡高度 $H>30$m

挖方边坡高度不超过30m时,边坡坡率应根据黄土的地貌单元、时代成因、构造节理、地下水分布、降雨量、边坡高度、施工方法,并结合自然或人工稳定边坡坡率按规范要求确定。土路堑边坡高度超过30m时,应与隧道方案进行比较。路堑高边坡应按照“挖方高边坡”的规定进行个别设计,路堑边坡形式及边坡坡度应根据土的物理力学性质、自然坡面的稳定情况及附近已建工程的边坡稳定性进行分析,采用力学分析法经稳定性验算确定。当采用圆弧滑动法计算时,其稳定系数不小于挖方高边坡中“路堑边坡稳定安全系数”的规定。

设有大平台的深路堑,除必须对安全高边坡作稳定验算外,还应对大平台毗邻的上下分段边坡作局部稳定验算。

边坡防护类型应根据土质、降雨量、气候条件、边坡高度及坡度、防护材料来源等,按公路路基支挡和防护的规定选用。在有地下水活动的挖方路段,应采取截、排地下水及防止地面水渗漏等措施,设必要的防护工程。

4.2.13 盐渍土地区路基

盐渍土地区的公路,应查明沿线不同类型盐渍土的分布范围、含盐特征及地下水与地表水等情况,根据盐渍土及盐渍化过程,研究和分析可能产生的公路路基病害(溶蚀、盐胀、冻胀、翻浆),合理确定设计方案,满足公路路基强度和稳定性要求。公路路基应以填方路堤通过,其高度应结合当地气候特征、水文地质、土质盐渍化程度、地下毛细作用高度、盐胀深度、冻胀深度以及公路等级等因素综合确定。

1. 盐渍土分类

盐渍土根据含盐性质,按表4-26分类。

盐渍土按含盐性质分类 表4-26

盐渍土名称	离子含量比值	
	Cl^-/SO_4^{2-}	$CO_3^{2-}+HCO_3^-/Cl^-+SO_4^{2-}$
氯盐渍土	>2	—
亚氯盐渍土	1~2	—
亚硫酸盐渍土	0.3~1.0	—
硫酸盐渍土	<0.3	—
碳酸盐渍土	—	>0.3

盐渍土的盐渍化程度,按表4-27分类。

盐渍土按盐渍化程度分类 表4-27

盐渍土名称	细粒土 土层的平均含盐量(以质量百分数计)		粗粒土 通过10mm筛孔土的平均含盐量(以质量百分数计)	
	氯盐渍土及 亚氯盐渍土	硫酸盐渍土及 亚硫酸盐渍土	氯盐渍土及 亚氯盐渍土	硫酸盐渍土及 亚硫酸盐渍土
弱盐渍土	0.3~1.0	0.3~0.5	2.0~5.0	0.5~1.5
中盐渍土	1.0~5.0	0.5~2.0	5.0~8.0	1.5~3.0
强盐渍土	5.0~8.0	2.0~5.0	8.0~10.0	3.0~6.0
过盐渍土	>8.0	>5.0	>10.0	>6.0

2. 填方路基

盐渍土地区路基边缘,高出地面或地下水位或地表长期积水位的最小高度,不应低于表4-28的规定。

盐渍土地区路基最小高度　表4-28

土质类别	高出地面(m)		高出地下水位或地表长期积水位(m)	
	弱、中盐渍土	强、过盐渍土	弱、中盐渍土	强、过盐渍土
砾类土	0.4	0.6	1.0	1.1
砂类土	0.6	1.0	1.3	1.4
黏性土	1.0	1.3	1.8	2.0
粉性土	1.3	1.5	2.1	2.3

盐渍土填筑路堤的填料可用性,应视不同公路等级和路堤填筑部位及当地气候特征、水文地质条件确定。盐渍土地区的路堤基底,应视地表不同情况分别进行处理。表层的植被、盐壳、腐殖质土必须清除后再压实;过湿地段应排除积水,挖除表层湿土后换填,换填厚度不应小于0.3m。在风积沙或河沙比较近便的路段,应优先利用风积沙或河沙换填。受地面水或地下毛细水影响的路基,可考虑设置隔断层。软弱地基应作特殊处理设计。盐渍土地区路堤边坡坡率,因根据填筑材料的土质和盐渍化程度,按表4-29确定。

盐渍土地区路堤边坡坡率　表4-29

土质类别	填料盐渍化程度	
	弱、中盐渍土	强盐渍土
砾类土	1:1.5	1:1.5
砂类土	1:1.5	1:1.5~1:1.75
黏质土	1:1.5~1:1.75	1:1.75~1:2
粉质土	1:1.5~1:1.75	1:1.75~1:2

3. 盐渍土防治措施

①路基处理应针对土基含盐性质、盐渍化程度、当地工程地质、水文地质、地形和筑路材料等条件,因地制宜的采用提高公路路基、路基换填、设置隔断层、改善排水条件等有效措施,保证路床处于干燥或中湿类型的稳定状态,不受盐分、水分的影响。

②公路路基提高的高度应与防治措施及排水设计综合考虑;排水不良的过湿地带,路基最小高度不应小于表"岩渍土地区路基最小高度"的规定;二级以上公路路基高出地面2m时,应加设宽1~2m的护坡道,护坡道顶面应高出长期积水位0.5m以上。

③路基换填材料宜选用砂类土或砂。高速公路、一级公路换填厚度不应小于1.0m,二、三级公路换填厚度不应小于0.8m,并结合隔断层措施综合治理。

④隔断层设置层位高出地面和地表长期积水位,以隔断水分和盐分进入公路路基上层或路面基层。

⑤用风积沙或河沙作为路基填料或隔断层时,应适当放缓边坡或用砾(砂)类土包边,以防止边坡蚀坍。

⑥盐渍土地区路基必须设置完善的排水设施,并结合当地农田排、灌系统综合考虑。

⑦地表排水困难、地下水位较高或公路旁有农田排、灌水渠的路段,应在公路路基一侧或两侧设排(截)水沟,以降低地下水位或截阻农田排灌水,排(截)水沟距路基坡脚应不小于2m,沟深应低于地表1.0m以下。

⑧在排水困难、占地容许的路段,可设置蒸发池。蒸发池设计应符合公路路基排水中关于蒸发池的规定。

⑨当原有路基填料换填受到限制时,可在原填料中掺入加固剂处治。加固剂的类型、成分和掺入剂量可根据填料土质通过试验确定。

4. 干涸盐湖地段路基

①干涸盐湖地段路基设计应查明岩盐的种类、工程性质、溶蚀情况及地下水位、含盐土质情况。

②干涸盐湖地段填筑路堤,可利用岩盐作为填料。

③干涸盐湖地段的高速公路、一级公路应分期修建。其他等级公路,可采用低路堤的路基横断面形式,路堤高度不宜小于0.3m,路堤边坡坡率可采用1:1.5。

④当盐湖地表下有饱和盐水时,宜采用设有排水沟及护坡道的路基横断面。护坡道宽度应大于2m。

⑤当地表有溶蚀、溶沟、溶塘时,应用填料填补,并洒饱和盐水,分层夯实。

4.2.14 多年冻土地区路基

多年冻土地区路基设计,应查明沿线多年冻土的分布、类型、冻土层上限及水文地质等情况。在冻土沼泽、冰丘、冰锥、热融湖(塘)地段修筑路基,应详细调查其范围、规模、发生原因及发展趋势。

1. 一般规定

①冻土沼泽(沼泽化湿地)、热融湖(塘)地段,应以路堤通过,路堤高度应高出沼泽暖季积水水位加毛细水上升高度加有害冻胀高度再加0.5m,且满足保温厚度的要求,通过较大的热融湖(塘),还需考虑波浪壅水的影响。

②路基填料设计应考虑冻结层上水的发育情况及填料的冻胀敏感性,有条件时应优先采用卵石土或碎石土作填料。严禁使用塑性指数大于12、液限大于32%的细粒土和富含腐殖质的土及冻土。保温护道填料,应就地取材,可采用泥炭、草皮、塔头草或细粒土。

③按工程环境特点和工程建设不同阶段采用区段设计和场地设计相结合的原则。根据冻土的类型及年平均地温采用保护、一般保护和一般路基的设计原则。

④路基位于少冰冻土、多冰冻土地段,可按一般路基设计;位于富冰冻土、饱冰冻土、含土冰层地段,以及冰丘、冰锥、多年冻土沼泽、热融湖(塘)、地下水路堑地段,应进行特殊设计。

⑤路基设计应与路面结构设计综合考虑,减少公路路基过大变形或不均匀沉降引起路面结构性破坏。

2. 高含冰量冻土地段路基

①路堤的设计应计算地基的融化沉降量和压缩沉降量,并按竣工后的沉降量确定路基预留加宽与加高值。

②按保护或一般保护多年冻土的原则设计时,路堤最小填土高度不仅要满足防止冻胀翻浆的要求,而且必须保证冻土上限不下降。路堤也不宜过高,以防止路堤纵裂等次生病害。

③路堤较高时,可采用土工格栅或土工格室等加强措施。

④路堤高度不能满足保护冻土上限不变的最小高度时,可设置工业保温材料层。

⑤挖填过渡段、低填方地段应进行基础换填,换填厚度经热工计算确定,换填基底与挖方地段换填基底应顺接。采用卵砾石作为换填材料时,应在地面上设置复合土工膜防渗层,防止地表水渗入,防渗层顶面横坡不应小于4%。

⑥路堑边坡、基底根据冻土层的分布、坡面朝向、地温情况及填料的来源采用全部或部分换填处理,换填厚度应通过计算确定,边坡坡率不宜陡于1:1.75。

路堑堑顶应采用包角式断面形式,堑顶包角高程一般高出原地面0.8m,宽度为1.0m,外侧边坡坡率为1:1.75,内侧边坡坡率与路堑边坡一致。

⑦当填方基底为饱冰细粒土或含土冰层,且地下冰层较厚时,可在边坡坡脚设置保温护道及护脚,并在填方基底设置保温层。保温设施可利用当地苔藓、草皮、塔头草、泥炭或黏质土等材料。

⑧不稳定多年冻土区的路基应根据冻土的分布、填料、路基挖填及地温的情况采用冷却地基、设置保温层等措施综合处理,保温层设置应根据热工计算确定。

高含冰量冻土厚度较小、埋藏较浅的地段,经技术经济比较后,也可采用清除高含冰量冻土的措施。以上措施仍不能保证公路路基稳定时,宜采用桥梁代替填土路基。

⑨不稳定多年冻土地段高含冰量冻土路基,宜采用土工合成材料加筋结构。

3. 不良冻土工程地质路段路基

①位于冰锥、冻胀丘下方地段的路堤,在其上方设排水沟,以截排冰锥、冻胀丘附近涌出的水流。属常年性融区,并有较大的地下水流,应设保温渗沟,将地下水引到路堤以外,必要时设桥通过。

②位于冰锥、冻胀丘上方地段的路线通过方案应慎重采用。必须通过时,应在路堤上方坡脚外不小于20m处,设较深的排水沟和冻结沟。若存在冻结层下水,应设保温渗沟将地下水引排至路基以外。若积冰量很大,或有大量地下水横穿公路路基,且截排有困难时,宜设桥通过。

③公路路基通过融穿性湖塘,当湖塘面积不大时,可抽干积水,换填砂砾或抛石挤淤;若湖塘面积较大,可设围堰抽干水,挖除基底松软土层,换填透水性材料。路堤宽度与高度应考虑预留沉落量,沉落量除考虑公路路基本体填土压实影响外,还需考虑基底土层压密沉降的影响。

公路路基通过高含冰量冻土地段的湖(塘),应根据路基基底地层含冰情况,按“高含冰量冻土地段路基”的要求办理。

④沼泽地段的路堤,应根据沼泽特点、积水深度、多年冻土类型,按照保护多年冻土的原则,并应采取加强排水、预留沉降、消除冻害的综合措施。

4. 路基排水

①高含冰量冻土地段应避免修建排水沟、截水沟,宜修建挡水埝。挡水埝断面尺寸应通过计算确定,并采取防

渗和保温措施，必要时应采取加固措施。

②在高含冰量冻土地段设计排水沟、截水沟时，应充分考虑冻土及冰层的埋藏深度，采用宽浅的断面形式，断面尺寸按计算确定。富冰冻土、饱冰冻土地段，排水沟、截水沟、挡水埝内侧边缘，至保温护道坡脚或堑顶或路堤坡脚（无保温护道）的距离不得小于5m；含土冰层地段不得小于10m。

③应根据地下水类型、水量、积水和地层情况，采用冻结沟、积冰坑、挡冰堤、挡冰墙或渗沟等措施，排除对公路路基有危害的地下水。

采用渗沟排除地下水时，渗沟及检查井均应采取保温措施。出水口的位置应选在地势开阔、高差较大、纵坡较陡、向阳、避风处，并采用掩埋式椎体或其他形式的保温措施。

路堑边坡有地下水出露时，必须将水引排，并应在边坡上采取保温措施。

5. 取土坑和弃土堆

①取土坑（场）应符合多年冻土地区环境保护要求，适当远离路线，分段集中取土。取土坑（场）的设置应考虑减少取土后取土坑对周围地层的热平衡影响，避免造成天然上限下降，引起热融沉陷与滑坍等新的不良地质病害，影响公路路基稳定。

②取土坑（场）应选择在路堤上侧植被稀疏的少冰、多冰冻土山坡或融区、河滩谷地。饱冰、富冰冻土及含土冰层地段不得取土。

③路堑挖方为高含冰冻土时，不得作为公路路基或保温护道填料。

4.2.15 风沙地区路基

风沙地区路基设计，应调查收集当地气象、地形地貌、工程地质和水文地质、筑路材料、生态环境等方面的资料，确定当地沙漠类型。

1. 一般规定

①在风沙地区筑路，应调查当地治沙经验，结合不同的沙漠类型和公路工程特点，确定有利于风沙流顺畅通过的路线线位和路基横断面形式及防止公路路基被风沙吹蚀和积沙掩埋的工程或生物防护措施。

②风沙地区应根据不同区域沙漠地貌类型设防，在风沙流比较严重的过干沙漠地区，应按照就地取材、因地制宜、综合治理的原则，除对公路路基采取防护措施外，还应在路基两侧建立完善的综合防沙体系；对干旱沙漠地区宜采用工程和生物相结合的防护措施；对于微湿和半干旱沙地地区宜采用生物防治或生态恢复措施。

③沙漠地区路基在重点做好综合防沙设计的同时，也应注意路基填料、整体强度和稳定性问题，同时还应考虑今后养护维修和管理方便等问题。

④干旱流动沙漠地区路基可不设置边沟等排水设施，但对于有浇灌要求的路段也应考虑排水设计，宜设置宽浅形边沟和大孔径桥涵。

⑤沙漠公路修筑不得随意破坏当地脆弱的生态，取弃土不得随意堆放，在防治沙害形成的同时，应注重环境保护。保护路基两侧地表原有植被和地表硬壳。

2. 填方路基

①风沙地区路基应以低路堤为主，填土高度应根据路堤上的风向、风速变化等情况确定，一般路堤高度宜比路基两侧50m范围内沙丘的平均高度高出0.3～2m。当路线通过高大复合型沙垄或复合型沙丘链地段，路基高度以填方略大于挖方或接近平衡为宜。

②风沙地区填方路基应采用缓边坡或流线型横断面，高速公路、一级公路可采用分离式缓边坡路基形式，不宜采用凸型中央分隔带。路肩与边坡相交处宜设成圆弧形。

③风沙地区一般路堤边坡坡度应根据填料、填土高度、风向、路侧地形及防护情况确定；对于微湿和半干旱沙地地区的高速公路和一级公路，路堤边坡坡度宜采用1:3。

④风沙地区路基填料应满足表“路堤填料最小强度要求”和表“路床土最小强度和压实度要求”的要求。纯风积沙可采用土工布等材料进行加固修筑路基，水源缺乏地区的沙基可采用振动干压实技术。

⑤路基取土宜取自挖方断面，或取自上风侧阻风沙丘，以减少沙害。当纵向调运较远，采用路侧取土时，取土坑应设在背风侧坡脚5m以外，并设计成弧形的浅槽。必要时，对取土坑应采取防护措施。平沙地路段不宜取土，应加以保护。

⑥应根据公路等级、材料来源、风力、风向等对路肩及边坡进行防护。在气候条件容许的情况下，宜采用生物防

护。各种工程防护设施应坚固可靠。

3. 挖方路基

①风沙地区路基应避免采用长度大于30m和深度大于6m的路堑。无法避免时,应敞开路基,增加积沙台宽度。

②风沙地区路堑宜采用敞开式、缓边坡路基横断面,挖方边坡坡率应根据挖方深度、风力、风向、路侧地形及防护措施确定;深路堑边坡坡脚应设置积沙平台,以便于养护;对于微湿和半干旱沙地地区的高速公路和一级公路,路堑边坡坡率宜缓于1:3。

③路线与主导风向正交时,应使路堑顶宽与路堑深度的比值接近20~30,二级及二级以下公路可适当降低,但不得低于12。

④挖方弃土宜用于填方路基,多余弃土应置于背风一侧的低洼处,距离路堑坡顶不应小于10m,必要时,应采取防护措施。

⑤路堑应根据公路等级及筑路材料,在路肩、边坡坡面和坡顶外20~30m范围内进行防护。

⑥半挖半填路基应将挖方侧路基适当加宽,上下两侧宜采用缓边坡,边坡变坡点处宜设成圆弧形,同时对上下边坡进行加固。

4. 路侧防沙工程

防沙工程应根据公路等级采取固、阻、输、导等工程或生物措施,总体布置形成完善的综合防护系统。其设置范围和部位应根据风沙活动特征、风况、输沙量、地形、防护材料性质、当地气象、土壤地质、自然生态环境及公路使用要求等确定。

①在适宜植物生长的微湿和半干旱沙地地区,应优先选用灌、草等植物固沙。在干旱沙漠地区宜采用工程和植物相结合,先工程后植物的固沙方法。固沙植物应选用根系发达、耐旱、固沙能力强,适应当地生长条件的植物品种,固沙带宽度可参照工程固沙宽度适当减小。在无条件栽种植物的过干沙漠地区,可利用当地材料、土工格室等材料固沙。

②在路基迎风侧,可利用柴草类材料在路基迎风侧设置立式沙障固沙,有条件时可采用乔、灌结合的植物沙障。低立式沙障距离路基应大于20m,高立式沙障距离路基应大于50m。

③在沙源极为丰富的风沙地区,应在路基迎风侧100m以外设置墙式、堤式、栅式、带式或植物等类型的阻沙障,以拦截风沙和限制积沙移动。

④在平坦的流动沙地和风沙流地区以及路线与主导风向交角为45°~90°的流动沙丘地段,可采取必要的输沙措施,如设置浅槽、聚风板等,以使流沙顺利越过路基而不产生堆积。

⑤路线与主导风向交角为25°~30°时,可采取改变风沙流或沙丘运动方向的导流方法,宜在路基迎风侧50~100m以外设置导沙墙、导沙板等措施。有条件时可种植乔灌结合的植物,形成导沙屏障。

⑥在流沙危害严重的路段,路基两侧20~30m范围内的地面应保持平顺,地上的突起物均应铲除,并予以整平,形成平整带。

⑦综合植物防护系统的设置应与当地治沙规划相结合。当采用防护林带时宜采用种草、灌木和乔木相结合、先期树种和后期树种相结合以及乡土树种和引进树种相结合的原则进行栽植。设置宽度应根据沙源、风沙流活动强度和沙丘移动特征等因素确定。迎风侧不宜小于200m;背风侧如为单向风时,可不设。如有反向风时,则应设置宽度不小于50m的防护带。

⑧有条件时应在两侧防护林带之外,根据风沙严重程度设置植被保护带。植被保护带宽度一般在路基的迎风侧不应小于300m,在路基的背风侧不应小于100m。

⑨采用植物防沙措施时,应结合当地植物立地条件,选择适宜的植物种类,确定合适的植物结构和种植方式,同时建立完善的灌溉措施和管理组织。

⑩在缺乏筑路或固沙材料的干旱沙漠地区,可在试验验证可行的前提下采用化学加固沙漠公路路基或进行防护。

4.2.16 雪害地区路基

1. 一般规定

雪害地区路基设计,应调查收集当地自然地理、气象要素、灾害程度、积雪状况、风况、地质等资料,分析雪害成因,确定雪害类型,提出正确的处治方案和措施。

①雪崩调查应查清公路沿线地形地貌、雪崩类型和分布、数量和范围、雪崩的汇雪面积、雪崩的裂点位置、山体坡度、发生频率、危害程度。必要时测绘汇雪面积地形图和雪崩运动路径的纵断面图。

在工程和水文地质调查中,应调查覆盖层的岩土性质、厚度、地质构造、地下水的分布情况以及植被情况。

②风吹雪路段应对汇雪面积和风雪流行程中的地形、地物、植被等情况进行调查,测定风雪流的移雪数量、冬季风力与风向及其频率和持续时间、年总降雪量、最大及平均积雪深度、冬季气温及冻融时间、风雪流的主导风向、风吹雪的类型及其危害程度等。

在修筑高路堤、开挖储雪场及整修山坡的地段,还应查明场地工程地质及水文地质情况。

③在路线必须通过可能发生雪崩的路段时,可按照稳定山坡积雪、改变雪崩运动方向、减缓雪崩运动和清除积雪等原则,采用水平台阶、导雪堤(墙)、土丘、挡雪墙、防雪林带等设施;在雪崩较严重路段,高速公路、一级公路及有特殊要求的公路,也可采用防雪走廊、明洞、隧道等遮挡构造物。

④在风吹雪地段,应根据当地风雪情况及地形条件,合理设计路基横断面形式,并宜采用填方,避免或少设路堑。必要时,在工程量增加不大的情况下,可适当加宽路基。

⑤在平坦开阔和稳定的风吹雪路段,路基采用流线型或缓边坡路堤形式,尽量避免挖方和采用路堑断面形式,路堤高度应比当地最大稳定积雪深度高出0.3~0.5m,在风吹雪严重地段应高出0.5~1.0m。

⑥在草原、农牧区低填方风吹雪路段宜采用1:3的路堤边坡,在浅挖方、荒原戈壁低填方处应采用1:4的路堤边坡,有条件可放缓边坡或做成流线型边坡。单向风强烈时,路堤迎风面的边坡应尽量放缓,沿主导风向的边坡坡度等于或缓于1:4。

⑦对风吹雪路段路基两侧距路基边坡坡脚各20m范围内的障碍及构造物应清除,否则,应设置防雪设施。根据需要,在有条件的情况下,填方路堤的取土坑也可用作储雪场。

⑧风吹雪路段必须采用挖方时,应避免深路堑,宜敞开路基或以半挖半填的横断面形式通过,当挖方路基外侧剩余台地工程量不大时,宜全部挖除。雪害严重地段宜适当加宽路基,并设积雪平台。

⑨山区风吹雪挖方边坡宜缓于1:4,并设置积雪平台,其横坡同路拱坡度,对无条件放缓边坡的路段,应加大积雪平台宽度。必要时,可在挖方路堑内采用路堤断面形式或设置储雪场。

⑩风吹雪路段高速公路、一级公路的中央分隔带应与路面齐平路肩、坡脚、坡顶等有棱角部位宜设成圆弧形,以利于风雪流顺滑通过。

2. 防治原则

防治雪害应以防为主,防治结合,遵循"因地制宜、就地取材、有效、易行、经济、持久"的原则,优先采用生物防治,工程治理应注意保护生态环境,防止水土流失,为生物防治创造条件。

3. 防雪措施

1)综合防治

雪害防治应采用工程治理与生物防治相结合的综合治理方案。雪害严重路段可结合公路的重要程度设防,采用多种工程和生物措施组合的稳、阻、导、排等措施,因地布设,互相配合。

2)雪崩防治措施

(1)水平台阶

地面横坡小于45°、土层较厚且透水性较好、不易产生滑坡或泥石流的山坡上,为防止小型雪崩,可沿等高线开挖水平台阶。台阶间距应视山坡坡度而定,台阶宽度则依最大积雪厚度与山坡坡度而定。

(2)稳雪栅栏

坡度较陡、土层较薄、透水性差、不宜开挖水平台阶的山坡,可沿等高线设置栅栏以稳定山坡上的积雪。稳雪栅栏宜设置多排,最高一排栅栏应尽可能在雪崩裂点附近及雪檐下方。

(3)防雪林

从雪崩源头开始到雪崩运动区,从上到下分期种植合适树种,防治雪崩发生,防雪林初期可配合工程措施。

(4)土丘及楔

土层较厚,坡度小于30°的雪崩沟内,可设置土丘,以减低雪崩速度;楔还有分割雪体的作用,设置地点宜选在雪崩路径的坡折处,布设一个或多个。土丘及楔的高度应大于最大雪崩锋面高度。

(5)导雪堤

在宽的雪崩槽中,可以设置导雪堤。导雪堤应自沟槽一侧向下斜伸至沟中,与雪崩流的交角不应大于30°。导雪堤的高度,应大于雪崩最大锋面高度。

(6)防雪走廊

雪崩严重的路段,可修筑防雪走廊。防雪走廊顶部应满足雪崩冲击力的要求,净空应满足隧道净空的技术标准的规定。

4. 风吹雪防治措施

(1)防雪林

当条件适宜时,可在路基的一侧或两侧种植防雪林带,防雪林带的宽度不宜小于50m。宜采用多条林带,各林带间距为20~50m,单条林带宽为20m。

选择防雪林的类型、树种,应根据当地积雪深度、土质及气候条件等确定,宜采用乔、灌木混合林型,选用能早期和长期起到防护作用的树种。防雪林到路基坡脚的净距可按防护林高度的10倍设置,但不应小于25m。

(2)防雪栅

风雪量较小但持续时间较长、风向变化不大的路段,可采用固定式防雪栅。固定式防雪栅的高度应根据风力及雪量大小确定,但不宜小于3m。从路基边缘到防雪栅的距离,应根据栅后积雪堤的长度确定,宜为30~50m。

风向多变、风力大、雪量多的路段,可采用移动式防雪栅,移动式防雪栅的高度宜为1~2m。防雪栅的初设位置,距离路基边缘为20~50m。

防雪栅应布置在迎风一侧,并与冬季主导风向垂直,当地形开阔、积雪量过大时,可设置两排防雪栅,间距宜为50~80m。

(3)导风板

下导风板适用于路线与主导风向的交角大于30°及迎风山体坡度小于40°的路段。否则,宜采用侧导风板。

导风板的位置应根据当地主导风向、路基横断面形式及地形等条件确定,下导风板宜设在迎风侧的路肩附近,侧导风板宜设在迎风侧路基边缘以外不小于15m处。

(4)防雪堤(墙)

积雪较少,且不宜设置防雪栅的路段,可在迎风侧设置挡雪墙或防雪堤。防雪堤(墙)高度可根据降雪量的大小确定。防雪堤(墙)距路基边缘应有一定的距离。

4.2.17　涎流冰地段路基

涎流冰地段路基设计中,应对当地地形、地质、气象、涎流冰的水源、类型及规模、危害情况及当地防治经验等进行调查,并经技术经济论证,确定合理的处治措施。

所需资料可经有关部门实地观测或由涎流冰形成期间实地调查获得,其主要内容应包括:地形及水源类型、流量,土质类型及厚度,冻融周期和深度,涎流冰类型、规模大小及与可选路线方案的关系。对河谷涎流冰还应调查汇水面积、水位、流量等资料。

1. 一般规定

①在冰冻或高寒的涎流冰地区,路基应尽量设在干燥的阳坡上,并以路堤或浅挖方形式通过为宜。

②涎流冰地段的路基设计,应以预防为主,防治结合。

③山坡涎流冰地段除可将山坡水引离公路路基外,还可采用加宽、加深上边坡边沟、设置挡冰墙、聚冰坑或挡冰堤、聚冰沟等设施。当山坡地下水量较大时,可设置渗沟、暗沟等地下排水设施。聚冰沟或聚冰坑处应设净空较高的涵洞排除融冰水。

④对于河谷涎流冰,应提高公路路基,并采用跨径较大的桥涵跨越,以避免涎流冰溢上公路路面。

⑤路基工程应避免干扰原有的自然排水状况,不宜切割含水层,当采取排、挡、截等防治措施进行处理时,应保留自然形成的疏水系统的畅通。

2. 防治措施

涎流冰的防治应因地制宜,统筹考虑,可采用下列措施:

1)提高路基

聚冰量不太大的涎流冰,可采用提高公路路基的方式进行防治。路基高度应高于涎流冰最大壅冰高度加0.5m,同时筑路材料应选用水稳性比较好的碎砾石土等材料。

2)采用桥涵跨越

采用桥涵跨越涎流冰,桥涵净空应满足历年最高涎流冰冰位加壅冰高度,再加0.5m的安全高度。

3)设置聚冰沟和挡冰堤

对于冲积扇或缓山坡上的涎流冰,可在路基上边坡外设置聚冰沟。聚冰沟可设置多道。第一道聚冰沟应从水源起顺山坡或沟谷布设,将水导入附近的河沟或桥涵。

聚冰沟横断面应根据地形、地质、水量、聚冰量确定,并做好排水设施的顺接。

挡冰堤宜设置在聚冰沟的下方,其高度及宽度的确定应考虑淤冰的影响。

4)设置挡冰墙和聚冰坑

挡冰墙应设在边沟外侧,并采用浆砌片石、块石砌筑;当为干砌时,应采用大块石砌筑。挡冰墙高度由聚冰量确定。

当聚冰量大时,可在挡冰墙外侧设置聚冰坑,并利用天然山坳或由超挖边坡筑成。冰坑的大小由聚冰量确定。

土质地段的聚冰坑,可根据坡面渗水和土质情况,在边坡坡脚设置干砌片石矮墙。边沟应采用浆砌片石防护。

5)地下排水措施

当有地下水出露时,可采用渗沟、暗沟等地下排水设施,将地下水引离公路路基。

地下排水设施应设在冻结深度以下,并做好反滤层、隔水层以及出水口的保温。

4.2.18 采空区路基

公路采空区的路基设计中应调查收集沿线自然环境、矿产资源分布与开采、地基变形与移动等资料。通过调查、测绘、综合勘探、实验与现场测试等综合手段,查明采空区的分布、规模、变化特点和各有关地层岩土体物理、力学性质。

1. 一般规定

采空区的路基设计应结合当地环境特点、工程地质条件、材料分布与供应、资源规划与工期要求等因素,进行多方案比较。

1)保护煤柱的留设条件

在尚未开采的煤层分布区,高速及一级公路、隧道、特大和大中桥梁通过、地下开采会有严重滑坡危险而又难以处理的路段,均应设置保护煤柱。

2)保护煤柱的围护带宽度

路堤部分以公路两侧路堤坡脚外1m为界;路堑部分以两侧堑顶边缘为界,两侧界线以内的范围为受保护对象。沿两侧界线向外留设围护带,高速公路围护带宽为20m,一级公路围护带宽度为15m。

3)保护煤柱边界的确定

倾斜煤层保护煤柱的边界根据上山方向移动角、下山方向移动角及松散层移动角,用垂直剖面法确定。

2. 采空区处治

1)处治范围

开挖回填处理的浅采空区其处治长度为公路轴向采空区实际分布长度,处治宽度为路基底面宽度或构造物的宽度,处治深度为底板风化岩位置。其余采空区治理范围按下述规定执行。

(1)处治长度

处治长度为公路轴向采空区实际分布长度。当采空区的厚度较大,地表变形破坏严重时,处治长度应增加覆岩移动角的影响宽度。

(2)处治宽度

处治宽度由路基底而宽度、围护带宽度、采空区覆岩影响宽度三部分组成,具体数值按公式(4-8)和式(4-9)计算。

倾斜岩层且路线与岩层走向平行或斜交:

$$L = D + 2d + \left(2h\cot\varphi + \frac{H}{\cot\beta} + \frac{H}{\cot\gamma}\right) \tag{4-8}$$

水平岩层:

$$L = D + 2d + 2(h\cot\varphi + H\cot\delta) \tag{4-9}$$

倾斜岩层且路线与岩层走向垂直，路线上每点的宽度按水平岩层计算。以上式中：

L——垂直公路轴线的水平方向宽度(m)；

D——公路路基底面宽度(m)；

d——路基围护带一侧的宽度(m)(一般取10m)；

H——采空区上覆基岩厚度(m)；

h——松散层厚度(m)；

φ——松散层移动角(°)；

δ——走向方向采空区上覆基岩移动角(°)；

β——上山方向采空区上覆基岩移动角(°)；

γ——下山方向采空区上覆基岩移动角(°)。

(3)处治深度

处治深度为地面至采空区(或煤层)底板以下不应小于3m。

2)处治措施

公路采空区设计应根据采空区的形成时间、埋深、采空厚度、采煤方法、顶板岩性及其力学性质、水文地质、工程地质条件等选择治理方案。治理方案主要有开挖回填、充填、桥跨和注浆等四种。在实际工程中，应针对采空区的具体情况，将这几种方案联合使用。

(1)开挖回填

对于路基挖方边坡上的采空区宜采用开挖回填方案。

(2)充填

对于煤层开采后顶板尚未垮落的采空区，可采用非注浆充填方案，包括干砌片石、浆砌片石、井下回填、钻孔干湿料回填等方案。

干砌(浆砌)片石适用于采空区未完全塌落、空间较大、埋深小、通风良好，并具备人工作业和材料运输条件的采空区治理。一般路段的路基用干砌片石回填，抗压强度不应低于10MPa，对有构造物的路段，应用浆砌片石，抗压强度不应低于15MPa。

(3)桥跨

对于煤层开采规模较小、开采深度小于100m的采空区，可采用桥跨方案。

(4)注浆

对于煤层开采规模较大，开采深度(埋深)小于250m的采空区，宜采用全充填注浆方法。对于埋深大250m的采空区，宜根据其开采特征、水文地质、工程地质条件及其对公路工程的危害程度等因素，确定是否采用全填充注浆方案。

4.2.19　滨海路基

滨海路基设计应根据路基所处的地理环境及特点，考虑地形、地貌、地质、水文、气象等因素，结合施工条件及材料供应情况，合理地确定路基设计高程，选择适宜的路基断面及防护形式，以保证公路路基的整体稳定性、耐久性、耐腐蚀性。

1.一般规定

①路堤两侧有较大的水头差时，宜设置过水构造物。当堤身或地基可能发生管涌潜蚀时，应在低水位一侧边坡下部设置排水设施、放缓边坡或设护坡道以及在路堤中心设置防渗墙等防渗加固措施。

②路堤填料应选择渗水性好的材料，有困难时，可采用细粒土，并应采取适当的防护和加固措施。

2.滨海路基的设计高程

滨海路基的设计高程不应低于高潮水位频率的设计潮水位加波浪侵袭高以及0.5m的安全高度。各级公路路基设计高潮水位频率应符合表4-30的规定。不能满足要求时，应设置防浪墙等。

路基设计高潮水位频率　　表4-30

公路等级	高速公路	一级公路	二级公路	三级公路	四级公路
路基设计高潮水位频率	1/100	1/100	1/50	1/25	按具体情况确定

设计波浪标准

(1)设计波浪重现期标准,高速公路、一级公路、二级公路采用50年一遇,三、四级公路采用25年一遇。

(2)设计波高累积频率

计算滨海路基支挡和坡面防护工程的强度和稳定性时,设计波高的波列累积频率宜按表4-31确定。当推算的波高大于浅水极限波高时,应采用极限波高值。滨海路基宜采用斜坡式,特殊情况下也可采用直墙式。

波列累积频率标准 表4-31

滨海路堤形式	部位	计算内容	波列累积频率 F(%)
斜坡式	胸墙、堤顶方块	强度和稳定性	1
	护坡块石、护坡块体	稳定性	13
	护底块石	稳定性	13
直墙式	上部结构、墙身、桩基	强度和稳定性	1
	基床、护底块石	稳定性	5

3. 坡面防护

滨海路堤边坡坡率应根据填料性质、路堤高度、浸水深度、防护形式及海洋水文条件确定,边坡坡率不宜陡于1:1.5。

①坡面防护应根据水深、波浪特点、施工条件及材料情况等采用条石、块石、混凝土异型块体、土工合成材料等护坡;为减弱波浪对路堤的破坏作用,提高路堤边坡的稳定性,可在堤前采取防浪凌台、顺坝及潜坝等措施。各种防护工程应能抗海水及生物侵蚀,在寒冷地区还应具有耐冻和承受冰凌撞击的能力。

②外海侧护坡底部应设抛石棱体,其顶面高程应高于施工水位,顶宽不应小于1.0m。

③外海侧坡脚应根据最大冲刷深度、地形、基础形式等采取妥善的护底措施,护底石厚度不应小于1.0m,宽度不应小于5m。

4.2.20 水库地区路基

水库地区路基设计应调查收集水库的水位设计资料、库区的气象资料,查明库岸的地形、地貌特点,组成库岸的地层岩性、产状、地质构造、地下水位变化情况;查明峡谷斜坡的稳定情况,有无滑坡、崩塌等不良地质现象,分析评价水库对斜坡稳定的影响;查明填料的来源及其物理力学性质。设计时应根据水库的特点和要求及水库对公路路基的影响,考虑库水浸泡、渗透、水位升降、波浪侵袭、水流冲刷、坍岸、淤积和地下水壅升而引起土的重度和强度的变化以及大孔隙性土的湿陷等因素,并采取相应的防护加固措施。

1. 路基断面形式

路堤应按浸水路基的要求设计,当边坡高度较大时,宜采用台阶性断面,边坡坡率在设计水位以下不宜陡于1:1.75;当路堤边坡较高时,边坡坡度应经稳定性验算确定。

2. 填料要求

公路路基应采用压缩变形小、水稳性好的渗水性材料作填料。当渗水性材料较为缺乏时,路堤受库水位浸泡的部位宜用渗水性材料填筑,库水位以上的部位可用细粒土填筑。对于用细粒上填筑的路堤,当渗透速度和渗透压力较大而可能发生冲蚀时,除放缓边坡外,宜在低水位一侧设置排水设施。

3. 路堤和库岸稳定性分析

①路堤稳定性分析应考虑上下游水头差在堤内产生的稳定渗流及水位骤然下降在堤内产生的不稳定渗流对路堤边坡产生的渗透压力和冲蚀作用,土质路堤应按路堤内渗流的最不利情况进行验算,必要时应进行流网计算。

②土的强度参数按地下水位高度(浸润曲线以上加地下水壅升高度)以上和以下分别采用夯后快剪和夯后饱和快剪试验值,物理参数也应按地下水位以上和以下分别取值。

③在封冰和流冰地区,应考虑冰荷载作用。在水库的上游地段,若流速较大,还需考虑水流的冲刷作用。

④稳定安全系数不应小于1.25。当考虑水位升降变化并同时考虑地震的作用影响时,稳定安全系数不应小于1.05~1.15。

4. 边坡防护类型

公路路基边坡防护类型应根据水库类型、波浪力大小、路基所处位置等因素,按照“沿河路基防护”有关规定予以确定,并应做好防渗反滤层。由于浸水等原因而影响公路路基稳定时,可采用挡土墙、副堤等形式进行加固。各种防护工程应与周围环境景观相协调。

水库坍岸危及公路路基稳定时,应根据路线的位置、库岸土质、库岸高度和坡度、浸水深度、水库淤积等情况,对库岸采取适当的防护措施。水库坍岸的防护类型可根据波浪的破坏作用和地形地质等情况,合理选用。水库坍岸的防护长度范围应根据公路路基所在库岸边坡受波浪作用影响的地段确定,防护工程两端应有适当的安全距离,并应嵌入库岸或公路路基边坡内。

4.2.21 泥石流地区路基

泥石流地区路基设计,应查明泥石流的成因类型、规模、特征、活动规律、发展趋势及危害程度。其治理应综合全面考虑排导、拦截以及水土保持等各项措施,做好总体规划,进行综合治理。泥石流的防治措施如下:

1. 跨越措施

①桥梁适用于跨越流通区的泥石流沟或者洪积扇区的稳定自然沟槽设计时应结合地形、地质、河床冲淤情况、河槽宽度,泥石流的泛滥边界、泥浪高度、流量、发展趋势等,采用合理的跨越及形式。

②隧道适用于路线穿过规模大、危害严重的大型或多条泥石流沟。隧道方案应与其他方案作技术、经济比较后确定。

③泥石流地区不宜采用涵洞,在活跃的泥石流洪积扇上禁止使用涵洞。对于三、四级公路,当泥石流规模不大、固体物质含量低、不含较大石块,并有顺直的沟槽时,方可采用涵洞。

④过水路面适用于穿过小型坡面泥石流沟的三、四级公路。过水路面的路基横断面应为全封闭式,可与桥梁、涵洞等联合使用。公路路基坡脚设仰水墙以防止冲刷。

2. 排导措施

1)排导沟

排导沟适用于有排沙地形条件的路段。出口应与主河道衔接,出口高程应高出主河道 20 年一遇的洪水水位。排导沟纵坡宜与地面坡一致。排导沟的横断面应根据流量计算确定,排导沟应进行防护。

2)渡槽

渡槽适用于排泄流量小于 $30m^3/s$ 的泥石流,且地形条件应能满足渡槽设计纵坡及行车净宽要求,路基下方有停淤场地。

渡槽应与原沟顺直平滑衔接,纵坡不小于原沟纵坡,出口应满足排泄泥石流的需要。渡槽设计荷载按泥石流满载计算,并考虑冲击力,冲击系数可取 1.3。

3)导流堤

当在堆积扇的某一区间内,需要控制泥石流的走向或限制其影响范围时,可设置导流堤以防止泥石流直接冲击路堤或壅塞桥涵。

导流堤的高度应为设计使用年限内的淤积厚度与泥石流的沟深之和;在泥石流可能受阻的地方或弯道处,还应加上冲起高度和弯道高度。

3. 拦截措施

1)拦挡坝

拦挡坝适用于沟谷的中上游或下游没有排沙或停淤的地形条件且控制上游产沙的河道,以及流域来沙量大,沟内崩塌、滑坡较多的河段。

拦挡坝坝体位置应根据设坝目的,结合沟谷地形及基础的地质条件综合考虑确定,并注意坝的两端与岸坡的衔接和基础的埋置深度。坝体的最大高度不宜超过 5m,坝顶宜采用平顶式。当两端岸坡有冲刷可能时,宜采用凹形。

2)格栅坝

格栅坝适用于拦截流量较小、大石块含量少的小型泥石流。

格栅坝的格栅间隔按拦截大石块、排除细颗粒的要求布置,其过水断面应满足下游安全泄洪的要求。坝的宽度应与沟槽相同。坝基应设在坚实的地基上。

4.3 路基排水设计

公路路基排水应与路面排水、路基防护、特殊路基处理、农田排灌等相互协调,构成较完善的排水系统。路基排水设计应遵循总体规划、合理布局、少占农田、环境保护的原则,并以当地排灌系统协调。路基排水主要是排除地表水、降低地下水位，使公路路基处于干燥、中湿状态，各类排水设施应满足使用功能、结构安全可靠、便于施工和检修，排水沟管排放的水不得直接排入饮用水水源、养殖池。

4.3.1 地表排水

在地表排水设施设计中，对于降雨的重现期：高速公路、一级公路采用15年，其他等级公路应采用10年。各类地表排水设施的断面尺寸应满足设计排水流量的要求，沟顶应高出沟内设计水面0.2m以上。路基坡面排水包括边沟、截水沟、跌水与急流槽、排水沟、蒸发池、油水分离池、排水泵站等，应结合地形和天然水系进行布设，并做好进出口的位置选择和处理，防止出现堵塞、溢流、渗漏、淤积、冲刷和冻结等现象。

1. 边沟

边沟是为汇集和排除路面、路肩及边坡的流水，在路基两侧设置的纵向水沟，其横断面可采用三角形、碟形、梯形和矩形等。其断面形式及尺寸应根据地形地质条件、边坡高度及汇水面积等确定。路堑边沟设于路基挖方地段路肩边缘，路堤边沟设于路基填方地段坡脚的护坡道边缘。沟底纵坡宜与路线纵坡一致，并不小于0.3%。困难情况下，可减小至0.1%。路堑边沟的水流，不应流经隧洞排出；边沟流水有可能产生冲刷时，应进行防护。边沟出水口的间距，一般地区不宜超过500m，多雨地区不宜超过300m，三角形和碟形边沟不宜超过200m。

梯形边沟内侧坡率为1∶1～1∶1.5；外侧坡率分有碎落台时与内侧坡率相同，无碎落台时与挖方边坡坡率相同。在二级及以下公路路基边沟设计中，路堑边沟内侧可直立，并和沟底相同采用浆砌片石防护；边沟外侧坡面与挖方边坡坡率相同，可不予防护。设计土质边沟时，可采用三角形横断面，其内侧边坡宜采用1∶2～1∶3，外侧边坡坡率与挖方边坡坡率相同。土质边沟的另一种形式是碟形横断面，内外侧坡率同梯形边沟坡率为1∶1～1∶1.5，沟底面水平，内外侧坡面与沟底面用圆弧连接，半径一般采用40cm。

2. 截水沟

截水沟是排除路堑边坡上方流入路界的地表径流水，其应结合地形和地质条件沿等高线布置，将拦截的水顺畅地排向自然沟谷或水道。其应根据地形条件及汇水面积等进行设计。挖方路基的堑顶截水沟应设置在坡口5m以外，多雨地区视实际情况可设多道截水沟。一般情况下，截水沟沟底纵坡不宜小于0.3%。截水沟的水流应排至路界之外，不宜引入路堑边沟，且应进行防渗加固。

截水沟一般采用梯形横断面，沟坡坡率为1∶1.0～1∶1.5；截水沟的沟底宽度和沟的深度不宜小于0.5m，其长度宜为200～500m，超过500m时，可在中间位置设置泄水口。

3. 急流槽

急流槽通常对接路堑边沟、截水沟、平台排水沟。水流通过坡度大于10%、水头高差大于1m的沟段，宜设置急流槽；其进出口应防护加固，出水口应采取消能措施，防止冲刷；急流槽底可设置防滑平台，防止基底滑动。当急流槽纵坡陡于1:1.5时，宜采用金属管，管径应≥20cm。急流槽大致可分为山坡急流槽、路堤急流槽（如图4-1）、路堑急流槽。

4. 排水沟

排水沟是将边沟、截水沟、急流槽、取（弃）土场和路基附近低洼处汇集的水引排至路基以外。其断面形式应结合地形、地质条件确定，沟底纵坡不宜小于0.3%，与其他排水设施的连接应顺畅。易受水流冲刷的排水沟应视实际情况采取防护、加固措施。

路基设置多级路堑或路堤边坡时，在坡面水径流量大的情况下，应在每道平台上设置平台排水沟，以减少水流对坡面的冲刷和保证边坡的稳定。由于平台较窄（宽度1～3m），排水量有限，且又需加强冲刷防护，因而适宜于采用水泥混凝土预制的平台排水沟，减少截面积。平台应做成2%～5%向内侧倾斜的排水坡度。排水沟可设置矩形、斜口或U形断面，可采用浆砌片石或水泥混凝土预制构件，预制构件壁厚度5～8cm。

5. 蒸发池

在少雨干燥地区，为汇集边沟、急流槽的水使其蒸发，可在公路两侧每隔一定距离设置蒸发池。气候干旱且排水困难地段，可利用沿线的取土坑或专门设置蒸发池汇集地表水。蒸发池边缘距路基边沟外缘的距离应以保证公路路基的稳定和安全，不应小于5m，湿陷性黄土地区不得小于湿陷半径。池中设计水位应低于排水沟的沟底。

蒸发池的容量应以一个月内路基汇流入池中的雨水能及时完成渗透于蒸发作为设计依据。每个蒸发池的容水量应根据蒸发池的纵向间距经水力、水文计算后确定，容量不宜超过200～300m^3，蓄水深度不大于1.5～2.0m。正方形蒸发池的边长约为15m。

蒸发池应根据具体情况采取适当的防护加固措施,蒸发池的设置不应使附近地面盐渍化或沼泽化。

6. 排水泵站

设计应结合地形和天然水系进行布设,并做好进出口的位置选择和处理,防止出现堵塞、溢流、渗漏、淤积、冲刷和冻结等现象。路基汇水无法自流排出时,可设置排水泵站,包括集水池和水泵房等。集水池的容积,应根据汇水量、水泵能力和水泵工作情况等因素确定。水泵抽出的水,应排至路界之外。

4.3.2 排地下水

地下水可危及公路路基稳定或不同程度的影响公路路基强度,可采取拦截、旁引等措施,排除路基含水层的地下水,以降低地下水位或疏干路堑边坡体内地下水。

进行地下水排水设计前,应进行野外工程地质和水文地质调查、勘探和测试,查明水文地质条件,获取有关水文地质参数。路基地下排水设施包括暗沟(管)、渗沟、渗水隧洞、渗井、仰斜式排水孔、检查疏通井等。地下排水设施的类型、位置及尺寸应根据工程地质和水文地质条件确定,并与地表排水设施相协调。

1. 暗沟(管)

暗沟(管)用于排除泉水或地下集中水流。路基基底局部范围有泉水涌出时,应设置暗沟将水引排至路堤坡脚边沟或路堑边沟内。暗沟沟底纵坡不应小于1%,出水口处应加大纵坡,并应高出地表排水沟常水位20cm以上。寒冷地区的暗沟,应作防冻保温处理或将暗沟设在冻结深度以下。

2. 渗沟

需要拦截含水层的地下水或降低地下水位时,应设置管式渗沟、渗水隧洞及渗井等。当地下水埋藏较浅或无固定含水层时,宜采用管式渗沟;当地下水埋藏较深或有固定含水层时,宜采用渗水隧洞、渗井。

渗沟的埋置深度按地下水位的高程、地下水位需下降的深度以及含水层介质的渗透系数等因素考虑确定。渗沟的排水孔(管),应设在冻结深度以下不小于0.25m处。截水渗沟的基底宜埋入隔水层内不小于0.5m。边坡渗沟、支撑渗沟的基底,宜设置在含水层以下较坚实的土层上。寒冷地区的渗沟出口,应采取防冻措施。

填石渗沟底最小纵坡不应小于1%,无砂混凝土渗沟、管式及洞式渗沟最小纵坡不应小于0.5%。出水口段应加大纵坡,出水口应设置栅板或端墙,并应高出地表沟槽常水位20cm以上。管式渗沟、渗水隧洞的迎水侧可采用砂砾石、无砂混凝土、渗水土工布作为反滤层;边坡渗沟、支撑渗沟应垂直嵌入边坡坡体,对于范围较大的潮湿坡体,可增设分岔支沟或拱形布置。

3. 检查和疏通井

较深而长的暗沟、管式渗沟及渗水隧洞,应在直线段每隔一定距离设置检查井和疏通井,平面转弯、纵坡变坡点等处应增设检查和疏通井。检查井内应设检查梯,井口应设井盖,兼起渗井作用的检查井的井壁应设置反滤层。

4. 仰斜式排水孔

仰斜式排水孔用于引排边坡内的地下水。排水孔的斜度不应小于6°,长度应伸至地下水富集部位或潜在滑动面,并宜根据边坡渗水情况成群布设,排出的水应引入路堑边沟排除。

4.3.3 被交路排水

被交路路基下挖段的两端,应设置泄水口、排水沟等排水设施,拦截和引排上游方向的地表水,以减少地表水流入下挖段。地下水位较高时,下挖段汇集的水无法排出时,应设置泵站,使用水泵排水。

4.4 引排水设施设计

公路路基在跨越沟槽处、通过农田排灌渠道处、平原区路线通过较长的低洼或泥沼地带、傍山或沿溪路线暴雨时径流易集中地带以及边沟排水需要时,均应设置涵洞。当水流需要横跨路基,而又受设计高程限制时,应设置架空水槽,及圬工建造的渡槽。

4.4.1 引排水设施分类

公路路基范围的引排水设施主要是指涵洞和渡槽。涵洞设计应符合安全、适用、经济、美观和有利环保的要求,并做到因地制宜、就地取材、便于施工和养护等要求。渡槽设计应在结构上满足净空、美观、达到足够强度的要求,在效果上结合排水的要求,满足进出口的衔接、防冲刷、防漏水等。

涵洞通常由洞身、洞口建筑两大部分组成。洞身是过水孔道的主体,一般由洞身、基础、沉降缝(或接缝)组成。洞口是洞身、路基和水流进出连接的部位,一般采用八字墙和一字墙洞口形式。涵洞按建筑材料可分为石涵、混凝土涵、钢筋混凝土涵、钢波纹管涵;按构造形式可分为管涵、盖板涵、拱涵、箱涵;按涵底纵坡的不同,可分为缓坡涵洞和陡坡涵洞。按水力性质可分为无压力式、半压力式、压力式三种。按填土高度,涵洞分为明涵、暗涵;当涵洞洞顶填土高度小于0.5m时称明涵,当涵洞洞顶填土大于或等于0.5m时称暗涵。各类涵洞以净跨径为统一标准,其适用跨径见表4-32。

各类涵洞适用跨径(单位:m)　　表4-32

构造形式	适用跨径	构造形式	适用跨径
钢筋混凝土管涵	0.75、1.00、1.25、1.50、2.00	石盖板涵	0.75、1.00、1.25
钢筋混凝土盖板涵	1.50、2.00、2.50、3.00、4.00、5.00	倒虹吸管涵	0.75、1.00、1.25、1.50
拱涵	1.50、2.00、2.50、3.00、4.00、5.00	钢波纹管涵	1.50、2.00、2.50、3.00、4.00、5.00
钢筋混凝土箱涵	1.50、2.00、2.50、3.00、4.00、5.00		

渡槽结构主要有进口和出口、与两岸渠道连接的挡土墙、槽台、槽身、下部支撑和基础几个部分组成。按槽身横断面分类,可分矩形与U形等。按支承结构形式分类,可将渡槽分为梁式、拱式、桁架拱(或梁)等。梁式渡槽的支承结构可采用重力式槽墩、桩柱式排架墩等。拱式渡槽的支承结构由墩台、主拱圈及拱上立墙等。

4.4.2 圆管涵

根据混凝土管涵适用于缺少石料地区有足够填土高度的小跨径暗涵,一般采用单孔,多孔时不宜超过3孔。管身由钢筋混凝土构成,直径一般为0.75~1.5m,管径的大小根据排水要求选择,通常预制成1.0~2.0m长的管节,直径较小时,可以用混凝土作;孔径≥1.0m的圆管涵应采用双层钢筋。当其处在土质较软弱地基上时,可采用混凝土或浆砌片石基础;当其处在砂砾、卵石、碎石及密实均匀的黏土或砂土地基上时,可采用砂砾石垫层基础;当其处在岩石上地基时,可采用垫层混凝土。管身周围应设置防水层,以防渗水侵蚀,可采用沥青或厚200mm的塑性黏土等。当管涵较长设计有沉降缝时,沉降缝应贯穿整个洞身断面,其方向应与洞身轴线垂直。

4.4.3 盖板涵

盖板涵分石盖板、钢筋混凝土盖板。钢筋混凝土盖板涵适用于无石料地区且过水面积较大的明涵或暗涵;石盖板涵适用于石料丰富且过水流量较小的小型涵洞。

盖板涵受力明确,构造简单,施工方便。盖板涵主要由盖板、涵台及基础等部分组成。盖板涵与单跨简支板梁桥的结构形式基本相同,只是盖板涵的跨径较小。盖板涵的盖板两端应与涵台顶紧,并设锚栓连接,采用C20小石子混凝土填满捣实空隙;涵台基础及支撑梁由浆砌块(片)石或混凝土构成,涵底铺砌宜为水泥砂浆砌片石;沿涵洞身长度方向应每隔4~6m设一道沉降缝,具体位置应根据地基土变化情况和填土高度确定。在地基土质发生变化、基础埋深不同或地基压力发生较大变化以及挖填交界处,均应设置沉降缝。当采用填石抬高基础时,其沉降缝间距不宜大于4m。沉降缝应贯穿整个洞身断面,其方向应与板的跨径方向一致。在各式钢筋混凝土涵洞的洞身即端墙、基础顶面以上等部位,凡被土掩埋部分的表面均应铺设防水层。

盖板涵的盖板为简支板结构,涵台为四框架结构。盖板涵(拱涵)设置涵(墩)台,其高度是指涵洞(墩)台墙高度。

4.4.4 拱涵

拱涵是指洞身顶部呈拱形的涵洞,一般超载潜力较大,砌筑技术容易掌握,便于群众修建,是一种普遍的涵洞形式。拱涵适用于跨越深沟或高路堤,分石拱涵、混凝土拱涵,一般适用于高填土、地质条件较好的地基。其拱圈由石料或混凝土等构成,拱圈宜采用等截面圆弧拱,矢跨比不宜小于1/4。护拱由石灰砂浆或水泥砂浆砌片石,拱上侧墙和涵底铺砌可用水泥砂浆砌石片构成。涵台可为砌片石、混凝土结构,视地基土情况,可采用整体式或分离式基础。拱背及台背宜设防水层,通过泄水孔或盲沟等排水设施导出积水。沉降缝的设置同盖板涵,其方向应与洞身轴线垂直。

拱涵的拱圈为无铰拱结构,涵台为重力式结构,拱矢度一般≥1/3。为半圆拱石拱涵,在结构组成、施工工艺要求与拱式桥基本一致,对地基的承载力要求高,不能产生不均衡的沉降,以免造成拱圈开裂。

拱涵基础有整体基础与非整体基础两种。整体式基础适用于小孔径涵洞;非整体式基础适用于涵洞孔径在2m以上,地基土壤的允许承载力在300kPa及以上、压缩性小的良好土壤(包括密实中砂、粗砂、砾石、坚硬状态的黏土、坚硬砂黏土等)。不能满足要求时,可采用整体式基础,以便分布压力,也可加深基础或采用桩基。

4.4.5　箱涵

箱涵洞身为矩形断面的钢筋混凝土涵洞，适用于软土地基。涵身宜采用钢筋混凝土整体闭合式框架结构，其横截面可分为长方形或正方形，内壁在角隅处宜设为倒角并配防劈裂钢筋。洞口翼墙采用一字式钢筋混凝土薄壁结构时，应与洞身连成整体；采用八字式翼墙时，翼墙与洞身间应设沉降缝。涵身底部宜设为混凝土和砂砾垫层上下两层。在洞口两端2m范围内应将基底埋入冰冻线以下不小于25cm。在涵身中部应设置沉降缝一道，当涵身长度超过20m时，可视具体情况每隔6m左右再设一道沉降缝。

箱涵工程造价较高。箱涵为刚性结构，其过水量一般按无压力式涵洞设计。

4.4.6　倒虹吸管涵

倒虹吸管涵是用于路堑挖方高度不能满足设置渡槽的净空要求时的灌溉渠道，不适用于排洪河沟。其为公路路基中较为特殊的构造物，它一般设置在低填方或挖方路段。为有效降低填土高度，在高速公路中也常采用。倒虹吸管涵主要由进口段、水平段和出口段组成。进口段由进水沟、沉淀池、进水井等组成。水平段是倒虹吸的主体，由基础、管身、接缝等组成。出水段由出水井、出水沟等组成。管身宜为钢筋混凝土圆管，管身基础由级配砂石垫层和混凝土基础构成。管身接缝宜为钢丝网抹带接口或环带接口。进出水井宜由混凝土构成，也可由水泥砂浆砌片构成；竖井上应设置活动的钢筋混凝土顶盖；沉淀池宜由浆砌块、片石构成，基础由混凝土和砂砾垫层构成。进出口水沟一定范围内应做铺砌加固。一般情况下倒虹吸涵管节采用钢筋混凝土管，特殊情况再外加混凝土套箱。

4.4.7　钢波纹管涵

钢波纹管涵适用于地基承载力较低，或有较大沉降与变形的路基。其管身由薄壁钢板压成波纹后，卷制成管节构成。整体式波纹管采用法兰连接；分片拼装式波纹管采用钢板搭接，并用高强螺栓连接。管身楔形部分采用砾类土、砂类土回填。管顶填土应在管两侧保持对称均匀、分层摊铺、逐层压实，层厚宜为15～25cm，其压实度不应小于96%。波纹管涵地基或基础应均匀坚固，其地基或基础的最小厚度与宽度应符合表4-33的规定。

钢波纹管涵基础的最小厚度与宽度　　表4-33

地质条件		基础最小厚度	基础宽
优质土地基		可直接将地基作为基础	
一般性土质地基	管径 $D<90$cm	20cm	2D
	管径 $D=90\sim200$cm	30cm	
	管径 $D>200$cm	0.20D	
岩石地基		20～40cm，但当填土高度大于5m时，填土每增高1.0m，其厚度增加4cm	2D
软土地基		$(0.3\sim0.5)D$ 或50cm以上	$(2\sim3)D$

4.4.8　涵洞洞口设计

涵洞进出口处应设端墙或翼墙，其样式和尺寸应使涵洞具有相应的过水能力和保证涵洞处路堤的稳定。端墙或翼墙与洞身应设缝隔开，缝内填以不透水材料。各类涵洞洞口构造见表4-34。

洞口沟床加固与防护　　表4-34

项目	地形条件及要求	图示
八字洞口	图a)为正八字式洞口，八字墙一般敞开斜置，敞开角宜为30°，且左右翼墙对称；适用于河沟平坦顺直，无明显沟槽，且沟底与涵底高度差变化不大的情况。当八字墙与路中线垂直时，称直墙式洞口，如图b)所示	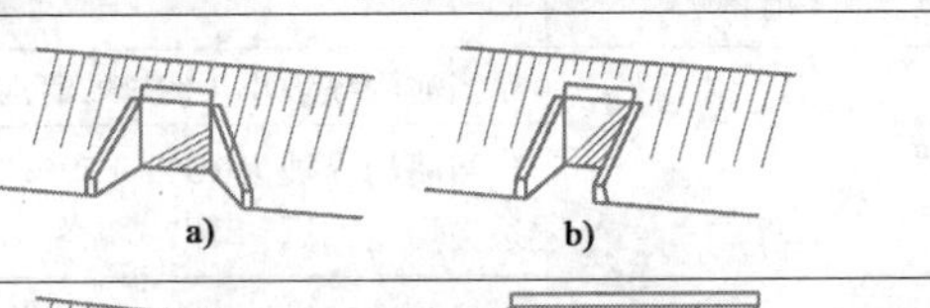 a)　b)
一字洞口	图a)配锥形护坡洞口，图b)一字墙接渠道洞口，图c)挡土墙式洞口，图d)一字墙斜洞口；端墙挡住路堤边坡土体，图a)、b)、c)适用于沟床稳定、土质坚实的河沟以及流速较小的人工渠道或不易受冲刷的岩石河沟；当涵洞与路线斜交时，锥坡洞口宜采用斜交正做洞口，其端墙可做成斜坡式或台阶式，如图d)所示	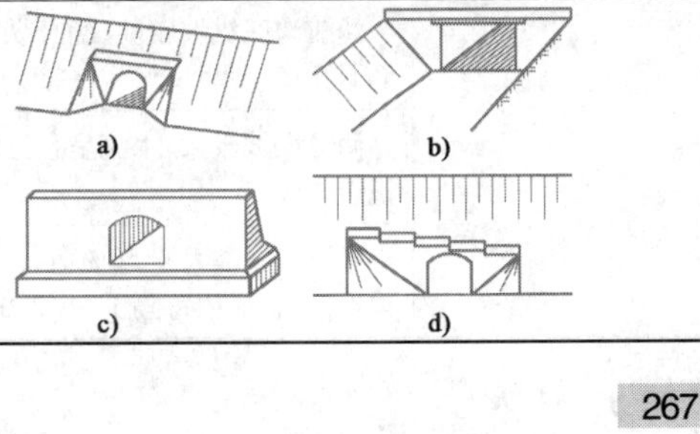 a)　b)　c)　d)

续上表

项目	地形条件及要求	图示
扭坡洞口	与渠道之间由一段变化坡度的过渡段构成，如图所示；适用于盖板涵、箱涵、拱涵洞身与人工灌溉渠道连接；进口收缩过渡段长度宜为渠道水深的4~6倍，出口扩散段适当增长	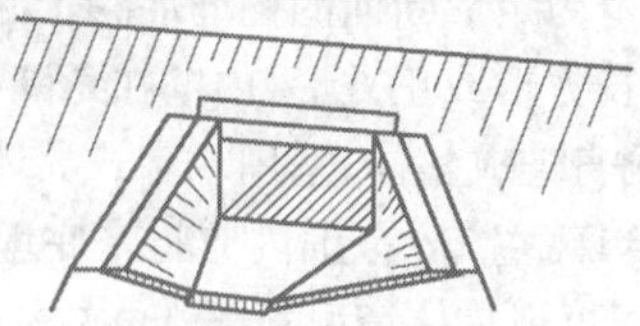
平头式洞口	图a）平头式正洞口，图b）平头式斜洞口；其常与钢筋混凝土圆管涵和钢波纹管涵对接，需制作特殊的洞口管节，适用于水流通过涵洞挤束不大和流速较小的情况	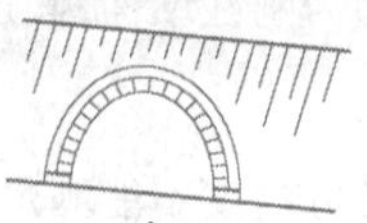 a) 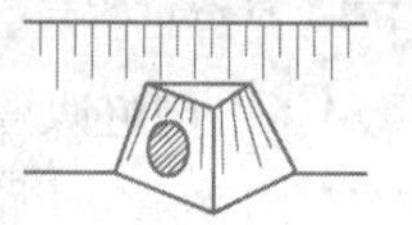 b)
走廊式洞口	由两道平行的翼墙在前端展开成八字形或圆曲线形构成，如图所示；可使涵前的壅水水位在洞口部分提前收缩跌落，降低无压力式涵洞的计算高度或提高涵内计算水深，增大涵洞的宣泄能力，适用于高路堤的情况	
流线形洞口	由进水口端节在立面上升高形成流线型构造，如图所示；平面也可做成流线型，使涵长方向涵洞净空符合水流进洞收缩的实际情况。流线型洞口应用于压力式涵洞时，可使洞内满流；应用于无压力式涵洞时，可增大涵前水深，提高涵洞的宣泄能力。其适用于高路堤或路幅较宽、涵身较长的涵洞	
跌水井式洞口	图a）边沟跌水井洞口，图b）一字墙式跌水井洞口；边沟跌水井用于内侧有挖方边沟涵洞的洞口，一字墙式跌水井洞口用于陡坡沟槽跌水；跌水井式洞口适用于河沟纵坡大于50%或路基不能满足涵洞建筑高度要求、涵洞进口开挖大以及天然沟槽与洞口高差大时，以解决路基边沟或天然沟槽与涵洞的连接	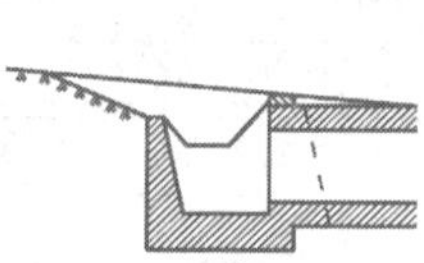 a) 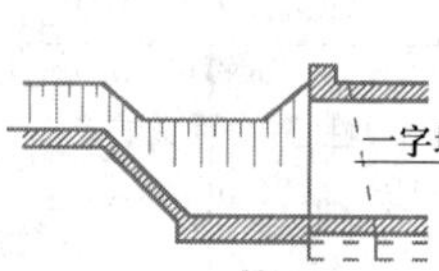 b)

涵洞的洞身和出入口一定范围内的沟床、路基坡面、锥体填方均应铺砌加固。出入口铺砌的平面形式应根据沟形确定，对于无明显沟槽者，出口平面宜采用等腰梯形，其铺砌角可取为20°；铺砌材料应按铺砌层上最大流速确定，铺砌末端必须设截水墙。当沟床为岩石或不被洪水冲移的大块石、漂石所覆盖时，沟床可不做铺砌。在纵坡陡、流速大的河沟，必要时还需设置急流槽、跌水及相应的消能措施，并应在端墙外墙底部设置截水墙。在沟床铺砌的端部，亦应设置截水墙。进口、出口沟床加固与防护见表4-35。

进、出水口沟床加固与防护 表4-35

项目	地形条件及要求	河床圬工加固及形式
进水口沟床	当河沟纵坡小于10%，河沟顺直且土质和流速许可时	干砌片石
	当河沟纵坡为10%~50%时，除岩石沟槽外，沟底和槽沟侧向边坡以及路基边沟均须加固	洞口铺砌
	涵前沟底纵坡较陡，涵身纵坡较缓，应在进口段设置缓坡段，长度为1~2倍的涵洞孔径	—
	涵身纵坡较大，水流呈急流状态涵底坡度与涵前沟底纵坡基本平顺衔接，可不设缓坡段	洞口铺砌
	当河沟纵坡大于50%时，流速很大，进口宜设置跌水井，采用急流槽与天然河沟连接，急流槽每隔1.5~2.0m宜设一防滑墙	急流槽

续上表

项目	地形条件及要求	河床圬工加固及形式
出水口沟床	当河沟纵坡小于3%的缓坡，当出水流速小于土壤的允许冲刷流速时	不作处理
	当河沟纵坡小于3%的缓坡，当出水口流速大于或等于土壤的允许冲刷流速时	洞口铺砌或设置挑坎防护
	当河沟纵坡小于或等于15%，出水口流速较小时，可铺砌加固，并在末端设置截水墙，其埋置深度不小于洞身或翼墙基础深度，截水墙外做干砌片石加固	洞口铺砌
	当河沟纵坡小于或等于15%，出水口流速较大时，可延长铺砌，并置设深埋的截水墙，其深度应大于铺砌末端冲刷深度10～25cm	洞口延长铺砌
	当河沟纵坡大于15%的陡坡，洞口末端应视河沟的地质、地形和水利条件确定	阶梯式急流槽或导流槽

对于涵洞而言，进出口设计是否合理，直接影响到涵洞排水功能的发挥。设计时应考虑水力性能，因地制宜的选用进出口形式，避免涵洞的损毁、路基塌陷。涵洞布设除必需满足排水、输沙要求外，还应与公路排水系统、水利规划及农田排灌相配合，布设涵洞间距不宜小于50m。

4.4.9　涵洞洞身设计

涵洞位置应符合沿线线形布设要求。当不受线形布设限制时，宜将涵洞位置选择在地形有利、地质条件良好、地基承载力较高、沟床稳定的河（沟）段上。涵洞的总体布置是涵洞设计的关键，主要可分为涵洞的平面布置、涵洞的立面布置及洞口进出口形式。

1. 平面布设原则

涵洞轴线一般为直线，平面布置主要是确定其中心桩号以及斜交角度。在较长的涵洞布置中，由于地形所限，也可布成曲线涵洞，实际中较少采用。

①应根据沿线地形、地质、水文等条件，结合路线排水系统，适应农田排灌，经济合理的布设涵洞。

②在跨越排水沟槽处、通过农田排灌渠道处、平原区路线通过较长的低洼或泥沼地带、傍山或沿溪路线暴雨时径流易集中地带以及边沟排水等需要时，均应设置涵洞。当地形条件许可，经过技术、经济比较，可并沟设涵。

③涵洞位置和方向的布设，宜与水流方向一致，避免因涵洞布设不当，引起上游水位壅高，淹没农田、村庄和公路路基，引起下游流速过大，加剧冲蚀沟岸及公路路基。

④涵洞的设置应综合考虑施工、养护、维修的要求，降低工程和养护费用。

⑤沿线涵洞布设密度应根据地形、地貌、水文及农田排灌等自然条件确定，但考虑路基施工压实方便，其涵洞间距不宜小于50m。

⑥当高速公路填土较高，且涵位处沟形弯曲时，涵洞中心桩号不一定是路线与沟心的交点，涵洞斜交角度也不一定是路线附近的沟心线与路线的交角。而应根据路基坡脚处沟心的位置及沟形的弯曲程度综合确定。

⑦对于河沟纵坡较大，沟谷下游填方较高，上游填方较小，过水流量不大的情况，涵位则不一定要沿沟心布置。虽然沿沟心布置，排水顺畅，但如果涵洞沿沟心顺地面坡势布设，则会使涵长加大，立面处理困难，工程造价升高。如果涵洞做成缓坡涵洞，一方面基础未落到实处，另一方面下游急流槽工程量亦较大。此种情况可考虑将涵位移到较缓的沟岸，涵洞进口改沟拦水，出口可利用挖填分界处的边沟将其尺寸加大，结构加固，将水引向下游，工程量较小，设计施工均大大简化。

⑧山区高速公路由于与隧道接线的需要，在隧道前后路段通常设成分离式路基。对于相距较近的分离式路基穿越沟谷的涵位布设应综合考虑，尽可能使涵洞位于一条直线上，必须设置两个独立的涵洞时，在满足各自路基排水顺畅的情况下，避免上下游两座涵洞进口错位太多，交角太大，并应在上下游两座涵洞之间做好必要的引导防护。

2. 立面布设原则

涵洞立面布置主要确定涵底纵坡及与纵坡适应的涵身布置形式，其应根据沟底纵坡，涵位处地面线的具体特征进行多次比选后才能做到经济合理。

①应根据实际地形、地质及水文等条件进行涵洞立面布设，确保涵洞基础稳定，涵底不冲不淤。

②山岭重丘地区河沟纵坡较陡，水流流速较大，涵洞立面布设应结合具体地形地质情况，设置缓坡涵洞或陡坡涵。

③平原微丘地区河沟纵坡较平缓，水流流速较小，设在天然河床上的涵洞，其铺砌顶面高程及坡度应与天然沟底高程及沟底纵坡基本一致。

④缓坡涵洞应用在沟底纵坡较大的山区或阶梯地势的黄土沟壑区时，势必会造成部分涵身基础落不到实处，通常的做法是对悬空部分做填石处理，工程施工麻烦，且不均匀沉降，容易使涵身发生断裂。缓坡涵洞一般出口顺边坡做成急流槽，流量较大时，容易冲毁路基。工程中采用陡坡式较多，保证流水顺畅，基础落到实处。

⑤陡坡涵洞立面布置一般有平置台阶式和斜置式。土质地基河沟纵坡小于10%，弱风化岩石河沟纵坡小于30%可采用斜置式。当涵底纵坡大于5%时，斜置式基础应设置齿状基础，以保证涵洞的整体稳定。对于纵坡大于10%的土质河沟，纵坡大于30%的弱风化岩石河沟应采用平置台阶式。

3. 涵身和涵底处置

涵洞内径或净高不宜小于0.75m；不同长度涵洞对应不同内径或净高见表4-36。

涵洞长度对内径或净高的要求 表4-36

涵洞长度（m）	15～30	30～60	>60
涵洞内径或净高（m）	≥1.0	≥1.25	≥1.5

当旧路改建、拓宽时，如原涵洞状态良好，长度可视具体情况接长。寒冷地区的涵洞内径及净高应考虑涎流冰的影响。无压力式涵洞内顶点至最高流水面的净空应符合表4-37的规定。涵前水深应小于或等于涵洞净高的1.15倍，可不计涵前积水对设计流量的影响。

无压力涵洞净空高度 h_d（m） 表4-37

涵洞类型 / 涵洞进口净高 h_d（m）	管涵	拱涵	矩形涵
≤3	$\geq h_d/4$	$\geq h_d/4$	$\geq h_d/6$
>3	≥0.75	≥0.75	≥0.5

涵底最小纵坡不宜小于0.4%，以防止淤积，斜坡上的涵洞涵底纵坡不宜大于5%，圆管涵的纵坡不宜大于3%。当涵底纵坡大于5%时，涵底宜采用齿状基础，或者出口设置为扶壁式。当涵底纵坡大于10%时，洞身及基础应分段做成阶梯形，前后两节涵洞盖板或拱圈的搭接高度不应小于其厚度的1/4。置于非岩石地基上的涵洞，应根据涵洞的涵底纵坡及地基土情况，每隔4～6m应设置一道沉降缝。涵洞基础应计算工后沉降，其工后沉降量不应大于20cm。

管涵及其他封闭式截面的涵洞，当涵身底部土质均匀，下沉量不大时，涵洞可不设基础，并按表4-38进行处置。但涵洞出入口应设基础并考虑防渗作用，以避免管节间发生不均匀沉降和接缝漏水。

涵身底部的处置形式 表4-38

基底土名称	形式	垫层厚度或夯实层厚度（m）
岩石	混凝土抹成垫层	—
	砂垫层	不小于0.4
砾石土、卵石土	用砂填充空隙同时夯实	不小于0.4
砂砾、粗砂、中砂及细砂	表层夯实	不小于0.4

4. 涵长计算

涵洞长度是指涵洞两端洞口之间的斜长距离，包括涵洞纵向坡度、路基横断面与涵洞纵身交角所产生的涵洞增长。

5. 路基对涵洞的相关要求

涵洞洞身两侧填土应对称均衡分层夯实，其每侧长度不应小于洞身两侧填土高度的一倍，压实度不应小于96%。高速公路、一级公路、二级公路路堤与涵洞连接处应设置过渡段，其长度宜按2～3倍填土高度确定。路基压实度不应小于96%，填料强度、地基处理、涵台背防水等应进行综合设计。当采用机械填土时，须待涵洞圬工达到容许强度后，洞身两侧应用人工或小型机具对称夯填，待填方高出涵顶不少于1.0m时，再用机械填筑。

预制混凝土拱圈和钢筋混凝土盖板的宽度应视起重及运输能力而定，但要保证构件的强度和刚度，其宽度不应小于1.0m。需要加宽时，应按0.5m的倍数增加。预制钢筋混凝土圆形管节的长度不宜小于1.0m。

施工时涵洞应设上拱度，除高填土和长、大孔径涵洞需要计算外，一般涵洞的预设上拱度，可按表4-39的规定设置。但入口流水槽面的高程不宜低于涵身中部流水槽面的高程。

涵洞预设上拱度　　表 4-39

基底土名称	上拱度(mm)	基底土名称	上拱度(mm)
碎石土砂砾、粗砂、中砂、细砂	$H/80$	半干硬状态的、硬塑状态的黏性土及老黄土	$H/50$

注:1. H 为路线中心线处自涵洞流水槽面至路面顶面的高度,单位为 mm;

2. 当设计有规定拱度时,按照设计办理;

3. 基底土属软塑状态的黏性土或新黄土时,上拱度可适当加大;

4. 基底土为岩石、涵洞顶上填方厚度不足 2m 以及涵身坡度较陡的涵洞(>5%),可不设上拱度。

4.4.10 渡槽设计

渡槽又称高架渠、过水桥,两端与渠道相接。其槽身、槽台、槽墩受力与桥梁结构受力相似。

1. 槽身水力计算

(1)在槽身水力计算中,槽内水深多为给定值,一般略小于上下游渠道水深,必要时也可等于或略大于上下游渠道水深。

(2)槽身水力计算采用明渠均匀流公式:

$$Q = \frac{AR^{\frac{2}{3}} i^{\frac{1}{2}}}{n} \tag{4-10}$$

式中:Q——设计流量,m^3/s;

A——槽身过水断面面积,m^2;

R——水力半径,m;

i——槽身纵坡;

n——糙率系数,混凝土槽身一般采用 $n = 0.013 \sim 0.014$。

2. 钢筋混凝土矩形槽身

①槽身过水断面深宽比,一般采用 $h/B = 0.6 \sim 0.8$。对于大流量的多纵梁式矩形槽,深度比则不受经验尺寸的限制。

②槽身跨杆及支承形式(简支或双悬臂)根据流量大小、地形地质及施工条件等因素确定。简支梁式渡槽的跨径一般为 10 ~ 15m;双悬臂梁式渡槽每节槽身长度一般为 20 ~ 30m,可根据实际情况布置为等跨双悬臂式、等弯矩双悬臂式或不等跨不等弯矩双悬臂式。

③槽身侧墙及底板厚度,应满足强度以及抗裂要求,由应力分析确定。侧墙一般兼作纵梁,还应满足纵向稳定要求。对于带横杆的矩形槽,侧墙厚度 t 与墙高 H 之比一般为 $t/H = 1/12 \sim 1/16$;对于无横杆加肋式槽身,墙厚可适当减小,但一般不小于 15cm;对于无横杆无肋式槽身,侧墙应适当加厚,一般采用变厚度,墙顶厚度一般不小于 15cm。槽底板厚度一般采用与侧墙底部厚度相同,对于多纵梁式槽身,底板厚度可小于侧墙底部厚。侧墙与底板交接处加设补角,补角宽及高一般为 20 ~ 30cm。

④带横杆矩形槽的横杆间距采用 1.5 ~ 2.5m,截面边长为 20cm 左右。

⑤槽身纵向在支承处一般加设横肋,以改善支座处的受力情况,肋宽约等于侧墙厚度,肋净厚等于或略大于肋宽。

⑥无横杆加肋式槽身的横肋间距,应满足侧墙及槽底板成为双向板的要求。侧墙高 H 与肋距 L_1 的比值 H/L_1 及槽底板宽 B 与肋距 L_1 的比值 B/L_1 一般采用 1.0 ~ 2.0。肋宽一般不小于侧墙及槽底板厚,肋净厚一般等于或略大于肋宽。如欲使侧墙及槽底板均成为四边固定支承板,侧墙顶部及底部需局部加厚,并要求侧墙顶部、底部及肋的刚度应大于 8 倍板的刚度。

⑦无横杆矩形槽的侧墙顶部一般设置外伸人行道悬臂板,板厚 6 ~ 10cm,板宽 70 ~ 100cm。带横杆的槽身人行道板一般搁置于横杆上。

⑧箱形槽身的侧墙、顶板及底板多采用等厚,厚度一般不小于 30cm。

⑨侧墙超高根据流量大小及总体规划要求确定,一般等于或略小于上下游渠道超高。

3. 钢筋混凝土 U 形槽身

①槽身净宽 $2R_0$ 及净深 $(R_0 + f)$ 由水力计算确定。槽身的深宽比一般采用为

$$(R_0 + f)/(2R_0) = 0.7 \sim 0.9 \tag{4-11}$$

式中:R_0——槽壳内半径;

f——槽壳直段高。

②渡槽跨径及支承形式(简支或双悬臂)根据流量大小、地形地质及施工条件等因素确定。对于近似按梁理论计算的U形薄壳槽身,要求跨宽比为槽身计算跨长 $l_0/(2R_0)\geqslant 3$。

③槽身截面各部位尺寸根据槽宽按下述关系式确定:

$$t=(1/10\sim 1/15)R_0, f=(0.4\sim 0.8)R_0, a=(1.5\sim 2.5)t, b=(1\sim 2)t, c=(1\sim 2)t \tag{4-12}$$

式中:t——槽壁厚;

l——每节槽身长;

a、b、c——槽顶加厚部分(顶梁)尺寸。

④槽身为了加大纵向刚度及满足抗裂要求,必要时可适当加厚槽底。加厚部分的尺寸如下:

$$d_0=(0.5\sim 0.6)R_0, t_0=(1\sim 1.5)t \tag{4-13}$$

式中:d_0、t_0——槽底加厚部分尺寸。

⑤槽顶矩形横杆间距1.0~3m,边长15~20cm。

⑥槽身支座处设置端肋,肋宽30cm左右,肋中截面高(包括槽壁厚)为$(5\sim 6)t$。

4. 重力式槽墩设计

①实心重力墩的墩顶长度略大于槽身宽。梁式渡槽墩顶宽度一般不小于0.8~1.0m。拱式渡槽混凝土墩的墩顶宽度约为拱跨的1/15~1/25;砌石墩的墩顶宽度约为拱跨的1/10~1/20,且均不小于0.8m。墩的四侧一般采用20:1~40:1的斜坡向下逐渐扩大,小型渡槽也可采用直坡。墩顶一般设混凝土墩帽,配置构造钢筋。梁式渡槽的墩帽厚一般为0.3~0.5m,拱式渡槽的墩帽厚度根据主拱圈的拱脚厚度确定。墩帽四周伸出墩边5~10cm。墩底基础宽度主要根据地基承载力确定。基础一般采用台阶形混凝土结构,每阶高度0.5~0.7m,向外伸出宽度0.3~0.5m。跨越河流的渡槽墩头一般采用半圆形。

②空心重力墩的外形轮廓尺寸及墩帽、基础结构与实心重力墩基本相同。混凝土空心墩的壁厚由应力验算确定,一般采用20~30cm。为加强墩的整体性,墩内一般沿高每2.5~4m设置两根钢筋混凝土横梁。

③多跨连拱渡槽一般每隔3~5个槽墩设一加强墩。墩身多采用浆砌石结构,其断面尺寸根据在单向拱脚荷载作用下的稳定条件确定。

④实体重力式槽台的顶宽可等于或略小于槽墩顶宽。台前直立,台背一般采用1:0.3~1:0.4的斜坡。槽台底宽(包括前后趾)一般采用台高的0.8~1.0倍,基础尺寸参照槽墩基础根据地基承载力及稳定条件确定。

⑤U形槽台前墙及侧墙顶宽一般采用0.5m,墙背一般采用1:0.25~1:0.35的斜坡。前墙长度略大于槽身宽度,侧墙端部墙顶深入岸坡30cm左右。基础的平面形状一般为矩形;如前墙较长,也可采用U形基础。基础一般采用台阶形,布置原则与实体重力式槽台相同。

4.5 路基防护设计

各级公路应根据当地气候、水文、地形、地质条件及筑路材料分布情况,采取工程防护和植物防护相结合的综合措施,防治路基病害,保证公路路基稳定,并与周围环境景观相协调,美化路容,提高公路使用质量。在地下水较为发育的路段,路基边坡防护应与排水设施进行综合设计。防护支挡结构应与桥台、隧道洞门、既有支挡结构物协调配合,衔接平顺。路基施工过程中应注意边坡临时防护措施,边坡临时防护工程宜与永久防护工程相结合。

4.5.1 防护工程分类

1. 按防护作用分

根据公路路界范围,沿线地形及地质条件,路基防护工程主体可分为坡面植草防护、坡面加固防护、防冲刷防护和支挡路基防护。

2. 按防护位置分

防护位置可分为路堑(上边坡)坡面防护和路堤(下边坡)坡面防护。对于支挡防护的形式而言,防护位置可分路堑挡土墙、路堤挡土墙(即路堤墙、路肩墙),以及矮墙。

3. 按防护结构分

按防护结构分有护坡、护面墙和挡土墙三种形式。

①护坡是在设计的坡面上进行加固,主要防止水流冲刷。

②护面墙倾斜在坡面上,覆盖各种软质岩层和较破碎岩石的挖方边坡的剥落,有压盖和保护坡面的作用。

③挡土墙是为防止路基填土或山坡土体坍塌而修筑的承受土体侧压力的墙式构造物。

在坡面防护中可分网格骨架和封面，则护坡的基本形式有封面、护坡、护面墙。

在冲刷防护中的结构形式有抛石防护、导治构造物等。导治构造物一般又可采用顺坝、丁坝、石笼护坡等结构形式。

在支挡防护中的结构形式有重力式挡土墙、衡重式挡土墙、锚杆挡土墙等。

4. 按工程材料分

按工程材料分可为植物防护和工程防护。植物防护有植(播)草、植树，铺草皮。工程防护有砌石防护、混凝土防护。骨架护坡是在坡面上首先采用工程防护做成骨架，之后再在骨架内完成植物防护。

5. 按施工方法分

按施工方法分有人工砌筑片块石、浇筑混凝土、预制块护坡，以及人工抹面、捶面，机械喷射混凝土、喷播植草等。

4.5.2　坡面防护

公路路基坡面防护工程应在稳定的边坡上设置，防护类型的选择应综合考虑工程地质、水文地质、边坡高度、环境条件、施工条件和工期等因素的影响，对于路基稳定性不足和存在不良地质因素的路段，应注意路基边坡与支挡加固的综合设计。坡面防护不承受外力作用，主要是保护路基边坡表面免受雨水冲刷，减缓温差及温度变化的影响，防止和延缓岩土表面的风化、破碎和剥蚀，从而保护路基边坡的整体稳定性，同时还兼顾改善环境景观、保护生态环境。

1. 植草防护

(1)植草防护

①草种选用应根据防护目的、气候、土质、施工季节等确定，宜采用易成活、生长快、根系发达、叶茎矮或有匍匐茎的多年生草种。

②种子的配合、播种量等的设计应根据选用植物的生长特点、防护地点及施工方法确定。

③植被防护需要快速绿化，应选择多年生草种。土质边坡和严重风化的软质岩石边坡，边坡坡率缓于1∶1的情况下可铺设草皮；植树适宜于坡率缓于1∶1.5的边坡上，或边坡以外的河岸外及漫滩上，树种应选用能迅速生长且根深枝密的低矮灌木类。

(2)三维植被网防护

三维植被网防护适用于砂性土、土夹石及风化岩石，且坡率缓于1∶0.75的边坡上，植被网中的回填土应采用客土或本土、肥料及含腐殖质土的混合物。

(3)湿法喷播

湿法喷播适用于土质边坡、土夹石边坡、严重风化岩石且坡率缓于1∶0.5的路堑和路堤边坡及中央分隔带、立交区、服务区及弃土堆绿化防护。

(4)客土喷播

客土喷播适用于风化岩石、土壤较少的软质岩石、养分较少的土壤、硬质土壤、植物立地条件差的高大陡坡面和受侵蚀显著的坡面。当坡率陡于1∶1时，宜设置挂网或混凝土框架。

2. 骨架植物防护

(1)浆砌片石或水泥混凝土骨架植草护坡

①骨架护坡适用材料有浆砌片石、现浇混凝土、混凝土预制块等。浆砌片石或混凝土骨架植草护坡适用于坡率缓于1∶0.75的土质和全风化岩石边坡上；降雨量较大的地区，坡度应缓于1∶1，骨架宜做成截水沟型。

②应视边坡坡率、土质和当地情况确定骨架形式，并与周围景观相协调。框架内应采用植物或其他辅助防护措施。

(2)多边形水泥混凝土空心块植物护坡

多边形水泥混凝土空心块植物护坡，适用于坡率缓于1∶0.75的土质和全风化、强风化的岩石路堑边坡上；其混凝土强度不低于C20，厚度不小于15cm；空心块内填充种植土、喷播植草。

(3)锚杆混凝土框架植物防护

锚杆混凝土框架植物防护适用于土质边坡和坡体中无不良结构面、风化破碎的岩石路堑边坡上。锚杆采用非预应力的全长黏结型时，锚杆间距、长度应视边坡地质情况确定，锚杆保护层厚度不小于2cm；框架应采用钢筋混凝土，强度不低于C25，框内植草。

3. 圬工防护

①喷护适用于坡率缓于1∶0.5、易风化但未遭强风化的岩石边坡。喷浆防护厚度不小于5cm，砂浆强度不低于

M10。喷射混凝土防护厚度不小于 8cm,混凝土强度不低于 C15。喷护坡面应设置泄水孔和伸缩缝。

②锚杆挂网喷浆(混凝土)护坡适用于坡面为碎裂结构的硬质岩石或层状结构的不连续地层以及坡面岩石与基岩分开并有可能下滑的挖方边坡。钢筋网喷射混凝土支护厚度不小于 10cm,不大于 25cm;钢筋保护层厚度不小于 20mm。锚杆应嵌入稳固基岩内,锚固深度应根据岩体性质确定。

③干砌片石护坡适用于坡度缓于 1∶1.25 的土(石)质路堑边坡,厚度不宜小于 25cm;浆砌片(卵)石护坡适用于坡度缓于 1∶1 的易风化岩石和土质路堑边坡,厚度不小于 25cm,砂浆强度不低于 M5,应设置伸缩缝和泄水孔。水泥混凝土预制块护坡适用于石料缺乏地区的路基边坡防护,预制块混凝土强度不低于 C15,严寒地区不低于 C20,厚度不应小于 6cm。干砌、浆砌片石防护、砌预制块护坡的铺砌层下应设置碎石或砂砾垫层,厚度不小于 10cm。

④护面墙适用于易风化或风化严重的软质岩石或较破碎岩石的挖方边坡,以及坡面易受侵蚀的土质边坡,边坡不陡于 1∶0.5。窗孔式护面墙防护的边坡不陡于 1∶0.75;拱式护面墙防护的边坡不缓于 1∶0.5。单级护面墙的高度不超过 10m,并应设置伸缩缝和泄水孔。护面墙基础,应设置在冰冻深度以下不小于 25cm。护面墙前趾应低于边沟铺砌的底面。

4. 封面及捶面

①封面适用于坡面较干燥、未经严重风化的各种易风化岩石边坡,但不适用于由煤系岩层及成岩作用很差的红色黏土岩组成的边坡,厚度不小于 3cm,表层可涂软化点稍高于当地气温的沥青保护层。抹面防护使用年限为 8~10 年,高速公路路基边坡不宜采用抹面防护。

②捶面适用于边坡坡率缓于 1∶0.5、易受冲刷的土质边坡或易风化剥落的岩石边坡,使用年限为 10~15 年,厚度不小于 10cm,宜采用等厚截面;大面积捶面,应每隔 5~10m 设置一道伸缩缝。

4.5.3 冲刷防护

冲刷防护主要是指沿河滩路堤、水泽区路堤、滨海路堤、桥头堤岸等常年或季节性浸水,受流水冲刷、拍击和淘洗,造成公路路基浸湿、坡脚淘空,或水位骤降时堤岸内细粒填料的流失,致使堤岸失稳、崩坍,而应考虑建筑的防冲刷人工构造物。冲刷防护工程顶面高程,应为设计水位加上波浪侵袭、壅水高度及安全高度。基底埋设在冲刷深度以下不小于 1m 或嵌入基岩内。当冲刷深度较深、水下施工困难时,可用桩基、沉井基础或适宜的平面防护。

沿河地段公路路基当采用受水流冲刷时,应根据河流特性、水流性质、河道地貌、地质等因素,结合公路路基位置,选用适宜的防护工程、导流或改河工程。设置导流建筑物时,应根据河道地貌、地质、水流特性、河道演变规律和防护要求等设计倒治线,并结合避免农田、村庄、公路和下游路基的冲刷加剧。在山区河谷地段,不宜设置挑水导流建筑物。

1. 植物防护

路堤边坡若不是经常浸水或长期浸水,可采用种草或铺草皮防护。已扎根边坡的种草防护可容许缓慢水流 0.4~0.6m/s的短时冲刷,铺草皮防护可容许 1.2~1.8m/s 流速的季节性水流冲刷。在沿河路基外的河滩上可植种喜水性树种的防水林带,其平面布置以多行带状或梅花式为宜。

2. 砌石及混凝土护坡

砌石及混凝土护坡适用于允许流速 2~8m/s 的路堤。浆砌片石的厚度,应按流速及波浪的大小等因素确定,并不小于 35cm,护坡底面应设厚度 10~15cm 碎石或砂砾反滤层。用于冲刷防护的砌石及混凝土护坡的基础应埋置在冲刷线以下 0.5~1m,否则应采取其他防冲刷措施。

3. 抛石护坡

抛石不宜单独使用,通常仅作为一种辅助措施;其适用于经常浸水且水较深的路基边坡或坡脚,尤其适用于浸水挡土墙、护坡基础的防护,在抢修工程中用处较多。抛石护坡坡率和选用石料粒径是根据水深、流速和波浪情况确定,石料粒径应大于 30cm,坡率不应陡于所抛石料浸水后的天然休止角(参考值见 4-40),厚度不应小于所用最小石料粒径的 2 倍。

抛石边坡坡率参考值 表 4-40

水文条件	采用边坡	水文条件	采用边坡
水浅,流速较小	1∶0.25~1∶2	水深大于 6m,在急流中施工	缓于 1∶3
水深 2~6m,流速较大,波浪汹涌	1∶2~1∶3		

4. 石笼防护

石笼防护不能作为常规的防护措施。在沿河路堤坡脚或河岸受水流冲刷和风浪侵袭时，或沿河挡土墙、护坡基础局部冲刷深度过大时，可采用石笼防护，其容许流速4～5m/s的水流冲刷。石笼由直径3～4mm粗铁丝或镀锌铁丝编织，一般普通粗铁丝石笼可使用3～5年，镀锌铁丝石笼可使用8～12年。石笼一般制成直径约50cm、高1.5～2m圆柱形，以便于滚动就位。石笼也可做成长2～3m、宽1～2m、高0.5～1m箱形的长方体，以便于多层堆码，相邻铁丝笼应用铁丝连成整体。石笼内所填石料，应选用容量大、浸水不崩解、坚硬且未风化石块，块径应大于石笼的网孔。石笼护坡应设置厚度为0.2～0.4m的砂砾垫层，或铺设一层土工布。

5. 浸水挡土墙

浸水挡土墙适用于允许流速为5～8m/s的峡谷急流和水流冲刷严重的河段。其设计应符合挡土墙的有关规定，并应注意浸水挡土墙和岸坡的衔接。

6. 土工膜袋

土工织物软体沉排、土工膜袋适用于允许流速为2～3m/s的沿河路基冲刷防护。土工膜袋可用于替代干砌片石、砂浆块石等修建堤坡、堤脚，构筑丁坝、堤坝主体，还可以用于堤坝崩塌、江河崩岸险情的抢护。

7. 丁坝

丁坝是指坝根与河岸或河滩路堤相连，坝身倾向于水流的堤坝。其适用于宽浅变迁性河段，用以排流或减低流速。丁坝长度是根据防护长度、丁坝与水流方向的交角、河段地形、水文条件及河床地质情况等确定，垂直于水流方向上的投影长度不宜超过稳定河床宽度的1/4。其横断面形式和尺寸应根据材料种类、河流的水文特性等确定，坝顶宽度根据稳定计算确定；丁坝与水流方向的交角应小于或等于90°为宜。当设置群坝时，坝间距离不应大于前坝长度。

8. 顺坝

顺坝是指坝根与河岸相连，坝身留有缺口，坝身与水流大致平行（坝头又可能与河岸连接）的堤坝，用于调整流水曲度和改善流态。顺坝的布置必须制定一个合理的导治线，坝根位置宜设在主流转向点的上方。坝顶宽度应根据稳定性计算确定，坝根应嵌入稳定河岸不小于3m。

9. 改河

改河工程一般限于局部段落，如裁弯取直、挖滩改道，清除孤石等。新河道断面可参照原河床状态，河面宽度与原河道的稳定河宽应大致相等。主河槽改动频繁的变迁性河流或支流较多的河段不宜改河。改河起点和终点的位置应与原河床顺接。为防止水流重归故道，宜在改河入口处加陡纵坡并设置拦河坝或顺坝。

4.5.4 支挡防护

公路路基支挡结构设计应满足在各种设计荷载组合下支挡结构的稳定、坚固和耐久；结构类型选择及设置的确定应安全可靠、经济合理、便于施工养护；结构材料应符合耐久、耐腐蚀的要求。支挡防护承受土压力作用，是根据路基滑坡性质，选用挡土墙或抗滑桩等支挡工程，以抵抗滑体的滑动。公路路基位于陡坡、岩石风化的路堑边坡地段，为避免大量填方、挖方及需要降低路基边坡高度地段，设置挡土墙后能增加边坡稳定、防止产生滑坍的不良地质地段，水流冲刷严重的沿河路基地段，与桥涵或隧道工程项目相连接的路基地段，为节约用地、减少拆迁或少占农田地段，为保护重要建筑物、生态环境或其他需要特殊保护的地段应设置挡土墙。挡土墙是利用空间、缩小挖填断面、整治路基坍塌的有效措施。

1. 挡土墙类型

挡土墙类型应综合考虑工程地质、水文地质、冲刷深度、荷载作用情况、环境条件、施工条件、工程造价等因素，按表4-41的规定选用。

各类挡土墙结构形式及适用条件　　表4-41

挡土墙类型	结构形式	适用条件
重力式挡土墙	采用块石、片石、混凝土预制块砌筑，也可采用片石混凝土、混凝土进行整体浇筑	适用于一般地区、浸水地区和地震地区的路肩、路堤和路堑等支挡工程；干砌墙高度不宜超过6m，浆砌墙高度不宜超过12m；高速公路、一级公路不应采用干砌挡土墙
半重力式挡土墙	采用混凝土或少筋混凝土浇筑	不宜采用重力式挡土墙的地下水位较高或较软弱的地基上，墙高不宜超过8m，否则宜采用钢筋混凝土半重力式挡土墙

续上表

挡土墙类型	结构形式	适用条件
悬臂式挡土墙	采用钢筋混凝土浇筑	宜在石料缺乏、地基承载力较低的填方路段采用，墙高不宜超过5m
扶壁式挡土墙	采用整体钢筋混凝土浇筑	宜在石料缺乏、地基承载力较低的填方路段采用，墙高不宜超过15m
锚杆挡土墙	采用钢筋混凝土柱、板与锚杆组合结构；挡土墙可采用单级或多级墙体	宜用于墙高较大的岩质路堑地段，可用作抗滑挡土墙，可采用肋柱式或板壁式单级墙或多级墙，每级墙高不宜大于8m，多级墙的上、下级墙体之间应设置宽度不小于2m的平台
锚碇板挡土墙	采用钢筋混凝土柱、板与钢拉杆与填料组合结构；挡土墙可采用单级或多级墙体	宜使用在缺少石料地区的路肩墙或路堤式挡土墙，但不应建筑于滑坡、坍塌、软土及膨胀土地区；可采用肋柱式或板壁式，墙高不宜超过10m；肋柱式锚碇板挡土墙可采用单级墙或双级墙，每级墙高不宜大于6m，上、下级墙体之间应设置宽度不小于2m的平台，上下两级墙的肋柱宜交错布置
加筋土挡土墙	为加筋体结构，板采用钢筋混凝土板；面板形状可采用十字形、矩形等；拉筋材料宜采用钢筋混凝土板条、钢带、复合土工带或土工格栅等	用于一般地区的路肩式挡土墙、路堤式挡土墙，但不应修建在滑坡、水流冲刷、崩塌等不良地质地段；高速公路、一级公路墙高不宜大于12m，二级及二级以下公路不宜大于20m；当采用多级墙时，每级墙高不宜大于10m，上、下级墙体之间应设置宽度不小于2m的平台
桩板式挡土墙	由嵌岩桩和桩间挡土板组成的钢筋混凝土结构，需要时可在桩顶0.3h处设置锚杆	用于表土及强风化层较薄的均质岩石地基，挡土墙高度可较大，也可用于地震区的路堑或路堤支挡或滑坡等特殊地段的治理

2. 挡土墙设计

①挡土墙可采用锥坡与路堤连接，墙端应伸入路堤内不小于0.75m；锥坡坡率宜与路堤边坡坡率一致。

②挡土墙基础嵌入路堑原地层的深度，土质地层不小于1.5m，风化软质岩层不小于1m，微风化岩层不小于0.5m。

③应根据挡土墙墙背渗水量合理布置排水构造物，整体式墙面的挡土墙应设置伸缩缝和沉降缝。

④挡土墙墙背填料应采用渗水性强的砂性土、砂砾、碎(砾)石、粉煤灰等材料；

⑤挡土墙基础应采用明挖基础，5%纵坡上的挡土墙基底设计应采用台阶式；路堑挡土墙基础顶面应低于路堑边沟底面不小于0.5m。冻结深度≤1m时，挡土墙基底应在冻结线以下不小于0.25m，并应符合基础最小埋深不小于1m的要求；冻结深度超过1m时，挡土墙基底最小埋深不小于1.25m，还应将基底至冻结线以下0.25m深度范围的地基土换填为弱冻胀材料。

⑥挡土墙的具体尺寸，应通过计算确定。

3. 挡土墙受力

作用在一般地区挡土墙上的力，可只计算永久作用(或荷载)和基本可变作用(或荷载)，浸水地区、地震动峰值加速度值为0.2g及以上的地区、产生冻胀力的地区，尚应计算其他可变作用(或荷载)和偶然作用(或荷载)，作用(或荷载)组合可按表4-42进行。

常用作用(或荷载)组合 表4-42

组合	作用(或荷载)名称
I	挡土墙结构重力、墙顶上的有效永久荷载、填土重力、填土侧压力及其他永久荷载组合
II	组合I与基本可变荷载组合
III	组合II与其他可变荷载、偶然荷载相组合

墙身所受浮力，应根据地基地层的浸水情况按如下原则确定：砂类土、碎石类土和节理很发育的岩石地基，按计算水位的100%计算；岩石地基按计算水位的50%计算。作用在墙背上的主动土压力，可按库仑理论计算。应进行墙后填料的土质试验，确定填料的物理力学指标。当缺乏可靠试验数据时，填料内摩擦角ϕ可参照表4-43选用。

填料内摩擦角或综合内摩擦角(°) 表4-43

填料种类		综合内摩擦角$\phi 0$(°)	内摩擦角$\phi 0$(°)	重度(kN/m^3)
黏性土	墙高$H \leq 6$m	35~40	—	17~18
	墙高$H > 6$m	30~35	—	

续上表

填料种类	综合内摩擦角 $\phi0$(°)	内摩擦角 $\phi0$(°)	重度(kN/m^3)
碎石、不易风化的块石	—	45～50	18～19
大卵石、碎石类土、不易风化的岩石碎块	—	40～45	18～19
小卵石、砾石、粗砂、石屑	—	35～40	18～19
中砂、细砂、砂质土	—	30～35	17～18

4. 各挡土墙构造

重力式、悬臂式、扶壁式等挡土墙，应按墙高和墙长设置泄水孔，其间距宜为2.0～3.0m。浸水挡土墙宜为1.0～1.5m，以上下交错布置，并应设置向墙外倾斜3%～5%的坡度；折线墙背可能积水处，也应设置泄水孔；干砌挡土墙可不设泄水孔；挡土墙最下排泄水孔的高度应高出地面30cm。泄水孔的进水侧应设反滤层，厚度不应小于30cm；在最下排泄水孔的底部，应设隔水层。当墙背填料为非渗水性土时，应在最底排泄水孔至墙顶以下50cm的高度区间内，填筑不小于30cm厚的砂、砾石竖向反滤层，反滤层的顶部应以30～50cm厚的不渗水材料封闭。

(1)重力式挡土墙

重力式挡土墙根据墙背的倾斜角度分为仰斜式、垂直式、俯斜式、凸折式、衡重式、台阶式，可用块石、片石、混凝土预制块作为砌体，或用片石混凝土、混凝土进行整体现浇。见图4-2。混凝土墙身顶宽不小于0.4m，浆砌墙身顶宽不小于0.5m，干砌墙身顶宽不小于0.6m。应根据墙址地形情况及经济比较，合理选择重力式挡土墙的墙背坡度。俯斜式挡土墙或衡重式、凸折式挡土墙的上墙，墙背俯斜坡度常用值为1∶0～1∶0.40；仰斜式挡土墙、衡重式、凸折式挡土墙的下墙，墙背仰斜坡度不宜缓于1∶0.25。挡土墙墙背应尽量采用渗水材料填筑及在常水位30cm以上的墙体预埋泄水管，以利迅速排出墙背积水。挡土墙应分段砌筑，每隔10～15m设置伸缩缝，在地形、地质及高度变化较大处应设置沉降缝。基础以上的挡土墙墙面坡度应与坡度相配合。地面横坡较陡时，墙面坡度可采用1∶0～1∶0.20；地面横坡平缓时，墙面坡度可较缓，但不宜小于1∶0.30。

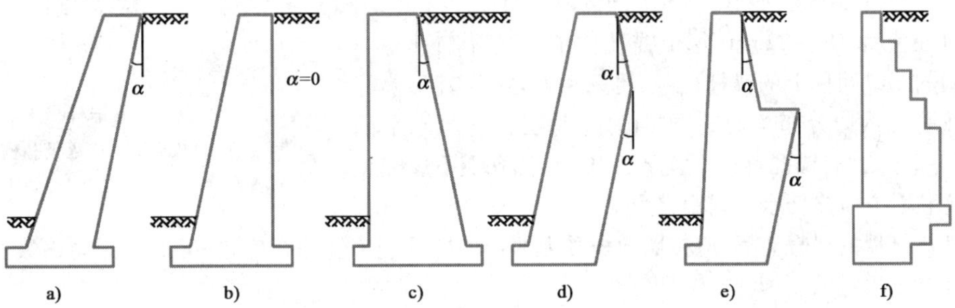

图4-2 重力式挡土墙

a)仰斜式；b)垂直式；c)俯斜式；d)凸折式；e)衡重式；f)台阶式

半重力式挡土墙类似于重力式挡土墙，一般采用素混凝土浇筑，或在墙背、墙趾处设置少量钢筋，以减薄墙身，节省圬工数量。见图4-3。

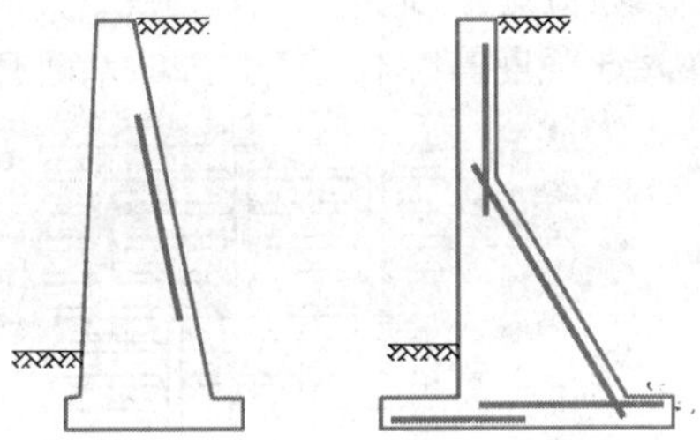

图4-3 半重力式挡土墙

墙高小于7m时，转折点可位于距墙顶3～4m处。底板端部厚度不宜小于0.4m，底板的前趾扩展长度不宜大于1.5m。

(2)悬臂式挡土墙

悬臂式挡土墙由立墙、墙踵板和前趾板三部分组成，见图4-4。构造要求立墙的顶宽不小于20cm，立墙外侧表面可设1∶0.02～1∶0.1的仰坡，内侧面坡度宜为竖直；前趾板和后踵板的端部厚度不小于30cm。悬臂式挡土墙的墙高不宜超过5m，超过5m则采用扶壁式挡土墙。

(3)扶壁式挡土墙

扶壁式挡土墙由挡土板、扶肋、墙踵板和前趾板四部分组成，见图4-5。构造要求墙高不宜超过15m；挡土板宜采用等厚的竖直板，顶宽不小于20cm，底板厚度不小于30cm；扶肋间距宜为墙高的1/3～1/2，扶肋的厚度宜为扶肋间距的1/8～1/6，但不小于30cm，且应随高度逐渐向墙后加宽。扶壁式挡土墙为整体浇筑的钢筋混凝土结构，混凝土强度等级不低于C20，配置主钢筋直径不小于12mm。扶壁式挡土墙分段长度不超过20m，每一分段宜设置三个或三个以上的扶肋。

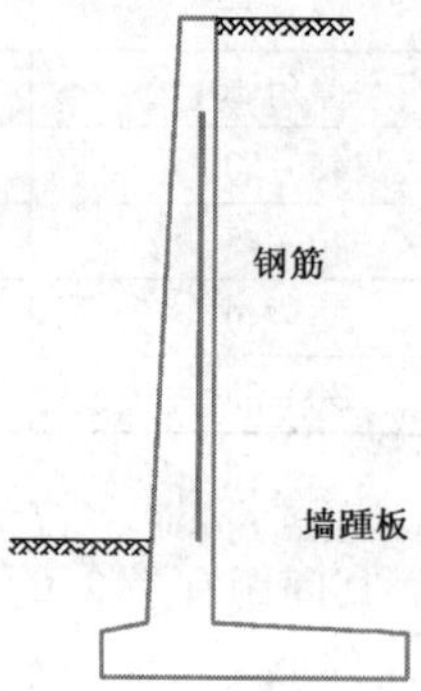

图 4-4　悬臂式挡土墙

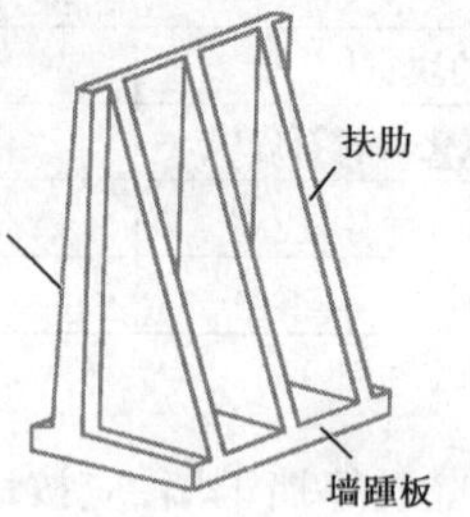

图 4-5　扶壁式挡土墙

(4)锚杆挡土墙

锚杆挡土墙可分为肋柱式锚杆挡土墙、板壁式锚杆挡土墙,适用于路堑地段。见图 4-6。肋柱式锚杆挡土墙由肋柱、挡土板、锚杆组合构成,可采用单级墙或多级墙,每级墙高不宜大于 8m,可采用现浇挡土板和预制挡土板形式。肋柱可采用矩形或 T 形截面,顺墙方向的肋柱宽度不宜小于 30cm,肋柱间距宜为 2 ~ 3m;肋柱宜垂直布置或向填土一侧仰斜,但仰斜度不应大于 1: 0.05;肋柱和挡土板采用的混凝土强度等级应不低于 C20,肋柱受力方向前后侧面内,应配置通长受力钢筋,钢筋直径不小于 12mm。挡土板应采用等厚截面,且不小于 30cm。多级锚杆挡土墙的上下级墙之间,应设置宽度不小于 2m 向外倾斜 2% 的平台,采用厚度不小于 15cm 的混凝土封闭。

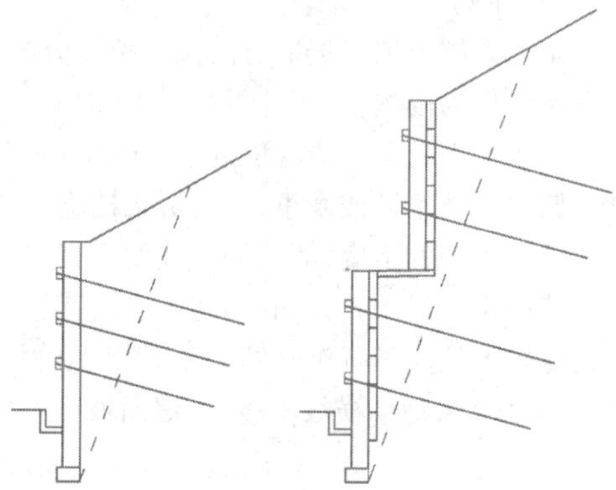
a)　　b)

图 4-6　锚杆挡土墙
a)板壁式;b)两级肋柱式

锚杆钢筋直径宜为 18 ~ 32mm,每个锚孔内的钢筋不宜多于 3 根。锚杆挡土墙的每级肋柱上的锚杆层数,可采用双层或多层;锚杆的设置位置应按肋柱内力分布均匀的原则确定,每层锚杆与水平面的夹角宜在 15° ~ 20°之间,锚孔直径不宜小于 10cm,锚孔上下层间距不宜小于 2.0m;顺墙方向锚杆水平间距宜为 2.0m。

板壁式锚杆挡土墙的锚杆布置,应按墙面板受力的合理性及经济性综合确定,沿墙高方向每级布置 2 ~ 3 排锚杆。板壁式锚杆挡土墙宜采用楔缝式锚杆。

(5)锚碇板挡土墙

锚碇板挡土墙采用钢筋混凝土柱、板,钢拉杆与填料组合构成,适用于路堤地段,其墙高不宜超过 10m。其应根据墙址处地形、地质及工程情况,合理选用肋柱式锚碇板挡土墙或板壁式锚碇板挡土墙,见图 4-7。锚碇板挡土墙的混凝土强度等级不应低于 C20,基础混凝土强度等级不低于 C15。

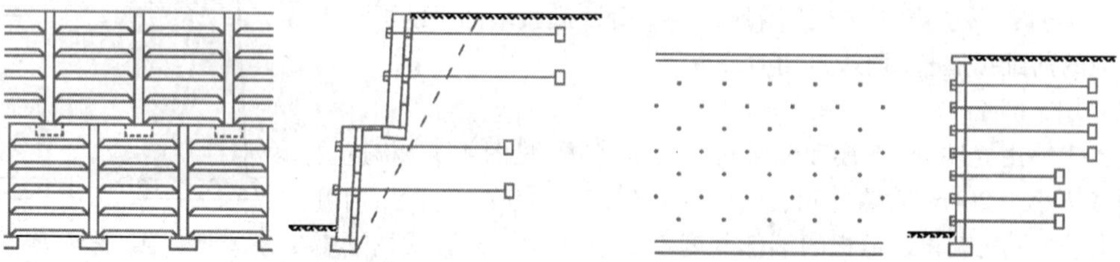
a)　　b)

图 4-7　锚碇板挡土墙
a)肋柱式;b)板壁式

肋柱式挡土墙可采用单级或双级墙,肋柱间距宜为 1.5 ~ 2.5m,肋柱可采用矩形、T 形或工字形断面,顺墙方向的肋柱宽度不应小于 35cm,肋柱厚度不宜小于 30cm;肋柱应采用垂直或向填土侧后仰布置,仰斜度宜为 1: 0.05。双级锚碇板挡土墙的平台,宜用厚度不小于 15cm 的 C15 混凝土封闭,并设置向墙外倾斜 2% 的横坡。

拉杆可采用单根或双根螺纹钢筋,直径宜为 22 ~ 32mm;最上一层拉杆至填料顶面的距离不小于 1m,长度不应小于5m,最下一层拉杆长度不小于锚碇板挡土墙高度的3.5倍。锚碇板可采用钢筋混凝土板,当锚碇板埋置深度不足时,可采用向下倾斜拉杆,其水平倾角β10°~15°;肋柱式锚碇板挡土墙的锚碇板面积不小于0.5m^2,板壁式锚碇板挡土墙的锚碇板面积不小于0.2m^2。

挡土墙内填料夯实度除符合路基压实度的规定外,墙顶以下1.2m高度内的填料压实度,不应小于最佳密实度的95%;拉杆及锚碇板埋设时,应在填土夯填至拉杆高程以上20cm后再挖槽就位,锚碇板前方超挖部分应用混凝土或灰土回填夯实。

(6)加筋土挡土墙

加筋土挡土墙为加筋体结构,主要是由基础、挡土板、筋带、帽石、填土构成,见图4-8。其使用在高速、一级公路上,墙高不宜超过12m,使用在其他等级公路上,高度不宜超过20m。平面布置的相邻墙面的内夹角,不宜小于70°。

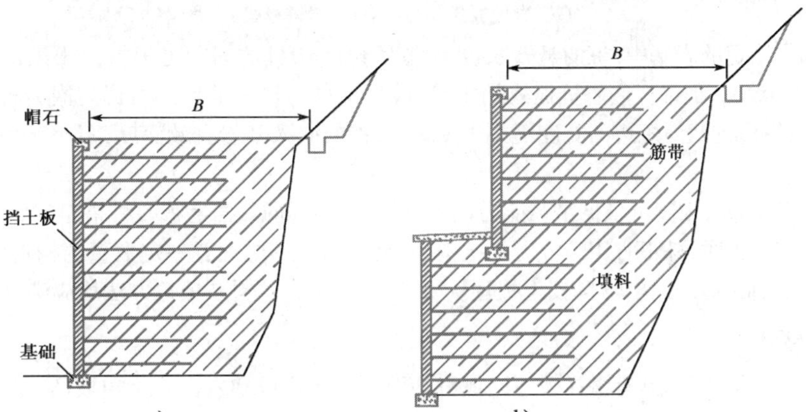

图4-8 加筋土挡土板

a)单级;b)两级

基底不宜设在斜坡上,如有纵坡,可结合地形做成台阶形基础;基础宜采用混凝土浇筑,宽度不小于40cm,厚度不小于20cm;对于土质地基,基础埋置深度不应小于60cm。挡土板可采用金属面板、钢筋混凝土面板、混凝土面板,其截面常采用槽形、L形、矩形等,厚度不小于8cm,并预留泄水孔;墙背应设置反滤层或设置不小于50cm厚的砂砾防冻层。常用挡土板尺寸,见表4-44。

常用挡土板尺寸表(mm) 表4-44

类型	高度	宽度	厚度	备注
槽形	300~750	1000~1500	140~200	
L形	300~500	1000~1500	80~120	
矩形	500~1000	1000~1500	80~200	

加筋土挡土墙的筋带常用材料有钢带、钢筋混凝土带、钢塑土工加筋带、土工格栅、聚乙烯土工加筋带、聚丙烯土工加筋带等。钢筋混凝土筋带、混凝土面板均应采用预制件,强度等级不低于C20,厚度不小于8cm,分节长度不宜大于2m,截面为扁矩形,即宽度10~25cm、厚度6~10cm。墙高大于3m时,筋带最小长度宜大于0.8倍墙高,但不小于5m;墙高小于3m时,筋带长度不小于3m,宜采用等长筋带;同一段挡土墙的筋带不等长不宜多于3种,相邻不等长筋带长度差不宜小于1m。

多级加筋土挡土墙的平台,宜用厚度不小于15cm的C15混凝土封闭,并设置向墙外倾斜2%的坡率。当采用细粒填料时,上一级挡土墙基础应设置宽度不小于1m,厚度不小于50cm的砂砾或灰土垫层。

填料是加筋土挡土墙的主体材料,应选用有一定级配的砂土、砾石土、碎石土、稳定土等易压实、与加筋材料有足够的摩擦力的填料;分层碾压前,筋带顶面的填土厚度不小于20cm。挡土板顶面应根据路线纵坡,宜设置混凝土或钢筋混凝土帽石。

(7)嵌岩桩板式挡土墙

嵌岩桩板式挡土墙采用钢筋混凝土结构,由嵌岩桩及桩间的挡土板组成,见图4-9。适用于岩体破碎、山体陡峻或有倾向公路的软弱结构面,可能造成坍塌的路堑地段。一般情况桩板式挡土墙的两端均配置一定长度的圬工挡土墙,山体的上半部分采用其他防护措施。

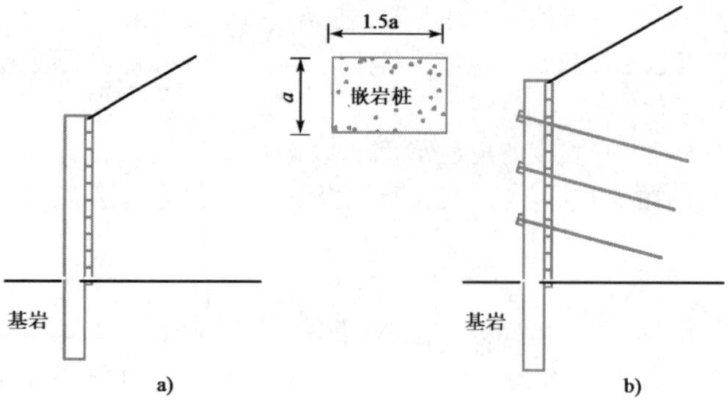

图 4-9　桩板式挡土墙

a)嵌岩桩板式;b)加锚杆嵌岩桩板式

嵌岩桩必须锚固在稳定的岩基中,桩的悬臂长度不宜大于 15m,桩的间距可根据挡土板的重量与吊装能力确定,通常为墙高的 1/4 ~ 1/2。加锚杆嵌岩桩板式挡土墙,应保证桩与锚杆的变形协调。嵌岩桩宜采用圆形或矩形截面,圆形桩的直径或矩形桩截面短边的宽度不小于 1.25m,桩的嵌入基岩有效深度,不小于桩径或矩形截面短边的 1.5 倍。

挡土板厚度不小于 20cm,板宽可根据吊装能力确定,但不小于 30cm;挡土板与桩搭接,搭接长度每端不小于 1 倍板厚。当采用拱形挡土板时,其不宜用纯混凝土结构,应沿径向和环向配置一定数量的构造钢筋,钢筋直径不宜小于 10mm。挡土板的背面回填压实,应随挡土板逐块安装循环进行,填料及填筑方法均应满足要求。

4.5.5　边坡锚固

对于边坡中存在不良结构面,具有潜在破坏面或滑动面的土质边坡和岩石路堑边坡,宜采用预应力锚杆护坡。这一新型加固措施,大体上分为锚杆和锚梁两部分,无锚梁的预应力锚杆护坡称为单锚墩。硬质岩锚固宜采用拉力型锚杆,土质及软质岩锚固宜采用分散型锚杆;锚杆的材料可选择高强度低松弛的钢绞线、精轧螺纹钢筋,或普通预应力钢筋;有条件时,优先采用无黏结钢绞线(拉力型锚杆)。

锚固坡面结构常用类型有锚杆框架(格子)梁护坡、地梁锚杆护坡和单锚墩锚杆护坡,适用条件见表 4-45。

坡面结构常用类型及适用条件　　表 4-45

结构形式	适用条件	备注
格子(框架)梁护坡	风化较严重、地下水丰富、软质岩、土质边坡	多雨地区,梁宜做成截流沟式
地梁护坡	软硬岩体相间、土质边坡	地质较差地段
单锚墩护坡	硬质岩、块状或整体性好的岩体	

(1)锚杆格子(框架)梁护坡

锚固截面一般采用矩形或 T 形,梁体宽度不小于 30cm;格子梁矩形单元尺寸不小于 3m × 3m,菱形单元尺寸不小于 5m × 3m。梁体内配置通长配筋,梁体嵌入坡面岩体内深度不宜小于 20cm;水泥混凝土强度等级不宜低于 C20,框架内采用喷播植草。

(2)地梁锚杆护坡

对于浅层稳定性好,不必用框架稳固浅层,但深层易失稳的高陡岩土边坡,而采用锚杆地梁,去掉框架的横梁,从而节省工程材料。预应力锚杆的作用是锚固坡体,地梁的作用是将墩头和锚杆群连成一个整体。地梁之间可采用喷播草防护;如果坡体浅层稳定性较差,也可在地梁之间采用浆砌片石盖面。

(3)单锚墩锚杆护坡

对于浅层稳定性好,但深层易失稳的高陡岩土边坡,采用单锚墩锚杆护坡较为经济。单锚墩设计应根据锚力大小,满足岩体承载要求,并配置适量的构造钢筋。锚头的水泥混凝土强度等级不得低于 C20。

锚杆总长度由锚固段长度、自由段长度及外露段长度组成。设计中考虑实际锚固段长度应取大值,不小于 3m、不大于 10m;自由段伸入滑动面或潜在滑动面的长度不小于 1m,且自由段长度不小于 5m。锚固段内的预应力筋每隔 1.5 ~ 2m 的,应设隔离架。全长黏结型锚杆,包括非锚固长度和有效锚固长度。有效锚固长度不小于 2m,也不大于 10m;杆体宜采用Ⅱ、Ⅲ级钢筋,直径应为 16 ~ 32mm;长度大于 4m 或杆体直径大于 32mm,应采取杆体居中构造措施。

4.5.6 土钉支护

土钉是用来加固或同时锚固岩土的细长杆件。土钉支护适用于硬塑或坚硬的黏性土、胶结或弱胶结的粉土、砂土、砾石、软岩和风化岩层等挖方边坡的临时支护和永久支护。土钉支护应特别重视水的作用与影响,必须在地表和支护内部设置完善的排水系统以疏导地表径流和地下水。

土钉支护的边坡高度不宜大于18m,当土钉支护与预应力锚杆联合使用时,边坡高度可增加。边坡较高时宜设多级土钉支护,上下级土钉支护之间应设置平台。土钉长度包括非锚固长度和有效锚固长度,土钉间距宜为0.75~2m,与水平面夹角宜为5°~25°。土钉材料宜采用Ⅱ、Ⅲ级钢筋,钢筋直径宜为18~32mm,钻孔直径宜为70~100mm。土钉钢筋应设定位支架。临时支护的喷射混凝土面层厚度不小于6cm,永久支护的喷射混凝土面层厚度不小于8cm;喷射混凝土强度等级不低于C20。喷射混凝土面层中配置的钢筋网,直径不小于6mm,网格间距一般为150~250mm。面层应设置泄水孔,与水平夹角5°~10°;泄水孔后,应设置无砂混凝土反滤层。

4.5.7 抗滑桩

抗滑桩是指抵抗土压力或滑坡下滑力的横向受力桩。其适用于滑坡厚度较薄、推力较小、锚固段地基强度较高的地段。抗滑桩可与明洞、排桩等组合使用,还可采用预应力锚索抗滑桩结构形式。抗滑桩截面形状宜采用矩形,截面尺寸和桩间距离应根据滑坡推力大小容许强度等因素确定。桩的最小边宽度不小于1.25m,桩身混凝土强度等级不低于C20、护壁混凝土强度等级不小于C15。

抗滑桩纵向受力钢筋不小于16mm,净距为8~12cm;用束筋时,每束不多于3根;亦可设置成单排、双排、3排钢筋,受力筋混凝土保护层厚度不小于6cm。箍筋采用封闭式,直径不小于14mm,间距不大于50cm。抗滑桩的两侧和受压边,应适当配置纵向构造钢筋,间距40~50cm,直径不小于12mm;桩的受压边两侧,应配置架立钢筋,直径不小于16mm。

第五章　公路路面设计

公路路面设计的基本要求是根据交通量及其组成情况和公路等级、使用任务、功能、当地材料及自然条件，结合路基进行综合设计。公路路面应具有良好的稳定性和足够的强度，其表面应满足平整、抗滑和排水的要求。各级公路的行车道、路缘带、匝道、变速车道、爬坡车道、硬路肩和应急停车带等均应铺筑路面。

5.1　设计概念

公路路面是指利用各类建筑材料铺装在路基的路床顶面以上的各种结构层的总称。

5.1.1　路面类型

在公路路面设计中，主要从路面结构的力学特性和设计方法的相似性角度，划分公路路面的类型。

1. 按材料划分类型

按路面材料，可将公路路面划分为沥青路面、水泥混凝土路面、砂石路面和石料路面四种类型。

①沥青路面有沥青混凝土路面、沥青碎石路面、沥青贯入式路面、沥青表面处治路面等；

②水泥混凝土路面有普通水泥混凝土路面、钢筋混凝土路面、连续配筋混凝土路面、预应力混凝土路面、钢纤维混凝土路面和碾压混凝土路面等；

③砂石路面有泥结碎石路面、级配碎石路面、级配砾石路面及天然砂砾路面等；

④石料路面有整齐块石片石路面、半整齐块石片石路面、拳石路面等。

2. 按力学特性划分类型

按路面结构的力学特性，可将路面划分为柔性路面、刚性路面和半刚性路面三类。

①用柔性结构层组成的路面称柔性路面，它具有刚度较小、抗弯拉强度较低，主要靠路面材料的抗压、抗剪强度来承受车辆荷载作用的路面；

②刚性路面主要是指用水泥混凝土做面层或基层的路面结构；

③半刚性路面主要是指用水泥、石灰等无机结合料处治的土或碎（砾）石及含有水硬性结合料的工业废渣修筑的基层和铺筑在它上面的沥青面层，统称为半刚性路面。

3. 按沥青混合料面层划分类型

沥青路面是用沥青混合料做面层的路面，其结构类型如图 5-1 所示。

1)按组成结构分类

沥青混合料按组成结构分类,可分为密实—悬浮结构、骨架—空隙结构、密实—骨架结构。

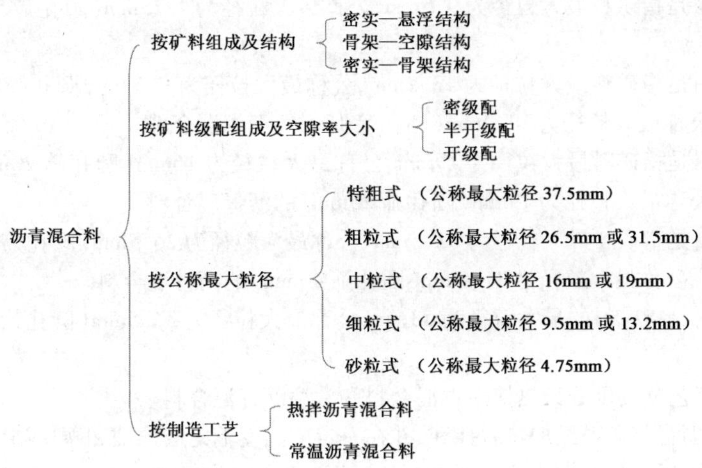

图 5-1 沥青混合料分类

(1)密实—悬浮结构

在采用连续密级配矿料配制的沥青混合料中,一方面矿料的颗粒由大到小连续分布,并通过沥青胶结作用形成密实结构;另一方面较大一级的颗粒只有留出充足的空间才能容纳下一级较小的颗粒,这样粒径较大的颗粒就往往被较小一级的颗粒挤开,造成粗颗粒之间不能直接接触,也就不能相互支撑形成嵌挤骨架结构,而是彼此分离悬浮于较小颗粒和沥青胶浆中间,这样就形成了密实—悬浮结构的沥青混合料。工程中常用的 AC-I 型沥青混凝土就是这种结构的典型代表。

(2)骨架—空隙结构

当采用连续开级配矿料与沥青组成沥青混合料时,由于矿料大多集中在较粗的粒径上,所以粗粒径颗粒可以相互接触,彼此相互支撑,形成嵌挤骨架。但因很少含有细颗粒,粗颗粒形成的骨架空隙无法填充,从而压实后在混合料中留下较多的空隙,形成骨架—空隙结构。工程中使用的沥青碎石混合料(AM)和排水沥青混合料(OGFC)是典型的骨架空隙型结构。

(3)密实—骨架结构

当采用间断型密级配矿料与沥青组成沥青混合料时,由于矿料颗粒集中在级配范围的两端,缺少中间颗粒,所以一端的粗颗粒相互支撑嵌挤形成骨架,另一端较细的颗粒填充于骨架留下的空隙中间,使整个矿料结构呈现密实状态,形成密实—骨架结构。沥青玛蹄脂碎石混合料(SMA)是一种典型的骨架—密实型结构。

2)按矿料级配分类

沥青混合料按矿料级配分类可分为密级配沥青混凝土混合料、半开级配沥青混合料、开级配沥青混合料、间断级配沥青混合料。

①密级配沥青混凝土混合料是指各种粒径的颗粒级配连续、相互嵌挤密实的矿料,与沥青拌和而成,且压实后的剩余空隙率小于 10% 的混凝土混合料。剩余空隙率为 3% ~6%(行人道路 2% ~6%)的是 I 型密实式改性沥青混凝土混合料;剩余空隙率为 4% ~10% 的是 II 型半密实式改性沥青混凝土混合料。代表类型有沥青混凝土、沥青稳定碎石。

②半开级配沥青混合料是指由适当比例的粗集料、细集料及少量填料(或不加填料)与沥青拌和而成,压实后剩余空隙率在 10% 以上的半开式改性沥青混合料。代表类型有改性沥青稳定碎石,用 AM 表示。

③开级配沥青混合料是指矿料级配主要由粗集料组成,细集料和填料较少,采用高黏度沥青结合料黏结形成,压实后空隙率大于 15% 的开式沥青混合料。代表类型有排水式沥青磨耗层混合料,以 OGFC 表示;另有排水式沥青稳定碎石基层,以 ATPB 表示。

④间断级配沥青混合料是指矿料级配组成中缺少 1 个或几个档次而形成的级配间断的沥青混合料。代表类型有沥青玛蹄脂碎石混合料(SMA)。

3)按矿料粒径分类

沥青混合料按矿料粒径分类可分为砂粒式沥青混合料、细粒式沥青混合料、中粒式沥青混合料、粗粒式沥青混合料、特粗式沥青混合料。

①砂粒式沥青混合料是指矿料最大粒径为9.5mm、公称最大粒径为4.75mm(圆孔筛5mm)的沥青混合料,也称为沥青石屑或沥青砂。

②细粒式沥青混合料是指矿料最大粒径为13.2mm、公称最大粒径为9.5mm(圆孔筛10mm)的沥青混合料;或矿料最大粒径为16mm、公称最大粒径为13.2mm(圆孔筛15mm)沥青混合料。

③中粒式沥青混合料是指矿料最大粒径为19mm、公称最大粒径为16mm(圆孔筛20mm)的沥青混合料;或矿料最大粒径为26.5mm、公称最大粒径为19mm(圆孔筛25mm)的沥青混合料。

④粗粒式沥青混合料是指矿料最大粒径为31.5mm、公称最大粒径为26.5mm(圆孔筛30mm)的沥青混合料;或矿料最大粒径为37.5mm、公称最大粒径为31.5mm(圆孔筛40mm)的沥青混合料。

⑤特粗式沥青混合料是指矿料的最大粒径为53mm、公称最大粒径为37.5mm(圆孔筛45mm)的沥青混合料。

4)按制造工艺分类

沥青混合料按制造工艺分类可分为热拌沥青混合料和常温沥青混合料。

①热拌沥青混合料:沥青与矿料经加热后拌和,并在一定的温度下完成摊铺和碾压施工过程的混合料。

②常温沥青混合料:采用乳化沥青或稀释沥青在常温下(或者加热温度很低)与矿料拌和,并在常温下完成摊铺和碾压过程的混合料。

5.1.2 路面设计参数

公路路面结构主要受温度和湿度、路基的力学特性、交通荷载等直接影响,且与公路等级和功能的要求有较大的关系。

1.温度和湿度

路面结构直接暴露在大气之中,经受着自然环境因素的影响。温度和湿度是对路基、路面结构有重要影响的自然环境因素。路基、路面结构的温度和湿度状况随周围环境的变化而变化,路基、路面体系的性质与状态也随之发生变化。路基土和路面材料的强度与刚度随路面结构内部温度和湿度的变化有时会有大幅度的增减,如图5-2和图5-3所示。从中可以看出沥青混凝土的动弹性模量随温度升高而降低,路基回弹模量随湿度增长而急剧下降。

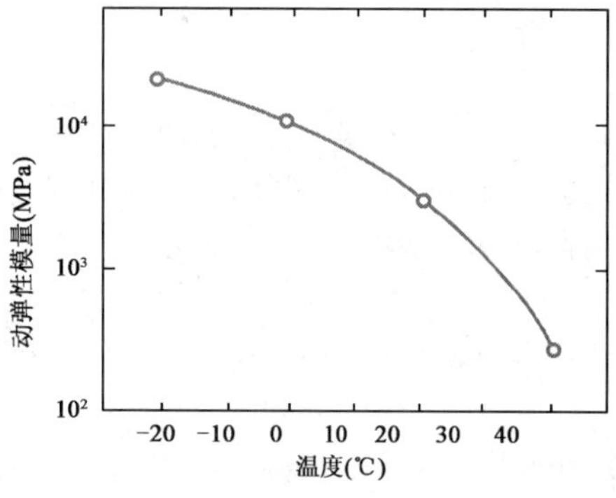

图5-2 温度对沥青混凝土弹性模量的影响

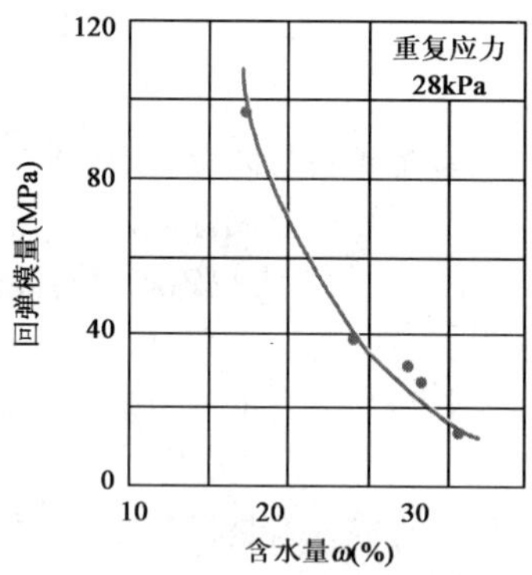

图5-3 湿度对路基回弹模量的影响

2.路基的力学特性

公路路基是路面结构的支承体,车轮荷载通过路面结构传至路基,所以路基土的应力和应变特性对路面结构的整体强度和刚度有很大影响。路面结构损坏,除了自身的原因之外,路基的变形过大也是重要原因之一。

公路路基的变形包括弹性变形和塑性变形两部分。过大的塑性变形将导致各种沥青路面产生车辙和纵向不平整;对于水泥混凝土路面,路基的塑性变形将引起水泥混凝土面板断裂。弹性变形过大将使得沥青面层和水泥混凝土面板产生疲劳开裂。在路面结构总变形中,路基的变形约占70%~95%,所以提高路基土的抗变形能力是提高路面结构整体强度和刚度的重要方面。

3.交通荷载

交通荷载是影响路面使用寿命的关键因素之一。路面设计所需考虑的交通荷载作用参数主要有:初始(基)年的年平均日货车交通量,货车交通量的方向分布和车道分布系数,设计使用期内货车交通量增长系数,货车类型、轴型和轴载谱，车轮轮迹横向分布系数，轮胎特性、内压力、接触压力和面积等。各个路面设计方法中，对交通荷载影响的考虑有两种方案。一种方案采用增量法，逐月分析设计使用期内不同类型车辆的各级轴载对路面结构的损坏作用，而后，累计得到设计使用期内路面结构的总损坏；另一种方案采用当量法，选定一个标准轴载，将设计使用期内不同类型车辆各级轴载的损坏作用转换成标准轴载的损坏作用。

1）荷载特征

荷载特征包括车型和轴型、车重和轴重。

（1）车型和轴型

汽车可分为客车和货车两大类。其中，客车可再分为轿车、中型客车和大型客车（公共汽车）三类；货车再分为轻型货车、中型货车和重型货车三类，或者按车身组合情况分为整车和组合车。组合车又可分为单拖挂车和多拖挂车，前者由牵引车和半拖挂车组合而成，后者则由单拖挂车和拖挂车组合而成。

整车的前轴都为单轴，其两侧车轮均为单轮胎；而后轴可由单轴、双联轴或三联轴组成，两侧车轮可为单轮胎或双轮胎组。组合车的前轴也为单轴-单轮，后面的车轴可以有 2 ~ 5 个（单拖挂车）或 4 ~ 6 个以上（多拖挂车），由单轴、双联轴或三联轴组成。

交通量调查时，应按车型和轴型的不同，将车辆分类后进行观测和统计。例如，美国联邦公路局将车辆划分为 13 类：①摩托车；②轿车；③2 轴 4 轮整车；④大型客车（公共汽车）；⑤2 轴 6 轮整车；⑥3 轴整车；⑦4 轴或以上整车；⑧4 轴或以下单拖挂车；⑨5 轴单拖挂车；⑩6 轴或以上单拖挂车；⑪5 轴或以下多拖挂车；⑫6 轴多拖挂车；⑬7 轴或以上多拖挂车。前 4 类为客车，后 9 类为货车。

路面设计时，不需要考虑 2 轴 4 轮的各种客车和货车（上述分类中的① ~ ③类车辆）的作用，因为这些车辆对路面的损坏作用很小。交通量调查应提供其他各类车辆的数量和所占的比例，即货车交通量和占总交通量的比例。

（2）车重和轴重

车辆荷载以车辆（整车或组合车）的总重、各轴型（单轴、双联轴或三联轴）的轴重和各轮组（单轮或双轮组）的轮重表征。

轴重应用固定式或移动式称重仪进行测定。测定时，单轴按 5kN 间隔分级，双联轴按 10kN 间隔分级，三联轴按 15kN 间隔分级。测定结果按车型和轴型分类统计，得到各类车辆和各种轴型的各级轴重分布比例，即轴载谱。

2）标准轴载

（1）水泥混凝土路面

①水泥混凝土路面结构设计以 100kN 单轴-双轮组荷载作为标准荷载。不同轴 - 轮型和轴载的作用次数，按式（5-1）换算为标准轴载的作用次数。

$$N_s = \sum_{i=1}^{n} \delta_i N_i \left(\frac{P_i}{100} \right)^{16} \tag{5-1}$$

$$\delta_i = 2.22 \times 10^3 P_i^{-0.43} \tag{5-2}$$

或
$$\delta_i = 1.07 \times 10^{-5} P_i^{-0.22} \tag{5-3}$$

或
$$\delta_i = 2.24 \times 10^{-8} P_i^{-0.22} \tag{5-4}$$

式中：N_s ——100kN 的单轴-双轮组标准轴载的作用次数；

P_i——单轴-单轮、单轴-双轮组、双轴-双轮组或三轴-双轮组轴型 i 级轴载的总重（kN）；

n——轴型和轴载级位数；

N_i ——各类轴型 i 级轴载的作用次数；

δ_i——轴-轮型系数，单轴-双轮组时，$\delta_i = 1$；单轴-单轮时，按式（5-2）计算；双轮-双轮组时，按式（5-3）计算；三轴-双轮组时，按式（5-4）计算。

②水泥混凝土路面所承受的轴载作用，按设计基准期内设计车道所承受的标准轴载累计作用次数分为 4 级，分级范围见表 5-1。

交 通 分 级　　表 5-1

交通等级	特重	重	中等	轻
设计车道标准轴载累计作用次数 N_e（10^4）	>2000	100 ~ 2000	3 ~ 100	<3

注：交通调查和分析及 N_e 计算，参照《公路水泥混凝土路面设计规范》。

(2)沥青混凝土路面

路面设计采用双轮组单轴载 100kN 作为标准轴载,以 BZZ-100 表示。以标准轴载的计算参数按表 5-2 确定。对运煤或运建筑材料等大型载重车为主的公路,应根据实际情况,经论证选用设计荷载计算参数进行设计。

标准轴载计算参数 表 5-2

标准轴载	BZZ-100	标准轴载	BZZ-100
标准轴载 P(kN)	100	单轮传压面当量圆直径 d(cm)	21.30
轮胎接地压强 p(MPa)	0.70	两轮中心距(cm)	1.5d

设计交通量的计算应将不同轴载的各种车辆换算成 BZZ-100 标准轴载的当量轴次。

①当以设计弯沉值和沥青层层底拉应力为指标时,各种轴载均应按式(5-5)换算成标准轴载 P 的当量作用次数 N。

$$N = \sum_{i=1}^{K} C_1 \cdot C_2 n_i \left(\frac{P_i}{P}\right)^{4.35} \tag{5-5}$$

式中:N——以设计弯沉值和沥青层层底拉应力为指标时标准轴载的当量轴次(次/d);

n_i——被换算车型的各级轴载作用次数(次/d);

P——标准轴载(kN);

P_i——被换算车型的各级轴载(kN);

C_1——被换算车型的轴数系数;

C_2——被换算车型的轮组系数,双轮组为 1.0,单轮组为 6.4,四轮组为 0.38;

K——被换算车型的轴载级别。

当轴间距大于 3m 时,应按单独的一个轴载计算;当轴间距小于 3m 时,双轴或多轴的轴数系数按式(5-6)计算。

$$C_1 = 1 + 1.2(m - 1) \tag{5-6}$$

式中:m——轴数。

②当以半刚性材料层的拉应力为设计指标时,各级轴载均应按式(5-7)换算成标准轴载 P 的当量轴次 N'。

$$N' = \sum_{i=1}^{K} C_1' \cdot C_2' n_i \left(\frac{P_i}{P}\right)^{8} \tag{5-7}$$

式中:N'——以半刚性材料层的拉应力为设计指标时的标准轴载的当量轴次(次/d);

C'_1——被换算车型的轴数系数;

C'_2——被换算车型的轮组系数,双轮组为 1.0,单轮组为 18.5,四轮组为 0.09。

以拉应力为设计指标时,双轴或多轴的轴数系数按式(5-8)计算。

$$C_1' = 1 + 2(m - 1) \tag{5-8}$$

③上述轴载换算式,适用于单轴轴载小于或等于 130kN 的各种车型的轴载换算。

4. 设计交通量

(1)水泥混凝土路面

设计车道使用初期的年平均日货车交通量,可按下述方法确定:利用当地交通量观测站的观测和统计资料,或者通过设立站点进行交通量观测,获取所设计公路的初期年平均日交通量(双向)和车辆组成数据,剔除 2 轴 4 轮以下的客、货车辆交通量,得到初期年平均日货车交通量(双向)。调查分析双向交通的分布情况,选取交通量方向分配系数,一般情况可采用 0.5。依据设计公路的车道数,参照表 5-3 确定交通量车道分配系数。

交通量车道分配系数 表 5-3

单向车道数	1	2	3	≥4
车道分配系数	1.0	0.8~1.0	0.6~0.8	0.5~0.75

注:交通量大时,取低值;交通量小时,取高值。

使用初期年平均日交通量(双向)乘以方向分配系数和车道分配系数,即为设计车道的年平均日货车交通量(ADTT)。设计基准期内交通量的年平均增长率,可按公路等级和功能以及所在地区的经济和交通发展情况,通过调查分析,预估设计基准期内的交通增长量,确定交通量年平均增长率。

(2)沥青混凝土路面

设计年限应根据经济、交通发展情况以及该公路在公路网中的地位,考虑环境和投资条件综合确定。各级公路的沥青路面设计年限不宜低于表5-4的要求,若有特殊使用要求,可适当调整。

各级公路的沥青路面设计年限　　表5-4

公路等级	设计年限(年)	公路等级	设计年限(年)
高速公路、一级公路	15	三级公路	8
二级公路	12	四级公路	6

沥青路面的设计交通量应在实测各类相关车型轴载谱的基础上,参照建设项目工程可行性报告等有关交通量预测资料,考虑未来各种车型的组成论证确定各种车型的代表轴载,进行不同车型的轴载换算,计算交工后第一年双向日平均当量轴次 N_1 。设计年限内交通量的平均增长率 γ,在建设项目工程可行性研究报告等资料基础上,经研究分析确定。

车道系数 η,按表5-5选用。公路无分隔时,车道窄宜选高值,车道宽宜选低值。当上下行交通荷载有明显差异时,可按上下行交通特点分别进行结构与厚度设计。

车 道 系 数　　表5-5

车道特征	η	车道特征	η
双向单车道	1.0	双向六车道	0.3~0.4
双向两车道	0.6~0.7	双向八车道	0.25~0.35
双向四车道	0.4~0.5		

设计时按式(5-9)计算设计年限内一个车道上的累计当量轴次 N_e 。

$$N_e = \frac{[(1+\gamma)^t - 1] \times 365}{\gamma} N_1 \eta \tag{5-9}$$

式中: N_e ——设计年限内一个车道的累计当量轴次(次/车道);

t——设计年限(年);

N_1 ——营运第一年双向日平均当量轴次(次/d);

γ——设计年限内交通量的平均年增长率(%);

η——车道系数,见表5-5。

在公路路面结构设计参数中,交通量是最重要的因素之一。交通量根据表5-6的规定划分为四个等级。设计时可根据累计当量轴次 N_e (次/车道)或每车道、每日平均大型客车及中型以上的各种货车交通量[辆/(d·车道)],选择一个较高的交通等级作为设计交通等级。

交 通 等 级　　表5-6

交通等级	BZZ-100 累计标准轴次 N_e(次/车道)	大型客车及中型客车以上的各种货车交通量[辆/(d·车道)]
轻交通	$<3\times10^6$	<600
中等交通	$3\times10^6 \sim 1.2\times10^7$	600~1500
重交通	$1.2\times10^7 \sim 2.5\times10^7$	1500~3000
特重交通	$>2.5\times10^7$	>3000

5.1.3 路面设计内容

路面设计内容,主要包括结构、构造、材料和表面特性等方面。

1. 水泥混凝土路面设计内容

①材料组成设计。选择合适的组成材料和配合比,以获取高强、耐磨和耐久的混凝土面层板。

②路面结构层组合设计。安排混凝土路面的结构层层次,包含土基、垫层、基层和面层的结构组合设计,各层结

构类型、弹性模量和厚度。

③混凝土面板厚度确定。使轮载所产生的最大弯拉应力保持在混凝土强度容许范围内。

④混凝土面板平面尺寸确定。按照减小温度翘曲应力的要求，确定面层板块的平面尺寸。

⑤混凝土面板接缝构造设计。合理选择接缝类型，布置接缝位置，设计接缝构造，提高接缝的传递荷载能力。

⑥普通混凝土路面的钢筋配筋设计。当混凝土路面板较长或交通量较大时、地基有不均匀沉降或板的形状不规则时，可沿板的自由边缘加设补强钢筋，在角隅处加设发针形钢筋或钢筋网，以阻止可能出现的裂缝。

2. 沥青路面设计内容

①调查与收集有关交通量及其组成资料，积极开展轴载谱分布的调查、测试工作。

②收集当地气候、水文资料，了解沿线地质、路基挖填及干湿状况，通过试验或论证，确定路基回弹模量。

③认真进行路用各种材料的调查，取样试验，根据试验结果选定路面各结构层所需的材料；根据设计要求，按弯沉或弯拉指标分别计算设计年限内一个车道的累计标准当量轴次，确定设计交通量与交通等级、面层、基层类型，并计算设计弯沉值或容许拉应力。

④施工图设计阶段应进行混合料的目标配合比设计，按路基土类与干湿类型及路基横断面形式，将路基划分为若干路段，并测试、确定材料设计参数。

⑤拟定路面结构组合，采用专用程序计算厚度；根据设计指标采用多层弹性体系理论设计程序计算路面厚度。对于季节性冰冻地区应验算防冻厚度是否符合要求。

⑥对路面结构方案进行概算、技术经济比较，进行初期投资或长期成本寿命分析，提出推荐的设计方案。

⑦认真做好路面排水、路面结构内部排水和中央分隔带排水系统设计，使路面排水通畅，路面结构内部无积水滞留。

3. 路面设计要点

①路面类型选择和厚度设计。要依据公路等级、当地环境、交通要求、路基支承条件、材料供应、施工和养护技术水平、资金来源等情况，选择路面类型，设计符合使用性能要求的路面和铺面结构的结构层组合方案和厚度。

②水泥混凝土路面接缝构造和配筋设计。要选择和布设接缝的类型和位置，设计接缝构造，确定配筋量和布置钢筋的方式。

③路面排水设计。需设置路面内部排水设施时，要选择排水系统布设方案，确定各项排水设施的构造尺寸和材料规格要求。

④各结构层材料组成设计。要依据对所选材料和混合料的性状要求以及当地自然条件，进行各结构层混合料的组成设计和性质试验。

⑤路面表面特性设计。要按抗滑、透水或低噪声等使用要求，进行路面上面层的材料组成设计。

⑥经济性和最终方案选择。要对各备选方案进行寿命期费用分析，依据资金筹措情况、目标可靠度以及其他非经济因素，选择费用和效果最佳的设计方案。

5.1.4 路面材料特性

公路路面材料特性包括应力—应变特性、强度特性、疲劳特性、材料参数的变异性、热特性和摩阻系数等。

1. 应力—应变特性

(1)回弹模量

回弹模量是指路基、路面及筑路材料在荷载作用下产生的应力与其相应的回弹应变的比值，土基回弹模量表示土基在弹性变形阶段内，在垂直荷载作用下，抵抗竖向变形的能力，如果垂直荷载为定值，土基回弹模量值愈大则产生的垂直位移就愈小；如果竖向位移是定值，回弹模量值愈大，则土基承受外荷载作用的能力就愈大，因此，路面设计中采用回弹模量作为土基抗压强度指标。

影响粒料回弹模量的因素主要是应力状况，其次是粒料的性质和组成以及湿度和密实度。细料含量少的粒径，也可应用下述两参数模型预估其回弹模量，见式(5-10)：

$$M_r = k_1\left(\frac{\theta}{P_a}\right)^{k_2} \tag{5-10}$$

式中：k_1，k_2 ——与土和粒料的性质和状态有关的试验参数。

(2)回弹模量参考值

垫层和基层材料回弹模量参考值范围，见表5-7。

垫层和基层材料回弹模量参考值范围　　表5-7

材料类型	回弹模量(MPa)	材料类型	回弹模量(MPa)
中、粗砂	80～100	石灰粉煤灰稳定粒料	1300～1700
天然砂砾	150～200	水泥稳定粒料	1300～1700
未筛分碎石	180～220	沥青碎石(粗粒式,20℃)	600～800
级配碎砾石(垫层)	200～250	沥青混凝土(粗粒式,20℃)	800～1200
级配碎砾石(基层)	250～350	沥青混凝土(中粒式,20℃)	1000～1400
石灰土	200～700	多孔隙水泥碎石(水泥剂量9.5%～11%)	1300～1700
石灰粉煤灰土	600～900	多孔隙沥青碎石(20℃,沥青含量2.5%～3.5%)	600～800

美国力学—经验法设计指南推荐的粒料回弹模量参考值，参见表5-8。部分国家在有关设计方法中建议或采用的回弹模量参考值，参见表5-9。

美国力学—经验法设计指南推荐的土和粒料回弹模量参考值　　表5-8

分类	*Mr*(MPa)范围	*Mr*(MPa)典型值	分类	*Mr*(MPa)范围	*Mr*(MPa)典型值
CH	35～94.5	56	SC	150.5～196	168
MH	56～122.5	80.5	SM	196～262.5	224
CL	94.5～168	119	GW	258.5～294	287
ML	119～178.5	140	GP	248.5～280	266
SW	196～262.5	224	GW-GC	196～280	241.5
SP	168～231	196	GW-GM	258.5～283.5	269.5
SW-SC	150.5～217	178.5	GP-GC	196～273	238
SW-SM	168～231	196	GP-GM	217～280	252
SP-SC	150.5～217	178.5	GC	168～262.5	217
SP-SM	168～231	196	GM	231～294	269.5

部分国家建议或采用的回弹模量参考值　　表5-9

国家	比利时		原捷克斯洛伐克	意大利	美国AASHTO		南非			
材料	基层	垫层	垫层	粒料	基层	垫层	优质碎石	碎石/天然砾石基层	砾石垫层	低质砾石垫层
模量值(MPa)	500	200	150	250	200(春季) 275(其他)	100(春季) 140(其他)	200 (170～800)	200 (100～450)	200 (75～400)	145 (48～303)

注：括号内数值为取值范围。

(3)泊松比

泊松比是指材料在单向受拉或受压时，横向正应变与轴向正应变的绝对值的比值，也叫横向变性系数，它是反映材料横向变形的弹性常数。各类材料的泊松比变化范围和代表值见表5-10。

各类材料的泊松比　　表5-10

材料		一般范围	代表值
水泥混凝土		0.15～0.25	0.20
密级配沥青混合料	< -17.8℃	<0.15	0.15
	-17.8～4.4℃	0.15～0.20	0.20
	4.4～21.1℃	0.20～0.30	0.25
	21.1～37.8℃	0.30～0.40	0.35

续上表

材料		一般范围	代表值
密级配沥青混合料	37.8～54.4℃	0.40～0.48	0.45
	>54.4℃	0.45～0.48	0.48
开级配沥青处治碎石排水基层	<4.4℃	0.30～0.40	0.35
	4.4～37.8℃	0.35～0.40	0.40
	>37.8℃	0.40～0.48	0.45
水泥稳定类材料		0.15～0.30	0.20
粒料		0.30～0.40	0.35
路基	饱和黏土	0.40～0.50	0.45
	未饱和黏土	0.10～0.30	0.20
	粉土	0.30～0.35	0.325
	砂	0.20～0.40	0.30
基岩		0.10～0.40	0.25

2. 强度特性

(1)抗压强度

水泥和石灰或粉煤灰稳定类(稳定粒料类或稳定土等)材料的强度,可以采用圆柱体试件进行压缩或劈裂试验,测定其抗压强度或劈裂强度。各种稳定材料圆柱体试件在90d或180d龄期时的抗压强度和劈裂强度测定结果,以及《公路沥青路面设计规范》的建议值,见表5-11。

稳定材料抗压强度及劈裂强度试验和建议值 表5-11

材料名称	抗压强度(MPa)			劈裂强度(MPa)			
	均值	变异系数	代表值	均值	变异系数	代表值	规范建议值
石灰粉煤灰砂砾	8.47	0.053	8.13	1.06	0.112	0.94	0.6～0.8
石灰粉煤灰碎石	7.09	0.079	6.16	0.84	0.089	0.75	0.5～0.8
水泥砂砾	4.38	0.110	3.44	0.64	0.087	0.47	0.4～0.6
水泥碎石	5.79	0.082	5.09	0.65	0.112	0.48	0.4～0.6
石灰水泥粉煤灰砂砾	7.19	0.101	5.47	0.65	0.143	0.56	0.4～0.55
石灰土碎石	—	—	—	—	—	—	0.3～0.4
碎石灰土	—	—	—	—	—	—	0.25～0.35
水泥石灰砂砾土	5.35	0.082	4.91	0.91	0.129	0.79	0.3～0.4
石灰粉煤灰土	6.30	0.183	5.15	0.70	0.222	0.55	0.2～0.3
石灰土	2.29	0.103	1.01	0.24	0.115	0.11	0.2～0.25

注:表中的水泥砂砾和水泥碎石为90d龄期,其余为180d龄期。

美国力学—经验法指南中建议的无机结合料稳定类材料的弯拉强度参考值见表5-12。

无机结合料稳定类材料的弯拉强度建议值 表5-12

材料	弯拉强度代表值(MPa)	材料	弯拉强度代表值(MPa)
贫混凝土	2.14	水泥土	0.70
水泥稳定土	1.39	石灰水泥粉煤灰	1.05
开级配水泥稳定土	1.39	石灰稳定土	0.17

(2)断裂强度

估算混合料中沥青混合料断裂强度σ_b计算,见式(5-11)。

$$\sigma_b = S_b \varepsilon_b, \varepsilon_b = \ln(1+\lambda) \tag{5-11}$$

式中:S_b——沥青劲度模量(MPa);

ε_b——断裂时的应变;

λ——断裂时的伸长率,为伸长量同试件初始长度之比,它是加载时间t、温度T和针入度指数PI的函数,可按荷格龙绘制的诺谟图确定。

(3)抗拉强度参考值

美国力学—经验法设计指南中提出的沥青混合料低温时的抗拉强度参考值见表5-13。

沥青混合料低温抗拉强度代表值(单位:MPa) 表5-13

沥青等级	PG 46-34 PG 46-40 Pen200~300 AC-2.5	PG 52-28 PG 52-34 Pen120~150 AC-5	PG 58-22 PG 58-28 Pen85~100 AC-10	PG 64-22 Pen60~70 AC-20	PG 70-16 Pen40~50 AC-30	PG 64-28	PG 70-34
抗拉强度(-10℃)	3.12	2.93	3.09	4.58	2.44	3.56	4.11

(4)混凝土龄期对强度的影响

混凝土的强度随龄期而增长,通常采用28d龄期的强度作为标准强度。7d龄期的强度一般为28d龄期强度的70%左右,而60d和90d龄期的强度约为28d龄期的110%和115%左右。在潮湿环境下,20年以上龄期的混凝土强度可比28d强度增加30%~40%。Zhao在统计分析试验结果的基础上,建议采用下述经验关系式估计不同龄期的混凝土强度:

$$f'_{ct}=f'_{c28}\frac{t^{0.75}}{a+bt^{0.75}} \tag{5-12}$$

式中:f'_{c28}——28d龄期的圆柱体抗压强度(MPa);

f'_{ct}——t_d龄期的圆柱体抗压强度(MPa);

a,b——常数,对于普通水泥混凝土,$a=2.8,b=0.77$。

3. 疲劳特性

由室内小梁和中梁弯拉疲劳试验和劈裂疲劳试验结果整理得到的各种稳定类材料的劈裂方程见式(5-13):

石灰-粉煤灰稳定粒料类 $\lg S=0.1103-0.0633\lg N_f$ (5-13)

水泥稳定粒料类 $\lg S=0.1339-0.0697\lg N_f$ (5-14)

式中:S——反复应力与材料强度之比;

N_f——疲劳断裂时的反复作用次数。

4. 材料参数的变异性

由于材料性质的不均质性、施工质量控制水平的差异以及试验测定中的误差,路面材料的性质参考存在不同程度的变异性。

①对沥青路面设计参数的变异性范围,交通运输部公路研究所提出表5-14的建议值。

沥青路面结构和材料参数变异范围建议值 表5-14

参数		变异水平 高	中	低
土基模量		0.36~0.45	0.25~0.35	0.15~0.24
抗压模量	底基层	0.38~0.47	0.29~0.37	0.19~0.28
	基层	0.43~0.54	0.32~0.42	0.21~0.31
	面层	0.29~0.40	0.18~0.28	0.07~0.17
抗压强度	底基层	0.28~0.37	0.19~0.27	0.10~0.18
	基层	0.33~0.42	0.24~0.32	0.14~0.23
	面层	0.18~0.23	0.13~0.17	0.07~0.12
劈裂强度	底基层	0.34~0.44	0.25~0.33	0.14~0.24
	基层	0.33~0.38	0.26~0.32	0.20~0.25
	面层	0.30~0.40	0.19~0.29	0.08~0.18
底基层厚度		0.11~0.14	0.07~0.10	0.04~0.06
基层厚度		0.10~0.12	0.07~0.09	0.04~0.06
面层厚度(平地机摊铺基层)	5~8cm	0.19~0.23	0.14~0.18	0.10~0.13
	9~15cm	0.14~0.16	0.11~0.13	0.07~0.10
	16~20cm	0.09~0.10	0.06~0.08	0.04~0.05

续上表

参数		变异水平		
		高	中	低
面层厚度（摊铺机摊铺基层）	5～8cm	0.16～0.20	0.11～0.15	0.05～0.10
	9～15cm	0.11～0.13	0.08～0.10	0.04～0.07
	16～20cm	0.07～0.08	0.04～0.06	0.02～0.03

②对水泥混凝土路面设计参数的变异性范围，同济大学通过调查测试提出表5-15的建议值。

水泥混凝土路面结构的材料参数变异范围建议值 表5-15

参数	变异水平		
	高	中	低
混凝土面层厚度	0.06～0.08	0.04～0.06	0.02～0.04
弯拉强度和弹性模量	0.15～0.20	0.10～0.15	0.05～0.10
基层顶面回弹模量	0.35～0.55	0.25～0.35	0.15～0.25

5. 热特性

公路路面材料的导热系数和热容量可参考表5-16。沥青混凝土的线膨胀系数约为$(2.2\sim3.4)\times10^{-5}$/℃；水泥混凝土的线膨胀系数同粗集料类型有关，见表5-17。

路面材料的导热系数和热容量 表5-16

材料	辐射热吸收能力	导热系数[W/(m·℃)]	热容量[kJ/(kg·℃)]
沥青混凝土	0.9～0.98(新，黑色)；0.8～0.9(旧，灰色)	0.76～1.40	0.92～1.67
水泥混凝土	0.7～0.9	1.73～2.50	0.84～1.17
水泥稳定	—	1.73～2.50	0.84～1.67

水泥混凝土的线膨胀系数(单位：10^{-5}/℃) 表5-17

粗集料类型	线膨胀系数	粗集料类型	线膨胀系数	粗集料类型	线膨胀系数
石英岩	1.188	砾石	1.080	玄武岩	0.864
砂岩	1.170	花岗岩	0.954	石灰岩	0.684

6. 摩阻系数

水泥混凝土板同基层或旧面层顶面之间的摩阻系数，见表5-18。

水泥混凝土板底面的摩阻系数 表5-18

板下材料类型	摩阻系数	板下材料类型	摩阻系数
沥青表面处治	2.2	砾石或碎石	1.5
石灰或水泥稳定	1.8	砂岩	1.2
沥青稳定	1.8	天然路基	0.9

5.1.5 路面建筑材料

公路用矿质集料除应满足一定的强度要求外，还应具备合适的级配，以满足物理力学性质的要求。沥青混合料和水泥混合料是由结合料、矿质集料和部分空隙组成的三相体系。公路路面建筑材料包括集料和混合料。

1. 集料级配

所谓级配是指集料中不同粒径粒料间的相互搭配关系。路用矿质集料的级配一般应满足下列要求：

①最大内摩阻力——其所组成的矿质集料，任何一级集料应不干涉或少干涉其他各级集料的紧密排列，使形成一个多级空间骨架结构，具有最大内摩阻力；

②一定的空隙率——采用不同粒径的矿质集料，按一定的比例配合，使组成一种满足一定空隙率要求的矿质集料。

集料级配有连续级配和间断级配两大类，定义如下：

①连续级配是某一集料在标准筛孔配成的套筛中进行筛析时，所得级配曲线平滑圆顺，具有连续的性质，相邻

粒径之间有一定的比例关系(按质量计)。这种由大到小,逐级粒径均有,按比例相互搭配组成的矿质集料,称为连续级配集料。

②间断级配是在矿质集料中剔除某一个分级或几个分级形成一种不连续的集料级配。这种集料称为间断级配集料。

对于沥青混合料,组成设计方法一般规定集料压实后应有一定的矿质集料空隙(VMA = 16% ~ 19%),这可保证有足够的集料空隙(VMA)以容纳沥青并具有一定量的空隙率。

2. 土

土是岩石风化物,由于地表土在形成过程中受风化,具有不同的沉积形式,主要类型有残积土、坡积土、洪积土、冲积土、淤积土、冰积土和风积土。土作为地球表面的覆盖层,是人类以至整个生物界赖以生存的根本。植物生长利用地表土,被称之为土壤,在公路路基体施工中一般不能使用,但必须充分利用这些由千百年形成的土壤作为公路绿化的种植土。

土的成分、结构和性质千变万化,有地质分类、土壤分类、粒径分类、结构分类等。公路工程用土以粒径分类,大致分为巨粒土、粗粒土、细粒土和特殊土四类。对于土的透水性,压实和水稳性要求,可以从土的粒组划分及粒组级配找到规律。碎石土粒径大于2mm的颗粒含量超过土全重50%;砂土粒径大于2mm的颗粒含量不超过土全重50%,且塑性指数 I_p 不大于1;黏性土塑性指数 I_p 大于3;特殊性土包括淤泥和淤泥质土、红黏土及人工填土。土的物理学特征由土的孔隙比 e,天然含水量 ω,塑限含水量 ω_p,重度 γ,黏聚力 c,内摩擦角 φ 表示。土的工程性质:

①土密度——是指土单位体积的质量,即工程质量控制必需测定的容重,压实土的密度一般在(1690 ~ 1880) kg/m^3 之间,天然土的密度(单位重)一般为 $1400kg/m^3$。

②土体强度——是指土的颗粒之间的联结强度,一般用黏聚力及内摩擦角表示;土质的不同状态(如孔隙比、含水量),其强度不同。

③土的渗透性——是指水渗透通过土的多孔介质的现象,水液体通过某两点具有压力时产生土的孔隙水渗流。

④土的膨胀性——是指土的颗粒及土中矿物吸水后会引起膨胀,使体积增大。土在水的作用下引起的膨胀与土的塑性指数有关,如塑性指数 $I_p = 10$,膨胀量 $S = 4.5\% \sim 10\%$。

⑤天然含水量——细粒土类中的黏质土,如孔隙比 $e = 0.5 \sim 0.6$、重度 $\gamma = 20kN/m^3$、黏聚力 $c = 15kPa$ 的情况下,塑限含水量 $\omega_p = 12.5\% \sim 15.4\%$,天然含水量 $\omega = 19\% \sim 22\%$。

3. 砂

在自然条件作用下形成的,粒径在0.16 ~ 5mm以下的天然石屑,称为砂。天然砂可分为河砂、湖砂、山砂和海砂,河砂颗粒圆滑,比较洁净,分布较广,工程上广泛采用。天然砂的粗细程度可以用细度模数(或称细度量)表示,见表5-19。

砂的分类　　表5-19

砂组	粗砂	中砂	细砂
细度模数 Mx	3.7 ~ 3.1	3.0 ~ 2.3	2.2 ~ 1.6
平均粒径(mm)	>0.5	0.5 ~ 0.35	0.35 ~ 0.25

将石质良好的岩石经机械破碎轧制成粒径在0.16 ~ 5mm以下的石屑,称为机制砂。其特点是砂粒具有尖锐棱角,石粉(小于0.15mm)含量高,约10% ~ 20%,故必须过筛才能使用。砂含泥量不大于3%,泥块含量不大于1%。

4. 砾石

岩石经自然风化而成的粒径在5 ~ 150mm的颗粒称为砾石,或称为卵石,粒径大于80mm的称为大卵石。砾石可分为河砾石、山砾石和海砾石。砾石含泥量不大于1%,泥块含量不大于0.5%。构造物普通混凝土常用砾石规格:2cm、4cm、6cm、8cm。

5. 碎石

碎石是由硬质岩石经人为破碎、筛分而成的粒径大于5mm的岩石颗粒,碎石含杂质少,具有棱角,表面粗糙。混凝土用碎石质量标准见表5-20。

混凝土用碎石质量标准　表 5-20

级配情况	粒级(mm)	筛孔尺寸(圆孔,mm)								
		2.5	5	10	15	20	25	30	40	50
		累计筛余(按质量计%)								
连续级配	5~10	95~100	80~100	0~15	0					
	5~15	95~100	90~100	30~60	0~10	0				
	5~20	95~100	90~100	40~70		0~10				
	5~30	95~100	90~100	70~90		15~45		0~5	0	
	5~40		95~100	75~90		30~65			0~5	0

注:单粒级碎石质量标准省略。

碎石泥土杂物含量不大于 1%,针片状颗粒含量不大于 15%。构造物普通混凝土常用碎石规格:2cm、4cm、6cm、8cm,水泥、沥青混凝土路面常用碎石规格:0.8cm、1.5cm、2.5cm、3.5cm、5cm、6cm、7cm、8cm。

6. 水泥

水泥是由按一定比例的熟料、石膏、活性混合料等材料组成。水泥用途广泛,被用于公路路基边坡防护和排水设施、路面、桥涵、隧道等构造物的混凝土工程和砌筑工程。水泥属于水硬性无机胶凝材料,加水调制后,能将砂石散状材料胶结成具有一定物理力学性质的整体形状,如水泥加砂石料和水拌制的混凝土是可塑性砂石浆体,经过物理化学作用后可变成坚硬的固体。水泥混凝土及砂浆既能在空气中硬化,也能在水中硬化。

为提高水泥早期强度,我国水泥型号分为普通型和早强型。水泥品种繁多,一般分类见图 5-4。

按水泥用途
- 普通水泥
- 专用水泥
- 特种水泥

按矿物组成
- 硅酸盐水泥
- 铝酸盐水泥
- 硫酸盐水泥
- 磷酸盐水泥
- 氟铝酸盐水泥
- 火山灰质性水泥
- 其他活性水泥

按技术特性
- 快硬水泥
- 水化热水泥
- 抗硫酸盐水泥
- 膨胀水泥
- 耐高温水泥

图 5-4　水泥分类

在公路工程中通常采用硅酸盐水泥,其分类见表 5-21。

硅酸盐水泥分类　表 5-21

用途		技术标准
普通硅酸盐水泥	建筑用水泥	《通用硅酸盐水泥》国家标准第 1 号修改单(GB 175—2007/XG 1—2009)
		砌筑水泥(GB 3183—2003)
		中热硅酸盐水泥、低热硅酸盐水泥、低热矿渣硅酸盐水泥(GB 200—2003)
特种硅酸盐水泥	道路水泥	道路硅酸盐水泥(GB 13693—2005)
	膨胀水泥	低热微膨胀水泥(GB 2938—2008)
	抗硫酸盐水泥	抗硫酸盐硅酸盐水泥(GB 748—2005)
	白水泥	白色硅酸盐水泥(GB 2015—2005)
	油井水泥	油井水泥(GB 10238—2005)
	大坝水泥	中热硅酸盐水泥、低热硅酸盐水泥、低热矿渣硅酸盐水泥(GB 200—2003)

水泥特性有:硬化、早期强度、水化热、抗冻性、耐热性、抗渗性。水泥的技术标准主要是细度、凝结时间、稳定性和强度。水泥标号是评价水泥强度的依据,按国家标准执行。

7. 沥青

沥青是由天然出产或各种有机物经热加工后得到的产品,它是由多种分子量大小不等的烃类(环烃、烷烃和芳香烃)组成的复杂混合物。按在自然界中获取沥青的方式不同一般分为地沥青和焦油沥青两大类。地沥青——又称天然沥青,是在天然产状的情况下直接获取的一种材料;也可在加工其他油品过程之后,最后加工得到石油沥青。

焦油沥青——是在有机物(煤、页岩、木材等)中干馏而得到焦油,再经加工得到焦油沥青;焦油沥青中所含有机物质不同,加工得到煤沥青、页岩沥青、木沥青等。沥青分类见图5-5。

- 沥青
  - 地沥青
    - 天然(湖、泉、海)沥青
    - 石油沥青
  - 焦油沥青
    - 煤沥青
    - 木沥青
    - 页岩沥青

图5-5 沥青分类

沥青的物理特征参数有黏结性、感温性、黏附性、流变性、耐久性。道路石油沥青分级见表5-22。

道路石油沥青分级　　表5-22

沥青等级	适用范围
A级沥青	各等级公路,任何场合和层次
B级沥青	高速公路、一级公路沥青下面层及以下的层次,二级及二级以下各层次;用做改性沥青、乳化沥青、改性乳化沥青、稀释沥青的基质沥青
C级沥青	三级及三级以下各层次

(1)石油沥青

石油沥青分粘稠石油沥青和液体石油沥青。液体石油沥青按凝结速度还可分为快凝、中凝、慢凝3个等级。石油沥青标号见表5-23。

道路石油沥青标号　　表5-23

沥青名称		标号
黏稠石油沥青		160号、130号、110号、90号、70号、50号、30号
液体石油沥青	快凝	AL(R)-1、AL(R)-2
	中凝	AL(M)-1、AL(M)-2、AL(M)-3、AL(M)-4、AL(M)-5、AL(M)-6
	慢凝	AL(S)-1、AL(S)-2、AL(S)-3、AL(S)-4、AL(S)-5、AL(S)-6

(2)煤沥青

煤沥青与石油沥青相比,主要是煤沥青的温度稳定性低。煤沥青按稠度可分为软煤沥青和硬煤沥青。软煤沥青是黏稠液体或半固体产品,用于铺筑路面的软煤沥青可按其黏度和有关技术性质分为9个标号:T-1、T-2、T-3、T-4、T-5、T-6、T-7、T-8、T-9。硬煤沥青是脆硬固体产品,不能直接用于铺筑路面,但可用蒽油回配成软煤沥青。

(3)乳化沥青

乳化沥青主要由沥青、水、乳化剂和稳定剂组成。制作过程是将黏稠石油沥青加热至流动态,经机械力的作用,而形成细小的微粒(直径约为2~5μm),分散在有乳化剂和稳定剂的水中,由于乳化剂和稳定剂的作用构成均匀稳定的乳状液。乳化沥青从分子化学结构上表现为一端为亲水基团,另一端为亲油基团。乳化剂分类见表5-24,稳定剂分类见表5-25,乳化沥青代号见表5-26。

乳化剂分类　　表5-24

离子类型	离子型			非离子型
	阴离子	阳离子	两性离子	
示例	羧酸盐	季铵盐	甜菜碱型	多元醇型

稳定剂分类　　表5-25

类型	示例
有机稳定类	聚乙烯醇、聚丙烯酰胺、聚乙烯醇、羟甲基纤维素纳、糊精、MF废液等
无机稳定类	氯化钙、氯化镁、氯化胺、氯化铬等

乳 化 沥 青 代 号 表5-26

类型	代号
阳离子乳化沥青	PC-1、PC-2、PC-3、BC-1
阴离子乳化沥青	PA-1、PA-2、PA-3、BA-1
非离子乳化沥青	PN-2、BN-1

乳化沥青的主要优点是不需要加热直接用于施工,受低温季节影响小,常温下洒布均匀;可用于铺筑封层,表面处治、贯入式、沥青碎石、沥青混凝土等路面。其缺点是路面成形时间长,稳定性差。乳化沥青按其分裂速度,可分为快裂、中裂、慢裂三种类型。

(4)改性沥青

改性沥青是指掺加橡胶、树脂类高分子聚合物等改性剂,或采用对沥青轻度氧化加工等措施,使沥青性能得到改善。改性沥青可单独或复合采用高分子聚合物、天然沥青及其他改性材料制作,分类见图5-6。

- 改性沥青
  - 掺改性剂
    - 耐疲劳抗裂——添加聚合物
      - 橡胶类
      - 热塑性橡胶类
      - 热塑性树脂类
    - 改善黏附性——添加金属皂、 消石灰等
    - 抗老化——添加受阻酚、 受阻胺等
  - 物理改性——硫磺、 石棉、 木质纤维等
  - 调和沥青——掺加天然沥青 (湖、 泉、 海底沥青)

图5-6 改性沥青分类

根据掺加改性剂的不同,得到的改性沥青就不同。改性剂改善了沥青的力学性能,增强沥青高温下稳定、耐疲劳和低温抗裂性。改性剂分类见表5-27,聚合物改性沥青代号见表5-28。

改 性 剂 分 类 表5-27

分类	改性剂
橡胶类	天然橡胶、丁苯橡胶(SBR)、氯丁橡胶、聚丁二烯橡胶、聚异戊二烯橡胶、乙丙橡胶、丁丙橡胶、丁基橡胶、丁腈橡胶
热塑性橡胶类	苯乙烯嵌段共聚物:苯乙烯-丁二烯-苯乙烯(SBS)、苯乙烯-异戊二烯-苯乙烯、苯乙烯-聚乙烯/丁基-聚乙烯
热塑性树脂类	聚烯烃类高分子聚合物:聚氯乙烯、聚乙烯(PE)、聚丙烯、聚苯乙烯、乙烯-乙酸乙烯脂共聚物(EVA)

聚合物改性沥青代号 表5-28

类型	BSB(类)	BSB(II类)	EVA、PE(III类)
代号	I-A、I-B、I-C、I-D	II-A、II-B、II-C	III-A、III-B、III-C、III-D

乳化改性沥青分喷洒乳化改性沥青和拌和乳化改性沥青,代号分别为PCR、BCR。

8.石材

岩石俗称石头,又称天然岩石。公路用石材,要求空隙小,不透水、无裂隙、坚硬、耐冻、耐磨、强度高,未风化。

(1)岩石分类

在地壳中各种化学元素在一定条件下形成了不同的矿物,不同矿物又按一定规律形成各种岩石。组成岩石的矿物叫造岩矿物,大多数岩石是由两种以上造岩矿物组成,按岩石的成因分类如图5-7。

- 岩石
  - 岩浆岩
    - 深成岩:花岗岩、正长岩、闪长岩、辉长岩、辉岩、橄榄岩
    - 浅成岩:花岗斑岩、正长斑岩、闪长玢岩、辉绿岩
    - 喷出岩:流纹斑岩、粗面岩、安山岩、玄武岩
  - 沉积岩
    - 火山碎屑岩:火山集块岩、火山角砾岩、凝灰岩
    - 沉积碎屑岩:砾岩、砂岩、粉砂岩
    - 黏土岩:泥岩、页岩
    - 化学及生物化学岩: 石灰岩、 白云岩
  - 变质岩
    - 片理状岩:片麻岩、片岩、千枚岩、板岩
    - 块状岩: 大理岩、 石英岩、 蛇纹岩

图5-7 岩石分类

(2)物理性质

坚硬岩石的主要物理性质经验值见表5-29。

岩石主要物理力学性质指标验算值 表5-29

岩石分类		容重(kN/m^3)	相对密度(比重)	孔隙率(%)	吸水率(%)	极限抗压强度(MPa)		软化系数
						干	饱和	
坚硬岩石	岩浆石	25~29.2	2.6~2.95	1.0~4.5	0.14~2.00	100~280	80~250	0.70~1.00
	沉积岩	26~28.7	2.70~2.90	0.95~3.50	0.2~3.00	74~160	60~120	0.70~0.90
	变质岩	26~28.5	2.70~2.90	0.2~3.76	0.10~0.71	80~150	62.5~120	0.69~0.84

注:半坚硬岩石物理力学性质指标验算值省略。

(3)块状石料

①构造物建筑石料制品有:片石、块石、方块石、粗料石、细料石、镶面石等。

片石——形状不受限制,但薄片石料不得使用。一般片石其中部最小尺寸应不小于15cm,体积不小于$0.01m^3$,每块质量一般在30kg以上。用于圬工工程主体的片石,其极限抗压强度应不于30MPa,用于附属圬工工程的片石,其极限抗压强度应不小于20MPa。

块石——块石形状大致方正,无尖角,有两个较大的平行面,边角可不加工。其厚度应小于20cm,宽度为厚度的1.5~2.0倍,长度为厚度的1.5~3倍。砌缝宽度一般不大于20mm,个别边角砌缝宽度可达30~35mm,石料强度应符合设计文件规定。

方块石——石料大致方正,厚度不小于20cm,宽度为厚度的1.5~2倍,长度为厚度的1.5~4倍,砌缝宽度不大于20mm。强度应符合设计文件规定。

粗料石——形状和极限抗压强度应符合设计文件规定,其表面凹凸相差不大于10mm,砌缝宽度小于20mm。

细料石——形状和极限抗压强度应符合设计文件规定,表面凹凸相差不大于5mm,砌缝宽度小于15mm。

镶面石——应选用坚硬岩石,较耐腐蚀。

②路面铺砌石料制品有整齐块石、半整齐块石、不整齐块石。

整齐块石——大方块300mm×300mm×(120~150)mm,小方块120mm×120mm×250mm。岩石的抗压强度不低于100MPa,洛杉矶磨耗率不大于5%。

半整齐块石——规格见表5-30。

铺砌用半整齐块料的技术规格 表5-30

类别	名称	高度h(mm)	长度l(mm)	宽度b(mm)
条石	矮条石	90~100	150~300	120~150
	中条石	110~130	150~300	120~150
	高条石	140~150	150~300	120~150
方块石	矮方块石	80~90	70~100	70~100
	高方块石	90~100	80~110	80~110
弹街石	方头弹街石	100~130 110~130	80~100 95~105	60~80 95~105

不整齐块石——又称拳石,要求顶面为平面,底面与顶面基本平行,顶面积与底面积之比大于40%~60%。规格见表5-31。

铺砌用不整齐块料的技术规格 表5-31

类别	名称	高度h(mm)	顶面直径d_1(mm)	顶面积与底面积之比A_2/A_1(%),不小于
拳石	矮拳石	120~140	100~316	40
	中拳石	150~160	120~180	60
	高拳石	200~220	120~200	60
	特高拳石	220~250	150~250	60
弹街石	乱弹街石	100~130	(100~130)×(50~80)	—

5.1.6 路面结构层次

由于行车荷载和自然因素对公路路面的影响,是随着路面深度增加而逐渐减小,所以应对路面结构做层次设计。路面结构主要分为面层、基层和垫层,如图5-8。

面层——主要提供车辆行驶的表面,直接承受行车荷载的作用,影响行车的舒适、安全和经济性。

基层——主要起承重作用,能够扩散荷载,基层应具有足够的强度和抗冲刷性。

垫层——主要功能是防止毛细水上升,增加防冻能力,阻止路基土渗入基层等,同样起到扩散荷载的作用。

封层透层粘层——为使各结构层间结合得更好,路面设计采取的结构层处治措施。

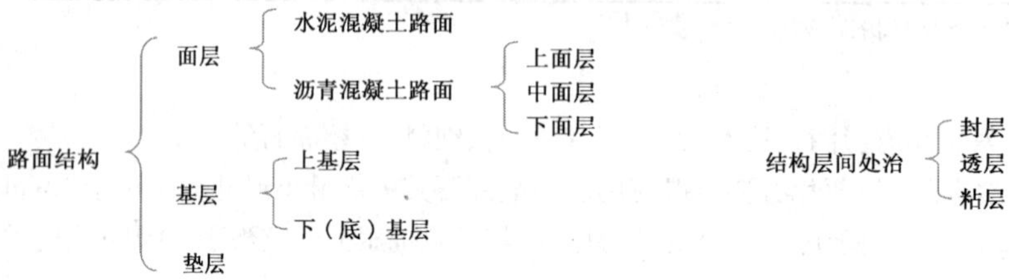

图5-8 路面结构分层

1. 垫层

根据垫层材料的特性,垫层有排水功能。为保证排水垫层排水畅通,并防止路床细粒土渗入垫层内堵塞孔隙,排水垫层材料的级配必须满足渗滤标准。

(1)砂垫层

防冻垫层所用的砂、砂砾材料中通过0.075mm的筛孔的细粒含量不宜大于5%。

(2)砾石垫层

砂砾作为路面垫层一般厚度应大于10cm。天然砾石应颗粒坚硬,最大粒径应小于0.7倍砂石层厚度,5mm以下颗粒的含量不大于35%;含泥量不大于砂重的10%。

粗、中、小砾石和砂各占一定比例的混合料,当其颗粒组成符合规定的密实级配要求且塑性指数和承载比均符合规定要求时,称为级配砾石。级配砾石、级配碎砾石以及天然砂砾等,可用做二级和二级以下公路的基层,也可用做各级公路的底基层。级配砾石或天然砂砾用做基层或底基层,其颗粒组成应符合相应的试验规程的要求,且级配宜接近圆滑曲线。级配砾石或天然砂砾用做基层时,其重型击实标准的压实度不应小于98%;用做底基层时,其重型击实标准的压实度不应小于96%。

(3)碎石垫层

碎石垫层材料宜采用质地坚硬、强度均匀的碎石,最大粒径不得大于垫层厚度的2/3;碎石要求质地坚硬、密致、未风化,粒径一般为5~40mm,吸水率不大于5%,含泥量不大于5%。碎石垫层厚度不应小于100mm。碎石垫层的碎石规格和质量必须符合设计要求。

粗、中、小碎石集料和石屑各占一定比例的混合料,当其颗粒组成符合规定的密实级配要求时,称为级配碎石。级配碎石适用于各级公路的基层和底基层。级配碎石其粒料的级配应接近圆滑曲线。级配碎石用做基层时,其压实度不应小于98%;用做底基层时,其压实度不应小于96%。

2. 基层

在粉碎的或原状松散的土中,掺入适当的水泥、水和集料,按照技术要求,经拌和、摊铺,在最佳含水量时压实及养护成型,其抗压强度符合规定要求,以此建筑的路面基层,称为水泥稳定类基层。

宜作为水泥稳定类基层的土体中的集料有石渣、石屑、砂砾、碎石土、砾石土。碎石或砾石的压碎值对于高速公路和一级公路应不大于30%,对二级和二级以下公路应不大于35%。高速公路、一级公路的水泥稳定底基层中,土体集料的单个颗粒的最大粒径不应超过37.5mm,土的均匀系数应大于5。如土中小于0.6mm的颗粒含量在30%以下,塑性指数可稍大。实际施工中,宜选用均匀系数大于10,塑性指数小于12的土。高速公路、一级公路的水泥稳定基层中,中粒土、粗粒土的单个颗粒的最大粒径不应超过31.5mm。

(1)水泥稳定类基层

水泥稳定基层选用的水泥材料有普通硅酸盐水泥、矿渣硅酸盐水泥或火山灰质硅酸盐水泥。宜选用终凝时间较长的水泥,早强、快硬及受潮变质的水泥不能使用,同时宜采用标号较低的水泥。

多孔隙水泥稳定碎石的集料公称最大粒径宜为31.5mm或26.5mm。小于0.075mm的细粒含量不得大于2%;小于2.36mm的颗粒含量不宜大于5%;小于4.75mm的颗粒含量不得大于10%。水泥剂量一般为9.5%~11%,水灰比一般为0.39~0.43。

多孔隙沥青稳定碎石的集料公称最大粒径宜为26.5mm或19.0mm。小于0.075mm的细粒含量不得大于2%;小于0.6mm的颗粒含量不宜大于5%;小于2.36mm的颗粒含量不宜大于15%;小于4.75mm的颗粒含量不宜大于20%。沥青标号应选用AH-50或AH-70,沥青用量一般为2.5%~3.5%。

水泥稳定粒料、级配碎石或砾石的集料公称最大粒径宜为26.5mm或19.0mm。小于0.075mm的细粒含量不得大于5%,小于4.75mm的颗粒含量不宜大于50%,细粒土的液限应小于25%,塑性指数应小于6。承受重交通时,水泥剂量宜为5%;中等和轻交通时,水泥剂量宜为4%。

(2)素混凝土基层

水泥混凝土面层下采用素混凝土基层,主要是为了增加基层的抗冲击能力,并不要求其有很高的强度。素混凝土集料公称最大粒径不宜大于31.5mm,水泥用量不得少于170kg/m^3,28d弯拉强度标准值宜控制在1.0~1.8MPa范围内。

(3)碾压混凝土基层

作为基层的碾压混凝土集料公称最大粒径不宜大于26.5mm。

(4)沥青混凝土基层

沥青混凝土基层宜采用集料公称最大粒径为19.0mm或26.5mm的混合料。

(5)沥青碎石基层

沥青碎石基层宜采用集料公称最大粒径为26.5mm或31.5mm的混合料。

3.水泥混凝土面层

(1)普通水泥混凝土

普通水泥混凝土由水泥、粗细集料、水和外加剂按需要的比例混合组成,是水泥路面最常用的一种普通材料。素混凝土采用的水泥应根据道路类型进行选择,特重、重交通路面宜采用旋窑道路硅酸盐水泥,也可采用旋窑硅酸盐水泥或普通硅酸盐水泥;中、轻交通的路面可采用矿渣硅酸盐水泥;低温天气施工或有快通要求的路段可采用R型水泥,此外宜采用普通型水泥。水泥混凝土用粗集料的技术要求见表5-32。

水泥混凝土用粗集料的技术要求 表5-32

指标	混凝土强度等级				备注
	C55~C40	≤C35	≥C30	<C30	
石料压碎指标不大于(%)	12	16	—	—	
针片状颗粒含量不大于(%)	—	—	15	25	
含泥量(<0.08mm,按质量计)不大于(%)	—	—	1.0	2.0	
泥块含量(按质量计)不大于(%)	—	—	0.5	0.7	
小于2.5mm颗粒含量不大于(%)	5	5	5	5	

厚度大于28cm的普通混凝土面层,分上下两层连续铺筑时,上层一般为总厚度的1/3,可采用高强、耐磨的混凝土材料,碎石集料公称最大粒径为19mm。

水泥混凝土集料公称最大粒径不应大于31.5mm(碎石)或19.0mm(卵石),砂的细度模数不宜小于2.5。高速公路面层的用砂,其硅质砂或石英砂的含量不宜低于25%。水泥用量不得小于300kg/m^3(非冰冻区)或320kg/m^3(冰冻地区)。冰冻地区的混凝土中必须掺加引气剂。

(2)钢筋混凝土

钢筋混凝土是由硅酸盐水泥、集料(碎石、砂子)和钢筋复合而成的结构材料。钢筋和混凝土之间有着可靠的黏结力,能相互牢固地结成整体。在外荷载作用下,钢筋与相邻混凝土能够协调变形,共同受力。

钢筋混凝土结构的优点:具有较高强度,耐久性较好,可模性好,抗地震性较好,可就地取材。钢筋混凝土结构的缺点:自重大,抗裂性差,浇筑时需要模板,施工受季节限制。

当混凝土板的平面尺寸较大,或者预计路基或基层有可能产生不均匀沉降,或者板下埋有地下设施时,宜采用钢筋混凝土路面。设置钢筋网的目的是控制裂缝缝隙的张开量,把开裂的板拉在一起,使板依靠断裂面上的集料嵌锁作用而保证结构强度,并非增加板的抗弯强度,因而钢筋混凝土板厚与无筋混凝土板厚相同。为使板内应力尽可能分散,宜采用小直径钢筋,且纵横向钢筋直径宜相同。

(3)钢纤维混凝土

钢纤维混凝土集料公称最大粒径宜为钢纤维长度的1/2～2/3，并不宜大于26.5mm(铣削型钢纤维)或19mm(剪切型或熔抽型钢纤维)。钢纤维的抗拉强度标准值不宜小于600MPa(600～1000MPa)，以体积率计的钢纤维掺量一般为0.6%～1.0%。水泥用量不得低于360kg/m^3(非冰冻地区)或380kg/m^3(冰冻地区)。

(4)碾压混凝土

碾压混凝土面层混凝土的集料公称最大粒径不宜大于19.0mm，水泥用量不得少于280kg/m^3(非冰冻地区)或310kg/m^3(冰冻地区)。

(5)水泥混凝土预制块路面

混凝土预制块的抗压强度不宜低于50MPa(非冰冻地区)或60MPa(冰冻地区)。其外观质量、尺寸偏差和物理性能应符合优等品或一等品的规定。稳平层垫砂宜选用细度模数为2.3～3.0的天然砂，4.75mm筛孔的累计筛余量不应大于5%，含泥量不应大于5%。

4. 沥青面层

(1)沥青玛蹄脂

沥青玛蹄脂是一种由沥青、纤维稳定剂、砂粉及少量的细集料组成的沥青玛蹄脂填充间断级配的粗集料骨架间隙组成一体的沥青混合料。具有高含量粗集料、高含量矿粉、较大沥青用量、低含量中间粒径颗粒的组成特点。高含量的粗骨料在混合料中颗粒面与面直接接触、相互嵌锁构成的骨架直接承受荷载作用，这种骨架对温度敏感性小。含量较高的矿粉与沥青形成黏聚力很高的胶凝状物——玛蹄脂，使得混合料的整体力学性质提高。这两方面的作用使混合料具有足够的竖向与侧向约束，在车辆荷载的作用下，不产生或只产生微小的永久性变形。沥青玛蹄脂具有如下特点：具有较高的抗车辙能力和温度稳定性；优良的抗裂性能；良好的耐久性能，与传统的沥青混凝土相比，SMA的使用寿命增加40%左右。若使用改性后的沥青，可进一步提高其性能；有较好的抗滑性能；初期投入较高，但考虑使用寿命后年平均投入较低。

(2)沥青混凝土

沥青混凝土是经人工合理选择级配组成的矿质混合料(碎石或砾石、砂、矿粉)和适量沥青结合料，通常是经加热拌和、压实成为一种具有一定强度的路面建筑材料，压实前称为沥青混合料。总之，沥青混凝土是由沥青胶结料和集料胶结在一起组成的路面材料。沥青混凝土的组成材料有：粗集料、细集料、矿粉、沥青。集料包括岩石天然风化而成的漂石、砾石(卵石)、砂等；以及岩石经加工轧制的各种尺寸的碎石。作为沥青混合料的粗集料可以采用各种岩石轧制的碎石或砾石轧制的碎砾石。细集料包括轧制碎石或矿渣集料，而更大数量的是由天然风化而成的砂，故细集料主要以砂为代表。矿粉可用碱性石料细粉或用其他材料来代替。用于沥青混合料的沥青，除常见的道路石油沥青和软煤沥青外，还有页岩沥青等。沥青混凝土含一定比例的填料，与沥青碎石相比，沥青用量较高；沥青混凝土的空隙率低，基本上不透水，用于重交通的道路比较耐久。

(3)沥青碎石

沥青碎石的细集料少，用以裹覆集料的沥青也较少；沥青碎石内，沥青的主要功能是压实时作为润滑剂和使用过程中作为集料粘结剂。沥青碎石的空隙率相对较高，具透水性。从沥青碎石到沥青玛蹄脂的沥青混合料中，使用的沥青等级愈来愈硬，沥青、矿料和砂的含量增加，粗集料含量减少。

5. 结构层间处治

沥青混凝土路面结构、水泥混凝土路面结构的封层、透层、黏层布设位置见图5-9、图5-10。

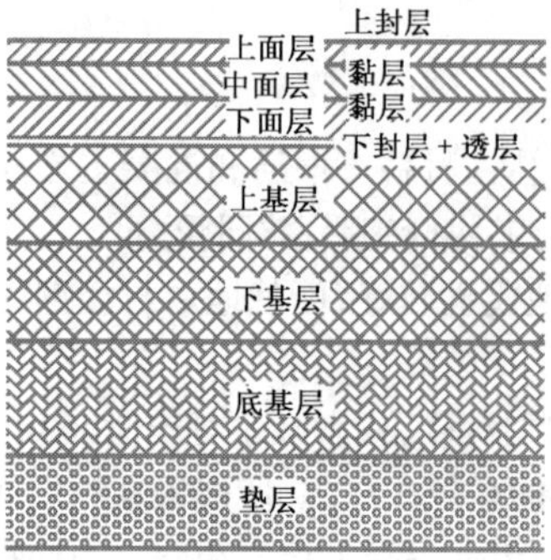

图5-9 沥青混凝土路面结构

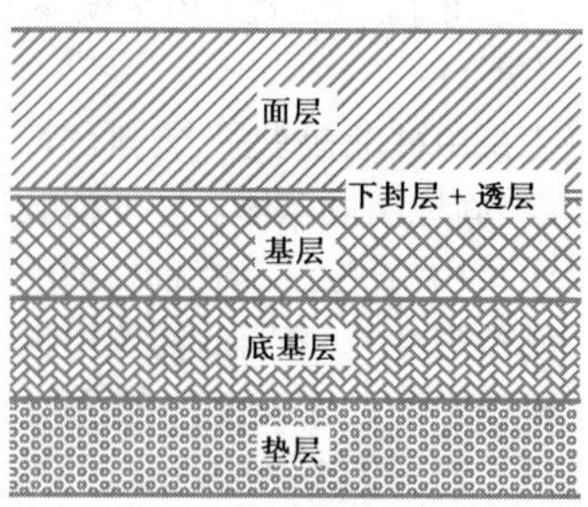

图5-10 水泥混凝土路面分层结构

1)沥青封层

封层是为封闭表面空隙、防止水分渗入,而在沥青面层或基层上铺设有一定厚度的沥青混合料薄层;铺筑在沥青表面的称为上封层,铺筑在基层表面的称为下封层。

(1)上封层

上封层类型有乳化沥青稀浆封层、微表处、改性沥青集料封层、薄层磨耗层等。对路面破损的处治措施分别有:

①裂缝较细、较密的可采用(涂洒类)密封剂、软化再生剂等涂刷罩面。

②对二级及二级以下公路的旧沥青路面可采用普通的乳化沥青稀浆封层,也可在喷洒道路石油沥青后撒布石屑(砂)后碾压作封层。

③对高速公路、一级公路有轻微损坏的宜铺筑微表处。

④对需要改善抗滑性能的上封层可采用稀浆封层、微表处或改性沥青集料封层。

微表处是用适当级配的石屑或砂、填料(水泥、石灰、粉煤灰、石粉等)与聚合物改性乳化沥青、外掺剂和水,按一定比例拌和而成的流动状态的沥青混合料,均匀地摊铺在路面上形成的沥青封层。

稀浆封层是用适当级配的石屑或砂、填料(水泥、石灰、粉煤灰、石粉等)与乳化沥青、外掺剂和水,按一定比例拌和而成的流动状态的沥青混合料,均匀地摊铺在路面上形成的沥青封层。微表处稀浆封层适宜厚度见表5-33。

微表处稀浆封层适宜厚度 表5-33

类型	微表处		稀浆封层		
	MS-2 型	MS-3 型	ES-1 型	ES-2 型	ES-3 型
一层厚度(cm)	0.4~0.6	0.8~1	0.25~0.3	0.4~0.6	0.8~1

(2)下封层

下封层的厚度不宜小于0.6cm,并做到完全密水,宜采用层铺法表面处治或稀浆封层法。层铺法表面处治通常采用单层式,集料用量宜为5~8m^3/1000m^2,沥青用量可采用要求范围的中高限。稀浆封层材料,可选用乳化沥青或改性沥青作结合料。

在半刚性基层上应设下封层。下封层可用沥青单层表面处治或砂粒式、细粒式密级配沥青混合料、稀浆封层等。

多雨潮湿地区的高速公路、一级公路的沥青面层孔隙率较大,有严重渗水时,或铺筑基层不能及时铺筑沥青面层而需通行车辆时,宜在喷洒透层油后再铺筑下封层。

2)沥青透层

透层是为使封层与基层有良好的结合而喷洒的透层油。喷洒透层油宜采用液体沥青、乳化沥青、煤沥青等,喷洒后渗透入基层的深度不宜小于0.5cm(无机结合料稳定集料基层)~1cm(无结合料基层),透层油材料适宜用量见表5-34。

透层油材料适宜用量(L/m^2) 表5-34

用途	液体沥青		乳化沥青		煤沥青	
	规格	用量	规格	用量	规格	用量
无结合料粒料基层	AL(M)-1、2 或 3 AL(S)-1、2 或 3	1.0~2.3	PC-2 PA-2	1.0~2.0	T-1 T-2	1.0~1.5
半刚性基层	AL(M)-1 或 2 AL(S)-1 或 2	0.6~1.5	PC-2 PA-2	0.7~1.5	T-1 T-2	0.7~1.0

注:表中用量是指包括稀释剂和水分等在内的液体沥青、乳化沥青的总量。乳化沥青中的残留物含量以50%为基准。

3)沥青黏层

黏层是为使沥青层之间有良好的结合,而喷洒黏层油。规范规定沥青层之间应设黏层。在沥青层喷洒的黏层油宜采用快裂或中裂乳化沥青、改性乳化沥青,也可采用快、中凝液体石油沥青。其规格和质量应符合规范要求,所使用的基质沥青标号宜与主层沥青混合料相同。有下列情形宜喷洒黏层油:

①双层式或三层式热拌热铺沥青混合料路面的沥青层之间。

②水泥混凝土路面、沥青稳定碎石基层或旧沥青路面层上加铺沥青层。

③路缘石、雨水口、检查井等构造物与新铺沥青混合料接触的侧面。

④沥青层和旧水泥混凝土板之间。

黏层油品种和用量，应根据下卧层的类型试洒确定，并符合表 5-35 的要求。当黏层油上铺筑薄层大空隙排水路面时，黏层油的用量宜增加到 0.6 ~ 1.0L/m^2。在沥青层之间兼作封层而喷洒的黏层油宜采用改性沥青或改性乳化沥青，其用量宜不少于 1.0L/m^2。

黏层材料适宜用量(L/m^2)　　表 5-35

下卧层类型	液体沥青		乳化沥青	
	规格	用量	规格	用量
新建沥青层或旧沥青路面	AL(R)-3 ~ AL(R)-6 AL(M)-3 ~ AL(M)-6	0.3 ~ 0.5	PC-3 PA-3	0.3 ~ 0.6
水泥混凝土	AL(M)-3 ~ AL(M)-6 AL(S)-3 ~ AL(S)-6	0.2 ~ 0.4	PC-3 PA-3	0.3 ~ 0.5

注：表中用量是指包括稀释剂和水分等在内的液体沥青、乳化沥青的总量。乳化沥青中的残留物含量以 50% 为基准。

4）水泥浆

水泥浆由水泥和水搅拌而成，主要用作填充和补漏。各种水泥浆单位重 1450kg/m^3。

促凝水泥浆——水灰比为 0.55 ~ 0.6 之间，促凝剂为水泥重量的 1%。

快凝水泥胶浆——是用水泥和促凝剂直接拌和，根据使用条件不同，配合比一般为水泥：促凝剂 = 1：0.55 ~ 0.6或 1：0.8 ~ 0.9。

6. 砂石面层

砂石路面材料是指用当地砂砾、未筛分碎石、炉渣、矿渣等粒料组成的路面，砂石路面应有砂土磨耗层。

(1)泥结碎石路面

泥结碎石是以粗碎石做主骨料形成嵌锁作用以黏土作填缝结合料，从而具有一定的强度和稳定性，泥结碎石面层适用于二级及以下公路的路面面层，其常用厚度为 8 ~ 12cm。

(2)级配砾石路面

级配砾石路面是以砾石(河光石)为骨材，以黏土为结合料，按一定的比例配合搅拌，摊铺在土路床上，或其他结构层上，碾压后形成一层坚固的铺砌层。这种路面在经济上最便宜，在使用上能达到平整坚硬的要求，如果养护得当，在一般交通量不太大的公路上，可保证顺利通车。

(3)高炉矿渣混凝土路面

高炉矿渣混凝土路面是一种耐磨性、整体性好的新型路面；主要用于公路、市政道路面层。高炉矿渣混凝土路面主要粗、细集料均为高炉矿渣粉碎料。经室内化学成份分析证明，高炉矿渣属潜在性活性材料，主要成份是二氧化硅、三氧化二铝、氧化钙。其中二氧化硅和氧化钙含量高达 30%，接近水泥成份，所以矿渣路面抗折、抗压强度高；一年后强度可增长 30% ~50%。使用矿渣修筑路面，可节约水泥 20%，并可节约废渣占地及运输费用，减少污染、保护环境，变废为宝，造福人类。

5.1.7 路面对路基的要求

公路路基必须稳定、密实、均质，对路面结构提供均匀的支承。路基回弹模量的确定方法有现场承载板法、现场轮隙弯沉法、室内承载板试验法、换算法、查表法。

1. 水泥混凝土路面对路基的要求

①多雨潮湿地区，对于高液限土及塑性指数大于 16 或膨胀率大于 3% 的低液限黏土，宜采用由轻型压实标准确定的压实度，并在含水量略大于其最佳含水量时压实。高液限黏土及含有机质细粒土，不能用做高速公路和一级公路的路床填料或二级和二级以下公路的路床填料；高液限粉土及塑性指数大于 16 或膨胀率大于 3% 的低液限黏土，不能用做高速公路和一级公路的上路床填料。因条件限制而必须采用上述土做填料时，应掺加石灰或水泥等结合料改善。

②地下水位高时，宜提高路堤设计标高。在设计标高受限制，未能达到中湿状态的路基临界高度时，应选用粗粒土或低剂量石灰或水泥稳定细粒土做路床或上路床填料；未能达到潮湿状态的路基临界高度时，除采用上述填料措施外，还应采取在边沟下设置排水渗沟等降低地下水位的措施。

③路基压实度应符合《公路路基设计规范》(JTG D30—2004)的要求。

④岩石或填石路床顶面应铺设整平层。整平层可采用未筛分的碎石和石屑或低剂量水泥稳定粒料,其厚度视路床顶面不平整程度而定,一般为100~150mm。

2. 沥青路面对路基的要求

①填方路基的填料选择、路床的压实度以及填方路堤的基底处理等均应符合相应公路路基设计规范的高度。

②必须采取防止地面水和地下水侵入路面、路基的措施,以保证路基的强度和稳定性。设计宜使路基处于干燥或中湿状态,土基回弹模量的值应大于30MPa,重交通、特重交通公路土基回弹模量的值应大于40MPa。

③潮湿、过湿状态的路基,应采取换填砂、砂砾、碎石渗水性材料处理地基,或采取掺入消石灰,固化材料处理,设置土工合成材料,加强路基排水等,进行综合处治。根据各种路基处理措施,确定土基回弹模量的设计值。

④石方路堑必须设置坚实、稳定的基层。对路基超挖部分应用贫混凝土或无机结合料稳定碎(砾)石的整体性材料作整平层,严禁用土填筑。视山体岩石风化、开裂和降雨情况,应全断面设置级配碎(砾)石垫层150~250mm。当路面可能受到裂隙水、泉眼等地下水影响时,应加强路基排水,如设置渗沟等。

⑤路面设计时应根据路基土的分界稠度确定路基干湿类型。

5.1.8 路面设计方案比较

公路建设项目的工程可行性研究报告和初步设计阶段要求做路面设计方案比选。方案的比选要有科学性、合理性、经济性、先进性,要有长远规划。

1. 所用材料的比较

沥青混凝土路面的整体强度很大程度上取决于土基的强度,而水泥混凝土路面对土基要求不大敏感。对于路面所使用的集料,水泥混凝土路面可以采用各种类型的集料和砂,只需这些材料满足一定的标准要求。而沥青混凝土路面对集料的要求较高,除应满足规范规定的强度、磨耗率、压碎值及粗糙度指标要求外,还应考虑沥青与石料的粘结力。

2. 对气温降水的要求

影响路面的气候条件主要有当地气温、降水以及地下水位。水泥混凝土路面对温度的敏感性较小,在炎热的夏季,水泥混凝土路面不会出现像沥青混凝土路面因温度而产生的车辙、推移、泛油等病害。水对任何一种路面均会产生破坏,水不仅对路面结构本身有影响,对土基的影响尤甚。沥青混凝土路面的水稳性相对较差。

3. 施工环境的影响

在施工方面,沥青路面可进行大面积机械化施工,现场操作简便,施工进度快,施工工期大大缩短,且完工后无需养生即可开放交通,影响交通时间短。但施工过程受气候影响,气温较低时铺筑沥青面层,施工质量得不到保证。水泥路面也可进行机械施工,且施工过程受气温影响较小,但施工程序较多,施工工期长,完工后要经过15~20天的养生,才能开放交通,如需提前开放交通,需采取在拌和料中添加早强剂、减水剂等特殊措施,增加了路面成本。

4. 使用性能的比较

在使用性能方面,沥青路面表面平整度好,无各种接缝,行车过程振动小,噪声低,行车平稳、舒适,养护维修简便,既可对局部损坏路面进行翻挖修补,又可直接加铺面层,恢复旧沥青面层的质量。但沥青路面由于行车作用,经过一段时间使用后,面层矿料逐渐被磨光,沥青路面面层中多余的沥青在行车荷载重复作用下易产生泛油,形成表面滑溜,抗滑能力降低;沥青路面水稳性、热稳性差,易产生老化、裂缝等病害,与水泥路面比较,使用寿命短,一般设计使用年限12~15年。水泥路面具有较好的抗压强度和抗磨耗能力,能通行包括履带式车辆等各种重交通运输工具,水稳性、热稳性均较好,它的强度随时间的延长而逐渐提高,不存在沥青路面的"老化"现象,经久耐用,一般设计使用年限为20~30年。在设计合适、正常施工情况下,设计使用年限内水泥路面出现病害的比例较低,养护工作量相对较小,养护费用较低,综合经济效益高。但水泥路面平整度较沥青路面差,一般都要设置胀缝、缩缝、施工缝等各种接缝,行车中振动大,舒适性差;汽车行驶过程中噪声大,影响人的心理状况;出现局部损坏能力降低时,维修工作量大,实施时间长,养护困难,直接影响交通。

5.2 水泥混凝土路面

水泥混凝土路面结构应按规定的安全等级和目标可靠度,承受预期的交通荷载作用,并同所处的自然环境相适应,满足预定的使用性能要求。

5.2.1 结构组合设计

公路路面结构层由面层、基层、底基层、垫层等多层结构组成,各级公路应根据具体情况设置必要的结构层。并应根据公路所在区域的水文地质、气候特点,公路等级与适用要求,交通量及其交通组成等因素,结合当地实践经验,选择适宜的路面结构组合。

1. 垫层

垫层是设置在底基层与土基之间的结构层,具有排水、隔水、防冻等作用。遇有下述情况时,需在基层下设置垫层:

①季节性冰冻地区,路面总厚度小于最小防冻厚度要求时,其差值应以垫层厚度补足;

②水文地质条件不良的土质路堑,路床土湿度较大时,宜设置排水垫层;

③路基可能产生不均匀沉降或不均匀变形时,可加设半刚性垫层。

垫层的宽度应与路基同宽,其最小厚度为15cm。防冻垫层和排水垫层宜采用砂、砂砾等颗粒材料。半刚性垫层可采用低剂量无机结合料稳定粒料或土。垫层材料可选用粗砂、砂砾、碎石、煤渣、矿渣等粒料以及水泥或石灰煤渣稳定类、石灰粉煤灰稳定类等。

2. 基层

基层应具有足够的抗冲击能力和一定的刚度。基层类型宜依照交通等级选用。在重交通的道路上,选用水泥稳定类或贫混凝土作为基层具有良好的使用性能。如混凝土预制块面层应采用水泥稳定粒料基层。排水基层下应设置由水泥稳定粒料或者密级配粒料组成的不透水底基层,厚度一般20cm。底基层顶面宜铺设沥青封层或防水土工织物。各类基层厚度和适宜范围见表5-36。

各类基层厚度的适宜范围 表5-36

基层类型	厚度适宜的范围(mm)	基层类型	厚度适宜的范围(mm)
贫混凝土或碾压混凝土基层	120~200	级配粒料基层	150~200
水泥或石灰粉煤灰稳定粒料基层	150~250	多孔隙水泥稳定碎石排水基层	100~140
沥青混凝土基层	40~60	沥青稳定碎石排水基层	80~100
沥青稳定碎石基层	80~100		

水泥混凝土路面的基层宽度,应比面层每侧至少宽出30cm(采用小型机具施工时)或50cm(轨模式摊铺机施工)或65cm(滑模式摊铺机施工)。

3. 面层

水泥混凝土面层应具有足够的强度、耐久性,表面抗滑、耐磨、平整。面层一般采用设接缝的普通混凝土;面层板的平面尺寸较大或形状不规则,路面结构下埋有地下设施,高填方、软土地基、挖填交界段的路基等有可能产生不均匀沉降时,应采用设置接缝的钢筋混凝土面层。常用的面板类型有普通混凝土路面、钢筋混凝土路面、连续配筋混凝土路面、钢纤维混凝土路面、碾压混凝土路面等,面层类型可根据适用条件按表5-37选用。

其他面层类型选择 表5-37

面层类型	适用条件
连续配筋混凝土面层	高速公路
沥青上面层与连续配筋混凝土或横缝设传力杆的普通混凝土下面层组成的复合式路面	特重交通的高速公路
碾压混凝土面层	二级及二级以下公路、服务区停车场
钢纤维混凝土面层	标高受限制路段、收费站、混凝土加铺层和桥面铺装
矩形或异形混凝土预制块面层	服务区停车场、二级及二级以下公路桥头引道沉降未稳定段

普通混凝土、钢筋混凝土、碾压混凝土或配筋混凝土面层所需的厚度,可参照表5-38所示。钢纤维混凝土面层的厚度按钢纤维掺量确定,钢纤维体积率为0.6%~1.0%时,其厚度为普通混凝土面层厚度的0.65~0.75倍。特重或重交通时,其最小厚度为16cm;中等或轻交通时,其最小厚度为14cm。复合式路面沥青上面层的厚度一般为25~80mm。

水泥混凝土面层厚度的参考范围 表5-38

交通等级	特重交通				重交通			
公路等级	高速	一级		二级	高速	一级		二级
变异水平等级	低	中	低	中	低	中	低	中
面层厚度(cm)	≥26	≥25	≥24		27~24	26~23	25~22	
交通等级	中等交通				轻交通			
公路等级	二级		三、四级	三、四级	三、四级			
变异水平等级	高	中	高	中	高		中	
面层厚度(cm)	24~21	23~20		22~20	≤23		≤22	

水泥混凝土路面表面构造应采用刻槽、压槽、拉槽或拉毛等方法制作。构造深度在使用初期应满足表5-39的要求。

各级公路水泥混凝土面层的表面构造深度要求 表5-39

项目		高速公路、一级公路	二、三、四级公路
构造深度(mm)	一般路段	0.70~1.10	0.50~0.90
	特殊路段	0.80~1.20	0.60~1.00

注:1.特殊路段——对于高速公路和一级公路系指立交、平交或变速车道等处;对于其他等级公路系指急弯、陡坡、交叉或集镇附近;

2.年降雨量600mm以下的地区,表列数值可适当降低。

4.硬路肩

硬路肩是与行车道相邻的道路组成部分,其表面全部封面,供临时停车和紧急情况使用,同时为路面提供横向支撑。高速公路硬路肩又称“生命通道”,其主要作用是让故障车临时停靠,以及发生紧急情况时,方便急救车辆通行。

硬路肩的设计标高常见的有两种情况:一种是硬路肩与车行道连接处标高一致,横坡与路面相同时,可将硬路肩视为行车道的展宽,摊铺混合料时可与行车道一起铺筑,硬路肩的质量要求同相同的路面结构。另一种是硬路肩的顶面标高低于相连的行车道,这种情况应先摊铺硬路肩部分,宽度应比要求的宽5cm左右,保证与行车道路面有一定的搭接,以免搭不上而需人工找补。

硬路肩一般采用与行车道相邻路面的相同结构,其厚度与行车道相同。

5.土路肩

土路肩是指紧邻硬路肩或者紧邻没有硬路肩的车道的道路组成部分。土路肩一般宽度为0.75m。为保证排水充分,土路肩的横坡一般应比路面的横坡大。封面的土路肩横坡一般为3%,砾石土路肩为5%,土表或草皮土路肩为6%。

土路肩通常随着路面结构层的铺筑,相应地分层填筑,可以先培也可以后培,各有利弊。先培土路肩的优点是,已培好的土路肩在结构层碾压时起支撑作用,可以减轻或避免结构层侧移影响边缘的厚度和平整度。先培土路肩的缺点是,横断面上易形成一个三角区。培土路肩的材料,通常与填筑路堤的材料相同,应在填筑路堤、修整边坡时,将削坡剩余的材料暂存在靠近路肩的边坡上。这样,不仅使用时方便,而且可避免在铺筑路面的过程中,向路肩运送培路肩的材料可能要污染路面。路堑段的土路肩是原土基,施工时当开挖到设计标高时,土路肩部分应停止开挖,路面部分继续开挖直至路床顶面。

5.2.2 接缝设计

水泥混凝土路面接缝在不同情况、不同位置需要设置缩缝、胀缝、纵缝和施工缝。由于水泥混凝土随温度、湿度的变化会发生混凝土收缩、膨胀或翘曲变形,实践中是将水泥混凝土面层沿纵横向划分成一定尺寸的矩形板块(除连续配筋混凝土路面外),即需要设置混凝土面层纵横接缝。普通混凝土、钢筋混凝土、碾压混凝土或钢纤维混凝土面层板一般采用矩形。其纵向和横向接缝应垂直相交,纵缝两侧的横缝不得相互错位,具体见表5-40。

纵横接缝间距　　表5-40

类型		间距	备注
纵向接缝		按路面宽度在3.0～4.5m范围	碾压混凝土、钢纤维混凝土面层在全幅摊铺时，可不设纵向缩缝
横向接缝	普通混凝土面层	4～6m	面层板的长宽比不宜超过1.3，平面尺寸不宜大于$25m^2$
	钢筋混凝土面层	6～15m	—
	碾压混凝土或钢纤维混凝土面层	6～10m	—

1. 纵向接缝

纵向接缝的设置条件见表5-41。纵缝应与路线中线平行。在路面等宽的路段内或路面变宽路段的等宽部分，纵缝的间距和形式应保持一致。路面变宽段的加宽部分与等宽部分之间，以纵向施工缝隔开。加宽板在变宽段起终点处的宽度不应小于1m。

纵向接缝设置条件　　表5-41

项目	设置条件	填缝
纵向施工缝	一次铺筑宽度小于路面宽度时，设置纵向施工缝，其采用平缝形式，锯切槽口的深度为30～40mm，宽度为3～8mm	槽内灌塞填缝料
纵向缩缝	一次铺筑宽度大于4.5m时，设置纵向缩缝，其采用假缝形式，锯切的槽口深度应大于施工缝的槽口深度；粒料基层的槽口深度应为板厚的1/3，半刚性基层的槽口深度应为板厚的2/5	

纵缝拉杆是沿混凝土板的纵缝，每隔一定距离设置在板厚中间的带肋钢筋，拉杆中部100mm范围内进行防锈处理。拉杆的作用是防止路面板错动和纵缝间隙扩大。拉杆的直径、长度和间距见表5-42。为避免出现拉杆与缩缝重合，在施工布设时，拉杆间距应按横向接缝的实际位置予以调整，最外侧的拉杆距横向接缝的距离不得小于10cm。连续配筋混凝土面层的纵缝拉杆可由板内横向钢筋延伸穿过接缝代替（图5-11）。

拉杆直径、长度和间距（mm）　　表5-42

面层厚度（cm）	到自由边或未设拉杆纵缝的距离（m）					
	3.00	3.50	3.75	4.50	6.00	7.50
20～25	14×700×900	14×700×800	14×700×700	14×700×600	14×700×500	14×700×400
26～30	16×800×900	16×800×800	16×800×700	16×800×600	16×800×500	16×800×400

注：表中数字为直径×长度×间距。

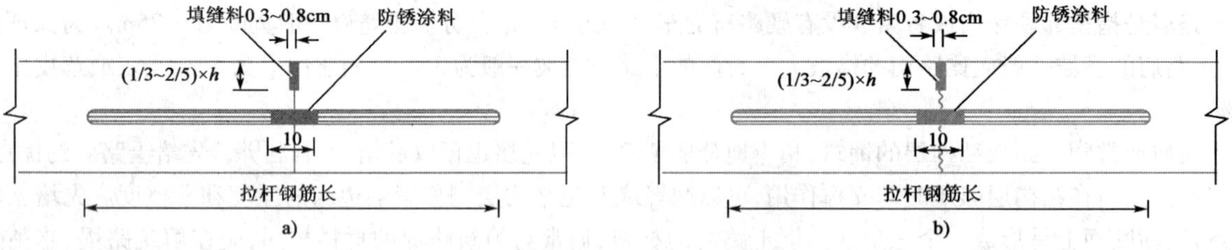

图5-11　纵缝构造

a）纵向施工缝；b）纵向缩缝

2. 横向接缝

横向接缝设置条件见表5-43。传力杆采用光圆钢筋，是沿混凝土板每隔一定距离在板厚中间布置的圆钢筋，其一端固定在一侧板内，而另一端可在邻侧板内滑动，作用是在两块路面板之间传递行车荷载和防止错台。传力杆尺寸和间距见表5-44。最外侧传力杆距纵向接缝或自由边的距离为150～250mm。

横向接缝设置条件　　表5-43

项目	设置条件	填缝
横向缩缝	横向缩缝顶部应锯切槽口，深度为面层厚度的1/5～1/4，宽度为3～8mm；高速公路的横向缩缝槽口宜增设深度20mm的浅槽口，宽6～10mm	填缝料

续上表

项目	设置条件	填缝
横向胀缝	胀缝宽 20mm	填缝料 + 填缝板
横向施工缝	横向施工缝顶部应锯切槽口，深度为面层厚度的 1/5 ~ 1/4，宽度为 3 ~ 8mm	填缝料

传力杆尺寸和间距（mm） 表 5-44

面层厚度（cm）	传力杆直径	传力杆最小长度	传力杆最大间距
22	28	400	300
24	30	400	300
26	32	450	300
28	35	450	300
30	38	500	300

（1）缩缝

横向缩缝可等距离或变间距布置，采用假缝形式，见图 5-12。特重交通和重交通公路、收费广场以及邻近胀缝或自由端部的 3 条缩缝，应采用设传力杆假缝形式。其他情况可采用不设传力杆假缝形式。对于设置传力杆的缩缝可用于增强面板的传递荷载的能力，确保面板的整体性，提高路面的平整性和使用品质。不设传力杆的缩缝，两侧面板的荷载主要通过接缝断面处骨料颗粒的相互咬合作用来传递。高速公路横向缩缝浅槽口构造，见图 5-13。

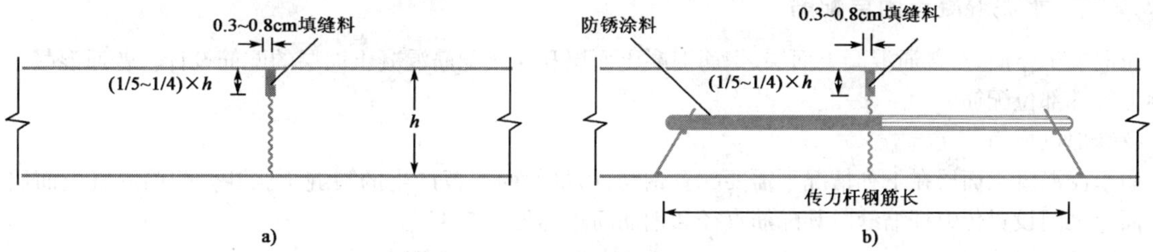

图 5-12 横向缩缝

a）不设拉力杆；b）设拉力杆

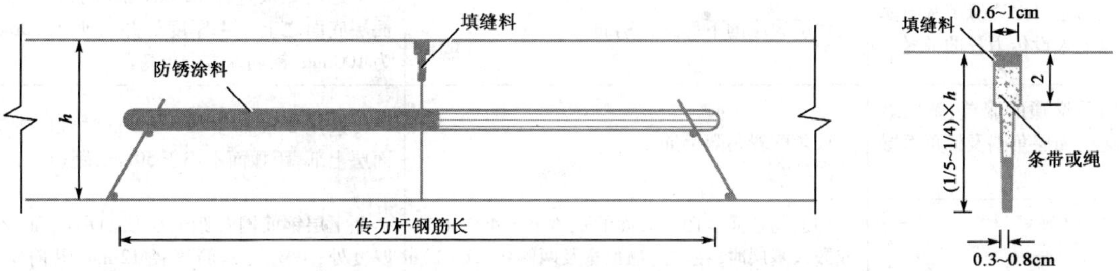

图 5-13 浅槽口构造

（2）胀缝

在邻近桥梁或其他固定构造物或与其他道路相交处，应设置横向胀缝。设置的胀缝条数，应视膨胀量大小而定。低温浇筑混凝土面层或选择膨胀性高的集料时，宜酌情确定是否设置胀缝。胀缝内设置填缝板和可滑动的传力杆。胀缝构造见图 5-14。

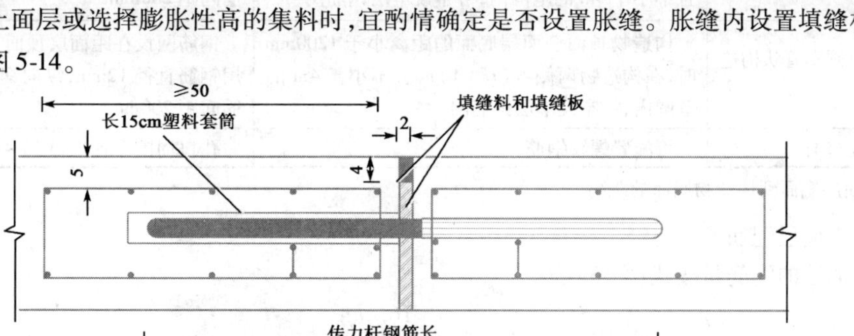

图 5-14 胀缝构造

高速公路和一级公路的胀缝填缝料宜采用泡沫橡胶条、沥青纤维板，其他等级公路的胀缝填缝料可采用木材类或纤维类板。常用的接缝填缝料有聚氨酯焦油类、氯丁橡胶类、聚氯乙烯胶泥、沥青橡胶类、沥青玛蹄脂及橡胶嵌缝条等。

(3)施工缝

每日施工结束或因临时原因中断施工时，必须设置横向施工缝，见5-15a)。其位置应尽可能选在缩缝或胀缝处。设在缩缝处的施工缝，应采用加传力杆的平缝形式；设在胀缝处的施工缝，其构造与胀缝相同。遇有困难需设在缩缝之间时，施工缝采用设拉杆的企口缝形式。横向施工缝构造见图5-15b)。

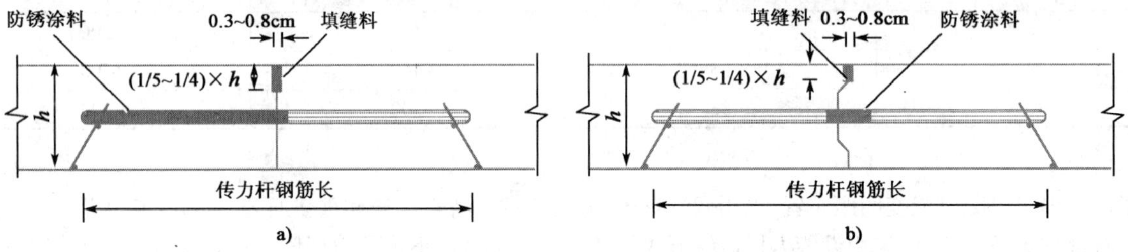

图5-15　横向施工缝构造

a)设传力杆平缝型；b)设拉杆企口缝型

5.2.3　水泥混凝土面层配筋

水泥混凝土路面，有普通混凝土面层、钢筋混凝土面层和连续配筋混凝土面层的配筋设计。普通混凝土面层配筋可称为特殊部位配筋。

1. 特殊部位配筋

普通水泥混凝土面层在下列情况下需要配置钢筋，尽量使面层板产生的裂缝不张开。配筋混凝土面层与相邻混凝土面层之间设置传力杆缩缝。其配筋直径和钢筋间距等见表5-45。

普通水泥混凝土面层配筋　　表5-45

特殊部位	配筋方法	配筋示例
混凝土面层自由边缘下基础薄弱或接缝为未设传力杆的平缝	面层边缘的下部配置钢筋	常选用2根直径12~16mm的螺纹钢筋，置于面层底面之上1/4厚度处并不小于50mm，间距为100mm，钢筋两端向上弯起
承受特重交通的胀缝、施工缝和自由边的面层角隅及锐角面层角隅	板角配置角隅钢筋	常选用2根直径12~16mm的螺纹钢筋，置于面层上部，距顶面不小于50mm，距边缘为100mm
混凝土面层下有箱形构造物横穿	构造物顶面至面层底面的距离小于400mm或嵌入基层时，在构造物顶宽及两侧各(*H*+1)m且不小于4m的范围内，可布设双层钢筋网	上下层钢筋网各距面层顶面和底面1/4~1/3厚度处；可选用钢筋直径12mm，纵向钢筋间距100mm，横向钢筋间距200mm
	构造物顶面至面层底面的距离在400~1200mm时，在构造物顶宽及两侧各(*H*+1)m且不小于4m的范围内，可布设单层钢筋网	钢筋网设在距面层顶面1/4~1/3厚度处；可选用钢筋直径12mm，纵向钢筋间距100mm，横向钢筋间距200mm
混凝土面层下有圆形管状构造物横穿	构造物顶面至面层底面的距离小于1200mm时，在构造物两侧各(*H*+1)m且不小于4m的范围内，可布设单层钢筋网	钢筋网设在距面层顶面1/4~1/3厚度处；可选用钢筋直径12mm，纵向钢筋间距100mm，横向钢筋间距200mm
混凝土面板有孔口时	可配置螺纹钢筋	孔口周围布置4根10~12mm

注：表中*H*为面层底面到构造物底面的距离

2. 钢筋混凝土面层配筋

钢筋混凝土面层的配筋量按式(5-15)确定。

$$A_s = \frac{16L_s h\mu}{f_{sy}} \tag{5-15}$$

式中：A_s ——每延米混凝土面层宽(或长)所需的钢筋面积(mm^2)；

L_s ——纵向钢筋时，为横缝间距（m）；横向钢筋时，为无拉杆的纵缝或自由边之间的距离（m）；

h——面层厚度（mm）；

μ——面层与基层之间的摩阻系数，基层为水泥、石灰或沥青稳定粒料时，可取 1.8；基层为无结合料的粒料时，可取 1.5；

f_{sy} ——钢筋的屈服强度（MPa），按表 5-46 选用。

钢筋强度和弹性模量经验参考值 表 5-46

钢筋种类	钢筋直径 d（mm）	屈服强度 f_{sy}（MPa）	弹性模量 E_s（MPa）
R235（Q235）	8～20	235	2.1×10^5
HRB335	6～50	335	2.0×10^5
HRB400	6～50	400	2.0×10^5
KL400	8～40	400	2.0×10^5

纵向和横向钢筋宜采用相同或相近的直径，直径差不应大于 4mm。钢筋的最小直径和纵向最大间距、横向最大间距应符合表 5-47 的规定。钢筋的最小间距为集料最大粒径的 2 倍。

钢筋最小直径和最大间距（mm） 表 5-47

钢筋类型	最小直径	纵向最大间距	横向最大间距
光面钢筋	8	150	300
螺纹钢筋	12	350	750

纵向钢筋设在面层顶面下 1/3～1/2 厚度范围内，横向钢筋位于纵向钢筋之下；纵向钢筋的搭接长度一般不小于 35 倍钢筋直径，搭接位置应错开，各搭接端接线与纵向钢筋的夹角应小于 60°；边缘钢筋至纵缝或自由边的距离一般为 100～150mm。

3. 连续配筋混凝土面层配筋

连续配筋混凝土面层的纵向配筋率按允许的裂缝间距（1.0～2.5m）、缝隙宽度（<1mm）和钢筋屈服强度确定，通常为 0.6%～0.8%。连续配筋混凝土面层的纵向和横向钢筋均应采用螺纹钢筋，其直径为 12～20mm。钢筋布置应符合表 5-48 要求。

连续配筋混凝土面层配筋 表 5-48

钢筋类型	钢筋位置及尺寸
纵向钢筋	设在面层表面下 1/3～1/2 厚度范围内，钢筋间距≤250mm，不小于 100mm 或集料最大粒径的 2.5 倍
横向钢筋	位于纵向钢筋之下，钢筋间距≤800mm

纵向钢筋的焊接长度一般不小于 10 倍（单面焊）或 5 倍（双面焊）钢筋直径，焊接位置应错开，各焊接端接线与纵向钢筋的夹角应小于 60°；边缘钢筋至纵缝或自由边的距离一般为 100～150mm。

5.2.4 路面厚度设计

水泥混凝土路面厚度确定，是根据部颁水泥混凝土路面设计规范规定的方法设计，其方法适用于普通水泥混凝土、钢筋混凝土、连续配筋混凝土和碾压混凝土面层厚度设计。

1. 设计标准

各级公路水泥混凝土路面结构的设计安全等级及相应的设计基准期、目标可靠指标和目标可靠度，应符合表 5-49的规定。

可靠度设计标准 表 5-49

公路技术等级	高速公路	一级公路	二级公路	三、四级公路
安全等级	一级	二级	三级	四级
设计基准期（a）	30	30	20	20
目标可靠度（%）	95	90	85	80
目标可靠指标	1.64	1.28	1.04	0.84
变异水平等级	低	低～中	中	中～高

2. 性能参数

材料性能和结构尺寸参数的变异水平分为低、中和高三级。各安全等级路面的材料性能和结构尺寸参数的变异水平等级,宜按表5-49的建议选用。各变异水平等级主要设计参数的变异系数变化范围,见表5-50。

变异系数 c_v 表5-50

变异水平等级	低	中	高
水泥混凝土弯拉强度、弯拉弹性模量	$c_v \leqslant 0.10$	$0.10 < c_v \leqslant 0.15$	$0.15 < c_v \leqslant 0.20$
基层顶面当量回弹模量	$c_v \leqslant 0.25$	$0.25 < c_v \leqslant 0.35$	$0.35 < c_v \leqslant 0.55$
水泥混凝土面层厚度	$c_v \leqslant 0.04$	$0.04 < c_v \leqslant 0.06$	$0.06 < c_v \leqslant 0.08$

3. 可靠度系数

水泥混凝土路面结构设计以行车荷载和温度梯度综合作用产生的疲劳断裂作为设计的极限状态,其表达式采用式(5-16)。

$$\gamma_r = (\sigma_{pr} + \sigma_{tr}) \leqslant f_r \tag{5-16}$$

式中:γ_r——可靠度系数,依据所选目标可靠度及变异水平等级按表5-51确定;

σ_{pr}——行车荷载疲劳应力(MPa);

σ_{tr}——温度梯度疲劳应力(MPa);

f_r——水泥混凝土弯拉强度标准值(MPa)。变异系数在表5-50所示的变化范围的下限时,可靠度系数取低值;上限时,取高值。

可靠度系数 表5-51

变异水平等级	目标可靠度(%)			
	95	90	85	80
低	1.20~1.33	1.09~1.16	1.04~1.08	—
中	1.33~1.50	1.16~1.23	1.08~1.13	1.04~1.07
高	—	1.23~1.33	1.13~1.18	1.07~1.11

4. 混凝土弯拉强度

水泥混凝土的强度以28d龄期的弯拉强度控制。当混凝土浇筑后90d内不开放交通时,可采用90d龄期的弯拉强度。各交通等级要求的混凝土弯拉强度标准值不得低于表5-52的规定。

混凝土弯拉强度标准值 表5-52

交通等级	特重	重	中等	轻
水泥混凝土的弯拉强度标准值(MPa)	5.0	5.0	4.5	4.0
钢纤维混凝土的弯拉强度标准值(MPa)	6.0	6.0	5.5	5.0

5. 最小防冻厚度

在季节性冰冻地区,路面的总厚度不应小于表5-53规定的最小防冻厚度。

水泥混凝土路面最小防冻厚度(m) 表5-53

路基干湿类型	路基土质	当地最大冰冻深度(m)			
		0.50~1.00	1.01~1.50	1.51~2.00	>2.00
中湿路基	低、中、高液限黏土	0.30~0.50	0.40~0.60	0.50~0.70	0.60~0.95
	粉土,粉质低、中液限黏土	0.40~0.60	0.50~0.70	0.60~0.85	0.70~1.10
潮湿路基	低、中、高液限黏土	0.40~0.60	0.50~0.70	0.60~0.90	0.75~1.20
	粉土,粉质低、中液限黏土	0.45~0.70	0.55~0.80	0.70~1.00	0.80~1.30

注:1. 冻深小或填方路段,或者基、垫层为隔温性能良好的材料,可采用低值;冻深大或挖方及地下水位高的路段,或者基、垫层为隔温性能稍差的材料,应采用高值;

2. 冻深小于0.50m的地区,一般不考虑结构层防冻厚度。

6. 最大温度梯度

水泥混凝土面层的最大温度梯度标准值 T_g,可按表5-54公路所在地的自然区划选用。

最大温度梯度标准值 T_g　　表 5-54

公路自然区划	II、V	III	IV、VI	VII
最大温度梯度(℃/m)	83~88	90~95	86~92	93~98

注:海拔高时,取高值;湿度大时,取低值。

7. 路面厚度设计步骤

①依据所设计公路的技术等级,确定路面结构的设计安全等级以及相应的设计基准期、目标可靠度和变异水平等级。调查初始年日交通量、日货车交通量、方向和车道分配系数、各类货车的轴载组成、设计基准期内交通量年平均增长率等。

②分析交通资料,将各级轴载的作用次数换算为标准轴载的作用次数,并计算设计车道的初始年日标准轴载作用次数;依据公路等级和车道宽度,选定车辆轮迹横向分析系数;再计算设计基准期内设计车道上的标准轴载累计作用次数,并依据此确定设计车道交通等级。

③依据施工技术、管理和质量控制的预期水平,选定路面材料性能和结构尺寸的变异水平等级,并依据所要求的目标可靠度确定可靠度系数值。

④根据公路等级和交通等级,并按设计公路所在地的路基土质、温度和湿度状况、路面材料供应条件和材料性质以及当地已有路面的使用经验,进行结构层组合设计,初选各结构层的材料类型和厚度。

⑤根据交通等级选取水泥混凝土的最低弯拉强度标准值,确定混合料试配弯拉强度的均值,进行混凝土混合料组成设计。

⑥按所选基层和垫层材料类型,进行混合料配合比设计,通过试验确定各类混合料的回弹模量标准值。

⑦对于新建公路应依据土组类型和公路所在地的自然区划参照经验值,确定路床顶面的回弹模量标准值。

⑧计算标准轴载产生的荷载应力,再按公路等级选定综合系数,根据纵缝类型和基层情况选取应力折减系数,按设计基准期内标准轴载累计作用次数计算荷载疲劳应力系数,最终确定应力值。

⑨按公路所在地的自然区划确定最大温度梯度、温度应力系数,再计算最大温度应力。而后计算温度疲劳应力系数,最终计算确定温度疲劳应力值。

⑩当荷载疲劳应力同温度疲劳应力之和与可靠度系数的乘积小于且接近于混凝土弯拉强度标准值时,则初选厚度可作为混凝土面层的计算厚度。否则,应改选面层厚度,重新计算,直到满足要求为止。面层设计厚度为计算厚度按 10mm 向上取整。

5.2.5 水泥混凝土配合比设计

水泥混凝土中各组成材料的质量或体积之比,称为水泥混凝土的配合比。通常以水泥为 1,并按水泥: 细集料: 粗集料: 水的顺序表示。

1. 原材料选择

混凝土配合比设计原材料级配包括粗集料、细集料等。

(1)粗集料

粗集料应使用质地坚硬、耐久、洁净的碎石、碎卵石和卵石,并应符合表 5-55 的规定。高速公路、一级公路、二级公路及有抗(盐)冻要求的三、四级公路混凝土路面使用的粗集料级别应不低于 II 级,无抗(盐)冻要求的三、四级公路混凝土路面、碾压混凝土及贫混凝土基层可使用 III 级粗集料。有抗(盐)冻要求时,I 级集料吸水率不应大于 1.0%;II 级集料吸水率不应大于 2.0%。

碎石、碎卵石和卵石技术指标　　表 5-55

项目	技术要求		
	I 级	II 级	III 级
碎石压碎指标(%)	<10	<15	<20[①]
卵石压碎指标(%)	<12	<14	<16
坚固性(按质量损失计%)	<5	<8	<12
针片状颗粒含量(按质量计%)	<5	<15	20[②]
含泥量(按质量计%)	<0.5	<1.0	<1.5
泥块含量(按质量计%)	<0	<0.2	<0.5

续上表

项目	技术要求		
	Ⅰ级	Ⅱ级	Ⅲ级
有机物含量(比色法)	合格	合格	合格
硫化物及硫酸盐(按 SO_3 质量计%)	<0.5	<1.0	<1.0
岩石抗压强度	火成岩不应小于100MPa;变质岩不应小于80MPa;水成岩不应小于60MPa		
表观密度	>2500kg/m³		
松散堆积密度	>1350kg/m³		
空隙率	<47%		
碱集料反应	经碱集料反应试验后,试件无裂缝、酥裂、胶体外溢等现象,在规定试验龄期的膨胀率应小于0.10%		

注:①Ⅲ级碎石的压碎指标,用做路面时,应小于20%;用做下面层或基层时,可小于25%;

②Ⅲ级粗集料的针片状颗粒含量,用做路面时,应小于20%;用做下面层或基层时,可小于25%。

用做路面和桥面混凝土的粗集料不得使用不分级的统料,应按最大公称粒径的不同采用2~4个粒级的集料进行掺配,并应符合表5-56合成级配的要求。卵石最大公称粒径不宜大于19.0mm;碎卵石最大公称粒径不宜大于26.5mm;碎石最大公称粒径不应大于31.5mm。贫混凝土基层粗集料最大公称粒径不应大于31.5mm;钢纤维混凝土与碾压混凝土粗集料最大公称粒径不宜大于19.0mm。碎卵石或碎石中粒径小于75μm的石粉含量不宜大于1%。

粗集料级配范围　　表5-56

级配＼粒径		方筛孔尺寸(mm)							
		2.36	4.75	9.50	16.0	19.0	26.5	31.5	37.5
		累计筛余(以质量计)(%)							
合成级配	4.75~16	95~100	85~100	40~60	0~10				
	4.75~19	95~100	85~95	60~75	30~45	0~5	0		
	4.75~26.5	95~100	90~100	70~90	50~70	25~40	0~5	0	
	4.75~31.5	95~100	90~100	75~90	60~75	40~60	20~35	0~5	0
粒级	4.75~9.5	95~100	80~100	0~15	0				
	9.5~16		95~100	80~100	0~15	0			
	9.5~19		95~100	85~100	40~60	0~15	0		
	16~26.5			95~100	55~70	25~40	0~10	0	
	16~31.5			95~100	85~100	55~70	25~40	0~10	0

(2)细集料

细集料应采用质地坚硬、耐久、洁净的天然砂、机制砂或混合砂,并应符合表5-57的规定。高速公路、一级公路、二级公路及有抗(盐)冻要求的三、四级公路混凝土路面使用的砂应不低于Ⅱ级,无抗(盐)冻要求的三、四级公路混凝土路面、碾压混凝土及贫混凝土基层可使用Ⅲ级砂。特重、重交通混凝土路面宜使用河砂,砂的硅质含量不应低于25%。

细集料技术标准　　表5-57

项目	技术要求		
	Ⅰ级	Ⅱ级	Ⅲ级
机制砂单粒级最大压碎指标(%)	<20	<25	<30
氯化物(氯离子质量计%)	<0.01	<0.02	<0.06
坚固性(按质量损失计%)	<6	<8	<10
云母(按质量计%)	<1.0	<2.0	<2.0
天然砂、机制砂含泥量(按质量计%)	<1.0	<2.0	<3.0①
天然砂、机制砂泥块含量(按质量计%)	0	<1.0	<2.0
机制砂MB<1.4或合格石粉含量②(按质量计%)	<3.0	<5.0	<7.0

续上表

项目	技术要求		
	Ⅰ级	Ⅱ级	Ⅲ级
机制砂 MB≥1.4 或不合格石粉含量(按质量计%)	<1.0	<3.0	<5.0
有机物含量(比色法)	合格	合格	合格
硫化物及硫酸盐(按 SO_3 质量计%)	<0.5	<0.5	<0.5
轻物质(按质量计%)	<1.0	<1.0	<1.0
机制砂母岩抗压强度	火成岩不应小于 100MPa;变质岩不应小于 80MPa;水成岩不应小于 60MPa		
表观密度	>2500kg/m³		
松散堆积密度	>1350kg/m³		
空隙率	<47%		
碱集料反应	经碱集料反应试验后,由砂配制的试件无裂缝、酥裂、胶体外溢等现象,在规定试验龄期的膨胀率应小于 0.10%		

注:①天然 Ⅲ 级砂用做路面时,含泥量应小于 3%;用做贫混凝土基层时,可小于 5%;
②亚甲蓝试验 MB 试验方法见《公路工程集料试验规程》(JTG E42—2005)。

细集料的级配要求应符合表 5-58 的规定,路面和桥面用天然砂宜为中砂,也可使用细度模数在 2.0~3.5 之间的砂。同一配合比用砂的细度模数变化范围不应超过 0.3,否则,应分别堆放,并调整配合比中的砂率后使用。

细集料级配范围 表 5-58

砂分级	方筛孔尺寸(mm)					
	0.15	0.30	0.60	1.18	2.36	4.75
	累计筛余(以质量计)(%)					
粗砂	90~100	80~95	71~85	35~65	5~35	0~10
中砂	90~100	70~92	41~70	10~50	0~25	0~10
细砂	90~100	55~85	16~40	0~25	0~15	0~10

2. 混凝土设计标准

路用水泥混凝土的设计强度以龄期 28d 的弯拉强度为标准,各级交通要求的水泥混凝土设计弯拉强度不低于表 5-52 的值。配合比还应满足对其耐久性、耐磨性、和易性要求及经济合理的原则。

3. 配合比设计(经验公式法)

水泥混凝土组成材料配比设计可按下列步骤进行。

1)确定混凝土试配强度

混凝土的试配强度应在设计强度的基础上考虑一定的保证率,由式(5-17)确定,

$$f_c = \frac{f_r}{1 - 1.04c_v} + ts \tag{5-17}$$

式中:f_c——配制 28d 弯拉强度的均值(MPa);

f_r——设计弯拉强度标准值(MPa);

s——弯拉强度试验样本的标准差(MPa);

t——保证率系数,按样本数 n 和判别概率 p 参照表 5-59 确定。

c_v——弯拉强度变异系数,应按统计数据在表 5-60 的规定范围内取值;在无统计数据时,弯拉强度变异系数应按设计取值;如果施工配制弯拉强度超出设计给定的弯拉强度变异系数上限,则必须改进机械装备和提高施工控制水平。

保证率系数 t 表 5-59

公路等级	判别概率 p	样本数 n				
		3	6	9	15	20
高速公路	0.05	1.36	0.79	0.61	0.45	0.39
一级公路	0.10	0.95	0.59	0.46	0.35	0.30
二级公路	0.15	0.72	0.46	0.37	0.28	0.24
三、四级公路	0.20	0.56	0.37	0.29	0.22	0.19

各级公路混凝土路面弯拉强度变异系数　表5-60

公路技术等级	高速公路	一级公路		二级公路	三、四级公路	
混凝土弯拉强度变异水平等级	低	低	中	中	中	高
弯拉强度变异系数c_v允许变化范围	0.05～0.10	0.05～0.10	0.10～0.15	0.10～0.15	0.10～0.15	0.15～0.20

2）确定水灰（胶）比

根据粗集料的类型，水灰比可分别按式（5-18）、式（5-19）统计公式计算：

碎石或碎卵石混凝土：

$$\frac{W}{C}=\frac{1.5684}{(f_c-0.3595f_s+1.0097)} \tag{5-18}$$

卵石混凝土：

$$\frac{W}{C}=\frac{1.2618}{(f_c-0.4709f_s+1.5492)} \tag{5-19}$$

式中：$\frac{W}{C}$——水灰比；

f_c——配制28d弯拉强度的均值（MPa）；

f_s——水泥实测28d抗折强度（MPa）。

各交通等级路面混凝土满足耐久性要求的最大水灰（胶）比应符合表5-61的规定，应在满足弯拉强度设计计算值和耐久性两者要求的水灰（胶）比中取小值。

混凝土满足耐久性要求的最大水灰（胶）比　表5-61

公路技术等级	高速公路、一级公路	二级公路	三、四级公路
最大水灰（胶）比	0.44	0.46	0.48
抗冰冻要求最大水灰（胶）比	0.42	0.44	0.46
抗盐冻要求最大水灰（胶）比	0.40	0.42	0.44

3）确定砂率（S_p）

水泥混凝土砂率是细集料（砂）占粗细集料（石子和砂）之和的百分率，可用下式计算：

$$S_p=\frac{K\cdot\rho_S\cdot v_G}{\rho_S\cdot v_G+\rho_G} \tag{5-20}$$

式中：ρ_S、ρ_G——砂和石子的松装密度（kg/m^3）；

v_G——混凝土中石子的孔隙率（%）；

K——拨开系数，在1.0～1.2范围内，一般可取1.05。

砂率亦可根据本单位经验或根据砂的细度模数和粗集料种类，查表5-62取值。在软做抗滑槽时，砂率可在此表基础上可增大1%～2%。

砂的细度模数与最优砂率关系　表5-62

砂细度模数		2.2～2.5	2.5～2.8	2.8～3.1	3.1～3.4	3.4～3.7
砂率S_p（%）	碎石	30～34	32～36	34～38	36～40	38～42
	卵石	28～32	30～34	32～36	34～38	36～40

4）计算单位用水量

按集料品种、规格及施工要求的坍落度，分别按下列经验式计算单位用水量（砂石料以自然风干状态计）：

碎石：

$$W_0=104.97+0.309S_L+11.27\frac{C}{W}+0.61S_p \tag{5-21}$$

卵石：

$$W_0=86.89+0.370S_L+11.24\frac{C}{W}+1.00S_p \tag{5-22}$$

式中：W_0——不掺外加剂与掺合料混凝土的单位用水量（kg/m^3）；

S_p——砂率（%）；

S_L——坍落度（mm）；

$\frac{C}{W}$——灰水比,水灰比的倒数。

初步选定单位用水量后,待试拌时,可根据实测的坍落度加以调整;坍落度宜为10~25cm。坍落度小于10mm时,应采用维勃稠度仪测定,维勃时间宜为10~30s。

5)确定单位水泥用量

根据已确定的水灰比(W/C)和单位用水量(W_0)可按下式计算单位水泥用量:

$$C_0 = \left(\frac{C}{W}\right)W_0 \tag{5-23}$$

式中:C_0——单位水泥用量(kg/m^3)。

路面用水泥混凝土,单位用灰量一般不应小于300kg,不大于360kg;机械化程度不高或考虑耐久性时,一般以300~320kg为宜。

6)确定粗细集料用量(G_0,S_0)

在已知砂率的情况下,粗、细集料用量可用体积法或密度法求得。

①用体积法计算时,可采用下式求解粗集料(G_0)和细集料(S_0)的用量。

$$\left.\begin{aligned}\frac{G_0}{\rho_C}+\frac{G_0}{\rho'_G}+\frac{S_0}{\rho'_S}+\frac{W_0}{\rho_W}+10\alpha = 1000\\ \frac{S_0}{S_0+G_0}\times 100 = S_p(\%)\end{aligned}\right\} \tag{5-24}$$

按体积法计算时,应计入设计含气量。

②用密度法计算时,可采用下式求解。

$$\left.\begin{aligned}C_0+G_0+S_0+W_0 = \rho_h\\ \frac{S_0}{S_0+G_0}\times 100 = S_p(\%)\end{aligned}\right\} \tag{5-25}$$

式中:C_0——每立方米混凝土的水泥用量(kg/m^3);

G_0——每立方米混凝土的粗集料用量(kg/m^3);

S_0——每立方米混凝土的细集料用量(kg/m^3);

W_0——每立方米混凝土的用水量(kg/m^3);

ρ_C——水泥的真实密度(g/cm^3);

ρ'_G——粗集料表观密度(g/cm^3);

ρ'_S——细集料表观密度(g/cm^3);

ρ_W——水的密度(g/cm^3);

α——混凝土含气量(%),在不使用含气型外加剂时,可取为1;

ρ_h——混凝土拌和物的假定密度(kg/m^3);

S_p——砂率(%)。

在上述关系中,ρ_C可取为2.9~3.1g/cm^3,ρ_W=1.0g/cm^3,ρ'_G及ρ'_S由试验测得;ρ_h可根据本单位历史上的试验资料确定,在无资料时,可根据粗、细集料的表观密度、粒径以及配制的混凝土强度,在2400~2450kg/m^3的范围内选用。

7)确定混凝土配合比

按上述步骤定出配合比后,应进行如下的试配调整。

(1)试拌调整

按设计配合比,取样试拌,验核其工作性能(坍落度或维勃稠度试验)。如果实测的工作性低于设计要求,则可保持水灰比不变,适当增加水泥浆用量;相反,如果测得的工作性能高于设计要求,则可减少水泥浆用量,或者保持砂率不变,增加粗集料用量。砂浆过多,酌量增加石子;砂浆过少时,适当增加砂浆。每次调整加入少量材料,重复试验(时间不得超过20min),直到符合要求为止。根据以上调整时所加材料数量算出试拌调整后的配比。

(2)强度验核

按试拌调整后的配比,适当增减水泥用量,配制3组不同配比的新拌混凝土,浇筑混凝土小梁试件,并测定其实际密度;经养护到规定龄期后测定其弯拉强度。如果实测强度未达到要求的试配强度时,可采用提高水泥强度等级、减小水灰比或改善集料级配等措施给予调整。

(3)实验室配比计算

通过调整得到工作性能和强度均满足要求的配比后,还应根据混凝土的实测密度再做必要的校正。校正系数 k_j 按下式求得:

$$k_j = \frac{\rho_b(p)}{\rho_b(t)} \tag{5-26}$$

式中:$\rho_b(p)$ ——混凝土实测密度(kg/cm^3);

$\rho_b(t)$ ——混凝土计算密度(kg/cm^3)。

混凝土的计算密度为混凝土内各项材料单位用量之和。

各项材料用量均乘以校正系数 k_j 即为最终的各项材料用量。

8)施工配合比计算

实验室配合比是集料处于标准含水量状态下(全干或饱和面干状态)计算出来的。施工现场的集料含水量经常变化,因而必须根据拌制时集料的实际含水量对实验室的配合比进行调整。集料中的水分应在用水量中扣除;由于水分所减少的集料用量应补足,由此得到施工配合比。

5.3 沥青混凝土路面

沥青路面设计包括交通量实测、分析与预测,材料选择,混合料配合比设计,设计参数的测试与确定,路面结构组合设计与厚度计算,路面排水系统设计。并进行路面结构方案技术经济综合比较,提出推荐方案。沥青路面设计的目的是要控制路面在设计使用年限内产生的沉陷、车辙、疲劳开裂、推移、低温缩裂等病害,保证汽车安全、迅速、经济、舒适行驶。

5.3.1 结构组合设计

1. 垫层设计

1)隔离垫层

垫层是设置在底基层与土基之间的结构层,具有排水、隔水、防冻等作用。垫层材料可选用粗砂、砂砾、煤渣、矿渣等粒料以及水泥或石灰煤渣稳定类、石灰粉煤灰稳定类等。各级公路的排水垫层应与边缘排水系统相连接,垫层宽度应铺筑到路基边缘或与边沟下的渗沟相连接。

采用碎石和砂砾垫层时,最大粒径与结构层厚度相协调,一般最大粒径应不超过结构层的1/2,以保证形成骨架结构,提高结构层的稳定性。可在路基顶面设土工合成材料隔离层,以防止路基污染粒料垫层或隔断地下水。

对于路堑超挖部分应用贫混凝土或无机结合料稳定碎(砾)石的整体性材料作整平层;视山体岩石风化、开裂和降雨情况,应全断面铺设级配碎(砾)石垫层15~25cm。防冻垫层一般情况为15~20cm,重冰冻地区和潮湿、过湿路段可为30~40cm。防冻垫层应采用透水性好的粒料材料,通过0.075mm筛孔颗粒含量不宜大于5%;采用煤渣时,小于2mm的颗粒含量不宜大于20%。

2)抗冻层

冰冻区根据20年以上的冻结指数平均值,按表5-63划分为重冰冻区、中冰冻区、轻冰冻区、非冰冻区。

冰冻区划分

表5-63

冰冻区划分	重冰冻区	中冰冻区	轻冰冻区	非冰冻区
冻结指数(℃)	≥2000	2000~800	800~50	≤50

道路多年最大冻深 Z_{max} 按下式计算:

$$Z_{max} = abcZ_d \tag{5-27}$$

式中:Z_{max} ——多年最大冻深(m);

Z_d ——大地标准冻深(m);

a——路面路基材料热物性系数,见表5-64;

b——路基湿度系数,见表5-65;

c——路基断面形式系数,见表5-66。

路面路基材料热物性系数 a 表 5-64

路基材料	黏质土	粉质土	粉土质砂	细粒土质砾、黏土质砂	含细粒土质砾(砂)
热物性系数	1.05	1.1	1.2	1.3	1.35
路基材料	水泥混凝土	沥青混凝土	二灰土及水泥土	二灰碎石及水泥碎(砾)石	级配碎石
热物性系数	1.4	1.35	1.35	1.4	1.45

注:a 值取大地冻深范围内路基及路面各层材料的加权平均值。

路基湿度系数 b 表 5-65

干湿类型	干燥	中湿	潮湿	过湿
湿度系数	1.0	0.95	0.90	0.80

路基断面形式系数 c 表 5-66

挖填形式	路基填土高度(m)					路基挖方深度(m)			
	零填	2m	4m	6m	6m 以上	2m	4m	6m	6m 以上
断面形式系数	1.0	1.02	1.05	1.08	1.10	0.98	0.95	0.92	0.90

冰冻区各级公路的中湿、潮湿路段,应进行防冻厚度验算。根据交通量计算的结构层总厚度应不小于表 5-67 中最小防冻厚度的规定。防冻厚度与路基潮湿类型、路基土类、道路冻深以及路面结构层材料的热物性有关。若结构层总厚度小于最小防冻厚度,则应增加防冻垫层使其满足最小防冻厚度的要求。

最 小 防 冻 厚 度 表 5-67

路基类型	道路多年最大冻深(cm)	黏性土、细亚砂土			粉性土		
		砂石类	稳定土类	工业废料类	砂石类	稳定土类	工业废料类
中湿	50 ~ 100	40 ~ 45	35 ~ 40	30 ~ 35	45 ~ 50	40 ~ 45	30 ~ 40
	100 ~ 150	45 ~ 50	40 ~ 45	35 ~ 40	50 ~ 60	45 ~ 50	40 ~ 45
	150 ~ 200	50 ~ 60	45 ~ 55	40 ~ 50	60 ~ 70	50 ~ 60	45 ~ 50
	>200	60 ~ 70	55 ~ 65	50 ~ 55	70 ~ 75	60 ~ 70	50 ~ 65
潮湿	60 ~ 100	45 ~ 55	40 ~ 50	35 ~ 45	50 ~ 60	45 ~ 55	40 ~ 50
	100 ~ 150	55 ~ 60	50 ~ 55	45 ~ 50	60 ~ 70	55 ~ 65	50 ~ 60
	150 ~ 200	60 ~ 70	55 ~ 65	50 ~ 55	70 ~ 80	65 ~ 70	60 ~ 65
	>200	70 ~ 80	65 ~ 75	55 ~ 70	80 ~ 100	70 ~ 90	65 ~ 80

注:1. 在《公路自然区划分标准》中,对潮湿系数小于 0.5 的地区,Ⅱ、Ⅲ、Ⅳ 区等干旱地区防冻厚度应比表中值减少 15% ~20%;
2. 对Ⅱ区砂性土路基防冻厚度应相应减少 5% ~10%。

2. 基层和底基层

1)半刚性基层和底基层

半刚性基层、底基层应具有足够的强度和稳定性、较小的收缩(温缩及干缩)变形和较强的抗冲刷能力,在中冰冻、重冰冻应检验半刚性基层、底基层的抗冻性能。

(1)适用条件

半刚性基层混合料可分为石灰粉煤灰稳定集料、石灰稳定集料、水泥稳定集料三种类型,适用层位见表 5-68。按混合料结构状态还可分为骨架密实型、骨架空隙型、悬浮密实型和均匀密实型四类,适用层位见表 5-69。

半刚性基层适用层位 表 5-68

基层类型	适用层位
石灰粉煤灰稳定集料	适用于各级公路基层、底基层;宜用于冰冻、多雨潮湿地区的高速、一级公路下基层底基层
石灰稳定集料	宜用于各级公路底基层;宜用于三级、四级公路基层
水泥稳定集料	适用于各级公路基层、底基层

半刚性基层混合料结构适用层位 表 5-69

混合料类型	适用层位	混合料类型	适用层位
骨架密实型	高速、一级公路路面基层或上基层	悬浮密实型	二级及以下公路路面基层和各级公路底基层
骨架空隙型	考虑路面内部有排水要求的基层	均匀密实型	高速、一级公路底基层;二级及以下公路基层

(2)水泥稳定类材料

水泥稳定类材料宜用7d龄期的抗压强度评价。水泥稳定类材料压实度及7d龄期无侧限抗压强度代表值应符合表5-70的规定,且不宜超过高限。水泥稳定集料的水泥剂量一般为3%~5.5%,当达不到强度要求时应调整级配,水泥的最大剂量不应超过6%。混合料试件成型宜采用振动成型方法,缺乏试验条件时对悬浮密实和均匀型混合料可采用静压成型方法。

水泥稳定类材料压实度及7d龄期无侧限抗压强度(MPa) 表5-70

层位	类型	特重交通		重、中交通		轻交通	
		压实度(%)	抗压强度	压实度(%)	抗压强度	压实度(%)	抗压强度
基层	集料	≥98	3.5~4.5	≥98	3.0~4.0	≥97	2.5~3.5
	细粒土	—	—	—	—	≥96	
底基层	集料	≥97	≥2.5	≥97	≥2.0	≥96	≥1.5
	细粒土	≥96		≥96		≥95	

悬浮密实型水泥稳定类基层集料的最大粒径不大于31.5mm,底基层集料的最大粒径不大于37.5mm;骨架密实型水泥稳定类基层集料最大粒径不大于31.5mm。集料级配范围应符合表5-71的要求。

水泥稳定类集料级配 表5-71

项目		通过下列方筛孔(mm)的质量百分率(%)							
		37.5	31.5	19.0	9.50	4.75	2.36	0.6	0.075
悬浮密实型	基层	—	100	90~100	60~80	29~49	15~32	6~20	0~5
	底基层	100	93~100	75~90	50~70	29~50	15~35	6~20	0~5
骨架密实型	基层	—	100	68~86	38~58	22~32	16~28	8~15	0~3

对于水泥稳定含泥量大的砂、砂砾,宜掺入一定石灰进行综合稳定。当水泥用量占结合料总质量的30%以上时,应按水泥稳定类进行设计,否则按石灰稳定类设计。对集料颗粒较均匀而无级配,或含细料很少的砂砾、碎石或不含土的砂,宜在集料中添加适量的粉煤灰或剂量为8%~12%的石灰土进行综合稳定。

(3)石灰稳定类材料

石灰稳定类材料宜用7d龄期的抗压强度评价。石灰粉煤灰、石灰稳定类材料的压实度及7d龄期无侧限抗压强度见表5-72。

石灰稳定类材料的压实度及7d龄期无侧限抗压强度 表5-72

稳定类材料	层位	类型	特重、重、中交通		轻交通	
			压实度(%)	抗压强度(MPa)	压实度(%)	抗压强度(MPa)
石灰粉煤灰	基层	集料	≥98	≥0.8	≥97	≥0.6
		细粒土	—	—	≥96	
	底基层	集料	≥97	≥0.6	≥96	≥0.5
		细粒土	≥96		≥95	
石灰	基层	集料	—	—	≥97	≥0.8①
		细粒土	—		≥95③	
	底基层	集料	≥97	≥0.8	≥96	≥0.7②
		细粒土	≥95		≥95	

注:①在低塑性土(塑性指数小于10)地区,石灰稳定砂砾土和碎石土的7d抗压强度应大于0.5MPa;

②低限用于塑性指数小于10的土,高限用于塑性指数大于10的土;

③三、四级公路,压实机具有困难时压实度可降低1%。

骨架密实型石灰粉煤灰稳定类基层集料的最大粒径不大于31.5mm,集料级配范围应符合表5-73的要求。悬浮密实型石灰粉煤灰稳定类基层、底基层,集料的最大粒径分别不大于31.5mm、37.5mm。悬浮密实型石灰粉煤灰稳定碎石、悬浮密实型石灰粉煤灰稳定砂砾基层、底基层的集料级配范围应符合表5-74的要求。

骨架密实型石灰粉煤灰稳定类集料级配 表 5-73

项目	通过下列方筛孔(mm)的质量百分率(%)								
	31.5	26.5	19.0	9.50	4.75	2.36	1.18	0.6	0.075
基层	100	95~100	48~68	24~34	11~21	6~16	2~12	0~6	0~3

悬浮密实型石灰粉煤灰稳定类集料级配 表 5-74

项目		通过下列方筛孔(mm)的质量百分率(%)								
		37.5	31.5	19.0	9.50	4.75	2.36	1.18	0.6	0.075
稳定碎石	基层	—	100	88~98	55~75	30~50	16~36	10~25	4~18	0~5
	底基层	100	94~100	79~92	51~72	30~50	16~36	10~25	4~18	0~5
稳定砂砾	基层	—	100	85~98	55~75	39~59	27~47	17~35	10~25	0~10
	底基层	100	85~100	65~89	50~72	35~55	25~45	17~35	10~27	0~15

石灰粉煤灰稳定类材料中可掺入水泥或其他早强剂，掺入量由试验确定。基层、底基层材料参考资料见表5-75。

基层、底基层材料参考资料 表 5-75

基层、底基层材料	配合比	基层、底基层材料	配合比
石灰粉煤灰碎石	8：17：75	碎石灰土	粒料>40%~50%
石灰粉煤灰砂砾	7：13：80	石灰粉煤灰土	10：30：60
石灰水泥粉煤灰砂砾	6：3：16：75	石灰土	8%~12%
石灰土碎石	粒料>60%	石灰土处理路基	4%~7%

石灰稳定集料用于基层时，最大粒径不应大于37.5mm，用于底基层时，最大粒径不得大于53mm。不含黏性土的砂砾、级配碎石和未筛分碎石最好用水泥稳定，若无条件只能用石灰稳定时，应采用石灰土稳定，石灰土与集料的质量比宜为1：4，集料应具有良好的级配。

2）柔性基层和底基层

柔性基层、底基层可用在各级公路路面结构中，其适用层位见表5-76。按空隙率大小，沥青碎石混合料的级配类型可分为密级配、半开级配和开级配，其作用见表5-77。

柔性基层适用层位 表 5-76

混合料类型	适用层位
热拌沥青碎石	宜用于中等交通及以上的公路路面基层、底基层；路面改建工程的调平层
贯入式沥青碎石	宜用于中等、重交通的公路路面基层、底基层；路面改建工程的调平层
级配碎石	可用于各级公路的基层和底基层
级配砾石、级配碎砾石	可用作轻交通的二级及以下公路路面基层和各级公路路面的底基层
填隙碎石	适用于三级、四级公路路面基层和各级公路路面的底基层

用作基层的沥青碎石公称最大粒径宜等于或大于26.5mm。密级配沥青碎石(ATB)的级配可参照规范要求，根据试验和使用经验确定集料级配。半开级配沥青碎石(AM)和开级配沥青碎石(ATPB)的公称最大粒径宜用26.5mm或37.5mm。

级配沥青碎石混合料的作用 表 5-77

混合料类型	作用
密级配沥青碎石混合料	具有较高的承载能力
半开级配沥青碎石混合料	具有承重、减缓反射裂缝和一定的排水能力
开级配沥青碎石混合料	具有排水能力

半开级配和开级配沥青碎石的结合料宜用黏度较高的沥青。混合料配合比设计可用马歇尔试验方法，混合料的技术指标宜符合表5-78的要求。

混合料配合比设计技术指标　　表5-78

试验指标	单位	半开级配沥青碎石(AM)	开级配沥青碎石(ATPB)
公称最大粒径	mm	等于或大于26.5	等于或大于26.5
马歇尔试件尺寸	mm	ϕ152.4×95.3	ϕ152.4×95.3
击实次数(双面)	次	112	75
设计空隙率VV[①]	%	12～18	>18
沥青膜厚度	μm	>12	—
谢伦堡沥青析漏试验的结合料损失	%	不大于0.2	—
肯塔堡飞散试验的混合料损失或浸水飞散试验	%	不大于20	—

注:试件的毛体积密度,按体积法确定。

级配碎石宜用几种粒径不同的碎石和石屑参配拌制而成,分为骨架密实型与连续级配型。当采用重型击实标准设计时,基层压实度应大于98%,CBR值不应小于100%;底基层压实度应大于96%,CBR值不应小于80%。

级配砾石或天然砂砾作基层时,当采用重型击实标准设计时,基层压实度应大于98%,CBR值不应小于80%;用作底基层时,压实度不应小于96%,CBR值对轻交通的公路不应小于40%,对中等交通的公路不应小于60%。

填隙碎石最大粒径宜为厚度的0.5～0.7倍。用作基层时,最大粒径不应超过60mm;用作底基层时,最大粒径不应超过80mm。填隙料可用石屑或最大粒径小于10mm的砂砾料或粗砂,填隙碎石的压实度以固体体积率表示。用作底基层时,压实度不应小于83%;用作基层时,不应小于85%。

3)刚性基层

刚性基层适用于重交通、特重交通及运煤、矿石、建筑材料的公路路面结构中,厚度一般为200～280mm,最小厚度应大于150mm。当用贫混凝土做刚性基层时,贫混凝土的配合比设计应根据28d龄期的抗弯拉强度试验确定水泥剂量,见表5-79。贫混凝土的强度应符合表5-80的要求,施工质量管理与控制,宜用7d龄期的抗压强度评价。贫混凝土基层集料的最大粒径不应大于31.5mm。

刚性基层水泥剂量　　表5-79

混合料类型	通常剂量	
贫混凝土	按28d龄期的抗弯拉强度试验确定水泥剂量	水泥8%～12%
掺粉煤灰的贫混凝土	粉煤灰的掺入量宜为水泥质量的20%～40%	

贫混凝土基层材料的强度要求　　表5-80

试验项目	特重、重交通	中交通
28d龄期抗弯拉强度(MPa)	2.5～3.5	2.0～3.0
28d龄期抗压强度(MPa)	12～20	9～16
7d龄期抗压强度(MPa)	9～15	7～12

掺入粉煤灰的贫混凝土基层,28d龄期的抗弯拉强度要求与表5-80相同,14d的抗压强度合格值达到表中28d抗压强度的85%。贫混凝土基层应设置纵缝、横缝,需灌填缝料;基层之上铺设热沥青或改性沥青、改性乳化沥青黏结层等,以加强层间结合。

3. 沥青面层

沥青面层应具有平整、密实、抗滑、耐久的品质,并具有高温抗车辙、低温抗开裂,以及良好的抗水损害能力。

1)技术指标

高速、一级公路沥青路面的技术指标有平整度、抗滑性能、高温稳定性、水稳定性、抗裂性能。

(1)平整度

国际平整度指数IRI<2.0m/km、σ<1.0mm。

(2)抗滑性能

表层抗滑性能以横向系数SFC_{60}和路面宏观构造深度TD(mm)为主要指标。高速公路、一级公路在交工验收时,其抗滑技术指标宜符合表5-81要求。二级公路可参照执行。

抗滑技术指标　表 5-81

年平均降雨量(mm)	交工检测指标值	
	横向力系数 SFC_{60}	构造深度 TD(mm)
>1000	≥54	≥0.55
500~1000	≥50	≥0.50
250~500	≥45	≥0.45

注:1. 横向力系数 SFC_{60}——用横向力系数测试车,在60km/h±1km/h车速下测得的横向力系数;
2. 路面宏观构造深度 TD(mm)——用铺砂法测定。

(3)高温稳定性

沥青混合料的高温稳定性以动稳定度来评价。中等交通以上的公路表面层和中面层沥青混合料,其动稳定度可参照《公路沥青路面施工技术规范》(JTG F40—2004)并根据当地的工程经验确定设计值。对炎热地区、重交通、特重交通,连续长、陡纵坡路段,桥面铺装以及有特殊使用要求时,应提高动稳定度指标的要求。

当需提高沥青混合料的高温稳定性时,可采取调整集料级配和沥青用量、提高沥青稠度、选用改性沥青等技术措施。

(4)水稳定性

密级配热拌沥青混合料的水稳性应符合表5-82的要求。当沥青混合料水稳定性技术指标不满足要求时,应在沥青混合料中掺入适量消石灰或水泥;也可掺入一定量的石灰岩细集料或粗集料,提高其水稳定性。

热拌沥青混合料水稳性技术指标　表 5-82

年降雨量(mm)	≥500	<500	试验方法
冻融劈裂试验劈裂强度比(%)	≥75	≥70	T0729
浸水马歇尔试验残留稳定度(%)	≥80	≥75	T0709

注:对多雨潮湿地区的重交通、特重交通等公路,其冻融劈裂强度比的指标值可增加5%。

(5)抗裂性能

对高速公路、一级公路表面宜在-10℃的低温条件下进行弯曲试验,检验密级配沥青混凝土的低温抗裂性能,其极限破坏应符合表5-83的要求。

沥青混合料低温弯曲试验破坏应变技术指标　表 5-83

气候条件及技术指标	年极端最低气温(℃)			
	<-37.0	-21.5~-37.0	-9.0~-21.5	>-9.0
极限破坏应变(με)	≥2600	≥2300	≥2000	

注:当采用改性沥青时,极限破坏应变值可适当提高。

2)路面厚度

公路沥青路面按结构设计可分为三层、双层、单层形式,代表性面层厚度见表5-84。面层用的热拌沥青混凝土按设计空隙率可分为密级配、开级配两种类型,在各沥青层中至少要有一层为密级配沥青混合料。年平均降雨量大于800mm的地区,开级配沥青混合料磨耗层厚度一般为20mm,排水表面层宜为30~40mm。

沥青路面面层通常厚度　表 5-84

结构类型	沥青路面面层(cm)			代表性面层
	承重层	联结层	磨耗层	
三层	6~10	4~6	3~5	沥青混凝土路面
两层	5~8	—	3~4	沥青碎石路面
单层	—	—	3	沥青表面处治路面

5.3.2　路面厚度设计

路面结构设计应采用双圆均布垂直荷载作用下的弹性层状连续体系理论进行计算,路面荷载及计算点如图5-16所示。

高速公路、一级公路、二级公路的路面结构，以路表面回弹弯沉值、沥青混凝土层的层底拉应力及半刚性材料层的层底拉应力为设计指标。三级公路、四级公路的路面结构以路表面设计弯沉值为设计指标。有条件时，对重载交通路面宜检验沥青混合料的抗剪切强度。

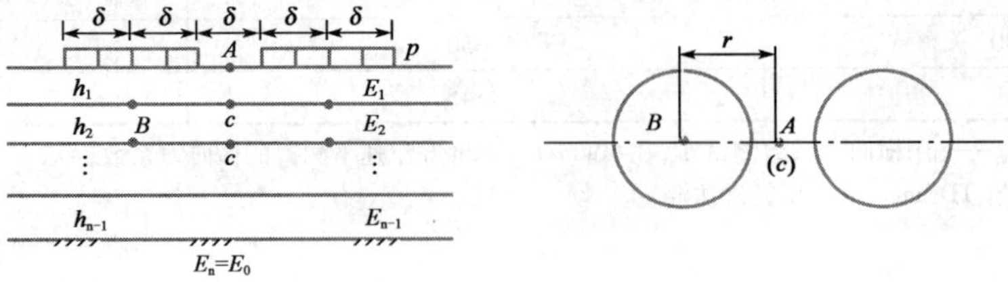

图5-16　路面荷载及计算点图示

1. 厚度设计步骤

路面结构设计主要内容包括：

①根据设计要求，按弯沉或弯拉指标分别计算设计年限内一个车道的累计标准当量轴次，确定设计交通量与交通等级，拟定面层、基层类型，并计算设计弯沉值或容许拉应力。

②按路基土类和干湿类型及路基横断面形式，将路基划分为若干路段，确定各路段土基回弹模量设计值。

③参照当地的经验拟定几种可行的路面结构层组合与厚度方案，根据工程选用的材料进行配合比试验，测定各结构层材料的抗压回弹模量、劈裂强度等，确定各结构层的设计参数。

④根据设计指标采用多层弹性体系理论设计程序计算或验算路面厚度。

⑤对于季节性冰冻地区应验算防冻厚度是否符合要求。

⑥进行技术经济比较，确定路面结构方案。

2. 设计标准

(1)设计弯沉值

为控制路基、路面结构的整体刚度，防止路面结构各层和路基在荷载作用下产生过大的变形，采用弯沉设计指标。轮隙中心处(A 点)路表计算弯沉值 l_s 应小于或等于设计弯沉值 l_d，即：

$$l_s \leqslant l_d \tag{5-28}$$

路面设计弯沉值 l_d 应根据公路等级、设计年限内累计标准当量轴次、面层和基层类型，按下式计算确定：

$$l_d = 600 N_e^{-0.2} A_c A_s A_b \tag{5-29}$$

式中：l_d ——路面设计弯沉值(0.01mm)；

N_e ——设计年限内一个车道上的累计标准轴次(次/车道)；

A_c ——公路等级系数，高速公路、一级公路为1.0，二级公路为1.1，三、四级公路为1.2；

A_s ——面层类型系数，沥青混凝土面层为1.0；热拌和冷拌沥青碎石、沥青贯入式路面(含上拌下贯式路面)、沥青表面处治为1.1；

A_b ——路面结构类型系数，半刚性基层沥青路面为1.0，柔性基层沥青路面为1.6。

(2)拉应力

轮隙中心(C 点)或单圆荷载中心处(B 点)的层底拉应力 σ_m 应小于或等于容许拉应力 σ_R，即：

$$\sigma_m \leqslant \sigma_R \tag{5-30}$$

沥青混凝土层、半刚性材料基层和底基层以拉应力为设计或验算指标时，材料的容许拉应力 σ_R 应按下式计算：

$$\sigma_R = \frac{\sigma_s}{K_s} \tag{5-31}$$

式中：σ_R ——路面结构层材料的容许拉应力(MPa)；

σ_s ——沥青混凝土或半刚性材料的极限劈裂强度(MPa)；

K_s ——抗拉强度结构系数。

①对沥青混凝土的极限劈裂强度，系指15℃时的极限劈裂强度；对水泥稳定类材料系指龄期为90d的极限劈裂强度；对二灰稳定类、石灰稳定类材料系指龄期为180d的极限劈裂强度；对水泥粉煤灰稳定类材料系指龄期为120d的极限劈裂强度。

②对沥青混凝土层的抗拉强度结构系数，按下式计算：

$$K_s = \frac{0.09N_e^{0.22}}{A_c} \tag{5-32}$$

对无机结合料稳定集料类的抗拉强度结构系数，按下式计算：

$$K_s = \frac{0.35N_e^{0.11}}{A_c} \tag{5-33}$$

对无机结合料稳定细粒土类的抗拉强度结构系数，按下式计算：

$$K_s = \frac{0.45N_e^{0.11}}{A_c} \tag{5-34}$$

(3)材料设计参数

路面设计中各结构层的材料设计参数应根据公路等级和设计阶段的要求确定。

①高速公路、一级公路施工图设计时应选取工程用路面材料实测设计参数；各级公路采用新材料时，也必须实测设计参数。

②高速公路、一级公路初步设计或二级及以下公路设计时可借鉴当地已有的试验资料或工程经验确定。

③可行性研究阶段可参照规范确定设计参数。

半刚性材料的设计参数应按《公路工程无机结合料稳定材料试验规程》的规定测定。沥青混合料的设计参数按《公路工程沥青及沥青混合料试验规程》的规定测定。

(4)抗压回弹模量

①以路表弯沉值为设计或验算指标时，设计参数采用抗压回弹模量，对于沥青混凝土试验温度为20℃；计算路表弯沉值时，抗压回弹模量设计值 E 应按下式计算。

$$E = \bar{E} - Z_\alpha S \tag{5-35}$$

式中：$\bar{E}$ ——各试件模量的平均值(MPa)；

S——各试件模量值的标准差；

Z_α ——保证率系数取2.0。

②以沥青层或半刚性材料结构层层底拉应力为设计或验算指标时，应在15℃条件下测试沥青混合料的抗压回弹模量；半刚性材料应在规定龄期(水泥稳定类材料龄期为90d，二灰稳定类、石灰稳定类材料180d，水泥粉煤灰稳定类为120d)测定抗压回弹模量。计算层底应力时应考虑模量的最不利组合。用于计算层底拉应力时，计算层以下各层的模量应采用式(5-35)计算其模量设计值；计算层及以上各层模量应采用下式计算其模量设计值 E。

$$E = \bar{E} + Z_\alpha S \tag{5-36}$$

各地区应建立劈裂强度、回填模量与龄期的相关关系，以及快速养生方法等预估规定龄期的材料强度、模量的换算关系，经充分论证后作为设计参数的取值依据。

(5)轮隙中心路表回弹弯沉计算

路表计算弯沉值应按下式计算。

$$l_s = 1000\frac{2p\delta}{E_1}\alpha_c F \tag{5-37}$$

其中

$$\alpha_c = f\left(\frac{h_1}{\delta}, \frac{h_2}{\delta}, \cdots, \frac{h_{n-1}}{\delta}, \frac{E_2}{E_1}, \frac{E_3}{E_2}, \cdots, \frac{E_0}{E_{n-1}}\right)$$

$$F = 1.63\left(\frac{l_s}{2000\delta}\right)^{0.38}\left(\frac{E_0}{p}\right)^{0.36} \tag{5-38}$$

式中：l_s ——路表计算弯沉值(0.01mm)；

F——弯沉综合修正系数；

p,δ——标准车型的轮胎接地压强(MPa)和当量圆半径(cm)；

α_c ——理论弯沉系数；

E_0 或 E_n ——土基抗压回弹模量值(MPa)；

$E_1, E_2, \cdots, E_{n-1}$ ——各层材料抗压回弹模量(MPa)；

$h_1, h_2, \cdots, h_{n-1}$ ——各结构层厚度(cm)。

(6)层底拉应力计算

层底拉应力以单圆中心(B点)及双圆轮隙中心(C点)为计算点,并取较大值作为层底拉应力。按下式计算层底最大拉应力:

$$\sigma_m = p\bar{\sigma}_m \tag{5-39}$$

$$\bar{\sigma}_m = f\left(\frac{h_1}{\delta},\frac{h_2}{\delta},\cdots,\frac{h_{n-1}}{\delta},\frac{E_2}{E_1},\frac{E_3}{E_2},\cdots,\frac{E_0}{E_{n-1}}\right)$$

式中:$\bar{\sigma}_m$——理论最大拉应力系数。

3.结构层厚度确定

路面各结构层的厚度可按计算法或验算法确定。

计算法:根据路用性能要求或工程经验确定路面结构组合类型,先拟定某一层作为设计层,然后根据混合料类型与施工工艺要求确定其他各层的厚度。设计层厚度应不小于最小施工厚度。

验算法:根据当地典型结构确定路面结构组合类型,然后根据混合料类型与施工工艺拟定各结构层的厚度,验算通过后即可作为备选结构。

4.实测路表弯沉值

路面交工时应在不利季节采用BZZ-100kN标准轴载实测轮隙中心处路表弯沉值。其弯沉代表值应符合下式要求,即:

$$l_{oj} \leqslant l_\alpha \tag{5-40}$$

式中:l_{oj}——实测某路段的代表弯沉值(0.01mm);

l_α——路表面弯沉检测标准值(0.01mm),按最后确定的路面结构厚度和材料模量计算的路表面弯沉值。

①检测代表弯沉值应用标准轴载BZZ-100的汽车实测路表弯沉值,若为非标准轴载应进行换算。对半刚性基层结构宜用5.4m的弯沉仪;对柔性结构可用3.6m的弯沉仪测定。检测时,当沥青层厚度小于或等于50mm时,可不进行温度修正;其他情况下均应进行温度修正。若在非不利季节测定,应考虑季节修正。

②测定弯沉时应以1~3km为一评定路段。检测频率视公路等级每车道每10~50m测一点,高速公路、一级公路每公里检查不少于80个点,二级及二级以下公路每公里检查不少于40个点。

③路段内实测路表弯沉代表值(0.01mm) l_o 按下式计算:

$$l_0 = (\bar{l}_0 + Z_a S)K_1K_3 \tag{5-41}$$

式中:l_0——路段内实测路表弯沉代表值(0.01mm);

$\bar{l}_0$——路段内实测路表弯沉平均值(0.01mm);

S——路段内实测路表弯沉标准差(0.01mm);

Z_a——与保证率有关的系数,高速公路、一级公路 Z_a =1.645,其他公路沥青路面 Z_a =1.5;

K_1——季节影响系数,根据当地经验确定;

K_3——温度修正系数,温度修正方法:可按照《公路路基路面现场测试规程》中的规定进行或根据条文说明或当地的实测资料进行修正。

5.3.3 混合料配合比设计

热拌沥青混合料配合比设计方法适用于密级配沥青混凝土及沥青稳定碎石混合料。热拌沥青混合料的配合比设计应通过目标配合比设计、生产配合比设计及生产配合比验证三个阶段,确定沥青混合料的材料品种及配比、矿料级配、最佳沥青用量。采用马歇尔试验配合比设计方法。如采用其他方法设计沥青混合料时,应按规范规定进行马歇尔试验及各项配合比设计检验,并报告不同设计方法的试验结果。

配合比设计的试验方法必须遵照现行试验规程的方法执行。混合料拌和必须采用小型沥青混合料拌和机进行。混合料的拌和温度和试件制作温度应符合规范的要求。

对用于高速公路和一级公路的公称最大粒径等于或小于19mm的密级配沥青混合料(AC)及SMA、OGFC混合料,需在配合比设计的基础上进行各种使用性能检验,不符要求的沥青混合料,必须更换材料或重新进行配合比设计。二级公路参照此要求执行。高速公路、一级公路沥青混合料的配合比设计应在调查以往同类材料的配合比设计经验和使用效果的基础上,按以下步骤进行。

①目标配合比设计阶段。优选矿料级配、确定最佳沥青用量,符合配合比设计技术标准和配合比设计检验要

求,以此作为目标配合比,供拌和机确定各冷料仓的供料比例、进料速度及试拌使用。

②生产配合比设计阶段。对间歇式拌和机,应按规定方法取样测试各热料仓的材料级配,确定各热料仓的配合比,供拌和机控制室使用。同时选择适宜的筛孔尺寸和安装角度,尽量使各热料仓的供料大体平衡,并取目标配合比设计的最佳沥青用量 OAC、OAC ±0.3% 等 3 个沥青用量进行马歇尔试验和试拌,通过室内试验及从拌和机取样试验综合确定生产配合比的最佳沥青用量,由此确定的最佳沥青用量与目标配合比设计的结果的差值不宜大于 ±0.2%。对连续式拌和机可省略生产配合比设计步骤。

③生产配合比验证阶段。拌和机按生产配合比结果进行试拌、铺筑试验段,并取样进行马歇尔试验,同时从路上钻取芯样观察空隙率的大小,由此确定生产用的标准配合比。标准配合比的矿料合成级配中,至少应包括 0.075mm、2.36mm、4.75mm 及公称最大粒径筛孔的通过率接近优选的工程设计级配范围的中值,并避免在 0.3 ~ 0.6mm处出现“驼峰”。对确定的标准配合比,宜再次进行车辙试验和水稳定性检验。

④确定施工级配允许波动范围。根据标准配合比及各筛孔的允许波动范围,制订施工用的级配控制范围,用以检查沥青混合料的生产质量。

⑤经设计确定的标准配合比在施工过程中不得随意变更。但生产过程中应加强跟踪检测,严格控制进场材料的质量,如遇材料发生变化并经检测沥青混合料的矿料级配、马歇尔技术指标不符要求时,应及时调整配合比,使沥青混合料的质量符合要求并保持相对稳定,必要时重新进行配合比设计。

二级及二级以下其他等级公路热拌沥青混合料的配合比设计可按上述步骤进行。当材料与同类道路完全相同时,也可直接引用成功的经验。

5.4 沥青贯入式路面

沥青贯入式适用于三级、四级公路,也可作为沥青混凝土面层的联结层或基层。沥青贯入式路面的强度与稳定性主要由石料相互嵌挤作用构成。贯入式路面需要 2 ~ 3 周的成型期,在行车碾压与重力作用下,沥青逐渐下渗包裹石料,填充空隙,形成整体的稳定结构层,温度稳定性好,夏天不易出现推移、拥包,冬天不易出现低温裂缝,沥青贯入式路面的最上层应撒布封层料或加铺拌和层。

沥青贯入式路面的厚度宜为 40 ~ 80mm,乳化沥青贯入式路面的厚度不宜超过 50mm,上铺沥青混合料拌和层的厚度不应小于 15mm。当沥青贯入层作为联结层使用时,可不做表面封层。沥青贯入式路面使用的矿料颗粒较大,强度和热稳性较好。但其空隙率为 8% ~ 12% 较大,容易透水,因此需要在表面撒布封层料或加铺拌和层,拌和层可为细粒沥青混凝土或砂粒沥青混凝土等。

当沥青贯入式的上部加铺沥青混合料时,也称为上拌下贯式路面。拌和层的厚度宜为 25 ~ 40mm,其总厚度为 70 ~ 100mm。贯入的结合料宜用石油沥青。沥青灌入深度为 40mm 时称为浅层贯入,灌入深度 60 ~ 80mm 时称为深层贯入。沥青贯入式路面材料用量见表 5-85;沥青上拌下贯路面材料用量见表 5-86。

沥青贯入式路面材料用量 表 5-85

沥青结合料	石油沥青					乳化沥青	
厚度(cm)	4	5	6	7	8	4	5
集料($m^3/1000m^2$)	70.4 ~ 81.8	84.4 ~ 96	101.8 ~ 118.4	119.7 ~ 136.3	138 ~ 149.2	74 ~ 85.8	92.7 ~ 107.7
石油沥青(kg/m^2)	4.4 ~ 5.1	5.2 ~ 5.8	5.8 ~ 6.4	6.7 ~ 7.3	7.6 ~ 8.2	6.0 ~ 6.8	7.4 ~ 8.5

沥青上拌下贯路面材料用量 表 5-86

沥青结合料	石油沥青				乳化沥青	
厚度(cm)	4	5	6	7	5	6
集料($m^3/1000m^2$)	65.4 ~ 73.9	82.2 ~ 91.6	93.8 ~ 108.2	112.5 ~ 126.1	83.7 ~ 94.3	100.6 ~ 116.4
石油沥青(kg/m^2)	3.4 ~ 3.9	4.2 ~ 4.6	4.8 ~ 5.2	5.7 ~ 6.1	5.9 ~ 6.2	6.7 ~ 7.2

5.5 沥青表面处治路面

沥青表面处治的特点是厚度不超过 3cm,一般用于三级、四级公路磨耗层,能有效防止地表水下渗,提高路面平整度,改善行车条件。根据其特点还可用作各种封层,也可用作水泥混凝土路面上应力缓冲层、各种防水层和密水层、预防性养护罩面层,设计时不计入强度。沥青表面处治层铺法适用于三级、四级公路的面层。层铺法表处可分为单层、双层、三层,厚度宜为 10 ~ 30mm。单层表处厚度为 10 ~ 15mm;双层表处厚度为 15 ~ 25mm;三层表处厚度为25～30mm。拌和法沥青表面处治，可采用热拌热铺或冷拌冷铺法施工，拌和法沥青表处厚度视交通量等情况宜为20～40mm。

微表处按矿料粒径的不同，可分为MS-2型和MS-3型；稀浆封层按矿料粒径的不同，可分为ES-1型、ES-2型和ES-3型。微表处及稀浆封层厚度见表5-87。沥青表面处治的沥青结合料可采用道路石油沥青、乳化沥青、煤沥青，集料最大粒径应与处治层的厚度相等。沥青表面处治材料用量见表5-88。

微表处及稀浆封层厚度 表5-87

项目		单层厚度	适用范围
微表处	MS-2型	4～6mm	适用于中等交通的高速公路，一级和二级公路的罩面
	MS-3型	8～10mm	适用于高速、一级公路的罩面
稀浆封层	ES-1型	2.5～3mm	适用于三级、四级公路、停车场的罩面
	ES-2型	4～6mm	适用于二级及以下等级公路的罩面、新建公路下封层
	ES-3型	8～10mm	适用于二级公路的罩面、新建公路下封层

沥青表面处治材料用量 表5-88

沥青类型	类型	型号	厚度(mm)	材料用量	
				集料($m^3/1000m^2$)	沥青结合料(kg/m^2)
石油沥青	单层	S12	1.0	7～9	1.0～1.2
		S10	1.5	12～14	1.4～1.6
	双层	S10、S12	1.5	19～22	2.4～2.8
		S9、S12	2.0	23～26	2.6～3.0
		S8、S12	2.5	25～28	2.8～3.2
	三层	S8、S10、S12	2.5	37～42	3.8～4.4
		S6、S10、S12	3.0	39～44	4.0～4.6
乳化沥青	单层	S14	0.5	7～9	0.9～1.0
	双层	S12、S14	1.0	13～17	2.8～3.2
	三层	S6、S10、S12/S14	3.0	33～39	4.8～5.4

注：1. 煤沥青表面处治的沥青用量可比石油沥青用量增加15%～20%；
2. 在高寒地区及干旱风沙大的地区，可超出高限5%～10%。

5.6 路面内部排水

路面内部排水系统设计要求有：

①当路面内部可能出现自由水滞留时，可采用沥青碎石或骨架空隙型水泥稳定碎石或级配碎石做排水基层。

②排水基层的集料应选用洁净、坚硬而耐久的碎石，其压碎值不应大于28%，最大粒径可为20mm或25mm，集料级配应满足透水性要求（渗透系数不得小于300m/d），可通过常水头或变水头渗透试验确定。

③骨架空隙型水泥稳定碎石，其7d浸水抗压强度不得低于3～4MPa，开级配沥青碎石集料的沥青用量可为集料干重的2.5%～4.5%。

5.7 路面排水设计

路面排水设计应根据公路等级、降雨量、路线纵坡等因素，结合路基、桥涵结构物排水设计，合理选择排水方案，布置排水设施，形成完整、畅通的排水系统，保证路基、路面稳定。路面排水设计重现期，高速公路、一级公路宜为5年，二级及二级以下公路宜为3年，对于多雨地区的公路或特殊路段，可适当提高。

5.7.1 路表排水

分散排水是由路面横坡、路肩和边坡防护组成，适用于路线纵坡平缓、汇水量较小，路堤高度较低的路段。分散排水路段的土路肩边部构造如下：

①一般情况下，土路肩采用生态防护，种植适合当地气候、土质条件的草皮，并在底基层顶面外侧设置横向排水管，将滞留在填土绿化层底面的渗水通过横向排水管排到路基外，垫层铺至路基边缘。

②冲刷相对较大等路段，土路肩宜用不小于50mm厚的预制水泥混凝土块铺砌或现场浇注混凝土，下设砂砾、

砂、碎石等透水材料,以利于路面结构排水,也可用碎石、砂砾加固。

③分散排水设计应与路基边坡防护、边沟或排水沟相结合。

5.7.2 路肩集中排水

路肩集中排水是由路面横坡、拦水缘石或矩形槽、泄水口和急流槽等组成的排水系统,适用于路堤高度较高,或路堤易受冲刷的粉性土、砂性土路段,凹形曲线底部等。直线段的集中排水如下:

①泄水口的间距应按有关规范计算确定,一般 30 ~ 50m 设一处,其开口宽度一般为 0.5m。在凹形竖曲线的底部或其他位置,宜适当加密。

②拦水带可用沥青混凝土或预制水泥混凝土制作。当用沥青混凝土拦水带时,其沥青混凝土混合料的级配宜符合规范的规定,沥青用量宜按马歇尔试验确定的最佳沥青用量增加 0.5% ~1%,采用双面击实 50 次,空隙率 2% ~4%。预制水泥混凝土拦水缘石,应预留相应的出水口,以免阻止路面结构内部排水。

对新建高速公路段的集中排水,宜采用在左侧路缘带左侧设置有钢筋混凝土盖板的预制整体式 U 形混凝土沟或缝隙式排水沟,每 25 ~ 50m 设一处集水井,并通过横向排水管引至边坡的急流槽或暗管。

5.7.3 中央分隔带排水

中央分隔带的排水设施由排水沟(明沟、暗沟)、渗沟、雨水井、集水井、横向排水管等组成,中央分隔带可用凸式、平式或凹式。一般不封闭,也可封闭。

①为排除渗入分隔带内的表面水,中央分隔带内可设置纵向排水渗沟,并间隔 40 ~ 80m 设一条横向排水管将渗沟内的水排引出,渗沟周围包裹反滤织物(土工布),以免渗入水携带的细粒将渗沟堵塞。渗沟上的回填料与路面结构的交界处铺设防水土工布。

②中央分隔带封闭后可不设内部排水系统。封闭可用 40 ~ 80mm 预制混凝土或现浇混凝土,其下设砂砾垫层。

5.7.4 设超高路段排水

在超高路段上,必须在上侧路幅分隔带边缘设置汇集和排泄上侧路幅的表面水的超高排水设施,其包括中沟、集水井、横向排水管,出口与路堤急流槽或路堑边沟上的跌水井相接。中沟断面形式分别有缝隙式中沟、流水槽式加盖板两种,集水井每隔 25 ~ 50m 设置一处。

5.8 加铺层设计

公路改线路段应按新建路面设计。加宽路面、提高路基、调整纵坡的路段应视具体情况按新建或改建路面设计。在原有路面上补强时,按改建路面设计。调查原路面现状,对路面破损程度进行分段评价,分析路面损坏原因,分段拟定路面改建工程设计方案。交通量大的高速公路、一级公路以及城市郊区公路宜选择施工方便、工期短、对交通干扰少的设计方案。设计方案应在保证一定使用年限的要求下,尽量减少原路的开挖工程数量,减少废弃材料。

设计方案应考虑原路面沥青混合料、半刚性基层材料的再生利用,并结合已有成果和经验,积极慎重地推广再生技术。在原路扩宽工程中应采取措施,加强新、老路面之间的结合,防止加宽部分与原有路面间产生差异沉降。

大型改扩建工程应根据设计方案修建试验路,以总结交通组织疏导、施工组织施工工艺、施工质量控制等方面经验,改进设计方案。

5.8.1 沥青路面加铺面层

1. 原有路面的资料调查

①调查破损情况,包括裂缝率、车辙深度、修补面积等。

②评价原路面结构承载能力。

③根据破损情况调查和承载能力测试与评价,选择路面外观为好、中、差的典型使用状况,进行分层钻芯或探坑取样,采集沥青混合料和基层、底基层、土基的样品试验,分析破坏原因,判断其破坏层位及是否可以利用。

④取样调查路床范围内路基土的分层含水量、土质类型及承载力等,分析路基的稳定性、强度以及路基、路面范围内排水状况等。

2. 设计分段应考虑的因素

①将原路面的破损形态、弯沉值、破损原因相近的划分为一个路段。

②在同一路段内,若局部路段弯沉值很大,可先修补处理再进行补强。在计算该代表弯沉值时,可不考虑个别弯沉值大的点。

③一般按 1km 为单位对路况进行评价,当路况评价指标基本接近时可将路段延长。水文、土质条件复杂或需要特殊处理的路段,其分段最小长度可视实际情况确定。

3. 各路段的计算弯沉值

各路段应采用 BZZ-100 标准轴载汽车,用贝克曼梁测定原有路面的弯沉值,每 20 ~ 50m 测一点,弯沉值变化较大时可加密测点,每车道、每路段的测点数不少于 20 点。若为非标准轴载应进行换算。各路段的计算弯沉值 l_0 按下式计算:

$$l_0 = (\bar{l}_0 + Z_a S)K_1 K_2 K_3 \tag{5-42}$$

式中:K_2 ——湿度影响系数,根据当地经验确定;其他符号意义同式(5-41)。

4. 旧沥青路面处理

①沥青路面整体强度基本符合要求,车辙深度小于 10mm,轻度裂缝而平整度及抗滑性能较差时,可直接加铺罩面,恢复表面使用功能。

②对中度、重度裂缝段宜视具体情况铣刨路面,否则,应进行灌缝、修补坑槽等处理,必要时采取防裂措施后再加铺沥青层。对沥青层网裂、龟裂或沥青老化的路段应进行铣刨并清除干净,并设黏层沥青后,再加铺沥青层。

③对整体强度不足或破损严重的路段,视路面破损程度确定挖除深度、范围以及加铺补强层的结构与厚度。

5. 加铺面层

①沥青路面加铺面层可用薄层罩面、表面处治或其他预防性养护措施改善提高沥青表面层的服务功能。一般单层沥青混凝土罩面厚度可为 30 ~ 50mm;超薄层罩面厚度宜为 20 ~ 25mm。预防性养护可选用稀浆封层、微表处或养护剂等。

②超薄磨耗层结合料宜用改性沥青或掺入其他添加剂,以提高超薄磨耗层的水稳性。

6. 原路面当量回弹模量的计算

①确定原路面的当量回弹模量时,应根据路段的划分计算当量回弹模量值。

②各路段的当量回弹模量应根据各路段的计算弯沉,按下式(轮隙弯沉法)计算。

$$E_t = 1000\frac{2p\delta}{l_0}m_1 m_2 \tag{5-43}$$

式中:E_t ——原路面的当量回弹模量(MPa);

p,δ——标准车型的轮胎接地压强(MPa)和当量圆半径(cm);

l_0 ——原路面的计算弯沉(0.01mm);

m_1 ——用标准轴载的汽车在原路面上测得的弯沉值与用承载板在相同压强条件下所测得的回弹变形值之比,即轮板对比值;

m_2 ——原路面当量回弹模量扩大系数。

比值 m_1 应根据各地的对比试验结果论证地确定,在没有对比试验资料的情况下,可取 m_1 =1.1(轮隙弯沉法)进行计算。

③计算与原路面接触的补强层层底拉应力时,m_2 按下式计算;计算其他补强层层底拉应力及弯沉值时,m_2 = 1.0。

$$m_2 = e^{0.037\frac{h'}{\delta}\left(\frac{E_{n-1}}{p}\right)^{0.25}} \tag{5-44}$$

式中:E_{n-1} ——与原路面接触层材料的抗压模量(MPa);

h' ——各补强层相当于原路面接触层的模量 E_{n-1} 的等效总厚度(cm)。

④等效总厚度 h' 按下式计算。

$$h' = \sum_{i=1}^{n-1} h_i\left(\frac{E_i}{E_{n-1}}\right)^{0.25} \tag{5-45}$$

式中:E_i ——第 i 层补强层材料的抗压回弹模量(MPa);

h_i ——第 i 层补强的厚度(cm);

$n-1$ ——补强层层数。

7. 加铺补强层结构设计

①当强度不足时应进行补强设计,设计方法与新建路面相同。

②加铺补强层的结构设计应根据原路面综合评价,公路等级、交通量,考虑与周围环境相协调,结合纵、横断面调坡设计等因素,选用直接加铺,或开挖原路至某一结构层位,或采取加铺一层或多层沥青补强层,或加铺半刚性基层、贫混凝土基层等结构层设计方案。在确定设计弯沉值时,应根据加铺层的结构选用路面类型系数。

③原路面与补强层之间视加铺层的结构与厚度,宜洒布黏层沥青,或采取相应的减裂措施,或铺设调平层,或直接加铺结构层等。

8. 加铺补强层设计步骤

①计算原路面的当量回弹模量。

②拟定几种可行的结构组合与结构层厚度,并通过试验或参照当地成熟经验确定各补强层的材料参数。

③根据加铺层的类型确定设计指标,当以路表回弹弯沉为设计指标时,弯沉综合修正系数按下式计算。

$$F = 1.45\left(\frac{l_s}{2000\delta}\right)^{0.61}\left(\frac{E_t}{p}\right)^{0.61} \tag{5-46}$$

式中:E_t ——原路面的当量回弹模量(MPa)。

其他符号意义同式(5-38)。当以拉应力为控制指标时,确定了设计厚度后,宜按式(5-38)计算弯沉综合修正系数,最后计算路表回弹弯沉。

④采用弹性层状体系理论设计程序计算设计层的厚度或进行结构验算。对季节性冰冻地区的中、潮湿路段还应验算防冻厚度。

⑤进行技术经济比较,确定补强设计方案。

5.8.2 混凝土路面加铺沥青路面

1. 需要重点调查的内容

(1)破碎板块、开裂板块、板边角的破损状况,并逐个记录破损板块的位置和数量或按车道绘出破损状况草图,计算每公里断板率。调查纵、横向接缝拉开宽度、错台位置与高度,计算错台段的平均错台高度;调查板底脱空位置等。

(2)用落锤式弯沉仪或贝克曼弯沉仪进行现场测定。

①视路况每块板或每2~4块板选一测点,在横向接缝板边距板角30~50cm处测定弯沉,全面了解水泥混凝土路面的承载能力情况。

②根据测定弯沉值或弯沉盆资料,选择典型路段测量横向接缝或裂缝两侧板边的弯沉值,以评价原混凝土板的承载能力、接缝传荷能力,并结合平均错台高度判断板底脱空情况。

(3)选择典型路面状况,分层钻芯取样,测定原混凝土强度、模量等,分析破坏原因。

2. 原路面接缝传荷能力的评价

(1)横向接缝两侧板边的弯沉差宜按下式计算。

$$\Delta_D = D_u - D_e \tag{5-47}$$

式中:Δ_D ——弯沉差(0.01mm);

D_u ——未受荷板接缝边缘处的弯沉差(0.01mm);

D_e ——受荷板接缝边缘处的弯沉差(0.01mm)。

(2)用贝克曼弯沉仪测定横向接缝两侧板边的弯沉时,宜用平均弯沉值按下式平均水泥混凝土板的承载能力,并区分不同情形对水泥混凝土板进行处治。

$$\overline{D} = \frac{D_u + D_e}{2} \tag{5-48}$$

式中:$\overline{D}$ ——平均弯沉值(0.01mm)。

原混凝土路面结构参数,包括面板厚度、弯拉强度、弯拉弹性模量、基层顶面当量回弹模量标准值,可按《公路水泥混凝土路面设计规范》(JTG D40—2002)的有关规定确定。

根据破损调查和承载能力测试资料,原水泥混凝土路面可按表5-89进行处理。若路面结构承载能力不满足现有交通荷载要求,应采取补强措施。

原水泥混凝土路面处理方法　　表5-89

原路面状况	评价等级	平均弯沉值(0.01mm)	修补方法
路面破损状况	优和良	20~45	局部处理:更换破碎板、修补开裂板块、脱空板灌浆,使处治后的路段代表弯沉值低于20(0.01mm),然后加铺沥青层
	中等及中等以下	>45	采取打裂或各种破碎技术将混凝土板打碎、压实,然后加铺补强层
接缝传荷能力不足		$\Delta D \geqslant 6$	压浆填封,或增加传力杆,或采取打裂工艺消除垂直、水平方向变形,然后加铺沥青层
板底脱空			灌浆或打裂工艺、压实,消除垂直、水平方向变形,使路面稳定,然后加铺沥青层

3.加铺面层厚度设计

沥青加铺层可设单层或双层沥青面层,视具体情况添加调平层或补强层等。加铺层设计应根据公路等级、交通量、气候条件和投资状况,结合已有经验确定加铺层厚度。

①在稳定的原水泥混凝土板上加铺沥青层时,对高速公路、一级公路(或中等及中等以上交通)厚度不宜小于100mm,其他公路不宜小于70mm。

②在旧水泥混凝土路面上加铺沥青层时宜用热沥青或改性乳化沥青、改性沥青做黏层,为防止渗水、减缓反射裂缝,加强层间结合,宜设置20~25mm厚的聚合物改性沥青应力吸收层应力吸收膜,或铺设长纤维无纺聚酯类土工织物等。

③按规范有关规定增加或完善路面结构排水系统和防水措施。

4.破碎板的沥青面层补强设计

①当原路面板接缝或裂缝处平均弯沉大于45(0.01mm)以上时,宜采取打裂措施,消除原水泥混凝土板脱空,使其与基层紧密结合、稳定后,再加铺结构层。

②当原路面板接缝或裂缝处平均弯沉大于70(0.01mm)或水泥混凝土板较破碎时,可将板破碎成小块或碎石,作为下基层或底基层用。采用贝克曼弯沉仪或落锤式弯沉仪测定其当量回弹模量,设计补强层和沥青层。

5.9 旧沥青路面再生技术

目前,我国许多高速、一级公路沥青路面的使用寿命即将达到或超过设计使用年限,急需大修或改建、扩建。大量翻挖、铣刨的沥青混合料如果被废弃,不仅会造成环境污染,而且是一种极大的资源浪费。为了使有限资金发挥最大的效益,对旧沥青路面材料进行再生利用不仅可节约沥青和砂石材料,取得直接的经济效益,而且能变废为宝,保证生态环境,取得直接的社会效益。因此,旧沥青路面再生将是我国公路建设亟待研究的重要技术之一。

旧沥青路面再生,是将旧沥青路面经过翻挖、回收、破碎、筛分后,与再生剂、新沥青材料、新集料等按一定比例重新拌和成混合料,满足一定的路用性能并重新铺筑于路面的一整套工艺。旧沥青路面经过一定年限的使用,由于受到交通应力、温度循环应力等的影响,以及冻融循环作用、沥青老化等,出现如沉陷、坑槽、车辙等各种病害。如果日常维修进行病害处理,旧路面材料是一个相当复杂的体系,包括原建路面材料、修补材料、裂隙的填缝材料及其他养护所用材料。在旧沥青路面再生中主要解决两个问题:一是旧沥青路面材料状况调查和评价;二是再生混合料配合比设计。

5.9.1 旧沥青路面材料状况调查和评价

收集相关工程技术资料,对旧沥青路面材料情况进行充分和全面了解。采用调研或其他方式,从业主方、设计方和路面维修队伍等单位收集资料。步骤和内容:

①旧沥青路面结构形式,结构层厚度,结构层采用的沥青类型和沥青性能指标,结构层采用的石料类型和石料性能指标,结构层的沥青混合料配合比设计、施工和竣工资料;

②使用年限内进行修补的情况;

③本次维修路面处治设计、路况调查。

以上这些对旧沥青路面材料的性能评价有一定的参考作用。对旧沥青路面进行现场调查,确定旧沥青路面破损、状况、承载能力和各层材料的工程特性。可按照同一时间和同一标准修筑的路面分成不同的段落,也可将用于再生的沥青路面划分为相等长度的段落,分车道对旧沥青路面进行调查和检测。

5.9.2 再生沥青混合料配合比设计

当旧沥青混合料级配可用,确定的再生剂用量加入旧沥青混合料内,做马氏试验,看是否需要添加新沥青,以确定再生沥青的最佳油石比。如果旧沥青混合料级配不可用,确定需加入的新沥青混合料的级配和新混合料的比例,并通过马氏试验确定最佳油石比。沥青再生原理如图 5-17 所示。

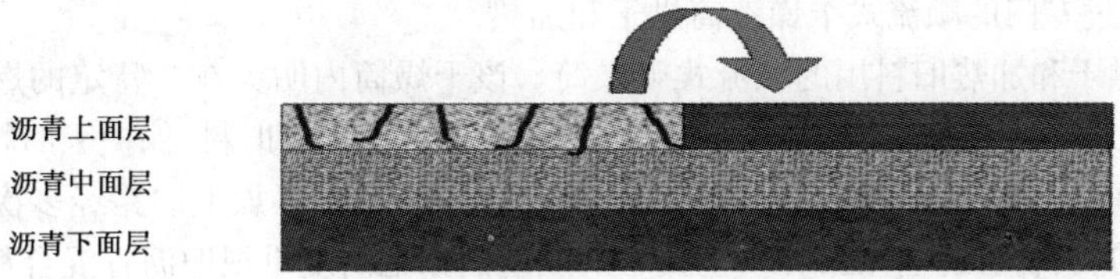

图 5-17 再生原理图

沥青路面的再生可分为冷再生工艺和热再生工艺,这两种再生工艺既可以在现场进行就地再生,也可以在场地进行场拌再生。其中,就地热再生设备主要应用于高速公路的沥青路面维修,但设备庞大,投资费用非常高,目前在我国应用不多,在市政道路的维修中更无法使用;而场拌冷再生,就地冷再生工艺只适用于一些要求较低的道路小修中,意义不大。沥青路面材料复拌加铺原理,见图 5-18。

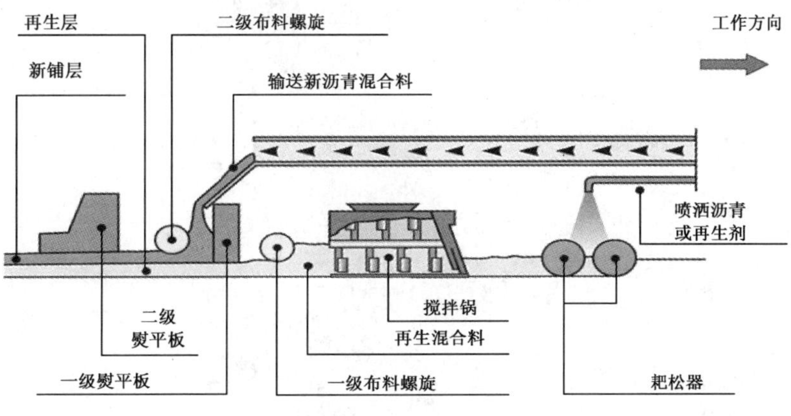

图 5-18 复拌加铺原理图

场拌热再生的工艺流程为铣刨已破损的沥青路面→将回收的旧沥青路面材料运回拌和场→堆放回收的旧沥青路面材料→旧沥青路面材料随新加骨料一起送入搅拌设备进行再生利用→加热→搅拌,添加新沥青(如果需要还要添加旧沥青更生剂)→新拌和的成品料卸入运输车运往施工现场→摊铺和压实。实现旧沥青路面材料的再生利用,必须在常用的间歇式沥青混合料搅拌设备上加装一系列辅助装置。

5.9.3 常用间歇式搅拌方式介绍

(1)将冷的回收沥青路面材料输送到热料提升机的底部

此方式中,为正确控制回收旧料和新材料之间的比例,必须在旧料输送皮带和新料输送皮带上安装连续称量系统,实现冷料给配设定。新料按照正常方式进入干燥筒进行烘干、加热,在热料提升机底部与冷旧料混合,并开始进行热传递。然后新旧混合料通过提升机直接进入热料仓,进行计量后与沥青油、矿粉混合、搅拌,从而实现回收沥青路面材料的再生利用。这种再生利用方式的优点是设备初始投资成本低,其缺点是要用新骨料来传热给旧料,所以新骨料需要过热加温,有可能对骨料的化学性质造成破坏。

(2)回收沥青路面材料通过再生料环输入干燥滚筒

这种方式要求新旧材料在滚筒里完成混合和热传递,所以干燥筒的结构跟普通滚筒有所不同。目前世界上比较典型的做法有两种:一种是加长型干燥滚筒。这种干燥滚筒比普通滚筒加长约 1/3,在离出料口约 1/3 处装有一个再生料环,回收沥青路面材料通过皮带输送系统从该料环进入干燥滚筒,与筒里热的新石料混合并进行热交换。燃烧器的喷嘴要加长,从滚筒的出料口段一直伸过再生料环处,以避免直接与含沥青的旧料接触。另一种是加粗型干燥滚筒。在出料端1/3长度加粗,形成内外两个滚筒。新骨料在内滚筒受燃烧器烘干加热,加热后进入外滚筒,而旧材料通过皮带输送系统进入外滚筒,与热的新料混合并作热交换,达到加热旧材料而又避免明火直接接触旧材料的目的。

(3)回收沥青路面材料进入搅拌器

回收沥青路面材料通过输送系统进入一个计量仓,然后按一定比例进入搅拌缸。在搅拌缸内新旧材料完成热交换,并与沥青油、矿粉拌和,同时,旧料中由于温升而蒸发的水蒸气可以通过一条风管吸入除尘系统。这种方式旧料利用的最大比例为15%~20%。

(4)回收沥青路面材料通过专门的顺流式干燥滚筒烘干和加热

这种方式的关键部分为烘干和加热旧料用的顺流式干燥筒。该干燥筒内明火在一特定的燃烧室燃烧,产生温度很高的气流,顺着材料流动方向对旧材料进行烘干和加热,避免明火直接接触旧料,保护了旧料中的沥青成分。

目前我国进入大修期的高速公路多为早期修建的路面,受施工水平限制,再加上旧路经多次修补,以上问题具有相当的普遍性。根据国外的资料,普遍应用沥青再生技术的发达国家也高度重视旧沥青混合料离散性大的问题。但只要进行科学系统的检测和统计分析,制定和实施针对性措施,可以确保再生混合料的质量不低于全新料普通沥青混合料的质量指标。工程质量的保证有赖于对旧路面材料性质的精确了解。所以,在沥青路面再生中,对旧沥青路面材料进行研究是解决再生的关键。选择适当的取样和统计分析方法,对旧路面材料的状况进行调查和评价,可为再生方法的选择及旧沥青路面材料回收、预处理、回收料堆等提供依据。

第六章　公路桥梁设计

公路桥梁设计应符合技术先进、安全可靠、耐久适用、经济合理的要求，采用的作用分为永久作用、可变作用和偶然作用三类。桥梁结构应进行承载能力极限状态和正常使用极限状态设计。

6.1　设计概念

公路桥梁是供公路跨越河流、山谷或彼此间互相跨越的人工构造物，是公路交通中的重要组成部分。桥梁构造物除了在交通运输中发挥着非常重要的作用外，在塑造现代公路的风格中也扮演着十分重要的角色。例如，桥梁对公路所经地区的环境、景观及文化产生深远的影响，桥梁是城市和乡村中的标志性建筑。公路桥梁结构的设计基准期为100年。

6.1.1　公路桥梁建设地位

公路交通线上的桥梁是一种功能性的工程实体，是一个空间立体的艺术结构物，具有非常广泛的社会性。公路桥梁架设在水上、空中，建设规模大，质量要求高，其数量和规模是一个国家或地区经济实力、科技进步、工业水平和社会文明的重要标志。

一座桥梁，不仅可以反映当时和当地社会发展状况和建造技术水平的高低，而且更能折射出一个地区政治、经济、科学、文化等各方面的时代特征。桥梁不仅在物资交流、经济活动中的作用十分重要和明显，在文化交流和整个社会发展中的作用也是十分巨大的。正如名人所说“桥梁的科学贡献不仅跨越了科学和艺术的鸿沟，也跨越了技术和社会的鸿沟”。

近年来，随着我国桥梁设计水平和施工技术的不断提高，桥梁上部结构向轻型化、大型化、设计标准化、构件生产工厂化、施工装配化方向发展。同时，桥梁下部结构向轻型合理的方向发展，促进了桥梁结构更趋经济合理和轻盈美观。

6.1.2　桥梁组成

概括地说，桥梁一般由上部结构、下部结构、支座和附属设施四个基本部分组成。

1. 上部结构

上部结构也称桥跨结构,包括拱或梁及支承桥面的构造、桥面系等。桥梁上部结构形式多种多样,如梁(板)、拱圈(肋)、梁与悬(拉、吊)索组合等,因此产生了许多桥梁形式,如人们所常见的梁式桥、拱桥、刚架桥、斜拉桥、悬索桥及组合体系桥梁等。上部结构的作用除承受自身重量(即恒载)及桥面上各种车辆、人群等荷载外,还要承受各种其他外来荷载的作用,如地震、风、车船撞击等。上部结构是桥梁结构的主要承重结构,当跨度较大时,不仅其结构比较复杂,施工难度也较大。

2. 下部结构

桥墩、桥台和桥梁基础可总称为下部结构,用以支承上部结构和荷载并传给地基。桥墩和桥台一般合称墩台。桥梁基础是将墩台所承受的各种荷载传递到地基上的结构物,是确保桥梁安全使用的关键部位。

3. 支座

支座是设置在桥跨结构与桥墩或桥台间(墩、台顶)的传力装置,用于支承上部结构,承受上部结构传来的荷载并将其传递给桥梁墩台。另外,支座还须满足上部结构在荷载、温度变化或其他因素作用下所产生的位移的要求。

4. 附属设施

附属设施是直接与桥梁服务功能有关的部件,主要包括桥面铺装、防排水设施、桥梁伸缩装置、人行道、栏杆与防撞护栏、照明设施、桥头引道、桥梁标志、桥梁防震抗震设施、桥台搭板、锥形护坡、护岸及调治构造物等。

5. 桥梁结构的有关名词解释

图 6-1 为一座公路桥梁的概貌。以此图为例,介绍公路桥梁建设中常用的专业技术名词及术语如下。

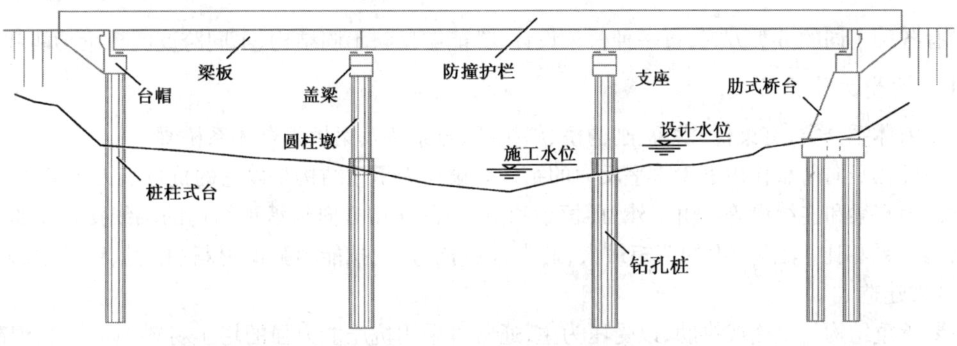

图 6-1　桥梁的基本组成(梁式桥)

(1)低水位、高水位及设计洪水位

低水位:枯水季节河流中的最低水位。

高水位:洪峰季节河流中的最高水位。

设计洪水位:在进行桥梁设计时,按照一定设计洪水频率计算所得的高水位,称为设计洪水位。交通部颁布的《公路桥涵设计通用规范》(JTG D60—2004)规定,桥涵设计洪水频率一般按桥涵的建设规模和公路等级的具体情况而定,常用 25 年、50 年和 100 年一遇洪水频率;高速公路和一级公路中的特大桥,则一般以 300 年一遇的洪水频率对应的洪水位作为设计洪水位。

(2)计算跨径

对于具有支座的桥梁,是指桥跨结构相邻两个支座中心之间的距离;对于不设支座的桥梁(如拱桥、刚构桥等),指相邻拱脚截面形心之间的水平距离。桥梁结构的分析计算以计算跨径为准。

(3)净跨径

对于梁式桥的净跨径是设计洪水位线以上相邻两个桥台(或桥墩)之间的水平距离,对于拱式桥的净跨径是拱跨两个拱脚截面最低点之间的水平距离,一般用 L_0 表示。

(4)总跨径

总跨径指多孔桥梁中各孔净跨径之和,它反映了桥下排泄洪水的能力。

(5)标准跨径

梁式桥、板式桥以两个桥墩中线之间的距离或桥墩中线与台背前缘之间的距离为准;拱式桥、涵洞则以净跨径为准。

(6)桥梁全长

桥梁全长简称桥长,对于有桥台的桥梁为两岸桥台的侧墙或八字墙尾端之间的距离,对于无桥台的桥梁则为桥面系行车道的长度。

(7)桥梁净空

桥梁包含有两个方面的内容,一方面指桥面净空,即桥面的宽度和桥上的净空高度,我国公路桥面行车道净宽为车道数乘以车道宽度,并计入所设置的加(减)速车道、紧急停车道、爬坡车道、慢车道或错车道的宽度;桥上的净空高度,高速公路、一级公路和二级公路应为5.0m,三、四级公路应为4.5m。另一方面指桥下净空,即设计洪水水位至上部结构最下缘之间的净空高度,是为保证洪水、流冰排泄无阻和符合河流通航净空要求所规定的一个重要设计参数。

(8)桥梁建筑高度

桥梁建筑高度是桥上行车路面至桥跨结构最下缘之间的距离,与桥梁结构和跨径大小有关,也与桥面布置高度有关。

(9)净矢高

净矢高是指拱桥拱顶截面下缘至相邻两拱脚截面下缘最低点之连线的垂直距离,通常以f_0表示。

(10)计算矢高

计算矢高是指拱顶截面形心至相邻两拱脚截面形心之连线的垂直距离,以f表示;矢跨比是拱桥主拱圈(或拱肋)中计算矢高f与其计算跨径l之比,以f/l表示。

6.1.3 桥梁分类

公路桥梁有各种不同的分类方式,每一种桥梁设计,都能够反映不同结构、不同跨度的桥梁功能和经济效果。

6.1.3.1 按受力体系分类

根据桥梁受力体系分类,有梁桥、拱桥、刚构桥、斜拉桥、悬索桥及梁拱组合体系桥梁。

①梁桥是一种在竖向荷载作用下无水平反力的结构。梁作为承重结构是以它的抗弯能力来承受荷载的。梁分简支梁、悬臂梁、固端梁和连续梁等。由于外力(恒载和活载)的作用方向与承重结构的轴线接近垂直,因而与同样跨径的其他结构体系相比,梁桥产生的弯矩最大,通常采用抗弯、抗拉能力强的材料(钢材、钢筋混凝土、钢-混凝土组合结构等)来建造。

②拱桥主要承重结构是拱圈或拱肋,以受压为主,通常可采用抗压能力强的圬工材料(如石料、混凝土等)或钢筋混凝土来建造。拱式体系可分为单铰拱、双铰拱、三铰拱和无铰拱。按照桥面布置可分为三种,桥面布置在主拱圈之上的称为上承式拱桥,桥面布置在主拱圈之下的称为下承式拱桥,桥面布置在主拱圈高度1/2的称为中承式拱桥。

③刚构桥是介于梁与拱之间的一种结构体系,它是由受弯的上部梁(或板)结构与承压的下部柱(或墩)整体结合在一起的结构。由于梁与柱的刚性连结,梁因柱的抗弯刚度而得到卸载作用,整个体系是压弯结构,也是有推力的结构。刚架分直腿刚架与斜腿刚架。刚架桥的桥下净空比拱桥大,在同样净空要求下可修建较小的跨径。目前最大跨径已超过200m。

④斜拉桥是由承压的塔、受拉的索与承弯的梁体组合起来的一种结构体系。20世纪50年代初,前联邦德国首先修建了钢斜拉桥,梁体用拉索多点拉住,类似多跨弹性支承连续梁,使梁体内弯矩减小,降低了建筑高度;又因栓焊连接与正交异性板的箱形断面构造的应用,使结构充分利用材料的受力特性,从而减轻了结构,节省了材料。近年来,斜拉桥的发展很快,最大跨径已达1088m。

⑤悬索桥(又称吊桥)是用悬挂在塔架上的强大缆索作为主要承重结构,由梁、吊杆、主缆、塔、鞍座、锚座组成的一个组合体系。它是用钢丝集束或缆梁上的荷载通过吊杆传至主缆,再通过主塔和结构传给地基,合理地利用了钢丝束的拉伸强度高、重量轻的特点。此桥梁形式是桥梁中跨越能力最大的桥型,最大跨度已达1990m。

⑥梁拱组合体系桥是利用梁的受弯与拱的承压特点组合成的联合结构。在预应力混凝土结构中,因梁体内可储备巨大的压力来承受拱的水平推力,使这类结构既具有拱的特点,而又非推力结构,对地基要求不高。

6.1.3.2 按承重结构分类

根据桥梁主要承重结构所用的材料不同分为:

①圬工桥(包括石拱桥、混凝土桥等),其优点是可就地取材,工程造价较低。缺点是自重大,跨越能力有限;且石料的开采、加工及砌筑均需要较多人工,工期长。一般用于小跨径桥梁。

②钢筋混凝土桥梁和预应力混凝土桥梁,其优点是跨度大,可建造成拱式桥或梁式桥梁,目前得到广泛的应用。

③钢桥是指上部结构用钢材建造的桥梁。其优点是跨越能力大,且自重轻;缺点是结构复杂,工程造价高,维护费用大,一般适用于大跨度桥梁。

6.1.3.3 按桥面布置分类

①双向车道布置是指行车道的上下行交通布置在同一桥面上,上下行交通由划线分隔,没有明显的界限。车辆在桥面上只能是中速或低速行驶,交通量较大时桥上往往会形成交通滞流状态。

②分车道布置是在桥面上设置分隔带,用以分隔上下行车辆,因而上下行交通互不干扰,可提高行车速度,便于交通管理。在高速、一级公路中经常采用。

③双层桥面布置是桥梁结构在空间上可以提供两个不在同一平面上的桥面构造。可以使不同的交通严格分道行驶,提高了车辆和行人的通行能力,便于交通管理。同时,可以充分利用桥梁净空,在满足同样交通要求的前提下,可减小桥梁宽度,缩短引桥长度,达到较好的经济效益。

6.1.3.4 按其他形式分类

①桥梁按工程规模(即跨径),可分为特大桥、大桥、中桥和小桥;

②按用途分类有公路桥、公铁两用桥、人行天桥、管线桥和渡槽桥等;

③按跨越障碍性质分有跨河桥、跨海桥、跨线桥(分离式立体交叉)、高架桥、栈桥等。

④按桥跨平面与路线布置分类,桥梁可分为正交桥、斜交桥和弯桥等。

⑤按桥梁的可移动性分类,桥梁可分为固定桥和活动桥。其中,活动桥主要包括开启桥、升降桥、旋转桥和浮桥等。

6.1.4 桥梁设计原则

桥梁设计应符合技术先进、安全可靠、适用耐久、经济合理的要求,同时应满足美观、环境保护和可持续发展的要求。桥梁是公路交通的重要组成部分,特别是大、中型桥梁的建设对当地政治、经济、国防等具有重要意义。

1. 技术先进原则

桥梁设计应体现现代桥梁建设的新技术,应便于制造和架设,应尽量采用先进工艺技术和施工机械设备,以利于减少劳动强度,加快施工进度,保证工程质量和施工安全。

在因地制宜的前提下,尽可能采用成熟的新结构、新设备、新材料和新工艺。必须认真学习国内外的先进技术,充分利用最新科学技术成果,把学习和创新结合起来,淘汰和摒弃原来落后和不合理的东西。只有这样才能提高我国的桥梁建设水平,赶超世界先进水平。

2. 安全可靠原则

公路桥梁及接线应与路线的总体布设相协调,保证行车安全。桥梁按持久状况承载能力极限状态设计时,应根据结构破坏可能产生的后果严重程度划分为三个设计安全等级。

①所设计的桥梁结构在强度和稳定方面应有足够的安全储备。

②防撞栏杆应具有足够的高度和强度,人与车流之间应做好防护栏,防止车辆撞入人行道或撞坏栏杆而落到桥下。

③对于交通繁忙的桥梁,应设计好照明设施,并有明确的交通标志,两端引桥坡度不宜太陡,以避免发生车辆碰撞等车祸。

④对于修建在地震区的桥梁,应按抗震要求采取防震措施;对于河床易变迁的河道,应设计好导流设施,防止桥梁基础底部被过度冲刷;对于通行大吨位船舶的河道,除按规定加大桥孔跨径外,必要时还应设置防撞构筑物等。

3. 适用耐久原则

桥梁设计应考虑不同的环境对桥梁耐久性的影响,在选择材料、钢筋保护层厚度、阻锈等方面满足耐久性的要求。桥梁应保证在100年的设计基准期内正常使用。

①桥面宽度应能满足当前以及今后规划年限内的交通流量的需求,包括非机动车和行人通过。

②桥梁结构在通过设计荷载时,不出现过大的变形和过宽的裂缝。

③桥跨结构的下方应有利于泄洪、通航或便于车辆和行人的通行。

④桥梁应方便车辆的上、下进入和疏散,不致产生交通堵塞现象等。

4. 经济合理原则

经济的桥型应该是工程造价和使用年限内养护费用综合最省的桥型，设计中应充分考虑维修的方便和减少维修费用。维修时尽可能不中断交通，或中断交通的时间最短。

①桥梁设计应遵循因地制宜，就地取材和方便施工的原则。

②所选择的桥位应是地质、水文条件好，桥梁长度短的地段。

③桥位应考虑建在能缩短河道两岸距离，促进该地区的经济发展，产生最大的效益的地段。对于过桥收费的桥梁应能吸引更多的车辆通过，达到尽可能快地回收投资的目的。

5. 外形美观原则

公路桥梁应具有优美的外形，应与周围的景观相协调。合理的结构布局和轮廓是美观的主要因素，绝不应把美观片面地理解为豪华的装饰。一座桥梁应具有优美的外形，而且这种外形从任何角度看都应该是优美的，结构布置必须精练，并在空间有和谐的比例。游览公路的桥梁，可较多地考虑建筑艺术上的要求，结构细部的美学处理也十分重要。

6. 生态环保原则

桥梁设计必须考虑人民群众居住的环境保护和可持续发展的要求，包括生态、水、空气、噪声等几方面，都应从桥位选择、桥跨布置、基础方案、墩身外形、上部结构施工方法、施工组织设计等多方面全面考虑环境要求，采取必要的工程控制措施，并建立环境监测保护体系，将不利影响减至最小。桥梁施工完成后，将桥梁接线植被恢复或进一步美化桥梁周边的景观，亦属环境保护的内容。

6.1.5 桥梁设计要求

桥梁设计应根据公路功能、公路等级、公路通行能力及抗洪防灾等要求，结合水文、地质、通航和环境等条件进行综合设计。

6.1.5.1 桥梁布置

桥梁纵轴线宜与洪水主流流向正交。对通航河流上的桥梁，其墩台沿水流方向的轴线应与最高通航水位时的主流方向一致。当斜交不可避免时，交角不宜大于5°；当交角大于5°时，宜增加通航孔净宽。

1. 桥梁高程

对于中、小桥梁的高程一般由路线的线位确定。对于通航河流的大桥、特大桥的高程由通航等级要求确定。跨河桥梁底面高程应保证桥下排洪和通航的要求，并计入浪高等影响。跨线桥底面高程应满足桥下行车净空要求。

2. 桥梁纵坡

公路桥梁桥上纵坡不宜大于4%，桥头引道纵坡不宜大于5%；位于市镇混合交通繁忙处，桥上纵坡和桥头引道纵坡均不大于3%。桥上纵坡或桥头引道纵坡发生变更的地方，均应按规定设置竖曲线。

3. 桥头锥坡与路基

桥头锥坡及桥台台后5~10m长度内的引道路基，可用砂性土等材料填筑。在非严寒地区当无透水性土时，可就地取土经处理后填筑。锥坡与桥台两侧正交线的坡率见表6-1。

锥坡及桥台两侧正交线的坡率　　表6-1

边坡坡率			锥坡坡率
路肩边缘下高度	第一个8m内	不宜陡于1∶1	不受洪水冲刷，不陡于1∶1.25
	8~12m内	不宜陡于1∶1.25	经常受洪水水淹没部分，不陡于1∶2
	高于12m	边坡坡度由计算确定，但不陡于1∶1.5，变坡处设置0.5~2.0m的平台	

在洪水泛滥区域以内，特大桥、大、中桥桥头引道的路肩高程应高出桥梁设计洪水频率的水位加壅水高、波浪爬高、河湾超高、河床淤积等影响0.5m以上。小桥引道的路肩高程，宜高出桥梁壅水水位（不计浪高）0.5m以上。洪水泛滥范围以内的锥坡和引道的边坡坡面，应根据设计流速设置铺砌层。铺砌层的高度应为：特大桥、大、中桥应高出计算水位0.5m以上；小桥应高出设计水位加壅水水位（不计浪高）0.25m以上。

桥台侧墙后端和悬臂梁桥的悬臂端深入桥头锥坡顶点以内的长度，均不应小于0.75m（按路基和锥坡沉实后计）。

4. 桥头搭板

高速公路、一级公路及二级公路的桥头宜设置桥头搭板。搭板厚度不宜小于0.25m,长度不宜小于5m。

5. 调治构造物

为保证桥位附近水流顺畅,河槽和河岸不发生严重变形,必要时应在桥梁上下游修建调治构造物,其顶面应高出桥梁设计洪水频率的水位至少0.25m。必要时尚应考虑壅水高、波浪爬高、斜水流局部冲高、河床淤积等影响,允许淹没的调治构造物的顶面应高出常水位。

6.1.5.2　桥梁孔径

桥梁孔径设计是根据河床地形,不宜过分压缩河道、改变水流的天然状态,考虑壅水和冲刷对上下游的影响,确保桥梁附近路堤的稳定。

1. 标准跨径

当标准设计或新建桥梁跨径在50m及以下时,宜采用标准跨径。桥梁标准跨径有:5.0m、6.0m、8.0m、10m、13m、16m、20m、25m、30m、35m、40m、45m、50m。

2. 桥梁孔径确定

跨河桥梁孔径一般根据水文计算确定,在满足通航要求前提下通过经济技术比较确定孔径。桥梁墩台和桥头路堤压缩河床,使桥下过水断面减小、流速增大,引起河床冲刷、桥上游塞水可能淹没耕地。因此,规范对孔径压缩及冲刷有限制要求。根据新中国成立以来的建桥经验,桥梁孔径宜大不宜小。从经济上考虑,一般大跨度相对小跨桥梁的工程造价高,工期长;但在综合经济比较相差不大的情况下,仍然需要采用大跨径。根据已建桥梁的经验,通航船只经常撞击桥墩,危及桥墩安全,采用大跨径有利于安全。同时,要考虑基础施工因素,如果基础施工困难,或基础施工时航运繁忙,则宜加大孔跨。

3. 桥梁分孔

桥孔布置必须在掌握充分资料的基础上进行。对通航河流首先要确定通航孔跨径满足通航要求,要研究在高、中、低水位时的航道轨迹。通航桥跨位置要与航道适应,能覆盖各种水位时航道可能出现的变化。对于非通航孔,则选用经济跨径,一般拟定2~3种桥跨作经济比较。如采用预制梁,拟定的跨度应当标准化。对变迁性河流,应视河道可能变迁情况,加设通航孔。此外,墩台位置还要考虑地形、地质条件、基础施工难易等因素。两岸引桥还应考虑经济路堤高度,若两岸取土困难,则宜增加桥孔数,通过调整桥梁纵坡,降低路堤高度。

6.1.5.3　桥梁构造

公路桥梁应根据其所处环境条件选用适宜的结构形式和建筑材料,进行适当的耐久性设计分析,必要时尚应增加防护措施。

1. 桥梁结构设计要求

①桥梁结构在构件制造、运输、安装和使用过程中,应具有规定的强度、刚度、稳定性和耐久性。

②结构的附加应力、局部应力应尽量减小。

③结构形式和构造应便于制造、施工和养护。

④结构物所用材料的品质及其技术性能必须符合相关现行标准的规定。

2. 上下部构造

桥梁的上、下部构造应视需要设置变形缝或伸缩缝,以减小温度变化、混凝土收缩和徐变、地基不均匀沉降以及其他外力所产生的影响。高速公路、一级公路上的多孔梁(板)桥宜采用连续桥面简支结构,或采用整体连续结构。

漫水桥应尽量减小桥面和桥墩的阻水面积,其上部构造与墩台的连接必须可靠,并应采取必要的措施使基础不被冲毁。

桥梁设计应有必要的通风、排水和防护措施及维修工作空间。

6.1.5.4　桥梁线形及断面设计

桥上及桥头引道的线形应与路线布设相互协调,各项技术指标应符合路线布设的规定。桥头两端引道线形应与桥上线形相配合。

1. 桥梁线形

中、小桥梁的线形,按公路路线要求布置。公路的大跨度桥梁一般应在直线上。当公路受到两岸地形限制时,引桥部分或跨度不大的桥梁,允许建在曲线上。公路桥梁平曲线的各项指标应符合公路技术标准要求。

2. 桥梁宽度

对于大跨度桥梁，横截面要满足横向刚度要求，一般要求梁宽满足$L_0/20$，否则应进行横向刚度计算和分析。公路桥梁的宽度取决于车道数及路肩宽度等。机动车道与非机动车道之间，必要时应设分隔设施，特别要求时应设置防撞护栏。桥梁宽度参考值见表6-2。

桥梁宽度参考值 表6-2

公路等级	高速公路、一级公路							
车道数	八车道		六车道			四车道		
设计速度(km/h)	120	100	120	100	80	120	100	80
整体式路基桥梁宽度(m)	42	41	34.5	33.5	32	27	26	24.5
分离式路基单幅桥梁宽度	20.75	20.5	17	16.75	16	13.25	13	12.25

公路等级	二级		三级		四级	
车道数	双车道					单车道
设计速度(km/h)	80	60	40	30	20	20
桥梁宽度(m)	12	10	8.5	7.5	7.5	4.5

6.1.5.5 桥梁其他设施

特大、大桥上部构造宜设置检查平台、通道、扶梯、箱内照明、人孔、井盖等专门供检查和养护用的设施，保证工作人员的正常工作和安全。条件许可时，特大、大桥应设置检修通道。特大桥和大桥的墩台宜根据需要设置测量标志，测量标志的设置应符合有关标准的规定。

跨越河流或海湾的特大、大、中桥宜设置水尺或标志，较高墩台宜设置围栏、扶梯等。

斜拉桥和悬索桥的桥塔必须设置避雷设施。特大、大、中桥可视需要设置防火、照明和导航设备以及养护工房、库房和守卫房等，必要时可设置紧急电话。

6.1.6 桥梁设计步骤

公路桥梁设计包括以下步骤和内容。

1. 调查与建桥相关的资料

调查当地建筑材料的来源、水质、公路运输条件等。

2. 选择桥位

对中小桥梁，其平面位置由线路条件确定，在选线过程中应注意使沿线排洪顺畅。桥中线与洪水流向应尽量正交。对于大桥或特大桥，往往选择几个可能的桥位，再结合线路选线作比较方案，经分析、比较、研究确定。对于大桥或特大桥，应对每一个可能的桥位进行相应的调查、勘测工作，包括调查搜集洪水资料，地形、地质资料，实地调查历史洪水位；作必要的地形、地貌、地质等测绘工作。经过分析比较，对特大桥，每个桥位还应作桥式方案，再确定推荐的桥位。

确定桥位后，对桥位要进一步搜集资料，为拟制桥梁图式提供可靠依据。这时的勘测、调查工作包括大比例地形图的测绘、实地水文勘测调查、工程地质和水文地质调查及地质钻探，绘制地质剖面图。钻孔布置宜选在拟定的桥孔方案的墩台位处。河流水文勘测包括调查河道性质、测量桥位处河床断面、调查与测量洪水位及历年洪水资料、向航运部门了解和协商确定设计通航水位、通航净空等。

3. 选择桥型

选择经济合理的桥梁结构形式，确定桥梁长度和桥面标高，确定墩位，拟定结构主要尺寸，拟定桥跨及墩台基础的施工方案，对结构进行初步的计算分析。

4. 地质和水文勘察

进行认真细致的调查和勘测工作，进行必要的钻探，取得可靠的资料作为设计依据。

5. 结构设计

对桥跨、墩台、基础等各部分进行细节尺寸设计，确定施工方案，保证其满足设计在强度、刚度、稳定性和耐久性等方面的要求。

6.1.7 桥梁设计方案比选

在桥梁设计方案比选工作中，为了获得经济、适用和美观的桥梁设计方案，设计者必须根据各种自然、技术上的条件,因地制宜,在综合应用专业知识及实践经验,掌握国内外新技术、新材料、新工艺的基础上,进行深入细致的研究分析和对比工作,尽可能做出满足要求的多种不同的设计方案,通过技术、经济等多方面的综合比较,才能科学地得出完美的设计方案。

6.1.7.1 多方案选择

桥梁设计方案的比选和确定一般可按下列步骤进行。

1. 明确各种设计高程

在桥位纵断面图上,按比例绘出设计水位、通航水位、堤顶高程、桥面高程、通航净空、桥下行车净空位置图等。

2. 描绘桥梁分孔和初拟桥型方案草图

在确定各种设计高程的纵断面图上,根据泄洪总跨径的要求,作桥梁分孔和桥型方案草图。在作草图时思路要宽广,只要基本可行,尽可能多绘草图,以免遗漏可能的桥型方案。

3. 方案初筛

对各草图方案作技术和经济上的初步分析和判断,筛去弱势方案,从中选出 2 ~ 4 个构思好、各具特点的方案,做进一步详细研究和比较。

4. 详绘桥型方案

根据不同桥型、不同跨度、不同宽度和施工方法,拟定主要尺寸,并尽可能细致地绘制各个桥型方案的尺寸详图。对于新结构,应作初步力学分析,以准确拟定各方案的主要尺寸。

5. 编制设计概算

依据各方案的详图,可以计算出上、下部结构的主要工程数量,然后依据部省有关编制文件,编制各方案的主要材料(如钢筋、钢材、混凝土或特殊构件等)的用量、劳动力数量和全桥工程造价等。

6. 方案选定和文件汇编

全面考虑建桥工程造价、养护费用、建设工期、营运适用性、美观等因素,综合分析,阐述每一个方案的优缺点,最后选定一个最佳的推荐方案。在深入比较过程中,应及时发现并调整方案中的不尽合理之处,确保最后选定的方案是优中选优的方案。

在上述工作全部完成之后,开始着手编写方案说明。说明书中应阐明方案编制的依据和标准、各方案的主要特色、施工方法、设计概算以及方案比较的综合性评述等。对于推荐方案应作较详细的说明。各种测量资料、地质勘察和地震烈度复核资料、水文调查与计算资料等应按附件载入。

6.1.7.2 中小桥设计方案比选

目前,我国公路桥梁在材料方面以混凝土桥为主,混凝土与钢结合梁为次,钢桥较少。我国已建成、在建或即将兴建的公路项目中,中小桥的数量和规模在整个桥梁工程中占绝大多数比例。因此,中小桥的设计概念与方案比选显得格外重要。

1. 板梁桥

公路板式桥是用先张法预应力铰接空心板梁,适用跨度 13 ~ 15m,板宽一般为 1m,施工方便,架设简单,工程造价最省。T 形梁现在已趋向拉大两根 T 梁之间的间距,而缩小预制 T 梁上翼缘表的宽度,以减轻吊装质量。在多根预制 T 梁架设后,在两片 T 梁之间补浇桥面板,再用横向预应力筋将它们组合在一起。T 形梁经济跨度在 20 ~ 50m 范围内,经常采用。

2. 桥面连续简支梁桥

若桥梁的地基较差,则可改用桥面连续简支梁桥,其优点是支点的沉降影响不大,不须加大支座处的梁高,能够简化施工。施工方法是可用多孔简支梁架设就位,然后将桥墩上两孔简支梁的梁体用钢筋相互搭接(焊接),再浇筑混凝土接头,使其桥面产生连续性,保证行车平稳。桥面连续简支梁桥在墩上虽然有双个支点,无伸缩缝,所以伸缩缝要集中处理,一般采用每段 3 ~ 4 孔一联为 100 ~ 120m,设置一道伸缩装置。

3. 连续梁桥

箱梁桥利用桥面板内的横向预应力筋,可适当增大箱梁两侧悬臂板长度,但箱梁应有足够的抗扭刚度。对于更宽的箱梁要用三片腹板来组成两室一箱,由于腹板的施工难度较大,故改用分离的双箱。对公路高架桥和立交桥梁,采用支架法现浇施工,造型美观,施工方便;对于斜交桥,尤其是曲线桥,首选方案应是箱形梁。结构连续梁桥的优点是能使弯矩减小,并使大部分桥墩中心受压,伸缩缝减少,行车平稳。如果要求减轻梁重或节省材料,可做成变高度梁。但在地基条件较差时，结构连续梁桥的不均匀沉降对内力影响较大。

4. 刚构桥

刚构桥的特点在于梁墩结合，不需要支座，这种做法可简化桥梁构造。可建造为形式接近拱桥的斜腿刚构，造型美观；还可建造为多孔连续刚构，梁和墩都可做成薄壁形状，结构轻巧经济且适应变形。

5. 单孔桥梁

单孔桥梁是指只有两个桥台与一个桥跨的结构。如桥跨大，桥台应尽量推向岸边，从而减少桥台的工程量。在小跨径桥梁中，桥台的造价会占较大比重，且对行车平稳有很大的影响，不可忽视。

6.1.7.3 大桥设计方案比选

大型桥梁一般指跨度范围在300～500m的桥梁。在这个范围内可供比较的桥型不多，主要是斜拉桥，在特殊情况下，可考虑悬索桥或大跨度拱桥。

1. 建造大跨径桥梁的原因

①为满足高等级通航净空的要求。

②为了泄洪的需要，跨度不仅要满足洪水流量的要求，桥墩还应设在可能被洪水冲毁的范围之外；水边桥台还要注意台后填土不至于有被水冲刷的可能。我国桥梁建设实践总结出了宁长毋短的结论，即在做大桥方案时，宁可放大一点主孔或加长引桥，以避免水患。

③受地质条件的影响。要把桥墩设在不良地质之外，以免桥墩出现不良后果。

④从工程造价或建设工期方面看，如建两个较小的桥孔不如选择建造一个较大桥孔方案。

⑤在特殊条件下，如为了社会效益或美观要求时，也需考虑较大跨度的桥梁。

2. 大型桥梁方案特点分析

①斜拉桥的建筑高度小，桥下净空大，比上承式拱桥好，但施工难度比拱桥大。

②悬索桥在300～500m范围内无竞争力，且由于需要建筑两个地锚，导致其工程造价高。

③上承式拱桥方案的工程造价较低，而且可以利用周围良好的岩基，获取巨大的水平推力，节省了系杆拱中的预应力混凝土系杆。上承式拱桥施工难度大，而且为了留下足够的通航净空，其拱顶必须升高，这样又进一步增加了引桥长度等缺点。因此，在大型桥梁方案比选中，上承式拱桥的方案应充分考虑地形、地质条件等因素。

④系杆拱桥能够提供较大的通航净空，且无需边孔来平衡中孔推力，有较强的竞争力。

6.1.7.4 特大桥设计方案比选

特大跨径桥梁一般是指跨度范围在500～1000m及1000m以上的桥梁。目前悬索桥最大跨为1990m，斜拉桥的最大跨度为1088m，系杆拱桥最大跨度为552m。

1. 特大桥与隧道方案的比选

在建造跨越大江、大河，甚至跨越海峡特大桥梁时，需要首先选择隧道方案作比较，取得论证认为桥梁方案优于隧道方案，才能进一步深入研究桥梁结构。

2. 桥位方案的比选

根据我国各航道情况及相应的地形、地质等自然条件，目前对特大桥梁的方案比选因素有自然航道宽度、通航净高的要求、河床地质条件、航道水流速度等影响。还应考虑深水基础施工方案参加比选。

3. 桥梁跨径的比选

通航河流的特大桥的跨径比选应满足通航要求。一般以航道内最经常航行的船只长度的3倍作为桥梁的跨度。如船长为300m时，跨度可定为900m以上。若有长于300m的船只通过，必须要求其降低航速。如考虑船只撞击桥墩的危险，可采取防撞措施，同时相应放大跨度，对于900m跨度的桥梁，可放大到1000～1200m。

4. 桥型方案比选

在特大跨径桥梁设计中，不一定单纯的将悬索桥放在首位而排斥其他方案，还可以考虑斜拉与悬索协作体系桥的方案。当跨度在1200m以下时，斜拉桥可参加比选。而跨度在650m以下时，还可考虑采用系杆拱桥型。对于2000m以上的特大跨度，多孔斜拉桥可参加比选。

6.1.8 桥梁美学

桥梁作为一种建筑物，尤其是大桥，它具有使用和观赏两项功能。桥梁设计者运用结构学原理进行设计，以满足交通使用的要求，同时，还要运用美学原理进行构思，以满足人们观赏及改变环境景观的要求。

6.1.8.1　桥梁美学释义

桥梁建造就其审美意义来说，其从属于美学的范畴。而美学作为一门专门的学科，涉及面十分广泛。对于桥梁造型符合美学规律的组织与优化，一直是那些懂得桥梁结构规律的建筑师的行为。关心桥梁对城市的影响，关心桥梁作为一个城市的标志性建筑的意义，关心桥梁美与周围环境的和谐美，将桥梁美学上升到解决被道路切割的大地生存与繁衍的高度，也就是要关心桥梁与生态环境。这些绝非纯粹的美学或纯粹的桥梁结构工程专业人员所能解决的，这需要既懂得桥梁结构又深谙美学的人来解决。

1. 桥梁美学的社会效益

人们对于桥梁美学的关注也比较早，人们所建设的桥梁不仅希望其能达到实用的功能，而且还要非常关注美的特性，例如北京郊区的卢沟桥，不仅栏杆上雕刻的485个狮子千姿百态，堪称一绝；桥头的华表、碑亭更是典雅华丽，比例恰当，精美异常；而且大桥的整体造型，对称均衡，比例恰当，和谐统一。我国著名的赵州桥、清代乾隆年间修建的颐和园玉带桥和17孔桥，也以其独特和美丽的造型驰名中外，洁白的桥身与清山碧波、绿树红花、亭台楼阁融为一体，和谐美观、相映成趣，一直是许多画家和摄影爱好者入画入照的佳景。在现代，人们更注意桥梁美学的功能，例如我国近些年来建造在长江上的铜陵大桥和赣江上的南昌八一大桥、江阴长江大桥等，与国外的许多的桥梁一样，都做了专门的景观设计，使这些桥梁不仅体现了大型桥梁的造型美，而且能够产生很好的社会效益。

2. 桥梁美学研究范围

桥梁是人类社会发展过程中，为满足社会物质的频繁互动和信息交流的要求而发展起来的一种跨越障碍的方式。最原始的桥梁，可能是树木或岩石在自然条件下因各种原因而形成的“天生桥”，或是利用天然的（或稍加加工的）木石材料做成的独木桥或石板桥。虽然这些桥用现代的眼光看也具有粗矿和质朴的天然美，其中的一些桥因其独特的形象及其与环境与生俱来的协调而具有极高的艺术价值，但这并非当时人们的追求。在当时的条件下，只要这些桥梁具备跨越的功能就可以了。

随着人类社会物质技术的进步及精神文明水平的提高，对桥梁的要求也不再局限于单纯的跨越功能的要求。除了不断地提高其跨越的能力（表现在更高的承载能力及更大的跨越范围）外，人们进而追求形体更为完美的桥梁，使其具有艺术价值，以满足人们精神方面的需求。这就不可避免地促进了桥梁设计中功能、技术和艺术三者的结合。唯有这样，才能设计出具有良好视觉欣赏价值的桥梁。但在上述三者结合的过程中，如果广泛公认的美学法则的运用仅限于桥梁结构本身，则所讨论的桥梁美学问题仍然是狭义的。进入现代社会，物质互动的需求空前增加，且城市、地区和国家间的经济相互依存并有走向一体化的趋向，作为物质交流不可或缺的桥梁几乎无处不在。大大小小的桥梁不但数量众多，并均处于地区的重要位置，因此，桥梁的美学价值不但应在桥梁结构自身的形体上有所体现，且应体现在桥梁所在区域的整体环境中，即桥梁与周边的环境相互协调与衬托，形成以桥梁为主体的区域景观。这是桥梁美学内容的外延。这种外延大大丰富了桥梁美学的内容，对桥梁的美学设计也提出了更高的要求。

3. 桥梁美学与技术经济的关系

桥梁的美学设计必须在符合桥梁的功能、技术及经济要求的原则上进行。无论是桥型的选择、结构构件的布置及构件的形体以至桥梁的质感和色彩等，均应考虑上述三方面的要求。在桥梁的美学设计中，这种以功能及技术经济为考虑重点的特性就是桥梁美学的技术特性。但是，桥梁的美学考虑与功能、技术与经济等方面间的关系则是辩证的。在区域的枢纽地段或风景区，当桥梁的景观价值具有明显的重要性且功能及技术均在合理的情况下，经济方面的考虑会显得次要；反之，在桥梁的景观价值不那么显著的情况下而功能与技术均属可行时，经济方面的考虑就显得更为重要。因此，在不同的环境条件下，桥梁美学设计中对所有涉及的诸元素的排列位次将有所不同。

6.1.8.2　著名桥梁美学理论

桥梁美学专家唐寰澄先生在他的文章和专著中多次提到，三个统一性是美的最重要属性：感性和理性的统一或感觉和意识的统一；客观和主观的统一，或人和自然的协调统一，即“天人合一”的思想；形式和内容的统一，即造型和功能的一致。

德国著名的莱昂哈特（F. Leonhardt）教授在他的桥梁美学名著《桥——美学和设计》中说：“美可以在变化和相似之间，复杂和有序之间展示，从而得到加强。”正如贝多芬的音乐一样，简短的主题不断展开和变奏，既相似又不同，但却十分和谐；既复杂变化，又有序统一，在不雷同和不杂乱之间展现出丰富的层次和内涵，给人以美的享受和心灵的激荡。

日本著名桥梁学者伊藤学教授在他的《桥梁造型》一书中说道:“桥能满足人们到达彼岸的心理希望,同时也是使人印象深刻的标志性建筑,并且常常成为审美的对象和文化遗产。”

6.1.8.3 桥梁美学应用典型实例

一个多世纪以来的科技大发展,使得过去不敢设想的宏伟桥梁建筑有了可能。江河、湖海和山谷一度是人们无法跨越的障碍,而宏伟桥梁的诞生,真实沟通无极限。现代桥梁的美丽和壮观程度甚至让人难以置信,有的非常古老,有的非常新颖。

1. 米约高架桥(法国塔恩河谷)

被称为“世界第一桥”的法国米约高架桥(Millau Bridge)可以说是人类的建筑奇迹,跨越塔恩河谷,全长达2.46km,却只用7个桥墩支撑,其中2号、3号桥墩分别高达245m和220m,是世界上最高的两个桥墩。大桥最高点达到343m,超过埃菲尔铁塔23m。2004年大桥正式对外开放使用,超越美国科罗拉多州的皇家峡谷大桥,成为目前世界第一高的公路大桥。每当清晨的云雾从山中升起,白色的米约大桥宛如一座巨大的竖琴,车辆在其上仿佛是穿梭在云间,享受一派云海美景。当地居民也称其为“天空之桥”。

2. 盖茨黑德千禧大桥(英国盖茨黑德)

盖茨黑德千禧桥(Gateshead Millennium Bridge)跨越泰恩(Tyne)河,步行桥长126m,规模不算大,但是造桥花费却用了将近3000万英镑。独特的外形引人注目:它不是一般的直桥,而是弯成弧形,索塔也不是直立的,而是倾斜状的,通过几十组钢索将桥面固定,还可以将主梁向上拉起50m,这种创新的开闭设计能让大型船只从下面通行,升到顶部时索塔和主梁宛若一只蝴蝶。

3. 白令海峡大桥(北极海白令海峡)

目前还只是处于提案阶段的白令海峡大桥(Bering Straits Bridge),一旦建成将成为一座宏伟的跨洲连接通道,将亚洲、非洲、欧洲、北美洲和南美洲统统连接起来。该桥的建址目前已经有了多种提议,比如威尔士王子角、楚科奇海港、得兹涅夫角都很有可能。此外还有专家建议建造由三座桥梁组成的系列桥梁,总长超过80km。然而北极地区的环境相当恶劣,要建筑这样一座大桥真的很难,一旦建成,将成为人类建筑史上的又一大奇迹。

4. 杭州湾大桥(中国浙江)

杭州湾大桥是目前世界上最长的跨海大桥,全长36km,也是世界上建造难度最大的跨海大桥之一。建桥工程耗时近五年,所用混凝土用量相当于再造八个国家大剧院,用钢量相当于再造七个“鸟巢”。大桥于2008年5月1日建成通车,北接线二期预计2011年完工。

5. 伊拉斯谟斯大桥(荷兰鹿特丹港市)

伊拉斯谟斯大桥(Erasmusbrug)以“天鹅大桥”的美称闻名于世,拥有简洁利落的外形,雪白的桥身修长挺拔,像一只优雅的白天鹅高贵地游荡在马斯河上。这座单向斜拉式大桥落成于1996年,拥有2600级阶梯、数条大道,车辆、电车、脚踏车、行人及溜滑板的运动人士都可以自由通行,可谓荷兰人的实用主义精神的杰出代表。

6. 金门大桥(美国旧金山)

金门大桥(Golden Gate Bridge)建于1933~1937年,耗时4年时间,使用了10万多吨钢材,耗资高达3550万美元。金门大桥的巨大桥塔高227m,全长约2.7km。整个大桥造型宏伟壮观、朴素无华。其桥身的颜色为国际橘色,因建筑师艾尔文·莫罗认为此色既和周边环境协调,又可使大桥在金门海峡常见的大雾中显得更醒目。由于这座大桥新颖的结构和超凡脱俗的外观,它被国际桥梁工程界广泛认为是美的典范,更被美国建筑工程师协会评为现代的世界奇迹之一。它也是世界上最上镜的大桥之一。

7. 青马大桥(中国香港)

青马大桥(Tsing Ma Bridge)是世界上第六大吊桥,1999年荣获“20世纪十大建筑成就奖Top10”。大桥于1992年5月开始兴建,历时五年竣工,工程造价71.44亿港元。横跨青衣岛及马湾,桥身总长度2200m,主跨长度1377m,离海面高62m,创造世界最长的公路、铁路两用吊桥纪录。大桥采用双层式设计,桥的露天上层为双程三线行车线,下层则为两条地铁东涌线及机场快线的铁路和两条供紧急时(如台风吹袭时)使用的单线行车道路。

8. 塔桥(英国伦敦)

伦敦塔桥(Tower Bridge)又被称为“双子桥”,在历史上也被称为伦敦的正门,原为木桥后来改为了石桥。桥身由4座塔形建筑联接。两座方塔上再建4座白色大理石尖阁和5座小尖塔,好似两顶皇冠。下层桥面可以开合,平时通车,桥桁开启时可容万吨船只通过,船过后又慢慢落下恢复通行。两块活动桥面,各自重达1000t。从远处观望塔桥,双塔高耸,极为壮丽。

6.1.8.4 我国桥梁建设中的美学问题

国外对桥梁设计强调“3E”,即功效(Efficiency)、经济(Economy)和优美(Elegance)三要素,这和我国实用、经济、美观的原则一致。近年来我国桥梁建设取得了长足的进步,但是,在设计中对桥梁的美学要求不够高,缺少建筑师的参与和进行各种比例的多方案比较,留下不少遗憾。如许多缆索承重桥梁的桥塔缺少美学处理,给人以笨拙、呆板和粗糙的感觉。

桥梁的美学价值不但应在桥梁结构自身的形体上有所体现,且应体现桥梁所在区域的整体环境,即桥梁与周边的环境相互协调与衬托,形成以桥梁为主体的区域景观。这是桥梁美学内容的外延,这种外延大大丰富了桥梁美学的内容,对桥梁的美学设计也提出了更高的要求。但不难相信21世纪桥梁发展趋势是:随着大跨度技术的进一步发展,桥梁还会向更大跨径的方向发展;随着材料技术的革新,桥梁主体材料将由高强度轻质材料所取代;随着设计理论与方法的更新,桥梁结构将更科学,桥型将更加丰富;随着计算机技术与传感器系统的应用,桥梁的设计思想及监测技术将不断进步;随着可持续发展思想的普及与环保、美学意识的增强,桥梁将会从结构、建材和施工等方面综合考虑对环境的影响,也会更加重视桥梁美学和景观设计,达到人文景观同环境景观的完美结合,才能使我国桥梁工程建设事业始终走在又好又快的发展轨道上。

6.2 桥梁荷载

公路桥梁荷载作用设计值规定为作用的标准值乘以相应的作用分项系数。

6.2.1 作用

1. 作用分类

公路桥梁设计采用的作用按表6-3规定。

作用分类　　表6-3

编号	作用分类	作用名称	编号	作用分类	作用名称
1	永久作用	结构重力(包括结构附加重力)	12	可变作用	人群荷载
2		预加力	13		汽车制动力
3		土的重力	14		风荷载
4		土侧压力	15		流水压力
5		混凝土收缩及徐变作用	16		冰压力
6		水的浮力	17		温度(均匀温度和梯度温度)作用
7		基础变位作用	18		支座摩阻力
8	可变作用	汽车荷载	19	偶然作用	地震作用
9		汽车冲击力	20		船舶或漂流物的撞击作用
10		汽车离心力	21		汽车撞击作用
11		汽车引起的土侧压力			

2. 作用的代表值

公路桥涵设计时,对不同的作用应采用不同的代表值。永久作用、偶然作用应采用标准值作为代表值。可变作用应根据不同的极限状态分别采用标准值、频遇值或准永久值作为其代表值。承载能力极限状态设计及按弹性阶段计算结构强度时应采用标准值作为可变作用的代表值。正常使用极限状态按短期效应(频遇)组合设计时,应采用频遇值作为可变作用的代表值;按长期效应(准永久)组合设计时,应采用准永久值作为可变作用的代表值。作用的代表值按下列规定取用:

①永久作用的标准值,对结构自重(包括结构附加重力),可按结构构件的设计尺寸与材料的重力密度计算确定。

②可变作用的标准值应按规范有关章节中的规定采用。可变作用频遇值为可变作用标准值乘以频遇值系数 ψ_1。可变作用准永久值为可变作用标准值乘以准永久值系数 ψ_2。

③偶然作用应根据调查、试验资料,结合工程经验确定其标准值。

3. 作用效应组合

1)公路桥涵结构设计应考虑结构上可能同时出现的作用,按承载能力极限状态和正常使用极限状态进行作用效应组合,取其最不利效应组合进行设计。

①只有在结构上可能同时出现的作用,才进行其效应的组合。当结构或结构构件需做不同受力方向的验算时,则应以不同方向的最不利的作用效应进行组合;

②当可变作用的出现对结构或结构构件产生有利影响时,该作用不应参与组合。实际不可能同时出现的作用或同时参与组合概率很小的作用,按表6-4规定不考虑其作用效应的组合。

可变作用不同时组合表

表6-4

编号	作用名称	不与该作用同时参与组合的作用编号	编号	作用名称	不与该作用同时参与组合的作用编号
13	汽车制动力	15,16,18	16	冰压力	13,15
15	流水压力	13,16	18	支座摩阻力	13

③施工阶段作用效应的组合,应按计算需要及结构所处条件而定,结构上的施工人员和施工机具设备均应作为临时荷载加以考虑。组合式桥梁,当把底梁作为施工支撑时,作用效应宜分两个阶段组合,底梁受荷为第一个阶段,组合梁受荷为第二个阶段。

④多个偶然作用不同时参与组合。

2)公路桥涵结构按承载能力极限状态设计时,应采用以下两种作用效应组合。

(1)基本组合

永久作用的设计值效应与可变作用设计值效应相结合,其具体计算公式可参考《公路桥涵通用设计规范》相关规定。永久作用效应的分项系数见表6-5。

永久作用效应的分项系数

表6-5

编号	作用类别		永久作用效应分项系数	
			对结构的承载能力不利时	对结构的承载能力有利时
1	混凝土和圬工结构重力(包括结构附加重力)		1.2	1.0
	钢结构重力(包括结构附加重力)		1.1或1.2	
2	预加力		1.2	1.0
3	土的重力		1.2	1.0
4	混凝土的收缩及徐变作用		1.0	1.0
5	土侧压力		1.4	1.0
6	水的浮力		1.0	1.0
7	基础变位作用	混凝土和圬工结构	0.5	0.5
		钢结构	1.0	1.0

注:本表编号1中,当钢桥采用钢桥面板时,永久作用效应分项系数取1.1;当采用混凝土桥面板时,取1.2。

(2)偶然组合

永久作用标准值效应与可变作用某种代表值效应、一种偶然作用标准值效应相组合。偶然作用的效应分项系数取1.0;与偶然作用同时出现的可变作用,可根据观测资料和工程经验取用适当的代表值。地震作用标准值及其表达式按现行《公路工程抗震设计规范》规定采用。

(3)公路桥涵结构按正常使用极限状态设计时,应根据不同的设计要求,采用以下两种效应组合。

①作用短期效应组合。永久作用的标准值效应与可变作用频遇值效应相结合,其具体计算公式可参考现行《公路桥涵通用设计规范》相关规定。

②作用长期效应组合。永久作用的标准值效应与可变作用准永久值效应相结合,其具体计算公式可参考现行《公路桥涵通用设计规范》相关规定。

(4)结构构件当需进行弹性阶段截面应力计算时,除应特别指明外,各作用效应的分项系数及组合系数均应为1.0,各项应力限值按各设计规范规定采用。

(5)验算结构的抗倾覆、滑动稳定时,稳定系数、各作用的分项系数及摩擦系数,应根据不同结构按各有关桥涵设计规范的规定确定,支座的摩擦系数可按现行《公路桥涵通用设计规范》相关规定采用。

(6)构件在吊装、运输时,构件重力乘以动力系数1.2或0.85,并可视构件具体情况作适当增减。

6.2.2 永久作用

永久荷载又称恒载，在设计使用期内不随时间变化。

1. 结构重力

结构自重及桥面铺装、附属设备等附加重力均属结构重力，结构重力标准值可按表6-6所列常用材料的重度计算。

常用材料的重度　表6-6

材料种类	重度（kN/m^3）	材料种类	重度（kN/m^3）
钢、铸钢	78.5	浆砌片石	23.0
铸铁	72.5	干砌块石或片石	21.0
锌	70.5	沥青混凝土	23.0~24.0
铅	114.0	沥青碎石	22.0
黄铜	81.1	碎（砾）石	21.0
青铜	87.4	填土	17.0~18.0
钢筋混凝土或预应力混凝土	25.0~26.0	填石	19.0~20.0
混凝土或片石混凝土	24.0	石灰三合土、石灰土	17.5
浆砌块石或料石	24.0~25.0		

2. 预加力

预加力在结构进行正常使用极限状态设计和使用阶段构件应力计算时，应作为永久作用计算其主效应和次效应，并计入相应阶段的预应力损失，但不计由于预加力偏心距增大引起的附加效应。在结构进行承载能力极限状态设计时，预加力不作为作用，而将预应力钢筋作为结构抗力的一部分，但在连续梁等超静定结构中，仍需考虑预加力引起的次效应。

3. 土的重力及土侧压力

①应计算净土压力的标准值。

②应计算当土层特性无变化且无汽车荷载时，作用在桥台、挡土墙前后的主动土压力标准值；当土层特性无变化但有汽车荷载、$\beta=0°$时，作用在桥台、挡土墙后的主动土压力标准值；当$\beta=0°$时，破坏棱体破裂面与竖直线夹角θ的正切值。

③当土层特性有变化或受水位影响时，宜分层计算土的侧压力。

④土的重度和内摩擦角应根据调查或试验确定，当无实际资料时，可按照表6-6和现行的《公路桥涵地基与基础设计规范》采用。

⑤应计算承受土侧压力的柱式墩台作用在柱上的土压力计算宽度。

⑥计算压实填土重力的竖向和水平压力强度标准值。

4. 水的浮力

①基础底面位于透水性地基上的桥梁墩台，当验算稳定时，应考虑设计水位的浮力；当验算地基应力时，可仅考虑低水位的浮力，或不考虑水的浮力。

②基础嵌入不透水性地基的桥梁墩台不考虑水的浮力。

③作用在桩基承台底面的浮力，应考虑全部底面积。对桩嵌入不透水地基并灌注混凝土封闭者，不应考虑桩的浮力，在计算承台底面浮力时应扣除桩的截面面积。

④当不能确定地基是否透水时，应以透水或不透水两种情况与其他作用组合，取其最不利者。

5. 混凝土收缩及徐变作用

混凝土收缩及徐变作用可按下述规定取用：

①外部超静定的混凝土结构、钢和混凝土的组合结构等应考虑混凝土收缩及徐变的作用。

②混凝土的收缩应变和徐变系数可按《公路钢筋混凝土及预应力混凝土桥涵设计规范》（JTG D62—2004）的规定计算。

③混凝土徐变的计算，可假定徐变与混凝土应力呈线性关系。

④计算圬工拱圈的收缩作用效应时，如考虑徐变影响，作用效应可乘以0.45折减系数。

超静定结构当考虑由于地基压密等引起的长期变形影响时,应根据最终位移量计算构件的效应。

6.2.3 可变作用

可变荷载又称活载,包括汽车荷载、人群荷载、风荷载、雪荷载等。

6.2.3.1 汽车荷载

公路桥涵设计时,汽车荷载的计算图式、荷载等级及其标准值、加载方法和纵横向折减等应符合有关规定。

1. 荷载等级

①公路上的汽车荷载,分为公路—I 级和公路—II 级两个等级。在新颁《公路工程技术标准》之前,所对应的汽车荷载标准为计算荷载:汽车—超 20 级、汽车—20 级、汽车—15 级、汽车—10 级,验算荷载:挂车—120、挂车—100、挂车—80、履带—50。

②汽车荷载由车道荷载和车辆荷载组成。车道荷载由均布荷载和集中荷载组成。桥梁结构的整体计算采用车道荷载;桥梁结构的局部加载、涵洞、桥台和挡土墙压力等计算采用车辆荷载。车道荷载与车辆荷载的作用不得叠加。

③各级公路桥涵设计的汽车荷载等级见表 6-7。

汽车荷载等级 表 6-7

公路等级	高速公路	一级公路	二级公路	三级公路	四级公路
汽车荷载等级	公路—I 级	公路—I 级	公路—II 级	公路—II 级	公路—II 级

二级公路作为干线公路且重型车辆多时,其桥涵设计可采用公路—I 级汽车荷载;四级公路重型车辆少时,其桥涵设计可采用公路—II 级车道荷载的效应可乘以 0.8 的折减系数,车辆荷载效应可乘以 0.7 的折减系数。

2. 荷载计算图式及标准值

1)车道荷载

车道荷载计算图式见图 6-2。设支座的计算跨径为相邻两支座中心间的水平距离;不设支座的计算跨径为上、下部结构相交面中心间的水平距离。

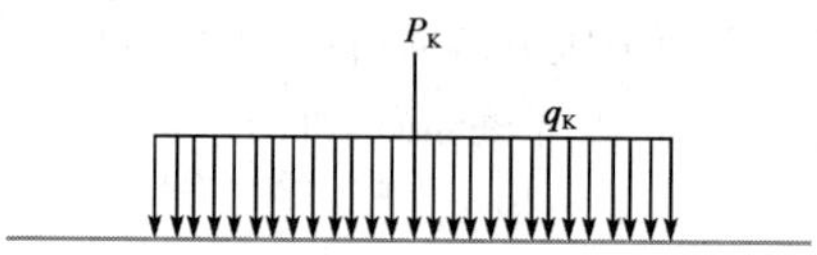

图 6-2 车道荷载

①公路—I 级车道荷载的均布荷载标准值为 $q_K=10.5\text{kN/m}$;集中荷载标准值 P_K 按以下规定选取:桥涵计算跨径小于或等于 5m 时,$P_K=180\text{kN}$;桥涵计算跨径等于或大于 50m 时,$P_K=360\text{kN}$;桥涵计算跨径在5~50m 时,P_K值采用直线内插求得。计算剪力效应时,上述荷载标准值 P_K应乘以 1.2 的系数。

②公路—II 级车道荷载的均布荷载标准值 q_K 和集中荷载标准值 P_K,为公路—I 级车道荷载的 0.75 倍。

③车道荷载的均布荷载标准值应满布于使结构产生最不利效应的同号影响线上;集中荷载标准值只作用于相应影响线中一个最大影响线峰值处。

2)车辆荷载

车辆荷载的立面、平面尺寸见图 6-3;其主要技术指标规定见表 6-8。公路—I 级和公路—II 级汽车荷载采用相同的车辆荷载标准值。

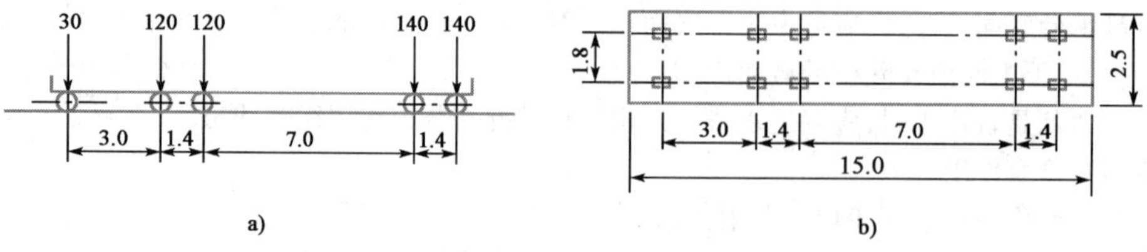

图 6-3 车辆荷载布置图(轴重力单位:kN;尺寸单位:m)

a)立面;b)平面

3. 折减系数

1)横向分布

车道荷载横向分布系数,应按设计车道数如图 6-4 布置车辆荷载进行计算。

车辆荷载主要技术指标 表 6-8

项目	单位	技术指标	项目	单位	技术指标
车辆重力标准值	kN	550	轮距	m	1.8
前轴重力标准值	kN	30	前轮着地宽度及长度	m	0.3×0.2
中轴重力标准值	kN	2×120	中、后轮着地宽度及长度	m	0.6×0.2
后轴重力标准值	kN	2×140	车辆外形尺寸(长×宽)	m	15×2.5
轴距	m	3+1.4+7+1.4			

2)横向折减系数

桥梁设计车道数应符合表 6-9 的规定。多车道桥梁上的汽车荷载应考虑多车道折减。当桥涵设计车道数等于或大于 2 时,由汽车荷载产生的效应按表 6-10 规定的多车道折减系数进行折减,但折减后的效应不得小于两设计车道的荷载效应。

桥梁设计车道数 表 6-9

桥面宽度 W(m)		桥梁设计车道数	桥面宽度 W(m)		桥梁设计车道数
车辆单向行驶时	车辆双向行驶时		车辆单向行驶时	车辆双向行驶时	
$W<7.0$		1	$17.5\leqslant W<21.0$		5
$7.0\leqslant W<10.5$	$6.0\leqslant W<14.0$	2	$21.0\leqslant W<24.5$	$21.0\leqslant W<28.0$	6
$10.5\leqslant W<14.0$		3	$24.5\leqslant W<28.0$		7
$14.0\leqslant W<17.5$	$14.0\leqslant W<21.0$	4	$28.0\leqslant W<31.5$	$28.0\leqslant W<35.0$	8

横 向 折 减 系 数 表 6-10

横向布置设计车道数(条)	2	3	4	5	6	7	8
横向折减系数	1.00	0.78	0.67	0.60	0.55	0.52	0.50

3)纵向折减系数

大跨径桥梁上的汽车荷载应考虑纵向折减。当桥梁计算跨径大于 150m 时,应按表 6-11 规定的纵向折减系数进行折减。当为多跨连续结构时,整个结构应按最大的计算跨径考虑汽车荷载效应的纵向折减。

纵 向 折 减 系 数 表 6-11

计算跨径 L_0(m)	纵向折减系数	计算跨径 L_0(m)	纵向折减系数
$150\leqslant L_0<400$	0.97	$800\leqslant L_0<1000$	0.94
$400\leqslant L_0<600$	0.96	$L_0\geqslant1000$	0.93
$600\leqslant L_0<800$	0.95		

4. 汽车荷载冲击力

汽车荷载冲击力应按下列规定计算:

①钢桥、钢筋混凝土及预应力混凝土桥、圬工拱桥等上部构造和钢支座、板式橡胶支座、盆式橡胶支座及钢筋混凝土柱式墩台,应计算汽车的冲击作用。

②填料厚度(包括路面厚度)等于或大于 0.5m 的拱桥、涵洞以及重力式墩台不计冲击力。

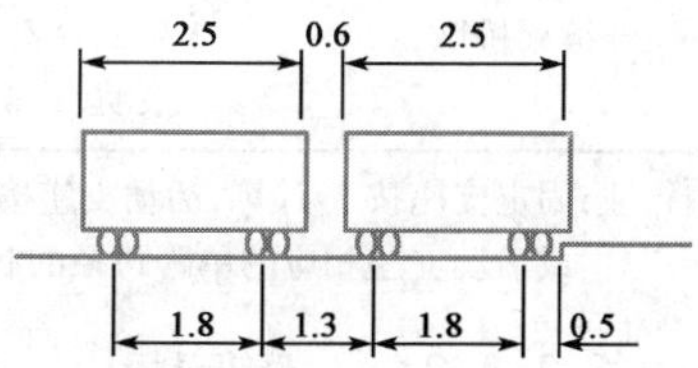

图 6-4 车辆荷载横向布置(尺寸单位:m)

③支座的冲击力,按相应的桥梁取用。

④汽车荷载的冲击力标准值为汽车荷载标准值乘以冲击系数 μ。

⑤冲击系数 μ 的计算。

⑥汽车荷载的局部加载及在 T 梁、箱梁悬臂板上的冲击系数采用 1.3。

5. 汽车荷载离心力

汽车荷载离心力可按下列规定计算:

①当弯道的曲线半径等于或小于 250m 时,应计算汽车荷载引起的离心力。汽车荷载离心力标准值按规定的车辆荷载(不计冲击力)标准值乘以离心力系数 C 计算。

②计算多车道桥梁的汽车荷载离心力时,车辆荷载标准值应乘以规定的横向折减系数。

③离心力的着力点在桥面以上 1.2m 处(为计算简便也可移至桥面上,不计由此引起的作用效应)。

6. 车辆荷载加载

汽车荷载引起的土压力采用车辆荷载加载,并可按下列规定计算:

①车辆荷载在桥台或挡土墙后填土的破坏棱体上引起的土侧压力,可换算成等代均布土层厚度 h(m)计算。

②计算涵洞顶上车辆荷载引起的竖向土压力时,车轮按其着地面积的边缘向下作 30°角分布。当几个车轮的压力扩散线相重叠时,扩散面积以最外边的扩散线为准。

7. 汽车荷载制动力

汽车荷载制动力可按下列规定计算和分配:

①汽车荷载制动力按同向行驶的汽车荷载(不计冲击力)计算,并应按表 6-11 的规定,以使桥梁墩台产生最不利纵向力的加载长度进行纵向折减。

一个设计车道上由汽车荷载产生的制动力标准值按规定的车道荷载标准值在加载长度上计算的总重力的 10% 计算,但公路—I 级汽车荷载的制动力标准值不得小于 165kN;公路—II 级汽车荷载的制动力标准值不得小于 90kN。同向行驶双车道的汽车荷载制动力标准值为一个设计车道制动力标准值的两倍;同向行驶三车道为一个设计车道的 2.34 倍;同向行驶四车道为一个设计车道的 2.68 倍。

②制动力的着力点在桥面以上 1.2m 处,计算墩台时,可移至支座铰中心或支座底座面上。计算刚构桥、拱桥时,制动力的着力点可移至桥面上,但不计因此产生的竖向力和力矩。

③设有板式橡胶支座的简支梁、连续桥面简支梁或连续梁排架式柔性墩台,应根据支座与墩台的抗推刚度的刚度集成情况分配和传递制动力。设有板式橡胶支座的简支梁刚性墩台,按单跨两端的板式橡胶支座的抗推刚度分配制动力。

④设有固定支座、活动支座(滚动或摆动支座、聚四氟乙烯板支座)的刚性墩台传递的制动力,按表 6-12 的规定采用。每个活动支座传递的制动力,其值不应大于其摩阻力,当大于摩阻力时,按摩阻力计算。

刚性墩台各种支座传递的制动力 表 6-12

桥梁墩台及支座类型		应计的制动力	符号说明
简支梁桥台	固定支座 聚四氟乙烯板支座 滚动(或摆动)支座	T_1 $0.30T_1$ $0.25T_1$	T_1——加载长度为计算跨径时的制动力; T_2——加载长度为相邻两跨计算跨径之和时的制动力; T_3——加载长度为一联长度的制动力
简支梁桥墩	两个固定支座 一个固定支座,一个活动支座 两个聚四氟乙烯板支座 两个滚动(或摆动)支座	T_2 注 $0.30T_2$ $0.25T_2$	
连续梁桥墩	固定支座 聚四氟乙烯板支座 滚动(或摆动)支座	T_3 $0.30T_3$ $0.25T_3$	

注:固定支座按 T_4 计算,活动支座按 $0.30T_5$(聚四氟乙烯板支座)计算或 $0.25T_5$(滚动或摆动支座)计算,T_4 和 T_5 分别为与固定支座或活动支座相应的单跨跨径的制动力,桥墩承受的制动力为上述固定支座与活动支座传递的制动力之和。

6.2.3.2 人群荷载

人群荷载标准值应按下列规定采用:

①当桥梁计算跨径小于或等于 50m 时,人群荷载标准值为 3.0kN/m²;当桥梁计算跨径大于或等于 150m 时,人群荷载标准值为 2.5kN/m²;当桥梁计算跨径在 50m ~ 150m 之间时,可由线性内插得到人群荷载标准值。对跨径不等的连续结构,以最大计算跨径为准。城镇郊区行人密集地区的公路桥梁,人群荷载标准值为上述规定值的 1.15 倍。专用人行桥梁,人群荷载标准值为 3.5kN/m²。

②人群荷载在横向应布置在人行道的净宽度内,在纵向施加于使结构产生最不利荷载效应的区段内。

③人行道板(局部构件)可以一块板为单元,按标准值 4.0kN/m² 的均布荷载计算。

④计算人行道板栏杆时,作用在栏杆立柱顶上的水平推力标准值取 0.75kN/m;作用在栏杆扶手上的竖向力标准值取 1.0kN/m。

6.2.3.3 风荷载

风荷载标准值可按下列规定计算：

①横桥向风荷载假定水平地垂直作用于桥梁各部分迎风面积的形心上。

②桥梁顺桥向可不计桥面系及上承式梁所受的风荷载，下承式桁架顺桥向风荷载标准值按其横桥向风压的40%乘以桁架迎风面积计算。桥墩上的顺桥向风荷载标准值可按横桥向风压的70%乘以桥墩迎风面积计算。悬索桥、斜拉桥桥塔上的顺桥向风荷载标准可按横桥向风压乘以迎风面积计算。桥台可不计算纵、横向风荷载。

上部构造传至墩台的顺桥向风荷载，其在支座的着力点及墩台上的分配，可根据上部构造的支座条件，按汽车制动力的规定处理。

③对风敏感且可能以风荷载控制设计的桥梁，应考虑桥梁在风荷载作用下的静力和动力失稳，必要时应通过风洞试验验证，同时可采取适当的风致振动控制措施。

6.2.3.4 流水压力和冰压力

作用在桥墩上的流水压力标准值可按《公路桥涵通用设计规范》相关规定计算。对具有竖向前棱的桥墩，进行冰压力的计算。当流冰范围内桥墩有倾斜表面时，冰压力应分解为水平分力和竖向分力。建筑物受冰作用的部分宜采用实体结构。对具有强烈流冰的河流中的桥墩、柱，其迎冰面宜做成圆弧形、多边形或尖角，并做成3∶1～10∶1（竖∶横）的斜度，在受冰作用的部位宜缩小其迎冰面投影宽度。

对流冰期的设计高水位以上0.5m到设计低水位以下1.0m的部位宜采取抗冻性混凝土或花岗岩镶面或包钢板等防护措施。同时，对建筑物附近的冰体采取适宜的使冰体减小对结构物作用力的措施。

6.2.3.5 温度作用

计算温度作用时的材料线膨胀系数及作用标准值可按下列规定取用。

①桥梁结构当要考虑温度作用时，应根据当地具体情况、结构物使用的材料和施工条件等因素计算由温度作用引起的结构效应。各种结构的线膨胀系数规定见表6-13。

线膨胀系数　　表6-13

结构种类	线膨胀系数（以摄氏度计）	结构种类	线膨胀系数（以摄氏度计）
钢结构	0.000012	混凝土预制块砌体	0.000009
混凝土和钢筋混凝土及预应力混凝土结构	0.000010	石砌体	0.000008

②计算桥梁结构因均匀温度引起外加变形或约束变形时，应从受到约束的结构温度开始，考虑最高和最低有效温度的作用效应。如缺乏实际调查资料，公路混凝土结构和钢结构的最高和最低有效温度标准值可按表6-14取用。

公路桥梁结构的有效温度标准值（℃）　　表6-14

气温分区	钢桥面板钢桥		混凝土桥面板钢桥		混凝土、石桥	
	最高	最低	最高	最低	最高	最低
严寒地区	46	−43	39	−32	34	−23
寒冷地区	46	−21	39	−15	34	−10
温热地区	46	−9（−3）	39	−6（−1）	34	−3（0）

注：表中括弧内数值适用于昆明、南宁、广州、福州地区。

③计算桥梁结构由于梯度温度引起的效应时，可采用竖向温度梯度曲线。混凝土上部结构和混凝土桥面板的钢结构的竖向日照反温差为正温差乘以−0.5。

④计算圬工拱圈考虑徐变影响引起的温差作用效应时，计算的温度效应应乘以0.7的折减系数。

6.2.3.6 支座摩阻力

支座摩阻力标准值为作用于活动支座上由上部结构重力产生的效应，与支座的摩擦系数的乘积。无实测数据时，支座摩擦系数可按表6-15取用。

支座摩擦系数

表 6-15

支座种类		支座摩擦系数
滚动支座或摆动支座		0.05
板式橡胶支座	支座与混凝土面接触	0.30
	支座与钢板接触	0.20
	聚四氟乙烯板与不锈钢板接触	0.06(加硅脂;温度低于 -25℃时为 0.078)
		0.12(不加硅脂;温度低于 -25℃时为 0.156)

6.2.4 偶然作用

1. 地震作用

地震动峰值加速度等于 0.10g、0.15g、0.20g、0.30g 地区的公路桥涵,应进行抗震设计。地震动峰值加速度大于或等于 0.40g 地区的公路桥涵,应进行专门的抗震研究和设计。地震动峰值加速度小于或等于 0.05g 地区的公路桥涵,除有特殊要求者外,可采用简易设防。做过地震小区划的地区,应按主管部门审批后的地震动参数进行抗震设计。

公路桥梁地震作用的计算及结构的设计,应符合现行《公路工程抗震设计规范》的规定。

2. 船舶撞击

位于通航河流或有漂流物的河流中的桥梁墩台,设计时应考虑船舶或漂流物的撞击作用,其撞击作用标准值可按下列规定采用或计算:

①当缺乏实际调查资料时,内河上船舶撞击作用的标准值可按表 6-16 采用。

四、五、六、七级航道内的钢筋混凝土桩墩,顺桥向撞击作用可按表 6-17 所列数值的 50% 考虑。

内河船舶撞击作用标准值

表 6-16

内河航道等级	船舶吨级 DWT(t)	横桥向撞击作用(kN)	顺桥向撞击作用(kN)
一	3000	1400	1100
二	2000	1100	900
三	1000	800	650
四	500	550	450
五	300	400	350
六	100	250	200
七	50	150	125

②当缺乏实际调查资料时,海轮撞击作用的标准值可按表 6-17 采用。

海轮撞击作用的标准值

表 6-17

船舶吨级 DWT(t)	3000	5000	7500	10000	20000	30000	40000	50000
横桥向撞击作用(kN)	19600	25400	31000	35800	50700	62100	71700	80200
顺桥向撞击作用(kN)	9800	12700	15500	17900	25350	31050	35850	40100

③可能遭受大型船舶撞击作用的桥墩,应根据桥墩的自身抗撞击能力、桥墩的位置和外形、水流流速、水位变化、通航船舶类型和碰撞速度等因素作桥墩防撞设施的设计。当设有与墩台分开的防撞击的防护结构时,桥墩可不计船舶的撞击作用。

④漂流物横桥向撞击力标准值的计算。

⑤内河船舶的撞击作用点,假定为计算通航水位线以上 2m 的桥墩宽度或长度的中点。海轮船舶撞击作用点需视实际情况而定。漂流物的撞击作用点假定在计算通航水位线上桥墩宽度的中点。

3. 汽车撞击

桥梁结构必要时可考虑汽车的撞击作用。汽车撞击力标准值在车辆行驶方向取 1000kN,在车辆行驶垂直方向取 500kN,两个方向的撞击力不同时考虑,撞击力作用于行车道以上 1.2m 处,直接分布于撞击涉及的构件上。

对于设有防撞设施的结构构件,可视防撞设施的防撞能力,对汽车撞击力标准值予以折减,但折减后的汽车撞击力标准值不应低于上述规定值的 1/6。

高速公路上桥梁的防撞护栏应按现行《高速公路交通安全设施设计及施工技术规范》有关规定执行。

6.3 梁桥设计

按构件中预应力所起的作用,混凝土桥梁可分为钢筋混凝土桥梁(无预应力)、全预应力混凝土桥梁、部分预应力混凝土桥梁,见表6-18。

钢筋及预应力混凝土桥梁的分类　　表6-18

类型	主要材料	混凝土	力学性能
钢筋混凝土桥梁	常用R235、HRB335级钢筋	主梁混凝土强度等级不应低于C25	在荷载作用下混凝土的拉应力超过容许值,出现裂缝
全预应力混凝土桥梁	预应力钢筋宜选用消除应力钢丝和钢绞线;竖、横向预应力钢筋,也可采用精轧螺纹钢筋	混凝土强度等级不应低于C40	在最大荷载作用下混凝土不出现任何拉应力
部分预应力混凝土桥梁			在最大荷载作用下容许混凝土发生不超过规定的拉应力或裂缝宽度

6.3.1 设计规定

梁式桥是用梁作主要承重结构的桥梁。其上部结构在沿垂向荷载作用下,支点处只产生竖向反力。梁式桥在桥梁建造中占有很大的比例,主要有空心板、T形梁、I形梁和箱形梁等断面形式。

1. 标准跨径

规范规定钢筋混凝土、预应力混凝土简支板梁桥和连续板梁桥的标准跨径应符合表6-19的规定。预应力简支板桥常用梁高为$L/20 \sim L/25$;预应力简支梁桥常用梁高为$L/17 \sim L/20$。

梁桥结构标准跨径　　表6-19

钢筋混凝土		预应力混凝土		钢筋混凝土简支梁			预应力混凝土简支梁	
简支板	连续板	简支板	连续板	T形梁	I形梁	箱形梁	T形梁	I形梁
≤13m	≤16m	≤25m	≤30m	≤16m	≤16m	≤25m	≤50m	≤50m

T形、I形截面梁应设跨端和跨间横隔板。当梁横向刚性连接时,横隔板间距不应大于10m。箱形截面梁应设箱内端横隔板。内半径小于240m的弯箱梁应设跨间横隔板,其间距对于钢筋混凝土箱形截面梁不应大于10m;对于预应力箱形截面梁则需经结构分析确定。共同受力的多箱梁桥,梁间应设跨端横隔梁,需要时尚宜设跨间横隔板,其设置及间距可按T形截面梁处理。

条件许可时箱形截面梁横隔板应设检查用人孔。

2. 翼板和腹板厚度

预制钢筋混凝土T形梁、I形梁和箱形梁的翼板及腹板厚度,见表6-20。T形、I形截面梁或箱形截面梁的腹板宽度不应小于140mm;其上下承托之间的腹板高度,当腹板内设有竖向预应力钢筋时,不应大于腹板宽度的20倍,当腹板内不设竖向预应力钢筋时,不应大于腹板宽度的15倍。当腹板宽度有变化时,其过渡段长度不宜小于12倍腹板宽度差。当T形、I形截面梁或箱形截面梁承受扭矩时,其腹板平均宽度应符合规范要求。T形梁截面见图6-5。

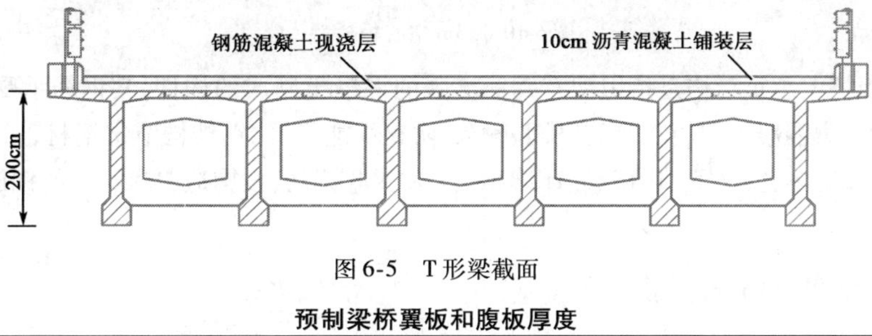

图6-5　T形梁截面

预制梁桥翼板和腹板厚度　　表6-20

梁截面	悬臂端厚度	悬臂端加厚条件	腹板厚度	腹板厚度
T形梁	≥10cm	当预制T形截面梁之间采用横向整体现浇连接时,厚度≥14cm	1/10梁高	≥14cm
箱形梁	≥10cm	当箱形截面梁设有桥面横向预应力钢筋时,厚度≥14cm	—	≥14cm
I形梁	—	—	1/10梁高	≥14cm

空心板桥的顶板和底板厚度,均不应小于 80mm。空心板的空洞端部应予填封。空心板截面见图 6-6。装配式空心板桥在安装完成后,为使板块共同受力,接缝能传递剪力,需要将块件间可靠地加以连接。常用企口式混凝土铰联结,即用与预制板同强度等级或高一级的细集料混凝土将预留的企口加以填实。

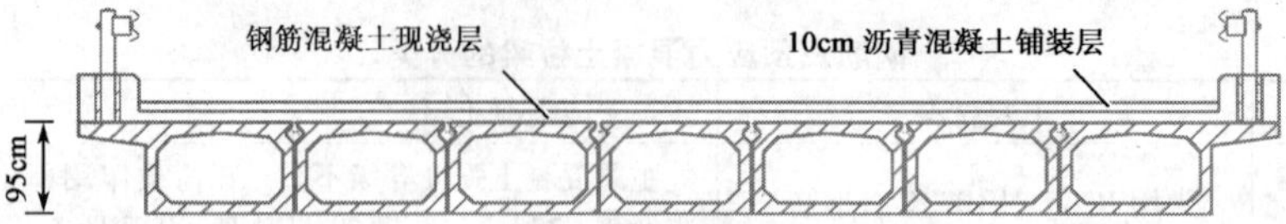

图 6-6　空心板截面

3. 箱梁悬臂端

箱形截面梁顶板与腹板相连处应设置承托;底板与腹板相连处应设倒角,必要时也可设置承托。箱形截面梁顶、底板的中部厚度,不应小于板净跨径的 1/30,且不应小于 200mm。当箱形截面梁承受扭矩时,尚应符合规范的要求。单箱双室箱形梁及小箱梁截面如图 6-7、图 6-8 所示。

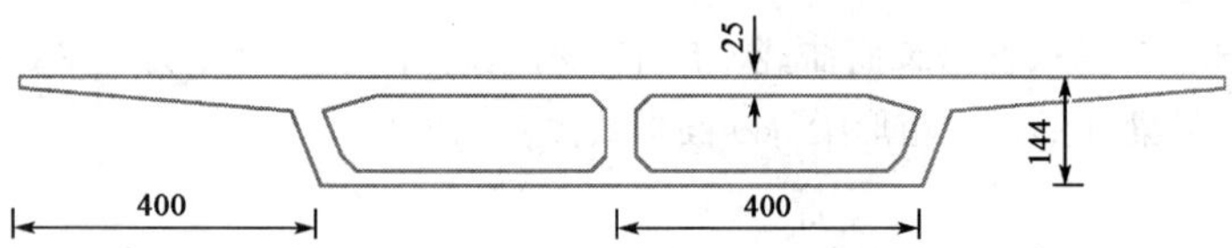

图 6-7　单箱双室箱形梁(尺寸单位:cm)

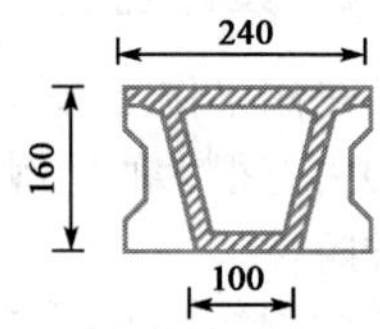

图 6-8　小箱梁(尺寸单位:cm)

6.3.2 钢筋混凝土空心板桥

简支钢筋混凝土空心板是由一根两端分别支撑在一个活动支座和一个铰支座上的梁,作为主要承重结构的板桥形式,属于静定结构。简支钢筋混凝土空心板桥应用最早,使用最广泛,其构造简单,架设方便,结构内力不受地基变形、温度改变的影响。其截面见图 6-9。

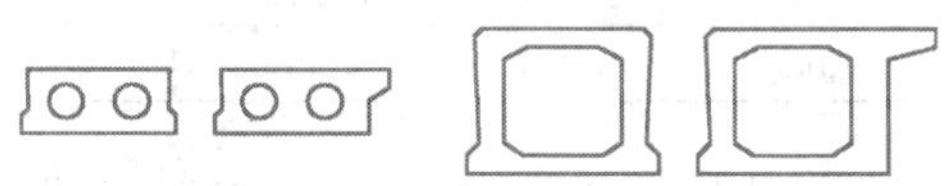

图 6-9　钢筋混凝土空心板截面

钢筋混凝土空心板桥跨径一般为 8m、10m、13m,每块板宽度一般为 1.0 ~ 1.5m,为装配式结构,板与板之间的连接为铰接。13m 空心板桥型如图 6-10 所示。

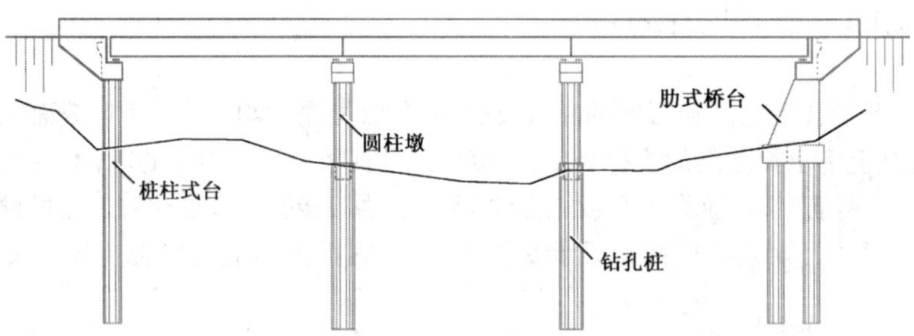

图 6-10　13m 空心板桥型

钢筋混凝土空心板桥梁承重结构是指用配有钢筋增强的混凝土制成的构件,其钢筋承受拉力,混凝土承受压力。钢筋混凝土(及预应力混凝土)桥梁,具有坚固、耐久、防火性能好,比钢结构节省钢材,成本低等优点。钢筋混凝土构件中的钢筋,应选用热轧 R235、HRB335、HRB400 及 KL400 钢筋;按构造要求配置的钢筋网,可采用冷轧带肋钢筋。

6.3.3 预应力混凝土 T 形梁桥

预应力混凝土 T 形梁桥也称肋梁式梁桥,跨径常采用 25m、30m、35m、40m、45m,一般为预制装配式结构和现浇接缝结构。结构钢筋应选用热轧 R235、HRB335、HRB400 及 KL400 等,预应力钢筋采用钢绞线、钢丝。

1. 截面形式

T 形梁间距与桥跨、桥面板的厚度、肋的宽度等有关,变化幅度较大,T 形梁截面宽度一般为 1.6 ~ 2.4m。肋的宽度,在满足受力条件及构造要求下,应尽量薄,跨中一般为 18 ~ 34cm。T 形梁下翼一般扩大做成马蹄形,宽度约为肋宽的 2 ~ 4 倍,高度约为梁高的 0.15 ~ 0.20 倍,斜坡宜陡于 45°。预应力混凝土 T 形梁截面见图 6-11。

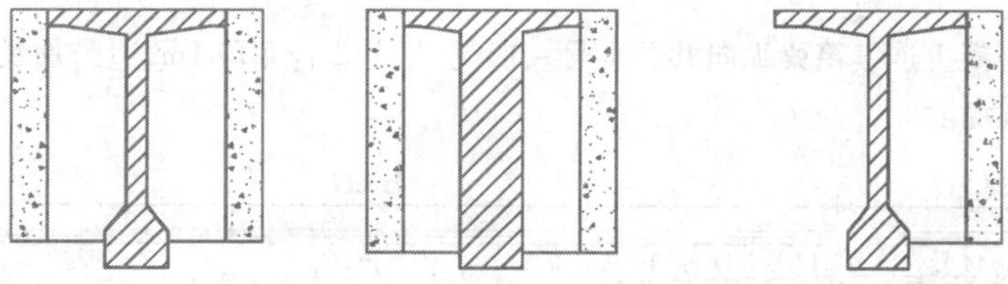

图 6-11　预应力混凝土 T 形梁截面

装配式预应力混凝土 T 形梁桥的高跨比为 1/14 ~ 1/25(随跨径增大取较小值,随梁数减少取较大值),一般中等跨径可取 1/16。一般跨径中部梁肋厚度(腹板厚)采用 16cm;肋厚不宜小于肋板高度的 1/15。在靠近支点处梁肋可加厚至与马蹄同宽。翼缘板根部厚度不小于梁高的 1/12。主梁间距小于 2.0m 的铰接梁桥,板边缘厚度可采用 8cm(桥面铺装不参与受力)或 6cm(桥面用钢筋混凝土与翼缘板共同受力)。主梁间距大于 2.0 的刚接梁桥,桥面板的跨中厚度一般不小于 15cm,边梁的板边厚度不小于 10cm。

2. 横隔板

横隔板尺寸厚度一般为 15 ~ 18cm,高度一般为主梁高度的 3/4 左右。横隔板在装配式 T 梁桥内起着保证各根主梁横向连成整体共同受力的作用。其中,端横隔板是必须要设置的。中横隔板可据跨径大小设 1 ~ 3 道,间距采用 5.0 ~ 6.0m 为宜。

3. 预应力张拉体系

常用预应力张拉体系,有先张法和后张法两大体系。先张法一般用于跨径 10 ~ 25m 的简支板桥,钢束一般为直线束;由于锚具可重复使用,故制梁成本较低。后张法常用于跨径大于 20m 的梁桥,钢束布置可为曲线、直线,比较灵活。预应力张拉,一般为两端张拉;某些情况下受构造影响也可一端为张拉端,另一端为固定端。

①常用预应力钢筋形式,有高强钢丝、钢绞线、预应力粗钢筋三种。

②锚具主要有预应力粗钢筋冷轧螺纹锚具、预应力高强精轧螺纹钢筋锚具、预应力钢丝镦头锚具、预应力钢绞线用夹片式锚具等。

③预应力管道有金属(铁皮)波纹管和塑料波纹管。金属波纹管成本较低,和混凝土的黏结较好;塑料波纹管耐腐蚀,管道摩阻较小,穿束方便。塑料波纹管采用真空压浆技术,可提高与混凝土的黏结性。

6.3.4　预应力混凝土连续箱梁桥

连续梁桥是主梁连续支承在几个桥墩上的结构(图 6-12)。在荷载作用时,主梁的不同截面上有的有正弯矩,有的有负弯矩,而弯矩的绝对值均较同跨径桥的简支梁小。这样可节省主梁材料用量。连续梁桥通常是将 3 ~ 5 孔做成一联,在一联内没有桥面接缝,行车较为顺适。连续梁桥施工时,可以先将主梁逐孔架设成简支梁然后再互相连接成为连续梁,或者从墩台上逐段悬伸加长最后连接成为连续梁。

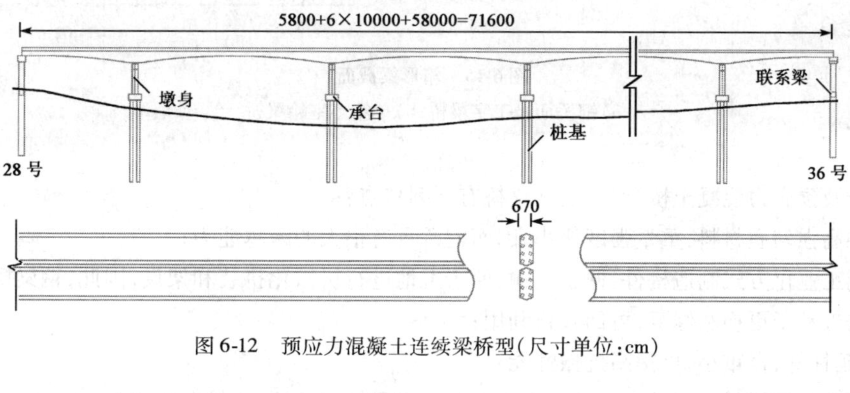

图 6-12　预应力混凝土连续梁桥型(尺寸单位:cm)

1. 桥跨布置

预应力混凝土连续梁桥跨布置一般采用不等跨的形式,边跨与中跨跨径之比一般在 0.55 ~ 0.8 之间,箱梁纵立面一般采用变高度形式。对采用顶推法、移动模架法、整孔架设法施工的预应力混凝土连续梁桥,当其跨径小于

70m 时一般采用等高梁；采用悬臂法施工的桥梁，用变高度箱梁较合适。变高度梁的梁高变化规律可采用圆弧线、二次抛物线、三次抛物线或折线等，通常采用二次抛物线。

2. 纵梁剖面

图 6-13 所示预应力混凝土连续箱梁纵向共分 1 号 ~ 15 号块，1/2 合龙段 1m，边跨加长段 8m。悬浇段对称挂篮施工，边跨 9m 需要支架现浇段。

图 6-13　预应力混凝土连续梁桥型（边跨）

3. 截面形式

箱形梁截面（图 6-14）整体性好，施工方便，材料用量较少。当桥面宽度不大时，采用单箱单室截面为好；当桥面较宽时，可采用单箱多室截面。箱形梁截面的外形，可以是矩形（直腹板）、梯形（斜腹板）或曲线形。矩形截面适应性较强，尤其对于变高箱梁，底板宽度一致，预应力钢束的布置较为简单。梯形截面造型美观，且可以减少底板宽度，减小墩台尺寸。

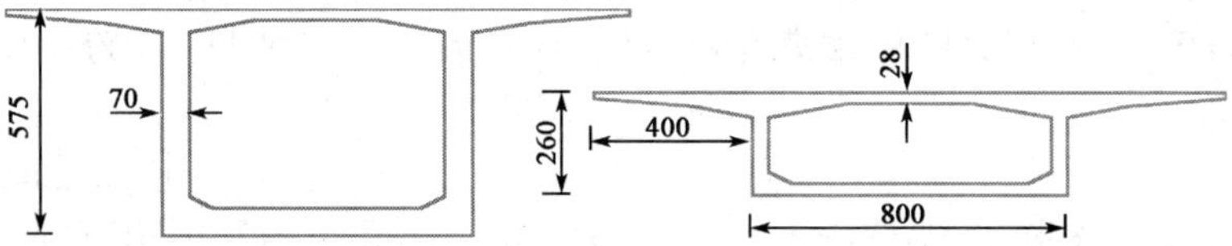

图 6-14　箱形梁截面（尺寸单位：cm）

跨中处底板厚度一般为 18 ~ 25cm，对于连续梁，由于墩顶负弯矩，对底板产生较大的压应力，故底板应适当加厚。顶板厚度一般为 18 ~ 28cm，具体与箱梁腹板间距有关，也与纵横向预应力钢束构造布置有关。箱梁挑臂段长度一般为 1.5 ~ 5m，大于 3m 时一般要设横向预应力，腹板厚度应满足构造要求，跨中一般为 30 ~ 40cm，墩顶附近一般为 60 ~ 70cm。

6.3.5　钢梁桥

按照静力图式，钢桥的基本体系可分为梁桥、拱桥、刚构桥、悬索桥及斜拉桥。钢梁桥是最常用的体系，其主要承重部件，即主梁可以是实腹的板梁，称为钢板梁桥；可以是箱梁，称为钢箱梁桥（图 6-15）；或者采用空腹的桁架，叫钢桁梁桥。公路钢桥设计主要遵照铁道部颁布的《铁路桥梁钢结构设计规范》（TB 10002.2—2005）或交通部颁布的《公路桥涵钢结构及木结构设计规范》（JTJ 025—86）。

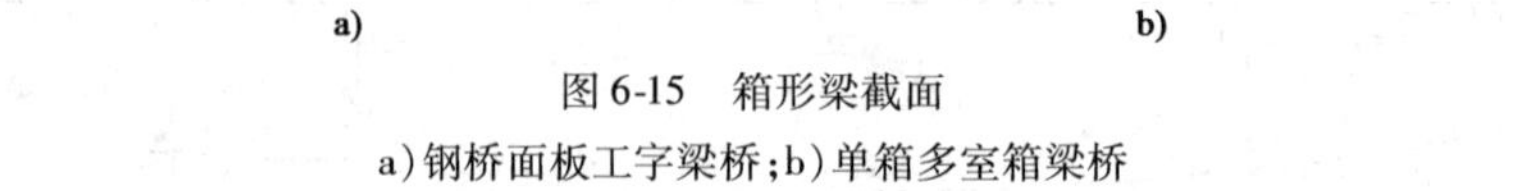

a)　　b)

图 6-15　箱形梁截面

a）钢桥面板工字梁桥；b）单箱多室箱梁桥

1. 钢梁桥特点

与钢筋混凝土及预应力混凝土桥梁相比，钢梁桥有下列特点：

①钢材是一种高强匀质材料，重量强度比小，因而钢桥具有很大的跨越能力；

②钢桥适合用工业化方式制造构件，便于运输，便于工地进行机械化拼装和架设，因此，钢梁桥的施工期短；

③钢梁桥的构件易于更换和修复，可回收再利用；

④钢材韧性、延性好，自重小，可提高抗振性能；

⑤在大气的作用下钢梁易受侵蚀，易锈蚀，需要经常检查和按期油漆，养护费用较高；

⑥由于钢构件较柔细，应注意稳定问题，特别要防止施工过程中因体系转换使受力发生变化（受拉变受压）而造成的失稳事故；

⑦大跨度钢桥要注意抗风问题。

2. 钢梁桥材料

钢梁桥所采用的钢材主要有钢板、型钢和高强度钢索。为保证桥梁结构的承重能力和防止在一定条件下出现脆性破坏，应根据结构的重要性、荷载特征、结构形式、应力状态、连接方式、钢材厚度和工作环境等因素综合考虑，选用合理的钢材牌号和材性。

钢梁桥的钢材宜采用 Q235q 钢、Q345q 钢、Q370q 钢和 Q420q 钢，其质量应符合现行国家标准《桥梁用结构钢》(GB/T 714—2008)的规定。桥梁用钢往往要求用铝脱氧，限制硫磷含量，焊接性能和冲击韧性要求较高，并要求保证其他力学性能指标。

3. 钢梁桥体系

钢桥桥跨结构一般由主要承重结构、桥面系、联结系和支座四部分组成。无论哪种桥梁体系都需要有一个直接承受车辆荷载的桥面系，通过它把荷载传入主要承重结构中，最后通过支座把荷载传给下部结构。在板梁桥或箱梁桥中，桥面板常和主梁组合在一起共同受力，桥面板既有直接承受荷载的功能，也是主梁的一部分。钢梁桥是应用比较广泛的一种结构形式，钢梁又可分为型钢梁和组合梁两类。

1)型钢梁

型钢梁经热轧成型，其特点是加工简单，制造方便，但由于其腹板厚度一般决定于轧钢工艺而超过截面受力的需要，故省工而不省料，当荷载或跨度较大时，由于工厂轧制条件的限制，型钢梁的尺寸有限，不能满足构件承载能力和刚度的要求，因此必须采用组合式钢梁。

2)组合梁

组合梁包括钢板梁和钢箱梁，通常是由钢板、角钢等组合而成，适用于跨度较大的场合，是一种应用很广的结构形式。组合的截面形式比较灵活，可使材料的强度得到充分的发挥，因此可节省材料。

3)钢板梁

早期的钢板梁都是铆接结构，现代的钢板梁则都采用焊接。焊接的钢板梁优点是比铆接板梁省工省料，特别是用三块钢板制成的钢板梁，更有其经济性。加上构造简单，施工方便，故应用最为广泛。

4. 钢梁桥截面

钢梁桥是一种同时承受弯矩及剪力的结构形式，由力学图式上可分为简支梁、连续梁和悬臂梁。主梁常用的截面形式主要有板梁(工字形或 H 形)和箱梁。箱形梁的构成部分主要是顶板、底板、腹板和加劲构件，其中顶板又兼作桥面之用。

①加劲纵肋截面(图 6-16)形式分为开口截面(平钢板、球扁钢、L 形、倒 T 形等)和闭口截面(U 形、V 形等)。倒梯形(U 形)纵肋板厚一般采用 6 ~ 10mm 钢板弯制加工，上口宽 25 ~ 36cm，肋高 24 ~ 30cm，由于其工厂加工性能和受力性能较好，工地连接也较方便，为工程实际中采用最多的形式。为了简化施工，U 形肋有大型化趋势。开口截面纵肋常用球扁钢，截面尺寸通常为 10mm × 200mm ~ 25mm × 300mm。开口截面纵肋的间距一般在 30 ~ 40cm，闭口截面纵肋的间距一般在 60 ~ 85cm。

图 6-16　加劲纵肋截面

②横肋一般为倒 T 形截面，其间距即是纵肋的跨径。纵、横肋交叉部位在横肋中设切口。

③腹板按强度要求的厚度不大，一般在 10 ~ 36mm 之间，根据局部屈曲安全性要求设置竖向加劲肋和水平加劲肋。

④底板一般也设有纵、横肋以组成横向联结系。

⑤顶、底板的横肋与腹板竖向加劲肋每隔一定间距可适当加强，组成横向框架以保证箱梁的整体作用。

⑥钢桥面板有密布的纵肋和稀疏的横肋加劲，两个方向的刚度和弹性性能不同，通常称为正交异性板。一般情况下，车行道的钢桥面板的最小板厚 $t \geqslant 12$mm。钢桥面板的板厚需要考虑其强度、刚度因素，以及施工等影响。

6.4 拱桥设计

拱桥是我国公路上使用较广泛的一种桥型。拱桥与梁桥的区别，不仅在于外形不同，更重要的是两者受力性能上存在的较大差别。由力学知识可知，梁桥在竖向荷载作用下，支承处仅产生竖向支承反力；而拱桥在竖向荷载作用下，支承处不仅产生竖向反力，而且还会产生水平推力。由于这个水平推力的存在，拱的弯矩比相同跨径梁的弯矩小很多，而使整个拱主要承受压力，使之成为偏心受压或全截面受压构件。因此，根据拱的这个受力特点，拱桥可以充分利用主拱圈截面材料强度，增大其跨越能力。

拱桥按主拱材料的不同，可分为石拱桥、钢筋混凝土拱桥、钢管混凝土拱桥和钢拱桥等。

6.4.1 设计规定

钢筋混凝土拱的矢跨比，宜采用1/5～1/8。悬链线拱的拱轴系数，宜采用2.814～1.167，该值应随跨径的增大或矢跨比的减小而减小取用。空腹拱的拱上建筑跨径应根据主拱受力条件确定。拱上建筑的板和梁宜采用简支结构，其支座可采用具有弹性约束的橡胶支座。

拱桥应设置施工预拱度。预拱度应根据施工条件，按主拱圈的弹性与非弹性下沉、拱架的弹性与非弹性下沉、墩台位移、温度变化及混凝土收缩和徐变等因素产生的挠度曲线反向设置。安装或砌筑主拱圈及拱上建筑时，必须在纵横向保持对称均衡施工，多孔拱桥应考虑连拱影响。在施工过程中随时注意观测，控制拱肋或拱圈的变位。

①当采用无支架施工或早期脱架施工时，应根据安装砌筑程序、最不利受力情况及拱脚的支承条件，对裸拱或裸肋进行截面强度和拱的整体"强度—稳定"验算；主拱圈及拱上结构构件在分段运输、吊装、合龙过程中应进行必要的强度和稳定验算，验算截面应根据实际情况确定；拱肋接头位置应准确，其接头强度不应低于被连接构件的强度。分段吊装时应设置缆风索。

②当采用拱式拱架施工时，应根据拱架的结构形式及支承条件进行强度和稳定性验算。

③当采用满堂拱架施工时，拱架上应设置纵、横撑及斜撑。对高而窄的拱架及在大风地区，应加强拱架的稳定措施。

④当采用分环(层)砌筑时，拱架承受的荷载可按分环数(层数)不同而定。

采用缆索起吊构件时，应保证塔架、绳索和锚碇的整体性和稳定性。在正式施工前，应进行超载试吊，试吊重量不应小于最大吊重的1.2倍。预制构件的吊环应采用R235钢筋制作，严禁使用冷加工钢筋。每个吊环按两肢截面计算，在构件自重标准值作用下，吊环应力不应大于50MPa。当一个构件设有四个吊环时，设计仅考虑三个吊环同时发挥作用。吊环埋入混凝土的深度不应小于35倍吊环钢筋直径，端部应做成180°弯钩，且与构件内钢筋焊接或绑扎。吊环内直径不应小于3倍钢筋直径，且不应小于60mm。

6.4.2 石板拱桥

石砌板拱桥构造见图6-17，主拱圈通常建造为实体的矩形截面，所以又称为石板拱。板拱桥优点是能够就地取材，节省钢材和水泥，施工方便；缺点是木材和人工用量大，对软土地基不适用。板拱桥可采用等截面圆弧拱、等截面或变截面悬链线拱轴线形。变截面石砌拱圈可采用阶梯式等截面分段砌筑，具有石料规格少，施工方便的优点。

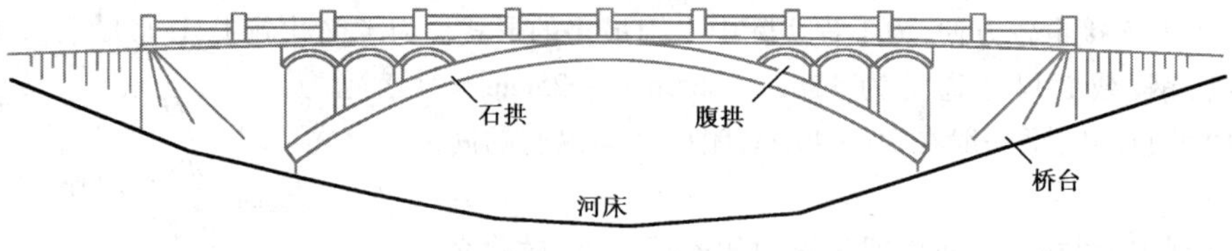

图6-17　石拱桥构造

1. 拱圈设计要求

石拱圈宽度，一般不小于跨径的1/15。石拱圈可采用料石、块石和片石砌筑。石料强度不小于MU30，砂浆强度不小于M7.5。片石砌体，片石厚度不小于15cm；块石砌体，块石厚度不小于20～30cm，宽度不小于20～30cm，长度不小于30～60cm，每一层石料高度大致相同；料石砌体，料石厚度不小于20～30cm，宽度不小于20～30cm，长度不小于50～80cm，表面凹陷深度不大于2cm，外形呈六面体。

2. 中小跨径等截面拱圈厚度计算

$$d = mK\sqrt[3]{L_0} \tag{6-1}$$

式中：d——拱圈厚度(cm)；

L_0——拱圈净跨(cm)；

m——系数，一般为4.5～6.0，随矢跨比减小而增大；

K——荷载系数，应采用大于1.2的系数进行试算。

3. 拱圈砌筑要求

用于拱圈砌筑的石料，要求石质均匀，不易风化和无裂纹。石料强度等级不得低于 MU30，砌筑拱石用的砂浆，对于大、中跨径拱桥不得低于 M10，对于小跨径拱桥不得低于 M7.5。在必要时，也可用小石子混凝土进行砌筑，且小石子粒径一般不得大于 2cm。采用小石子混凝土砌筑的片石板拱，其砌体强度比用同强度的水泥砂浆的砌体强度高，而且可以节省水泥 1/4 ~ 1/3。根据拱圈的受力（主要承受压力，其次是弯矩）的特点和需要，拱圈砌筑时应满足下列构造要求。

1）错缝

料石拱的料石受压面应与拱轴线垂直，横向和顺桥向砌缝必须错开，且不小于 10cm，以免因存在通缝而降低砌体的抗剪强度和削弱其整体性。选择的块石的较大平面应与拱轴线垂直，块石大头在上，小头在下，砌缝错开且不小于 8cm。片石拱的片石较大面应与拱轴线垂直，大头在上，砌缝交错。

2）砌缝宽度限制

拱石砌缝宽度不能太大，因砂浆强度比拱石低得多，缝太宽必将影响砌体强度和整体性。通常，对料石拱，砌缝不大于 2cm；对块石拱，不大于 3cm；对片石拱，则不大于 4cm；采用小石子混凝土砌筑时，块石砌缝宽不大于 4cm，片石砌缝宽不大于 5cm。

3）设五角石

拱圈与墩台、拱圈与空腹式拱上建筑的腹孔墩连接处，应采用特别的五角石，以改善该处的受力状况。为避免施工时损坏或被压碎，五角石不得带有锐角，为了简化施工，目前常用现浇混凝土拱座及腹孔墩底梁代替石质五角石，见图 6-18。

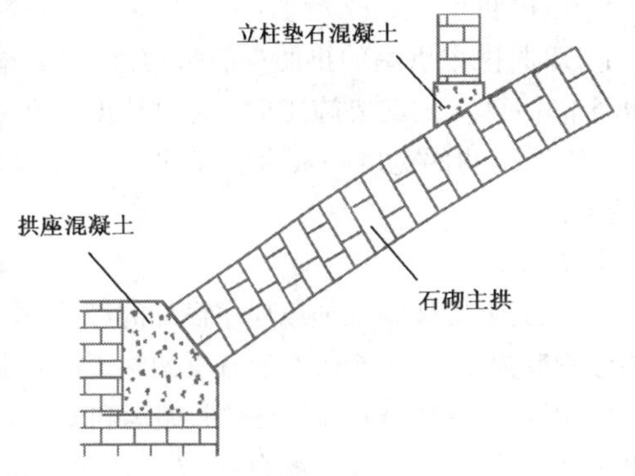

图 6-18　石砌拱圈与墩台及腹孔墩的连接

4. 空腹式拱上建筑

拱上建筑的立柱，需要时可设置横系梁，其截面高度和宽度分别可取立柱长边边长的 0.8 ~ 1.0 倍和 0.6 ~ 0.8 倍。板拱上的立柱底部应设横向通长的垫梁，其高度不宜小于立柱间净距的 1/5。

6.4.3　双曲拱桥

主拱圈的横截面是由数个横向小拱（波）组成，其主拱圈在纵向及横向均呈曲线形，故称为双曲拱桥。双曲拱的特点是施工方便，可大量节省钢材，工程造价低。施工过程可将主拱圈化整为零，按照先拱肋、后拱波与拱板的顺序依次施工，并起到拱架的作用。施工完成后，主拱圈各部分，再化整为零，参与主拱圈共同受力。双曲拱与实体板拱和空心板拱相比，可省去支架费用，节省圬工和人工；双曲拱与钢筋混凝土梁桥相比，仅在拱肋中配以少量钢筋，因此可节省大量钢筋。双曲拱桥可采用支架施工和无支架施工两种方式。双曲拱桥见图 6-19，拱顶截面见图 6-20。

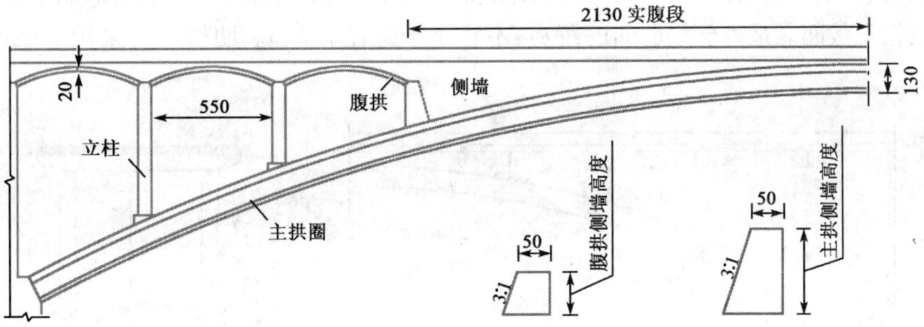

图 6-19　1/2 双曲拱桥型

双曲拱桥的主拱圈有拱肋、拱波、拱板和横向联系组成。公路双曲拱桥采用最多的是多肋多波的截面形式，一般情况下肋与肋的间距不宜过小，以免限制了拱波的矢高，减小了拱圈的截面刚度。但采用无支架施工时，拱肋间距又不宜过大，以免拱肋数量少而过分加大拱肋截面尺寸，增加吊装重量，给施工带来困难。在跨径和载重量较小的单车道桥梁中，也可以采用单波的形式。双曲拱桥主拱圈高度，当肋矩小于 2m 时，可按下式计算：

$$d = \left(\frac{L_0}{100} + 35\right)K \tag{6-2}$$

式中：d——主拱圈高度(cm)；

L_0——主拱圈净跨(cm)；

K——荷载系数，应采用大于1.2的系数进行试算。

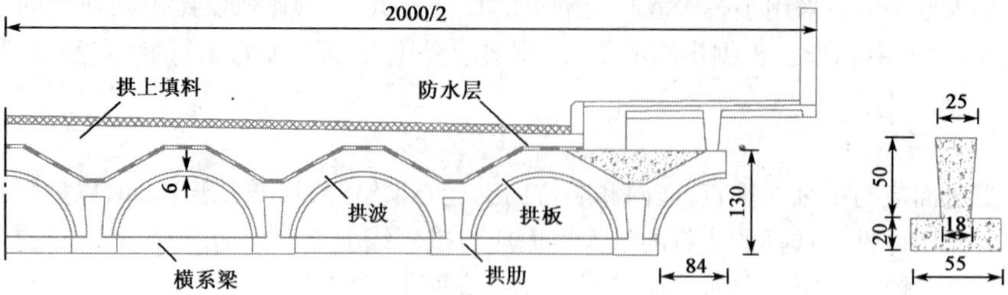

图6-20　双曲拱拱顶截面

1. 拱肋

双曲拱主拱圈的拱肋一般采用倒T形、槽形或其他形式。有支架施工的拱肋高度可按主拱圈高度的0.3～0.5倍估算。无支架施工时，拱肋高度应根据裸拱纵向稳定计算确定，通常倒T形拱肋高度不宜小于跨径的1.2%。拱肋的宽度一般为肋高的0.6～1.0倍。对于无支架施工的拱肋，为保证拱肋的横向稳定性，宽度宜取用较大值。

2. 拱波

根据无支架施工加载程序设计的经验，拱肋截面积以不少于拱圈全截面面积的2%为宜。拱波跨径（即拱肋净距）一般为1.2～1.6m，对于有支架施工的双曲拱桥，拱波跨径还可适当加大。拱波的宽度，当用人工预制安装时，常采用0.30～0.50m，以便预制、搬运和安砌。当用机具吊装时，其宽度可以增大，但要考虑拱肋的弧形对预制拱波的影响。拱波的厚度一般为6～8cm，矢跨比常为1/5～1/3。

3. 拱板

拱板一般为现浇，顶面常做成波形、直线形和折线形，厚度不小于拱波厚度。为减小混凝土收缩差与温度差对拱圈受力和开裂等不利影响，拱肋、拱波、拱板的混凝土强度等级应尽量接近，拱肋一般用C30～C40混凝土，拱波、拱板用C25～C30混凝土，拱波砌筑砂浆不低于M10。

4. 横向联系

横向联系是增强双曲拱主拱圈横向整体性的重要措施。当采用横系梁时，一般可做成0.20～0.25m的矩形截面钢筋混凝土预制构件；当采用横隔板形式时，沿拱轴方向每3～5m设一道。板厚一般为0.20～0.25m，在拱肋接头处的横隔板可适当加厚，可为0.30m。

6.4.4 钢筋混凝土肋拱桥

肋拱桥是由拱肋、横系梁、立柱、盖梁支撑桥面板的桥梁，见图6-21。肋拱桥可采用双肋式或多肋式结构，拱肋可采用实心矩形或箱形截面。最外侧拱肋间的距离，不宜小于跨径的1/5。肋拱桥可采用等截面圆弧拱和等截面悬链线拱轴线形。

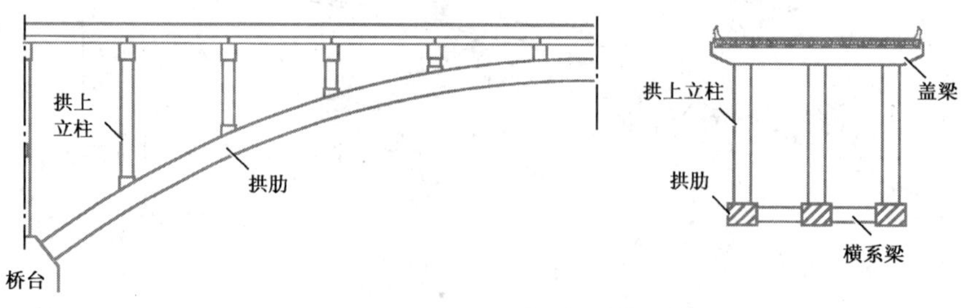

图6-21　肋拱桥构造

在三铰拱、双铰拱设铰处和拱上建筑的立柱下方，拱肋间必须设置横系梁，横系梁高度可取0.8～1.0倍拱肋高度，宽度可取0.6～0.8倍拱肋高度。横系梁四角应设置直径不小于16mm的纵向钢筋，并设直径不小于8mm的箍筋，其间距不应大于横系梁的短边尺寸或400mm。

中小跨径肋拱桥的矩形截面构造，肋高可取跨径的1/40～1/60，肋宽可为肋高的0.5～2.0倍。

6.4.5 钢筋混凝土箱形拱桥

箱形拱桥型如图6-22所示。箱形拱的截面抵抗矩较相同截面积板拱的截面抵抗矩大，从而减小弯矩引起的应力，节省建筑材料，对于大跨径桥效果更为显著。又由于箱形截面为闭口形状，截面抗扭刚度大，横向整体性和结构稳定性均较双曲拱好，所以适用于无支架施工。但箱形截面制作和施工较复杂，一般情况下，跨径在50m以上的拱桥采用箱形截面才合适，目前箱形截面已成为国内外大跨径钢筋混凝土拱桥主拱圈截面的基本形式。

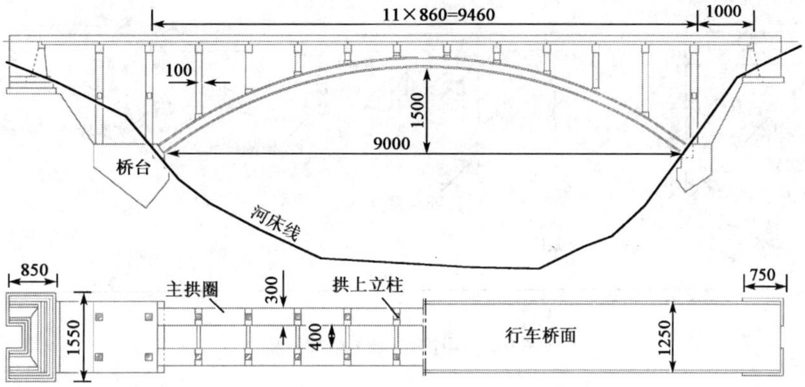

图6-22　箱形拱桥型（尺寸单位：cm）

1. 箱形截面

箱形拱双肋截面如图6-23所示，箱形拱主拱圈由底板、腹板、顶板及横隔板组成。箱形拱桥常采用闭合拱箱组成的多室箱形拱，拱箱的宽度一般在1.3～1.6m左右。主拱圈截面形式有单室箱和多室箱。底板、腹板、顶板混凝土厚度均不应小于100mm。预制边箱外壁宜适当加厚。

箱形拱应在底板上设排水孔，大跨径箱形拱应在腹板顶部设通气孔。当箱形拱可能被洪水淹没时，在设计水位以下，拱箱内应设进、排水孔；为增加拱箱抵抗漂流物撞击的能力，被淹没的拱圈部分可将拱箱上、下游迎水面腹板局部加厚，即在吊装合龙后浇筑20cm的加厚混凝土（内设钢筋网）等。

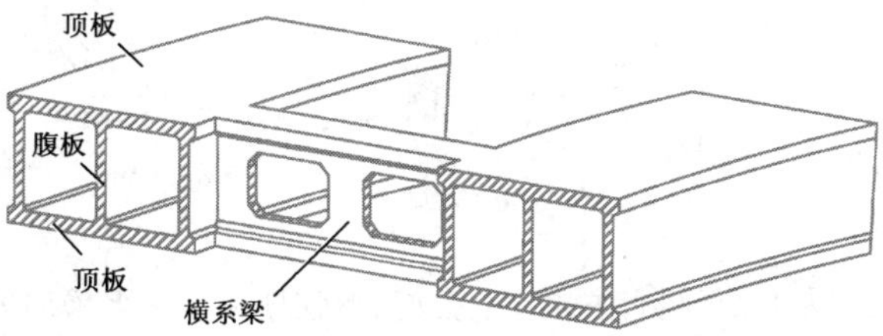

图6-23　箱形拱双肋截面

2. 箱内横隔板

箱内横隔板的布置视拱桥跨径大小及桥宽而定，一般间距不宜大于5.0m。横隔板厚度为100～150mm，在腹孔墩下面以及分段吊装接头附近均应设置横隔板，在3/8拱跨长度至拱顶段的横隔板应取较大厚度，并适当加密。箱形板拱的拱上建筑采用柱式墩时，立柱下面应设横向通长的垫梁，其高度不宜小于立柱净距的1/5。横隔板中间挖空，以减小重量和方便养护人员通行。

3. 箱间横系梁

拱肋间应有足够的横系梁，横系梁可采用矩形或I形截面，其梁宽或腹板厚度不宜小于100mm，高度不宜小于800mm或与拱肋同高。横系梁除在腹拱立柱下设置外，在拱脚附近及拱顶段（$3l/8 \sim l/2$，l为拱的跨径）应予加密。当拱肋为箱形截面时，箱内横隔板应与横系梁对应设置。横系梁四周应设直径不小于16mm的构造钢筋。

6.4.6 钢筋混凝土桁架拱桥

桁架拱有自重轻，施工快等特点。一般情况下，桁架拱可分片预制，每片又可分段预制，然后现场拼接施工。桁拱拱顶截面高度为$L/25 \sim L/35$。桁拱的下弦杆轴线多做成抛物线形和圆形，节点之间弦杆可做直杆（图6-24、图6-25）。

1. 桁架拱组成

桁架拱由主拱片和主拱片之间的横向联系组成。主拱片由上弦杆、下弦杆（或称拱肋）与腹杆组成，腹杆又分为竖杆与斜杆两种。主拱片净距一般为2～3m，主拱片之间的横向联系有横系梁、横拉杆和剪刀撑。上、下弦杆和斜杆、竖杆可分别做成多室和单室箱形截面，杆件节点处用横系梁联结；拱顶部分应设实腹段。

2. 主拱片

桁架拱可采用双铰拱支承体系。桁架拱的节点按固结考虑；按简化计算时，可将节点按铰接计算，但其下弦截面强度，应留有不小于20%的余量。桁架拱的结构自重可按全跨均布计算，由桁架拱拱片承受；但如果采用下弦杆合龙后再拼装其他杆件的施工方法时，下弦杆应承受合龙前的全部结构自重。桥面板可考虑与上弦杆共同承受桥上活荷载。上弦杆和下弦杆在节点处相连的腹杆（竖杆和斜杆），应考虑桥面上局部荷载引起的弯矩。桁架拱应考虑活载的横向分布。桁架拱的拱轴线宜采用与结构自重压力线接近的曲线，如采用拱轴系数 m 值较小的悬链线或二次抛物线。

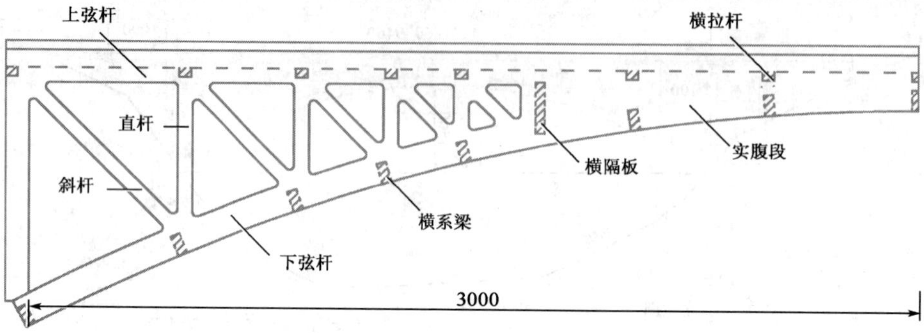

图 6-24　钢筋混凝土桁架拱桥

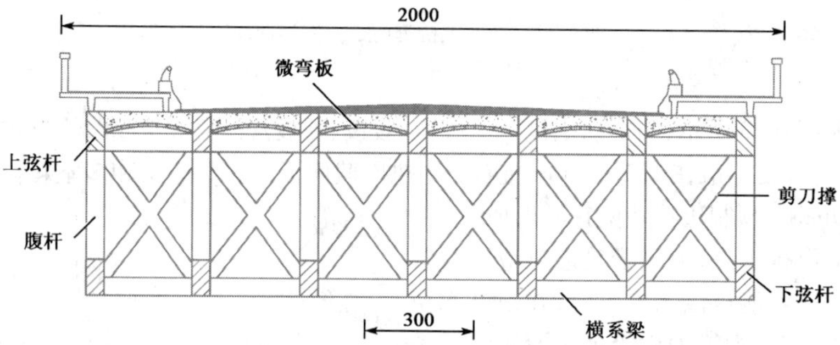

图 6-25　桁架拱横截面

为方便预制，主拱片上弦杆、下弦杆和腹杆多采用等宽布置。拱顶实腹段长一般为跨径的1/3～1/4，以使全桥恒载均匀。拱顶厚度一般是上弦杆与下拱肋高度之和。

将主拱片的下弦杆伸入墩台预留孔中，伸入长度不小于下弦杆的高度，预留孔的空隙用砂浆填实。上弦杆与桥台间可预留伸缩缝或支承于台帽上。

3. 节间划分

节间划分与跨径和矢跨比有关，可采用等距离划分和非等距离划分，划分原则是上弦杆受力不要过大，方便施工。例如跨径50m的桁架拱，节间一般可划分为4～5m或3～4m。

4. 横向联系

拱顶实腹段和上弦杆、下弦杆的每一节点处设置横系梁；桥端第一根上弦杆节点的横系梁应予加强；端部和跨径1/4处设竖向剪刀撑；端节间设水平剪刀撑；跨间其他处，应视跨径大小设置竖向和水平剪刀撑；设有剪刀撑的水平或竖向平面的节点处，均应设横系梁。剪刀撑宽应与腹杆等宽，以利于美观。

6.4.7　钢筋混凝土系杆拱桥

系杆拱桥一般为下承式，由拱肋、横系梁、吊杆和加劲梁组成。加劲梁作为系杆（或称纵梁），支承于桥梁墩台上，见图6-26。系杆拱的拱轴线一般为抛物线或圆曲线，系杆梁高为 $L/100$～$L/200$，可随吊杆间距大小而改变。系杆拱横断面如图6-27所示。

1. 拱肋及横系梁

拱肋下通过吊杆挂梁，拱肋承受压力，拱肋一般可为钢筋混凝土箱形拱或钢管混凝土拱。两肋拱顶处设横系梁，其他部位设横系梁或K形撑。

2. 吊杆

系杆拱桥中的吊杆一般可做成刚性吊杆或柔性吊杆两种形式。吊杆是一根轴心受拉构件，做成钢筋混凝土构

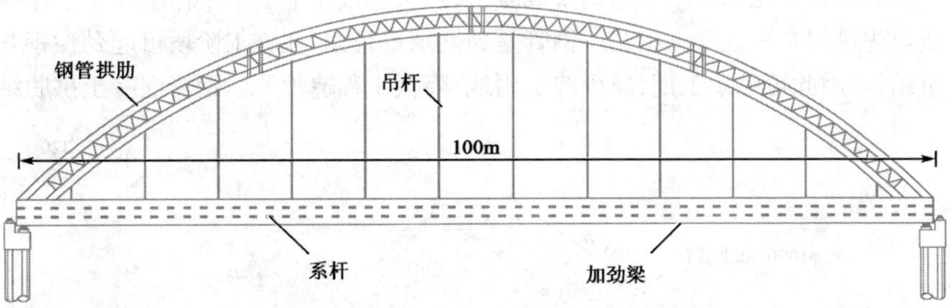

图 6-26 系杆拱构造

件易开裂，且截面尺寸也较大，故常采用预应力混凝土构件，避免吊杆在荷载作用下开裂，这样的吊杆称之为刚性吊杆。另一种吊杆形式采用预应力高强钢丝束或钢绞线，这种吊杆受拉，故称之为柔性吊杆。

3. 系杆

系杆承受拉力放在钢筋混凝土加劲梁内，是连接拱肋的部分，系杆采用钢索材料。系杆拱当其拱肋截面的抗弯刚度与系杆截面的抗弯刚度的比值小于1/100时，拱肋可视为仅承受轴向压力的柔性拱肋；当拱肋截面的抗弯刚度与系杆截面的抗弯刚度的比值大于100时，系杆可视为仅承受轴向拉力的系杆。上述杆件的节点均可视为铰接。系杆拱当拱肋截面的抗弯刚度与系杆截面的抗弯刚度比值为1/100至100时，杆与拱肋应视为刚性连接，此时荷载引起的弯矩在系杆和拱肋之间应按抗弯刚度分配。

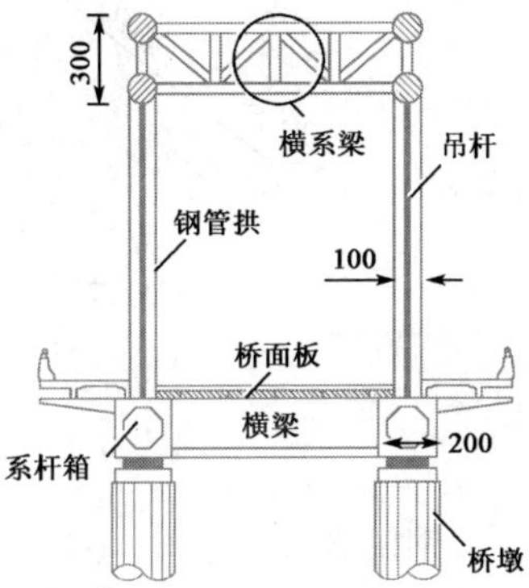

图 6-27 系杆拱横断面

4. 桥面系

两个加劲梁之间等间距架设横梁，横梁上搁置桥面板，然后浇筑现浇混凝土、防水层以及桥面铺装层。

6.4.8 中承式钢管混凝土拱桥

中承式钢管混凝土拱桥由钢管混凝土拱肋、钢横撑、吊杆、桥面系等结构组成。中承式钢管混凝土拱桥具有结构轻盈、恒载集度较均衡的特点，因此可以实现较大的跨越能力。图 6-28 为三跨连续自锚中承式钢管混凝土拱桥。

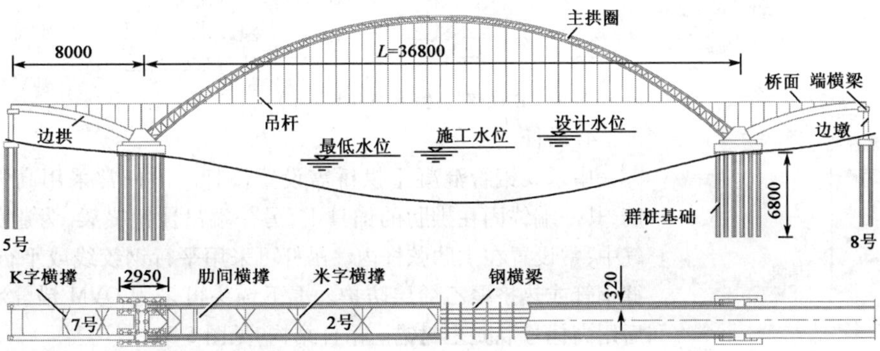

图 6-28 三跨连续自锚中承式钢管混凝土拱桥

1. 构造特点

中承式钢管混凝土拱桥的构造界于上承式与下承式之间，外形美观。其水平推力是通过边跨采用小的矢跨比或边跨采用带压重的钢管混凝土板拱、混凝土肋拱以及刚架拱等予以解决。钢管混凝土拱桥是以受压为主的构件，为节省材料，多采用格构式截面，将弯矩转化为轴向力，拱肋可做成等高且等宽截面，也可做成不等高与等宽截面。钢管混凝土拱肋横截面形式，按钢管的根数及布置方式，通常分为：单肋型、双肢哑铃型、四肢格构型、三角形格构型等。

2. 钢管混凝土拱肋

钢管混凝土拱肋是在薄壁圆形钢管内填充混凝土而形成的一种复合材料拱肋，它一方面借助内填混凝土增强钢管壁的稳定性，同时又利用钢管对核心混凝土的套箍作用，使核心混凝土处于三向受压状态，从而使其具有更高的抗压强度和抗变形能力。在受压构件中采用钢管混凝土，可大幅度节省材料；钢管本身是耐侧压模板，可省去支模、拆模等工序，可适应先进的泵送混凝土工艺。钢管是劲性承重骨架，在施工阶段可起劲性钢骨架的作用，在使用阶段又是主要的承重结构，因此可缩短工期，减少施工用地，降低工程造价等。钢管混凝土拱肋结构，见图 6-29。

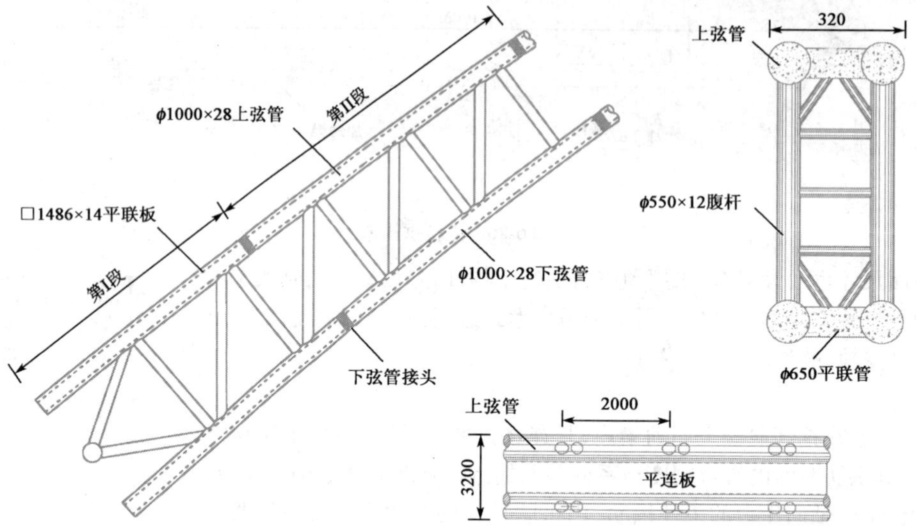

图 6-29　主拱肋构造

3. 钢横撑

钢横撑布置对结构整体的影响要大于其拱肋自身刚度。横撑的主要作用是将（两根）钢管混凝土拱肋联接成整体，确保结构稳定。钢管混凝土拱肋的横撑多采用钢管桁架，其钢管可以是空心的，也可以内填混凝土。横撑在拱脚段多做成桁式 K 撑或 X 撑，以获得更好的稳定性，在拱肋接近桥面段以上则多采用 H 形撑直撑。研究表明，横撑一般在拱顶附近布置成与拱轴线正交的 H 形直撑，在其他位置布置成竖直与拱轴线相交的 K 或 X 形斜撑，能够提高结构稳定效果。钢横撑构造，见图 6-30。

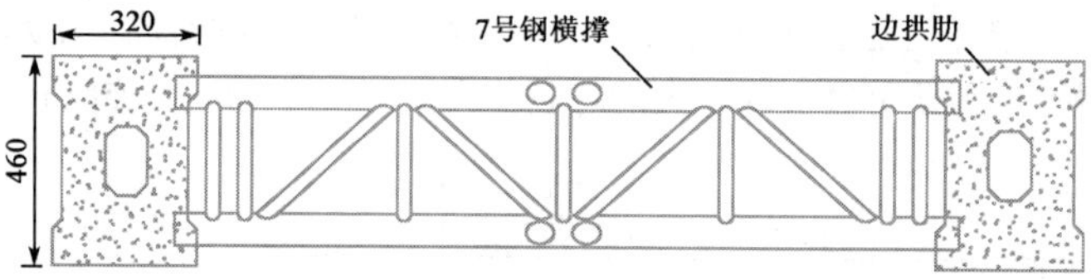

图 6-30　钢横撑构造（尺寸单位：cm）

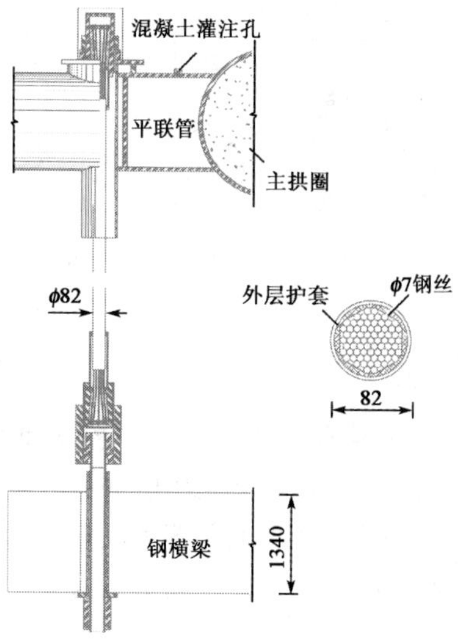

图 6-31　吊杆结构

4. 吊杆

中承式钢管混凝土拱桥需设置吊杆。吊杆常采用高强钢丝束或粗钢筋，其一端锚固在拱肋的锚具上，另一端吊住钢横梁，为避免直接暴露在大气中，常设置在拱肋弦杆内。吊杆可采用平行钢绞线或平行钢丝束，外套无缝钢管或热挤聚乙烯层防护。上下锚头可采用 OVM 锚、冷铸墩头锚等，然后用高标号混凝土封锚。吊杆结构，见图 6-31。

5. 系杆

图 6-28 的边跨、主跨拱脚均固结于拱座，两边跨曲梁之间设置钢绞线系杆。主拱拱肋所产生的水平推力由系杆承担。

6. 桥面系

活载经桥面系通过钢横梁传给吊杆，吊杆再将荷载传给拱肋，这种桥面系不参与总体受力，属于局部受力传力结构，其单位自重不是随着桥梁跨径的增加而显著增加，这也是此类拱桥跨径较大的原因之一。以图 6-32 为例，桥面系施工时，吊杆垂吊钢横梁，钢纵梁焊接于钢横梁上，然后在纵向架设桥面预制板，浇筑湿接缝。

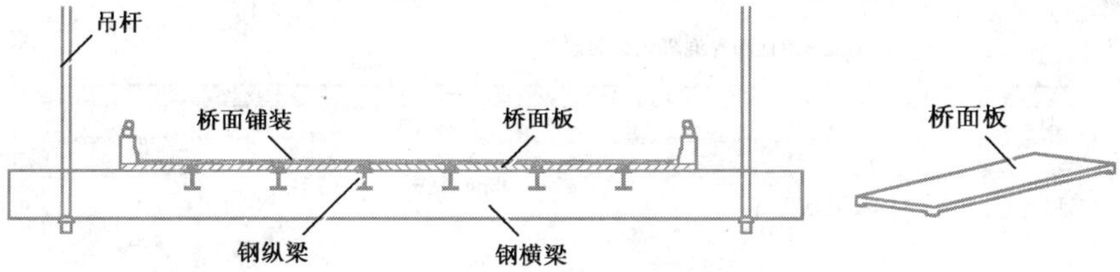

图 6-32　桥面系构造

6.4.9　钢拱桥

钢拱桥一般为推力拱，拱肋截面有板拱、肋拱、桁架拱和箱形拱等类型。位于我国台湾省北横公路 51km 处的钢肋拱桥，建于 1965 年，是台湾第一座钢拱桥，上部结构为单孔跨径 72m 的工字钢双肋拱（图 6-33、图 6-34）。钢拱桥拱顶一般厚度 $H = L/60$，选择大的拱顶厚度可增大拱的刚度，但在超静定拱桥中，温度力会随 H/f 增大而增加。工字形肋拱较箱形拱容易制作和安装，作用在腹板上的力，主要有沿拱轴方向的压应力和垂直方向的剪应力，对于上承式拱还有立柱反力。拱上结构可直接支承于主拱肋上，主拱肋应按不同方式设置加劲板，加劲板可按垂直方向布置或垂直拱轴线方向布置。应在拱肋之间、立柱之间和桥面系（水平）设置剪刀撑，以抵抗风力。

当钢拱桥的跨径较大时，应改用箱形截面。

图 6-33　钢拱桥实景

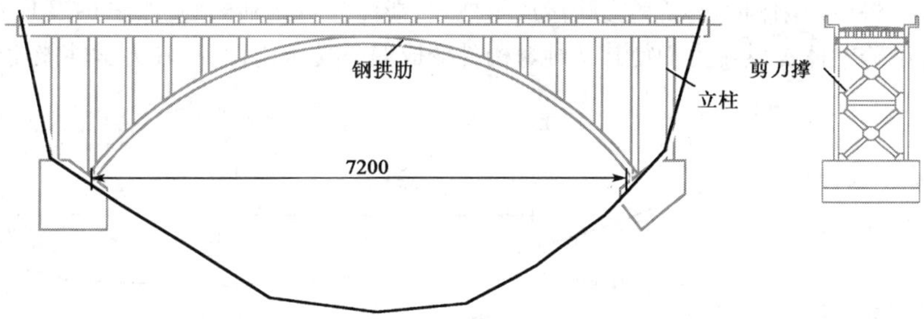

图 6-34　钢拱桥布置图

6.4.10　拱式组合体系桥

拱式组合体系桥，一般是将梁和拱两种基本结构组合起来而形成的一种组合体系桥梁型式。拱式组合体系桥，可充分发挥梁受弯、拱受压的结构特性及其组合作用，达到节省材料的目的。

1. 主要类型

无推力拱式组合体系桥（也称系杆拱桥）是外部静定结构，兼有拱桥的较大跨越能力和梁桥对地基适应能力强的两大特点，故目前在公路桥梁上应用较多。拱式组合体系桥的主要类型有：简支梁拱组合式桥、连续梁拱组合式桥和单悬臂组合式桥等。

2. 钢拱—连续梁协作体系桥

图 6-35 所示桥型采用了造型别致、线形优美的钢拱—连续梁协作体系，主孔跨径 300m，边跨为 95.5m，桥宽 48.6m。全桥主拱设计 3 片箱形拱肋，矢跨比 1/4.5，拱轴系数为 1.1 的悬链线，拱肋截面箱宽 1.2m、箱高 3.0m。

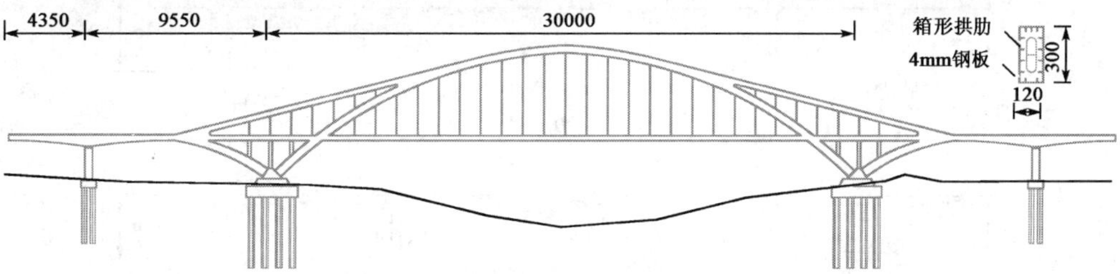

图 6-35　钢拱-连续梁协作体系桥（尺寸单位：cm）

3. 桥面系

桥面由三道纵梁组成，钢纵梁既为桥面主纵梁，又为平衡拱圈水平推力的钢系杆。两岸钢系杆之间，在主跨跨中设置张拉合龙接头，张拉钢系杆合龙接头采用钢绞线。桥面板构造如图 6-36 所示。

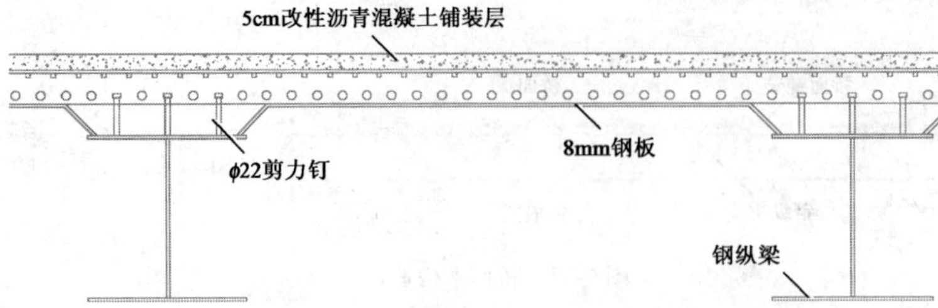

图 6-36　桥面板构造

6.5 刚构桥设计

刚构桥是介于梁与拱之间的一种结构体系，它是由受弯的上部梁（或板）结构与承压的下部墩柱整体结合在一起的结构，目前最大跨径已超过 200m。刚构桥适宜建在地质条件较好的地区，特别是山区。一般可采用悬臂法施工，对施工设备要求不高，施工进度较快。一般情况下，跨径在 50m 以内时可用普通钢筋混凝土结构建造，当跨径增大时，可采用预应力结构。

6.5.1 斜腿刚构桥

将单跨刚构桥的桥墩支腿做成斜柱式，则称为斜腿刚构桥，如图 6-37 所示。由于斜腿不仅可分担梁部弯矩，且对中跨梁体提供压力而使其从纯弯构件变成偏心受压构件，故其力学性能比传统梁式桥优越。

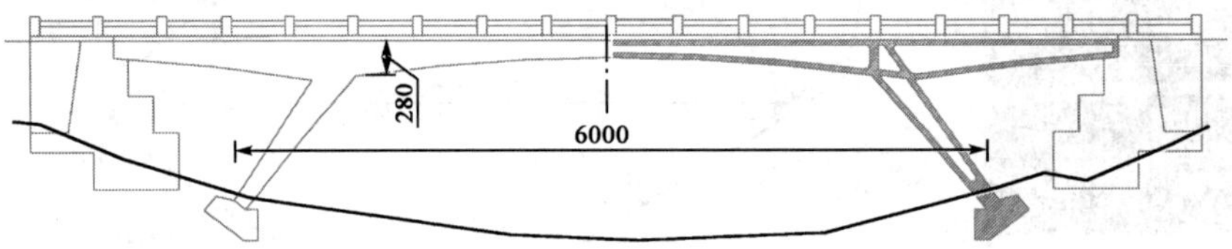

图 6-37　斜腿刚构桥

1. 跨径布置

当中跨跨径在 25m 以下时，梁底可做成折线形，这样可使构造简单，方便施工；当中跨跨径在 25m 以上时，梁底宜做成曲线形或折线形与曲线形组合的形式，目前较常用的是二次抛物线或圆曲线。斜腿支承处的主梁部分，因其承受较大的负弯矩和剪力，其梁高一般取跨中梁高的 1.5～2.0 倍，跨径较小时取小值。

2. 斜腿倾角及结构尺寸

目前常用的斜腿（或边杆）的倾角一般是 30°～45°。由于斜腿截面内轴力较大，而弯矩较小，其截面高度可比主梁高度适当小。通常斜腿下端取 H 的 0.4～0.8 值，此处 H 为主孔跨中梁高；斜腿上端一般取下端的 1.2～1.5倍。

3. 截面形式

主梁截面形状与梁式桥基本相同，可以做成板式、肋形、箱形等各种形式，如图 6-38 所示。主梁在纵桥方向，可做成等截面、等高变截面、变高度变截面三种形式。斜腿可做成薄壁式或实心截面。

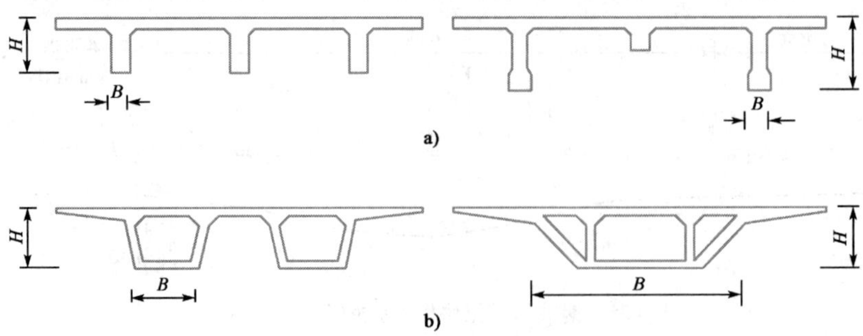

图 6-38　主梁截面形式

a）肋板式；b）箱形

6.5.2 T形刚构桥

T型刚构是结构的上部梁在墩上向两边采用平衡悬臂施工,首先形成一个T字形的悬臂结构。相邻的两个T形悬臂在跨中可用剪力铰或跨径较小的挂梁联成一体,即称为带铰或带挂梁的T形刚构,如图6-39所示。

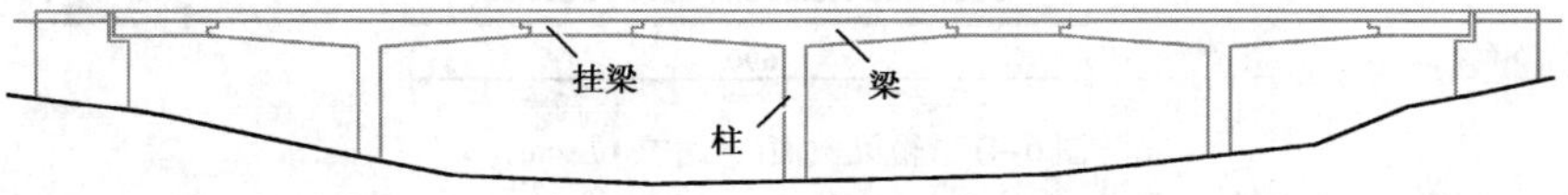

图6-39 T形刚构桥

1. T形刚构的特点

T形刚构桥便于施加预应力,在两个伸臂端上挂梁后可做成很大跨度的刚构架,在需跨越深水、深谷、大河急流的大跨桥梁中常被采用。T型刚构桥的典型特点是,既能适应温度变化,又能避免在纵断面上有过大的突变变形。

2. 箱梁截面形式

箱梁截面的形式,一般是根据桥宽和施工方法确定。当桥宽在12m以内时,一般采用单箱单室;桥宽在12~17m时,常用单箱双室截面;桥宽在17~22m时,可采用两个单箱单室或将两单箱联合;当桥宽达到30m左右时,常用两个单箱双室或三个单箱的截面形式。

3. 箱形横截面普通钢筋

箱梁横截面的配筋设计,需考虑恒载、活载、温度升降等作用所产生的内力及所需的配筋,且必须满足规范中钢筋混凝土截面的最小配筋率要求。一般在顶板配置横向预应力的情况下,顶板和腹板交接处为控制设计断面,腹板内需配置一定数量的钢筋。顶板在未施加横向预应力前,尚应考虑板自重和施工荷载对顶板的作用。

4. 桥面横向预应力

刚构桥的桥面较宽时,箱梁的顶板采用横向预应力是有效而经济的方法。

6.5.3 连续刚构桥

连续刚构桥一般采用预应力混凝土结构,有两个以上主墩采用墩梁固结,具有T形刚构桥的优点。但与连续梁桥、T形刚构桥相比,多跨刚构桥更能保持上部构造连续梁的属性,跨越能力大,施工难度小,行车舒适,养护简便。典型的连续刚构体系为对称布置,并采用平衡悬臂施工方法建造。连续刚构桥,有较好的抗震性能,造型轻巧美观,如图6-40所示。当建造跨越陡峭河岸和深邃峡谷的桥梁时,采用这类刚构桥型比较经济。

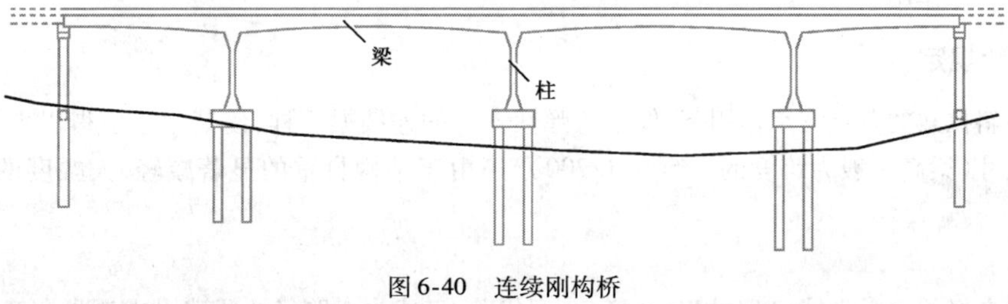

图6-40 连续刚构桥

1. 桥跨布置

将多孔梁桥的墩梁固结,便成为连续刚构桥。其优点在于固结的桥墩能提供部分固端弯矩,减少跨中弯矩,从而可将跨度做到200m以上。多于三跨的连续刚构桥,除边跨外,其中间各跨一般采用等跨布置,以方便悬臂施工。两边跨跨径与中跨跨径之比,一般为0.6~0.8左右。连续刚构桥的梁高与连续梁桥的梁高相似,对于主孔跨中梁高可取(1/22~1/28)L(L为主跨跨径)。考虑到主孔中有轴向压力,故主孔跨中梁高可偏低取用。

2. 箱梁截面

为了加大跨度和减轻主梁自重,可将多孔连续刚构桥的主梁中部用钢箱梁代替,但用钢量会有显著增加,加大了养护和维修难度,故在方案比选中未必有优势。由于多孔连续梁桥的施工复杂,且梁较高,在斜拉桥的竞争之下,目前已逐渐较少采用。箱梁截面如图6-41所示。

3. 刚构桥墩

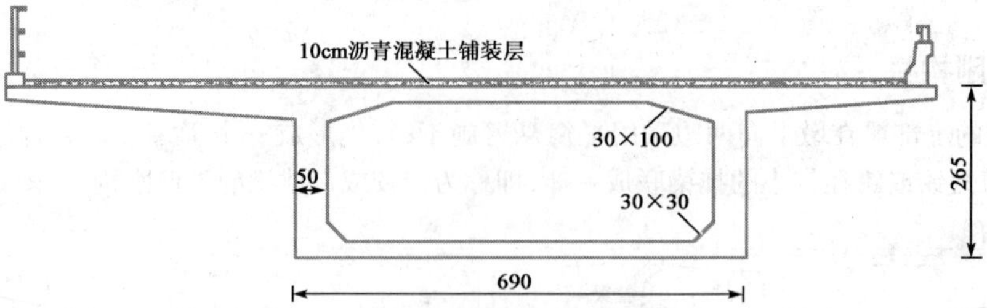

图 6-41 箱梁截面(尺寸单位:cm)

多孔连续刚构桥多采用双肢薄壁墩,将桥墩做成一对薄壁形状,结构轻巧且经济适用。

6.5.4 斜拉式桁架铰接 T 构桥

若将刚构桥中的支墩做成 V 形墩形式,则形成 V 形墩刚构桥。图 6-42 为预应力混凝土斜拉式桁架铰接 T 构桥,它具有悬臂拼装的构件,质量轻,采用预应力刚性拉索,耐久性好,养护方便,不存在锚头疲劳的问题。斜拉式桁架铰接 T 构的塔高一般为跨径的 1/8 ~ 1/10。桥面结构的建筑高度即下弦杆的高度一般为跨径的 1/100。

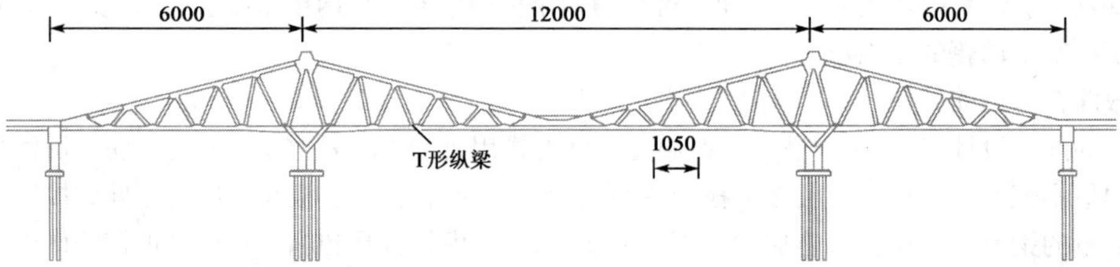

图 6-42 V 形墩刚构桥(尺寸单位:cm)

预应力混凝土斜拉式桁架 T 构是由三角形桁架和 V 形桥墩组成的一组 T 形刚构。三角形桁架部分是由两个桁架片和横梁、T 形纵梁、桁顶横系梁组成。桁架计算高度 15m,为跨径的 1/8,桁架节间为 10.5m。

6.6 斜拉桥设计

我国现代斜拉桥建设始于 20 世纪 70 年代,几十年的发展非常迅速,跨径不断增大。究其原因一是由于我国综合国力的不断增强和交通建设的迅猛发展,对大跨度桥梁的迫切需要所致;二是新型材料的出现和桥梁设计、建造技术的不断进步的主导作用。

6.6.1 设计规定

斜拉桥主梁在斜拉索的各点支承作用下,像多跨弹性支承的连续梁一样,使其弯矩值得以大大的降低,这样不但可以减小主梁尺寸(梁高一般为跨度的 1/50 ~ 1/200),还由于结构自重的显著减轻,大幅度的增大桥梁的跨越能力。

1. 孔跨布置

由于斜拉桥有良好的力学性能、建造相对经济、造型优美,已成为大跨径桥梁建设中最具有竞争力的桥型之一。斜拉桥属悬吊体系的组合式桥梁,是一种自锚体系,不需要地锚基础。斜拉桥孔跨布置有多种形式,见图 6-43。

2. 结构体系

斜拉桥常用结构体系包括飘浮体系、支承体系(包括半飘浮体系)、塔梁固结体系和刚构体系,如图 6-44 所示。按主梁的连续方式斜拉桥可划分为连续体系和 T 构体系等;按斜拉索的锚固方式可划分为自锚体系、部分地锚体系和地锚体系;按塔的高度不同可划分为常规斜拉桥和矮塔斜拉桥体系。

跨度较大、索距较密或有抗震要求的地区建造的斜拉桥宜选择漂浮体系或半漂浮体系,支承体系宜用于跨径较小的斜拉桥,独塔或双塔高墩和对变形要求较高的斜拉桥宜选择刚构体系,塔梁固结体系宜用于塔根弯矩小和温度内力小的斜拉桥。

3. 跨径比例

一般情况下按恒载平衡的设计原则确定边跨、中跨比例。双塔三跨斜拉桥的边跨和主跨跨径比例宜为 0.33 ~

0.50。其中,钢主梁宜为0.30~0.40;组合梁宜为0.40~0.50;混合梁宜为0.30~0.45;混凝土主梁宜为0.40~0.45。独塔斜拉桥的双侧跨径比例考虑跨越能力,可取0.50~1.0。多塔斜拉桥适用于各种跨径的桥梁结构,边跨与主跨跨径比例可参照双塔三跨斜拉桥选用。

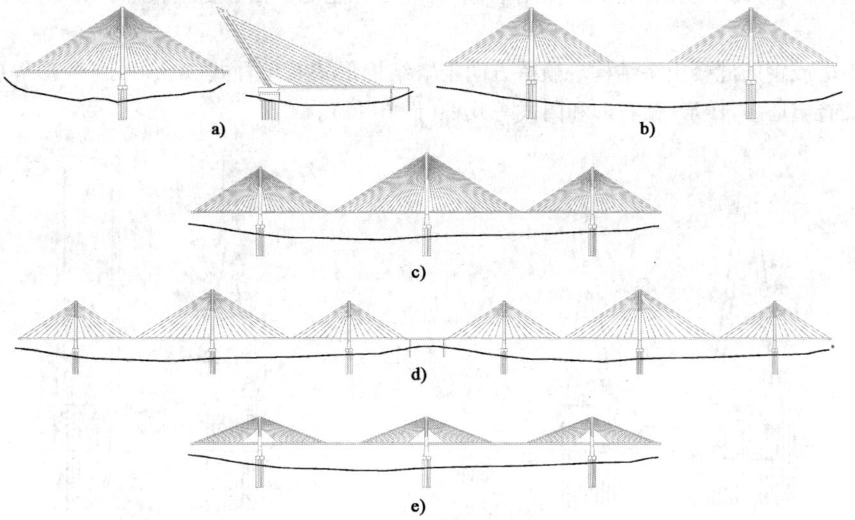

图6-43　斜拉桥孔跨布置

a)独塔双跨式;b)双塔三跨式;c)三塔四跨式;d)多塔多跨串联式;e)矮塔式

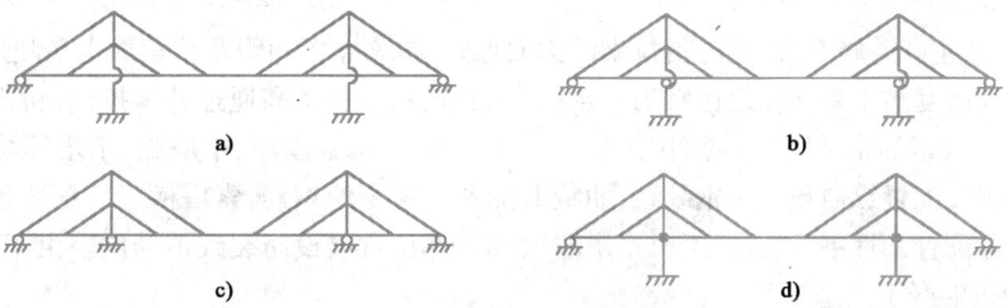

图6-44　斜拉桥四种基本结构体系

a)漂浮体系;b)支承体系;c)塔梁固节体系;d)刚构体系

4. 多塔斜拉桥

多塔斜拉桥宜采用漂浮体系和半漂浮体系,其设计和构造可采取增大主梁、中间索塔的刚度;或采用斜拉索对中间索塔顶加劲;或在边孔设辅助墩,增大边孔斜拉索的面积,减少边孔索距等措施提高其整体刚度。多塔斜拉桥的其他构造要求应与一般斜拉桥相同。

5. 地锚式斜拉桥

地锚可采用重力式锚和抗拔桩锚。地锚式斜拉桥为适应温度引起的梁体的伸缩,主跨中部应设有允许梁体纵向移动的装置:只传递剪力不传递弯矩、轴力的剪力铰,或同时能传递剪力和弯矩的变位装置。地锚式斜拉桥其他构造要求应与一般斜拉桥相同。

6. 矮塔斜拉桥

矮塔斜拉桥宜采用混凝土结构,其结构体系主要是塔、梁、墩固结体系或塔、梁固结体系。在跨径较大时,其主梁可采用钢和混凝土混合式梁,跨中无索区采用钢梁。矮塔斜拉桥的跨径适用范围不宜大于300m,其桥面以上塔高与跨径之比宜采用1/8~1/12。

混凝土梁宜采用箱形截面,梁高与跨径之比采用1/35~1/45。在跨径较大时,靠近塔处梁高可增大,形成变截面。边跨与主跨跨径比宜为0.50~0.76。矮塔斜拉桥主梁上的无索区长度,索塔附近宜取0.15~0.20倍主跨跨径;中跨跨中宜取0.20~0.35倍中跨跨径;边跨部宜取0.20~0.35倍边跨跨径。

斜拉索可按体外索设计,容许应力可采用$0.60f_{pk}$,在施工中可不作索力调整。斜拉索在索塔处宜布置为通过索,设置双套管或分丝管抗滑锚等类型的索鞍。矮塔斜拉桥其他构造要求可参照其他斜拉桥、连续梁与连续刚构桥。

6.6.2 索塔

索塔是表达斜拉桥个性和视觉效果的主要结构物，因而对于索塔的美学设计应予足够的重视。索塔设计必须适合于拉索的布置，传力应简单明确，在恒载作用下，索塔应尽可能处于轴心受压状态。

1. 索塔形式

索塔可采用钢塔或钢筋混凝土塔结构。顺桥方向主塔结构形式有单柱式、A 形和倒 Y 形等（图 6-45），横桥方向常用的主塔形式有宝塔形、H 形、钻石形和门式等几种（图 6-46）。

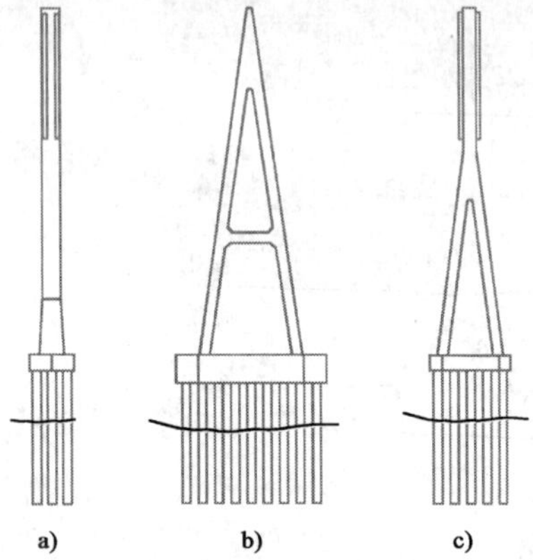

图 6-45　顺桥方向布置

a）单柱式；b）A 字形；c）倒 Y 形

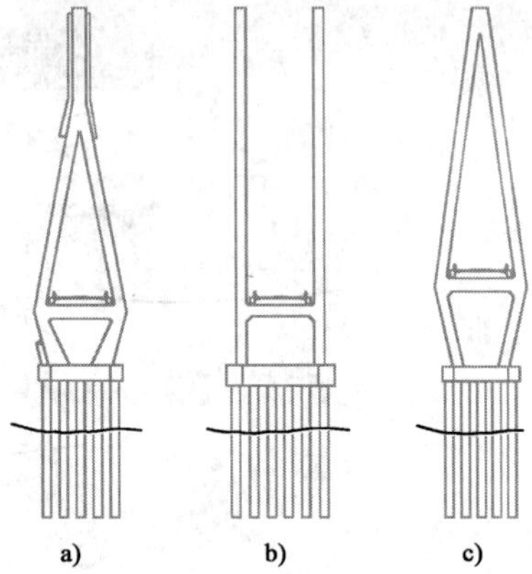

图 6-46　横向布置

a）宝塔形；b）H 形；c）钻石形

索塔高度与斜拉桥主孔跨径有关，还与斜拉索的索面形式、拉索布置间距及拉索的水平倾角有关。对于双塔斜拉桥，桥面以上索塔的高度与主塔跨径之比宜为 1/4 ~ 1/6；独塔斜拉桥塔高通过外索控制，桥面以上高度与跨径之比宜为 1/2.7 ~ 1/3.7，外索的水平倾角不宜小于 22°。主塔的斜拉索锚固段、中塔腿、下塔腿构造一般情况下采用箱形截面；斜拉索锚固段配置纵向预应力钢绞线，肋板上配置精轧螺纹钢筋，索塔横梁上配置预应力钢绞线。为增加索塔结构刚度，一般配置劲性钢骨架，混凝土索塔非预应力部位宜增设防裂纹钢筋网。由于塔身高，施工工艺常采用提升（爬升）模板，混凝土泵送工艺。

2. 混凝土索塔

混凝土索塔应根据施工需要在索塔内配置型钢作为劲性骨架（图 6-47）。索塔受力钢筋和普通箍筋应符合下列条件：

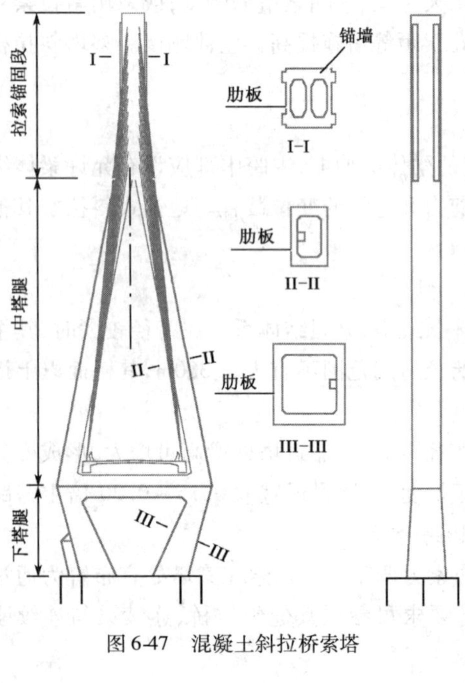

图 6-47　混凝土斜拉桥索塔

①竖向受力钢筋的直径不宜小于 20mm；

②竖向受力钢筋的截面积不应小于混凝土截面积的 1%；

③箍筋直径不应小于 12mm，间距不应大于竖向受力钢筋直径的 10 倍，且不大于 200mm；

④混凝土索塔的非预应力部位以及门洞部位宜增设防裂钢筋网。

处于海洋或其他腐蚀环境中的混凝土索塔、主梁，应考虑增大其保护层厚度或增加其他提高结构耐久性的措施。

3. 钢索塔

钢索塔宜为矩形空心箱截面形式，根据工程实际也可将其设计成 T 形或准十字形空心箱形式。箱室四周各主壁板上应布置竖向加劲肋，箱室内应设置间距不大于 4m 的水平横隔板；钢索塔外壁板及竖向隔板的板壁厚度根据受力需要可沿索塔内分段取用不同的壁板厚度，但不宜小于 2cm。

6.6.3 斜拉索

斜拉索是斜拉桥的主要承重构件，是斜拉桥体系中最敏感的部件。斜拉桥主梁采用钢梁或组合梁时斜拉索标准间距宜为 8 ~ 16m，采用混凝土梁时斜拉索标准间距宜为6～12m。斜拉索作为一个独立构件，设计时应进行综合比较，选用平行钢丝斜拉索或钢绞线斜拉索，并考虑其可更换性。斜拉索作为一个独立构件，应有完整可靠的密封防护构造，尤其是索端与锚具的接合部。斜拉索锚具不可封死，斜拉索与主梁、索塔不能固结，以便于张拉和换索。斜拉索索端钢护筒内应设置减振装置，并应采取可靠的防水、防潮措施。桥面以上的斜拉索应设置有效防护，其竖向防护高度应不小于2m，以防止人为损坏。大型斜拉桥或在多风多雨特殊地区，斜拉索应考虑其抗振措施。必要时，斜拉索可考虑进行静载试验或疲劳荷载试验。试验方法和结果应满足有关标准的要求。

1. 横桥向布置

斜拉索横桥向布置可采用单索面、竖向双索面、斜向双索面布置，索面布置可采用空间索面布置或平面索面布置(图6-48)。

①单索面的优点是桥面上视野开阔，斜拉索对主梁抗扭基本上不起作用，因此单索面的主梁应采用抗扭刚度较大的截面，例如箱形截面。

②竖向双索面。最大优点是作用于桥梁上的扭矩有相当大一部分将由拉索承担，而主梁本身只承担其中小部分，主梁可采用较小截面，因此它是工程上应用较多的一种形式。

③斜向双索面。对桥面体抵抗风力扭振特别有利(限制了主梁的横向摆动)，一般用在对风振较敏感，且跨径较大和塔柱较高的斜拉桥上；空间双索面布索的斜拉桥，应采用倒Y形、A形索塔。

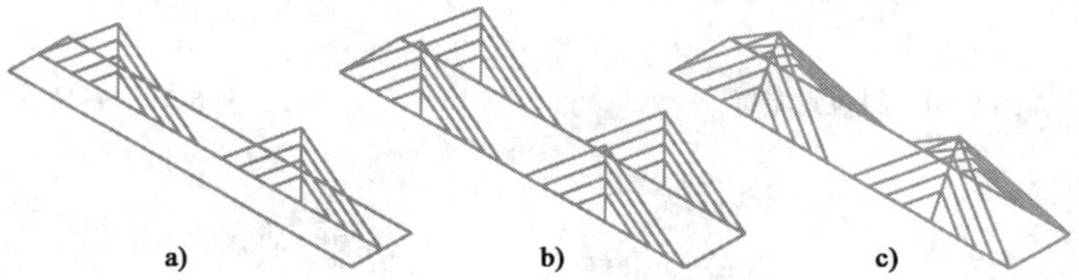

图6-48 横桥向索面布置

a)单索面；b)竖向双索面；c)空间双索面

2. 纵桥向布置

斜拉桥的斜拉索纵桥向布置宜采用扇形，也可采用竖琴形、辐射形、星形等，如图6-49所示。

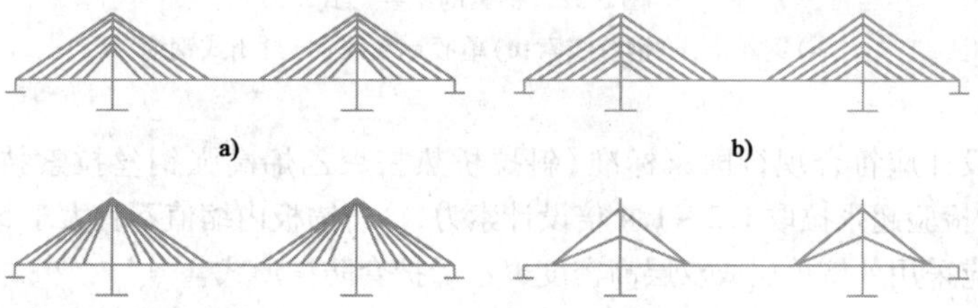

图6-49 索面形式

a)扇形；b)竖琴形；c)辐射形；d)星形

①扇形布置的斜拉索不相互平行，它兼有竖琴形和辐射形两种布置方式的优点，故在设计中获得广泛应用。

②竖琴形布置是斜拉索平行排列，在索数少时显得比较简洁，并可简化斜拉索与索塔的连接构造，塔上锚固点分散，对索塔的受力有利，缺点是斜拉索的倾角较小，索的总拉力大，故钢索用量较多。

③辐射形布置是斜拉索沿主梁为均匀分布，而在索塔上则集中于塔顶一点。由于其斜拉索与水平面的平均交角较大，故斜拉索的垂直分力对主梁的支承效果也大，与竖琴形布置相比，可节省拉索材料15%～20%，但塔顶上的锚固点构造比较复杂。

④星形布置是将斜拉索合并锚在主梁上，斜拉索倾角最小，锚固较复杂，目前很少采用。

斜拉桥按索距布置还可分为“稀索”与“密索”。在早期的斜拉桥中都为“稀索”(超静定次数少)，现代斜拉桥则多为“密索”(超静定次数多需利用计算机计算)。

斜拉索布置如图6-50所示，斜拉索结构如图6-51所示。

3. 钢索截面

斜拉索应结合起重、运输和安装等条件，选用平行钢丝斜拉索或钢绞线斜拉索。斜拉索采用$\phi5\sim\phi7$mm的热镀锌高强钢丝，标准强度不低于1670MPa；外挤单层或双层高密度聚乙烯套防护，配用的冷铸镦头锚分为张拉端或非张拉端锚具,锚具外表面应进行防护处理。采用高强低松弛预应力镀锌钢绞线,标准强度不低于1860MPa。锚具钢材应采用优质碳素结构钢或合金结构钢,性能应满足相应国家标准要求。斜拉索的高密度聚乙烯外防护套,应具有较长的抗老化寿命。钢索的主要形式见图6-52。

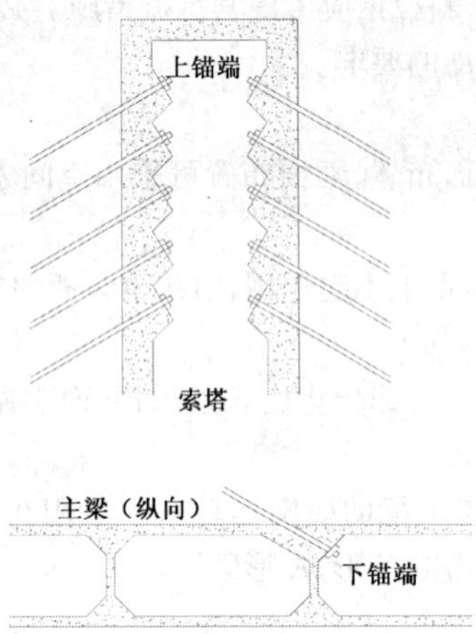

图6-50　斜拉索布置

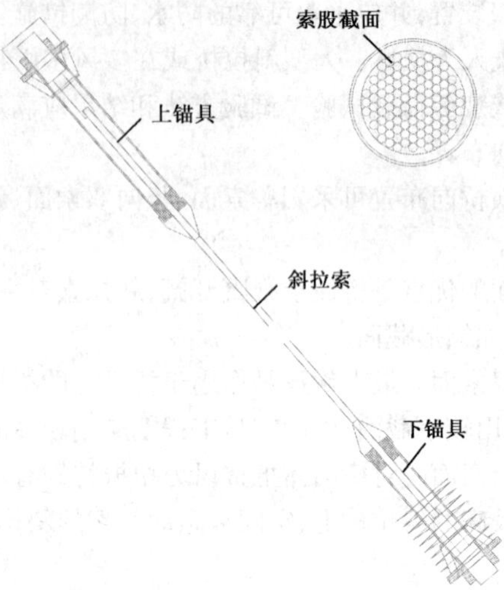

图6-51　斜拉索结构

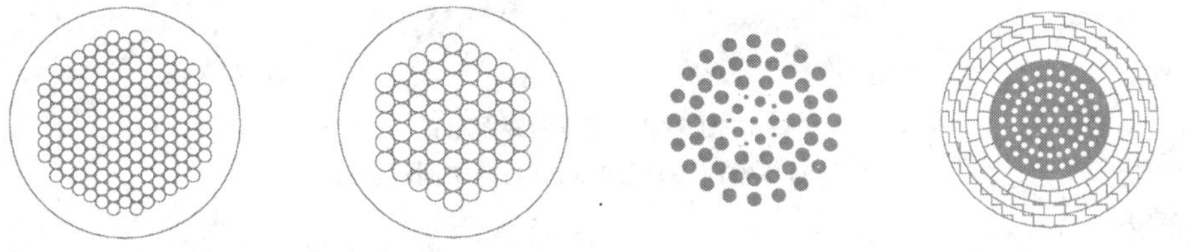

图6-52　钢索的主要形式

a)钢丝索;b)钢绞线索;c)单股钢绞线;d)封闭式钢缆

1)平行钢丝

①平行钢丝斜拉索设计应符合现行国家标准《斜拉桥热挤聚乙烯高强钢丝拉索技术条件》(GB/T 18365—2001)的要求。成品拉索检验超张拉取1.2~1.4倍设计索力,冷铸锚板内缩值不宜大于5mm。

②平行钢丝斜拉索应采用外挤单层或双层高密度聚乙烯护套防护形式。

③斜拉索应配用冷铸镦头锚,并根据斜拉索安装张拉工艺的需要设计为张拉端锚具或非张拉端锚具,锚具外表面应进行防护处理。

2)钢绞线

①斜拉索用钢绞线应选择满足现行《预应力混凝土用钢绞线》(GB/T 5224—2003)的高强度低松弛钢绞线。

②单根钢绞线宜进行镀锌等防腐处理,且外包挤黑色高密度聚乙烯护套,整束钢绞线外护套可采用高密度聚乙烯半圆管或整管护套。

③钢绞线斜拉索锚具可采用夹片群锚或其他成熟锚具,其结构形式及规格应符合现行《预应力筋用锚具、夹具和连接器》(GB/T 14370—2000)的要求。

4. 锚固系统

斜拉桥梁、塔、墩的联结型式有三种:全固结、塔墩固结、梁塔固结。全固结为桥塔、主梁、桥墩三者固结而成;优点是不需设置支座,缺点是固结点附近的主梁应力大、梁体较高。塔墩固结为桥塔和桥墩固结,而主梁悬浮,即不与桥墩和桥塔联结或铰接;优点是主梁可采用较小的支座,普遍不设固定支承,缺点是在梁的抗风性能和横向刚度有所降低。梁塔联结是指主梁和桥塔固结,而与桥墩之间为铰接或滑动支座连接。

1)与混凝土梁的锚固

斜拉索与混凝土梁的锚固宜采用的形式有:顶板锚固、箱内锚固、斜隔板锚固、梁体两侧锚固和梁底锚固等。顶板锚固宜用于箱内采用加劲杆的单索面桥;箱内锚固宜用于两个分离单箱的双索面桥;斜隔板锚固应用范围与箱内锚固块一致；梁体两侧锚固宜用于双索面桥；梁底锚固宜用于梁截面较小的双主梁或板式梁。

2）与混凝土索塔的锚固

斜拉索与混凝土索塔的锚固宜采用的形式有侧壁锚固、钢横梁锚固、交叉锚固、钢锚箱。锚固的基本构造要求如下：

①实体塔上的交错锚固，应在塔柱中埋设钢管，并设置锚垫板。

②空心塔上的侧壁锚固，应在空心塔柱的壁板内配置预应力钢筋，对索塔的预应力钢筋的布置，应避免出现预应力盲区。

③钢横梁锚固，应在混凝土塔柱内侧设置牛腿。

④钢锚箱锚固，由锚垫板、承压板、锚腹板、套筒及若干加劲肋构成钢锚箱。钢锚箱间连接应采用焊接，并用栓钉使之与混凝土塔身连接。

3）与钢主梁的锚固

斜拉索与钢主梁的锚固宜采用的形式有锚箱式、耳板式、锚管式。其基本构造要求如下：

①锚箱式锚固应设置锚固梁，斜拉索锚固在锚固梁上，锚固梁用焊接或高强螺栓方式与主梁连接。

②耳板式锚固应在主梁的腹板向上伸出一块耳板，斜拉索通过铰连接在耳板上。

③锚管式锚固应在主梁或纵梁的腹板上安装一根钢筋，斜拉索锚固于钢管。

4）与钢索塔的锚固

斜拉索与钢索塔的锚固宜采用的形式有鞍座支承式、鞍座锚固式、锚固梁式、支承板式。

5）锚固区构造要求

斜拉索锚固区构造要求如下：

①在混凝土主梁上应设置锚固实体段构造；锚固区内的构件截面尺寸应满足设置穿索管道及锚下垫板的需要；锚下局部区段内应增设加强钢筋网或螺旋钢筋。

②钢主梁上的斜拉索锚固区各构件之间应连接可靠，各构件的最小厚度应不小于10mm。

③锚下钢垫板尺寸应根据张拉吨位、张拉机具大小和模具型式等确定，厚度不宜小于20mm，斜拉索锚管的最小壁厚应不小于10mm。

④斜拉索锚管和锚下垫板之间应采用加劲板加强。

⑤索塔锚固区斜拉索的间距，除应满足计算高度要求外，还应保证张拉及调索的空间，满足孔洞、管道及千斤顶行程与移动需要的高度要求。

6.6.4　主梁

主梁受斜拉索的支承，跨越能力大，梁的建筑高度小。按主梁建筑材料，可分为预应力混凝土主梁、钢主梁、组合主梁。主梁的作用，一是将恒载、活载分散传给斜拉索，梁的刚度越小，则承担的弯矩越小；二是与斜拉索及索塔一起成为整体，主梁承受的力主要是斜拉索的水平分力所形成的轴压力，因而需有足够的刚度防止压屈；三是抵抗横向风载和地震荷载，并把这些荷载传给下部结构。

1. 主梁截面形式

主梁截面形式应根据建筑材料、跨径、索距、桥宽、索面数等因素，综合考虑结构受力、抗风稳定和施工方法进行选用。主梁截面形式常采用箱形梁，它的抗弯和抗扭刚度大，能适应稀索、密索、单索面等不同斜索布置。其组合截面，也可以方便的形成封闭式的单箱形式或分离式的双箱形式，以适应不同桥宽的需要。截面的组合构造，也可以部分预制、部分现场浇筑，为桥梁施工方案提供了较多的选择。钢箱梁造价高，但可以加快施工速度，适应最大的跨度。

1）混凝土主梁

混凝土主梁一般有两种布置形式，即主梁为连续体系和非连续体系两种。预应力混凝土主梁截面有实心板截面、边箱梁截面、箱形截面、带斜撑箱形截面和肋板式截面（图6-53）。实心板截面适用于跨径200m以下的混凝土斜拉桥；肋板式截面及边箱梁截面适用于双索面斜拉桥；带斜撑的箱形截面适用于单索面斜拉桥。

当桥面很宽时，箱梁截面可考虑设为单箱多室截面、肋板式及边箱梁截面，必要时在中间板的部分适当增加梁肋数。两肋板式主梁的混凝土顶板，可代替工程造价昂贵的钢板，且便于挂篮混凝土现浇施工。

2）钢主梁

钢主梁截面有箱形截面、板式截面、分离式边箱截面和钢板梁截面(图6-54)。当采用双层桥面的主梁时,宜采用桁架形式。

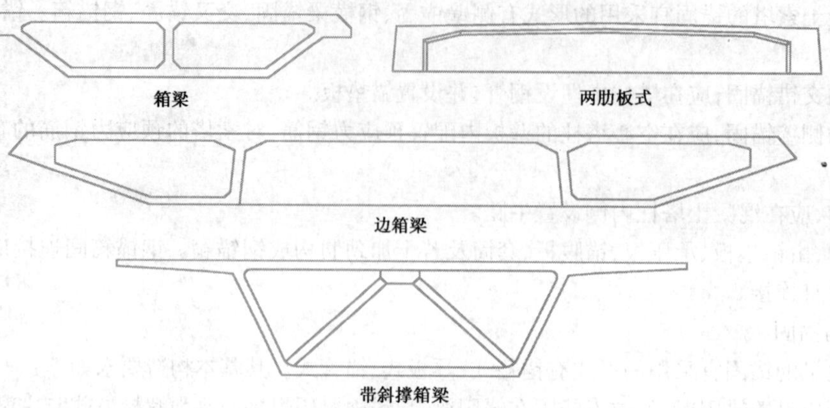

图6-53 混凝土主梁截面

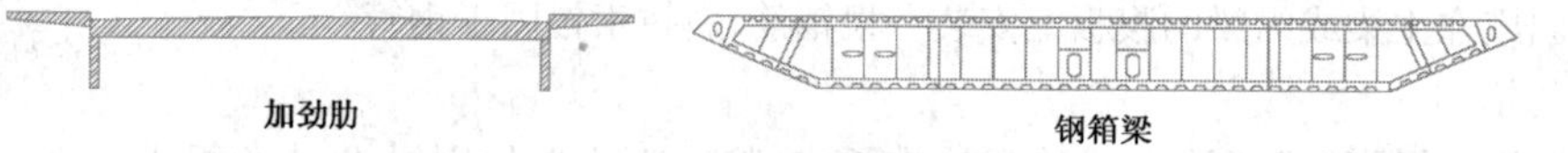

图6-54 钢主梁截面

3)组合主梁

组合主梁斜拉桥宜采用双索面,漂浮体系。

①钢—混凝土组合式主梁,两肋板式主梁也可采用钢—混凝土组合式结构。对于直接传递斜拉索水平推力的两肋板、桥面铺装板采用混凝土结构,而对于仅承受局部荷载的竖板采用钢结构。其主要优点是能减轻结构自重,简化施工工艺。

②钢—混凝土混合式主梁是在中孔大跨采用钢主梁,两侧边跨采用预应力混凝土梁。这种结构形式的优点是加大了侧跨主梁的刚度和质量,减小了主跨内力及变形;能减小或避免边跨端支点出现负反力;预应力梁容易架设,主跨钢梁也可较容易地从主塔开始用悬伸法连续架设;减少全桥钢梁长度,节省工程造价。它特别适合于边跨与主跨比值较小的情况,但采用这种结构形式必须处理好钢与混凝土连接处的构造细节。

③钢—混凝土叠合主梁是指在钢梁上用预制混凝土桥面板代替常用的正交异性钢桥面板。混凝土桥面板与钢纵梁或纵横梁,组合成叠合梁的桥面系,以承受桥面局部活载。将桥面板纵向跨在横梁之间,使局部荷载产生的桥面板拉应力,与整体结构体系产生的桥面板压应力相叠加。钢—混凝土叠合主梁截面宜采用两工字形钢主梁其间加小纵梁截面形式(图6-55)。预制混凝土桥面板,其厚度不宜小于25cm。混凝土强度等级不宜小于C40,预制板需存放4~6个月后才能使用。混凝土板间接缝、钢梁顶面的剪力键与钢梁顶面应有效地结合成整体。

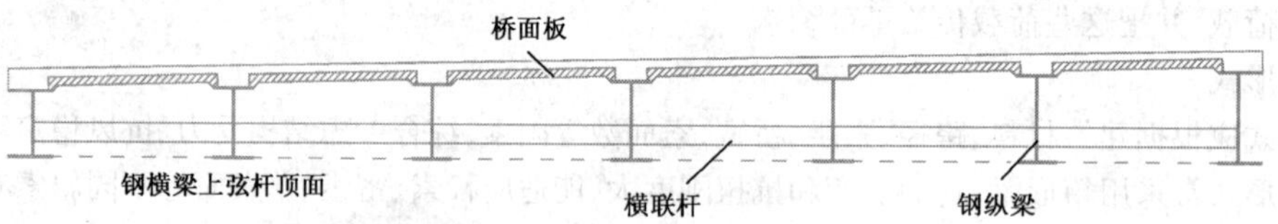

图6-55 钢—混凝土叠合主梁截面

2. 主梁横向连接系

主梁斜拉索锚固区必须设置横向连接系。支座处横隔板必须加强。

1)混凝土各主梁连接系

混凝土梁横向连接系应采用横隔板(梁),横隔板(梁)可采取增加混凝土板厚、施加预应力等措施加强。横隔板的人洞应加强角隅处配筋,并充分考虑其他防裂措施。轻型开口截面主梁结构其横隔板(梁)间距宜采用6~10m。其厚度宜不小于18cm。

2)钢梁连接系

钢梁的横隔板(梁)宜采用钢板梁。钢桁架梁横向连接系宜采用桁架斜撑形式。横隔板(梁)应采用工厂焊接方法制作,钢板的厚度不宜小于10mm。

3)组合梁连接系

主梁之间宜采用钢板梁进行横向连接,其钢板厚度不宜小于10mm。

3. 主梁纵向连接

1)混凝土主梁

主梁纵向采用分段悬浇时,在分段处主梁纵向预应力筋的连接接头不应超过其总数的50%。主梁纵向采用分段悬拼时,混凝土主梁端面应设计成企口缝形式,并宜设置定位预(埋)制件。主梁接缝应采用铰接缝,构件接触面应平整、密贴并做好防水处理,跨径较大时可增加湿接缝,便于调整线形。

2)钢主梁

钢箱梁和钢桁架构件应采用工厂焊接方法制作,节段连接方式可采用高强螺栓连接或焊接;钢箱梁顶板应采用焊接连接。钢箱梁纵向隔板宜布置在桥面车道的分界线位置。

3)组合主梁

大跨径组合梁斜拉桥主梁节段长度以能布置1~2根斜拉索或2~4根横梁为宜。组合梁中的钢梁节段应采用工厂焊接方法制作。节段连接方式可采用高强螺栓连接或焊接。

不同材料梁的连接处,宜设置在弯矩最小位置,可布置在主跨或边跨内,连接处应设横隔板。不同材料梁间应连接可靠。两种梁段的重心高度位置宜设置一致。可采用施加预应力、设抗剪栓钉等的方式直接连接,并通过加劲肋逐渐变高,以缓解两种梁体刚度的突变,保证力的顺畅传递。

4. 合龙段

混凝土斜拉桥主梁合龙段长度可取1.5~3.0m,并应采用劲性型钢骨架或施加预应力等方式作为临时固结措施。钢梁斜拉桥合龙应根据温度变化设置临时固定措施,合龙段钢梁长度需根据合龙温度予以修正。

6.7 悬索桥设计

悬索桥又称吊桥,由索塔、鞍座、锚碇、主缆、吊索(杆)、加劲梁等组成。悬索桥是用塔架上的强大受拉主缆作为主要承重构件的桥梁结构,是具有水平反力的结构,主缆需要锚固在悬索桥两端的锚碇中。悬索桥与其他大跨度桥梁相比,具有明显的跨越优势和极高的观赏价值,见图6-56。

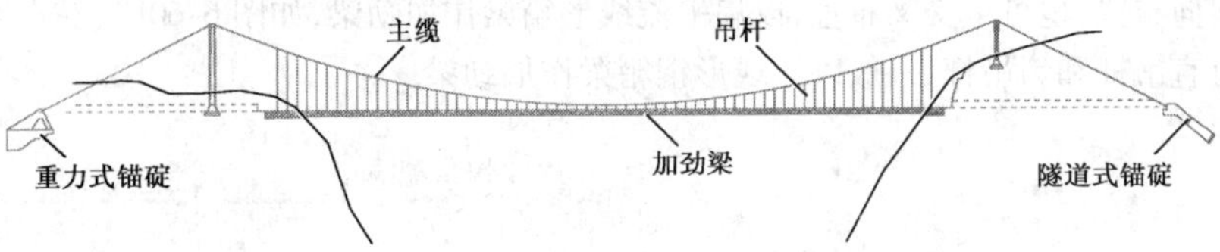

图6-56 悬索桥布置

当设计的桥梁跨度在600m以上时,悬索桥可以作为优先考虑的桥型。其主要原因是以高强钢丝作为主要承拉结构的悬索桥,具有受力合理、最能发挥材料强度等特点,同时还以整体造型流畅美观和施工安全快捷等优势而备受推崇。

6.7.1 设计规定

悬索桥的类型可从悬吊跨数、主缆锚固方式以及悬吊方式等方面予以划分。

1. 桥跨布置

①单跨悬索桥常用于高山峡谷地区,两岸地势较高,采用桥墩支承边跨更为经济,或者道路的接线受到限制,使得平面曲线布置不得不进入大桥边跨的情况,如图6-57a)。就结构特性而言,单跨悬索桥由于边跨主缆的垂度较小,主缆长度相对较短,对中跨荷载变形控制更为有利。

②三跨悬索桥是目前国际工程实例中应用最多的桥型,世界上大跨度悬索桥几乎全采用这种形式,这不仅是因其结构受力特性较为合理,同时其流畅对称的建筑造型也更能迎合人们的审美观点,如图6-57b)。

③多跨悬索桥型由于结构柔性大、固有振动频率较低,难以满足特大跨度悬索桥的受力及刚度需要,因而也就不具备实用优势。但在需要采用连续大跨布置时,则是采用两个三跨悬索桥联袂布置,如图6-57c)。美国旧金山–奥克兰海湾为建桥实例。

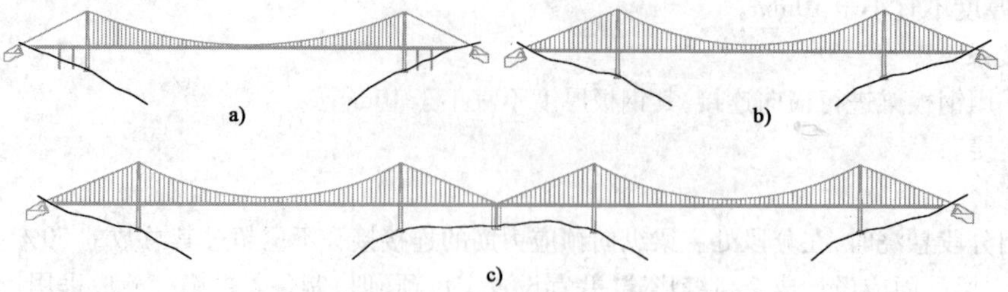

图 6-57　悬索桥

a)单跨悬索桥;b)三跨悬索桥;c)多跨悬索桥

2. 主缆和锚碇

为了承受巨大的主缆拉力,锚碇结构必须做得很大(如重力式锚碇),或者依靠天然完整的岩体来承受水平拉力(如隧道式锚碇)。大多数斜拉桥采用双面主缆,也有单面主缆。目前悬索桥出现独塔、悬索和斜拉索组合体系结构等,见图 6-58;主缆材料抗拉强度的提高、一些新型材料的应用以及结构动力学理论的发展和完善,提高了现代悬索桥的跨越能力。

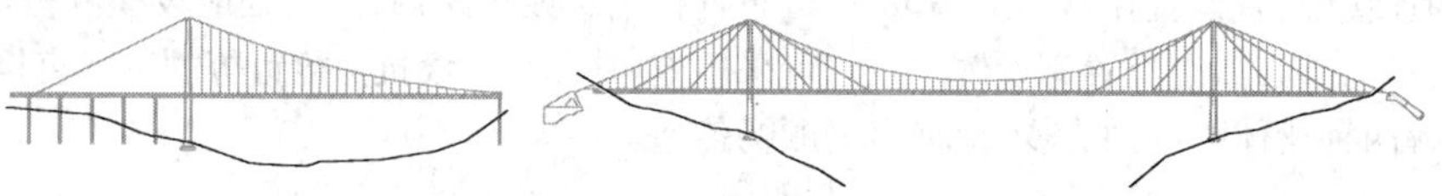

图 6-58　独塔悬索桥及悬索-斜拉索组合斜拉桥

地锚式悬索桥采用地锚锚固主缆。即主缆通过重力式锚碇或隧道式锚碇将荷载产生的拉力传至地基来达到全桥的受力平衡,这是大跨度悬索桥最佳的受力模式。

自锚式悬索桥是在边跨两端将主缆直接锚固于加劲梁上,主缆的水平拉力由加劲梁提供轴压力,自相平衡不需另外设置锚碇(图 6-59)。

3. 吊杆布置

①竖直吊杆一般以钢桁架作加劲梁,如图 6-60a)。

②斜吊杆采用斜向布置,也可呈交叉布置,以扁平流线形箱梁作加劲梁,如图 6-60b)。

③加强斜拉索有直吊杆和斜吊杆,一般以流线形钢箱梁作加劲梁。

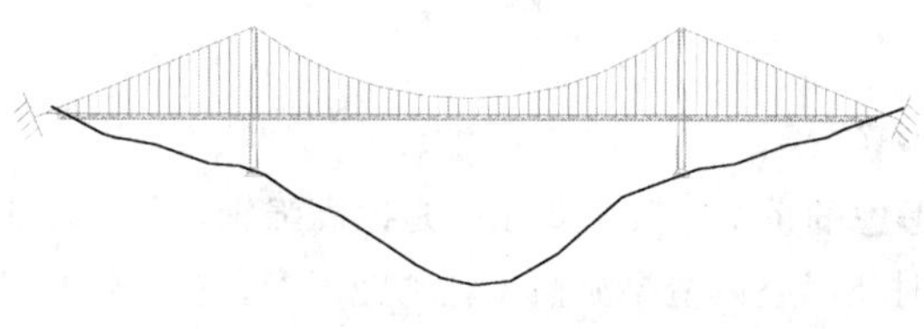

图 6-59　自锚式悬索桥

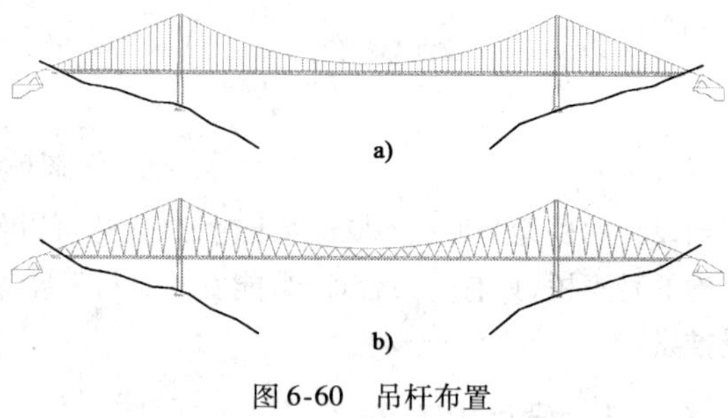

图 6-60　吊杆布置

a)垂直;b)斜向

4. 支承结构

按加劲梁的支承结构,可分为单跨两铰加劲梁悬索桥、三跨两铰加劲梁悬索桥和三跨连续加劲梁悬索桥等,见图 6-61。

6.7.2　索塔

索塔主要是对主缆起支承作用,分担主缆所受的竖向荷载,同时在风和地震荷载作用下,对全桥结构的总体稳定提供安全保证。索塔是支撑主缆的重要构件,悬索桥上的车辆活载和恒载都将通过主缆传给索塔至基础。索塔一般由塔座、塔身、横梁组成。在顺桥方向,塔身按力学性质可分刚性塔、摇柱塔、柔性塔三种结构形式。

1. 索塔分类

①刚性塔多用在早期较小跨度的悬索桥和现代多跨悬索桥中,为提高结构刚度时采用。

②摇柱塔只用于跨度较小的悬索桥,下端为铰接式单柱结构。

③柔性塔是大跨度现代悬索桥最常用的结构,为下端固结的单柱形式。

在横桥方向,通常采用刚构式、桁架式或两者混合的结构形式,用以抵抗横桥向的风力或地震作用。混凝土主塔对大跨度悬索桥具有适用性,见图6-62。

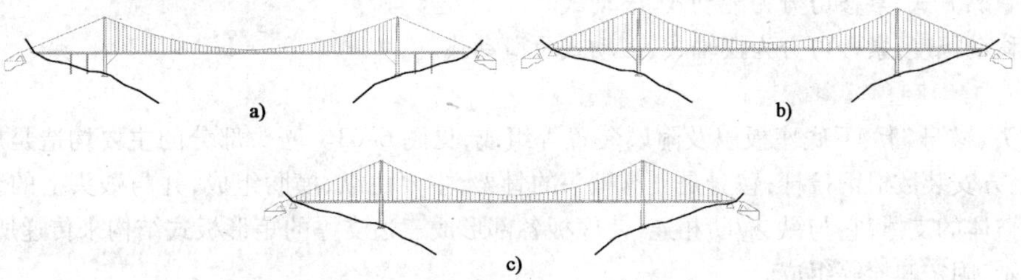

图6-61 悬索桥按加劲梁的支承结构分类

a)单跨两铰加劲梁;b)三跨两铰加劲梁;c)三跨连续加劲梁

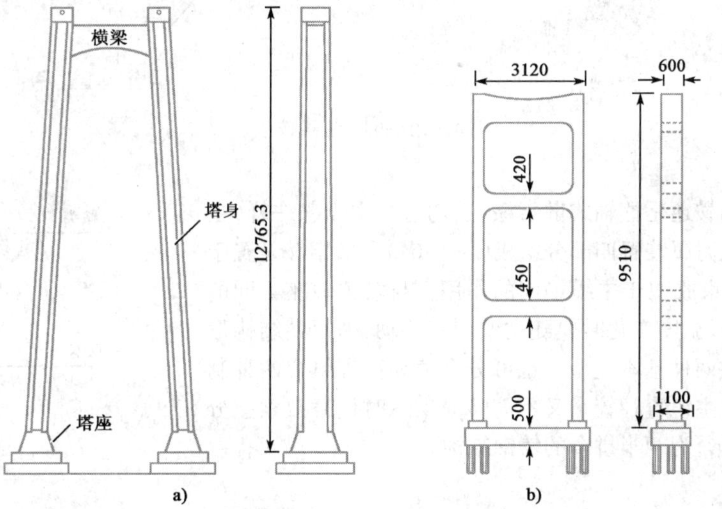

图6-62 悬索桥索塔

a)门式;b)框架式

国外建成的大跨度悬索桥大多采用钢索塔,随着预应力混凝土技术和爬模施工工艺的发展,混凝土索塔结构更有前景。

2. 索塔构造

索塔的形状,对结构整体的建筑造型及景观影响较大。索塔的基本尺寸由塔柱高度、塔柱间距、塔柱断面大小、横梁大小,以及加劲梁布置位置确定。塔柱高度是根据主缆垂度、加劲梁高度、河道通航等约束条件确定;主缆的垂跨比一般为1/8~1/12。塔顶、桥面下必设横梁,中横梁设置位置应满足结构刚度的要求。钢筋混凝土塔柱,一般为矩形空心截面;空心塔柱顶段应有足够厚度的实体段,以保证索鞍下的应力过渡;塔柱与横梁连接处的柱壁宜局部加厚,横梁内设置横隔板,横梁上必须设置穿过塔柱锚固的预应力钢筋。

塔柱底部、桥面高度处及与横梁连接处的塔柱侧壁,横梁的顶板均应根据需要设置出入孔,其尺寸应方便养护人员出入和设备(电梯、除湿设备等)的安装;出入孔之间应设置通道、爬梯及扶手等,以供人员通行及保证安全。宜在上、下游塔柱两侧肋壁上,沿高度方向每隔10~15m,设置一个通风孔。

索塔顶部应设置能覆盖全桥的防雷安全设施;根据航空管理要求,考虑设置航空障碍标志灯;有通航要求的河流上,通航孔处应按航道部门要求设置导航装置。

6.7.3 索鞍

索鞍是为主缆提供支承并使主缆平顺地改变方向的重要构件,可分为主索鞍、散索鞍和转索鞍,其主要功能是支撑主缆。

1. 索鞍分类

主索鞍设置在索塔顶,将主缆的竖向压力均匀的传递到主塔;散索鞍设置在锚跨与边跨之间的支墩平台上,将主缆的竖向压力均匀的传递到锚碇支墩上;转索鞍是为主缆转折需要而设置于边跨的鞍座。

①按材料及成型方法索鞍可分为全铸式、铸焊组合式、全焊式。

②按传力结构形式,索鞍可分为肋传力结构、外壳传力结构。

③按不同的摩擦方式,索鞍可分为滑动式、滚动式。

④按不同的移动幅度,索鞍可分为摆轴式、滚动式及滑动式。

2. 主索鞍

主索鞍由鞍头、鞍身、上、下底座板以及附属装置等组成,见图 6-63。鞍头部分的主要构造是放置主缆索股的承缆槽,其侧壁上方安装数根钢拉杆;鞍身是支撑鞍头的骨架,主要由纵、横肋组成,并与鞍头上的纵、横肋相对应;上底座板是整个鞍体的支撑,它与纵、横肋相连,使底板各部形成三边支撑的矩形板式结构来传递所承受的力;附属装置由滑动摩擦副、固定螺栓等组成。

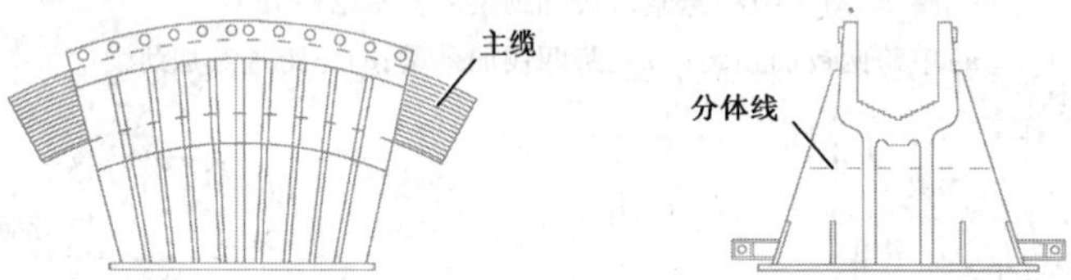

图 6-63　主索鞍

3. 散索鞍

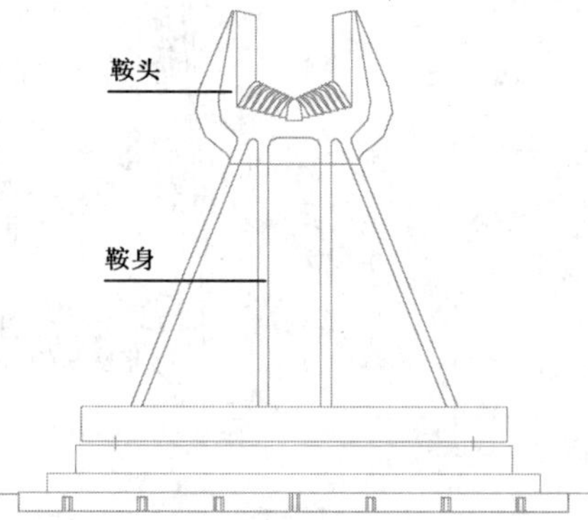

图 6-64　散索鞍

无论是滚轴式散索鞍还是摆轴式散索鞍,其构造与主索鞍一样,主要由鞍头、鞍身、座板及附属装置四部分组成(图 6-64)。散索鞍是置于锚碇前,起转向及分散束股便于主缆锚固的作用。与塔顶鞍座不同的是,散索鞍在主缆受力或温度变化时要随主缆同步移动,因而其结构形式又有摇柱式和滑移式两种基本类型。也可分全铸和铸焊组合两种制造方式。散索箍常用于主缆直径较小又不需转向支承时代替散索鞍分束锚固用,整体为喇叭形,为两半拼合的铸钢结构。

6.7.4 锚碇

锚碇用以锚固主缆,平衡主缆所受的拉力,将其传达至地基。锚碇基础是悬索桥主缆的锚碇体,它拉住主缆将力传递给地基。锚碇一般由锚碇体、锚梁、支墩、前锚室等部分构成,见图 6-65。锚碇体应抗滑动、抗倾覆、防止沉降。锚碇可分为重力式和隧道式两种结构形式。

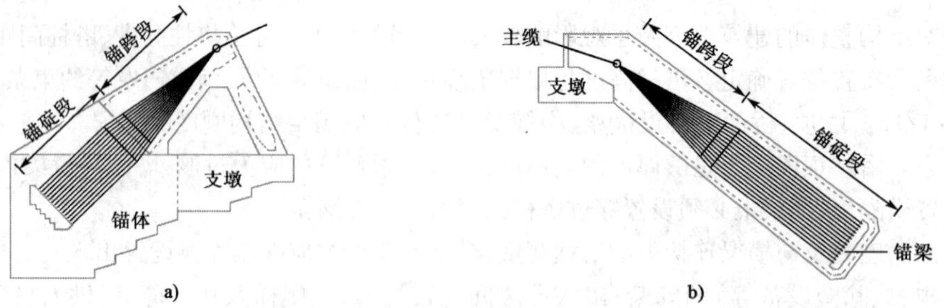

图 6-65　锚碇

a)重力式;b)隧道式

1. 重力式锚碇

重力式锚碇,锚固系统一般是与锚体构成整体,依靠锚体庞大的混凝上结构的重力作用来平衡主缆的拉力,故称之为重力式锚碇,如图 6-66 所示。

2. 隧道式锚碇

隧道式锚碇,是借助两岸天然坚固的岩体开凿隧洞,安装锚固系统后,再浇筑混凝土。该方法是依靠岩洞中的混凝土锚体与岩洞壁的嵌固作用来平衡主缆的拉力,故称之为隧道式锚碇,如图 6-67 所示。隧道式锚碇混凝土用量较重力式锚碇节省，经济性更为明显。

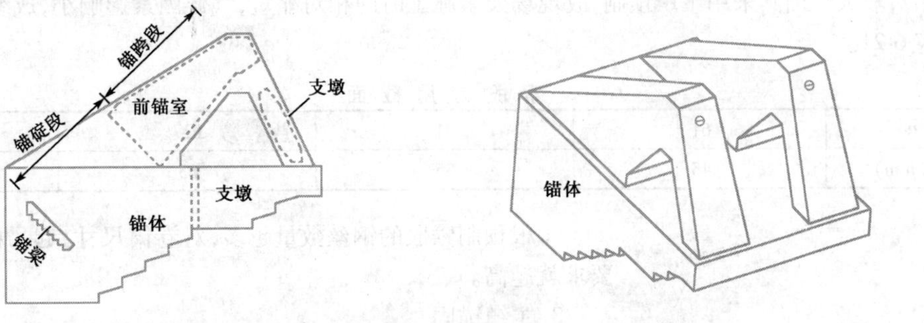

图 6-66 重力式锚碇

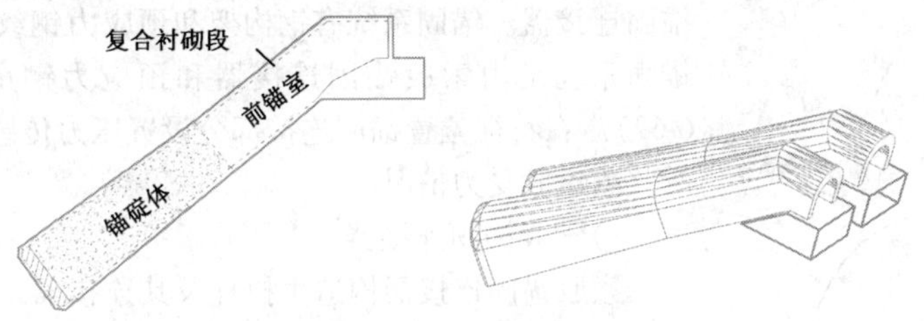

图 6-77 隧道式锚碇

6.7.5 主缆

主缆(即缆索)是悬索桥的主要组成部分，它以桥塔及支墩为支承，两端锚固在锚碇上，并通过吊杆悬挂加劲梁，是悬索桥的主要承重构件。主缆除承受自重、索夹、吊杆、加劲梁等恒载外，还承受加劲梁上所传递下来的荷载。主缆架设成型的质量好坏，对悬索桥的成桥精度及使用寿命起决定性作用。主缆应根据结构总体布置、设计缆力确定其材料、截面尺寸等设计参数。

1. 主缆材料

悬索桥的主缆材料必须具有强度高、弹性模量大、耐腐蚀等性能，可为镀锌高强钢丝或镀锌钢丝绳。大跨径悬索桥，宜采用弹性模量较高的镀锌高强钢丝。目前主缆的类型，主要有钢丝绳钢缆和由直径为 ϕ5mm 左右的镀锌钢丝组成的平行钢丝索股钢绳两种。目前，600m 以上的大跨径悬索桥多采用弹性模量较高的镀锌高强钢丝。

在悬索桥主缆的设计中，多是根据设计对材料的要求和悬索桥跨径大小而选择主缆类型。主缆先后经历了钢结构眼杆式缆链、钢丝绳缆、封闭钢绞索缆，最终发展为现在的平行钢丝主缆。

①钢丝绳主缆。多用于中、小跨径悬索桥；它又分为钢绞线绳和螺旋钢丝绳(Spiral Rope，简称 SPR)、封闭式钢绞线索(Locked Coil Rope，简称 LCR)。

②平行丝股主缆。主要用于大跨悬索桥，其制作方法分为空中纺线法和预制丝股法。

2. 主缆制作

空中纺线法(Air Spinning Method，简称 AS)——是利用牵引机械往复拖拉钢丝，是一种在现场制作平行钢丝索股的施工方法。即将制索股的工作放到了以猫道为工作平台的空中完成，在制索股的同时完成了架设。相对工厂预制，空中纺线法每股丝数量大，因而索股数量少，锚靴数亦少，锚室内的锚固面积少，但该法的编缆设备一次性投入高。

预制索股法(Shop-Fabricated Parallel Wire Strand Method，简称 PPWS 或 PS)——是一种将在工厂预制的平行高强钢丝索股运到工地安装的方法。该制作方法可节省架设时间、提高索股质量，所以目前国内修建的悬索桥均会采用。

主缆的制作方法是根据设备、工艺情况、成缆质量、防护要求及经济性等因素选择。主缆先由 ϕ5mm 镀锌高强钢丝组成钢丝束股，然后再由 n 个钢丝索股组成一根圆形截面主缆，如图 6-68。

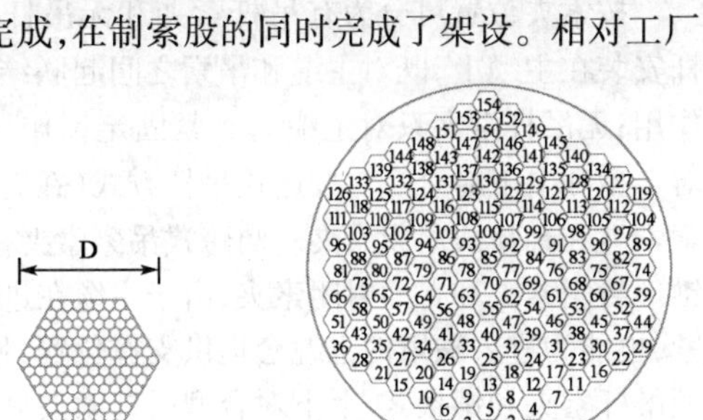

a) b)

图 6-68 主缆

a) 单索股($n_2=127$)；b) 主缆截面($n_1=154$)

采用预制丝股法的索股通常按正六边形平行排列定型，考虑桥跨及其施工条件，每股丝数 n_2 通常取值 61、91、127、169，组成形状稳定的正六边形。每缆总股数 n_1 多达 100 ~ 300 束，锚固空间相对较大。因其采用工厂预制，故现场架索施工时间相对缩短，气候因素影响小，成缆工效提高。索股常用截面，见表 6-21。

索股常用截面 表 6-21

每股丝数 n_2	61	91	127	169
索股宽度 D(mm)	45	55	65	75

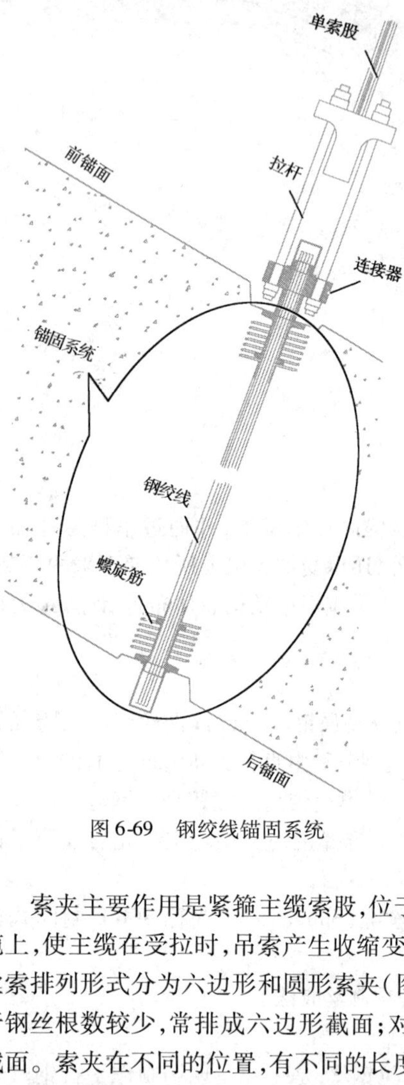

图 6-69 钢绞线锚固系统

每根预制索股的钢丝数量越多，对卷筒尺寸、起吊能力、运输条件等要求就越高。

3. 主缆锚固

主缆锚固包括置于混凝土锚体内的锚固系统和与主缆束股相连的锚固连接器。锚固系统有钢构架和预应力钢绞线两种基本形式，钢绞线锚固系统是由索股锚固连接器和预应力钢束锚固系统构造组成(图 6-69)。在特征位置锚固连接部分设置压力传感器，施工及运营期间可随时监测索股受力情况。

1)索股锚固连接器

索股锚固连接器构造由拉杆及其连接器组成，拉杆上端与索股锚头相连接，另一端与前锚面的连接器相连接。索股锚固连接器的构造有单索股锚固和双索锚固两种类型。单索锚固单元由 2 根拉杆和单索股锚固连接器构成，双索股锚固由 4 根拉杆和双索股锚固连接器构成。

2)锚固系统

锚固系统是由预应力钢束将主缆束股拉力传至混凝土锚体，即由预应力钢绞线及锚具、防腐油脂、锚头防护帽等组成。单索股锚固单元采用 15-17 规格预应力钢束，双索股锚固单元采用 15-32 预应力钢束。预应力钢束锚固分别采用特制的 15-17 和 15-32 型锚具，其关键是应满足设计所需的锚下应力不超过 C30 混凝土的受力要求。钢绞线采用热镀锌及预应力管道内灌注防腐油脂的双重体系，在前锚面设置有油脂面观测管，桥梁运营期间根据油面观测结果实施补充灌注，锚头张拉端不封锚并留有换束所需工作长度。

4. 索夹

索夹主要作用是紧箍主缆索股，位于吊杆的索夹又是连接主缆与吊杆的构件。吊索位置的刚性索夹箍紧在主缆上，使主缆在受拉时，吊索产生收缩变形不致滑动。索夹形式是根据主缆丝索排列形式分为六边形和圆形索夹(图 6-70)。对于中、小跨径悬索桥，由于钢丝根数较少，常排成六边形截面；对于大跨径悬索桥，主缆常采用圆形截面。索夹在不同的位置，有不同的长度和数量不等的对接紧固螺栓。

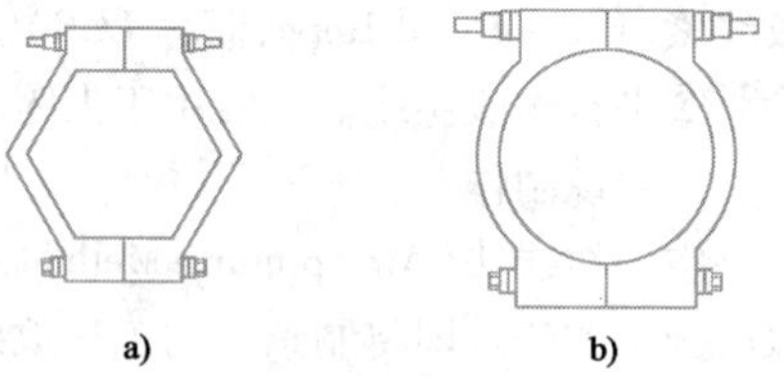

图 6-70 索夹

a)六边形；b)圆形

按索夹位置可分为有吊杆索夹和无吊杆索夹两种，有吊杆索夹是将吊杆安装在主缆上，既对主缆和吊索之间起联结作用，又对主缆起到紧固定型作用；无吊杆索夹只对主缆起到紧固定型作用。按夹索的方向可分为左右对合型和上下对合型。按连接吊杆方式(在有吊杆索夹中)可分为骑跨式吊索索夹和销接式吊索索夹。骑跨式吊索索夹往往采用左右对合的两半块。在无吊索索夹中，按其功能可将其分为锥形封闭索夹和普通封闭索夹；由于主缆在进出塔顶主索鞍时直径有较大的变化，锥形封闭索夹能适应并将主缆夹紧，也能为进入鞍罩的主缆套提供支撑位置，将主缆封闭起来；普通封闭索夹仅仅用于夹持主缆。骑跨式、左右对合型吊杆索夹和销接式、上下对合型吊杆索夹见图 6-71。

6.7.6 吊索

吊索一般采用柔性的钢丝绳或平行钢丝索。吊索将加劲梁竖向力传递给主缆。吊索其下端通过锚头与梁体两侧的吊索点联结，上端通过索夹与主缆联结(图 6-72)。

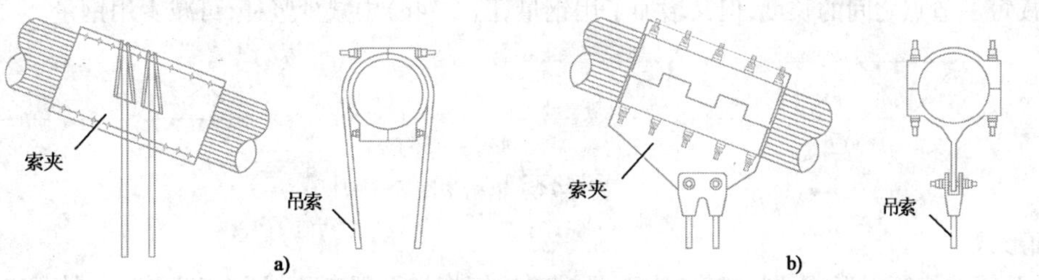

图 6-71　吊索索夹

a)骑跨式、左右对合型；b)销接式、上下对合型

1. 绳心式钢丝绳吊索

绳心式钢丝绳是由位于中心的一股钢丝绳作绳心，在其周围再用6股7丝或19丝或37丝扭绞成的钢丝束股扭绞而成；股心式钢丝绳是由7股19丝钢丝束股扭绞而成，位于中央的一股为股心。

2. 平行钢丝吊索

平行钢丝索(PWS)的截面一般由几十根到百十根 $\phi5\sim\phi7$mm 的镀锌钢丝组成，外加PE保护套。

3. 刚性吊杆

少数小跨度悬索桥也可用刚性吊杆。刚性吊杆是由圆钢或钢管制成，在它的两端加工螺纹，用螺帽与加劲梁上伸出的联结杆相联；或是两端焊上联结块，联结块上留有螺栓孔，用螺栓与索夹的吊耳及加劲梁上联结杆相联。

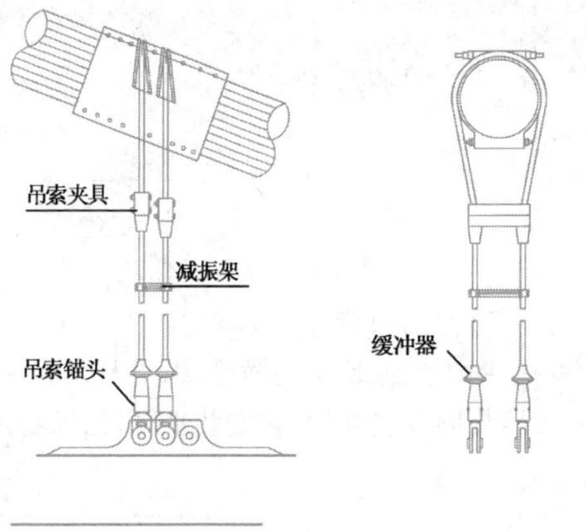

图 6-72　吊索布置

6.7.7　加劲梁

加劲梁是提供桥面直接承受荷载的梁体结构，直接承受和传递车辆、风、温度和地震等荷载。从某种意义上说，加劲梁又控制着荷载的分布和大小，对保证悬索桥稳定有着很重要的作用。悬索桥加劲梁按结构形式可划分为钢桁架梁、钢箱梁和钢筋混凝土箱梁等。但自从美国塔科马海峡桥其下承式钢板加劲梁风毁后，钢板梁已不再用于大跨悬索桥，塔科马海峡新桥也改用钢桁梁作加劲梁，以增强加劲梁结构的抗风稳定性。预应力混凝土加劲梁在20世纪60年代以后逐渐进入悬索桥领域，但适用跨度范围仅在100～450m之间。所以，目前大跨悬索桥加劲梁，主要采用钢桁梁和钢箱梁两种形式(图6-73)。

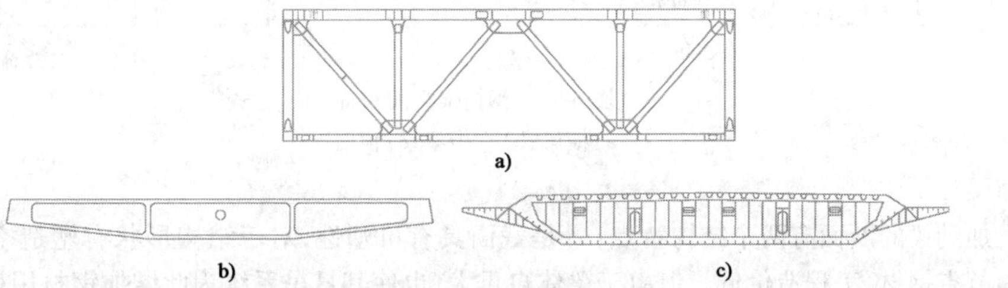

图 6-73　加筋梁

a)钢桁架；b)混凝土箱梁；c)钢箱梁

1. 钢桁架

钢桁架加劲梁在沿桥跨方向一般采用等高截面，为使钢桁架形成空间稳定的加劲梁，多设置上下弦杆、(横截面、桥跨两向的)竖、斜腹杆、平联杆、风稳定杆等。对于上下弦杆件多为钢板材料的箱形截面；对于桥面系，须设置钢纵梁、桥面板等构件。加劲梁梁高主要根据刚度要求和材料用量确定。跨径较小时，梁高一般在1/40～1/60范围内；跨径越大，加劲梁自重越大，主缆重力刚度越大，故大跨径悬索桥梁高一般在1/80～1/120范围内。

1)桁架图式

钢桁架加劲梁是空间稳定、等高截面结构，一般由上下弦杆、腹杆组成，腹杆又分为斜杆、直杆。钢桁架加劲梁应首先确定桁架图式(图6-74)，然后确定桁梁节点之间的长度，通常腹杆设置成简单的三角形状。图6-74a)中无竖杆，构造简单，各节点上的杆件均为受力构件，且杆件较长，增加了用钢量；图6-74b)中增加竖杆，其只承受局部荷载，相应地减短了节点之间的长度，但又增加了用钢量；图6-74c）中减少竖杆，可减少用钢量。

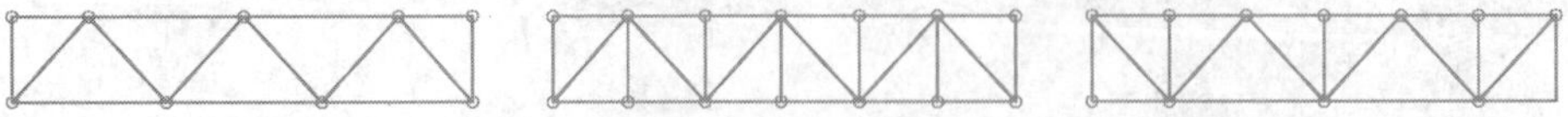

图6-74　钢桁架图式

2）横断面形式

钢桁架加劲梁的横断面形式，图6-75a）为下翼封闭的钢桁加劲梁断面，图6-75b）为下翼开口的钢桁加劲梁断面。钢桁架加劲梁的上下弦杆多采用钢板材料制作成箱形截面，竖杆、斜杆、平联杆、风稳定杆多采用角钢或钢板材料制作成H或T形截面。

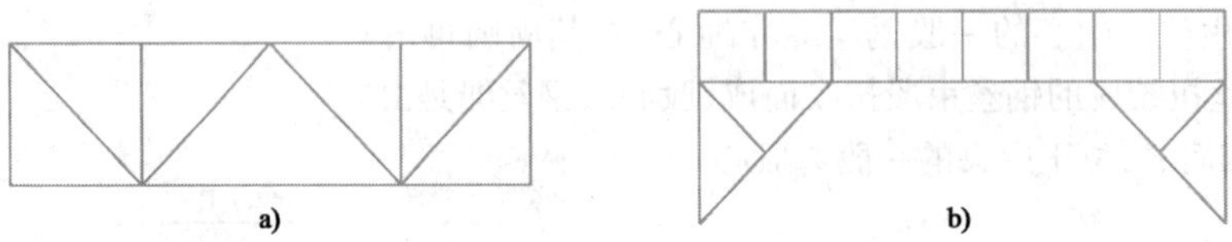

图6-75　钢桁架加劲梁横断面

3）空间布置

钢桁架加劲梁的横梁、纵梁及顶面为三维空间布置，见图6-76。图6-76b）实线部分为一个主桁架，在两个主桁架吊装形成整体后，再安装平联杆、风稳定板等。

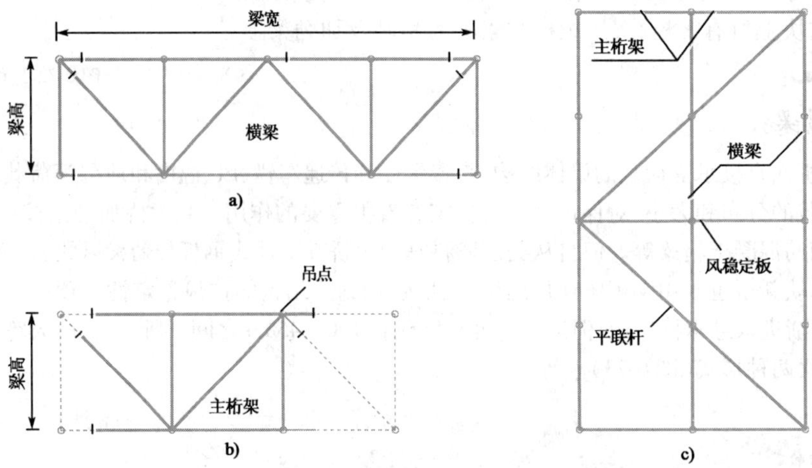

图6-76　钢桁架空间布置

a）横梁；b）主桁架；c）顶面

2. 混凝土箱梁

钢筋混凝土加劲梁的断面有两个结构特点：一是截面具有可塑性，对于结构形状有塑造空间。二是梁体刚度大、风稳性能好、节省钢材、工程造价低。但由于梁体自重大，也使其悬吊系统为此增加钢材用量。同时还使施工制造、运输及起吊安装等工作增加了一定的难度。

悬索桥采用钢筋混凝土加劲梁时，一般宜采用流线形全封闭式整体箱形截面。这类截面能对加劲梁提供足够的抗扭刚度。经风洞试验证明，两端的流线形端头，抗风性能良好。某单箱三室预应力混凝土薄壁箱形结构混凝土加劲梁，如图6-77所示。加劲主梁截面的外轮廓如橄榄的流线形状，加劲主梁为双向预应力体系。

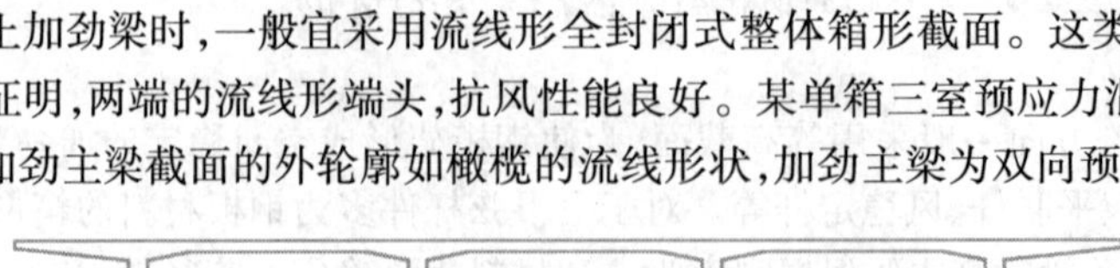

图6-77　钢筋混凝土加劲梁

3. 钢箱梁

钢箱梁抗扭刚度大，比钢桁架加劲梁结构简单，易于制造，尤其比桁架节省钢材，便于养护。悬索桥加劲梁从传统形式的钢桁架渐变为抗风性能较好的流线形扁平钢箱梁是一个较大进步。首先,钢箱梁截面长细的外形使其具有良好的空气导流特性,而且钢箱梁桥面既是箱梁的组成部分,又是行车道板,与桁架加劲梁相比可减少钢纵梁、桥面板等构件。

钢箱梁加劲梁由顶板、底板和腹板焊接成封闭的截面,箱内设置横隔板和纵横加劲肋顶板兼作桥面板。桥面板作为箱梁的上翼缘,为正交异性板结构,由顶板和焊接于顶板上的纵向和横向加劲肋组成,直接承受车辆荷载;底板作为箱梁的下翼缘承受竖向荷载;箱体两侧设置倾斜的风嘴状边腹板;横隔板有空腹桁架式、实腹式和肋式等类型(图6-78),其对桥面板及纵向加劲肋起分跨和支承作用,将箱梁的上下翼缘联为整体,横隔板顺桥向间距不宜大于4.5m,并应为吊索间距的等分数,普通横隔板厚度一般为8~10mm,吊点处横隔板厚度一般为10~12mm。

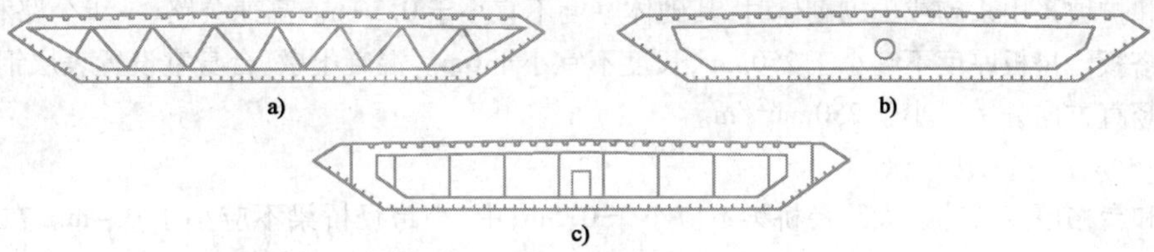

图6-78　横隔板的基本类型

a)空腹桁架式;b)实腹式;c)肋式

钢箱梁截面轮廓形式,基本上采用扁平箱式构造。扁平钢箱加劲梁,其截面基本由四部分组成——上翼缘板、下翼缘板、腹板和加劲构件,其上翼缘板又兼作桥面板之用。

4. 桥面系

为了增强加劲梁的整体性,往往采用正交异性钢桥面板,其根据主桁的结合形式,可分为非合成和合成形式。钢桥面系用平钢板作为盖板,其下面焊有纵向和横向的加劲肋,盖板上铺设铺装层;钢板厚一般为14mm,桥面铺装多采用沥青混凝土(图6-79)。

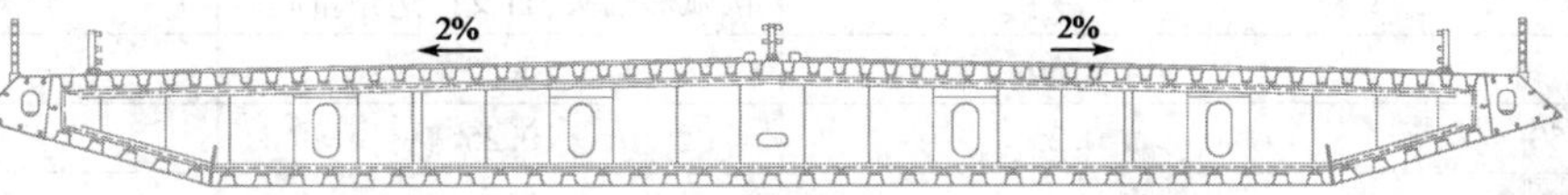

图6-79　钢—混凝土桥面系

6.8 桥梁墩台

桥梁下部结构通常由桥墩、桥台及其基础组成。桥墩和桥台是支撑上部结构并将其传来的恒载和车辆等活载再传至基础的结构物。通常将设置在多跨桥梁中间部分的支撑结构物称为桥墩,将设置在桥两端的称为桥台。桥梁墩、台以下的基础是桥墩、桥台埋入土中的延续部分,其作用是使桥上全部荷载传至地基。

6.8.1 设计规定

桥梁墩、台的类型繁多,但掌握最基本和最常用的墩和台形式,以及它们的基本构造和设计原则,对桥梁设计却是最关键的。

1. 稳定性

桥墩除承受上部结构的荷重外,还要承受流水压力,水面以上的风力以及可能出现的冰荷载、船只、排筏或漂浮物的撞击力。桥台除了上述作用外,又是衔接两岸接线路堤的构筑物;既要能挡土护岸,又要能承受台背填土及填土上车辆等荷载所产生的附加侧压力。因此,桥梁墩、台本身应具有足够的强度、刚度和稳定性。

①在有强烈流冰、泥石流或漂流物的河流中的墩台,其表面宜选用强度等级不小于MU60的石材或C40混凝土预制块镶面。镶面砌体的砂浆强度等级不应低于M20。

②累年最冷月平均温度低于或等于-10℃的地区,墩台表面应选用强度等级不低于MU50的石料或C30混凝土。

③具有强烈流冰河流中的桥墩,应在其迎冰面设置破冰棱。破冰棱应高出最高流冰水位1.0m,并应低于最低流冰水位时冰层底面下0.5m。破冰棱的倾斜度宜为3:1~10:1(竖:横)。破冰棱迎冰面应做成尖端形或圆端

形。混凝土破冰棱在迎冰表面应埋设钢板或角钢。破冰棱与桥墩应构成一体,自基底或承台底至最高流冰水位以上1.0m处,混凝土墩台应避免设水平施工缝,当不可避免时,其接合面应用型钢或钢筋加强。

2. 沉降缝

在非岩石类的地基上修建带八字形翼墙的桥台,台身与翼墙之间宜设缝分开。在非岩石类的地基上,桥台宜每隔10~15m设置一道沉降缝。现浇混凝土桥台台身及基础,应根据当地气候条件及施工条件,每隔5~10m设置一道伸缩缝。桥台应设置台背排水设施。

相邻墩台间均匀沉降差(不包括施工中的沉降)不应使桥面形成大于2‰的纵坡。超静定结构桥梁墩台间的均匀沉降差还应满足结构的受力要求。各种桥梁墩台除应满足强度和稳定要求外,尚应满足构造和施工要求。

3. 桥头搭板

当桥台锥坡和护坡采用浆砌或干砌砌体时,其砌体厚度不宜小于0.30m。高速公路、一级公路和二级公路上桥梁的桥头宜设置搭板。搭板厚度不宜小于250mm,长度不宜小于6m。混凝土墩、台身宜设置表层钢筋网,其截面面积在水平方向和竖直方向分别不小于$250mm^2/m$。

4. 墩台帽

桥梁的墩帽和台帽厚度,特大、大跨径桥梁不应小于0.5m;中、小跨径桥梁不应小于0.4m。在墩、台帽内应设置构造钢筋。

5. 支座垫石

设置支座的墩帽和台帽上应设置支座垫石,在其内应设置水平钢筋网。与支座底板边缘相对的支座垫石边缘应向外展出0.1~0.2m。支座垫石顶面应高出墩、台帽顶面排水坡的上棱。墩、台顶面与梁底之间应预留更换支座时的空间。墩、台帽出檐宽度宜为0.05~0.10m。支座边缘至墩、台身顶部边缘的距离应视墩、台构造形式及安装上部构造的施工方法而定,其最小距离可按表6-22的规定采用。

支座边缘至墩、台身顶部边缘的最小距离(单位:m) 表6-22

桥向 / 跨径 l(m)	顺桥向	横桥向	
		圆弧形端头(自支座边角量起)	矩形端头
$l \geq 150$	0.30	0.30	0.50
$50 \leq l < 150$	0.25	0.25	0.40
$20 \leq l < 50$	0.20	0.20	0.30
$5 \leq l < 20$	0.15	0.15	0.20

6. 台背填土

长度为3~4倍台高的台背填土应在拱圈合龙前完成。台后填土必须分层夯实,其密实度不应小于96%,并切实做好台后填土防护工程,防止受水流侵蚀和冲刷。桥台和后座应在后台或后座的土侧压力作用下保持地基强度和结构稳定。

6.8.2 梁桥U形台

U形桥台为重力式桥台,因其台身是由前墙和两个侧墙构成的U字形结构而得名,见图6-80。重力式桥台后台的土压力主要靠自重来平衡,故桥台本身多数由石砌、片石混凝土或混凝土等圬工材料建造。

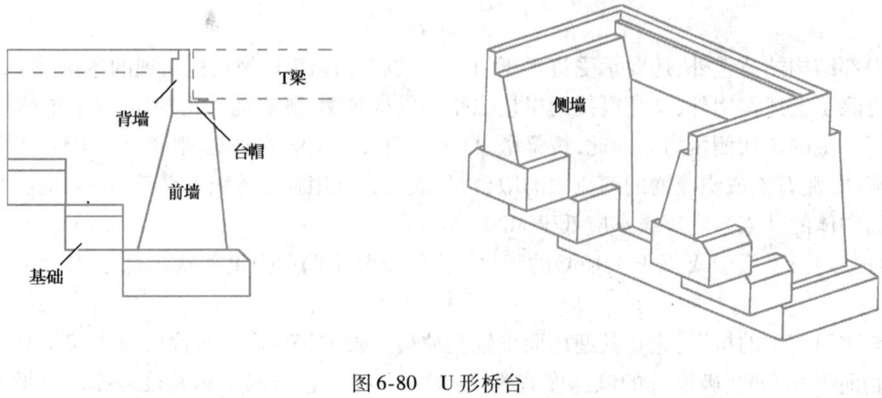

图6-80 U形桥台

U形桥台前端顶面宽度不宜小于0.50m,其任一水平截面的宽度,不宜小于该截面至墙顶高度的0.4倍。侧墙顶面宽度不宜小于0.5m,其任一水平截面的宽度,对于片石砌体不宜小于该截面至墙顶高度的0.4倍;块石、粗料石砌体或混凝土不宜小于0.35倍;如桥台内填料为中、粗砂或砂砾时,则上述两项可分别相应减为0.35和0.30倍。

当U形桥台两侧宽度之和不小于同一水平截面前墙全长的0.4倍时,可按U形整体截面验算截面强度。当U形桥台前墙设有沉降缝或伸缩缝时,分隔的前墙和侧墙墙身或基础应分别独立验算截面强度。路基填土与U形桥台侧墙的搭接长度不宜小于0.75m。

6.8.3　拱桥U形台

拱桥桥台既要承受来自拱圈的推力、竖向力及弯矩,又需要承受台后土的侧压力,结构上一般较梁式U形桥台要大,见图6-81。拱桥桥台可采用U形桥台、空心桥台(内填以砂砾材料)以及其他形式的桥台。

6.8.4　后倾式桥台

后倾式桥台属于一种实体重力式桥台,它的工作原理是靠台身后倾,使重心落在基底截面的形心之后,以平衡台后填土的倾覆力矩,以减少恒载产生的偏心矩,但需注意后倾斜度要适当。下部台身和基础可用浆砌块石,上部台身、台帽及耳墙可用混凝土,其中台帽和耳墙应配置钢筋。后倾式桥台结构稳定性好,可以用于10m及以上的高台(图6-82)。

6.8.5　组合式桥台

由前台与后座两部分组成,适用于以桩基或沉井作为基础的中、小跨径拱桥。组合式桥台的前台和后座两部分之间必须密切贴合,其间应设置两侧既密贴又可相互自由沉降的隔离缝,以适应两者不均匀沉降(图6-83)。

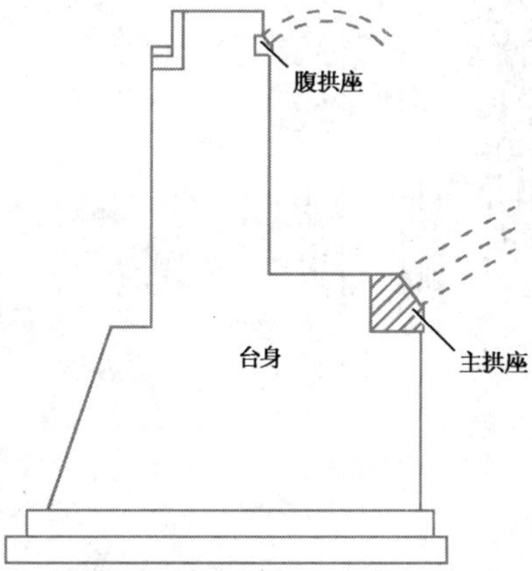

图6-81　拱桥U型桥台

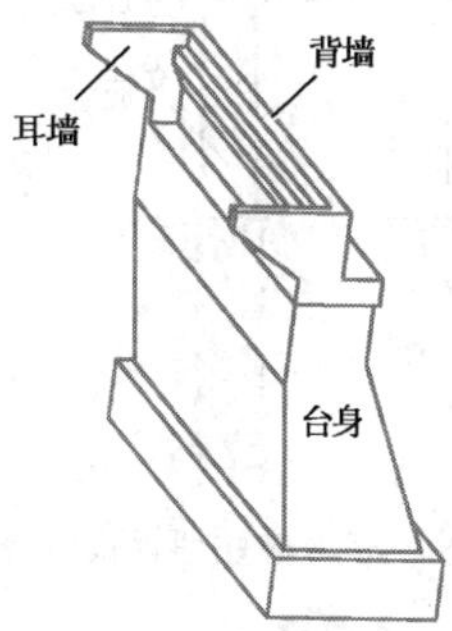

图6-82　后倾式桥台

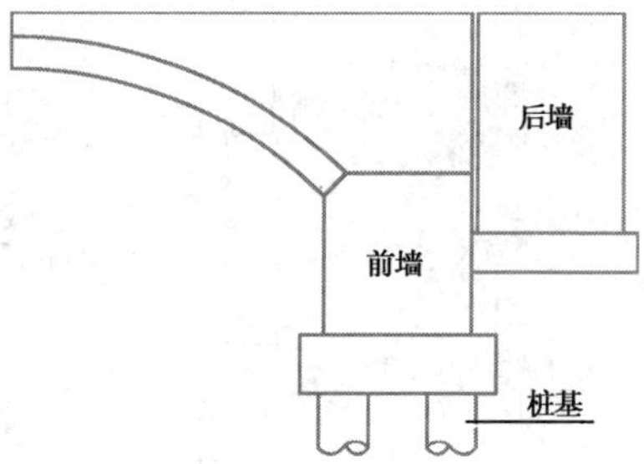

图6-83　组合式桥台

6.8.6　埋置式桥台

埋置式桥台是将台身埋在锥形护坡中,只露出台帽在外以安置支座及上部构造(图6-84)。这样桥台所受的土压力大为减小,桥台的体积也就相应地减小。埋置式桥台的缺点是护坡伸入桥孔,压缩了河道;为不压缩河道,需要适当增加桥长。埋置式桥台属于轻型桥台,一般由钢筋混凝土建造。其体积轻巧、自重较小,借助结构的整体刚度和材料强度承受外力,从而可节省材料,降低对地基强度的要求和扩大应用范围,为在软土地基上建筑桥台开辟了可行的途径。

1. 肋板埋置式桥台

肋板埋置式桥台是由两片后倾式肋板与顶面台帽连接而成,一般情况肋板设置在桩基承台上。肋板式桥台的背墙和肋板表层应设置钢筋网,其截面面积在水平方向和竖直方向分别不应小于250mm²/m(包括受力钢筋),间距不应大于400mm。

2. 框架埋置式桥台

框架埋置式桥台既比桩柱式桥台有更好的刚度,又比肋板埋置式桥台挖空率更高,更节省圬工体积。框架埋置式桥台结构本身存在着斜杆,能够产生水平分力以平衡土压力,加之基底较宽,又通过系梁联成一个框架体,所以稳定性较好，可用于填土高度在5m以下的桥台，并与跨径为16m和20m的梁式上部结构配合应用。其不足之处是必须用双排桩基，钢筋、水泥用量均较桩柱式的要多。当填土高度大于5m时，可采用肋墙式桥台。

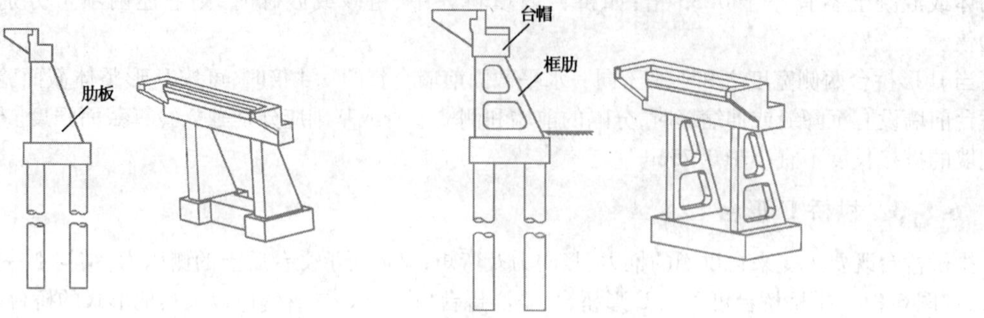

图6-84　埋置式桥台

6.8.7　桩柱式桥台

桩柱埋置式桥台对于各种土壤地基都适宜，见图6-85。根据桥宽和地基承载能力可分为双柱或多柱形式。立柱与钻孔桩相连的称为桩柱式，立柱嵌固在扩大基础上的称为立柱式，完全由一排钢筋混凝土桩和桩顶帽梁连结而成的称为柔性柱台。桩柱墩台的柱身间设置横系梁时，其截面高度和宽度可分别取0.8～1.0倍和0.6～0.8倍的柱直径或长边边长。埋置式桥台或岸墩，当验算截面强度和稳定时，应考虑来自桥台或岸墩后填土及桥台或岸墩前溜坡的两个方向的主动土压力。

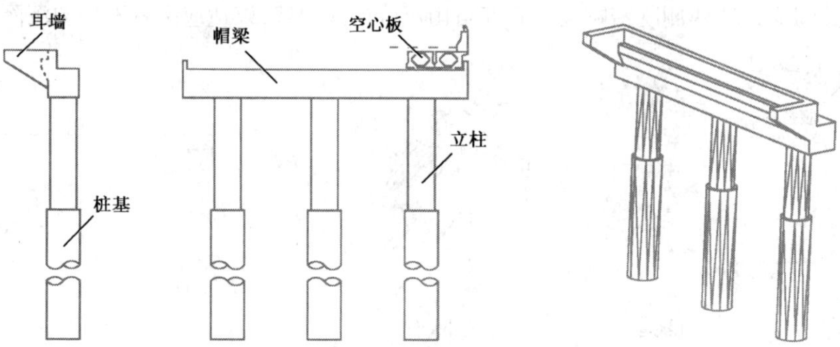

图6-85　桩柱埋置式桥台

6.8.8　有支撑梁轻型桥台

有支撑梁轻型桥台是台身为直立的薄壁墙，台身两侧墙前有锥坡用于挡土。在两桥台下部设置钢筋混凝土支撑梁，上部结构（梁或板）与桥台通过锚栓连接，于是便构成四铰框架结构体系，并借助两端台后的土压力来保持稳定，如图6-86所示。

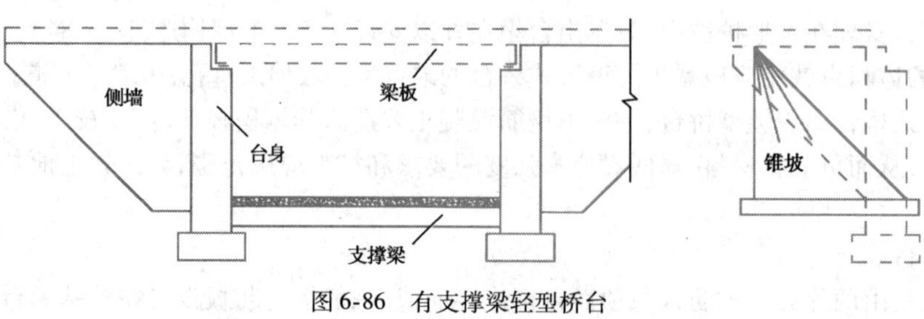

图6-86　有支撑梁轻型桥台

1. 支撑梁

轻型桥台上端与梁板铰接，下端在相邻桥台（墩）之间应设支撑梁。支撑梁应设于铺砌层或冲刷线以下，其截面尺寸不宜小于0.2m（横）×0.3m（竖），四角应设置直径不小于12mm的钢筋；如采用混凝土或块石砌筑，其截面尺寸不宜小于0.4m×0.4m。轻型桥台的斜交角（台身与桥纵轴线的垂直线的交角），不应大于15°。轻型桥台下端，两外侧应设置平行于桥轴线的支撑梁，中间应设垂直于桥台的支撑梁。

2. 耳墙

轻型桥台可设八字墙、一字墙或边柱带耳墙。带耳墙的轻型桥台的边柱除承受由耳墙重力产生的竖直荷载和弯矩外，尚应计算耳墙上水平土压力对柱身所产生的剪力和扭矩。耳墙与边柱接合处应加腋。

6.8.9 钢筋混凝土薄壁桥台

钢筋混凝土薄壁桥台是由扶壁墙和两侧的薄壁侧墙构成，常用的形式有扶壁式、箱式、悬臂式、撑墙式等。台顶由竖直小墙和支于扶壁上的水平板构成，用以支承桥跨结构。两侧薄壁可以与前墙垂直，有时也做成与前墙斜交，前者称U字形薄壁桥台，后者称八字形薄壁翼墙桥台，如图6-87所示。薄壁桥台的前墙可以等厚度，也可以不等厚度。变厚度台身的背坡一般为2∶1～4∶1；八字形薄壁翼墙的顶宽一般为40cm，前坡为10∶1，后坡为5∶1。为了防止基底向河心滑动，基础应有一定埋置深度。八字形桥台的前墙和翼墙之间，通常预留沉降缝分砌。扶壁式薄壁桥台见图6-88。

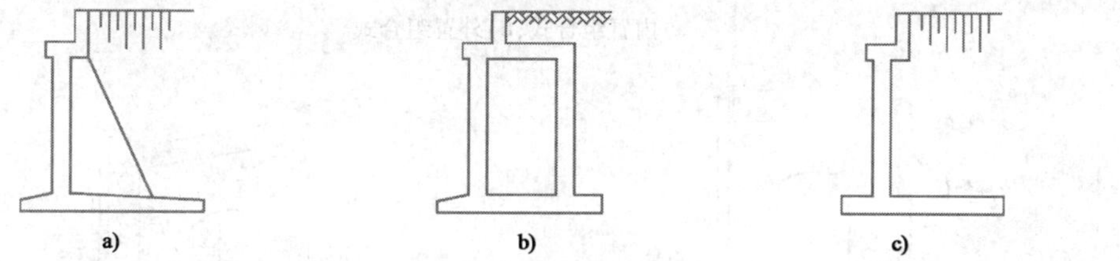

图6-87 薄壁桥台

a）扶壁式；b）箱式；b）悬臂式

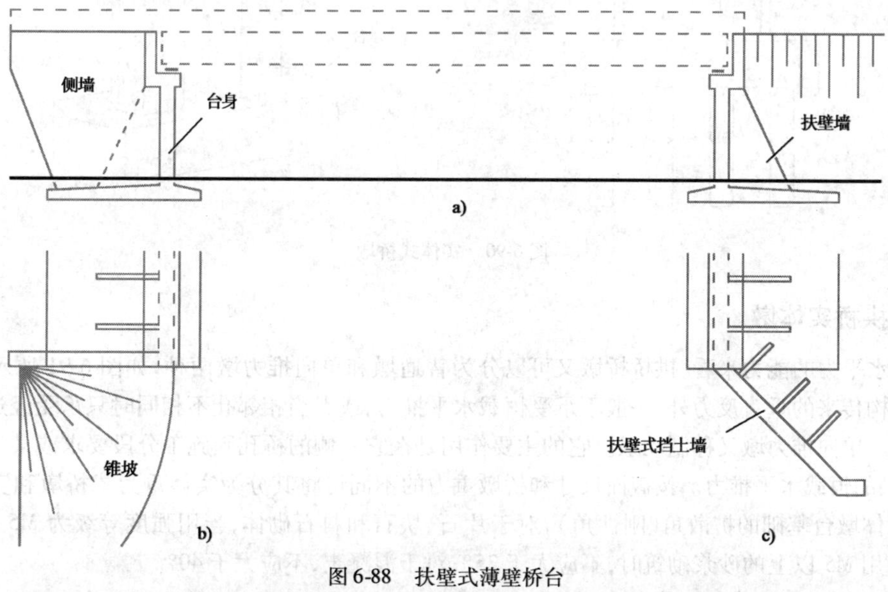

图6-88 扶壁式薄壁桥台

a）分离式立体交叉桥形、b）台侧设锥坡、c）台侧设扶壁式挡土墙

6.8.10 加筋土桥台

加筋土桥台可采用内置组合式或外置组合式（图6-89）。加筋土桥台的盖梁、台柱应符合下列要求：

①盖梁、台柱应按公路桥涵有关规范进行设计。

②内置组合式桥台台柱与面板净距不宜小于0.4m，其值应以台柱尺寸、带筋种类以及压实方法等综合考虑决定。

③外置组合式桥台，台柱与面板净距不应小于0.3m。

加筋土桥台应设置桥头搭板。外置组合式桥台的桥头搭板与加筋土面板顶部之间应留有0.05m的间距，并应填塞。

6.8.11 梁桥实体墩

实体式桥墩，是一个实体结构（图6-90），由墩帽、墩身和基础构成。墩帽是桥墩顶端的传力部分，它通过支座承托着上部结构，并将相邻两孔桥上的恒载和活载传到墩身上。因此，墩帽的强度要求较高，一般都用C20以上的混凝土做成。

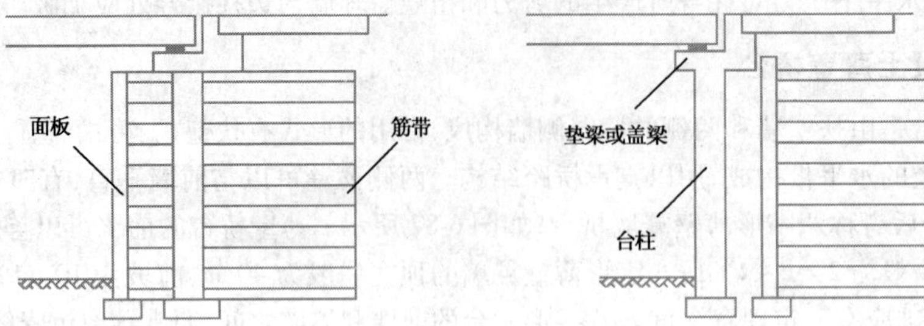

a)　　b)

图6-89　加筋土桥台

a)内置组合式；b)外置组合式

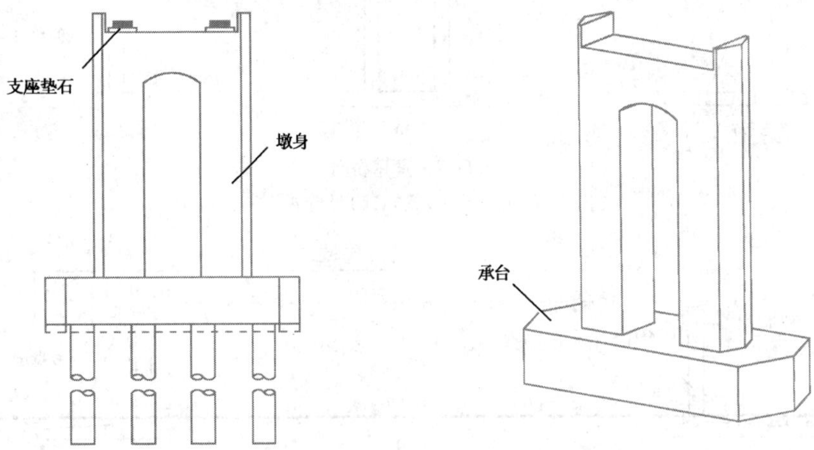

图6-90　实体式桥墩

6.8.12　拱桥实体墩

从抵御恒载水平力的能力来看，拱桥桥墩又可以分为普通墩和单向推力墩两种，如图6-91所示。普通墩除了承受相邻两跨结构传来的垂直反力外，一般不承受恒载水平推力，或者当相邻孔不相同时只承受经过相互抵消后尚余的不平衡推力。单向推力墩又称制动墩。它的主要作用是在它一侧的桥孔因施工分段要求或某种原因遭到毁坏时，能承受单侧拱的恒载水平推力。按截面尺寸和桥墩重力的不同可将其分为实体重力式桥墩和实体薄壁式桥墩（墙式桥墩）。实体墩台基础的扩散角（刚性角），对于片石、块石和料石砌体，当用强度等级为M5的砂浆砌筑时，不应大于30°；当用M5以上的砂浆砌筑时，不应大于35°；对于混凝土，不应大于40°。

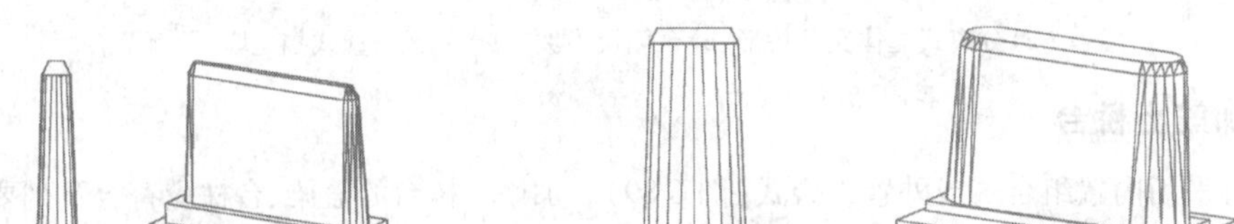

a)　　b)

图6-91　实体重力式拱桥墩

a)普通墩；b)制动墩

6.8.13　无墩身拱座

图6-92为无墩身拱座，是一种适用于系杆拱桥的下部结构。其基础按钻孔灌注摩擦桩设计，采用实体式钢筋混凝土拱座。

6.8.14 空心墩

在一些高大的桥墩中，为减少圬工体积，节省材料，减轻自重，减少软弱地基的负荷，也可将墩身内部做成空腔体，即空心桥墩(图6-93)。这种桥墩在外形上与实体式桥墩并无大的差别，只是自重较实体式桥墩轻。空心墩应设置壁孔，在墩台身周围交错布置，其尺寸或直径宜为0.2～0.3m。

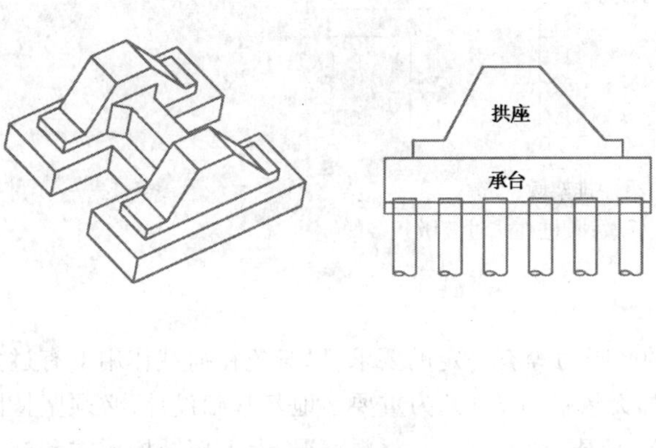

图6-92 无墩身拱座

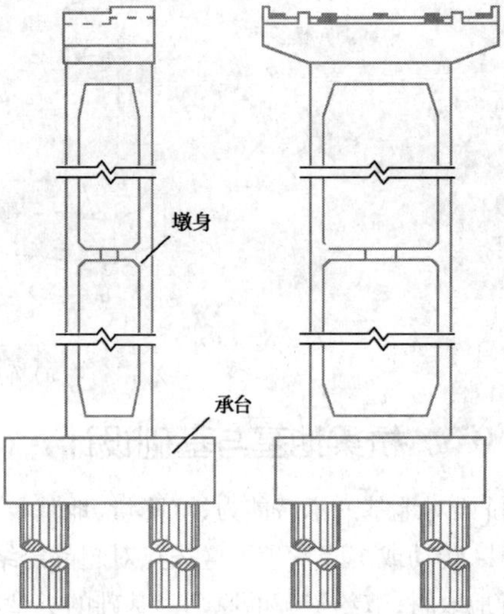

图6-93 空心墩

6.8.15 柱式桥墩

柱式桥墩，其结构特点是由分离的两根或多根立柱(或桩柱)，即由基础之上的柱式墩身和盖梁组成。双车道常用的形式有单柱式、双柱式和混合双柱式等类型。目前国内采用较多的还是钻孔灌注桩双柱式桥墩，它是由钻孔灌注桩、柱与钢筋混凝土盖梁组成，柱桩直接相连；当墩身高度大于1.5倍的桩距时，通常就在桩柱之间布置横系梁，以增加墩身的侧向刚度。扩大基础属于浅埋基础桥墩，见图6-94a)；钻孔灌注桩属于深埋基础桥墩，见图6-94b)。

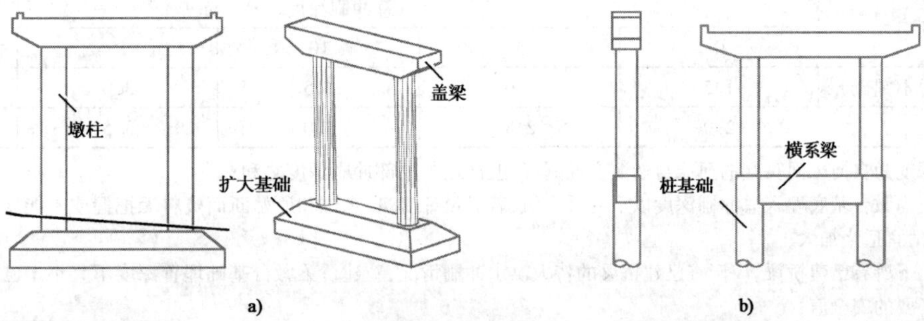

图6-94 柱式桥墩

a)浅埋基础桥墩；b)深埋基础桥墩

6.8.16 柔性排架墩

柔性墩是指墩身较细长，墩顶可随着上部结构顺桥向的位移而相应变位，纵向刚度很小的桥墩。这种桥墩不能单独使用，须通过桥跨与纵向刚度很大的刚性桥墩串联，形成共同承受纵向水平力的结构。在这种刚柔搭配的结构中，当纵向水平力作用时，柔性桥墩因柔而受力小，又因受力小而可更柔，有明显的经济效果。柔性墩是桥墩轻型化的途径之一，它是在多跨桥的两端设置刚性较大的桥台，中墩均为柔性墩。柔性排架墩，是由单排或双排钢筋混凝土桩、承台、薄壁柔性墩与钢筋混凝土盖梁连接而成(图6-95)。其主要特点是，可以通过一些构造措施，将上部结构传来的水平力(制动力、温度影响力等)传递到全桥的各个柔性墩上，以减少单个柔性墩所受到的水平力，从而达到减小桩、墩截面的目的。

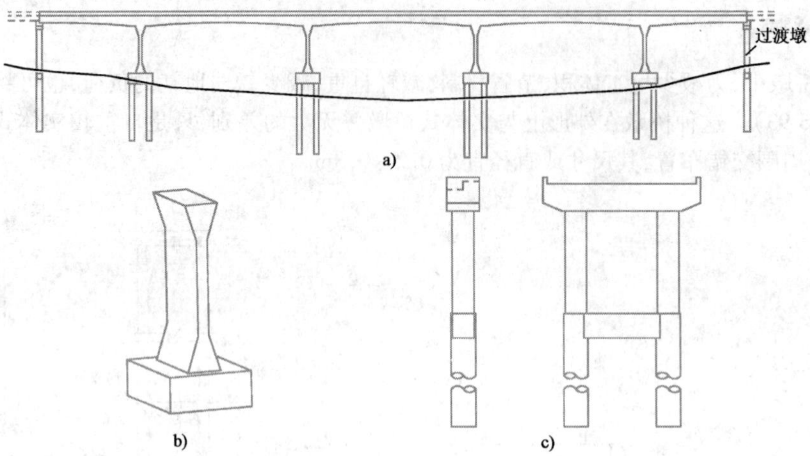

图6-95 柔性排架墩

a)桥形布置;b)主桥墩;c)桩柱式过渡墩

6.9 桥梁地基与基础设计

桥梁对地基的承载能力、沉降量、地基与基础之间的摩阻力等有一定的要求,以避免在荷载作用下有过大的水平位移、转动或沉降发生。这一点对超静定结构桥梁(如无铰拱桥等)尤为重要。地基基础设计,必须坚持因地制宜、就地取材、节约资源的原则。基础的类型应根据水文、地质、地形、荷载、材料情况、上下部结构形式和施工条件合理地选用。

6.9.1 地基处理

承受墩台底部压力的土壤或岩石叫做地基。在无冲刷处(岩石地基除外),基础应设在地面或河床底以下埋深不小于1m处;如有冲刷,基底埋深应在局部冲刷线以下不小于1m;如河床上有铺砌层,基础底面宜设置在铺砌层顶面以下不小于1m。桥梁墩台基础(不包括桩基础)的基底埋置深度、非岩石河床墩台基底埋深度安全值见表6-23。

基底埋深安全值(m)　　表6-23

桥梁类别	总冲刷深度(m)				
	0	5	10	15	20
大桥、中桥、小桥(不铺砌)	1.5	2.0	2.5	3.0	3.5
特大桥	2.0	2.5	3.0	3.5	4.0

注:1. 总冲刷深度为自河床面算起的河床自然演变冲刷、一般冲刷与局部冲刷深度之和;

2. 表列数值为墩台基底埋入总冲刷深度以下的最小值;若对设计流量、水位和原始断面资料无把握或不能获得河床演变准确资料时,其值宜适当加大;

3. 若桥位上下游有已建桥梁,应调查已建桥梁的特大洪水冲刷情况,新建桥梁墩台基础埋置深度不宜小于已建桥梁的冲刷深度且酌加必要的安全值;

4. 如河床上有铺砌层时,基础底面宜设置在铺砌层顶面以下不小于1m。

软弱地基系指主要由淤泥、淤泥质土、冲填土、杂填土或其他高压缩性土层构成的地基。在软弱地基或软土上修建桥涵基础时,可采用砂砾垫层、砂桩、砂井预压方法加固地基;根据实际条件,也可采用水泥搅拌桩、石灰桩、振冲碎石桩、锤击夯实、强夯和各种浆液灌注法等加固地基。

1. 砂砾垫层

砂砾垫层适用于淤泥、淤泥质土、冲填土、素填土、杂填土的浅层处理;其比软弱地基或软土有较大的变形模量和强度,基层底面的压实力通过砂砾垫层的扩散作用分布到较大的面积。砂砾垫层材料可采用中砂、粗砂、砾砂和碎(卵)石,不含植物残体等杂质,其中黏粒含量不应大于5%,粉粒含量不应大于25%,砾料粒径不大于5cm为宜;其顶面尺寸,应为基底尺寸每边加宽不小于30cm。垫层厚度不宜小于50cm,且不宜大于3m。

2. 挤密砂桩

挤密砂桩适用于挤密松散砂土、素填土和杂填土地基,砂桩内填料宜采用砂砾、粗砂、中砂、圆砾、角砾、卵石、碎石等，含泥量不大于5%，并不宜含有粒径大于50mm的粒料。桩径可在30～80cm范围选用，对于饱和黏性土地基宜选用较大直径。砂桩挤密地基的宽度应超出基础宽度，每边放宽宜1～3排；砂桩的中距应通过现场试验确定，但不宜大于砂桩直径的4倍。砂桩用于防止砂层液化时，每边放宽不宜小于处理深度的1/2，并不应小于5m；当液化层上覆盖有厚度大于3m的非液化层时，每边放宽不宜小于液化层厚度的1/2，并不应小于3m。

3. 砂井预压

砂井预压法适用于处理淤泥质土、淤泥和冲填土等饱和黏性土地基。砂井预压法主要有普通砂井、袋装砂井和塑料排水板等。普通砂井直径可在30～50cm范围选用，袋装砂井直径可在7～10cm范围选用。砂井预压法处理地基应在地表铺设排水砂砾垫层，其厚度宜大于40cm；砂砾垫层的砂料宜采用中粗砂，含泥量应小于5%，砂料中可混有少量粒径小于5cm的石粒；砂砾垫层的干密度应大于1.5t/m^3。在预压区内宜设置与砂砾垫层相连的排水盲沟，可将地基中排出的水引出预压区。砂井的砂料宜用中粗砂，含泥量应小于3%。

6.9.2 扩大基础

如果地基具有设计需要的足够承载力，那么就可将墩台身的底面根据地基承载力的大小和墩台稳定的需要适当扩大，直接支承在距地面深度不大的地基上。这个扩大的部分可以叫做扩大基础、明挖基础，或称为浅基础。桥梁基础分为浅基础和深基础。浅基础只能靠基础底部面积传递压力；深基础则除了依靠沉井或桩底部面积将压力传递给地基以外，还依靠井壁和桩壁与土层间的摩阻力，将一部分荷载提前传至地基，所以深基础的承载能力要比浅基础大。

1. 无支护加固坑壁的明挖基础

无支护加固坑壁的明挖基础的几种形式，如图6-96所示。垂直坑壁的基坑深度一般容许在2m范围内。

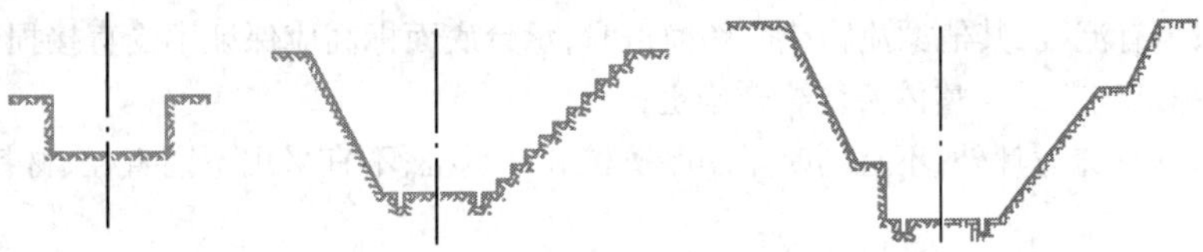

a)　　b)　　c)

图6-96　明挖基坑

a)垂直坑壁；b)斜坡和阶梯形；c)变坡度基坑

斜坡基坑深度在5m以内，且土的湿度正常、土层结构均匀，其坑壁坡度见表6-24。阶梯形坑壁的梯高一般为0.5～1m。

基坑坑壁坡度　　表6-24

土质类别	坑壁坡度（高：宽）	
	基坑顶缘无荷载	基坑顶缘有动载
砂类土	1:1	1:1.5
砾类土	1:0.75	1:1.25
粘质土	1:0.33	1:0.75
极软岩	1:0.25	1:0.67
软质岩	1:0	1:0.25

2. 有支护加固坑壁的明挖基础

有支护加固坑壁的明挖基础形式较多，即临时挡土墙支护基坑、有横撑挡板支护基坑、水平挡板斜柱支护基坑等，如图6-97示。

3. 喷射混凝土加固坑壁

近年来，应用较广泛的喷射混凝土加固坑壁方法是用喷射机将混凝土喷向坑壁表面，先期喷射骨料嵌入坑壁形成嵌固层，后继喷射骨料所充填包裹形成喷层，嵌固层与喷层同时具有加固和保护坑壁的作用，使坑壁避免风化、雨水冲刷、支护土体免于浅层坍塌剥落。对于喷射混凝土不易与坑壁充分粘结的基坑，应以锚喷混凝土加固支护为宜，其为喷射混凝土、各类锚杆（包括锚索、锚管、锚栓）和钢筋网联合支护加固坑壁的一种支护形式。

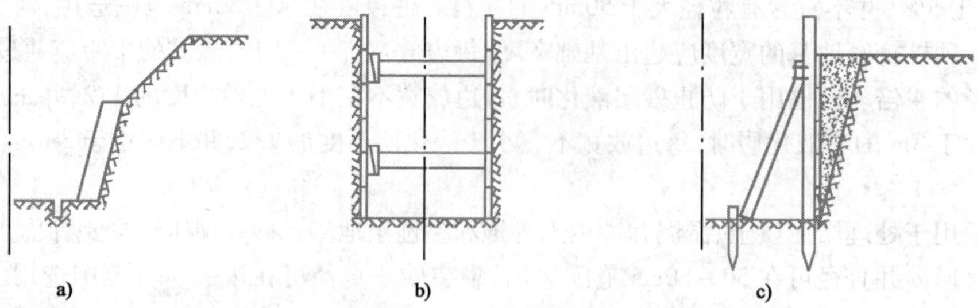

图 6-97 支护加固坑壁

a)临时挡土墙支护;b)有横撑挡板支护;c)水平挡板斜柱支护

6.9.3 钢筋混凝土灌注桩基础

当地基土层较弱且较厚时,常需要采用深基础,以满足地基强度、稳定性和控制地基沉降的要求。钢筋混凝土灌注桩基础(简称桩基)是桥梁深基础中的最常用的形式,较早和广泛应用于各类桥梁的下部构造中。桩基按承载性状,可分为摩擦桩和端承桩;按成桩方法,可分为挖孔桩和钻孔桩。

1.设计规定

①桩基础必须根据地质、水文等条件设计;钢筋混凝土钻孔或挖孔桩适用于包括碎砾石土层和岩石层的各类土层;钻孔桩用于淤泥及可能发生流砂的土层时,宜先做试桩;挖孔桩宜用于无地下水或地下水量不多的地层;

②冻胀土地区,承台地面在土中时,其埋置深度应符合规范要求;有流冰的河流,承台底面标高应在最低冰层底面以下不小于 0.25m;当有流筏、其他漂流物或船舶撞击时,承台底面标高应保证不受直接损伤;承台底面标高宜根据桥位情况、施工难易程度、美观与整体协调综合确定;

③在同一桩基中,除特殊设计外,不宜同时采用摩擦桩和端承桩;不宜采用不同直径、材料和桩端深度相差过大的桩基;

④对于桩的入土深度远超过常用桩长、地质情况复杂和难以确定桩的承载力、有其他特殊要求的大桥、特大桥,桩基还应通过静载试验确定单桩承载力。

2.桩基构造

钻孔桩径不宜小于 80cm,挖孔桩直径或最小边宽度不宜小于 1.2m。钻孔或挖孔桩桩身混凝土的强度等级不应低于 C25。河床岩层有冲刷时,钻孔桩有效深度应考虑岩层最低冲刷标高。

钻(挖)孔桩应按桩身内力大小分段配筋。当内力计算表明不需配筋时,应在桩顶 3.0 ~ 5.0m 内设构造钢筋。桩基内配置主筋直径不应小于 16mm,每桩的主筋数量不应少于 8 根,其他规定应符合规范要求。

3.桩的布置

桩的布置和中距如下:

①群桩的布置可采用对称型、梅花型或环形;

②摩擦桩在承台底面处的中距不应小于桩径(或边长)的 1.5 倍,钻孔桩基中距不应小于桩径的 2.5 倍;支承或嵌固在基岩中的桩基中距,不应小于桩径的 2 倍;钻(挖)扩底灌注桩中距不应小于 1.5 倍扩底直径或扩底直径加 1.0m,取较大者。

③边桩(或角桩)外侧与承台边缘的距离,对于直径(或边长)小于或等于 1.0m 的桩,不应小于 0.5 倍桩径(或边长),并不应小于 250mm;对于直径大于 1.0m 的桩,不应小于 0.3 倍桩径(或边长),并不应小于 500mm。

4.承台构造

承台属于下部基础工程。承台底面埋设在足够承载力的土层上时,可采用明挖的施工方法;承台底面埋设在软弱的土层上,且能够排干水时,可采用夯填 10 ~ 30cm 厚砂砾或碎石垫层后,即刻浇筑承台混凝土;在浅水区建筑承台时,可采用围堰排水方法施工;承台底面埋设在河床面以上的水中时,可采用钢套箱等方法建筑承台。桩基承台的高度宜为桩直径的 1.0 倍及以上,且不小于 1.5m,混凝土强度等级不低于 C25。当桩中距大于 3 倍桩直径时,承台受力钢筋应均匀布置于距桩中心 1.5 倍桩直径范围内,在此范围以外应布置配筋率不小于 0.1% 的构造钢筋。

桩基与承台连接有桩顶直接埋入承台方法(表 6-25)和桩顶主筋伸入承台方法两种。

桩基混凝土或钢筋埋入承台长度　表 6-25

项目			桩顶混凝土或钢筋埋入承台长度
桩顶嵌入承台	桩径(或边长)小于 0.6m		≥2 倍桩径(或边长)
	桩径(或边长)为 0.6～1.2m		≥1.2m
	桩径(或边长)大于 1.2m		≥桩径(或边长)
桩顶主筋伸入承台	桩顶混凝土		10cm
	伸入承台钢筋	光圆钢筋	≥30 倍钢筋直径(设弯钩)
		带肋钢筋	≥35 倍钢筋直径(不设弯钩)

5. 横系梁构造

对于大直径桩基,桥墩与桩基对接时,应设置横梁系;横系梁主钢筋应伸入桩内,其长度不小于 35 倍钢筋直径。桩基横系梁,一般情况在陆上施工。

6.9.4 其他桩基础

1. 钢筋混凝土管桩

钢筋混凝土管桩与承台连接的管桩直径可采用 40～80cm,管壁最小厚度不宜小于 8cm,填芯混凝土强度等级不应低于 C15;伸入承台内的纵向钢筋如采用插筋,插筋数量不应少于 4 根,直径不应小于 16mm,锚入承台长度不宜少于 35 倍钢筋直径,插入管桩顶填芯混凝土长度不宜小于 1m。

2. 钢筋混凝土沉桩

钢筋混凝土沉桩的桩身,应按运输、沉入和使用各阶段内力要求通长配筋。桩的两端和接桩区,箍筋或螺旋筋的间距须加密。钢筋混凝土预制桩的分节长度应根据施工条件决定,并应尽量减少接头数量。桩端嵌入非饱和状态强风化岩的预应力混凝土敞口管桩,应采取有效的预防渗水软化桩端持力层的措施。

沉桩适用于黏性土、砂土以及碎石土等地基,沉桩桩身混凝土的强度等级不应低于 C25。

3. 钢桩

钢桩主要分为型钢桩和钢管桩两大类。H 型钢和 I 型钢桩则主要用作支承桩。钢管桩则由各种直径和壁厚的无缝钢管制成。

钢桩可采用管型或 H 型,其材质符合现行国家有关规范、标准规定。钢桩焊接接头应采用等强度连接。使用的焊条、焊丝和焊剂应符合现行国家有关规范、标准规定。钢桩的端部形式,应根据桩所穿越的土层、桩端持力层性质、桩的尺寸、挤土效应等因素综合考虑确定。钢桩的防腐处理,应符合现行国家有关规范、标准的规定。

6.9.5 沉井基础

沉井基础作为基础的一部分,它具有设计需要的壁厚和垂直隔墙,为上下开口的筒形结构物。通常用钢筋混凝土制成,双壁钢围堰也可称之为沉井。其构造一般有(双)井壁、刃脚、隔墙、顶盖板等。钢筋混凝土沉井,见图6-98;双壁钢围堰沉井,见图 6-99。

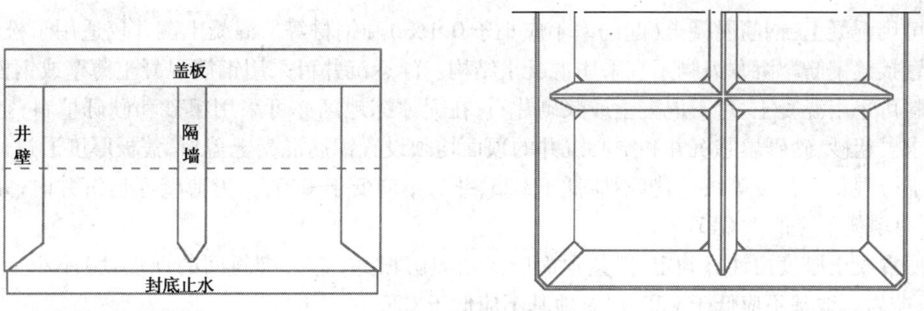

a)　　b)

图 6-98　钢筋混凝土沉井

a)正面;b)1/2 底平面

沉井基础,属于另一种常用的跨河桥梁深基础形式。当桥梁墩台基础处的河床地质、水文及施工等条件适宜时,可选用沉井基础。但河床中有流砂、孤石、树干或老桥基等难于清除的障碍物,或在表面倾斜较大的岩层上时,不宜采用沉井基础。当水深较大时,流速适宜时亦可考虑采用浮运沉井。沉井的埋置深度,应符合地基规范相应条文的规定。为使其顺利下沉,沉井重力须大于井壁与土体间的摩阻力标准值,井壁与土体间的摩阻力标准值见表6-26。表中泥浆套为灌注在井壁外侧的触变泥浆,是一种助沉材料。

井壁与土体间的摩阻力标准值　　表6-26

土的名称	摩阻力标准值(kPa)	土的名称	摩阻力标准值(kPa)
黏性土	25~50	砾石	15~20
砂性土	12~25	软土	10~12
卵石	15~30	泥浆套	3~5

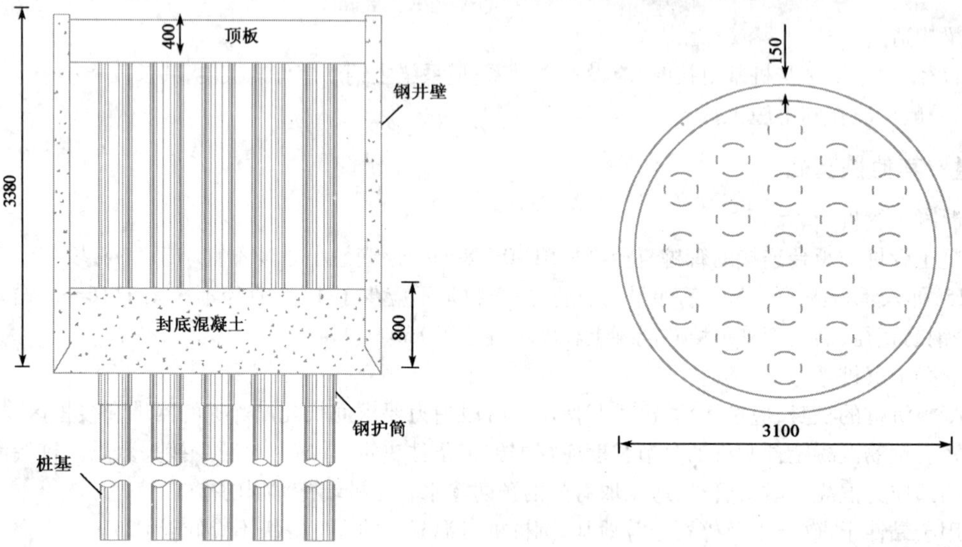

图6-99　双壁钢围堰沉井

1. 沉井构造

沉井平面形状及尺寸应根据墩台身底面尺寸、地基土的承载力及施工要求确定。沉井棱角处宜做成圆角或钝角,顶面襟边宽度应根据沉井施工容许偏差而定,不应小于沉井全高的1/50,且不应小于20cm;浮式沉井另加20cm。井孔的布置和大小应满足取土机具操作的需要,对顶部设置围堰的沉井,宜结合井顶围堰统一考虑。

沉井每节高度可视沉井的平面尺寸、总高度、地基土情况和施工条件而定,不宜高于5m。沉井外壁可做成垂直面、斜面(斜面坡度为竖∶横=20∶1~50∶1)或与斜面坡度相当的台阶形。井壁的厚度应根据结构强度、施工下沉需要的重力、便于取土和清基等因素而定,可采用0.8~1.5m。沉井刃脚可采用尖刃脚或带踏面刃脚,刃脚底面宽度可为10~20cm,如为软土地基可适当放宽;刃脚斜面与水平交角不宜小于45°;沉井内隔底面比刃脚底面至少应高出50cm。

2. 沉井材料

沉井材料可用混凝土、钢筋混凝土(配筋率不应小于0.1%)和钢材等。混凝土沉井仅适用于松软土层;其井壁竖向接缝应设置接缝钢筋。沉井刃脚不宜采用混凝土结构。浮运沉井可采用钢筋混凝土薄壁或钢模薄壁结构。

①沉井填料可采用混凝土、片石混凝土或浆砌片石;在无冰冻地区亦可采用粗砂和砂砾填料;空心沉井应考虑受力和稳定要求。粗砂、砂砾填芯沉井和空心沉井的顶面均须设置钢筋混凝土盖板,盖板厚度通过计算确定。

②沉井各部分混凝土强度等级:刃脚不应低于C25;井身不应低于C20;当为薄壁浮运沉井时,井壁和隔板不应低于C25,腹腔内填料不应低于C15。

③沉井封底混凝土厚度由计算确定,但其顶面应高出刃脚根部(即刃脚斜面的顶点处)不小于0.5m。封底混凝土强度等级,非岩石地基不应低于C25,岩石地基不应低于C20。

3. 井壁

为减少混凝土沉井下沉时的摩阻力,沉井壁外侧也可做成1%~2%向内斜坡。为方便沉井接高,多数沉井都做成阶梯形,台阶设在每节沉井的接缝处,错台的宽度约为5~20cm,井壁厚度多为0.7~1.5m。河中深水双壁钢围堰需要进行制作、浮运、落床等工序,一般不做成阶梯形。

4. 刃脚

沉井壁刃脚是根据所穿过土层的密实程度和单位长度上土作用反力的大小,以切入土中而不受损坏来设计。刃脚踏面宽度一般采用10~20cm,刃脚的斜坡度a应大于或等于45°,刃脚的高度一般为0.7~2.0m,视其井壁厚度而定。

5. 隔墙

沉井隔墙系大尺寸沉井的分隔墙,是沉井外壁的支撑。其厚度多为0.8~1.2m,底面要高出刃脚50cm以上,避免妨碍沉井下程。

6. 顶板

顶板是传递沉井襟边以上荷载的构件,不填芯沉井的沉井盖厚度约为1.5~2.0m。其钢筋布设应按力学计算要求的条件进行。

6.9.6 地下连续墙基础

地下连续墙支护结构的设计安全等级及结构重要性系数,应根据支护结构破坏、土体失稳或过大变形对基坑周边环境及地下结构施工造成影响的严重性按表6-27选用。地下连续墙基础的设计安全等级及结构重要性系数应与桥梁整体结构一致。地下连续墙基础如图6-100所示。

支护结构安全等级及重要性系数　　表6-27

安全等级	破坏后果	系数γ_0
一级	很严重	1.1
二级	严重	1.0
三级	不严重	0.9

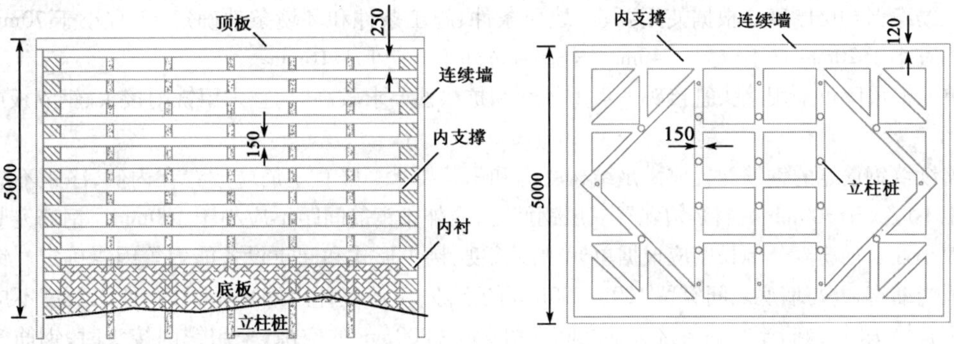

图6-100　地下连续墙基础

1. 设计规定

地下连续墙支护结构设计应综合考虑工程地质与水文地质、基础类型、基坑开挖深度、降排水条件、周边环境要求和使用期限等因素;地下连续墙基础设计应综合考虑工程地质与水文地质、上部结构条件和周边环境要求等因素,做到因地制宜、合理设计。地下连续墙设计应考虑施工和环境保护的要求。地下连续墙设计应对质量检测、环境监测和现场试验等提出相关要求。

基坑支护结构应保证岩土开挖、地下结构施工的安全。地下连续墙基坑支护结构设计应包括下列内容:

①支护体系的方案技术经济比较和选型;

②支护结构的强度、稳定和变形计算;

③基坑内外土体稳定性计算;

④抗渗流稳定性计算;

⑤基坑降水、岩土开挖方法及要求;

⑥基坑施工过程监测要求。

2. 支撑系统

支护结构宜设置支承系统。支护结构的支撑必须采用稳定的结构体系和连接构造,刚度应满足变形要求。

①支撑设计应包括结构布置、结构内力和变形计算、构件强度和稳定性验算、构件结点设计及构件安装和拆除流程设计。土层锚杆(锚索)设计应包括结构布置、轴向承载力验算、土体稳定性验算。环梁、内衬设计应包括结构

布置、受力计算、强度和稳定性验算。

②应考虑结构水平变形、地下水的变化对周边环境的水平与竖向变形的影响；对于安全等级为一级或对周边环境变形有限定要求的二级基坑工程，应根据周边环境的重要性、对变形的适应能力及土的性质等因素确定支护结构的水平变形限值。

③可根据静力平衡条件初步选定地下连续墙在基坑开挖面以下的入土深度，在进行整体稳定性和墙体变形验算后综合确定入土深度。

④地下连续墙的侧向作用应包括土压力、水压力、基坑周围建筑物及施工荷载引起的侧向压力等。砂性土应按水土分算的原则计算；黏性土宜按水土合算的原则计算；也可按地区经验确定。地下连续墙支护结构设计应根据不同设计状况，分别按承载能力极限状态和正常使用极限状态设计。正常使用极限状态应包括结构变形、抗裂和裂缝宽度验算。承载能力极限状态应包括下列计算内容：

a. 土体稳定性计算；

b. 墙体结构强度和稳定性计算；

c. 支承系统承载力和稳定性计算。

地下连续墙支护结构应根据不同设计状态，按施工过程的不同工况进行作用效应组合。

3. 构造规定

①墙体的截面形式和分段长度应根据整体平面布置、受力情况、槽壁稳定性、环境条件和施工条件等确定，单元墙段长度可取 4 ~ 8m。支护结构的墙体厚度不小于 60cm，基础的墙体厚度不小于 80cm，成槽竖直度不大于 1/200。

②地下连续墙的墙体、支撑、环梁（含竖肋）及内衬的混凝土强度等级均不低于 C25。地下连续墙应满足防渗要求；当地下水具有侵蚀性时，应选择适用的抗侵蚀混凝土。

③墙体主筋净保护层厚度应根据使用要求、地质条件、施工条件和环境条件确定，不宜小于 70mm。墙体的受力钢筋直径不宜小于 20mm 且不应大于 40mm，构造钢筋直径不宜小于 16mm。

④墙体单元槽段间可采用接头管接头。当整体性和抗渗性要求较高时，宜采用铣削接头、钢隔板或接头箱等接头形式。

⑤地下连续墙钢筋笼的钢筋配置应满足结构受力和吊装要求。竖直主筋应放置在内侧，净距不应小于 75mm，构造钢筋间距不应大于 300mm。当必须配置双层钢筋时，内外排钢筋间距不应小于 100mm。钢筋笼竖向接头位置应选在受力较小处。钢筋笼分幅长度应根据单元槽段长度、接头形式和起重设备能力等因素确定。钢筋笼底部在厚度方向宜适当缩窄，并与墙底之间宜留 100 ~ 500mm 的空隙；主筋应伸入墙顶帽梁内，伸入长度不应小于锚固长度。采用接头管接头时，钢筋笼侧端与接头管之间宜留 150 ~ 200mm 的空隙；采用铣削接头时，钢筋笼侧端与混凝土端面之间宜留不小于 250mm 的空隙：

⑥墙体顶部应设置混凝土帽梁，帽梁两侧应各宽于墙体不小于 150mm。

⑦直线形地下连续墙的支撑可采用钢结构或混凝土结构。现浇混凝土支撑的截面竖向高度不应小于其竖向平面计算跨径的 1/20。腰梁的截面水平向尺寸不应小于其水平向计算跨径的 1/8，截面竖向尺寸不应小于支撑的截面高度。锚杆（锚索）锚固体竖向间距不宜小于 2.5m，水平向间距不宜小于 1.5m。锚固体上覆土层厚度不宜小于 4.0m。倾斜锚杆的倾角宜采用 15° ~ 30°。锚固段长度应通过计算确定并不应小于 4.0m，自由段长度不宜小于 5.0m，并应超过潜在破裂面 1.5m。圆形地下连续墙支护结构的环梁（含竖肋）或内衬的截面高度及厚度根据计算确定，竖肋可按构造配筋。

井筒式地下连续墙基础单室最小宽度不小于 5m，单室最大宽度不大于 10m，外周墙和隔墙宜采用相同厚度。基础的墙顶应设置顶板，混凝土强度等级不低于 C30，且墙体应进入顶板 10 ~ 20cm。

6.10 桥梁支座

桥梁支座是桥梁上部结构和下部结构的重要连接部件，是桥梁组成部分之一。

6.10.1 支座的作用

支座的作用是将荷载从上部结构的承重结构传递至下部结构的墩台顶面，乃至基础，并适应桥跨结构的水平、竖向位移等。支座除具备主要功能外，还必须对支座使用的耐久性、维护管理难易程度、与环境的协调和经济性等加以充分考虑。

①必须能支承从上部结构传递的恒载、活荷载等垂直荷载和地震、风等横向荷载,并安全可靠地传递给下部结构墩或台。

②必须适应由荷载和温度变化产生的上部结构水平位移和由挠度产生的支点转角变位。

③为了提高在地震时整个桥梁的抗震性能,具有适应瞬时变位的作用。

④具有安装、维护和更换的方便性。

⑤在车辆行驶作用下具有缓冲作用。

6.10.2　支座结构

作用在上部结构的外力,可以由支座的荷载传递结构传至下部结构。必须对桥梁支座的性能进行验证。

1. 设计要求

①安装板式橡胶支座时,应保证其上下表面与梁底面及墩台支承垫石顶面平整密贴、传力均匀,不得有脱空的支座。活动支座应设防尘罩。

②当板式橡胶支座设置于大于某一规定坡度上时,应在支座表面与梁底之间采取措施,使支座上、下传力面保持水平。

③弯、坡、斜、宽桥梁宜选用圆形板式橡胶支座。公路桥涵不宜使用带球冠的板式橡胶支座或坡形的板式橡胶支座。

④墩台构造应满足更换支座的要求。

钢筋混凝土及预应力混凝土受弯构件,如无特殊要求,宜选用橡胶支座。橡胶支座应根据地区气温条件选用,-25℃ ~ +60℃地区可选用氯丁橡胶支座;-40℃ ~ +60℃地区可选用三元乙丙橡胶支座或天然橡胶支座。在梁的单个支承点上,纵桥向只能设置一个支座,横桥向不应设置多于两个支座。

当桥梁纵坡不大于1%时,板式橡胶支座可直接设于墩帽上;当桥梁纵坡大于1%时,应在梁底采取措施,使支座保持水平。当板桥桥面横坡不大于2%时,板式橡胶支座可直接设于墩帽顶面横坡上,当板桥桥面横坡大于2%时,应采取措施予以调整。

斜拉桥应结合支座的设置方式,合理选择支座的类型和限位装置;其边跨端支点支座或辅助墩承受正负反力的支座,应进行特殊设计;设置支座处应预留支座更换时放置千斤顶的空间,并对该部位配置钢筋。

2. 支座类型

按其约束形式,桥梁支座可分为固定支座和活动支座两类。活动支座又可分为单向活动支座和双向(多向)活动支座。目前在我国公路桥梁中,常用的支座类型,按其结构形式的不同,主要有:板式橡胶支座(包括普通板式橡胶支座和四氟滑板橡胶支座)、盆式橡胶钢支座、球型钢支座等。

3. 支座平面布置

支座安装在桥梁墩台与梁体之间。支座的平面布置形式,主要与桥跨的结构形式有关,一般以一个连续结构,即两条伸缩缝之间的结构部分来进行布置。另外,不同的桥跨结构形式,其支座的布置方式是多样的。支座平面布置遵循使桥跨结构稳定、可靠地固定在墩、台上,且能适应上部结构的各种变形或变位、各支座的受力、位移相对均衡的原则。

4. 支座的选用

支座选用的基本依据是计算所得的竖向力、水平力、水平位移、转角大小等参数,另外还需考虑其使用环境等因素。支座的类型很多,可根据桥梁跨径、支点反力和对支座高度的要求等选用。支座反力包括竖向力、水平力。

板式橡胶支座能承受和传递荷载($10N/mm^2$),桥梁上部构造的支点反力为150 ~ 8000kN的桥梁,一般多采用板式橡胶支座。板式橡胶支座在垂直方向具有足够的刚度,能保证在最大竖向荷载作用下支座产生一定的压缩变形,一般规定支座的最大压缩变形之和不得超过橡胶总厚度的15%。板式橡胶支座在水平力方向应具有一定的柔性,以适应由于车辆制动力、温度、混凝土收缩和徐变及活荷载作用下梁体的水平位移。

6.10.3　普通板式橡胶支座

橡胶支座是用橡胶与钢板经硫化组成的支座,在主要的承压和剪切功能上不易产生不良工作状态。普通板式橡胶支座由橡胶层与钢板间隔交替构成。

普通板式橡胶支座为固定支座,一般厚度相对较薄,能满足梁体支承竖直反力即可。梁体的水平位移主要由四氟滑板橡胶支座(活动支座)来完成,其高度则取决于水平位移量的大小。

普通板式橡胶支座按结构形式可分为矩形板式橡胶支座(代号:GJZ)、圆形板式橡胶支座(代号:GYZ)。普通板式橡胶支座适用于较小跨度桥梁。正交桥梁用矩形支座,曲线桥、斜交桥圆柱墩桥梁应采用圆形支座(图6-101、图6-102)。

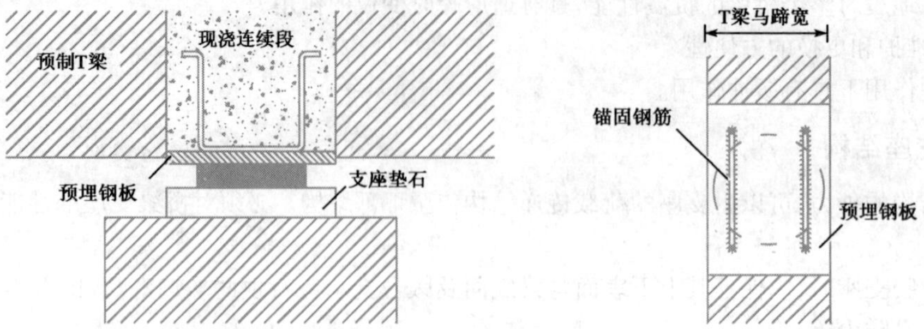

图6-101 圆形板式橡胶支座安装

6.10.4 四氟滑板橡胶支座

四氟滑板橡胶支座按结构形式可分为矩形四氟滑式橡胶支座(代号:GJZF4)、圆形四氟滑板橡胶支座(代号:GYZF4)。四氟滑板橡胶支座适用于较大跨度、多跨连续、简支梁和连续板等结构的大位移量的桥梁(图6-103)。还可在顶推连续梁及T形梁横移施工中,作滑块使用等。四氟板支座不允许倾斜安装,当有纵(横)坡时必须设法调平放置。

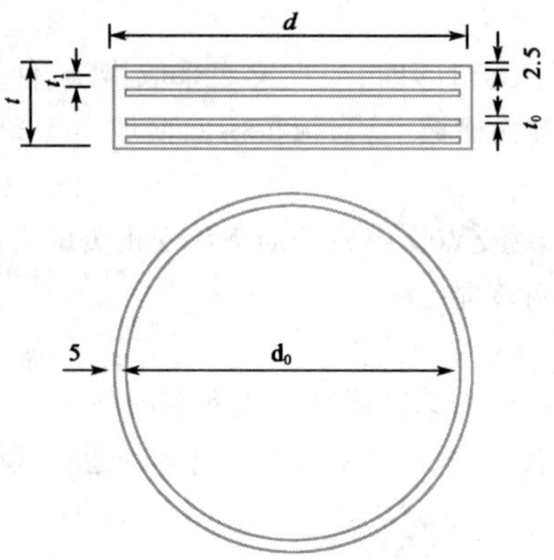

图6-102 圆形板式橡胶支座

t-支座总厚度;t_1-中间橡胶层厚度;t_0-单层钢板厚度

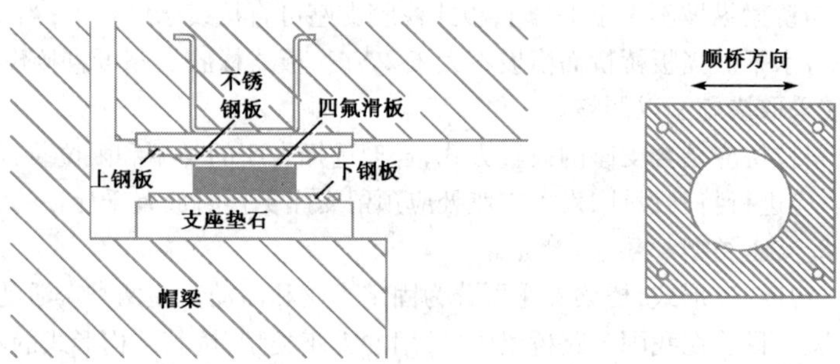

图6-103 四氟滑板橡胶支座

6.10.5 盆式橡胶支座

盆式橡胶支座主要由上支座板、下支座板、中间衬板、橡胶板(弹性体)、钢箍圈、平面摩擦副等部件组成(图6-104)。平面摩擦副是置于上支座板与中间衬板之间的聚四氟乙烯板和不锈钢滑板(图6-105)。通常橡胶板的设计压应力为25MPa。活动盆式橡胶支座水平方向的位移是通过聚四氟乙烯板与不锈钢滑板组成的平面摩擦副之间的相对滑动来实现的,为了使支座的水平摩阻力处于较小状态,通常在摩擦副之间添加硅脂润滑,并且在聚四氟乙烯板上设置许多球冠形储脂坑,坑内均注满硅脂。支座的转角位移是由橡胶板所产生的不均匀压缩来实现的。

1. 基本参数

盆式橡胶支座有固定支座、单向活动支座与双向活动支座三种。按使用环境温度还有常温型支座(-25℃~60℃)与耐寒型支座(-40℃~60℃)之分。盆式橡胶支座的性能技术要求如下:

①在竖向设计荷载作用下,支座竖向压缩变形值不得大于支座总高度的2%。

②固定支座在各方向、单向活动支座非滑移方向的水平承载力均不得小于支座竖向承载力的10%;抗震型支座的水平承载力不得小于支座竖向承载力的20%。

③支座的转动角度不得小于0.02rad。

④加 5201 硅脂润滑后，常温型活动支座设计摩阻系数最小取 0.03，耐寒型活动支座设计摩阻系数最小取 0.05。

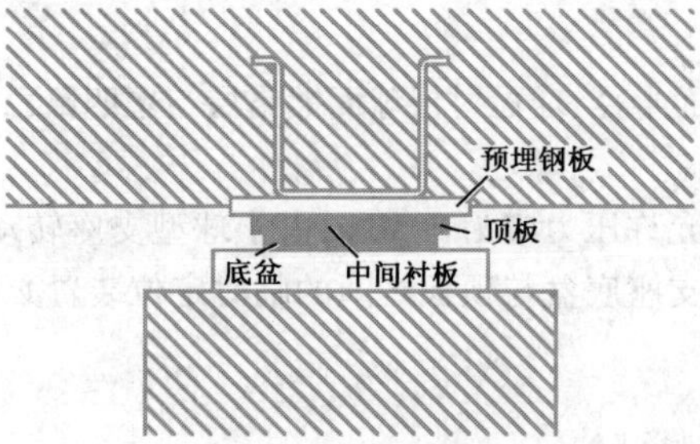

图 6-104　盆式橡胶支座

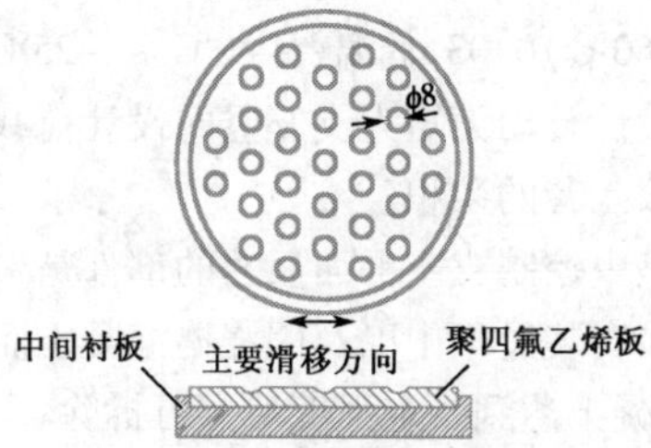

图 6-105　平面摩擦副

2. 成品系列

GPZ 是盆式橡胶支座的成品系列，其适应的最大位移量见表 6-28。以 DX、SX、GD 分别表示单向活动支座、双向活动支座及固定支座，而 GDZ 则为抗震型固定支座的代号。成品盆式橡胶支座的适用性应考虑温度和地震两个因素，以确定适配常温型或耐寒型支座，以及考虑抗震措施所选配抗震型支座。

GPZ 系列盆式支座位移量适应范围　　表 6-28

位移及类型 / 反力(kN)	顺桥向最大位移(mm)			横桥向最大位移(mm)		
	GD	SX	DX	GD	SX	DX
1000 ~ 3000	0	±50；±100	±50；±100	0	±5；±10	0
3500 ~ 9000	0	±100；±150	±100；±150	0	±10；±15	0
10000 ~ 30000	0	±150；±200	±150；±200	0	±15；±20	0
32500 ~ 50000	0	±200；±250	±200；±250	0	±20；±25	0

6.10.6　球形支座

球型支座是在盆式支座的基础上发展起来的一种新型桥梁支座。主要由底盆、球冠衬板、顶板，以及平面摩擦副和球面摩擦副等组成(图 6-106)。平面摩擦副是置于球冠衬板与顶板之间的不锈钢滑板与聚四氟乙烯板，球面摩擦副是置于球冠衬板与底盆之间的硬铬镀层与聚四氟乙烯板。与盆式橡胶支座相同，其摩擦面均添加硅脂润滑，聚四氟乙烯板上均设置储脂坑。

图 6-106　球形支座

1. 结构优点

由于球型支座的转动是通过球面实现的，因此其允许转角可远大于盆式橡胶支座。球型支座的其他工作原理与盆式橡胶支座基本相同。另具有以下优点：

①球型支座通过球面传递竖向荷载，竖向荷载作用点始终在球面中轴，也就是支座中心。

②球型支座的转动力矩较小，且只与支座的球面半径及摩擦副的滑动摩擦系数有关，与支座转角的大小无关，因此特别适用于大转角的情况。球型支座的设计转角可达 0.05rad 以上。

③球型支座各向转动性能一致，适用于曲线桥与桥宽。

④球型支座不存在橡胶老化变硬而影响支座转动性能的问题，特别适用于低温地区。

2. 基本参数

与盆式橡胶支座相同，球型支座也有固定支座、单向活动支座和双向活动支座三种。其温度适用范围为 -40℃ ~60℃。支座的转角位移分为 3 级：0.02rad，0.04rad，0.06rad。球型支座的性能技术要求如下：

①在竖向设计荷载作用下,支座竖向压缩变形不得大于支座总高度的1%。

②在固定支座和单向活动支座约束向所承受的水平力为支座竖向设计荷载的10%。

③在设计竖向设计荷载作用下,活动支座的聚四氟乙烯板在硅脂润滑条件下的设计摩擦因数为:常温(-25℃~+60℃)0.03,低温(-40℃~-25℃)0.05。

④支座设计转动力矩为支座竖向设计荷载、支座球冠衬板的球面半径、球冠衬板球面镀铬层与聚四氟乙烯板的设计摩擦因数三者的乘积。

球型支座中控制支座平面尺寸的部件是聚四氟乙烯板,其设计允许压力应为30MPa;由于球型支座转动灵活,为防止支座在安装过程中以及因浇捣混凝土而产生不应有的转动,支座底盆与顶板之间的临时定位装置必须牢固可靠,且在混凝土达到一定强度后方可拆除。

6.11 桥梁伸缩装置

伸缩缝是为适应材料胀缩变形对结构的影响,而在结构的两端设置的间隙。桥梁伸缩装置是在桥面伸缩缝处设置的各种装置的总称。由于温度升高引起的伸长量,由于温度下降引起的收缩量,由于混凝土收缩徐变影响引起的收缩量等的绝对值的总和,即伸缩装置的拉伸值和压缩值的总和,称为伸缩量。桥梁伸缩装置主要由传力支承体系和位移控制体系组成,主要是适应桥梁纵、横位移的变化和梁端翘曲发生的转角变化。应根据桥梁伸缩量要求选择性能较好的伸缩装置,伸缩缝锚固部位混凝土强度等级不低于C40,并做好接缝处理。

6.11.1 设计规定

根据伸缩装置的传力方式及其构造特点,可分为对接式伸缩缝、钢制式伸缩缝、橡胶板式伸缩缝、模数式伸缩缝和无缝式伸缩缝等。桥面伸缩缝装置应保证能自由伸缩,并使车辆平稳通过。伸缩装置应具有良好的密水性和排水性,并应便于检查和清除沟槽的污物。伸缩缝装置应符合下列要求:

①伸缩装置的材料及其产品的技术要求应符合交通行业标准《公路桥梁伸缩装置》(JT/T 327—2004)的有关规定。

②采用定型生产的各类伸缩缝装置时,可根据桥梁所在地区的气温条件和施工季节,选择伸缩缝装置的安装温度,按规范规定计算桥梁接缝处梁体的伸长量和缩短量(接缝的闭口量和开口量),据此选用伸缩装置的类型和型号。自行设计伸缩装置时,对于承受汽车荷载的钢构件,应考虑冲击作用及重复作用引起的疲劳影响。

③根据伸缩装置的安装宽度,绘制桥梁接缝处的结构图,标明安装伸缩装置所必需的槽口尺寸(深度及上、下口宽度)、伸缩装置连接所需的预埋件及其位置。同时,图纸上应标明下列内容:

a. 槽口内填筑的材料种类及其强度等级;

b. 安装伸缩装置的温度范围,在该范围内安装伸缩装置,可保证在安装后伸缩装置工作正常;

c. 伸缩装置的类型和型号,该装置的最大及最小工作宽度;

d. 伸缩装置的安装宽度或出厂宽度(板式伸缩装置为压缩后的宽度,可由工厂临时固定出厂);

e. 伸缩装置施工时应注意事项。

按交通行业标准《公路桥梁伸缩装置》(JT/T 327—2004)中的产品分类,为模数式伸缩装置、梳齿板式伸缩装置、橡胶式伸缩装置和异型钢单缝式伸缩装置四类。产品代号记为(图6-107):

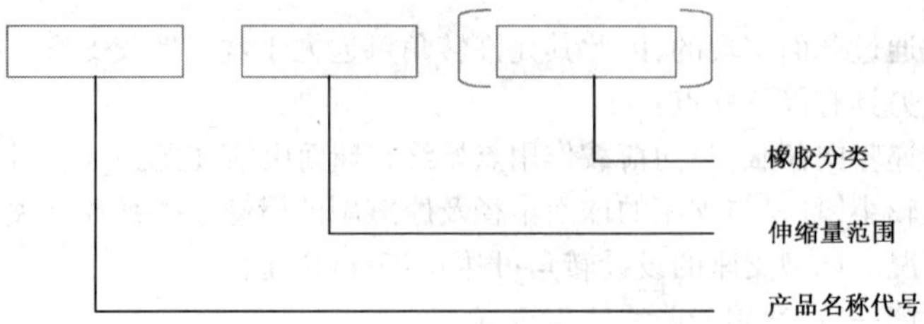

图6-107 产品名称代号表示法

6.11.2 对接式伸缩装置

对接式伸缩装置分为填塞对接型、嵌固对接型和波形,其特点见表6-29。

对接式桥梁伸缩装置 表6-29

类型	型号	说明
填塞对接型	松木板浸沥青填塞型	以沥青、木板、麻絮、橡胶等材料填塞缝隙的构造(在任何情况下都处于压缩状态)
	U型镀锌铁皮型	
	矩形橡胶条型	
	组合式橡胶条型	
	管形橡胶条型	
嵌固对接型	W型、SW型、M型、SDⅡ型、PG型、FV型、GNB型、GQF-C型	采用单缝钢、边梁钢和其他不同形状的钢构件将不同形状橡胶条(带)嵌固,以橡胶条(带)的拉压变形吸收梁体变位的异性钢单缝式构造
波形	GAI-TOP型	由钢波形板、U型底槽、锚固钢筋、泡沫棒和专用密封胶等组成的构造
	GT型	
	KD型	

1. 木板填塞型

木板填塞型伸缩装置是用松木板浸沥青后填塞于伸缩缝内,并用沥青混凝土桥面铺装层将其顶面封盖。此类型多用于中小跨径的桥梁(图6-108)。

2. U型镀锌铁皮型

U型镀锌铁皮型伸缩装置是用单层或双层镀锌铁皮等金属薄板制成U形作为跨缝材料,再在其上放置石棉纤维过滤器和沥青膏等填充而成。此类型多用于中等跨径的桥梁(图6-109)。

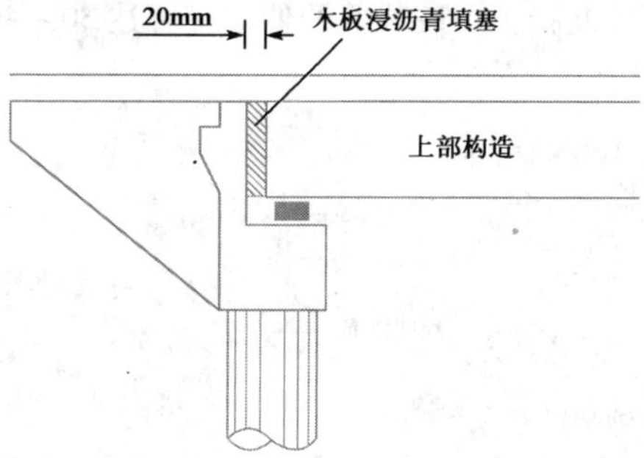

图6-108 木板填塞型

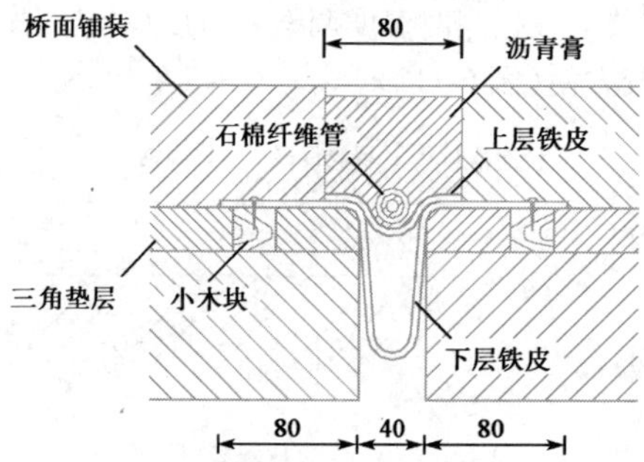

图6-109 U型镀锌铁皮型

3. 矩形橡胶条型

橡胶是一种良好的弹性材料,不论在何种外荷载作用下(包括水平作用下),体积应变接近于零,表明橡胶的体积是不可能压缩的(图6-110)。矩形橡胶条伸缩装置主要技术参数见表6-30。

矩形橡胶条伸缩装置主要技术参数 表6-30

伸缩量(mm)	槽口深 H(mm)	伸缩范围(mm)		安装定位值 A(mm)
		C_{max}	C_{min}	
20	130	50	20	80-10(梁缩短量)
30	130	50	30	80-10(梁缩短量)
40	130	80	40	120-10(梁缩短量)
50	130	80	50	120-10(梁缩短量)

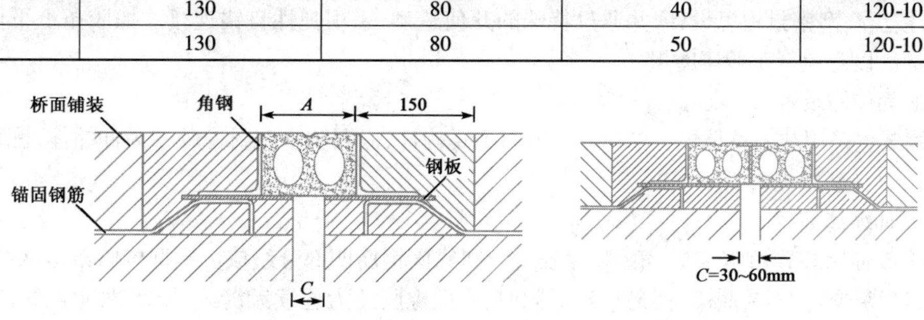

图6-110 橡胶条型

a)矩形;b)组合式

组合式橡胶条型伸缩装置是由两个或两个以上矩形橡胶条组合而成的，伸缩量为30~60mm。

4. 管形橡胶条型

管形橡胶条型伸缩装置主要设计参数见表6-31，其结构见图6-111。

管形橡胶条型伸缩装置主要技术参数 表6-31

伸缩量(mm)	槽口深 H(mm)	伸缩范围(mm)	
		C_{max}	C_{min}
10	>80	30	20
20	>80	40	20
30	>80	50	20

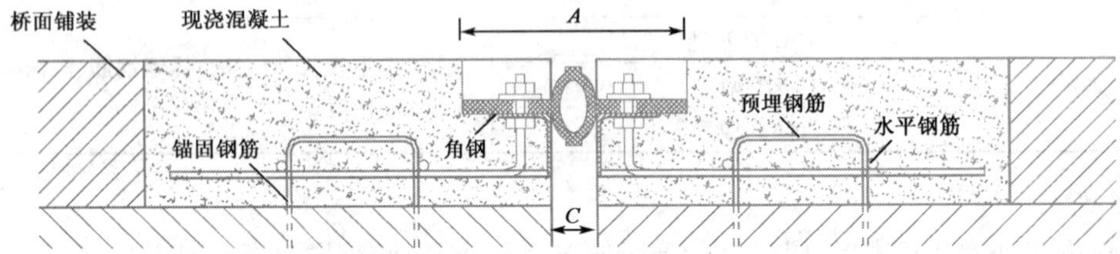

图6-111 管形橡胶条型

5. 嵌固对接型伸缩装置

1）W型嵌固橡胶伸缩装置

W型嵌固橡胶伸缩装置是由“J”型钢（用钢板弯制而成的）和“W”型橡胶条组合而成的构造。橡胶条在“J”型钢内，安装时根据当时温度调整 A 值后焊接于锚固件上，然后浇筑槽口混凝土。该装置的伸缩量可达30~40mm，安装比较方便（图6-112）。

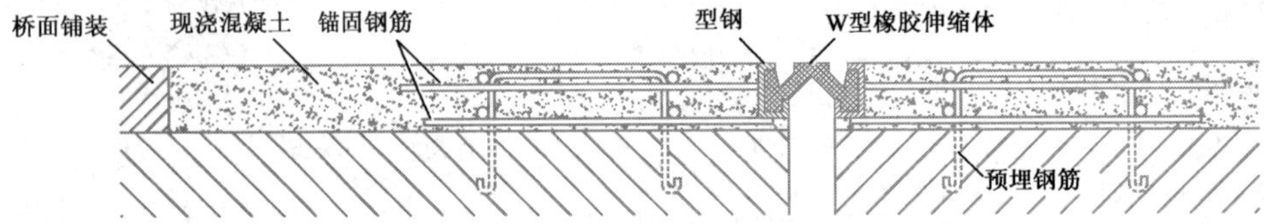

图6-112 对接W型嵌固橡胶条伸缩装置

2）SW型嵌固橡胶伸缩装置

SW型嵌固橡胶伸缩装置由两片钢板骨架及“W”型橡胶条组合而成。钢板骨架与混凝土联结，依靠高强度钉将钢板骨架和锚钉座锚紧。钢板呈45°倾斜设置。这种联结方式可将来自车轮的冲击力，经橡胶条缓冲后再均匀地传给混凝土，并使两侧混凝土得以保护。该装置的伸缩量一般可达40mm左右。

3）M型嵌固橡胶伸缩装置

M型嵌固橡胶伸缩装置为“M”型橡胶条、定位型钢和锚固系统组合而成的结构（图6-113a））。一般伸缩量可做的30~40mm。

4）SD Ⅱ型嵌固橡胶伸缩装置

SD Ⅱ型橡胶伸缩装置由钢组件及橡胶条组成（图6-113b））。钢组件由角钢组焊成“F”型，橡胶条采用耐候氯丁橡胶材料加工，按折叠型密封构思设计，并通过特殊的几何造型，采用弹性自锚连接。橡胶条上下面一般低于钢组件上平面3~5mm，以避免行车碾压磨损。

5）GQF-C型嵌固伸缩装置

GQF-C型伸缩装置采用热轧整体成型的“C”字钢为主要构件，嵌固防水密封橡胶带为伸缩体，配以锚固系统所组成（图6-113c）），设计参数见表6-32。

6）GNB型嵌固伸缩缝装置

GNB型桥梁橡胶伸缩装置由钢卡板、角钢、橡胶封条和锚固钢筋四部分组成。V型橡胶条形状特殊，它被钢卡板与梁端加强角钢紧密咬合，不易脱落，而易更换。同时，V型橡胶条为连续无缝式，防水性能较好；梁端加强角钢有效地加强了接缝处梁端的薄弱环节，使梁端能经受起车辆荷载的反复冲击作用；锚固系统由L型螺栓与梁体预埋筋及 C_{50} 环氧树脂混凝土组成，安全可靠。其规格系列见表6-33。

GQF-C 型伸缩缝装置设计参数 表 6-32

型号-伸缩量(mm)	伸缩装置宽度 a(mm)		伸缩缝间隙量 C(mm)		混凝土预留槽尺寸(mm)	
	a_{min}	a_{max}	C_{min}	C_{max}	h	b
C-20	80	100	14	34	≥100	≥250
C-40	80	120	14	54	≥100	≥250
C-60	80	140	14	74	≥150	≥300
C-80	80	160	14	94	≥150	≥300

GNB 型伸缩缝装置规格 表 6-33

型式	伸缩范围(mm)		伸缩量(mm)	型式	伸缩范围(mm)		伸缩量(mm)
	min	max			min	max	
GNB-30	15	45	30	GNB-60	15	75	60
GNB-45	15	60	45				

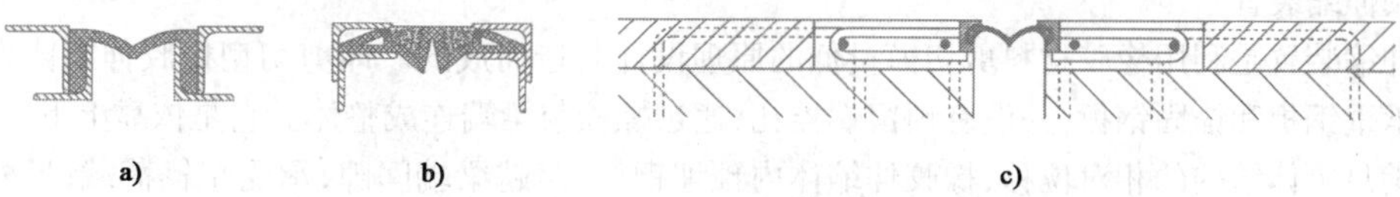

图 6-113 嵌固对接型伸缩装置

a)M 型橡胶条伸缩装置;b)SD Ⅱ 型橡胶条伸缩装置;c)GQF-C 型橡胶条伸缩装置

6. GT 波形伸缩装置

波形桥梁伸缩装置是由钢板弯制而成的波形板、专用密封胶、U 形底槽、锚固钢筋和泡沫棒等组件构成的一种结构形式。这类伸缩装置多用于伸缩量小于 200mm 的桥梁工程上。

GT 波形伸缩装置适用于钢桥、预应力混凝土桥、钢筋混凝土桥、钢桥面板和桥台部分的新建及改建工程(图 6-114)。GT 波形伸缩装置构件使用的材料质量应符合以下规定:

①钢材。GT 指钢板符合 SS41 标准;GT 锚固钢筋符合 NSD41 标准的规定。

②嵌缝橡胶。GT 波形伸缩装置使用的嵌缝橡胶物理性能应符合有关规定。

③GT 密封垫块。尺寸为 1t × 30 × 1 = 25 × 30 × 1。

④GT 背部填料为 4 号砂。

⑤GT 专用密封胶。

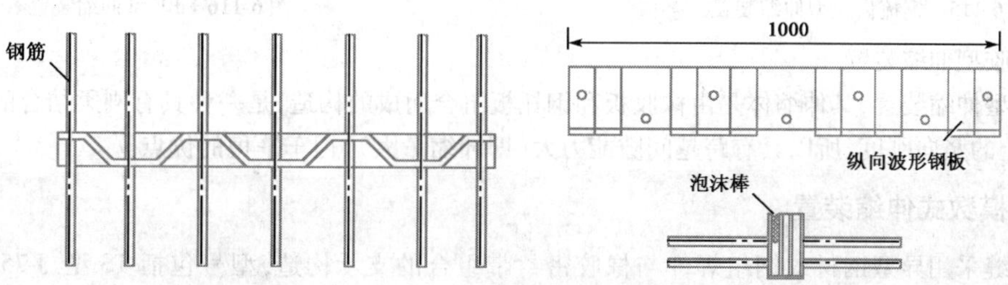

图 6-114 GT 型波形伸缩装置

6.11.3 钢制式伸缩装置

钢制式桥梁伸缩装置采用面层钢板或疏齿钢板的构造,分为钢梳齿板型和钢板叠合型。其是用钢材装配制成的,能直接承受车轮荷载。

1. 钢梳齿板型

图 6-115 所示的钢梳齿板型伸缩装置伸缩量可达 300mm。它的锚固系统是采用预应力技术,预应力是通过拧紧锚固螺杆而得到的。它的防水与防尘是通过放在梳齿板下的橡胶伸缩体完成的。

2. 钢板叠合型伸缩装置

钢板叠合型伸缩装置又称平板式伸缩装置。伸缩量小于 30mm 时,通常用铆钉装配角钢和钢板,面层板使用条纹钢板的钢板叠合式伸缩装置。

从施工因素考虑，钢制形式的伸缩装置多用于钢桥，用于混凝土桥的不多，这是因为在钢桥上，可以直接用螺栓牢固地将钢制形式的伸缩装置安装于钢梁的翼缘板上。但当钢制形式的伸缩装置用于混凝土桥时，则需用扁钢等固定在混凝土上，特别是对于装配式预应力混凝土梁，必须将梁切出许多切口，并加厚现场浇注的部分以便牢固地安装。

6.11.4 橡胶式伸缩装置

橡胶式伸缩缝分为板式橡胶型和组合式橡胶型。BF 型的改进有 JB、JH、SD、SC、SB、SG、BSL 型等，其类型和说明见表 6-34。

橡胶式桥梁伸缩装置类型　　表 6-34

类型	型号	说明
板式橡胶型	UG 型、JB、JH、SD、SC、SB、SG、BSL 型、CD 型	伸缩体由橡胶、钢板或角钢为一体的构造
组合式橡胶型	BF 型、SEG 型、SEJ 型	伸缩体由橡胶板和钢托板组合而成的构造

1. 板式橡胶伸缩装置

板式橡胶伸缩装置是利用橡胶材料剪切模量低的原理设计制造而成的。即剪切型橡胶伸缩体设有上下凹槽，橡胶体内埋设承重钢板和锚固钢板，并设有预留螺栓孔，通过螺栓与梁端连成整体。它是依靠上下凹槽之间的橡胶体剪切变形来满足梁体结构的相对位移；橡胶伸缩体内预埋钢筋，跨越梁端间隙，承受车辆荷载；另外，在橡胶伸缩体内两侧预埋两块锚固钢板，通过螺栓与梁端连接的受力原理形成的结构构造(图 6-116)。

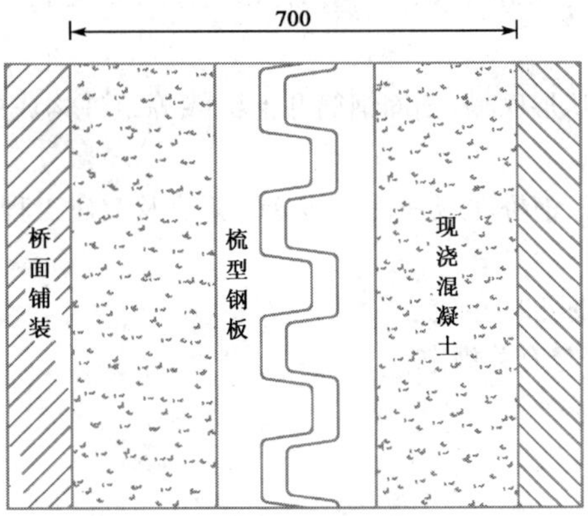

图 6-115　钢梳齿板型伸缩装置

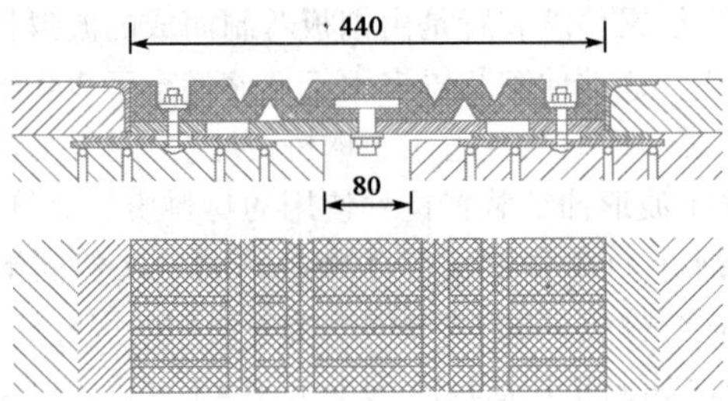

图 6-116　BF 型伸缩装置

2. 组合式橡胶型伸缩装置

组合式橡胶型伸缩装置，其伸缩体是由橡胶板和钢托板组合而成的构造，是一种具有刚柔结合的装置。它承受荷载之后，有一定的竖向刚度，所以具有跨越间隙能力大(即伸缩量大)、行车平稳的优点。

6.11.5 模数式伸缩装置

模数式伸缩缝采用异型钢材或钢组焊件与橡胶密封带组合的支承构造，型号包括 TS 型、J-75 型、SSF 型、SG 型、XF 型、GQF-MZL 型等。模数式伸缩装置如图 6-117 所示。

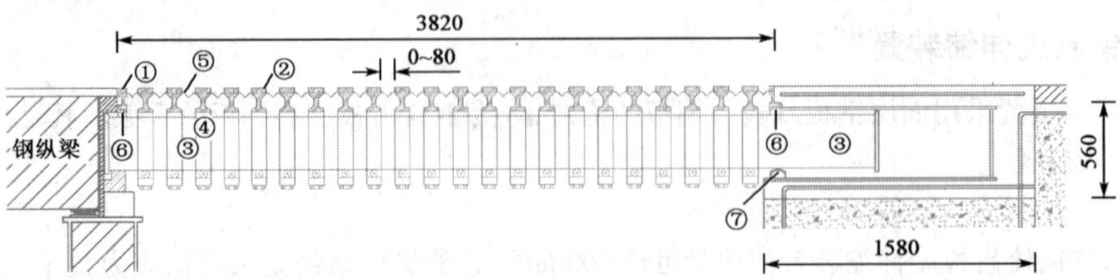

图 6-117　模数式伸缩装置

①边梁；②中梁；③支承横梁；④滑动承压支座；⑤密封橡胶带；⑥边梁垫块；⑦位移支承轴

特大桥和大桥宜使用模数式伸缩缝装置，其钢梁高度应按计算确定，但不应小于 70mm，并应具有强力的锚固系统。模数式伸缩装置系列的构造相同点是由 V 形截面或其他截面形状的橡胶密封胶条，嵌接于异型边梁钢和中梁钢内组成可伸缩的密封体，异型钢梁直接承受车辆荷载，且可根据要求的伸缩量，随意增加中梁钢和密封胶条，加工组装成各种规格的伸缩装置系列产品。其不同点仅在于承重异型钢梁和传递伸缩力的传动形式及原理上的差异。

模数式伸缩装置，特别是大伸缩量的多单元模数式伸缩装置，由于构造相对复杂，所以还要求模数式伸缩装置必须具备横向错位、竖向错位、纵向错位的功能。在此，横向错位是指伸缩装置发生的与桥梁中线垂直或接近垂直方向的错位；竖向错位是指伸缩装置发生的与桥面垂直或接近垂直方向的错位；纵向错位是指伸缩装置发生的沿桥梁中线垂直或接近中线方向的错位。

6.11.6 无缝式伸缩装置

无缝式伸缩装置是接缝构造不露出桥面时，在桥梁端部的伸缩间隙中填入弹性材料并铺上防水材料，然后在桥面铺装层铺筑黏弹性复合材料，使伸缩缝处的桥面铺装与其他铺装部分连成一连续体，以连接缝的沥青混凝土等材料的变形承受伸缩的一种构造，如常用的桥面连续 TST 弹塑体等，类型及说明见表 6-35。TST 填充式伸缩装置如图 6-118 所示。

无缝式伸缩装置类型　　表 6-35

类型	型号	说明
暗缝型	GP 型(桥面连续)	路面施工前安装的伸缩构造
	TST 弹塑体	以路面等变形吸收梁变位的构造
	EPBC 弹性体	以弹塑体的变形吸收梁变位的构造
	LB 无缝型	以弹塑体的变形吸收梁变位的构造
	TCS 接缝弹塑体	以弹塑体的变形吸收梁变位的构造

TCS 填充式桥梁接缝弹塑体是一种无缝式(暗缝型)伸缩装置。其原理是将一种既有弹性又有塑性的 RS 复合橡胶材料(其主要成分为高分子聚合物和沥青等)加热到 190℃ ~210℃熔融成流体后，灌入经加热的碎石中，形成“TCS 桥梁接缝弹塑体”。碎石是直接承受车辆荷载，在施工时并使用 TCS - Z 专用黏合剂涂刷切槽两边以保证界面强度的一种结构，如图 6-119 所示。其适用于 -25℃ ~ +60℃温度的地区，伸缩量在 50mm 以下的公路桥梁、城市立交桥和高架桥的伸缩接缝。

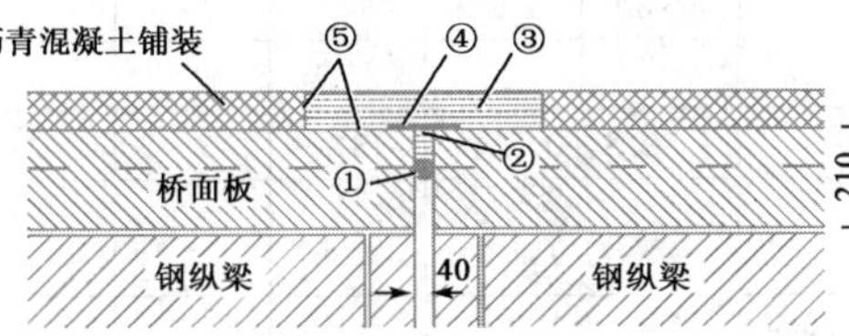

图 6-118　TST 填充式伸缩装置(沥青混凝土桥面)
①-密封条；②-填充料；③-弹塑体铺装层；④-跨缝铝板；⑤-涂底胶

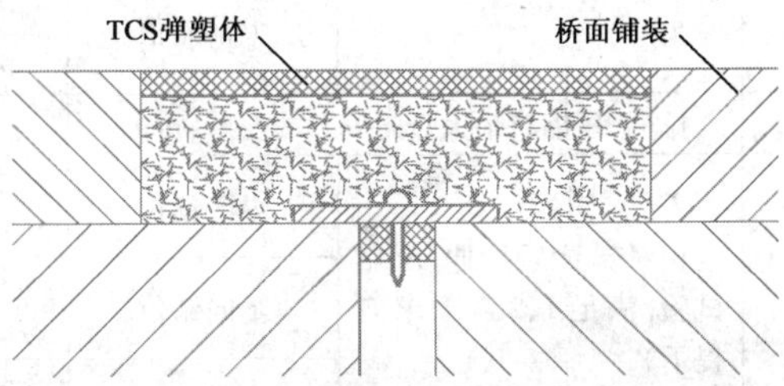

图 6-119　TST 填充式伸缩装置(水泥混凝土桥面)

6.11.7 三维伸缩装置

三维伸缩装置可适用纵、横、竖三个方向变形的需要。其构造是由卡板、滑槽、橡胶体、锚固系统四大配件组成(图 6-120)。该装置的工作原理是 Y 形橡胶体一端被上下卡板固定，另一端在特制的滑槽内作顺桥向与垂直于槽向进行滑动，橡胶体内夹有纤维物质，它具有一定的刚度。滑槽由不锈钢板黏贴四氟板组成，它的摩擦系数很小，易于滑动。Y 型橡胶体的两端被压入滑槽内，故有较好的密封性能，防水效果好，锚固系统可靠。

6.11.8 伸缩量计算

伸缩量是拉伸和压缩值的总和。通常，伸缩量在 40 ~ 120mm 区间，级差取 20mm；伸缩量在 120 ~ 240mm 区间，级差取 40mm；伸缩量在 240mm 以上，每级级差取 80mm。

伸缩量计算应考虑的基本因素有温度变化、混凝土收缩徐变、各种荷载引起的桥梁结构的挠曲、纵向坡度对伸缩变位的影响、弯桥和斜桥时的变位等。但一般将温度变化引起的伸缩量和混凝土的收缩、徐变引起的伸缩量，作为确定伸缩装置类型和规格的主要依据，而将其他因素引起的伸缩量以及因桥梁结构型式或布置所产生的附加伸缩量作校核用，并主要在设置伸缩装置的富余量时予以考虑。

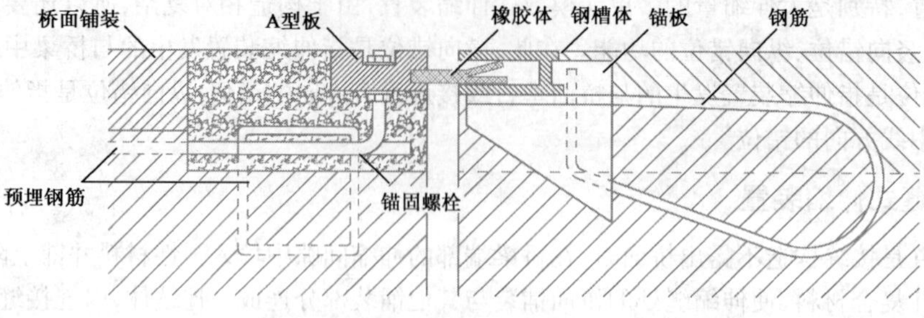

图 6-120　三维伸缩装置

伸缩量的参考值可按经验公式 $\Delta = 0.0012 \times L$（单位：mm）计算，精确值应按规范要求计算。

6.11.9　伸缩装置选型

桥梁伸缩装置形式的选择非常重要，必须以所安装伸缩装置的道路性质、桥梁类型、需要的伸缩量为依据，综合考虑伸缩装置整体性、耐久性、平整性、排水和防水、方便施工、容易维修及经济性等，选择恰当形式的伸缩装置。

1. 整体性

交通行业标准《公路桥梁伸缩装置》（JT/T 327—2004）中对各类公路桥梁伸缩装置成品的整体性能要求规定见表 6-36。

伸缩缝装置性能要求　　表 6-36

<table>
<tr><th rowspan="2">序号</th><th rowspan="2" colspan="2">项目</th><th rowspan="2" colspan="2">模数式</th><th rowspan="2" colspan="2">梳齿板式</th><th colspan="2">橡胶式</th><th rowspan="2">异型钢单缝式</th></tr>
<tr><th>板式</th><th>组合式</th></tr>
<tr><td>1</td><td colspan="2">拉伸、压缩时最大水平摩阻力（kN/m）</td><td colspan="2">≤4</td><td colspan="2">≤5</td><td><18</td><td>≤8</td><td></td></tr>
<tr><td rowspan="4">2</td><td rowspan="4">拉伸、压缩时变位均匀性（mm）</td><td>每单元最大偏差值</td><td colspan="2">−2～2</td><td colspan="2"></td><td></td><td></td><td></td></tr>
<tr><td rowspan="3">总变位最大偏差值</td><td>e≤480</td><td>−5～5</td><td>e≤80</td><td>±1.5</td><td></td><td></td><td></td></tr>
<tr><td>480<e≤800</td><td>−10～10</td><td>e>80</td><td>±2.0</td><td></td><td></td><td></td></tr>
<tr><td>e>800</td><td>−15～15</td><td></td><td></td><td></td><td></td><td></td></tr>
<tr><td>3</td><td colspan="2">拉伸、压缩时最大竖向偏差或变形（mm）</td><td colspan="2">1～2</td><td colspan="2">0.3～0.5</td><td>−3～3</td><td>−2～2</td><td></td></tr>
<tr><td rowspan="3">4</td><td rowspan="3">相对错位后拉伸、压缩试验（满足 1、2 项要求前提下）</td><td>纵向错位</td><td colspan="2">支承横梁倾斜角度不小于2.5°</td><td colspan="2"></td><td></td><td></td><td></td></tr>
<tr><td>竖向错位</td><td colspan="2">相当于顺桥向产生 5% 坡度</td><td colspan="2"></td><td></td><td></td><td></td></tr>
<tr><td>横向错位</td><td colspan="2">两支承横梁 3.6m 范围内两端相差 80mm</td><td colspan="2"></td><td></td><td></td><td></td></tr>
<tr><td>5</td><td colspan="2">最大荷载时中梁应力、横梁应力、应变测定、水平力（模拟制动力）</td><td colspan="2">满足设计要求</td><td colspan="2"></td><td></td><td></td><td></td></tr>
<tr><td>6</td><td colspan="2">防水性能</td><td colspan="2">注满水 24h 无渗漏</td><td colspan="2"></td><td></td><td></td><td>注满水 24h 无渗漏</td></tr>
</table>

2. 耐久性

通常钢制形式的和采用整体成形异型钢材组合的模数式伸缩装置的耐久性较好，运用广泛。对沥青、木板填塞型和 U 型镀锌铁皮型等耐久性较差的伸缩装置，一般慎用，最好不用。对于采用桥面连续、TST 弹塑体等无缝式结构，在中小桥伸缩量不大的情况下是可以比选的。人行道部分可采用这类简易伸缩装置。

3. 平整性

平整性变坏不外乎两种情况，一种是像钢制型伸缩装置的齿板变形上翘、开口、脱焊、冲击时发出噪声和板式橡胶型伸缩装置的隆起、翘曲、橡胶板脱落等伸缩装置结构本身的缺陷；另一种情况是伸缩装置与其两侧桥面之间形成高差，汽车行驶时受到冲击而跳动致使行驶性能变坏。

为了避免上述情况，可选择桥面连续，或先整体桥面施工，后切割桥面体，再安装伸缩装置的后嵌做法，这只要慎重施工就可达到目的。采用钢制型或模数式等伸缩装置，在桥面施工前必须事先紧密，使其牢固地连接在主梁或桥面板上。同此，桥面铺装不能充分碾压，常常使得路面或桥面的平整性较差。

4. 排水性和防水

其实，伸缩装置的排水性和防水性也可作为耐久性的一个方面来考虑。伸缩装置的排水性和防水性之所以成为问题，主要是因为桥梁下面的使用环境要求，如桥下面是街道、房屋等，或是通航河流。特别是城市高架桥梁，梁端部和支座处应做防锈处理，最怕伸缩装置出现漏水问题。目前，伸缩装置集中落水板为普遍。排水装置之所以堵塞，主要是由于施工时混凝土、木料或其他碎屑掉入伸缩装置内而又未及时清除所致。另外，桥梁竣工后随着车辆的行驶，尘土不断落入造成伸缩装置中砂土日益堆积，又未正常清除养护等。总之，多半是由于排水装置清扫困难、养护不力以至引起伸缩装置排水不畅。

因此，对排水要求高的桥梁，一般以不使用排水性和防水性均较差的如钢制型的伸缩装置为宜。除板式橡胶伸缩装置外，对于没有排水装置的伸缩装置，为保证其防水性，可以采取缝隙填塞黏结嵌缝材料的办法予以适当解决。橡胶条型或异型钢模数式伸缩装置，合理地进行初始压缩和充分捣实两侧混凝土是极为重要的。为使橡胶条或橡胶密封带与钢材紧密连接，建议使用黏结材料以提高其防水性能。

5. 方便施工

施工性可分为两方面来考虑：一方面是单从施工角度来看，是否费工时；另一方面是否能做到精心施工，以保证伸缩装置所期望的寿命。所谓期望的寿命，是指在精心设计、精心施工的情况下，具有所希望的耐久性、平整性、排水性和防水性的寿命。

6. 容易维修

伸缩装置一旦破坏，一般而言，维修是比较困难的。维修的难易程度，一般要视装置破坏的严重程度而定，就其本身构造而言，应以在维修时需将桥面破坏到什么程度来决定。如填塞对接式伸缩装置，可以只破坏其周围桥台的一小部分，或将混凝土稍作处理就可以进行维修工作。对板式橡胶型或大型模数式伸缩装置，如果破坏到要对锚固系统进行维修时，则必须凿掉两侧锚固区混凝土而使锚固钢筋露出，显而易见，维修工作难度大大增加。

对安装在钢桥上的钢制式伸缩装置，有时需要露出主梁上翼缘板，不过，这要取决于其破坏情况及维修的程度，不能一概而论。例如，如果只对钢齿板焊接维修，那就不一定露出主梁的上翼缘板就能进行；如果要更换伸缩装置，则工作量明显增大。

对预应力混凝土桥，预应力锚头集中在梁的端部，因此，在安装初始就已考虑到锚固系统的处理，维修时只需将原槽口部分的混凝土凿掉即可。

7. 经济性

交通量的大小对伸缩装置的选择是一个重要的控制条件。公路交通量大时，为了维修伸缩装置而使部分交通中断是一个比较大的问题，而根据对伸缩装置破坏情况的调查，在交通量大及重型车辆多的公路上，伸缩装置破坏的比例也大。因此，对高速公路这样的交通主干线，应该选择寿命较长、耐久性较好的伸缩装置。对于交通量小的低等级公路，伸缩装置破坏的情况也相对少些，且即使破坏了，为维修而对交通有所限制所造成的影响也比较小，也比较容易做到。考虑到这种情况，选择价格比较便宜、构造简单的伸缩装置也许是经济的。因此，伸缩装置的经济性问题是一个应该慎重地综合判断的问题。

6.12 桥面铺装

桥面铺装的结构形式宜与所在的公路路面相协调。桥面铺装应有完善的桥面防水、排水系统。高速公路和一级公路上特大桥、大桥的桥面铺装宜采用沥青混凝土桥面铺装。混凝土梁桥面铺装宜采用普通混凝土、防渗混凝土、纤维混凝土或沥青混凝土铺装，桥面铺装混凝土强度等级不低于 C40。钢桥面宜采用沥青混凝土铺装，桥面铺装层应与钢桥面有效黏结。

1. 设计规定

①桥面铺装应设防水层。圬工桥台背面及拱桥拱圈与填料间应设置防水层，并设置盲沟排水。

②高速公路、一级公路上桥梁的沥青混凝土桥面铺装层厚度不宜小于 70mm；二级及二级以下公路桥梁的沥青混凝土桥面铺装层厚度不宜小于 50mm。沥青混凝土桥面铺装尚应符合现行《公路沥青路面设计规范》的有关

规定。

③水泥混凝土桥面铺装面层(不含整平层和垫层)的厚度不宜小于80mm,混凝土强度等级不应低于C40。水泥混凝土桥面铺装层内应配置钢筋网。钢筋直径不应小于8mm,间距不宜小于100mm。水泥混凝土桥面铺装尚应符合《公路水泥混凝土路面设计规范》(JTG D40)的有关规定。

④正交异性板钢桥面沥青混凝土铺装结构应根据桥梁纵面线形、桥梁结构受力状态、桥面系的实际情况、当地气象与环境条件、铺装材料的性能等综合研究选用。

⑤桥面伸缩装置应保证能自由伸缩,并使车辆平稳通过。伸缩装置应具有良好的密水性和排水性,并应便于检查和清除沟槽的污物。特大桥和大桥宜使用模数式伸缩装置,其钢梁高度应按计算确定,但不应小于70mm,并应具有强力的锚固系统。

⑥桥面应设排水设施。跨越公路、铁路、通航河流的桥梁,桥面排水宜通过设在桥梁墩台处的竖向排水管排入地面排水设施中。

2. 沥青与水泥桥面设计方案比较

沥青桥面和水泥混凝土桥面都能满足桥梁的各项要求,使用较为广泛。水泥混凝土桥面的造价低,耐磨性能好,适合重载交通,但养生期长,日后修补比较麻烦。沥青桥面重量较轻,维修养护方便,通车速度块,但易老化和变形。

桥面的结构形式宜与桥梁所在的公路路面相协调。高速公路和一级公路特大桥、大桥的桥面铺装宜采用沥青桥面,厚度不宜小于70mm;对于二级及二级以下的公路桥梁,若采用沥青混凝土桥面,其厚度不宜小于50mm。对与水泥混凝土桥面,其厚度(不含整平层)不宜小于80mm,混凝土强度等级不宜小于C40。为使桥面具有足够的强度和良好的整体性,一般应配置直径不小于8mm、间距不大于100mm的钢筋网。

3. 沥青铺装桥面

1)技术要求

水泥混凝土桥面采用沥青面层铺装时,桥面板应满足以下技术要求:

①混凝土桥面板应平整粗糙,干燥整洁,不得有浮浆、尘土、水迹、杂物或油污等,对高速公路、一级公路的桥面宜进行打毛处理。特大桥、重要大桥桥面宜进行表面喷砂处理。

②当混凝土桥面板需要设置调节平层时,混凝土调平层厚度不宜小于8cm,且应按要求设置钢筋网;纤维混凝土调平层厚度不宜小于6cm;调平层混凝土强度等级应与梁体一致,并应与桥面板结合紧密。当调平层厚度较薄时,可用沥青混合料或通过加厚下面层进行调平。

2)沥青铺装结构

桥面沥青铺装结构,可由防水层和下面层、表面层组成。防水层和下面层共同组成防水体系,应重视下面层密水性和热稳性。

①应根据桥梁类型、设计安全等级,并考虑工程环境等因素(如冰冻地区或海洋地区,有工业酸雾、雨影响等)确定防水层和下面层。

②对特大桥、重要大桥,宜在混凝土桥面板顶面设下封层。

高速公路、一级公路的桥面铺装厚度宜为7~10cm,二级、三级公路桥面铺装厚度宜为5~9cm。表面层厚度不小于3cm。若桥面铺装为单层时,厚度不宜小于5cm。

3)沥青铺装厚度

桥面铺装厚度的选择要求如下:

①当路面与桥面连续施工时,高速公路、一级公路的大、中、小桥的面层结构与厚度宜与两端路线的表面层、中间层相同。

②各级公路的大、中、小桥可用沥青砂、热融沥青碎石封层、稀浆封层、涂膜、卷材等做防水层,并视具体情况设置专门的底涂层加强联结作用。下面层可选用密级配沥青混凝土、沥青玛蹄脂碎石等组成防水体系。应严格控制沥青混合料的现场空隙率。

③表面层必须用密实型沥青混合料,在多雨潮湿地区、纵坡大于3.5%或设计车速大于50km/h的桥面上应铺设抗滑表面层。

4. 特大桥桥面铺装要求

对特大桥、重要大桥等的桥面铺装,应进行专项设计。

①特大桥、重要大桥可选择浇注式沥青混凝土、沥青玛蹄脂、涂膜等防水层，下面层可用浇注式沥青混凝土、沥青玛蹄脂碎石组成防水体系。

②应检验桥面铺装各结构层间的抗剪强度和抗拔强度。

6.13 桥梁护栏

护栏是设置在公路上的一种拦护结构，用来防止失控车辆越出界外，以避免或减少人员伤亡和物质损失。桥梁护栏特指设置于桥梁上的护栏。按其在桥梁上的横向设置位置，可分为路侧桥梁护栏和中央分隔带桥梁护栏。

6.13.1 设计规定

常用的桥梁外侧护栏按防撞等级分为 B、A、SB、SA、SS 五级，高速、一级公路的桥梁中央分隔带护栏按防撞等级分为 Am、SBm、SAm 三级。高速公路、一级公路桥梁护栏的混凝土强度等级不应低于 C30，其他公路桥梁护栏的混凝土强度等级不应低于 C20。

作用于桥梁护栏上的碰撞荷载，其大小和作用点可按表 6-37 的规定确定。

桥梁护栏碰撞荷载　　表 6-37

防撞等级	碰撞力(kN)		防撞等级	碰撞力(kN)	
	$Z=0\text{m}$	$Z=0.3\sim0.6\text{m}$		$Z=0\text{m}$	$Z=0.3\sim0.6\text{m}$
B	95	75～60	SA、SAm	430	360～310
A、Am	210	170～140	SS	520	435～375
SB、SBm	365	295～250			

注：Z 是桥梁护栏的容许变形量。

①计算梁柱式桥梁护栏横梁的设计弯矩和立柱的设计荷载。

②钢筋混凝土墙式桥梁护栏的碰撞荷载分布可采用相关规定。

③金属桥梁护栏应进行构件强度和变形验算，钢筋混凝土墙式桥梁护栏和组合式桥梁护栏应进行配筋验算。桥梁护栏与桥面板间的连接应进行强度验算。

④对桥面板进行强度验算时，应将护栏立柱或墙体最下端断面所受的弯矩作为验算弯矩作用在桥面板上。

桥梁护栏的任何部分不得侵入现行《公路工程技术标准》(JTG B01—2003)规定的公路建筑限界以内。分离式桥梁的中央分隔带宽度大于标准段时，护栏应按路侧桥梁护栏的防撞等级进行设计。

6.13.2 设置原则

高速公路桥梁的外侧和中央分隔带必须设置桥梁护栏。作为干线公路的一级、二级公路的桥梁必须设置路侧护栏，作为干线公路的一级公路的桥梁必须设置中央分隔带护栏。作为集散公路的一级、二级公路的桥梁应设置路侧护栏，作为集散公路的一级公路的桥梁宜设置中央分隔带护栏。跨越深谷、深沟、江河湖泊的三、四级公路桥梁应设置路侧护栏，位于其他路段经综合论证可不设置护栏的桥梁应设置视线诱导设施或人行栏杆。

根据车辆驶出桥外或进入对向车行道有可能造成的交通事故等级，应按表 6-38 的规定选取桥梁护栏的防撞等级。因桥梁线形、运行速度、桥梁高度、交通量和车辆构成等因素易造成更严重碰撞后果的路段，应在表 6-38 的基础上提高护栏的防撞等级。

桥梁护栏防撞等级适用条件 *　　表 6-38

公路等级	设计速度(km/h)	车辆驶出桥外有可能造成的交通事故等级	
		重大事故或特大事故	二次重大事故或二次特大事故
高速公路	120	SB、SBm	SS
高速公路、一级公路	100、80	SB、SBm	SA、SAm
一级公路	60	A、Am	SB、SBm
二级公路	80、60	A	SB
三级公路	40、30	B	A
四级公路	20	B	A

注：* 二级及以上等级公路小桥、通道、明涵的护栏防撞等级宜与相邻的路基护栏相同。

1. 路侧缆索护栏

桥梁缆索护栏分B级、A级两种，其端部结构、中间端部结构与路基缆索护栏形式完全相同，中间柱分类见表6-39、结构见图6-121。

缆索护栏中间立柱构造 表6-39

项目	螺栓连接		埋入式	
	B级	A级	B级	A级
H(cm)	100	113	100	112
B(cm)	50	75	50	75
底座加劲肋(mm)	20×50×150×10	30×70×150×10	—	—
加劲法兰盘(mm)	250×250×15(10)	300×300×15(10)	—	—
钢筋螺栓(mm)	4M20×600	4M22×650	—	—
套管(mm)	—	—	ϕ245×7×305	ϕ245×7×305
钢板(mm)	—	—	□255×255×5	□255×255×5

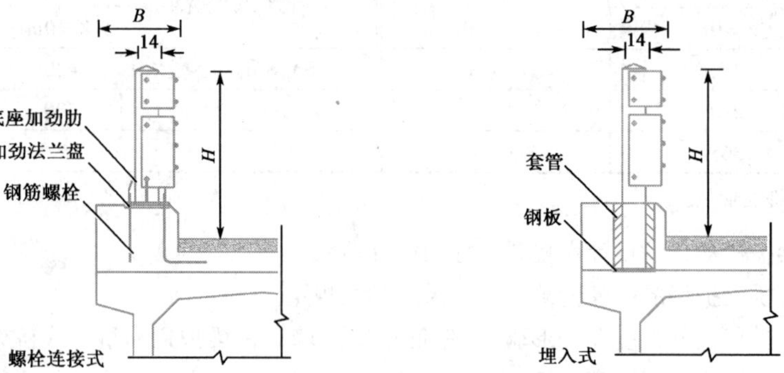

图6-121 缆索护栏B级、A级中间立柱

2. 路侧波形护栏

桥梁波形梁护栏分B级、A级、SB级、SA级、SS级五种，其波形梁板、托架、防阻块等结构与路基波形梁护栏对应防撞等级的形式相同。

1)B级、A级

B级、A级波形护栏适用于小桥、通道、明涵路段侧。B级、A级螺栓连接式的基础处理为预埋套筒，埋入式为预埋地脚螺栓，分类见表6-40，构造如图6-122所示。

桥梁B级、A级波形护栏构造 表6-40

项目	螺栓连接		埋入式	
	B级	A级	B级	A级
H(cm)	70	75	70	75
B(cm)	50	75	50	75
底座加劲肋(mm)	20×50×150×10	30×70×150×10	—	—
加劲法兰盘(mm)	250×250×15(10)	300×300×15(10)	—	—
钢筋螺栓(mm)	4M20×600	4M22×650	—	—
套管(mm)	—	—	ϕ245×7×305	ϕ245×7×305
钢板(mm)	—	—	□255×255×5	□255×255×5

2)SB级

SB级波形护栏适用于小桥、通道、明涵路段路侧。其螺栓连接式的基础处理为预埋套筒，埋入式为预埋地脚螺栓，分类见表6-41，构造如图6-123所示。

桥梁 SB 级波形护栏构造　　表 6-41

项目	螺栓连接	埋入式	备注
底座加劲肋(mm)	30×70×150×10	—	
法兰盘(mm)	300×300×16(10)	—	
螺栓(mm)	4M24×540	—	
角钢支架(mm)	2∟50×5×440	—	
套管(mm)		ϕ245×7×305	
钢板(mm)	—	□255×255×5	

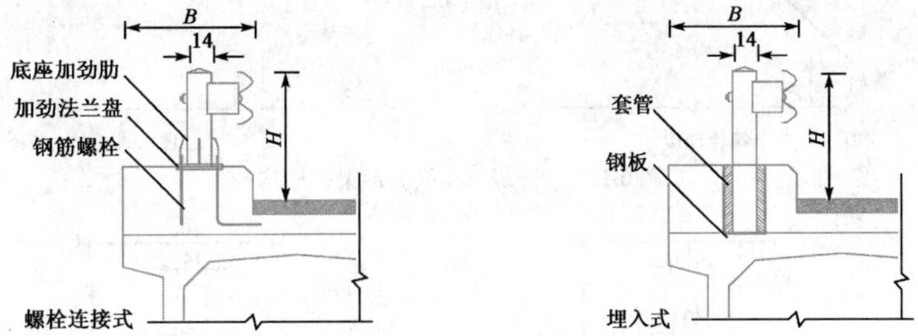

图 6-122　波形 B 级、A 级梁护栏构造

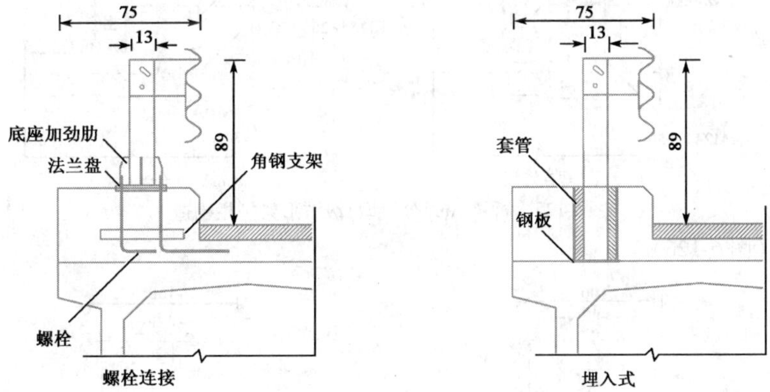

图 6-123　SB 级波形梁护栏构造

3)SA 级、SS 级

SA 级、SS 级波形护栏适用于路侧小桥、通道、明涵路段。SA 级、SS 级螺栓连接式的基础处理为预埋套筒，埋入式为预埋地脚螺栓，分类见表 6-42，构造如图 6-124 所示。

桥梁 SA 级、SS 级波形护栏构造　　表 6-42

项目	螺栓连接		埋入式		备注
	SS 级	SA 级	SS 级	SA 级	
B(cm)	30	25	30	25	
加劲肋(mm)	30×70×150×10		—		
法兰盘(mm)	300×300×16(10)		—		
螺栓(mm)	4M24×540		—		
套管(mm)	—		ϕ245×7×305		
钢板(mm)	—		□255×255×5		

3. 中央分隔带护栏

中央分隔带护栏适用于中央分隔带小桥、通道、明涵。其螺栓连接式的基础处理为预埋套筒，埋入式为预埋地脚螺栓。

1)Am(分设型)级(图 6-125)

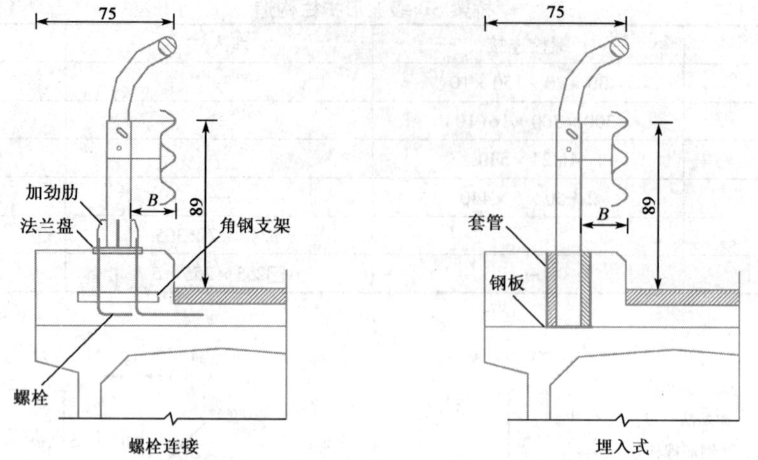

图 6-124　SS 级、SA 级波形梁护栏构造

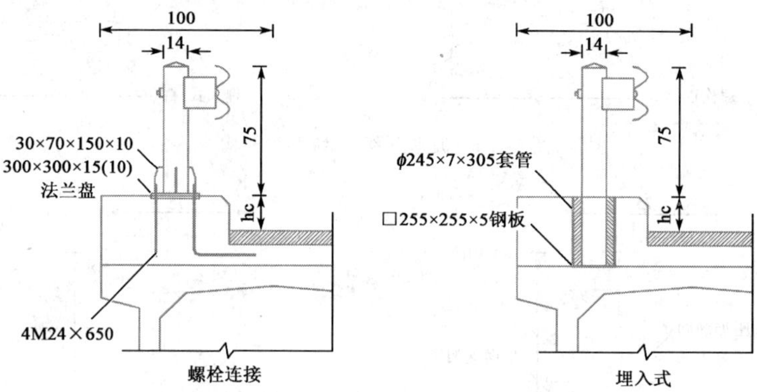

图 6-125　桥梁 Am(分设型)级波形梁护栏构造

2）Am(组合型)级(图 6-126)

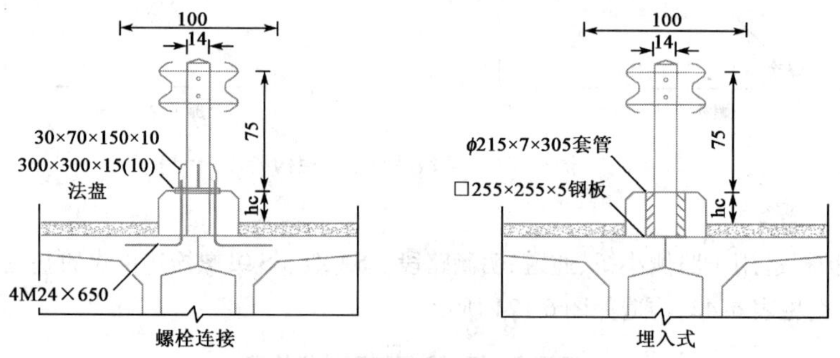

图 6-126　桥梁 Am(组合型)级波形梁护栏构造

3）SBm 级(图 6-127)

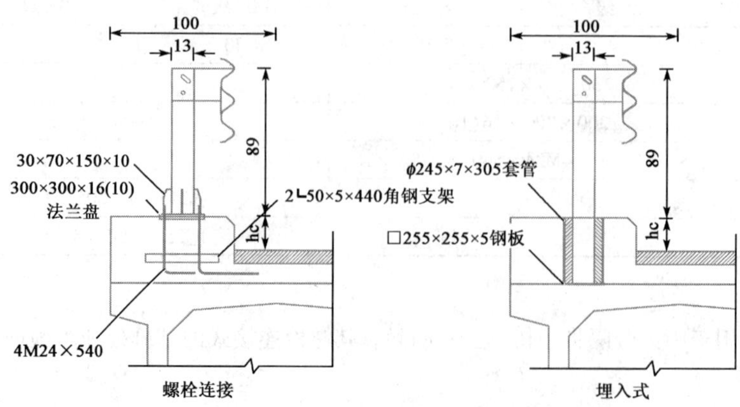

图 6-127　桥梁 SBm 级波形梁护栏构造

4）SAm 级（图 6-128）

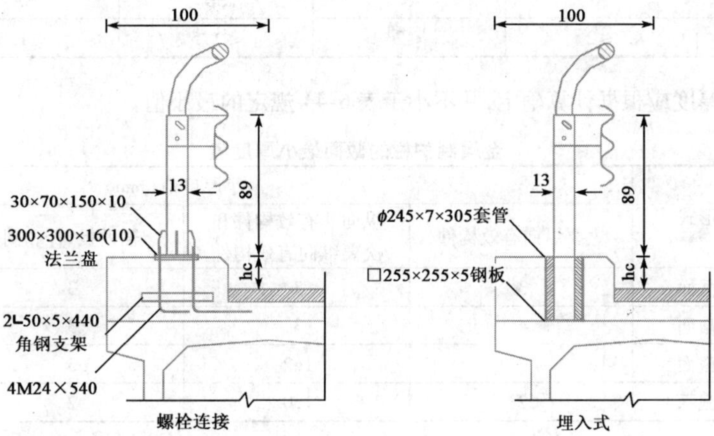

图 6-128 桥梁 SAm 级波形梁护栏构造

6.13.3 护栏形式选择

桥梁护栏可分为钢筋混凝土墙式、梁柱式刚性护栏、金属梁柱式半刚性护栏和组合式护栏。选择桥梁护栏形式时，应考虑下列因素：

1. 桥梁护栏的防撞性能

①未设置专用人行道或人行道未与车行道隔离设置的桥梁，应在综合分析车辆越出桥外是否发生二次事故的基础上，按表 6-38 的规定选取。桥梁护栏应根据需要设置用于防止行人摔出桥外且受撞击后不飞散的辅助构件。

②人行道与车行道隔离设置的桥梁，在人行道与车行道分界处应按车辆驶出桥外可能造成重大、特大事故的等级按表 6-38 中的规定选取；在人行道的外侧边缘，应设置高度为 110～120cm 的人行栏杆。

2. 受碰撞后的护栏变形程度

受碰撞后护栏的最大动态变形量不应超过可容许的变形距离。

3. 环境和景观要求

①钢桥应采用金属梁柱式桥梁护栏。

②对景观有特殊要求的桥梁宜选用梁柱式桥梁护栏或组合式桥梁护栏。

③积雪严重的地区，宜采用金属梁柱式或组合式桥梁护栏。

④为减小桥梁自重、减轻车辆碰撞荷载对桥面板的影响，宜采用金属梁柱式护栏。

⑤跨越大片水域的特大桥或桥下净空大于或等于 10m 时，宜采用组合式或钢筋混凝土墙式桥梁护栏。

⑥二级及以上等级公路小桥、通道、明涵宜采用与相邻的路基护栏同样的形式。

4. 护栏的全寿命期成本

除考虑护栏的初期建设成本外，还应考虑投入使用后的养护成本。

6.13.4 护栏构造要求

1. 金属梁柱式护栏

金属梁柱式护栏的构造（图 6-129）应满足下列规定：

①当护轮安全带伸出护栏面的距离大于或等于 25cm，且护轮安全带高度 D 大于或等于 10cm 时，桥梁护栏高度 H 应在桥梁未设置护轮安全带或护轮安全带的高度 D 小于 10cm、且没有超出护栏时的桥梁护栏高度的基础上增加 D。

②高速公路、一级公路的桥梁不宜设置护轮安全带，否则，其高度宜控制在 5～10cm 之间，护栏面宜与护轮安全带边缘成一直线。

③护栏的最小高度应满足相关要求，设置横梁时，应避免失控车辆的乘员头部直接撞击护栏。

④立柱间距应符合表 6-43 规定。

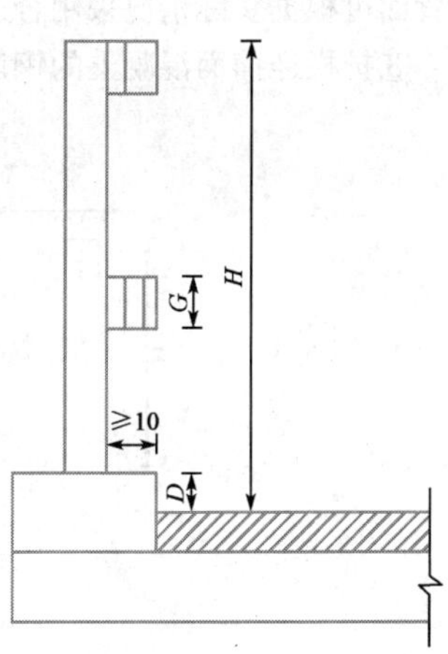

图 6-129 金属梁柱式护栏

金属梁柱式护栏立柱间距　表6-43

防撞等级	A	B	SB	SA	SS
立柱间距(m)	≤2	≤2	≤1.5	≤1.5	≤1.5

⑤护栏构件的截面厚度应根据计算确定,并不小于表6-44规定的最小值。

金属制护栏的截面最小厚度值　表6-44

材料	截面形式	最小厚度值(mm)			
		主要纵向有效构件	纵向非有效构件和次要纵向有效构件	辅助板、杆和网	抱箍、辅助构件
钢	空心截面	3	3	3	3
	其他截面	4	3	3	3
铝合金	所有截面	3	1.2	3	1.2
不锈钢	所有截面	2	1.0	2	0.5

⑥横梁的拼接设计应满足下列要求:拼接套管长度应大于或等于$2D$,并不应小于30cm。拼接套管的截面抵抗矩不应低于0.75倍的横梁截面抵抗矩,连接螺栓应满足横梁极限弯曲状态下的抗剪强度要求。拼接处的设计拉力值应不小于表6-45的规定。护栏面应顺适、光滑、无锋利的边角。在横梁的拼接处可有凸出或凹入,其凸出或凹入量不得超过横梁的截面厚度或1cm。

横梁拼装处的设计拉力值　表6-45

防撞等级	设计轴拉力(kN)	防撞等级	设计轴拉力(kN)
B	30	SA、SAm	70
A、Am	54	SS	70
SB、SBm	70		

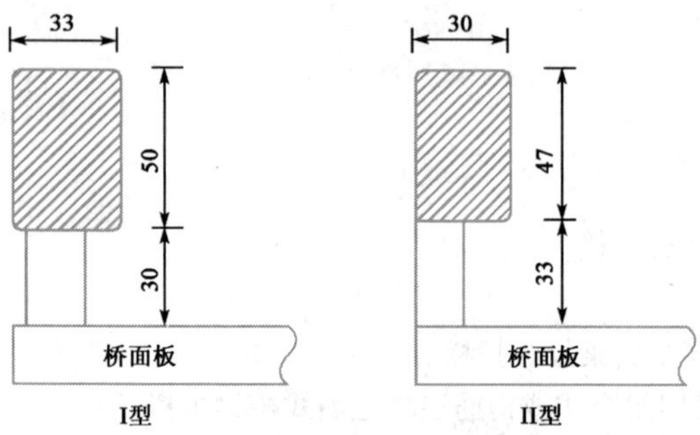

图6-130　钢筋混凝土柱式护栏

2. 钢筋混凝土梁柱式护栏

钢筋混凝土梁柱式护栏的构造(图6-130)应满足下列规定:

①B、A、Am的防撞等级的桥梁护栏可以采用钢筋混凝土梁柱式护栏。

②梁柱式护栏的参数应满足相关规定。

3. 钢筋混凝土墙式护栏

钢筋混凝土墙式护栏的构造(图6-131)应满足下列规定:

①钢筋混凝土墙式护栏按构造可分为F型、单坡型、加强型三种。

②未经试验验证,不得随意改变护栏迎撞面的截面形状,但其背面可根据实际情况采用合适的形状。

③护栏迎撞面混凝土的钢筋保护层厚度不得小于4.0cm。

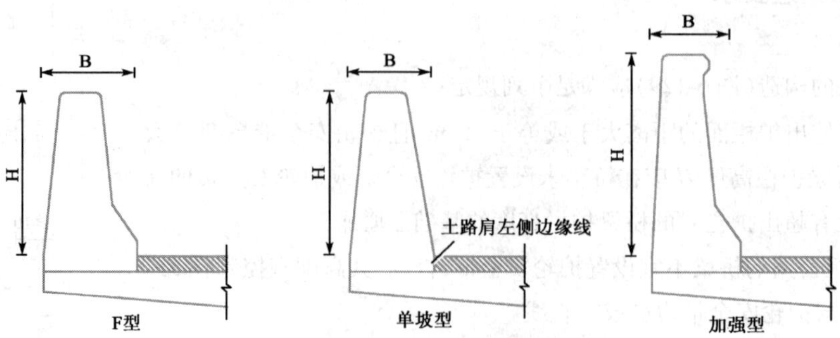

图6-131　钢筋混凝土墙式护栏

4. 组合式护栏

组合式护栏的构造(图6-132)应满足下列规定:

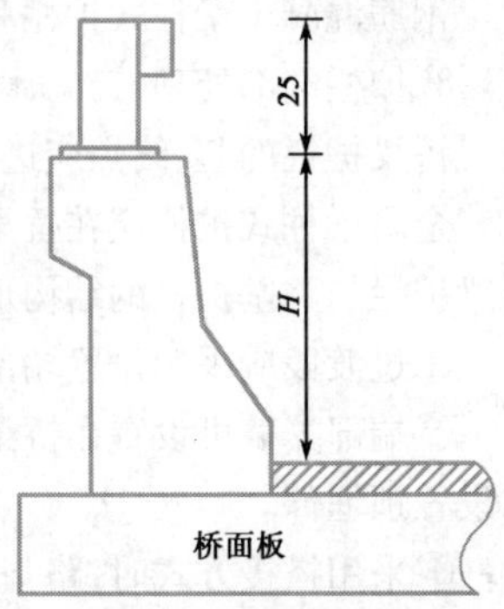

图 6-132　组合式护栏

①不是随意改变组合式护栏中混凝土护栏迎撞面的截面形状，但其背面可根据实际情况采用合适的形状。

②混凝土护栏迎撞面的钢筋保护层厚度不得小于 4.0cm。

③金属横梁及其混凝土墙体的连接应进行受力验算。

5. 有伸缩缝位置的处理

桥梁护栏应按下列规定随主体结构设置伸缩缝。

①金属梁柱式护栏：当伸缩缝处的纵向设计总位移小于或等于 5cm 时，伸缩缝应能传递横梁 60% 的抗拉强度和全部设计最大弯矩；伸缩缝处连接套管的长度应大于或等于 $3D$。

当伸缩缝处的纵向设计位移大于 5cm 时，伸缩缝应能传递横梁的全部设计最大弯矩；伸缩缝两侧应设置端部立柱，其中心间距不应大于 2.0m；伸缩缝处连接套管的长度应大于或等于 $3D$。

当伸缩缝处发生竖向、横向复杂位移时，桥梁护栏在伸缩缝处可不连续，但应在伸缩缝两端设置端部立柱，其中心间距不应大于 2.0m，两横梁端头的间隙不得大于伸缩缝设计位移量加 2.5cm。横梁端头不得对失控车辆构成危险。

②钢筋混凝土墙式、梁柱式护栏在桥面伸缩缝处应断开，其间隙不应大于桥面伸缩缝的设计位移量，钢筋混凝土梁柱式护栏在伸缩缝两端应设置端部立柱。

③组合式护栏中钢筋混凝土部分应符合墙式护栏中有关伸缩缝设置的规定，金属结构部分应符合金属护栏中有关伸缩缝设置的规定。

6. 辅助构件

辅助构件设计的一般要求：所有辅助构件应牢固地与桥梁护栏受力构件连接；辅助构件不得侵入公路建筑限界以内。

辅助构件的设计应符合下列规定：

①竖向杆件应在纵向有效构件之间等距设置，并与纵向有效构件牢固连接。纵向有效构件与竖向杆件的连接处，不应由于竖向辅助杆件受力而引起纵向有效构件产生局部弯曲变形。

②金属网根据使用功能可分别按照桥梁护网和隔离栅的设计要求设置。金属网架设之前应去毛口和滚压，使丝梗保持在同一平面上。

③实体板块表面应平整，两板块之间的接缝间隙不应超过 3mm，其最小厚度应符合设计细则的规定，其最大厚度不宜超过最小厚度加 1.0mm。当实体板块用于装饰图案或防止对向车的眩光时，其最大厚度不应超过最小厚度加 2.0mm。使用实体板块作为辅助构件时，应考虑风载对桥梁护栏的影响。

④隔音设施与桥梁护栏配合设置时，如高度和重量较大，则隔音设施必须在桥梁护栏的背面与桥梁护栏连接。

⑤人行栏杆与桥梁护栏合并设置时，应增加护栏的有效高度，金属梁柱式护栏的最小高度应为 1.1m。非有效纵向构件可不考虑车辆的碰撞荷载，但应验算护栏立柱的承载力。非有效纵向构件的水平极限设计荷载宜采用0.75kN/m。

7. 桥梁与桥面板的连接方式

桥梁护栏与桥面板的连接方式有以下几种，可根据防撞等级、护栏结构形式以及强度计算结果进行选择：

金属梁柱式护栏立柱与桥面板的连接可采用直接埋入式或地脚螺栓的连接方式。有条件时，也可采用有特殊基座的抽换式护栏基础。

①直接埋入式适用于桥面边缘厚度满足护栏立柱埋入 30cm 以上的情况。在结构物混凝土浇筑时，应预留安装立柱的套筒，其孔径宜比立柱直径或斜边方向宽 4 ~ 10cm，套筒周围的结构物应配置加强钢筋。

②地脚螺栓连接方式适用于立柱埋深不足 30cm 的情况。在结构物混凝土中预埋符合规定长度的地脚螺栓，立柱底部焊接加劲法兰盘与地脚螺栓连接。

钢筋混凝土墙式护栏与桥面的连接应符合下列规定：

①采用现浇法施工时，应通过护栏钢筋与桥梁结构物中的预埋钢筋连接在一起的方式形成整体。

②采用预制件施工时，通过锚固螺栓等连接件将桥梁结构物与护栏连接在一起形成整体，纵向连接应符合有关规定。

钢筋混凝土梁柱式护栏和组合式护栏可采用钢筋混凝土墙式护栏与桥面的连接方法。

8. 护栏端部处理

桥梁护栏的起、终点应进行端部处理。

金属梁柱式护栏应在桥梁伸缩缝的两侧设置端部立柱，其纵向设计强度应等于中间立柱的横向设计强度。当桥梁护栏与路基护栏的结构形式不同时，应进行过渡段设计。过渡段的设计应符合下列规定：

①过渡段应采用设置端部翼墙或将半刚性护栏搭接在刚性护栏上的方式。

②端部翼墙可设置在桥梁端部，由桥梁护栏改造而成，也可在路基段独立设置。端部翼墙应根据路基护栏的要求设置预埋件。

③采用搭接方式时，路基段护栏应进行加强处理，长度不宜短于10m。

④当桥梁护栏与路基护栏或路基段设置的独立端部翼墙均采用刚性护栏时，刚性护栏在桥台伸缩缝处可以断开，其他形式护栏之间的过渡段均不得在桥头处断开。

⑤当靠近桥头的路基段没有设置安全护栏时，应按路基护栏设置条件设计路基段护栏。再进行过渡段设计。

9. 金属构件的密封和排水

金属构件的密封和排水应符合以下规定：

①空心断面构件应设置排水孔或在所有的拼缝处完全密封。

②镀锌孔、排水孔的直径不应大于空心截面周长的1/12。不镀锌构件排水孔的孔径不应小于8mm，其间距应大于70cm。镀锌孔、排水孔的位置应布设恰当，防止对构件强度产生不利的影响。

6.14 桥梁加固设计

桥梁加固是对桥梁的主要承重结构、构件及其相关部位采取增强、局部更换等措施，以达到恢复使用功能、提高承载能力、增强安全性和耐久性的目的。桥梁加固方法见表6-46。

圬工材料最低强度等级　　表6-46

加固方法	材料最低强度等级
增大截面加固法	适用于钢筋混凝土和预应力混凝土受弯构件、钢筋混凝土受压构件的加固，以提高受弯构件的抗弯承载力、抗剪承载力和刚度；提高受压构件的正截面承受力和刚度
粘贴钢板加固法	适用于钢筋混凝土受弯、受拉和受压构件的加固；粘贴钢板的外表应进行防护处理
粘贴纤维复合材料加固法	适用于钢筋混凝土受压柱，以提高延性、耐久性的加固；亦可用于梁、板的加固
体外索加固法	是通过增设体外预应力索（包括钢绞线、高强钢丝束和精轧螺纹钢筋），对既有混凝土梁体主动施加外力，以改善原结构的受力状况
改变结构体系加固法	是采用一定技术措施改变原结构受力体系，降低控制截面内力，提高桥梁结构整体承载能力；包括将多孔简支梁改为连续梁，将单孔简支梁改为支撑梁，将中、下承式拱改变为拱—斜拉组合体系，将连续梁、连续刚构改变为矮塔斜拉桥，将带挂梁T形刚构改变为连续刚构以及其他增设结构（杆件），而使原结构受力体系发生改变

桥梁结构加固用混凝土的强度等级应比原结构构件提高一级，且不得低于C30；当采用预应力混凝土进行加固时，其强度等级不得低于C40。粗集料应选用质密、强度高、耐久性好的碎石或卵石。对于主要承重构件，加固用集料的最大粒径：拌和混凝土应不超过2cm，小石子混凝土不超过1cm，不得使用含有活性二氧化硅石料制成的粗集料。细集料应选用中、粗砂，其细度模数宜控制在2.6～3.7之间。

6.14.1 加固规定

桥梁经过技术状况评定及承载能力鉴定，确认经过加固能满足结构安全或正常使用要求，方可进行加固，加固工作的内容及范围应根据评定结论和使用要求确定。

①桥梁加固应尽可能不损伤原结构，避免不必要的拆除及更换，防止加固中造成新的结构损伤或病害。

②因特殊环境（高温、冻融、腐蚀等）造成的桥梁结构病害，加固设计应采取针对性的处治措施。

③有抗震要求的桥梁，加固时还应进行抗震能力验算。

④加固施工方法、流程、工艺的设计，应考虑结构或构件出现倾斜、失稳、坍塌等的可能性，并采取有效措施。

⑤特大桥、大桥主要承重构件加固时，应作多方案的技术、经济比选。

6.14.2　梁桥加固

当梁桥强度、刚度、整体性及耐久性不足时，应该对其进行加固。梁桥的加固主要采用施加体外预应力、改变结构体系、增大截面、粘贴钢板或粘贴纤维复合材料、更换主梁、增强横向整体性等方法，也可采用多种方法组合。

1. 加固方法

1）简支梁（板）桥

①简支梁桥抗弯能力不足或主梁挠度过大时，宜优先采用施加体外预应力、增大截面、简支变连续等加固法。

②个别主梁（板）出现严重病害，而其他主梁良好，可采用更换主梁法加固。

③提高承载能力幅度不大时，可采用粘贴钢板或纤维复合材料法加固。

④梁（板）横向联系不足时，可采用增强横梁、增设横向预应力或加强桥面横向联系等方法加固。

⑤主梁斜截面抗剪能力不足时，可采用粘贴钢板或纤维复合材料法加固。

⑥预制预应力混凝土箱梁（板）的底面沿纵向预应力钢束位置开裂时，宜进行裂缝处理，并进行耐久性加固。

2）连续梁桥

①箱梁的刚度不足且产生严重下挠时，应采用施加体外预应力进行加固，也可采用改变体系法进行加固。

②箱梁的抗剪承载能力不足时，可采用增大截面、粘贴钢板、粘贴纤维复合材料或增设竖向预应力等方法进行加固。

③箱梁的抗弯承载能力不足时，可采用体外预应力、粘贴钢板、粘贴纤维复合材料或增大截面等方法进行加固。

④箱梁顶、底板因承载力不足纵向开裂时，可采用粘贴钢板、粘贴纤维复合材料或新增横肋等方法进行加固。

⑤箱梁齿板局部承压不足引起齿板破坏或锚固箱梁局部开裂时，可采用增大截面或粘贴钢板等方法进行加固。

⑥悬臂牛腿开裂时，宜采用粘贴钢板、粘贴纤维板材或施加体外预应力等方法加固。

2. 构造要求

1）更换混凝土铺装层

更换混凝土铺装层时，应将原有混凝土调平层和桥面铺装清除；在原桥面板上设置齿形剪力槽或采取植筋的措施来增强结合面的抗剪强度，剪力槽深度宜采用 12 ~ 18mm，间距 100 ~ 150mm，植筋宜呈梅花形布置，间距不宜大于 500mm。新浇筑桥面混凝土层中应设置钢筋网，其钢筋网间距不宜大于 100mm × 100mm，钢筋直径不宜小于 12mm。

2）更换（新增）主梁（板）

更换（新增）主梁（板）加固时，应清除拟更换（新增）主梁（板）梁侧各 1.0m 范围内的桥面铺装。铰缝处增设的横向连接钢筋不宜少于原有横向连接钢筋数量的 1/4。

3）体外预应力加固

采用体外预应力加固时，箱梁齿板应尽量靠近承托布置。增强横向联系宜在梁（板）端部及其他控制截面进行。新增横梁（横隔板）应采取措施与原结构可靠锚固。

4）增大截面法

增大截面法要求新浇混凝土应符合下列规定：

①新浇混凝土强度级别宜比原构件混凝土强度提高一级，且不低于 C25；

②新浇混凝土层的最小厚度，对板不宜小于 10cm，对梁和受压构件不宜小于 15cm；

③新浇混凝土层厚度小于 100mm 时，可采用小石子混凝土或喷射高性能抗拉复合砂浆。在结构尺寸复杂和新浇混凝土施工条件差的情况下，可采用微膨胀或自密实混凝土。

5）粘贴钢板

采用直接涂胶粘贴的钢板厚度不大于 5mm；钢板厚度大于 5mm 时，应采用压力注胶黏结；采用条带粘贴对钢筋混凝土受弯构件进行正截面加固时，钢板的厚宽比不应大于 50。当受弯构件需粘贴一层以上钢板时，相邻两层的截断位置错开距离为 30cm，并应在截断处加设 U 形箍（对梁）或横向压条（对板）进行锚固。当钢板进行斜截面承载力加固时，应粘贴成斜向钢板、U 形箍或 L 形箍。斜向钢板和 U 形箍、L 形箍的上端应粘贴纵向钢压条予以锚固。

6）粘贴纤维复合材料

（1）设计规定

①纤维复合材料宜粘贴成条带状，非围束时板材不宜超过 2 层，布材不宜超过 3 层。

②对钢筋混凝土柱进行粘贴纤维复合材料加固时，条带应粘贴成环形箍，且纤维方向应与柱的纵轴线垂直。加固大偏心受压构件，可将纤维复合材料粘贴于构件受拉区边缘混凝土表面，纤维方向应与柱的纵轴线方向一致。加固受拉构件，纤维方向应与构件受拉方向一致。梁的受拉区两侧粘贴纤维复合材料进行抗弯加固时，粘贴高度不宜高于1/4梁高。采用封闭式粘贴或U形粘贴对梁、柱构件进行斜截面加固，纤维方向宜与构件轴线垂直或与其主拉应力方向平行。

③纤维复合材料沿纤维受力方向的搭接长度不应小于100mm；当采用多条或多层纤维复合材加固时，其搭接位置应相互错开。

④当纤维复合材料绕过构件(截面)的外倒角时，构件的截面棱角应在粘贴前打磨成圆弧面。圆化半径，梁不应小于20mm；柱不应小于25mm。对于主要受力纤维复合材料不宜绕过内倒角。

⑤粘贴多层纤维复合材料加固时，宜将纤维复合材料逐层截断，并在每层截断处最外侧加压条，其粘贴形式采用内短外长式。

⑥采用纤维复合材料对钢筋混凝土梁或柱的斜截面承载力进行加固时，其构造应符合下列规定：

a. 宜选用环形箍或加锚固的U形箍；仅按构造需要设箍时，也可采用一般U形箍。

b. U形箍的纤维受力方向应与构件轴向垂直。

c. 一般情况下，在梁的中部应增设一道纵向中压带。

(2)柱的加固

沿柱轴向粘贴纤维复合材料加固时，应有足够的锚固长度。必要时可在纤维复合材料两端增设锚固措施。采用纤维复合材料的环向围束对钢筋混凝土柱进行延性加固时，其构造应符合下列规定：

①环向围束的纤维复合材料层数，对圆形截面不应少于2层，对矩形截面不应少于3层。

②环向围束上下层之间的搭接宽度不应小于50mm，纤维织物环向截断点的延伸长度不应小于200mm，且各条带搭接位置应相互错开。

(3)梁和板加固

对梁、板进行抗弯加固时，可在纤维复合材料两端设置U形箍或横向压条。其切断位置距其充分利用截面的距离不应小于黏结长度 l_d。

6.14.3 拱桥加固

当拱桥承载力、稳定性、整体性以及耐久性不满足要求时应进行加固。拱桥加固时应严格控制增大截面法加固后的圬工拱桥主拱圈拉应力水平。拱桥结构加固前应对混凝土裂缝、钢管混凝土脱空等病害进行处治。拱桥钢构件应按照腐蚀环境、构件工作条件、维护条件等进行涂装防腐设计。对具有文物保护价值的石拱桥，应修旧如旧。因加固导致恒载增加时，应对拱座及基础进行验算。当拱上建筑为纵向连续结构或拱式腹拱时，可计入拱上建筑与主拱圈的联合作用。

1. 加固方法

各类拱桥加固措施见表6-47。

拱桥加固措施　　表6-47

拱桥类型	加固措施
圬工拱桥	可采用增大主拱截面、调整拱上建筑恒载以及增强横向整体性等方法加固
双曲拱桥	可采用增大截面或改变截面形式、粘贴钢板和纤维复合材料，以及增强横向整体性等方法加固
桁架(刚架)拱桥	可采用增强横向整体性、粘贴钢板和纤维复合材料、施加体外预应力，以及增大构件截面等方法加固
钢筋混凝土箱肋拱桥	可采用增大截面、调整拱上建筑恒载、增加拱肋、增强横向整体性，以及粘贴纤维复合材料等方法加固
钢管混凝土拱桥	可采用外套钢管混凝土增大截面、粘贴纤维复合材料、更换吊杆或系杆、改善桥面系结构，以及增强横向整体性等方法加固

2. 构造要求

1)圬工拱桥

圬工拱桥增大主拱混凝土截面加固时应满足下列构造要求：

①原拱腹增设钢筋混凝土板拱加固中小跨径的圬工拱桥时，新增板拱的厚度不宜小于15cm；原拱腹增设钢筋

混凝土拱肋加固大(中)跨径圬工拱桥时,拱肋间应设置不少于3条横系梁;新增主拱肋高度不宜小于30cm;拱脚截面可适当加厚。

②拱腹增设钢筋混凝土板(肋)拱加固圬工拱桥时,应在对全桥裂缝部位进行压浆处理后紧贴原有拱圈下部浇筑新拱圈。

③拱腹增设钢筋混凝土板(肋)拱加固圬工拱桥时,其混凝土强度等级、钢筋等构造要求按照现行《公路钢筋混凝土及预应力混凝土桥涵设计规范》(JTG D62)执行。

调整拱上建筑恒载加固时的构造处理应与桥面系维修同时考虑。

2)双曲拱桥

粘贴钢板、粘贴纤维复合材料构造要求应按相关规定执行。增大主拱肋截面加固双曲拱桥时,新增部分的宽度宜采用半包围原结构形式。其最小厚度不宜小于150mm。新增部分钢筋应采用植筋或与原结构钢筋焊接方式形成整体。增强横向整体性方法如下:

①增设横向拉杆加固时,视跨径大小可在跨中、1/8跨径和1/4跨径附近设置横向拉杆。

②加强横向系梁加固时,其位置宜选择在拱顶、拱肋分段接头处、腹拱墩(或立柱)下和拱脚附近。其构造应符合现行《公路钢筋混凝土及预应力混凝土桥涵设计规范》(JTG D62)相关规定。

3)钢筋混凝土桁架拱、刚架拱桥

采用粘贴钢板、粘贴纤维复合材料加固时的构造要求,应分别按照有关规定执行。采用钢筋混凝土套箍增大杆件截面加固时,应符合下列构造要求:

①新增混凝土厚度不宜小于100mm,新增混凝土强度等级应比原构件提高一级。

②杆件新增混凝土内设置纵向受力钢筋和封闭箍筋,纵向钢筋直径不宜小于12mm;箍筋直径不宜小于8mm,间距不宜大于150mm,杆件端部适当加密。

③各杆件内纵向钢筋在杆件节点处以及下弦杆与拱座连接处应有足够的锚固长度。

4)钢筋混凝土箱板(肋)拱桥

(1)增加顶板厚度

增加顶板厚度加固箱板拱构造要求:

①新增混凝土厚度不宜小于150mm,混凝土强度等级应比原构件提高一级。

②新增混凝土内应设置纵桥向主筋、横桥向构造钢筋和带肋钢筋网。主筋直径不宜小于12mm,构造钢筋直径不宜小于10mm。钢筋网间距不宜大于150mm×150mm,直径不宜小于6mm。

③新增混凝土内设置的纵向钢筋在拱上横墙或立柱底梁处应保持连续,或通过植筋使其满足锚固长度要求。

④应通过增大拱座尺寸或植筋方式使新增纵向钢筋锚固长度符合现行《公路钢筋混凝土及预应力混凝土桥涵设计规范》(JTG D62)的规定。

⑤拱背面应种植剪力筋,直径不应小于12mm,间距不宜大于500mm,并与其他新增钢筋形成整体。

(2)增加底板厚度(套拱)

增加底板厚度(套拱)加固箱板拱构造要求:

①新增厚度宜沿拱腹横向布置成双肋或多肋形式,肋宽不宜大于2m,肋高不宜小于250mm;应在1/4跨径、1/2跨径处设置肋间系板,系板宽度不宜小于800mm,厚度不宜小于250mm。

②新增混凝土肋内应设置纵向主筋、横向构造筋和带肋钢筋网;系板内应设置沿横桥向的主筋、沿纵桥向的构造钢筋和带肋钢筋网。

③拱腹面新增肋及系板范围内应种植剪力筋,剪力筋应采用直径不小于12mm的螺纹钢筋,间距不宜大于400mm,并与其他新增钢筋形成整体。

④其他构造要求见相关规定。

(3)钢筋混凝土套箍

钢筋混凝土套箍加固箱肋拱构造要求:

①新增顶、底板混凝土厚度不宜小于150mm,腹板厚度不宜小于80mm,新增混凝土强度等级应比原构件提高一级。

②新增顶(底)板以及腹板内应分别设置直径不小于12mm和10mm的纵向钢筋,应沿拱轴设置直径不小于12mm、间距不大于200mm的封闭箍筋。应通过植筋使新增部分与原结构形成整体。

③其他构造要求见相关规定。

增加拱肋加固时应通过增大拱座尺寸或植筋方式使新增纵向钢筋锚固长度符合现行《公路钢筋混凝土及预应力混凝土桥涵设计规范》(JTG D62)相关规定。粘贴钢板、纤维复合材料构造要求应分别按照规范规定执行。其中,在拱腹上粘贴钢板时应有可靠的锚固措施。更换后的短吊杆上、下端宜采用铰接。更换后的吊杆、系杆及其锚固构造应具有可靠的防、排水措施。

5)钢管混凝土拱桥

粘贴纤维复合材料加固构造应符合规范规定。外套钢管混凝土增大截面加固时,外套管直径不宜小于原管直径 +300mm。应通过增大拱座尺寸或植筋方式使新增钢管与拱座锚固可靠。

6.14.4 斜拉桥加固

斜拉桥主梁、桥塔或整体刚度不满足使用要求时应进行加固;斜拉桥斜拉索损伤或承载力不足时应进行更换。斜拉桥钢构件应按照腐蚀环境、构件工作条件、维护条件等进行涂装防腐设计。斜拉桥可采用更换斜拉索、增设辅助墩、增设纵横向主梁限位装置、增设斜拉索减振装置等方法进行整体加固;可采用增大截面、粘贴钢板或纤维复合材料等方法进行桥塔和加劲梁的局部加固。

斜拉桥主梁粘贴纤维复合材料加固构造、桥塔增大混凝土截面加固构造等均应符合规范相关规定。

6.14.5 悬索桥加固

悬索桥加劲梁、索塔或整体刚度不满足使用要求时应进行加固;悬索桥吊索(杆)损伤或承载力不足时应进行更换。悬索桥钢构件应按照腐蚀环境、构件工作条件、维护条件等进行涂装防腐设计。悬索桥可采用更换吊索(杆)增设斜拉索、设置中央扣、加强加劲梁风构等方法进行整体加固;可采用更换加劲梁构件、增大截面、粘贴钢板或纤维复合材料等方法进行索塔和加劲梁的局部加固。

悬索桥加劲梁粘贴纤维复合材料加固构造、索塔增大混凝土截面加固构造等均应符合规范相关规定。悬索桥主缆及锚碇、索鞍、吊索(杆)及上下锚头以及斜拉桥斜拉索及上下锚头应采取可靠的防、排水措施。

6.14.6 钢桥及钢混组合结构桥梁加固

当钢桥或钢混凝土组合梁桥的承载力(包括强度、稳定性、疲劳)、变形、几何偏差等不满足使用要求时应进行加固。钢桥加固设计时,永久作用的取值宜采用实测的平均值乘以 1.05 作为其标准值。钢—混凝土组合梁桥加固时,宜根据实测的结构尺寸计算确定其永久作用的标准值。钢混凝土组合梁桥存在局部损失时,应处治后再进行加固。

1. 加固方法

钢桥结构加固的主要方法有:加大截面法(加焊钢板、型钢)或粘贴碳纤维复合材料、加大连接强度、增设体外预应力、改变结构受力体系、减轻荷载及阻止裂纹扩展等方法。钢桥结构加固时可采用高强度螺栓连接、局部黏结和焊接等方法。应优先采用栓接,亦可采用焊接和高强度螺栓的混合连接。对于桥梁的非主要构件可谨慎采用焊接。当原桥连接点的铆钉脱落时宜用高强度螺栓更换。

钢桥或钢—混凝土组合梁桥的截面刚度不足时可采用粘贴钢板,增设混凝土桥面板厚度等方法加固。当钢桥或钢—混凝土组合梁桥的截面承受力不足时,可采用粘贴钢板、施加体外预应力或粘贴碳纤维复合材料等方法加固。钢—混凝土组合梁桥的墩顶负弯矩区裂缝的宽度超过限值时,可采用体外预应力方法或在混凝土桥面板顶面粘贴碳纤维复合材料或其他材料进行加固。梁端混凝土桥面板与钢梁之间发生较明显的相对滑动时,必须增加连接件的数量确保混凝土桥面板与钢梁间的连接。必要时可重新设置混凝土桥面板。

2. 构造要求

1)加大截面法

加大截面法的构造要求如下:

①应保证加固构件有合理的传力途径,加固件与原有构件应能够共同工作。加固件必须与原有构件的支点(或节点)连接可靠。

②加固件的布置应适应原有构件的几何形状或已发生的变形情况,以利于施工。但也应避免引起截面形心偏移,难以避免时,应在加固计算中考虑形心轴偏移的影响。

③不应过多削弱原有构件。栓接时应选用较小直径的高强度螺栓。焊接时应尽量避免采用与原构件应力方向

垂直的焊缝。

2）钢板梁的加固构造

①可用水平盖板或角钢加固梁体翼缘。

②可增设普通的加劲杆或体外预应力钢筋（束）。

③对下承式桥梁，可采用在原钢主梁上翼缘安装与之共同工作的钢筋混凝土桥面板，即加固后形成钢梁与钢筋混凝土桥面板共同工作的钢—混凝土组合梁桥。混凝土桥面板的构造要求同钢筋混凝土构造。抗剪连接件构造见公路桥梁钢结构设计相关规范。

3）钢桁架加固方法与构造

①钢桁梁常用的加固方法有更换杆件、增加杆件、对构件施加预应力、变更连续梁支承位置、对结构卸载、局部黏结、改变桁梁体系等方法。

②加固上承式钢桁架叠合梁桥时，可将原桥面板拆除，设置抗剪连接件并重新浇筑钢筋混凝土或预应力混凝土桥面板，形成钢混凝土组合结构桥梁。抗剪连接件构造见公路桥梁钢结构设计相关规范。

③沿钢桁梁桥的杆件施加体外预应力时，应验算钢桁梁的每一个杆件。

④加固设计中，应尽量避免在杆件截面及连接中产生附加的偏心，并应使加固杆件拆卸的铆钉数量达到最小。

⑤钢板加固工字型和箱形截面的主桁弦杆时，宜用高强螺栓更换原铆钉。

⑥应避免同时沿板束全宽拆掉弦杆加固区段的铆钉，可将整块水平钢板分成两窄条钢板分别进行加固，亦可使用角钢代替。

6.14.7 下部构造加固

下部结构加固宜对称进行。加固前应先处理裂缝、缺陷等病害。桥下净空不足，影响桥梁安全使用时，可降低被交路路面高程、加高墩台或调整支座垫石厚度等措施。

1. 加固方法

下部构造加固见表6-48。采用预应力加固盖梁、柱、薄壁墩台、空心墩等钢筋混凝土构件时，原构件混凝土强度等级不宜低于C25；采用其他方法加固时，原构件混凝土强度等级不宜低于C15。

下部构造加固措施 表6-48

下部构造	加固措施
盖梁	可采用施加体外预应力、增大截面、粘贴钢板或纤维复合材料等方法加固
墩柱	可采用增大截面、钢套管内灌注混凝土、粘贴纤维复合材料或钢板等方法加固
台身	可采用外包钢筋混凝土套箍、更换台后填土、增设辅助挡土墙、框架梁加注浆锚杆等方法加固
基础	可采用增大基础底面积、增大桩头面积或增加基桩、增设支撑梁等方法加固
	墩台基础冲刷过大可采用抛石、砌石防护、石笼、板桩防护、上游设导流坝、下游设拦砂坝等方法加固
地基	可采用高压旋喷注浆、土体注浆等方法加固

2. 构造要求

墩台采用增大截面加固法、粘贴钢板加固法、粘贴纤维复合材料加固法、增设体外预应力加固法的构造要求分别按规范相关规定进行。钢筋混凝土套箍加固应符合以下规定：

①钢筋混凝土墩台出现环向裂缝时，沿裂缝布置一道套箍，套箍高度不小于1.5m，厚度250～400mm。

②钢筋混凝土墩台竖向裂缝可用数个套箍加固，每隔一定高度设置一道。其宽度视裂缝分布和宽度而定，厚度采用100～200mm。

③被加固墩台为圬工结构时，套箍宜与注浆锚杆共同使用，锚杆间距根据墩台结构尺寸确定，一般为1.5～2.0m。外露锚具应进行防腐处理。

④套箍混凝土强度等级不低于C25，配筋率不小于0.4%。

⑤套箍钢筋应与原结构可靠连接，当采用植筋技术时，其构造见植筋的相关规定。

用支撑梁法加固扩大基础桥台时，钢筋混凝土支撑梁顶面高程不得高于计算冲刷线。扩大墩台基础加固，当抗剪承载力不足时，应采取增加承台厚度、在重力式桥台两侧加设钢筋混凝土侧墙等措施，有条件时可在台前新基础下增加短桩。增补桩基加固时，新增桩的构造、布置、间距等应考虑对既有基础的影响。新增桩与旧桩的间距可适当减小。

基础冲刷浆砌片石采用加固时铺砌范围:桥墩上游6~8m,下游8~12m。扩大基础(或承台)底掏空宜采用抛石、铅丝笼等措施防护,其加固高度要求达到基础底面以上1.0m,坡度不大于1:1。

6.14.8 桥梁抗震加固

主要适用于单跨跨径不超过150m的混凝土梁桥、圬工或钢筋混凝土拱桥。桥梁抗震应根据设防标准,对桥梁进行抗震评估,确定不同地震水平下桥梁体系及构件的危险程度,并结合投资效益分析,确定桥梁是否需要加固以及加固后应达到的性能。

1. 桥墩加固法

可采用增大截面、外包钢管或粘贴纤维复合材料等措施对桥墩进行加固。

增大截面加固法——在墩柱的表面增加混凝土并配置纵、横向钢筋,纵筋必须锚固在承台中。承台也相应进行加固。增大截面加固法,通常采用的形式有圆形、矩形;加固方式可分为全截面加固或部分截面加固。

外包钢管加固法——对于圆形桥墩,宜采用两块半圆形的钢管现场沿竖向接缝安装焊接,钢管的内径比桥墩直径略大,空隙中灌注微膨胀水泥砂浆,钢管的下端与承台顶面应有4cm的间隙。对于矩形墩柱应采用椭圆形钢管加固,较大的空隙可灌注与原柱同强度等级的微膨胀混凝土。

2. 基础加固法

基础加固设计应考虑土的特性及各种可能的破坏模式。为了提高承台抗弯强度,可在既有承台表面、侧面及底面增设钢筋混凝土,并通过植筋与原有承台连接。在承台加固中,钢筋设置范围:宜布置在距离墩柱的一倍承台厚度的范围内。如果抗剪植筋的抗拉能力不足以满足加固要求,可采用扩大承台并在承台周边的整个厚度内设置箍筋来代替;也可采用设置预应力筋提高承台的正、负弯矩区的抗弯强度;还可采用增加承台厚度、穿过承台竖向钢筋或预应力筋、水平向穿过承台的预应力筋等提高承台的抗剪能力。承台倾覆抗力的提高可通过扩大承台的平面尺寸,增加抗拉桩等措施实现。对于饱和砂土或饱和粉土(不含黄土)等存在液化风险的地基,可采用加密法进行加固。

3. 减隔震措施

1)基本要求

减隔震措施基本要求如下:

①当桥梁中有刚性墩,桥的基本振动周期比较短(如周期值位于规范设计谱的平台段)、桥墩高度相差较大或桥址区的预期地面运动特性主要能量集中在高频段时,可采用减隔震措施。

②当基础土层不稳定、原有结构的固有周期比较长、位于软弱场地易引起共振或支座中出现负反力时,不宜采用减隔震措施。

③减隔震支座应具有足够的刚度和屈服强度,避免在正常使用条件下出现因风荷载、制动力等引起的桥梁有害振动。

④设置减隔震支座时,应保证相邻上部结构之间具有足够的位移空间。

采用减隔震技术加固后的桥梁固有周期宜为原结构的两倍以上。一般情况下,应分别考虑顺桥和横桥两个方向的水平地震力,对抗震设防烈度为8度及8度以上的拱式结构、长悬臂桥梁和大跨度结构,以及竖向作用引起的地震效应很重要时,还应考虑竖向地震力和水平地震力的不利组合。应取全桥模型进行分析,并考虑伸缩装置、挡块、基础柔度等因素的影响。减隔震装置宜构造简单、性能可靠,并具有可换性。当桥梁总长超过600m或桥墩位于显著不同的场地条件时,宜考虑地震动的空间变化。设置减隔震措施后桥梁抗震分析宜采用非线性动力时程分析方法。

2)规则性梁桥的规定

规则性梁桥满足下列条件时,可采用单自由度反应谱分析方法进行水平地震力的计算。

①距离最近的活动断层15km以上。

②在E2地震作用下,隔震桥梁的基本周期(隔震周期)是未采用隔震技术桥梁基本周期的3倍以上。

③场地类型为I、II、III类,且场地条件比较稳定。

④在设计地震作用下,除减隔震装置外,桥墩、桥台及上部结构等均为线弹性反应。

⑤减隔震装置从$0.5D_d$(D_d为减隔震装置极限位移能力)变到D_d时,其恢复力不低于其上部结构重量的0.025倍。

3)减隔震装置

减隔震装置的设计、校核应满足以下要求:

①橡胶型减隔震支承,在E1地震作用下产生的剪切应变必须在100%以下,E2地震作用下产生的剪切应变必须在250%以下,并校核其稳定性。

②非橡胶型减隔震装置,应根据具体的产品指标进行设计与校核。

③应对减隔震装置在正常使用条件下的性能进行校核。

应对减隔震装置的变形、阻尼等力学参数进行试验测试。试验得到的力学参数值与设计值的偏差应在±10%以内。

4)防落梁措施

防落梁装置应满足如下要求:

①有足够的变形能力,不影响主梁的正常使用功能。

②不妨碍支座的移动或转动等功能,便于支座的维护管理。

③有足够的强度,能有效防止地震落梁。

纵桥向拉杆限位装置在E2地震作用下应保持在弹性范围内。纵桥向拉杆限位装置的设计力宜按伸缩缝左右联梁体较小质量乘以相应地面加速度峰值来计算。其附属连接装置、既有结构锚固部位等应能够承担1.25倍的拉杆限位装置的极限承载力。

横向位移约束装置在E1地震作用下应保持弹性状态,在E2作用下可进入塑性,但须具有足够的塑性变形能力。考虑到受力的不均匀性,横向约束装置应将分析计算得到的数值提高25%。

桥台前墙应适当加强,并在梁与梁之间和梁与桥台前墙之间加装橡胶垫或其他弹性衬垫。桥面不连续的简支梁(板)桥和挂梁,宜采用挡块、螺栓连接和钢夹板连接等防止纵、横向落梁措施。连续梁和桥面连续简支梁(板)桥应采取防止横向落梁措施。

6.14.9 混凝土裂缝处理

桥梁混凝土裂缝一般分为结构性裂缝和非结构性裂缝。对于桥梁混凝土构件裂缝的处理,应分析裂缝的成因。裂缝处理可按照裂缝修补方法进行,结构性裂缝还应经过计算分析确定结构加固方案。当裂缝区的钢筋锈蚀时,应先对钢筋进行除锈,再进行裂缝修补,裂缝修补后,可进行表观处理。裂缝修补材料的性能及要求应符合以下规定:

①混凝土桥梁裂缝注射或压力灌注用修补胶的安全性能指标必须符合表6-49规定。

裂缝修补用胶(注射剂)的安全性能指标 表6-49

项目		性能指标
胶体性能	抗拉强度(MPa)	≥20
	抗拉弹性模量(MPa)	≥1500
	抗压强度(MPa)	≥50
	抗弯强度(MPa)	≥30,且不得呈脆性破坏
钢—钢拉伸抗剪强度标准值(MPa)		≥10
不挥发物含量(固体含量)(%)		≥99
可灌注性		在产品说明书规定的压力下,能注入宽度为0.1mm

②桥梁裂缝修补用聚合物水泥注浆料的安全性能指标必须符合表6-50的规定。

裂缝修补用聚合物水泥注浆料的安全性能指标 表6-50

项目		性能指标
浆体性能	劈裂抗拉强度(MPa)	≥5
	抗压强度(MPa)	≥40
	抗折强度(MPa)	≥10
注浆料与混凝土的正拉黏结强度(MPa)		≥2.5,且为混凝土破坏

1.裂缝修补方法。

①表面封闭法适用于宽度小于0.15mm的裂缝处理。

②自动低压渗注法适用于数量较多、宽度在0.1～1.5mm间的裂缝处理。

③压力灌注法适用于较深、宽度≥0.15mm的裂缝处理。

2. 壁可法修补裂缝。

3. 粘贴钢板法。

4. 粘贴碳纤维布。

6.14.10 更换支座

桥梁支座不满足使用要求时，应进行更换。更换支座时，应分析支座病害产生的原因，并对相应病害进行处理。

①更换桥梁支座应与结构体系相适应；

②桥梁支座更换宜采用整联顶升，横桥向应严格同步。应验算相邻墩台处顶升位移差对结构的影响；

③必要时宜将同一墩台上的同一排支座全部更换；

④新换支座宜于原支座使用功能和几何尺寸一致；

⑤支座更换时，顶升位置、顶升顺序和支座顶升量应通过计算确定；

⑥当设置支架顶升更换支座时，应对支架结构进行验算。

6.14.11 更换伸缩装置

当伸缩缝功能不满足使用要求，严重破损、失效，维修困难时，应进行更换。更换伸缩装置应满足结构变形要求，严格控制开口量，应安装平整，锚固可靠。

槽口新浇筑混凝土强度等级应比原结构混凝土提高一级，宜采用早强混凝土，新更换的伸缩缝下应设置排水装置。

第七章　公路隧道设计

隧道设计应有完整的勘测、调查资料，综合考虑地形、地质、水文气象、地震和交通量及其构造，以及营运和施工条件，进行多方案的技术、经济、环境比较，使隧道设计符合安全实用、质量可靠、经济合理、技术先进的要求。

7.1 设计概念

公路建设中建造隧道的目的是为克服山岭地形障碍，改善线形，提高车速，缩短里程，节省燃料和时间，减少对植被的破坏以及保护生态环境。隧道既能克服落石、坍方、雪崩等危害，又能保证路线平顺、行车安全，提高舒适性，使通行不受气候影响。隧道设计应满足公路交通规划的要求，其建筑限界、断面净空、隧道主体结构以及营运通风、照明等设施，应按公路技术标准规定的预测交通量设计。

7.1.1 隧道结构类型

公路隧道结构，是由主体构造物和附属构造物两大类组成。主体构造物通常指洞身衬砌和洞门构造物。洞身衬砌的平、纵、横断面的形状由隧道的几何设计确定，衬砌断面的轴线形状和厚度由衬砌计算决定。附属构造物主要由照明、通风、防排水、交通和消防等设施组成。

1. 隧道长度

公路隧道长度是指进、出口洞门端墙之间的水平距离，即隧道两端端墙面与路面的交线同路线中线交点间的距离，并以此作为工程计价的依据。

2. 隧道类型

隧道的种类繁多，从不同角度有不同的分类方法。

(1)按隧道所处的地层，可分为土质隧道和石质隧道。

(2)按隧道的埋置深度，可分为浅埋隧道和深埋隧道。

(3)按隧道横断面形状，可分为圆形、椭圆形及马蹄形隧道等。

(4)按隧道断面的大小及国际隧道协会 ITA 定义，可分为 $100m^2$ 以上特大断面及 $50\sim100m^2$ 大断面及小于 $50m^2$ 中等断面隧道。

(5)按高速、一级公路隧道的结构形式，可分为分离式、小间距隧道及连拱隧道三类。一般设计为上、下行分离的独立双洞，称为分离式隧道；通过中墙相连的双洞(双向)多车道隧道，称为连拱隧道，在地形条件限制等特殊地段上采用；两条平行隧道的净距不宜小于隧道外轮廓直径 B，称为小间距隧道。

(6)按隧道长度，可分为特长隧道、长隧道、中隧道及短隧道。

两条平行隧道的净距，大于等于表 7-1 规定值为分离式独立双洞隧道，小于表 7-1 规定值为小间距隧道，即指上下双洞洞壁净距较小不能按独立双洞考虑的隧道结构。公路隧道结构形式，如图 7-1 所示。

隧道双洞间距　　表 7-1

围岩级别	I	II	III	IV	V	VI
隧道双洞间距(m)	$1.0\times B$	$1.5\times B$	$2.0\times B$	$2.5\times B$	$3.5\times B$	$4.0\times B$

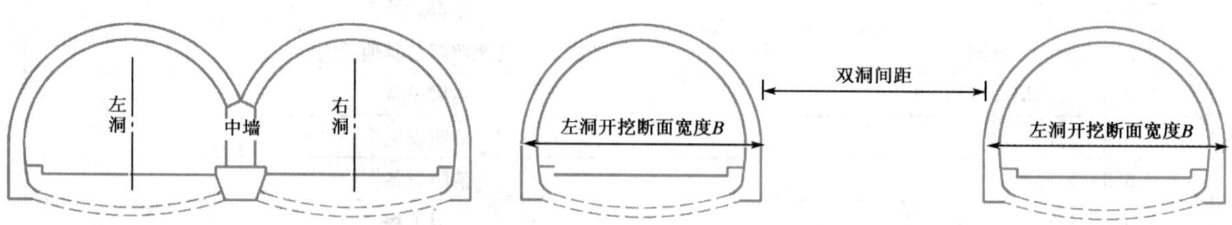

图 7-1　隧道结构形式

a)连拱隧道；b)分离式或小间距隧道

3. 隧道组成

各级公路隧道组成结构大体相同，均由主体结构、辅助坑道和附属工程三大部分组成，如图 7-2 所示。

4. 隧道主体结构

隧道主体结构是指主洞及横洞衬砌、防排水设施及路面等，如图 7-3 所示。公路隧道衬砌常采用曲边墙拱形断面，当围岩较差时设置仰拱。设置仰拱的隧道，仰拱面以上至路面基础面之间为仰拱回填，一般可采用浆砌片石或片石混凝土密实回填；不设仰拱的隧道通常采用混凝土整平层，厚度为 10～15cm。

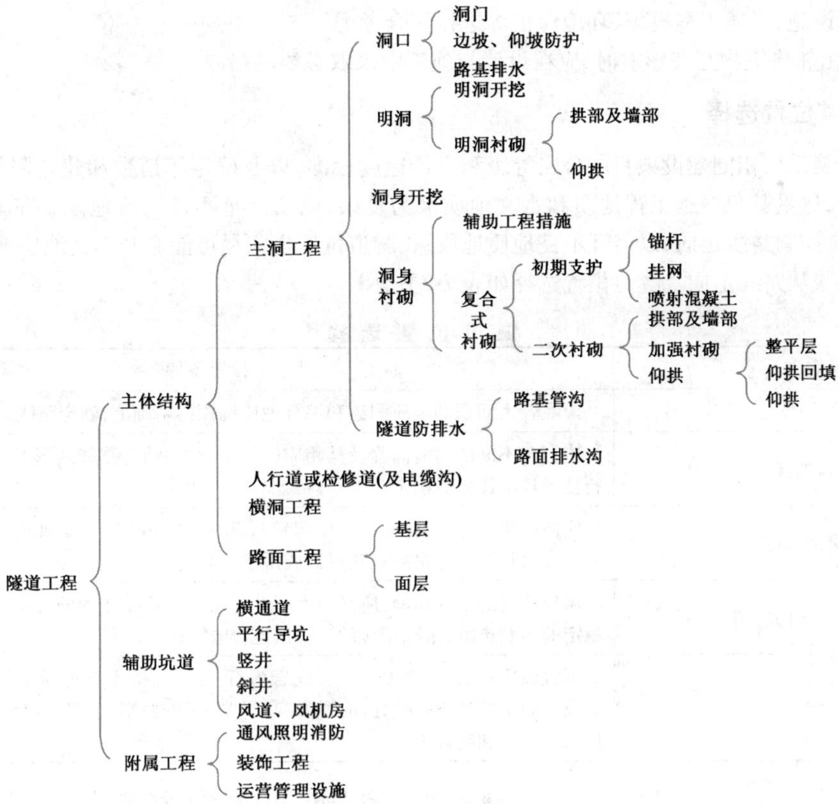

图 7-2　隧道组成结构

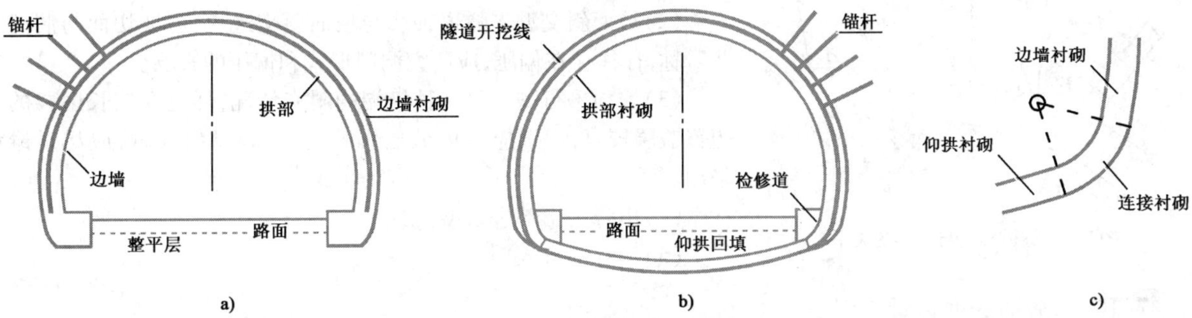

图 7-3　隧道主体结构

a)无仰拱;b)有仰拱;c)墙踵

7.1.2　隧道设计原则

隧道设计应满足公路交通规划的要求,其建筑限界、断面净空、隧道主体结构以及营运通风、照明等设施,应按公路技术标准规定的预测交通量设计。当近期交通量不大时,可采取一次设计,分期修建。隧道总体设计应遵循以下原则:

(1)在地形、地貌、地质、气象、社会人文和环境等调查的基础上,综合比选隧道各轴线方案的走向、平纵线形、洞口位置等,提出推荐方案。

(2)根据公路等级和设计速度确定车道数和建筑限界。在满足隧道功能和结构受力良好的前提下,确定经济合理的断面内轮廓。

(3)根据隧道长度、交通量构成、交通方向以及环保要求等,选择合理的通风方式,确定通风、照明、交通监控等机电设施的设置规模。必要时应对特长隧道进行防灾专项设计。

(4)应结合公路等级、隧道长度、施工方法、工期和营运要求，对隧道内外防排水系统、消防给水系统、辅助通道、弃渣处理、管理设施、交通工程设施、环境保护等进行综合考虑。

(5)当隧道与相邻建筑物互有影响时，应在设计与施工中采取必要的措施。

7.1.3 隧道位置选择

隧道建设标准是采用相同建设项目的公路等级和设计速度标准，以及确定车道数和建筑限界。隧道位置应选择在稳定的地层中，尽量避免穿越工程地质和水文地质极为复杂，以及严重不良地质地段。在地质条件很差的情况，特长隧道位置应控制路线走向，以避开不良地质地段；长隧道位置也应尽可能避开不良地质地段，与路线走向综合考虑；中、短隧道服从路线走向。隧道位置选择如表7-2所示。

隧道位置选择　　表7-2

隧道名称	设置条件
穿越分水岭的特长、长隧道	应在较大面积的地质测绘和综合地质勘探的基础上，确定路线走向和平面位置
穿越垭口的隧道	应拟定不同的越岭高程及其相应的展现方案，结合路线线形及施工、营运等条件，进行技术经济比较后确定
沿河傍山隧道	应向山侧内移，避免隧道一侧洞壁过薄、河流冲刷和不良地质对隧道稳定的不利影响。应对长隧道方案或短隧道群或桥隧方案进行技术经济比较
濒临水库地区的隧道	洞口路肩的设计高程，应高出水库计算洪水位不小于50cm，应考虑库壁坍塌对隧道稳定的不利影响，采取相应的工程措施
隧道洞口	不宜设置在滑坡、崩塌、岩堆、危岩落石、泥石流等不良地质及排水困难的沟谷低洼处或不稳定的悬崖陡壁处，应遵循“早进晚出”的原则，合理选定洞口位置，避免在洞口形成高边坡和高仰坡

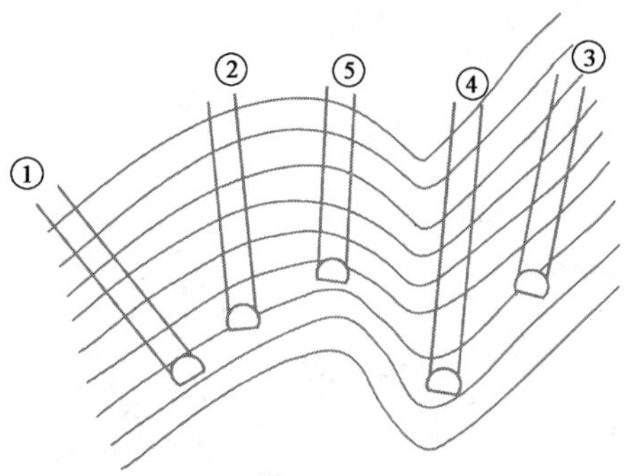

图7-4　隧道轴线与地形的关系

隧道轴线选择与进、出洞口位置选择非常重要，对隧道建造影响比较大，隧道轴线与洞口一般有图7-4所示的几种形式：

(1)坡面正交型。是一种隧道轴线与坡面正交的理想形式。

(2)坡面斜交型。隧道轴线与坡面斜交进入，边坡切面与洞门为非对称，往往存在偏压，应研究洞门形式和偏压的影响。

(3)坡面平行型。是一种极端的斜交情况，隧道在较长区段的单边覆盖层较薄，特别应考虑偏压影响，往往容易出问题，应尽量避免采用。

(4)山脊突出部进入型。

(5)沟谷部进入型。

7.1.4 隧道线形设计

隧道内外平、纵线形应协调，以满足行车的安全、舒适要求。地质条件很差时，特长隧道的位置应控制路线走向，以避开不良地质地段；长隧道的位置亦应尽可能避开不良地质地段，并与路线走向综合考虑；中、短隧道可服从路线走向。

1. 隧道平面设计

隧道平面线形应根据地质、地形、路线走向、通风等因素确定；原则上采用直线，避免曲线；当设置为曲线时，不宜采用设超高的圆曲线，并不应采用设加宽的平曲线。当由于特殊条件限制隧道平面线形设计为需设超高的曲线时，其超高值不宜大于4%，其他技术指标应符合《公路路线设计规范》的规定。

高速公路和一级公路隧道一般为上、下行(或称左、右洞)分离式的独立双洞隧道。隧道在平面布置分离式独立双洞隧道时，两洞之间的最小净距，是按两洞结构彼此不产生有害影响的原则，结合隧道平面线形、围岩地质条件、断面形状和尺寸、施工方法等因素确定。小净距隧道适用于洞口地形狭窄或有特殊要求的中、短隧道，也可用于特长、长隧道洞口局部地段。隧道的停车视距与会车视距应符合公路技术标准规定。

2. 隧道纵断面设计

隧道内的纵坡一般宜采用单向坡，地下水发育的长隧道、特长隧道可采用双向坡。纵坡最小坡度不应小于

0.3%，以利排水。最大坡度不应大于3%，且以控制在2%以下为好，这是因为当坡度大于2%时，汽车上坡行驶时排放的有害物质会急剧增加，从而增加了营运通风费用。但原则上，应尽量避免采用平坡。受地形等条件限制时，高速公路和一级公路的中、短隧道纵坡可适当加大，但不宜大于4%；隧道内的纵坡变更处均应设置竖曲线，并尽量选用大值，以利于通视和通风。

7.1.5　隧道设计方案比选

隧道是公路工程中重要的建筑物，也往往是整条线路的控制性工程。当一条新线方案确定以后，能否选择合理的隧道位置往往成为线路设计的关键，它直接涉及到施工的难易程度，对工期和工程造价有着至关重要的影响。

1. 隧道方案、路堑方案和绕行方案的比选

公路隧道是克服地形障碍的有效手段。一般而言，要克服地形条件带来的高程障碍，有绕行方案、路堑方案和隧道方案。一般情况下，如果地形紧迫、山坡陡峭，采用隧道方案是比较有利的，因为隧道能使线路平缓顺直，缩短线路长度，节省运输时间，使出行更为快捷和便利。它还能最大限度地减少对自然植被的破坏，产生积极的社会效益和环保效果。从现代的观点出发，当线路遇到地形高程障碍时，应该优先考虑隧道方案，只有在不具备修建隧道的条件时（主要是投资额度大的问题），才考虑采用其他方案。

2. 长隧道方案与短隧道群方案的比选

当线路顺着河谷傍山行走时，地形起伏不定，如果线路靠近河流一侧，则可以修若干座短隧道穿越。而当线路往山体内偏移，则成为一座长隧道，图7-5反映了长隧道与短隧道群的关系。短隧道比较容易施工，技术难度较小。与一座长隧道相比，短隧道群进出口的总数多，因而工作面多，施工进度快。此外，从运营来看，短隧道群可以采用自然通风，而不必设置运营机械通风设施，而长隧道一般需要机械通风。

但关键还在于短隧道群所处的地质条件一般都比较复杂，施工过程中易塌方，而且由于多为绕山傍河，易形成地层对隧道结构的偏压，使结构处于不利的受力状态，导致留下病害隐患。特别是洞口路堑多半形成高大边坡，受雨水冲刷后，经常发生落石、坍方等事故，危及运营。因此从安全运营的眼光来看，应该选择长隧道，尽量避免短隧道群。

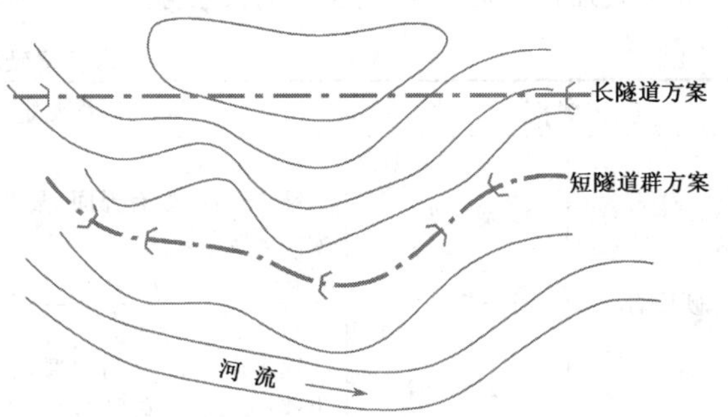

图7-5　长隧道与短隧道方案比较

3. 隧道与路线的关系

隧道工程有大小之分，对于一般的中、短隧道，原则上隧道应依从于线路走向，但可以根据具体的地质、地形等条件作小幅度的调整，以利于隧道的顺利施工。在这种调整过程中，必须密切注意与洞外线形的相互关系，不能与路线设计有冲突。而长、大隧道是线路的重点控制工程，它工程规模大、资金投入多、工期长，能否顺利施工是整条线路的重中之重。因此，在进行隧道方案比选时，线路就得依从于隧道方案。影响隧道位置选择的因素较多，如水文地质条件、地形和地貌条件、投资和工期要求，甚至于当地环境控制要求等。在众多因素中，根本性的因素是地质条件和地形条件。

4. 隧道结构形式的比选

根据隧道长、短和地质条件等，比选分离式隧道、小间距隧道和连拱式隧道3种结构形式。高速公路和一级公路上的短隧道常采用连拱结构；在隧道布线困难和解决占地多等问题时，以及克服连拱隧道施工复杂、工程造价高的缺点，可以采用分离式小间距隧道；中、长、特长隧道一般采用标准的分离式双洞结构。

7.1.6　设计对隧道施工的要求

施工前各阶段的地下与地质调查应包括自然地理概况以及工程地质和水文地质等，按阶段要求重点调查和分析以下内容：

（1）地层、岩性及地质构造的性质、类型和规模。

（2）断层、节理、软弱结构面特征及其与隧道的组合关系，围岩的基本物理力学性质。

（3）地下水类型及地下水位、含水层的分布范围及相应的渗透系数、水量和补给关系、水质及其对混凝土的侵蚀性，有无异常涌水、突水。

（4）崩塌、错落、岩堆、滑坡、岩溶、自然或人工坑洞、采空区、泥石流、流沙、湿陷性黄土、岩渍土、盐岩、地热、多

年冻土、冰川等不良地质和特殊地质现象,及其发生、发展的原因、类型、规模和发展趋势,分析其对隧道洞口和洞身稳定的影响程度。

(5)隧道通过含有害气体或有害矿体的地层时,应查明其分布范围、有害成分和含量,并预测和评价其对施工、营运的影响,提出防治措施。

(6)按《中国地震动参数区划图》(GB 18306)的规定或经地震部门鉴定,确定隧道所处地区的地震动峰值加速度系数。

7.2 隧道围岩分级

隧道围岩是指隧道(坑道)周围一定范围内,对坑道稳定性能产生影响的岩土,不论是岩体还是土体,统称为隧道围岩。不同的坑道围岩在隧道建筑时有不同的地质现象。围岩分级是隧道工程一个重要的研究课题。其目的是通过分类,总体上反映各类岩体的质量好坏,预测可能出现的岩体力学问题,为隧道工程设计、支护衬砌和施工方法选择等提供参考。

7.2.1 岩石坚硬程度的定性划分

岩石坚硬程度的定性划分是根据岩石的坚硬程度和岩体完整程度两个基本因素的定性特征和定量的岩体基本质量指标 BQ,进行综合初步分级。对围岩进行详细定级时,应在岩体基本质量分级基础上考虑修正因素的影响,修正岩体基本质量指标值。按修正后的岩体基本质量指标[BQ],结合岩体的定性特征综合评判、确定围岩的详细分级。

岩石等级划分是将岩浆岩、沉积岩和变质岩,依岩石物理特性、风化程度等,划分为硬质岩石及软质岩石两级;又依饱和抗压极限强度 R_c 与工程的关系分为 5 级,其标准代表性岩石如表 7-3 所示。

岩石坚硬程度的定性划分　　表 7-3

名称		定性鉴定	代表性岩石
硬质岩	坚硬岩	锤击声清脆,有弹回,振手,难击碎;浸水后大多无吸水反应	未风化~微风化的花岗岩、正长岩、闪长岩、辉绿岩、玄武岩、安山岩、片麻岩、石英片岩、硅质板岩、石英岩、硅质胶结的砾岩、石英砂岩、硅质石灰岩等
	较坚硬岩	锤击声较清脆,有轻微回弹,稍振手,较难击碎;浸水后有轻微吸水反应	①弱风化的坚硬岩;②未风化~微风化的熔岩凝灰岩、大理岩、板岩、白云石、石灰岩、钙质胶结的砂页岩等
软质岩	较软岩	锤击声不清脆,无回弹,轻易击碎;浸水后指甲可刻出印痕	①强风化的坚硬岩;②弱风化的较坚硬岩;③未风化~微风化的凝灰岩、千枚岩、砂质泥岩、泥灰岩、泥质砂岩、粉砂岩、页岩等
	软岩	锤击声哑,无回弹,有凹痕,易击碎;浸水后手可掰开	①强风化的坚硬岩;②弱风化~强风化的较坚硬岩;③弱风化的较软岩;④未风化的泥岩等
	极软岩	锤击声哑,无回弹,有较深凹痕,手可捏碎;浸水后可捏成团	①全风化的各种岩石;②各种半成岩

7.2.2 岩体的结构类型划分

根据岩体中结构面和结构体(岩块)的成因、特征及其排列组合关系,将岩体结构划分为 5 大类,如表 7-4 所示。不同结构类型的岩体,其工程性质和变形破坏机理也不同。

岩体结构类型划分　　表 7-4

岩体结构类型	岩体地质类型	结构体形状	结构面发育情况	岩土工程特征
整体状结构	巨块状岩浆岩和变质岩,巨厚层沉积岩	巨块状	以层面和原生、构造节理为主,多呈闭合型,间距大于 1.5m,一般为 1~2 组,无危险结构	岩体稳定,可视为均质弹性各向同性体

续上表

岩体结构类型	岩体地质类型	结构体形状	结构面发育情况	岩土工程特征
块状结构	厚层状沉积岩，块状岩浆岩和变质岩	块状柱状	有少量贯穿性节理裂隙，结构面间距0.7～1.5m，一般为2～3组，有少量分离体	结构面相互牵制，岩体基本稳定，接近弹性各向同性体
层状结构	多韵律的薄层、中厚层状沉积岩，副变质岩	层状板状	有层理、片理、节理，常有层间错动	变形和强度受层面控制，可视为各向异性弹塑性体，稳定性较差
碎裂状结构	构造影响严重的破碎岩层	碎块状	断层、节理、片理、层理发育，结构面间距0.25～0.5m，一般在3组以上，有许多分离体	整体性强度很低，并受软弱结构面控制，视为弹塑性体，稳定性很差
散体状结构	断层破碎带，强风化及全风化带	碎屑状	构造和风化裂隙密集，结构面及组合错综复杂，多充填黏性土，形成无序小块和碎屑	完整性遭极大破坏，可视为松散体，稳定性极差

7.2.3 公路隧道围岩分级

根据调查、勘探、试验等资料，岩石隧道的围岩定性特征，围岩基本质量指标BQ，或修正的围岩质量指标[BQ]值，土体隧道中的土体类型、密实状态等定性特征，可按表7-5确定围岩级别。隧道围岩分级是评价坑道围岩性质、判断围岩稳定性、合理选定隧道支护类型及施工方法的重要依据。

公路隧道围岩级别　　表7-5

围岩级别	围岩或土体主要定性特征	围岩基本质量指标BQ或修正的围岩基本质量指标[BQ]
Ⅰ	坚硬岩，岩体完整，巨整体状或巨厚层结构	>550
Ⅱ	坚硬岩，岩体较完整，块状或厚层状结构 较坚硬岩，岩体完整，块状整体结构	550～451
Ⅲ	坚硬岩，岩体较破碎，巨块（石）碎（石）状镶嵌结构 较坚硬岩或较软硬岩层，岩体较完整，块状或中厚层结构	450～351
Ⅳ	坚硬岩，岩体破碎，碎裂结构；较坚硬岩，岩体较破碎～破碎，镶嵌碎裂结构 较软岩或软硬岩互层，且以软岩为主，岩体较完整～较破碎，中薄层状结构	350～251
Ⅳ	土体：(1)压密或成岩作用的黏性土及砂性土；(2)黄土（Q_1、Q_2）；(3)一般钙质、铁质胶结的碎石土、卵石土、大块石土	—
Ⅴ	较软岩，岩体破碎；软岩，岩体较破碎～破碎；极破碎各类岩体，碎、裂状，松散结构	≤250
Ⅴ	一般第四系的半干硬至硬塑的黏性土及稍湿至潮湿的碎石土，卵石土、圆砾、角砾土及黄土（Q_3、Q_4）。非黏性土呈松散结构，黏性土及黄土呈松软结构	—
Ⅵ	软塑状黏性土及潮湿、饱和粉细砂层、软土等	—

注：表中围岩级别不适用于特殊条件的围岩分级，如膨胀性围岩、多年冻土等。

7.3 隧道洞口洞门

洞口位置应根据地形、地质条件，同时结合环境保护、洞外有关工程及施工条件、营运要求，通过经济与技术比较确定。为保护洞口和排放地表流水，一般在隧道两端修建挡土墙式结构，称为洞门。此外，隧道洞口处边仰坡和路面雨水不能流入洞内，洞内路基所排地下水都应经洞口设计的排水沟（或涵洞）排出；隧道建筑需遵循"早进洞、晚出洞"原则，不能大挖和大刷，必须保证边坡和仰坡的稳定。

7.3.1 洞口开挖

洞口设计应考虑与附近的地面建筑及地下埋设物的相互影响，必要时采取防范措施。

1. 洞口位置选定

洞口位置应设于山坡稳定、地质条件较好处。位于悬崖陡壁下的洞口,不宜切削原山坡;应避免在不稳定的悬崖陡壁下进洞。跨沟或沿沟进洞时,应考虑水文情况,结合防排水工程,充分比选后确定。漫坡地段的洞口位置,应结合洞外路堑地质、弃渣、排水及施工等因素综合分析确定。

2. 洞口段长度

隧道洞口段是指洞口暗挖进洞的一定长度范围,即为覆盖层的厚度小于 2 倍开挖隧道断面宽度 B 的一段。洞口段一般较洞身围岩条件差,埋深浅,受地形及环境影响较大,如地表水、气候等影响。隧道明洞段、洞口段、洞身段划分,如图 7-6 所示。隧道洞口段的地表面为洞口仰坡,仰坡的防护宽度应根据实际情况确定。洞口边坡及仰坡必须保证稳定,有条件时应贴壁进洞,无条件时其边坡、仰坡的设计开挖最大高度如表 7-6 所示。

洞口边坡、仰坡控制高度 表 7-6

围岩等级	I ~ II			III		IV			V ~ VI	
边仰坡坡率	贴壁	1:0.3	1:0.5	1:0.5	1:0.75	1:0.75	1:1	1:1.25	1:1.25	1:1.5
高度(m)	15	20	25	20	25	15	18	20	15	18

注:设计开挖高度系从路基边缘算起。

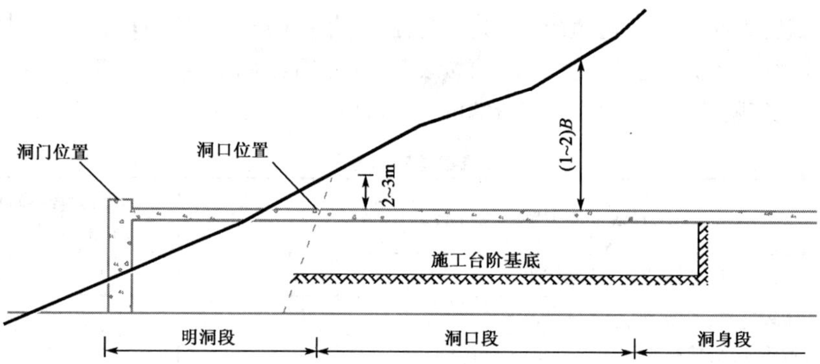

图 7-6 明洞段、洞口段及洞身段划分

3. 洞口设计规定

(1)洞口边坡、仰坡顶面及周围,应根据实际情况设置排水沟和截水沟。

(2)洞口边坡、仰坡应根据实际情况采取加固防护措施,有条件时应优先采用绿化护坡。

(3)当洞口处有坍方、落石及泥石流等时,应采取清刷、延伸洞口、设置明洞或支挡构造物等措施。

7.3.2 洞门设计

洞门是为了保证边坡和仰坡的稳定,能将仰坡上流下的地表水引离隧道,而在洞口(明洞)前建筑的构造物。洞门是隧道外露的惟一部分,起着保护、美化洞口和诱导交通流进洞的作用。

1. 洞门类型

洞门形式和洞门位置,应与周围自然环境相协调。洞门类型主要有端墙式洞门、台阶式、翼墙式洞门、环框式洞门、遮光棚式洞门及削竹式洞门等。

(1)端墙式洞门适用于岩质稳定的 IV 级以下围岩和开阔的地形,是最常使用的洞门形式。根据其地形也可做成台阶式洞门,如图 7-7、图 7-8 所示。

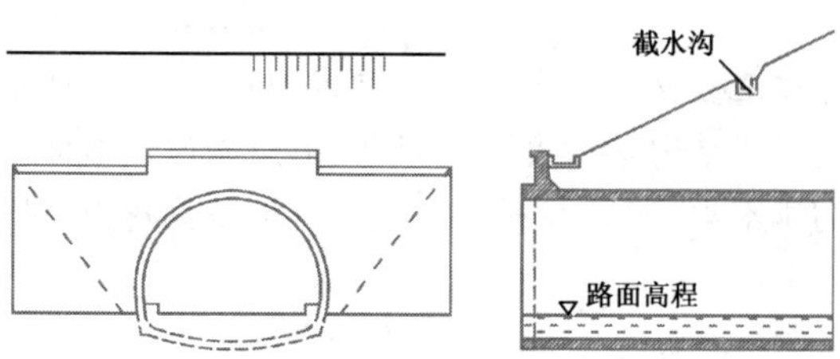

图 7-7 端墙式洞门

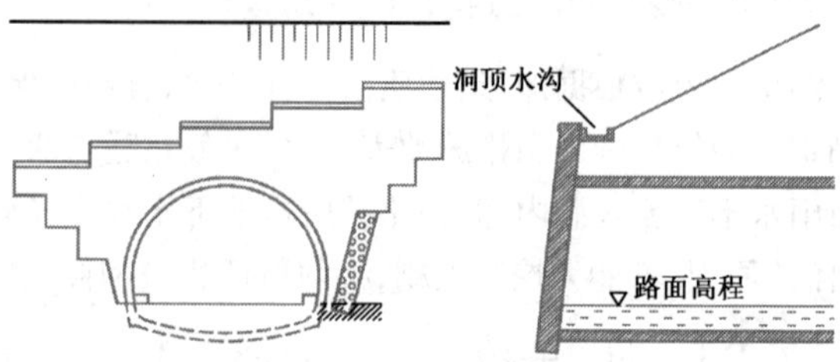

图 7-8 台阶式洞门

(2)当洞口岩层坚硬、整体性好,节理不发育,不易风化,仰坡极为稳定,没有较大的排水要求时,可采用环框式洞门,如图7-9所示。一般情况下,环框与洞口衬砌混凝土整体浇筑。

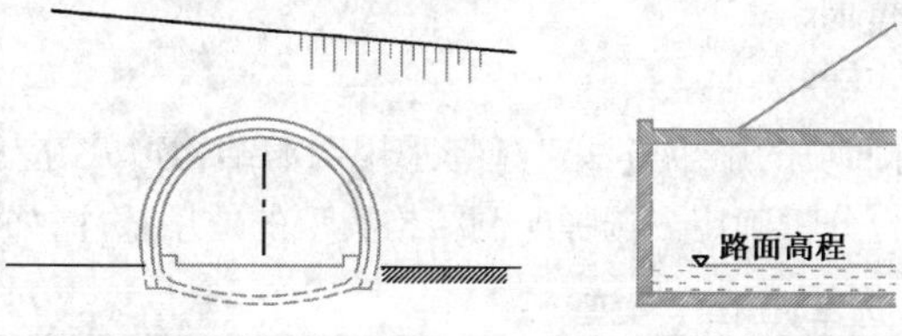

图7-9　环框式洞门

(3)翼墙式洞门适用于地质较差的III级以上围岩,以及需要开挖路堑的情形。翼墙式洞门由端墙及翼墙组成,翼墙能增加端墙的稳定性,同时对路堑边坡起支挡作用,如图7-10所示。

(4)削竹式洞门是在洞口地形平缓时选用,该形式可修饰周围景观,使洞口与自然协调,如图7-11所示。

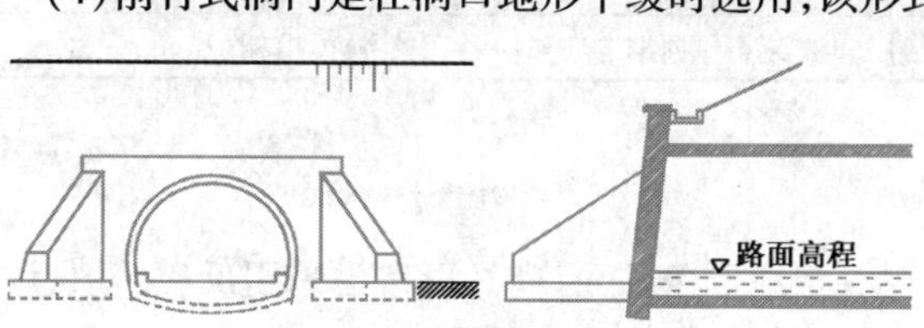

图7-10　翼墙式洞门

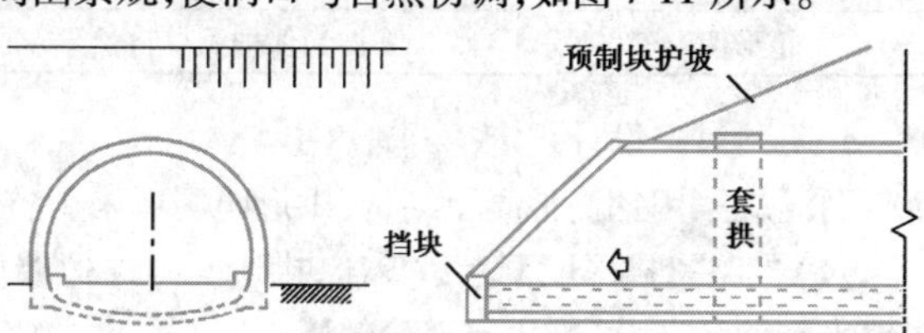

图7-11　削竹式洞门

(5)当地形较陡,地质条件较差,仰坡有下滑的可能性,且又受地形或地质条件限制,不能设置翼墙时,可采用双柱式洞门,即在端墙中部设置两个断面较大的柱墩,以增加端墙的稳定性,如图7-12所示。

(6)当洞口地形受到限制或有遮光要求时,可选用遮光棚式洞门。其隧道入口通常外延,其遮光从形状上可分为喇叭式和棚洞式,如图7-13、图7-14所示。遮光式洞门有开放式和封闭式之分,前者将遮光板之间透空,后者则用透光材料将前者透空部分封闭。

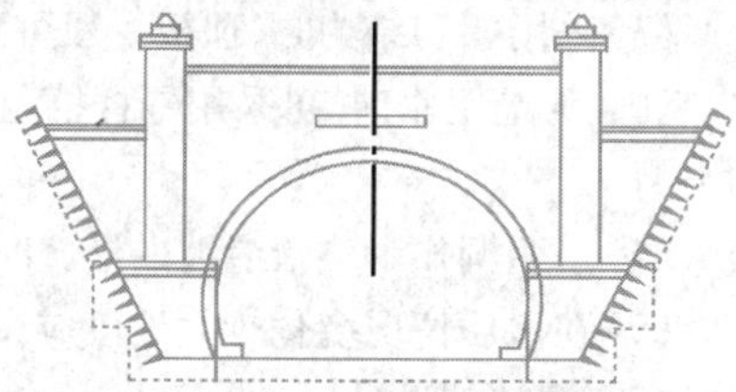

图7-12　双柱式洞门

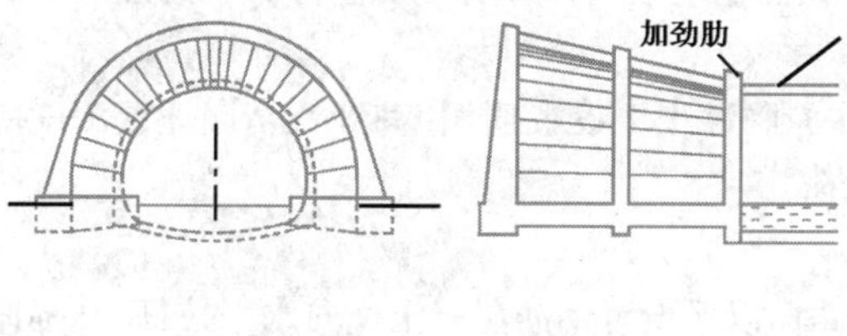

图7-13　喇叭式洞门

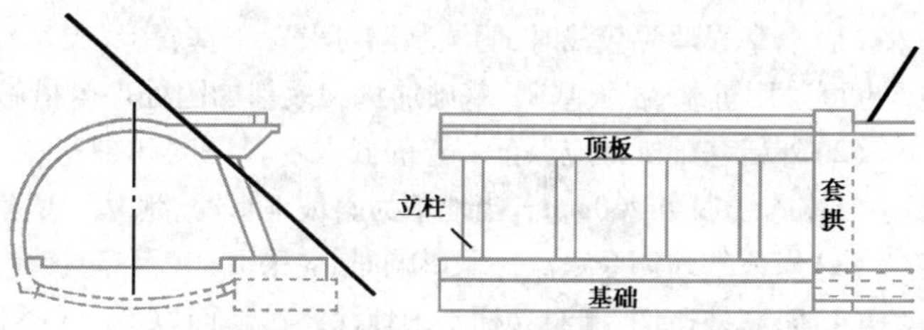

图7-14　棚式洞门

2. 洞门构造

洞门仰坡坡脚至洞门墙背的水平距离不宜小于1.5m,端墙与仰坡之间水沟的沟底至衬砌拱顶外缘的高度不应小于1.0m,墙顶高出仰坡脚不应小于0.5m;洞门墙应根据实际需要设置伸缩缝、沉降缝和泄水孔。

洞门墙基础必须置于稳固地基上,应视地形及地质条件,埋置足够的深度,保证洞门的稳定。基础埋入土质地基的深度不应小于1.0m,嵌入岩石地基的深度不应小于50cm;基底高程应在最大冻结线以下不小于25cm;地基为冻胀土层时,应进行防冻胀处理。基底埋置深度应大于墙边各种水沟、水槽基底的埋置深度。松软地基上的基础,可采取加固基础措施。洞门结构应满足抗震要求。

7.3.3　明洞设计

明洞是采用明挖方法施工并回填而成的隧道,结构形式有拱形明洞和箱形明洞,其拱背回填土厚度不宜小于1.5m,填土表面应设置一定的排水坡度。当采用拱形明洞时,可按整体式衬砌设计,拱形明洞可承受较大的垂直与水平压力。

1. 设置明洞的条件

(1)洞顶覆盖层薄,不宜大开挖路堑,并难于用暗挖法建筑隧道的地段。

(2)路基或隧道洞口受边坡坍方、岩堆、落石、泥石流等不良地质危害;建筑路堑会危及到附近重要建筑物安全的地段。

(3)铁路、公路、沟渠和其他人工构造物必须在隧道上方通过,不宜采用暗洞或立交桥涵跨越时。

(4)为了保护洞门的自然景观而延伸隧道长度时。

2. 选择明洞结构类型

明洞是采用先开挖后浇筑衬砌混凝土再进行回填的施工方法。选择采用明洞结构形式,应根据地形、地质、施工条件,考虑结构安全、经济实用、美观等因素综合分析确定。选择明洞结构类型的适用条件,如表 7-7 所示。

选择明洞结构类型　　表 7-7

明洞类型	适用条件
拱形明洞	适用于边坡一次塌方量大、落石较多且基底地质条件较好时
棚洞	当路基外侧地形狭窄、内外侧墙基底地质明显不同,外侧基础工程量较大或洞顶荷载较小时
框架明洞	在建筑高度受到限制或地基软弱的地段
箱形明洞	为保护洞口自然景观或防止洞口边、仰坡滚石须加长隧道时,并可在洞顶植树、植草

3. 明洞衬砌设计规定

明洞应采用钢筋混凝土结构,拱形明洞可采用整体式衬砌。

(1)半路堑拱形明洞考虑偏压,拱形明洞外边墙应适当加厚。当地形条件允许时,可考虑采用反压回填、设反压墙平衡偏压荷载,减小或消除偏压。

(2)当拱形明洞边墙侧压较大以及地层松软时,应设仰拱。

(3)采用棚洞结构时,顶板一般可采用 T 形、Π形或空心板截面构件,内边墙可采用挡土墙结构;当内侧岩体完整、坚固、无地下水时,可采用锚杆挡墙;外侧边墙可视地形、地基、边坡坍方、落石等情况选用墙式、柱式、刚架等结构类型。

(4)当明洞作为整治滑坡的措施时,应按支挡工程设计,并应采取综合治理措施,确保滑坡体稳定和明洞安全。

(5)在地质情况变化较大地段应设置沉降缝;气温变化较大地区,应根据长度等情况设置伸缩缝。

4. 明洞基础设计

明洞基础应置于稳固的地基上,明洞基础底高程不宜高于隧道侧沟沟底高程或路面基层高程。

(1)当基岩埋深较浅时,明洞基础可设置于基岩上;当基础位于软弱地基上,可采用仰拱、整体式钢筋混凝土底板,也可采用桩基、扩大基础、基础加深和地基加固处理等措施。

(2)外墙基础趾部应保证一定的嵌入基岩深度和护基宽度。在冻胀性土上设置明洞基础时,基底埋置深度应不小于冰冻线以下 250mm。当地基为斜坡地形时,地基可切割成台阶。

(3)当地基外侧受水流冲刷影响时,应采取加固和防护措施。

(4)明洞外边墙、棚洞立柱基础埋深超过路面以下 3m 时,宜在路面以下设置钢筋混凝土横向水平拉杆,并锚固于内边墙或岩体中,或用锚杆锚固于稳定的岩体中;立柱可在路基平面处加设纵撑,应与相邻立柱及内边墙连接。

5. 洞顶回填与拱背处理

明洞洞顶回填、拱背处理应根据明洞设置的目的、作用,以及地形条件、山坡病害而定,并应符合下列规定。

(1)当山坡有严重的危石、崩坍威胁时,应予以清除或作加固处理。为防护一般落石、崩坍危害,明洞拱背回填土不宜小于 1.5m,填土表面应设置一定的排水坡度。

(2)不设洞门端墙的明洞,可采用拱背部分裸露、按自然山坡坡度填土,填土表面植草。

(3)立交明洞上的填土厚度应结合公路、铁路、沟渠及其他人工构造物的标高、自然环境、美化要求和结构设计等研究确定,隧道必要时可设护拱。

(4)当明洞顶设置过水、泥石流等渡槽、沟渠及其他构造物时,设计应考虑其影响。一般过水沟渠或普通截水沟沟底距洞顶外缘厚度不小于 1.0m。当为排泄山沟洪水、泥石流等的渡槽时,其槽底距明洞顶外缘不小于 1.5m。

明洞边墙背后回填,应根据明洞类型、地质条件、设计要求和施工方法按下列要求确定:

(1)衬砌设计考虑地层弹性抗力时,边墙背后超挖部分应用混凝土或浆砌片石回填。

(2)衬砌设计只计墙背地层或回填土主动土压力时,边墙背后回填料的内摩擦角不应小于地层的计算摩擦角或设计的回填料的计算摩擦角。

7.3.4 排水防护工程

隧道洞口及明洞应设置截水沟和排水沟，洞口边坡、仰坡应采取防护措施，防止地表水的下渗和冲刷；为了防止洞外水流入隧道洞内，可在洞口外设置反向排水沟或采取截流措施。图7-15a)、b)适用于洞顶排水，图7-15c)适用于仰坡截水沟。

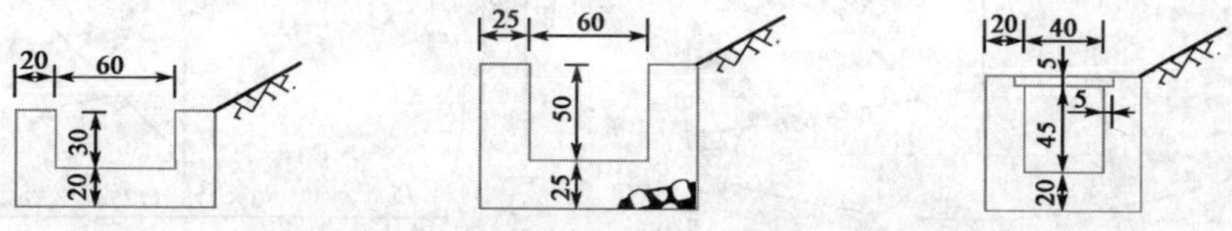

图7-15　洞顶水沟

a)槽型；b)矩形；c)盖板型

明洞段排水，要求明洞顶部必要设置截水沟、排水沟；回填土表面宜铺设隔水层，并与边坡搭接良好；靠山一侧边墙底或边墙后宜设纵向和竖向盲沟，将水引至边墙泄水孔排出；衬砌外缘应敷设外贴式防水层；其与隧道接头处应做好防水处理。

7.4 隧道主洞设计

隧道建造应综合考虑地质条件、断面形状、支护结构、施工条件等，并应充分利用围岩的自承能力。公路隧道应作衬砌，其应有足够的强度和稳定性，保证隧道长期安全适用。可分别采用锚喷衬砌、整体式衬砌和复合式衬砌。高速、一级和二级公路的隧道应采用复合式衬砌；三级及三级以下的公路隧道，在Ⅰ、Ⅱ、Ⅲ级围岩条件下，隧道洞口段应采用复合式衬砌或整体式衬砌，其他段可采用锚喷衬砌。衬砌结构类型和几何尺寸是根据使用要求，围岩级别、工程地质和水文地质条件、隧道埋置深度，隧道施工条件、环境条件，以及通过工程类比和结构计算综合因素确定。

7.4.1 隧道布设

1. 隧道断面尺寸

两车道隧道几何尺寸如图7-16所示，三车道隧道几何尺寸如图7-17所示。根据各公路等级设计速度的相应建筑限界，可分别计算出两车道内轮廓断面几何尺寸，表7-8所示为两车道隧道实例结果，三车道隧道亦可参考该方法计算。隧道规范推荐的内轮廓，拱部为单心半圆，墙部和仰拱为大半径圆弧，墙部与仰拱之间连接采用小半径圆弧。

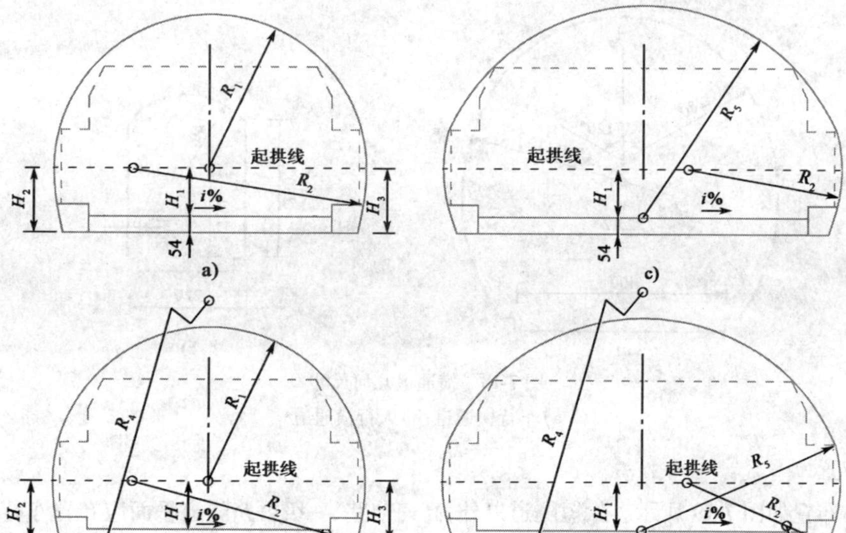

图7-16　两车道隧道几何尺寸

a)主洞无仰拱；b)主洞有仰拱；c)紧急停车带无仰拱；d)紧急停车带有仰拱

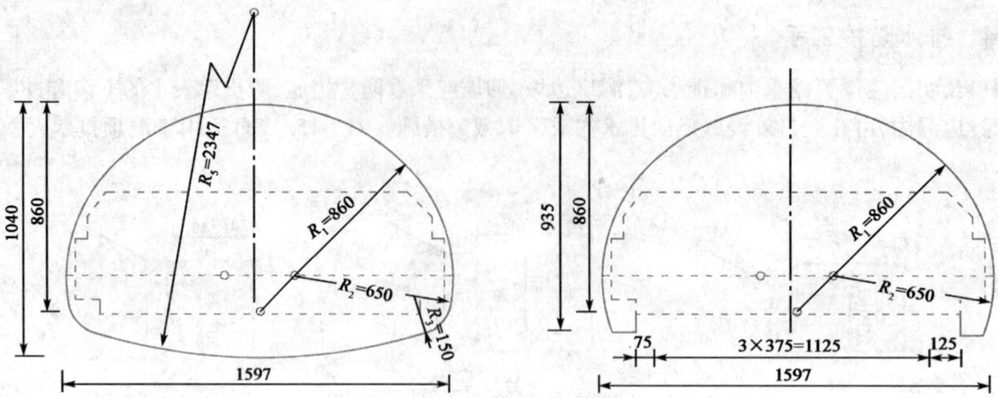

图 7-17　三车道隧道几何尺寸

两车道隧道内轮廓断面几何尺寸　　表 7-8

设计速度(km/h)		R_1	R_2	R_3	R_4	R_5	H_1	H_2	H_3	面积(m^2)	
										有仰拱	无仰拱
120	一般部	612	862	100	1500	—	160	214	214	94.0	84.7
	紧急停车带	612	862	150	1800	771	165	219	219	121.2	106.1
100	一般部	570	820	100	1500	—	160	214	214	82.5	75.0
	紧急停车带	570	820	150	1800	747	165	219	219	110.9	97.8
80	一般部	543	793	100	1500	—	160	214	214	75.5	69.1
	紧急停车带	543	793	150	1800	737	165	219	219	104.8	93.1
60	一般部	514	764	100	1500	—	160	214	214	68.5	63.1
	紧急停车带	514	764	150	1800	708.5	165	219	219	96.3	86.1

注:1. 隧道内轮廓线所围成的面积,为有仰拱断面计算面积;无仰拱面积是约定路面厚度为 54cm 后,与隧道内轮廓线围成的断面计算面积;

2. 图 7-16 中未能按实际横坡绘制,故表 7-8 中 H_3 按 H_2 数据列出。

隧道主洞中的横通道的几何尺寸如图 7-18 所示。

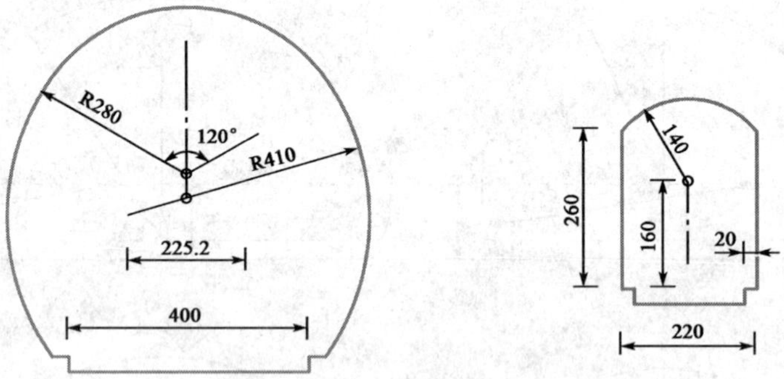

a)　　b)

图 7-18　横通道几何尺寸

a)车行横通道;b)人行横通道

2. 隧道平面布置

隧道平面总体布置如图 7-19 所示。除短隧道以外,高速公路、一级公路隧道平面应布置车行横洞、人行横洞以及紧急停车带。二级及以下公路亦应布置紧急停车带。

3. 隧道地质纵剖面

公路等级确定隧道建筑限界净高,设计车速确定隧道建筑限界净宽。隧道工程地质纵剖面如图 7-20 所示,图中包含隧道围岩级别、长度、隧道衬砌形式和辅助工程措施(即超前支护)等内容。

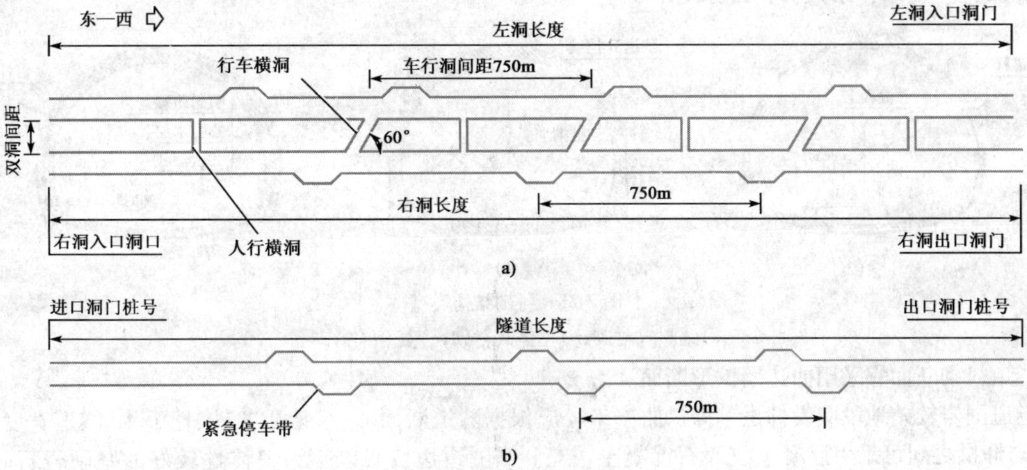

图 7-19　隧道平面

a）双洞分离式隧道；b）单洞隧道

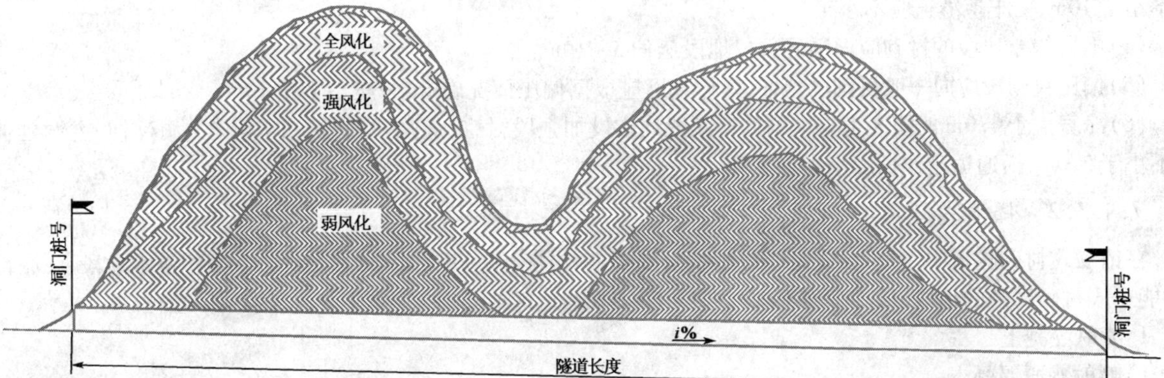

围岩级别	IV		III		IV	III		V	
长度(m)	15	33	20	50	95	107	40	40	15
衬砌型式	洞门	S4a	S4b	S3	S4b	S3	S5b	S5a	洞门
超前支护	超前小导管、超前锚杆				超前锚杆		超前小导管	长管棚	

图 7-20　隧道工程地质纵剖面图

7.4.2　主洞开挖

在确定开挖断面时，除应满足隧道净空和结构尺寸，还应考虑围岩及初期支护的变形，并预留适当的变形量，如表 7-9 所示。预留变形量的大小可根据围岩级别、断面大小、埋置深度、施工方法和支护情况等，采用工程类比法预测。

预留变形量（mm）　　表 7-9

围岩级别	两车道隧道	三车道隧道	围岩级别	两车道隧道	三车道隧道
I	—	—	IV	50 ~ 80	80 ~ 120
II	—	10 ~ 50	V	80 ~ 120	100 ~ 150
III	20 ~ 50	50 ~ 80	VI	现场量测确定	

7.4.3　衬砌结构

公路隧道衬砌的形状和尺寸，应能使结构受力状态最为合理，既不浪费又能稳固。隧道衬砌结构类型分为锚喷式衬砌、整体式衬砌和复合式衬砌，其结构形式如图 7-21 所示。

7.4.3.1　衬砌设计规定

在建造隧道时，一般先开挖出具有一定几何形状的坑道。由于地层被挖开后，容易变形、塌落或有水涌入，故必须要在坑道的周围做支护结构，即为衬砌，以保证使用安全。隧道是以暗挖岩土空间经衬砌支护后，可防止岩石风化失稳、保证净空、防水排水,达到功能要求。

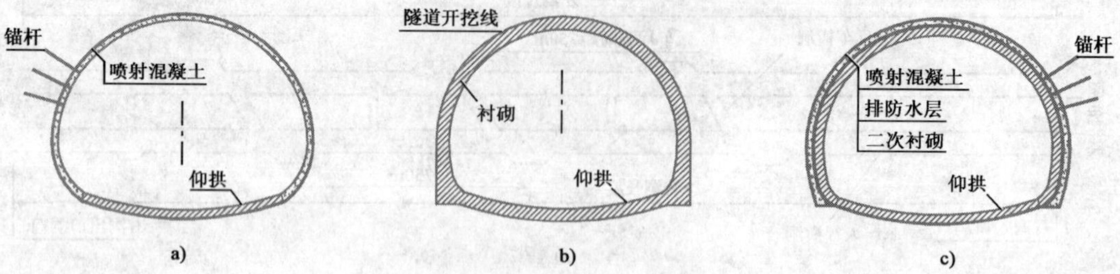

图7-21 衬砌结构类型

a)锚喷式衬砌;b)整体式衬砌;c)复合式衬砌

(1)隧道衬砌断面宜采用曲边墙拱形断面。

(2)隧道围岩较差地段应设仰拱。仰拱曲率半径应根据隧道断面形状、地质条件、地下水、隧道宽度等条件确定。路面与仰拱之间可采用混凝土或片石混凝土填充。当隧道边墙底以下为整体性较好的坚硬岩石时,可不设仰拱。

(3)隧道洞口段应设加强衬砌。加强衬砌段的长度应根据地形、地质和环境条件确定,一般情况下两车道隧道应不小于10m,三车道隧道应不小于15m。

(4)围岩较差地段的衬砌应向围岩较好地段延伸5~10m。

(5)偏压衬砌段应向一般衬砌段延伸,延伸长度应根据偏压情况确定,一般不小于10m。

(6)净宽大于3.0m的横通道与主洞的交叉段均应设加强段衬砌,加强段衬砌应向各交叉洞延伸,主洞延伸长度不小于5.0m,横通道延伸长度小小于3.0m。

7.4.3.2 锚喷式衬砌

在锚喷式衬砌隧道中,可单独或组合使用喷射混凝土、锚杆、钢筋网和钢架等支护。大面积淋水地段、膨胀性地层、能造成衬砌腐蚀的地段、最冷月份平均气温低于-5℃的地区或有冻害的地段,不宜采用锚喷衬砌。

1. 喷射混凝土

1)喷射普通混凝土

喷射普通混凝土厚度不应小于50mm,不宜大于300mm。当防水要求较高时,可采用强度等级大于C30的高性能喷射混凝土。

2)钢纤维喷射混凝土

钢纤维喷射混凝土设计的钢纤维渗量,宜为混合料质量的1.5%~4%(33~96kg/m^3),钢纤维喷射混凝土的强度等级不应低于C25。

3)合成纤维喷射混凝土

为提高喷射混凝土的抗裂性能,可采用合成纤维喷射混凝土,合成纤维喷射混凝土的设计强度等级不应低于C20,合成纤维掺量应根据试验确定。

2. 锚杆支护

永久支护的锚杆应为全长粘结型锚杆或预应力注浆锚杆。其他类型的锚杆不能作为永久支护,当需作永久支护时,锚孔内必须注满砂浆或树脂。部分锚杆支护及适用条件,如表7-10所示。

锚杆支护及适用条件 表7-10

锚杆支护	按材料分类	适用条件
全长粘结型锚杆	普通水泥砂浆锚杆、早强水泥砂浆锚杆、树脂锚杆、水泥卷锚杆、中空注浆锚杆、自钻式注浆锚杆等	适用于围岩变形量不大的各类地下工程的永久性系统支护
端头锚固型锚杆	机械锚固锚杆、树脂锚固锚杆、快硬水泥卷端头锚杆等	适用于裂隙性的坚硬岩体中的局部支护
摩擦型锚杆	缝管锚杆、楔管锚杆、水胀锚杆等	适用于软弱破碎、塑性流变围岩及经受爆破振动的矿山巷道工程
预应力锚杆		适用于大跨度地下工程的系统支护及局部大的不稳定块体的支护

锚杆的作用是提供有效的支护抗力，阻止不稳定岩块坠落。

(1)系统锚杆是为保证隧道围岩、洞口边坡和仰坡的稳定，而采用全开挖面布设，对围岩起整体加固作用。在Ⅲ、Ⅳ、Ⅴ、Ⅵ级围岩的条件下，系统锚杆布设规定：锚杆一般沿隧道周边径向布置，当结构面或岩层层面明显时，锚杆应与岩体主结构面或岩层层面呈大角度布置；锚杆应按矩形排列或梅花形排列；锚杆间距不得大于1.5m，间距较小时，可采用长短锚杆交错布置；为使一定深度的围岩形成承载拱，锚杆长度必须大于锚杆间距的2倍，两车道隧道系统锚杆长度一般不小于2.0m，三车道隧道系统锚杆长度一般不小于2.5m。

(2)局部锚杆的主要作用是阻止部分不稳定岩块崩落或滑移，通过锚杆将岩体锚固在稳定的岩体上。有效锚固端必须置于稳定的岩体内。局部锚杆可采用全长粘结型锚杆、端头锚固型锚杆、预应力锚杆，锚固端应置于稳定岩体内，锚杆参数应通过计算确定。

(3)软岩、收敛变形较大的围岩地段，可采用预应力锚杆。预应力锚杆是指预拉力大于200kN，长度大于8.0m的岩石锚杆，能处理深部围岩的稳定问题。与非预应力锚杆相比，预应力锚杆有突出的优点。主要能够主动对围岩提供大的支护抗力，有效抑制围岩位移，能提高软弱结构面和塌滑面处的抗剪强度；按一定规律布置的预应力锚杆群使锚固范围内的岩体形成压应力区而有利于围岩的稳定。锚杆预应力筋采用钢绞线、钢丝或精轧螺纹钢筋最为适合，主要是其抗拉强度远比Ⅱ、Ⅲ级钢筋高，可以大幅度降低锚杆的用钢量。预应力锚杆的自由段规定长度不宜小于5.0m，是为了使预应力筋在设定的张力作用下有较大的弹性伸长量，不致在锚杆使用过程中因锚头松动而引起预拉力的显著衰减。锚杆的露头应设托板，托板长、宽、厚应不小于15cm×15cm×0.6cm。预应力锚杆的锚固端必须锚固在稳定岩层内。

(4)岩体破碎、成孔困难的围岩，宜采用自进式锚杆。自进式锚杆是利用钻杆作为锚杆，钻孔过程即为锚杆打入过程，利用钻杆中孔向锚杆内注浆。

(5)自稳时间短的围岩，宜采用全粘结树脂锚杆或早强水泥砂浆锚杆。全粘结型锚杆的树脂锚固剂目前采用115松香封端不饱和聚脂树脂，树脂与填料之比一般为1:5～1:7，固化时间几十秒到几分钟，半小时强度可达28d强度的65%～96%，最终强度达60～120MPa，故能及时提供支护能力。快硬水泥卷锚固剂由硫铝酸盐水泥和双快型水泥配制而成，水泥卷内的装填密度为1.14～1.48g/cm^3，使浸水后的水灰比控制在0.34～0.35范围内，0.5～1.0h强度可达20MPa，故快硬水泥卷锚杆也有及时提供支护抗力。

(6)对于软弱破碎、塑性流变围岩，宜采用摩擦型锚杆。它是一根沿纵向开缝的钢管，当安装在比其外径小2～3mm的钻孔时，钢管受到孔壁的约束力而收缩；同时管体全长对孔壁施加弹性抗力，从而锚固其周围的岩体，能及时控制围岩变形，韧性较好。要求钢管纵向开缝宽度为13～18mm，是基于当锚杆打入比其外径小的钻孔时，开缝不会全闭合甚至重叠。在特定条件下，需要提高摩擦型锚杆的初始锚固力时，可采用带端头锚楔的缝管锚杆或楔管锚杆。

3. 钢筋网喷射混凝土

钢筋网喷射混凝土的钢筋网格应按矩形布置，钢筋间距宜为15～30cm，钢筋网的钢筋搭接长度应不小于30d（d为钢筋直径）。钢筋网应配合锚杆一起使用，钢筋网应与锚杆绑扎连接或焊接。钢筋网喷射混凝土保护层厚度应不小于2cm。

(1)单层钢筋网喷射混凝土厚度不小于8cm。

(2)双层钢筋网喷射混凝土厚度不小于15cm，两层钢筋网之间的间隔应不小于6cm。

4. 钢架支护

在围岩条件较差地段或地面沉降有严格限制时，应增设钢架支护。常用的钢架支护有钢筋格栅钢架、工字型钢钢架、U形型钢钢架和H形型钢钢架。钢架支护宜优先选用格栅钢架。钢架支护必须有足够的刚度和强度，能够承受隧道施工期间可能出现的荷载。

1)钢架制作安装

钢架支护间距宜为0.5～1.5m；采用钢架支护的地段连续使用钢架的数量不少于3榀，榀与榀之间必须用直径为18～22mm的钢筋连接，连接筋的间距不大于1m，并在钢架支护内缘、外缘交错布置；钢架应分节段制作，节段之间通过钢板用螺栓连接或焊接。钢架与围岩之间的混凝土保护层厚度不应小于40mm；临空一侧的混凝土保护层厚度不应小于20mm。

2)钢筋格栅钢架

钢筋格栅钢架，如图7-22所示。其主筋宜采用HRB335、HRB400钢，辅筋宜采用HPB235钢。

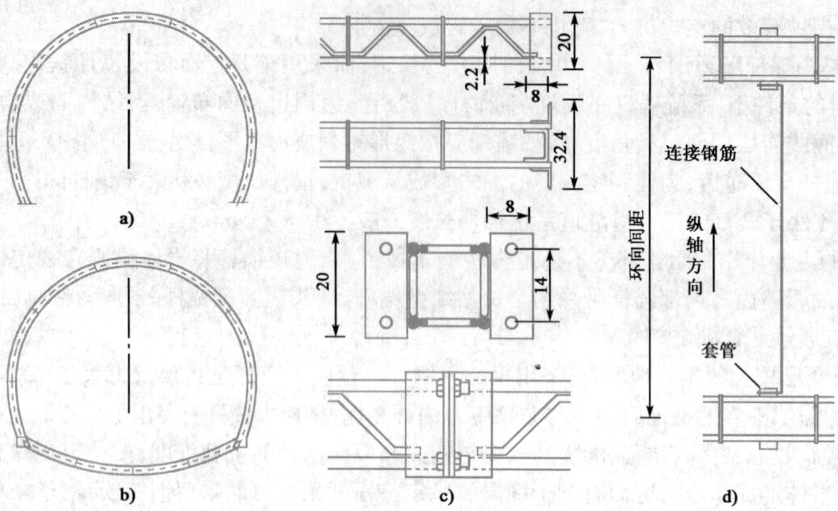

图 7-22　钢筋格栅钢架

a)无仰拱;b)有仰拱;c)角钢连接;d)纵向连接

3)工字钢钢架

工字钢钢架常采用 I12、I16、I18、I20 几种钢,其刚度较大,具有独立承载能力,可根据对刚度要求不同时选用。钢架采用冷弯机加工制作成型。如图 7-23 所示。

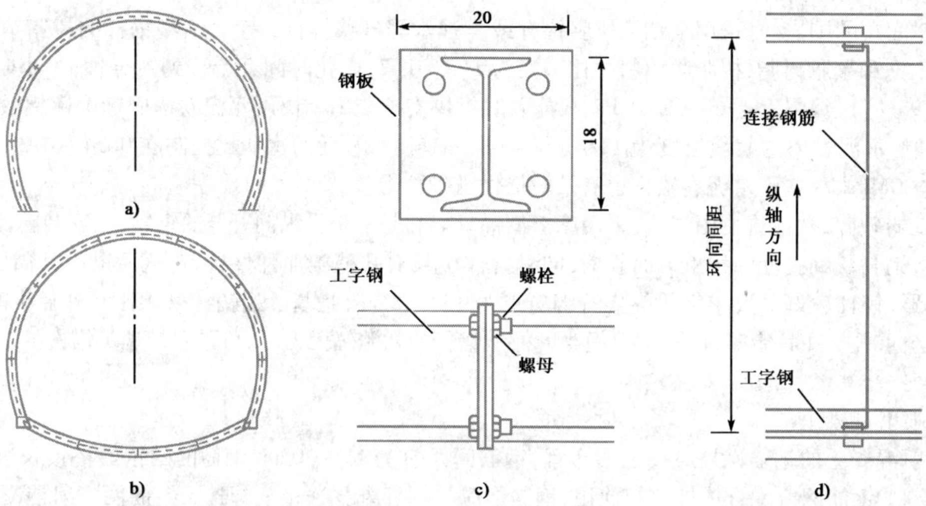

图 7-23　工字钢钢架

a)无仰拱;b)有仰拱;c)工字钢连接;d)纵向连接

7.4.3.3　整体式衬砌

整体式衬砌是一种传统的衬砌支护结构型式,截面可设计为等截面或变截面。该方法不考虑围岩的承载作用,主要通过衬砌的结构刚度抵御地层的变形,承受围岩压力。整体式衬砌采用就地整体装模浇筑混凝土,适用于不同的地质条件,易于按需成型,且适合多种施工方法,因此在我国隧道工程中仍在广泛使用。整体衬砌的形式如图 7-24所示。

图 7-24　整体式衬砌

a)直墙式;b)厚拱薄墙;c)封闭式直墙;d)封闭式曲墙

1. 衬砌截面

对于Ⅰ、Ⅱ级围岩，由于围岩基本稳定，拱部围岩荷载较小，衬砌截面可以采用等截面形式；Ⅲ级及以上围岩不稳定，拱部围岩荷载较大，采用变截面形式为宜。在Ⅰ、Ⅱ级围岩的情况墙部稳定，侧压力较小，可采用直墙式衬砌，便于施工，可减少墙部开挖量；严寒地区隧道，由于地下水随季节温度发生变化，围岩易产生冻胀压力，可能使侧墙内移或开裂；曲墙式衬砌其抗冻胀能力较强，墙部破坏的情况远小于采用直墙式衬砌的隧道，故严寒地区隧道，不论围岩等级，只要有地下水存在，衬砌形式仍应采用曲墙式衬砌。

2. 有仰拱衬砌

Ⅲ级及以上围岩，地基松软，往往侧压力较大，故宜采用曲墙带仰拱的衬砌。设置仰拱不仅是满足地基承载力的要求，更重要的是使结构及时封闭，提高结构的整体承载力和侧墙抵抗侧压力的能力，抵御结构的下沉变形，达到调整围岩和衬砌的应力状态的目的，使衬砌处于稳定状态。对设仰拱的地段，仰拱与边墙宜采用小半径曲线连接，仰拱厚度宜与边墙厚度相同。

3. 隧道沉降缝

明洞衬砌与洞内整体式衬砌交界处或不设明洞的洞口段衬砌，在距洞口 5 ~ 12m 的位置应设沉降缝；在洞内的软硬地层明显分界处宜设沉降缝；在连续Ⅴ、Ⅵ级围岩中每 30 ~ 80m 应设沉降缝；严寒与酷热温差变化较大的地区，特别是在最冷月份平均气温低于 －15℃的寒冷地区，距洞口 100 ~ 200m 范围的衬砌应根据情况增设伸缩缝。沉降缝、伸缩缝缝宽应大于2cm，缝内可夹浸沥青木板或沥青麻丝。

4. 隧道偏压

在有明显偏压的地段，应采用抗偏压衬砌，抗偏压衬砌宜采用钢筋混凝土结构；隧道横洞与主洞的交叉段、地震动峰值加速度系数大于 0.2 地区的洞口段和软弱围岩段的衬砌，宜采用钢筋混凝土结构。当采用钢筋混凝土衬砌结构时，混凝土强度等级不应小于 C25，受力主筋的净保护层厚度不小于 40mm。

7.4.3.4　复合式衬砌

复合式衬砌是由初期支护和二次衬砌及中间夹防水层组合而成的衬砌形式。公路隧道一般采用复合式衬砌结构。

1. 整体承载特点

锚喷支护与二次衬砌相互依赖共同承受围岩压力，其特点是将围岩的松动压力经锚喷支护传给稳定的基岩，使基岩、支护和衬砌三者形成一个整体的承载结构。

2. 衬砌设计规定

初期支护宜采用锚喷支护，即由喷射混凝土、锚杆、钢筋网和钢架等支护形式单独或组合使用，锚杆支护宜采用全长粘结锚杆；内层常称为二次衬砌，宜采用模筑混凝土或模筑钢筋混凝土结构，衬砌截面宜采用连接圆顺的等厚衬砌断面，仰拱厚度宜与拱墙厚度相同。

3. 衬砌设计参数

两车道衬砌设计参数，如表 7-11 所示；三车道衬砌设计参数，如表 7-12 所示。

两车道隧道复合式衬砌设计参数　　表 7-11

围岩级别	初期支护						二次衬砌厚度(cm)	
	拱部、墙部喷射混凝土厚度(cm)	锚杆(m)			钢筋网	钢架	拱、墙混凝土	仰拱混凝土
		位置	长度	间距				
Ⅰ	5	局部	2.0	—	—	—	30	—
Ⅱ	5 ~ 8	局部	2.0 ~ 2.5	—	—	—	30	—
Ⅲ	8 ~ 12	拱、墙	2.0 ~ 3.0	1.0 ~ 1.5	局部@25 × 25	—	35	—
Ⅳ	12 ~ 15	拱、墙	2.5 ~ 3.0	1.0 ~ 1.2	拱、墙@25 × 25	拱、墙	35	35
Ⅴ	15 ~ 25	拱、墙	3.0 ~ 4.0	0.8 ~ 1.2	拱、墙@20 × 20	拱、墙、仰拱	45	45
Ⅵ	通过试验、计算确定							

三车道隧道复合式衬砌设计参数　　表 7-12

围岩级别	初期支护						二次衬砌厚度(cm)	
	拱部、墙部喷射混凝土厚度(cm)	锚杆(m)			钢筋网	钢架	拱、墙混凝土	仰拱混凝土
		位置	长度	间距				
I	8	局部	2.5	—	局部	—	35	—
II	8~10	局部	2.5~3.5	—	局部	—	40	—
III	10~15	拱、墙	3.0~3.5	1.0~1.5	拱、墙@25×25	拱、墙	45	45
IV	15~20	拱、墙	3.0~4.0	0.8~1.0	拱、墙@20×20	拱、墙、仰拱	50,钢筋混凝土	50
V	20~30	拱、墙	3.5~5.0	0.5~1.0	拱、墙(双层)@20×20	拱、墙、仰拱	60,钢筋混凝土	60,钢筋混凝土
VI	通过试验、计算确定							

4. 主洞衬砌

高速公路设计速度为 100km/h 的隧道,主洞复合式衬砌结构如图 7-25 所示,紧急停车带复合式衬砌结构如图 7-26 所示。

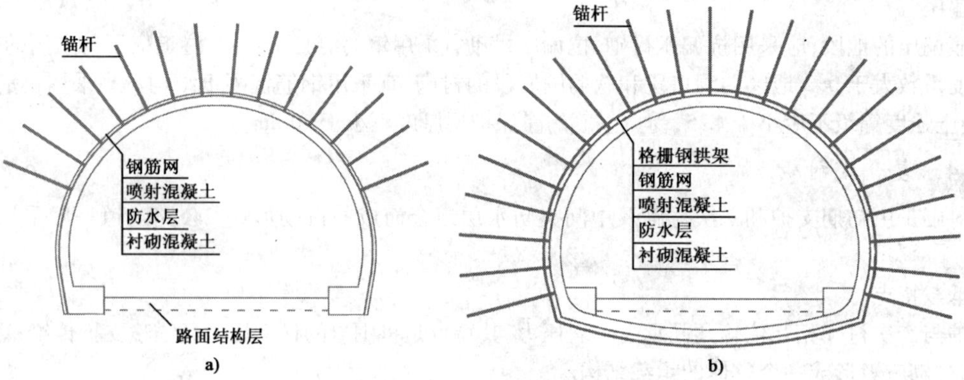

图 7-25　主洞衬砌结构

a)无仰拱;b)有仰拱

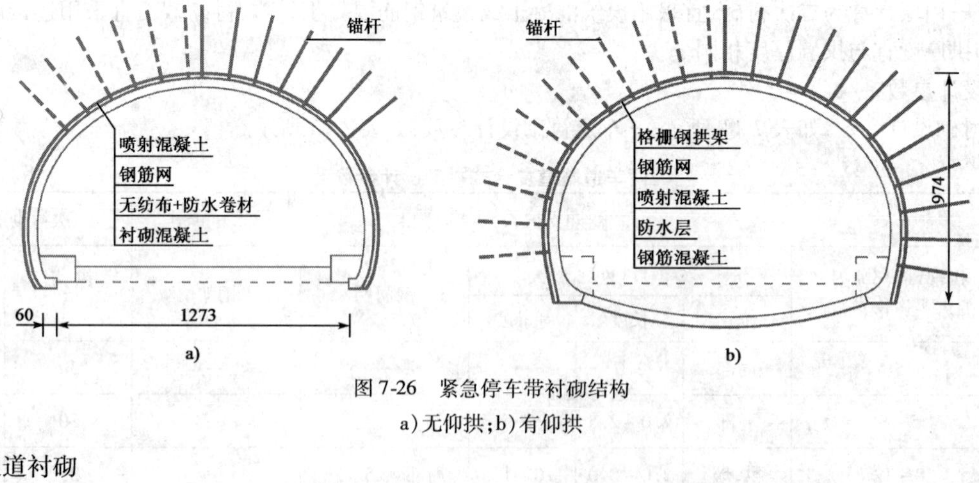

图 7-26　紧急停车带衬砌结构

a)无仰拱;b)有仰拱

5. 横通道衬砌

主洞上车行横通道纵断面如图 7-27 所示,车行横通道复合式衬砌结构如图 7-28 所示。人行横通道纵断面如图 7-29 所示,人行横通道复合式衬砌结构如图 7-30 所示。

6. 加强衬砌

隧道工程在洞口段、围岩较差地段、横通道与主洞交叉段等情况,需要考虑增加隧道衬砌厚度,具体如表 7-13 和图 7-31 所示。

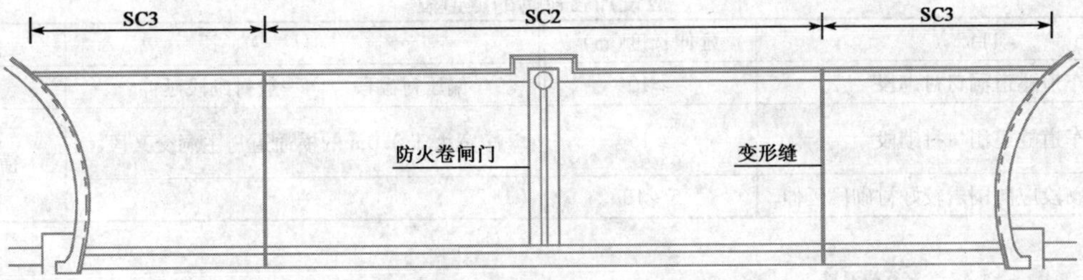

图 7-27 车行横通道纵断面

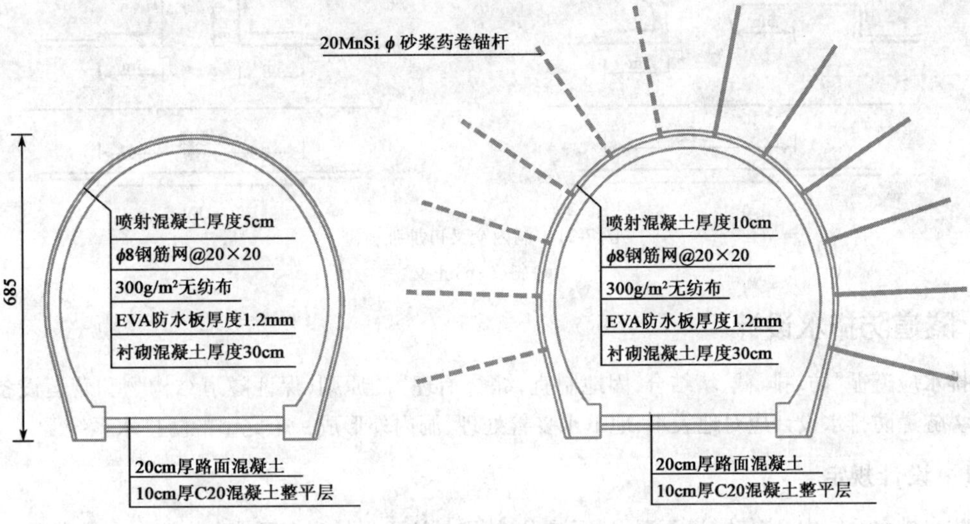

图 7-28 车行横通道衬砌结构

a) Ⅱ 级围岩；b) Ⅲ 级围岩

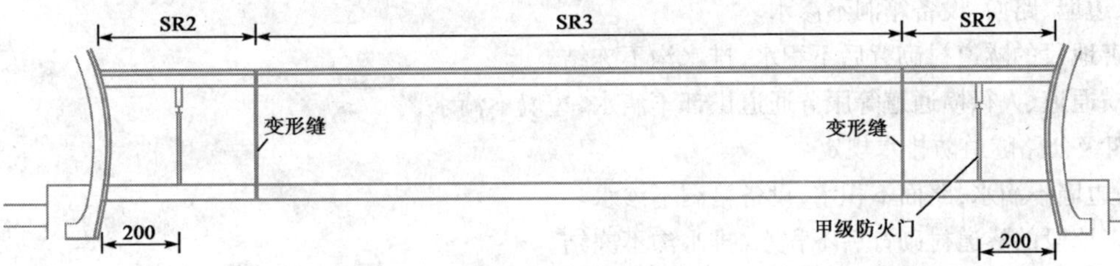

图 7-29 人行横通道纵断面

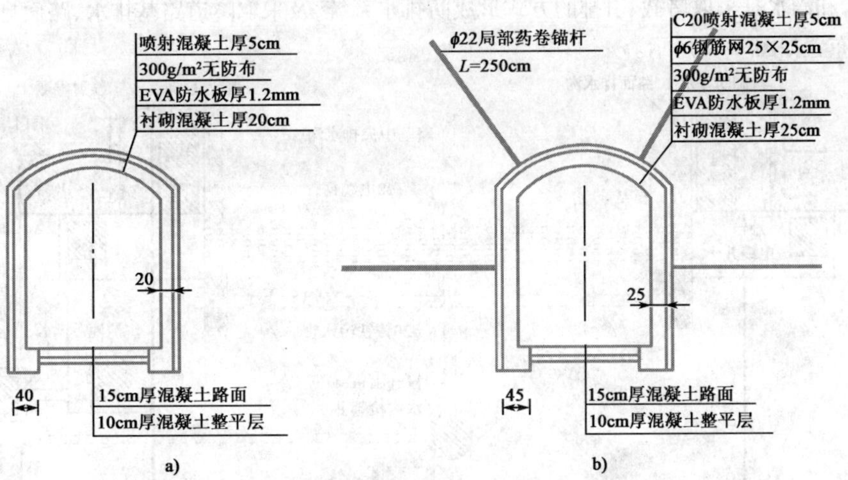

图 7-30 人行横通道衬砌结构

a) Ⅱ 级围岩；b) Ⅲ 级围岩

应设加强衬砌的隧道段　表 7-13

项目	延伸长度(m)	项目	延伸长度(m)
两车道隧道洞口衬砌段	≥10	偏压衬砌段应向一般衬砌段延伸	≥10
三车道隧道洞口衬砌段	≥15	净宽大于 3.0m 的横通道与主洞交叉段	主洞≥5 横通道≥3m
围岩较差衬砌段应向围岩较好衬砌段延伸	5~10	—	—

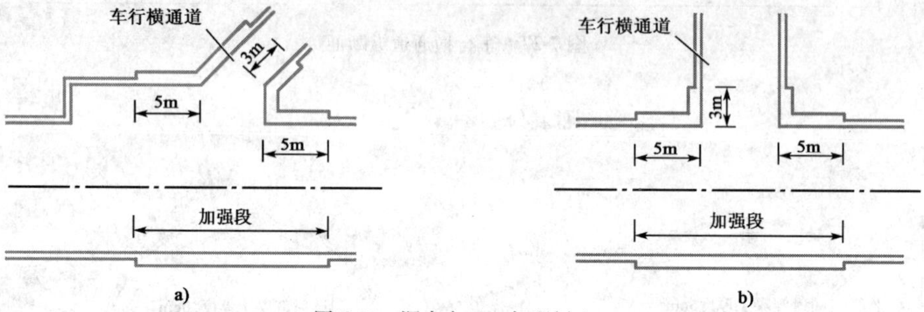

图 7-31　洞内交叉口加强衬砌

a) 斜交; b) 正交

7.5 隧道防排水设计

隧道防排水应遵循“防、排、截、堵结合,因地制宜,综合治理”的原则,保证隧道结构物和营运设备的正常使用和行车安全。隧道防排水设计应对地表水、地下水妥善处理,洞内外形成一个完整的防排水系统。

7.5.1 设计规定

在隧道防水排水系统中,应使隧道不灌水、不漏水,特别是注重保护生态环境和农田水利排灌系统的完好无损。当隧道内渗漏水引起地表水减少,影响居民的生产、生活用水时,应对围岩采取堵水措施,减少地下水的渗透。

1. 高速公路、一级公路、二级公路隧道防排水规定

(1) 拱部、边墙、路面、设备箱洞不渗水。

(2) 有冻害地段的隧道衬砌背后不积水,排水沟不冻结。

(3) 车行横通道、人行横通道等服务通道拱部不滴水,边墙不淌水,

2. 三级、四级公路隧道防排水规定

(1) 拱部、边墙不滴水,路面不积水,设备箱洞不渗水。

(2) 有冻害地段的隧道衬砌背后不积水,排水沟不冻结。

3. 隧道排水的三项措施

隧道围岩渗水和滴水是采取堵截、引排的方式形成防排水系统,及采取隧道路基排水、路面排水、洞口排水为主的三项措施,整体布置如图 7-32 所示。

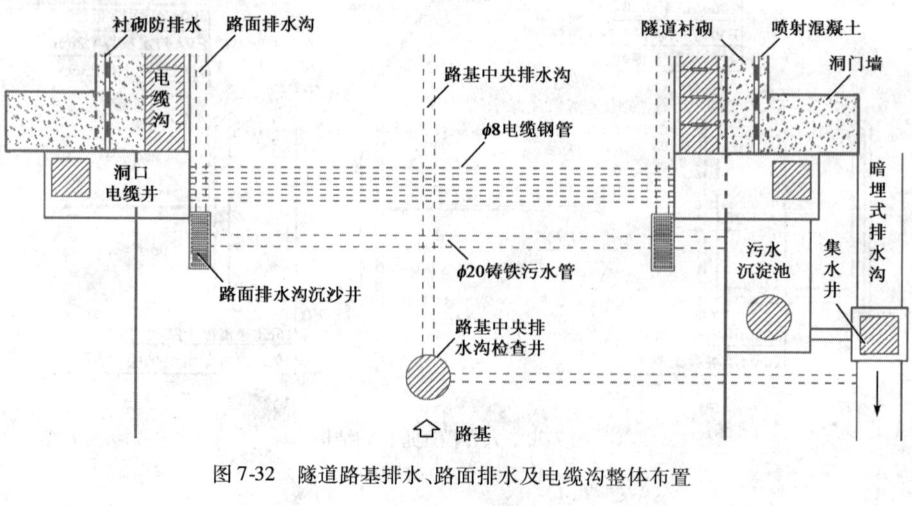

图 7-32　隧道路基排水、路面排水及电缆沟整体布置

7.5.2 地表水处理

隧道地表沟谷、坑洼积水、渗水对隧道有影响时，宜采用疏导、勾补、铺砌和填平等处治措施；废弃的坑穴、钻孔等应填实封闭；隧道附近的水库、池沼、溪流、井泉水、地下水有可能渗入隧道时，应采取防止或减少其下渗的处理措施。

7.5.3 隧道堵漏排水

1. 隧道围岩堵漏

初期支护的裂隙水和渗涌水，一般采用Ω形弹簧排水管接引排出，如图7-33所示。也可采用向围岩体内压注水泥浆或化学浆液，堵塞裂隙水和渗、涌水孔。

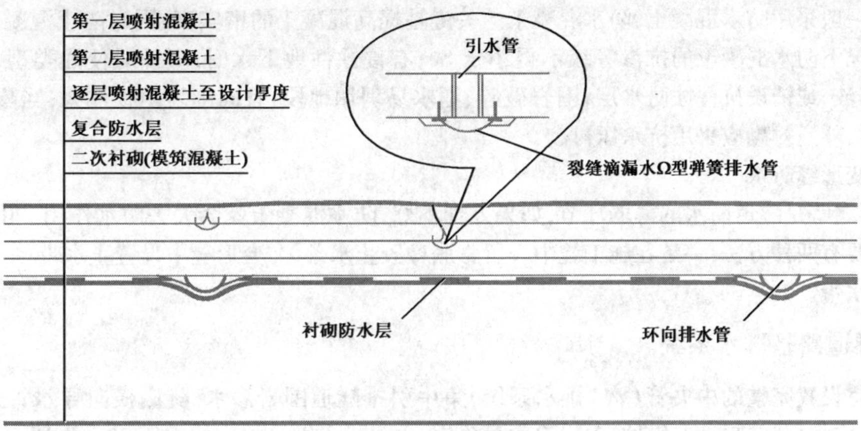

图7-33　衬砌防排水

2. 环向排水管

环向排水管将隧道围岩渗漏的水排出。环向排水管接隧道墙踵纵向排水盲管，纵向排水盲管其孔径不应小于8cm。纵向排水盲管接隧底横向导水管，横向导水管直径不宜小于10cm，横向坡度不应小于2%，纵向间距应根据围岩渗水量确定，一般按30～50m设置。隧道环向排水管、纵向排水盲管及横向导水管排水示意，如图7-34所示。

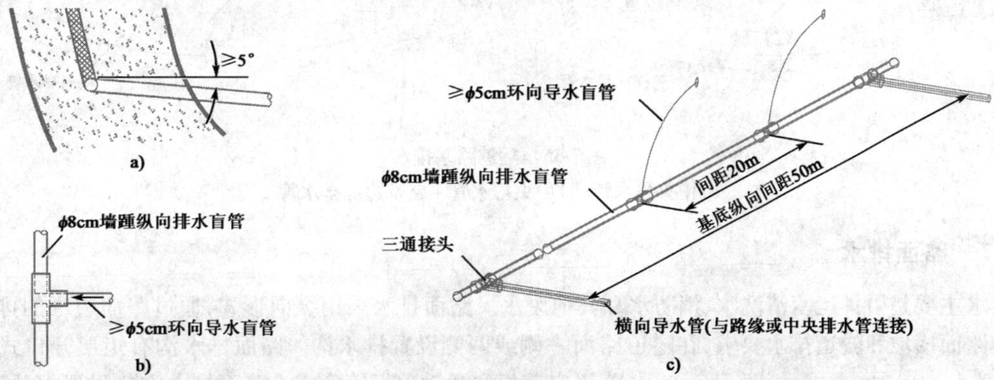

图7-34　隧道环向排水管、纵向排水盲管及横向导水管排水示意

a)墙踵剖面；b)纵向与环向水管连接；c)三管连接

7.5.4 衬砌防水层

设置防水板是保证隧道防水功能的重要措施。采用复合式衬砌时，应在初期支护与二次衬砌之间设置防水板和无纺布。

1. 防水板

防水板应采用易于焊接的防水卷材，且要求有耐久性、耐水性、耐腐蚀性和耐菌性，每幅宽2～4m，厚度不小于1mm，接缝搭接长度不小于10cm。

2. 无纺布

无纺布采用密度不小于300g/m^2。

3. 喷膜

喷膜防水是隧道防水新技术,它是以丙稀酸盐水溶液为主要成分,加入氧化剂和还原剂制作而成,两种溶液在喷嘴内混合后,用喷射方法在喷射混凝土面上形成具有防水与隔水功能的薄膜。

7.5.5 衬砌自防水

隧道二次衬砌应满足抗渗要求。混凝土的抗渗等级,有冻害地段及最冷月份平均气温低于 -15℃的地区不低于S8,其余地区不低于S6。隧道二次衬砌的施工缝、沉降缝、伸缩缝应采取可靠的防水措施。隧道衬砌自防水包括两个方面:一是采用防水混凝土,二是处理好各种施工缝、变形缝等防水。

1. 衬砌防水混凝土

隧道工程中一般采用防水混凝土,防水混凝土的关键是提高混凝土的密实度,同时防止混凝土开裂,特别是贯通裂缝。一般情况下防水混凝土的抗渗等级不得小于S6;有侵蚀性地下水时,应针对侵蚀类型,采用抗侵蚀混凝土,压注抗侵蚀浆液,或铺设抗侵蚀防水层;围岩破碎、涌水易坍塌地段,宜向围岩内预注浆;当隧道位于常水位以下,又不宜排泄时,隧道衬砌应采用抗水压衬砌。

2. 施工缝和变形缝防水

施工缝、变形缝等是隧道防水的薄弱环节,如果处理不好,防水混凝土就会失去防水作用。山岭隧道施工缝和变形缝的防水主要有两种方法:一是在施工缝中设置膨胀橡胶止水条,在变形缝中设置止水带;二是施工缝、变形缝均采用可排水止水带。

7.5.6 隧道路基排水系统

隧道内路基宜设置完整的中央管(沟)排水系统,集中引排隧道围岩渗水,隧底横向导水管连接中央排水管。中央排水管断面,应根据隧道长度、纵坡、围岩渗水量确定;中央排水管纵向应按间距50m设置一处沉沙井,并根据需要设检查井,其位置、构造不得影响行车安全,并应便于清理和检查。

当隧道较长,渗水量较大时,应采用分段加强排水,即隧道中部采用中央排水管排水,隧道端部采用路基边缘管排水,如图7-35所示。

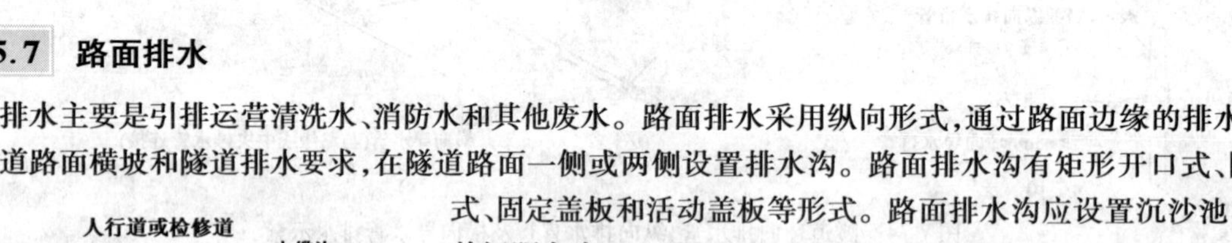

图7-35 隧道路基排水

a)中央排水管;b)中央排水管+路基边缘排水管

7.5.7 路面排水

路面排水主要是引排运营清洗水、消防水和其他废水。路面排水采用纵向形式,通过路面边缘的排水沟排水;可根据隧道路面横坡和隧道排水要求,在隧道路面一侧或两侧设置排水沟。路面排水沟有矩形开口式、圆形开口式、固定盖板和活动盖板等形式。路面排水沟应设置沉沙池、滤水篦,其间距宜为25~30m。

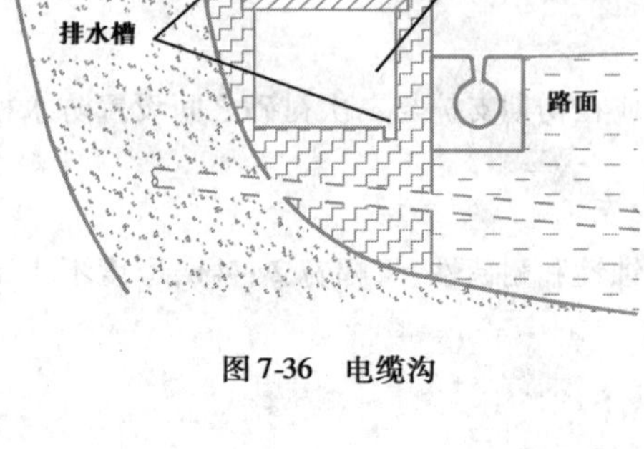

图7-36 电缆沟

7.5.8 隧道电缆沟

隧道路面两侧高出的部分,设置为检修道或人行道,即为电缆沟,道面可酌情设置0.5%~1.5%的横坡。检修道或人行道 h 高度可按20~80cm取值,是步行者的安全限界高度,也是保护隧道设备的安全限界;电缆沟的净宽×净高一般为60cm×40cm;沟盖板面内侧(靠隧道墙边)和沟内外侧设置5cm×5cm排水槽,保证人行道或检修道、电缆沟内不积水,以利清洁排水。隧道的一侧电缆沟放置强电设备,另一侧电缆沟放置弱电设备、消防管道。电缆沟如图7-36所示。

7.6 小净距隧道设计

小净距隧道设计，是指两个分离式隧道之间的中间岩柱厚度小于规定值的特殊隧道布置形式。小净距隧道宜用于洞门地形狭窄或有特殊要求的中长或短隧道，也可用于长或特长隧道洞口局部地段。小间距隧道有偏压时，应对支护参数、施工方法和顺序进行特殊设计。小净距隧道设计规定如下：

(1)应根据隧道地质条件，进出口地形条件，结合使用要求，经综合比选后确定最小净距。

(2)应优先选用复合式衬砌，支护参数应经工程类比、计算分析综合确定。

(3)设计应考虑相应的施工方法，并提出各类方法的具体要求。

(4)设计与施工应遵循“少扰动、快加固、勤量测、早封闭”的原则，并将中间岩柱的稳定与加固作为设计与施工的重点。

(5)小净距隧道监控量测应根据不同围岩级别制订量测计划。应把中间岩柱稳定、浅埋段地表沉降和爆破振动对相邻洞室的影响作为监控量测的重要内容。

(6)在地震动峰值加速度大于 0.15 的地区选用小净距隧道时，宜进行抗震强度和稳定性验算。

为确保小净距隧道的安全，应对相邻双洞最大临界震动速度按净距、围岩级别、支护实施阶段分别进行控制，最大临界震动速度可通过试验确定，无资料时可参照《爆破安全规程》(GB 6722—2003)取值。

7.7 连拱隧道设计

连拱隧道有偏压时，应对支护参数、施工方法和顺序进行特殊设计。连拱隧道是指两洞拱部衬砌结构通过中柱相连接的隧道结构，是在桥隧相连、隧道相连，地形条件受到限制的特殊地段上采用。按连拱隧道中墙结构形式不同，可分为整体式中墙、复合式中墙，厚度如表 7-14 表示。在有条件加大中墙厚度的地段宜选用复合式中墙连拱隧道形式。

连拱隧道中墙厚度　　表 7-14

车道数	整体式中墙	复合式中墙
两车道隧道	≥1.4m	≥2.0m
三车道隧道	≥1.6m	≥2.2m

连拱隧道设计必须结合洞外接线、地形、地质和施工条件进行。为确保连拱隧道施工安全，应对相邻洞室的最大临界振动速度进行控制，一般不宜大于 15m/s。

(1)隧道暗挖段应优先采用复合式衬砌，支护参数可采用工程类比或计算分析确定。

(2)中墙设计应在满足结构设计与施工安全的前提下，综合考虑洞外接线要求、防排水系统的可靠性等因素。

(3)两车道连拱隧道设计为整体式中墙时，中墙厚度不宜小于 1.4m；设计为复合式中墙时，中墙厚度不宜小于 2.0m。三车道连拱隧道设计为整体式中墙时，中墙厚度不宜小于 1.6m；设计为复合式中墙时，中墙厚度不宜小于 2.2m。

(4)整体式中墙的连拱隧道应注意纵向施工缝的预留位置、施工缝止水方式、中墙纵横向排水管与防水层的布置，避免施工缝渗漏水、防水层顶破和排水管堵塞。复合式中墙的连拱隧道防排水设计与独立双洞隧道基本相同。

(5)连拱隧道应根据结构需要设置变形缝，双洞变形缝应在同一位置设置，并应注意隧道纵向荷载对结构的影响。

(6)连拱隧道监控量测可参照《公路隧道施工技术规范》(JTJ F60—2009)的相应要求进行，并应以拱部垂直位移、中墙以上的拱部水平位移为重点。

(7)连拱隧道设计应考虑相应的施工方法，并提出各类方法的具体要求，辅助施工措施应作专项设计。

(8)采用导洞施工时，应对导洞围岩情况认真观察记录，并及时反馈信息，根据围岩变化情况和监控量测资料及时调整设计与施工方案。导洞宽度宜大于 4m。

(9)设计中应采取有效辅助措施，防止施工中拱部推力不平衡对中墙结构造成危害。

(10)在地震动峰值加速度大于 0.15 的地区，连拱隧道应进行抗震强度和稳定性验算。

7.8 辅助坑道设计

选设辅助通道，隧道长度是基本条件。当隧道长度大于 3000m 时，为增辟开挖面，结合营运通风和救灾要求等,需要设置辅助通道。为满足营运通风、救灾要求而设置的营运辅助通道有竖井、斜井、平行导坑、横通道、风道、地下风机房等;为增加施工开挖面而设置的施工辅助通道有竖井、斜井、平行导坑、横洞等,施工辅助通道可用作营运辅助通道。

7.8.1 设计规定

辅助坑道设计应根据隧道长度、施工期限、地形、地质、水文等条件,结合通风、救灾、排水及弃渣的需要,通过技术经济比较,合理选设竖井、斜井、平行导坑、横洞及风道。

1. 营运辅助通道

营运辅助通道的断面尺寸应根据通风需要、管路布置和逃生救灾要求确定;施工辅助通道的断面尺寸,应根据施工要求、地质条件、支护类型、设备技术条件及工作环境要求等因素确定。营运辅助通道一般应设模筑衬砌,并要求内壁面平滑;施工辅助通道根据情况可采用锚喷衬砌。辅助通道岔洞和正洞联结处应作加强设计。

2. 施工辅助通道

施工辅助通道在隧道主体工程竣工后不予利用时,在保证隧道安全的条件下应作以下处理:

(1)整理排水系统,使其畅通。

(2)加强洞(井)口、软弱围岩段及辅助通道与正洞连接段的衬砌。

(3)封闭洞(井)口时应设置安全检查设施。

3. 位置和施工场地选择

辅助通道的洞口位置选择、施工场地布置及弃渣处理等,应注意环境保护、少占耕地,防止弃渣堵塞河道、沟渠、道路交通,并应减少由于辅助通道的修建对农田、水利设施和生活用水的影响。应根据地下水水量和施工组织安排,选择竖井、斜井井底的排水方式和相应的设施。应根据运量要求、提升方式、运输设备等因素,合理布置竖井及斜井井底的场地。

7.8.2 竖井

营运通风的竖井,其主要适用于特长隧道分段纵向机械通风;增加施工开挖面的竖井,主要用于长、特长隧道,地质条件较好、不适合设置横洞、斜井条件,以及洞顶局部地段覆盖较薄的地方采用。如图 7-37 所示。通常竖井都设在主洞的一侧。竖井横断面有矩形和圆形,由井颈、井身、井窝和马头门组成。竖井平面位置的选择应综合考虑施工与营运的需要;其断面宜采用圆形,井筒内应设置安全梯;井口位置的高程应高出洪水频率为 1/100 的水位至少 0.5m。竖井必须设有安全设施,并采取相关安全措施。

竖井井口应设置混凝土或钢筋混凝土井颈,马头门应作模筑混凝土衬砌;井口段、地质条件较差的井身及马头门的上方宜设壁座,其形式、间距可根据地质条件、施工方法及衬砌类型确定。

7.8.3 斜井

营运通风的斜井,其适用于特长隧道分段纵向机械通风;增加施工开挖面的斜井,其主要适用于长、特长隧道、地质条件较好、埋置不深的地方,或虽埋置深但隧道适宜位置外傍有低洼地形时采用。如图 7-38 所示。为使机具材料运输与人员上下互不干扰,可按主斜井、副斜井分建。斜井底部设停车场,提升设备应有可靠的安全装置。井口位置的高程应高出洪水频率为 1/100 的水位至少 0.5m;斜井的提升方式应根据提升量、斜井长度及井口情况选择;在满足施工与营运要求的前提下,其与隧道中线连接处的平面交角,应尽可能取得最大;井身纵坡面不宜变坡,井口和井底变坡点应设置半径为 12~20m 的竖曲线;斜井必须设置宽度不小于 0.75m 的人行道,倾角大于 15°时应设台阶。

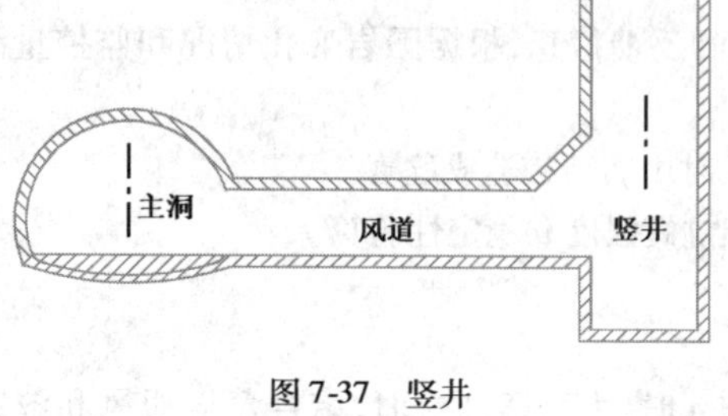

图 7-37 竖井

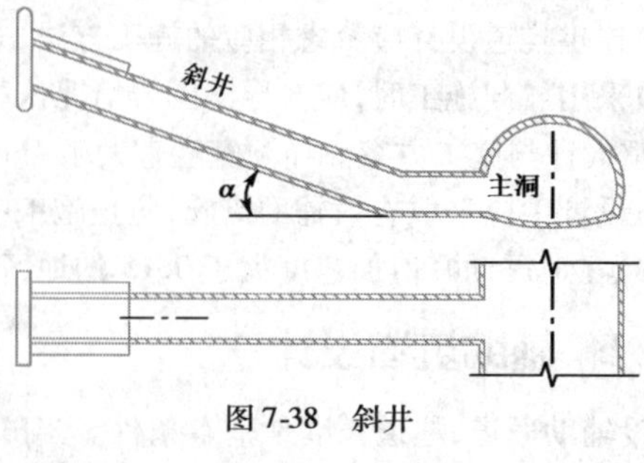

图 7-38 斜井

各种提升方式的斜井倾角规定如下：箕斗提升时不大于35°；串车提升时不大于25°；胶带输送机提升时不大于15°；无轨运输时不大于12°。斜井必须有相应的安全措施，并在适当位置设挡车设备，严防溜车。倾角在15°以上的斜井应有轨道防护措施。

7.8.4 平行导坑

长度在3000m以上或有特殊需要的隧道，可采用平行导坑。平行导坑是在主隧道较长且覆盖层较厚，不宜采用其他形式辅助坑道时采用。尤其是在远期规划，需要增设第二线平行隧道时可以改建。当平行导坑用作营运避难、救援通道时，其适用于中、长、特长隧道、分离式双洞单向行车或隧道与平行导坑之间的连接；当其用作增加施工开挖面时，适用于长、特长深埋隧道，但此时不宜采用其他辅助通道；当其用作超前探测地质情况时，适用于地质情况复杂的地段；当其用作排泄通道时，适用于有大量地下水或瓦斯的地段。平行导坑宜设在地下水补给源一侧，坑底高程宜低于隧道底面高程0.2～0.6m，其与隧道的净距应根据地质条件、施工方法等因素确定。平行导坑应先于主洞开工，根据工期和施工方法确定由平行导坑开向主洞的横洞数量。平行导坑在施工期间作为增加工作面的进出口和施工通风道，在涌水量大的主隧道运营期间，可作为排水通道起排水作用。平行导坑如图7-39所示。

平行导坑应设置水沟，其过水断面、沟底坡度等应根据排水需要和正洞排水统一考虑。

7.8.5 横洞

傍山、沿河隧道需设置辅助通道时应考虑采用横洞，其位置应考虑施工需要，并应设向横洞外不小于0.3%的下坡，以利排水。如图7-40横洞与主洞的间距，应根据施工需要和工程进度确定，不宜小于120m。

图7-39 平行导坑

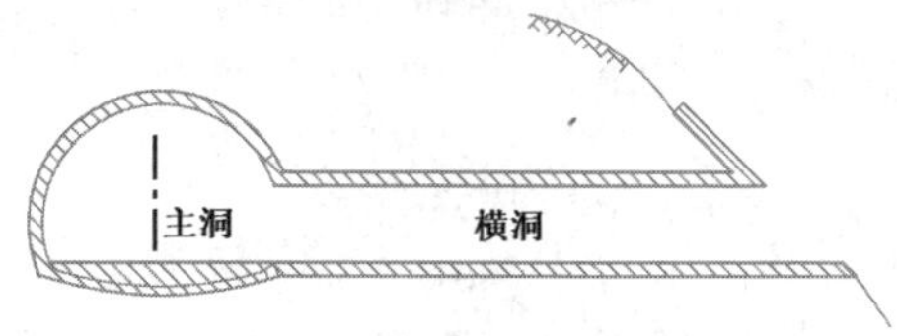

图7-40 横洞

当横洞用作增加施工开挖面，其适用于傍山、沿河地段，桥隧相连施工干扰大或进出口场地狭窄地段，地质不良，进洞困难地段。

当横洞用于营运避难、救援通道时，主要适用于中、长、特长隧道、分离式双洞单向行车或隧道与平行导坑之间的连接地段；当横洞用于增加施工开挖面，以便于施工通风、运输时，其适用于平行导坑与隧道的联络、分离式双洞的联络。

7.8.6 横通道

营运横通道的设置间距和断面建筑限界应符合以下规定：人行横通道的设置间距可取250m，并不大于500m；车行横通道的设置间距可取750m，并不得大于1000m；长1000～1500m的隧道宜设1处，中、短隧道可不设。施工用横通道的间距应根据施工需要和工程进度确定，不宜小于120m。

横通道的位置，在原则上满足以上条件下应尽量避免断层、破碎带等不良地质地段。

7.8.7 风道

辅助通道的风道在弯曲、变径、分叉等断面变化处应采取曲线连接，平顺过渡，内壁面应平滑，以减小摩擦力；送风机前后附近的风道内不得产生偏流、回流及涡流等，当弯道为90°时，应在转角处设置导流叶片；在风道吸入口应设置网状门，防止异物吸入。风道内必须采用排水措施，严禁渗漏水；风道隔板必须密封并具耐久性，不得漏风；当隧道照明设施和应急设施的管线和器械设置风道内时，应在合适的位置设置检修进出口、楼梯和照明灯具。

7.8.8 地下风机房

当辅助通道地下风机房、风道用于营运通风放置风机及机电设备时，其适用于特长隧道、地质条件较好地段、设置竖井或斜井与隧道通风的连接、风机与隧道连接。

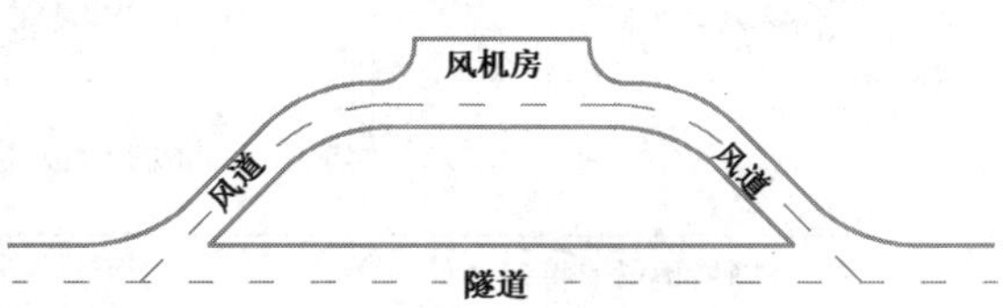

图7-41 地下风机房

地下机房宜靠近隧道布置，如图7-41所示。地下风机房空间应能布置轴流风机、电气设备、控制设备和其他辅助机电设施,并有大型设备搬运通道和工作通道等。当风机分期安装时应考虑预留空间和连接装置。地下机房应采取严格的防排水措施,严禁渗漏水。其与风道的连接处,周壁必须密封,严禁漏风。地下机房应根据洞室规模和设备安装要求作特殊设计。

风机房内的连接风道,应充分考虑风量控制、应急时的风机运转等因素,确定合理的风道形状及切换方法。应防止风道内和风道口结冰。

7.8.9 辅助通道衬砌

营运辅助通道一般需要模筑衬砌,施工辅助通道根据情况吸引可采用锚喷衬砌。竖井衬砌参数如表7-15所示。斜井、平行导坑、横洞及风道衬砌参数如表7-16所示。

竖井衬砌参数　　表7-15

围岩级别	锚喷衬砌		混凝土衬砌	复合衬砌		
				初期支护		二次衬砌
	$D<5$m	5m≤D≤7m		$D<5$m	5m≤D≤7m	
I	喷混凝土厚10cm	喷混凝土厚10~15cm,必要时局部设锚杆	模筑混凝土或钢筋混凝土厚30cm,砌体厚40cm	—	—	—
II	喷混凝土厚10~15cm,锚杆长1.5~2m,间距1~1.5m	喷混凝土厚15~20cm,锚杆长2~2.5m,间距1m,配钢筋网,必要时加钢圈梁	模筑混凝土或钢筋混凝土厚30cm,砌体厚50cm	—	—	—
III	喷混凝土厚15~20cm,锚杆长2~2.5m,间距1m,配钢筋网,必要时设钢圈梁	喷混凝土厚20cm,锚杆长2.5~3m,间距1m,配钢筋网,加钢圈梁	混凝土或钢筋混凝土厚40cm,砌体厚60cm	喷混凝土厚5~10cm,锚杆长1.5~2m,间距1m,必要时配钢筋网	喷混凝土厚10~15cm,锚杆长2~2.5,间距1m,必要时局部配钢筋网	30cm
IV	—	—	混凝土或钢筋厚50cm,砌体厚70cm	喷混凝土厚10~15cm,锚杆长2~2.5cm,间距1m,必要时配钢筋网	喷混凝土厚15~20cm,锚杆长2.5~3m,间距0.75~1m,配钢筋网	40cm
V	—	—	混凝土或钢筋混凝土厚60cm,砌体厚80cm	喷混凝土厚15~20cm,锚杆长2.5~3m,间距0.75~1m,配钢筋网,必要时配钢圈梁	喷混凝土厚20~25cm,锚杆长3~3.5m,间距0.5~0.7m,配钢筋网,必要时配钢圈梁	50cm

注:1. VI级围岩地段应采用特殊支护措施;

2. D为竖井直径。直径大于7m的竖井应作专项设计。

斜井、平行导坑、横通道及风道衬砌参数　　表7-16

围岩级别	锚喷衬砌	模筑混凝土衬砌	复合衬砌	
			初期支护	二次衬砌
I	5cm	20cm	不支护,局部喷混凝土或水泥砂浆护面	20cm
II	5cm	20cm	局部喷射混凝土,厚度5cm	20cm
III	10cm,局部锚杆长2~2.5m	25~30cm	喷混凝土厚5~8cm,局部设锚杆,长2m	20cm
IV	—	35~40cm	喷混凝土厚8~10cm,拱部设锚杆,长2~2.5m,间距1~1.2m,必要时拱部设钢筋网	25~30cm
V	—	45~50cm必要时设仰拱	喷混凝土厚10~15cm,设系统锚杆,长2.5~3m,间距1m,设钢筋网	35~40cm必要时设仰拱

注:1. VI级围岩地段应特殊设计;

2. 锚喷衬砌仅适用于地下水不发育、无侵蚀性并能保证光面爆破效果的I~III级围岩地段;

3. 适用于通道宽度不大于5m,当通道宽度大于5m时另行设计。

7.9 辅助工程措施

当隧道通过浅埋、严重偏压、岩溶流泥地段、砂土层、砂卵(砾)石层、回填土、自稳性差的软弱破碎地层、断层破碎带以及大面积淋水或涌水地段时,应采取必要的辅助工程措施。辅助工程措施主要有管棚、超前导管、超前钻孔注浆、超前锚杆、地表砂浆锚杆、地表注浆加固、护拱、井点降水、深井排水等。其中可分为地层稳定措施和涌水处理措施。

7.9.1 地层稳定措施

1. 管棚支护

管棚的形状和导管的布置方式是根据隧道开挖面的形状确定,一般先在隧道衬砌外环向现浇混凝土套拱,再在套拱上安装套管;在定位的套管位置钻孔,安装导管,并注浆。导管(又称钢花管)环向间距应根据地层性质、地层压力、导管设置部位、钻孔机具和隧道开挖方式等条件确定,间距一般为 30 ~ 50cm,两组管棚间纵向应有不小于 3.0m的水平搭接长度。导管宜选用热轧无缝钢管,其外径宜为 80 ~ 180mm,长度宜为 10 ~ 45m,分段长 4 ~ 6m。导管上注浆孔孔径宜为 10 ~ 16mm,呈梅花形布置,间距宜为 15 ~ 20cm。当需增加管棚钢架支护的刚度时,可在钢管内注入水泥砂浆。在护拱上沿隧道开挖轮廓纵向钻设的管棚不得侵入隧道开挖轮廓线,孔深设计宜为 10 ~ 45m,且护拱的基础应放在稳定的基础上。管棚支护如图 7-42 所示。

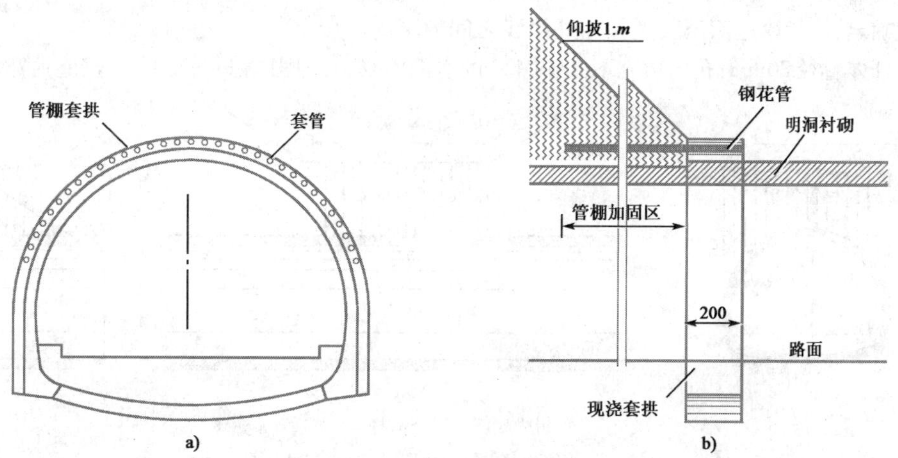

图 7-42　管棚支护

2. 超前小导管支护

小导管环向间距一般为 20 ~ 50cm,斜插角 10° ~ 30°,两组小导管间纵向应有不小于 1.0m 的水平搭接长度。小导管宜采用直径 42 ~ 50mm 的无缝钢管,长度 3 ~ 5m。注浆孔孔径 6 ~ 8mm,呈梅花形布置,间距 10 ~ 20cm,尾部长度不宜小于 30cm;小导管应与格栅钢架组成支护系统,如图 7-43 所示。

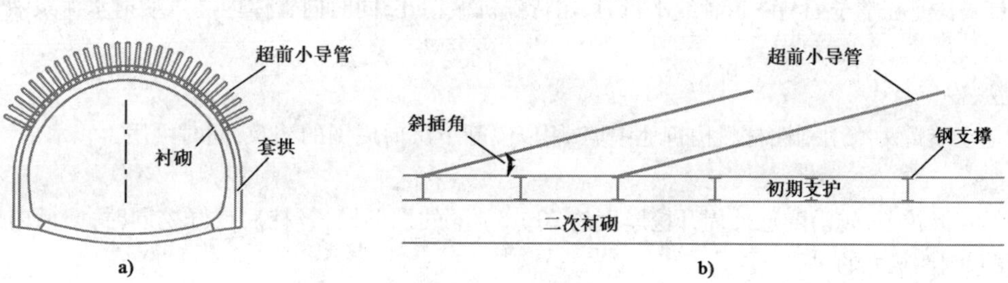

图 7-43　小导管支护

3. 超前钻孔注浆

超前钻孔注浆(又称长孔注浆)是把具有充填和凝胶性能的浆液材料,通过配套的注浆机具设备压入所需加固的地层中,经过凝胶硬化作用后充填和堵塞地层中缝隙,减小注浆区地层渗水系数及隧道开挖时的渗漏水量,并能固结软弱和松散岩体,使围岩强度和自稳功能得到提高。应根据地质状况,选用合理的计算方法确定注浆范围。注浆孔应根据注浆范围、注浆长度、浆液材料、扩散半径以及工程要求等条件布置,注浆孔径应大于等于 110mm,注浆孔间距按 1.5 ~ 1.6 倍浆液扩散半径决定,一般为 2 ~ 3m。浆液扩散半径为 1 ~ 2m。注浆孔深一般为 15 ~ 30m,注浆范围为开挖轮廓线以外1~3m。注浆材料根据地质条件及涌水情况确定。

4. 超前锚杆

超前锚杆(又称斜锚杆)一般适用于浅埋松散破碎的岩层,是沿隧道纵向在拱部开挖轮廓线外一定范围内向前方倾斜一定角度,或者沿隧道横向在拱脚附近向下方倾斜一定角度的密排砂浆锚杆。前者称拱部超前锚杆,后者称为边墙超前锚杆。拱部超前锚杆设置范围宜为隧道拱部外弧全长的1/6~1/2。Ⅳ级围岩锚杆间距40~60cm,Ⅴ级围岩锚杆间距30~50cm。锚杆直径20~25mm,锚孔直径不应小于40mm,锚杆长度3~5m,两排超前锚杆间纵向应有不小于1.0m的水平搭接长度,如图7-44所示。超前锚杆外插角宜为5°~30°,充填砂浆宜采用早强砂浆,其强度等级不应低于M20。

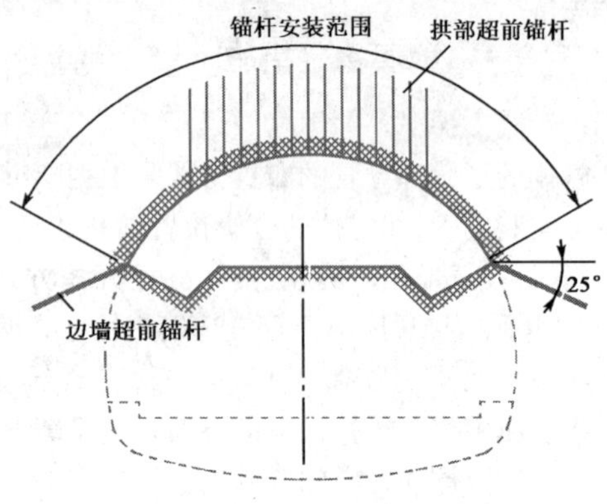

图7-44　超前锚杆支护

5. 地表砂浆锚杆

地表砂浆锚杆宜垂直地表设置,根据地形及主构造面具体情况也可倾斜设置。锚杆宜采用HRB335钢筋,直径16~22mm,由单根钢筋或多根钢筋并焊组成。地表砂浆锚杆间距一般为1.0~1.5m,呈梅花形布置(图7-45)。锚杆直径16~22mm,长度可根据隧道覆盖层厚度确定,一般取地面至隧道拱部外缘线之间的距离。锚孔直径应大于杆体直径30mm,孔内填充不低于M20的水泥砂浆,其加固宽度可按1~2倍隧道宽度。

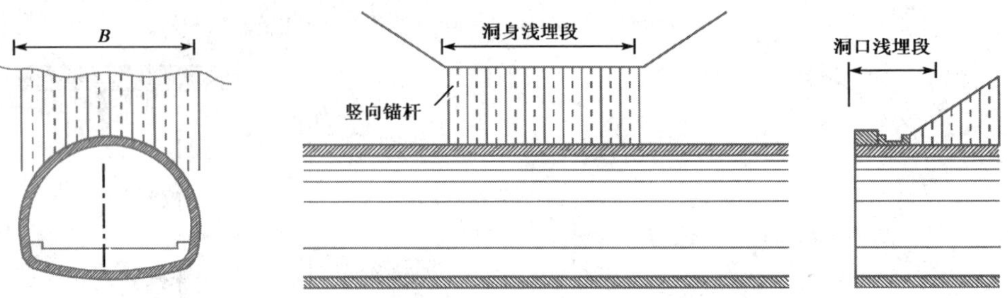

图7-45　地面锚杆

a)锚杆覆盖宽度;b)洞身浅埋段;c)洞口浅埋段

6. 地表注浆加固

地表注浆加固范围是沿隧道纵向超出不良地质地段5~10m。注浆孔竖向设置,注浆孔径不小于110mm,注浆孔呈梅花形布置,深度根据实际情况确定。注浆孔间距宜为单孔浆液扩散半径的1.4~1.7倍。

7. 水平高压旋喷法

水平高压旋喷法是在掌子面与隧道轴线平行时,用特殊机械钻孔,同时向管体内高压喷射水泥浆液,形成ϕ500~ϕ700mm的圆柱体。

8. 隔断墙法

隔断墙法是在隧道两侧用刚性材料构筑地中墙,用以隔断下沉向周围的波及,同时可用于止水。

9. 预衬砌法

预衬砌法是在开挖前,先沿隧道外周开挖厚度约20~50cm的拱形槽,开挖后或开挖同时,向槽内充填混凝土,形成一个连续的、刚性很大的拱壳。

10. 墙式遮挡法

对于浅埋隧道,且隧道上方两侧(或一侧)地表有建筑物时,可采用墙式遮挡法。

7.9.2　涌水处理措施

处理隧道涌水首先要进行详细的涌水调查,掌握地形水的动态、水量大小与动向等情况,同时综合考虑围岩条件、涌水量、埋深及周边环境条件等因素,选择既经济合理又能确保围岩稳定并保护环境的治水方案。涌水的对策大体上分为两大类,即止水方法(阻止涌水)和排水方法(排除涌水),如表7-17所示。止水措施有超前固岩预注浆堵水、小导管预注浆堵水及冻结法等,在地层稳定措施中的隔断墙法和预衬砌法也可作为止水的方法。排水方法有超前钻孔排水、辅助坑道排水等、井点降水与深井降水等。

处理涌水对策 表7-17

基本方法	划分	方法
止水	压注	超前固岩预注浆堵水、小导管预注浆堵水
	冻结	冻结法
排水方法	重力排水	超前钻孔排水、辅助坑道排水
	强制排水	井点降水、深井降水
	并用	上述方法并用
并用	上述止水方法和排水方法相结合	

1. 注浆堵水

注浆堵水的注浆范围宜覆盖围岩松动圈。注浆段的长度应根据地质条件、涌水量和水压力等因素确定，一般为30~50m之间，注浆孔中心间距应根据注浆帷幕厚度、浆液扩散半径以及各孔扩散范围相互重叠等因素确定，可为浆液扩散半径的1.5~1.7倍；浆液扩散半径根据不同地质条件、注浆压力及浆液种类等在现场试验确定，亦可按工程类比法选定，并在施工中不断修正。

隧道埋深在50m以内可用地面预注浆方法。浆液宜采用水泥浆液，或水泥水玻璃浆液。采用超前导管排水设计时，导洞应与正洞平行或接近平行，且应超前正洞10~20m，至少应超前1~2个循环进尺；导洞底高程应低于正洞底高程。

2. 超前钻孔排水

超前钻孔排水采用轻型探孔钻机或凿岩机钻孔，钻孔孔位应在水流上方；采取排水措施确保钻孔排出的水迅速排出洞外；超前钻孔底应超前开挖面的1~2个循环进尺。

3. 超前导洞排水

超前导洞排水应遵循以下原则：导洞应和正洞平行或接近平行；导洞底高程应低于正洞底高程；导洞应超前正洞10~20m，至少应超前1~2个循环进尺。

4. 冻结法止水

冻结法是在隧道开挖前，将隧道周围含水层用人工制冷方法冻结成封闭的冻结壁，以抵抗地压并隔绝地下水与隧道的联系，在冻结壁的保护下进行隧道施工的方法。该方法在山岭隧道中采用较少，但其加固围岩、止水的效果非常好，可靠性高。

5. 辅助坑道排水

辅助坑道应和主洞平行或接近平行，辅助坑道底高程应低于主洞底高程，辅助坑道应超前主洞10~20m，至少应超前1~2个循环进尺。

6. 井点降水

当降水深度为3~6m时，可采用井点降水。井点布置应根据地层的渗透系数、降水范围及降水深度等因素确定；降水深度小于5m时，可采用单排井点；滤水管应深入含水层，各滤水管高程应相同。井点间距可通过计算确定。

7. 深井降水

降水深度大于6m时，可采用深井降水。在隧道两侧表面布置井点，间距可通过计算确定，一般间距为25~35m。井底应置于隧道底部以下3~5m。深井抽水时应有相应的地面排水措施。

7.9.3 掌子面稳定措施

山岭公路隧道施工中围护掌子面的稳定是保证隧道安全的关键。目前常用的掌子面稳定措施有正面喷射混凝土、正面锚杆及留核心土法等。另外，在围护地层稳定中的管棚支护、超前小导管及超前锚杆等也可用于保证掌子面的稳定。

1. 正面喷射混凝土

正面喷射混凝土是在开挖后自稳性差的开挖面喷射3~10cm左右厚的混凝土覆盖掌子面，防止掌子面松弛，提高掌子面的稳定性。

2. 正面锚杆

正面锚杆是在掌子面有显著崩塌的情况下采用的,锚杆长2~3m,视崩坍情况而定。

3. 留核心土

留核心土是利用掌子面的空间支撑效应,稳定掌子面。

7.9.4 隧道拱脚稳定措施

隧道拱脚稳定的措施常用的有临时仰拱、底部地层注浆加固、扩大拱脚、设置锁脚锚杆、底部锚杆和钢管桩等。

1. 临时仰拱法

在台阶法中常采用临时仰拱法。

2. 底部地层注浆加固

可采用高压旋喷法加固底部地层,同水平高压旋喷桩。

3. 扩大拱脚和设置锁脚锚杆

为了控制施工中因拱脚下沉而引起围岩的沉降破坏,可设置扩大拱脚和锁脚锚杆,也可在拱脚处设置自进式锚杆。

4. 底部锚杆和底部钢管桩

为加强底部稳定,可在底部设置锚杆,或设置刚度更大的钢管桩。

7.10 特殊地质地段隧道

特殊地质地段隧道是指隧道通过膨胀性围岩区、溶洞区域、穿越采空区、流沙地段、瓦斯地层和黄土地区等。对于这些地质条件差的区域,建筑隧道时应根据不同的情况,采取必要的措施。特殊地质地段的隧道,除采用特殊设计外,还应在施工中加强围岩和地下水位变化观察、支护和衬砌受力量测,如发现设计与实际情况不符,应及时修正设计。

7.10.1 膨胀性围岩隧道

膨胀性围岩隧道支护衬砌形状宜采用圆形或接近圆形的断面。膨胀性围岩隧道应采用先柔后刚、先让后顶、分层支护的设计方法。膨胀性围岩隧道应采用复合式衬砌,初期支护喷射混凝土最大厚度不应超过25cm。二次衬砌宜采用等厚、圆顺断面,宜采用钢筋混凝土衬砌,衬砌厚度不宜大于50cm。膨胀性围岩隧道支护衬砌均应设置仰拱。

当膨胀压力引起大变形时,初期支护宜采用预留纵向变形缝的喷混凝土支护并采用可缩式钢架,同时加密高强度锚杆,以抵御膨胀压力。膨胀性围岩隧道仰拱应及时施作,使支护衬砌尽早形成闭合结构,以增加衬砌的整体承载能力,控制边墙变形,防止底鼓现象。膨胀性围岩隧道必须做好隧底的防水排水工作,防止水流浸泡基底。

7.10.2 溶洞区域隧道

通过岩溶地区的隧道,可采用跨越、加固洞穴、引排截流岩溶水、清除或加固充填物、回填夯实、封闭地表塌陷、疏排地表水等综合治理设计方案。

对于规模较大溶洞、或暗河通道、或有松软充填物的溶洞、或基础处理工程修建困难的地段,应采用跨越通过。对跨径较小、无水的溶洞,可根据其与隧道相交的位置及充填情况,采用混凝土、浆砌片石予以回填封闭。

当隧道拱顶有较大规模溶洞时,可视溶洞洞壁的岩石稳定程度,在溶洞顶部采用锚喷加固,并采用隧道护拱及拱顶回填的办法处治。当个别溶洞处理困难时,可采取迂回导坑绕过溶洞施工的方法。对于隧道底部溶洞充填物,应根据具体情况采取桩基、注浆、换填等措施进行加固。对管道岩溶水应采取宜疏不宜堵的原则处理。对裂隙岩溶水应根据实际情况采用相应的处治措施。

7.10.3 穿越采空区隧道

对穿越采空区的隧道,应根据采空区的分布范围、大小、深度、积水及其上覆岩层稳定情况,采取加固、回填、封闭地表塌陷、疏排水等综合处治措施。

7.10.4 通过流沙地段隧道

对穿越流沙地段的隧道,应根据流沙特性、规模,综合考虑物质组成、贯入度、相对密度、粒径分布、塑性指数、地层承载力、滞水层分布、地下水压力和渗透系数等因素设计。

通过流沙地段隧道应加强防排水工程,必要时可采取井点降水法。衬砌可采用工字型钢支撑,并设置底梁,钢支撑的上下、纵横均应连接牢固。对于流沙溢出口附近较干燥的围岩,应采用锚杆或混凝土层加固。

7.10.5 通过瓦斯地层隧道

通过瓦斯地层的隧道断面宜采用带仰拱封闭式衬砌或加厚铺底,长度视地质情况向不含瓦斯地段延伸 10 ~ 20m。含瓦斯地层隧道应采用单层或多层全封闭结构,并提高混凝土的抗渗性。含瓦斯地层的喷射混凝土厚度不应小于 15cm,混凝土二次衬砌厚度不应小于 40cm。瓦斯地层宜采用超前导坑法开挖,探查瓦斯种类和含量,并加强施工通风,以稀释瓦斯浓度。隧道竣工后,应继续对瓦斯渗入及含量进行监测,当封堵等措施仍无法隔绝瓦斯渗漏时,应考虑增设营运的机械通风。

通过瓦斯地层的隧道,钻爆设计应遵循《公路隧道施工技术规范》(JTG F60—2009)的相关规定。

7.10.6 黄土地区隧道

黄土地区的隧道,应视黄土分类、物理力学性能和施工方法等确定衬砌结构。黄土地区隧道应采用曲墙衬砌,在因构造节理切割而形成的不稳定部位应加强支护。采用复合式衬砌时,开挖后宜以钢支撑、钢筋网喷射混凝土和锚杆作初期支护,必要时宜采用超前锚杆、管棚加固。位于隧道附近地表的冲沟、陷穴及裂缝,应回填、铺砌,并设置地表水的引排设施。黄土隧道洞门设计应遵循下列原则:

(1)非湿陷性黄土地基上的隧道洞门设计应考虑地表水冲刷防护。

(2)湿陷性黄土地基上的隧道洞门,应根据黄土的物理力学性质,对端墙、翼墙地基采取适当的换填夯实措施。

(3)黄土隧道洞门墙背上的压力可按库仑理论计算,同时应考虑土壤黏聚力的作用。

7.10.7 岩爆地段隧道

岩爆地段的隧道设计应根据岩爆烈度等级采用有效地防治措施。岩爆地段隧道初期支护可采用喷射混凝土、系统锚杆和钢筋网,形成喷、锚、网的一体组合支护;岩爆烈度级别较高时,可以采取超前应力释放措施,并辅以超前锚杆、增设格栅钢架支撑等措施。

7.11 隧道路面设计

隧道路基应稳定、密实、匀质,为路面结构提供均匀的支承。隧道路面应具有足够的强度、平整、耐久、抗滑及耐磨等性能。隧道路面一般采用普通混凝土、连续配筋混凝土和钢纤维混凝土结构。

7.11.1 仰拱填充

当隧道衬砌设置仰拱时,仰拱的填充材料和填充要求应符合有关规定;不设仰拱的隧道,其路基应置于稳定的石质地基上。

7.11.2 基层或整平层

对于无仰拱隧道路面分别有整平层、基层、面层,有仰拱隧道路面是直接在仰拱回填上铺装面层。岩石路基的整平层混凝土的弯拉强度值应与基层相同,厚度为 10 ~ 15cm。基层宜采用素混凝土,适宜的厚度范围为 12 ~ 20cm,其抗压强度不低于 C20 或弯拉强度不低于 1.8MPa。在其弯拉强度值超过 1.8MPa 时,应设置与混凝土面层相对应的横向缩缝;一次摊铺宽度大于 7.5m 时,应设纵向缩缝。

7.11.3 水泥混凝土面层

公路隧道洞内水泥混凝土路面结构可靠度设计标准、材料性能和结构参数及变异水平、设计方法、标准轴载、材料组成和性质参数均应符合现行《公路水泥混凝土路面设计规范》(JTG D40—2002)的有关规定。隧道内水泥混凝土路面,能提高照明亮度,并具有耐久使用等优点。二级、三级、四级公路隧道路面一般采用设接缝的普通水泥混凝土面层,高速公路、一级公路隧道路面一般采用连续配筋混凝土面层或钢纤维混凝土面层,其设计应符合规范要求。

路面表面构造应采用刻槽、压槽、拉毛或凿毛等方法制作,构造深度在使用初期应满足表 7-18 的要求。表面构造采用刻槽时,宜采用纵向刻槽,或同时采用纵向和横向刻槽。

各级公路水泥混凝土路面面层的表面构造深度要求　表 7-18

公路等级	高速公路、一级公路	二、二、四级公路,汽车横向通道
构造深度(mm)	0.8～1.2	0.6～1.0

注:采用复合式路面时,作为下面层的水泥混凝土,其表面构造除外。

当洞内采用水泥混凝土路面而洞外采用沥青路面时,应符合如下规定:

(1)高速公路和一级公路的中、长隧道和特长隧道,洞内一段路面应与洞外路段保持一致,其长度不小于《公路隧道通风照明设计规范》(JTJ 026.1—1999)对隧道照明引入段、适应段和过渡段的长度规定,且不小于300m。

(2)二、三、四级公路隧道及高速公路和一级公路的中、短隧道,洞内一段路面宜与洞外路段保持一致,其长度不小于3s的设计速度行程距离,且不小于50m。

7.11.4 复合式路面

当洞内干燥无水、施工方便时,可采用沥青混合料上面层与水泥混凝土下面层组成的复合式路面。

1. 对排水系统的要求

对不设仰拱的隧道,当路面上面层采用沥青面层铺装时,其排水系统应使地下水位不高于路基顶面以下30cm。在季节性冰冻地区,地下排水系统应符合《公路路基设计规范》(JTG D30—2004)有关防冻深度的要求。

2. 沥青上面层

当采用复合式沥青路面上面层时,沥青面层应具有与混凝土面板黏结牢固、防水渗入、抗滑耐磨、低温抗开裂、高温抗车辙、抗剥离的良好性能;必要时,可采用阻燃性良好的、有利于光电照明、反光特性良好的沥青路面类型。沥青面层厚度一般为8～10cm,宜采用双层式沥青面层。其表面层应采用抗滑表层,沥青混合料配合比设计、高低温性能、水稳性等要求应符合《公路沥青路面设计规范》(JTG D50—2006)的有关规定。沥青表面层的厚度、混合料类型宜与洞外路段相同。

3. 黏结层

隧道复合式路面沥青上面层铺装结构应由黏结层和沥青面层组成。黏结层是使沥青下面层、防水层与混凝土面板联接成整体的结构层;在黏结层上应设置防水层。关于黏结层、防水层的要求应符合现行《公路沥青路面设计规范》(JTG D50—2006)有关对水泥混凝土桥面沥青铺装的规定。

7.12 通风照明及其他设施

建筑隧道,应设置必须的通风、照明、消防设施,洞内壁装饰,交通监控、标志标线、电力网路配套的电缆、通讯、信号等工程。

7.12.1 通风设备

公路隧道通风设计应综合考虑交通条件、地形、地物、地质条件、通风要求、环境保护要求、火灾时的通风控制、围护与管理水平、分期实施的可能性、建设与营运费用等因素。隧道通风应符合以下要求:单向交通的隧道设计风速不宜大于10m/s,特殊情况下可取12m/s;双向交通的隧道设计风速不应大于8m/s;人车混合通行的隧道设计风速不应大于7m/s。风机产生的噪声及隧道中废气的集中排放均应符合环保的有关规定。确定的通风方式在交通条件等发生变化时,应具有较高的稳定性,并能适应火灾工况下的通风要求。隧道内营运通风的主流方向不应频繁变化。

1. 隧道通风方式

隧道内保持良好的空气是行车安全的必要条件,因此隧道应具备良好的通风设备以排出污浊空气,补充新鲜空气,或吹入新鲜空气,稀释污浊空气。隧道的通风方式有机械通风和自然通风两种。交通量小的中、短隧道可采用自然通风,交通量大的长隧道应采用机械通风。采用机械通风时,常采用纵向通风形式,配以射流风机,并按正常通风量的50%配置备用通风机,按行车道空间的空气流动方式,将公路隧道的通风方式归纳如图7-46所示。

在选择通风方式时,首先应确定隧道内所需的通风量,然后论证自然通风能否满足要求,如果不能,则应当采用机械通风。

2. CO 设计浓度

(1)隧道通风主要应对一氧化碳、烟雾和异味进行稀释。采用全横向方式与半横向通风方式时，CO 设计浓度可按表 7-19 取值；采用纵向通风时，CO 设计浓度可按表 7-20 所列各值提高 50ppm 取值。

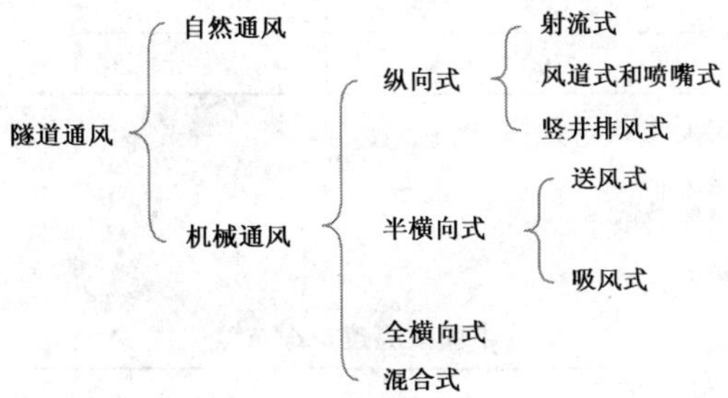

图 7-46　公路隧道的通风方式

(2)交通阻滞(隧道内各车道均以怠速行驶，平均速度为 10km/h)时，阻滞段的平均 CO 设计浓度可取 300ppm，经历时间不超过 20min。阻滞段的计算长度不宜大于 1km。

(3)人车混合通行的隧道长度不宜超过 2000m，其 CO 浓度设计应按表 7-20 取值。

CO 设 计 浓 度 δ　　表 7-19

隧道长度(m)	≤1000	≥3000
δ(ppm)	250	200

注：隧道长度为 1000 ~ 3000m 时，可按插入法取值。

CO 设 计 浓 度 δ　　表 7-20

隧道长度(m)	≤1000	≥2000
δ(ppm)	150	100

注：隧道长度为 1000 ~ 2000m 之间时，可按插入法取值。

3. 烟雾设计浓度

采用纳灯光源时，烟雾设计浓度应按表 7-21 取值；采用荧光灯光源时，烟雾设计浓度应提高一级。

烟 雾 设 计 浓 度　　表 7-21

设计速度(km/h)	100	80	60	40
K(m^{-1})	0.0065	0.0070	0.0075	0.0090

当烟雾浓度达到 0.012m^{-1}时，应按采取交通管制等措施考虑。隧道内进行养护维修时，应按现场实际烟雾浓度不大于 0.0035m^{-1}考虑。

4. 稀释异味

隧道空间不断换气频率不宜低于每小时 5 次；交通量较小或特长隧道，可采用每小时 3 ~ 4 次。采用纵向通风的隧道，隧道内换气风速不应低于 2.5m/s。

5. 防火排烟

通风设计时必须考虑火灾救援对策，长度大于 1500m 且交通量较大的隧道应考虑排烟设施，火灾时的排烟风速可按 2 ~ 3m/s 取值。

6. 风机安装

选用的风机，在环境温度为 250℃情况下其可靠运转时间应不低于 60min。

7.12.2　照明设施

白天由于隧道内外的亮度差别极大，当汽车驶近洞口时，会产生黑洞效应，以及适应的滞后现象。当车辆从亮度低的洞内驶近出口处时，由于外部亮度极高，会产生"白洞效应"，以及会感到极强的眩光和不适应。解决隧道洞口视觉问题的方法是设置合理的灯光照明。高速公路、一级公路隧道大于 100m 时，应设置照明设施；二级、三级、四级公路隧道，其照明设施可根据具体情况设置。

1. 路面亮度

隧道照明设计应综合考虑环境条件、交通状况、土建结构设计、供电条件、建设与营运费用等因素。照明设计路面亮度总均匀度(U_0)、路面亮度纵向均匀度(U_1)均应不低于表 7-22 的要求。

路 面 亮 度　　表 7-22

设计交通量 N(辆/h)		路面亮度总均匀度 U_0	亮度纵向均匀度 U_1
双车道单向交通	双车道双向交通		
≥2400	≥1300	0.4	0.6～0.7
≤700	≤360	0.3	0.5

注:当交通量在其中间值时,可按插入法取值。

2. 中间段亮度

中间段亮度可按表 7-23 取值。

中间段亮度(cd/m²)　　表 7-23

设计速度(km/h)	双车道单向交通 $N>2400$ 辆/h 或双车道双向交通 $N>1300$ 辆/h	双车道单向交通 $N\leqslant700$ 辆/h 或双车道双向交通 $N\leqslant360$ 辆/h
100	9.0	4.0
80	4.5	2.0
60	2.5	1.5
40	1.5	1.5

当双车道单向交通 700 辆/h $<N\leqslant$ 2400 辆/h,双向交通 360 辆/h $<N\leqslant$ 1300 辆/h,且通过隧道的行车时间超过 135s 时,可按表 7-23 的 80% 取值。隧道两侧墙面 2m 高度范围内,宜铺设反射率不低于 0.7 的墙面材料;灯具布置应满足闪烁频率低于 2.5Hz 或高于 15Hz 的要求;人车混合通行的隧道中,中间段亮度不得低于 2.5cd/㎡;紧急停车带宜采用照明亮度大于 7cd/㎡的荧光灯光源;连接通道亮度应大于 2cd/㎡。中间段灯具的平面布置形式可采用单光带布置、两侧交错布置或两侧对称布置。

3. 入口段亮度

入口段亮度可按式(7-1)计算。

$$L_{th} = k \cdot L_{20}(S) \tag{7-1}$$

式中:L_{th}——入口段亮度(cd/m²);

k——入口段亮度折减系数,可按表 7-24 取值;

$L_{20}(S)$——洞外亮度(cd/m²)。

入口段亮度折减系数 k　　表 7-24

设计交通量 N(辆/h)		设计速度 v_t(km/h)			
双车道单向交通	双车道双向交通	100	80	60	40
≥2400	≥1300	0.045	0.035	0.022	0.012
≤700	≤360	0.035	0.025	0.015	0.010

注:当交通量在其中间值时,可按插入法取值。

4. 过渡段照明

1)过渡段亮度

过渡段由 TR_1、TR_2、TR_3 三个照明段组成,与之对应的亮度可按表 7-25 取值。

过渡段亮度　　表 7-25

照明段	TR_1	TR_2	TR_3
亮度	$L_{tr1}=0.3L_{th}$	$L_{tr2}=0.1L_{th}$	$L_{tr3}=0.035L_{th}$

2)过渡段长度

各过渡段长度可按表 7-26 取值。

过渡段亮度长度 表 7-26

设计速度 v_t(km/h)	D_{tr1}(m)	D_{tr2}(m)	D_{tr3}(m)
100	106	111	167
80	72	89	133
60	44	67	100
40	26	44	67

5. 出口段照明

在单向交通隧道中,应设置出口段照明,出口段长度宜取 60m,亮度宜取中间段亮度的 5 倍。在双向交通隧道中,可不设出口段照明。隧道照明灯具的防护等级应不低于 IP65。照明的光源一般选用在烟雾中有较好的透视性的低压钠灯或显色性较好的荧光灯,而在隧道的出入口处,则选用小型、大光通量的高压钠灯或高压荧光灯。

7.12.3 消防设备

为防止意外火灾,隧道洞内应根据要求设置消防设施。洞内消防一般设置灭火器洞室、消防洞室,洞外设置不小于 300m^3 的消防水池。据国外资料统计,隧道内火灾频率平均为 13.5 次/亿车·公里,可供设防标准参考。我国高速公路、一级公路的隧道一般应设置紧急救灾设施。

1. 按钮/自动通报设施

采用按钮式通报装置,也可采用自动通报装置,沿隧道边墙每隔 15m 一个。这些装置均应与隧道管理处及洞口音响报警器相联动。

2. 紧急报警装置

可采用警报指示板、警报灯或音响警报器,安装在两端洞口和隧道内,每隔 500m 设一处。

3. 紧急灭火器

可采用自动灭火器或自动喷淋设施,每隔 5m 一个;消防水栓每 50m 一个。隧道内应设消防水管及消防用水源,消防水管应与电缆槽分开埋设。

4. 其他紧急设施

(1)排烟设备。在有机械通风设备的隧道,要考虑尽快排除火灾烟雾,当以风机作吸出式排烟时,应在通风机附近设管道内的喷雾器以冷却风扇。

(2)避难设备。充分利用隧道内的横洞,设置紧急出入口、方向转换洞、避难引导标志和紧急广播器等。

(3)紧急电源。在规划隧道供电时,应考虑当公用电源突然停电,隧道内设备能正常运转的设施。

(4)紧急闸门。隧道两端洞口及洞内行人或行车横洞之间设置自动开关的金属闸门,火灾时关闭隧道,避免灾情扩大。紧急救火设备的设置如表 7-27 所示。

紧急救火设备的设置标准 表 7-27

项目	特长隧道	长隧道	中隧道	短隧道
通报设施	※	※	※	
警报设施	※	※	※	
灭火设施	※	※		
其他设施	※			

注:表中"※"表示应予考虑的设备。

7.12.4 交通工程

公路隧道交通工程设计内容主要包括标志、标线、交通监控、供配电和中央控制管理等。公路隧道交通工程分级是根据隧道长度和隧道交通量两个因素,划分 A、B、C、D 四级。供电系统必须做到保证安全、供电可靠、技术经济合理。供电一般采用三相四线系统,宜采用 380/220V 交流电和中性接地变压器。

1. 隧道内事故概率

长度小于 100m 的隧道和日交通量小于 1000 辆的隧道,实际上已没有必要进行交通工程的特殊设计。隧道事故概率具体计算方法如下:

$$P = \alpha Lq \times 365 \times 10^{-9} \tag{7-2}$$

式中：P——隧道内事故概率估计值（当 P 的计算值 >1 时，取值为 1）；

L——隧道长度(m)；

q——隧道单洞年平均每日交通量(辆/d)；

α——事故率（事故数/百万车公里）。事故概率对应隧道分级的划分范围如表 7-28 所示。

事故概率对应隧道分级的划分范围 表 7-28

概率 $P>55\%$	A 级
$8\% \leqslant$ 概率 $P \leqslant 55\%$	B 级
$5\%<$ 概率 $P<18\%$	C 级
概率 $P \leqslant 5\%$	D 级

2. 隧道交通设施配置

根据我国目前公路隧道交通工程设施的建设状况和使用情况，长度 1.0km 以下的隧道一般不设置交通监控、通风与照明控制、火灾报警和中央控制管理等设施。长度 1.0km 以上的隧道随着交通量的增长，需设置交通监控、通风与照明控制、火灾报警和中央控制管理等设施，并据此一次性征用土地和实施基础工程、地下管线及预留预埋工程等。目前与隧道等级相适应的设施配置要求，如表 7-29 所示。

高速公路隧道设施配置 表 7-29

设施名称		隧道交通工程设施等级			
		A	B	C	D
标志标线	标志	●	●	●	●
	标线	●	●	●	●
交通监控设施	车辆检测器	●	■	▲	—
	摄像机	●	●	▲	—
	可变限速标志	●	■	▲	—
	可变信息标志	●	■	▲	—
	交通信号灯	●	■	▲	—
	车道指示器	●	■	▲	—
通风与照明控制设施	VI 检测仪	●	■	▲	—
	CO 检测仪	●	■	▲	—
	风速风向检测器	●	■	▲	—
	亮度检测器	●	■	▲	—
紧急呼叫设施	紧急电话	●	●	▲	—
	有线广播	●	■	▲	—
火灾报警、消防与避难设施	火灾探测器	●	■	▲	—
	手动报警按钮	●	●	▲	—
	灭火器	●	●	●	●
	消火栓	●	●	▲	—
	固定式水成膜泡沫灭火装置	●	■	▲	—
隧道中央控制管理设施	计算机设备	●	■	▲	—
	显示设备	●	■	▲	—
	控制台	●	■	▲	—

注：“●”必选设施，“■”应选设施，“▲”可选设施，“—”不作要求。

7.12.5 其他设施

公路隧道应结合隧道位置和使用要求进行内壁装饰，力求安全、经济、美观与实用，并应符合下列规定：内壁装饰高度不应低于路面以上 2.0m，且不应侵入建筑限界。装饰材料有瓷砖、预制块件、油漆及涂料等，应符合无毒、耐火、吸水膨胀率低、反光率高、便于清洗、耐磨和耐用等要求。

隧道的运营管理设施包括电力网路使用的电缆、通讯、信号及标志和救援设施,以及消音、收费设施等,消音设施不得侵入建筑限界。相邻双洞隧道之间按规定间距设置供巡查、维修、救援及车辆转换方向用的人行横通道和车行横通道行人横洞和行车横洞。公路隧道可根据需要设置消音没施,消音设施不得侵入建筑限界。隧道内各类设施的悬挂及安装配件应根据其承重和耐久性要求,进行强度和防腐设计。

7.13 隧道圬工强度等级

隧道建筑材料应符合结构强度和耐久性的要求,同时满足抗冻、抗渗和抗侵蚀的要求。当隧道有侵蚀性水经常作用时,所用混凝土和水泥砂浆均应采用具有抗侵蚀性能的特种水泥和集料配制,其抗侵蚀性能的要求视水的侵蚀特征确定。最冷月份平均气温低于 -15℃的地区及受冻害影响的隧道,混凝土强度等级应适当提高。

7.13.1 建筑材料强度等级

隧道工程常用的各类建筑材料,可选用表 7-30 强度等级。

常用建筑材料强度等级 表 7-30

材料种类	强度等级	材料种类	强度等级
混凝土	C50、C40、C30、C25、C20、C15、C10	喷射混凝土	C30、C25、C20
石材	MU100、MU80、MU60、MU50、MU40	混凝土砌块	MU30、MU20
水泥砂浆	M25、M20、M15、M10、M7.5、M5	钢筋	HPB235、HRB335、HRB400

混凝土和砌体所用的材料除应符合国家有关标准规定外,尚应符合下列要求:

(1)混凝土不应使用碱活性集料。

(2)钢筋混凝土构件中,钢筋的技术条件应符合现行国家标准《钢筋混凝土用热轧带肋钢筋》(GB 1499)与《钢筋混凝土用热轧光圆钢筋》(GB 13013)的规定。

(3)片石强度等级不应低于 MU40,块石强度等级不应低于 MU60,混凝土砌块强度等级不应低于 MU20,有裂缝和易风化的石材不应采用。

(4)片石混凝土内片石掺用量不得超过总体积的 30%。

锚喷支护采用的材料应符合下列要求:

(1)喷射混凝土应优先采用硅酸盐水泥或普通硅酸盐水泥,也可采用矿渣硅酸盐水泥。

(2)粗集料应采用坚硬耐久的碎石或卵石,不得使用碱活性集料;喷射混凝土中的石子粒径不宜大于 16mm,喷射钢纤维混凝土中的石子粒径不宜大于 10mm;集料级配宜采用连续的级配,细集料应采用坚硬耐久的中砂或粗砂,细度模数宜大于 2.5,砂的含水率宜控制在 5% ~7%。

(3)锚杆的杆体直径宜为 20 ~32mm,杆体材料宜采用 HRB335、HRB400 钢;垫板材料宜采用 HPB235 钢。

(4)锚杆用的各种水泥砂浆强度不应低于 M20。

(5)钢筋网材料可采用 HPB235 钢,直径宜为 6 ~12mm。

喷射钢纤维混凝土中的钢纤维宜采用普通碳素钢制成,并满足下列要求:

(1)宜用等效直径为 0.3 ~0.5mm 的方形或圆形断面。

(2)长度宜为 20 ~25mm。

(3)抗拉强度不得小于 380MPa,并不得有油渍和明显的锈蚀。

7.13.2 圬工强度等级

隧道中建筑材料的强度等级应不低于表 7-31 和表 7-32 的规定。

衬 砌 建 筑 材 料 表 7-31

工程部位 \ 材料种类	混凝土	片石混凝土	钢筋混凝土	喷混凝土
拱圈	C20	—	C25	C20

续上表

工程部位＼材料种类	混凝土	片石混凝土	钢筋混凝土	喷混凝土
边墙	C20	—	C25	C20
仰拱	C20	—	C25	C20
底板	C20	—	C25	—
仰拱填充	C10	C10	—	—
水沟沟身及电缆槽身	C25	—	C25	—
水沟盖板及电缆槽盖板	—	—	C25	—

洞门建筑材料　表 7-32

工程部位＼材料种类	混凝土	钢筋混凝土	片石混凝土	砌体
端墙	C20	C25	C15	M10 水泥砂浆砌片石、块石镶面或混凝土砌块镶面
顶帽	C20	C25	—	M10 水泥砂浆砌粗料石
翼墙和洞口挡土墙	C20	C25	C15	M7.5 水泥砂浆砌片石
侧沟、截水沟、护坡等	C15	—	—	M5 水泥砂浆砌片石

注：1. 护坡材料可采用 C20 喷射混凝土；

2. 最冷月平均气温低于 -15℃的地区，表中水泥砂浆的强度应提高一级。

7.13.3 建筑材料性能

常用建筑材料的重度应按表 7-33 的规定采用。混凝土的强度标准值应按表 7-34 采用。

建筑材料的标准重度或计算重度　表 7-33

材料名称	混凝土	片石混凝土	钢筋混凝土（配筋率在 3% 以内）	钢材	浆砌片石	浆砌块石	浆砌粗料石
重度（kN/m^3）	23	23	25	77	22	23	25

混凝土强度标志值（MPa）　表 7-34

强度种类＼混凝土强度等级	C15	C20	C25	C30	C40	C50
轴心抗压 f_{CK}	10	13.5	17	20	27	33.5
弯曲抗压 f_{cmk}	11	15	18.5	22	29.5	36
轴心抗拉 f_{ctk}	1.4	1.7	2.0	2.2	2.7	3.1

隧道衬砌的材料，应具有足够的强度和耐久性，在某些环境中，还必须具有抗冻、抗渗和抗侵害性。此外，还应满足就地取材，降低工程造价，施工方便及易于机械化施工等要求。

1. 喷射混凝土

喷射混凝土材料用在锚喷支护中，混凝土强度等级不低于 C20，使用的水泥标号不低于 32.5 级，并优先选用普通硅酸盐水泥，细集料采用坚硬耐久的中砂或粗砂，细度模量宜大于 2.5，砂的含水率宜控制在 5% ~7%。粗集料采用坚硬耐久的卵石或砾石，粒径不应大于 15mm。

2. 锚杆、钢架和钢筋网

锚杆是用专门机械施工加固的围岩材料，种类很多，通常可分为机械型锚杆和黏结型锚杆，或分为非预应力锚杆和预应力锚杆。锚杆的杆体直径为 20 ~ 32mm。锚杆用的各种水泥砂浆强度不应低于 M20。钢架是为了加强初期支护刚度而在初期支护中放置的型钢（如 H 形、工字形、U 形型钢等）支撑或格栅钢支撑，也可用钢管或钢轨制成。钢筋网材料可采用 HPB235 钢，直径为 6 ~ 12mm，放置初期支护中。

3. 混凝土与钢筋混凝土

隧道衬砌所用的混凝土强度等级，对于直墙式衬砌不低于 C15，曲墙式衬砌及 III 类围岩直墙式衬砌不低于 C20。钢筋混凝土材料主要用在明洞衬砌及地震区、偏压、通过断层破碎带或淤泥、流砂等不良地质地段的隧道衬砌中,其强度等级不低于 C25。在特殊情况下可采用旧钢轨或焊接钢筋骨架进行加强。

4. 片石混凝土

为节省水泥,在岩层较好地段的边墙衬砌,可采用片石混凝土(片石的掺量不应超过总体积的 20%)。此外,当起拱线 1m 以上部位有超挖时,其超挖部分也可用片石混凝土进行回填。选用的石料要坚硬,其抗压强度不应低于 30MPa,严禁使用风化片石,以保证工程质量。

5. 料石或混凝土预制块

料石或混凝土预制块可用作隧道衬砌,采用的水泥砂浆强度等级不低于 M10。此方法优点是能就地取材,大量节省水泥和模板,可保证衬砌厚度并能较早地承受荷载。缺点是整体性和防水性差,施工进度慢,要求砌筑技术高。

第八章　公路建设环境保护设计

环境保护是一项基本国策。公路作为国家基本建设内容，应服从于这项基本国策，最大程度地保护和恢复沿线原有生态环境。

8.1　设计规定

公路设计应树立全面、协调、可持续的科学发展观，体现安全、环保、舒适、和谐的设计理念。执行环境保护工程必须与主体工程同时设计、同时施工、同时投入使用的制度，遵守预防为主、保护优先、防治结合、综合治理的原则，实施各阶段的环境保护工作。

8.1.1　环境基本概念

环境是相对于某一事物而言，事物主体不同，环境的大小、内容等也就不同。环境是指人们所在的周围地方和有关事物，一般分为自然环境与社会环境。自然环境包括生态环境、生物环境等，社会环境以自然环境为基础是自然环境的发展。

1. 环境要素

环境要素分自然环境要素和社会环境要素。自然环境要素包括水、大气、生物、土壤、岩石、阳光等。环境要素组成环境结构单元，环境结构单元又组成环境系统，例如由水组成河流、湖泊和海洋等水体，地球上的全部水体又组成水圈（水环境整体）。环境要素具有一些非常重要的属性，这些属性决定了各个环境要素间的联系和作用性质，是人们认识环境、改造环境的依据。

2. 自然环境

自然环境是指一切可以直接或间接影响到人类生活、生产的自然界中物质和资源的总和。从人类环境要素考虑,自然环境可以再分为大气环境、水环境、土壤环境;按照性质可分为物理环境、化学环境和生物环境。自然环境为人类提供各类原料。

生态环境是指由生物群落及非生物自然因素组成的各种生态系统所构成的整体,由自然因素形成,对人类的生存和发展产生影响。生态环境的破坏,最终会导致人类生活环境的恶化。复合生态系统是由人类社会、经济活动和自然条件共同组合而成的生态功能统一体,在社会—经济—自然复合生态系统中,人类是主体。

3. 人工环境

人工环境是指在自然环境的基础上经过人的加工改造所形成的环境,或人为创造的环境。人工环境与自然环境的区别,主要在于人工环境对自然物质的形态做了较大的改变,使其失去了原有的面貌。

4. 社会环境

社会环境包括人类生存及活动范围内的物质文明和精神文明,是自然环境的发展。社会环境对人的进化起着重要作用,人类活动给予社会环境以深刻的影响,人类在适应自然环境和改造社会环境的过程中认识水平不断提高、改造自然能力不断增强。

1)社会环境形成

在自然环境的基础上,人类通过长期有意识的社会劳动,加工和改造了自然物质,创造了物质生产体系,形成了社会环境体系,是与自然环境相共存。

2)社会环境构成因素

社会环境构成因素按影响程度分,主要有政治因素、经济因素、文化因素、信息因素4个方面。

(1)政治对社会生活各个方面都有重大影响和作用。政治随着社会从低级到高级的进程而发展,社会成员参与政治生活。政治制度是管理国家政治事务的规范体系,具体指与国家根本制度相适应的领导制度、组织制度、工作制度等具体制度。

(2)经济是社会物质生产、流通与交换等的活动。经济是指人们在物质资料生产过程中结成的,与一定的社会生产力相适应的生产关系的总和或社会经济制度,是政治、法律、哲学、宗教、文学与艺术等上层建筑的基础。

(3)文化是一个国家也可以是民族、企业、家庭(群体)在一定时期内形成的思想、理念、行为、风俗、习惯、代表人物,及由这个群体整体意识所辐射出来的一切活动。文化是人类生活的反映,活动的记录,历史的积沉,是人们对生活的需要和要求、理想和愿望,是人们的高级精神生活。对文化的结构解剖,即分为物质文化和精神文化。文明是指人类所创造的财富的总和,特指精神财富,如文学、艺术、教育、科学等,也指社会发展到较高阶段表现出来的状态。

(4)信息表达客观事物状态,是存在的一种普遍形式。信息是指事物发出的消息、指令、数据、符号等内容,客观世界中大量地产生各种各样的信息,并通过各种方式传递信息。人类通过获得、识别自然界和社会的不同信息来区别不同事物,得以认识和改造世界。

3)社会环境功能

(1)聚落环境是人类聚居和生活的场所,是人类有意识地开发利用和改造自然而创造出来的生存环境。聚落环境又可分为村落环境和城市环境。

(2)工业环境以工业生产为经济主导成分,决定着国民经济现代化的速度、规模和水平,在当代世界各国国民经济中起着主导作用。工业生产是国民经济中最重要的物质生产部门,主要是对自然资源以及原材料进行加工或装配的过程,是国家财政收入的主要源泉,是国家经济自主、政治独立、国防现代化的根本保证。

(3)农业环境由气候、土壤、水、地形、生物要素及人为因子所组成,是人类赖以生存的自然环境中的一个重要组成部分,属中国法定环境范畴。每种环境要素在不同时间、空间都有环境质量。

(4)文化环境是人类在社会历史发展过程中所创造的物质财富和精神财富的总和。特指社会意识形态。文化环境由所处的社会结构、社会风俗和习惯、信仰和价值观念、行为规范、生活方式、文化传统、人口规模与地理分布等因素形成和变动。

(5)社会保障等,包括生活、学习、医疗等环境,是指国家和社会在通过立法对国民收入进行分配和再分配,对社会成员特别是生活有特殊困难的人群的基本生活权利给予保障的社会制度。社会保障的本质是维护社会公平促进社会稳定发展。社会保障由社会保险、社会救济、社会福利、优抚安置等组成。其中,社会保险是社会保障的核心内容。

5. 环境污染

环境污染是指人类直接或间接地向环境排放超过其自净能力的物质或能量,从而使环境的质量降低,对人类的生存与发展、生态系统和财产造成不利影响的现象。具体包括水污染、大气污染、噪声污染、土壤污染、放射性污染等。

(1)大气污染是指自然或人为原因使大气中某些成分超过正常含量或排入有毒有害的物质,对人类、生物和物体造成危害的现象。

(2)水污染是指污染物进入河流、湖泊、海洋或地下水中,使水质和底泥的物理、化学性质或生物群落组成发生变化,降低了水体的使用价值和功能的现象。

(3)噪声污染是指因自然过程或人为活动引起各种不需要的声音,超过了人类所能允许的程度,以致危害人畜健康的现象。

(4)土壤污染是指人类活动产生的污染物进入土壤并积累到一定程度,引起土壤质量恶化的现象。

6. 保护和改善环境

环境保护是指人类有意识地保护自然资源并使其得到合理的利用,防止自然环境受到污染和破坏;对受到污染和破坏的环境必须做好综合治理,以创造出适合于人类生活、工作的环境。环境保护是人类为解决现实的或潜在的环境问题,协调人类与环境的关系,保障经济社会的持续发展而采取的各种行动。其方法和手段有法律法规、工程技术、行政管理等。

(1)地方各级人民政府,应当对本辖区的环境质量负责,采取措施改善环境质量。

(2)各级人民政府对具有代表性的各种类型的自然生态系统区域,珍稀、濒危的野生动物自然分布区域,重要的水源涵养区域,具有重大科学文化价值的地质构造、著名的溶洞和化石分布区、冰川、火山、温泉等自然遗迹,以及人文遗迹、古树名木,应当采取措施加以保护,严禁破坏。

(3)在国务院、国务院有关部门和省、自治区、直辖市人民政府规定的风景名胜区、自然保护区和其他需要特别保护的区域内,不得建设污染环境的工业生产设施;建设其他设施,其污染物排放不得超过规定的排放标准。已经建成的设施,其污染物排放超过规定排放标准的,限期治理。

(4)开发利用自然资源,必须采取措施保护生态环境。

(5)各级人民政府应当加强对农业环境的保护,防治土壤污染、土地沙化、盐渍化、贫瘠化、沼泽化、地面沉降和防治植被破坏、水土流失、水源枯竭、种源灭绝以及其他生态失调现象的发生和发展,推广植物病虫害的综合防治,合理利用化肥、农药及植物生长激素。

(6)国务院和沿海地方人民政府应当加强对海洋环境的保护。向海洋排放污染物、倾倒废弃物,进行海岸工程建设和海洋石油勘探开发,必须依照法律的规定,防止对海洋环境的污染损害。

(7)制定城市规划,应当确定保护和改善环境的目标和任务。

(8)城乡建设应当结合当地自然环境的特点,保护植被、水域和自然景观,加强城市园林、绿地和风景名胜区的建设。

7. 环境质量

环境质量是对环境状况的一种描述,要用环境标准量化。自然灾害、资源利用、废物排放以及人群的规模和文化状态都会改变或影响一个区域的环境质量。

环境标准是对某些环境要素所作的统一的、法定的和技术的规定。环境标准是环境保护工作中最重要的工具之一。环境标准是用来规定环境保护技术工作,考核环境保护和污染防治的效果。

(1)环境标准既是环境保护和有关工作的目标,又是环境保护的手段。它是制定环境保护规定和计划的重要依据。

(2)环境标准是判断环境质量和衡量环保工作优劣的准绳。评价一个地区环境质量的优劣、评价一个企业对环境的影响,只有与环境标准相比较才能有意义。

(3)环境标准是执法的依据。不论是环境问题的诉讼、排污费的收取、污染治理的目标等执法依据都是环境标准。

(4)环境标准是组织现代化生产的重要手段和条件。通过实施标准可以制止任意排污,促使企业对污染进行治理和管理;采用先进的无污染、少污染工艺;设备更新;资源和能源的综合利用等。

8.1.2 总体设计要求

公路工程环境保护总体设计应结合建设项目沿线自然条件、社会环境、交通需求、地区经济发展等情况,以保护沿线自然环境、维护生态平衡、防治水土流失、降低环境污染为宗旨,以环境敏感点为主,点、线、面相结合,确定环境保护总体设计原则和工程方案。

1. 研究环境敏感点

公路建设项目除工程方案因素比选外，还应对该地区相关环境敏感点进行深入调查，充分研究工程与环境的相互影响，论证不同公路路线方案给沿线环境带来的不同影响。

2. 制订总体设计方案

公路环境保护总体设计方案应根据环境质量标准、技术指标，结合建设项目沿线自然环境、社会环境、生态环境等条件制订；公路环境保护总体设计应突出环境协调、技术先进、经济合理；环境保护设施应安全适用，便于养护。公路环境保护总体设计应符合下列要求：

(1)公路选线应结合地形条件，与自然环境融为一体。

(2)公路构造物应结合区域环境进行设计，与周围环境相协调。

(3)路线平、纵、横组合得当，线形均衡、行车安全，为用户提供良好的行车环境。

(4)公路主体及沿线设施用地规模适当，保护土地资源，有利于社会环境协调发展。

(5)防护措施合理、有效，防治水土流失，减少地质灾害对工程的影响。

(6)落实环境影响评价文件中提出的各项措施，对施工与运营期可能产生的声、气、水等各种污染进行综合治理。

根据预测交通量和不同的保护对象而拟分期修建的环境保护设施，应按总体规划确定的各项技术指标制订分期修建方案。

3. 着重分析的影响因素

(1)路线及其相邻路网交通量增减变化所带来的噪声和废气的影响。

(2)公路工程对沿线自然环境和农田水利设施的影响，公路施工和临时工程对水土保持的影响。

(3)深路堑和高路堤对自然环境、边坡稳定和水土保持的影响。

(4)在治理工程地质病害、开挖隧道等工程时，水文地质情况改变后对周围生态环境产生的影响。

(5)桥梁墩台压缩河床对河道冲刷的影响。

(6)公路工程对生态环境分割所带来的影响，包括湿地保护、地表径流与动物迁徙等。

(7)路线布设与城镇规划、行政区划的相互配合及其影响。

(8)公路对不可移动文物和风景区的影响。

(9)路线与环境敏感点的距离及其影响。

8.1.3 阶段设计要求

公路工程项目设计的各个阶段均应重视环境保护设计。在可行性研究阶段，应进行环境影响分析评价；在初步设计阶段，应落实环境影响评价文件提出的环境保护评价措施和水土保持方案；在施工图设计阶段，应根据初步设计审定意见做出环境保护工程设计。

1. 可行性研究阶段

公路工程可行性研究应重视环境影响分析和地质灾害危险性分析。其设计内容如下：

(1)通过广泛调查公路沿线的人口结构、经济发展、公共卫生、文化和基础设施、土地和矿产资源、旅游和文物古迹资源等社会环境状况，进行社会环境影响分析。

(2)通过全面调查公路沿线野生动植物的种类、保护级别、分布概况、生长习性及演替规律等生态环境和水土保持状况，结合公路工程实际进行生态环境影响分析。

(3)依据分段调查公路沿线的城镇、风景旅游区和名胜古迹及有关的环境敏感点分布状况，结合当地地形、地貌特点和既有工业污染源的排放特性进行环境空气影响分析。

(4)通过重点调查公路沿线的学校、城乡居民聚居区和医院、疗养院及有关的环境敏感点分布状况，结合公路施工和运营等实际情况进行环境噪声影响分析。

(5)通过深入调查公路沿线各种不良工程地质分布状况，结合公路工程涉及范围进行地质灾害危险性评价，编制水土保持方案。

2. 初步设计阶段

公路工程初步设计应将环境保护要素作为方案比选论证的重要因素，落实环境影响评价文件和水土保持方案中提出的环境保护和水土保持的各项要求，合理确定路线方案。其设计内容如下：

(1)依据公路沿线环境敏感点的位置、影响因素和影响范围，选择相应的保护措施和方案。

(2)结合当地自然环境，因地制宜地进行公路绿化和景观设计。

(3)根据声环境敏感点的性质进行噪声污染防治设计。

(4)针对环境影响评价文件提出的环境保护措施和水土保持方案进行环境与公路工程的协调性论证，并落实减少或避免环境侵害的实施方案。

(5)根据公路沿线设施的规模及排放标准提出经济合理的污水处理设计方案。

3. 施工图设计阶段

公路工程施工图设计应根据初步设计的审定方案进行环境保护的工程设计，把保护沿线自然环境、维护生态平衡、防治水土流失作为重要因素，在各专业设计中予以考虑和体现。其设计内容如下：

(1)根据初步设计提出的环境保护措施和方案，按照公路沿线环境敏感点的特性，进行环境保护设施的施工图设计。

(2)完成公路绿化和景观图设计，包括互通式立交和服务区等重点工点的施工图设计。

(3)根据声环境敏感点的性质进行声屏障的施工图设计。

(4)按照初步设计提出的环境保护措施和水土保持方案进行环境与公路工程施工图设计。

(5)根据初步设计方案进行污水处理施工图设计。

8.1.4 地形方案比选

公路应结合地形、地物条件，针对路线所处区域的不同环境特征和不同的环境保护对象，进行相应的技术方案比选。

1. 平原微丘地形设计重点

(1)降低路基高度，保护土地资源；合理设置通道，减少公路对当地居民出行及景观的影响。

(2)减少取土、弃土方式对土地利用方式、土壤耕作条件和农田水利排灌系统的影响。

(3)减少路面汇水对养殖业水体的影响。

2. 山岭重丘地形设计重点

(1)重视桥隧方案的选用，减少高路堤和深路堑对自然景观、植被及地质条件的影响。

(2)减少公路对珍稀动植物的影响。

(3)重视路基开挖、取弃土对水土保持的影响。

(4)严禁大爆破作业及乱挖、乱弃，预防诱发地质灾害。

(5)注意路基开挖对受国家保护的不可移动文物等的影响。

(6)注意隧道工程对当地原有水资源的影响。

3. 绕城公路或接城市出入口公路设计重点

(1)公路与城市规划的协调。

(2)减少拆迁工程数量。

(3)方便当地居民的出行。

(4)选择、利用、创造、改善环境景观。

(5)采取综合措施，降低交通噪声、废气、废水等对环境的污染。

8.1.5 单位工程设计要求

公路单位工程设计应按公路路基、路面、桥梁、互通、隧道、服务管理设施等专业设计，以及施工组织设计等方面提出设计规定，以体现公路设计各环节的环境保护设计要点。

1. 路线设计

公路自身线形的协调、公路线形与结构物的协调及公路线形与环境的协调，公路平、纵线形组合满足汽车速度协调性的要求。合理控制互通式立交规模，减少工程量和占地，合理运用互通式立交匝道指标，满足车流顺畅运行的要求。

2. 路基路面设计

(1)合理选择路基高度,有条件时宜采用低路堤和浅路堑方案,路基边坡顺应自然。

(2)重视路基及取弃土场范围内的表土保护与利用。

(3)充分利用现有料场,新设料场应考虑其位置、开采方式、数量等对坡面植被、河水流向和水土保持等的影响。

(4)弃方应集中堆弃,重视弃方的位置、数量等对自然环境的影响。

(5)路基路面综合排水工程设施应自成体系,不得与当地排灌系统相互干扰。

(6)路基防护形式应根据当地自然条件合理选用,有条件时宜采用植物防护;水土流失严重或边坡稳定条件较差时,宜采用工程防护与植物防护相结合的方法,并重视表面植被防护。

3. 交叉设计

(1)互通式立交设计应在满足公路交叉使用功能的同时,考虑交叉形式、布局的美观;立交区综合排水系统应与路线综合排水系统统一考虑。

(2)互通式立交的匝道边坡宜放缓,设土质边沟或不设边沟,贴近自然,充分与环境协调。

(3)互通式立交主线桥和匝道桥应进行上跨与下穿的方案比选;上跨主线结构物的跨径应合理布置,主线两侧宜设置边孔;合理确定桥上纵坡及桥头路基高度。

(4)分离式立交桥的结构形式应考虑行车视距和视觉效果,与周围环境相协调。

4. 桥隧设计

桥隧环境保护设计应结合地质、水文、气象、地震等情况,考虑施工和运营环境进行多方案论证,并符合下列要求:

(1)桥隧位置的选择应综合考虑接线设计,与周围山川、沟谷等自然景观协调;桥梁的导流设施应自然平顺;隧道洞口总体布置应贴近自然,洞门不宜过分进行人工化修饰。

(2)隧址应避开或保护储水结构层和蓄水层,保护地下水径流和地表植被。

5. 服务管理设施

(1)服务设施、管理设施的位置应避让饮用水源二级以上保护区。

(2)服务区、停车区应合理布设,充分考虑驾乘人员的需求。

(3)对生活污水、废弃物等应进行综合治理。

(4)污染防治措施应进行多方案比选。

(5)拟分期实施的防污染设施,应综合论证并注意近期和远期有机结合。

(6)结合区域路网、地形、景观和地域文化等环境进行景观设计。

8.2 社会环境保护

公路选线应体现以人为本,路线方案应征求沿线公众和地方政府意见,并结合当地城乡发展规划、国土规划等规划性文件,通过统筹规划、合理选线,促进沿线经济发展,满足沿线居民便利、安全、舒适出行的需求,实现对沿线社会环境的积极保护。公路设计应调查、收集公路沿线行政区划、土地利用、基础设施、历史文化遗迹、生态与自然保护区、人文景观等社会环境现状,通过综合分析、论证提出社会环境保护目标及保护方案。公路设计应了解当地的矿产资源分布和开采情况,尽量绕避露天采矿区;无法绕避时,应与矿产资源开采区保持一定的距离;未经国务院授权的部门批准,不得压覆重要矿床。

8.2.1 土地利用

土地通常指由地形、土壤、植被以及水文、气候等自然要素组成的自然综合体,是农业生产最基本的生产资料,是人类生产、建设和生活不可缺少的物质条件,必须珍惜和保护。随着公路交通的发展,公路建设占用土地,应该遵照《中华人民共和国土地管理法》的有关规定进行办理,合理使用、保护土地资源。

1. 保护基本农田

公路路线走廊方案选择,应调查当地土地资源情况,进行分类研究,将土地占用情况作为路线走廊方案选择的重要指标,尽量减少占用耕地,注意避让基本农田保护区和主要经济作物区。

2. 选定路线位置

公路选线应全面调查沿线土地利用情况,按照农用地、建设用地和未利用土地等不同种类分别统计总体指标和单项指标等用地指标，遵照节约用地和集约利用土地的原则，结合土地利用规划和当地基本农田实际，少占或不占耕地，通过充分比选确定路线位置。

(1)公路工程可行性研究阶段应以乡为单位调查统计农用地、建设用地和未利用土地的数量，根据当地人均占地指标估算占地后的失地人数，作为路线走廊带方案比选的指标之一。

(2)初步设计阶段应以村为单位调查统计各类用地的数量，公路用地的总体指标和单项指标应满足《公路建设项目用地指标》的要求。

(3)施工图设计阶段应计算统计为节约土地设置的结构物数量，确定征用土地的数量和公路用地的单项指标以及土地复垦与利用情况。

3. 合理选用技术指标节约用地

公路设计应合理选用技术指标，降低路基高度，农田地区宜设置挡墙、护坡、护脚等防护设施，节约用地。

(1)公路工程可行性研究阶段走廊带的选择应调查统计高路堤、深路堑路段和支挡防护设施的数量。

(2)初步设计阶段应对采用高路堤、深路堑路段和支挡防护设施与路基进行多方案比选，把节约土地作为方案取舍的重要指标；当路堤高度大于20m时，宜采用桥梁方案；当挖方路中深度大于30m或挖方边坡高度大于1.6倍的路基宽度值时，宜采用隧道方案。

(3)施工图设计阶段应进行路线线位优化，确定公路防护工程的结构类型和尺寸，计算统计为少占土地而增设的支挡防护工程的数量。

4. 科学确定公路用地规模

路基断面形式和防护设施应结合自然地形、土地状况和工程地质特点合理选择，科学确定公路用地规模，合理利用土地，切实保护耕地。应论证确定公路路基横断面、中央分隔带、硬路肩、护坡道的宽度；应论证确定公路缓边坡的设置条件及边坡坡率，并统计放缓边坡占用的土地。

公路工程应结合土地利用规划，重视土石方调配，在技术经济比较的基础上，合理选择取、弃土场位置及取、弃土方式；减少施工和取土坑、弃土场用地；严禁占用基本农田取、弃土。有条件时宜利用弃方造地以备复垦，或利用弃方造地供作工程设施用地。保护土地资源的要求如下：

(1)土源缺乏或工程需要时，应在技术经济比较的基础上，优先考虑采用工业矿渣、吹（填）砂或粉煤灰等填料填筑路堤，减少取土占地。

(2)施工临时用地应尽量在路线走廊中公路用地范围内布设，结合公路永久用地统筹安排；有条件时，设计中应明确临时用地的恢复方案。

(3)公路工程征用土地宜利用非耕地和废弃地，少占耕地，保护土地资源。

8.2.2 基础设施

公路选线应与当地的农田水利排灌系统、人工蓄防洪设施的布局与规划相互协调。

1. 排灌设施

路线不宜压占干渠、支渠；压占时应采取工程措施，保持原过水断面面积。跨越干渠、支渠的桥涵，不宜压缩渠道过水断面。

(1)公路工程可行性研究阶段应调查统计公路压占干渠、支渠的数量。

(2)初步设计阶段应计算统计公路压占干渠、支渠的数量和应采取的处置方案。

(3)施工图设计阶段应具体落实公路压占干渠、支渠的相关措施，恢复农田水利、人工蓄行洪设施的功能。

对排灌设施进行合并、调整或改移设计时，不得影响其原有的排灌功能与要求。

2. 保通措施

公路与已建铁路、航道、电力、电信和输油（气）管道等设施发生交叉或并行时，应注意各种设施的保通措施。

(1)公路工程可行性研究阶段应对走廊带通道内的公路与铁路、航道、电力、电信和输油（气）管道等设施的数量进行统计，分析发生交叉或并行的情况，论证走廊选择的合理性。

(2)初步设计阶段应分析公路与铁路、航道、电力、电信和输油（气）管道等设施发生交叉或并行的情况，提出应采取的保通处置方案。

(3)施工图设计阶段应确定公路与铁路、航道、电力、电信和输油（气）管道等设施发生交叉或并行时的拆迁工程数量，落实各种设施的保通措施。

8.2.3 拆迁与安置

选定路线方案时，宜绕避村镇和敏感建筑物，避免大规模拆迁生产厂矿或重大水利、电力等设施；无法绕避时，应作保护与拆迁等多方案比较。

1. 调查统计

对公路沿线两侧必须拆迁的建筑物应进行调查统计，分类登记造册。

（1）公路工程可行性研究阶段应将工程拆迁的类型和数量作为路线走廊带选择的依据。

（2）初步设计阶段应基本确定工程拆迁和环保拆迁的工程数量，提出宜采取的安置方案。

（3）施工图设计阶段应确定拆迁建筑物的数量；拆迁生产厂矿、水利、电力等设施，宜提出拆迁方案意向性协议。

2. 提出征地补偿安置方案

公路征地拆迁应严格执行国家相关法规，按有关标准计列补偿费用，提出征地补偿和安置方式等建议方案。公路拆迁与安置应作多方调查研究，可征求当地民众与政府意见，结合乡镇建设规划，考虑采取异地集中安置与就地分散安置等不同方案的影响。

8.2.4 保证出行安全

公路选线应注意调查居民聚集区、学校、厂矿等的分布位置，了解人群流向，根据公路等级设置必要的横向通行设施，满足人们出行需要。设置横向通行构造物时，应根据人员出行数量、出行目的以及路网布局确定其位置、规模与结构形式；对于多路合并后设置的通道，应增设必要的连接道。

（1）公路工程可行性研究阶段应调查统计横向通行构造物的数量。

（2）初步设计阶段应基本确定路线交叉和横向通行构造物的位置、形式、主要尺寸，并论证出行与安全影响。

（3）施工图设计阶段应确定路线交叉和横向通行构造物的位置、结构形式和工程数量。

通道内的排水设计应充分考虑积水对安全通行的影响；位于居民聚集区的跨线桥应设置防落物设施。公路通过农田区时，应根据具体情况选择横向通行构造物形式与间距，并与渠道、机耕道等农田基本设施相协调。公路通过牧区时，应考虑放牧转场的需要，并设置必要的设施。

8.2.5 保护人文环境

应充分收集公路沿线风景区等资料，调查文物分布情况，并根据文物保护区的位置和保护级别合理选择路线方案。公路应绕避古文化遗址、古墓葬、古建筑、石窟寺、石刻、壁画、近代现代重要史迹和代表性建筑等省级以上不可移动文物；无法绕避时，设计方案应根据文物保护的级别，经相应的文物行政部门批准。

（1）公路工程可行性研究阶段应进行文物普查，确定文物保护区的位置和保护级别。

（2）初步设计阶段应避让不可移动的法定保护文物，合理确定路线方案与相应的对策。

（3）施工图设计阶段应确定对有冲突的不可移动文物选择进行挖掘、异地恢复或拆除等措施及相应的工程预算。

公路设计应注意妥善处理与当地特殊意义的建筑物及自然景点的关系。服务区、停车区等沿线设施选址宜考虑充分利用自然或人文景点，建（构）筑物风格应与周围环境相协调。高速公路宜考虑设置公共汽车停靠站，方便沿线居民的出行；也可结合服务区等区域或独立设置观景台等休息设施。普通公路宜因地制宜设置停车休息设施及观景台等设施，方便驾乘人员休息。大型桥梁、互通式立交、隧道洞口等大型构造物应考虑美学效果，其形式、布局等宜与当地环境相协调，创造具有独特风格的景观。

8.3 生态环境保护

公路设计应调查公路沿线区域生态环境特征，分析研究当地野生动、植物习性及生长演替规律；对湿地、沙漠、戈壁、高寒等生态敏感与脆弱地区，应论证确定生态环境保护原则。当公路对生态环境中的保护对象产生影响时，应结合受保护对象的特性提出保护方案，将不利影响减少到最低程度。

8.3.1 生物栖境保护

公路中心线距省级（含）以上自然保护区缓冲区的边缘不宜小于100m。当公路必须进入自然保护区时，应遵照国家有关规定执行。

1. 林地

公路通过林地时，应注意保护用地范围内的林木，严格控制林木的砍伐数量，不得砍伐公路用地范围之外不影响行车安全的林木。

(1)公路工程可行性研究阶段应调查占用林地的类型和规模。

(2)初步设计阶段应基本确定林木的砍伐数量和种类。

(3)施工图设计阶段应分别计算统计林木的砍伐数量和种类，对用地范围内可移植或保留的林木应分类统计数量。

2. 草原草甸

公路经过草原草甸时应注意保护腐殖土和地表植被，限制路侧取土；取、弃土场宜选择在地表植被生长差的地方并集中设置，一般宜设置在公路用地界400m以外。

3. 湿地

公路应尽可能绕避法定保护湿地；必须穿过时，应选择影响范围小的位置通过，并采用必要的工程措施，避免造成水环境的重大改变。

4. 野生动物出没路段

在有国家或地方重点保护野生动物出没路段，应设置预告、禁止鸣笛等标志，并根据需要为动物横向过路设置通道。

(1)公路工程可行性研究阶段应调查珍稀野生动物类别及其习性。

(2)初步设计阶段应基本确定重点保护动物类别及其横向过路通道的数量和结构形式。

(3)施工图设计阶段应确定动物横向过路通道的数量、位置、结构形式和工程数量。

8.3.2 水资源保护

1. 调查水资源分布

公路设计应调查和收集公路中心线两侧各200m范围内的地表水资源分布，并调查影响水体的环境功能。

(1)公路工程可行性研究阶段应调查公路拟跨越水体的数量。

(2)初步设计阶段应基本确定公路拟跨越水体的数量和环境功能及应采取的保护措施。

(3)施工图设计阶段应确定公路拟跨越水体的数量、类别和位置，落实保护措施及其工程数量。

2. 保护措施

公路投入营运后，由于车辆在营运过程中，可能会滴漏油类物质，轮胎与路面摩擦会产生橡胶微粒、车辆排放废气中的颗粒物质、运输货物中飞扬的微粒物质等，均可能在路面上形成不同程度的积聚，而这些物质会随降水而形成路面径流。绿化林带有阻隔车辆废气中的颗粒物质直接进入水体的功能。由于生活饮用水和水产养殖水的水质要求高，因而带有污染物质的路面径流不得直接排入这类水域。公路不得占用居民集中地区的饮用水体；当路基边缘距饮用水体小于100m、距离养殖水体小于20m时，应采取绿化带或其他隔离防护措施。在饮用水地下水源保护区内不得设置污染地下水源的渗水构造物。公路在湖泊、水库、湿地等地表径流汇水区通过时，应采取措施防止公路对地表径流的阻隔。公路经过瀑布上游、温泉区等特殊水体时，应采取有效工程措施进行保护。对自然水流形态应进行保护，做到不淤、不堵、不留工程隐患。

公路通过山谷时，应根据山谷宽、深及汇水面积等选择通过方式，有条件时宜优先采用桥梁跨越。对工程废方弃置应做出具体设计，对于临水域的弃渣场，要设置有效的拦挡措施，避免阻塞河道水流或造成水土流失。

8.3.3 公路路基生态环保

由于公路路基直接占地、改变地形地貌以及路基的阻隔等，对生态环境产生较大影响。公路设计及施工应保护好沿线生态环境和人文环境，不但要避免对沿线环境的破坏，而应把公路塑造成最好的人工环境。

(1)路基废方弃置应做出设计，是指对弃方堆放的地理位置、堆放形状以及堆方表面的处置，如绿化覆盖、梯形码砌等做出设计。有条件时可将废方堆放在路基侧，使之形成人造挖方路段。

(2)应对路基边坡进行植草、植树绿化，防止水土流失，降低噪声污染。

(3)路基应设置边沟、截水沟、排水沟，避免边坡崩塌、滑坡产生。应采取措施隔离路表污水，应对设置的排水构造物进行防渗处理。

(4)对施工临时用地,先将原表层熟土集中堆放,待施工完毕后,再将这些熟土推平,恢复原地表层。

8.4 环境污染防治

公路建设项目应防治交通噪声、施工作业噪声对声环境的污染;混合料搅拌站(场)的烟尘和施工扬尘、沿线设施范围排污对空气的污染;公路沿线的生活污水、施工废水和工程废渣等对水环境的污染、对景观环境的污染等。

8.4.1 设计要求

公路环境污染防治应针对环境敏感点进行设计。公路环境敏感点是指环境受到污染后,严重威胁到人的健康和生存的地区(点),如声环境敏感点、空气环境敏感点及水环境敏感点。

1. 环境污染敏感点

(1)声环境敏感点:如学校、医院、疗养院、城乡居民聚居区和有特殊要求的地区。

(2)环境空气敏感点:如学校、医院、疗养院、城乡居民聚居区和有特殊要求的地区。

(3)水环境敏感点:如饮用水源保护区和有特殊要求的水体。

2. 环境污染防治设计规定

①以国家或地方污染物排放标准为设计依据。

②依据环境影响评价文件确定的防治目标,提出技术经济合理的治理方案。

③优先考虑调整线位,或利用地形、公路结构物减缓环境影响。

3. 特殊环境保护设计规定

公路对交通振动、电磁辐射,以及危险化学品生产装置和储存设施等的距离有特殊要求的环境敏感点,应符合国家现行的有关规定。公路经过具有放射性污染源的区域时,环境保护设计应符合国家现行的有关规定。

8.4.2 声环境污染防治

噪声是声源向空中以弹性波的形式辐射出去的一种压力(脉动),在环境中不积累,当声源停止时,噪声也会停止。对任何噪声的控制,都要从声源、传播途径和授者三个方面去考虑。首先是降低噪声,如果做不到,再考虑在传播途径中治理和接收者的个体防护。公路设计要创造吸声、消声有利于降低噪声的环境。

根据公路建设项目环境影响评价文件,对需要进行防治设计的声环境敏感点应进行降噪综合防治设计,并提出分期实施方案。交通噪声污染防治措施应根据环境敏感点的性质、位置、规模、当地条件及工程特点进行工程费用与环境效益分析,综合比较确定。防治对策主要有:调整公路线位;利用工程弃方降噪;建筑物设置隔声设施;设置声屏障;栽植绿化林带;拆迁建筑物或调整其使用功能。

1. 调整公路线位

结合工程条件进行技术经济分析,调整公路线位,减缓公路交通噪声影响。线位调整的距离应依据公路建设项目环境影响报告书交通噪声预测结果,参考预测的路边交通噪声级,按距离倍减量3.0~4.5dB计算。公路中心线距居民聚居区宜大于100m,距医院、疗养院、学校宜大于200m。

2. 利用工程弃方降噪

利用弃方、固体废弃物进行降噪设计,应对用地的可行性进行分析论证,并注重与景观协调。

(1)工程弃方堆筑的高度和长度可参照规定设计,其边坡坡度应根据当地土质条件、地形、地物等因素确定,堆筑体应保证稳定。

(2)采用建筑垃圾或工业废渣等废弃物堆筑时应用土壤包覆,不得外露,并及时绿化。

(3)堆筑体表面应绿化,有条件时应在其表面及周围作美化栽植。

3. 建筑物设置隔声设施

环境敏感点规模较小或建筑物高度较大时,可设置建筑物隔声设施,其主要措施有封闭阳台、设置双层窗、封闭外走廊及加设外墙等。

4. 设置声屏障

公路距环境敏感点较近、用地受限且环境噪声超标5dB以上时,可采用声屏障。声屏障设计应符合以下规定:

(1)可参照现行《声屏障声学设计和测量规范》(HJ/T 90—2004)的有关规定。

(2)路堤地段声屏障应设在靠近声源处,声屏障内侧距路肩边缘不宜大于2.0m;路堑地段宜设在靠近坡顶1.5~2.5m处;桥梁地段可结合护栏一并设置。

(3)声屏障高度不宜超过5m;当噪声衰减需要声屏障高度超过5m时,可将声屏障的上部做成折形或弧形,将端部伸向公路,以增大有效高度。

(4)声屏障的外延长度不宜小于受保护对象到声屏障距离的2倍;当声屏障长度大于1km时,应设紧急疏散口。

(5)声屏障材料应具备隔声、高强、低眩、耐久、耐火、耐潮等性能,单位面积质量应大于10kg/m^2。

(6)声屏障临近公路一侧的表面应减少对声波、光波的反射,其形式和色彩应与周围环境相协调。

(7)声屏障结构设计应做强度计算和抗倾覆稳定性验算。

5. 栽植绿化林带

城镇、风景区附近或有景观要求路段,宜采用绿化林带。绿化林带设计应符合以下规定:

(1)绿化林带应结合自然环境、公路景观、水土保持规划等进行栽植。

(2)绿化林带宽度不宜小于10m,长度不应小于环境敏感点沿公路方向的长度,并根据当地自然条件选择枝繁叶茂、生长迅速的常绿树种;乔、灌木应搭配密植,乔木高度不宜低于7.0m,灌木不低于1.5m。

6. 拆迁建筑物或调整其使用功能

拆迁建筑物或调整其使用功能可作为公路交通噪声污染防治措施的比选方案之一,应通过技术、经济比选和征求业主意见后确定。

公路施工组织设计中应对环境敏感点附近路段施工期间产生强噪声辐射的施工机械作业时间、施工方式等做出规定,施工场界噪声级应符合现行《建筑施工场界噪声限值》(GB 12523)的规定。

7. 降噪路面

公路上随着行驶速度的提高,轮胎噪声越来越大。因此直接修建低噪声路面有很大意义。所谓低噪声路面,也称多空隙沥青路面。它是在普通沥青路面或水泥混凝土路面或其他路面结构层上铺筑一层具有一定空隙率的沥青混合料,其空隙率通常在15%~25%之间,有的甚至高达30%。根据表面层厚度、使用时间、使用条件及养护状况的不同,与普通的沥青混凝土路面相比,此种路面可降低轮胎噪声3~8dB(A)。所以,采用这种路面是降低道路噪声、保护环境的一项重要措施。其优点是由于混合料孔隙率高,不但能降低噪声,还能提高排水性能,在雨天能提高行车的安全性。缺点是集料、黏结料要求高,水稳定性要求高;使用一段时间后,孔隙易被堵塞,耐久性差。

8.4.3 空气污染防治

公路宜结合景观绿化设计,选择有吸附或净化能力,且适合当地气候、土壤条件的草木、灌木和乔木栽植绿化林带减轻空气污染。在用地许可时,可种植多层次的绿化林带。

8.4.4 水环境污染防治

公路沿线设施排放的污水和施工期间排放的废水应符合国家和地方有关规定。

1. 保护饮用水源规定

公路经过饮用水水源地及对水环境质量有较高要求的水体时,应符合以下规定:

(1)公路线位应设置在饮用水水源一级保护区以外。

(2)经过饮用水水源保护区时,应在驶入和驶出点设置警示标志牌。

(3)在饮用水水源保护区内不得设置沥青混合料及混凝土搅拌站;不得堆放或倾倒任何含有害物质的材料或废弃物;不得在饮用水水源保护区内取土、弃土,破坏土壤植被。

(4)经过饮用水水源保护区、执行《地表水环境质量标准》(GB 3838)Ⅰ~Ⅱ类标准(Ⅰ类是源头水、国家自然保护区;Ⅱ类是集中式生活饮用水水源地一级保护区、珍贵鱼类保护区、鱼虾产卵场等)的水体及《海水水质标准》(GB 3097)中的一类(适用于海洋渔业水域海上自然保护区和珍惜濒危海洋生物保护区)海域时,路面径流雨水排入该类水体之前应设置沉淀池处理。

(5)公路桥梁跨越饮用水水源保护区、执行《地表水环境质量标准》(GB 3838)Ⅰ~Ⅱ类标准的水体及《海水水质标准》(GB 3097)中的一类海域时,桥面排水宜排至桥梁两端并设置沉淀池处理。

2. 污水处理规定

沿线设施污水处理应符合以下规定:

(1)沿线设施污水的处理及排放应根据受纳水体的功能确定。

(2)沿线设施污水用于农田灌溉时,应符合现行《农田灌溉水质标准》(GB 5084)的规定;当地下水埋藏深度小于1.5m时,不应使用污水灌溉。

(3)当沿线设施污水用于回用时,其水质应满足现行《城市污水再生利用　城市杂用水水质》(GB/T 18920)的要求。

8.5 绿化设计

公路绿化有防治水土流失、保护生态环境,改善视觉效果、保障行车安全两大作用。公路绿化还有观赏价值,主要在于观形、观花、观果和观叶。

8.5.1 设计要求

绿化是指人工栽种植物以改善环境的活动,按区域范围分类,主要有国土绿化、城市绿化、四旁绿化(村旁、宅旁、道旁、水旁)、公路绿化。绿化改善环境,包括改善生态环境和一定程度的美化环境。

1.绿化设计概念

绿化设计是针对一定的地域范围,运用园林艺术和工程技术手段等创作美的境域进行栽种植物以改善环境的活动。绿化设计概念有园林绿化、公园绿化、景观绿化、小区绿化、公路绿化等。

(1)园林绿化注重精神需求,在实现生态效益的基础上,特别强调创造艺术效果和综合功能。

(2)公园绿化注重绿树成荫,花草茂盛,集宣传展览、文娱体育、园林绿化、游乐活动于一体的综合性场所。

(3)景观绿化注重景观和绿化合二为一,以景点为对象,两者搭配协调。

(4)小区绿化应达到净化空气、减少噪声、使人心情舒畅、精神振奋,提高工作、学习效率的效果。小区内可以有景观及景观绿化。

(5)公路绿化注重植物栽植的环保功能,充分考虑动态条件下驾乘人员的视觉效果、心理反映,而且要保证行车视距要求和行车安全。

2.公路绿化设计原则

在公路绿化工程设计中,应注意贯彻执行以下原则:

(1)植物多样性原则。植物包括树木、灌木、藤类、青草等生物,应根据公路沿线特点综合考虑配置植物种类。

(2)长期稳定原则。植物选定与组合要符合长期稳定原则,即设计合理的植物群落演替方案,与路外保持生态平衡,易于养护管理。

(3)提高景观质量原则。是合理规划,使公路人文景观与自然景观相互协调与和谐,改善环境。

(4)经济可行原则。即要在有限的资金条件下,优化设计,结合自然恢复和人工种植等多种方法,实施生态工程。

(5)功能效率原则。即在保证公路功能的前提下,增加和强化水土保持,保护生态环境,改善视觉效果,保障行车安全。

(6)最大恢复原则。在公路设计中应尽可能的最小破坏沿线植被和最大限度绿化的原则。

3.绿化设计规范要求

公路工程应根据自然环境、用地条件,结合水土保持和景观要求,因地制宜进行绿化设计。公路工程应利用绿化缓解因公路建设给沿线带来的影响,有条件时应结合防护工程进行绿化设计,保护自然环境,改善景观。

1)与自然环境相协调

公路绿化设计应根据车速与视点不断移动的特点,考虑动态视觉与心理效果,做到尽量与周围景观、自然环境相协调。

(1)公路绿化应结合地形、地区的特点,尽量改善环境,协调景观,并注重服务区、管理区、隧道洞口的绿化设计。

(2)以保护自然环境为目的的绿化设计,应充分结合地区特性、沿线条件进行。

(3)公路绿化不得遮挡交通标志。

2)绿化常用物种

公路绿化常用物种应根据气候、土壤、防治污染的要求等立地条件和功能要求进行选择。其要求如下:

(1)具有较强的抗污染和净化空气的功能。

(2)具有苗期生长快、根系发达、能迅速稳定边坡的能力。

(3)易繁殖、移植和管理,抗病虫害能力强。

(4)能与附近的植被和景观协调。

(5)应充分考虑植物的季相景观效果。

(6)尽量采用乡土物种。

3)保护环境绿化

公路绿化设计应按保护环境和改善环境等功能要求,全面分析、突出重点,合理选择设计方案。保护环境绿化应以降噪、防尘、防止水土流失和稳定边坡为重点。其要求如下:

(1)位于风沙或多雪等地区的公路沿线,有条件时宜栽植防护林带。

(2)公路从学校、医院、疗养院或居民聚居区等环境敏感点附近通过时,宜栽植绿化林带防尘降噪。

(3)公路路基、弃土堆、隔声堆筑体等边坡坡面宜及时绿化。

4)改善环境绿化

改善环境绿化应以改善视觉环境、有利行车安全为重点。其要求如下:

(1)在小半径竖曲线顶部且平面线形左转弯的曲线路段,为诱导视线,宜在平曲线外侧以行植方式栽植中树或高树。

(2)在隧道洞口外两端光线明暗变化段,宜栽植高大乔木进行过渡。

(3)在中央分隔带、主线与辅道或平行的铁路之间,可栽植常绿灌木、矮树等,以隔断对向车流的眩光。

(4)在低填方且没有设护栏的路段或互通式立交出口端部,可栽植一定宽度的密集灌木或矮树,对驶出车辆进行缓冲保护。

(5)对公路沿线各种影响视觉景观的物体,宜栽植中低树进行遮蔽;有条件时,公路声屏障宜采用攀缘植物予以绿化或遮蔽。

(6)在公路用地边缘的隔离栅内侧,宜栽植刺篱、常绿灌木及攀缘植物等,以防止人或动物进入。

5)总体设计

公路绿化应与沿线环境和景观协调,并考虑总体环境效果。

(1)公路通过林地、果园时,除因影响视线、妨碍交通或砍伐后有利于获得视线景观者外,应充分保留原有树木。

(2)公路通过草原和湿地时,应选择乡土物种进行绿化。

(3)公路绿化宜结合当地区域特征,分段栽植不同的树种,但应避免不同树种、不同高度、不同冠形与色彩频繁变换而产生视觉景观的混乱。

(4)公路管理养护区、服务区、停车区和互通式立交等区域的绿化设计,应根据总体布局,结合当地自然景观和人文景观,与周围环境相协调。

4. 公路绿化设计内容

公路是一个线形构造物,跨越不同地域,遇有不同的环境条件和植物生长条件。绿化设计应遵从设计原则进行总体布局。

1)边坡生态防护设计

公路边坡绿化应综合考虑稳定路基、防止水土流失和美化景观等功能,宜与原地貌融为一体。由于是在坡面绿化,立地条件亦较差,一般不具备灌溉条件,因此边坡绿化有较大的难度。在设计中应做到如下要求:

(1)公路边坡绿化应根据边坡坡度、坡面土质等因素优选适宜于本地生长的物种。边坡的种植除应达到景观美化效果外,还应与工程防护相结合,起到固坡、防止水土流失的作用。

(2)对于较矮的土质边坡,种植草坪或栽植匍匐类植物,较高的土质边坡可用三维网、土工格室等方法种植草坪。高的石质破碎边坡可用厚层基材喷播的方法进行边坡防护。

(3)对于挡土墙、浆砌护坡、石质边坡上,用藤类植物进行垂直植被绿化。挖方边坡一般在坡脚和第一级平台砌种植池,栽植攀缘植物、灌木及垂挂植物。

(4)当路基高度较低并采用浅碟式边沟时,边坡的绿化应与边沟统一考虑。

(5)采用草灌结合或多种形态植被进行边坡绿化时,应使边坡绿化本身自然,还应与周围环境达到过渡自然。

2)路侧林带设计

在公路旁多行栽植乔木,形成路侧林带,设计中应做到如下要求:

(1)路侧林带栽植的目的在于防止水土流失、防风、防沙,视线引导、遮蔽、降噪,以美化路容为主,兼具防护、恢复和改善沿线环境的功能。

(2)用“前低后高”的树间观赏方式,离路越近,效果越好。应注意下部树枝和远方景观相衬托,形成绿色长廊。

(3)植物品种以乔木为主,常绿、落叶间植,观叶、观花植物间植,季节分明,美观实用,令人赏心悦目。

(4)在隔离栅内栽种分枝多而密的有刺植物,成行多排栽植。路堤水沟内侧建议栽种常绿大乔木,水沟外侧、隔离栅以内栽种落叶乔木。

3)路基边坡平台设计

公路路基的一、二级边坡平台上的绿化功能是美化、视线诱导。栽种植物以灌木为主,可选用“上攀下垂”方式;种植物可选择抗干旱、耐瘠薄、少修剪、易养护的品种,条件许可的地方可选用有色或开花植物。

4)中央分隔带设计

中央分隔带主要功能是让车辆分道行使。中央分隔带绿化设计应与自然和经济条件相适应,应做到如下要求:

(1)中央分隔带植树的目的是防眩光、诱导视线和改善景观。

(2)绿化植物种类应选择低矮缓生、抗逆性强、耐修剪的植物,应选择四季常绿的植物。

(3)可采用不同品种的植物相间种植,可丰富公路景观,还能达到景随路移的效果。

(4)中央分隔带裸露的地面,应用草皮覆盖。草种要选择低矮、缓生类。

5)互通立交区设计

在高速公路绿化工程设计中,互通立交区的绿化设计是十分重要的,应遵循以下要求:

(1)按园林绿化要求设计,并与附近的环境、景观、植被相协调。应注意立交区绿化的“瞬间视觉”效果,图案构成以粗犷、简洁明快的大色带为主。

(2)在减速车道、加速车道等处,应进行指示诱导栽植。

(3)采用乔、灌、草相结合的形式,复层搭配植物景观。

(4)应采用本土特色树种,尽可能反映当地的历史文化特点和民族风情。

绿化设计时,应多采用片植形式,形成较大的色块和线条,达到良好的视觉效果。如图 8-1 所示。绿化设计应以植被恢复、美化为依托,树立大环境、大生态绿化的思想,巧妙利用地形,因地制宜进行绿化,充分展现地方特色和风貌。

6)管理处绿化设计

管理处的绿化设计应遵循以下要求:

(1)管理处绿化划分为管理园地和休息园地两部分。

(2)管理园地绿化应充分体现公路行业“安全、高效、快捷”特点,视线开阔,切忌繁杂。停车场内应种植高大乔木庇荫,管理用房可考虑攀缘植物垂直绿化。

(3)休息园地采用园林绿化方式,植物以开花、有色品种为主,常绿、落叶相结合,辅以庭园灯、凉亭、踏步、山石、长凳回廊等,达到美化环境的效果。

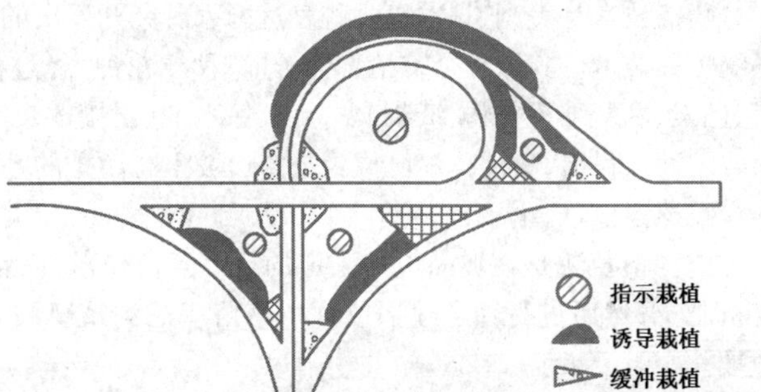

图 8-1　立体交叉绿化示意图

7)服务区收费站绿化设计

对公路的服务区、停车区、收费站绿化的目的是为工作人员及驾乘人员提供一个舒适、优美、亲近自然的工作生活环境。设计中应针对小区域的不同功能和特点进行设计,采用动态景观与静态景观配置相结合,以大面积草坪为底色,通过花草、树木、水景、石景、曲桥、亭廊等造景手法进行设计布局。设计应遵循以下要求:

(1)应充分考虑到遮蔽、绿荫、引导和景观等功能,园地应由树木和草坪组成,简洁明快。

(2)应通过种植高大乔木,修建庭院灯、长凳、野外桌、凉亭等为驾乘人员休息所用。

(3)应保护好原存的大树、名贵树种。有条件的区内绿化,可通过植物造型栽植,如植字、拼图案等突出地方特色。

8)取弃场绿化设计

取土场、弃土场的绿化应结合区域自然环境,与周围地形相协调,与水土保持设计综合考虑,有条件时优先进行复耕。其要求如下:

(1)公路视线之内的取弃土场绿化,宜在防治水土流失的基础上,结合景观设计要求,选择相应的物种进行立体绿化。

(2)公路视线之外的取弃土场绿化设计,可选用与周围环境相协调的物种进行绿化,重点防治水土流失。

(3)树木品种应选用适宜当地生长、抗性强、易管护、具有经济价值的品种。以自然栽植为主,栽植前应挖坑、换填土、施足底肥。

8.5.2 植草工程

在设计植草时,首先应了解当地的土壤、气候、地质及植被等特点,然后根据设计要求进行草种和组合选择。

1. 草种

草种主要种植在草坪、缓坡和低丘上。草种类型较多,如表8-1所示。

草种类型　表8-1

名称	生长地区	生长环境	高度 m	作用或特点	景观
结缕草	黄河以南	喜阳、耐寒、耐旱			根系发达,宜形成草坪
天鹅绒草	长江以南	喜温、湿气侯、耐踩			匍匐茎发达,宜形成草坪
羊胡子草	华北西北东北	耐寒、耐阴,不耐踩			绿色期长,宜形成草坪
野牛花	全国各地	喜旱,耐寒,耐踩			匍匐茎发达,宜形成草坪
白车轴草	东北华北西南	耐半阴,耐寒,耐旱	0.3~0.6	白色花5~6月	宜地被,固持水土
地毯草	华南	阳性,喜温湿,侵占力	0.15~0.5	宽叶低矮	固土护坡草坪
野牛草	北方广大地区	阳性,耐寒耐旱	0.05~0.25	叶细灰绿色	固土护坡草坪
狗牙根	华东以南地区	阳性,喜湿耐热	0.1~0.4	叶绿低矮	宜游憩,运动场草坪
细叶结缕草	长江以南	阳性,耐湿,耐践踏	0.1~0.15	叶极细低矮	宜观赏、游憩,护坡草坪

2. 铺草皮

草皮是人工培育的绿色植物,是连带薄薄的一层泥土铲下来的草,用来铺成草坪,美化环境。草皮不适宜在陡坡和岩石边坡上种植。草皮的起皮到移栽过程,一般不超过24h;满植时要压紧,在草皮返青前要每日浇水一次。

3. 喷播植草

喷播技术是美国、日本等一些发达国家研究开发出的一种防止水土流失、稳定边坡的机械化快速植草植被恢复系统工程技术。其原理是将植物种子(草种或花种)经过科学处理后,混入水中,并配以一定比例的专用配料(如肥料、色素、木纤维覆盖物、纸浆、黏合剂、保水剂、土壤改良剂等),通过喷播机的搅拌,利用高压泵的作用,喷播在地面或坡面。目前,喷播技术已成为公路边坡生态防护的基本手段。

4. 挖沟植草

挖沟植草法是在坡面上按一定的行距开挖楔形沟,在沟内回填适宜于草类生长的土壤、养料、土壤改良剂等有机肥土,然后进行种子喷播或种植草苗。挖沟植草技术要求不高,工程造价低,适用于坡度≤45°且较稳定的边坡。

5. 稻草种子带

稻草种子带是一种植生带,是在平整好的坡面进行铺整的生态防护绿化方法。草种附着在稻草种子带上,其结构是四层材料从上到下分别为稻草帘子→可溶性纸→种子、肥料→可溶性纸。稻草种子带优点如下:

(1)对高温和寒冷气候的抵抗能力比较强,能以保温效果保护种子,并有助于其生长。

(2)稻草可以改良土壤,因为稻草腐烂后的有机质可以改变土壤的理化特性。

(3)以特有的保水性维持土壤水分,一定程度上可以保证植物的水分需求。

(4)用稻草编的草帘,还没有形成绿地前,可以防止暴雨时的草种流失。

(5)第二次补种的乡土草种易混入土壤,并有助于原草种的生长,因此与周围环境和谐。

(6)稻草可以降解,不存在污染问题。

6. 草种附着袋

草种附着袋是一种植生袋。其原理是将土和种子放入袋中,在需要防护的坡面将袋子堆垛固定,浇水后袋中的种子发芽形成植被,从而达到绿化和防护的目的。草种附着在稻草种子袋内,其结构是四层材料从上到下分别是袋子→可溶性纸→种子、肥料→可溶性纸。

7. 三维植被网

三维植被网是以热塑性树脂为原料精制而成的三维结构的塑料网层。它无腐蚀性，化学性质特定，对大气、土壤、微生物呈惰性反应。三维植被网的底层为基础层，采用双向抗拉技术，强度高，可以防止植被变形，并能有效防止水土流失。表层为一个起泡的网包层，不仅可网着一层泥土，增加边坡土壤厚度，从而达到改善植物立地条件的目的，而且可以稳定边坡小规模塌方和防止滑坡。三维植被网一般不用在砂岩边坡，只适用于页岩和土质边坡。但砂岩和页岩相间的岩石边坡也可以使用。

8. 厚层基材喷播

厚层基材喷播是将由有机质土、长效肥、速效肥、黏结剂、保水剂及凝固剂和草籽等按一定比例组成并搅拌均匀的有机基材，通过专门喷播机喷播在挂有铁丝网的坡面上。草皮长成后，发达的根系可通过基材深入到岩体的节理和裂隙中，能达到永久固坡和美化环境的双重目的。当边坡陡于1:1时，一般应在坡面上挂底网。底网分为铁丝网和土工网，网径一般应大于5cm，底网通过锚杆固定在坡面上。厚层基材的主要作用是改良土壤，提供植物生长基盘。对于坡比陡于1:0.5的路堑岩质边坡，厚层基材喷播植草绿化和其他绿化方法相比，优势明显，因而它适用于坡比1:0.5~1:1的稳定岩石路堑边坡。

9. 等离子喷播

等离子喷播是在厚层基材喷播的基础上发展起来的新技术。等离子α无机固化材料，是为了把植物生长基盘半永久的附着在坡面上的侵蚀防止剂。它最大的特征是与岩土粒子有机的结合。一般基材喷播与等离子喷播比较如表8-2所示。

一般基材喷播与等离子喷播对比 表8-2

对比内容	一般基材喷播	气压等离子喷播
喷播流失	可用率低、易流失	凝结快，一次能喷很厚
底网	有底网，容易老化和侵蚀	无底网，随着降雨基盘材料中的氧化铝，二氧化硅和钙反应后形成针状的结晶更增加了强度，使侵蚀更加困难
保水能力大小	夏天抗旱力弱，容易枯萎	水分蒸发少。减少了洒水的必要性，不需选择施工季节
施工的价格	降低成本有限	不需除废土和挂网工序，较经济

10. 土工格室植草

土工格室植草的原理是利用土工格室作为固土手段的边坡绿化技术。它采用锚杆将土工格室固定于坡面上，格室内填充种植土，形成草生长的基层，然后挂三维植被网，进行均匀喷播绿化。该方法能使不毛之地的边坡充分绿化，带孔的格室还能增加坡面的排水性能。该绿化方法适用于坡比不陡于1:0.75的各类边坡。

8.5.3 植灌工程

灌木是指没有明显的主干、呈丛生状态的树木，一般可分为观花、观果、观枝干等几类，矮小而丛生的木本植物。

1. 灌木种类

常见灌木有常绿和落叶两种，如表8-3、表8-4所示。

常绿灌木 表8-3

名称	生长地区	生长环境	高度m	作用或特点	景观
黄杨	长江以南	喜阳、温湿	1~3	抗污染，吸收有害物质	
夹竹桃	华北以南	喜温湿	2	抗污染，吸收有害物质	
海桐	长江以南	喜阳、喜温湿	3	抗污染，吸收有害物质	
苏铁	华南、西南	中性，喜温湿	3	姿态优美	观赏，盆栽、盆景
石楠	华东中南西南	弱阳性，喜温暖	3~5	嫩叶红色，秋冬红果	观赏，丛植
构骨	长江中下游	弱阳性，生长慢	1.5~3	抗有毒气体，绿叶红果	基础种植，丛植盆栽
南天竹	华北华南	耐阴，喜温湿	1~2	枝叶秀丽，秋冬红果	庭园观赏，丛植
凤尾兰	华北华南	阳性，喜亚热带气候	1~3	花乳白色，夏、秋	庭园观赏，丛植
丝兰	华北华南	阳性，喜亚热带气候	0.5~2	花乳白色，6~7月	庭园观赏，丛植
棕竹	华南西南	阳性，不耐寒	1.5~3	观叶	观赏，丛植，盆栽

落叶灌木　　表 8-4

名称	生长地区	生长环境	高度 m	作用或特点	景观
太平花	华北	喜阳,耐旱	3	吸收有害气体,抗污染	乳白色花,5~6月
月季	全国各地	喜阳、喜温		对有机物有较好的抗性	花开5~10月
迎春	华东华北西南	喜湿,耐旱耐寒	3	抗污染	花淡黄,2~4月
木槿	全国各地	喜温湿	5	花白或紫色,抗污染	6~9月
黄刺玫	东北华北西北	喜阳,耐旱耐寒	1.5~2	花黄色,4~5月	丛植
小冠花	全国各地	适应性强		抗污染,根系发达	花多色,花期长
紫薇	华北以南	喜温,耐寒		抗污染	
珍珠花	东北至华南	阳性,喜温,耐寒	1.5~2	花小,白色,4月	丛植
绣线菊	华北西北东北	中性,喜温	1~1.5	花小,白色,4月	丛植
榆叶梅	东北华北西北	弱阳性,耐旱耐寒	1.5~3	花粉、紫红,4月	丛植、列植
火棘	长江流域	阳性,喜温	2~3	春白花,秋冬红果	基础种植,岩石园
山楂	东北华北	弱阳性,耐旱耐寒	3~5	春白花,秋红果	果树
海棠	长江流域	阳性,喜温,耐寒	1~2	花粉、红,4月,秋果黄色	庭园观赏
紫荆	华北西北华南	阳性,耐旱	2~3	花紫红,3~4月	丛植
锦鸡儿	长江流域	中性,耐旱耐寒	1~1.5	花橙黄,4月	岩石园,盆景
胡枝子	东北黄河流域	中性,耐旱耐寒	1~2	花紫红,8月	护坡,林带下木
红端木	东北华北	中性,耐寒耐旱	1.5~3	茎枝红色,果白色	草坪丛植
锦带花	东北华北	阳性,耐旱耐寒	1~2	玫瑰红,4~5月	草坪丛植
杜鹃	长江以南	中性,喜温湿	1~2	深红色,4~5月	盆栽
鸡爪槭	至长江流域	中性,喜温	2~5	秋叶红色	盆栽
小蜡	长江以南	中性,喜温,耐寒	2~3	白色,5~6月	绿篱
小叶女贞	长江流域	中性,喜温,耐寒	1~2	白色,5~7月	绿篱
丁香	东北华北西北	弱阳性,耐旱	2~3	紫色,香,4~5月	草坪丛植
连翘	北方	阳性,耐旱耐寒	2~3	黄色,3~4月,	丛植
小檗	长江流域	中性,耐寒	1~2	淡色,5月,秋果红色	绿篱

2. 路基植灌

路基植灌包括中央分隔带植灌、碎落台和边坡平台上植灌。中央分隔带种植单元的长度应根据设计速度和公路等级合理确定,中央分隔带宽度小于或等于3m时,绿化植物宜采用规则式布置,以篱状为主,标准栽植间距为1~1.5m/株;中央分隔带宽度大于3m时,绿化植物宜采用自然式布置。为确保灌木生长良好,必须回填土质肥沃、颗粒度小、透气、排水性好、酸碱度(pH)适中的田园熟土。

公路路基的碎落台和一、二级边坡平台栽种植物以灌木为主。对于较矮的土质边坡,可结合路基栽植低矮的花灌木。北方根据冬季雪大的特点,边坡栽植花灌木间距以5~6m为宜,防止路面积雪。南方边坡栽植花灌木间距以2~3m为宜。

3. 互通及管理区植灌

互通绿化设计应服从交通功能,在保证交通安全、增加导向标志的前提下,构图可以根据立交特点,以图案简洁、空间开阔为主,可选择一些常绿灌木进行大片栽植,构成宏伟图案,适当点缀一些季节有变的色叶木和花果植物。管理处、停车区、服务区的四旁绿化设计也可种植灌木,设计上以简洁、明快、整齐、流畅的整形栽植和色块为主。

8.5.4 植树工程

公路植树目的在于通过绿化提高安全性和道路舒适性,缓解公路施工后对沿线植被生态造成的破坏,保护自然环境。

1. 树种

常见乔木有常绿和落叶两种,如表8-5、表8-6所示。常见小乔木也有常绿和落叶两种,如表8-7、表8-8所示。

常绿乔木　表8-5

名称	生长地区	生长环境	高度(m)	作用或特点	景观
罗汉松	华东中南	喜温湿	16～25	抗污染,对二氧化硫抗性强	园景树
松柏	华北华东四川	喜阳,耐旱耐热	20	抗污染,具有吸尘降噪作用	园林树
桉树	华东华南西南	喜阳,喜温湿	38	具有中等抗污染能力	叶深绿,冠圆形
银桦	华东西南	喜阳、温湿	20	抗污染,吸收空气有害物质	
马尾松	长江流域	强阳性,喜温湿	30		造林绿化,风景林
雪松	北京大连	弱阳性,不耐寒	15～25	抗污染,树冠圆锥形	园景林,风景林
杉木	长江中下游	中性,喜温湿,速生	25	树冠圆锥形,造林绿化	园景树
广玉兰	长江以南	阳性,喜温湿,抗污染	15～25	花大,白色,6～7月	庭荫树,行道树
白兰花	华南	阳性,喜暖热,不耐寒	8～15	白色,浓香,5～9月	庭荫树,行道树
樟树	长江珠江流域	弱阳性,耐温湿	10～20	树冠卵圆形	行道树,风景林
洋紫荆	华南	阳性,喜温,不耐寒	6～8	粉红色花,春末	行道树,风景树
榕树	华南	阳性,喜暖热多雨气候	20～25	树冠大而圆整	行道树,园景树
白千层	华南	阳性,喜温,耐旱	20～30		行道树,防护林
桂花	长江流域	阳性,喜温湿		花黄,白色,浓香,9月	
棕榈	长江流域	中性,喜温湿	5～19	抗有毒气体	行道树,丛植盆栽
蒲葵	华南	阳性,喜温	8～15	抗有毒气体	行道树,丛植盆栽
王棕	华南	阳性,喜温,不耐寒	15～20		行道树,园景树

落叶乔木　表8-6

名称	生长地区	生长环境	高度(m)	作用或特点	景观
水杉	中南华东西南	喜阳、喜温湿	30～40	对二氧化硫抗性弱,降噪	
金钱松	长江流域			对二氧化硫抗性弱	树冠呈圆锥形
白桦	北方地区	喜阳,耐寒	15		树冠为长圆球形
垂柳	长江流域	喜阳,适应性强	18	抗污染,能吸收有害物质	
榆树	全国各地	喜阳,适应性强		抗污染,耐烟尘,吸滞尘埃	
枫杨	南方各地	喜阳、喜温湿	30	抗污染	
槐树	全国各地	喜阳,耐旱耐寒	10～15	抗污染,吸收有害气体	
杨树	北方各地	喜阳,耐旱耐寒		抗二氧化硫	
白蜡	全国各地	喜阳,喜温湿	15	抗烟尘,抗二氧化硫	秋叶黄色
银杏	华北华南	阳性,耐寒	20～30	抗有毒气体,秋叶黄色	行道树,丛植
凤凰木	两广南部	阳性,喜温,速生	15～20	花红色美丽,5～8月	观赏树,行道树
青杨	华北及西北	阳性,耐旱,生长快	30		行道树,防护林
胡桃	华北西北西南	阳性,耐旱耐寒	15～25		行道树,干果树
杜仲	长江流域	阳性,喜温,耐寒	15～20		行道树
梧桐	长江流域	阳性,喜温湿,怕涝	10～15	抗污染,叶大荫浓	行道树
木棉	华南	阳性,喜温耐旱,速生	25～35	花大,红色,2～3月	行道树,观赏树
沙枣	西北华北东北	阳性,耐旱	5～10	叶银白色,花黄色,7月	风景林
栾树	长江流域	阳性,耐寒,耐旱	10～12	抗烟尘,花金黄,6～7月	行道树,观赏树
无患子	长江以南	弱阳性,喜温湿	15～20	抗风,树冠广卵形	行道树
火炬树	全国各地	阳性,抗旱,适应性强	4～6	秋叶红艳	风景林,荒山造林

常绿小乔木　表8-7

名称	生长地区	生长环境	高度(m)	作用或特点	景观
枇杷	南方各地	弱阳性,喜温湿	4～6	叶大荫浓,初夏黄果	果树
雀舌黄杨	长江以南	中性,喜温	0.5～1	枝叶细密	丛植,绿篱,盆栽
女贞	华北西北西南	喜阳,喜湿	2～3	抗污染,吸收有害气体	
铺地柏	长江流域	阳性,耐旱耐寒	0.3～0.5		匍匐灌木,岩石园
凤尾兰	华北华南	阳性,喜亚热带气候	1～3	花乳白色,夏、秋	庭园观赏,丛植

落叶小乔木 表8-8

名称	生长地区	生长环境	高度(m)	作用或特点	景观
龙爪槐	华北等地	喜阳、湿润气候			枝似龙爪下垂
紫穗槐	北方	喜阳,耐寒	4	抗污染,吸收有害气体	花暗紫色
玉兰	华北华南西南	阳性,耐阴,耐寒	4~8	花大洁白,3~4月	对植,列植
杏	长江流域	阳性,耐旱耐寒	5~8	花粉红,3~4月	片植,果树
桃	华北华北华南	阳性,耐旱	3~5	花粉红,3~4月	片植,果树
碧桃	东北华北华南	阳性,耐旱	3~5	花粉红,3~4月	片植,列植
紫叶李	长江流域	弱阳性,喜温湿,耐寒	3~5	叶紫红,花粉红,3~4月	庭园点缀
樱花	长江流域	阳性,较耐寒	3~5	花粉白,4月	丛植,行道树
榆叶梅	东北华北西北	弱阳性,耐旱耐寒	1.5~3	花粉、红、紫,4月	丛植,列植
白梨	东北华北西北	阳性,耐旱耐寒	4~6	花白色,4月	果树
金银木	南北各地	阳性,耐旱耐寒	3~4	花白,黄色,5~7月,秋果红色	庭园观赏
柽柳	华北华南西南	弱阳性,喜温,耐寒	2~3	花粉红色,5~8月	绿篱
石榴	黄河以南	中性,耐寒,适应性强	2~3	红色,5~6月	果树
黄栌	华北	中性,耐温	3~5	霜叶红艳美丽	片植,风景林

2. 路域环境对树种的要求

在公路路域环境植树时,树种选择要求如下:

(1)与设计理念一致,尽量表现设计意图。

(2)适时、适地、适树。

(3)适应性强,抗逆性较强,耐寒、耐旱、抗病虫害,不应成为附近农作物的传播媒介。

(4)苗源丰富,易于移栽,养护成本低。

(5)生长迅速,分枝点高,耐修剪,抗污染。

(6)色彩丰富、季相分明,与沿线自然环境协调。

3. 行道树

行道树应按照适地适树原则,尽量采用当地树种,以保证成活率,并与周围自然环境相一致。在树种的选择、种植规律上均应与周围环境一致,突出自然,增加工程与周围环境的融合度,种植不宜留下人工绿化痕迹。路肩行道树以常绿树种为主,树干离路面水平距离1m,间距3~5m,成行栽植。填方路段可在水沟外侧栽种速生落叶乔木,幼树栽植,间距4m。

植树分为自然种植方法和整体种植方法两种。即自然种植方法是无规则随意种植,整体种植方法是有规则整齐种植。

4. 互通及管理区植树

互通区可适当点缀树丛、树群,注重整体感、层次感,形成开敞、简洁、明快的格调。可采用高大乔木进行标志栽植,作为识别立交枢纽的所在地。

停车区、管理区可种植高大乔木,以利庇荫。

8.5.5 植藤工程

攀缘植物又称藤蔓植物或藤本植物,具有繁殖力强、生长速度快、管养容易和绿化成本低的特点。适用于屋顶绿化、墙面绿化、岩石表面绿化,篱笆围墙绿化和栏杆绿化中。攀缘植物用于绿化,可增加绿化的空间层次,减少景观的生硬呆板和平面化,其茎、叶、花、果等具有较高的观赏价值。

1. 攀缘植物种类

由于攀缘植物的茎、枝干必须依靠卷须或蔓径的缠绕、攀附,甚至匍匐于地面才能正常生长,可将其划分为缠绕型、匍匐型和攀缘型;按照径的木质化程度和形状大小又可将其划分为草本、小型木本和大型木本三类。藤木植物如表8-9所示,其他植物如表8-10所示。

藤 木 植 物　　表 8-9

名称	生长地区	生长环境	作用或特点	景观
蔷薇	华北以南	阳性,喜温暖,较耐寒,落叶	抗污染	花色多,作垂直绿化
紫藤	全国各地	喜阳光,对气候适应性强	有一定的抗污染性	花淡紫色,可用作垂直绿化
常青藤	中南西北西南	喜温湿气候	抗污染	四季长春,作垂直绿化
金银花	全国各地	喜阳光,耐阴,耐寒	抗污染	花期长,生长快,垂直绿化
凌霄	华北以南	中性,喜温暖,稍耐寒,落叶	抗污染	橙色,红色,攀缘山石等
爬山虎	全国各地	耐阴,耐寒,对气候适应性强	抗污染	垂直绿化材料,美化声屏障
五叶地锦	东北南部、华北	耐阴,耐寒,喜温湿,落叶	秋叶红,橙色	攀缘墙面、山石、棚篱等
薜荔	长江以南	耐阴,喜温暖气候,不耐寒	绿叶常青	攀缘山石、墙垣、树干等
扶芳藤	长江以南	耐阴,喜温暖气候,不耐寒	绿叶常青	掩覆墙面、山石、老树干等
络石	长江流域各地	耐阴,喜温暖,不耐寒	常绿,白色,芳香	攀缘墙面,山石,盆栽
炮仗花	华南	中性,喜暖热,不耐寒	常绿,橙红色,夏季	攀棚架、墙垣、山石等

其 他 植 物　　表 8-10

名称	生长地区	生长环境	高度(m)	作用或特点	景观
毛竹	长江以南	阳性,喜温湿,不耐寒	10~20	秆散生,高大	庭园观赏,风景林
早园竹	长江流域	阳性,喜温湿,较耐寒	1~2	枝叶青翠	庭园观赏
五色苋	全国各地	阳性,喜温畏寒,宜高燥	0.4~0.5	株密,叶小,叶色美丽	毛毡花坛材料
鸡冠花	全国各地	阳性,喜干热,不耐寒	0.2~0.6	花色多,8~10 月	宜花坛、盆栽、干花
千日红	全国各地	阳性,喜干热,不耐寒	0.4~0.6	花色多,6~10 月	宜花坛、盆栽、干花
半枝莲	全国各地	喜暖畏寒,耐干旱	0.15~0.2	花色丰富,6~8 月	宜花坛镶边、盆栽
虞美人	全国各地	阳性,喜干燥,忌湿热	0.3~0.6	艳丽多彩,6 月	宜花坛、花丛、花群
凤仙花	全国各地	阳性,喜暖畏寒	0.3~0.8	花色多,6~7 月	宜花坛、花篱、盆栽
三色堇	全国各地	阳性,稍耐半阴,耐寒	0.15~0.3	花色艳丽,4~6 月	花坛、花径,镶边
福禄考	全国各地	阳性,喜凉爽,耐寒力弱	0.15~0.4	花色繁多,5~7 月	宜花坛、岩石园,镶边
一串红	全国各地	阳性,稍耐半阴,不耐寒	0.7~1	花红色,7~10 月	宜花坛、花带、盆栽
雏菊	全国各地	阳性,较耐寒,宜凉爽	0.3~0.6	花黄至橙色,4~6 月	宜花坛、盆栽
翠菊	全国各地	阳性,忌连作和水涝	0.2~0.8	花色丰富,6~10 月	宜各种花卉布置和切花
万寿菊	全国各地	阳性,喜温暖,抗早霜	0.2~0.9	花黄、橙色,7~9 月	宜花坛、篱垣、花丛
孔雀草	全国各地	阳性,喜温暖,抗早霜	0.15~0.4	花黄带褐斑,7~9 月	花坛、镶边、地被
菊花	全国各地	阳性,多短日性	0.6~1.5	花色繁多,10~11 月	花坛、花境、盆栽
沿阶草	中南部	喜阴湿温暖,常绿性	0.3	株丛低矮,宜地被	花坛、花境、盆栽
鸢尾	全国各地	阳性	0.3~0.6	蓝紫色,3~5 月	花坛、丛植
大丽花	全国各地	阳性	0.3~1.2	花形、花色丰富,夏秋	宜花坛
葱兰	全国各地	阳性,耐半阴	1~1.2	花白色,夏秋	花坛镶边、疏林地被
荷花	全国各地	阳性,耐寒,喜温暖	1.8~2.5	花色多,6~9 月	美化水面,盆栽或切花
睡莲	全国各地	阳性,宜温暖通风和静水	浮水面	花白色,6~8 月	水面点缀,盆栽或切花
千屈菜	全国各地	阳性,耐寒,通风好	0.8~1.2	花枚红色,7~9 月	花境、浅滩、沼泽地被

攀缘植物用于绿化工程中,起到了其他植物所不能替代的功能,主要表现在增加绿化面积;保持水土,防护坡面;增加群落的生物多样性;特殊造园和独立景观制作;节约土地资源,创造经济效益。

2. 坡面植藤

路基土质边坡上栽植的藤本植物,主要选择具较高观赏价值的植物,以常绿开花、观果类藤本为主,切记不能选择侵占性强的植物,以免破坏原物种的正常生长。土质极差,但是稳定性较好的边坡可选用一些本土野生藤本植物或一些耐瘠薄干旱、生长力旺盛的藤本植物,如鸡屎藤、葛藤和爬山虎等。根据坡面的大小,采取上、中、下分层种植,利用"上挂帘、下攀缘"的方法,可达到快速覆盖裸露坡面的目的。

满坡面绿化困难时,可选用根吸附力强的爬藤类植物,对裸露岩石、陡坡进行垂直绿化。坡面过高,可考虑在顶部的天沟外侧建一种植槽，将具有悬垂枝条的攀缘植物种于坡顶，通过下爬上吊的方式将岩石坡面覆盖。例如在上部种植迎春花使其自然下垂，在基部种植爬山虎或凌霄使其向上攀升。

3. 立面植藤

利用有钩刺、荆棘而且多花果的攀缘植物进行人工种子直播或者扦插繁殖（30cm × 30cm 进行斜插），用铁丝网、铁栅栏、浸塑格栅作为搭架，在一定时间后就能形成一道密实的生物绿色栅栏。伴随季节变化产生相应的物候变化、开花结果及叶色季相变化，可以丰富公路的景观。我国的有刺植物品种繁多，约 1060 种，如枳壳、马甲子、皂荚、月季、九重葛及刺篱木等，都是优秀的防禁入植物。

8.6 水土保持

公路建设项目水土保持工程应兼顾施工期和运营期，注重近期与远期相结合，与公路路基排水、路基防护等设施相结合，合理布设，因地制宜，注重实效，已在相关章节叙述。本节重点叙述公路工程取土场、弃土场的水土保持工程及绿化工程等。

1. 设计要求

公路工程的桥梁导流设施、路基路面排水、路基防护、泥石流和滑坡防治、公路绿化、防风固沙和防洪等工程应充分考虑水土保持措施。其设计要求如下：

（1）桥台形式和位置的选择不宜压缩河床断面，其导流设施应与河岸自然衔接。

（2）路基路面排水设施应系统完善，自成体系，宜远截远送，闲势利导。

（3）路基防护、泥石流和滑坡防治等宜选择刚性结构与柔性结构相结合，多层防护与生态植被防护相结合的方法，标本兼治，综合治理。

（4）公路绿化、防风固沙和防洪等工程宜乔灌草相结合，种植与养护并重，优先选择乡土植物，减少养护成本，注重水土保持实效。

2. 取弃土场选择

应重视取、弃土场位置的选择。当取、弃土破坏了原有地表植被或改变了原地表自然坡度而形成裸露坡面时，应进行绿化或复垦。位置选择要求如下：

（1）取土场宜选择在植被稀疏的丘陵、山包等荒地、荒坡，并应与当地政府协商，确定取土范围和深度；弃土场宜选择在储量大、地形低的洼地，或不易受水流冲刷的荒沟、荒地或低产田地，并分级填筑弃土。

（2）取土场宜远离建筑物、管线等生活生产设施，不应影响其安全；取土场可能蓄水或集水时，其位置不应影响路基及周围坡体稳定。

（3）不应在基本农田区、林地，以及可能导致地质灾害或路基病害的区域设置取、弃土场；严禁在泥石流沟、滑坡体上缘等位置设置弃土场。

（4）取土场不宜设置在桥头引道两侧。

3. 取土场防护

应合理确定取土场的防护措施。对于取土场形成的裸露边坡，应结合工程防护恢复植被；取土场坡脚易受水流冲刷的地方，应采用工程护坡；当取土场边坡高度大于 4m，坡度大于 1:1.5 时，宜采取削坡开级措施。

4. 取土场排水

取土场的排水工程宜结合取土情况及时布设。其要求如下：

（1）当取土场裸露坡面易受到上游水流冲刷时，应在取土场坡顶以外设挡水土埂或截水沟，拦截来水。

（2）受坡面集水冲刷的取土场，应根据地形在距最终开采边界以外设置截水沟，拦截坡顶以上集水。

（3）位于山坡地的取土场，应在取土场中间平台和坡脚设排水沟，排除坡面径流。

（4）施工期应在取土场下游排水沟外侧设置临时拦渣带。

5. 整治要求

取土、弃土结束后，宜及时绿化、覆土造田或考虑其他综合利用。其整治要求如下：

（1）取、弃土前，应先将表土集中堆存，待取、弃土结束后，再将表土予以利用。

（2）整治或复垦后的取、弃土场，宜根据其土地质量、灌溉条件、气候特征、生产功能及规划情况等合理确定利用方向；农业用地一般覆土 30 ~ 55cm，林业用地 20 ~ 45m，牧业用地 15 ~ 25cm。

6. 弃土场拦渣及护坡

弃土场拦渣及护坡工程应根据弃土堆放位置、弃土性质、预计弃土高度等因素合理确定。其要求如下：

(1)弃土场坡面防护宜以植物防护为主。

(2)在沟道中堆置弃土、弃石、弃渣时，应修建拦渣坝。

(3)弃土、弃石、弃渣等堆置物易发生滑塌，或堆置在坡顶及斜坡面时，应修建挡渣墙。

7. 弃土场排水

弃土场排水系统应根据弃土场的地形、地质及水文条件，结合沟渠、农田灌溉等设施综合考虑设置，避免水流冲刷土体或改变地面径流条件引起农田、坡地的冲刷。位于沟谷、坡地的弃土场，必须设置完善的排水设施；当弃土场周围有汇流条件时，可采取截、排水措施，将水流引出排泄。

8. 临时工程水土保持

临时工程水土保持措施宜根据当地的自然条件，长远结合、综合考虑。其重点如下：

(1)公路施工临时占用的土地，应将表土收集存放，待施工完成后，再将表土回覆原场地表层，进行复垦或绿化；生态环境脆弱或植被恢复困难地区，宜将原地表表层覆盖的植被加以保护和利用。

(2)当施工期开挖路堑和填筑路堤的裸露边坡易产生水土流失时，应及时在施工中修筑边沟、截水沟、排水沟等排水工程，局部区域应根据需要设置拦挡设施、沉沙设施或有效的覆盖设施。

(3)对于桥梁基础施工过程中产生的泥浆和临时弃渣，应采取临时防护措施；在基桩钻孔位置附近宜设置沉沙池和临时排水沟排除池中积水，沉沙池可根据沉沙量设置单级或多级；对于扩大基础开挖基坑产生的土石，应采用沙包临时拦挡，待完工后用于回填基坑及平整场地，多余的废弃土石应运至弃土场。

(4)临时工程开挖边坡的上侧应设置截水沟，下侧应设置排水沟，防止水流冲刷造成水土流失和对下游各类设施产生不利影响。

(5)施工结束后应根据当地的自然情况进行土地整治。

8.7 景观设计

景观意同风光、景色、风景，是指某地区或某种类型的自然景色，也可指人工创造的景色。自然地理学中，指景观是一定区域内由地形、地貌、土壤、水体、植物和动物等所构成的综合体。公路交通是人们生活中的一部分，在出行中应该得到公路风景线上的自然景观和人文景观感受。

8.7.1 一般概念

景观设计是一门边缘学科，它吸收了地理学、建筑学、规划学、社会学、文化学、民族学、历史学等的精髓，是景观设计的基础。景观学的支撑专业有环境科学与生态学、风景园林与环境艺术、游憩学与旅游学。

8.7.1.1 景观设计目的

景观设计是环境保护设计的重要组成部分。好的景观设计，可以使杂乱无章的环境变得有条有理，宜人的环境使人感觉舒适，给人美好的精神享受。

1. 满足人的精神需求

人是欣赏景观的主体，又是景观的创造者。景观设计不仅要造景，更要注重创造一种意境，以对人们的共同兴趣、审美、文化内涵、地域和民族特征等方面进行分析为设计依据，有意识地把文化注入景观设计中，赋予景观一定的人文精神，使人在观景时产生亲切感、认同感及文化感等。

2. 美化环境

景观有鲜明的美化环境功能，不仅要体现在景观的整体布置上，更需要表现每个小品细节中。景观设计如果能够与主体建筑设计、设施设计、绿化设计等和谐一致，更能体现景观美化环境的功能。

3. 建造和保护环境

景观设计有建造新环境和改善旧环境的目的，景观带动整体环境的优美。与此同时，景观设计肯定要与保护环境联系在一起。

8.7.1.2 景观设计分类

景观可分为自然景观和人文景观两大类。自然景观是只受到人类间接、轻微或偶尔影响而原有自然面貌未发生明显变化的景观，如高山、大荒漠、热带雨林以及某些自然保护区等。人文景观是指受到人类直接影响和长期作用使自然面貌发生明显变化的景观，如城镇、工矿、乡村等地区。人文景观又称为文化景观，它虽然是人类作用和影响的产物，但发展规律却服从于自然规律，必须按自然规律去建设和管理，才能达到预期的目的。

公路景观以路权为界，分为自身景观和沿线景观；按观赏者活动方式，分为动态景观和静态景观。

1. 自身景观

公路自身景观包括公路路基（如平、纵、横等）、公路构造物（如挡墙、护栏、边坡、桥涵、隧道、互通等）、管理设施（如服务区、加油站、收费站、观景台和标志牌等）以及公路绿化等。公路自身景观可以通过景观设计加以修饰。

2. 沿线景观

公路沿线景观是指公路路界以外环境，是乘客在行驶过程中的主要观赏对象。公路自身景观应与沿线景观相协调。

3. 动态景观

驾驶人和乘客在行驶过程中所见到的连续变化的公路线形以及边坡及植被等，称为动态景观，也可称为线性景观。

4. 静态景观

驾驶人和乘客驻足在休息设施、观景台或桥梁等处所见到的相对静止的景观，称为静态景观，又称景点。

8.7.1.3 景观设计原则

现代景观设计强调以人为本，在较高的层次上能动的协调人与环境的关系，以维护人和自然持续发展，本于自然、高于自然。

1. 生态美学原则

生态美学原则主要包括最大绿色原则和健康原则。要求体现景观的独特性、清洁性、愉悦性和可观赏性等方面。生态美学研究人与自然、人与环境相互关系的问题，寻找生活状态的美的结合点。

2. 审美价值原则

人类精神需求延伸对景观的审美要求是自然性、稀有性、和谐性、多彩性、多样性、协调性。人类重要的精神需求包括兴奋、敬畏、轻松、自由和美丽，景观美的评价源于精神需求，人文景观的价值是满足人的生存和精神需求。人文景观是一种艺术创造，自然景观有很高的观赏价值。因为她们有形象美、形态美、生态美和生命之美。

3. 资源利用原则

自然资源的节约和保护是资源利用最重要的原则，资源利用还包括文化遗迹的利用和开发、历史建筑保护和利用。

4. 多学科综合原则

各景观元素分别是自然和社会科学多学科的研究对象，只有联合多学科共同研究、分工协作，才能保证一个景观整体生态系统的和谐与稳定。参入景观设计中的元素主要有地形、水体、植被、建筑物以及公共艺术品等。

8.7.1.4 景观设计手法

景观构成的三要素是生态、艺术和人文。生态学是景观学的目标，通过对自然的尊重，实现人与自然和谐发展。艺术作为视觉组织方式，是景观学的手段，借助各种手法将各要素组织起来，最终获得令人愉悦的外形。人文是景观学的基础，其实质是研究各种空间层次、人类活动，是景观生成和演替的驱动力。

1. 现代艺术与景观空间

景观设计与其他艺术形式之间有着必须的联系。从现代艺术早期的立体主义、超现实主义、风格派、构成主义，到后来的简约艺术、波普艺术，每一种艺术思潮和艺术形式都为景观设计提供了可借鉴的艺术思想和形式语言。艺术形式层出不穷，艺术家们吸取了电影、电视、戏剧、音乐的创作手法，创作了如装置艺术、行为艺术、光效应艺术和大地艺术等。追求创新的景观设计师已从现代艺术中获取无穷的灵感。人们的生存不再是满足基本物质需求，提高生活的幸福指数是人们更高目标。

2. 建筑与景观空间

建筑物由木材、石材、钢材和水泥等建造而成，是具有三度空间的物质体。它在满足使用功能的前提下，必然与周围环境相联系。建筑物与山水竹林、花香鸟语以及阳光等大自然因素融洽，形成建筑与环境和谐统一，使人的心理、生理机制活跃起来，心旷神怡、如痴如醉，可谓天地人和。

3. 地面铺装与景观空间

现代人紧张的生活节奏，使得休闲都略显奢侈。由现代的商业步行街的功能转化，综合化、多样化、休闲化，载显了逛街不完全是为了购物，而是去玩耍、去旅游、去发送。任何一项景观设计都与人有着密切关系，地面铺装设计更应在具体形式上，包括形状、材料、色彩和功能作用等多方面的协调，设计代表有地方特色的文化。

8.7.1.5　地形造景

"景"即境域的风光。景观是由形象、体量、姿态、声音、光线、色彩以至香味等组成，是园林的主体，是欣赏的对象。造景是通过人工手段，利用环境条件和构成园林的各种要素创作出所需要的景观。造景首先是依赖地形，地形造景主要内容有挖湖堆山，塑造地形；砌叠假山奇峰，洞壑危崖；布置山谷溪涧，乱石湍流；堆砌巨石断崖，引水而下；设浅水小池，筑石山喷泉，养鱼、栽种植物。

8.7.1.6　建筑造景

城市中有各种颜色和质感的建筑物矗立在地面上，如果地面上是一片光滑平坦的柏油路面，建筑物之间将呈现分离状态，地面也将和建筑物一样不能吸引人们的视线。所以景观设计师认为景观设计是从事建筑物、道路和公共设施以外的环境景观空间设计。那么公路设计师也可以认为，公路路面、桥面以外的环境需要进行再造。

建筑并不是一个简单的营造问题，它是以空间为基础形象问题。建筑应被视作为对场地的一种紧密而灵活的控制，应与环境有清晰的联系。规划时应考虑建筑与环境的完整统一。

8.7.1.7　植被造景

建筑物之外的环境营造有以田园风光为背景的田园绿化、以农庄为景观主体的乡村绿化、以高山为背景的公路山地绿化三种形式。植被在景观设计中是不可缺少的元素，可以空间造型，装饰基底和建筑物。植被有防止水土流失、降噪、防眩等工程功能，有遮阴、防风等调节气候功能，有框景、背景、美化等美学功能。植被在空间中的分类为：

①开放空间是利用低矮的灌木和地被植物，形成流动的、开放的、向外的空间。

②半开放式空间是在一侧利用较高大的植物构成单向封闭，此种形式有方向性和延伸性，用以突出重要的景观方向。

③开敞的水平空间是利用成片的高大树木的树冠形成一片树的顶面，与地面一起形成四面开敞的水平空间。

④封闭的水平空间是在水平空间的基础上，在四周加种低矮的灌木，形成和周围环境相对隔离的空间。

⑤垂直空间是将树木的树冠修剪成锥形，形成垂直和向上的空间态势。

8.7.1.8　小品造景

小品是景观设计中小的艺术品，俗称景观小品。其体量小巧，造型别致，是景观中的一部分，为景观造景，丰富园趣。

1. 小品分类

(1)供休息的小品。包括各种造型的靠背园椅、凳、桌和遮阳伞等。是结合环境，用自然块石或用混凝土做成仿树墩的凳、桌；或利用花坛、花台边缘的矮墙和地下通气孔道来作为椅、凳等；围绕大树基部设椅凳，既可休息，又能纳阴。

(2)装饰性小品。各种可移动和固定的花钵、饰瓶，可以经常更换花卉。装饰性的日晷、香炉、水缸，各种景墙(如九龙壁)、景窗等，在园林中起点缀作用。

(3)结合照明的小品。园内灯具的基座、灯柱、灯头都有很强的装饰作用。

(4)展示性小品。各种布告板、导游图板、指路标牌以及动物园、植物园和文物古建筑的说明牌、阅报栏、图片画廊等，都对游人有宣传、教育的作用。

(5)服务性小品。为游人服务的饮水泉、洗手池、公用电话亭、时钟塔等；为安全设施的栏杆，为保护园林设施的格子垣、花坛绿地的边缘装饰等；为保持环境卫生的废物箱等。

2. 小品范围

越是在经济繁荣的区域，景观小品设置较多，样式也越来越丰富。在每个不同的经济繁荣时期及地区都会留下景观设计的痕迹。好的作品也是在不同的社会经济繁荣时期出现的。随着精神生活的要求，为了满足各个层次各种生活物景的要求，景观设计所接触的空间环境形式表现较多，不同的空间环境所服务的对象也就不同，决定了景观小品无论在形式上、功能上多样性。设计应根据人们对环境的不同要求来创造不同形式的景观小品，可识别性，及独特的对美学及功能的要求。

3. 景观小品的特点

景观小品具有精美、灵巧和多样化的特点,设计创作时的要求如下:

(1)根据自然景观和人文风情,体现景点中小品的设计构思。

(2)选择合理的位置和布局,做到巧而得体,精而合宜。

(3)充分反映景观小品的特色,把巧妙熔铸在环境造型中。

(4)顺其自然,不破坏原有风貌,做到涉门成趣,得景随形。

(5)通过对自然景物的取舍,使造型简练的小品获得景象丰满的效果。

(6)充分利用小品的灵活性、多样性以丰富景观空间。

(7)把影响景物的角落巧妙地转化成为观赏的对象。

(8)把两种明显差异的素材巧妙地结合起来,相互衬托,显出特点。

8.7.1.9 地面铺装

地面铺装的样式是决定景观意向的重要因素。景观区域内路面应避免过渡设计,材料要求有耐久性、安全性和舒适性。常用铺装材料及使用范围如表8-11所示。

常用铺装材料及使用范围　　表8-11

铺装材料	路面类型使用范围	铺装材料	路面类型使用范围
沥青	沥青路面(车道、人行道、停车场)	砖	普通黏土砖路面(人行道、广场等)
	透水性沥青路面(人行道、停车场)		砌砖块路面(人行道、广场等)
	彩色沥青路面(人行道、广场)	花砖	釉面砖路面(人行道、广场等)
水泥	混凝土路面(车道、人行道、停车场等)		陶瓷锦砖路面(人行道、广场等)
	水洗小石子路面(园路、人行道、广场)		透水性花砖路面(人行道、广场等)
	卵石铺砌路面(园路、人行道、广场)	砂砾	现浇环氧沥青塑料路面(人行道、广场等)
	预制板路面(人行道等)		砂石路面(步行道、广场等)
	彩色板路面(人行道、广场)		碎石路面(停车场等)
	水磨石路面(人行道、广场等)		石灰岩粉路面(公园广场等)
	预制板仿石路面(人行道、广场等)	土	黏土路面(公园广场等)
	平板瓷砖路面(人行道、广场等)		改善土路面(园路、公园广场等)
	嵌锁形砌石路面(干道、人行道、广场等)	木	木转路面(园路、游乐场等)
天然石	小料石、骰石路面(人行道、广场、池畔)		木地板路面(园路、露台等)
	铺石路面(人行道、广场等)	合成材料	人工草皮路面(露台、屋顶广场等)
	天然石砌路面(人行道、广场等)		弹性橡胶路面(露台、屋顶广场、过街天桥)
草皮	透水性草皮路面(停车场、广场等)		合成树脂路面(体育场地)

8.7.2 设计要求

公路景观总体设计应考虑公路景观的动态视觉效果。公路景观设计应综合考虑路线、构造物、排水防护工程及沿线设施等因素,协调路内景观与路外景观,使公路景观与沿线自然、人文景观和谐统一。根据工程及沿线区域环境特征,可将公路划分为若干景观设计路段。

1. 一般规定

(1)在各景观设计路段中,可选择典型构造物和沿线有特色的景物作为设计重点;公路景观设计应点、线、面兼顾,整体统一,使公路与沿线环境景观相协调。

(2)各景观设计路段应充分结合工程和自然景观,特殊构造物宜具有一定的风格,且与地域景观协调一致。

公路上的各种人工构造物的造型与色彩,应考虑景观效果和使用者的视觉感受。有条件时,可利用各种人工构造物和绿化改善公路景观。

2. 线位选择

公路景观设计应合理组合路线的平、纵、横面,保证线形流畅、视野开阔;线位方案比选应将环境景观作为考虑因素。

(1)在自然景观单一的路段,其线形设计宜以曲线为主,并保持连续。

(2)平、竖曲线的线形几何要素宜均衡、协调。

(3)深挖方路段宜对路堑与隧道方案的景观效果进行比选、论证;路线跨越山间谷地时,宜对高路堤与高架桥方案的景观效果进行比选、论证。

(4)路线沿横坡较陡的山坡布设时,宜对分离式路基、半挖半填与纵向高架桥方案的景观效果进行比选、论证。

公路景观以沿线动态序列性景观为主。公路穿越荒野、沙丘、农田、湿地、丘陵和湖泊等各种自然地貌,生态结构复杂,景观类型多样,故公路景观不同于城市和乡村景观,也有别于自然山水和风景名胜,它有自身的鲜明特征。公路是线性构造物,是随公路的延伸而连绵起伏,形成一个宽窄不得变化的带状景观空间。对于公路沿线有景观价值的孤立大树、独立山丘或建筑物等自然景观和人文景观应充分利用,服务区、停车区、观景台的设置宜利用公路沿线景观作为背景。

3. 路基景观

公路景观不只是位置变化的三维空间,它还与时间存在有密切关系。路基路面是交通运输的载体,是公路上主要的风景线。边坡宜以自然流畅的缓坡为主,边沟宜选择浅碟式。路基防护应充分考虑与沿线景观的协调、防护措施与公路景观的协调、防护措施自身的协调。可适当保留稳定的孤石来增加公路景观的情趣。有特殊要求的公路,路面色彩和护栏、路缘石的色彩与形状等宜与沿线自然环境景观相协调。公路路缘石景观制作应规则整齐、线条挺拔,铺筑高度统一、接缝平整;路缘石的质感、色彩应给人柔和且与公路及周围环境协调。公路用地范围内设置的景观小品,应注意色彩、造型协调,避免引起视觉混乱;当公路两侧有影响视觉的场所时,宜采取绿化或工程措施予以遮蔽或改善。设置声屏障应根据所处自然环境和人文环境的不同,通过色彩、材质和造型进行景观设计。

4. 桥梁景观

分离式立交桥、人行天桥等应根据所处的自然环境和人文环境设计,合理确定桥梁形式,天桥应进行色彩装饰,材质应满足规范要求。有特殊要求的桥梁宜进行景观照明设计。一般情况,桥梁线形服从于公路主体线形要求。

5. 互通区景观

互通区设计应从立交的选型、构造物及附属设施色彩、路基边坡坡面和立交区内绿化等方面综合考虑,宜利用原有自然植被,使立交与自然景观有机地结合,并与原有地形、地貌和谐统一。在进行景观设计时,应充分考虑所栽植的乔灌木在成长后可能对视距的影响。

6. 隧道口景观

隧道洞口设计应结合地形、地区的自然和人文特点,与周围环境相协调;隧道洞内的照明、通风、标志等附属设施和洞壁内饰设计,应综合考虑景观效果。

7. 管理区景观

公路服务区、停车区、管理区、观景台等沿线场区及建(构)筑物,应结合当地的人文环境确定建筑风格,并使建(构)筑物本身各部位比例协调,色彩、材质、形状等与周围自然环境相协调。

8.7.3 公路景观造型

公路路基及其构造物景观造型的目的,是为平衡公路对自然和景观的影响,使公路和沿线景观联系在一起,这是公路造型融入沿线景观的基本原则。公路景观设计必须在满足使用功能的前提下,根据其特定的性质和目的,结合沿线的气候条件、地形地貌、生态环境等自然因素和区域的历史文化,风俗习惯等人文因素进行综合考虑。公路景观设计是在公路技术设计的基础上进行。

8.7.3.1 路基景观

1. 边坡

公路景观设计的重点是路基边坡。边坡的景观设计要根据边坡的坡度、坡长及土壤条件,结合周围自然环境和社会状况进行。使路基尽量与自然地形、地貌相适应,与沿线植被绿化相协调。

1)草地植物

草地植物景观是边坡景观的主要形式之一,由单一或复合草种形成。单一草种形成的草地,平整、舒展、雅致;暖季型和冷季型草种的复合草地,四季绿茵,清纯喜人;草种和花种混播形成的缀花草地,兼有绿茵和色彩,景观效果自然生动。

2)草灌混栽

在边坡植草的基础上,布置一定数量的灌木,形成灌木草地段结构景观,增加了景观的层次感,强化了景观效果。在草地的一侧、中间或边缘可群植花灌木，犹如在地毯上镶边、绣花一般。

3)乔灌结合

采用乔灌结合不仅能达到固土稳坡、美化和绿化坡面、改善和提高路域环境质量的功能，还可增加景观的立体感和路域环境绿化面积。适当保留稳定的孤石可增加公路景观的情趣。

4)软化和绿化挡土墙

将挡土墙设计为曲线或折线，可增加动感，丰富景观的多样性。还可在砌块或饰面挡土墙上进行绿化及浮雕图案设计等手法处理，则可美化环境，改善与丰富其原有景观效果。挡土墙上及斜坡上的碎落台中可选用乔、灌、藤三类植物栽植，增加景观的立体感。

2. 中央分隔带

中央分隔带景观设计首先要考虑防眩功能，将防眩遮光角控制在8°~15°之间。绿化防眩设计作为景观变化应尽量做到郁郁葱葱，有花观赏；既要排列规整有序，又要达到车行景移、轻松活跃的动态景观效果。中央分隔带的设计除了选择好防眩主树种，确定好栽植间距外，还要注意配合其他开花灌木。夏季气温高，可选择一些冷色调、清淡一点的花色；秋季可选择一些枫叶或开红花的灌木；春季可选择开黄花和粉红色花的品种。

1)普通段

普通段是中央分隔带的主体，设计时应简洁、朴素、大方。防眩树种高约为1.6m，离地90cm处冠径50cm，截顶冠径为15cm。单排栽植间距为2m，双排栽植间距不大于4m。在主防眩树种间及其周围均可布置色叶、常绿小灌木和球类植物，进行简单的高低与色块搭配。地被植物可采用白三叶、狗牙根、细叶麦冬及葱兰等。

2)加强段

设计在长度约10~20km的普通路段中，以及在靠近服务区、收费站、房屋区、隧道、桥梁和城镇等地段来强化景观。可通过调整防眩树种的栽植形式，采用较多色叶灌木及宿根花卉，大尺度、明快流畅的大色块和造型设计来实现。

3)开口岛头设计

岛头是指中央分隔带独立单元的开口处。植物布置形式一般从低到高，循序渐进到普通段防眩树种的高度。岛头的长度通常在5~15m之间，防眩主树种应密植，苗木间距应小于50cm，并修剪成坡面，坡度为1∶10。岛头主树种两侧常选用小灌木、色叶小灌木和宿根花卉，成片布置成图案或色块造型。

8.7.3.2 桥梁景观

桥梁可起到标志作用和象征作用。公路带来经济腾飞，桥梁给予人们以优美造型、跨越和力量的深刻印象。现代桥梁景观，是以其结构的完美和跨越能力的表现，与桥位人文环境的协调构成人工景色。

1. 桥梁与环境相协调

桥梁整体及其每个局部都应根据功能要求、结构性能以及美学法则赋予合适的造型。公路建设要把每一座桥梁都建成亮丽的风景，桥梁要与山、与水构成新的人文景观。桥型要与城镇建筑风格协调，要与周边环境共同构成动态感的景观，形成当地风格独特的风景点。桥梁结构功能和艺术造型要高度统一。桥梁要以融合的方法与高山相辉映，与自然相协调。

2. 桥型构景

桥梁设计，首先要处理好桥跨与桥梁整体的协调关系。分析我国古代拱桥多采用3~5孔桥跨比例关系，其造型艺术应用了黄金分割法，1/0.618=1.618这个简单的计算有着不可忽视的作用。其次桥梁构造景色需要与周围环境相融合，必须选择好桥型。在同一条河流上应该追求桥型的多样性，桥梁要成为标志性建筑，要成为旅游景点。

3. 灯光及色彩构景

夜间灯光照明将构成桥梁的夜景画面，表达桥梁结构风格。如斜拉桥主塔、索面一般通过反射光的投射，能使主塔更挺拔壮观，而索面在夜空中如梦幻般轻薄，透明如纱，以使桥梁整体形态在夜空中鲜明、生动。

桥梁形态、色彩、材质作为视觉艺术的三大要素，三者是有机统一的表现，它们之间既相互制约又相互补充。色彩设计最简易的方法是把主导色的色相设置得面积最大，彩度最低；辅导色为其次的面积，彩度最强。建筑应有主体色和基调，对比色只宜用在小的部位上。大面积淡、小面积浓，使其在一般基调中突出处来。主体色应力求淡雅，细部宜加强。只有淡雅才能获得明朗的效果，也只有多样化才能打破建筑的沉闷感。

8.7.3.3 互通区景观

互通立交景观设计形形色色、各式各样，主要有田园类、城郊类和复合类。

1. 田园类

田园类的植物栽植形式以疏散自然为主，强调表现当地的自然风光，突出绿化的层次感和立交效应，使互通立交融入原野。田园类景观还可分为疏林草地型、田园风光型、江南水乡型、水生湿地型和森林型。

1）疏林草地

互通立交内地形自然起伏，或认为挖池推丘，制造跌宕起伏地形，拟建以坡地或土丘为主的疏林草地景观。用乔木构建自然式丛林，用禾草建设缀花草池，达到自然、开朗、静谧的景观效果。

2）田园风光

一些面积较大的互通，房建区可采用自然园林景观与现代建筑呼应，创造适宜人群生活工作的环境。在外围应与当地自然植被形态结构相一致，建设大面积林地，以阻隔交通噪声、粉尘和废气污染。

3）江南水乡

互通立交内较大的池塘，或周围水体面积较大的湖泊、河流，可因地制宜建设具有江南水乡景色的景观。首先调整水系，使它们沟通成一体，并与排水系统连接，形成雨季排水。可在部分水面上布置浮水和挺水植物，在岸边布置湿生乔灌木，高低错落、疏密有致。边坡路基可布置零星小灌木球类等。

4）水生湿地

在河流、湖泊、湿地较多的地域，可根据水位高低，选择芦苇、茭草、蒲草、菖蒲、灯芯草、水葱等湿生植物，将其大面积分布，另外可在岸边栽植湿生耐潮的乔灌木。使景观效果更佳。

5）人造森林

建造在森林旁的互通，可在互通立交内Q形区大面积栽植乔灌木树种，常绿和落叶搭配，建成森林景观绿地。在三角形区域内以灌木和藤本植物为主。在互通立交内可建造大面积的果园及苗圃。三者景观与森林相辅相成，浑然一体。

2. 城郊类

建立在城郊或城市内的互通，应尽量与城市建筑和绿化景观统一协调，表现和反映这个地区的综合文化内涵和社会发展水平。在大面积地势平坦的绿化地上，绿化景观要强调大效果、大印象。在靠近城镇的互通立交内可适当设计模纹图案，与城市绿化景观协调；还可用抽象图案反映当地的历史和文化，彰显当地的古迹文物、历史遗存景观，为当地的经济和社会发展作贡献。

3. 复合类

采用田园和城郊的自由组合搭配，称为复合类。即在自然式布置中夹杂着模纹景观，在图案中又有自然疏散的乔灌木配置，又有现代城市风光。

8.7.3.4 隧道口景观

公路隧道洞门设计不应强调人工化，应与周围或山地景观协调。隧道洞门形式提倡简洁、隐蔽、淡化洞口处理，营造悄悄进洞，使车辆自然驶入隧道。端墙式洞门的端墙色调应采用冷色调，墙面装饰应采用压光或反光弱的装饰面，端墙面应采用粗犷、简洁的造型。

8.7.3.5 管理区景观

管理区房屋建筑的要求总图规划布局合理、结构紧凑、功能完善。单位建筑应能体现当地人文景观的特点，能完全融入到周边的自然环境中，风格鲜明而又不过分张扬。建筑设计可运用景观建筑和其他景观设施的造型、材料、色彩、结构形式、组合方式、图像和文字等，进行气氛渲染，表达某种特定的精神含义。还可在重点景点，建立雕塑、壁画和标志性组合景观，以加强深化、升华景点的文化主题。

8.7.3.6 观景台

观景台是公路功能与自然景观的结合体，其设置对于位于景点的公路十分必要。观景台是为游人提供休憩的场所，游人也可在此获得景物美的视觉享受。观景台应结合公路地形条件，选择合适的位置。观景台的布局手法多样，风格各异。设计时可借鉴园林景观的设计方法，将自身作为一道景点建造，结合石、水、泉等造景手法，不拘泥于形式，如桌凳椅、垃圾箱等功能性小品，用材与颜色处理应考虑周围景观特征，再与地面铺装相协调来达到整个观景氛围的和谐与统一，体现公路设计理念的“灵活性”。

施工技术篇

第一章　公路路基施工

路基是公路工程的重要组成部分，它既是公路的主体，又是路面的基础，路基施工质量的好坏，直接影响路面的使用效果。因此，提高公路路基的强度和稳定性，保证路基施工质量，是关系到整个工程质量的关键。路基土石方工程是整个公路施工进展的关键，若能做好施工准备工作，合理选择施工方法，制定周密的施工组织计划，应用并推广先进的技术，切实做好安全生产等，不仅能保证施工质量，而且能缩短工期，获得明显的经济效益。

1.1 施工规定

施工前应将设计图纸和资料仔细查看、熟悉图纸、了解设计意图，然后根据设计图纸进行现场核对和复查工作，作为施工技术人员应对路基施工范围内的地质、地形、水文情况进行详细调查，当发现设计资料不足或与现场有出入时，应做补充调查；同时需对土石路堤所经地带的低填和高填情况进行核对，即填高小于 1m、填高 1 ~ 12m、填高 12m 以上的地段桩号位置、工程量等情况，便于采取不同的施工方法来保证填筑路堤的强度和稳定；根据设计文件提供的资料，对取自挖方、借土场、料场的路堤填料进行复查和取样试验外，还应进行环境保护分析并提出报告，经批准后方可使用。

1.1.1 总体要求

公路路基应达到设计要求的强度、稳定性和耐久性。公路路基施工必须遵守以下规定：

(1)公路路基施工，必须遵守国家安全生产法律法规，制定安全技术措施，加强安全管理，严格执行安全操作规程,确保安全施工。

(2)公路路基施工,必须遵守国家职业健康安全法律法规,健全职工健康安全保障体系,改善职业健康安全条件。

(3)公路路基施工,必须遵守国家生态、环境保护、土地管理的有关法律法规,尽量保护原有植被地貌,防止噪声和粉尘污染,对于施工废弃物必须妥善处理。

(4)公路路基施工,必须遵守国家文物保护的法律法规,遇有文物时,应立即停止施工,并保护好现场,会同有关单位妥善处理。

(5)公路路基施工前,应进行施工组织设计。

(6)公路路基施工,在满足质量标准的前提下,鼓励采用新技术、新工艺、新材料和新设备。

(7)特殊路段路基,宜进行动态施工监测。

(8)公路路基施工,除应符合规范外,还应符合国家现行的有关标准和规范。

1.1.2 施工准备

路基开工前,应在全面理解设计要求和设计交底的基础上,进行现场调查和核对。在详尽的现场调查后,应根据设计要求、合同、现场情况等,编制实施性施工组织设计,并按管理规定报批。路基开工前必须建立健全质量、环保、安全管理体系和质量检测体系,并对各类施工人员进行岗位培训和技术、安全交底。临时工程,应满足正常施工需要,应保证路基施工影响范围内原有道路、结构物及农田水利等设施的使用功能。

1. 试验

路基施工前,应按照有关规定和要求,建立试验室,应对路基基底土进行相关试验。每公里至少取2个点;土质变化时,视具体情况增加取样点数。应及时对来源不同、性质不同的拟作为路堤填料的材料进行复查和取样试验。土的试验项目包括天然含水率、液限、塑限、标准击实试验、CBR试验等,必要时应做颗粒分析、比重、有机质含量、易溶盐含量、冻胀和膨胀量等试验。

使用特殊材料作为填料时,应按相关标准做相应试验,必要时还应进行环境影响评估,经批准后方可使用。

2. 场地清理

公路用地范围内原有构造物,应根据设计要求进行处理。二级及二级以上公路路堤和填方高度小于1m的公路路堤,应将路基基底范围内的树根全部挖除并将坑穴填平夯实;填方高度大于1m的二级以下公路路堤,可保留树根,但根部不能露出地面。取土坑范围内的树根应全部挖除。应对路幅范围内、取土坑的原地面表层腐殖土、表土、草皮等进行清理,填方地段还应按设计要求整平压实。清出的表层土宜充分利用。地基填筑前应进行压实,二级及二级以上公路路堤基底的压实度应不小于90%;三、四级公路应不小于85%。路基填土高度小于路面和路床总厚度时,基底应按设计要求处理。基底松散层厚度大于30cm时,要翻挖后再分层压实。

路堤基底的处理是保证路堤稳定与坚固极为重要的措施。在路堤填筑前进行基底处理,能使填土与原来的表土密切结合,能使初期填土作业顺利进行;能使地基保持稳定,增加承载能力;能防止因草皮、树根腐烂而引起的路堤沉陷。对于一般的路堤基底处理,应按下列规定执行:

(1)当地面横坡不陡于1:5时,清除地表草皮、腐殖土后,可以直接在天然地面上填筑路堤。当地面横坡为1:5~1:2.5时,在清除草皮杂物后,还应将原地面挖成台阶,台阶宽度不小于2m,一般每级高度不大于60cm,台阶顶面做成2%~4%向内倾斜的斜坡。当地基为岩石时,台阶高度不大于40cm,对于原地面坡度不陡于1:0.5的岩基,挖成台阶较为困难,费用也高,故一般可不做台阶。当地面坡度陡于1:2.5,而且在填土有可能向下滑动时,应对填土地基抗滑阻力进行稳定验算,然后根据验算结果进行处理。

(2)当路堤基底为耕地土或松土时,应先清除种植有机土,平整后按规定要求压实。在深耕地段,必要时应将松土翻挖,打碎土块,然后回填、整平、压实。经过水田、池塘或洼地时,应根据具体情况采取排水疏干、挖除淤泥、打砂桩、抛填片石,砂砾石、石灰或水泥处理土等措施,以保持基底的稳固。在水稻田地区,施工前沿公路用地筑埂,在埂内开挖纵横排水沟,沟底设0.5%以上坡度并接通出水沟以疏干表土。

(3)对于一侧为山坡一侧为坡地或平地的半挖半填路基,应该采取以下措施:自路基中线靠山坡一侧宽度不小于2m,路基下不小于0.8m范围内的土壤应予挖除换填。换填的材料要与填方一侧的土相同,这样做是保证路基的整体性和避免不均匀的沉陷。

(4)基底的处理应特别注意原地面地表水、地下水的排水措施，施工前应采取如拦截、更改流水渠道、引流、隔离等临时措施。应该特别注意这些临时排水措施尽可能与永久措施相结合，以利于施工。排出的地表水不得流入农田、耕地，并防止流水渠道淤积和冲刷将建成的路基。泉眼或露头地下水，应按设计要求，采取有效导排措施后方可填筑路堤。在陡、斜坡地段，土石路堤靠山一侧应按设计要求，做好排水和防渗处理。地下水位较高时，应按设计要求进行处理。

(5)岩石基底一般不作处理，如果岩层面光滑，又向外倾斜，为保证填方不致滑动，应将基面凿毛或对路堤采取支挡措施。

(6)路堤修筑范围内，原地面的坑、洞、墓穴等，应用原地的土或砂性土回填，并按规定用合格填料分层回填进行分层压实。

3. 试验路段

试验路段应选择在地质条件、断面形式等工程特点具有代表性的地段，路段长度不宜小于100m。下列情况下，应进行试验路段施工：

(1)二级及二级以上公路路堤。

(2)填石路堤、土石路堤。

(3)特殊地段路堤。

(4)特殊填料路堤。

(5)拟采用新技术、新工艺、新材料的路基。

路堤试验路段施工应包括的内容如下：

(1)填料试验、检测报告等。

(2)压实工艺主要参数：机械组合；压实机械规格、松铺厚度、碾压遍数、碾压速度；最佳含水率及碾压时含水率允许偏差等。

(3)过程质量控制方法、指标。

(4)质量评价指标、标准。

(5)优化后的施工组织方案及工艺。

(6)原始记录、过程记录。

(7)对施工设计图的修改建议等。

1.1.3　施工放样

控制性桩点，设计单位应进行现场交桩，并保护好交桩成果。

1. 控制测量

控制测量是在一定区域内，为地形测图和工程测量建立控制网所进行的测量工作。

1)平面测量

各级公路的平面控制测量等级应符合表1-1的规定。三角测量技术要求应符合表1-2的规定。导线测量技术要求应符合表1-3的规定。四级GPS控制网的主要技术参数应符合表1-4的规定。

平面控制测量等级　　表1-1

公路等级	平面控制网等级
高速公路、一级公路	一级小三角、一级导线、四级GPS控制网
二级公路	二级小三角、二级导线
三级公路及以下公路	三级导线

三角测量技术要求　　表1-2

等级	平均边长(m)	测角中误差(″)	起始边边长相对中误差	最弱边边长相对中误差	三角形闭合差(″)	测回数	
						DJ2	DJ6
一级小三角	500	±5.0	1/40000	1/20000	±15.0	3	4
二级小三角	300	±10.0	1/20000	1/10000	±30.0	1	3

导线测量技术要求 表 1-3

等级	附合导线长度(km)	平均边长(m)	每边测距中误差(mm)	测角中误差(″)	导线全长相对闭合差	方位角闭合差(″)	测回数	
							DJ2	DJ6
一级	10	500	17	5.0	1/15000	$\pm 10\sqrt{n}$	2	4
二级	6	300	30	8.0	1/10000	$\pm 16\sqrt{n}$	1	3
三级	—	—	—	20.0	1/2000	$\pm 30\sqrt{n}$	1	2

四级控制网技术参数 表 1-4

每对相邻点平均距离 d(m)	固定误差 a(mm)	比例误差系数 b(10^{-6})	最弱相邻点点位中误差 m(mm)
500	≤10	≤20	50

注:每对相邻点间最小距离应不小于平均距离的 1/2,最大距离不宜大于平均距离的 2 倍。

2)水准测量

各级公路的水准测量等级应符合表 1-5 的规定,水准测量精度应符合表 1-6 的规定。公路高程测量应采用水准测量。在水准测量确有困难的地段,四、五等水准测量可采用三角高程测量。

水 准 测 量 等 级 表 1-5

公路等级	水准测量等级	水准路线最大长度(km)
高速公路、一级公路	四等	16
二级公路及以下公路	五等	10

水准测量精度要求 表 1-6

等级	每公里高差中数中误差(mm)		往返较差、附合或环线闭合差(mm)		检测已测测段高差之差(mm)
	偶然中误差 M_{Δ}	全中误差 M_W	平原微丘区	山岭重丘区	
三等	±3	±6	$\pm 12\sqrt{L}$	$\pm 3.5\sqrt{n} \pm 15\sqrt{L}$	$\pm 20\sqrt{L_i}$
四等	±5	±10	$\pm 20\sqrt{L}$	$\pm 6.0\sqrt{n} \pm 25\sqrt{L}$	$\pm 30\sqrt{L_i}$
五等	±8	±16	$\pm 30\sqrt{L}$	$\pm 45\sqrt{L}$	$\pm 40\sqrt{L_i}$

注:1. 计算往返较差时,L 为水准点间的路线长度(km);
2. 计算附合或环线闭合差时,L 为附合或环线的路线长度(km);
3. n 为测站数,L_i 为检测测段长度(km)。

沿路线方向每 500m 宜有一个水准点。在结构物附近、深挖高填路段、工程量集中及地形复杂路段,宜增设水准点。临时水准点应符合相应等级的精度要求,并与相邻水准点闭合。当水准点有可能受到施工影响时,应进行处理。

2. 路基施工放样

1)中线放样

(1)路基开工前,应进行全段中线放样并固定路线主要控制桩,高速公路、一级公路宜采用坐标法进行测量放样。

(2)中线放样时,应注意路线中线与结构物中心、相邻施工段的中线闭合,发现问题应及时查明原因,进行处理。

(3)设计图纸和实际放样不符时,应查明原因后进行处理。

2)横断面放样

(1)路基施工前,应对原地面进行复测,核对或补充横断面,发现问题时,应进行处理。

(2)路基施工前,应设置标识桩,对路基用地界、路堤坡脚、路堑坡顶、取土坑、护坡道、弃土堆等的具体位置标识清楚。

(3)对深挖高填路段,每挖填 3~5m 或者一个边坡平台(碎落台)应复测中线和横断面。

在修筑路堤前,一般先放出中桩、边桩,在路堤边缘撒白灰线,并根据填筑高度,适当留出边线余量,一般为 0.3~1.0m,以便施工过程中随时检查控制。测量时需特别注意填方边坡坡脚的正确定位,尤其是高填路堤,稍有疏忽,将不能保证路基宽度的要求。如果路基出现超宽的情况,处理时只需刷坡修正,但如果路基宽度不足就不能简单地在边坡上敷贴一层,而是要从坡脚逐层填筑至坡顶,其返工量将相当大,因而在放样时坡脚至坡顶都要以标桩或标线示出。

3)高程控制

高速公路和一级公路施工中,高程控制桩间距不宜大于200m。施工过程中,应保护好所有控制桩点,并及时恢复被破坏的桩点。每项测量成果必须进行复测,原始记录应存档。

1.1.4 路基整修

路基交工验收前,应对外观质量和局部缺陷进行整修或处理。

(1)路基顶面表层的整修,应根据质量缺陷的具体情况采用合理的方案、工艺进行。补填的土层压实厚度应不小于100mm,压实后表面应平整,不得松散、起皮。

(2)整修后的坡面应顺适、美观、牢固,坡度符合设计要求。

(3)防护与支挡工程应检查石料风化情况、泄水孔是否通畅、结构物是否有变形和位移等,如果有质量缺陷应进行处理。

(4)永久性排水系统的沟、槽,表面应整齐,沟底平整,排水畅通不渗漏。如有质量缺陷应进行处理。

(5)应对临时工程和设施进行合理处置,使之与原地形以及自然环境协调。

1.1.5 路基安全施工

工程开工前必须进行现场调查,根据施工地段的地形、地质、水文、气象、环境等,制定相应的安全技术措施。施工中应及时掌握气温、雨雪、风暴、汛情等预报,做好防范工作。路基施工前,应了解施工范围内地下埋设的各种管线、电缆、光缆等情况并与相关部门联系,制定合理的安全保护措施。施工中如发现有危险品及其他可疑物品时,应立即停止施工,报请有关部门处理。应按照国家有关规定配置消防设施和器材、设置消防安全标志。施工现场应设置醒目的安全、警示标志和安全防护设施。路基施工应制定安全预案、具备安全生产条件,确保施工安全。

(1)施工现场的临时用电,应严格执行现行《施工现场临时用电安全技术规范》(JGJ 46)。夜间施工时,现场应设有保证施工安全要求的照明设施。施工便道、便桥应设立警示和交通标志,必要时应设专人维护、指挥交通。施工车辆必须遵守道路交通法规。

(2)施工作业人员,必须遵守本工种的各项安全技术操作规程。作业人员、进入现场人员必须按规定佩戴和使用劳动防护用品。由人工配合机械进行辅助作业时,作业人员应注意观察,严禁在机械正在作业的范围内进行辅助作业。

(3)多台机械同时作业时,各机械之间应注意保持必要的安全距离。机械在路基边坡、边沟、基坑边缘、不稳定体(地段)上作业时,应采取必要的安全措施。

(4)在靠近结构物附近挖土时,必须采取安全防护措施。对于在路基范围内暂时不能迁移的结构物,应留出土台,土台周围应设警示标志。结构物基坑开挖,应根据土质、水文和开挖深度等选择安全的边坡坡度或支撑防护,在施工过程中进行监测,并及时采取相应的处理措施。开挖弃土或坑边材料的堆放不得影响基坑的稳定。沟槽(基坑)开挖深度超过2m时,其边缘上面作业应按高处作业要求进行安全防护并设置警告标志。开挖沟槽(基坑)位于现场通道或居民区附近时,应设置安全护栏。

(5)采用围堰法施工沿河路基防护基础时,应制定针对出现洪水、渗漏水、流砂、涌砂、围堰变形等情况的安全预案。作业高度超过1.2m时,应设置脚手架,脚手架应通过专业设计,必须进行强度、刚度及稳定性等方面的验算。施工过程中,对脚手架应经常检查,发现松动、变形或沉陷应及时加固。

(6)用提升架运送石料时,应有专人指挥和操作,严禁超负荷运行。严禁使用提升架载人。临时起吊设备的制作、安装必须符合国家相关规定。

(7)砌筑作业时,脚手架下不得有人操作及停留,不得重叠作业。砌筑护坡时,严禁在坡面上行走,不得采用从上到下自由滚落的方式运输材料。喷浆作业时,应密切注意压力表变化,出现异常时,应停机、断电、停风,并及时排除故障。作业区内严禁在喷浆嘴前方站人。

(8)预应力张拉时,预应力张拉设备必须安装牢固,千斤顶近旁严禁站人,无关人员不得进入现场。预制构件安装前,应根据现场条件制定详细的吊装方案,所有起重设备必须符合国家关于特种设备的安全管理规定。

(9)拆除作业应制定安全可靠的拆除方案。拆除的废弃物应运到指定地点。

(10)进行爆破施工时,应制定安全技术操作规程,爆破作业应严格执行现行《爆破安全规程》(GB 6722),确保爆破安全。

①爆破作业人员必须持证上岗。进行爆破器材保管、加工、运输及爆破作业的人员,不得穿戴易产生静电的衣物。

②爆破器材应按规定要求进行检验,失效和不符合技术条件要求的不得使用。

③选择炮位时,炮孔应避开正对的电线、路口、结构物。严禁在残眼上打孔。

④爆破时,应清点爆炸数与装炮数量是否相符。发生哑炮时,必须按相关规定进行处理。如发现危坡、危石等,应按规定及时处理,未处理前,应在现场设立警戒或危险标志,无关人员不得接近。

⑤清方过程中,发现有哑炮、残药、雷管时,必须及时请爆破人员进行处理。

⑥已装药的炮孔必须当班爆破。

⑦夜间不宜进行爆破作业。遇雷雨时应停止爆破作业,所有作业人员应立即撤离爆破区。

1.1.6 交工验收

分项工程、分部工程、单位工程完成后,应按有关规定进行中间检查验收:

(1)交工验收前应恢复施工段内的导线点、水准点,以及验收中要求和可能需要的其他标志桩。

(2)交工验收前应按照《公路路基施工技术规范》及《公路工程质量检验评定标准》(JTG F80/1)的要求进行自检,自检合格后,编制符合要求的交工资料,申请进行交工验收。

(3)交工验收应按照交通部《公路工程竣(交)工验收办法》和《公路工程质量检验评定标准》(JTG F80/1)有关规定执行。

(4)设计文件和《公路路基施工技术规范》要求进行监测的项目,应按要求进行跟踪监测。

1.2 填方路基施工

公路路堤一般情况填土高度均在3m左右,所需土石方量较大。路基填方按挖、装、运、填、平、碾压程序等流程施工。一般情况,土石方运距在100m范围内,采用推土机施工;运距超过100m,采用挖掘机、装载机配合自卸汽车施工。

1.2.1 路堤横断面形式

填方路堤是由本断面需要开挖的土石方或远运利用方或借方,采用土石方工程机械、自卸汽车运送,并分层填筑压实而成。一般路堤的几种横断面形式,如图1-1所示。

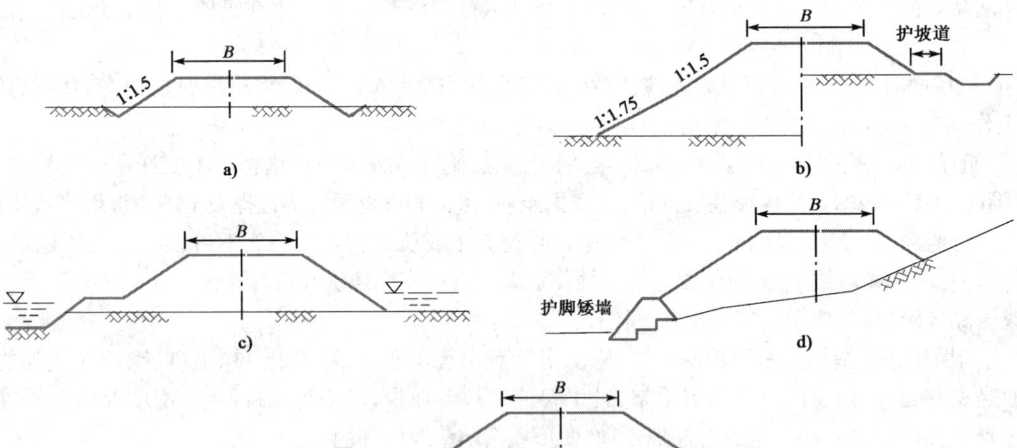

图1-1 路堤横断面

a)矮路堤;b)一般路堤;c)浸水路堤;d)护脚路堤;e)挖沟填筑路堤

水田或常年积水地带,用细粒土填筑高度在6.0m以上时,其他地带填土或填石路堤高度在20m以上时,应按高填方路堤处理。通常采用折线形或阶梯形边坡。

1.2.2 填土路堤

在填料中,当石料含量小于30%时,按填土路堤要求施工。由于路堤存在沉降和稳定等问题,特别是高路堤可能发生的稳定性问题,因此要求其施工质量较高,无论对填料的选择、基底的处理、压实标准的控制等方面都有严格的要求。

1. 填料选择

(1)含草皮、生活垃圾、树根、腐殖质的土严禁作为路基填料。

(2)泥炭、淤泥、冻土、强膨胀土、有机质土及易溶盐超过允许含量的土,不得直接用于填筑路基;确需使用时,必须采取技术措施进行处理,经检验满足设计要求后方可使用。

(3)液限大于50%、塑性指数大于26、含水率不适宜直接压实的细粒土,不得直接作为路堤填料;需要使用时,必须采取技术措施进行处理,经检验满足设计要求后方可使用。

(4)粉质土不宜直接填筑于路床,不得直接填筑于冰冻地区的路床及浸水部分的路堤。

(5)路基填料的强度和粒径,应符合表1-7的规定。总的来说,填筑路堤的材料以采用强度高,水稳定性好,压缩变形小,便于施工压实以及运距短的土、石为宜。在选择填料时,一方面要考虑料源和经济性,另一方面要顾及填料的性质是否合适。

路基填料最小强度和最大粒径要求 表1-7

填料应用部位(路床顶面以下深度,cm)		填料最小强度(CBR)(%)			填料最大粒径(mm)
		高速、一级公路	二级公路	三、四级公路	
路堤	上路床(0~30)	8	6	5	100
	下路床(30~80)	5	4	3	100
	上路堤(80~150)	4	3	3	150
	下路堤(150以下)	3	2	2	150
零填及挖方路基	0~30	8	6	5	100
	30~80	5	4	3	100

注:1. 表列强度按《公路土工试验规程》规定的浸水96h的CBR试验方法测定;

2. 三、四级公路铺筑沥青混凝土和水泥混凝土路面时,应采用二级公路的规定;

3. 表中上、下路堤填料最大粒径150mm的规定,不适用于填石路堤和土石路堤。

2. 取土规定

路侧取土坑选址应有统一规划,使之具有规则的形状及平整的底部。平原地区的高速公路及一级公路不宜设路侧取土坑。路线外集中取土坑应尽量设在荒坡、高坡上。取土坑边坡坡度视土质性质而定,不宜陡于1:1。路基填方取土,应根据设计要求,结合路基排水和当地土地规划、环境保护要求进行,不得任意挖取。

(1)施工取土应不占或少占良田,尽量利用荒坡、荒地,取土深度应结合地下水等因素考虑,利于复耕。原地面耕植土应先集中存放,以利再用。

(2)自行选定取土方案时,应符合下列技术要求:

①地面横向坡度陡于1:10时,取土坑应设在路堤上侧。

②桥头两侧不宜设置取土坑。

③取土坑与路基之间的距离,应满足路基边坡稳定的要求。取土坑与路基坡脚之间的护坡道应平整密实,表面设1%~2%向外倾斜的横坡。

④取土坑兼作排水沟时,其底面宜高出附近水域的常水位或与永久排水系统及桥涵出水口的高程相适应,纵坡不宜小于0.2%,平坦地段不宜小于0.1%。

⑤线外取土坑等与排水沟、鱼塘、水库等蓄水(排洪)设施连接时,应采取防冲刷、防污染的措施。

(3)对取土造成的裸露面,应采取整治或防护措施。

3. 填筑要求

(1)填料应水平分层、分段填筑,分层压实。同一水平层路基的全宽应采用同一种填料,不得混合填筑。每种填料的填筑层压实后的连续厚度不宜小于500mm。填筑路床顶最后一层时,压实后的厚度应不小于100mm。

(2)对潮湿或冻融敏感性小的填料应填筑在路基上层。强度较小的填料应填筑在下层。在有地下水的路段或临水路基范围内,宜填筑透水性好的填料。

(3)在透水性不好的压实层上填筑透水性较好的填料前,应在其表面设2%~4%的双向横坡,并采取相应的防水措施。不得在由透水性较好的填料所填筑的路堤边坡上覆盖透水性不好的填料。

(4)每种填料的松铺厚度应通过试验确定。每一填筑层压实后的宽度不得小于设计宽度。

(5)路堤填筑时,应从最低处起分层填筑,逐层压实;当原地面纵坡大于12%或横坡陡于1∶5时,应按设计要求挖台阶,或设置坡度向内并大于4%、宽度大于2m的台阶。

(6)填方分几个作业段施工时,接头部位如不能交替填筑,则先填路段,应按1∶1坡度分层留台阶;如能交替填筑,则应分层相互交替搭接,搭接长度不小于2m。

几种碾压机具的适应松铺厚度,如表1-8表示。

碾压机具的适应松铺厚度　表1-8

机械名称	松铺厚度	机械名称	松铺厚度	机械名称	松铺厚度
羊足碾(6~8t)	≤0.50m	压路机(8~12t)	0.20~0.25m	动力打夯机	0.20~0.25m
振动压路机(10~12t)	≤0.40m	压路机(12~15t)	0.25~0.30m	人工打夯	≤0.20m

采用机械碾压时,分层最大松铺厚度不超过30cm,表1-9为某试验路数据。

YZT16型16t振动压路机碾压　表1-9

松铺厚度(cm)	遍数	达到压实度	松铺厚度(cm)	遍数	达到压实度	松铺厚度(cm)	遍数	达到压实度
20	2	90%	30	3	90%	40	4	90%
	3	93%~95%		4	93%~95%		5、6	93%~95%
	4	95%以上		5	95%以上		7~10	95%以上

试验表明,松铺厚度越大,达到压实度标准有一定难度。从施工组织上分析,虽松铺厚度为20cm,比30cm达到相应的压实度少压一遍,但从压实体积上看,其产量将近少33.3%,且又增加平地机平整遍数,影响进度。因此,采用松铺厚度为30cm控制施工是经济合理的。松铺厚度为20cm时,其压实厚度值为15cm左右;松铺厚度为30cm时,其压实厚度值为23cm左右。

4. 填筑方法

路堤填筑是把填料用一定方式运送至路堤上进行铺平、碾压密实的过程。路堤填筑分为水平分层填筑法、纵坡分层填筑法、横向填筑法和混合填筑法4种方法。

(1)水平分层填筑法。即按断面全宽分成水平层次逐层向上填筑,每填一层,需经压实符合要求后,再填上一层,如图1-2所示。如原地面不平,应从最低处分层填起,每填一层经过压实符合规定要求后再填另一层。

(2)纵向分层填筑法,是在原地面纵坡大于12%的路段,沿纵坡分层,逐层填压密实。此方法宜采用推土机从路堑取料,且填筑距离较短的路堤,如图1-3所示。

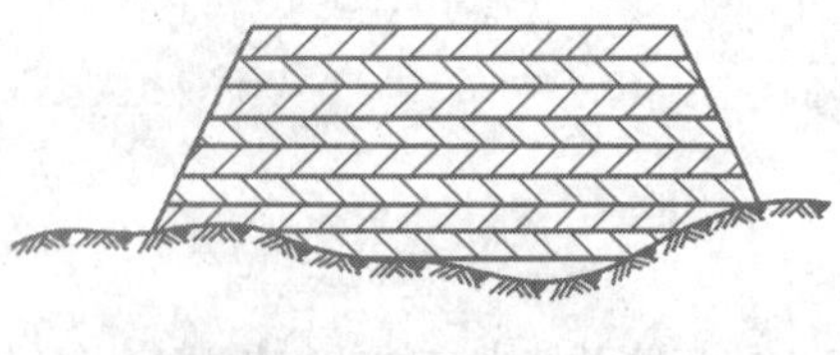

图1-2　水平分层填筑

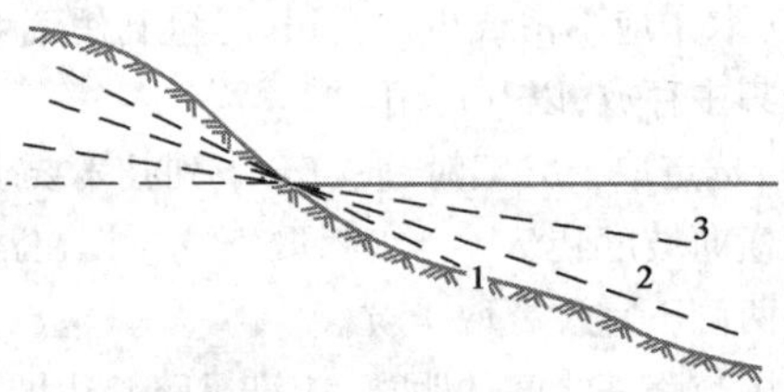

图1-3　纵向分层填筑

(3)横向填筑法。从路基一端、或两端同时按横断面的全部高度,逐步推进填筑,仅用于无法自下而上填筑的深谷、陡坡、断岩、泥沼等运土和机械无法进场的路堤,如图1-4所示。横向填筑因填土过厚,不易压实时施工需采取下列措施:①选用高效能压实机械;②采用沉陷量较小的砂性土或附近开挖路堑的废石方,并一次填足路堤全宽度;③在底部进行拨土夯实。

(4)联合填筑法。即路堤下层用横向填筑,而上层用水平分层填筑,使上部填料经分层压实获得需要的压实度,如图1-5所示。混合填筑法适应于因地形限制或填筑堤身较高,不宜采用水平分层法和横向填筑法自始至终进行填筑的情况。可以单机作业,也可多机作业,一般沿线路分段进行,每段距离以20~40m为宜,多在地势平坦或两侧有可利用的山地土场的场合采用。

5. 碾压施工

较多的试验表明土的性质不同,其干密度(或称干容重)和含水率就有不同。填土压实只有在能使土体产生最大密度时的含水率,就能容易得到最好的压实效果。也就是说,只有在最佳含水率情况下压实的土体,其浸水强度最大,即水稳定性最好。实际操作中的最佳含水率控制是在含水率小于最佳含水率时,可以洒水增湿;在含水率过大时,可用晾晒或掺石灰的处治办法。

1)影响压实效果的因素

影响路基压实效果的因素是多方面的,有内因也有外因,以下介绍与施工作业有关的主要因素。

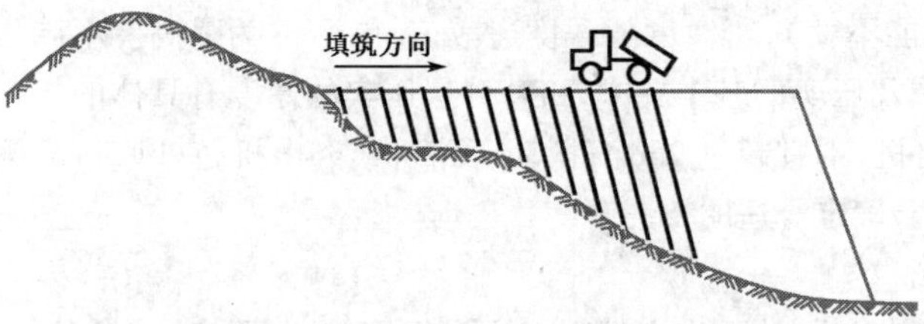

图1-4 横向填筑法

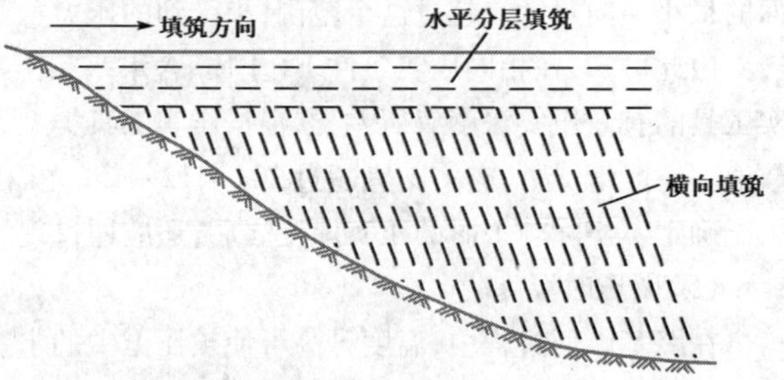

图1-5 联合填筑法

(1)下承层强度

在填筑路堤时,若地基没有足够的强度,路堤的第一层难以达到较高的压实度,即使采用重型压路机或增加碾压遍数,也只能是事倍功半,甚至使得碾压土层出现"弹簧"现象。因此,对于地基或下承层强度不足的情况,填筑路堤时通常采取以下措施处理:在填筑路堤之前,先碾压地基;地基有软弱层,先需采用相应的办法处理地基;路堑处路槽的碾压,应先铲除30~40cm原状土层并碾压地基后,再分层填筑压实。

(2)土的含水率

当土中的含水率较小时,土的结构在土粒间的吸力作用下保持着比较疏松的状态,此时较大的空隙互相连通。孔隙中气体比水分多,在此种情况下,进行压实,孔隙中的气体排出而使土得到较小程度的压实,但因水少而使土粒间的水膜润滑作用不大,土粒间的摩阻力较大,土粒的位置变动小,所以压实效果差而使土不能充分压实。逐渐加入水分后,含水率逐渐增大,包围土粒的水膜也随之增厚,其润滑作用也加大,此时压实,就能使土粒产生较大的互相位置的变动而挤紧,压实度逐渐增加;当含水率继续增加,超过最优值时,水的润滑作用已经足够,水分过多,使得起润滑作用以外多余的水分进入土粒的孔隙中,反而促使土粒分离而不易得到良好的压实效果,从而降低了土的干密度;又由于土粒间距增大,内摩阻力与黏结力减小,使土的强度也随之减小。所以,在进行击实试验时,在相同的锤击次数下,逐步将土样的含水率增加,此时的效果是干密度也逐渐增加,当含水率增加到一定限度时,干容重却反而逐渐减小,其干容重与含水率的关系如图1-6所示。

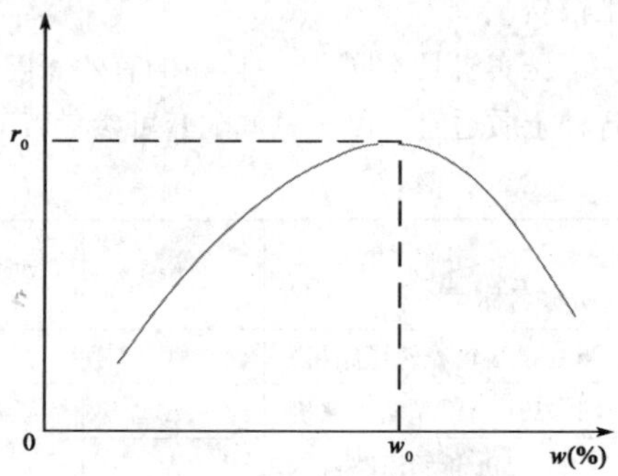

图1-6 土基的 $r \sim w$ 关系曲线

土的最佳含水率和最大干容重是施工中进行压实的两个重要因素,在施工中掌握了最佳含水率,使土的含水率等于或接近最佳含水率,就使土方压实效果最好,使被压实的土能够较快地接近最大干容重,也就是达到规范要求的压实度,施工工作便能取得较高的经济效益。

一般情况下的土壤天然含水率,通常是接近于最佳含水率,往往是在上述的最佳含水率范围内,但在雨季或冬季时,则有所不同。因此选择温度和湿度都比较适宜的季节进行施工,对工作进度有利,也是比较经济的。在施工安排上,尽可能组织如挖、运、摊铺和压实的快速、连续进行,以减少流通过程中土壤水分的变化,防止土壤过干或过湿,可以提高压实效果和减少工作量,对提高施工经济效益和保证质量都有好处。一般施工时,当土中含水率过高时,可采用翻晒的方式进行处理;当天然土过分干燥时,可以采用洒水车在摊开的土壤上均匀加水,然后拌和均匀。如果天气十分炎热干燥,加水过程时间较长时,还应考虑添加水的蒸发量,一般可按估计适当多加一些水。

(3)不同土质

在相同压实条件下,不同的土质其压实效果不一样。一般来说非黏性土的压实效果较好,而且最佳含水率较小、最大干密度较大,在静力作用下,压缩性较小,在动力作用下,特别是在振动作用下很容易被压实。黏质土、粉质土等分散性土的压实效果较差,主要是由于土粒愈细,表面积愈大,土粒表面水膜所需的含水率就愈多,加之黏土中含有亲水性较高胶体物质所致。另外,砂土由于呈松散状态,水分极易散失,对其最佳含水率的概念就没有多大的实际意义。

(4)不同压实层厚度

通过实验发现，土层受压时，土体能够均匀变形的深度，近似地等于2倍的压模直径或2倍的压模与土接触表面的最小横向尺寸。超过这个范围，土受到的压力急剧变小，并逐渐趋于零作用，可认为此时土的密实度没有变化。

由此可知，在相同压实条件下（土质、含水率和压实功能不变），密实度随深度递减，表层5cm为最高。不同压实工具的有效压实深度有所差异，根据压实工具类型、土质及压实的基本要求，路基分层压实的厚度有具体的规定数值。一般情况下，夯实不宜超过20cm；12~15t光面压路机，不宜超过25cm；振动压路机或夯击机，宜以50cm为限。确定了实际施工时的压实厚度之后，还应通过现场试验确定合适的摊铺厚度。

(5)碾压时温度

在路基碾压过程中，温度升高可使被压土中的水黏滞度降低，从而在土粒间起润滑作用，易于压实。但气温过高时，又会由于水分蒸发太快而不利于压实。温度低于0℃时，因部分水结冰，产生的阻力更大，起润滑作用的水更少，因而也得不到理想的压实效果。

(6)压实功能

压实功能是由碾压或锤击的次数及单位压力所决定的。试验表明：同一种土的最佳含水率 w_0 随压实功能的增加而减小，最大干容重 γ_0 则随压实功能的增大而提高；在相同含水率条件下，压实功能愈高，土基密实度愈高。根据此规律，在工程实践中可以增加压实功能，以提高路基土的干容重或降低最佳含水率。但必须指出，用增加压实功能的办法，以提高土基强度的效果，有一定的限度。压实功能量增加到一定限度以上，其效果的提高就会愈为缓慢，这样在经济效益和施工组织上不尽合理。当压实功能超过限度过大时，一是超过土的极限强度，造成土基结构的破坏；二是相对应压实时的含水率减少，获得的密实度经不起水的影响，即水稳定性变差。相比之下，严格控制最佳含水率，要比增加压实功能收效大得多。当含水率不足、洒水困难时，适当增加压实功能可以获得一定的效果；但如果土的含水率过大，此时再增大压实功能，必将出现"弹簧"现象，即压实效果很差，造成返工浪费。

压实机具不同，压力传布的有效深度也不同。碾压机具通常可分为静碾型、振碾型和夯实型，各有其适用场合。各种土质适宜的碾压机械配套可参考表1-10。

各种土质适宜的碾压机械 表1-10

土的分类 / 机械名称	细粒土	砂类土	砾类土	巨粒土	备注
6~8t两轮光轮压路机	A	A	A	A	用于预压整平
12~18t三轮光轮压路机	A	A	A	B	最常使用
25~50t轮胎压路机	A	A	A	A	最常使用
羊足碾	A	C或B	C	C	粉、黏土质砂可用
振动压路机	B	A	A	A	最常使用
凸块式振动压路机	A	A	A	A	最宜使用于含水率较高的细粒土
手扶式振动压路机	B	A	A	C	用于狭窄地点
振动平板夯	B	A	A	B或C	用于狭窄地点，机械质量800kg的可用于巨粒土
手扶式振动夯	A	A	A	B	用于狭窄地点
夯锤(板)	A	A	A	A	夯击影响深度最大
推土机、铲运机	A	A	A	A	仅用于摊平土层和预压

注：1. 表中符号：A代表适用；B代表无适当的机械时可用；C代表不适用；
2. 土的类别按《公路土工试验规程》(JTJ 051)的规定划分；
3. 对黄土(CLY)、膨胀土(CHE)、盐渍土等的压实机械选择可按细粒土考虑；
4. 自行式压路机宜用于一般路堤、路堑基底的换填等的压实，宜采用直线式进退运行；
5. 羊足碾(包括凸块式碾、条式碾)应有光轮压路机配合使用。

压实机具对土施加的外力，应有所控制，以防压实功能太大，压实过度，不仅失效、浪费甚至有害。一般压实时的单位压力不应超过土的强度极限。不同土的强度极限，还与压实机具的质量、相互接触的面积、荷载速度及作用时间、作用遍数等因素有关。表1-11所列是在最佳含水率条件下，土质由几类压实机具作用时的强度，可供选择机具的压实功能时参考。

压实时土的强度极限 表 1-11

土类	土的极限强度(MPa)		
	光面碾	气胎碾	夯板(直径 70~100cm)
低黏性土(砂土、亚砂土、粉土)	0.3~0.6	0.3~0.4	0.3~0.7
中等黏性土(亚黏土)	0.6~1.0	0.4~0.6	0.7~1.2
高黏性土(重亚黏土)	1.0~1.5	0.6~0.8	1.2~2.0
极黏土(黏土)	1.5~1.8	0.8~1.0	2.0~2.3

2)碾压方法

路基碾压方法主要有轮压式、夯击式、振动式三种。路基碾压需要根据各类压实机械具有的有效压实深度来确定路基分层摊铺的厚度。一般用 8~12t 光轮碾压式压路机,每层松铺厚度 20~30cm;夯击式或振动式压路机的每层松铺厚度可达 50cm。但分层厚度需要在施工现场通过试验来确定。

土是三相体,土粒为骨架,颗粒之间的孔隙为水分和气体所占据。压实的目的在于使土粒重新组合,彼此挤紧,孔隙缩小,土的单位重量提高,形成密实整体,从而提高强度与稳定性。大量试验和工程实践已经证明,路基土经压实后,其塑性变形、渗透系数、毛细水上升及隔温性能等,均有明显改善。

3)压实机具选择

选择施工机械,应考虑工程特点、土石类别及数量、地形、挖填高度、运距、气候条件、工期等因素。填方压实应配备专用碾压机具。路堤填筑一般应采用机械化施工,操作程序是施工准备→挖掘机取土→大型自卸车装运填土→推土机推土→平地机整平→压路机压实。

机械作业应根据施工现场地形、路基横断面形式和土方调配图等确定,合理地选择机械运行路线。土方集中的工点,应有全面、详细的机械运行作业图,据以施工。一个填土路堤施工作业段,机械化施工机械配备数量,可参考表 1-12 确定。

填土路堤施工机械配备 表 1-12

机械种类	数量	说明	机械种类	数量	说明
挖掘机($1.5m^3$)	2 台		平地机(16G)	2 台	
自卸车(15~20t)	10 辆	运距在 5km 以内	羊角碾、振动压路机(16t)	1 台	
推土机(GH-140)	2 台		振动压路机	2 台	

4)机械运距

运距在 1km 范围内时,可用铲运机运输,辅以推土机开道、翻送硬土、平整取土段、清除障碍和助推。超过 1km 时,可用松土机械翻松,用挖掘机或装载机配合自卸车运输。用平地机整平填土,配合洒水车和压路机碾压。汽车配备数量应根据运距远近及车型确定。当卸装范围内有一定高差,汽车运输方式受到地形和其他条件限制时,可采用卷扬机牵引、空中索道运输。

6. 质量标准

土质路基的压实程度用压实度来表示,以此来检查和控制压实的质量。压实度 K 是指现场实测干重度 γ 与室内标准击实试验得到的标准最大干重度 γ_0 值之比,用百分量表示。压实度检测应符合以下规定:

(1)用灌砂法、灌水(水袋)法检测压实度时,取土样的底面位置为每一压实层底部;用环刀法试验时,环刀中部处于压实层厚的 1/2 深度;用核子仪试验时,应根据其类型,按说明书要求办理。

(2)施工过程中,每一压实层均应检验压实度,检测频量为每 $1000m^2$ 至少检验 2 点,不足 $1000m^2$ 时检验 2 点,必要时可根据需要增加检验点。

路堤填筑至设计高程并整修完成后,其施工质量应符合表 1-13 的规定。

土质路堤施工质量标准 表 1-13

检测项目	规定值或允许偏差			检查方法或频率
	高速公路、一级公路	二级公路	三、四级公路	
路基压实度	符合规定	符合规定	符合规定	施工记录
弯沉	不大于设计值	不大于设计值	不大于设计值	—
纵断面高程(mm)	+10,-15	+10,-20	+10,-20	每 200m 测 4 断面

续上表

检测项目	规定值或允许偏差			检查方法或频率
	高速公路、一级公路	二级公路	三、四级公路	
中线偏位(mm)	50	100	100	每200m测4点弯道加HY、YH两点
宽度	不小于设计值	不小于设计值	不小于设计值	每200m测4处
平整度(mm)	15	20	20	3m直尺:每200m测2处×10尺
横坡(%)	±0.3	±0.5	±0.5	每200m测4个断面
边坡坡度	不陡于设计值	不陡于设计值	不陡于设计值	每200m抽查4处

1.2.3 填石路堤

在公路路基填料中,当石料含量大于70%时,应按填石路堤要求施工。并且在土源缺乏、石方比例大的情况下,利用山体开挖的石方来填筑路堤,取代架桥跨越方案可以降低工程造价。填石路堤施工工序是:施工准备→运料推料→摊铺→超粒破碎→人工找平→碾压→下一层施工。在运料的同时,可进行边坡码砌。

1. 石料选择

填筑路基的石料,应采用石质均匀、不易风化,且未风化、无裂纹的硬质材料。

1)岩石强度等级

公路可用天然石料分4种岩类,其强度等级标准如表1-14所示。岩石强度等级分类,如表1-15所示。

各种天然石料强度等级标准　　表1-14

岩石种类		代表性岩石	强度等级	极限抗压强度(MPa)
I	岩浆岩类	花岗岩、玄武岩、安山岩、辉绿岩	1级	>120
			2级	100~120
			3级	80~100
			4级	—
II	石灰岩类	石灰岩、白云岩	1级	>100
			2级	80~100
			3级	60~80
			4级	30~60
III	砂岩和片麻岩类	石英岩、砂岩、片麻岩、石英片麻岩	1级	>100
			2级	80~100
			3级	50~80
			4级	30~50
IV	砾石类	—	—	—

岩石强度等级分类　　表1-15

名称	1级	2级	3级	4级
强度等级	最坚硬	坚硬	中等坚硬	较软岩石

公路工程用于圬工构造物的石料抗压强度要求在30MPa以上,用于路堤边坡做护坡的石料强度不应小于20MPa,填石路堤的石料强度不应小于15MPa。填料应选择均匀、未风化、无裂纹的硬质石料,强度不小于15MPa。

2)填石粒径

填石路堤的不同位置,即路基在不同深度层面有不同的压实要求。要达到这些要求,应对填料的最大粒径进行控制。在公路工程施工中,石方路堤的填筑材料主要来源于石质挖方路段,部分取材于隧道施工与石料场,所以在挖方施工中,应充分考虑填方粒径的要求,合理选择爆破方案和参数,尽可能的使岩块的粒径满足填石路堤的要求。

(1)膨胀岩石、易溶性岩石不宜直接用于路堤填筑,强风化石料、崩解性岩石和盐化岩石不得直接用于路堤填筑。

(2)路堤填料粒径应不大于500mm,并不宜超过层厚的2/3,不均匀系数宜为15~20。路床底面以下400mm范围内,填料粒径应小于 150mm。

(3)路床填料粒径应不小于 100mm。

2. 填筑要求

(1)路堤施工前,应先做试验路段,确定满足孔隙量标准的松铺厚度、压实机械型号及组合、压实速度及压实遍数、沉降差等参数。

(2)路床施工前,应先做试验路段,确定能够达到最大压实干密度的松铺厚度、压实机械型号及组合、压实速度及压实遍数、沉降差等参数。

(3)二级及二级以上公路的填石路堤应分层填筑压实。二级以下砂石路面公路在陡峻山坡地段施工特别困难时,可采用倾填的方式将石料填筑于路堤下部,但在路床底面以下不小于 1.0m 范围内仍应分层填筑压实。

(4)岩性相差较大的填料应分层或分段填筑。严禁将软质石料与硬质石料混合使用。

(5)中硬、硬质石料填筑路堤时,应进行边坡码砌,码砌边坡的石料强度、尺寸及码砌厚度应符合设计要求。边坡码砌与路基填筑宜基本同步进行。

(6)压实机械宜选用自重不小于 18t 的振动压路机。

(7)在填石路堤顶面与细粒土填土层之间应按设计要求设过渡层。

3. 施工方法

根据公路等级和地形情况可采用分层压实法、冲击压实法、竖向填筑法(简称倾填法)、强力夯实法 4 种方法。通常高速公路、一级公路和二级公路,采用分层压实法;山岭重丘区三级及三级以下公路,采用爆破移挖作填的倾填法;当压实度要求较高时,填石作业可采用强力夯实法或冲击压实法。

路堤两侧可采用边坡码砌或采用坡脚包边土的施工方法,厚度均不小于 2.0m。包边土施工方法如图 1-7 所示;填芯先铺填大块石料,大面向下,放置平稳,再铺小块石料、石渣或石屑嵌缝找平。

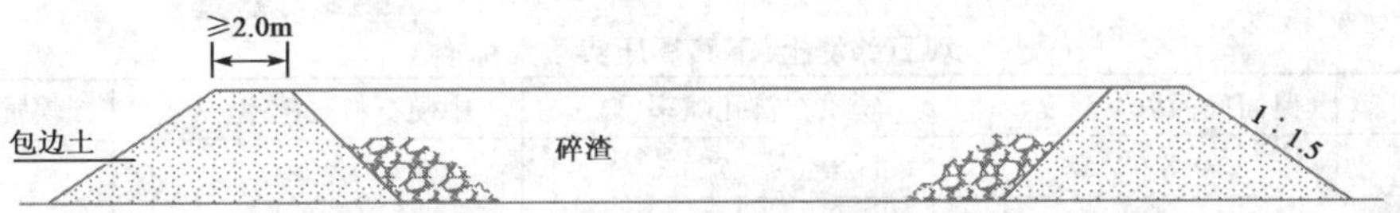

图 1-7　坡脚包边土填石路堤施工

4. 运料摊铺

运料采用挖掘机配合自卸汽车进行。在石质填料装运时,尽量使填料混合均匀,避免大粒径填料的过分集中。同时运卸作业应按照分级台阶、分层层位、作业区段事先安排好石料运输路线,按水平分层,先低后高,先两侧后中间卸料。填石路堤的堆料和摊铺同时进行,填石料直接堆放在摊铺粗平的表面上,由大功量的推土机向前摊铺。松铺厚度控制在 60cm 以内。填石料在推土机摊铺初步完成后,对于大粒径的石块,要进行人工摆平。在摆放过程中,块石贴近底面,且大面朝下。在同一位置,大粒径的石块不能重叠堆放。对细料明显偏少的段落,在摊铺初平的填石料表面,撒铺一层碎石或屑料。碎石或石屑料用量约占粗粒料的 15% ~20%,要保证碎石或石屑料填满粗粒料间的缝隙。撒铺细料后,摊铺表面保持相对平顺,这样有利于压路机进行碾压施工。

5. 边坡码砌

边坡码砌的石块应大于 30cm;石块尽量规则,码砌石块尽量紧贴、密实;石块之间无明显空洞、松动现象;砌块间承力接触面应微向内倾斜。填高小于 4m 时,码砌厚度为 2m。边坡坡面采用大于 25cm 的石块进行台阶式码砌。

6. 路堤碾压

填石路堤粒料之间没有黏结力,主要靠大吨位振动压路机碾压,使其填料之间相互嵌锁、紧密咬合,从而达到足够大的摩阻力以抵抗路基变形。施工中一般采用 18t 振动压路机进行碾压,速度为 2 ~4km/h,先静压一遍,然后振压 6 ~8 遍,最后再静压一遍。碾压顺序由两侧开始向中间碾压,然后再由中间向两侧碾压,且每次要求错轮 1/3 轮宽。对于有明显空洞、孔隙的地方应补充细料,再进行碾压,如仍有松动石块,可用合适粒径的小石块嵌填,并用手锤敲紧。干燥季节,碾压之前应在摊铺层表面洒水。洒水车先两侧后中间洒水一遍,洒水量为填石体积的 15%。潮湿季节施工,石料表面和细料中的天然含水率较大时,可直接碾压。

7. 路床填筑

完成路堤填筑后,在路堤填石料表面先填筑一层 30cm 厚的碎石、石屑过渡层。过渡层碎石粒料应小于 10cm,

其中小于0.5cm的细料含量应大于30%。然后,用土来填筑路床。路床用平地机摊铺整平,压路机碾压,压实度不小于95%。在路基基本完工后,检查测量路基顶面的中心高程,以及路基宽度和边坡坡度。检查合格后,即可进行路基整修。

8. 质量标准

填石路堤的施工质量主要由施工工序配合质量检测进行控制。在各个施工工序中,特别是对填料的最大粒径、压实层厚、碾压遍数、压实沉降差等,必须达到规定要求。填石路堤的每一层都要进行检测。在自检中,一般进行下列项目的检测。

1)自检内容

(1)压实厚度和最大粒径。填石路堤每层填筑完工后都要测量该层顶面的高程(可以结合压实沉降差进行检测),相邻层位的高程差就是压实层厚。压实层厚应小于相应分区路堤填筑厚度的规定。

(2)压实遍数。

(3)压实质量检测。填石路堤压实质量可以采用压实沉降差或孔隙率进行检测,孔隙率的检测应采用水袋法进行。

(4)表面质量检测。碾压后的填石路堤表面无明显的孔隙、空洞,大粒径填石无松动现象,应达到以铁锹挖动困难,用撬棍方能使之松动的状态。

施工中要求详细记录每层填石料的压实层厚、压实遍数和填料粒径。每一层施工完成后,一定要进行中间检查,对不合格工程要求返工。在质量检查合格后,再进行下一层的施工。一般在路面施工前,进行弯沉检测,其结果应符合设计和施工技术规范的要求。

2)施工质量标准

(1)上下路堤的压实质量标准,如表1-16所示。

填石路堤上、下路堤压实质量标准 表1-16

分区	路面底面以下深度(m)	硬质石料孔隙率(%)	中硬石料孔隙率(%)	软质石料孔隙率(%)
上路堤	0.8~1.50	≤23	≤22	≤20
下路堤	>1.50	≤25	≤24	≤22

(2)填石路堤施工过程中的每一压实层,可采用试验路段确定的工艺流程和参数,控制压实过程;用试验路段确定的沉降差指标检测压实质量。

(3)填石路堤填筑至设计高程并整修完成后,其施工质量应符合表1-17要求。

填石路堤施工质量标准 表1-17

<table>
<tr><th rowspan="2">项次</th><th rowspan="2" colspan="2">检测项目</th><th colspan="2">规定值或允许偏差</th><th rowspan="2">检查方法或频率</th></tr>
<tr><th>高速公路、一级公路</th><th>其他等级公路</th></tr>
<tr><td rowspan="2">1</td><td rowspan="2" colspan="2">压实度</td><td colspan="2">符合试验路确定的施工工艺</td><td>施工记录</td></tr>
<tr><td colspan="2">沉降差≤试验路确定的沉降差</td><td>水准仪:每40m检测一个断面,每个断面检测5~9点</td></tr>
<tr><td>2</td><td colspan="2">纵断面高程(mm)</td><td>+10,-20</td><td>+10,-30</td><td>水准仪:每200m测4断面</td></tr>
<tr><td>3</td><td colspan="2">弯沉</td><td colspan="2">不大于设计值</td><td>—</td></tr>
<tr><td>4</td><td colspan="2">中线偏位(mm)</td><td>50</td><td>100</td><td>经纬仪:每200m测4点弯道加HY、YH两点</td></tr>
<tr><td>5</td><td colspan="2">宽度</td><td colspan="2">不小于设计值</td><td>米尺:每200m测4处</td></tr>
<tr><td>6</td><td colspan="2">平整度(mm)</td><td>20</td><td>30</td><td>3m直尺:每200m测4点×10尺</td></tr>
<tr><td>7</td><td colspan="2">横坡(%)</td><td>±0.3</td><td>±0.5</td><td>水准仪:每200m测4个断面</td></tr>
<tr><td rowspan="2">8</td><td rowspan="2">边坡</td><td>坡度</td><td colspan="2">不陡于设计值</td><td rowspan="2">每200m抽查4处</td></tr>
<tr><td>平顺度</td><td colspan="2">符合设计要求</td></tr>
</table>

(4)填石路堤成型后的外观质量标准是路堤表面无明显孔洞;大粒径石料不松动,铁锹挖动困难;边坡码砌紧贴、密实,无明显孔洞、松动,砌块间承接面向内倾斜,坡面平顺。

1.2.4 土石混填路堤

在填料中,当石料含量小于70%、大于30%时,应按土石混填路堤要求施工。土石混填施工证明,只要使用混合料得当、压实得法，它的力学性能优于细土填筑，承载力高，沉降小，可达到公路的压实度标准。土石混填路堤施工工艺流程是：施工准备→分层填筑→摊铺整平→碾压夯实→检查验收。

1. 填料选择

土壤中除含有大量的有机物或泥炭土不能用于填筑路堤外，其他混合土均可用作路堤填料。土石混合填料中，中硬、硬质石料的最大粒径不得大于压实层厚的2/3；石料为强风化石料或软质石料时，其CBR值应符合路基填料最小强度和最大粒径要求的规定，石料最大粒径不得大于压实层厚。所谓土石混合的土是天然土，实际施工中，是来自路基挖方或借土场的借方；土石混合料中，石料抗压强度必须大于15MPa。压实后土石混填路堤施工质量，可用灌砂法检测压实度。

2. 填筑要求

(1)压实机械宜选用自重不小于18吨的振动压路机。

(2)施工前，应根据土石混合材料的类别分别进行试验路段施工（长度一般不应少于100m或不少于3000m^2），确定能达到最大压实干密度的松铺厚度、压实机械型号及组合、压实速度及压实遍数、沉降差等参数。

(3)土石路堤不得倾填，应分层填筑压实。

(4)碾压前应使大粒径石料均匀分散在填料中，石料间孔隙应填充小粒径石料、土和石渣。

(5)压实后透水性差异大的土石混合材料，应分层或分段填筑，不宜纵向分幅填筑，如确需纵向分幅填筑，应将压实后渗水良好的土石混合材料填筑于路堤两侧。

(6)土石混合材料来自不同料场，其岩性或土石比例相差较大时，宜分层或分段填筑。

(7)填料由土石混合材料变化为其他填料时，土石混合材料最后一层的压实厚度应小于300mm，该层填料最大粒径宜小于150mm，压实后，该层表面应无孔洞。

(8)中硬、硬质石料的土石路堤，应进行边坡码砌，码砌边坡的石料强度、尺寸及码砌厚度应符合设计要求。边坡码砌与路堤填筑宜基本同步进行。软质石料土石路堤的边坡按土质路堤边坡处理。

3. 施工方法

土石路堤不能采用直接倾填法，应采取分层填筑、分层压实的方法。硬质石块应铺于填筑层的下面，且石块不得过于集中或重叠，上层铺含软石渣的土料，再进行整理，碾压不少于8遍。在干燥季节，可适当洒水使石块之间有一层润滑膜，碾压时使石块易于相互移动、嵌锁。

4. 运料摊铺

采用自卸车运料，将填料按梅花形均匀堆放，整平松铺厚度宜为50cm左右。每层填料不仅要铺满全部宽度，还要增设附加30～50cm的宽度，使路基边缘能够得到充分压实。所有路堤边缘线之外的填料，在路面施工前，必须刷坡修正，每层摊铺的水平面，都要与最终的路基顶面平行，并保持表面平整，排水顺利，不受冲刷。

5. 路堤碾压

压实机械宜选用自重不小于18t的振动压路机，也可采用25t以上的轮胎压路机压实。压路机的碾压速度对路堤压实效果有显著影响，当铺筑层厚度不变时传递至填方的能量与碾压遍数和压路机速度有关，即当压路机速度加倍时，碾压遍数也要加倍，一般以3～6km/h的速度碾压效果较好。碾压过程中，土的含水率对压实效果有很大的影响，含水率过大，会降低路堤的稳定性，土的含水率不足，难以压实，而且压实后的土内残留大量的空气，一旦浸水后路基强度下降明显，甚至产生不均匀沉陷。公路路基施工规范规定细粒土、砂类土和砾石土不论采用何种压实机械，均应在这种土的最佳含水率±2%以内压实，因此土的最佳含水率应在路堤修筑半个月前在取土地点取具有代表性的土样进行测定。取自不同料场的混合土，应分别测定，分段填筑，不能混填。

经验证明，压实过程中宜先压两侧后压中间；压实路线对于轮碾应纵向互相平行，反复碾压；采用拖式振动压路机时，循环作业较为理想。

6. 检查验收

(1)对于软质石料填筑的土石混填路堤，应按土质路堤的要求进行检测。

(2)对于中硬、硬质石料土石混填路堤，应根据实际填料的来源配制不同含石量的试样进行室内大筒重型击实试验，通过试验确定不同含石量填料的最大干密度和最佳含水率，给出同一种料的不同含石量最大干密度曲线；在采用细料压实度进行质量控制时，应由试验确定细料的最大干密度和最佳含水率。对于坚硬石料的土石混合填料中，细料的最大干密度应按表1-18进行修正。对于中等强度以下石料的土石混合填料，细料的最大干密度不需要进行修正。土石混合填料中细料的压实度要求同土质路堤标准。

细料的最大干密度修正系数　　表1-18

粗料含量(%)	0~25	25~40	40~60	>60
修正系数	1.0	0.97	0.95	0.92

土石路堤的压实干密度检测，是一种常规的检测法，也是大家都接受的可信检测法。由于它需要挖的试坑较大(上路堤600mm×600mm，下路堤800mm×800mm)，很费时，不能满足大规模施工的要求。因此，条文规定只用于试验路，在大规模的施工中不使用，而采用沉降差和工艺参数进行双控制，较为快捷实用。一般沉降量的观测，按随机取样的方法布设观测点，测其高程，然后用拖式50t压路机加振一遍，观测其高程，然后计算出沉降量。路基成型后质量应符合路基填料最小强度和最大粒径要求的规定。随着控制技术的不断发展，通过研究已经开发出了一些土石混填路基压实度的快速检测技术和相关设备，在实际施工中，可根据需要和试验路段的成果进行判断和选择。

(3)土石路堤的外观质量标准是路基表面无明显孔洞；大粒径填石无松动，铁锹挖动困难；中硬、硬质石料土石路基边坡码砌紧贴、密实，无明显孔洞、松动，砌块间承接面应向内倾斜，坡面平顺。

1.2.5 矿渣填筑路堤

矿渣是高炉重矿渣的简称，是冶炼生铁时从高炉中排除的一种废渣。按照高炉矿渣化学成分中的碱性氧化物的多少，高炉矿渣又可分为碱性矿渣、中性矿渣和酸性矿渣。经试验证明，在一定时间自然消解的陈渣，水稳定性较好，使用结果表明其稳定性也好，能在公路路基上使用，矿渣的一般物理与力学性质如表1-19所示。

矿渣的一般物理与力学性质　　表1-19

相对密度	松方单位重(t/m^3)	压碎值(%)	吸水率(%)
2.06~2.86	1.15~1.30	33.8~36.0	10.0

1. 填料选择

(1)路堤填料的高炉矿渣应至少放置1年以上，并有良好的级配，必要时应予破碎。

(2)矿渣用于水位以下或地下水位300mm以内的路堤施工时，其最大粒径应不大于300mm，同时粒径宜小于1/2压实厚度，通过19mm筛孔量应不大于10%，通过0.075mm的筛余料塑性指数应不超过6。

(3)每层铺筑厚度应根据试验确定。矿渣填料顶面应采用级配良好的矿渣，或者用最大粒径为75mm的破碎矿渣或碎石进行嵌缝，其厚度应不小于100mm。

2. 填筑要求

由于矿渣的渗透系数大，以及在重型标准压实条件下黏结力为33~39kPa，饱水摩擦角为39°~43°等特点，为便于施工期间在最佳含水率的情况下进行压实，应在路基底部先填筑10cm厚的土质路拱，并设2%~3%的横坡；边坡设不小于100cm厚的黏土保护层，并在保护层中设置横向盲沟，其间距30m，盲沟断面尺寸为150cm×25cm×25cm，采用具有一定级配的砂砾填筑，以利排水畅通。同时为保证路基顶面平整度，可采用土质封顶，厚度约50cm。所采用土的塑性指数以不低于15为宜。矿渣填筑路堤的边坡坡度一般为1:1.5，可提高矿渣路基的稳定性。

3. 摊铺碾压

摊铺时先用推土机摊开，并初平设置路拱，然后用平地机整平、整型。在摊铺的过程中，要随时进行检查，不得有粗细料集中的现象。

在检查填料含水率以及其均匀性满足要求后方可进行碾压，其中含水率需处于最佳含水率范围内。矿渣路堤每层填筑厚度不得超过50cm，并用大于20t的振动压路机压实，且每层矿渣至少需碾压5~6遍。如果矿渣路堤粒径大铺筑层厚，应用30~40t大吨位带锯形齿履带式压路机效果也较好。填筑每层矿渣与粘土保护层可同步摊铺，同步碾压，以增强黏结性和结构整体性。

1.2.6 粉煤灰路堤

粉煤灰是指燃煤发电厂排出的湿排灰(池灰)和调湿灰(干灰掺水调湿)，都可作为路堤填料。粉煤灰路堤由于是轻质材料，对减轻土体结构自重，减少软土地基路堤沉降，提高土体抗剪强度，均有很好的效果。且有废物利用、节约投资、减少污染和占地等社会效益。粉煤灰路堤一般由路堤主体部分、护坡和封顶层(黏性土或其他材料)，以及隔离层、排水系统等组成，其结构如图1-8所示。填筑施工工序包括基底处理、粉煤灰装运、摊铺、洒水碾压、养护与封层等，在施工前应做好试验路段，以便取得技术参数，指导施工。

1. 填料要求

粉煤灰路堤应首先调查料源，做好必要的室内试验，以便掌握材料的工程特性。用于高速公路、一级公路路堤的粉煤灰，烧失量超过标准的粉煤灰应作对比试验，分析论证后采用。粉煤灰的粒径，宜在0.001～1.18mm之间，小于0.075mm的颗粒含量宜大于45%。粉煤灰中不得含团块、腐殖质及其他杂质。包边土和顶面封层的填料，宜采用塑性指数不小于12的黏性土。隔离层和土质护坡中的盲沟所用砂砾料、矿渣料等，最大粒径应不小于75mm，4.75mm以下细料含量小于50%，含泥量小于5%。

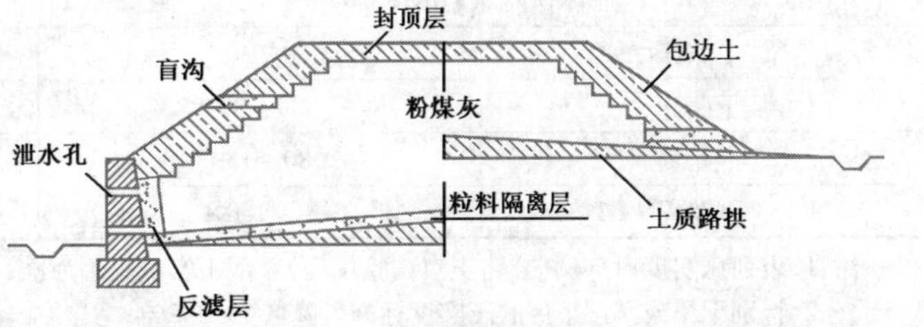

图1-8 粉煤灰路堤结构示意

2. 填筑规定

(1)温度在摄氏0℃以上方可施工，并避开大风季节。

(2)颗粒组成、最大干密度和最佳含水率有显著差别的灰源应分别堆放，分段填筑。按设计要求铺筑隔离层，隔离层界面的路拱横坡应与路堤同坡。

(3)粉煤灰路堤应采用水平分层填筑施工。当分成不同作业段填筑时，先填地段应分层预留台阶，每个压实层应相互重叠搭接，搭接长度宜大于1.5m，相邻作业段接头范围内的压实度应达到规定要求。

(4)土质包边土应与粉煤灰填筑同步进行。土质护坡铺筑宽度应保证削坡后的净宽满足设计要求，同时应按设计要求，做好土质护坡的排水盲沟，底层盲沟高程应避免地表水倒灌。

(5)施工过程中，应及时洒水，防止干灰飞扬。

(6)粉煤灰摊铺后必须及时碾压，做到当天摊铺、当天碾压完毕。粉煤灰路堤的压实应遵循先轻后重、先低后高的原则。

(7)铺筑上层时，宜采取洒水润湿、控制卸料车行驶路线、速度、掉头、急刹车等措施，防止压实层松散。

(8)暂时不能及时铺筑上层粉煤灰，除特殊情况外，禁止车辆通行，并洒水润湿，防止表面干燥松散。施工间隔较长时，应在路堤顶面覆盖适当厚度的封闭土层，并压实，横坡宜稍大于路拱。

(9)当铺筑至粉煤灰路堤顶层时，宜及时按设计要求做封闭层。

(10)应按设计要求做好粉煤灰与混凝土结构、金属结构物等接触界面的防护。

3. 施工方法

粉煤灰路堤应采用水平分层摊铺填筑法施工。摊铺前应在路堤中心、路堤边缘等设置松铺厚度控制桩。过湿的粉煤灰应堆高沥干水分，过干燥的粉煤灰应在摊铺前2～3d在堆场洒水闷料，使含水率调节到略高于最佳含水率，尽量减少现场的洒水工作。当粉煤灰填筑到路槽以下30cm后，可换用与护坡土相同的黏性土进行封顶，以确保粉煤灰层的稳定性。

4. 装运

运输方式要因地制宜，尽量采用大吨位自卸汽车和机械化装车，减少中间环节，降低运输成本，为防止运输途中扬尘污染，必须采取防护措施。装运上层料时，应控制卸料汽车的行驶方向和速度，不得在下层灰土上掉头、高速行驶、急刹车等，以免造成压实层的松散。

5. 摊铺

摊铺前先放样，即画出路堤边线、土质护坡界线、盲沟位置等，摊铺长度应能够为当天摊铺、当天碾压完成为宜。当分成不同作业段填筑时，先填段应分层留出台阶，使每个压实层相互重叠搭接，长度应大于1.5m，以保证相邻作业段接头范围内的压实度。

6. 洒水碾压

粉煤灰路堤压实度应符合表1-20的规定。压实度应根据压实机械种类和压实功能大小而定，事先应进行碾压试验，如表1-21所示。碾压应遵循先轻后重、先低后高、先慢后快的原则，对人工摊铺的灰层宜先履带式机具或3～12t压路机静压1～2遍，稳压后，用振动压路机碾压3～4遍；机械摊铺的灰层可直接用其质量进行检测。

粉煤灰路堤压实度标准 表 1-20

填料应用部位（路床顶面以下深度 cm）		压实度（%）	
		二级及二级以上公路	其他等级公路
上路床	0～30	≥95	≥93
下路床	30～80	≥93	≥90
上路堤	80～150	≥92	≥87
下路堤	>150	≥90	≥87

注：1. 表列压实度以部颁《公路土工试验规程》重型击实试验法为准；

2. 特别干旱或潮湿地区的压实度标准可降低 1%～2%；

3. 包边土和顶面封层压实度应符合土质路基压实度标准的规定。

压实机械种类与压实厚度对应 表 1-21

压实机械种类	压实厚度	压实机械种类	压实厚度
20～30t 的中型振动压路机	≤20cm	40～50t 的重型振动压路机	≤30cm
中型振动羊足碾	≤30cm		

1.2.7 过湿土路堤

过湿土是相对最大干密度的最佳含水率而言的，土的含水率超过最佳含水率的 2% 规定值，不得直接作为路堤填料。有下列情况的应作处理：

（1）土料遇到地下水位较高、土的含水率较大时，为降低其含水率，应先在土坑周围开沟排水，再用推土机将土推成大堆，进行晾晒，经检测土的含水率达到使用标准后，可直接将该土运到路基上作为填土使用。在采用 3%～5% 的消石灰作外掺剂时，需用机械粉碎拌和 4～6 遍，再用两轮压路机或履带式施工机械全面碾压一遍，且掺灰、粉碎、拌和、初步碾压等工序必须在同一天之内完成，方能保证其质量。

（2）路堤分层填筑的松铺厚度，为不大于 30cm 的水平层。在铺下一层前，一定要按规定对上一层进行压实；每填一层都要进行翻晒、粉碎，并用平地机整平后进行碾压，保证密实度均匀。

（3）对于降雨量较小，在气温较高的季节，对天然含水率较低的过干土，可酌情掺入适量的石灰（也可不掺石灰），用机械直接将土翻松并粉碎至颗粒在 50mm 以下，然后用重型压路机碾压，并使压实度达到 90%。

（4）施工遇雨时，路堤应立即抢压，用上层土封住下层土，同时加强排水处理。对已成型的路段，雨前需用防雨布整体覆盖，防止雨水渗入路基，雨后再进行必要的复压；对路基边坡要使用防雨布做临时急流槽，预防大雨冲毁边坡，损坏路基。

（5）对已掺入石灰而未整平碾压的路段，遇雨时要进行抢压并用防雨布覆盖；对因路基高低不平及其他原因局部渗入雨水段，雨后要立即进行翻晒、粉碎处理；对积水严重的地方，需将其挖掉，换填拌和均匀的灰土，并进行整平、碾压，直至压实度合格。对遇雨抢压后未使用防雨布覆盖的路段，雨后要用大型拖拉机单向耕翻、晾晒，降低含水率，粉碎、碾平、压实。

（6）对路槽底 0～80cm 范围内填土，压实度标准为 95% 时，为提高路基强度以保证路面整体强度及使用寿命，需进行加固处理，即将 80cm 填土均分 5 层施工，前三层掺入石灰 5%，后两层掺入石灰 10%，形成石灰稳定土（不属于路面结构层），此法既对过湿土进行了处理，同时也提高了路基强度。

苇田地区的过湿土路基标准横断面，如图 1-9 所示。利用冬季封冻季节，此时便道通畅，以挖掘机配合自卸车在取土坑取土、备土，放至备土带上。经过 3～4 个月的自然风干和冻干，以减少天然含水率，第二年开春再晾晒后压实。在路基上提前填筑 80cm 厚石渣，阻断毛细水的上升，增加路基的整体强度，同时作为施工便道。根据现场

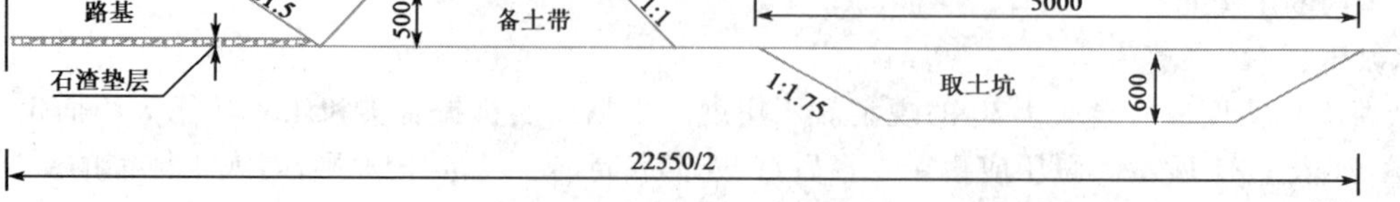

图 1-9 苇田段横断面图

的客观情况和业主要求，苇田区过湿土掺灰施工主要采用闷料法和路拌法。闷料法施工周期短，成型一层约需5～7d，但机械台班消耗严重，灰的掺量控制有时不够准确；路拌法（网格法）灰量控制准确，节省机械台班，但周期长（成型一层土约7～10d）。

1.2.8　吹填砂路堤

吹填砂路堤适用于缺土而砂多、且可用抽砂填筑路堤的地区，具有施工不受雨季影响的优点。填砂的材料以中、粗砂为宜，含泥量（即小于0.074mm的颗粒粒径）不宜大于15%。一般抽砂在枯水季节完成比较适宜。当需要时可先修试验路堤，取得经验再扩大施工面。

1. 施工方法

路堤的吹填采取同层分段的办法施工，分段的长度由吹填设备的生产量及路堤宽度而确定。一段吹填完毕以后接长管道吹填下一段，边接管边向前推进；同层吹填完毕后，再一边拆管一边向后推进，吹填下一层，如此往复。当吹填施工的距离超过设备的最大能力时，可采取二级加压或二次抽吸的办法。

2. 抽砂船选型

在工程实践中，常根据工程设计和水位、地质以及挡土墙的泄排水等情况，选用不同大小的绞吸式抽砂船。这类船具有抽砂、吹填一次完成的自动化特点，机械化程度较高，而且成本较其他船型略低，技术性能基本能符合工程要求。

3. 现场布置

1）现场清理

在进行吹填施工前，应先将吹填区场地内的杂物清除，以保证施工质量。

2）船位布置

在考虑吹填距离的抽砂船有效行程内，通常做法是在深层砂集中地段布置船位。

3）建造围堰

根据吹填区范围与地形，建造围堰。围堰应建在地面平整地段，且能充分利用原土梗、高岗、老堤，以减少围堰工程量。围堰的填筑材料应因地制宜，一般用黏性土夯实或用袋装土堆筑。当路堤施工采用分期分层吹填时，围堰可相应分期分层填筑，如图1-10所示。确定围堰顶高程时，应在吹填设计标高的基础上考虑后期沉降量的预留值与安全储备值。围堰边坡坡度可参考表1-22。

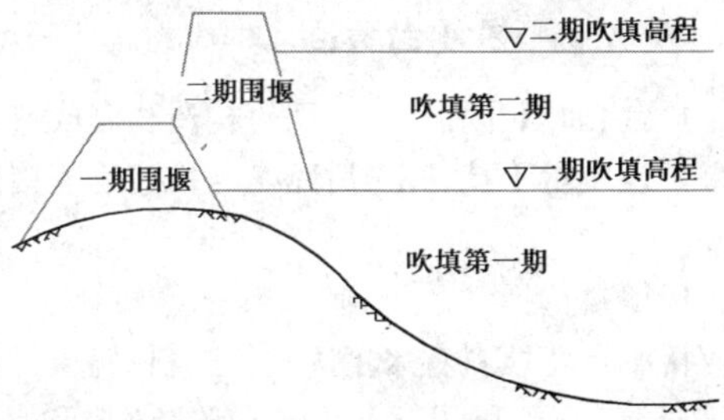

图1-10　围堰示意图

围堰边坡坡度　　表1-22

土层＼项目	边坡 内	边坡 外	备注
混合土	1:1.5	1:2	稍加护坡
砂质土	1:2	1:2.5～1:3	用草皮或草袋护坡
片块石	1:1	1:1	内坡要考虑防漏防渗
草袋装泥	1:0.5	1:1	

4）敷设吹砂管

吹砂管一般由管架、砂管和水上浮筒组成。在确定管线总长度和布置形式时，应充分考虑吹填过程中的水头损失。因此管线应尽量采取直接形布置，避免因急弯、陡坡而产生负压。敷设砂管底宜铺设砂包、砌块、泥土等，接头需紧密、紧固。根据抽砂船的功量以及土质情况，吹砂管的布置间距可参考表1-23确定。此外，为获得较好的吹填平整度，对吹填工程除敷设干线外，尚需敷设支线。为克服水流、放浪和吹泥冲击力的影响，管线要用混凝土锚固定。

吹砂管敷设间距　　表1-23

项目＼距离（m）	抽砂船功率（0.735kW） <500	500～1000	2000～3000	4000～5000	>7000
临时围堰与排泥管之间	5～10	10	15	20	20
干管与干管之间	60	120	200	250	300
支管与支管之间	20	40	60	80	100

4. 吹填路堤质量要求

1)排水

吹填路堤时,往往有大量河水带入,应迅速加以排除。围堰上的泄水口的高度需与吹填高程相适应,要求其结构形式能调节吹填区水位,且应做好消能等措施。

吹填砂路堤可采用盲沟排水,其一般是在吹填完成后开挖修筑,且需设置砂砾反滤层,以免被淤塞,丧失排水能力。盲沟可由全干砌片石修筑,或做混凝土板盖,内填片石;盲沟尺寸及距离,应根据计算确定。

2)路堤压实

吹填砂,可采用二次或三次行程方式。如二次抽吹填砂,是由第一套吹砂设备通过砂管将砂料输送到一段距离,放在河流或有足够容积的不渗漏的水塘或土坑中,再由第二套吹砂设备将砂送至施工路段填筑路基。

直接吹填的砂层,一般具有90%的压实度,但吹填砂路堤上部应用碾压机具进行有效压实。其压实机具,应优先采用重型振动压路机和冲振法进行,碾压到要求的密实度。吹填路堤宜采用"慢填、预压加观测"的方法施工,并随时注意路堤的稳定性。

3)防护措施

为保护砂层,在吹填砂路堤竣工后,应随即铺筑包边土,作为吹填砂的封闭层起到防止路堤崩塌和冲刷的作用。在铺包边土前,应对填砂路堤按设计边坡度进行修整。通常包边土可采用黏性土修筑,厚度一般为40~100cm,有的工程项目中也运用了40cm的石渣土作为包边土。

边坡防护工程应按设计图纸施工。一般在土质挡水堤外边坡用植物防护,而其水下边坡宜用浆砌片石加固,在坡面与浆砌片石间应加铺砂砾或碎石反滤层,以防砂料外漏。

1.2.9 桥涵台背回填

桥台、通道、涵洞、挡土墙等构造物完成或基本完成后,其与路基连接部位,在一定范围内应用特殊填料填筑。如果填筑质量不佳,完工后路基与构造物连接段出现沉降不均,就会发生桥头跳车,影响行车速度以及舒适性和安全性。

1. 填料选择

桥涵台背填料宜采用透水性材料、轻质材料、无机结合料等,非透水性材料不得直接用于回填。

(1)碎石土和砾石土具有足够的强度和水稳性。透水性大,内摩擦系数高,施工压实方便。适用于不同等级的公路,使用时细料含量不宜过大,当用作高速、一级公路的构造物回填的填料时,最大粒径不大于50mm。

(2)砂土无塑性,透水性和水稳性均好,毛细上升高度很小,具有较大的内摩擦系数。适用于不同等级的公路。使用时为防止松散,可适当掺加黏性大的土。

(3)砂性土内摩擦系数较高,又有一定的黏结性,透水性较好。可适用于不同等级公路的构造物回填的填料。

(4)用于桥涵台背填土的材料,还可选用水泥稳定碎石、级配碎石、级配砾石等。

2. 填筑规定

(1)在构筑物混凝土强度达到至少70%后,方可进行桥涵台背回填。

(2)填料时应从两个台背对称均衡填筑,避免对构筑物形成楔形压力。

(3)台背回填应分层填筑,一般采用小型压路机或打夯机;夯压遍数应根据不同填料和夯压机具通过试验确定,以达到设计及规范的压实要求。

(4)为保证桥涵台背回填土强度和稳定性,减小沉降,一般提高桥涵台背回填压实度要求。

(5)桥涵台背回填的范围应遵照设计要求。一般情况下,桥梁台背顺路线方向,上部距背墙不少于台高加2m,下部距基础内缘不少于2m;拱桥台(涵)背不少于台高的3~4倍。

(6)有条件的路段,二级公路及以上的路堤与桥涵等构造物连接处应设置过渡段,其长度为路基填土高度的2~3倍,压实度不小于96%,同时还应做好过渡段的排水与防水系统及地基处理。

(7)构造物台背回填完之后,有条件的情况下可在顶层做封层,防止雨水侵蚀,让其自然沉降一段时间。

(8)软基上的台背回填要进行堆载预压。对某些反开槽构造物台背回填要做好预防措施,在搭板施工时,预留压浆孔,必要时对台背采取压浆。

3. 回填碾压机具

由于构造物处填土的作业面狭小,并且为了防止操作机械对构造物的损伤,因此压(夯)实机具应选择操作灵活,结构小巧的轻型压实机械。

1）手扶式振动压路机

手扶式振动压路机属轻型振动压路机，自行式徒步操纵，结构小巧，转向灵活，油耗低，适用于小面积压实作业。

2）振动平板夯实机

振动平板夯实机是专为工作面狭窄、大型机械难以施工的小面积压实而设计的。它适用于桥台台背下部、涵管两侧、挡土墙墙背下部以及反开槽施工的结构物两端填土的压实作业。振动平板夯实机的主要优点是贴边作业性能良好，使用方便，夯实效果显著，结构简单紧凑，压实不留死角，特别是对非黏性的砂质黏土、砾石、碎石的压实效果最佳。

3）振动冲击夯实机

振动冲击夯实机是新型压实机械。它工作时夯板跳离地面，对地面形成振动冲击，能产生较大的压力，具有快速夯实的特点。内燃式振动冲击夯实机是采用内燃机作为动力装置的振动冲击夯。具有结构简单、体积小、便于搬运、维修方便等特点。电动式振冲击夯实机是利用电动机作为动力源而制成的一种冲击式夯实机械，当远离电源的地方作业时应配置相应功量的发电机。

4）蛙式夯实机

蛙式夯实机由夯头、拖盘、电动机、皮带轮、偏心块、扶把6部分组成。它是利用偏心块在旋转中所产生的离心力，使夯头产生上下周期性夯击，并使夯实机前行。蛙式夯实机不仅结构简单，易于维护保养，而且操作也很方便。它适用于管通沟槽回填土、桥涵台背等处回填土的夯实。

4. 桥梁台背填筑

桥台台背填土应与锥坡填土同时进行。靠近构造物1.0m范围内不得有较大的振动施工，以免对构造物产生破坏。回填较高的桥台，特别是轻型桥台要根据构造物的进度进行，填筑一半或不到一半时，应安装构造物的梁板，以免台背的侧压力使桥台产生位移。

1）施工方法

桥梁台背路堤填筑可分为开挖回填法和预留回填法，如图1-11所示。

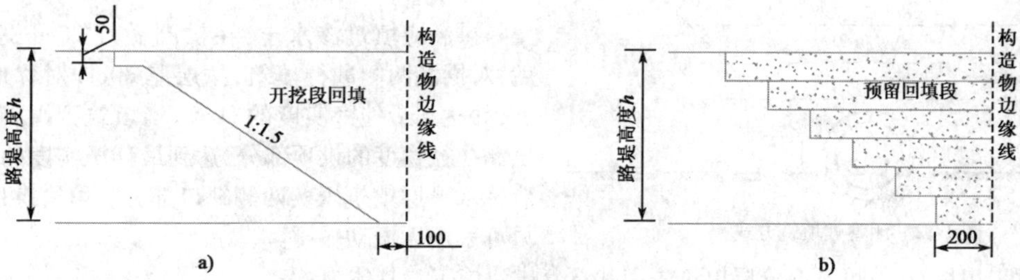

图1-11　桥梁台背回填

a）开挖回填法；b）预留回填法

开挖回填法是当地基为软土时，路基段、台背段应同时采用填土超载预压，预压后台背段再进行开挖并回填的方法；堆载重力为设计承载重力的100%～120%，预压期为3～6个月。预留回填法是当原地基地质情况良好时，路基填筑预留台背填筑段，分别填筑的方法。一般要求预留段最小不得小于15m，其边坡采用1∶1.5，以满足各类重型机械施工的需要。

2）摊铺碾压

桥台台背的路堤填筑，应采用水平分层填筑方式，分层向上填筑，不得以松散填料一次到顶，避免桥台承受过大的主动土压力，并保证路基稳定。摊铺填料时，以人工摊铺为主，力求摊铺均匀，厚度一致。为保证压实度符合标准，而且由于施工作业面狭窄等原因，施工时铺层厚度的控制建议如下：

（1）分层松铺厚度宜小于20cm。当采用小型低等级夯具时，一级以上的公路松铺厚度不宜大于15cm。

（2）施工中，应保证在接近最佳含水率状态下进行夯实。严格控制台背填土速度，应做到分层填筑，分层碾压，分层检测，保证每层压实度达到设计要求。

（3）为了保证填土压实质量，在施工作业面不受限制的情况下，应该尽量使用大型压实机械但在临近桥台边缘或狭窄地段，则采用小型夯压机械，分薄层夯压密实。夯压遍数应根据不同填料和夯压机具通过试验确定，以达到设计及规范要求的压实度标准。

（4）为了尽量靠近桥台碾压，以保证填土与桥台衔接处的压实质量，施工中可采取夯压机械横向碾压的方法。

3)台背排水

台背路基填筑前,在原地基土拱上设置横向泄水管或盲沟。

(1)先对基底作必要的处理,然后填筑横坡为3%~4%的夯实黏土土拱。

(2)再在土拱上挖一条成双向坡的地沟(地沟尺寸一般宽40~60cm,深30~50cm);在地沟内四周铺设有小孔的硬塑料泄水管,管径一般不小于100mm,其上小孔孔径为5mm,布设成梅花形,间距控制在10cm以内;塑料泄水管的出口应伸出路基外,地沟填筑透水性好、粒径较大的砂石材料。

(3)然后在台背后全宽范围内满铺一层隔水材料,可用油毡或下垫尼龙薄膜上盖油毡。

(4)再分层填筑台后透水性材料,直到路基顶面。

4)质量要求

桥头跳车产生的原因,主要是路基压缩沉降和地基沉降引起的,为保证台背处路堤的稳定,除了考虑台背填料的选料和回填范围外,台背的填筑施工时还应注意以下几点:

(1)选择合适的气候条件进行施工,防止雨水渗入。

(2)填筑前,应在土拱上设置泄水管或盲沟。

(3)台背填筑透水性材料前,桥台前防护工程及桥梁上部结构均应完成。

(4)填筑时与路基衔接处填方区内的坡形地面做成台阶或锯齿形。

桥梁台背应严格按规范施工,控制每层填筑厚度、碾压遍数,并对每层填筑质量实施检测,透水性材料以干密度或空隙率控制施工质量。

5.圆管涵回填

涵顶填土厚度小于50cm时,重型车辆或施工机械不得通过。管涵两侧应对称平行分层填筑,如图1-12所示。一方面应使填土夯实,另一方面要保证管涵不受破坏。因此,管涵两侧填土铺层应适当减薄,以15cm为宜。填土初期一般轻压,须增加压实遍数,以达到压实度要求。一般采用小型夯压机械或人工夯实,至管顶填高60cm后,方可按路基压实要求进行压实。

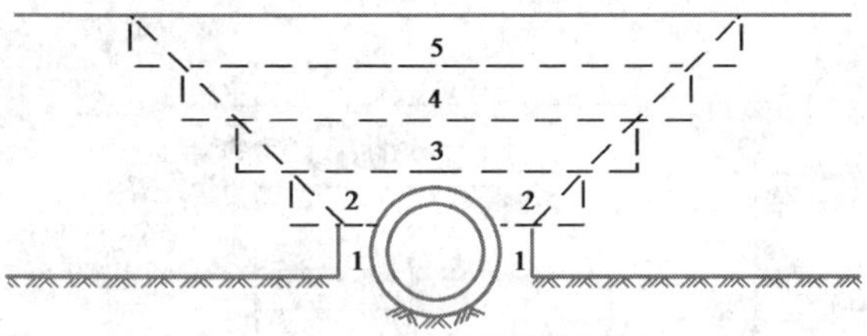

图1-12　涵管处填筑方式

6.拱涵台背填筑

拱涵应填筑渗水土,在拱圈做好20cm厚黏土保护层后,对拱涵两侧进行填筑,按层厚30cm对称地水平摊铺压实,并达到最佳密实度的90%;当填筑到拱脚处,即先填筑拱涵孔径宽度的拱顶部分,达到最佳压实度的80%,然后自对称水平层填筑压实两侧缺口部分。填筑拱顶3m以下时,只可采用无振动碾压。

拱涵台背采用填石时,可选择分层填筑法和片石套拱法施工。具体为:

①分层填筑法是在20cm黏土保护层外的拱涵两侧各3m及拱顶以上1.8m范围内,应选用粒径不大于1.5cm的混合料(如粗砂、砂、砾石、碎石、砂夹卵石等)。填筑顺序是先填两侧至拱脚,再填拱顶至一定高度,然后填拱脚以上的两侧缺口。

②片石套拱法是在20cm黏土保护层外的拱涵两侧各3m及拱顶以上1.8m内干砌片石,应使片石挤紧,平整,以形成套拱,减少外来的振动碾压对拱涵的压力影响。当套拱筑成后,先对拱涵两侧至拱脚处这部分进行水平分层填筑;随后即在拱顶填筑一定高度,使拱顶所填片石起到预压平衡作用;然后再填筑拱脚以上的两侧缺口。此范围的施工可使用各类碾压机械进行压实。

拱涵台背回填应特别注意拱圈位移变形及应力应变,这与填筑作业的顺序至关重要。如两侧为非对称填筑时,拱圈处于最不利的受力状态;当两侧采用对称地分层填筑时,填高的涵身3/4~4/5范围,拱圈由于土侧压力,发生拱脚向内位移,拱顶向上突起,拱圈内侧呈现压应变;当填高超过涵身的5/6时,拱脚部位则向外位移,拱顶向下移动,拱圈内拱顶产生拉应变;填高超过10m以上时,拱涵的变形及应力变化则趋缓以至下降。施工中应增加观察次数,必要时可采取在拱涵内加刚性支撑和拱顶预压技术措施:

①两侧对称填高到涵身5/6前,在内部拱脚处加以支撑;当填高到涵身5/6后,暂停两侧填土,而进行拱顶填土,拱顶填高达3m左右时,再返回来对称分层填筑两侧。

②从外拱顶起向上至10m高的范围,是拱涵受填压因素影响较大的敏感区,一定要合理地制定填土压实工艺和选配适宜的碾压机械。

③填筑机械施工安全范围,应参考表1-24规定。

填筑机械施工安全范围　　表 1-24

距拱顶高度(m)	施工机械与作业方法
$0<H\leqslant1.5$	小型机具或人工作业
$1.5<H\leqslant3$	轻型机械填土,2t 光面碾压
$3<H\leqslant5$	大型机械填土,10t 以下振动碾压
$H>5$	可采用各种类型的机械施工与碾压

④涵洞位于陡坡地段时,台背填土所受土压力将不相同。为防止拱圈上左右两侧造成偏压,应选用比重比较大的填料,如岩块填筑到低压一侧,以调节拱圈的受力状态。

1.3 挖方路基施工

挖方路基施工主要是土石方开挖,工程内容包括路堑、边沟、截水沟形体,如图 1-13 所示。由于路堑开挖后破坏了地层的平衡状态,其稳定性主要取决于地质与水文条件,以及边坡深度和边坡坡度。一般情况地质条件较差,主要表现为层岩倾向边坡、岩层软弱和风化状、岩石破碎(成碎石土)状;水文状况不利主要表现为地层中含有地下水或渗水,暴雨集中的地区可能有地面排水不畅等。由于存在多种影响因素,挖方路堑施工主要解决边坡稳定问题。

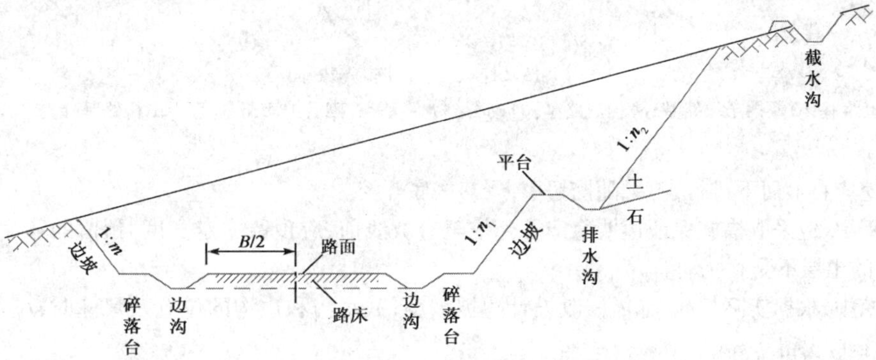

图 1-13　挖方路基横断面

1.3.1 路堑横断面形式

挖方路基常用路堑横断面形式,如图 1-14 所示。图 1-14a)为直线形挖方边坡,适用于边坡为均质的岩土,且边坡不高的路段;图 1-14b)为折线形挖方边坡,适用于由多层不同土质,或上部为岩石的路段;图 1-14c)为当挖方为软弱土质、风化岩层时,需设置挡土墙或护面墙以保持坡面稳定;图 1-14d)为台阶形挖方边坡,适用于由多层不同土质组成且边坡较高的地段。

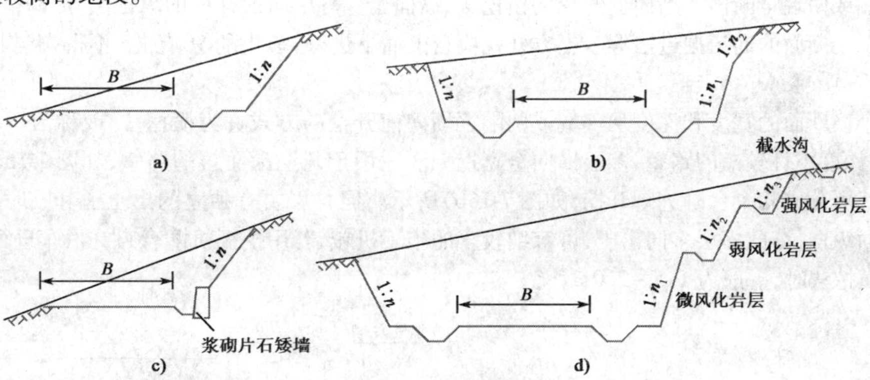

图 1-14　路堑横断面

a)直线形边坡横断面;b)折线形边坡横断面;c)设置挡土墙或矮墙的横断面;d)台阶形边坡横断面

当山体岩石稳定,路中心线两侧挖填较小时,路基全宽内将形成半挖半填横断面,挖填结合,兼有路堤和路堑,可减少挖方量。因填方部分的地面陡于 1∶5,土体应挖成台阶,石体应凿毛如图 1-15a)所示;当挖方边坡较陡,坡面岩土性质较差或有不良地质现象,可设置上方挡土墙,以支撑边坡不致滑动,如图 1-15b)所示;当填方部分的局部路段遇原地面有短缺口时,可采用砌石护肩,如图 1-15c)、d)、e)所示;当填方放坡悬空,可采用图 1-15f)方式沿路基纵向建筑半幅桥,以支挡填方路基;图 1-15g)是以挡土墙支撑的路基,以压缩公路用地宽度。

1.3.2 挖土质路堑

可作为路基填料的土方,应分类开挖分类使用。非适用材料应按设计要求或作为弃方按规定处理。

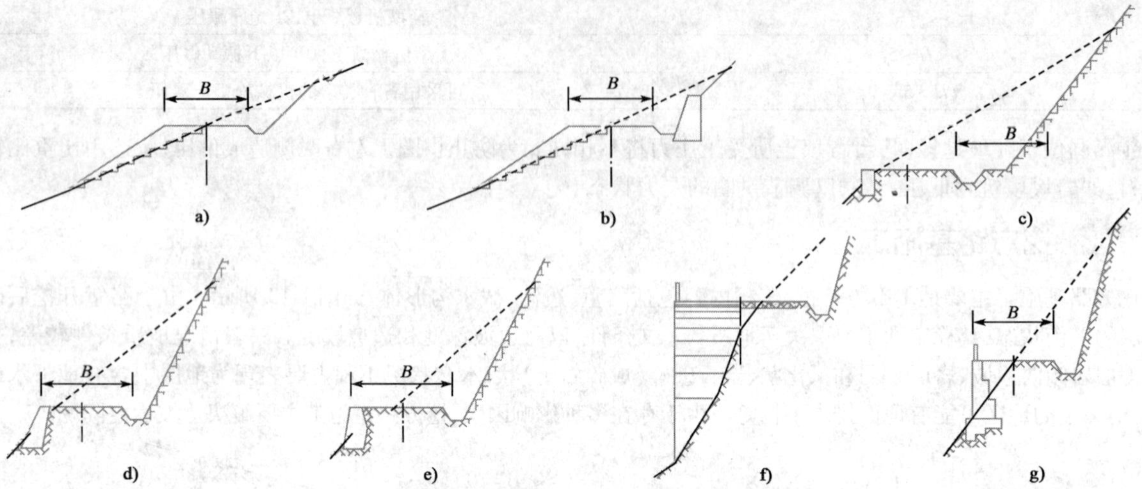

图1-15 挖填结合的路基横断面

a)一般挖填路基;b)矮挡土墙路基;c)护肩路基;d)砌石护坡路基;e)砌石护墙路基;f)半山桥路基;g)挡土墙支撑路基

1. 一般规定

(1)土方开挖应自上而下进行,不得乱挖超挖,严禁掏底开挖。

(2)开挖过程中,应采取措施保证边坡稳定。开挖至边坡线前,应预留一定宽度,预留的宽度应保证刷坡过程中设计边坡线外的土层不受到扰动。

(3)路基开挖中,根据实际情况,如需修改设计边坡坡度、截水沟和边沟的位置及尺寸时,应及时按规定报批。边坡上稳定的孤石应保留。

(4)开挖至零填、路堑路床部分后,应尽快进行路床施工;如不能及时进行,宜在设计路床顶高程以上预留至少30cm厚的保护层。

(5)应采取临时排水措施,确保施工作业面不积水。

(6)挖方路基路床顶面终止高程,应考虑因压实而产生的下沉量,其值通过试验确定。

2. 开挖方法

路堑土方开挖方式应根据路堑的深度和纵向长度,以及地形、地质、土方调配情况和开挖机械设备的因素确定。土方开挖有从一端或两端全断面逐渐向前开挖的横挖法,纵向全宽分层向前开挖的纵挖法,沿路堑纵向挖掘一条通道再向两侧开挖至全断面的通道掘进法等。土方开挖应自上而下进行,禁止乱挖、超挖,不得掏洞取土。

1)横挖法

对于路堑整个横断面的宽度和深度从一端或两端逐渐向前开挖的方式称为横挖法,或称为一层横向全宽挖掘法,其适用于开挖深度小且较短的路堑,多层横向全宽挖掘法适用于开挖深而短的路堑,如图1-16a)所示。路堑虽较短,但深度较大,可分成几个台阶进行开挖,如图7-16b)所示。但各层要有独立的出土道和临时排水设施。分层横挖法使得工作面纵向拉开,多层多向出土,可容纳较多的施工机械,若用挖掘机配合自卸汽车进行,台阶高度可采用3~4m。人力横挖法时,一般为1.5~2.0m。

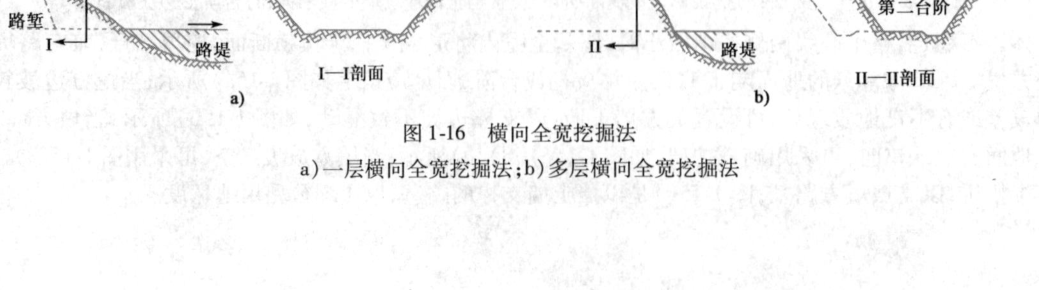

图1-16 横向全宽挖掘法

a)一层横向全宽挖掘法;b)多层横向全宽挖掘法

(1)单层横向全宽掘进法。对挖掘深度小且短的路堑,沿路线纵向一端或两端向前开挖至路基设计高程,逐渐向纵向挖深,挖出的土方一般向两侧运送。

(2)多层次、横向全宽掘进法。当路堑较深路线纵向较长时,横向全宽也可分为两个或两个以上的阶梯,同时分层进行掘进,每层都留有运土路线,并做好临时排水设施,防止上下层干扰。这种挖掘方法作业多,工效快,施工时应加强管理与协调。

土方工程数量较大时,各层应纵向拉开,做到多层、多方向出土,可安排较多的劳动力和施工机械,以加快施工进度。每层挖掘深度根据工作方便和施工安全而确定。横挖法适用于机械化施工,以推土机堆土配合装载机和自卸车运土较为有利,边坡修整和施工排水沟由人力与平地机修刮完成。

2)分层纵挖法

沿路堑全宽以深度不大的纵向分层挖掘前进的作业方式称为分层纵挖法,如图1-17所示,适用于较长的路堑开挖。施工中当路堑长度较短(不超过100m),开挖深度不大于3m,地面较陡时,宜采用推土机作业,其经济运距为20~70m,最远不宜大于100m;当地面坡度较平缓时,表面宜横向铲土,下层的土宜纵向推运;当路堑横向宽度较大时,宜采用两台或多台推土机横向联合作业;当路堑前傍陡峻山坡时,宜采用斜铲堆土。

3)分段纵挖法

分段纵挖法(图1-18)是指沿路堑纵向选择一个或几个适宜处,将较薄一侧路堑横向挖穿,将路堑在纵方向上按桩号分成两段或数段,各段再纵向开挖。此方法适用于路堑特长,弃土运距较远的傍山路堑,或一侧堑壁不厚的路堑开挖,同时还应满足其中间段有经批准的弃土场、土方调配计划有多余的挖方废弃的条件。土方作业机械如表1-25所示。

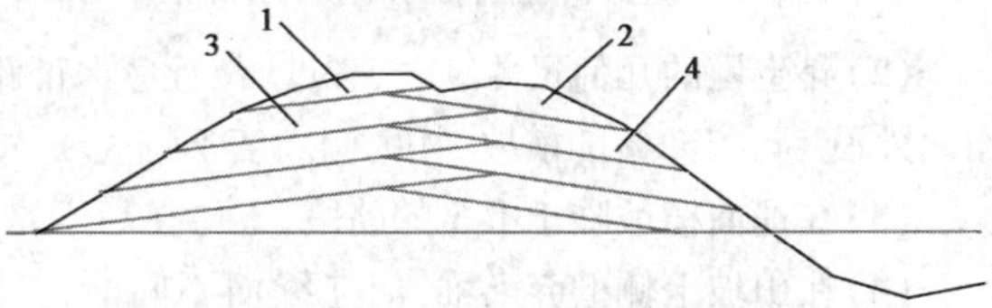

图1-17 分层纵挖法

土方作业机械 表1-25

机械名称	操作过程	作业方式
推土机	切土、运土、卸土、折返、空回等	下坡推土、拉槽推土、接力推土等
铲运机	铲装土、运输、铺填、整平、预压等	下坡铲土、推土机顶推助铲等
挖掘机	挖装、行进、卸土等	侧向、正向开挖等,同时挖掘机有整修边坡
装载机	有推土机和挖掘机的功能	铲掘、推运、整平、装载、牵引等
平地机	运土、铲土卸土等	是用刮刀刮土,连续作业的施工机械

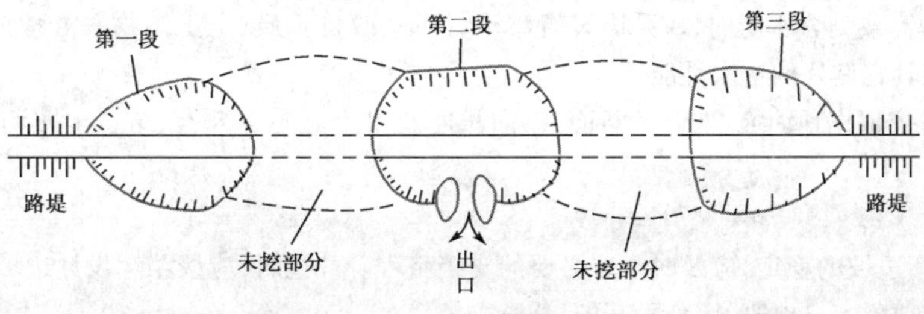

图1-18 分段纵挖法

4)通道纵挖法

通道纵挖法(图1-19)是沿路堑纵向挖掘一条通道,然后将通道向两侧拓宽,上层通道拓宽至路堑边坡后,再开挖下层通道,按此方向直至开挖到挖方路基顶面高程,这是一种快速施工的有效方法,通道可作为机械通行、运输土方车辆的道路,便于土方挖掘和外运的流水作业。开挖时可以在边坡碎落平台上做好临时排水沟,将水引出路基外。

5)混合式开挖法

混合式开挖法即将横挖法与通道纵挖法混合使用,适用于路堑纵向长度和挖深都很大时,先将路堑纵向挖通后,然后沿横向坡面挖掘,以增加开挖面。每个工作面应设一个机械施工班组进行作业。图1-20所示箭头表示运土与排水方向,数字表示工作面序号。

混合开挖法具体实施时,对各种机械尤其是运土车辆的进出,必须统一调度、相互协调、运行流畅。

3. 弃方

路基开挖的弃方，首先考虑充分使用，如用于加宽路基或加固路堤，填补坑洞或路旁洼地，亦可兼顾农田水利等需要、改地造田、美化环境，做到变废为用，弃而不乱。施工前应对设计提供的弃土方案进行现场核对，若有疑问，应及时处理。弃土不得占用耕地。沿河弃土不得影响排洪、通航，不得加剧河岸冲刷。不得向水库、湖泊、岩溶漏斗及暗河口处弃土。禁止在贴近桥墩台、涵洞口处弃土。沿线弃土堆设置应符合设计要求：

(1)弃土应相对集中堆放，并与周边环境相协调，严禁随意处理。

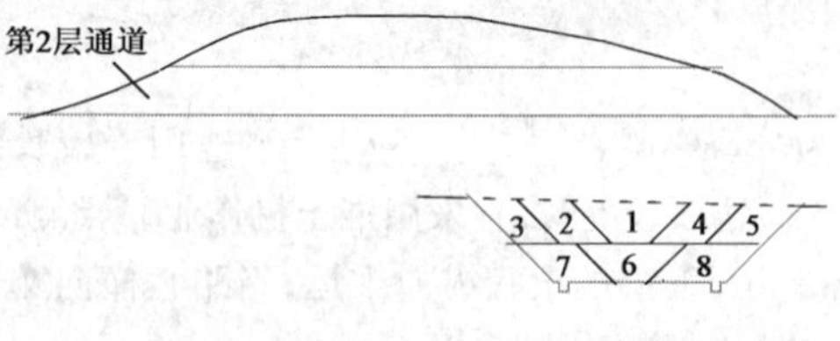

图 1-19　通道纵挖法(图中数字为挖掘顺序)

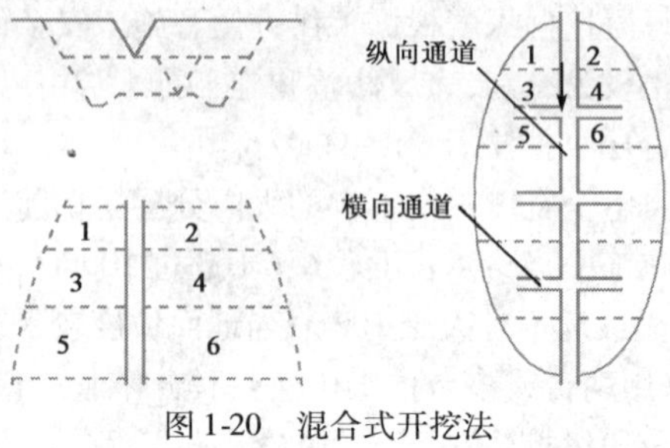

图 1-20　混合式开挖法

(2)弃土堆的几何尺寸、压实程度、位置应保证路基边坡和弃土堆自身的稳定。弃土堆的边坡不陡于 1∶1.5，顶面向外设不小于 2% 的横坡，其内侧高度不宜大于 3m。

(3)在地面横坡陡于 1∶5 的路段，不得在高于路堑边坡顶的山坡上方设弃土堆。

(4)在山坡上侧的弃土堆，应连续而不间断，并在弃土堆上侧设置截水沟。山坡下侧的弃土堆，应每隔 50～100m 设宽度不小于 1m 的缺口排水，排水主流方向不得对地面结构物及农田等造成不利影响，必要时可设人工沟渠导引排水。弃土堆坡脚应进行防护和加固。

弃土应按设计要求进行压实。应按设计要求及时完成弃土场的防护、排水工程。

4. 路堑排水

路堑区域施工时，应保证在施工过程中和竣工后能顺利排水，应先在适当的位置开挖截水沟，并设置排水沟，以排除地面水和地下水。路堑设有纵坡时，下坡的坡段可以直挖到底，而上坡的坡段必须先挖成向外的斜坡，最后再挖去剩下的土方。路堑为平坡时，两端都要先挖成向外的斜坡，最后挖去余下的土方。

边沟与截水沟应从下游向上游开挖。截水沟通过地面坑凹处时，应将凹处填平夯实。边沟及截水沟开挖后，应及时进行防渗处理，不得渗漏、积水和冲刷边坡及路基。挖方路基施工遇到地下水时应按下列规定处理：

(1)应采取排导措施，将水引入路基排水系统。不得随意堵塞泉眼。

(2)路床土含水率高或为含水层时，应采取设置渗沟、换填、改良土质、土工织物等处理措施，路床填料除应符合相关的规定外，还应具有良好的透水性能。

(3)土质路基开挖应根据地面坡度、开挖断面、纵向长度及出土方向等因素，结合土方调配，选用安全、经济的开挖方案。

5. 设置支挡工程

为了保证土方路堑边坡的稳定，应及时设置必要的支挡工程。开挖时，应按路堑设计边坡自上而下，逐层进行，以防边坡塌方，尤其在地质不良地段，应分段开挖，分段支护。

6. 路堑与路堤交界处理

(1)对路堤采用冲击碾压或强夯进行增强补压，以消减路基挖填间的差异变形。

(2)挖填结合路基，当挖方区为土质时，应优先采用渗水性好的材料填筑，同时对挖方区路床 0.8m 范围内土体进行超挖回填碾压，并在挖填交界处路床范围铺设土工格栅；挖方区为坚硬岩石时，宜采用填石路堤。

(3)纵向挖填交界处应设置过渡段，土质地段过渡段，宜采用级配较好的砾类土、砂类土、碎石填筑，岩质地段可采用填石路堤。

1.3.3　挖石质路堑

石方开挖应根据岩石的类别、风化程度、岩层产状、岩体断裂构造、施工环境等因素确定开挖方案。深挖路基施工，应逐级开挖，逐级按设计要求进行防护。在路基工程中，当线路通过山区、丘岭及傍山沿溪地段时，往往会遇到集中的或分散的岩石区域，必须进行石方的破碎、挖掘作业。

1.3.3.1　施工方法

岩土的破碎和开挖，主要采用松土机械作业法和爆破作业法两种方法。松土机械作业是利用大型、整体式松土器，耙松岩土后由铲运机装运。其特点是作业过程比较简单，具有较高的工作效量，在国外的高速、一级公路施工中已被广泛采用。爆破作业法是利用炸药爆炸时所产生的热和高压，使岩石或周围的介质受到破坏或移位。其特点是施工进度快，能够提高生产效量。此种方法带有危险性作业，需要有充分的爆破技术和必要的安全措施。

判别挖石方的方法是用不小于112.5kW（150马力）推土机单齿松土器无法松动，须用爆破或用钢楔大锤或用气钻方法开挖的，或体积大于或等于1m^{3}的孤石为石方。山区公路路基石方工程数量大，而且集中，据统计一般约占土石总量的45%～75%。

1.3.3.2　机械松岩施工

为了有利于开挖边坡的稳定和保护既有建筑物的安全，大马力推土机不断普及，用松土机械作业法开挖岩石被越来越广泛地采用。其施工方式是：用推土机牵引的松土器将岩体翻松，松土器装在推土机的后端，根据推土机不同有单齿、3齿、5齿不等，推土机主机作为牵引动力，传动方式多以液压传动为主，深度可达50cm以上。程序是推土机将场地大致整平后，即开始松土作业，进行岩石的破碎应选用单齿式松土器，作业时，一般应低速行驶。开始时松土器铁钩不易入岩石过深，应随着作业逐渐加深，每次的松土间隔视碎石的用途而定，一般取1.0～1.5m。松土作业是分层进行的，表层翻松后，用推土机进行推运集堆，然后装载机配合自卸车外运，形成松岩石→集堆→外运的机械循环作业。

1.3.3.3　石方爆破

爆破作业必须符合《爆破安全规程》（GB 6722）。爆破施工组织设计应按相关规定报批。石方开挖严禁采用洞式爆破，近边坡部分宜采用光面爆破或预裂爆破。爆破法开挖石方，应先查明空中缆线、地下管线的位置、开挖边界线外可能受爆破影响的建筑物结构类型、居民居住情况等，然后制定详细的爆破技术安全方案。

1. 爆破开挖

爆破开挖石方宜按以下程序：爆破影响调查与评估→爆破施工组织设计→培训考核、技术交底→主管部门批准→清理爆破区施工现场的危石等→炮眼钻孔作业→爆破器材检查测试→炮孔检查合格→装炸药及安装引爆器材→布设安全警戒岗→堵塞炮孔→撤离施爆警戒区和飞石、振动影响区的人、畜等→爆破作业信号发布及作业→清除盲炮→解除警戒→测定、检查爆破效果（包括飞石、地震波及对施爆区内构造物的损伤、损失等）。

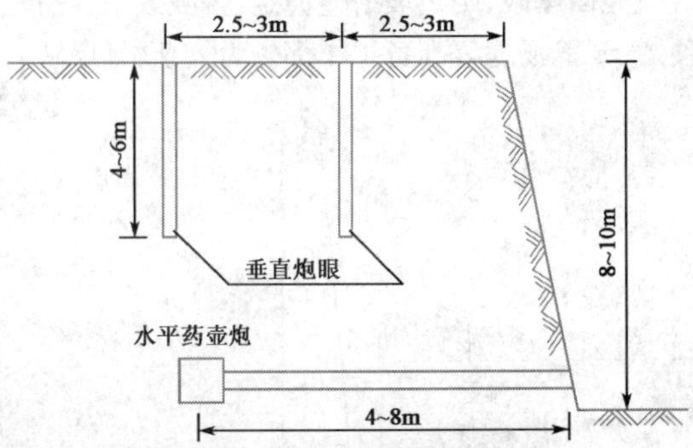

图1-21　药壶爆破布置

爆破是石方路堑施工最有效的方法，既可爆松岩体开辟路基，又可就地开采石料。爆破材料主要为炸药、雷管、导火索、钢钎，爆破方法常采用钢钎炮、葫芦（药壶）炮、猫洞炮等。药壶爆破布置如图1-21所示，梯段一般高度为8～10m（与路堑边坡分层防护相对应），药壶布设在每爆破层的底部，呈水平排列，最低爆破时药壶须比路槽顶面高约40cm，以免损失路基基础。依据岩石坚固程度以及梯段高度，地层裂缝等不同情况，药壶间距3.0～5.0m不等。同时药壶距边坡的距离不应小于2.0m。

发挥各种爆破方法特点，一般是充分利用地形和地质条件，组织炮群，有计划有步骤拟定爆破方案。石方开挖应重视挖方边坡的稳定，一般宜采用中小型爆破方案；对于风化严重，节理发育或岩层产状对边坡不利的石方开炸，宜用小排炮、毫秒爆破等。爆破方案选择如表1-26所示。

爆破方案选择　　表1-26

编号	中心挖深（m）	爆破地段长（m）	自然坡度（°）	断面石方量（m^3）	爆破类型	备注
1	3～5	100	30～50	3000	小炮群	软石
2	6～9	200	50～70	7000	抛坍爆破炮群	坚石
3	12	40	10	4000	多面临空地形	次坚石节理不发达

现将各种爆破方法在综合爆破中的作用与特性分述如下：

（1）钢钎炮

通常是指孔径在25~75mm,孔深在5.0m以下,炮眼中炸药装成长条形,并用泥土堵塞的一种爆破方法。一般情况下,单独使用钢钎炮爆破石方是不太经济的,其原因一是炮眼浅,用药少,每次爆破的方数不多,并需靠人工清除,所以功效较低。二是不利于爆破能量的利用。由于孔浅,爆破时爆炸的气体很容易冲出,变成不做功的声波,以致响声大而炸下的石方不多,个别石块飞得很远。因此在公路施工中,该炮型应尽可能少用。但在地形艰险及爆破量较小的地段,该炮型因其灵活的特点仍不可缺少。

(2)葫芦炮

葫芦炮是将炮眼底部扩大成葫芦形,将炸药基本集中于炮眼底部的扩大部分,经验证明,葫芦炮最好用于VII~IX级岩石,中心挖深4~6m,阶梯高度在7m以下。装药量可根据葫芦体积而定,一般介于10~60kg,最多可超过100kg。每次可炸岩石数十方至数百方,是小炮中最省工、省药的一种方法。

(3)猫洞炮

猫洞炮是采用潜孔钻机在岩体底部开凿一个直径为0.2~0.5m,深度在0.5m左右的洞穴,将药包直接放在洞穴内进行爆破的方法,如图1-22所示。其特点是充分利用岩体本身的崩塌作用,能用较浅的炮眼爆破较高的岩体,一般爆破可炸松15~150m^3,因此猫洞炮主要用于坚硬土松动或在坚石、次坚石爆破中配合钢钎炮、药壶炮爆破。

根据以上基本爆破原理和采用的爆破施工组织,实践中又总结了毫秒爆破、深孔松动爆破、光面爆破、预裂爆破、大爆破等方法。

(4)毫秒爆破

毫秒爆破又称微差爆破,是将相邻药包或药包群的爆破时间以毫秒间隔,按一定顺序起爆的一种方法;延时间隔可为几毫秒到几十毫秒,由于前后相邻段药包爆炸时间间隔很短,可使各药包爆炸造成的能量相互发生影响,而产生一系列良好的爆破效果。当装药量相等时其优点是:可减振1/3~2/3左右;前发药包为后发药包开创了临空面,从而加强了岩石的破碎效果;降低多排孔一次爆破的堆积高度,有利于挖掘作业;同时由于逐发或逐排依次爆破,减少了岩石的夹制力,可节省炸药20%,并可增大孔距,提高每米钻孔的炸落方量。

(5)深孔松动爆破

其布孔有垂直、倾斜、水平三种方式,孔径在100~150mm左右,深度在5.0m以上,是一种机械化程度较高的爆破方法,如图1-23所示。钻孔采用凿岩机或穿孔机,爆破方式多采用深孔多排微差爆破方法,其优点是劳动生产量高,一次爆破的方量多,(一次松动爆破可达1万m^{3}的效果)进度快,爆破时对路基边坡的影响比大炮小。若配合预裂或光面爆破,则边坡平整稳定,爆破效果容易控制,爆破比较安全。但是由于需要用大型机械,故转移工地、修筑便道、开辟场地等准备工作都较为复杂,且爆破后仍有20%左右的大石块需经第二次爆破改小。

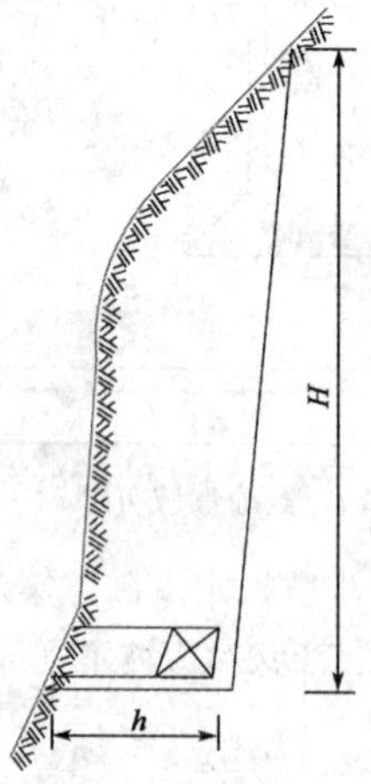

图1-22　猫洞炮

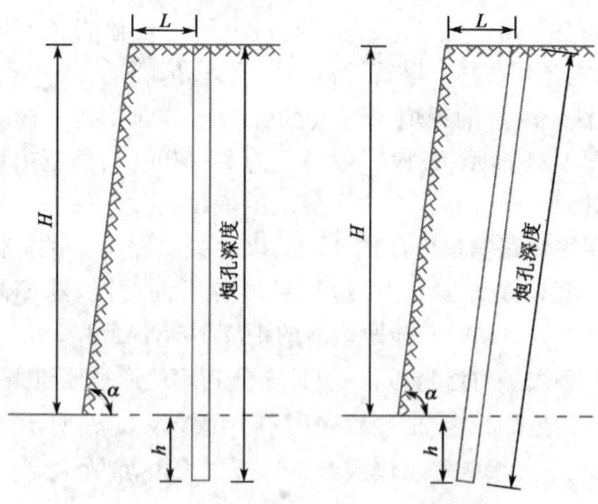

图1-23　垂直和斜炮梯断面

(6)光面爆破

光面爆破是指在开挖限界的周边,适当排列一定间距的炮孔,在有侧向临空间的情况下,用控制抵抗线、药量、装药结构和起爆程序等方法进行爆破,使之形成一个平整而不遭到明显破坏的爆破面。

(7)预裂爆破

沿设计开挖的边坡线,在没有侧向临空面和最小抵抗线的情况下,按一定间距钻一排小孔距的炮孔。孔内装入少量炸药。在开挖区主爆破炮孔起爆前,将这些炮位首先起爆,爆破后沿孔轴方向从上到下形成具有一定宽度的贯穿裂缝,把开挖区与保留区的岩体分开。当开挖区爆破时,预裂缝起着保护边坡或减少破坏的作用。

(8)大爆破

大爆破采用导洞和药室装药,用药量在1000kg以上的爆破。公路石方开挖一般不宜采用,只有当路线穿过孤独山丘,开挖深度不大于6.0m,且根据岩石产状和风化程度,确认开炸后边坡稳定,方可采用大爆破方案。

2. 边坡整修

(1)挖方边坡应从开挖面往下分段整修,每下挖2~3m,宜对新开挖边坡刷坡,同时清除危石及松动石块。

(2)石质边坡不宜超挖。

(3)石质边坡质量要求:边坡上无松石、危石。

3. 路床清理

欠挖部分必须凿除。超挖部分应采用无机结合料稳定碎石或级配碎石填平碾压密实,严禁用细粒土找平。石质路床底面有地下水时,可设置渗沟进行排导,渗沟宽度不宜小于10cm,横坡不宜小于0.6%。渗沟应用坚硬碎石回填。石质路床的边沟应与路床同步施工。

1.3.3.4 *石方运输*

路堑石方开炸后清渣非常重要,一般情况采用推土机配合清理道路和作业面,可配挖掘机辅助施工,装载机装车,自卸汽车外运。由此组织的施工机械,生产效量高,适合于深路堑施工。

1.4 特殊路基施工

特殊路基施工,应进行必要的基础试验,编制专项施工组织设计,批准后实施。施工中如实际地质情况与设计不符或设计处治方案因故不能实施,应按有关规定办理。采用新技术、新工艺、新设备、新材料时,必须制订相应的工艺、质量标准。

1.4.1 滑坡地段防治

滑坡防治施工前,应制订应对滑坡或边坡危害的安全预案,施工过程中应进行监测。滑坡防治主要是处治岩体潜在滑动。因此应对滑坡外表地形、滑坡体构造、滑坡体土质进行分析,以了解滑坡体的形式和形成原因,并根据路基通过滑坡体的位置、水文、地质条件,在充分考虑路基稳定条件下,确定滑坡施工处理措施。

1. 减载加载整治

当挖方路基上边坡发生的滑坡不大时,可采用开挖阶梯减重,以达到路基边坡稳定。采用削坡减载方案整治滑坡时,减载应自上而下进行,严禁超挖或乱挖,严禁爆破减载。采用加填压脚方案整治滑坡时,只能在抗滑段加重反压,并且做好地下排水,不得因为加填压脚土而堵塞原有地下水出口。

2. 抗滑支挡工程

采用打桩时,桩身必须穿入到滑动面以下要求的深度;采用修建挡土墙时,其基础必须置于滑动面以下的硬岩层上。滑坡较大时,可采用修建挡土墙、锚固桩或预应力锚索等方法处理。对填方路堤的滑坡,一般可采用反压土方或修建挡土墙防护等方法处理,滑坡较大时,除上述反压及挡土墙外,如钢筋混凝土锚桩、预应力锚索等方法可因地制宜采用。

(1)采用不同类型抗滑支挡结构整治措施时,应有合理的施工方法和施工程序。在上一道工序未达到设计要求之前,不得进行下一道工序。

(2)首件工程施工中,应核查实际地质情况并进行地质编录。

(3)当墙后有支撑渗沟及排水工程时,应先期施工。

(4)抗滑支挡结构物的尺寸和位置应符合设计要求,严禁擅自减小结构尺寸、减短抗滑桩桩长、减短锚索长度等。

(5)施工中遇到异常地质情况时,应会同有关单位进行处理。

(6)各种支挡结构的基础必须置于滑动面以下,并嵌入稳定地层。

(7)开挖基坑时,应分段跳槽施工,并应加强支撑,随挖随砌,及时回填。

(8)降雨前后及降雨过程中,应加强对施工现场的检查巡视。

3. 排水防渗措施

路基滑坡直接影响到路基的稳定,不论采用何种方法处理,均必须做好地表水及地下水的处理,对于滑坡顶面的地表水，应采取截水沟截流外引，不使其注入滑动面内，因此可在滑动面以外修筑1~2条环形截水沟，截水沟应有防渗措施。为防止滑坡体的加速滑移，施工中严禁在滑坡体上增加荷载。在修建抗滑支挡工程的同时，宜修建明沟、暗沟排出地下水。

4. 其他措施

路基施工应注意对滑坡区内其他工程和设施的保护。滑坡整治完成后，应及时恢复植被。

1.4.2 崩塌地段施工

崩塌与岩堆地段路基施工必须采取有效措施，预防岩石塌落，确保安全。

(1)施工中必须按设计要求做好截、排水、防渗设施，处理好岩堆地段的渗入水及地下水。

(2)岩堆地区路基施工，不宜扰动岩堆体、破坏原有的边坡。填筑路基时，不宜使用振动碾压设备。

(3)对单个危岩，应根据地形和岩层情况采用相应的处理措施。地面坡度陡于1:1.5时，应对较大孤石进行处理。

(4)在岩堆上进行路堤施工，应清除表层堆积物并挖台阶。

(5)在较大而稳定性较好的岩堆上修筑路基，应按设计要求采取治理岩堆的措施，可注入水泥砂浆、修建护面墙、挡土墙等。对较大而稳定性较差的岩堆，应按设计要求采用综合治理措施，可先修筑下挡墙，再分阶梯形成边坡或修筑护面墙，然后在岩堆体内分段注入水泥砂浆等。

当确实无法避绕崩塌与岩堆地段时，可采用挖路堑明洞方式通过；也可采用半挖半填路基设悬臂式棚洞，或采用半挖路堑设直墙式棚洞等建筑物通过，如图1-24所示。在小型崩塌、碎落地段，应尽量采取全部清除的方法。如基岩破坏较严重且经常落石的地段，则应采用落石平台、落石槽、拦石堤、拦石墙等构造物拦截落石，如图1-25、图1-26所示。

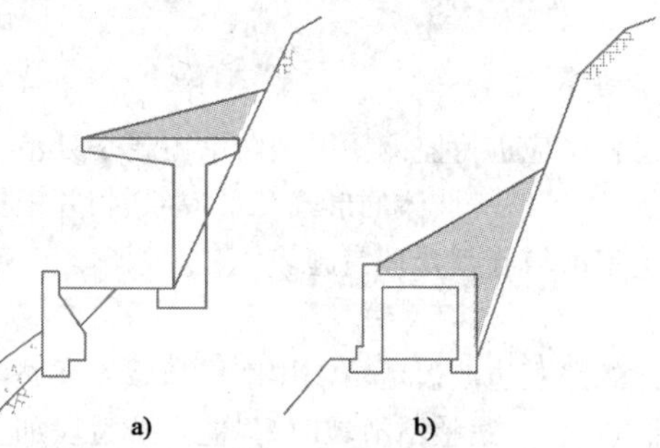

图1-24 棚洞

a)悬臂式棚洞；b)直墙式棚洞

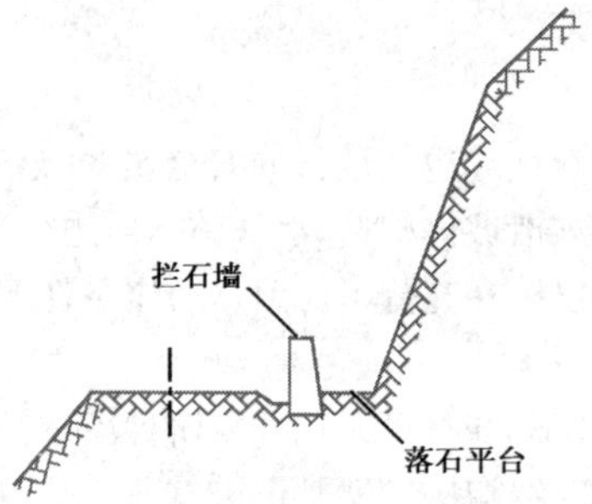

图1-25 落石平台与拦石墙

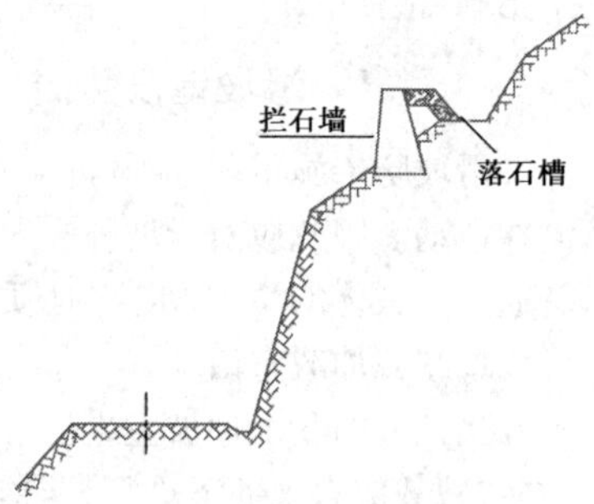

图1-26 落石槽与拦石墙

当有很大的危石附于边坡时，为了使它与边坡紧密相连，可用边坡锚固法。锚固采用预应力锚索和锚栓。即先用钻孔机钻至基岩以下一定的深度，然后插入预应力锚索，在锚固段长度内灌入高强度等级水泥砂浆，达到设计强度后，张拉至要求的吨位，然后进行自由段压浆，最后锚具进行封锚防护。

1.4.3 膨胀土地段施工

膨胀土也称胀缩土，有的地方称为裂隙黏土，它是一种亲水性很强的高塑性黏土。当土受水浸湿时，体积发生显著膨胀，干燥失水则明显收缩，故称为膨胀土。膨胀土作为填料时，强膨胀土不得作为路堤填料，中等膨胀土经处理后作为填料，用于二级及二级以上公路路堤填料时，改性处理后胀缩总量应不大于0.7%，胀缩总量不超过0.7%的弱膨胀土可直接填筑。

1. 施工方法

弱膨胀土路基施工时，应避开雨季作业，加强现场排水。路基应分段施工，各道工序应紧密衔接，连续完成。路基边坡按设计要求修整，并应及时进行防护施工。

1)路堑施工

(1)路堑施工前，先进行截、排水设施的施工，将水引至路幅以外。

(2)边坡施工过程中，必要时宜采取临时防水封闭措施保持土体原状含水率。边坡不得一次挖到设计线，应预留厚度300~500mm，待路堑完成时，再分段削去边坡预留部分，并立即进行加固和封闭处理。

(3)路床底高程以下应按照设计要求进行处理。

(4)宜用支挡结构对强膨胀土边坡进行防护。支挡结构基坑应采取措施防止暴晒或浸水,基础埋深应在大气风化作用影响深度以下。

2)路堤施工

膨胀土路基填筑松铺厚度不得大于300mm;土块粒径应小于37.5mm,压实度要求应符合土质路基压实的规定。填筑膨胀土路堤时,应及时对路堤边坡及顶面进行防护。路基完成后,当年不能铺筑路面时,应按设计要求作封层,其厚度应不小于200mm,横坡不小于2%。

2. 断面形式

弱膨胀土的路基挖、填高度不宜过大,一般宜选择浅路堑、低路堤,其高度最好不大于3.0m;超过3.0m的填土路堤,应考虑沉降稳定;高度大于6.0m的路堤则需考虑预留沉降加宽,路堑应考虑台阶式断面和坡脚的稳定。膨胀土的路基边坡坡度可按普通黏土边坡放缓1~2级,路基边坡坡面应进行防护,具体措施可视路基高度,选择草皮、骨架护坡、片石护坡等。

路基断面形式要求能适应膨胀土的土体稳定特征,具体可采取如下措施:采用不透水路面面层以防止表层水下渗后软化路基,高速、一级公路路面结构中宜采用厚层石灰稳定碎石底基层。路基横坡应比一般土质路基尽可能大,以利排水。路肩应适当加宽,并用与路面基层相同的结构层铺装,同时需铺设较薄的不透水面层或做防渗处理;边沟需适当加宽并尽可能采用深边沟排水。路侧一般不宜种树,种树一般应远离路基5.0m以外。

3. 换填材料

对于高速公路、一级公路路堤的路基压实,填高不足1.0m的路堤,必须挖除地表30~60cm的膨胀土,换填适用材料,并按规定压实度压实,一般填高路堤换填深度控制在1.2m左右;地表为过湿土时,必须挖除换填碎石土、砾石土、砂砾或挖方坚硬岩石碎渣,或将土翻开、掺石灰稳定,按要求压实;膨胀土地区的路堑,高速公路、一级公路的路床应超挖30~50cm,并立即用粒料石或非膨胀土分层回填,或改性土回填压实。

1.4.4 多年冻土地段施工

冻土是指高纬度、高寒地区、土层温度小于或等于0℃,并含有冰的土层。有些土层的温度尽管很低,但没有冰的存在,则不能称为冻土,只能称为低温寒土。通常将冻结状态持续多年不融的土,称为多年冻土。在多年冻土上修建构造物后,由于构筑物传到地基中的热量改变了多年冻土的地温状态,使冻土逐年融化而强度显著降低,导致上部结构破坏或妨碍正常使用。施工前应核查沿线冻土情况、地面水、地下水以及有无热融湖(塘)、冰丘、冰锥等不良地质情况,结合设计要求制定施工方案。施工必须严格遵循保护冻土的原则,使路基施工后仍处于热学稳定状态。

1. 填方路基

施工过程中,应采取措施保持路基及周围冻土处于冻结状态。根据设计要求和实际情况对基底应采取换填、设置毛细水隔断层等措施。

1)取土

(1)宜设置集中取土场,取土位置宜在路堤坡脚500m以外。

(2)斜坡地表上的路堤,取土坑应设在上坡一侧。

(3)取土坑深度不得超过当地多年冻土上限以上土层厚度的80%,坑底应设纵横坡和排水口。

(4)取土坑的外露面,应进行处理。

2)填料

(1)宜选用保温、隔水性能均较好的填料,严禁使用塑性指数大于12、液限大于32%的细粒土和富含腐殖质的土及冻土。高含冰的土不宜用于路基填料。

(2)采用黏性土或透水性不良土填筑路堤时,应控制土的含水率,碾压时控制在最佳含水率±2个百分点范围内。

(3)通过热融湖(塘)的路堤,水下部分必须用透水性良好的填料填筑,填筑高度应高于最高水位0.5m以上。

靠近基底部位有饱冰冻土层且有可能融化时,宜设保温护道和护脚。应根据设计要求采用土工格栅等技术措施,增加路基整体性和强度。

2. 挖方路基

地下水发育地区,路基边沟应有防渗措施。挡水堰等构造物施工应按设计要求采取加固措施;加固土质边坡的铺砌厚度应满足设计和保温要求;饱冰冻土、含土冰层地段路堑,可根据设计要求换填足够厚度的水稳性好的填料,施工应速度快，保温措施有效。路基处于其他不良地质地段时，应符合下列规定：

(1)冰锥、冰丘地段路基施工，应按设计要求做好排水。

(2)松软基底两侧宜设反压护道。

(3)沼泽冻土地段路堤下部应按设计做好隔离层或隔温层，并保护好两侧地表植被。

(4)冻胀丘较重地段，应在上游主流处按设计要求做好地下渗沟，将水引到一定距离外的地面积冰场。

1.4.5 岩溶区地段施工

施工前应结合设计详细核查岩溶分布、地形、地表水、地下水活动规律及设计处治方案的可行性和完整性，严禁随意堵塞溶洞。在路基边坡上的干溶洞，应清除洞内沉积物并用干砌或浆砌片石堵塞。路基上方的溶泉或壅水，应按设计先做好排水涵(管)。路基基底下的干溶洞，可结合设计要求采取以下措施：

(1)铲除溶洞石笋，整平基底，直接用砂砾石、碎石、干(浆)砌片石等回填密实。

(2)当溶洞顶板太薄或者顶板较破碎，按设计要求进行加固时，应严格控制加固质量，确保强度要求。

(3)当溶洞顶板较完整、厚度较大时，应根据设计要求，确定处理方案。

(4)采用桥涵跨越通过时，桥涵基础必须置于有足够承载能力的稳定地基上。

路基基底下有溶泉或壅水，应采取排导措施保证路基不受浸害。当溶洞位于边沟附近而且较深时，可采用钢筋混凝土封闭，并应防止边沟水渗漏到溶洞内。流水量大的暗洞及消水洞，应用桥涵跨越确保基础稳定。

在工程实践中岩溶地基的处理，一般采用清、爆、挖、填处理；排水措施有截流、导流等；结构措施有钢筋混凝土柱、石柱等。为防止溶洞的沉陷或坍塌，以及处理岩溶水引起的病害，可视溶洞的具体情况分别采用内衬砌加固、盖板加固与封闭加固等方法。

1.4.6 采空区地段施工

施工前应结合设计详细检查路幅内采空区类型(平洞、竖井或斜井)、水文地质、地下水高度和顶板地层厚度，复核设计方案的可行性，编制施工组织设计，完善处治措施。

(1)路基边沟及排水沟底部，应采取措施防止地表水渗漏到采空区内。

(2)采空区路基基底采用砂砾石、碎石、干(浆)砌片石等回填时，填料质量和填筑压实度应符合设计要求，片石强度满足设计要求。

(3)开挖回填处治采空区，应按设计要求的处理长度、宽度、深度进行处理。

(4)采空区采用充填注浆处理时，处理后地基应满足设计对沉降稳定的要求。

1.4.7 黄土路基处理

黄土地区路基施工，应做好施工期排水，将水迅速引离路基。在挖填交界处引出边沟时，应做好出水口的加固，排水设施接缝处应坚固不渗漏。

1. 基底处理

路基基底处理时，若为一般湿陷性黄土，应采取措施拦截、排除地表水。地下排水构造物与地面排水沟渠必须采取防渗措施，路侧严禁积水，若地基黄土具有强湿陷性或较高的压缩性，应按设计要求进行处理。

2. 填筑路堤

黄土填筑路堤时，路床填料不得使用老黄土。路堤填料不得含有粒径大于100mm的块料，在填筑横跨沟壑的路基土方时，应做好纵横向界面的处理；黄土路堤边坡应拍实，并应及时予以防护，防止路表水冲刷。

(1)黄土路基压实度要求90%时，施工松铺厚度应不大于35cm；当压实度要求93%～95%时，施工松铺厚度应不大于30cm。松铺厚度可用车数控制，也可在土摊铺完成后，挖探检测。

(2)施工前要密切关注含水率，最好在碾压开始前测定，也可在取土场测定，随时注意含水率损失。如果含水率不足，必须补水量，并且土体各部分含水率很均匀，才能达到补水的目的。

(3)压实机具及工艺

在施工过程中，压实机械主要以CA25D光轮自行式压路机配合YZT16(K)拖式凸轮振动压路机组合作业，平地机摊铺整平。

3. 黄土路堑施工

(1)路堑路床土质应符合设计要求，密实度不足时，应采取措施碾压至要求的压实度。

(2)路堑施工前,应做好堑顶地表排水导流工程。路堑施工期间,开挖作业面应保持干燥。

(3)路堑施工中,如边坡地质与设计不符,可提出修改边坡坡度。

4. 黄土陷穴处理

(1)路基范围内的陷穴,应在其发源地点对陷穴进口进行封填,并截排周围地表水。

(2)现有的陷穴、暗穴,可采用灌砂、灌浆、开挖回填、导洞和竖井等措施进行填充。

(3)陷穴表面的防渗处理层厚度不宜小于300mm,并将流向陷穴的附近地面水引离。

(4)挖方边坡顶以外50m范围内、路堤坡脚以外20m范围内的黄土陷穴宜进行处理。挖方边坡顶以外的陷穴,若倾向路基,应作适当处理。对串珠状陷穴应彻底进行处治。

1.4.8 盐渍土路基处理

对填料的含盐量及其均匀性应加强控制检测,路床以下每1000m^{3}填料、路床每部分每500m^{3}填料应至少做一组测试,每组3个土样,填方不足上列数量时,亦应做一组试件。用石膏土作填料时,应先破坏其蜂窝状结构。

1. 换填处治

含水率超过液限的原地基土,应按设计要求将基底以下1m全部换填为透水性材料;含水率界于液限和塑限之间时,应按设计要求换填100~300mm厚的透水性材料;含水率在塑限以下时,可直接填筑黏性土。地下水位以下的软弱土体应按设计要求采用透水性好的粗粒土换填,高度宜高出地下水位300mm以上。

2. 隔断处治

在内陆盆地干旱地区,路面为沥青混凝土、水泥混凝土或沥青表处时,应按设计要求在路堤下部设置封闭性隔断层。

地表为过盐渍土的细粒土、有盐结皮和松散土层时,应将其铲除,铲除的深度通过试验确定。地表过盐渍土层过厚时,如仅铲除一部分,则应设置封闭隔断层,隔断层宜设置在路床顶面以下800mm处;若存在盐胀现象,隔断层应设在产生盐胀的深度以下。

3. 施工要求

(1)盐渍土路堤的施工,应从基底处理开始,连续施工。在设置隔断层的地段,宜一次做到隔断层的顶部。

(2)路堤应分层填筑、分层压实,每层松铺厚度不宜大于200mm,砂类土松铺厚度不宜大于300mm。碾压时应严格控制含水率,碾压含水率不宜大于最佳含水率1个百分点,雨天不得施工。

(3)地下水位高的黏性盐渍土地区,宜在夏季施工;砂性盐渍土地区,宜在春季和夏初施工;强盐渍土地区,宜在表层含盐量较低的春季施工。

4. 排水

(1)施工中应及时合理设置排水设施,路基及其附近不得有积水。

(2)取土坑底面应高出地下水位至少150mm,底面向路堤外侧应有2%~3%排水横坡。

(3)在排水困难地段或取土坑有可能被水淹没时,应在取土坑外采取适当处治措施。

(4)在地下水位较高地段,应加深两侧边沟或排水沟,以降低路基下的地下水位。

(5)盐渍土地区的地下排水管与地面排水沟渠,必须采取防渗措施。盐渍土地区不宜采用渗沟。

1.4.9 风沙地段施工

施工作业应尽量避开风季。注意保护所有标志桩、点,防止被风刮倒或沙埋。应遵循边施工边防护的原则,土方施工、防护工程、防沙工程应配套完成。地表清理时,不得随意破坏路线两侧植被和地表硬壳,注意保护沙漠环境。流动性沙漠地区,应采用高效并且具有一定防风沙性能的施工机械。路基的填、挖应完成一段,防护一段,确保路基的强度和稳定。

1. 取土与弃土

(1)填方取土应根据风信情况选择位置,应设在背风侧路堤坡脚处5m以外;当必须两侧取土时,应封闭或摊平取土坑。粗砂平地一般不宜取土。

(2)取土坑应布设合理,减少对植被和原地貌的大面积破坏,取料结束后应整平,恢复原有植被。

(3)挖方材料应尽量利用,如需废弃,应弃于背风坡一侧的低地或距路堑顶不小于10m处,并予以摊平,以免集中引起积沙。

2. 填方路堤

风沙地区用粉砂或细砂填筑路堤时，仍应分层压实，根据现场自然条件确定压实机械与压实方法。

(1)当基底为非风积沙时，应按设计要求进行换填。

(2)风积沙填料应不含有机质、黏土块、杂草和其他有害物质。

(3)路堤填筑宜采用水平分层填筑方式，按照横断面全宽推筑。

对缺土无水源，压实确有困难的风积沙路基，可采用土工织物(如土工布、编织砂袋等)对路基进行加固。土工布横向搭接宽度应不小于300mm，纵向搭接长度应不小于500mm，搭接部应用有效方法联接。土工布展铺好后，宜采用振动压路机静压一遍，增强沙基表层密度，然后方可铺筑垫层。

3. 挖方路基

(1)挖方深度大于2m的路基两侧及半挖半填路段两侧路基宜加宽1～2m。

(2)流动沙漠路基边坡按设计坡度整平，并按设计要求进行固沙处理。

1.4.10 软土地基处理

软土地基处治前，应复核处治方案的可行性，编制实施性施工组织设计。软土地基处治材料的选用及处治方案，宜因地制宜、就地取材。

1.4.10.1 施工要求

软土地基施工的要求如下：

(1)软土地基路堤施工应考虑地基固结工期。施工时不宜破坏软土地基表层硬壳层。

(2)路堤压实宽度应不小于设计值，坡度应符合设计要求。

(3)填筑过程中，路堤中心线地面沉降速量每昼夜应不大于10～15mm，坡脚水平位移速量每昼夜应不大于5mm。应结合沉降和位移发展趋势对观测结果进行综合分析。填筑速量应以水平位移控制为主，超过标准应立即停止填筑。

(4)采用排水固结法施工时，桥台、涵洞、通道以及加固工程应在预压沉降完成后方可进行施工。路堤与桥台衔接部位、路堤与锥坡预压填土应同步填筑与碾压，填料宜选用透水性材料。

(5)应按设计要求的预压荷载、预压时间进行预压。在预压期内，除添加由于沉降而引起的沉降补方外，严禁其他作业。

(6)在软土地基上直接填筑路堤，应符合以下规定：

①水面以下部分应选择透水性好的填料，水面以上可用一般土或轻质材料填筑。

②填筑路基的土宜从取土场取用。必须在两侧取土时，取土坑距路堤坡脚的距离应满足路堤稳定的要求。

③反压护道施工宜与路堤同时填筑。分开填筑时，必须在路堤达到临界高度前完成反压护道施工。

1.4.10.2 换填法施工

换填法施工是指将挖方路床顶面以下、填方地基的不适用土全部或部分挖除，分层置换为强度较高的砂砾、碎石、卵石、片石等渗水性材料或黏性土，并压实到要求的密实度的处理方法。

1. 挖淤泥换填砂砾

对于路基经过的水库或水塘，如淤泥层较厚，无明显下卧硬层，难以确定清淤深度，机械无法在塘底操作的条件下，宜采用挖淤泥换填。为保证挤淤后路基稳定，可在坡脚线外填筑土体围堰兼做反压护道及填料的包边土。

挖淤泥换填的施工方法是在路堤两侧坡脚线位置围堰，然后排水，再从中线向两旁开挖3～5m宽的清淤槽。在清淤槽内填砂砾并高出槽深0.3m，用轻型压路机稳压为度，再将围堰与填砂之间的淤泥及时清出，碾压基底，换填体中填砂砾。换填体两侧设置干砌片石及土工布反滤层，并在砂砾层面以上铺设土工布或土工格栅后填土。挖淤换填砂砾处理软基如图1-27所示。

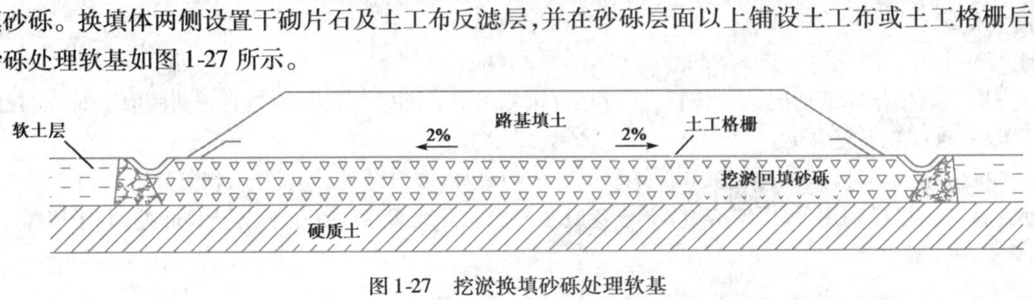

图1-27 挖淤换填砂砾处理软基

2. 抛石挤淤

抛石挤淤除了换填体本身要求压实以外，从抛石挤淤的效果及质量标准要求方面，其施工工艺有压载挤淤法、振动挤淤法、强夯挤淤法、爆破挤淤法与卸载挤淤法等。抛石挤淤施工方法是从一端开始，由中间向两旁展开，使淤泥向两边挤出，当抛填片石填筑到高出水位 50cm 后，采用重型压实机械碾压夯压，沉降后再抛填片石碾压，反复此工序直至夯压达到标准要求。抛石挤淤施工应符合下列规定：

(1)应选用不易风化的片石，片石厚度或直径不宜小于 300mm。

(2)软土地层平坦、软土成流动状时，填筑应沿路基中线向前成三角形方式投放片石，再渐次向两侧全宽范围扩展。当软土地层横坡陡于 1∶10 时，应自高侧向低侧填筑，并在低侧坡脚外一定宽度内同时抛填形成片石平台。

(3)片石抛填出软土面后，应用较小石块填塞垫平，并碾压密实。

3. 充砂垫层

在护岸工程中使用的充砂垫层(即土工布袋内充砂)处理软基，效果显著。经处理后的护岸，由于充砂垫层形成的整体性好，使其总沉降量、不均匀沉降都较小。

4. 砂砾垫层

填入的垫层材料为透水性材料，可称为排水型垫层；填入的垫层材料为不透水性材料，可称为加固型垫层。垫层材料宜采用无杂物的中、粗砂，含泥量应小于 5%；也可采用天然级配砂砾料，其最大粒径应小于 50mm，砾石强度不低于四级(即洛杉矶法磨耗量小于 60%)。垫层宜分层摊铺压实，碾压到规定的压实度。垫层采用砂砾料时，应避免粒料离析。垫层宽度应宽出路基边脚 500～1000mm，两侧宜用片石护砌或采用其他方式防护。

1)排水型垫层

排水型垫层直接铺设在地基表面上，使其与路堤填土之间增设了一道排水层，从而使地基在填土荷载作用下，加速了地基的排水固结，提高了地基强度。红黏土地区(高)填方路堤如图 1-28 所示。

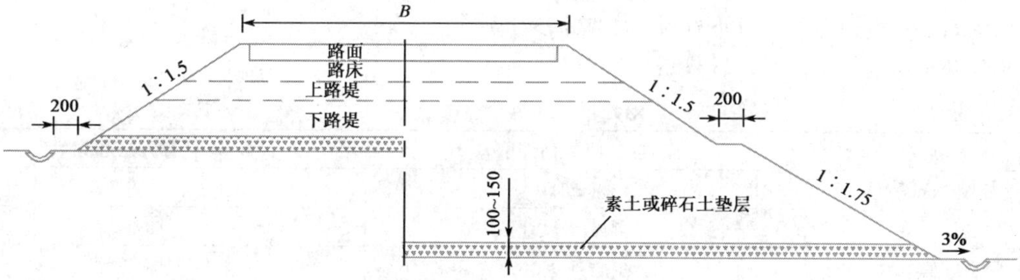

图 1-28　红黏土地区(高)填方路堤

2)固结型垫层

固结型垫层利用垫层的强度和刚度，使上部(如路面)荷载的传递得到有效调整，减少路床应力并使其分布均匀。其硬化材料有石灰土、水泥土或二灰土等。挖方路基不适用土挖除回填如图 1-29 所示。

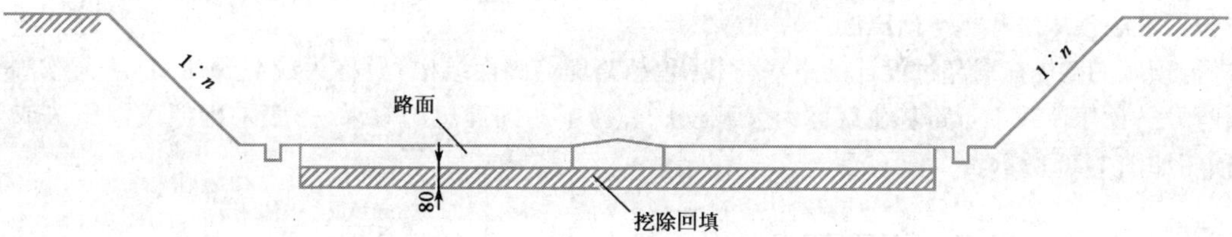

图 1-29　挖方路基不适用土挖除回填

1.4.10.3　排水固结法施工

排水固结法是根据软土厚度与性质、路堤高度、路基稳定等，分析确定选用砂砾垫层预压、袋装砂井、塑料排水板预压、真空联合堆载预压方案，预压期不小于 6 个月。

1. 袋装砂井

中、粗砂中大于 0.6mm 颗粒的含量宜占总重的 50% 以上，含泥量小于 3%，渗透系数大于 5×10^{-2} mm/s。砂袋的渗透系数应不小于砂的渗透系数。袋装砂井施工应符合以下规定：

(1)砂袋露天堆放时应有遮盖，不得长时间暴晒。

(2)砂袋应垂直下井,不得扭结、缩颈、断裂、磨损。

(3)拔钢套管时如将砂袋带出或损坏,应在原孔位边缘重打;连续两次将砂袋带出时,应停止施工,查明原因并处理后方可施工。

(4)砂袋在孔口外的长度,应能顺直伸入砂垫层至少300mm。

袋装砂井施工质量应符合表1-27的规定。

袋装砂井施工质量标准　表1-27

检查项目	规定值或允许偏差	检查方法和频率
井距(mm)	±150	抽查3%
井长	不小于设计值	查施工记录
井径(mm)	+10,0	挖验3%
竖直度(%)	1.5	查施工记录
灌砂率(%)	-5	查施工记录

2. 塑料排水板

塑料排水板技术、质量指标应符合设计要求。露天堆放应有遮盖,不得长时间暴晒。塑料排水板施工应符合以下规定:

(1)现场堆放的塑料排水板,应采取措施防止损坏滤膜。

(2)塑料排水板超过孔口的长度应能伸入砂垫层不小于500mm,预留段应及时弯折埋设于砂垫层中,与砂垫层贯通,并采取保护措施。

(3)塑料排水板不得搭接。

(4)施工中防止泥土等杂物进入套管内,一旦发现应及时清除。

(5)打设形成的孔洞应用砂回填,不得用土块堵塞。

塑料排水板施工质量应符合表1-28规定。

塑料排水板施工质量标准　表1-28

检查项目	规定值或允许偏差	检查方法和频量
板距(mm)	±150	抽查3%
板长	不小于设计值	抽查3%
竖直度(%)	1.5	查施工记录

3. 重压法施工

重压法是利用荷载预压的作用,对饱和的软黏土进行排水、预压、卸载等处理,是一种基本维持密度不变的物理加固方法。预压地基是利用路堤荷载对软土地基(原状土)施加应力,经过一定时间的预压,利用土层固有或人工排水通道,使孔隙水排出,以实现土的预先固结,减少公路地基后期沉降和提高地基承载力。预压地基的方法又称预固结法,包括堆载预压法和真空预压法。

如果进行预压的路堤荷载超过设计的路基荷载(包括路堤与路面结构)时称为超载预压,预压荷载等于路基荷载称为等载预压,预压荷载小于路基荷载称为欠载预压。为了达到理想的效果,一般采用超载预压法或等载预压法。堆载预压如图1-30所示。

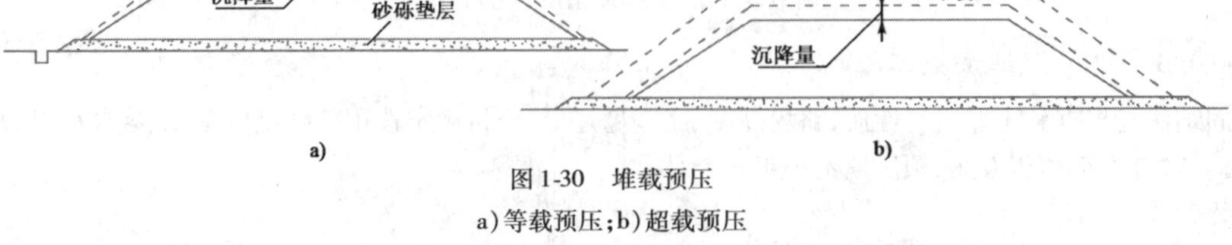

图1-30　堆载预压

a)等载预压;b)超载预压

1)砂沟预压法

砂沟预压法适用于淤泥、淤泥质土和冲填土等饱和黏性土地基。预压高度是根据软土性质、路基设计高度、填料情况及施工工期等确定,堆载预压期不宜小于6个月,如图1-31所示。

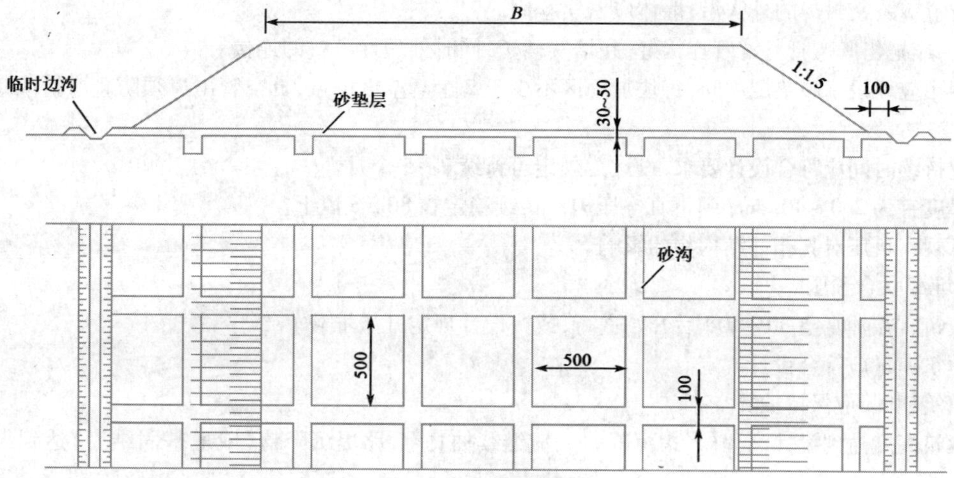

图 1-31 砂沟预压处理

2）真空预压法

真空预压施工方法应满足两个基本要素，加载和排水通道，即真空体、堆载、吸水固结，如图 1-32 所示。由于软土的渗透性很小，土中水排出速率很慢，为了加速土的固结，缩短预压时间，通常采用组合施工方法。如在软土地基中打入袋装砂井及塑料排水板，作为土中水从土中排出的通道，使土中排水的路径大大缩短，然后进行堆载预压，使软土中空隙水得以较快地排出消散，最终实现软土固结。具体作法是首先在需加固的软土地基表面铺设一层透水砂垫层，再在其上覆盖一层不透气的塑料薄膜或橡胶布，四周密封好与大气隔绝，在砂垫层内埋设渗水管道，然后与真空泵连通进行抽气，使透水材料保持较高真空度，在土的孔隙水中产生负的孔隙水压力，将土中孔隙水和空气逐渐吸出，从而使土体固结。真空预压法不能降低地下水位，只适用于一般软土地基，当有大量地下水时，不宜采用。

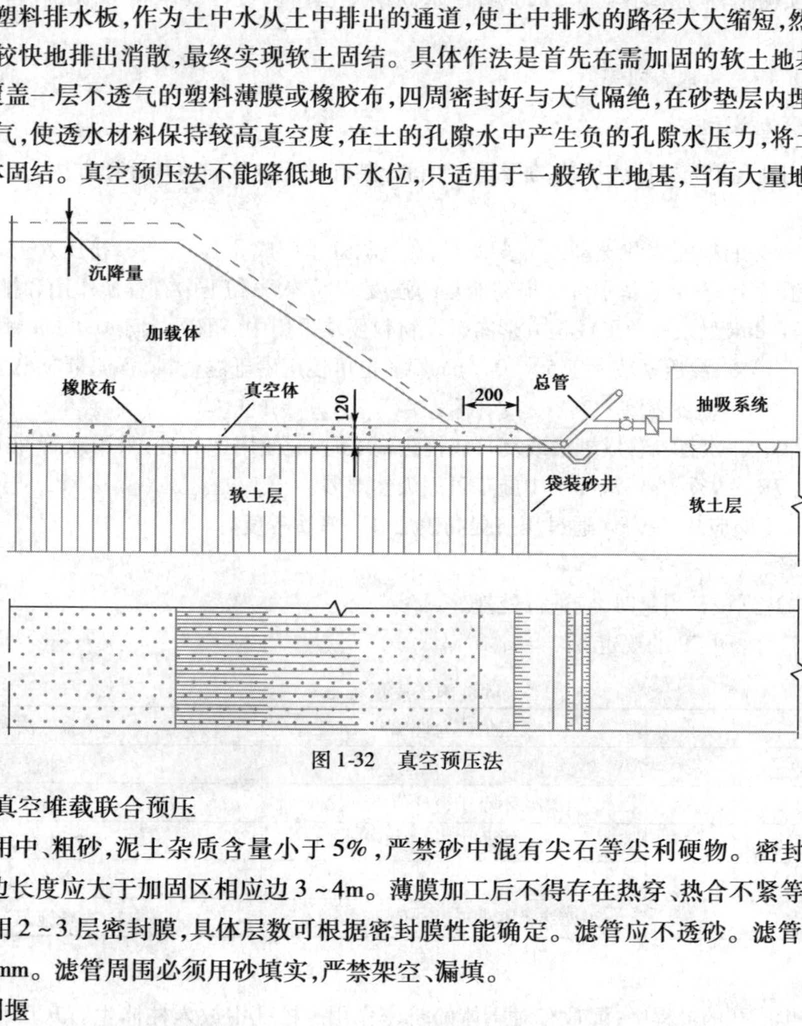

图 1-32 真空预压法

（1）真空预压、真空堆载联合预压

垫层材料宜采用中、粗砂，泥土杂质含量小于 5%，严禁砂中混有尖石等尖利硬物。密封膜厚度宜为 0.12 ~ 0.17mm，密封膜每边长度应大于加固区相应边 3 ~ 4m。薄膜加工后不得存在热穿、热合不紧等现象，不宜有交叉热合缝。每个加固区用 2 ~ 3 层密封膜，具体层数可根据密封膜性能确定。滤管应不透砂。滤管距泥面、砂垫层顶面的距离均应大于 50mm。滤管周围必须用砂填实，严禁架空、漏填。

（2）密封沟与围堰

①沿加固边界开挖密封沟，其深度应低于地下水位并切断透水层，内外坡应平滑。沟底宽度应大于 400mm，密封膜与沟底黏土之间应进行密封处理。

②密封沟回填料应为不含杂质的纯黏土，不得损害密封膜。

③筑堰位置应跨密封沟的外沟沿，堰体应密实牢固。

④铺膜前，应把出膜弯管与滤管连接好，并培实砂子，同时处理好出口的连接。

真空表测头应埋设于砂垫层中间，每块加固区不少于2个真空度测点，真空管出口须防止弯折或断裂。

(3)抽真空

①抽真空持续时间应符合设计要求，设计无规定可持续2~5个月。

②覆盖厚度宜为200~400mm，膜下真空压力应持续稳定在80kPa以上。

③应注意观察负压对其相邻结构物的影响。

(4)真空堆载联合预压

①路堤填筑宜在抽真空30~40d后开始进行，或按设计规定开始堆载。

②路堤填筑速量应符合设计规定。

③路堤填筑期间，应保持抽真空。

④路堤填筑高度达到设计高程(考虑沉降)后，应继续抽真空，路堤沉降值(或地基固结度)达到设计要求后方可停止抽真空。

(5)施工监测

①预压过程中，应进行孔隙水压力、真空压力、深层沉降量及水平位移等预压参数的监测。真空压力每隔4h观测一次，表面沉降每2d测一次。

②当连续五昼夜实测地面沉降小于0.5mm/d、地基固结度已达到设计要求的80%时，经验收，即可终止抽真空。

④停泵卸荷后24h，应测量地表回弹值。

1.4.10.4 复合地基施工

复合地基是指采用钻孔填充挤压或搅拌，加密固结、桩土共同作用的软弱地基处理方法。

1. 砂桩

砂桩又可称为挤实砂桩法，是采用振动或冲击荷载，在软弱地基中成孔后，再将砂挤压入土中，形成大直径的密实柱体。砂桩用在松散砂土、粉土地基中可以提高地基的强度，用在软弱黏土中有置换作用和排水作用。挤实砂桩桩径30~50cm，深度5~8m，呈正三角形或正方形布置。材料要求采用中、粗砂，大于0.6mm颗粒含量宜占总重的50%以上，含泥量应小于3%，渗透系数大于5×10^{-2}mm/s。也可使用砂砾混合料，含泥量应小于5%。砂桩施工应符合以下规定：

(1)采用单管冲击法、一次打桩管成桩法或复打成桩法施工时，应使用饱和砂；采用双管冲击法、重复压拔法施工时，可使用含水率为7%~9%的砂；饱和土中施工可用天然湿砂。

(2)地面下1~2m土层应超量投砂，通过压挤提高表层砂的密实程度。

(3)成桩过程应连续。

(4)实际灌砂量未达到设计用量时，应进行处理。

砂桩施工质量应符合表1-29的规定。

砂桩施工质量标准　　表1-29

检查项目	规定值或允许偏差	检查方法和频率
桩距(mm)	±150	抽查3%
桩长	不小于设计值	查施工记录
桩径	不小于设计值	抽查3%
竖直度(%)	1.5	查施工记录
灌砂量	不小于设计值	查施工记录

2. 石灰桩

石灰桩是在打桩机成孔的过程中，沉管有对土体的挤密作用。桩孔中放入柱体生石灰后，使桩身周围的土脱水。由此产生一系列的物理—化学反应，桩身与土的硬壳层组成变形模量较大的桩体，部分软土被挤密和置换形成复合地基，从而提高了地基的承载力，减少沉降量。石灰桩桩径为15~30cm，桩距一般为3倍桩径，呈正三角形或正方形布置。

这种方法除了单独用生石灰外，也可采用拌砂及其他材料并用的混合桩。

3. 碎石桩

碎石桩是指用振动、冲击等方法在软弱地基中成孔后，再将碎石挤入土中形成大直径的由碎石所构成的密实桩体。桩径为40～100cm，桩距为150～250cm，呈矩形、正三角形布置，地基加固深度一般为7～8m，如图1-33所示。

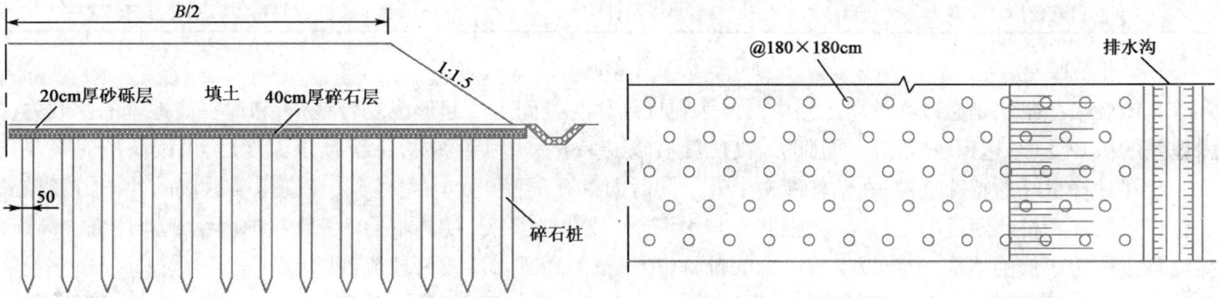

图1-33　碎石桩

在复合地基的各类桩体中，碎石桩与砂桩同属散体材料桩，加固机理相似。材料要求未风化碎石或砾石，粒径宜为19～63mm，含泥量应小于10%。施工前应按规定做成桩试验。根据试桩成果，严格控制水压、电流和振冲器在固定深度位置的留振时间。碎石桩施工质量应符合表1-30的规定。碎石桩密实度抽查频率为2%，用重II型动力触探测试，贯入量100mm时，击数应大于5次。

碎石桩施工质量标准　　表1-30

检查项目	规定值或允许偏差	检查方法和频率
桩距(mm)	±150	抽查3%
桩长	不小于设计值	抽查3%
桩径	不小于设计值	查施工记录
竖直度(%)	1.5	查施工记录
灌碎石量	不小于设计值	查施工记录

4. 水泥粉煤灰碎石桩

水泥粉煤灰碎石桩是一种新型桩体，简称CFG桩。桩身的材料是在素混凝土桩的基础上发展而来，主要由碎石、石屑、粉煤灰掺适量水泥和水拌和而成，具有良好的和易性。碎石是该桩体的粗集料，石屑是填充碎石孔隙，改善集料级配的次骨架材料。粉煤灰具有细集料，可以和低强度水泥共同作用。CFG桩是在碎石桩的基础上发展起来的，属于复合地基刚性桩。桩径一般为30～40cm，桩距一般为3～6倍桩径。

1)材料要求

(1)应根据施工方法，选择合理的集料级配和最大粒径。

(2)宜选用普通硅酸盐水泥。

(3)宜选用袋装II、III级粉煤灰。

2)成桩试验

施工前应进行成桩试验，试桩数量宜为5～7根。桩体施工应符合以下规定：

(1)桩体施工应选择合理的施打顺序，避免对已成桩造成损害。

(2)成桩过程中，应对已打桩的桩顶进行位移监测。

(3)混合料应拌和均匀。

3)质量标准

水泥粉煤灰碎石桩施工质量应符合表1-31的规定。

水泥粉煤灰碎石桩施工质量标准　　表1-31

检查项目	规定值或允许偏差	检查方法和频率
桩距(mm)	±100	抽查桩数3%
桩径	不小于设计值	抽查桩数3%
桩长	不小于设计值	查施工记录

续上表

检查项目	规定值或允许偏差	检查方法和频率
竖直度(%)	1	抽查桩数3%
桩体强度	不小于设计值	取芯法,总桩数的5%
单桩和复合地基承载力	不小于设计值	成桩数的0.2%,并不少于3根

5.高压旋喷桩

高压旋喷注浆法是通过在软弱土层中形成水泥固结体与桩间土一起形成复合地基,从而提高地基的承载力,减少地基的沉降变形,达到地基加固的目的。高压旋喷施工一般采用工程钻机钻至预定深度后,再用高压泥浆泵,通过安装在钻杆机端的特殊喷嘴,在钻杆缓慢上升的同时向桩孔周围土体喷射注浆,在高压喷射流的冲击力、离心力等作用下破坏了桩孔附近的土体结构,强制土与水泥浆(或化学浆液)搅拌混合,在地基中固结成圆柱桩。高压旋喷注浆主要用于加固地基,也可以组成闭合的帷幕,用于截阻地下水流或治理流砂。

高压旋喷固结体的形态与喷射流的方向有关,一般可分为旋转喷射(简称旋喷)与定向喷射(简称定喷)两种注浆形式。高压旋喷法注浆形式基本种类有单管法、二重管法、三重管法和多重管法4种。从施工过程中看,单管法施工时,是以水泥浆高速喷射冲击破坏土体,其排出的废液以水泥浆为主;二重管法、三重管法和多重管法施工时,是以水泥浆、水或空气等两种或三种介质高速喷射冲击破坏土体,其排出的废液以水和水泥浆为主。由于软弱土层含水率较大,再加上施工过程中排水量较大时,对软弱土层的物理力学性质起到不良的软化或泥化作用。因此,单管法施工较为理想。

水灰比一般采用1:1~1.5:1,能基本保证浆液的喷射效果。为了克服纯水泥初凝及终凝时间长、早期强度低、抗冻性差等缺陷,掺入外加剂的用量为:工业盐4%~5%;三乙醇胺2%~4%。桩距为2~3倍桩径,呈矩形、正三角形布置,旋喷桩体直径如表1-32所示。

高压旋喷桩径　　表1-32

类型	桩径(cm)	复喷一次	
		增加桩径%	桩径(cm)
黏性土	60	35%	80
砂性土	50	50%	75

6.搅拌桩

搅拌桩又称加固土桩,是由石灰桩的原理发展而来。由材料状态和施工机具的不同,可分为湿法和干法两种。采用深层搅拌机将固化剂与地基土在原位拌和的方法称为湿法,即深层搅拌桩;采用粉喷机将固化剂与地基土在原位拌和的方法称为干法,即粉喷搅拌桩。搅拌桩施工方法利用固化剂和软土之间所产生的一系列物理—化学反应,使软土固结成整体性、水稳性好,增强了桩间土的强度;该方法具有施工期短、无噪音、不排污、不影响相邻建筑物等优点。桩径为50cm,桩距为100~150cm,呈矩形、正三角形布置。

1)深层搅拌桩

深层搅拌桩适宜于加固较深厚的淤泥、淤泥质土、粉土和含水率较高、塑性指数较低、土性较差且地基承载力不大于120kPa的黏性土地基,对超软土效果更为显著。加固深度通常超过5m,最大加固深度可达60m。

深层搅拌桩是采用水泥或水泥浆作为固结剂,通过特制深层搅拌机械、中心管输浆方法,在地基中将软土与固结剂强制拌和,制成能够满足要求的固结体。该方法搅拌均匀,易于复拌,但加固体硬化时间长;缺点是当原地基天然含水率过高时,桩间多余的孔隙水需较长时间才能排除。水泥或水泥浆中可添加少量的减水剂(木质素)、速凝剂等。

2)粉喷搅拌桩

粉喷搅拌桩是采用水泥、石灰粉等材料作为固化剂,通过粉喷机,将固化剂与地基土在原位拌和,制成能够满足要求的固结体。该方法搅拌均匀性欠佳,难于全程复拌,但水泥硬化时间短,且在一定程度上降低了桩间土的含水率。粉喷桩最适用于淤泥、淤泥质土、粉土和含水率较高的黏性土。由于粉喷桩是将干的固化剂拌入地基的,所以当软基中的含水率低于30%时,为了保证粉体的充分固化,必须在搅拌过程中加入适当水分。粉喷搅拌桩的固化剂掺入量通常为被搅拌土体重量的7%~15%,如图1-34所示。软基地质断面如图1-35所示。

1.4.10.5 强夯地基处理

强夯法是反复将10～40t重锤，提升到10～40m高处，使其自由落下夯击地基，提高地基强度、压缩性得到降低的方法。适用于处理碎石土、砂土、粉土、黏性土、杂填土和素填土地基，还常用于处理可液化砂土和湿陷性黄土地基等，淤泥地层不适用强夯法。由于其设备简单、施工方便、工期短、节省材料、费用低等优点，被广泛使用。强夯加袋装砂井或塑料排水板法，可以加速饱和软黏土的排水固结；片石挤淤加强夯，为一种强夯置换法；在饱和软黏土上加铺0.5～2m厚度的垫层，经过强夯可发生机械混合，改变软土的性质，提高地基土的承载力。

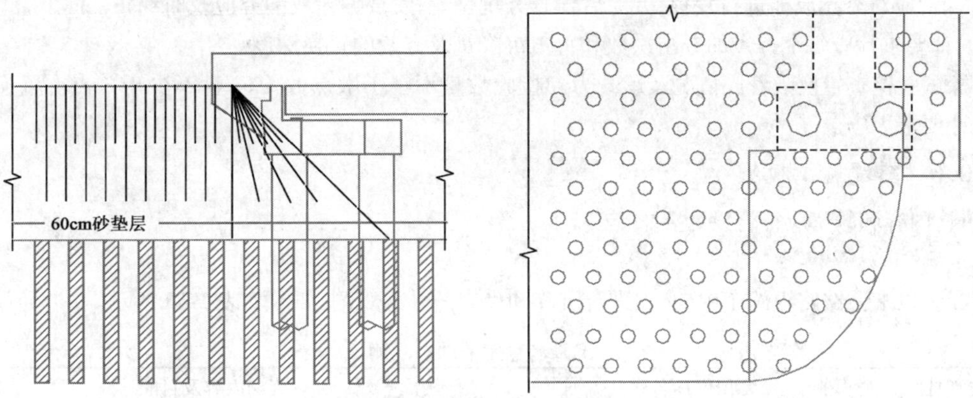

图1-34　粉喷搅拌桩

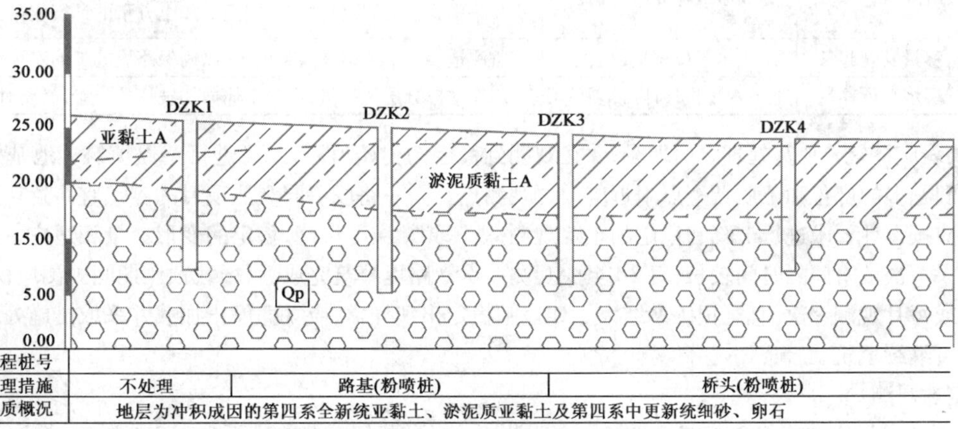

图1-35　软基地质断面

1. 强夯

应采取隔振、防振措施消除强夯对邻近建筑物的有害影响。施工前应选择有代表性并不小于500m^{2}的路段进行试夯，确定最佳夯击能、间歇时间、夯间距等参数。夯击次数应按现场试夯得到的夯击次数和夯沉量关系曲线确定。垫层材料应采用透水性好的砂、砂砾、石屑、碎石土等。强夯施工应符合以下规定：

(1)施工前应检查锤重和落距，单击夯击能量应符合设计要求。

(2)夯击前应对夯点放样并复核，夯完后检查夯坑位置，发现偏差或漏夯应及时纠正。

(3)施工过程中应记录每个夯点的夯沉量，原始记录应完整、齐全。

强夯施工完成后应通过标准贯入、静力触探等原位测试，测量地基的夯后承载能力是否达到设计要求。

2. 强夯置换

置换材料应采用级配良好的片石、碎石、矿渣等坚硬的粗颗粒材料，粒径不宜大于夯锤底面直径的0.2倍，含泥量不宜大于10%，粒径大于300mm的颗粒含量不宜大于总质量的30%。垫层材料应采用水稳定性好的砂、砂砾、石屑与碎石土等。应采取隔振、防振措施消除强夯对邻近建筑物的有害影响。强夯置换施工前应进行试夯。强夯置换施工应符合以下规定：

(1)标出第一遍夯点位置，测量地面高程。

(2)测量夯前锤底高程。

(3)夯击并逐击记录夯坑深度，当夯坑过深而发生起锤困难时，停夯后向坑内填料直至坑顶填平，记录填料数量,如此重复直至满足规定的夯击次数及控制标准,完成一个墩体的夯击。

(4)应按由内而外,隔行跳夯击打的原则完成全部夯点的施工。

(5)推平地基,用低能量进行满夯,将表层松土夯实,并测量夯后地基高程。

(6)按设计铺筑垫层,并分层碾压密实。

3. 质量控制

(1)单击夯击能量应符合设计要求。

(2)夯击前,应对夯点放样进行复核,夯完后检查夯坑位置,发现偏差或漏夯应及时纠正。

(3)按设计要求检查每个夯点的夯击次数和每击沉降量及夯墩的置换深度。

动力触探试验检查置换墩着底情况及承载力。检验数量不小于墩点数1%,且不少于3点。置换墩直径与深度应符合设计要求。

1.4.10.6 路堤施工观测

观测项目、内容和频率应符合设计要求。

1. 动态观测

二级及二级以上公路路堤施工中,必须进行沉降和稳定的动态观测,要求如表1-33所示。

沉降和稳定的动态观测 表1-33

观测项目	常用仪具名称	观测内容及目的
地表沉降量	地表型沉降计(沉降板)	根据测定数据调整填土速率;预测沉降趋势,确定预压卸载时间和结构物及路面施工时间;提供施工期间沉降土方量的计算依据
地表水平位移量及隆起量	地表水平位移桩(边桩)	监测地表水平位移及隆起情况,以确保路堤施工的安全和稳定
地下土体分层水平位移量	地下水平位移计(测斜管)	用作掌握分层位移量,推定土体剪切破坏的位置,必要时采用

观测仪表应在软土地基处理之后埋设,并在观测到稳定的初始值后,方可进行路堤填筑。地基条件差、地形变化大、实际问题多的部位和土质调查点附近应设置观测点。同一路段不同观测项目的测点宜布置在同一横断面上。施工期间,应按设计要求进行沉降和稳定的跟踪观测,观测频量应与沉降、稳定的变形速量相适应,每填筑一层应观测一次;如果两次填筑间隔时间较长,每3d至少观测一次。路堤填筑完成后,堆载预压期间观测应视地基稳定情况而定,半月或每月观测一次,直至预压期结束。如地基稳定出现异常,应立即停止加载并采取措施处理,待路堤恢复稳定后,方可继续填筑。

2. 稳定性观测

(1)一般路段沿纵向每100~200m设置一个观测断面,同时,每一路段应不少于3个断面;桥头路段应设置2~3个观测断面;桥头纵向坡脚、挖填交界的填方端、沿河等特殊路段均应增设观测点。

(2)位移观测边桩,应根据需要埋设在路堤两侧坡脚或坡脚以外3~5m处,并结合稳定分析,在预测可能的滑裂面与地面的切面位置布设测点,一般在坡脚以外1~10m范围内设置3~4个位移边桩。同一观测断面的边桩应埋在同一横轴线上。边桩应埋置稳固。

(3)校核基点四周必须采用保护措施,并定期与工作基点桩校核。

(4)地面位移观测仪器要求:测距精度±5mm。测角精度2″。

(5)沿河、临河等凌空面大而稳定性很差的路段,必要时需进行地基土体内部水平位移的观测。

3. 沉降观测

(1)在施工路段的原地面上一般埋设沉降板进行高程观测。沉降板埋置于路基中心、路肩及坡趾的基底。

(2)沉降板观测仪器要求:往返水准测量精度1mm/km。

(3)用于观测水平位移标点桩、校核基点桩亦同时用于沉降观测,埋设于坡趾及以外的标点边桩一般兼测地面沉降。

(4)堆载预压期间观测应视地基稳定情况而定,一般情况下,第一个月每3d观测1次,第二、三个月每7d观测一次,从第四个月起每15d观测1次,直至预压期结束。

工作标点桩、沉降板观测标、工作基点桩、校核基点桩在观测期均必须采取有效措施加以保护。还应在标杆上有醒目的警示标志。

1.4.11 高路堤加筋处理

高边坡超过20m或地面斜坡率陡于1∶2.5的路堤，以及不良地质、特殊地段的路堤，应单独进行勘察设计。由于其填筑高度大、填料不均匀，易产生完工后沉降而引起路面的开裂破坏，因此沉降稳定是高填方路基设计和施工质量控制的特殊性。高填方路基加固如图1-36所示，陡坡路堤如图1-37所示。

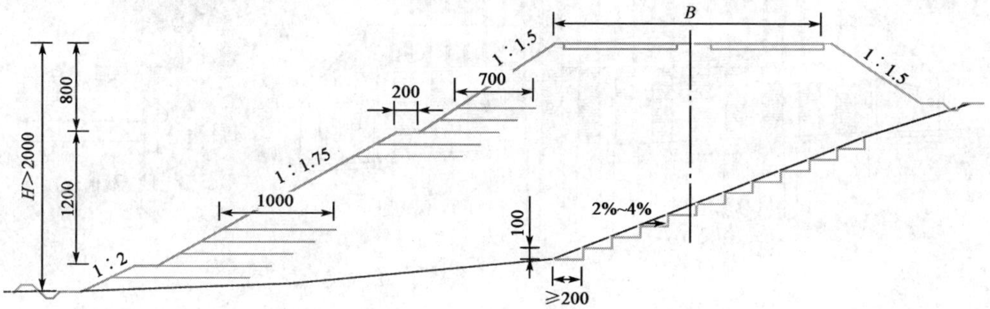

图1-36 高填方路基加固

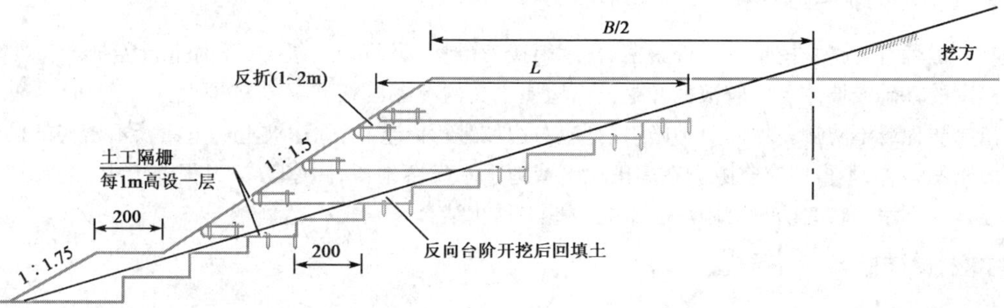

图1-37 陡坡路堤

利用土工合成材料主要作用是提高路堤的稳定性，包括地基与高路堤的整体稳定性和平面滑动稳定性。土工合成材料同时兼有对路堤沉降，特别是不均匀沉降及侧向位移有一定的减缓或调节作用。高路堤施工应根据工程具体情况，遵循技术可行、经济合理和施工方便的原则，选择土工合成材料加筋。土工合成材料不宜直接设置于原地基表面上，宜在原地表放置30~50cm厚度的砂垫层或透水性较好的均质土料后，再铺设土工合成材料。用土工合成材料加筋的作用和稳定性分析计算，目前采用的方法是在圆弧条分法基础上，把加筋作为水平力施加与滑动土体，计算其稳定性和确定加筋层数。

土工合成材料技术、质量指标应满足设计要求。土工合成材料在存放以及铺设过程中应避免长时间暴晒或暴露。与土工合成材料直接接触的填料中严禁含强酸性、强碱性物质土工合成材料施工应符合以下规定：

(1)下承层应平整，摊铺时应拉直、平顺，紧贴下承层，不得扭曲、折皱。在斜坡上摊铺时，应保持一定松紧度。

(2)铺设土工合成材料，应在路堤每边各留一定长度，回折覆裹在已压实的填筑层面上，折回外露部分应用土覆盖。

(3)土工合成材料的连接，采用搭接时，搭接长度宜为300~600mm；采用缝接时，缝接宽度应不小于50mm，缝接强度应不低于土工合成材料的抗拉强度；采用粘结时，粘合宽度应不小于50mm，粘合强度应不低于土工合成材料的抗拉强度。

(4)施工中应采取措施防止土工合成材料受损，出现破损时应及时修补或更换。

(5)双层土工合成材料上、下层接缝应错开，错开长度应大于500mm。

1.4.12 高路堑边坡处理

一般情况下的路基仅有基本的开挖、填筑、压实三个技术措施，基于加强路基稳定而必须采取一定的加固防护和排水。在特殊地形、地质条件下开挖的高路堑，由于各种自然因素或人为因素的影响，在重力作用下，有可能沿着某个面发生向下整体滑动，形成滑移以致破坏。土质挖方边坡高度超过20m、岩质挖方边坡高度超过30m以及不良地质、特殊岩土地段的挖方边坡，应单独进行勘察设计，应通过稳定性验算确定，视边坡稳定情况采取必要的支挡和锚固措施，同时加强排水措施。

边坡支挡与加固本属于一般路基防护工程，但在高路堑边坡处治工程中通常是各种加固防护与支挡工程同时采用，以达到高路堑边坡处理的目的。图1-38为边坡处治，采用了桩板挡土墙和锚杆地梁两种措施。

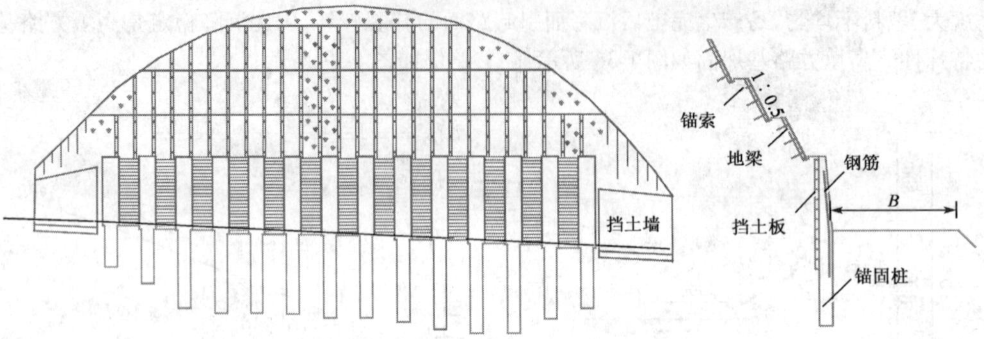

图1-38　桩板挡墙及锚杆地梁高边坡处理

1.5 路基防护与支挡

路基防护工程宜与路基挖填方工程紧密、合理衔接，开挖一级防护一级，并及时进行养护。各类防护与加固工程应置于稳定的基础或坡体上。应根据开挖坡面地质水文情况逐段核实路基防护设计方案，应尽量采用边坡自然稳定下的植物防护或不防护。坡面防护施工前，应对边坡进行修整，清除边坡上的危石及不密实的松土。坡面防护层应与坡面密贴结合，不得留有空隙。在多雨地区或地下水发育地段，路基防护工程施工中，应采取有效措施截排地表水和导排地下水。临时防护措施应与永久防护工程相结合。

1.5.1 坡面防护

路基边坡表面的防护，主要是防止地面水流的冲刷，而且将坡面封闭隔绝，可避免与大气直接接触，阻止岩土进一步风化破坏。沿河路基的坡面防护，特别是浸水部分的坡面与坡脚防护，兼有加固的作用，可防止水流的冲刷、冲击和掏空。干旱地区的路基坡面防护，主要目的在于防止风蚀或积沙。各种坡面防护措施，均以路基边坡自身稳定为前提，不承受路基体的侧向作用力。因此，对于可能失稳的路基边坡，必须首先采用放缓边坡或予以支挡加固，然后再考虑配以防护措施。常用的坡面防护措施，可以归纳为植物防护、骨架植物防护、圬工防护、封面、捶面防护及其他防护。不同的防护措施适用于不同的条件，实际工程上往往因地制宜，综合使用。

1. 植物防护

对位于洪水位以上，或不受水流作用的边坡，且路基土系粉砂土、亚砂土、亚黏土或黏土类土壤时，可采用种草或铺草皮的方法。当边坡上土壤的性质，不利于草的生长时，应预先在边坡上铺撒一层厚5~10cm的种植土层，并采取适当挖松下层土壤表面的方法，以防止种植土层的滑动。

1）植被防护施工

（1）植被施工，铺、种植被后，应适时进行洒水、施肥等养护管理，直到植被成活。

（2）种草施工，草籽应撒布均匀，同时做好保护措施。

（3）灌木（树木）应在适宜季节栽植。

（4）养护用水应不含油、酸、碱、盐等有碍草木生长的成分。

2）三维植被网防护施工

（1）三维植被网中的回填土应符合设计要求，宜采用客土，或土、肥料及腐殖土的混合物。

（2）三维植被网应符合设计及有关标准。

（3）三维植被网的搭接宽度不宜小于100mm。

3）湿法喷播施工

湿法喷播施工，喷播后应及时养护，成活量应达到90%以上。

4）客土喷播施工

（1）喷播植草混合料的配合比（如植生土、土壤稳定剂、水泥、肥料、混合草籽、水等）应根据边坡坡度、地质情况和当地气候条件确定，混合草籽用量每$1000m^2$不宜少于25kg。

(2)气温低于12℃不宜喷播作业。

2. 骨架植物防护

(1)浆砌片石(或混凝土)骨架植草防护施工应符合下列规定:

①骨架内应采用植物或其他辅助防护措施。植草草皮下宜有5~10cm厚的种植土,草皮应与坡面和骨架密贴。

②应及时对草皮进行养护。

(2)水泥混凝土空心块护坡施工应符合下列规定:

①预制块铺置应在路堤沉降稳定后方可施工。

②预制块铺置前应将坡面整平。

③预制块经验收合格后方可使用。

④预制块应与坡面紧贴,不得有空隙,并与相邻坡面平顺。

(3)锚杆混凝土框架植物防护施工质量应符合相关规定。

3. 圬工防护

1)喷浆防护施工

喷浆防护前应采取措施对泉水、渗水进行处治,并按设计要求设置汇水孔,以排、防积水;喷射顺序应自下而上进行,砂浆初凝后应立即开始养生,养护期一般为5~7d,同时应及时对喷浆层顶部进行封闭处理。

2)喷射混凝土施工

喷射混凝土防护作业前应进行试喷,选择合适的水灰比和喷射压力,喷射混凝土宜自下而上进行,做好泄水孔和伸缩缝,喷射混凝土初凝后应立即养生,养护期一般为7~10d;喷射混凝土防护施工质量应符合边坡锚固防护施工质量标准。

3)锚杆挂网喷射混凝土防护施工

锚杆挂网喷射混凝土(砂浆)防护时锚杆应嵌入稳固基岩内,锚固深度根据设计要求结合岩体性质确定。锚杆孔深应大于锚固长度200mm;钢筋保护层厚度不宜小于20mm;固定锚杆的砂浆应捣固密实,钢筋网应与锚杆连接牢固;铺设钢筋网前宜在岩面喷射一层混凝土,钢筋网与岩面的间隙宜为30mm,然后再喷射混凝土至设计厚度。喷射混凝土的厚度要均匀,钢筋网及锚杆不得外露。做好泄、排水孔和伸缩缝。锚杆挂网喷射混凝土(砂浆)防护施工质量应符合边坡锚固的相关规定。

4)干砌片石护坡施工

边坡为粉质土、松散的砂或砂土等易被冲蚀的土时,碎石或砂砾垫层厚度不宜小于100mm。基础应选用较大石块砌筑,如基础与排水沟相连,其基础应设在沟底以下,并按设计要求砌筑浆砌片石。砌筑应彼此镶紧,接缝要错开,缝隙间用小石块填满塞紧。

5)浆砌片(卵)石护坡施工

浆砌片(卵)石护坡时在砂浆终凝前,砌体应覆盖,砂浆初凝后立即进行养生;路堤边坡采用浆砌片石护坡,宜在路堤沉降稳定后施工;在冻胀变化较大的土质边坡上,护坡底面应铺设100~150mm厚的碎石或砂砾垫层;浆砌片石护坡每10~15m应留一道伸缩缝,缝宽2~3cm。在基底地质有变化处,应设沉降缝,可将伸缩缝与沉降缝合并设置。泄水孔的位置和反滤层的设置应符合设计要求。

6)水泥混凝土预制块护坡施工

水泥混凝土预制块护坡施工时,若在寒冷地区,预制块混凝土强度不宜低于C20,路堤边坡护坡宜在路堤沉降稳定后施工;铺设混凝土预制块前,应将坡面平整,碎石或砂砾垫层的厚度不宜小于10cm。预制块应错缝砌筑,砌筑坡面应平顺,并与相邻坡面顺接。泄水孔的位置应符合设计要求,并保证畅通。

7)浆砌片石护面墙施工

修筑护面墙前,应清除边坡风化层至新鲜岩面。对风化迅速的岩层,清挖到新鲜岩面后立即修筑护面墙。护面墙的基础应设置在稳定的地基上,地基承载能力不够,应采取加固措施。基础埋置深度应根据地质条件确定,冰冻地区应埋置在冰冻深度以下至少250mm。护面墙背必须与中期坡面密贴,边坡局部凹陷处,应挖成台阶后用与墙身相同的圬工砌补,不得回填土石或干砌片石。坡顶护面墙与坡面之间应按设计要求做好防渗处理。应按设计要求做好伸缩缝。当护面墙基础修筑在不同岩层上时,应在变化处设置沉降缝。泄水孔的位置和反滤层的设置应符合设计要求。

8)圬工防护质量

圬工防护时,石料应选用未风化的硬质石料,砌筑应紧密、错缝,严禁通缝、叠砌、贴砌和浮塞,勾缝应均匀饱满、美观、坡面应平顺,干砌片石施工质量应符合表1-34的规定,浆砌圬工体施工质量应符合表1-35的规定。

干砌片石施工质量标准 表1-34

检查项目	规定值或允许偏差	检查方法与频率
厚度(mm)	±50	每100m^{2}检查8点
顶面高程(mm)	±30	水准仪:20m抽查5点
外形尺寸(mm)	±100	每20m或自然段,长宽各测5点
表面平整度(mm)	50	2m直尺:每20m测5点

浆砌砌体施工质量标准 表1-35

<table>
<tr><th>检查项目</th><th colspan="2">规定值或允许偏差</th><th>检查方法和频率</th></tr>
<tr><td>砂浆强度</td><td colspan="2">不小于设计强度</td><td>每1工作台班2组试件</td></tr>
<tr><td rowspan="2">顶面高程(mm)</td><td>料、块石</td><td>±15</td><td rowspan="3">水准仪:每20m抽查5点</td></tr>
<tr><td>片石</td><td>±20</td></tr>
<tr><td>底面高程(mm)</td><td colspan="2">-20</td></tr>
<tr><td rowspan="2">坡面或垂直度(%)</td><td>料、块石</td><td>0.3</td><td rowspan="2">吊垂线:每20m检查5点</td></tr>
<tr><td>片石</td><td>0.5</td></tr>
<tr><td rowspan="3">断面尺寸(mm)</td><td>料石、混凝土块</td><td>±20</td><td rowspan="3">尺量:每20m检查5点</td></tr>
<tr><td>块石</td><td>±30</td></tr>
<tr><td>片石</td><td>±50</td></tr>
<tr><td>墙面距路基中线(mm)</td><td colspan="2">±50</td><td>尺量:每20m检查5点</td></tr>
<tr><td rowspan="3">表面平整度(mm)</td><td>料石、混凝土块</td><td>10</td><td rowspan="3">2m直尺:每20m检查5点</td></tr>
<tr><td>块石</td><td>20</td></tr>
<tr><td>片石</td><td>30</td></tr>
</table>

4.封面捶面防护

对易于风化的软质岩石或破碎岩石路堑边坡,常受侵蚀剥落,又不能用植物防护时,用封面的方法将坡面裂隙、缝穴、风化层及坡面周边予以堵塞或封闭,以防止风化进一步加剧,使地表水下渗。封面防护包括抹面、捶面、喷浆及喷射混凝土等防护形式。

1)封面防护施工

(1)封面防护不宜在严寒冬季和雨天施工。

(2)封面前岩体表面要冲洗干净,土体表面要平整、密实、湿润。

(3)封面厚度应符合设计要求,封面尖分两层进行施工,底层为全厚的2/3,面层为全厚的1/3;封面厚度要均匀,表面光滑,封面与坡面应密贴稳固。

(4)大面积封面宜每隔5~10m设伸缩缝,缝宽1~2cm。

(5)封面初凝后应立即进行养生。

2)捶面护坡施工

捶面护坡施工时,应嵌补填平边坡坑凹、裂缝;厚度要均匀,表面光滑,捶面与坡面应密贴稳固。伸缩缝设置、边坡封顶、排水、养生方法、气候要求与封面防护施工要求相同。

3)施工质量

封面、捶面防护施工质量应符合表1-36的规定。

封面、捶面防护施工质量标准 表1-36

检查项目	规定值或允许偏差	检查方法和频率
厚度	+20%,-10%	每10m检查1个断面,每3m检查2个点

4)膨胀土路基边坡防护

边坡施工应避开雨季作业,以防边坡遇水膨胀破坏。边坡施工过程中,应注意做好防排水,顶部应及时封闭。

边坡修整后,应立即防护。

1.5.2 沿河路基防护

沿河路堤因河道变迁与水位涨落等原因,经常受到冲刷作用,因此路基必须防护,才能确保路基稳定。水流的冲刷作用包括水压力、浪波压力、冰体压力及其他要素(如壅水高度、冲刷尝试、防护层厚度等),均需在设计时予以计算与分析,据以选择相应防护措施。因为水流性质变化较大,防止冲刷的方法有多种。冲刷防护的前提,是做好事前的水文地质勘查,亦包括风浪作用及附近河段两岸现状的有关资料收集。

沿河路基防护工程基础应埋设在局部冲刷线以下不小于1m或嵌入基岩内;导流构造物施工前,应根据现场具体情况,采取相应措施,避免冲刷农田、村庄、公路和下游路基。

1. 植物防护施工

(1)在经常浸水或长期浸水的路堤边坡,不宜采用种草防护。

(2)沿河路堤边坡铺草皮防护,宜采用平铺、叠铺草皮的,坡面及基础部分的铺置应符合设计要求,基础部分的铺置层的表面应与地面齐平。

(3)植树防护宜采用带状或条形。防护河岸路基或防御风浪侵蚀,宜采用横行带状。

(4)防护桥头引道路堤,宜采用纵行带状。

(5)植树应选用喜水性树种,林带应由多行树木组成,乔灌木要密植。

(6)植树后,应采取有效措施加以保护。

2. 砌石或混凝土防护

砌石或混凝土防护除应符合圬工防护有关规定外,还应符合下列规定:

(1)石料应选用未风化的坚硬岩石。

(2)开挖基坑时,应核对地质情况,与设计要求不符时,应进行处理。基础完成后应及时用符合设计要求的材料回填。

(3)铺砌层底面的碎石、砂砾石垫层或反滤层,应符合设计要求。

(4)坡面密实、平整、稳定后方可铺砌。砌块应交错嵌紧,严禁浮塞。砂浆应饱满、密实,不得有悬浆。

(5)每10~15m宜设伸缩缝,基底土质变化处应设沉降缝。

(6)采用干、浆砌片石时,不得大面平铺,石块应彼此交错搭接,不得松动。采用干、浆砌河卵石时,必须长方向垂直坡面,成横行栽砌牢固。采用铺砌混凝土预制块时,应按设计规格和要求检验合格后方可铺筑。就地浇筑混凝土板时,宜采取措施提高早期强度,混凝土表面应平整、光滑。

3. 护坦防护施工

护坦防护施工中,护坦顶面应埋入计算河床以下0.5~1.0m。

4. 抛石防护施工

(1)抛石体边坡坡度和石料粒径应根据水深、流速和波浪情况确定,石料粒径应大于300mm,宜用大小不同的石块掺杂抛投。坡度应不陡于抛石石料浸水后的天然休止角。

(2)抛石厚度,宜为料径的3~4倍;用大粒径时,不得小于2倍。

(3)抛石石料应选用质地坚硬、耐冻且不易风化崩解的石块。

(4)抛石防护除特殊情况外,宜在枯水季节施工。

5. 石笼防护施工

(1)根据设计要求或根据不同情况和用途,合理选用石笼形状。

(2)应选用浸水不崩解、不易风化的石料。

(3)基底应大致整平,必要时用碎石或砾石垫层找平。

(4)石笼应做到位置正确,搭叠衔接稳固、紧密,确保整体性。

(5)石笼防护施工质量应符合表1-37的规定。

6. 浸水挡土墙施工

(1)浸水挡土墙应选用坚硬未风化且浸水不崩解的石块。

(2)应注意浸水挡土墙与岸坡的衔接。

(3)浸水挡土墙施工还应符合挡土墙有关规定。

石笼防护施工质量标准　表 1-37

检查项目	规定值或允许偏差	检查方法和频率
平面位置(mm)	符合设计要求	经纬仪:按设计图控制坐标检查
长度(mm)	不小于设计长度-300	尺量:每个(段)检查
宽度(mm)	不小于设计宽度-200	尺量:每个(段)量8处
高度(mm)	不小于设计	水准仪或尺量:每个(段)检查8处
底面高程(mm)	不高于设计	水准仪:每个(段)检查8点

7. 土工膜袋防护施工

(1)按设计要求整平坡面,放线定位,挖好边界处理沟。

(2)膜袋铺展后就拉紧固定,防止充填时下滑。

(3)充填材料应根据设计要求和实际情况合理选用,充填应连续。

(4)需要排水的边坡,应适时开孔设置排水管。

(5)膜袋顶部宜采用浆砌块石固定。有地面径流处,坡顶应采取防护措施,防止地表水侵蚀膜袋底部。

(6)岸坡膜袋底端应设压脚或护脚棱体,有冲刷处应采取防冲措施。

(7)膜袋护坡的侧翼宜设压袋沟。

(8)膜袋与坡面间应按设计要求铺设好土工织物滤层。

8. 丁坝

施工前应制订合理的施工方案,合理安排工期,避免因工期过长引起农田、村庄、上下游路基冲刷;坝头应做平面防护。应处理好坝根与相连接的地层或其他防护设施的衔接。丁坝间的河岸或路基边坡所承受的容许流速小于水流靠岸回流流速时,应缩短坝距或对河岸及路基边坡采取防护措施。

9. 顺坝

顺坝防护施工时,与上下游河岸的衔接,应使水流顺畅,起点应选择在水流匀流的过渡段,坝根位置宜设在主流转向点的上方;坝根嵌入稳定河岸内的距离应符合设计要求,坝根附近河岸应防护加固至上游不受水流冲击处,丁坝、顺坝施工质量应符合表 1-38 的规定。

导流工程施工质量标准　表 1-38

检查项目		规定值允许偏差	检查方法和频率
砂浆强度(MPa)		不小于设计强度	每1工作台班2组试件
平面位置(mm)		30	经纬仪:按设计图控制坐标检查
长度(mm)		不小于设计长度-100	尺量:每个检查
断面尺寸		不小于设计	尺量:检查8处
高程(mm)	基底	不大于设计	水准仪:检查8点
	顶面	±30	

10. 改移河道

沿河路基受水流冲刷严重或防护工程艰巨以及路线在短距离内多次跨越弯曲河道时可改移河道。改移河道可以将直接冲刷及淘刷路基的水流引离路基。改移河道施工应符合下列规定:

(1)改移河道工程应在枯水时期施工,一个旱季不能完成的,应采取防洪措施。

(2)河道开挖应先挖好中段,然后再开挖两端,确认新河床工程已符合要求后,方可挖通其上游河段。

(3)利用开挖新河道的土石填平旧河道时,在新河道未通流前,旧河道应保持适当的流水断面。

(4)通流时,改河上游进口河段的河床纵坡宜稍大于设计坡度。

(5)河床加固设施及导流构造物的施工应合理安排,及时配套完成。

11. 格坝

格坝是建于顺坝与河岸之间,其一端与河岸相连接,另一端与顺坝坝身相连接的横向调节建筑物。其作用不仅是为使水流反射入主要河床,同时防止洪水溢入顺坝,冲刷坝后河床及坝内坡脚与河岸,并促进其间不产生淤积。

1.5.3 挡土墙加固路基

挡土墙施工前应做好截、排水及防渗设施。在岩体破碎、土质松软或地下水丰富地段修建挡土墙，宜避开雨季施工。

1. 施工要点

明挖基坑应符合下列规定：

(1)施工过程中应对地质情况进行核对，与设计不符时，应及时处理。

(2)基坑开挖宜分段跳槽进行。

(3)坑内积水应随时排干。

(4)采用倾斜基底时，基底高程应按设计控制，不得超挖填补。

基底检验合格后，应及时进行下道工序施工。挡土墙端部伸入路堤或嵌入地层部分应与墙体同时砌筑。挡土墙顶应找平抹面或勾缝，其与边坡间的空隙应用黏土或其他材料夯填封闭。挡土墙与桥台、隧道洞门连接应协调施工，必要时应加临时支撑，确保与墙相接的填方或山体的稳定。

2. 重力式挡土墙和衡重式挡土墙

重力式挡土墙主要依靠墙身自重保持稳定。它取材容易，形式简单，施工简便，适用范围广泛。多用浆砌片(块)石，墙高较低(≤6m)时也可用干砌，在缺乏石料地区可用混凝土浇筑。其断面尺寸较大，墙身较重，对地基承载力的要求较高。

衡重式挡土墙下墙间有衡重台，利用衡重台上填土重力和墙身自重台上填土重力及墙身自重共同作用维持其稳定。其断面尺寸较重力式小，且因墙面陡直、下墙仰斜，可降低墙高和减少基础开挖量，但地基承载力要求较高。多用在地面横坡陡峻的路肩墙，也可作路堤墙或路堑墙。由于衡重台以上有较大的容纳空间，上墙墙背加缓冲墙后，可作为拦截崩坠石之用。

1)基础施工

(1)基础施工时，应将基底表面风化、松软土石清除。

(2)硬质岩石基坑中的基础，宜满坑砌筑。

(3)雨季在土质或易风化软质岩石基坑中砌筑基础时，应在基坑挖好后及时封闭坑底。当基底设有向内倾斜的稳定横坡时，应采取临时排水措施，辅以必要坐浆后安砌基础。

(4)采用台阶式基础时，台阶与墙体应连在一起同时砌筑，基底及墙趾台阶转折处不得砌成垂直通缝，砌体与台阶壁间的缝隙砂浆应饱满。

(5)基坑应随砌筑分层回填夯实，并在表面留3%的向外斜坡。

2)墙身施工

(1)墙身施工时，墙身要分层错缝砌筑，砌出地面后基坑应及时回填夯实，并完成其顶面排水、防渗设施。

(2)伸缩缝与沉降缝内两侧壁应竖直、平齐，无搭叠；缝中防水材料应按设计要求施工。

(3)泄水孔应在砌筑墙身的过程中设置，确保排水畅通，并应保证墙背反滤、防渗设施的施工质量。

(4)当墙身的强度达到设计强度的75%时，方可进行回填等工作，在距墙背0.5~1.0m以内，不宜用重型振动压路机碾压。

3)砌体挡土墙施工质量

砌体挡土墙施工质量应符合表1-39、表1-40的规定。

3. 悬臂式和扶壁式挡土墙

悬臂式挡土墙的钢筋混凝土结构由立壁、墙趾板和墙踵板三个悬臂部分组成，墙身稳定主要依靠墙踵板上的填土重力来保证。断面尺寸较小，但墙较高时，立壁下部的弯矩大，钢筋与混凝土用量大，经济性差。多用做墙高 $h \leq 6m$ 的路肩墙，适用于缺乏石料的地区和承载能力较低的地基。

扶壁式挡土墙的钢筋混凝土结构由墙面板(立壁)、墙趾板和墙踵板和扶肋(扶壁)组成，即沿悬臂式挡土墙的墙长，每隔一定距离增设扶肋，把墙面板与墙踵板连接起来。适用于缺乏石料的地区和地基承载力较低的地段，墙较高 $h > 6m$ 时，较悬臂式挡土墙经济。施工要点如下：

(1)凸榫必须按照设计尺寸开挖，并与墙底板一同灌注混凝土。

(2)现场整体浇筑时，每段墙的底板、面板和肋的钢筋应一次绑扎，宜一次完成混凝土灌注。当采用现场分段浇筑时,应按设计要求进行施工,并预埋好连续钢筋,连接处混凝土面应严格凿毛,并清洗干净。

砌体挡土墙施工质量标准　表1-39

检查项目		规定值或允许偏差	检查方法和频率
砂浆强度(MPa)		不小于设计强度	每1工作台班2组试件
平面位置(mm)		50	经纬仪:每20m检查墙顶外边线5点
顶面高程(mm)		±20	水准仪:每20m检查2点
垂直度或坡度(%)		0.5	吊垂线:每20m检查4点
断面尺寸		不小于设计	尺量:每20m量4个断面
底面高程(mm)		±50	水准仪:每20m检查2点
表面平整度(mm)	混凝土块、料石	10	2m直尺:每20m检查5处,每处检查竖直和墙长两个方向
	块石	20	
	片石	30	

干砌挡土墙施工质量标准　表1-40

检查项目	规定值或允许偏差	检查方法和频率
平面位置(mm)	50	经纬仪:每20m检查5点
顶面高程(mm)	±30	水准仪:每20m检查5点
垂直度或坡度(%)	0.5	吊垂线:每20m检查4点
断面尺寸	不小于设计	尺量:每20m量4个断面
底面高程(mm)	±50	水准仪:每20m检查2点
表面平整度(mm)	50	2m直尺:每20m检查5处,每处检查竖直和墙长两个方向

(3)灌注混凝土后,应按有关规定进行养护;墙体达到设计强度的75%以后方可进行墙背填土,并应按设计要求的填料和密实度分层填筑;墙背排水设施应随填土及时施工。

(4)现浇悬臂式和扶壁式挡土墙施工质量应符合表1-41的规定。

现浇悬臂式和扶壁式挡土墙施工质量标准　表1-41

检查项目	规定值或允许偏差	检查方法和频率
砂浆强度(MPa)	不小于设计强度	每1工作台班2组试件
平面位置(mm)	30	经纬仪:每20m检查5点
顶面高程(mm)	±20	水准仪:每20m检查2点
垂直度或坡度(%)	0.3	吊垂线:每20m检查4点
断面尺寸	不小于设计	尺量:每20m量4个断面,抽查扶壁4个
底面高程(mm)	±30	水准仪:每20m检查2点
表面平整度(mm)	5	2m直尺:每20m检查3处,每处检查竖直和墙长两个方向

(5)装配法施工时,基础混凝土强度达到设计强度75%后,方可安装。预制墙板与基础必须按设计要求连接牢固。预制墙板预制、安装质量应符合"面板预制、安装施工质量标准"的规定。

4. 锚杆挡土墙

锚杆挡土墙由锚杆和钢筋混凝土墙面组成。锚杆一端锚固在稳定的地层中,另一端与墙面连接,依靠锚杆与地层之间的锚固力(即锚杆抗拔力)承受土压力,维持挡土墙的平衡。土石方和圬工量都较少,施工安全,较为经济。适用于墙高较大缺乏石料的地区或挖基困难的地段,具有锚固条件的路堑墙,对地基承载力要求不高。施工要点如下:

(1)锚杆应按设计尺寸下料、调直、除污、加工。

(2)按照设计要求,在施工前应做锚杆抗拔力验证试验。

(3)钻孔施工应符合下列规定:

①施工前,应清除岩面松动石块,整平墙背坡面。

②应根据设计孔径及岩土性质,合理选择钻孔机具。

③孔轴应保持直线，孔位允许偏差为±50mm，深度允许偏差为-10～+50mm。

④钻孔后应将孔内粉尘、石渣清理干净。

(4)安装普通砂浆锚杆应符合下列规定：

①锚杆应安装在孔位中心。

②锚杆未插入岩层部分，必须按设计要求作防锈处理。

③有水地段安装锚杆，应将孔内的水排出或采用早强速凝药包式锚杆。

④砂浆应随拌随用。

⑤宜先插入锚杆然后灌浆，灌浆应采用孔底注浆法，灌浆管应插至距孔底50～100mm，并随水泥砂浆的注入逐渐拔出，灌浆压强宜不小于0.2MPa。

⑥砂浆锚杆安装后，不得敲击、摇动。普通砂浆锚杆在3d内，早强砂浆锚杆在12h内，不得在杆体上悬挂重物。必须待砂浆达到设计强度的75%后方可安装肋柱、墙板。

(5)安装墙板时，应边安装墙板边进行墙背回填及墙背排水系统施工。

5. 锚碇板挡土墙

锚碇板挡土墙由锚碇板、拉杆、钢筋混凝土墙面和填土组成。锚碇板埋置于墙后的稳定土层内，利用锚碇板产生的抗拔力抵抗侧向土压力，维持挡土墙的稳定。基底应力小，圬工数量少，不受地基承载力的限制，构件轻简，可预制拼装、机械化施工。适用于缺乏石料的路堤墙和路肩墙，墙高时可分级修建。施工要点如下：

(1)拉杆使用前应按规定取样试验。拉杆埋于土中部分，必须进行防锈处理。

(2)吊装时应保证肋柱不前倾。

(3)拉杆及锚碇板埋设，应先填土后挖槽就位；挖槽时，锚碇板比设计位置宜高30～50mm。锚碇板前方超挖部分宜用C10水泥混凝土或灰土回填夯实。严禁直接碾压拉杆和锚碇板。

(4)肋柱、锚碇板上的锚头及螺丝杆应做防锈处理和防水封闭。

(5)分级平台应按设计要求进行封闭，并设2%的外倾排水坡。

6. 加筋土挡土墙

加筋土挡土墙由墙面板、拉筋和填土三部分组成，借助于拉筋与填土间的摩擦作用，把土的侧压力传给拉筋，从而稳定土体。既是柔性结构，可承受地基较大的变形；又是重力式结构，可承受荷载的冲击、振动作用。施工简便、外形美观、占地面积少，而且对地基的适应性强。适用于缺乏石料的地区和大型填方工程。施工要点如下：

(1)安装直立式墙面板应按不同填料和拉筋预设仰斜坡，仰斜坡一般为1:0.02～1:0.05，墙面不得前倾。

(2)拉筋应有粗糙面，并按设计布置呈水平铺设，当局部与填土密贴时应铺砂垫平。钢拉筋与钢材外露部分应做防锈处理。连续敷设的拉筋接头应置于其尾部；拉筋尾端宜用拉紧器拉紧，各拉紧的拉力应大体均匀，但应避免拉动墙面板。

(3)墙背拉筋锚固段填料宜采用粗粒土或改性土等填料。墙背填土必须满足设计压实度要求。

(4)填料摊铺、碾压应从拉筋中部开始，平行于墙面碾压，先向拉筋尾部逐步进行，然后再向墙面方向进行，严禁平行于拉筋方向碾压。

(5)填土分层厚度及碾压遍数，应根据拉筋间距、碾压机具和密实度要求，通过试验确定，严禁使用羊足碾碾压。靠近墙面1m范围内，应使用小型机具夯实或人工夯实，不得使用重型压实机械压实。

(6)当采用聚丙烯土工带时，拉带应平顺，不得出现打折、扭曲等现象，不得与硬质、棱角填料直接接触。

(7)施工过程中随时观测加筋挡土墙异常变化。

7. 挡土墙施工质量

锚杆挡土墙、锚碇板挡土墙、加筋土挡土墙施工质量应符合表1-42～表1-45的规定。

筋带施工质量标准　　表1-42

检查项目	规定值或允许偏差	检查方法和频率
筋带长度	不小于设计	尺量：每20m抽查5根(束)
筋带与面板连接	符合设计要求	目测：每20m抽查5处
筋带与筋带连接	符合设计要求	目测：每20m抽查5处
筋带铺设	符合设计要求	目测：每20m抽查5处

锚杆、拉杆施工质量标准　表 1-43

检查项目	规定值或允许偏差	检查方法和频率
锚杆、拉杆长度	符合设计要求	尺量：每 20m 抽查 5 根
锚杆、拉杆间距(mm)	±20	尺量：每 20m 抽查 5 根
锚杆、拉杆与面板连接	符合设计要求	目测：每 20m 抽查 5 处
锚杆、拉杆防护	符合设计要求	目测：每 20m 抽查 10 处
锚杆抗拔力	抗拔力平均值≥设计值，最小抗拔力≥0.9 设计值	抗拔力试验：锚杆数量的 1%，并不少于 3 根

面板预制、安装施工质量标准　表 1-44

检查项目	规定值或允许偏差	检查方法和频率
混凝土强度(MPa)	不小于设计强度	每台班 2 组试件
边长(mm)	±5 或 0.5% 边长	尺量：长宽各量 1 次，每批抽查 20%
两对角线差(mm)	10 或 0.7% 最大对角线长	尺量：每批抽查 20%
厚度(mm)	+5，-3	尺量：检查 4 处，每批抽查 20%
表面平整度(mm)	4 或 0.3% 边长	2m 直尺：长宽方向各测 1 次，每批抽查 20%
预埋件位置(mm)	5	尺量：检查每件，每批抽查 20%
每层面板顶高程(mm)	±10	水准仪：每 20m 抽查 5 组板
轴线偏位(mm)	10	挂线、尺量：每 20m 量 5 处
面板竖直度或坡度	+0，-0.5%	吊垂线或坡度板：每 20m 量 5 处
相邻面板错台(mm)	5	尺量：每 20m 面板交界处检查 5 处

注：面板安装以同层相邻两板为一组。

锚杆、锚碇板、加筋土挡土墙总体施工质量标准　表 1-45

检查项目		规定值或允许偏差	检查方法和频率
墙顶和肋柱平面位置(mm)	路堤式	+50，-100	经纬仪：每 20m 抽查 5 处
	路肩式	±50	
墙顶和柱顶高程(mm)	路堤式	±50	水准仪：每 20m 测 5 点
	路肩式	±30	
肋柱间距(mm)		±15	尺量：每柱间
墙面倾斜度(mm)		+0.5%H 且不大于 +50 -1%H 且不小于 -100，见注	吊垂线或坡度板：每 20m 测 4 处
面板缝宽(mm)		10	尺量：每 20m 至少检查 5 条
墙面平整度(mm)		15	2m 直尺：每 20m 测 5 处，每处检查竖直和墙长两个方向
墙背填土：距面板 1m 范围内的压实度(%)		90	每 100m 每压实层测 2 处，并不得少于 2 处

注：平面位置和倾斜度“+”指向外；“-”指向内，H 为墙高。

1.5.4　边坡锚固防护

破碎且不平整的边坡，必须将松散的浮石和岩渣清除，用浆砌片石填补空洞，对坡面缝隙进行封闭处理。边坡修整后应平整、密实，无溜滑体、蠕变体和松动岩体。边坡开挖和钻孔过程中，应对岩性及构造进行编录和综合分析，与设计相比出入较大时，应按规定处理。

修整边坡的弃渣应按有关规定堆放，不得污染环境。钢筋制作与安装应符合《公路桥涵施工技术规范》(JTJ 041)的规定。浇筑混凝土时，模板应加支撑固定。

1. 锚杆施工

锚杆孔深小于 3m 时宜采用先注浆后插锚杆的施工工艺，注浆时浆体除孔口 200～300mm 外，应均匀充满全孔，锚杆插入后应居中固定，杆体外露部分应避免敲击、碰撞，3d 内不得悬吊重物，3d 后才可安装垫板。当孔深大于 3m 时应按锚杆挡土墙的相关要求施工。

2. 预应力锚索

严禁使用有机械损伤、电弧烧伤和严重锈蚀的钢绞线。严禁将钢绞线及锚索直接堆放在地面或露天储存,避免受潮、受腐蚀。施工前应按设计要求进行预应力锚索的锚固性能基本试验,确定施工工艺。锚索束制作安装应符合下列规定:

(1)锚索束制作宜在现场厂棚内进行。

(2)下料应采用机械切割,严禁用电弧切割。

(3)普通锚索束必须进行清污、除锈处理。

(4)锚固段锚索束应按设计安装。

(5)在锚索入孔前,必须校对锚索编号与孔号是否一致,做好标记。

(6)锚索束必须顺直地安放在钻孔中心。

锚固端灌浆应符合下列规定:

(1)放入锚索束后应及时灌浆。

(2)无粘结锚索孔灌浆宜一次注满锚固段和自由段。

(3)灌浆应饱满、密实。

锚索张拉应按设计要求进行,并应符合下列规定:

(1)张拉设备必须按规定配套标定,标定间隔期不宜超过6个月。拆卸检修的张拉设备或压力表经受强烈撞击后,都必须重新标定。

(2)孔内砂浆的强度未达到设计强度的75%时,不得进行张拉。

(3)锚索张拉采用张拉力和伸长值进行控制,用伸长值校核应力,当实际伸长值大于计算伸长值的10%或小于5%时,应暂停张拉,查明原因并处理后,可继续张拉。

(4)锚索锁定后,在48h内若发现有明显的预应力松弛时,应进行补偿张拉。

封孔应符合下列规定:

(1)封孔灌浆应在锚索张拉、检测合格、锁定后进行。

(2)封孔灌浆时,进浆管必须插到底,灌浆必须饱满。

(3)封孔灌浆后,锚头部分应涂防腐剂,并按设计要求及时进行封闭。

边坡锚固防护施工质量应符合表1-46的规定。

边坡锚固防护施工质量标准 表1-46

检查项目	规定值或允许偏差	检查方法和频率
混凝土强度(MPa)	不小于设计强度	每台班2组试件
注浆强度(MPa)	不小于设计强度	每台班2组试件
钻孔位置(mm)	100	钢尺:逐孔检查
钻孔倾角、水平方向角	与设计锚固轴线的倾角、水平方向角偏差为±1°	地质罗盘仪:逐孔检查
锚孔深度(mm)	不小于设计	尺量:抽查20%
锚杆(索)间距(mm)	±100	尺量:抽查20%
锚杆拔力(kN)	拔力平均值≥设计值,最小拔力≥0.9设计值	拔力试验:锚杆数1%,且不少于3根
喷层厚度(mm)	平均厚度≥设计厚度,60%检查点的厚度≥设计厚度,最小厚度≥0.5设计厚度,且不小于设计规定	尺量(凿孔)或雷达断面仪:每10m检查2个断面,每3m检查2点
锚索张拉应力(MPa)	符合设计要求	油压表:每索由读数反算
张拉伸长率(%)	符合设计要求:设计未规定时采用±6	尺量:每索
断丝、滑丝数	每束1根,且每断面不超过钢绞线总数的1%	目测:逐根(束)检查

1.5.5 土钉支护

开挖、成孔等过程中应随时观察地质、位移的变化,发现异常应及时采取措施。大型土钉支护工程应进行施工监控。施工中应采取有效措施加强安全防护,严禁大爆破、大开挖。施工时应综合考虑排水系统,做好排水设施,疏导地表径流和地下水。

1. 坡面开挖

(1)坡面开挖应根据设计和实际地质情况确定分层深度及工作顺序。在完成上层作业面的土钉与喷射混凝土以前,严禁进行下一层深度的开挖。一次开挖深度不得大于设计中规定的边坡临界自稳高度,一次开挖长度也不得大于设计中规定的临界自稳长度。

(2)进行土方开挖作业时,应保证边坡平整并符合设计坡率,严禁边壁出现超挖或造成边壁土体松动。

(3)开挖面有软弱土层且垂直开挖时,应严格控制开挖高度和长度,开挖前应超前支护,开挖后应快速封闭。

2. 土钉施工

(1)施工前应按设计要求对土钉进行现场抗拉拔力验证试验。

(2)钻孔完成后,应将孔内残浆、残渣等杂物清除干净。

(3)安装土钉钢筋时,应连同注浆排气管按要求一并送入钻孔内。

(4)孔内注浆应饱满,浆体强度应符合设计要求。

3. 喷射混凝土面层

(1)喷射混凝土粗集料最大粒径不宜大于16mm,水灰比不宜大于0.45,混凝土强度应符合设计要求。

(2)混凝土喷射厚度,临时支护厚度不宜小于60mm,永久支护厚度不宜小于80mm,永久支护面钢筋的喷射混凝土保护层厚度应不小于50mm。

(3)混凝土喷射每一层应自下而上进行。当混凝土厚度大于100mm时,应分两次喷射,在第二次喷射混凝土作业前,应清除结合面上的浮浆和松散碎屑。面层表面应抹平、压实修整。

(4)喷射混凝土面层应在长度方向上每30m设伸缩缝,缝宽10~20mm。

(5)土钉喷射混凝土除符合规范要求外,还应满足《锚杆喷射混凝土支护技术规范》(GB 50086)的要求。

4. 地梁网格梁施工

(1)地梁、网格梁槽施工应根据地质条件,确定合理开挖顺序及方案。

(2)土钉钢筋与网格梁受力钢筋应连接牢固。

(3)地梁、网格梁应及时养护。

5. 土钉支护施工质量

土钉支护施工质量应符合表1-47的规定。

土钉支护施工质量标准 表1-47

检查项目	规定值或允许偏差	检查方法和频率
水泥(砂)浆强度	满足设计要求	每工作班1组试件
喷射混凝土强度	满足设计要求	每100m^{3}取1组抗压试件,不足100m^{3}留1组抗压试件
水泥混凝土强度	满足设计要求	每工作台班2组试件
钢筋网网格	±10mm	抽检
钢筋网连接	绑接长度应不小于一个网格间距或200mm。搭焊焊缝长不小于网筋直径的10倍	抽检
土钉抗拔力	平均值不小于设计值,低于设计值的土钉数<20%,最低抗拔力不小于设计值的90%	见表注
土钉间距、倾角、孔深	孔位不大于150mm,钻孔倾角不大于2°,孔径:+20mm、-5mm,孔深:+200mm、-50mm	工作土钉的3%,钢尺、测钎和地质罗盘仪测量
喷射混凝土面层厚度	允许偏差-10mm	每10m长检查一个断面,每3m长检查一个点。钻孔取芯或激光断面仪测量
网格梁、地梁、边梁	外观平整,无蜂窝麻面,尺寸允许偏差+10mm、-5mm	每100m^{2}检查一个点,钢尺测量

注:土钉抗拔力检测按工作土钉总数量的1%进行抽检,且不得少于3根;抽检不合格的土钉数量超过检测数量的20%时,将抽检的土钉数增大到3%;如仍有20%以上的土钉不合格,则该土钉支护工程为不合格工程,应采取处理措施。

1.5.6 抗滑桩稳定滑坡

桩基开挖过程中,应随时核对滑动面情况,及时进行岩性资料编录,当其实际情况与设计不符时,应进行处理。

1. 抗滑桩施工准备

(1)施工宜在旱季进行。雨季施工时,孔口应搭雨棚,做好锁口,孔口地面上加筑适当高度的围埂。

(2)应备好各项工序的机具、器材和井下排水、通风、照明设施,落实人员配备、施工组织计划。

(3)应整平孔口地面,设置地表截、排水及防渗设施。

(4)应对滑坡变形、移动进行监测。

2. 开挖及支护

(1)应分节开挖,每节高度宜为0.6~2.0m,分节不宜过长,不得在土石层变化处和滑动面处分节,挖一节立即支护一节。

(2)护壁应经过设计计算确定,应考虑到各种不利情况。护壁混凝土应紧贴围岩灌注,灌注前应清除孔壁上的松动石块、浮土。围岩较松软、破碎、有水时,护壁宜设泄水孔。

(3)开挖应在上一节护壁混凝土终凝后进行,护壁混凝土模板的支撑应在混凝土强度达到能保持护壁结构不变形后方可拆除。

(4)在围岩松软、破碎和有滑动面的节段,应在护壁内顺滑动方向用临时横撑加强支护,并经常观察其受力情况,及时进行加固。

(5)开挖桩群应从两端沿滑坡主轴间隔开挖,桩身强度不低于75%时可开挖邻桩。

(6)弃渣严禁堆放在滑坡范围内。

3. 灌注桩身混凝土

(1)灌注前,应检查断面净空、清洗混凝土护壁。

(2)钢筋笼搭接接头不得设在土石分界和滑动面处。

(3)灌注必须连续进行。

桩间支挡结构及与桩相邻的挡土、排水设施等,均应按设计要求与抗滑桩正确连接,配套完成。

4. 桩板式抗滑挡墙

(1)桩身混凝土应达到设计强度后方可安装挡土板,挡土板安装时,应边安装边回填,并做好施工板后排水设施。

(2)当桩间为土钉墙或喷锚支护时,桩间土体应分层开挖、分层加固;当锚固桩上部设有多排锚索(杆)时,应待上一排锚索(杆)施工完成后,才可开挖下一层的桩前土体。

(3)锚索(杆)桩板式路堤挡土墙,应严格控制墙背填土的压实度,压实时不得直接碾压锚索(杆)。

5. 抗滑桩施工质量

抗滑桩施工质量应符合表1-48的规定。

抗滑桩施工质量标准 表1-48

检查项目		规定值或允许偏差	检查方法和频率
混凝土强度		满足设计要求	每工作台班2组试件
桩长		不小于设计	测绳量:每桩测量
孔径或断面尺寸		不小于设计	探孔器:每桩测量
桩位(mm)		+100	经纬仪:每桩测量桩检查
竖直度(mm)	钻孔桩	1%桩长,且不大于500	测壁仪或吊垂线:每桩检查
	挖孔桩	0.5%桩长,且不大于200	吊垂线:每桩检查
钢筋骨架底面高程(mm)		±50	水准仪:测每桩骨架顶面高程后反算

当斜坡岩体的岩层破碎情况严重,在重力的作用和人为因素的影响下,此种情况的岩体将会沿着岩层破碎带整体向下滑动,形成路基斜坡土石大量下滑,即称为路基滑坡,其属于山地灾害的一种类型。抗滑桩是稳定滑坡的有效措施,特别是山区公路,各种桩间挡土结构与桩组成复合支挡,效果比较明显。但抗滑桩的设计应能防止滑体从桩顶滑出,或者是从桩底产生新的深层滑动(新的滑坡)的可能。抗滑桩桩长宜小于35m。对于滑带埋深大于25m的滑坡,应充分论证抗滑桩阻滑的可行性,抗滑桩布置宜以单排布置为主,如图1-39所示。

抗滑桩宜设置在滑坡厚度较薄、推力较小、锚固段地基强度较高的位置,确定桩的平面布置、桩间距、桩长和截面尺寸时,应综合考虑,以达到经济合理,并与周围景观相协调。抗滑桩截面形状宜采用矩形,截面尺寸和桩间距应根据滑坡推力大小容许强度等因素确定。桩最小边宽度不应小于1.25m。在主滑方向不确定的情况下,可采用圆形截面。桩身混凝土的强度等级不应低于C20。当地下水有侵蚀性时,水泥应按有关规定选用。

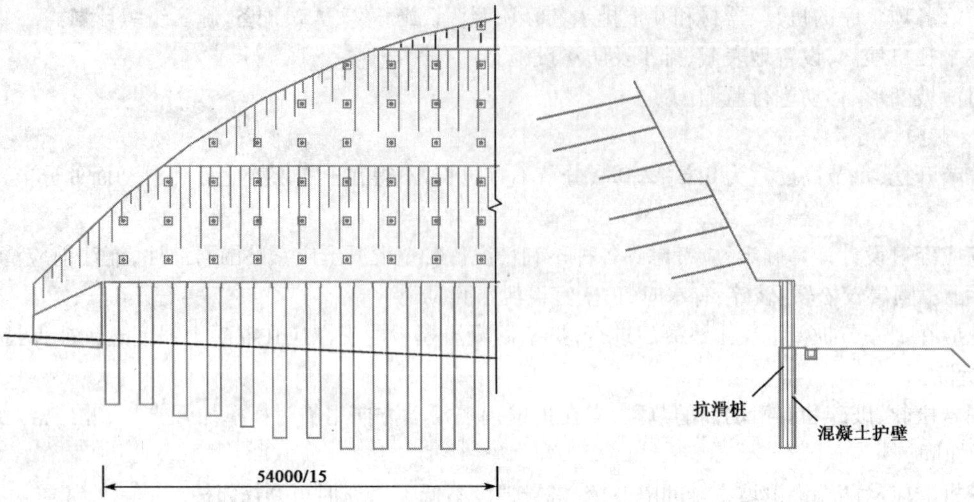

图 1-39 抗滑桩

抗滑桩井口应设置锁口，桩井位于土和风化破碎的岩层时宜设置护壁，锁口和护壁凝土强度等级不应低于 C15。钢筋混凝土抗滑桩桩径应根据滑坡推力和桩间距确定，圆形桩从 $\phi 60 \sim \phi 200$cm，最大可达 $\phi 450$cm。矩形断面可充分发挥其抗弯刚度大的优点，适用于滑坡推力较大，需要较大刚度的地方；一般为人工成孔抗滑桩，断面尺寸一般为 100cm × 150cm、120cm × 180cm、150cm × 200cm、200cm × 300cm 等。

抗滑桩按成桩方法分类有打入桩、静压桩、就地灌注桩，就地灌注桩可分为沉管灌注桩和钻孔灌注桩两类，在常用的钻孔灌注桩中又可分机械钻孔和人工钻孔。抗滑桩按结构型式分类有单桩、排桩、群桩和有锚桩。

第二章　公路路面施工

公路建设必须贯彻“精心施工、质量第一”的方针，必须符合国家环境和生态保护的规定，保证路面施工质量。路面施工必须要有施工组织设计，保证施工工期。

2.1　施工规定

公路路面施工包括面层、基层、垫层、结构层间处治及路面排水设施等内容。路面施工应积极采用新材料、新装备、新工艺和新技术，不断提高路面工程质量和施工技术水平。

2.1.1　总体要求

公路施工技术规范适用于新建和改建的各级公路路面基层、面层施工。

1. 路面基层

《公路路面基层施工技术规范》（JTJ 034—2000）适用于刚性路面、半刚性路面或柔性路面的基层和底基层施工。

（1）规范规定了水泥稳定土、石灰稳定土、石灰工业废渣稳定土、级配碎石、级配砾石和填隙碎石的施工和质量管理要求。

（2）用沥青碎石混合料和沥青贯入式碎石做基层时，其技术要求、施工方法和质量管理应符合国家标准《沥青路面施工及验收规范》（GB 50092）。

（3）用贫混凝土、碾压式混凝土作基层时，其技术要求、施工方法和质量管理应符合国家标准《水泥混凝土路面施工及验收规范》（GBJ 97）和施工规范规定。

（4）凡有可能改建提高等级的二级及以下路面，都应采用规范中的基层结构作为主要承重层，其上可用砂砾土、石屑土、砂土等材料做磨耗层。

（5）垫层的技术要求、施工方法和质量管理应符合规范对同类材料的底基层的规定。

(6)采用重型击实试验方法的最大干密度作为标准干密度。

水泥、石灰稳定土层施工期的日最低气温应在5℃以上,在有冰冻的地区,并应在第一次重冰冻(-3~-5℃)到来之前半个月到一个月完成。对于二级以下的公路,水泥、石灰稳定土基层和底基层可以采用路拌法施工。对于二级公路,应采用专用的稳定土拌和机或使用集中厂拌和法制备混合料。对于高速和一级公路,应采用专用稳定土集中厂拌机械拌制混合料。直接铺筑在土基上的水泥、石灰稳定土底基层下层可以用稳定土拌和机进行路拌法施工,当土基上层已用石灰或固化剂处理时,底基层的下层也宜用集中拌和法拌制混合料。其上的各个稳定土层都应用集中厂拌法拌制混合料,并用摊铺机摊铺基层混合料。水泥稳定土基层分两层施工时,在铺筑上层前,应在下层顶面先撒薄层水泥或水泥净浆。

2. 水泥混凝土路面

《公路水泥混凝土路面施工技术规范》适用于采用滑模摊铺机、轨道摊铺机、三辊轴机组、小型机具施工的混凝土路面工程,也适用于采用沥青摊铺机摊铺的碾压混凝土路面工程。

(1)混凝土路面的施工应根据合同及设计文件、施工现场所处的气候、水文、地形等环境条件,选择满足质量指标要求、性能稳定的原材料,确定配合比、设备种类和施工工艺,进行详细的施工组织设计,建立完备的施工质量保障体系。

(2)混凝土路面施工除应符合规范外,还应符合国家现行有关标准的规定。

3. 沥青路面

《公路沥青路面施工技术规范》适用于沥青路面工程。

(1)沥青路面不得在气温低于10℃(高速和一级公路)或5℃(其他等级公路),以及雨天、路面潮湿的情况下施工。沥青表处路面宜选择在干燥和较热的季节施工,并在最高温度低于15℃时期到来之前半个月及雨季前结束。

(2)沥青面层宜连续施工,避免与可能污染沥青层的其他工序交叉干扰,以杜绝施工和运输污染。

(3)沥青路面建设应满足公路交通条件及工程所在地的气候条件的需要,气候分区按《公路沥青路面施工技术规范》附录A的分区执行。

(4)沥青路面施工应有良好的劳动保护,确保安全。沥青拌和厂应具备防火设施,配制和使用液体石油沥青的全过程严禁烟火。使用煤沥青时应采取措施防止工作人员吸入煤沥青或避免皮肤直接接触煤沥青造成身体伤害。

(5)沥青路面试验检测的实验室应通过认证,取得相应的资质,试验人员持证上岗,仪器设备必须检定合格。

(6)沥青路面施工除应符合规范外,还应符合国家颁布的现行有关标准、规范的规定。特殊地质条件和地区的沥青路面工程,可根据实际情况,制订补充规定。各省、市、自治区或项目建设单位可根据具体情况,制订相应的技术指南,但技术要求不宜低于规范的规定。

2.1.2 施工准备

路面施工应做好现场规划,架设供电和通信线路;设置料场、车场、搅拌站;选择机械和设备,平整场地,准备材料,保证材料运输道路安全畅通,施工放样等。

1. 施工机械选择

路面施工需要大量的机械设备和运输车辆。在以往施工时,常因某一关键机械(或设备、车辆)跟不上而严重影响施工,造成窝工和浪费。这种现象多为准备工作不充分或计划不落实所致。因此,施工单位应根据现有装备的数量、质量情况,周密计划,分期分批地组织进场。其中需维修、租赁和购置的设备,应按计划落实,并要求留有备用。根据公路等级的不同,混凝土路面的施工宜符合表2-1规定的机械装备要求。

2. 搅拌场设置

搅拌场宜设置在摊铺路段的中间位置。搅拌场内部布置应满足原材料储运、混凝土运输、供水、供电、钢筋加工等使用要求,并尽量紧凑,减少占地。

搅拌场应保障搅拌、清洗、养生用水的供应,并保证水质。供水量不足时,搅拌场应设置与日搅拌量相适应的蓄水池。搅拌场应保证充足的电力供应。电力总容量应满足全部施工用电设备、夜间施工照明及生活用电的需要。应确保摊铺机械、运输车辆及发电机等动力设备的燃料供应。离加油站较远的工地宜设置油料储备库。

与公路等级相适应的机械装备　　　　表 2-1

摊铺机械装备	高速公路	一级公路	二级公路	三级公路	四级公路
滑模摊铺机	√	√	√	▲	○
轨道摊铺机	▲	√	√	√	○
三辊轴机组	○	▲	√	√	√
小型机具	×	○	▲	√	√
碾压混凝土机械	×	○	√	√	▲
计算机自动控制强制搅拌楼(站)	√	√	√	▲	○
强制搅拌楼(站)	×	○	▲	√	√

注:1. 符合含义:√-应使用;▲-有条件使用;○-不宜使用;×-不得使用;

2. 各等级公路均不得使用体积计量、小型自落滚筒式搅拌机,严禁使用人工控制加水量;

3. 碾压混凝土也可用于高速公路、一级公路复合式路面的下面层和贫混凝土基层。

1)水泥粉煤灰储存与供应

(1)每台搅拌楼应至少配备 2 个水泥罐仓,如掺粉煤灰还应至少配备 1 个粉煤灰罐仓。当水泥的日用量很大,需要 2 家以上的水泥厂供应水泥时,不同厂家的水泥,应清仓再灌,并分罐存放。严禁粉煤灰与水泥混罐。

(2)应确保施工期间的水泥和粉煤灰供应。供应不足或运距较远时,应储备和使用吨包装水泥或袋装粉煤灰,并准备水泥仓库、拆包及输送入灌设备。水泥仓库应覆盖或设置顶篷防雨,并应设置在地势较高处,严禁水泥、粉煤灰受潮或浸水。

2)砂石料储备

(1)施工前,宜储备正常施工 10 ~ 15d 的砂石料。

(2)砂石料场应建在排水通畅的位置,其底部应作硬化处理。不同规格的砂石料之间应有隔离设施,并设标识牌,严禁混杂。

(3)在低温天、雨天、大风天及日照强烈的条件下,应在砂石料堆上部架设顶篷或覆盖,覆盖砂石料数量不宜少于正常施工一周的用量。

原材料与混凝土运输车辆不应相互干扰。搅拌楼下宜采用厚度不薄于 200mm 的混凝土铺装层,并应设置污水排放管沟、积水坑或清洗搅拌楼的废水处理回收设备。

3. 摊铺前材料与设备检查

(1)在施工准备阶段,应依据混凝土路面设计要求、工程规模,对当地及周边的水泥、钢材、粉煤灰、外加剂、砂石料、水资源、电力、运输等状况进行实地调研,确认符合铺筑混凝土路面的原材料质量、品种、规格、原材料的供应量、供应强度和供给方式、运距等。通过调研优选,初步选择原材料供应商。

(2)开工前,工地实验室应对计划使用的原材料进行质量检验和混凝土配合比优选,监理应对原材料抽检和配合比试验验证,报请业主正式审批。

(3)应根据路面施工进度安排,保证及时地供给符合原材料技术指标规定的各种原材料,不合格原材料不得进场。所有原材料进出场应进行称量、登记、保管或签发。

(4)应将相同料源、规格、品种的原材料作为一批,分批量检验和储存。原材料的检验项目和批量应符合有关规定。

(5)施工前必须对机械设备、测量仪器、基准线或模板、机具工具及各种试验仪器等进行全面地检查、调试、校核、标定、维修和保养。主要施工机械的易损零部件应有适量储备。

4. 路基检测

路基填筑应稳定、密实、均质,对路面结构应提供均匀的支承;对桥头、软基、高填方、挖填方交界等处的路基段,应进行连续沉降观测,并采取切实有效的措施保证路基的稳定性。

5. 基层检测与修整

垫层、基层除应符合路面设计规范和基层施工技术规范的要求外,还应符合下列要求:

(1)基层(或上基层)纵、横坡一般可与面层一致,但横坡可略大 0.15% ~0.20%,并不得小于路面横坡。

(2)硬路肩厚度薄于面板时,应设排水基层或排水盲沟。缘石和软路肩底部应有渗透排水措施。

(3)面层铺筑前,宜至少提供足够机械连续施工 10d 以上的合格基层。

面板铺筑前,应对基层进行全面的破损检查,当基层产生纵、横向断裂、隆起或碾坏时,应采取下述有效措施进行彻底修复:

(1)所有挤碎、隆起、空鼓的基层应清除,并使用相同的基层料重铺,同时设胀缝板横向隔开,胀缝板应与路面胀缝或缩缝上下对齐。

(2)当基层产生非扩展性温缩、干缩裂缝时,应灌沥青密封防水,还应在裂缝上粘贴油毡、土工布或土工织物,其覆盖宽度不应小于1000mm;距裂缝最窄处不得小于300mm。

(3)当基层产生纵向扩展裂缝时,应分析原因,采取有效的路基稳固措施根治裂缝,且宜在纵向裂缝所在的整个面板内,距板底1/3高度增设补强钢筋网,补强钢筋网到裂缝端部不宜短于5m。

(4)基层被碾坏成坑或破损面积较小的部位,应挖除并采用贫混凝土局部修复。对表面严重磨损裸露粗集料的部位,宜采用沥青封层处理。

6. 封层检测

在高速公路和一级公路的半刚性上基层表面,宜喷洒热沥青和石屑($2\sim3m^3/100m^2$)做滑动封层,或做乳化沥青稀浆封层。沥青封层或乳化沥青稀浆封层的厚度不宜小于5mm。各交通等级有可能被水淹没浸泡路面的路段,可采用较厚的坚韧塑料薄膜或密闭土工膜覆盖基层防水。当封层出现局部损坏时,摊铺前应采用相同的封层材料进行修补,经质量检验合格,并由监理签认后,方可铺筑面层。

2.1.3 施工放样

为了保证施工放样精度,通常在路面施工前,将线路两侧的导线点和水准点引测到路基上,一般设置在不易破坏的桥梁、通道的桥台上或涵洞洞口帽石上。引测的导线点和水准点要和高一级的导线点和水准点进行附合或闭合,精度应满足一、二级和五等水准测量的要求。路面施工放样工作包括恢复中线、放样高程和测量边线。路面施工是在路基土石方施工完成以后进行。在路面底基层(或者垫层)施工前,首先应进行路槽放样。路槽放样包括中线施工控制恢复放样和中平测量两个方面的内容;路槽横坡放样除面层外,各结构层横坡按直线形式放样。

1. 路槽的放样

在铺筑路面前,首先应进行路槽放样,在已完工的路基顶面上恢复中线,每隔10m设加桩,再沿各中桩的横断面方向向两侧量出路槽宽度的一半$C/2$得到路槽的边桩,量出路基宽度的一半$B/2$得到路肩的边桩(曲线段设置加宽时,要在加宽的一侧增加加宽值W),然后用放样已知点高程的方法,使中桩、路槽边桩、路肩边桩的桩顶高程等于路面施工完成后的路面高程(要考虑路面和路肩的横坡以及超高)。在上述这些边桩的旁边挖一个小坑,在坑中钉桩,然后用放样已知点高程的方法,使桩顶高程附合于考虑过路槽横向坡度后的槽底高程,以指导路槽的开挖和整修。二级及以下公路一般采用挖路槽的路面施工方式,路槽修正完毕后,便可进行培路肩和路面施工。高速、一级公路一般采用培路肩的路面施工方式,所以路槽开挖整修要进行到路肩的边缘。机械施工时,木桩不易保存,因此路中心和路槽边的路面高程可不放样,而在路槽整修完成后,在路槽底面上放置相当于路面加虚方厚度的木块作为路面施工的标准。

2. 路面边桩放样

路面各结构层的放样方法仍然是先恢复中线,然后由中线控制边线,再放高程,控制各结构层的高程。除面层外,各结构层横坡按直线形式放样。要注意有超高和加宽时,还要考虑路面超高加宽的设置。路面放样主要是路面边桩和路拱的放样。路面边桩的放样可以先放出中线,再根据中线的位置和横断面方向用钢尺丈量放出边桩。在高速、一级公路路面施工中,有时不放中桩而直接根据边桩的坐标放样边桩。

1)边桩坐标计算

如图2-1所示,路线中线上任意一点P桩号为L_p,坐标为(X_P, Y_P),切线坐标方位角为$\alpha_{切}$。过P点的法线坐标方位角$\alpha_{法}$按下式计算求得:

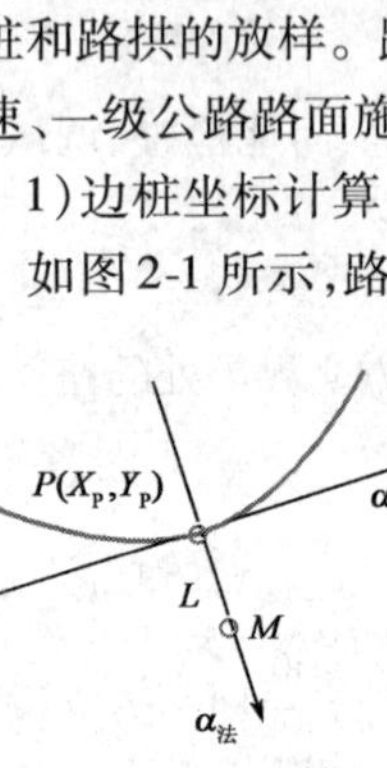

图2-1 边桩放样

$$\alpha_{法} = \alpha_{切} + 90° \tag{2-1}$$

为计算方便,规定$\alpha_{法}$方向总是指向中线右侧,左右两侧是相对于路线前进方向而言。横断面方向上任一点M,距离中线的距离(即横支距)为L,规定,中线左侧横支距为负,中线右侧横支距为正。则横断方向上M点的坐标用下式计算:

$$X_M = X_P + L\cos\alpha_{法} \tag{2-2}$$

$$Y_M = Y_P + L\sin\alpha_{法} \tag{2-3}$$

2)边桩放样

路面边桩放样与路基边桩放样相同,但对于高速、一级公路,可根据前面计算出的路基边桩坐标,采用坐标放样的方法放出边桩。

3. 路拱放样

为有利于路面排水,在保证行车的平稳要求下,路面应做成中间高并向两侧倾斜的拱形,称为路拱。对于水泥混凝土路面或有中间带的沥青类路面,其路拱按直线形式放样。放样是从路中线开始,按图 2-2 所示的坐标形式进行放样,一般把路幅宽度分为 10 等分。对于没有中间带的沥青类路面,其路拱一般有下列几种形式:

(1)整个路拱为二次抛物线形。如图 2-2 所示,二次抛物线的形状可用下列方程表示:

$$Y=\frac{X^2}{2p}=\frac{4f}{b^2}X^2 \tag{2-4}$$

式中:X——横距;

Y——纵距;

b——路面宽度;

f——拱高,可按路拱坡度 i 确定,即 $f=\frac{b}{2}i$。

(2)改进的二次抛物线路拱。

(3)半立方次(一次半)抛物线路拱。

(4)改进的三次抛物线路拱。

(5)两个斜面中间用曲线连接。

对于中间没有分隔带的沥青路面,其路面路拱的放样一般采用路拱样板进行,在施工过程中逐段检查。

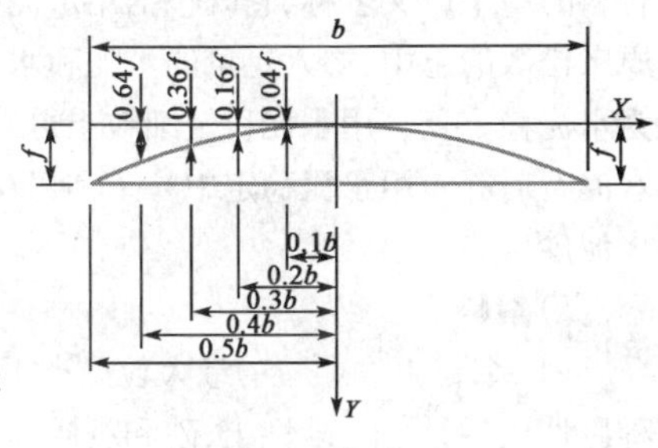

图 2-2 放样形式

2.2 基层施工

路面基层质量应符合要求,避免因基层质量不好而产生面层过早破坏现象。直接位于沥青面层下或水泥混凝土面板下、用高质量材料铺筑的主要承重层称为基层。在沥青路面基层下铺筑的次要承重层或在水泥混凝土路面基层下铺筑的辅助层称为底基层。基层和底基层可以是一层或两层,可以是一种或两种材料。

2.2.1 水泥稳定土

水泥稳定土可适用于各级公路的基层和底基层,其结构层宜在春末和气温较高季节组织施工。在雨季施工,应特别注意气候变化,勿使水泥和混合料遭雨淋。降雨时应停止施工,但已经摊铺的水泥混合料应尽快碾压密实。路拌法施工时,应采取措施排除下承层表面的水,勿使运到路上的集料过分潮湿。

1. 一般规定

水泥稳定土结构层施工时,应遵守下列规定:

(1)土块应尽可能粉碎,土块最大尺寸不应大于 15mm。配料应准确。

(2)路拌法施工时水泥应摊铺均匀。

(3)洒水、拌和均匀。

(4)应严格控制基层厚度和高程,其路拱横坡应与面层一致。

(5)应在混合料处于或略大于最佳含水率(气候炎热干燥时,基层混合料可达 1% ~2%)时进行碾压,直到达到表 2-2 按重型击实试验法确定的要求压实度(最低要求)。由于当前有多种大能量压路机,宜提高压实度 1% ~2%。

重型击实实验法的要求压实度 表 2-2

项目	公路等级	类型	压实度
基层	高速公路、一级公路		98%
	二级及二级以下公路	水泥稳定中粒土和粗粒土	97%
		水泥稳定细粒土	93%
底基层	高速公路、一级公路	水泥稳定中粒土和粗粒土	97%
		水泥稳定细粒土	95%
	二级及二级以下公路	水泥稳定中粒土和粗粒土	95%
		水泥稳定细粒土	93%

(6)水泥稳定土结构层应用12t以上的压路机碾压。用12～15t三轮压路机碾压时，每层的压实厚度不应超过15cm；用18～20t三轮压路机和振动压路机碾压时，每层的压实厚度不应超过20cm；对于水泥稳定中粒土和粗粒土，采用能量大的振动压路机碾压时，或对于水泥稳定细粒土，采用振动羊足碾与三轮压路机配合碾压时，每层的压实厚度可以根据试验适当增加；压实厚度超过上述规定时，应分层铺筑，每层的最小压实厚度为10cm，下层宜稍厚。对于稳定细粒土，以及用摊铺机摊铺的混合料，都应采用先轻型、后重型压路机碾压。

(7)路拌法施工时，必须严密组织，采用流水作业法施工，尽可能缩短从加水拌和到碾压终了的延迟时间，此时间不应超过3～4h，并应短于水泥的终凝时间。采用集中厂拌法施工时，延迟时间不应超过2h。

(8)水泥稳定土基层施工时，严禁用薄层贴补法进行找平。

(9)必须保湿养生，不使稳定土层表面干燥，也不应忽干忽湿。

(10)水泥稳定土基层上未铺封层或面层时，除施工车辆可慢速(不超过30km/h)通行外，禁止一切机动车辆通行。

2.稳定土

按照土中单个颗粒的粒径大小和组成，将土体集料分为细粒土、中粒土和粗粒土三种。用水泥做结合料所得混合料的一个广义名称，它既包括用水泥稳定各种细粒土，又包括用水泥稳定各种中粒土和粗粒土。在经过粉碎的或原来松散的土中，掺入足量的水泥和水，经拌和得到的混合料在压实和养生后，当其抗压强度符合规定的要求时，称为水泥稳定土。用水泥稳定细粒土得到的强度符合要求的混合料，视所用的土类而定，可简称为水泥土、水泥砂或水泥石屑等。用水泥稳定中粒土和粗粒土得到的强度符合要求的混合料，视所用原材料而定，可简称为水泥碎石、水泥砂砾等。

1)集料

(1)细粒土。颗粒的最大粒径小于9.5mm，且其中小于2.36mm的颗粒含量不少于90%(如塑性指数不同的各种黏性土、粉性土、砂性土、砂和石屑等)。

(2)中粒土。颗粒的最大粒径小于26.5mm，且其中小于19mm的颗粒含量不少于90%(如砂砾土、碎石土、级配砂砾、级配碎石等)。

(3)粗粒土。颗粒的最大粒径小于37.5mm，且其中小于31.5mm的颗粒含量不少于90%(如砂砾石、碎石土、级配砂砾、级配碎石等)。

对于高速公路和一级公路路面的基层、底基层，水泥稳定土中的碎石或砾石压碎值不大于30%；对于二级及以下公路，水泥稳定土基层中的碎石或砾石压碎值不大于35%，底基层中的碎石或砾石压碎值不大于40%。

2)水泥

水泥剂量以水泥质量占全部粗细土颗粒(即砾石、砂粒、粉粒和黏粒)的干质量的百分率表示，即水泥剂量＝水泥质量/干土质量。水泥稳定中粒土和粗粒土用作基层时，水泥剂量不宜超过6%。必要时，应首先改善集料的级配，然后用水泥稳定。在只能使用水泥稳定细粒土做基层时或水泥稳定集料的强度要求明显大于规定时，水泥剂量不受此限制。普通硅酸盐水泥、矿渣硅酸盐水泥和火山灰质硅酸盐水泥都可用于稳定土，但应选用初凝时间3h以上和终凝时间较长(宜在6h以上)的水泥。不应使用快硬水泥、早强水泥以及已受潮变质的水泥。宜采用标号325或425的水泥。

3.底基层

1)二级及以下的公路

对于二级及以下的公路，水泥稳定土用作底基层时，单个颗粒的最大粒径不应超过53mm(指方孔筛。如为圆孔筛，则最大粒径可为所列数值的1.2～1.25倍，下同)，水泥稳定土的颗粒组成应在表2-3所列范围内，土的均匀系数应大于5。细粒土的液限不应超过40，塑性指数不应超过17。对于中粒土和粗粒土，如土中小于0.6mm的颗粒含量在30%以下，塑性指数可稍大。实际工作中，宜选用均匀系数大于10、塑性指数小于12的土。塑性指数大于17的土，宜采用石灰稳定，或用水泥和石灰综合稳定。

用作底基层时水泥稳定土的颗粒组成范围 表2-3

筛孔尺寸(mm)	53	4.75	0.6	0.075	0.002
通过质量百分率(%)	100	50～100	17～100	0～50	0～30

注：表中所列用筛均匀方孔筛。在无相应尺寸方孔筛的情况下，可先将颗粒组成在半对数坐标纸上画出两根级配曲线，然后在对数坐标上查找所需筛孔的位置或点，从此点引一垂直线向上与两根曲线相交。从此两交点画水平线与垂直坐标相交，即可得到所需颗粒尺寸的通过百分率。

2)高速公路和一级公路

对于高速公路、一级公路,水泥稳定土用作底基层时,单个颗粒的最大粒径不应超过37.5mm。水泥稳定土的颗粒组成应在表2-4所列1号级配范围内,土的均匀系数应大于5。细粒土的液限不应超过40%,塑性指数不应超过17。对于中粒土和粗粒土,如土中小于0.6mm的颗粒含量在30%以下,塑性指数可稍大。实际工作中,宜选用均匀系数大于10、塑性指数小于12的土。塑性指数大于17的土,宜采用石灰稳定,或用水泥和石灰综合稳定。对于中粒土和粗粒土,宜采用表2-4中2号级配,但小于0.075mm的颗粒含量和塑性指数可不受限制。

水泥稳定土的颗粒组成范围　　表2-4

项目	筛孔尺寸(mm)									液限(%)	塑性指数
	37.5	31.5	26.5	19	9.5	4.75	2.36	0.6	0.075		
	通过质量百分率(%)										
1	100					50~100		17~100	0~30		
2	100	90~100		67~90	45~68	29~50	18~38	8~22	0~7①		
3		100	90~100	72~89	47~67	29~49	17~35	8~22	0~7①	<28	<9

注:集料中0.5mm以下细粒土有塑性指数时,小于0.075mm的颗粒含量不应超过5%;细粒土无塑性指数时,小于0.075mm的颗粒含量不应超过7%。

4.基层

1)二级及以下的公路

对于二级及以下的公路,水泥稳定土用作基层时,单个颗粒的最大粒径不应超过37.5mm。水泥稳定土的颗粒组成应在表2-5范围内。集料中不宜含有塑性指数的土。对于二级公路宜按接近级配范围的下限组配混合料或采用表2-4中的2号级配。

用作基层时水泥稳定土的颗粒组成范围　　表2-5

筛孔尺寸(mm)	通过质量百分率(%)	筛孔尺寸(mm)	通过质量百分率(%)
37.5	90~100	2.36	20~70
26.5	66~100	1.18	14~57
19	54~100	0.6	8~47
9.5	39~100	0.075	0~30
4.75	28~84		

级配碎石、未筛分碎石、砂砾、碎石土、砂砾土、煤矸石和各种粒状矿渣均适宜用水泥稳定。碎石包括岩石碎石、矿渣碎石与破碎砾石等。

2)高速公路和一级公路

水泥稳定土用作基层时,单个颗粒的最大粒径不应超过31.5mm。水泥稳定土的颗粒组成应在表2-4所列3号级配范围内。水泥稳定土用作基层时,对所用的碎石或砾石,应预先筛分成3~4个不同粒级,然后配合,使颗粒组成符合表2-4所列级配范围。

5.路拌法施工

路拌法施工的工艺流程为:准备下承层→施工放样→备料、摊铺土→洒水闷料→整平和轻压→摆放和摊铺水泥→拌和(干拌)→加水并湿拌→整形→碾压→接缝和调头处的处理→养生。

1)准备下承层

水泥稳定土的下承层表面应平整、坚实,具有规定的路拱,下承层的平整度和压实度应符合规范的规定。当水泥稳定土用作基层时,要准备底基层;当水泥稳定土用作老路面的加强层时,要准备老路面;当水泥稳定土用作底基层时,要准备土基。

(1)对土基不论是路堤还是路堑,必须用12~15t三轮压路机或等效的碾压机械进行3~4遍碾压检验。在碾压过程中,如发现土过干、表层松散,应适当洒水;如土过湿,发生"弹簧"现象,应采用挖开晾晒、换土、掺石灰或水泥等措施进行处理。

(2)对于底基层,应进行压实度检查,对于柔性底基层还应进行弯沉值检验。凡不符合设计要求的路段,必须根据具体情况,采用措施,使之达到规范规定的标准。

(3)对于老路面,应检查其材料是否符合底基层材料的技术要求,如不符合要求,应翻松老路面并采取必要的处理措施。

(4)底基层或老路面上的低洼和坑洞,应仔细填补及压实;搓板和辙槽应刮除;松散处,应翻松洒水并重新碾压,达到平整密实。

(5)新完成的底基层或土基,必须按规范相关规定进行验收。凡验收不合格的路段,必须采取措施,使其达到标准后,方可铺筑水泥稳定土层。

(6)应按规范规定逐个断面检查下承层高程。

在槽式断面的路段,两侧路肩上每隔一定距离(可为5~10m)交错开挖泄水沟(或做盲沟)。

2)施工放样

在底基层或老路面或土基上恢复中线,直线段每15~20m设一桩,平曲线段每10~15m设一桩,并在两侧路肩边缘外设指示桩。在两侧指示桩上用明显标记标出水泥稳定土层边缘的设计高程。

3)备料

(1)利用老路面或土基上部材料

①首先必须清除干净老路面上或土基表面的石块等杂物。

②每隔10~20m挖一小洞,使洞底高程与预定的水泥稳定土层的底面高程相同,并在洞底做一标记,以控制翻松及粉碎的深度。

③用犁、松土机或装有强固齿的平地机或推土机将老路面或土基的上部翻松到预定的深度,土块应粉碎到符合要求。

④应经常用犁将土向路中心翻松,使预定处治层的边部成一个垂直面,防止处治宽度超过规定。

⑤用专用机械粉碎黏性土。在无专用机械的情况下,也可以用旋转耕作机、圆盘耙粉碎塑性指数不大的土。

(2)利用料场的土(包括细粒土、中粒土和粗粒土)

①采集土前,应先将树木、草皮和杂土清除干净。

②土中的超尺寸颗粒应予筛除。

③应在预定的深度范围内采集土,不应分层采集,不应将不合格的土采集一起。

④对于塑性指数大于12的黏性土,可视土质和机械性能确定土是否需要过筛。

⑤计算材料用量。根据各路段水泥稳定土层的宽度、厚度及预定的干密度,计算各路段需要的干燥土的数量;根据料场土的含水率和所用运料车辆的吨位,计算每车料的堆放距离;根据水泥稳定土层的厚度和预定的干密度及水泥剂量,计算每一平方米水泥稳定土需要的水泥用量,并确定水泥摆放的纵横间距。

⑥在预定堆料的下承层上,在堆料前应先洒水,使其表面湿润,但不应过分潮湿而造成泥泞。

⑦土装车时,应控制每车料的数量基本相等。

⑧在同一料场供料的路段内,由远到近将料按上述计算距离卸置于下承层表面的中间或上侧。卸料距离应严格掌握,避免有的路段料不够或过多。料堆每隔一定距离应留一缺口。

⑨土在下承层上的堆置时间不应过长。运送土只宜比摊铺土工序提前1~2d。

⑩当路肩用料与稳定土层用料不同时,应采取培肩措施,先将两侧路肩培好。路肩料层的压实厚度应与稳定土层的压实厚度相同。在路肩上,每隔5~10m应交错开挖临时泄水沟。

4)摊铺土

应事先通过试验确定土的松铺系数。人工摊铺混合料时,其松铺系数可按表2-6选用。

混合料松铺系数参考 表2-6

材料名称	松铺系数	备注
水泥稳定砂砾	1.30~1.35	
水泥土	1.53~1.58	现场人工摊铺土和水泥,机械拌和,人工整平

摊铺土应在摊铺水泥的前一天进行。摊铺长度按日进度的需要量控制,满足次日完成掺加水泥、拌和、碾压成型即可。雨季施工,如第二天有雨,不宜提前摊铺土。应将土均匀地摊铺在预定的宽度上,表面应力求平整,并有规定的路拱。

摊料过程中,应将土块、超尺寸颗粒及其他杂物拣除。如土中有较多土块,应进行粉碎。检验松铺土层的厚度,应符合预计要求。除洒水车外,严禁其他车辆在土层上通行。

5)洒水闷料

如已整平的土(含粉碎的老路面)含水率过小,应在土层上洒水闷料。洒水应均匀,防止出现局部水分过多的现象。严禁洒水车在洒水段内停留和调头。细粒土应经一夜闷料;中粒土和粗粒土,视其中细土含量的多少,可缩短闷料时间。如为综合稳定土,应先将石灰和土拌和后一起进行闷料。

6)摆放和摊铺水泥

计算出的每袋水泥的纵横间距,在土层上做安放标记。应将水泥当日直接送到摊铺路段,卸在做标记的地点,并检查有无遗漏和多余。运水泥的车应有防雨设备。用刮板将水泥均匀摊开,并注意使每袋水泥的摊铺面积相等。水泥摊铺完后,表面应没有空白位置,也没有水泥过分集中的地点。

7)拌和(干拌)

(1)对二级及二级以上公路,应采用专用稳定土拌和机进行拌和,应设专人跟随拌和机,随时检查拌和深度并配合拌和机操作员调整拌和深度。拌和深度应达稳定层底并宜侵入下承层5~10mm,以利上下层黏结。严禁在拌和层底部留有素土夹层。通常应拌和两遍以上,在最后一遍拌和之前,必要时可先用多铧犁紧贴底面翻拌一遍。直接铺在土基上的拌和层也应避免素土夹层。

(2)对于三、四级公路,在没有专用拌和机械的情况下,可用农用旋转耕作机与多铧犁或平地机相配合进行拌和,但应注意拌和效果,拌和时间不能过长。先用平地机或多铧犁(四铧犁或五铧犁)将铺好水泥的土翻拌两遍,使水泥分布到土中,但不应翻犁到底,防止水泥落到底部第一遍由路中心开始,将混合料向中间翻,机械应慢速前进;第二遍应相反,从两边开始,将混合料向外侧翻。接着用旋转耕作机拌和两遍。再用多铧犁或平地机将底部料翻起。随时检查调整翻犁的深度,使稳定土层全部翻透。严禁在稳定土层与下承层之间残留一层素土,也应防止翻犁过深或过多破坏下承层的表面,通常应翻犁两遍。接着,再用旋转耕作机拌和两遍,用多铧犁或平地机再翻犁两遍。

(3)对于三、四级公路,在没有专用拌和机械的情况下,也可以用缺口圆盘耙与多铧犁或平地机相配合,拌和水泥稳定细粒土和中粒土,但应注意拌和效果,拌和时间不可过长。用平地机或多铧犁在前面翻拌,用圆盘耙跟在后面拌和。圆盘耙的速度应尽量快,使水泥与土拌和均匀。应翻拌4遍,开始的两遍不应翻犁到底,以防水泥落到底部;后面的两遍应翻犁到底,随时检查调整翻犁的深度,要求同本条第2款。

8)加水并湿拌

(1)在上述拌和过程结束时,如果混合料的含水率不足,应用喷管式洒水车(普通洒水车不适宜用作路面施工)补充洒水。水车起洒处和另一端调头处都应超出拌和段2m以上。洒水车不应在正进行拌和以及当天计划拌和的路段上调头和停留,以防局部水量过大。

(2)洒水后,应再次进行拌和,使水分在混合料中分布均匀。拌和机械应紧跟在洒水车后面进行拌和,减少水分流失。

(3)洒水及拌和过程中,应及时检查混合料含水率。含水率宜略大于最佳值。对于稳定粗粒土和中粒土,宜较最佳含水率大0.5%~1%;对于稳定细粒土,宜较最佳含水率大1%~2%。

(4)在洒水拌和过程中,应配合人工拣出超尺寸颗粒,消除粗细颗粒"窝"以及局部过分潮湿或过分干燥之处。

(5)混合料拌和均匀后应色泽一致,没有灰条、灰团和花面,即无明显粗细集料离析现象,且水分合适和均匀。

9)整形

(1)混合料拌和均匀后,应立即用平地机初步整形。在直线段,平地机由两侧向路中心进行刮平;在平曲线段,平地机由内侧向外侧进行刮平。必要时,再返回刮一遍。

(2)用拖拉机、平地机或轮胎压路机立即在初平的路段上快速碾压一遍,以暴露潜在的不平整。

(3)再用平地机进行整形,整形前应用齿耙将轮迹低洼处表层5cm以上耙松,再碾压一遍。

(4)对于局部低洼处,应用齿耙将其表层5cm以上耙松,并用新拌的混合料进行找平。

(5)再用平地机整形一次。应将高处料直接刮出路外,不应形成薄层贴补现象。

(6)每次整形都应达到规定的坡度和路拱,并应特别注意接缝必须顺适平整。

(7)当用人工整形时,应用锹和耙先将混合料摊平,用路拱板进行初步整形。用拖拉机初压1~2遍后,根据实测的松铺系数,确定纵横断面的高程,并设置标记和挂线。利用锹耙按线整形,再用路拱板校正成形。如为水泥土,在拖拉机初压之后,可用重型框式路拱板(拖拉机牵引)进行整形。

(8)在整形过程中,严禁任何车辆通行,并保持无明显的粗细集料离析现象。

10)碾压

(1)根据路宽、压路机的轮宽和轮距的不同,制订碾压方案,应使各部分碾压到的次数尽量相同,路面的两侧应多压2~3遍。

(2)整形后,当混合料的含水率为最佳含水率(+1%~+2%)时,应立即用轻型压路机并配合12t以上压路机在结构层全宽内进行碾压。直线和不设超高的平曲线段,由两侧路肩向路中心碾压时,应重叠1/2轮宽,后轮必须超过两段的接缝处,后轮压完路面全宽时,即为一遍。一般需碾压6~8遍。压路机的碾压速度,头两遍以采用1.5~1.7km/h为宜,以后宜采用2.0~2.5km/h。采用人工摊铺和整形的稳定土层,宜先用拖拉机或6~8t两轮压路机或轮胎压路机碾压1~2遍,然后再用重型压路机碾压。

(3)严禁压路机在已完成的或正在碾压的路段上调头或急刹车,应保证稳定土层表面不受破坏。

(4)碾压过程中,水泥稳定土的表面应始终保持湿润,如水分蒸发过快,应及时补撒少量的水,但严禁洒大水碾压。

(5)碾压过程中,如有"弹簧"、松散、起皮等现象,应及时翻开重新拌和(加适量的水泥)或用其他方法处理,使其达到质量要求。

(6)经过拌和、整形的水泥稳定土,宜在水泥初凝前并应在试验确定的延迟时间内完成碾压,并达到要求的密实度,同时没有明显的轮迹。

(7)在碾压结束之前,用平地机再终平一次,使其纵向顺适,路拱和超高符合设计要求。终平应仔细进行,必须将局部高出部分刮除并扫出路外;对于局部低洼之处,不再进行找补,可留待铺筑沥青面层时处理。

11)接缝和调头处的处理

同日施工的两工作段的衔接处,应采用搭接。前一段拌和整形后,留5~8m不进行碾压,后一段施工时,前段留下未压部分,应再加部分水泥重新拌和,并与后一段一起碾压。经过拌和、整形的水泥稳定土,应在试验确定的延迟时间内完成碾压。应注意每天最后一段末端缝(即工作缝)的处理。

(1)工作缝和调头处处理

①在已碾压完成的水泥稳定土层末端,沿稳定土挖一条横贯铺筑层全宽的宽约30cm的槽,直挖到下承层顶面。此槽应与路的中心线垂直,靠稳定土的一面应切成垂直面,并放两根与压实厚度等厚、长为全宽一半的方木紧贴其垂直面。

②用原挖出的素土回填槽内其余部分。

③如拌和机械或其他机械必须到已压成的水泥稳定土层上调头,应采取措施保护调头作业段。一般可在准备用于调头的约8~10m长的稳定土层上,先覆盖一张厚塑料布或油毡纸,然后铺上约10cm厚的土、砂或砂砾。

④第二天,邻接作业段拌和后,除去方木,用混合料回填。靠近方木未能拌和的一小段,应人工进行补充拌和。整平时,接缝处的水泥稳定土应较已完成断面高出约5cm,以利形成一个平顺的接缝。

⑤整平后,用平地机将塑料布上大部分土除去(注意勿刮破塑料布),然后人工除去余下的土,并收起塑料布。

在新混合料碾压过程中,应将接缝修整平顺。

(2)纵缝的处理

水泥稳定土层的施工应该避免纵向接缝,在必须分两幅施工时,纵缝必须垂直相接,不应斜接。纵缝应按下述方法处理:

①在前一幅施工时,在靠中央一侧用方木或钢模板做支撑方木或钢模板的高度与稳定土层的压实厚度相同。

②混合料拌和结束后,靠近支撑木(或板)的一部分,应人工进行补充拌和,然后整形和碾压。

③养生结束后,在铺筑另一幅之前,拆除支撑木(或板)。

④第二幅混合料拌和结束后,靠近第一幅的部分,应人工进行补充拌和,然后进行整形和碾压。

6.厂拌法施工

水泥稳定土可以在中心站用厂拌设备进行集中拌和。对于高速公路和一级公路,应采用专用稳定土集中厂拌机械拌制混合料,拌和机的产量宜大于400t/h。

1)集中拌和要求

(1)土块应粉碎,最大尺寸不得大于15mm。

(2)配料应准确,拌和应均匀。

(3)含水率宜略大于最佳值,使混合料运到现场摊铺后碾压时的含水率不小于最佳值。

(4)不同粒级的碎石或砾石以及细集料(如石屑和砂)应隔离,分别堆放。

当采用连接式的稳定土厂拌设备拌和时,应保证集料的最大粒径和级配符合要求。在正式拌制混合料之前,必须先调试所用的设备,使混合料的颗粒组成和含水率都达到规定的要求。原集料的颗粒组成发生变化时,应重新调试设备。在潮湿多雨地区或其他地区的雨季施工时,应采取措施,保护集料,特别是细集料(如石屑和砂等)应有覆盖,防止雨淋。应根据集料和混合料含水率的大小,及时调整加水量。

2)摊铺

应尽快将拌成的混合料运送到铺筑现场。车上的混合料应覆盖,以减少水分损失。高速公路和一级公路应采用沥青混凝土摊铺机或稳定土摊铺机摊铺混合料。如下承层是稳定细粒土,应先将下承层顶面拉毛,再摊铺混合料。

(1)二级及以下的公路

在二、三、四级公路上,没有摊铺机时,可采用摊铺箱摊铺混合料,也可以用自动平地机按以下步骤摊铺混合料:

①根据铺筑层的厚度和要求达到的压实干密度,计算每车混合料的摊铺面积。

②将混合料均匀地卸在路幅中央,路幅宽时,也可将混合料卸成两行。

③用平地机将混合料按松铺厚度摊铺均匀。

④设一个 3 ~ 5 人的小组,携带一辆装有新拌混合料的小车,跟在平地机后面,及时铲除粗集料"窝"和粗集料"带",补以新拌的均匀混合料,或补撒拌均匀的细混合料,并与粗集料拌和均匀。

(2)高速公路和一级公路

摊铺机要与拌和机的生产能力互相匹配。对于高速公路和一级公路宜连续摊铺,如拌和机的生产能力较小,在用摊铺机摊铺混合料时,应采用最低速度摊铺,减少摊铺机停机待料的情况。在摊铺机后面应设专人消除粗细集料离析现象,特别应该铲除局部粗集料"窝",并用新拌混合料填补。

3)整形和碾压

用平地机摊铺混合料后的整形和碾压均与路拌法相同。用摊铺机摊铺混合料后的整形和碾压,宜先用轻型两轮压路机跟在摊铺机后及时进行碾压,后用重型振动压路机、三轮压路机或轮胎压路机继续碾压密实。

4)横向接缝

集中厂拌法施工时的横向接缝应符合下列要求:

(1)用摊铺机摊铺混合料时,不宜中断,如因故中断时间超过 2h,应设置横向接缝,摊铺机应驶离混合料末端。

(2)人工将末端含水率合适的混合料弄整齐,紧靠混合料放两根方木,方木的高度应与混合料的压实厚度相同;整平紧靠方木的混合料。

(3)方木的另一侧用砂砾或碎石回填约 3m 长,其高度应高出方木几厘米。

(4)将混合料碾压密实。

(5)在重新开始摊铺混合料之前,将砂砾或碎石和方木除去,并将下承层顶面清扫干净。

(6)摊铺机返回到已压实层的末端,重新开始摊铺混合料。

(7)如摊铺中断后,未按上述方法处理横向接缝,而中断时间已超过 2h,则应将摊铺机附近及其下面未经压实的混合料铲除,并将已碾压密实且高程和平整度符合要求的末端挖成与路中心线垂直并垂直向下的断面,然后再摊铺新的混合料。

5)纵向接缝

应避免纵向接缝。高速公路和一级公路的基层应分两幅摊铺,宜采用两台摊铺机一前一后相隔约 5 ~ 10m 同步向前摊铺混合料,并一起进行碾压。在不能避免纵向接缝的情况下,纵缝必须垂直相接,严禁斜接,并应符合下列规定:

(1)在前一幅摊铺时,在靠中央的一侧用方木或钢模板做支撑,方木或钢模板的高度应与稳定土层的压实厚度相同。

(2)养生结束后,在摊铺另一幅之前,拆除支撑木(或板)。

2.2.2 石灰稳定土

石灰稳定土适用于各级公路的底基层,以及二级及以下公路的基层。但石灰土不得用作二级及以上公路的基层。在冰冻地区的潮湿路段及其他地区的过分潮湿路段，不宜采用石灰土作基层。当只能采用石灰土时，应采取措施防止水分浸入石灰土层。稳定土层宜经历半月以上温暖和热的气候养生。多雨地区，应避免在雨季进行石灰土结构层的施工。在雨季施工石灰稳定中粒土和粗粒土时，应采用排除表面水的措施，防止运到路上的集料过分潮湿，并应采取措施保护石灰免遭雨淋。

1. 一般规定

石灰稳定土结构层施工时，应遵守下列规定：

(1)细粒土应尽可能粉碎，土块最大尺寸不应大于15mm。

(2)配料应准确。

(3)路拌法施工时，石灰应摊铺均匀。

(4)洒水、拌和均匀。

(5)应严格控制基层厚度和高程，其路拱横坡应与面层一致。

(6)应在混合料处于最佳含水率或略小于最佳含水率(1% ~2%)时进行碾压，直到达到表2-7按重型击实试验法确定的要求压实度(最低要求)。由于当前有多种大能量压路机，宜提高压实度1% ~2%。

重型击实实验法的要求压实度　　表2-7

项目	公路等级	类型	压实度
基层	二级及以下公路	石灰稳定中粒土和粗粒土	97%
		石灰稳定细粒土	93%
底基层	高速公路、一级公路	石灰稳定中粒土和粗粒土	97%
		石灰稳定细粒土	95%
	二级及以下公路	石灰稳定中粒土和粗粒土	95%
		石灰稳定细粒土	93%

(7)石灰稳定土结构层应用12t以上的压路机碾压。用12 ~15t三轮压路机碾压时，每层的压实厚度不应超过15cm；用18 ~20t三轮压路机和振动压路机碾压时，每层的压实厚度不应超过20cm；对于石灰稳定土，采用能量大的振动压路机碾压时，或对于石灰土，采用振动羊足碾与三轮压路机配合碾压时，每层的压实厚度可以根据试验适当增加。压实厚度超过上述规定时，应分层铺筑，每层的最小压实厚度为10cm，下层宜稍厚。对于石灰土，应采用先轻型、后重型压路机碾压。

(8)石灰稳定土层宜在当天碾压完成，碾压完成后必须保温养生，不使稳定土层表面干燥，也不应过分潮湿。

(9)石灰稳定土层上未铺封层或面层时，禁止开放交通；当施工中断，临时开放交通时，应采取保护措施，不使基层表面遭破坏。

(10)石灰稳定土基层施工时，严禁用薄层贴补的办法进行找平。在采用石灰土作基层时，必须采取措施防止表面水透入基层，同时应经历一个月以上的温暖和热的气候养生。作为沥青路面的基层时，还应采取措施加强基层与面层的联结。

2. 稳定土

按照土中单个颗粒的粒径大小和组成，将土体集料分为细粒土、中粒土和粗粒土三种。在粉碎的或原来松散的土(包括各种粗、中、细粒土)中，掺入足量的石灰和水，经拌和、压实及养生后得到的混合料，当其抗压强度符合规定的要求时，称为石灰稳定土。用石灰稳定细粒土得到的强度符合要求的混合料，称为石灰土。用石灰稳定中料土和粗粒土得到的强度符合要求的混合料，视所用原材料而定，原材料为天然砂砾土或级配砂砾时，称为石灰砂砾土；原材料为碎石土或级配碎石时，称为石灰碎石土。用石灰稳定原中级路面，使其适应做沥青路面和水泥混凝土路面的基层时，属于石灰砂砾土或石灰碎石土。

1)集料

(1)塑性指数为15 ~20的黏性土以及含有一定数量黏性土的中粒土和粗粒土均适宜于用石灰稳定。用石灰稳定无塑性指数的级配砂砾、级配碎石和未筛分碎石时，应添加15%左右的黏性土。

(2)塑性指数在15以上的黏性土更适宜于用石灰和水泥综合稳定。

(3)塑性指数在10以下的亚砂土和砂土用石灰稳定时，应采取适当措施或采用水泥稳定。

(4)塑性指数偏大的黏性土，应加强粉碎，粉碎后土块的最大尺寸不应大于15mm。可采用两次拌和法，第一次加部分石灰拌和后,闷放1～2d,再加入其余石灰,进行第二次拌和。

级配碎石、未筛分碎石、砂砾、碎石土、砂砾土、煤矸石和各种粒状矿渣等均适宜用作石灰稳定土的材料。石灰稳定土中碎石、砂砾或其他粒状材料的含量应在80%以上,并应具有良好的级配。石灰稳定土中碎石或砾石的压碎值应符合表2-8的要求。

石灰稳定土中碎石或砾石的压碎值 表2-8

项目	公路等级	压碎值
基层	二级公路	不大于30%
	二级以下公路	不大于35%
底基层	高速公路、一级公路	不大于35%
	二级及以下公路	不大于40%

2)石灰

石灰技术指标应符合表2-9的规定。应尽量缩短石灰的存放时间。石灰在野外堆放时间较长时,应覆盖防潮。

石灰的技术指标 表2-9

类别 / 指标 / 项目	钙质生石灰			镁质生石灰			钙质消石灰			镁质消石灰		
等级	I	II	III	I	II	III	I	II	III	I	II	III
有效钙加氧化镁含量(%)	≥85	≥80	≥70	≥80	≥75	≥65	≥65	≥60	≥55	≥60	≥55	≥50
未消化残渣含量(5mm圆孔筛的筛余,%)	≤7	≤11	≤17	≤10	≤14	≤20						
含水率(%)							≤4	≤4	≤4	≤4	≤4	≤4
细度 0.71mm方孔筛的筛余(%)							0	≤1	≤1	0	≤1	≤1
细度 0.125mm方孔筛的累计筛余(%)							≤13	≤20	—	≤13	≤20	—
钙镁石灰的分类界限,氧化镁含量(%)	≤5			>5			≤4			>4		

注:硅、铝、镁氧化物含量之和大于5%的生石灰,有效钙加氧化镁含量指标,I等≥75%,II等≥70%,III等≥60%;未消化残渣含量指标与镁质生石灰指标相同。

使用等外石灰、贝壳石灰与珊瑚石灰等,应进行试验,如混合料的强度符合有关标准,即可使用。对于高速公路和一级公路,宜采用磨细生石灰粉。

3.底基层

石灰稳定土用作高速公路和一级公路的底基层时,颗粒的最大粒径不应超过37.5mm,用作其他等级公路的底基层时,颗粒的最大粒径不应超过53mm。

4.基层

石灰稳定土用做基层时,颗粒的最大粒径不应超过37.5mm。

5.人工沿路拌和法施工

对于二级以下公路和不适宜采用机械施工的小工程,可以采用人工沿路拌和法施工。石灰稳定土的下承层应符合规范的规定。

1)备料

(1)将细土或集料按事先计算的数量(或折算成体积)运到路上分堆堆放,且应每隔一定距离留一缺口。

(2)将粉煤灰或煤渣按事先计算的数量(或折算成体积)运到路上,直接卸在细土堆上或集料堆旁。

(3)将石灰按事先计算的数量(或折算成体积)运到路上,直接卸在粉煤灰或煤渣上。

2)拌和

(1)筛拌法。将土、粉煤灰和石灰混合或交替过孔径15mm的筛,筛余土块、粉煤灰块随打碎随过筛。过筛以后,适当加水至比最佳含水率大1%～2%,并拌和均匀。

(2)翻拌法。将过筛的土、粉煤灰或煤渣和石灰先干拌1~2遍，然后加水拌和均匀，不宜少于3遍。

(3)对于二灰集料和石灰煤渣集料，应先将石灰和粉煤灰或煤渣拌和均匀，然后再与集料一起拌和均匀。

(4)为使混合料的水分均匀，宜在当天拌和后堆放闷料，第二天再摊铺。

3)整形和碾压

路拌混合料应按松铺厚度摊铺均匀。整形和碾压按水泥稳定土路拌法施工。

2.2.3 级配碎石

用于二级及以上公路基层和底基层的级配碎石，是用预先筛分成几组不同粒径的碎石(如37.5~19mm、19~9.5mm、9.5~4.75mm的碎石及4.75mm以下的石屑)组配而成。在其他等级公路上，级配碎石可用未筛分碎石和石屑组配而成。缺乏石屑时，可以添加细砂砾或粗砂。也可以用颗粒组成合适的含细集料较多的砂砾与未筛分碎石组配成级配碎砾石。

1. 一般规定

级配碎石可用于各级公路的基层和底基层。级配碎石可用作较薄沥青面层与半刚性基层之间的中间层。当级配碎石用作二级及以下公路的基层时，其最大粒径应控制在37.5mm以内；当级配碎石用作高速和一级公路的基层以及半刚性路面的中间层时，其最大粒径宜控制在31.5mm以下。

级配碎石层施工时，应遵守下列规定：

(1)颗粒组成应是一根顺滑的曲线。

(2)配料必须准确。

(3)塑性指数应符合规定。

(4)混合料必须拌和均匀，没有粗细颗粒离析现象。

(5)在最佳含水率时进行碾压，直到达到表2-10按重型击实试验法确定的要求压实度。

重型击实实验法的要求压实度 表2-10

项目	压实度	项目	压实度	项目	压实度
中间层	100%	基层	98%	底基层	96%

(6)应使用12t以上三轮压路机碾压，每层的压实厚度不应超15~18cm。用重型振动压路机和轮胎压路机碾压时，每层的压实厚度可达20cm。

(7)级配碎石基层未洒透层沥青或未铺封层时，禁止开放交通，以保护表层不受破坏。

级配碎石用作半刚性路面的中间层以及用作二级以上公路的基层时，应采用集中厂拌法拌制混合料，并用摊铺机摊铺混合料。

2. 碎石

轧制碎石的材料可以是各种类型的岩石(软质岩石除外)、圆石或矿渣。圆石的粒径应是碎石最大粒径的3倍以上；矿渣应是已崩解稳定的，其干密度和质量应比较均匀，干密度不小于960kg/m^3。碎石中针片状颗粒的总含量应不超过20%。碎石中不应有黏土块、植物等有害物质。

石屑或其他细集料可以使用一般碎石场的细筛余料，也可以利用轧制沥青表处和贯入式用石料时的细筛余料，或专门轧制的细碎石集料。也可以用天然砂砾或粗砂代替石屑。天然砂砾的颗粒尺寸应该合适，必要时应筛除其中的超尺寸颗粒。天然砂砾或粗砂应有较好的级配。级配碎石或级配碎砾石所用石料的压碎值应满足表2-11的规定。

级配碎石与碎砾石压碎值 表2-11

项目	公路等级	压碎值
基层	高速公路、一级公路	不大于26%
	二级公路	不大于30%
	二级以下公路	不大于35%
底基层	高速公路、一级公路	不大于30%
	二级公路	不大于35%
	二级以下公路	不大于40%

3. 底基层

未筛分碎石用作二级及以下公路的底基层时，其颗粒组成和塑性指数应符合表 2-12 中 1 号级配的规定；用作高速和一级公路的底基层时，其颗粒组成和塑性指数应符合表 2-12 中 2 号级配的规定。

未筛分碎石底基层颗粒组成范围　表 2-12

项目	通过质量百分率(%) 编号	1	2
筛孔尺寸(mm)	53	100	
	37.5	85 ~ 100	100
	31.5	69 ~ 88	83 ~ 100
	19.0	40 ~ 65	54 ~ 84
	9.5	19 ~ 43	29 ~ 59
	4.75	10 ~ 30	17 ~ 45
	2.36	8 ~ 25	11 ~ 35
	0.6	6 ~ 18	6 ~ 21
	0.075	0 ~ 10	0 ~ 10
液限(%)		<28	<28
塑性指数		<6(或9①)	<6(或9①)

注：①在潮湿多雨地区，塑性指数宜小于 6，其他地区塑性指数宜小于 9。

4. 中间层

级配碎石用作中间层时，其颗粒组成和塑性指数应符合表 2-13 中 2 号级配的规定。

级配碎石或级配碎砾石的颗粒组成范围　表 2-13

项目	通过质量百分率(%) 编号	1	2
筛孔尺寸(mm)	37.5	100	
	31.5	90 ~ 100	100
	19.0	73 ~ 88	85 ~ 100
	9.5	49 ~ 69	52 ~ 74
	4.75	29 ~ 54	29 ~ 54
	2.36	17 ~ 37	17 ~ 37
	0.6	8 ~ 20	8 ~ 20
	0.075	0 ~ 7②	0 ~ 7②
液限(%)		<28	<28
塑性指数		<6(或9①)	<6(或9①)

注：①潮湿多雨地区塑性指数宜小于 6，其他地区塑性指数宜小于 9；
②对于无塑性的混合料，小于 0.075mm 的颗粒含量应接近高限。

5. 基层

级配碎石或级配碎砾石用作二级及以下公路的基层时，其颗粒组成和塑性指数应满足表 2-13 中 1 号级配的规定。级配碎石用作高速和一级公路的基层时，其颗粒组成和塑性指数应满足表 2-13 中 2 号级配的规定。同时，级配曲线宜为圆滑曲线。在塑性指数偏大的情况下，塑性指数与 0.5mm 以下细土含量的乘积应符合下列规定：

(1)在年降雨量小于 600mm 的地区，地下水位对土基没有影响时，乘积不应大于 120。

(2)在潮湿多雨地区，乘积不应大于 100。

6. 路拌法施工

二级以下级配碎石路拌法施工工艺流程，应符合图 2-3 的顺序。下承层不宜做成槽式断面，准备下承层按水泥稳定土路拌法施工。

1)备料

(1)采用未筛分碎石和石屑组成级配碎石时,按表2-13计算未筛分碎石和石屑的配合比。

(2)采用不同粒级的单一尺寸碎石和石屑组成级配碎石时,按表2-13的要求,计算不同粒级碎石和石屑的配合比。

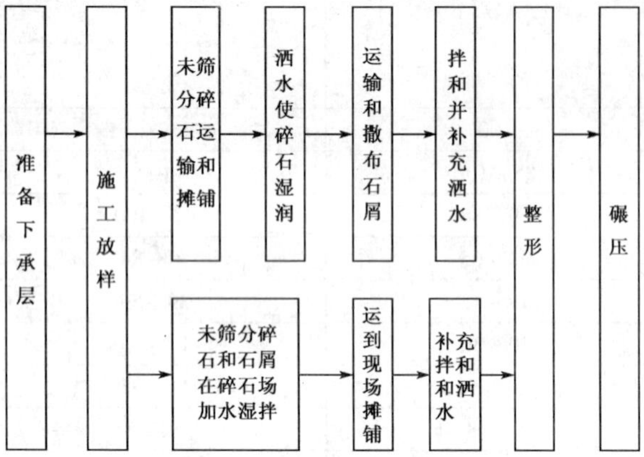

图2-3　二级以下级配碎石路拌法施工工艺流程

(3)根据各路段基层或底基层的宽度、厚度及规定的压实干密度,按确定的配合比分别计算各段需要的未筛分碎石和石屑的数量或不同粒级碎石和石屑的数量,并计算每车料的堆放距离。

未筛分碎石的含水率较最佳含水率宜大1%左右。未筛分碎石和石屑可按预定比例在料场混合,同时洒水加湿,使混合料的含水率超过最佳含水率约1%。

2)运输和摊铺集料

(1)集料装车时,应控制每车料的数量基本相等。

(2)在同一料场供料的路段内,宜由远到近卸置集料。卸料距离应严格掌握,避免料不够或过多。未筛分碎石和石屑分别运送时,应先运送碎石。

(3)料堆每隔一定距离应留一缺口。

(4)集料在下承层上的堆置时间不应过长。运送集料较摊铺集料工序宜只提前数天。

(5)应事先通过试验确定集料的松铺系数并确定松铺厚度。人工摊铺混合料时,其松铺系数约为1.40~1.50;平地机摊铺混合料时,其松铺系数约为1.25~1.35。

(6)用平地机或其他合适的机具将料均匀地摊铺在预定的宽度上,表面应力求平整,并具有规定的路拱。应同时摊铺路肩用料。

(7)检查松铺材料层的厚度,必要时,应进行减料或补料工作。

(8)未筛分碎石摊铺平整后,在其较潮湿的情况下,将石屑卸置其上。用平地机并辅以人工将石屑均匀摊铺在碎石层上,并摊铺均匀。

(9)采用不同粒级的碎石和石屑时,应将大碎石铺在下层,中碎石铺在中层,小碎石铺在上层。洒水使碎石湿润后,再摊铺石屑。

3)拌和及整形

对于二级及二级以上公路,应采用专用稳定土拌和机拌和级配碎石。对于二级以下的公路,在无稳定土拌和机的情况下,可采用平地机或多铧犁与缺口圆盘耙相配合进行拌和。

(1)用稳定土拌和机应拌和两遍以上。拌和深度应直到级配碎石层底。在进行最后一遍拌和之前,必要时先用多铧犁紧贴底面翻拌一遍。

(2)用平地机进行拌和,宜翻拌5~6遍,使石屑均匀分布于碎石料中。平地机拌和的作业长度,每段宜为300~500m。平地机刀片的安装角度宜符合表2-14要求。拌和结束时,混合料的含水率应均匀,并较最佳含水率大1%左右,同时应没有粗细颗粒离析现象。

平地机刀片安装角度　　表2-14

拌和条件	平面角α(°)	倾角β(°)	切角γ(°)
干拌	30~50	45	3
湿拌	35~40	45	2

(3)用缺口圆盘耙与多铧犁相配合拌和级配碎石时,用多铧犁在前面翻拌,圆盘耙紧跟在后面拌和,即采用边翻边耙的方法,共翻耙4~6遍。应随时检查调整翻耙的深度。用多铧犁翻拌时,第一遍由路中心开始,将混合料向中间翻,同时机械应慢速前进。第二遍从两边开始,将混合料向外翻。拌和过程中,应保持足够的水分。拌和结束时,混合料的含水率和均匀性应符合要求。

使用在料场已拌和均匀的级配碎石混合料时,摊铺后混合料如有粗细颗粒离析现象,应用平地机进行补充拌和。用平地机将拌和均匀的混合料按规定的路拱进行整平和整形,在整形过程中,应注意消除粗细集料离析现象。

用拖拉机、平地机或轮胎压路机在已初平的路段上快速碾压一遍,以暴露潜在的不平整。再用平地机进行整平和整形。

4)碾压

(1)整形后,当混合料的含水率等于或略大于最佳含水率时,立即用12t以上三轮压路机、振动压路机或轮胎压路机进行碾压。直线和不设超高的平曲线段,由两侧路肩开始向路中心碾压;在设超高的平曲线段,由内侧路肩向外侧路肩进行碾压。碾压时,后轮应重叠1/2轮宽;后轮必须超过两段的接缝处。后轮压完路面全宽时,即为一遍。碾压一直进行到要求的密实度为止。一般需碾压6~8遍,应使表面无明显轮迹。压路机的碾压速度,头两遍以采用1.5~1.7km/h为宜,以后用2.0~2.5km/h。

(2)路面的两侧应多压2~3遍。

(3)严禁压路机在已完成的或正在碾压的路段上调头或急刹车。

(4)凡含土的级配碎石层,都应进行滚浆碾压,一直压到碎石层中无多余细土泛到表面为止。滚到表面的浆(或事后变干的薄土层)应清除干净。

5)横缝处理

两作业段的衔接处,应搭接拌和。第一段拌和后,留5~8m不进行碾压,第二段施工时,前段留下未压部分与第二段一起拌和整平后进行碾压。

6)纵缝处理

应避免纵向接缝。在必须分两幅铺筑时,纵缝应搭接拌和。前一幅全宽碾压密实,在后一幅拌和时,应将相邻的前幅边部约30cm搭接拌和,整平后一起碾压密实。

7.厂拌法施工

级配碎石混合料可以在中心站用多种机械进行集中拌和,如采用强制式拌和机、卧式双转轴桨叶式拌和机、普通水泥混凝土拌和机等拌和。级配碎石施工工艺流程为准备下承层→施工放样→混合料拌和→运输和摊铺→整形→碾压。

1)拌和要求

(1)对用于高速公路和一级公路的级配碎石基层和中间层,宜采用不同粒级的单一尺寸碎石和石屑,按预定配合比在拌和机内拌制级配碎石混合料。不同粒级的碎石和石屑等细集料应隔离,分别堆放。细集料应有覆盖,防止雨淋。

(2)在正式拌制级配碎石混合料之前,必须先调试所用的厂拌设备,使混合料的颗粒组成和含水率都能达到规定的要求。

(3)在采用未筛分碎石和石屑时,如未筛分碎石或石屑的颗粒组成发生明显变化,应重新调试设备。

2)摊铺

将级配碎石用于高速公路和一级公路时,应用沥青混凝土摊铺机或其他碎石摊铺机摊铺碎石混合料。摊铺机后面应设专人消除粗细集料离析现象。用振动压路机、三轮压路机进行碾压,碾压方法与级配碎石路拌法施工的相同。级配碎石用于二级及以下公路时,如没有摊铺机,也可用自动平地机(或摊铺箱)摊铺混合料。

(1)根据摊铺层的厚度和要求达到的压实干密度,计算每车混合料的摊铺面积。

(2)将混合料均匀地卸在路幅中央,路幅宽时,也可将混合料卸成两行。

(3)用平地机将混合料按松铺厚度摊铺均匀。

(4)设一个3人小组跟在平地机后面,及时消除粗细集料离析现象。对于粗集料"窝"和粗集料"带",应添加细集料,并拌和均匀;对于细集料"窝",应添加粗集料,并拌和均匀。

3)整形和碾压

用平地机摊铺混合料后的整形和碾压均与路拌法施工相同。

4)横缝处理

集中厂拌法施工时的横向接缝按下述方法处理:

(1)用摊铺机摊铺混合料时,靠近摊铺机当天未压实的混合料,可与第二天摊铺的混合料一起碾压,但应注意此部分混合料的含水率。必要时,应人工补充洒水,使其含水率达到规定的要求。

(2)用平地机摊铺混合料时,每天的工作缝可按路拌法施工要求处理。

5)纵缝处理

应避免纵向接缝。如摊铺机的摊铺宽度不够，必须分两幅摊铺时，宜采用两台摊铺机一前一后相隔约5～8m同步向前摊铺混合料。在仅有一台摊铺机的情况下，可先在一条摊铺带上摊铺一定长度后，再开到另一条摊铺带上摊铺，然后一起进行碾压。

在不能避免纵向接缝的情况下，纵缝必须垂直相接，不应斜接，并按下述方法处理：

(1)在前一幅摊铺时，在靠后一幅的一侧应用方木或钢模板做支撑，方木或钢模板的高度与级配碎石层的压实厚度相同。

(2)在摊铺后一幅之前，将方木或钢模板除去。

(3)如在摊铺前一幅时未用方木或钢模板支撑，靠边缘的30cm左右难于压实，而且形成一个斜坡，在摊铺后一幅时，应先将未完全压实部分和不符合路拱要求部分挖松并补充洒水，待后一幅混合料摊铺后一起进行整平和碾压。

2.2.4 级配砾石

天然砂砾符合规定的级配要求，而且塑性指数在6或9以下时，可以直接用作基层。塑性指数偏大的砂砾，可加少量石灰降低其塑性指数，也可以用无塑性的砂或石屑进行掺配，使其塑性指数降低，或塑性指数与细土（粒径小于0.5mm的颗粒）含量的乘积符合要求。

1. 一般规定

级配砾石层施工时，应遵守下列规定：

(1)颗粒级配应符合规定。

(2)配料应准确。

(3)塑性指数应符合规定。

(4)混合料应拌和均匀，没有粗细颗粒离析现象。

(5)在最佳含水率时进行碾压，直到达到下列按重型击实试验法确定的要求压实度：基层98%，底基层96%。

(6)级配砾石应用12t以上三轮压路机碾压，每层的压实厚度不应超过15～18cm。用重型振动压路机和轮胎压路机碾压时，每层的压实厚度不应超过20cm。

(7)级配砾石基层未洒透层沥青或未铺封层时，禁止开放交通，以保护表层不受破坏。

2. 砾石

级配砾石用作基层时，砾石的最大粒径不应超过37.5mm；用作底基层时，砾石的最大粒径不应超过53mm。砾石颗粒中细长及扁平颗粒的含量不应超过20%。可在天然砂砾中掺加部分碎石或轧碎砾石，以提高混合料的强度和稳定性。天然砂砾掺加部分未筛分碎石组成的混合料的强度和稳定性介于级配碎石和级配砾石之间。级配砾石可适用于轻交通的二级及以下公路的基层以及各级公路的底基层。级配砾石所用石料的集料压碎值应满足表2-15的规定。

级配砾石压碎值 表2-15

项目	公路等级	压碎值
基层	二级公路	不大于30%
	三级和四级公路	不大于35%
底基层	高速公路、一级公路	不大于30%
	二级公路	不大于35%
	二级以下公路	不大于40%

3. 底基层

用作底基层的砂砾、砂砾土或其他粒状材料的级配，应位于表2-16的范围内。液限应小于28%，塑性指数应小于9。当用于底基层的在最佳含水率下制备的级配砾石试件的干密度与工地规定达到的压实干密度相同时，浸水4d的承载比值在轻交通道路上应不小于40%，在中等交通道路上应不小于60%。

砂砾底基层的级配范围 表2-16

筛孔尺寸(mm)	53	37.5	9.5	4.75	0.6	0.075
通过质量百分率(%)	100	80～100	40～100	25～85	8～45	0～15

4. 基层

级配砾石基层的颗粒组成和塑性指数应满足表 2-17 规定，同时级配曲线应为圆滑曲线。

级配砾石基层的颗粒组成范围　　表 2-17

项目 \ 通过质量百分率(%) \ 编号		1	2	3
筛孔尺寸（mm）	53	100		
	37.5	90~100	100	
	31.5	81~94	90~100	100
	19.0	63~81	73~88	85~100
	9.5	45~66	49~69	52~74
	4.75	27~51	29~54	29~54
	2.36	16~35	17~37	17~37
	0.6	8~20	8~20	8~20
	0.075	0~7②	0~7②	0~7②
液限(%)		<28	<28	<28
塑性指数		<6(或9①)	<6(或9①)	<6(或9①)

注：①潮湿多雨地区塑性指数宜小于 6，其他地区塑性指数宜小于 9；
②对于无塑性的混合料，小于 0.075mm 的颗粒含量应接近高限。

在塑性指数偏大的情况下，塑性指数与 0.5mm 以下细土含量的乘积应符合下列规定：

(1)在年降雨量小于 600mm 的中干和干旱地区，地下水位对土基没有影响时，乘积不应大于 120。

(2)在潮湿多雨地区，乘积不应大于 100。

当用于基层的在最佳含水率下制备的级配砾石试件的干密度与工地规定达到的压实干密度相同时，浸水 4d 的承载比值应不小于 160%。

5. 路拌法施工

级配砾石施工的工艺流程为：准备下承层→施工放样→运输和摊铺主要集料→运输和摊铺掺配集料→洒水拌和→整形→碾压。

1）计算材料用量

根据各路段基层或底基层的宽度、厚度及预定的干密度，计算各段需要的集料数量。如级配砾石系用两种集料合成时，分别计算两种集料的数量。根据料场集料的含水率以及所用运料车辆的吨位，计算每车材料的堆放距离。

2）运输和摊铺集料

(1)集料装车时，应控制每车料的数量基本相等。

(2)同一料场供料的路段内，由远到近将料按计算的距离卸置于下承层上。卸料距离应严格掌握，避免料不够或过多。采用两种集料时，应先将主要集料运到路上，待主要集料摊铺后，再运另一种集料并摊铺。如粗细两种集料的最大粒径相差很多，应在粗集料处于潮湿状态下摊铺细集料。

(3)料堆每隔一定距离应留一缺口。

(4)集料在下承层上的堆置时间不宜过长。运送集料较摊铺集料工序宜只提前数天。

(5)应通过试验确定集料的松铺系数，并确定松铺厚度。人工摊铺混合料时，其松铺系数约为 1.40~1.50；平地机摊铺混合料时，其松铺系数约为 1.25~1.35。

(6)用平地机或其他合适的机具将料均匀地摊铺在预定的宽度上，表面应力求平整，并有规定的路拱。应同时摊铺路肩用料。

(7)检查松铺材料层的厚度是否符合预计要求，必要时，应进行减料或补料工作。

3）拌和及整形

用平地机拌和时，每一作业段的长度宜为 300~500m。

(1)拌和时，平地机刀片的安装角度宜符合表 2-14 的要求。一般需拌和 5~6 遍。拌和过程中，用洒水车洒足所需的水分。拌和结束时，混合料的含水率应均匀，并较最佳含水率大 1% 左右。应无粗细颗粒离析现象。

(2)使用符合级配要求的天然砂砾时,如摊铺后混合料有粗细颗粒离析现象,应用平地机进行补充拌和。

(3)用平地机将拌和均匀的混合料按规定的路拱进行整平和整形。

(4)用拖拉机、平地机或轮胎压路机在已初平的路段上快速碾压一遍,以暴露潜在的不平整。

(5)再用平地机进行整平和整形。

用拖拉机牵引四铧犁或五铧犁进行拌和时,每一作业段的长度宜为100~150m。第一遍由路中心开始,将混合料向中间翻,同时机械应慢速前进。第二遍则应从两边开始,将混合料向外翻。拌和过程中,用洒水车洒足所需的水分。拌和遍数以双数为宜,一般需拌6遍。拌和结束时,混合料含水率应均匀,并较最佳含水率大1%左右,且无离析现象。用平地机或用其他机具按规定的路拱进行整平和整形。在整形过程中,严禁任何车辆通行。

4)碾压

碾压,有关要求同级配碎石有关要求。

5)横缝处理

横缝的处理,有关要求同级配碎石有关要求。

2.2.5 填隙碎石

用单一粒径的粗碎石和石屑组成的填隙碎石可用干法施工,也可用湿法施工。干法施工的填隙碎石特别适宜于干旱缺水地区。填隙碎石的一层压实厚度,可取碎石最大粒径的1.5~2.0倍。缺乏石屑时,可以添加细砾砂或粗砂等细集料,但其技术性能不如石屑。填隙碎石可用于各等级公路的底基层和二级以下公路的基层。

1.一般规定

(1)细集料应干燥。

(2)应采用振动轮每米宽质量不小于1.8t的振动压路机进行碾压。填隙料应填满粗碎石层内部的全部孔隙。碾压后,表面粗碎石间的孔隙应填满,但不得使填隙料覆盖粗集料而自成一层,表面应看得见粗碎石。碾压后基层的固体体积率应不小于85%,底基层的固体体积率应不小于83%。

(3)填隙碎石基层未洒透层沥青或未铺封层时,禁止开放交通。

2.集料

填隙碎石用作基层时,碎石的最大粒径不应超过53mm;用作底基层时,碎石的最大粒径不应超过63mm。

1)粗碎石轧制

粗碎石可以用具有一定强度的各种岩石或漂石轧制(宜用石灰岩轧制),但漂石的粒径应为粗碎石最大粒径的3倍以上;也可以用稳定的矿渣轧制,矿渣的干密度和质量应比较均匀,且其干密度不小于960kg/m^3。材料中的扁平、长条和软弱颗粒的含量不应超过15%。

2)碎石的颗粒组成

填隙碎石、粗碎石的颗粒组成,应符合表2-18的规定。

填隙碎石、粗碎石的颗粒组成　表2-18

编号	通过质量百分率(%) 标称尺寸(mm)	筛孔尺寸(mm)							
		63	53	37.5	31.5	26.5	19	16	9.5
1	30~60	100	25~60		0~15		0~5		
2	25~50		100		25~50	0~15		0~5	
3	20~40			100	35~70		0~15		0~5

3)填隙料

采用表2-18中的1号粗集料时,填隙料的标称最大粒径可为9.5mm。填隙料宜具有表2-19的颗粒组成。

填隙料的颗粒组成　表2-19

筛孔尺寸(mm)	9.5	4.75	2.36	0.6	0.075	塑性指数
通过质量百分率(%)	100	85~100	50~70	30~50	0~10	<6

4)压碎值

用作基层粗碎石的压碎值应不大于26%,用作底基层粗碎石的压碎值应不大于30%。

3.路拌法施工

填隙碎石的干法施工工艺流程为:准备下承层→施工放样→运输和摊铺粗碎石→初压→撒布填隙料→振动压实→再次撒布填隙料→振动压实→局部补撒填隙料及扫匀→振动压实填满孔隙→洒水→终压。湿法施工工艺流程为:准备下承层→施工放样→运输和摊铺粗碎石→初压→撒布填隙料→振动压实→再次撒布填隙料→振动压实→局部补撒填隙料及扫匀→振动压实填满孔隙→洒水饱和→碾压滚浆→干燥。

1)备料

根据各路段基层或底基层的宽度、厚度及松铺系数,计算各段需要的粗碎石数量;根据运料车辆的车厢体积,计算每车料的堆放距离。填隙料的用量约为粗碎石质量的30%~40%。

2)运输和摊铺粗碎石

(1)碎石装车时,应控制每车料的数量基本相等。

(2)在同一料场供料的路段内,由远到近将粗碎石按计算的距离卸置于下承层上。卸料距离应严格掌握,避免有的路段料不够或料过多。

(3)料堆每隔一定距离应留一缺口。

(4)用平地机或其他合适的机具将粗碎石均匀地摊铺在预定的宽度上,表面应力求平整,并有规定的路拱。应同时摊铺路肩用料。

(5)检查松铺材料层的厚度是否符合预计要求,必要时,应进行减料或补料工作。

3)撒铺填隙料和碾压

(1)干法施工

①初压。用8t两轮压路机碾压3~4遍,使粗碎石稳定就位。在直线和不设超高的平曲线段上,碾压从两侧路肩开始,逐渐错轮向路中心进行;在设超高的平曲线段上,碾压从内侧路肩开始,逐渐错轮向外侧路肩进行。错轮时,每次重叠1/3轮宽。在第一遍碾压后,应再次找平。初压终了时,表面应平整,并具有要求的路拱和纵坡。

②撒铺填隙料。用石屑撒布机或类似的设备将干填隙料均匀地撒铺在已压稳的粗碎石层上,松铺厚度约2.5~3.0cm。必要时,用人工或机械扫匀。

③碾压。用振动压路机慢速碾压,将全部填隙料振入粗碎石间的孔隙中。如没有振动压路机,可用重型振动板。碾压方法同初压,但路面两侧应多压2~3遍。

④再次撒布填隙料。用石屑撒布机或类似的设备将干填隙料再次撒铺在粗碎石层上,松铺厚度约2.0~2.5cm。用人工或机械扫匀。

⑤再次碾压。用振动压路机进行碾压。在碾压过程中,对局部填隙料不足之处,人工进行找补。局部多余的填隙料应扫除。

⑥再次碾压后,如表面仍有未填满的孔隙,则应补撒填隙料,并用振动压路机继续碾压,直到全部孔隙被填满为止。同时,应将局部多余的填隙料铲除或扫除。填隙料不应在粗碎石表面自成一层。表面必须能看得见粗碎石。

如填隙碎石层上为薄沥青面层,应使粗碎石的棱角外露3~5mm。

⑦当需分层铺筑时,应将已压成的填隙碎石层表面粗碎石外露约5~10mm,然后在上摊铺第二层粗碎石,并按①~⑥项要求施工。

⑧填隙碎石表面孔隙全部填满后,用12~15t三轮压路机再碾压1~2遍。在碾压过程中,不应有任何蠕动现象。在碾压之前,宜在表面先洒少量水,洒水量宜为3kg/m^{2}以上。

(2)湿法施工

①开始工序与干法施工①~⑥项要求相同。

②粗碎石层表面孔隙全部填满后,立即用洒水车洒水,直到饱和,但应注意避免多余水浸泡下承层。

③用12~15t三轮压路机跟在洒水车后进行碾压。在碾压过程中,将湿填隙料继续扫入所出现的孔隙中。需要时,再添加新的填隙料。洒水和碾压应一直进行到填隙料和水形成粉砂浆为止。粉砂浆应填塞全部孔隙,并在压路机轮前形成微波纹状。

④干燥:碾压完成的路段应让水分蒸发一段时间。结构层变干后,表面多余的细料以及细料覆盖层都应扫除干净。

⑤当需分层铺筑时,应待结构层变干后,将已压成的填隙碎石层表面的填隙料扫除一些,使表面粗碎石外露5~10mm,然后在上摊铺第二层粗碎石,并按①~④项要求施工。

2.2.6 贫混凝土基层

贫混凝土是由粗、细级配集料与一定水泥和水拌和而成的一种混凝土，这种混凝土的水泥用量较普通混凝土低，也称经济混凝土。贫混凝土与水泥稳定碎石等常用半刚性材料相比，具有较高的强度、刚度和整体性，抗冲刷和抗冻性能良好，是特重交通和高速、一级公路的最佳基层类型。

1. 铺筑与检验

贫混凝土上基层宜采用与面板相同机械铺筑；可采用普通混凝土面层 4 种施工方式中的任一种。贫混凝土基层的铺筑除应满足相关的技术要求外，还应符合下列规定：

(1)贫混凝土基层应锯切与面板接缝位置和尺寸相对齐的纵、横向接缝，切缝深度不宜小于 1/4 板厚，最浅不宜小于 50mm. 并使用沥青灌缝。基层设封层时，混凝土面板的横向缩缝在行车前造方向可前错 300 ~ 500mm。

(2)贫混凝土基层纵、横向缩缝中可不设拉杆和传力杆，胀缝中应设传力杆和胀缝板，胀缝位置应与面层胀缝对齐，板顶宜与贫混凝土基层表面齐平，传力杆、胀缝板设置精确度应符合有关规定。若一块贫混凝土板上纵、横向断板缝仅为一条，可不挖除重铺；但当一块板上的断板缝多于 2 条或分叉，则应挖除重铺。

2. 施工方法

1)下承层

人工清理下承层，扫除表面浮石及粉尘，然后洒水湿润，进行下步的贫混凝土施工。对局部不平或坑槽处用砂浆修补平。

2)施工放样

在检测验收合格后的底基层上恢复中线，不论直线段还是曲线段，均按 10m 设一桩，并在底基层两侧边缘设置指示桩，在指示桩上标出贫混凝土基层顶面的设计高程位置。

3)拌和

贫混凝土料的拌和，一般采用专用混凝土拌和设备，自动计量系统配料机能够达到配料准确，拌和均匀，拌和能力按实际需要配备。

4)运输

采用自卸汽车将拌和好的贫混凝土混合料运至现场待铺。行进中车辆应尽可能匀速行驶，同时维护好行走道路，避免急刹车或路面凹凸不平导致混凝土离析。

5)摊铺

摊铺利用两侧模板，控制混凝土料的摊铺高度，应配专人进行整平，立即进行振捣，要保证混凝土振捣密实。也可利用人工辅助三辊轴机施工。

6)养护

贫混凝土层在混凝土表面初凝后开始养护，先在表面均匀洒布一层养生剂，再用塑料薄膜覆盖，进行双重养护，以保持表面潮湿，切缝失水后再洒水覆盖。养护期一般为 7d，在养护期间，应封闭交通。

7)切缝

混凝土摊铺约 24h 后进行切缝，切缝深度 5cm，切缝后将表面清洗干净，立即进行灌缝，然后再洒水覆盖养生。

2.3 水泥混凝土面层施工

水泥混凝土路面是由适当级配的粗细集料、水泥、外加剂和水混合，经过水泥的水化作用凝固硬化而成的结构。混凝土路面具有承载力大、使用时间长、容易做到因地制宜就地取材和日常养护费用少等优点，全寿命期的经济效果突出。

2.3.1 施工方法

目前我国在公路、城市道路及机场道面中，采用得最广泛的是现场浇筑混凝土路面，这类路面除接缝区和局部范围(边缘或角隅)外，均不配置钢筋，一般称为普通混凝土路面。

2.3.1.1 滑模摊铺机铺筑

1. 机械选型

高速公路、一级公路施工，宜选配能一次摊铺 2 ~ 3 个车道宽度(7.5 ~ 12.5m)的滑模摊铺机；二级及二级以下公路路面的最小摊铺宽度不得小于单车道设计宽度。硬路肩的摊铺宜选配中、小型多功能滑模摊铺机,并宜连体一次摊铺路缘石。滑模摊铺机可按表 2-20 的基本技术参数选择。

滑模摊铺机的基本技术参数 表 2-20

项目	发动机功率(kW)	摊铺宽度(m)	摊铺厚度(mm)	摊铺速度(m/min)	空驶速度(m/min)	行走速度(m/min)	履带数(个)	整机自重(t)
三车道滑模摊铺机	200 ~ 300	12.5 ~ 16	0 ~ 500	0 ~ 3	0 ~ 5	0 ~ 15	4	57 ~ 135
双车道滑模摊铺机	150 ~ 200	3.6 ~ 9.7	0 ~ 500	0 ~ 3	0 ~ 5	0 ~ 18	2 ~ 4	22 ~ 50
多功能单车道滑模摊铺机	70 ~ 150	2.5 ~ 6.0	0 ~ 400 护栏高度 800 ~ 1900	0 ~ 3	0 ~ 9	0 ~ 15	2,3,4	12 ~ 27
路缘石滑模摊铺机	≤80	<2.5	<450	0 ~ 5	0 ~ 9	0 ~ 10	2,3	≤10

2. 工艺流程

滑模摊铺机的施工工序为:施工准备→钢筋加工→测量基准线→混凝土搅拌及运输→摊铺→抗滑(机械、人工拉毛)→切缝→磨平→灌缝→养生。

两边缘超铺高程根据拌合物稠度宜在 3 ~ 8mm 间调整。搓平梁前沿宜调整到与挤压板后沿高程相同,搓平梁的后沿比挤压底板后沿低 1 ~ 2mm,并与路面高程相同。

滑模摊铺机首次摊铺路面,应挂线对其铺筑位置、几何参数和机架水平进行调整和校准,正确无误后,方可开始摊铺。在开始摊铺的 5m 内,应在铺筑行进中对摊铺出的路面高程、边缘厚度、中线、横坡度等参数进行复核测量。

3. 技术要求

滑模摊铺机负荷时可铺筑的路面最大纵坡为:上坡 5%,下坡 6%。滑模摊铺机施工的最小弯道半径不应小于 50m;最大超高横坡不宜大于 7%。软拉抗滑构造时,表面砂浆层厚度宜控制在 4mm 左右,硬刻槽路面的砂浆表层厚度宜控制在 2 ~ 3mm。养护 5 ~ 7d 后,方允许摊铺相邻车道。

4. 装模与拆除

1)技术要求

公路混凝土路面板、桥面板和加铺层的施工模板应采用刚度足够的槽钢、轨模或钢制边侧模板,不应使用木模板、塑料模板等其他易变形的模板。模板的精确度应符合表 2-21 的要求。钢模板高度应为面板设计厚度,模板长度宜为 3 ~ 5m。需设置拉杆时,模板应设拉杆插入孔。

模 板 允 许 偏 差 表 2-21

施工方式	高度偏差(mm)	局部变形(mm)	垂直边夹角(°)	顶面平整度(mm)	侧面平整度(mm)	纵向变形(mm)
三辊轴机组	±1	±2	90 ±2	±1	±2	±2
轨道摊铺机	±1	±2	90 ±1	±1	±2	±1
小型机具	±2	±3	90 ±3	±2	±3	±3

横向施工缝端模板应按设计规定的传力杆直径和间距设置传力杆插入孔和定位套管。两边缘传力杆到自由边距离不宜小于 150mm。一般情况下,模板或轨模总量不宜少于 3 ~ 5d 摊铺的需要。

2)模板安装

轨道摊铺应采用长度为 3m 的专业钢制轨模,轨模底面宽度宜为高度的 80%,轨道用螺栓、垫片固定在模板支座上。轨道顶面应高于模板 20 ~ 40mm,轨道中心至模板内侧边缘距离宜为 125mm。模板安装完毕,应经过测量人员使用与设计板厚相同的测板做全断面检验,其安装精度应符合表 2-22 的规定。

3)模板矫正

当混凝土抗压强度不小于 8.0MPa 方可拆模。当缺乏强度实测数据时,边侧模板的允许最早拆模时间宜符合表 2-23 的规定。

模板安装精确度要求　　表 2-22

检测项目＼施工方式		三辊轴机组	轨道摊铺机	小型机具
平面偏差(mm),≤		10	5	15
摊铺宽度偏差(mm),≤		10	5	15
面板厚度(mm),≥	代表值	-3	-3	-4
	极值	-8	-8	-9
纵断面高程偏差(mm)		±5	±5	±10
横坡偏差(%)		±0.10	±0.10	±0.20
相邻板高差(mm),≤		1	1	2
顶面接茬 3m 尺平整度(mm),≤		1.5	1	2
模板接缝宽度(mm),≤		3	2	3
侧向垂直度(mm),≤		3	2	4
纵向顺直度(mm),≤		3	2	4

混凝土路面板的允许最早拆模时间(h)　　表 2-23

昼夜平均气温(℃)	-5	0	5	10	15	20	25	≥30
硅酸盐水泥、R 型水泥	240	120	60	36	34	28	24	18
道路、普通硅酸盐水泥	360	168	72	48	36	30	24	18
矿渣硅酸盐水泥	—	—	120	60	50	45	36	24

2.3.1.2　轨道摊铺机铺筑

1. 机械选型

轨道摊铺机的选型应根据路面车道数或设计宽度按表 2-24 的技术参数选择,最小摊铺宽度不得小于单车道 3.75m。轨道摊铺机按布料方式不同,可选用刮板式、箱式和螺旋式。

轨道摊铺机的基本技术参数　　表 2-24

项目	发动机功率(kW)	最大摊铺宽度(m)	摊铺厚度(mm)	摊铺速度(m/min)	整机质量(t)
三车道轨道摊铺机	33~45	11.75~18.3	250~600	1~3	13~38
双车道轨道摊铺机	15~33	7.5~9.0	250~600	1~3	7~13
单车道轨道摊铺机	8~22	3.5~4.5	250~450	1~4	≤7

2. 铺筑作业

1)摊铺

轨道摊铺时的适宜坍落度按振捣密实情况宜控制在 20~40mm 之间。不同坍落度时的松铺系数 K 可按表 2-25 确定,并按此计算出松铺高度。

松铺系数 K 与坍落度 S_L 的关系　　表 2-25

坍落度 S_L(mm)	5	10	20	30	40	50	60
松铺系数 K	1.30	1.25	1.22	1.19	1.17	1.15	1.12

当施工钢筋混凝土路面时,宜选用(两台)箱型轨道摊铺机分两层两次布料,可在第一层布料完成后,将钢筋网片安装好,再进行表面第二层布料,然后一次振实;也可两次布料两次振实,中间安装钢筋网。采用双层两遍摊铺钢筋混凝土路面时,下部混凝土的布料与摊铺长度应根据钢筋网片长度和第一层混凝土凝结情况而定,且不宜超过 20m。

2)振实

轨道摊铺机应配备振捣棒组,振捣方式有斜插连续拖行及间歇垂直插入两种。当面板厚度超过 150mm 坍落度小于 30mm 时,必须插入振捣;连续拖行振捣时,宜将作业速度控制在 0.5~1.0m/min 之间,并随着坍落度的大小而增减。间歇振捣时,当一处混凝土振捣密实后,将振捣棒组缓慢拔出,再移动到下一处振实,移动距离不宜大于 500mm。

3)整平饰面

往复式整平滚筒前的混凝土堆积物应涌向横坡高的一侧,保证路面横坡高端有足够的料找平。轨道摊铺机上宜配备纵向或斜向抹平板。

2.3.1.3 三辊轴机组铺筑

1.机械选型

三辊轴整平机的主要技术参数应符合表2-26的规定。板厚200mm以上宜采用直径168mm的辊轴;桥面铺装或厚度较小的路面可采用直径为219mm的辊轴。轴长宜比路面宽度长出600~1200mm。振动轴的转速不宜大于380r/min。

三辊轴整平机的主要技术参数　表2-26

型号	轴直径(mm)	轴速(r/min)	轴长(m)	轴质量(kg/m)	行走机构质量(kg)	行走速度(m/min)	整平轴距(mm)	振动功率(kW)	驱动功率(kW)
5001	168	300	1.8~9	65±0.5	340	13.5	504	7.5	6
6001	219	300	5.1~12	77±0.7	568	13.5	657	17	9

三辊轴机组铺筑混凝土面板时,必须同时配备一台安装插入式振捣棒组的排式振捣机,振捣棒直径宜为50~100mm,间距不应大于其有效作用半径的1.5倍,并不大于500mm。当桥面铺装厚度小于150mm时,可采用振捣梁。

2.工艺流程

三辊轴机组的工艺流程为:布料→密集排振→拉杆安装→人工补料→三辊轴整平→(真空脱水)→精平饰面→拉毛→切缝→养生→(硬刻槽)→填缝。

3.技术要求

布料应与摊铺速度相适应,不适应时应配备适当的布料机械。坍落度为10~40mm的拌合物,松铺系数为1.12~1.25。坍落度大时取低值,坍落度小时取高值。超高路段,横坡高侧取高值,横坡底侧取低值。混凝土拌合物布料长度大于10m,可开始振捣作用。密排振捣棒组间歇插入振实时,每次移动距离不宜超过振捣棒有效作用半径的1.5倍,并不得大于500m,振捣时间宜为15~30s。三辊轴整平机作业规定如下:

(1)三辊轴整平机按作业单元分段整平,作业单元长度宜为20~30m,振捣机振实与三辊轴整平两道工序之间的时间间隔不宜超过15min。

(2)三辊轴滚压振实料位高差宜高于模板顶面5~20mm,过高时应铲除,过低应及时补料。

(3)三辊轴整平机在一个作业单元长度内,应采用前进振动、后退静滚方式作业,宜分别2~3遍。最佳滚压遍数应经过试铺确定。

(4)在三辊轴整平机作业时,应有专人处理轴前料位的高低情况,过高时辅以人工铲除,轴下有间隙时,应使用混凝土找补。

(5)滚压完成后,将振动辊轴抬离模板,用整平轴前后静滚整平,直到平整度符合要求,表面砂浆厚度均匀为止。

(6)表面砂浆厚度宜控制在(4±1)mm,三辊轴整平机前方表面过厚、过稀的砂浆必须刮除丢弃。

应采用3~5m刮尺,在纵、横两个方向进行精平饰面,每个方向不少于2遍。也可采用旋转抹面机密实精平饰面2遍。

2.3.1.4 小型机具铺筑

小型机具性能应稳定可靠,操作简易,维修方便,机具配套应与工程规模、施工进度相适应。

1.摊铺

混凝土拌合物摊铺前,应对模板的位置及支撑稳固情况,传力杆、拉杆的安设等进行全面检查。修复破损基层,并洒水湿润。用厚度标尺板全面检测板厚与设计值相符,方可开始摊铺。

人工混凝土拌合物的坍落度应控制在5~20mm之间,拌合物松铺系数控制在$K=1.10\sim1.25$之间。料偏干,取较高值;反之,取较低值。

2.振实

振捣棒在每一处的持续时间,应以拌合物全面振动液化,表面不再冒气泡和泛水泥砂浆为限,不宜过振,也不宜少于30s。振捣棒的移动间距不宜大于500mm；至模板边缘的距离不宜大于200mm。振捣棒插入深度宜离基层30～50mm，振捣棒应轻插慢提。混凝土振实还可采用振动板、振动梁方式。

3. 整平饰面

(1)每车道路面应配备1根滚杠(双车道两根)。振动梁振实后，应拖动滚杠往返2～3遍提浆整平。第1遍应短距离缓慢推滚或拖滚，以后应较长距离匀速拖滚。

(2)拖滚后的表面宜采用3m刮尺，纵横各1遍整平饰面，或采用叶片式或圆盘式抹面机往返2～3遍压实整平饰面。

(3)在抹面机完成作业后，应进行清边整缝，清除粘浆，修补缺边、掉角。应使用抹刀将抹面机留下的痕迹抹平，当烈日暴晒或风大时，应加快表面的修整速度，或在防雨篷遮阴下进行。精平饰面后的面板表面应无抹面印痕，致密均匀，无露骨，平整度应达到规定要求。

4. 真空脱水

小型机具施工三、四级公路混凝土路面，应优先采用在拌合物中掺外加剂，无掺外加剂条件时，应使用真空脱水工艺。该工艺适用于面板厚度不大于240mm混凝土面板施工。

使用真空脱水工艺时，混凝土拌合物的最大单位用水量可比不采用外加剂时增大3～12kg/m^3；混凝土适宜坍落度：高温天30～50mm；低温天20～30mm。真空脱水最短时间不宜短于表2-27的规定。

最短脱水时间(min)　表2-27

面板厚度 h (mm)	昼夜平均气温 T(℃)					
	3～5	6～10	11～15	16～19	20～25	>25
18	26	24	22	20	18	17
22	30	28	26	24	22	21
25	35	32	30	27	25	24

2.3.2 普通水泥混凝土路面

水泥混凝土路面施工前，已经做出了平面尺寸、接缝、板厚等设计，根据设计和施工方案做好施工准备，工艺流程为：基层检验→测量放样→模板安装→摊铺前洒水湿润基层。

1. 材料

普通水泥混凝土路面厚度26cm，每1000m^{2}的水泥混凝土路面主要材料用量如表2-28所示。路面钢筋用量是根据公路等级确定。

路面厚度26cm、每1000m^{2}水泥混凝土主要材料用量　表2-28

材料名称	C30混凝土 (m^3)	32.5级水泥 (t)	水 (t)	中粗砂 (m^3)	4cm碎石 (m^3)	钢筋 (t)
人工摊铺	265.2	99.98	37.7	122.0	220.12	2.5～3.8
机械摊铺			40.3			

特重、重交通路面宜采用旋窑道路硅酸盐水泥，也可采用旋窑硅酸盐水泥或普通硅酸盐水泥；中、轻交通的路面可采用矿渣硅酸盐水泥；低温天气施工或有快通要求的路段可采用R型水泥，此外宜采用普通型水泥。各交通等级路面水泥抗折强度、抗压强度应符合表2-29的规定。

各交通等级路面水泥各龄期的抗折强度、抗压强度　表2-29

交通等级	特重交通		重交通		中、轻交通	
龄期(d)	3	28	3	28	3	28
抗压强度(MPa)，≥	25.5	57.5	22.0	52.5	16.0	42.5
抗折强度(MPa)，≥	4.5	7.5	4.0	7.0	3.5	6.5

水泥进场时每批量应附有化学成分、物理、力学指标合格的检验证明。各交通等级路面所使用水泥的化学成分、物理性能等路用品质要求应符合表2-30的规定。

选用水泥时，除满足表2-29、表2-30的各项规定外，还应通过混凝土配合比试验，根据其配制弯拉强度、耐久性和工作性优选适宜的水泥品种、强度等级。采用机械化铺筑时，宜选用散装水泥。散装水泥的夏季出厂温度：南方不宜高于65℃,北方不宜高于55℃;混凝土搅拌时的水泥温度:南方不宜高于60℃,北方不宜高于50℃,且不宜低于10℃。当贫混凝土和碾压混凝土用作基层时,可使用各种硅酸盐类水泥。不掺用粉煤灰时,宜使用强度等级32.5级以下的水泥。掺用粉煤灰时,只能使用道路水泥、硅酸盐水泥、普通水泥。水泥的抗压强度、抗折强度、安定性和凝结时间必须检验合格。

各交通等级路面所使用水泥的化学成分和物理指标　表2-30

水泥性能	特重、重交通路面	中、轻交通路面
铝酸三钙	不宜>7.0%	不宜>9.0%
铁铝酸四钙	不宜<15.0%	不宜<12.0%
游离氧化钙	不得>1.0%	不得>1.5%
氧化镁	不得>5.0%	不得>6.0%
三氧化硫	不得>3.5%	不得>4.0%
碱含量	$Na_2O+0.658K_2O \leq 0.6\%$	怀疑有碱活性集料时,≤0.6%;无碱活性集料时,≤1.0%
混合材种类	不得掺窑灰、煤矸石、火山灰和黏土,有抗盐冻要求时不得掺石灰、石粉	不得掺窑灰、煤矸石、火山灰和黏土,有抗盐冻要求时不得掺石灰、石粉
出磨时安定性	雷氏夹或蒸煮法检验必须合格	蒸煮法检验必须合格
标准稠度需水量	不宜>28%	不宜>30%
烧失量	不得>3.0%	不得>5.0%
比表面积	宜在300~450m^2/kg	宜在300~450m^2/kg
细度(80μm)	筛余量不得>10%	筛余量不得>10%
初凝时间	不早于1.5h	不早于1.5h
终凝时间	不迟于10h	不迟于10h
28d干缩率①	不得>0.09%	不得>0.10%
耐磨性①	不得>3.6kg/m^2	不得>3.6kg/m^2

注:①28d干缩率和耐磨性试验方法采用《道路硅酸盐水泥》(GB 13693)标准。

2.机械选型

混凝土拌和可采用专用拌和站(自带上料斗、皮带运输机、双轮小推车)、专用拌和楼、移动式拌和站、强制式拌和机等机械。混凝土运输机具有自卸汽车、搅拌运输车、1t翻斗车等。混凝土摊铺机具有滑模摊铺机、轨道摊铺机、平地机、振动梁、振捣器、平板压槽器、切缝机等,养生机具空气压缩机、灌缝机、溶灌喷枪与洒水车。

3.拌和运输

水泥混凝土拌和运输的基本程序为:备料→上料和配料(水泥、砂、碎石、水、外加剂)→拌和(抽样检验)→运送水泥混合料。混凝土拌和要求如下:

(1)做好设计配和比试验。水灰比一般为0.40~0.50,最大水灰比不应超过0.60(南方)、0.55(北方),真空脱水的水灰比应控制在0.48~0.50为宜。坍落度现场拌制时应控制在1~3cm。中心拌和场拌制时应控制在4~6cm为宜,带混凝土泵的混凝土搅拌运输车运输的混凝土的坍落度应控制在8±2cm为宜(坍落度小于5cm卸不出料)。混凝土运输时间不宜超过表2-31规定。

混凝土运输时间　表2-31

气温(℃)	无搅拌设备运输时间(min)	有搅拌设备运输时间(min)
20~30	30	60
10~19	45	75
5~9	60	90

注:1.当运距较远时,可用搅拌运输车运干拌料到浇筑地点后再加水搅拌;

2.掺用外加剂或采用快硬水泥拌制混凝土时,应通过试验查明所配制混凝土的凝结时间后,确定运输时间限制;

3.表列时间系指从加水搅拌至入模时间。

(2)根据设计配合比进行配料(采用质量法)。

(3)混凝土搅拌的延续时间应根据搅拌机类型与容量、混凝土坍落度等情况确定,时间不足时拌和不均匀,搅拌时间过长时可能产生离析。自落式搅拌机(圆筒转动)适用于搅拌塑性混凝土和低流动性混凝土,强制式搅拌机(圆筒不转动)适用于搅拌干硬性混凝土或低流动性混凝土。混凝土路面不同摊铺方式的搅拌楼最小配置容量应符合表2-32规定。

混凝土路面不同摊铺方式的搅拌楼最小配置容量(m^3/h)　表2-32

摊铺方式 摊铺宽度(m)	滑模摊铺	轨道摊铺	碾压混凝土	三辊轴摊铺	小型机具
单车道3.75~4.5	≥100	≥75	≥75	≥50	≥25
双车道7.5~9	≥200	≥150	≥150	≥100	≥50
整幅宽≥12.5	≥300	≥200	≥200	—	—

(4)在施工现场检测时,坍落度的标准差一般为±1cm。

拌合物质量检验与控制应符合下列要求:搅拌过程中,拌合物质量检验与控制应符合表2-33的规定。低温或高温天气施工时,拌合物出料温度宜控制在10~35℃。并应测定原材料温度、拌合物的温度、坍落度损失率与凝结时间等。

混凝土拌合物的质量检验项目和频率　表2-33

检查项目	检查频度	
	高速公路、一级公路	其他公路
水灰比及稳定性	每5000m^3抽检1次,有变化随时测	每5000m^3抽检1次,有变化随时测
坍落度及其均匀性	每工班测3次,有变化随时测	每工班测3次,有变化随时测
坍落度损失率	开工、气温较高和有变化随时测	开工、气温较高和有变化随时测
振动黏度系数	试拌、原材料和配合比有变化时测	试拌、原材料和配合比有变化时测
钢纤维体积率	每工班测2次,有变化随时测	每工班测1次,有变化随时测
含气量	每工班测2次,有抗冻要求不少于3次	每工班测1次,有抗冻要求不少于3次
泌水率	必要时测	必要时测
视密度	每工班测1次	每工班测1次
温度、凝结时间、水化发热量	冬、夏季施工,气温最高、最低时,每工班至少测1~2次	冬、夏季施工,气温最高、最低时,每工班至少测1次
离析	随时观察	随时观察
VC值及稳定性、压实度、松铺系数	碾压混凝土做复合式路面底层时,检查频率与其他公路相同	每工班测3~5次,有变化随时测

注:1. 混凝土拌合物振动黏度系数试验方法见《公路水泥混凝土路面滑模施工技术规程》(JTJ/T 037.1);
2. 钢纤维混凝土拌合物钢纤维体积率试验方法见施工技术规范。

水泥混凝土采用自卸汽车运输,卸料机配合将混凝土传送到摊铺机料箱内。

4. 摊铺

混凝土摊铺(抽样试验并养护28d)→振捣→做面→压槽→养生→拆除模板→切缝→填缝→技术指标校验→开放交通。摊铺有传力杆或布设钢筋的混凝土时,按所配传力杆、角隅钢筋、钢筋网的安放位置进行,即先摊铺钢筋下方混合料,待钢筋安装就位后再摊铺上方混合料。

5. 整平做面

水泥混凝土路面的平整度、抗滑功能、耐磨功能的好坏关键在于做面,工序包括提浆、刮平和抹面。振动梁振实水泥混合料后,立即采用提浆辊拖压滚揉,起到进一步揉压、二次匀浆作用,一般沿纵向3~4次。遇到有个别露出石子处,是进行反复滚动数次解决石子露头问题。经过滚压揉匀的表面有一层厚度3~4mm的滋润砂浆层,提浆辊一般采用直径15cm钢管制作。

6. 施工缝

施工缝是在一天施工结束后,或在施工过程中发生意外停工而设置的横缝,一般应设在胀缝处或缩缝处。多车道水泥混凝土路面施工时,施工缝应避免设在同一横断面上。施工缝设在缩缝处,板中设置传力杆钢筋。

7. 填缝

填缝分加热施工填缝料和常温式填缝料。加热式填缝料如聚氯乙烯胶泥、橡胶沥青类等,采用双层加热锅均匀加热，双层锅中间用石蜡或耐高温机油作介质；聚氯乙烯胶泥的灌入温度为136～140℃，橡胶沥青为100～170℃。常温式填缝料主要有聚氨酯焦油类、聚氨酯类和聚氨酯沥青等；其填缝可使用填缝机或填缝枪，填缝深度一般为25～30mm，切割过深的接缝可用背衬料泡沫塑料或油麻绳铺垫缝底。

2.3.3 钢筋混凝土路面

钢筋混凝土路面是配置有纵横向钢筋或钢筋网的水泥混凝土路面，施工工艺流程为：施工准备→模板安装→混凝土搅拌→运输→卸料→挖掘机布料（钢筋网制安）→摊铺→整平→粗、细抗滑构造制作→养护→切缝灌缝→检测→交工验收→开放交通。

1. 施工准备

施工准备主要包括原材料的准备和检验、路面基层检验以及施工场地与施工机械的准备。施工机械包括混凝土搅拌设备、起重机、自卸汽车、接料斗、振捣器组、振捣梁、钢筋制作设备（电焊机、弯筋机、切割机、空压机等）、洒水养护机械与发电机组等。

2. 模板安装

在摊铺混凝土前，先安装两侧模板。应使用钢模板，模板安装时严格控制模板的平面位置和纵断面高程，模板位置固定好，不得有移位。模板表面要平整，且相邻两模板接缝平顺，表面高差符合规范及设计要求。铺筑前，应按设计图纸准确放样，如钢筋网位置、路面板块位置、地梁和接缝位置等。

3. 钢筋网制安

钢筋网应采用预先架设安装方式。单层钢筋的安装高度应在面板下（1/3～1/2）h 处，外侧钢筋中心至接缝或自由边的距离不宜小于100mm，并应配置4～6个/m^2 焊接支架或三角形架立钢筋支座，保证在拌合物堆压下钢筋网基本不陷、不移位。双层钢筋网上、下层之间不应少于4～6个/m^2 焊接支架或环线绑扎箍筋。其底部可采用焊接架立钢筋或用30mm厚的混凝土垫块支撑，数量不少于4～6个/m^2。双层钢筋网底部基层表面应有不小于30mm的保护层，顶部离面板表面应有不小于50mm的耐磨保护层。

浇筑混凝土之前先摆放钢筋网。钢筋网采用人工绑扎成形，绑扎完成的钢筋网采用焊接支架定位，以防止布料过程中变形，从而保证其位置的精度。制作好钢筋网片后应及时浇筑混凝土，不得淋雨或因外界其他原因使钢筋网生锈。

拉力杆采用螺纹钢筋，直径一般为16mm，按设计长度切割。传力杆采用光圆钢筋，一般直径为38mm，按设计长度切割。模板安装检验合格后，在浇筑混凝土时，每根拉杆随混凝土振捣迅速安装，随插随振，并及时调整平整度及外露尺寸，个别孔眼漏浆应及时用材料封堵。传力杆设置在每道横向缩缝、胀缝处，设置在施工缝处。施工时传力杆钢筋采用马凳支托绑轧，保证安装准确。设在胀缝的传力杆要涂沥青并裹敷聚乙烯膜，且一头要套10cm塑料套子，头部3cm填纱布；设在假缝的传力杆表面要涂沥青。

4. 补强角隅等钢筋安装

预先按设计图纸加工焊接好边缘补强钢筋支架，在距纵缝和自由边100～150mm处的基层上钻孔，钉入支架锚固钢筋，然后将边缘补强钢筋支架与锚固钢筋焊接。边缘补强钢筋的安装位置在距底面1/4厚度处，且不小于30mm，间距100mm。

发针状角隅钢筋应由两根直径为12～16mm的螺纹钢筋按 $\alpha/3$ 的夹角焊接制成，其底部应焊接5根支撑腿，安装位置距板顶不小于50mm，距板边100mm。

摊铺被迫中断时，必须设置横向施工缝，纵向钢筋应保持连续，穿过接缝，并应用一倍数量的长度不小于2m的纵向钢筋作加密处理，横向施工缝距最近横缝的距离不应小于5m。设接缝的钢筋混凝土路面在摊铺面板时，每张钢筋网片边缘100mm需做标记，以便准确对位切纵、横缩缝。纵、横向接缝部位的传力杆、拉杆、钢筋网表面应涂防锈涂层或包裹防锈塑料套管。

5. 钢筋检验

路面钢筋网及钢筋骨架的焊接和绑扎的精确度应符合表2-34规定。

搭接焊和帮条焊时钢筋的搭接长度：双面焊不小于 $5d$（钢筋直径）；单面焊不小于 $10d$，钢筋绑扎搭接长度不应小于 $35d$。同一垂直断面上不得有2个焊接或绑扎接头，相邻钢筋的焊接或绑扎接头应分别错开500mm和900mm以上。连续钢筋网每隔30m宜采用绑扎方式安装。

摊铺前应检验绑扎或焊接安装好的钢筋网和钢筋骨架，不得有贴地、变形、移位、松脱和开焊现象。路面钢筋网及钢筋骨架安装位置的允许偏差应符合表2-35的规定。

路面钢筋网焊接和绑扎的允许偏差　　表2-34

项目		焊接钢筋网及骨架允许偏差(mm)	绑扎钢筋网及骨架允许偏差(mm)
钢筋网的长度与宽度		±10	±10
钢筋网眼尺寸		±10	±20
钢筋骨架宽度及高度		±5	±5
钢筋骨架长度		±10	±10
箍筋间距		±10	±20
受力钢筋	间距	±10	±10
	排距	±5	±5

路面钢筋网及骨架安装位置的允许偏差　　表2-35

项目		允许偏差(mm)
受力钢筋排距		±5
钢筋弯起点位置		20
箍筋、横向钢筋间距	绑扎钢筋网及钢筋骨架	±20
	焊接钢筋网及钢筋骨架	±10
钢筋预埋位置	中心线位置	±5
	水平高差	±3
钢筋保护层	距表面	±3
	距底面	±5

6. 摊铺

混凝土应严格按施工配合比进行搅拌，搅拌楼配套容量应满足摊铺进度要求，搅拌楼搅拌出的混凝土规格应符合现行规范要求。每200m^3混凝土抽检坍落度、含气量、砂石料含量及混凝土容重，外加剂、粉煤灰和减水剂拌料前按每批盘用量拌和掺入。根据施工进度、运量和运距选配好运输车辆，运送新拌混凝土时要防止离析，超过初凝时间的混凝土移作他用。

采用滑模摊铺机、箱式轨道摊铺机和三辊轴机组摊铺时，钢筋混凝土路面可采用两次布料，以便在其中摆放间断钢筋网。坍落度相同时的布料松铺高度，宜比相应机械施工方式普通混凝土路面大10mm左右。拌合物坍落度相同时，钢筋混凝土路面的振捣密实持续时间应比普通混凝土路面的规定时间延长5～10s。

三辊轴机要特别注意布料的均匀性，准确控制布料高度。试验段用微型翻斗机将料运至施工现场后，翻斗车把料卸至大斗内由挖掘机逐斗挖出，均匀布料。

7. 振捣整平

混凝土拌和料布料长度不大于10m时，开始振捣作业，密排振捣器间歇插入振实时，每次移动距离不超过振捣棒有效作用半径的1.5倍，并不大于50cm，振捣时间宜为15～30s。振捣密实以拌合物中粗集料停止下沉，表面不再冒气泡，并泛出水泥浆为准，注意不能过振。排式振捣器应匀速缓慢、不间断地行进。面板振实后，随即安装纵缝拉杆。单车道摊铺的混凝土路面，在侧模预留孔中按设计要求插入拉杆。

8. 饰面

混凝土整平饰面，表面砂浆沿纵向厚度和水灰比都已达到均匀，但沿横向可能尚不均匀，应进行饰面。待表面泌水蒸发消失，再使用刮板或抹刀进行1～2遍收浆饰面或抹光。

9. 接缝施工

1) 纵缝

当一次铺筑宽度小于路面和硬路肩总宽度时，应设纵向施工缝，位置应避开轮迹，并重合或靠近车道线，构造可采用平缝加拉杆型。当所摊铺的面板厚度大于或等于260mm时，也可采用插拉杆的企口型纵向施工缝。采用滑模施工方式时，应在振实过程中，从侧模预留孔中手工插入拉杆。当一次铺筑宽度大于4.5m时，应采用假缝拉杆型纵缝，即锯切纵向缩缝，纵缝位置应按车道宽度设置，并在摊铺过程中用专用的拉杆插入装置插入拉杆。

钢筋混凝土路面、桥面和搭板的纵缝拉杆可由横向钢筋延伸穿过接缝代替。钢纤维混凝土路面切开的假纵缝可不设拉杆，纵向施工缝应设拉杆。插入的侧向拉杆应牢固，不得松动、碰撞或拔出。若发现拉杆松脱或漏插，应在横向相邻路面摊铺前，钻孔重新植入。当发现拉杆可能被拔出时，宜进行拉杆拔出力（握裹力）检验。

2）横向施工缝

每天摊铺结束或摊铺中断时间超过30min时，应设置横向施工缝，其位置宜与胀缝或缩缝重合，确有困难不能重合时，施工缝应采用设螺纹传力杆的企口缝形式。横向施工缝应与路中心线垂直。横向施工缝在缩缝处采用平缝加传力杆型。

3）横向缩缝

普通混凝土路面横向缩缝宜等间距布置，不宜采用斜缝。不得不调整板长时，最大板长不宜大于6.0m；最小板长不宜小于板宽。在中、轻交通的混凝土路面上，横向缩缝可采用不设传力杆假缝型。

在特重和重交通公路、收费广场、邻近胀缝或路面自由端的3条缩缝，应采用假缝加传力杆型。缩缝传力杆的施工方法可采用前置钢筋支架法或传力杆插入装置法。钢筋支架应具有足够的刚度，传力杆应准确定位，摊铺之前应在基层表面放样，并用钢钎锚固，宜使用手持振捣棒振实传力杆高度以下的混凝土，然后机械摊铺。传力杆无防粘涂层一侧应焊接，有涂料一侧应绑扎。用DBI法置入传力杆时，应在路侧缩缝切割位置做标记，保证切缝位于传力杆中部。

4）胀缝设置

普通混凝土路面、钢筋混凝土路面和钢纤维混凝土路面的胀缝间距，视集料的温度膨胀性大小、当地年温差和施工季节综合确定。高温施工，可不设胀缝；常温施工，集料温缩系数和年温差较小时，可不设胀缝；集料温缩系数或年温差较大，路面两端构造物间距大于等于500m时，宜设一道中间胀缝；低温施工，路面两端构造物间距大于等于350m时，宜设一道胀缝。邻近构造物、平曲线或与其他道路相交处的胀缝应按《公路水泥混凝土路面设计规范》（JTG D40—2002）的规定设置。

普通混凝土路面的胀缝应设置胀缝补强钢筋支架、胀缝板和传力杆。钢筋混凝土和钢纤维混凝土路面可不设钢筋支架。胀缝宽20~25mm，使用沥青或塑料薄膜滑动封闭层时，胀缝板及填缝宽度宜加宽到25~30mm。传力杆一半以上长度的表面应涂防粘涂层，端部应戴活动套帽，套帽材料与尺寸应符合相关要求。胀缝板应与路中心线垂直，缝壁垂直；缝隙宽度一致；缝中完全不连浆。

胀缝应采用前置钢筋支架法施工，也可采用预留一块面板，高温时再铺封。前置法施工，应预先加工、安装和固定胀缝钢筋支架，并在使用手持振捣棒振实胀缝板两侧的混凝土后再摊铺。宜在混凝土未硬化时，剔除胀缝板上部的混凝土，嵌入（20~25）mm×20mm的木条，整平表面。胀缝板应连续贯通整个路面板宽度。

5）切缝法施工

贫混凝土基层、各种混凝土面层、加铺层、桥面和搭板的纵、横向缩缝均应采用切缝法施工。切缝作业应符合下列规定：

（1）横向缩缝

横向缩缝的切缝方式有全部硬切缝、软硬结合切缝和全部软切缝三种，切缝方式的选用，应由施工期间该地区路面摊铺完毕到切缝时的昼夜温差确定，宜参照表2-36选用。

根据施工气温所推荐的切缝方式 表2-36

昼夜温差[①]（℃）	切缝方式	缩缝切深
<10	最长时间不得超过24h	硬切缝1/4~1/5板厚
10~15	软硬结合切缝，每隔1~2条提前软切缝，其余用硬切缝补切	软切深度不应小于60mm；不足者应硬切补深到1/3板厚，已断开的缝不补切
>15	宜全部软切缝，抗压强度约为1~1.5MPa，人可行走。软切缝不宜超过6h	软切缝深大于等于60mm，未断开的接缝，应硬切补深到不小于1/4板厚

注：①注意降雨后刮风引起路面温度骤降，面板温差在表中规定范围内，应按表中方法，提早切缝。

有传力杆缩缝的切缝深度应为1/3~1/4板厚，最浅不得小于70mm；无传力杆缩缝的切缝深度应为1/4~1/5板厚，最浅不得小于60mm。

（2）纵向施工缝

高速公路和一级公路及路基高度大于等于10m的高边坡、软基及填挖交界路段、桥头搭板、桥面板的纵向施工缝，应在上半部涂满沥青，然后硬切缝，并填缝。二级及其以下公路一般路段的纵向施工缝在上半部涂满沥青后，可不切缝。

(3)切缝

对已插入拉杆的纵向假缩缝,切缝深度不应小于1/3~1/4板厚,最浅切缝深度不应小于70mm,纵、横缩缝宜同时切缝。缩缝切缝宽度宜控制在4~6mm,切缝时锯片晃度不应大于2mm。可先用薄锯片锯切到要求深度,再使用6~8mm厚锯片或叠合锯片扩宽填缝槽,填缝槽深度宜为25~30mm,宽度宜为7~10mm。

在变宽度路面上,宜先切缝划分板宽。匝道上的纵缝宜避开轮迹位置。横缝应垂直于每块面板的中心线。变宽度路面缩缝,允许切割成小转角的折线,相邻板的横向缩缝切口必须对齐,允许偏差不得大于5mm。

(4)灌缝

灌缝的形状系数宜控制在2左右,灌缝深度宜为15~20mm,最浅不得小于15mm。先挤压嵌入直径9~12mm多孔泡沫塑料背衬条,再灌缝。灌缝顶面热天应与板面齐平,冷天应填为凹液面,中心低于板面1~2mm。

10. 拆模

水泥混凝土路面施工一般为24h后拆模,拆模时注意不要碰伤混凝土的边角。

2.3.4 连续配筋混凝土路面

连续配筋混凝土路面是在面层内配置纵向连续钢筋和横向钢筋,横向不设缩缝的水泥混凝土路面,如图2-4所示。施工工艺流程为:施工准备→测量放样→模板安装→钢筋笼制安→混凝土拌和→摊铺→振捣整平→饰面拉毛→拆模养生。

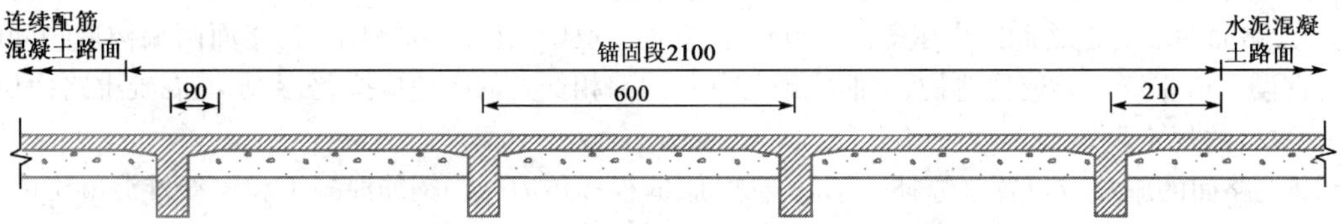

图2-4 连续配筋混凝土路面构造

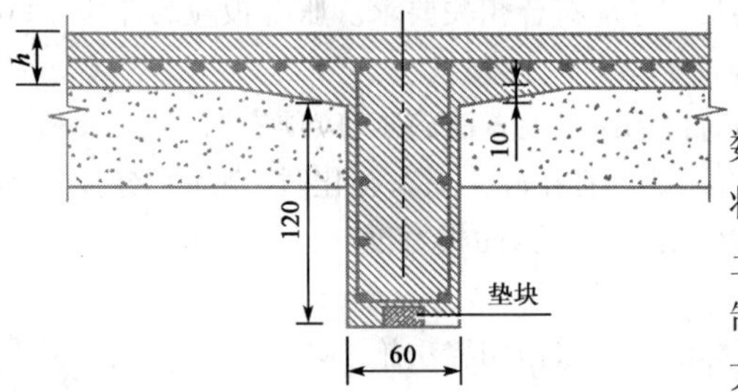

图2-5 地梁锚固结构

1. 钢筋制安

连续配筋混凝土路面的钢筋制作安装直接影响到面板裂缝的数量和间距,所以钢筋的安装一定要牢固,定位一定要准确。首先将横向钢筋按设计尺寸布置于底层,然后布置纵向钢筋,确定混凝土板厚后,再绑扎成钢筋笼。为了保证钢筋位于设计的高度,必须制作高度符合要求的支架。施工时将部分支架放置在横向钢筋下方,然后将纵向钢筋绑扎在横向钢筋之上,从而形成稳固支撑的钢筋笼。如图2-5所示。

2. 混凝土摊铺

钢筋安装就位后,混凝土可整体一次布料。施工工艺流程为:混凝土拌和→运输→摊铺(包括混凝土布料、振捣、收浆、抹面和拉毛)→养生。

3. 端部处理

(1)施工前应按设计图纸对锚固结构位置、尺寸进行测量放样。

(2)端部锚固结构应按设计尺寸和配筋要求施工,确保锚固效果。

①地梁施工应按设计位置和尺寸开挖地槽,并应尽量避免扰动和超挖两侧基层、垫层及路基,尺寸较规矩、超挖较少时,可不设侧模;否则设侧模。拆模后应回填超挖部位并夯实路基和垫层,基层应采用贫混凝土修复。岩石路基上可直接将钢筋锚固在岩基中。地梁钢筋应与路面钢筋相焊接,地梁混凝土采用振捣棒分层振实,并应与面板浇筑成整体。地梁与路面混凝土合龙温度宜控制在20~25℃,或在当地年平均气温时合龙。

②宽翼缘工字钢梁施工应按设计枕垫板尺寸在基层上挖槽,再安装钢筋骨架,并浇筑钢筋混凝土枕垫板。枕垫板表面应预留与工字钢梁的焊接锚固钢筋,并铺设滑动隔离层。

2.3.5 钢纤维混凝土路面

钢纤维混凝土路面是在水泥混凝土中掺入钢纤维的水泥混凝土路面结构。钢纤维不宜太长,以混凝土体积率的钢纤维掺量规范规定为0.6%~1.0%。

1. 摊铺

混凝土布料与摊铺除按普通混凝土路面的规定外，还应符合下列规定：

(1)所采用的各种机械布料与摊铺方式，应保证面板内钢纤维分布的均匀性及结构连续性，在一块面板内的浇筑和摊铺不得中断。

(2)布料松铺高度应通过试铺确定。拌合物坍落度相同时，宜比相同机械施工方式的普通混凝土路面松铺高度高10mm左右。

(3)钢纤维混凝土拌合物应与所选定的摊铺方式相适应。

2. 振捣与整平

采用的振捣机械和振捣方式除应保证钢纤维混凝土密实性外，还应保证钢纤维在混凝土中分布的均匀性。除应满足各交通等级路面平整度要求外，整平后的面板表面不得裸露上翘的钢纤维，表面下10~30mm深度内的钢纤维应基本处于平面分布状态。

采用滑模摊铺机、轨道摊铺机铺筑钢纤维混凝土路面时，振捣棒组的振捣频率不宜低于10000r/min，振捣棒组底缘应严格控制在面板表面位置，不得将振捣棒组插入路面钢纤维混凝土内部振捣。采用三辊轴机组摊铺钢纤维混凝土路面时，不得将振捣棒组插入路面钢纤维混凝土内部振捣，也不得使用人工插捣。可采用大功率平板式振捣器振捣密实，再采用振动梁压实整平。振动梁底面应设凸棱以利表层钢纤维和粗集料压入。然后用三辊轴整平机将表面滚压平整。再用3m以上刮尺、刮板或抹刀纵横向精平表面。

3. 特殊工艺要求

钢纤维混凝土拌合物从出料到运输、铺筑完毕的允许最长时间不宜超过表2-37的规定。在浇筑和摊铺过程中严禁因拌合物干涩而加水，但可喷雾防止表面水分蒸发。

钢纤维混凝土从出料到运输和铺筑完毕的允许最长时间 表2-37

施工气温①(℃)	到运输完毕允许最长时间(h)		到铺筑完毕允许最长时间(h)	
	滑模、轨道	三辊轴机组	滑模、轨道	三辊轴机组
5~9	1.25	1.0	1.5	1.25
10~19	0.75	0.5	1.0	0.75
20~29	0.5	0.35	0.75	0.5
30~35	0.35	0.25	0.50	0.35

注：①指施工时间的日间平均气温，使用缓凝剂延长凝结时间后，本表数值可增加0.20~0.35h。

钢纤维混凝土路面的板长宜为6~10m，钢纤维掺量较大，可用大值；掺量小取小值。板面长宽比应符合设计要求。

2.3.6 碾压水泥混凝土路面

碾压水泥混凝土路面是采用振动碾压水泥混凝土成型的水泥混凝土路面结构。

1. 机械选型

宜选用预压密实度高的沥青摊铺机，根据路面摊铺宽度可选用1~2台。自重10~12t振动压路机1~2台；15~25t轮胎压路机1台；1~2t小型振动压路机1台。

2. 工艺流程

碾压铺筑工艺流程为：碾压混凝土拌和→运输→卸入沥青摊铺机→沥青摊铺机摊铺→打入拉杆→钢轮压路机初压→振动压路机复压→轮胎压路机终压→抗滑构造处理→养生→切缝→填缝。

碾压混凝土路面铺筑松铺系数应根据混凝土配合比、施工机械由试铺确定。采用高密实度摊铺机时，松铺系数宜控制在1.05~1.15之间。

3. 摊铺

摊铺前应洒水湿润基层。摊铺作业应均匀、连续，摊铺过程中不得随意变换速度或停顿。摊铺速度宜控制在0.6~1.0m/min范围内。螺旋分料器转速应与摊铺速度相适应，保证两边缘料位充足。拉杆设置应与摊铺同步进行，并根据设计间距设醒目的定位标记，保证准确打入拉杆。

铺筑弯道路段时，应及时调整左右两侧分料器的转速，保证两侧供料均衡；弯道超高路面摊铺应确保超高部位的供料充足。摊铺过后，应立即对所摊铺混凝土表面进行检查，局部缺料部位，应及时补料。局部粗料集中的部位，应采用湿筛砂浆进行弥补。

4. 碾压

碾压段长度以30～40m为宜。直线段碾压时，压路机应从外侧向路中心碾压；平曲线有超高路段，由低侧向高侧、自内向外碾压，压完全宽为1遍；碾压作业应均匀、速度稳定；并按初压、复压和终压三个阶段进行。

(1)初压应采用钢轮压路机或振动压路机静压，静压重叠量宜为1/3～1/4钢轮宽度，初压遍数宜为2遍。

(2)复压应采用振动压路机振动碾压，重叠量宜为1/3～1/2振动碾宽度。振动压路机起步、倒车和转向均应缓慢柔顺，严禁振动压路机中途急停、急转、紧急起步及快速倒车。复压遍数按检测达到规定压实度进行控制，一般宜为2～6遍。

(3)终压应采用轮胎压路机静压。终压遍数应以弥合表面微裂纹和消除轮迹为停压标准，一般宜为2～8遍。

(4)初压、复压和终压作业应密切衔接配合、一气呵成；中间不应停顿、等候和拖延，也不得相互干扰。宜尽量缩短全部碾压作业完成时间。如有局部晒干和风干迹象，应及时喷雾。压实后表面应及时覆盖，并洒水养生。

5. 横向施工缝

横向施工缝设置形式宜为"台阶式"。其施工工序如下：

(1)在施工终点处设纵向斜坡，作为压路机碾压过渡段；碾压结束后，将平整度合格部位以外斜坡刨除。

(2)第二天摊铺开始，后退150～200mm切割施工缝，切割深度宜为80～100mm，将切缝外侧混凝土刨除，形成台阶。

(3)涂刷水泥浆后，纵向连接摊铺新路面。硬化后切施工缝。

6. 胀缝

在邻近构造物、小半径平曲线两端和凹形竖曲线纵坡变换处，应至少各设2条胀缝。其余路段可不设置胀缝。胀缝形式可分为混凝土枕垫式或钢板枕垫式两种。

7. 缩缝

碾压混凝土路面纵向缩缝中应设拉杆，面板尺寸可与普通混凝土路面相同，也可略大，但最大不宜超过6m×8m。纵、横向缩缝应采用硬切缝，硬切缝与填缝要求与普通混凝土路面相同。面层抗滑构造可采用硬刻槽或缓凝裸露集料法制作，三、四级公路和基层可不作抗滑处理。

8. 铺筑质量

碾压混凝土路面铺筑质量应符合下列规定：

(1)应严格控制VC值、松铺系数、离析和碾压遍数，保证碾压作业完成后的整个混凝土路面板厚度一致、均匀密实，密实度必须达到配合比设计的规定。板厚和匀质性可用钻芯检验。

(2)碾压成形后的面板应达到公路等级所规定的平整度。

(3)碾压终了后的面板表面不应有可见微裂纹或轮迹。

2.3.7 抗滑与养生

水泥混凝土路面抗滑构造，一般路段可采用横向槽或纵向槽，在弯道或要求减噪的路段宜使用纵向槽。路面硬化前，采用拉毛工艺制作路面抗滑构造。路面硬化后，采用刻槽机硬刻槽。旧路面抗滑构造不满足要求时，可采用硬刻槽或喷砂打毛等方法加以恢复。

1. 抗滑施工

水泥混凝土摊铺完毕或精整平表面后，宜使用钢支架拖挂1～3层叠合麻布、帆布或棉布，洒水湿润后作拉毛处理。布片接触路面的长度以0.7～1.5m为宜，细度模数偏大的粗砂，拖行长度取小值；砂较细，取大值。人工修整表面时，宜使用木抹。用钢抹修整过的光面，必须再拉毛处理，以恢复细观抗滑构造。

当日施工进度超过500m时，抗滑沟槽制作宜选用拉毛机械施工，没有拉毛机时，可采用人工拉槽方式。在混凝土表面泌水完毕20～30min内应及时进行拉槽。拉槽深度应为2～4mm，槽宽3～5mm，槽间距15～25mm。可施工等间距或非等间距抗滑槽，为减小噪声，宜采用后者。衔接间距应保持一致。

特重和重交通混凝土路面宜采用硬刻槽，凡使用圆盘、叶片式抹面机精平后的混凝土路面、钢纤维混凝土路面必须采用硬刻槽方式制作抗滑沟槽。可采用等间距刻槽，其几何尺寸与抗滑沟槽相同；为降低噪声宜采用非等间距刻槽，尺寸宜为：槽深3～5mm，槽宽3mm，槽间距在12～24mm之间随机调整。路面结冰地区，硬刻槽的形状宜使用上宽6mm下窄3mm的梯形槽；硬刻槽机重量宜重不宜轻，一次刻槽最小宽度不应小于500mm，硬刻槽时不应掉边角，亦不得中途抬起或改变方向，并保证硬刻槽到面板边缘。抗压强度达到40%后可开始硬刻槽，并宜在两周内完成。硬刻槽后应随即将路面冲洗干净，并恢复路面的养生。

年降雨量小于250mm地区的各级公路混凝土路面，可不拉毛和刻槽；年降雨量为250～500mm的地区，当组合坡度小于3%时，可不拉毛与刻槽；组合坡度大于等于3%时，宜执行一般路段的抗滑构造规定。高寒和寒冷地区混凝土路面的停车带边板和收费站广场，可不制作抗滑沟槽。

2. 保湿养生

混凝土路面铺筑完成或软作抗滑构造完毕后应开始养生。机械摊铺的各种混凝土路面、桥面及搭板宜采用喷洒养生剂同时保湿覆盖的方式养生。

1）洒水养生

洒水保湿养生，一般均匀洒水3～5遍/d，保持混凝土板潮湿。在雨天或养生用水充足的情况下，也可采用麻袋、草袋、草帘等保湿方式，不宜使用围水养生方式。

2）养生剂养生

混凝土路面采用喷洒养生剂养生时，喷洒应均匀、成膜厚度应足以形成完全密闭水分的薄膜，喷洒后的表面不得有颜色差异。喷洒时间宜在表面混凝土泌水完毕后进行。喷洒高度宜控制在0.5～1m。使用一级品养生剂时，最小喷洒剂量不得少于0.30kz/m^2；合格品的最小喷洒剂量不得少于0.35kg/m^2。不得使用易被雨水冲刷掉的和对混凝上强度、表面耐磨性有影响的养生剂。当喷洒一种养生剂达不到90%以上有效保水率要求时，可采用两种养生剂各喷洒一层或喷一层养生剂再加覆盖的方法。

3）覆盖养生

覆盖塑料薄膜养生的初始时间，以不压坏细观抗滑构造为准。薄膜厚度（韧度）应合适，宽度应大于覆盖面600mm。两条薄膜对接时，搭接宽度不应小于400mm，养生期间应始终保持薄膜完整盖满。

宜使用保湿膜、土工毡、土工布等覆盖物保湿养生并及时洒水，保持混凝土表面始终处于潮湿状态，并由此确定每天的洒水遍数。昼夜温差大于10℃的地区或日平均温度小于等于5℃施工的混凝土路面应采取保温保湿养生措施。

4）养生时间

养生时间应根据混凝土弯拉强度增长情况而定，不宜小于设计弯拉强度的80%，应特别注重前7d的保湿（温）养生。一般养生天数宜为14～21d，高温天不宜少于14d，低温天不宜少于21d。掺粉煤灰的混凝土路面，最短养生时间不宜少于28d，低温天应适当延长。

养生期内除小型洒水车外（开始3d内也不准通行）禁止一切车辆通行。混凝土板养生初期，严禁人、畜通行，在达到设计强度40%后，行人方可通行。在路面养生期间，平交道口应搭建临时便桥。面板达到设计弯拉强度后，方可开放交通。

2.4 沥青面层施工

各层沥青混合料应满足所在层位的功能性要求，便于施工，不容易离析。各层应连续施工并联结成为一个整体。使用煤沥青时应采取措施防止工作人员吸入煤沥青蒸汽或避免皮肤直接接触煤沥青造成身体损害。

2.4.1 热拌沥青混合料路面

沥青面层集料的最大粒径宜从上至下逐渐增大，并应与压实层厚度相匹配。对热拌热铺密级配沥青混合料，沥青层一层的压实厚度不宜小于集料公称最大粒径的2.5～3倍，对SMA和OGFC等嵌挤型混合料不宜小于公称最大粒径的2～2.5倍，以减少离析，便于压实。热拌沥青混凝土路面施工工艺流程为：施工准备→沥青混合料拌和→运输→摊铺→压实→检验→开放交通。

1. 施工准备

铺筑沥青层前，应检查基层或下卧沥青层的质量，不符合要求的不得铺筑沥青面层。旧沥青路面或下卧层已被污染，必须清洗或经铣刨处理后方可铺筑沥青混合料。石油沥青加工及沥青混合料施工稳定应根据沥青标号及黏度、气候条件、铺装层的厚度确定。

（1）普通沥青结合料的施工温度宜通过在135℃及175℃条件下测定的黏度—温度曲线按表2-38的规定确定。缺乏黏温曲线数据时，可参照表2-39的范围选择，并根据实际情况确定使用高值或低值。当表中温度不符实际情况时,容许做适当调整。

确定沥青混合料拌和及压实温度的适宜温度 表2-38

黏度	适宜于拌和的沥青结合料黏度	适宜于压实的沥青结合料黏度	测定方法
表观黏度	(0.17 ± 0.02) Pa·s	(0.28 ± 0.03) Pa·s	T 0625
运动黏度	$(170 \pm 20)\ mm^2/s$	$(280 \pm 30)\ mm^2/s$	T 0619
赛波特黏度	(85 ± 10) s	(140 ± 15) s	T 0623

热拌沥青混合料的施工温度(℃) 表2-39

施工工序		石油沥青的标号			
		50号	70号	90号	110号
沥青加热温度		160~170	155~165	150~160	145~155
矿料加热温度	间隙式拌和机	集料加热温度比沥青温度高10~30			
	连续式拌和机	矿料加热温度比沥青温度高5~10			
沥青混合料出料温度		150~170	145~165	140~160	135~155
混合料贮料仓贮存温度		贮料过程中温度降低不超过10			
混合料废弃温度,高于		200	195	190	185
运输到现场温度,不低于		150	145	140	135
混合料摊铺温度,不低于	正常施工	140	135	130	125
	低温施工	160	150	140	135
开始碾压的混合料内部温度,不低于	正常施工	135	130	125	120
	低温施工	150	145	135	130
碾压终了的表面温度,不低于	钢轮压路机	80	70	65	60
	轮胎压路机	85	80	75	70
	振动压路机	75	70	60	55
开放交通的路表温度不高于		50	50	50	45

注:1. 沥青混合料的施工温度采用具有金属探测针的插入式数显温度计测量。表面温度可采用表面接触式温度计测定。当采用红外线温度计测量表面温度时,应进行标定;

2. 表中未列入的130号、160号及30号沥青的施工温度由试验确定。

(2)聚合物改性沥青混合料的施工温度根据实践经验并参照表2-40选择。通常宜较普通沥青混合料的施工温度提高10~20℃。对采用冷态胶乳直接喷入法制作的改性沥青混合料,集料烘干温度应进一步提高。

聚合物改性沥青混合料的正常施工温度范围(℃) 表2-40

工序	聚合物改性沥青品种		
	SBS类	SBR胶乳类	EVA、PE类
沥青加热温度	160~165		
改性沥青现场制作温度	165~170	—	165~170
成品改性沥青加热温度,不大于	175	—	175
集料加热温度	190~220	200~210	185~195
改性沥青SMA混合料出厂温度	170~185	160~180	165~180
混合料最高温度(废弃温度)	195		
混合料贮存温度	拌和出料后降低不超过10		
摊铺温度,不低于	160		
初压开始温度,不低于	150		
碾压终了的表面温度,不低于	90		
开放交通时的路表温度,不高于	50		

注:当采用表列以外的聚合物或天然沥青改性沥青时,施工温度由试验确定。

(3)SMA混合料的施工温度应视纤维品种和数量、矿粉用量的不同,在改性沥青混合料的基础上作适当提高。

2. 混合料拌制

1)拌和厂设置

沥青混合料必须在沥青拌和厂(场、站)采用拌和机械拌制。

(1)拌和厂的设置必须符合国家有关环境保护、消防、安全等规定。

(2)拌和厂与工地现场距离应充分考虑交通堵塞的可能,确保混合料的温度下降不超过要求,且不致因颠簸造成混合料离析。

(3)拌和厂应具有完备的排水设施。各种集料必须分隔贮存,细集料应设防雨顶棚,料场及场内道路应作硬化处理,严禁泥土污染集料。

2)间歇式拌和机

沥青混合料可采用间歇式拌和机或连续式拌和机拌制。高速公路和一级公路宜采用间歇式拌和机拌和。连续式拌和机使用的集料必须稳定不变,一个工程从多处进料、料源或质量不稳定时,不得采用连续式拌和机。沥青混合料拌和设备的各种传感器必须定期检定,周期不少于每年一次。冷料供料装置需经标定得出集料供料曲线。间歇式拌和机应符合下列要求:

(1)总拌和能力满足施工进度要求。拌和机除尘设备完好,能达到环保要求。

(2)冷料仓的数量满足配合比需要,通常不宜少于5~6个。具有添加纤维、消石灰等外掺剂的设备。

集料与沥青混合料取样应符合现行试验规程的要求。从沥青混合料运料车上取样时必须在设置取样台分几处采集一定深度下的样品。集料进场宜在料堆顶部平台卸料,经推土机推平后,铲运机从底部按顺序竖直装料,减小集料离析。高速公路和一级公路施工用的间歇式拌和机必须配备计算机设备,拌和过程中逐盘采集并打印各个传感器测定的材料用量和沥青混合料拌和量、拌和温度等各种参数,每个台班结束时打印出一个台班的统计量,进行沥青混合料生产质量及铺筑厚度的总量检验,总量检验的数据有异常波动时,应立即停止生产,分析原因。烘干集料的残余含水量不得大于1%。每天开始几盘集料应提高加热温度,并干拌几锅集料废弃,再正式加沥青拌和混合料。拌和机的矿粉仓应配备振动装置以防止矿粉起拱。添加消石灰、水泥等外掺剂时,宜增加粉料仓,也可由专用管线和螺旋升送器直接加入拌和锅,若与矿粉混合使用时应注意两者因密度不同发生离析。沥青混合料拌和时间根据具体情况经试拌确定,以沥青均匀裹覆集料为度。间歇式拌和机每盘的生产周期不宜少于45s(其中干拌时间不少于5~10s)。改性沥青和SMA混合料的拌和时间应适当延长。

3. 混合料运输

(1)热拌沥青混合料宜采用较大吨位的运料车运输,但不得超载运输,或急刹车、急弯掉头使透层、封层造成损伤。运料车的运力应稍有富余,施工过程中摊铺机前方应有运料车等候。对高速公路、一级公路,宜待等候的运料车多于5辆后开始摊铺。

(2)运料车每次使用前后必须清扫干净,在车厢板上涂一薄层防止沥青黏结的隔离剂或防黏剂,但不得有余液积聚在车厢底部。从拌和机向运料车上装料时,应多次挪动汽车位置,平衡装料,以减少混合料离析。运料车运输混合料宜用苫布覆盖保温、防雨、防污染。

(3)运料车进入摊铺现场时,轮胎上不得沾有泥土等可能污染路面的脏物,否则宜设水池洗净轮胎后进入工程现场。沥青混合料在摊铺地点凭运料单接收,若混合料不符合施工温度要求,或已经结成团块、已遭雨淋的不得铺筑。

(4)摊铺过程中运料车应在摊铺机前100~300mm处停住,空挡等候,由摊铺机推动前进开始缓缓卸料,避免撞击摊铺机。在有条件时,运料车可将混合料卸入转运车经二次拌和后向摊铺机连续均匀的供料。运料车每次卸料必须倒净,尤其是对改性沥青或SMA混合料,如有剩余,应及时清除,防止硬结。

(5)SMA及OGFC混合料在运输、等候过程中,如发现有沥青结合料沿车厢板滴漏时,应采取措施易于避免。

4. 混合料摊铺

(1)热拌沥青混合料应采用沥青摊铺机摊铺,在喷洒有黏层油的路面上铺筑改性沥青混合料或SMA时,宜使用履带式摊铺机。摊铺机的受料斗应涂刷薄层隔离剂或防黏结剂。

(2)铺筑高速公路、一级公路沥青混合料时,一台摊铺机的铺筑宽度不宜超过6(双车道)~7.5m(3车道以上),通常宜采用两台或更多台数的摊铺机前后错开10~20m成梯队方式同步摊铺,两幅之间应有30~60mm左右宽度的搭接,并躲开车道轮迹带,上下层的搭接位置宜错开200mm以上。

(3)摊铺机开工前应提前0.5~1h预热熨平板不低于100℃。铺筑过程中应选择熨平板的振捣或夯锤压实装置具有适宜的振动频率和振幅，以提高路面的初始压实度。熨平板加宽连接应仔细调节至摊铺的混合料没有明显的离析痕迹。

（4）摊铺机必须缓慢、均匀、连续不间断的摊铺，不得随意变换速度或中途停顿，以提高平整度，减少混合料的离析。摊铺速度宜控制在2～6m/min范围内，对改性沥青混合料及SMA混合料宜放慢至1～3m/min。当发现混合料出现明显的离析、波浪、裂缝、拖痕时，应分析原因，予以消除。

（5）摊铺机应采用自动找平方式，下面层或基层宜采用钢丝绳引导的高程控制方式，上面层宜采用平衡梁或雪橇式摊铺厚度控制方式，中面层根据情况选用找平方式。直接接触式平衡梁的轮子不得粘附沥青。铺筑改性沥青或SMA路面时宜采用非接触式平衡梁。

（6）热拌沥青混合料的最低摊铺温度根据铺筑层厚度、气温、风速及下卧层表面温度不得低于表2-41的要求。每天施工开始阶段宜采用较高温度的混合料。

沥青混合料的最低摊铺温度 表2-41

下卧层的表面温度（℃）	相应于下列不同摊铺层厚度的最低摊铺温度（℃）					
	普通沥青混合料			改性沥青混合料或SMA沥青混合料		
	<50mm	（50～80）mm	>80mm	<50mm	（50～80）mm	>80mm
<5	不允许	不允许	140	不允许	不允许	不允许
5～10	不允许	140	135	不允许	不允许	不允许
10～15	145	138	132	165	155	150
15～20	140	135	130	158	150	145
20～25	138	132	128	153	147	143
25～30	132	130	126	147	145	141
>30	130	125	124	145	140	139

（7）沥青混合料的松铺系数应根据混合料类型由试铺试压确定。摊铺过程中应随时检查摊铺层厚度及路拱、横坡。

（8）摊铺机的螺旋布料器应相应于摊铺速度调整到保持一个稳定的速度均衡的转动，两侧应保持有不少于送料器2/3高度的混合料，以减少在摊铺过程中混合料的离析。

（9）用机械摊铺的混合料，不宜用人工反复修整。当不得不由人工作局部找补或更换混合料时，需仔细进行，特别严重的缺陷应整层铲除。

（10）在路面狭窄部分、平曲线半径过小的匝道或加宽部分，以及小规模工程不能采用摊铺机铺筑时，可用人工摊铺混合料。人工摊铺混合料应符合下列要求：

①半幅施工时，路中一侧宜事先设置挡板。

②沥青混合料宜卸在铁板上，摊铺时应扣锹布料，不得扬锹远甩。铁锹等工具宜粘防粘结剂或加热使用。

③边摊铺边用刮板整平，刮平时应轻重一致，控制次数，严防集料离析。

④摊铺不得中途停顿，并加快碾压。如因故不能及时碾压时，应立即停止摊铺，并对已卸下的沥青混合料覆盖苫布保温。

⑤低温施工时，每次卸下的混合料应覆盖苫布保温。

在雨季铺筑沥青路面时，应加强与气象台的联系，已摊铺的沥青层因遇雨未行压实的应予铲除。

5.压实及成型

压实成型的沥青路面应符合压实度及平整度的要求。沥青混凝土的压实层最大厚度不宜大于10cm，沥青稳定碎石混合料的压实层厚度不宜大于12cm，但当采用大功率压路机且经试验证明能达到压实度时允许增大到15cm。

沥青路面施工应配备足够数量的压路机，选择合理的压路机组合方式及初压、复压、终压（包括成型）的碾压步骤，以达到最佳碾压效果。高速公路铺筑双车道沥青路面的压路机数量不宜少于5台。施工气温低、风大、碾压层薄时，压路机数量应适当增加。压路机应以慢而均匀的速度碾压，压路机的碾压速度应符合表2-42的规定。压路机的碾压路线及碾压方向不应突然改变而导致混合料推移。碾压区的长度应大体稳定，两端的折返位置应随摊铺机前进而推进，横向不得在相同的断面上。

压路机的碾压温度应根据混合料种类、压路机、气温与层厚等情况经试压确定。在不产生严重推移和裂缝的前提下，初压、复压、终压都应在尽可能高的温度下进行。同时不得在低温状况下作反复碾压，使石料棱角磨损、压碎，破坏集料嵌挤。

压路机碾压速度(km/h) 表2-42

压路机类型	初压		复压		终压	
	适宜	最大	适宜	最大	适宜	最大
钢筒式压路机	2~3	4	3~5	6	3~6	6
轮胎压路机	2~3	4	3~5	6	4~6	8
振动压路机	2~3 (静压或振动)	3 (静压或振动)	3~4.5 (振动)	5 (振动)	3~6 (静压)	6 (静压)

1)初压

沥青混合料的初压应符合下列要求:

(1)初压应在紧跟摊铺机后碾压,并保持较短的初压区长度,以尽快使表面压实,减少热量散失。对摊铺后初始压实度较大,经实践证明采用振动压路机或轮胎压路机直接碾压无严重推移而有良好效果时,可免去初压直接进入复压工序。

(2)通常宜采用钢轮压路机静压1~2遍。碾压时应将压路机的驱动轮面向摊铺机,从外侧向中心碾压,在超高路段则由低向高碾压,在坡道上应将驱动轮从低处向高处碾压。

(3)初压后应检查平整度、路拱,有严重缺陷时进行修整乃至返工。

2)复压

复压应紧跟在初压后进行,并应符合下列要求:

(1)复压应紧跟在初压后开始,且不得随意停顿。压路机碾压段的总长度应尽量缩短,通常不超过60~80m。采用不同型号的压路机组合碾压时宜安排每一台压路机作全幅碾压。防止不同部位的压实度不均匀。

(2)密级配沥青混凝土的复压宜优先采用重型的轮胎压路机进行搓揉碾压,以增加密水性,其总质量不宜小于25t,吨位不足时宜附加重物,使每一个轮胎的压力不小于15kN,冷态时的轮胎充气压力不小于0.55MPa,轮胎发热后不小于0.6MPa,且各个轮胎的气压大体相同,相邻碾压带应重叠1/3~1/2的碾压轮宽度,碾压至要求的压实度为止。

(3)对粗集料为主的较大粒径的混合料,尤其是大粒径沥青稳定碎石基层,宜优先采用振动压路机复压。厚度小于30mm的薄沥青层不应采用振动压路机碾压。振动压路机的振动频率宜为35~50Hz,振幅宜为0.3~0.8mm。层厚较大时选用高频率大振幅,以产生较大的激振力,厚度较薄时采用高频率低振幅,以防止集料破碎。相邻碾压带重叠宽度为100~200mm。振动压路机折返时应先停止振动。

(4)当采用三轮钢筒式压路机时,总质量不应小于12t,相邻碾压带宜重叠后轮的1/2宽度,并不应少于200mm。

(5)对路面边缘、加宽及港湾式停车带等大型压路机难于碾压的部位,宜采用小型振动压路机或振动夯板作补充碾压。

3)终压

终压应紧接在复压后进行,如经复压后已无明显轮迹时可免去终压。终压可采用双轮滚筒式压路机或关闭振动的振动压路机碾压不宜少于2遍,至无明显轮迹为止。

4)SMA路面的压实要求

SMA路面的压实应符合以下要求:

(1)除沥青用量较低,经试验证明采用轮胎压路机碾压有良好效果外,不宜采用轮胎压路机碾压,以防将沥青结合料搓揉挤压上浮。

(2)SMA路面宜采用振动压路机或钢筒式压路机碾压。振动压路机应遵循"紧跟、慢压、高频、低幅"的原则,即紧跟在摊铺机后面,采取高频率、低振幅的方式慢速碾压。如发现SMA混合料高温碾压有推拥现象,应复查其级配是否合适。

OGFC宜采用小于12t的钢筒式压路机碾压。碾压轮在碾压过程中应保持清洁,有混合料黏轮应立即清除。对钢轮可涂刷隔离剂或防黏结剂,但严禁刷柴油。当采用向碾压轮喷水的方式时,必须严格控制喷水量且成雾状,不得漫流,以防混合料降温过快。轮胎压路机开始碾压阶段,可适当烘烤、涂刷少量隔离剂或防黏结剂,也可少量喷水,并先到高温区碾压使轮胎尽快升温,之后停止洒水。轮胎压路机轮胎外围加设围裙保温。

压路机不得在未碾压成型路段上转向、调头、加水或停留。在当天成型的路面上,不得停放各种机械设备或车辆,不得散落矿料、油料等杂物。

6. 接缝

沥青路面的施工必须接缝紧密、连接平顺,不得产生明显的接缝离析。上下层的纵缝应错开150mm(热接缝)或300~400mm(冷接缝)以上。相邻两幅及上下层的横向接缝均应错位1m以上。接缝施工应用3m直尺检查,确保平整度符合要求。

1)纵向接缝部位的施工

纵向接缝部位的施工应符合下列要求:

(1)摊铺时采用梯队作业的纵缝应采用热接缝,将已铺部分留下100~200mm宽暂不碾压,作为后续部分的基准面,然后作跨缝碾压以消除缝迹。

(2)当半幅施工或因特殊原因而产生纵向冷接缝时,宜加设挡板或加设切刀切齐,也可在混合料尚未完全冷却前用镐刨除边缘留下毛茬的方式,但不宜在冷却后采用切割机作纵向切缝。加铺另半幅前应涂洒少量沥青,重叠在已铺层上50~100mm,再铲走铺在前半幅上面的混合料,碾压时由边向中碾压留下100~150mm,再跨缝挤紧压实。或者先在已压实路面上行走碾压新铺层150mm左右然后压实新铺部分。

2)斜接缝

高速公路和一级公路的表面层横向接缝应采用垂直的平接缝,以下各层可采用自然碾压的斜接缝,沥青层较厚时也可作阶梯形接缝。其他等级公路的各级公路均可采用斜接缝。

斜接缝的搭接长度与层厚有关,宜为0.4~0.8m。搭接处应洒少量沥青,混合料中的粗集料颗粒应予剔除,并补上细料,搭接平整,充分压实。阶梯形接缝的台阶经铣刨而成,并洒黏层沥青,搭接长度不宜小于3m。

平接缝宜趁尚未冷透时用凿岩机或人工垂直刨除端部层厚不足的部分,使工作缝成直角连接。当采用切割机制作平接缝时,宜在铺设当天混合料冷却但尚未结硬时进行。刨除或切割不得损伤下层路面。切割时留下的泥水必须冲洗干净,待干燥后涂刷黏层油。铺筑新混合料接头应使接茬软化,压路机先进行横向碾压,再纵向碾压成为一体,充分压实,连接平顺。

7. 开放交通

热拌沥青混合料路面应待摊铺层完全自然冷却,混合料表面温度低于50℃后,方可开放交通。需要提早开放交通时,可洒水冷却降低温度。沥青路面雨季施工应符合以下要求:

(1)注意气象预报,加强工地现场、沥青拌和厂及气象台站之间的联系,控制施工长度,各项工序紧密衔接。

(2)运料车和工地应备有防雨设施,并做好基层及路肩排水。

铺筑好的沥青面层应严格控制交通,做好保护,保持整洁,不得造成污染,严禁在沥青层上堆放施工产生的土或杂物,严禁在已铺沥青层上制作水泥砂浆。

2.4.2 层铺法沥青表处路面

沥青表处路面适用于三级及以下公路的沥青面层、各种封层罩面、养护罩面层等,一般铺筑厚度不大于3cm。其施工方法分为拌和法与层铺法两种,常用层铺法。沥青表处层铺法按施工工序的不同,又可分为先油后料法和先料后油法两种,一般多用先油后料法。

1. 材料及规格

沥青表处路面可采用道路石油沥青、乳化沥青、煤沥青铺筑,沥青标号应按规范相关规定选用。沥青表处路面的集料最大粒径应与处治层的厚度相等,其规格和用量宜按表2-43选用;沥青表处路面施工后,应在路侧另备S12(5~10mm)碎石或S14(3~5mm)石屑、粗砂或小砾石(2~3)$m^3/1000m^2$ 作为初期养护用料。

在清扫干净的碎(砾)石路面上铺筑沥青表处时,应喷洒透层油。在旧沥青路面、水泥混凝土路面、块石路面上铺筑沥青表处路面时,可在第一层沥青用量中增加10%~20%,不再另洒透层油或黏层油。

层铺法沥青表处路面宜采用沥青洒布车及集料撒布机联合作业。沥青洒布车喷洒沥青时应保持稳定速度和喷洒量,并保持整个洒布宽度喷洒均匀。小规模工程可采用机动或手摇的手工沥青洒布机洒布沥青。洒布设备的喷嘴应适用于沥青的稠度,确保能成雾状,与洒油管成15°~25°的夹角,洒油管的高度应使同一地点接受2~3个喷油嘴喷洒的沥青,不得出现花白条。

喷洒沥青材料时应对道路人工构造物、路缘石等外露部分作防污染遮盖。沥青表处路面施工应确保各工序紧密衔接，每个作业段长度应根据施工能力确定，并在当天完成。人工撒布集料时应等距离划分段落备料。

沥青表处路面材料规格和用量　　　表 2-43

种类	类型	厚度（mm）	集料（$m^3/1000m^2$）			沥青或乳液用量（kg/m^2）			
			第一层	第二层	第三层	第一次	第二次	第三次	合计用量
			规格　用量	规格　用量	规格　用量				
石油沥青	单层	1.0	S12　7～9	—	—	1.0～1.2	—	—	1.0～1.2
		1.5	S10　12～14			1.4～1.6			1.4～1.6
	双层	1.5	S10　12～14	S12　7～8	—	1.4～1.6	1.0～1.2	—	2.4～2.8
		2.0	S9　16～18	S12　7～8		1.6～1.8	1.0～1.2		2.6～3.0
		2.5	S8　18～20	S12　7～8		1.8～2.0	1.0～1.2		2.8～3.2
	三层	2.5	S8　18～20	S10　12～14	S12　7～8	1.6～1.8	1.2～1.4	1.0～1.2	3.8～4.4
		3.0	S6　20～22	S10　12～14	S12　7～8	1.8～2.0	1.2～1.4	1.0～1.2	4.0～4.6
乳化沥青	单层	0.5	S14　7～9	—	—	0.9～1.0	—	—	0.9～1.0
	双层	1.0	S12　9～11	S14　4～6	—	1.8～2.0	1.0～1.2	—	2.8～3.2
	三层	3.0	S6　20～22	S10　9～11	S12　4～6 S14　3.5～4.5	2.0～2.2	1.8～2.0	1.0～1.2	4.8～5.4

注：1. 煤沥青表面处治的沥青用量可比石油沥青用量增加 15%～20%；
2. 表中的乳液用量按乳化沥青的蒸发残留物含量 60% 计算，如沥青含量不同应予折算；
3. 在高寒地区及干旱风沙大的地区，可超出高限 5%～10%。

2. 三层式沥青表处路面施工

三层沥青表处路面厚度为 2.5cm 或 3.0cm，沥青用量分别为 3.8～4.4kg/m^2 和 4.0～4.6kg/m^2。施工工艺流程为：清扫底层→透层＋封层施工→洒第一层沥青→撒第一层集料→碾压→洒第二层沥青→撒第二层集料→碾压→洒第三层沥青→撒第三层集料→碾压→初期养护成型。

（1）清扫基层，撒布第一层沥青。沥青的撒布温度根据气温及沥青标号选择，石油沥青宜为 130～170℃，煤沥青宜为 80～120℃，乳化沥青在常温下洒布，加温洒布的乳液温度不得超过 60%。前后两车喷洒的接茬处用铁板或建筑纸铺 1～1.5m，使搭接良好。分几幅浇洒时，纵向搭接宽度宜为 100～150mm。撒布第二、三层沥青的搭接缝应错开。

（2）撒布主层沥青后应立即用集料撒布机或人工撒布第一层主集料。撒布集料后应及时扫匀，达到全面覆盖、厚度一致、集料不重叠也不露出沥青的要求。局部有缺料时适当找补，积料过多的将多余集料扫出。两幅搭接处，第一幅撒布沥青应暂留 100～150mm 宽度不撒布石料，待第二幅一起撒布。

（3）撒布主集料后，不必等全段撒布完，立即用 6～8t 钢筒双轮压路机从路边向路中心碾压 3～4 遍，每次轮迹重叠约 300mm。碾压速度开始不宜超过 2km/h，以后可适当增加。

（4）第二、三层的施工方法和要求应与第一层相同，但可以采用 8t 以上的压路机碾压。

碾压结束后即可开放交通，并进行初期养护。即指挥交通或设置路标控制行车路线与速度（一般为 20～30km/h），尽量使路面全宽范围得以均匀碾压 2～3 周。三层沥青表处路面施工机具有专用洒油车、碎石撒布车、6～8t 压路机、16t 轮胎压路机和 12t 三轮压路机。

3. 双或单层式沥青表处路面施工

双层式或单层式沥青表处路面，浇洒沥青及撒布集料的次数相应减少，其施工工序和要求参照三层式沥青表处路面。

除乳化沥青表面处治应待破乳、水分蒸发并基本成型后方可通车外，沥青表面处治在碾压结束后即可开放交通，并通过开放交通补充压实，成型稳定。在通车初期应设专人指挥交通或设置障碍物控制行车，限制行车速度不超过 20km/h，严禁畜力车及铁轮车行驶，使路面全部宽度均匀压实。

2.4.3　沥青贯入式路面

沥青贯入式路面是用不同粒径的碎石或砾石分层铺筑，粒径尺寸自下而上逐层减小，并分层贯入沥青，经碾压密实而构成的沥青碎石（砾石）路面。其厚度一般为 4～8cm，但使用乳化沥青贯入时，厚度不宜超过 5cm。沥青贯入式路面适用于三级及以下公路，也可作为沥青路面的联结层或基层。

贯入施工分浅贯入和深贯入两种，其施工方法基本相同，施工工艺为：清扫基层→洒透层油（或黏层油）→摊铺主层集料→碾压（如需洒水时应先洒水）→洒第一遍沥青→撒第一遍嵌缝料→碾压→洒第二遍沥青→撒第二遍嵌缝料→碾压→洒第三遍沥青→撒第三遍嵌缝料→撒封层料→碾压→初期养护。施工机具为沥青洒布车、压路机等同沥青表面处治路面，主层碎石摊铺采用平地机和运料翻斗车以保证主层料的运输与摊铺；嵌缝料撒布可采用撒布机，也可采用手推车双轮车或1t翻斗车及方锹、竹扫帚等工具。沥青贯入式路面的施工应按下列步骤进行：

（1）采用碎石摊铺机、平地机或人工摊铺主层集料。铺筑后严禁车辆通行。

（2）碾压主层集料。撒布后应采用6～8t的轻型钢筒式压路机自路两侧向路中心碾压，碾压速度宜为2km/h，每次轮迹重叠约30cm，碾压一遍后检验路拱和纵向坡度，当不符合要求时，应调整找平后再压。然后用重型的钢轮压路机碾压，每次轮迹重叠1/2左右，宜碾压4～6遍，直至主层集料嵌挤稳定，无显著轮迹为止。

（3）浇洒第一层沥青。浇洒方法应按规范进行。采用乳化沥青贯入时，为防止乳液下漏过多，可在主层集料碾压稳定后，先撒布一部分上一层嵌缝料，再浇洒主层沥青。

（4）采用集料撒布机或人工撒布第一层嵌缝料。撒布后尽量扫匀，不足处应找补。当使用乳化沥青时，石料撒布必须在乳液破乳前完成。

（5）立即用8～12t钢筒式压路机碾压嵌缝料，轮迹重叠轮宽的1/2左右，宜碾压4～6遍，直至稳定为止。碾压时随压随扫，使嵌缝料均匀嵌入。因气温较高使碾压过程中发生较大推移现象时，应立即停止碾压，待气温稍低时再继续碾压。

（6）按上述方法浇洒第二层沥青、撒布第二层嵌缝料，然后碾压，再浇洒第三层沥青。

（7）按洒布嵌缝料方法洒布封层料。

（8）采用6～8t压路机作最后碾压，宜碾压2～4遍，然后开放交通。

2.4.4 上拌下贯式沥青路面

贯入层上部再加铺热拌沥青混合料时，被称为上拌下贯式沥青路面，总厚度宜为6～10cm，其中拌和层厚度宜为2～4cm。

铺筑上拌下贯式沥青路面时，贯入层不撒布封层料，拌和层应紧跟贯入层施工，使上下成为一个整体。贯入部分采用乳化沥青时应待其破乳、水分蒸发且成型稳定后方可铺筑拌和层，当拌和层与贯入部分不能连续施工，且要在短期内通行施工车辆时贯入层部分的第二遍嵌缝料应增加用量2～3m^3/1000m^2，在摊铺拌和层沥青混合料前，应作补充碾压，并浇洒黏层沥青。

2.4.5 冷拌沥青混合料路面

冷拌沥青混合料适用于三级及以下的公路的沥青面层、二级公路的罩面层施工，以及各级公路沥青路面的基层、联接层或整平层。

冷拌沥青混合料宜采用拌和厂机械拌和及沥青摊铺机摊铺的方式，缺乏厂拌条件时也可采用现场路拌及人工摊铺方式。冷拌沥青混合料施工应注意防止混合料离析。当采用阳离子乳化沥青拌和时，宜先用水使集料湿润，若湿润后仍难于与乳液拌和均匀时，应改用破乳速度更慢的乳液，或用1%～3%浓度的氯化钙水溶液代替水湿润集料表面。混合料适宜的拌和时间应根据实际情况调节并通过试拌确定，矿料中加进乳液后的机械拌和时间不宜超过30s，人工拌和时间不宜超过60s。已拌好的混合料应立即运至现场进行摊铺，并在乳液破乳前结束。在拌和与摊铺过程中已破乳的混合料，应予废弃。

乳化沥青冷拌混合料摊铺后宜采用6t左右的轻型压路机初压1～2遍，使混合料初步稳定，再用轮胎压路机或钢筒式压路机碾压1～2遍。当乳化沥青开始破乳、混合料由褐色转变成黑色时，改用12～15t轮胎压路机碾压，将水分挤出，复压2～3遍后停止，待晾晒一段时间，水分基本蒸发后继续复压至密实为止。当压实过程中有推移现象时应停止碾压，待稳定后再碾压。当天不能完全压实时，可在较高气温状态下补充碾压。当缺乏轮胎压路机时，也可采用钢筒式压路机或较轻的振动压路机碾压。乳化沥青混合料路面的上封层应在压实成型、路面水分完全蒸发后加铺。乳化沥青混合料路面施工结束后宜封闭交通2～6h，并注意做好早期养护。开放交通初期，应设专人指挥，车速不得超过20km/h，不得刹车或掉头。冷拌沥青混合料施工遇雨应立即停止铺筑，以防雨水将乳液冲走。

2.5 结构层间处治

2.5.1 封层

各种封层适用于加铺薄层罩面、磨耗层、水泥混凝土路面上的应力缓冲层、各种防水和密水层、预防性养护罩面层。封层宜选择在干燥和较热的季节施工，并在最高温度低于15℃时期到来之前半个月及雨季前结束。

1. 上封层

在沥青面层的空隙较大、透水严重，有裂缝或已修补的旧沥青路面，需加铺磨耗层改善抗滑性能的旧沥青路面，需铺筑磨耗层或保护层的新建沥青路面上，应铺筑上封层。根据情况可选择乳化沥青稀浆封层、微表处、改性沥青集料封层、薄层磨耗层或其他适宜的材料。铺设上封层的下卧层必须彻底清扫干净，对车辙、坑槽、裂缝进行处理或挖补。上封层的类型根据使用目的、路面的破损程度选用。

(1)裂缝较细、较密的可采用涂洒类密封剂、软化再生剂等涂刷罩面。

(2)对二级及以下公路的旧沥青路面可以采用普通的乳化沥青稀浆封层，也可在喷洒道路石油沥青后撒布石屑(砂)后碾压作封层。

(3)对高速公路和一级公路有轻微损坏的宜铺筑微表处。

(4)对用于改善抗滑性能的上封层可采用稀浆封层、微表处或改性沥青集料封层。

2. 下封层

多雨潮湿地区的高速公路和一级公路的沥青面层空隙率较大，有严重渗水可能或铺筑基层不能及时铺筑沥青面层而需通行车辆时，宜在喷洒透层油后铺筑下封层。下封层宜采用层铺法表面处治或稀浆封层法施工。稀浆封层可采用乳化沥青或改性乳化沥青作结合料。下封层的厚度不宜小于6mm，且做到完全密水。以层铺法沥青表处铺筑下封层时，通常采用单层式，矿料用量宜为$5\sim8m^3/1000m^2$，沥青用量可采用规范要求范围的中高限。

下封层一般比路面宽50cm，沥青用量为$0.9\sim1.0kg/m^2$。为确保面层与基层牢固结合，使油渗透得更深，同时为了使下封层有良好的隔水性，一般透层油与封层沥青分别使用不同稠度指标，分两次洒布，即先洒透层油，后洒封层沥青，随后撒布石屑。封层施工必须是在基层做好后，间隔一定时间，尽量让基层干燥后再做封层，成型后再做面层。如行车少，封层不易成型，则选择中午高温时用载重汽车或轮胎压路机碾压，促使其成型。

3. 稀浆封层和微表处

微表处主要用于高速公路及一级公路的预防性养护以及填补轻度车辙，也适用于新建公路的抗滑磨耗层。稀浆封层一般用于二级及二级以下公路的预防性养护，也适用于新建公路的下封层。

1)集料

稀浆封层和微表处应选择坚硬、粗糙、耐磨、洁净的集料。其中微表处用通过4.75mm筛的合成矿料的砂当量不得低于65%，稀浆封层用通过4.75mm筛的合成矿料的砂当量不得低于50%。当用于抗滑表层时，还应符合有关磨光值的要求。细集料宜采用碱性石料生产的机制砂或洁净的石屑。对集料中的超粒径颗粒必须筛除。

2)结合料

微表处必须采用改性乳化沥青，稀浆封层可采用普通乳化沥青或改性乳化沥青。

3)摊铺

稀浆封层和微表处必须使用专用的摊铺机进行摊铺。单层微表处适用于旧路面车辙深度不大于15mm的情况；超过15mm的必须分两层铺筑，或先用V字形车辙摊铺箱摊铺；深度大于40mm时不适宜微表处处理。

4)接缝处理

稀浆封层和微表处两幅纵缝搭接的宽度不宜超过80mm，横向接缝宜做成对接缝。分两层摊铺时，第一层摊铺后至少应开放交通24h后方可进行第二层摊铺。

2.5.2 透层

透层油喷洒施工是根据洒喷油量如表2-44所示，采用沥青洒布车一次喷洒均匀(安装好的喷油管长度为喷洒宽度)。洒布24h后才能摊铺上一层。使用的喷嘴宜根据透层油的种类和黏度选择，并保证均匀喷洒，沥青洒布车喷洒不均匀时宜改用手工沥青洒布机喷洒。透层油洒布后的养生时间随透层油的品种和气候条件由试验确定，确保液体沥青中的稀释剂全部挥发，乳化沥青渗透且水分蒸发，然后尽早铺筑沥青面层，防止工程车辆损坏透层。

透层材料的规格和用量(L/m^2)　　表2-44

用途	液体沥青		乳化沥青		煤沥青	
	规格	用量	规格	用量	规格	用量
无结合料粒料基层	AL(M)-1、2或3 AL(S)-1、2或3	1.0~2.3	PC-2 PA-2	1.0~2.0	T-1 T-2	1.0~1.5
半刚性基层	AL(M)-1或2 AL(S)-1或2	0.6~1.5	PC-2 PA-2	0.7~1.5	T-1 T-2	0.7~1.0

注:表中用量是指包括稀释剂和水分等在内的液体、乳化沥青的总量。乳化沥青中的残留物含量以50%为基准。

2.5.3 黏层

黏层油宜采用沥青洒布车喷洒,并选择适宜的喷嘴,洒布速度和喷洒量保持稳定。当采用机动或手摇的手工沥青洒布机喷洒时,必须由熟练的技术工人操作,均匀洒布。喷洒的黏层油必须成均匀雾状,在路面全宽度内均匀分布成一薄层,不得有洒花漏空或成条状,也不得有堆积。黏层的作用是使上下沥青结构层或沥青结构层与结构物(或水泥混凝土路面)完全黏结成一个整体。符合下列情况,应浇洒黏层油:

(1)双层式或三层式热拌热铺沥青混合料路面的沥青层之间。

(2)水泥混凝土路面、沥青稳定碎石基层和旧沥青路面层上加铺沥青层。

(3)路缘石、雨水口、检查井等构造物与新铺沥青混合料接触的侧面。

黏层油一般采用乳化沥青。使用时宜使用快裂型的乳化沥青,也可以使用快、中凝液体石油沥青或煤沥青,如表2-45所示。黏层油的种类、标号宜与面层所用沥青相同,但需经乳化或稀释。路面的基层结构不同,使用黏层油的品种就不同。如级配碎石基层的渗透性好,可采用慢裂乳化沥青,而半刚性基层使用慢裂石油沥青洒布后会严重流淌,应使用快裂型沥青。

黏层材料的规格和用量(L/m^2)　　表2-45

下卧层类型	液体沥青		乳化沥青	
	规格	用量	规格	用量
新建沥青层或旧沥青路面	AL(R)-3~AL(R)-6 AL(M)-3~AL(M)-6	0.3~0.5	PC-3 PA-3	0.3~0.6
水泥混凝土	AL(M)-3~AL(M)-6 AL(S)-3~AL(S)-6	0.2~0.4	PC-3 PA-3	0.3~0.5

注:表中用量是指包括稀释剂和水分等在内的液体沥青、乳化沥青的总量。乳化沥青中的残留物含量以50%为基准。

黏层施工的注意事项有:喷洒表面一定清扫干净,并表面干燥。当气温低于10℃或路面潮湿时禁止喷洒。喷洒黏层后,严禁车辆行人通过。黏层沥青喷洒后,一定要等乳化沥青破乳、水分蒸发完后才能铺筑上层沥青混凝土。

2.6 桥面铺筑施工

桥面铺装是为保护桥面板以及分布车轮的集中荷载,用沥青混凝土、水泥混凝土、高分子聚合物等材料铺筑在桥面板上的保护层。在不设防水层的桥面上,可采用防水混凝土铺装。

2.6.1 钢筋混凝土

1.连续机械铺装

(1)钢筋混凝土桥面及搭板机械铺装的布料要求,应符合钢筋混凝土路面铺筑的各项规定。

(2)滑模和轨道摊铺机应缓慢、匀速、连续不间断地摊铺路面、胀缝、搭板、桥面。设钢筋网的涵洞顶面层的摊铺应与相应钢筋混凝土路面相同。滑模摊铺机上、下桥面,应及时调整侧模高度,使边缘尽量少振动漏料。三辊轴机组铺装桥面时,应与钢筋混凝土路面摊铺要求相同。

(3)钢筋混凝土桥面铺装层的铺装厚度应采取双控措施:厚度代表值应满足设计要求;极限最小厚度不应小于设计厚度20mm。不能同时满足两者要求时,应在保证翼缘板厚度的前提下,凿除凸起部分。

(4)整体摊铺钢筋混凝土搭板(加枕梁或肋梁)的总厚度不得大于400mm。超厚部分应人工浇注并振实底部。

(5)应精确放样桥台接缝和伸缩缝位置。铺装前宜在伸缩缝、桥台接缝底部设隔离层,应在桥台接缝处安装稳固的胀缝板。待桥面铺装后,剔除伸缩缝位置未硬化混凝土,然后按规定安装伸缩缝。浇注伸缩缝的混凝土中应加入不少于体积掺量0.8%的钢纤维。伸缩缝部位钢纤维混凝土强度等级不宜低于C40，应采用机械强制拌和，并掺加高效减水剂。

2. 接缝施工

斜交桥涵异形混凝土板应全部在桥头搭板内调整。正交和斜交搭板最短边长不宜小于10m。搭板应切缝防开裂，纵、横向切缝距离不宜大于6m。横缝位置应按搭板长短边均分，纵缝宜按路面板宽划分。

支座和桥面负弯矩部位必须切缝，桥面横向缩缝应以支座或桥台为界，在每跨内均分缩缝间距，最大长度不宜大于6m，最短长度不宜小于4.5m；桥面除停车带外，纵缝宜按路面板宽划分。

2.6.2 钢纤维混凝土

钢纤维混凝土桥面的厚度、平面尺寸和钢纤维掺量等应符合《公路水泥混凝土路面设计规范》(JTG D40—2011)和设计图纸的规定。设钢筋网的钢纤维混凝土桥面铺装时，其钢筋网焊接、锚固与安装应符合钢筋混凝土路面铺筑、钢筋混凝土桥面铺装的有关规定；布料与摊铺应分别符合钢筋混凝土桥面铺装和钢纤维混凝土路面铺筑的规定；振捣、整平、接缝与抗滑构造施工应符合钢纤维混凝土路面铺筑的规定。

2.6.3 沥青混凝土

沥青混凝土桥面铺装应符合规范要求。钢桥面铺装必须具有以下功能性要求：

(1)能与钢板紧密结合成为整体，变形协调一致。

(2)防水性能良好，防止钢桥面生锈。

(3)具有足够的耐久性和有较小的温度敏感性，满足使用条件下的高温抗流动变形能力、低温抗裂性能、水稳定性、抗疲劳性能、表面抗滑的要求。

(4)与钢板黏结良好，具有足够的抗水平剪切重复荷载及蠕变变形的能力。

钢桥面铺装结构通常由防锈层、防水黏结层、沥青面层等组成。涂刷防水层前应对钢板焊缝和吊钩残留物仔细平整，彻底除锈，清扫干燥。钢桥面铺装的防水黏结层必须紧跟防锈层后涂刷，防水黏结层宜采用高粘度的改性沥青、环氧沥青、防水卷材。当采用浇注式沥青混凝土铺筑桥面铺装时，可不设防水黏结层。

钢桥面铺装使用的改性沥青，宜单独提出相应的技术要求。沥青层的压实设备和压实工艺，应通过力学验算并经试验验证，防止钢桥面主体受损。铺设过程中必须保持桥面整洁，不得堆放与施工无关的材料、机械、杂物。钢桥面铺装宜在无雨少雾季节、干燥状态下施工。

2.7 隧道路面施工

在隧道内铺筑沥青路面时应充分考虑施工和维修养护等困难，隧道内外光线变化显著，隧道有可能漏水、冒水，并有防火安全等特点，因此应选择适宜的路面材料与结构。

对于隧道底部的地下水应采取疏导方式，设置完善的排水系统。施工过程中需确保通风良好，采取防火措施，制订有切实可行的消防和疏散预案。各种施工机械应符合隧道净空的要求，选用宽度较窄的摊铺机铺筑，运料车应能完全卸料，具有足够的行车通道。

2.8 路面质量检验

施工质量的控制、管理与检查应贯穿整个施工过程，应对每个施工环节严格控制把关，对出现的问题，立即进行纠正直至停工整顿。质量管理包括所用材料的标准试验、铺筑试验段、施工过程中的质量管理和检查验收(工序间)。

2.8.1 铺筑试验路段

1. 基层

在底基层和基层正式开工之前，应铺筑试验段。通过铺筑无结合料的集料基层试验段，确定以下主要项目：

(1)用于施工的集料配合比例。

(2)材料的松铺系数。

(3)确定标准施工方法。

①集料数量的控制。

②集料摊铺方法和适用机具。

③合适的拌和机械、拌和方法、拌和深度和拌和遍数。

④集料含水量的增加和控制方法。

⑤整平和整形的合适机具和方法。

⑥压实机械的选择和组合,压实的顺序、速度和遍数。

⑦拌和、运输、摊铺和碾压机械的协调和配合。

⑧密实度的检查方法,初定每一作业段的最小检查数量。

(4)确定每一作业段的合适长度。

(5)确定一次铺筑的合适厚度。

通过铺筑水泥稳定土、石灰稳定土和石灰工业废渣稳定土基层试验段,还应确定控制结合料数量和拌和均匀性的方法。对于水泥稳定土基层,还包括通过严密组织拌和、洒水、整形、碾压等工序,缩短延迟时间,规定允许的拌和时间。

2. 水泥混凝土路面

二级及其以上公路混凝土路面工程,使用滑模、轨道、碾压、三辊轴机组机械施工时,在正式摊铺混凝土路面前,必须铺筑试验路段。试验路段长度不应短于200m,高速公路、一级公路宜在主线路面以外进行试铺。路面厚度、摊铺宽度、接缝设置、钢筋设置等均应与实际工程相同。试验路段分为试拌及试铺两个阶段,通过试验路段应达到以下目的:

(1)通过试拌检验搅拌楼性能及确定合理搅拌工艺,检验适宜摊铺的搅拌楼拌和参数。主要有:上料速度,拌和容量,搅拌均匀所需时间,新拌混凝土坍落度、振动粘度系数、含气量、泌水性、VC值和生产使用的混凝土配合比等。

(2)通过试铺检验主要机械的性能和生产能力,检验辅助施工机械组配合理性,检验路面摊铺工艺和质量。具体为:模板架设固定方式或基准线设置方式,摊铺机械(具)的适宜工作参数,包括松铺高度、摊铺速度、振捣时间与频率、滚压遍数、碾压遍数、压实度、中间和侧向拉杆置入情况等。检验整套施工工艺流程。

3. 沥青路面

高速公路和一级公路的沥青路面在施工前应铺筑试验段。其他等级公路在缺乏施工经验或初次使用重大设备时,也应铺筑试验段。当同一施工单位在材料、机械设备及施工方法与其他工程完全相同时,也可利用其他工程的结果,不再铺筑新的试验路段。

试验段的长度应根据试验目的确定,通常宜为100~200m,宜选在正线上铺筑。热拌热铺沥青混合料路面试验段铺筑分试拌及试铺两个阶段,应包括下列试验内容:

(1)检验各种施工机械的类型、数量及组合方式是否匹配。

(2)通过试拌确定拌和机的操作工艺,考察计算机打印装置的可信度。

(3)通过试铺确定透层油的喷洒方式和效果、摊铺、压实工艺,确定松铺系数等。

(4)验证沥青混合料生产配合比设计,提出生产用的标准配合比和最佳沥青用量。

(5)建立用钻孔法与核子密度仪无破损检测路面密度的对比关系。确定压实度的标准检测方法。核子仪等无破损检测在碾压成型后热态测定,取13个测点的平均值为1组数据,一个试验段的不得少于3组。钻孔法在第2天或第3天以后测定,钻孔数不少于12个。

(6)检测试验段的渗水系数。

2.8.2 质量中间检查

1. 基层

施工过程中的质量检查包括外形和质量的检查。外形尺寸检查和质量控制的项目、频度和质量标准应分别符合表2-46和表2-47的要求。

对于无机结合料稳定基层,应取钻件(俗称路面芯样)检验其整体性。水泥稳定基层的龄期7~10d时,应能取出完整的钻件。二灰稳定基层的龄期20~28d时,应能取出完整的钻件。

2. 水泥混凝土路面

混凝土路面铺筑必须得到正式开工令后方可开工。施工单位应随时对施工质量进行自检。自检项目和频率应按表 2-48 的规定进行。

外形尺寸检查项目的质量标准 表 2-46

工程类别	项目		频度	质量标准	
				高速公路、一级公路	一般公路
底基层	纵断高程(mm)		二级及二级以下公路每 20 延米 1 点；高速和一级公路每 20 延米一个断面，每个断面 3 ~ 5 个点	+5，-15	+5、-20
	厚度(mm)	均值	每 1500 ~ 2000m^{2}6 个点	-10	-12
		单个值		-25	-30
	宽度(mm)		每 40 延米 1 处	+0 以上	+0 以上
	横坡度(%)		每 100 延米 3 处	±0.3	±0.5
	平整度(mm)		每 200 延米 2 处，每处连续 10 尺(3m 直尺)	12	15
基层	纵断面高程(mm)		二级及二级以下公路每 20 延米 1 点；高速和一级公路每 20 延米 1 个断面，每个断面 3 ~ 5 个点	+5，-10	+5，-15
	厚度(mm)	均值	每 1500 ~ 2000m^{2}6 个点	-8	-15
		单个值		-10	-20
	宽度(mm)		每 40 延米 1 处	+0 以上	+0 以上
	横坡度(%)		每 100 延米 3 处	±0.3	±0.5
	平整度(mm)		每 200 延米 2 处，每处连续 10 尺	8	12
			连续式平整度仪的标准差(mm)	3.0	

质量控制项目的质量标准 表 2-47

工程类别	项目	频度	质量标准
无结合料底基层	含水率	据观察，异常时随时试验	在规范规定范围内
	级配	据观察，异常时随时试验	在规范规定范围内
	拌和均匀性	随时观察	无粗细集料离析现象
	压实度	每一作业段或不大于 2000m^2 检查 6 次以上	96% 以上，填隙碎石以固体体积率表示，不小于 83%
	塑性指数	每 1000m^{2}1 次，异常时随时试验	小于规范规定值
	承载比	每 3000m^{2}1 次，据观察，异常时随时增加试验	不小于规范规定值
	弯沉值检验	每一评定段(不超过 1km)每车道 40 ~ 50 个测点	95%(二级及二级以下公路)或 97.7%(高速和一级公路)概率的上波动界限不大于计算得的容许值
无结合料基层	含水率	据观察，异常时随时试验	在规范规定范围内
	级配	每 2000m^{2}1 次	在规范规定范围内
	拌和均匀性	随时观察	无粗细集料离析现象
	压实度	每一作业段或不大于 2000m^2 检查 6 次以上	级配集料基层 98%，中间层 100%，填隙碎石固体体积率 85%
	塑性指数	每 1000m^{2}1 次，异常时随时试验	小于规范规定值
	集料压碎值	据观察，异常时随时试验	不超过规范规定值
	承载比	每 3000m^{2}1 次，据观察，异常时随时增加试验	不小于规范规定值
	弯沉值检验	每一评定段(不超过 1km)每车道 40 ~ 50 个测点	95%(二级及二级以下公路)或 97.7%(高速和一级公路)概率的上波动界限不大于计算得的容许值

续上表

<table>
<tr><th>工程类别</th><th colspan="2">项目</th><th>频度</th><th>质量标准</th></tr>
<tr><td rowspan="9">水泥或石灰稳定土及综合稳定土</td><td colspan="2">级配</td><td>每2000m^{2}1次</td><td>在规范规定范围内</td></tr>
<tr><td colspan="2">集料压碎值</td><td>据观察,异常时随时试验</td><td>不超过规范规定值</td></tr>
<tr><td colspan="2">水泥或石灰剂量</td><td>每2000m^{2}1次,至少6个样品,用滴定法或用直读式测钙仪试验,并与实际水泥或石灰用量校核</td><td>不小于设计值-1.0%</td></tr>
<tr><td rowspan="2">含水率</td><td>水泥稳定土</td><td rowspan="2">据观察,异常时随时试验</td><td rowspan="2">在规范规定范围内</td></tr>
<tr><td>石灰稳定土</td></tr>
<tr><td colspan="2">拌和均匀性</td><td>随时观察</td><td>无灰条、灰团,色泽均匀,无离析现象</td></tr>
<tr><td rowspan="2">压实度</td><td>稳定细粒土</td><td rowspan="2">每一作业段或不超过2000m^{2}检查6次以上</td><td>二级及二级以下公路93%以上,高速和一级公路95%以上</td></tr>
<tr><td>稳定中、粗粒土</td><td>二级及二级以下公路的底基层95%,基层97%;高速和一级公路底基层96%,基层98%</td></tr>
<tr><td colspan="2">抗压强度</td><td>稳定细粒土,每一作业段或每2000m^{2}6个试件;稳定中粒土和粗粒土,每一作业段或每2000m^{2}6个或9个试件</td><td>符合规范规定要求</td></tr>
</table>

混凝土路面的检验项目方法和频率 表2-48

检查项目	检验方法和频率	
	高速公路、一级公路	其他公路
弯拉强度	每班留2~4组试件,日进度<500m取2组;≥500m取3组;≥1000m取4组,测f_{cs}、f_{min}、c_v	每班留1~3组试件,日进度<500m取1组;≥500m取2组;≥1000m取3组,测f_{cs}、f_{min}、c_v
钻芯劈裂强度	每车道每3km钻取1个芯样,硬路肩为1个车道,测平均f_{cs}、f_{min}、c_v、板厚h	每车道每3km钻取1个芯样,硬路肩为1个车道,测平均f_{cs}、f_{min}、c_v、板厚h
板厚度	路面摊铺宽度内每100m左右各2处,连接摊铺每100m单边1处,参考芯样	路面摊铺宽度内每100m左右各1处,连接摊铺每100m单边1处,参考芯样
3m直尺平整度	每半幅车道100m 2处10尺	每半幅车道200m 2处10尺
动态平整度	所有车道连续检测	所有车道连续检测
抗滑构造深度	铺砂法:每幅200m 2处	铺砂法:每幅200m 1处
相邻板高差	尺测:每200m纵横缝2处,每条3处	尺测:每200m纵横缝2处,每条2处
连接摊铺纵缝高差	尺测:每200m纵向工作缝,每条3处,每处间隔2m 3尺,共9尺	尺测:每200m纵向工作缝,每条2处,每处间隔2m 3尺,共6尺
接缝顺直度	20m拉线测:每200m 6条	20m拉线测:每200m 4条
中线平面偏位	经纬仪:每200m 6点	经纬仪:每200m 4点
路面宽度	尺测:每200m 6条	尺测:每200m 4条
纵断高程	水准仪:每200m 6点	水准仪:每200m 4点
横坡度	水准仪:每200m 6个断面	水准仪:每200m 4个断面
断板率	数断板面板块占总块数比例	数断板面板块占总块数比例
脱皮裂纹露石缺边掉角	量实际面积,并计算与总面积比	量实际面积,并计算与总面积比
路缘石顺直度和高度	20m拉线测:每200m 4处	20m拉线测:每200m 2处
灌缝饱满度	尺测:每200m接缝测6处	尺测:每200m接缝测4处
切缝深度	尺测:每200m 6处	尺测:每200m 4处
胀缝表面缺陷	每条观察填缝及啃边断角	每条观察填缝及啃边断角
胀缝板连浆	每条胀缝板安装时测量	每条胀缝板安装时测量
胀缝板倾斜	尺测:每块胀缝板每条两侧	尺测:每块胀缝板每条两侧
胀缝板弯曲和位移	尺测:每块胀缝板每条3处	尺测:每块胀缝板每条3处
传力杆偏斜	钢筋保护层仪:每车道4根	钢筋保护层仪:每车道3根

注:1. 路面钻芯劈裂强度应换算为实际面板弯拉强度进行质量评定;

2. 钢纤维混凝土弯拉强度试验见《公路水泥混凝土路面施工技术规范》附录D。

在混凝土铺装过程中，路面各技术指标的质量检验评定标准应符合表2-49的规定。

各级公路混凝土路面铺筑质量要求　　表2-49

检查项目		允许值	
		高速公路、一级公路	其他公路
弯拉强度[①]（MPa）		100%符合《公路水泥混凝土路面施工技术规范》的规定	
板厚度（mm）		代表值≥ -5；极值≥ -10；c_v 值符合设计规定	
平整度	σ（mm）	≤1.2	≤2.0
	IRI（m/km）	≤2.0	≤3.2
	3m直尺最大间隙Δh（mm）	≤3（合格率应≥90%）	≤5（合格率应≥90%）
抗滑构造深度（mm）	一般路段	0.70～1.10	0.50～0.90
	特殊路段[②]	0.80～1.20	0.60～1.0
相邻板高差（mm）		≤2	≤3
连接摊铺纵缝高差（mm）		平均值≤3；极值≤5	平均值≤5；极值≤7
接缝顺直度（mm）		≤10	
中线平面偏位（mm）		≤20	
路面宽度（mm）		≤ ±20	
纵断面高程（mm）		±10	±15
横坡度（%）		±0.15	±0.25
断板率（‰）		≤2	≤4
脱皮印痕裂纹露石缺边掉角（‰）		≤2	≤3
路缘石顺直度和高度（mm）		≤20	≤20
灌缝饱满度（mm）		≤2	≤3
切缝深度（mm）		≥50	≥50
胀缝表面缺陷		不应有	不宜有
胀缝板连浆（mm）		≤20	≤30
胀缝板倾斜（mm）		≤20	≤25
胀缝板弯曲和位移（mm）		≤10	≤15
传力杆偏斜（mm）		≤10	≤13

注：①路面钻芯劈裂强度应换算为实际面板弯拉强度进行质量评定；

②特殊路段指高速公路、一级公路的立交、平交、变速车道等处；其他公路系指急弯、陡坡、交叉口或集镇附近。

3. 沥青路面

沥青面层施工必须在得到开工令后方可开工。施工单位在施工过程中应随时对施工质量进行自检。监理应按规定要求自主的进行试验，并对承包人的试验结果进行认定，如实评定质量，计算合格率。

1）原材料选定

沥青混合料生产过程中，必须按表2-50的检查项目与频度，对各种原材料进行抽样试验，其质量应符合规范规定的技术要求。

施工过程中材料质量检查项目与频度　　表2-50

材料	检查项目	检查频度		试验规程规定的平行试验次数或一次试验的试样数
		高速公路、一级公路	其他等级公路	
粗集料	外观（石料品种、含泥量等）	随时	随时	—
	针片状颗粒含量	随时	随时	2～3
	颗粒组成（筛分）	随时	必要时	2
	压碎值	必要时	必要时	2
	磨光值	必要时	必要时	4
	洛杉矶磨耗值	必要时	必要时	2
	含水率	必要时	必要时	2

续上表

材料	检查项目	检查频度		试验规程规定的平行试验次数或一次试验的试样数
		高速公路、一级公路	其他等级公路	
细集料	颗粒组成(筛分)	随时	必要时	2
	砂当量	必要时	必要时	2
	含水量	必要时	必要时	2
	松方单位重	必要时	必要时	2
矿粉	外观	随时	随时	—
	<0.075mm 含量	必要时	必要时	2
	含水率	必要时	必要时	2
石油沥青	针入度	每 2~3 天 1 次	每周 1 次	3
	软化点	每 2~3 天 1 次	每周 1 次	2
	延度	每 2~3 天 1 次	每周 1 次	3
	含蜡量	必要时	必要时	2~3
改性沥青	针入度	每天 1 次	每天 1 次	3
	软化点	每天 1 次	每天 1 次	2
	离析试验(对成品改性沥青)	每周 1 次	每周 1 次	2
	低温延度	必要时	必要时	3
	弹性恢复	必要时	必要时	3
	显微镜观察(对现场改性沥青)	随时	随时	—
乳化沥青	蒸发残留物含量	每 2~3 天 1 次	每周 1 次	2
	蒸发残留物针入度	每 2~3 天 1 次	每周 1 次	2
改性乳化沥青	蒸发残留物含量	每 2~3 天 1 次	每周 1 次	2
	蒸发残留物针入度	每 2~3 天 1 次	每周 1 次	3
	蒸发残留物软化点	每 2~3 天 1 次	每周 1 次	2
	蒸发残留物的延度	必要时	必要时	3

注:1. 表列内容是在材料进场时已按“批”进行了全面检查的基础上,日常施工过程中质量检查的项目与要求;

2. “随时”是指需要经常检查的项目,其检查频度可根据材料来源及质量波动情况由业主及监理确定;“必要时”是指施工各方任何一个部门对其质量发生怀疑,提出需要检查时,或是根据需要商定的检查频度。

2)沥青混合料

沥青拌和厂必须按下列步骤对沥青混合料生产过程进行质量控制,并按表 2-51 规定的项目和频度检查沥青混合料产品的质量,如实计算产品的合格率。单点检验评价方法应符合相关试验规程的试样平行试验的要求。

热拌沥青混合料频度和质量要求 表 2-51

项目		检查频度及单点检验评价方法	质量要求或允许偏差		试验方法
			高速公路、一级公路	其他等级公路	
混合料外观		随时	观察集料粗细、均匀性、离析、油石比、色泽、冒烟、有无花白料、油团等各种现象		目测
拌和温度	沥青、集料的加热温度	逐盘检验测定	符合规范规定		传感器自动检测、显示并打印
	混合料出厂温度	逐车检验测定	符合规范规定		传感器自动检测、显示并打印,出厂时逐车按 T 0981 人工检测
		逐盘测量记录,每天取平均值评定	符合规范规定		传感器自动检测、显示并打印

续上表

项目		检查频度及单点检验评价方法	质量要求或允许偏差		试验方法
			高速公路、一级公路	其他等级公路	
矿料级配（筛孔）	0.075mm	逐盘在线检测	±2%（2%）	—	计算机采集数据计算
	≤2.36mm		±5%（4%）	—	
	≥4.75mm		±6%（5%）	—	
	0.075mm	逐盘检查，每天汇总1次取平均值评定	±1%	—	规范附录G总量检验
	≤2.36mm		±2%	—	
	≥4.75mm		±2%	—	
	0.075mm	每台拌和机每天1~2次，以2个试样的平均值评定	±2%（2%）	±2%	T 0725抽提筛分与标准级配比较的差
	≤2.36mm		±5%（3%）	±6%	
	≥4.75mm		±6%（4%）	±7%	
沥青用量（油石比）		逐盘在线检测	±0.3%	—	计算机采集数据计算
		逐盘检测，每天汇总1次取平均值评定	±0.1%	—	规范附录F总量检验
		每台拌和机每天1~2次，以2个试样的平均值评定	±0.3%	±0.4%	抽提T 0722、T 0721
马歇尔试验：空隙率、稳定度、流值		每台拌和机每天1~2次，以4~6个试件的平均值评定	符合规范规定		T 0702、T 0709规范附录B、C
浸水马歇尔试验		必要时（试件数同马歇尔试验）	符合规范规定		T 0702、T 0709
车辙试验		必要时（以3个试件的平均值评定）	符合规范规定		T 0719

注：1. 单点检验是指试验结果以一组试验结果的报告值为一个测点的评价依据，一组试验（如马歇尔试验、车辙试验）有多个试样时，报告值的取用按《公路工程沥青与沥青混合料试验规程》的规定执行；

2. 对高速和一级公路，矿料级配和油石比必须进行总量检验和抽提筛分的双重检验控制，互相校核；表中括号内的数字是对SMA的要求。油石比抽提试验应事先进行空白试验评定，提高测试数据的准确度；

3. 表中的规范是指《公路沥青路面施工技术规范》。

（1）从料堆和皮带运输机随时目测各种材料的质量和均匀性，检查泥块及超粒径碎石，检查冷料仓有无窜仓。目测混合料拌和是否均匀、有无花白料、油石比是否合理，检查集料和混合料的离析情况。

（2）检查控制室拌和机各项参数的设定值、控制屏的显示值，核对计算机采集和打印记录的数据与显示值是否一致。按相关方法进行沥青混合料生产过程的在线监测和总量检验、进行沥青混合料质量动态管理。

（3）检测沥青混合料的材料加热温度、混合料出厂温度，取样抽提、筛分检测混合料的矿料级配、油石比。抽提筛分应至少检查0.075mm、2.36mm、4.75mm、公称最大粒径及中间粒径等5个筛孔的通过率。

（4）取样成型试件进行马歇尔试验，测定空隙率、稳定度、流值，计算合格率。对VMA、VFA指标可只作记录。确定压实度的标准密度。

3）沥青混合料铺筑

沥青路面铺筑过程中必须随时对铺筑质量进行评定，质量检查的内容、频度允许差应符合表2-52、表2-53、表2-54的规定。

热拌沥青路面施工过程中工程质量控制标准 表2-52

项目	检查频度及单点检验评价方法	质量要求或允许偏差		试验方法
		高速公路、一级公路	其他等级公路	
外观	随时	表面平整密实，不得有明显轮迹、裂缝、推挤、油汀、油包等缺陷，且无明显离析		目测
接缝	随时	紧密平整、顺直、无跳车		目测
	逐条缝检测评定	3mm	5mm	T 0931

续上表

<table>
<tr><th colspan="2" rowspan="2">项目</th><th rowspan="2">检查频度及单点检验评价方法</th><th colspan="2">质量要求或允许偏差</th><th rowspan="2">试验方法</th></tr>
<tr><th>高速公路、一级公路</th><th>其他等级公路</th></tr>
<tr><td rowspan="2">施工温度</td><td>摊铺温度</td><td>逐车检测评定</td><td colspan="2">符合规范规定</td><td>T 0981</td></tr>
<tr><td>碾压温度</td><td>随时</td><td colspan="2">符合规范规定</td><td>插入式温度计实测</td></tr>
<tr><td rowspan="4">厚度</td><td>每一层次</td><td>随时，厚度 50mm 以下
厚度 50mm 以上</td><td>设计值的 5%
设计值的 8%</td><td>设计值的 8%
设计值的 10%</td><td>施工时插入法量测松铺厚度及压实厚度</td></tr>
<tr><td>每一层次</td><td>1 个台班区段的平均值
厚度 50mm 以下
厚度 50mm 以上</td><td>−3mm
−5mm</td><td>—</td><td>规范附录 G 总量检验</td></tr>
<tr><td>总厚度</td><td>每 2000m²
一点单点评定</td><td>设计值的 −5%</td><td>设计值的 −8%</td><td rowspan="2">T 0912</td></tr>
<tr><td>上面层</td><td>每 2000m²
一点单点评定</td><td>设计值的 −10%</td><td>设计值的 −10%</td></tr>
<tr><td colspan="2">压实度</td><td>每 2000m²
检查 1 组逐个
试件评定并计算平均值</td><td colspan="2">实验室标准密度的 97%（98%）
最大理论密度的 93%（94%）
试验段密度的 99%（99%）</td><td>T 0924、T 0922
规范附录 E</td></tr>
<tr><td rowspan="2">平整度（最大间隙）</td><td>上面层</td><td>随时，接缝处单杆评定</td><td>3mm</td><td>5mm</td><td rowspan="2">T 0931</td></tr>
<tr><td>中下面层</td><td>随时，接缝处单杆评定</td><td>5mm</td><td>7mm</td></tr>
<tr><td rowspan="4">平整度（标准差）</td><td>上面层</td><td>连续测定</td><td>1.2mm</td><td>2.5mm</td><td rowspan="4">T 0932</td></tr>
<tr><td>中面层</td><td>连续测定</td><td>1.5mm</td><td>2.8mm</td></tr>
<tr><td>下面层</td><td>连续测定</td><td>1.8mm</td><td>3.0mm</td></tr>
<tr><td>基层</td><td>连续测定</td><td>2.4mm</td><td>3.5mm</td></tr>
<tr><td rowspan="2">宽度</td><td>有侧石</td><td>检测每个断面</td><td>±20mm</td><td>±20mm</td><td rowspan="2">T 0911</td></tr>
<tr><td>无侧石</td><td>检测每个断面</td><td>不小于设计宽度</td><td>不小于设计宽度</td></tr>
<tr><td colspan="2">纵断面高程</td><td>检测每个断面</td><td>±10mm</td><td>±15mm</td><td>T 0911</td></tr>
<tr><td colspan="2">横坡度</td><td>检测每个断面</td><td>±0.3%</td><td>±0.5%</td><td>T 0911</td></tr>
<tr><td colspan="2">沥青层层面上的渗水系数，不大于</td><td>每 1km 不少于 5 点，每点 3 处取平均值</td><td colspan="2">30mL/min（普通密级配沥青混合料）
200mL/min（SMA 混合料）</td><td>T 0971</td></tr>
</table>

注：1. 表中厚度检测频度指高速和一级公路的钻坑频度，其他等级公路可酌情减少状况，且通常采用压实度钻孔试件测定。上面层的允许误差不适用于磨耗层；

2. 压实度检测按附录 E 的规定执行。括号中的数值是对 SMA 路面的要求，对马歇尔成型试件采用 50 次或者 35 次击实的混合料，压实度应适当提高要求。进行核子仪等无破损检测时，每 13 个测点的平均数作为一个测点进行评定是否符合要求。实验室密度是指配合比设计相同方法成型的试件密度。以最大理论密度作标准密度时，对普通沥青混合料通过真空法实测确定，对改性沥青和 SMA 混合料，由每天的矿料级配和油石比计算得到；

3. 渗水系数适用于公称最大粒径等于或小于 19mm 的沥青混合料，应在铺筑成型后未遭行车污染的情况下测定，且仅适用于要求密水的密级配沥青混合料、SMA 混合料。不适用于 OGFC 混合料，表中渗水系数以平均值评定，计算的合格率不得小于 90%；

4. 3m 直尺主要用于接缝检测，对正常生产路段，采用连续式平整度仪测定；

5. 表中的规范是指《公路沥青路面施工技术规范》。

4）厚度与压实度

施工厚度的检测按以下方法执行，并相互校核，当差值较大时通常以总量检验为准。

（1）利用摊铺过程在线控制，即不断地用插尺或其他工具插入摊铺层测量松铺厚度。

（2）利用拌和厂沥青混合料总生产量与实际铺筑的面积计算平均厚度进行总量检验。

（3）当具有地质雷达等无无破损检验设备时，可利用其连续检测路面厚度，但其测试精度需经标定认可。

（4）待路面完全冷却后，在钻孔检测压实度的同时测量沥青层的厚度。

沥青路面的压实度采取重点对碾压工艺进行过程控制，适度钻孔抽验压实度的方法。压实成型的路面应按《公路路基路面现场测试规程》规定的方法随机选点检测渗水情况，渗水系数的平均值应符合表 2-52 的要求。对排水式沥青混合料应要求水能够迅速排走。

沥青表处及贯入式路面施工过程中工程质量控制标准　　表2-53

路面类型	项目	检查频度及单点检验评价方法	质量要求或允许偏差	试验方法
沥青表面处治	外观	随时	集料嵌挤密实、沥青撒布均匀、无花白料、接头无油包	目测
	集料及沥青用量	每日1次逐日评定	±10%	每日施工长度的实际用量与计划用量的比较T 0982
	沥青洒布温度	每车1次评定	符合规范规定	温度计测量
	厚度(路中及路侧各1点)	不少于每2000m² 一点,逐点评定	-5mm	T 0912
	平整度(最大间隙)	随时,以连续10尺的平均值评定	10mm	T 0931
	宽度	检测每个断面逐个评定	±30mm	T 0911
	横坡度	检测每个断面逐个评定	±0.5%	T 0911
沥青贯入式路面	外观	随时	集料嵌挤密实、沥青撒布均匀、无花白料、接头无油包	目测
	集料及沥青用量	每日1次总量评定	±10%	每日施工长度的实际用量与计划用量的比较T 0982
	沥青洒布温度	每车1次逐点评定	符合规范规定	温度计测量
	厚度	每2000m² 一点,逐点评定	-5mm或设计厚度的-8%	T 0912
	平整度(最大间隙)	随时,以连续10尺的平均值评定	8mm	T 0931
	宽度	检测每个断面	±30mm	T 0911
	横坡度	检测每个断面	±0.5%	T 0911

注:表中的规范是指《公路沥青路面施工技术规范》。

稀浆封层微表处施工过程中工程质量控制标准　　表2-54

项目		检查频度及单点检验评价方法	质量要求或允许偏差	试验方法
外观		随时	表面平整、均匀一致,无拖痕,无显著离析,接缝顺畅	目测
油石比		每日1次总量评定	±0.3%	每日实际沥青用量与总集料数量,总量检验
厚度		每公里5个断面	±10%	钢尺测量,每幅中间及两侧各2点
矿料级配	0.075mm	每日1次取2个试样筛分的平均值	±2%	T 0725
	0.15mm		±3%	
	0.3mm		±4%	
	0.6、1.18、2.36、4.75、9.5(mm)		±5%	
湿轮磨耗试验		每周1次	符合设计要求	从工程取样按T 0752进行

2.8.3 交工验收质检

检查验收的目的是判定完成的路面结构层是否满足设计文件与施工规范的要求。检查内容包括工程竣工后的外形和质量。

1. 基层

基层竣工工程外形的检查项目、频度和质量标准值应符合表2-55的要求,应按表2-56对工程质量进行检查验收。

2. 混凝土路面

混凝土路面完工后,施工单位应提交全线检测结果、施工总结报告及全部原始记录等齐全资料,申请交工验收。

路面混凝土弯拉强度应采用小梁标准试件和路面钻芯取样圆柱体劈裂强度折算的弯拉强度综合评定。平整度不合格的部位应进行处理,并硬刻槽恢复抗滑构造。板厚不足时,应判明区段,返工重铺。

竣工工程外形检查项目的质量标准 表 2-55

工程类别	项目		频度	质量标准	
				高速公路和一级公路	二级及以下公路
路基	高程(mm)		每200m4点	+10,-15	+10,-20
	宽度(mm)		每200m4个断面	不小于设计值	不小于设计值
	横坡度(%)		每200m4个断面	±0.5	±0.5
	平整度(mm)		每200m2处,每处连续10尺(3m直尺)	≤15	≤20
底基层	高程(mm)		每200m4点	+5,-15	+5,-20
	厚度(mm)	均值	每200m每车道1点	-10	-12
		单个值		-25	-30
	宽度(mm)		每200m4个断面	+0以上	+0以上
	横坡度(%)		每200m4个断面	±0.3	±0.5
	平整度(mm)		每200m2处,每处连续10尺	12	15
基层	高程(mm)		每200m4点	+5,-10	+5,-15
	厚度(mm)	均值	每200m每车道1点	-8	-10
		单个值		-15	-20
	宽度(mm)		每200m4个断面	+0以上	+0以上
	横坡度(%)		每200m4个断面	±0.3	±0.5
	平整度(mm)		每200m2处,每处连续10尺	8	12
			连续式平整度仪的标准差(mm)	3.0	

质 量 合 格 标 准 表 2-56

工程类别	检查项目	检查数量	标准值	极值低值
路基	压实度	200m4处(灌砂法)	重型压实标准,二级及以下公路93%以上,高速和一级公路不小于95%	二级及以下公路88%,高速和一级公路90%
	碾压检验①	全面、随时	无"弹簧"现象	
	弯沉值②	每一评定段(不超过1km)每车道40~50个测点③	按规范④附录A所得的弯沉标准值	
无结合料底基层	压实度	6~10③处	96%	92%
	弯沉值②	每车道40~50个测点③	按规范附录A所得的弯沉标准值	
级配碎石(或砾石)	压实度	6~10处③	基层98%	94%
			底基层96%	92%
	颗粒组成	2~3③	规定级配范围	
	弯沉值②	每车道40~50个测点③	按规范附录A所得的弯沉标准值	
填隙碎石	压实度(固体体积率)	6~10处③	基层85%	82%
			底基层83%	80%
	弯沉值②	每车道40~50个测点③	按规范附录A所得的弯沉标准值	
水泥土、石灰土、二灰、二灰土	压实度	6~10处③	93%(95%)	89%(91%)
	水泥或石灰剂量(%)	3~6处③	设计值	水泥1.0% 石灰2.0%

续上表

工程类别	检查项目	检查数量	标准值	极值低值
水泥稳定土、石灰稳定土、石灰工业废渣稳定土	压实度	6~10处③	基层98%(97%)	94%(93%)
			底基层96%(95%)	92%(91%)
	颗粒组成	2~3处③	规定级配范围	
	水泥或石灰剂量(%)	3~6处③	设计值	设计值-1.0%

注:①对于路基,碾压检验是最重要的。用重型压路机在准备验收的路基上错轮碾压3~4遍,能暴露潜在的薄弱位置,以便及时进行必要的处理;

②按规范附录A计算得的弯沉值即是极限高值;

③以每天完成段落为评定单位时,检查数量可取低值,以1km为评定单位时,检查数量应取高值;

④表中规范是指《公路路面基层施工技术规范》(JTJ 034—2000)。

3.沥青路面

1)车行道

工程完工后,施工单位应将全线以1~3km作为一个评定路段,每一侧车行道按表2-57~表2-59的规定频度,随机选取测点;对沥青面层进行全线自检,将单个测定值与表中的质量要求或允许偏差进行比较,计算合格率;然后计算一个评定路段的平均值、极差、标准差及变异系数。施工单位应在规定时间内提交全线检测结果及施工总结报告,申请交工验收。

热拌沥青混合料路面交工检查与验收质量标准 表2-57

检查项目		检查频度(每一侧车行道)	质量要求或允许偏差		试验方法
			高速公路、一级公路	其他等级公路	
外观		随时	表面平整密实、不得有明显轮迹、裂缝、推挤、油汀、油包等缺陷,且无明显离析		目测
面层总厚度	代表值	每1km5点	设计值的-5%	设计值的-8%	T 0912
	极值	每1km5点	设计值的-10%	设计值的-15%	T 0912
上面层厚度	代表值	每1km5点	设计值的-10%	—	T 0912
	极值	每1km5点	设计值的-20%	—	T 0912
压实度	代表值	每1km5点	实验室标准密度的96%(98%) 最大理论密度的92%(94%) 试验段密度的98%(99%)		T 0924
	极值(最小值)	每1km5点	比代表值放宽1%(每km)或2%(全部)		T 0924
路表平整度	标准差σ	全线连续	1.2mm	2.5mm	T 0932
	IRI	全线连续	2.0m/km	4.2m/km	T 0933
	最大间隙	每km10处,各连续10尺	—	5mm	T 0931
路表渗水系数,不大于		每1km不少于5点,每点3处取平均值评定	30mL/min(普通沥青路面) 200mL/min(SMA路面)	—	T 0971
宽度	有侧石	每1km20个断面	±20mm	±30mm	T 0911
	无侧石	每1km20个断面	不小于设计宽度	不小于设计宽度	T 0911
纵断面高程		每1km20个断面	±15mm	±20mm	T 0911
中线偏位		每1km20个断面	±20mm	±30mm	T 0911
横坡度		每1km20个断面	±0.3%	±0.5%	T 0911
弯沉	回弹弯沉	全线每20m1点	符合设计对交工验收的要求	符合设计对交工验收的要求	T 0951
	总弯沉	全线每5m1点	符合设计对交工验收的要求	—	T 0952
构造深度		每1km5点	符合设计对交工验收的要求	—	T 0961/62/63
摩擦系数摆值		每1km5点	符合设计对交工验收的要求	—	T 0964
横向力系数		全线连续	符合设计对交工验收的要求	—	T 0965

注:高速公路、一级公路面层除验收总厚度外,尚须验收上面层厚度,代表值的计算方法按《公路沥青路面施工技术规范》(JTG F40—2004)附录E进行。

沥青表处及贯入式路面交工检查与验收质量标准　　表 2-58

路面类型	检查项目		检查频度(每一侧车行道)	质量要求或允许偏差	试验方法
沥青表面处治	外观		全线	密实,不松散	目测
	厚度	代表值	每 200m 每车道 1 点	-5mm	T 0921
		极值	每 200m 每车道 1 点	-10mm	T 0921
	路表平整度	标准差	全线每车道连续	4.5mm	T 0932
		IRI	全线每车道连续	7.5m/km	T 0933
		最大间隙	每 1km10 处,各连续 10 尺	10mm	T 0931
	宽度	有侧石	每 1km20 个断面	±3mm	T 0911
		无侧石	每 1km20 个断面	不小于设计宽度	T 0911
	纵断面高程		每 1km20 个断面	±20mm	T 0911
	横坡度		每 1km20 个断面	±0.5%	T 0911
	沥青用量		每 1km1 点	±0.5%	T 0722
	矿料用量		每 1km1 点	±5%	T 0722
沥青贯入式路面	外观		全线	密实,不松散	目测
	厚度	代表值	每 200m1 点	-5mm 或 -8%	T 0921
		极值	每 200m1 点	15mm	T 0921
	路表平整度	标准差 σ	全线连续	3.5mm	T 0932
		IRI	全线连续	5.8m/km	T 0933
		最大间隙	每 km10 处,各连续 10 尺	8mm	T 0931
	宽度	有侧石	每 1km20 个断面	±30mm	T 0911
		无侧石	每 1km20 个断面	不小于设计宽度	T 0911
	纵断面高程		每 1km20 个断面	±20mm	T 0911
	横坡度		每 1km20 个断面	±0.5%	T 0911
	沥青用量		每 1km1 点	±0.5%	T 0722
	矿料用量		每 1km1 点	±5%	T 0722

稀浆封层交工检查与验收质量标准　　表 2-59

检查项目	检查频度(每一幅车行道)	质量要求或允许偏差		试验方法
		高速公路、一级公路	其他等级公路	
平均厚度	每 1km 3 点	-10%	-10%	挖小坑量测,取平均
渗水系数	每 1km 3 处	10mL/min	10mL/min	T 0971
路表构造深度	每 1km 5 点	符合设计要求	—	T 0961、T 0962
路面摩擦系数摆值	每 1km 5 点	符合设计要求	—	T 0964
横向力系数	全线连续	符合设计要求	—	T 0965

2)行人道

行人道路沥青面层的质量检查及验收与车行道相同,其质量指标应符合表 2-60 的规定。

行人道路沥青面层质量标准　　表 2-60

检查项目		质量要求或允许偏差	检查频度	检查方法
厚度		±5	每 100m1 点	T 0912
路表平整度(最大间隙)	沥青混凝土	5mm	每 200m2 点 各连续 10 尺	T 0931
	其他沥青面层	7mm		
宽度		-20mm	每 100m2 点	T 0911
横坡度		±0.3%	每 100m2 点	T 0911

3)大、中型桥梁

大、中型桥梁桥面沥青铺装的质量检查与验收,以 100m 作为一个评定路段,其质量指标应符合表 2-61 的规定。

桥面沥青铺装工程质量标准　　表 2-61

检查项目		检查频度	允许偏差		检查方法
			高速公路、一级公路	其他等级公路	
厚度		每 100m2 点	0 ~ +5mm	—	T 0912
路表平整度	标准差	连续测定	1.8mm	2.5mm	T 0932
	最大间隙	连续测定	3mm	5mm	T 0931
宽度		每 100m10 点	0 ~ +5mm		T 0911
压实度		每 100m2 点	马歇尔密度的 97%，最大相对密度的 93%		T 0924
横坡		每 100m10 点	±0.3%		T 0911
其他			同规范热拌沥青混合料要求		

注：表中规范是指《公路沥青路面施工技术规范》（JTG F40—2004）。

4）路缘带和拦水带

路缘带和拦水带的质量检查及验收与行车道相同，其质量指标应符合表 2-62 的规定。

路缘带和拦水带工程质量标准　　表 2-62

检查项目	质量要求或允许偏差	检查频度	检查方法
直顺度	10mm	每 100m 2 点	拉 20m 小线量取最大值
预制块相邻块高差	3mm	每 100m 5 点	用钢板尺量
预制块相邻缝宽	±3mm	每 100m 5 点	用钢板尺量
立式路缘石顶面高程	±10mm	每 100m 5 点	T 0911
水泥混凝土路缘石的预制块强度	25MPa	每 1km 1 点	留试块试验
沥青混凝土拦水带的压实度	95%	每 1km 1 点	取样试验

第三章　公路拱桥施工

3.1　施工规定

桥梁施工必须做好施工前的准备工作及技术交底、施工组织工作，施工中加强管理并应严格执行规范及有关技术操作规程的规定。

3.1.1　总体要求

桥梁施工应积极推广使用成熟的并经主管部门批准的新技术、新工艺、新材料、新设备，以加速实现公路桥梁施工现代化。桥梁施工应节约用地，少占农田，并按照国家有关规定采取相关措施降低或减少环境污梁，保护环境。

桥梁工程竣工后，应对临时工程、临时辅助设施、临时用地和弃土等及时进行处理，做到工完场清。桥梁工程建设必须是文明施工，安全生产，严格遵守安全操作规程，加强安全生产教育，建立和健全安全生产管理制度。公路桥梁施工，除执行规范外，尚应符合国家及行业现行的有关强制性标准的规定。

3.1.2 施工方法

拱桥的桥型方案,基本确定了施工方法。拱桥施工一般可采用有支架施工、吊装施工、转体施工和土牛施工等方法。

1. 石拱桥

石拱桥施工可以采用有支架施工、土牛施工方法。石拱桥造型美观,一般建造在石料丰富的山区,天然石料经加工成块石或料石砌筑主拱圈、拱上立柱、腹拱圈、拱上侧墙等上部构造,也可用片石或块石砌筑基础、U型桥台、重力式桥墩等下部构造。砌体可采用片石或块石,砌体的表面可以采用粗料石镶面。石料分强度等级,一般可采用水泥砂浆、小石子混凝土作为砌筑填缝料。

2. 双曲拱桥

双曲拱桥施工首先预制拱肋和拱波,然后吊运安装拱肋和横向联系;在拱肋上安装拱波,再现浇拱板将拱肋和拱波连成整体形成主拱圈;最后施工拱上建筑。双曲拱桥施工体现了先化整为零、再化零为整的施工方法。双曲拱桥可以采用有支架施工、吊装施工方法。双曲拱桥的特点是施工方便,可大量节省钢材。双曲拱桥的最大优点是提高了桥梁的强度和稳定性,它克服了一般拱桥在重压下横向容易弯曲变形的弱点,使压力较好地分布于桥梁整体。另外,双曲拱还可以以同样的材料,获得比一般拱桥大得多的跨度。

3. 钢筋混凝土肋拱桥

钢筋混凝土拱桥可以采用有支架施工、转体施工方法。钢筋混凝土拱桥以钢筋混凝土作为主要的建筑材料,能充分发挥混凝土的受压性能,无论在地质条件较好的山区,还是在地质条件较差的地基上,都能采用。在钢筋混凝土拱桥中,肋拱截面形式采用较多。其优点是混凝土用量省,自重轻,外形美观。肋拱特点是由分离的拱肋组成主拱圈,拱肋上设立柱横梁,架设桥面板。

4. 箱形拱桥

箱形拱桥一般可采用有支架施工、吊装施工方法。箱形拱桥为箱型拱肋截面,可以用钢筋混凝土或钢材建造的一种拱桥形式。箱形拱具有抗扭刚度大,结构稳定性好,整体性强等优点。钢筋混凝土箱形拱可化整为零便于吊装施工,混凝土用量省,钢筋用量受吊装应力控制;拱上建筑一般采用梁板式结构,立柱与主拱圈联结处设有横隔板。钢箱形拱外形比较简单,一般横桥向布置两个箱形拱肋。

5. 系杆拱桥

系杆拱桥一般可采用有支架施工方法。系杆拱将拱和梁两种基本结构形式组合在一起,共同承受荷载,充分发挥梁受弯、拱受压的结构组合作用,拱端的水平推力由系杆承受。拱与梁之间用两端铰接的竖直吊杆联结,也可采用斜形式。系杆拱多做成下承式,加劲梁做成系杆箱。拱桥轴线一般为抛物线或圆曲线。

6. 钢管混凝土拱桥

钢管混凝土拱桥一般可采用吊装施工方法。钢管混凝土拱桥可利用空心钢管作为劲性骨架及模板,具有吊装质量轻、施工速度快、用钢量省的特点。钢管混凝土作为钢与混凝土组合材料的一种,一方面借助钢管内填筑混凝土,提高钢管受压时的稳定性,提高钢管耐腐蚀性及耐久性;另一方面借助于管壁对混凝土的套箍作用,提高混凝土的抗压强度,将钢材与混凝土有机地结合起来。钢管混凝土拱桥型的出现,解决了拱桥建造过程中的材料与施工两大难题。

3.1.3 施工准备

拱桥施工应根据招投标文件、施工合同、设计文件及有关规范编报施工组织设计。应做好施工现场准备、建筑施工临时设施、安装调试施工机具及标定试验机具,进行施工测量及复核测量资料,做好材料的储存和堆放,做好开工前的试验检测工作。

施工组织设计应包括编制说明、施工组织机构、施工平面布置图、施工方法、施工详图、资源计划、总进度计划和进度图、质量管理、安全生产、环境保护。施工单位必须建立健全施工质量保证体系,主要内容包括质量方针、质量目标、质量保证机构、质量保证程序、质量保证措施。

3.1.4 施工放样

施工测量应根据桥梁的形式、跨径及设计要求的施工精度,确定利用原设计网点加密或重新布设控制网点。补充施工需要的水准点,桥梁轴线、墩台控制桩。为防止差错,施工测量必须由两个人相互检查校对并作出测量和检查核对记录。

1. 一般要求

(1)当有良好的丈量条件时可采用直接丈量法进行墩台施工定位。直接丈量,应对尺长、温度、拉力、垂度和倾斜度进行改正计算。

(2)大、中桥的水中墩、台和基础的位置,宜用校验过的电磁波测距仪测量。桥墩中心线在桥轴线方向上的位置中误差不应大于±15mm。

(3)曲线上的桥梁施工测量,应按照设计文件参照公路曲线测定方法处理。

(4)施工过程中,应测定并经常检查桥梁结构浇砌和安装部分的位置和高程,并作出测量记录和结论,如超过允许偏差时,应分析原因,并予以补救和改正。各结构部分的允许偏差见有关规定。

(5)桥轴线超过1000m的特大桥梁和结构复杂的桥梁施工过程,应进行主要墩、台(或塔、锚)的沉降变形监测,桥梁控制网应每年复测一次,以确保施工安全和质量。

(6)桥梁竣工后应进行竣工测量。一般要求测定桥梁中线,丈量跨径;丈量墩、台(或塔、锚)各部尺寸;检查桥面高程。

(7)为防止差错,施工测量必须由两个人相互检查校对,并作出测量和检查核对记录。

2. 平面测量

平面控制网可采用三角测量和GPS测量。

1)三角测量

(1)三角测量等级的确定应符合表3-1的规定。三角网的基线不应少于2条,依据当地条件,可设于河流的一岸或两岸。基线一端应与桥轴线连接,并尽量近于垂直。当桥轴线较长时,应尽可能两岸均设基线,长度一般不小于桥轴线长度的0.7倍,困难地段不得小于0.5倍。设计单位布设的基线桩精度够用时应予以利用。三角网所有角度宜布设在30°~120°之间,困难情况下不应小于25°。

平面控制测量等级 表3-1

等级	桥位控制测量	等级	桥位控制测量
二等三角	>5000m的特大桥	一级小三角	500~1000m的特大桥
三等三角	2000~5000m的特大桥	二级小三角	<500m的大、中桥
四等三角	1000~2000m的特大桥		

(2)三角测量的技术要求应符合表3-2~表3-5的规定。

三角测量的技术要求 表3-2

等级	平均边长(km)	测角中误差(″)	起始边边长相对中误差	最弱边边长相对中误差	测回数			三角形最大闭合差(″)
					DJ_1	DJ_2	DJ_6	
二等	3.0	±1.0	≤1/250000	≤1/120000	12	—	—	±3.5
三等	2.0	±1.8	≤1/150000	≤1/70000	6	9	—	±7.0
四等	1.0	±2.5	≤1/100000	≤1/40000	4	6	—	±9.0
一级小三角	0.5	±5.0	≤1/40000	≤1/20000	—	3	4	±15.0
二级小三角	0.3	±10.0	≤1/20000	≤1/10000	—	1	3	±30.0

水平角方向观测法的技术要求 表3-3

等级	仪器型号	光学测微器两次重合读数之差(″)	半测回归零差(″)	一测回中2倍照准差较差(″)	同一方向值各测回较差(″)
四等及以上	DJ_1	1	6	9	6
	DJ_2	3	8	13	9
一级及以下	DJ_2	—	12	18	12
	DJ_6	—	18	—	24

注:当观测方向的垂直角超过±3°的范围时,该方向一测回中2倍照准差较差,可按同一观察时段内相邻测回同方向进行比较。

测距的主要技术要求 表3-4

平面控制网等级	测距仪精度等级	观测次数 往	观测次数 返	总测回数	一测回读数较差(mm)	单程各测回较差(mm)	往返较差
二、三等	I	1	1	6	≤5	≤7	$\leqslant\sqrt{2}(a+b\cdot D)$
	II			8	≤10	≤15	
四等	I	1	1	4~6	≤5	≤7	
	II			4~8	≤10	≤15	
一级	II	1	—	2	≤10	≤15	
	III			4	≤20	≤30	
二级	II	1	—	1~2	≤10	≤15	
	III			2	≤20	≤30	

注:1. 测回是指照准目标1次,读数2~4次的过程;

2. 根据具体情况,测边可采取不同时间段观测代替往返观测;

3. a——标称精度中的固定误差(mm);b——标称精度中的比例误差系数(mm/km);D——测距长度(km)。

测 量 精 度 等 级 表3-5

测距仪精度等级	每公里测距中误差 m_D(mm)	
I级	$m_D\leqslant5$	$m_D=\pm(a+b\cdot D)$
II级	$5<m_D\leqslant10$	
III级	$10<m_D\leqslant20$	

(3)三角网平差一般按角度以条件观测平差为主。平差计算结束后,验算精度应符合表3-2的规定。

2)GPS测量

GPS测量等级应符合表3-1的规定。GPS控制网的主要技术指标应符合表3-6的规定。GPS测量控制网的设置精度和作业方法应符合《公路全球定位系统(GPS)测量规范》(JTJ 066)的规定。

GPS控制网的主要技术指标 表3-6

级别	每对相邻点平均距离 d(km)	固定误差 a(mm)	比例误差 b(mm/km)	最弱相邻点点位中误差 m(mm)
一级	4.0	5	1	10
二级	2.0	5	2	10
三级	1.0	5	2	10

注:各级GPS控制网每对相邻点间最小距离不应小于平均距离的1/2,最大距离不宜大于平均距离的2倍。

3. 高程控制测量

水准测量等级的确定应符合下列要求:2000m以上的特大桥一般为三等,1000~2000m的特大桥为四等,1000m以下的桥梁为五等。水准测量的等级划分、水准测量精度计算及主要技术要求如表3-7所示。特大、大、中桥施工时设立的临时水准点,高程偏差(Δh)不得超过计算值。

水准测量的主要技术要求 表3-7

等级	每公里高差中数中误差(mm) 偶然中误差(M_Δ)	全中误差 M_W	水准仪的型号	水准尺	观测次数 与已知点联测	附合或环线	往返较差、附合或环线闭合差(mm)
二等	±1	±2	DS1	铟瓦	往返各一次	往返各一次	$\pm4\sqrt{L}$
三等	±3	±6	DS1	铟瓦	往返各一次	往一次	$\pm12\sqrt{L}$
			DS3	双面		往返各一次	
四等	±5	±10	DS3	双面	往返各一次	往一次	$\pm20\sqrt{L}$
五等	±8	±16	DS3	单面	往返各一次	往一次	$\pm30\sqrt{L}$

注:L为往返测段、附合或环线的水准路线长度(km)。

当水准路线跨越江河(或湖塘、宽沟、洼地、山谷等)时,应采用跨河水准测量方法校测。跨河水准测量方法可按照《公路勘测规范》(JTJ 061)规定。

4. 桥位测量精度要求

桥位测量的精度要求如表3-8所示。

桥轴线相对中误差　　表3-8

测量等级	桥轴线相对中误差	测量等级	桥轴线相对中误差
二等	1/130000	一级	1/20000
三等	1/70000	二级	1/10000
四等	1/40000		

注：对特殊的桥梁结构，应根据结构特点确定桥轴线控制测量的等级与精度。

3.2 砌筑工程

砌筑工程包括砌石、砌混凝土预制块和砌砖等，适用于公路桥梁拱圈、墩台、基础、挡土墙及其附属工程等的施工。天然地基上的基础砌体，施工前应按规范有关规定，对基坑进行检查和处理。砌体沉降缝、伸缩缝、泄水孔及防水层的设置，应符合设计和有关规定。

3.2.1 一般规定

石料应符合设计规定的类别和强度，石质应均匀、不易风化、无裂纹。石料强度、试件规格及换算应符合设计要求，石料强度的测定应按现行《公路工程石料试验规程》(JTJ 054)执行。一个月份平均气温低于－10℃的地区，除干旱地区的不受冰冻部位或根据以往实践经验证明材料确有足够抗冻性者外，所用石料及混凝土材料须通过冻融试验证明符合表3-9的抗冻性指标时，方可使用。

石料及混凝土材料抗冻性指标　　表3-9

结构物类别	大、中桥	小桥
镶面或表层	50	25

注：1. 抗冻性指标系指材料在含水饱和状态下经－15℃的冻结与融化的循环次数；
2. 试验后的材料应无明显损伤(裂缝、脱层)，其强度不低于试验前的0.75倍。

1. 片石

片石一般指用爆破或楔劈法开采的石块，厚度不应小于150mm(卵形和薄片者不得采用)。用作镶面的片石，应选择表面较平整、尺寸较大者，并应稍加修整。

2. 块石

块石形状应大致方正，上下面大致平整，厚度200～300mm，宽度约为厚度的1.0～1.5倍，长度约为厚度的1.5～3.0倍(如有锋棱锐角，应敲除)。块石用作镶面时，应由外露面四周向内稍加修凿，后部可不修凿，但应略小于修凿部。

3. 粗料石

粗料石是由岩层或大块石料开劈并经粗略修凿而成，外形应方正，成六面体，厚度200～300mm，宽度为厚度的1～1.5倍，长度为厚度的2.5～4倍，表面凹陷深度不大于20mm。加工镶面粗料石时，丁石长度应比相邻顺石宽度至少大150mm，修凿面每100mm长须有錾路约4～5条，侧面修凿面应与外露面垂直，正面凹陷深度不应超过15.0mm。

镶面粗料石的外露面如带细凿边缘时，细凿边缘的宽度应为30～50mm。

4. 拱石

拱石可根据设计采用粗料石、块石或片石；拱石应立纹破料，岩层面应与拱轴垂直，各排拱石沿拱圈内弧的厚度应一致。用粗料石砌筑曲线半径较小的拱圈，辐射缝上下宽度相差超过30%时，宜将粗料石加工成楔形，其具体尺寸可根据设计及施工条件确定，但应符合规范规定。

5. 卵石

桥梁附属工程采用卵石代替片石时，其石质及规格须符合相关规范的规定。

6. 混凝土预制块

混凝土预制块砌体形状、尺寸应统一，其规格应与粗料石相同，砌体表面应整齐美观。预制块做拱石时，混凝土块可提前预制，使其收缩尽量消失在拱圈封顶以前，避免拱圈开裂；蒸气养护混凝土预制块可加速收缩，可按试验确定提前时间。

7. 砂浆技术要求

(1)砌筑用砂浆的类别和强度等级应符合设计规定。砂浆强度等级以 M××表示,为 70.7mm×70.7mm×70.7mm试件标准养护 28d 的抗压强度(单位为 MPa)。标准养护条件如下:

①水泥石灰等混合砂浆养护温度 20±3℃,相对湿度 60%~80%。

②水泥砂浆和微沫水泥砂浆养护温度 20±3℃,相对湿度为 90% 以上。

③常用的砂浆强度等级分别为 M20、M15、M10、M7.5、M5、M2.5 等 6 个等级。

(2)砂浆中所用水泥、砂、水等材料的质量标准宜符合混凝土工程相应材料的质量标准。砂浆中所用砂,宜采用中砂或粗砂,当缺乏中砂及粗砂时,在适当增加水泥用量的基础上,也可采用细砂。砂的最大粒径,当用于砌筑片石时,不宜超过 5mm;当用于砌筑块石、粗料石时,不宜超过 2.5mm。如砂的含泥量达不到混凝土用砂的标准,当砂浆强度等级大于或等于 M5 时,可不超过 5%,小于 M5 时可不超过 7%。

(3)石灰水泥砂浆所用生石灰,应成分纯正,锻烧均匀、透彻。一般宜熟化成消石灰粉或石灰膏使用,也可磨细成生石灰粉使用。消石灰粉和石灰膏应通过网筛过滤,并且石灰膏应在沉淀池内储存 14d 以上。磨细生石灰粉应经 4900 孔/cm^2 筛子过筛。

(4)砂浆的配合比可通过试验确定,可采用质量比或体积比,并应满足规范中技术条件的要求。当变更砂浆的组成材料时,其配合比应重新试验确定。

(5)砂浆必须具有良好的和易性,其稠度以标准圆锥体沉入度表示,用于石砌体时宜为 50~70mm,气温较高时可适当增大。零星工程用砂浆的稠度,也可用直观法进行检查,以用手能将砂浆捏成小团,松手后既不松散、又不由灰铲上流下为度。

(6)为改善水泥砂浆的和易性,可掺入无机塑化剂或以皂化松香为主要成分的微沫剂等有机塑化剂,其掺量可参照生产厂家的规定并通过试验确定,一般为水泥用量的 0.5/10000~1.0/10000(微沫剂按 100% 纯度计)。采用时应符合下列规定:

①微沫剂宜用不低于 70℃ 的水稀释至 5%~10% 的浓度,稀释后存放不宜超过 7d。

②宜用机械拌和,拌和时间宜为 3~5min。

(7)砂浆配制应采用质量比,砂浆应随拌随用,保持适宜的稠度,一般宜在 3~4h 内使用完毕;气温超过 30℃ 时,宜在 2~3h 内使用完毕。在运输过程或在贮存器中发生离析、泌水的砂浆,砌筑前应重新拌和;已凝结的砂浆,不得使用。

8. 小石子混凝土技术要求

(1)小石子混凝土的配合比设计、材料规格和质量检验标准,应符合规范的有关规定。

(2)小石子混凝土的粗骨料可采用细卵石或碎石,最大粒径不宜大于 20mm。

(3)小石子混凝土拌和物应具有良好的和易性,坍落度宜为 50~70mm(片石砌体)或 70~100mm(块石砌体)。为改善小石子混凝土拌和物的和易性,节约水泥,可通过试验,在拌和物中掺入一定数量的减水剂等外加剂或粉煤灰等混合材料。

3.2.2 干砌石料

干砌石料的一般要求如下:

(1)砌体要分层进行,层间竖缝要错开,每层以大石块为骨干,大面朝下。

(2)不平稳部位应用小石块垫稳,不得有松动石块。

(3)层面应经常用厚薄不同的石块调整高度,以便始终保持各层呈基本水平上升。

(4)砌体应表理一致,不得以大块石砌外缘而内填碎石河卵石;外砌石块要互压 1/2 以上。

(5)表面砌缝的宽度不大于 25mm,砌石边缘顺直、整齐、牢固,砌体外露面的顶面和侧边,选用较为整齐的块石砌筑平整,所有明缝均用小片石料填塞紧密。

3.2.3 浆砌石料

浆砌石料的一般要求如下:

(1)砌块在使用前必须浇水湿润,将表面的泥土、水锈清洗干净。

(2)砌第一层砌块时,如基底为岩层或混凝土基础,应先将基底表面清洗、湿润,再坐浆砌筑;如基底为土质,可直接坐浆砌筑。

(3)砌筑应分层进行,砌体较长时可分段分层砌筑,但两相邻工作段的砌筑差一般不宜超过1.2m;分段位置宜尽量设在沉降缝或伸缩缝处,各段水平砌缝应一致。

(4)各层先砌筑外圈定位行列,然后砌筑里层,外圈砌石与里层砌块交错连成一体。砌体外露面镶面种类应符合设计规定,位于流冰或有严重漂流物河中的墩台,宜选用较坚硬的石料或高强度混凝土预制块进行镶砌。砌体里层应砌筑整齐,分层应与外圈一致,应先铺一层适当厚度的砂浆再安放砌块和填塞砌缝。砌体外露面应进行勾缝,并应在砌筑时靠外露面预留深约20mm的空缝备作勾缝之用。砌体隐蔽面砌缝可随砌随刮平,不另勾缝。

(5)各砌层的砌块应安放稳固,砌块间应砂浆饱满,黏结牢固,不得直接贴靠或脱空。砌筑时,底浆应铺满,竖缝砂浆应先在已砌石块侧面铺放一部分,然后于石块放好后填满捣实。用小石子混凝土塞竖缝时,应以扁铁捣实。

(6)砌筑上层块时,应避免振动下层砌块。砌筑工作中断后恢复砌筑时,已砌筑的砌层表面应加以清扫和湿润。

3.2.4 浆砌砖块(混凝土预制块)

浆砌砖块包括砌混凝土预制块。混凝土预制块是指按设计要求用水泥混凝土浇筑而成的预制块件;其形状、尺寸应统一,其规格应与粗料石相同,砌体表面应整齐美观。

砖块的特点是块小、抗压强度远大于抗拉强度、抗扭强度和抗剪强度。国标黏土砖的尺寸为240×115×53mm,这一尺寸的目的是为了保证砖的长宽高之比为4:2:1(包括10mm的灰缝宽度)。砖墙的厚度多以砖的倍数称呼,由于砖的长度为240mm,因此厚度为一砖的墙称为"二四"墙,厚度为一砖半的墙称为"三七"墙,厚度为半砖的墙称为"一二"墙。

砖墙构造需要把小尺寸的砖头以一种合理的方式通过水泥砂浆砌筑成墙体。砖墙砌筑的主要标准是不能有上下"通缝",以保证砖墙的坚固,因此砖块的砌筑应遵循内外搭接上下错缝的原则。

由于黏土砖的生产损毁了大量优质土地,浪费了过多的煤炭资源,因此国家发起改革后,研制了各种新型材料砖块。实心混凝土砖是采用和黏土砖相同模数和砌筑方式,目前使用广泛,以及发展应用了很多形式的混凝土预制块砌体。

3.2.5 砌体勾缝及养生

砌体勾缝,除设计有规定者外,一般可采用凸缝或平缝。浆砌较规则的块材时,可采用凹缝。勾缝砂浆强度不应低于砌体砂浆强度,一般主体工程不低于M10,附属工程不低于M7.5。流冰和严重冲刷部位应采用高强度水泥砂浆。石砌体勾缝应嵌入砌缝内约20mm深。缝槽深度不足时,应凿够深度后再勾缝。干砌片石勾缝时,应嵌入砌缝20mm以上。干砌片石护坡、锥坡的勾缝,宜待坡体土方稳定后进行,除设计有规定外,一般可做平缝。浆砌砌体,应在砂浆初凝后,洒水覆盖养生7~14d。养护期间应避免碰撞、振动或承重。

3.2.6 质量检验

1. 砂浆及小石子混凝土

对砂浆及小石子混凝土的抗压强度应按不同强度等级、不同配合比分别制取试件,重要及主体砌筑物,每工作班应制取试件2组;一般及次要砌筑物,每工作班可制取试件1组。拱圈砂浆应同时制取与砌体同条件养护试件,以检查各施工阶段的强度。小石子混凝土抗压强度评定方法同一般混凝土,砂浆抗压强度合格条件如下:

(1)同等级试件的平均强度不低于设计强度等级。

(2)任意一组试件最低值不低于设计强度等级的75%。

2. 砌筑材料与错缝

砌体错缝与勾缝应符合下列规定:

(1)砌体所用各项材料类别、规格及质量符合要求。

(2)砌缝砂浆或小石子混凝土铺填饱满,强度符合要求。

(3)砌缝宽度、错缝距离符合规定,勾缝坚固、整齐,深度和型式符合要求。

(4)砌筑方法正确。

(5)砌体位置、尺寸不超过允许偏差。

3. 尺寸允许偏差

浆砌片石、块石挡土墙位置及外形尺寸允许偏差如表3-10所示。侧墙砌体位置及外形尺寸允许偏差如表3-11所示。

浆砌片石、块石挡土墙允许偏差　　表 3-10

项目	允许偏差(mm)	项目	允许偏差(mm)
平面位置	50	顶面高程	±20
表面平整度	片石 30,块石 20	断面尺寸	不小于设计值
竖直度或坡度	0.5%H	底面高程	±50

注:H 为砌体高度。

侧墙砌体允许偏差　　表 3-11

项目		规定值或允许偏差
外侧平面偏位(mm)	无镶面	+30, -10
	有镶面	+20, -10
宽度(mm)		+40, -10
顶面高程(mm)		±10
竖直度或坡度	片石砌体	0.5%
	块石、粗料石、混凝土块镶面	0.3%

3.3 围堰工程

围堰高度应高出施工期间可能出现的最高水位(包括浪高)0.5~0.7m。围堰外形应考虑河流断面被压缩后,流速增大引起水流对围堰、河床的集中冲刷及影响通航、导流等因素,并应满足堰身强度和稳定的要求。围堰内平面尺寸应满足基础施工的需要。围堰要求防水严密,减少渗漏。

3.3.1 土围堰

水深 1.5m 以内、水流流速 0.5m/s 以内,河床土质渗水较小时,可筑土围堰(图 3-1)。堰顶宽度可为 1~2m。当采用机械挖基时,应视机械的种类确定,但不宜小于 3m。堰外边坡迎水流冲刷的一侧,边坡坡度宜为 1:2~1:3,背水冲刷的一侧的边坡坡度可在 1:2 之内,堰内边坡宜为 1:1~1:1.5,内坡脚与基坑的距离根据河床土质及基坑开挖深度而定,但不得小于 1m。筑堰材料宜用黏性土或砂夹黏土。填出水面之后应进行夯实。填土应自上游开始至下游合龙。在筑堰之前,必须将堰底下河床底上的树根、石块及杂物清除干净。因筑堰引起流速增大使堰外坡面有受冲刷的危险时,可在外坡面用草皮、柴排、片石、草袋或土工织物等加以防护。

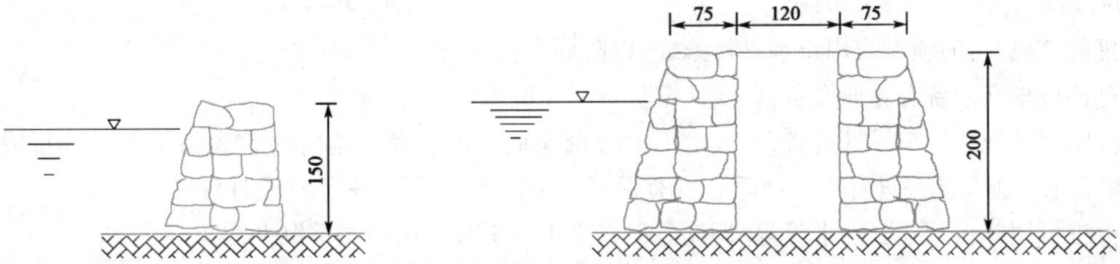

图 3-1　土袋围堰

a)单墙;b)双墙

3.3.2 草袋围堰

水深在 3m 以内,流速在 1.5m/s 以内,河床土质渗水性较小时,可筑土袋围堰。围堰中心部分可填筑黏土及黏性土芯墙。堰外边坡为 1:0.5~1:1,堰内边坡为 1:0.2~1:0.5。坡脚与基坑顶边缘的距离和堰顶的宽度、堰底河床处理及堆码方向同土围堰要求。堆码的土袋的上下层和内外层应相互错缝,尽量堆码密实平整。

3.3.3 竹笼围堰

竹笼围堰适用于流速较大而水深在 1.5~4m 的情况。竹、铅丝围堰制作应坚固,可使用钢筋串联、螺栓连接以及铁丝捆扎等方法加固。按照水深、流速、基坑大小及防渗要求,可以用单层或双层竹、铅丝笼围堰,单层时在围堰内填土袋,在外侧堆土袋,双层时在两层之间填土,防止渗漏。竹、铅丝笼的宽度为水深的 1.0~1.5 倍。竹、铅丝笼可用浮运、吊装或滑移就位,就位后填石(装土)下沉,在堰底外围堆土袋,以防堰底渗漏。

3.3.4 钢筋混凝土板桩围堰

钢筋混凝土板桩适用于黏性土、砂类土及碎石土类河床。板桩断面应符合设计要求。板桩桩尖角度视土质坚硬程度而定。沉入砂砾层的板桩桩头,应增设加劲钢筋或钢板。钢筋混凝土板桩的制作,应用刚度较大的模板,榫口接缝应顺直、密合。如用中心射水下沉,板桩预制时,应留射水通道,其余制作要点可参照钢筋混凝土桩的制作。钢筋混凝土板桩的插打、就位、位置的控制以及拔除,可按照钢板桩围堰有关内容执行。如图3-2所示。

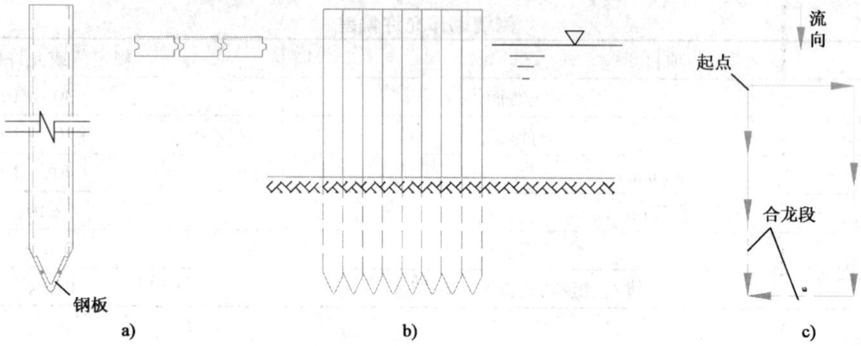

图3-2 钢筋混凝土板桩

a)结构;b)双墙;c)插打顺序

3.3.5 钢板桩围堰

钢板桩围堰适用于多类土层,是一种施工简单、快捷、成本较低的围堰形式。钢板桩可以重复使用,因此不能用于有封底混凝土的工程中。钢板桩围堰也有其很大的局限性,其组拼结构的整体刚度较小,抗水流及冲刷能力差,不宜于在流速较大、透水性强和承载力小的地层条件下使用。钢板桩围堰一般采用单壁的矩形、圆形等结构形式,内部根据水位情况设置支撑。钢板桩的机械性能和尺寸应符合规定要求。经过整修或焊接后的钢板桩,应用同类型的钢板桩进行锁口试验、检查。钢板桩堆存、搬运与起吊时,应防止因自重而引起的变形及锁口损坏。当起吊能力许可时,宜在打桩之前,将2~3块钢板桩拼为一组并夹牢。

1.一般规定

(1)在施打钢板桩前,应在围堰上下游一定距离及两岸陆地设置经纬仪观测点,用以控制围堰长、短边方向的钢板桩的施打定位。

(2)施打前,钢板桩的锁口应用止水材料捻缝,以防漏水。

(3)施打钢板桩必须备有导向设备,以保证钢板桩的正确位置。

(4)施打顺序按施工组织设计进行,一般由上游分两头向下游合龙。施打时宜先将钢板桩逐根或逐组施打到稳定深度,然后依次施打至设计深度。在垂直度有保证的条件下,也可一次打到设计深度。

(5)钢板桩可用锤击、振动、射水等方法下沉,但在黏土中不宜使用射水下沉办法。

(6)接长的钢板桩,其相邻两钢板桩的接头位置应上下错开。

(7)同一围堰内使用不同类型的钢板桩时,宜将两种不同类型的钢板桩的各半块拼焊成一块异形钢板桩以便连结。

(8)施打时应随时检查其位置是否正确,桩身是否垂直,不符合要求时应立即纠正或拔起重新施打。

拆除围堰拔桩前,宜向堰内灌水使内外水位持平并从下游开始拔桩。拔桩时宜用射水、锤击等松动措施,并尽可能采用振动拔桩法。拔出来的钢板桩应进行检修涂油,堆码保存。

2.打钢板桩

应用固定的临时导向架插打钢板桩,在稳定的条件下安置桩锤。一般宜插桩到全部合龙,然后再分段、分次打到高程。插桩顺序,在无潮汐河流一般是从上游中间开始分两侧对称插打至下游合龙,在潮汐河流,有两个流向的关系,为减少水流阻力,可采取从侧面开始,向上、下游插打,在另一侧合龙。桩锤一般采用振动桩锤。

3.堵漏

钢板桩插打到位后,可在其外侧围一圈彩条布,在布的下端绑扎钢管沉入河床,并用砂袋压住,堰内抽水时,外侧水压可使彩条布紧贴钢板桩,起到一定的防水作用;在桩侧锁口不密的漏水处用棉砂嵌塞,堵漏效果明显。

3.3.6 无底模套箱围堰

无底模套箱围堰适用于埋置浅水基础,可用木板、钢板或钢筋混凝土制作,内部设木、钢料支撑。根据现场起吊、移运能力,套箱可制成整体式或装配式。制作中应采取措施,防止套箱接缝渗漏。在下沉套箱前,应清理河床。若套箱设置于岩层上时,应整平岩面。如果基岩岩面倾斜,将套箱底做成与岩面相同的倾斜度,以增加套箱的稳定性并减少渗漏。

3.3.7 薄壁混凝土围堰

薄壁混凝土围堰一般采用双壁结构,其结构形式以圆形居多,也有圆端形结构。其重量较轻下沉困难,一般仅适用于河床覆盖层较浅的水中区域,对水流较大、较深的水域不宜实施。薄壁混凝土围堰是一种分节、分层预制的装配式结构。其壁厚一般为20cm左右,其高度根据浮运能力而定,节与节之间一般采用法兰连接,壁间下部为封底需要填充混凝土,上部填充砂砾。薄壁混凝土围堰施工工艺流程是建筑码头→设置下水滑道→岸上预制混凝土围堰→移运安装→下沉→潜水员配合水下对接等。

1. 混凝土围堰的预制

预制场地平整夯实,在刃脚位置布置木枕,在其上组拼模板;内模与钢筋一次组装,绑扎成型,外侧模分组竖立,边灌混凝土边接高,以便捣固。浇筑混凝土时应确保模板不滑移、不变形,特别是两节连接处,应确保尺寸准确。

2. 设置滑道

从预制场至河道一定距离设置滑道,滑道需伸入一定水深的河内,以满足龙门浮吊的吃水要求;滑道设 -0.5%的纵坡,以便围堰下滑。

3. 下水浮运

待一节围堰的混凝土达到设计强度后,用千斤顶将其顶起,将滑道延伸至其下,将运输平车就位并固定好,将千斤顶放松,使围堰落到运输平车上,再解除平车制动,用卷扬机牵引至水上滑道。在拖拉时为防止失控,在围堰后方设一台小吨位卷扬机控制溜车。

4. 落床定位

利用平驳或浮箱组拼成空腹式龙门浮吊,然后拖至滑道位置,利用4个吊构将围堰平稳吊离滑道,进入水域后缓慢放松吊绳,尽量降低其重心,用缆绳将四角拉紧,利用2艘拖船或机动舟牵引,与定位船连结,退出拖船,利用锚绳进行定位。

5. 下沉与拼装

由于薄壁围堰重量较轻,在流速较大的情况下极易偏移,因此,最好先在其墩位上下游设置定位桩,引导围堰下沉。围堰下沉至接近河床时,潜水员下水清理刃脚处的卵石并大致磨平,用吸泥机吸泥,使其落于基岩上,再用编织袋装干硬性水泥砂浆将刃脚垫平。底节围堰就位后进行临时锚碇,然后沉放第二节围堰外壁,对位后穿螺栓连接。之后沉放内壁,将刃脚处填塞找平。两壁间吸泥干净后,在两壁间灌注封底混凝土。围堰封底后,再依次沉放其余内壁,直至设计高程,最后在内、外沉井间填充砂砾石。

3.3.8 围堰清基

围堰清基应符合设计要求,清基完成后,由潜水员逐片检查,合格后,方可浇筑水下混凝土封底。封底要求按规范规定进行。围堰着床后的允许偏差应符合设计要求。设计无要求而又作为承台模板用时,其误差应符合模板的施工要求。围堰拆除时,应采取措施防止撞击墩身。

3.4 基础施工

基础承受所有来自桥梁上部及墩台的恒载和活载,直接与地层接触,应有足够的强度、刚度和稳定性,以保证桥梁的安全、耐久和正常使用。

3.4.1 明挖地基

3.4.1.1 基坑开挖

挖基施工宜安排在枯水或少雨季节进行,开工前应做好计划和施工准备工作,开挖后应连续快速施工。基础的轴线、边线位置及基底高程应精确测定,检查无误后方可施工。在附近有其他结构物时,应有可靠的防护措施。挖基废方应按指定的位置处治。基坑的回填应分层压实，施工要求应符合规范规定。

1. 一般规定

(1)在基坑顶缘四周适当距离处设置截水沟，并防止水沟渗水，以避免地表水冲刷坑壁，影响坑壁稳定性；应经常注意观察坑边缘顶面土有无裂缝，坑壁有无松散坍落现象发生。基坑顶有动荷载时，坑顶边与动荷载间应留有不小于1m宽的护道，如动荷载过大宜增宽护道。如工程地质和水文地质不良，应采取加固措施。

(2)基坑坑壁坡度不易稳定并有地下水影响，或放坡开挖场地受到限制，或放坡开挖工程量大，应根据设计要求进行支护。设计无要求时，施工单位应结合实际情况选择适宜的支护方案。

(3)基坑施工不可持续时间过长，自开挖至基础完成，应抓紧时间连续施工。如用机械开挖基坑，挖至坑底时，应保留不小于30cm厚度的底层，在基础浇筑圬工前用人工挖至基底高程。

2. 避免超挖与排水

(1)应避免超挖；如超挖，应将松动部分清除，其处理方案应报监理、设计单位批准。

(2)挖至高程的土质基坑不得长期暴露、扰动或浸泡，并应及时检查基坑尺寸、高程、基底承载力，符合要求后，应立即进行基础施工。

(3)排水困难或具有水下开挖基坑设备，可用水下挖基方法，但应保持基坑中的原有水位高程。

3. 不加固坑壁的施工要求

对于在干涸无水河滩、河沟中，在地下水位低于基底，或渗透量小，不影响坑壁稳定；以及基础埋置不深，施工期较短，挖基坑时，不影响邻近建筑物安全的施工场所，可考虑选用坑壁不加支撑。

(1)基坑尺寸应满足施工要求。当基坑为渗水的土质基底，坑底尺寸应根据排水要求(包括排水沟、集水井、排水管网等)和基础模板设计所需基坑大小而定。一般基底应比基础的平面尺寸增宽0.5~1.0m。当不设模板时，可按基础底的尺寸开挖基坑。

(2)基坑坑壁坡度应按地质条件、基坑深度、施工方法等情况确定。当为无水基坑且土层构造均匀时，基坑坑壁坡度可按表3-12确定。

基坑坑壁坡度 表3-12

坑壁土类	坑壁坡度		
	坡顶无荷载	坡顶有静荷载	坡顶有动荷载
砂类土	1:1	1:1.25	1:1.5
卵石、砾类土	1:0.75	1:1	1:1.25
粉质土、黏质土	1:0.33	1:0.5	1:0.75
极软岩	1:0.25	1:0.33	1:0.67
软质岩	1:0	1:0.1	1:0.25
硬质岩	1:0	1:0	1:0

注：1. 坑壁有不同土层时，基坑坑壁坡度可分层选用，并酌设平台；

2. 坑壁土类按照现行《公路土工试验规程》(JTJ 051)划分；

3. 岩石单轴极限强度<5.5、5.5~30、>30时，分别定为极软、软质、硬质岩；

4. 当基坑深度大于5m时，基坑坑壁坡度可适当放缓或加设平台。

(3)如土的湿度有可能使坑壁不稳定而引起坍塌时，基坑坑壁坡度应缓于该湿度下的天然坡度。

(4)当基坑有地下水时，地下水位以上部分可以放坡开挖；地下水位以下部分，若土质易坍塌或水位在基坑底以上较深时，应采取加固措施后再开挖。

黏土在半干硬或硬塑状态，基坑顶缘无活荷载，稍松土质基坑深度不超过0.5m，中等密实(锹挖)土质基坑深度不超过1.25m，密实(镐挖)土质基坑深度不超过2.0m时，均可采用垂直坑壁基坑。基坑深度在5m以内，土的湿度正常时，采用斜坡坑壁开挖或按坡度比值挖成阶梯形坑壁，每梯高度为0.5m~1.0m为宜。基坑深度大于5m时，坑壁坡度适当放缓，或加做平台。土的湿度影响坑壁的稳定性时，应采用该湿度下土的天然坡度或采取加固坑壁的措施。当基坑的上层土质适合敞口斜坡坑壁条件，下层土质为密实黏土或岩石可用垂直坑壁开挖，在坑壁坡度变换处，应保留有至少为0.5m的平台。

4. 锚喷加固坑壁的施工要求

当基坑壁坡不易稳定并有地下水，或放坡开挖场地受到限制，或基坑较深放坡开挖工程数量较大，或不符合技术经济要求时,可根据具体情况,采取加固坑壁措施,如挡板支撑、钢木结合支撑、混凝土护壁及锚喷支护等。喷射混凝土的喷护厚度一般为5~8cm,可分多层喷护,应等到上一次喷层终凝后再补喷,直至达到要求的厚度。喷护的基坑深度应按地质条件决定,一般不宜超过10m。

(1)锚喷加固基坑坑壁,应按设计要求,逐层开挖、逐层加固。

(2)基坑开挖深度小于10m的较完整风化基岩,可直接喷射素混凝土。喷射前应定距离埋设钢筋,以露出岩面的长度作为喷射厚度的标志。

(3)当用锚杆挂网喷射混凝土支护、开挖基坑时,各层锚杆要求进入稳定层的长度和间距、钢筋的直径或钢绞线的束数,应符合设计要求。

(4)坑壁上有明显出水点处,应设置导管排水。

(5)喷射完成后,检查混凝土的平均厚度、强度,其值均不得小于设计要求,锚杆的平均抗拔力不小于设计值,最小拔力不小于设计值的90%。混凝土喷射表面应平顺,钢筋和锚杆不外露。

3.4.1.2 基坑排水

排水应不影响基坑安全,不影响农田和周边环境。

1. 集水坑排水

基坑开挖中,在坑底基础范围之外设置集水坑并沿坑底周围开挖排水沟,使水流入集水坑内,排出坑外。集水坑宜设在上游,尺寸视渗水的情况而定。排水设备的能力宜大于总渗水量的1.5~2.0倍。集水坑排水方法除有严重流沙外,一般情况下均可适用。坑内明沟排水如图3-3所示。

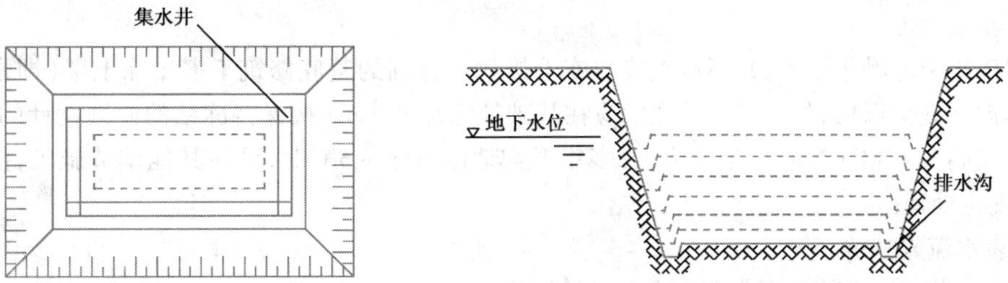

图3-3 坑内明沟排水

2. 井点降水

井点降水法适用于粉、细砂、地下水位较高、有承压水、挖基较深、坑壁不易稳定的土质基坑。井点类别的选择,宜按照土壤的渗透系数、要求降低水位深度以及工程特点而定,如表3-13所示。在无砂的黏质土基础中不宜使用。

各种井点法的适用范围 表3-13

井点类别	土壤渗透系数(m/d)	降低水位深度(m)	井点类别	土壤渗透系数(m/d)	降低水位深度(m)
一级轻型井点法	0.1~80	3~6	电渗井点法	<0.1	5~6
二级轻型井点法	0.1~80	6~9	管井井点法	20~200	3~5
喷射井点法	0.1~50	8~20	深井泵法	10~80	>15
射流泵井点法	0.1<50	<10			

注:1. 降低土层中地下水位时,应将滤水管埋设于透水性较大的土层中;
2. 井点管的下端滤水长度应考虑渗水土层的厚度,但不得小于1m。

井管的成孔可根据土质分别用射水成孔、冲击钻机、旋转钻机及水压钻探机成孔。井点降水曲线至少应深于基底设计高程0.5m。井点的布置应随基坑形状与大小、土质、地下水位高低与流向、降水深度等要求而定。应做好沉降及边坡位移观测,确保水位降低区域内建筑物的安全。必要时应采取防护措施。真空泵轻型井点抽吸系统,如图3-4所示。

3. 帷幕法排水

帷幕法即为基坑周围土层用硅化法、水泥灌浆法、沥青溜浆法及冻结法等处理成封闭的不透水的帷幕。帷幕法是在基坑边线外设置一圈隔水幕,用以隔断水源,减少渗流水量,防止流砂、突涌、管涌、潜蚀等地下水的作用。方法有深层搅拌桩隔水墙、压力注浆、高压喷射注浆、冻结围幕法等,采用时均应进行具体设计并符合有关规定。

3.4.2 基底处理与检验

地基处理应根据地基土的种类、强度和密度，按照设计要求，结合现场情况，采取相应的处理方法。地基处理的范围至少应宽出基础之外0.5m。符合设计要求的细粒土、特殊土基底，修整妥善后，应尽快修建基础，不得使基底浸水和长期暴露。

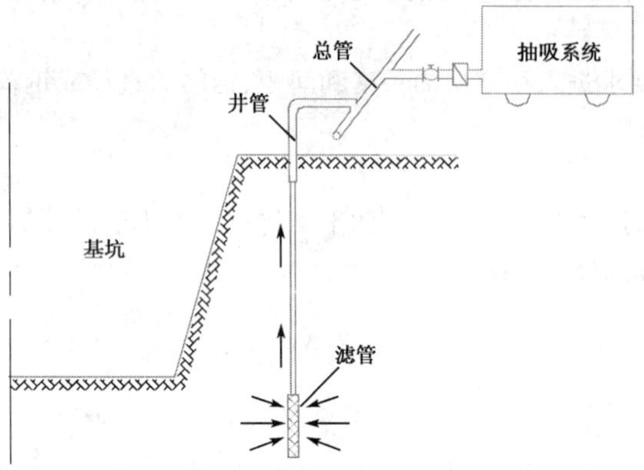

图3-4 真空泵轻型井点抽吸系统

1. 细粒土及特殊土基底处理

属细粒土或特殊土类的饱和软弱黏土层、粉砂土层及湿陷性黄土、膨胀土和黏土及季节性冻土，强度低，稳定性差，处理时应视该类土的处治深度、含水率等情况，按基底的要求采取固结处理，以满足设计要求。

2. 粗粒土和巨粒土基底处理

对于强度和稳定性满足设计要求的粗粒土及巨粒土基底，应将其承重面平整夯实，其范围应满足基础的要求。基底有水不能彻底排干时，应将水引至排水沟，然后在其上修筑基础。

3. 岩层基底处理

风化的岩层，应挖至满足地基承载力要求或其他方面的要求为止。在未风化的岩层上修基础施工前，先将淤泥、苔藓、松动的石块清除干净，并洗净岩石。坚硬的倾斜岩层，应在岩层面凿平。倾斜度较大，无法凿平时，则应凿成多级台阶。台阶的宽度宜不小于0.3m。

4. 多年冻土基底处理

基础不应置于季节冻融土层上，并不得直接与冻土接触。基础的基底修筑于多年冻土层（即永冻土）上时，基底之上应设置隔温层或保温层材料，且铺筑宽度应在基础外缘加宽1m。按保持冻结的原则设计的明挖基础，其多年平均地温等于或高于-3℃时，应于冬季施工；多年平均地温低于-3℃时，可在其他季节施工，但应避开高温季节，并应按下列规定处理：

（1）严禁地表水流入基坑。

（2）及时排除季节冻层内的地下水和冻土本身的融化水。

（3）必须搭设遮阳棚和防雨棚。

（4）施工前做好充分准备，组织快速施工。做好的基础应立即回填封闭，不宜间歇。必须间歇时，应以草袋、棉絮等加以覆盖，防止热量侵入。

施工时，明水应在距坑顶10m之外修排水沟。水沟之水，应引于远离坑顶宣泄并及时排除融化水。

5. 溶洞基底处理

影响基底稳定的溶洞，不得堵塞溶洞水路。干溶洞可用砂砾石、碎石、干砌或浆砌片石及灰土等回填密实。基底干溶洞较大，回填处理有困难时，可采用桩基处理，桩基应进行设计，并经有关单位批准。

6. 泉眼基底处理

可将有螺口的钢管紧紧打入泉眼，盖上螺帽并拧紧，阻止泉水流出；或向泉眼内压注速凝的水泥砂浆，再打入木塞堵眼。堵眼有困难时，可采用管子塞入泉眼，将水引流至集水坑排出或在基底下设盲沟引流至集水坑排出，待基础圬工完成后，向盲沟压注水泥浆堵塞。采用引流排水时，应注意防止砂土流失，引起基底沉陷。基底泉眼，不论采用何种方法处理，都不应使基底饱水。

7. 基底处理方法

当地基需要加固时，应根据设计要求及有关规范处理。基底处理的主要方法有换填土法、桩体挤密法、砂井法、袋装砂井法、预压法加固地基、强夯法、电渗法、振动水冲法、深层搅拌法、高压喷射注浆法与化学固化剂法等。对于一般软弱地基土层加固处理方法可归纳为以下4种类型：

（1）换填土法是将基础下软弱土层全部或部分挖除，换填力学物理性质较好的土。

（2）挤密土法是指用重锤夯实或砂桩、石灰桩、砂井、塑料排水板等方法，使软弱土层挤压密实或排水固结。

（3）胶结土法是指用化学浆液灌入或粉体喷射搅拌等方法，使土壤颗粒胶结硬化，改善土的性质。

（4）土工聚合物法是指用土工膜、土工织物、土工格栅与土工合成物等加筋土体，以限制土体的侧向变形，有效提高地基承载力。

8. 地基检验

地基检验的内容有检查基底平面位置、尺寸大小、基底高程；检查基底地质情况和承载力是否与设计资料相符；检查基底处理和排水情况是否符合规范要求；检查施工记录及有关试验资料等。按桥梁大小、地基土质复杂(如溶洞、断层、软弱夹层、易溶岩等)情况及结构对地基有无特殊要求，可采用以下检查方法：

(1)小桥的地基检验，可采用直观或触探方法，必要时可进行土质试验。特殊设计的小桥对地基沉陷有严格要求，且土质不良时，宜进行荷载试验。对经加固处理后的特殊地基，一般采用触探或作密实度检验等。

(2)大、中桥和地基土质复杂、结构对地基有特殊要求的地基检验，一般采用触探和钻探(钻深至少4m)取样做土工试验，或按设计的特殊要求进行荷载试验。对地质特别复杂，或在设计文件中有特殊要求，或虽经加固处理又经触探、密实度检验后尚有疑问时，需进行荷载试验，确认符合设计要求后，方可进行基础结构物施工。

(3)特大桥按设计要求处理。

基底平面位置和高程允许偏差规定，平面周线位置不小于设计要求。土质基底高程允许偏差±50mm；石质允许偏差+50mm，-200mm。

3.4.3 砌石基础

基础是指构造物底部与地基接触的承重构件，它的作用是把构造物的荷载传递给地基。基础需要建筑在坚固、稳定而可靠的地基上。砌石基础是片(块)石砌筑的截面适当扩大的基础。砌石基础的抗压性能比较好，但抗拉和抗剪强度都不高，因此设计时要处理好宽度和高度的比值，一般砌石基础是比较“厚实”，以避免受拉或受剪破坏。

砌筑基础的第一层砌块时，如基底为土质，只在已砌石块的侧面铺上砂浆即可，不需坐浆；如基底为石质，应将其表面清洗、润湿后，先坐浆再砌石。

浆砌片石基础位置及外形尺寸允许偏差如表3-14所示。

浆砌片石基础允许偏差 表3-14

项目	允许偏差(mm)	项目	允许偏差(mm)	
轴线偏位	25	基底高程	土质	±50
平面尺寸	±50		石质	+50，-200
顶面高程	±30			

3.4.4 片石混凝土基础

片石混凝土不能用于受拉，片石混凝土不适用于气温低于0℃的环境。片石混凝土一般用在扩大基础、挡土墙工程中较多，也有用在大体积混凝土浇筑中。为了减少水泥、碎石的用量和减少发热量对结构产生不利，在浇筑混凝土时加入一定数量的片石。混凝土中掺入片石时应符合以下规定：

(1)片石掺入的数量不宜超过混凝土结构体积的25%。

(2)应选用无裂纹、夹层且未被锻烧过、直径应小于150mm、具有抗冻性能的片石。

(3)片块的抗压强度应不小于30MPa及混凝土强度等级。

(4)片石应清洗干净，应在捣实的混凝土中分布均匀，净距不小于100mm，距结构侧面和顶面净距不小于150mm，片石不得挨靠钢筋或预埋体。

3.4.5 大体积混凝土基础

大体积混凝土基础浇筑前，应将基面润湿；基面为岩石时，应铺一层厚20~30mm的水泥砂浆，在水泥砂浆凝结后再浇筑第一层混凝土；如为过湿土时，应在基底设计高程下夯填一层10~15cm厚片石或碎石层。大体积混凝土基础，当平截面过大，不能在前层混凝土初凝或能重塑前浇筑完成次层混凝土时，可分块进行浇筑。分块浇筑时应符合下列规定：

(1)分块宜合理布置，各分块平均面积不宜小于$50m^2$。

(2)每块高度不宜超过2m。

(3)块与块间的竖向接缝面应与基础平截面短边平行，与平截面长边垂直。

(4)上下邻层混凝土间的竖向接缝，应错开位置做成企口，并按施工缝处理。

拌制好的混凝土运输至现场后，若高差不大，可直接倒入基坑内，若倾卸高度过大，为防止发生离析，应设置串筒或滑槽，槽内焊上减速钢梳，保证混凝土整体均匀运入基坑，用插入式振岛密实。浇筑应分层进行，但应连续施工，在下层混凝土开始凝结之前，应将上层混凝土灌注捣实完毕。基础全部筑完凝结后，要立即覆盖草袋、麻袋、稻草或砂子，并经洒水养生。养生时间一般普通硅酸盐水泥混凝土为7d以上，矿渣水泥、火山灰质水泥或掺用塑化剂的混凝土应为14d以上。水中混凝土基础在基坑排水的情况下施工方法与旱地基础相同，只是在混凝土凝固后即可停止排水，也不需再进行专门的养生工作。

大体积混凝土的浇筑应在一天中气温较低时进行。应参照下述方法控制混凝土的水化热温度：

(1)用改善集料级配、降低水灰比、掺加混和料、掺加外加剂等方法减少水泥用量。

(2)采用水化热低的大坝水泥、矿渣水泥、粉煤灰水泥或低强度水泥。

(3)减小浇筑层厚度，加快混凝土散热速度。

(4)混凝土用料要遮盖，避免日光曝晒，并用冷却水搅拌混凝土，以降低入仓温度。

(5)在混凝土内埋设冷却管通水冷却。

(6)在遇气温骤降的天气或寒冷季节浇筑混凝土后，应注意覆盖保温，加强养生。

混凝土的浇筑温度系指混凝土振捣后，在混凝土50~100mm深处的温度。

3.4.6 沉入桩基础

沉入桩是由钢、木、钢筋混凝土等材料制作的柱状构件，经锤击、振动、射水、静压等方式沉入或埋入地基而成。

1.一般规定

沉桩前应具备工程地质钻探资料、水文资料、打桩资料。桩基础轴线的定位点应设置在不受沉桩影响处，允许偏差应在设计容许范围内。沉桩顺序一般由一端向另一端连续进行，当桩基平面尺寸较大或桩距较小时，宜由中间向两端或四周进行。如桩埋置有深浅，宜先沉深的，后沉浅的。在斜坡地带，应先沉坡顶的，后沉坡脚的。贯入度应通过试桩或做沉桩试验后与监理、设计单位研究确定。施工过程中如发现地质情况与勘测报告有出入时，应根据具体情况进行补充钻探。有关承台的施工要求可按规范规定执行。

2.试桩与基桩

试桩试验的一般规定按规范规定执行。沉桩工程开工前，如需做试桩确定沉桩工艺和检验桩的承载力时，试验项目包括工艺试验、冲击试验和单桩承载力试验。若采用静载试验，可分静压、静拔、静推试验。除一般中、小桥沉桩工程有可靠的依据和实践经验可不进行试桩外，其他沉桩工程在施工前，应先沉试桩，以确定沉桩工艺和检验桩的承载力。特大桥和地质复杂的大、中桥，应采用静压试验方法确定单桩容许承载力。一般大、中桥的试桩，可采用静载试验法，在条件适宜时，亦可采用可靠的动力检测法或静力触探法。锤击沉入的中、小桥试桩，在缺乏上述试验条件时，可结合具体情况，选用适当的动力公式计算单桩容许承载力。确定的单桩容许承载力如不能满足设计要求时，应报有关部门研究处理。试桩的单桩容许承载力可按下列方法确定：

1)单桩抗压容许承载力

(1)采用静压试验得到的极限荷载除以设计规定的安全系数后，作为单桩容许承载力。若结构上要求限制桩顶沉降值的基桩，可在静压试验曲线中，按设计要求的允许沉降值(应适当考虑长期荷载效应)取其对应的荷载作为单桩抗压容许承载力。

(2)采用可靠的动测法，检测单桩的抗压容许承载力。

(3)根据锤击沉桩的贯入度，选用适当的动力公式计算单桩抗压容许承载力。

2)单桩抗拔容许承载力

单桩抗拔容许承载力的静拔试验应符合桥梁施工规范要求，包括加载装置、加载方法、位移观测、加载终止条件、稳定标准等内容。

3)单桩抗推容许承载力

单桩抗推容许承载力的静推试验目的主要是确定桩的水平承载力、桩侧地基土水平抗力系数的比例系数。对于承受反复水平荷载的桩基，采用多循环加卸载方法；对于承受长期水平荷载的桩基，采用单循环加卸载方法。其静推试验应符合桥梁施工规范要求，加载装置、加载分级、加载程序与位移观测、加载终止条件、静推稳定标准等内容。

施工中如对基桩桩身质量或承载力发生疑问时，可选用可靠的无破损检验方法或按规范规定方法进行检验。

3.沉桩制作安装

1)钢筋混凝土桩和预应力混凝土桩的制作

钢筋混凝土桩和预应力混凝土桩的模板制作和装卸应符合规范有关要求。

(1)钢筋或预应力筋的技术要求

制作钢筋混凝土桩和预应力混凝土桩的钢筋或预应力筋的技术要求,除应符合规范有关规定外,尚应符合下列要求:

①钢筋混凝土桩的主筋,宜采用整根钢筋,如须接长时,宜采用对接焊接或机械连接。

②箍筋或螺旋筋必须箍紧纵筋,与纵筋交接处用点焊焊接或用铁丝扎结牢固。

③预应力混凝土桩的预应力筋采用冷拉钢筋,如须焊接时,应在冷拉前采用对接焊接。

④使用法兰盘连接的混凝土桩,法兰盘应对准位置连接在钢筋或预应力筋上。先张法预应力混凝土桩采用法兰盘连接时,应先将法兰盘连接在预应力筋上,然后进行张拉。

⑤桩的钢筋骨架(包括预应力钢筋骨架)的允许偏差应符合表3-15的规定。

桩的钢筋骨架的允许偏差 表3-15

项目	允许偏差(mm)	项目	允许偏差(mm)
纵钢筋间距	±5	桩顶钢筋网片位置	±5
箍筋间距或螺旋筋螺距	0,-20	纵钢筋底尖端的位置	±5
纵钢筋保护层	±5		

(2)预制桩相关要求

预制桩的混凝土材料、拌制、运输和浇筑,除应按规范有关规定执行外,还应符合下列要求:

①预制混凝土桩的粗骨料宜采用碎石。

②每根或每节桩的混凝土必须连续浇筑,不得中断,不得留施工缝。

③桩的混凝土浇筑完毕后,应在桩上标明编号、灌制日期和吊点位置,并填写制桩记录。

(3)制作偏差规定

预制钢筋混凝土桩和预应力混凝土桩的制作偏差应符合表3-16的规定。

预制钢筋混凝土桩和预应力混凝土桩的允许偏差 表3-16

项目		允许偏差(mm)
混凝土强度(MPa)		符合设计要求
长度		±50
横截面	横截面边长	±5
	空心桩空心(管心)直径	±5
	空心(管心或管桩)中心对桩中心	±5
桩尖对桩纵轴线		10
桩轴线的弯曲矢高		桩长的0.1%且≤20
桩顶面与桩纵轴线的倾斜偏差		1%桩径或边长,且不大于3
接桩的接头平面与桩轴平面垂直度		0.5%

(4)制作质量要求

预制钢筋混凝土桩和预应力混凝土桩的制作质量除符合管节外形尺寸的允许偏差和相邻管径允许偏差的要求外,应符合下列规定:

①钢筋混凝土桩的收缩裂缝宽度不得超过0.2mm,深度不得超过20mm;裂缝长度不得超过1/2桩宽。

②预应力混凝土桩桩身不得有裂缝。

③桩表面应无蜂窝、麻面。若因特殊情况出现表面蜂窝时,蜂窝深度不得超过5mm,每面蜂窝面积不得超过该面总面积的0.5%。

④有棱角的桩,棱角碰损深度应在5mm以内且每10m长的边棱角上只有一处破损,在一根桩上边棱破损总长度不得大于500mm。

⑤预制桩出场前应进行检验,出场时应具备出场合格检验记录。

⑥预制桩的吊运和堆存应符合有关规定。

2)钢管桩制作

制作钢管桩的材料应符合设计要求,并有出厂合格证明和试验报告。钢管桩的分段长度应满足桩架的有效高度、制作场地条件、运输与装卸能力。钢管桩可采用成品钢管或自制钢管。焊接钢管的制作工艺应符合有关规定。

(1)钢管节制作偏差

焊接管的管节制作偏差应符合下列要求:

①管节外形尺寸的允许偏差,应符合表3-17的规定。

管节外形尺寸的允许偏差　　表3-17

偏差部位	允许偏差(mm)	偏差部位	允许偏差(mm)
周长	±0.5%周长,且≤10	管端平整度	2
管端椭圆度	0.5%D,且≤5	管端平面倾斜	小于0.5%D,且≤4

注:D为管外径。

②管节对口拼装时,相邻管节的焊缝必须错开1/8周长以上。相邻管节的管径偏差应符合表3-18的规定。

相邻管径允许偏差　　表3-18

管径(mm)	相邻管节的管径偏差(mm)	管径(mm)	相邻管节的管径偏差(mm)
≤700	≤2	>700	≤3

③管节对口拼接时,相邻管节对口的板边高差应符合表3-19的规定。

相邻管节对口板边的允许偏差　　表3-19

板厚δ(mm)	相邻管节对口板边高差Δ(mm)	板厚δ(mm)	相邻管节对口板边高差Δ(mm)
δ≤10	<1.0	δ>20	<δ/10,且≤3
10<δ≤20	<2.0		

(2)钢管桩焊接

钢管桩焊接应符合设计要求,设计无要求时,除应符合规范有关规定外,还应注意下列事项:

①焊接前,应将焊缝上下30mm范围内的铁锈、油污、水气和杂物清除干净。

②将焊丝、焊条、焊剂焊前应烘干。

③焊接定位点和施焊应对称进行。露天焊接时,应考虑由于阳光照射所造成的桩身弯曲。

④钢管桩应采用多层焊,焊完每层焊缝后,应及时清除焊渣,并做外观检查,每层焊缝的接头应错开。

⑤管节拼接所用辅助工具(如夹具等)不应妨碍管节焊接时的自由伸缩。

⑥当气温低于-10℃时不宜焊接。

⑦焊缝处外观允许偏差应符合表3-20的规定。

焊缝外观允许偏差　　表3-20

缺陷名称	允许偏差
咬边	深度不超过0.5mm,累计总长度不超过焊缝长度的10%
超高	3mm
表面裂缝、未熔合、未焊透	不允许
弧坑、表面气孔、夹渣	不允许

(3)钢管桩允许偏差

钢管桩成品外形尺寸的允许偏差应符合表3-21的规定。

钢管桩外形尺寸的允许偏差　　表3-21

项目	允许偏差(mm)	项目	允许偏差(mm)
桩长偏差	+300,0	桩纵轴线的弯曲矢高	桩长的0.1%且≤30

钢管桩防腐应按设计要求和有关规定进行。钢管桩应按不同的规格分别堆存,堆放形式和层数应安全可靠,避免产生纵向变形和局部压曲变形。长期堆存时,应采取防腐蚀等保护措施。钢管桩在起吊、运输和堆存过程中,应尽量避免由于碰撞、摩擦等原因造成涂层破损、管身变形和损伤。钢管桩出厂应具备合格证明书。

3)接长钢管桩

在一个墩、台桩基中,同一水平面内的桩接头数不得超过基桩总数的1/4,但采用法兰盘按等强度设计的接头,可不受此限制。采用法兰接桩，应符合下列规定：

(1)法兰结合处，可加垫沥青纸等材料，如法兰有不密贴处，应用薄钢片塞紧。

(2)法兰螺栓应逐个拧紧，并加设弹簧垫圈或加焊，防止锤击时螺栓松动。

(3)桩的连接应按设计要求或有关规定进行。

4)锤击沉桩

(1)预制钢筋混凝土桩和预应力混凝土桩在锤击沉桩前桩身混凝土强度应达到设计要求。

(2)桩锤的选择应根据地质条件、桩形、土的密实程度、单桩轴向承载力及现有的施工条件等确定。

(3)开始沉桩时，宜采用较低落距，桩锤、替打、送桩和桩宜保持在同一轴线上。在锤击过程中，应采用重锤低击。

(4)锤击沉桩时，应采用与锤、桩相适应的、适当弹性和厚度的锤垫和桩垫，并在锤击过程中及时修理和更换，避免打坏桩。

(5)锤击沉桩应考虑锤击振动对新浇筑混凝土的影响，当混凝土强度未达到5MPa，距新浇筑的混凝土30m范围内，不得进行沉桩。

(6)环境温度在-10℃以下时，应尽量避免进行钢管桩的锤击沉桩工作。

(7)沉桩过程中，若遇到贯入度剧变，桩身突然发生倾斜、位移或有严重回弹，桩顶或桩身出现严重裂缝、破碎等情况时，应暂停沉桩，分析原因，采取有效措施。

(8)斜坡上沉桩，应掌握桩的外移规律，并根据土质、坡度、水深、水流等情况，斜桩尚应考虑自重的影响，结合施工实践经验，桩身宜向岸移一定距离下桩，以使沉桩后桩位符合设计要求。

(9)锤击沉桩应考虑锤击振动和挤土等对岸坡稳定或临近建筑物的影响，可根据具体情况采取措施并对岸坡和邻近建筑物位移和沉降等进行观察，及时记录，如有异常变化，应停止沉桩并研究处理。

(10)沉桩时，以控制桩尖设计高程为主。当桩尖已达设计高程，而贯入度仍较大时，应继续锤击，使贯入度接近控制贯入度。

贯入度已达到控制贯入度，而桩端高程未达到设计高程时，应继续锤击100mm左右(或锤击30~50击)，如无异常变化时，即可停锤。若桩尖高程比设计高程高得多时，应与设计单位和监理研究确定。

5)水冲锤击沉桩

在砂土地基中锤击沉桩困难时，可采用水冲锤击沉桩并应符合下列要求：

(1)水冲锤击沉桩，应根据土质情况随时调节冲水压力，控制沉桩速度。

(2)为保证桩的承载力，当桩端沉至距设计高程为下列距离时，应停止冲水，将水压减至0~0.1MPa，并改用锤击。桩径或边长≤600mm时，为1.5倍桩径或边长；桩径或边长>600mm时，为1.0倍桩径或边长。

(3)用水冲锤击沉桩后，应及时与邻桩或固定结构夹紧，防止倾斜位移。

6)水上沉桩

在浅水中沉桩，一般可设置施工便桥、便道等方法进行施工；在深水或有潮汐影响的河流中沉桩，可用固定平台、浮式平台等方法进行施工，并应设置导向设施，防止桩发生偏移和倾斜。如桩的自由长度较大，应适当增设支点。用固定平台沉桩的注意事项同锤击沉桩和水冲锤击沉桩规定。用打桩船沉桩可参照现行《港口工程桩基规范》(JTJ 254)的规定执行。

4. 质量检验

预制混凝土桩(钢桩)的沉桩允许偏差应符合表3-22的规定。

沉桩施工要求　　表3-22

项目		允许偏差(mm)
桩中轴线偏斜率	直桩	1%
	斜桩	$\pm 0.15\tan\theta$
单排桩桩位	垂直帽梁轴线	40
	沿帽梁轴线	50
群桩桩位	边桩	$d/4$
	中桩	$d/2$ 且≤250

注：1. d 为桩的直径或短边；

2. 深水中采用打桩船沉桩的允许偏差，按设计要求办理；

3. 倾斜角 θ 为桩纵轴线与垂直线的夹角。

3.5 墩台施工

3.5.1 重力式砌石墩台

砌石墩台具有经久耐用等优点，在石料丰富地区建造墩台时，在施工期限许可的条件下，应因地制宜、就地取材，优先采用砌石墩台设计方案。

1. 脚手架与材料吊运

砌石墩台是用片石、块石及粗料石以水泥砂浆砌筑的，石料与砂浆的规格要符合有关规定。浆砌片石一般适用于高度小于6m的墩台身、基础、镶面以及各式墩台身填腹；浆砌粗料石则用于磨耗及冲击严重的分水体及破冰体的镶面工程以及有整齐美观要求的墩台等。

将石料吊运并安砌到正确位置是砌石工程中比较困难的工序。当质量小或距地面不高时，可用简单的马凳跳板直接运送；当质量较大或距地面较高时，可采用固定式动臂吊机或桅杆式吊机或井式吊机，将材料运到墩台上，然后再分运到安砌地点。用于砌石的脚手架应环绕墩台搭设，用以堆放材料，并支持施工人员砌筑镶面定位行列及勾缝。脚手架一般常用固定式轻型脚手架（适用于6m以下）、简易活动脚手架（适用于25m以下）以及悬吊式脚手架（适用于25m以上）。

2. 砌筑要点

（1）在砌筑前应按设计图放出实样，挂线砌筑。

（2）砌筑斜面墩台时，斜面应逐层放坡，以保证规定的坡度。

（3）砌块间用砂浆黏结并保持一定的缝厚，所有砌缝要求砂浆饱满。形状比较复杂的工程，应先做出配料设计图，注明块石尺寸。

（4）形状比较简单的，也要根据砌体高度、尺寸、错缝等，先行放样配好料石再砌。

3. 砌筑方法

同一层石料及水平砂浆层的厚度要均匀一致，每层按水平砌筑，丁顺相间，砌石砂浆层互相垂直，砂浆层宽度和错缝应符合表3-23规定。砌石顺序为先角石，再镶面，后填腹。填腹石的分层高度应与镶面相同。圆端、尖端及转角形砌体的砌石顺序，应自顶点开始，按丁顺排列接砌镶面石。圆端形桥墩的圆端顶点不得有垂直砌缝，砌石应从顶端开始先砌，然后应丁顺相间排列，安砌四周镶面石；尖端桥墩的尖端及转角处不得有垂直砌缝，砌石应从两端开始，先砌石块，再砌侧面转角，然后丁顺相间排列，安砌四周镶面石。

浆砌镶面石灰缝规定 表3-23

种类	灰缝宽度（cm）	错缝（层间或行列间）（cm）	三块石料相接处空隙（cm）	砌筑行列高度（cm）
粗料石	1.5～2	≥10	1.5～2	每层石料厚度一致
半细料石	1～1.5	≥10	1～1.5	每层石料厚度一致
细料石	0.8～1	≥10	0.8～1	每层石料厚度一致

4. 浆砌片石技术要求

（1）片石应分层砌筑，宜以2～3层砌块组成一工作层，每层的水平缝应大致找平，各层竖缝应相互错开，不得贯通。

（2）外圈定位行列和转角石，应选择形状较为方正及尺寸较大的片石，并长短相间地与里层砌块咬接。砌缝宽度一般不应大于4cm，用小石子混凝土砌筑时，可为30～70mm。

（3）较大的片石应放在下层，安砌时应选取形状及尺寸较为合适的片石，尖锐突出部分应敲除。砌筑不得在片石下面用高于砂浆砌缝的小石片支垫。

5. 浆砌块石技术要求

（1）块石应平砌，每层石料高度应大致一致。外圈定位行和镶面块石，应丁顺相间或两顺一丁排列，砌缝宽度不大于30mm，上下层竖缝错开距离不小于80mm。

（2）砌体里层平缝宽度不应大于30mm，竖缝宽度不应大于40mm，用小石子混凝土砌筑时不应大于50mm。

6. 浆砌粗料石及混凝土预制块墩台技术要求

砌筑前，应先计算层数，选好料，砌筑时应严格控制平面位置和高度。镶面石应一顺一丁排列，砌缝应横平竖直。砌缝宽度，当为粗料石时不应大于20mm，当为混凝土砌块时不应大于10mm；上下层竖缝错开距离不应小于100mm，同时在丁石的上层或下层不宜有竖缝。砌体里层为浆砌块石时，其要求同浆砌块石相关技术要求。桥墩破冰体镶面的砌筑要求如下：

(1)破冰棱与垂线的夹角大于20°时，破冰体镶面横缝应垂直于破冰棱；夹角小于等于20°时，镶面横缝可成水平。

(2)破冰体镶面的砌筑层次应与墩身一致。

(3)砌缝宽度为10～12mm。

(4)不得在破冰棱中线上及破冰棱与墩身相交线上设置砌缝。

3.5.2 重力式混凝土墩台

墩台身混凝土施工前，应将基础顶面冲洗干净，凿除表面。灌注混凝土时，应检查模板、钢筋位置和保护层的尺寸，确保位置正确，不发生变形。混凝土施工中，应切实保证混凝土的配合比、水灰比和坍落度等技术性能指标满足规范要求。

1. 混凝土墩台浇筑

墩台混凝土应在基础之上，水平分层进行浇筑。

2. 大体积混凝土墩台浇筑

大体积混凝土墩台，如采用片石混凝土浇筑时应符合规范要求。

3. 滑升模板混凝土墩台浇筑

采用滑升模板浇筑墩台混凝土时，应符合下列规定：

(1)宜采用低流动度或半干硬性混凝土。

(2)浇筑应分层分段进行，各段应浇筑到距模板上口不小于10～150mm的位置为止。若为排柱式墩台，各立柱应保持进度一致。

(3)应采用插入式振动器振捣。

(4)为加速模板提升，可掺入一定数量的早强剂。

(5)在滑升中须防止千斤顶或油管接头在混凝土或钢筋处漏油。

(6)每一整体结构的浇筑应连续进行，若因故中途停工，应按施工缝处理。

(7)混凝土脱模时的强度宜为0.2～0.5MPa，脱模后如表面有缺陷时，应及时予以修理。

4. 混凝土拌和运送

墩台混凝土的水平与垂直运输相互配合方式与适用条件可参照表3-24选用。如混凝土数量大，浇筑捣固速度快时，可采用混凝土皮带运输机或混凝土输送泵。运输带速度应不大于1.0～1.2m/s，其最大倾斜角：当混凝土坍落度小于40mm时，向上传送为18°，向下传送为12°；当坍落度为40～80mm时，则分别为15°与10°。

混凝土的运输方式及适用条件 表3-24

<table>
<tr><th>水平运输</th><th>垂直运输</th><th colspan="2">适用条件</th><th>附注</th></tr>
<tr><td rowspan="8">人力混凝土手推车、内燃翻斗车、轻便轨人力推运翻斗车，或混凝土吊车</td><td>手推车</td><td rowspan="8">中小桥水平运距较近</td><td>墩高 $H<10$m</td><td rowspan="2">搭设脚手平台，铺设坡道，用卷扬机拖位手推车上平台</td></tr>
<tr><td>轨道爬坡翻斗车</td><td>$H<10$m</td></tr>
<tr><td>皮带输送机</td><td>$H<10$m</td><td>倾角不宜超过15°，速度不超过1.2m/s。高度不足时，可用两台串联使用</td></tr>
<tr><td>履带（或轮胎）起重机起吊高度20m</td><td>$10<H<20$m</td><td>用吊斗输送混凝土</td></tr>
<tr><td>木制或钢制扒杆</td><td>$10<H<20$m</td><td>用吊斗输送混凝土</td></tr>
<tr><td>墩外井架提升</td><td>$H>20$m</td><td>在井架上安装扒杆提升</td></tr>
<tr><td>墩内井架提升</td><td>$H>20$m</td><td>适用于空心桥墩</td></tr>
<tr><td>无井架提升</td><td>$H>20$m</td><td>适用于滑动模板</td></tr>
<tr><td rowspan="5">轨道牵引车输送混凝土、翻斗车或混凝土吊斗汽车倾卸车、汽车运送混凝土吊斗、内燃翻斗车</td><td>履带（或轮胎）起重机起吊高度30m</td><td rowspan="5">大中桥，水平运距较远</td><td>$20<H<30$m</td><td>用吊斗输送混凝土</td></tr>
<tr><td>塔式吊机</td><td>$20<H<50$m</td><td>用吊斗输送混凝土</td></tr>
<tr><td>墩外井架提升</td><td>$H<50$m</td><td>井架可用万能杆件组装</td></tr>
<tr><td>墩内井架提升</td><td>$H<50$m</td><td>适用于空心桥墩</td></tr>
<tr><td>无井架提升</td><td>$H>50$m</td><td>适用于滑动模板</td></tr>
<tr><td colspan="2">索道吊机</td><td colspan="2">$H>50$m</td><td></td></tr>
<tr><td colspan="2">混凝土输送泵</td><td colspan="2">$H<50$m</td><td>可用于大体积实心墩台</td></tr>
</table>

5. 混凝土灌注速度

为保证灌注质量,混凝土的配制、输送及灌注的速度不得小于:

$$V = S \times h/t \tag{3-1}$$

式中:V——混凝土配料、输送及灌注的容许最小速度(m^3/h);

S——灌注的面积(m^2);

h——灌注层的厚度(m);

t——所用水泥的初凝时间(h)。

如混凝土的配制、输送及灌注需时较长,则应采用下式计算:

$$V \geqslant S \times h/(t - t_0) \tag{3-2}$$

式中:t_0——混凝土配制、输送及灌筑所消费的时间(h)。

混凝土灌筑层厚度 h,可根据使用捣固方法按规定数值采用。当墩台为大体积混凝土或平面面积过大时,为避免水化热过高,导致混凝土因内外温差引起裂缝,应按规范要求处理。

3.5.3 质量检验

墩、台砌体位置及外形尺寸允许偏差如表 3-25 所示。

墩、台砌体位置及外形尺寸允许偏差　　表 3-25

项目		允许偏差(mm)
名称	类别	
轴线偏位		10
墩台宽度与长度	片石	+40,-10
	块石	+30,-10
	粗料石	+20,-10
大面积平整度(2m 直尺检查)	片石	30
	块石	20
	粗料石	10
竖直度或坡度	片石	0.5%H
	块石、粗料石	0.3%H
墩台顶面高程		±10

注:1. H 为墩台高度;

2. 混凝土预制砌体允许偏差可按粗料石标准执行。

3.6 有支架施工拱桥

在砌石拱桥或混凝土预制块拱桥以及就地浇筑混凝土拱圈时,需搭设拱架,以支承全部或部分拱圈和拱上建筑的重量,并保证拱圈的形状符合设计要求,即为拱桥有支架施工,其要求有足够的强度、刚度和稳定性。有支架施工主要工艺流程为:施工准备→拱圈放样→拱架制作与安装→砌筑拱圈→砌筑拱上建筑→铺筑护拱→砌筑拱上侧墙→建筑桥面系。

3.6.1 拱架制作安装

支架、拱架的设计宜优先使用胶合板和钢模板;在计算荷载作用下,对支架、拱架结构按受力程序分别验算其强度、刚度及稳定性;结构简单,制作、装拆方便。支架、拱架可采用钢材、胶合板、塑料和其他符合设计要求的材料制作。钢材可采用现行国家标准《碳素结构钢》(GB 700)中的标准。重复使用的支架、拱架应经常检查与维修。

1. 拱架类型

拱架的种类很多,按其使用材料,可分为木拱架、钢拱架、扣件式钢管拱架、斜拉式贝雷平梁拱架、竹拱架、竹木混合拱架、钢木组合拱架以及土牛拱胎等多种形式;按结构形式,可分为排架式、撑架式、扇形式、桁架式、组合式、叠桁式、斜拉式等。

拱桥木拱架一般有排架式、撑架式、扇形式、叠桁式及木桁架式等。立柱式木拱架构造如图 3-5 所示,木拱架节点连接如图 3-6 所示。该拱架支撑拱板宽度为 8.5m,拱架安装分为 9 组,间距 1.2m,节点分别采用立柱直撑和人字斜撑，拱架下弦杆设在拱端的水平面上。拱桥拱架由上部拱架（拱盔）、下部支架、支架基础等三部分组成。

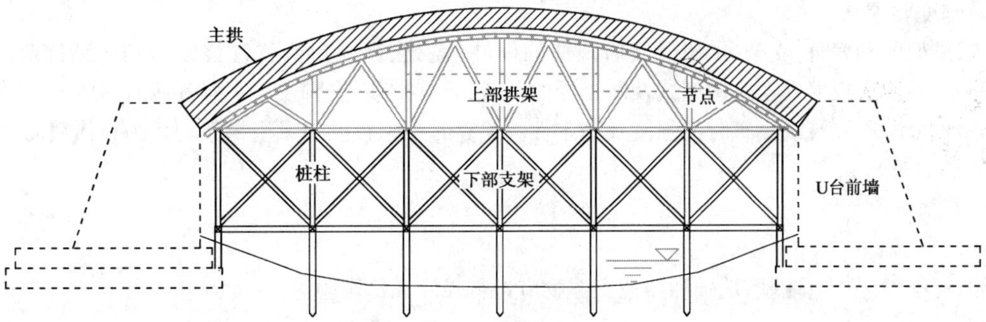

图 3-5　立柱式木拱架构造

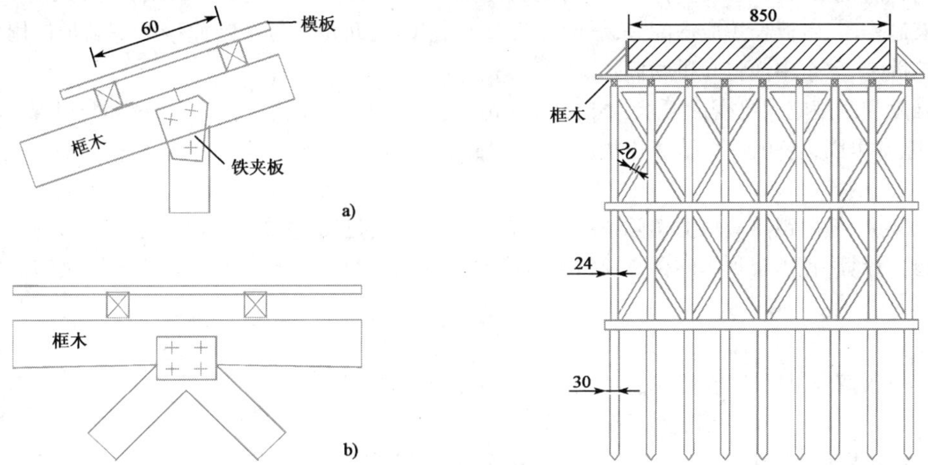

图 3-6　木拱架节点连接

a）立柱直撑节点；b）人字斜撑节点

2. 支架拱架设计

支架、拱架的设计，应根据结构型式、设计跨径、施工组织设计、荷载大小、地基土类别及有关的设计、施工规范进行。绘制拱架总装图、细部构造图，制定拱架结构的安装、使用、拆卸保养等有关技术安全措施和注意事项，编制拱架材料数量表，编制拱架设计说明书。

1）设计荷载

计算支架、拱架时，应考虑下列荷载并按表 3-26 进行荷载组合。

（1）支架、拱架自重。

（2）新浇筑混凝土、钢筋混凝土或其他圬工结构物的重力。

（3）施工人员和施工材料、机具等行走运输或堆放的荷载。

（4）振捣混凝土时产生的荷载。

（5）新浇筑混凝土对侧面模板的压力。

（6）倾倒混凝土时产生的水平荷载。

（7）其他可能产生的荷载，如雪荷载、冬季保温设施荷载等。

模板、支架和拱架设计计算的荷载组合　　表 3-26

模板结构名称	荷载组合	
	计算强度用	验算刚度用
梁、板和拱的底模板以及支承板、支架及拱等	①+②+③+④+⑦	①+②+⑦
缘石、人行道、栏杆、柱、梁、板、拱等的侧模板	④+⑤	⑤
基础、墩台等厚大建筑物的侧模板	⑤+⑥	⑤

支架、拱架的设计，可按《公路桥涵钢结构及木结构设计规范》（JTJ 025）的有关规定执行。计算支架、拱架的强度和稳定性时，应考虑作用在支架、拱架上的风力。组合箱形拱，如系就地浇筑，其支架、拱架的设计荷载可只考

虑承受拱肋重力及施工操作时的附加荷载。

2）强度及刚度要求

验算支架、拱架的刚度时，支架、拱架受载后挠曲的杆件（盖梁、纵梁），其弹性挠度为相应结构跨度的1/400。拱架各截面的应力验算，根据拱架结构型式及所承受的荷载，验算拱顶、拱脚及1/4跨各截面的应力，铁件及节点的应力，同时应验算分阶段浇筑或砌筑时的强度及稳定性。验算时不论板拱架或桁拱架均作为整体截面考虑，验算倾覆稳定系数不得小于1.3。

3. 支架拱架制作

1）支架

支架整体、杆配件、节点、地基、基础和其他支撑物应进行强度和稳定验算。

2）木拱架

拱架所用的材料规格及质量应符合要求。桁架拱架在制作时，各杆件应当采用材质较强、无损伤及湿度不大的木材。夹木拱架制作时，木板长短应搭配好，纵向接头要求错开，其间距及每个断面接头应满足使用要求。面板夹木按间隔用螺栓固定，其余用铁钉与拱肋固定。

木拱架的强度和刚度应满足变形要求。杆件在竖直与水平面内，要用交叉杆件联结牢固，以保证稳定。木拱架制作安装时，应基础牢固，立柱正直，节点连接应采取可靠措施以保证支架的稳定，高拱架横向稳定应有保证措施。

3）钢拱架

常备式钢拱架纵、横向距离应根据实际情况进行合理组合，以保证结构的整体性。钢管拱架排架的纵、横距离应按承受拱圈自重计算，各排架顶部的标高要符合拱圈底的轴线。为保证排架的稳定应设置足够的斜撑、剪力撑、扣件和缆风绳。

4. 施工预拱度

支架和拱架应预留施工拱度，在确定施工拱度值时，应考虑下列因素：

（1）支架和拱架承受施工荷载引起的弹性变形。

（2）超静定结构由于混凝土收缩、徐变及温度变化而引起的挠度。

（3）承受推力的墩台，由于墩台水平位移所引起的拱圈挠度。

（4）由结构重力引起梁或拱圈的弹性挠度，以及1/2汽车荷载（不计冲击力）引起的梁或拱圈的弹性挠度。

（5）受载后由于杆件接头的挤压和卸落设备压缩而产生的非弹性变形。

（6）支架基础在受载后的沉陷。

为便于支架和拱架的拆卸，应根据结构型式、承受的荷载大小及需要的卸落量，在支架、拱架适当部位设置相应的木楔、木马、砂筒或千斤顶等落模设备。

5. 支架拱架安装

支架和拱架宜采用标准化、系列化、通用化的构件拼装。无论使用何种材料的拱架，均应进行施工图设计，并验算其强度和稳定性。制作木支架和木拱架时，长杆件接头应尽量减少，两相邻立柱的连接接头应尽量分设在不同的水平面上。主要压力杆的纵向连接，应使用对接法，并用木夹板或铁夹板夹紧。次要构件的连结可用搭接法。安装拱架前，对拱架立柱和拱架支承面应详细检查，准确调整拱架支承面和顶部高程，并复测跨度，确认无误后方可进行安装。各片拱架在同一节点处的高程应尽量一致，以便于拼装平联杆件。在风力较大的地区，应设置风缆。支架和拱架应稳定、坚固，应能抵抗在施工过程中有可能发生的偶然冲撞和振动。安装时应注意以下几点：

（1）支架立柱必须安装在有足够承载力的地基上，立柱底端应设垫木来分布和传递压力，并保证浇筑混凝土后不发生超过允许的沉降量。

（2）船只或汽车通行孔的两边支架应加设护桩，夜间应用灯光标明行驶方向。施工中易受漂流物冲撞的河中支架应设坚固的防护设备。

（3）支架或拱架安装完毕后，应对其平面位置、顶部高程、节点联接及纵、横向稳定性进行全面检查，符合要求后，方可进行下一工序。

6. 拱架拆除

1）拆除期限规定

支架和拱架的拆除期限应根据结构物特点、部位和混凝土所达到的强度来决定。钢筋混凝土结构的支架、拱架，应在混凝土强度能承受其自重力及其他可能的叠加荷载时，方可拆除，当构件跨度不大于4m时，在混凝土强度符合设计强度标准值的50%的要求后,方可拆除;当构件跨度大于4m时,在混凝土强度符合设计强度标准值的75%的要求后,方可拆除。如设计上对拆除支架、拱架另有规定,应按照设计规定执行。石拱桥的拱架卸落时间应符合下列要求:

(1)浆砌石拱桥,须待砂浆强度达到设计要求,如设计无要求,则须达到砂浆强度的70%。

(2)跨径小于10m的小拱桥,宜在拱上建筑全部完成后卸架;中等跨径的实腹式拱,宜在护拱砌完后卸架;大跨径空腹式拱,宜在拱上小拱横墙砌好(未砌小拱圈)时卸架。

(3)当需要进行裸拱卸架时,应对裸拱进行截面强度及稳定性验算,并采取必要的稳定措施。

2)拆除时的技术要求

卸落支架、拱架应按拟定的卸落程序进行,分几个循环卸完,卸落量开始宜小,以后逐渐增大。在纵向应对称均衡卸落,在横向应同时一起卸落。在拟定卸落程序时应注意以下几点:

(1)在卸落前应在卸架设备上画好每次卸落量的标记。

(2)满布式拱架卸落时,可从拱顶向拱脚依次循环卸落;拱式拱架可在两支座处同时均匀卸落。

(3)简支梁、连续梁宜从跨中向支座依次循环卸落;悬臂梁应先卸挂梁及悬臂的支架,再卸无铰跨内的支架。

(4)多孔拱桥卸架时,若桥墩允许承受单孔施工荷载,可单孔卸落,否则应多孔同时卸落,或各连续孔分阶段卸落。

(5)卸落拱架时,应设专人用仪器观测拱圈挠度和墩台变化情况,并详细记录。另设专人观察是否有裂缝现象。

(6)卸落支架和拱架时,不允许用猛烈地敲打和强扭等方法进行。支架和拱架拆除后,应维修整理,分类妥善存放。

3.6.2 砌筑拱圈

1. 一般要求

(1)拱圈和拱上结构所用砌块的规格应符合设计规定,施工时应按设计留置施工预拱度。

(2)砌筑拱圈工作开始前,应先详细检查拱架和模板,在质量和安全等各方面均符合要求后方可开始砌筑。

(3)拱圈的辐射缝应垂直于拱轴线,辐射缝两侧相邻两行拱石的砌缝应互相错开(同一行内上下层砌缝可不错开),错开距离不应小于100mm,错缝规则。

(4)浆砌粗料石和混凝土预制块拱圈的砌缝宽度应为10~20mm,块石拱圈的砌缝宽度不应大于30mm,片石拱圈的砌缝宽度不应大于40mm。用小石子混凝土砌块石时,不应大于50mm。

(5)砌筑各类浆砌拱圈时,对于不甚陡的辐射缝,应先在侧面已砌拱石上铺浆,再放拱石挤砌;辐射缝较陡时,可在拱石间先嵌入木条,再分层填塞,捣实砂浆。

2. 砌筑程序

(1)砌筑拱圈前,应根据拱圈跨径、矢高、厚度及拱架的情况,设计拱圈砌筑程序,砌筑时,须设置变形观测缝,随时注意观测拱架的变形情况,必要时对砌筑程序进行调整,控制拱圈的变形。多孔连续拱桥拱圈的砌筑,应考虑连拱的影响,制订相应的砌筑程序。

(2)跨径≤10m的拱圈,当用满布式拱架砌筑时,可从两端拱脚起顺序向拱顶方向对称、均衡地砌筑,最后砌拱顶石。当用拱式拱架砌筑时,宜分段、对称地先砌拱脚段和拱顶段,后砌1/4跨径段。

(3)跨径13~20m的拱圈,不论用何种拱架,每半跨均应分成三段砌筑,先砌拱脚段(Ⅰ)和拱顶段(Ⅱ),后砌1/4跨径段(Ⅲ),两半跨应同时对称地进行。

隔开砌的拱段,当其倾斜角大于砌块与模板间的摩擦角时,应在拱段下侧临时设置支撑。

(4)跨径≥25m的拱圈,砌筑程序应符合设计规定。一般采用分段砌筑或分环分段相结合的方法砌筑,必要时应对拱架预加一定的压力。分环砌筑时,应待下环砌筑合龙、砌缝砂浆强度达到设计强度的75%以上后,再砌筑上环。

3. 空缝设置和填塞技术要求

砌筑拱圈时,应在拱脚、拱顶石两侧、分段点等部位临时设置空缝;小跨径拱圈不分段砌筑时,应在拱脚附近临时设置空缝。设置和填塞空缝时,应注意下列事项:

(1)空缝的宽度,在拱圈外露面应与相应类别砌块的一般砌缝相同。当拱圈为粗料石时,为便于砂浆的填塞,可将空缝内腔宽度加大至30~40mm。为保证空缝的宽度,当拱圈跨径≥16m时,拱脚部位附近的空缝宜用铸铁垫隔,其他部位的空缝可用 M2.5 水泥砂浆块垫隔。

(2)用于空缝两侧的拱石,靠空缝一面应加工凿平。

(3)空缝的填塞,应在砌缝砂浆强度达到设计强度的 70% 后进行,填塞时应分层捣实。

(4)填塞空缝可使用 M2.5 以上或体积比为 1:1 的半干硬水泥砂浆,砂子宜用细砂或筛除较大颗粒的中砂。

(5)空缝的填塞顺序视具体情况确定,可由拱脚逐次向拱顶对称填塞,或先填塞拱脚处,次填塞拱顶处,然后自拱顶向两端对称逐条填塞,所有空缝也可同时填塞。

4. 拱圈合龙技术要求

拱圈封拱合龙时的温度、砂浆强度和封拱方法应符合设计规定,设计无规定时,应符合下列规定:

(1)封拱合龙宜在接近当地年平均温度或 5 ~ 15℃时进行。

(2)分段砌筑的拱圈应待填塞空缝的砂浆强度达到设计强度的 50% 后进行,采用刹尖封顶的拱圈应待砂浆强度达到设计强度 70% 后进行。

(3)封拱合龙前用千斤顶施加压力的方法调整拱圈应力时,砂浆强度应达到设计强度。

5. 拱上结构砌筑技术要求

拱上结构的砌筑应符合下列规定:

(1)拱上结构在拱架卸架前砌筑时,应待拱圈合龙砂浆强度达到设计强度的 30% 以上后进行。

(2)当先松架后砌拱上结构时,应待拱圈合龙砂浆强度达到设计强度的 70% 以上后进行。

(3)采用分环砌筑的拱圈,应待上环合龙砂浆强度达到设计强度的 70% 以上后进行。

(4)采用施加压力调整拱圈应力时,应待封拱砂浆强度达到设计的规定后砌筑拱上结构。

(5)拱上结构一般应由拱脚至拱顶对称、均衡地砌筑。

6. 小石子混凝土砌筑拱圈技术要求

用小石子混凝土砌筑片石拱圈时,应注意下列事项:

(1)靠拱模一面,应选用底面较大且较平整的石块,必要时稍加修整,拱背面则应大致平顺。

(2)砌缝中的小石子混凝土,应先铺放一部分再填塞,以达到饱满、密实。较宽的竖缝,可在填塞小石子混凝土的同时,填塞一部分小石块,将砌缝挤满。

(3)砌筑中设置空缝时,在空缝两侧应选用较大和较平整的石块。

用小石子混凝土砌块石拱圈时,块石靠拱模一面应稍加修整,砌缝宽度不应大于 50mm,砌筑注意事项可参照用小石子混凝土砌片石拱圈的有关规定。

3.6.3 现浇混凝土拱圈

1. 在拱架上现浇拱圈

1)对称连续浇筑

跨径小于 16m 的拱圈或拱肋混凝土,应按拱圈全宽度从两端拱脚向拱顶对称地连续浇筑,并在拱脚混凝土初凝前全部完成。如预计不能在限定时间内完成,则应在拱脚预留一个隔缝并最后浇筑隔缝混凝土。

2)分段浇筑

(1)跨径大于或等于 16m 的拱圈或拱肋,为避免拱架变形而产生裂缝以及减少混凝土的收缩应力,应沿拱跨方向分段浇筑。分段位置应以能使拱架受力对称、均匀和变形小为原则,拱式拱架宜设置在拱架受力反弯点、拱架节点、拱顶及拱脚处;满布式拱架宜设置在拱顶、$L/4$ 部位、拱脚及拱架节点等处。各段的接缝面应与拱轴线垂直,各分段点应预留间隔槽,其宽度一般为 0.5 ~ 1.0m,但安排有钢筋接头时,其宽度尚应满足钢筋接头的需要。如预计拱架变形较小,可减少或不设间隔槽,而采取分段间隔浇筑。

(2)分段浇筑程序应符合设计要求,应对称于拱顶进行,使拱架变形保持均匀和尽可能的最小,并应预先做出设计。分段浇筑时,各分段内的混凝土应一次连续浇筑完毕,因故中断时,应浇筑成垂直于拱轴线的施工缝;如已浇筑成斜面,应凿成垂直于拱轴线的平面或台阶式接合面。

(3)间隔缝与拱段的接触面应事先按施工缝进行处理。间隔缝的位置应避开横撑、隔板、吊杆及刚架节点等处。间隔缝的宽度以便于施工操作和钢筋连接为宜,一般为 50 ~ 100cm。间隔槽混凝土应待拱圈分段浇筑完成后且其强度达到 75% 设计强度和接合面按施工缝处理后,由拱脚向拱顶对称进行浇筑。拱顶及两拱脚间隔槽混凝土应在最后封拱时浇筑。为缩短拱圈合龙和拱架拆除的时间,间隔缝内的混凝土强度可采用比拱圈高一等级的半干硬性混凝土。封拱合龙温度应符合设计要求，如设计无规定时，宜在接近当地年平均温度或5～15℃时进行，封拱合龙前用千斤顶施加压力的方法调整拱圈应力时，拱圈（包括已浇间隔槽）的混凝土强度应达到设计强度。

（4）浇筑大跨径钢筋混凝土拱圈（拱肋）时，纵向钢筋接头应安排在设计规定的最后浇筑的几个间隔槽内，并应在这些间隔槽浇筑时再连接。

3）分环分段法浇筑

浇筑大跨径拱圈（拱肋）混凝土时，为减轻拱架负担，宜采用分环（层）分段法浇筑，也可沿纵向分成若干条幅，中间条幅先行浇筑合龙，达到设计要求后，再按横向对称、分次浇筑合龙其他条幅。其浇筑顺序和养护时间应根据拱架荷载和各环负荷条件通过计算确定，并应符合设计要求。分环的方法一般是分成二环或三环。分二环时，先分段浇筑底板（第一环），然后分段浇筑肋墙、隔墙与顶板（第二环）。分三环时，先分段浇筑底板（第一环），然后分段浇筑肋墙、隔墙（第二环），最后分段浇筑顶板（第三环）。

分环分段浇筑时，可采取分环填充间隔缝合龙和全拱完成后最后一次填充间隔缝合龙两种不同的合龙方法。

2. 拱架上组装并现浇

大跨径钢筋混凝土箱形拱圈（拱肋）可采取在拱架上组装并现浇的施工方法。先将预制好的腹板、横隔板和底板钢盘在拱架上组装，再焊接腹板、横隔板的接头钢筋形成拱片后，立即浇筑接头和拱箱底板混凝土，组装和现浇混凝土时应从两拱脚向拱顶对称进行，浇底板混凝土时应按拱架变形情况设置少量间隔缝并于底板合龙时填筑，待接头和底板混凝土强度达到设计强度的75%以上后，安装预制盖板，然后铺设钢筋，现浇顶板混凝土。

3. 劲性骨架浇筑拱圈

（1）大跨径劲性骨架混凝土拱圈（拱肋）的浇筑，可采用分环多工作面均衡浇筑法、水箱压载分环浇筑法和斜拉扣挂分环连接浇筑法。浇筑前应进行加载程序设计，准确计算和分析钢骨架以及钢骨架与先期混凝土层联合结构的变形、应力和稳定安全度，并在施工过程中进行监控。

（2）分环多工作面均衡浇筑劲性骨架混凝土拱圈（拱肋）时，各工作面可根据模板长度分成若干工作段，各工作面要求对称均衡浇筑，两对应工作面浇筑进度差不得超过一个工作段。

（3）用水箱压载分环浇筑劲性骨架混凝土（拱肋）时，当混凝土浇筑至$L/4$截面区段，应严格控制好拱圈的竖向及横向变形，防止钢骨架杆件应力超过极限强度而导致失稳。为使混凝土适应钢骨架变形，避免开裂，浇筑第一环（层）混凝土时，可在$L/4$截面处设变形缝，变形缝宽200mm，待浇完第一环混凝土后用高一级混凝土填实。

（4）用斜拉扣挂分环连接浇筑劲性骨架混凝土拱圈（拱肋）时，应选择可靠和操作方便的扣挂及张拉系统，选好扣点和索力，设计好扣索的张拉与放松程序，以便有效地控制拱圈截面应力和变形，确保混凝土从拱脚向拱顶连续浇筑。

（5）浇筑劲性骨架混凝土拱圈（拱肋）时，应严格控制钢骨架及先期混凝土层的竖、横向变形，其变形值应符合设计要求，相对高差和横向位移应符合检测标准，否则应采取纠正措施。

3.6.4 拱上建筑

主拱圈拱背以上的结构物称为拱上建筑，它主要有横墙基座、横墙、横墙帽，或称立柱基座、立柱、盖梁，及腹拱圈或梁（板），拱上侧墙、变形缝、护拱、拱上防水层、拱腔填料、泄水管、桥面铺装和栏杆系等。

1. 一般规定

拱上结构的立柱、横墙的基座，在施工前对其位置和高程复测检查，如超过允许偏差应予以调整。基座与主拱的联结应牢固。

（1）跨径拱桥的拱上结构，应严格按照设计加载程序进行，使施工过程中的拱轴线与设计拱轴线尽量吻合，如有拱架应先卸除。如无设计加载程序，一般应根据施工验算由拱脚至拱顶均衡、对称加载，并加强施工观测。

（2）在支架上浇筑的上承式拱桥，其拱上结构混凝土浇筑应在拱圈及间隔槽混凝土浇筑完成且封拱间隔槽混凝土强度达到设计要求强度以后进行；如设计无规定，可按达到混凝土设计强度的30%以上控制。如封拱前需在拱顶施加预压力，应达到设计强度的75%以上。在支架上浇筑的下承式或中承式拱桥，其悬吊桥面系混凝土应在拱架松落后进行浇筑，其吊杆混凝土应在桥面系完成后对称地浇筑。

（3）在支架上浇筑的拱桥，其拱上结构混凝土的浇筑除应符合规范规定外，还应符合：立柱底座应与拱圈（拱肋）同时浇筑，立柱上端施工缝应设在横梁承托底面上；桥面系的梁与板应尽量同时浇筑；两相邻伸缩缝间的桥面板应一次浇筑完成。

(4)中、小跨径装配式拱桥的拱上结构施工,应待主拱圈混凝土和砂浆强度达到设计强度的75%以上,少支架施工的应先卸除支架,一般可由拱脚至拱顶对称进行。

(5)拱上腹拱圈施工时,应注意腹拱圈所产生的推力对立柱或横墙的影响,相邻腹板的施工进度应同步。

(6)采用无支架施工的大、中跨径的拱桥,其拱上结构宜充分利用缆索吊装施工。

2. 拱上填料

拱上填料应采用透水性强和内摩擦角较大的材料,一般可用天然砂砾、片石、碎石夹砂混合料以及矿渣等材料。填充时应按拱上建筑的顺序和时间,对称而均匀地分层填充并碾压密实,但应防止损坏防水层、排水管和变形缝。

3. 拱上防水措施

1)混凝土拱圈自防水

采用优良品质的粗、细集料和优质粉煤灰或硅灰制作高耐久性的混凝土;同时采用优良的施工方法。

2)拱背防水层

小跨径拱桥可采用石灰土防水层。对于具有腹拱的拱有防水可采用砂浆或小石子混凝土防水层。大型拱桥及冰冻地区的石拱桥一般设沥青油毛毡防水层,其做法常为三油两毡或二油一毡。当防水层经过拱上结构物伸缩缝或变形缝时,要作特殊处理。一般采用"U"形防腐白铁皮过缝,或"U"形防水土工布过缝,或橡胶止水带过缝。泄水管处的防水层,要紧贴泄水管漏斗之下铺设,防止漏水。在拱上填料填充前,要在防水层上填筑一层砂性细粒土,以保证防水层完好。

4. 拱圈排水处理

对于渗入到拱腔内的水应通过防水层汇积于预埋的拱腹内的泄水管排出。泄水管可采用铸铁管、混凝土管或陶管。泄水管内径一般为6~10cm,严寒地区须适当增大,但不宜大于15cm,应尽量避免采用长管和弯管。泄水管进口处周围防水层应作积水坡度,并以大块碎石做成反滤层,以防堵塞。

5. 桥面排水

拱桥的桥面纵向、横向应设坡度,以利顺畅排水,桥面两侧与护轮带(路缘石)旁每隔10m左右设置一道泄水管。

6. 台背排水

拱桥台后应设置排水设施,集中于排出路基外。

3.6.5 质量检验

1. 支架和拱架质量检验

(1)支架、拱架制作应根据设计要求确定模板的型式及精度要求,在设计无规定时,可按表3-27执行。

支架及拱架制作时的允许偏差 表3-27

项目	允许偏差(mm)
支架、拱架尺寸	±5

(2)支架、拱架安装的允许偏差,在设计无要求时,应符合表3-28的规定。

支架及拱架安装的允许偏差 表3-28

项目		允许偏差(mm)
支架和拱架	纵轴的平面位置	跨度的1/1000或30
	曲线形拱架的高程(包括建筑拱度在内)	+20,-10

2. 拱圈砌体

拱圈砌体允许偏差如下:

(1)拱圈和拱上砌体侧面位置与设计位置的偏差,有镶面时为+20mm、-10mm;无镶面时为+30mm、-10mm。

(2)拱圈厚度不小于设计值,超厚不大于设计值的3%。

(3)拱圈侧面粗料石镶面两邻接砌块表面彼此错位不大于3mm。

(4)拱圈侧面块石镶面两邻接砌块表面彼此错位不大于5mm。

(5)内弧线偏离设计弧线,当跨径小于等于30m时,为±20mm;当跨径大于30m时,为跨径的±1/1500。

3.7 缆索吊装施工拱桥

缆索吊装施工是桥梁无支架施工方法之一。在峡谷或水深急流的河段上,或在通航河流上需要满足船只的顺利通行,或在洪水季节施工并受漂流物影响等条件下建造桥梁,以及采用有支架的方法施工将会遇到很大困难或很不经济时,就宜考虑采用缆索吊装施工。除了缆索吊装施工以外,桥梁还可采用简易木扒杆、汽车吊、大型浮吊、门式吊机等多种方法架设。

3.7.1 缆索吊装设备

目前缆索吊装设备也逐渐配套、完善,并将现代电子遥控技术用于缆索吊装的施工中。桥梁缆索吊装施工包括:构件预制、移运和吊装,主拱合龙,拱上建筑,桥面系的施工等主要工序。缆索吊装设备,按其用途和作用可由主缆索、工作索、钢塔架、地锚和扣索排架等组成,缆索吊装施工方案如图 3-7 所示。

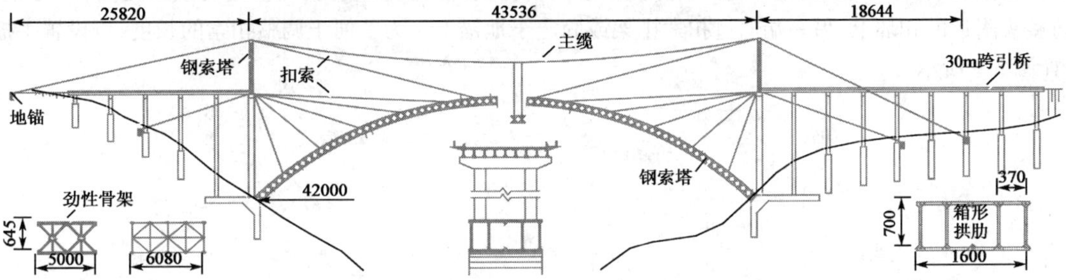

图 3-7　劲性骨架缆索吊装方案及锚扣体系

(图中主跨为 420m 箱形拱,桥宽 24m,采用缆索吊装钢管劲性骨架施工。空钢管骨架重量轻,施工便捷。钢管混凝土劲性骨架安装就位后,先浇筑管内混凝土再以其为支架,安装模板浇筑外包箱形拱混凝土,形成箱形拱圈。箱形拱采用横向分环、纵向分段、对称同步的渐进方法浇筑混凝土。分环程序设计采用先中箱、后边箱;每箱先底板、后腹板、再顶板的施工工序。)

1. 主缆索

主缆索常用纤维芯钢丝绳制成,其直径、型号和根数应根据主索跨度(两塔架之间的距离)、起吊质量、设计垂度(通常为主索跨度的 1/13 ~ 1/18)等经计算出主索所承受的拉力后选定。主缆索亦称为承重索或运输天线,横跨桥渡,支承在两侧钢塔架的索鞍上,下端锚固于地锚上,运输构件的行车支承于主缆索上。横桥向主缆索的组数,可根据桥面宽度、钢塔架高度(越高,横移构件的宽度范围就相应地增大)及设备供应情况等合理选择,一般可选 1 ~ 2 组。

2. 工作索

工作索包括起重索、牵引索、结索、扣索、缆风索等。

1)起重索

起重索套绕于主索跑车下联的起重滑车组,作起吊重物之用,一般走线数较多,应选用柔软耐磨、不易打结的钢丝绳。起重索主要用于控制吊物的升降,一端与卷扬机滚筒相连,另一端固定于对岸的地锚上。这样当行车在主缆索上沿桥跨反复运行时,可保持行车与吊钩间的起重索长度不随行车的移动而改变,如图 3-8 所示。

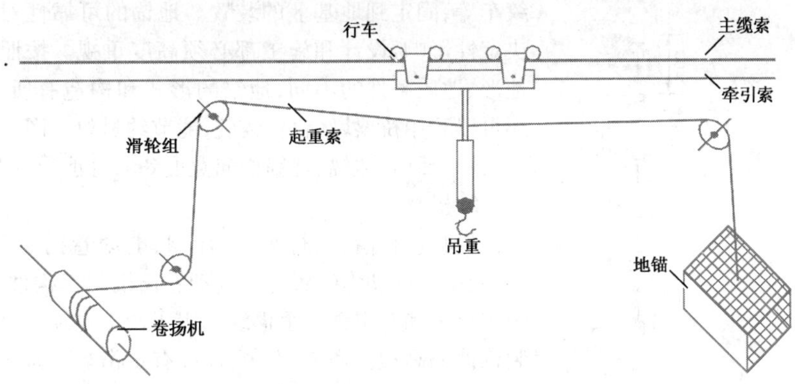

图 3-8　起重索

2）牵引索

牵引索是指牵引跑车沿主索前后移动的拉绳，仅受拉力，宜选用柔性好的钢丝绳。牵引索用来牵引行车在主缆索上沿桥跨方向移动（即水平运输）。故需在行车两端各设置一根牵引索。这两根牵引索的另一端既可分别连接在两台卷扬机上，也可以合栓在一台双滚筒卷扬机上，便于操作。

3）结索

结索用于悬挂分索器，使主缆索、起重索、牵引索不致相互干扰。它仅承受分索器（包括临时作用在它上面的工作索）的重量及自重。

4）扣索

扣索是指在拱式结构分段安装过程中，为暂时固定分段拱肋所用的钢丝绳，分墩扣（通过墩台扣固）、塔扣（通过塔架扣固在地锚上）和天扣（扣固在通缆天线上）等形式，扣索钢丝绳一般采用与主缆索或起重索相同的类型，其直径按计算所承受的拉力大小确定。当拱肋分段吊装时，需用扣索悬挂端肋及调整端肋接头处高程。扣索的一端系在拱肋接头附近的扣环上，另一端通过扣索排架或固定于地锚上。为了便于调整扣索的长度，可设置手摇绞车及张紧索，如图3-9所示。

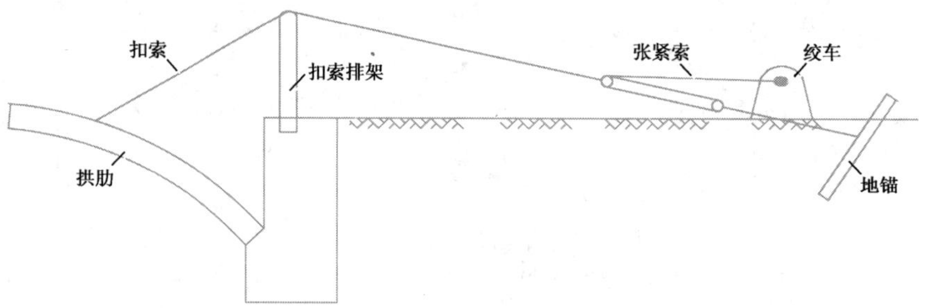

图3-9　扣索

5）缆风索

缆风索是指用来纵横向稳定钢塔架（包括扣索排架和墩上排架）、调整和固定拱肋的装置，应采用与起重索相同类型的钢丝绳，缆风索直径应根据计算其所承受的拉力大小确定。

3. 钢塔架及索鞍

钢塔架可用型钢或万能杆件、贝雷桁架、三角桁节片等组拼而成。其基础一般采用片石混凝土，基础尺寸由地基承载力确定。钢塔架是用来提高主缆索的临空高度及支承各种受力钢索的结构物。钢塔架的形式是多种多样的，可采用门架式、独脚扒杆等各种形式。图3-10为高度40m的万能杆件拼装成的钢钢塔架示意图。

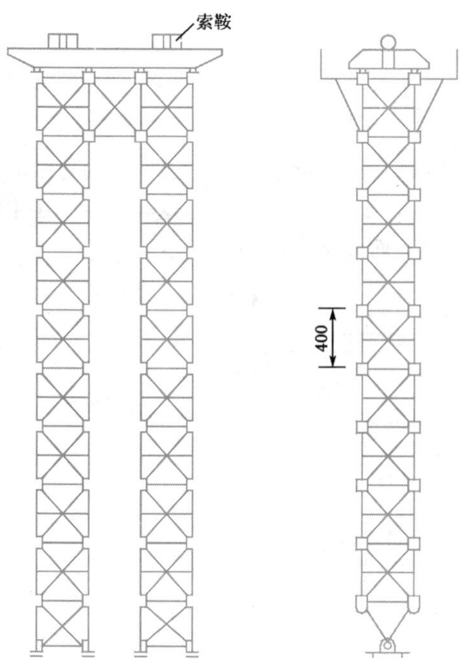

图3-10　钢塔架

钢塔架顶上设置索鞍（图3-11）是为了放置主缆索、起重索、扣索等用，它可以减少钢丝绳与钢塔架的摩阻力，使钢塔架承受较小的水平力，并减少钢丝绳的磨损。

4. 地锚

地锚亦称为地垄或锚碇，用于锚固主缆索、风缆、扣索、起重索及绞车等，固定到地基上的装置。地锚的可靠性对缆索吊装的安全有决定性影响，设计和施工都必须高度重视。按照承载能力的大小及地形、地质条件的不同，地锚的形式和构造有所不同。条件允许时，还可以利用桥梁墩、台作锚碇，能节约材料。图3-12是片石混凝土构成的一个卧式地锚，地锚横向宽度8m，可承受主缆索拉力500kN。

5. 机具

机具包括滑轮、行车、千斤顶、电动卷扬机及手摇绞车，用作牵引、起吊等的动力装置等。电动卷扬机用于构件的运输和起吊，多用于起重索和牵引索。手摇绞车用于调整主缆索和扣索的松紧以及吊装构件的高程。滑轮又称葫芦，有定滑轮、动滑轮与转向开口滑车等，一般应根据载重量选用。

6. 构件吊装施工工序

构件吊装的施工工序是绑扎构件、起吊、就位,临时固定校正和最后固定等。

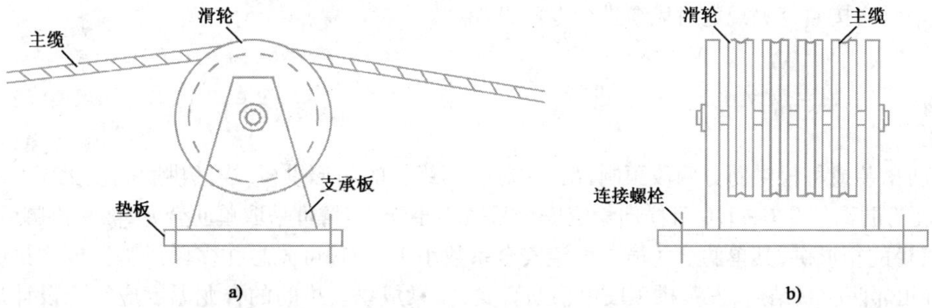

图 3-11 索鞍

3.7.2 装配式钢筋混凝土拱圈

装配式拱适用于箱形拱、肋拱及箱肋组合拱(以下均称为箱形拱)的少支架或无支架施工。大、中跨径装配式箱形拱施工前,必须掌握、核对各种构件的预制、吊运堆放、安装、拱肋合龙及施工加载等各个阶段强度和稳定性的设计验算。墩、台帽建成后,应及时复测每根拱肋的拱座起拱线处的实际高程、跨间距离、拱座的横向间隔、拱座斜面的斜度及各几何尺寸,检查每根拱肋的实际跨长、几何尺寸及拱肋接头、吊环情况。拱肋上缘弧长宜小于设计弧长 5 ~ 10mm,使拱肋合龙时保留上缘开口,便于嵌塞铁片,调整拱轴线。如不符合以上要求,吊装前应采取相应措施。

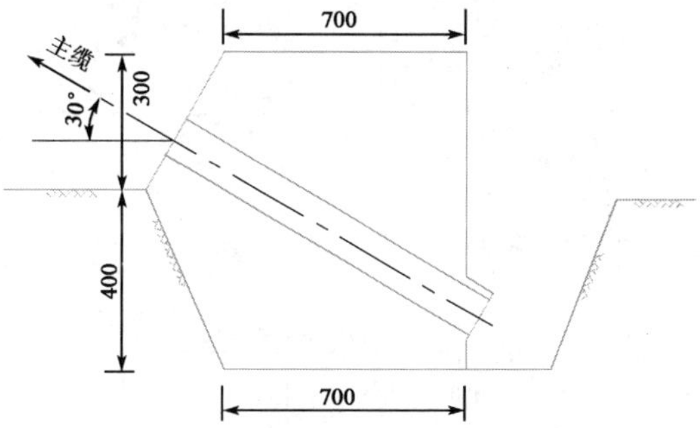

图 3-12 卧式地锚(尺寸单位:m)

1. 少支架安装拱圈

为了便于拱肋吊装和减少扣索,在条件许可的情况下,可采用少支架施工。支架的构造,应根据支架高度及荷载大小而定,并满足稳定性要求。地基必须有足够的承载力,对漂浮物要有可靠的防护措施。吊装构件时,应结合实际情况和设备条件采用独脚扒杆、人字扒杆、自行式吊机或缆索吊机进行吊装,河中有水时可在船上设立人字扒杆进行吊装。拱肋分段吊装搁在支架上以后,拱肋接头的连接处理应符合设计规定。支架架设和拆卸的技术要求,除应符合规范规定外,还应符合下列要求:

(1)当拱肋接头混凝土及拱肋横向联结构件混凝土的强度达到设计强度的 75% 或满足设计规定后,方可开始卸架,为避免一次卸架突然发生较大变形,可在主拱安装完成时,分两次或多次卸架,使拱圈及墩、台逐渐成拱受力。

(2)卸架前应对主拱圈的混凝土质量、拱轴线的坐标尺寸、卸架设备情况、气温引起拱圈变化情况、台后填土情况进行全面检查,符合设计要求后可卸架。卸架时应观测拱圈挠度和墩、台变位情况。

(3)拱上建筑宜在卸架后施工,其施工的技术要求应按有关规定办理。

(4)支架基础不得设置在有冻胀影响的土上。在严寒地区,主拱圈不宜在支架上过冬,支架宜在冰冻前拆除。

2. 无支架安装拱圈

构件拼装应结合桥梁规模、河流、地形及设备等条件采用适宜的吊装机具,各项机具设备和辅助结构的规格、型号、数量等均应按有关规定经过设计计算确定。缆索吊机在吊装前必须按规定进行试拉和试吊。

1)扣架布置

拱肋吊装时,除拱顶段以外,各段应设一组扣索悬挂。扣架的布置应符合下列规定:

(1)扣架一般设在墩、台顶上,扣架底部应固定,架顶应设置风缆。

(2)各扣索位置必须与所吊挂的拱肋在同一竖直面内。

(3)扣架上索鞍顶面的高程应高于拱肋扣环高程。

(4)扣架应进行强度和稳定性验算。

2)风缆布置

各段拱肋由扣索悬挂在扣架上时,必须设置风缆,其布置与安装应符合下列规定:

(1)拱肋分 3 段或 5 段拼装时,至少应保持 2 根基肋设置固定风缆,拱肋接头处应横向联结。

(2)固定风缆应待全孔合龙、横向联结构件混凝土强度满足设计要求后才可撤除。

(3)在河流中设置风缆时,必须采取可靠的防护措施,防止风缆受到碰撞。

(4)情况复杂时应按照有关规定对风缆进行专门设计。

3)吊装加载

多孔装配式拱桥吊装应按设计加载程序进行。

4)吊装合龙

(1)整根拱肋吊装或每根拱肋分两段预制、吊装,对中小跨径的箱形拱桥,当其拱肋高度大于0.009~0.012跨径,拱肋底面宽度为肋高的0.6~1.0且横向稳定安全系数不小于4时,可采取单肋合龙,嵌紧拱脚后,松索成拱。

(2)大、中跨径的箱形拱,其单肋合龙横向稳定安全系数小于4时,可先悬扣多段拱脚段或次拱脚段拱肋,然后用横夹木临时将相邻两肋联结后,安装拱顶段单根肋合龙,松索成拱。拱肋的合龙温度应符合设计规定,如设计无规定,宜在气温接近年平均温度(一般在5%~15%)时进行;天气炎热时可在夜间洒水降温进行合龙。拱圈合龙方式如图3-13所示。

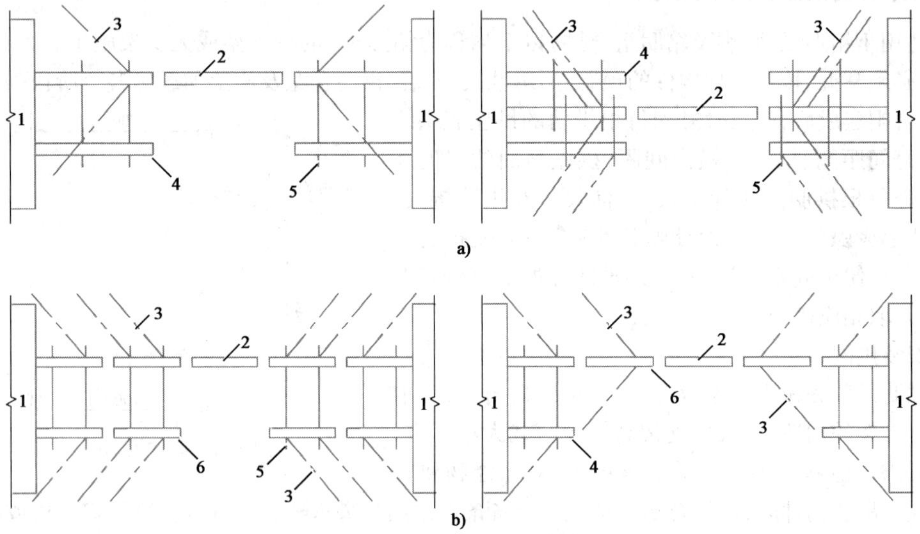

图3-13 拱圈合龙方式

a)3段吊装单肋合龙;b)5段吊装单肋合龙

1-墩台;2-基肋;3-风缆;4-拱脚段;5-横尖木;6-次拱脚段

(3)当拱肋跨径不小于80m或横向稳定安全系数小于4时,应采用双基肋合龙松索成拱的方式,即当第一根拱肋合龙并校正拱轴线,楔紧拱肋接头缝后,稍松扣索和起重索,压紧接头缝,但不卸掉扣索和起重索,待第二根拱肋合龙,两根拱肋横向联结固定好并拉好风缆后,再同时松卸两根拱肋的扣索和起重索。

(4)当拱肋分3段吊装,采用阶梯形搭接接头时,宜先准确扣挂两拱脚段,调整扣索使其上端头较设计值抬高30~50mm,再安装拱顶段使之与拱脚段合龙。采用对接接头,宜先悬扣拱脚段初步定位,使其上端头高程比设计值抬高50~100mm,然后准确悬扣拱顶段,使其两端头比设计值高出10~20mm,最后放松两拱脚段扣索使其两端均匀下降与拱顶段合龙。

(5)当拱肋分5段吊装时,宜先从拱脚段开始,依次向拱顶分段吊装就位,每段的上端头断面不得扭斜。首先使拱脚段的上端头较设计高程抬高150~200mm,次边段定位后,使拱脚段的上端头抬高值下降为50mm左右,应保持次边段的上端头抬高值约为拱脚段的上端头抬高值的2倍的关系,否则应及时调整,以防拱肋接头处开裂。

(6)7段拱肋吊装,受施工条件或地形限制无法采用双肋合龙时,在对风缆系统进行专门设计,确保拱肋横向稳定安全系数不小于4,拱肋接头强度满足该施工阶段设计要求,并经监理工程师审批后,可采用单肋合龙。

5)拱肋松索要求

在各段拱肋松索过程中,应符合下列规定:

(1)松索前应校正拱轴线位置及各接头高程,使之符合要求。

(2)每次松索均应采用仪器观测,控制各接头、拱顶及1/4高程,防止拱肋接头发生非对称变形而导致拱肋失稳或开裂。

(3)松索应按照拱脚段扣索、次拱脚段扣索、起重索三者的先后顺序,并按比例定长、对称、均匀松卸。

(4)每次松索量宜小,各接头高程变化不宜超过10mm,每次松索压紧接头缝后应普遍旋紧接头螺栓一次。当接头高程接近设计值时,宜用钢板嵌塞接头缝隙,再将扣索、起重索放松到基本不受力,压紧接头缝,拧紧接头螺栓,同时用风缆调整拱肋轴线的横向偏位,并应观测拱肋各接头、1/8跨及拱顶的高程,使其在允许偏差之内。

(5)大跨径箱形拱桥分3段或5段吊装合龙成拱后,根据拱肋接头密合情况及拱肋的稳定度,可保留起重索和扣索部分受力,等拱肋接头的连结工序基本完成后再全部松索。

6)拱肋接头施工

拱肋接头电焊作业应在调整完轴线偏差、嵌塞并压紧接头缝钢板之后和全部松索成拱之前进行。拱肋接头部件电焊时,应采取分层、间断、交错方法施焊,每层不可一次焊得过厚,以免周围混凝土烧坏。最后应将各接头螺栓拧紧并焊死。

3.7.3 装配式桁架拱和刚构拱

桁架拱桥又称拱形桁架桥,是由拱形桁加要片构成主拱,并与横向联系和桥面共同形成整体的拱桥。桁架拱综合了桁架与拱的有利因素,以承受轴向力为主,能充分发挥圬工材料特性;同时拱上结构与拱肋形成桁架,能充分发挥全截面材料的作用。具有结构受力合理、刚度大、自重轻、用料少等优点,适合软土地基上采用。

1. 桁架拱和刚构拱预制

装配式桁架拱和刚构拱的拱片宜根据跨径和场地大小及吊装能力等因素,选取整片、分段或分杆件的预制方法。分段或分杆件预制时,其分段长度、接头联接类型和方法应按设计规定执行。有关预应力的施工工序应按照规范规定办理。拱片预制时应设置预拱度,拱顶预拱度确定后,其余各点预拱度可按直线变化设置。卧式预制拱片脱模吊移时应符合下列规定:

(1)卧式预制的拱片不得就地掀起竖立,必须将全片水平吊起后,再悬空翻身竖立。在拱片悬空翻身整个过程中,各吊点受力应均匀,并始终保持在同一平面内,不得扭折。

(2)拱片起吊前,对拱片的薄弱部位应根据构件受力情况予以加固。

(3)预制拱片前应对预制场拱片翻身技术设备、技术状况进行详细研究计算,必要时在预制拱中按吊装应力进行加筋处理。

拱片宜采用平卧运输,运输和装卸过程中应严格控制支点或吊点位置,使拱片受力均匀,防止损坏。

2. 桁架拱和刚构拱安装

(1)装配式桁架拱和刚构拱的安装程序为,在墩台上安装预制的桁架(刚架)拱片,同时安装横向联系构件,在组成的桁架拱(刚架拱)上铺装预制的桥面板。

(2)拱片采用少支架安装时可按的有关规定办理。少支架安装后一般采用一次卸架成拱,卸架宜安排在气温较高的时间进行。

(3)多孔桁架拱(刚构拱)采用少支架安装时宜逐孔进行,卸架应安排在各孔拱片都合龙后进行,卸架程序应按照设计要求或根据桥墩所能承受的最大不平衡推力计算确定。

(4)拱片采用无支架安装时,可采用分段、分杆件或悬臂拼装等方法进行。在成拱过程中,应及时安装横向联结系和横向临时稳定风缆等。拱片分杆件安装时,宜先安装由下弦杆与跨中实腹段组成的"拱肋"单元,再由实腹段两端向拱脚对称地逐个安装由斜杆、竖杆和上弦杆组成的三角形单元。拱片采用悬臂拼装方案时,除应按照规范有关规定执行外,还应注意张拉预应力筋必须在相邻两段拱片吊装好并横向联系牢固,形成较稳定的框架之后进行,防止单拱片张拉时发生横向失稳。

(5)桁架拱、刚构拱采用转体法施工时,应按照规定执行。

(6)装配式桁架拱、刚构拱无支架安装的接头类型应符合设计规定,其技术要求可按有关规定办理。大跨径桁式组合拱的拱顶接头施工还应符合下列规定:

①两岸合龙段构件吊装就位,在封顶以前,应对拱顶接头施加预压力调整应力,然后浇筑拱顶湿接头混凝土,待接头混凝土达到规定强度后方可松索合龙。

②湿接头混凝土宜采用较构件混凝土强度高一级的早强混凝土。

3.7.4 钢管混凝土拱

钢管拱即钢管混凝土拱桥,是指由填充水泥混凝土的钢管构成拱肋的拱桥。拱肋的截面形式可以做成单管、哑铃形或空腹桁架式;结构体系可以是简单拱桥或组合体系拱桥;采用下承式时建筑高度小,可提供较大的桥下净空。

钢管混凝土拱桥由钢管拱肋、立柱或吊杆(吊索)、横撑、行车道系与下部结构等组成。

1. 钢管拱肋加工

(1)钢管混凝土拱桥所用钢管直径超过600mm的应采用卷制焊接管,卷制钢管宜在工厂进行。在有条件的情况下,优先选用符合国家标准系列的成品焊接管。

(2)成品管及制管用的钢材和焊接材料等应符合设计要求和国家现行标准的规定,具备完整的产品合格证明。

(3)钢管拱肋(桁架)加工的分段长度应根据材料、工艺、运输、吊装等因素确定。在加工制作前,应根据设计图的要求绘制施工详图,包括零件图、单元构件图、节段单元图及组焊、拼装工艺流程图等。加工前应按半跨拱肋进行1:1精确放样,注意考虑温度和焊接变形的影响,并精确确定合龙节段的尺寸,直接取样下料和加工。

(4)工地弯管宜采用加热顶压方式,加热温度不得超过800℃。钢管对接端头应校圆,除成品管按相应国家标准外,失圆度不宜大于钢管外径的0.003倍。钢管的对接环焊缝可采用有衬管的单面坡口焊和无衬管的双面熔透焊。两条对接环焊缝的间距应符合设计要求,设计无规定时,直缝焊接管不小于管的直径,螺旋焊接管不小于3m。对接径向偏差不得超过壁厚的0.2倍。为减少运输及安装过程中对口处的失圆变形,应适当在该处加设内支撑。

(5)拱肋(桁架)节段焊接宜要求与母材等强度焊接。所有焊缝均应按规定进行强度和外观检查,宜要求主拱的焊缝达到二级焊缝标准。对接焊缝应100%进行超声波探伤,其质量检查标准可按照规范有关规定执行。

桁架式钢管拱主管与腹管采用相贯焊接时,宜采用自动或半自动的加工方式来保证相贯线和坡口的制作精度,对焊接材料和工艺的选择在满足焊接接头强度的原则下,应尽量提高接头的韧性指标。要力求避免和减少焊缝多次相交的不良结构细节。

(6)在钢管拱肋(桁架)加工过程中,应注意设置混凝土压注孔、防倒流截止阀、排气孔及扣点、吊点节点板。如拱肋(桁架)节段采用法兰盘连接,为保证螺栓连接的精度,宜采用3段啮合制孔工艺。对压注混凝土过程中易产生局部变形的结构部位(如腹箱)应设置内拉杆。

(7)钢管拱肋(桁架)节段形成后,钢管外露面应按设计要求做长效防护处理,宜采用热喷涂防护,其喷涂方式、工艺及厚度应符合设计要求。可参照规范有关规定执行。

2. 钢管拱肋安装

(1)钢管拱肋(桁架)的安装采用少支架或无支架缆索吊装、转体施工或斜拉扣索悬拼法施工的,可参照有关规定执行。

(2)钢管拱肋成拱过程中,应同时安装横向联接系,未安装联接系的不得多于一个节段,否则应采取临时横向稳定措施。

(3)节段间环焊缝的施焊应对称进行,施焊前需保证节段间有可靠的临时连接并用定位板控制焊缝间隙,不得采用堆焊。合龙口的焊接或栓接作业应选择在结构温度相对稳定的时间内尽快完成。

(4)采用斜拉扣索悬拼法施工时,扣索与钢管拱肋的连接件应进行设计计算。扣索根据扣力计算采用多根钢绞线或高强钢丝束,安全系数应大于2。扣索是钢管拱肋安装作业中保证拱肋符合设计线形的重要设施,包括扣塔、索鞍、扣索锚碇、扣索、扣索固定端及扣索张拉系统等。

3. 钢管混凝土浇筑

(1)管内混凝土应采用泵送顶升压注施工,由两拱脚至拱顶对称均衡地一次压注完成。除拱顶外不宜在其余部位设置横隔。

(2)钢管混凝土应具有低泡、大流动性、收缩补偿、延后初凝和早强的工程性能。

(3)钢管混凝土压注前应清洗管内污物,润湿管壁,泵入适量水泥浆后再压注混凝土,直至钢管顶端排气孔排出合格的混凝土时停止。完成后应关闭设于压注口的倒流截止阀。管内混凝土的压注应连续进行,不得中断。

(4)钢管混凝土的质量检测办法应以超声波检测为主,人工敲击为辅。

(5)为保证混凝土泵送工艺的顺利进行,对大跨径钢管混凝土拱桥,需按实际泵送距离和高度进行模拟混凝土压注试验。

(6)钢管混凝土的泵送顺序应按设计要求进行,宜采用先钢管后腹箱的程序。

4. 桥面系安装

(1)带有可靠锚头的吊杆宜采用具有良好力学性能和防腐效果的挤包护层扭绞成型拉索。纵、横梁安装完成后,按高程控制的吊杆应按设计要求进行内力调整(内力测定),再进行桥面施工。

(2)预应力系杆应有可靠的防腐措施。位于拱肋及横梁上的吊杆锚头应做防水、防老化的构造措施。

(3)预应力系杆的张拉应与加载相对应。施工过程中除了严格控制系杆的内力和伸长量外，尚应监测和控制关键结构的变位，不得超过设计允许范围。

3.7.5 质量检验

拱桥施工过程中，各部件的允许偏差应符合有关条文规定。完成后各分部工程的混凝土强度应在合格标准内，其余按下列规定进行检查：

(1)钢筋混凝土拱圈外形轮廓清晰顺直，表面平整，施工缝修饰光洁，一般不应有蜂窝麻面，无表面受力裂缝或缝宽不应超过0.15mm。钢筋混凝土拱圈的质量检测标准如表3-29、表3-30所示。

现浇拱圈的质量检测标准　表3-29

检查项目		规定值或允许偏差(mm)
混凝土强度(MPa)		在合格标准内
轴线偏位	板拱	10
	肋拱	5
内弧线偏离设计弧线	跨径 $L \leqslant 30m$	±20
	跨径 $L > 30m$	$\pm L/1500$
断面尺寸	高度	±5
	顶底腹板厚	+10,0
拱肋间距		5

预制拱圈的质量检测标准　表3-30

检查项目		规定值或允许偏差(mm)
混凝土强度(MPa)		在合格标准内
每段拱箱内弧长		0，-10
内弧偏离设计弧长		±5
断面尺寸	顶底腹板厚	+10,0
	宽度及高度	+5，-10
轴线偏位	肋拱	5
	箱拱	10
拱箱接头尺寸及倾角		±5
预埋件位置	肋拱	5
	箱拱	10

(2)装配式拱桥接头垫塞楔形钢板均匀合理，应无因焊接或局部受力造成的混凝土开裂、缺损或露筋。拱桥安装质量检测标准如表3-31、表3-32所示。

主拱圈安装质量检测标准　表3-31

检查项目		规定值或允许偏差(mm)
轴线横向偏位	$L \leqslant 60m$	10
	$L > 60m$	$L/6000$
拱圈底面高程	$L \leqslant 60m$	±20
	$L > 60m$	$\pm L/3000$
两对称接头相对高差	$L \leqslant 60m$	20
	$L > 60m$	$\pm L/3000$
同跨各拱肋相对高差	$L \leqslant 60m$	20
	$L > 60m$	$\pm L/3000$
同跨各拱肋间距		±10

(3)转体施工合龙段两侧高差必须在设计允许范围内，合龙段混凝土应平整密实，色泽一致，其强度应符合设计要求。其质量检测标准如表3-33所示。

腹拱圈安装质量检测标准　　表 3-32

检查项目	规定值或允许偏差(mm)	检查项目	规定值或允许偏差(mm)
轴线横向偏位	10	起拱线高程	±20
跨径	±20	相邻块件底面高差	5

转体施工拱桥质量检测标准　　表 3-33

检查项目	规定值或允许偏差(mm)	检查项目	规定值或允许偏差(mm)
轴线偏位	$L/6000$	同一横截面两侧或相邻上部构件高差	10
跨中梁或拱顶面高程	±20		

(4)钢管混凝土拱桥管壁与混凝土结合紧密,钢管表面防护涂料和层数符合设计要求,线形圆顺,无弯折。在同温度条件下,其质量检测标准如表 3-34、表 3-35 所示。

钢管拱肋制作与安装质量检测标准　　表 3-34

检查项目	规定值或允许偏差(mm)	检查项目	规定值或允许偏差(mm)
焊缝质量	符合设计要求	轴线横向偏位	$L/6000$
内弧偏离设计弧线	8	拱肋接缝错台	0.2 壁厚
每段拱肋内弧长	0,－10	拱圈高程	符合设计要求
钢管直径	$d/500$ 及 5		

注:d 为钢管内径。

钢管拱肋混凝土浇筑质量检测标准　　表 3-35

项目		规定值或允许偏差(mm)
混凝土强度(MPa)		符合设计要求
轴线横向偏位	$L \leqslant 60m$	10
	$L = 200m$	50
	$L > 200m$	$L/4000$
拱圈高程		$L/3000$
对称点高差		$L/3000$

注:1. L 为跨径;

2. L 在 60～200m 之间时,轴线偏位允许偏差内插。

(5)装配式桁架拱合龙段两侧高差在设计允许范围内,节点应平整,接头两侧杆件无错台,上下弦杆线形顺畅,表面平整。其质量检查标准如表 3-36 所示。

装配式桁架拱质量检测标准　　表 3-36

检查项目		规定值或允许偏差(mm)
轴线偏位	$L \leqslant 60m$	10
	$L > 60m$	$L/6000$
节点混凝土强度(MPa)		在合格标准内
弦杆高程	$L \leqslant 60m$	±20
	$L > 60m$	$\pm L/3000$
相邻拱片高差		20
对称点相对高差	$L \leqslant 60m$	20
	$L > 60m$	$L/3000$
拱片竖直度		1/300 高度且≤20

注:L 为跨径。

(6)劲性骨架拱桥骨架线形符合设计要求,混凝土分环分段浇筑应无空洞和露筋现象,蜂窝麻面符合规定。其质量检测标准如表 3-37 所示。

(7)中、下承式拱桥吊杆安装应顺直,无扭转,防护层完整,无破损。其质量检查标准如表 3-38 所示。

劲性骨架拱桥混凝土浇筑质量检测标准 表 3-37

检查项目		规定值或允许偏差(mm)
混凝土强度(MPa)		符合设计要求
轴线横向偏位	$L\leqslant60$m	10
	$L=200$m	50
	$L>200$m	$L/4000$
拱圈高程		$L/3000$
对称点高程		$L/3000$
断面尺寸		±10

注:L 为跨径,当 L 在 60~200m 之间时,轴线偏位允许偏差内插。

中、下承式拱桥吊杆安装质量检测标准 表 3-38

检查项目		规定值或允许偏差
吊杆的拉力(kN)		符合设计要求(mm)
吊点位置(mm)		10
吊点高程(mm)	高程	±10
	两侧高差	20
吊杆锚固处防护		符合设计要求

3.8 转体施工拱桥

转体施工最早从拱桥开始,随后推广到梁桥、斜拉桥、斜腿刚构等不同桥型的施工中。其特点是将拱圈或整个上部结构分成两个半跨,分别在河的两岸利用地形或简单支架预制半跨拱圈;之后利用动力装置将两半拱圈转动至桥轴线位置上或设计高程合龙成拱桥。转体施工法可减少大量的高空作业,施工安全,并可大幅度的减少对桥下交通的干扰。转体施工法可按转动方向分为竖向转体、平面转体和平竖结合转体三类。转体施工的特点是转体质量大,是施工的关键。要把数百吨重的转动体系顺利、稳妥地转到设计位置,主要依靠正确的转体设计、制作灵活可靠的转体装置,并布设牵引驱动系统。

3.8.1 转体施工方法

1. 一般规定

平转施工主要适用于刚构梁式桥、斜拉桥、钢筋混凝土拱桥及钢管拱桥。竖转施工主要适用于转体重量不大的拱桥或某些桥梁预制部件(塔、斜腿、劲性骨架)。

2. 预制及拼装

桥体的预制及拼装,应按照设计规定的位置、高程,并视两岸地形情况,设计适当的支架和模板(或土胎)进行。预制时应符合下列规定:

(1)应充分利用地形,合理布置桥体预制场地,使支架稳固,工料节省,易于施工和安装。

(2)应严格掌握结构的预制尺寸和重量,其尺寸允许偏差为±5mm,重量偏差不得超过±2%,桥体轴线平面允许偏差为预制长度的±1/5000,轴线立面允许偏差为±10mm。环道转盘应平整,球面转盘应圆顺,其允许偏差为±1mm;环道基座应水平,3m 长度内平整度不大于±1mm,环道径向对称点高差不大于环道直径的1/5000。

3.8.2 有平衡重平转施工

有平衡重转体是指拱箱(肋)在平转中是利用扣索,悬扣于桥台上,在桥台后(或拱体的另一端)加平衡重,用以平衡拱箱(肋)的重力,以达到平稳转体,待拱箱(肋)合龙,转动体系封固后再拆除配重,如图 3-14、图 3-15 所示。平衡配重需要设计计算。

1. 锚扣体系

有平衡重平转施工工艺,可以采用不同的锚扣体系。箱形拱、肋拱宜采用外锚扣体系;桁架拱、刚架拱宜采用内锚扣(上弦预应力钢筋)体系;刚构梁式桥、斜拉桥为不需另设锚扣的自平衡体系。桥体混凝土达到设计规定强度或者设计强度的80%后,方可分批、分级张拉扣索,扣索索力应进行检测,其允许偏差为±3%。张拉达到设计总吨位左右时,桥体脱离支架成为以转盘为支点的悬臂平衡状态,再根据合龙高程(考虑合龙温度)的要求精调张拉扣索。采用外锚扣体系时，除应按规范有关规定办理外，还应符合下列规定：

(1)扣索宜采用精轧螺纹钢筋、带轧丝锚的Ⅳ级圆钢筋、带镦头锚的高强钢丝、预应力钢绞线等高强材料，安全系数不应低于2。

(2)扣点应设在梁悬臂端点或拱顶点附近，控制好扣索合力作用点的位置，使桥体截面应力处于允许的受力状态。

(3)扣索锚点高程不应低于扣点，宜与通过锚点的水平线形成0°～5°的角度，以利于扣索调整和桥体脱架。

(4)宜用千斤顶张拉扣索，张拉力先按设计张拉吨位控制，再按桥体脱开支架的要求适当调整。

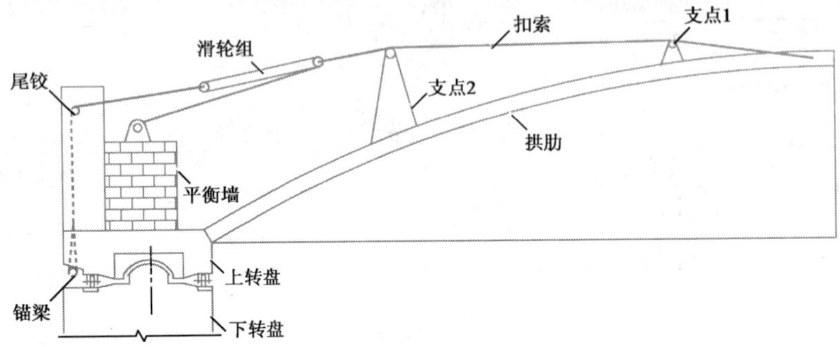

图3-14　拱桥有平衡重转动体系(Ⅰ)

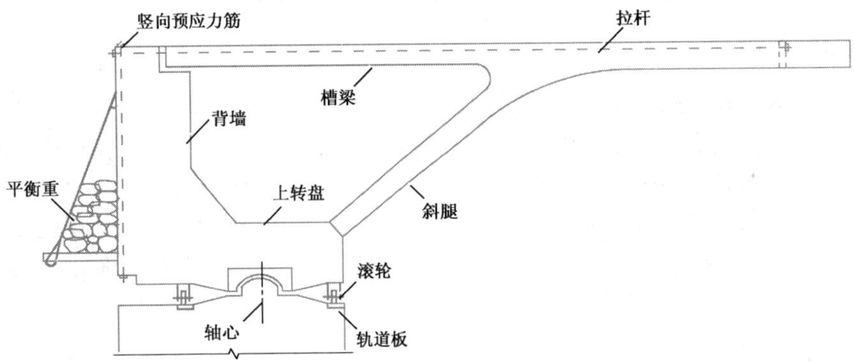

图3-15　拱桥有平衡重转动体系(Ⅱ)

采用内锚扣体系时扣索采用结构本身钢筋或在其杆件内另穿入高强钢筋。利用结构钢筋时应验算其强度。完成桥体转体合龙，浇筑接头混凝土并达到设计强度时，应解除扣索张力。转体平衡重视情况利用桥台或另设临时配重。扣索和锚索之间宜通过置于扣、锚支承(桥台或立柱)的顶部交换梁相连接。

2. 合龙要求

转体合龙时应符合下列规定：

(1)应严格控制桥体高程和轴线，误差符合要求，合龙接口允许相对偏差为±10mm。

(2)应控制合龙温度。当合龙温度与设计要求偏差3℃或影响高程差±10mm时，应计算温度影响，修正合龙高程。合龙时应选择当日最低温度进行。

(3)合龙时，宜先采用钢楔刹尖等瞬时合龙措施。再施焊接头钢筋，浇筑接头混凝土，封固转盘。在混凝土达到设计强度的80%后，再分批、分级松扣，拆除扣、锚索。

3. 平转转盘

平转转盘有双支承式转盘和单支承式转盘两种，除大桥和重心较高的桥体外，宜采用构造简单实用的中心单支承式转盘。制作安装时应符合下列规定：

(1)球面铰柱由不低于C50的混凝土浇筑于盘中央，球面用母线器成型，直径不小于100mm的定位销(钢质或钢管混凝土)固于球面铰柱中心，在球面打磨光滑，偏差符合要求后，其上覆盖塑料薄膜3～5层，浇筑球面铰柱混凝土盖，达到设计强度后，拆去薄膜，将盖、铰进行反复磨合，至单人以3m杠杆推动为止。

(2)盖、铰磨合符合要求后，其接触面应涂以二硫化钼或黄油四氟粉等润滑剂，再将铰盖浇固于上盘混凝土中。

(3)浇固于上盘周边的4个或6个辅助支腿，应对称均匀布置，与下环道保持不大于20mm间距，以备浇筑上盘混凝土或转体时做保持平衡临时支撑(支垫钢板)。

4. 转体牵引索

转体牵引索可用两根(钢绞线、高强钢丝束),其一端引出,一端绕固于上转盘上,形成一转动力偶。牵引动力可用卷扬机、牵引式千斤顶等,也可用普通千斤顶斜置在上、下转盘之间(注意应预留顶位)。转动时应控制速度,通常角速度不宜大于0.01~0.02rad/min或桥体悬臂线速度不大于1.5~2.0m/min。

5. 施工流程

有平衡重平面转体拱桥的主要施工流程为:制作下转盘→制作安装环道→制作上转盘→试转上转盘→浇筑上部结构→张拉拉杆→牵引转动体系转体→半拱平面转动合龙→封上下盘→夯填桥台背土、封拱顶、松拉杆,实现体系转换。

上转盘与下转盘相对应的敷设,上转盘钢筋混凝土凹形桥面窝盖在下转盘的凸形桥面轴上,凹、凸形球面之间有一定的空隙(在浇凹形球面时,是以凸形球面作内模,在凸形表面铺盖塑料薄膜),空隙不大于0.05mm。设置滚轮或支重轮,滚轮或支重轮置于小转盘圆形导轨中心线上。

3.8.3 无平衡重平转施工

无平衡重转体是由锚碇、尾索、水平撑、锚梁、斜锚索组成的锚固体系来取代转体所需的平衡重,这种转体方法不需利用(或少利用)墩、台圬工或配重。与有平衡中转体相比,无平衡重转体施工是把有平衡重转体施工中的拱圈扣索拉力锚在两岸岩体中,从而节省了庞大的平衡重。锚碇拉力是由尾索预加应力传给引桥桥面板(或平撑或斜撑),以压力的形式储备。无平衡重转体施工需要有一个强大牢固的锚碇,因此宜在山区地质条件好或跨越深谷急流处建造大跨桥梁时选用。

1. 转体构造

拱桥无平衡重转体施工是采用锚固体系代替平衡重平转法施工,利用锚固体系、转动体系、位控体系构成平衡的转体系统,其一般构造如图3-16所示。

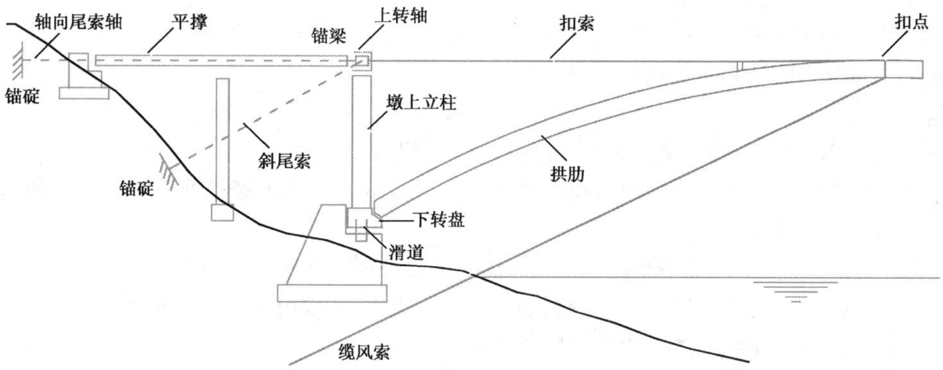

图3-16　拱桥无平衡重转动体系

1)转动体系

转动体系由拱体、上转轴、下转轴、下转盘、下环道和扣索组成。转动体系施工可按下列程序进行:安装下转轴→浇筑下环道→安装转盘→浇筑转盘混凝土→安装拱脚铰→浇筑铰脚混凝土→拼装拱体→穿扣索→安装上转轴等。施工时应符合下列要求:

(1)下转轴一般设置在桩基上,桩柱混凝土浇筑至环道设计高程下时,应安装用钢板卷制加工的轴圈。

(2)轴圈安装前应先进行试装,防止钢轴的支撑角钢与桩柱主钢筋发生干扰,轴圈与转轴的平面位置与竖直度应符合设计要求;然后点焊固定在桩柱主盘上,浇筑填芯混凝土。

(3)转盘可用钢带焊制而成,其内径、走板平面平整度、焊缝均应符合设计要求。转轴与转盘套合部分应涂润滑油脂。环道上的滑道宜采用固定式,其平整度应控制在±1.0mm内,环道上应按照设计尺寸铺设四氟板。当转盘填芯混凝土达到75%设计强度后,可拨动转盘转至拱体预制位置。转轴与轴套应转动灵活,其配合误差应控制在0.6~1.0mm。

(4)拱铰铰头可用钢板加工,其配合误差应小于2mm。浇筑铰脚角锥体混凝土时可采用预制钢筋混凝土模板,承托拱体可利用第一段拱体的横隔板,并将其封闭,增设受弯钢筋来承担。

(5)拱体一般设计为现浇钢筋混凝土,其技术要求规范规定执行。

(6)扣索宜采用精轧螺纹钢筋,靠近锚块处宜接以柔性工作索,使其通过转向滑轮接至卷扬机,将钢筋张拉安装在立柱上的环套锚块上。

(7)上转轴的轴心平面位置应按照设计要求与下转轴的轴心设置偏心距。

2)锚固体系

锚固体系由锚碇、尾索、支撑、锚梁(或锚块)及立柱组成。锚碇可设于引道或其他适当位置的边坡岩层中。锚梁(或锚块)支承于立柱上。支撑和尾索一般设计成两个不同方向,形成三角形稳定体系,稳定锚梁和立柱顶部的上转轴使其为一固定点。当拱体设计为双肋,并采取对称同步平转施工时,非桥轴向(斜向)支撑可省去。

(1)一般规定

尾索张拉、扣索张拉、拱体平转、合龙卸扣等工序,必须进行有关的施工观测。

①锚碇可按照设计要求参照规范有关规定施工。锚固尾索时应考虑其着力点和受力方向,防止混凝土开裂。

②锚梁锚固处应设置张拉尾索的设备。锚梁施工时,应注意防止钢筋尾索、扣索和预应力钢材穿孔的干扰。浇筑的锚梁混凝土达到设计强度的50%后,方可将轴套穿入上下轴套和环套中。

③桥轴向的支撑可根据实际情况,利用引桥的梁作为支撑,或采用预制、现浇的钢筋混凝土构件。非桥轴向(斜向)的支撑须采用预制或现浇的钢筋混凝土构件。各类支撑按设计要求和规范有关规定执行。

④立柱宜为钢筋混凝土结构,按规定施工。

(2)尾索张拉

尾索张拉的技术要求,除应按照有关规定外,还应符合下列规定:

①尾索张拉一般在立柱顶部的锚梁(锚块)内进行,操作程序与一般预应力梁后张法类似,可参照有关规定执行。

②两组尾索应按照上下左右对称、均衡张拉的原则,对桥轴向和斜向尾索分次、分组交叉张拉。

③张拉一级荷载时,应按照上一级荷载张拉后的伸长值与拉索中的应力数值进行分析,调整本级张拉荷载,力求各尾索内力均衡。

④尾索张拉荷载达到设计要求后,应对尾索观测和钢索内力测量1~3d,如发现内力损失导致尾索间内力相差过大时,应再进行一次尾索张拉,以求均衡达到设计内力。

(3)扣索张拉

扣索张拉的技术要求,除应按照有关规定外,还应符合下列规定:

①张拉前应设立桥轴向和斜轴向支撑以及拱体轴线上拱顶、3/8、1/4、1/8跨径处的平面位置和高程观测点,在张拉前和张拉过程中随时观测。

②全面检查支撑、锚梁、轴套、拱铰、拱体、锚碇,并列表记录,分析确认不影响安全时,才可开始张拉。

③每索应分级张拉至设计张拉力,每级荷载张拉时,应对称于拱体,按由下向上的次序进行,各索内力相对偏差应控制在5kN以内,应同时检查并调整各支承点木楔,以免过大或过小。

④重复上述操作至张拉到设计荷载而使拱体脱架。

3)位控体系

位控体系包括扣点缆风索和转盘牵引系统,安装时的技术要求应按照有关规定执行。

2. 无平衡重拱体平转

无平衡重拱体进行平转时,除应参照有关规定办理外,还应符合下列规定:

(1)应对全桥各部位包括转盘、转轴、风缆、电力线路、拱体下的障碍等进行测量、检查,符合要求后,方可正式平转。

(2)若起动摩阻力较大,不能自行起动时,宜用千斤顶在拱顶处施加顶力,使其起动,然后应以风缆控制拱体转速;风缆走速在起动和就位阶段一般控制在0.5~0.6m/min,中间阶段控制在0.8~1.0mm/min。

(3)上转盘采用四氟板做滑板支垫时,应随转随垫并密切注意四氟板接头和滑动支垫情况。

(4)拱体旋转到距设计位置约5°时,应放慢转速,距设计位置相差1°时,可停止外力牵引转动,借助惯性就位。

(5)当拱体采用双拱肋在一岸上下游预制进行平转达一定角度后,上下游拱体宜同步对称向桥轴线旋转。

3. 调整拱顶高程

当两岸拱体旋转至桥轴线位置就位后,两岸拱顶高程超差时,宜采用千斤顶张拉、松卸扣索的方法调整拱顶高差。操作时应符合下列要求:

(1)测出两岸各扣索内力,建立拱顶水平和轴线观测站。

(2)对低于设计高程的拱顶端,其扣索可按对称均衡原则进行张拉,应先张拉内力较低的一排扣索,并分次张拉,使其尽可能达到设计高程。

(3)对高于设计高程的拱顶端,按与上相反的程序进行。

(4)若两岸拱顶端高差仍较大,可利用千斤顶再一次调整拱顶高程。

(5)当两岸拱体合龙处轴线与高程偏差符合要求后,尽量按设计要求规定的合龙温度进行合龙施工,其内容包括用钢楔顶紧合龙口,将两端伸出的预埋件用型钢连接焊牢,连接两端主钢筋,浇筑台座混凝土,浇筑拱顶合龙口混凝土。

拱顶合龙后的高差,通过张紧、放松扣索调整拱顶设计高程。封拱合龙宜选择低温时进行。先用钢楔楔紧拱顶,焊接主筋、预埋铁件,然后浇筑桥台拱座混凝土,再浇筑拱顶接头混凝土。

4. 卸除扣索

当台座和拱顶合龙口混凝土达到设计强度的75%后,按对称均衡原则,分级卸除扣索,同时应复测扣索内力、拱轴线和高程。全部扣索卸除后,再测量轴线位置和高程。

3.8.4 竖转施工

竖向转体施工适用于桥址地势平坦,桥孔下无水或浅水,在一孔中的两端桥台从拱座开始顺桥向水平各搭设半孔拱架或土中拱胎,在其上现浇或组拼拱箱,利用敷设在两岸桥台上的扣索,先收紧一端扣索,拱箱即以拱座铰为中心,竖直旋转,使拱顶达到设计高程,同方法收紧另一端扣索,合龙成拱。对混凝土肋拱、刚架拱、钢管混凝土拱,当地形、施工条件适合时,也可选择竖转法施工。如图3-17所示。

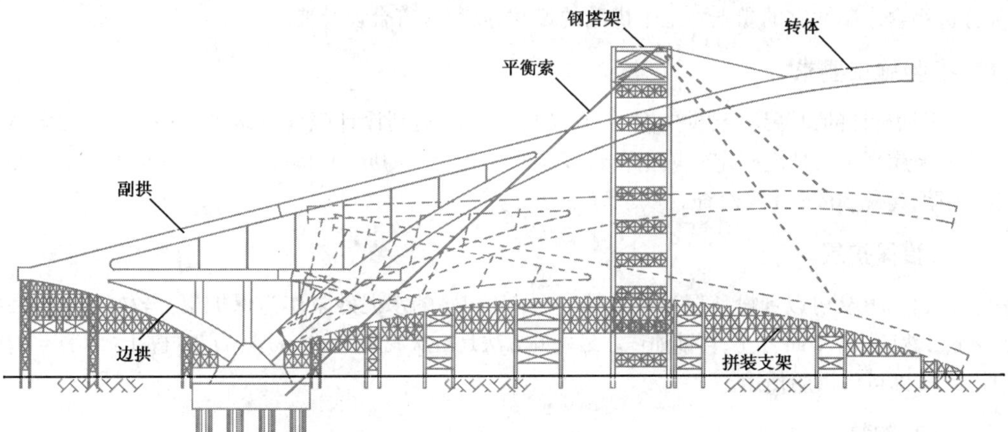

图3-17 竖转施工示意图

(图为钢拱—连续梁协作体系,主孔跨径为300m,边跨95.5m,桥宽48.6m,主拱设计3片箱形拱肋,矢跨比为1/4.5、拱轴系数为1.1的悬链线,拱肋截面箱宽1.2m,箱高3.0m。该桥采用钢塔架提升就位的竖转施工方案)

1. 转动体系

转动体系由转动铰、提升体系(动滑车、定滑车,牵引索)与锚固体系(锚索、锚碇)等组成。如图3-18所示。

待转桥体在桥轴线的河床上设架或拼装,要求符合规范规定。根据提升能力确定转动单元为单肋或双肋,宜采用横向连接为整体的双肋为一个转动单元。支承提升和锚固体系的台后临时钢塔架可由引桥墩或立柱替代,提升动力可选用30~80kN卷扬机。桥体下端转动铰可根据推力大小选用轴销铰、弧形柱面铰、球面铰等,前者为钢制,后两者为混凝土制并用钢板包裹铰面。转动时应符合下列规定:

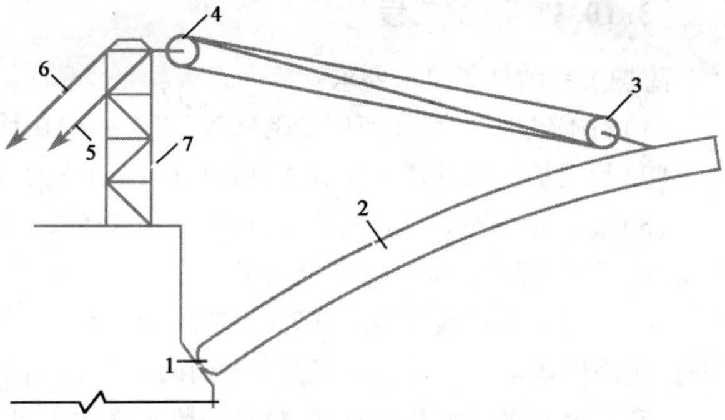

图3-18 竖转施工转动体系示意

1-转动铰;2-桥体;3-动滑车;4-定滑车;5-牵引索;6-锚索;7-钢塔架

(1)转动前应进行试转,检验转动系统的可靠性。竖转速度控制在0.005~0.01rad/min,提升重量大者宜采用较低的转速,力求平稳。

(2)两岸桥体竖转就位,调整高程和轴线应符合有关要求,楔紧合龙缺口,焊接钢筋,浇筑合龙混凝土,封填转动铰至混凝土达到设计强度后,拆除提升体系,完成竖转工作。

2. 吊装施工顺序

吊装的工作顺序为:安装拱箱上动滑车→安装拱脚旋转装置→安装地锚→安装钢塔架→安装锚索→安装定滑车→起吊两侧半拱→拱箱合龙→拱箱标高调整→焊接合龙接头→拆除钢塔架→封固拱脚。

3. 安装钢塔架

为了便于安装,钢塔架采用立柱及斜撑分段接长,安装时先在地面将其拼装好,用汽车吊吊于墩顶钢塔架底座上,并用轴销锁定,钢塔架头安装到规定的高度后,再用钢塔架上的多根锚索固定钢塔架。

4. 竖向转体吊装

起吊采用慢速卷扬机,待拱箱脱离胎架10cm左右,停机检查各部运转是否正常,并根据对钢塔架的受力与变形,钢丝绳的行走,卷扬机的电流变化等情况的观测结果,判断能否正常起吊。当一切正常后,即进行拱箱竖向转体吊装。拱箱吊装完成后,进行拱肋轴线调整和跨中拱箱接头的焊接。

3.9 土牛施工拱桥

土牛(拱)胎是拱架的一种,是指由土牛制作而成的拱架。是在缺乏钢材、木材及少雨地区,先在桥下用土或砂、卵石填筑一个土胎(俗称土牛),然后在上面砌筑拱圈,待拱圈完成后将填土清除。在无水或水流不大的河床上,可以采用土牛拱胎代替拱架,这种方法既经济又安全。制作时应有排水设施,土石应分层夯实,密实度不得小于90%,拱顶部分选用含水率适宜的黏土。土牛拱胎的尺寸、高程应符合设计要求。

3.9.1 拱胎施工要求

拱胎填土应根据设计的拱圈跨径、拱矢度,在台墙圬工强度达到设计强度等级的70%后,分层湿水夯填,每层厚度0.2~0.5m,但应视土质情况确定。填土在台墙外伸出0.5~1.0m,并保持1:1.5的边坡。填土至拱顶时,分段用样板校正拱胎,每隔30cm挂线检查。

3.9.2 拱胎保护层

拱胎表面应设保护层,可以铺设一层油毡或抹一层15cm厚的水泥砂浆作为保护层。较好的保护层常用砖或片石砌筑,厚约20cm,然后抹厚2cm黏土,再铺油毡。最好的方法是石灰泥筋抹20cm厚(石灰:黏土:麻筋=1:0.35:0.03,为质量比),抹后3d即可作拱胎使用。

3.9.3 拱石砌筑

在有条件的地方可用土牛施工方法建造石拱桥,天然石料加工作为拱石历史悠久,世界上最著名的割圆石拱桥首推中国赵州桥。拱石砌筑拱圈应按《公路桥涵施工技术规范》要求,在做好的土牛拱胎上从两端拱脚起拱线开始分层错缝砌筑,最后砌拱顶石。砌筑时的拱石、砂浆必须严格控制质量以及砌筑方法。

3.10 附属工程

3.10.1 防护工程

防护工程的技术要求要求:

(1)石砌锥坡、护坡和河床铺砌层等工程,必须在坡面或基面夯实、整平后,方可开始铺砌。

(2)片石护坡的外露面和坡顶、边口,应选用较大、较平整并略加修凿的石块。

(3)浆砌片石护坡和河床铺砌,石块应相互咬接,砌缝砂浆饱满,砌缝宽度40~70mm。浆砌卵石护坡和河床铺砌层,应采用栽砌法,砌块应互相咬接。

(4)干砌片石护坡及河床铺砌时,铺砌应紧密、稳定、表面平顺,但不得用小石块塞垫或找平。干砌卵石河床铺砌时,应采用栽砌法。用于防护急流冲刷的护坡、河床铺砌层,其石块尺寸不得小于有关规定。

(5)铺砌层的砂砾垫层材料,粒径一般不宜大于50mm,含泥量不宜超过5%,含砂量不宜超过40%。垫层应与铺砌层配合铺筑,随铺随砌。

(6)防护工程采用石笼时,除应符合设计规定外,并应注意下列事项:

①石笼的构造、形状及尺寸应适应水流及河床的实际情况。

②笼内石料一般用片石和大卵石,石块尺寸须大于笼网孔眼。

③笼内石块应塞紧、装满,笼网应锁口牢固。

④石笼应铺放整齐,笼与笼间的空隙应用石块填满。

3.10.2　填土工程

填土工程的技术要求如下:

(1)桥梁台背、锥坡、护坡及拱上各种填料,宜采用透水性材料,不得采用含有泥草、腐殖物或冻土块的土。

(2)台背填土顺路线方向长度,应自台身起,顶面不小于桥台高度加2m,底面不小于2m,拱桥台背填土长度不应小于台高的3~4倍。锥坡填土应与台背填土同时进行,并应按设计宽度一次填足。

(3)台背填土的质量直接关系到竣工后行车的舒适与安全,应严格控制分层厚度和密实度,应设专人负责监督检查,检查频率每50m^2 检验1点,不足50m^2 时至少检验1点,每点都应合格,宜采用小型机械压实。透水性材料不足时,可采用石灰土或水泥稳定土回填;回填土的分层厚度宜为0.1~0.2m。高速公路和一级公路的桥台、涵身背后和涵洞顶部的填土压实度标准,从填方基底或涵洞顶部至路床顶面均为95%,其他公路为93%。软土地基的台背填土应符合设计要求。

(4)台背填土的顺序应符合设计要求。拱桥台背填土宜在主拱圈安装或砌筑以前完成;梁式桥的轻型桥台台背填土,宜在梁体安装完成以后,在两侧平衡地进行;柱式桥台台背填土,宜在柱侧对称、平衡地进行。

3.10.3　沉降缝

沉降缝是防止拱桥拱圈上的侧墙、护拱、缘石等不均匀沉降发生不规则裂纹而设置的间隙,使裂缝限制在沉降缝处。沉降缝的位置应按设计要求设置,缝宽应均匀一致,从上到下竖直贯穿桥梁结构物。缝端面必须平整,按设计要求设置嵌缝材料。

3.10.4　桥面防水

桥面防水是指用于防止桥面雨水等向主梁构件渗透的隔水设施,一般设置桥面防水层。

1. 一般规定

桥面防水层应按设计要求设置。铺设桥面防水层时应注意下列事项:

(1)防水层材料应经过检查,在符合规定标准后方可使用。

(2)防水层通过伸缩缝或沉降缝时,应按设计规定铺设。

(3)防水层应横桥向闭合铺设,底层表面应平顺、干燥、干净。沥青防水层不宜在雨天或低温下铺设。

(4)水泥混凝土桥面铺装层当采用油毛毡或织物与沥青黏合的防水层时,应设置隔断缝。

2. 涂刷防水涂料

(1)涂刷前将防水涂料搅拌均匀,施工过程中还应保持间断性搅拌以防沉淀。

(2)防水涂料一般需要涂刷2~3遍,下一遍应待上一遍防水涂料完全实干后涂刷。

(3)自然养护24h,避免行人车辆通过。

(4)施工温度在5~35℃为宜,若夏天超过35℃,可适当洒冷水降温,干后即可施工。

(5)当防水涂料干膜厚度为1mm时,其用量为1.9kg/m^2,桥面涂膜厚度一般为0.5~0.7mm左右,其用量约为1.5kg/m^2。

3. 防水卷材施工

(1)应在底层表面涂刷一层底料。

(2)卷材长边搭接宽度不小于70mm,短边搭接宽度不小于100mm,应刮封接口。

(3)铺贴时展开并按要求排好第一卷卷材,按准确尺寸裁剪后,每卷卷材应从端头回卷到中间,用火焰熔化隔离薄膜,立即向前滚铺,使卷材完全黏接在底层表面上。

(4)大风天气,雨雪天气不能施工;施工应注意防火。

3.10.5　泄水管

泄水管的施工应按设计要求执行。泄水管应伸出结构物底面100~150mm。立交桥及高速公路上的桥梁,泄水管不宜直接挂在板下，可将泄水管通过纵向及竖向排水管道直接引向地面，或按设计要求施工，并且管道要有良好的固定装置，如锚锭轨及抱箍等预埋件。

1. 铸铁泄水管

铸铁泄水管内径一般为100～150mm，用短管垂直或水平安装方式，用作排除桥面雨水。与同口径其他泄水管相比较，强度高价格低。缺点是质量重、易生锈。

2. PVC泄水管

PVC管材适用性好，管节连接方式主要有密封胶圈、黏接和法兰盘连接3种。管径≥100mm一般采用胶圈接口；管径小于100mm一般采用黏接接头。PVC管弯头需要配件，支管开叉可采用三通或立式止水栓。

第四章　公路梁桥施工

梁式桥是指结构在垂直荷载作用下，支座只产生垂直反力而无推力的梁式体系的总称。梁体可以是实腹梁或桁架梁。实腹梁桥构造简单，方便施工，在小跨度桥梁中广泛应用，如钢筋混凝土T梁、箱梁等。桁架梁的杆件承受轴向力，能充分利用材料，自重小，跨越能力大，可采用钢筋混凝土和钢材建造桁架式梁桥。

4.1 模板工程

模板是使混凝土浇筑成型的模具，公路桥梁现浇和预制混凝土都需要这种模具。模板的设计宜优先使用胶合板和钢模板；在计算荷载作用下，对模板结构按受力程序分别验算其强度、刚度及稳定性。

4.1.1 模板设计

模板板面之间应平整，接缝严密，不漏浆，保证结构物外露面美观，线条流畅，可设倒角；结构简单，制作、安装和拆除方便。

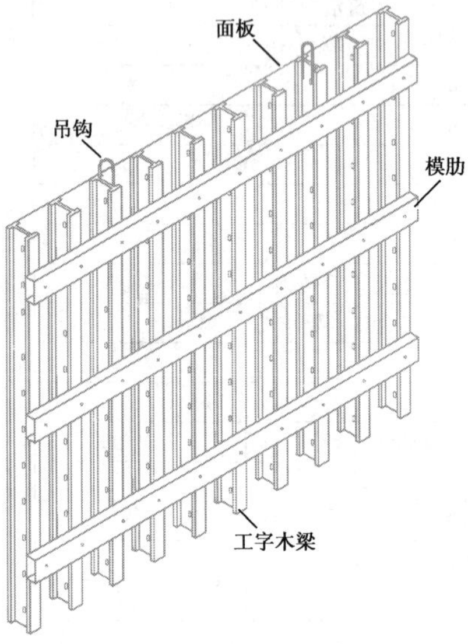

图4-1　木模板一般构造图

1. 一般规定

模板可采用钢材、胶合板、塑料和其他符合设计要求的材料制作。钢材可采用现行国家标准《碳素结构钢》(GB/T 700—2006)中的标准。重复使用的模板应经常检查、维修。模板设计，应根据结构形式、设计跨径、施工组织设计、荷载大小、地基土类别及有关的设计、施工规范进行。应绘制模板总装图、细部构造图，制定模板结构的安装、使用、拆卸保养等有关技术安全措施和注意事项，编制模板材料数量表，编制模板设计说明书。图4-1为木模板一般构造图。

2. 设计荷载

计算模板时，应考虑下列荷载并按表4-1进行荷载组合。

①模板自重。

②新浇筑混凝土、钢筋混凝土或其他圬工结构物的重力。

③施工人员和施工材料、机具等行走运输或堆放的荷载。

④振捣混凝土时产生的荷载。

⑤新浇筑混凝土对侧面模板的压力。

⑥倾倒混凝土时产生的水平荷载。

⑦其他可能产生的荷载，如雪荷载、冬季保温设施荷载等。普通模板荷载计算按规范要求。

模板设计计算的荷载组合　　表4-1

模板结构名称	荷载组合	
	计算强度用	验算刚度用
梁、板和拱的底模板以及支承板、支架及拱等	①+②+③+④+⑦	①+②+⑦
缘石、人行道、栏杆、柱、梁、板、拱等的侧模板	④+⑤	⑤
基础、墩台等厚大建筑物的侧模板	⑤+⑥	⑤

钢、木模板的设计，可按《公路桥涵钢结构及木结构设计规范》(JTJ 025—86)的有关规定执行。

3. 强度及刚度要求

计算模板的强度和稳定性时，应考虑作用在模板上的风力。验算模板的刚度时，其变形值不得超过下列数值：

①结构表面外露的模板，挠度为模板构件跨度的1/400。

②结构表面隐蔽的模板，挠度为模板构件跨度的1/250。

③钢模板的面板变形为1.5mm。

④钢模板的钢棱和柱箍变形为$L/500$和$B/500$(其中L为计算跨径，B为柱宽)。

4.1.2 模板制作及安装

公路工程施工中的钢模板宜采用标准化的组合钢模板。

1. 钢模板制作

钢模板替代木模板，可显著节省木材的用量。组合钢模板的拼装应符合现行国家标准《组合钢模板技术规范》

(GB 50214—2001)。各种螺栓连接件应符合国家现行有关标准。钢模板及其配件应按批准的加工图加工,成品经检验合格后方可使用。

2. 木模板制作

木模可在工厂或施工现场制作,木模与混凝土接触的表面应平整、光滑,多次重复使用的木模应在内侧加钉薄铁皮。木模的接缝可做成平缝、搭接缝或企口缝。当采用平缝时,应采取措施防止漏浆。木模的转角处应加嵌条或做成斜角。重复使用的模板应始终保持其表面平整、形状准确,不漏浆,有足够的强度和刚度。

3. 其他材料模板制作

①钢框覆面胶合板模板的板面组配宜采取错缝布置,支撑系统的强度和刚度应满足要求。吊环应采用Ⅰ级钢筋制作,严禁使用冷加工钢筋,吊环计算拉应力不应大于50MPa。

②高分子合成材料面板、硬塑料或玻璃钢模板,制作接缝必须严密,边肋及加强肋安装牢固,与模板成一整体。施工时安放在支架的横梁上,以保证承载能力及稳定。

③圬工外模。土胎模制作的场地必须坚实、平整,底模必须拍实找平,土胎模表面应光滑,尺寸准确,表面应涂隔离剂。砖胎模与木模配合时,砖做底模,木做侧模,砖与混凝土接触面应抹面,表面抹隔离剂。混凝土胎模制作时保证尺寸准确,表面抹隔离剂。

4. 模板安装技术要求

①模板与钢筋安装工作应配合进行,妨碍绑扎钢筋的模板应待钢筋安装完毕后安设。模板不应与脚手架连接(模板与脚手架整体设计时除外),避免引起模板变形。

②安装侧模板时,应防止模板移位和凸出。基础侧模可在模板外设立支撑固定,墩、台、梁的侧模可设拉杆固定。浇筑在混凝土中的拉杆,应按拉杆拔出或不拔出的要求,采取相应的措施。对小型结构物,可使用金属线代替拉杆。

③模板安装完毕后,应对其平面位置、顶部高程、节点联系及纵横向稳定性进行检查,签认后方可浇筑混凝土。浇筑时,发现模板有超过允许偏差变形值的可能时,应及时纠正。

④模板在安装过程中,必须设置防倾覆设施。

⑤当结构自重和汽车荷载(不计冲击力)产生的向下挠度超过跨径的1/1600时,钢筋混凝土梁、板的底模板应设预拱度,预拱度值应等于结构自重和1/2汽车荷载(不计冲击力)所产生的挠度。纵向预拱度可做成抛物线或圆曲线。

⑥后张法预应力梁、板,应注意预应力、自重和汽车荷载等综合作用下所产生的上拱或下挠,应设置适当的预挠或预拱。

5. 中小跨径的空心模板制作

中小跨径的空心模板制作时所使用的芯模应符合下列要求:

①充气胶囊在使用前应经过检查,不得漏气,安装时应有专人检查钢丝头,钢丝头应弯向内侧,胶囊涂刷隔离剂。每次使用后,应妥善存放,防止污染、破损及老化。

②从开始浇筑混凝土到胶囊放气时止,其充气压力应保持稳定。

③浇筑混凝土时,为防止胶囊上浮和偏位,应采取有效措施加以固定,并应对称平衡地进行浇筑。

④胶囊的放气时间应经试验确定,以混凝土强度达到能保持构件不变形为宜。

⑤木芯模使用时应防止漏浆和采取措施便于脱模。要控制好拆芯模时间,过早易造成混凝土坍落,过晚拆模则较困难。应根据施工条件通过试验确定拆除时间。

⑥钢管芯模应由表面匀直、光滑的无缝钢管制作,混凝土终凝后,即可将芯模轻轻转动,然后边转动边拔出。

⑦充气胶囊芯模在工厂制作时,应规定充气变形值,保证制作误差不大于设计规定的误差要求。在设计无规定时,应满足规范对板梁构造尺寸的要求。

6. 模板提升技术要求

(1)滑升模板

滑升模板适用于较高的墩台和吊桥、斜拉桥的索塔施工。采用滑升模板时,除应遵守现行《滑动模板施工技术规范》(GB 50113—2005)外,还应遵守下列规定:

①滑升模板的结构应有足够的强度、刚度和稳定性,模板高度宜根据结构物的实际情况确定,滑升模板的支撑杆及提升设备应能保证模板竖直均衡上升。滑升时应检测并控制模板位置,滑升速度宜为100~300mm/h。

②滑升模板组装时,应使各部尺寸的精度符合设计要求。组装完毕须经全面检查试验后,才能进行浇筑。

③滑升模板施工应连续进行,如因故中断,在中断前应将混凝土浇筑齐平。中断期间模板仍应继续缓慢地提升,直到混凝土与模板不至粘住时为止。

(2)提升模板

提升模架的结构应满足使用要求。大块模板应用整体钢模板,加劲肋在满足刚度需要的基础上应进行加强,以满足使用要求。

(3)爬升及翻转模板

模板、模架爬升或翻转时结构的混凝土强度必须满足拆模时的强度要求。

翻模施工示意图如图4-2所示,液压自滑模施工示意图如图4-3所示。

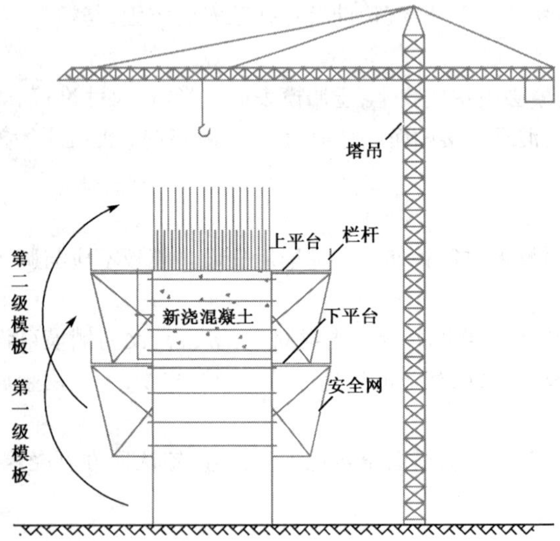

图4-2 翻模施工示意图

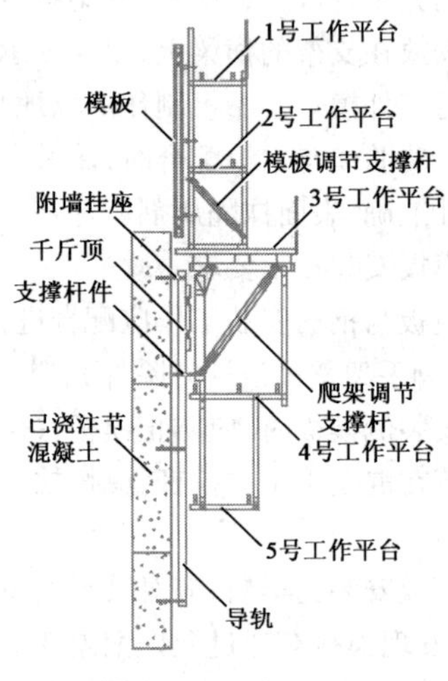

图4-3 液压自滑模施工示意图

4.1.3 模板拆除

模板拆除应按设计的顺序进行,设计无规定时,应遵循先支后拆、后支先拆的顺序,拆时严禁抛扔。模板拆除后,应维修整理,分类妥善存放。模板的拆除期限应根据结构物特点、部位和混凝土所达到的强度来决定。

①非承重侧模板应在混凝土强度能保证其表面及棱角不致因拆模而受损坏时方可拆除,一般应在混凝土抗压强度达到2.5MPa时方可拆除侧模板。

②芯模和预留孔道内模,应在混凝土强度能保证其表面不发生塌陷和裂缝现象时,方可拔除,拔除时间可按规范有关规定确定。采用胶囊作芯模时,其拔除时间可按规范规定办理。

③钢筋混凝土结构的承重模板应在混凝土强度能承受其自重力及其他可能的叠加荷载时,方可拆除,当构件跨度不大于4m时,在混凝土强度符合设计强度标准值的50%的要求后,方可拆除;当构件跨度大于4m时,在混凝土强度符合设计强度标准值的75%的要求后,方可拆除。

如设计上对拆除承重模板另有规定,应按照设计规定执行。

4.2 混凝土工程

混凝土工程包括公路桥梁混凝土施工及预应力混凝土中混凝土的施工。混凝土是由胶凝材料水泥将集料胶结成整体的工程复合材料的统称。根据其作用可分为普通混凝土、防水混凝土、水下混凝土;按施工工艺可分为灌注混凝土、喷射混凝土、碾压混凝土、泵送混凝土等;按配筋方式可分为素混凝土、钢筋混凝土、钢纤维混凝土、预应力混凝土等。

4.2.1 一般规定

在进行混凝土强度试配和质量评定时,混凝土的抗压强度应以边长为150mm的立方体尺寸标准试件测定。试件以同龄期者三块为一组,并以同等条件制作和养护,每组试件的抗压强度应以三个试件测值的算术平均值为测定值,如有一个测值与中间值的差值超过中间值的15%时,则取中间值为测定值;如有两个测值与中间值的差值均超过15%时，则该组试件无效。当采用非标准尺寸试件做抗压强度试验时，其抗压强度应按表4-2所列系数进行换算。

混凝土试件抗压强度换算系数　　表4-2

集料最大粒径(mm)	试件尺寸(mm)	换算系数
60	200×200×200	1.05
30	100×100×100	0.95

注：采用150mm×150mm×150mm的标准试件，其集料最大粒径为40mm。

混凝土抗压强度应为标准尺寸试件在温度为20±3℃及相对湿度不低于90%的环境中养护28d做抗压试验时所测得的抗压强度值(单位MPa)，在进行混凝土强度试配和质量评定时，取其保证率为95%。

4.2.2 混凝土拌制

拌制混凝土所使用的各种材料及拌和物的质量应经过检验，试验方法应符合现行《公路工程水泥及水泥混凝土试验规程》(JTG E30—2005)的有关规定。

1. 配料数量允许偏差

拌制混凝土配料时，各种衡器应保持准确。对集料的含水率应经常进行检测，雨天施工应增加测定次数，据以调整集料和水的用量。配料数量的允许偏差(以质量计)见表4-3。

配料数量允许偏差　　表4-3

材料类别	允许偏差(%)	
	现场拌制	预制场或集中搅拌站拌制
水泥、混合材料	±2	±1
粗、细集料	±3	±2
水、外加剂	±2	±1

放入拌和机内的第一盘混凝土材料应含有适量的水泥、砂和水，以覆盖拌和筒的内壁而不降低拌和物所需的含浆量。每一工作班正式称量前，应对计量设备进行重点校核。计量器具应定期检定，经大修、中修或迁移至新的地点后，也应进行检定。

2. 混凝土搅拌时间

混凝土应使用机械搅拌，零星工程的塑性混凝土也可用人工拌和。用机械搅拌时，自全部材料装入搅拌筒至开始出料的最短搅拌时间应按设备出厂说明书的规定，并经试验确定，且不得低于表4-4的规定。

混凝土最短搅拌时间　　表4-4

搅拌机类别	搅拌机容量(L)	混凝土坍落度(mm)		
		<30	30~70	>70
		混凝土最短搅拌时间(min)		
自落式	≤400	2.0	1.5	1.0
	≤800	2.5	2.0	1.5
	≤1200	—	2.5	1.5
强制式	≤400	1.5	1.0	1.0
	≤1500	2.5	1.5	1.5

注：1. 搅拌细砂混凝土或掺有外加剂的混凝土时，搅拌时间应适当延长1~2min。
2. 外加剂应先调成适当浓度的溶液再掺入。
3. 搅拌机装料数量(装入粗集料、细集料、水泥等松体积的总数)不应大于搅拌机标定容量的110%。
4. 搅拌时间不宜过长，每一工作班至少应抽查两次。
5. 表列时间为从搅拌加水算起。
6. 当采用其他形式的搅拌设备时，搅拌的最短时间应按设备说明书的规定或经试验确定。

3. 均匀性检查

对于在施工现场集中搅拌的混凝土，应检查混凝土拌和物的均匀性。

混凝土拌和物应拌和均匀，颜色一致，不得有离析和泌水现象。混凝土拌和物均匀性的检测方法应按现行国家标准《混凝土搅拌机技术条件》(GB 9142—88)的规定进行。检查混凝土拌和物均匀性时，应在搅拌机的卸料过程中，从卸料流的1/4至3/4之间部位，采取试样，进行试验，其检测结果应符合下列规定：

①混凝土中砂浆密度两次测值的相对误差不应大于0.8%。

②单位体积混凝土中粗集料含量两次测值的相对误差不应大于5%。

4. 检测各项性能

混凝土搅拌完毕后，应按下列要求检测混凝土拌和物的各项性能：

①混凝土拌和物的坍落度，应在搅拌地点和浇筑地点分别取样检测，每一工作班或每一单元结构物不应少于两次。评定时应以浇筑地点的测值为准。如混凝土拌和物从搅拌机出料起至浇筑入模的时间不超过15min时，其坍落度可仅在搅拌地点取样检测。在检测坍落度时，还应观察混凝土拌和物的黏聚性和保水性。

②根据需要还应检测混凝土拌和物的其他质量指标并应符合相关规范的规定。

掺用高效减水剂或速凝剂且混凝土运距较远时，可运至浇筑地点再掺入重拌。

4.2.3 混凝土运输

混凝土的运输能力应适应混凝土凝结速度和浇筑速度的需要，使浇筑工作不间断并使混凝土运到浇筑地点时仍保持均匀性和规定的坍落度。

1. 运输时间限制

当混凝土拌和物运距较近时，可采用无搅拌器的运输工具运输；当运距较远时，宜采用搅拌运输车运输。运输时间应符合相关规定。

2. 无搅拌运输

用无搅拌运输工具运送混凝土时，应采用不漏浆、不吸水、有顶盖且能直接将混凝土倾入浇筑位置的盛器。

3. 泵送混凝土

采用泵送混凝土应符合下列规定：

①混凝土的供应必须保证输送混凝土的泵能连续工作。

②输送管线宜直，转弯宜缓，接头应严密，如管道向下倾斜，应防止混入空气，产生阻塞。

③泵送前应先用适量的、与混凝土内成分相同的水泥浆润滑输送管内壁。混凝土出现离析现象时，应立即用压力水或其他方法冲洗管内残留的混凝土，泵送间歇时间不宜超过15min。

④在泵送过程中，受料斗内应具有足够的混凝土，以防止吸入空气产生阻塞。

4. 传送带运输机运送

用带式运输机运送混凝土时，应符合下列规定：

①传送带的倾斜度不应超过表4-5的规定。

②混凝土卸于传送带上和由传送带卸下时，应通过漏斗等设施，保持垂直下料。

③传送带上应设置刮刀等清理设备。

④传送带运转速度不应超过1.2m/s。

⑤做配合比设计时，应考虑有2%~3%的砂浆损失。

传送带最大倾斜角度 表4-5

混凝土坍落度(mm)	最大倾斜角度(°)	
	向上运送	向下运送
<40	18	12
40~80	15	10

5. 搅拌运输车运输

用搅拌运输车运输已拌成的混凝土时，途中应以2~4r/min的速度进行搅动，混凝土的装载量约为搅拌筒几何容量的2/3。

6. 二次搅拌

混凝土运至浇筑地点后发生离析、严重泌水或坍落度不符合要求时，应进行第二次搅拌。二次搅拌时不得任意加水，确有必要时，可同时加水和水泥以保持其原水灰比不变。如二次搅拌仍不符合要求，则不得使用。

4.2.4 混凝土浇筑

浇筑混凝土前,应对支架、模板、钢筋和预埋件进行检查,并做好记录,符合设计要求后方可浇筑。模板内的杂物、积水和钢筋上的污垢应清理干净。模板如有缝隙,应填塞严密,模板内面应涂刷脱模剂。浇筑混凝土前,应检查混凝土的均匀性和坍落度。

1. 高处倾卸混凝土规定

自高处向模板内倾卸混凝土时,为防止混凝土离析,应符合下列规定:

①从高处直接倾卸时,其自由倾落高度不宜超过2m,以不发生离析为度。

②当倾落高度超过2m时,应通过串筒、溜管或振动溜管等设施下落;倾落高度超过10m时,应设置减速装置。

③在串筒出料口下面,混凝土堆积高度不宜超过1m。

2. 分层浇筑

混凝土应按一定厚度、顺序和方向分层浇筑,应在下层混凝土初凝或能重塑前浇筑完成上层混凝土。上下层同时浇筑时,上层与下层前后浇筑距离应保持1.5m以上。在倾斜面上浇筑混凝土时,应从低处开始逐层扩展升高,保持水平分层。混凝土分层浇筑厚度不宜超过表4-6的规定。

混凝土分层浇筑厚度 表4-6

捣实方法		浇筑层厚度(mm)
用插入式振捣器		300
用附着式振捣器		300
用表面振捣器	无筋或配筋稀疏时	250
	配筋较密时	150
人工捣实	无筋或配筋稀疏时	200
	配筋较密时	150

注:表列规定可根据结构物和振捣器型号等情况适当调整。

3. 振捣混凝土

浇筑混凝土时,除少量塑性混凝土可用人工捣实外,宜采用振捣器振实。用振捣器振捣时,应符合下列规定:

①使用插入式振捣器时,移动间距不应超过振动器作用半径的1.5倍;与侧模应保持50~100mm的距离;插入下层混凝土50~100mm;每一处振动完毕后应边振动边徐徐提出振动棒;应避免振动棒碰撞模板、钢筋及其他预埋件。

②表面振捣器的移位间距,应以使振捣器平板能覆盖已振实部分100mm左右为宜。

③附着式振捣器的布置距离,应根据构造物形状及振捣器性能等情况并通过试验确定。

④对每一振动部位,必须振动到该部位混凝土密实为止。密实的标志是混凝土停止下沉,不再冒出气泡,表面呈现平坦、泛浆。

4. 浇筑间断时间

混凝土的浇筑应连续进行,如因故必须间断时,其间断时间应小于前层混凝土的初凝时间或能重塑的时间。混凝土的运输、浇筑及间歇的全部时间不得超过表4-7的规定。当需要超过时应预留施工缝。

混凝土运输浇筑及间歇的全部允许时间(min) 表4-7

混凝土强度等级	气温不高于25℃	气温高于25℃
≤C30	210	180
>C30	180	150

注:当混凝土中掺有促凝或缓凝剂时,其允许时间应根据试验结果确定。

5. 施工缝要求

施工缝的位置应在混凝土浇筑之前确定,宜留置在结构受剪力和弯矩较小且便于施工的部位,并应按下列要求进行处理:

①应凿除处理层混凝土表面的水泥砂浆和松弱层,但凿除时,处理层混凝土须达到下列强度:用水冲洗凿毛时,须达到0.5MPa;用人工凿除时,须达到2.5MPa;用风动机凿毛时,须达到10MPa。

②经凿毛处理的混凝土面，应用水冲洗干净，在浇筑次层混凝土前，对垂直施工缝宜刷一层水泥净浆，对水平缝宜铺一层厚为10~20mm的1:2的水泥砂浆。

③重要部位及有防震要求的混凝土结构或钢筋稀疏的钢筋混凝土结构，应在施工缝处补插锚固钢筋或石榫；有抗渗要求的施工缝宜做成凹形、凸形或设置止水带。

④施工缝为斜面时应浇筑成或凿成台阶状。

⑤施工缝处理后，须待处理层混凝土达到一定强度后才能继续浇筑混凝土。需要达到的强度，一般最低为1.2MPa，当结构物为钢筋混凝土时，不得低于2.5MPa。混凝土达到上述抗压强度的时间宜通过试验确定，如无试验资料，可参见规范规定。

6. 排出泌水

在浇筑过程中或浇筑完成时，如混凝土表面泌水较多，须在不扰动已浇筑混凝土的条件下，采取措施将水排除。继续浇筑混凝土时，应查明原因，采取措施，减少泌水。

7. 混凝土养生

结构混凝土浇筑完成后，对混凝土裸露面应及时进行修整、抹平，待定浆后再抹第二遍并压光或拉毛。当裸露面面积较大或气候不良时，应加盖防护，但在开始养生前，覆盖物不得接触混凝土面。

浇筑混凝土期间，应设专人检查支架、模板、钢筋和预埋件等稳固情况，当发现有松动、变形、移位时，应及时处理。浇筑混凝土时，应填写混凝土施工记录。

4.2.5 混凝土抗冻防渗及防腐蚀

有抗冻和防渗要求的混凝土，以及有防止钢筋腐蚀要求的混凝土均应按规范要求施工。

1. 海水环境中混凝土浇筑规定

海水环境中（包括处于有盐碱腐蚀性水的环境中）的混凝土的施工应符合如下规定：

①海水环境混凝土在建筑物上部位的划分应符合表4-8的规定。

海水环境混凝土部位划分　表4-8

大气区	浪溅区	水位变动区	水下区
设计高水位加1.5m以上	设计高水位加1.5m至设计高水位减1.0m之间	设计高水位加1.0m至设计低水位减1.0m之间	设计低水位减1.0m以下

注：1. 对开敞式建筑物，其浪溅区上限可根据受浪的具体情况适当调高。
2. 对掩护条件良好的建筑物，其浪溅区上限可适当调低。

②海水环境钢筋混凝土结构的施工缝不宜设在浪溅区或拉应力较大部位。

③按耐久性要求，海水环境混凝土水灰比最大允许值应满足表4-9的规定。

海水环境混凝土的水灰比最大允许值　表4-9

<table>
<tr><th colspan="3" rowspan="2">环境条件</th><th colspan="2">钢筋混凝土和预应力混凝土</th><th colspan="2">无筋混凝土</th></tr>
<tr><th>北方</th><th>南方</th><th>北方</th><th>南方</th></tr>
<tr><td colspan="3">大气区</td><td>0.55</td><td>0.50</td><td>0.65</td><td>0.65</td></tr>
<tr><td colspan="3">浪溅区</td><td>0.50</td><td>0.40</td><td>0.65</td><td>0.65</td></tr>
<tr><td rowspan="4">水位变动区</td><td colspan="2">严重受冻</td><td>0.45</td><td>—</td><td>0.45</td><td>—</td></tr>
<tr><td colspan="2">受冻</td><td>0.50</td><td>—</td><td>0.50</td><td>—</td></tr>
<tr><td colspan="2">微冰</td><td>0.55</td><td>—</td><td>0.55</td><td>—</td></tr>
<tr><td colspan="2">偶冰、不冻</td><td>—</td><td>0.50</td><td>—</td><td>0.65</td></tr>
<tr><td rowspan="4">水下区</td><td colspan="2">不受水头作用</td><td>0.60</td><td>0.60</td><td>0.65</td><td>0.65</td></tr>
<tr><td rowspan="3">受水头作用</td><td>最大作用水头与混凝土壁厚之比<5</td><td colspan="4">0.60</td></tr>
<tr><td>最大作用水头与混凝土壁厚之比为5~10</td><td colspan="4">0.55</td></tr>
<tr><td>最大作用水头与混凝土壁厚之比>10</td><td colspan="4">0.50</td></tr>
</table>

注：1. 除全日潮型区域外，其他海水环境有抗冻性要求的细薄构件（最小边尺寸小于300mm者，包括沉箱工程），混凝土的水灰比最大允许值宜减小。
2. 对有抗冻要求的混凝土，如抗冻性要求高时，浪溅区范围内下部1m应随水位变动区按抗冻性要求确定其水灰比。
3. 位于南方海水环境浪溅区的钢筋混凝土宜掺用高效减水剂。

④按耐久性要求，海水环境混凝土的最小水泥用量应符合表4-10的规定，但不宜超过500kg/m^3。

海水环境混凝土的最小水泥用量(kg/m^3) 表4-10

环境条件		钢筋混凝土和预应力混凝土		无筋混凝土	
		北方	南方	北方	南方
大气区		300	360	280	280
浪溅区		360	400	280	280
水位变动区	F350	395	360	395	280
	F300	360		360	
	F250	330		330	
	F200	300		300	
水下区		300	300	280	280

注：1.有耐久性要求的大体积混凝土，水泥用量应按混凝土的耐久性和降低水泥水化热综合考虑。

2.掺加混合材料时，水泥用量可适当减少，但应符合规范规定。

3.掺外加剂时，南方地区水泥用量可适当减少，但不得降低混凝土的密实性。

4.对于有抗冻性要求的混凝土，浪溅区范围内下部1m应随同水位变动区按抗冻性要求确定其水泥用量。

⑤海水环境钢筋混凝土结构的混凝土保护层垫块质量应符合有关规定，垫块的强度、密实性应高于构件本体混凝土，垫块宜采用水灰比不大于0.40的砂浆或细石混凝土制作；垫块厚度尺寸不允许负偏差，正偏差不得大于5mm。

⑥对于海水环境的混凝土的含碱总量及氯离子含量的限制要求按规范执行。

2.有抗冻要求混凝土浇筑规定

有抗冻性要求的混凝土，应符合如下规定：

①位于水位变动区有抗冻要求的混凝土，其抗冻等级不应低于表4-11的规定。

②有抗冻性要求的混凝土必须掺入适量引气剂，其拌和物的含气量应在表4-12范围内选择。

③当要求的含气量为某一定值时，其检查结果与要求值的允许偏差范围应为±1.0%。当含气量要求值为某一范围时，检测结果应满足规定范围的要求。

④混凝土抗冻性试验方法应符合现行《公路工程水泥及水泥混凝土试验规程》(JTG E30—2005)规定。

水位变动区混凝土抗冻等级选定标准 表4-11

建筑物所在地区	海水环境		淡水环境	
	钢筋混凝土及预应力混凝土	无筋混凝土	钢筋混凝土及预应力混凝土	无筋混凝土
严重受冻地区(最冷月的月平均气温低于－8℃)	F350	F300	F250	F200
受冻地区(最冷月的月平均气温在－4～－8℃之间)	F300	F250	F200	F150
微冻地区(最冷月的月平均气温在0～－4℃之间)	F250	F200	F150	F100

注：1.试验过程中试件所接触的介质应与建筑物实际接触的介质相近。

2.墩、台身和防护堤等建筑物的混凝土应选用比同一地区高一级的抗冻等级。

3.面层应选用比水位变动区抗冻等级低2～3级的混凝土。

有抗冻要求的混凝土拌和物含气量控制范围 表4-12

集料最大粒径(mm)	含气量范围(%)	集料最大粒径(mm)	含气量范围(%)
10.0	5.0～8.0	40.0	3.0～6.0
20.0	4.0～7.0	63.0	3.0～5.0
31.5	3.5～6.5		

3.有防渗要求混凝土浇筑规定

有防渗要求的混凝土应符合如下规定：

①有防渗要求的混凝土，其防渗等级应符合设计要求。

②混凝土防渗性试验方法应符合现行《公路工程水泥及水泥混凝土试验规程》(JTG E30—2005)规定。

4.2.6 混凝土养生

对于在施工现场集中养护的混凝土，应根据施工对象、环境、水泥品种、外加剂以及对混凝土性能的要求，提出具体的养护方案，并应严格执行规定的养护制度。

①一般混凝土浇筑完成后，应在收浆后尽快予以覆盖和洒水养护。对干硬性混凝土、炎热天气浇筑的混凝土以及桥面等大面积裸露的混凝土，有条件的可在浇筑完成后立即加设棚罩，待收浆后再予以覆盖和洒水养生。覆盖时不得损伤或污染混凝土的表面。混凝土面有模板覆盖时，应在养护期间经常使模板保持湿润。

②当气温低于5℃时，应覆盖保温，不得向混凝土面上洒水。

③混凝土养护用水的条件与拌和用水相同。

④混凝土的洒水养护时间一般为7d，可根据空气的湿度、温度和水泥品种及掺用的外加剂等情况，酌情延长或缩短。每天洒水次数以能保持混凝土表面经常处于湿润状态为度。用加压成型、真空吸水等法施工的混凝土，其养护时间可酌情缩短。采用塑料薄膜或喷化学浆液等养护层时，可不洒水养护。

⑤当结构物混凝土与流动性的地表水或地下水接触时，应采取防水措施，保证混凝土在浇筑后7d以内不受水的冲刷侵袭。当环境水具有侵蚀作用时，应保证混凝土在10d以内，且强度达到设计强度的70%以前，不受水的侵袭。

⑥对大体积混凝土的养护，应根据气候条件采取控温措施，并按需要测定浇筑后的混凝土表面和内部温度，将温差控制在设计要求的范围内，当设计无要求时，温差不宜超过25℃。

⑦混凝土强度达到2.5MPa前，不得使其承受行人、运输工具、模板、支架及脚手架等荷载。

⑧用蒸汽养护混凝土时，按规范规定执行。

4.2.7 混凝土修饰

混凝土表面的光洁程度依不同部位而异，外露面无装饰设计时，应按规范规定对浇筑时无模板的外露面进行压光或拉毛；对有模板的外露面应安装同一类别的模板和涂刷同一类别的脱模剂，模板应光洁，无变形、无漏浆。发现表面质量有缺陷时，应报有关部门批准后再进行修饰。对表面有一般抹灰(水泥砂浆抹面)和装饰抹灰(水刷石、水磨石、剁斧石)等装饰设计结构，应在浇筑混凝土时采用表面平整的模板，拆模后按设计要求的装饰类别进行装饰。

4.2.8 高强度混凝土

高强度混凝土适用于按常规工艺生产的C50到C80级高强度混凝土的施工。对高强度混凝土除特殊要求外，其强度测定、保证率、强度测定条件、检验及试验方法等规定均宜符合规范规定，但测定混凝土抗压强度的试件应用边长为150mm的标准尺寸立方体。

1. 材料

高强混凝土的抗压强度标准值远远大于普通混凝土，其组成材料的质量要求必须严格，应采取一定的技术措施，如外掺增强材料、高效减水剂、改善搅拌工艺等。

①配制高强度混凝土宜选择高强度水泥，可采用硅酸盐水泥、普通硅酸盐水泥，所使用的水泥应符合规范规定。立窑生产的水泥须经仔细检验其化学成分后方可确定使用与否。

②配制用的细集料，除应符合规范的规定外，尚应满足如下要求：宜使用级配良好的中砂，细度模数不小于2.6，含泥量应小于2%。

③配制用的粗集料，除应满足规范规定外，尚应满足如下要求：应使用质地坚硬、级配良好的碎石，集料的抗压强度应比所配制的混凝土强度高50%以上，含泥量应小于1%，针片状颗粒含量应小于5%，集料的最大粒径宜小于25mm。

④拌制高强度混凝土用的水应符合规范规定。

⑤配制高强度混凝土必须使用高效减水剂，并根据不同的要求辅以助剂配制，其掺量应根据试验确定，外加剂的性能必须符合规范规定。

⑥配制时宜外掺的混合材料为磨细粉煤灰、沸石粉、硅粉。混合材料的技术条件应符合规范规定，其掺量应根据试验确定。

⑦高强度混凝土中的氯离子含量，对位于温暖或寒冷地区、无侵蚀物质影响及与土直接接触的桥梁不应超过水泥质量的0.2%；对位于严寒和海水区域，受侵蚀环境影响，使用除冰盐的桥梁，不应超过水泥重量的0.1%。混凝土的含碱总量的限制要求符合规范规定。

2. 配合比

高强度混凝土的配合比应符合规范各项规定。当无可靠的强度统计数据及标准差数值时，混凝土的施工配制强度（平均值）对于C50～C60应不低于强度等级的1.15倍，对于C70～C80应不低于强度等级值的1.12倍。配制高强度混凝土宜符合如下要求：

①所用水胶比（水与胶结料的质量比，后者包括水泥及混合材料的质量）宜控制在0.24～0.38的范围内。

②所用水泥总量不宜超过500kg/m^3，水泥与混合材料的总量不超过550～600kg/m^3。粉煤灰掺量不宜超过胶结料质量的30%，沸石粉不宜超过10%，硅粉不宜超过8%～10%。掺用混合材料的种类和数量，必须经试验报监理工程师批准后确定。

③混凝土的砂率宜控制在28%～34%的范围内。

④高效减水剂的掺量宜为胶结料的0.5%～1.8%。

3. 施工技术要求

高强度混凝土的施工技术要求除应符合规范的规定外，尚应符合以下规定：

①配料数量的允许偏差应符合表4-3中预制场或集中搅拌站拌制的规定。

②配制高强度混凝土必须准确控制用水量，砂石中的含水率应仔细测定后从用水量中扣除。除事先规定的部分用水可留在现场补加外，严禁在材料出机后再加水。

③高效减水剂宜采用后掺法，如制成溶液加入，应在用水量中扣除这部分溶液用水。加入减水剂后，混凝土拌和料在搅拌机中继续搅拌的时间，当用粉剂时不得少于60s，当用溶液时不得少于30s。

拌制高强度混凝土必须使用强制式搅拌机，宜采用二次投料法拌制。混凝土的浇筑应连续进行，如因故必须间断时，其间断时间应小于前层混凝土的初凝时间或能重塑时间。允许间断时间应经试验确定。若超过允许间断时间，须采取保证质量的措施或按工作缝处理。

4.2.9　热期混凝土施工

热期混凝土施工，应制定在高温条件下保证工程质量的技术措施并应符合如下要求：

1. 混凝土配制和搅拌

①材料要求：拌和水使用冷却装置，对水管及水箱加遮荫和隔热设施。在拌和水中加碎冰作为拌和水的一部分。水泥、砂、石料应遮荫防晒，以降低集料温度，可在砂石料堆上喷水降温。

②配合比设计应考虑坍落度损失。

③可掺加减水剂以减少水泥用量和提高混凝土的早期强度。

④掺用活性材料粉煤灰取代部分水泥，减少水泥用量。

⑤拌和站料斗、储水器、皮带运输机、拌和楼都要尽可能遮荫。尽量缩短拌和时间。经常测混凝土的坍落度，以调整混凝土的配合比，满足施工所必需的坍落度。

2. 混凝土运输及浇筑

①运输时尽量缩短时间，宜采用混凝土运输搅拌车，运输中应慢速搅拌。

②不得在运输过程加水搅拌。

③热期施工混凝土、钢筋混凝土、预应力混凝土应有全面的组织计划，准备工作充分，施工设备有足够的备件，保证连续进行；从拌和机到入仓的传递时间及浇筑时间要尽量缩短，并尽快开始养护。

④混凝土的浇筑温度应控制在32℃以下，宜选在一天温度较低的时间内进行。

⑤浇筑场地应遮荫，以降低模板、钢筋的温度和改善工作条件；也可在模板、钢筋和地基上喷水以降温，但在浇筑时不能有附着水。

⑥应加快混凝土的修整速度，修整时可用喷雾器洒少量水，防止表面裂纹，但不得直接往混凝土表面洒水。

3. 混凝土养生

不宜单独使用专用养护膜覆盖法养护高强度混凝土，除非当地无足够的清洁水用于养护混凝土。洒水养护宜用自动喷水系统和喷雾器，湿养护应不间断，不得形成干湿循环。混凝土浇筑完，表面应立即覆盖清洁的塑料膜，初凝后撤去塑料膜,用浸湿的粗麻布覆盖,经常洒水,保持潮湿状态最少7d。如有可能湿养期间采取遮光和挡风措施,以控制温度和干热风的影响。构造物的竖直面拆模后,宜立即用湿粗麻布把构件缠起来,麻布处整个用塑料膜包紧,粗麻布应至少7d保持潮湿状态,随后可用树脂类养生化合物喷涂。养生的其他要求可参照规范有关规定执行。

4.热期施工检查项目

①砂、石料的含水率,每台班不少于1次。

②混凝土浇筑与养护时,环境温度每日检查4次,并做好检查记录;当温度超过热期规定的要求时,混凝土拌和时应采取有效降温、防晒措施,以保证混凝土的浇筑质量,否则应停止施工。

③混凝土热期施工,除应留标准条件下养护的试件外,还应制取相同数量的试件与结构在相同的环境条件下养护,检查28d的试件强度以指导施工。

④在混凝土浇筑前,应通过试验确定在最高气温条件下混凝土分层浇筑的覆盖时间,施工时应严格控制,不得超过。

⑤在混凝土的浇筑过程中,应严格控制缓凝剂的掺量,并检查混凝土的凝固时间,以防因缓凝剂掺量不准造成危害。

4.2.10 雨期混凝土施工

混凝土雨期施工是指在降雨量集中季节且对混凝土的质量造成影响时进行的施工。雨期要按时收集天气预报资料,混凝土施工要尽可能避开大风大雨天气。雨期施工应制定防洪水、防台风措施,施工场地、生活区做好排水措施。施工材料如钢材、水泥的码放应防雨漏及潮湿。建立安全用电措施,防漏电、触电。

1.雨期施工准备

准备雨期施工的防洪材料、机具和必要的遮雨设施。工程材料特别是水泥、钢筋应防水、防潮;施工机械防洪水淹没。

2.施工方法及技术措施

①雨期施工的工作面不宜过大,应逐段、逐片分期施工;对受洪水危害的工程应停止施工,若必须施工时,应有防洪抢险措施。

②雨期施工应加强地基不良地段沉陷的观测,基础施工应防止雨水浸泡基坑。若被浸泡,应挖除被浸泡部分,用与基础同样的材料回填。基坑要设挡水埂,防止地面水流入。基坑内设集水井,配足抽水机,坡道内设接水措施。基坑挖好后应及时浇筑混凝土或垫层,防止被水浸泡。

③施工前应对排水系统进行检查、疏通或加固,必要时增加排水措施。

④雨后模板及钢筋上的淤泥、杂物,在浇筑混凝土前应清除干净。

⑤雷区应设置防雷措施,高耸结构应有防雷设计。沿海地区应考虑防台风措施,露天使用的电器设备要有可靠的防漏电措施。

4.2.11 质量检验

1.一般规定

实施混凝土质量控制应符合下列规定:

①通过对原材料的质量检验与控制、混凝土配合比的确定与控制、混凝土生产和施工过程各工序的质量检验与控制,以及合格性检验控制,使混凝土的质量符合规定要求。

②在施工过程中应进行质量检测,应用各种质量管理图表,掌握动态信息,控制整个生产和施工期间的混凝土质量,制订保证质量的措施,完善质量控制过程。

③必须配备相应的技术人员和必要的检验及试验设备,建立和健全必要的技术管理与质量控制制度。

2.检查项目

各种材料、各工程项目和各个工序,应经常进行检验,保证符合设计和施工技术规范的要求。检验项目和次数应符合下列规定:

(1)浇筑混凝土前的检验

①施工设备和场地。

②混凝土组成材料及配合比(包括外加剂)。

③混凝土凝结速度等性能。

④基础、钢筋、预埋件等隐蔽工程及支架、模板。

⑤养护方法及设施,安全设施。

(2)拌制和浇筑混凝土的检验

①混凝土组成材料的外观及配料、拌制,每一工作班至少2次,必要时随时抽样试验。

②混凝土的和易性(坍落度等)每一工作班至少2次。

③砂石材料的含水率,每日开工前1次,气候有较大变化时随时检测;当含水率变化较大、将使配料偏差超过规定时,应及时调整。

④钢筋、模板、支架等的稳固性和安装位置。

⑤混凝土的运输、浇筑方法和质量。

⑥外加剂使用效果。

⑦制取混凝土试件。

(3)浇筑混凝土后的检验

①混凝土养护情况。

②混凝土强度,拆模时间。

③混凝土外露面或装饰质量。

④结构外形尺寸、结构位置,以及变形和沉降的检验。

3. 试件检验

隐蔽工程检查、分部工程检查、工程变更设计、施工技术修改、施工方案变更、质量事故的发生和处理等事项,应按有关规定及时通知有关人员。对混凝土的强度,应制取试件检验其在标准养护条件下28d龄期的抗压极限强度。试件制取组数应符合下列规定:

①不同强度及不同配合比的混凝土应分别制取试件,试件应在浇筑地点或拌和地点随机制取。

②浇筑一般体积的结构物(如基础、墩台等)时,每一单元结构物应制取2组。

③连续浇筑大体积结构物混凝土时,每80~200m^{3}或每一工作班应制取2组。

④每片梁长16m以下应制取1组,16~30m制取2组,31~50m制取3组,50m以上者不少于5组。

⑤就地浇筑混凝土小桥涵,每一座或每一工作班制取不少于2组;当原材料和配合比相同,并由同一拌和站拌制时,可几座合并制取2组。

⑥应根据施工需要,制取与结构物同条件养护的试件作为考核结构混凝土在拆模、出池、吊装、预施应力、承受载荷等阶段强度的依据。

4. 抗压强度标准

混凝土抗压强度应以标准条件下养护28d龄期试件的抗压强度进行评定,其合格条件如下:

①应以强度等级相同、龄期相同以及生产工艺条件和配合比相同的混凝土组成同一验收批,同一验收批的混凝土强度应以同批内所有各组标准尺寸试件的强度测定值(当为非标准尺寸试件时应进行强度换算)为代表值。

②大桥等重要工程及中小桥、涵洞工程的试件大于或等于10组时,应以数理统计方法按式(4-1)、式(4-2)评定。

$$R_n - K_1 S_n \geqslant 0.9R \tag{4-1}$$

$$R_{min} \geqslant K_2 R \tag{4-2}$$

式中:R_n——同批n组试件强度的平均值(MPa);

n——同批混凝土试件组数;

S_n——同批n组试件强度的标准差(MPa),当$S_n < 0.06R$时,取$S_n = 0.06R$;

R——设计的混凝土强度等级(MPa);

R_{min}——n组试件中强度最低一组的值(MPa);

K_1、K_2——合格判定系数,见表4-13。

K_1、K_2的取值 表4-13

n	10~14	15~24	≥25
K_1	1.70	1.65	1.60
K_2	0.9	0.85	

③中小桥及涵洞等工程，同批混凝土试件少于10组时，可用非统计方法按式(4-3)、式(4-4)进行评定。

$$R_n \geqslant 1.15R \tag{4-3}$$

$$R_{min} \geqslant 0.95R \tag{4-4}$$

当混凝土强度按试件强度进行评定达不到合格条件时，可采用钻取试样或以无损检测法查明结构实际混凝土的抗压强度和浇筑质量，如仍有不合格，应由有关单位共同研究处理。

5. 结构混凝土

结构混凝土应符合下列规定：

①表面应密实、平整。

②如有蜂窝、麻面，其面积不超过结构同侧面积的0.5%。

③如有裂缝，其宽度不得大于设计规范的有关规定。

④预制桩桩顶、桩尖等重要部位无掉边或蜂窝、麻面。

⑤小型构件无翘曲现象。

⑥对蜂窝、麻面、掉角等缺陷，应凿除松弱层，用钢丝刷清理干净，用压力水冲洗、湿润，再用较高强度的水泥砂浆或混凝土填塞捣实，覆盖养护；用环氧树脂等胶凝材料修补时，应先经试验验证。

⑦如有严重缺陷，影响结构性能时，应分析情况，研究处理。

6. 允许偏差

混凝土和钢筋混凝土结构物的位置及外形尺寸允许偏差应符合规范各章节的有关规定。

7. 抹灰工程

抹灰工程应符合下列规定：

①一般抹灰成分、颜色必须一致，黏结牢固，不得有脱层、空鼓、掉角等现象。

②水刷石必须石粒清晰、分布均匀、平整密实，不得有掉粒和接茬痕迹。

③水磨石必须表面平整、光滑，石子显露均匀，格条位置正确，不得有砂眼、磨纹和漏磨。

④剁斧石必须剁纹均匀，深浅一致，棱角完整。

⑤干黏石必须石粒分布均匀，黏结牢固，不露浆，不漏粘，阳角处不得有明显的黑边。

⑥拉毛灰必须花纹、斑点分布均匀，同一平面上不显接茬。

⑦抹灰允许偏差见表4-14和表4-15。

一般抹灰允许偏差 表4-14

项目	允许偏差(mm)	项目	允许偏差(mm)
平整度	5	墙面平整度	5
阴阳角方正	5		

装饰抹灰允许偏差 表4-15

项目	允许偏差(mm)			
	水磨石	水刷石	剁碎石	干黏石
平整度	2	4	4	5
阴阳角方正	2	4	4	4
墙面平整度	3	5	5	5
分格条平直	2	5	5	5

4.3 钢筋工程

钢筋是放置在钢筋混凝土及预应力混凝土构件中的钢条或钢丝的总称。公路桥梁施工中常用光圆钢筋、带肋钢筋，可分为直条或盘条状钢材。

4.3.1 一般规定

钢筋混凝土中的钢筋和预应力混凝土中非预应力钢筋必须符合现行《钢筋混凝土用钢　第1部分：热轧光圆钢筋》(GB 1499.1—2008)、《钢筋混凝土用钢　第2部分：热轧带肋钢筋》(GB 1499.2—2007)、《冷轧带肋钢筋》(GB 13788—2008)、《低碳钢热轧圆盘条》(GB/T 701—2008)的规定。其力学、工艺性能可参见规范相关规定。环氧树脂涂层钢筋的标准可按照现行《环氧树脂涂层钢筋》（JG 3042—1997）执行。

①钢筋必须按不同钢种、等级、牌号、规格及生产厂家分批验收，分别堆存，不得混杂，且应设立识别标志。钢筋在运输过程中，应避免锈蚀和污染。钢筋宜堆置在仓库（棚）内，露天堆置时，应垫高并加遮盖。

②钢筋应具有出厂质量证明书和试验报告单。对桥涵所用的钢筋应抽取试样做力学性能试验。

③以另一种强度、牌号或直径的钢筋代替设计中所规定的钢筋时，应了解设计意图和代用材料性能，并须符合现行《公路钢筋混凝土及预应力混凝土桥涵设计规范》（JTG D62—2004）的有关规定。重要结构中的主钢筋在代用时，应由原设计单位做变更设计。

④预制构件的吊环，应采用未经冷拉的Ⅰ级热轧钢筋制作。

4.3.2　钢筋加工

钢筋加工包括清洁油渍、除锈、弯折调直、主筋和箍筋弯制、末端制作弯钩、钢筋笼或钢筋网绑扎等。

1. 钢筋调直和清除污锈

钢筋调直和清除污锈应符合下列要求：

①钢筋的表面应洁净，使用前应将表面油渍、漆皮、鳞锈等清除干净。

②钢筋应平直，无局部弯折，成盘的钢筋和弯曲的钢筋均应调直。

③采用冷拉方法调直钢筋时，Ⅰ级钢筋的冷拉率不宜大于2%；HRB335、HRB400 牌号钢筋的冷拉率不宜大于1%。

2. 钢筋的弯制和末端的弯钩

钢筋的弯制和末端的弯钩应符合设计要求，如设计无规定时，应符合表4-16的规定。

受力主钢筋制作和末端弯钩形状　　表4-16

弯曲部位	弯曲角度	形状图	钢筋种类	弯曲直径 D	平直部分长度	备注
末端弯钩	180°	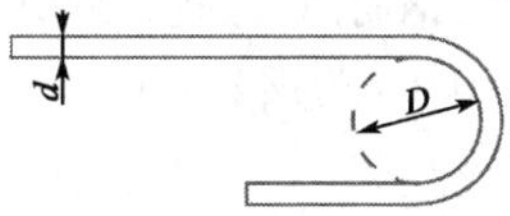	Ⅰ	≥2.5d	≥3d	d 为钢筋直径
	135°	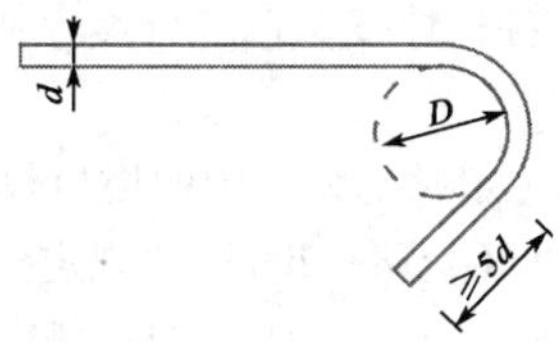	HRB335	ϕ8～ϕ25 ≥4d	≥5d	
			HRB400	ϕ28～ϕ40 ≥5d		
	90°	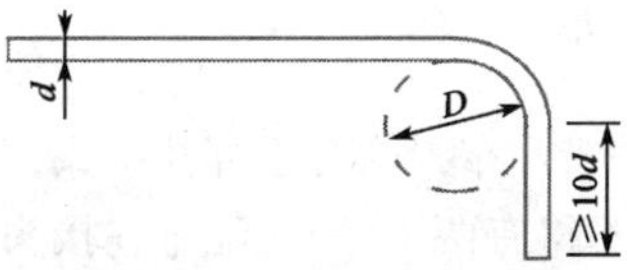	HRB335	ϕ8～ϕ25 ≥4d	≥10d	
			HRB400	ϕ28～ϕ40 ≥5d		
中间弯钩	90°以下	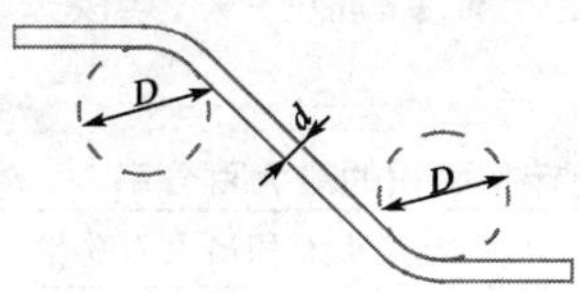	各类	≥20d	—	

注：环氧树脂涂层钢筋当进行弯曲加工时，对直径 d 不大于20mm的钢筋，其弯曲直径不应小于4d，对直径 d 大于20mm的钢筋，其弯曲直径不小于6d。

用Ⅰ级钢筋制作的箍筋，其末端应做弯钩，弯钩的弯曲直径应大于受力主钢筋的直径，且不小于箍筋直径的2.5倍。弯钩平直部分的长度，一般结构不宜小于箍筋直径的5倍，有抗震要求的结构，不应小于箍筋直径的10倍。弯钩形式，如设计无要求时，可按图4-4中90°/180°、90°/90°加工；有抗震要求的结构，应按图4-4中135°/135°加工。

图4-4　箍筋弯钩形式（钢筋直径 d＝10mm）

4.3.3 钢筋连接

钢筋焊接分为压焊和熔焊两种形式。压焊包括闪光对焊、电阻点焊和气压焊;熔焊包括电弧焊和电渣压力焊。钢筋闪光对焊是利用对焊机使两段钢筋接触,通过低电压的强电流,待钢筋被加热到一定温度变软后,进行轴向加压顶锻,形成对焊接头。电弧焊是利用弧焊机使焊条与焊件之间产生高温,电弧使焊条和电弧燃烧范围内的焊件熔化,待其凝固便形成焊缝或接头,电弧焊广泛用于钢筋接头、钢筋骨架焊接、装配式结构接头的焊接、钢筋与钢板的焊接及各种钢结构焊接。钢筋电弧焊的接头形式有搭接焊接头、帮条焊接头、剖口焊接头和熔槽帮条焊接头。

1. 钢筋焊接

轴心受拉和小偏心受拉杆件中的钢筋接头,不宜绑接。普通混凝土中直径大于25mm的钢筋,宜采用焊接。

(1)钢筋纵向焊接

钢筋的纵向焊接应采用闪光对焊(HRB500钢筋必须采用闪光对焊)。当缺乏闪光对焊条件时,可采用电弧焊、电渣压力焊、气压焊。钢筋的交叉连接,无电阻点焊机时,可采用手工电弧焊。各种预埋件T形接头钢筋与钢板的焊接,也可采用预埋件钢筋埋弧压力焊。电渣压力焊只适用于竖向钢筋的连接,不能用作水平钢筋和斜筋的连接。钢筋焊接的接头形式、焊接方法、适用范围应符合现行《钢筋焊接及验收规程》(JGJ 18—2003)的规定。质量验收标准见《钢筋焊接及验收规程》(JGJ 18—2003)。

(2)试焊

钢筋焊接前,必须根据施工条件进行试焊,合格后方可正式施焊。焊工必须持考试合格证上岗。

(3)搭接施焊

①钢筋接头采用搭接或帮条电弧焊时,宜采用双面焊缝,双面焊缝困难时,可采用单面焊缝。

②钢筋接头采用搭接电弧焊时,两钢筋搭接端部应预先折向一侧,使两接合钢筋轴线一致。接头双面焊缝的长度不应小于$5d$(d为钢筋直径),单面焊缝的长度不应小于$10d$。

钢筋接头采用帮条电弧焊时,帮条应采用与主筋同级别的钢筋,其总截面面积不应小于被焊钢筋的截面积。帮条长度,如用双面焊缝不应小于$5d$,如用单面焊缝不应小于$10d$(d为钢筋直径)。

(4)施焊技术规定

①凡施焊的各种钢筋、钢板均应有材质证明书或试验报告单。焊条、焊剂应有合格证,各种焊接材料的性能应符合现行《钢筋焊接及验收规程》(JGJ 18—2003)的规定。各种焊接材料应分类存放和妥善管理,并应采取防止腐蚀、受潮变质的措施。

②电渣压力焊、气压焊、预埋件钢筋埋弧压力焊的技术规定及电弧焊中的坡口焊、窄间隙焊、熔槽帮条焊和钢筋与钢板焊接的技术规定可参照现行《钢筋焊接及验收规程》(JGJ 18—2003)的规定执行。

③焊接时,对施焊场地应有适当的防风、雨、雪、严寒设施。冬期施焊时应按规范冬期施工的要求进行,气温低于-20℃时,不得施焊。

(5)接头处理

①受力钢筋焊接或绑扎接头应设置在内力较小处,并错开布置。对于绑扎接头,两接头间距离不小于1.3倍搭接长度。对于焊接接头,在接头长度区段内,同一根钢筋不得有两个接头,配置在接头长度区段内的受力钢筋,其接头的截面面积占总截面面积的百分率应符合表4-17的规定。对于绑扎接头,其接头的截面面积占总截面面积的百分率,也应符合表4-17的规定。

接头长度区段内受力钢筋接头面积的最大百分率 表4-17

接头形式	接头面积最大百分率(%)	
	受拉区	受压区
主钢筋绑扎接头	25	50
主钢筋焊接接头	50	不限制

注:1. 焊接接头长度区段内是指$35d$(d为钢筋直径)长度范围内,但不得小于500mm,绑扎接头长度区段是指1.3倍搭接长度。

2. 在同一根钢筋上应尽量少设接头。

3. 装配式构件连接处的受力钢筋焊接接头可不受此限制。

4. 绑扎接头中钢筋的横向净距不应小于钢筋直径且不应小于25mm。

5. 环氧树脂涂层钢筋绑扎搭接长度,对受拉钢筋应至少为涂层钢筋锚固长度的1.5倍且不小于375mm;对受压钢筋为无涂层钢筋锚固长度的1.0倍且不小于250mm。

②电弧焊接和绑扎接头与钢筋弯曲处的距离不应小于10倍钢筋直径，也不宜位于构件的最大弯矩处。

③受拉钢筋绑扎接头的搭接长度，应符合表4-18的规定；受压钢筋绑扎接头的搭接长度，应取受拉钢筋绑扎接头搭接长度的0.7倍。

受拉钢筋绑扎接头的搭接长度 表4-18

钢筋类型		混凝土强度等级		
		C20	C25	高于C25
Ⅰ级钢筋		35d	30d	25d
月牙纹	HRB335 牌号钢筋	45d	40d	35d
	HRB400 牌号钢筋	55d	50d	45d

注：1. 当带肋钢筋直径d不大于25mm时，其受拉钢筋的搭接长度应按表中值减少5d采用；当带肋钢筋直径d大于25mm时，其受拉钢筋的搭接长度应按表中值增加5d采用。

2. 当混凝土在凝固过程中受力钢筋易受扰动时，其搭接长度宜适当增加。

3. 在任何情况下，纵向受拉钢筋的搭接长度不应小于300mm；受压钢筋的搭接长度不应小于200mm。

4. 当混凝土强度等级低于C20时，Ⅰ级、HRB335牌号钢筋的搭接长度应按表中C20的数值相应增加10d；HRB500钢筋不宜采用。

5. 对有抗震要求的受力钢筋的搭接长度，当抗震烈度为Ⅶ度（及以上）时应增加5d。

6. 两根不同直径的钢筋的搭接长度，以较细的钢筋直径计算。

④受拉区内Ⅰ级钢筋绑扎接头的末端应做弯钩，HRB335、HRB400牌号钢筋的绑扎接头末端可不做弯钩。

⑤直径等于和小于12mm的受压Ⅰ级钢筋的末端，可不做弯钩，但搭接长度不应小于钢筋直径的30倍。钢筋搭接处，应在中心和两端用铁丝扎牢。

2. 钢筋机械连接

钢筋的机械连接，其接头性能指标应符合规范规定。钢筋连接件处的混凝土保护层宜满足设计要求，且不得小于15mm，连接件之间的横向净距不宜小于25mm。对受力钢筋机械连接接头的位置要求，可依照焊接接头要求办理。

（1）挤压连接钢筋要求

带肋钢筋套筒挤压接头（以下简称挤压接头）适用直径为16～40mm的HRB335、HRB400牌号带肋钢筋的径向挤压连接。用于挤压连接的钢筋应符合现行国家标准的要求。

①不同直径的带肋钢筋可采用挤压接头连接，当套筒两端外径和壁厚相同时，被连接钢筋的直径相差不应大于5mm。

②当混凝土结构中挤压接头部位的温度低于－20℃时，宜进行专门的试验。

③对HRB335、HRB400牌号带肋钢筋挤压接头所用套筒材料，应选用适于压延加工的钢材，其实测力学性能、承载力及尺寸偏差应符合有关规定。

④套筒应有出厂合格证，套筒在运输和储存中，应按不同规格分别堆放，不得露天堆放，应防止锈蚀和玷污。

⑤挤压接头施工时有关挤压设备、人员、挤压操作、质量检验、施工安全应符合现行《钢筋机械连接技术规程》（JGJ 107—2010）的规定。

（2）钢筋锥螺纹接头

钢筋锥螺纹接头，适用于直径为16～40mm的HRB335、HRB400牌号钢筋的连接，用于连接的钢筋应符合现行国家标准的要求。锥螺纹连接套的材料宜用45号优质碳素结构钢材或其他经试验确认符合要求的钢材。钢筋锥螺纹接头的技术要求，应符合现行《钢筋机械连接技术规程》（JGJ 107—2010）的规定。钢筋锥螺纹接头的应用，应符合下列规定：

①接头端头距钢筋弯曲点不得小于钢筋直径的10倍。

②不同直径的钢筋连接时，一次连接钢筋直径规格不宜超过2级。

锥螺纹接头施工时，有关材料、加工、操作、质量检验应符合现行《钢筋机械连接技术规程》（JGJ 107—2010）的规定。

3. 钢筋钢板连接示意

钢筋焊接方法的适用范围，见表4-19。T梁连续刚构固结墩顶预埋钢板示意图，如图4-5所示；T梁连续刚构钢材工程数量，见表4-20。

钢筋焊接方法的适用范围 表 4-19

焊接方法			接头形式	适用范围	
				钢筋级别	直径(mm)
电阻点焊			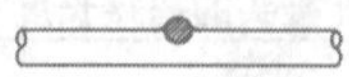	热轧Ⅰ级、HRB335、冷拔低碳钢丝甲、乙级冷轧带肋钢筋	6~14 3~5 4~12
闪光对焊				热轧Ⅰ级、HRB335、热轧 HRB400、余热处理 HRB335	10~40 10~25 10~25
电弧焊	帮条焊	双面焊	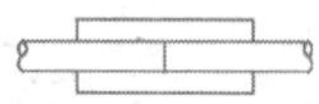	热轧Ⅰ级、HRB335、余热处理 HRB335	10~40 10~25
电弧焊	帮条焊	单面焊	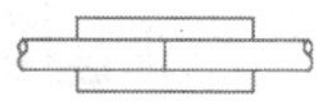	热轧Ⅰ级、HRB335、余热处理 HRB335	10~40 10~25
电弧焊	搭接焊	双面焊		热轧Ⅰ级、HRB335、余热处理 HRB335	10~40 10~25
电弧焊	预埋件电弧焊	角焊	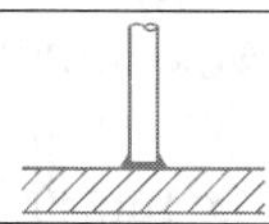	热轧Ⅰ级、HRB335	6~25
电弧焊	预埋件电弧焊	穿孔塞焊	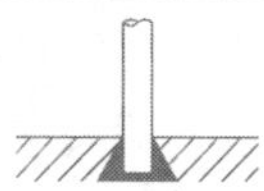	热轧Ⅰ级、HRB335	20~25
电渣压力焊				热轧Ⅰ级、HRB335	14~40
气压焊			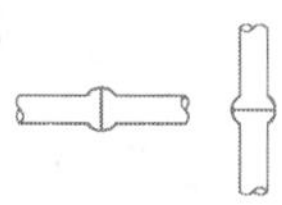	热轧Ⅰ级、HRB335	14~40
预埋件埋弧焊压力焊			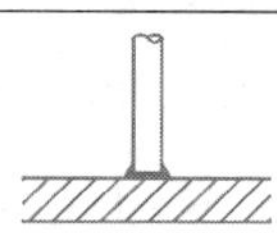	热轧Ⅰ级、HRB335	6~25

注:1. 电阻点焊时,适用范围中的钢筋直径系指较小钢筋的直径。

2. 气压焊的适用范围系指热轧Ⅰ级、HRB335 和 20MnSiV、20MnTiHRB400 钢筋。

T 梁连续刚构钢材工程数量 表 4-20

编号	型号(mm)	单根长(mm)	根数	共长(m)	单位质量(kg/m)	个数(个)	合计(kg)
N1	ϕ20	1400	6	8.4	2.47	12	249.0
N2	500×400×30	—	—	—	47.10		1412.9
N3	500×600×30	—	—	—	70.65		

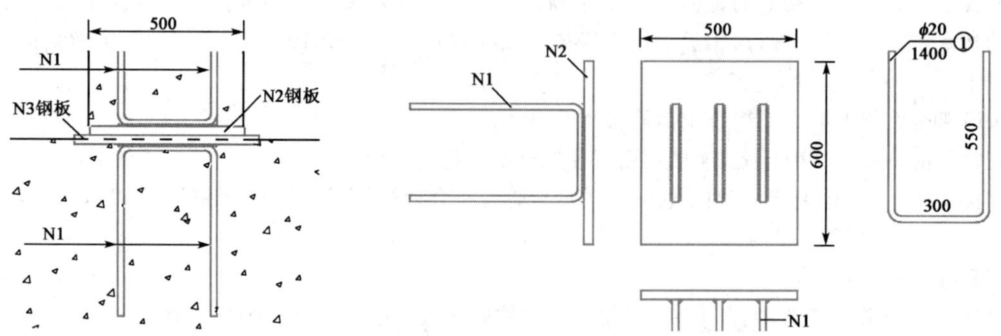

图 4-5 T 梁连续刚构固结墩顶预埋钢板示意图

4.3.4　钢筋骨架组成及安装

“钢筋笼”、“钢筋网片”等在混凝土中构成钢筋骨架。一个完整的钢筋骨架有利于约束混凝土，提高混凝土构件的整体性。对于制作的钢筋骨架必须具有足够的刚度和稳定性。桥墩及盖梁钢筋设计示意图，如图4-6所示，其结构尺寸以厘米计、钢筋长度以毫米计。

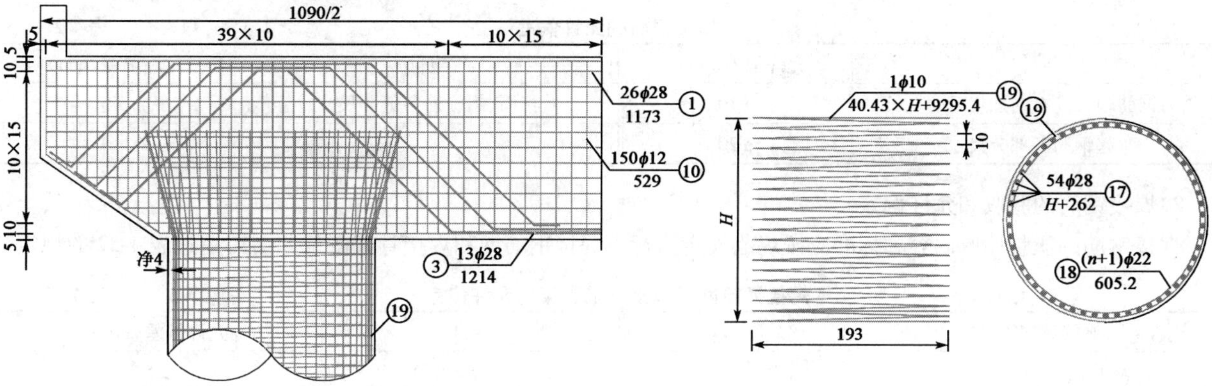

图4-6　桥墩及盖梁钢筋设计示意图

1. 焊接和拼装要求

骨架的焊接拼装应在坚固的工作台上进行，操作时应符合下列要求：

①拼装时应按设计图纸放大样，放样时应考虑焊接变形和预留拱度。

②钢筋拼装前，对有焊接接头的钢筋应检查每根接头是否符合焊接要求。

③拼装时，在需要焊接的位置用楔形卡卡住，防止电焊时局部变形。待所有焊接点卡好后，先在焊缝两端点焊定位，然后进行焊缝施焊。

④骨架焊接时，不同直径的钢筋的中心线应在同一平面上。为此，较小直径的钢筋在焊接时，下面宜垫以厚度适当的钢板。

⑤施焊顺序宜由中到边对称地向两端进行，先焊骨架下部，后焊骨架上部。相邻的焊缝采用分区对称跳焊，不得顺方向一次焊成。

2. 焊点要求

钢筋网焊点应符合设计规定，当设计无规定时，应按下列要求焊接：

①当焊接网的受力钢筋为Ⅰ级或冷拉Ⅰ级钢筋时，如焊接网只有一个方向为受力钢筋，网两端边缘的两根锚固横向钢筋与受力钢筋的全部相交点必须焊接；如焊接网的两个方向均为受力钢筋，则沿网四周边缘的两根钢筋的全部相交点均应焊接，其余的交叉点，可根据运输和安装条件决定，一般可焊接或绑扎一半交叉点。

②当焊接网的受力钢筋为冷拔低碳钢丝，而另一方向的钢筋间距小于100mm时，除网两端边缘的两根钢筋的全部相交点必须焊接外，中间部分的焊点距离可增大至250mm。

3. 绑扎钢筋网

在现场绑扎钢筋网时，应遵守下列规定：

①钢筋接头的布置，应符合规范有关规定。

②钢筋的交叉点应用铁丝绑扎结实，必要时，亦可用点焊焊牢。

③除设计有特殊规定者外，柱和梁中的箍筋应与主筋垂直。

④墩、台身，柱中的竖向钢筋搭接时，转角处的钢筋弯钩应与模板成45°，中间钢筋的弯钩应与模板成90°。如采用插入式振捣器浇筑小型截面柱时，弯钩与模板的角度最小不得小于15°，在浇筑过程中不得松动。

⑤箍筋弯钩的叠合处，在梁中应沿梁长方向置于上面并交错布置，在柱中应沿柱高方向交错布置，若是方柱则必须位于箍筋与柱角竖向钢筋交接点上。但有交叉式箍筋的大截面柱，其接头可位于箍筋与任何一根中间纵向钢筋的交接点上。圆柱或圆管涵螺旋形箍筋的起点和终点应分别绑扎在纵向钢筋上。

4. 设置垫板

应在钢筋与模板间设置垫块，垫块应与钢筋扎紧，并互相错开。非焊接钢筋骨架的多层钢筋之间，应用短钢筋支垫，保证位置准确。钢筋混凝土保护层厚度应符合设计要求。

在浇筑混凝土前,应对已安装好的钢筋及预埋件(钢板、锚固钢筋等)进行检查。

4.3.5 质量检验

1. 加工钢筋

加工钢筋的偏差不得超过表 4-21 的规定。

加工钢筋的允许偏差　　表 4-21

项目	允许偏差(mm)	项目	允许偏差(mm)
受力钢筋顺长度方向加工后的全长	±10	箍筋、螺旋筋各部分尺寸	±5
弯起钢筋各部分尺寸	±20		

2. 焊接钢筋的验收和允许偏差

焊接钢筋的质量验收内容和标准应按规范规定执行。焊接钢筋网和焊接骨架的偏差不得超过表 4-22 的规定。

焊接钢筋网及焊接钢筋骨架的允许偏差　　表 4-22

项目	允许偏差(mm)	项目	允许偏差(mm)
网的长、宽	±10	骨架的宽及高	±5
网眼的尺寸	±10	骨架的长	±10
网眼的对角线差	10	箍筋间距	0, -20

3. 机械接头的施工现场检验

应用钢筋机械连接时,应提交有效的型式检验报告,型式检验应符合现行《钢筋机械连接技术规程》(JGJ 107—2010)的规定。钢筋连接开始前及施工过程中,应对每批进场钢筋进行接头工艺检验,工艺检验应符合下列要求:

①每种规格钢筋的接头试件不应少于 3 根。

②对接头试件的钢筋母材应进行抗拉强度试验。

③3 根接头试件的抗拉强度均应满足规范的强度要求。试件抗拉强度尚应大于等于 0.95 倍钢筋母材的实际抗拉强度。计算实际抗拉强度时,应采用钢筋的实际横截面面积。

现场检验应符合现行《钢筋机械连接技术规程》(JGJ 107—2010)的规定。

4. 安装钢筋的允许偏差

钢筋的级别、直径、根数和间距均应符合设计要求。绑扎或焊接的钢筋网和钢筋骨架不得有变形、松脱和开焊,钢筋位置的偏差不得超过表 4-23 的规定。

钢筋位置允许偏差　　表 4-23

检查项目			允许偏差(mm)
受力钢筋间距	两排以上排距		±5
	同排	梁、板、拱肋	±10
		基础、锚碇、墩台、柱	±20
	灌注桩		±20
箍筋、横向水平钢筋、螺旋筋间距			0, -20
钢筋骨架尺寸	长		±10
	宽、高或直径		±5
弯起钢筋位置			±20
保护层厚度	柱、梁、拱肋		±5
	基础、锚碇、墩台		±10
	板		±3

4.4 预应力钢筋制作安装

预应力混凝土中预应力钢筋主要采用钢丝、钢绞线和粗钢筋三种材料。

4.4.1　一般规定

预应力混凝土结构的施工，内容包括采用预应力钢筋制作的预制构件和现浇混凝土结构。对于预应力混凝土工程中的模板和非预应力钢筋，其施工按规范规定执行。预应力混凝土工程施工时，应采取必要的安全技术措施，防止发生事故。

1. 材料

混凝土用料（水泥、细集料、粗集料、水）及配合比应符合规范有关规定。可掺入适量的外加剂，但不得掺入氯化钙、氯化钠等氯盐。从各种组成材料引进混凝土中的氯离子总含量（折合氯化物含量），不宜超过水泥用量的0.06%，当超过0.06%时，宜采取掺加阻锈剂、增加保护层厚度、提高混凝土密实度等防锈措施；对于干燥环境中的小型构件，氯离子含量可提高1倍。混凝土的水泥用量不宜超过500kg/m^3，特殊情况下不应超过550kg/m^3。

2. 浇筑混凝土

①浇筑混凝土时，宜根据结构的不同形式选用插入式、附着式或平板式等振捣器进行振捣。对箱梁腹板与底板及顶板连接处的承托、预应力钢筋锚固区以及其他钢筋密集部位，宜特别注意振捣。浇筑混凝土时，对先张构件应避免振捣器碰撞预应力钢筋；对后张结构应避免振捣器碰撞预应力钢筋的管道、预埋件等。并应经常检查模板、管道、锚固端垫板及支座预埋件等，以保证其位置及尺寸符合设计要求。

②纵向拼接的后张梁，梁段接缝应符合设计规定，施工注意事项可参照规范有关章节执行。

③浇筑箱形梁段混凝土时，应尽可能一次浇筑完成；梁身较高时也可分两次或三次浇筑；梁身较低时可分为两次浇筑。分次浇筑时，宜先底板及腹板根部，其次腹板，最后浇顶板及翼板，同时应符合规范有关规定。

④混凝土浇筑完成并初凝后，应立即开始养护，并应符合规范的规定。

4.4.2　预应力钢筋

预应力混凝土结构所采用的钢丝、钢绞线和钢棒等的质量，应符合现行国家标准的规定。预应力混凝土用钢丝应符合《预应力混凝土用钢丝》（GB/T 5223—2002）的要求；预应力混凝土用钢绞线应符合《预应力混凝土用钢绞线》（GB/T 5224—2003）的要求；预应力混凝土用钢棒应符合《预应力混凝土用钢棒》（GB/T 5223.3—2005）的要求。其力学性能及表面质量的允许偏差应符合规范相关规定。新产品及进口材料的质量应符合相应现行国家标准的规定。对大桥等重要工程使用的钢丝、钢绞线和钢棒，进场时应进行检验；对其他桥梁，其预应力钢材的力学性能，可仅进行抗拉强度试验，或由生产厂家提供力学性能试验报告。预应力钢筋的实际强度不得低于现行国家标准的规定。预应力钢筋的试验方法应按现行国家标准的规定执行。预应力钢筋抗拉强度标准值见表4-24。

预应力钢筋抗拉强度标准值（MPa）　表4-24

钢筋种类			符号	f_{pk}
钢绞线	1×2 （两股）	$d=8.0$、10.0 $d=12.0$	Φ^S	1470、1570、1720、1860 1470、1570、1720
	1×3 （三股）	$d=8.6$、10.8 $d=12.9$		1470、1570、1720、1860 1470、1570、1720
	1×7 （七股）	$d=9.5$、11.1、12.7 $d=15.2$		1860 1720、1860
消除应力钢丝	光面螺旋肋	$d=4.5$ $d=6$ $d=7$、8、9	Φ^P Φ^H	1470、1570、1670、1770 1570、1670 1470、1570
	刻痕	$d=5.7$	Φ^I	1470、1570
精轧螺纹钢筋		$d=40$ $d=18$、25、32	JL	540 540、785、930

注：表中d系指国家标准中钢绞线、钢丝和精轧螺纹钢筋的公称直径，单位mm。

1. 预应力钢丝

预应力钢丝是用热轧盘条经冷拉制成的再加工产品。冷拔低碳钢丝的力学性能应符合规范的规定。预应力钢丝进场时应分批验收，验收时，除应对其质量证明书、包装、标志和规格等进行检查外，尚须按下列规定进行检验。

①钢丝应分批检验,每批重量不大于60t。先从每批中抽查5%,但不少于5盘,进行形状、尺寸和表面检查,如检查不合格,则将该批钢丝逐盘检查。在上述检查合格的钢丝中抽取5%,但不少于3盘,在每盘钢丝的两端取样进行抗拉强度、弯曲和伸长率的试验,其力学性能应符合规范的要求。试验结果如有一项不合格时,则不合格盘报废,并从同批未试验过的钢丝盘中取双倍数量的试样进行该不合格项的复验,如仍有一项不合格,则该批钢丝为不合格。

②冷拔低碳钢丝应逐盘进行抗拉强度、伸长率和弯曲试验。从每盘钢丝上任一端截去不少于500mm后再取两个试样,分别做拉力和180°反复弯曲试验,试验结果应符合规范要求。弯曲试验后,不得有裂纹、鳞落或断裂现象。

2. 钢绞线

钢绞线进场时应分批验收,验收时,除应对其质量证明书、包装、标志和规格等进行检查外,尚须按规定进行检验。从每批钢绞线中任取3盘,并从每盘所选的钢绞线端部正常部位截取一根试样进行表面质量、直径偏差和力学性能试验。如每批少于3盘,则应逐盘取样进行上述试验。试验结果如有一项不合格时,则不合格盘报废,并再从该批未试验过的钢绞线中取双倍数量的试样进行该不合格项的复验,如仍有一项不合格,则该批钢绞线为不合格。每批钢绞线的重量应不大于60t。

3. 粗钢筋

预应力钢筋进场时应分批验收,验收时,除应对其质量证明书、包装、标志和规格等进行检查外,尚需按下列规定进行检验。

(1)钢棒

①从每批钢筋中抽取10%的盘数(不小于25盘)进行表面质量和尺寸偏差的检查。如检查不合格,则应对该批钢筋进行逐盘检查。

②从每批钢筋中抽取10%的盘数(不小于25盘)进行力学性能试验。试验结果如有一项不合格时,该不合格盘应报废,并再从未试验过的钢筋中取双倍数量的试样进行复验,如仍有一项不合格,则该批钢筋为不合格。

③每批钢筋的重量应不大于60t。

(2)冷拉钢筋

冷拉Ⅳ级钢筋可用作预应力混凝土结构的预应力钢筋,其力学性能应符合规范规定。其进场时应分批验收,验收时,除应对其质量证明书、包装、标志和规格等进行检查外,尚须按下列规定进行检验。

①应分批进行检验,每批重量不得大于20t。每批钢筋的级别和直径均应相同。每批钢筋外观经逐根检查合格后,再从任选的两根钢筋上各取一套试件,按照现行国家标准的规定进行拉力试验(屈服强度、抗拉强度、伸长率)和冷弯试验。如有一项试验结果不符合规范所规定的要求时,则另取双倍数量的试件重做全部各项试验,如仍有一根试件不合格,则该批钢筋为不合格。

②计算冷拉钢筋的屈服强度和抗拉强度时,采用冷拉前的公称截面面积。

③钢筋冷拉后,其表面不得有裂纹和局部缩颈。

④冷弯试验后,冷拉钢筋的外观不得有裂纹、鳞落或断裂现象。

(3)精轧螺纹钢筋

用于预应力混凝土结构中的高强精轧螺纹钢筋,其力学性能和表面质量应符合规范的规定。精轧螺纹钢筋应分批进行检验,每批重量不大于100t,对表面质量应逐根目视检查,外观检查合格后在每批中任选2根钢筋截取试件进行拉伸试验。试验结果如有一项不符合规范所规定的要求时,则另取双倍数量的试件重做各项试验,如仍有一根试件不合格,则该批钢筋为不合格。拉伸试验的试件,不允许进行任何形式的加工。

4. 预应力钢筋保护

预应力材料必须保持清洁,在存放和搬运过程中应避免机械损伤和有害的锈蚀。如进场后需长时间存放时,必须安排定期的外观检查。预应力钢筋和金属管道在仓库内保管时,仓库应干燥、防潮、通风良好、无腐蚀气体和介质;在室外存放时,时间不宜超过6个月,不得直接堆放在地面上,必须采取垫以枕木并用苫布覆盖等有效措施,防止雨露和各种腐蚀性气体、介质的影响。锚具、夹具和连接器均应设专人保管。存放、搬运时均应妥善保护,避免锈蚀、玷污、遭受机械损伤或散失。临时性的防护措施应不影响安装操作的效果和永久性防锈措施的实施。

5. 预应力钢筋制作

(1)下料

①预应力钢筋的下料长度应通过计算确定,计算时应考虑结构的孔道长度或台座长度、锚夹具厚度、千斤顶长度、焊接接头或镦头预留量、冷拉伸长值、弹性回缩值、张拉伸长值和外露长度等因素。钢丝束两端采用镦头锚具

时,同一束中各根钢丝下料长度的相对差值,当钢丝束长度小于或等于 20m 时,不宜大于 1/3000;当钢丝束长度大于 20m 时,不宜大于 1/5000,且不大于 5mm。长度不大于 6m 的先张构件,当钢丝成组张拉时,同组钢丝下料长度的相对差值不得大于 2mm。

②钢丝、钢绞线、钢棒、冷拉 IV 级钢筋、冷拔低碳钢丝及精轧螺纹钢筋的切断,宜采用切断机或砂轮锯,不得采用电弧切割。

(2)冷拉钢筋接头

①冷拉钢筋的接头,应在钢筋冷拉前采用一次闪光顶锻法进行对焊,对焊后尚应进行热处理,以提高焊接质量。钢筋焊接后其轴线偏差不得大于钢筋直径的 1/10,且不得大于 2mm,轴线曲折的角度不得超过 4°。采用后张法张拉的钢筋,焊接后尚应敲除毛刺,但不得减损钢筋截面面积。对焊接头的质量检验方法,应符合规范有关规定。

②预应力钢筋有对焊接头时,除非设计另有规定,宜将接头设置在受力较小处,在结构受拉区及在相当于预应力钢筋直径 30 倍长度的区段(不小于 500mm)范围内,对焊接头的预应力钢筋截面面积不得超过该区段预应力钢筋总截面面积的 25%。

③冷拉钢筋采用螺丝端杆锚具时,应在冷拉前焊接螺丝端杆,并应在冷拉时将螺母置于端杆端部。

(3)预应力钢筋镦粗头

预应力钢筋镦头锚固时,对于高强钢丝,宜采用液压冷镦;对于冷拔低碳钢丝,可采用冷冲镦粗;对于钢筋,宜采用电热镦粗,但 IV 级钢筋镦粗后应进行电热处理。冷拉钢筋端头的镦粗及热处理工作,应在钢筋冷拉之前进行,否则应对镦头逐个进行张拉检查,检查时的控制应力应不小于钢筋冷拉的控制应力。

(4)预应力钢筋冷拉

预应力钢筋的冷拉,可采用控制应力或控制冷拉率的方法。但对不能分清炉批号的热轧钢筋,不应采取控制冷拉率的方法。

①当采用控制应力方法冷拉钢筋时,其冷拉控制应力下的最大冷拉率,应符合表 4-25 的规定。冷拉时应检查钢筋的冷拉率,当超过表 4-25 中的规定时,应进行力学性能检验。

冷拉控制应力及最大冷拉率 表 4-25

钢筋级别	钢筋直径(mm)	冷拉控制应力(MPa)	最大冷拉率(%)
IV 级	10 ~ 28	700	4.0

②当采用控制冷拉率方法冷拉钢筋时,冷拉率必须由试验确定。测定同炉批钢筋冷拉率时,其试样不少于 4 个,并取其平均值作为该批钢筋实际采用的冷拉率。测定冷拉率时钢筋的冷拉应力应符合表 4-26 的规定。

测定冷拉率时钢筋的冷拉应力 表 4-26

钢筋级别	钢筋直径(mm)	冷拉控制应力(MPa)
IV 级	10 ~ 28	730

注:当钢筋平均冷拉率低于 1% 时,仍应按 1% 进行冷拉。

冷拉多根连接的钢筋,冷拉率可按总长计,但冷拉后每根钢筋的冷拉率应符合表 4-25 的规定。

③钢筋的冷拉速度不宜过快,宜控制在 5MPa/s 左右。冷拉至规定的控制应力(或冷拉率)后,应停置 1 ~ 2min 再放松。冷拉后,有条件时宜进行时效处理。应按冷拉率大小分组堆放,以备编束时选料。冷拉钢筋时应做记录。当采用控制应力方法冷拉钢筋时,对使用的测力计应经常进行校验。

(5)预应力钢筋冷拔

预应力钢筋采用冷拔低碳钢丝时,应采用 6 ~ 8mm 的 I 级热轧钢筋盘条拔制。拔丝模孔为盘条原直径的 0.85 ~ 0.9,拔制次数一般不超过 3 次,超过 3 次时应将拔丝退火处理。拉拔总压缩率应控制在 60% ~ 80%,平均拔丝速度应为 50 ~ 70m/min。冷拔达到要求直径后,应按规范进行检验,以决定其组别和力学性能(包括伸长率)。

(6)钢丝钢绞线编束

预应力钢筋由多根钢丝或钢绞线组成时,同束内应采用强度相等的预应力钢材。编束时,应逐根理顺,绑扎牢固,防止互相缠绕。

4.4.3 锚具

预应力钢筋锚具、夹具和连接器应具有可靠的锚固性能、足够的承载能力和良好的适用性,能保证充分发挥预应力钢筋的强度，安全地实现预应力张拉作业，并应符合现行国家标准《预应力筋用锚具、夹具和连接器》(GB/T 14370—2007)的要求。

1. 预应力钢筋锚具

预应力钢筋锚具应按设计要求采用。锚具应满足分级张拉、补张拉以及放松预应力的要求。用于后张结构时，锚具或其附件上宜设置压浆孔或排气孔，压浆孔应有足够的截面面积，以保证浆液的畅通。预应力混凝土梁桥锚具如图 4-7 所示。

图 4-7　预应力混凝土梁桥锚具

梁桥锚具规格一般采用 M15-N 锚具。M 表示锚具汉语拼音第一个字母，15 表示规范规定使用钢绞线强度为 1860MPa 级的钢绞线规格 $d = 15.24\text{mm}$，N 表示所要穿载的钢绞线根数。

2. 夹具

夹具应具有良好的自锚性能、松锚性能和重复使用性能。需敲击才能松开的夹具，必须保证其对预应力钢筋的锚固没有影响，且对操作人员的安全不造成危险。

3. 连接器

用于后张法的连接器，必须符合锚具的性能要求；用于先张法的连接器，必须符合夹具的性能要求。

4. 进场验收规定

锚具、夹具和连接器进场时，除应按出厂合格证和质量证明书核查其锚固性能类别、型号、规格及数量外，还应按下列规定进行验收：

(1)外观检查

应从每批中抽取 10% 的锚具且不少于 10 套，检查其外观和尺寸。如有一套表面有裂纹或超过产品标准及设计图纸规定尺寸的允许偏差，则应另取双倍数量的锚具重做检查，如仍有一套不符合要求，则应逐套检查，合格者方可使用。

(2)硬度检验

应从每批中抽取 5% 的锚具且不少于 5 套，对其中有硬度要求的零件做硬度试验，对多孔夹片式锚具的夹片，每套至少抽取 5 片。每个零件测试 3 点，其硬度应在设计要求范围内，如有一个零件不合格，则应另取双倍数量的零件重做试验，如仍有一个零件不合格，则应逐个检查，合格者方可使用。

(3)静载锚固性能试验

对大桥等重要工程，当质量证明书不齐全、不正确或质量有疑点时，经上述两项试验合格后，应从同批中抽取 6 套锚具(夹具或连接器)组成 3 个预应力钢筋锚具组装件，进行静载锚固性能试验，如有一个试件不符合要求，则应另取双倍数量的锚具(夹具或连接器)重做试验，如仍有一个试件不符合要求，则该批锚具(夹具或连接器)为不合格品。对用于其他桥梁的锚具(夹具或连接器)进场验收，其静载锚固性能可由锚具生产厂提供试验报告。

预应力钢筋锚具、夹具和连接器验收批的划分：在同种材料和同一生产工艺条件下，锚具、夹具应以不超过 1000 套组为一个验收批；连接器以不超过 500 套组为一个验收批。

4.4.4　先张法

先张法是为了提高钢筋混凝土构件的抗裂性能以及避免钢筋混凝土构件过早出现裂缝，而在混凝土构件预制过程中对其预先施加应力以提高构件性能的一种方法。通常在浇灌混凝土之前张拉预应力钢筋的制作方法也称为先张法。

1. 台座

先张法墩式台座结构应符合下列规定：

①承力台座须具有足够的强度和刚度，其抗倾覆安全系数应不小于 1.5，抗滑移系数应不小于 1.3。

②横梁须有足够的刚度，受力后挠度应不大于 2mm。

③在台座上铺放预应力钢筋时，应采取措施防止玷污预应力钢筋。

④张拉前，应对台座、横梁及各项张拉设备进行详细检查，符合要求后可进行操作。

2. 张拉

①同时张拉多根预应力钢筋时，应预先调整其初应力，使相互之间的应力一致；张拉过程中，应使活动横梁与固定横梁始终保持平行，并应抽查预应力筋的预应力值，其偏差的绝对值不得超过按一个构件全部预应力筋预应力总值的5%。

②预应力钢筋张拉完毕后，与设计位置的偏差不得大于5mm，同时不得大于构件最短边长的4%。

③预应力钢筋张拉应符合设计要求，设计无规定时，其张拉程序可按表4-27规定进行。

先张法预应力钢筋张拉程序　　表4-27

预应力钢筋种类	张拉程序
钢筋	0→初应力→$1.05\sigma_{con}$（持荷2min）→$0.9\sigma_{con}$→σ_{con}（锚固）
钢丝、钢绞线	0→初应力→$1.05\sigma_{con}$（持荷2min）→0→σ_{con}（锚固）
	对于夹片式等具有自锚性能的锚具： 普通松弛预应力筋 0→初应力→$1.03\sigma_{con}$（锚固） 低松弛预应力筋 0→初应力→σ_{con}（持荷2min锚固）

注：1. 表中σ_{con}为张拉时的控制应力值，包括预应力损失值。

2. 超张拉数值超过规范规定的最大超张拉应力限值时，应按规范规定的限制张拉应力进行张拉。

3. 张拉钢筋时，为保证施工安全，应在超张拉放张至$0.9\sigma_{con}$时安装模板、普通钢筋及预埋件等。

④张拉时，预应力钢筋的断丝数量不得超过表4-28的规定。

先张法预应力钢筋断丝限制　　表4-28

类别	检查项目	控制数
钢丝、钢绞线	同一构件内断丝数不得超过钢丝总数的	1%
钢筋	断筋	不容许

3. 放张

①预应力钢筋放张时的混凝土强度须符合设计规定，设计未规定时，不得低于设计的混凝土强度等级值的75%。

②预应力钢筋的放张顺序应符合设计要求，设计未规定时，应分阶段、对称、相互交错地放张。在预应力筋放张之前，应将限制位移的侧模、翼缘模板或内模拆除。

③多根整批预应力钢筋的放张，可采用沙箱法或千斤顶法。用沙箱放张时，放沙速度应均匀一致；用千斤顶放张时，放张宜分数次完成。单根钢筋采用拧松螺母的方法放张时，宜先两侧后中间，并不得一次将一根力筋松完。

④钢筋放张后，可用乙炔—氧气切割，但应采取措施防止烧坏钢筋端部。钢丝放张后，可用切割、锯断或剪断的方法切断；钢绞线放张后，可用砂轮锯切断。

⑤长线台座上预应力钢筋的切断顺序，应由放张端开始，逐次切向另一端。

4.4.5　后张法

后张法是指先浇筑混凝土，待其达到设计强度75%以上后再张拉预应力钢筋以形成预应力混凝土构件的施工方法。后张法施工工艺流程是检查构件→穿预应力钢筋→安装锚具、张拉设备及预检→张拉→孔道压浆。

4.4.5.1　孔道

在后张有黏结预应力混凝土结构中，预应力筋的孔道宜由浇筑在混凝土中的刚性或半刚性管道构成，对一般工程，也可采取钢管抽芯、胶管抽芯及金属伸缩套管抽芯等方法进行预留。浇筑在混凝土中的管道应不允许有漏浆现象。管道应具有足够的强度，以使其在混凝土的重量作用下能保持原有的形状，且能按要求传递黏结应力。

1. 孔道材料

①除规范规定之外，刚性或半刚性管道应是金属的。刚性管道应具有光滑的内壁并可被弯曲成适当的形状而不出现卷曲或被压扁；半刚性管道应是波纹状的预应力混凝土用金属波纹管。金属管道宜尽量采用镀锌材料制作。

②制作预应力混凝土用金属波纹管的钢带应符合现行《铠装电缆用钢带》（YB/T 024—2008）的有关标准规定，并附有合格证书。钢带厚度应根据管道直径、设置时间（在浇筑混凝土前或后设置钢束）及是否有特殊用途而定，一般情况厚度不宜小于0.3mm。

2. 金属波纹管的检验

①金属波纹管进场时，除应按出厂合格证和质量保证书核对其类别、型号、规格及数量外，还应对其外观、尺寸、

集中荷载下的径向刚度、荷载作用后的抗渗漏及抗弯曲渗漏等进行检验。工地自行加工制作的管道亦应进行上述检验。上述检验方法可参照现行《预应力混凝土用金属波纹管》(JG 225—2007)的规定执行,其取样数量、检验内容和顺序及质量要求见规范相关规定。

②金属波纹管应按批进行检验。每批应由同一钢带生产厂生产的同一批钢带所制造的金属波纹管组成,累计半年或50000m生产量为一批,不足半年产量或50000m也作为一批的,则取产量最多的规格。

③当按规范规定的项目检验结果有不合格项目时,应以双倍数量的试件对该不合格项目进行复验,复验仍不合格时,则该批产品为不合格。

3. 孔道的其他要求

①在桥梁某些特殊部位,当设计规定时,可采用符合要求的平滑钢管和高密度聚乙烯管。

②用做管道的平滑钢管和聚乙烯管,其壁厚不得小于2mm。

③一般情况下,管道的内横截面积至少应是预应力钢筋净截面积的2.0~2.5倍。如果由于某种原因,管道与预应力钢筋的面积比低于给定的极限,则应通过试验验证其可以进行正常压浆作业。对于超长钢束的管道,亦应通过试验来确定其面积比。

④制孔采用胶管抽芯法时,胶管内应插入芯棒或充以压力水,以增加刚度;采用钢管抽芯法时,钢管表面应光滑,焊接接头应平顺。抽芯时间应通过试验确定,以混凝土抗压强度达到0.4~0.8MPa时为宜,抽拔时不应损伤结构混凝土。抽芯后,应用通孔器或压气、压水等方法对孔道进行检查,如发现孔道堵塞或有残留物或与邻孔有串通,应及时处理。

4. 预留孔道

①预应力钢筋预留孔道的尺寸与位置应正确,孔道应平顺,端部的预埋钢垫板应垂直于孔道中心线。

②管道应采用定位钢筋固定安装,使其能牢固地置于模板内的设计位置,并在混凝土浇筑期间不产生位移。固定各种成孔管道用的定位钢筋的间距,对于钢管不宜大于1m;对于波纹管不宜大于0.8m;对于胶管不宜大于0.5m;对于曲线管道宜适当加密。

③金属管道接头处的连接管宜采用大一个直径级别的同类管道,其长度宜为被连接管道内径的5~7倍。连接时应不使接头处产生角度变化及在混凝土浇筑期间发生管道的转动或移位,并应缠裹紧密防止水泥浆的渗入。

④所有管道均应设压浆孔,还应在最高点设排气孔及需要时在最低点设排水孔。压浆管、排气管和排水管应是最小内径为20mm的标准管或适宜的塑性管,与管道之间的连接应采用金属或塑料结构扣件,长度应足以从管道引出结构物以外。

⑤管道在模板内安装完毕后,应将其端部盖好,防止水或其他杂物进入。

4.4.5.2 预应力钢筋安装

预应力钢筋可在浇筑混凝土之前或之后穿入管道,对钢绞线,可将一根钢束中的全部钢绞线编束后整体装入管道中,也可逐根将钢绞线穿入管道。穿束前应检查锚垫板和孔道,锚垫板应位置准确,孔道内应畅通,无水和其他杂物。

1. 预应力钢筋安装后的保护

①对在混凝土浇筑及养生之前安装在管道中但在下列规定时限内没有压浆的预应力钢筋,应采取防止锈蚀或其他防腐蚀的措施,直至压浆。

不同暴露条件下,未采取防腐蚀措施的预应力筋在安装后至压浆时的容许间隔时间如下:空气湿度大于70%或盐分过大时7d;空气湿度40%~70%时15d;空气湿度小于40%时20d。

②在预应力筋安装在管道中后,管道端部开口应密封以防止湿气进入。采用蒸汽养生时,在养生完成之前不应安装力筋。

③在任何情况下,当在安装有预应力钢筋的构件附近进行电焊时,对全部预应力钢筋和金属件均应进行保护,防止溅上焊渣或造成其他损坏。

2. 全面检查

对在混凝土浇筑之前穿束的管道,预应力筋安装完成后,应进行全面检查,以查出可能被损坏的管道。在混凝土浇筑之前,必须将管道上一切非有意留的孔、开口或损坏之处修复,并应检查预应力筋能否在管道内自由滑动。

4.4.5.3 施加预应力

在预应力混凝土结构中,预应力构件的张拉应力控制,直接影响到预应力的效果。在具体的施工操作时,应建立准确的、符合设计要求的有效预应力值。

1. 张拉设备

施加预应力所用的机具设备及仪表应由专人使用和管理，并应定期维护和校验。千斤顶与压力表应配套校验，以确定张拉力与压力表之间的关系曲线，校验应在经主管部门授权的法定计量技术机构定期进行。

张拉机具设备应与锚具配套使用，并应在进场时进行检查和校验。对长期不使用的张拉机具设备，应在使用前进行全面校验。使用期间的校验期限应视机具设备的情况确定，当千斤顶使用超过 6 个月或 200 次或在使用过程中出现不正常现象或检修以后应重新校验。弹簧测力计的校验期限不宜超过 2 个月。

2. 准备工作

对预应力筋施加预应力之前，必须完成或检验以下工作：

①施工现场应具备经批准的张拉程序和现场施工说明书。

②现场已有具备预应力施工知识和正确操作的施工人员。

③锚具安装正确，对后张构件，混凝土已达到要求的强度。

④施工现场已具备确保全体操作人员和设备安全的必要的预防措施。

实施张拉时，应使千斤顶的张拉力作用线与预应力钢筋的轴线重合一致。

3. 张拉应力的控制

①预应力钢筋的张拉控制应力应符合设计要求。当施工中预应力钢筋需要超张拉或计入锚圈口预应力损失时，可比设计要求提高 5%，但在任何情况下不得超过设计规定的最大张拉控制应力。

②预应力钢筋采用应力控制方法张拉时，应以伸长值进行校核，实际伸长值与理论伸长值的差值应符合设计要求。设计无规定时，实际伸长值与理论伸长值的差值应控制在 6% 以内，否则应暂停张拉，待查明原因并采取措施予以调整后，方可继续张拉。

③预应力钢筋的理论伸长值 ΔL(mm)可按式(4-5)计算。

$$\Delta L = \frac{P_P L}{A_P E_P} \tag{4-5}$$

式中：P_P——预应力钢筋的平均张拉力(N)，直线筋取张拉端的拉力，两端张拉的曲线筋，计算方法见规范相关内容；

L——预应力钢筋的长度(mm)；

A_P——预应力钢筋的截面面积(mm^2)；

E_P——预应力钢筋的弹性模量(N/mm^2)。

④预应力钢筋张拉时，应先调整到初应力 σ_0，该初应力宜为张拉控制应力 σ_{con} 的 10% ~15%，伸长值应从初应力时开始量测。预应力筋的实际伸长值除量测的伸长值外，必须加上初应力以下的推算伸长值。对后张法构件，在张拉过程中产生的弹性压缩值一般可省略。

预应力钢筋张拉的实际伸长值 ΔL(mm)，可按式(4-6)计算。

$$\Delta L = \Delta L_1 + \Delta L_2 \tag{4-6}$$

式中：ΔL_1——从初应力至最大张拉应力间的实测伸长值(mm)；

ΔL_2——初应力以下的推算伸长值(mm)，可采用相邻级的伸长值。

⑤必要时，应对锚圈口及孔道摩阻损失进行测定，张拉时予以调整。锥形锚具摩阻损失值的测定方法可参见规范相关内容。

⑥预应力钢筋的锚固，应在张拉控制应力处于稳定状态下进行。锚固阶段张拉端预应力钢筋的内缩量，应不大于设计规定或不大于表 4-29 所列容许值。

⑦预应力钢筋张拉及放松时，均应填写施工记录。

4. 预应力张拉

①对预应力筋施加预应力之前，应对构件进行检验，外观和尺寸应符合质量标准要求。张拉时，构件的混凝土强度应符合设计要求，设计未规定时，不应低于设计强度等级值的 75%。

②预应力钢筋的张拉顺序应符合设计要求，当设计未规定时，可采取分批、分阶段对称张拉。

③应使用能张拉多根钢绞线或钢丝的千斤顶同时对每一钢束中的全部预应力筋施加应力，但对扁平管道中不多于 4 根的钢绞线除外。

锚具变形、预应力钢筋回缩和接缝压缩容许值(mm)　　表 4-29

锚具、接缝类型		变形形式	容许值 ΔL
钢制锥形锚具		预应力筋回缩、锚具变形	6
夹片式锚具(用于预应力钢绞线)		预应力筋回缩、锚具变形	6
镦头锚具		缝隙压密	1
JM15 锚具	用于预应力钢丝时	预应力筋回缩、锚具变形	3
	用于预应力钢绞线时		6
粗钢筋锚具(用于精轧螺纹钢筋)		预应力筋回缩、锚具变形	1
每块后加垫板的缝隙		缝隙压密	1
水泥砂浆接缝		缝隙压密	1
环氧树脂砂浆接缝		缝隙压密	1

④预应力钢筋张拉端的设置应符合设计要求,当设计无具体要求时,应符合下列规定:对曲线预应力钢筋或长度大于等于 25m 的直线预应力钢筋,宜在两端张拉;对长度小于 25m 的直线预应力钢筋,可在一端张拉。曲线配筋的精轧螺纹钢筋应在两端张拉,直线配筋的可在一端张拉。当同一截面中有多束一端张拉的预应力钢筋时,张拉端宜分别设置在构件的两端。预应力钢筋采用两端张拉时,可先在一端张拉锚固后,再在另一端补足预应力值进行锚固。

⑤后张预应力钢筋的张拉应符合设计要求,设计无规定时,其张拉程序可参照表 4-30 进行。

后张法预应力钢筋张拉程序　　表 4-30

预应力钢筋		张拉程序
钢筋、钢筋束		0→初应力→$1.05\sigma_{con}$(持荷 2min)→σ_{con}(锚固)
钢绞线束	对于夹片式等具有自锚性能的锚具	普通松弛预应力筋 0→初应力→$1.03\sigma_{con}$(锚固) 低松弛预应力筋 0→初应力→σ_{con}(持荷 2min 锚固)
	其他锚具	0→初应力→$1.05\sigma_{con}$(持荷 2min)→σ_{con}(锚固)
钢丝束	对于夹片式等具有自锚性能的锚具	普通松弛预应力筋 0→初应力→$1.03\sigma_{con}$(锚固) 低松弛预应力筋 0→初应力→σ_{con}(持荷 2min 锚固)
	其他锚具	0→初应力→$1.05\sigma_{con}$(持荷 2min)→0→σ_{con}(锚固)
精轧螺纹钢筋	直线配筋时	0→初应力→σ_{con}(持荷 2min 锚固)
	曲线配筋时	0→σ_{con}(持荷 2min)→0(上述程序可反复几次)→初应力→σ_{con}(持荷 2min 锚固)

注:1. 表中 σ_{con} 为张拉时的控制应力,包括预应力损失值。
2. 两端同时张拉时,两端千斤顶升降压、画线、测伸长、插垫等工作应基本一致。
3. 梁的竖向预应力钢筋可一次张拉到控制应力,然后于持荷 5min 后测伸长和锚固。
4. 超张拉数值超过规范规定的最大超张拉应力限值时,应按规定的限值进行张拉。

⑥后张预应力钢筋断丝及滑移不得超过表 4-31 的控制数。

后张预应力钢筋断丝、滑移限制　　表 4-31

类别	检查项目	控制数
钢丝束和钢绞线束	每束钢丝断丝或滑丝	1 根
	每束钢绞线断丝或滑丝	1 丝
	每个断面断丝之和不超过该断面钢丝总数的	1%
单根钢筋	断筋或滑移	不容许

注:1. 钢绞线断丝系指单根钢绞线内钢丝的断丝。
2. 超过表列控制数时,原则上应更换,当不能更换时,在许可的条件下,可采取补救措施,如提高其他束预应力值,但须满足设计上各阶段极限状态的要求。

⑦预应力钢筋在张拉控制应力达到稳定后方可锚固。预应力钢筋锚固后的外露长度不宜小于 30mm,锚具应用封端混凝土保护,当需长期外露时,应采取防止锈蚀的措施。一般情况下,锚固完毕并经检验合格后即可切割端头多余的预应力钢筋,严禁用电弧焊切割,强调用砂轮机切割。

4.4.5.4 孔道压浆

预应力钢筋张拉后,孔道应尽早压浆。

1. 材料

孔道压浆宜采用水泥浆,所用材料应符合下列要求:

①宜采用硅酸盐水泥或普通水泥。采用矿渣水泥时,应加强检验,防止材性不稳定。水泥的强度等级不宜低于42.5。水泥不得含有任何团块。

②应不含有对预应力钢筋或水泥有害的成分,每升水不得含500mg以上的氯化物离子或任何一种其他有机物。可采用清洁的饮用水。

③宜采用具有低含水率、流动性好、最小渗出及膨胀性等特性的外加剂,它们应不得含有对预应力钢筋或水泥有害的化学物质。外加剂的用量应通过试验确定。

2. 水泥浆技术要求

水泥浆的强度应符合设计规定,设计无具体规定时,应不低于30MPa。对截面较大的孔道,水泥浆中可掺入适量的细砂。水泥浆应符合下列规定:

①水灰比宜为0.40~0.45,掺入适量减水剂时,水灰比可减小到0.35。

②水泥浆的泌水率最大不得超过3%,拌和后3h泌水率宜控制在2%,泌水应在24h内重新全部被浆吸回。

③通过试验后,水泥浆中可掺入适量膨胀剂,但其自由膨胀率应小于10%。泌水率和膨胀率的试验方法见规范相关内容。

④水泥浆稠度宜控制在14~18s之间,稠度的试验方法见规范相关内容。

3. 清洁孔道

压浆前,应对孔道进行清洁处理。对抽芯成型的混凝土空心孔道应冲洗干净并使孔壁完全湿润;金属管道必要时亦应冲洗以清除有害材料;对孔道内可能发生的油污等,可采用已知对预应力钢筋和管道无腐蚀作用的中性洗涤剂或皂液,用水稀释后进行冲洗。冲洗后,应使用不含油的压缩空气将孔道内的所有积水吹出。

4. 压浆

①水泥浆自拌制至压入孔道的延续时间,视气温情况而定,一般在30~45min范围内。水泥浆在使用前和压注过程中应连续搅拌。对于因延迟使用所致的流动度降低的水泥浆,不得通过加水来增加其流动度。

②压浆时,对曲线孔道和竖向孔道应从最低点的压浆孔压入,由最高点的排气孔排气和泌水。压浆顺序宜先压注下层孔道。

③压浆应缓慢、均匀地进行,不得中断,并应将所有最高点的排气孔依次一一放开和关闭,使孔道内排气通畅。较集中和邻近的孔道,宜尽量先连续压浆完成,不能连续压浆时,后压浆的孔道应在压浆前用压力水冲洗通畅。

④对掺加外加剂泌水率较小的水泥浆,通过试验证明能达到孔道内饱满时,可采用一次压浆的方法;不掺外加剂的水泥浆,可采用二次压浆法,两次压浆的间隔时间宜为30~45min。

⑤压浆应使用活塞式压浆泵,不得使用压缩空气。压浆的最大压力宜为0.5~0.7MPa;当孔道较长或采用一次压浆时,最大压力宜为1.0MPa。梁体竖向预应力钢筋孔道的压浆最大压力可控制在0.3~0.4MPa。压浆应达到孔道另一端饱满和出浆,并应达到排气孔排出与规定稠度相同的水泥浆为止。为保证管道中充满灰浆,关闭出浆口后,应保持不小于0.5MPa的一个稳压期,该稳压期不宜少于2min。

⑤压浆过程中及压浆后48h内,结构混凝土的温度不得低于5℃,否则应采取保温措施。当气温高于35℃时,压浆宜在夜间进行。

⑥压浆后应从检查孔抽查压浆的密实情况,如有不实,应及时处理和纠正。压浆时,每一工作班应留取不少于3组的70.7mm×70.7mm×70.7mm立方体试件,标准养护28d,检查其抗压强度,作为评定水泥浆质量的依据。

⑦对需封锚的锚具,压浆后应先将其周围冲洗干净并对梁端混凝土凿毛,然后设置钢筋网浇筑封锚混凝土。封锚混凝土的强度应符合设计规定,一般不宜低于构件混凝土强度等级值的80%。必须严格控制封锚后的梁体长度。长期外露的锚具,应采取防锈措施。

⑧对后张预制构件,在管道压浆前不得安装就位,在压浆强度达到设计要求后方可移运和吊装。

⑨孔道压浆应填写施工记录。

4.4.6 质量检验

对工程质量的检验,除一般混凝土、钢筋混凝土工程的应有检验项目外,尚应进行钢筋冷拉、预应力钢材编束、孔道预留、施加预应力、孔道压浆等项目的施工检验以及预应力钢筋、张拉机具、锚夹具的质量检验。

1. 允许偏差

预应力钢筋制作安装的允许偏差列于表4-32及表4-33。

先张预应力钢筋制作安装允许偏差　　表4-32

项目		允许偏差(mm)
镦头钢丝同束长度相对差	束长>20m	$L/5000$ 及5
	束长6~20m	$L/3000$
	束长<6m	2
冷拉钢筋接头在同一平面的轴线偏位		2及1/10直径
预应力筋张拉后的位置与设计位置之间偏位		4%构件最短边长及5

后张预应力钢筋制作安装允许偏差　　表4-33

项目		允许偏差(mm)
管道坐标	梁长方向	30
	梁高方向	10
管道间距	同排	10
	上下层	10

2. 梁体质量

梁体质量应符合下列规定:混凝土质量检验应符合规范有关规定。混凝土表面应平整、密实,预应力部位不得有蜂窝、露筋现象。

4.5 钢筋混凝土基础施工

灌注桩施工应具备工程地质资料和水文地质资料,水、水泥、砂、石、钢筋等原材料及制品的质量检验报告。灌注桩施工时,应按有关规定制定安全生产、保护环境等措施。灌注桩施工应有完善的施工记录。

4.5.1 钻孔桩基础

钢筋混凝土钻孔灌注桩简称钻孔桩,是指在工程现场通过机械钻孔、放置钢筋笼、灌注混凝土而成的桩基础,其按成桩方法而定义的一种桩型。钻孔桩的施工工艺流程是平整场地→泥浆制备→埋设护筒→铺设工作平台→安装钻机并定位→钻进成孔→清孔并检查成孔质量→下放钢筋笼→灌注水下混凝土→拔出护筒→检查质量。

1. 施工平台

场地为浅水时,宜采用筑岛法施工。筑岛的技术要求应符合规范有关规定。筑岛面积应按钻孔方法、机具大小等要求确定;高度应高于最高施工水位0.5~1.0m。场地为深水时,可采用钢管桩施工平台、双壁钢围堰平台等固定式平台,也可采用浮式施工平台。平台须牢靠稳定,能承受工作时所有静、动荷载。平台的设计与施工可按规范的有关规定执行。双壁钢围堰平台,应符合规范规定。钢管桩施工平台施工质量要求:

①钢管桩倾斜率在1%以内。

②位置偏差在300mm以内。

③平台必须平整,各连接处要牢固,钢管桩周围需要抛砂包,并定期测量钢管桩周围河床面高程,冲刷是否超过允许程度。

④严禁船只碰撞,夜间开启平台首尾示警灯,设置救生圈以保证人身安全。

2. 护筒设置

护筒内径一般比桩径大200~400mm,分为钢护筒和钢筋混凝土护筒,其又分为水上施工和陆地施工。

①护筒中心竖直线应与桩中心线重合,除设计另有规定外,平面允许误差为50mm,竖直线倾斜不大于1%,干处可实测定位,水域可依靠导向架定位。

②旱地、筑岛处护筒可采用挖坑埋设法,护筒底部和四周所填黏质土必须分层夯实。

③水域护筒设置,应严格注意平面位置、竖向倾斜和两节护筒的连接质量均需符合上述要求。沉入时可采用压重、振动、锤击并辅以筒内除土的方法。

④护筒高度宜高出地面0.3m或水面1.0~2.0m。当钻孔内有承压水时,应高于稳定后的承压水位2.0m以上。若承压水位不稳定或稳定后承压水位高出地下水位很多,应先做试桩,鉴定在此类地区采用钻孔灌注桩基的可

行性。当处于潮水影响地区时，应高于最高施工水位1.5~2.0m，并应采用稳定护筒内水头的措施。

⑤护筒埋置深度应根据设计要求或桩位的水文地质情况确定，一般情况埋置深度宜为2~4m，特殊情况应加深以保证钻孔和灌注混凝土的顺利进行。有冲刷影响的河床，应沉入局部冲刷线以下不小于1.0~1.5m。

⑥护筒连接处要求筒内无突出物，应耐拉、压，不漏水。

3. 钻孔

(1)泥浆调制

钻孔时需要泥浆护壁，泥浆调制具体要求如下：

①钻孔泥浆一般由水、黏土(或膨润土)和添加剂按适当配合比配制而成，其性能指标可参照表4-34选用。

泥浆性能指标选择 表4-34

钻孔方法	地层情况	泥浆性能指标							
		相对密度	黏度(Pa·s)	含砂率(%)	胶体率(%)	失水率(mL/30min)	泥皮厚(mm/30min)	静切力(Pa)	酸碱度(pH)
正循环	一般地层	1.05~1.20	16~22	8~4	≥96	≤25	≤2	1~2.5	8~10
	易坍地层	1.20~1.45	19~28	8~4	≥96	≤15	≤2	3~5	8~10
反循环	一般地层	1.02~1.06	16~20	≤4	≥95	≤20	≤3	1~2.5	8~10
	易坍地层	1.06~1.10	18~28	≤4	≥95	≤20	≤3	1~2.5	8~10
	卵石土	1.10~1.15	20~35	≤4	≥95	≤20	≤3	1~2.5	8~10
推钻冲抓	一般地层	1.10~1.20	18~24	≤4	≥95	≤20	≤3	1~2.5	8~11
冲击	易坍地层	1.20~1.40	22~30	≤4	≥95	≤20	≤3	3~5	8~11

注：1. 地下水位高或其流速大时，指标取高限，反之取低限。
2. 地质状态较好，孔径或孔深较小的取低限，反之取高限。
3. 在不易坍塌的黏质土层中，使用推钻、冲抓、反循环回转钻进时，可用清水提高水头(≥2m)维护孔壁。
4. 若当地缺乏优良黏质土，远运膨润土亦很困难，调制不出合格泥浆时，可掺用添加剂改善泥浆性能，各种添加剂掺量可按规范选取。
5. 泥浆的各种性能指标测定方法见规范。

②直径大于2.5m的大直径钻孔灌注桩对泥浆的要求较高，泥浆的选择应根据钻孔的工程地质情况、孔位、钻机性能、泥浆材料条件等确定。在地质复杂，覆盖层较厚，护筒下沉不到岩层的情况下，宜使用丙烯酰胺即PHP泥浆，此泥浆的特点是不分散、低固相、高黏度。

(2)钻孔施工要求

①钻机就位前，应对钻孔各项准备工作进行检查。

②钻孔时，应按设计资料绘制的地质剖面图，选用适当的钻机和泥浆。

③钻机安装后的底座和顶端应平稳，在钻进中不应产生位移或沉陷，否则应及时处理。

④钻孔作业应分班连续进行，填写的钻孔施工记录，交接班时应交代钻进情况及下一班应注意事项。应经常对钻孔泥浆进行检测和试验，不合要求时，应随时改正。应经常注意地层变化，在地层变化处均应捞取渣样，判明后记入记录表中并与地质剖面图核对。

(3)钻进注意事项

①无论采用何种方法钻孔，开孔的孔位必须准确。开钻时均应慢速钻进，待导向部位或钻头全部进入地层后，方可加速钻进。

②采用正、反循环钻孔(含潜水钻)均应采用减压钻进，即钻机的主吊钩始终要承受部分钻具的重力，而孔底承受的钻压不超过钻具重力之和(扣除浮力)的80%。

③用全护筒法钻进时，为使钻机安装平正，压进的首节护筒必须竖直。钻孔开始后应随时检测护筒水平位置和竖直线，如发现偏移，应将护筒拔出，调整后重新压入钻进。

④在钻孔排渣、提钻头除土或因故停钻时，应保持孔内具有规定的水位和要求的泥浆相对密度和黏度。处理孔内事故或因故停钻，必须将钻头提出孔外。

⑤变截面桩的施工。全断面一次成孔或再分级扩孔钻进，分级扩孔时变截面桩开始用大直径钻头，钻到变截面处换小直径钻头钻进，达到设计高程后，再换钻头扩孔到设计直径，依次作业2~3次直到完成符合设计要求的变截

面桩。钻孔时为保持孔壁稳定，覆盖层进尺不能过快，宜采用减压吊钻钻进。

4.清孔

(1)清孔要求

①钻孔深度达到设计高程后，应对孔深、孔径进行检查，符合质量标准要求后方可清孔。

②清孔方法应根据设计要求、钻孔方法、机具设备条件和地层情况决定。

③在吊入钢筋骨架后，灌注水下混凝土之前，应再次检查孔内泥浆性能指标和孔底沉淀厚度，如超过规定，应进行第二次清孔，符合要求后方可灌注水下混凝土。

(2)清孔注意事项

①清孔方法有换浆、抽浆、掏渣、空压机喷射、砂浆置换等，可根据具体情况选择使用。

②不论采用何种清孔方法，在清孔排渣时，必须注意保持孔内水头，防止坍孔。

③无论采用何种方法清孔，清孔后应从孔底提出泥浆试样，进行性能指标试验，试验结果应符合规范规定。灌注水下混凝土前，孔底沉淀土厚度应符合规范规定。

④不得用加深钻孔深度的方式代替清孔。

5.灌注水下混凝土

(1)钢筋骨架技术要求

①钢筋骨架的制作应符合设计要求和规范有关规定。

②长桩骨架宜分段制作，分段长度应根据吊装条件确定，应确保不变形，接头应错开。

③应在骨架外侧设置控制保护层厚度的垫块，其间距竖向为2m，横向圆周不得少于4处。骨架顶端应设置吊环。

④骨架入孔一般用吊机，无吊机时，可采用钻机钻架、灌注塔架。起吊应按骨架长度的编号入孔。

⑤钢筋骨架的制作和吊放的允许偏差为：主筋间距±10mm；箍筋间距±20mm；骨架外径±10mm；骨架倾斜度±0.5%；骨架保护层厚度±20mm；骨架中心平面位置20mm；骨架顶端高程+20mm，骨架底面高程±50mm。

⑥变截面桩钢筋骨架吊放按设计要求施工。

(2)设备配置

①灌注水下混凝土的搅拌机能力，应能满足桩孔在规定时间内灌注完毕。灌注时间不得长于首批混凝土初凝时间。若估计灌注时间长于首批混凝土初凝时间，则应掺入缓凝剂。

②水下灌注混凝土的泵送机具宜采用混凝土泵，距离稍远的宜采用混凝土搅拌运输车。采用普通汽车运输时，运输容器应严密坚实，不漏浆、不吸水，便于装卸，混凝土不应离析。其途中运输与灌注混凝土温度有关时，可参照规范有关规定执行。

③水下混凝土一般用钢导管灌注，导管内径为200~350mm，视桩径大小而定。导管使用前应进行水密承压和接头抗拉试验，严禁用压气试压。进行水密试验的水压不应小于孔内水深1.3倍的压力，也不应小于导管壁和焊缝可能承受灌注混凝土时最大内压力P的1.3倍，P可按式(4-7)计算。

$$P = \gamma_c h_c - \gamma_w H_w \tag{4-7}$$

式中：P——导管可能受到的最大内压力(kPa)；

γ_c——混凝土拌和物的重度(取24kN/m^3)；

h_c——导管内混凝土柱最大高度(m)，以导管全长或预计的最大高度计；

γ_w——井孔内水或泥浆的重度(kN/m^3)；

H_w——井孔内水或泥浆的深度(m)。

(3)配制水下混凝土

①可采用火山灰水泥、粉煤灰水泥、普通硅酸盐水泥或硅酸盐水泥，使用矿渣水泥时应采取防离析措施。水泥的初凝时间不宜早于2.5h，水泥的强度等级不宜低于42.5。

②粗集料宜优先选用卵石，如采用碎石宜适当增加混凝土配合比的含砂率。集料的最大粒径不应大于导管内径的1/6~1/8和钢筋最小净距的1/4，同时不应大于40mm。

③细集料宜采用级配良好的中砂。

④混凝土配合比的含砂率宜采用0.4~0.5，水灰比宜采用0.5~0.6。有试验依据时含砂率和水灰比可酌情增大或减小。

⑤混凝土拌和物应有良好的和易性，在运输和灌注过程中应无显著离析、泌水现象。灌注时应保持足够的流动性，其坍落度宜为180～220mm。混凝土拌和物中宜掺用外加剂、粉煤灰等材料，其技术条件及掺用量可参照规范有关规定办理。

⑥每立方米水下混凝土的水泥用量不宜小于350kg，当掺有适宜数量的减水缓凝剂或粉煤灰时，可不少于300kg。混凝土拌和物的配合比，可在保证水下混凝土顺利灌注的条件下，按照规范有关混凝土配合比设计方法计算确定。

⑦对沿海地区（包括有盐碱腐蚀性地下水地区）应配制防腐蚀混凝土。

(4)灌注混凝土技术要求

①首批灌注混凝土的数量应能满足导管首次埋置深度（≥1.0m）和填充导管底部的需要，所需混凝土数量可参考式(4-8)计算。

$$V \geqslant \frac{\pi D^2}{4}(H_1 + H_2) + \frac{\pi d^2}{4}h_1 \tag{4-8}$$

式中：　V——灌注首批混凝土所需数量（m^3）；

D——桩孔直径（m）；

H_1——桩孔底至导管底端间距，一般为0.4m；

H_2——导管初次埋置深度（m）；

d——导管内径（m）；

h_1——桩孔内混凝土达到埋置深度 H_2 时，导管内混凝土柱平衡导管外（或泥浆）压力所需的高度（m），即 $h_1 = H_w\gamma_w/\gamma_c$；

H_w、γ_w、γ_c——意义同式(4-7)。

②混凝土拌和物运至灌注地点时，应检查其均匀性和坍落度等，如不符合要求，应进行第二次拌和，二次拌和后仍不符合要求时，不得使用。

③首批混凝土拌和物下落后，混凝土应连续灌注。

④在灌注过程中，特别是潮汐地区和有承压力地下水地区，应注意保持孔内水头。

⑤在灌注过程中，导管的埋置深度宜控制在2～6m。

⑥在灌注过程中，应经常测探井孔内混凝土面的位置，及时地调整导管埋深。

⑦为防止钢筋骨架上浮，当灌注的混凝土顶面距钢筋骨架底部1m左右时，应降低混凝土的灌注速度。当混凝土拌和物上升到骨架底口4m以上时，提升导管，使其底口高于骨架底部2m以上，即可恢复正常灌注速度。

⑧灌注的桩顶高程应比设计高出一定高度，一般为0.5～1.0m，以保证混凝土强度，多余部分接桩前必须凿除，残余桩头应无松散层。在灌注将近结束时，应核对混凝土的灌入数量，以确定所测混凝土的灌注高度是否正确。

⑨对变截面桩，应从最小截面的桩孔底部开始灌注，其技术要求与等截面桩相同。灌注至扩大截面处时，导管应提升至扩大截面下约2m，应稍加大混凝土灌注速度和混凝土的坍落度；当混凝土面高于扩大截面处3m后，应将导管提升至扩大截面处上1m，继续灌注至桩顶。

⑩使用全护筒灌注水下混凝土时，当混凝土面进入护筒后，护筒底部始终应在混凝土面以下，随导管的提升，逐步上拔护筒，护筒内的混凝土灌注高度，不仅要考虑导管及护筒将提升的高度，还要考虑因上拔护筒引起的混凝土面的降低，以保证导管的埋置深度和护筒底面低于混凝土面。要边灌注、边排水，保持护筒内水位稳定，不至过高，造成反穿孔。在灌注过程中，应将孔内溢出的水或泥浆引流至适当地点处理，不得随意排放污染环境及河流。灌注中发生故障时，应查明原因，合理确定处理方案，进行处理。

4.5.2　挖孔桩基础

挖孔桩是指在工程现场通过人工挖孔、放置钢筋笼、灌注混凝土而成的桩基础。挖孔桩的施工工艺流程是平整场地→浇筑孔口护圈→开挖第一节桩孔土方→桩中心位置检测→安装支护模板→浇筑护壁混凝土→安装运输架或电动葫芦→照明灯通风机水泵等→开挖吊运第二节桩孔土石方→往下依次循环作业→检查验收桩孔→制作安装钢架笼→安装混凝土检测导管→浇筑水下混凝土或普通混凝土→桩基成品检验。

1.一般规定

①挖孔灌注桩适用于无地下水或少量地下水，且较密实的土层或风化岩层。若孔内产生的空气污染物超过现

行《环境空气质量标准》(GB 3095—1996)规定的三级标准浓度限值时,必须采取通风措施,方可采用人工挖孔施工。

②挖孔直径应按照设计规定。挖孔过程中,应经常检查桩孔尺寸、平面位置和竖轴线倾斜情况,如有偏差应随时纠正。

2. 技术要求

①挖孔施工应根据地质和水文地质情况,因地制宜选择孔壁支护方案报批,并应经过计算,确保施工安全并满足设计要求。

②孔内遇到岩层须爆破时,应专门设计,宜采用浅眼松动爆破法,严格控制炸药用量并在炮眼附近加强支护。孔深大于5m时,必须采用电雷管引爆。孔内爆破后应先通风排烟15min并经检查无有害气体后,施工人员方可下井继续作业。

③挖孔达到设计深度后,应进行孔底处理。必须做到孔底表面无松渣、泥、沉淀土。如地质复杂,应钎探了解孔底以下地质情况是否能满足设计要求,否则应与监理、设计单位研究处理。

孔内无积水方可不采用水下灌注混凝土施工,不采用水下灌注混凝土时,可按规范规定施工。

4.5.3 沉井基础

钢筋混凝土沉井为圆形或矩形带刃脚的井筒,在井筒内挖土和石,并靠井筒自重下沉后接长井筒继续挖掘,清底后浇筑钢筋混凝土。沉井施工前,应根据设计单位提供的地质资料决定是否增加补充施工钻探,为编制施工技术方案提供准确依据。沉井下沉前,应对附近的堤防、建筑物和施工设备采取有效的防护措施,并在下沉过程中,经常进行沉降观测及观察基线、基点的设置情况。沉井施工前,应对洪汛、凌汛、河床冲刷、通航及漂流物等做好调查研究,需要在施工中度汛、度凌的沉井,应制订必要的措施,确保安全。

4.5.3.1 沉井制作

沉井位于浅水或可能被水淹没的岸滩上时,宜就地筑岛制作;沉井在制作至下沉过程中位于无被水淹没可能的岸滩上时,如地基承载力满足设计要求,可就地整平夯实制作,如地基承载力不够,应采取加固措施。在地下水位较低的岸滩,若土质较好时,可开挖基坑制作沉井。

1. 筑岛沉井制作与下水

制作沉井的岛面、平台面和开挖基坑施工的坑底高程,应比施工最高水位高出0.5~0.7m,有流冰时,应再适当加高。

(1)水中筑岛要求

水中筑岛除应按规范有关规定办理外,还应符合以下要求:

①筑岛尺寸应满足沉井制作及抽垫等施工要求,无围堰筑岛,宜在沉井周围设置不小于2m宽的护道;有围堰筑岛其护道宽度可按式(4-9)计算。

$$b \geqslant H\tan\left(45^\circ - \frac{\varphi}{2}\right) \tag{4-9}$$

式中:b——护道宽度;

H——筑岛高度;

φ——筑岛土饱水时的内摩擦角。

护道宽度在任何情况下不应小于1.5m,如实际采用的护道宽度b小于按式(4-9)计算的值时,则应考虑沉井重力等对围堰所产生的侧压力的影响。

②筑岛材料应用透水性好、易于压实的砂土或碎石土等,且不应含有影响岛体受力及抽垫下沉的块体。岛面及地基承载力应满足设计要求。无围堰筑岛的临水面坡度一般可采用1:1.75~1:3。

③在施工期内,水流受压缩后,应保证岛体稳定,坡面、坡脚不被冲刷,必要时应采取防护措施。

④在斜坡上筑岛时应进行设计计算,应有防滑措施;在淤泥等软土上筑岛时,应将软土挖除,换填或采用其他加固措施。

(2)支垫上立模制作沉井

筑岛沉井一般采用钢筋混凝土厚壁沉井,制作前应检查沉井纵、横向中轴线位置是否符合设计要求。在支垫上立模制作沉井时,应符合下列要求:

①支垫布置应满足设计要求及抽垫方便。

②支垫顶面应与钢刃脚底面紧贴，使沉井重力均匀分布于各支垫上。

③模板及支撑应具有足够的强度和较好的刚性。内隔墙与井壁连接处支垫应联成整体，底模应支承于支垫上，以防不均匀沉陷；外模与混凝土面贴接一侧应平直并光滑。

(3)土模制作刃脚

刃脚部分采用土模制作时，应符合下列要求：

①刃脚部分的外模，应能承受井壁混凝土的重力在刃脚斜面上产生的水平分力。土模顶面的承载力应满足设计要求，土模顶面一般宜填筑至沉井隔墙底面。

②土模表面及刃脚底面的地面上，均应铺筑一层20～30mm的水泥砂浆，砂浆层表面应涂隔离剂。

③应有良好的防水、排水设施。

(4)支垫抽除

沉井分节制作高度，应能保证其稳定，又有适当重力便于顺利下沉。底节沉井的最小高度，应能抵抗拆除支垫或挖除土模时的竖向挠曲强度，除土条件许可时，宜高些。筑岛沉井底节支垫的抽除应符合以下要求：

①沉井混凝土强度满足沉井抽垫受力的要求时方可抽垫。

②支垫应分区、依次、对称、同步地向沉井外抽出，随抽随用砂土回填捣实。抽垫时应防止沉井偏斜。

③定位支点处的支垫，应按设计要求的顺序尽快地抽出。

(5)拆除土模

拆除土模应符合下列要求：

①底节混凝土达到设计要求强度后方可拆除土模。

②自中心向四周分区、分层、同步、对称挖土，防止沉井发生倾斜。

③拆除土模时，不得先挖沉井外围的土，刃脚斜面及隔墙底面黏附于土模的残留物应清除干净，防止影响封底混凝土质量。

2. 制造浮式沉井方法

①位于深水中的沉井，可采用浮式沉井。根据河岸地形、设备条件，进行技术经济比较，确定沉井结构、制作场地及下水方案。在浮船上或支架平台上制作沉井时，浮船、支架平台的承载力应满足设计要求。

②浮式沉井可采用空腔式钢丝网水泥薄壁沉井、钢筋混凝土薄壁沉井、钢壳沉井、装配式钢筋混凝土薄壁沉井以及带临时井底的沉井和带气筒的沉井等，其制造工艺可参照规范有关规定和有关资料。

4.5.3.2 沉井浮运定位

浮运前，各类浮式沉井均须灌水下沉，各节沉井均应进行水密性检查，底节还应根据其工作压力，进行水压试验，合格后方可下水。应对所经水域和沉井位置处河床进行探查，所经水域应无妨碍浮运的水下障碍物，沉井位置处河床应基本平整。检查拖运、定位、导向、锚碇、潜水、起吊及排、灌水设施。掌握水文、气象和航运情况，并与有关部门取得联系、配合，必要时宜在浮运沉井过程中中断航运。浮运沉井的实际重力与设计重力不符时，应重新验算沉入水中的深度是否安全可靠。

1. 下水方法

浮式沉井的底节可采用滑道、起重机具、涨水自浮、浮船等方法下水。浮式沉井底节入水后，悬浮接高时的初步定位位置，应根据下水方法，底节沉井的高度、大小、形状与水深、流速、河床土质及沉井接高和下沉过程中墩位处河床受冲淤的影响，综合分析确定。浮式沉井在悬浮状态下接高时，应符合下列要求：

①沉井底节下水后接高前，应向沉井内灌水或从气筒内排气，使沉井入水深度增加到沉井接高所要求的深度，在灌注接高混凝土过程中，同时向井外排水或向气筒内补气，以维持沉井入水深度不变。

②在灌水或排气过程中，应检查并调整固定沉井位置的锚碇系统。

③在灌水、排气或排水、补气及灌注接高混凝土过程中，应均匀、对称地进行。

④带临时性井底的浮式沉井和空腔井壁沉井，应严格控制各灌水隔舱间的水头差不得超过设计规定。

⑤带气筒的浮式沉井，气筒应加防护。

2. 浮运定位落床

①浮式沉井必须对浮运、就位和灌水着床时的稳定性进行验算。

②浮运和灌水着床应在沉井混凝土达到设计要求的强度后，并尽可能安排在能保证浮运工作顺利进行的低水

位或水流平稳时进行。

③沉井浮运宜在白昼无风或小风时，以拖轮拖运或绞车牵引进行。对水深和流速大的河流，为增加沉井稳定，可在沉井两侧设置导向船，沉井下沉前初步锚碇于墩位的上游处，在沉井浮运、下沉的任何时间内，露出水面的高度均不应小于1m。

④就位前应对所有缆绳、锚链、锚碇和导向设备进行检查调整，使沉井落床工作顺利进行，并注意水位涨落时对锚碇的影响。布置锚碇体系时，应使锚绳受力均匀，锚绳规格和长度应相差不大，边锚预拉力要适当，避免导向船和沉井产生过大摆动或折断锚绳。

⑤准确定位后，应向井孔内或在井壁腔格内迅速、对称、均衡地灌水，使沉井落至河床。在水中拆除底板时，应注意防止沉井偏斜。薄壁空腔沉井着床后，可对称、均衡地灌水、灌注混凝土和加压下沉。

⑥沉井着床后，应随时观测由于沉井下沉的阻力和压缩流水断面引起流速增大而造成的河床局部冲刷，必要时可在沉井位置处用卵、碎石垫填整平，改变河床上的粒径，减小冲刷深度，增加沉井着床后的稳定。

⑦沉井着床后，应采取措施使其尽快下沉，并加强对沉井上游侧冲刷情况的观测和沉井平面位置及偏斜的检查，发现问题时立即采取措施并予调整。

4.5.3.3　沉井下沉

挖土石下沉时，须避免隔墙受到搁置而不能下沉。井内挖土石应分层、均匀、对称地进行，使其能均匀垂直下沉。

1. 一般规定

①沉井宜采用不排水除土下沉，在稳定的土层中，也可采用排水除土下沉。采用排水除土下沉时，应有安全措施，防止发生人身安全事故。

②下沉沉井时，不宜使用爆破方法，在特殊情况下，经批准必须采用爆破时，应严格控制药量。

③下沉过程中，应随时掌握土层情况，做好下沉观测记录，分析和检验土的阻力与沉井重力的关系，选用最有利的下沉方法。

④下沉通过黏土胶结层或沉井自身重力偏轻下沉困难时，可采用井外高压射水、降低井内水位等方法下沉。在结构受力容许的条件下，亦可采用压重或接高沉井下沉。

⑤正常下沉时，应自中间向刃脚处均匀对称除土。对于排水除土下沉的底节沉井，设计支承位置处的土，应在分层除土中最后同时挖除。由数个井室组成的沉井，为使下沉不发生倾斜，应控制各井室之间除土面的高差，并避免内隔墙底部在下沉时受到下面土层的顶托。

⑥下沉时应随时注意正位，保持竖直下沉，至少每下沉1m检查一次。沉井入土深度尚未超过其平面最小尺寸的1.5～2倍时，最易出现倾斜，应及时注意校正。但偏斜时的竖直校正，一般均会引起平面位置的移动。

⑦合理安排沉井外弃土地点，避免对沉井引起偏压。在水中下沉时，应注意河床因冲淤引起的土面高差，必要时可用沉井外弃土来调整。

⑧采用吸泥吹砂等方法在不稳定的土或砂土中下沉时，必须备有向井内补水的设施，保持井内外的水位相平或井内略高于井外水位，防止翻砂。吸泥器应均匀吸泥，防止局部吸泥过深，造成沉井下沉偏斜。

⑨下沉至设计高程以上2m左右时，应适当放慢下沉速度并控制井内除土量和除土位置，以使沉井平稳下沉，正确就位。

2. 辅助措施下沉

1）高压射水

当局部地点难以由潜水员定点定向射水掌握操作时，在一个沉井内只可同时开动一套射水设备，并不得进行除土或其他起吊作业。射水水压应根据地层情况、沉井入土深度等因素确定，可取1～2.5MPa。

2）抽水助沉

不排水下沉的沉井，对于易引起翻砂、涌水地层，不宜采用抽水助沉方法。

3）压重助沉

沉井圬工尚未接筑完毕时，可利用接筑圬工压重助沉，也可在井壁顶部用钢铁块件或其他重物压重助沉。除为纠正沉井偏斜外，压重应均匀对称旋转。采用压重助沉时，应结合具体情况及实际效果选用。

4）炮振助沉

一般不宜采用炮振助沉方法。在特殊情况下必须采用时，应严格控制用药量。在井孔中央底面放置炸药起爆助沉时，可采用0.1～0.2kg，具体使用量应视沉井大小、井壁厚度及炸药性能而定。同一沉井每次只能起爆一次，并应根据具体情况，适当控制炮振次数。

5）利用空气幕下沉

(1)空气幕制作要求

气斗的选型应以布设简单、不易堵塞、便于喷气扩散为原则，可采用150mm×50mm棱锥形，喷气孔直径为1mm，气斗喷气孔数量应以每个气斗所作用的有效面积决定。气斗可按下部为1.3m^2/个、上部为2.6m^2/个考虑，喷气孔平均可按1.0～1.6m^2/个考虑。气斗喷气孔布置按等距离分布，上下交错排列，距刃脚底面以上3m左右可不设，防止压气时引起翻砂。

井壁内预埋管可为环形管与竖管，喷气孔设在环形管上，也可以只设竖管。喷气孔设在竖管上，可根据施工设备条件和实际情况决定，但管尾端均应有防止砂粒堵塞喷气孔的储砂筒设施。

(2)风压设备的规定

压风机具有设计要求的风压和风量，风压应大于最深喷气孔处的水压力加送气管路损耗，一般可按最深喷气孔处理论水压的1.4～1.6倍考虑；风量可按喷气孔总数及每个喷气孔单位时间内所耗风量计算；地面风管应尽量减少弯头、接头，以降低气压损耗。为稳定风压，在压风机与井外送气管间，应设置必要数量的储气风包。

每节沉井下沉前，管道、气斗应经压风检验，如有堵塞，应采取补救措施。

(3)沉井下沉应注意事项

①在整个下沉过程中，应先在井内除土，消除刃脚下土的抗力后再压气，但也不得过分除土而不压气，一般除土面低于刃脚0.5～1.0m时，即应压气下沉。压气时间不宜过长，一般不超过5min/次。放气顺序应先上部气斗，后下部气斗，以形成沿沉井外壁上喷的气流。气压不应小于喷气孔最深处理论水压的1.4～1.6倍，应尽可能使用风压机的最大值。

②停气时应先停下部气斗，依次向上，最后停上部气斗，并应缓慢减压，不得将高压空气突然停止，防止造成瞬间负压，使喷气孔内吸入泥沙而被堵塞。

③空气幕下沉沉井适应于砂类土、粉质土及黏质土地层，对于卵石土、砾类土、硬黏土及风化岩等地层不宜使用。

3.沉井接高和防护措施

①沉井接高前应尽量纠正倾斜，接高各节的竖向中轴线应与前一节的中轴线相重合。

②水上沉井接高时，井顶露出水面不应小于1.5m；地面上沉井接高时，井顶露出地面不应小于0.5m。

③接高前不得将刃脚掏空，避免沉井倾斜，接高加重应均匀、对称地进行。

④混凝土接缝应按规范规定处理。

沉井下沉时，如需在沉井顶部设置防水或防土围堰，围堰底部与井顶应连接牢固，防止沉井下沉时围堰与井顶脱离。

4.沉井遇倾斜岩层处理

沉井下沉遇到倾斜岩层时，应将表面松软岩层或风化岩层凿去，并尽量整平，使沉井刃脚的2/3以上嵌搁在岩层上，嵌入深度最小处不宜小于0.25m，其余未到岩层的刃脚部分，可用袋装混凝土等填塞缺口。刃脚以内井底岩层的倾斜面，应凿成台阶或榫槽后，清渣封底。

5.纠正沉井倾斜和位移

纠正沉井倾斜和位移时，可按下列规定处理：

①纠偏前，应分析原因，然后采取相应措施，如有障碍物应首先排除。

②纠正倾斜时，一般可采取除土、压重、顶部施加水平力或刃脚下支垫等方法进行。对空气幕沉井可采取侧压气纠偏。

③纠正位移时，可先除土，使沉井底面中心向墩位设计中心倾斜，然后在对侧除土，使沉井恢复竖直，如此反复进行，使沉井逐步移近设计中心。

④纠正扭转，可在一对角线两角除土，在另外两角填土，借助于刃脚下不相等的土压力所形成的扭矩，使沉井在下沉过程中逐步纠正其扭转角度。

4.5.3.4 基底处理

沉井沉至设计高程后，应检验基底的地质情况是否与设计相符，排水下沉时，可直接检验、处理；不排水下沉时，应进行水下检查、处理，必要时取样鉴定。基底应符合下列要求：

①不排水下沉的沉井基底面应整平，且无浮泥。基底为岩层时，岩面残留物应清除干净，清理后有效面积不得小于设计要求；岩基底倾斜时，应符合规范的规定。井壁隔墙及刃脚与封底混凝土接触面处的泥污应予清除。

②排水下沉的沉井，应满足基底面平整的要求，还应符合规范有关规定。

沉井下沉至设计高程时，应进行沉降观测，满足设计要求后，方可封底。

4.5.3.5　沉井封底

基底检验合格后，应及时封底。对于排水下沉的沉井，在清基时，如渗水量上升速度小于或等于6mm/min，可按普通混凝土浇筑方法进行封底；若渗水量大于上述规定时，宜采用水下混凝土进行封底。用刚性导管法进行水下混凝土封底时，应满足如下要求：

①混凝土材料可参照钻孔灌注桩水下混凝土有关规定，混凝土的坍落度宜为150～200mm。

②灌注封底水下混凝土时，需要的导管间隔及根数，应根据导管作用半径及封底面积确定。

③用多根导管灌注时的顺序，应进行设计，防止发生混凝土夹层。若同时浇筑，当基底不平时，应逐步使混凝土保持大致相同的高程。

④每根导管开始灌注时所用的混凝土坍落度宜采用下限，首批混凝土需要数量应通过计算确定。

⑤在灌注过程中，导管应随混凝土面升高而徐徐提升，导管埋深应与导管内混凝土下落深度相适应，一般不宜小于表4-35的规定。用多根导管灌注时，导管埋深不宜小于表4-36的规定。

不同灌注深度导管的最小埋深　　表4-35

灌注深度(m)	≤10	10～15	15～20	>20
导管最小埋深(m)	0.6～0.8	1.1	1.3	1.5

导管不同间距的最小埋深　　表4-36

导管间距(m)	≤5	6	7	8
导管最小埋深(m)	0.6～0.9	0.9～1.2	1.2～1.4	1.3～1.6

⑥在灌注过程中，应注意混凝土的堆高和扩展情况，正确地调整坍落度和导管埋深，使每盘混凝土灌注后形成适宜的堆高和不陡于1:5的流动坡度，抽拔导管应严格使导管不进水。混凝土面的最终灌注高度，应比设计值高出不小于150mm，待灌注混凝土强度达到设计要求后，再抽水凿除表面松弱层。

沉井封底，若为水下压浆混凝土时，应按设计要求施工。

沉井封底之上的井孔填充应按设计规定处理。不排水封底的沉井，应在封底混凝土强度满足设计要求时方可抽水。当沉井顶部需要浇筑钢筋混凝土顶板时，应保持无水施工。

4.5.4　承台

无水或浅水施工承台的挖基工作可按规范规定办理，承台模板、钢筋、混凝土的施工可按规范规定办理。用套箱法围堰施工水中桩基承台时，宜先填塞桩和预留孔之间的缝隙，然后在套箱内灌注水下混凝土封底，待混凝土达到设计规定强度后抽干水，施工承台。抽水时应限制抽水速度，以确保安全。边桩外侧与承台边缘的净距不得小于设计规定的最小值。承台的质量检验标准见表4-37。

承台的质量检验标准　　表4-37

项目	允许偏差(mm)	项目	允许偏差(mm)
混凝土强度(MPa)	符合设计要求	平面尺寸	±30
轴线偏位	15	顶面高程	±20

4.5.5　质量检验

1. 钻孔桩、挖孔桩成孔检验

钻孔桩、挖孔桩在终孔和清孔后，应进行孔位、孔深检验。孔径、孔形和倾斜度宜采用专用仪器测定，当缺乏专用仪器时，可采用外径为钻孔桩钢筋笼直径加100mm(不得大于钻头直径)，长度为4～6倍外径的钢筋检孔器吊入钻孔内检测。钻孔桩、挖孔桩成孔的质量标准见表4-38。

钻孔桩、挖孔桩成孔质量标准 表4-38

项目	允许偏差
孔的中心位置(mm)	群桩:100;单排桩:50
孔径(mm)	不小于设计桩径
倾斜度	钻孔:小于1%;挖孔:小于0.5%
孔深	摩擦桩:不小于设计规定;支承桩:比设计深度超深不小于50mm
沉淀厚度(mm)	摩擦桩:符合设计要求,当设计无要求时,对于直径≤1.5m的桩,≤300mm;对桩径>1.5m或桩长>40m或土质较差的桩,≤500mm。支承桩:不大于设计规定
清孔后泥浆指标	相对密度:1.03~1.10;黏度:17~20Pa·s;含砂率:<2%;胶体率:>98%

注:清孔后的泥浆指标,是从桩孔的顶、中、底部分别取样检验的平均值。本项指标的测定,限指大直径桩或有特定要求的钻孔桩。

2. 灌注混凝土质量检测

①桩身混凝土抗压强度应符合设计规定;每桩试件组数为2~4组,检验要求按规范规定。

②检测方法和数量应符合设计要求。一般选有代表性的桩用无破损法进行检测,重要工程或重要部位的桩宜逐根进行检测,设计有规定时或对桩的质量有疑问时,应采用钻取芯样法对桩进行检测,对柱桩还应钻到桩底0.5m以下。

③当检测后,桩身质量不符合要求时,应研究处理方案,报监理单位处理。

3. 灌注桩承载力试验

钻、挖孔灌注桩的承载力试验,参照规范相关规定进行。

4. 沉井制作允许偏差

沉井基础施工应分阶段进行质量检验并填写检查记录。沉井基底应按规范规定进行检查验收。沉井的制作以及封底、填充、封顶等检验内容及质量标准,应符合规范规定。沉井制作的允许偏差应符合表4-39的规定。

沉井制作允许偏差 表4-39

项目		允许偏差
沉井平面尺寸	长度、宽度	±0.5%,当长、宽大于24m时,±120mm
	曲线部分的半径	±0.5%,当半径大于12m时,±60mm
	两对角线的差异	对角线长度的±1%,最大±180mm
沉井井壁厚度	混凝土、片石混凝土	+40mm,-30mm
	钢筋混凝土	±15mm

注:1. 对于钢沉井及结构构造、拼装等方面有特殊要求的沉井,其平面尺寸允许偏差值应按照设计要求确定。
2. 井壁的表面要平滑而不外凸,且不得向外倾斜。

5. 沉井基础质量检测

沉井基础的质量应符合下列规定:

①混凝土的强度应符合设计要求。

②沉井刃脚底面高程应符合设计要求。

③底面、顶面中心与设计中心的偏差应符合设计要求,当设计无要求时,其允许偏差纵横方向为沉井高度的1/50(包括因倾斜而产生的位移)。对于浮式沉井,允许偏差值增加250mm。

④沉井的最大倾斜度为1/50。

⑤矩形、圆端形沉井的平面扭转角偏差,就地制作的沉井不得大于1°,浮式沉井不得大于2°。

4.6 钢筋混凝土墩台施工

桥梁墩台一般采用现场浇筑施工方案。现场浇筑的混凝土及钢筋混凝土墩台常用的模板一般可分为固定式、拼装式、整体吊装式、组合定型式等四种类型。

4.6.1 柱式墩台

1. 组合钢模板施工

(1)安装墩柱模板

①按高程抹好水泥砂浆找平层,按位置线做好定位装置,以便保证墩柱轴线边线与高程的准确,或者按照放线

位置,在墩柱四边离地5~8cm处的主筋上焊接支杆,从四面顶住模板,以防止位移。

②安装墩柱模板:模板按墩柱大小和形状,预拼成一面一片(一面的一边带一个角膜),或两面一片,就位后先用铁丝与主筋绑扎临时固定,用连接螺丝将两侧模板连接卡紧,安装完两面再安另外两面模板。

③安装柱箍:当模板较高时可使用柱箍加强。柱箍可用角钢、钢管等制成,采用木模板时可用螺栓、方木制作钢木箍。柱箍应根据拉模尺寸、侧压力大小,在模板设计中确定柱箍尺寸间距。

④安装柱模的拉杆或斜撑:柱模每边设2根拉杆(风缆),固定于事先预埋在承台内的钢筋环上,用经纬仪控制,调节校正模板垂直度。拉杆(风缆)与地面夹角宜为60°。预埋的钢筋环与柱距离宜为3/4柱高。

⑤将柱模内清理干净,用水泥砂浆封堵底部缝隙,办理柱模验收工作。

(2)墩柱模板拆除

先拆掉墩柱斜拉杆(风缆)或斜支撑,卸掉柱箍,再把连接每片墩柱模板的连接螺丝拆掉,然后用撬棍轻轻撬动模板,使模板与混凝土脱离,再用吊车吊走。

2.大钢模板施工

(1)安装操作

柱子大钢模板的安装操作如下:

①柱子位置放样要准确,柱子模板的下口用砂浆找平,保证模板下口的平直。

②柱箍要有足够的刚度,防止在浇筑过程中模板变形;柱箍的间距布置合理,一般为600mm或900mm。

③风缆绳安装牢固,防止在浇筑过程中柱身整体发生变形。

④模板拼缝螺丝安装牢固、严密,有无设置双面胶条,以防止漏浆。

⑤组拼柱模的安装:对于高度超过10m的立柱模板安装宜采用现场组拼柱模,将立柱模板就位组拼好,并检查拼缝处每一个螺丝有无松动现象;用定风缆绳将模板拉紧,使之固定;对模板的轴线位移、垂直偏差、对中、扭向等全面校正,并安装保护层垫块。

⑥整体吊装柱模的安装:对于高度低于10m的立柱模板安装宜采用整体吊装,吊装前,先检查整体预组拼的柱模板拼缝、模板打磨情况,连接件、螺丝的数量及紧固程度。检查钢筋笼是否妨碍柱模套装,用铅丝将柱顶筋预先内向绑拢,以利柱模从顶部套入;当整体柱模安装于基准面上时,用四根风缆绳进行拉紧,另一端锚于地面,校正其对中及垂直度后,固定风缆。

(2)模板拆除

分散拆除柱模时应自上而下、分层拆除。拆除第一层时,用木锤或带橡皮垫的锤向外侧轻击模板上口,使之松动,脱离柱混凝土。依次拆下一层模板时,要轻击模板边肋,不可用撬棍从柱角撬离。

整体拆除柱模时,先拆除风缆绳,然后拆模板拼缝螺丝,用吊车吊紧柱模上部,用撬棍撬离每面柱模,然后用吊车吊离。使用后的模板及时清理,按规格进行码放。

4.6.2 空心薄壁墩

直坡圆形空心薄壁墩施工时可采用翻模法施工,模板采用钢模,每套模板设计高度12m,共分6节,每节2m,并设1m、0.5m的调整节。第一次浇筑至实体段顶,外侧搭设双排脚手架。第n次浇筑至空心段底部内倒角顶面。从第二次支模开始,模板采用翻模法,下部拆除后倒至上部进行下一循环。空心薄壁墩施工工艺流程为墩内支架搭设→测量放样→钢筋加工及安装→模板施工→内模支立及拆除→混凝土浇筑及养护。

1.墩身垂直度控制

主要采用吊垂线及全站仪相结合的方法控制墩身竖直度。墩身高,需多次翻模,可采用三维空间定位法,采用空间坐标控制墩身十字线与模板交点的坐标,保证墩身垂直度和中心位置准确。模板安装完成后,利用全站仪直接测量坐标与计算的理论坐标对比,利用千斤顶调整模板,坐标误差在10mm以内;利用水平仪检查模板顶高程,误差控制在5mm内。

2.墩身混凝土施工

立好墩身外模后,浇筑实体段混凝土,待混凝土强度达到3MPa后,将混凝土凿毛、清理松散混凝土。立即以已浇筑好的实体段混凝土为支撑点,安装调整块,吊装内模外模,安放对拉杆,浇筑空心段混凝土。

3.墩顶段施工

模板翻升至墩顶封闭段底模设计起点高程时,混凝土应浇筑至上部倒角处,即墩顶实心段以下。然后拆除空心段内模，从上部孔洞内吊出。

4. 模板纠偏

每节模板安装时可在两节模板间的缝隙用0.5～1mm 薄钢板塞填以便纠偏。

5. 模板拆除

待混凝土强度大于10MPa 时，拆除所有外模板。拆除时按先底节后顶节的顺序进行。

空心薄壁墩外侧模板施工作业平台示意图如图4-8 所示。

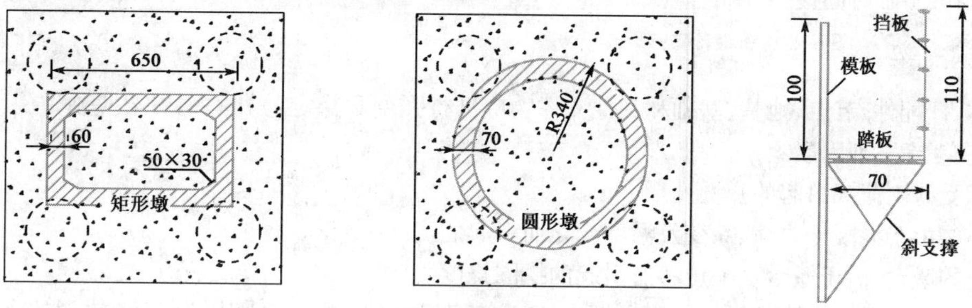

图4-8　空心薄壁墩外侧模板施工作业平台示意图

踏板骨架采用 $\phi20$ 钢筋，80cm 布置一道；搭接筋采用 $\phi12$ 钢筋，10cm 布置一道，共布置7 道，上面铺设竹架板；防护拉杆采用 $\phi12$ 钢筋，间隔30cm，共布置5 道；斜支撑采用 $\phi20$ 钢筋，80cm 布置一道

4.6.3　环管式墩台

环管式墩台安装技术要求

①在基础或承台上安装预制混凝土管节、环圈做墩、台时，由混凝土基础或承台中伸出钢筋应插入管节、环圈中间的现浇混凝土内，插入钢筋的数量和锚固长度应按设计规定或通过计算决定。

②管节或环圈安装时，应严格控制轴线的设计位置，不得出现倾斜或上下错位现象。

③应用砂浆将管节或环圈处的接缝填塞抹平。

④管节或环圈内的钢筋绑扎和混凝土浇筑，应按规范规定执行。

4.6.4　通道台身墙体

通道台身墙体模板设计应有足够的强度和刚度，背楞的尺寸和间距、穿墙螺栓间距、墙体的支撑方法等在施工过程中要严格按照设计的要求实施。模板根部用砂浆找平塞严，模板间连接牢固可靠。

1. 模板安装

通道台身墙体大钢模板安装施工工艺要点如下：

①在底板混凝土强度不低于7.5MPa 时，开始安装台身模板。

②立内模前先放样，弹线搭设钢管扣件支撑。

③一字墙模板必须带线立模，同一侧的两个一字墙必须在同一直线上。

④安装外侧模板，模板内设置内支撑，待混凝土浇筑至此位置时，拆除此支撑，紧固穿墙螺栓。施工过程中要保证相邻模板连接处严密，牢固可靠，拼缝中设置双面胶条，防止出现错台和漏浆现象。

2. 模板拆除

通道台身墙体组合大钢模板的拆除如下：

①在常温下，模板应在混凝土强度能够保证结构不变形，棱角完整时方可拆除；冬季施工时要按照设计要求和施工方案确定拆模时间。

②模板拆除时首先拆下穿墙螺栓，使模板向后倾斜与墙体脱开，如果模板与混凝土墙面吸附或黏结不能离开时，可用撬棍撬动模板下口，不得在台身上口撬模板或用大锤砸模板，应保证拆模时不晃动混凝土墙体，尤其是在拆一字墙模板时不得用大锤砸模板。

③模板拆除后，应清扫模板平台上的杂物，检查模板是否有钩挂兜绊的地方，然后将模板吊出。

④大模板吊至存放地点，必须一次放稳，及时清理板面，涂刷隔离剂，防止黏连灰浆。

⑤大模板应定时进行检查和维修，保证使用质量。

4.7 有支架施工梁桥

桥梁支架是指就地浇筑混凝土或钢筋混凝土梁(板)时所采用的支撑全部或部分梁(板)的重量,并保证梁(板)的线形符合设计要求的支撑结构。按其结构可分为排架式、梁式和梁柱式等。按材料可分为木支架、钢支架和钢木混合支架等。桥梁支架施工首先要处理好地基,使地基的承载能力达到规定要求。支架计算要满足相关规范要求,同时在构造上也要符合规范及计算的假定边界条件。要搭设纵向、横向、水平剪力撑,以保证支架的局部及整体刚度,同时尽可能与墩身临时固接。

4.7.1 钢支架

钢支架整体、杆配件、节点、地基、基础和其他支撑物应进行强度和稳定验算。钢支架应预留施工拱度,在确定施工拱度值时,应考虑下列因素:

①钢支架承受施工荷载引起的弹性变形。

②超静定结构由于混凝土收缩、徐变及温度变化而引起的挠度。

③承受推力的墩台,由于墩台水平位移所引起的拱圈挠度。

④由结构重力引起梁或拱圈的弹性挠度,以及1/2汽车荷载(不计冲击力)引起的梁或拱圈的弹性挠度。

⑤受载后由于杆件接头的挤压和卸落设备压缩而产生的非弹性变形。

⑥钢支架基础在受载后的沉陷。

为便于钢支架的拆卸,应根据结构形式、承受的荷载大小及需要的卸落量,在钢支架和拱架适当部位设置相应的木楔、木马、砂筒或千斤顶等落模设备。

4.7.2 在移动模架上浇筑混凝土梁

在移动模架上现浇混凝土梁的技术要求:

①移动模架长度必须满足施工要求。

②移动模架应利用专用设备组拼,在施工时能确保质量和安全。

③浇筑分段工作缝,必须设在弯矩零点附近。

④内外模板在滑动就位时,模板平面尺寸、高程、预拱度的误差必须在容许范围内。

⑤混凝土内预应力钢筋管道、钢筋、预埋件设置应符合规范规定。

4.7.3 在钢支架上浇筑混凝土梁

在钢支架上现浇混凝土梁的技术要求:

①钢支架应稳定,强度、刚度的要求应符合规范规定。

②钢支架的弹性、非弹性变形及基础的允许下沉量应满足施工后梁体设计高程的要求。

③整体浇筑时应采取措施,防止梁体不均匀下沉产生裂缝,若地基下沉可能造成梁体混凝土产生裂缝时,应分段浇筑。

4.7.4 梁体模板

现浇或预制混凝土梁体可使用钢模板(或定型后的钢模板),其适用于通道台身、立柱、梁板等钢筋混凝土构造物。现浇梁模板安装工艺流程为制安底模→绑扎钢筋→制安侧模(和芯模)→安装侧向支撑或对拉螺栓→绑扎钢筋→支撑加固→验收;预制梁模板安装工艺流程为基础处理→砌筑底胎→后与现浇梁模板安装工艺流程同。模板拼装要牢固,线形顺直,模板及模板间采用螺丝拧紧,不可松动。

1. 钢模板

钢模板适用于钢筋混凝土工程,其主要部件有组合钢模板(面板、边框、横竖肋)、模板背楞、支撑架、对拉螺栓等。一般是按设计要求计算模板结构,确保模板、支撑的承载能力、刚度和稳定性。钢模板为半成品,相对的周转次数少。

(1)底模制作

有支架施工梁板时,应在支架上制作安装底模。预制安装梁板的底模采用水磨石底板,中间部位预设设计要求的反拱;底模的高度要高出工作场地地面20~30cm,以便侧模安装及拆卸。

(2)侧模打磨

对侧模表面进行打磨,清除模板表面的油污、混凝土渣,并对模板破损处进行修复,确保表面平整,然后对模板表面涂抹脱模剂,抹涂要均匀。

(3)安装侧模

钢筋绑扎完毕后,开始安装侧模,每节模板长为4~6m,外模安装宜从中间向两侧开始安装;相邻模板必须采用螺丝连接,且在拼缝处设置双面胶条。通过螺栓调节侧模高度,也可采用木楔进行调节。用对拉螺杆将两侧模板底部进行对拉,位于底座处预埋PVC管。

(4)安装内模

首先将内模按4~6m分节组拼完毕,然后吊入模内,在安装前,应绑扎混凝土保护层垫块,设置间距为每平方米4块。

(5)梁体模板拆除

①先拆除内模的拉杆和剪刀撑;然后拆除上下对拉螺杆,并松开地脚螺栓(或木楔),以使外侧模和混凝土分离。

②内模模板拆除时,从两端向中间进行拆除,用钢钎轻轻撬动模板,拆下第一块,用人工将模板拉出,然后逐块拆除。不得用钢棍或铁锤乱撬。

③外模拆除时,要先用吊钩钩住模板,用钢钎轻轻撬动模板,使模板向外移动,以防模板碰撞混凝土表面。

④拆除后的模板存放有序,并进行清洗、除油,防止锈蚀。

2. 定型模板

定型模板又称组合式定型(小)钢模板,主要包括平面模板、阴角模板、阳角模板、连接角模等。其适用于各种现浇钢筋混凝土工程,可按设计要求组拼成梁、柱、墙大型模板,整体吊装就位,也可采用散装散拆方法,施工方便,通用性强,周转次数多。

4.8 悬浇施工梁桥

对于采用挂篮进行悬臂浇筑施工连续梁,施工流程中重点是0号段及临时支座施工;为了克服不平衡力矩需搭设临时支架;挂篮的设计、制作及各工况下的受力和稳定计算及措施;边跨和中跨合龙;拆除临时支架和临时支座进行力系的转换。

4.8.1 挂篮施工

1. 挂篮设计要求

挂篮质量与梁段混凝土的质量比值宜控制在0.3~0.5之间,特殊情况下也不应超过0.7。主要设计参数如下:

①挂篮总重:控制在设计限重之内。

②允许最大变形(包括吊带变形的总和):20mm。

③施工时、行走时的抗倾覆安全系数:2。

④自锚固系统的安全系数:2。

⑤斜拉水平限位系统安全系数:2。

⑥上水平限位安全系数:2。

2. 挂篮加工试拼及加载试验

挂篮所使用的材料必须是可靠的,有疑问时应进行材料力学性质试验。挂篮试拼后,必须进行荷载试验。挂篮支承平台除要有足够的强度外,还应有足够的平面尺寸,以满足梁段的现场作业需要。

3. 模板

现浇梁模板的制作与安装必须正确、牢靠,安装误差应符合规范规定。后吊杆和下限位拉杆孔道应严格按计划尺寸准确预留。

4. 钢筋及预应力钢筋

钢筋制作及安装,除应符合规范规定外,还应注意以下几点:

①在进行腹板和底板钢筋安装时,应将底板钢筋与腹板钢筋连接牢固,最好采用焊接。

②底板上、下两层钢筋网应形成一个整体。

③顶板底层横向钢筋最好采用通长筋。

④钢筋与管道相碰时，只能移动不得切断钢筋。

⑤若挂篮下限位器、下锚带、斜拉杆等部位影响下一步操作必须切断钢筋时，应待该工序完工后，将割断的钢筋连好再补孔。

⑥梁段的预应力钢筋、管道、钢筋、预埋件的加工及安装应符合规范规定。

4.8.2 混凝土浇筑

①桥墩顶梁段及桥墩顶附近梁段的施工，按规范的规定执行。

②在梁段混凝土浇筑前，应对挂篮(托架或膺架)、模板、预应力钢筋管道、钢筋、预埋件、混凝土材料、配合比、机械设备、混凝土接缝处理情况进行全面检查，经签认后方准浇筑。

③连续梁悬臂浇筑施工时，要有保证梁体施工稳定的措施。

④桥墩两侧梁段悬臂施工进度应对称、平衡，实际不平衡偏差不得超过设计要求值。

⑤悬臂浇筑段前端底板和桥面的高程，应根据挂篮前端的垂直变形及预拱度设置，施工过程中要对实际高程进行监测，如与设计值有较大出入时，应会同有关部门查明原因进行调整。

⑥箱形截面混凝土浇筑顺序应按设计要求办理，当采用两次浇筑时，各梁段的施工应错开。箱体分层浇筑时，底板可一次浇筑完成，腹板可分层浇筑，分层间隔时间宜控制在混凝土初凝前且使层与层覆盖住。

⑦梁段混凝土达到要求的强度后，方可按规范有关规定进行预应力钢筋的张拉、压浆。

⑧梁段混凝土的拆模时间，应根据混凝土强度及施工安排确定。混凝土应尽量采用早强措施，使混凝土的强度及早达到预施应力的强度要求，缩短施工周期，加快施工进度。

⑨混凝土养护应覆盖洒水，如冬期施工应按冬期施工的规定执行。

4.8.3 预应力张拉

预应力穿束的前端必须认真处理。预应力张拉技术要求如下：

①挂篮移动前，顶、腹板纵向束的张拉应按设计要求的张拉顺序张拉，如设计无要求时，应注意上下、左右对称张拉。张拉时注意梁体和锚具的变化。

②张拉按规范规定及设计要求执行。

③横向预应力在采用扁锚张拉时宜测定锚口、管道摩阻损失值。

④压浆按规范规定执行。

4.8.4 连续梁的合龙及体系转换

测量箱梁顶面高程及轴线，连续测试温度影响偏移值，观测合龙段在温度影响下梁体长度的变化。合龙顺序按设计要求办理，设计无要求时，一般先边跨，后次中跨，再中跨。多跨一次合龙时，必须同时均衡对称地合龙。合龙时，一切临时荷载均要与设计单位商量决定。连续梁合龙段长度及体系转换应按设计规定，将两悬臂端的合龙口予以临时联结，联结注意事项如下：

①复查、调整两悬臂端合龙施工荷载，使其对称相等，如不相等时，应用压重调整。

②检查梁内预应力钢束是否张拉完成。

③复测、调整中跨、边跨悬臂的挠度及两端的高差。

④观测了解合龙前的温度变化与梁端高程及合龙段长度变化的关系。

⑤合龙前应在两端悬臂预加压重，并于浇筑混凝土过程中逐步撤除，使悬臂挠度保持稳定。合龙宜在一天中最低气温时完成。合龙段的混凝土强度等级可提高一级，以尽早张拉。合龙段混凝土浇筑完成后，应加强养护，悬臂端应覆盖，防止日晒。

体系转换及支座反力调整，按设计程序要求施工。

4.8.5 T形刚构及其他技术要求

①T形刚构或悬臂梁挂孔的预制挂梁通过悬臂梁段架设时，应验算悬臂梁段的强度及稳定性，并应对悬臂端预埋件及支座位置进行校核。

②墩顶梁段及附近箱梁段施工：墩顶梁段及附近梁段可采用托架或膺架为支架就地浇筑混凝土。托架或膺架要经过设计，计算弹性及非弹性变形。模板、预应力管道、钢筋、预埋件安装、混凝土浇筑应符合设计要求及规

范规定。

③边跨现浇段：现浇段的浇筑顺序是靠近边墩(台)的先浇，逐段向合龙段靠拢，逐渐调整现浇梁段的高程，使合龙高差在允许误差内。浇筑混凝土前确保支架与梁底之间能相对滑动，使边跨合龙时现浇段能随原浇筑T构自由伸缩，避免混凝土拉应力过大。

④合龙及体系转换：合龙顺序按规范要求施工。合龙后拆除临时支座，并将支座限位，按规范体系转换要求进行体系转换。

⑤T形刚构的转体施工，参见规范有关规定。

4.9 悬拼施工梁桥

悬臂拼装施工包括块件的预制、运输、拼装及合龙。梁体的预制可与桥梁下部构造施工同时进行，平行作业可缩短建设工期。预制场或工厂化的梁段预制生产有利于整体施工的质量控制。采用悬臂拼装法施工时，需采取临时固结措施。

4.9.1 梁段预制及吊运

梁段预制应在台座上连续啮合预制。钢筋、混凝土和预应力管道安装应符合规范规定。梁段的存放场地应平整，承载力应满足要求。支垫位置与吊点一致。预制梁块的测量如下：

①箱梁基准块出坑前必须对所有梁块进行测量，详细记录，并根据其在桥上的设计位置进行校正。

②箱梁高程控制点和挠度观测点，在箱梁顶面埋置4～6个。

③在预制梁段上标出梁号、中轴线、横轴线。

节段吊运工作参照规范规定。

4.9.2 梁段拼装及接缝处理

浇筑墩顶梁块及附近梁块，具体要求规范执行。各块件间的接缝施工应按设计规定办理。

1.梁段拼装

采用悬臂拼装法修建预应力连续梁或预应力悬臂梁桥时，应先将梁、墩临时锚固或在墩顶两侧设立临时支撑，待全部块件安装完毕后，再撤除临时锚固或支撑。采用悬臂吊机、缆索、浮吊悬拼安装时，应按施工荷载进行强度、刚度、稳定验算，使安全系数符合规范规定。施工注意事项如下：

①块件起吊安装前，应对起吊设备进行全面的安全技术检查，并按设计荷载的60%、100%和130%分别进行起吊试验。

②吊机重应符合设计要求，应注意吊机的定位和锚固，经检查符合要求后再进行起吊拼装。

③桥墩两侧块件宜对称起吊，以保证桥墩两侧平衡受力。

④墩侧相邻的1号块件提升到设计高程初步定位后，应立即测量、调整1号块件的纵轴线，使之与梁顶块件纵轴线的延伸线重合，使其横轴线与梁顶块件的横轴线平行且间距符合设计要求。应检查梁顶块件与1号块件间孔道的接头情况，调整并制作接缝间孔道接头后，方可将1号块件牢靠固定，其他各个块件连接时，均应按本条规定测量调整其位置。

⑤应在施工前绘制主梁安装挠度变化曲线，悬臂拼装过程中应随时观测桥轴线安装挠度曲线的变化情况，并与设计值进行对比，遇有较大偏差时应及时处理，以便控制块件的安装高程。

2.接缝处理

采用胶接缝拼装的块件，涂胶前应就位试拼。胶黏剂一般采用环氧树脂，使用前应经过试验，符合设计要求方可使用。接缝施工注意事项如下：

①混凝土表面应尽量平整，疏松表面层及附着的水泥应清除干净，涂胶前表面应干燥或烘干。

②胶黏剂使用过程中应继续搅拌以保证均匀，胶缝加压被挤出的胶黏料应及时刮干净。

③涂胶人员应有防护设施。

④安装调整位置、高程应在3h内完成。

⑤胶接缝采用预施应力(挤压)0.2MPa，挤压应在3h以内完成。当施工时间超过明露时间的70%时，在固化之前应清除被挤出的胶结料。

4.9.3 张拉封锚和体系转换

块件拼装完毕(检查合格)后张拉预应力束时,除应按照规范有关规定办理外尚应注意下列事项:

①胶接块件拼装完毕,经检查合格后,即可张拉预应力束进行块件挤压,挤压力应符合规范的规定。

②湿接缝块件应待混凝土强度达到设计强度等级的70%以上时,才能张拉预应力束。

③同一截面中各预应力束的张拉顺序及张拉力应按照设计规定分批张拉并做好记录。

④块件拼装和预应力钢材张拉时,应注意温度和气象变化,当气温在0℃以下、风力在5级以上时,不宜进行张拉。桥面明槽内已张拉的预应力束应加以保护,禁止在上面堆放物件和抛物撞击。

每对块件拼装完毕并张拉后,应立即压浆封锚。当块件的预应力束按设计要求张拉完毕后,方准许放松吊钩。有吊梁的T形刚构桥明槽混凝土,应在吊梁安装完毕后立即浇筑,浇筑程序应由悬臂端开始同时向根部推进。体系转换按设计顺序进行。在转换体系前,应按照设计要求张拉一部分块件底部的预应力束,并在悬臂梁端设置向下的预拱度,防止梁上部已张拉的明槽预应力钢材上漂,以保证转换体系前后拼装、张拉各阶段的安全。

4.10 顶推施工梁桥

顶推施工的原理是沿桥纵轴方向的台后开辟预制场,分节段预制混凝土梁体,然后通过水平液压千斤顶施力,借助不锈钢板与聚四氟乙烯板特制的滑动装置,将梁逐段向对岸顶进,就位后落梁,更换正式支座完成桥梁施工。

4.10.1 预制场地

1. 注意事项

选择梁段预制场地时,除应按照规范有关规定执行外,还应注意下列事项:

①预制场地应设在桥台后面桥轴线的引道或引桥上,当为多联顶推时,为加速施工进度,可在桥两端均设场地,从两端相对顶推。

②预制场地长度应考虑梁段悬出时反压段的长度、梁段底板与腹(顶)板预制长度、导梁拼装长度和机具设备材料进入预制作业线的长度;预制场地的宽度应考虑梁段两侧施工作业的需要。

③预制场地上空宜搭设固定或活动的作业棚,其长度宜大于2倍预制梁段长度,使梁段作业不受天气影响,并便于混凝土养护。

④在桥端路基上或引桥上设置预制台座时,其地基或引桥的强度、刚度和稳定性应符合设计要求,并应做好台座地基的防水、排水设施,以防沉陷。在荷载作用下,台座顶面变形不应大于2mm。

2. 台座允许偏差

台座的轴线应与桥梁轴线的延长线重合,台座的纵坡应与桥梁的纵坡一致。台座施工的允许偏差如下:

①轴线偏差:5mm。

②相邻两支承点上台座中滑移装置的纵向顶面高程差:2mm。

③同一个支承点上滑移装置的横向顶面高程差:1mm。

④台座(包括滑移装置)和梁段底模板顶面高程差:2mm。

4.10.2 梁段预制及养生

梁段模板、钢筋、预应力孔道、滑道、预埋件等应经检查签认后方可浇筑混凝土。

1. 模板

模板宜采用钢模板,底模与底架联成一体并可升降,侧模宜采用旋转式的整体模板,内模板采用在可移动的台车上加上安装的升降旋转整体模板。模板应保证刚度,制作精度应符合规范规定。

2. 钢筋

钢筋工作除应符合规范规定外,还应做好接缝处纵向钢筋的搭接。预应力管道安装应符合规范要求。

3. 梁段混凝土浇筑

混凝土的材料要求、配合比设计、搅拌、运输、浇筑等的具体要求,可参照规范规定执行。在必要时可使用早强水泥或掺入早强减水剂,以提高早期强度,缩短顶推周期。梁段工作缝的接触面应凿毛,并洗刷干净,或采用其他可加强混凝土接触的措施。若工作缝为多联连续梁的解联断面,干接缝依靠张拉临时预应力束来实现,断面尺寸应准确,表面平整,解联时分开方便。

混凝土可采用全断面整段浇筑或采用两次浇筑，分两次浇筑时，第一次浇筑箱梁底板及腹板根部，第二次浇筑其他部分。支座位置处的隔板，在整个梁顶推到位并完成解联后，进行浇筑，振捣时应避免振动器碰撞预应力钢筋管道、预埋件等。第一梁段前端设置导梁端的混凝土浇筑，应注意振捣密实，导梁的中心线与水平位置应准确平整。

4.10.3 梁段施加预应力

梁段预应力束的布置、张拉次序、临时束的拆除次序等，应严格按照设计规定执行。其施工的技术要求应按照规范有关规定办理。在桥梁顶推就位后需要拆除的临时预应力束，张拉后不应灌浆，锚具外露多余预应力钢材不必切除。梁段间需连接的永久预应力束，应在两梁段间留出适当空间，用预应力束连接器连接，张拉后用混凝土填塞。

4.10.4 导梁和临时墩

梁段前端设置导梁时，导梁全部节间拼装应平整，预埋在梁段前端的预埋件联结强度、刚度必须满足梁顶推时的安全要求。采用钢桁架导梁时，应注意导梁与梁段刚度的协调，不得采用刚度过小的导梁，并应减小每个节点的非弹性变形，使梁端挠度不大于设计要求。导梁拼装允许误差如下：

①导梁中线：5mm。

②导梁纵、横向底面高程：±5mm。

桥跨中间设置有临时墩时，其施工技术要求应按照设计规定和规范规定执行。各联主梁顶推作业完成并落位到正式支座上以后，应将临时墩拆除。

4.10.5 顶推装置

顶推施工中采用的主要设备是千斤顶和滑道。为了防止梁体在平面内发生偏移，通常在墩顶的梁旁设置横向导向装置。

1. 滑动装置

(1)顶推方式

水平—竖向千斤顶顶推方式的滑动装置，一般由摩擦垫、滑块(支承块)、滑板和滑道组成。

①摩擦垫用氯丁橡胶与钢板夹层制成后，黏附在滑块顶面，其尺寸大小应根据墩顶反力和橡胶板容许承载力计算决定。

②滑块可用铸钢或高强度混凝土块制成，其高度不宜小于正式支座的高度，其尺寸不宜小于摩擦垫和滑板的尺寸；滑板有多种构造，一般宜用硬木板、钢板夹橡胶板等黏聚四氟乙烯板(四氟板)组成。四氟板面积由最大反力计算决定，对无侧限的容许应力可按5MPa计算，对有侧限的可按15MPa计算。

③滑道一般可用不锈钢或镀铬钢带包卷在铸钢底层上，铸钢底层应用螺栓固定在支座垫石上。滑道顺桥向长度应大于水平千斤顶行程加滑块顺桥向长度；其宽度应为滑板宽度的1.2~1.5倍。相邻墩(包括主墩与临时墩)滑道顶面高程的允许偏差为±2mm；同墩两滑道高程的允许偏差为±1mm。

(2)拉杆顶推方式

拉杆顶推方式的滑动装置由滑板与滑道组成。其构造、技术要求及滑道的宽度应按照的规定办理，但滑道长度应大于3块滑板的长度。

(3)滑动装置摩擦系数

滑动装置的摩擦系数宜由滑板和滑道的材料进行试验确定。一般在选用水平千斤顶顶力时，对四氟滑板与不锈钢或镀铬钢滑道面，启动摩擦系数(静摩擦系数)可按0.07~0.08，动摩擦系数可按0.04~0.05考虑。

(4)滑板要求

当主梁底部与滑板接触时，随着梁段的顶推前进，滑道上的滑板从前面滑出后，应立即自后面插入补充，补充的滑块应涂以润滑剂，并端正插入。在任何情况下，每条顶推线各墩顶滑道上的滑板不得少于2块。滑板的磨损较大，应按顶推梁的长短和滑板损耗率准备足够的滑板，滑板磨损过多时应及时更换。

2. 导向装置

梁段顶推时，为纠正梁体偏移，应按具体情况采取下列导向装置：

①楔形导向滑板，其构造与滑板基本相同，但导向板系楔形，横向设在梁段两侧的反力架间，梁段通过时，利用楔形板的横向分力来纠偏。

②千斤顶适用于梁体偏移较大时，横向装置于桥墩两侧的钢支架上，当需要纠偏时开动一侧的千斤顶使梁横移。

③导向装置应具有足够的承载力,防止纠偏时损坏。

3. 多联连接顶推

多孔多联预应力连续梁桥顶推时,可根据顶推方式采取分联顶推或将各联间伸缩缝临时连接,顶推完毕后将临时连接设施拆除。临时连接方法应按设计规定办理。

4.10.6 梁段顶推

顶推施工前,应根据主梁长度、设计顶推跨度、桥墩能承受的水平推力、顶推设备和滑动装置等条件,选择适宜的顶推方式。梁段中各种预应力钢材按顶推设计张拉完成后,在顶推前应对顶推设备如千斤顶、高压油泵、控制装置及梁段中线、各滑道顶的高程等检验合格,并做好顶推的各项准备工作后,方可开始顶推。

1. 竖直千斤顶方式顶推

采用单点或多点水平—竖直千斤顶方式顶推时,应符合下列规定:

①水平千斤顶的实际总顶推力不应小于计算顶推力的2倍。

②墩、台顶上水平千斤顶的台背必须坚固,应(经过计算)能抵抗顶推时的总反力;在顶推过程中各桥墩的纵向位移值不超过设计规定。

③主梁在各墩(包括临时墩)支承处,均应按规范的要求设立滑动装置。

④单点或多点的水平千斤顶顶推时,左右两条顶推线应横向同步运行;多点顶推时,各墩台的水平千斤顶均应沿纵向同步运行,保证主梁纵向轴线在设计容许偏差范围内。

⑤主梁被顶推前进时,如梁的中线偏离较大,应按规范要求的导向装置纠偏。

⑥水平千斤顶顶推了一个行程,用竖向千斤顶将梁顶高,以便拉回滑块时,其最大顶升高度不得超过设计规定。如设计无规定时,不得超过5~10mm。

⑦采用单点水平—竖直千斤顶顶推方式顶推,在开始时,如因导梁轻,设置顶推装置处的反力不大,滑块与梁底打滑,不能使梁被顶推前进时,应采取措施(如用卷扬机拉拽)使梁前进一定距离,顶推装置的墩、台反力具有一定数值后,再用水平—竖直千斤顶的顶推装置,或将顶推装置移到主梁与导梁连接段中间反力最大的临时墩上,并加强该墩抗水平推力的能力。

2. 拉杆方式顶推

采用单点或多点拉杆方式顶推时,除应按照规范办理外,还应遵照下列规定:

①设拉杆千斤顶的墩顶应设置反力台,反力台应牢固,满足顶推时反力的要求。

②主梁底部或侧面应按一定距离设置拉锚器,拉锚器的锚固、放松应方便、快速。

③拉杆的截面积和根数应满足顶推力的要求。

3. 注意事项

顶推过程中还应注意下列事项:

①顶推时,如导梁杆件有变形、螺丝松动、导梁与主梁联结处有变形或混凝土开裂等情况时,应停止顶推,进行处理。

②梁段中未压浆的各预应力钢材的锚具如有松动,应停止顶推,并将松动的锚具重新张拉、锚固。

③采用拉杆方式顶推时,如拉杆有变形、锚碇联结螺丝有松动等情况,应及时处理。

④顶推时至少应在两个墩上设置保险千斤顶,如遇到滑移故障用千斤顶处理时,起顶的反力值不得大于计算反力的1.1倍,起顶高度不得大于5~10mm。

4.10.7 平面曲线与竖曲线顶推

1. 平曲线桥顶推

用顶推法安装的平曲线桥只适用于同半径的圆曲线桥,而且其曲线半径不能太小,即每孔曲线桥的平面重心应落在相邻两座桥墩上箱梁底板的内外两侧弦连接线以内。当桥梁大部分为直线,而桥梁前端为曲线时,可采取特殊措施用千斤顶安装。顶推安装平曲线桥应注意如下事项:

①宜采用多点拉杆方式顶推,亦可采用水平—竖直千斤顶方式顶推。

②预制台座的平面及梁身均应按设计制成圆弧形。

③导梁宜制成直线,但与主梁连接处应偏转一角度,使两片导梁前端的中心落在曲线梁圆弧的中线上。

④平曲线的顶推应采取纵向与横向顶推结合的工艺,即在纵向水平千斤顶向前顶推的同时,还启动各墩曲线外

侧的横向千斤顶,使梁体沿圆弧曲线前进。

2. 竖曲线桥顶推

用顶推法安装的竖曲线桥只适用于同曲率的竖曲线桥。桥上设的竖曲线多为凸曲线,顶推时宜对向顶推,在竖曲线顶点处合龙。当桥梁不长、跨数不多时,亦可自一端顶推全桥。顶推工艺基本上与顶推平桥相同。顶推竖曲线桥应注意如下事项:

①各桥墩墩顶高程应与设计竖曲线符合。

②预制台座的底模板高程应符合设计竖曲线的曲率。

③所需水平顶推力的大小,应考虑纵坡正负的影响。

4.10.8 落梁

全梁顶推到设计位置、将梁落到正式支座上时,应按照下列规定办理:

①按照设计文件规定的张拉顺序,对补充的预应力钢材进行张拉、锚固、压浆。将供顶推用的临时预应力钢材按设计规定顺序拆除。

②落梁前应拆除墩、台上的滑动装置。拆除时,各支点宜均匀顶起,其顶力应按设计支点反力大小进行控制。相邻墩各顶点的高差不得大于5mm;同墩两侧梁底顶起高差不得大于1mm。落梁反力允许偏差为±10%设计反力。

③落梁时,应根据设计规定的顺序和每次下落量进行,同一墩、台的千斤顶应同步运行。

支座的安装应符合规范规定的要求。

4.11 装配式梁桥施工

装配式梁桥施工包括钢筋混凝土和预应力混凝土梁板桥(以下简称装配式桥)构件的预制、移运、堆放和安装施工。装配式梁桥安装一般采用吊装施工。

4.11.1 一般规定

装配式桥构件在脱底模、移运、堆放、吊装时,混凝土的强度不应低于设计所要求的吊装强度,一般不得低于设计强度的75%。对孔道已压浆的预应力混凝土构件,其孔道水泥浆的强度不应低于设计要求,如设计无规定时,一般不低于30MPa。

①安装构件时,支承结构(墩台、盖梁)的强度应符合设计要求。支承结构和预埋件(包括预留锚栓孔、锚栓、支座钢板等)的尺寸、高程及平面位置应符合设计要求。

②构件安装前必须检查其外形和构件的预埋件尺寸和位置,其允许偏差不得超过设计规定,如设计无规定时,不得超过规范的有关规定。

③构件安装就位完毕并经过检查校正符合要求后,才允许焊接或浇筑混凝土,以固定构件。

④分层、分段安装的构件继续安装时,必须在先安装的构件固定和受力较大的接头混凝土达到设计要求的强度后,方可进行。如设计无规定时,应达到设计强度的75%后方可进行。

⑤分段拼装梁的接头混凝土或砂浆,其强度不应低于构件的设计强度。不承受内力的构件的接缝砂浆,其强度不应低于M10。

⑥需与其他混凝土或砌体结合的预制构件的砌筑面应按施工缝处理。

⑦构件吊运安装时,必须遵守有关安全操作技术规程。

⑧吊运工具、设备的使用技术要求,应参照起重吊装的有关规定执行。25m以上的预应力简支梁应验算裸梁的稳定性。

4.11.2 装配式构件预制

预制模板、各种构件混凝土的浇筑均应符合规范的规定要求。

1. 一般要求

预制场地应平整、坚实,应根据地基及气候条件,采取必要的排水措施,防止场地沉陷。

①后张法预应力混凝土简支梁的预制台座应坚固、无沉陷,台座各墩间距应适宜,以保证底模挠度不大于2mm。台座表面应光滑平整,在2m长度上平整度的允许偏差为2mm,气温变化大时应设伸缩缝。

②装配式桥中的预应力混凝土梁、板预制构件在预制施工前，应根据设计单位提供的理论拱度值，结合施工的实际情况，正确预计梁体拱度的变化情况，采取相应措施。当后张法全预应力混凝土梁预计的拱度值较大时，可考虑在预制台座上设置反拱。当梁体的实际拱度已较大，将对桥面混凝土的施工造成影响时，应书面报告监理工程师，会同设计单位协商解决。

③钢筋、混凝土及预应力钢筋的施工应符合规范的有关规定。

④采用平卧重叠法支立模板、浇筑构件混凝土时，下层构件顶面应设临时隔离层；上层构件须待下层构件混凝土强度达到5.0MPa后方可浇筑。

2. 构件混凝土的浇筑

梁、板应按一定厚度、顺序和方向分层浇筑。腹板底部为扩大断面的T形梁，应先浇筑扩大部分并振实后，再浇筑其上部腹板。U形梁可上下一次浇筑或分两次浇筑。一次浇筑时，应先浇筑底板(同时腹板部位浇筑至底板承托顶面)，待底板混凝土稍沉实后再浇筑腹板；分两次浇筑时，先浇筑底板至底板承托顶面，按施工缝处理后，再浇筑腹板混凝土。小型构件宜在振动台上振动浇筑。混凝土砌块、小型盖板、路缘石等小型构件，可在移动式底模或平整的地面上浇筑。

4.11.3 构件移运

构件移运时应符合以下要求：

①构件移运时混凝土强度应符合规范的规定。

②构件移运时的吊点位置应按设计规定。如设计无规定时，梁、板构件的吊点应根据计算决定。构件的吊环应顺直。吊绳与起吊构件的交角小于60°时，应设置吊架或扁担，尽可能使吊环垂直受力。

③梁、板、构件移运和堆放的支承位置应与吊点位置一致，并应支承牢固，避免损伤构件。在顶起各种构件时应随时置好保险垛。

④吊移板式构件时，不得吊错上、下面，以免折断。构件运输时，应有特制的固定架以稳定构件。小构件宜顺宽度方向侧立放置，并注意防止倾倒，如平放，两端吊点处必须设置支搁方木。

⑤梁的运输应顺高度方向竖立放置，并有防止倾倒的固定措施。装卸梁时，必须等支承稳妥后，才许卸除吊钩。

⑥使用平板拖车或超长拖车运输大型构件时，车长应能满足支承间的距离要求，支点处应设活动转盘以免搓伤构件混凝土。运输道路应平整，如有坑洼而高低不平时，应事先修理平整。

4.11.4 构件堆放

成垛堆放装配式构件时，应注意下列事项：

①堆放构件的场地应整平夯实。

②构件应按吊运及安装次序顺序堆放，宜尽量缩短预应力混凝梁或板的堆放时间。

③构件堆垛时，应放置在垫木上，吊环向上，标志向外。混凝土养护期未满的，应继续洒水养护。

④水平分层堆放构件时，其堆垛高度应按构件强度、地面承载力、垫木强度以及堆垛的稳定性而定。承重大构件一般以2层为宜，不应超过3层；小型构件一般不宜多于6~10层，层与层之间应以垫木隔开，各层垫木的位置应在吊点处，上下层垫木必须在一条竖直线上。

⑤雨季和春季融冻期间，必须注意防止因地面软化下沉而造成构件断裂及损坏。

4.11.5 整体式基础安装

整体式基础安装技术要求如下：

①安装前应检查支承结构的尺寸、高程、平面位置和承载能力，均应符合设计要求。

②构件的混凝土强度达到设计要求，设计无要求时应符合规范规定。

③基础安装的岩面或混凝土的表面应平整，安装时冲刷干净，坐浆时要将水泥浆抹平，厚薄均匀。

④安装就位后应采取保证构件稳定的措施，平面位置、高程、垂直度经检查校正符合设计要求后方准焊接或浇筑接头混凝土。

⑤吊装大薄壁构件，应采取避免构件变形或损坏的临时加固措施。

⑥构件固定后方可摘去吊钩。

⑦分层安装时接头或接缝的混凝土强度未达到设计要求时，不得吊装上一层构件。

⑧接头或接缝混凝土或砂浆宜采取快凝措施,强度等级宜比构件混凝土强度等级提高一级。

⑨已安装完毕的整体基础接头或接缝混凝土强度达到设计要求后,方可承受施工荷载。

4.11.6 梁板安装

简支梁、板的安装除应验算构件在起吊过程中所产生的应力是否符合要求外,应按规范有关规定执行。支座的安装应参照规范规定执行。

1. 安装施工

①简支梁和板可根据现场情况、梁和板的重力及所用设备制订安装方案,各受力部分的设备、杆件应经过验算。

②斜桥、弯桥安装时,应按照设计要求办理,如设计无规定时,可按规定办理。

2. 梁、板就位

每根大梁就位后,应及时设置保险垛或支撑,将梁固定并用钢板与先安装好的大梁预埋横向连接钢板焊接,防止倾倒,待全孔大梁安装完毕后,再按设计规定使全孔大梁整体化。梁、板就位后按设计要求及时浇筑接缝混凝土。

4.12 钢桥施工

钢桥施工适用于以工厂化制造,在工地以高强螺栓连接或焊缝连接的钢桥施工。

4.12.1 一般规定

①钢桥制造使用的材料必须符合设计要求和现行有关标准的规定,必须有材料质量证明及进行复验;钢材应按同一炉批、材质、板厚每 10 个炉(批)号抽验一组试件,焊接与涂装材料应按有关规定抽样复验,复验合格后方可使用。

②采用进口钢材时,应按合同规定进行商检,应按现行标准检验其化学成分和力学性能;并应按现行有关标准进行抽查复验和与匹配的焊接材料做焊接试验,不符合要求的钢材不得使用。

③当钢材表面有锈蚀、麻点或划痕等缺陷时,其深度不得大于该钢材厚度允许负偏差值的 1/2。

④钢桥的制作和安装应符合设计图和施工图的要求,并应符合规范的规定。当需要修改设计时,应取得原设计单位的同意,并应签署设计变更文件。

⑤提交钢桥制造厂的设计文件应包括钢桥主要受力杆件的应力计算表及杆件断面的选定图表;钢桥全部杆件的设计详图、材料明细表、工地螺栓表,制作时应考虑荷载引起的挠度对钉孔的影响;特定的设计、施工及安装说明;安装构件、附属构件的设计图。

⑥钢桥施工图由制造厂绘制,包括下列各项:按杆件编号绘制的施工图;厂内试装简图;发送杆件表;工地拼装简图。在工地应有预拼图。

⑦钢桥制造和检验所用的量具、仪器、仪表等应经主管部门授权的法定计量技术机构进行校验。大桥工地用尺与工厂用尺应互相校对。

4.12.2 钢桥工厂制造

钢桥是在工厂制造零、部件,拼装板梁、箱形梁、主桁架、纵横梁等。其制造工艺流程主要是钢材号料、切割、加工,钢梁拼装、涂装。

1. 放样和号料

号料是用划线的粉块在钢材(钢板、型钢、钢管等)上画出真实零件形状的线条,划线工具可以用尺子或样板、样条等。号料之后就是钢材的切割加工。

①放样和号料应根据施工图和工艺要求进行,应预留制作和安装时的焊接收缩余量及切割、刨边和铣平等加工余量。

②对于形状复杂的零、部件,在图中不易确定的尺寸,应通过放样校对后确定。

③样板、样杆、样条制作的允许偏差应符合表 4-40 的规定。

样板、样杆、样条制作允许偏差 表 4-40

项目	允许偏差(mm)	项目	允许偏差(mm)
两相邻孔中心线距离	±0.5	宽度、长度	+0.5,-1.0
对角线、两极边孔中心距离	±1.0	曲线样板上任意点偏离	1.0
孔中心与孔群中心线的横向距离	0.5		

④号料前应检查钢料的牌号、规格、质量,如发现钢料不平直,有蚀锈、油漆等污物,应矫正清理后再号料;号料外形尺寸允许偏差为±1mm。

2. 钢材切割

钢材切割时应注意下列事项:

①切割前应将料面的浮锈、污物清除干净。钢料应放平、垫稳,割缝下面应留有空隙。

②切割应优先采用精密切割如数控、自动、半自动切割。手工切割仅适用于次要零件或切割后仍需加工的零件。

③剪切钢板厚度不宜大于12mm,剪切边缘应平整,无毛刺、反口、缺肉等缺陷。

④剪切长度允许偏差为±2mm,边缘缺棱1mm,型钢端部垂直度≤2.0mm。

⑤碳素结构钢在环境温度低于-20℃、低合金结构钢在环境温度低于-15℃时,不得进行剪切、冲孔。

⑥切割零件尺寸手工切割时允许偏差为±2mm;精密(数控、自动、半自动)切割时应符合零件加工尺寸允许偏差、箱形梁零部件加工尺寸允许偏差的规定。

⑦精密切割面质量应符合表4-41的规定,切割面硬度不超过HV350。

切割面质量要求 表4-41

项目	等级		
	1	2	备注
表面粗糙度 R_a	25μm	50μm	按《表面粗糙度参数及其数值》(GB 1031—1995)用样板检测
崩坑	不容许	1m长度内容许有1处1mm	超限应修补,按焊接有关规定
塌角	圆角半径≤0.5mm		—
切割面垂直度	≤0.05t,且不大于2.0mm		—

注:t为钢板厚度。

3. 矫正和弯曲

①钢材矫正前,剪切的反口应修平,切割的挂渣应铲净。

②碳素结构钢在环境温度低于-16℃、低合金结构钢在环境温度低于-12℃时,不得进行冷矫正和冷弯曲。

③主要受力零件冷作弯曲时,环境温度不宜低于-5℃,内侧弯曲半径不得小于板厚的15倍,小于者必须热煨,热煨温度宜控制在900~1000℃之间。冷作弯曲后零件边缘不得产生裂纹。

④热矫温度应控制在600~800℃之间,矫正后钢材温度应缓慢冷却,降至室温以前,不得锤击钢料或用水急冷。

⑤矫正后的钢材表面不应有明显的凹痕或损伤。零件矫正后的允许偏差应符合表4-42的规定。

零件矫正允许偏差 表4-42

项目		允许偏差(mm)
钢板平面度	每米	1.0
钢板直线度	$L≤8m$	3.0
	$L>8m$	4.0
型钢直线度	每米	0.5
角钢肢垂直度	全长范围	0.5[①]
角肢平面度	连接部位	0.5
	其余	1.0
工字钢、槽钢腹板平面度	连接部位	0.5
	其余	1.0
工字钢、槽钢翼缘垂直度	连接部位	0.5
	其余	1.0

注:①角度不得大于90°。

4. 边缘加工

①零件刨(铣)加工深度不应小于3mm,加工面的表面粗糙度 R_a 不得低于25μm;顶紧加工面与板面垂直度偏差应小于0.01t(板厚),且不得大于0.3mm。

②坡口可采用机加工或精密切割,坡口尺寸及允许偏差应由焊接工艺确定。

③边缘加工的允许偏差应符合表4-43和表4-44的规定。

④零件应根据预留加工量及平直度要求，两边均匀加工。已有孔的零件应按其中心线找正边缘。

零件加工尺寸允许偏差 表4-43

<table>
<tr><td colspan="3">项目</td><td colspan="2">允许偏差(mm)</td></tr>
<tr><td colspan="2">名称</td><td>范围</td><td>宽度</td><td>孔边距</td></tr>
<tr><td rowspan="3">桁梁的弦、斜、竖杆，纵横梁，板梁主梁、平联杆件①</td><td>盖板(工形)</td><td>两边</td><td>±2.0</td><td>—</td></tr>
<tr><td>竖板(箱形)</td><td>两边</td><td>±1.0</td><td>—</td></tr>
<tr><td>腹板</td><td>两边</td><td>注②</td><td>—</td></tr>
<tr><td colspan="2">主桁节点板</td><td>三边</td><td>—</td><td>+2.0</td></tr>
<tr><td colspan="2">座板</td><td>四边</td><td>±1.0</td><td>—</td></tr>
<tr><td colspan="2">拼接板、鱼形板，桥门架用钢板</td><td>两边</td><td>±2.0</td><td>—</td></tr>
<tr><td colspan="2">支承节点板、拼接板、支承角</td><td>支承边端</td><td>—</td><td>+0.5
+0.3</td></tr>
<tr><td colspan="2">平联、横联节点板</td><td>焊接边</td><td>—</td><td>±0.3</td></tr>
<tr><td colspan="2">箱形杆件内隔板</td><td>四边</td><td>+0.5
0③</td><td>—</td></tr>
</table>

注：①长度不大于10m的直线度允许偏差为2.0mm，10m以上为3.0mm，但不得有锐弯。

②腹板宽度必须按盖板厚度及焊接收缩量配制。

③箱形杆件内隔板板边垂直度偏差不得大于0.5mm。

箱形梁零、部件加工尺寸允许偏差 表4-44

<table>
<tr><td rowspan="2">简图</td><td colspan="4">项目</td><td rowspan="2" colspan="2">允许偏差(mm)</td></tr>
<tr><td>名称</td><td colspan="3">范围</td></tr>
<tr><td rowspan="4">—</td><td rowspan="2">盖板</td><td rowspan="2">周边</td><td colspan="2">长度</td><td colspan="2">+2.0，-1.0</td></tr>
<tr><td colspan="2">宽度</td><td colspan="2">+2.0,0</td></tr>
<tr><td rowspan="2">腹板</td><td rowspan="2">周边</td><td colspan="2">长度</td><td colspan="2">+2.0，-1.0</td></tr>
<tr><td colspan="2">宽度</td><td colspan="2">注①</td></tr>
<tr><td rowspan="5">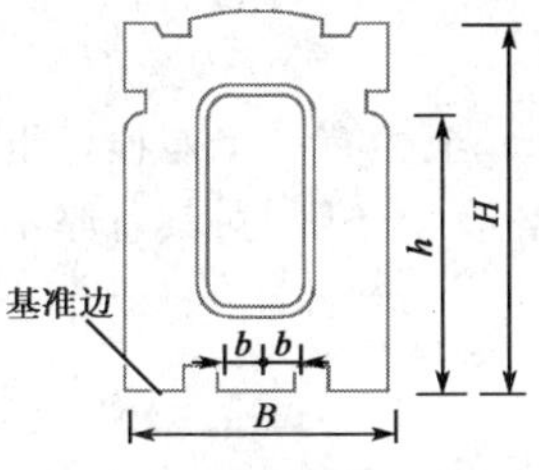</td><td rowspan="5">隔板</td><td rowspan="5">周边</td><td colspan="2">宽 B</td><td colspan="2">+0.5,0</td></tr>
<tr><td colspan="2">高 H</td><td colspan="2">+0.5，-0.5</td></tr>
<tr><td colspan="2">对角线差</td><td colspan="2"><1.0</td></tr>
<tr><td colspan="2">垂直度</td><td colspan="2">$\leq \frac{H}{2000}$</td></tr>
<tr><td>缺口定位尺寸</td><td>b
h</td><td colspan="2">+2.0
0</td></tr>
<tr><td rowspan="2">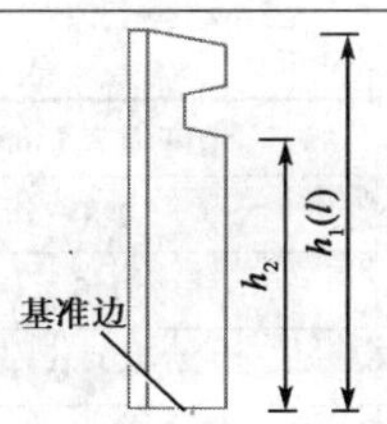</td><td rowspan="2">纵肋与横肋</td><td rowspan="2" colspan="3">按工艺文件</td><td>高 h_1(长 l)</td><td>±0.5(0，-2.0)</td></tr>
<tr><td>缺口定位尺寸 h_2</td><td>0
0.2</td></tr>
</table>

注：①腹板宽度必须按盖板厚度及焊接收缩量配制。

5. 制孔

①螺栓孔应成正圆柱形，孔壁表面粗糙度 $R_a \leq 25\mu m$，孔缘无损伤不平，无刺屑。

②组装件可预钻小孔，然后扩钻。预钻孔径至少应较设计孔径小3mm。扩钻孔时，严禁飞刺和铁屑进入板层。

③使用卡板(卡样)时，必须按施工图检查零件规格尺寸，核对所用钻孔样板无误后，方可钻孔。对卡固定式样板钻孔的杆件，应检查杆件外形尺寸和制造偏差，并将误差均分。卡固限度应符合下列要求：工形杆件腹板中心与样板中心允许偏差1mm；纵向偏差应以两端部边距相等为原则；箱形杆件两竖板水平中线与样板中线允许偏差1.5mm，但有水平拼接时，其允许偏差为1mm。

④螺栓孔的允许偏差应符合表4-45的规定。

螺栓孔允许偏差 表4-45

项目		允许偏差(mm)	项目		允许偏差(mm)
螺栓直径	螺栓孔径		螺栓直径	螺栓孔径	
M12	14	+0.5,0	M24	26	+0.7,0
M16	18	+0.5,0	M27	29	+0.7,0
M20	22	+0.7,0	M30	33	+0.7,0
M22	24	+0.7,0			

⑤螺栓孔距允许偏差应符合表4-46的规定。

螺栓孔距允许偏差 表4-46

项目		允许偏差(mm)		
		主要杆件		次要杆件
		桁梁杆件	板梁杆件	
两相邻孔距		±0.4	±0.4	±0.4(±1.0)②
多组孔群两相邻孔群中心距		±0.8	±1.5	±1.0(±1.5)②
两端孔群中心距	$l \leqslant 11m$	±0.8	±4.0①	±1.5
	$l > 11m$	±1.0	±8.0①	±2.0
孔群中心线与杆件中心线的横向偏移	腹板不拼接	2.0	2.0	2.0
	腹板拼接	1.0	1.0	—

注:①连接支座的孔群中心距允许偏差。
②括号内数值为人检结构的允许偏差。

6.组装

①组装前,零、部件应经检查合格;连接接触面和焊缝边缘每边30~50mm范围内的铁锈、毛刺、污垢、冰雪等应清除干净,露出钢材金属光泽。

②杆件的组装应在工作台上或工艺装备内进行。组装时应将焊缝错开,错开最小距离应符合规范规定。

③组装时,应用冲钉使绝大多数孔正确就位,每组孔应打入10%的冲钉,但不得少于2个,冲钉直径不应小于设计孔径0.1mm。采用预钻小孔组装的杆件,使用的冲钉直径不应小于预钻孔径0.5mm。

④组装时,应用螺栓紧固,保证零件、杆件相互密贴,一般在任何方向每隔320mm至少有一个螺栓。组装螺栓的数量不得少于孔眼总数的30%;组装螺栓的螺母下最少应放置一个垫圈,如放置多个垫圈时,其总厚不应超过30mm。

⑤焊接杆件和焊接箱形梁的组装允许偏差应分别符合表4-47和表4-48的规定。

⑥卡样钻孔应经常检查钻孔套模的质量情况,如套模松动或磨耗超限时,应及时更换。

杆件组装允许偏差 表4-47

简图	项目		允许偏差(mm)
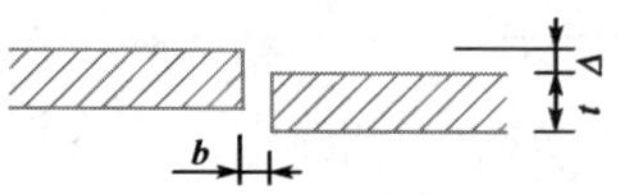	对接高低差	$t \geqslant 25$	1.0
		$t < 25$	0.5
	对接间隙 b		+1.0
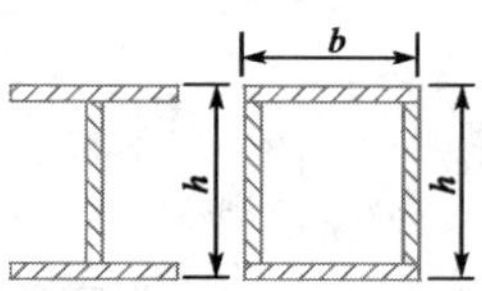	桁梁的箱梁杆件宽度 b		±1.0(有拼接时)
	桁梁的箱形杆件对角线差		2.0
	桁梁的H形杆件和箱形杆件高度 h		+1.5,0
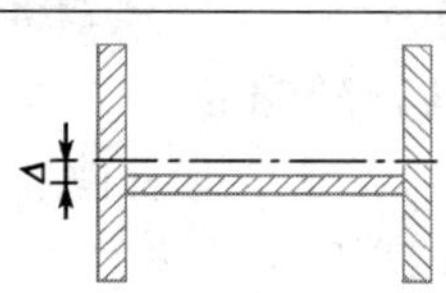	盖板中心与腹板中心线的偏移 Δ		1.0

续上表

简图	项目		允许偏差(mm)
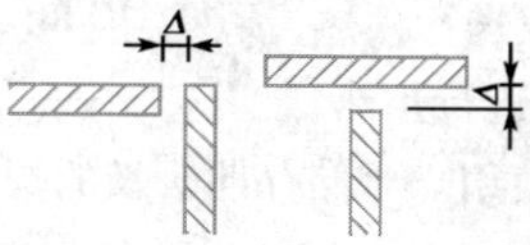	组装间隙Δ		0.5
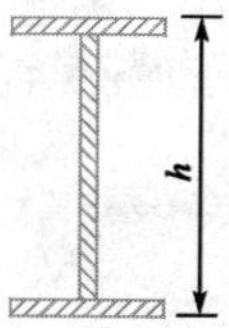	纵横梁高度 h		+1.5,0
	板梁高度 h	$h \leqslant 2\text{m}$	+2.0,0
		$H > 2\text{m}$	+4.0,0
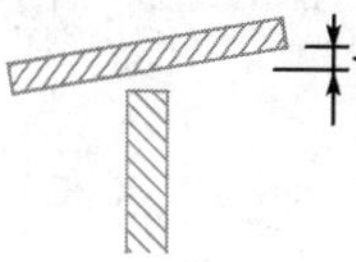	盖板倾斜Δ		0.5
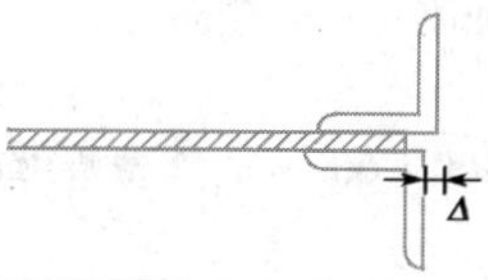	组合角钢肢高低差Δ	结合处	0.5
		其余处	1.0
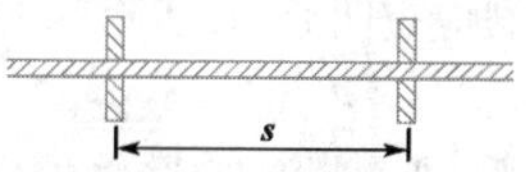	板梁,纵、横梁加劲肋间距 s	有横向联结	±1.0
		无横向联结	±3.0
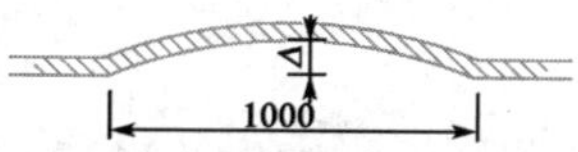	板梁腹板,纵、横梁腹板的局部平面度Δ		1.0
磨光顶紧	局部缝隙		≤0.2

箱形梁组装允许偏差　　表 4-48

简图	项目		允许偏差(mm)
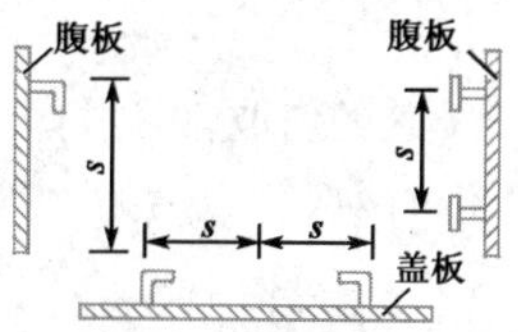	箱形梁盖板、腹板的纵肋、横肋间距 s		±1.0
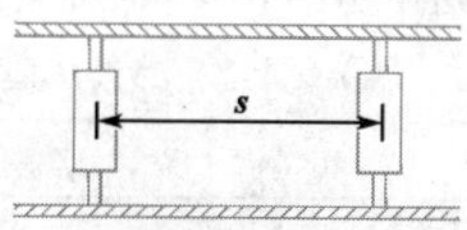	箱形梁隔板间距 s		±2.0
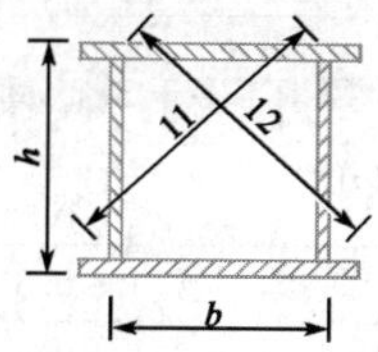	箱形梁宽度 b		±2.0
	箱形梁高度 h	$h \leqslant 2\text{m}$	+2.0,0
		$h > 2\text{m}$	+4.0,0
	箱形梁横断面对角线差		3.0
	箱形梁旁弯 f		5.0

7. 焊接

(1)一般规定

①在工厂或工地首次焊接工作之前或材料、工艺在施工过程中遇有须重新评定的变化,必须分别进行焊接工艺评定试验。焊接工艺评定按现行《铁路钢桥制造规范》(TB 10212—2009)进行。

②焊工应经过考试,熟悉焊接工艺要求,取得资格证书后方可从事焊接工作。焊工停焊时间超过 6 个月,应重新考核。

③工厂焊接宜在室内进行，湿度不宜高于80%。焊接环境温度，低合金高强度结构钢不应低于5℃，普通碳素结构钢不得低于0℃。主要杆件应在组装后24h内焊接。

④低合金高强度结构钢厚度为25mm以上时进行定位焊、手弧焊及埋弧焊时应进行预热，预热温度80～120℃，预热范围为焊缝两侧，宽度50～80mm。厚度大于50mm的碳素结构钢焊接前也应进行预热。

⑤焊接材料应通过焊接工艺评定确定，没有生产厂家质量证明书的材料不得使用。对储存期较长的焊接材料，使用前应重新按标准检验。

(2)焊接时要求

焊接时应符合下列规定：

①施焊前必须按规范的规定，清除焊接区的有害物。

②施焊时母材的非焊接部位严禁焊接引弧。

③多层焊接宜连续施焊，应注意控制层间温度，每一层焊缝焊完后应及时清理检查，清除药皮、熔渣、溢流和其他缺陷后，再焊下一层。

(3)定位焊规定

定位焊时应符合下列规定：

①焊前必须按施工图及工艺文件检查坡口尺寸、根部间隙等，如不合要求应处理改正。

②所采用的焊接材料型号应与焊件材质相匹配。

③定位焊缝应距设计焊缝端部30mm以上，焊缝长应为50～100mm，间距应为400～600mm，定位焊缝的焊脚尺寸不得大于设计焊脚尺寸的1/2。

④定位焊不得有裂纹、气孔、夹渣、焊瘤等缺陷，否则应处理改正。如有焊缝开裂应查明原因，清除后重焊。

(4)埋弧焊规定

埋弧自动焊必须在距杆件端部80mm以外的引板上起、熄弧。焊接中不应断弧，如有断弧必须将停弧处刨成1:5斜坡后，并搭接50mm再引弧施焊。

(5)焊缝磨修和返修焊规定

焊缝磨修和返修焊时应符合下列规定：

①杆件焊接后两端引板或产品试板必须用气割切掉，并磨平切口。

②焊脚尺寸超出焊缝外观检查质量标准中允许的正偏差的焊缝，及小于1mm超差的咬边必须磨修匀顺。

③焊缝咬边超过1mm或外观检查超出负偏差的缺陷应用手弧进行返修焊。16Mn钢板厚度大于25mm返修焊时，应预热至100～150℃。

④返修焊采用埋弧自动焊、半自动焊时，必须将清除部位的焊缝两端刨成不陡于1:5的斜坡，再进行焊接。

⑤返修后的焊接应随即铲磨匀顺，并按原质量要求进行复检。返修焊次数不宜超过两次。

8. 焊缝检验

①焊接完毕，所有焊缝必须进行外观检查，不得有裂纹、未熔合、夹渣、未填满弧坑和超出表4-49规定的缺陷。

焊缝外观检查质量标准(mm) 表4-49

<table>
<tr><th>项目</th><th colspan="3">质量要求</th></tr>
<tr><td rowspan="3">气孔</td><td>横向对接焊缝</td><td colspan="2">不容许</td></tr>
<tr><td>纵向对接焊接缝、主要角焊缝</td><td>直径小于1.0</td><td rowspan="2">每米不多于3个，间距不小于20</td></tr>
<tr><td>其他焊缝</td><td>直径小于1.5</td></tr>
<tr><td rowspan="4">咬边</td><td colspan="2">受拉杆件横向对接焊缝及竖加劲肋角焊缝（腹板侧受拉区）</td><td>不容许</td></tr>
<tr><td colspan="2">受压杆件横向对接焊缝及竖加劲肋角焊缝（腹板侧受压区）</td><td>≤0.3</td></tr>
<tr><td colspan="2">纵向对接及主要角焊缝</td><td>≤0.5</td></tr>
<tr><td colspan="2">其他焊缝</td><td>≤1.0</td></tr>
<tr><td rowspan="2">焊脚尺寸</td><td colspan="2">主要角焊缝</td><td>$K_0^{+2.0}$</td></tr>
<tr><td colspan="2">其他焊缝</td><td>$K_{-1.0}^{+2.0}$①</td></tr>
<tr><td>焊波</td><td colspan="2">角焊缝</td><td>任意25mm范围内高低差≤2.0</td></tr>
</table>

续上表

项目	质量要求	
余高	对接焊缝	焊缝宽 $b<12$ 时，≤3.0
		$12<b\leq25$ 时，≤4.0
		焊缝宽 $b>25$ 时，≤$4b/25$
余高铲磨后表面	横向对接焊缝	不高于母材 0.5
		不低于母材 0.3
		粗糙度 R_a 为 50

注：①手工角焊缝全长 10% 区段内允许 $K^{+3.0}_{-1.0}$。

②外观检查合格后，零、部（杆）件的焊缝应在 24h 后进行无损检验。

③进行超声波探伤，内部质量分级应符合表 4-50 的规定。其他技术要求可按现行《钢焊缝手工超声波探伤方法和探伤结果分级》（GB/T 11345—89）执行。

焊缝超声波探伤内部质量等级　　表 4-50

项目	质量等级	适用范围
对接焊缝	I	主要杆件受拉横向对接焊缝
	II	主要杆件受压横向对接焊缝、纵向对接焊缝
角焊缝	II	主要角焊接

④箱形杆件棱角焊缝探伤的最小有效厚度为 $\sqrt{2t}$（t 为水平板厚度，以 mm 计）。

⑤焊缝超声波探伤范围和检验等级应符合表 4-51 的规定，距离—波幅曲线灵敏度及缺陷等级评定应符合规范相关规定。

焊缝超声波探伤范围和检验等级（mm）　　表 4-51

焊缝质量级别	探伤比例	探伤部位	板厚	检验等级
I、II 级横向对接焊缝	100%	全长	10～45	B
			>46～56	B（双面双侧）
II 级纵向对接焊缝	100%	焊缝两端各 1000	10～46	B
			>46～56	B（双面双侧）
II 级角焊缝	100%	两端螺栓孔部位并延长 500，板梁主梁及纵、横梁跨中加探 1000	10～46	B
			>46～56	B（双面单侧）

⑥对接焊缝除应用超声波探伤外，尚须用射线抽探其数量的 10%（并不得少于一个接头）。探伤范围为焊缝两端各 250～300mm，焊缝长度大于 1200mm 时，中部加探 250～300mm。当发现裂纹或较多其他缺陷时，应扩大该条焊缝探伤范围，必要时可延长至全长。进行射线探伤的焊缝，当发现超标缺陷时应加倍检验。

用射线和超声波两种方法检验的焊缝，必须达到各自的质量要求，该焊缝方可认为合格。焊缝的射线探伤应符合现行国家标准《金属熔化焊焊接接头射线照相》（GB/T 3323—2005）的规定，射线照相质量等级为 B 级，焊缝内部质量为 II 级。

9. 杆件矫正

①杆件矫正时除应符合规范的规定外，还应注意冷矫时应缓慢加力，室温不宜低于 5℃，冷矫总变形率不得大于 2%。时效冲击值不满足要求的拉力杆件，不得冷矫。

②杆件矫正的允许偏差应符合表 4-52 和表 4-53 的规定。

10. 节点钢枢及枢孔

①枢孔直径允许偏差为 ±0.2mm，拉力杆件两枢孔外缘至外缘，或压力杆件两端枢孔内缘至内缘之距离，除设计文件另有规定外，允许偏差为 ±0.5mm。枢孔应于杆件焊接矫正后镗（钻）制。

枢接结构中，钢枢设计直径一般较枢孔设计直径小 0.4mm，钢枢直径制造允许偏差为 ±0.1mm。

②公路装配式钢桥的枢孔、钢枢直径和杆件两端枢孔距离允许偏差以及其他质量要求应符合设计文件的规定。

③公路装配式钢桥的钢枢除设计另有规定外，应采用 30 铬锰钛（30CrMnTi）合金结构钢制造。

箱形梁矫正允许偏差　　表 4-52

简图	项目		允许偏差(mm)
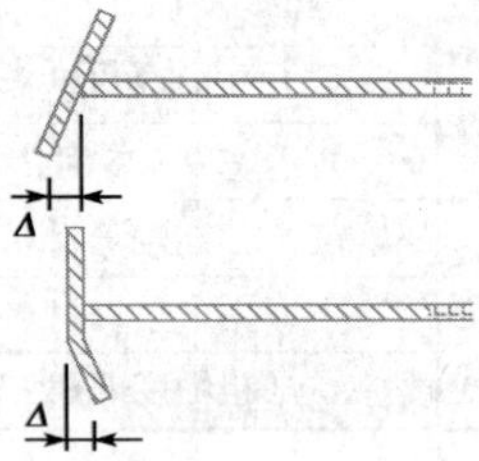	盖板对腹板的垂直度 Δ	有孔部位	1.0
		其余部位	3.0
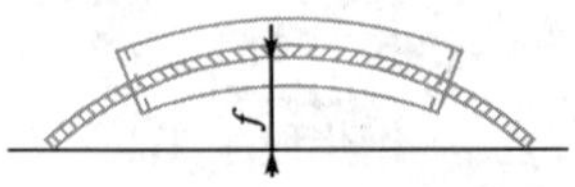	隔板弯曲 f	横向纵向	2.0
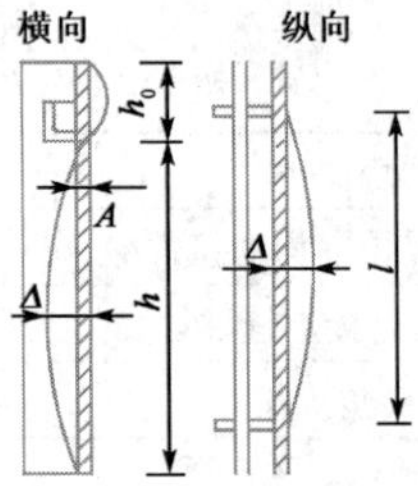	腹板平面度 Δ	横向	$\frac{h}{250}$
		有孔部位	2.0
		纵向	$\frac{L}{500}$
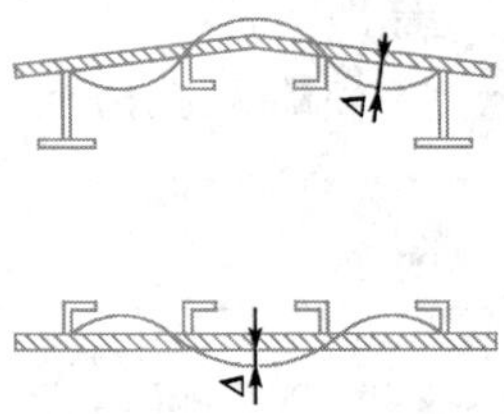	盖板平面度 Δ	有孔部位	2.0
		横向	$\frac{s}{250}$
		纵向 4m 范围	4.0
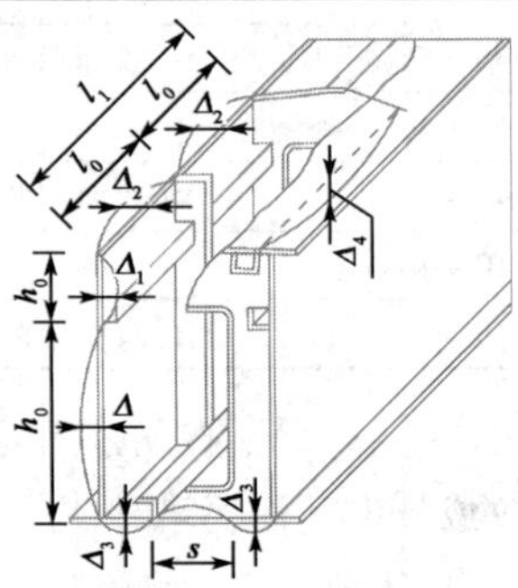	腹板平面度	横向 Δ_1	$\frac{h}{250}$且$\leqslant 3.0$
		纵向 Δ_2	$\frac{l_0}{500}$且$\leqslant 5.0$
	盖板平面度	横向 Δ_3	$\frac{s}{250}$且$\leqslant 3.0$
		纵向 Δ_4	$\frac{l_1}{500}$且$\leqslant 5.0$
	扭曲		每米$\leqslant$1,且每段$\leqslant$10

11. 高强度螺栓

公路钢桥所用的高强度螺栓可选用大六角形(GB/T 1228 ~ 1231—2006)和扭剪型(GB/T 3632 ~ 3633—2008)两类。制造高强度螺栓、螺母、垫圈的材料应符合规范的规定,并应在专门螺栓厂制造。制成后的高强度螺栓、螺母和垫圈应符合下列规定:

①外形尺寸、允许偏差应符合 GB/T 1228、GB/T 1229、GB/T 1230 和 GB/T 3632 ~ 3633 的规定。高强度螺栓、螺母、垫圈的表面宜进行表面防锈处理。

②垫圈两面应平直,不得翘曲,其维氏硬度 HV30 应为 329 ~ 436(HRC35 ~ 45)。

③每批高强度螺栓应有出厂合格证,强度试验方法应按 GB/T 1231、GB/T 3633 的规定,螺栓运到工地后,除检查出厂合格证外,应从各批螺栓中抽样检验,每批抽检 8 副,但不得少于 3 副。

12. 摩擦面处理

在工地以高强度螺栓栓接的构件板面(摩擦面)必须进行处理,处理后的抗滑移系数值应符合设计要求。摩擦面的处理还应注意:

经处理的摩擦面,出厂时应按批按规范相关规定做抗滑移系数试验,按杆件相同材质、相同处理方法的试件,由工地安装单位复验抗滑移系数。在运输过程中试件摩擦面不得损伤。

板梁、桁梁杆件矫正允许偏差 表4-53

简图	项目		允许偏差(mm)
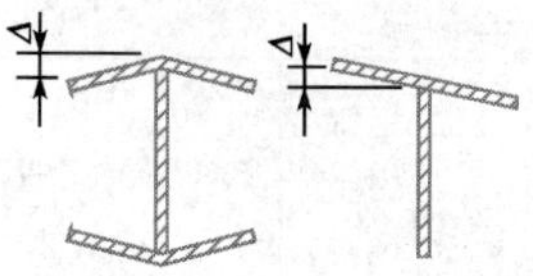	盖板对腹板的垂直度Δ	有孔部位	0.5
		其余部位	2.0
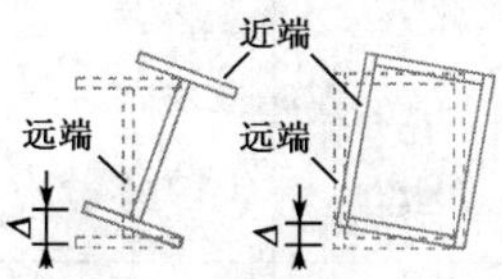	工形、箱形杆件的扭曲Δ		3.0
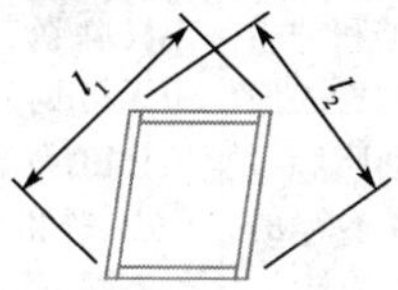	箱形杆件中对角线差		2.0
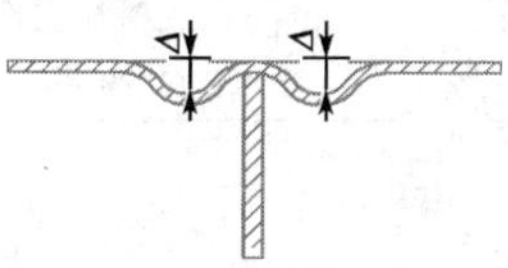	盖板平面度Δ	有孔部位	0.3
		其余部位	1.0
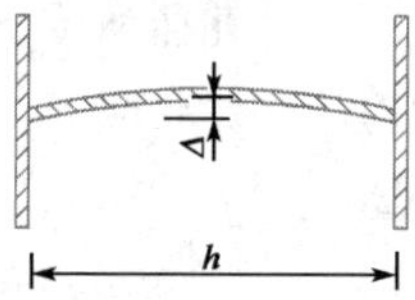	板梁,纵、横梁腹板的平面度Δ		$\Delta \leq \frac{h}{500}$且≤5.0
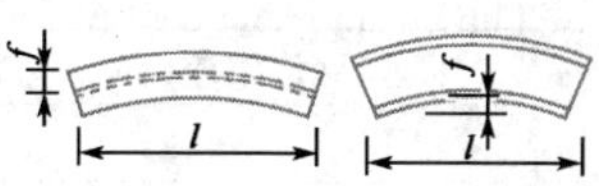	工形、箱形杆件的弯曲或纵横梁的旁弯f		2.0(l≤4000) 3.0(4000≤l≤16000) 5.0(l>16000)
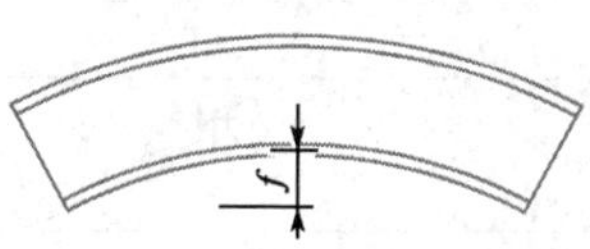	板梁,纵、横梁的拱度f	不设拱度	+3.0,0
		设拱度	+10.0,-3.0

13. 除锈

表面和摩擦面的除锈应在制作质量合格后进行,并应符合下列要求:

①表面的除锈方法和除锈等级设计无规定时,其质量要求应符合表4-54的规定。

②适应范围还应与设计采用的涂装及所处环境相适应。

③除锈后的摩擦面宜进行喷铝防锈处理。

④采用喷射或抛射除锈时回收的钢丸应去除锈屑、锈粉等杂物。

14. 钢梁试拼装

钢梁试拼装前的杆件应将孔边飞刺、板层间刺屑、电焊熔渣飞溅等清除干净;杆件边缘和端部的允许缺陷应铲磨匀顺。有磨光顶紧要求的杆件,应有75%以上的面积密贴,用0.2mm的塞尺检查,其塞入面积不应超过25%。

(1)试拼装规定

钢梁杆件成品经检验符合要求后,应进行钢梁试拼装。试拼装应符合下列要求:

①试拼装宜采用具有代表性的局部试拼装法,未经试拼装合格,不得成批生产。

②试拼装应根据试件施工图进行。每拼完一个单元(或节间)应检查并调整好几何尺寸,再继续进行。

③试拼装时螺栓应紧固,使板层紧密。冲钉不得少于孔眼总数的10%,螺栓不得少于螺栓孔总数的20%。

表面除锈质量要求 表4-54

除锈方法	喷射或抛射除锈			手工和动力工具除锈	
除锈等级	Sa2	Sa2.5	Sa3	St2	St3
适用范围	除右边两类条件以外的其他地区	年平均相对湿度在50%以上及有一般大气污染的工业地区	1. 大气含盐雾的沿海地区；2. 大气中 SO_2 含量大于 $250mg/m^3$ 的工业地区；3. 杆件浸水部分；4. 防腐要求高的钢梁及构件	与Sa2条件同	与Sa3条件同
质量标准	一般喷射、抛射除锈，钢材表面的油脂和污垢，氧化皮、锈和油漆涂层等附着物已基本清除，其残留物应是牢固附着的	较彻底的喷射、抛射除锈，钢材表面应无可见的油脂和污垢，氧化皮、锈和油漆涂层等附着物，任何残留的痕迹应仅是点状或条纹状的轻微色斑	彻底的喷射、抛射除锈，钢材表面应无可见的油脂和污垢，氧化皮、锈和油漆涂层等附着物，表面应呈现均匀的金属光泽	一般的手工和动力工具除锈。钢材表面应无可见的油脂和污垢，没有附着不牢的氧化皮、锈和油漆涂层等附着物	彻底的手工和动力工具除锈。钢材表面应无可见的油脂和污垢，没有附着不牢的氧化皮、锈和油漆涂层等附着物，除锈比St2彻底，底材显露部分的表面应具有金属光泽

(2)质量标准

钢梁试拼装的质量标准如下：

①钢梁试拼时，必须用试孔器检查所有螺栓孔。主桁的螺栓孔应能100%自由通过较设计孔径小0.75mm的试孔器；桥面系和连接系的螺栓孔应100%能自由通过较设计孔径小1.0mm的试孔器；板梁的螺栓孔应100%自由通过较设计孔径小1.5mm的试孔器方可认为合格。

②钢梁试拼装的主要尺寸允许偏差应符合表4-55和表4-56的规定。

板梁试拼装主要尺寸允许偏差 表4-55

项目		允许偏差(mm)
梁高 h	$h \leq 2m$	±2
	$h > 2m$	±4
跨度 L	支座中心至中心	±8
全长	全桥长度	±15
主梁中心距		±3
旁弯	桥梁中心线与其试拼装全长 L 的两端中心所连直线的偏差	$L/5000$
平联节间对角线差		3
横联对角线差		4
主梁倾斜		5
支点高低差	支座处三点水平时，另一点翘起高度	3

桁梁试拼装主要尺寸允许偏差 表4-56

项目		允许偏差(mm)
桁高	上下弦杆中心距离	±2
节间长度		±2
旁弯	桥面系中线与其试拼装全长 L 的两端中心所连接直线的偏差	$L/5000$
试装全长	$L \leq 50000$	±5
	$L > 50000$	$\pm L/10000$
拱度(计算拱度)	$f \leq 60$	±3
	$f > 60$	$\pm 5f/100$
对角线	每个节间	±3
主桁中心距		±3

试拼装应有详细检查记录,合格后方可批量生产。

15. 厂内涂装

涂装应先按规范进行防锈处理并符合表4-54表面除锈质量要求规定要求后,于4h内开始,8h内完成。需在工地采用焊缝连接处的两侧应留出30~50mm宽暂不涂装。涂装层数、涂层厚度应符合设计要求,当设计无规定时,可按下述规定执行:

①栓焊梁杆件涂底漆两道,工地安装孔部位应涂刷能保证防滑移系数的防锈材料。

②纵梁、上承板梁和箱形梁上盖板顶面涂耐磨底漆两道(高强度螺栓孔部位除外)。

③箱形梁内部涂装环氧沥青厚底漆一道,环氧沥青厚浆面漆一道。

④备用梁涂底漆两道和面漆一道。

⑤以上各层涂漆厚度应符合设计要求。

杆件码放必须在涂层干燥后进行,对漆膜损伤者应及时补涂。

4.12.3 钢桥工地安装

钢桥工地安装钢结构,包括板梁、箱形梁、主桁架,纵、横梁,联结杆件等。一般采用吊装施工。

1. 一般要求

①钢桥安装应按施工图进行。安装前应对临时支架、支承、吊机等临时结构和钢桥结构本身在不同受力状态下的强度、刚度及稳定性进行验算。

②安装前,应按照构件明细表核对进场的构件、零件,查验产品出厂合格证及材料的质量证明书。

③钢桥杆件在工地安装过程中矫正、制孔、组装、焊接和涂装等工序的施工质量要求应符合规范有关规定。

④钢桥构件在运输、存放和安装过程中损坏的涂层,应按照规范的有关规定补涂。钢桥面层涂装应在钢桥结构完成后进行。

⑤钢梁安装前,应对桥台、墩顶面高程、中线及各孔跨径进行复测,误差在允许偏差内方可安装。

⑥钢梁工地安装,可根据跨径大小、河流情况、起吊能力选择安装方法。

2. 安装

①杆件宜采用预先组拼、栓合或焊接,扩大拼装单元进行安装,对容易变形的构件应进行强度和稳定性验算,必要时应采取加固措施。

②杆件组拼前应清除杆件上的附着物,摩擦面应保持干燥、整洁。应根据外界环境和焊接等变形因素的影响,采取措施,保证钢梁的建筑拱度及中心线位置。

③在支架上拼装钢梁时,冲钉和粗制螺栓总数不得少于孔眼总数的1/3,其中冲钉不得多于2/3。孔眼较少的部位,冲钉和粗制螺栓总数不少于6个或将全部孔眼插入冲钉或粗制螺栓。

用悬臂或半悬臂法拼装钢梁时,联结处所需冲钉数量应按所承受荷载计算决定,但不得少于孔眼总数的一半,其余孔眼布置精制螺栓。冲钉和精制螺栓应均匀地安放。高强度螺栓栓合梁拼装时,冲钉数量应符合上述规定,其余孔眼布置高强度螺栓。吊装杆件的吊钩,必须等杆件完全固定后方可卸去。

④拼装用的冲钉直径(中段圆柱部分)应较孔眼设计直径小0.2~0.3mm,其长度应大于板束厚度。拼装用精制螺栓直径应较孔眼设计直径小0.4mm,拼装板束用的粗制螺栓直径应较孔眼直径小1.0mm。冲钉和螺栓可用35号碳素结构钢制造。

⑤钢桥安装过程中,每完成一节间应测量其位置、高程和预拱度,如不符合要求时应进行校正。

3. 高强度螺栓连接的规定

①由制造厂处理的钢桥杆件的摩擦面,安装前应复验所附试件的抗滑移系数,合格后方可安装,并应符合设计要求。

②高强度螺栓的设计预拉力、施加预拉力应符合表4-57的规定。

高强度螺栓的预拉力(kN)　　表4-57

螺纹规格 d	M22	M24	M27	M30
设计预拉力 P	190	225	270	355
施加预拉力 P_e	210	250	300	390

③高强度螺栓连接副在运输过程中应轻装轻卸，储存时应分类分批存放，不得混淆，并防止受潮生锈，在使用前应进行外观检查并应在同批内配套使用。

④施工前，高强度螺栓连接副应按出厂批号复验扭矩系数，每批号抽验不少于8套，其平均值和标准偏差应符合设计要求。设计无要求时平均值应在0.11~0.15范围内，其标准偏差应小于或等于0.01。复验数据应作为施拧的主要参数。

⑤安装钢梁的高强度螺栓的长度必须与安装图一致。安装时，高强度螺栓应顺畅穿入孔内，不得强行敲入，穿入方向应全桥一致。高强度螺栓不得作为临时安装螺栓。被栓合板束的表面应垂直于螺栓轴线，否则应在螺栓垫圈下面加垫斜坡垫板。

⑥施拧高强度螺栓应按一定顺序，从板束刚度大、缝隙大之处开始，对大面积节点板应由中央向外拧紧，并应在当天终拧完毕。施拧时，不得采用冲击拧紧和间断拧紧。

⑦用扭矩法拧紧高强度螺栓连接副时，初拧、复拧和终拧应在同一工作日内完成。初拧扭矩应由试验确定，一般为终拧扭矩的50%。终拧扭矩应按公式(4-10)计算。

$$T_c = K \cdot P_c \cdot d \tag{4-10}$$

式中：T_c——终拧扭矩(N·m)；

K——高强度螺栓连接副的扭矩系数平均值，按要求测得；

P_c——高强度螺栓的施工预拉力(kN)，见表4-57；

d——高强度螺栓公称直径(mm)。

⑧用扭角法施拧高强度螺栓可按照现行《铁路钢桥高强度螺栓连接施工规定》(TBJ 214—92)的规定执行。

⑨高强度螺栓施拧采用的扭矩扳手，在作业前后均应进行校正，其扭矩误差不得大于使用扭矩值的±5%。

⑩高强度螺栓终拧完毕应按下列规定进行质量检查：

a. 检查应由专职质量检查员进行，检查扭矩扳手必须标定，其扭矩误差不得大于使用扭矩的±3%，且应进行扭矩抽查。

b. 松扣、回扣法检查，先在螺栓与螺母上做标记，然后将螺母退回30°，再用检查扭矩扳手把螺母重新拧至原来位置测定扭矩，该值不小于规定值的10%时为合格。

c. 对主桁节点及板梁主体及纵、横梁连接处，每栓群以高强螺栓连接副总数的5%抽检，但不得少于2套，其余每个节点不少于1套进行终拧扭矩检查。

d. 每个栓群或节点检查的螺栓，其不合格者不得超过抽验总数的20%，如超过此值，则应继续抽验，直至累计总数80%的合格率为止。然后对欠拧者补拧，超过者更换后重新补拧。

4. 工地焊缝连接和固定

钢桥工地焊缝连接分全焊连接和焊缝与高强度螺栓合用连接两类。合用连接中高强度螺栓连接的技术要求应符合规范的规定。工地焊缝连接的技术要求应符合下列规定：

①钢桥杆件工地焊缝连接应按设计规定的顺序进行。设计无规定时，纵向宜从跨中向两端，横向宜从中线向两侧对称进行。

②工地焊接应设立防风设施，遮盖全部焊接处。雨天不得焊接(箱形梁内除外)。箱形梁内采用CO_2气体保护焊时，必须使用通风防护安全设施。

③焊接施工时的技术要求应符合规范的规定。

④工地焊接接缝应按规范的规定检验。

5. 钢桥构件落梁就位规定

钢桥构件连接固定后落梁就位时，应符合下列规定：

①钢梁就位前应清理支座垫石，其高程及平面位置应符合设计要求。

②固定支座与活动支座的精确位置应按设计图并考虑施工安装温度、施工误差等确定。

③钢梁落梁前后应检查其建筑拱度和平面尺寸，并做记录，校正支座位置。

④钢梁安装后的允许偏差见表4-58。

6. 钢桥工地涂装要求

钢桥工地涂装应符合设计要求。防腐蚀涂料应具有良好的附着性、耐蚀性，并具有出厂合格证和检验资料，工地涂装施工组织设计应满足使用要求。喷涂金属的表面处理的最低等级为Sa2.5。喷涂金属系统的封闭涂层，其底漆应具有良好的封孔性能。

钢梁安装后的允许偏差　　表 4-58

项目			规定值或允许偏差(mm)
轴线偏位	钢梁中线		10
	两孔相邻横梁中线相对偏差		5
梁底高程	墩台处梁底		±10
	两孔相邻横梁相对高差		5
支座偏位	支座纵、横线扭转		1
	固定支座顺桥向偏差	连续梁或 60m 以上简支梁	20
		60m 以下简支梁	10
	活动支座按设计气温定位前偏差		3
支座底板四角相对高差			2
连接	对接焊缝的对接尺寸、气孔率		符合规范要求
	高强度螺栓扭矩		±10%

7. 工地涂装质量检验

(1)涂层系统

①涂装前应进行表面处理的质量检查,合格后方可进行涂装。

②涂装时,涂层遍数和漆膜厚度应符合设计要求,应及时测定湿膜厚度,保证干膜厚度。

涂装时发现漏涂、流挂发白、皱纹、针孔、裂纹等缺陷,应及时进行处理。每层涂装前,应对上一层涂层进行检查。涂装后,应进行涂层外观检查。表面应均匀、无气泡、无裂纹等缺陷。

③涂层干膜厚度大于或等于设计厚度值的点数占总测点数的 90% 以上,其他测点的干膜厚度不应低于 90% 的设计厚度值。当不符合上述要求时,应进行修补。

④厚膜涂层应进行针孔检测,针孔数不应超过测点总数的 20%,当不符合要求时,应进行修补。

(2)喷涂金属系统

①可目视或用 5 ~ 10 倍放大镜观察,喷涂金属层应颗粒细密、厚薄均匀,并不得有固体杂质、气泡及裂缝等缺陷。

②喷涂厚度达不到要求时,应进行补喷或重喷。

③孔隙率检测,检测面积宜占总面积的 5%,当不合格时,应进行补喷或重喷。

④对喷涂金属层与钢结构的结合性能,可采用敲击或刀刮进行检测,当不合格时,应进行补喷或重喷。

(3)封闭涂层质量

封闭涂层质量可按涂层质量检查的有关规定进行。

8. 钢桥验收

钢桥工程的验收应在钢桥全部安装并涂装完成后进行。钢桥安装、涂装的质量和允许偏差应符合规范有关要求,并应符合现行《公路工程质量检验评定标准》(JTG F80/1—2004)的规定。

4.12.4 质量检验

板梁基本尺寸允许偏差应符合表 4-59 的规定。桁梁杆件基本尺寸应符合表 4-60 的规定。箱形梁基本尺寸允许偏差应符合表 4-61 的规定。

板梁基本尺寸允许偏差　　表 4-59

项目			允许偏差(mm)
名称		检查方法	
梁高 h	$h \leq 2$m	测量两端腹板处高度	±2
	$h > 2$m		±4
跨度		测量两支座中心距离	±8
全长		测量全桥长度	±15
纵梁长度		测量两端角钢背与背之间的距离	+0.5,-1.5
横梁长度			±1.5

续上表

项目			允许偏差(mm)
名称		检查方法	
纵梁高度		测量两端腹板处高度	±1.0
横梁高度			±1.5
纵、横梁旁弯		梁立置时在腹板一侧距主焊缝 100mm 处拉线测量	3
主梁拱度 f		梁卧置时在下盖板外侧拉线测量	+3(不设拱度),0
			+10(设拱度),-3
两片主梁拱度差		分别测量两片主梁拱度,求差值	4
主梁腹板平面度		用平尺测量 (h 为梁高或纵向加劲肋至下盖板间的距离)	$<\frac{h}{350}$且$\leqslant 8$
纵、横梁腹板平面度			$\frac{h}{500}$且$\leqslant 5$
主梁、纵横梁盖板对腹板的垂直度	有孔部位	用直角尺测量	0.5
	其余部位		1.5

桁梁杆件基本尺寸允许偏差 表 4-60

简图	项目				允许偏差(mm)
	名称			检查方法	
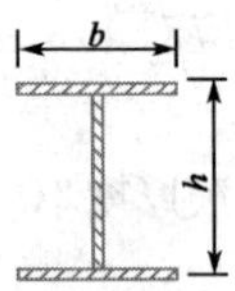	联结系杆件	高度 h		测量两端腹板处高度	±1.5
		盖板宽度 b		每 2m 测一次	±2.0
		长度 l		测量全长	±5
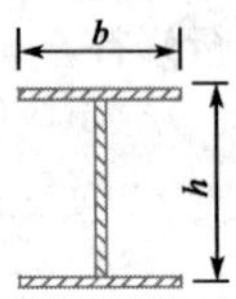	纵横梁	纵梁高度 h		测量两端腹板处高度	±1.0
		横梁高度 h			±1.5
		盖板宽度 b		每 2m 测一次	±2.0
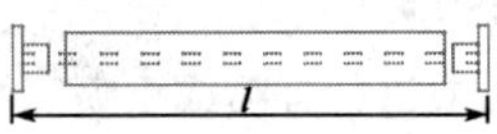		纵梁长度 l		测量两端角钢背至背之间的距离	+0.5,-1.5
		横梁长度 l			±1.5
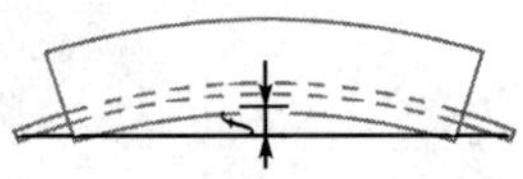	纵横梁	旁弯 f		梁立置时,在腹板一侧距主焊缝 100m 处拉线测量	3
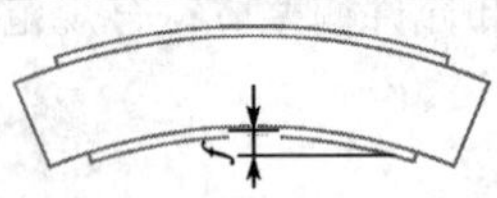		上拱度 f		梁卧置时,在下盖板外侧拉线测量	+3,0
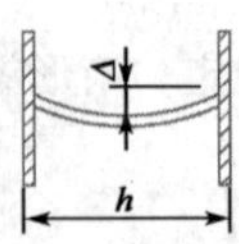		腹板平面度 Δ		用平尺测量	$\frac{h}{500}$且$\leqslant 5$
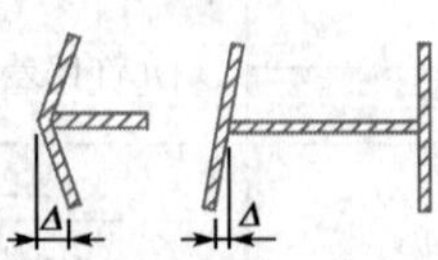		盖板对腹板的垂直度 Δ	有孔部位	用直角尺测量	0.5
			其余部位		1.5
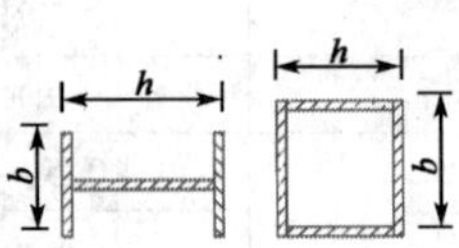	主桁杆件	高度 h		测量两端腹板处高度	±1.0
		盖板宽度 b		每 2m 测一次	±2.0①
		长度 l		测量全长	±5

续上表

简图	项目			检查方法	允许偏差(mm)
	名称				
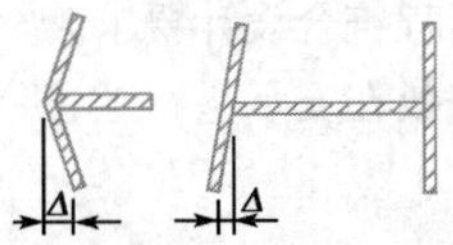	主桁杆件	工形件的盖板对腹板的垂直度Δ	有孔部位	用直角尺测量	0.5
			其余部位		1.5
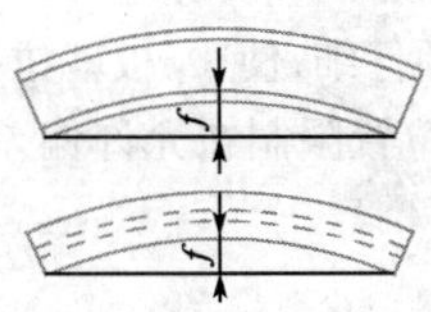		弯曲 f		拉线测量	2($l \le 4000$) 3($4000 < l \le 16000$) 5($l \le 16000$)
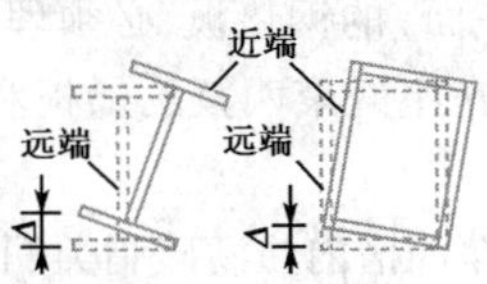		扭曲Δ		杆件置于平台上,四角中有三角接触平台,悬空一角与平台之间隙	3

注:①箱形杆件有拼接要求时为±1.0。

箱形梁基本尺寸允许偏差　　表4-61

项目		检查方法	允许偏差(mm)
名称			
梁高 h	$h \le 2$m	测量两端腹板处高度	±2
	$h > 2$m		±4
跨度 L		测两支座中心距离,L 以 m 计	±(5 + 0.15L)
全长		—	±15
腹板中心距		测两腹板中心距	±3
盖板宽度 b		—	±4
横断面对角线差		测两端断面对角线差	4
旁弯		L 以 m 计	3 + 0.1L
拱度		—	+10,−5
支点高度差		—	5
腹板平面度		h 为盖板与加劲肋或加劲肋与加劲肋之间的距离	$< \frac{h}{250}$ 且 ≤ 8
扭曲		每段以两端隔板处为准	每米≤1,且每段≤10

注:1. 分段分块制造的箱形梁拼接处,梁高及腹板中心距允许偏差按施工文件要求办理。

2. 箱形梁其余各项检查方法可参照板梁检查方法。

钢桥构件出厂时,应提交下列资料:产品合格证;钢材和其他材料质量证明书或试验报告;施工图、拼装简图和设计变更文件,设计变更内容应在施工图中相应部位注明;产品试板的试验报告;焊缝重大修补记录;高强度螺栓摩擦面抗滑移系数试验报告,焊缝无损检验报告及涂层检测资料;工厂试拼装记录;构件发运和包装清单。

钢梁构件包装必须在涂层干燥后进行。包装和存放应保证构件不变形、不损坏,不散失,包装和发运应符合运输的有关规定。

4.13 附属工程

4.13.1 支座安装

1. 板式橡胶支座

板式橡胶支座安装时,应注意下列事项:

①橡胶支座在安装前,应检查产品合格证书中有关技术性能指标,如不符合设计要求时,不得使用。

②支座下设置的支承垫石,混凝土强度应符合设计要求,顶面要求高程准确,表面平整,在平坡情况下同一片梁两端支承垫石水平面应尽量处于同一平面内,其相对误差不得超过3mm,避免支座发生偏歪、不均匀受力和脱空现象。

③安装前应将墩、台支座垫石处清理干净,用干硬性水泥砂浆抹平,并使其顶面高程符合设计要求。

④将设计图上标明的支座中心位置标在支承垫石及橡胶支座上,橡胶支座准确安放在支承垫石上,要求支座中心线同支承垫石中心线相重合。

⑤当墩、台两端高程不同,顺桥向有纵坡时,支座安装方法应按设计规定办理。

⑥吊装梁、板前,抹平的水泥砂浆必须干燥并保持清洁和粗糙。梁、板安放时,必须仔细,使梁、板就位准确且与支座密贴,就位不准时,或支座与梁板不密贴时,必须吊起,采取措施垫钢板和使支座位置限制在允许偏差内,不得用撬棍移动梁、板。

2. 盆式橡胶支座

支座规格和质量应符合设计要求,支座组装时其底面与顶面(埋置于墩顶和梁底面)的钢垫板,必须埋置密实。垫板与支座间平整密贴,支座四周不得有0.3mm以上的缝隙,严格保持清洁。活动支座的聚四氟乙烯板和不锈钢板不得有刮伤、撞伤。氯丁橡胶板块密封在钢盆内,要排除空气,保持紧密。

①活动支座安装前用丙酮或酒精仔细擦洗各相对滑移面,擦净后在四氟滑板的储油槽内注满硅脂类润滑剂,并注意硅脂保洁;坡道桥注硅脂应注意防滑。

②盆式橡胶支座的顶板和底板可用焊接或锚固螺栓栓接在梁体底面和墩台顶面的预埋钢板上;采用焊接时,应防止烧坏混凝土;安装锚固螺栓时,其外露螺杆的高度不得大于螺母的厚度;现浇梁底部预埋的钢板或滑板,应根据浇筑时的温度、预应力张拉、混凝土收缩与徐变对梁长的影响,设置相对于设计支承中心的预偏值。

3. 球形支座

球形支座各向转动性能一致,适用于弯桥、坡桥、斜桥、宽桥及大跨径桥,球形支座无承重橡胶块,特别适用于低温地区。支座出厂时,应由生产厂家将支座调平,并拧紧连接螺栓,以防止支座在安装过程中发生转动和倾覆。支座可根据设计需要预设转角及位移,但施工单位应在订货前提出预设转角及位移量的要求,由生产厂家在装配时预先调整好。支座安装前方可开箱,并检查装箱清单,包括配件清单、检验报告复印件、支座产品合格证书及支座安装养护细则。施工单位开箱后,不得任意转动连接螺栓,并不得任意拆卸支座。

支座安装高度应符合设计要求,要保证支座平面的水平及平整。支座支承面四角高差不得大于2mm。支座安装注意事项:

①支座开箱并检查清单及合格证。

②安装支座板及地脚螺栓:在下支座板四周用钢楔块调整支座水平,并使下支座板底面高符合设计要求,找出支座纵、横向中线位置,使之符合设计要求。用环氧砂浆灌注地脚螺栓孔及支座底面垫层。

③环氧砂浆硬化后,拆除支座四角临时钢楔块,并用环氧砂浆填满抽出楔块的位置。

④在梁体安装完毕后,或现浇混凝土梁体形成整体并达到设计强度后,在张拉梁体预应力之前,拆除上、下支座连接板,以防止约束梁体正常转动。

⑤拆除上、下支座连接板后,检查支座外观,并及时安装支座外防尘罩。

⑥当支座与梁体及墩台采用焊接连接时,应先将支座准确定位后,用对称间断焊接,将下支座板与墩台上预埋钢板焊接,焊接时应防止烧伤支座及混凝土。

支座在试运营期一年后应进行检查,清除支座附近的杂物及灰尘,并用棉丝仔细擦除不锈钢表面的灰尘。

4. 其他特殊形式支座

其他特殊形式支座:聚四氟乙烯滑板式支座、圆形板式橡胶支座等。

聚四氟乙烯滑板式橡胶支座,四氟板表面应设置贮油槽,支座四周设置防尘设施,在安装时应注意以下各点:

①墩台上设置的支承垫石,其高程应考虑预埋的支座下钢板厚度,或在支承垫石上预留一定深度的凹槽,将支座下钢板用环氧树脂砂浆黏结于凹槽内。

②在支座下钢板上及四氟滑板式支座上标出支座位置中心线,两者中心线相重合放置,为防止施工时移位,应设置临时固定措施。安装时宜在与年平均气温相差不大时进行。

③梁底预埋有支座上钢板,与四氟滑板式支座密贴接触的不锈钢板嵌入梁底上钢板内,或用不锈钢沉头螺钉固定在上钢板上,并标出不锈钢板中心线位置。安装支座时,不锈钢板、四氟板表面均应清洁、干净,在四氟滑板表面

涂上硅脂油，落梁时要求平稳、准确，无振动，梁与支座密贴，不得脱空。

④支座正确就位后，拆除临时固定装置，采取安装防尘围裙措施。

圆形板式橡胶支座安装注意事项同聚四氟乙烯滑板式橡胶支座。

5. 质量标准

支座安装的质量标准见表4-62。

支座安装规定值或允许偏差 表4-62

检查项目		规定值或允许偏差(mm)
支座中心与主梁中线(mm)		应重合，最大偏差<2
高程		符合设计要求
支座四角高差(mm)	承压力≤5000kN	<1
	承压力>5000kN	<2
支座上下各部件纵轴线		必须对正
活动支座	顺桥向最大位移(mm)	±250
	双向活动支座横桥向最大位移(mm)	±25
	横轴线错位距离(mm)	根据安装时的温度与年平均最高、最低温差计算确定
	支座上下挡块最大偏差的交叉角(′)	必须平行<5

4.13.2 伸缩装置安装

1. 梳形钢板伸缩装置

①采用梳形钢板伸缩装置安装时的间隙，应按安装时的梁体温度决定，一般可按式(4-11)计算。

$$\Delta_1 = l - l_1 + l_2 \tag{4-11}$$

式中：Δ_1——安装时的梳形板间隙；

l——梁的总伸缩量；

l_1——施工时梁的伸长量，应考虑混凝土干燥收缩引起的收缩量，预应力混凝土梁还应考虑混凝土徐变引起的收缩量；

l_2——富余量。

②梳形钢板伸缩装置所用钢材的力学性能应符合有关规定。安装时注意相关事项。

③应设置橡胶封缝条防水。

2. 橡胶伸缩装置

采用橡胶伸缩装置时，材料的规格、性能应符合设计要求。根据桥梁跨径大小或连续梁(包括桥面连续的简支梁)的每联长度，可分别选用纯橡胶式、板式、组合式橡胶伸缩装置。对于板式橡胶伸缩装置，应有成品解剖检验证明。安装时，应根据气温高低，对橡胶伸缩体进行必要的预压缩。气温在5℃以下时，不得进行橡胶伸缩装置施工。

采用后嵌式橡胶伸缩体时，应在桥面混凝土干燥收缩完成且徐变也大部完成后再进行安装。伸缩装置安装时应注意下列事项：

①检查桥面板端部预留空间尺寸、钢筋，注意不受损伤，若为沥青混凝土桥面铺装，宜采用后开槽工艺安装伸缩装置，以提高与桥面的顺适度。

②根据安装时的环境温度计算橡胶板伸缩装置的模板宽度与螺栓间距。将准备好的加强钢筋与螺栓焊接就位，然后浇筑混凝土与养生。

③将混凝土表面清洁后，涂防水胶黏材料。利用调正压缩的工具，将伸缩装置安装就位，安装时注意相关事项。向伸缩装置螺栓孔内灌注防蚀剂后，注意及时盖好盖帽。

3. 模数式伸缩装置

伸缩装置由异形钢梁与单元橡胶密封带组合而成的称为模数式伸缩装置，适用于伸缩量为80～1200mm的桥梁工程。伸缩装置中所用异形钢梁沿长度方向的直线度应满足1.5mm/m，全长应满足10mm/10m的要求。伸缩装置钢构件外观应光洁、平整，不允许变形扭曲。

伸缩装置必须在工厂进行组装。组装钢构件应进行有效的防护处理。吊装位置应用明显颜色标明。出厂时应附有效的产品质量合格证明文件。伸缩装置在运输中应避免阳光直接暴晒，雨淋雪浸，并应保持清洁，防止变形，且

不能与其他物质相接触,注意防火。伸缩装置施工安装时注意事项:

①要按照设计核对预留槽尺寸,预埋锚固筋若不符合设计要求,必须首先处理,满足设计要求后方可安装伸缩装置。

②伸缩装置安装之前,应按照安装时的气温调整安装时的定位值,用专用卡具将其固定。

③安装时,伸缩装置的中心线与桥梁中心线重合,并使其顶面高程与设计高程相吻合,按桥面横坡定位、焊接。

④浇筑混凝土前将间隙填塞,防止浇筑混凝土把间隙堵死,影响伸缩,并防止混凝土渗入模数式伸缩装置位移控制箱内,也不允许将混凝土溅填在密封橡胶带缝中及表面上,如果发生此现象,应立即清除,然后进行正常养护。

⑤待伸缩装置两侧混凝土强度满足设计要求后,方可开放交通。

4. 弹塑体材料填充式伸缩装置

①伸缩体由高黏弹塑性材料和碎石结合而成的称为填充式伸缩装置。它适用于伸缩量小于50mm的中、小跨径桥梁工程。适应温度为-25~60℃。应按设计要求设置。

②弹塑体材料物理性能应符合有关规定,产品应附有效的合格证书。弹塑体材料加热熔化温度应按要求严格控制。主层石料压碎值不大于30%,扁平及细长石料含量少于15%~20%,石料使用前应清洗干净。其加热温度控制在100~150℃。

③风力大于3级,气温低于10℃及有雨时不宜施工。

④施工可采用分段分层浇灌铺筑法,亦可采用分段分层拌和铺筑法。

5. 伸缩缝质量标准

伸缩缝质量标准见表4-63。

伸缩装置安装允许偏差 表4-63

项目		允许偏差
缝宽		符合设计要求
与桥面高差(mm)		2
纵坡	大型	±0.2%
	一般	±0.3%
横向平整度		用3m直尺,不大于3mm

4.13.3 桥面铺装

1. 沥青混凝土桥面铺装

沥青混凝土桥面铺装应按设计要求施工。

①沥青混凝土铺装前应对桥面进行检查,桥面应平整、粗糙、干燥、整洁。桥面横坡应符合要求,不符合时应予以处理。铺筑前应洒布黏层沥青,石油沥青洒布量为0.3~0.5L/m²。

②沥青混凝土的配合比设计、铺筑、碾压等施工程序,应符合现行《公路沥青路面施工技术规范》(JTG F40—2004)的有关规定。

2. 水泥混凝土桥面铺装

水泥混凝土桥面铺装时,除应按规范有关规定执行外,还应注意下列事项:

①水泥混凝土桥面铺装的厚度应符合设计规定,其使用材料、铺装层结构、混凝土强度、防水层设置等均应符合设计要求。

②必须在横向联结钢板焊接工作完成后,才可进行桥面铺装工作,以免后焊的钢板引起桥面水泥混凝土在接缝处发生裂纹。

③浇筑桥面水泥混凝土前使预制桥面板表面粗糙,清洗干净,按设计要求铺设纵向接缝钢筋网或桥面钢筋网,然后浇筑。

④水泥混凝土桥面铺装如设计为防水混凝土,施工时应按照有关规定办理。

⑤水泥混凝土桥面铺装,其做面应采取防滑措施,做面宜分两次进行,第二次抹平后,沿横坡方向拉毛或采用机具压槽,拉毛和压槽深度应为1~2mm。

⑥钢纤维水泥混凝土桥面铺装,除应按规范有关规定执行外,宜符合现行中国工程建设标准化协会标准《钢纤

维混凝土结构设计与施工规程》(CECS 38：92)的规定。

3. 复合式桥面铺装

上层为沥青桥面铺装,下层为水泥混凝土桥面铺装。其铺筑方法同沥青混凝土桥面铺装和水泥混凝土桥面铺装。

4. 质量检验

桥面铺装施工允许偏差见表4-64。

桥面铺装施工允许偏差 表4-64

<table>
<tr><th colspan="3">项目</th><th>允许偏差</th></tr>
<tr><td colspan="3">厚度(mm)</td><td>+10,-5</td></tr>
<tr><td rowspan="2">平整度(mm)</td><td>高速公路、一级公路</td><td>水泥混凝土
沥青混凝土</td><td>1.8(3.0)
1.5(2.5)</td></tr>
<tr><td>其他公路</td><td>平整度仪 3m 直尺</td><td>2.5(4.2)
5</td></tr>
<tr><td rowspan="2">横坡</td><td colspan="2">水泥混凝土面层</td><td>±0.15%</td></tr>
<tr><td colspan="2">沥青混凝土面层</td><td>±0.3%</td></tr>
<tr><td colspan="3">抗滑构造要求</td><td>符合设计要求</td></tr>
</table>

注:括号内的数值为全桥每车道连续检测,每100m计算 *IRI*(m/km),桥长不满100m者,按100m处理。

4.13.4 桥上防护设施

桥面安全带和路缘石、人行道梁、人行道板、栏杆、扶手、灯柱等,在修建安装完工后,其竖向线形或坡度、伸缩缝必须符合设计规定。钢筋混凝土墙式护栏的高度必须在纵坡变化点处调整,以便线形顺适、美观。钢筋混凝土柱式护栏、金属制护栏放样前应选择桥梁伸缩缝附近的端部立柱等作为控制点,当间距出现零数,可用分配办法使之符合规定的尺寸,立柱宜等距设置。轮廓标的安装高度宜尽量统一,其连接应牢固。

1. 安装安全带和缘石

桥面安全带和缘石,应满足下列要求:

①悬臂式安全带构件必须与主梁横向连接完成后才可安装。

②安全带梁必须安放在未凝固的M20稠水泥砂浆上,以便形成顶面设计的横向排水坡。

③为减少从缘石与桥面铺装缝中渗水,缘石宜采用现浇混凝土,使其与桥面铺装的底层混凝土结为整体。

2. 安装人行道

安装人行道应满足下列要求:

①悬臂式人行道构件必须与主梁横向连接完成后才可安装。

②人行道梁必须安放在未凝固的M20稠水泥砂浆上,并以此来形成人行道顶面设计的横向排水坡。

③人行道板必须在人行道梁锚固后才可铺设,对设计无锚固的人行道梁、人行道板的铺设应按照由里向外的次序。

④在安装有锚固的人行道梁时,应对焊缝认真检查,必须注意施工安全。

⑤人行道铺设应符合表4-65的要求。

人行道铺设要求 表4-65

项目	规定值或允许偏差	项目	规定值或允许偏差
人行道边缘平面偏位(mm)	5	横坡	±0.3%
纵向高程(mm)	+10,0	平整度(mm)	5
接缝两侧高差(mm)	2		

3. 安装栏杆

栏杆块件必须在人行道板铺设完毕后才可安装,安装栏杆柱时,必须全桥对直、校平(弯桥、坡桥要求平顺),竖直后用水泥砂浆填缝固定。桥上灯柱应按设计位置安装,必须牢固、线条顺直、整齐美观。灯柱线路必须安全可靠。栏杆、护栏安装质量应符合表4-66的要求。

栏杆、护栏安装要求　表4-66

项目	规定值或允许偏差(mm)	项目	规定值或允许偏差(mm)
护栏、栏杆平面偏位	4	护栏、栏杆柱纵、横向竖直度	4
栏杆、扶手平面偏位	3	相邻栏杆扶手高差及护栏接缝两侧高差	5
栏杆柱顶面高差	4		

4. 防落物网和隔音墙安装

防落物网应具有防腐、防老化、抗晒等要求;防腐形式有电镀、热镀、喷塑、浸塑。隔音墙是利用钢龙骨或者木龙骨加石膏板组合而成,中间放置隔音棉的墙;也有用钢架与隔音玻璃做成的隔音墙。根据不同场地的要求,可按各种形状、不同角度和不同水平高度阶梯式安装。

4.13.5 桥头搭板

台后填土的填料应以透水性材料为主,分层压实应按规范规定执行。台背回填前应按设计要求做防水处理。台后地基如为软土,应按设计依照规范进行处理,预压时应进行沉降观测,预压沉降控制值应在施工搭板前完成。桥头搭板下路堤可设置排水构造物。钢筋混凝土搭板及枕梁宜采用就地浇筑。

第五章　公路悬吊式桥施工

悬吊式桥包括悬索桥和斜拉桥等,是利用受压的索塔和承弯的梁体组合起来的一种结构体系,但悬索桥和斜拉桥各自的受力状况不同,施工方法除索塔外也各不相同。悬吊式桥所用材料以及结构较一般桥梁复杂,其施工必须根据设计、构造要求统筹兼顾。

5.1　深水基础施工

5.1.1　钻孔桩基础

深水桩基础,尤其是深水大直径钻孔灌注桩,以其显著的优势,在悬吊式桥基础中被广泛采用。一般直径大于2.5m的钻孔灌注桩,被认为是大直径桩,目前最大直径的已达5.6m;一般施工水深为20m以上,被认为是深水桩基础,目前桩长最长的已达到130m。深水施工时对水下情况难以掌握和控制,因此深水桩基础施工难度大,且对钻孔灌注技术和钻机性能的要求较高。

5.1.1.1 钢护筒

钢护筒是钻孔桩施工时用钢板卷制的圆形桶状结构物，其能确定桩（孔）位，并可以作为钻孔的导向；保护孔口，防止孔口范围内土层坍塌；隔离地表水免其流入孔内，并保持钻孔内水位（泥浆）高出地下水或施工水位一定高度，形成静水压力（水头），以保持孔壁稳定；深水护筒还可作为浇筑混凝土成桩的水中模板；永久性钢护筒还可以作为钻孔桩防腐蚀的屏障，在适当的条件下，还可作为桩结构的一部分参与受力。

1. 制作定位

钢护筒安装前，底部加焊刃脚，护筒顶部加焊法兰。钢护筒壁厚应大于16mm，以防止护筒变形。钢护筒在加工车间制作，必须等强度焊接，不得漏水，并严格控制其圆整度。在钢护筒开始安装时还需用全站仪或GPS接收仪测量，以进行精确定位。

2. 接高

接高护筒要保证其平面精度及垂直度，发现问题，及时纠正，以保证后期钻孔施工的顺利进行。接长可采用第一节和第二节护筒平放在平台上拼接的方法，放线调整两节护筒的位置，满足要求后先进行定位点焊，点焊完成后再进行正式焊接。接长焊接前，按图纸及工艺要求检查焊件的几何尺寸、坡口尺寸、根部间隙、焊接部位的清理情况等。

3. 下沉

钢护筒采用振动沉拔桩机振动下沉，并辅以护筒内吹砂，减小护筒的摩阻力，使护筒下沉至设计位置。钢护筒下沉施工作业时，振动锤、护筒和土壤共同作用，振动锤在受载后振幅、频率等参数发生改变，使钢护筒周围的土壤在振动作用下性态发生改变，土壤的动摩阻力急剧下降，钢护筒克服土壤阻力下沉。

5.1.1.2 施工平台

钻孔桩施工平台的作用是布置钻孔施工设备、设施，并为施工操作提供作业工作面。钻孔桩施工平台一般搭设在钢围堰、钢护筒或打入式钢管桩上，其顶面工作台多采用贝雷架、六四桁架、万能杆件以及大型型钢等搭设。为适应深水、海湾环境下建桥的需要，现已开始采用自浮式套箱钻孔平台。

1. 平台技术要求

①有足够的空间和平面范围来布置施工设备、泥浆循环系统和进行施工作业。

②平台应有足够的高度，使其能在设计的施工水位下进行正常施工。

③对施工荷载，如钻机重力、钻机钻孔时的扭矩、钻孔的冲击、平台自重及其他施工荷载必须要有足够的承受能力。

④对风荷载、水流冲击有足够的承受能力。

⑤能抵抗水流冲刷而自身稳定。

2. 平台结构形式

钢护筒上架设工作平台，有先打钢护筒后架设方法，和先架设工作平台后打钢护筒的方法。平台结构有下列几种形式：

1）浮船工作平台

浮船工作平台是由两只钢驳船拼成，常在流速不大、风浪较小的河中使用。如图5-1所示。船只大小根据水流情况、工作平台尺寸和需要的载重量确定。钢驳船需要在前后左右四个方向抛锚碇位，锚碇可用铁丝笼装片石或直接利用铁锚。

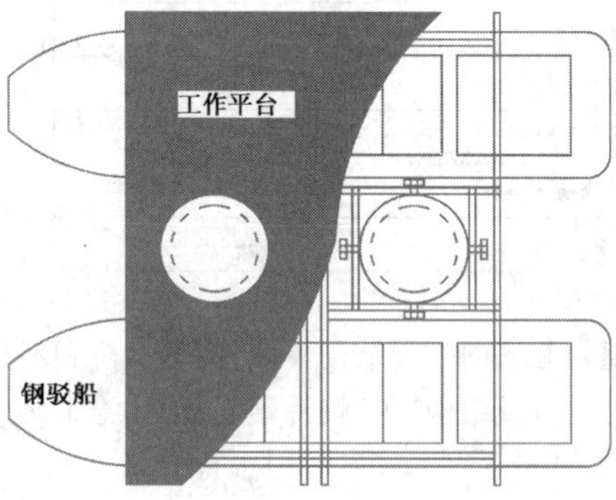

图5-1 浮船工作平台

浮箱工作平台与浮船工作平台基本相似，是将若干个浮箱（大约长6m、宽3m、高2m）组拼成一个框形结构，并在浮箱顶设置纵、横梁，铺上面板后在水面上形成的一个工作台。必须在浮箱工作平台四周抛锚碇位。

2）钢管桩纵横型钢平台

钢管桩纵横型钢平台是在水中墩位处，用锤击或振动方法沉入若干根露出水面的支架钢管桩，作为钻孔桩施工平台支撑桩的平台形式。各桩之间采用纵横型钢连接并在其上铺设钢板。支架钢管桩桩顶高度设置，应在施工最高水位0.5m以上。如图5-2所示。

3)钢管桩贝雷梁平台

钢管桩贝雷梁平台是在打入式钢管桩上架设贝雷梁平台形式,如图5-3所示。

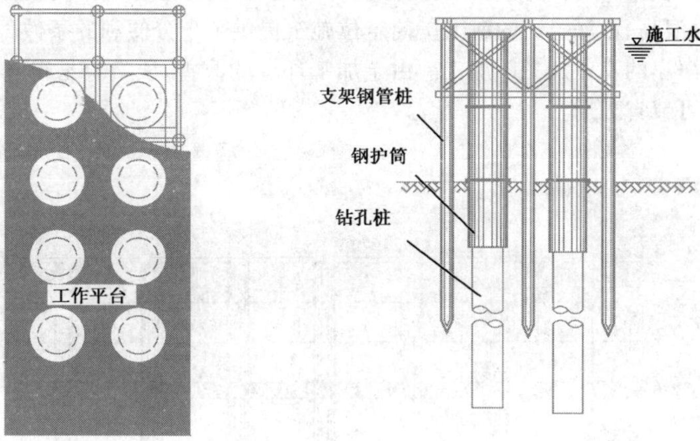

图5-2 钢管桩纵横型钢平台

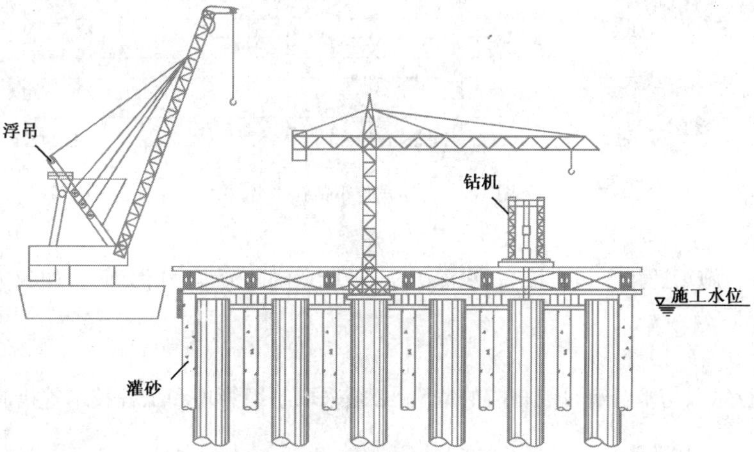

图5-3 钢管桩贝雷梁平台示意图

4)钢围堰贝雷梁平台

钢围堰贝雷梁平台是在(双壁)钢围堰上设置支撑件,并在支撑件上设置纵、横梁,铺上面板后形成的一个工作台,如图5-4所示。

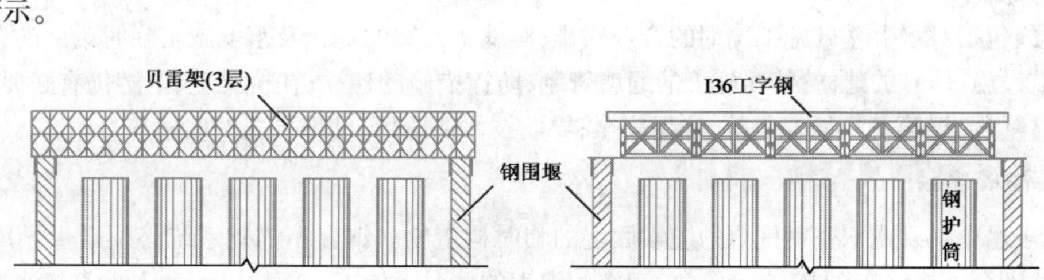

图5-4 钢围堰贝雷梁平台示意图

5)自浮式套箱平台

自浮式套箱平台是利用钢护筒上四周焊接的牛腿,承托钢套箱及钻孔平台上施工重量,并采用锚碇系统保持平台稳定状态的平台形式。牛腿焊好后,调整好高度与水平,将钢套箱搁置在牛腿上。然后利用钢套箱、钢护筒搭设平台,搭设材料可用贝雷架、六四军用桁架、万能杆件、型钢、钢桁架等,具体视施工时实际情况而定。如图5-5所示。

(1)平台特点

自浮式套箱钻孔平台近似于近海石油钻井平台,其特点如下:

①钻孔平台与高桩承台的钢套箱合二为一,两套施工设施一次就位,为承台施工创造了条件,工序转换简单、快

捷，节省施工钢材。

②与沉井、钢围堰比较，自浮式套箱阻水小，浮运就位时相当于船舶定位，使锚碇系统大为简化。

③套箱与钢护筒互为依托，利用平台的稳定性与参照性可迅速、准确地定位钢护筒的位置。在平台桩基的相应位置预留导向钢导筒，为风大浪高、水深急流的海上护筒定位施工提供了十分便利的条件。

④钢套箱常在陆地或近海岸的专业加工厂加工。由于加工环境的改善，质量容易得到保证。且可更好地提供施工用水、电、场地、材料等，可节省工期。

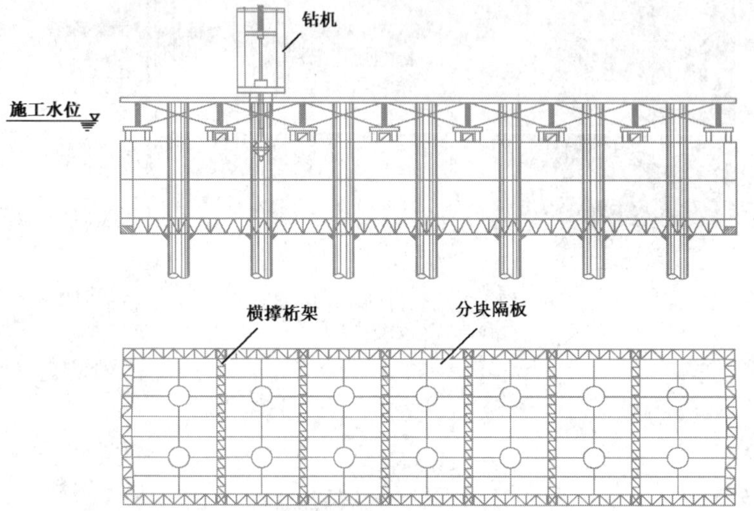

图 5-5　自浮式套箱钻孔平台

(2)适用范围

自浮式套箱钻孔平台施工适用于风大浪高、水深流急、水域宽阔的海洋、江河面上，如我国的东海、黄海、南海及长江中、下游水域等。

3. 平台防撞措施

在通航水域上，航行船只与平台有可能相撞的危险，必须采取组织管理和工程技术等措施防止或避免撞击事故的发生。

(1)组织管理措施

组织管理措施包括建立桥梁施工通航指挥、组织机构；建立施工、通航防撞联席会议制度；不同施工期的通航规划、通航信息发布；制订桥梁施工期通航安全管理办法；建立海事救助系统。

(2)工程技术措施

工程技术措施包括对水上基础施工工期的合理安排；对施工方案的优化及水上施工临时设施的合理布置；施工水域的划分、通航设施、信号的建立；特殊施工的通航管制；防撞措施的建立；在桥梁上、下游仍有必要设置一定的防撞设施如防撞浮体(船、浮箱等)、防撞桩等，确保安全；导航技术的应用，助拖措施的实施。

5.1.1.3　锚碇系统

锚碇是将系于水中船只或双壁钢围堰的缆索固定的临时构造物。钢套箱锚碇系统必须顺主导风向及涨潮、退潮方向布置，以使钢套箱能够在海上，水流湍急、潮水和浪大的情况下施工。而钢围堰大多用于江河湖泊上，水流呈现单一方向，锚碇系统相对简单。为保证钢套箱能精确定位，锚碇系统的设置必须是全方位的而且是足够强大，且应设置侧向锚碇等。从安全的角度考虑，锚碇系统须在钢套箱承台混凝土浇筑完以后再行拆除。

锚碇系统如图 5-6 所示，主要由以下几个部分组成：

①导向船夹钢套箱体系：由两艘大吨位铁驳船及万能杆件联结梁或其他梁体构成。该体系在墩位上定位，是锚碇系统的主要组成部分。

②定位船：是为调整、控制锚碇系统状态的工作船，设在钢套箱前后。

③主锚：抛设在定位船周围的外部水下地面土层中，顺涨潮、退潮方向双向设置。

④定位船侧锚：保证定位船稳定的构造，抛设在定位船侧面水下地面土层中。

⑤定位船拉导向船拉缆：即上拉缆，是在定位船上与主锚锚绳通过型钢连接，将钢套箱体系所受水流冲击力传递至主锚上。

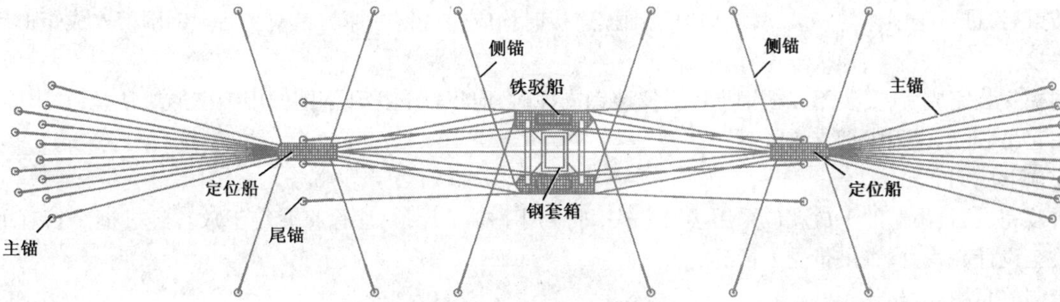

图 5-6　钢套箱锚碇系统的布置示意图

⑥定位船拉钢套箱拉缆：即下拉缆，是在定位船上与主锚锚绳通过型钢连接，另一端设在钢套箱下部，以克服钢套箱受水流冲击的倾转。如果布置一层满足不了受力要求，则可分层布置。

⑦导向船侧锚：保证导向船体系侧向稳定的构造，抛设在导向船侧面水下地面土层中。

⑧导向船尾锚：调整导向船体系受力状态的构造，抛设在导向船尾部水下地面土层中。

⑨锚缆：锚碇系统水上结构与水下锚体之间的连接体，一般由锚绳和锚链组成。锚链在锚绳与锚之间直接与锚体相连。锚链因处于锚缆末端且自重大，一般平躺在床面上，使锚体只受水平力，这样就保证了锚体的锚着效果。

⑩锚体：锚碇系统的水中锚体一般有两种形式，一为钢筋混凝土蛙式锚，二为船舶使用的较大吨位的铁锚。

5.1.2　高桩承台

高桩承台的承台底面位于地面或冲刷线以上，桩身外露在地面以上，故需要采用钢套箱围堰施工方案。钢套箱围堰是在钻孔灌注桩完成后，潜水工可先在桩上塔好一个面积尺寸比承台稍大的钢结构平台，其高度恰位于承台底面处。之后将在岸上制作好的与承台外围相同的混凝土钢套箱模板，用形如龙门架式（在两只驳船上）的起重设备，将钢套箱吊运到桩位并沉放在钢结构平台上，再进行浇筑承台混凝土等工序。钢套箱构造如图 5-7 所示。其施工工艺流程是底模纵横梁拼装→底模板安装→底模板上割出桩位孔洞→拼装钢吊箱侧模板→吊带调整吊箱高程→潜水员封堵底板与钢护筒之间缝隙→浇筑封底混凝土→加反压梁及抽水→割钢护筒及清除桩头松散混凝土→承台钢筋加工安装→浇筑承台混凝土→承台成品检验→拆除吊箱围堰。

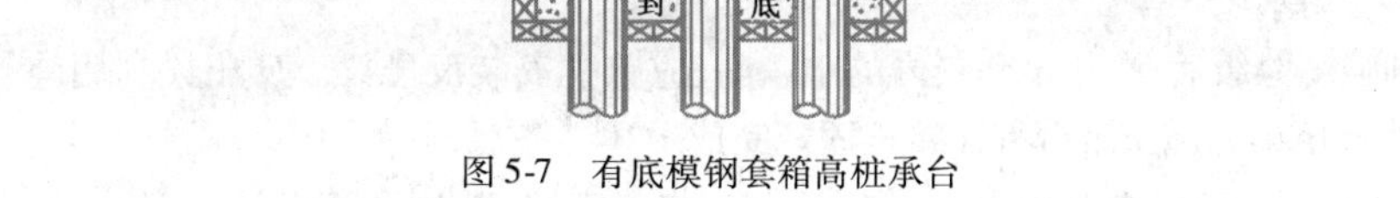

图 5-7　有底模钢套箱高桩承台

1. 底模安装

根据深水承台施工技术规范，用手动葫芦和导链逐个把底模纵梁的工字钢和吊带用吊架和 U 形卡连接，要求连接牢固。把工字钢横梁立在底模纵梁上，根据设计尺寸大小均匀排开。在底模横梁工字钢上按照设计的尺寸横放槽钢，然后，再在槽钢上铺上钢板底模。在套箱底模上放样，确定钢套箱底模上桩位孔洞，割出直径比钢护筒大 10cm 左右的孔洞。

2. 拼装钢套箱侧模

①按照底模板的放样安装侧模，其连接钢板处用 1cm 厚的止水橡胶条进行止水，套箱侧模组装完毕安装下端

限位。由于下端限位不设围檩,因此,下端限位与箱壁的连接点应设在有箱壁的纵横梁处,并用钢板作衬垫。下端限位与桩基的钢护筒应保留有5cm的间隙。

②安装钢围檩前应在箱壁上有纵横梁处焊上牛腿,牛腿焊接时应保持其高程位置不变,平面内可以适当移动:牛腿焊接结束后,进行钢围檩的安装,套箱周边钢围檩连接时均应保证钢围檩与箱壁密贴。钢围檩连成矩形后再进行角撑的焊接。

③钢围檩安装完成后,安装第二根钢支撑。安装钢支撑时,应将钢支撑和钢围檩用钢楔形块顶紧,并牢固固定,以防套箱在起吊、下沉过程中钢支撑脱落。

3. 千斤顶下放钢套箱

套箱拼装完成后,吊箱的下放就位采用接力方式,即采用手摇千斤顶,徐徐将套箱下放。经过逐个行程的下放将套箱下放至设计高程,检查吊带受力情况。

4. 吊带调整套箱高程

套箱下放到位后,对套箱进行一次轴线和高程复测,再利用吊带对套箱轴线和高程进行第二次调整。

5. 封堵套箱缝隙及检测安装质量

套箱调整到设计高程后,潜水员把做好的钢板箍放在钢护筒的四周,再用袋装好的砂放在箍上面,对钢护筒进行逐个封堵。封堵完后,潜水员对吊箱四周进行检查,特别是侧模与底模之间的安装质量和限位挡块。

6. 浇筑封底混凝土

①套箱下放到位后,用导管浇筑C25水下混凝土封底。要求水下混凝土缓凝时间为6h,用地泵将混凝土泵送至各导管口,导管口距箱底距离控制在0.2~0.3m之间。

②混凝土采用垂直导管法进行灌注,导管长度按照实际的套箱下放深度来确定。根据混凝土的流动半径,确定导管布设,导管一般布置在套箱的四周。

③套箱封底混凝土的面积较大,同时受拌和设备生产能力与导管灌注间隔时间的限制,为了确保封底混凝土的施工质量与安全,封底混凝土宜采取单向、斜面逐渐推进的灌注方法。

④混凝土开始灌注时,要严格控制每根导管灌注量,宜以不埋设相邻导管管口为原则,以防形成夹层与冷缝,严重影响混凝土的质量。在灌注工程中,每根导管灌注量应认真记录,同时用测锤密点检测,及时掌握每根导管灌注量中心的混凝土面高度和相邻导管混凝土面接合处的高程,以调整各个导管混凝土灌注量,控制导管埋深。

⑤封底混凝土的配合比的和易性、流动度、坍落度损失、初凝时间、灌注中离析泌水等技术要求经试验确定。导管的最小埋深不小于0.6m。

⑥封底混凝土达到设计高程时,必须进行加密复测,并对高程偏低的部分进行补浇,但应考虑导管内存料数量,以免造成混凝土面超高。封底混凝土实测项目,见表5-1。

沉井或钢围堰封底混凝土实测项目 表5-1

检查项目	规定值或允许偏差	检查方法和频率
混凝土强度(MPa)	在合格标准内	按检评标准 JTG F80/1—2004 检查
基底高程(mm)	+0,-200	测绳和水准仪:5~9处
顶面高程(mm)	±50	水准仪:5处

7. 加反压梁及排套箱水

封底混凝土达到强度等级后,在排干套箱内的水以前,应首先安装反压梁。反压梁利用施工平台的型钢,在型钢两端用2cm钢板将反压梁与施工平台桩连接牢固。完成上述准备后,开始排水作业。当箱内水位与河面水位差为1.5m时,在反压梁和工程桩护筒之间用钢丝绳配绳夹,收紧夹牢,整座套箱设反拉点,以确保套箱的抗浮稳定。排水完成后,将每根工程桩四周300mm×300mm范围内凿平,并及时焊接桩抗浮反牛腿,反牛腿面应紧贴混凝土面。在整个排水过程中,应对套箱四角及原施工平台进行沉降观测,并延伸至抗浮反牛腿,同时应对套箱的变形进行观测。

8. 割钢护筒清理桩头松散混凝土

钢套箱内抽完水后,钢护筒有一部分在套箱内,把余下部分割除掉,对桩头松散混凝土进行凿除和清理。

9. 承台钢筋加工安装

承台钢筋加工应根据设计图纸要求测量放线,并将轴线引至施工平台上进行控制。钢筋进入施工现场首先按规范要求进行有关力学性能和机械性能的测试,严格按照图纸下料及配置钢筋,使用的钢筋不得锈蚀和污染油渍。承台钢筋网片上,下层设立梅花形马镫架空上、下层钢筋。安装图纸要求安放保护层垫块,确保预留墩身插筋并且焊牢。对焊接钢筋进行不定期抽检,受力钢筋焊接接头不能在同一个截面上,搭接长度符合规范要求。

10. 混凝土浇筑及养生

水下承台混凝土浇筑采用固定混凝土输送泵,泵管沿栈桥铺设至承台进行施工。浇筑时,采取坡式分层浇捣,每层厚度小于30cm,从承台一端浇捣,用插入式振动器进行振捣,插入点间距不大于作用半径的1.5倍。振捣器的操作做到快插慢拔,振动上层混凝土时应插入下层混凝土5cm以上,使上下层混凝土结合好。浇筑之后,排除承台表面泌水,待混凝土初凝前,用铁滚碾压数遍,再用木楔打磨平整,以防混凝土表面产生缩裂缝。

在完成承台混凝土浇筑之后,要求混凝土及时养生,保证混凝土表面湿润。

11. 承台成品检验

复测中心轴线和高程,待28d后,对承台强度进行检查验收。

12. 拆除套箱围堰

水上承台各项指标满足要求后,把吊箱再下沉50～100cm后,用卷扬机、手动葫芦、导链配合浮吊及潜水员工作,依次对底模槽钢、底模横梁、底模纵梁、吊带等进行拆除。

5.1.3　基坑支护结构

基坑支护结构一般用在深水基础,工程规模较大。常用的深水基坑支护结构有双壁钢围堰、地下连续墙、排桩加冻结帷幕。每种支护结构都有各自的特点和适用条件,因此需根据水文、地质、施工设备等情况比选而定。

5.1.3.1　双壁钢围堰

双壁钢围堰常用于大型深水围堰基础工程,作为深水基础工程的围水和施工平台。它既可增强深水基础工程结构的整体性,又能提高水中基础的防撞能力。在特定条件下,它具有其他结构无法比拟的作用。双壁钢围堰施工方法有整体组拼吊装对接、分节分块组拼下沉、墩位处散件拼装接高下沉。

1. 一般规定

①双壁钢围堰应进行专门设计,其强度、刚度及结构稳定性、锚碇系统、使用期等应满足施工要求。

②双壁钢围堰适用于深水基础施工,围堰的尺寸及高度应根据基础尺寸及放样误差、墩位处河床高程、围堰下沉深度和施工期间可能出现的最高水位高程以及浪高等因素确定。

③双壁间距应根据下沉需克服的水的浮力、土壤摩阻力、基底抗力而定。双壁钢围堰本身应分设多个对角的横向互不通水的隔水仓,以便在下沉过程中分仓对称灌水、砂砾石或混凝土。

④双壁钢围堰的制作,应按设计要求在工厂加工,其分节分块的大小应按工地吊装、移运能力确定。

⑤双壁钢围堰拼焊后应进行焊接质量检验及水密试验。

⑥各节、块拼焊时,应按预先安排的顺序对称进行。

⑦围堰浮运定位应符合规范规定。

⑧围堰清基应符合设计要求,清基完成后,由潜水员逐片检查,合格后,方可浇筑水下混凝土封底。封底要求按规范规定进行。

⑨围堰着床后的允许偏差应符合设计要求,若设计无要求而又作为承台模板用时,其误差应符合模板的施工要求。

⑩围堰拆除时,应采取措施防止撞击墩身。

2. 双壁钢围堰制作

①双壁围堰的制作,宜在工厂中按互换件或对号入座的办法制成块件,其分节分块的大小应按工地设备能力确定。各节、块之间必须安设防水胶条。

②双壁围堰焊拼后,应有一定的刚度。

③围堰内外壁应满缝施焊,无伤痕、漏焊、砂眼。对钢板与角钢水平杆的焊缝长度,宜大于100mm,间距小于80mm。角钢骨架间的焊接应满焊,在骨架块的外壁板上,焊接吊环。组装成形后,应对围堰尺寸、高度、倾斜度以及焊接质量进行检查验收。

3. 围堰浮运定位

①陆地拼装时，可拼装满足浮运的高度，采用滑道入水，入水后与动力船相连，浮运到设计位置，固定后，对称焊接接高。完成拼焊后，对称向仓内注水。在测量人员指挥下，准确缓慢地沉落于河床上。如下沉阻力较大，可在围堰仓的对称仓中灌入砂砾石或其他材料。

②双壁围堰1、2节在拼装船上组拼，导向船运至墩位锚碇，用导向船上的设备，起吊围堰下水，在悬浮的状态下分别接高。围堰的纵横向应牢固地固定于前后定位船和导向船中间，并保持定位船与导向船的稳定。

③双壁围堰定位落床受水流速度、河床土质、河床冲刷诸多因素控制，落床前应采取措施，如仓内对称注水、冲刷区抛撒碎石。下沉阻力较大、结构强度不够时，可在仓中对称灌填砂石或浇筑混凝土。

4. 围堰下沉

采用吸泥下沉双壁围堰时，应向堰内补水，保持堰内水位不低于堰外。吸泥机宜旋转于围堰中心，当下沉效果不好时，可在离围堰内壁一定距离处，对称吸泥。但应防止吸泥机直接伸到刃脚下吸泥或在刃脚附近吸泥过深。

5. 围堰清基封底

围堰清基宜按方格网坐标分区域，逐块吸泥，将泥砂清理干净。检查合格后浇注水下混凝土封底。当基础结构施工超出施工水位后，可拆除围堰。

6. 施工工艺控制重点

①对于围堰骨架的主要结构尺寸，要控制好围堰的内外直径偏差为 $+D_{内}/500$，围堰壁的垂直度不大于 $h/1000$（h 为高度），垂直度的检查可采用最低节上的基准面选点随接高把基准面上移的办法来检验。同一平面相互垂直的直径偏差不大于20mm。

②焊缝的焊接质量应符合设计要求，其中水平环肋接头、竖肋接头及连接处的接头建议按规范中钢桥的检验方法进行检验，以确保焊接质量。

③必须按规范进行水密性试验。

④施工时进行准确的测量定位，可采用精度高的测量仪器，因实际的中心位置是不易标出的，可利用三点归圆原理推求出钢围堰的中心平面位置。

⑤注意各施工阶段堰内外的水面高差平衡，防止出现翻砂现象。

⑥封底混凝土施工，要根据封底面积设计好导管的布置及灌注的顺序，应防止灌注的混凝土表面高差太大及出现导管进水现象。

5.1.3.2 地下连续墙

地下连续墙适于作为地下挡土墙、挡水围堰，承受竖向和侧向荷载的桥梁基础和平面尺寸大、形状复杂的地下构造物及适用于除岩溶和地下承压水很高处的其他各类土层中施工。地下连续墙可采用直线单元节段式施工，亦可采用桩排式施工方式。地下连续墙工程施工前，必须具备工程地质资料、区域内障碍物资料、必要的试验资料等。在原有构造物附近施工前，必须了解原有构造物结构及基础情况，如影响构造物的安全时，应研究采取有效处理措施。

1. 工艺流程

单元节段式地下连续墙施工工艺流程是划分单元节段→挖导沟→筑导墙→在导墙内充入护壁泥浆→机械挖槽→清底→吊放接头管（箱）→吊放钢筋骨架→安放导管→灌注水下混凝土→拔出接头管（箱）→邻段挖槽→邻段清底→邻段灌水下混凝土，如此循环完成地下连续墙施工，最后回收及处理废泥浆。

排桩式地下连续墙的工艺流程应按桩的构成方法和桩排间的土层处理方法确定。

2. 构筑导墙

用泥浆护壁挖槽构成的地下连续墙应先构筑导墙，其作用是挡土。导墙应能满足地下连续墙的施工导向、蓄积泥浆并维持其表面高度，支承挖槽机械设备和其他荷载，维护槽顶表土层的稳定和阻止地面水流入沟槽。

（1）导墙设计

导墙的材料、平面位置、形式、埋置深度、墙体厚度、顶面高度应符合设计文件要求。当设计文件未规定时，应符合以下要求：

①导墙宜采用钢筋混凝土材料构筑。混凝土等级不宜低于C20。

②导墙的平面轴线应与地下连续墙轴线平行，两导墙的内侧间距宜比地下连续墙体厚度大40～60mm。

③导墙形式根据土质情况可采用板墙形、⼆形或倒L形。墙体厚度应满足施工要求。

④导墙底端埋入土内深度宜大于1m。基底土层应夯实,遇有特殊情况须作妥善处理。导墙顶端应高出地面,遇地下水位较高时,导墙顶端应高于地下水位,墙后填土应与墙顶齐平,全部导墙顶面应保持水平,内墙面应保持竖直。

⑤导墙支撑应每隔1~1.5m距离设置。

(2)导墙施工

导墙施工除按照规范有关规定执行外,还应符合下列要求:

①导墙要求分段施工时,段落划分应与地下连续墙划分的节段错开。

②安装预制导墙块时,必须按照设计施工,保证连接处质量,防止渗漏。

③混凝土导墙在浇筑及养护时,重型机械、车辆不得在附近作业行驶。

(3)施工难点

①导墙变形导致钢筋笼不能顺利下放。出现这种情况的主要原因是导墙未设置纵向支撑,导墙侧向稳定不足发生导墙变形。解决这个问题的措施是在导墙拆模后,沿导墙纵向每隔1m设2道木支撑,将2片导墙支撑起来。导墙混凝土没有达到设计强度以前,禁止重型机械在导墙侧面行驶,防止导墙受压变形;如导墙已变形,解决方法是用锁口管强行插入,撑开足够空间下放钢筋笼。

②导墙的内墙面与地下连续墙的轴线不平行。这是由于导墙本身的不垂直,造成整幅墙的垂直度不理想。导墙的内墙面与地下连续墙的轴线不平行,会造成建好的地下连续墙不符合设计要求。解决的措施主要是使导墙中心线与地下连续墙轴重合,保证内外导墙面的净距应等于地下连续墙的设计宽度加50mm,净距误差小于5mm,导墙内外墙面垂直。

③导墙开挖深度范围内均为回填土,塌方后造成导墙背侧空洞,混凝土方量增多。解决方法是首先用小型挖机开挖导墙,使回填的土方量减少,其次是在导墙背后填一些素土而不用腐殖土。

(4)质量标准

导墙平面轴线应与地下连续墙的平面轴线平行,允许偏差为10mm。导墙内墙面应竖直,顶面应水平。两导墙内墙面间的距离允许偏差为5mm,导墙顶面高程允许偏差为±10mm。

3. 地下连续墙施工

地下连续墙的沟槽施工,应根据地质情况和施工条件选用能满足成槽要求的机具与设备。桩排式地下连续墙的主要施工工艺和技术要求应按规范有关规定执行。桩排间的土层可压注化学溶液或水泥浆予以加固和防渗透,应按规范有关规定执行。

(1)沟槽开挖

槽壁式地下连续墙的沟槽开挖应符合下列要求:

①开挖前应按已划分的单元节段,决定各段开挖先后次序。挖槽施工开始后应连续进行,直到节段完成。

②成槽机械开挖一定深度后,应立即输入调制好的泥浆,并宜保持槽内泥浆面不低于导墙顶面300mm。配制优质泥浆,起到良好的护壁作用是成槽的关键,重复使用的泥浆若性质变化,应进行再生处理或舍弃。

③挖掘的槽壁及接头处应保持竖直,竖直度允许偏差应符合规范规定。接头处相邻两槽段的挖槽中心线在任一深度的偏差值不得大于墙厚1/3。槽底高度不得高于墙底设计高度。

④挖槽时应加强观测,如槽壁发生坍塌时,应查明原因,采取相应措施,妥善处理。对于严重大面积坍塌,应提出挖槽机械后,填入较好的黏质土,必要时可掺拌10%~20%的水泥,回填至坍塌处以上1~2m,待沉积密实后再进行挖掘。对局部坍塌,可加大泥浆相对密度和黏度,已坍入的土块宜清理后再继续挖掘。

⑤挖掘时如遇到槽沟偏斜等故障,应查明原因,采取措施,予以排除。

⑥槽段开挖达到槽底设计高程后,应对成槽质量进行检查,符合规范规定后,方可进行下一工序清底、换浆。

⑦挖槽施工应做好施工记录,妥善处理废弃泥浆及钻渣,防止环境污染。

(2)槽段清底

槽段清底工作应在吊放接头装置之前进行。清底工序包括清除槽底沉淀的泥渣和置换槽中的泥浆,清底应按下列技术要求办理:

①清底之前应检测节段平面位置、横截面和竖面。如槽壁竖向倾斜、弯曲和宽度不足等超过允许偏差时,应进行修槽工作,使其符合要求。节段接头处应用刷子或高压射水清扫。

②清底工作宜根据设备条件采用抓斗排渣法、反循环泥浆泵排泥法、潜水电泵排泥法、空气升液排泥法等。施

工时可参照规范有关规定办理。

③清理槽底和置换泥浆工作结束1h后，应进行检验，槽底以上200mm处的泥浆相对密度不应大于1.15，槽底沉淀物厚度应符合设计要求。

(3)施工接头

施工接头应符合设计要求，当设计无规定时，可按下列规定办理：

①对受力和防渗要求较小的施工接头，宜采用接头管式接头。当初期的单元节段开挖完成并清底后，应用吊机将钢制接头管竖直吊放入槽内，紧靠单元节段两端，接头管底端应插入槽底以下100～150mm，管长应略大于地下连续墙设计值。接头管可分节于管内用销子连接固定。管外平顺无突出物，管外径宜比墙厚小50mm。此后可进行吊放钢筋骨架、灌注水下混凝土工序。灌注水下混凝土时，应经常转动及小量提升接头管。待混凝土初凝后将接头管拔出，拔管时不得损坏接头处的混凝土。

②对受力、防渗和整体性要求较大的接头装置，宜采用接头箱式或隔板式接头。接头箱式其吊放的钢筋骨架一端带有堵头板，堵头钢板向外伸出的水平钢筋可插入接头箱管中，灌注混凝土时，由堵头板挡住，使混凝土不流入接头箱管内。混凝土初凝后，逐步吊出接头箱管，先灌节段骨架的外伸钢筋可灌入邻段混凝土内。

③当地下连续墙设计与梁、承台或墩柱连接时，应于连接处设置结构接头。结构接头的形式应按照设计规定。施工时应在连接处按照设计文件埋设连接钢筋，待墙体混凝土灌注并凝固后，开挖墙体内侧土体，并凿去混凝土保护层，露出预埋钢筋。将其弯成所需形状，与后浇的梁、承台或墩柱的主钢筋连接。

(4)钢筋骨架制作安装

地下连续墙钢筋骨架的制作和吊放除应按规范规定办理外，还应符合下列规定：

①钢筋骨架应根据设计图和单元节段的划分长度制作，并宜在工地的工作台上试装配成型，骨架中间应留出上下贯通的导管位置。

②吊放钢筋骨架时，必须使骨架中心对准单元节段中心，竖直不变形并准确地下放插入槽内，不得使骨架发生摆动。

③全部钢筋骨架入槽后，应固定在导墙上，并应使骨架顶端高度符合设计要求。

④当钢筋骨架不能顺利插入槽内时，应重新吊起，查明原因，解决后，重新放入，不得强行压入槽内。

(5)灌注水下混凝土

灌注水下混凝土时，应符合下列要求：

①混凝土拌和物应采用导管法灌注。单元节段长度小于4m时，可采用1根导管灌注；单元节段长度超过4m时，宜采用2或3根导管同时灌注。采用多根导管灌注时，导管间净距不宜大于3m，导管距节段端部不宜大于1.5m。各导管灌注的混凝土拌和物表面高差不宜大于0.3m。导管内径不宜小于200mm。

②灌注水下混凝土的其他技术要求，应符合规范有关规定。

(6)施工难点

泥浆是地下连续墙施工中深槽槽壁稳定的关键，必须根据地质、水文资料，采用膨润土、cmc(羟甲基纤维素)、纯碱等原料，按一定比例配制而成。在地下连续墙成槽中，依靠槽壁内充满触变泥浆，并使泥浆液面保持高出地下水位0.5～1.0m。泥浆液柱压力作用在开挖槽段土壁上，除平衡土压力、水压力外，由于泥浆在槽壁内的压差作用，部分水渗入土层，从而在槽壁表面形成一层固体颗粒状的胶结物——泥皮。性能良好的泥浆失水量少，泥皮薄而密，具有较高的黏结力，这对于维护槽壁稳定，防止塌方可以起到很大的作用。泥浆制作过程中应该注意以下几个问题：

①泥浆指标的检验。控制新拌制的泥浆使其满足成槽要求；对泥浆池内的泥浆进行检验，以免影响槽壁稳定；深槽内的泥浆按挖槽过程中和挖槽完成泥浆静止时间长短分别进行质量控制，不致使泥皮薄弱且抗渗性能差；挖槽过程中正在循环使用的泥浆应及时测定试验，了解泥浆质量及时改善泥浆性能，以保证槽壁挖掘进度和槽壁稳定性；浇筑混凝土置换出来的泥浆应全部进行质量控制试验，以判别泥浆应舍弃还是处理后重复使用。

②泥浆制作与工程整体的衔接问题。泥浆制作工艺要求，新配制的泥浆应该在池中放置一天充分发酵后才可投入使用。旧泥浆也应该在成槽之前进行回收处理和利用。

③泥浆制作需要一定的方量，一般情况以拌制理论方量的1.5倍比较合适。

(7)质量检验

地下连续墙裸露墙面应平整，外轮廓线应平顺，无突变转折现象，允许偏差应符合表5-2的规定。

地下连续墙的允许偏差　　　表 5-2

项目	规定值或允许偏差	项目	规定值或允许偏差
混凝土强度	在合格标准内	倾斜度	0.5%
轴线位置(mm)	30	顶面高程(mm)	±10
外形尺寸(mm)	0，+30	沉淀厚度	符合设计要求

5.1.3.3　排桩加冻结帷幕

排桩法与冻结法相结合的排桩加冻结注浆帷幕法，可以解决深大基坑施工较大的水土压力和丰沛的地下水渗流问题。其特点是以混凝土排桩作为结构支撑体系，以冻结注浆帐幕作为封水体系。三种成熟施工工艺的结合，使其具有操作性强、安全度高、工期短等优点。

1. 施工基本原理

(1)冻结帷幕

应用人工冻结地层技术，在基坑四周形成厚 2m 左右，深达 50m 的冻结帷幕墙体，将地下水挡在墙外。冻结法施工的基本原理是利用人工制冷的方法，把不稳定含水地层中的孔隙水冻结成冰，冰起胶结剂作用将土颗粒或岩块胶结起来形成冻结壁，从而提高土体或岩体的整体强度，抵抗周围的水土压力，隔绝地下水，并形成封闭的不透水帷幕。具体方案是在基坑的周围施作一定数量的冻结孔，孔内装有带底锥的冻结器，以便输入冷媒剂与地层进行热交换，使地层降温从而冻结，随着冻结时间的延续冻结管周围的冻土不断扩展形成封闭且能抵抗地压和水压的冻结壁。如图 5-8 所示。

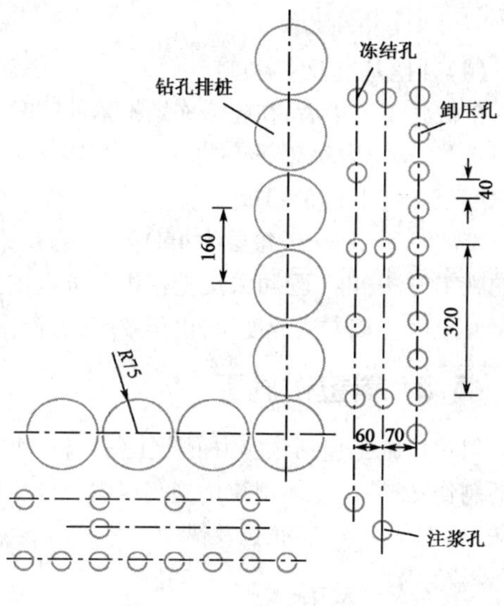

图 5-8　排桩加冻结帷幕

(2)注浆

在冻结孔布置轴线外侧 1.0m 处布置注浆孔，注浆材料选用单液水泥浆，用 52.5 号普通硅酸盐水泥掺入水泥重量 3% 的水玻璃，注浆压力取静水压力的 2～4 倍。对基岩进行地面预注浆处理，形成一个注浆帷幕保护冻结帷幕和防止外部水侵入基坑。通过基底局部注浆，可以保护冻结帷幕不会因地下水绕流冲刷而融化，另外还可以增加封水深度，减少基底的涌水量和上扬压力。

(3)排桩

在冻土内侧浇筑钻孔灌注排桩，以承受土压力。通过人工围护屏障，基坑内部的开挖施工就可顺利地进行。

2. 适用地质条件及特性

由于冻结法施工是将地层中的水进行冻结后形成冻土，其主要适用的地质条件为松散不稳定的冲积层、裂隙含水岩层、松散含水泥岩及含水率大的岩层。冻结法施工的主要特性有：

①当地下水流速小于 5m/s 时，使用冻结壁进行封水、固砂，其隔水性能较为可靠。

②可以根据地下结构的具体情况，在一定范围内人为控制冻结壁的厚度。

③冻结法施工，不会污染地下水。

④制冷系统通过管线与地下冻结系统相连，施工工艺较为简单。

3. 施工过程

(1)排桩施工

钻孔桩施工过程中根据不同的土层情况合理调整钻进速度与钻进压力，可根据施工技术规范要求严格控制泥浆的各项指标，并随时观察孔内泥浆面的变化，确保孔内水头高度高于地下水位 1.5～2m，在成孔过程中严格控制排桩的垂直度，从而保证垂直度偏差小于 1/200。清孔后，进行钢筋笼的安装。钢筋笼在水平的钢筋平台上制作。制作完毕后，在钢筋笼内设置杉木杆，以增强其刚度，防止起吊变形。放置钢筋笼时，严禁钢筋笼碰撞孔壁，保证钢筋笼位置居中，从而防止排桩露筋。混凝土导管采用内径 250mm 卡口管，在混凝土灌注前须进行水密承压和接头抗拉试验、长度测量标码工作，并检查孔底沉渣厚度。如不能满足规范要求，则采用导管进行二次清孔。

(2)支撑立柱施工

支撑立柱采用750mm×750mm钢格构柱,顶高程1.3m,底高程为-29m,立柱桩采用直径1.2m钻孔灌注桩,立柱、立柱桩数量为30根。立柱在钢构加工厂集中制作,立柱总长为30.3m,采用分节制作的方法,分节长度从上往下依次为12m、12m、6.3m。制作完成后,用平板车运送至墩位,采用50t吊车进行立柱及钢筋笼的安装。

(3)冻结注浆帷幕施工

冻结段下部注浆施工在排桩施工及冻结孔施工之前完成,这样可以减少注浆对排桩施工、冻结孔施工及冻结帷幕形成的影响。排桩施工完成后,再进行冻结孔施工,冻结孔内安装冻结器,冷冻站制出的低温盐水经管路送到冻结器,低温盐水在冻结器中循环后,回到冷冻站被重新降温。低温盐水在冻结器中循环吸收其周围地层中的热量,形成冻结圆柱,冻结圆柱逐渐扩大并连接形成冻结壁,直至达到设计厚度和强度。冻结孔钻孔完成后采用灯光和陀螺仪两种测量方法进行测斜,钻进测斜采用经纬仪灯光法,如超出规定偏斜要求需进行纠偏,然后进行冻结管安装。冻结管安装结束后,进行水压试漏,初压力≥2.5MPa,经30min观察,降压≤0.05MPa,再延长15min压力不降为合格。

(4)开挖基坑及支撑施工

排桩施工完毕后,在施工冻结帷幕的同时进行压顶梁的施工,在开挖基坑前需进行深井降水。采用深井加真空泵降水井,基坑内每250m^{2}左右设一口降水井,泵深略比井深浅10m。在基坑开挖前20d进行预降水,在开挖时,降水深度至基坑下0.5~1m。

基坑可采用分层(每层约4m)开挖,首层采用挖掘机进行大开挖式土方施工;第二层可采用机械上下坑双级接力的施工方法;再下层可采用挖掘机在坑内挖土装入桅杆吊提斗内,垂直出土至坑外。基坑外配置自卸式汽车将土运至弃土区。该方法速度快,出土效率高,操作灵活。

5.2 斜拉桥施工

斜拉桥施工包括预应力混凝土斜拉桥、钢斜拉桥、钢—混凝土叠合梁斜拉桥、混合梁斜拉桥以及吊拉组合斜拉桥的制作、安装施工。斜拉桥施工组织设计主要内容包括基础、墩塔和主梁的施工工艺;塔、梁施工控制及施工测量方法;拉索制作安装、张拉及锚固工艺。

5.2.1 索塔

斜拉桥的索塔是全桥的主要承重构件,具有建筑高度大、空间结构复杂等特点。根据斜拉桥的受力特点,索塔要承受巨大的竖向轴力,还要承受部分弯矩。根据材料的不同,主塔有钢索塔和混凝土索塔两种类型。索塔施工必须实行严格的施工测量控制,确保索塔施工质量及内力分布满足设计及规范要求。

5.2.1.1 一般规定

①索塔的施工可视其结构、体形、材料、施工设备和设计要求综合考虑选用适合的方法。裸塔施工宜用爬模法,横梁较多的高塔宜采用劲性骨架挂模提升法。

②索塔施工,除需设置相应的塔吊外,还应设置工作电梯及安全通道。

③斜拉桥施工时应避免塔梁交叉施工干扰。必须交叉施工时应根据设计和施工方法采取保证塔梁质量和施工安全的措施。

④索塔横梁施工时应根据其结构、重量及支撑高度设置可靠的模板和支撑系统,考虑弹性和非弹性变形、支承下沉、温差及日照的影响。必要时应设支承千斤顶调控。体积过大的横梁可分两次浇筑。

⑤斜塔柱施工时,必须对各施工阶段塔柱的强度和变形进行计算,应分高度设置横撑,使其线形、应力、倾斜度满足设计要求并保证施工安全。

⑥索塔混凝土现浇应选用输送泵施工,超过一台泵的工作高度时,允许接力泵送,但必须做好接力储斗的设置,并尽量降低接力站台高度。

⑦宜在索塔施工中设置劲性钢骨架,以保证索管空间定位精度和钢筋架立的精度。

⑧索塔施工组织设计中必须制定整体和局部的安全措施:设置运输安全设施,如塔吊起重量限制器、断索防护器、钢索防扭器、风压脱离开关等;防范雷击、强风、暴雨、寒暑、飞行器对施工的影响;防范吊落和作业事故并有应急的措施;应对塔吊、支架安装、使用和拆除阶段的强度稳定等进行计算和检查。

⑨必须避免上部塔体施工时对下部塔体表面的污染。

5.2.1.2 钢索塔

钢索塔一般采用刚构式、桁架式或混合式钢结构，施工通常采用预制拼装方法。施工过程中对起重设备能力及施工精度要求均较高。国外有部分斜拉桥采用钢索塔，而在国内较少采用；我国已建和在建的斜拉桥大都采用混凝土索塔。

钢索塔施工，一般包括工厂分段加工组拼和现场吊装两大施工阶段。钢索塔在工厂分段焊接加工完成后，应进行多段立体试拼装，合格后方可出厂。现场安装时，可采用现场焊接接头、高强度螺栓连接或采用焊接和螺栓混合连接的方式，对钢索塔块段进行拼装连接。

5.2.1.3 混凝土索塔

混凝土索塔通常由基础、承台、下塔柱、下横梁、中塔柱、上横梁、上塔柱拉索锚固区段及塔顶建筑等八大部分或其中的几部分组成。钢筋混凝土索塔一般采用门式框架结构，其上设置横梁，施工方法分搭架现浇、预制吊装等多种方法。典型混凝土索塔施工工艺流程是爬架起步段混凝土浇筑→钢筋安装（劲性骨架拼接、爬架安装）→模板安装→混凝土浇筑及养护→提升爬架→拼接劲性骨架→测量校正→钢筋安装→提升模板就位→测量校正→混凝土浇筑养护。

1. 塔柱施工

混凝土索塔的塔柱，可分为下塔柱、中塔柱和上塔柱，一般采用支架法、滑模法、爬模法、翻转模板法分节段施工。常用的施工节段大致划分为4m左右。

一般情况下塔柱的塔壁内设有劲性骨架。劲性骨架在加工厂分节段加工，在现场分段超前拼接，精确定位。劲性骨架安装定位后，可供测量放样、立模、钢筋绑扎及斜拉索钢套管定位使用，也可承受部分施工荷载。塔柱钢筋安装完成、模板就位后，即可进行混凝土的浇筑。塔柱混凝土浇筑一般采用现场拌制、吊斗提送或混凝土卧式泵泵送的方法进行。

2. 上下横梁施工

混凝土索塔的下横梁、上横梁一般均采用支架法现浇。支架材料可采用钢管桩、万能杆件、贝雷梁、型钢等。根据索塔的受力特点，下横梁及上横梁一般均为预应力混凝土结构。典型预应力混凝土上下横梁施工工艺流程是横梁支架拼装→底板模板→底腹板钢筋（钢筋制作、吊装）→预应力管道安装（预应力管道定位）→外、内侧模安装→底腹板混凝土浇筑→顶板混凝土浇筑（底腹板混凝土养护）→顶板混凝土养护→支座垫石（模板拆除）→预应力束安装→预应力双控张拉→支架拆除。

索塔建筑高度大，在高空进行大跨度、大断面现浇高强度预应力混凝土横梁施工，难度较大。施工过程中，混凝土上下横梁可根据设计要求、构造特点和施工机具设备能力一次或多次浇筑完成，每次浇筑混凝土的供应量须保证在混凝土初凝前完成浇筑，且须采取有效措施防止在早期养护期间及每次浇筑过程中由于支架的变形而造成的混凝土开裂。

3. 索塔混凝土浇筑

索塔混凝土一般采用现场拌制，吊斗提送或混凝土卧式泵泵送的办法浇筑。当塔柱较高时，可采用泵送混凝土。施工实践证明，采用泵送混凝土工艺，可以达到一次泵送200m以上的高度，浇筑速度可达20m^3/h以上，完全满足要求，且有施工速度快、机械化程度高等特点，是今后桥梁混凝土浇筑的主要方法。

5.2.2 斜拉索

斜拉索是指斜拉桥中用来把梁段拉于索塔上的构件。按使用材料不同分平行钢丝斜拉索和钢绞线斜拉索两种。拉索的施工要求包括制索的制作，索的安装和张拉，拉索的维护等方面。

5.2.2.1 斜拉索制作

对于大跨径斜拉桥，对其斜拉索材料和制作水平的要求较高。为保证拉索质量，一般不宜在现场施工制作，常采取工厂化或半工厂化加工。

1. 平行钢丝索制作

拉索及其锚具应委托专业单位制作，严格执行国家或部颁的行业标准和规定生产，并应进行检测和验收。平行（半平行）钢丝索以其长度大、承载力高、运输方便的特点，越来越被广泛地采用。一般情况下，制作成品拉索的工艺流程是钢丝经放线托盘放出粗下料（设计索长＋施工工作长度）并编束→钢束扭绞成型→下料齐头→分段抽检

(成型后的直径误差及扭绞角)→焊接牵引钩→绕缠包带→热挤 PE 护套→水槽冷却→测量护套厚度及偏差→精下料(计算长度 + 墩头长度)→端部锚部分去除 PE 套→锚板穿丝→分丝墩头→装冷铸锚→锚头养生固化→出厂检验(预张拉等)→打盘包装待运。

2. 斜拉索检验方法

①拉索的检验,必须从原材料着手,钢丝进场应按国家标准进行验收,使用前,应进行抽样检测。

②聚乙烯护套料、冷铸填料的化工原料、锚具组件、缠绕件纤维增强聚酯带等,均应有质保单及合格证,并符合相应的技术标准。

③成品拉索的外表面不能有深于 1mm 的划痕,不能有面积大于 $3cm^2$ 的损伤;两端锚具的外表面镀钵层及螺纹不得有任何损伤;锚圈和锚杯完全能自由旋合。

④每根拉索在出厂之前,必须进行超张拉。超张拉前,千斤顶、油压表及测力仪器等均应标定,并配套使用。

⑤成品拉索的抗拉弹性模量不小于 1.95×10^5MPa,每种规格的成品拉索在超张拉时应有一根做弹性模量试验。

⑥在出厂前,每根拉索应有合格标牌,上面应注明拉索编号、规格型号、长度、质量、制造厂名、工程名称、生产日期等。

⑦成品拉索单根质量 1t 以下的可以脱胎成盘,大型拉索应用钢盘打盘包装运输。其盘绕内径≥20 倍拉索直径,且 $D\geq1.8$m,最大外形尺寸应满足相应的运输条件。锚具应有保护措施,包装好的拉索每天存放时应加遮盖,在运输和装卸过程中,应防止碰伤锚具和聚乙烯保护层。

3. 施工防护注意事项

在生产制作过程中已采取防护手段防止斜拉索腐蚀并加以外套,在斜拉桥的施工过程应采取保护措施防止损坏。首先,在斜拉索的运输、存放过程中卷盘和展开时,PE 管的柔度受温度影响比较大,在低温下卷盘或展开拉索索盘可能会导致 PE 管破裂。另外,运输及吊运索盘时也会由于不慎而对 PE 套管及钢管造成损伤,出现损伤时要及时采取措施修补和加强防腐处理。在实施挂索及其他施工中,还要注意对斜拉索的保护,拖索、牵引、锚固、张拉及调整的各道工序中,均要注意避免碰伤、刮伤斜拉索。

5.2.2.2 斜拉索安装

平行钢丝斜拉索安装作业的施工工艺流程是安装固定牵引系统→索盘就位→安装张拉端张拉丝杆及吊点抱箍→连接塔顶滑轮组与抱箍,连接从套筒引出的钢丝绳与张拉丝杆→两个吊点同时提升至相应套筒口→待斜拉索尾端到达桥面,继续牵引张拉端进入套筒→用开口螺母临时锚固张拉端张拉丝杆→将斜拉索固定端引入钢箱梁锚箱并锚固→张拉→索力调整→张拉端锚固。钢绞线斜拉索的施工工艺流程是钢绞线下料、成盘→牵引系统安装→在索塔和梁体上安装钢绞线群锚→挂索,安装固定端、张拉端锚头的夹片,把钢绞线同连接器分开,把单孔千斤顶装到刚穿好的钢绞线上,并按预定力张拉,完成一根钢绞线的安装→重复上一步的操作直至安装完此根索内的全部钢绞线→安装外层套管→张拉至设计规定应力状态→索力调整→封锚。

1. 一般规定

拉索安装可根据塔高、布索方式、索长、索径、索的刚柔程度、起重设备和施工现场状况等综合选择架设方法。安装前应根据索长、索重、斜度和风力等因素计算其安装过程中锚头距索管口 2.0m、1.0m,距锚板 0.70m 以及锚头带锚环时的牵引力,以综合选择架设方案和设备。施工中不得损伤索体保护层和索端锚头及螺纹,不得堆压弯折索体。

①不得用起重钩或易于对索体产生集中应力的吊具直接挂扣拉索,宜用带胶垫的管形夹具尼龙吊带或设置多吊点起吊。

②放索时索体应贴在特制的滚轮上拖拉,并应控制索盘的转速,防止转速突变或倾覆。

③为防止锚头和索体穿入塔、梁索管时的偏位和损伤,应在放管处设置控制的力点或限位器调控。

④安装过程中锚头螺纹应包裹,及时清除拉索的包护物。拉索防护层和锚头损伤应及时修补并记入有关表格存档以便跟踪维护。

施工中,拉索抗振的约束环和减振器未安装前,必须确保索管(特别是梁上索管)和锚端的防水、防腐和防污染。长拉索在抗振阻尼支点尚未安装前,应采用钢索或杆件(平面索时)将一侧拉索联结以抑制和减小拉索的振动。

2. 放索挂索

为便于运输及运输过程中索的保护，斜拉索起运前通常采用类似电缆盘的钢结构盘将拉索卷盘，然后运输。对于短索，也有采取自身成盘，捆扎后运输。根据拉索的不同卷盘方式，现场放索时，常用的有立式转盘放索、水平转盘放索两种。放索过程中，由于索盘自身的弹性和牵引产生的偏心力，会使转盘转动时产生加速度，导致散盘，危及施工人员的安全。所以，一般情况下要对转盘设制动装置，或者以钢丝绳作尾索，用卷扬机控制放索。在放索和挂索过程中，要对斜拉索进行拖移，由于索自身弯曲，或者与桥面直接接触，在移动中就可能损坏拉索的防护层或损伤索股。为避免这些情况的发生，一般采取下述方法对索在移动时进行保护：

①支架放索。如果索盘是在水上由驳船运来，对于短索一般直接将索盘吊到桥面上，利用放索支架放索，对于长索一般直接在船上设置放索支架放索。采用前者时要在梁上放置吊装设备，采用后者则需在梁端设置转向装置以利于索的移动。对于现浇梁，转向装置设在施工挂篮上，若是拼装结构则设在主梁上，要求转向装置的半径不小于索盘半径，与梁体保持一定间隔。

②滚筒法。在桥面设置一条滚筒带，当索放出后，沿滚筒运动。制作滚筒时，要根据斜拉索的布置及刚柔程度，选择适宜的滚轴半径，以免滚轴弯折，摩阻增加。平滚之间要保持合理的间距，防止拉索与桥面接触。滚筒可与桥面固结，也可与斜拉索套筒固结，具体方法依施工现场情况而定。

③移动平车法。当斜拉索上桥后，每隔一段距离垫一个平车，由平车载索移动。梁体顶面凹凸不平时会导致平车运动不便，所以平车的轮子不宜太小。与滚筒法一样，平车也要保持合理的间距，避免拉索与桥面接触。

④导索法。在索塔上部安装一根斜向工作悬索，当斜拉索上桥后，前端连接牵引索，每隔一段距离放置一个吊点，使拉索沿着导索运动，这种方法能省去大型牵索设备，可安装成卷的斜拉索。

⑤垫层法。对于一些索径小、自重轻的斜拉索，可在梁面放索线上铺设麻袋、草包、地毯等柔软的垫层，就地拖移。

3. 塔部安装斜拉索

一般可根据斜拉索张拉方式确定拉索的安装顺序，拉索张拉端位于塔部时可先安装梁部拉索锚固端，后安装塔部拉索锚固端；反之，先安装塔部，后安装梁部。塔端拉索锚固端安装的方法，一般有吊点法、吊机安装法、脚手架法、钢管法等。塔部拉索张拉段安装的方法，一般有分步牵引法、桁架床法等。对于两端皆为张拉端的斜拉索，可选择其中适宜的方法。脚手架法、钢管法和桁架床法都要在悬挂斜拉索的位置搭设支架，安装复杂、速度慢，只适应低塔稀索的情况。安装斜拉索前应计算出克服索自重所需的拖曳力，以便选择卷扬机、吊机及滑轮组配置方式。塔部安装张拉端时，先要计算出各施工阶段的索力，然后选择适当的牵引工具和安装方法进行拉索安装。

(1)吊点法

吊点法主要利用卷扬机组安装，可分为单吊点与多吊点施工方法。

单吊点法：从索塔孔道中放下牵引绳，连接拉索的前端，在离锚具下方一定距离设一个吊点，索塔吊架用型钢组成支架，配置转向滑轮。当锚头提升到索孔位置时，采用牵引绳与吊绳相互调节，将锚头牵引至索塔孔道内就位固定，如图5-9所示。单吊点法施工简便、安装迅速，缺点是起重索所需的拉力大，斜拉索在吊点处弯折角度较大，故一般适用较柔软的短拉索。

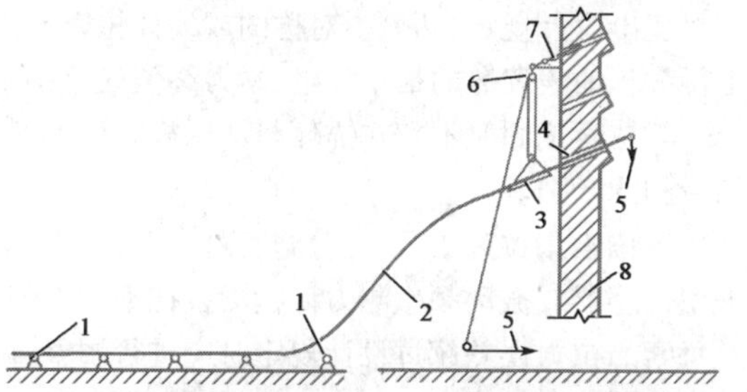

图5-9　单吊点法安装拉索

1-滚轮；2-待安装拉索；3-吊运索夹；4-锚头；5-卷扬机牵引；6-滑轮；7-索孔吊架；8-索塔

多吊点法：同前述导索法，只要将导索法中的牵引索从预穿索孔中引出即可。多吊点法吊点分散、弯折小，在统一操作指挥下，可使斜拉索均匀起吊，因吊点较多，易保持索呈直线状态，两端无需用大吨位千斤顶牵引。

(2)吊机安装法

采用索塔施工时的提升吊机，用特制的扁担梁捆扎拉索起吊。拉索前端由索塔孔道内伸出的牵引索引入索塔拉索锚孔内，下端用移动式吊机提升。吊机法操作简单快速，不易损坏拉索，但要求吊机有较大的起重能力，故一般适用于质量不大的短索安装。

(3)分步牵引法

根据斜拉索在安装过程中索力递增的特点，分别采用不同的工具，将拉索安装到位。首先用大吨位的卷扬机，将索张拉端从桥面提升到预留孔外，然后用穿心式千斤顶将其牵引至张拉锚固面。在这个阶段前半部，采用柔性张拉杆——钢绞线束，利用两套钢绞线夹具系统交替完成前半部牵引工作；牵引阶段的后半部，根据索力逐渐增大的

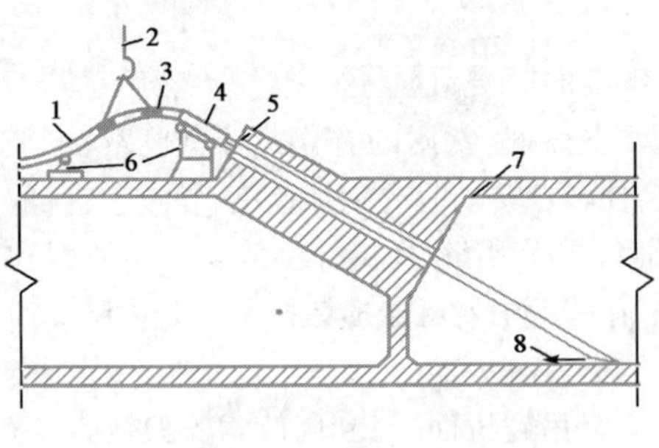

图5-10 吊点法

1-待安装拉索;2-吊机;3-索夹;4-拉索锚头;5-牵索滑轮;6-滚轮;7-主梁梁体;8-卷扬机牵引

情况,采用刚性张拉杆分步牵引到位。分步牵引法的特点是牵引功率大,辅助施工少,桥面无附加荷载,便于施工。

4. 梁部安装斜拉索

梁部安装斜拉索步骤与塔部安装基本相同,有吊点法、拉杆接长法两种。

①吊点法。在梁上放置转向滑轮,牵引绳从套筒中伸出,用吊机将索吊起后,随锚头逐渐地牵入套筒,缓缓放下吊钩,向套筒口平移,直至将锚头穿入套筒内,如图5-10所示。

②拉杆接长法。对于梁部为张拉端的拉索安装,采用拉杆接长法比较方便。先加工长度为1.0m左右的短拉杆与主拉杆(张拉连接杆)连接,使其总长度超过斜拉索套筒加张拉千斤顶的长度,利用千斤顶多次运动,逐渐将张拉端拉出锚固面,并逐渐拆掉多余的短拉杆,安装锚固螺母。运用拉杆接长法,要加工一个组合式张拉连接螺母,采用这个螺母逐步锚固拉杆,直到将锚头拉出锚板后拆除。

5.2.2.3 斜拉索张拉

斜拉索的张拉一般可分为拉丝式(钢绞线夹片群锚)锚具张拉和拉锚式锚具张拉两种。其中,拉锚式锚具张拉因施工操作方便及现场工作量较少等优点,被广泛采用。根据设计要求及现场实际情况,有采用塔部一端张拉的,有采用梁部一端张拉的,也有采用塔、梁部两端张拉的。其中,以塔部一端张拉应用最为广泛。

1. 一般规定

斜拉桥拉索的张拉应按下列各项规定执行:

①张拉施工的设备和方法应根据设计的索型、锚具、布索方式,塔和梁的构造确定。

②拉索张拉的顺序、级次数和量值应按设计规定执行。应以振动频率计测定的索力或油压表量值为准,以延伸值作校核,并应视拉索防振圈以及弯曲刚度的状况对测值予以修正。

③拉索张拉可于塔端或梁端单端进行,也可顶升索鞍支座进行。平行钢丝拉索宜采用整体张拉,平行钢绞线拉索可用整体或分索张拉,分索张拉应按“分级”、“等力”的原则进行,每根同级的索力允许误差为±1%。

④索塔顺桥向两侧的拉索(组)和桥横向对称的拉索(组)必须对称同步张拉;同步张拉的不同步索力的相差值不得超出设计规定;两侧不对称的或设计拉力不同的拉索,应按设计规定的索力分级同步张拉,各千斤顶同步之差不得大于油表读数的最小分格,索力终值误差小于±2%。

⑤拉索锚固时不宜在锚环与承压板间加垫,需要加垫时,其垫圈材料和强度应符合承压要求,并应设成两个密贴带扣的半圆。

⑥拉索张拉完成后,悬臂施工跨中合龙前后,当梁体内预应力钢筋全部张拉完且桥面及附属设备安装完时,应采用传感器或振动频率测力计检测各拉索索力值,同时应视防振圈及索的弯曲刚度等状况对测值予以修正。每组及每索的拉力误差超过设计规定时应进行调整,调整时可从超过设计索力最大或最小的拉索开始(放或拉),直调至设计索力。调索时应对塔和相应梁段进行位移检测,并做出存档记录,记录内容包括日期、时间、环境温度、索力、索伸缩量、桥面荷载状况、塔梁的变位量及主要相关控制断面应力等。

2. 拉丝式斜拉索张拉

对于配装拉丝式夹片群锚锚具的钢绞线斜拉索,挂索时先要在拉索上方设置一根粗大钢缆作为辅助索,拉索的聚乙烯套管先悬挂在辅助索上,然后逐根穿入钢绞线,用单根张拉的小型千斤顶调好每根钢绞线的初应力,最后用群锚千斤顶整体张拉。新型的夹片群锚拉索锚具,第一阶段张拉使用拉丝方式,调索阶段使用拉锚方式。

3. 拉锚式斜拉索张拉

拉锚式斜拉索张拉均为整体张拉。根据目前的技术水平,国内外拉索锚具、千斤顶、拉索的设计吨位已达到“千吨”级水平,大吨位拉索整体张拉工艺已十分成熟。无论是一端张拉还是两端张拉,一般情况下都需在斜拉索端头接上张拉连接杆,之后使用大吨位穿心式千斤顶实施斜拉索的张拉调索,为方便施工,张拉杆大都采用分节接长,而非整根通长。拉锚式斜拉索张拉调索施工要点如下。

(1)张拉调索主要步骤

①对张拉千斤顶和配套油泵进行标定。同时对预计的调整值划分级别,根据标定得出的张拉值和油表读数之

间的直线关系，计算并列出每级张拉值和相应的油表读数。

②对索力检测仪器进行标定。

③计算各级调整值并列出相应的延伸量。

④作好索力检测和其他各种观测的准备工作。

⑤将张拉工具、设备等就位。

⑥按预定级别的相应张拉力，通过电动油泵进油或回油逐级调整索力。

(2)张拉调索注意事项

①千斤顶和油泵等张拉机具应由专人使用和管理，并应经常维护，定期检验。

②对千斤顶和油泵进行编号，以免标定结果出错。

③斜拉索的索力调整应由专业人员进行，并须经设计部门同意。

④张拉调索前，应将锚头和锚固锚环配对并检查其质量。

⑤张拉调索前，应将斜拉索锚固面、各个张拉受力支承面及锚头、锚环、张拉杆、张拉杆锚固螺母等丝齿内的杂物逐一清除。

⑥锚环、张拉杆、张拉杆螺母等各自的旋紧程度要一致，以免斜拉索、张拉杆在索力调整过程中受力不匀。

⑦斜拉索、撑架、千斤顶、张拉杆，在调索施力过程中位置要居中，以免拉索、张拉杆受力不均匀。索力调整过程中应注意保护拉索不受伤害。

⑧索力调整过程中，必须同时进行梁段和索塔变位观测并与设计变位值校核。超过设计规定范围或出现其他不正常情况时，应停工，检查原因，并与设计单位研讨，采用适当方法进行修正。

⑨调索过程中要密切注意油泵的压力表值，如遇压力突升应及时关机，查明原因并解决后才能继续工作。

⑩塔上张拉调索系高空作业，对施工人员、设备的安全保护应有可靠措施。

4. 斜拉索索力量测

斜拉索的索力是斜拉桥设计的一个重要参数，必须确保准确可靠。而采用可靠的索力量测手段及工具是确保索力准确的根本。根据国内外多座斜拉桥的施工实践，目前比较常用且成熟的索力量测方法有压力表测定法、压力传感器测定法和频率法等三种。

(1)压力表测定法

压力表测定法是利用张拉千斤顶的液压与张拉力之间的直接关系，通过测定张拉过程中的油压，而后换算成索力的一种索力测定方法。采用此法测定索力时，需使用0.3～0.5级精密压力表，使得压力表测定的索力精度达到1%～2%。此法测量索力简单易行，是斜拉桥施工过程中最为常用的一种索力测量方法。

(2)压力传感器测定法

压力传感器测定法，是在张拉连接杆套一个穿心式压力传感器，张拉时处在千斤顶和张拉螺母之间的传感器受压发出电信号，在配套的二次仪表上读出千斤顶张拉力，从而得到索力值。采用此法精度较高，可达到1%以下，但价格比较昂贵，只能在特定条件下使用。

(3)频率法

频率法是利用斜拉索振动频率和索力之间的关系，通过测定频率，间接换算索力的办法量测索力。采用此法量测索力时，首先要根据不同工况及拉索相应的约束条件准确设定拉索的计算长度；其次要准确测定拉索频率，特别是低阶频率。当前，随着科技发展，测定拉索频率的电子仪器日趋成熟化，整套仪器携带、安装都十分方便，测量结果也比较可信。故采用此法量测索力比较普遍。

5.2.2.4 减振器

斜拉索作为斜拉桥的主要受力构件，容易因风、雨作用产生振动，包括风振(涡激振动、尾流振动)和雨振。减振器即为抑制斜拉索的振动而设置的防止斜拉索振动的装置。常用的减振措施主要有油压阻尼器、黏性橡胶阻尼器、拉索表面处理等，可单独应用，也可多种措施联合应用。斜拉桥结构体系中引入阻尼器后，计算在设定的地震荷载下结构的反应，如果和预定要求不符，则调整阻尼器的性能，最后得出阻尼器的各项技术要求。

5.2.3 主梁

主梁施工时必须进行施工控制，即对梁体每一施工阶段的结果进行详细的检测分析和验算，以确定下一施工阶段拉索张拉量值和主梁线形、高程及索塔位移控制量值，周而复始直至合龙成桥。大跨径主梁施工时应缩短双向长悬臂持续时间，尽快使一侧固定，以减少风振的不利影响，必要时应采取临时抗风措施。

5.2.3.1 临时固结措施

在斜拉桥主梁悬臂施工过程中，当飘浮体系的斜拉桥采用悬臂法进行主梁施工时，为确保结构在施工阶段的安全，非与索塔结构固结的主梁，施工时必须使梁塔临时固结，并按要求程序解除临时固结，完成设计的支承体系。必须加强施工期内对临时固结的观察。斜拉桥主梁施工临时固结的措施主要有以下两种。

1. 加临时支座并锚固主梁

加临时支座并锚固主梁的方法，即在下横梁上设置四个混凝土临时支座，将粗螺纹钢的下端预埋在主塔下横梁下，钢筋中段穿过支座和梁体并锚在0号梁段顶部；钢筋的数量由施工反力计算确定。为便于拆除，在个支座中间可设20mm的硫磺砂浆夹层。该方法构造简单，制作和装拆方便，安全可靠，如图5-11所示。

2. 设临时支承

在塔墩两旁设立临时支承，与临时支座共同承担施工反力，临时支承常用钢管桩或钢护筒。在下塔柱上设置预埋件作为临时支承的锚座。如果塔两侧的主梁不对称，拆除这些支承时飘浮体系会引起体系转换，梁向一端(通常是向岸端)水平移动，索力重新分布，如该水平位移甚大，若突然发生时，会引起事故，因此拆除支承时应特别注意。当0号块尚在支架上即已安装1号块和1号索时，经过计算，也可不设临时支承，仅设置简单约束即可。

5.2.3.2 预应力混凝土主梁

斜拉桥预应力混凝土主梁一般采用悬臂浇筑方法施工。

1. 悬臂浇筑法

该方法不需大量施工支架，不影响桥下交通，施工不受水位等因素的影响。相对支架法而言施工用材少，模板可多次周转，主梁整体性好，施工较简便，适用于任何跨径的斜拉桥主梁施工。斜拉桥主梁的悬臂浇筑与一般预应力混凝土梁式桥悬臂浇筑的施工工序基本相同。斜拉索位置和锚头的相对尺寸务必要精确，否则将引起结构内力较大的变化，影响工程质量。悬臂浇筑法施工顺序如图5-12所示。

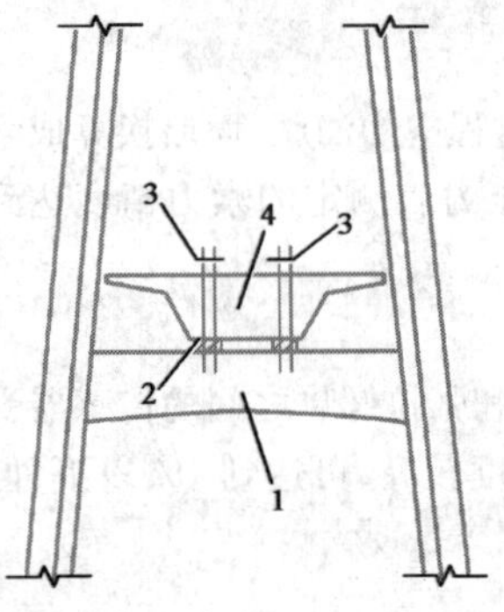

图5-11 临时固结制作示意图

1-下横梁；2-临时固结支座；3-锚筋；4-0号块

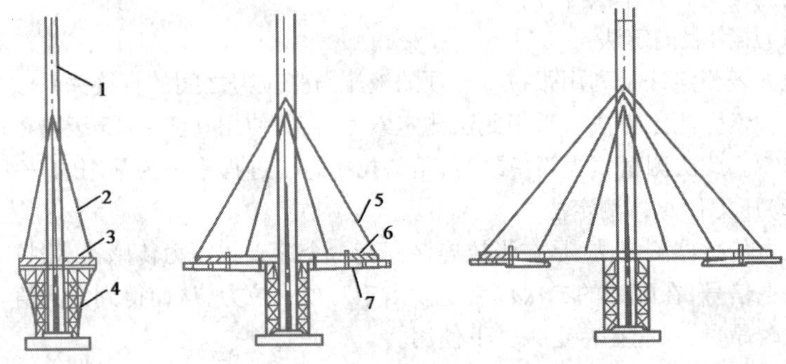

图5-12 悬臂浇筑顺序

a)支架现浇0号及1号块并挂索；b)拼装牵索挂篮，对称悬浇梁段；c)挂篮前移，依次悬浇梁段

1-索塔；2-斜拉索；3-现浇梁段；4-现浇支架；5-前支点斜拉索；6-悬浇梁段；7-前支点挂篮

1)主梁悬臂浇筑分段

主梁悬臂浇筑节段长度根据斜拉索的节间长度、梁段质量进行划分，一个节段长度可采用一个索距或半个索距，但也有一个节段长度采用两个索距的。一般情况下一个悬臂浇筑节段长度在4~8m之间。

2)无索区主梁施工

主梁零号段及其两旁的梁段，在支架和塔下托架上浇筑时，应消除温度、弹性和非弹性变形及支承等因素对变形和施工质量的不良影响。无索区主梁一般在支架或托架上进行施工。混凝土浇筑前先对支架或托架进行预压，以消除由各种因素引起的变形。混凝土浇筑完成且强度达到要求后，施加预应力，然后拼装悬臂浇筑挂篮，进行主梁的悬臂浇筑施工。

3)挂篮悬浇主梁

在各种施工方法中，主梁悬臂施工采用的挂篮形式很多，各有特色，归纳起来可分为普通挂篮、劲性骨架挂篮、前支点挂篮三种。其中前支点挂篮因结构合理，能充分发挥斜拉索的效用而使用最为普遍。

(1)一般规定

采用挂篮悬浇主梁时，除应符合梁桥挂篮施工的有关规定外，还应按下列规定执行：

①挂篮的悬臂梁及挂篮全部构件制作后均应进行检验和试拼，合格后再于现场整体组装检验，并按设计荷载及技术要求进行预压，同时测定悬臂梁和挂篮的弹性挠度、调整高程性能及其他技术性能。

②挂篮设计和主梁浇筑时应考虑抗风振的刚度要求。

③拉索张拉时应对称同步进行，以减少其对塔与梁的位移和内力影响。

(2)前支点挂篮工作原理

前支点挂篮(图5-13)利用待浇筑梁段斜拉索作为挂篮前支点支承力，施工过程中将挂篮后端锚固在已浇梁段上，它能充分发挥斜拉索的效用，由斜拉索和已浇筑段来共同承担待浇节段的混凝土梁段的质量。待主梁混凝土达到设计强度后，拆除斜拉索与挂篮的连接，使节段重力转换到斜拉索上，再前移挂篮。前支点挂篮的优越性在于它使普通挂篮中的悬臂梁受力变成为简支梁受力，使节段悬浇长度及承重能力均大为提高，加快了施工进度。其不足之处是在浇筑一个节段混凝土过程中要分阶段调索，工艺复杂，挂篮与斜拉索之间的套管定位难度较大。前支点挂篮以其受力合理、经济实用的特点，使悬臂挂篮施工法成为斜拉桥主梁施工的一种主要施工方法。

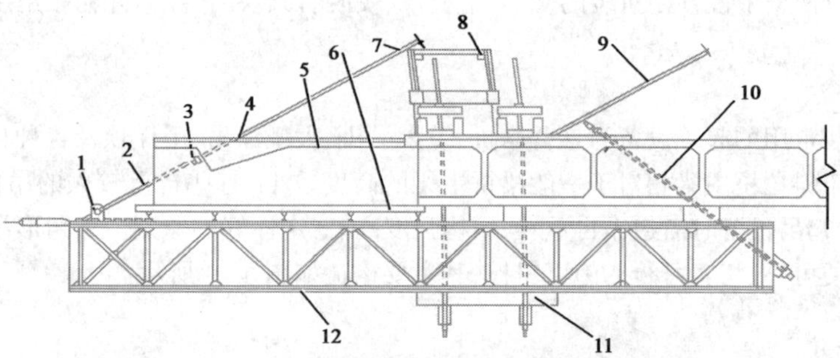

图5-13　桁架式前支点挂篮示意图

1-千斤顶；2-接长拉杆；3-拉索锚具；4-索管；5-顶板底模；6-下底模；7-待浇梁段前支点斜拉索；8-挂篮上横梁；9-已浇梁段斜拉索；10-水平力平衡杆；11-悬挂升降系统；12-挂篮桁架

4)防止裂缝措施

为防止合龙梁段施工出现裂缝，应采用以下方法改善受力和施工状况：

①在梁上、下底板或两肋端部预埋临时连接钢构件，或设置临时纵向连接预应力索，或用千斤顶调节合龙口的应力和合龙口长度。

②合龙两端高程在设计允许范围内时，可视情况进行适当压重。

③观测合龙前连日的昼夜温度场变化与合龙高程及合龙口长度变化的关系，选定适当的合龙浇筑时间。

④合龙梁段浇筑后至纵向预应力索张拉前，应禁止施工荷载的超平衡变化。

2. 悬臂拼装法

预应力混凝土斜拉桥悬臂拼装法，是先在塔柱区现浇一段放置起吊设备的起始梁段，然后用适宜的起吊设备从塔柱两侧依次对称安装预制节段，使悬臂不断伸长直到合龙。非塔、梁、墩固结的斜拉桥，采用悬臂拼装法施工时，需采取临时固结措施，方法与悬臂浇筑法相同。此法对预制场地和起重设备要求较高，应用没有悬臂浇筑法广泛。

(1)一般规定

主梁采用悬拼时，除应遵守连续梁及斜拉桥主梁悬浇有关规定外，还应按下列规定施工：

①预制梁段，如设计无规定，宜选用长线台座(可分段设置)，亦可采用多段的联线台座，每联宜多于5段，先预制顺序中的1、3、5段，脱模后再在其间浇2、4段，使各端面啮合密贴，端面不应随意修补。

②应在底模上调整主梁分段形体所受竖曲线的影响。拼装中多段积累的超误差，可用湿接缝调整。

③梁段拼合前应试拼，以便及时调整。

④湿接缝拼合面应进行表面凿毛和清扫，干接缝应保持结合面清洁，黏合料应涂刷均匀。

⑤采用垫片调整梁段拼装线形时，每次垫片调整的高程不应大于 20mm。

(2)梁段的预制移运及整修

悬臂拼装法由于主梁是预制的，墩塔与梁可平行施工，因此可以缩短施工周期，加快施工进度，减少高空作业。主梁预制混凝土龄期较长，收缩和徐变影响小，梁段的断面尺寸和浇筑质量容易得到保证。但该法需配备一定的吊装设备和运输设备，要有适当的预制场地和运输方式，安装精度要求较高。

主梁在预制场的预制应考虑安装顺序，以便运输。预制台座按设计要求设置预拱度。各梁段依次串联预制，以保证各梁段相对位置及斜拉索与预应力管道的相对尺寸。预制块件的长度划分以梁上水平索距为标准，并根据起吊能力决定，采用一个索距或将一个索距梁段分为有索块和无索块两个节段预制安装。块件的预制工序、移运和整修均与一般预制构件相同。

(3)块件拼装基本程序

①主梁预制块件按先后顺序，从预制场通过轨道或驳船运至桥下吊装位置。

②通过起吊工具将块件提升至安装高程。

③进行块件连接与接缝处理，接头有干接头和湿接头两种，与一般梁式桥悬拼类似。

④张拉纵向预应力筋。

⑤进行斜拉索的挂索与张拉，并调整高程。

对于一个索段主梁分两个节段预制拼装的，一般情况下，安装有索块后，挂索并初张至主梁基本返回设计线，再安装无索块。

(4)块件拼装施工方法

斜拉桥主梁悬臂拼装常用的起重设备为悬臂吊机、缆索吊机、大型浮吊、千斤顶及各种自制吊机，并可结合挂篮进行悬臂拼装工作。由于斜拉桥主梁相对于一般梁桥主梁的高度较小，有些自重较大的吊机难以满足施工荷载的要求。因此，在选用悬拼起吊设备时需遵循自重轻、结构强度高、稳定性好的原则。三角形吊机，便是一种适用于斜拉桥主梁悬拼施工的简便可靠、切实可行的施工机械，其主要构造如图 5-14 所示。

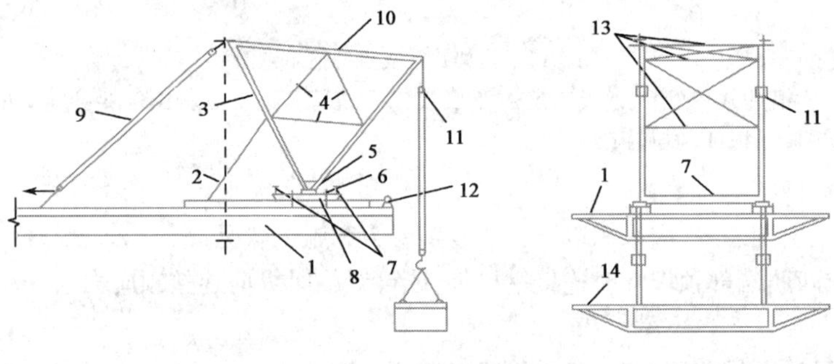

图 5-14　三角形吊机构造示意图

1-已拼梁段；2-后撑三角架；3-后杆；4-加强腹杆；5-前杆；6-支撑结构；7-横联底座；8-钢走板；9-后锚变幅滑轮组；10-上弦杆；11-起重滑轮组；12-定位销；13-横联架；14-待拼梁段

(5)施工质量保证措施

主梁悬臂拼装要严格按照设计和规范要求进行施工。悬拼施工时主要控制主梁悬拼块件和相邻已成梁段的相对高差，使之与设计给定的相对高差吻合，以保持主梁线形与设计相符。控制办法是采用高程和索力双控，当高程和索力与设计值不符时，以高程控制为主，依靠斜拉索力使主梁的高程与设计值吻合。

5.2.3.3　钢箱梁(包括叠合梁和混合梁)

钢箱梁、钢桁架和钢—混凝土叠合梁是斜拉桥的主要受力构件，一般采用悬臂拼装法。钢桁架和钢箱一般先在工厂加工制作，再运至现场吊装就位，钢梁在出厂前需按设计精度进行预拼装。钢梁预制节段长度从方便架设考虑，以布置 1～2 根斜拉索和 2～4 根横梁为宜，节段过长会引起架设时需用临时拉索的麻烦。

1. 一般规定

①钢箱梁应由资质合格的专业单位加工制作、试拼，经检验合格后安全运至工地备用。堆放应无损伤、无变形和无腐蚀。

②钢梁制作的材料应符合设计要求。焊接材料的选用、焊接要求、加工成品、涂装等项标准和检验内容均应按规范的有关规定执行。

③应进行钢梁的连日温度变形观测对照，确定适宜的合龙温度及实施程序，并应满足钢梁安装就位时高强螺栓定位所需的时间。

2. 悬臂拼装法

斜拉桥钢箱梁的悬臂安装，与预应力混凝土斜拉桥主梁悬臂安装施工方法基本相同。常用的起重设备有悬臂吊机、缆索吊机、大型浮吊、千斤顶及各种自制吊机，并可结合挂篮进行悬臂拼装工作。

1）钢箱梁节段连接

斜拉桥钢箱梁块段之间连接的接头，往往会成为结构的薄弱点，其质量可靠与否直接关系到钢箱梁斜拉桥施工的成败，是斜拉桥钢箱梁悬臂拼装施工的关键技术。一般分为全断面焊接连接和全断面高强螺栓连接两种。

（1）全断面焊接

全断面焊接连接工艺是目前斜拉桥钢箱梁节段连接常用的一种工艺，具有施工操作方便，施工完成后主梁整体性好等特点。钢箱梁现场焊接连接时，须严格执行经焊接工艺评定确定的焊接规程，施工过程要注意天气条件对焊接的影响，采用工装设施防风避雨，焊接工艺方法为陶瓷衬垫单面焊双面成形工艺。采用 CO_2 气体保护焊打底，埋弧自动焊盖面。梁段间的纵肋嵌补段的焊接，采用半自动 CO_2 气体保护焊和手工电弧焊。

（2）高强螺栓连接

高强螺栓连接工艺具有施工快捷、方便等特点，亦是目前斜拉桥钢箱梁最为常用的一种成熟工艺。采用此工艺施工的钢箱梁，受力性能稳定、耐疲劳，能承受动力荷载。适用于承受应力交变和应力急剧变化的连接点，受力均匀，无应力集中现象。高强螺栓的安装一般分为初拧及初拧检查，终拧及终拧检查。

2）合龙段施工

合龙段施工是钢箱梁安装施工的关键，顺利与否，轻则影响结构内力的分配以及桥面的平顺，重则影响结构的安全。钢箱梁的合龙常采用自然合龙和强制合龙。

自然合龙：即先设定一个合龙的温度，然后根据各种边界条件计算这个温度下的合龙段钢箱梁加工长度。施工时，当准备工作就绪后，待大气温度上升或降低到预先设定的要求时，即将钢箱梁安装就位。自然合龙成功的关键是合龙温度和合龙段钢梁长度的确定，合龙温度应选在气温变化较缓慢的阴天或夜晚，并要在温度再次出现急剧变化前留有足够时间以完成主梁间节点的连接和梁塔临时固结装置的解除。

强制合龙：一般用于边跨合龙。它是在合龙段位置上事先留出稍大于合龙段钢箱梁实际长度的距离，先行吊装合龙段，然后用千斤顶将尾段钢箱梁向已安装好的合龙段顶进，最终实现合龙。采用这一工艺，可以避免产生因季节、昼夜温度的变化引起钢箱梁胀缩，带来合龙段确定钢箱梁尺寸的困难，并且可根据现场施工进度等条件适时选择合龙时间。但技术上要求很高，必须配备专门设计，并要对受力情况作详细地计算和分析。

5.2.4 质量检验

斜拉桥基础、混凝土、钢筋、预应力筋及钢结构等方面的施工质量标准，应参照规范中的有关规定执行。斜拉桥索塔和梁的施工质量标准如下：

①钢筋混凝土索塔的施工质量标准见表 5-3。

钢筋混凝土索塔　　表 5-3

项目	规定值或允许偏差（mm）	项目	规定值或允许偏差（mm）
混凝土强度	在合格标准内	锚固点高程	±10
地面处水平偏位	10	系梁高程	±10
倾斜度	塔高的 1/3000，且≤30 或设计要求	孔道位置	10，且两端同向
断面尺寸	±20		

②悬臂浇筑混凝土梁的施工质量标准见表 5-4。

悬臂浇筑混凝土梁 表 5-4

项目		规定值或允许偏差
混凝土强度(MPa)		在合格标准内
轴线偏位(mm)	$L \leq 100m$	10
	$L > 100m$	$L/10000$
斜拉索拉力(kN)		符合设计要求
断面尺寸(mm)	高	+5,-10
	顶高	±30
	板厚	+10,0
梁锚固点高程(mm)	$L \leq 100m$	±20
	$L > 100m$	$\pm L/5000$
锚具轴线与孔位轴线偏位(mm)		5

注:L 为跨径。

③悬臂拼装钢筋混凝土梁应符合表 5-5 的要求。

悬臂拼装混凝土梁的施工要求 表 5-5

项目		规定值或允许偏差
轴线偏位(mm)	$L \leq 100m$	10
	$L > 100m$	$L/10000$
斜拉索拉力(kN)		符合设计要求
锚具轴线与孔道轴线偏位(mm)		5
梁锚固点高程(mm)	$L \leq 100m$	±20
	$L > 100m$	$\pm L/5000$
合龙段混凝土强度(MPa)		在合格标准内

注:L 为跨径。

④悬臂施工钢及钢筋混凝土结合梁,应符合表 5-6 的要求。

悬臂施工结合梁施工要求 表 5-6

项目		规定值或允许偏差
轴线偏位(mm)	$L \leq 200m$	10
	$L > 200m$	$L/20000$
混凝土强度(MPa)		在合格标准内
混凝土板断面尺寸(mm)	厚	+10,-0
	宽	±30
斜拉索拉力(kN)		符合设计要求
梁锚固点顶面高程(mm)	$L \leq 200m$	±20
	$L > 200m$	$\pm L/10000$
钢梁防护		涂装符合设计要求

注:L 为跨径。

5.3 悬索桥施工

悬索桥通常由索塔、锚碇、索鞍、主缆、吊索、加劲梁等主要部分组成,具体施工过程,如图 5-15 所示。悬索桥的施工准备除满足规范要求外,还应根据悬索桥的构造和施工特点,预先编制经济可行的实施性施工组织设计,有计划地做好构件的加工、特殊机械设备的设计制作和必要的试验工作。索股、索鞍、索夹应严格执行国家或部颁的行业标准和规定制作,并应进行检测和验收。施工过程中,必须进行施工监控,确保施工质量。

5.3.1 索塔

钢筋混凝土悬索桥的索塔形式及施工方法与斜拉桥基本相似。对于悬索桥索鞍孔道顶部的混凝土要在主缆架设完成后浇筑,以方便索鞍及缆索施工。主塔施工控制应进行垂直度监控,以便调整塔身混凝土施工。钢索塔一般在工厂组拼制造，而后运至工地进行现场拼装。钢筋混凝土索塔横梁施工一般采取柱梁异步施工，以有利工程进度和塔柱外观。大跨度悬索桥的高塔施工，一般需采用一定的抗风减振措施。

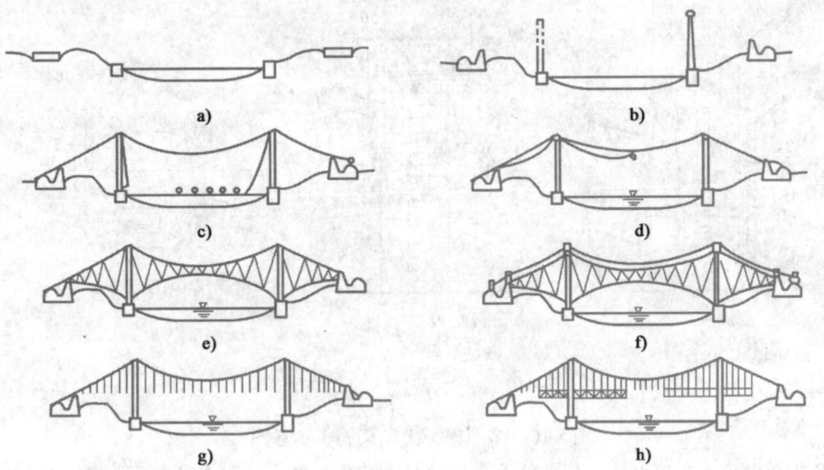

图 5-15　悬索桥施工过程示意图

a)基础施工；b)索塔及锚碇施工；c)架设导索；d)架设牵引及猫道索；e)架设猫道；f)架设主缆索股；g)架设索夹及吊索；h)架设加劲梁及桥面

5.3.1.1　一般规定

混凝土塔基、塔身施工应按斜拉桥索塔的有关规定进行。塔顶钢框架的安装必须在索塔上系梁施工完毕后方能进行。施工完成后，须测定裸塔倾斜度、跨距和塔顶高程，作为主缆线形计算调整的依据。索塔施工精度应符合表 5-7 的要求。

索塔施工精度要求　　表 5-7

项目	规定值或允许偏差(mm)	项目	规定值或允许偏差(mm)
混凝土强度	在合格标准内	系梁高程	±10
塔柱底水平偏位	10	索鞍底板面高程	+10，−0
倾斜度	塔高的 1/3000，且≤30 或设计要求	预埋件位置	符合设计要求
断面尺寸	±20		

5.3.1.2　索塔爬模施工

索塔爬模法施工，可分为无爬架爬模和有爬架爬模施工两种。爬模是爬升模板的简称，国外也叫跳模。它由爬升模板、爬架和爬升设备三部分组成，在施工剪力墙体系、筒状体系等高耸结构中是一种有效的工具。由于具备自爬的能力，因此不需起重机械的吊运，能减少施工中运输机械的吊运工作量，可加快施工速度，因此经济指标低。

1. 无爬架爬模

无爬架爬模施工，其模板具有制造简单，构件种类少，大小可根据施工起重能力和索塔的造型进行分块。索塔的施工缝易于处理，外表美观，施工速度快，在目前国内各特大跨度桥梁索塔施工中得到了广泛的采用。无爬架爬模施工工艺流程是已浇节段施工缝凿毛→接高劲性骨架→接长主钢筋并绑扎箍筋→用手拉葫芦打保险绳分块拆开底节(第一节)→用塔吊分块吊至原第三节顶上位置并临时固定→拆除原第二节及吊至已安装的第一节顶上→安装节间连接螺栓和块间连接螺栓→测量调整模板几何尺寸并固定→浇筑索塔混凝土。索塔无爬架爬模法施工，如图 5-16 所示。

2. 有爬架爬模

有爬架爬模法施工，是依靠附着在已浇混凝土索塔上的模板爬升架，利用提升设备，通过导向轨道分块提升模板，安装就位。按提升设备不同，可将爬模分为三类：倒链手动爬模、电动爬模和液压爬升模。

1)倒链手动爬模

(1)单面爬架倒链手动爬模

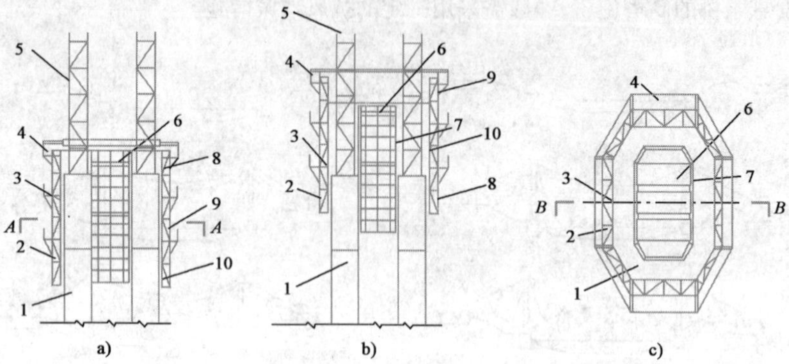

图 5-16　多节模板无爬架施工示意图

1-已浇索塔;2-模板桁架;3-外模板;4-工作平台;5-劲性骨架;6-内模平台;7-内模板;8-第三节模板;9-第二节模板;10-第一节模板

a)浇筑混凝土,安装钢筋;b)模板交替提升;c)塔柱

倒链手动爬模的爬架主要由爬升轨道、提升桁架、脚手架平台组成;模板主要由背模、前模及左右侧模组成,如图 5-17 所示。单面爬架倒链手动爬模施工工艺流程是焊接劲性骨架及绑扎待浇节段的钢筋→待已浇混凝土达到规定强度→安装保险装置→松开爬升桁架夹头和固定螺栓→用一端悬挂于劲性骨架上的倒链将爬升桁架沿背模轨道向上提升→达到最上节模板时安装钢夹头和固定螺栓→再拆除最下一节模板将其安装在最上一节模板的上面→测量调整就位→拧紧连接螺栓→浇筑上节模内的混凝土并养生。如此循环工作,全部施工设备随塔柱的升高而升高,直至塔柱施工完成。

(2)四面爬架倒链提升模

此种模板系统由模板、爬升架、爬升轨道、倒链等组成,如图 5-18 所示。在每个塔柱四面各布置一个爬升架体,架体均由附墙段、工作段、导向机架、接长架等几部分组成。四面爬架倒链提升模工艺流程是施工缝凿毛清洗→接高劲性骨架→绑扎钢筋→用倒链拉紧爬架与模板上的吊环→拆除爬架固定螺栓→推进伸缩脚轮使架体离开索塔表面→拉动葫芦提升爬架→到位后退回脚轮使下部架体贴紧塔表面→调整爬架位置→安装固定螺栓→松开模板并用倒链一端固定在接长架上,另一端固定在模板上→拉紧倒链分块提升模板→初步定位打保险绳→所有模板均提升到位→连接块间螺栓→测量调整模板位置符合要求后固定→浇筑混凝土。

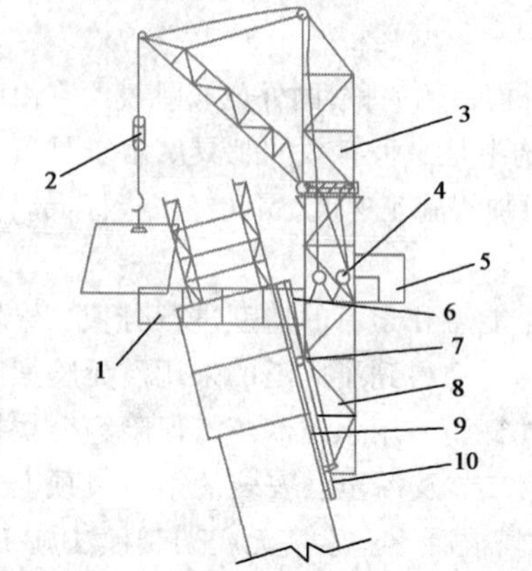

图 5-17　单面爬架倒链手动爬模示意图

1-工作平台;2-手拉葫芦;3-提升桁架;4-卷扬机;5-操作室;6-爬架爬升倒链葫芦;7-导向轮;8-爬升架;9-模板;10-爬升轨道

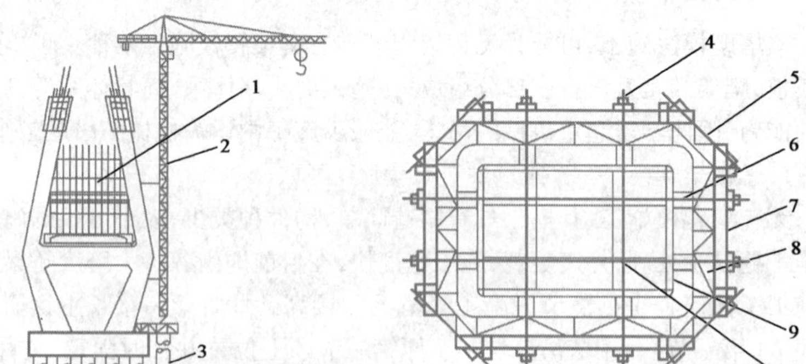

图 5-18　四面爬架倒链提升模施工示意图

1-施工支架;2-塔吊;3-塔吊基础;4-爬架固定对拉;5-爬架间连接螺栓;6-混凝土塔柱及预埋螺栓;7-工作平台;8-外模支撑;9-内模板;10-内模支撑

2）电动爬架爬模

电动爬架爬模由模架、模板、电动提升系统和支承系统四部分组成，其构造如图 5-19 所示。

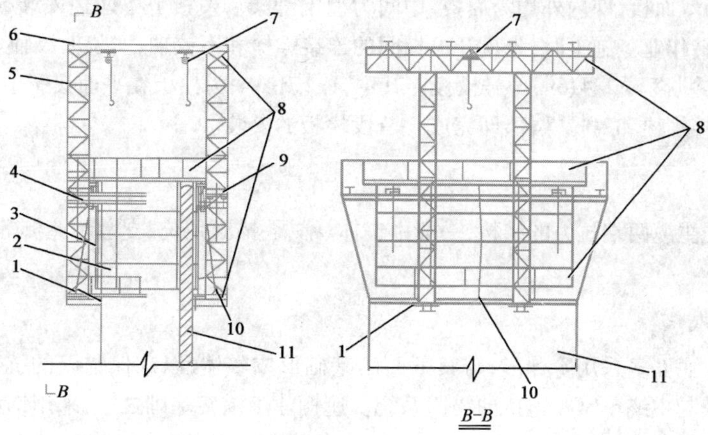

图 5-19　电动爬架爬模构造示意图

1-压轮；2-模板；3-轨道；4-导向轮；5-立柱；6-顶梁；7-电动提升机；8-工作平台 3 层；9-滑轮组及固定装置；10-卷扬机；11-塔柱

电动爬架爬模的施工，按以下步骤循环进行：

①爬架爬升。模架在导轮和压轮的导向作用下，顺着模板上的导轨上升，一个施工节段分两个行程完成。

②模板爬升。利用爬架顶上的电动葫芦进行模板拆装，有立柱侧和无立柱侧可同时作业。拆下后需将电动葫芦外移，吊上后再移回安装；中块不受立柱影响，拆下后直接翻上安装。

③利用模架上平台进行钢筋的定位和混凝土浇筑。

电动爬架爬模的优点：施工安全方便，作业机械化程度高。模板与模架相互依赖，相互制约，整个系统便于提升和定位。

3）液压自动爬模

液压自动爬模系统，主要由模板、爬架、预埋件、爬升导轨、液压提升系统等组成，如图 5-20 和图 5-21 所示。液压自动爬模，在国外应用广泛，国内也有应用。该模板系统一般配置单节木模板（芬兰板），轻巧、操作简便，利用附墙段的液压爬杆提升。模板一般采用大块木模板，便于提高施工速度，保证混凝土的外观质量。液压提升系统包括爬升的上、下爬架和液压爬升机构。液压爬升模的施工步骤：导轨爬升→爬架爬升→模板安装等。

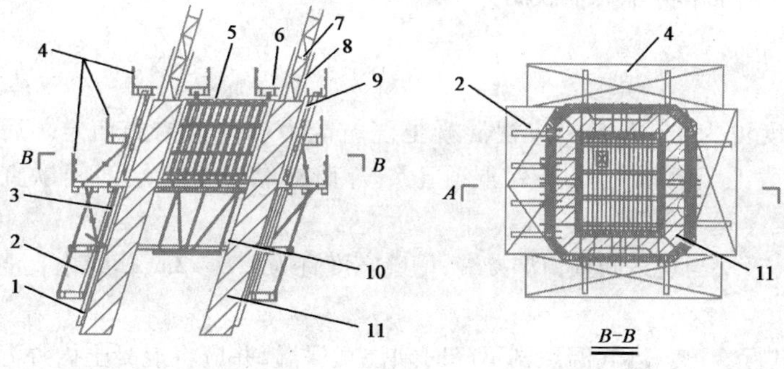

图 5-20　液压爬模构造

1-附墙杆轨道；2-外爬架；3-液压千斤顶；4-工作平台；5-内模支撑；6-内模；7-劲性骨架；8-钢筋；9-外模；10-内爬架；11-塔体

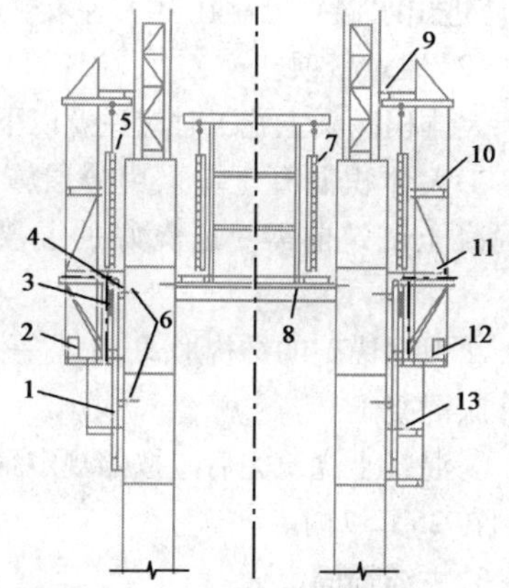

图 5-21　自动液压爬模结构示意图

1-爬升导轨；2-控制柜；3-顶升油缸；4-爬升悬挂件；5-外模；6-爬架附墙埋件；7-内模；8-内模操作平台；9 ~ 13-工作平台

5.3.1.3 索塔翻模施工

翻模法施工，采用节段型模板，长度宜为1.5～2.5m，太短则接头多，影响美观；太长，则翻转困难，高空作业安全性差。模板均设计为双面板，即内外均为面板，中间为型钢骨架。模板上下两边安装铰，且各块模板之间铰轴连接，以支撑模板进行翻转作业。施工时，先松开模板间的连接螺栓和下铰轴，安装上铰轴。分两批间隔翻转，第一批翻转1、3、5……号，第二批翻转2、4、6……号模板。其中，1、2、3……为模板在平面投影上的依次编号。全部模板翻转到位后，紧好块间连接螺栓和对拉螺杆，即完成一节段模板的安装。

5.3.2 锚碇

悬索桥锚碇是承受主缆两端拉力的结构，一般由锚体、锚梁、锚固系统、支墩和遮棚等组成。锚体是悬索桥锚碇的主要部分。

5.3.2.1 重力式锚碇

重力式结构的锚体底面多采用阶梯形，与其下面的基础形成整体，以确保锚碇的抗倾覆稳定性与抗滑动稳定性。锚体内设置锚梁及与主缆单索股连接的锚固系统。遮棚建于锚碇基础之上，采用钢筋混凝土结构，棚内空间可用作安装输配电和排水设备。

1. 基坑开挖

重力式锚碇基础施工除必须按规范有关规定执行外，还必须注意以下问题：

①基坑开挖时应采取沿等高线自上而下分层开挖，在坑外和坑底要分别设置排水沟和截水沟，防止地面水流入积留在坑内而引起塌方或基底土层破坏。原则上应采用机械开挖，开挖时应在基底高程以上预留150～300mm土层用人工清理，不要破坏基底结构。如采用爆破方法施工，应使用如预裂爆破等小型爆破法，尽量避免对边坡造成破坏。

②对于深大基坑边坡处理，应采取边开挖边支护措施保证边坡稳定。支护方法应根据地质情况采用。

2. 锚体混凝土

(1)大体积混凝土温控措施

大体积混凝土施工需采取下列措施进行温度控制，防止混凝土开裂。

①采用低水化热品种的水泥。对于普通硅酸盐水泥应经过水化热试验比较后方可使用。

②采用下列方法降低水泥用量、减少水化热：掺入质量符合要求的粉煤灰和缓凝型外掺剂，粉煤灰用量一般为水泥用量的30%～40%；混凝土可按60d的设计强度进行配合比设计。

③降低混凝土入仓温度。可对砂石料加遮盖，防止日照；采用冷却水作为混凝土的拌和水等。

④在混凝土结构中布置冷却水管，混凝土终凝后开始通水冷却降温。设计好水管流量、管道分布密度和进水温度，使进出水温差控制在10℃左右，水温与混凝土内部温差不大于20℃。

(2)注意事项

大体积混凝土施工时应注意以下问题：

①大体积混凝土应采用分层施工，每层厚度可为1～1.5m，应视混凝土浇筑能力和降温措施而定。后一层混凝土浇筑前需对已浇好的混凝土面进行凿毛、清除浮浆，确保混凝土结合面黏结良好。层间间歇宜为4～7d。

②根据锚碇的结构形式、大小等采取分块施工，块与块之间预留湿接缝，槽缝宽度宜为1.5～2m，槽缝内宜浇筑微膨胀混凝土。

③混凝土浇筑完后应按照规定覆盖并洒水进行养护。当气温急剧下降时须注意保温，并应将混凝土内外温差控制在25℃以内。

3. 主缆锚固

悬索桥锚碇锚固系统根据主缆在锚体中的锚固位置分为后锚式和前锚式两种。后锚式即将索股直接穿过锚体，锚固在锚体的后方。前锚式是将索股在锚体前锚固，通过锚固系统将缆力作用到锚体上。目前广泛应用于大跨径悬索桥的是前锚式。前锚式锚固系统包括型钢锚固系统和预应力锚固系统。

(1)型钢锚固

型钢锚固系统又有直接拉杆式和前锚梁式，型钢锚固系统施工可按下列规定进行：

①所有钢构件安装均应按照规范要求进行。

②锚杆、锚梁制造时必须严格按设计要求进行抛丸除锈、表面涂装和无破损探伤等工作。出厂前应对构件连接进行试拼，其中应包括锚杆拼装、锚杆与锚梁连接、锚支架及其连接系平面试装。

③锚杆、锚梁制作及安装精度应符合表5-8的要求。

锚杆、锚梁制作安装要求　　表5-8

项目		规定值或允许偏差
锚杆制造(mm)	长度	±3
	高度	
	宽度	
支架安装(mm)	中心线偏差	±10
	横向安装锚杆之平联高差	-2，+5
锚杆安装(mm)	*X*轴	±10
	*Y*轴	±5
	*Z*轴	±5
后锚梁安装	中心偏位	5mm
	偏角	符合设计要求
漆膜厚度		不小于设计要求

(2)预应力锚固

预应力锚固系统按材料又分为粗钢筋锚固形式和钢绞线锚固形式，预应力钢绞线锚固构造由管道、钢绞线及锚具、防腐油脂、锚头防护帽等组成。为保证预应力钢绞线的精度，因此需设置定位钢支架来精确定位，定位钢支架的安装顺序是：基架→底层骨架→对应片架→安装钢管→浇筑混凝土至上层骨架支撑的钢管下面→安装上层骨架和相应片架→再安装钢管，如此重复进行直至完成。基架、骨架应力求准确、到位，片架应在对应骨架校准后在骨架上定位，然后安装。对预应力锚固系统施工可按下列规定进行：

①预应力张拉与压浆工艺，除需严格按照设计与规范要求进行外，锚头要安装防护套，并注入保护性油脂。

②加工件必须进行超声波和磁粉探伤检查。

③预应力锚固系统施工精度应符合表5-9的要求。

预应力锚固系统施工要求　　表5-9

项目	规定值或允许误差	项目	规定值或允许误差
拉杆张拉力	符合设计要求	拉杆轴线偏位(mm)	5
前锚孔道中心坐标(mm)	±10	连接器轴线(mm)	5
前锚面孔道角度(°)	±0.2		

5.3.2.2　隧道式锚碇

当桥头基岩外露时，可设置为隧道式锚碇。在隧道开挖时应采用小型爆破，并不得损坏周围岩体。开挖后应正确支护并进行锚体灌筑。锚碇系统与重力式锚碇的锚碇系统基本相似。隧道式锚碇混凝土施工应符合以下要求：

①锚体混凝土必须与岩体结合良好，宜采用微膨胀混凝土，防止混凝土收缩与拱顶基岩分离。

②混凝土浇筑完毕后，必须采取混凝土养生措施，确保混凝土的质量。

③洞内应具备排水和通风条件。

5.3.2.3　质量检验

锚碇混凝土施工精度应符合表5-10的要求。

5.3.3　索鞍

悬索桥索鞍分为主索鞍和散索鞍两类。主索鞍布置在索塔塔顶，散索鞍布置在边跨和锚跨之间的支撑平台上。主缆通过索鞍的承缆槽弧形面达到平顺过渡的目的。安装索鞍时必须满足高空吊装重物的安全要求，并选择在白天晴朗时连续完成。索鞍安装时应根据设计提供的预偏量就位，加劲梁架设、桥面铺装过程中按设计提供的数据逐渐将其顶推到永久位置。顶推前应确认滑动面的摩阻系数，严格掌握顶推量，确保施工安全。索鞍成品构件应存放在清洁、干燥、无有害介质的环境中，并应防止日晒雨淋；索鞍的搬动、运输和储存，均不应使任何部件受到永久损伤和散失。

锚碇混凝土施工精度要求　　表5-10

项目		允许偏差(mm)
锚碇结构轴线偏位	基础	20
	锚面槽口	10
断面尺寸		±30
基础底面高程	土质	±50
	石质	+50，-200
顶面高程		±50
大面积平整度		5
预埋件位置		符合设计要求

5.3.3.1　主索鞍安装

由于主索鞍安放于索塔顶部，因此一般采用在塔顶设置龙门架来配合吊装进行主索鞍的安装。塔顶门架一般用贝雷桁架、型钢或其他构件进行拼装，固定于塔顶混凝土中的预埋件上。主索鞍的吊装一般采用卷扬机配滑轮组作为起重设备，目前已开始使用液压提升装置作为起重设备，即在横联梁上安装一台连续提升的穿心式千斤顶，以钢绞线代替起重钢丝绳。一般情况下，主索鞍首先吊装靠河中的前半部鞍体，然后再吊装靠锚碇的后半部鞍体。主索鞍施工工艺流程是测量放线→主索鞍纵移至正起吊位置→试吊→起吊→纵移→落位→调整位置→主索起吊其他组件→组装连接等。主索鞍安装精度，见表5-11。

主索鞍安装精度实测项目　　表5-11

项目	规定值或允许偏差(mm)	项目	规定值或允许偏差(mm)
纵向最终偏差	符合设计要求	高程	+20，-0
横向偏位	10	四角高差	2

5.3.3.2　散索鞍安装

散索鞍安装前应先安装好底座板并精确定位，由于散索鞍与底座的连接为铰接，在主缆架设好之前散索鞍不能自立，必须在基础混凝土中预埋型钢支架，一方面用于支撑鞍体，另一方面用于调整位置精度，准确定位。散索鞍属重型构件，需要相当大的起重设备来配合安装，一般使用重型起重机安装，也可采用贝雷桁架或万能杆件拼装的龙门架安装。锚碇支墩门架的主要任务是完成散索鞍的吊装及作为牵引系统的一部分。每个散索鞍一般分成几个部分进行吊装。散索鞍安装精度见表5-12。

散索鞍安装精度实测项目　　表5-12

项目	规定值或允许偏差(mm)	项目	规定值或允许偏差(mm)
纵、横向偏位	5	角度	符合设计要求
高程	±5		

5.3.4　牵引系统

悬索桥牵引系统是架设于两锚碇之间，跨越索塔的用于空中拽拉的牵引设备，主要承担猫道架设、主缆架设以及部分牵引吊运工作。牵引系统的常用形式有循环式和往复式两种。牵引系统应满足成桥精度要求，一般结合工程特点、设备、机具的制作、供应、工期要求、施工安全、施工技术水平等因素来统筹考虑选定。

5.3.4.1　循环式牵引

循环式牵引是把牵引系统的两端插接起来，形成环状无极索，通过一台驱动装置和必要的支承滚筒作循环运动。循环式牵引系统的牵引索是依靠驱动装置滚筒以摩擦方式驱动，牵引速度连续性好，但引力较小，适用于空中纺线法(AS)主缆架设和跨径较小的预制索股法(PPWS)索股架设。

1. 大循环牵引系统

大循环牵引系统,一般是水平设置,供上下游索股架设使用。如图5-22所示。

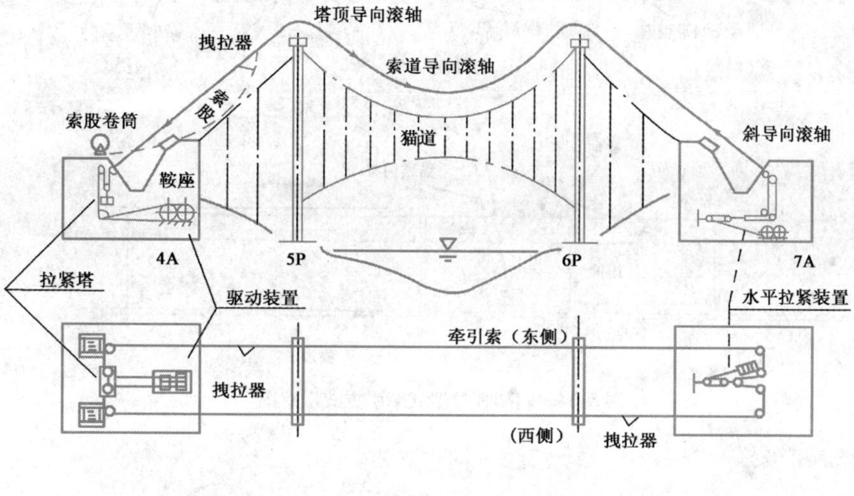

图5-22　大循环牵引系统示意图

2. 小循环牵引系统

小循环牵引系统,一般分别在上下游按竖向设置。如图5-23所示。

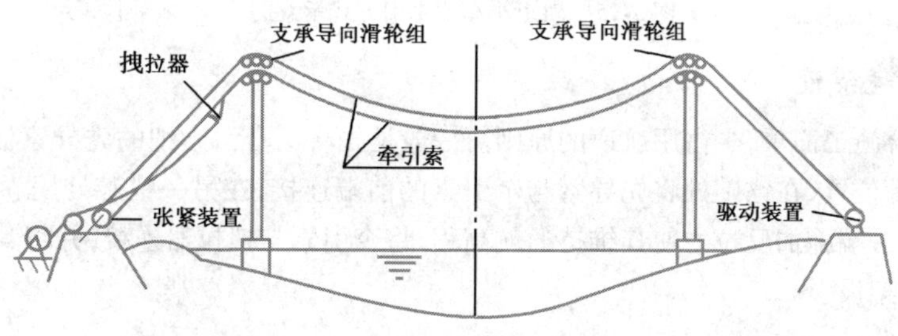

图5-23　小循环牵引系统示意图

以自由悬挂法架设导索为例,循环式牵引系统安装架设工艺流程是渡海→短捻头→导索架设→导索连接→导索牵引索引连→牵引索架设(安装牵引索的牵拉及拉紧装置)→牵引索垂度调整→牵引索长捻接→调整→试运转。

5.3.4.2　往复式牵引

所谓往复式牵引系统是指牵引索的两端分别卷入主、副卷扬机,一端用于卷绳进行牵引,另一端用于放绳,两台驱动装置联动,使牵引索作往复运动。由钢丝绳直接卷在卷扬机上,根据需要,牵引力的大小容易控制,可适宜用于大跨径悬索桥索股的架设。往复式牵引系统就其夹持索股的方式可分为门架拽拉器式和小车式两种。

1. 门架拽拉器式牵引

门架拽拉器式牵引系统由主副卷扬机、牵引索、拽拉器、锚碇门架滑轮组、塔顶门架滑轮组、猫道门架滑轮组、猫道滚筒及塔顶滚筒等组成,如图5-24所示。

2. 小车式牵引

小车式牵引系统的牵引索可由猫道滚筒、塔顶滚筒支承,小车直接与牵引索连接,行走于设置在猫道滚筒两侧的轨道上,轨道材料可用钢丝绳或木料制成。由于小车质量轻,拆装运输方便,更适宜用于大(小)循环式牵引系统,可提高索股架设的效率。如图5-25所示。

以自由悬挂法架设导索为例，往复式牵引系统安装架设工艺流程是封航→机械设备准备（卷扬机、转向滑轮、滚轮等）→先导索拖至定位驳船→牵引先导索过江至一侧塔顶→牵引索调整至通航高程并临时固结→恢复通航→导索与副牵引索相连→牵引副牵引索过江→主、副牵引索连接→收回导索→形成牵引系统。

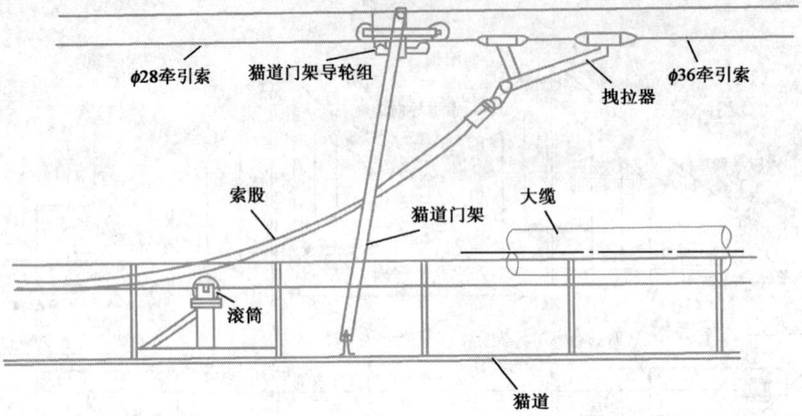

图5-24　门架拽拉器式牵引方式示意图

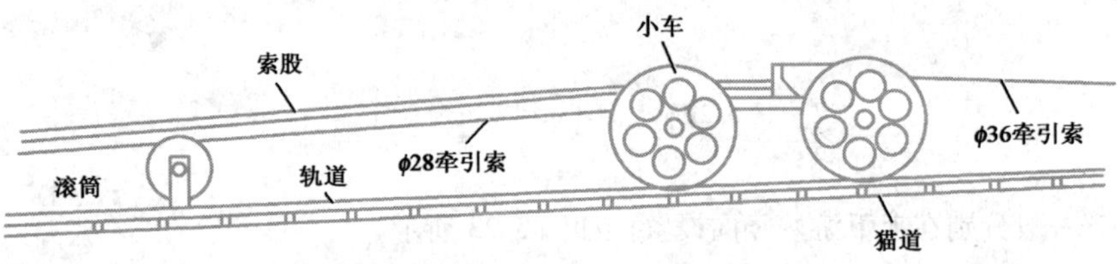

图5-25　轨道小车式牵引方式示意图

5.3.4.3　牵引系统架设

牵引系统架设应符合施工简单，少占用航道的原则。一般是先将比牵引索细的先导索渡到海（江、河）的对岸，在先导索过江后拉到设计位置，在锚碇处将先导索与牵引索的前端连接，在另一锚碇处用卷扬机卷取先导索，牵引索随之前进到对岸，同时后端施加反拉力使其维持通航高程，将牵引索与拽拉器连接，并将其两端分别与主、副卷扬机相连，完成牵引系统的架设。

1. 先导索过渡

先导索渡海（江、河）的方法有水下过渡法、水面过渡法、空中过渡法三种。边跨为无水或浅水以及无通航要求，导索可以直接拉过。

(1)水下过渡

水下过渡法，也称自由悬挂法，指先将导索前端跨过塔顶再由牵引船直接拉过江的办法，导索随牵引船的前进而徐徐落入水中。需要临时封航。如图5-26所示。

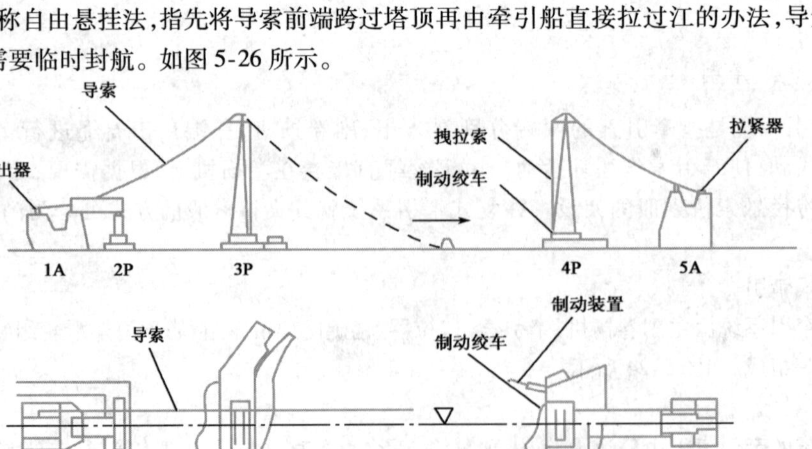

图5-26　水下过渡法架设导索示意图

(2)水面过渡

水面过渡法,也称浮子法,即将准备过江的导索每隔一定距离装上一个浮子,使导索由浮子承重而不下沉入水中。然后由牵引船拖拉至对岸,需要临时封航。如图5-27所示。此法在潮流速度缓慢且无突出岩礁等障碍物时,是较为可靠的;但在江河流速大地段,较难实施。

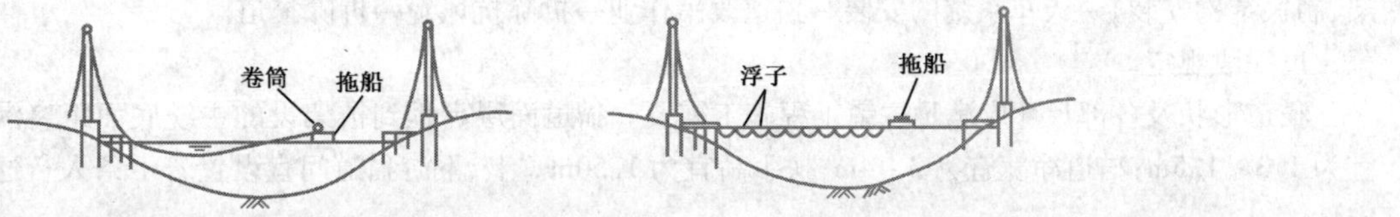

图5-27 水面过渡法架设导索示意图

(3)空中过渡

空中过渡法则是用直升机或小型火箭拖拉先导索渡海(江、河),不需要封航。对于水流速度很大或通航频繁的航道,可用此法。空中过渡法可根据实际情况还可选择浮吊长臂法,如图5-28所示。

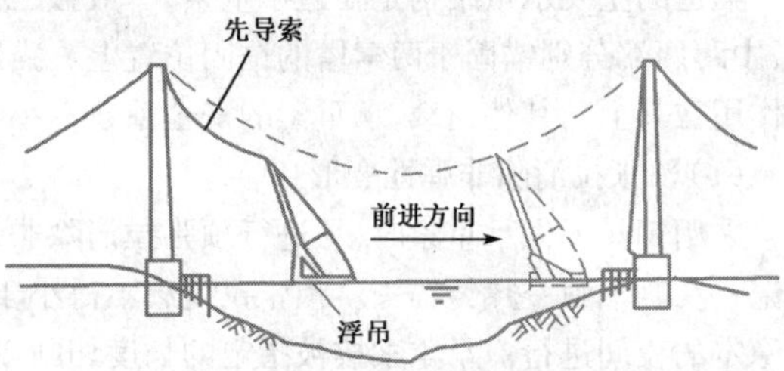

图5-28 浮吊长臂架设法

2. 牵引索架设

在架设导索前,需要的准备工作主要有施工技术、机械设备及场地准备等。牵引索架设一般在维持通航的情况下进行。循环式牵引系统架设的过程主要有牵引方式的选择,封航、机械设备的准备,架设牵引索等。往复式牵引系统架设及其牵引索方法如图5-29所示。

牵引索过江的人员,见表5-13。

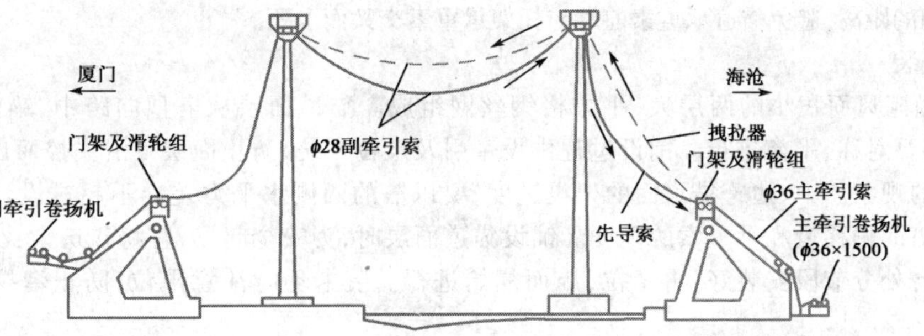

图5-29 往复式牵引索架设示意图

导索过江的人员组织及工作职责 表5-13

岗位	人数	工作职责
总指挥	1人	总策划
现场指挥	1人	在拖船上指挥
主牵引卷扬机	2人	操作
副牵引卷扬机	2人	操作
南塔顶	2人	观察导索过江情况
北塔顶	2人	观察副牵引索情况,拆除制动索
南、北塔顶塔吊	各1人	配合作业
上、下游港监艇	—	由港监部门安排
拖船上	3人	固定牵引头、连接先导索和副牵引索、制动索
驳船上	2人	准备制动索,连接副牵引索
工作交通船	2人	工作联系、运输材料

5.3.5 施工猫道

施工猫道是指因悬索桥索股架设、紧缆、索夹安装、吊索架设、加劲梁架设、缠丝等施工需要而架设的施工便道。为了方便主缆安装作业，在主缆架设前于每根主缆下方各设一条猫道。猫道施工工艺流程是猫道承重索制作→安装固定承重索的锚杆和锚梁→承重索架设→猫道面层和横向通道及栏杆安装→抗风缆架设（或下压装置、变位刚架、制振结构安装）→天车系统的安装→猫道改吊作业→拆除抗风缆→拆除猫道。

1. 一般规定

猫道形状及各部尺寸应满足主缆工程施工需要。猫道面层高程到被架设的主缆底面距离沿全长宜保持一致，宜为1.3～1.5m；猫道净宽宜为3～4m，扶手高宜为1.50m。上、下游猫道间宜设置若干条人行通道，以增强抗风稳定性。

2. 承重索架设

猫道的主要承重结构是猫道承重索，一般按三跨分离式设置，边跨的两端分别锚固于锚碇与索塔的锚固位置上，中跨两端分别锚固于两索塔的锚固位置上。猫道承重索可用钢丝绳或钢绞线。设计时充分考虑猫道自重及可能作用在其上的其他荷载，承重索的安全系数不小于3.0。猫道宜设抗风缆，确保其稳定性。

（1）预张拉消除非弹性变形

采用钢丝绳做承重索时，须进行预张拉消除非弹性变形，具体步骤是材料准备→预张力→弹性模量测定→长度标记→切割下料→热铸锚头。预张拉荷载不得小于各索破断荷载的1/2，保持60min，进行两次。测长和标记在温度稳定的夜间进行。承重索按被指定的长度切断以后，其端部灌铸锚头，锚头顶面须与承重索垂直，并对锚头进行静载检验，以策安全。

（2）架设原则

承重索架设时总的原则是做到对称施工，边跨与中跨作业平衡，减少对塔的变位的影响，控制裸塔塔顶变位及扭转在设计容许范围内。猫道承重索架设后要进行线形调整，应预留500mm以上的可调长度，各根索的跨中高程相对误差宜控制在±30mm之内。承重索在边跨与中跨应连续架设。架设猫道承重索时，还要特别注意控制牵引索与托架承重索间的距离，避免猫道承重索前端与托架承重索交叉而卡死。

3. 猫道面层安装

猫道面层宜由阻风面积小的两层大、小方格钢丝网组成。猫道面层从塔顶向跨中、锚碇方向铺设，并且上、下游两幅猫道要对称、平衡进行。铺设过程中设牵引及反拉系统，防止面层下滑失控而出现事故及卡环与猫道承重索卡死的现象。中、边跨猫道面的架设进度，要以塔的两侧水平力差异不超过设计要求为准。在架设过程中须监测塔的偏移量和承重索的垂度。铺设猫道面层时，为安全起见，宜将猫道大、小面层、型钢、栏杆构件等在塔顶平台处分节段安装好，再牵拉，周而复始进行。装卡环时注意限位，防止牵拉过程中螺母松动掉落。

4. 抗风缆架设

抗风缆采用钢丝绳时，使用前应进行预张拉。抗风缆架设时宜按先内侧后外侧的架设顺序进行。架设前须先与有关部门联系，设置通航标志，保证航道安全。架设抗风缆时切忌采用固定靠塔顶的两点往后往外抛的办法，建议在塔顶安装滑轮组将其张紧离开猫道顶面后横移并放松至锚固点。

5. 猫道改吊

加劲梁架设前，须将猫道改吊于主缆上，然后解除猫道承重索与塔和锚碇的联结，以利于施工控制。猫道悬挂的顺序为：中跨由跨中开始，同时由跨中往两塔顶方向进行；边跨由中点开始，同时往塔顶和锚碇方向进行，如图5-30所示。猫道悬挂方法，如图5-31所示。

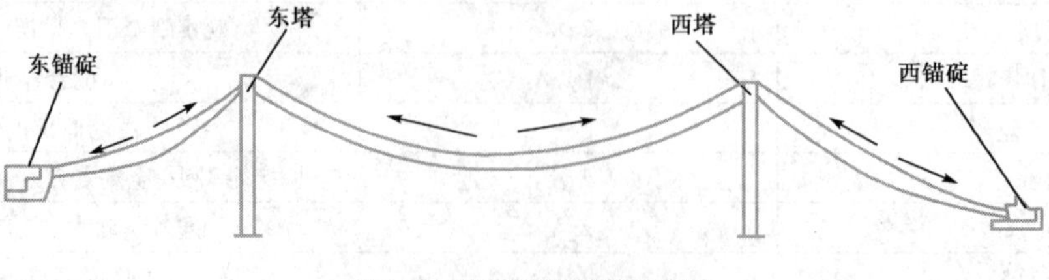

图5-30 猫道悬挂顺序示意图

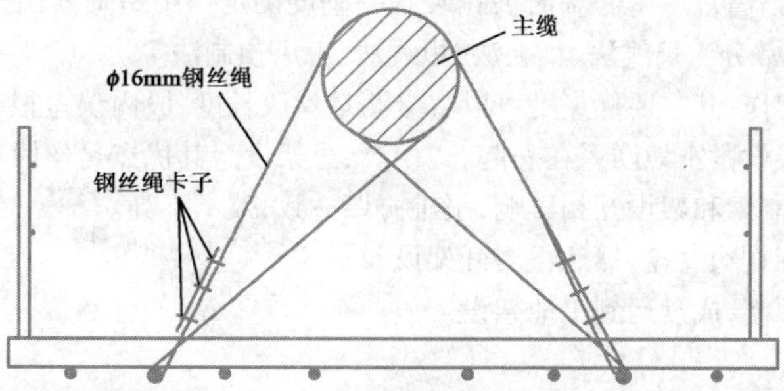

图 5-31　猫道悬挂方法示意图

6. 猫道拆除

主缆防护工程即主缆缠丝、涂装和检修道安装完成以后，可进行猫道拆除工作。拆除时严禁伤及吊索、主缆和桥面。其中，承重索的拆除，如图 5-32 所示。

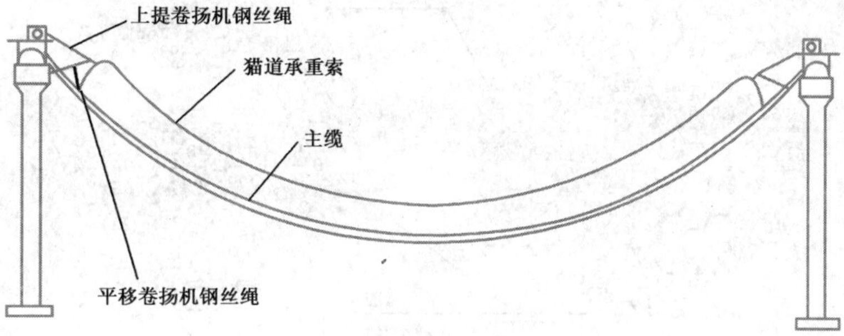

图 5-32　中跨猫道承重索拆除示意图

5.3.6 主缆

悬索桥主缆架设前，应完成牵引系统架设，猫道系统架设，索鞍制造与安装等施工工序。主缆一般采用平行高强钢丝制作，其内容主要包括主缆架设、紧索、主梁防护、索夹和检修道等。

5.3.6.1　主缆架设

悬索桥主缆承受由吊索传递的加劲梁、桥面系全部重量及全部活载。主缆架设成型的质量好坏，对悬索桥成桥后的使用寿命起决定性作用，是悬索桥施工的关键工序。其主要施工工艺流程是索股制作→索股架设→主缆安装成形→主缆防护。主缆架设有空中纺线（AS）法和预制索股（PPWS）法。

1. 空中纺线（AS）法

空中纺线法是利用专门设备将高强钢丝直接在桥孔上空来回牵引编成索股，最后由多根索股组成悬索桥主缆的施工方法。先将长度相当于主缆长度 10～20 倍的钢丝盘在大盘上，装到桥头锚碇处的松卷台座上，再将钢丝引出，穿过平衡重塔架，绕在特制纺轮上，用牵引索将纺轮从一端锚碇引至另一端的锚碇，钢丝被套进事先设在锚碇处的“索靴”上，并用“基础钢丝”调准长度。纺轮往返牵引钢丝至一定根数后，将其捆成索股，经就位、调索等工序后将其锚固。

2. 预制索股（PPWS）法

预制索股法是先用高强钢丝编成平行钢丝束并两端装上锚头，成为索股，再逐股架设到桥上，以便组成悬索桥主缆的施工方法。每根索股内的钢丝数以便于编制和吊运、并能排列成正六角形断面为原则。每束钢丝中捆入一根按主缆设计长度制成的“基准钢丝”，成束后两端按“基准钢丝”长度切断，再灌制锚头。将制成的索股卷在卷筒上，运至工地，装入松卷架，利用牵引设备沿猫道将索股端头从桥的一端锚碇拉向另一端的锚碇，经就位、调索等工序后将其固定。

预制平行钢丝索股法的施工工艺流程是索股锚头引出→把锚头连接在拽拉器上→索股牵引到达对岸锚碇→检查索股→把前端锚头从拽拉器上卸下→前、后端锚头安装引入装置→鞍座部位两侧索股安装临时拽拉装置→中跨上提横移→边跨上提横移→塔顶鞍座部分整形就位→与固定侧塔顶标记对合→散索鞍部分整形就位→两端锚头引入、临时锚固→确认向上抬高量→解除临时拽拉装置→垂度测定→中跨垂度调整→边跨垂度调整→锚跨拉力调整。PPWS 法的制索方式通常分为长线法、直上法、短线法、工厂预制法等。

①长线法是将丝股展开制作,其主要优点是可以直接测量丝股长度,股内误差很小。但对场地要求高。

②直上法则是将生产与架设紧密地联系在一起,边生产、边架设。其优点是丝股不需盘卷作业,缠带不易断裂,形状保持较好;其最大缺点是制索和架设互相影响,很难协调一致,效率不高。

③短线法是指在工地边制作边卷盘,然后再展开架设。

④工厂预制法及在工厂预制,成盘运到工地架设。

3. 架设顺序

索股施工工艺流程是将钢丝安装在卷筒的松卷轮上→端部拖拉出与夹持器连接→牵引拖拉→从夹持器取出及以吊机吊住→以吊机吊移→拖移及设置→整形放入鞍座→拖移及放松→拖入锚头中固定→预留垂度。索股架设顺序,是以鞍座部位索股的移动,以及使散索鞍部位索股的折角和垂度调整不形成障碍为原则而确定的,如图 5-33 所示。

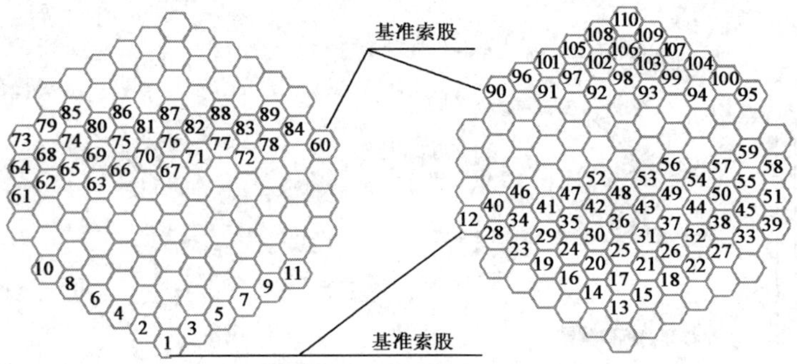

图 5-33　索股架设顺序示意图

4. 索股牵引

索股牵引应符合下列规定:

①牵引过程中应对索股施加反拉力。

②牵引最初几根时,宜压低牵引速度,注意检查牵引系统运转情况,对关键部位进行调整后方能转入正常架设工作。

③牵引过程中发现绑扎带连续两处被切断时,应停机进行修补。监视索股中的着色丝,一旦发生扭转,须采取措施加以纠正。

④牵引到对岸,在卸下锚头前须把索股临时固定,防止滑移。索股后端宜施加反拉力。

⑤索股两端的锚头引入锚固系统前,须将索股理顺,对鼓丝段进行梳理,不许将其留在锚跨内。

⑥索股横移时,须将索股从猫道滚筒上提起,确认全跨径的索股已离开猫道滚筒后,才能横向移到索鞍的正上方。横移时拽拉量不宜过大,任何人不允许站在索股下方。

5. 索股整形

在索鞍区段内的索股从六边形断面整理呈矩形,其钢丝在矩形断面内的排列应按既能顺利入鞍槽又使空隙率最小的原则。整形过程应在索股处于无应力状态下使用专用的整形器进行。整形完毕的索股方能放入鞍槽,并用木块楔紧。整形时应保持钢丝平顺,不能交叉、扭转,不允许损伤钢丝。

6. 临时锚固

索股锚头入锚后进行临时锚固。为便于夜间调整线形,应给索股一定的抬高量(一般为 200 ~ 300mm),并做好编号标志。

7. 索股线形调整

索股线形调整应按下列要求执行:

①垂度调整须在夜间温度稳定时进行。温度稳定的条件为:长度方向索股的温差 $\Delta T \leqslant 2℃$;横截面索股的温差 $\Delta T \leqslant 1℃$。索股的垂度调整,有绝对垂度调整和相对垂度调整两种。主缆索股垂度调整顺序为先主跨后边跨,最后调锚跨。

绝对垂度调整(即对基准索股高程的调整):应测定基准索股下缘的高程及跨长,塔顶高程及变位,主索鞍预偏量,散索鞍预偏量,主缆垂度和高程、气温、索股温度等值后经计算决定其调整量。基准索股高程必须连续3d在夜间温度稳定时进行测量,三次测出结果误差在容许范围内时取三次的平均值作为该基准索股的高程。相对垂度调整指一般索股相对于基准索股的垂度调整,按与基准索股若即若离的原则进行调整。索股的垂度调整方法,如图5-34所示。

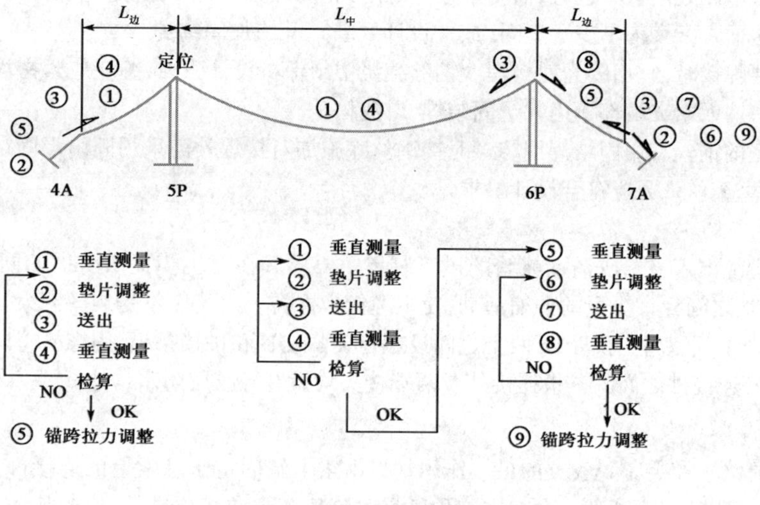

图5-34　垂度调整方法示意图

②垂度调整精度标准如下:索股高程允许误差为基准索股中跨跨中的 $\pm L/20000$(L 为跨径);边跨跨中为中跨跨中的2倍;上下游基准索股高差10mm;一般索股(相对于基准索股)-5mm,10mm。

③调整好的索股不得在鞍槽内滑移。

8.索力调整

索力的调整以设计提供的数据为依据,其调整量应根据调整装置中测力计的读数和锚头移动量双控确定。其精度要求为:实际拉力与设计值之间的允许误差为设计锚固力的3%。

5.3.6.2　紧缆

悬索桥主缆紧缆是指索股架设完成后,为把索股群整成设计要求的外观形状和降低空隙率采用专用设备进行的施工操作。紧缆大致可分为准备工作、预紧缆和正式紧缆三项。施工工艺流程是猫道门架、牵引系统拆除→简易缆索天车组装→主缆引进部位临时紧固→主缆引进设备解体→预紧缆→紧缆机组装→正式紧缆→紧缆机解体→主缆形状计测。

1.预紧缆

预紧缆应在温度稳定的夜间进行。预紧缆时宜把主缆全长分为若干区段分别进行,以免钢丝的松弛集中在一处。索股上的绑扎带采用边紧缆边拆除的方法,不宜一次全部拆除。预紧缆完成处必须用不锈钢带捆紧,保持主缆的形状,不锈钢带的距离可为5~6m,预紧缆目标空隙率宜为26%~28%。

2.正式紧缆

正式紧缆宜用专用的紧缆机把主缆整成圆形。其作业可以在白天进行。正式紧缆的方向宜向塔柱方向进行。当紧缆点空隙率达到设计要求时,在靠近紧缆机的地方打上两道钢带,其间距可取100mm,带扣放在主缆的侧下方。紧缆点间距离约1m。正式紧缆质量控制应满足:

①空隙率须满足设计要求,空隙率偏差为±2%。

②不圆度(即紧缆后主缆横径与竖径之差)不宜超过主缆设计直径的5%。

5.3.6.3　主缆防护

悬索桥主缆缠丝是主缆施工中的最后一道重要工序,缠丝施工与涂装施工交叉配合进行,以实现对主缆的防护。主缆防护应在桥面铺装完成后进行。防护前必须清除主缆表面灰尘、油污和水分等污物,并临时覆盖,待对该处进行涂装及缠丝时再揭开。主缆防护应按涂装设计进行。

1. 缠丝

缠丝工作宜在二期恒载作用于主缆之后进行，缠丝材料以选用软质镀锌钢丝为宜。缠丝工作应由电动缠丝机完成。缠丝作业的施工工艺流程是主缆表面涂装→缠丝设备组装→涂布缠丝腻子→主缠丝→缠丝表面清扫→端部缠丝设备组装→端部缠丝→填充→主缆表面涂装。缠丝完毕后，为防止水的侵蚀，在缠丝完毕的区间、与主缆索夹交界的部位应按防护涂装的方案进行填充涂装处理。

①缠丝总体方向宜由高处向低处进行，而两个索夹之间则应从低到高，以保证缠丝的密实程度。

②缠丝始端应设法嵌入索夹内不少于2圈（或按设计要求），并施加固结焊。

③节间内钢丝需要焊接时，宜用闪光对接焊。钢丝缠绕中须保持设计张力，缠绕应紧密均匀，电源应稳定。

④缠丝终端应设法嵌入索夹端部槽内并予固结焊，以免松弛。

⑤一个节间内缠好的钢丝宜用固结焊固结。对接钢丝除施加对接焊外需采用固结焊固结。

⑥钢丝缠绕应密贴，缠丝张力应符合设计要求。

2. 主缆缆套

悬索桥主缆套是主缆出入鞍罩或锚室前墙的过渡装置。要求其在对主缆提供防护的同时具有良好的密闭性能，并在鞍罩或锚室前墙之间允许少量的伸缩活动，使主缆钢丝保持一定长度不受缠丝约束。缆套的构造形式为喇叭形管状钢套，缆套沿纵向分为上、下两半，两半之间设螺栓夹紧装置和拼接条板，用螺栓将两半套安装在锥形索夹和主索鞍（或锚碇前墙）连接件之间。条板连接处及两端接头均设有橡胶层防水构造。

5.3.6.4 索夹安装

索夹的主要作用是将主缆夹紧。索夹的另一作用是将吊索上端固定于悬索上的连接件，要求能使吊索与悬索的位置相对固定，并能可靠地传递荷载。索夹安装顺序是中跨从跨中向塔顶进行，边跨从散索鞍向塔顶进行，工艺流程是形状计测→索夹位置标记（在此期间应同时调整承绳和卷扬机并安装缆索天车）→安装索夹定形构件并紧好上缘工具螺栓→索夹吊上天车并由缆索吊机运输到设计位置→主缆局部清洁→安装索夹→螺栓检查并测定螺栓无应力长度→下缘插入工具螺栓拆除定形构件并预紧→插入索夹螺栓并预紧→用索夹螺栓置换出工具螺栓→导入规定螺栓轴力→螺栓轴力检查→规定螺栓轴力的确定→螺栓轴力管理。索夹安装规定如下：

①索夹安装前，须测定主缆的空缆线形，提交给设计及监控单位，对原设计的索夹位置进行确认。然后在温度稳定时在空缆上放样定出各索夹的具体位置并编号，清除索夹位置处主缆表面的油污及灰尘，涂上防锈漆。

②索夹在运输和安装过程中应注意保护，防止碰伤及损坏表面。

③索夹安装方法应根据索夹结构形式、施工设备和施工人员经验确定。当索夹在主缆上精确定位后，即固紧索夹螺栓。

④紧固同一索夹螺栓时，须保证各螺栓受力均匀，并按三个荷载阶段（即索夹安装时、钢箱梁吊装后、桥面铺装后）对索夹螺栓进行紧固，补足轴力。索夹位置要求安装准确，纵向误差不应大于10mm。记录每次紧固的数据并存档，交大桥管理部门备查。

5.3.6.5 主缆检修道

悬索桥主缆检修道是指布置在主缆两侧，由立柱、镀锌钢芯钢丝绳制成的扶手绳和栏杆绳等组成，用于对主缆、索夹等进行检查和维护的通道。钢丝绳一端锚固于塔顶主索鞍锚架上，锚架通过鞍槽锚固在主索鞍槽壁上。另一端锚固在锚室前墙上，中间通过立柱支撑在索夹上。

5.3.7 吊索

吊索是悬索桥连接桥面系的构件，一般采用钢绞线或钢丝绳制作。其上端通过索夹与主缆连接，下端与加劲梁连接，作用是将桥面系的荷载传递给主缆。吊索与主缆的连接方式可分为骑跨式和销接式两种；吊索与加劲梁的连接方式常用锚头承压式和销接式两种。吊索制作安装必须按有关产品标准执行。吊索施工工艺流程是调整猫道承重索→转移缆索天车→安装滚筒于主缆两侧→设置放丝架（同时猫道面层开口及安装导向滚筒及栏杆）→待安装吊索上架→锚头上天车→放绳牵引吊索→弯折部分上天车→锚头到位→安装锚头间隔保持件→移动后天车，放绳→弯折“U”就位→猫道面层开口部分复原→安装吊索夹具→猫道面层开口全部复原。

1. 吊索拉力试验

施工前，须对吊索进行拉力试验。根据设计要求，吊索钢丝绳需进行预拉。预拉在恒载拉力下进行，标记划线后下料并浇筑冷铸锚。

2. 吊索安装

运输、安装过程中保证吊索不受损伤。安装时须采取措施,防止吊索扭转。吊索运送就位示意图如图 5-35 所示。大跨径悬索桥中的吊索,是将钢绞线绳直接沿其上面特制的索槽绕骑悬挂来设置的。吊索的架设是由塔顶吊机提到索塔顶部,在各塔顶用简易缆索天车把吊索从放丝架上一边放出一边吊运到架设地点。在架设地点,预先在猫道上开孔,在开孔部位把吊索沿导向滚筒设置,将吊索的两个锚头分别置于主缆两侧,并在两个锚头间安装间隔保持构件,然后从开孔处落下,由缆索天车移动就位(索夹上马鞍形部位)。

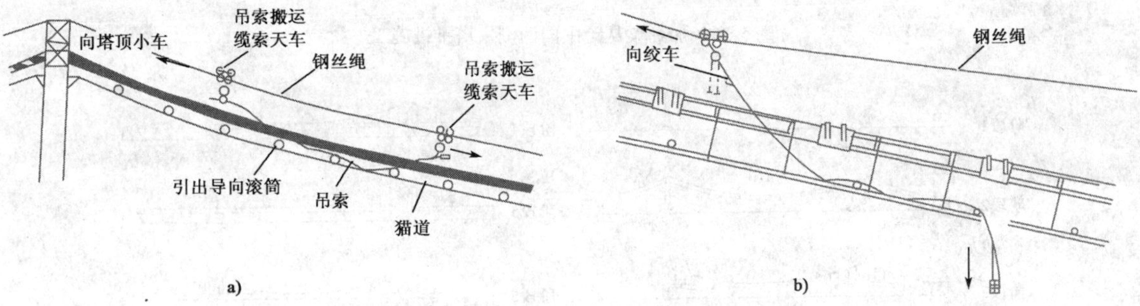

图 5-35　吊索运送就位示意图

a)吊索搬运;b)吊索就位

5.3.8　加劲梁

悬索桥主梁即加劲梁主要采用钢桁梁、钢箱梁和钢筋混凝土箱梁等形式,是支承桥面,与桥面结合成一体的结构,是通过吊索将荷载传递给主缆、索塔的构件。大跨悬索桥加劲梁一般采用工厂制造或预制,全焊加劲钢桁架和钢箱梁的制造,应按《公路桥涵施工技术规范》(JTJ 041—2000)中有关钢桥的规定执行。混凝土加劲梁制造,应根据自身特点,因地制宜采用工厂或现场分段预制、现场湿接缝等施工方法。

5.3.8.1　加劲梁架设

悬索桥加劲梁吊装,主要机械设备是跨缆吊机和起重机。跨缆吊机是悬索桥施工中采用垂直提升法吊装加劲梁时所使用的一种专用起重设备。目前广泛使用的主要有液压提升跨缆吊机和缆载吊机两种。大跨度悬索桥主梁架设施工时,常用的起重机有移动式、浮吊、升降式起重机等。

1. 加劲梁架设方法

地锚式悬索桥加劲梁采用分段预制架设的施工方法,需在主缆架设完成后进行加劲梁安装。自锚式悬索桥加劲梁架设可采取顶推法、支架法现浇及拼装的施工方法,需在主缆架设前预先就位完成加劲梁,待主缆架设后安装索夹及吊索,进行体系转换后,加劲梁转由主缆悬吊。目前,对于钢桁架式加劲梁的架设,国内外多采用平面桁架法。钢箱加劲梁架设,一般采用节段架设法。钢加劲梁节段的工地焊接,一般是指加劲钢箱梁的工地大接头焊接。

2. 主梁架设推进方式

无论是钢桁梁、钢箱梁,还是预应力混凝土梁,其主要架设的推进方式有先从跨中段开始向两侧桥塔方向推进、从主塔附近的节段开始向跨中及桥台推进两种方式。其吊装方式一般采用正下方起吊(垂直提升法)的节段架设法,特殊梁段可采用荡移法就位,加劲桁梁还可以采用悬臂法架没。

(1)从跨中段开始向两侧桥塔方向推进

图 5-36 为加劲梁从跨中向两侧主塔推进的施工步骤,具体可分为如下六个阶段:主墩、主塔和锚碇墩的施工→主缆的架设→加劲梁从主跨中央开始架设→边跨加劲梁开始架设→主塔处加劲梁段合龙→加劲梁所有接头封合。该架设方法的优点是靠近塔柱的梁段是主缆刚达最终线形时就位的,这样,靠近塔柱的吊索索夹的最后夹紧可推迟到塔顶处主缆仅留有很小永久角变阶段,所以就能减小主缆内的次应力。

(2)从主塔附近的节段开始向跨中推进

图 5-37 所示的架设方法,为加劲梁从主塔向跨中架设的方法。其施工步骤正好与图 5-36 中的相反。该方法架设的特点是,可以将其先架设完成的主缆作为一悬吊脚手架,但这脚手架是柔性的,它的几何形状随着梁段的逐渐增加而不断改变。

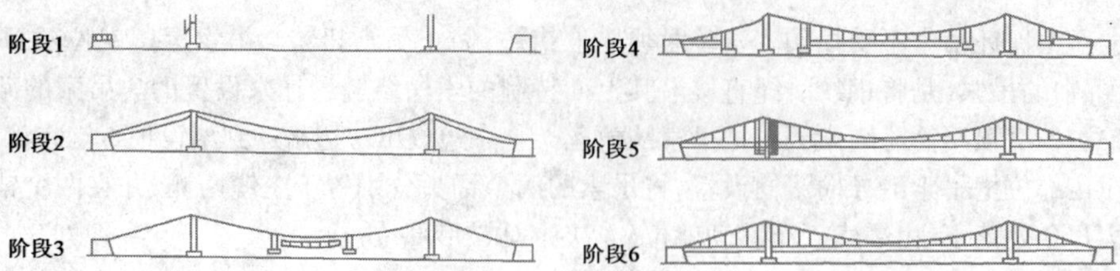

图 5-36　加劲梁从跨中向两侧主塔推进施工

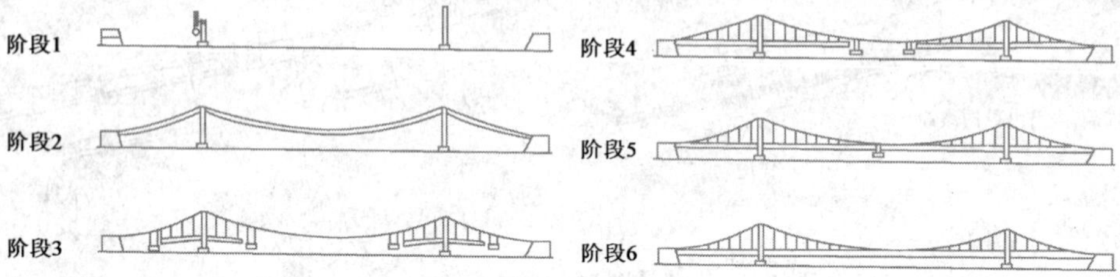

图 5-37　加劲梁从主塔向跨中推进施工

5.3.8.2　钢箱梁

钢箱梁是全部采用钢制的箱形构件，其制作适用全焊接制造方法。

1. 钢箱梁制作

1）零部件加工

①除施工图及工艺文件另有规定外，零部件加工范围及允许偏差应按表 5-14 执行。

零部件的加工范围及允许偏差　　表 5-14

项目		允许偏差（mm）
零件	范围	
桥面板、桥底板、横隔板、锚底板	四边	±1.5
	埋弧自动焊拼板	±1.0
加劲肋	焊接边（端）	±2.0

注：1. 板厚 $t<10$mm 时，板边垂直度偏差不得大于 1mm；板厚 $t>10$mm 时，板边垂直度偏差为 $0.1t$，但不得大于 3mm。
2. 马刀形弯曲，长度 10m 及以下允许 2mm，10m 以上允许 3mm，但不得有锐弯。

②零部件边缘的加工，应优先选用精密切割。

③边缘加工后，必须将边缘刺屑清除干净，磨去飞刺、挂渣及波纹，还应将崩坑等缺陷部位磨修匀顺。

④零件应根据零件预留加工量及平直度要求，加工端边。已有孔（或锁口）的零件按孔（或锁口）中心线定位加工边缘。

⑤按设计要求需要刨（铣）加工的零件，刨（铣）边时应避免油污污染钢料，加工面的表面粗糙度 R_a 不大于 25μm，顶紧加工面与板面垂直度偏差应小于 $0.01t$（t 为板厚），且不得大于 0.3mm。

⑥经刨边后的边缘，其表面质量及公差应符合表 5-15 的要求。

刨边要求及公差　　表 5-15

项目		要求及公差（mm）
范围	名称	
一般结构	刨削边垂直度	≤$0.05t$ 且不大于 2
	粗糙度	R_a≤25μm
顶紧传力面	刨削边垂直度	≤$0.01t$ 且不大于 0.3
	粗糙度	R_a≤12.5μm

注：t 为板厚。

⑦焊接坡口的加工偏差应符合表5-16的规定。

焊接坡口加工允许偏差　　表5-16

简图	接头类别	允许偏差
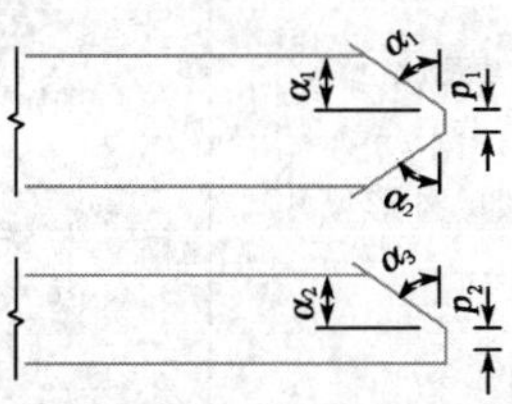	对接接头	α_1、α_2、α_3：±1° α_1、α_2：±1mm p_1、p_2：±1.5mm
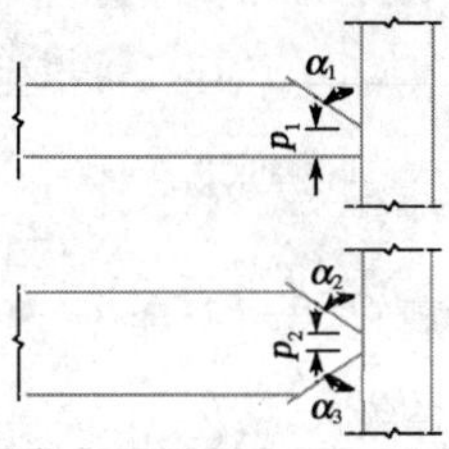	角接接头	α_1、α_2、α_3：±3° p_1、p_2：±1.5mm
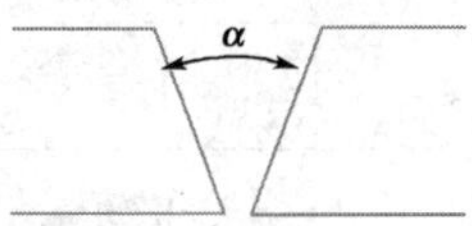	CO_2单面衬垫焊接头	α：±3°

2)节段组装

(1)组装要求

①组装前应熟悉施工图和工艺文件，核对编号及图纸无误后方可组装。

②板件、部件及节段组装应在专用平台或胎架上进行，使用专用夹具或马板进行固定，并按工艺要求施放余量或补偿量，在确保产品组装精度、控制焊接变形的条件下应尽量使用夹具，减少使用马板的数量。

③松开马板约束时，必须采用火焰切割的方式进行，并将约束部位修磨匀顺。

④桥面板、桥底板纵、横对接焊缝应带产品试板，对产品试板进行拉伸试验及焊缝热影响区低温冲击试验。产品试板数量为桥面板、桥底板纵向对接焊缝每10条带1块产品试板，横向对接焊缝每5条焊缝带1块产品试板。

⑤组装合格后的板块或部件，应在规定部位打上编号钢印。

⑥组装精度应满足设计要求，设计无规定时，可按表5-17的要求执行。

组装精度要求　　表5-17

简图	项目	允许偏差(mm)
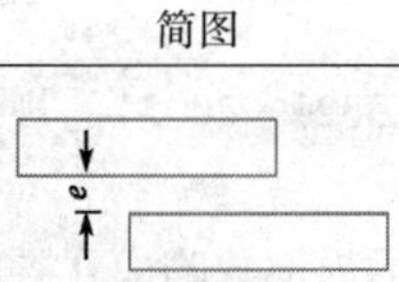	搭接接头的间隙	0,2
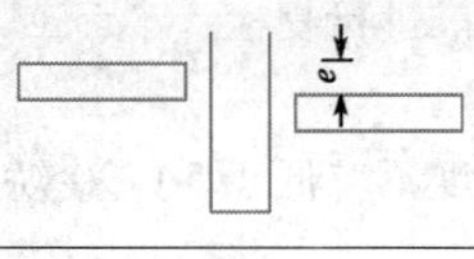	接合的错位	小于t/5，且不大于4 (t为板厚)
	横向构件与理论线位置偏差	±2
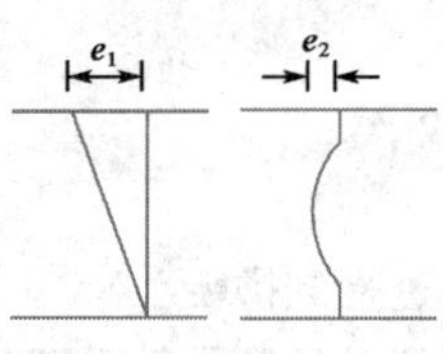	纵隔板和横隔板 垂直度和平面度	$e_1 \leq 3$ $e_2 \leq 4$
	纵向构件与理论线位置偏差	±1

续上表

简图	项目	允许偏差(mm)
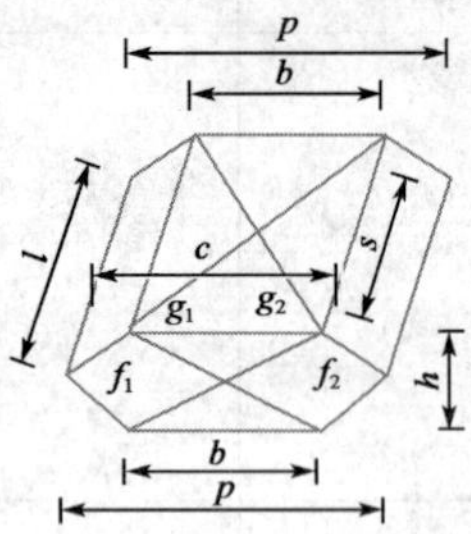	一般箱形梁节段的外形尺寸	b: ±3 p: ±3 l: ±2 c: ±2 s: ±2 $h=\pm2$(端口处) $h=\pm4$(其他) $\lvert f_1-f_2\rvert\leqslant4$ 吊点四角平面度小于等于5 $\lvert g_1-g_2\rvert\leqslant5$

(2)焊接规定

①焊接要求应按相关规定执行。

②焊缝超声波无损探伤范围、内部质量分级及检验等级应符合表5-18的规定。

焊缝超声波无损探伤范围、内部质量分级及检验等级 表5-18

项目	探伤方法	适用范围	探伤范围	质量等级	检验等级
对接焊缝	超声波	桥面板、桥底板、风嘴(参与强度计算时)的纵、横向对接焊缝	全长	Ⅰ级	B级
	超声波	U肋、球扁钢、扁钢等的对接焊缝;加劲肋的对接焊缝;隔板对接焊缝	全长	Ⅱ级	B级
角焊缝	超声波	U肋、球扁钢、扁钢与桥面板、桥底板、风嘴的角焊缝;加劲肋的对接焊缝;隔板与桥板的角焊缝	全部杆件两端各1m,中间加探1m	Ⅱ级	B级
	超声波	锚箱本体的角焊缝及与锚箱连接处的角焊缝	全长	Ⅱ级	B级
	磁粉或渗透	锚箱本体的角焊缝及与锚箱连接处的角焊缝	全长	—	—

③焊缝的超声波探伤应符合现行《钢焊缝手工超声波探伤方法和探伤结果分级》(GB 11345—89)的规定。

④焊缝的磁粉探伤应符合现行《无损检测焊缝磁粉检测》(JB/T 6061—2007)的规定。

⑤焊缝的渗透探伤应符合现行《无损检测焊缝磁粉检测》(JB/T 6061—2007)的规定。

⑥桥面板、桥底板、风嘴(参与强度计算时)的纵、横向对接焊缝须进行射线探伤。纵缝按接头数量的10%进行射线探伤,探伤范围为焊缝两端各250~300mm,接焊长度大于2m时中间加探250~300mm。横缝应按横缝长度的5%随机进行射线探伤。

⑦焊缝的射线探伤应符合现行《金属熔化焊焊接接头射线照相》(GB/T 3323—2005)的规定。射线照相质量等级为AB级;焊缝内部质量为Ⅱ级。

⑧焊缝修磨和返修:外观检查超标者应按规范要求进行返修;超出规定的内部缺陷应在查明原因后用碳弧气刨清除缺陷,用手工焊进行返修;返修焊后的焊缝应修磨匀顺,并按原质量标准进行复检。

(3)部件矫正

①部件矫正时,应优先采用机械矫正方法,矫正时应缓慢加力,环境温度不应低于5℃,冷矫角变形总量不应大于2%。

②仅做定位焊或焊缝尚未完成的构件,不宜进行矫正。

③板件和节段应在装焊完毕松弛约束后进行矫正。

④热矫时加热温度应控制在600~800℃范围,同一部位加热不宜超过2次。

2. 试拼装

①钢梁应按拼装图进行厂内试拼装,试拼不少于3个节段,按架梁顺序进行试拼装。

②试拼装前,应认真做好各项准备工作,仔细检查试拼装胎位、工具、仪器及吊具是否完好和安全可靠。

③依据设计图及工艺文件核对每个零件、部件、梁段,不允许使用未经检验或不合格的零部件及梁段参加厂内

试拼装。

④每次试拼按规范要求进行检测，其结果应有详细的记录，首次由工厂技术负责主管组织鉴定，其余各次由工厂检验部门检验确认合格后方可进行下道工序。

成品梁段工厂验收要求如下：

①成品梁段基本尺寸允许偏差应符合表5-19的要求。

梁段验收允许误差　　表5-19

<table>
<tr><th colspan="2">项目</th><th rowspan="2">允许误差(mm)</th></tr>
<tr><th>名称</th><th>范围</th></tr>
<tr><td rowspan="2">跨度(L)</td><td>L为三段试装时最外两吊点的中心距(m)</td><td>±(5+0.15L)</td></tr>
<tr><td>分段时两吊点中心距</td><td>±2</td></tr>
<tr><td rowspan="2">全长</td><td>分段累加总长</td><td>±20</td></tr>
<tr><td>分段长</td><td>±2</td></tr>
<tr><td rowspan="2">盖板宽</td><td>盖板单元纵向有对接时的盖板宽</td><td>±1</td></tr>
<tr><td>箱梁段的盖板宽</td><td>±3</td></tr>
<tr><td rowspan="2">旁弯</td><td>桥面中心线在平面内的偏差，
L为三段试装长度(m)</td><td>3+0.1L，最大12</td></tr>
<tr><td>单段箱梁</td><td>≤5</td></tr>
<tr><td>拱度</td><td>L为跨度或试装匹配时三段的长度(m)</td><td>超过的 $+\begin{cases}3+0.15L\\ \text{最大}12\end{cases}$
不足的 $-\begin{cases}3+0.05L\\ \text{最大}6\end{cases}$</td></tr>
<tr><td>工地对接板面高低差</td><td>安装匹配件后板面高差</td><td>≤1.5</td></tr>
</table>

注：梁高(H)，腹板中心距，横截面对角线差，左右支点高度差(吊点)，盖板、腹板平面度，扭曲等项目验收条件见规范规定。

②钢梁成品应由工厂检验部门进行全面检查、验收，并与业主委派的质量监理工程师共同确认，合格后方可填发产品合格证。

③成品移交用户时，工厂应提供产品合格证、完工图、工厂内试拼装记录、焊缝重大修补检验记录。

3. 钢箱梁安装

(1)吊装施工准备

待索夹、吊索安装完毕并做好以下前期准备工作后方可进行吊装：

①对桥下地形及河床进行探测，根据实际情况进行清理。

②潮汐河段须掌握桥位区海域水文情况，了解该处潮汐变化规律。

③完成施工组织设计，并经审定。

④确定吊装期间封航和航道运输管理方案。

⑤应充分掌握有关气象资料，特别是突发性风情预报，并做好防范措施。

⑥吊机安装就位，并完成各项设备安装及检查工作。

(2)吊装方法选择

吊装方法可根据下列情况选定：

①如能将梁段运至吊点位置处，可采用垂直起吊法架设。

②因河床的限制，梁段不能运至吊点正下方时，可将吊机偏位将梁段垂直起吊，然后纵向牵引箱梁就位。

(3)吊装规定

①吊装过程必须严格遵守高空作业及水上作业的安全规定。

②吊装过程应观察索塔变位情况，应根据设计要求和实测塔顶位移量分阶段调整索鞍偏移量，以保证工程质量和施工安全。

③安装前应确定安装顺序，一般可以从中跨跨中对称地向两边进行，安装完一段跨中梁段后，再从两边跨对称地向索塔方向进行。

④钢箱梁水上运输必须由有经验的人员担任。架设前，宜进行现场驳船定位试验，以保证定位精度。

⑤各工作面上，吊装第二节段起须与相邻节段间预偏一定间隙(0.5~0.8m)，至一定高程后，牵拉连接，避免吊

装过程与相邻节段发生碰伤，影响吊装工作顺利进行。

⑥安装合龙段前，必须根据实际的合龙长度，对合龙段长度进行修正。

(4)试吊

安装钢箱梁的吊机可选用卷扬机提升跨缆吊机或液压提升跨缆吊机，启用前必须进行试吊。

(5)调试和定位

在节段吊装过程中应对箱梁节段接头进行测试，并随时拧紧定位临时螺栓。当节段吊装超过一定数量时，跨中段的挠度曲线趋于平缓，接近设计要求，此时可对该接头进行定位焊，随节段吊装的增加，其他节段的挠度曲线将逐渐趋于平缓，其他节段接头也将就位，可实施定位焊。钢箱梁的工地大接头焊接要求如下：

①工地焊接应做工艺评定，并严格按工地焊接工艺进行工地焊接。

②工地焊缝焊接前应用钢丝砂轮进行焊缝除锈，并在除锈后24h内进行工地焊接。

③焊接前应检查接头坡口、间隙和板面高低差是否符合要求，同时检查环境是否满足工地焊接的环境要求，如不满足应采取措施。工地焊接环境要求：风力<5级；温度>5℃；湿度<85%。雨天不能进行工地焊接(箱内除外)。

④工地接头焊接时，应注意温度变化对接头焊接的影响。安装时须有足够数量的固定点并保证足够的强度。当工地焊缝形成并具有足够的刚度和强度时，方能解除安装固定点，防止焊缝裂纹及接口处错边量超差。

⑤箱内焊接须有通气排尘措施，钢桥上应有安全用电措施，确保施工安全。

⑥桥面板和桥底板应使用单面焊双面成形技术，其他结构应尽可能采用高效焊接以减少焊接变形。当箱内采用 CO_2 气体保护焊时，应采取通风防护安全措施。

⑦为控制变形，应对施焊顺序进行控制，横向施焊顺序宜从桥面中轴线向两侧焊接，并尽量做到对称施焊。

⑧工地焊接接头应进行100%的超声波探伤，其中抽其30%进行X光探伤拍片检查，当有一片不合格时则对该焊缝进行100%的X光拍片。

⑨纵向加劲肋的对接接缝只做超声波探伤。

⑩焊缝缺陷的修补应按规范有关规定执行。

(6)工地涂装

①工地焊接后应按防腐设计要求进行表面处理。

②工地焊接的表面补涂油漆应在表面除锈24h内进行，分层补涂底漆和面漆，并达到设计的漆膜总厚度。

③根据技术文件的要求，工地焊接完成后，应按涂装工艺文件的要求涂箱外装饰面漆。

5.3.8.3 钢桁架

桥塔附近加劲梁节段的架设采用大型浮吊起吊法，一般节段可采用悬臂法架设。其主要架设顺序是主桁架架设，吊索引入，钢桥面架设等。

1.架设方法

劲性桁架可由工厂制作加工成单根杆件、桁片、节段(空间桁架)单元，施工现场采取不同单元的架设方法。

①单根杆件架设方法就是将组成加劲桁架的杆件搬运到现场，架设安装在预定位置构成加劲桁架。这种架设方法以杆件作为架设单元，其质量小，搬运方便，可使用小型架设机械。

②桁片架设方法就是将几个节间的加劲桁架按两片主桁架和上、下平联及横联等片状构件运入现场逐次进行架设。桁片的长度一般为2~3个节间，质量不大，架设比较灵活，在难以限制通航的情况下，这种方法比较适用。

③节段架设方法就是将桁片组装成桁架节段，由大型驳船运至预定位置，然后垂直起吊后逐段连接。这种方法无论在质量和工期方面都可得到保证。但架设时必须封航或部分封航，对吊机能力要求较高。

2.一般部位架设

钢桁架梁安装可按钢桥的有关规定执行。悬臂吊装时，可先利用塔顶的吊装设备安装好靠塔柱的节段，再在桁梁上安装移动式悬臂吊机，利用移动式悬臂吊机从塔柱往主跨跨中及锚碇方向对称均衡地将桁梁安装到位。如图5-38所示。对于桁梁节段重量较轻者，也可采用缆索吊装。

(1)主桁架架设

由制作工厂用驳船等搬运的构件，用靠岸卸货吊机卸货，运至塔顶动臂吊机的作业范围内，并吊到桥面上，装入桥上的搬运台车。搬运台车自行到架设前端附近，用移动式吊机吊起构件(桁片)进行架设。通常架设的构件是由两个节段组成的主桁架片，左右各一片以悬臂形式进行安装，并用高强螺栓进行刚结(主连接)。

(2)主横桁架架设

用与主桁架基本相同的工序架设左右主桁架之间的主横桁架，并与主桁架用高强螺栓进行连接。

(3)上下横联架设

主横桁架架设之后，安装下横联和附属构件，最后把上横联以单根杆件进行架设，这样就完成了一个节段的桁架结构的架设。

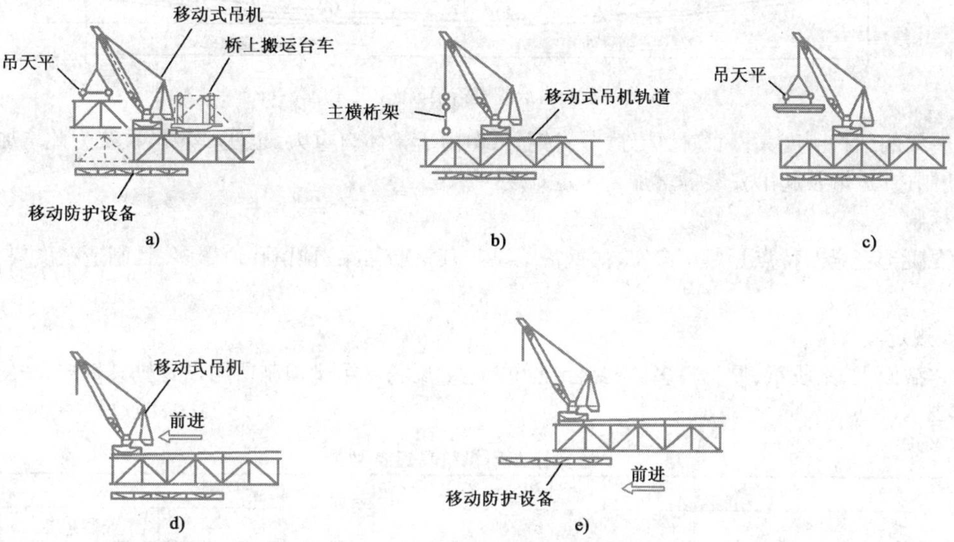

图 5-38 一般部位构件的架设顺序

a)第一步(主桁架架设);b)第二步(主横桁架及其他剩余杆件架设，吊索引入和锚固);c)第三步(钢桥面板架设);d)第四步(移动式吊机轨道调整和前进);e)第五步(移动防护设备前进)

(4)吊索引入

桁架悬臂架设完毕，在架设节段的主桁架部位为了让吊索锚头锚固，由以油压千斤顶为主体的吊索引入装置进行引入吊索(加劲梁抬高)的作业。由架设节段的前端在数个吊索位置(通常为 1 ~ 3 个节点)安装引入装置，一边用监视装置进行监视一边把各点吊杆的引入力进行分散，把锚头锚固在主桁上。

(5)钢桥面板架设

为了确保桥面上的作业场地和作业安全，桥面板的架设是与桁架的架设同时进行，但钢桥面板的现场焊接通常是在全部钢桥面板架设完毕、闭合后加劲梁自重引起的变形稳定后再进行。

(6)架设设备调整

一个架设节段作业完毕后，为了下面节段的架设，架设设备必须移动调整。把移动式吊机移动到已架节段的前端，构件搬运设备也要作相应的调整，如轨道敷设、延伸等。另外，为防止架设作业中工作人员和材料工具等坠落，移动防护设备也要尽量前移，移到悬出状态。

3. 桁架闭合

悬索桥的加劲梁通常是闭合后承受桥面铺装荷载、附属结构荷载等才能达到完成状态。因为在闭合时还没承受全部恒载，桁架形状比完成时稍向上凸，所以已架梁段下弦杆端间距要比上弦杆端间距狭窄。

4. 质量检验

钢加劲梁的安装允许偏差，应符合表 5-20 的要求。

钢加劲梁安装后的允许偏差 表 5-20

项目	规定值或允许偏差(mm)	项目	规定值或允许偏差(mm)
吊点偏位	20	吊索防护	符合设计要求
箱或桁梁顶面高程在两吊索处高差	20	箱或桁梁段工地连接	符合规范和设计要求
相邻节段匹配高差	2	钢箱或桁梁工地防护	符合设计要求

5.3.8.4 预应力混凝土箱梁

悬索桥预应力混凝土箱梁，一般为双向预应力体系，主要有箱形和肋板式两种形式，一般宜采用流线型全封闭式整体薄壁橄榄箱形截面,肋板式截面也有部分桥梁采用,但仅限于较小跨径。箱形截面能对加劲梁提供足够的抗扭刚度,单箱三室箱梁如图5-39所示。

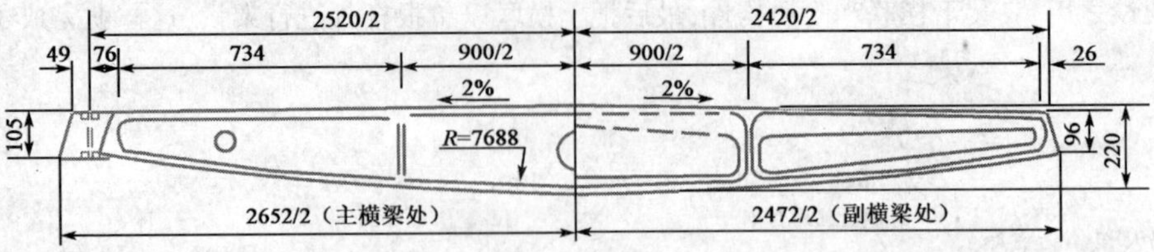

图5-39 预应力混凝土箱梁截面(尺寸单位:cm)

混凝土箱梁的结构刚度大、风稳性能好、节省钢材,但由于梁体自重大,也使其悬吊系统为此增加更多的钢材用量,同时还使制造、运输及起吊安装等增加了一定难度。

1. 箱梁预制

预应力混凝土箱梁的特点是单箱多室、薄壁流线型。其钢筋密集,预留孔道繁多,且制造精度要求高,给施工造成较大难度。

(1)一般规定

箱梁梁体截面大,梁段重,原材料多,需要合理布置施工现场。箱梁预制所用设备机具较多,一般情况所需机具设备见表5-21。

箱梁预制所需机具设备数量 表5-21

名称	型号及规格	数量	附注
塔吊	6t	1台	安装模板、灌注混凝土等用
龙门吊机	180t	2台	移梁用
拌和楼	$25m^3/h$	1座	拌制混凝土用
插入式振捣器	$\phi30$	4台	振捣用
穿心式千斤顶	YCQ-200	4台	张拉有黏结钢筋
千斤顶	YCN-25	4台	张拉无黏结钢筋
千斤顶	200t	4台	顶梁用
电子秤	GGD-25A		称梁用
砂轮机		1台	切割钢绞线
钢筋机械		1套	成型钢筋
压浆机	UB3	1台	压浆
手动葫芦、氧气、乙炔等常用设备			
预制孔胶管及内衬钢筋			

(2)施工工序

底板安装、放线和高差调整→安装横向堵头模板及部分纵向封端模板→安装吊索锚固件和纵向连接器和部分预应力束锚固块和预埋件→绑扎底板钢筋和主横梁钢筋和中边腹板钢筋同时定位网安装和穿波纹管→穿无黏结力预应力束→安装钢内模→绑扎顶板钢筋同时安装定位网→顶板安预留孔胶管和主横梁底安体外束→安堵头模板和穿钢绞线→检查和灌注混凝土→拆模→张拉和移梁→压浆→封头→称重。

(3)箱梁场内移运

预应力混凝土箱梁自量较大(一般大于100t),多采用大吨位龙门吊机吊装和纵向运输。

(4)箱梁存放

为确保大跨度混凝土梁的收缩和徐变能在架梁前完成,按设计要求,架设前要有四个月以上的存放时间。因此要求有足够的存梁场地。因混凝土梁的存放时间长,存梁台座一般采用钢筋混凝土结构,此外还需对地基进行压实处理,确保地基无沉降,并布设排水系统。

2. 加劲梁架设

(1)箱梁架设

预应力混凝土加劲梁一般采用箱形截面,根据起重设备能力分成节段在工厂制造后,由驳船运到现场用正下方起吊的方法进行架设。架设就位的预应力混凝土节段之间要灌注混凝土湿接缝,在数段中或沿全长穿预应力钢丝束,施加预应力。

(2)肋板式梁架设

板式加劲梁的形成顺序,包括节段预制、节段吊装、线形调整、湿接缝浇筑等。

5.4 支座

支座安装前必须认真检查支座制作质量及加工精度,满足设计要求后方可使用。其安装方法可先与梁段连接好后随梁段吊装就位,此时应考虑支座重量,如现场安装施工条件较好时,也可等梁段就位后安装。安装精度应符合表5-22的要求。

支 座 安 装 精 度　　表5-22

支座类型	允许偏差(mm)		
竖向支座	纵轴	横轴	高程
	±5	±5	±10
抗风支座	牛腿垂直度	与牛腿侧面的间隙	
	±10	2	

注:竖向支座垫石钢板平整度允许偏差为2mm。

5.5 附属工程

5.5.1 钢桥面铺装

①钢桥面板出厂时应按设计要求涂防锈漆,在桥面铺装前应喷丸除锈。

②钢桥面铺装施工应符合设计要求,施工前应对各种材料进行调查试验,并对各种施工机械和设备做全面检查。铺装各层施工前应进行施工试验。

③钢桥面铺装施工时在一道工序完工之后,下道工序应紧跟或尽快进行,施工前下层应保持干燥、整洁,不得有尘土、杂物、油污或损坏,当不符合要求时应予处理。除沥青铺装层外,完工后的铺装层表面严禁通行非施工车辆。

④沥青铺装施工之前,必须铺筑试验段,以验证沥青混合料配合比设计结果,并确定沥青混合料施工工艺。

⑤沥青铺装施工气温不得低于15℃,且应在钢桥面左右两幅平行对称分段铺筑。

⑥钢桥面人行道及中央分隔带铺装,除沥青铺装外其余应与行车道相同。沥青铺装层宜人工铺筑,当使用大型压路机有困难时,应采用小型振动压路机或振动夯板压实,对不能采用压实机具的部位,可采用人工夯实。

⑦钢桥面沥青铺装的质量检查与验收标准应符合现行《公路工程质量检验评定标准》(JTG F80/1—2004)的规定。对钢桥面沥青铺装进行检测时,不得采用钻孔法,而应改用其他适合的办法。

5.5.2 伸缩装置

桥面铺装施工前应安装好伸缩装置。安装在一端为钢梁另一端为混凝土梁的伸缩装置,在靠混凝土梁一端底座及端头约800mm范围内,必须用高强度混凝土或特种混凝土以提高其抗压强度及耐冲击能力。伸缩装置安装时应严格遵守重物吊装及运输安全有关规定,结构焊接可按伸缩装置制作厂家提供的技术标准执行。

5.5.3 钢管金属栏杆

钢管金属栏杆是指用钢管制作的安装在桥面上,用以保障行人安全的防护设施,栏杆必须与主梁连接牢固。

5.5.4 避雷针

避雷针是用来保护建筑物等避免雷击的装置。在高大建筑物顶端安装一个金属棒,用金属线与埋在地下的一块金属板连接起来,利用金属棒的尖端放电,使云层所带的电荷和地上的电荷逐渐中和,从而不会引发事故。避雷针规格必须符合国家标准,每一个级别防雷需要的避雷针规格一般不同。

1. 避雷针制作

独立避雷针直径一般为20mm,采用圆钢或钢管制成,钢管管壁厚度不得小于3mm。采用镀锌钢管制作针尖,长度1~2m,针尖刷锡长度不得小于70mm。

2. 避雷针安装

所有金属部件必须镀锌,施工时注意保护镀锌层。避雷针应垂直安装牢固,垂直度允许偏差为3/1000。安装时应采用搭接焊,其搭接长度必须符合要求,圆钢为其直径的6倍。

第六章 公路桥梁施工监控

桥梁施工监控是以设计成桥状态为实现目标，在整个施工过程中，通过实时监控桥梁结构，运用现代控制理论，在施工现场对误差进行量测→识别→修正→预告→再进行施工的循环过程，使桥梁施工状态最大限度地接近理想状态，从而保证桥梁结构在施工过程中的安全，最终达到桥梁结构成桥满足设计和施工规范的要求。

6.1 桥梁施工监控

桥梁施工监控是施工技术的重要组成部分，并始终贯穿于桥梁施工全过程。随着公路交通建设发展的需要，桥梁作为公路的重点工程其建设任务艰巨。

6.1.1 影响桥梁施工安全的因素

影响桥梁施工安全的因素很多，总结起来主要有以下几点。

(1)施工安装

桥梁安装中常随结构形式的不同而异。以钢桁梁的悬臂架设为例，为使其最终满足设计高程，通常采用预设拱度的方法来解决，即将先架设的节段预先抬高以消除后架设节段的影响。因此对不同结构形式的桥梁，需针对其结构特点或构造要求在其施工安装过程中采取相应的安全措施，以确保施工安全。

(2)温度湿度

钢桥或钢筋混凝土桥梁施工时，常受温度、湿度等因素的影响。因此在钢梁或钢筋混凝土梁合龙时，应选择合适的温度和时间。另外，混凝土的徐变，受养护及使用条件下的温、湿度影响较大。混凝土过大的徐变，将使混凝土中的预应力受到较大的损失。

(3)基础沉降

若桥梁基础产生竖向不均匀沉降或水平方向位移，会使结构中产生附加应力，严重时可能会超出混凝土结构的抗拉能力，导致结构开裂，甚至使桥梁垮塌。

(4)混凝土徐变

混凝土徐变是在某一不变荷载的长期作用下，混凝土结构的应变随时间而增长的现象。产生徐变的主要原因，是水泥胶体的塑性变形以及混凝土内部微裂缝的持续发展。影响徐变的因素主要有混凝土组成成分和混凝土配合比等。若结构某一部位的徐变加大，裂缝将不断出现、扩展直至结构破坏。

(5)桥梁裂缝

①荷载引起的裂缝。是指混凝土桥梁在常规静、动荷载及次应力下产生的裂缝。

②混凝土的温度裂缝。混凝土具有热胀冷缩性质，当外部环境或结构内部温度发生变化时，混凝土将发生变形。若变形遭到约束，则在结构内产生次内应力，当应力超过混凝土抗拉强度时即产生温度裂缝。

③混凝土的收缩裂缝。混凝土的收缩裂缝是最常见的裂缝形式。其中，以塑性收缩和缩水收缩（干缩）是发生

混凝土体积变形的主要原因,另外还有自生收缩和炭化收缩。收缩严重将产生裂缝。

④钢筋锈蚀引起的裂缝。由于混凝土质量较差或保护层厚度不足,若混凝土保护层受二氧化碳侵蚀碳化至钢筋表面,使钢筋周围混凝土碱度降低;或由于氯化物介入,钢筋周围氯离子含量较高,而引起钢筋表面氧化膜破坏,使混凝土沿钢筋纵向产生裂缝,并有锈迹渗到混凝土表面。由于锈蚀,使得钢筋有效断面面积减小,钢筋与混凝土握裹力削弱,结构承载力下降,并将诱发其他形式的裂缝,加剧钢筋锈蚀,严重时将导致结构破坏。

⑤冻胀引起的裂缝。大气气温低于零度时,吸水饱和的混凝土出现冰冻,游离的水转变成冰,体积膨胀9%,使混凝土产生膨胀应力。同时,混凝土凝胶孔中的过冷水在微观结构中迁移和重分布引起渗透压,使混凝土中膨胀力加大,混凝土强度降低,并导致裂缝出现。

⑥施工材料质量和工艺质量引起的裂缝。混凝土主要由水泥、砂、集料、拌和水及外加剂等组成。水泥的安定性不合格、受潮或过期、含碱量较高(例如超过0.6%),砂石的粒径太小、级配不良、空隙率大、杂质含量高等,都可能导致结构出现裂缝。

(6)风荷载

风荷载也称风的动压力,是空气流动对工程结构所产生的压力荷载。风荷载可使结构摆动,影响桥梁安装及稳定,过大的风荷载甚至会危及桥梁安全。

6.1.2　施工监控的重要性

1. 施工监控是设计目标的实现

任何桥梁施工特别是大跨径桥梁的施工,从施工准备、施工管理到组织实施是一个系统工程。实现设计目标,需要经历很多过程,将受到许多确定或不确定因素的影响,包括设计计算、桥用材料性能、施工精度、荷载、大气温度等诸多方面在理想状态与实际状态之间存在的差异,施工中如何从各种受误差影响而失真的参数中找出相对真实的数值,对施工状态进行实时监测识别、纠偏调整及估量预测,对设计目标的实现至关重要。在近年来的桥梁建设中,人们已普遍认识到施工监控在施工技术中的重要地位和作用。

2. 施工监控是工程质量的保证

桥梁施工监控是确保桥梁工程质量的关键。如斜拉桥施工应要求在成桥时斜拉索的内力达到设计要求,否则斜拉索受力不均将影响斜拉桥的使用寿命。目前由于计算机的广泛应用,工程技术人员可以对多阶段、多程序的桥梁架设体系施工方法采用计算机模拟,可预先计算出各阶段内力和位移;将施工中的实测值与预计值进行比较,若有误差可及时进行调整,直到达到最满意的设计状态;所谓的桥梁施工监控是使各阶段内力和变形达到预计值,最终达到设计要求,能够确保成桥的工程质量。为了能够建设外形美的桥梁、高质量桥梁,施工监控是绝不可少的。

3. 施工监控是桥梁建设安全的保证

桥梁施工应按施工组织程序进行,施工中的每一阶段,结构的内力和变形是可以预计的,同时可通过监测得到各施工阶段结构的实际内力和变形,从而跟踪和掌握施工质量情况。当发现施工过程中监测的实际值与计算的预计值相差过大时,必须进行检查和原因分析,而不能再继续施工,否则将可能出现事故。这方面案例较多,例如跨径548.6m的加拿大魁北克桥因悬臂梁施工长度176.8m过长,没有及时施工监测而失稳引起突然坠落的安全事故。

桥梁施工监控不仅是桥梁建设中的安全系统,也是桥梁运营中安全性和耐久性的综合监测系统。随着公路交通建设的发展,荷载等级、交通流量、行车速度等的提高,还有不可预测的自然破坏力也将会危及桥梁的安全,若在建设桥梁时进行了施工监控,并预留长期观测点,将会给桥梁创造终身安全监测的条件,从而给桥梁运营阶段的养护工作提供科学的、可靠的数据,给桥梁安全使用提供可靠保证。

6.1.3　施工监控的内容

1. 变形监控

不论采用什么施工方法,桥梁结构在施工过程中极易使桥梁结构在立面高程、平面位置挠曲偏离预期状态,桥梁难以顺利合龙,或成桥线形与设计要求不符。采用施工监控量测,对于每道工序的控制误差允许范围进行事先研究,确定每道工序的控制误差,使桥梁结构在施工成桥后的挠曲误差极小。桥梁施工几何变形与桥梁建设规模、跨径大小、施工技术难度等有关,需要根据具体桥型及规模,在施工量测中控制误差允许范围,逐步健全量测标准。施工量测中误差允许范围,见表6-1。

施工量测中误差允许范围 表6-1

桥型	施工方法	跨径L(m)	长度(mm)	顶面高程(mm)	轴线偏位(mm)
梁桥	悬臂浇筑	≤100		±20	10
	悬臂拼装			±20	10
	预制梁		+5,−10		
拱桥	现浇板拱				10
	肋拱				5
	预制箱形拱				10
	钢管拱	>200			L/4000
	装配式桁架	>60			L/6000

实际施工中所表现出来的误差,有放样误差、立模误差、观测误差、梁段预制误差等,是造成立面高程、平面位置挠曲偏离的主要原因。

2. 应力监控

通过采用结构应力的监测来了解实际应力状态,若发现实际应力状态与理论计算应力状态的差别超限,就要进行原因查找和调控,使之在允许范围内变化。结构应力控制的好坏不像变形控制那样易于发现,若应力控制不当将会给结构造成危害,严重者将发生结构破坏。因此,必须对结构应力实施严格监控。各类桥梁对应力控制的精度还没有明确的规定,需根据设计要求确定,通常包括以下内容:

①结构在自重下的实际应力与设计应力相差宜控制在+5%。

②结构在施工荷载下的实际应力与设计应力相差宜控制在+5%。

③斜拉桥拉索张力,允许偏差宜为±5%。

④悬索桥吊杆拉力、中下承式拱桥吊杆拉力,允许偏差宜控制在±5%。

⑤悬索桥索力的精度要求是实际拉力与设计值之间的允许误差,为设计锚固力的3%。

⑥温度应力,特别是大体积混凝土基础、墩柱等。

3. 稳定控制

随着公路桥梁建设跨度的增大,从几百米到几千米,上部构造梁体的高跨比越来越小,安全系数也随之下降;桥梁在长期超负荷运营的情况下,容易造成上部结构疲劳破坏;桥梁受车载、温度和地震影响,会逐渐造成下部构造的位移。另外大桥柔性大,频率低,对风的作用很敏感,要承受较大的风动作用。因此,桥梁的稳定性控制应引起重视。

桥梁监控量测的结果一般能够部分地反映结构当前状态,但却很难全面反映桥梁的内力状况,尤其是难以对桥梁的安全储备以及退化的途径作出系统的评估。此外常规的量测技术也难以发现隐秘构件的损伤。因此,应建立一套完整的稳定监控量测系统。目前主要通过稳定分析计算,结合结构应力、变形情况来综合评定、控制其稳定性。

施工中,除桥梁结构本身的稳定性必须得到控制外,施工过程中所用的支架、挂篮、缆索吊装系统等施工设施的各项稳定系数也应满足规范要求。

4. 安全监控

桥梁施工安全控制主要是变形控制、应力控制、稳定控制的综合体现,这三项得到了控制,安全也就得到了控制,由于桥梁施工质量问题引起的安全问题除外。由于桥梁结构形式的不同,直接影响施工安全的因素也不一样,在施工控制中需根据实际情况,确定其安全控制重点。

6.1.4 监控量测方法

桥梁施工监控量测应按上部构造和下部构造,并针对结构构件进行。桥梁施工监控量测的任务是对桥梁施工过程实施监控,确保桥梁结构在施工过程中的内力和变形始终处于安全范围内,确保成桥线形与成桥结构内力符合设计要求。桥梁施工监控以适时量测为手段,桥梁施工监控实际为施工适时控制,施工监控的内容主要包括成桥理想状态确定、施工理想状态确定和施工适时控制分析。

1. 成桥理想状态确定

成桥理想状态是指在恒载作用下,结构达到设计线形和理想受力状态。

2. 施工理想状态确定

施工理想状态以成桥理想状态为初始条件，按实际施工相逆的步骤，逐步拆去每一个施工项对结构的影响，从而确定结构在施工各阶段的状态参数（轴线高程和应力等），一般由倒退分析法确定。

3. 施工适时控制分析

施工适时控制分析是在施工时，根据施工理想状态，按一定的准则调整，通过对影响结构变形和内力主要设计参数的识别进行修正，使结构性能、内力达到目标状态。

施工适时控制流程如图6-1所示。在建立正确模型后的工作步骤如下：

①依据设计参数和施工控制参数，结合桥梁施工的结构状态、施工工况、施工荷载、二期恒载、活载等，输入到分析系统中，从中获得结构按施工阶段进行的每阶段的内力和挠度及最终成桥状态的内力和挠度。

②假设成桥时为理想状态，对桥梁结构分析所得的数据，可获得使桥梁结构最终为理想状态的各阶段的预抛高值，得出各施工阶段的控制数据，即立模高程以及混凝土浇筑前、浇筑后、钢筋张拉前、张拉后的预计高程。

③通过卡尔曼滤波器，预告各阶段的实际状态值，再由最后的最优控制，结合实际观测值，得出最优调整方案，最终完成整个控制过程。

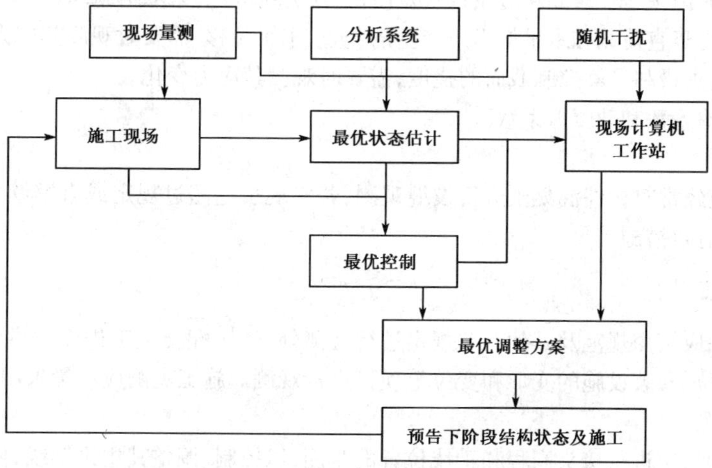

图6-1　桥梁施工适时控制流程

分析系统如下：

①前进分析的目的在于确定成桥结构及各施工阶段的受力状态。计算的特点是随施工阶段的推进，结构形式、边界约束、荷载形式在不断改变，前期结构发生徐变和几何位置的改变，因而前一阶段结构状态将是本次施工阶段结构分析的基础。前进分析的计算可按有限元方法进行，目前此类计算已提供软件。

②前进分析系统可以严格按照设计好的施工步骤进行各阶段内力分析，但由于分析中荷载的不断变化以及结构节点的相互影响，使最终结构轴线不可能达到设计轴线。因此采用倒退分析在施工过程中设置预拱度，使在成桥状态时，结构线形满足设计要求。倒退分析的基本思想是假定时刻结构内力分布满足前进分析时刻的结果，线形满足设计轴线。在此初始状态下，按照前进分析的逆过程，对结构进行倒拆，分析每次卸除一个施工段对剩余结构的影响。在一个阶段内分析得到的结构位移、内力便是理想施工状态。

③倒退分析得到的理想状态是我们期望在施工中实现的目标，而实际施工中结构状态总是由于设计参数、施工误差、测量误差、结构分析模型误差等因素偏离目标。为了能及时有效地将实测数据（体系本身的变化、挠度、应力、现场气温等）、调整参数信息、误差信息反馈到实际施工控制中，指导现场施工作业，可编制基于现代控制理论中的随机最优控制和有限元法的计算程序，建立现场计算机工作站（EWS），将实测结构控制参数输入，得出有效调整量，获得最优调整方案，同时预告下阶段结构状态。

6.1.5　梁桥施工监控

1. 现浇梁观测

施工时应对支架的变形、位移、节点和卸架设备的压缩和支架基础的沉陷进行观测，如发现超过允许值的变形、变位，应及时采取措施予以调整。

2. 悬臂浇筑混凝土梁观测

悬臂浇筑混凝土过程中，对桥梁的中轴线、高程进行观测，误差应在允许范围内。高程：±10mm；中轴线偏差：5mm。

3. 悬拼梁量测

控制每节箱梁安装过程中的中轴线及高程，监控每段箱梁的挠度变化情况，并不断进行调整。基准梁四角高差的允许误差为±2mm。悬拼施工允许误差如下：

①湿接缝第一段箱梁中线允许误差：2mm。

②湿接缝第一段箱梁顶面高程允许误差：±2mm。

③悬臂合龙时箱梁中线允许误差：30mm。

④悬臂合龙时箱梁相对高程允许误差：±30mm。

4. 应力跟踪检测

对梁体主要断面应力检测值与理论值比较，研究体系转换过程中的应力变化，分析其他因素对箱梁的影响。

5. 顶推梁施工观测

对于观测结果应随时记录、整理，如超过设计规定限值，应分析原因，采取措施纠正。

①墩台和临时墩承受竖直荷载和水平推力所产生的竖直、水平位移，需要时观测其应力变化。

②桥梁顶推过程中，主梁和导梁控制截面的挠度，需要时观测其应力变化。

③滑动装置的静摩擦系数和动摩擦系数。

6. 裂缝观测

梁桥施工过程中，应经常对构件混凝土进行裂缝观测，若发现裂缝超过规定或有继续发展的趋势时，应及时分析研究，找出原因，采取有效措施。

6.1.6 拱桥施工监控

拱桥施工过程中，除应按照规范及其他有关规定进行观测外，还应配合施工进度对拱肋、拱圈的挠度和横向位移、混凝土裂缝、墩台变位、安装设施的变形和变位等项目进行观测。施工观测应尽量采用全站仪进行。

1. 拱肋吊装合龙观测

拱肋吊装定位合龙时，应进行接头高程和轴线位置的观测，以控制、调整其主拱轴线，使之符合设计要求。其允许偏差应符合规范及相关质量检查及标准的规定。拱肋松索成拱以后，从拱顶上施工加载起，一直到拱上建筑完成，应随时对1/4跨、1/8跨及拱顶各点进行挠度和横向偏移的观测。

多孔拱桥，一孔吊装拱上建筑时，应观测相邻孔拱圈和墩台的影响。当发现挠度和横向偏移值超过允许值时，应及时分析，调整施工程序或采取其他有效措施。

2. 变形位移观测

采取少支架安装施工时，应对支架的变形、位移，节点和卸架设备的压缩及支架基础的沉陷等进行观测，如发现超过允许值的变形、变位，应及时采取措施予以调整。

采取无支架安装施工时，应随时观测吊装设备的塔架、主索、扣索、索鞍、锚碇等的变形和位移，如发现异常，应及时采取措施。

3. 裂缝观测

在施工过程中，应经常对构件混凝土进行裂缝观测，若发现裂缝超过规定或有继续发展的趋势时，应及时分析研究，找出原因，采取有效措施。

4. 拱圈挠度观测

现浇钢筋混凝土拱圈在卸落拱架的过程中，应设专人用仪器配合施工进度随时观测拱圈、拱架、劲性骨架的挠度和横向位移以及墩台位移变化情况，并详细记录，如发现异常，应及时分析，采取措施，必要时可调整加载或卸架程序。

5. 应力检测

大跨度拱桥施工过程中，应配合施工进度对拱圈（肋）混凝土、拱肋接头、劲性骨架、吊杆、系杆、钢管混凝土、扣索、转盘、锚碇（梁）等关键受力部位进行应力监测，并与控制计算值相比较，一旦偏差超出设计允许范围，应立即进行调整。

大跨度拱桥的施工观测和控制宜在每天气温、日照、变化不大的时候进行，尽量减少温度变化等不利因素的影响。

6.1.7 斜拉桥施工监控

由于斜拉桥的施工方法和施工程序对施工中及成桥后主梁线形和结构恒载内力都具有决定性的影响，采用施工观测手段控制工程结构的形体和内力，使其符合预先设计的要求，必须对斜拉桥每一施工阶段的结果进行详细的量测、分析和验算，以确定下一施工阶段拉索张拉量值和主梁高程及索塔位移控制量值，周而复始直至合龙成桥的过程。这一施工监控过程应由设计、施工、监理以及专业的测试单位共同完成。

1. 施工监控原则

根据斜拉桥的特点，主梁在合龙前施工时，以其设计的线形和高程的控制为主；合龙后及二期恒载施工时，以控制拉索和结构的设计内力为主。

2. 量测的主要内容

①变形测试有主梁线形、高程、轴线偏差、索塔的水平位移；通常使用（精密）水准仪、经纬仪、倾角仪等量测仪器。

②应力测试有拉索索力、支座力以及梁塔应力在施工过程中的变化。一般使用千斤顶油压表、荷载传感器或激振法、随机振动法等测定斜拉索的索力，主梁塔柱应力测试则使用各种应变仪、应变片或测力计等。

③温度测试温度场及指定检测塔、梁、索的应力情况。斜拉桥的主梁为预制钢梁时，合龙段施工前夕温度测试，对于合龙温度的选择和合龙段预制钢梁长度的确定具有重要作用。

3. 索力调整

主梁全桥合龙后应进行线形、斜拉索索力以及关键断面的应力检测。为控制索力，一般应至少进行一次全桥索力调整。调整方案由设计计算确定，调索后还要进行全桥索力与高程的量测。索力的调整有一次张拉法、多次张拉法、设计参数识别修正法和卡尔曼滤波法。

①一次张拉法，指在施工过程中每一根斜拉索张拉至设计索力后不再重复张拉。

②多次张拉法，指在整个施工过程中对拉索进行分期分批张拉，使施工各阶段结构的内力较为合理，梁塔的受力处于大致平衡的状态，即梁塔仅承受轴向力和数值不大的弯矩。

③设计参数识别修正法，根据施工中结构的实测值对主要设计参数进行估计，然后将被修正过的设计参数反馈到控制计算中去，重新给出施工中索力和挠度的理论期望值，以消除理论值与实测值差异中的主要部分。

④卡尔曼滤波法，指通过一定控制过程，使索力达到预期目的且处于最优状态。

4. 索塔施工量测

斜拉桥索塔的建筑造型及断面形式各异，成桥后要承受巨大的轴向力及弯矩。在施工的全过程中应采取严格的施工监控量测措施，对索塔施工进行定位指导及监控。除要保证索塔各部位的倾斜度、铅直度、外形几何尺寸、斜拉索锚固箱的精确定位以外，还要对索塔进行局部量测（如承台及基础等），系统地监控并与全桥总体监控量测联网闭合。

对索塔的基础、塔座、下塔柱、下横梁、中塔柱、上横梁、上塔柱（拉索锚固区、塔顶等）几大部位的相关位置和转折点进行测量控制时，应根据实际施工情况及时进行调整，避免误差的累积。由于索塔的不断增高和混凝土收缩徐变、沉降、风荷载、温度等因素的影响，基准点必然产生少量的变化，故应将上述几大部位相关位置及转折点与全桥总体测量控制网联网闭合，以便进行修正和控制。

6.1.8 悬索桥施工监控

悬索桥是一种柔性结构，施工过程各部位受力情况变化较快，因此要求对施工过程进行监控，以确保安全和质量。如对索塔施工倾斜度的监控，上部结构施工过程中，加强对塔变形、塔中距、主缆控制点高程进行监控，从而计算对索塔、锚心受力情况，并控制在容许范围内。

1. 主缆施工监控

（1）主缆钢丝均匀受力控制

不论主缆是采用空中架线法架设，还是采用预制绳股法架设，主缆内各钢丝都要受力均匀。对于预制绳股法而言，其锚头应是在同一绳股内的各钢丝在承受同等拉力、长度相等的情况下浇制完成；另外架设中，各绳股进入鞍座槽路前，应将它稍微顶高，使它处于自由悬挂状态，量测其中点的矢高，进行调股。只有各股矢高相等，各股长度才会相等,各丝才能均匀受力。

(2)主缆安装控制

架设股缆施工中和调股中,均应在夜间温度均衡时,量测股缆矢高和两塔顶主鞍位置,并应以主鞍位置值校正矢高实测值。

(3)调股控制

只有将股缆主跨和边跨的矢度调到设计要求,并使股缆两端位置固定,才能将其落入鞍座,才能使悬索桥在进入恒载状态时,主鞍座的位置与设计位置相等。由于股缆架落在主鞍座后,其支承点的相对位置就不容许变动,所以主缆架设中应对其从锚固端到主鞍顶、从一岸主鞍顶到另一岸主鞍顶、再从主鞍顶到另一锚固端的三段主缆长度,不仅要精确定位,而且要严格控制。

2. 主缆鞍座位置控制

在悬索桥施工架设中,塔上主鞍座位置的控制是相当重要的。要使成桥的主鞍座位于其设计位置,在主缆架设时,就应该让主鞍座的空间位置具有一个靠岸的预留偏移量。只有这样,在架梁过程中,随着梁段增加,主缆拉力增大,主缆长度增加,主鞍座才会进入设计位置,成桥的恒载状态才会符合设计要求。

3. 加劲梁段架设施工控制

加劲梁的架设是悬索桥施工的关键环节。在悬索桥施工中应对梁段架设的方法和步骤作细致的计算分析,并根据此架设计算作施工量测和管制。

①架设计算的任务是对加劲梁架设阶段的悬索桥进行结构分析,通过不同架设方案的比较决定最合理的架设方案,以防止结构出现超限应力。

②给出结构的位移,为架设提供依据。

③吊索位置和长度、各梁段的重力、梁段在主缆跨度的位置可以量测,也可以计算出几何线形;施工中可以用这些量测值及矢高值等进行校核和控制。

6.2 监控量测系统建立

监控量测系统是桥梁施工控制系统中的一个重要部分,桥梁施工控制须以施工监测为基础。通过施工监测系统的建立,跟踪施工过程并获取结构的真实状态,不仅可以修正理论设计参数,保证施工控制预测的可靠性,同时可及时发现和避免桥梁结构在施工过程中出现的超出设计范围的变形、截面应力以及结构的破坏。另外,该监测系统还可在桥梁使用中对其安全状况进行监测,为桥梁的科学管理与维护提供数据资料。

施工监测的方法很多,应根据监测对象、监测目的、监测频度、监测时间长短等情况选定最方便实用、最可靠的监测方法,建立监控量测系统。

6.3 施工量测仪器设备

6.3.1 仪器设备分类

仪器设备可以分为单件式和集成式。按使用功能可分为传感器、放大器、显示器、记录器、分析仪器、数据采集仪,或者一个完整的数据采集系统。按仪器用途分类有测力传感器、位移传感器、应变计、倾角传感器、频率计、测振传感器等。

一般在大型桥梁的监测中,仪器应该满足以下使用要求:

①测量仪器不应该影响结构的正常工作,要求仪器自重轻、尺寸小。

②测量仪器要有合适的灵敏度和量程。

③安装使用方便,稳定和重复性较好。

④价廉耐用,安全可靠,容易维修。

⑤在达到要求前提条件下,尽量采用多功能、多用途的仪器,以适应多方面的需求。

6.3.2 传感器

传感器的主要功能就是感受各种物理量(如力、应力、应变等),并把它们转换成电信号或者容易处理的信号。

1. 机械式传感器

机械式传感器利用机械原理进行工作,主要由感受机构、转换机械、显示装置和附属装置四个部分组成。机械式传感器通常都不能进行数据传输，都需要带有显示装置。所以，机械式传感器是带有显示器的传感器。

2. 电测传感器

电测传感器利用某种特殊材料的电学性能或某种装置的电学原理把所需测量的非电的物理量变化转换成电量变化，如把非电量的力、应变、位移以及速度、加速度等转换成与之对应的电流、电阻、电压、电感、电容等。电测传感器由主要由感受部分、转换部分、传输部分和附属装置四个部分组成。

3. 其他传感器

除上述传感器外，还有红外线传感器、激光传感器、光纤维传感器、超声波传感器等，还有些传感器是利用两种或两种以上原理进行工作的复合式传感器，及能对信号进行处理和判断的智能传感器。通常，传感器输出的电信号很微弱，在有些情况下，还需要按传感器的种类配置放大器，对信号进行放大处理，然后输送到记录器和显示器。放大器的主要功能就是把信号放大，它必须与传感器、记录器和显示器相匹配。

6.3.3 几何状态监测仪器

1. 电子经纬仪

电子经纬仪是采用电子学用量测量角度的，所以其具有很多光学经纬仪没有的优点。

2. 全站仪

全站仪是集测距仪和电子经纬仪为一体的测量仪器，具有两大特点：一是能同时测量水平角、垂直角和测距，观测的数据由电子手簿自动记录，即是电子测距测角仪；二是望远镜的光轴和测距仪的光轴是同轴的，并可通过电子处理将测量数据输送给外围设备。

3. 半站仪

由测距仪和光学经纬仪进行组合，既能测距又可同时测角的仪器，称之为半站仪，亦称测距经纬仪。这种组合在功能和方便上虽不及全站仪，但能满足一般工程测量放样的要求，所以仍是较受欢迎的仪器之一。

4. GPS 量测

GPS 是“Global Positioning System”的缩写，意为“全球定位系统”。该系统拥有 24 颗人造卫星，排列在 6 个近似圆形的轨道上，卫星高度约 2 万 km。这种设计方案保证地球上任何地方、任何时刻都能收到卫星发出的信号，通过设在地球上任何地方的接收机，接收人造卫星发出的电波并进行解析，以测量出该处的位置，进行快速定位。在桥梁工程中，GPS 已用于三角控制网测量，并逐步扩展到特大规模桥梁的施工控制量测中。其主要特点是经济、快速、精度均匀，不受天气、时间和通视条件限制。

5. 特殊量测仪器

(1)激光经纬仪

①自动安平激光扫平仪。它是一种旋转发射式的激光水准仪，可应用于桥面铺设等大面积的水平面扫平，工作效率很高。这种仪器采用红外激光器，每分钟转 300 次以上可扫出 360°、半径 100～150m 的水平基准面。

②激光铅直仪。一般设有上下两台视准线同轴的望远镜，加之纵横设置的高度水准器，故能迅速、精确地进行铅直瞄准作业。在高桥墩的滑模施工及悬索桥的加劲梁吊装等施工中，要求测量人员快速频繁地给出桥墩的中心位置，在这种情况下，原有的挂垂球或用经纬仪交会控制垂直度的测量方法已不能满足快速测量的要求，而激光铅直仪是一种较理想的仪器，有的铅直仪具有的垂直精度已达 1/40000。

③激光电子经纬仪。将激光器装在数字式电子经纬仪上，以激光发射的可见方向作为基准线。它是一台控制方向的封闭式的高效仪器，望远镜的视准轴和激光光轴是同轴的，望远镜对焦在目标上，使激光的光点最小。

④激光挠度计。激光器是直接反映挠度变化的指示器，必须保证待测点挠度准确地投射到接受器上，具有高强度、准直性好、价格也不太高等优点。

(2)三维空间量测系统

对于桥梁的尺寸和形状，以往都是采用钢尺、水准仪和经纬仪等来进行三维量测。但是传统的方法仅在钢尺能直接到达的地方才可进行量测，对一些特大型、形状复杂的量测对象已不能满足精度要求，且高空量测作业时也不安全。

为实现高精度量测，三维全站仪具有一般全站仪的功能并带有轻便打印机的控制终端等，通过外围系统很容易实现高精度量测，是一种新的三维空间量测系统。该系统主要由 NET2A 反射片、控制终端 SDR4C 和解析软件等几部分组成。

(3)光电图像式桥梁挠度检测仪

光电图像式桥梁挠度检测仪,采用图像法测量,大大提高了量程,能够满足各种桥梁低频大位移的挠度量测。同时,还可以用来测量大跨度结构物的柱、梁的变形,钻孔平台等的振动位移,可使量测者能更加全面地了解桥梁在施工中及成桥后的动态指标。该检测仪由以下五个部分组成:

①测试头部分,包括物镜成像系统、分束系统,CCD 器件及驱动电路以及安平三角基座,垂直和水平微调、高精度两维机械轴系等部件。

②控制器部分,包括微处理接口电路、单片机、面板控制键。

③电源部件,包括控制器直流供电电源及充电电源。

④靶标部分,包括靶标、靶标电源、靶标支架等。

⑤标定器,仪器在现场对被量测点进行测量标定的专用标定装置;根据距离的远近,亦即量测范围的大小选择标定数值的大小;专用标定器装有计量用数字百分表,每次标定后的位移值由百分表上读出。

6.3.4 应力测试仪器

测试结构应力、应变的仪器很多,常用的有应变传感器、电阻式应变计、振弦式应变计等。而作为新兴的应用技术,光纤传感器在许多领域中已是最有效的探测工具,它们可以安装在有限的空间里并能在极限温度、腐蚀、真空和危险环境中正常工作。

1. 振弦式应变计

①混凝土埋入式振弦应变计,可直接埋入混凝土中使用,通常用于桥梁中的基础、桩、梁,隧道衬砌等结构的应变检测,可适合于大体积混凝土中使用,也可用于实验室以及空间受限的场合。

②应变计,主要用于各种焊接钢结构的场合,如钢管、坑道的支撑、桩和桥梁等,可直接粘贴到混凝土或钢结构表面。

③振弦读数仪,可在各种条件下简单操作存储读数,每一个存储的读数均带序列号、时间、日期和温度,所有数据可以传到计算机中。

2. 光纤应变计

①表面应变计,主要用于测量混凝土、钢筋混凝土、钢结构、网状钢结构的表面应变。

②片式粘贴表面应变计,主要用于测量钢结构、网状钢结构的特殊场合的表面应变。

③埋入式应变计,主要埋设于钢筋混凝土或混凝土层中长期观测应变量的变化。

④光纤光栅传感解调仪,可用于采集、处理和传输数据。

3. 压电式传感器

压电式传感器是以某些物质的压电效应为基础的一种自生电传感器,是未来桥梁结构应变状态与动态响应监测的主要传感设备。

①强压电性传感器,由 PVDF 做成的压电薄膜柔性好、强度大、耐力学冲击、耐腐蚀,可以任意分割已成为最具潜力的聚合物压电材料。PVDF 传感器除用于监测结构静应变外,在监测结构动应变时更具优越性。

②介电传感器,具有明显的热释电效应,即除机械应力外,温度变化也可产生电极化,在温度变化十分迅速情况下要特别注意。

6.3.5 温度监测仪器

温度测试可以通过振弦式温度计或光纤式温度计进行测试。振弦式温度计较为成熟;光纤传感器较为稳定,且使用寿命较长。

1. 振弦式温度计

①不锈钢温度传感器,主要用于要求数据自动遥测记录的温度监测。

②智能温度传感器。是一种高精度、高稳定性、高可靠性、防潮及绝缘性能良好的新型温度计,配合其多点温度检测仪可做多点温度循环检测。

2. 光纤温度传感器

①光纤温度传感器-I,其技术参数有量程 $-50\sim125℃$,分辨力 0.1℃,精度 ±0.5℃,规格尺寸(直径 × 长度)为 $\phi4\text{mm}\times45\text{mm}$。

②光纤温度传感器-II,适用于测量结构物内部的温度。技术参数有量程 $-50\sim70℃$,分辨力 0.04℃,精度

±0.5℃,规格尺寸(直径×长度)为 ϕ6mm×60mm。

6.3.6 动力特性监测

桥梁结构动力特性和振动水平测试系统,由低频测振传感器、信号器、放大器及 UPS 电源和数据采集系统等组成。

1. 传感器分类

低频测振传感器按材料来分有压电式、磁电式和电阻式等多种。按量测的物理量来分有位移传感器、速度传感器以及加速度传感器等。

2. 特性要求

在桥梁振动测试中需要考虑到传感器的灵敏度、测试范围、稳定性等因素。在大型桥梁的监测中,由于其固有频率多为低频,一般主要选用低频性能较好的传感器,由于绝对式位移传感器较少,且在实际操作中存在一定问题,而磁电式速度传感器稳定性差,因此多选择压电式加速度传感器。

3. 常用加速度传感器

(1)阻抗头(加速度—力传感器),由于阻抗头本身质量很轻,因此在模态分析试验中被广泛使用。

(2)剪切陶瓷加速度计。

(3)三轴加速度计,具有结构坚固、频率范围宽、工作温度大、横向灵敏度低、对温度变化和基座应变不敏感等许多优点。

(4)光缆光栅加速度传感器,是一种高科技产品,适用范围广。它具有以下优点:

①反应速度快、灵敏度高、线性好、频率范围广、无需标定、长期稳定性好。

②结构微型化,工作稳定性高,使用寿命长。

③密封性好、耐高温、耐高压、抗电磁干扰、安全系数大。

6.4 桥梁健康监控

桥梁是投资巨大且使用周期较长的重要基础设施,因此其使用的安全性对桥梁本身及国民经济有着举足轻重的作用。

6.4.1 健康检测的意义

在桥梁运营过程中,由于荷载作用、疲劳效应和材料老化等不利因素的影响,桥梁结构将不可避免地产生自然老化现象、损伤积累,甚至导致突发事故。为此,需对桥梁设施进行健康监测,以便掌握桥梁的健康状况,使大桥的养护维修工作更具有理论指导性。建立信息管理数据库和监测反馈系统,通过结构的参数识别,及时发现缺陷和损伤,从而使桥梁的可靠性评估工作标准化和规范化也非常必要。尤其重要的一点是,监测所得的数据和分析结论对于桥梁结构的设计和建造者来说都是十分宝贵的资料,这些监测资料可以提高人们对于桥梁结构尤其是一些大型复杂结构的认识,为以后的设计和建造提供更为可靠的依据。

6.4.2 需求分析

桥梁健康和安全监测系统需要在全面了解桥梁的状况并考虑多种因素的基础上,才能建立一套在桥梁运营期内真正适用的系统。健康监测系统需要考虑提供详细必要的数据给养护管理系统,为养护措施采用决策提供科学的依据,以确保结构安全运营,真正做到预防性的养护。此外,还需要从监控系统的自身要求来选择合适的监测项目,主要考虑测试手段的可行性、分析方法的可靠性等因素。

桥梁健康和安全监测系统可以实现"预防性维护、针对性维护",根据健康和安全监控系统的监测,可以提供较为充分的数据,对桥梁的健康状况以及可能发展的趋势有清晰地了解,根据这些信息,可以有针对性地进行维护;做到目的明确,根据趋势分析甚至可以做到防患于未然,节省不必要的投入。

6.4.3 监测的主要内容

桥梁的健康监测是在桥梁运营期进行,桥梁健康监测的内容与桥梁形式、桥梁的自身特点有关。

1. 挠度变形的监测

主要监测桥梁在运营期间内,在恒载、活载及长期荷载作用下,各个主要断面位移变化的情况,从而预警和掌握桥梁结构刚度变化情况及混凝土徐变情况。

2. 应力监测

主要监测桥梁在运营期间内，在活载和长期荷载作用下，桥梁主要测试断面应力变化情况，从而预警桥梁结构是否有潜在的或已产生的缺损，以保证桥梁强度及安全使用的要求。

3. 动应变监测

通过对应力（应变）监测点的连续采集，监测桥梁在运营荷载作用下的性能，从而预警和掌握桥梁结构受活载冲击情况和桥梁刚度变化的情况。

4. 温度监测

了解桥梁温度随环境温度变化的情况，从而为不同温度状态下桥梁工作状态（如变形、应力变化）进行比较和分析提供数据。

5. 动态称重监测

通过使用动态称重监测系统，对桥梁上通过的车辆进行轴重监测记录，掌握轴载情况，为分析桥梁结构挠度变形、应力及动力性能的监测数据提供依据。

6. 外观监测

通过相应的外观监测仪器，如裂纹监测仪器对桥梁的重点部位进行监测，可以及时掌握裂纹开展的数量、宽度及其位置。

6.4.4 桥梁健康监测理论

桥梁健康监测的基本内涵，即通过对桥梁结构状态的监控与评估，为大桥在特殊气候或桥梁运营状况严重异常时触发预警信号，为桥梁维护、维修与管理决策提供依据和指导。

1. 桥梁健康监测的概念

监测系统应对桥梁结构在正常环境与交通条件下运营的物理与力学状态方面，对桥梁支座和附属设施的工作状态方面，结构构件的耐久性方面进行监测。与传统的检测技术不同，大型桥梁健康监测不仅要求在测试上具有快速大容量的信息采集与通信能力，还要力求实现对结构的整体行为实施监控和对结构的状态进行智能化评估。桥梁健康和安全监测系统在设计时应包括的内容如下：

①测量与数据的自动采集。

②数据处理与传输。

③数据存储管理与查询应用。

④结构实时变形动态显示。

⑤服务水准安全报警。

⑥结构健康和安全评估。

以上每个单元相对独立又相互联系，并分别具有各自的功能，最终形成具有实时性、可视性、程序化、规范化的结构健康和安全监测系统。

2. 健康监测系统

健康监测系统主要由现场自动量测系统、远程控制中心及分析中心三大部分组成。

（1）现场自动量测系统

对桥梁现场的应变、温度、挠度变形和通过的车辆变化情况进行数据采集。对不同类型的传感器组进行定时的起动、数据采集、对采集的数据进行预处理和存储。

（2）远程控制中心

对传输过来的采集数据进行存储，系统地发送及数据统计计算。当出现异常时进行报警，并进行原始数据处理和分析，能以报表、图表的形式显示桥梁结构的应变、挠度变形等参数变化趋势，并向分析中心传递数据。

（3）分析中心

主要是根据远程数据控制系统传送的原始数据和处理后的数据进行分析判断，对监控期间的桥梁运营工作状况进行评价，为桥梁的养护维修提供建议。

各项目的健康和安全监测系统组成，可以根据工程的实际情况和桥梁的重要程度而有所区别。监测系统一般有应变计、传输线、应变测试仪、数据采集器与处理系统。通常可以采用施工预埋测试应变元件和表面黏结应变测试元件作为监测点的应变监测传感器，数据采集采用网络接口和计算机相连，以实现数据的采集、处理和远程控制。

3. 结构健康和安全评估

结构健康和安全评估主要是根据桥梁的综合监测结果，分析桥梁结构特性参数，并对桥梁结构特性参数与桥梁结构状态之间的精确关系或模糊关系，建立桥梁结构工作状态评定与损伤识别的知识库和机理，实现对所监测桥梁结构的健康和安全的评估，为桥梁的养护或维修加固决策制订科学的依据。

(1)评估模块

①结构几何形态参数评估模块。

②基于结构变形的损伤识别模块。

③基于结构内力或应力的损伤识别模块。

④基于结构振动特性参数的损伤识别模块。

⑤桥梁结构工作状态评估模块。

⑥桥梁承载能力鉴定模块。

(2)局部损伤评估法

通过桥梁线形、沉降、整体动力特性等参数的观测，与初始状态进行对比并分析其发展趋势，可从整体上评价桥梁的健康状态，却难以了解局部的情况。因此，在桥梁的关键部位以及监测人员难以达到的地方布设测点进行监测，并通过局部损伤的评估方法进行研究。

(3)积累损伤与剩余疲劳寿命评估方法

通过对桥梁关键部位进行长期应力、应变的监测，在长期监测的基础上，可得到详细的疲劳数据，从而可以进行有效的累计损伤和剩余寿命的评估。通过应力、应变的长期监测后，利用雨流计数法等方法进行数据处理，即可以得到荷载循环的情况。选取适当的 S—N 曲线，然后通过在工程实际中得到广泛应用的“Miner 线性累计损伤理论”，可对桥梁关键或薄弱部位的累计损伤情况进行分析并对其疲劳寿命进行评估。

第七章　公路隧道施工

隧道工程施工方法的形成和发展与隧道工程的特点密切相关。隧道工程的特点是纵向长度从几十米到几公里,施工断面狭窄、作业空间有限,施工环境恶劣且风险性大;其另一特点是隐蔽性大、作业循环性强。

7.1 施工规定

隧道施工技术主要是研究隧道工程各种施工方法所需的技术方案和技术措施,即施工过程中的钻爆、支护衬砌、通风防尘及照明水电等的操作要求和作业方法。

7.1.1 总体要求

公路隧道施工必须遵守国家和行业的质量验收标准,建立完善的质量保证体系,制订切实可行的质量管理制度和措施,保证工程质量;必须遵守国家和行业的安全生产法律法规,制订切实可行的安全制度和措施,保证施工安全;必须遵守国家的劳动保护法规,积极改善隧道施工条件,制订切实可行的通风、防尘、防有害气体、防辐射措施,保证作业人员身体健康;必须遵守国家关于生态保护、环境保护的法律法规,制订切实可行的防止噪声、粉尘、废水污染环境的措施,保护原有植被地貌,对施工废弃物应妥善处理,做到文明施工。

隧道开挖应根据隧道长度、断面大小、结构形式、工期要求、机械设备、地质条件等,选择适宜的开挖方案。开挖作业应符合下列规定:

①确定合理开挖步骤和循环进尺,保持各开挖工序相互衔接,均衡施工。

②应采用有效的测量手段控制开挖轮廓线,开挖宜预留变形量。

③监控量测应及时进行,地质变化处和重要地段,应有相应照片或文字描述记载。

④开挖作业必须保证安全,宜减少对围岩的扰动。

隧道爆破,应采用光面爆破作业,必要时可采用预裂爆破技术。施工中应提高钻眼效率和爆破效果,以降低工料消耗。开挖爆破应选用适当的炸药品种和型号,在漏水和涌水地段应采用非电导爆管起爆。

双洞开挖时,应根据两洞的轴线间距、洞口里程距离、地质条件及其他自然条件,选择适宜的开挖方法,确定好两洞开挖的时间差和距离差,并采取措施防止后行洞开挖对先行洞周壁产生不良影响。当开挖面间距离剩下15～30m时,应改为单向开挖,并落实贯通面的安全措施,直到贯通为止。

7.1.2 施工方法

《公路隧道施工技术规范》(JTG F60—2009)适用于以钻爆法开挖为主的各级公路隧道。隧道施工方法是隧道开挖、支护与量测方法、施工技术和管理的总称。隧道施工方法的选择主要是依据工程地质和水文地质条件,并结合隧道断面尺寸、长度、使用功能等因素确定。

7.1.2.1 钻爆法

山岭公路隧道的常规施工方法是钻爆法,其包括传统的矿山法和新奥法。矿山法是因最早应用于矿产资源的开采而得名,由于这种方法大多数情况下都需要采用钻眼爆破进行开挖,故称为钻爆法。矿山法要求边挖边撑以求安全,所以支撑复杂,木料耗用较多。随着喷锚支护的应用,进而发展成新奥法。

1. 矿山法

矿山法是用开挖地下坑道的作业方式建造隧道的施工方法,或者说是用钻眼爆破开挖断面而建造隧道及地下工程的施工方法,因其借鉴矿山开拓巷道的方法而得名。由于矿山法开挖面积小,又要求按顺序施工,以致严重制约施工进度。因此当隧道稍长时,常采取开挖平行导坑、横洞和竖井等辅助坑道来增加工作面,以加快出渣、进料,加快施工进度,达到缩短施工工期的目的。矿山法按衬砌的施作顺序分为先墙后拱法和先拱后墙法。

2. 新奥法

新奥法即奥地利隧道施工新方法,是奥地利学者腊布希维兹首先提出的。它以锚喷支护技术为主要手段,必要时加钢拱支架;根据围岩地压及变形实测数据,再合理进行二次衬砌。锚喷支护技术与传统矿山法的钢(木)构件支撑技术相比,不仅仅是手段的不同,更重要的是工程概念的不同,它是人们对隧道及地下工程问题的进一步认识和理解。由于锚喷支护技术的应用和发展,使隧道及地下洞室工程理论步入到现代理论的新领域,也使隧道及地下洞室工程的设计和施工更符合工程实际,即设计理论—施工方法—结构体系工作状态的一致。因此,新奥法作为一种施工方法,已在世界范围内得到了广泛应用。新奥法施工的原则是充分保护围岩减少对围岩的扰动,充分发挥围岩的自承能力,尽快使支护结构闭合,加强监测,根据监测数据指导施工。

新奥法对隧道洞身的开挖爆破，是采用毫秒爆破或光面爆破或预裂爆破技术，辅以装载机装渣和大吨位的自卸汽车运渣等工序。新奥法最基本的特点是要求在施工过程中，每一循环开挖工序完成之后，在下一循环中的炮位设计和支护工作之前，注意做好洞内的观察、测量研究分析工作，常简称为"量测"。然后对地质情况做出预报，据以调整支护形式和施工方案，这是隧道施工过程中极为重要的一个工作环节。由于这项工作是在施工中进行的，所以又被称为信息化施工，它的主要评价指标是围岩体是否稳定和支护形式是否合理。

①少扰动：在进行隧道开挖时，尽量减少对围岩的扰动次数、扰动强度、扰动范围和扰动持续时间。因此要求能用机械开挖的就不用钻爆法开挖；采用钻爆法开挖时，要严格地进行控制爆破；尽量采用大断面开挖；根据围岩级别、开挖方法、支护条件选择合理的循环掘进进尺；对自稳性差的围岩，循环掘进进尺应短一些；支护要尽量紧跟开挖面，缩短围岩应力松弛时间。

②早锚喷：开挖后及时施作初期锚喷支护，使围岩的变形进入受控状态。这样做一方面是为了使围岩不致因过度变形而失稳坍塌；另一方面是使围岩变形适度发展，以充分发挥围岩的自承能力。必要时可采取超前预支护措施。

③勤量测：以直观、可靠的量测方法和量测数据，准确评价围岩(或围岩加支护)的稳定状态，判断其动态发展趋势，以便及时调整支护形式、开挖方法，确保施工安全和顺利进行。量测是现代隧道及地下工程理论的重要标志之一，也是掌握围岩动态变化过程的手段和进行工程设计、施工的依据。

④紧封闭：一方面是指采用喷射混凝土等防护措施，避免围岩因长时间裸露而产生强度和稳定性的衰减，尤其是易风化的软弱围岩；另一方面更重要的是指要适时对围岩施作封闭形支护，这样做不仅可以及时阻止围岩变形，而且可以使支护和围岩能进入良好的共同受力状态。

新奥法采用复合式内外两层衬砌建造隧道洞身，必要时可采取超前预支护措施。即在洞身开挖之后必须立即进行支护，以喷射混凝土、锚杆、钢筋网、钢支撑等为外层支护形式，称为初次柔性支护；二次衬砌为内层衬砌，主要起安全储备和装饰美化作用。

3. 矿山法与新奥法施工区别

从钻爆开挖的过程来看，新奥法与矿山法的基本施工程序大致相同，但对实际的隧道结构产生的效果却截然不同。除了施工的基本原则不同外，对围岩的认识和处理上还存在本质的区别，见表7-1。

矿山法与新奥法施工的区别 表7-1

项目		新奥法	矿山法
支护	临时支护	锚喷支护	木支撑为主、钢支撑
	永久支护	复合式衬砌	单层模筑混凝土衬砌
	闭合支护	强调	不强调
控制爆破		必须采用	可采用
量测		必须采用	无
施工方法		分块较少	分块较多

新奥法采用锚喷支护作为初期支护，比之木支撑有显著的优点，除能节省大量的木材外，还能及时施作，因而能有效地控制围岩的变形，并充分发挥围岩的承载能力。而木支撑只能被动地承受围岩的松动荷载。强调闭合支护，使新奥法更符合岩体力学的原则，有利于稳定围岩。控制爆破比常规爆破要优越得多，它能按设计要求有效地形成开挖轮廓线，并能将爆破对围岩的扰动降低到最低程度。当然对于传统矿山法来说，如果能采用控制爆破，也是很有利的。量测是新奥法施工的必要条件，新奥法特别强调施工过程中量测的重要性；对于施工方法，除全断面法中二者都是一个开挖断面外，在其他的施工方法中及同样的条件下，新奥法的分块都可以少于传统矿山法，这是因为采用了锚喷支护的缘故。同时，因为没有了纵横交错密布的木支撑，使得新奥法施工的工作空间大为阔展，给施工创造了有利条件。

4. 控制爆破

控制爆破是严格控制爆炸能量和爆破规模，使爆破的声响、震动、破坏区域以及破碎物的散塌范围在规定限度以内的爆破技术。

(1)控制爆破类型

目前控制爆破的类型有定向爆破、预裂爆破、光面爆破、岩塞爆破(水下控制爆破)、毫秒爆破(微差控制爆破)、拆除爆破、静态爆破、燃烧剂爆破等。

(2)控制爆破要求

①控制爆破破坏的范围，只爆破需要开挖的部位，保留其余部分的完整性。

②控制爆破后的坍塌范围。

③控制爆破时产生的碎块飞出距离、空气冲击波强度和音响的强度。

④控制爆破所引起的地基震动及对附近建筑物的震动影响(也称爆破地震效应)。

(3)光面爆破

光面爆破是先爆除主体开挖部位的岩体，然后再起爆布置在设计轮廓线上的周边孔药包，将光爆层炸除，形成一个平整的开挖面，是通过正确选择爆破参数和合理的施工方法，达到爆后壁面平整规则、轮廓线符合设计要求的一种控制爆破技术。与传统的爆破法相比，光面爆破最显著的优点是通过调整周边眼的各爆破参数，使爆炸先沿各孔中心连线形成贯通的破裂缝，然后内围岩体裂解，并向临空面方向抛掷。这种爆破在围岩中产生的裂缝较少，使爆破后的岩石面能按设计轮廓线成型，表面较平顺，超欠挖很小。光面爆破技术要点如下：

①根据围岩特点，合理选定周边眼的间距和最小抵抗线，尽最大努力提高钻眼质量。

②严格控制周边眼的装药量，尽可能将药量沿眼长均匀分布。

③周边眼宜使用小直径药卷和低猛度、低爆速的炸药，并可借助导爆索(传爆线)来实现空气间隔装药。

④采用毫秒微差有序起爆。要安排好爆破顺序，使光面爆破具有良好的临空面。

⑤边孔直径小于等于50mm。

光面爆破的关键是根据围岩特点合理选择周边眼间距和周边的最小抵抗线，严格控制周边眼的装药量，使用药量沿炮眼全长合理分布，并采用周边同时起爆。隧道分区起爆顺序为掏槽眼→辅助眼→周边眼→底板眼。辅助眼则应由里向外逐层起爆。

(4)毫秒爆破

毫秒爆破是将炸药包分组，以毫秒级的时间间隔顺序起爆的爆破技术。毫秒雷管严格按毫秒计算，以一定顺序起爆，使爆破前后阶段的时间间隔极其短促。爆破产生的岩石破坏作用力(应力波或冲击波)可以叠加，促使岩石易于被炸碎；同时，前后段爆破传递到围岩内部的冲击波又相互干扰或相互抵消，使冲击波对围岩的震动破坏大为减弱。

7.1.2.2　盾构法

盾构法是隧道暗挖法施工中的一种全机械化施工方法，它是将盾构机械在岩层或土层中掘进，通过盾构外壳和管片支承四周围岩防止发生隧道内的坍塌，同时在开挖面前方用切削装置进行岩土开挖，通过出土机械将渣土运出洞外，靠千斤顶在后部加压前进，并拼装预制混凝土管片，形成隧道结构的一种机械化施工方法。

1. 盾构机

盾构机全称盾构隧道掘进机，是一种隧道掘进的专用工程机械，如图7-1所示。盾构机集机械制造技术、自动控制技术、传感检测技术、计算机与信息技术于一体，具有开挖切削土体、输送土渣、拼装衬砌、测量导向纠偏等功能，已广泛用于地铁、公路、市政等隧道工程。盾构机的工作原理是将一个圆柱体的钢组件沿隧道轴线边向前推进边对岩土进行挖掘；该圆柱体的壳体称为护盾，它对挖掘出的还未衬砌的隧道段起着临时支撑的作用，承受围岩的压力，并承受地下水压；使挖掘、排渣、衬砌等作业在护盾的掩护下进行。

图7-1　盾构机

用盾构机进行隧洞施工具有自动化程度高、节省人力、施工速度快、一次成洞、不受气候影响、开挖时可控制地面沉降、减少对地面建筑物的影响和在水下开挖时不影响水面交通等特点，在隧洞洞线较长、埋深较大的情况下，用盾构机施工更为经济合理。但其对断面尺寸多变的区段适应能力差；盾构机购置费用昂贵，如施工区段短则不经济。

2. 施工条件

在岩石、松软地层或地下埋深较大时，可以采用盾构法施工。

①线位上允许建造用于盾构进出洞和出渣进料的工作井。

②隧道要有足够的埋深，覆土深度宜不小于6m。

③相对均质的地质条件。

④如果是双洞则要有足够的线位间距,洞与洞及洞与其他建筑物之间所夹土(岩)体加固处理的最小厚度为水平方向1.0m,竖直方向1.5m。

⑤从经济角度考虑,连续的施工长度不小于300m。

3.施工步骤

盾构施工方法由以下几个步骤组成:

①在安放盾构机的位置打一个垂直深井,用水泥混凝土墙进行加固。

②将盾构机安装到井底,并装配相应的千斤顶。

③用千斤顶驱动井底的盾构机往水平方向前进,开挖隧道。

④将开挖的渣土排出洞外,隧道墙边衬砌加固,砌筑洞口即完成隧道工程。

盾构法施工的隧道一般采用预制管片拼装的圆形衬砌,也可采用挤压混凝土圆形衬砌,必要时可再浇筑一层内衬砌,形成防水功能较好的双层衬砌。盾构分类及适用范围见表7-2。

盾构分类及适用范围 表7-2

挖掘方式	构造类型	盾构名称	开挖面稳定措施	适用范围	备注
半机械式	敞胸	反铲式盾构	手掘式盾构装上反铲挖土机	土质坚硬稳定 开挖面能自立	辅助措施
		旋转式盾构	同上,装上软岩掘进机	软岩	
机械式	敞胸	旋转刀盘式盾构	单刀加面板和多刀加面板	软岩	辅助措施
	闭胸	局部气压盾构	面板和隔板间加气压	多水松软地层	—
		泥水加压盾构	面板和隔板间加压力泥水	含水地层、冲积层、洪积层	辅助措施
		土压平衡盾构 加水式 加泥式	面板和隔板间充满土砂容积产生的压力与开挖面处的地层压力保持平衡	淤泥、淤泥混砂	辅助措施

7.1.2.3 隧道衬砌方法

隧道开挖后的洞壁,需要进行初期锚喷支护和二次衬砌。衬砌常采用曲边墙拱形断面,当围岩较差时隧道设置仰拱,形成闭合的衬砌断面。隧道衬砌按结构分类有锚喷式衬砌、整体式衬砌、复合式衬砌;按施工方法分类有先墙后拱衬砌、先拱后墙衬砌、全断面衬砌等。

1.锚喷式衬砌

锚喷式衬砌是由喷射混凝土、锚杆、钢筋网和钢支架(Ⅴ级围岩时设置)等组合而成,是隧道结构的一种衬砌形式。

2.整体式衬砌

整体式衬砌是一种传统的衬砌支护结构形式,截面可设计为等截面或变截面。该方法不考虑围岩的承载作用,主要通过衬砌的结构刚度抵御地层的变形,承受围岩压力。整体式衬砌采用就地整体装模浇筑混凝土,适用于不同的地质条件,易于按需成型,且适合各种隧道开挖方法,因此在我国隧道工程中仍在广泛使用。

3.复合式衬砌

复合式衬砌是将衬砌分为两次进行,即由内、外两层复合而成。其外层与围岩面接触的部分常称初次柔性支护;内层常称为二次衬砌,一般采用现浇混凝土,又称为模筑混凝土;其初期支护与二次衬砌之间夹防排水层。初期支护采用锚喷(锚杆、钢筋网、喷射混凝土)支护,锚杆宜采用全黏结锚杆。二次衬砌宜采用模筑混凝土或模筑钢筋混凝土结构。锚喷支护与二次衬砌相互依赖共同承受围岩的变形和压力,其基本特点是将围岩的松动压力经锚喷支护传给稳定的基岩,使围岩、支护、衬砌三者形成一个整体的承载结构。

4.先墙后拱衬砌

先墙后拱法又称为顺作法,通常是在隧道开挖成型后,再由下至上施作模筑混凝土衬砌。此方法施工速度较快,施工各工序及各工作面之间相互干扰较小,衬砌整体性较好,受力状态也比较好。这种衬砌方法一般采用拼装模板、移动式模架施工。

5. 先拱后墙衬砌

先拱后墙法又称逆作法，是先将隧道上部开挖成形并施作拱部衬砌后，在拱圈掩护下再开挖下部，并施作边墙衬砌。该方法施工速度较慢，上部施工较困难，但当上拱圈完成之后，下部施工就较安全和快速。采用先拱后墙法施工的衬砌结构整体性较差，受力状况不好，并且拱部衬砌结构的沉降量较大，要求的预拱度较大，增加了开挖的工作量。

6. 全断面衬砌

全断面衬砌是当整个断面一次挖出或几个台阶全部挖出后，用全断面衬砌模板台车和混凝土灌筑设备进行机械化施工的方法，即拱墙混凝土整体浇筑。模板台车全断面衬砌施工机械设备有凿岩台车、大型装渣机、槽式列车或梭式矿车、模板台车和混凝土灌筑设备等；全断面衬砌施工也可采用拼装模板、移动式模架施工。

7.1.3　施工准备

隧道施工前，应熟悉设计文件，领会设计意图，做好现场调查和图纸核对工作；应编制实施性施工组织设计，并做好技术准备和组织落实工作；应根据工程规模、技术要求等建立工地试验室。隧道施工应加强地质工作，重视跟踪地质调查与超前地质预报。公路隧道施工过程中，应完整收集原始数据、资料，做好施工记录，编写隧道施工技术总结。

1. 施工场地与临时工程

施工场地应结合工程规模、工期、地形特点、弃渣场和水源等情况进行合理布置。弃渣场地布置应满足安全、环保的要求，并方便弃渣。临时工程应满足安全和便于施工活动正常开展的需要。严禁将临时房屋布置在受洪水、泥石流、塌方、滑坡及雪崩灾害威胁的地段。爆破器材库、油库的位置，应符合有关规定。

2. 施工人员材料和设备

从事隧道施工的各类特殊岗位人员均应持证上岗。施工前应对施工人员进行安全培训和安全、技术交底，做好工程所需材料的选择和相关检测、试验工作，配备满足工程需要的施工设备和仪器，并完成相应检定工作。

3. 施工现场准备

施工现场准备是对现场进行补充调查和复核；进行接桩、复测及洞口放点等；结合施工单位的经验和技术条件，对设计中需要变更与改进的地方向建设单位和设计单位提出建议，并通过协商进行修改；根据掌握的情况和资料，对投标时所拟订的施工方案、施工计划、技术措施等重新评价和深入研究，修订或重新编写指导性施工组织设计。还要做好现场基本施工条件及物质准备工作。

7.1.4　施工放样

隧道施工放样测量的平面坐标系和高程系统应与定测隧道控制网坐标系和高程系统一致。平面控制网的运算及平差计算的基准平面，宜采用隧道纵断面设计高程的平均高程面。投影长度变形值宜不大于10mm/km。每个洞口应设不少于3个平面控制点、2个高程控制点。隧道控制测量桩点应定期进行复核。

1. 一般规定

隧道施工测量方案设计，应根据隧道规模和贯通误差要求，综合考虑控制网等级和图形、测量仪器精度和测量方法，估算误差范围，确保测量结果能够满足工程需要。

隧道平面和高程控制网桩点的交接，应由建设单位主持，由设计单位向施工单位逐桩逐点交付资料确认桩点，遗失的应由设计单位补桩，资料与现场不符的应更正。施工单位对设计交桩的复测结果应报送监理工程师批准。控制测量对隧道两相向施工贯通面的贯通中误差影响值，应符合表7-3的规定。

贯通中误差　　表7-3

测量部位	两开挖洞口间长度(m)			高程中误差(mm)
	$L<3000$	$3000\leqslant L<6000$	$L\geqslant6000$	
	横向贯通中误差允许值(mm)			
洞外	≤±45	≤±60	≤±90	≤±25
洞内	≤±60	≤±80	≤±120	≤±25
整个贯通区间	≤±75	≤±100	≤±150	≤±35

注：利用竖井联系测量的控制网的贯通误差允许值应根据测量设计确定。

隧道施工测量所用仪器，应按现行《中华人民共和国计量法》及相关法规检定和维护，确保达到标称精度要求。瓦斯隧道施工测量防爆措施包括采用检测通风等手段保证测量作业区瓦斯浓度小于0.5%，以及采用防爆型测量仪器。

2. 控制测量

平面控制测量可采用GPS测量、三角测量、三边测量和导线测量。洞外平面控制测量宜利用已有的定测控制网，并符合关于隧道贯通误差的有关规定和隧道施工的要求。隧道平面控制测量等级应按表7-4确定。

隧道平面控制测量等级 表7-4

隧道长度L(m)	测量等级	隧道长度L(m)	测量等级
$L \geqslant 6000$	二等	$1000 \leqslant L < 3000$	四等
$3000 \leqslant L < 6000$	三等	$L < 1000$	一级

(1)三角、三边和导线测量

三角测量、三边测量和导线测量的技术要求应符合表7-5～表7-11的规定。

三角测量技术要求 表7-5

测量等级	测角中误差(″)	起始边边长相对中误差	测回数			三角形最大闭合差(″)
			DJ_1	DJ_2	DJ_6	
二等	≤±1.0	≤1/250000	≥12	—	—	≤±3.5
三等	≤±1.8	≤1/150000	≥6	≥9	—	≤±7.0
四等	≤±2.5	≤1/100000	≥4	≥6	—	≤±9.0
一级	≤±5.0	≤1/40000	—	≥3	≥4	≤±15.0

三边测量技术要求 表7-6

测量等级	测距中误差(mm)	测距相对中误差
二等	≤±9.0	≤1/330000
三等	≤±14.0	≤1/140000
四等	≤±10.0	≤1/100000
一级	≤±14.0	≤1/35000

导线测量技术要求 表7-7

测量等级	附(闭)合导线长度(km)	边数	每边测距中误差(mm)	单位权中误差(″)	导线全长相对闭合差	方位角闭合差(″)
三等	≤18	≤9	≤±14	≤±1.8	1/52000	$\pm 3.6\sqrt{n}$
四等	≤12	≤12	≤±10	≤±2.5	1/35000	$\pm 5\sqrt{n}$
一级	≤6	≤12	≤±14	≤±5.0	1/1700	$\pm 10\sqrt{n}$

注：1. 表中n为测站数。

2. 以测角中误差为单位权中误差。

3. 导线网节点间长度不得大于表中长度的0.7倍。

水平角方向观测法技术要求 表7-8

测量等级	仪器型号	光学测微器两次重合读数之差(″)	半测回归零差(″)	一测回中2倍照准差较差(″)	同一方向值各测回较差(″)	测回数
二等	DJ_1	≤1	≤6	≤9	≤6	≥12
三等	DJ_1	≤1	≤6	≤9	≤6	≥6
	DJ_2	≤3	≤8	≤13	≤9	≥10
四等	DJ_1	≤1	≤6	≤9	≤6	≥4
	DJ_2	≤3	≤8	≤13	≤9	≥6
一级	DJ_2	—	≤12	≤18	≤12	≥2
	DJ_6	—	≤24	—	≤24	≥4

注：当观测方向垂直角超过±3°时，该方向一测回中2倍照准差较差可按同一观察时段内相邻测回同方向进行比较。

测距的主要技术要求　表 7-9

平面控制网测量等级	测距仪精度等级	观测次数		每边测回数		一测回读数较差(mm)	单程各测回较差(mm)	往返较差
		往	返	往	返			
二等	Ⅰ	≥1	≥1	≥4	≥4	≤5	≤7	$\leq\sqrt{2}(a+b\cdot D)$
三等	Ⅰ、Ⅱ	≥1	≥1	≥3	≥3	≤5	≤7	
四等	Ⅰ、Ⅱ、Ⅲ	≥1	≥1	≥2	≥2	≤7	≤10	
一级	Ⅰ、Ⅱ、Ⅲ	≥1	—	≥2	—	≤7	≤10	

注:1. 测回是指照准目标 1 次,读数 4 次的过程。

2. 根据具体情况,测边可采取不同时间段观测代替往返观测。

3. a——标称精度中的固定误差(mm);b——标称精度中的比例误差系数(mm/km);D——测距长度(km)。

测距仪精度等级　表 7-10

测距仪精度等级	每公里测距中误差 m_D(mm)	平面控制测量等级
Ⅰ级	$m_D\leq\pm5$	二、三、四等,一级
Ⅱ级	$\pm5<m_D\leq\pm10$	三、四等,一级
Ⅲ级	$\pm10<m_D\leq\pm20$	一级

角度、长度和坐标的数字取位要求　表 7-11

测量等级	角度(″)	长度(m)	坐标(m)
二等	0.01	0.0001	0.0001
三、四等	0.1	0.001	0.001
一级	1	0.001	0.001

(2)高程控制测量

高程控制测量宜采用水准测量,洞外四、五等高程控制测量也可采用光电测距三角高程测量。隧道高程控制测量等级可按表 7-12 确定。高程控制点可利用稳固坚硬的基岩刻凿,如无稳固坚硬的基岩可利用,应埋设有金属标志的混凝土桩。水准测量的主要技术要求应符合表 7-13 ~ 表 7-15 规定。高程控制网的竖井联系测量应采用全站仪或光电测距仪传递高程。

隧道高程控制测量等级　表 7-12

隧道长度	测量等级	水准线路最大长度(km)
$L\geq6000$	二等	600
$3000\leq L<6000$	三等	60
$L<3000$	四等	25

水准测量的主要技术要求　表 7-13

测量等级	往返较差、附合或环线闭合差(mm)		检测已测测段高差之差(mm)
	平原、微丘	山岭、重丘	
二等	$\leq4\sqrt{L}$	$\leq4\sqrt{L}$	$\leq6\sqrt{L_i}$
三等	$\leq12\sqrt{L}$	$3.5\sqrt{n}$或$\leq15\sqrt{L}$	$\leq20\sqrt{L_i}$
四等	$\leq20\sqrt{L}$	$6.0\sqrt{n}$或$\leq25\sqrt{L}$	$\leq30\sqrt{L_i}$
五等	$\leq30\sqrt{L}$	$\leq45\sqrt{L}$	$\leq40\sqrt{L_i}$

注:1. 计算往返较差时,L 为水准点间的路线长度(km)。

2. 计算附合或环线闭合差时,L 为附合或环线的路线长度(km)。

3. n 为测站数,L_i 为检测测段长度(km),小于 1km 时按 1km 计算。

(3)GPS 控制测量

GPS 控制测量应根据隧道贯通精度的要求按静态相对定位原理建网。GPS 基线测量的中误差应小于计算的标准差,固定误差 a、比例误差系数 b 的取值应符合表 7-16 的规定。GPS 观测的主要技术要求应符合表 7-17 的规定。

(4)洞内平面控制测量

隧道施工测量分为地表控制测量和洞内控制测量。地表控制测量主要是复核设计单位交付的洞外中线方向和长度,以及水准基点高程等;洞内控制测量则是将校核过的洞口投点,引入洞内。隧道洞内控制测量等级见表 7-18。

水准测量观测的主要技术要求 表 7-14

测量等级	仪器类型	水准尺类型	视线长(m)	前后视较差(m)	前后视累积差(m)	视线离地面最低高度(m)	基辅(黑红)面读数差(mm)	基辅(黑红)面高差较差(mm)
二等	DS_{05}	铟瓦	≤50	≤1	≤3	≥0.3	≤0.4	≤0.6
三等	DS_1	铟瓦	≤100	≤3	≤6	≥0.3	≤1.0	≤1.5
	DS_2	双面	≤75				≤2.0	≤3.0
四等	DS_3	双面	≤100	≤5	≤10	≥0.2	≤3.0	≤5.0
五等	DS_3	单面	≤100	≤10	—	—	—	≤7.0

高程测量的数字取位要求 表 7-15

测量等级	各测站高差(mm)	往返测距离总和(km)	往返测距离中数(km)	往返测高差总和(mm)	往返测高程中数(mm)	高程(mm)
各等	0.1	0.1	0.1	0.1	1	1

GPS 测量的主要技术要求 表 7-16

级别	固定误差 a(mm)	比例误差 b(mm/km)	级别	固定误差 a(mm)	比例误差 b(mm/km)
二等	≤5	≤1	四等	≤5	≤3
三等	≤5	≤2	一级	≤10	≤3

GPS 观测的主要技术要求 表 7-17

测量等级		二等	三等	四等	一级
卫星高度角(°)		≥15	≥15	≥15	≥15
时段长度	静态(min)	≥240	≥90	≥60	≥45
	快速静态(min)	—	≥30	≥20	≥15
平均重复设站数(次/点)		≥4	≥2	≥1.6	≥1.4
同时观测有效卫星数(个)		≥4	≥4	≥4	≥4
数据采集率(s)		≤30	≤30	≤30	≤30
GDOP		≤6	≤6	≤6	≤6

隧道洞内控制测量等级 表 7-18

导线测量等级	适用的隧道长度(km)	测角中误差(″)	边长相对中误差		
			最弱边	起始边	基线
二	直线 6 ~ 8	±1.0	直线 1/6000 曲线 1/10000		
	直线 5 ~ 8				
三	直线 3 ~ 6	±1.8	直线 1/6000 曲线 1/10000		
	直线 3 ~ 5				
四	直线 2 ~ 3	±2.5	直线 1/6000 曲线 1/10000		
	曲线 1.5 ~ 8				
五	直线 <2	±4.9	直线 1/6000 曲线 1/10000		
	曲线 <1.5				

注:1. 适用的隧道长度系指隧道两相邻开挖洞口间的长度。
2. 导线测量均系按测量两组的成果计算。
3. 导线边长:隧道长 2km 以下,直线部分边长不短于 200m;2 ~ 4km 不短于 250m;4km 以上不短于 400m。
4. 曲线地段,不论隧道长短导线边长均按不短于 70m 考虑。

①洞内平面控制测量宜采用导线测量。洞内导线应布置成多边形导线环。

②洞内导线,应根据贯通精度的要求布点,宜选择在施工干扰小、稳固可靠、通视良好的地方;施工时应保护好导线点。导线边长在直线地段不宜小于 200m,在曲线地段不宜小于 70m。

③联系洞外和洞内的控制测量,宜选在洞外和洞内观测条件接近的时段进行观测。

④平面控制测量的竖井联系测量应采用光学垂准仪投点、陀螺仪辅助定向。应根据竖井长度和贯通精度要求选择测量仪器和测量方法，估算贯通误差，调整并确定测量方案。

3. 放样测量

用导线法进行洞内控制测量的隧道，需要使用施工中线点放样时，应由洞内导线测设施工中线。用中线法进行洞内测量的隧道，中线点点位横向偏差不得大于5mm；中线点间距曲线部分不宜短于50m，直线部分不宜短于100m；直线地段宜采用正倒镜延伸直线法。特长隧道、长隧道宜用激光设备导向。

1）开挖断面放样

开挖前应校核中线点，并在开挖断面上标出设计断面轮廓线。开挖工作完成后宜及时测量超欠挖并绘出断面图。两端开挖至贯通误差调整地段时，开挖断面宜适当加宽，加宽值不宜超过贯通极限误差允许值的一半。

隧道断面放样一般有断面仪法；以各圆弧中心点为圆心，相应半径画圆弧法；全站仪法。第一种方法由于许多施工单位无相应仪器、公路隧道施工中一般很少用；第二种方法由于每个施工作业面不是很平整，绘出的轮廓线不圆滑，误差大；第三种方法，通过计算轮廓线上各点的三维坐标，然后用全站仪每间隔一定距离直接在施工作业面上放出各点，穿线连接各点而得。这种方法能较快、准确地绘出横面轮廓线。

2）衬砌放样

隧道各部位衬砌的放样，是根据路线中线、起拱线及路基高程定出其断面尺寸。所以在衬砌放样之前，首先应进行复核检查。

二次衬砌在贯通前施工时，贯通误差调整地段开挖断面必须加宽。供衬砌用的临时中线点，其间距宜与模板台车长度一致。防水板施工前，应复核中线位置和高程，检查断面尺寸，保证衬砌施工后的衬砌厚度和净空满足规范和设计要求。衬砌模板立模后应进行检查和校正。洞内施工用的水准点，应根据洞外、洞内已设定的水准点，按施工需要加设。为使施工方便，在导坑内拱部、边墙施工地段宜每100m设立一个临时水准点，并定期复核。

（1）拱部衬砌放样

拱部衬砌的放样主要是将拱架安置在正确位置上。拱部分段进行衬砌，一般按6～12m进行分段，地质不良地段可缩短至1～2m。拱部放样根据路线中线点及水准点，用经纬仪和水准仪放出拱架顶的位置和起拱线的位置以及十字线（是指隧道中线与其垂线所形成的十字线，在曲线上则是路线中线的切线与其垂线所形成的十字线），然后将分段两端的两个拱架定位。拱架定位时，应将拱架顶与放出的拱架顶位置对齐，并将拱架两侧拱脚与起拱线的相对位置放置正确。两端拱架定位并固定后，在两端拱架的拱顶及两侧拱脚之间绷上麻线。再逐个检查调整拱架。

（2）边墙衬砌放样

边墙衬砌先根据路线中线点和水准点，按施工断面各部位的高程，用仪器放出路基高程、边墙基底高程及边墙顶高程，对已放过起拱线高程的，应对起拱线高程进行检核。如为直墙，可从校准的路线中线按设计尺寸放出支距，即可立模衬砌。如为曲墙，可先按1∶1的大样制出曲墙模型板，然后从路线中线按算得的支距安设曲墙模型板进行衬砌。人行及车行横洞的衬砌放样与主洞的拱、墙放样基本相同。其中心位置是按设计里程，由隧道中线放垂线（即十字线）定出。

（3）仰拱和铺底放样

仰拱砌筑时的放样，是先按设计尺寸制好模型板，然后在路基高程位置绷上麻线再由麻线向下量支距，定出模型板位置。

隧道铺底时是先在左、右边墙上标出路基高程，由此向下放出设计尺寸，然后在左、右边墙上绷以麻线，以此来控制各处底部是否挖够了尺寸，之后即可铺底。

3）洞门和仰坡放样

仰坡与边坡在坡面上的放样方法相同。即先把仰坡的坡脚线（相当于边坡的路肩线）按设计数据在地面上确定下来，在得到坡脚线高程和平面位置之后，再根据设计的仰坡坡度，即可定出坡顶线。

4）辅助坑道放样

辅助坑道施工测量要求可参照正洞施工测量。斜井测量宜用激光设备导向。在开挖断面形成后，应及时进行断面测量，根据测量数据修正开挖参数，控制超欠挖。宜使用断面仪进行断面测量。

4. 贯通误差调整

隧道贯通后，洞内导线、施工中线及高程的实际贯通误差，应在贯通面两侧未衬砌段调整，该贯通误差调整段的长度应根据中线形式、贯通误差值、支护和衬砌(包括仰拱)施工情况综合确定，不宜小于200m(贯通面两侧对称)。该段的后续工序均应以调整后的中线及高程为准进行放样。

(1)导线法测量

采用导线法测定贯通误差。在贯通面附近定一临时点，由进出的两方向分别测量该点的坐标，所得的闭合差分别投影至贯通面及其垂直的方向上，得出实际的横向和纵向贯通误差，再置镜于该临时点测求方位角贯通误差。贯通误差不超过允许值时，应按下列要求进行贯通误差调整：

①方位角贯通误差分配在未衬砌地段(该段长度不应小于200m)的导线角上。

②坐标闭合差在贯通误差调整段的导线上，按边长比例分配。

③采用调整后的导线坐标作为贯通误差调整段的放样依据。

(2)中线法测量

采用中线法测定贯通误差。应由测量的相向两方向分别向贯通面延伸，并在贯通面上分别得出中线点，量出两点的横向和纵向距离，即为该隧道的实际贯通误差。贯通误差不超过允许值时，应按下列要求进行贯通误差调整：

①贯通误差调整段为直线时，宜通过加设曲线来调整线路中线，所加设的曲线参数应满足现行《公路路线设计规范》(JTG D20—2006)的要求。

②贯通误差调整段全部位于圆曲线地段时，贯通误差应由曲线的两端向贯通面按长度比例调整中线。

③贯通误差调整段既有直线又有曲线时，宜通过调整曲线偏角和曲线起(终)点位置调整线路中线，满足现行《公路路线设计规范》(JTG D20—2006)的规定，并能保证隧道净空。

(3)高程贯通误差

水准路线由两端向洞内进测，分别测至贯通面附近的同一高程控制点或中线点上，所测得的高程差值即为实际的高程贯通误差。高程贯通误差不超过允许值时，贯通点附近的高程控制点，应采用由两端分别引测的高程平均值作为调整后的高程，将高程贯通误差的一半分别在贯通面两端未衬砌地段的高程控制点上按水准线路长度的比例调整。

5. 交(竣)工测量

施工前，应进行测量方案设计，选定控制测量等级，确定测量方法，估算误差范围，并应对设计交桩进行复测。

①应在中线复测的基础上埋设永久中线点，永久中线点应用混凝土包埋金属标志。直线上的永久中线点，每200～250m设一个，曲线上应在缓和曲线的起终点各设一个；曲线中部，可根据通视条件适当增加。永久中线点设立后，应在隧道边墙上画出标志。

②应在直线地段每50m、曲线地段每20m及需要加测断面处，测绘以路线中线为准的隧道实际净空，标出拱顶高程、起拱线宽度、路面水平宽度。

③洞内水准点每公里应埋设一个，短于1km的隧道应至少设一个，并应在隧道边墙上画出标志。

④当洞内有瓦斯等易燃气体时，测量工作必须采取防爆措施。

⑤用中心线进行洞内测量的隧道，中线点点位横向偏差不得大于5mm。交(竣)工验收时，应提交隧道总体检验项目结果，见表7-19。

隧道总体检验项目表　　表7-19

检查项目	规定值或允许偏差	检验方法
车行道宽(mm)	±10	尺量：每20m(曲线)或50m(直线)检查一处
隧道净总宽	不小于设计值	尺量：每20m(曲线)或50m(直线)检查一处
隧道净高	不小于设计值	水准仪：每20m(曲线)或50m(直线)测一断面，每个断面测拱顶和拱腰3个点
隧道偏位(mm)	20	全站仪：每20m(曲线)或50m(直线)检查一处
引道中心线与隧道中心线的衔接(mm)	20	分别将引道中心线和隧道中心线延长至两侧洞口，比较其平面位置
边坡、仰坡的坡度	不大于设计值	坡度板：检查10处

7.2 洞口施工

洞口是隧道开挖可能给地表造成下沉、塌穴等不良影响的一段范围。由于每座隧道的地形、地质及线路位置不同,洞口地段的长度范围就不同。洞口地段覆盖层浅、地质条件差,且地表水汇集,一般施工难度大。洞口工程有边仰坡防护、排水设施、洞门工程等。洞口开挖和进洞施工宜避开雨期、融雪期及严寒季节。

7.2.1 洞口边仰坡防护

在不良地质地段,应在进洞前按设计要求对地表及仰坡进行加固防护。边坡和仰坡以上可能滑塌的表土、灌木及山坡危石等应清除或加固。洞口永久性挡护工程应紧跟土石方开挖及早完成,地基承载力应满足设计要求。洞口边坡及仰坡应自上而下开挖,不得掏底开挖或上下重叠开挖。洞口有邻近建筑物时,应采取微震动控制爆破。石质地层仰坡开挖需要爆破时,应以浅眼松动爆破为主,局部也可人工配合修整。开挖时应随时检查边坡和仰坡的变形状态,发现不稳定现象时,及时采取措施,保证施工安全。

边仰坡的防护类型常见有干砌片石、浆砌片石、素喷混凝土、挂网喷混凝土、锚喷等。洞口边仰坡防护施工操作工艺流程是边坡及仰坡放样→开挖排水基坑→砌筑截水沟、排水沟→边坡仰坡清表→开挖最高级边坡、仰坡→检查坡度及稳定情况→搭设简易钻孔工作架、安装卷扬机→钻孔→安装系统锚杆→注浆→挂设钢筋网→喷射混凝土→开挖下一级坡循环作业→测量放样定出隧道轮廓线→钻孔→安装系统及锁扣锚杆→喷射混凝土→锚杆支护成品验收→准备进洞。

在节理、层理发达的硬岩中,通过坡面锚喷支护可抑制岩块滑动;在较柔弱围岩中,锚喷支护的作用不仅可以防止岩块进一步松动,还可防止围岩的应力释放作用造成的围岩松动、滑落、坍塌,而且通过喷射混凝土的封闭作用,可以避免雨水对洞口造成冲刷等危害。洞口施工提倡无开挖进洞,尽量减少洞口开挖,减少对山体的扰动。

7.2.2 洞口排水

洞口边、仰坡排水系统应在雨季之前完成。隧道排水应与洞外排水系统合理连接,不得侵蚀软化隧道和明洞基础,不得冲刷路基坡面及桥涵锥坡等设施。隧道施工前必须做好洞顶、洞口和隧道周围地表的防排水工程。

洞口排水系统包括洞口截水天沟、仰坡两侧的排水沟、洞口边沟等。其作用是将仰坡及周围地表水引下来,通过两侧路堑边沟、排水沟或涵洞将水排除,保证洞口地面干燥,防止地表水进入洞内。边坡、仰坡坡顶的截水沟应结合永久排水系统在洞口开挖前建筑,其出水口应防止水顺坡面漫流,洞顶截水沟应与路基边沟顺接组成排水系统,应防止水流冲刷弃渣危害农田和水利设施。多雨地区,应做好防止洞口仰坡范围内地表水下渗和冲刷的防护措施。洞口排水沟施工质量应符合表 7-20 的规定。

洞口排水沟施工质量标准 表 7-20

项目	规定值或允许偏差	检查方法和频率
轴线偏位(mm)	±50	仪器测量:每条排水沟不少于5处
沟底高程(mm)	±15	
排水沟纵坡(%)	±0.5,不积水	
排水沟宽度(mm)	+30,0	尺量:每条排水沟不少于4处
排水沟侧墙高度(mm)	-10	
壁厚(mm)	-10	

应对洞口地表沉降和拱顶下沉进行监控量测,并适当增加量测频率。

7.2.3 洞门

隧道洞门工程一般包括洞门端墙、顶帽等。洞门工程设计采用材料一般为混凝土或砌石。隧道洞门工程的作用是保证隧道洞身施工安全,因此一般要求做完洞门工程后再进行洞身施工,不能盲目抢进洞而忽略洞门的施工,否则事与愿违。

1. 洞门端墙施工

隧道洞门应在隧道开挖的初期完成,并应符合下列规定:

①基础必须置于稳固的地基上,虚渣、杂物、风化软层和水泥必须清除干净。

②洞门端墙的砌筑与回填应两侧对称进行,不得对衬砌产生偏压。

③端墙施工应保证其位置准确和墙面坡度满足设计要求。

④洞门砌筑完成后，其上方仰坡脚受破坏时，应及时处理。

⑤洞门的排水设施应与洞门工程配合施工，同步完成。

⑥洞门的排水沟砌筑在填土上时，填土必须夯实。

2. 质量检验

洞门质量检验及标准如下：

①洞门端墙、翼墙和挡土墙基坑开挖施工质量应符合表7-21的规定。

洞门端墙、翼墙和挡土墙基坑开挖质量标准 表7-21

项目	规定值或允许偏差(mm)	检验方法
基坑中心线到路线中心线距离	+50,0	尺量：每边不少于5处
基坑长度、宽度	+100,0	尺量：每边不少于5处
基坑高程	0,-100	水准仪测量：每边不少于5处

②洞门端墙、翼墙和挡土墙模板安装质量应符合表7-22的规定。

洞门端墙、翼墙和挡土墙模板安装质量标准 表7-22

项目	规定值或允许偏差(mm)	检验方法
基础边缘位置	+15,0	测量：每边不少于4处
基础顶面高程	±10	
边墙边缘位置	+10,0	
边墙拱脚、端翼墙面顶面高程	±10	
模板表面平整度	5	2m靠尺测量：不少于4处
模板表面错台	2	尺量
预留孔洞	+10,0	尺量

③洞门混凝土端墙、翼墙和挡土墙质量应符合表7-23的规定。

洞门混凝土端墙、翼墙和挡土墙质量标准 表7-23

项目	规定值或允许偏差(mm)	检验方法
强度	在合格标准内	按规范附录A检验
平面位置	50	仪器测量：每边不少于4处
断面尺寸	不小于设计	
顶面高程	±20	
底面高程	±50	
表面平整度	5	2m靠尺测量：拱部不少于2处，墙身不少于4处
竖直度或坡度(%)	0.5	吊垂线：每边不少于4处

注：表中规范是指《公路隧道施工技术规范》(JTG F60—2009)。

④洞门砌体端墙、翼墙和挡土墙质量应符合表7-24的规定。

洞门砌体端墙、翼墙和挡土墙质量标准 表7-24

项目		规定值或允许偏差(mm)	检验方法
砂浆强度		在合格标准内	按规范附录B检验
平面位置		50	仪器测量：每边不少于4处 2m靠尺测量：拱部不少于2处，墙身不少于4处
断面尺寸		不小于设计值	
顶面高程		±20	
底面高程		±50	
表面平整度	块石	20	2m靠尺测量：拱部不少于2处，墙身不少于4处
	料石	30	
	混凝土块料石	10	
竖直度或坡度(%)		0.5	吊垂线：每边不少于4处

注：表中规范是指《公路隧道施工技术规范》(JTG F60—2009)。

7.3 明洞施工

明洞是采用明挖法挖开地面，由上向下开挖土石方至设计高程后，自基底由下向上顺序浇筑钢筋混凝土，完成隧道主体衬砌，最后回填基坑的一种隧道结构。

7.3.1 边坡处治

明洞地段土石方的开挖方式、边坡和仰坡坡度以及支护施工，应符合设计规定。宜边开挖边支护，并注意监测和检查山坡的稳定情况。明洞石质开挖应防止爆破影响边仰坡的稳定。地形、地质条件、边仰坡稳定程度等与设计有差异时，应提出变更。

7.3.2 基础施工

明洞边墙基础施工应符合下列规定：

①基础开挖应核对地质条件，检测地基承载力，当地基不满足设计要求时，应及时上报监理、设计单位，并按设计单位提供的处理方案施工。

②偏压和单压明洞外边墙的基底，在垂直路线方向应按设计要求挖成一定坡度的斜坡，提高边墙抗滑力。

③基础混凝土灌注前必须排除坑内积水，边墙基础完成后应及时回填。

7.3.3 明洞衬砌

明洞衬砌施工应仰拱先行、拱墙整体浇筑。明洞衬砌与暗洞衬砌，应按设计要求采取加强连接措施，确保与已成的拱墙连接良好。

7.3.4 明洞防水层

明洞防水层施工应符合下列规定：

①防水层施工前应用水泥砂浆将衬砌外表涂抹平顺。

②防水卷材应与拱背粘贴紧密，接头搭接长度不小于100mm，铺设应自下而上进行，上下层接缝宜错开，不得有通缝。

③回填拱背的黏土隔水层应与边坡、仰坡搭接良好，封闭严密。

④靠山侧边墙顶或边墙墙后，应设置纵向和竖向盲管（沟），将水引至边墙泄水孔排出。

7.3.5 明洞回填

明洞回填施工应符合下列规定：

①墙背回填应两侧对称进行。底部应铺填0.5～1.0m厚碎石并夯实，然后向上回填。石质地层中墙背与岩壁空隙不大时，可采用与墙身同级混凝土回填；空隙较大时，可采用片石混凝土或浆砌片石回填密实。土质地层，应将墙背坡面开凿成台阶状，用干砌片石分层码砌，缝隙用碎石填塞紧密，不得任意抛填土石。

②墙后有排水设施时，应与回填同时施工。

③拱背回填应对称分层夯实，每层厚度不得大于0.3m，两侧回填高差不得大于0.5m，回填至拱顶齐平后应分层满铺填筑。填土的厚度不宜小于2.0m。

7.3.6 质量检验

明洞的回填及防水层质量标准，应符合表7-25的规定。

明洞回填及防水层质量标准 表7-25

项目	规定值或允许偏差（mm）	检验方法
卷材搭接长度	≥100	尺量：每环测3处
卷材向隧道延伸长度	≥500	尺量：检查5处
卷材在基底的横向长度	≥500	尺量：检查5处
沥青防水层每层厚度	2	尺量：检查10点
回填层厚	≤300	尺量：每层检查，每侧至少5点
两侧回填高差	≤500	水准仪：检查5处
坡度	不大于设计值	尺量：检查3处
回填压实	压实质量符合设计要求	厚度及碾压遍数符合要求

7.4 隧道浅埋段施工

隧道洞口段是指洞口暗挖进洞一定长度范围,即为覆盖厚度规定小于 2 倍开挖隧道断面宽度 B 的一段。洞口段一般较洞内围岩条件差,埋深浅,受地形及环境影响较大,如地表水、气候等影响。因此洞口段定义为隧道浅埋段时,要求具有很高的抗风化能力和耐久性。

7.4.1 辅助工程措施

浅埋段围岩自稳能力差时,可会同设计单位确定采用地表锚杆、管棚、超前小导管、注浆等加固围岩稳定地层的辅助工程措施。

7.4.2 开挖与衬砌

根据围岩及周围环境条件,宜采用单侧壁导坑法、双侧壁导坑法或环形开挖留核心土法开挖。围岩的完整性较好时,宜采用台阶法开挖,不应采用全断面法开挖。

控制围岩变形,在开挖与衬砌时应采取下列技术措施:

①爆破开挖时,应短进尺、弱爆破、早锚喷支护,减少对围岩的扰动。

②敷设拱脚锚杆,提高拱脚处围岩的承载力。

③及时施工仰拱或临时仰拱。

④地质条件差或有涌水时,可采用地表预注浆结合洞内环形固结注浆。

7.4.3 地表量测

应增加对地表沉降、拱顶下沉的量测及反馈。量测频率不宜小于深埋地段的 2 倍。

7.5 洞身开挖

隧道施工有明挖法和暗挖法两种。明挖法的施工特点是先开挖地表土石层,然后在开挖的基坑中修筑衬砌,最后进行回填,此方法适用于浅埋隧道。暗挖法施工的特点是施工全部在地下进行,即在地下开挖坑道、支撑和衬砌建造隧道的方法。总体上说暗挖法实际就是钻爆法。隧道施工需要根据具体情况选择适宜的开挖方案。

7.5.1 全断面法

全断面一次开挖法是将全部设计断面一次开挖成型,再进行衬砌。采用控制钻爆,深度可取 3 ~ 3.5m,并配有钻孔台车和高效率装运机械,如图 7-2 所示。其开挖顺序为:全断面开挖、锚喷支护、模筑混凝土衬砌。全断面法可用于 Ⅰ ~ Ⅲ级围岩的中小跨度隧道,Ⅳ级围岩中跨度隧道和Ⅲ级围岩大跨度隧道在采用了有效的预加固措施后,也可采用全断面法开挖。对于邻近有建筑物需要控制爆破震动速度的隧道用全断面开挖时,可以选择导洞超前再全断面扩挖的方法施工,但应控制导洞超前距离。

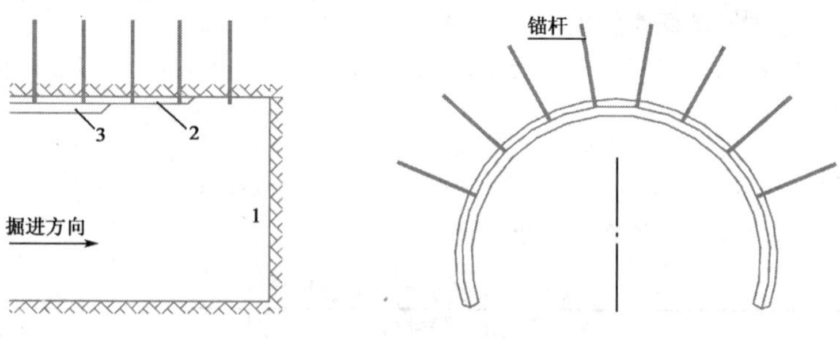

图 7-2　全断面开挖法

1-全断面开挖;2-锚喷支护;3-模筑混凝土

1. 工艺流程

全断面一次开挖法主要工序是测量放线定出隧道轮廓线→移动式钻孔台车全断面一次钻孔→装药连线→钻孔台车后退 50m→引爆炸药→挖断面轮廓及排除危石→使一次开挖成型→出渣→钻孔台车再推进开始下一个开挖循环。全断面法施工应符合以下规定:

①围岩自稳性好,无地下水出露或出露量不大。

②采用大型机械配套作业。

③超前开挖导洞时，应控制开挖距离。

2. 施工优点

①施工工序较少，互相干扰较少，便于施工组织与管理。

②开挖工作面较大，钻爆施工效率较高，可以采用深眼爆破的方法，加快掘进速度。

③隧道开挖空间较大，便于采用先进大型机械设备，实现综合机械化施工，从而可以提高施工效率。劳动条件好，可以减轻工人劳动强度，降低工程造价，施工速度快，质量好，是今后的发展方向。

3. 施工缺点

由于开挖面大，围岩相对稳定性降低，且每循环工作量相对较大，因此要有较强的开挖、出渣能力和相应的支护能力。由于每次爆破震动强度较大，因此要求进行严格的控制爆破设计，尤其是对于稳定较差的围岩。

4. 注意事项

①摸清开挖面前方的地质情况，随时准备好应急措施（包括改变施工方法），以确保施工安全。尤其应注意突发的地质条件恶化，如地下泥石流等。

②各工序使用的机械设备务求配套，以充分发挥机械设备的使用效率和各工序之间的协调进行，在保证隧道稳定安全条件下，提高施工速度。

③在软弱破碎围岩中使用全断面法开挖时，应采取辅助工程措施和作业检查，以及对支护后围岩的动态量测与监控。

7.5.2 台阶法

台阶开挖法可以说是全断面法的改进方法，即是将设计断面分为上半部断面和下半部断面两次开挖成型。台阶法可用于Ⅲ～Ⅳ级围岩的中小跨度隧道，Ⅴ级围岩的中小跨度隧道在采用了有效的预加固措施后亦可采用台阶法开挖。台阶法按上台阶超前长度分为长台阶（台长50m以上）、短台阶（台长5～50m）和微台阶（台长3～5m）三种。短台阶、微台阶两种方法当遇软弱围岩时应慎重考虑，必要时应采取辅助工程措施稳定开挖面后再开挖。

1. 工艺流程

台阶法的开挖顺序是上台阶开挖→拱部锚喷支护→下台阶中央部分开挖→边墙部分开挖→边墙锚喷支护→二次衬砌，如图7-3所示。台阶法施工应符合下列规定：

①上台阶高度宜为2.5m，装渣机械应紧跟开挖面，减少扒渣距离。

②控制上台阶钢架下沉和变形，可采用扩大拱脚和加强锁脚锚杆，加设临时仰拱等措施。

③当岩体不稳定时，应缩短进尺，先施工边墙支护，后开挖中间土体，左右错开或拉中槽后再挖边帮，并及时施工仰拱。

④应解决好上、下部施工干扰问题，下部应减少对上部围岩、支护的干扰和破坏。

⑤台阶长度不宜超过隧道开挖宽度的1.5倍。台阶不宜多分层。

⑥上台阶钢架施工时，应采取有效措施控制其下沉和变形。

⑦下台阶应在上台阶喷射混凝土强度达到设计强度的70%后开挖。

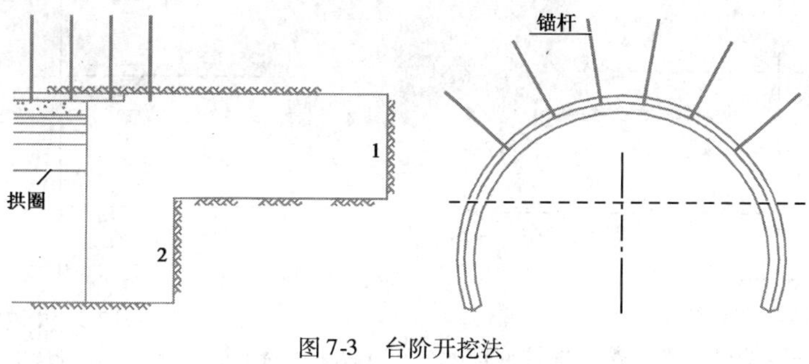

图7-3 台阶开挖法

1-上台阶；2-下台阶

2. 台阶法优缺点

①台阶法开挖可以有足够的工作空间和施工速度。但上下部作业有干扰。

②台阶法开挖增加对围岩的扰动次数，但台阶有利于开挖面的稳定。尤其是上部开挖支护后，下部作业就较为

安全,但应注意下部作业时对上部稳定性的影响。

3. 注意事项

①一般以一个台阶垂直开挖到底,装渣机应紧跟开挖面,以提高装渣运输效率。

②应根据初期支护形成的闭合断面的时间要求,以及上半部施工时开挖、支护、出渣等机械设备所需的空间大小要求,来确定台阶长度。

③个别破碎地段可配合锚喷支护施工;应重视解决上、下台阶相互干扰的问题。

④上部开挖时因临空面积大,易使爆破面渣块过大,不利于出渣,应适当密布中小炮眼;但采用先拱后墙法施工时,对于下部开挖,必须控制下部开挖厚度,合理利用药量,并采取防护措施,避免损伤拱圈及确保施工安全。

⑤下部开挖时,应注意上部的稳定。若围岩稳定性较好,则可采取分段顺序开挖;若围岩稳定性较差,则应缩短下部掘进循环进尺;若稳定性更差,则可左右侧互相错开施工,或先拉中槽后挖边帮。

⑥应采用光面爆破或预裂爆破技术,尽量减少扰动围岩。

7.5.3 环形开挖留核心土法

环形开挖留核心土法(图7-4)即环形导坑法,可用于Ⅳ~Ⅴ级围岩或一般土质围岩的中小跨度隧道。环形开挖留核心土法施工应符合下列规定:

①环形开挖进尺宜为0.5~1.0m;核心土面积应不小于整个断面面积的50%。

②开挖后应及时施工喷锚支护、安设钢架支撑,相邻钢架必须用钢筋连接,并应按设计要求施工锁脚锚杆。

③围岩地质条件差,自稳时间短时,开挖前应按设计要求进行超前支护。

④核心土与下台阶开挖应在上台阶支护完成后、喷射混凝土强度达到设计强度的70%后进行。

7.5.4 中隔壁法

中隔壁法(图7-5)适用于围岩较差、跨度大、埋层浅、地表沉降需要控制的地段。中隔壁法施工应符合下列规定:

①初期支护完成后方可进行下一分部开挖。地质较差时,每个台阶底部均应按设计要求设临时钢架或临时仰拱。

②各部开挖时,周边轮廓应尽量圆顺。

③应在先开挖侧喷射混凝土强度达到设计要求后再进行另一侧开挖。左右两侧导坑开挖工作面的纵向间距不宜小于15m。

④当开挖形成全断面时,应及时完成全断面初期支护闭合。

⑤中隔壁及临时支撑应在浇筑二次衬砌时逐段拆除。

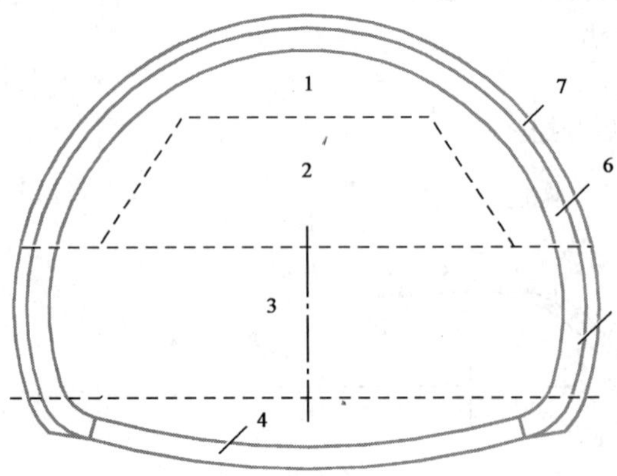

图7-4 环形开挖留核心土法

1-上弧形导坑开挖;2-中核开挖;3-下部开挖;4-灌注仰拱;5-边墙锚喷支护;6-模注二次衬砌;7-拱部锚喷支护

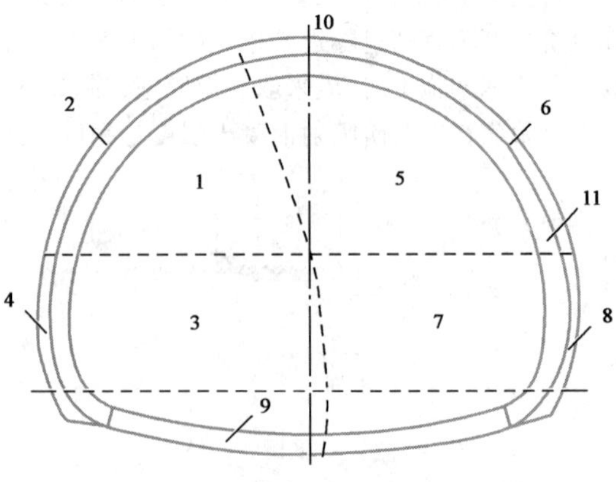

图7-5 中隔壁法

1-先行导坑上部开挖;2-先行导坑上部锚喷支护,设置中隔墙临时支撑;3-先行导坑下部开挖;4-先行导坑下部锚喷支护,设置中隔墙临时支撑;5-后行洞上部开挖;6-后行洞上部锚喷支护;7-后行洞下部开挖;8-后行洞下部锚喷支护;9-灌注仰拱混凝土;10-拆除中隔墙;11-灌注全周衬砌

7.5.5 双侧壁导坑法

双侧壁导坑法(图7-6)适用于浅埋大跨度隧道及地表下沉量要求严格而围岩条件很差的情况。双侧壁导坑法施工应符合下列规定:

①侧壁导坑开挖后,应及时施工初期支护并尽早形成封闭环。

②侧壁导坑形状应近于椭圆形断面,导坑跨度宜为整个隧道跨度的1/3。

③左右导坑施工时,前后拉开距离不宜小于15m。

④导坑与中间土体同时施工时,导坑应超前30~50m。

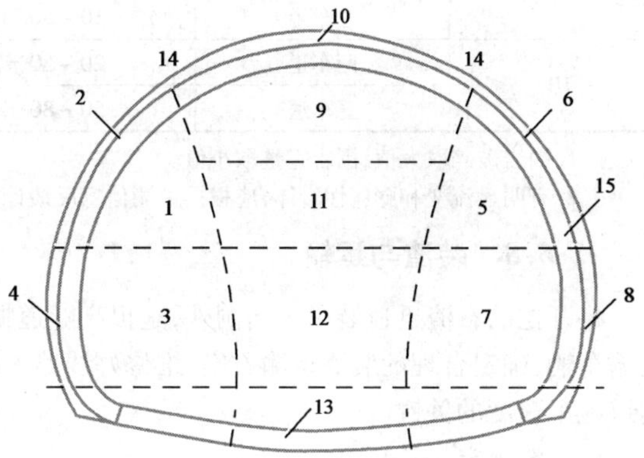

图7-6 双侧壁导坑法

1-先行导坑上部开挖;2-先行导坑上部锚喷支护,设置临时侧壁支撑;3-先行导坑下部开挖;4-先行导坑下部锚喷支护,设置临时侧壁支撑;5-后行导坑上部开挖;6-后行导坑上部锚喷支护,设置临时侧壁支撑;7-后行导坑下部开挖;8-后行导坑下部锚喷支护,设置临时侧壁支撑;9-中央部拱部开挖;10-中央部拱顶锚喷支护;11、12-中央部其余部开挖;13-灌注仰拱混凝土;14-拆除临时侧壁;15-灌注全周衬砌

7.5.6 仰拱部位开挖

仰拱部位开挖应符合下列规定:

①挖至设计高程时,底面应圆顺,渣物应清除。

②做好排水设施,清除积水。

③隧道底两隅与侧墙连接处应圆顺。

④仰拱部开挖时,应采取措施保证施工交通安全。

7.5.7 超欠挖控制

应采取光面爆破、提高钻眼精度、控制药量等措施,并提高作业人员的技术水平。开挖后宜采用断面仪或激光投影仪直接测定开挖面面积,并绘制断面图。

1. 控制欠挖

当岩层完整、岩石抗压强度大于30MPa并确认不影响衬砌结构稳定和强度时,允许岩石个别突出部分(每$1m^2$内不宜大于$0.1m^2$)欠挖,但其隆起量不得大于50mm。应严格控制欠挖,拱脚、墙脚以上1m范围内断面严禁欠挖。

2. 减少超挖

应尽量减少超挖,不同围岩地质条件下的允许超挖值规定见表7-26。平均超挖值按公式(7-1)计算。超挖部分必须回填密实。

$$\text{平均超挖值}=\frac{\text{超挖面积}}{\text{爆破设计开挖断面周长(不包括隧底)}} \tag{7-1}$$

平均和最大允许超挖值(mm) 表7-26

项目		规定值或允许偏差	检查方法和频率
拱部	破碎岩、土(Ⅳ、Ⅴ级围岩)	平均100,最大150	水准仪或断面仪:每20m一个断面
	中硬岩、软岩(Ⅱ、Ⅲ、Ⅳ级围岩)	平均150,最大250	
	硬岩(Ⅰ级围岩)	平均100,最大200	
边墙	每侧	+100,-0	尺量:每20m检查1处
	全宽	+200,-0	
仰拱、隧底		平均100,最大250	水准仪:每20m检查3处

注:1. 最大超挖值系指最大超挖处至设计开挖轮廓切线的垂直距离。
2. 表列数值不包括测量贯通误差、施工误差。
3. 炮孔深度大于3m时,允许超挖值可根据实际情况另行确定。

3. 预留变形量

隧道的开挖轮廓应按设计要求预留变形量,设计无要求时,可先按表7-27选用,并根据监控量测信息进行调整。

当采用钢架支撑时,如围岩变形较大,支撑可能沉落或局部支撑难以拆除时,应适当加大开挖断面,预留支撑沉落量,保证衬砌设计厚度。预留支撑沉落量应根据围岩性质和围岩压力,并在施工过程中根据量测结果进行调整。

开挖轮廓预留变形量 表7-27

围岩级别	预留变形量(mm)		围岩级别	预留变形量(mm)	
I	两车道	—	IV	两车道	50~80
	三车道	—		三车道	80~120
II	两车道	—	V	两车道	80~120
	三车道	10~50		三车道	100~150
III	两车道	20~50	VI	两车道	现场量测确定
	三车道	50~80		三车道	

注:1. 围岩破碎取大值,围岩完整取小值。

2. 有明显流变和膨胀性岩体,应根据量测信息反馈计算分析选定。

7.5.8 装渣与运输

将开挖的石渣迅速装车运出洞外,是提高隧道掘进速度的重要环节。因此正确选择并准备足够的装渣机械和运输车辆,确定合理的装渣运输方案,维修好线路,减少干扰,提高装渣效率是加快隧道施工速度,尤其是加快长大隧道施工速度的关键。

1. 一般规定

出渣运输方式应根据隧道长度、断面大小、开挖方法、机械设备配套能力性及施工进度等因素综合考虑确定,保证作业安全。

①出渣运输设备的选型配套应保证机械设备充分发挥其功能,并应使出渣能力、运输能力与开挖能力相适应,应使装运能力大于最大的开挖能力。

②运输线路或道路应设专人进行维修和养护,使其处于平整、畅通状态。线路或道路两侧的废渣和余料应随时清除。

③出渣运输车辆必须处于完好状态,制动有效,严禁人料混载,不得超载、超宽、超高运输。运装大体积或超长料具时,应有专人指挥,专车运输,并设置显示界限的红灯。

④进洞的各类施工机械与车辆,宜选用带净化装置的柴油机动力,有轨式出渣运输车辆宜选用蓄电池车,汽油动力机械不宜进洞。

⑤爆破器材运输应符合有关安全管理规定。

2. 装渣

装渣设备应选用能在隧道开挖断面内发挥高效率的机械,其装渣能力应与每次开挖土石方量及运输车辆的容量相适应。装渣机械应具有移动方便、污染小的特点。装渣机械的类型很多,按其扒渣机构形式可分为铲斗式、蟹爪式、立抓式、挖斗式。铲斗式装渣机为间歇性非连续装渣机,有翻斗后卸、前卸和侧卸三种卸渣方式。蟹爪式、立抓式、挖斗式装渣机是连续装渣机,均配备刮板(或链板)转载后卸机构。装渣机的走行方式有轨道走行和轮胎走行两种,也有配备履带走行和轨道走行两套走行机构的。轨道走行式装渣机需铺设行走轨道,因此工作范围受到限制。轮胎走行式装渣机移动灵活,工作范围不受限制,但在有水土质围岩的隧道中,有可能出现打滑和下陷。装渣作业应符合下列规定:

①装渣前及装渣过程中,应检查开挖面围岩的稳定情况。发现有松动岩石或塌方征兆时,必须先处理后装渣。

②装渣作业应由专人指挥。要注意爆后残留在掌子面上和埋在爆渣之中的拒爆残药,发现拒爆残药,必须立即通知专业人员进行处理。

③人工装渣时,应将车辆停稳并制动。漏斗装渣时,漏斗处应有防护设备和联络信号,装渣结束后漏斗处应加盖;接渣时,漏斗口下不得有人通过。

④机械装渣时,装载机械应能在开挖断面内安全运转,装渣机操作时其回转范围内不得有人通过;机械装渣作业应严格按操作规程进行,并不得损坏已有的支护及设施。

⑤采用有轨式装渣机械时,轨道应紧跟开挖面,调车设备应及时向前移动。

3. 运输

目前我国隧道施工的洞内运输(出渣和进料)普遍采用有轨运输和无轨运输两种方式。有轨运输是铺设轻型窄轨线路,用专门的出渣机械装渣,小型机车牵引,适用于长大(3km以上)隧道的施工。无轨运输则多采用自卸汽车运输。

1)有轨运输

采用有轨式运输时,洞外应根据需要设置调车、编组、出渣、进料、设备整修等作业线路。洞内宜铺设双道;在单道地段,应根据装渣作业时间和行车速度的大小合理布设错车道、调车设备,增加岔线和岔道等。

(1)线路铺设作业规定

①同一线路必须使用同一型号钢轨,钢轨质量不宜小于38kg/m。钢轨配件、夹板、螺栓必须按标准配齐,且与轨型相符。

②道岔型号应与钢轨类型相配合,不得低于6号道岔,并安装转辙器。

③轨枕的规格及数量应符合标准规定,间距不宜大于0.7m,间距偏差不得超过50mm,长度为轨距加0.6m。轨枕的上下面应平整。

④平曲线半径,洞内不应小于机动车或车辆轴距的7倍,洞外不应小于10倍。使用有转向架的梭式矿车时,最小曲线半径应不小于车辆技术文件的要求,并应尽量采用较大的曲线半径。

⑤道床道砟应采用不易风化的碎石,粒径应符合标准规定,不宜过大。道床厚度不应小于150mm。

⑥双道的线间距,应保持两列车间净距大于0.2m,错车线处应大于0.4m。

⑦车辆距坑道壁或支撑边缘的净距不应小于0.2m,单道一侧的人行道宽度不宜小于0.7m。

⑧机动车牵引时,纵坡不宜大于2.5%;皮带运输机输送时,纵坡不宜大于25%。洞外卸渣线末端应设1% ~ 3%的上坡段。

⑨线路铺设轨距允许误差为+6mm、-4mm,曲线地段应按规定加宽和设超高;钢轨接头间隙、顶面的高低差,以及曲线段外轨按设计加高后与内轨顶面的高低偏差,不得大于5mm。钢轨配件应齐全牢固。

⑩当采用新型轨式机械设备时,线路铺设标准应满足机械规格、性能的要求,保证运输安全。

(2)有轨运输作业规定

①机动车牵引不得超载。

②车辆装载的高度,斗车不应超过顶面0.5m,宽度不应超过车宽。

③列车连接必须良好,必须采用不能自行脱钩的连接装置。利用机车进行车辆的调车、编组和停留时,必须有可靠的制动装置,严禁溜放。

④车辆在同方向行驶时,相邻两组列车间的距离不应小于100m。人推斗车的间距不应小于20m。

⑤在洞内施工地段、视线不良的弯道上或通过道岔和洞门平交道等处,机动车牵引的列车运行速度不宜超过10km/h;其他地段在采取有效的安全措施后,最大速度不宜超过20km/h。

⑥轨道旁的料堆,距钢轨外缘不应小于0.8m,高度不应大于1.0m。

⑦洞内在曲线区间、转辙器、人行横道处等应设慢行标志。车辆的限制速度、注意或危险提示等必须用交通标志及标灯明示出来。

⑧长隧道施工应有载人列车供施工人员上下班使用,并应制订保证安全的措施。严禁非专职人员开车。

2)无轨运输作业规定

①洞内宜铺设简易路面,路面的平整度、强度等指标应满足出渣车辆运行要求,并做好排水及路面的维修工作。

②从隧道的开挖面到弃渣场地,必须按需要设置会车场所、转向场所及行人的安全通路。

③在洞口、平交道口、狭窄的施工场地,必须设置明显的警示标志,必要时应设专人指挥交通。

④单车道净宽不得小于车宽加2m,并应隔适当距离设置错车道;双车道净宽不得小于2倍车宽加2.5m;会车视距宜大于40m。

⑤行车速度,在施工作业地段和错车时不应大于15km/h,成洞地段不宜大于20km/h。

⑥车辆行驶中严禁超车,洞内倒车与转向应由专人指挥。

⑦洞内应加强通风,洞内作业环境应符合职业健康标准。

4.卸渣作业规定

①应根据弃渣场地形条件、弃渣利用情况、车辆类型,妥善布置卸渣路线。卸渣应在规定的卸渣路线上依次进行,不得干扰任何施工作业或其他设施。

②卸渣宜采用自动卸渣或机械卸渣设备和平渣设备。机械卸渣时应有专人指挥,及时平整;人工卸渣时,应将车辆停稳制动,严禁站在斗车内扒渣。

③所有弃渣堆顶面及坡脚处,或与原地面衔接处,均应按设计要求修筑永久排水设施和其他必要的防护工程。

④轨道运输卸渣时,卸渣码头应搭设牢固,并设挂钩、栏杆,轨道末端应设置可靠的挡车装置和标志,以及足够宽的卸车平台。

7.6 洞身支护

隧道支护与衬砌施工宜根据现场监控量测结果,分析施工中各种信息,及时调整支护措施和支护参数,确定二次衬砌施工时间。Ⅰ~Ⅳ级围岩的二次衬砌应在初期支护变形基本稳定(参考值为周边位移速率小于0.2mm/d,拱顶下沉速率小于0.15mm/d)后尽早施工。施工中应做好施工地质描述、超前地质预报,根据围岩条件的变化情况,因地制宜,提前采取措施,做到安全可靠、经济合理。隧道衬砌不得侵入隧道建筑限界,开挖放样时可将设计的轮廓线扩大50mm,不得减少衬砌厚度。

隧道锚喷支护应配合开挖作业及时进行,确保施工安全。根据围岩条件、断面大小和施工条件等选择喷射混凝土、锚杆、钢筋网、钢架等单一或组合的支护形式。当掌子面自稳能力差时,应选择超前支护、掌子面预加固、改变开挖工序等措施。公路隧道衬砌已经普遍采用锚喷技术,即复合式衬砌中的外层衬砌工艺,又称为初期柔性支护。锚喷支护是在开挖后的临空渣堆上进行,在开挖后围岩自稳的1/2时间内完成。锚喷施工一般分喷射混凝土和锚杆两个工序,一是在爆破后,经找顶,进行初步清渣和初步喷混支护;二是在清渣工作全部结束后,按设计要求完成锚杆、挂钢筋网或铁丝网、喷射混凝土的全部工作。

7.6.1 喷射混凝土

喷射混凝土施工有湿喷和潮喷两种方式,宜采用湿喷工艺,湿喷混凝土的坍落度宜控制在80~120mm。喷射混凝土施工不得采用干喷工艺。喷射混凝土配合比,应通过试验确定并满足设计强度和喷射工艺的要求。喷射混凝土应适时进行养护,隧道内环境温度低于5℃时不得洒水养护。冬季施工时,喷射作业区的气温不应低于5℃。在结冰的岩面上不得进行喷射混凝土作业。混凝土强度未达到6MPa前不得受冻。

1. 材料

(1)水泥

宜选用硅酸盐水泥或普通硅酸盐水泥。特殊情况下可采用特种水泥,采用特种水泥时应进行现场试验,指标应满足设计要求。

(2)集料

粗集料应采用坚硬耐久的碎石或卵石。喷射混凝土中的石子粒径不宜大于16mm;细集料应采用坚硬耐久的中砂或粗砂,细度模数宜大于2.5。集料级配宜采用连续级配。

(3)外加剂

外加剂应对混凝土的强度及与围岩的黏结力基本无影响,对混凝土和钢材无腐蚀作用,易于保存,不污染环境,对人体无害。外加剂使用前必须进行相应性能试验。

(4)速凝剂

速凝剂应根据水泥品种、水灰比等,通过不同掺量的混凝土试验选择掺量。使用前应做速凝效果试验,要求初凝不应大于5min,终凝不应大于10min。

(5)水

水质应符合工程用水的有关标准,水中不应含有影响水泥正常凝结与硬化的有害杂质。

(6)外掺料

外掺料剂量应通过试验确定,加外掺料后的喷射混凝土性能必须满足设计要求。

2. 喷射混凝土施工准备

①检查开挖断面净空尺寸,清除松动岩块,清洗岩壁面的粉尘,清理边脚处的岩屑、杂物等。

②岩面有集中渗水出露,应先引排,妥善处理。

③应设置控制喷射混凝土厚度的标志。

④检查机具设备和风、水、电等管线路,并试运转,作业面具有良好的通风和照明条件。

3. 喷射混凝土

喷射混凝土是使用混凝土喷射机,按一定的程序,经过喷嘴将掺有速凝剂的混凝土拌和料喷射到岩壁表面上,并迅速凝固结成一层支护结构,从而对围岩起到支护作用。喷射混凝土作业应符合下列规定:

①喷射作业应分段、分片由下而上顺序进行，每次作业区段纵向长度不宜超过 6m。

②一次喷射厚度应根据设计厚度和喷射部位确定，初喷厚度宜控制在 40～60mm。复喷一次喷射厚度拱顶不得大于 100mm、边墙不得大于 150mm。喷射作业应分层进行，一次喷射厚度和喷射部位见表 7-28。

喷射厚度和喷射部位 表 7-28

喷射部位	一次喷射厚度(cm)	
	掺速凝剂	不掺速凝剂
拱部	5～6	3～4
边墙	7～10	5～7

③岩面有较大凹洼时，应在初喷时找平。

④前一层喷射混凝土终凝后 1h 以上且喷层表面已蒙上粉尘时，后一层喷射作业前应清洗干净受喷面。

⑤喷射混凝土作业时喷嘴应垂直岩面。喷射混凝土必须直接喷在岩面上。喷枪头到喷射面距离宜为 0.6～1.2m，喷射机工作压力应控制在 0.1～0.15MPa。

喷射混凝土终凝 2h 后，应喷水养护，养护时间不应少于 7d。

混凝土喷射应在开挖后尽快喷射，喷射作业的步骤首先是从左右的侧壁脚部开始喷射，到 0.5～1.0m 高度前，从下向上喷射，并确保喷射的高度。为此，要避免回弹物的混入，以防止混凝土变疏松，而固结不良；其次是从侧壁向拱顶方向进行喷射。根据围岩条件，最好采用一边移动喷嘴，一边薄薄的反复喷射来确保其厚度，避免因向一处集中喷射而造成喷射过厚的混凝土剥落，喷射面凹凸扩大。

4. 钢纤维喷射混凝土

钢纤维喷射混凝土是在喷射混凝土中加入钢纤维，弥补喷射混凝土的脆性破坏特性，改善喷射混凝土的力学性能。采用钢纤维喷射混凝土时，所用材料应满足设计要求；当设计无要求时，应符合规范规定。钢纤维宜用普通碳素钢制成，宜采用截面直径为 0.3～0.5mm。其长度宜为 20～25mm，抗拉强度不得低于 380MPa。钢纤维含量宜为混合料质量的 1.5%～4%（总量比）。钢纤维喷射混凝土石子粒径不宜大于 10mm，强度不应低于 C20。钢纤维混凝土的搅拌应采用强制式搅拌机，水泥、集料、钢纤维先干拌，时间不得少于 1.5min，加水后湿拌时间不应少于 3min。钢纤维喷射混凝土施工要点如下：

①首先，应选用经过实践检验过的喷射机械，应特别注意防止钢纤维结团堵管。一般采用水溶性黏结剂将钢纤维黏结成片状，在搅拌过程中可以分离成单一纤维，来避免结团堵管。

②钢纤维和基本材料应拌和均匀，避免喷射机内产生结成团块状堵管或堵塞剥料盘。实践证明，行之有效的方法是先将水泥、砂子、碎石拌和均匀，再掺入钢纤维和速凝剂，拌和均匀后装入运输车或输料管。

③钢纤维喷射混凝土施作同普通喷射混凝土一样，但钢纤维对输料管的磨耗大，一般要求高于普通混凝土 30%～40%，尤其是输料管拐弯处。可以在每台班将胶管翻转一至两次，能延长输料管的使用时间。

④其风压要比普通喷射混凝土高 0.02MPa～0.05MPa；当输送距离小于 40m 时，风压一般可为 0.05MPa～0.18MPa。

施工中，喷射混凝土的坍落度多采用较小值，实际上采用 12cm 以上的坍落度的情况居多。湿喷的钢筋纤维混凝土的坍落度与水灰比的关系如图 7-7 所示，其采用高性能 AE 减水剂的水灰比为 45%，因钢纤维混入率大，水灰比达到 60%。

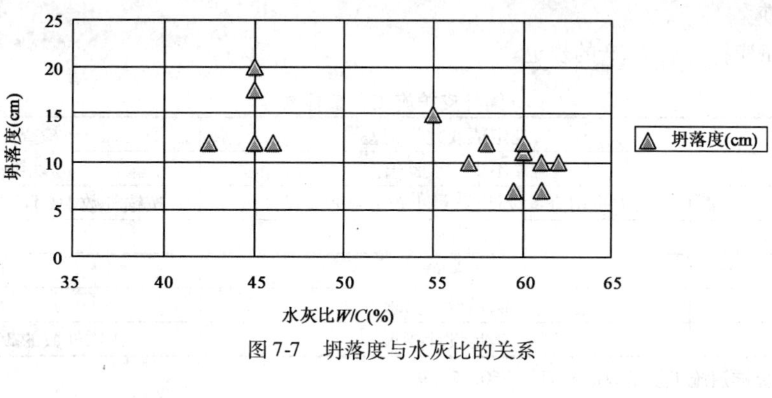

图 7-7 坍落度与水灰比的关系

7.6.2 锚杆

锚杆安装作业应在初喷混凝土后,复喷混凝土前进行;系统锚杆施工宜在初喷后及时进行,局部锚杆施工可在初喷前进行。锚杆类型、规格、技术性能应满足设计要求。

1. 钻孔

钻孔前应按设计要求,并结合岩层主要结构面、岩层层面定出位置,做出标记,孔位允许偏差为±150mm。钻孔深度不应小于锚杆杆体有效长度,但是深度超长值不应大于100mm。钻孔前应保持直线,系统锚杆钻孔方向宜与开挖面垂直,当岩层层面或主要结构面明显时,尽可能与其成较大交角,但与开挖面的垂直偏差不应大于20℃;局部锚杆应尽可能与岩层岩面或主要结构面成大角度交角。水泥砂浆锚杆钻孔直径应大于锚杆杆体直径15mm。其他形式锚杆钻孔直径应满足设计要求。

2. 普通水泥砂浆锚杆

普通水泥砂浆锚杆材料、直径、插入孔内长度应满足设计要求。宜采用螺纹钢筋作锚杆。砂浆配合比(质量比),水泥 : 砂 : 水宜为1 : (1~1.5) : (0.45~0.5)。砂浆应在初凝前使用,已初凝的砂浆不得使用。砂浆灌浆后应及时插入锚杆杆体。灌浆管应插至距孔底50~100mm处,并随水泥砂浆的注入缓慢匀速拔出,灌浆压力不宜大于0.4MPa。若孔口无砂浆流出,则应将杆体拔出重新灌浆。全长黏结锚杆应灌浆饱满。锚杆外露端应加工120~150mm的标准螺纹,并采用配套标准螺母。

3. 中空注浆锚杆

中空注浆锚杆应有锚头、垫板、螺母、止浆塞等配件。砂浆配合比(质量比),水泥:砂:水宜为1 : 1 : 0.45。施工时应保持中空通畅,并留有专门排气孔。注浆过程中,注浆压力应保持在0.3MPa左右,待排气孔口出浆后,方可停止灌浆。

4. 水泥砂浆药包锚杆

水泥砂浆药包锚杆的药包包装纸应采用易碎纸,应对药包做泡水检验。药包不应有受潮结块现象,且宜在清水中浸泡,随用随泡,用专用工具推入钻孔内,防止中途破裂。锚杆采用手送插入并转动锚杆,也可锤击安装,但不得损失锚头螺纹。锚杆插到设计深度时,孔口应有砂浆流出,砂浆的初凝不得小于3min,终凝不得大于30min。

5. 楔缝式端头锚固型锚杆

楔缝式锚杆安装前,应检查杆体与部件(楔块、托板)、杆体长度,检查楔缝、楔块、螺母与螺栓的尺寸和配合情况。钻孔直径应大于杆体直径15~18mm。锚杆与楔块应同时送入孔内,楔块不得偏斜或脱落,楔块带到孔底时,用锤敲击锚杆端头,使锚头楔紧,上好托板,拧紧螺帽。楔缝式锚杆一昼夜后应再次紧固,并应定期检查,如发现有松弛情况,应再行紧固。楔缝式锚杆应在硬岩中使用,只能作为临时支护,如作为永久性支护应补注水泥砂浆或树脂。

6. 锚杆安装

锚杆安装前应做好有关检查工作,并做好原始记录。锚杆材料型号、规格、品种应符合设计要求,配件应配套。孔内应无积水,岩粉应吹洗干净。锚杆杆体应调直、除锈、清除油污。锚杆外端标准螺纹应有效,逐根检查并与标准螺母试装配。

在有水地段安装锚杆时,采用砂浆锚杆应将孔内水引出或在附近另行钻孔后,再安装锚杆;宜采用早强速凝药包式锚杆或树脂锚杆等。垫板、螺母应在砂浆初凝后安装;垫板与喷射混凝土应紧密接触。垫板和喷层不完全平贴时,应用水泥砂浆填实。

7. 质量检验及标准

锚杆支护施工质量应符合表7-29的规定。

锚杆支护施工质量标准 表7-29

检查项目	规定值或允许偏差	检查方法和频率
锚杆数量	不少于设计值	现场逐根清点
锚拔力	拔力平均值≥设计值,最小拔力≥90%设计值	按锚杆数1%且不少于3根做拔力试验
孔位(mm)	±50	尺量
钻孔深度(mm)	±50	尺量
钻孔直径	满足设计要求	尺量
锚杆长度	满足设计要求	按锚杆数的3%,或不少于3根

注:表中规范是指《公路隧道施工技术规范》(JTG F60—2009)。

7.6.3　钢筋网

1. 安装规定

钢筋网材料应满足设计要求，钢筋网钢筋在使用前应调直、清除锈蚀和油渍。钢筋网安装应符合下列规定：

①应在初喷一层混凝土后再进行钢筋网铺设。

②采用双层钢筋网时，第二层钢筋网应在第一层钢筋网被喷射混凝土全部覆盖后进行铺挂。

③钢筋搭接长度不得小于30d(d为钢筋直径)，并不得小于一个网格长边尺寸。

④钢筋网应与锚杆或其他固定装置连接牢固。

⑤钢筋网应随受喷岩面起伏铺设，与受喷面的最大间隙不宜大于30mm。

2. 质量标准

钢筋网支护施工质量应符合表7-30的规定。

钢筋网支护施工质量标准　　表7-30

检查项目	规定值或允许偏差	检查方法和频率
网格尺寸(mm)	±10	尺量
钢筋保护层厚度	满足设计要求	凿孔检查：每10m检查5点
与受锚岩面的间隙(mm)	≤30	尺量：每10m检查10点
网的长、宽(mm)	±10	尺量

3. 钢筋网施工要点

①钢筋网应在喷射混凝土前挂设在岩面上，然后再喷射混凝土。其主要是用作软弱破碎围岩，更多的是与锚杆或钢拱架构成联合支护结构。

②钢筋网通常是环向和纵向布置，环向筋一般为受力筋，由设计确定，钢筋直径为12mm左右；纵向筋一般为构造筋，直径为6～10mm；网格尺寸一般为20cm×20cm、20cm×25cm、25cm×25mm、25cm×30cm、30cm×30cm；围岩松散破碎较严重时，或为土质和砂岩时，可采用直径小于6mm的钢筋，网格尺寸一般为10cm×10cm、10cm×15cm、15cm×15cm、15cm×20cm、20cm×20cm。

③钢筋网应根据被支护围岩面上的实际起伏形状铺设，应在初喷一层混凝土后再铺设。钢筋网和岩面或与初喷混凝土面的间隙应不小于3～5cm，钢筋网使用前应除锈。

④为便于挂网安装，常将纵、横钢筋先加工成网片。

⑤钢筋网应在锚杆或锚钉头连接牢固，并应尽可能多点连接，以减少喷混凝土时网筋发生"弦振"现象。锚钉的锚固深度不得小于20cm，以确保连接牢固、安全、可靠。

⑥在开始喷射时，应适当缩短喷头至受喷面的距离，并适当调整喷射角度，使钢筋网背面混凝土达到密实。对于干燥土质的隧道，第一次喷射一定不能太厚，否则会鼓起及剥落等。

⑦在砂层地段，应注意要紧贴砂层铺挂细钢筋网，并用直径为22mm的环向钢筋压紧，再喷射混凝土。在正式喷射前先喷一层加大速凝剂掺量的水泥砂浆，并适当减少喷射机的工作风压。

⑧在有水地段，应改变配合比，增加水泥用量；先喷干混合料，待其与涌水融合后，再逐渐加水喷射。喷射时由远而近，逐渐向涌水点逼近，然后在涌水点安设导管将水引出，再在导管附近喷射。当涌水范围较大时，可设树枝状排水盲沟再喷射；当涌水严重时，可设置泄水孔，边排水边喷射；当涌水点不多时，可用开缝摩擦锚杆进行导水处理后再喷射。

7.6.4　钢架

钢架必须具有足够的强度和刚度，采用的钢架类型应满足设计要求。

1. 钢架材料

钢架可选用H型钢、工字钢、U型钢、钢轨、钢筋等制作。制作格栅钢架的钢筋应采用HRB335、HRB400钢，主筋直径宜为18～32mm；辅助筋宜采用HPB235、HRB335钢，其直径宜为10～16mm。钢架连接钢板宜采用HRB335、HRB400钢。

2. 钢架加工

钢架加工应符合下列规定：

①钢架应分节段制作，每节段长度应根据设计尺寸及开挖方法确定，不宜大于4m。每片节段应编号，注明安装位置。

②不同规格的首榀钢架加工完成后，应放在平整地面上试拼，周边拼装允许偏差为±30mm，平面翘曲应小于20mm。当各部尺寸满足设计要求时，方可进行批量生产。

③型钢钢架宜采用冷弯法制作成型。

④格栅钢架应利用胎模控制尺寸，所有钢筋结点必须采用对称焊接，焊接长度应大于40mm，对称焊。

3. 钢架安装

钢架安装应符合下列规定：

①钢架宜在初喷后安装。安装钢架前，应检查开挖断面轮廓、中线及高程。钢架拱脚必须放在牢固的基础上。应清除底脚下的虚渣及其他杂物，脚底超挖部分应用喷射混凝土填充。

②钢架应分节段安装，节段与节段之间应按设计要求连接。连接钢板平面应与钢架轴线垂直，两块连接钢板间采用螺栓和焊接连接，螺栓不应少于4颗。

③相邻两榀钢架之间必须用纵向钢筋连接，连接钢筋直径不应小于18mm，连接钢筋间距不应大于1.0m。

④钢筋应垂直于隧道中线，竖向不倾斜、平面不错位，不扭曲。上、下、左、右允许偏差±50mm，钢架倾斜度应小于2°。

⑤钢架安装时应尽可能贴近围岩或初喷面，有间隙时应用楔块楔紧。

钢架安装就位后，钢架与围岩之间的间隙应用喷射混凝土充填密实，并使钢架与喷射混凝土形成整体。喷射混凝土应由两侧拱脚向上对称喷射，并将钢架覆盖，临空一侧的喷射混凝土保护层厚度应不小于20mm。

4. 质量检验及标准

钢架支护施工质量应符合表7-31的规定。

钢架支护施工质量标准　　表7-31

检查项目		规定值或允许偏差	检查方法和频率
安装间距(mm)		50	尺量：每榀检查
净保护层厚度		满足设计要求	凿孔检查：每榀自拱顶每3m检查1点
倾斜度(°)		±2	仪器测量：每榀检查
安装偏差(mm)	横向	±50	尺量：每榀检查
	竖向	不低于设计高程	
拼装偏差(mm)		±3	尺量：每榀检查

7.7 二次衬砌

二次衬砌是在围岩或围岩加锚喷支护稳定后适时施作。二次衬砌(和仰拱)过早施作，将使其承受较大的围岩压力，延误施作又不利于初期支护的稳定。对此，在施工中是通过监控、量测，掌握围岩与支护结构的变化规律，及时调整支护与衬砌设计参数，确定施作时间。复合式衬砌的锚喷支护是帮助围岩实施初步稳定，二次支护是提供安全储备以及承受后期围岩压力。故二次衬砌可采用顺作方法，即由下而上、先墙后拱的施工顺序，连续浇筑混凝土。

7.7.1 一般规定

1. 衬砌钢筋

钢筋加工后表面不应有削弱钢筋截面的伤痕。当利用冷拉方法矫直钢筋时钢筋的矫直伸长率要求如下：HPB级钢筋不得超过2%，HRB级钢筋不得超过1%。受力钢筋与模板之间应设混凝土垫板。衬砌钢筋连接应符合下列要求：

①横向筋与纵向筋的每个节点均必须进行绑扎或焊接。

②受力主筋的搭接应采用焊接，焊接搭接长度及焊缝应满足设计要求。

③相邻主筋搭接位置应错开，错开距离应不小于1000mm。

④同一受力钢筋的两处搭接，距离应不小于1500mm。

⑤箍筋连接点应在纵横向筋的交叉连接处，必须进行绑扎或焊接，以保证两层主筋之间的间距。

⑥受力主筋的机械连接可按照现行《钢筋机械连接技术规程》(JGJ 107—2010)的规定执行。

⑦受力主筋套筒挤压连接可按照现行《钢筋机械连接技术规程》(JGJ 107—2010)的规定执行。

2. 模筑混凝土

在围岩对衬砌有不良影响的软岩分界处,应设置沉降缝;明洞衬砌与洞内衬砌交界处或不设明洞的洞口段衬砌在距洞口 5 ~ 12m 的位置应设沉降缝;在连续 V、VI 级围岩中每 30 ~ 80m 应设沉降缝一道。在严寒地区,应在洞口和易受冻害地段设置伸缩缝。衬砌的施工缝应与设计的沉降缝、伸缩缝结合布置。

(1)衬砌模板施工

衬砌模板施工应符合下列规定:

①混凝土衬砌模板及支架必须具有足够的强度、刚度和稳定性,模板不凹凸、支架不偏移、不扭曲。保证混凝土成型规整,满足多次重复使用,不变形。

②浇筑模筑混凝土前应将模板内的杂物、积水和钢筋上的油污清除干净;钢模板应涂脱模剂,木模板应用水湿润;模板接缝不应漏浆。

③在涂刷模板隔离剂时,不应污染钢筋。

④挡头板应按衬砌断面制作,定位准确、安装牢固,挡头板与岩壁间隙应嵌堵紧密。施工缝挡头板应设预留槽成型条,并满足止水产品要求。

⑤安装模板时应检查中线、高程、断面和净空尺寸。

⑥模板安装前,应仔细检查防水板、排水盲管、衬砌钢筋、预埋件等隐蔽工程,做好记录。

(2)主洞模板

主洞模板应满足下列要求:

①隧道主洞模筑混凝土衬砌施工宜采用全断面衬砌模板台车。

②全断面衬砌模板台车支架应有足够的强度和稳定性,便于整体移动、准确就位。

③衬砌模板应表面光滑、接缝严密,有足够的刚度。

④全断面衬砌模板台车模板应留振捣窗,振捣窗间距纵向不宜大于 3m,横向不宜大于 2.5m,振捣窗不宜小于 0.45m × 0.45m,振捣窗周边应加固,防止周边变形,窗门应平整、严密、不漏浆。

⑤全断面衬砌模板台车就位应以隧道中线为准,按线路方向垂直架设。

⑥顶模设置通气孔、注浆管。

(3)特殊洞室模板

特殊洞室模板应满足下列要求:

①对车行横洞、人行横洞、紧急停车带等特殊洞室,宜采用移动式模架和拼装模板施工。

②采用拼装模板施工时,应采用先墙后拱或全断面浇筑,不得采用先拱后墙浇筑。

③采用拼装模板施工时,拱、墙模板拱架的间距,应根据衬砌地段的围岩情况、隧道宽度、衬砌厚度及模板长度确定。

④架设拱、墙支架和模板安装时,应位置准确,连接牢固,严防移位。围岩压力较大时,拱架、墙架应增设支撑或缩小间距。

⑤移动式模架或拼装模板重复使用时,应注意检查,如有变形应及时修整。

⑥在拱架外缘应采用沿径向支撑与围岩顶紧,以防混凝土浇筑时拱架变形、移位。

⑦拱架、支架应与隧道中线垂直方向架设。拱架的螺栓、拉杆、斜撑等应安装齐全。拱架(包括模板)高程应预留沉落量。施工中应随时测量、调整。

(4)混凝土施工

混凝土施工应符合下列规定:

①混凝土的配合比应满足设计和施工工艺要求。混凝土应在初凝前完成浇筑。

②混凝土衬砌应连续浇筑。如因故中断,其中断时间应小于前层混凝土的初凝时间或能重塑时间。当超过允许中断时间时,应按施工缝处理。

③混凝土的入模温度,冬季施工时不应低于 5℃,夏季施工时不应高于 32℃。

④应采取可靠措施确保混凝土在浇筑时不发生离析。

⑤浇筑混凝土时,应采用振动器振实,并应采取确实可靠措施,确保混凝土密实。振实时,不得使模板、钢筋和预埋件移位。

⑥边墙基底高程、基坑断面尺寸、排水盲管、预埋件安设位置等应满足设计要求。

⑦浇筑混凝土前，必须将基底石渣、污物和基坑内积水排除干净，严禁向有积水的基坑内倾倒混凝土干拌和物。

⑧拱墙衬砌混凝土，应由下向上从两侧向拱顶对称浇筑。

⑨拱部混凝土衬砌浇筑时，应在拱顶预留注浆孔，注浆孔间距应不大于3m，且每模板台车范围内的预留孔应不少于4个。

⑩拱顶注浆充填，宜在衬砌混凝土强度达到100%后进行，注入砂浆的强度等级应满足设计要求，注浆压力应控制在0.1MPa以内。

(5)拆除拱架、墙架和模板

拆除拱架、墙架和模板，应符合规范规定。不承受外荷载的拱、墙混凝土强度应达到5.0MPa。承受围岩压力的拱、墙以及封顶和封口的混凝土强度应满足设计要求。衬砌拆模后应立即养护。在寒冷地区，应做好衬砌的防寒保温工作。

衬砌采用防水混凝土时，应符合有关规定。

3. 仰拱和底板

仰拱填充采用片石混凝土时，片石应距模板50mm以上，片石间距应大于粗集料的最大粒径，并应分层摆放，捣固密实。仰拱混凝土施工应符合下列规定：

①仰拱混凝土应超前拱墙混凝土施工。

②仰拱混凝土浇筑前应清除积水、杂物、虚渣等。

③仰拱混凝土浇筑必须使用模板，混凝土应振捣密实。

④仰拱施工缝和变形缝处应按设计要求进行防水处理。

⑤仰拱施工前，超挖在允许范围内时，应采用与衬砌相同强度等级的混凝土进行浇筑；超挖大于规定时，应按设计要求回填，不得用洞渣随意回填，严禁片石侵入仰拱断面。

底板施工前应清除虚渣、杂物和积水。底板坡面应平顺。

7.7.2 模筑混凝土

隧道模筑混凝土施工工艺流程是模筑前的准备工作→拱(墙)架与模板→混凝土制备与运输→混凝土灌注→混凝土养护与拆模等。

1. 施工准备

在模筑衬砌施工开始前，应进行场地清理、进行中线和水平施工测量、检查开挖断面是否符合设计要求，对欠挖部分加以修凿，然后放定位线，架设衬砌模板支架或架立拱架等；同时，准备衬砌测量、机具、劳动力组织计划安排等。

2. 混凝土浇注工艺

浇筑时应使混凝土充满所有角落并充分进行捣固。混凝土运输时，原则上应采用混凝土搅拌运输车，若采用其他办法运送时，应确保混凝土在运送中不产生离析、损失及混入杂物。浇筑混凝土允许间歇时间见表7-32。表中规定的时间未考虑外加剂作用及其他特殊施工和混凝土本身温度的影响。

浇筑混凝土允许间歇时间(min)　　表7-32

浇筑气温 t(℃)	材料	
	普通硅酸盐水泥	矿渣火山灰硅酸盐水泥
20～30	90	120
12～20	135	180
5～10	195	—

(1)浇筑拱圈

浇筑顺序应从两侧拱脚向拱顶对称进行，间歇及封顶的层面应成辐射状。分段施工的拱圈合拢处最好选在围岩较好处。先拱后墙法施工的拱圈，混凝土浇筑前应将拱脚支撑面找平。石质隧道支撑面可用碎石垫平，上铺2～3cm砂子，用水洒湿。土质隧道宜横铺一层5cm厚木板，对拱脚可适当扩大或用锚杆加固。如果是钢筋混凝土衬砌先拱后墙时，应在拱脚下预留钢筋接头，以便使拱墙达成一个整体。

(2)浇筑边墙

首先要把边墙基底的石渣、污物和基坑内积水排除干净，严禁向有积水的基坑内浇注混凝土。如墙基松软时，可对其进行必要的加固处理。边墙扩大基础的扩大部分及仰拱的拱座，应结合边墙施工一次完成。采用片石混凝土浇筑边墙时，片石应距模板5cm以上，片石间距应大于混凝土集料的最大粒径的1.5倍，并分层进行掺放并捣固密实。采用先拱后墙法施工时，边墙混凝土应尽早浇筑，以避免对拱圈产生不良影响，对墙顶与拱脚间的混凝土要注意捣实。

(3)浇筑仰拱

仰拱混凝土应超前拱墙混凝土施工，其超前拱墙混凝土施工的超前距离，宜保持3倍以上衬砌循环作业长度。仰拱施工宜整体断面一次成型，不宜左右半幅分次浇筑。底板混凝土可采用半幅浇筑，但接缝应平顺，做好防水处理。仰拱填充采用片石混凝土时，片石应距模板50mm以上，片石间距应大于粗集料的最大粒径，并应分层摆放，捣固密实。仰拱以上的混凝土或片石混凝土应在仰拱混凝土达到设计强度的70%后施工。

因仰拱和底板施工占用洞内通道，给前方的开挖、出渣、衬砌和进料作业造成干扰，所以应对仰拱和底板的施作时间、分块施工顺序与干扰问题进行合理安排。一般可以用纵向分条、横向分段的方法灌筑。纵向通常可分为左右两部分，交替进行，横向分段长度应视边墙施工缝、伸缩缝、沉降缝及运输要求确定。当侧压力较大时，底部开挖分段长度不能太长，以免墙脚挤入。待仰拱和底板纵向贯通，且混凝土达到一定强度后，方能允许车辆通行。

3. 全断面衬砌模板台车

隧道衬砌作业一般为机械化施工。混凝土采用洞外拌和站集中拌制，混凝土的运输采用混凝土输送车运输，浇筑采用混凝土输送泵灌注。全断面衬砌模板台车由台车、拱架、模板及动力系统四大部分组成。通过动力装置立、拆模板，台车由电动机驱动，在轨道上行走。台车下方留有一定空间以利于车辆的通行，立模时台车模板紧贴事先打好的矮边墙，拆模时依靠台车的伸缩装置，收缩拱架，使模板脱离混凝土，然后行走台车，达到新位置，灌注下一段混凝土。

7.7.3 空隙处理

初期支护内轮廓与二次衬砌外轮廓应紧密结合，由于超挖、坍塌等原因造成两者之间可能有空隙时，可采取以下几种方法，来增强衬砌支护与二次衬砌之间的黏结。

①当空隙不超过允许超挖量，或由于支护后洞体净空收敛未达到设计预留变形量时，应以同强度等级混凝土回填密实。

②当超挖较大时，拱脚及墙基以上1m范围内采用同强度等级混凝土回填密实，其余部分可根据空隙大小分别选用同强度等级混凝土或贫混凝土或浆砌片石回填密实。

③当为较大空隙或坍塌时，应增加锚杆钢筋网喷混凝土等措施，以加强初期支护与二次衬砌间的支撑接触。

7.7.4 质量检验

隧道衬砌模板安装施工质量应符合表7-33的规定。混凝土衬砌施工质量应符合表7-34的规定。仰拱及底板施工质量应符合表7-35的规定。衬砌钢筋施工质量应符合表7-36的规定。

模板安装施工质量标准　　表7-33

检查项目	规定值或允许偏差	检查方法和频率
平面位置及高程(mm)	±15	尺量:全部
起拱线高程(mm)	±10	水准仪测量:全部
拱顶高程(mm)	+10,0	水准仪测量:全部
模板平整度(mm)	5	2m靠尺和塞尺:每3m测5点
相邻浇筑段表面错台(mm)	±10	尺量:全部

混凝土衬砌施工质量标准　　表7-34

检查项目	规定值或允许偏差	检查方法和频率
混凝土强度	在合格标准内	试件强度试验报告
边墙平面位置(mm)	±10	尺量:全部
拱部高程(mm)	+30,0	水准仪测量(按桩号)
衬砌厚度	不小于设计值	激光断面仪或地质雷达随机检查
边墙、拱部表面平整度(mm)	15	2m靠尺、塞尺:每侧检查5处;或断面仪测量

仰拱及底板施工质量标准 表 7-35

检查项目	规定值或允许偏差	检查方法和频率
混凝土强度	在合格标准内	试件强度试验报告
仰拱(底板)厚度	不小于设计值	水准仪:每 10m 检查一个断面,每个断面检查 5 点
钢筋保护层厚度(mm)	≥50	凿孔检查:每 10m 检查一个断面,每个断面检查 3 点
顶面高程(mm)	±15	水准仪:每一浇筑段检查一个断面

衬砌钢筋施工质量标准 表 7-36

检查项目			规定值或允许偏差	检查方法和频率
主筋间距(mm)			±10	尺量:连续 3 处以上
两层钢筋间距(mm)			±5	尺量:两端、中间各 1 处以上
箍筋间距(mm)			±20	尺量:连续 3 处以上
绑扎搭接长度	受拉	HPB 级钢	30*d*	尺量:每 20m 检查 3 个接头
		HRB 级钢	35*d*	
	受压	HPB 级钢	20*d*	
		HRB 级钢	25*d*	
钢筋加工长度(mm)			-10, +5	尺量:每 20m 检查 2 根
钢筋保护层厚度(mm)			+10, -5	尺量:两端、中间各 1 处

注:*d*——钢筋直径。

7.8 防排水

隧道防水包括地表防渗漏水处治、复合式衬砌夹层防水;洞内排水包括施工排水、衬砌结构排水、路基排水;隧道路基排水是排出隧道围岩渗漏水,全程排至洞口,与公路路基排水系统连接。各类防水、排水设施,统称为隧道防排水。

7.8.1 一般规定

隧道防排水应遵循"防、排、截、堵相结合,因地制宜,综合治理"的原则,保证隧道结构物和营运设备的正常使用和行车安全,并对地表水、地下水妥善处理,形成一个完整通畅的防排水系统。

①复合式衬砌中的防水板施工前,应复核中线位置和高程,检查断面尺寸,保证衬砌施工后的衬砌厚度和净空满足规范和设计要求。围岩侵入限界部位应清除、整修和补喷。

②施工中应对洞内的出水部位、水量大小、涌水情况、变化规律、补给来源等做好观测和记录。预防涌水淹没洞室,危及人员、设备和环境安全,影响施工质量和工程进度。

③隧道排水不得直接排入饮用水源。

7.8.2 地表防渗漏水处治

覆盖层较薄和渗透性强的地层,地表水处理应符合下列规定:

①洞口附近和浅埋隧道洞顶不得积水。

②黄土陷穴和岩溶孔洞等特殊地质应按设计要求处理。

③洞顶上方如有沟谷通过且沟谷底部岩层裂缝较多,地表水渗漏对隧道施工有较大影响时,应及时用浆砌片石铺砌沟底,或用水泥砂浆勾缝、抹面。

7.8.3 洞内施工排水

1. 洞内反坡接力排水

洞内反坡排水应满足下列要求:

①根据距离、坡度、水量、设备和施工组织布置管路,一次或分段接力将水排出洞外。

②抽水机的集水坑容积应按实际排水量确定,应设在对施工干扰较小的位置。

③抽水机功率应大于排水所需功率的 20%,并备用抽水机。

④做好停电时的应急排水准备工作。

洞内排水宜采用钻孔集中汇流引排渗漏水时，应对钻孔位置、数量、孔径、深度、方向和渗水量等作详细记录，在确定衬砌拱墙背后排水设施时，应考虑上述因素。

2. 井点降水

洞内涌水或地下水位较高时，可采用井点降水法和深井降水法处理。井点降水施工应符合下列要求：

①根据降水要求，选择降水形式、降水设备，编制降水施工方案。

②在隧道两侧地表面布置井点，间距宜为 25 ~ 35m。井底应在隧底以下 3 ~ 5m。

③降水过程中，应设水位观测井，及时测定动水位，调整降水参数，保证降水效果。

④重视降水范围内地表环境保护，制定包括量测监控、回灌等措施，预防地表超限下沉。

⑤降水后水位线应低于隧道底部开挖线 0.5 ~ 1.0m。

3. 辅助坑道排水

隧道施工有平行导坑或横洞时，其底高程应低于正洞底高程，应充分利用其排水，降低正洞水位，使正洞水流通过辅助坑道引出洞外。必要时应设置永久排水沟，使坑道封闭后能保持水流畅通。

正洞施工由斜井、竖井排水时，应在井底设置集水坑，采用相应扬程的抽水机经管路排出井外。集水坑设置的位置不得影响井内运输和安全。斜井、竖井施工有水时，应随开挖面挖积水坑，根据水量大小采用抽水机或吊桶排出。竖井井壁渗水影响施工时，可用压浆堵水，固结地层后再进行开挖。

4. 超前钻孔排水

隧道施工应制定防涌（突）水安全措施，考虑开挖面应布置超前钻孔，预防水囊、暗河、高压涌水等的危害。应对工程地质和水文地质作详细的调查分析，先判明地下水流方向，再确定钻孔位置、方向、数目和钻孔深度，并应采取下列防止涌水的措施：

①非施工人员必须撤出危险区。

②应及时测算水量、水压、流速、含泥沙量等，备足配套的抽水设备。

③在钻孔口预先埋管设阀，控制排水量，防止承压水冲击及淹没坑道等意外险情发生。

④水平钻孔钻到预期的深度尚未出水时，可会同设计单位进一步进行地质和水文的勘测工作，重新判定地下水情况。

5. 泄水洞排水

隧道通过不透水和透水性强的互层时，应根据设计文件和调查资料提供的情况，在可能进入滞水带前 20 ~ 30m，用深孔钻机钻孔穿入透水层，以利预探和排水。当涌水量很大，用钻孔不能满足排水需要时，应在衬砌完成地段或围岩坚硬稳定地段开挖迂回侧洞，排除滞水带内储水。泄水洞施工前，应参照设计文件提供的水文资料和涌水处理措施确定施工方法。

6. 地表深井降水

松散破碎含水地层中，洞内工作面可采用人工降水法；浅埋隧道可采用地表深井降水法减小水压，降低地下水位。

7. 隧道洞口排水

隧道洞口及辅助坑道洞（井）口排水系统应符合下列规定：洞外路堑向隧道内为下坡时，路基边沟应做成反坡，向路堑外排水。

7.8.4 注浆堵水

当松散破碎含水率大且地段较长时，可采用超前预注浆堵水。围岩注浆堵水应根据工程地质和水文地质条件，通过试验做出设计，再进行压浆。在施工过程中应修正各项注浆参数，改进工艺操作，提高堵水效果。隧道开挖后或初期支护完成后仍存在渗漏水时，应根据地质情况及隧道允许排水量选择径向注浆、局部注浆、回填注浆等注浆防水方案。

1. 局部注浆

局部注浆应符合下列规定：

①在出水点上游钻孔注浆截断水源，并在出水点周围布孔加固围岩，加固深度宜为隧道开挖轮廓线外 3 ~ 5m。

②注浆材料宜以水泥类浆液为主，水量较大时宜采用快凝、早强水泥。

③注浆顺序为由水少处到水多处钻注，注浆终压宜为 1 ~ 2MPa。

2. 径向注浆

初期支护后出现大面积渗漏水，应进行径向注浆或初期支护背后回填注浆并符合下列规定：

①径向注浆孔深应符合设计要求，一般情况下不宜小于3m。

②初期支护背后回填注浆孔深不应小于0.5m。

③钻孔注浆顺序应由水少处向水多处进行。

④注浆材料宜以水泥类浆液为主，可采用快凝早强水泥。

⑤注浆终压宜为0.5～1.0MPa。

3. 异常时措施

注浆前，应将钻孔吹洗干净，做压稀浆试验，测定地层的吸浆和扩散、固结情况，防止注浆压力过大，破坏围岩整体性。注浆过程中发生异常情况时，可采取下列措施：

①降低注浆压力、采用间歇注浆等。

②改变注浆材料、工艺、参数。

③调整注浆方案。

4. 单孔注浆

单孔注浆结束标准应符合下列规定：

①分段注浆各孔段均达到设计终压并稳定10min，且进浆速度小于初始速度的25%，或注浆量不小于设计注浆量的80%。

②全孔一次性注浆压力达到设计终压。

③满足设计要求。

5. 质量检验

注浆结束后，宜采取钻孔取芯法对注浆效果进行检查，并测定钻孔出水量，检查孔的数量应不少于注浆孔总数的5%且不少于3个。当检查孔出水量不大于1.0L/min时，注浆效果满足要求，否则应进行补充注浆和重新检查。注浆钻孔及检查孔应封填密实。

在注浆施工期及工程结束后，应对水源取样检查。当有污染时，应及时采取相应措施。

7.8.5 衬砌防排水

隧道采用复合式衬砌时，在初期支护与二次衬砌之间应设置防水板及无纺布夹层。在浇筑拱部、墙部衬砌混凝土时可掺入防水剂，提高防渗效果。

1. 防水混凝土

隧道防水应提高混凝土自防水性能。防水混凝土抗渗等级应符合设计要求。在有冻害地区，防水混凝土的抗渗等级应适当提高。防水混凝土处于侵蚀性介质时，其耐侵蚀系数不应小于0.8。

防水混凝土施工配合比应通过试验确定，并符合相关技术要求。防水混凝土拌和物应采用机械搅拌，搅拌时间不应少于2min。掺外加剂时，应根据外加剂的技术要求确定搅拌时间。防水混凝土拌和物在运输后如出现离析，必须进行二次搅拌。当坍落度损失后不能满足施工要求时，应加入原水灰比的水泥浆或二次掺加减水剂进行搅拌，严禁直接加水。混凝土实测的坍落度与要求坍落度之间的偏差应符合表7-37的规定。

混凝土坍落度允许偏差　表7-37

要求坍落度(mm)	允许偏差(mm)	要求坍落度(mm)	允许偏差(mm)
≤40	±10	≥100	±30
50～90	±20		

防水混凝土宜采用高频机械振捣密实，振捣时间宜为10～30s，以混凝土泛浆和不冒气泡为准，应避免漏振、欠振和超振。掺加引气剂或引气型减水剂时，应采用高频插入式振捣器振捣。

2. 防水板

防水板宜选用高分子材料，宽幅2～4m，厚度不宜小于1.5mm，并符合要求，耐刺穿性好、柔性好、耐久性好。

(1)一般规定

防水板铺设应超前二次衬砌施工1～2个衬砌段，并应与开挖掌子面保持一定距离。初期支护表面应平整，无空鼓、裂缝、松酥，对支护表面外露的尖硬物和局部渗漏水处应先进行处理，不平处用喷射混凝土或砂浆找平。表面平整度宜符合规范规定。防水板铺设应符合下列规定：

①防水板铺设宜采用专用台架。铺设前进行精确放样，画出标准线后试铺，确定防水板每环的尺寸，并尽量减少接头。

②防水板应无钉铺设，并留有余量，防水板与初期支护或岩面应密贴。

③防水板的搭接缝焊接质量应按充气法检查，当压力表达到 0.25MPa 时停止充气，保持 15min，压力下降在 10% 以内，焊缝质量合格。搭接宽度不应小于 100mm。焊缝应严密，单条焊缝的有效焊接宽度不应小于 12.5mm，不得焊焦焊穿。

④绑扎或焊接钢筋时，不应损失防水板。振捣混凝土时，振捣棒不得接触防水板。

(2)塑料防水板

隧道施工多采用塑料防水板，塑料板防水层类型有全封闭式、半封闭式两种；塑料防水板的物理力学性能应符合表 7-38 的要求。

塑料防水板主要物理性能 表 7-38

项目	拉伸强度(MPa)	断裂延伸率(%)	热处理时变化率(%)	低温弯折性	抗渗性
指标	≥12	≥200	≤2.5	-20℃无裂纹	0.2MPa,24h 不透水

塑料板防水层铺设主要技术要求如下：

①塑料板防水层的施作，应在初期支护变形基本稳定和在二次衬砌灌注前进行。开挖和衬砌不得损坏已铺设的防水层。因此，防水层铺设施作点距爆破面积应大于 150m，距灌注二次衬砌处应大于 20m；当发现层面有损坏时应及时修补；当喷层表面漏水时，应及时引排。

②防水层可在拱部和边墙按环状铺设，并视材质采取相应的接合方式。塑料板宜用焊接，搭接宽度为 10cm，两侧焊缝宽不应小于 2.5cm；当用橡胶防水板黏结时，其搭接宽度为 10cm，黏结宽不小于 5cm。

③防水层接头处应擦干净，塑料防水板应用与材质相同的焊条焊接，两块塑料板之间接缝宜采用热楔焊接法，其最佳焊接温度和速度应根据材质试验确定。聚氯乙烯 PVC 板和聚乙烯 PE 板焊接温度和速度见表 7-39。防水层接头处不得有气泡、褶皱及空隙；接头处应牢固，强度应不小于同一种材料；橡胶防水板应用黏合剂连接，涂刷胶浆应均匀，用量应充足才能确保黏合牢固。

聚氯乙烯 PVC 板和聚乙烯 PE 板焊接温度和速度 表 7-39

项目 \ 材质	PVC 板	PE 板
焊接温度(℃)	130~180	230~265
焊接速度(m/mim)	0.15	0.13~0.2

④防水层用垫圈和绳扣吊挂在固定点上，其固定点的间距：拱部应为 0.5~0.7m，侧墙为 1.0~1.2m，在凹凸处应适当增加固定点；固定点之间防水层不得绷紧，以保证灌注混凝土时板面与混凝土面能密贴。

⑤采用无纱布做滤层时，防水板应密切叠合，整体铺挂。

⑥防水层纵横一次铺设长度，应根据开挖方法和设计断面确定。铺设前宜先行试铺，并加以调整。防水层的连接部分，在下一阶段施工前应保护好，不得弄脏和损破。

⑦防水层属隐蔽工程，灌注混凝土前应检查防水层质量，做好接头记录和质量检查记录。

(3)EVA 复合防水板

防水板采用无钉铺设工艺施工，施工要点如下：

①喷射混凝土表面整平，凹凸不平面的跨深比不大于 1/6，对钢筋等尖锐的突出物要割除磨平，以免扎破防水层。

②EVA 防水卷材采用背吊法施工，每个吊点挂接牢固，同时在锚固上另外敷设一块防水板与挂设的防水板黏结。

③防水卷材之间搭接宽度为 10cm，并采用自动行走式热合机进行双缝焊接，用钢筋或木条压住接缝，焊接要进行气密性检查，冲气压力为 0.15MPa 并保持恒压时间不小于 2min，焊缝强度不得低于母体强度。

3. 施工缝防水

施工缝的施工应符合下列规定：

①仰拱不宜留纵向施工缝。

②墙体水平施工缝应设在高出底板面不小于300mm的墙体上。拱墙结合的水平施工缝,宜设在拱墙接缝线以下150～300mm处。

③水平施工缝混凝土浇筑前,应将其表面清理干净。涂刷混凝土界面处理剂;或者先刷不低于结构混凝土强度等级的净浆,再铺25～30mm厚的1 ∶ 1水泥砂浆,及时浇筑混凝土。冬季还应做好施工缝部位的防冻。

④垂直施工缝施工时,应将其表面浮浆和杂物清除。刷不低于结构混凝土强度等级的净浆或涂混凝土界面处理剂。及时浇筑混凝土。端头模板应支撑牢固,严防漏浆。端头应埋设表面涂有脱模剂的楔形硬木条(或塑料条),形成预留浅槽,其槽应平直,槽宽比止水条宽1～2mm,槽深为止水条厚度的1/2～2/3,将遇水膨胀止水条牢固地安装在预留浅槽内。

施工缝采用橡胶止水条进行处理。在浇筑二次衬砌前,沿已浇筑的混凝土端部中央安装橡胶止水条一环。橡胶止水条用混凝土钉固定在衬砌断面中间,当混凝土浇筑时,它遇水膨胀,把混凝土施工缝隙封死,以达到止水的目的。橡胶止水条安装时要与已浇筑的混凝土面紧贴,安装轮线分明,不得有扭曲、松动等现象。止水条安装要牢固稳定,确保在混凝土浇筑时不会产生移动。

4. 变形缝防水

变形缝应满足密封防水、适应变形、施工方便、检修容易等要求,变形缝的施工应符合下列规定:

①沉降变形缝的最大允许沉降差值应符合设计规定,设计无规定时,不应大于30mm。当计算沉降差值大于30mm时,应采取特殊措施。

②沉降变形缝的宽度宜为20～30mm。伸缩变形缝的宽度宜小于此值。

③变形缝处混凝土结构的厚度不应小于300mm。

④缝底应设置与嵌缝材料无黏结力的背衬材料或遇水膨胀止水条。

在衬砌结构发生变化处,宜设置沉降缝。在沉降缝的中间埋置橡胶止水带。作业要点:防止止水带在混凝土浇筑时下沉、变形等;将止水带外露的一半弯起贴在松木板的外侧;安装并固定挡头板,将外露的橡胶止水带夹在松木板与挡头板之间,同时也起到支撑加固松木板的作用;施工二次模筑混凝土;拆除挡头板,将外露的一半止水带校正就位;用钢筋卡固定住已校正好的止水带,浇筑下一个断面的混凝土;最后取出松木板,填塞沥青麻丝。

5. 止水带施工

止水带施工应符合下列规定:

①止水带埋设位置应正确,其中间空心圆环应与变形缝的中心线重合;止水带定位时应使其在界面部位保持平展,防止止水带翻滚、扭结,如发现有扭结不展现象应及时进行调正;在固定止水带和灌注混凝土过程中应防止止水带偏移,以免单侧缩短,影响止水效果。

②止水带先施工一侧混凝土时,其端头模板应支撑牢固,严防漏浆。

③止水带的接头应连接牢固,宜设在距铺底面不小于300mm的边墙上。

④止水带在转弯处应做成圆弧形,橡胶止水带的转角半径不应小于200mm,钢片止水带不应小于300mm,且转角半径应随止水带的宽度增大而相应加大。

⑤不得在止水带上穿孔打洞固定止水带。止水带不得被钉子、钢筋和石子刺破。如发现有割伤、破裂现象,应及时修补。

⑥宜加强混凝土振捣控制,排除止水带底部气泡和空隙,使止水带和混凝土紧密结合,应注意防止振捣造成止水带偏位或破损。

⑦止水带的长度应根据施工需要事先向生产厂家定制,尽量避免接头。如确需接头,根据止水带材质和止水部位可采用不同的接头方法。橡胶止水带的接头形式应采用搭接或复合接;塑料止水带的接头形式应采用搭接或对接。止水带的搭接宽度不应小于100mm,冷粘或焊接的缝宽不应小于50mm。

止水条宜选用制品型遇水膨胀止水条,其物理力学性能应符合相关要求。

6. 止水条施工

遇水膨胀止水条应采用预留槽嵌入法,并符合下列规定:

①挡头板制作时应预留安装止水条的浅槽。

②拆除混凝土模板后,修整预留槽,凿毛施工缝,清除浮渣,将止水条嵌入槽内,用配套的胶黏剂或水泥钉固定止水条,再浇筑下一环混凝土。

③遇水膨胀止水条接头处应重叠搭接后再黏结固定，沿施工缝形成闭合环路。

④止水条定位后至浇筑下一环混凝土前，应避免被水浸泡，必要时加涂缓膨剂，防止其提前膨胀。

7. 防排水施工要点

①防排水系统必须安排有经验的、经过专门培训的专业人员进行操作，材料必须符合设计和规范要求。

②防水层要在初期支护变形基本稳定后，二次衬砌施工前进行。

③防水层铺设前，喷混凝土层表面不得有锚杆头或钢筋端头外露，钢纤维表面的钢纤维要清除干净。对凹凸不平部位要进行修凿、补喷，使混凝土表面平顺。喷层表面漏水时，要及时引排。

④防水板与无纺布要密切叠合，整体铺挂。

⑤止水带在安装时以及在混凝土浇捣作业过程中，要注意对其的保护，不得被钢筋、石子和钉子刺破，如发现有被刺破、割裂现象，必须及时修补。

⑥防排水系统施工要以“防、排、截、堵相结合，因地制宜，综合治理”为原则，达到防水可靠、排水畅通，经济合理，施工方便的目的。

⑦防排水系统洞内要达到如下标准：洞内无渗漏水、安装孔眼不渗水、洞内路面不冒水、不积水。

7.8.6　隧道路基排水

纵、横、环向盲管、中心排水管（沟）的施工应符合下列规定：

①排水盲管的材质、直径、透水孔的规格、间距应符合设计及有关标准规范的规定。

②环向排水盲管的间距应符合设计要求，在地下水较大的地段应适当加密。

③环向排水盲管应紧贴支护表面或渗水岩壁安设排水盲管布置应圆顺，不得起伏不平。

④排水管系统应按设计连通形成完整的排水系统。管路连接宜采用变径三通方式，连接应牢固、畅通，安装坡度应符合设计要求。

⑤中心排水管（沟）直径应符合设计要求。中心排水管（沟）基础的总体坡度、段落坡度、单管坡度应协调一致，并符合设计要求，不得高低起伏。

⑥中心排水管（沟）设在仰拱下时，应和仰拱、底板同步施工。

7.8.7　质量检验

高速公路、一级、二级公路隧道防排水工程施工质量应符合规定，拱部、边墙、路面、设备箱洞不渗水；有冻害地段的隧道衬砌背后不积水，排水沟不冻结；洞内排水系统不淤积、不堵塞，确保排水通畅；车行横通道、人行横通道等服务通道拱部不滴水，边墙不淌水。三级、四级公路隧道防排水工程施工质量应符合规定，拱部、边墙、路面、设备箱洞不渗水；有冻害地段的隧道衬砌背后不积水，排水沟不冻结。

1. 路基排水

洞内排水沟布置、结构形式、纵向坡度应满足设计要求。排水沟断面尺寸应符合表 7-40 的规定。防寒泄水洞位置、结构形式、纵坡及混凝土强度和抗渗性能均应符合设计要求。防寒泄水洞应排水畅通，无淤积堵塞。防寒泄水洞尺寸、高程应符合表 7-41 的规定。检查井施工质量应符合表 7-42 的规定。

洞内排水沟断面尺寸质量标准　　表 7-40

项目	规定值或允许偏差	检验方法和频率
断面尺寸(mm)	±10	尺量：每 100m 随机检查 5 处
壁厚(mm)	±5	
高度(mm)	0，−20	
沟底高程(mm)	±20	水准仪：每 20m 测高程

防寒泄水洞质量标准　　表 7-41

项目	规定值或允许偏差	检验方法和频率
断面尺寸(mm)	±50	尺量：每 10m 量 1 次
高程(mm)	±20	仪器测量：每 10m 测量高程及位置
平面位置(mm)	±50	

检查井施工质量标准 表7-42

项目	规定值或允许偏差	检查方法和频率
轴线偏位	±50	经纬仪:逐个检查
断面尺寸(mm)	±20	尺量:逐个检查
井底高程(mm)	±20	水准仪:逐个检查
井盖与相邻路面高差(mm)	0,-4	水准仪、水平尺:逐个检查

2. 防水混凝土

防水混凝土抗压强度应满足设计要求。抗渗性能试验应符合现行《普通混凝土长期性能和耐久性能试验方法标准》(GB/T 50082—2009)的有关规定,试件应在浇筑现场制作,在标准条件下养护。防水混凝土的质量应符合表7-43的规定。

防水混凝土质量标准 表7-43

项目	规定值或允许偏差	检验方法和频率
抗压强度	在合格标准内	按规范《公路隧道施工技术规范》附录A检验
抗渗等级	符合设计	每200m衬砌做一组(6个)试件

3. 防水板与无纺布

防水板、无纺布的材质、性能、规格必须满足设计要求,铺设防水板的基础应坚实、平整、圆顺,无漏水现象。防水板焊接焊缝应全部进行充气检查。防水板施工质量应符合表7-44的规定。

防水板施工质量标准 表7-44

项目		规定值或允许偏差	检查方法和频率
搭接宽度(mm)		≥100	尺量:全部搭接均要检查,每个搭接检查3处
缝宽(mm)	焊接	两侧焊缝宽≥25	尺量:每个搭接检查5处
	黏结	黏缝宽≥50	
固定点间距(mm)	拱部	符合设计要求	尺量:检查总数的10%
	侧墙	符合设计要求	
接缝与施工缝错开距离(mm)		≥500	尺量:每个接缝检查5处

4. 止水带

止水带材质、规格、性能应符合设计要求。止水带与衬砌端头模板应正交。止水带施工质量应符合表7-45的规定。

止水带施工质量标准 表7-45

项目	规定值或允许偏差	检查方法和频率
纵向偏离(mm)	±50	尺量:每环至少3处
偏离衬砌中心线(mm)	≤30	尺量:每环至少3处

7.9 小净距隧道

小净距隧道施工应结合中岩墙厚度、围岩条件及埋深等制订单项施工技术方案,应重点控制爆破震动对中岩墙的危害,相邻爆破分段起爆间隔时间宜不小于100ms。小间距隧道施工单项技术方案应严格贯彻设计意图,内容包括先行洞和后行洞开挖方法、先行洞和后行洞爆破设计和爆破震动控制、先行洞和后行洞开挖错开距离、先行洞衬砌与后行洞开挖错开距离、中岩墙保护方法、非小净距隧道施工方案中的其他内容。

7.9.1 开挖和爆破

开挖和爆破应符合下列规定:

①爆破应进行专门设计,并进行试爆,测试震动值,严格控制爆破震动,符合现行《爆破安全规程》(GB 6722—2010)规定。不同围岩条件、不同净距的小净距隧道应按设计采用不同的开挖方法,Ⅴ级围岩应以机械开挖为主,辅以微量的弱爆破,中小宽度隧道可参考表7-46。

小净距隧道开挖方法 表 7-46

围岩级别		中岩墙厚度(m)			
		(0.25 ~ 0.375)b	(0.375 ~ 0.5)b	(0.5 ~ 0.75)b	(0.75 ~ 1.0)b
Ⅱ、Ⅲ	先行洞	全断面法			
	后行洞	台阶法	台阶法	全断面法	全断面法
Ⅳ	先行洞	台阶法			
	后行洞	侧壁导坑法	侧壁导坑法	侧壁导坑法	台阶法
Ⅴ	先行洞	单侧壁导坑法			
	后行洞	单侧壁导坑法			

注:b 为单洞隧道的开挖断面的宽度。

②对Ⅲ、Ⅳ、Ⅴ级围岩小净距隧道双洞间相互影响程度划分和小净距隧道爆破震动速度控制标准可参照表 7-47和表7-48。

小净距隧道双洞间相互影响程度划分 表 7-47

围岩条件		影响程度			分离式单洞
		严重影响	一般影响	轻微影响	
围岩级别	Ⅲ	≤0.375b	(0.375 ~ 0.75)b	(0.75 ~ 2.0)b	≥2.0b
	Ⅳ	≤0.5b	(0.5 ~ 1.0)b	(1.0 ~ 2.5)b	≥2.5b
	Ⅴ	≤0.75b	(0.75 ~ 1.5)b	(1.5 ~ 3.5)b	≥3.5b

注:b 为单洞隧道的开挖断面的宽度。

小净距隧道爆破震动速度控制标准值(mm/s) 表 7-48

围岩级别	影响程度		
	严重影响	一般影响	轻微影响
Ⅲ	80 ~ 100	100 ~ 120	150 ~ 200
Ⅳ	50 ~ 80	80 ~ 100	100 ~ 150
Ⅴ	<50	50 ~ 80	80 ~ 100

③先行洞的开挖可采用与分离式隧道相同的施工方法,但应重视爆破震动对中岩墙的影响。后行洞的开挖,当采用侧壁导坑法开挖时,宜先开挖靠近中岩墙侧。先行洞与后行洞掌子面错开距离应大于 2 倍隧道开挖宽度。

7.9.2 锚杆加固

小净距隧道中岩墙采用水平预应力贯通锚杆加固时,应符合下列规定:

①锚杆材料应满足设计要求,锚杆下料长度根据中岩墙厚度、锚杆布置和距离确定。垫板平面尺寸满足设计要求,螺帽采用球形底部。

②钻孔。按设计要求定位、标记,钻孔方向宜与岩面垂直。钻孔位置允许偏差 15mm、深度允许偏差 ±50mm。

③注浆、安插锚杆。用注浆管向孔内注浆,注浆压力不应大于 0.4MPa,注浆管应插至距孔底 50 ~ 100mm 处,水泥砂浆注入,缓慢拔除注浆管,随即迅速插入锚杆体。

④施加预应力。贯通锚杆施工时,在先行洞锚杆钻孔内水泥砂浆强度达到设计后,通过扭力扳手对锚杆施加力进行初张拉,施加预应力为设计值的 50%;后行洞开挖暴露出锚杆端部的螺帽,通过扭矩扳手施加预应力至设计值,然后对先行洞锚杆补拉至设计值。每根锚杆除砂浆锚杆段外,按设计有张拉自由段,用塑料套管保护。施工前应在洞外标定出扭矩扳手力矩与锚杆拉力的关系。

7.9.3 支护与衬砌

对于较差围岩,应采用封闭的初期支护;对于好围岩,初期支护可不封闭,但应尽早浇筑仰拱。先行洞室的二次衬砌宜在围岩变形基本稳定后进行,宜落后于后行掌子面 2 倍隧道开挖宽度以上,并满足相关规范规定的稳定条件。

7.10 连拱隧道

与分离式隧道相比,连拱隧道断面的高跨比小(≤0.4),洞型更为扁平,两条隧道之间存在相互扰动问题,这些都导致衬砌结构内力分布更为复杂。由此可见与分离式隧道相比,连拱隧道两个洞体围岩之间存在较强的相互作用。因此在隧道施工技术方面如何采取有效措施,合理确定施工方法,减小两个洞体的相互影响是实现围岩稳定的关键。

7.10.1 一般规定

连拱隧道开挖时应考虑其埋深浅、跨度大、地质条件复杂、受雨季地表水影响大的特点。连拱隧道开挖宜先贯通中导洞、浇筑中隔墙,然后依次开挖主洞。侧墙开挖采用马口跳槽法施工时,马口开挖长度不宜超过4m。开挖工程中应及时做好洞内排水系统,严禁洞内积水,排水沟不应沿边墙设置。

1. 主洞开挖

主洞开挖时,左右两洞开挖掌子面错开距离宜大于30m。开挖先行主洞前,后行主洞围岩与中隔墙之间的空隙应按设计要求回填密实或支撑顶紧。爆破设计时,不得以中导洞作为爆破临空面。

2. 中隔墙

中隔墙混凝土施工应符合相关规定。基础底面应清扫干净,无水、无石渣。墙身内预埋件、排水管应固定牢固,位置准确。中隔墙混凝土模板宜使用对拉拉杆。中隔墙顶部应与中导洞顶紧密接触、回填密实。中隔墙混凝土施工时应加强对预埋排水和止水设施的保护。

7.10.2 三导洞施工

三导洞法是采用中导洞加左右侧导洞的施工方法,适用于完整性较差的Ⅳ、Ⅴ级围岩和部分Ⅵ级的软弱围岩。采用三导洞分部施工安全可靠,特别是很好地处理了左右拱部施工中由不对称性,到左右洞拱部施工完毕后的对称结构体系转换,确保了结构在施工过程中的安全;对于地质情况很差、埋深较浅的软弱围岩,可采用这种方法,施工方案如图7-8所示。

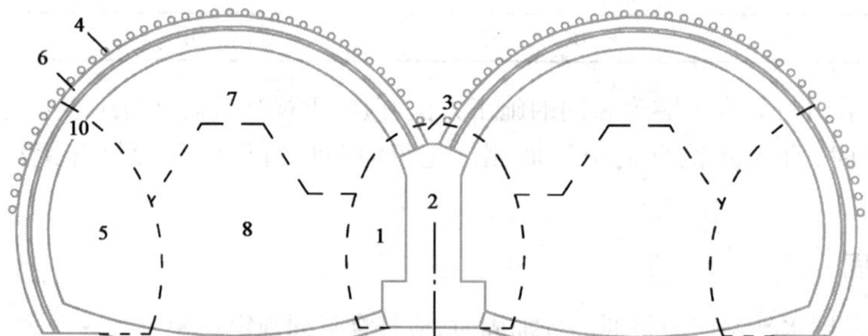

图7-8 连拱隧道三导洞施工方案

1-中隔墙超前导洞开挖;2-导洞锚喷支护及中墙衬砌;3-中隔墙顶回填;4-左洞掌子面管棚;5-左侧导洞开挖;6-左侧导洞初期支护;7-左洞上部开挖及初期支护;8-左洞下部断面开挖;9-左洞仰拱;10-左洞防水层及二次衬砌

7.10.3 中导洞施工

中导洞法是中导洞先行无侧导洞的施工方法,基本上适用于各级围岩条件。对于Ⅳ级或Ⅳ级以上围岩,可以考虑不设两侧导洞,而是在中导洞中墙施工后,直接进行左、右正洞的施工。其施工方法可采取全断面法、正台阶法等。

与三导洞施工方法比较,采用中导洞施工法减少了两个边导洞的施工,拱墙采取整体一次衬砌,具有工序较简单、机械化程度较高、临时初期支护工作量小、施工进度较快、节约成本的特点;而且中导洞先施工,起到了超前探明隧道地质情况的作用,为左右正洞施工创造了条件,施工方案如图7-9所示。

中导洞开挖施工工艺流程是爆破设计→测量放样→布孔→钻孔→清孔→设置警戒→装药→堵孔→联线→引爆→爆后检查→出渣→初期支护→效果分析→下一爆破循环。

当前一循环的中隔墙混凝土强度满足相关要求(包括墙顶空隙用混凝土填实),并做好堵孔超前支护后,就可以开挖左右正洞。开挖一侧主洞而另一侧主洞未开挖时,另一侧中隔墙与中导洞之间的空隙要用石渣回填密实。

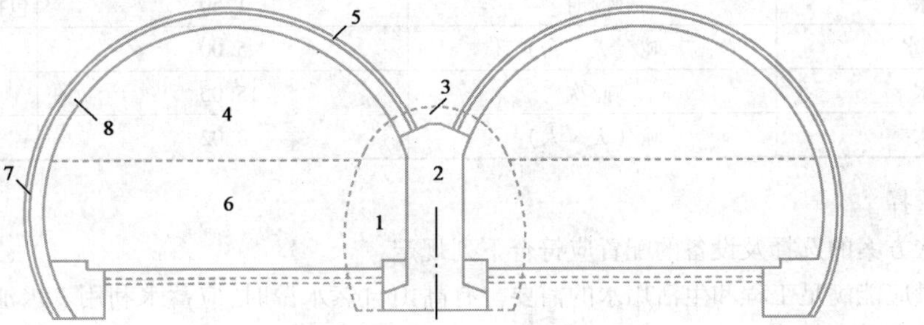

图 7-9 连拱隧道中导洞施工方案

1-中隔墙超前导洞开挖;2-导洞锚喷支护及中墙衬砌;3-中隔墙顶回填;4-左洞上部断面开挖;5-左洞上部断面初期支护;6-左洞下部断面开挖;7-左洞下部断面初期支护;8-左洞防水层及衬砌

7.11 风、水、电

风、水、电为隧道工程服务。在施工时需要向洞内供风充氧;需要为隧道提供施工用水,需要排出隧道内渗水、涌水;需要为隧道施工供电照明,包括隧道营运期的永久供电照明。

7.11.1 供风

空气压缩机站设备能力应能满足同时工作的各种风动机具最大耗风量和风压的要求。空气压缩机站应设在洞口附近,当有多个洞口需集中供风时,可选在适中位置,但应靠近用风量较大的洞口。长、特长隧道可将空压机站布设在洞内适当位置。空气压缩机站应有具体的防水、降温和防雷击设施。隧道掌子面使用风压应不小于0.5MPa,高压风管的直径应根据最大送风量、风管长度、闸阀等计算确定。高压风、水管路的安装使用,应符合下列规定:

①管路应敷设牢固、平顺,接头严密,不漏风。

②洞内风管不应妨碍运输、影响边沟施工。

③洞外地段,当风管长度超过100m和温度变化较大时宜安装伸缩器;靠近空气压缩机150m以内,风管的法兰盘接头宜用石棉衬垫。

④风管前端至开挖面宜保持30m距离,并用高压软管连接分风器,通往上导坑开挖面使用的软管长度不宜大于50m。分风器与凿岩机间连接的胶皮管长度,不宜大于15m。

⑤在空气压缩机站和水池总输出管上必须设总闸阀;主管上每隔300~500m应分装闸阀。高压风管长度大于1000m时,应在管路最低处设置油水分离器,定时放出管中的积油和水。

⑥高压风管在安装前应进行检查,有裂纹、创伤、凹陷等现象时不得使用,管内不得保留有残余物和其他脏物。

⑦风管使用中应有专人负责检查、养护。

7.11.2 供水

隧道的供水主要用于凿岩机钻孔用水、喷雾防尘、冲洗围岩面和石渣、衬砌用水。隧道工作面使用水压不应小于0.3MPa。水管的直径应根据最大的供水量、管路长度、弯头、闸阀等条件计算确定。应尽量利用高山水源筑池蓄水,水池应有一定的贮水量和高程,严寒地区要注意保温。

1. 估计总用水量

隧道施工用水量应根据工程规模大小、机械用水量、施工进度、施工人员数量和气候条件等确定,可参考表7-49估计总用水量。供消防用的水量、水压应满足消防的有关要求,同时水龙头距离应近一些。

隧道施工用水量估算表 表 7-49

用途	单位	耗水量	说明
凿岩机用水	吨/(时·台)	0.20	—
喷雾洒水用水	吨/(分·台)	0.03	按每次放炮后喷雾 30min
衬砌用水	吨/时	1.50	包括洗石、混凝土拌和及养生
空压机用水	吨/(天·台)	5.00	按其循环水使用考虑
浴池用水	吨/次	15.00	—
生活用水	吨/(天·人)	0.02	—

2. 供水方案选择

隧道施工供水方案的选择及设备的配置应符合下列规定：

①水源的水量应能满足工程和生活用水的需要。有高山自然水源时，应蓄水利用。水池高度应能保证洞内最高用水点的水压要求。

②水池的容量应有一定的储备量，满足洞内外集中用水的需要。

③采用机械抽水站供水时，应有备用的抽水机。

④工程和生活用水使用前必须经过水质鉴定。

3. 高压水管安装和使用

①管路应敷设平顺，不漏水，接头严密。

②洞内水管前端至开挖面宜保持 30m，并用高压软管连接分水器。洞内软管的长度不宜大于 50m；分水器与凿岩机间连接的胶皮管长度，不宜大于 15m。

③洞内水管管路应敷设在电缆、电线相对的一侧，不得妨碍运输；当与水沟同侧时，不得影响排水。

④管路使用中应有专人负责检查、养护。冬季应注意管道保温。

⑤水管在安装前应进行检查，有裂纹、创伤、凹陷等现象时不得使用，管内不得保留有残余物和其他脏物。

7.11.3 供电照明

目前隧道施工机械化程度高，为了保证施工质量和安全，隧道施工供电显得非常重要。隧道供电必须满足动力和照明的需要，已开挖成洞至弃渣处的运输地段都应设照明，要求灯光充足均匀。根据隧道施工和营运的需要，应接通高压输电线路至工地变电站的电力线路。

1. 供电电压

非瓦斯隧道施工供电电压采用 400/230V 三相五线系统。非瓦斯隧道施工供电电压应符合下列规定：

①动力设备应采用三相 380V。

②照明电压，一般作业地段不宜大于 36V，成洞段和不作业地段可采用 220V，手提作业灯为 12 ~ 24V。

③低压线路末端的电压降不应大于 10%。

④高压分线部位应设明显危险警告标志。

2. 洞外变电站设置

洞外变电站宜设在靠近负荷集中地点和设在电源来线一侧。当变电站电源线需跨越施工地区时，其最低点距人行道和运输线路的最小高度应满足：电压 35kV 时 7.5m，电压 6 ~ 10kV 时 6.5m，电压 400V 时 6m。变压器容量应按电气设备总用量确定。当单台电动设备容量超过变压器容量 1/3 时，宜适当增加启动附加容量。洞外变电站应设置防雷击和防风装置。

3. 洞内供电线路

对于开挖、未衬砌地段，应按移动式线路布置。在接近工作地点处要设携带式照明变压器，将 220V 电压变成 24V、32V 或 36V 供工作面照明。凡移动灯具和手提作业灯，应使用胶皮电缆及螺口灯头。动力用电也需要橡皮电缆输送，以保安全。洞内供电线路布置和安装应符合下列规定：

①成洞地段固定的电线路，应采用绝缘良好的胶皮线架设。施工地段的临时电线路应采用橡套电缆，竖井、斜井宜使用铠装电缆。瓦斯地段的输电线必须使用密封电缆，不得使用皮线。

②涌水隧道的电动排水设备、瓦斯隧道的通风设备以及斜井、竖井内的电气装置应采用双回路输电，并有可靠的切换装置和防爆措施。

③动力干线上的分支线,必须装设开关及保险装置。严禁在动力线路上加挂照明设施。

④照明和动力电线路安装在同一侧时,必须分层架设。电线悬挂高度应满足:400V 以下不应小于 2.5m,6~10kV不应小于3.5m。瓦斯地段的电缆应沿侧壁铺设,不得悬空架设。

⑤36V 低压变压器应设在安全、干燥处,机壳接地,输电线路长度不应大于100m。

4. 洞内变电站设置

洞内变电站设置应符合下列规定:

①成洞地段洞内设置6~10kV 变电站时,应有保证安全的措施。

②洞内变电站,应设置在干燥的紧急停车带或不使用的横通道内,变压器与周围及上下洞壁的最小距离,不得小于300mm,同时应按规定设置灯光、轮廓标等安全防护设施。

③洞内高压变电站应采用井下高压配电装置或相同电压等级的油开关柜,不宜使用跌落式熔断器,应有防尘措施。

④短隧道变压器应设置在洞口,再低压进洞;成洞地段用6~10kV 高压电缆送电。

⑤洞内高压变电站之间的距离宜为1000m,由变电站分别向相反两方向供电,每一方供电距离宜采用500m。

5. 施工照明

隧道施工一般采用电灯照明,要求光线充足均匀。隧道施工作业地段采用普通光源照明时,其照度应满足表7-50的要求。以往隧道洞内施工照明一直都是使用白炽灯,既费电亮度又差,且易造成事故。近年来成功地采用了高压钠灯、低压卤钨灯、钠铊铟灯、镐灯等新电源。

隧道施工照明标准 表7-50

施工作业地段	照明标准(lx)(平均照度不小于)	施工作业地段	照明标准(lx)(平均照度不小于)
施工作业面	30	特殊作业地段或不安全因素较多地段	15
开挖地段和作用地段	10	成洞地段	4
运输巷道	6	竖井内	8

6. 永久照明

隧道洞内营运期永久性照明的光线明亮,是运营车辆安全通过隧道的保证。公路隧道的照明既要保证洞内光线好,同时又要美观,在施工过程中要求做到:

①按设计要求施工。

②保证质量。按设计电路、要求的灯具施工,不得随意更改。

③保证照明安全。

7.12 通风防尘

公路隧道的特点是除洞口和洞门是在露天施工外,其余各项工程都是在地下并要不间断地进行施工作业,故在整个施工过程中必须备有良好的通风条件,还要进行洒水除尘。因此需要设置空气压缩机供应站和蓄水供水系统等临时设施。空气中的氧气含量在作业过程中应始终保持在19.5%以上,严禁用纯氧进行通风换气。

7.12.1 通风

通风是利用机械设备向洞内送入新鲜空气,排除污浊空气。空气压缩机站的生产能力,应能满足施工需要的风量,同时应使开挖面的风压不小于0.5MPa。机组宜选用固定式的电动空压机,若采用机动空压机,则配合的风量应比电动空压机增加20%。除按必需的风量选配机型外,一般还应考虑适当的备用量。

1. 通风管

隧道施工独头掘进长度超过150m时,必须采用机械通风。隧道施工通风应能提供洞内各项作业所需要的最小风量。采用内燃机械作业时,供风量不宜小于4.5m^3/(min·kW)。全断面开挖时风速不应小于0.15m/s,导洞内不应小于0.25m/s,但均不应大于6m/s。通风管的安装应符合下列规定:

①送风式的进风管口应设在洞外,宜在洞口里程30m以外。

②集中排风管口应设在洞外，并应做成烟囱式。

③通风管靠近开挖面的距离应根据开挖面大小确定，送风式通风管的送风口距开挖面不宜大于15m，排风式风管吸风口距开挖面不宜大于5m。

④采用混合通风方式时，当一组风机向前移动，另一组风机的管路应相应接长，并始终保持两组管道相邻端交错20～30m。局部通风时，排风式风管的出风口应引入主风流循环的回风流中。

⑤通风管的安装应做到平顺，接头严密，每100m平均漏风率不得大于2%，弯管半径不小于风管直径的3倍。

⑥通风管应设置专人定期维护、修理，如有破损，必须及时修补或更换。当采用软风管时，靠近风机部分应采用加强型风管。

⑦送风管宜采用软管，排风管应采用硬管。

2. 通风机

通风机的功率、风管的直径应根据隧道独头掘进长度、运输方式、断面大小和通风方式等计算确定。通风管应与风机配套，同一管路的直径宜一致，对长、大隧道宜选用大直径风管。当通风管较长，需要提高风压时，可采用多台通风机串联；巷道式通风无大功率通风机时，亦可采用数台通风机并联。串联与并联的通风机应采用同一型号。通风机的安装与使用应符合下列规定：

①主风机安装应符合通风设计要求。洞内辅助风机应安装在新鲜风流中。

②通风机应装有保险装置，当发生故障时能自动停机。

③通风机应有适当的备用量，宜为计算能力的50%。

④主风机应保持经常运转，如需间歇时，因停止供风而受影响的工作面必须停止工作。

3. 永久性通风机安装

隧道通风是为保证洞内空气新鲜，特别是对长大隧道更为重要。若有平行导坑、横洞、斜井或竖井等辅助坑道时，可以将其作为营运期永久性通风设施。

通风机安装在隧道顶部，通风良好，因此，施工时要求：

①保证施工质量。要求通风机安装牢固，运行状态良好。

②谨慎操作和安装，防止通风机外壳损伤。

③运行前，要做全面检查，避免出现安全事故。

7.12.2 防尘

1. 防尘措施规定

①隧道施工应采取通风、洒水等防尘措施，并按规定时间测定粉尘和有害气体的浓度。

②钻眼作业应采用湿式凿岩，当水源缺乏、容易冻结或岩性不适于湿式凿岩时，可采用带有捕尘设备的干式凿岩，采用防尘措施后应达到规定的粉尘浓度。

③凿岩机钻眼时必须先送水后送风。

④放炮后必须进行喷雾、洒水，出渣前应用水淋湿石渣和附近的岩壁。

⑤施工人员均应佩戴防尘口罩。

2. 洞内施工环境检查规定

①应测试通风的风量、风速、风压，检查通风设备的供风能力和动力消耗。

②应检测粉尘的浓度，测定方法应符合现行《工作场所空气中有害物质监测的采样规范》(CBZ 159—2004)规定。

3. 隧道工作场地空气中粉尘容许浓度

隧道工作场地空气中粉尘容许浓度应符合表7-51的规定。

7.12.3 防有害气体

隧道洞内施工工作地点噪声，不应大于90dB。隧道内气温不宜高于28℃。

1. 瓦斯

瓦斯中甲烷占绝大多数，少量的乙烷、丙烷和丁烷，另外还含硫化氢、二氧化碳、氮和水气，以及微量的惰性气体，

工作场所空气中粉尘容许浓度(mg/m^3) 表 7-51

中文名(CAS No.)		TWA	STEL
白云石粉尘	总尘	8	10
	呼尘	4	8
沉淀 SiO_2(白炭黑)(总尘)		5	10
大理石粉尘	总尘	8	10
	呼尘	4	8
电焊烟尘(总尘)		4	6
沸石粉尘(总尘)		5	10
硅灰石粉尘(总尘)		5	10
硅藻土粉尘(游离 SiO_2 含量<10%)(总尘)		6	10
滑石粉尘(游离 SiO_2 含量<10%)	总尘	3	4
	呼尘	1	2
煤尘(游离 SiO_2 含量<10%)	总尘	4	6
	呼尘	2.5	3.5
膨润土粉尘(总尘)		6	10
石膏粉尘	总尘	8	10
	呼尘	4	8
石灰石粉尘	总尘	8	10
	呼尘	4	8
石墨粉尘	总尘	4	6
	呼尘	2	3
水泥粉尘(游离 SiO_2 含量<10%)	总尘	4	6
	呼尘	1.5	2
炭黑粉尘(总尘)		4	8
矽尘总尘	含 10%~50% 游离 SiO_2 粉尘	1	2
	含 50%~80% 游离 SiO_2 粉尘	0.7	1.5
	含 80% 以上游离 SiO_2 粉尘	0.5	1.0
矽尘呼尘	含 10%~50% 游离 SiO_2 粉尘	0.7	1.0
	含 50%~80% 游离 SiO_2 粉尘	0.3	0.5
	含 80% 以上游离 SiO_2 粉尘	0.2	0.3
稀土粉尘(游离 SiO_2 含量<10%)(总尘)		2.5	5
萤石混合式粉尘(总尘)		1	2
云母粉尘	总尘	2	4
	呼尘	1.5	3
珍珠岩粉尘	总尘	8	10
	呼尘	4	8
蛭石粉尘(总尘)		3	5
重晶石粉尘(总尘)		5	10
其他粉尘		8	10

注:1. TWA——时间加权平均容许浓度(8h);MAC——最高容许浓度,指在一个工作日内任何时间都不应超过的浓度;STEL——短时间接触容许浓度(15min)。

2. "其他粉尘"指不含有石棉且游离 SiO_2 含量低于 10%,不含有毒物质,尚未制定专项卫生标准的粉尘。

3. "总粉尘"指直径为 40mm 的滤膜,按标准粉尘测定方法采样所得的粉尘。

4. "呼尘"即呼吸性粉尘,指按呼吸性粉尘采样方法所采集的可进入肺泡的粉尘粒子,其空气动力学直径均在 7.07μm 以下,空气动力学直径 5μm 粉尘粒子的采样效率为 50%。

如氮和氩等有害气体。人在短时间内吸入大量的有害气体,会出现头昏、头痛、心慌、胸闷、恶心,严重者呕吐、昏迷、大小便失禁,甚至引起死亡。

隧道爆破地点20m内,风流中瓦斯浓度必须小于1.0%;总回风道风流中瓦斯浓度必须小于0.75%。开挖面瓦斯浓度大于1.5%,所有人员必须撤至安全地点。

2. 放射性地层隧道施工规定

①施工单位应建立有效的防辐射监测和监督制度,严格控制无关人员进入隧道施工现场。

②现场施工人员必须穿戴防辐射衣具,工作场所应设置更衣室、淋浴室和污染监测装置。

③不得在隧道内抽烟、吃饭、喝水,洞内施工人员应定期体检。

④严格控制可能存在放射性的施工污染排放和废弃,应在得到辐射防护和环境防护有关部门批准后方可排放和废弃。

⑤隧道施工完成后,应对施工人员进行体检。施工机械应经过去污,且其污染水平达到现行《放射性污染的物料解控和场址开放的基本要求》(GBZ 167—2005)的规定后,方可确定为正常设备使用。

3. 隧道工作场地空气中有毒物质容许浓度

空气中的一氧化碳(CO)、二氧化碳(CO_2)、氮氧化物(NO_2)等有害气体浓度必须符合表7-52的规定。

工作场所空气中有毒物质容许浓度(mg/m^3)　　表7-52

中文名(CAS No.)		最高容许浓度MAC	TWA	STEL
二氧化氮		—	5	10
二氧化硫		—	5	10
二氧化碳		—	9000	18000
一氧化氮		—	15	30
一氧化碳　非高原		—	20	30
一氧化碳　高原	海拔2000~3000m	20	—	—
	海拔>3000m	15	—	—

注:TWA——时间加权平均容许浓度(8h);MAC——指任何时间都不应超过的浓度;STEL——短时间接触容许浓度(15min)。

7.13 辅助坑道

隧道施工需要设置辅助坑道时,其类型、平面位置、断面尺寸、坡度、高程、支护类型和技术要求等应符合现行规范规定。辅助坑道洞口的截、排水工程和场地周围防护冲刷的设施,应在辅助坑道施工前完成,坑道洞门应尽早建成。在辅助坑道施工期间,应制订防排水应急预案。

7.13.1 一般规定

辅助坑道施工时,支护应符合下列规定:

①辅助坑道宜采用喷锚支护。

②斜井、竖井中的地质不良地段、井底调车场、作业洞室等处应按设计要求进行支护。

③辅助坑道与正洞连接处,在开挖后应按设计要求及时支护。必要时可提前施工二次衬砌,在特殊情况下,应在开挖前采取超前支护措施。

设计无规定时,辅助坑道废弃应按下列方法处理:

①横洞、平行导坑、斜井的洞口宜用浆砌片石封闭,无衬砌时封闭长度宜为3~5m,有衬砌时封闭长度不宜小于2m;竖井的井口宜用钢筋混凝土盖板封闭。

②横洞、平行导坑的横通道、竖井或斜井的连接通道,在靠近隧道15~20m范围内应进行永久支护或衬砌;与隧道正洞连接处宜用浆砌片石封闭,其长度不宜小于2m;竖井位于隧道顶部时,回填高度不应小于10m。

③横洞、平行导坑已进行衬砌或喷锚支护的地段,以及无初期支护但围岩稳定的地段可不作处理,其余地段宜根据地质情况分段作必要的支护。

④横洞和平行导坑封闭前应结合排水需要,先做暗沟,并应设置检查通道,竖井、斜井有水时,应将水引入隧道内排水沟。

⑤辅助坑道封闭时应设置安全检查设施。

7.13.2　斜井

斜井开挖钻眼方向应与斜井倾角一致，底眼应比井底高程略低，避免出现台阶。斜井开挖每一循环进尺应检测其高程并控制井身坡度；每隔20～30m应复核中线、高程。斜井的井口地段、不良地质或渗水地段、井底调车场、作业洞室，施工时应按设计要求加强支护，并应及时衬砌。倾角大于30°且地质条件较差的斜井衬砌，其墙基的末端应做成台阶形式。

7.13.3　竖井

井口周围应设置安全栅栏和安全门，安全栅栏高度不应小于600mm。井口的锁口圈应在井身掘进前完成，并配备井盖。在升降人员或物料时，井盖方可开启。竖井内应加强通风和排水。

1. 竖井开挖钻爆作业

竖井开挖钻爆作业除应符合隧道开挖有关规定外，还应符合下列规定：

①开挖前应先清除开挖面的石渣并排除积水。

②开挖宜采用直眼掏槽，当岩层倾斜较大且裂隙明显时，可用楔形或其他形式掏槽。有地下水时可采用立式梯台超前掏槽法。

③每次爆破后应检测断面，不得欠挖。

④炮孔钻完后，应将眼口临时堵塞。

⑤每掘进5～10m应核对中线，及时纠正偏斜。

2. 施工作业法

竖井宜采用自上往下单行作业法施工。当正洞掘进已超前竖井位置时，亦可采用自下往上的施工方法。根据施工情况，也可两种方法结合使用。竖井自上往下单行作业法施工应符合下列规定：

①应采用分段作业，完成一段后再进行下一段作业。各段内的工序为顺序作业。

②各段内应按竖井外径进行钻眼爆破、通风和排水。

③提升出渣，灌注井壁混凝土衬砌。

竖井采用喷锚支护时，每次支护高度视围岩稳定程度而定。进口段、马头门及地质较差的井身地段宜采用钢筋混凝土衬砌，衬砌分节自下而上进行，并按需要设置壁座或安设锚杆。

7.13.4　横洞

横洞宜设在地下水流的上游。横洞开挖应根据围岩级别、断面大小合理选用开挖方法。当横洞与正洞的距离小于10m时，应采用爆破技术。横洞采用喷锚支护时，其断面形式宜采用拱形。横洞应设置完整通畅的排水系统。

7.13.5　平行导坑

在建筑长隧道时，一般先开凿一条同隧道平行的施工辅助导坑，即平行导坑。在平行导坑内每间隔一段距离开挖斜向坑道与隧道相接，以增加隧道施工时的工作面。需要时，平行导坑可扩大为第二线隧道。平行导坑开挖应根据围岩级别、断面大小合理选用开挖方法。平行导坑的掘进应超前正洞，超前距离可视施工条件确定，宜大于两个临时横通道的间距。平行导坑与正洞之间的距离应在确保安全的前提下尽可能缩短。平行导坑宜设在地下水流的上游。坑道宜超前正洞10～20m，超前导洞至少超前正洞1～2倍循环进尺。当其与正洞的距离小于10m时，应采用爆破技术。临时横通道间的距离应根据施工需要、正洞工程进度及地质情况确定。平行导坑横通道的施工应在平行导坑和正洞掘进至其位置时，将交叉口处一处挖成。平行导坑应设置完整通畅的排水系统。

7.14　辅助工程措施

在浅埋、严重偏压、自稳性差的地段以及大面积淋水或涌水地段施工时，应按设计采用稳定地层和处理涌水的辅助工程措施。辅助工程措施施工应符合下列规定：

①应做好相应的工序设计。

②必须坚持“先支护（强支护）、后开挖（短进尺、弱爆破）、勤量测、快封闭”的施工原则。

③应准备所需的材料及机具，制订有关的安全施工措施。

④施工中应注意观察地形和降水、地质条件和地下水的变化以及量测数据的突变等情况，预防突发事故的发生。

⑤做好详细的施工记录。

7.14.1 稳定地层措施

稳定开挖面、预防地表地层下沉可采用的辅助工程措施有超前锚杆支护、超前小导管预注浆支护、超前管棚支护、超前预注浆、地面砂浆锚杆、地表注浆等。

1. 超前锚杆

超前锚杆搭接长度应大于1m。锚杆插入孔内的长度不得小于设计长度。超前锚杆宜和钢架支撑配合使用,外插角宜为5°~20°。锚杆长度宜为3~3.5m,并应大于循环进尺的2倍。

2. 超前小导管

超前小导管直径应按设计要求选用和加工。长度应满足设计要求,纵向搭接长度应不小于1m。超前小导管预注浆支护的钢管直径宜为25~50mm,并按设计要求进行加工。外插角宜小于10°。长度宜为3~6m,纵向搭接长度应大于0.5m。

3. 超前管棚

超前管棚支护的长度和钢管外径应满足设计要求。纵向搭接长度应不小于3m。超前管棚支护的钢管外径宜为70~127mm,钢管中心间距宜为管径的2~3倍。外插角宜为1°~5°。长度应大于10m。

4. 超前预注浆

注浆段的长度应满足设计要求。注浆管应根据设计要求选用。注浆孔的布置角度及深度应符合设计要求。注浆作业应满足下列要求:

①注浆前应进行压水或压入稀浆试验,发现与设计不符时,应立即调整。

②在涌水量大、压力高的地段钻孔时,应先设置带闸阀的孔口管;当掌子面围岩破碎时,应先设置止浆墙和孔口管。孔口管应为无缝钢管,直径不宜小于90mm。

③分段注浆时,应设置止浆塞。

④注浆过程中应做好施工记录。发现问题,应及时处理。

单孔注浆结束条件是:注浆压力到达设计终压并稳定10min,且进浆速度小于开始进浆速度的1/4,或注浆量不小于设计注浆量的80%。全段注浆结束条件是:所有注浆孔均已符合单孔结束条件,无漏注情况。注浆后必须对注浆进行检查,如未达到要求,应进行补孔注浆。

5. 地面砂浆锚杆

地面砂浆锚杆施工应符合下列规定:

①锚杆宜垂直地表设置,根据地形及岩层层面具体情况也可倾斜设置。

②锚杆长度可根据隧道覆盖层厚度和实际施工能力确定。

③砂浆锚杆的施工应按有关规定执行。

6. 地表注浆加固

地表注浆加固施工应满足下列要求:

①注浆钢管宜垂直地表面或坡面设置。

②考虑到加固带的厚度,钢管宜呈梅花形深浅不同错落布置。

③根据注浆设计、注浆工艺、地表特点及地下地质条件进行各种材料、设备和浆液配合比选择和调整。

④合理地进行注浆施工组织,制定严格的现场施工环境保护措施和预案,防止注浆施工破坏和污染环境。

7. 临时仰拱

对于隧道开挖后自稳性差的地段,应根据地层情况及量测数据,采用50~100mm厚的早强混凝土封闭开挖面,或采用型钢、喷射混凝土等修筑临时仰拱。

根据现场条件,亦可选用水平旋喷桩法、冻结法、遮挡壁法、特殊钢背板顶进法、锚索法、钢筋混凝土灌注桩、树根桩等方法,稳定地表地层。

7.14.2 处理涌水措施

隧道涌水处理应符合“预防为主、疏堵结合、注重保护环境”的原则。

1. 超前围岩预注浆堵水

超前围岩预注浆堵水施工应符合相关规定,注浆类型应根据工程与水文地质条件等因素,选用超前帷幕注浆、超前周边预注浆、超前局部断面预注浆等措施。

2. 开挖后补注浆堵水

开挖后补注浆堵水施工应符合下列规定：

①注浆范围应根据地质条件、涌水量、允许排放量、环保要求等因素确定。注浆范围宜在开挖轮廓线之外3～6m。

②注浆类型应根据隧道开挖后的涌水规模及位置等因素选择，可采用全断面补注浆或局部补注浆等。

3. 超前钻孔排水

超前钻孔排水施工应符合下列规定：

①应根据工程地质与水文地质条件，以及地下水流的方向等因素，确定钻孔位置、方向、数目及每次钻进深度等。

②钻孔时孔口应有保护装置。

③超前钻孔深度不宜小于10m，一般宜在20～50m之间，且满足孔底超前开挖面1～2倍循环进尺。应保证钻孔排出的水迅速排至洞外。

7.14.3 质量检验

超前锚杆施工质量应符合表7-53的规定。超前小导管注浆施工质量应符合表7-54的规定。

超前锚杆施工质量标准 表7-53

项目	规定值或允许偏差	检查方法和频率
长度	不小于设计值	尺量
孔位(mm)	±50	尺量
钻孔深度(mm)	±50	尺量
孔径	符合设计要求	尺量

超前小导管注浆施工质量标准 表7-54

项目	规定值或允许偏差	检查方法和频率
长度	不小于设计值	尺量:检查10%
孔位(mm)	±50	尺量:检查10%
钻孔深度(mm)	±50	尺量:检查10%
孔径	符合设计要求	尺量:检查10%
注浆压力	符合设计要求	压力表:全部检查

7.15 特殊岩土地段施工

不良地质和特殊岩土地段隧道施工前，必须根据设计提供的工程及水文地质资料，结合现场实际情况，制订专项施工技术方案。施工技术方案应包括应急预案。

7.15.1 膨胀岩土

膨胀岩土隧道施工防排水应采用“以防为主，防、截、堵、排相结合”的原则。

1. 一般规定

膨胀岩土隧道施工时应采取下列措施：

①隧道开挖前，填平浅埋地段地表低洼处、封闭洞顶小河沟谷。

②洞内出露的地下水应及时归入沟、管、槽，引排至洞内水沟。

③顺坡施工排水，严禁挖沟直接排放，应设置防渗漏排水沟槽。反坡施工排水必须采用设备完好、系统完善的抽排水设施，严禁水渗流至开挖工作面。

④衬砌的施工缝、变形缝应根据防水要求，结合地下水情况、防水材料特点等因素合理设置。

2. 隧道开挖

应采取措施预防因分部开挖而引起围岩压力及偏压力增大。膨胀岩土隧道开挖应符合下列规定：

①短进尺逐次开挖断面各分部，分部开挖不得超前独进。

②隧道周壁开挖应圆顺,宜采用人工或机械开挖。中间部分可采用钻爆法开挖。

③开挖后,应及时封闭暴露的岩体。

3. 初期支护

膨胀岩土隧道的初期支护宜采用喷射混凝土、锚杆、钢筋网、钢架等,必要时可采用钢纤维喷射混凝土。初期支护应紧跟开挖尽快对围岩施加约束。中等强度的膨胀岩土隧道,支护应符合下列规定:

①应采用封闭形钢架,初期支护应及时封闭成环。

②采用可缩钢架时,其滑动节的个数与整个布点的活动量,应满足膨胀岩土的膨胀量与约束量。

③施工中应采用长锚杆和临时仰拱等措施,确保各部开挖的稳定。

④喷射混凝土,可采用逐次加喷或预留纵向变形缝,满足膨胀岩土的膨胀量。

⑤采用钢筋网喷射混凝土时,应先喷一层约40mm厚的混凝土,并安设钢筋网,再补喷到设计厚度。

⑥支护的总压缩量应与预留变形量一致。

⑦渗水地段,应及时引、排水。

强膨胀岩土隧道应采用特殊支护形式,包括采用可压缩支扩、可拉伸锚杆等。支护参数应按设计要求确定。

4. 二次衬砌

仰拱应尽早完成,二次衬砌应在围岩变形基本稳定后,拱、墙应一次施工。衬砌应与围岩密贴、及早闭合。当衬砌混凝土强度达到设计要求时,方可拆模。

7.15.2 黄土

黄土隧道的施工应采用机械挖掘,不宜采用钻爆法施工。根据隧道断面大小、埋深等情况,黄土隧道宜采用环形开挖预留核心土法、双侧壁导坑法、中隔壁法等开挖方法。

1. 防排水

黄土隧道施工防排水中应注意下列事项:

①对地表冲沟、陷穴等应采取回填夯实、填土反压、改变地表水径流等措施,将水排至隧道范围以外。

②洞口排水沟应铺砌,砂浆抹面。控制施工用水。

③地层含水率大时,上台阶掌子面附近宜开挖横向水沟,将水引至隧道中部纵向排水沟排出洞外,防止浸泡拱脚。

④可采用井点降水等措施将地下水位降至隧道衬砌底部以下,保证施工顺利进行。

⑤雨季施工应采取可靠措施确保施工安全。

2. 隧道开挖

黄土隧道开挖应符合下列规定:

①施工中严格遵循"管超前、短进尺、强支护、早封闭、勤测量"的施工原则。

②墙脚、拱脚宜预留300mm人工开挖。

③开挖循环进尺根据不同围岩级别宜采用0.5~1.5m。

④基底承载力不足时,宜按设计采用树根桩、灰土挤密桩、注浆、换填等处理措施加固隧道基底。

3. 初期支护

黄土隧道初期支护施工应符合下列规定:

①施工中应注意观察垂直节理,必要时应采取措施,防止塌方事故发生。

②开挖后应立即对隧道周边及掌子面进行喷射混凝土封闭,并及时施工其他初期支护。喷射混凝土时,喷射机的压力不宜超过0.2MPa。

③锚杆宜采用煤矿螺旋干钻成孔;宜采用药包式或早强砂浆式锚杆。

④钢支撑施工后每侧应施工锁脚锚杆不少于3根,长度不应小于3.5m,锚杆直径不应小于22mm,锚管可采用护 ϕ42mm×4mm 或水 ϕ89mm×6mm 钢管。

⑤不得在喷射混凝土前用水冲洗开挖面。

4. 二次衬砌

黄土隧道二次衬砌施工应符合下列规定:

①综合考虑水平收敛和拱顶下沉速度、初期支护表面裂纹等因素,选择二次衬砌施工时机。

②仰拱应一次灌注成型,仰拱距离掌子面宜控制为 20～30m。

③仰拱应超前拱墙二次衬砌施工。拱墙二次衬砌应整体灌注。

黄土隧道衬砌完成后,应对施工缝、沉降缝、洞口路基过渡段布置水准观测点定期进行监测,监测资料应编入竣工文件。

7.15.3 岩溶

岩溶地区隧道施工前,应依据设计文件结合现场情况核查溶洞的分布范围、类型、规模、充填物和地下水流情况等,按照"以疏为主、堵排结合、因地制宜、综合治理"的原则分别以"疏导、堵填、注浆加固、跨越、绕避、宣泄"等措施进行处理。

1. 隧道开挖

岩溶地区隧道开挖应符合下列规定:

①应采取综合超前地质预报措施查明施工面前方溶洞和水的情况。

②岩溶段爆破开挖时,严格控制单段起爆药量和总装药量,控制爆破震动。

③开挖方法宜采用分步开挖法。在Ⅱ～Ⅳ级围岩条件下,中小跨度隧道、溶洞仅占隧道开挖断面内一小部分时,可采用全断面法开挖。当溶洞出现在隧道一侧,应先开挖该侧,待支护完成后,再开挖另一侧。

④涌水可能增大时,应加强超前钻孔探测。

⑤溶洞内不得任意抛填开挖弃渣。

⑥岩溶段爆破开挖时,宜采用多打眼、打浅眼、多分段的措施,严格控制单段起爆药量和总装药量,控制爆破震动。

⑦应准备足够数量的排水设备。

2. 溶洞处理规定

隧道施工遇到溶洞时,其处理应符合下列规定:

①岩溶地区隧道施工前,应依据设计文件结合现场情况核查溶洞的分别范围、类型、规模、充填物和地下水情况等,选择"疏导、堵填、注浆加固、跨越、绕避、宣泄"等措施进行处理。

②溶洞空腔、暗河的处理应首先选择连通方案,不改变地下水总的流动趋势;各类新建的排水暗管应有一定的坡度,以预防泥沙淤积。

③当隧道穿越有堆积物溶洞时,如果堆积物较大,清理时会造成随清随塌的大型坍塌体,宜采用超前强预支护、注浆等措施加固周围的堆积物。

④跨径较小、已停止发育、无水的溶洞,根据其与隧道相交的位置及其充填情况,可采用混凝土、浆砌片石或干砌片石予以回填封闭,同时根据地质情况决定是否加深边墙基础。拱部以上干、空溶洞,可采用喷锚支护加固、注浆、加设护拱及拱顶回填的方法进行处理。底板下溶洞,宜采用浆砌片石回填,但不得阻断过水通道。

⑤溶洞规模大,内部充填有大量泥沙,且含有丰富的地下水时,应预留安全止水岩墙。

⑥施工中遇到一时难以处理的溶洞时,可采用迂回导坑绕过溶洞区,在处理溶洞的同时进行隧道前方施工。

3. 复合式衬砌

二次衬砌施工前检查隧道周边围岩情况可采用物探手段,重点检查拱部、底板、侧边墙 5m 以内是否有空洞,隧道底部是否密实。

7.15.4 含水沙层

隧道通过含水沙层时,应调查其特性、规模,了解地质构成、贯入度、相对密度、粒径分布、塑性指数、地层承载力、滞水层分布、地下水压力和透水系数等,并制订处治方案。

隧道通过含水沙层地段应特别加强治水措施,防止沙层流失,可采用注浆、冻结等方法止水,也可采用井点降水技术降低地下水位,防止沙层稀释和挟走沙粒。开挖地段的排水沟应铺砌、抹墁,或用管、槽等将水引至洞外。含水沙层地段隧道开挖、支护应符合下列规定:

①可用小导管超前支护或前插型钢背板、木背板预支撑,做到先支护后开挖。

②宜采用超短台阶、环形开挖留核心土法人工开挖,并严格控制开挖长度,防止上部两侧不均匀下沉。

③支护应及时,边挖边封闭,遇缝必堵,严防沙粒从支护缝隙中漏出。

④应观测支护的实际沉落量,如预留量过大或不足,应在下一环节施工中及时调整。

含水沙层隧道的衬砌应仰拱先行,必要时,仰拱应紧跟开挖面,及时形成封闭的结构体系,并应采取措施防止沙土液化。

7.15.5 瓦斯

瓦斯突出隧道应就预防煤与瓦斯突出、揭煤与过煤编制单项施工技术方案。内容包括:预防煤与瓦斯突出措施;揭开石门、半煤半岩段、全煤层段等各阶段施工方法和支护手段;通风瓦检方案;组织指挥、抢险救灾方案及安全措施等。必须对设计标示的突出煤层位置进行超前探测,标定各煤层的准确位置,掌握其赋存情况及瓦斯状况。施工时,至少选用下列两种方法对突出危险性进行预测,并相互验证。应采用钻孔排放瓦斯的措施,并在实施后进行效果检验。

1. 瓦斯工区钻爆作业

①工作面附近20m以内风流中瓦斯浓度必须小于1%。必须采用湿式钻孔。炮眼深度不应小于0.6m,炮眼最大抵抗线不得小于0.3m。装药前炮眼应清除干净。

②必须采用煤矿许用炸药和煤矿许用电雷管。高瓦斯工区必须采用安全等级不低于二级的煤矿许用炸药,有煤与瓦斯突出可能的地段必须采用安全等级不低于三级的煤矿许用炸药。严禁使用秒或半秒级电雷管。使用毫秒级电雷管时,最后一段的延期时间不得大于130ms。应采用连续装药方式,雷管安放在最后一节炸药中,严禁反向装药。

③爆破网络必须采用串联连接方式,不得并联或串并联。

④起爆电源必须使用防爆型起爆器,应安装在新鲜风流中,并与开挖面保持200m左右距离。同一开挖面不得同时使用两台及以上起爆器起爆。

⑤炮眼封泥不严或不足时,不得进行爆破。严禁用煤粉、块状材料或其他可燃性材料作炮泥。

⑥揭煤爆破15min后,应由救护队员佩戴防毒面具或自救器到开挖工作面,查看爆破效果、检测瓦斯浓度、巡查通风及电路,如有煤尘超标、电路破损、通风死角、瞎炮残炮等危险情况必须立即处理,在确认安全后方可通知送电、开启局部风机。通风30min后由瓦斯检测人员检测工作面、回风道瓦斯浓度。当瓦斯浓度小于1%、二氧化碳浓度小于1.5%时,解除警戒,允许施工人员进入作业面。

2. 半煤半岩段与全煤层段的支护衬砌施工

半煤半岩段与全煤层段的支护衬砌施工,应符合下列规定:

①在掘进过程中应按设计采用超前支护或预注浆,防止坍塌或突出。

②爆破后及时喷锚支护封闭瓦斯。

③仰拱应及早施工,保证拱、墙、仰拱衬砌形成闭合整体。

④煤层地层设防段的二次衬砌应预留注浆孔,衬砌完成后及时压浆,充填空隙,封闭瓦斯。

3. 瓦斯区施工通风

①编制全隧道和各工区的施工通风设计文件,并考虑工区贯通后的风流调整和防爆要求。

②应建立瓦斯通风、监控、检测的组织机构,系统地测定瓦斯浓度、风量风速及气象等参数。

③高瓦斯工区的施工通风宜采用巷道式。瓦斯隧道各掘进工作面必须独立通风,严禁任何两个工作面之间串联通风。

④按瓦斯绝对涌出量计算的风量,应将洞内各处的瓦斯浓度稀释到0.5%以下;巷道式通风的回风道内瓦斯浓度应小于0.75%。

⑤防止瓦斯聚积的风速不宜小于1m/s。对瓦斯易聚积处应实施局部通风。

⑥施工期间应连续通风。因故障原因停风时,必须撤出人员、切断电源。恢复通风前,必须检测瓦斯浓度,符合规定后才可启动机器。

⑦瓦斯工区的通风机应设两路电源,电源的切换应在15min内完成,保证风机正常运转;必须有一套同等性能备用通风机,并保持良好的使用状态。

⑧应采用抗静电、阻燃的风管。

隧道内应采用便携式瓦检仪检测瓦斯。高瓦斯和瓦斯突出工区还应配置高浓度瓦检仪和瓦斯自动检测报警断电装置。隧道内瓦斯浓度限制值及超限处理措施应符合表7-55的规定。

隧道内瓦斯浓度限制值及超值处理措施 表7-55

地点	限值	超限处理措施
低瓦斯工区任意处	0.5%	超限处20m范围内立即停工,查明原因,加强通风监测
局部瓦斯积聚(体积大于$0.5m^3$)	2.0%	附近20m停工,撤人,断电,进行处理,加强通风
开挖工作面风流中	1.0%	停止电钻钻孔
煤层爆破后工作面风流	1.0%	继续通风不得进入
局部通风机及电器开关20m范围内	0.5%	停机并不得启动
钻孔排放瓦斯时回流中	1.5%	撤人,停电,调整风量
竣工后洞内任何处	0.5%	查明渗漏点,向设计方反映,增加运营通风设备

4. 防爆安全措施

瓦斯隧道施工必须采取下列防爆安全措施:

①高瓦斯工区和瓦斯突出工区供电应配置两套电源,工区内采用双电源线路,其电源线上不得分接隧道以外的任何负荷。

②高瓦斯工区和瓦斯突出工区必须采用安全防爆型机电设备,非瓦斯工区和低瓦斯工区的行走机械严禁驶入高瓦斯工区和瓦斯突出工区。

③严禁火源进洞。任何人员进入隧道前必须在洞口外进行登记并接受检查;进入高瓦斯工区和瓦斯突出工区的作业人员必须携带个人自救器。

④铲装石渣前必须将石渣浇湿,防止摩擦和碰击火花。

⑤通风用的风筒、风道、风门和风墙等设施,必须保持密闭,防止漏风和松动塌落,施工中应派专人维修和保养。禁止频繁开启风门,确保风流稳定。

5. 含煤层钻爆作业规定

含煤地层钻爆作业遇有下列情况之一者,未经妥善处理前严禁装药或放炮:

①放炮地点附近20m以内风流中,瓦斯浓度达到或超过1%时。

②在放炮地点20m以内,有未清除的碎石、煤渣、装载设备及其他物体阻塞隧道断面三分之一以上时。

③隧道内通风风量不够,风向不稳或局部有循环风时。

④炮眼内有异状,温度骤高、骤低,煤岩松散或有显著瓦斯涌出时。

⑤炮眼内煤岩粉末未清除干净时。

⑥存在无炮泥、封泥不足或不严的炮眼。

发生瓦斯事故时,应立即启动应急预案。

7.15.6 岩爆

岩爆是在高地应力岩层中开挖隧道时,围岩应力突然释放而引起岩块爆裂的现象。隧道施工有可能发生岩爆时,应遵循“以防为主、防治结合”的原则。事前应进行岩爆的预测预报,针对开挖面前方可能发生的岩爆,及时采取施工对策;事后应仔细研究岩爆规律,制订出后续施工的对策并逐步改进。岩爆隧道施工应采取防范岩爆发生措施,并符合下列规定:

①开挖宜短进尺循环,每循环进尺宜控制在1.0~2.0m以内。

②采用光面爆破技术,隧道开挖断面周壁宜圆顺。

③对岩爆强烈的开挖面,按设计施工超前锚杆锁定前方围岩。

④拱部及边墙按设计布置预防岩爆锚杆。

隧道施工中发生岩爆时,应立即采取停机待避;每循环内对暴露的岩面找顶2~3次;采用受力及时的摩擦型锚杆、喷射50~80mm厚的钢纤维混凝土,进行支护;台车、装渣机械、运输车辆加装防护钢板。注意避免岩爆伤及人员、砸坏施工设备,必要时人机撤至安全地段。采取技术措施释放围岩内部应力。

7.15.7 富水软弱破碎围岩

富水软弱破碎围岩是地下水丰富和围岩软弱破碎地段。隧道开挖应提前了解开挖面前方的地质、地下水情况;可排水施工的隧道段,采用超前钻孔排水;不宜排水施工的隧道地段,应按设计采取堵水措施;开挖每一循环进尺宜为0.5～1.0m。富水软弱破碎围岩施工应根据支护位移量测结果，及时调整支护参数。

1.防排水施工

富水软弱破碎围岩隧道防排水系统施工，衬砌混凝土应按设计要求的防水等级施工，施工缝、变形缝应作防水处理；铺设防水板前应完成设计要求的止水注浆，严禁在已铺设防水板范围内压浆。

2.衬砌施工

富水软弱破碎围岩隧道衬砌施工应符合下列规定：

①仰拱应超前施工，尽早与支护构成封闭结构。

②二次衬砌应根据监控量测结果确定施工时间，全断面浇筑。

③整体式衬砌施工应紧跟开挖工序，及时封闭。

7.16 隧道路面施工

隧道路面施工应根据隧道内施工作业环境特点编制单项施工组织设计，并制订应急预案。隧道进、出口外50m范围内路基、路面基层路面的施工方法和技术要求，应与洞内施工相协调。隧道路面施工进洞的各类施工机械与车辆，应选用带净化装置的柴油机动力，汽油动力机械不宜进洞。隧道路面施工应设置满足施工需要的照明系统。隧道路面试验段长度宜为150～200m。隧道路面施工过程中，隧道内必须保持良好通风。采取防火措施，制订切实可行的消防和疏散预案。

7.16.1 一般规定

隧道采用复合式路面时，沥青混凝土罩面层宜在水泥混凝土路面达到设计强度的80%以后铺筑。铺筑前应清洗水泥混凝土表面，干后喷洒黏层油后再铺筑。路床和基层应结合隧道的仰拱填充和底板浇筑进行，施工质量符合设计要求。隧道内路面施工应符合下列规定：

①结构密实、路面平整、达到设计强度，并且有良好的耐久性、抗磨耗性和抗滑性。

②不透水、抗水性好，路面排水系统完好。

③抗腐蚀性能力强、漫反射率高、颜色明亮、易修补。

④严寒地区的隧道路面，其表面应保证有足够的粗糙度。

⑤隧道内的路面应充分满足设计的纵坡要求，路面平整度满足设计要求。

7.16.2 水泥混凝土路面

隧道内铺筑水泥混凝土路面应符合下列规定：

①混凝土路面接缝的制作、传力杆的设置以及填缝料的填筑必须满足设计要求，做到接缝平整、传力效果好、不透水。

②路面拉毛压槽必须使用专用工具，并在水泥浆硬结前做好。拉毛时严禁水泥浆体剥离路面，不得形成水泥渣。

③隧道内水泥混凝土路面宜采用横向刻槽或纵向刻槽，在曲线路段可使用纵向刻槽。

④水泥混凝土路面强度未达到设计要求前，不得开放交通。

7.16.3 沥青路面

隧道内铺筑沥青路面时应符合下列规定：

①各种施工机械应符合隧道净空的要求，选用宽度较窄的摊铺机铺筑，运料车应能完全卸料，具有足够的行车通道。

②对隧道底部的地下水应采取疏导方式，设置完善的排水系统。

应通过试验路段的铺筑确定阻燃沥青路面的施工工艺参数。

7.16.4 复合式路面

隧道内铺筑复合式路面时，应符合下列规定：

①沥青混凝土罩面层在水泥混凝土路面达到设计强度的80%后铺筑。沥青混凝土罩面层的施工应符合现行《公路沥青路面施工技术规范》(JTG F40—2004)的有关规定。

②在沥青罩面层和水泥混凝土面板之间宜设置黏结层和防水层。黏结层和防水层的施工应符合现行《公路沥

青路面施工技术规范》(JTG F40—2004)的有关规定。

③隧道内沥青面层应具有良好的抗滑性能、阻燃性和有利于光电照明的反光特性。

7.17 附属设施

7.17.1 一般规定

1. 各类洞室

隧道边墙上的各类洞室、消防洞、设备洞、人行横通道出入口5m范围内、车行横通道出入口10m范围内,一般应在正洞开挖至该处时一次挖好。消防洞、设备洞、人行和车行横通道及其他各类洞室设置应满足设计要求。当原定位置地质条件不良时,施工单位应会同监理、设计及建设单位根据实际情况调整。

2. 辅助坑道

设备洞及横通道等处的施工宜采用锚喷支护,必要时应增设钢架支撑。支护应紧跟开挖。与正洞连接地段,支护应予以加强。

当运营通风洞内倾斜段的倾角大于12°时,宜按斜井开挖方法施工。各类通道与正洞连接地段,支护应按设计予以加强。设备洞、横通道及其他永久性防排水工程,应与正洞一次同时完成。各类通道与正洞连接的折角处,防水层应根据铺设面的形状平顺铺设,不得出现空白。

3. 各类通道衬砌

隧道衬砌施工时,应符合下列规定:

①设备洞、横通道与正洞连接处的钢筋应互相连接可靠,绑扎牢固。该处的衬砌应与正洞衬砌一次同时完成。

②复查防、排水工程的质量。防、排水工程符合设计要求后,方可进行二次衬砌施工。

③衬砌中各类预埋管件、预留孔、槽及边墙内的各类洞室应按设计位置定位;宜尽早落实各种附属设施之间以及它们与排水系统之间有无冲突,如有冲突,应会同有关方面尽早解决。模板架设时应将经过防腐与防锈处理后的预埋管件绑扎牢固,留出各类孔、槽及边墙内的各类洞室位置。灌注混凝土时应确保各类预埋管件、预留孔、槽不产生移位。

7.17.2 电缆槽

电缆槽的施工应符合下列规定:

①电缆槽开挖应与边墙基础开挖同时进行,不得在边墙浇筑后再爆破开挖。

②电缆槽壁与边墙应连接牢固,必要时可加设短钢筋。

③电缆槽盖板应平顺、整齐、无翘曲;盖板铺设应平稳,盖板两端与沟壁的缝隙应用砂浆填平,不得晃动或吊空;盖板规格应统一,可以互换。

7.17.3 吊顶隔板

隧道内吊顶隔板的施工应符合下列规定:

①吊顶隔板施工前应调整好吊顶栏杆的高程,确保吊顶隔板保持在同一水平面上。

②吊顶隔板施工时的脚手架及模板应架设牢固;模板安装时应设一定预拱度,保证隔板浇筑符合设计要求。

③隔板钢筋与衬砌预埋钢筋及挡头板钢筋的连接必须牢固,并不得外露。

④吊顶隔板混凝土达到设计强度后才可拆模,吊顶隔板不得产生下挠度;上下表面应光洁平整;接缝处应严密,不得漏风和渗水。

⑤在隧道衬砌设置沉降缝处,隔板应相应设置横向沉降缝。

⑥吊顶拉杆露出混凝土隔板的部分应镀锌或涂防锈漆。

7.17.4 贴面装饰

洞门及隧道的内装饰应根据设计的装饰材料及设计要求,采用相应的施工方法施工,并符合现行《建筑装饰装修工程质量验收规范》(GB 50210—2001)有关规定。装饰工程应符合下列规定:

①贴面装饰应做到黏结牢固、整齐、面平、美观、不允许背后有空响。

②各类洞室的防护门应开启方便、严密、防火、隔热。

③洞室应有标明洞室名称的标牌。

洞口遮光棚的施工应与洞口装饰工程一并安排,或在规定位置预留装饰工程安装时所需的孔洞。洞口遮光棚框架混凝土表面应光洁、美观,不应有蜂窝、麻面。

由于装饰材料不同、式样不同,所以施工质量要求也就不同。保证装饰效果,施工中要求做到:

①按照设计图纸施工,不得随意更改。

②严格按照操作规程施工,保证装饰的质量和效果。

③装饰是细活,必须做到精确施工。不合格或不标准的,返工重做,达到设计规定。

7.17.5 预埋件

通风机的机座与基础,应按设计要求施工。对于风机底盘与机座相连的地脚螺栓,应按设计要求的风机底盘螺栓孔布置预留灌注孔眼。螺栓埋设时,灌浆应密实。螺栓应与机座面垂直。

7.17.6 蓄水池

蓄水池混凝土达到设计强度后的注水试验应分三次进行。每次注水量为全容量的1/3,间隔时间不少于3h,注水后经24h,观察池壁有无潮湿痕迹,并做好记录。蓄水池的施工应符合下列规定:

①蓄水池混凝土浇注应做到外光内实,无渗漏。

②在混凝土达到设计强度后,应进行闭水试验。

③设置避雷设备时,应进行接地电阻试验,其冲击接地电阻应符合设计要求。

水泵基础应置于稳固的岩层上,土质隧道宜扩大基础保证水泵进行时的稳定。水泵基础应稳固可靠,并按设计要求埋设水泵地脚螺栓或预留孔位。

7.17.7 管道工程

1. 一般规定

管道工程施工应符合下列规定:

①沟槽开挖遇有管道、电缆或其他结构物时,应妥善保护并及时与相关单位协商处理。

②沟槽开挖后,应及时铺管,不得有积水。

③管道铺设前必须清除管内污垢、杂物或浮锈,铺设应牢固。

④吊运管道及下沟时,不得与沟壁或沟底相碰撞,且不得损坏管道的防腐层及保护层。

⑤管道接口不得设在砌体内。接口到砌体的距离不应小于0.6m。

⑥所有钢管、钢制管件及各种连接附件应符合设计规定。

⑦对于压力管道,应进行压力试验。

管道安装工程所用各种预埋件应按设计进行防锈蚀处理。

2. 压力试验

压力管道只有在安置检查合格且管身与两侧及顶部回填不小于0.5m以后才能进行压力试验。压力试验可按下述步骤进行:

①试验前,先排除管内的空气,然后灌满清水对管道进行浸润,浸润时间不少于24h。

②将管道压力逐步升高到工作压力,检查管道口和接口,如无渗漏,再提高试验压力(工作压力加0.5MPa,但不得低于1MPa)。观察10min,如压力下降值不超过0.05MPa,即为合格,否则应进行渗水量试验。

7.18 隧道监控量测

在隧道的施工过程中,使用各种仪器设备和量测元件,对地表沉降、围岩与支护结构的变形、应力、应变进行量测,据此来判断隧道开挖对地表环境的影响范围和程度、围岩的稳定性和支护的工作状态,这种工作称为新奥法的现场监控量测,可简称监测。开工前应根据设计要求,并结合隧道规模、地形地质条件、施工方法、支护类型和参数、工期安排,以及所确定的监测目的等编制现场监控量测方案。编制内容应包括监测项目、量测仪器选择、测点布置、量测频率、数据处理、反馈方法,以及组织机构、管理体系等。监测计划应与施工进度计划相适应。

7.18.1 监测的目的

施工监测被认为是新奥法的三大支柱之一。其目的可归纳为下述四点:

①为设计和修正支护结构形式和参数提供依据。进行隧道工程设计时必须依靠工程地质调查和试验来提供必

要的依据和信息，但由于岩体地质情况千差万别，使得工程地质调查和试验取得的数据很难正确反映岩体的真实性。所以在施工过程中通过围岩与支护的变形与应力测试数据，可对原设计予以修正，或者为重新计算和设计提供依据。

②正确选择开挖方法和支护施作时间。通过分析量测数据，可以确定符合具体工程要求和地质条件的施工方法和支护结构的施作措施，以充分利用围岩自承能力，然后通过量测分析，再确定适宜的二次支护时间；在侧压力较大的地层中，利用量测数据，可以确定最佳的仰拱施作时间。

③为隧道施工和长期使用提供安全信息。通过对围岩稳定性与支护可靠性的监控量测和分析评定，可以发现施工中隐藏的不安全因素和隧道有可能失稳的区段或局部薄弱的部位，从而及时采取相应的加固或其他措施。

④为隧道设计理论提供研究途径。通过施工现场量测，才能深入系统地研究围岩和支护结构共同作用的力学机制，才可能认识不同条件、不同类型岩体的变形破坏机理。

总之，隧道监测的主要目的是为了完善隧道设计与正确地指导施工，从而保证隧道工程的安全性和经济性。

7.18.2 监测的内容和方法

根据围岩条件、隧道工程规模、支护类型和施工方法等进行监测项目的选择。监测项目可分为必测项目和选测项目。不同级别的围岩必测项目和选测项目也不同。

1. 必测项目

必测项目是隧道施工时必须进行监测的项目，是用以判断围岩的变化情况，测定支护结构工作状态经常进行的量测项目，也是为施工中确保围岩稳定，并通过判断围岩的稳定性来指导设计、施工的经常性量测。必测项目包括洞内和洞外观察、地表沉降、拱顶沉降、周边收敛，见表7-56。周边位移、拱顶下沉和地表下沉等必测项目宜布置在同一断面。

隧道现场监测必测项目 表7-56

项目名称	方法及工具	布置	精度	量测间隔时间			
				1~15d	16d~1个月	1~3个月	大于3个月
洞内、洞外观察	现场观测、地质罗盘、数码相机等	—	—	每次开挖及初期支护后进行			
地表沉降	水准测量的方法，水准仪、铟钢尺或全站仪等	洞口段、浅埋段（$h_0<2b$）	0.5mm	开挖面距量测断面前后$<2b$时，1~2次/d；开挖面距量测断面前后$<5b$时，1次/（2~3d）			
拱顶沉降	水准测量的方法，水准仪、钢尺或全站仪等	每5~51m一个断面	0.1mm	1~2次/d	1次/2d	1~2次/周	1~3次/月
周边收敛	各种类型收敛计或全站仪	每5~52m一个断面，每断面2~3对测点	0.1mm	1~4次/d	1次/4d	1~4次/周	1~5次/月

注：h_0为隧道埋深；b为隧道跨度。

（1）洞内洞外观察

隧道开挖工作面爆破后应立即进行工程地质状况的观察和记录，必要时进行地质描述。衬期支护完成后应进行喷层表面观察和记录，必要时进行裂缝描述。实践证明，开挖工作面的工程地质与水文地质观察和描述，对于判断围岩稳定性和预测开挖面前方的地质条件是十分重要的；开挖工作面附近初期支护状况的观察和裂缝描述，对于直接判断围岩、隧道的稳定性和支护参数的检验也是不可缺少的。因此，将这两项观察定为各级围岩都应采用的第一项应测项目。

（2）地表沉降量测

位于软弱破碎的Ⅳ~Ⅵ级围岩中的隧道，如果其覆盖层厚度较小时，在隧道开挖后，围岩的应力、位移等变化在很大程度上反映到地表沉降上，特别是大跨度的浅埋隧道尤其敏感。所以通过对不同施工过程中的地表沉降的叠加影响效应量测，测出扰动范围、最大沉降量和地表倾斜程度，据此判断围岩的稳定性和采取相应的施工决策。

地表沉降量测所用的方法是在地表量测范围内埋设沉降量测点，用精密水准仪和精密水准尺逐日进行水准测量，测出沉降值。地表下沉量测最好与洞内量测点布置在同一断面上，沿隧道纵向的间距一般为5~50m，埋深越浅，间距越小，地表沉降量测在横断面上的测点布置，如图7-10所示。

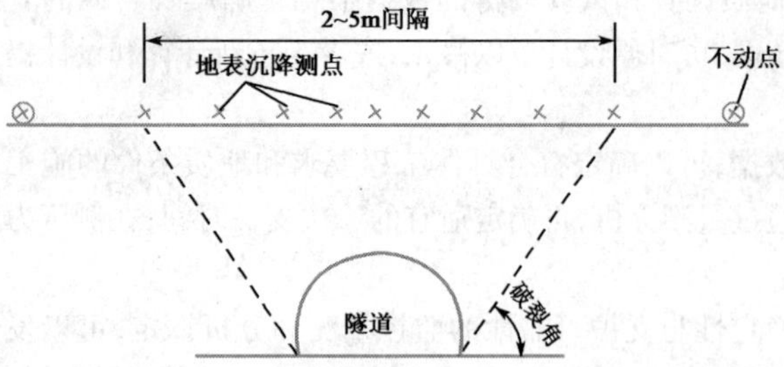

图 7-10　地表沉降测点布置

(3)周边收敛量测

隧道开挖所引起的围岩变形,最直观的表现就是隧道净空的变化(收缩或扩张)。隧道净空变化值是指隧道周边相对方向两个固定点连线上的相对围岩值,通常称为收敛。它是判断围岩动态最直观和最重要的量测信息,是现场监测中的主要内容。因此,在各类围岩中,坑道开挖后均应进行围岩和支护的位移量测。其中,周边位移量测、拱顶下沉量测是应测项目,必要时尚应进行围岩内部位移量测。

位移量测是采用隧道净空变化测定计(称收敛计)来进行。它的基本原理是采用一根在重锤(或弹簧)作用下被拉紧的有孔(孔间距一般为 25mm)带状钢尺(或铟钢丝)作为传递位移的媒介,通过百分表(或测微器)测读隧道周边两测点间的相对位移变化值,从而计算出两测点连线(基线)方向上的相对位移值。

隧道周边收敛量测断面的间距视隧道长度,地质变化情况而定,一般 10 ~ 20m 之间。地质条件好,或地质条件变化不大时,间距可加大。施工初期为掌握围岩变化动态,要缩小间距,等取得一定数据和资料后可适当加大间距。收敛量测的基线,视围岩条件可选择 1 条、2 条或 3 条,最多选 6 条,如图 7-11 所示。

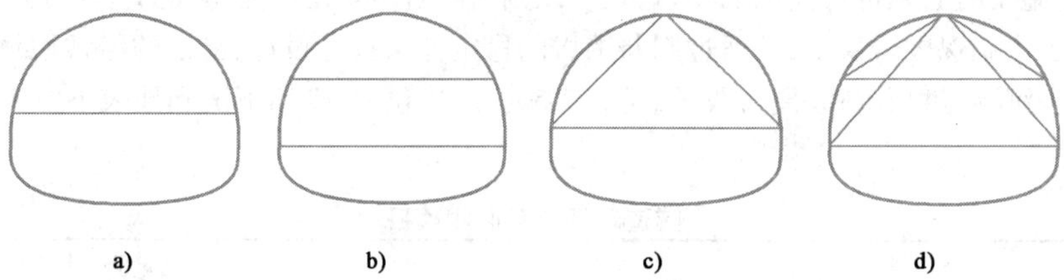

图 7-11　周边收敛量测断面

a)1 条收敛测线;b)2 条收敛测线;c)3 条收敛测线;d)6 条收敛测线

(4)拱顶沉降量测

隧道拱顶内壁点垂直方向的绝对位移值称为拱顶下沉量。在开挖后的拱顶壁面上及时安设测点,通过已知的高程水准点,用悬吊钢尺和水准仪测出测点高程,如图 7-12 所示,两次测定的高程之差即为拱顶下沉量,根据拱顶下沉量和下沉速度,可准确判断围岩的稳定状态和支护效果。每10 ~ 50m 一个断面,每断面 1 个或 3 个测点。一般与周边收敛布设在同一断面上,以便使两项测试结果能够相互验证,协同分析与应用。

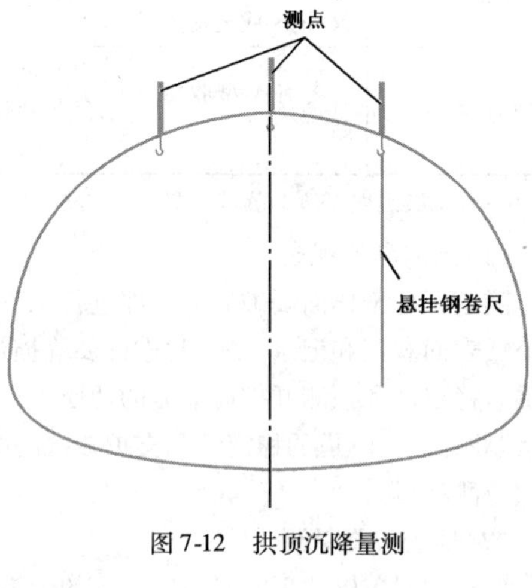

图 7-12　拱顶沉降量测

2. 选测项目

选测项目是应进行或必要时进行监测的项目,是用以判断围岩松动状态、锚喷支护效果和积累技术资料为目的的量测,对一些有特殊意义和具有代表性的区段进行补充测试,以求更深入地掌握稳定状态与喷锚支护的效果,对未开挖区的设计与施工具有指导意义。选测项目量测项目较多,一般只根据需要选择其中部分项目进行测试。选测项目包括钢支撑内力、喷层和二次衬砌应力、锚杆轴力等,见表 7-57。为了各监测结果能够进行对比,选测项目宜布设在同一断面,且要与此处的周边收敛、拱顶沉降等一致。

(1)钢支撑内力量测

在钢支撑侧面焊接钢筋应力计或表面应变计进行量测(图 7-13),并可根据材料力学相关知识,换算出二次衬砌内力(轴力和弯矩)。每一断面布设多个测点,宜 3 ~7 对测点。

(2)喷层和二次衬砌应力量测

在初期支护(图 7-14)及二次衬砌内部(图 7-15)安放应变计,二次衬砌内钢筋上设置钢筋应变计(焊接),进行量测,并可根据材料力学相关知识,换算出二次衬砌内力(轴力和弯矩)。每一隧道断面布设多个测点,宜3~7个测点。

隧道现场监测选测项目 表7-57

项目名称	方法及工具	布置	精度	量测间隔时间			
				1~15d	16d~1个月	1~3个月	大于3个月
钢支撑内力	钢筋应力计或表面应变计	每代表性地段1~2个断面,每断面3~7对测点	0.01MPa	1~2次/d	1次/2d	1~2次/周	1~3次/月
喷层和二次衬砌应力	钢筋应变计	每代表性地段1~2个断面,每断面3~7个测点	0.01MPa	1~2次/d	1次/2d	1~2次/周	1~3次/月
围岩压力及层间压力	压力盒	每代表性地段1~2个断面,每断面3~7个测点	0.01MPa	1~2次/d	1次/2d	1~2次/周	1~3次/月
锚杆轴力	钢筋计	每代表性地段1~2个断面,每断面3~7根锚杆,每根锚杆2~4个测点	0.01MPa	1~2次/d	1次/2d	1~2次/周	1~3次/月
围岩内部位移	多点位移计	每代表性地段1~2个断面,每断面3~5个测孔	0.1mm	1~2次/d	1次/2d	1~2次/周	1~3次/月
围岩弹性波速	各种声波仪	在有代表性地段设置	—	—			
爆破振动测试	爆破振动测试仪	邻近建筑物	—	随爆破进行			
渗水压力和水流量	渗压计和流量计	有特殊地段要求设置	0.01MPa	—			

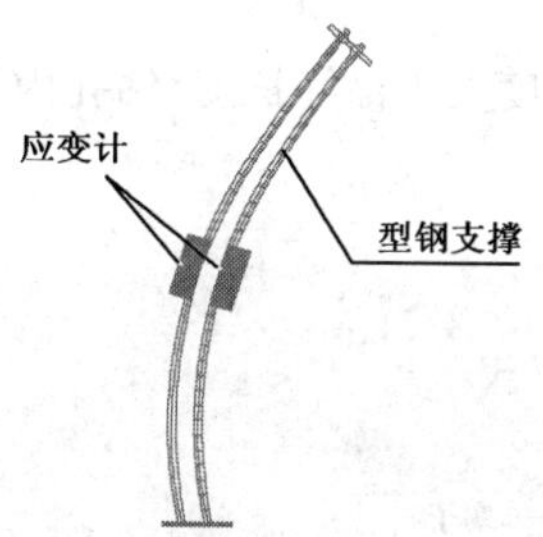

图7-13 钢支撑内力量测

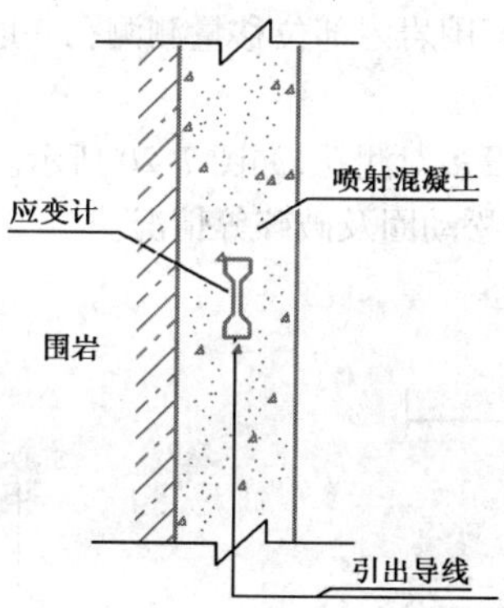

图7-14 喷层应力量测

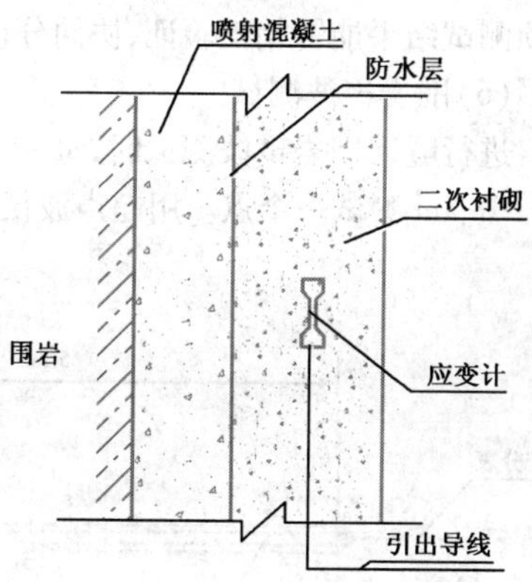

图7-15 二次衬砌应力量测

(3)围岩压力及层间压力量测

在围岩与初期支护之间(图7-16)、初期支护与二次衬砌之间(图7-17)安放压力盒,进行围岩压力及层间压力量测。每一隧道断面布设多个测点,一般宜3~7个测点。

(4)锚杆轴力量测

在测试断面打孔,安放焊接好的钢筋和钢筋应力计(图7-18),进行量测。了解锚杆轴力及其应力分布状态;掌握岩体内应力重分布的过程。每10m一个断面,每一断面布设多个测点。

(5)围岩内部位移量测

由于隧道开挖而引起的围岩内部的位移,在距开挖周边不同深度处是各不相同的。通过对围岩内部的位移量测,可测出隧道周边围岩表面的测点与围岩内部各测点之间的相对位移值,以此来判断因隧道开挖而引起的围岩松动和松弛范围。

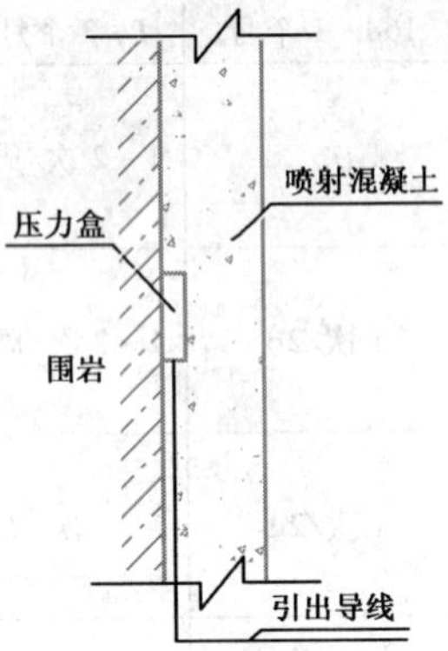

图 7-16　围岩压力量测

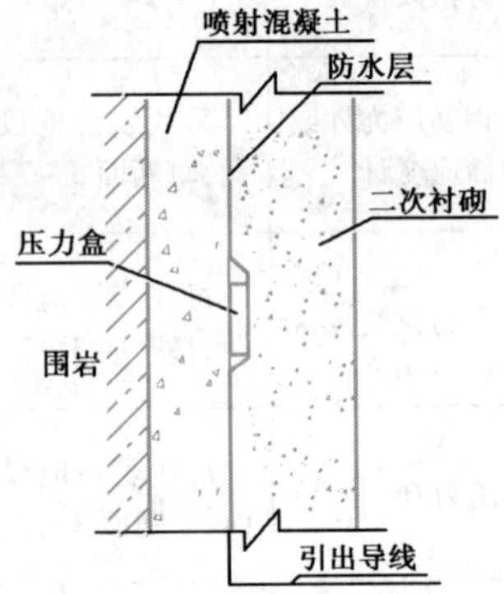

图 7-17　初期支护与二次衬砌层间压力量测

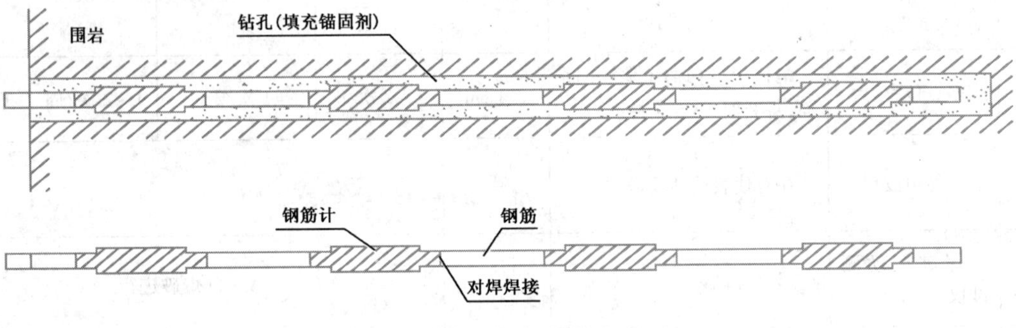

图 7-18　锚杆轴力量测

围岩内部常采用位移计,位移计根据其传递介质的材料不同,分为杆式位移计和钢弦式位移计;又根据其测点数目的不同,分为单点式位移计和多点式位移计(图 7-19)。

围岩内部位移量测的测孔布置,除应考虑地质、洞形、开挖等因素外,一般应与收敛量测基线相应布设,以便使两项测试结果能够相互验证,协同分析与应用。围岩内部位移量测测孔一般布置 3 ~5 个测孔。

(6)围岩声波测试

进行隧道围岩声波测试时,每一个断面布设多对测孔,如图 7-20 所示。其钻孔深度大于锚杆长度,钻孔内每隔 0.2 ~0.5m 测试一个点。用超声波仪测试围岩松动圈及破碎等情况。

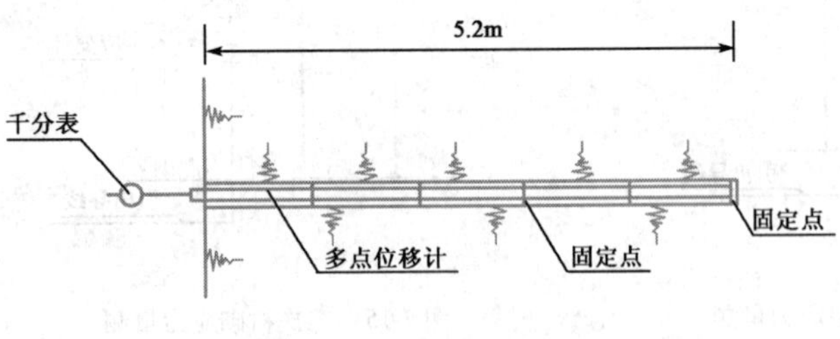

图 7-19　机械式多点位移计

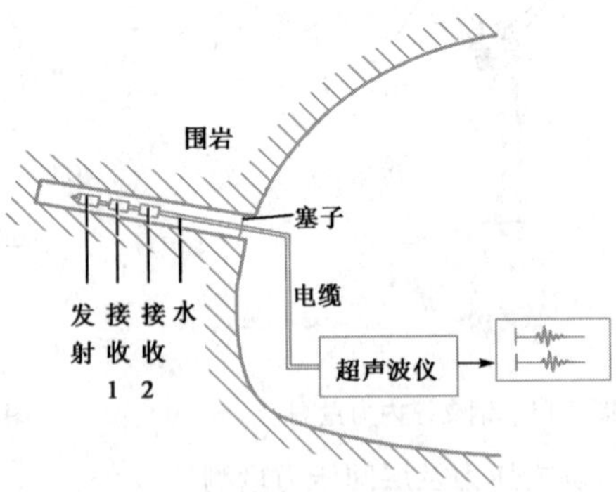

图 7-20　围岩声波测试

(7)爆破震动测试

爆破震动测试的内容包括洞口附近地表的震动监测;浅埋隧道地表建筑物的震动监测;双洞小间距隧道爆破监测;连拱隧道中隔墙的震动监测;为改善爆破效果、降低震动效应所需的震动监测。爆破震动测试传感器布置如图 7-21所示。

(8)超前地质预报

超前地质预报可以用TSP或地质雷达。当开挖面前方有断层或破碎带等时,将产生相应的信号异常。

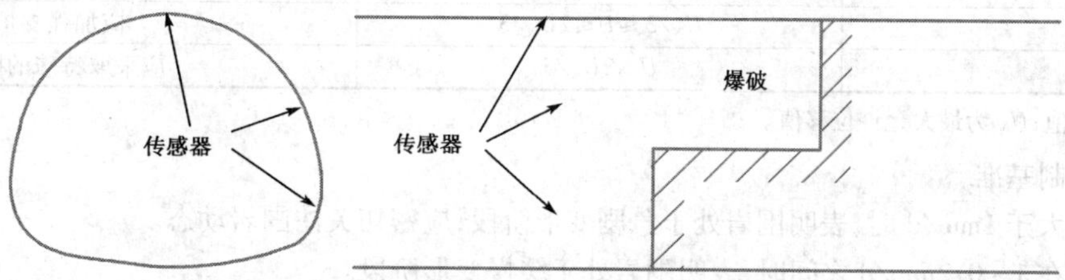

图7-21 爆破震动测试

7.18.3 监测频率

收敛量测和拱顶下沉量测的频率,主要根据位移收敛速度和测点距开挖面的距离而定,可参见表7-58和表7-59,并与表7-56确定的量测频率比。若不一致时,原则上采用量测频率较高的。整个断面的各条基线或各测点应采用相同的量测频率,但各测点的位移不一定相同。此时,应以产生最大位移速率者来决定整个断面的量测频率。

按位移速率的量测频率 表7-58

位移速度(mm/d)	量测频率	位移速度(mm/d)	量测频率
≥5	2~3次/d	0.2~0.5	1次/3d
1~5	1次/d	<0.2	1次/(3~7)d
0.5~1	1次/(2~3)d		

按距开挖面距离的量测频率 表7-59

量测断面距开挖面距离(m)	量测频率	量测断面距开挖面距离(m)	量测频率
(0~1)b	2次/d	(2~5)b	1次/(2~3)d
(1~2)b	1次/d	>5b	1次/(3~7)d

注:b为隧道开挖跨度。

当隧道实际开挖的地质条件变差或量测值出现异常情况时应加大量测频率;反之,量测频率可减少。同时,隧道施工状况发生变化时(开挖下台阶、仰拱或撤除临时支护等),应增加监测频率。各项量测作业均应持续到变形基本稳定后15~20d结束。位移速率长期不稳定的,要继续量测到位移速度小于1mm/d为止。

7.18.4 监测控制基准

监测控制基准是一项很复杂也是非常重要的工作,必须结合具体工程情况,根据所测得的位移量或回归分析所得的最终位移量、位移速度及其变化趋势、隧道埋深、开挖断面大小、围岩等级、支护所受的压力、应力应变等进行综合分析判断,有条件可采用理论分析、数值计算和反分析等手段进行。监测控制基准可以按照下面五个方面进行确定。

1. 最大位移值控制基准

按现有规范规定,锚喷衬砌和复合式衬砌初期支护的允许洞周水平相对收敛值,应根据围岩地质条件等因素和现场量测结果分析确定。按照表7-60、表7-61进行量测管理和指导施工。

隧道周边允许相对位移值(%) 表7-60

围岩级别	覆盖层厚度(m)		
	<50	50~300	>300
III	0.10~0.30	0.20~0.50	0.40~1.20
IV	0.15~0.50	0.40~1.20	0.80~2.00
V	0.20~0.80	0.60~1.60	1.00~3.00

注:1. 相对位移值是实测位移值与两测点距离之比,或拱顶位移实测值与隧道宽度之比。

2. 脆性围岩取表中较小值,塑性围岩取表中较大值。

3. 本表所列数值可在施工过程中通过实测和资料累计作适当修正。

位移量测数据管理等级

表 7-61

管理等级	管理位移值	施工状态
Ⅲ	$U<U_N/3$	可以正常施工
Ⅱ	$U_N/3 \leqslant U \leqslant 2U_N/3$	应加强支护
Ⅰ	$U>2U_N/3$	应采取特殊的措施

注:U 为实测位移值;U_N 为最大允许位移值。

2. 位移速率控制基准

①当位移速率大于 1mm/d 时,表明围岩处于急剧变形阶段,应密切关注围岩动态。

②当位移速率在 1 ~0.2mm/d 之间时,表明围岩处于缓慢变形阶段。

③当位移速率小于 0.2mm/d 时,表明围岩已达到基本稳定,可以进行二次衬砌作业。

3. 位移加速度控制基准

①当位移速率很快变小,时态曲线很快平缓,表明围岩变形趋于稳定,可适当减弱支护。

②当位移速率逐渐变小,即 $d^2u/dt^2<0$,时态曲线趋于平缓,表明围岩变形趋于稳定,可以正常施工。

③当位移速率不变,即 $d^2u/dt^2=0$,时态曲线直线上升,表明围岩变形急剧增长,无稳定趋势,应及时加强支护,必要时暂停掘进。

④当位移速率逐渐增大,$d^2u/dt^2>0$,时态曲线出现反弯点,表明围岩已处于不稳定状态,应停止掘进,立即采取加固措施。

4. 选测项目监测值控制基准

初期支护承受的应力、应变、压力实测值与允许值之比大于或等于 0.8 时,围岩不稳定,应加强初期支护;初期支护承受的应力、应变、压力实测值与允许值之比小于 0.8 时,围岩处于稳定状态。

5. 二次衬砌的施作条件

①各测试项目的位移速率明显收敛,围岩基本稳定。

②已产生的各项位移已达预计总位移量的 80% ~90%。

③周边位移速率小于 0.1 ~0.2mm/d,或拱顶下沉速率小于 0.07 ~0.15mm/d。

7.18.5 监测数据处理与应用

1. 监测数据处理

在量测数据的整理时,要绘制观测值与观测时间、观测值与距离掌子面距离、观测值变化率与观测时间的散点图或曲线图,如图 7-22 所示。当沉降—时间曲线趋于平缓时,应进行数据处理或回归分析,以推算最终位移值和掌握位移变化规律。常采用的回归分析函数有对数函数、指数函数和双曲函数等。

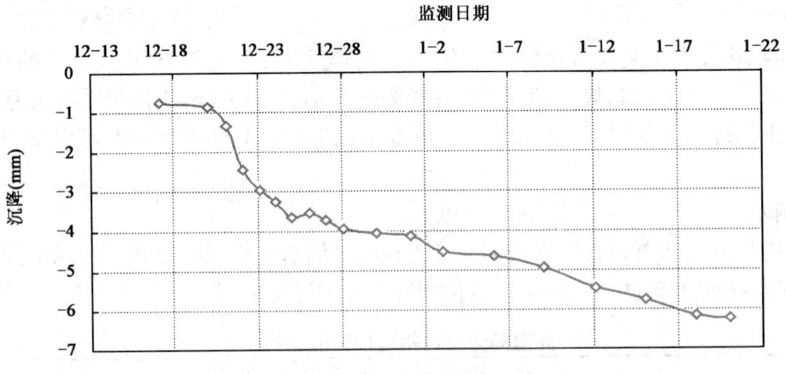

图 7-22　沉降—时间曲线

2. 监测数据应用

①拱顶沉降和周边收敛量测。作出位移与时间及与距掌子面的距离的关系图,其正常曲线和反常曲线如图 7-23所示。现场量测主要以围岩周边位移作为围岩稳定性评价及围岩稳定状态判断的标准。

②地表沉降。正常情况是地表下沉量不大,表现为稳定。而地表下沉量较大,或出现增加的趋势时,应采取措施:适当增加喷混凝土厚度;增加锚杆数量;加挂钢筋网;增加钢支撑数量;超前支护;缩短开挖循环进尺;提前封闭仰拱;预注浆加固围岩。

③围岩内部位移。围岩内部位移观测是为了准确判断围岩的变形发展趋势，当总位移量和位移变化率过大时，必须加强支护或调整施工措施，以控制围岩的松动范围，如加密锚杆数量或加大锚杆长度等。

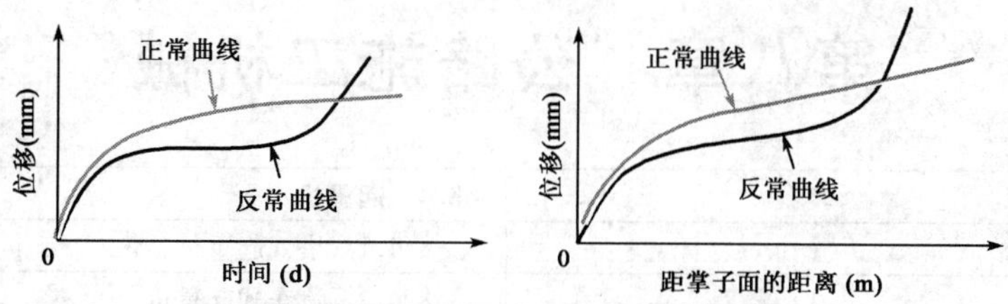

图 7-23　位移的正常曲线与反常曲线

④锚杆内力。锚杆内力是检验锚杆效果与锚杆强度的依据，若锚杆轴力超过锚杆的屈服强度时，应改用高强钢材加工锚杆或增加锚杆数量或加大直径。

⑤围岩压力。围岩压力大时，根据变形量有两种：变形量也很大时，应加强支护，以限制围岩变形和控制围岩压力的增长；变形量不是很大时，表明支护时间和支护封底时间可能过早，或支护尺寸及刚度太大，应适当调整修正支护设计参数。

围岩压力很小但变形量很大时，表明围岩将失去稳定，应立即停止开挖，加强围岩支护和采取辅助施工措施进行加固处理。而围岩压不大，变形量也不大表明围岩和支护自稳性好。

⑥喷层压力。喷层应力太大，或出现明显裂损或剥落、起鼓等现象时，应作处理，一般是适当增加喷层厚度。喷层已较厚，仍然出现明显裂损、起鼓等现象时，则不一定再增加喷层厚度，而应采取措施：增强锚杆的长度和直径等；改变封底时间；调整施工措施；选择二次衬砌的最佳时机；并且要继续加强监测。

⑦围岩声波测试。围岩声波波速量测结果既能反映围岩动态变化和物理力学特征，又能用于确定围岩松动区范围。围岩声波数据分析时，应与围岩内位移相互结合，综合分析和判断围岩的松弛情况。

如图 7-24 所示，锚杆长度大于围岩松动区范围时，锚杆才起到加固作用；如果围岩松动区范围大于锚杆长度时，必须加长锚杆，使锚杆长度超过围岩松动圈。

⑧爆破震动测试。根据测到的震动波形，确定当次爆破震动峰值速度及其对应的主频率，结合地质和支护状况的观测，定出围岩质点震动速度的安全控制值，控制爆破的最大一段药量。

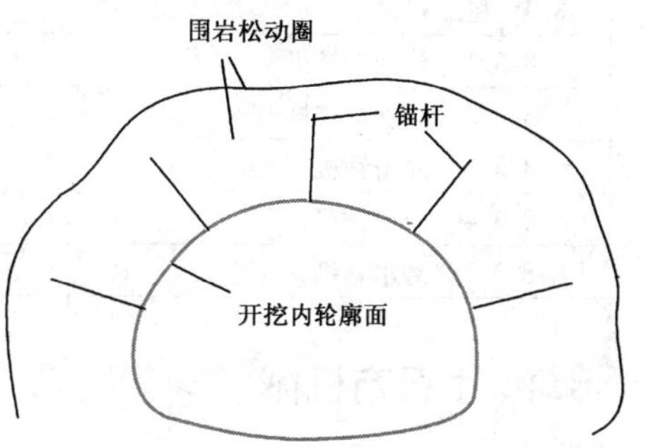

图 7-24　围岩松动圈与锚杆长度的关系

7.18.6　监测管理

1. 隧道施工监测组织

由施工单位组织或委托监测单位成立专门监测小组，进行现场监测、观测值的计算和绘图、信息反馈（提交报告）等。

监测应按照监测方案认真组织实施，并与其他施工环节紧密配合，不得随意中断工作。各项监测预埋点应牢固可靠，并应易于识别和应妥善保护，不得任意撤换和人为破坏。

2. 竣工文件中应列监测资料

隧道监测资料列入竣工文件是为了新奥法施工的资料积累，并为隧道运营管理服务。竣工文件中应包括下列量测资料：

①现场监测计划。

②实际测点布置图。

③围岩和支护的位移—时间曲线图、空间关系曲线图以及量测记录汇总表。

④经量测变更设计和改变施工方法地段的信息记录。

⑤现场监测说明。

3. 隧道运营监测组织

已竣工并交付运营的隧道，经批准后应进行长期运营量测时，运营量测点应在施工期间埋设并移交运营管理单位。运营量测由运营管理单位设专人进行，或委托第三方进行。

第八章　公路施工机械

8.1　土石方机械

8.1.1　推土机

1. 用途

推土机是主要用来开挖路堑、构筑路堤、回填基坑、铲除障碍、清除积雪、平整场地等,也可完成短距离松散物料的铲运和堆积作业。通常中小型推土机的运距为 30 ~ 100m,大型推土机的运距一般不应超过 150m,推土机的经济运距为 50 ~ 80m。

2. 分类和表示方法

推土机可按以下几个方面分类。

①按发动机功率大小推土机可分为三种。小型推土机,功率在 37kW 以下;中型推土机,功率在 37 ~ 250kW;大型推土机,功率在 250kW 以上。

②按行走方式推土机可分为两种。履带式推土机附着性能好,牵引力大,接地比压小,爬坡能力强,能适应恶劣的工作环境,作业性能优越,是多用的机种。轮胎式推土机行驶速度快,机动性好,作业循环时间短,转移方便迅速,不损坏路面;但在松软潮湿的场地施工时容易引起驱动轮滑打滑,降低生产效率,严重时还可能造成车辆沉陷;在开采矿山时,因岩石坚硬锐利,容易引起轮胎急剧磨损;因此轮胎式推土机的使用范围受到一定的限制。

③按推土机用途可分为两种。普通型推土机通用性好,广泛用于各类土石方工程施工作业。专用型推土机专用性强,只适用于特殊环境下的施工作业,又分为浮体推土机、水陆两用推土机、深水推土机、湿地推土机、爆破推土机、低噪声推土机、军用高速推土机等。

目前定型生产的推土机型号表示方法,见表 8-1。产品型号按类、组、型的划分原则编制,还由主参数代号组成。

推土机型号 表8-1

类	组	型	特性	代号	代号含义	主参数(单位)
铲土运输机械	推土机 T(推)	履带式		T	履带机械操纵式推土机	功率(kW)
			Y(液)	TY	履带液压操纵式推土机	
			S(湿)	TSY	履带湿地液压操纵式推土机	
			M(沙漠)	TMY	履带沙漠液压操纵式推土机	
		轮胎式 L(轮)		TL	轮胎液压推土机	

3. 推土机作业过程

图8-1为直铲式推土机的作业过程,即将铲刀下降至地面一定深度,机械向前行驶,此过程为铲土作业。铲土作业完成后,铲刀略升,使其贴近地面,机械继续向前行驶,此过程为运土作业。当土运至卸土地点时,提升铲刀,机械慢速前行,此过程为卸土作业。卸土作业完成后,机械倒退或掉头快速行驶至铲土地点重新开始铲土作业。

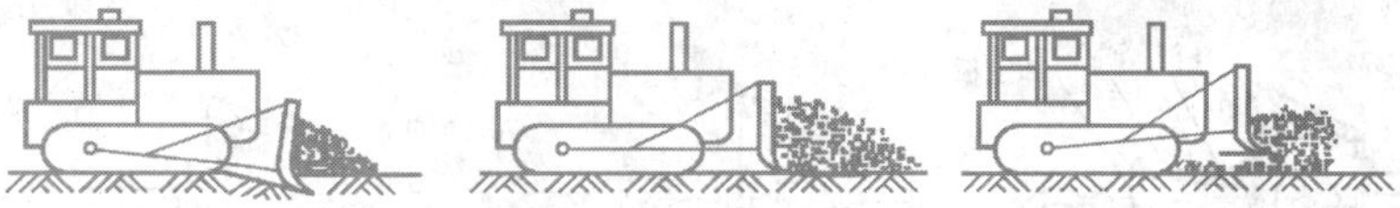

a) b) c)

图8-1 直铲式推土机的作业过程

a)铲土作业;b)运土作业;c)卸土作业

4. 主要技术参数

推土机的主要技术参数有发动机额定功率、机重、最大牵引力和铲刀的宽度及高度等。其中功率是其最主要的参数。

8.1.2 铲运机

1. 用途

铲运机是以铲刀和铲斗为工作部件的铲土运输机械,兼有铲装、运输、铺卸土方的功能,铺卸厚度能够控制,主要用于大规模土方调配、中距离铲土运输和平土作业。由于铲运机一机就能实现铲、装、运输,还能以一定的层厚进行均匀铺卸,比其他铲土机械配合运输车作业具有较高的生产效率、经济性和适用性。

2. 分类和表示方法

铲运机是根据行走方式、行走装置、装载方式、卸土方式、铲斗容量、操纵方式等分类。

①按行走方式分为拖式和自行式两种,如图8-2所示。

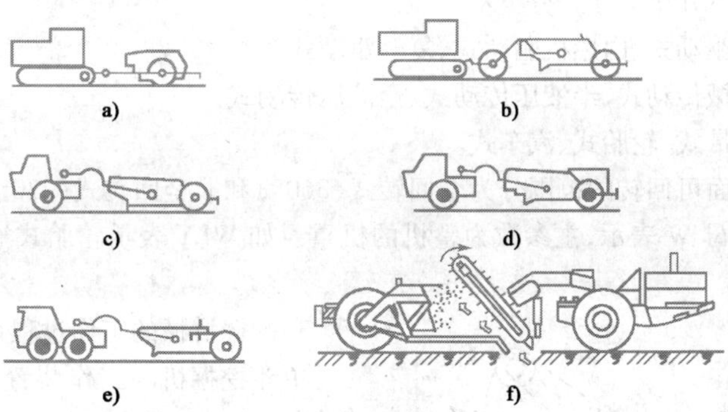

图8-2 铲运机类型

a)单轴拖式;b)双轴拖式;c)单发动机自行式;d)双发动机自行式;e)三轴自行式;f)链板装载式

②按装载方式铲运机分为升运式与普通式两种。升运式也称链板装载式,在铲斗上方装有链板运土机构,把铲刀切削下的土升运到铲斗内[图8-2f)],从而加速装土过程,减小装土阻力,可有效地利用本身动力实现自装,不用助铲机械即可装至堆尖容量,可单机作业;土壤中含有较大石块时不宜使用,其经济运距在1000m之内。普通式也称开斗铲装式,靠牵引机的牵引力和助铲机的推力,使用铲刀将土铲切起,在行进中将土屑装入铲斗,其铲装阻力较大。

③按铲斗容量铲运机分为四种。小型铲运机，铲斗容量小于 $5m^3$；中型铲运机，铲斗容量 $5\sim15m^3$；大型铲运机，铲斗容量 $15\sim30m^3$；特大型铲运机，铲斗容量 $30m^3$ 以上。

铲运机类组型，见表8-2。如铲斗几何斗容为 $9m^3$ 时的液压拖式铲运机标记为CTY9。

铲运机型号　　表8-2

类	组	型		特性	代号	代号含义	主参数(单位)
铲土运输机械	铲运机C(铲)	拖式T(拖)		Y(液)	CT	机械拖式铲运机	铲斗几何斗容(m^3)
					CTY	液压拖式铲运机	
		自行式	履带式	Y(液)	C	履带机械铲运机	
					CY	履带液压铲运机	
			轮胎式L(轮)		CL	轮胎液压铲运机	

3. 铲运机的作业过程

铲运机的作业过程包括铲土、运土、卸土和回程四道工序，前三道工序如图8-3所示。

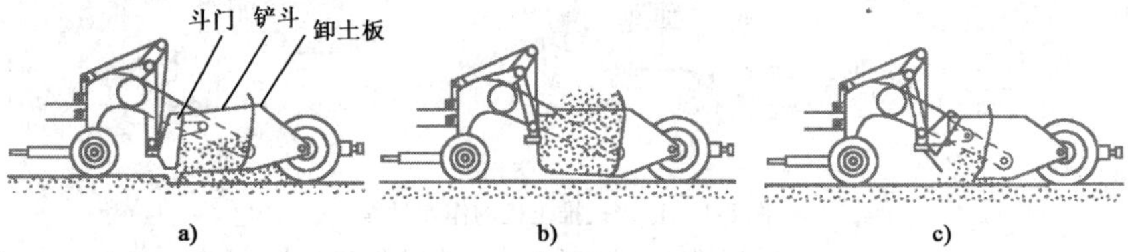

图8-3　铲运机的作业过程

a)铲土作业；b)运土作业；c)卸土作业

4. 主要技术参数

铲运机的主要技术参数有铲斗的几何斗容(平装斗容)、堆尖斗容、发动机的额定功率、铲刀宽度、铲土深度、铺卸厚度、铲斗离地间隙、爬坡能力等，其中铲斗的斗容量是最主要参数。

8.1.3 挖掘机

1. 用途

挖掘机械是用来进行土、石方开挖的一种工程机械，按作业特点分为周期性作业式和连续性作业式两种，前者为单斗挖掘机，后者为多斗挖掘机。由于单斗挖掘机是挖掘机械的一个主要机种，也是各类工程施工中普遍采用的机械，可以挖掘硬土层和爆破后的岩石。

2. 分类和表示方法

单斗挖掘机可以按以下几个方面来分类：

①按动力装置分为电驱动式、内燃机驱动式、复合驱动式等。

②按传动装置分为机械传动式、半液压传动式、全液压传动式。

③按行走机构分为履带式、轮胎式、汽车式。

④按工作装置在水平面可回转的范围分为全回转式(360°)和非全回转式(270°)。

挖掘机的类代号用字母W表示，主参数为整机的机重。如WLY表示轮胎式液压挖掘机，WY100表示机重为10t的履带式液压挖掘机。

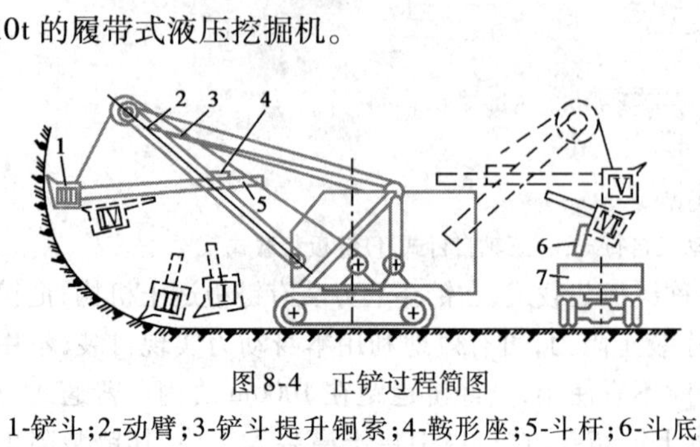

图8-4　正铲过程简图

1-铲斗；2-动臂；3-铲斗提升铜索；4-鞍形座；5-斗杆；6-斗底；7-运输车辆

3. 挖掘机械的工作过程

单斗挖掘机的工作装置主要有正铲、反铲、拉铲和抓斗等形式，均属于循环作业式机械。每一个工作循环包括挖掘、回转、卸料和返回四个过程。正铲过程如图8-4所示。

①挖掘过程是先将铲斗下放到工作面底部，然后提升铲斗，同时使斗杆向前推压(有的小型挖掘机依靠动臂下降的重力来施压)，完成挖掘。

②回转过程是先将铲斗向后退出工作面然后回转，使动臂带着铲斗转到卸料位置，同时可适当调整斗的伸出度和高

度适应卸料要求以提高工效。

③卸料过程即开启斗底卸料。

④返回过程是回转挖掘机转台,使动臂带着空斗返回挖掘面,同时放下铲斗,斗底在惯性作用下自动关闭。

4. 主要技术参数

单斗液压挖掘机的技术参数有斗容量、机重、额定功率、最大挖掘半径、最大挖掘深度、最大卸载高度、最小回转半径、回转速度和液压系统的工作压力等。其中主要参数有标准斗容量、机重和额定功率。

8.1.4 装载机

1. 用途

装载机的作业对象是各种土壤、砂石料、灰料及其他筑路用散状物料等,主要完成铲、装、卸、运等作业,也可对岩石、硬土进行轻度铲掘作业,如果换装不同工作装置,还可以扩大其使用范围,完成推土、起重、装卸等工作。

2. 分类及表示方法

装载机按行走方式分为轮胎式和履带式;按机架结构形式的不同可分为整体式和铰接式;按使用场合的不同可分为露天用装载机和井下用装载机。国产装载机的型号用字母 Z 表示,第二个字母 L 代表轮胎式装载机,无 L 表示履带式装载机,后面的数字代表额定载重量。如 ZL50,代表额定载重量为 5t 的轮胎式装载机。

3. 主要技术参数

装载机的主要技术参数有发动机额定功率、额定载重量、铲斗容量、机重、最大掘起力、卸载高度、卸载距离、铲斗的收斗角和卸载角等。

8.1.5 平地机

1. 用途

平地机的主要工作装置为装有刀片的刮刀,可配备其他多种作业装置,主要完成土壤平整和整形作业。平地机的刮刀比推土机的铲刀具有更大的灵活性,它能连续改变刮刀的平面角和倾斜角,也可以横向伸出机体,是一种多功能的连续作业方式的土方施工机械。其主要用于公路路基基底处理,整修路堤的断面;开挖路槽和边沟;修刷边坡;清除路面积雪;松土;拌和、摊铺路面基层材料等施工。现代平地机具备有铲刀自动调平装置,采用电子控制技术,控制精度高,并装有防倾翻和防落物的驾驶室。

2. 分类和表示方法

平地机有拖式和自行式两种,拖式平地机由牵引车牵引,自行式平地机由发动机驱动行驶和作业。其他分类方式:按车轮分类有六轮平地机和四轮平地机;按机架结构形式分类有整体式机架和铰接式机架两种;按刮刀长度和发动机功率分类有轻型、中型、重型三种(表 8-3);按操纵方式有机械操纵和液压操纵两种。

平地机按刮刀长度和发动机功率分类　　表 8-3

类型	刮刀长度(m)	发动机功率(kW)	质量(kg)	车轮数(个)
轻型	<3.0	44 ~ 66	5000 ~ 9000	4
中型	3.0 ~ 3.7	66 ~ 110	9000 ~ 14000	6
重型	3.7 ~ 4.2	110 ~ 220	14000 ~ 19000	6

平地机的类代号为 P,Y 表示液压式,主参数为发动机的额定功率,单位为 kW。如:PY180 表示发动机功率为 132kW 的液压式平地机。

3. 主要技术参数

平地机的主要技术参数有发动机的额定功率、刮刀宽度和高度、提升高度和切土深度、最大牵引力、前轮的摆动、转向和倾斜角、最小转弯半径以及整机质量等。

8.1.6 夯实机

夯实机械是一种适用于对黏性土壤和非黏性土壤进行夯实作业的冲击式机械,夯实厚度可达 1 ~ 1.5m。夯实机可用于夯实桥涵台背的路基、振实路面坑槽以及夯实、平整路面等。

夯实机械可按冲击能量、结构和工作原理分类:按夯实冲击能量大小分为轻型(0.8~1kN·m)、中型(1~10kN·m)和重型(10~50kN·m)三种;按结构和工作原理分为自由落锤式夯实机、振动平板夯实机、振动冲击夯实机、爆炸式夯实机和蛙式夯实机。冲击式压路机是一种不同于传统的静碾压实、振动压实和打夯机压实原理的新型压实设备,特别适用于湿陷性黄土压实和大面积深填土石方的压实工作。

8.2 路面机械

8.2.1 稳定土拌和机

1. 用途

稳定土拌和机是一种在施工现场将土壤粉碎,并与稳定剂均匀拌和的自行式机械。习惯上把这种采用稳定土拌和机的施工工艺称为路拌法。路拌法施工简便,成本低,有厂拌设备不可取代的优点,主要用于公路路面施工。该机型拌和幅度较大,通过更换作业装置(装上铣削滚筒),还可完成沥青混凝土路面铣刨作业。

2. 分类和表示方法

稳定土拌和机由基础车辆和拌和装置组成。拌和装置是一个垂直于基础车辆行驶方向水平横置的转子搅拌器,通称拌和转子。拌和转子用罩壳封遮其上部和左右侧面,形成工作室。车辆行驶过程中,操纵拌和转子旋转和下降,转子上的切削刀具就将地面的物料削切并在壳内抛掷,同时将稳定剂与基体材料(土壤或砂石)掺拌混合。根据结构和工作特点,稳定土拌和机可以按以下几种方面分类。

①按行走方式分为履带式、轮胎式和复合式(履带和轮胎结合)。

②按动力传递形式分为液压式、机械式和混合式(机液结合)。

③按移动方式分为自行式、半拖式和悬挂式。

④按拌和转子装置在车辆上安装的位置分为中置式和后置式两种。

⑤按拌和转子旋转方向可分为正转和反转两种:正转即拌和转子从上向下削切土壤;反转是由下向上削切土壤,其切削阻力比正转方式小,对稳定材料反复拌和破碎较好,拌和质量也比正转好,所以正转适用于拌和松散的稳定材料。

稳定土拌和机除了具有拌和功能外,一般都有计量洒布系统,有设置液体结合料洒布计量系统,也有设置粉状材料洒布计量系统,还有两种兼有的洒布系统。稳定土拌和机的表示方法见表8-4。

稳定土拌和机的表示方法　　表8-4

类	组	型	代号	代号含义	主要参数
路面机械	稳定土拌和机(WB)	自行式Z(自)	WBZ	自行式稳定土拌和机	拌和宽度(m)
		路拌式L(路)	WBL	路拌式稳定土拌和机	

8.2.2 稳定土厂拌设备

1. 用途

稳定土厂拌设备是专门用于拌制各种以水硬性材料为结合剂的稳定混合料的搅拌机组,如图8-5b)所示。这种在集中拌和获得稳定混合料的施工工艺,习惯上称为厂拌法。厂拌设备与路拌机相比,具有材料级配准确、拌和均匀、便于计算机自动控制等优点,能更好地保证稳定土的质量,在公路施工中应用较广。

2. 分类和表示方法

稳定土厂拌设备可以根据其主要结构、工艺性能、生产率、机动性及拌和方式等进行分类。根据生产率大小,稳定土厂拌设备可分为小型(<200t/h)、中型(200~400t/h)、大型(400~600t/h)和特大型(>600t/h)四种;根据设备拌和工艺可分为非强制跌落式、强制间歇式、强制连续式等三种。强制连续式又可分为单卧轴式和双卧轴式。双卧轴强制连续式是最常用的搅拌形式;根据设备的布局及机动性,可分为移动式、分总成移动式、部分移动式、可搬式、固定式等多种形式。稳定土厂拌设备的表示方法,见表8-5。

稳定土厂拌设备的表示方法　　表8-5

类	组	型	代号	代号含义	主要参数
路面机械	稳定土厂拌设备(WC)	自落式Z(自)	WCZ	自落式稳定土厂拌设备	生产率(t/h)

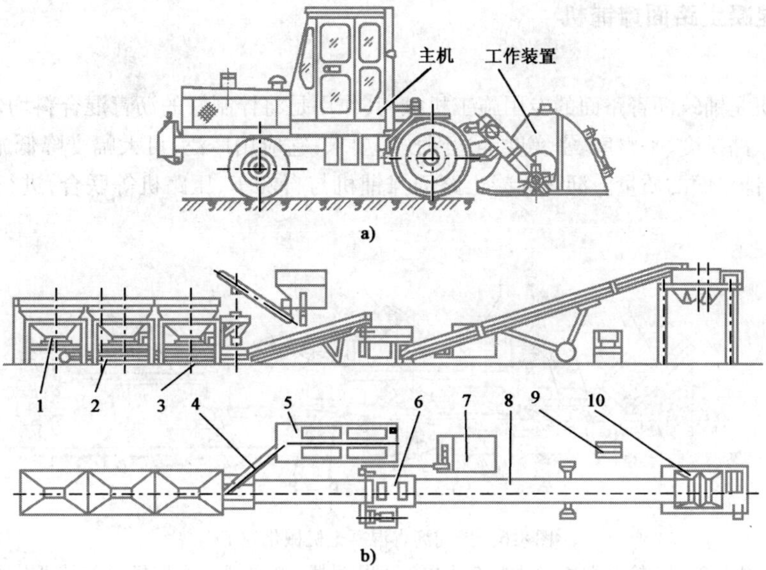

图 8-5 稳定土拌和机械外形图

a)稳定土拌和机;b)稳定土厂拌设备

1-砂石料配料斗;2-集料机;3-粉料配料斗;4-螺旋输送机;5-卧式存仓;6-搅拌机;7-供水系统;8-带式上料机;9-电气控制柜;10-混合料存仓

8.2.3 沥青混合料拌和设备

沥青混合料搅拌设备是沥青路面施工的关键设备,其性能直接影响到所铺筑的路面质量。其分类、特点及适用范围,见表 8-6。沥青混合料的拌制工序与搅拌设备所对应的装置,见表 8-7。

沥青混合料搅拌设备分类及适用范围 表 8-6

分类形式	分类	特点及适用范围
生产能力	小型	生产能力 30t/h 以下
	中型	生产能力 30 ~ 350t/h
	大型	生产能力 400t/h 以上
搬运方式	移动式	装置在拖车上可以随施工地点转移
	半固定式	装置在几个拖车上在施工地点拼装
	固定式	固定在某处不搬迁,又称沥青混凝土工厂
工艺流程	间歇强制式 连续滚筒式	按目前规范要求,高等级公路建设应使用间歇强制式搅拌设备,连续滚筒式搅拌设备用于普通公路建设

沥青混合料拌制工序与搅拌设备所对应的装置 表 8-7

拌制工序	各工序所对应的装置
冷集料的粗配与供给	冷集料的定量供给和输送装置
冷集料的烘干与加热	集料的烘干、加热与热集料输送装置
热集料的筛分、存储与二次称量、供给	热集料筛分装置及热集料储仓和称量装置
沥青的熔化、脱水及加热	沥青储仓、保温罐、沥青脱桶装置
石粉的定量供给	石粉储仓、石粉输送及定量供给装置
沥青的定量供给	沥青定量供给系统
各种配料的均匀搅拌	沥青混凝土混合料搅拌器
沥青混凝土混合料成品储存	沥青混凝土混合料成品储仓

8.2.4 沥青混凝土路面摊铺机

1. 概况

沥青混凝土摊铺机是铺筑沥青路面的专用施工机械，其作用是将拌制好的沥青混合料均匀地摊铺在路面上，并保证摊铺层厚度、宽度、路拱度、平整度、密实度等达到技术要求；它应用广泛，可大幅度降低施工人员的劳动强度，加快施工进度，保证所铺路面的质量。沥青混凝土路面摊铺机与自卸车、压路机等联合，进行机械化施工如图 8-6 所示。

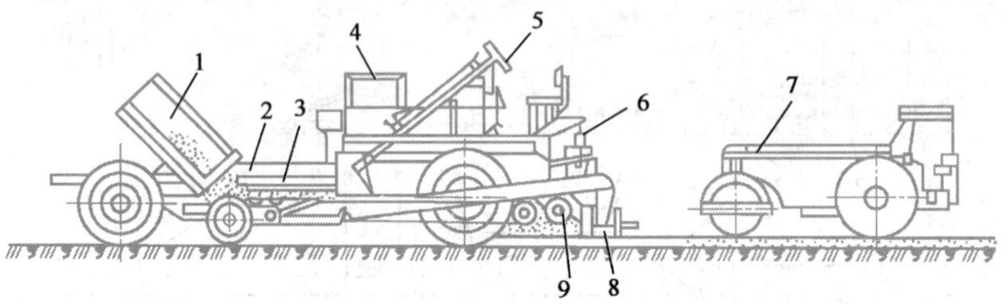

图 8-6 摊铺沥青混凝土机械化施工

1-自卸车；2-摊铺机料斗；3-刮板输送器；4-发动机；5-方向盘；6-熨平器升降装置；7-压路机；8-摊铺机熨平器；9-螺旋摊铺器

自卸车将沥青混凝土运至施工现场，自卸车将部分沥青混凝土卸入摊铺机接料斗内，由刮板输送机、螺旋摊铺器送至摊铺面后，摊铺机以稳定速度顶推自卸车向前行驶，自卸车边前进边卸料使摊铺机实现连续摊铺。摊铺后的沥青混凝土层由振捣器初步振实，再由熨平器整平。

沥青混凝土摊铺机还可用于摊铺各种材料的基层材料，如稳定土等。沥青混凝土摊铺机采用全液压驱动和电子控制、中央自动集中润滑、液压振动、液压无级调节摊铺宽度等新技术，自动化程度高，操作简单方便，并设有自动找平装置、卸载装置、闭锁装置，保证了摊铺面的平整度和质量。摊铺机上有可以加热的熨平装置，能在较冷的气候条件下施工。

2. 分类和表示方式

沥青混凝土摊铺机分类及特点如下。

(1) 按摊铺宽度可分为小型、中型、大型、超大型等四类。

①小型机的最大摊铺宽度一般小于 3600mm，用于路面养护的修筑工程。

②中型机的摊铺宽度为 4000 ~ 6000mm，用于一般公路路面的修筑和养护工程。

③大型机的摊铺宽度为 7000 ~ 9000mm，主要用于高等级公路路面施工。

④超大型机的摊铺宽度大于 12000mm，主要用于高速公路等大面积沥青混凝土路面施工。设有自动找平装置的大型、超大型摊铺机摊铺的路面，纵向接缝少，整体性和平整度好。

(2) 按行走方式可分为拖式和自行式两类。其中自行式又分为履带式和轮胎式。

(3) 按传动方式可分为机械式和液压式两类。

(4) 按熨平板的延伸方式可分为机械加长式和液压伸缩式两种。

8.2.5 水泥混凝土路面摊铺机

1. 用途

水泥混凝土路面摊铺机是将拌制好的水泥混凝土沿路基按设计厚度、宽度要求进行摊铺的施工机械。其工作装置由布料器、刮平板、振捣器（包括振捣棒和振捣梁）、整平机、抹光机等装置组成。同时还有机架、行走机构、操纵控制系统和其他辅助机构的有机配合。有的机型将全部装置集于一体，有的分成两台或两台以上的独立单机。

2. 分类和表示方法

水泥混凝土路面摊铺机有以下几种分类。

(1) 按性能和施工方式可分为轨模式和滑模式两种类型。它由布料机、振捣机和抹光机等组成。其在固定不动的轨模上行驶，轨模既是摊铺机的行驶轨道，又是铺筑路面的边模。

(2) 按行走方式可分为轮胎式、钢轮式和履带式，滑模式摊铺机一般都采用履带式行走机构，轨模式摊铺机采用钢轮式行走机构。

混凝土摊铺机的代号表示方法，见表8-8。

混凝土摊铺机的代号表示方法　表8-8

<table>
<tr><th rowspan="2">类</th><th rowspan="2">组</th><th rowspan="2">型</th><th rowspan="2">代号</th><th rowspan="2">代号含义</th><th colspan="2">主参数</th></tr>
<tr><th>名称</th><th>单位</th></tr>
<tr><td rowspan="5">混凝土机械</td><td rowspan="5">混凝土摊铺机
H(混)
T(摊)</td><td rowspan="4">轨道式</td><td>HTG(轨)</td><td>轨道式轨模混凝土摊铺机</td><td rowspan="5">摊铺宽度</td><td rowspan="5">mm</td></tr>
<tr><td>HTD(斗)</td><td>轨道式斗铺混凝土摊铺机</td></tr>
<tr><td>HTL(螺)</td><td>轨道式螺旋混凝土摊铺机</td></tr>
<tr><td>HTU(刮)</td><td>轨道式刮板混凝土摊铺机</td></tr>
<tr><td>滑模式</td><td>HTH(滑)</td><td>滑模式混凝土泵摊铺机</td></tr>
</table>

8.2.6 压路机

1. 静作用光轮压路机

(1)用途

静作用光轮压路机是借助自身质量对被压材料实现压实。它可以对路基、路面和其他各类工程的地基进行压实。其工作过程是沿工作面前进与后退进行反复地滚动，使被压实材料达到足够的承载力和平整的表面。

(2)分类

根据滚轮及轮轴数目，自行式光轮压路机可分为二轮二轴式、三轮二轴式和三轮三轴式三种，如图8-7所示。

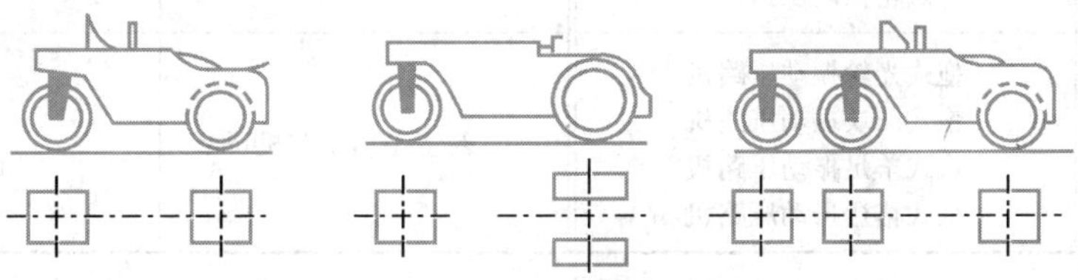

a)　　b)　　c)

图8-7　压路机按滚轮数和轴数分类

a)二轮二轴式；b)三轮二轴式；c)三轮三轴式

根据整机质量静作用光轮压路机又可分为轻型、中型和重型三种。轻型的质量为5～8t，多为二轮二轴式；中型的质量为8～10t，包括二轮二轴和三轮二轴式两种；质量在10～15t、18～20t的为重型，有三轮二轴式和三轮三轴式两种。另外，还有质量在3～5t的二轮二轴式小型压路机，主要用于养护路面等。

2. 轮胎式压路机

(1)用途

轮胎式压路机是利用充气轮胎的特性对被压材料进行压实。它不但有垂直压实力，还有沿机械行驶方向和沿机械横向都有压实作用的水平压实力。这些力的作用加上橡胶轮胎弹性所产生的“揉搓作用”，产生了极好的压实效果。橡胶轮胎柔曲并沿着轮廓压实，从而产生较好的压实表面和较好的密实性，尤其利于沥青混合料的压实。另外轮胎压路机还可通过增减配重、改变轮胎充气压力，适应压实各种材料。

(2)分类

轮胎式压路机分为拖式和自行式两种。拖式又分为单轴式和双轴式两种；单轴式轮胎压路机即所有轮胎都装在一根轴上，外形尺寸小，机动灵活，用于较狭窄工作面的压实工作；双轴式的所有轮胎分别装在前后两根轴上，多适用于重型和超重型机型，现在应用较少。

3. 振动压路机

(1)用途

振动压路机用来压实各种土壤（多为非蒙古性）、碎石料、各种沥青混凝土等，是筑路施工中不可缺少的压实设备。

(2)分类和表示方法

振动压路机可按照结构质量、结构形式、传动方式、行驶方式、振动轮数、振动激励方式等进行分类。

①按机器结构质量可分为轻型、小型、中型、重型和超重型。

②按振动轮数量可分为单轮振动、双轮振动和多轮振动。

③按驱动轮数量可分为单轮驱动、双轮驱动和全轮驱动。

④按传动系统传动方式可分为机械传动、液力机械传动和全液压传动。

⑤按行驶方式可分为自行式、拖式和手扶式。

⑥按振动轮外部结构可分为光轮、凸块(羊脚碾)和橡胶滚轮。

⑦按振动轮内部结构可分为振动、振荡和垂直振动,其中振动又可分为单频单幅、单频双幅、单频多幅、多频多幅和无级调频调幅。

⑧按振动激励方式可分为垂直振动激励、水平振动激励和复合激励,垂直振动激励又可分为定向激励和非定向激励。

振动压路机结构形式的分类,见表8-9。拖式振动压路机规格系列,见表8-10。振动压路机结构质量分类,见表8-11。

振动压路机结构形式分类　　表8-9

结构形式	实例	结构形式	实例
自行式振动压路机	轮胎驱动光轮振动压路机 轮胎驱动凸块振动压路机 钢轮轮胎组合振动压路机 两轮串联振动压路机 两轮并联振动压路机 四轮振动压路机	手扶式振动压路机	手扶式单轮振动压路机 手扶式双轮整体式振动压路机 手扶式双轮铰接式振动压路机
拖式振动压路机	拖式光轮振动压路机 拖式凸块振动压路机 拖式羊足振动压路机 拖式格栅振动压路机	新型振动压路机	振荡压路机 垂直振动压路机

拖式振动压路机规格系列　　表8-10

名称		基本参数与尺寸											
		轻型		中型			重型			超重型			
工作质量(t)		2	4	5	6	8	10	12	14	16	18	22	25
振动轮	直径(mm)	700~1300		1300~1600			1600~2000			≥2000			
	宽度(mm)	1300~1700		1700~2000			2000~2300			≥2300			
振动参数	振动频率(Hz)	20~50											
	激振力(kN)	60~400											
	理论振幅(mm)	0.8~3.5											
工作速度(km/h)		2~5											

振动压路机结构质量分类　　表8-11

类型	结构质量(t)	发动机功率(kW)	适用范围
轻型	<1	<10	用于狭窄地带和小型工程
小型	1~4	1~34	用于修补工作、槽内填土等
中型	5~8	40~65	用于基层、底基层和面层
重型	10~14	78~110	用于公路、机场等
超重型	16~25	120~188	用于公路、土坝等

8.3 桩工机械

8.3.1 柴油打桩机

柴油打桩机由柴油桩锤和打桩架组成。柴油桩锤的主要工作参数是冲击部分质量 W、行程 H、一次冲击最大能量 E 和每分钟冲击次数 n。一般采用履带式打桩机,其在履带式底盘的基础上设计而成。该机桩架立柱是由两个斜撑和下部托架支撑，优点是稳定性好，承受横向载荷的能力大。由于斜撑是伸缩式的（用液压油缸调节），所以立柱可以倾斜，以适应打斜桩的需要。

打桩时桩锤的冲击力通过桩帽传给桩。桩锤装在打桩架的立柱上。由起升机构提升和启动。桩锤启动后，起升机构松放，桩锤沿立柱将桩打入地下。柴油桩锤是柴油打桩机的主要部件，按构造不同分为导杆式和筒式两种。导杆式构造简单，造价低，但打击效率不高；筒式柴油锤是目前广泛采用的打桩设备，现已制定了柴油锤的系列标准。现在世界上最大型的柴油锤冲击部分重达15t，打入的单桩承载力可达10kN以上。

8.3.2 振动沉拔桩机

振动沉拔桩机由振动桩锤和通用桩架或通用起重机械组成。振动桩锤系利用机械振动法使桩沉入或拔出，按作用原理分为振动式和振动冲击式；按动力装置与振动器连接分为刚性式和柔性式；按振动频率分为低、中、高和超高频等。

由于振动桩锤是靠减小桩与土壤间摩擦力达到沉桩目的，所以在桩和土壤间摩擦力减小的情况下，可以用稍大于桩和锤重的力即可将桩拔起。因此振动桩锤不仅适合于沉桩，而且也适合于拔桩。沉桩、拔桩的效率都很高，故称这种桩机为振动沉拔桩机。

振动桩锤一般为电力驱动，因此必须有电源，且需要较大的容量。振动桩锤的优点是工作时不损伤桩头，噪声小不排出任何有害气体；使用方便，可不用设置导向桩架，用普通起重机吊装即可工作；不仅能施工预制桩，而且也适合施工灌注桩，所以应用广泛。

8.3.3 冲击钻机

冲击式钻机是钢筋混凝土灌注桩基础施工的一种重要钻孔机械（图8-8），它能适应各种不同地质情况，特别是卵石层中钻孔，冲击式钻机较其他形式钻机适应性强。同时用冲击式钻机造孔后，孔壁四周形成一层密实的土层，对稳定孔壁，提高桩基承载能力，均有一定作用。

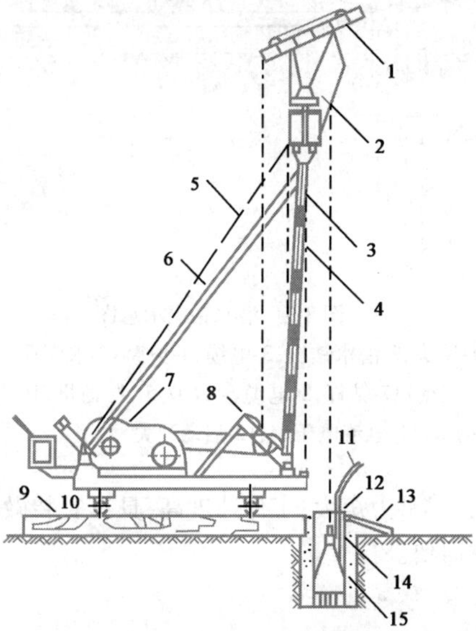

图8-8　冲击钻机示意图

1-副滑轮；2-主滑轮；3-主杆；4-前拉索；5-后拉索；6-斜撑；7-双滚筒卷扬机；8-导向轮；9-垫木；10-钢管；11-供浆管；12-溢流口；13-泥浆流槽；14-护筒回填土；15-冲击钻头

目前常用的冲击钻机有CZ系列（表8-12），其所有部件装在拖车上，包括电动机、传动机、卷扬机和桅杆等，整体牵引。冲机钻孔是利用钻机的曲柄连杆机构，将动力的回转运动改变为往复运动，通过钢丝绳带动冲锤上下运动。通过冲锤自由下落的冲击作用，将卵石或岩石破碎，钻渣随泥浆排出，或用掏渣筒排出。由于冲击式钻机的钻进是将岩石破碎成粉粒状钻渣，功率消耗很大，钻进效率很低。因此，除在卵石层钻孔时采用外，其他地层中已被其他形式的钻机所取代。冲锤有各种形状，但它们的冲刃大多是十字形。

CZ型冲击钻机主要技术性能　　表8-12

型号	钻孔直径（m）	钻孔深度（m）	冲击次数（次/min）	提吊力（kN）	主机重（t）	钻机重（t）	外形尺寸（m）
CZ-22	0.6	300	40～50	20	7.5	1.3	8.6×2.3×2.3
CZ-30	1.3	500	40～50	30	13.67	2.5	10×2.7×3.5

8.3.4 回旋钻机

回转钻机是由动力装置带动钻机回转装置转动，再由其带动带有钻头的钻杆移动，由钻头切削岩土。根据泥浆循环方式的不同，分为正循环回旋钻机和反循环回转钻机。正循环回旋钻机成孔的工艺由空心钻杆内部通入泥浆或高压水，从钻杆底部喷出，携带钻下的土渣沿孔壁向上流动，由孔口将土渣带出流入泥浆池。反循环回旋钻机成孔的泥浆带渣流动的方向与正循环回转机成孔的情形相反。反循环工艺的泥浆上流的速度较高，能携带较大的土渣。

8.3.5 潜水钻机

潜水钻机是一种旋转式钻孔机械，其动力、变速机构和钻头连在一起，可以下放至孔中的地下水中成孔

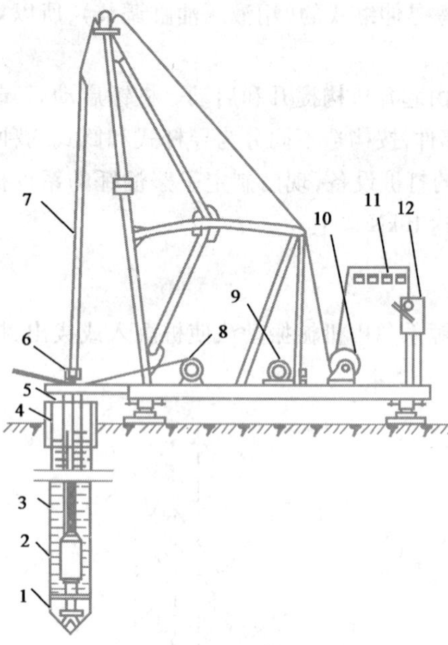

图 8-9 潜水钻机示意图

1-钻头;2-潜水钻机;3-电缆;4-护筒;5-水管;6-滚轮(支点);7-钻杆;8-电缆盘;9-0.5t 卷扬机;10-1t 卷扬机;11-电流电压表;12-启动开关

(图 8-9),用正循环工艺将土渣排出孔外。潜水钻机成孔,亦需先埋设钢护筒,其他施工过程皆与回转钻机成孔相似。

8.4 起重机

8.4.1 塔式起重机

塔式起重机简称塔机或塔吊,建筑物的高度在 40m 以下时,一般采用行走式起重机,超过 40m 时,通常采用自升式或内爬式起重机。塔式起重机的起升高度一般为 40 ~ 60m,最高达 160m 以上;旋转半径大,一般为 20 ~ 30m,最大达 60m。塔式起重机的工作多为电力操纵,各种动作设有极限开关,故工作平稳,安全可靠。塔式起重机的基本参数系指直接影响塔式起重机的工作性能、结构设计、制造成本的各种参数,即起重力矩、起重量、工作幅度、起升高度、轨距和各种机构的工作速度等。

塔式起重机的类型较多,但其共同特点是在塔身上部装有起重臂形成"厂"形工作平面,且幅度可变,有较高的有效吊装高度及较大的工作空间,故在高的建筑施工中,它的幅度利用率比其他类型的起重机高。图 8-10 为塔式起重机和轮式起重机的幅度利用率比较。塔式起重机由于能靠近建筑物,其幅度利用率可达 80%,普通履带式、轮式起重机幅度利用率不超过 50%,而且随着建筑物高度的增加还要急剧减小。现代塔式起重机具有的特点是起升高度和工作幅度较大,起重力矩大;工作速度高,具有安装微动性能及良好的调速性能;要求装拆、运输方便迅速,以适应频繁转移工地的需要。

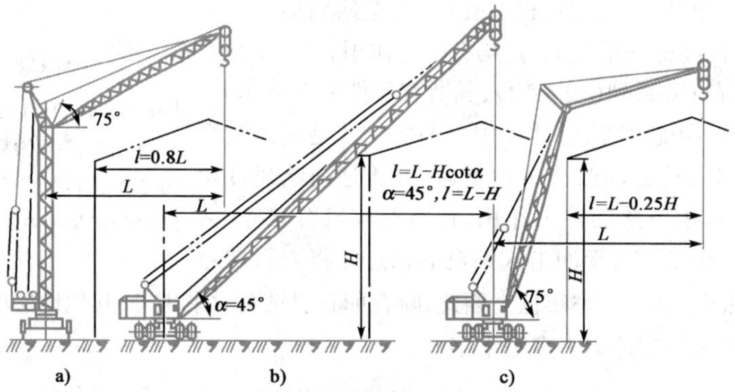

图 8-10 幅度利用率比较

a)塔式起重机;b)直线臂轮式起重机;c)带副臂轮式起重机

依据其结构与性能特点,可将塔式起重机分为两大类,一般塔式起重机与自升塔式起机。

1. 一般塔式起重机

(1)按回转方式分类

①上回转式塔式起重机的塔身不回转,而是利用通过支承装置安装在塔顶上的转塔回转。按回转支承构造形式,上回转部分的结构又可分为塔帽式、转柱式和转盘式三种。这种塔式起重机的优点是可回转 360°,且方向不受限制,塔身不回转,从而使塔身与下部门架连接简单,塔身的整体刚性好。缺点是整机重心较高,必须在塔身下部增加较大的压重。使重心下移,因平衡臂的影响,当建筑物高度超过塔身时,限制了起重机的回转。

②下回转式塔式起重机的起重臂和塔身一起回转,回转支承装置安装在塔身下部。小型的下回转式塔式起重机多采用整体拖运的方式,为减小拖运长度,常将塔身做成伸缩式,即将塔身分为上、下两部分,使上塔身装在下塔身内部,通过钢丝绳滑轮组实现自动伸缩。这种塔式起重机整机质量较轻,由于全部机构都布置在塔身下部的回转平台上,因而重心低、稳定性好,且便于维护;重物永远处于司机正前方,操作方便,操纵室位置较高,视野清晰。但

这种塔式起重机回转支承装置的结构较为复杂。

(2)按变幅方式分类

①动臂变幅式塔式起重机的起重臂与塔身相铰接,通过改变起重臂的俯、仰角度大小来变幅,因而在变幅的同时也改变了起升高度。这种塔式起重机的优点是起重臂为压杆式臂架,质量较轻,起重臂架能仰起,故可使起重机的起升高度增大。缺点是最小幅度较大,吊装构件就位操作比较复杂。

②小车变幅式塔式起重机是起重臂永远处于水平状态,通过位于起重臂上的起重小车往复行走而实现变幅。这种塔式起重机的优点是可以带载变幅,在吊装构件安装就位时非常方便,最小幅度小,变幅迅速安全,工作平稳可靠。缺点是重物使臂架受弯,起重臂自重大,结构比较复杂。

③综合变幅式塔式起重机的起重臂是可折叠式的铰接两用臂架(图 8-11),其上装有起重小车。必要时可将起重臂后一节铰接臂或整个起重臂俯、仰,以提高起升高度。这种塔式起重机的最大优点是能适应场地要求,当场地受限制时,可迅速改变起重臂回转半径。

(3)按行走装置分类

①轨道式塔式起重机是安装在地面轨道上,最大特点是可以沿轨道带载行走。

②轮式塔式起重机是一种采用轮式底盘的移动式塔式起重机,工作时要打支腿。

③履带式塔式起重机是采用装有行走机构的履带底架的移动式塔式起重机。

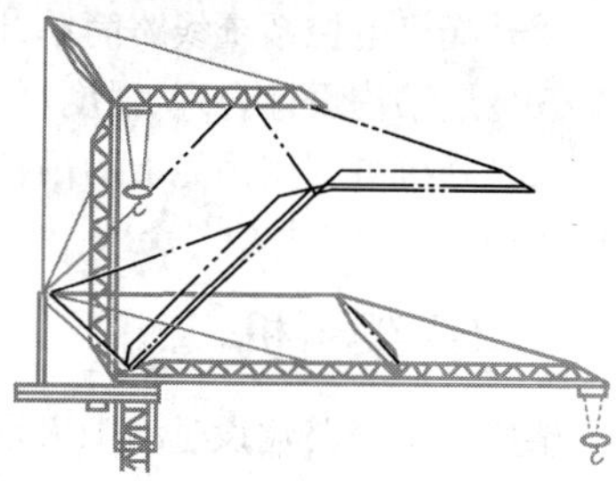

图 8-11　综合变幅式塔式起重机

2. 自升式塔式起重机

(1)按塔身高度的变化方式分类

①塔身自升式塔式起重机。这种塔式起重机是通过加装标准节,以接高塔身的塔式起重机。其接高方式可采用液压顶升机构或机械升降机构。对于塔身固定在地面基础上的固定式起重机,为改善塔身的受力,在塔身全高的适当位置处,以一定的间隔与建筑物相锚固,故又称为外部附着式塔式起重机。

②爬升式塔式起重机。这种塔式起重机的塔身高度一定,底架通过伸缩支座支承在建筑物上,塔身可随建筑物升高而升高,故又称内爬式塔式起重机。

(2)按起重量大小分类。

①轻型塔式起重机起重量为 0.5 ~ 3t,如 QT-2 型塔式起重机。

②中型塔式起重机起重量为 3 ~ 15t,如 QTl-6 型、QT-60/80 型塔式起重机。

③重型塔式起重机起重量为 20 ~ 40t,如 QT-25 型塔式起重机。

8.4.2　汽车式起重机

汽车起重机是安装在标准式或特制汽车底盘上的起重设备。底盘以上回转部分称为上车部分,底盘称为下车部分。驾驶室有两个,即除汽车原有的驾驶室外,在回转平台上另设一操纵作业的驾驶室。大型汽车起重机(>40t)一般在其上、下车部分有各自的发动机,上车发动机供起重作业使用,下车发动机供行驶使用。而中、小型汽车式起重机上、下车共用一台发动机。常用的汽车起重机有 Q1 型(机械传动和操纵)、Q2 型或 QY 型(全液压传动和伸缩起重臂)、Q3 型(直流电机分别驱动)。

汽车起重机一般采用液压传动。液压传动式由发动机带动高压油泵,驱动液压马达和油缸完成起升、变幅、回转以及起重臂伸缩、支腿收放等动作。液压传动其动作灵活,操纵轻便平稳,使用安全、省时、省力,为当前汽车起重机所普遍采用。

8.4.3　施工升降机

施工升降机亦称施工电梯,是利用平台、料斗、吊笼等沿着垂直或微倾的导轨架提升物料和人员的起重机械。这类起重机械其重物沿着导轨升降,在大型桥梁、井下等施工中为不可缺少的运输设备。

1. 类型

施工升降机根据动力传递形式的不同,可分为三种。即钢丝绳式(SS 系列)、齿轮齿条式(SC 系列)和混合式(SH 系列)升降机。SC 系列与 SS 系列相比较,前者可靠性好,可以客货两用,消耗钢材少,但是成本较高;后者安全性差,只能用于货运。齿轮齿条式施工升降机是近年来发展很快并被广泛应用的升降机,也是今后发展的趋势。

按导轨架的结构可分为单柱和双柱两种。一般情况下,齿轮齿条式施工升降机多采用单柱式导轨架,而且采取上接节方式。齿轮齿条式施工升降机按其吊笼数又分为单笼和双笼两种,单导轨架双吊笼的施工升降机,在导轨架的两侧各装一个吊笼,每个吊笼各有自己的驱动装置,并可独立上下移动,从而提高了运送客货的能力。

近年成功研制的倾斜和双曲线形导轨的施工升降机,如 SCQ150/150 型,已在建造上海杨浦大桥 215m 的高塔施工中投入使用。

2. 特点

①传动系统一般采用双电机驱动形式,使齿轮齿条受力均匀,运行安全平稳。

②为保证升降机安全运行,电路中设置了过载断绳、短路、超速等安全开关,当运行中发生上述情况时,升降机立即自动停车,避免发生意外事故。

③每台吊笼均配备锥鼓限速器,这种安全装置能十分有效地防止吊笼坠落,确保升降机安全可靠地运行。

④升降机电控系统线路简单,便于操纵及维修保养且安全可靠。

⑤金属结构设计合理、强度可靠、质量轻。

⑥升降机可利用吊笼上的吊杆自行安装或拆卸导轨架,升降机的各部分均可方便地安装及拆卸,零部件也易于更换。

8.5 架桥机

架桥机是公路建设过程中大量桥梁施工不可缺少的施工设备。目前的公路架桥机虽说形式各异,但概括起来可以分为导梁式架桥设备与专用架桥机两类。

8.5.1 起重设备

桥梁架桥施工中常用的起重设备主要有桅杆式起重机、龙门架(图 8-12)、缆索吊装、浮吊(图 8-13)等。

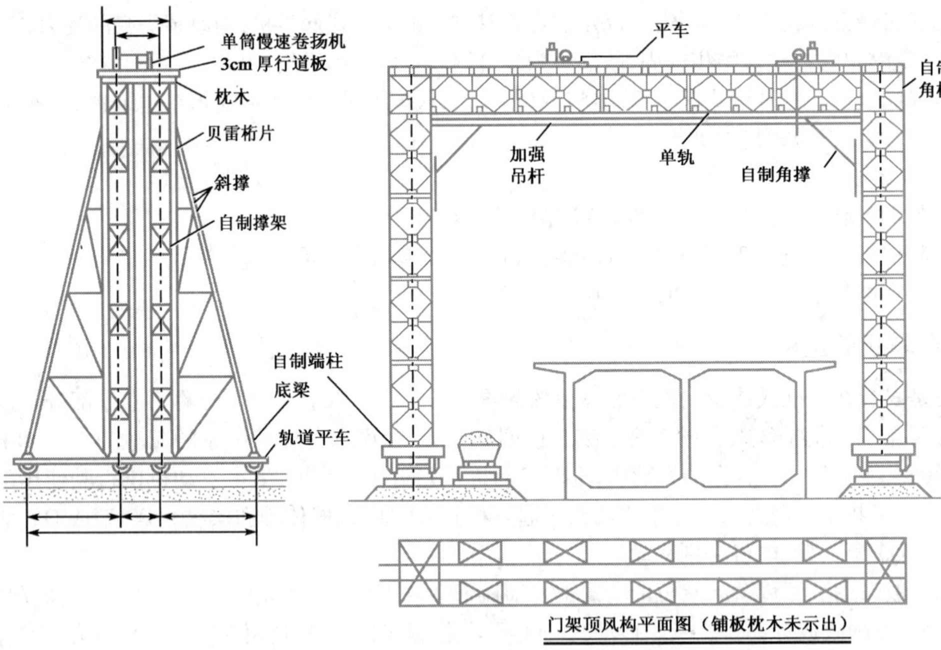

图 8-12 装配式钢桁架的龙门架起重设备

8.5.2 导梁式架桥设备

这类架桥设备是利用拼装成的导梁作为承重移动支架,再配置部分起重装置与移动机具来实现架梁。根据导梁结构组成的不同特征,该种设备又可分为以下两种类型。

1. 用万能杆件组装成的导梁式架桥设备

采用万能杆件组拼导梁,配置部分起重与移动机具构成导梁式架桥机,属于非定型的临时设备。其基本杆件轻,加工简单;采用高强螺栓连接,非弹性变形小;并能在叠层及加强弦杆后组拼承载能力较大的导梁,可适应较大跨度预制梁的架设,如图 8-14 所示。

图 8-13 厄勒海峡大桥建设中的天鹅号浮吊

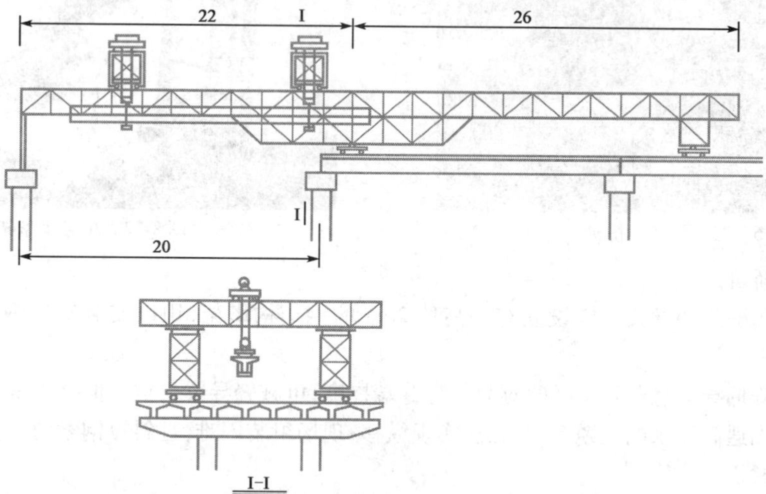

图 8-14 万能杆件组装成的架桥机(尺寸单位:m)

2. 用战备军用桁梁组装成的导梁式架桥设备

采现战备军用桁梁组拼成导梁,再配置起吊与移动装置构成导梁式架桥设备。由于这种设备的导梁采用重型结构单元拼装,导梁的承载能力大,适用于大跨度桥梁的架设,如图 8-15 所示。

8.5.3 专用架桥机

专用架桥机是在导梁式架桥设备基础上,通过对其结构与机构进行改善而发展起来的一种定型的桥梁专用施工机械。

1. 双导梁型架桥机

双导梁型架桥机主要用于架设公路预应力钢筋混凝土简支梁片,该机属于简支型,可架设 T 梁、箱梁和工字梁,既可架设直桥、斜桥,也可架设曲线桥。双导梁型架桥机按过孔方式,可分为步履式和轨行式两种。步履式采用跨步行进、鼻架引导过孔,无需在桥面上铺设纵移轨;轨行式则采用配重过孔,过孔时运梁车配合,并在桥面上铺设架桥机纵移轨道。

图 8-15 军用桁梁组装成导梁的架桥机

双导梁型架桥机采用三角桁架(或贝雷桁架)做主承重导梁,操作简单,安全可靠;采用铺设全断面横移轨道达到桥梁横移一次到位;整机各主要部位均采用拼装式,易于拆卸、运输、转移工地,便于技术改造。控制系统增加变频调速可实现动作微调,增加可编程序控制器后,可有效地互锁,限制架桥机在两个坐标方向同时动作,同时在三个坐标方向上都设有机械、电气限位装置,增加了作业的安全性能。概括起来,双向架设、拆装方便、安全可靠、自动化程度高、控制灵活、经济性好是装配式双导梁型架桥机的突出特点，因此它广泛适用于公路桥梁架设工程。

如图 8-16 所示，JSH 型双导梁型架桥机主要由三角桁架、拼装式纵导梁、横导梁及走行台车、吊梁行车、支腿等组成，构件间采用轴副连接，易于拆装、运输；与同类产品相比，安装便捷，经济实用。JSH 型双导梁型架桥机主要承力构件是三角桁架，用于跨度不大于 50m 的简支梁架设；可架设各种梁片，可全断面机械化移梁、落梁。

2. 单导梁型架桥机

单导梁型架桥机具有结构紧凑、利用系数较高、对曲线及斜交桥梁架设适应能力强，容易实现架设外边梁等特点，如图 8-17 所示。

图 8-16　双导梁型架桥机

图 8-17　单导梁型架桥机

3. 钢索斜拉式架桥机

该架桥机在中间支腿外的导梁上方设立有一高约 20m 的钢结构塔架，用以安装斜拉钢索以降低导梁悬臂挠度，如图 8-18 所示。

斜拉钢索有利于降低导梁悬臂状态时的应力与悬臂端挠度，可减轻导梁自重。但整机重心提高，横移时稳定性能差；在架设施工中，如遇高压供电线缆等物，无法实现纵移；现场组装困难，且斜拉钢索的预拉力难以控制调整。

4. 侧向取梁型架桥机

采用运输车辆将预制梁片从预制场运至桥墩侧边提升，当吊梁横向行走至梁位进行落梁，如图 8-19 所示。其主要优点是便于多点多机投入架梁施工；架梁作业程序简单效率高；吊梁横移时，导梁不动，并可与墩台连接，整机的稳定性能好。但整机自重大，利用系数偏低；纵移时采用放置在前方墩顶上的卷扬机拖拉，因而需配吊机予以辅助施工。

图 8-18　钢索斜拉式架桥机

图 8-19　侧向取梁型架桥机

8.6 隧道机械

8.6.1 凿岩机

1. 凿岩机工作原理

钻爆法掘进隧道时，首先在工作面岩壁上钻凿出许多直径 34 ~ 42mm、深度 1.5 ~ 2.5m 的炮眼，然后在炮眼内装入炸药进行爆破。凿岩机就是一种在岩壁上钻凿炮眼用的钻眼机械。凿岩机是按冲击破碎岩石的原理进行工作的，如图 8-20 所示。

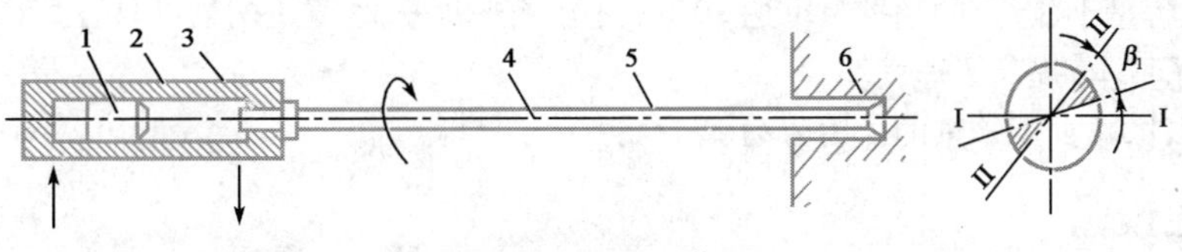

图 8-20　凿岩机的工作原理

1-活塞（冲击锤）；2-缸体；3-凿岩机；4-钎子；5-钎杆；6-钎头

凿岩机本身由冲击机构、转钎机构、除粉机构等组成。冲击机构是一个在缸体内作往复运动的活塞，在气压力或液压力的作用下，活塞不断冲击钎子的钎杆的尾端；每冲击一次，钎子的钎头上的钎刃凿入岩石一定深度，形成一道凹痕 I-I，凹痕处岩石被粉碎。活塞返回行程时，在凿岩机的转钎机构（图 8-20 中未表示）作用下，钎子回转一定角度 β_1，然后活塞再次冲击钎尾，又使钎刃在岩石上形成第二道凹痕 II-II。同时，相邻凹痕间的两块扇形面积的岩石被剪切下来。凿岩机以很高的频率（≥1800 次/min）使活塞不断冲击钎尾，并使钎子不断回转，这样就在岩石形成钻孔。随着钎子不断向前钻进，岩孔内的岩粉必需不断地及时清除，以防止钎头被卡住。为此凿岩机设有除粉机构，一般靠压力水经钎子中心孔进入孔底，将岩粉变成泥浆从岩孔排出，这样既能清除岩粉，又能冷却钎头。

2. 凿岩机的种类

凿岩机的种类很多，按所用动力可分为气动、电动、内燃和液压四类。气动凿岩机工作较可靠，但需要辅助压气设备。电动凿岩机应用普遍，但工作可靠性有待再提高。内燃凿岩机需要解决废气净化等问题。液压凿岩机的效率较高，是最有发展前途的凿岩机械。凿岩机按支承和推进方式可分为手持式、气腿式、伸缩式和导轨式。

8.6.2　凿岩台车

凿岩台车是将一台或数台高效能的凿岩机连同推进装置一起安装在钻臂导轨上，并配以行走机构，使凿岩作业实现机械化。和凿岩机相比，凿岩台车工效可以提高 2～4 倍，而且可以改善劳动条件，减轻工人的劳动强度。

凿岩台车按钻臂多少，可分为双臂、三臂和多臂式；按行走机构分为轨轮式、轮胎式和 履带式。凿岩台车的控制有液压控制、压气控制和液压和压气联合控制等三种。图 8-21 以 CTJ-3 型凿岩台车为例，说明凿岩台车的结构。

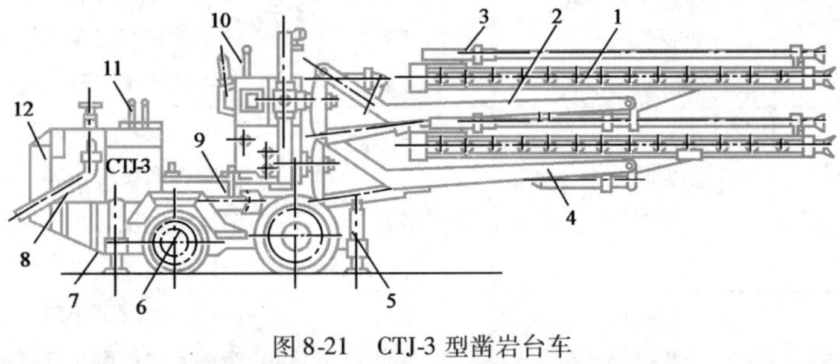

图 8-21　CTJ-3 型凿岩台车

1-推进器；2-侧支臂；3-YGZ-7 型凿岩机；4-中间支臂；5-前支撑液压缸；6-轮胎行走机构；7-后支撑液压缸；8-进风管；9-摆动机构；10-操纵台；11-司机座；12-配重

8.6.3　掘进机

随着隧道工作面机械化程度的提高，掘进速度大大加快，隧道掘进和工作面的准备工作也必须相应加快。只靠钻爆法掘进隧道已满足不了需要。采用掘进机法，使破碎岩石、装载 运输、喷雾灭尘等工序同时进行，是提高掘进速度的一项有效措施。

按照工作机构切割工作面的方式，掘进机可分为部分断面隧道掘进机和全断面隧道掘进机两大类。部分断面隧道掘进机主要用于软岩和中硬岩隧道的掘进，其工作机构一般是由一悬臂及安装在悬臂上的截割头所组成，工作时经过工作机构上下左右摆动，逐步完成全断面岩石的破碎。全断面隧道掘进机主要用于掘进坚硬岩石隧道，其工作机构沿整个工作面同时进行破碎岩石并连续推进。与钻爆法相比，掘进机法掘进隧道具有许多优点。

①用掘进机掘进隧道速度快、成本低，可以使掘进速度提高 1～1.5 倍，工作效率平均提高 1.2 倍，进尺成本降低 30%～50%。

②由于不需打眼放炮安全性好，围岩不易被破坏，既有利于隧道支护，又可减少冒顶等突发危险，大大提高了工作面的安全性。

③利用钻爆法工程量小，隧道的超挖量可达20%，利用掘进机法，隧道超挖量可只有5%，从而大大减少了支护作业的充填量，降低了成本，提高了速度。

④改善了劳动条件，减少了笨重的体力劳动。

8.7 混凝土设备

8.7.1 混凝土搅拌机

1. 用途

混凝土搅拌机是将水泥、砂、石和水等按一定的配合比，进行均匀拌和的工程机械。

2. 分类和表示方法

混凝土搅拌机的种类很多，各种搅拌机的分类如下。

①按搅拌原理分为自落式和强制式。

②按作业方式分为周期式和连续式。

③按搅拌筒的结构分为鼓筒形、双锥形、梨形、盘形和槽形等。

④按出料方式分为倾翻式和不倾翻式。

⑤按搅拌容量分为大型(出料容量1~3m^3)、中型(出料容量0.3~0.5m^3)、小型(出料容量0.05~0.25m^3)。

常用搅拌机的机型分类及代号，见表8-13，它主要由机型代号和主要参数组成。如JZ350，即表示出料容量为0.35m^3(350L)的锥形反转出料的自落式搅拌机。如JZC200型锥形反转出料式搅拌机，如图8-22所示。

搅拌机型号分类及表示方法　　表8-13

机类	机型	特性	代号	代号含义	主参要数
混凝土搅拌机 J(搅)	强制式 Q(强)	强制式	JQ	强制式搅拌机	搅拌容量 m^3
		单卧轴式(D)	JD	单卧轴强制式搅拌机	
		单卧轴液压式(Y)	JDY	单卧轴上料强制式搅拌机	
		双卧轴式(S)	JS	双卧轴上料强制式搅拌机	
		立轴涡桨式(WS)	JW	立轴涡桨强制式搅拌机	
		立轴行星式(X)	JX	立轴行星强制式搅拌机	
	锥形反转出料式 Z(锥)		JZ	锥形反转出料式搅拌机	搅拌容量 m^3
		齿圈(C)	JZC	齿圈锥形反转出料式搅拌机	
		摩擦(M)	JZM	摩擦锥形反转出料式搅拌机	
			JF	倾翻出料式锥形搅拌机	
	锥形倾翻出料式 F(翻)	齿圈(C)	JFC	齿圈锥形倾翻出料式搅拌机	搅拌容量 m^3
		摩擦(M)	JFM	摩擦锥形倾翻出料式搅拌机	

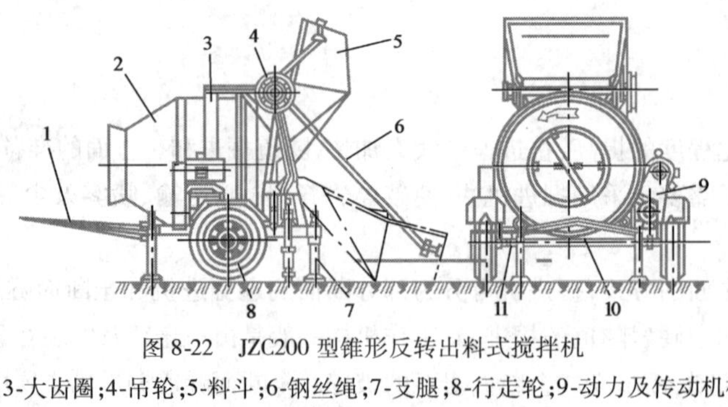

图8-22　JZC200型锥形反转出料式搅拌机

1-牵引杆;2-搅拌筒;3-大齿圈;4-吊轮;5-料斗;6-钢丝绳;7-支腿;8-行走轮;9-动力及传动机构;10-底盘;11-拖轮

3. 自落式混凝土搅拌机

自落式混凝土搅拌机的工作机构为筒体，沿筒内壁周围安装若干搅拌叶片。工作时筒体围绕其自身轴线回转，利用叶片对筒内物料进行分割、提升、洒落和冲击等作用，从而使配料的相互位置不断进行重新分布而获得拌和。

其搅拌强度不大、效率低，只适用于搅拌一般集料的塑性混凝土。

4. 强制式混凝土搅拌机

强制式搅拌机是水平或垂直设置在筒内的搅拌轴，转轴上安装搅拌叶片。工作时转轴带动叶片对筒内物料进行剪切、挤压和翻转推移的强制搅拌作用，使配合料在剧烈的相对运动中获得均匀拌和。其搅拌质量好、效率高，特别适用于搅拌干硬性混凝土和轻质骨料混凝土。

8.7.2 混凝土搅拌站

1. 用途

混凝土搅拌站(楼)是将水泥、集料、水、外加剂等物料按照混凝土配比要求进行计量，经搅拌机搅拌成合格混凝土的联合设备。其主要由物料储存系统、物料运送系统、计量系统、搅拌系统及控制系统等组成。混凝土搅拌设备的机械化、自动化程度高，由于普遍采用电子计量装置，严格按照设定的配合比投料，所以既能保证混凝土质量，又省料高效，常用于混凝土工程量大、施工周期长、工点集中的工程。为了控制环境污染和提高施工质量，目前大力发展包括混凝土搅拌站、混凝土输送车的商品混凝土生产模式，实现搅拌、输送、浇筑机械的联合作业。

2. 分类和表示方法

搅拌站按工艺过程可分为单阶式和双阶式两类。

①单阶式是将砂、石、水泥等材料一次提升到搅拌站最高层的储料斗，然后配料称量直到搅拌成混凝土，均借物料自重下落而形成的垂直生产工艺体系，工艺流程如图 8-23a)所示。

②双阶式是将砂、石、水泥等材料分两次提升，第一次将材料提升至储料斗，经配料称量后，第二次再将材料提升并卸入搅拌机，其工艺流程如图 8-23b)所示。

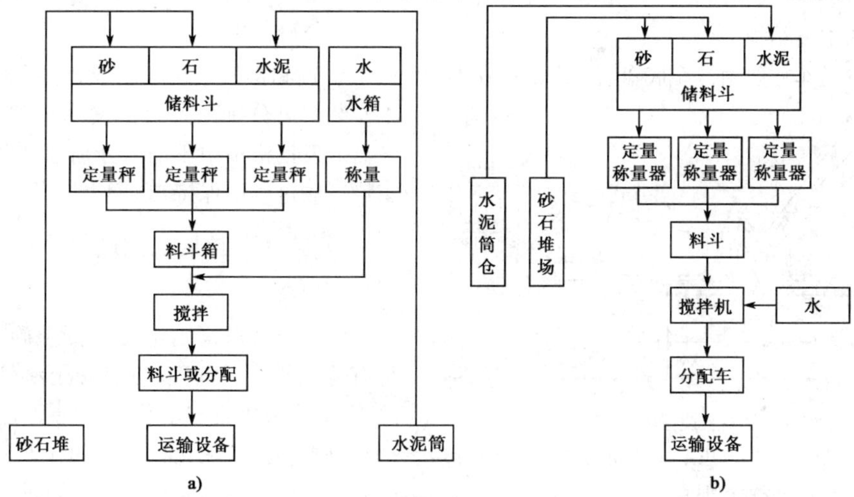

图 8-23 搅拌站工艺形式

a) 单阶式；b) 双阶式

大型搅拌站按搅拌机平面布置的形式不同，可分为巢式和直线式两种。巢式是数台搅拌机环绕着一个共同的装料和出料中心布置，其特点是数台搅拌机共用一套称量装置，但一次只能搅拌一个品种的混凝土。直线式是指数台搅拌机排列成一列或两列，此种布置形式的每台搅拌机均需配备称量装置，但能同时搅拌几个品种的混凝土。

8.7.3 混凝土搅拌运输车

1. 用途

混凝土搅拌输送车是一种远距离输送混凝土的专用车辆。实际上是在汽车底盘上安装一套搅拌、卸料设备。它的特点是在输送量大、远距离的情况下，能保证混凝土的均匀。一般是在混凝土制备点与浇筑点距离较远时使用。

2. 分类和表示方法

混凝土搅拌输送车可按以下几个方面分类。

①按搅拌装置传动形式可分为机械传动、全液压传动和机械—液压传动三种。

②按行驶底盘结构形式可分为自行式和拖挂式两种。自行式为采用普通载重汽车底盘;拖挂式为采用专用拖挂式底盘。

③按搅拌筒驱动形式可分为集中驱动和单独驱动两种。集中驱动为搅拌筒旋转与整车行驶共用一台发动机,它的特点是结构简单、紧凑、造价低廉;但因道路条件的变化将会引起搅拌筒转速的波动,影响混凝土拌和物的质量。单独驱动是单独为搅拌筒设置发动机,搅拌筒工作状态与底盘的行驶性能互不影响;但是其制造成本较高、装车质量较大,适用于大容量搅拌输送车。

④按搅拌容量大小可分为小型(搅拌容量为3m^3 以下)、中型(搅拌容量为3~8m^3)和大型(搅拌容量为8m^3 以上)三种。混凝土搅拌输送车型号和表示方法,见表8-14。

混凝土搅拌输送车型号分类及表示方法　　表8-14

类	组	型	代号	代号含义	主参数	
					名称	单位
混凝土机械	混凝土搅拌输送车 J(搅)C(车)	飞轮取力	JC	集中驱动的飞轮取力搅拌输送车	搅拌输送容量	m^3
		前端取力(Q)	JCQ	集中驱动的前端取力搅拌输送车		
		单独驱动(D)	JCD	单独驱动的搅拌输送车		
		前端卸料(L)	JCL	前端卸料搅拌输送车		
		附带臂架和混凝土泵(B)	JCB	附带混凝土泵的搅拌输送车		
		附带带式输送机(P)	JCP	附带皮带输送机的搅拌输送车		
		附带自行上料装置(z)	JCZ	附带上料装置的搅拌输送车		
		附带搅拌筒倾翻机构(F)	JCF	附带倾翻机构的搅拌输送车		

3. 拌输送车的主要结构

混凝土搅拌输送车一般由汽车底盘、传动系统、搅拌筒、供水装置和操纵系统等组成,如图8-24所示。底盘和工作装置可分别由各自的发动机独立驱动,也可以由底盘的发动机集中驱动。分别独立驱动可使搅拌筒在车辆行驶过程中保持转速不变。

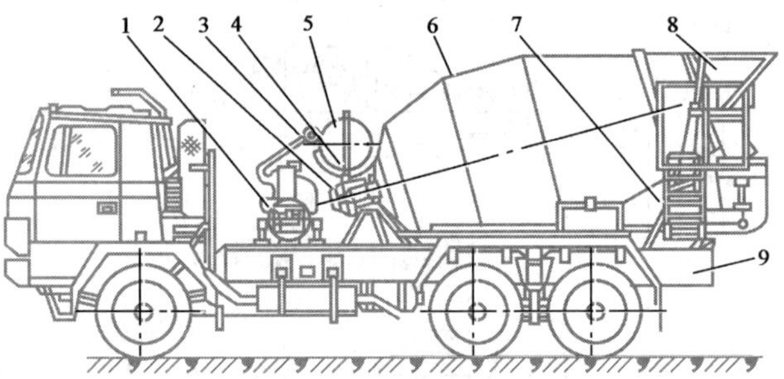

图8-24　混凝土搅拌输送车

1-泵连接组件;2-减速机总成;3-液压系统;4-机架;5-供水系统;6-搅拌筒;7-操纵系统;8-进出料装置;9-底盘车

8.7.4　混凝土输送泵

1. 用途

混凝土输送泵是水泥混凝土施工中常用设备,它配有特殊的管道,可以将混凝土沿管道连续输送到浇筑现场,完成垂直与水平方向混凝土的输送,其具有效率高、质量好、机械化程度高和作业时不受现场条件限制并可减少环境污染等特点。目前广泛应用在大型混凝土基础、水下混凝土浇灌、隧道内混凝土浇筑及桥梁高墩混凝土浇筑工程中。混凝土泵是一种有效而经济的输送机械,但由于泵送混凝土最大集料粒径不得超过100mm,混凝土坍落度也不宜小于5cm,这些条件限制了其使用范围。

2. 分类和表示方法

混凝土泵可按以下几个方面分类。

①按构造和工作原理可分为活塞式、挤压式和风动式。其中活塞式混凝土泵又因传动方式不同而分为机械式和液压式两类。

②按其驱动方式可分为电动机驱动和柴油机驱动。

③按其理论输送量可分为小型($<30m^3/h$)、中型($30\sim80\ m^3/h$)、大型($>80\ m^3/h$)。

④按其分配阀形式可分为管形阀、闸板阀和转阀。

⑤按移动方式可分为固定式、拖挂式和车载式。固定式混凝土泵安装在固定机座上,多由电动机驱动,适用于工程量大、移动少的场合。拖挂式混凝土泵安装在可以拖行的台车上。车载式混凝土泵安装在机动车辆底盘上,又称为混凝土泵车。

混凝土输送泵的代号表示方法,见表8-15。

混凝土输送泵的代号表示方法 表 8-15

<table>
<tr><th rowspan="2">类</th><th rowspan="2">组</th><th rowspan="2">型</th><th rowspan="2">代号</th><th rowspan="2">代号含义</th><th colspan="2">主要参数</th></tr>
<tr><th>名称</th><th>单位</th></tr>
<tr><td rowspan="3">混凝土机械</td><td rowspan="3">混凝土输送泵
H(混)B(泵)</td><td>固定式(G)</td><td>HBG</td><td>固定式混凝土泵</td><td rowspan="3">输送容量</td><td rowspan="3">m³/h</td></tr>
<tr><td>拖挂式(T)</td><td>HBT</td><td>拖挂式混凝土泵</td></tr>
<tr><td>车载式(C)</td><td>HBC</td><td>车载式混凝土泵</td></tr>
</table>

8.8 石料机械

破碎与筛分机械是加工生产各种规格碎石及砂料的机械设备。破碎与筛分的工作对象一般是各种硬度不同的石料,其抗压强度一般不超过 250MPa。筛分机械主要用于各种碎石料的分级,以及脱水、脱泥、脱介等作业。在公路石料生产中,筛分机械常与各种碎石机配套使用,组成联合碎石设备机组。

8.8.1 破碎机

破碎机是一种用来破碎石块的工程机械。破碎之前,必须将较大的石块事先破小,再放入破碎机,获得碎石。

1. 破碎方式及特点

破碎是一种使大块物料变成小块物料的过程。岩石是脆性材料,用机械力破碎石料,使大块分裂成若干小块。破碎岩石的方法,如图 8-25 所示。实际上,任何一种破碎机都是采用两种或两种以上的方法,联合起来破碎石块的。例如采用压碎和折断的二合一方法。

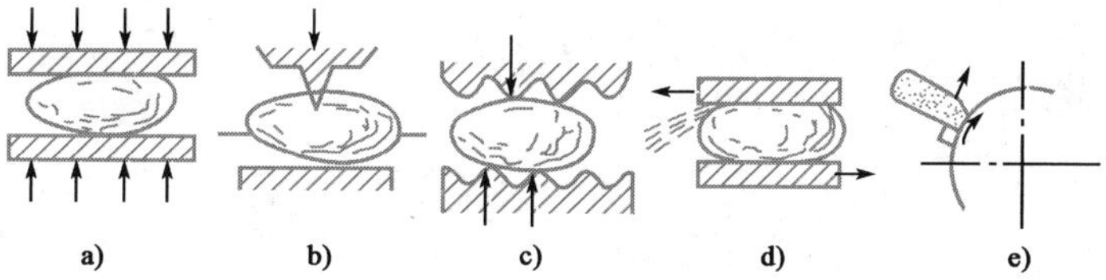

图 8-25 破碎岩石的方法

a)压碎;b)劈碎;c)折断;d)磨碎;e)冲击破碎

2. 破碎机分类及其特点

破碎机按工作原理和结构特征可分为颚式破碎机、旋回破碎机和圆锥破碎机、辊式破碎机、锤式破碎机 4 种形式。破碎机的主要形式,如图 8-26 所示。

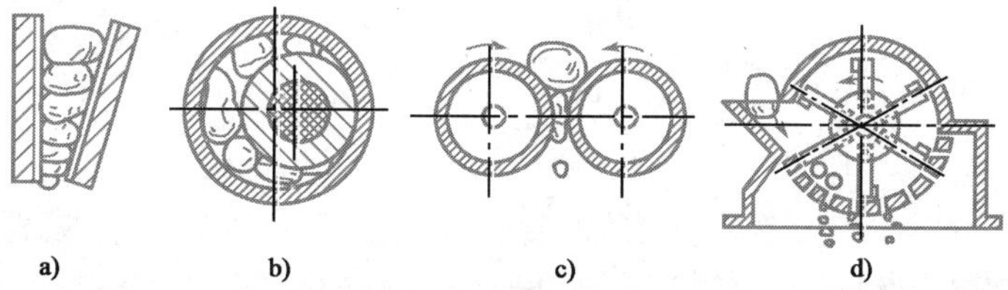

图 8-26 破碎机的主要形式

a)颚式破碎机;b)旋回破碎机和圆锥破碎机;c)辊式破碎机;d)锤式破碎机

①颚式破碎机工作部分由固定颚和可动颚组成,当可动颚周期性地靠近固定颚时,则借压碎作用将装于其间的岩石破碎。由于装在固定颚和可动颚板的表面具有波纹状牙齿,因此对岩石有劈碎和折断作用。

②旋回破碎和圆锥破碎机的破碎部件是由两个成圆锥体的不动外圆锥和可动内圆锥组成,内圆锥以一定的偏心半径绕外圆锥中心线作偏心运动,岩石在两锥体之间受压碎和折断而破碎。

③辊式破碎机是采用两个平行且相向转动的圆柱形辊子,使岩石受压碎或劈碎(其中一个圆柱形辊子上带有波纹状牙齿)。如果两个辊子的转速不同,对岩石有磨碎作用。

④锤式和冲击破碎机是利用机器上高速旋转的铁锤冲击作用和岩石本身以高速向固定不动的衬板上冲击而使岩石破碎。

8.8.2 筛分机

从采石场开采出来的或经过破碎的石料,是以各种大小不同的颗粒混合在一起的。在石料使用前,需要将其分成粒度不同的几个级别。石料通过筛面的筛孔分级称为筛分。筛分所用的机械称为筛分机械。选择筛分是一种常用方法，一般是在破碎作业之后进行，兼做除去杂质的作业，如石料的脱泥、脱水等。筛分方法的示意图，如图8-27所示。

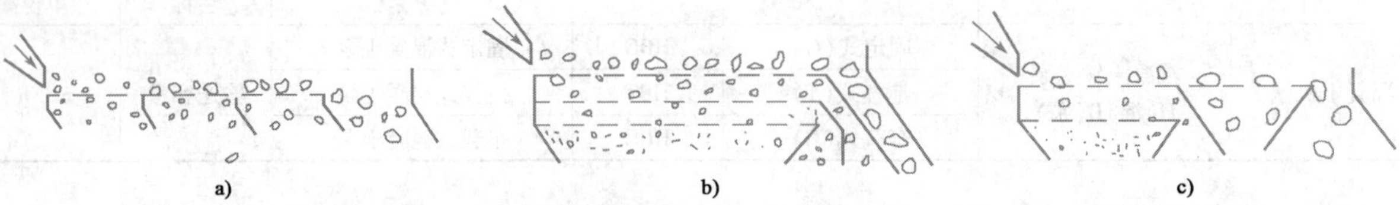

图8-27 筛分方法的示意图

a)由细到粗；b)由粗到细；c)混合筛分

①由细到粗筛分方法是将筛面并列排布，便于出料，并能减少细颗粒夹杂。但是采用这种筛分顺序时，机械的结构尺寸较大，并且由于所有物料都先通过细孔筛面，加快了细孔筛面的破损。

②由粗到细筛分方法是将筛面按粗细重叠，筛子结构紧凑，同时筛孔尺寸大的筛面布置在上面，不易磨损。其缺点是最细的颗粒必须穿过所有的筛面，增加了在粗级产品中夹杂细粒的可能。

③目前筛分工艺中，大都采用由粗到细的筛分顺序。在有些场合采用混合筛分顺序，这种筛分方法一般需要用两台筛分机。

实物量篇

第一章　工程实物量概念

实物量是国民经济统计概念的量。设计是把设计的对象量化，出据可供工程造价编制、工程施工的工程量，工程量是实物量的基础。

1.1 工程设计图纸

设计是为了建造工程实体，设计的产品是工程图纸。设计图纸能够反映建设标准和工程规模。专家指出“没有设计就不能施工；没有正确的勘测，就不能有正确的设计”。

1.1.1 工程设计的意义

人类通过劳动改造世界，创造文明，创造物质财富和精神财富，而最基础、最主要的创造活动是造物。设计便是造物活动进行预先的计划，可以把任何造物活动的计划技术和计划过程理解为设计。根据专家定义，设计是为构建有意义的秩序而付出的有意识的直觉上的努力，即在精通技术的基础上满足行业的要求和限制，把期望、需要、动机，转化为对产品的设计，使得产品的形式、内容和行为变得有用、能用，并且在经济和技术上可行。

21 世纪的公路工程设计将进化为信息化与多元化，外部设计与内部设计相结合，设计朝安全、和谐、环保方向展开。公路工程设计还将进入交互设计时代。交互设计又称互动设计。交互设计致力于了解目标用户和他们的期望，了解用户在同产品交互时彼此的行为，了解人的心理需求和行为特点，包括了解各种有效的交互方式，并对它们进行增强和扩充。交互设计师首先进行用户研究，以及作为潜在用户进行人造物的设计，并从有用性和可用性等因素多方面来评估设计质量。

1.1.2 工程图纸中内容

工程图纸用于表示建筑物的布置情况、外部形状、构造、施工要求等内容。工程图纸的广义解释为工程设计文件，包括工程设计的全部内容，如初步设计文件、技术设计文件、施工图设计文件、竣工文件等。公路工程设计文件中图纸的分类有布置图、结构图、钢筋图和设备图等，图纸中常见有图号、工程标题和会签栏、比例尺、定位轴线、尺寸标注、标高、指北针和文字说明等。

布置图：平面布置图表达构筑物在平面上的准确位置。立面布置图通过正面、平面、侧面（剖面）表达构造物的形状和高程位置。

结构图：构筑物是对主体建筑有辅助作用的，有一定功能性的结构建筑的统称，结构是构筑物主体构造部分，承担重力或外力作用。工程结构图是构筑物设计各组成部分的搭配和排列。公路工程有不同类别或相同类别的构筑物结构图纸，如桥梁、隧道和互通立交有各自不同的结构，如盖板涵、箱涵为相似结构。

钢筋图：钢筋可作为水泥混凝土构筑物中的骨架。分别有平面结构钢筋图、梁体结构钢筋图和框架结构钢筋图等。如水泥混凝土路面、桥面铺装等绘制平面结构钢筋图，如 T 形梁桥绘制梁体结构配筋图。

1.1.3 工程图纸的作用

工程设计图纸提供了工程实体工程量，即公路工程实物量。并规定了工程使用材料及强度等级，确定了材料的消耗量。

1. 工程设计图纸是审批工程项目的依据

工程设计是按照任务的目的和要求,预先作出工程方案和计划,绘出图样,组成工程设计图纸,是审批工程项目的依据。经过有组织的对工程设计图纸的技术审查和工程造价审查,由主管部门审批工程图纸后,才能进行建设项目施工。

2. 工程设计图纸是编制工程造价的依据

工程图纸是计算工程量和编制工程概算、预算和决算及审核工程造价的依据,工程图纸是工程的技术文件,经审批后具有法律效力。

3. 工程设计图纸是备料和施工的依据

设计图纸为施工提供了图样,以及为施工组织设计和施工方案提供了依据,建设项目施工是指工程按计划进行建造。

4. 工程设计图纸是检查和验收工程质量的依据

当工程竣工时,需要按照工程图纸的设计内容和要求,对工程的质量进行检查和验收,并以此评价工程质量的优劣。

1.2 工程实物量

国民经济是指一个国家或地区范围内和一定历史时期中整个社会经济活动的总和。国民经济核算包含两个层次,一是实物量核算,二是价值量核算。即产品产量是以实物单位来计量产品的数量。国民经济核算可区分为五个层次,即企业单位的经济核算、行业部门的经济核算、地区的经济核算、全国的经济核算、国际的经济核算。公路建设工程实物量统计,属于行业部门的经济核算和地区的经济核算。

1.2.1 实物量的概念

国民经济统计概念,通常使用三种计量方式,实物量、劳动量和价值量。实物量是以实物单位计量的产品产量,分为原始实物量和标准实物量。原始实物量是指各类产品按其自然物理量为单位的产量。实物量是在一定时期内生产的产品数量,是核算价值量的基础,它以自然计量单位或物理计量单位表示物质的数量。

公路工程实物量是按照设计要求完成的工程实体,由工程设计体现。公路工程设计图纸提供了工程实体的图样和尺寸,是计算工程实物量的依据。

1.2.2 实物量核算

所谓实物量核算,是在国民经济核算框架的基础上,运用实物单位建立不同层次的实物量账户,描述与经济活动对应的各类产生量等。在统计原始实物量时,应遵循以下基本原则:

①必须是本期生产的产品;即公路设计产品是在《公路工程技术标准》(2004—03—01 实施)以后设计的;

②必须符合规定的产品质量标准;即公路各项产品符合与之对应的公路工程设计、公路工程施工规范;

③必须严格按照产品目录的规定统计;既公路设计产品是按照《公路工程基本建设项目设计文件编制办法》(2007—10—01 实施)统一编目、统一格式设计的,按规定进行实物量统计。

1.2.3 价值量核算

产品的价值量是由社会必要劳动时间决定。价值决定价格,价格是价值的货币表现,价值是价格的基础。产品的价值量越大,价格越高;产品的价值量越小,价格越低。

价值量核算是建立在实物量核算的基础上。公路建设的工程造价编制应用实物量的概念进行价值量核算。即把建设项目分成若干施工工序,按照完成该项目所需的时间,配备劳动力、施工设备和配置材料消耗,在分析计算的基础上得到直接费费用,最后分摊间接费等的工程造价计算方法。

实物量法是针对每个工程的具体情况来编制工程造价,计算准确、合理。但需要编制人员有较高的业务水平和较丰富的经验,还要掌握翔实的基础资料和经验数据。在设计深度满足要求,施工方法详细具体、符合实际,资料较齐全的情况下,应用实物量法编制工程造价,既准确又有编制质量,便于施工期间与施工图预算的对照,主要体现在以下四个方面:

①能够以不同角度体现工程量的大小和工期的长短对工程价格的影响;

②能够体现施工条件的优劣对工程价格的影响;

③能够体现施工设备和特殊施工设备的使用对工程价格的影响;

④能够体现施工技术水平对工程价格的影响。

1.3 工程量计算

工程量多表现工程实物的具体量，是通过工程量计价规则计算得到，是实物量的一部分。而实物量多体现事物的概念和总量，是形象实体，属于国民经济统计范畴的数量概念，如2010年全国高速公路通车里程××km、桥梁和隧道建成××m等。

1.3.1 工程量概念

工程量是指一项工程的工作量，其有技术难度、工作强度等；工程量单位多以物理量度量单位表示。工程数量是工程的具体量，多以自然数为计量单位。

1.3.2 工程量计算方法

1. 工程量的主作用

正确计算工程量，其主要表现有以下几个方面的作用：

①工程计价以工程量为依据。因此，工程量计算的准确与否，直接影响工程造价的准确性和合理性。

②工程量是施工企业编制施工作业计划，合理安排施工进度，组织现场劳动力、材料以及机械的重要依据。

③工程量是施工企业编制工程形象进度统计报表，向工程建设投资方结算工程价款的重要依据。

自然数计量单位是以物体的自然属性来作为计量单位。如路灯控制箱、接线箱、套管以“个”为计量单位，盆式橡胶支座、钢绞线群锚以“套”为计量单位等。

物理计量单位是以物体的某种物理属性来作为计量单位。如水泥混凝土、预制构件以“m^3”为计量单位，中空注浆锚杆、塑料打孔波纹管、栏杆以“m”为计量单位等。

2. 计算工程量的依据

①工程设计图纸和配套的标准图集

施工图纸及配套的标准图集，是工程量计算的基础资料和基本依据。因为，施工图纸全面反映建筑物（或构筑物）的结构构造、各部位的尺寸及工程做法。

②工程量计价规则

根据工程内容的不同，计算工程量应选择相应的工程量计算规则。如编制施工图预算，应按预算定额及其工程量计算规则算量；如工程招标投标编制工程量清单，应按《公路工程标准施工招标文件》规定的工程量计算规则算量。

③施工组织设计或施工方案

施工图纸主要表现拟建工程的实体项目，分项工程的具体施工方法及措施应按施工组织设计或施工方案确定。如计算挖基础土方，施工方法是采用人工开挖，还是采用机械开挖，基坑周围是否需要放坡、预留工作面或做支撑防护等，应以施工组织设计或施工方案为计算依据。

3. 工程量计算基本方法

①物理量计算是根据工程设计图纸提供的构筑物尺寸，按工程量计价规则的规定进行的数学计算。

②导出量计算是指在计算物理量后，还应考虑外加一项或另一部分的工程量。如锚孔注浆工程量，计算锚孔物理量后，应另加一部分注浆渗透量。

③分步计算是指构筑物中有多个物理量。如水泥混凝土路面计价时，需要计算路面面积或体积及计算钢筋数量。

④多层次计算是指多个分项工程的物理量合计数，对应其上一级的分部工程量。

4. 工程量快速计算方法

工程量快速计算方法是在基本方法的基础上，熟悉工程图纸和工程量的计算特点和规律，总结的简便快捷的方法。其重点是充分掌握工程量图表内容、工程量计价方法和各种计算公式，以及熟练的计算技巧，从而达到快速和准确计算。

1.4 工程量指标

公路建设工程实物量在立项工可研究、工程设计和施工三个阶段都有表现。表明实物量单位特征标志的称为工程量指标，表明实物品质和价值特征标志的称为技术经济指标。后续章节将具体描述工程量指标的相关内容。

第二章　公路路基

公路路基设计的清除表土、平整场地等为场地清理工序；对于不良地质地基、特殊环境地基、特殊岩土路基等的设计为特殊路基处理。路基设计的开挖路堑和填筑路堤，属于路基工程的主体工程。

2.1　场地清理

耕植土、淤泥质土是经过千百年沉积而成，为稀少的天然有机物质，公路建设开挖路基前的清除表土工程，应将其集中堆放用于绿化耕种肥料。

2.1.1　伐树挖根除草

路基范围内的树木、灌木丛等应在施工前砍伐或移植，即完成伐树挖根除草施工。一般砍挖灌木林，每 1000m^2 范围工程数量 220 棵以下为稀，220 棵以上为密。表 2-1 中提供 1km 范围的伐树挖根工程量指标，伐树挖根 1000m^2 范围按工程数量 260 棵计算。

2.1.2　清除表土

路基范围内的地面表层含有机物残渣及 10～30cm 的腐殖土应予以清除，即完成清除表土施工；工程量一般按设计图计算。表 2-1 中提供挖除表土 30cm 厚、1km 范围的工程量指标；表中约定高速公路平均挖填高度为 4m，一级公路平均挖填高度为 3m，二级公路平均挖填高度为 2.5m。

2.1.3　平整场地

公路工程的平整场地一般是指施工场地和承包人驻地，包括挖填土石方平整和碾压，以及储料场、预制场、拌和场、场内道路等硬化。工程定额规定 1000m^2 含厚度 30cm 以内的开挖土石方找平及碾压工程量，30cm 以外的另计开挖或填筑土石方工程量。表 2-1 中提供了 1km 范围平整场地厚度为 30cm 以内的找平碾压工程量指标。平整场地的面积数量应为一部分临时用地征用数量。

当桥隧工程量占一定比例时，表中伐树、砍挖灌木丛、清除表土工程量应按相应比例减少；平整场地工程量应按相应比例增加。

伐树挖根除草及清除表土工程量指标

表 2-1

项目	单位	高速公路		一级公路	二级公路	备注
		33.5m 路基	26m 路基	24.5m 路基	12m 路基	
伐树	棵/km	11310	9360	8320	745	树径 >10cm
砍挖灌木丛	m^2/km	43500	36000	32000	18250	挖填路基全部为灌木林的情况
清除表土	m^3/km	13050	10800	9600	5480	挖填路基全部为腐殖土的情况
平整场地	m^2/km	1333	1066	960	490	厚度 30cm 以内的找平碾压
场地硬化		270	215	200	100	

2.2 零星工程

零星工程包括整修路拱、整修边坡、挖截水沟、挖土质台阶、填前压实和零星回填土方等工程内容。

2.2.1 挖台阶

当地表斜坡为 1:5 ~ 1:2.5 时，为保证路基的稳定，天然地基上应挖台阶，台阶宽度不应小于 2m；当基岩面覆盖层较薄，宜先清除覆盖层再挖台阶。挖土质台阶，见图 2-1，其工程量指标见表 2-2。土质台阶应用小型夯实机加以夯实。填筑应由最低一层台阶开始，分层夯实，然后逐台向上填筑。对于半挖半填路基，如挖方一侧在行车范围之内的宽度不足一个行车道宽度时，应挖够一个行车道宽度。

挖土质台阶工程量指标

表 2-2

项目	单位	地表斜坡坡率				备注
		1:2.5	1:3	1:4	1:5	
100m 坡长	m^3/延米	37.1	31.8	24.3	19.6	每延米是指 1m 路线长度
挖台阶高度	m	0.80	0.67	0.50	0.40	

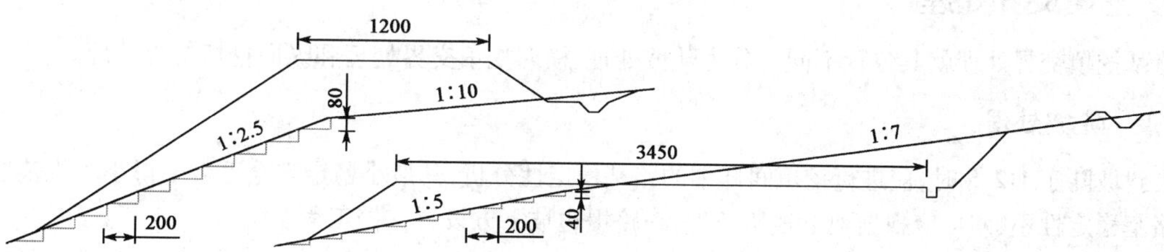

图 2-1　挖土质台阶（尺寸单位：cm）

2.2.2 零填路基

当填土高度在（路面结构层底面）0 ~ 0.8m 范围，称为零填路基（图 2-2），应按规范要求进行零填地基碾压，填料或表土必须按规范要求处理。当地基最小强度 CBR 满足规范要求且含水量适度时，可采取翻挖后压实处理；当地基为土质或软石时，可通过换填 CBR 满足规范要求的路基填料进行处理。处理后的压实度不得小于 96%，即应超挖并碾压基底，再回填。表 2-3 为零填及填前碾压路基工程量指标，表中约定超挖 30cm。当超挖厚度不同时可进行换算。

零填及填前碾压路基工程量指标（地基为土质或软石时）

表 2-3

项目		单位	高速公路		一级公路	二级公路	备注
			34.5m 路基	26m 路基	24.5m 路基	12m 路基	
100m 路基	超挖 30cm	m^3	1148	893	848	459	高速、一级公路路面厚 75cm，二级公路路面厚 60cm
	填方		3023	2343	2223	1187	
	填前碾压	m^2	3825	2975	2825	1530	

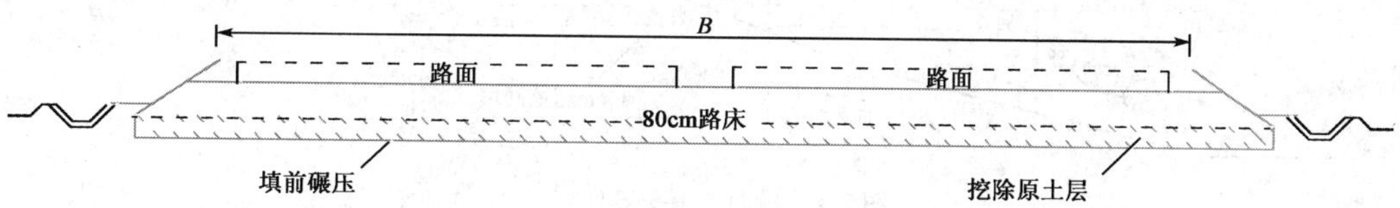

图 2-2　零填路基

2.2.3 土质路堑

当挖方路基路床强度指标 CBR 不符合要求或路床含水量过大达不到规定压实度时,必须按规范要求对路面结构层以下地基进行处理。即进行 80cm 厚度的开挖路槽、以及路槽碾压,100m 路基工程量指标见表 2-4。土质路堑见图 2-3。

土质路堑挖路槽、碾压工程量指标 表 2-4

项目		单位	高速公路		一级公路	二级公路	备注
			34.5m 路基	26m 路基	24.5m 路基	12m 路基	
100m 长路基	挖路槽	m^3	2760	2080	1960	960	
	路槽碾压	m^2	3450	2600	2450	1200	

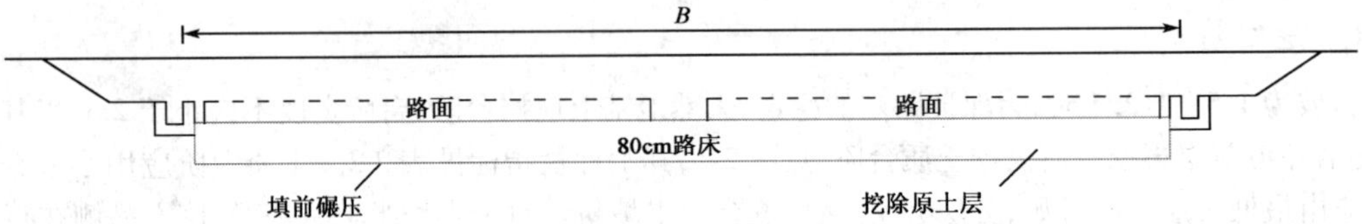

图 2-3 土质路堑

2.2.4 整修路基

整修路基包括整修路拱和整修边坡。整修路拱包括整平和按规定的坡度修整路拱,按路基宽度乘以路基长度计算工程量;整修边坡包括修整、铺平和拍实等,按公路公里计算工程量。

2.3 挖填交界处理

公路路基挖填交界处理就其位置不同可分为陡坡处理、横向挖填交界处理和纵向挖填交界处理。

2.3.1 陡坡处理

当地表斜坡陡于 1:2.5 时,应进行挖填间详细的路基稳定性分析,其最小稳定安全系数不得小于规范要求的规定值。当路基稳定性不够时,应根据地形地质条件,在路堤边坡下方设置支挡工程。

2.3.2 横向纵向挖填交界处理

当挖方区为土质时,应优先采用渗水性好的材料填筑,同时对挖方区路床 0.8m 范围内土体进行超挖回填碾压,并在挖填交界处路床范围内铺设土工格栅,横向挖填交界处理见图 2-4;当挖方区为坚硬岩石时,宜采用填石路堤。土工格栅规格为抗拉强度≥50kN/m。横向挖填交界处理工程量指标,见表 2-5。

横向挖填交界处理工程量指标 表 2-5

项目		单位	高速公路		一级公路	二级公路	备注
			33.5m 路基	26m 路基	24.5m 路基	12m 路基	
100 延米	土工格栅	m^2	4250	3500	3350	2100	以中桩为界计算工程量
	超挖回填	m^3	1340	1040	980	480	

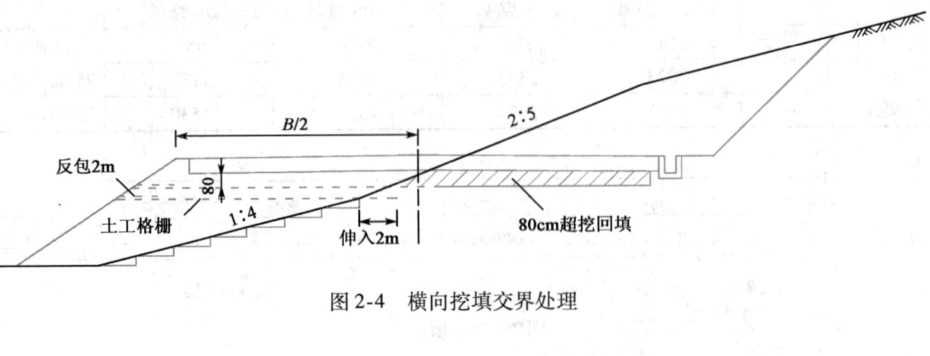

图 2-4 横向挖填交界处理

纵向挖填交界处应设置过渡段，土质地段过渡段宜采用级配较好的砾类土、砂类土、碎石填筑，岩质地段过渡段可采用填石路堤，见图2-5。纵向挖填交界处理工程量指标见表2-6。

纵向挖填交界处理工程量指标 表2-6

项目		单位	高速公路		一级公路	二级公路	备注
			33.5m路基	26m路基	24.5m路基	12m路基	
1处	土工格栅	m^2	737	572	539	121	
	渗沟	m	67	52	49	24	

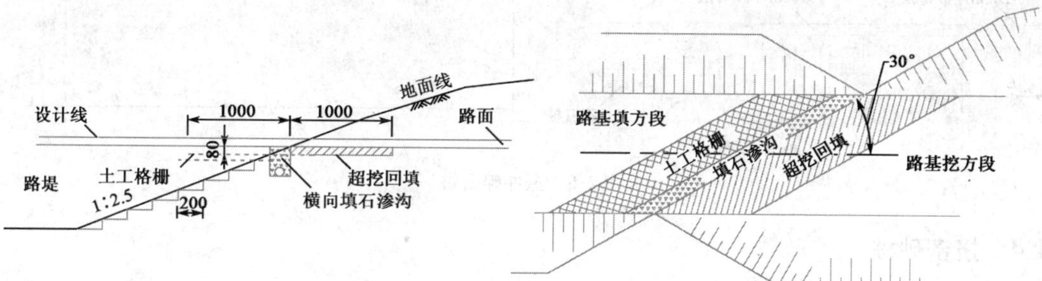

图2-5 纵向挖填交界处理

2.4 特殊路基处理

公路路基有可能是因开挖打破自然平衡，或者边坡过陡，或者地质承载力过低，而出现各种各样问题，因此除要按一般路基技术要求外，还要针对特殊问题进行研究，做出处理。高路堤、深路堑存在地质不良现象，是公路建设的控制性工程。

2.4.1 地基土换填

地基换填处理包括挖除非适用材料，即淤泥、高液限土等，回填置换渗水性好的材料填筑，如砾石土、砂砾、碎石等。地基土换填工程量指标，见表2-7。

地基土换填工程量指标 表2-7

项目	单位	挖除非适用材料	置换碎石、砂砾等	置换土方		备注
				普通土	硬土	
换填	m^3	100	100	116	109	

2.4.2 地基土掺灰

沿线开挖土方的土质不能达到要求时，在允许的情况下可以采取在开挖土中掺入一定比例的石灰或水泥的办法进行改良。其主要包括掺灰、翻拌、闷料等工序。路基填土掺灰工程量指标，见表2-8。

路基填土掺灰工程量指标 表2-8

项目		掺石灰5%		掺水泥3%		备注
		土方(m^3)	石灰(t)	土方(m^3)	水泥(t)	
$1000m^3$填方体积	普通土	1102	81.20	1125	48.72	压实方与天然方换算系数1.16
	硬土	1036	76.30	1057	45.78	压实方与天然方换算系数1.09

2.4.3 振冲碎石桩

用振冲法加固地基主要是通过在地基中形成密实桩体和挤密作用，与原地基构成复合地基，从而达到提高地基承载力、减少沉降和不均匀沉降的作用。图2-6为振冲碎石桩处理软土地基示意，桩径设计在40～100cm范围，可根据软土地基情况具体确定；桩距150～250cm，呈矩形、三角形布置。振冲碎石桩工程量指标，见表2-9。

振冲碎石桩工程量指标 表 2-9

项目		单位	桩直径(cm)				备注
			φ40	φ60	φ80	φ100	
100m² 处理面积	桩体积	m³	27.1	61.1	109	170	桩长 6m,桩距 1.8m、总桩长 216m
	碎石垫层		38.2	35.9	32.8	28.7	厚 40cm

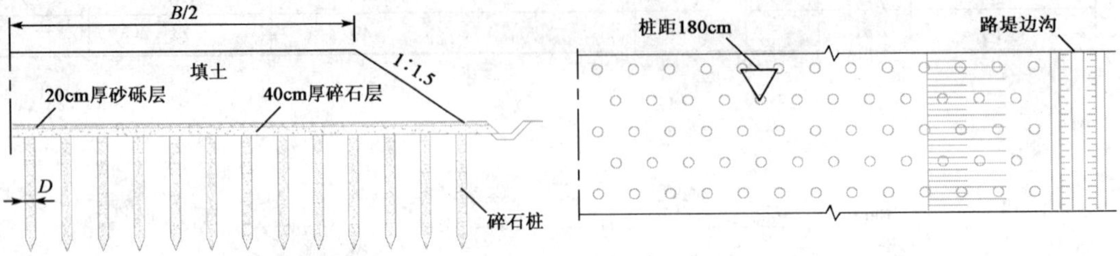

图 2-6 振冲碎石桩

2.4.4 挤密砂桩

挤密桩法是以冲击或振动的方法,将砂或碎石等粒料挤入软土地基内,形成直径较大的桩体,有置换作用和排水作用,可提高地基强度,并同原地基形成复合地基,达到加固的目的。挤密砂桩处理软土地基的桩径设计一般在 60 ~ 80cm 范围,可根据软土地基情况选用;处置深度一般不宜大于 15m。挤密砂桩工程量指标,见表 2-10。

挤密砂桩桩工程量指标 表 2-10

项目		单位	桩直径(cm)			备注
			φ60	φ70	φ80	
100m² 处理面积	桩体积	m³	81.4	111	145	桩长 8m,桩距 1.8m、总桩长 288m
	砂砾垫层		26.9	25.8	24.6	厚 30cm

2.4.5 堆载预压

堆载预压是采用填土(路基)的方法预压软弱地基,对饱和软土进行排水处理,经过一定的时间,如经过 6 个月的预压地基不断沉降,使其承载力提高并趋于稳定。图 2-7 中约定地基处理设计沉降量 800mm,堆载预压工程量指标见表 2-11。

堆载预压工程量指标 表 2-11

项目		单位	等载预压	超载预压	备注
1km 处治长度	堆载土方	万 m³	23.8	27.9	路基宽 26m、高 6m,预压面积 4.40 万 m²,超填量(厚度)= 卸载量(厚度)+ 沉降量
	卸载土方		0	4.14	
	砂砾垫层		4.70	5.00	厚度 1.0m,坡脚宽分别为 1.5m、3.0m

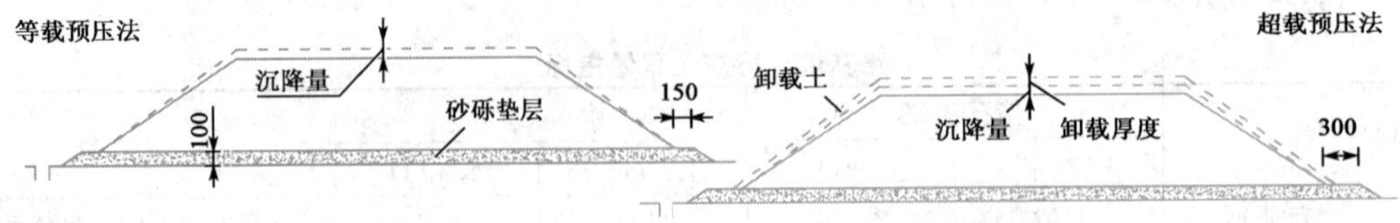

图 2-7 堆载预压

2.4.6 真空预压

真空预压是将不透气的薄膜铺设在需要加固的软土地基表面的砂垫层上,借助射流泵和埋设在垫层中的管道,将膜下土体间的空气抽出,形成真空,使土体排水而密实的软土地基处治方法。真空预压处理地基时,必须设置塑料排水板或砂井等竖向排水体,因为塑料排水板或砂井能将真空度从砂垫层中传至土体中,并将土体中的水通过其排至砂垫层然后排出。真空等载预压法示意图见"路基施工"章。约定地基处理设计沉降量 900mm,真空等载预压工程量指标见表2-12。

真空等载预压工程量指标　　表2-12

项目	堆载土方(万 m^3)	砂砾垫层(万 m^3)	备注
1km 处治长度	33.8	6.48	26m 宽路基、高8m,预压面积5.0万 m^2

2.4.7 支撑渗沟

图2-8为支撑渗沟坡面布置示意,其作用主要是用来支撑滑坡前缘潮湿土体,兼起引排土体中的浅层滞水、地下水作用。支撑渗沟(主干)的间距可视土质情况确定,一般在6~15m之间,基底应埋入滑动面以下稳定地层内0.5m。主干可根据边坡坡率设计成台阶形,台阶宽应不小于2m,并设置向内的2%~4%排水横坡。渗沟进水侧壁应设置砂砾反滤层,寒冷地区应注意采取防冻措施。支撑渗沟每延米工程量指标见表2-13,100m^2坡面支撑渗沟工程量指标见表2-14。支撑渗沟横断面见图2-9,支撑渗沟剖面见图2-10、图2-11。

支撑渗沟每延米工程量指标(单位:m^3)　　表2-13

项目	主干	支干	坡脚墙沟	平台沟	坡顶平台	截水沟	备注
砌片石	2.09	1.13	6.08	0.92	0.94	0.69	截水沟铺土工膜每延米7.2m
填片石	2.27	0.28	0.72	—	—	—	
砂砾反滤层	1.52	0.11	0.63	—	—	—	
回填土	0.38	0.31	—	—	—	1.37	

支撑渗沟工程量指标　　表2-14

项目		砌片石	填片石	填砂砾	回填土	土工膜	泄水管	备注
		m^3				m^2	m	
100m^2 坡面	8m	77.5	33.5	22.8	6.24	57.6	2.0	主干渗沟间距8、10、12m
	10m	72.6	27.9	19.1	5.40	72.0	2.4	
	12m	69.3	24.2	16.6	4.83	86.4	2.6	

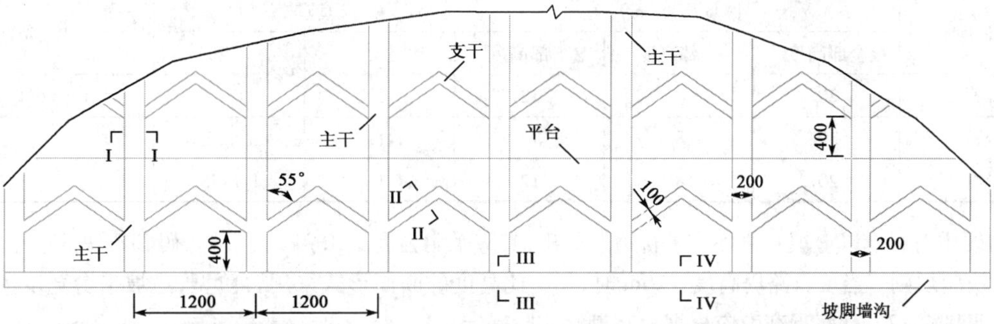

图2-8　支撑渗沟坡面布置

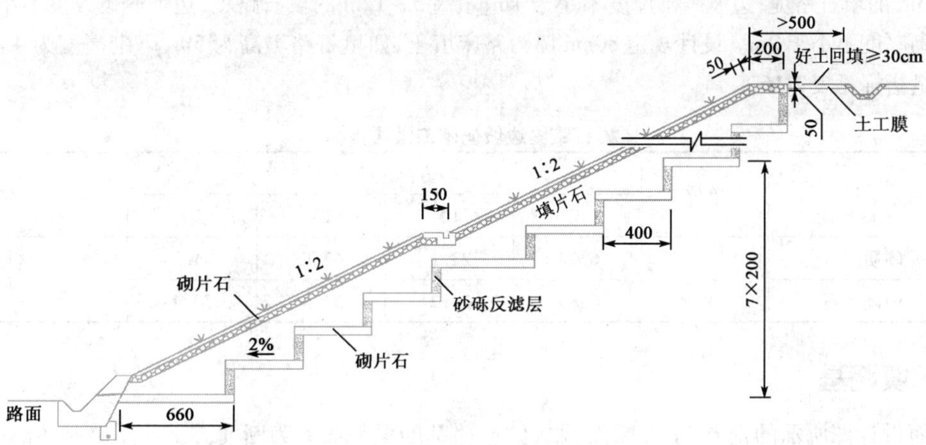

图2-9　支撑渗沟横断面

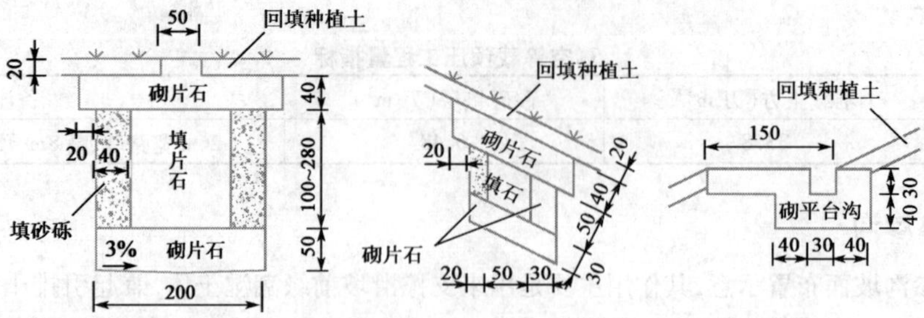

图 2-10　支撑渗沟 I、II 剖面

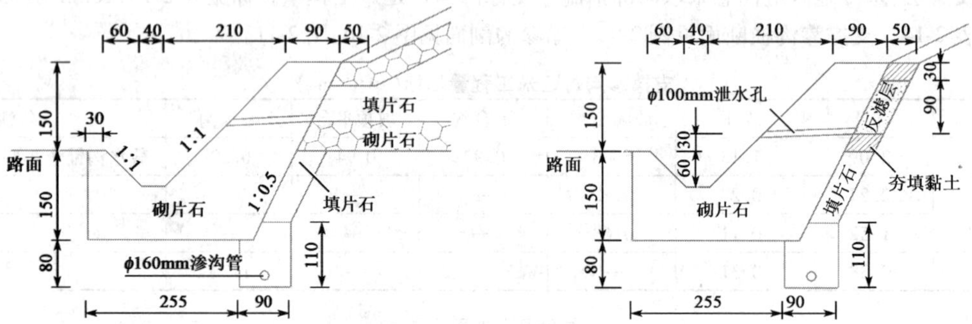

图 2-11　支撑渗沟 III、IV 剖面

2.4.8　填石路堤

填石路堤是指利用石质挖方路段的开挖石料和不易风化的石料填筑路堤。边坡坡率见表 2-15。

填石路堤高度及边坡坡率　　表 2-15

项目	路堤高度(m)			边坡坡率		备注
	全部高度	上部高度	下部高度	上部	下部	
硬质岩石	20	8	12	1:1.1	1:1.3	均应考虑地基承载力
中硬岩石	20	8	12	1:1.3	1:1.5	
软质岩石	20	8	12	1:1.5	1:1.75	

中硬和硬质石料及以上填石路堤应进行边坡码砌，其应采用强度 > 30MPa 的石料，码砌石块的最小尺寸不应小于 30cm，石块应规则。当填石路堤高度 > 20m 时，超出此高度的断面形式采用台阶型，边坡平台宽度为 1 ~ 3m，台阶高度 4m，见图 2-12。基底承载力应根据地基勘察实际确定。

填高小于 5m 的填石路堤，边坡码砌厚度不小于 1m；填高 5 ~ 12m 的填石路堤，边坡码砌厚度不小于 1.5m；12m 以上填高的码砌厚度不小于 2m。设计规定 80cm 厚为路床填土，如填石路堤高为 5m，码砌高度为 4.2m，填石路堤边坡码砌工程量指标见表 2-16。

填石路堤边坡码砌工程量指标　　表 2-16

项目		单位	填方高度 H(m)				每增高 4m
			5	10	15	20	
1 延米路基	硬质岩石	m^3	6.24	23.1	47.9	64.3	+18.2
	中硬岩石		6.89	25.2	52.3	70.4	

2.5　挖填路基

路基横断面设计图所示的挖方、填方断面，顺延 1m 路基的量一般称为断面方。公路路基的路堑是嵌入地表中，路堤填筑于地表上，需要完成设计一定量的土石方工程。

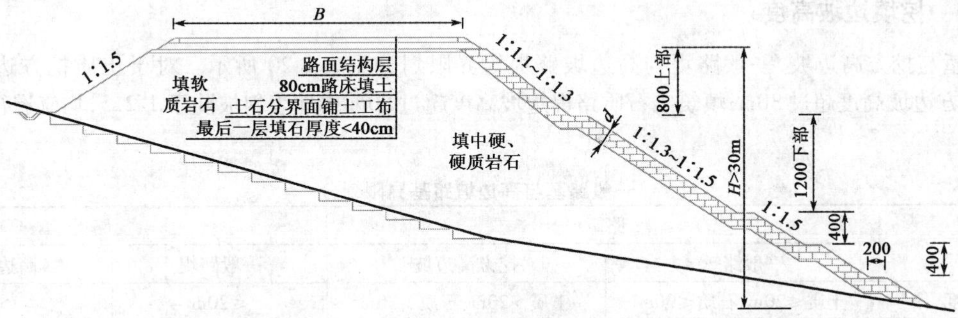

图 2-12　填石路堤边坡码砌

2.5.1　影响挖填数量的因素

对于开挖路基土石方数量有三个较大影响因素，一是边坡坡率，二是挖填深度，再是土石比例。边坡坡率的变化引起土石方总量的变化，土石比例不同引起土方与石方数量的变化。路基设计填方高度、挖方深度的变化引起土石方总量变化，主要受地形影响。

当路段中填方需要量大于挖方量时，产生借方量；当路段中填方需要量小于挖方量时，产生弃方量。在无借方和无弃方的情况下，一般说明地形较好，土石方的纵向挖填平衡，挖、运、填最经济合理；在借方或弃方数量大的情况下，一般说明地形复杂，土石方的纵向挖填不平衡，需要大量借方或有大量的弃方远运，挖运填将会不经济。

路基宽度相同，由不同的边坡坡率、挖填深度、土石比例等影响而造成的土石方数量变化，可称为相对变化。影响相对变化的因素，还有边坡形式设折线形或设台阶形、碎落台宽度、边坡平台宽度、圬工护肩或护脚路基，设计参数见表 2-17。

路基边坡平台及碎落台等设计参数　　表 2-17

<table>
<tr><th colspan="2" rowspan="2">项目</th><th colspan="2">边坡形式</th><th rowspan="2">碎落台宽</th><th rowspan="2">边坡平台宽</th><th colspan="2">路基防护（高度）</th><th colspan="2">砌石路基</th></tr>
<tr><th>折线形</th><th>阶梯形</th><th>护肩</th><th>护脚</th><th>高度</th><th>顶宽</th></tr>
<tr><td colspan="2">路堑</td><td>—</td><td>√</td><td>≥1m</td><td rowspan="3">≥2m</td><td>—</td><td>≤5m</td><td>—</td><td>—</td></tr>
<tr><td rowspan="2">路堤</td><td>填土</td><td rowspan="2">≤20m</td><td rowspan="2">>20m</td><td rowspan="2">—</td><td rowspan="2">≤2m</td><td rowspan="2">≤5m</td><td>—</td><td>—</td></tr>
<tr><td>砌石</td><td>≤15m</td><td>≥0.8m</td></tr>
</table>

路基宽度不同、路线线位不同、方案不同（如建筑桥梁或隧道）等影响土石方数量的变化，可称为绝对变化。

2.5.2　挖填路基边坡坡率

挖方路堑和填方路堤边坡形式及坡率是根据工程地质、水文、边坡高度、排水设施、施工方法确定。规范规定路基挖方边坡、填方边坡的坡率，见表 2-18。常见地质条件下所列边坡坡率，见表 2-19。

挖填路基边坡标准坡率　　表 2-18

<table>
<tr><th colspan="2" rowspan="2">项目</th><th colspan="9">边坡坡率</th></tr>
<tr><th>1:0.3</th><th>1:0.5</th><th>1:0.67</th><th>1:0.75</th><th>1:1</th><th>1:1.1</th><th>1:1.3</th><th>1:1.5</th><th>1:1.75</th></tr>
<tr><td rowspan="2">路堑</td><td>土质</td><td colspan="3">—</td><td>√</td><td>√</td><td colspan="2">—</td><td>√</td><td>—</td></tr>
<tr><td>石质</td><td>√</td><td>√</td><td>—</td><td>√</td><td>√</td><td colspan="4">—</td></tr>
<tr><td rowspan="3">路堤</td><td>填土</td><td colspan="6">—</td><td>√</td><td>√</td><td>√</td></tr>
<tr><td>砌石</td><td>—</td><td>√</td><td>√</td><td>√</td><td colspan="5">—</td></tr>
<tr><td>填石</td><td colspan="5">—</td><td>√</td><td>√</td><td>√</td><td>√</td></tr>
</table>

路基挖填边坡常见坡率　　表 2-19

项目	边坡坡率				
	1:0.5	1:0.75	1:1	1:1.5	1:1.75
路堑	√	√	√	—	—
路堤	—	—	—	√	√

2.5.3 挖填边坡高度

一般路堑与挖方高边坡，一般路堤与高边坡路堤等界限划分见表2-20所示。对于土质挖方边坡高度超过20m，岩质挖方边坡高度超过30m；填筑土石质路堤边坡高度超过20m或地表斜坡陡于1:2.5；均应进行详细的勘察设计。

一般路基与高边坡路基界限划分　　表2-20

项目	路堑		路堤	
	一般路堑	挖方高边坡	一般路堤	高边坡路堤
挖填高度	土质≤20m、石质≤30m	土质>20m、石质>30m	≤20m	>20m

2.5.4 土石方调配

路基土石方设计的基本思路是以挖作填、本桩利用和纵向远运调配，填缺需要借方，挖余调出弃方。路基土石方挖和运是等量计算与等量调配，不考虑天然方（即天然密实方）与压实方之间的换算；只有当土石方调配作填的情况，考虑天然方与压实方之间的换算。

1. 纵向远运调配

经路基土石方本桩利用计算，得出各桩间的挖余方和填缺方后，即可根据经济运距、运输机具、沿线弃土场、借土场的分布情况及桥隧桩号等资料进行路基土石方的纵向远运调配。调配步骤如下：

①计算废方量和借方量；确定经济运距、运输机具和免费运距的大小；

②在计算表中，标出沿线弃土场的位置、桥隧起终桩号以及涵洞位置；

③按就近与土石方运量最小的原则调配；

④用挖余方中的土方，参与远运填方计算；若土方不够，可以石代土，也可借土。

2. 土石方调配原则

①先横向后纵向，即先本桩利用再远运利用，以减少借方和调运方数量，即就近与土石方运量最小原则；

②土石方调配应考虑桥涵位置对施工运输的影响，一般大河不作跨越运输；考虑施工的可能与方便，避免和减少上坡运送土石方；

③根据地形情况和施工条件，选用运输方式，确定合理的经济运距；

④土方调配“移挖作填”应综合考虑，保护生态环境，避免水土流失；

⑤不同类的土方和石方应根据工程需要分别进行调配。

3. 压实方与天然方体积换算关系

公路技术标准规定，各级公路路基压实度均要求在90%以上。天然方经压实机械碾压后的体积变小，各类土质、岩质的压缩体积变化率各有不同，公路标准规定的压实方与天然方换算系数，即填挖换算系数，见表2-21。

压实方与天然方换算系数　　表2-21

名称	土方			石方	备注
	松土	普通土	硬土		
二级及以上公路	1.23	1.16	1.09	0.92	
三、四级公路	1.11	1.05	1.0	0.84	

2.5.5 路基开挖土石比例

公路路基挖方土石比例，又可称为挖方土石成份，用百分率表示。在公路设计中，路基土石比例应采用初步钻探评估方法，根据钻探深度、密度情况、路基横断面线等确定土石分界、土石成份，该方法比较真实客观。现场目测判断方法，评定土石成份不够准确，与实际土石成份相差较大。二级及以下公路各类地形的挖方土石比例概略，见表2-22。因高速公路路基宽度值大，石方比例略大10%。

二级及以下公路各类地形挖方土石比例　　表2-22

项目	平原微丘	重丘	山岭	备注
土方:石方	70:30	45:55	30:70	

2.5.6 土石方计算

公路路基土石方数量是路线设计方案比选的一项重要技术经济指标，直接影响公路建设的工程造价。在路基土石方数量计算中挖方是指天然方，填方是指压实方。公路设计路基土石方数量采用平均断面法近似计算，即假定相邻断面间为一棱柱体，则其体积为：

$$V = (A_1 + A_2) \div 2 \times L \tag{2-1}$$

式中：V——体积，即土石方数量(m^3)；

A_1、A_2——分别为相邻两断面的面积(m^2)；

L——相邻断面之间的距离(m)。

平均断面法计算土石方数量，其精度较差，只有当 A_1、A_2 相差不大时才会准确。如遇要求计算精度高的情况，可另采用高精度土石方数量计算方法。

2.5.7 土石方工程量指标

公路路基设计一般采用的挖填土石方调配、土石方乘填挖换算系数等方法，尽管计算简单、精度不高，但实践表明计算所得挖填方、借方、弃方数量与工程实际比较接近，因此在技术标准和规范中保留。研究各公路等级及路基宽度情况下的挖填断面方、土石方工程量指标，以及每公里指标，应根据技术标准和规范要求，取一般值以约定的方式计算得出。此方法也与工程实际比较接近，可作为设计时参考。

1. 计算约定

首先约定计算图示10个，挖方路基计算断面见图2-13，填方路基计算断面见图2-14。图中以简化方式约定计算断面面积，地表斜坡为2.5%时，最大取两级挖填边坡，半挖和半填以路基中心线为界。图中约定图示解释，见表2-23。

约 定 图 示 解 释　　表2-23

图示名称	解释	图示名称	解释
两级全挖	从第二级挖方边坡坡顶开始的全挖面积	两级全填	从第二级填方边坡坡脚开始的全填面积
两级半挖	从第二级挖方边坡坡顶开始的半挖面积	两级半填	从第二级填方边坡坡脚开始的半填面积
一级全挖	从第一级挖方边坡坡顶开始的全挖面积	一级全填	从第一级填方边坡坡脚开始的全填面积
一级半挖	从第一级挖方边坡坡顶开始的半挖面积	一级半填	以第一级填方高度1/2开始的半填面积
半挖	从路基中心线开始的半挖面积	半填	从路基中心线开始的半填面积

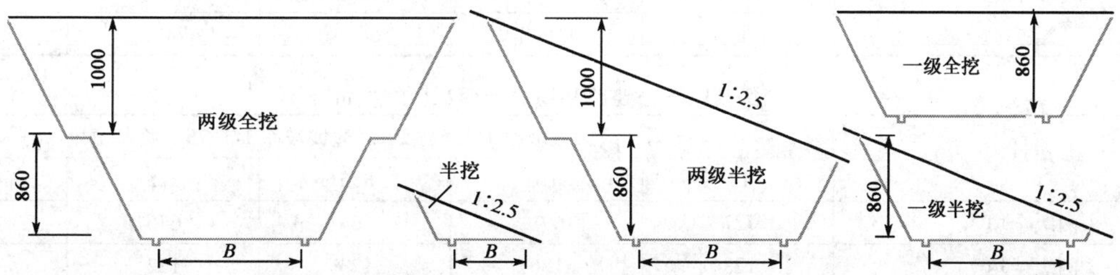

图2-13 路基挖方约定计算断面

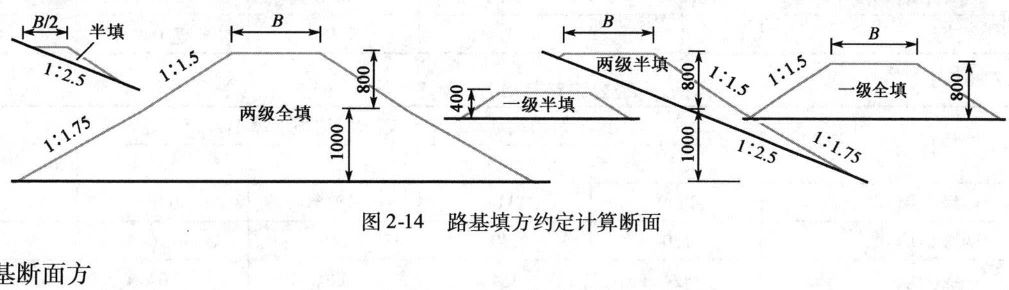

图2-14 路基填方约定计算断面

2. 路基断面方

在公路建设常用路基宽度、常见边坡坡率情况下计算的表2-24、表2-25挖方路基断面面积，表2-26、表2-27填方路基断面面积，可视为路基每延米土石方工程量。

二级及以下公路路基挖方断面积（单位：m^2） 表2-24

项目	边坡坡率1:0.75 路基宽度(m)				
	12	10	8.5	7.5	6.5
两级全挖	579	542	514	495	477
两级半挖	249	239	230	224	218
一级全挖	185	168	155	146	138
一级半挖	65.2	64.6	63.3	62.0	60.5
半挖	16.3	12.3	9.7	8.13	6.7
项目	边坡坡率1:1 路基宽度(m)				
	12	10	8.5	7.5	6.5
两级全挖	665	628	600	582	563
两级半挖	226	219	213	209	204
一级全挖	203	186	173	165	156
一级半挖	55.7	56.0	55.7	55.1	54.3
半挖	19	14.3	11.3	9.44	7.77

高速、一级公路路基挖方断面积（单位：m^2） 表2-25

项目	边坡坡率1:0.75 路基宽度(m)				
	41	33.5	28	26	24.5
两级全挖	1137	996	892	855	823
两级半挖	292	292	292	292	291
一级全挖	448	382	333	316	303
一级半挖	68.1	68.1	68.1	68.1	68.1
半挖	148.7	101.1	71.3	61.3	55.2
项目	边坡坡率1:1 路基宽度(m)				
	41	33.5	28	26	24.5
两级全挖	1225	1084	981	943	915
两级半挖	248	248	248	248	248
一级全挖	467	401	353	335	322
一级半挖	58.4	58.4	58.4	58.4	58.4
半挖	176.4	120.8	86.0	74.6	66.5

二级及以下公路路基填方断面积（单位：m^2） 表2-26

项目	第一级边坡坡率1:1.5、第二级边坡坡率1:1.75 路基宽度(m)				
	12	10	8.5	7.5	6.5
两级全填	727	691	664	646	628
两级半填	128	126	123	122	119
一级全填	192	176	164	156	148
一级半填	72.0	64.0	58.0	54.0	50.0
半填	18	12.5	9.03	7.03	5.28

高速、一级公路路基填方断面积（单位：m^2） 表2-27

项目	第一级边坡坡率1:1.5、第二级边坡坡率1:1.75 路基宽度(m)				
	41	33.5	28	26	24.5
两级全填	1249	1114	1015	979	952
两级半填	130	130	130	130	130
一级全填	424	364	320	304	292
一级半填	188	158	136	128	122
半填	32	32	32	32	32

公路路基挖方、填方断面面积在特定情况下,可作为路段土石方指标。如在桥头路线设计中,当桥头为深路堑或高路堤用断面时,可应用该指标及时计算挖填路段土石方工程量。

3. 不同路基宽度对比的土石方增量比例

在路基同等开挖和填筑条件下,根据不同路基宽度的挖填路基断面方,可以统计分析土石方增量比例。表2-28、表2-29的增量比例,是根据挖方边坡第一级和第二级的坡率均为1:0.75,填方边坡第一级坡率为1:1.5、第二级坡率为1:1.75的情况及前述的约定图示进行对比计算。如12m路基宽度与10m路基宽度对比,12m路基土石方工程量增加7.1%。

二级及以下公路不同路基宽度对比挖填土石方增量比例　表2-28

项目	路基宽度对比值(m)			
	12—10	10—8.5	8.5—7.5	7.5—6.5
增量比例(%)	7.1	5.8	4.1	4.0

高速、一级公路不同路基宽度对比挖填土石方增量比例　表2-29

项目	路基宽度对比值(m)			
	41—33.5	33.5—28	28—26	26—24.5
增量比例(%)	14.4	11.5	4.2	3.5

2.5.8 路基土石方每公里指标

在一段路线范围内,挖方路基的土石方数量作填于路基填方所需的土石方数量,是土石方调配最均衡和理想的设计,即实际工作中常用的纵、横半挖半填土石方原理。二级及以下公路路基土石方每km指标见表2-30,高速、一级公路路基土石方每km指标见表2-31;其指标分析是根据路线设计所处地形,分为平微和山重区的两类每公里土石方指标;平微区地形的挖方边坡坡率按1:1,山重区地形的挖方边坡坡率按1:0.75取值。

二级及以下公路路基土石方每km指标　表2-30

项目	路基宽度(m)					备注
	6.5	7.5	8.5	10	12	
平微区路基(m^3)	9676.4	14170.8	16500.8	25250	30880	
山重区路基(m^3)	32425	43999	51405	60214	72237	

高速、一级公路路基土石方每km指标　表2-31

项目	路基宽度(m)					备注
	24.5	26	28	33.5	41	
平微区路基(m^3)	101900	112850	125370	148820	177990	
山重区路基(m^3)	192792	215022	239668	—	—	

2.5.9 砌石路基

山区公路建设所处地形复杂,有大量的中硬岩、硬质岩可作为填石路堤和砌石路基,以减少弃方的浪费和节约用地。砌石路基形状见图2-15,顶宽>0.8m,基底面向内倾斜,砌石高度不应超过15m。砌石内、外坡率不大于表2-32值选用。每延米砌石路基工程量指标,见表2-33。

砌石路基边坡坡率　表2-32

项目	砌石高度(m)			备注
	≤5	≤10	≤15	
内坡坡率	1:0.3	1:0.5	1:0.6	
外坡坡率	1:0.5	1:0.67	1:0.75	

砌石路基工程量指标　表2-33

项目	单位	砌石高度 H(m)			备注
		5	10	15	
每延米路基	m^3	15.5	68.5	166.9	顶宽按1m计

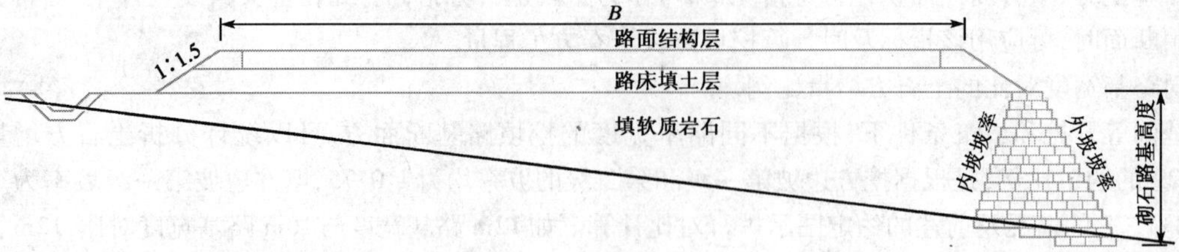

图 2-15 砌石路基

2.6 结构物台背回填

为防止路基与结构物台背间有差异沉降,在高速、一级、二级公路路堤与桥台、横向构造物连接处应设置过渡段,压实度要求≥96%。以往较多的桥梁在台背一定长度范围 15m 以内,选择砂性土、砂砾土、粉煤灰等渗水性好、抗压强度高、易压实、能防止冻害的材料填筑压实。近年来出现有泡沫混凝土、泡沫苯乙烯工程塑料等新材料、新工艺,还有用排水固结法并辅以充分的预压时间,均可大大减少结构物台背地基的沉降和变形。

2.6.1 预留回填法

预留回填法是当台背原地基地质情况良好时,路基填筑预留台背填筑段进行填筑的方法。一般要求预留段最小长度不得小于15m,其边坡采用1:1.5,以满足各类重型机械施工的需要。工程量采用路基土石方计算方法,见表2-34。

预留回填台背处理工程量指标　　表 2-34

项目	单位	路基宽度(m)			备注
		33.5	26	12	
1 处台背处理	m^3	2306	1884	1097	路堤高度 5m

2.6.2 开挖回填法

开挖回填法是当地基为软土时,台背路基段应同时采用填土超载预压,预压后台背段再进行开挖并回填的方法。堆载重力为设计承载重力的 100% ~ 120%,预压期为 3 ~ 6 个月。工程量分别为开挖量与回填量,数值与表2-34基本相同。

第三章　公路排水设施

排水设施是指各种拦截、汇集、排放危及路基、路面强度和稳定性的地表水或地下水的各类构造物组成的排水系统的总称。

3.1　路基排水设施

地表水包括大气降雨和降雪后在地表形成的径流和低洼积水，其会对路基路面产生冲刷和渗透。当雨量过大流水冲刷可能导致路基整体稳定性受损，造成水毁现象；常年积水水分将渗入路基和路面，使其体内过湿而降低强度。路基排水设施主要有路堑边沟、平台截水沟、坡顶截水沟、急流槽、坡脚边沟、排水沟等，边沟、截水沟的流水断面方开挖量已计入路基设计土石方中。

3.1.1　边沟

边沟是为汇集和排除路面、路肩及边坡的流水，在路基两侧设置的纵向水沟。路堑边沟设于路基挖方地段路肩边缘，路堤边沟设于路基填方地段坡脚的护坡道边缘。常用横断面形式有梯形、矩形、三角形及流线形等，矩形和梯形边沟的底宽和深度一般不应小于0.4m。在公路路堑地段，一般公路通常采用矩形边沟，高速公路通常采用盖板矩形边沟。各级公路路堤边沟一般采用梯形边沟，少雨浅挖地段的土质边沟可采用三角形、碟形截面。

3.1.1.1　*土质边沟*

图3-1为土质边沟，一般采用尺寸50cm×50cm、60cm×60cm的梯形，工程内容主要为沟坡植草。土质边沟地段当沟底纵坡大于4%时应采取措施进行加固，可采用浆砌片石对边沟进行铺砌。土质边沟每延米工程量指标见表3-1。

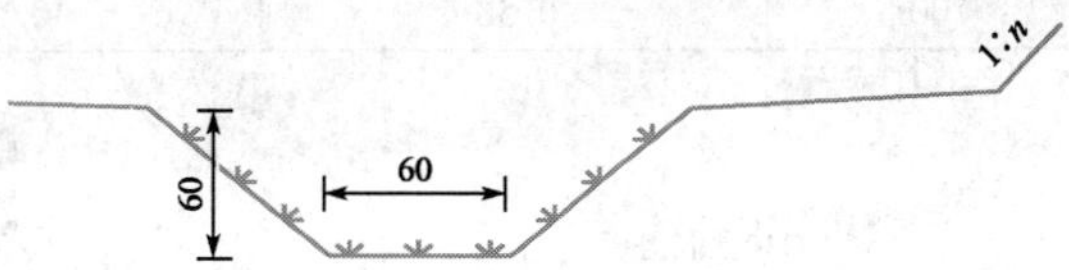

图3-1　土质梯形边沟

土质边沟每延米工程量指标　　表3-1

边沟尺寸(cm)	植草(m^2)	备注
50×50	1.91	边沟开挖已计在路基设计土石方中
60×60	2.30	

3.1.1.2　*砌石矩形边沟*

砌石矩形边沟见图3-2，其片石应符合规范要求，砌缝砂浆应饱满，沟身不漏水。砌石矩形边沟主要适用于路堑排水。其中40cm×40cm和50cm×50cm边沟适用于二级及其以下公路；60cm×60cm边沟适用于高速、一级公路，对于连续切方、深切方的路段汇水面积大时，可采用60cm×80cm边沟。砌石矩形边沟工程量指标，见表3-2。

砌石矩形边沟工程量指标　　表3-2

边沟尺寸(cm)		工程量指标		
$b \times h$	厚度 d	砌石(m^3/m)	挖基(m^3/m)	沉降缝(m^2/道)
40×40	25	0.43	0.43	0.17
50×50	30	0.63	0.63	0.21
60×60	30	0.72	0.72	0.24
60×80	35	1.02	1.02	0.29

3.1.1.3　现浇混凝土矩形边沟

图3-3为现浇混凝土矩形边沟，预制时可加入5%的短玻璃纤维丝。施工顺序是基坑修整后，首先浇筑底板，再立侧模浇筑侧板。现浇混凝土矩形边沟工程量指标，见表3-3。

现浇混凝土矩形边沟工程量指标　　表3-3

设计流量	边沟尺寸(cm)		工程量指标		
(m^3/s)	h	b	现浇C20(m^3/m)	挖基(m^3/m)	沉降缝(m^2/道)
0.10	40	40	0.225	0.225	0.15
0.22	50	50	0.27	0.27	0.18
0.41	60	60	0.315	0.315	0.21
0.61	60	80	0.345	0.345	0.25
1.03	80	80	0.405	0.405	0.27

注：当沟底纵坡为0.5%时的设计流量，见第一列。

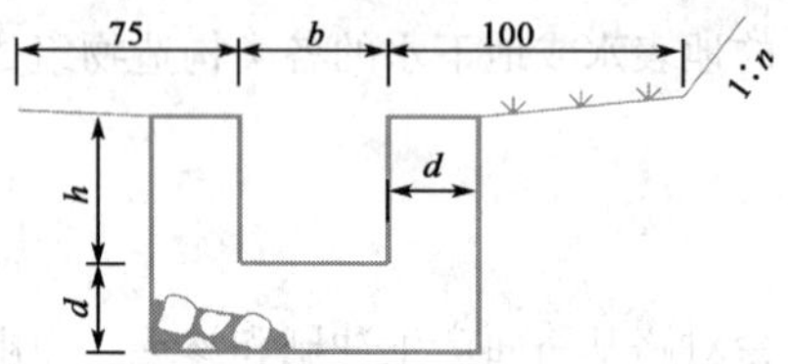

图3-2　砌石矩形边沟

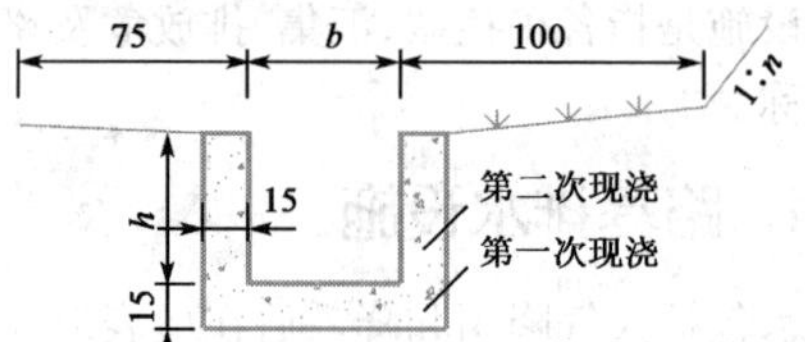

图3-3　现浇混凝土矩形边沟

3.1.1.4　现浇混凝土矩形盖板边沟

图3-4a)为现浇混凝土矩形盖板边沟，主要用作路堑排水，一般宽度 b 为60cm，沟深 h 多为80cm、100cm。现浇混凝土矩形盖板边沟工程量指标，见表3-4。

现浇混凝土矩形盖板边沟工程量指标　　表3-4

边沟尺寸 h	工程量指标			备注
(cm)	现浇混凝土(m^3/m)	挖基(m^3/m)	沉降缝(m^2/道)	
80	0.50	0.50	0.26	每1延米盖板预制混凝土$0.1m^3$，钢筋13.1kg
100	0.58	0.58	0.30	

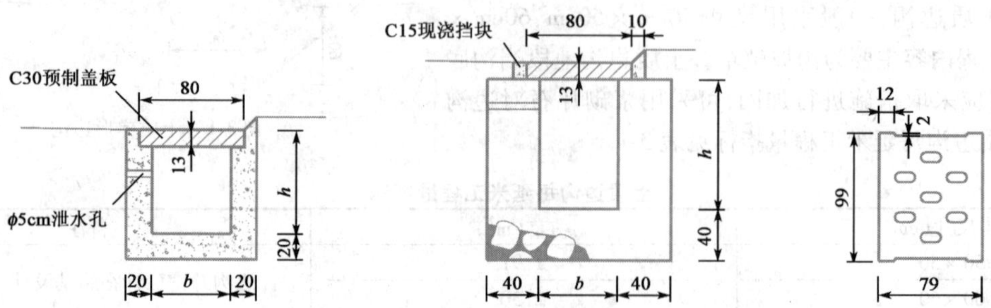

图3-4　矩形盖板沟

a)现浇混凝土盖板边沟；b)砌石盖板边沟；c)混凝土预制盖板

3.1.1.5　砌石矩形盖板边沟

图 3-4b)为砌石矩形盖板边沟，主要适用于路堑排水，一般宽度 b 为 60cm，沟深 h 多为 80cm、100cm、110cm、120cm 四种。砌石矩形盖板边沟工程量指标，见表 3-5。

砌石矩形盖板边沟工程量指标　　表 3-5

边沟尺寸 h (cm)	工程量指标				备注
	砌石(m^3/m)	C15 挡块(m^3/m)	挖基(m^3/m)	沉降缝(m^2/道)	
80	1.20	0.03	1.20	0.30	每 1 延米盖板预制混凝土 $0.1m^3$，钢筋 13.1kg
100	1.36	0.03	1.36	0.34	
110	1.44	0.03	1.44	0.36	
120	1.52	0.03	1.52	0.38	

3.1.1.6　砌石梯形沟

图 3-5 为砌石梯形沟，其常用作路堤边沟、坡顶截水沟和连接自然河沟的排水沟，还适用于对接急流槽。梯形沟厚度一般分 25cm、30cm 两种，过水断面多为 40cm × 40cm、50cm × 50cm、60cm × 60cm 三种形式。砌石梯形沟工程量指标，见表 3-6。

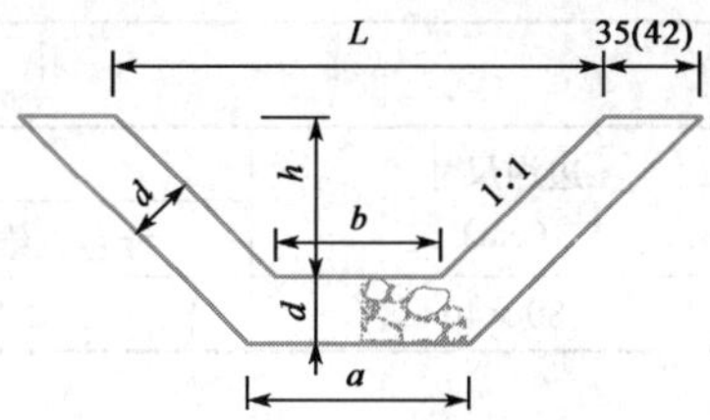

图 3-5　砌石梯形沟

3.1.1.7　混凝土预制块梯形边沟

图 3-6 为预制块梯形边沟，其混凝土预制块中一般可加入 5% 的化学纤维玻璃丝，安装时在适当距离设置沉降缝，缝宽 2cm，采用沥青麻絮填塞。50cm × 50cm、60cm × 60cm 梯形沟混凝土预制六边形块边长分别为 20.4cm、24.5cm。预制块梯形边沟工程量指标，见表 3-7。

砌石梯形沟工程量指标　　表 3-6

边沟尺寸(cm)					工程量指标(m^3/m)		备注
d	h	b	L	a	砌石	挖基	
25	40	40	120	61	0.50	0.50	土质排水沟工程量 $= H \times (L + b)/2$
	50	50	150	71	0.59	0.59	
30	50	50	150	75	0.74	0.74	
	60	60	180	85	0.85	0.85	

预制块梯形边沟工程量指标　　表 3-7

边沟尺寸 (cm)	工程量指标(m^3/m)				备注
	C20 预制块	砂砾垫层	现浇 C15	挖基	
50 × 50	0.167	0.24	0.025	0.404	纤维玻璃丝加入量 $10kg/m^3$
60 × 60	0.197	0.28	0.025	0.473	

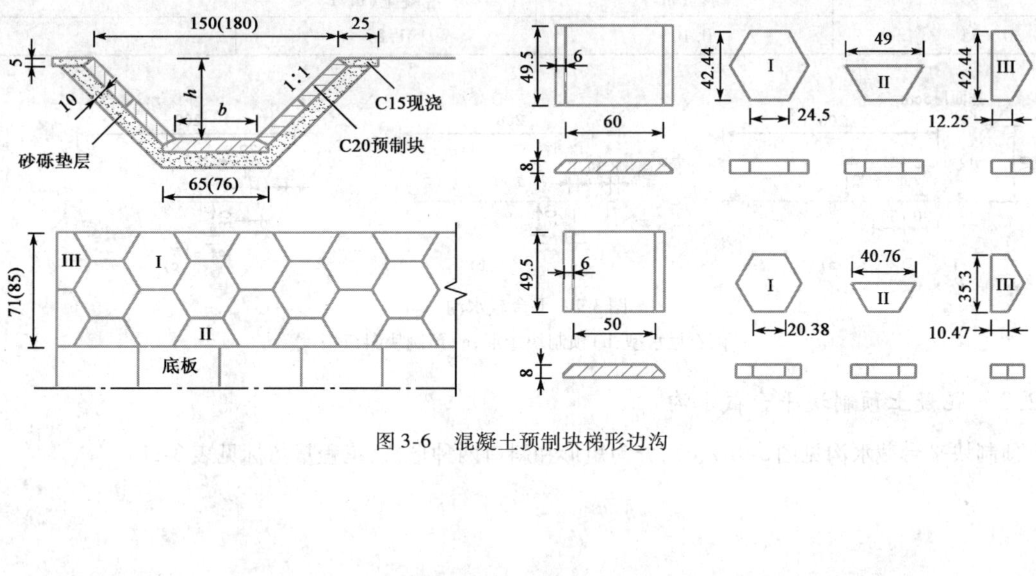

图 3-6　混凝土预制块梯形边沟

3.1.1.8 路堤护脚墙砌石边沟

当填方路基受地形、地物限制或路基稳定性不足时，可采用护脚墙。图3-7是在护脚墙外侧配设边沟的一种形式，一般适用于经过成片耕地的路堤地段。护脚墙路堤边沟工程量指标，见表3-8。

3.1.1.9 路堑砌石浅碟形边沟

图3-8为砌石浅碟形边沟，适用于路堑边坡高度小于或等于6m，且边坡外无汇水流入路基的地段。路堑砌石浅碟形边沟深一般为40cm，宽220cm，其工程量指标见表3-9。

路堤护脚墙砌石边沟工程量指标 表3-8

边沟尺寸(cm)	工程量指标		
	砌石(m^3/m)	挖基(m^3/m)	沉降缝(m^2/m)
60×60	0.413	0.99	0.18

路堑砌石浅碟形边沟工程量指标 表3-9

边沟尺寸(cm)	1延米工程量指标			
	绿色三维网(m^2)	植草面积(m^2)	回填种植土(m^3)	砌石(m^3)
80×40	2.80	2.40	0.24	0.187

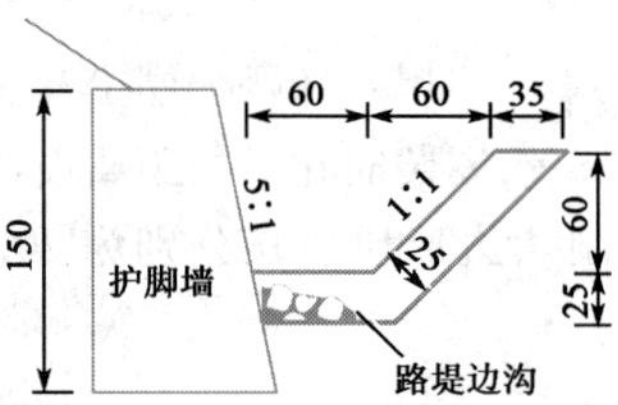

图3-7 路堤护脚墙砌石边沟

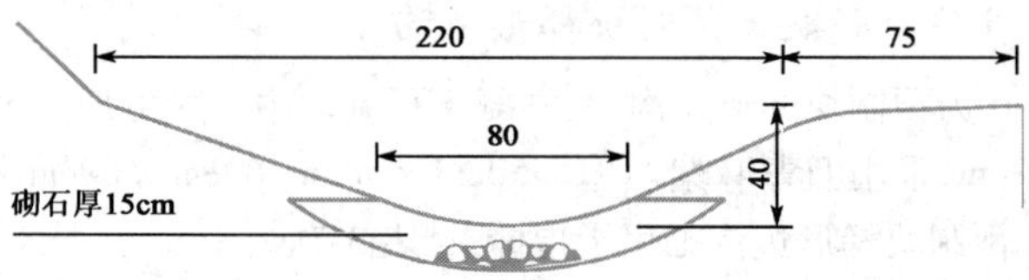

图3-8 路堑砌石浅碟形边沟(尺寸单位:cm)

3.1.2 平台截水沟

路基设置多级路堑或路堤边坡时，在坡面水径流量大的情况下，应在每道平台上设置平台截水沟，以减少水流对坡面的冲刷和保证边坡的稳定。由于平台较窄(宽度1~3m)，排水量有限，且又需加强冲刷防护，因而适宜采用水泥混凝土预制的平台截水沟。

3.1.2.1 砌石拦水型平台截水沟

图3-9a)为砌石拦水型平台沟，其所截流的水由路堑急流槽(管)或连接山坡急流槽引排，其每间隔15m设置一道沉降缝。浆砌片石拦水型平台排水沟工程量指标见表3-10。

浆砌片石拦水型平台排水沟工程量指标 表3-10

边沟尺寸(cm)	1延米工程量指标		备注
	砌石(m^3)	混凝土(m^3)	
30×35	0.105	1.29	

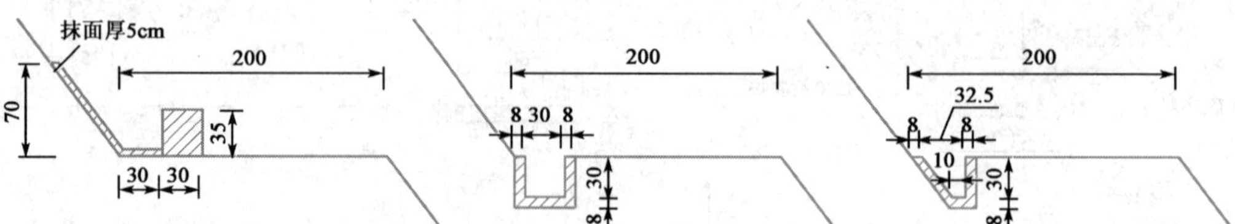

图3-9 平台截水沟

a)砌石拦水型;b)预制块矩形;c)预制块斜口型

3.1.2.2 混凝土预制块平台截水沟

混凝土预制块平台截水沟见图3-9b)、c)，分为矩形和斜口两种形式，工程量指标见表3-11。

平台截水沟工程量指标　　表 3-11

项目 / 水沟名称	尺寸 (cm)	1 延米工程量指标		备注
		C20 预制(m^3)	挖基(m^3)	
预制块矩形	30×30	0.09	0.17	
预制块斜口型	32.5×30	0.07	0.13	

3.1.3 坡顶截水沟

路堑边坡坡顶上方流入路界的地表径流量大时，应设置拦截地表径流的截水沟，防止水流冲刷和侵蚀挖方边坡。坡顶截水沟应设在路堑坡顶 5m 以外，沟底纵坡不小于 0.3%，沟壁外侧培土应高于截水沟，并要求拍实；在施工前要先行开挖，与其他排水设施平顺衔接，并及时加固，以免水下渗，造成边坡失稳。

3.1.3.1 *砌石梯形截水沟*

图 3-10 为砌石梯形截水沟，工程量指标见表 3-12。

砌石梯形截水沟工程量指标　　表 3-12

截水沟尺寸(cm)			1 延米工程量指标		
h_1	b_1	a_1	体积(m^3)	沉降缝(m^3)	挖基(m^3)
40	40	61	0.64	0.280	1.48
50	50	71	0.73	0.319	1.76
60	60	81	0.83	0.357	2.07

3.1.3.2 *砌石矩形截水沟*

图 3-11 为砌石矩形截水沟，工程量指标见表 3-13。

砌石矩形截水沟工程量指标　　表 3-13

截水沟尺寸(cm)			1 延米工程量指标		
h	b	d	体积(m^3)	沉降缝(m^3)	挖基(m^3)
40	40	35	0.85	0.240	1.11
50	50	40	1.14	0.281	1.49
60	60	40	1.26	0.311	1.72

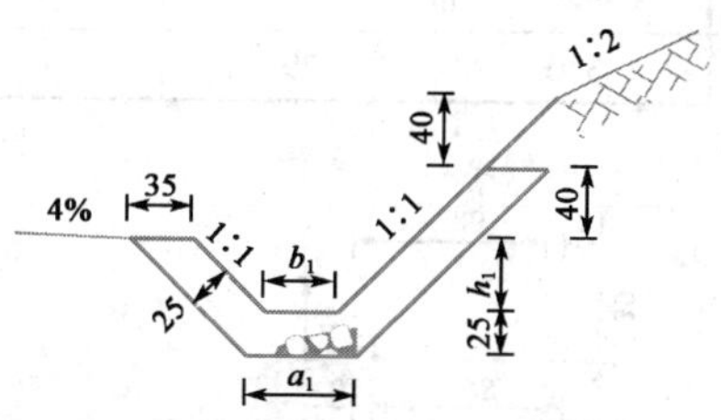

图 3-10　浆砌片石梯形截水沟

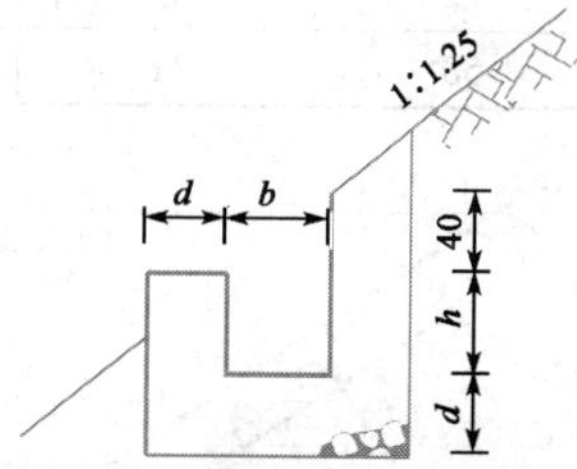

图 3-11　浆砌片石矩形截水沟

3.1.4 急流槽

急流槽的横断面形式为矩形，槽底应做成粗糙面，根据急流槽所处位置大致可分为山坡急流槽、路堤急流槽、路堑急流槽。

3.1.4.1 *山坡砌石急流槽*

山坡砌石急流槽见图 3-12，一般斜长 6～8m 设置一道沉降缝，防滑台间距 3m。如地表斜坡 1∶n 的急流槽，落水高差 H 米，急流槽身长为 sqrt($1+n^2$)×H。山坡砌石急流槽工程量指标，见表 3-14。

山坡砌石急流槽工程量指标　　表 3-14

坡率 1∶n	基本尺寸	进出口段(1 道)工程量指标		槽身段 1 延米工程量指标	沉降缝
		砌体	消力坎	砌体	
		m^3	m^3	m^3	m^2/道
1∶1.25	L=335、a=200	11.4	0.032	0.63	0.2
1∶1.5	L=305、a=200	10.8	0.032	0.63	0.2

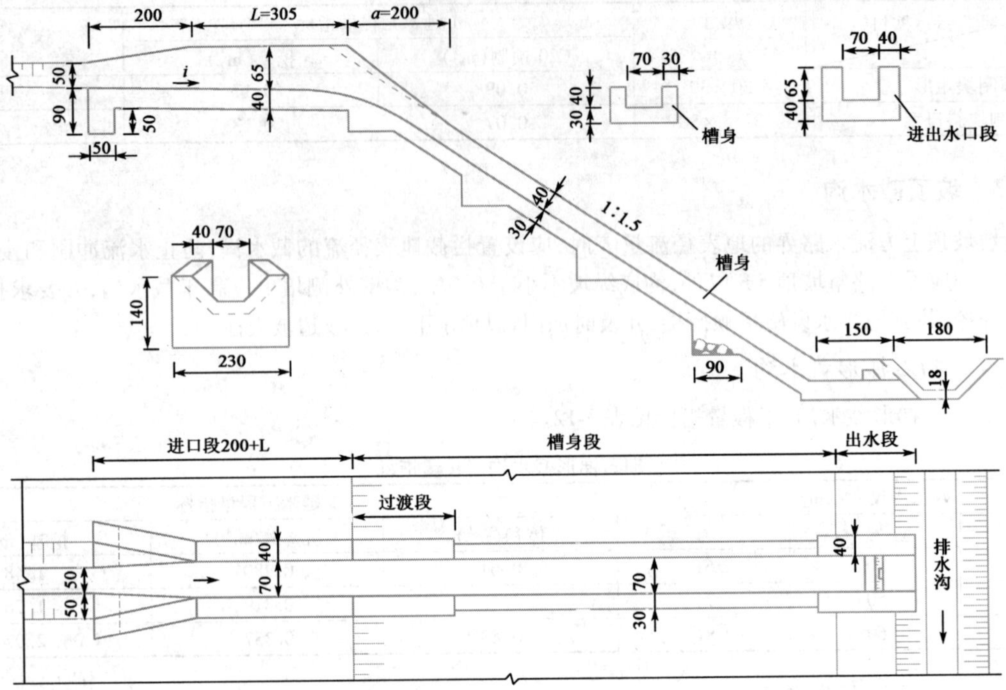

图 3-12　山坡砌石急流槽

3.1.4.2　路堤混凝土预制块急流槽

图 3-13 为路堤混凝土预制块急流槽，一般用作对接路肩沟出水槽，由于其过水断面小，故腰身部位不能对接路面横向排水管（为中沟超高排水、中央分隔带排水）的汇水。路堤混凝土预制块急流槽工程量指标，见表 3-15。

路堤混凝土预制块急流槽工程量指标　　表 3-15

槽身段工程量指标(100m)			进出水口工程量指标(100 处)				备注
预制块	锚固钉	挖基坑	进水口	出水口	消力坎	挖基坑	
m^3	kg	m^3	m^3		m^3		
15.2	58	31	14.0	32.8	3.0	79	

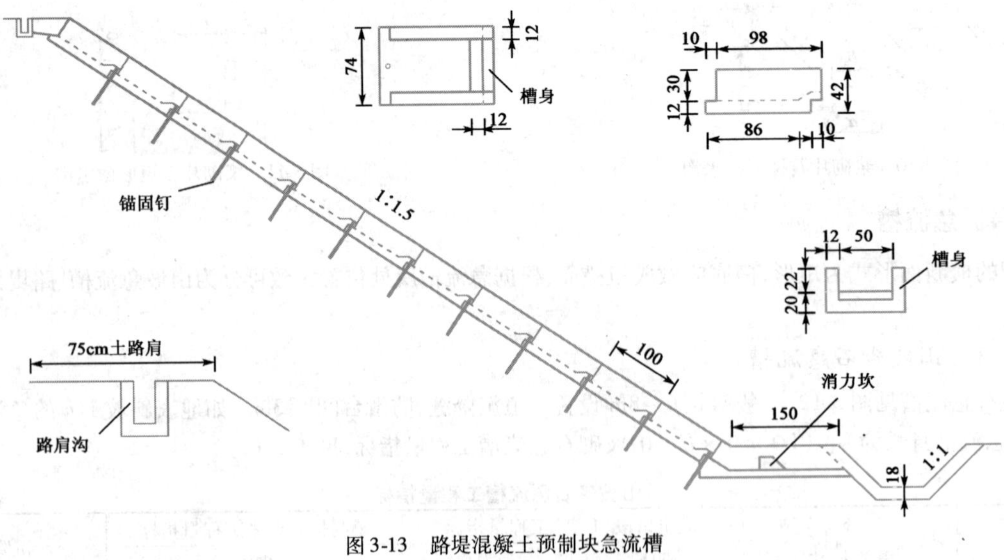

图 3-13　路堤混凝土预制块急流槽

3.1.4.3　路堤砌石急流槽

路堤砌石急流槽见图 3-14，其一般用于对接路肩沟，其腰身部位可以再连接横向排水管（为中沟超高排水、中央分隔带排水）的汇水。路堤砌石急流槽工程量指标，见表 3-16。

路堤砌石急流槽工程量指标 表3-16

槽身段工程量指标(1m)			出水段工程量指标(1处)				沉降缝
砌体	抹面	挖基坑	消力坎	砌体	抹面	挖基坑	
m^3	m^2	m^3	m^3	m^3	m^2	m^3	m^2/道
0.56	1.6	0.7	0.038	1.1	2.7	1.1	0.48

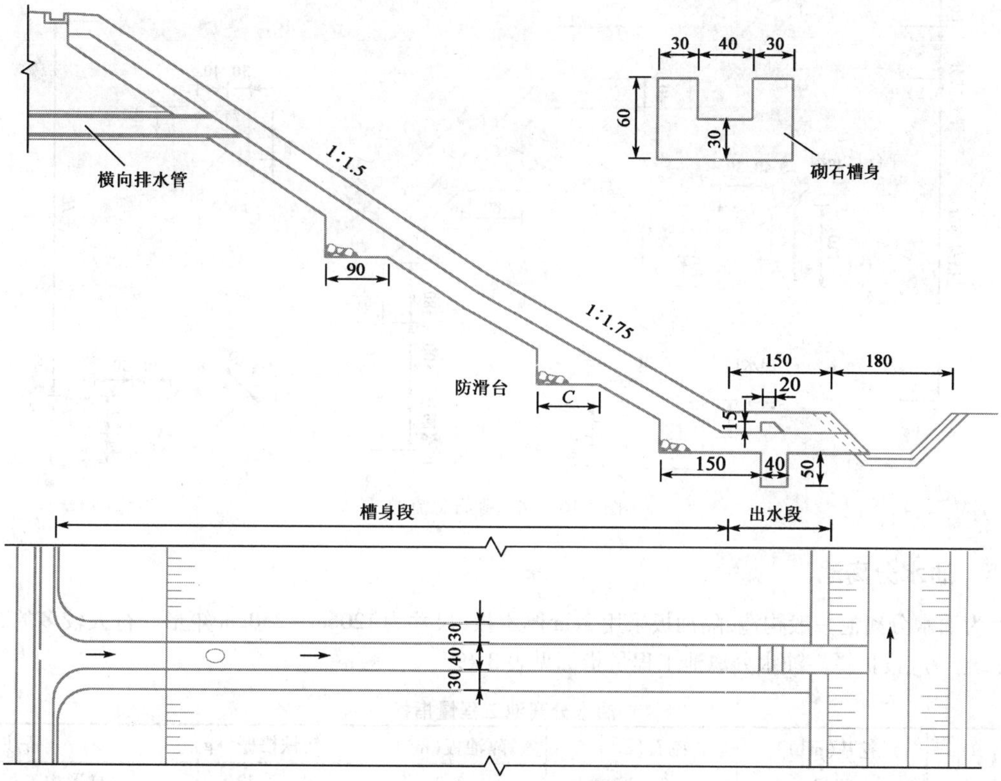

图3-14 路堤砌石急流槽

3.1.4.4 路堑PVC管急流槽

高速公路路堑急流槽一般采用PVC管作为槽身，每间隔30m设一处，平台截水沟的汇水接入路堑边沟的集水井。急流槽长度为坡长加进出口长度，见图3-15，其工程量指标见表3-17。

3.1.4.5 路堑砌石急流槽

图3-16为砌石路堑急流槽，适用于连接路堑平台截水沟，其应分段砌筑，每10m设沉降缝一道，缝宽2cm，以沥青麻絮填塞，每隔2.5m设一防滑台，急流槽沟底做成粗糙面，沟底粗糙面上突出片石，必须有三分之一长度镶入沟底砌体内，出露部分高度不小于10cm。路堑砌石急流槽工程量指标，见表3-18。

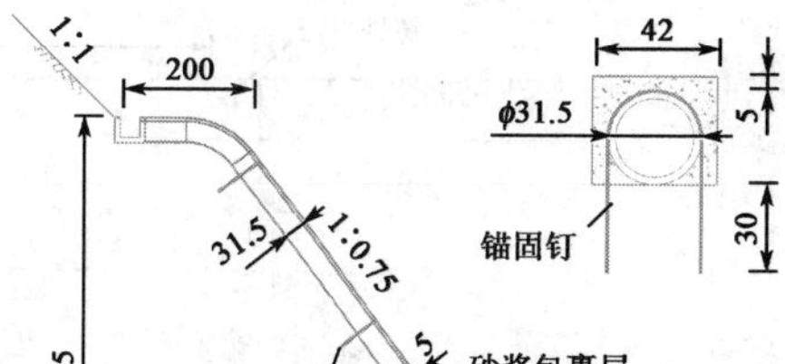

图3-15 路堑PVC管急流槽

路堑PVC管急流槽工程量指标 表3-17

φ315mmPVC管	砂浆包裹	锚固钉	挖基	备注
m/m	m^3/m	kg/m	m^3/m	
1	0.054	0.52	0.132	进出口长度2.5m

路堑砌石急流槽工程量指标 表3-18

项目	平台2m沟	槽身	出水口	一级边坡高10m(m^3/道)		
	m^3/道	m^3/m	m^3/道	1:1	1:1.25	1:1.5
工程量指标	1.64	0.54	0.40	11.1	11.9	12.8

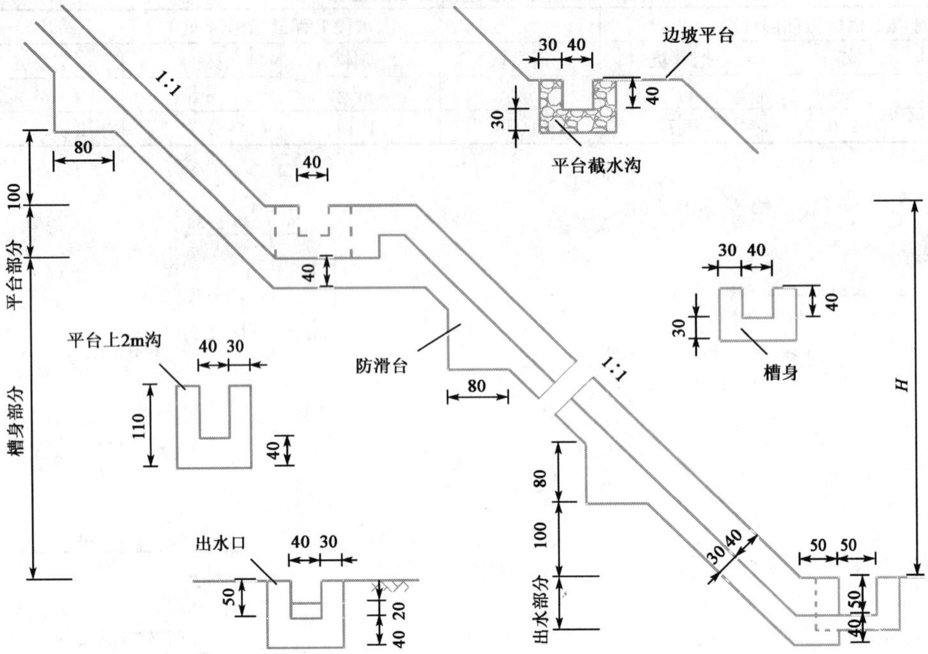

图 3-16　路堑砌石急流槽

3.1.5 油水分离池

图 3-17 为油水分离池一般构造，隔油板采用 3cm 厚木板，尺寸为 120cm × 250cm 矩形。行人较多的路旁设置油水分离池时，池旁应设护栏。油水分离池工程量指标见表 3-19。

油水分离池工程量指标　　表 3-19

项目	挖基(m^3)	砌石(m^3)	隔油板(m^3)	铸铁格栅(kg)	备注
工程量指标	57.2	25.30	3.0	0.42	梯形沟工程量另计

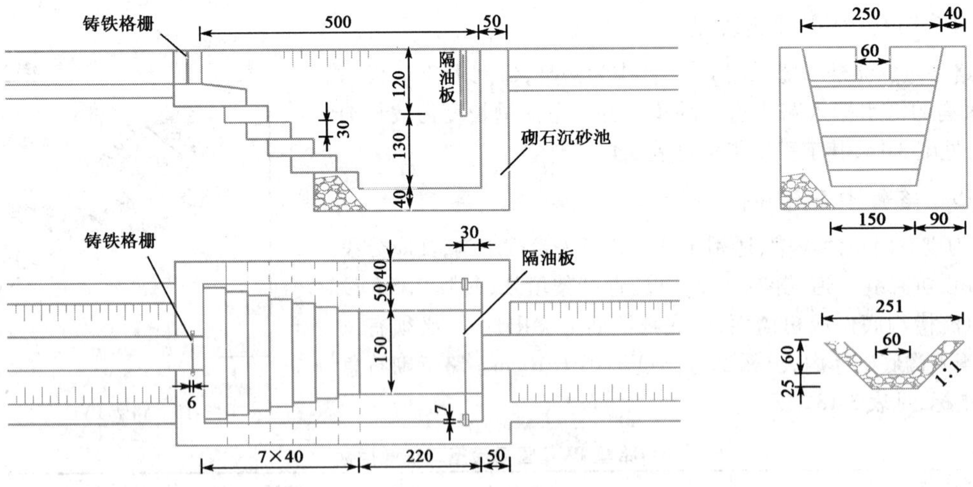

图 3-17　油水分离池

3.2 排地下水设施

排地下水设施包括仰斜式排水管、渗管、渗沟、渗水隧洞、检查疏通井等，其类型、位置及尺寸是根据工程地质和水文地质条件确定，并与地表排水设施连通。

3.2.1 碟形边沟带渗管

图 3-18a) 适用于边坡稳定，且汇水面积较小的路段，沟底纵坡小于 4%。图 3-18b) 适用于汇水面积较大的路

段。碟形沟底部预制块主要施工工序：整平后基底铺 2cm 厚的 M7.5 砂浆，再采用 M7.5 错缝砌筑预制块，并勾平缝，预制块沟两侧采用粘土回填密实。浅碟边沟工程量指标见表 3-20。

浅碟形边沟 100m 工程量指标(不含渗沟)　　表 3-20

项目	C20 预制块	5cm 混凝土	回填耕种土	回填透水材料	满铺草皮	土工布
	m^3	m^3	m^3	m^3	m^2	m^2
图 3-18a)	10.7	5.66	114.5	33.7	220	360
图 3-18b)	10.7	5.66	149.7	33.7	320	410

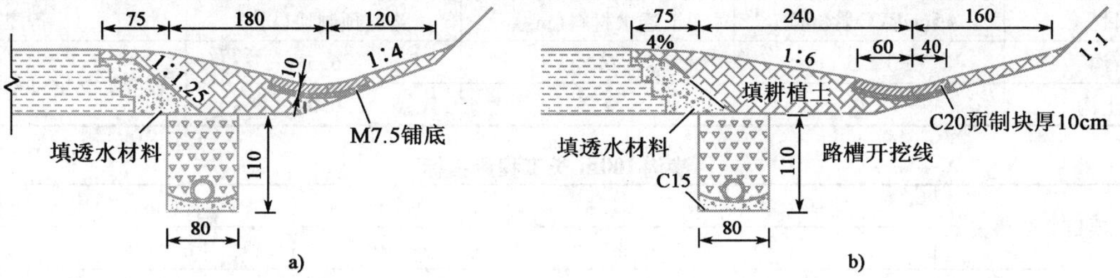

图 3-18　碟形边沟

3.2.2　暗埋式水沟

图 3-19 为暗埋式水沟，其适用在路堑边坡高度 3m 的路段上，由上部土质碟形沟、中部碎石渗沟、下部钢筋混凝土管(壁厚 5cm)三层结构组成。混凝土预制管长 2m，上半圆弧纵向间隔 1m 布设泄水孔，孔口直径 3cm，环向设 2 个。当边沟长度小于 40m 时可不设置下层暗埋钢筋混凝土管。暗埋式水沟长 100m 工程量指标见表 3-21。

3.2.3　盖板边沟带渗管

图 3-20 为盖板边沟带渗管。一般情况下渗沟长度大于或等于 150m 时，采用管径 200mm 的渗漏水 PVC 管；小于 150m 时，采用管径 160mm 的渗漏水 PVC 管，渗漏水孔呈梅花型布置。渗沟出口处用浆砌片石砌筑，防止冲刷。盖板边沟带渗管 100m 工程量指标见表 3-22，表中盖板边沟工程量参考相关内容。

暗埋式水沟长 100m 工程量指标　　表 3-21

项目	现浇 C15	混凝土预制管	钢丝网	级配碎石	透水土工布	防渗土工布	挖基坑
	m^3		kg	m^3	m^2		m^3
工程量	26.3	10.2	816	73.4	300	160	185.5

盖板边沟带渗管 100m 工程量指标　　表 3-22

项目	挖基	C15	碎石	PVC 管(mm)		土工布	夯填土
				φ160	φ200		
	m^3			m		m^2	m^3
60cm×95cm	57	6.0	39	100	—	210	12
80cm×160cm	128	8.0	104	—	100	360	16

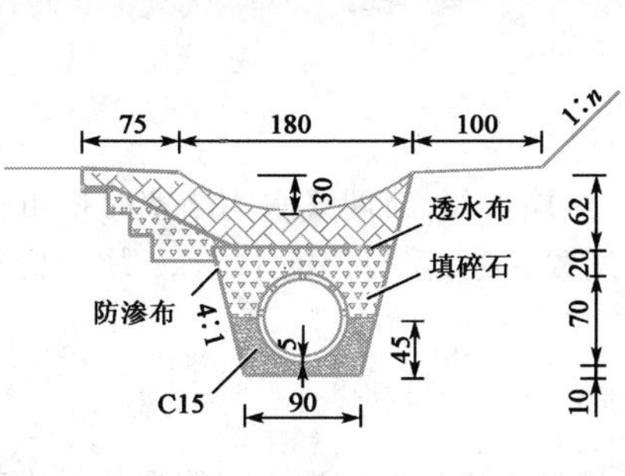

图 3-19　暗埋式水沟

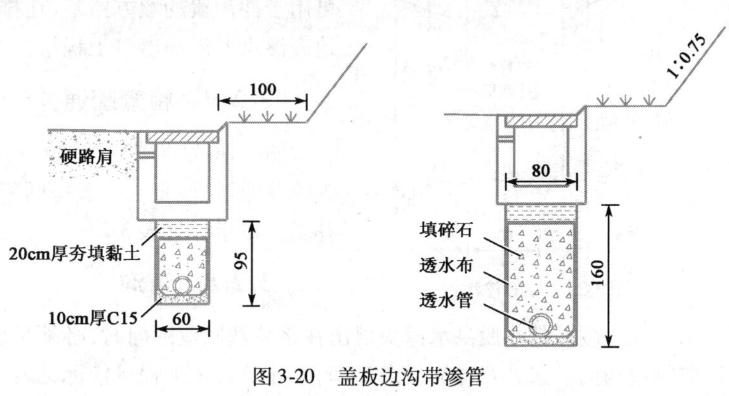

图 3-20　盖板边沟带渗管

3.2.4 盖板边沟带渗管(宽碎落台)

渗沟顶面不高于路面低基层(垫层)底面,并尽可能靠近路面边缘,以防止渗沟开挖导致沟壁坍塌。图3-21a)为砌石矩形边沟带渗沟,适用于深切方渗水量大的路段,砌石矩形边沟应每隔10~15m设沉降缝一道,缝内填塞沥青麻絮。图3-21b)为现浇混凝土边沟,适用于超高长切方路段,边沟沟底纵坡与路线纵坡一致,且不小于0.3%。泄水孔间距为3.5m设一处,路堑100m长路肩排水工程量指标见表3-23。渗沟100m长工程量指标见表3-24。

路堑100m长路肩排水工程量指标 表3-23

项目	φ5cmPVC管(m)	填透水材料(m^3)	路肩预制块(m^3)	备注
砌石沟	12.6	6.5	6.5	边沟工程量可参考相关内容
混凝土沟	7.0	9.2	6.5	

渗沟100m长工程量指标 表3-24

项目	挖基	C15	填碎石	PVC管(mm)	透水土工布
	m^3			m	m^2
80×110m	88	10.6	77.4	100	280

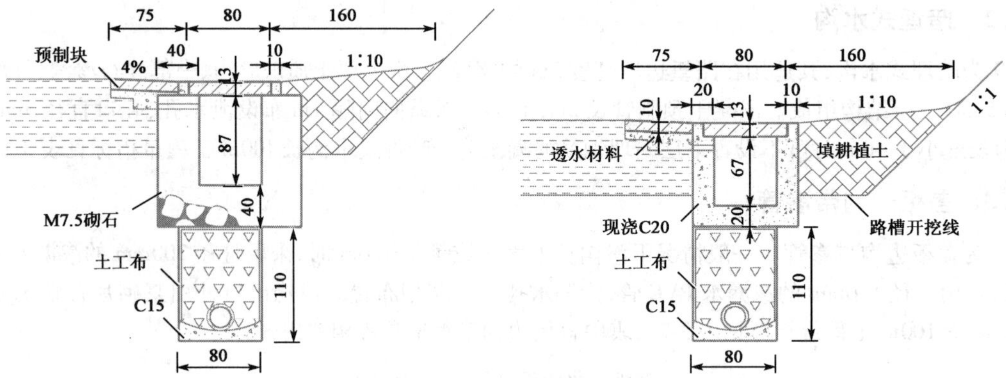

图3-21 切方边坡边沟

a)砌石矩形边沟;b)现浇矩形边沟

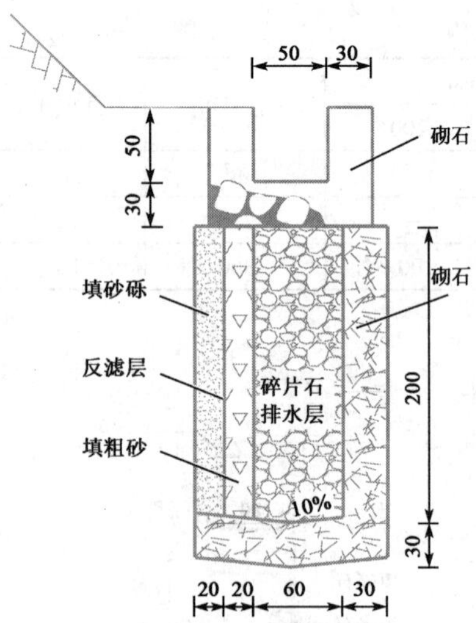

图3-22 填石渗沟

3.2.5 填石渗沟

图3-22为填石渗沟,其反滤层采用砂石材料,其颗粒小于0.15mm的含量不应大于5%。填石渗沟工程量指标见表3-25。

3.2.6 渗沟出口

图3-23适用于山体渗水路段,用以解决山体渗水对路基稳定的影响;也可用于冲沟段的填方路基,在排水体系尚未成形时,用来排除降雨所造成的地表渗水。渗沟出口工程量指标见表3-26。

3.2.7 检查疏通井

图3-24为设置暗埋式水沟时的工作检查井,暗埋式水沟堵塞时还可作为疏井通道;检查井一般每间隔30m设置一处,盖板钢筋11.7kg/块。检查井工程量指标见表3-27。

3.2.8 盲沟

山区或丘陵区的小股泉水露头冒出在路基基底范围内时,必须采取在外涌泉水处设置盲沟或暗管将其引排至路堤坡脚边沟内。泉井及盲沟见图3-25;泉井及盲沟工程量指标见表3-28。

每延米填石渗沟工程量指标　　表 3-25

项目		规格(mm)		工程量指标	
		粒径 d	平均 d_p	体积(m^3)	土工布(m^2)
反滤层	粗砂	2~3	2.3	0.39	3.0
	砂砾	10~20	12	0.39	
排水层		75~100	90	1.19	
M5 砌石渗沟		—	—	0.98	

渗沟出口工程量指标　　表 3-26

项目	砌石挡土墙	C30 现浇	C20 混凝土帽石	挖基
1 个渗沟出口(m^3)	8.33	3.23	0.45	19.0

检查井工程量指标　　表 3-27

项目	C15 现浇	C30 现浇	C30 预制盖板	砖砌体	挖基
1 个检查井(m^3)	0.22	0.13	0.09	1.91	3.99

泉井及盲沟工程量指标(单位:m^3)　　表 3-28

1m 流水槽工程量指标			1 个泉井工程量指标			
挖基	砌槽	C25 预制盖板	挖基	C25 预制盖板	砌石井身	砌石基础
0.16	0.08	0.04	2.06	0.10	0.88	0.36

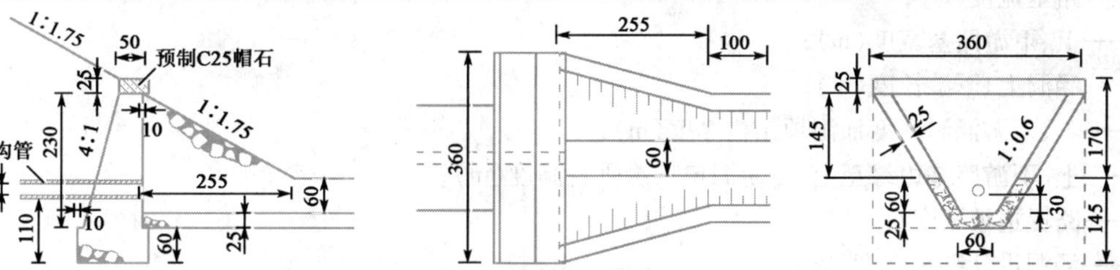

图 3-23　渗沟出口

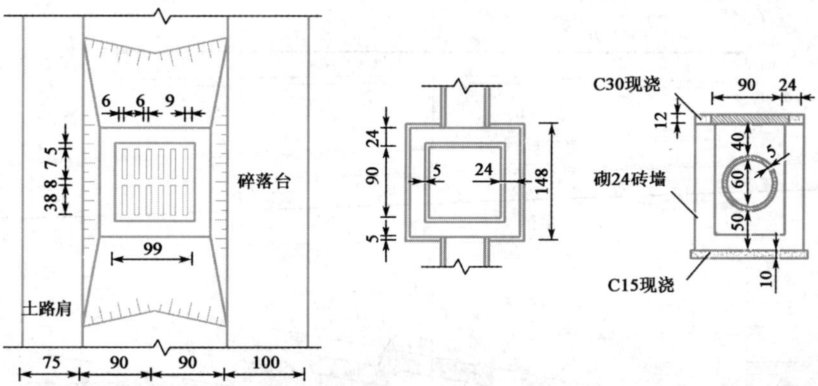

图 3-24　检查疏通井

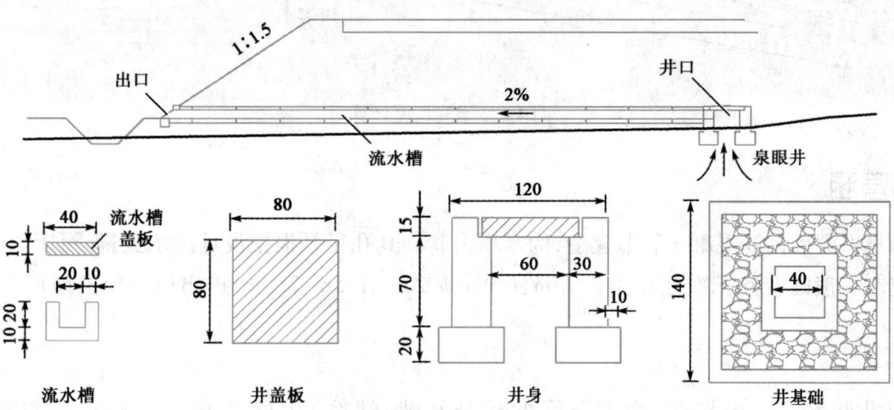

图 3-25　泉井及盲沟

第四章　公路引排水设施

路基范围的引排水设施主要指涵洞和渡槽。涵洞长度为涵洞洞口两端墙之间的斜长距离 Y,包括涵洞纵向坡度 i、路基横断面与涵洞纵身交角所产生的涵洞增长量。涵洞长度见图 4-1,计算方法见式(4-1)。

$$Y_{上} = \frac{B_{上} + (h_2 - h_1) \times m}{\cos(\tan^{-1} i)}、Y_{下} = \frac{B_{下} + (h_4 - h_3) \times m}{\cos(\tan^{-1} i)}、Y = \frac{Y_{上} + Y_{下}}{\cos(90° - \theta)} \tag{4-1}$$

式中：Y——涵洞全长(m);

B——路基宽度(m);

$B_{上}$、$B_{下}$——上、下游路基宽度(m);

$Y_{上}$、$Y_{下}$——涵洞上、下游长度(m);

h_1、h_3——上、下游涵洞高度加洞顶结构厚度(m);

h_2、h_4——上、下游路基边缘至上、下游洞口低缘垂直高度(m);

m——路堤边坡坡度;

i——涵洞设计纵坡坡度(%);

θ——涵洞中线与路基中线交角(°)。

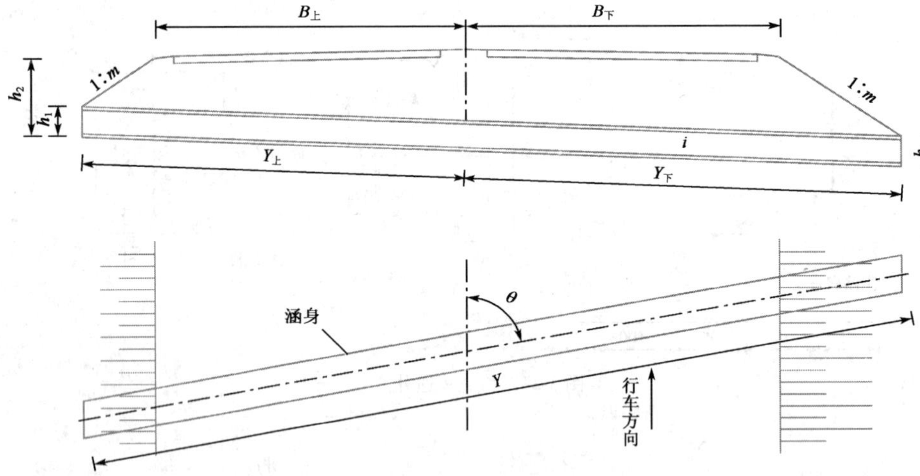

图 4-1　涵洞长度计算

4.1　圆管涵

圆管涵的涵身由圆形钢筋混凝土管节建造,为半压力管。其孔径是根据设计洪水流量、河床地质和进出口加固形式等条件确定。一般圆管涵标准孔径为 0.75m、1.0m、1.25m、1.5m、2.0m,进出口可根据地形等条件选择八字、井字洞口。

1. 一般构造

图 4-2 为单孔圆管涵一般构造,由圆管涵的涵身基础、端墙、涵身、(八字)洞口、洞口铺砌、截水墙等组成。

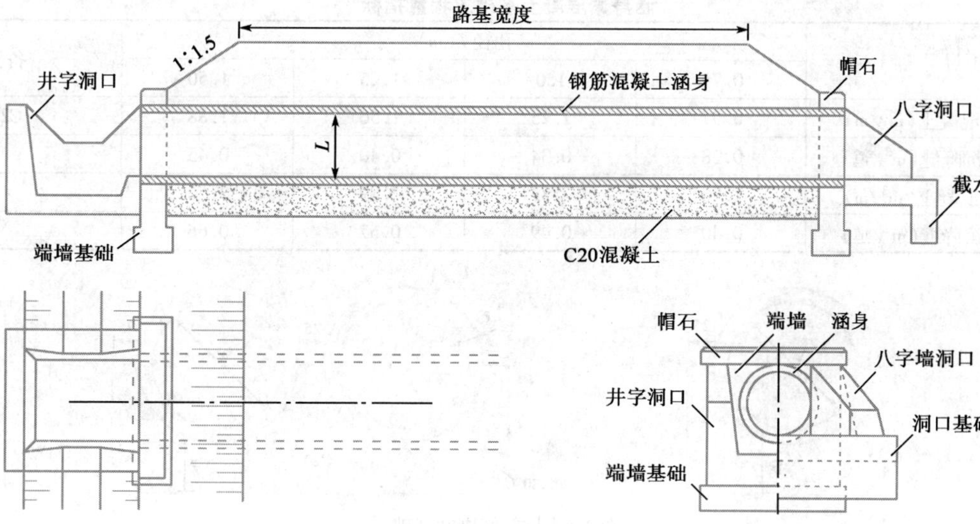

图 4-2　圆管涵一般构造

2. 圆管涵基础

圆管涵涵身安装在混凝土矩形或梯形基础上。圆管涵基础一般采用水泥混凝土、砌片石结构。混凝土基础分两次浇筑，先浇筑管底以下部分，待安放涵身管节后，再浇筑管底以上混凝土。圆管涵管壁厚度见表 4-1。

圆管涵管壁厚度　　表 4-1

孔径 d(m)	孔径 L(m)				备注
	0.75	1.0	1.25	1.50	
壁厚 d(cm)	10	12	14	16	孔径 2.0m 圆管涵未作分析

当涵身处在土质较软弱地基上时，可采用混凝土或浆砌片石基础；当其处在砂砾、卵石及密实均匀的黏土或砂土地基上时，可采用砂砾垫层基础；当其处在岩石地基上时，可采用垫层混凝土基础。

1）柔性基础

不受刚性角限制的基础，称为柔性基础。图 4-3 圆管涵基础为砂砾垫层，边部采用砌片石护肩。单孔及双孔涵身柔性基础砂砾垫层工程量指标见表 4-2。

涵身柔性基础砂砾垫层工程量指标（单位：m^3/m）　　表 4-2

项目	孔径 L(m)				备注
	0.75	1.0	1.25	1.50	
单孔	0.57	0.93	1.32	1.75	砂砾垫层基础
双孔	1.39	1.99	2.66	3.37	
砌片石护肩	0.39	0.69	1.08	1.54	

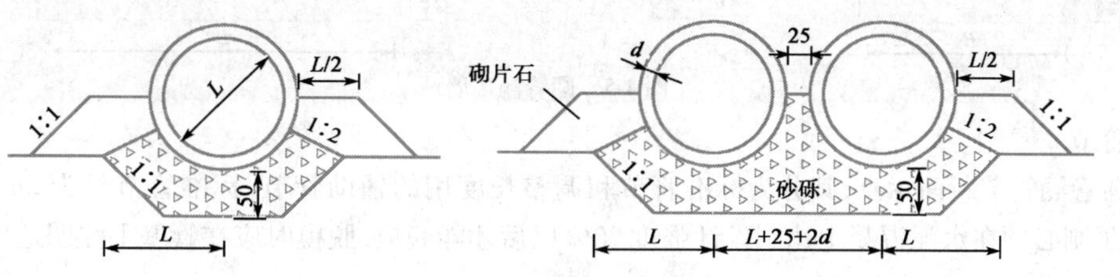

图 4-3　圆管涵柔性基础

2）刚性基础

刚性基础是指用水泥混凝土等抗压强度大，而抗弯、抗剪强度小的材料做成的基础。图 4-4 圆管涵刚性基础采用 C20 混凝土，单孔及双孔涵身素混凝土基础工程量指标见表 4-3。圆管涵全长范围一般设置多道沉降缝，其位置一般放在路基中部和两路肩下的管节接缝处。

涵身素混凝土基础工程量指标 表 4-3

项目		孔径 L(m)				备注
		0.75	1.0	1.25	1.50	
单孔	混凝土(m^3/m)	0.97	1.25	1.56	1.88	C20
	沉降缝(m^2/道)	0.28	0.34	0.40	0.45	
双孔	混凝土(m^3/m)	1.78	2.32	2.89	3.50	
	沉降缝(m^2/道)	0.40	0.49	0.57	0.66	

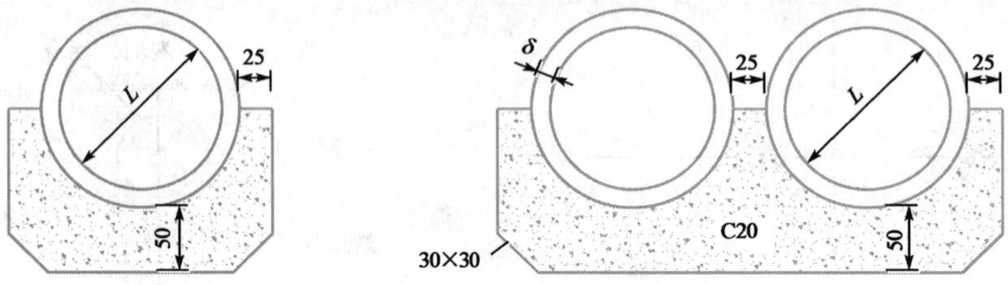

图 4-4 圆管涵刚性基础

3. 圆管涵端墙

图 4-5 为圆管涵端墙构造,采用片石砌筑。圆管涵一个端墙工程量指标见表 4-4。

圆管涵一个端墙工程量指标 表 4-4

项目		单位	孔径 L(m)				备注
			0.75	1.00	1.25	1.50	
端墙高度		cm	165	192	219	246	端墙厚度 40cm
单孔	端墙宽 B	cm	187	216	245	274	正交
	基础	m^3	0.50	0.57	0.64	0.71	
	墙身		0.95	1.18	1.41	1.66	
	帽石		0.31	0.35	0.40	0.44	
双孔	端墙宽 B	cm	307	365	423	481	
	基础	m^3	0.78	0.92	1.06	1.20	
	墙身		1.46	1.84	2.23	2.65	
	帽石		0.49	0.58	0.66	0.75	

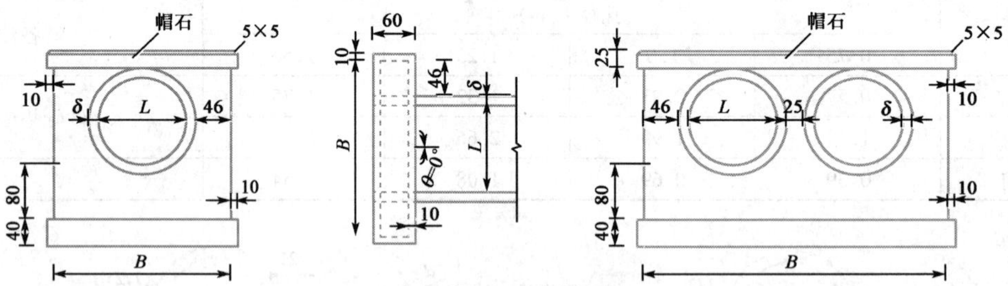

图 4-5 圆管涵端墙

4. 圆管涵管节

图 4-6 为圆管涵管节断面示意,其分为标准管节和调整长度用的辅助管节,标准管节长为 2m,辅助管节长为 0.5m。管节的预制必须在水泥混凝土达到设计强度 70% 以后才能脱模,脱模时应在管壁上注明适用填土高度。管节工程量指标见表 4-5。

管节工程量指标 表 4-5

项目	单位	孔径 d(m)				备注
		0.75	1.00	1.25	1.50	
混凝土预制管	m^3/m	0.267	0.422	0.611	0.834	洞顶填土高度 4 ~ 8m
钢筋	kg/m	42.4	64.6	102	135	

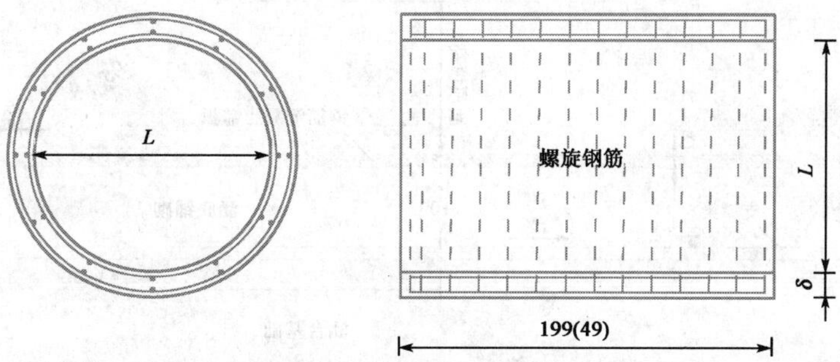

图4-6　圆管涵管节断面

涵洞基底在基础砌(浇)筑前,一般需要铺筑砂砾垫层,厚度应不小于设计量,并用平板振动器进行振实、找平。图4-7为圆管涵管节接头,其管节间的缝隙,用浸过沥青的麻絮填塞;外表防水层应用满涂热沥青的油毛毡卷裹两道。管节防水层及沉降缝工程量指标见表4-6。

管节防水层及沉降缝工程量指标　　表4-6

项目	柔性基础(m^2/道)				刚性基础(m^2/道)			
	0.75	1.0	1.25	1.5	0.75	1.0	1.25	1.5
接头防水层	0.90	1.17	1.44	1.72	0.45	0.58	0.72	0.86
沥青麻絮填缝	0.30	0.39	0.48	0.57	0.30	0.39	0.48	0.57

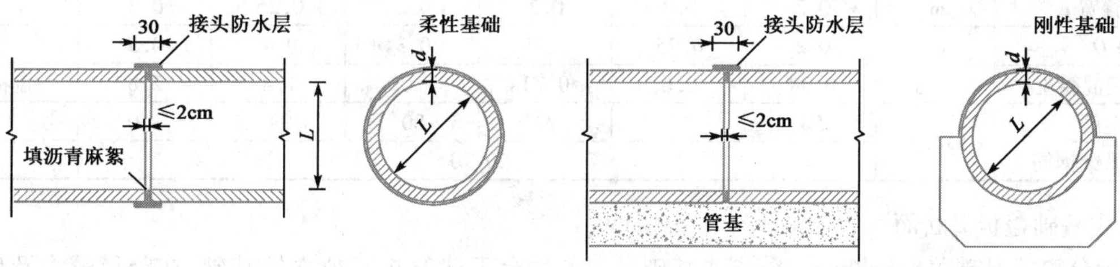

图4-7　圆管涵管节接头

5. 一道圆管涵工程量

一道一孔圆管涵工程量指标见表4-7。按混凝土刚性基础计算。

一道一孔圆管涵工程量指标　　表4-7

项目	涵长(m)	单位	孔径 L(m),路基宽度12m和填土高度4m			
			0.75	1.0	1.25	1.5
混凝土涵身(正交)	24.0	m^3	33.2	44.3	57.0	70.8
钢筋		kg	1018	1550	2448	3240
进出八字洞口	—	m^3	4.56	7.66	11.5	16.1

4.2 盖板涵

盖板涵是在砌石或现浇混凝土的墩台上搭设钢筋混凝土预制板,即洞顶为盖板的涵洞。

1. 一般构造

图4-8为盖板涵一般构造,其包括钢筋混凝土盖板、涵台及基础、洞内铺砌(仅指分离式基础)、垫层、沉降缝、帽石、进出口及洞口外必要的砌石水沟等工程内容。钢筋混凝土盖板涵的盖板为简支板结构。盖板涵基础一般采用浅埋式混凝土或砌石结构,特殊情况采用深埋式桩基础。

2. 钢筋混凝土盖板

盖板涵的盖板一般采用钢筋混凝土结构,一般在盖板跨中加厚。预制混凝土盖板宽度为99cm,在盖板底层设受力主钢筋,顶层设架立钢筋,各种钢筋沿板长和板宽方向均匀布置。当盖板涵为斜交时,涵身盖板应正交预制安装。盖板及基础工程量指标见表4-8。

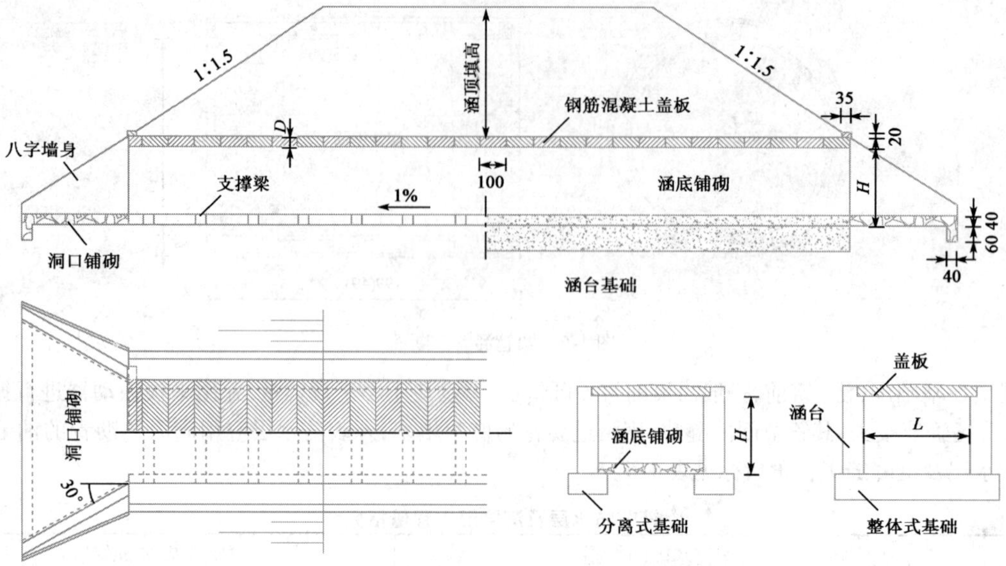

图 4-8　盖板涵一般构造

盖板及基础工程量指标　　表 4-8

项目	单位	跨径 L(m)						备注
		1.5	2.0	2.5	3.0	4.0	5.0	
盖板搁置宽 g	m	0.2	0.2	0.2	0.2	0.25	0.3	
板厚 D	m	0.2	0.25	0.25	0.3	0.4	0.5	
C30 预制板混凝土	m^3/m	0.38	0.6	0.73	1.02	1.8	2.8	盖板宽 1.0m
盖板钢筋	kg/m^3	58	64	72	80	94	110	
基础及支撑梁钢筋		20、70						

3. 分离式基础盖板涵断面

图 4-9 为分离式基础盖板涵断面。分离式基础是在各涵台下建筑相互独立的基础，在跨径较大及地基强度较高时采用。分离式基础盖板涵上部盖板与涵底铺砌分别作为涵台上、下支撑点，涵台作为上、下端简支的竖梁，承受竖向荷载及水平压力，截面强度按偏心受力构件进行计算。施工时涵底铺砌采用 M7.5 砂浆砌双层片石，要求砂浆饱满，能抗冲刷并起支撑梁作用；并要求用砂浆铺面。每隔 2m 设置一道 40cm × 40cm 的支撑梁。分离式盖板涵结构尺寸见表 4-9。

分离式盖板涵结构尺寸　　表 4-9

项目	单位	跨径 L × 高度 H(m)				
		1.5 × 1.5	2 × 2	2.5 × 2	3 × 3	4 × 3
涵台宽 a	m	0.75	0.80	0.90	1.00	1.10
基础襟边宽 c	m	0.2	0.2	0.25	0.3	0.4
基础厚度 d	m	0.6	0.6	0.6	0.6	0.8

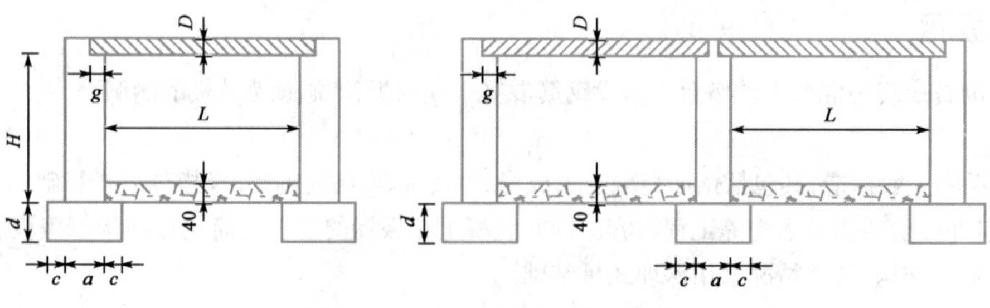

图 4-9　分离式基础盖板涵断面

1) 分离式基础一孔盖板涵

分离式基础一孔盖板涵的混凝土涵台及基础每延米工程量指标见表 4-10；表中约定涵顶填土高 4m，地基承载力[σ_0] = 500kPa。一道一孔分离式基础盖板涵工程量指标见表 4-11。

分离式基础一孔盖板涵每延米工程量指标 表 4-10

项目	单位	跨径 $L\times$高度 H(m)				
		1.5×1.5	2×2	2.5×2	3×3	4×3
涵台混凝土	m^3/m	2.47	3.5	4.85	6.48	9.48
基础混凝土	m^3/m	1.38	1.44	1.68	1.92	3.04

一道一孔分离式基础盖板涵工程量指标 表 4-11

项目	涵长	单位	跨径 $L\times$高度 H(m)				
			1.5×1.5	2×2	2.5×2	3×3	4×3
混凝土	24m	m^3	102	133	174	226	344
钢筋		kg	2054	2227	2534	2842	3715
洞口	—	m^3	16.1	23.6	23.6	53.2	53.2

2)分离式基础两孔盖板涵

分离式基础两孔盖板涵的混凝土涵台尺寸及基础每延米工程量指标见表 4-12;表中约定涵顶填土高 4m,地基承载力$[\sigma_0]$=500kPa。一道两孔分离式基础盖板涵工程量指标见表 4-13。

分离式基础两孔盖板涵每延米工程量指标 表 4-12

项目	单位	跨径 $L\times$高度 H(m)				
		1.5×1.5	2×2	2.5×2	3×3	4×3
涵台混凝土	m^3/m	3.67	5.20	7.23	9.66	14.1
基础混凝土	m^3/m	2.07	2.16	2.52	2.88	4.56

一道两孔分离式基础盖板涵工程量指标 表 4-13

项目	涵长	单位	跨径 $L\times$高度 H(m)				
			1.5×1.5	2×2	2.5×2	3×3	4×3
混凝土	24m	m^3	156	205	269	350	535
钢筋		kg	3778	4109	4666	5222	6701
洞口	—	m^3	19.6	29.2	31.2	66.3	72

4. 整体式基础盖板涵断面

混凝土盖板涵的整体式基础宽度一般按台身大小确定,厚度一般取为 1.0m,襟边宽度 c 值取为 20cm,见图4-10所示。整体式基础盖板涵上部盖板与基础分别作为涵台的上、下支撑点,涵台作为上端铰结,下端固结的竖梁,承受竖向荷载及水平压力,截面强度按偏心受压构件计算。整体式盖板涵结构尺寸见表 4-14。

整体式盖板涵结构尺寸 表 4-14

项目	单位	跨径 $L\times$高度 H(m)				
		2×2	2.5×2	3×3	4×3	5×4
涵台宽 a	m	0.75	0.8	0.85	0.90	1.0

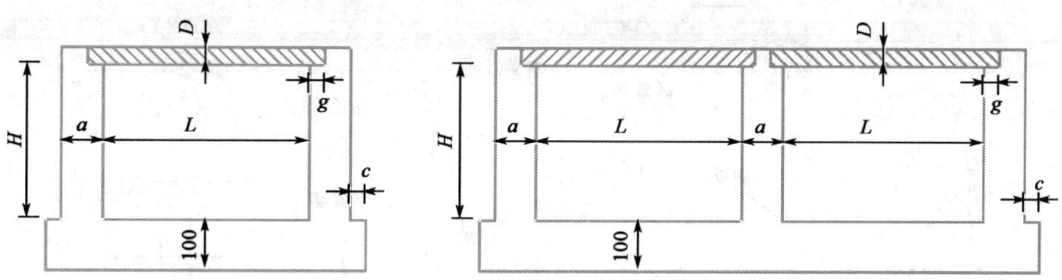

图 4-10 整体式基础断面

1)整体式基础一孔盖板涵

整体式基础一孔盖板涵的混凝土涵台及基础每延米工程量指标见表 4-15;表中约定涵顶填土高 4m,地基承载力$[\sigma_0]$=300kPa。一道一孔整体式基础盖板涵工程量指标见表 4-16。

整体式基础一孔盖板涵每延米工程量指标　　表 4-15

项目	单位	跨径 L×高度 H(m)				
		2×2	2.5×2	3×3	4×3	5×4
涵台混凝土	m^3/m	3.275	4.3	5.49	7.72	10.7
基础混凝土	m^3/m	3.9	4.5	5.1	6.2	7.4

一道一孔整体式基础盖板涵工程量指标　　表 4-16

项目	涵长	单位	跨径 L(m),路基宽度 12m 和填土高度 4m				
			2×2	2.5×2	3×3	4×3	5×4
混凝土涵身	24m	m^3	187	229	279	377	502
钢筋		kg	3408	3888	4368	5232	6192
进出八字洞口	—	m^3	23.6	23.6	53.2	53.2	97.4

2)整体式基础两孔盖板涵

整体式基础两孔盖板涵的混凝土涵台及基础每延米工程量指标见表 4-17;表中约定涵顶填土高 4m,地基承载力$[\sigma_0]$=300kPa。一道两孔整体式基础盖板涵工程量指标见表 4-18。

整体式基础两孔盖板涵每延米工程量指标　　表 4-17

项目	单位	跨径 L×高度 H(m)				
		2×2	2.5×2	3×3	4×3	5×4
涵台混凝土	m^3/m	4.86	6.40	8.18	11.48	15.9
基础混凝土	m^3/m	10.05	12.1	14.58	19.24	25.4

一道两孔整体式基础盖板涵工程量指标　　表 4-18

项目	涵长(m)	单位	跨径 L×涵高(m),路基宽度 12m 和填土高度 4m				
			2×2	2.5×2	3×3	4×3	5×4
混凝土涵身	24.0	m^3	386.7	479.04	595.08	823.68	1125.6
钢筋		kg	7896	9264	10838.4	13747.2	17472
进出八字洞口	—	m^3	29.1	30.9	65.7	71.1	127

4.3 箱涵

箱涵是指涵身为钢筋混凝土矩形断面形式的涵洞,适用于较弱的土基。

1. 一般构造

图 4-11 为箱涵一般构造,其工程内容包括钢筋混凝土涵身及基础、垫层、沉降缝、帽石、进出口及洞口以外必要的砌石水沟等。箱涵是一种刚架结构,分为现浇和预制两种类型,其过水量一般按无压力式涵洞设计。

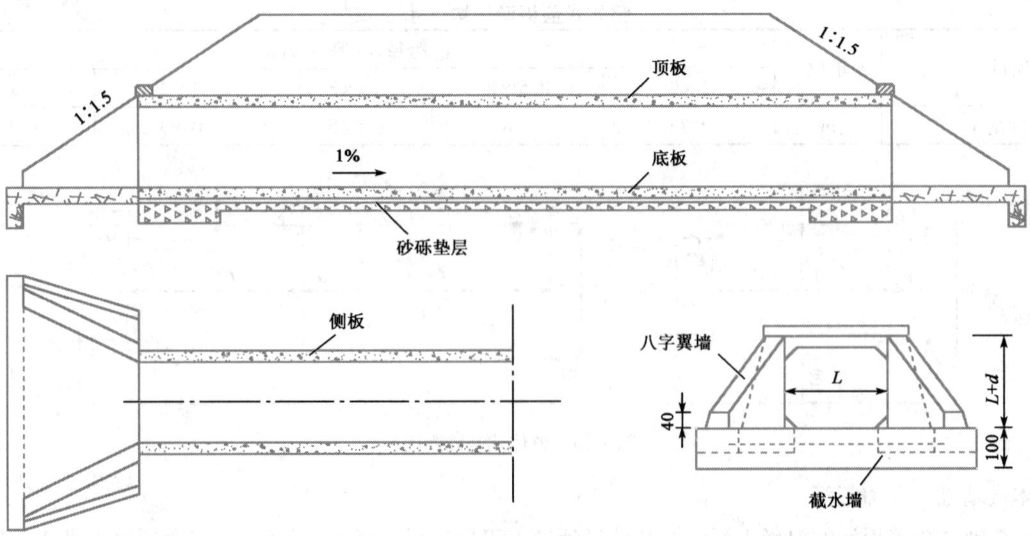

图 4-11　箱涵一般构造

2. 箱涵基础

图4-12为箱涵基础断面。箱涵基础一般为10cm厚素混凝土，每道涵均应在涵身中部连同基础设变形缝一道，变形缝4cm×6cm槽口设在顶板的上方和腹板的外侧墙面；过水箱涵底板变形缝的顶面可不设油毛毡，而在填塞沥青麻絮后再灌注热沥青即可。涵身变形缝构造见图4-13。

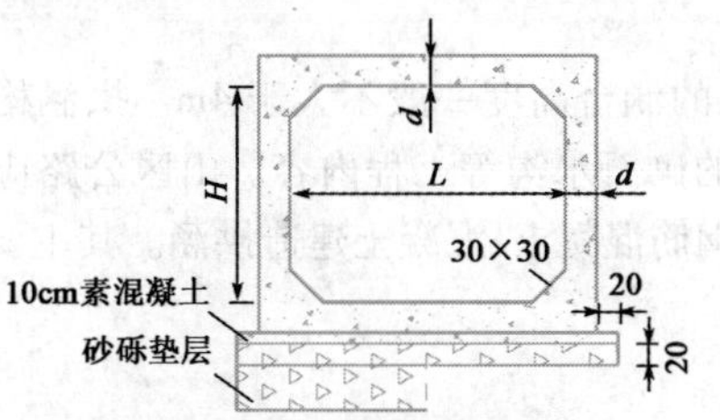

图4-12 箱涵基础断面

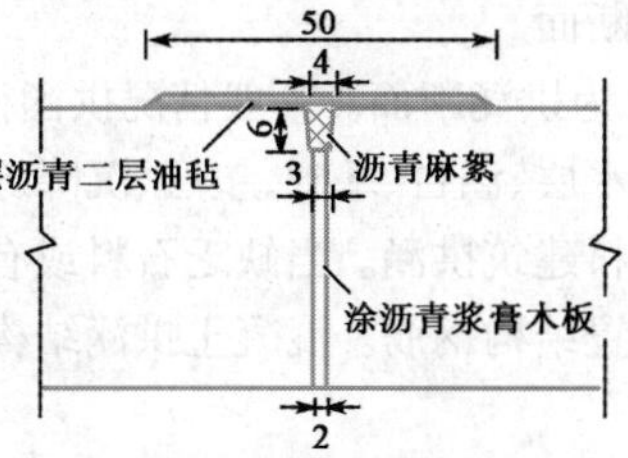

图4-13 涵身变形缝构造

3. 箱涵工程量

箱涵结构简单，其跨径与高度基本相同，或比高度多50cm。箱涵工程量指标见表4-19。

箱涵工程量指标 表4-19

跨径 L×高度 H		壁厚 d	每米工程量		24m 涵长工程量	
			涵身	钢筋	混凝土	钢筋
m		cm	m^3	kg	m^3	kg
2	2	28	2.734	356	72.7	8544
2.5	2	30	3.24	386	86.2	9264
3	2.5	32	4.11	605	108	14520
3.5	3	34	5.062	697	132	16728
4	3.5	36	6.098	1055	159	25320

4.4 拱涵

拱涵是在设涵的情况下跨径要求较大或就地利用石料时，所采用的洞顶呈拱形的一种桥跨结构。拱涵还可采用水泥混凝土、钢筋混凝土材料建造。

1. 一般构造

图4-14为拱涵一般构造，拱圈为无铰拱结构，涵台为重力式结构。拱涵的结构组成、施工工艺要求与拱式桥基本一致，对地基的承载力要求高，不能产生不均匀横沉降，以免造成拱圈开裂。涵洞顺水方向每隔4～6m设置一道沉降缝，其贯穿整个断面，缝宽2cm。

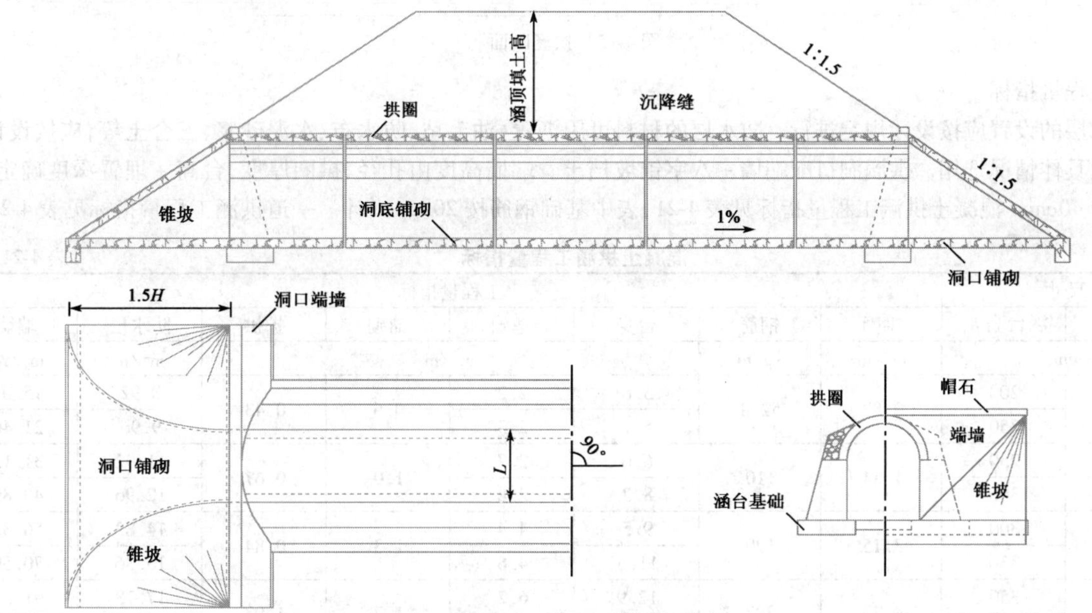

图4-14 拱涵一般构造

拱圈强度达到设计标号的75%时方可进行涵台台后填土，同时应严格按水平分层，按照路基设计要求的压实度对称填筑、压实。涵洞台后填土分层夯实厚度不宜大于30cm，压实度应≥90%，压实范围为1～2倍填土高。涵底和洞口铺砌采用两层，上层采用浆砌片石，下层采用砂砾垫层。施工中当涵顶填土高度大于0.5m，方可采用振动式碾压设备对涵洞范围内的填土进行碾压。涵洞进出口与洞身应分离砌筑，接缝内填塞沥青麻絮防水材料。

2. 拱涵断面

图4-15为拱涵断面。一般情况拱涵径矢高为1/2，4m以上跨径的涵台高度一般不大于4m。拱涵构造中有拱圈、护拱、防水层、涵台、基础、垫层、沉降缝、进出口及洞口以外必要的砌石水沟等工程内容。山区公路应充分利用当地优质石料建筑拱涵。当缺乏石料或有结构设计要求时，可采用钢筋混凝土、混凝土建造拱涵。其主要区分在拱圈内是否配置结构钢筋。混凝土拱涵结构尺寸见表4-20。

拱涵结构尺寸（单位：cm） 表4-20

跨径 L	拱圈厚度 d	涵台及基础尺寸				涵台基础宽度	端墙高 $d+L/2+h_1$	端墙宽
		h_1	h_2	a	c			
200	25	200	60	70	30	180	325	850
		250	60	70	30	192.5	375	950
300	35	250	60	100	30	222.5	435	1170
		300	60	100	30	235	485	1270
400	45	300	80	120	40	275	545	1490
		350	80	120	40	287.5	595	1590
500	55	350	100	140	40	307.5	655	1810
		400	100	140	40	320	705	1910

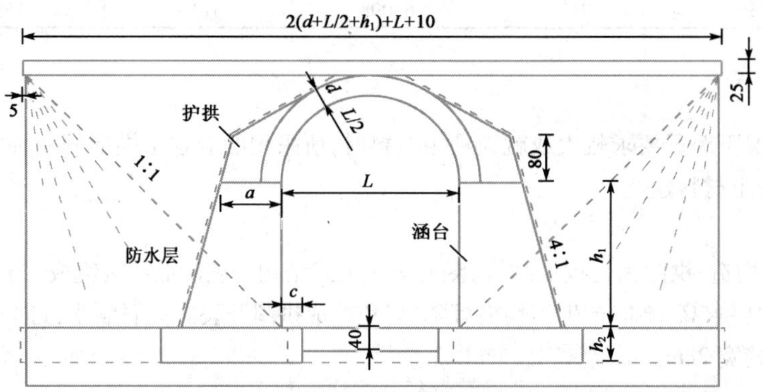

图4-15 拱涵断面

3. 工程量指标

防水层的设置应按设计规定进行。防水层的材料可用沥青、油毛毡、防水布、水泥砂浆、三合土等，应按设计要求和工地具体情况选用。拱涵洞口配端墙+八字锥坡挡土。端墙高度由孔径、拱圈厚度、台高+埋置深度确定，厚度一般为40cm。混凝土拱涵工程量指标见表4-21，表中基础钢筋按20kg/m³计。一道拱涵工程量指标见表4-22。

混凝土拱涵工程量指标 表4-21

尺寸		工程量指标							
跨径 L	涵台高 h_1	拱圈	钢筋	台身	基础	铺砌	护拱	防水层	端墙
cm		m^3/m	kg/m	m^3/m				m^2/m	m^2/端
200	200	0.88	52.8	3.8	2.2	0.6	0.43	8.92	15.05
	250			5.1	2.3			9.96	21.46
300	250	1.84	110	6.6	2.7	1.0	0.67	11.92	31.12
	300			8.3	2.8			12.96	40.89
400	300	3.15	190	9.5	4.4	1.3	0.84	14.82	56.38
	350			11.5	4.6			15.86	70.59
500	350	4.79	287	12.9	6.2	1.7	1.03	17.78	91.52
	400			15.2	6.4			18.82	110.5

一道拱涵工程量指标 表4-22

项目	涵长(m)	单位	孔径 $L\times$台高 h(m)			
			2×2	3×3	4×3.0	5×4
混凝土	24.0	m^3	23.0	55.5	75.6	140
基础及拱圈钢筋		kg	2323	3994	6648	9970
八字洞口	—	m^3	23.6	53.2	55.9	97.4

4.5 倒虹吸涵

虹吸管压力式涵洞是农田灌溉渠道与路基平交时,为连接渠道的水流而建造的涵洞。一般情况下其管节采用钢筋混凝土管,特殊情况下外加混凝土套箱。

1. 一般构造

图4-16为竖井式倒虹吸管涵构造。其进出口为竖直井洞口,对接水渠和倒虹吸管涵。在进水井洞口前设置沉沙池,其进水口标高比出水口标高约高一个孔径。竖井式倒虹吸管涵断面见图4-17。一道倒虹吸涵工程量指标见表4-23。

一道倒虹吸涵工程量指标 表4-23

项目	盖板涵	圆管涵	进出水井	井基	沉沙池	进水沟	水渠	合计
长度(m)	34.2	34.2	12.5	—	1.5	4.3	10	钢筋9768kg 混凝土465m^3
单位体积(m^3)	10.8	0.611	3.04	6.05	2.112	1.483	1.56	
圬工数量(m^3)	369	20.9	38	12.1	2.11	7.58	15.6	

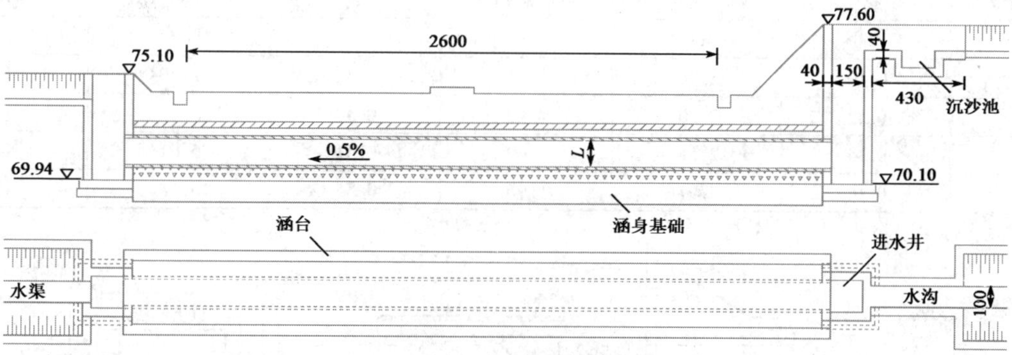

图4-16 竖井式倒虹吸管涵构造

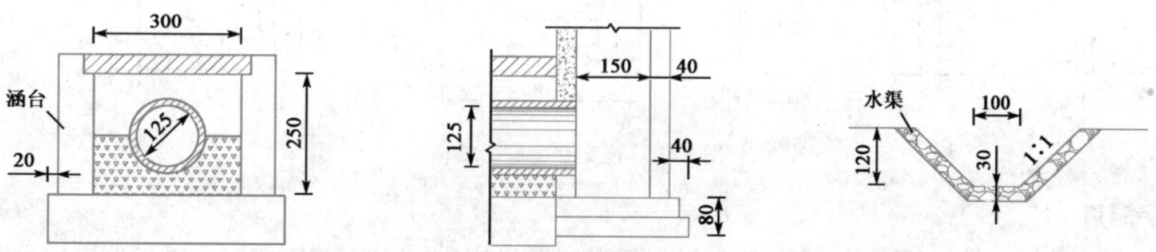

图4-17 竖井式倒虹吸管涵断面

2. 工程量指标

高速公路倒虹吸涵一般在其外围套建一个盖板涵,并设置检查通道便于维修。按图4-16计算的倒虹吸涵主要工程量,见表4-24。表中未列砂砾垫层、检查通道、管节接头、盖板涵沉降缝等工程数量,可参考相关图表。

一道倒虹吸涵工程量指标 表4-24

中心桩号	孔数-孔径		外套盖板涵				倒虹吸涵			
	外套盖板涵	倒虹吸涵	盖板/钢筋	涵台	基础	洞内铺砌	涵身/钢筋	管基	沥青麻絮填缝	油毛毡
	m×m-长(m)	孔径-长(m)	m^3/kg	m^3			m^3/kg	m^3	m^3	m^2
K94+976	2.5×2.5-30.8	0.75-38.31	26.8/2649	144.1	49.9	30.8	8.0/493	25.8	3.83	8.1

斜坡式倒虹吸管涵构造见图4-18。且未列示工程量。

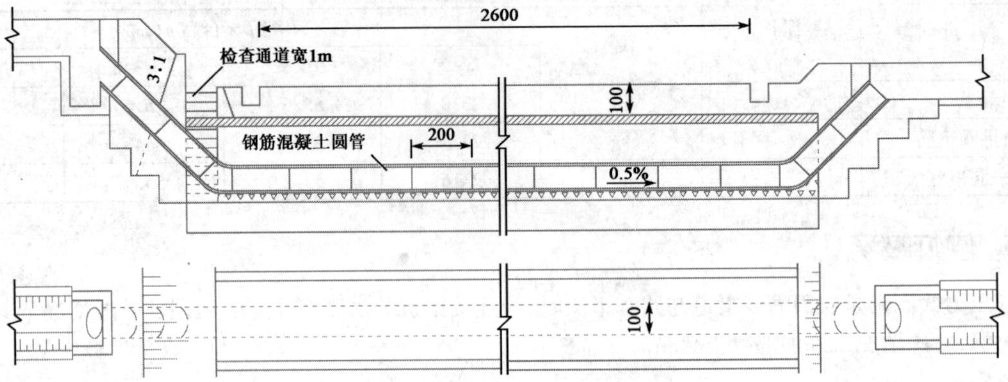

图4-18　斜坡式倒虹吸管涵构造

4.6 洞口

公路涵洞洞口建筑设置在涵洞的两端，包括进水口和出水口，分别有井字洞口、八字洞口和一字洞口等结构形式。

1. 井字洞口

图4-19为正交井字洞口结构。其底宽 $B = L + 2d + (h/8 + 0.3) \times 2$，$L$ 为圆管涵孔径、d 为圆管涵壁厚、h 为井深，井墙外壁竖立、内壁8:1倾斜。正交井字洞口工程量指标见表4-25。

正交井字洞口工程量指标　　表4-25

洞口尺寸					工程量指标	
孔径 L	管壁厚 d	B	h	b	井身	M10抹面
m					m^3	m^2
0.75	0.10	1.84	1.15	0.44	2.70	10.04
1.00	0.12	2.20	1.42	0.48	3.79	12.29
1.25	0.14	2.55	1.69	0.51	5.01	14.66
1.50	0.16	2.91	1.96	0.55	6.38	17.20

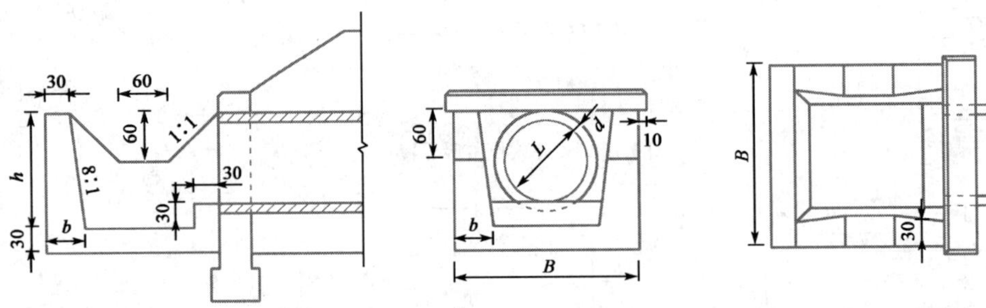

图4-19　正交井字洞口结构

2. 八字洞口

图4-20为正交八字洞口结构，包括翼墙及基础、洞口铺砌、截水墙、端墙（指圆管涵）、帽石等工程内容。正交八字洞口工程量指标见表4-26。

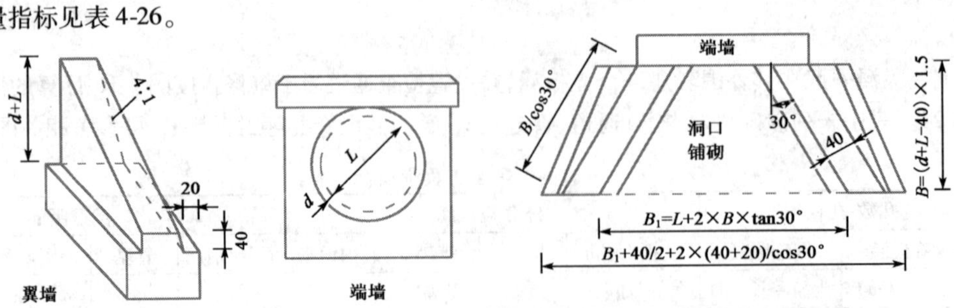

图4-20　正交八字洞口结构

正交八字洞口工程量指标（单位:m^3）　　表4-26

项目		八字翼墙高度H(m)/一个洞口							
		0.85	1.12	1.39	1.66	2	2.5	3	3.5
孔径L(m)		0.75	1.0	1.25	1.5	2.0	2.5	3.0	3.5
洞口长度(m)		0.675	1.08	1.485	1.89	2.4	3.15	3.9	4.65
洞口前沿宽(m)		1.53	2.25	2.96	3.68	4.77	6.14	7.50	8.87
翼墙长度(m)		0.78	1.25	1.71	2.18	2.77	3.64	4.50	5.37
翼墙	墙身	0.465	0.951	1.61	2.48	3.91	6.75	10.6	15.6
	基础	0.888	1.46	2.07	2.72	3.57	4.92	6.39	7.97
洞口铺砌		0.178	0.494	0.97	1.60	2.79	4.84	7.44	10.6
截水墙		0.751	0.923	1.10	1.27	1.53	1.86	2.18	2.51
合计		2.28	3.83	5.75	8.06	11.8	18.4	26.6	36.7

项目		八字翼墙高度H(m)/一个洞口						
		4	4.5	5	5.5	6	7	8
孔径L(m)		4	4.5	5	5	5	5	5
洞口长度(m)		5.4	6.15	6.9	7.65	8.4	9.9	11.4
洞口前沿宽(m)		10.24	11.60	12.97	13.83	14.70	16.43	18.16
翼墙长度(m)		6.24	7.10	7.97	8.83	9.70	11.43	13.16
翼墙	墙身	21.9	29.6	38.9	49.9	62.8	94.7	136
	基础	9.66	11.46	13.4	15.4	17.5	22.2	27.2
洞口铺砌		14.3	18.6	23.5	27.3	31.5	40.5	50.6
截水墙		2.84	3.17	3.50	3.70	3.91	4.33	4.74
合计		48.7	62.9	79.3	96.4	116	162	218

3. 一字洞口

图4-21为正交一字洞口结构，其中包括端墙及基础、锥坡及基础、洞口铺砌、截水墙、帽石等内容。正交一字洞口工程量指标见表4-27。

正交一字洞口工程量指标（配锥坡）　　表4-27

孔径(m)	端墙高H(m)	一个洞口工程量(m^3)						合计(m^3)	
		端墙	端墙基础	洞口铺砌	截水墙	锥坡	锥坡基础	圬工	锥坡填土
0.75	0.85	1.97	0.91	0.41	0.98	0.33	0.54	5.14	0.15
1	1.12	2.83	1.16	0.78	1.30	0.62	0.71	7.40	0.49
1.25	1.39	3.81	1.42	1.28	1.61	1.00	0.88	10.0	1.11
1.5	1.66	4.91	1.67	1.89	1.93	1.47	1.05	12.9	2.12
2	2.20	7.45	2.18	3.47	2.56	2.69	1.40	19.8	5.67

注：帽石工程量含在端墙中。

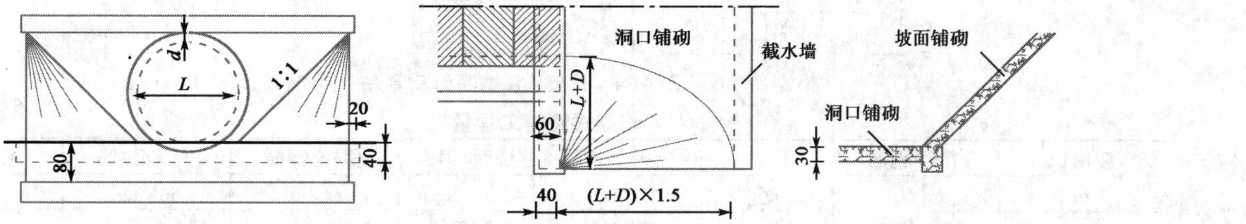

图4-21　正交一字洞口结构

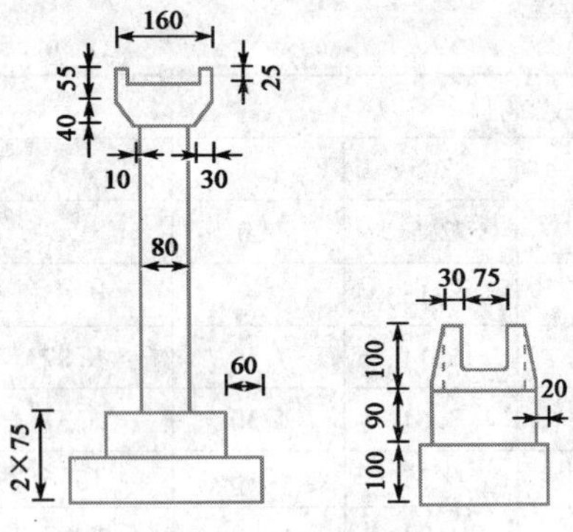

图 4-22　渡槽墩台

4.7　排架式渡槽

高架过水渡槽常采用钢筋混凝土简支梁结构形式，跨径一般为 10m、15m，上部构造槽身断面 75cm×75cm，下部构造多为柱式墩、重力式台配扩大基础。渡槽墩台见图 4-22，排架式渡槽主要工程量指标见表 4-28。渡槽一个接缝工程量指标见表 4-29。排架式渡槽结构见图 4-23，其渡槽断面及接头如图 4-24 所示。

4.8　桁架式渡槽

图 4-25 为钢筋混凝土桁架式渡槽断面。其构造一般是将人行桥与过水渡槽合建，跨径在 15m 以上，槽身断面呈 U 形，几何尺寸为 160cm × 160cm。基础和排架为现浇，预制桁架。待桁架吊装就位后，再现浇槽身。桁架在上弦杆节点处共设 8 处吊环，吊环与桁架主筋焊接。槽端间伸缩缝为 3cm，用 U 形橡皮止水，最后安装桥面板与栏杆。排架基础底铺设 10cm 厚 C20 混凝土垫层。桁架式渡槽整体结构如图 4-26 所示，其桁架结构见图 4-27，渡槽槽身见图 4-28。桁架式渡槽主要工程量指标见表 4-30。

排架式渡槽工程量指标　　表 4-28

与路线右夹角	结构		渡槽	下部构造		合计
			槽身/钢筋	槽墩/钢筋	台身	
度	孔-m	长度	m^3/kg	m^3/kg	m^3	混凝土 74.6m^3
90°	4×15.4	65.8m	46.2/5847	13.9/1617	27.9	钢筋 7464kg

渡槽一个接缝工程量指标　　表 4-29

6mm 橡皮止水垫	ϕ10mmU 型螺栓	钢板	10cm 宽沥青麻絮	沥青砂胶
m^2	kg	kg	m^2	m^3
2.00	13.2	33	0.29	0.14

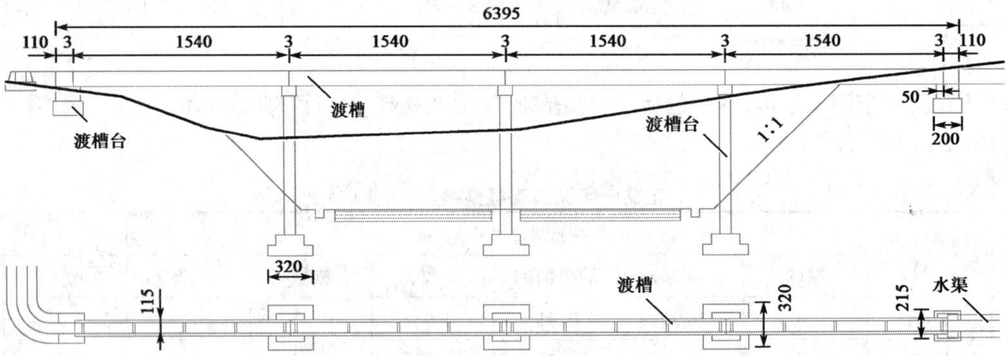

图 4-23　排架式渡槽

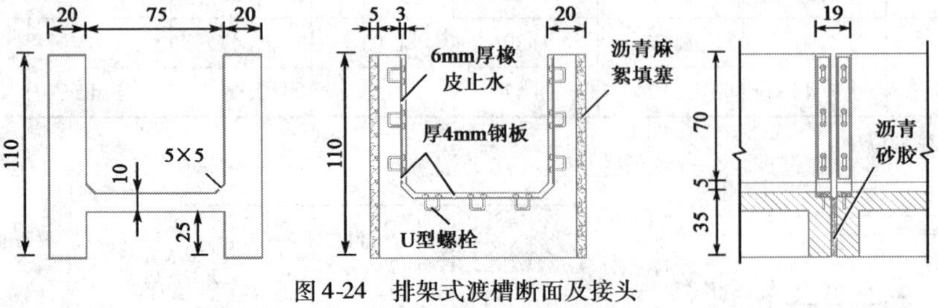

图 4-24　排架式渡槽断面及接头

桁架式渡槽工程量指标　　表 4-30

渡槽长	桁架/钢筋	桥台	桥墩/钢筋	桥面/钢筋	栏杆/钢筋	槽身/钢筋	橡皮止水垫
m	m^3/kg	m^3	m^3/kg	m^3/kg	m^3/kg	m^3/kg	m^2
66.7	26.9/2696	43.5	85.2/5916	12/1080	4.0/420	34.5/5520	2.25
	混凝土 207m^3、钢筋 15.632t，墩台基础砌石 29.3m^2，未计算钢栏杆工程量						

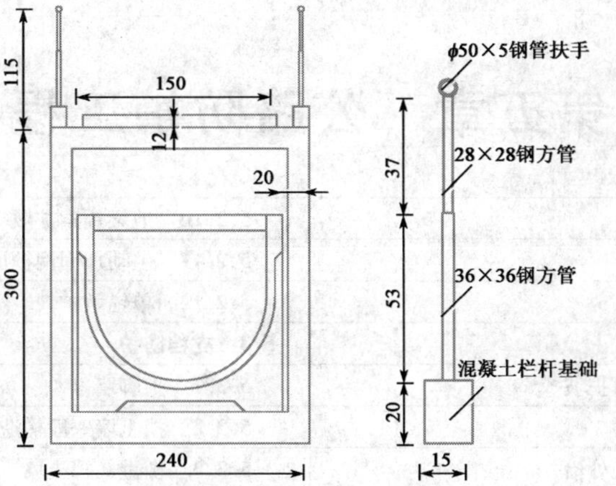

图 4-25　桁架式渡槽断面

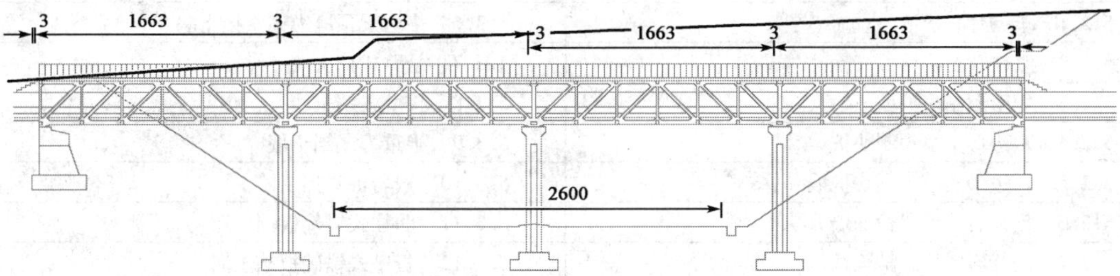

图 4-26　桁架式渡槽

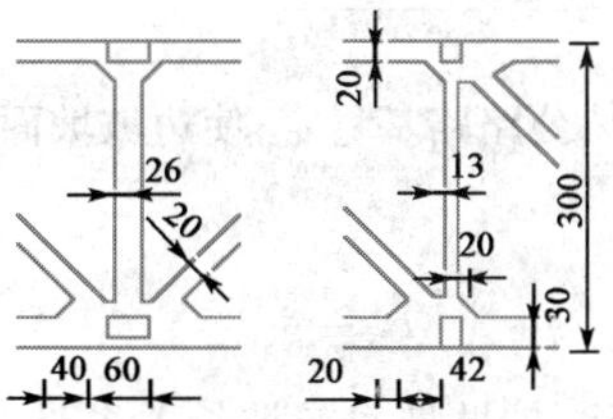

图 4-27　桁架结构

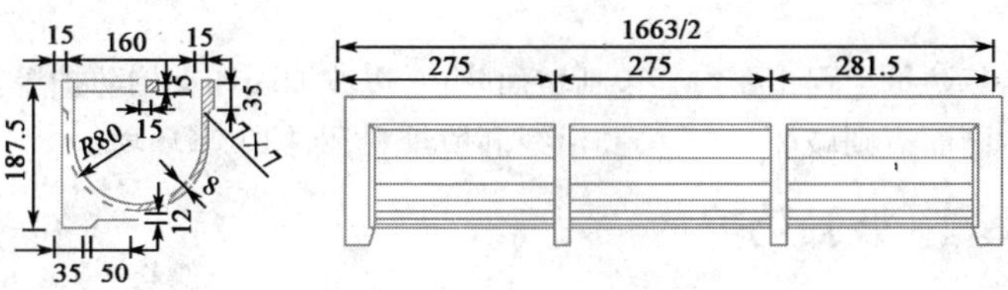

图 4-28　渡槽槽身

第五章　公路防护工程

路基防护工程主要内容包括坡面防护、边坡加固和支挡防护等。其功能是保持公路路基稳定,使边坡坡面免受雨水冲刷而遭到破坏,改善公路沿线环境景观,保护生态环境。

5.1　坡面防护

坡面防护长度与坡高成正比,与坡率成反比。任意坡高求坡长 = 坡高 $h \div \sin\alpha$,护坡坡率与坡长关系见表 5-1 和图 5-1。

护坡坡率与坡长　　表 5-1

边坡坡率	1:3	1:2.5	1:2	1:1.75	1:1.5	1:1.25	1:1	1:0.75	1:0.5	4:1	5:1	8:1	10:1	20:1
坡高 10m 的坡长	31.62	26.93	22.36	20.16	18.03	16.01	14.14	12.50	11.18	10.31	10.20	10.08	10.05	10.01
坡面与水平线夹角 α	18.43	21.80	26.57	29.74	33.69	38.66	45.00	53.13	63.43	75.96	78.69	82.87	84.29	87.14

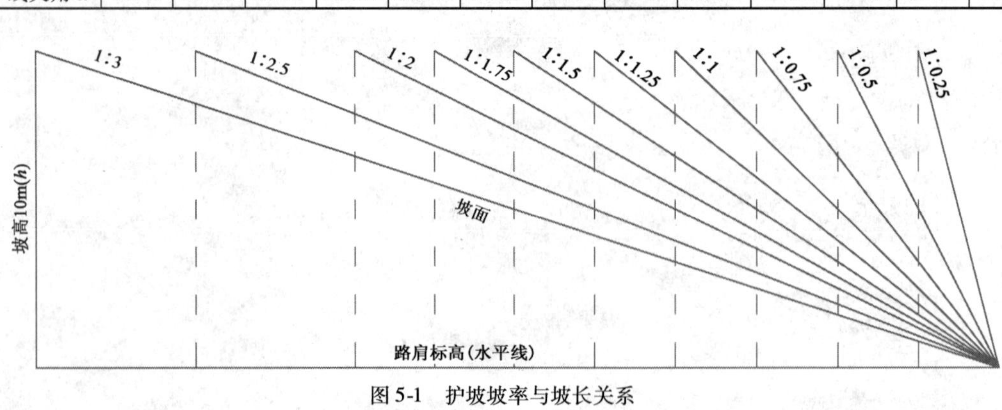

图 5-1　护坡坡率与坡长关系

5.1.1　植物防护

植物防护就是利用植被对边坡的覆盖作用、植物根系对边坡的加固作用,使路基边坡免受大气降水与地表径流的冲刷。植草护坡适用于边坡高度小于或等于5m，且适合草类生长的土质边坡，地表径流速度不超过0.6m/s（图5-2）。对于不利于草类生长的土质，应在坡面上先铺一层不小于10cm的种植土，再进行播种草籽或铺草皮。

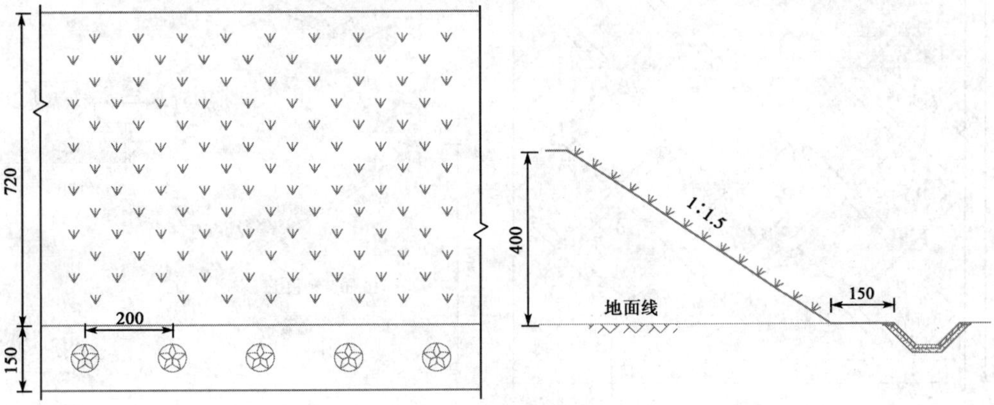

图5-2　植草护坡

1.播种草籽

播种草籽的草种选用由气候、土质、施工季节等确定，宜采用易成活、生长快、根系发达、叶茎矮或有匍匐茎的多年生草种。播种草籽护坡100m^{2}坡面工程量指标见表5-2。

播种草籽护坡100m^{2}坡面工程量指标　表5-2

项目	播草籽面积	塑料薄膜	植灌木	备注
	m^2		棵	
工程量指标	100	123	7	护坡纵向长度13.9m

1）人工播种草籽

人工播种草籽应将草籽加土拌和均匀，播种在表土翻松的坡面上，100 m^{2}坡面种子用量为1.5kg，耕植土1m^3，质量1400kg。

2）机械喷播草籽

喷播前需先整理坡面，清除坡面的浮根、浮石，根据坡面情况的需要设置坡顶排水沟。喷播一般采用专门的喷播机，要求各种材料混和均匀、喷播材料用量适中，喷播后要及时铺盖无纺布养生。机械喷播100m^{2}坡面种子用量，填方边坡为2.0kg，挖方边坡为3.0kg；耕植土3m^3。机械喷播草籽分湿法喷播和客土喷播。

①湿法喷播是一种以水为载体的机械化植被种植技术，喷播的种子在较短的时间内萌芽、生长，覆盖坡面，达到迅速绿化，稳固边坡的目的。该方法适用于土质边坡、土夹石边坡、严重风化岩石且坡率缓于1:0.5的路堑边坡、路堤边坡及平地，以及中央分隔带、立交区、服务区及弃土堆的绿化防护。

②客土喷播是指用外来基质材料、基质辅助材料、肥料和种子按一定比例，加入专用设备中充分混和后，喷射到坡面，使植物获得生长基础，达到快速绿化的目的。客土喷播适用于风化岩石、土壤较少的软质岩石、养分较少的土壤、硬质土壤、植物立地条件差的高大陡坡面和受侵蚀显著的坡面。当坡率陡于1:1时，宜设置挂网或混凝土框架。

2.铺草皮护坡

满铺草皮是在整个坡面底边自下而上平铺草皮，根据边坡坡率大小，每块草皮钉一至两个竹钉固定，竹（木）钉长度一般为20cm。草皮通常将边缘切成斜边，以便于压缝搭接。草皮规格一般为20cm×30cm，铺100m^2，质量2800kg；竹钉用量3333个。

3.方格网植草护坡

图5-3为方格网植草护坡，适用于高度小于或等于5m、坡率不陡于1:1的路堤边坡防护。方格网植草护坡的草皮带骨架间距1.5m，宽度约25cm，厚度约2cm，为1.5m×1.5m的方格网，方格与边坡水平线成45°角。整个坡面由底边自下而上平铺草皮网格，网格内采用人工播种草籽。方格网植草护坡工程量指标见表5-3。

方格网植草护坡100m^{2}工程量指标　表5-3

项目	铺草皮	播草籽	耕植土	竹（木）钉	备注
	m^2		m^3	个	
工程量指标	34.5	65.5	10.0	1150	护坡纵向长度11.1m

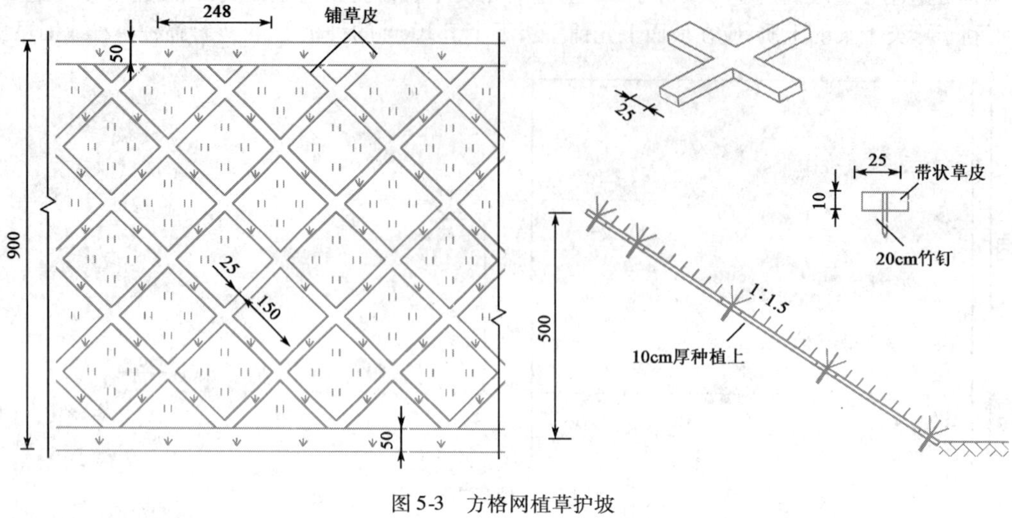

图 5-3　方格网植草护坡

5.1.2　三维网植草护坡

图 5-4 为三维网植草护坡，适用于边坡高度小于等于 6m、坡率缓于 1:0.75 的路段。三维网植草护坡的纵向搭接长度 15cm。U 型锚钉 0.28kg/个、加长 U 型锚钉 0.40kg/个。施工时在坡脚及坡顶处开挖宽 30cm、深 20cm 的沟槽，将三维网铺设于沟内，纵向每间隔 50cm 用加长 U 型锚钉固定并填土夯实。三维网铺设完毕，再用种植土覆盖，播种草籽完毕后必要时覆盖无纺布以保证草种的发芽生长。三维网植草护坡 $100m^2$ 工程量指标见表 5-4。

三维网植草护坡 $100m^2$ 工程量指标　　表 5-4

项目	播种草籽	三维网	耕植土	$\phi8$ 锚钉	备注
	m^2		m^3	kg	
工程量指标	100	142	10.0	54.2	护坡纵向长度 14.14m

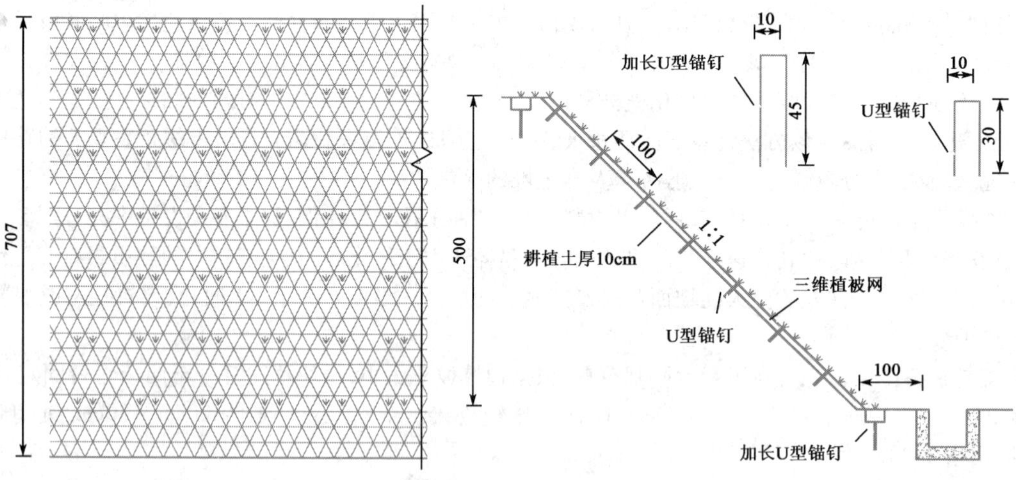

图 5-4　三维网植草护坡

5.1.3　挂网喷混植草护坡

图 5-5 为挂网喷混植草护坡，适用于坡率缓于 1:0.75 的路堑石质边坡。根据岩面稳定条件不同，可分为稳定性硬质岩、稳定性软质岩和楔形滑动坡面三种类型，采用 $\phi22$ 的长锚杆和 $\phi18$ 的短锚杆，锚杆间距 1m × 1m，注入水泥砂浆（灰砂比为 1:1）进行锚固。含草种的绿化基材混合料铺设厚度，软石夹土为 8cm，软石为 10cm，次坚石为 12cm。挂网喷混植草护坡锚杆参数见表 5-5；挂网喷混植草护坡 $100m^2$ 工程量指标见表 5-6。

挂网喷混植草护坡锚杆参数 表5-5

项目	硬质岩	软质岩	滑动坡面	单位重量
	cm			kg/m
短锚杆 $\phi18$	40	100	200	2.0
长锚杆 $\phi22$(m)	60	150	300	2.98

挂网喷混植草护坡 $100m^2$ 工程量指标 表5-6

项目	长杆 $\phi22$	短杆 $\phi18$	铁丝网	绿化基材	砌石基础	耕植土	备注
	kg		m^2		m^3		
硬质岩	35.76	63.2	110	100	3.2	10	护坡纵向长度8.8m
软质岩	89.4	158	110	100	3.2	10	挖基数量同砌石基础
滑动坡面	178.8	316	110	100	3.2	10	

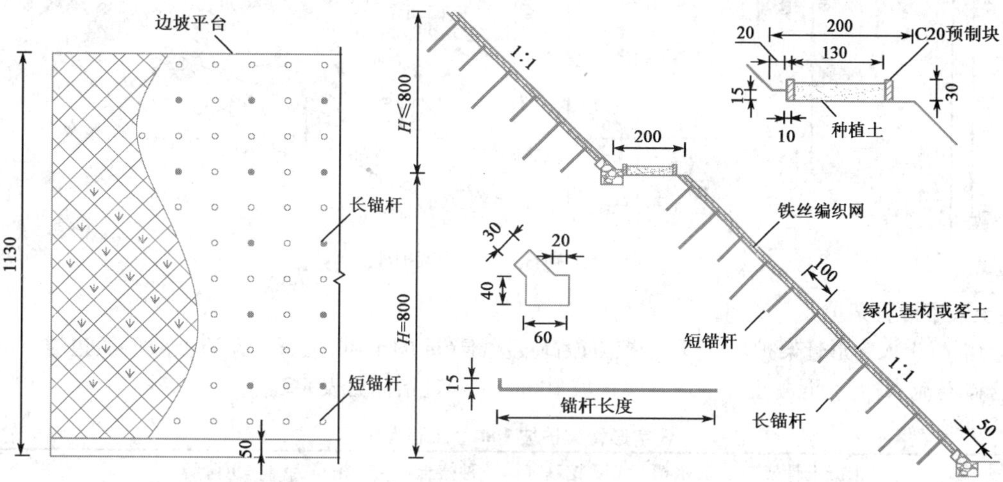

图5-5 挂网混喷(客土喷播)植草护坡

5.1.4 挂网客土喷播植草护坡

挂网客土喷播植草护坡，适用于坡率缓于1:1的边坡，结构见图5-5。根据岩面稳定条件不同分为软石夹土、软石两种类型，采用 $\phi18$ 的长锚杆和 $\phi12$ 的短锚杆，锚杆间距1m×1m，注入水泥砂浆(灰砂比为1:1)进行锚固。客土厚度为6cm、8cm两种。挂网客土喷播植草护坡 $100m^2$ 工程量指标见表5-7。

挂网客土喷播植草护坡 $100m^2$ 工程量指标 表5-7

项目	锚杆长度		客土喷播植草					备注
	长杆 $\phi18$	短杆 $\phi12$	锚杆	铁丝网	喷播	砌石基础	耕植土	
	cm		kg	m^2	m^2	m^3		
软石夹土	300	100	211	110	100	3.2	10	护坡纵向长度8.8m
软石	400	200	387	110	100	3.2	10	

5.1.5 骨架护坡

骨架护坡是先在坡面上用工程材料做成骨架，之后再在骨架内完成植草的一种边坡防护措施。为防止坡面水流冲刷坡脚，在护坡道或碎落台水平位置，建筑与坡面主骨架约同宽的砌石流水槽，顺接坡面水流至路基边沟。

1. 砌石人字形骨架护坡

图5-6为砌石人字形骨架护坡，适用于挖方段高度大于6m、坡率缓于1:0.75的土质、土石二元边坡或岩质边坡。竖向主骨架为槽形断面，沟宽40cm，拦水沟深5cm。人字骨架采用L型断面，沟宽30cm，拦水沟深5cm。砌石骨架嵌入边坡深度为30cm。沉降缝一般沿竖向主骨架，每隔15~20m设置一道，缝宽2cm。C20混凝土预制块拦水石 $0.02m^3/m$，片石护脚 $0.4m^3$(含砌石流水槽)。砌石人字形骨架护坡 $100m^2$ 工程量指标见表5-8。

人字形骨架护坡 $100m^2$ 工程量指标　　表 5-8

项目	砌石骨架	预制块	流水槽	挖基	种植土	植草	沉降缝	备注
	m^3			m^3		m^2		
工程量指标	9.42	1.59	0.90	18.2	6.69	66.9	1.0	护坡纵向长度 7.86m

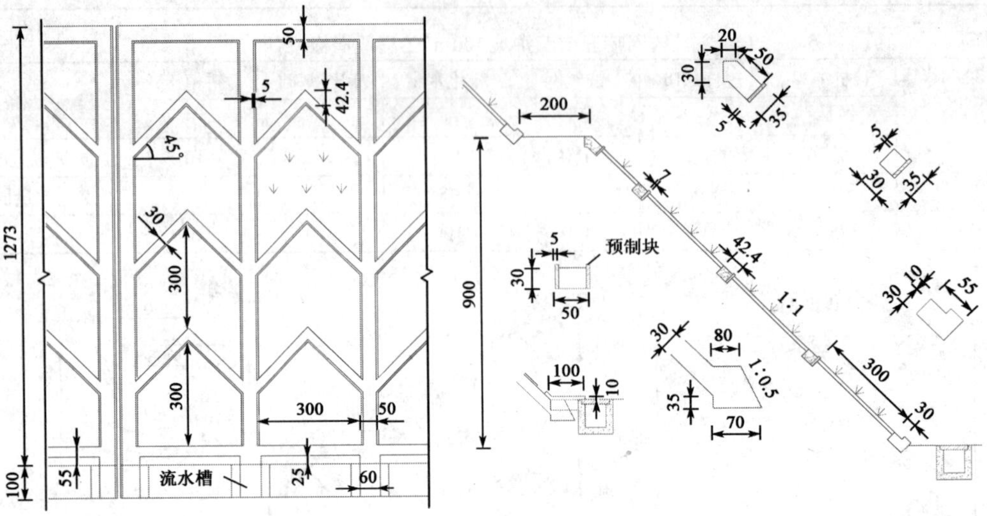

图 5-6　砌石人字形骨架护坡

2. 混凝土人字形骨架护坡

图 5-7 为混凝土人字形骨架护坡，适用于挖方段高度大于 6m 的土质、土石二元边坡或岩质边坡。混凝土护脚 $0.4m^3/m$（含砌石流水槽）。混凝土人字形骨架护坡 $100m^2$ 工程量指标见表 5-9。

人字形骨架护坡 $100m^2$ 工程量指标　　表 5-9

项目	混凝土骨架	流水槽	挖基	种植土	植草	沉降缝	备注
	m^3		m^3		m^2		
工程量指标	9.90	0.93	16.8	7.24	72.4	1.04	护坡纵向长度 7.86m

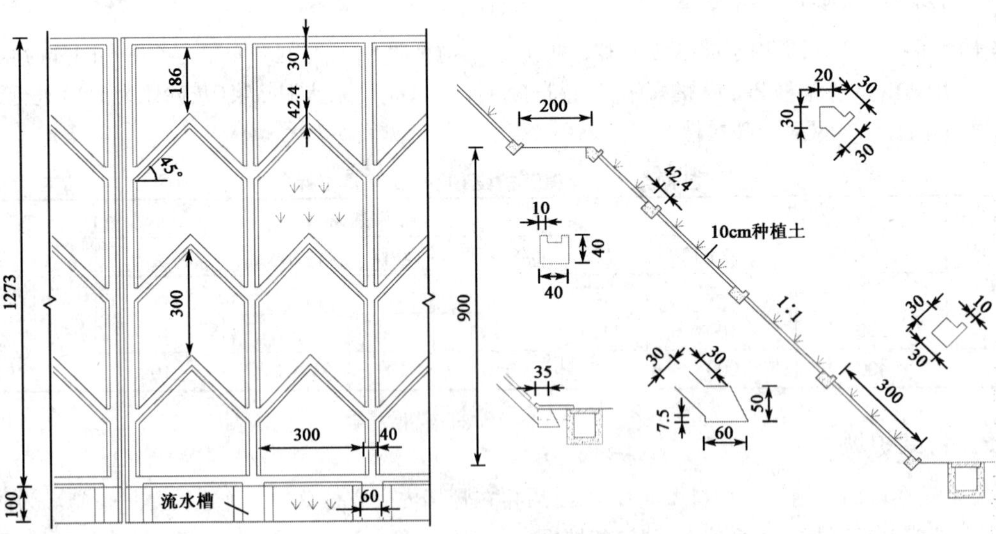

图 5-7　混凝土人字形骨架护坡

3. 砌石方格形骨架护坡

图 5-8 为砌石方格形骨架护坡。方格骨架间距 3m，骨架宽度 50cm，其与边坡水平线成 45°角，截水沟骨架为 L 型断面，拦水带高出坡面 10cm。方格形骨架内播种草籽。砌石方格形骨架护坡 $100m^2$ 工程量指标见表 5-10。

方格形骨架护坡 $100m^2$ 工程量指标　　表 5-10

项目	砌石骨架	流水槽	挖基	种植土	植草	沉降缝	备注
	m^3		m^3		m^2		
工程量指标	18.76	0.88	18.9	6.08	60.8	0.69	护坡纵向长度 9.17m

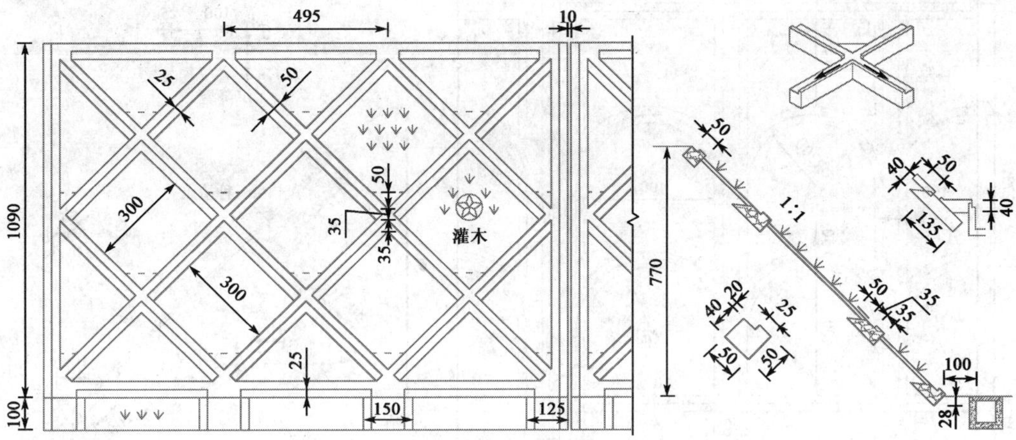

图 5-8　砌石方格骨架护坡

4. 混凝土方格形骨架护坡

图 5-9 为混凝土方格形骨架护坡。方格骨架间距 3m，骨架宽度 30cm，其与边坡水平线成 45°角，截水沟骨架为 L 型断面，拦水带高出坡面 10cm。方格形内播种草籽。现浇混凝土方格护坡 $100m^2$ 工程量指标见表 5-11。

方格护坡 $100m^2$ 工程量指标　　表 5-11

项目	C20 骨架	流水槽	挖基	种植土	植草	沉降缝	备注
	m^3		m^3		m^2		
工程量指标	9.82	0.34	16.7	7.26	72.6	0.71	护坡纵向长度 8.0m

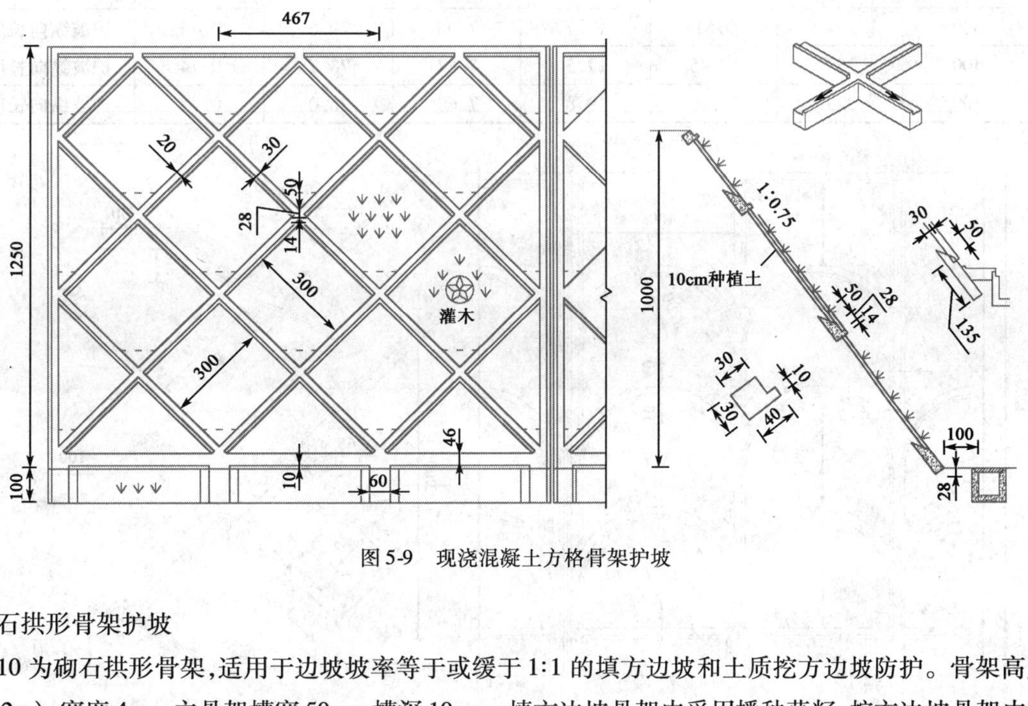

图 5-9　现浇混凝土方格骨架护坡

5. 砌石拱形骨架护坡

图 5-10 为砌石拱形骨架，适用于边坡坡率等于或缓于 1:1 的填方边坡和土质挖方边坡防护。骨架高度 4m（含圆拱半径 2m），宽度 4m。主骨架槽宽 50cm，槽深 10cm。填方边坡骨架内采用播种草籽，挖方边坡骨架内采用喷播草籽。砌石拱形骨架护坡 $100m^2$ 工程量指标见表 5-12。

拱形骨架护坡 100m² 工程量指标 表 5-12

项目	砌石骨架	流水槽	挖基	种植土	植草	沉降缝	备注
	m^3		m^3		m^2		
工程量指标	19.3	0.41	24.1	6.21	62.1	0.63	护坡纵向长度 7.86m

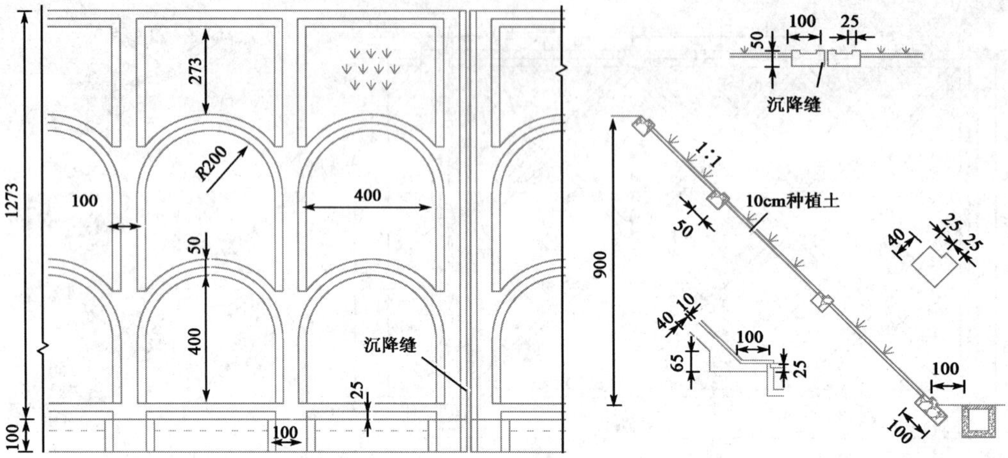

图 5-10 砌石拱形骨架护坡

6. 现浇混凝土拱形骨架护坡

图 5-11 为现浇混凝土拱形骨架，适用于边坡坡率等于或缓于 1∶1 的填方边坡和土质挖方边坡防护，主骨架尺寸见表 5-13。主骨架槽宽 40cm，槽深 10cm。填方边坡骨架内采用播种草籽，挖方边坡骨架内采用喷播草籽。现浇混凝土拱形骨架护坡 100m² 工程量指标见表 5-13，流水槽工程量计入 C20 骨架中。

拱形骨架护坡 100m² 工程量指标 表 5-13

坡高 (cm)	骨架高		工程量指标					备注
	h_1	h_2	C20 骨架	挖基	种植土	播种草籽	沉降缝	
	cm		m^3	m^3	m^3	m^2		
1000	500	294	9.81	17.7	7.96	79.6	0.74	护坡纵向长度 7.07m
900	400	353	10.45	17.5	7.87	78.7	0.74	护坡纵向长度 7.86m
900	300	223	12.00	19.8	7.60	76.0	0.74	护坡纵向长度 7.86m

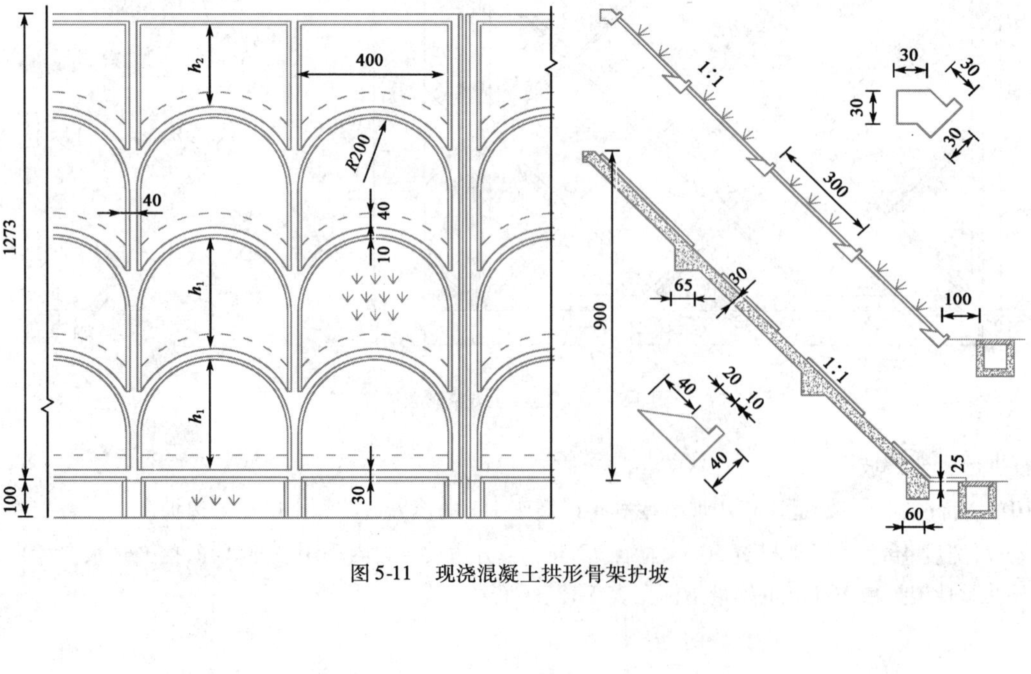

图 5-11 现浇混凝土拱形骨架护坡

5.1.6 硬质岩石路段坡面处治

图5-12为采用光面爆破的方法处治岩石路段坡面,适用于岩体较为稳定、完整的硬质岩石挖方路段。光面爆破应采用自上而下、分段跳槽的逆作法施工,一般禁止无序大开挖、大爆破作业。坡面不作防护,仅在碎落台上栽植爬壁藤、垂吊植物等。硬质岩石路段坡面爆破长100m工程量指标见表5-14。

硬质岩石路段坡面爆破长100m工程量指标　　表5-14

项目	爆破石方	砌石	耕植土	备注
	m^3	m^3		
工程量指标	9500	263	540	边坡高度15m

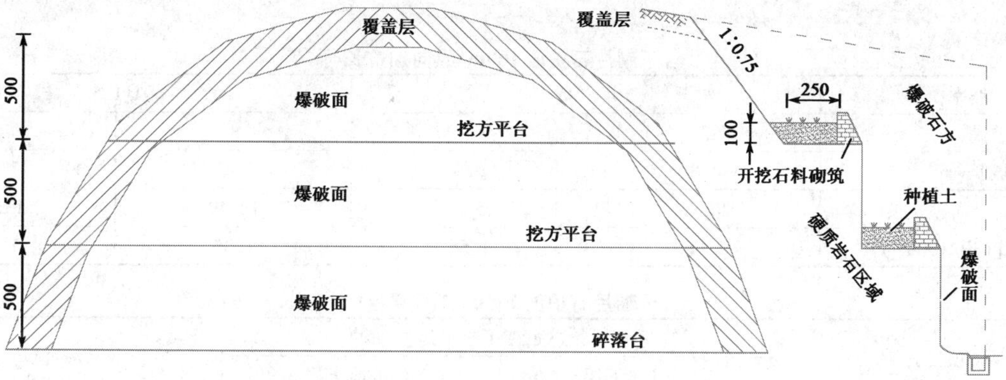

图5-12　硬质岩石路段坡面处治

5.1.7 路堑坡面仰斜式排水孔

图5-13为路堑坡面仰斜式排水孔示意。其用于排出路堑坡体内的滞水或岩层裂隙水,设在相对潮湿(或有地下水渗出)的坡面;地下水丰富地段、泉水出露位置的间距应适当加密。导水孔深度根据滞水层厚度确定,其钻孔直径为110mm;排水管外径为100mm,一般采用硬聚氯乙烯平壁管。图中排水管全长为10m,出水段2m,截水段8m,截水段上打孔,打孔直径10mm,纵向间距75mm;在排水管出水口60cm的长度范围内,用黏性土或止水材料堵塞钻孔与排水管之间的空隙;排水管外包裹透水土工布,土工布采用400g/m的标准。如坡体排出水量较大时,孔口以下的坡面应做加固处理,防止冲刷坡面。仰斜式排水管$100m^2$工程量指标见表5-15。

仰斜式排水管$100m^2$工程量指标　　表5-15

导水孔布置	单位	深度10m		深度14m		备注
		导水孔	排水管	导水孔	排水管	
2m×3m	m	128.6	128.6	180.0	180.0	护坡纵向长度10m
3m×5m	m	62.1	62.1	86.9	86.9	

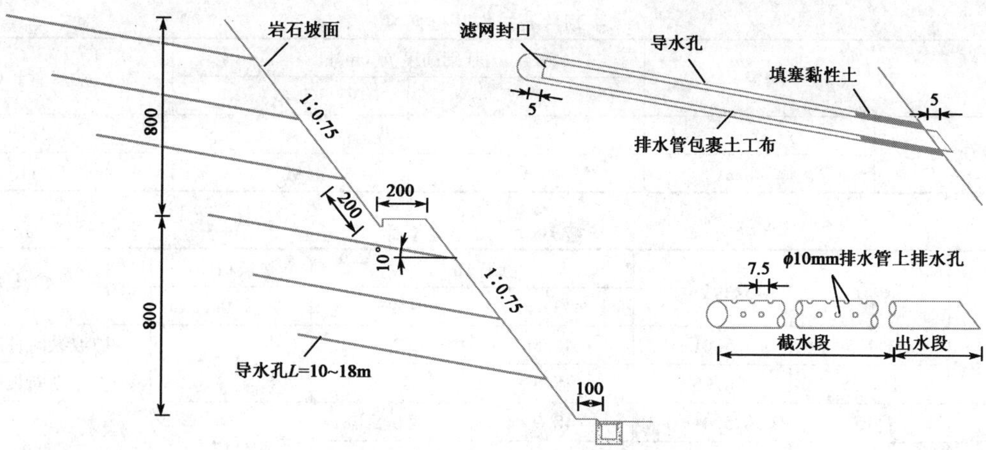

图5-13　路堑坡面仰斜式排水孔

5.2 边坡加固

边坡加固是根据边坡(可能下滑)稳定性分析资料,鉴别边坡的破坏模式,确定边坡不稳定及范围,对加固方案的合理性、安全性进行技术经济论证,然后确定边坡加固形式。边坡加固常采用砌石护坡、砌混凝土预制块护坡、护面墙、锚杆预应力混凝土等形式,其实质为浅层覆盖和深层加固。

5.2.1 干砌片石护坡

图 5-14 为干砌片石护坡,适用于坡率缓于 1:1.25 的土(石)质路堑边坡,有单层铺砌、双层铺砌两种形式。单层铺砌厚度不宜小于 30cm;双层铺砌的下层厚度一般为 15～25cm,上层厚度一般为 25～35cm。干砌片石护坡 100m² 纵向砌筑长见表 5-16;表 5-17 中为双层铺砌 100m² 工程量指标,上、下层铺砌厚度分别按 30cm、20cm 计算。

干砌片石护坡 100m² 纵向砌筑长 表 5-16

坡率	1:1.25		1:1.5	
坡高(m)	3	4	3	4
坡长(m)	4.8	6.4	5.41	7.21
100m² 护坡纵向砌筑长(m)	20.82	15.62	18.49	13.87
沉降缝(道/100m²)	2.08	1.56	1.85	1.39

干砌片石护坡 100m² 工程量指标 表 5-17

项目	坡率 1:1.25 和 1:1.5 平均值(m³)		备注
	20cm 厚下层	30cm 厚上层	
工程量指标	22.5	31.4	矮墙 85.0m³/100m

矮墙高度 1m,每增加 1 个 10cm 高度,100m 长度的矮墙体积用下列公式计算:

$$V = 0.25n^2 + 11n + 85 \tag{5-1}$$

式中:n——为自然数。

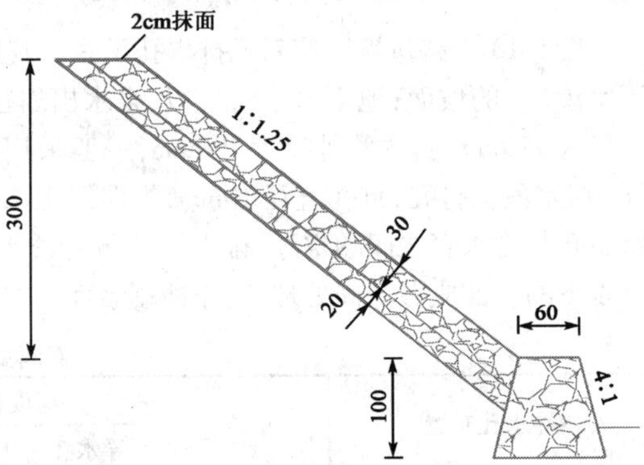

图 5-14 干砌片石护坡

5.2.2 浆砌片石护坡

图 5-15 为浆砌片石护坡,高度 3m。泄水管采用 ϕ10cmPVC 管,设置在常水位以上 0.3m 处,间距 4m 一个。护坡分段砌筑,每隔 10～15m 设置沉降缝一道。A 型护坡一般用于水塘;B 型护坡用于水塘或沿河冲刷较严重的地段,基础埋置在冲刷线 1m 以下。浆砌片石护坡基础高度见表 5-18,护坡 100m² 工程量指标见表 5-19。

浆砌片石护坡基础高度 表 5-18

项目		基础高度 h(cm)		泄水管长(cm)
		A 型	B 型	
砌石护坡	厚 35cm	45	80	110
	厚 40cm	50	90	115

护坡 100m² 工程量指标 表 5-19

项目	坡率	坡长(m)	砌石(m³)		垫层(m³)	备注
			厚 35cm	厚 40cm	厚 10cm	
A 型	1:1.5	5.41	46.3	53.2	11.7	护坡纵向长度 18.49m
	1:1.75	6.05	45.3	52.3		护坡纵向长度 16.54m
B 型	1:1.5	5.41	48.9	56.5	11.4	
	1:1.75	6.05	47.6	55.0		

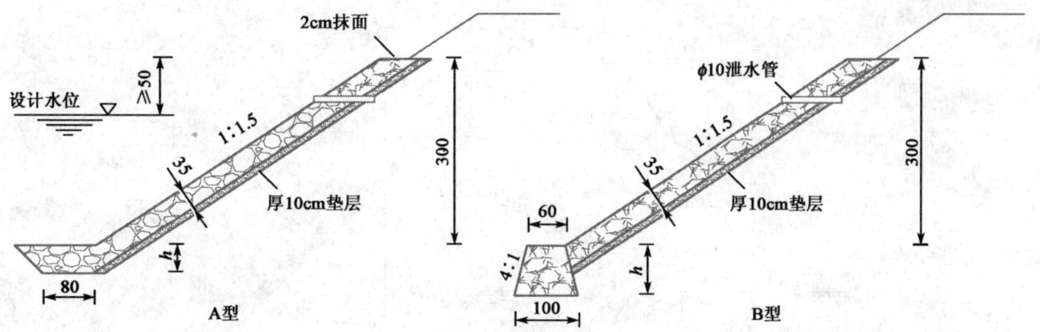

图 5-15 浆砌片石护坡

5.2.3 矩形预制块护坡

图 5-16 为矩形混凝土预制块护坡，边长宜采用 0.2 ~ 0.6m，当边长大于 0.6m 时，应配置构造钢筋。混凝土预制块强度不应低于 C15，在严寒地区不应低于 C20，厚度不应小于 6cm。预制块之间的砌缝宽宜为 1 ~ 2cm，应用砂浆或其他材料填塞。矩形混凝土预制块护坡 100m² 工程量指标见表 5-20。

矩形混凝土预制块护坡 100m² 工程量指标　　表 5-20

项目	混凝土预制块护坡			砌石矮墙	备注
	C20 预制块	垫层	挖基		
工程量指标(m^3)	6.0	10.5	16.6	14.74	护坡纵向长度 23.58m
	坡率 1:1，坡高 3m，坡长 4.24m，1 个预制块占底面积 0.15m²				

矮墙高度 1m，每增加 1 个 10cm 高度，100m 长度的矮墙体积用下列公式计算：

$$V = 0.125n^2 + 7.5n + 62.5 \tag{5-2}$$

式中：n——为自然数。

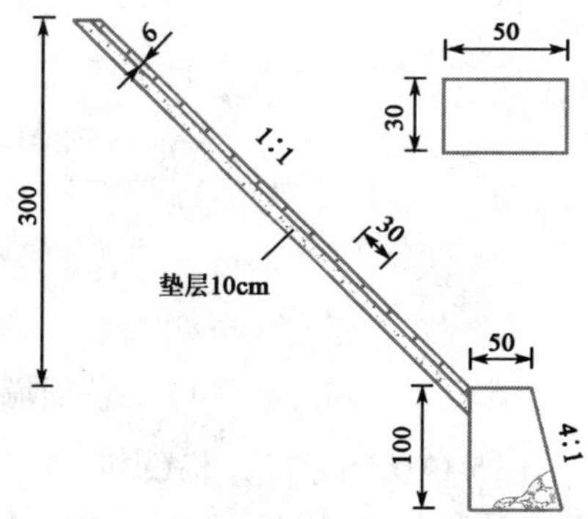

图 5-16 矩形混凝土预制块护坡

5.2.4 六边形空心预制块护坡

图 5-17 为六边形空心预制块护坡，适用于红砂土、砂性土、粉性土的路堤和边坡坡率不陡于 1:1 的路堑边坡护坡。六边形空心混凝土预制块护坡 100m² 工程量指标见表 5-21。

5.2.5 六边形实心预制块护坡

图 5-18 为六边形实心预制块护坡，适用于缺乏石料地区允许流速为 2 ~ 8m/s 的沿河路基冲刷护坡，浆砌片石基础每隔 15m 设沉降缝一道。最低一排泄水孔设置在常水位以上 0.3m 处，泄水孔左右和前后间距均为 1.5 ~ 2.0m。六边形实心混凝土预制块护坡 100m² 工程量指标见表 5-22。

六边形空心预制块护坡 100m² 工程量指标　　表 5-21

项目	混凝土预制块护坡					砌石矮墙	备注
	C20 预制块	垫层	植草	种植土	挖基		
	m^3		m^2	m^3	m^3		
工程量指标	2.91	10.4	65.0	3.9	16.5	11.05	护坡纵向长度 17.68m
	坡率 1:1，坡高 4m，坡长 5.66m，1 个预制块占底面积 0.234m²						矮墙 0.625m³/m

六边形实心预制块护坡 100m² 工程量指标　　表 5-22

项目	混凝土预制块护坡			砌石矮墙	备注
	C20 预制块	垫层	挖基		
工程量指标 (m^3)	8.0	10.5	18.7	12.5	护坡纵向长度 20m
	坡率 1:0.75，坡高 4m，坡长 5.0m，1 个预制块占底面积 0.104m²				矮墙 0.625m³/m

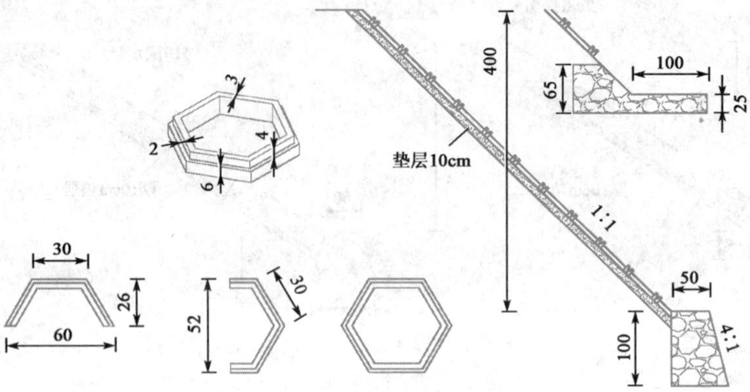

图 5-17　六边形空心混凝土预制块护坡

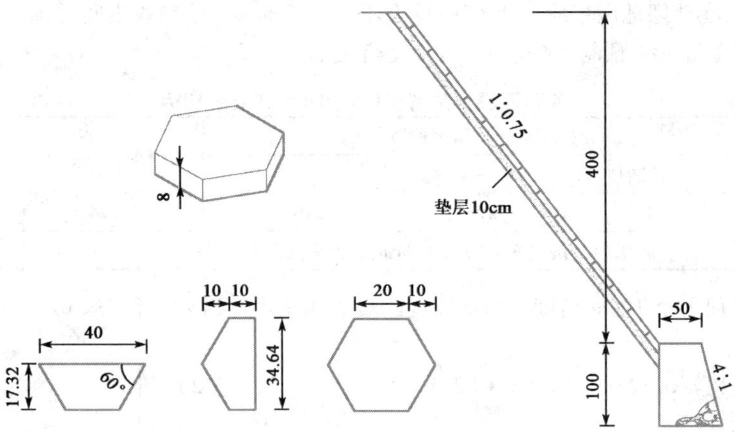

图 5-18　六边形实心混凝土预制块护坡

5.2.6　砌片石实体式护面墙

图 5-19 为砌片石实体式护面墙，护坡坡率在 1:0.5 ~ 1:0.75 范围，高度可为 $6 < H \leqslant 10$m。图 5-19b) 为不等厚护面墙，顶宽 0.4m、底宽 $=0.4+h/20$。每级护坡墙背隔 4 ~ 6m 高度设置一个耳墙，耳墙宽 0.5 ~ 1.0m。两级护面墙之间须要设置≥1m 宽的平台；护面墙纵向每隔 10 ~ 15m 设置 2cm 宽沉降缝，用沥青麻絮填塞，深度 10cm。墙体坡面上每隔 3m 交错设置泄水孔，孔径为 10cm；在墙体背面泄水孔位置，采用碎石或砂砾做成反滤层。砌片石实体式护面墙参数见表 5-23；砌片石实体式护面墙 100m² 工程量指标见表 5-24。

砌片石实体式护面墙参数　　表 5-23

项目	坡率	坡高(m)	坡长(m)	护坡纵向长度(m)	挖基(斜)宽(cm)	备注
等厚墙	1:0.75	8.0	10.0	10.0	66.5	基底倾斜 5:1
不等厚墙	1:0.75	8.0	10.0	10.0	96.6	
两级等厚墙	1:0.5	2×5.0	2×5.59	17.89	46.6	

砌片石实体式护面墙 100m² 工程量指标　　表 5-24

项目	砌石	垫层	挖基	沉降缝	砌石每增减高度 50cm
	m³			m²	m³
等厚墙	73.76	13.55	87.3	1.23	3.75
不等厚墙	77.53	13.59	91.1	1.23	—
两级等厚墙	131.73	28.69	160	1.44	2.52

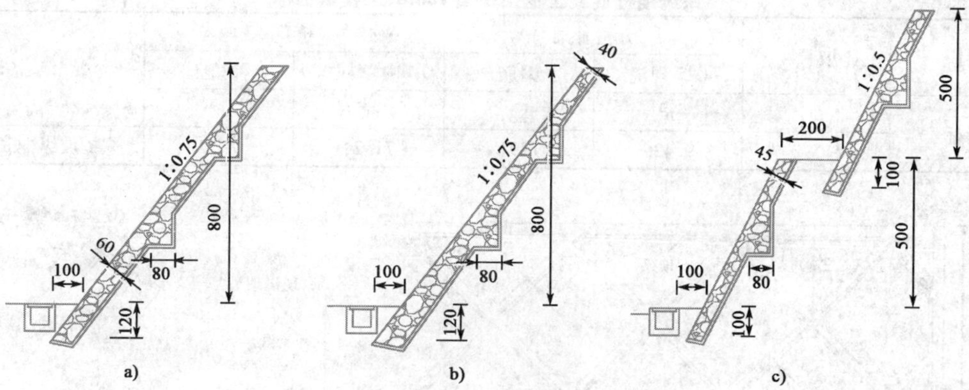

图 5-19 浆砌片石实体式护面墙

a)等厚墙;b)不等厚墙;c)等厚两级墙

护面墙倾斜于坡面上,覆盖在云母片岩、绿泥片岩、泥质灰岩、千枚岩及其风化严重的软质岩层和较破碎岩石的边坡上,以防止继续风化,有效地防止边坡冲刷,防止滑动型、流动型及落石型的边坡崩坍,是挖方边坡最常见的一种防护形式。

5.2.7 砌片石窗孔式护面墙

图 5-20 为砌片石窗孔式护面墙,适用在不陡于 1:0.75 的边坡。墙孔高、宽约 1.5m。墙孔内可采用植草、圬工或捶面防护,其他要求同实体式护面墙。砌片石窗孔式护面墙 $100m^2$ 工程量指标见表 5-25。

砌片石窗孔式护面墙 $100m^2$ 工程量指标　　表 5-25

项目	坡率	坡高	坡长	砌石	垫层	挖基	沉降缝	备注
		m		m^3			m^2	
等厚墙	1:0.75	8.0	10.0	64.1	13.55	87.3	1.23	墙厚 60cm

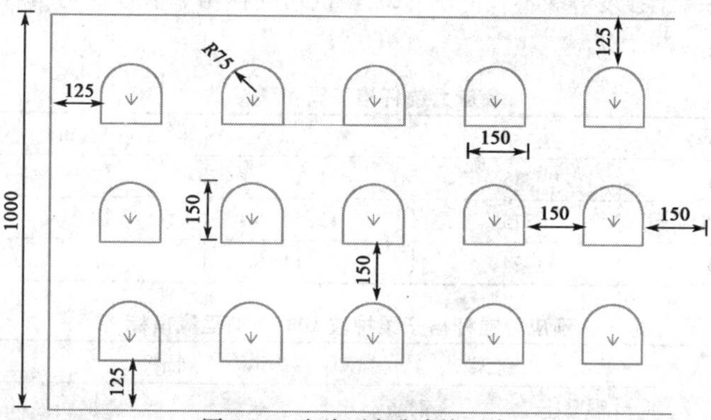

图 5-20 砌片石窗孔式护面墙

5.2.8 系统锚杆混凝土框架护坡

图 5-21 为系统锚杆混凝土框架护坡。当边坡高度较大,坡体中无不良结构面、风化破碎的岩石路堑边坡,可采用非预应力的系统锚杆护坡。系统锚杆宜为全黏结型锚杆,宜采用螺纹钢筋,直径 14 ~ 32mm,设计抗拔力不低于 75kN,锚杆钢筋保护层厚度不应小于 2cm。注浆材料宜选用 M20 水泥浆或水泥砂浆,注浆压力不低于 0.2MPa。框架采用钢筋混凝土,其强度不低于 C25。框架内可为喷播植草等形式。系统锚杆混凝土框架护坡 $100m^2$ 锚杆工程量指标见表 5-26。系统锚杆混凝土框架护坡 $100m^2$ 工程量指标见表 5-27。

系统锚杆混凝土框架护坡 $100m^2$ 锚杆工程量指标　　表 5-26

工程项目		ϕ28 锚杆 A		ϕ32 锚杆 B	
		钢筋长 5m	钢筋长 6m	钢筋长 9m	钢筋长 12m
工程量指标	重量(kg)	305	367	718	958
	长度(m)	63.2	75.8	114	152

系统锚杆混凝土框架护坡 100m² 工程量指标　　表 5-27

工程项目	坡长	方格骨架		植草		备注
		C25 现浇	钢筋	喷草籽	种植土	
工程量指标	m	m^3	kg	m^2	m^3	
	11.70	9.426	1791	71.24	7.12	护坡纵向长度 8.56m

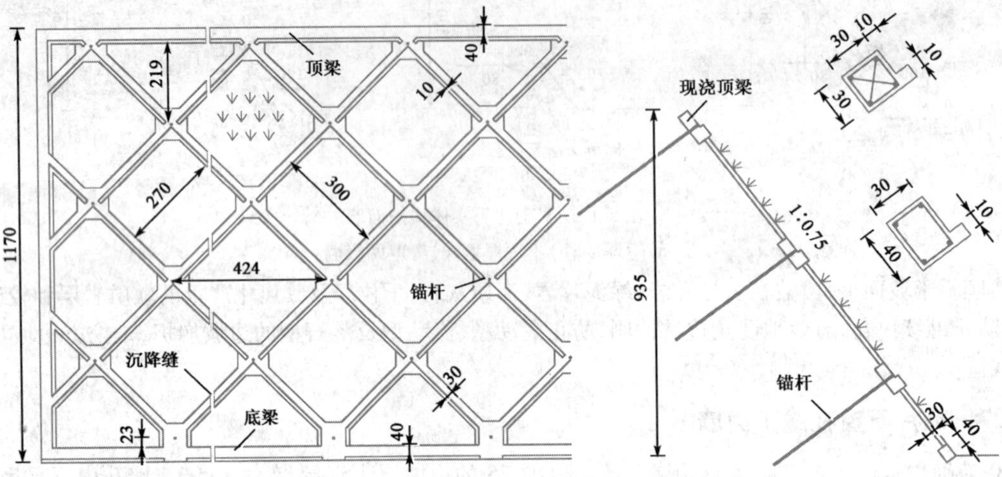

图 5-21　系统锚杆混凝土框架护坡

5.2.9　预应力锚杆格子梁护坡

对于边坡中存在不良结构面、具有潜在破坏面或滑动面的土质边坡和岩石路堑边坡，宜采用预应力锚杆格子梁护坡，见图 5-22。格子梁锚固截面一般采用矩形或 T 形。梁内主筋应分单元配置通长配筋。梁体嵌入坡面岩体内深度不宜小于 20cm；水泥混凝土强度等级不宜低于 C20，格内可喷播植草。预应力锚杆格子梁护坡参数见表 5-28，护坡 100m² 工程量指标见表 5-29。

预应力锚杆格子梁护坡参数　　表 5-28

坡率	H_1(cm)	H_2(cm)	坡长(m)	锚杆长(m)	备注
1:0.5	224	335	11.18	12	护坡纵向长度 8.94m
1:0.75	250	375	12.50	10	护坡纵向长度 8.00m
1:1	283	424	14.14	8	护坡纵向长度 7.07m

预应力锚杆格子梁护坡 100m² 工程量指标　　表 5-29

坡率	挖基	骨架		锚杆		种植土	植草
		混凝土	钢筋	长度	钢筋		
	m^3		kg	m	kg	m^3	m^2
1:0.5	13.6	5.328	980	105	664	8.2	82.2
1:0.75	13.4	5.082	935	78.4	495	8.3	83.1
1:1	13.2	4.827	888	55.4	350	8.4	83.9

5.2.10　地梁锚索护坡

图 5-23 为地梁锚索护坡，适用于岩体松散破碎地段或局部承载能力较低、黏结式锚杆不能满足稳定需要的路段边坡。地梁突起在坡面上，地梁之间采用人工播种草籽，对于坡面不利于草类生长的土质，应在坡面上先铺一层不小于 10cm 的种植土，再进行播种草籽。地梁及锚墩采用 C30 现浇混凝土，锚索灌浆水泥采用 C30。非顺层坡路段锚索垂直于坡面设置，顺层坡地段锚索于坡面间夹角视岩层倾角等因素确定。锚索采用 6 束 7ϕ5 钢绞线，每束锚索设计张拉力为 600kN，锚孔深 20m，孔径 ϕ130mm，每束锚索下料长 21.5m。地梁锚索护坡 100m² 工程量指标见表 5-30。坡率不同每 100m² 工程量指标相同。

地梁锚索护坡 100m² 工程量指标　　表 5-30

项目	地梁		锚索		植草坡面	备注
	混凝土	钢筋	成孔	钢绞线		
	m^3	kg	m	kg	m^2	
工程量指标	18.3	1572	129.0	898	80.8	锚索截面积 8.25cm²

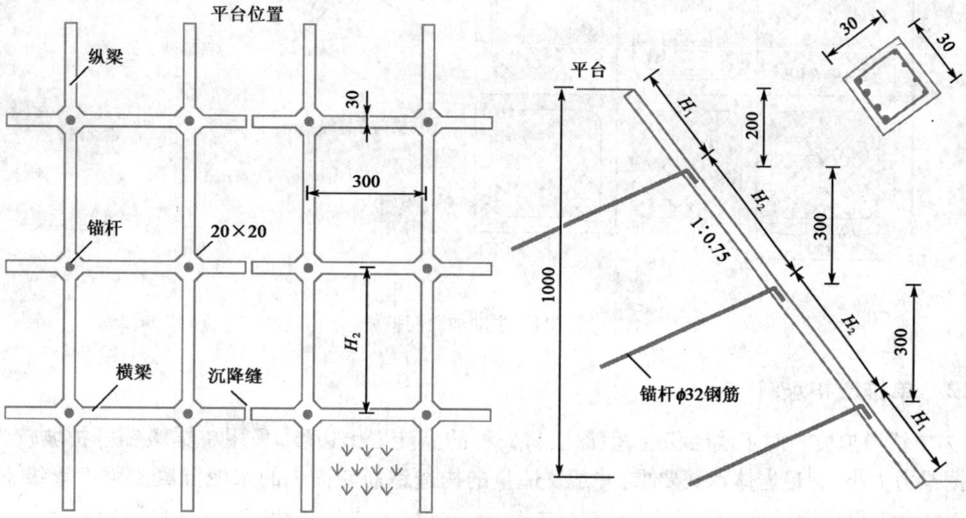

图 5-22　预应力锚杆格子梁护坡

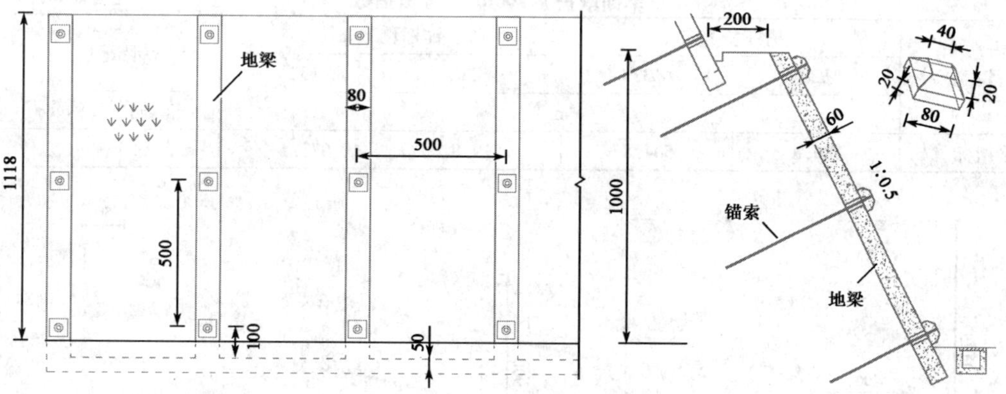

图 5-23　地梁锚索护坡

5.2.11　主动加固网护坡

图 5-24 所示主动加固网（又称柔性钢绳网系统）护坡主要抑制坡面局部崩塌、风化剥落及坍塌的发生，限制局部或少量落石的扩散。柔性钢绳网系统由 $\phi16$ 锚杆、$\phi16$ 纵、横交织的支撑绳、钢绳网和格栅网组成，每张钢绳网四周与纵横支撑绳间用缝合绳连接，并进行预张拉，能使系统对坡面施以一定的法向预紧压力，从而提高表层危岩体的稳定性。在钢绳网下敷设小网孔的格栅网，阻止小尺寸岩块的塌落。施工安装前应对坡面防护区域内的浮土及浮石进行清除；锚杆钻孔及清孔，孔深应比锚杆长 5cm 以上，孔径 $\phi70$mm，安装锚杆并注入水泥砂浆；格栅网从上而下铺挂，网间搭接不小于 5cm，用 $\phi1.2$ 铁丝按 1m 间距扎结；敷设钢绳网用 $\phi8$ 钢绳与四周支撑绳缝合并张拉，缝合一张 4m×4m、4m×2m 钢绳网分别需要 $\phi8$ 钢绳 31m 和 23m。主动防护网护坡 100m² 工程量指标见表 5-31。

主动防护网护坡 100m² 工程量指标　　表 5-31

项目	$\phi16$ 支撑绳		钢绳网		格栅网	$\phi16$ 锚杆	备注
	横向	纵向	4m×4m	4m×2m			
	m		m^2			根/m	
工程量指标	36.5	34.5	64.0	16.0	105	9/54	$\phi1.2$mm 扎丝 1kg
	$\phi8$ 缝合绳 170m，$\phi16$ 绳卡 42 个、$\phi8$ 绳卡 22 个						

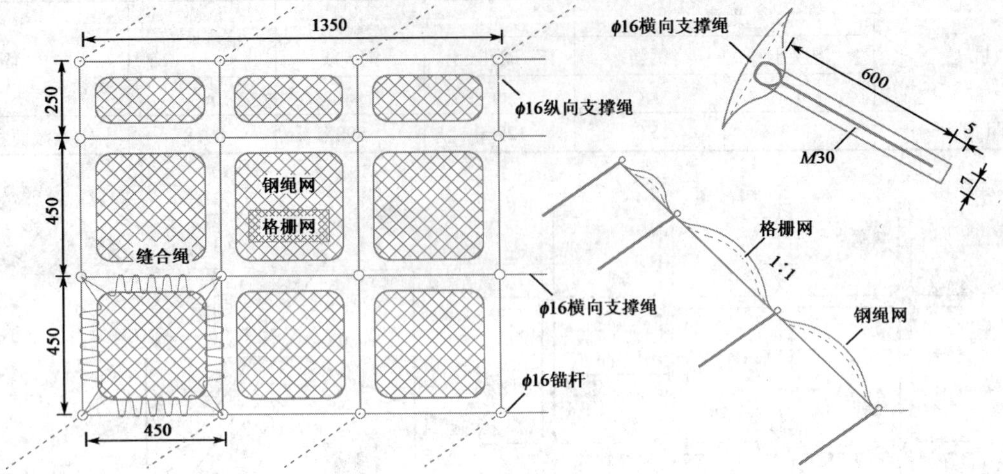

图 5-24　主动加固网护坡

5.2.12　单锚墩护坡

图 5-25 为单锚墩护坡。对于浅层稳定，但深层易失稳的高陡岩土边坡，采用单锚墩锚杆护坡较为经济。单锚墩设计应根据锚力大小，满足岩体承载要求，并配置适量的构造钢筋。锚头的水泥混凝土强度等级不得低于 C20。单锚墩护坡 $100m^2$ 工程量指标见表 5-32。

单锚墩护坡 $100m^2$ 工程量指标　表 5-32

项目	锚杆长 12m		锚杆长 16m		锚头混凝土	备注
	ϕ28	ϕ32	ϕ28	ϕ32		
	m				m^3	
工程量指标	389.8	504.8	519.8	673.1	0.5	

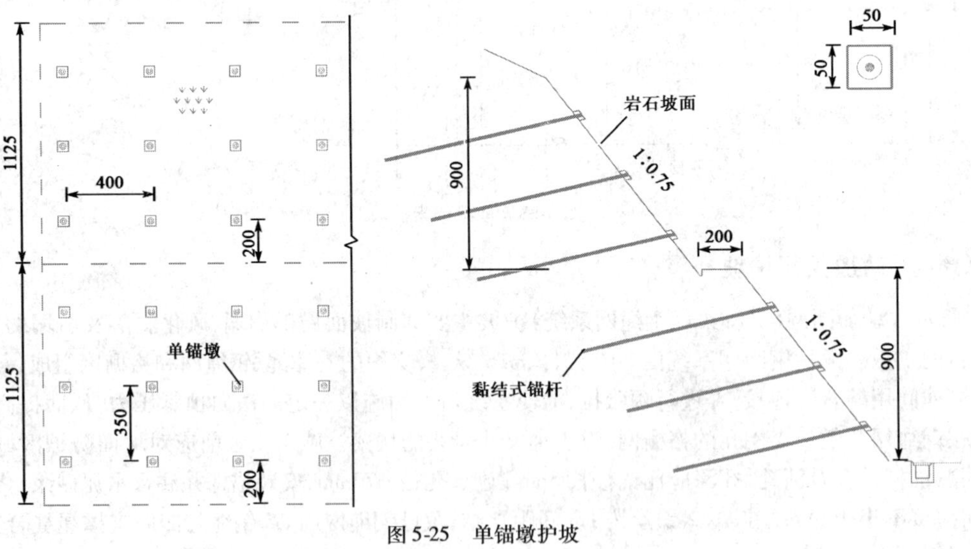

图 5-25　单锚墩护坡

5.3 支挡防护

根据路基滑坡性质，可采用挡土墙、抗滑桩、高压旋喷桩等支挡工程，以抵抗整个坡体的滑动。在特定的填方路堤或挖方路堑路段，路基工程中又需要设置比挡土墙矮小的护脚墙。

5.3.1　护脚墙

图 5-26 为浆砌片石护脚矮墙。挖方路堑护脚矮墙，顶面不小于 1m，墙内坡直立，墙外坡为 1:0.5 ~ 1:0.75，其高

度不宜超过3m。填方路堤护脚矮墙，一般顶宽为0.5～0.8m，墙内坡直立，墙外坡为5∶1～2∶1。矮墙高度，一般公路不宜超过2m，高速公路、一级公路不超过1.5m。浆砌片石护脚矮墙工程量指标见表5-33。

浆砌片石护脚矮墙工程量指标　　表5-33

项目	每延米工程量指标					备注
	浆砌片石	砂砾垫层	挖基	泄水管	沉降缝	
	m^3			m	m^2	
路堑护脚矮墙	25.0	1.5	21.4	4.1	0.46	泄水管按3m一处设置
路堤护脚矮墙	24.8	3.0	8.7	6.5	0.61	
护肩矮墙	16.0	1.0	7.2	3.2	0.47	

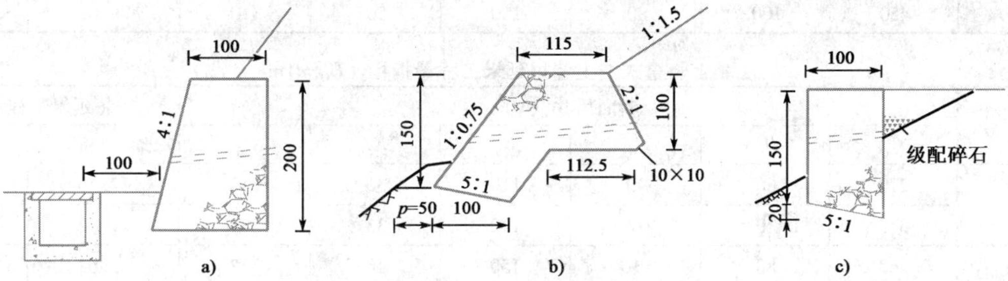

图5-26　浆砌片石护脚矮墙
a)路堑护脚矮墙；b)路堤护脚矮墙；c)护肩矮墙

5.3.2　挡土墙一般构造

公路路基上挡土墙受土压力作用，一般构造见图5-27。根据挡土墙的设置位置不同，一般分为路肩挡土墙、路堤挡土墙、路堑挡土墙等。

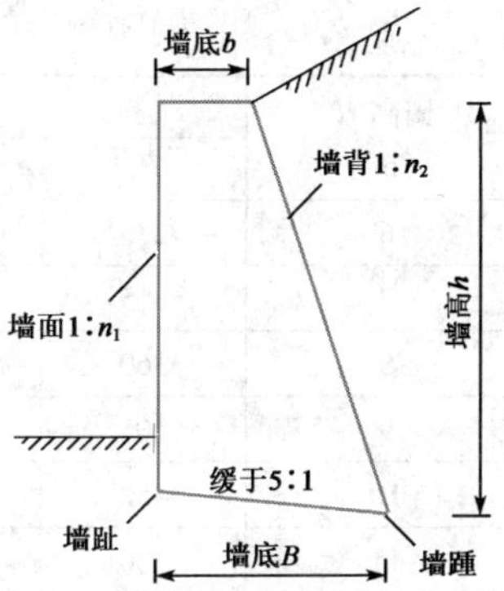

图5-27　挡土墙一般构造

5.3.3　衡重式挡土墙

图5-28为片石混凝土衡重式挡土墙，基底承载力500kPa。墙顶填土高度分别为H_0 = 0m、1m、2m。路肩墙（H_0 = 0m）时，顶部70cm高度范围采用现浇C25混凝土，便于波形梁立柱预埋孔的安置。墙身在岩土分界线以上部分应分层设置泄水孔，间距2～3m，上下交错布置，孔内埋设ϕ50mm软式透水管并长出墙背15cm，其端头用土工滤布包裹，泄水孔进水处设置大粒径碎石或卵石堆囊以利排水。在最下一排泄水孔的最下基坑部分，回填石灰土，其上现浇30cm厚C20混凝土，再上部分回填透水性材料，与ϕ50mm软式透水管形成纵向排水渗沟。挡土墙根据地形及地质变化情况设置沉降缝，间距一般为10～15m，缝宽2cm，缝深15cm，内、外、顶三边填塞沥青麻絮。混凝土衡重式挡土墙每延米工程量指标，见表5-34；片石混凝土衡重式挡土墙每延米工程量指标见表5-35。

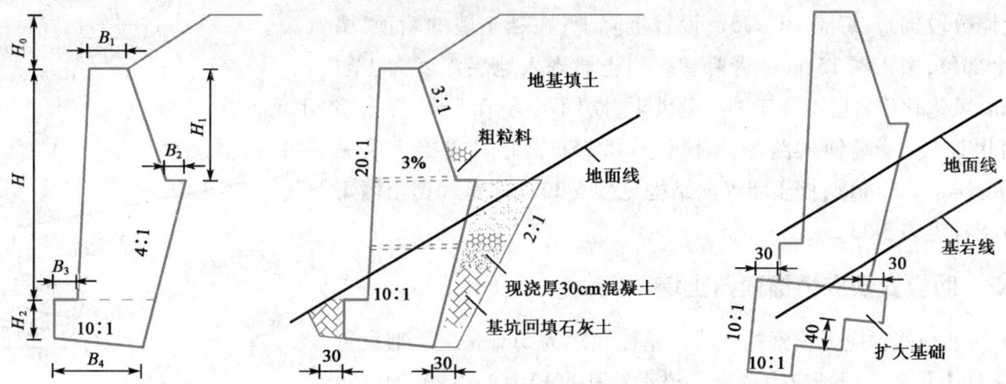

图5-28　衡重式挡土墙

混凝土衡重式挡土墙每延米工程量指标(H_0 =0m) 表5-34

墙高 H (m)	断面尺寸(cm)						每延米工程量指标	
	H_1	H_2	B_1	B_2	B_3	B_4	墙身(m^3)	基础(m^3)
3	145	50	50	25	30	114	2.91	0.68
4	185	50	50	30	30	122	4.37	0.73
5	225	50	50	50	30	140	6.46	0.88
6	270	60	50	75	30	173	9.20	1.26
7	315	70	50	90	35	196	12.04	1.67
8	360	80	60	110	40	234	16.27	2.28
9	405	90	60	130	45	263	20.24	2.88
10	450	100	80	150	50	310	26.62	3.80

混凝土衡重式挡土墙每延米工程量指标(H_0 =1m) 续表5-34

墙高 H (m)	断面尺寸(cm)						每延米工程量指标	
	H_1	H_2	B_1	B_2	B_3	B_4	墙身(m^3)	基础(m^3)
6	270	60	90	110	30	246	12.76	1.87
7	315	70	100	130	35	284	17.02	2.51
8	360	80	110	150	40	322	22.03	3.25
9	405	90	120	170	45	360	27.61	4.09
10	450	100	130	190	50	398	33.82	5.02
11	500	110	150	200	55	438	41.21	6.08
12	550	120	160	220	60	479	48.79	7.25

片石混凝土衡重式挡土墙每延米工程量指标(H_0 =2m) 表5-35

墙高 H (m)	断面尺寸(cm)						每延米工程量指标	
	H_1	H_2	B_1	B_2	B_3	B_4	墙身(m^3)	基础(m^3)
6	270	60	110	130	30	285	14.62	2.22
7	315	70	120	150	35	323	19.25	2.92
8	360	80	130	160	40	351	24.07	3.59
9	405	90	150	180	45	399	30.81	4.60
10	450	100	165	200	50	442	37.87	5.66
11	500	110	175	220	55	482	45.16	6.78
12	550	120	190	240	60	528	53.69	8.10

5.3.4 仰斜式挡土墙

仰斜式砌石挡土墙石料采用的强度不低于30MPa,外露部分用M10勾缝。挡土墙分段砌筑,每隔10~15m设置沉降缝;在挡土墙的墙顶、墙背、墙面三个部位,嵌入深15cm沥青麻絮。挡土墙嵌入地层深度为土质不小于1.5m,风化软质岩层不小于1m,微风化岩层不小于0.5m。挡土墙用锥坡与路堤连接,墙端伸入路堤内不小于0.75m。仰斜式挡土墙见图5-29,基底承载力250kPa;挡土墙纵向结构见图5-30。仰斜式挡土墙每延米工程量指标见表5-36。

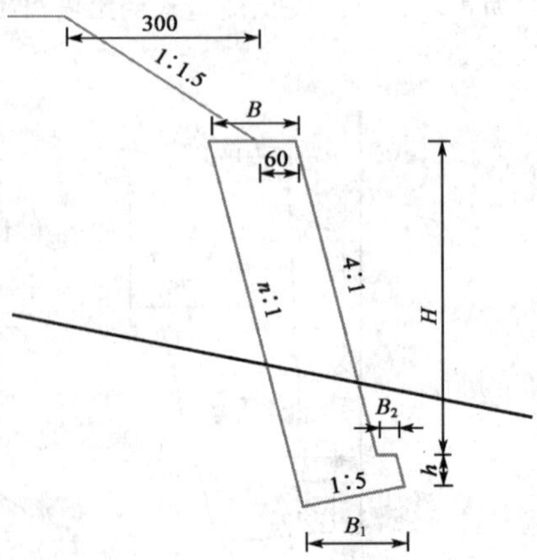

图5-29 仰斜式挡土墙

5.3.5 肋板式预应力锚索挡土墙

图5-31为肋板式预应力锚索挡土墙。立柱间距为5m,立柱顶部设置顶梁连接,立柱上设置2根预应力锚索。锚索钻孔直径为110mm,倾斜角度15°,钢绞线采用3ϕ15.2mm(1×7ϕ5)高强度低松弛预应力钢绞线,强

度等级为1860MPa；锚固体水泥砂浆强度等级M30，设计锚固力上索340kN、下索100kN。立柱下部采用桩式基础，嵌入岩土中5m，断面为150cm×80cm，地基持力层承载力特征值为300kPa；土质层作混凝土护壁。挡土板厚度30cm，与立柱、顶梁整体现浇，混凝土强度等级C25。挡土板内侧滤水层厚度不小于0.3m；挡土板上垂直及水平方向每2～3m设一道泄水管，泄水管呈梅花状布置，管径50mm。挡土墙内填土应采用透水性材料，按规定进行分层压实，压实度不小于90%。肋板式预应力锚索挡土墙长10m工程量指标见表5-37。

仰斜式挡土墙每延米工程量指标 表5-36

坡率	结构尺寸					每延米工程量指标		
	墙高 H	顶宽 B	底宽 B_1	B_2	h	墙高体积	基础	沉降缝
n:1	m					m^3		m^2
4:1	3	0.9	1.14	0.3	0.5	2.70	0.73	1.30
4:1	4	1.1	1.33	0.3	0.5	4.40	0.89	1.64
4:1	5	1.35	1.57	0.3	0.5	6.75	1.08	2.00
4:1	6	1.5	1.81	0.4	0.6	9.00	1.48	2.38
4:1	7	1.55	1.9	0.45	0.7	10.85	1.78	2.74
墙厚 $=B_1\times\sin75.96°$								
5:1	8	1.65	2.54	0.55	0.8	14.80	2.77	3.11
5:1	9	1.8	2.78	0.60	0.9	18.23	3.39	3.49
5:1	10	1.95	3.03	0.65	1.0	22.00	4.08	3.87
5:1	11	2.15	3.32	0.70	1.1	26.67	4.92	4.257
5:1	12	2.4	3.76	0.85	1.3	32.40	6.52	4.69
5:1	13	2.65	4.21	1.00	1.5	38.67	8.35	5.14

肋板式预应力锚索挡土墙长10m工程量指标 表5-37

项目	合计	立柱	顶梁	挡土板	钢绞线	备注
混凝土(m^3)	41.7	4.0	27.9	9.8	—	预应力锚索钻孔86m
钢筋(kg)	4807	288	3069	1450	277	

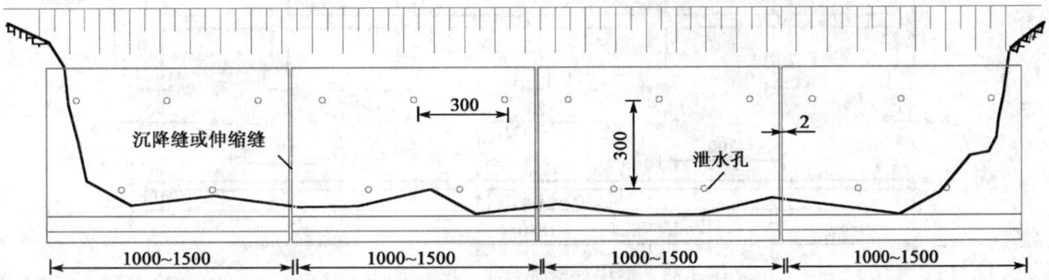

图5-30 挡土墙纵向结构

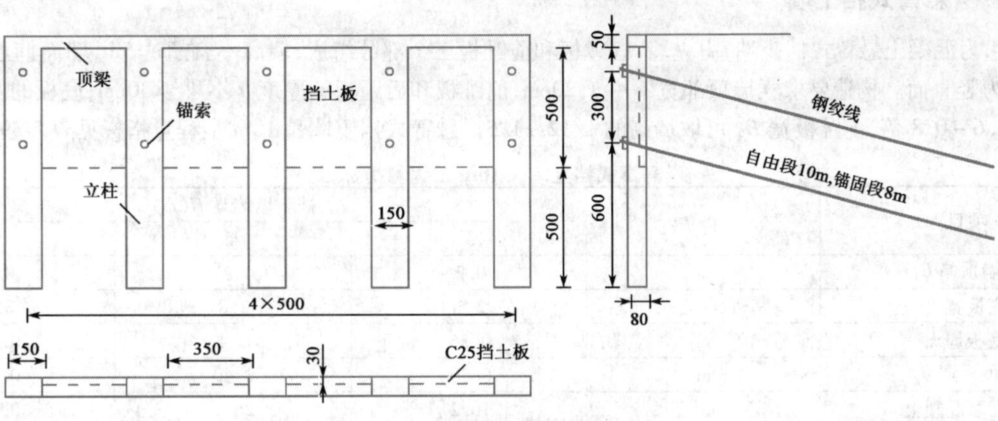

图5-31 板肋式预应力锚索挡土墙

5.3.6 格构梁预应力锚索挡土墙

图 5-32 为格构梁预应力锚索挡土墙(侧面),其正面见图 5-33。纵梁(立柱)及横梁间距均为3m,纵梁截面尺寸为40cm×50cm、横梁截面尺寸为30cm×50cm,混凝土强度等级C25。预应力锚索布设纵梁与横梁相交点处,锚索钻孔直径110mm,倾斜角度20°,钢绞线采用3ϕ15.2mm(1×7ϕ5)高强度低松弛预应力钢绞线,强度等级为1860MPa;锚固体水泥砂浆强度等级M30,设计锚固力上排索500kN、中排索300kN、下排索100kN。立柱下部采用明挖扩大基础,断面尺寸为80cm×70cm,混凝土强度等级C20,地基持力层承载力特征值为300kPa,埋入深度50cm。挡土板厚度20cm,混凝土强度等级C25。挡土板内侧滤水层厚度不小于0.2m;挡土板上垂直及水平方向每2~3m设一道泄水管,泄水管呈梅花状布置,管径50mm。挡土墙内填土应采用透水性材料,按规定进行分层压实,压实度不小于90%。格构梁预应力锚索挡土墙工程量指标见表5-38。

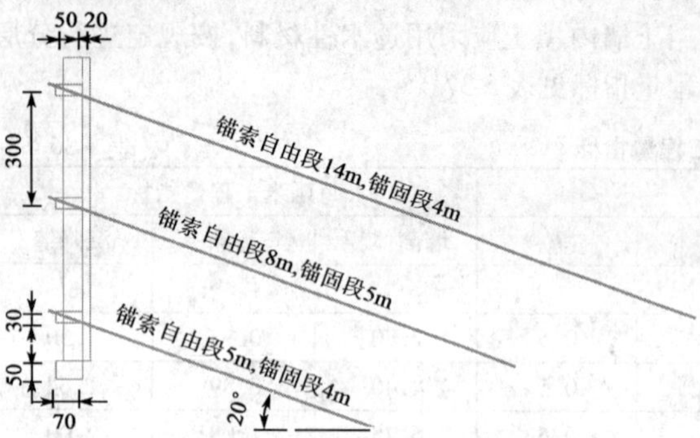

图 5-32 格构梁预应力锚索挡土墙(侧面)

格构梁预应力锚索挡土墙工程量指标　表 5-38

项目	合计	纵梁	横梁	挡土板	基础	钢绞线	钻孔
混凝土(m^3)	27.9	6.3	3.8	16.6	1.1	—	预应力锚索钻孔 158m
钢筋(kg)	3808	567	342	2822	77	503	

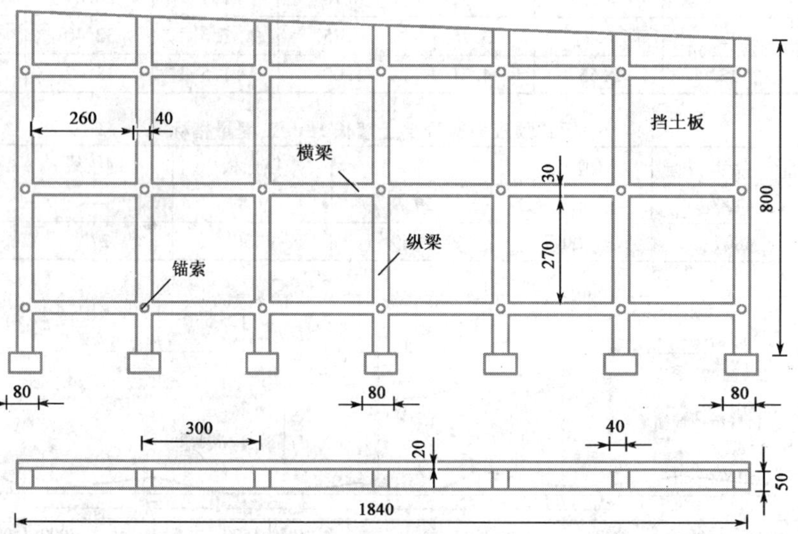

图 5-33 格构梁预应力锚索挡土墙(正面)

5.3.7 悬臂式挡土墙

图 5-34 为混凝土悬臂式挡土墙,由立墙、墙踵板和前趾板三个部分组成,墙高不宜超过5m,墙面仰坡为30:1~10:1,墙背为竖直面。构造要求立墙顶部宽不小于20cm,前趾板和后踵板的厚度 h 不小于30cm;底板的宽度 B 一般为墙高的0.6~0.8倍,前趾板宽 B_2 可取墙高的1/12~1/5。悬臂式挡土墙长10m工程量指标见表5-39。

悬臂式挡土墙长 10m 工程量指标　表 5-39

项目	单位	挡土墙墙高 H(m)		
		3	4	5
立墙顶厚 B_1	m	0.2	0.25	0.3
底板宽 B	m	2.1	2.8	3.5
底板厚 h	m	0.35	0.4	0.45
前趾板宽 B_2	m	0.30	0.40	0.50
挡土墙混凝土	m^3	16.2	26.7	39.8
钢筋	kg	2145	3442	4935

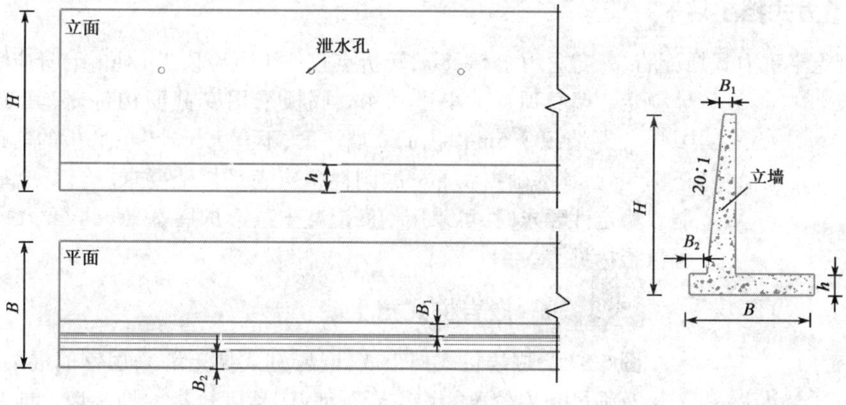

图 5-34　悬臂式挡土墙

5.3.8　扶壁式挡土墙

图 5-35 为混凝土扶壁式挡土墙，适用范围为墙高大于 5m，且不超过 10m；其分段长度不宜超过 20m，每一分段长度中宜包含三个或三个以上的扶壁；在每一墙段两端，立壁悬出边扶壁外的净长度宜为 0.41 倍扶壁间的净距。扶壁式挡土墙的底板厚度 h，一般可取墙高的 1/12 ~ 1/10，但不宜小于 30cm；底板宽度 B 可近似取墙高的 0.6 ~ 0.8 倍，当地下水位高或软弱地基时，B 值应适当增大；前趾板宽 B_2 一般取墙高的 1/12 ~ 1/5。扶壁的间距宜为墙高的 1/3 ~ 1/2，挡土板宜采用等厚的竖直板，立墙厚 B_1 不应小于 20cm，一般为墙高的 1/18 ~ 1/14。扶壁的厚度 b 宜为扶肋间距的 1/8 ~ 1/6，但不小于 30cm。扶壁式挡土墙长 10m 工程量指标见表 5-40。

扶壁式挡土墙长 10m 工程量指标　　表 5-40

项目	单位	挡土墙高度 H(m)					
		5	6	7	8	9	10
肋间距	m	2.5	3	3.5	4	4.5	5
扶壁厚 b	m	0.4	0.5	0.6	0.65	0.75	0.8
立墙厚 B_1	m	0.3	0.4	0.5	0.55	0.65	0.7
底板宽 B	m	3.2	3.8	4.4	5	5.7	6.3
底板厚 h	m	0.45	0.5	0.6	0.7	0.75	0.85
前趾板宽 B_2	m	0.5	0.6	0.7	0.8	0.9	1
挡土墙混凝土	m^3	37.0	54.2	76.7	97.6	126	153
钢筋	kg	4384	6300	8629	10561	13428	15926

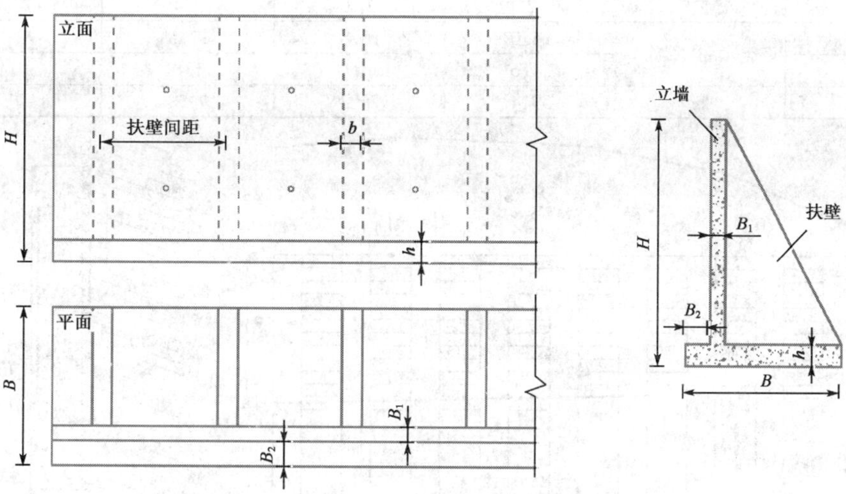

图 5-35　扶壁式挡土墙

5.3.9 半重力式挡土墙

图5-36为混凝土半重力式挡土墙，高度适用于5～8m，转折点宜位于距墙顶3m处。墙身应满足结构强度及整体稳定。墙身顶宽不小于0.4m；底板采用变截面构件时，其端部厚度不宜小于0.4m。距墙顶3.5m以内的立墙厚度，不宜大于1.0m；底板的前趾扩展长度不宜大于1.5m。其基础扩展部分的刚性角应满足规范要求。当受地基承载力特征值控制或稳定性要求时，可采用钢筋混凝土条形扩展基础。半重力式挡土墙长10m工程量指标见表5-41。

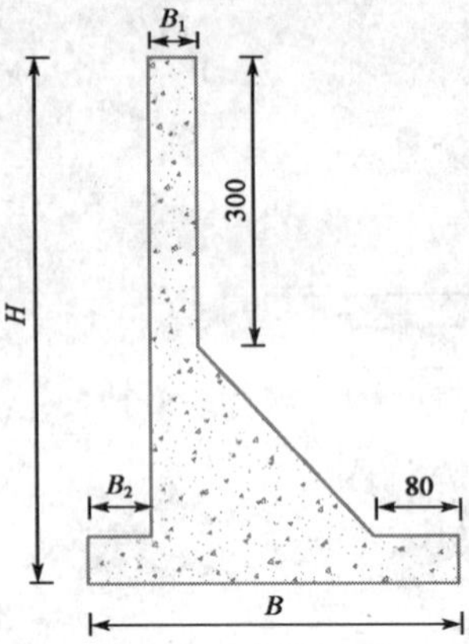

图5-36 半重力式挡土墙

5.3.10 嵌岩桩式挡土墙

图5-37为嵌岩桩式挡土墙，嵌岩桩式挡土墙采用钢筋混凝土结构，可适用于表土及强风化层较薄的均质岩石地基，高度较高的挡土墙。地基基岩的饱和单轴抗压强度标准值应大于20MPa，岩体的完整性指数应大于0.6。混凝土的强度等级不应低于C20。嵌岩桩板式挡土墙由嵌岩桩及桩间的挡土板组成。需要时，可在桩顶0.3h以下设置锚杆（索）。桩应现场浇筑，挡土板可采用预制拼装。嵌岩桩板式挡土墙可利用挡土板上预留的吊装孔作为泄水孔。桩的间距可根据挡土板的重量与吊装能力确定，通常为墙高的1/4～1/2。嵌岩桩宜采用圆形或矩形截面，矩形截面垂直于墙长方向的边长与顺墙长方向的边长之比不应大于1.5:1，圆形桩的直径或矩形桩截面短边的宽度不小于1.25m。锚固桩嵌入基岩顶面以下的有效深度应符合规范要求，且不应小于桩径或矩形截面顺墙长方向的1.5倍。挡土板厚度不小于20cm，板宽不小于30cm；其截面宜为矩形、槽形或空心板。挡土板与桩的搭接长度每端不得小于1倍板厚。若为圆形桩，则应在桩后设置搭接用的凸形平台，平台宽度应比搭接长度宽20～30mm。嵌岩桩式挡土墙长10m工程量指标见表5-42。

半重力式挡土墙长10m工程量指标　　表5-41

项目	单位	挡土墙高度H(m)			
		5	6	7	8
立墙宽B_1	m	0.4	0.45	0.5	0.55
底板宽B	m	3.5	4.2	4.9	5.6
前趾宽B_2	m	0.5	0.6	0.7	0.8
底板厚h	m	0.45	0.5	0.55	0.6
挡土墙混凝土	m^3	47.9	75.1	109	150
钢筋	kg	4193	6069	8396	11174

嵌岩桩式挡土墙长10m工程量指标　　表5-42

项目	单位	挡土墙高度H(m)			备注
		8	9	10	
桩顺墙宽	m	1.4	1.5	1.6	
桩垂直墙宽	m	2	2.2	2.4	
挡土板混凝土	m^3	14.0	15.8	17.5	板厚25cm
桩混凝土	m^3	84.6	109	138	锚固桩未计
钢筋	kg	5914	7503	9358	

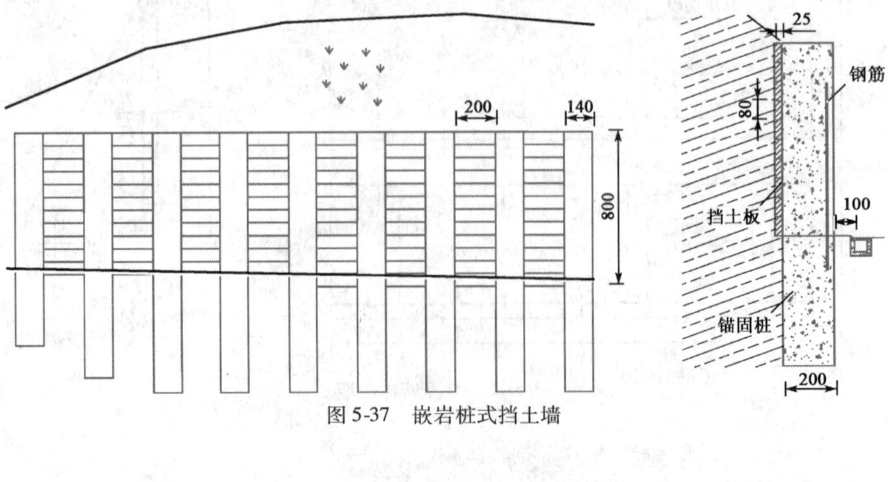

图5-37 嵌岩桩式挡土墙

5.3.11　肋柱式锚碇板挡土墙

肋柱式锚碇板挡土墙由基础、肋柱、挡土板、锚碇板、钢拉杆、连接件和填料组成，适用于路堤地段，但不应建筑于滑坡、坍塌、软土及膨胀土地区。锚碇板挡土墙的混凝土强度等级不应低于 C20。肋柱式锚碇板挡土墙可采用单级或双级墙，每级墙高一般不宜大于 6m，上、下两级墙之间应设置平台。上下两级墙的肋柱宜交错布置。肋柱式锚碇板挡土墙见图 5-38。锚碇板挡土墙长 10m 工程量指标见表 5-43。

锚碇板挡土墙长 10m 工程量指标　　表 5-43

项目	单位	挡土墙高度 H(m)			备注
		4	4.8	5.6	
肋柱宽×厚(b)	m	0.4	0.5	0.6	平台封面混凝土 3.0m³
挡土板长	m	2.4	2.3	2.2	
基础襟边宽 d	m	0.3	0.35	0.4	
肋柱混凝土	m³	3.06	5.67	9.44	
挡土板混凝土	m³	5.98	6.88	7.69	挡土板厚度均为 25cm
基础混凝土	m³	2.84	3.95	5.24	
锚碇板混凝土	m³	6.67	6.67	6.67	每块体积为 1m×1m×0.5m
钢筋	kg	1718	2148	2683	
拉杆	kg	386.4	451.0	515.2	均按 ϕ28mm 钢筋计算

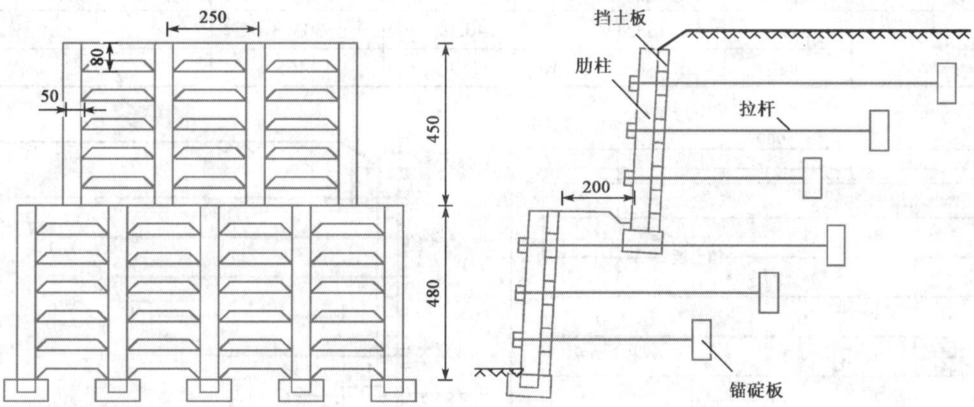

图 5-38　肋柱式锚碇板挡土墙

1. 基础

肋柱下端应设置混凝土条形基础、分离式垫块基础或杯座式基础，基础厚度不宜小于 0.5m，襟边不宜小于 0.1m。基础混凝土强度等级不低于 C15。肋柱式锚碇板挡土墙基础如图 5-39 所示。

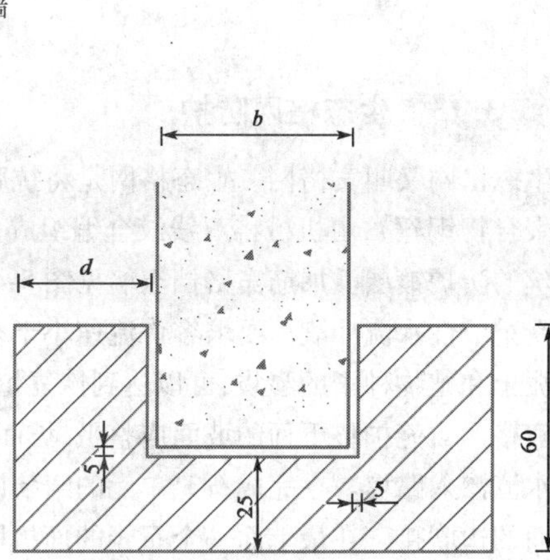

图 5-39　肋柱式锚碇板挡土墙基础

2. 肋柱

肋柱式锚碇板挡土墙的肋柱间距宜为 1.5 ~ 2.5m，肋柱可采用矩形、T 形或工形断面，顺挡土墙方向的肋柱宽度不应小于 0.35m，肋柱断面厚度不宜小于 0.3m。肋柱分段拼装时，肋柱接头宜用榫接。肋柱宜采用竖直布置或向填土侧仰斜布置，仰斜度宜为 20:1。多级肋柱式锚碇板挡土墙的平台，宜用厚度不小于 0.15m 的 C15 混凝土封闭。

3. 挡土板

挡土板宜采用预制构件，预制板顺墙高方向的最小尺寸不应小于 0.3m，常值为 0.5m。挡土板的规格不宜过多，其截面宜为矩形、槽形或空心板，矩形板的最小厚度不应小于 0.15m。板与肋柱的搭接长度不应小于 0.10m。

4. 锚碇板

锚碇板宜采用钢筋混凝土矩形或方形板，肋柱式锚碇板挡土墙的锚碇板面积不应小于 $0.5m^2$；锚碇板须预留拉杆孔道，其要求与肋柱的预留孔道相同。锚碇板的埋置深度不宜小于 2.5m。

5. 拉杆

肋柱上需预留圆形或椭圆形拉杆孔道，孔道直径或短轴长度应大于拉杆直径。最上一排拉杆至填料顶面的距离不得小于 1m。当锚碇板埋置深度不足时，可采用向下倾斜的拉杆，其水平倾角 β 宜为 10°～15°。

5.2.12 板壁式锚碇板挡土墙

图 5-40 为板壁式锚碇板挡土墙，由条形基础、墙面板、钢拉杆、锚碇板和填料等组成，墙高一般不宜大于 6m。其墙面板可采用矩形、六边形或其他几何形状的钢筋混凝土板，墙顶应设置帽石。板壁式挡土墙的锚碇板面积不应小于 $0.2m^2$。板壁式锚碇板挡土墙长 10m 工程量指标见表 5-44。

板壁式锚碇板挡土墙长 10m 工程量指标　　表 5-44

项目	单位	挡土墙高度 H(m)			备注
		4.1	4.9	5.7	
挡土板厚	m	0.4	0.5	0.6	
基础混凝土	m^3	5.00	5.40	5.80	
挡土板混凝土		16.0	24.0	33.6	
帽石混凝土		1.80	2.00	2.20	
锚碇板混凝土		4.80	5.76	6.72	每块体积为 0.6m×0.6m×0.4m
钢筋	kg	1656	2230	2899	
拉杆	m	183.3	240.0	303.3	
	kg	886	1159	1465	

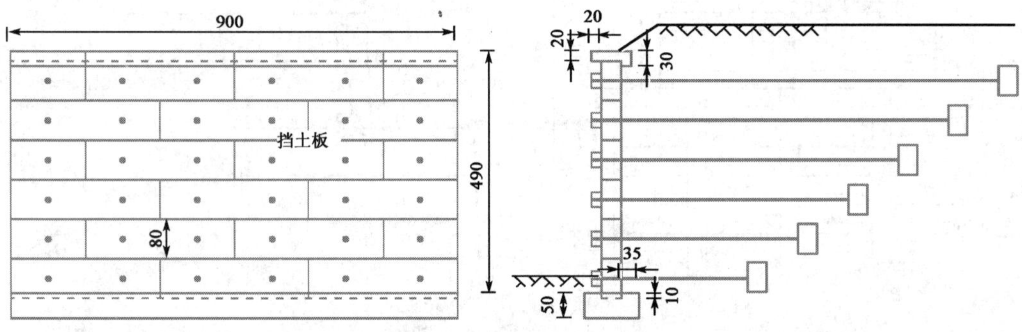

图 5-40　板壁式锚碇板挡土墙

5.3.13 生态格网防护

生态格网又叫宾格网。生态格网是将抗腐耐磨高强的低碳高镀锌钢丝或 5% 铝-锌稀土合金镀层钢丝（或同质包覆聚合物钢丝），由机械将双线绞合编织成多绞状、六边形网片，其双线绞合部分的长度应不小于 5cm，且不应破坏钢丝的防护镀层。加筋宾格挡土墙见图 5-41、图 5-42。宾格网石笼护垫用于季节性浸水路堤坡脚护坡，保护路堤免受季节性水流冲刷。要求容许流速小于 6m/s，浪高小于 1.8m。通过在石笼上插灌（乔）木枝，或在石笼内装入混合泥土和植物种子的囊袋，可以达到恢复植被、美化环境的功效。

宾格网石笼护垫下面的坡面应整平，坡面应规则，没有松散物质和植被；在石笼下面铺设一层防渗无纺土工布，防止水流渗入路堤。在完成石笼单元的组装以后，石笼应逐个整齐摆放在坡面上，用钢丝环把所有相邻空石笼沿其接触面的边联接。在最上面一个石笼的面板用 50cm 长 $\phi 12$ 铁棒（或硬木栓）固定在坡面上。石笼可以完全达到半径 18m 到 21m 而无须改动并放置成一定弧线来填充，石笼可以被剪开并做成曲线或斜角。填石必须坚硬，且不易崩解和风化，大小应在 70mm 到 150mm 之间，要求用不同大小的石块在石笼内至少填充两层。外层用较大石块，并使棱角突出网孔，以保护钢丝网。考虑到石块沉降，填充石块高出网格 25mm。30cm 厚镀高尔凡雷诺护垫 + 聚酯长纤无纺布。石笼防护工程量指标见表 5-45。各种宾格网技术指标列于表 5-46。

宾格网石笼防护工程量指标 表5-45

项目	挡土墙100m		坡面$100m^2$	
石笼防护	宾格网石笼$1050m^3$	无纺布640 m^2	宾格网石笼护垫$30m^3$	无纺布100 m^2

各种宾格网的技术指标 表5-46

网格/线径 (cm/mm)	抗拉强度 (N/m^2)	延伸率 (%)	成形网误差 (±%)	复合保护膜厚 ϕ (mm)	摩擦系数 (f)
8×10/ϕ2.8	400	≤10	3	3.9	≥0.4
8×10/ϕ2.6	400	≤10	3	3.8	≥0.4
10×12/ϕ2.6	380	≤12	3	3.8	≥0.4
10×12/ϕ2.8	400	≤12	3	3.9	≥0.4
10×12/ϕ3.0	420	≤12	3	4.0	≥0.4
6×8/ϕ2.0	380	≤10	3	3.0	≥0.4
6×8/ϕ2.2	400	≤10	3	3.2	≥0.4
6×8/ϕ2.5	420	≤10	3	3.8	≥0.4

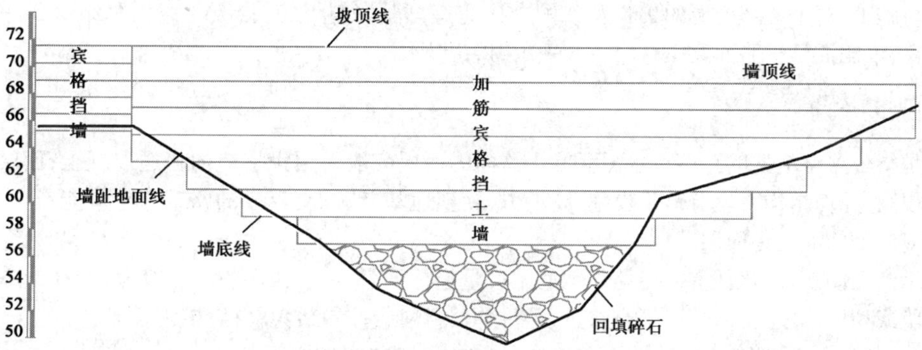

图5-41 宾格石笼挡土墙

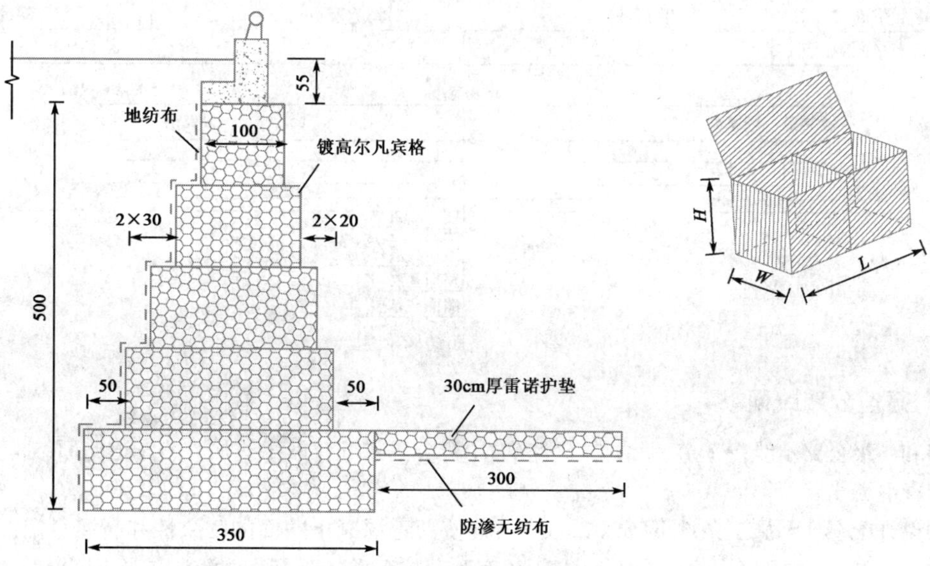

图5-42 宾格网石笼挡土墙

第六章　公 路 路 面

路面设计与施工，对于各结构层的集料及其配合比应有试验资料，沥青混凝土路面黏结材料一般采用A50#A级道路石油沥青，水泥混凝土路面黏结材料一般采用32.5级水泥。

6.1 主线路面

主线路面是指公路路基上的路面。水泥混凝土路面的面层一般采用设接缝的普通混凝土；面层板的平面尺寸较大或形状不规则；路面结构下埋有地下设施，高填方、软土地基、填挖交界段的路基等有可能产生不均匀沉降时，应采用设置接缝的钢筋混凝土面层。

路面结构示意见图6-1。水泥混凝土路面钢筋工程量指标见表6-1。路面垫层一般为15cm或20cm级配碎石，设置在潮湿路段或切方路段，特殊情况下全路段设置；垫层材料应控制最大粒径，控制含泥量。

水泥混凝土路面钢筋工程量指标　　表6-1

项目	高速一级公路	二级公路	三级公路
普通混凝土路面	厚度28cm、9kg/m²	厚度25cm、7kg/m²	厚度24cm、5kg/m²
钢筋混凝土路面	厚度26cm、24g/m²	—	—

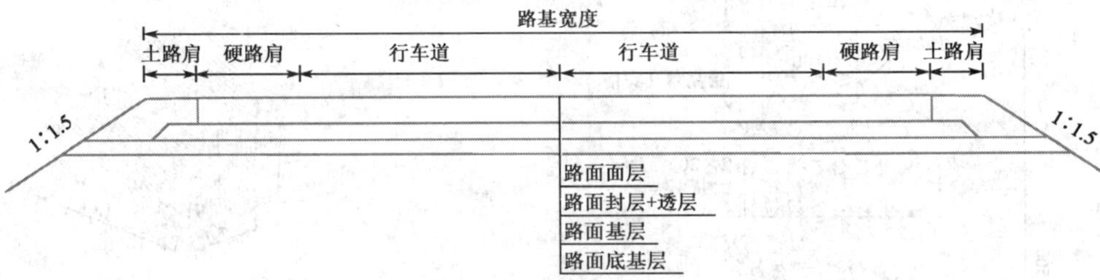

图6-1　路面结构示意

6.1.1 高速公路路面

高速公路和一级公路主线行车道、路缘带、硬路肩、中央分隔带开口及主线加减速车道路面结构一致。

1. 改性沥青混凝土路面

在良好的设计配合比和施工条件下，SBS改性沥青能使沥青混凝土路面的耐久性和高温稳定性明显提高。改性沥青主要软化点指标，可根据当地夏季气温调整，以有利于抗车辙。双层改性沥青混凝土路面结构见表6-2，单层改性沥青混凝土路面结构见表6-3。

双层改性沥青混凝土路面结构　　表6-2

面层	封层	基层	底基层
4cm细粒式改性沥青混凝土（AC-13C）上面层 6cm中粒式改性沥青混凝土（AC-20C）中面层 8cm粗粒式沥青混凝土（AC-25C）下面层	改性沥青同步碎石	38cm 5%水泥稳定碎石	20cm 4%水泥稳定碎石

单层改性沥青混凝土路面结构　表 6-3

面层	封层	基层	底基层
4cm 细粒式改性沥青混凝土(AC-13C)上面层 6cm 中粒式沥青混凝土(AC-20C)中面层 7cm 粗粒式沥青混凝土(AC-25C)下面层	0.6cm 乳化沥青	36cm 5%水泥稳定碎石	20cm 4%水泥稳定碎石

改性沥青路面上面层(AC-13C)所用的集料,可采用辉绿岩、玄武岩等经检验符合规范要求的集料。

2. SMA 沥青混凝土路面

SMA 即沥青玛蹄脂碎石,是沥青、矿粉、纤维稳定剂及少量细集料组成的沥青玛蹄脂结合料,充填于间断级配的粗集料碎石骨架的间隙形成的一种沥青混合料。一般路段 SMA 沥青混凝土路面结构见表 6-4,岩质切方路段 SMA 沥青混凝土路面结构见表 6-5。沥青碎石上基层,SMA 沥青混凝土路面结构见表 6-6。

SMA 沥青混凝土路面结构(一般路段)　表 6-4

面层	封层	基层	底基层
4cm 沥青玛蹄脂碎石(SMA-13)上面层 6cm 中粒式沥青混凝土(AC-20C)中面层 8cm 粗粒式沥青混凝土(AC-25C)	沥青表处	36cm 5%水泥稳定碎石	20cm 4%水泥稳定碎石

SMA 沥青混凝土路面结构(岩质切方路段)　表 6-5

面层	封层	基层	底基层
4cm 沥青玛蹄脂碎石(SMA-13)上面层 6cm 中粒式沥青混凝土(AC-20C)中面层 8cm 粗粒式沥青混凝土(AC-25C)	沥青表处	30cm 5%水泥稳定碎石	15cm 4%水泥稳定碎石

SMA 沥青混凝土路面结构(沥青碎石上基层)　表 6-6

面层	封层	基层	底基层
4cm 沥青玛蹄脂碎石(SMA-13)上面层 6cm 中粒式沥青混凝土(AC-20C)中面层 8cm 粗粒式沥青混凝土(AC-25C)	—	10cm 沥青碎石上基层 30cm 水稳碎石下基层	20cm 4%水泥稳定砂砾

3. 水泥混凝土路面

特重交通水泥混凝土路面的混凝土 28 天抗压强度不应低于 57.5MPa,抗折强度不应低于 7.5MPa,每立方米混凝土的水泥用量约为 385kg。为提高混凝土的使用性能,可掺入少量早强剂、加气剂、增塑剂、减水剂或聚合物等外加剂。水泥混凝土路面结构见表 6-7。

水泥混凝土路面结构　表 6-7

面层	封层	基层	底基层
28cm 水泥混凝土	沥青表处	36cm 5%水泥稳定碎石	18cm 4%水泥稳定砾石

4. 水泥混凝土路面钢筋

对于标准路基宽度要求下的路面宽度、水泥混凝土路面板宽、板长划分见表 6-8。

水泥混凝土路面板宽及板长划分　表 6-8

路基宽度(m)	34.5	26	24.5	12	10	8.5	7.5
车道数	6	4	4	2	2	2	2
路面宽度(m)	30	22.5	21	10.5	8.5	7	6.5
板宽划分(m)	(4.5 +3.75 ×2 +3) ×2	(4.5 +3.75 +3) ×2	(4.25 +3.75 +2.5) ×2	5.25 ×2	4.25 ×2	3.5 ×2	3.25 ×2
板长(m)	5.0	5.0	5.0	5.0		5.0	

1)横缝传力杆钢筋

横缝传力杆是指沿水泥混凝土路面板横缝,每隔一定距离在板厚中央布置的圆钢筋。其一端固定在一侧混凝土板内，另一端可以在邻侧混凝土板内滑动，其作用是在两块路面板之间传递行车荷载和防止错台。横缝传力杆钢筋工程量指标见表6-9。

横缝传力杆钢筋工程量指标 表6-9

路面厚度(cm)	直径 ϕ	长度	传力杆	支架	最大间距	备注
		cm	kg/根	kg/个	cm	
22	28	50	2.42		30	参见第二篇路面设计
24	30	50	2.77		30	
26	32	55	3.47	7.56	30	
28	35	55	4.15		30	
30	38	60	5.34		30	

2)横向胀缝钢筋

横向胀缝是指在水泥混凝土路面板上设置的膨胀缝。其应采用真缝，作用是在水泥混凝土板温度升高时能自由伸展。横向胀缝传力杆钢筋工程量指标见表6-10。

横向胀缝传力杆钢筋工程量指标 表6-10

项目		ϕ30 长度50cm	支架	备注
		kg/根	kg/个	
混凝土板厚(cm)	24	2.77	7.83	参见第二篇路面设计
	28		7.98	

3)纵缝拉杆钢筋

路面纵缝是指在水泥混凝土路面上设置的平行的结构接缝。纵缝有平缝、企口缝等形式。一般采用平缝加拉杆的形式。纵缝拉杆钢筋工程量指标见表6-11。

纵缝拉杆钢筋工程量指标 表6-11

项目	ϕ14×700	ϕ16×800	备注
	kg/根	kg/根	
路面厚度20~25cm	0.85	—	参见第二篇路面设计
路面厚度26~30cm	—	1.26	

4)板角及边缘补强钢筋

混凝土路面板角≤90°，需采用发针型钢筋补强，即胀缝的四个角等；路面板自由端部边缘，需采用钢筋补强。

板角及边缘补强钢筋工程量指标 表6-12

项目		ϕ14 角隅钢筋长度(cm)		边缘钢筋	备注
		260×2	280×2		
		kg/个		kg/m	
混凝土板厚(cm)	24	6.29	—	2.62	参见第二篇路面设计
	27	—	6.78		

5)过渡板钢筋

水泥混凝土路面下有箱形或圆形管状构筑物横向穿过，设置过渡板及配置钢筋。箱形构筑物顶面至路面面层底面的距离<40cm或嵌入基层时，在构筑物顶宽及两侧各($H+1$)m且不小于4m的范围内，布设双层钢筋网；距离在40~120cm时，在构筑物顶宽及两侧各($H+1$)m且不小于4m的范围内，布设单层钢筋网。圆形管状构筑物顶面至路面面层底面的距离<120cm时，应在构筑物两侧各($H+1$)m且不小于4m的范围内，布设单层钢筋网。过渡板钢筋工程量指标表6-13。

过渡板钢筋工程量指标 表6-13

项目	单层(kg/m^2)			双层(kg/m^2)	
	ϕ10@10×25	ϕ12@15×25	ϕ12@10×20	ϕ12@25×30	ϕ12@10×20
过渡板钢筋	8.64	9.47	13.32	13.92	26.64

5. 路面排水

1）预制块路肩沟

路肩排水沟连接路堤急流槽（间隔 30～50m），排除路面水至路堤以外。路肩排水沟为预制块结构，有深沟型和浅沟型两种，如图 6-2 所示。工程量指标见表 6-14。

预制块路肩沟工程量指标　　表 6-14

项目	深沟形 10cm×20cm	浅沟形 20cm×9cm	备注
	m^3/m	m^3/m	
预制混凝土	0.037	0.030	整体布置见图 6-8

2）预制块中沟

高速公路路堤、路堑超高路段排水工程内容有中沟、中沟集水井，与其连接的横向排水管等。中沟为预制块混凝土结构，有缝隙和槽式两种（图 6-3），一般每隔 10m 设沉降缝一道，沥青麻絮 $0.1m^2$/处。预制块中沟工程量指标见表 6-15。

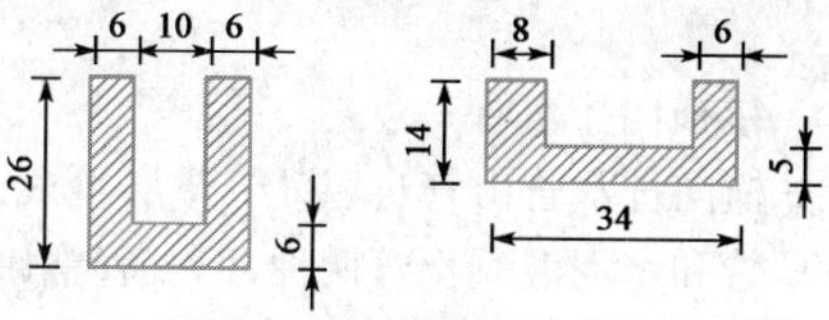

图 6-2　预制混凝土路肩沟

预制块中沟工程量指标　　表 6-15

项目	槽式中沟 32cm×35cm			集水井 50cm×45cm×120cm		
	槽身	盖板	钢筋	井身	盖板	钢筋
	m^3/m		kg/m	m^3/个		kg/个
预制块中沟	0.106	0.035	6.4＋3.9	0.54	0.036	32.4＋4.0

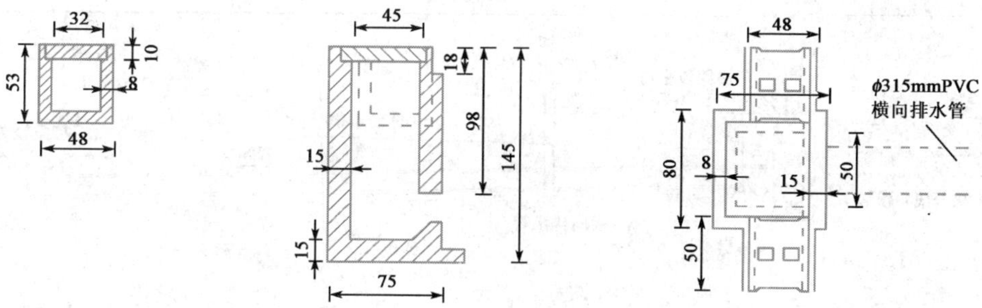

图 6-3　高速公路超高路段排水中沟

3）预制中央渗沟

中央分隔带渗沟有流水槽、碎石盲沟等多种形式。图 6-4、图 6-5 为流水槽式中央渗沟，其工程内容包括流水槽或碎石盲沟、集水井、砾石层、防水和透水土工布、回填种植土等。中央渗沟工程量指标表 6-16。

中央渗沟工程量指标　　表 6-16

项目	渗沟		集水井	碎石层	土工布		挖基	填种植土
	预制	现浇			防水	透水		
	m^3/m		m^3/个	m^3/m	m^2/m		m^3/m	
流水槽式	0.07	—	0.048	0.185	2.8	1.1	0.2	0.81
碎石盲沟式	—	0.082	—	0.106	2.4	1.0	0.2	1.17

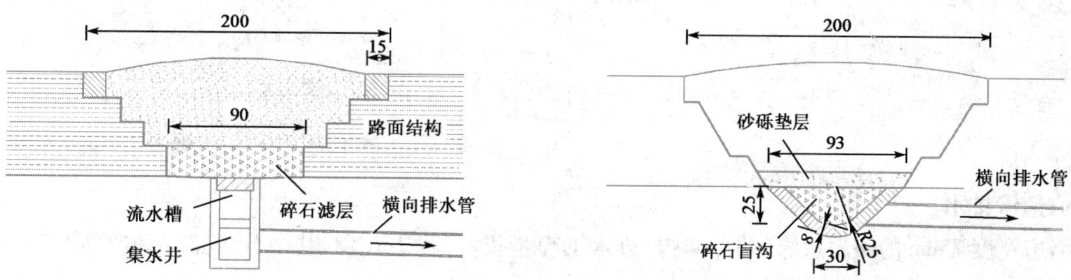

图 6-4　中央分隔带渗沟

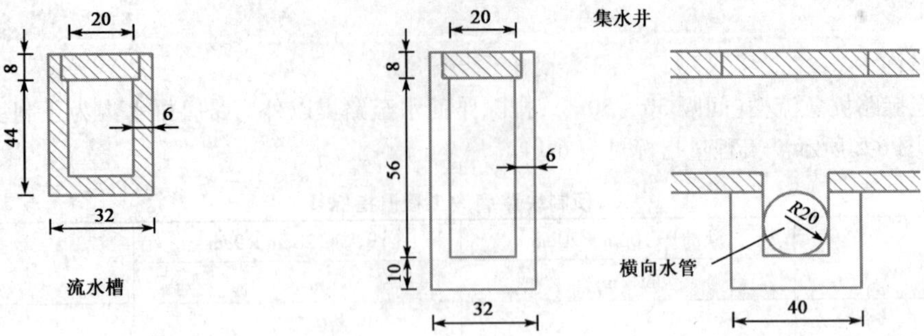

图 6-5　预制流水槽和集水井

4）横向排水管

横向排水管由管身、基层、垫层组成，其作用是连接中央分隔带渗沟或超高路段中沟汇流水。横向排水管有PVC管和水泥混凝土管两种，PVC管常用直径ϕ200mm，水泥混凝土管常用直径ϕ30cm。横向排水管与中沟集水井连接，路堤段超高和路堑段超高整体布置见图6-6，工程量指标见表6-17。横向排水管接中央分隔带渗沟整体布置图未示出，其与接中沟相似。横向排水管如图6-7所示。

横向排水管工程量指标　　表 6-17

项目	水管	钢筋	混凝土	碎石垫层	挖基坑	备注
	每 m	kg/m	m^3/m			
ϕ20cmPVC 管	1m	—	0.049	0.03	0.2	
ϕ30cm 水泥管	0.086m^3	3.8	0.164	0.07	1.0	管壁厚 5cm

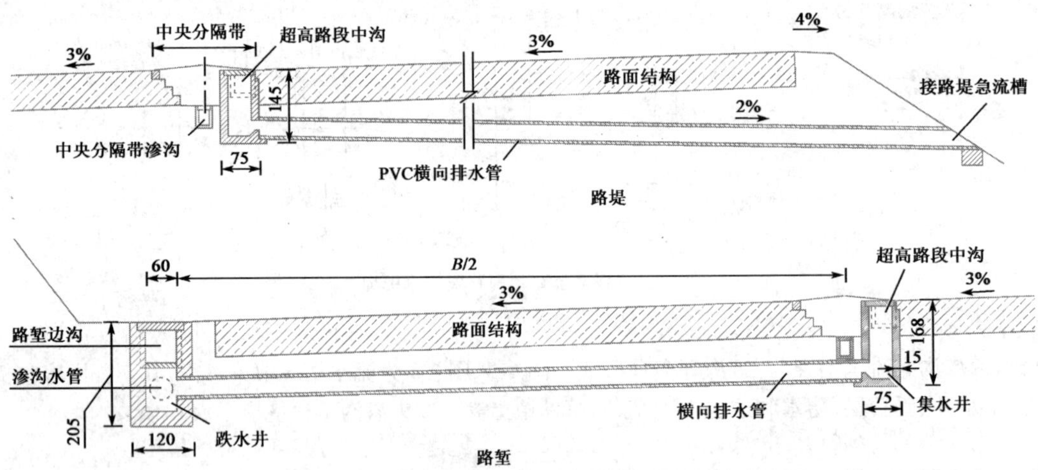

图 6-6　超高路段排水

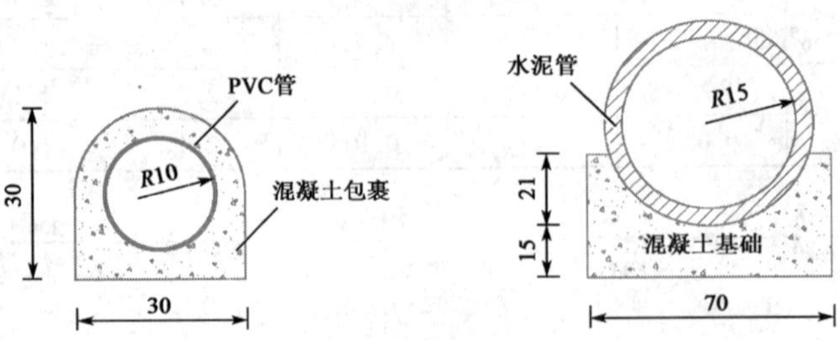

图 6-7　横向排水管

5）路肩边缘排水

对于路肩宽度75cm的路肩边缘（路面结构）排水工程量指标，见表6-18，其中分为路堤和路堑两种形式，工程图见图6-8。

路肩边缘排水工程量指标 表 6-18

项目	防水土工布	碎石	预制块	培路肩土	备注
	m^2/m	m^3/m			
路堤	2.7	0.193	—	0.27	
路堑	0.9	0.101	0.055	—	路堑沟壁厚 20cm

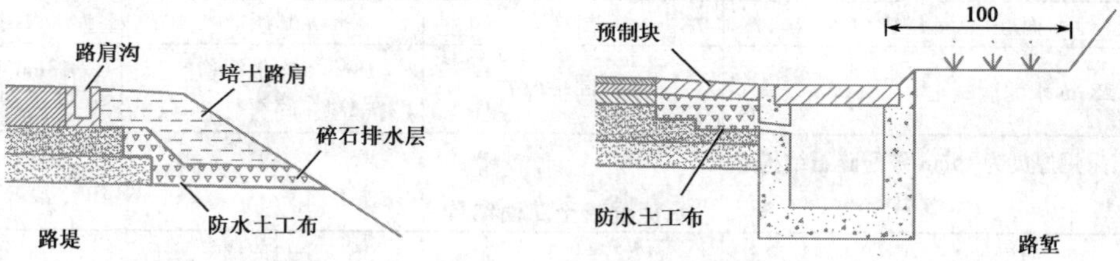

图 6-8 路面结构排水

6.1.2 一级公路路面

1. 沥青混凝土路面

改性沥青碎石同步封层技术是一项新技术，它是在同一秒内同步洒(撒)布改性沥青和碎石，可保证它们之间具有最大的表面裹覆强度。该项技术具有节约成本、表面高度耐磨、表面高度防滑，有较强防水性，可延长道路使用寿命、快速恢复交通、减少污染环境等特点。一级公路沥青混凝土路面常用结构见表 6-19 至表6-21。

改性沥青混凝土路面结构 表 6-19

面层	封层	基层	底基层
4cm 细粒式改性沥青混凝土(AC-13C)上面层 5cm 中粒式沥青混凝土(AC-16C)中面层 6cm 中粒式沥青混凝土(AC-20C)下面层	改性沥青同步碎石	36cm 5% 水泥稳定砾石	20cm 4% 水泥稳定砾石

沥青混凝土路面结构 (面层厚度 12cm) 表 6-20

面层	封层	基层	底基层
4cm 细粒式沥青混凝土(AC-13)上面层 8cm 粗粒式沥青混凝土(AC-25)下面层	改性沥青同步碎石	38cm5% 水泥稳定碎石	20cm 级配碎石

沥青混凝土路面结构 (面层厚度 10cm) 表 6-21

面层	封层	基层	底基层
4cm 细粒式沥青混凝土(AC-13)上面层 6cm 中粒式沥青碎石(AM-20)下面层	沥青表处	20cm 5% 水泥稳定碎石	15cm 4% 水泥稳定碎石

注：路面改造项目的调平层采用厚度为 15cm 未筛分碎石。

2. 水泥混凝土路面

重交通水泥混凝土路面的混凝土 28 天抗压强度不应低于 52.5MPa，抗折强度不应低于 7.0MPa。一级公路水泥混凝土路面常用结构见表 6-22、表 6-23。

水泥混凝土路面结构(水稳碎石) 表 6-22

面层	封层	基层	底基层
28cm 水泥混凝土	0.6cm 稀浆	20cm 5% 水泥稳定碎石	15cm 4% 水泥稳定碎石

水泥混凝土路面结构 (水稳砾石) 表 6-23

面层	封层	基层	底基层
26cm 水泥混凝土	0.6cm 稀浆	20cm 5% 水泥稳定砾石	15cm 4% 水泥稳定砾石

6.1.3 二级及以下公路路面

1. 二级公路路面

二级公路12m、10m宽度的路基,行车道、硬路肩路面结构一致。特重、重交通的水泥混凝土路面可采用旋窑道路硅酸盐水泥。二级公路常用水泥和沥青混凝土路面结构见表6-24至表6-26。

水泥混凝土路面结构　表6-24

面层	封层	基层	底基层
28cm水泥混凝土	沥青同步碎石	18cm 5%水泥稳定碎石	18cm 4%水泥稳定碎石

注:路面垫层,采用厚度为15cm级配碎石结构层。

水泥混凝土路面结构　表6-25

面层	封层	基层	底基层
25cm水泥混凝土	0.6cm稀浆	18cm 5%水泥稳定碎石	15cm级配碎石

注:路面改造项目设调平层,采用厚度为10cm级配碎石结构层。

沥青混凝土路面结构　表6-26

面层	封层	基层	底基层
4cm细粒式沥青混凝土(AC-13)上面层 6cm中粒式沥青碎石(AM-20)下面层	0.6cm稀浆	18cm5%水泥稳定碎石	15cm4%水泥稳定碎石

2. 三级公路路面

三级公路只有行车道路面,而无硬路肩结构。中、轻交通水泥混凝土路面可采用矿渣硅酸盐水泥,混凝土28天抗压强度不应低于42.5MPa,抗折强度不应低于6.5 MPa。三级公路常用水泥和沥青混凝土路面结构见表6-27、表6-28。

水泥混凝土路面结构　表6-27

面层	封层	基层	底基层
24m水泥混凝土	沥青表处	15cm 5%水泥稳定碎石	15cm4%水泥稳定砂砾

上拌下贯式沥青路面结构　表6-28

面层	封层	基层	底基层
3cm沥青混凝土拌和层 5cm沥青贯入式层	0.6cm稀浆	18cm5%水泥稳定碎石	15cm4%水泥稳定碎石

3. 四级公路路面

四级公路常用水泥和沥青混凝土路面结构见表6-29、表6-30。

水泥混凝土路面结构　表6-29

面层	封层	基层	底基层
22cm水泥混凝土	—	15cm 5%水泥稳定碎石	15cm砂砾

沥青表处路面结构　表6-30

面层	封层	基层	底基层
3cm沥青表处(三层)	—	15cm 5%水泥稳定碎石	15cm砂砾

6.2 桥面铺装

6.2.1 改性沥青混凝土桥面

桥面抛丸处理的作用是去除桥面砂浆而不破坏骨料,使骨料和沥青铺装层能够完全融合为一体。改性沥青混凝土路面结构见表6-31。

改性沥青混凝土路面结构　表 6-31

面层	防水层	备注
4cm 细粒式改性沥青混凝土(AC-13C)上面层 6cm 中粒式改性沥青混凝土(AC-20C)下面层	改性沥青同步碎石	桥面防水黏结层施工前,可对桥面进行抛丸处理

6.2.2 玛蹄脂沥青混凝土桥面

在钢筋混凝土或正交异性钢板桥面上,有行车荷载、风载、温度等多种因素影响路面耐用,玛蹄脂沥青混凝土桥面铺装结构能够与其相适应,见表 6-32。

玛蹄脂沥青混凝土路面结构　表 6-32

面层	防水层	备注
沥青玛蹄脂碎石(SMA-13)上面层 6cm 中粒式沥青混凝土(AC-20C)下面层	改性沥青同步碎石	

6.2.3 水泥混凝土桥面

水泥混凝土桥面铺装需要很好的养生措施且要求钢筋定位准确,否则易出现混凝土开裂松散、唧浆等病害。钢筋混凝土桥面铺装结构见表 6-33。

钢筋混凝土桥面铺装结构　表 6-33

面层	防水层	备注
15cm 水泥混凝土	防水混凝土铺装层或设防水层	钢筋含量 $20kg/m^2$、$133kg/m^3$

6.3 隧道路面

隧道内潮湿、地下水丰富,路面材料要求有较好的水稳定性和抗水损害的能力,同时要求材料的抗滑性能优良,一般选用水泥混凝土路面;隧道内交通噪声大,路面材料最好具有吸收噪声的功能。

6.3.1 复合式路面

复合式路面是一种"刚柔相济"的路面结构形式,既有刚性路面耐久性好的优点,又有柔性路面行车舒适的优点,其常用结构见表 6-34、表 6-35。

沥青混凝土面层结构　表 6-34

面层	封层	基层	底基层
4cm 细粒式沥青混凝土(AC-13C)上面层 6cm 中粒式沥青混凝土(AC-20C)中面层 24cm C35 混凝土	沥青同步碎石	15cm 5% 水泥稳定碎石	仰拱回填或整平层

注:设调平层时,一般采用厚度为 10cm 厚 C20 水泥混凝土(无仰拱);
长度 >1000m 隧道的复合式路面上面层沥青混合料中,可考虑掺阻燃剂,以利于防火。

SMA 沥青混凝土面层结构　表 6-35

面层	封层	基层	底基层
4cm 沥青玛蹄脂碎石(SMA-13)上面层 6cm 中粒式沥青混凝土(AC-20C)中面层 24cm C40 连续配筋混凝土下面层	沥青同步碎石	15cm 5% 水泥稳定碎石	仰拱回填或整平层

注:长度 >1000m 隧道的复合式路面上面层沥青混合料中,可考虑掺阻燃剂,以利于防火。

沥青混合料面层(一般厚度为 8 ~ 10cm,分上、下面层)与水泥混凝土基层(分上、下基层)组成的复合式路面结构,见图 6-9。沥青混凝土上面层厚度 4cm 为抗滑表层,一般采用沥青玛蹄脂,掺重量比为 3‰的聚酯纤维,下面层为厚度 6cm 密级配中粒式沥青混凝土;复合式路面的水泥混凝土基层的上基层每段采用连续配筋混凝土结构厚度 23cm,混凝土标号采用 C40,上基层之上设置厚度 0.6cm 的改性乳化沥青黏层;C15 混凝土下基层厚度 15cm。连续配筋混凝土上基层采用 ϕ14mm 钢筋网,钢筋间距为 20cm × 20cm;板角补强采用 ϕ14mm 钢筋,一个板角数量 6.3kg。沥青复合路面每延米工程量指标见表 6-36。

沥青复合路面每延米工程量指标　　表6-36

项目	SMA-13 上面层	AC-20(C) 下面层	改性乳化沥青 防水黏层	钢筋混凝土	钢筋	混凝土
	m^2、m^3				kg	m^2、m^3
面积数量	8.0	8.0	8.0	8.0	82.4	8.0
体积数量	0.32	0.48	0.048	1.84	—	1.2

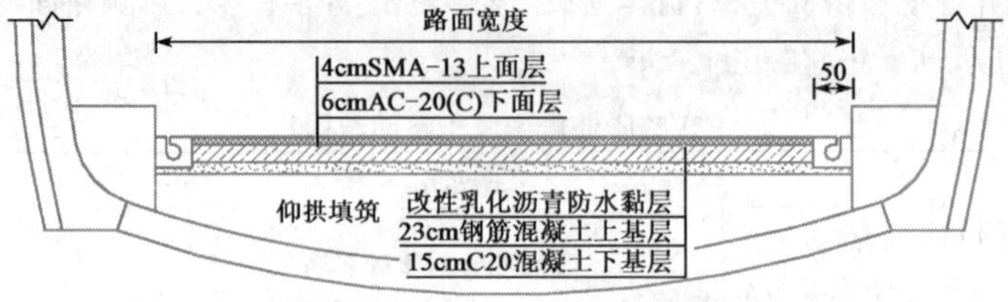

图6-9　复合式路面

6.3.2 水泥混凝土路面

水泥混凝土路面水稳定性好，抗水损害能力强，作为隧道路面结构有独特的优势(图6-10)。常用水泥混凝土路面结构见表6-37。

水泥混凝土路面结构　　表6-37

面层	封层	基层	底基层
26cm 水泥混凝土	乳化沥青	18cm 5% 水泥稳定碎石	仰拱回填或整平层

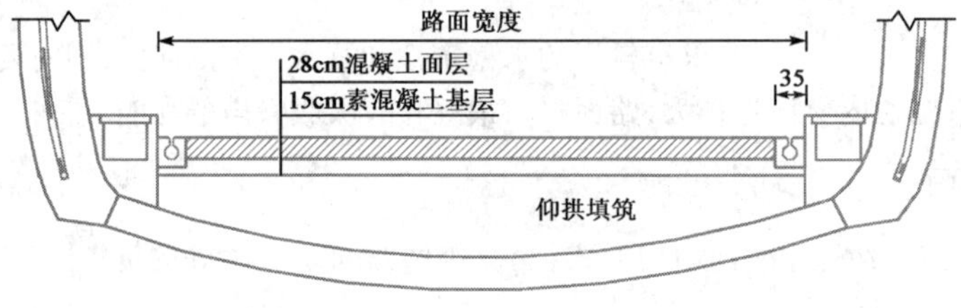

图6-10　水泥混凝土路面

6.4 其他项目路面

6.4.1 互通匝道路面

1. 沥青混凝土路面(常用结构见表6-38、表6-39)

改性沥青混凝土路面结构(双层改性)　　表6-38

面层	封层	基层	底基层
4cm 细粒式改性沥青混凝土(AC-13C)上面层 6cm 中粒式改性沥青混凝土(AC-20C)中面层	乳化沥青	38cm 5% 水泥稳定碎石	20cm 4% 水泥稳定碎石

改性沥青混凝土路面结构(单层改性)　　表6-39

面层	封层	基层	底基层
4cm 细粒式改性沥青混凝土(AC-13C)上面层 6cm 中粒式沥青混凝土(AC-20C)中面层	乳化沥青	30cm 5% 水泥稳定碎石	20cm 4% 水泥稳定碎石

2. 水泥混凝土路面(常用结构见表6-40、表6-41)

水泥混凝土路面结构(总厚度62cm)　　表6-40

面层	封层	基层	底基层
26cm 水泥混凝土	(热)沥青碎石	18cm 5% 水泥稳定碎石	18cm 4% 水泥稳定碎石

水泥混凝土路面结构（总厚度68cm） 表6-41

面层	封层	基层	底基层
28cm 水泥混凝土	改性沥青同步碎石	20cm 5% 水泥稳定碎石	20cm 4% 水泥稳定碎石

6.4.2 收费站路面

1. 匝道收费站路面（常用结构见表6-42）

匝道收费站水泥混凝土路面结构 表6-42

面层	封层	基层	底基层
28cm 水泥混凝土	0.6cm 乳化沥青	17cm5% 水泥稳定碎石	15cm4% 水泥稳定碎石

2. 主线收费站路面（常用结构见表6-43）

主线收费站水泥混凝土路面结构 表6-43

面层	封层	基层	底基层
30cmC35 水泥混凝土	改性沥青	18cm5% 水泥稳定碎石	20cm4% 水泥稳定碎石

6.4.3 紧急停车带路面（常用结构见表6-44）

紧急停车带水泥混凝土路面结构 表6-44

面层	封层	基层	底基层
18cm 钢筋混凝土	沥青同步碎石	36cm5% 水泥稳定碎石	20cm4% 水泥稳定碎石

6.4.4 非机动车路面（常用结构见表6-45）

沥青混凝土路面结构 表6-45

面层	封层	基层	底基层
4cm 细粒式沥青混凝土（AC-13C）上面层 5cm 中粒式沥青混凝土（AC-20C）下面层	0.6cm 稀浆	15cm 素混凝土	15cm 4% 水泥稳定碎石

6.4.5 人行道路面（常用结构见表6-46）

人行道路面结构 表6-46

面层	封层	基层	底基层
6cm 透水砖	2cm 座浆	15cm 素混凝土	—

第七章　公路拱式桥

7.1　下部构造

拱桥桥台既要承受来自拱圈的水平推力、竖向力及弯矩，又要承受台后土的侧压力，从结构尺寸上看，拱式桥台一般较梁式桥台大。拱桥桥墩结构尺寸一般情况也较大。

7.1.1　实体式桥台

图 7-1 为设计跨径 64m 的石拱桥实体式桥台，主拱圈厚度 145cm，腹拱圈厚度 40cm，桥梁宽度为 15m + 2 × 0.5m（防撞护栏）= 16m。桥台高 20.8m，台身基础采用扩大基础。由于桥台尺寸和受力的原因，设计要求墙背嵌入岩层部分必须与岩面紧密结合，不能有砂土隔层，要求清净岩面。实体式桥台工程量指标见表 7-1。

实体式桥台工程量指标　　表 7-1

项目	单位	基础	台身	主拱座	腹拱座	备注
混凝土	m^3	713	2854	59.7	6.35	混凝土合计 3633m^3
	1m 桥宽台高	10.92m^3				包括基础
钢筋	kg	—	—	1970	101.6	钢筋合计 2072kg，31.4kg/m^3
	1m 桥宽拱圈厚	—	—	84.9kg	6.35kg	

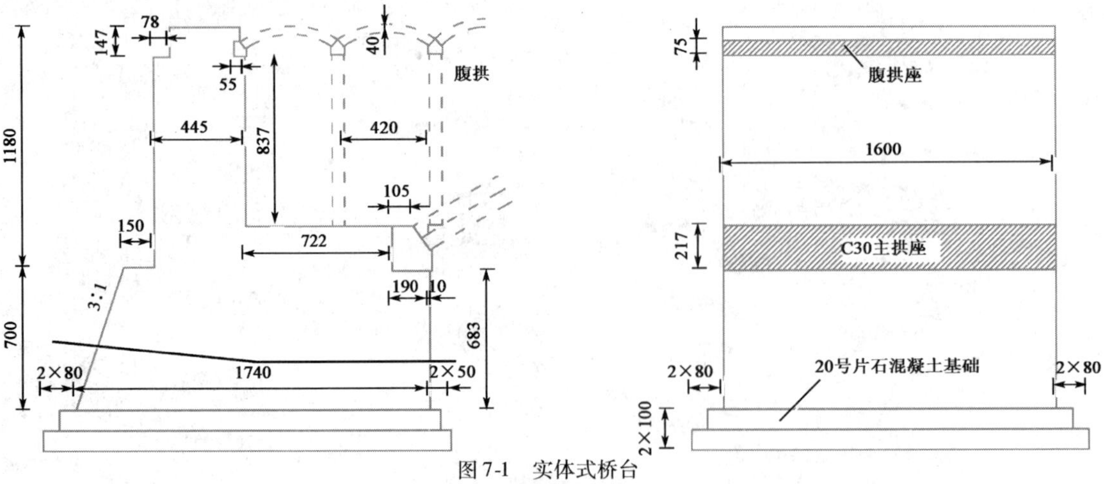

图 7-1　实体式桥台

7.1.2　背斜式嵌岩桥台

图 7-2 为背斜式嵌岩桥台，一般建在较好的基岩上。图 7-2 所示为主拱跨径 90m、台宽 12.5m 的二肋式钢筋混凝土箱形无铰拱桥，主拱圈厚 180cm，桥台高 4.6m。主桥拱座及拱座基础采用 C30 现浇混凝土，施工时预埋拱肋钢筋和锚筋，与拱肋形成固结。主桥拱座背斜式嵌岩基础设置于弱风化岩层上，岩层容许应力≥1MPa。开挖后地面线以上的桥台侧墙墙面上应适当布设泄水孔。台背排水构造及引桥桥台未示出，台后搭板长度 8m。背斜式嵌岩桥台工程量指标见表 7-2。

背斜式嵌岩桥台工程量指标　　表 7-2

项目	单位	东岸		西岸		备注
		桥台	拱座	桥台	拱座	
混凝土	m^3	1196	46.3	424	47.3	合计 $1714m^3$
	1m 桥宽台高	$29.80m^3$				
钢筋	kg	—	1852	—	1892	钢筋 $40kg/m^3$
	1m 桥宽拱圈厚	83.2kg				

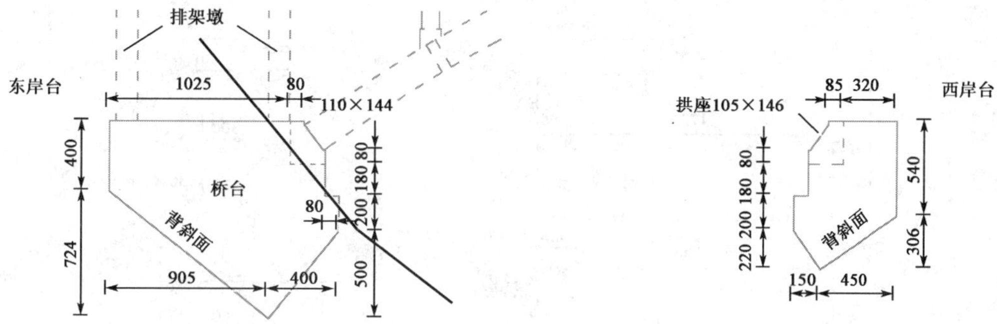

图 7-2　背斜式嵌岩桥台

7.1.3　U 型桥台

图 7-3 为 U 型桥台，台高 12.65m。上部构造采用 1-30m 钢筋混凝土拱桥，桥宽 9.5m，主拱圈厚度 60cm。U 型桥台的后台土压力主要靠自重来平衡，故桥台本身多数由石砌、片石混凝土或混凝土等圬工材料建造。U 型桥台因其台身是由前墙和两个侧墙构成的 U 字形结构而得名。起拱线以下 50cm，计算拱座数量。U 型桥台工程量指标见表 7-3。

U 型桥台工程量指标　　表 7-3

项目	单位	基础	台身	拱座	备注
混凝土	m^3	144	525	11.5	混凝土合计 $681m^3$
	1m 桥宽台高台长	$0.68m^3$			砌体挖空率 32%，包括基础
钢筋	kg	—	—	580	
	1m 桥宽拱圈厚	101.8kg			

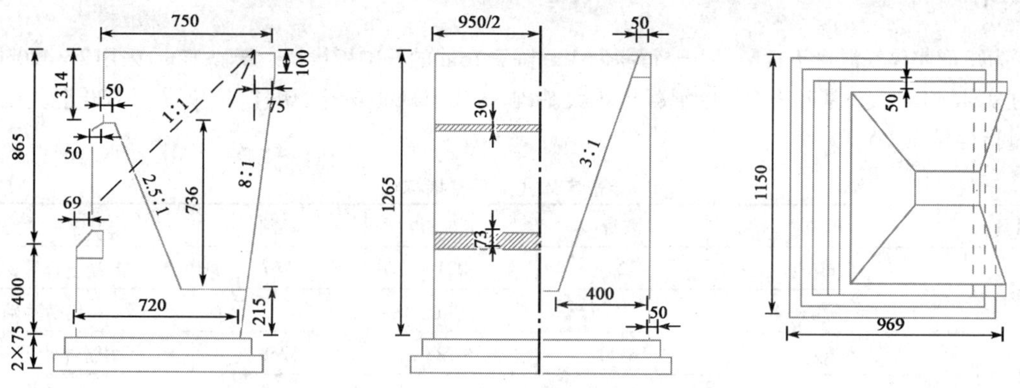

图 7-3　U 型桥台

7.1.4 框架式墩

图7-4为框架式墩，其由横梁、墩柱、承台及灌注混凝土桩构成，为跨径80m+368m+80m中承式钢管混凝土系杆拱桥的边跨墩，桥宽16m。框架式墩工程量指标见表7-4。框架墩是采用由构件组成的平面框架代替墩身，以支承上部结构，必要时可做成双面层或更多层的框架支承上部结构，这类较空心墩更进一步的轻型结构，是以钢筋混凝土和预应力混凝土建成的受力体系，还可以适应建筑艺术，建成纵、横向V形、Y形、X形、倒梯形等墩身。

框架式墩工程量指标　　表7-4

项目	单位	墩柱	上横梁	承台	合计	桩基	备注
混凝土	m^3	162	112	340	614	760	一个墩工程量
钢筋	kg	26720	17920	19662	64302	42560	检测管需另计
	kg/m^3	165	160	58	—	56	
桥跨桥宽每 m^2		混凝土0.48m^3，钢筋50.2kg					

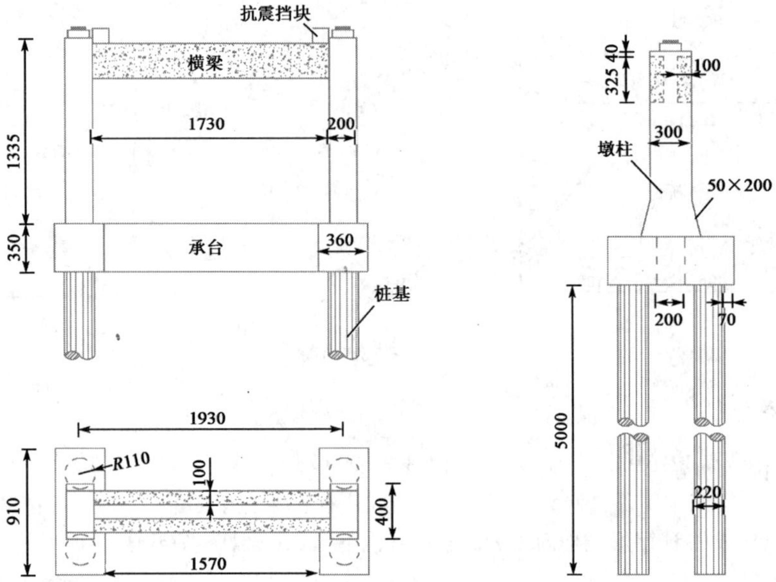

图7-4　框架式墩

7.1.5 实体式桥墩

实体式桥墩又称重力式桥墩，是实体的圬工桥墩，主要靠自重来平衡外力，需要保证其强度和稳定性。实体式桥墩侧坡可采用20:1～30:1（竖:横），小跨径桥梁的桥墩也可采用直坡。

7.1.5.1　矩形墩

图7-5为矩形实体式混凝土桥墩，用于桥跨径64m、桥宽16m的石砌板拱桥。墩高12m，采用2×420cm×450cm八角形方柱实体式墩构造，基础为三梯级混凝土扩大基础，采用C25混凝土，墩柱、拱座采用C30混凝土。矩形实体式工程量指标见表7-5。

矩形实体式工程量指标　　表7-5

项目	单位	墩身	主拱座	基础	备注
混凝土	m^3	323	221	376	混凝土合计920m^3
	1m桥跨桥宽	0.9m^3			包括基础
钢筋	kg	18411	34728	6768	钢筋合计59907kg
	1m桥跨桥宽	58.5kg			混凝土含筋量65kg/m^3

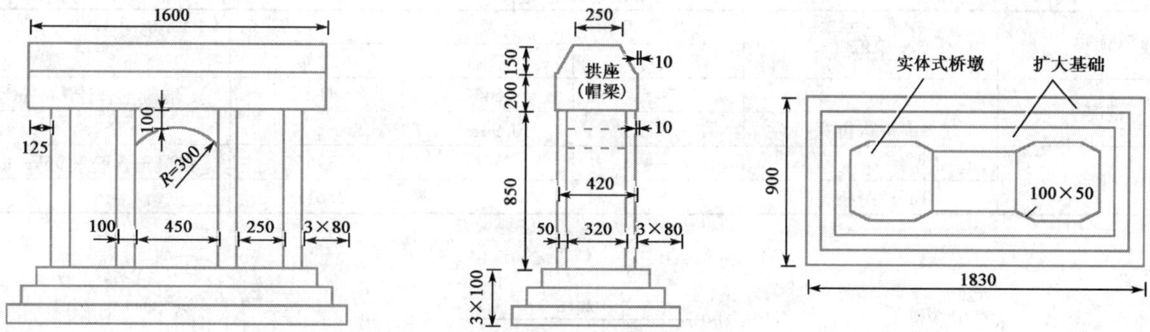

图 7-5 矩形实体式桥墩

7.1.5.2 圆锥式墩

圆锥实体式桥墩主要是靠自重力(包括桥跨结构重力)平衡外力保证桥墩稳定,适用于荷载较大的大、中型桥梁或流冰、漂浮物较多的河流中。在砂石料方便的地区,小桥设计时也往往采用。其缺点是工程量大、自重大,要求地基的承载力较高。从抵御恒载水平力的能力来看,圆锥式墩又可以分为普通墩和制动墩两种。

1. 圆锥式制动墩

图 7-6 为拱桥圆锥式制动墩,又称单向推力墩。它的主要作用是在它一侧的桥孔因施工分段要求或某种原因遭到毁坏时,能承受单侧拱的恒载水平推力。按截面尺寸和桥墩重力的不同可将其分为实体重力式桥墩和实体薄壁式桥墩(墙式桥墩)。图示制动墩用于主拱净跨为 76m 的双曲拱桥,桥宽为净 14m(车行道) + 2 × 3.0m(人行道) = 20m,主拱圈厚 70cm。墩身计算公式:V = 圆锥体 + 梯形体 = $(R^2 + r^2 + Rr) \times \pi \times h/3 + (2R + 2r) \times L \times h/2$。制动墩高 16.15m,采用沉井基础,基底宽度 21.0m,长度 28.2m。一个桥墩工程量指标见表 7-6。

一个桥墩工程量指标 表 7-6

项目	单位	制动墩		沉井基础	备注
		墩身	墩帽		
混凝土	m^3	3066	188	3188	
	1m 桥跨桥宽	2.14m^3			不包括沉井基础
钢筋	kg	—	18002	161255	
	1m 桥跨桥宽	11.8kg			

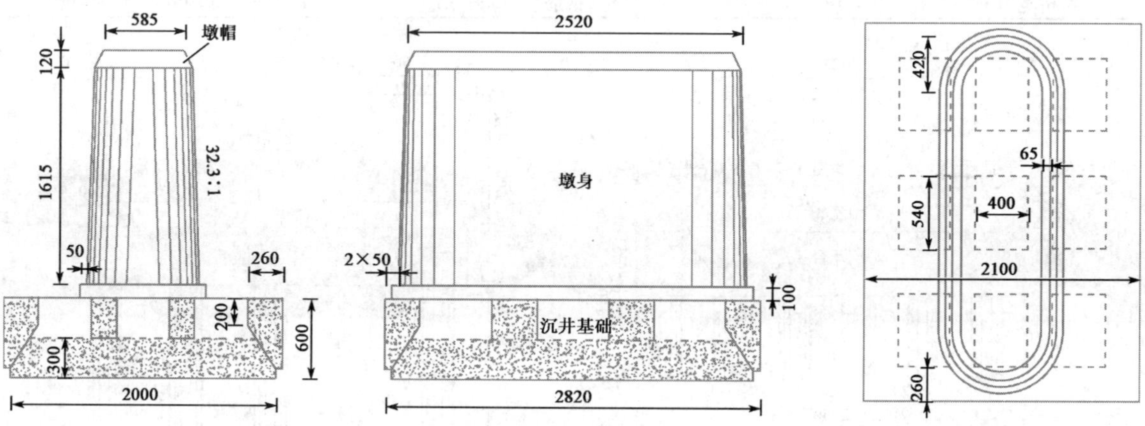

图 7-6 拱桥制动墩

2. 圆锥式普通墩

图 7-7 为拱桥圆锥式普通墩。普通墩除了承受相邻两跨结构传来的垂直反力外,一般不承受恒载水平推力,或者当相邻孔不相同时只承受经过相互抵消后尚余的不平衡推力。图示制动墩用于主拱净跨为 76m 的双曲拱桥,桥宽为净 14m(车行道) + 2 × 3.0m(人行道) = 20m,主拱圈厚 70cm。普通墩身高度 13.1m,采用两梯级扩大基础,基底宽度 8.1m,长度 25.9m。一个桥墩工程量指标见表 7-7。

一个桥墩工程量指标 表 7-7

项目	单位	普通墩			备注
		墩身	基础	墩帽	
混凝土	m^3	745	645	41.3	混凝土合计 1431m^3
	1m 桥跨桥宽	0.94m^3			
钢筋	kg	—	—	3965	混凝土含筋量 96kg/m^3
	1m 桥跨桥宽	—	—	2.61kg	

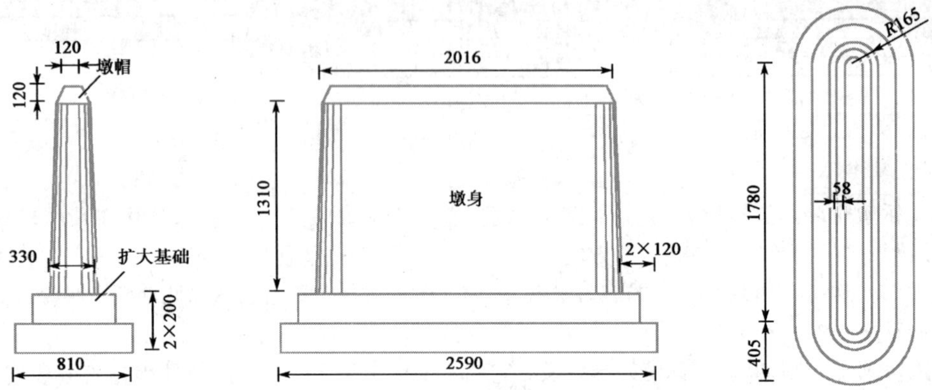

图 7-7 拱桥普通墩

7.1.5.3 拱座及承台

图 7-8 所示桥墩为拱座承台结构，为跨径 80m + 368m + 80m 中承式钢管混凝土系杆拱桥的主桥墩，桥宽 16m。主桥墩采用拱座承台、灌注混凝土桩组合，桥墩拱座、承台为大体积混凝土，其中设置 $\phi30\times2$mm 冷却管。钻孔灌注桩平均桩长 71m，每根灌注桩混凝土中设置 3 根等距离 $\phi50\times2.5$mm 超声波测声法检查钢管，管底封口。主桥墩工程量指标见表 7-8。

主桥墩工程量指标 表 7-8

项目	单位	拱座	承台	封底	合计	桩基	备注
混凝土	m^3	2122	3590	933	6645	9062	一个墩工程量
钢筋	kg	95490	208220	—	303710	507472	检测管、冷却管需另计
	kg/m^3	45	58	—	—	56	
桥跨桥宽每 m^2		混凝土 1.13m^3，钢筋 51.6kg				—	

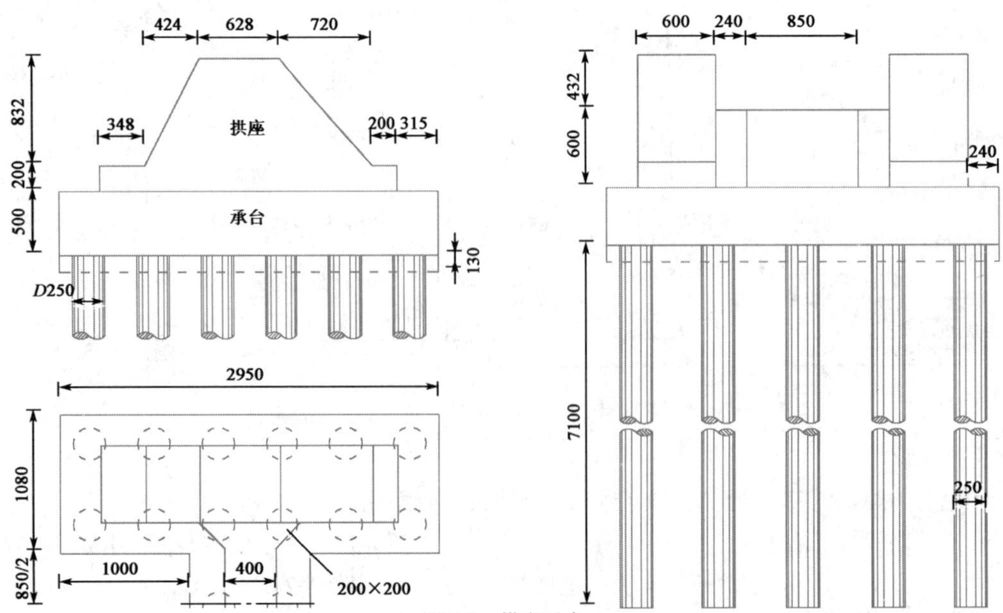

图 7-8 拱座承台

7.1.6 拱上排架墩

图 7-9 为主拱净跨 90m 的箱形拱桥拱上排架墩,桥宽 12.5m。排架墩为双柱式方形截面,边长为 1.0m;柱底设置柱座,高 40cm,顺桥方向宽度 1.0m,横桥向底宽 2.8m;柱座下设置调平基座,平面尺寸 1.2m×3.0m,用预埋钢筋与拱肋固结。桥台上排架立柱为双柱式方形截面,边长为 1.2m;由于立柱较高,中部设高度 1.0m 横向系梁。排架墩具体构造见图 7-10。拱上排架墩工程量指标见表 7-9;桥台上排架墩工程量指标见表 7-10。

拱上排架墩工程量指标 表 7-9

项目	单位	盖梁	立柱	底座	合计	备注
混凝土	m^3	153	88.4	33	274.4	全桥拱上排架
1m 桥跨桥宽	m^3	0.244				
钢筋	kg	12720	7531	760	21011	
1m 桥跨桥宽	kg	18.7				

桥台上排架墩工程量指标 表 7-10

项目	单位	盖梁	墩柱	系梁	合计	备注
混凝土	m^3	38.6	85.9	9.3	113.8	为 18.6m 两跨工程量
钢筋	kg	2895	6872	742	10509	

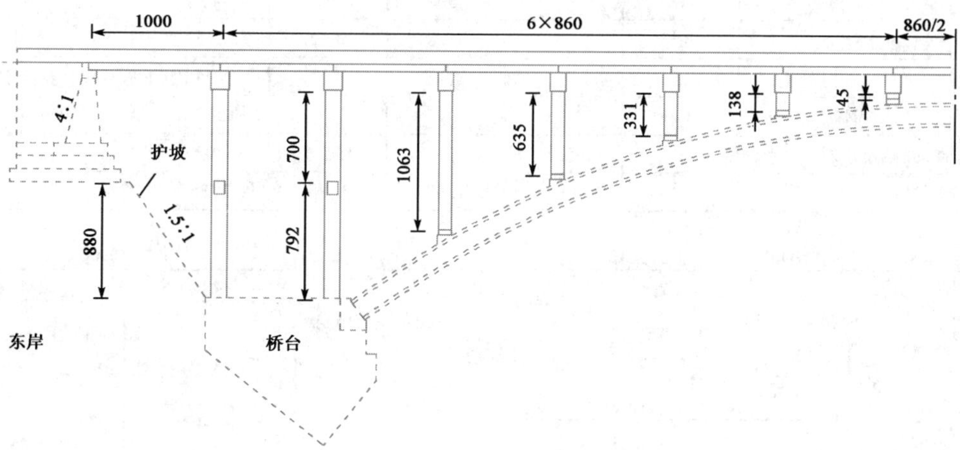

图 7-9 箱形拱桥排架墩

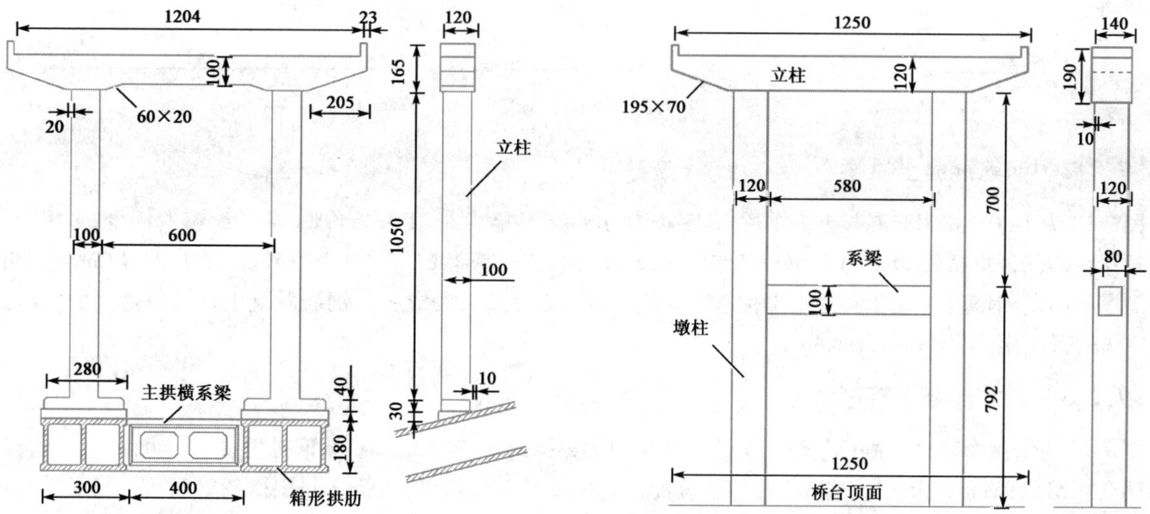

图 7-10 箱形拱桥排架墩构造

7.2 上部构造

7.2.1 石砌拱桥

图7-11为石砌板拱桥,用天然石料作为主要建筑材料,适用于中小跨径的桥梁。图例为1-10m等截面圆弧石板拱桥,桥宽10.8m,拱圈厚度为0.6m,矢跨比为1/5。砌筑用石料强度,主拱圈不得低于MU50,其他不得低于MU40。石砌拱桥上部构造工程量指标见表7-11。表中跨径为1-20m、1-30m的石拱桥主拱圈矢跨比为1/5,4-64m的石拱桥矢跨比为9/64。1-20m腹拱圈孔径为1.95m,净矢高65cm;1-30m腹拱圈孔径为2m,净矢高100cm;4-64m腹拱圈孔径为4.3m,净矢高65cm。

石砌拱桥上部构造工程量指标　　表7-11

项目		单位	跨径 L(m)				备注
			1-10	1-20	1-30	1-64	
桥宽		m	10.8	9.5	9	16	
矢高 f		m	2	3.33	5	9	
拱轴线		m	11.57	22.68	33.79	68.12	
主拱圈	厚度	cm	70	80	90	145	
	砌片石	m^3	87.5	172.4	273.7	1580	
腹拱圈	厚度	cm	—	30	30	40	
	砌片石	m^3	—	31.8	58.5	245	
拱上立柱	砌片石/混凝土	m^3	—	21.6	50.4	194	拱上立柱宽度分别为60cm、60cm、50cm
	钢筋	kg	—	—	—	15492	
拱上侧墙、护拱及填料		m^3	85.8	73.7	124.1	392	
桥跨桥宽平方米混凝土		m^3	1.60	1.58	1.88	2.35	

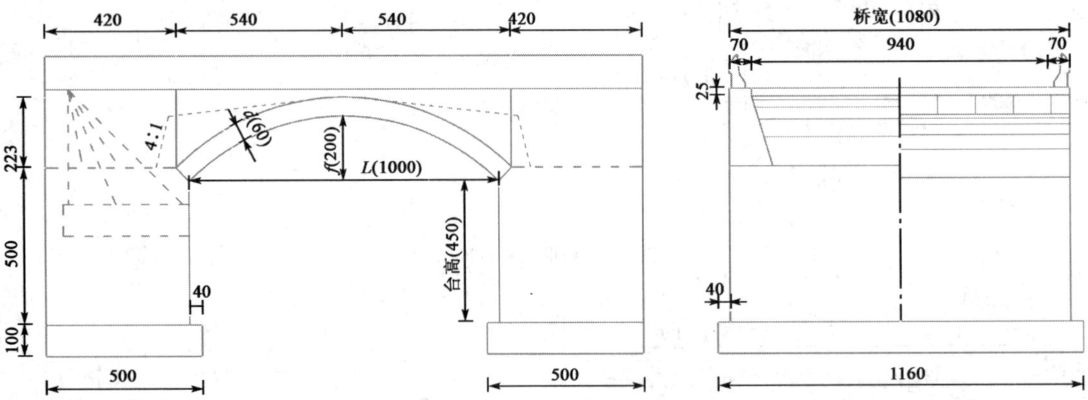

图7-11　1-10m石砌板拱桥

7.2.2 钢筋混凝土拱桥

图7-12为1-20m跨钢筋混凝土板拱桥,其跨越能力大、承载能力高、工程造价低、养护维修费用少,多用于中小跨径桥梁。图例桥梁桥长40m,宽0.5m+7.5m+0.5m=8.5m,矢跨比1/5,主拱圈厚70cm;腹拱跨径2m,矢跨比1/4,拱圈厚30cm。钢筋混凝土板拱桥上部构造工程量指标见表7-12。表中所列钢筋混凝土拱桥腹拱圈的矢跨比均为1/4,腹拱圈孔径分别为2m、3m、4m。

7.2.3 钢筋混凝土箱形拱

图7-13为主拱净跨90m的钢筋混凝土箱形拱桥的主拱构造,桥宽12.5m。箱形拱桥主拱圈可由一个闭合箱或多个闭合箱组成;闭合箱由箱壁(侧板)、顶板(盖板)、底板及横隔板组成,两箱之间用横系梁联接。箱形拱肋顶板和底板采用现浇,腹板及边板为预制,一道箱梁宽3m,箱高为1.8m。边板与腹板之间设置厚度为10cm、6cm横隔板。两片拱肋中距为7m,肋高1.8m,肋宽3m。肋间横系梁为框架梁,全桥共设10道,与两拱肋连接后组成稳定的

桁架体系。横系梁构造见图 7-14。悬链线坐标公式：$y=a/2\times(e^{x/a}+1/e^{x/a})$，悬链线曲线长公式：$y=a/2\times(e^{x/a}-1/e^{x/a})$。箱形拱工程量指标见表 7-13。

钢筋混凝土板拱桥上部工程量指标　　表 7-12

项目		单位	跨径 L(m)			备注
			1-20	1-30	1-50	
桥宽		m	8.5	9.5	9.5	矢跨比 1/5
拱轴线		m	22.60	33.75	56.01	
主拱圈	混凝土	m^3	134.5	272.6	585.3	主拱圈厚度分别为 70cm、85cm、110cm
	钢筋	kg	4035	10904	40971	
腹拱圈	混凝土	m^3	26.5	58.5	122.7	腹拱圈厚度分别为 30cm、40cm、40cm
	钢筋	kg	849	1873	3925	
拱上立柱	混凝土	m^3	14.9	27.0	141.4	拱上立柱宽度分别为 60cm、70cm、70cm
	钢筋	kg	808	1471	8486	
拱上侧墙、护拱及填料		m^3	87.1	148	285	
桥跨桥宽平方米混凝土		m^3	1.55	1.78	2.39	
桥跨桥宽平方米钢筋		kg	33.5	50.0	112.4	

箱形拱工程量指标　　表 7-13

项目	单位	现浇底、顶板	预制腹板	预制内隔板	预制横系梁
混凝土	m^3	240.2	126.1	10.9	18.2
钢筋	kg/m^3	150	85	135	120
桥跨桥宽平方米		混凝土 0.35m^3，钢筋 44.8kg			

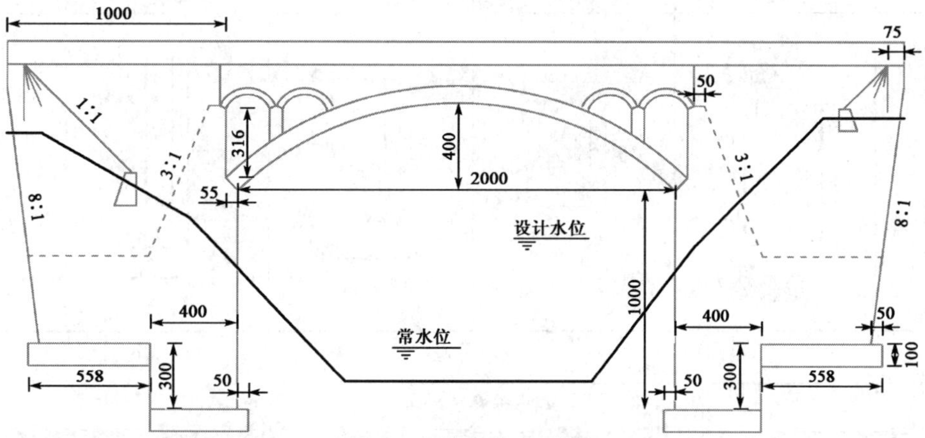

图 7-12　钢筋混凝土板拱桥

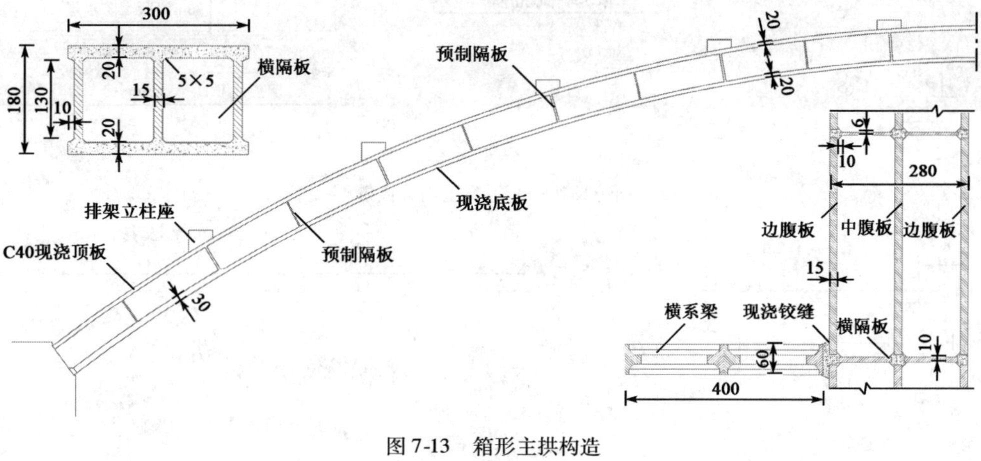

图 7-13　箱形主拱构造

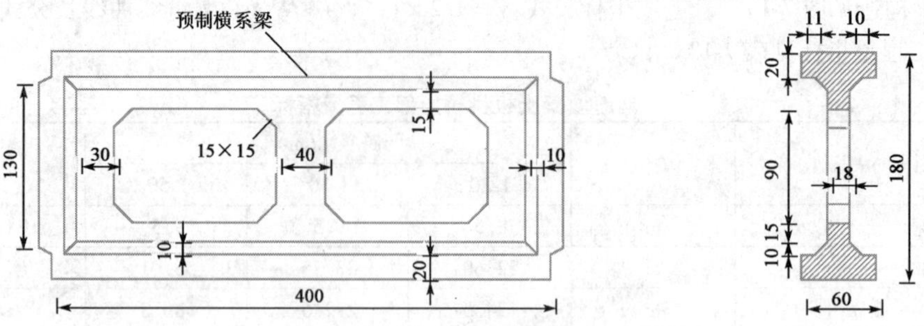

图 7-14　横系梁构造

7.2.4 钢筋混凝土刚架拱桥

图 7-15 为 1-60m 钢筋混凝土刚架拱桥。拱腿段为直线段，跨中 30m 范围内为二次抛物线；桥面宽度 0.5m + 4.1m×2 + 0.5m = 9.2m，全桥长度 80m。微弯板的中板安装宽度 2.85m，边板安装宽度 1.225m，如图 7-16 所示。钢筋混凝土刚架拱桥上部构造工程量指标见表 7-14，各构件断面参数见表 7-15。

上部构造工程量指标　　表 7-14

项目	单位	拱片 + 弦杆	横系梁	微弯板	备注
混凝土	m^3	135.0	25.31	69.55	混凝土合计 229.9m^3
钢筋	kg	23625	4556	17040	钢筋合计 45221kg，每立方米混凝土含筋量 197kg
桥跨桥宽平方米	kg	混凝土 0.42m^3，钢筋 81.9kg			

构 件 断 面　　表 7-15

刚构桥构件断面				横系梁断面	
弦杆	实腹段	斜撑	拱腿	Ⅰ型	Ⅱ型
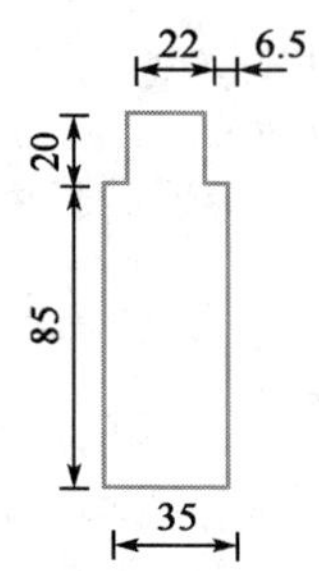	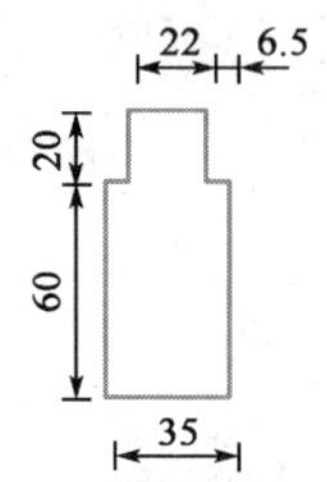	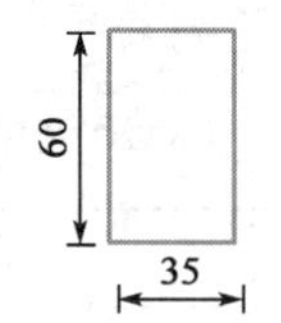	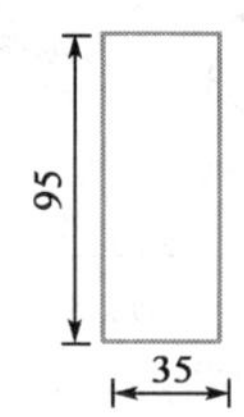	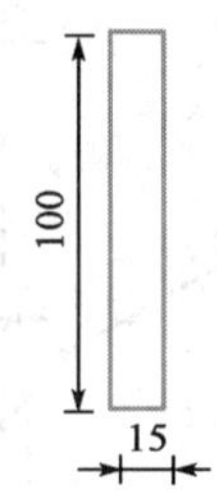	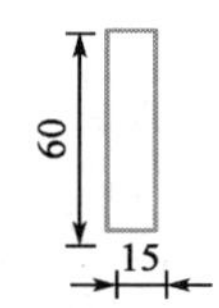

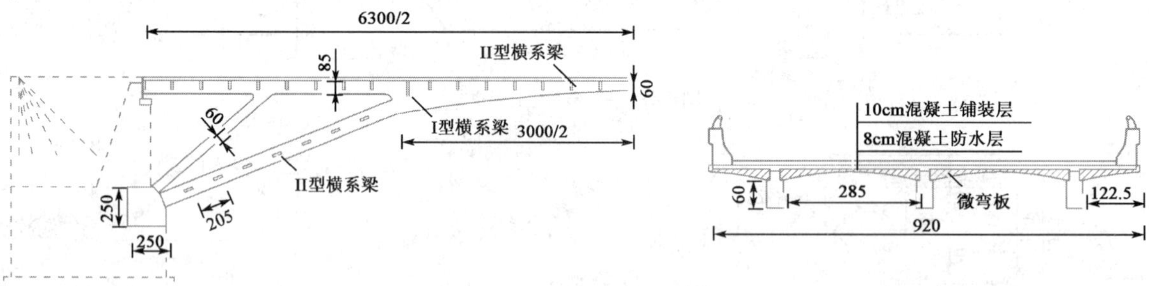

图 7-15　钢筋混凝土刚架拱桥

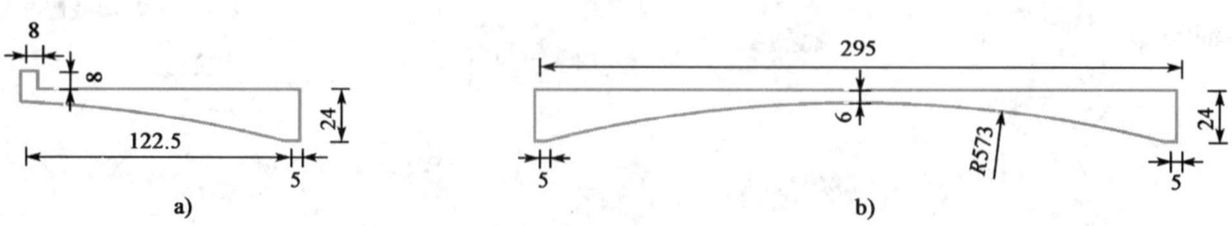

图 7-16　微弯板

a）边板；b）中板

7.2.5　等截面钢筋混凝土双曲拱桥

图7-17为等截面悬链线钢筋混凝土双曲拱桥，拱轴线采用悬链线设计，净矢高9.5m，拱轴系数$m=2.3$，悬链线坐标及曲线计算见表7-16。桥梁宽度为净14m+2×3.0m=20m。

悬链线坐标及曲线长计算　　表7-16

计算公式	a	e	x	$e^{(x/a)}$	$1/e^{(x/a)}$	y 或 L
悬链线坐标：	72.76	2.718	0	1	1	0
$y=a/2\times(e^{x/a}+1/e^{x/a})$	72.76	2.718	5	1.07113	0.93360	72.93183
	72.76	2.718	10	1.14731	0.87160	73.44813
	72.76	2.718	15	1.22892	0.81372	74.31134
	72.76	2.718	20	1.31633	0.75969	75.52554
	72.76	2.718	25	1.40996	0.70924	77.09645
	72.76	2.718	30	1.51024	0.66214	79.03151
	72.76	2.718	35	1.61766	0.61818	81.33985
	72.76	2.718	38	1.68575	0.59321	82.90849
悬链线曲线长：$L=a/2\times(e^{x/a}-1/e^{x/a})$	72.76	2.718	38	1.68575	0.59321	39.74671

主拱双曲拱圈的拱肋断面见图7-19，拱肋高度70cm，肋宽度55cm。肋间横系梁宽度30cm、高度20cm，圆弧间距5.65m。拱波半径84.2cm，厚度6cm。拱板厚度28cm，铺筑宽度17.8m。拱上填料的桥中心线和人行道预制块边缘处高度分别为26.5cm、16.0cm，铺装宽度14.3m。拱上腹拱跨径5.5m，拱圈厚度0.2m，拱矢度1/8。腹拱圈体积计算见式(7-1)。

$$2R = f + L^2/4f,\alpha = 2\sin^{-1}(L/2R),$$
$$S(\text{弧长}) = (R + d/2)\times\alpha\times\pi/180°,V = S\times d\times B \tag{7-1}$$

式中：L,R,f,α,S,d,B分别表示腹拱圈净跨径，对应净跨径的圆半径，净矢高，腹拱圆弧所夹圆心角，腹拱圈中轴圆弧长度，腹拱圈厚度，腹拱圈宽度。一孔主拱工程量指标见表7-17。

一孔主拱工程量指标　　表7-17

项目	单位	主拱				腹拱		拱上侧墙、护拱及填料
		拱肋	横系梁	拱波	拱板	拱圈	立墙	
混凝土	m^3	137.8	9.1	98.3	557.5	139	424	949.4
钢筋	kg/m^3	170	135	90	—	130	90	—
桥跨桥宽平方米		混凝土1.52m^3、钢筋59.0kg（混凝土合计2315m^3、钢筋合计89732kg）						

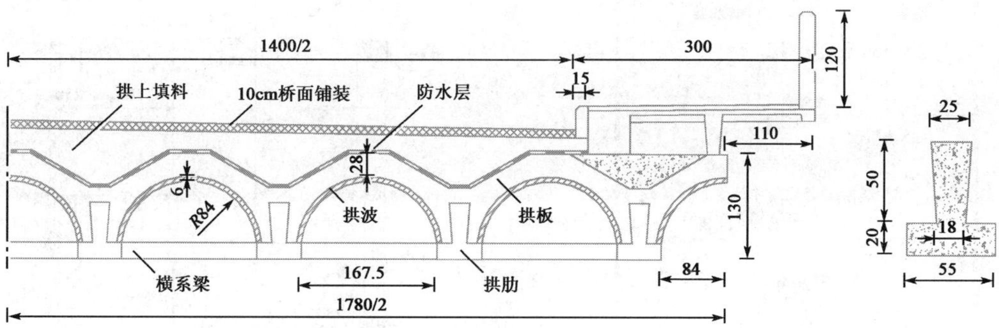

图7-17　双曲拱桥拱顶断面

7.2.6　下承式钢筋混凝土系杆拱桥

图7-18为90m+100m+250m下承式系杆拱桥主桥的上部构造，桥宽14m。主桥为100m下承式混凝土系杆拱，其工程量指标见表7-18。上部构造各部件构造见图7-19，主桥横断面及桥墩见图7-20。表7-19为主桥墩工程量指标。全桥共6束系杆，为方便换索，每边各留有一束备用孔。

下承式系杆拱工程量指标(单位:m^3)　　表 7-18

项目	单位	拱肋	横系梁	纵梁	隔板	横梁	桥面板
混凝土	m^3	485.7	63.8	449	21.8	64.8	225.8
钢筋	kg	82569	8613	76330	1853	8748	55321
系杆及吊杆	kg	系杆 20068kg,吊杆 6373kg					
桥跨桥宽平方米		混凝土 0.94m^3、钢材 186kg(混凝土合计 1311m^3、钢筋合计 233434kg)					

主桥墩工程量指标　　表 7-19

项目	单位	盖梁	矩形墩	系梁	桩基	备注
混凝土	m^3	180.7	280.0	89.2	541.9	两个桥墩
钢筋	kg	15356	26600	7579	40640	
桥跨桥宽平方米		混凝土 0.78m^3、钢材 64.4kg				

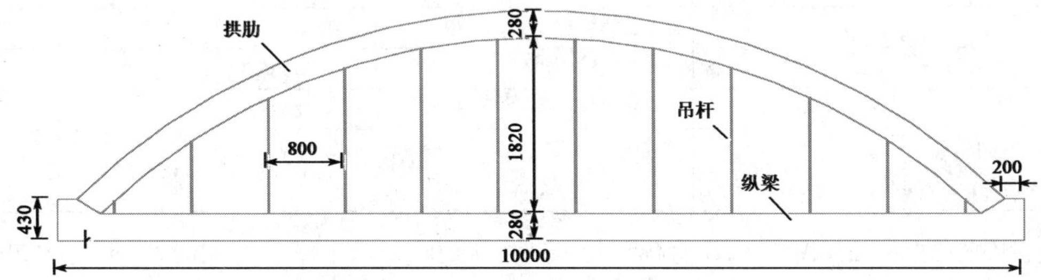

图 7-18　系杆拱桥上部构造

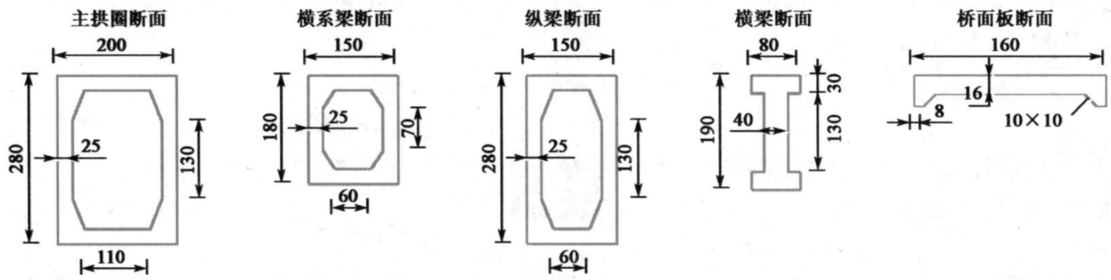

图 7-19　部件构造

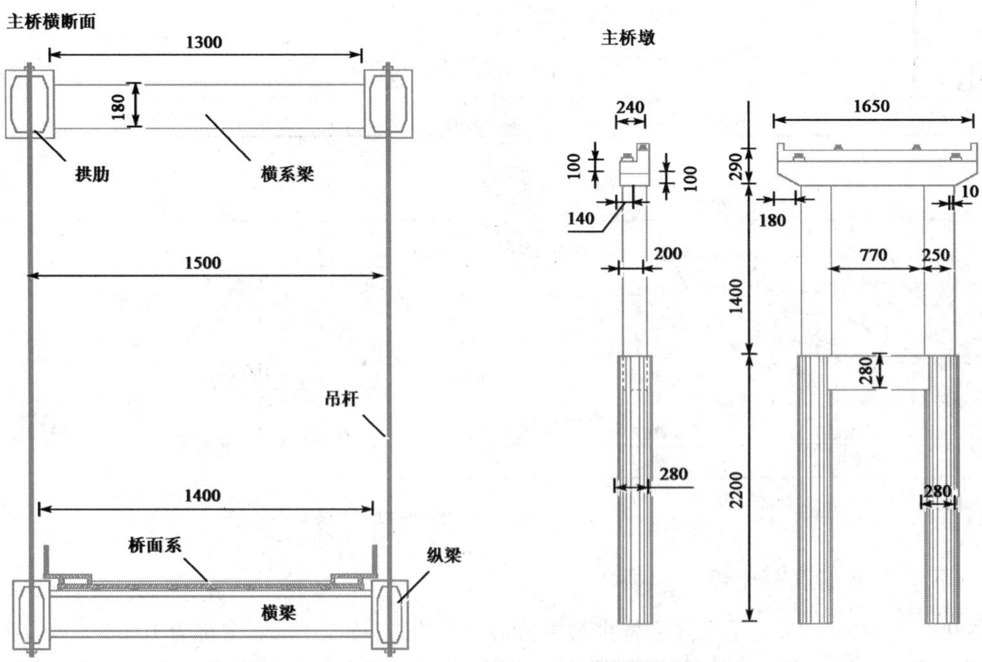

图 7-20　主桥横断面及桥墩

7.2.7　中承式钢管混凝土系杆拱桥

钢管混凝土拱桥是以受压为主的构件，拱肋可做成等高且等宽截面，也可做成不等高与等宽截面。中承式钢管混凝土拱桥由钢管混凝土拱肋、钢横撑、吊杆、桥面板等结构组成。中承式钢管混凝土拱桥具有结构轻盈、恒载较均衡的特点，因此可以实现较大的跨越能力。

图7-21为中承式钢管混凝土系杆拱桥的主拱肋分段示意。桥梁主跨80m＋368m＋80m，全长528m，桥面宽度16m。主拱拱肋采用中承式双肋悬链线无铰拱，计算跨径356m，计算矢高71.2m，矢跨比1/5，拱轴系数$m=1.543$。拱肋工程量指标见表7-20。图7-22为中承式钢管混凝土系杆拱桥主拱横断面。

拱肋工程量指标　　表7-20

项目	单位	主拱			边拱			备注
		拱肋	立柱	横撑	拱肋	端横梁	立柱	
钢管	t	2615	94.6	363			13.4	全桥钢材用量5406.6t，预应力钢材471.2t，灌注混凝土2686m³，现浇和预制混凝土5892m³。
钢板	t	255	37.7	—	13			
钢筋	t	38.1	—	—	510.2	34.1	13.8	
型钢	t	26.9	—	—				
预应力钢材	t	—	—	—		14.6		
混凝土	m³	—	—	—	3301	570	173	
桥宽桥长平方米		钢材477kg，混凝土0.80m³						

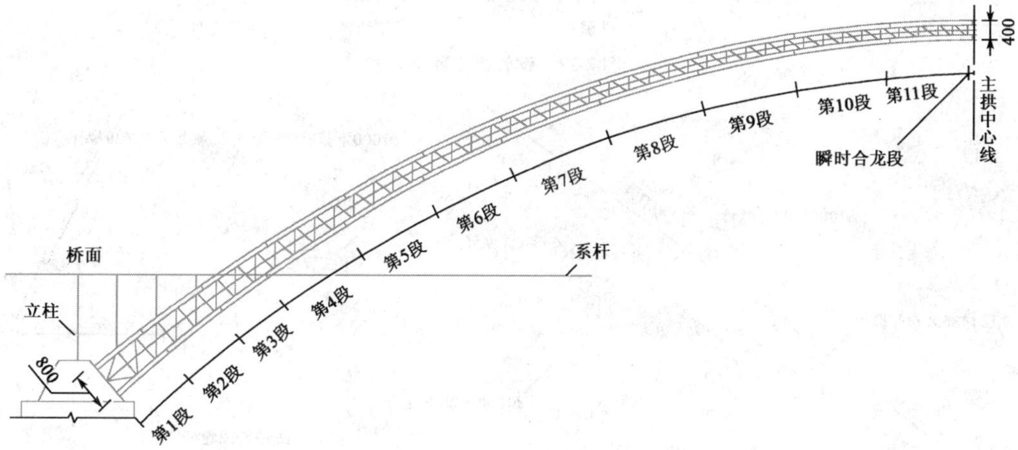

图7-21　主拱肋分段

1. 主拱肋

主拱采用中承式双肢哑铃形桁式拱肋，拱肋等宽3.2m；拱顶截面高度4.0m，拱脚处截面高度8.0m，拱肋变高系数$n=0.2484$。图7-23为主拱肋示意。每段拱肋设两根上弦和两根下弦$\phi1000\times28(20、22)$mm的Q345qc钢管，上、下弦之间径向、竖向均采用$\phi550\times12(10)$mm钢管作为腹杆，两根上弦（下弦）钢管之间（吊杆位置）设$\phi650\times16$mm平联管。腹杆之间、腹杆与平联管之间设$\phi219\times10$mm钢管连接，组成桁式拱肋。拱脚至桥面处，两根上弦（下弦）钢管之间，顶、底面采用厚14mm平联板封闭。主拱肋工程量指标见表7-21。

主拱肋分段长度　　表7-21

项目	单位	第1段	第2段	第3段	第4段	第5段	第6段	备注
中轴长	m	13.4	14.4	13.4	19.0	19.4	16.6	
项目	单位	第7段	第8段	第9段	第10段	第11段	1/2合拢段	半跨中轴长计196.9m
中轴长	m	21.4	20.8	20.4	20.1	17.5	0.6	

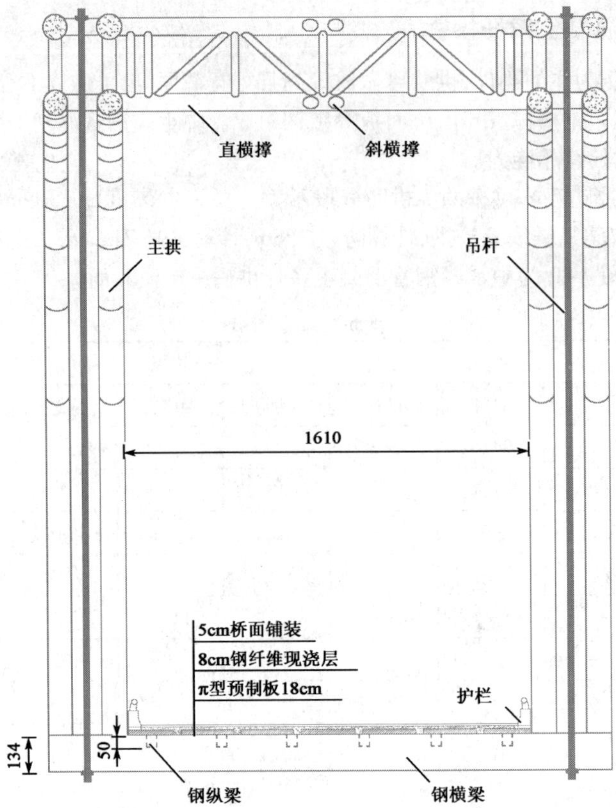

图 7-22　钢管拱横断面

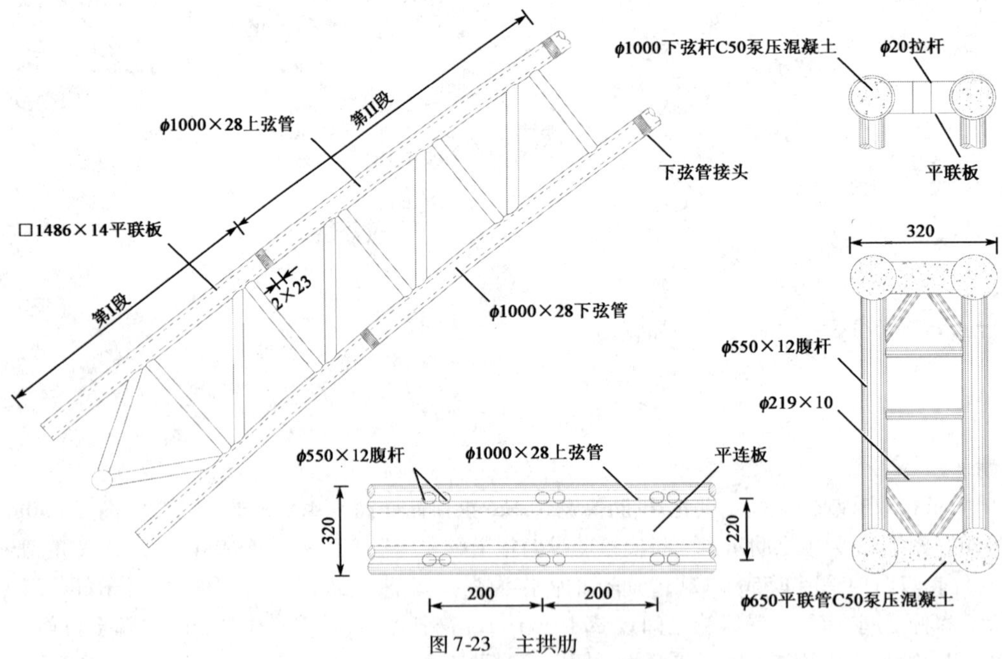

图 7-23　主拱肋

2. 拱肋横撑

两片拱肋中心间距 19.3m。之间采用 6 道“米”字横撑和 6 道“K”字横撑，在拱肋与桥面交汇处设 1 道肋间横撑。“米”字、“K”字横撑由上、下弦 $\phi700\times14$mm（直撑）、$\phi600\times14$mm（斜撑）及腹杆 $\phi299\times8$mm 组成钢管桁架。肋间横撑上、下弦采用 $\phi700\times22$mm 和腹杆 $\phi299\times8$mm 钢管。拱肋上、下弦管、平联管内、肋间横撑上、下弦管端部及平联板内灌注 C50 混凝土。图 7-24 为主拱拱肋 1 号横撑构造，图 7-25 为肋间横撑。主桥横撑工程量指标见表7-22。

主桥横撑工程量指标 表 7-22

项目	单位	6号	5号	4号	3号	2号	1号
钢管	kg/个	20191	19768	29897	29372	28966	19116
α	度	K字、45.2°	K字、42°	米字、37°	米字、37°	米字、37°	K字、37°
H	m	6.26	5.9	5.2	4.21	3.47	3.01

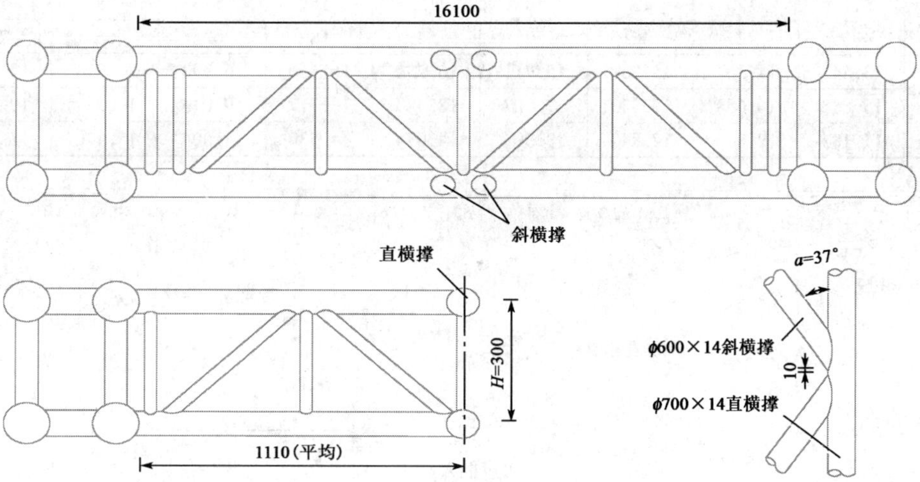

图 7-24 主拱肋 1 号横撑构造

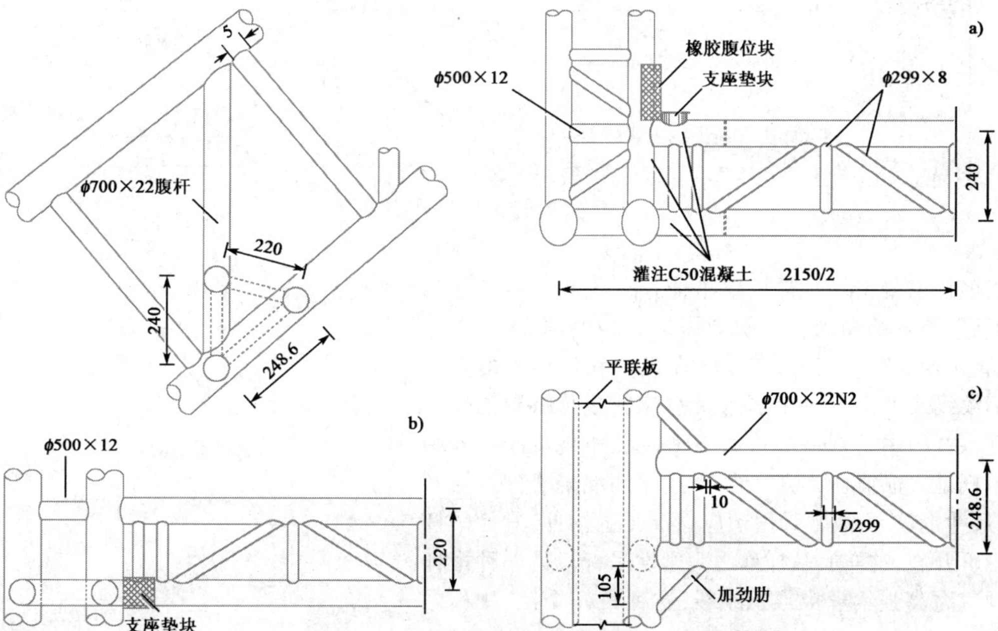

图 7-25 肋间横撑

a)竖向横撑;b)水平横撑;c)轴向横撑

3. 边拱肋及拱上立柱

边跨为悬链线拱轴线,$m=1.543$,计算跨径 74m,计算矢高 $f=17.412$m。边拱肋结构采用上承式双肋悬链线半拱,计算跨径 74.00m,矢高 17.412m,拱轴系数 $m=1.543$。边拱肋坐标见表 7-23。每片拱肋由等宽钢筋混凝土单箱单室箱形截面组成,肋宽 3.20m,拱脚径向肋高 6.00m,拱顶肋高 4.00m。两肋间设有一组“米”字横撑和一组“K”字横撑,边拱端部设固结预应力混凝土端横梁。拱上立柱为 $\phi800$ 的钢管混凝土构件,其中 6、7、8、9 号立柱之间设有钢横系梁。图 7-26 为边拱肋、拱上立柱构造,图 7-27 为边拱拱肋 7 号横撑。

边拱肋坐标　表7-23

截面号		1	2	3	4	5	6	7	8	9	10
水平 X(m)		0	2	6	10	14	18	22	26	30	34
Y(m)		0.000	1.000	2.896	4.655	6.283	7.785	9.165	10.427	11.575	12.613
上、下缘	Y_1(m)	3.314	4.230	5.970	7.600	9.111	10.509	11.796	12.975	14.049	15.019
	Y_2(m)	—	-2.327	-0.259	1.649	3.407	5.022	6.503	7.854	9.082	10.190
截面号		11	12	13	14	15	16	17	18	19	20
水平 X(m)		38	42	46	50	54	58	62	66	70	74
Y(m)		13.543	14.367	15.089	15.711	16.234	16.660	16.990	17.224	17.365	17.412
上、下缘	Y_1(m)	15.888	16.658	17.330	17.907	18.389	18.777	19.073	19.277	19.390	19.412
	Y_2(m)	11.184	12.066	12.840	13.509	14.074	14.539	14.904	15.170	15.339	15.412

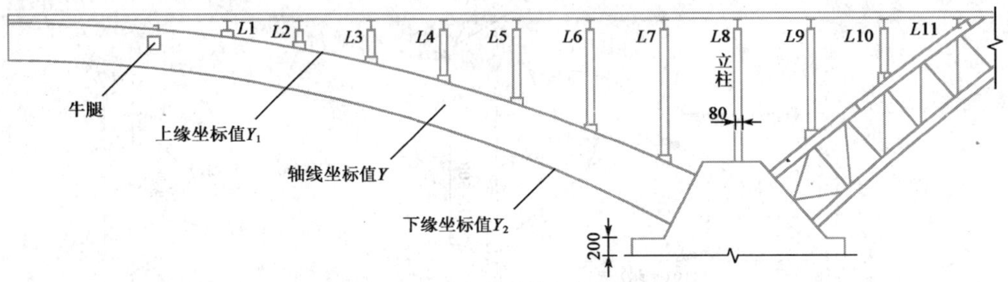

图7-26　边拱肋及拱上立柱构造

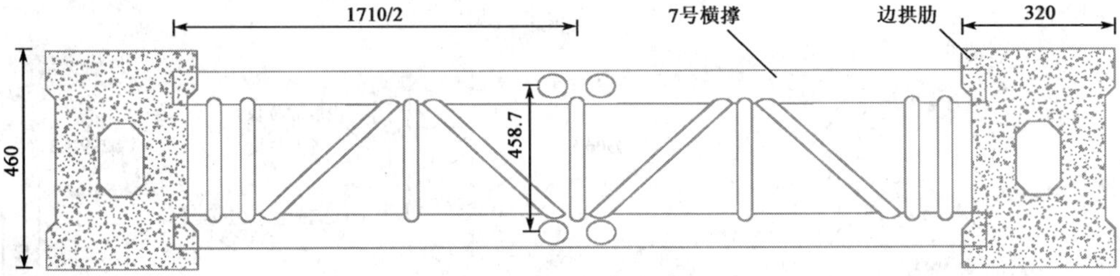

图7-27　边拱肋7号横撑

4. 吊杆

中承式钢管混凝土拱桥需设置吊杆。吊杆常采用高强钢丝束或粗钢筋，其一端锚固在拱肋的锚具上，另一端吊住钢横梁，为避免直接暴露在大气中，常设置在拱肋弦杆内。吊杆可采用平行钢绞线或平行钢丝束，外套无缝钢管或热挤聚乙烯层防护。系杆拱桥中的吊杆一般可做成刚性吊杆或柔性吊杆两种形式。吊杆是一根轴心受拉构件，做成钢筋混凝土构件易开裂，且截面尺寸也较大，故常采用预应力混凝土构件，避免吊杆在荷载作用下开裂，这样的吊杆称之为刚性吊杆。另一种吊杆形式采用预应力高强钢丝束或钢绞线，这种吊杆受拉，故称之为柔性吊杆。

图7-28所示吊杆，分别锚于主拱拱肋的平联钢管顶和钢横梁的下翼缘，标准间距8.0m，采用镀锌高强低松弛73ϕs7钢丝束，PE防护。锚具采用OVM-LZM型冷铸镦头锚。吊杆工程量指标见表7-24。

5. 系杆

系杆采用PES15U1-31环氧喷涂钢绞线无黏结预应力钢拉索体系，全桥共22束。为快捷施工、方便换索，设计采用OVMXGK15-31可调可换式系杆锚具。系杆构造见图7-29，其工程量指标见表7-25。

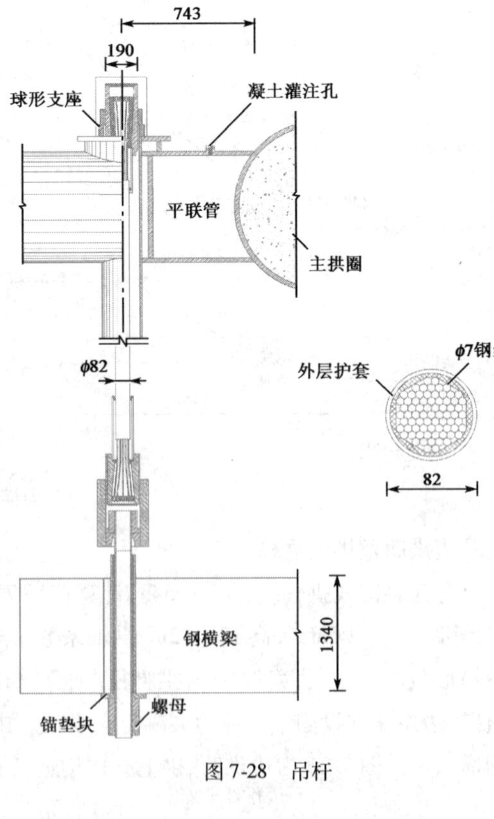

图7-28　吊杆

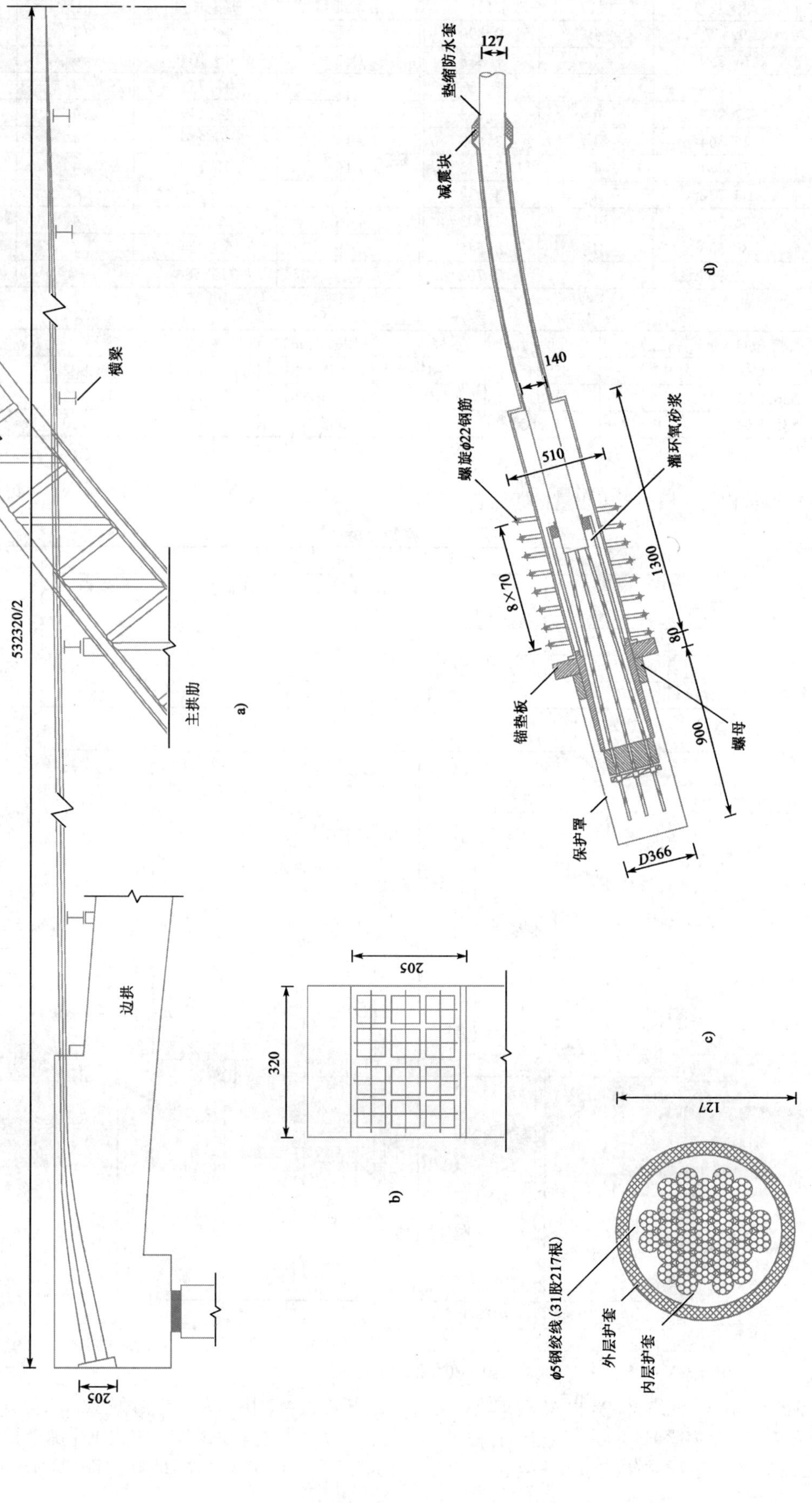

图 7-29 系杆

a) 整体安装；b) 端部断面；c) 成品索断面；d) 系杆构造

吊杆工程量指标　表 7-24

吊索编号	理论长度	根数	重量(t)	吊索编号	理论长度	根数	重量(t)
D1	9.437	4	0.890	D11	44.184	4	3.955
D2	14.259	4	1.315	D12	46.104	4	4.124
D3	18.768	4	1.713	D13	47.758	4	4.270
D4	22.967	4	2.083	D14	49.149	4	4.393
D5	26.864	4	2.427	D15	50.279	4	4.493
D6	30.464	4	2.745	D16	51.150	4	4.570
D7	33.772	4	3.037	D17	51.764	4	4.624
D8	36.793	4	3.303	D18	52.122	4	4.655
D9	39.533	4	3.545	D19	52.224	2	2.332
D10	41.995	4	3.762	合计	719.586	74	62.236

系杆工程量指标　表 7-25

系杆编号	长度(m)	根数	重量(t)	系杆编号	长度(m)	根数	重量(t)	备注
1	526.026	2	35.245	4	535.840	4	71.802	
2	536.010	4	71.825	5	535.686	4	71.782	
3	535.856	4	71.805	6	535.670	4	71.780	合计 394.2t

6. 桥面板构造

图 7-30 为桥面板构造。桥面板工程量指标见表 7-26。

桥面板工程量指标　表 7-26

项目	单位	桥面板					备注
		钢纵梁	钢横梁	轨道及钢梁	预制板	现浇板	
钢板	t	376	829	173	—	—	
混凝土	m^3	—	—	—	908.3	940.5	
钢筋	kg/m^3	—	—	—	339.7	381.8	
桥宽桥长平方米		钢材 163kg,混凝土 0.22m^3					

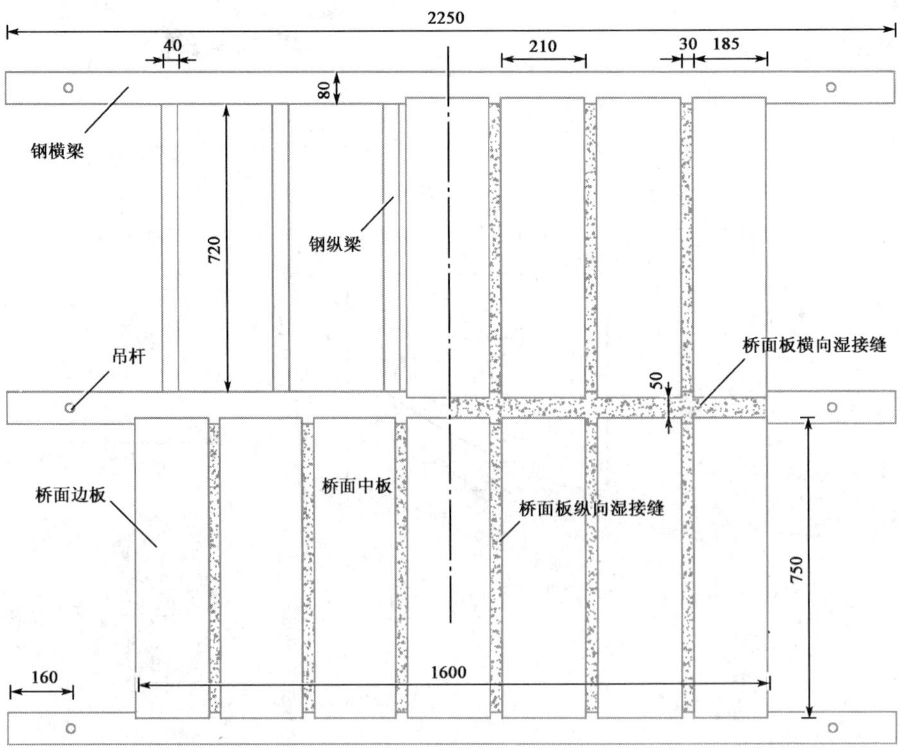

图 7-30　桥面板构造

桥面采用钢横梁 67 根,钢纵梁 396 根,检查车轨道梁 132 根,桥面板 452 块。大头钉、螺栓数量需另计。钢纵横梁工程量指标见表 7-27。钢横梁 H3 表示为主桥吊杆横梁、H2 表示为立柱上横梁、H1 表示为边拱牛腿及拱肋与桥面相交处钢横梁,见图 7-31。钢纵梁按构造要求和经济性考虑,选用翼缘系列 Q235B 热扎 H 型钢 HM400 × 300,见图 7-32。

钢纵横梁工程量指标

表 7-27

项目	单位	钢纵梁		钢横梁			检查车	
		中跨	边跨	立柱上	边跨上	吊杆上	中跨	边跨
钢板	kg/片	950.40	935.40	12723	8937	12910	1308.7	1241.1
梁数	片	6×64	6×2	22	8	37	2×64	2×2

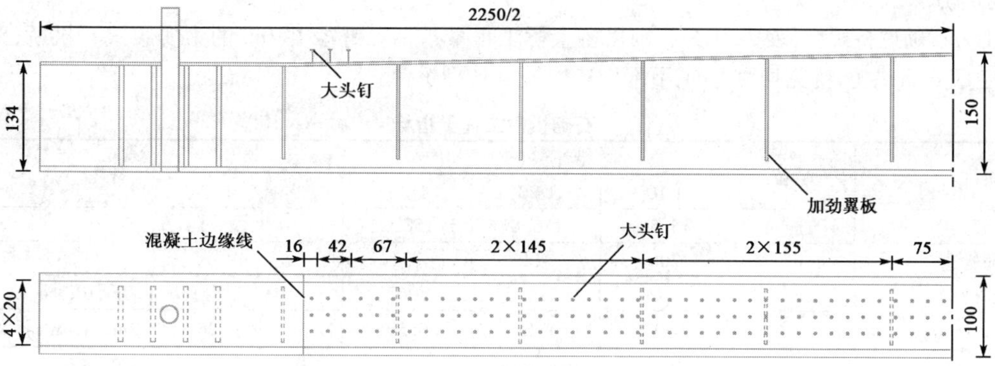

图 7-31　钢横梁构造

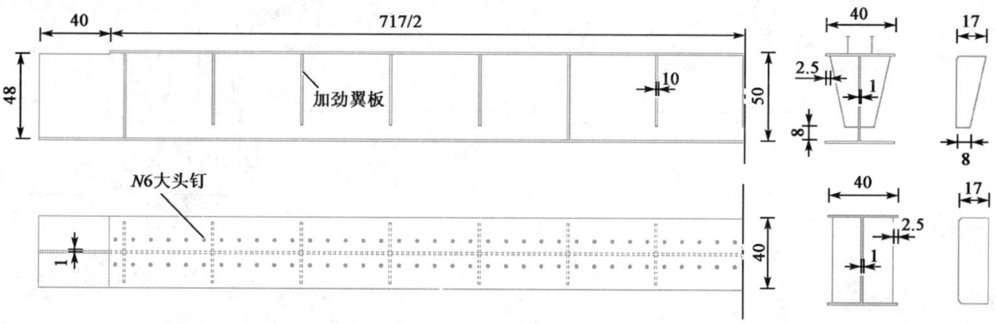

图 7-32　钢纵梁构造

图 7-33 为桥面板，桥面预制钢筋混凝土 π 型板上，现浇 8cm 厚钢纤维混凝土及 5cm 厚细粒式沥青混凝土铺装层构成。边墩采用盆式橡胶支座、主柱、牛腿上采用特殊设计的抗震双曲面钢支座。全桥基础均采用钻孔灌注桩。预制桥面板工程量指标见表 7-28；现浇桥面工程量指标见表 7-29。

预制桥面板工程量指标

表 7-28

项目	单位	板长(7.5m)		板长(7.1m)		备注
		中板	边板	中板	边板	
混凝土	m^3	2.08	1.85	1.97	1.76	全桥板长 7.5m 的中板 320 块，边板 128 块；板长 7.1m 的中板 10 块，边板 4 块
钢筋	kg/m^3	384	347	368	321	

现浇桥面工程量指标

表 7-29

项目	单位	30、50cm 宽纵横桥面接逢现浇混凝土	钢纤维混凝土	备注
混凝土	m^3	264.70	675.80	
钢筋	kg/m^3	104	524	

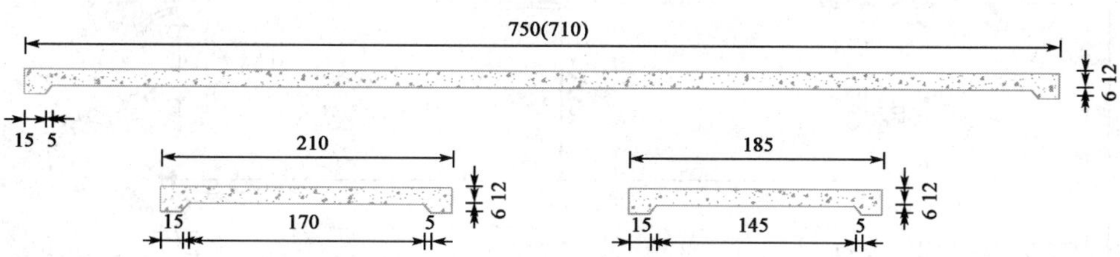

图 7-33　桥面板

7.3 拱式桥全桥工程量

拱式桥中的桥面系工程量由桥面铺装、钢筋混凝土防撞护栏组成。

7.3.1 板式拱桥

1. 石砌拱桥

图7-34为石砌拱桥桥型，表7-30为石砌拱桥全桥工程量指标。跨径1-10m的为实腹式石拱桥，跨径1-20m、1-30m的为空腹式石拱桥，桥宽均为13m，下部构造均采用U型桥台。

石砌拱桥工程量指标　　表7-30

项目	单位	跨径 L(m)			备注
		1-10	1-20	1-30	
桥面系	m^3	75.56	116.8	158.1	
上部构造	m^3	208	411	733	
下部构造	m^3	1414	2161	3063	桥台长度8.0m、10.1m、12.2m
桥长桥宽砌石 m^3/m^2		5.02	5.15	5.59	桥长26m、40.2m、54.4m，桥宽13m

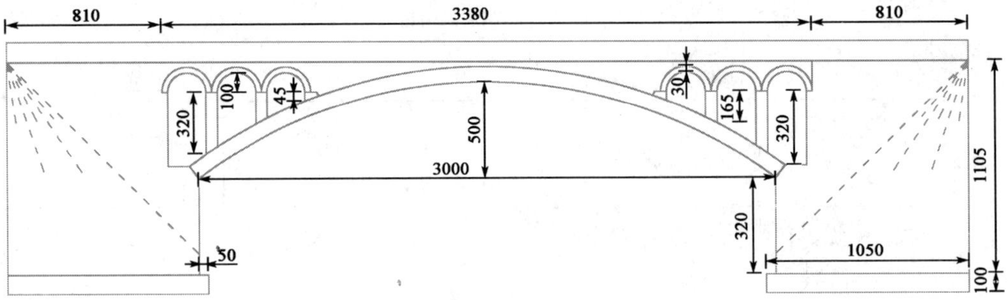

图7-34　石砌拱桥

2. 钢筋混凝土拱桥

图7-35为钢筋混凝土拱桥桥型，表7-31为钢筋混凝土拱桥全桥工程量指标。所列拱桥上部构造均为空腹式结构；其下部构造均采用U型桥台。桥面铺装混凝土厚度20cm，每平方米配筋30kg。防撞墙0.253m^3/m、钢筋136kg/m^3

钢筋混凝土拱桥工程量指标　　表7-31

项目		单位	跨径 L(m)			备注
			1-20	1-30	1-50	
桥面系	混凝土	m^3	116.24	157.8	241.198	
	钢筋	kg	25280	34318	52456	
上部构造	混凝土	m^3	402.2	692.6	1552	
	钢筋	kg	8705	19497	73049	
下部构造	混凝土	m^3	2122	3040	5397	桥台长度10m、12.15m、16.5m
	钢筋	kg	1853	2250	2911	拱座钢筋
桥长桥宽混凝土 m^3/m^2			5.08	5.51	6.66	桥长40m、54.3m、83m，桥宽13m
桥长桥宽钢筋 kg/m^2			68.9	79.4	119	

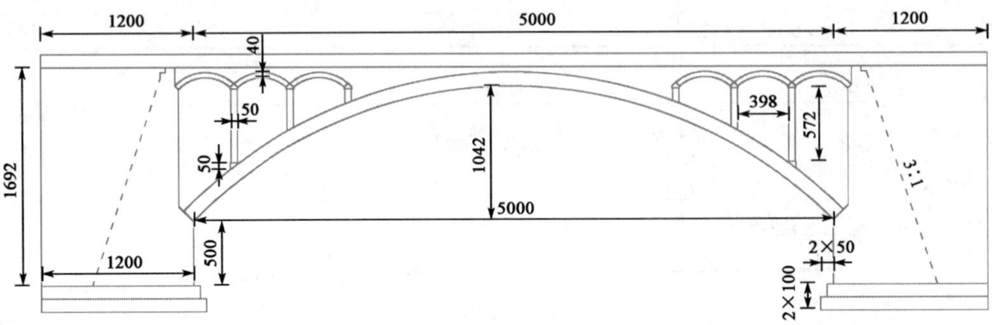

图7-35　钢筋混凝土拱桥

7.3.2 钢筋混凝土箱形拱桥

图 7-36 为箱形拱断面，图 7-37 为拱上行车道板，图 7-38 为钢筋混凝土箱形拱桥，主拱净跨 90m，矢高 15m，主拱圈为二箱（肋）无铰拱。采用设计荷载技术标准为公路Ⅰ级，设计洪水频率 1/100。拱上设计排架墩，全桥长度 134.2m，桥宽 12.5m。箱形拱肋之间用横系梁连接。全桥工程量指标见表 7-32。8.6m 行车道板工程量指标见表 7-33。10m 行车道板工程量指标见表 7-34。拱上行车道板如图 7-37 所示。

钢筋混凝土箱形拱桥工程量指标　　表 7-32

项目	单位	桥面系	上部构造	下部构造	备注
混凝土	m^3	191.4	1114.3	2616	下部构造包括背斜式、U 型桥台，台上排架墩
钢筋	t	55.5	192.1	20.4	
桥长桥宽每平方米		混凝土 2.34m^3，钢筋 160kg			桥长 134.2m、桥宽 12.5m

8.6m 行车道板工程量指标　　表 7-33

项目	单位	中板		边板	
		预制	封头	预制	封头
混凝土	m^3	3.24	0.11	3.67	0.11
钢筋	kg/m^3	290	—	270	—
铰缝	m^3/道	0.33（钢筋 41kg）			

10m 行车道板工程量指标　　表 7-34

项目	单位	中板		边板	
		预制	封头	预制	封头
混凝土	m^3	4.65	0.11	5.18	0.11
钢筋	kg/m^3	340	—	300	—
铰缝	m^3/道	0.45（钢筋 51kg）			

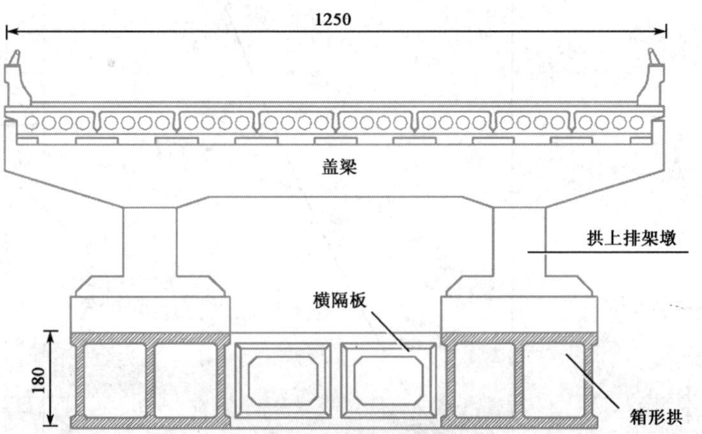

图 7-36　箱形拱断面

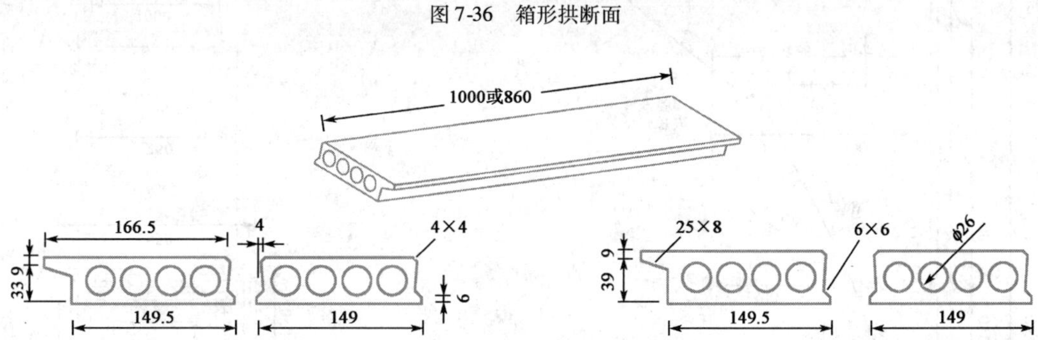

图 7-37　拱上行车道板

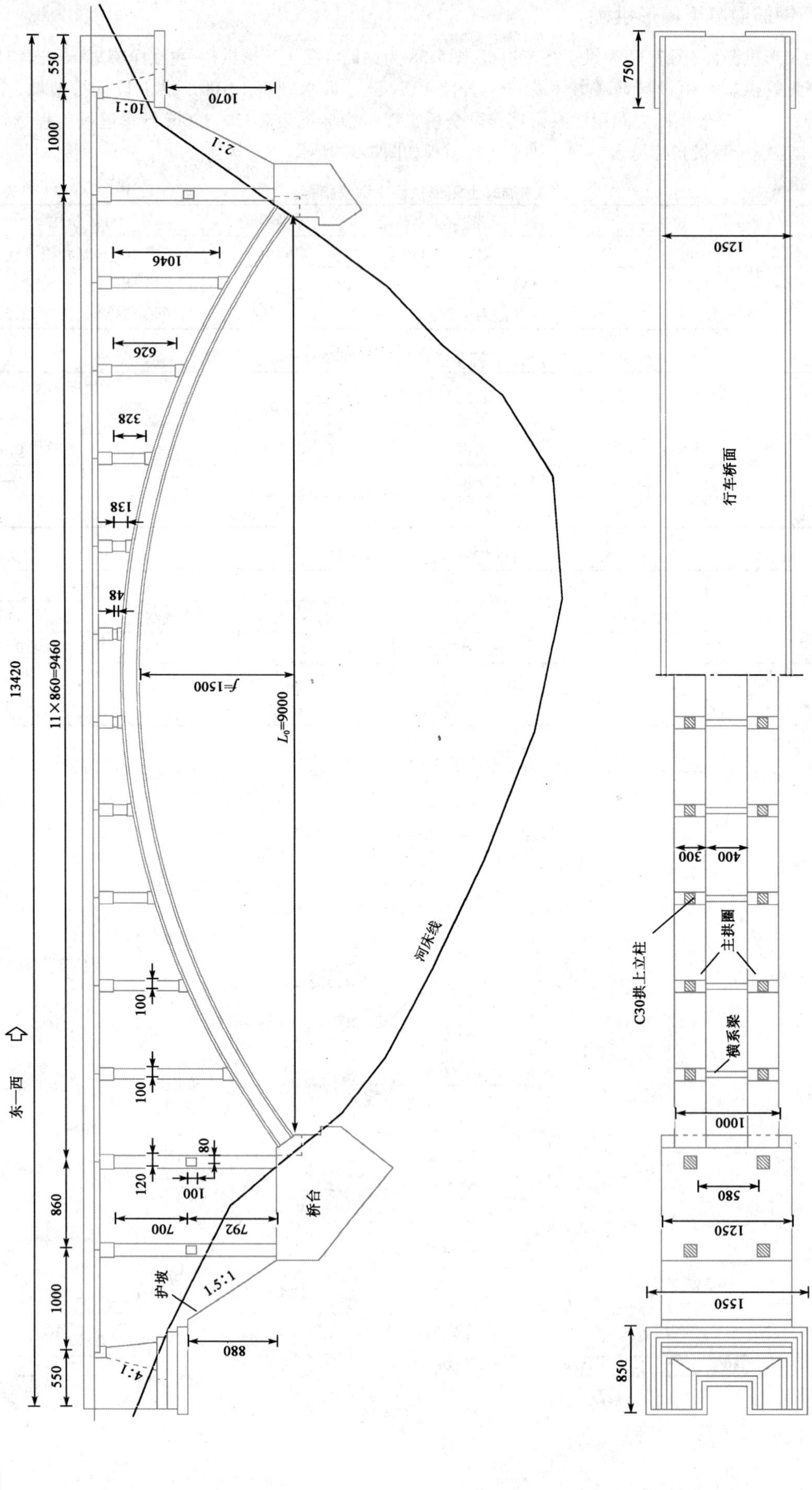

图7-38 二肋箱形无铰拱桥

7.3.3 钢筋混凝土刚架拱桥

图7-39为钢筋混凝土刚架拱桥型，桥长80m，桥宽9.2m，采用U型桥台。钢筋混凝土刚架拱桥施工工艺主要特点是采用条形、分段预制构件使主拱先合龙成拱，然后安装微弯板、浇桥面组成整体。钢筋混凝土刚架拱桥是在双曲拱桥、桁架拱桥和斜腿刚架拱桥的基础上发展起来的，由主拱腿、实腹段、腹孔弦杆、斜撑和横系梁等构件拼组而成裸肋，然后在其上安装带有加劲肋的微弯板和悬臂板，并通过现浇混凝土桥面与裸肋结成整体组合结构。这种桥型具有自重轻、材料省、整体性能好、外形美观、装配化程度高等优点。表7-35为1-60m钢筋混凝土刚架拱桥的全桥工程量指标。

钢筋混凝土刚架拱桥工程量指标 表7-35

项目	单位	桥面系	上部构造	下部构造	备注
混凝土	m^3	119.2	230	1604	
钢筋	t	25.2	45.2	1.8	
桥长桥宽每平方米		混凝土2.65m^3、钢筋98kg			桥长80m、桥宽9.2m

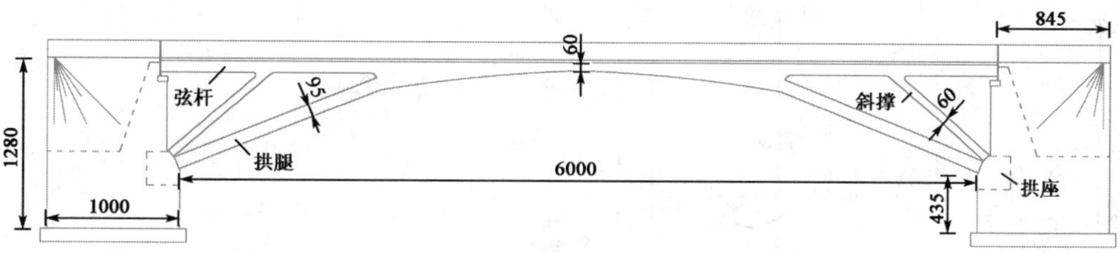

图7-39 钢筋混凝土刚架拱桥型

7.3.4 钢筋混凝土双曲拱桥

图7-40为净跨76m双曲拱桥，东岸桥台至制动墩长度323.8m。设计荷载技术标准公路Ⅰ，设计洪水频率1/100，桥梁纵坡2%，桥面横坡1.5%。等截面悬链线钢筋混凝土双曲拱桥全桥工程量指标见表7-36。

钢筋混凝土双曲拱桥工程量指标 表7-36

项目	单位	桥面系	上部构造	下部构造	备注
混凝土	m^3	844	9260	11982	下部构造包括制动墩下部沉井
钢筋	t	158.3	358.9	192.6	
桥长桥宽每平方米		混凝土3.41m^3，钢筋110kg			桥长323.8m、桥宽20m

7.3.5 下承式钢筋混凝土系杆拱桥

图7-41为下承式系杆拱桥型。南岸引桥和主桥，桥面布置为2m人行道+1.5m非机动车道+2×3.5m机动车道+1.5m非机动车道+2m人行道，共计宽度14m。北岸为分离式匝道引桥，两匝道对称，单幅匝道桥长为250m(5×29m+5×21m)现浇连续箱梁，桥面布置为2m人行道+1.5m非机动车道+3.5m机动车道+0.5m防撞护栏，共计宽度7.5m。南岸引桥为90m(3×30)现浇连续箱梁。主桥为100m下承式混凝土系杆拱。下承式系杆拱桥全桥工程量指标见表7-37。

下承式系杆拱桥工程量指标 表7-37

项目	单位	桥面+护栏	上部构造	下部构造	备注
混凝土	m^3	218.6	1311	1092	只计算主桥工程量指标
钢筋	t	48.9	259.9	90.2	
桥长桥宽每平方米		混凝土1.87m^3，钢筋285kg			桥长100m、桥宽14m

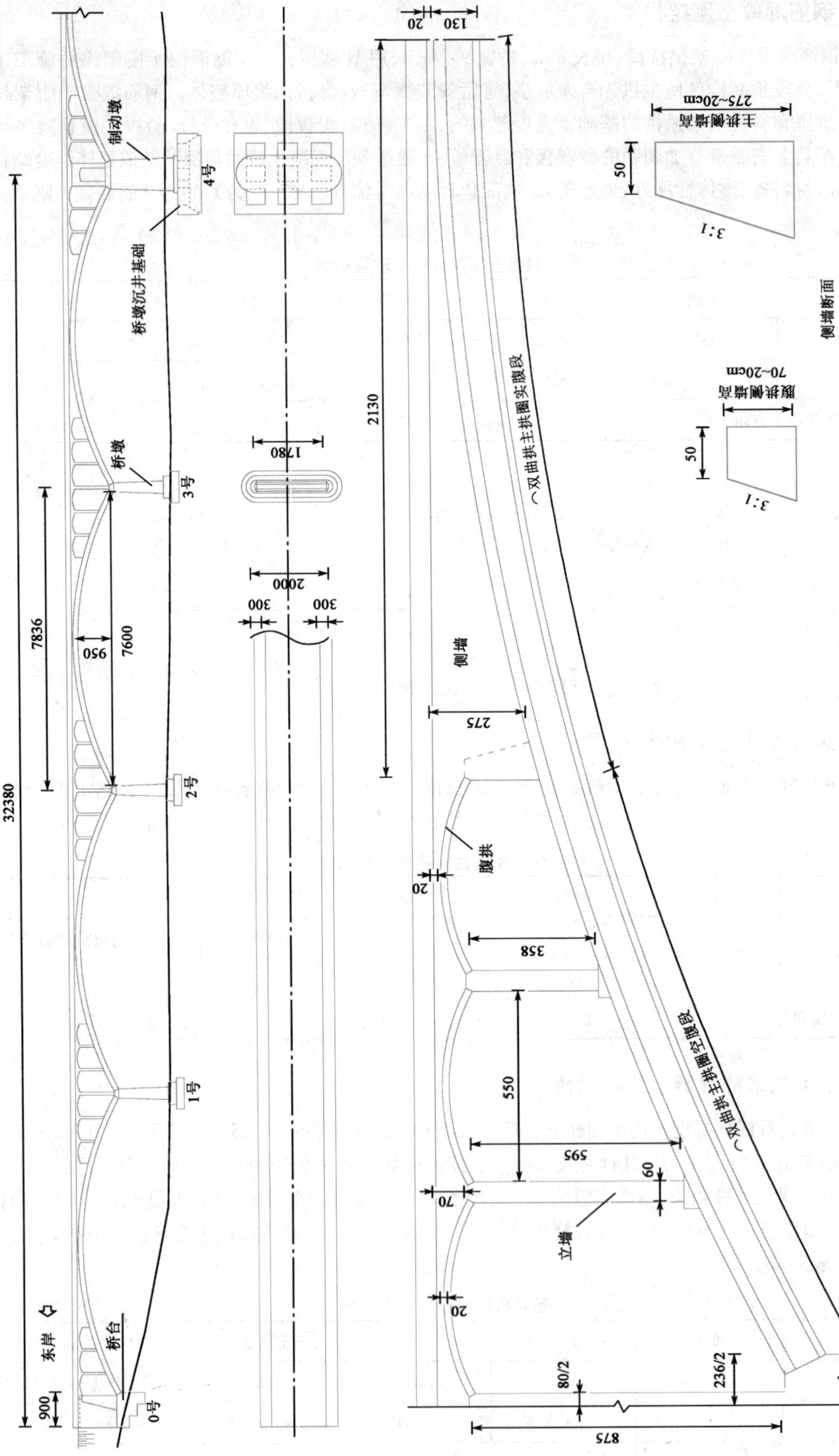
制动墩
4号
桥墩沉井基础
桥墩
3号
2号
1号
东岸
桥台
0号
32380
7836
7600
950
900
1780
2000
300
300
2130
20
130
双曲拱主拱圈实腹段
侧墙
腹拱
275
358
550
595
60
70
立墙
20
80/2
236/2
875
双曲拱主拱圈空腹段
主拱侧墙宽
275~20cm
50
3:1
腹拱侧墙宽
70~20cm
50
3:1
侧墙断面

图7-40 双曲拱桥型

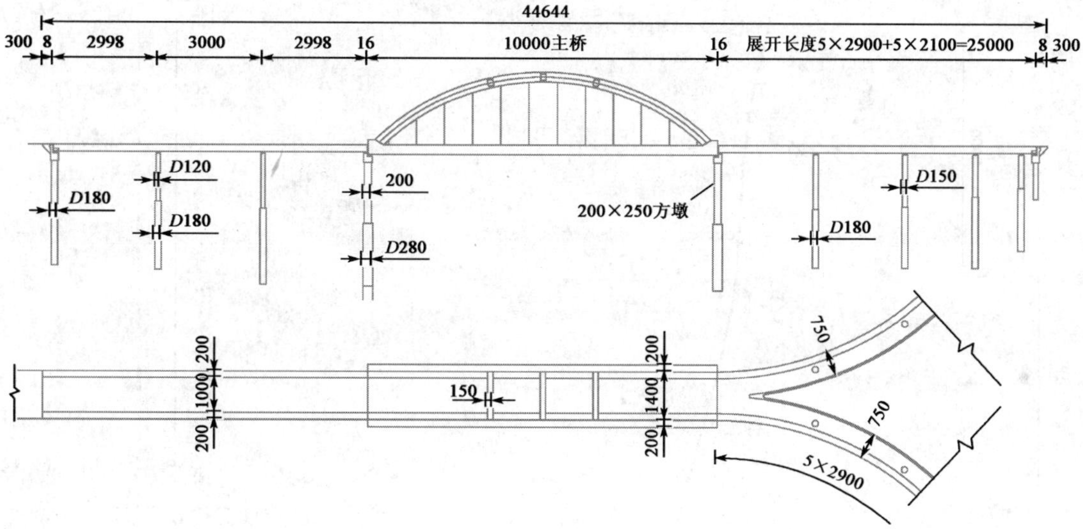

图 7-41 下承式系杆拱桥

7.3.6 中承式钢管混凝土系杆拱桥

图 7-42 为三跨连续自锚中承式钢管混凝土系杆拱桥型，边跨、主跨拱脚固结于拱座，在两边跨端部之间设置系杆，为目前大跨径较小水平推力的拱桥。H1 ~ H3 表示横梁编号，L1 ~ L11 表示拱上立柱编号，D1 ~ D19 表示主拱吊杆编号，1 号 ~6 号表示主拱“米”字、“K”字横撑。其荷载等级为公路 II 级，采用主跨 80m + 368m + 80m 三跨连续自锚中承式钢管混凝土系杆拱桥，桥面宽度 16m，全长 528m。边跨、主跨拱脚固结于拱座，在两边跨端部之间设置钢绞线系杆，修建成湖区大跨径较小水平推力的拱桥。主桥下部构造采用拱座式墩，边跨下部构造采用框架式墩。中承式钢管混凝土系杆拱桥全桥工程量指标见表 7-38。

中承式钢管混凝土系杆拱桥工程量指标 表 7-38

项目	单位	桥面系	上部构造	下部构造	备注
混凝土	m^3	3167	8579	34162	
钢材	t	528.3	6484	1836	
桥长桥宽每平方米		混凝土 5.43m^3，钢材 1047kg			桥长 528m、桥宽 16m

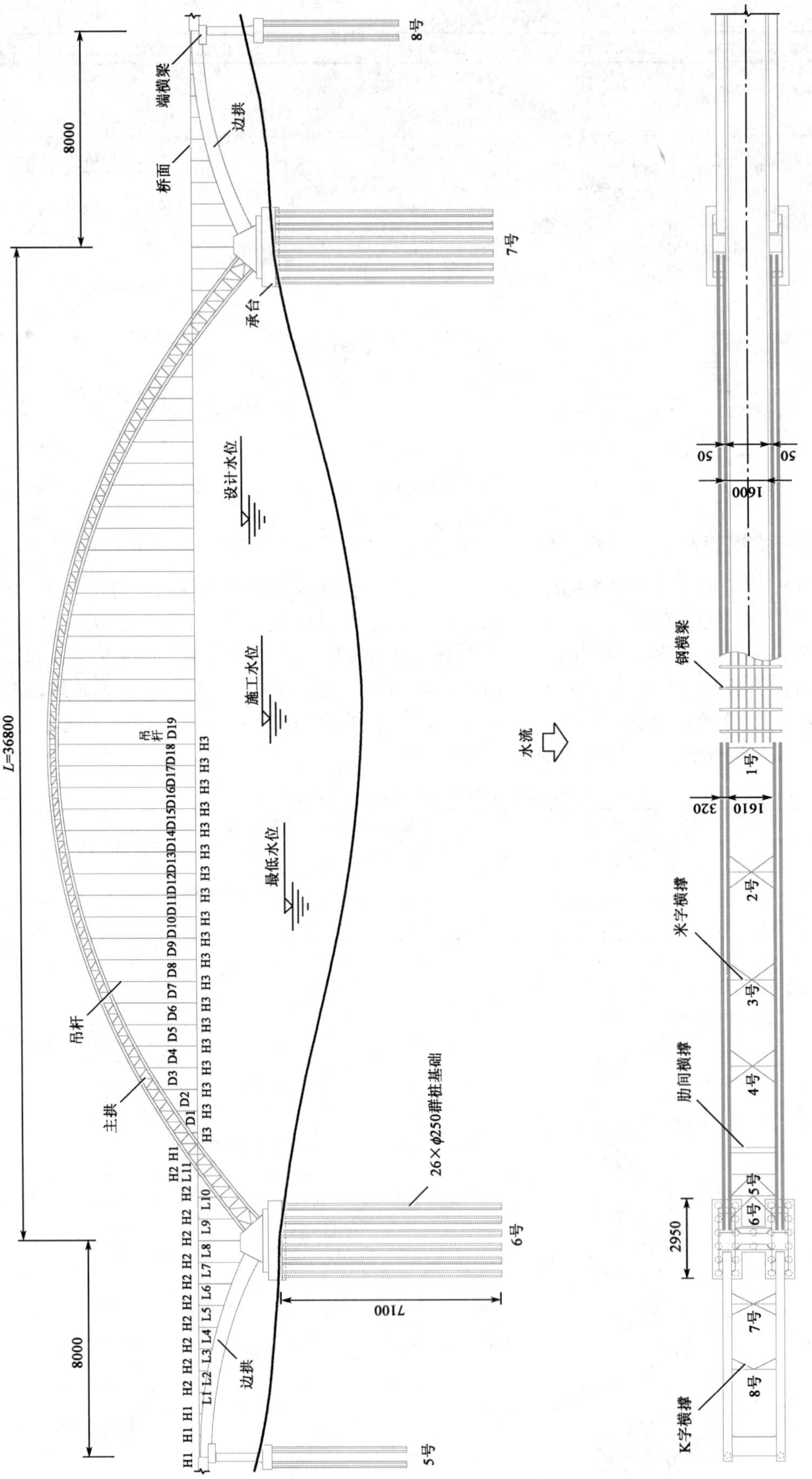

图7-42 中承式钢管混凝土系杆拱桥型

第八章　公路梁式桥

8.1　下部构造

桥梁下部结构通常由墩台、基础两个部分组成。桥墩与桥台一般用砖、石砌筑或混凝土灌筑而成，在陆地上也可采用钢结构制作。未注明的桩基长度，取定18m计算工程量。

8.1.1　桩柱式桥台

图8-1为桩柱式桥台，一般埋置在桥头地基中，故又称为桩柱埋置式桥台。桩柱式桥台一般为双柱，根据桥宽和地基承载力，还可设置为三柱或多柱形式。柱与桩基相连的称桩柱式桥台；柱子嵌固在普通扩大基础之上的称为立柱式桥台；由一排钢筋混凝土桩和桩顶盖梁（或称为帽梁）联结而成的称为柔性柱台。一个桩柱式桥台工程量指标见表8-1，包括盖梁、耳墙、背墙和桩柱工程数量。台帽及耳背墙工程量指标，见表8-2。

桩柱式桥台工程量指标　　表8-1

项目		单位	跨径 L(m)				备注
			16	20	30	40	
桥宽/桩径		m	10.5/1.3	13.0/1.5	17.0/1.6	39.0/1.8	
混凝土		m^3	74.9	110.0	148.0	466.0	含桩基工程量
钢筋		kg	6958	10715	15574	48240	
桥跨桥宽每平方米	混凝土	m^3	0.45	0.42	0.43	0.39	
	钢筋	kg	41.4	41.2	30.5	30.9	

台帽及耳背墙工程量指标　　表8-2

项目	单位	跨径 L(m)				备注
		16	20	30	40	
桥宽/桩径	m	10.5/1.3	13.0/1.5	17.0/1.6	39.0/1.8	
混凝土	m^3	27.1	46.4	75.6	237.0	包括台帽及耳背墙工程量
钢筋	kg	3708	6338	10458	32398	混凝土含筋量137kg/m^3

1. 桥台盖梁

图8-1中桩柱上方设置盖梁，其支撑桥梁上部结构并将全部荷载传到桩柱。盖梁是指为支承、分布和传递上部结构的荷载，在排架桩墩顶部设置的横梁，又称帽梁。肋板式桥台的肋板上亦设置盖梁。桥台盖梁工程量指标，见

表 8-3。

桥台盖梁工程量指标 表 8-3

项目	单位	跨径 L(m)				备注
		16	20	30	40	
L_1	m	10.5	13.0	17.0	39.0	
B_1	m	0.4	0.5	0.6	0.6	
B_3	m	1.0	1.2	1.1	1.4	
H_4	m	1.2	1.4	1.5	2.0	
H_5	m	0.4	0.4	1.1	1.4	
C	m	0.2	0.2	0.3	0.4	
混凝土	m^3	17.8	31.1	44.1	157.6	钢筋含量平均 130kg/m^3

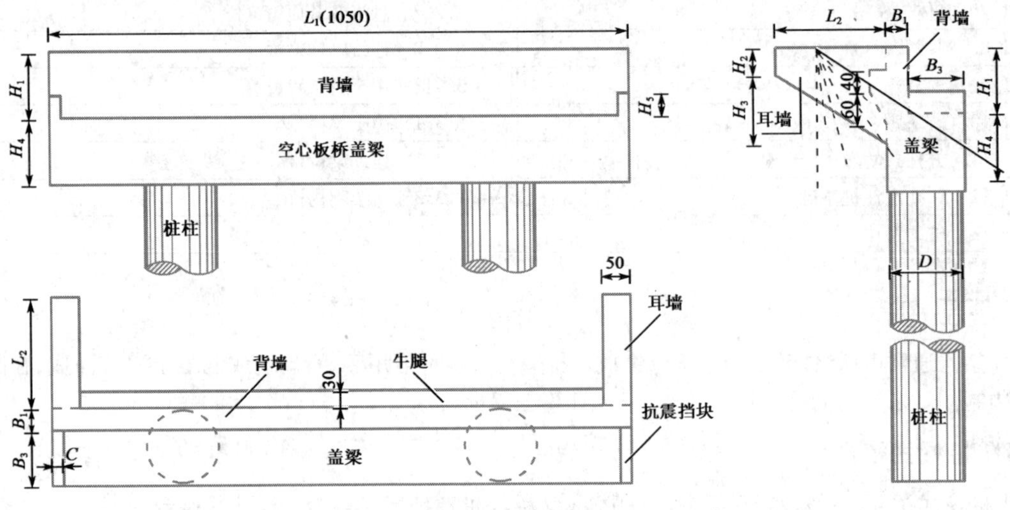

图 8-1 桩柱式桥台

2. 桥台耳墙

图 8-1 中盖梁上设置耳墙和背墙，是桥台台帽的组成部分，起到挡土的作用。耳墙长度由桥台挡土需要确定。桥台耳墙工程量指标，见表 8-4。

桥台耳墙工程量指标 表 8-4

项目		单位	跨径 L(m)				备注
			16	20	30	40	
耳墙	L_2	m	2.0	2.5	2.0	2.3	耳墙混凝土 = $L_2 \times 0.5 \times (H_2 + H_3 + H_2)/2 \times 2$
	H_2	m	0.5	0.75	0.75	0.75	
	H_3	m	1.25	1.95	2.4	2.4	
	混凝土	m^3	2.3	4.3	3.9	4.5	

3. 桥台背墙

背墙高度由梁高确定，背墙后的牛腿上搁置桥头搭板。桥台背墙工程量指标，见表 8-5。

桥台背墙工程量指标 表 8-5

项目		单位	跨径 L(m)				备注
			16	20	30	40	
背墙	L_1	m	10.5	13.0	17.0	39.0	背墙混凝土 = $B_1 \times H_1 \times L_1$；牛腿长度 $L = L_1 - 0.5 \times 2$；牛腿混凝土 = $L \times 0.3 \times (0.4 + 0.6 + 0.4)/2$
	B_1	m	0.4	0.5	0.6	0.6	
	H_1	m	1.20	1.3	2.38	2.86	
	混凝土	m^3	7.0	11.0	27.6	74.9	

8.1.2 肋板式桥台

图 8-2 肋板式桥台一般用于填土较高、地质情况不太好的桥位。其台身是由两片或多片后倾式肋板与顶面盖梁连接，肋板下端设置在桩基承台上。肋板式桥台工程量指标，见表 8-6；肋板工程量指标，见表 8-7。

肋板式桥台工程量指标　　表 8-6

项目		单位	跨径 L(m)				备注
			16	20	30	40	
桥宽/桩径		m	13/1.2	10/1.3	12/1.5	38/1.6	
混凝土		m^3	166.8	195.0	278.7	972.6	
钢筋		t	11.9	12.7	20.3	68.2	
桥跨桥宽每平方米	混凝土	m^3	0.80	0.97	0.77	0.64	一个肋板式桥台工程量
	钢筋	kg	57.2	63.3	56.5	44.9	

肋板工程量指标　　表 8-7

项目	单位	跨径 L(m)				备注
		16	20	30	40	
H	m	3.0	4.4	4.5	5.7	桥台高度
B_1	m	1.4	1.4	1.5	1.8	
d	m	1.0	1.0	1.2	1.2	
混凝土	m^3	12.9	22.0	28.4	110	40m 跨径的肋板 5 片
钢筋	kg/m^3	85	100	94	70	

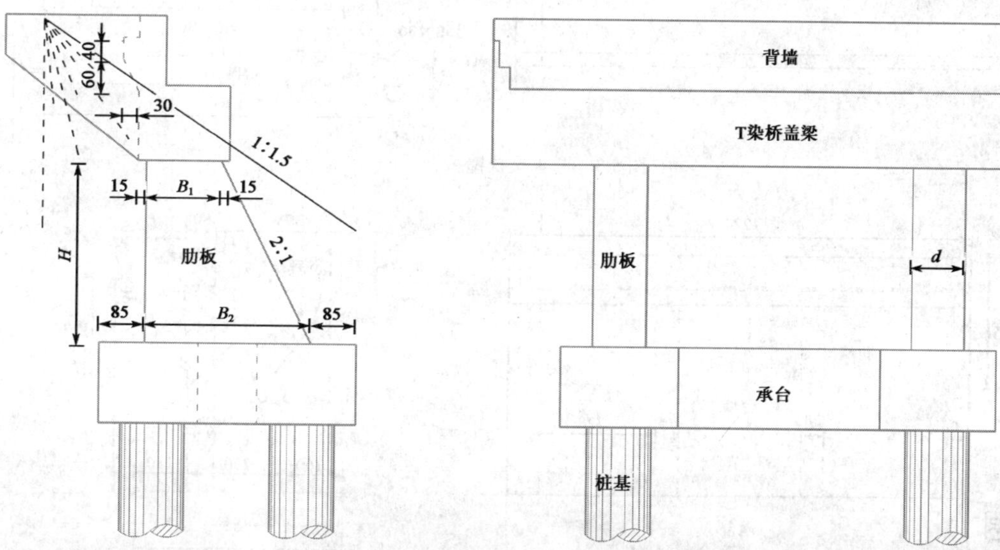

图 8-2　肋板式桥台

8.1.3 扶壁式桥台

扶壁式轻型桥台分踵板式和承台式。扶壁式轻型桥台是由台帽、耳墙、扶壁、胸墙、群桩承台、锥坡、裙墙组成。由扶壁、耳墙、胸墙组成的框架抵抗水平荷载，而以承台、桩基抵抗垂直及水平荷载的共同作用力。

1. 踵板式扶壁桥台

图 8-3 踵板式扶壁桥台，是由台墙（或称胸墙）、台帽、侧墙（或耳墙）、肋墙和踵板构成。桥宽 13m，跨径 30m，桥台高度 6.0m。踵板式扶壁桥台工程量指标，见表 8-8。

2. 承台式扶壁桥台

图 8-4 承台式扶壁桥台，由台帽、耳墙、台墙、肋墙和群桩承台组成。桥台高度 5.0m，桥宽为 12.0m，桥跨 13m。单幅桥承台式扶壁桥台工程量指标，见表 8-9。

踵板式扶壁桥台工程量指标

表 8-8

项目		台帽	台墙	肋墙	踵板	侧墙	备注
混凝土	m^3	35.0	70.2	44.0	66.3	92.7	
钢筋	kg	5250	6650	3440	6460	6610	混凝土含筋量 $92kg/m^3$
桥跨桥宽每平方米		混凝土 $0.79m^3$，钢筋 72.8kg					

承台式扶壁桥台工程量指标

表 8-9

项目		台帽	台墙	肋墙	耳墙	承台	桩基	备注
混凝土	m^3	11.1	42.8	13.8	2.30	101	156	
钢筋	kg	1036	3503	1518	422	5347	13445	混凝土含筋量 $77kg/m^3$
桥跨桥宽每平方米		混凝土 $2.10m^3$，钢筋 165kg						

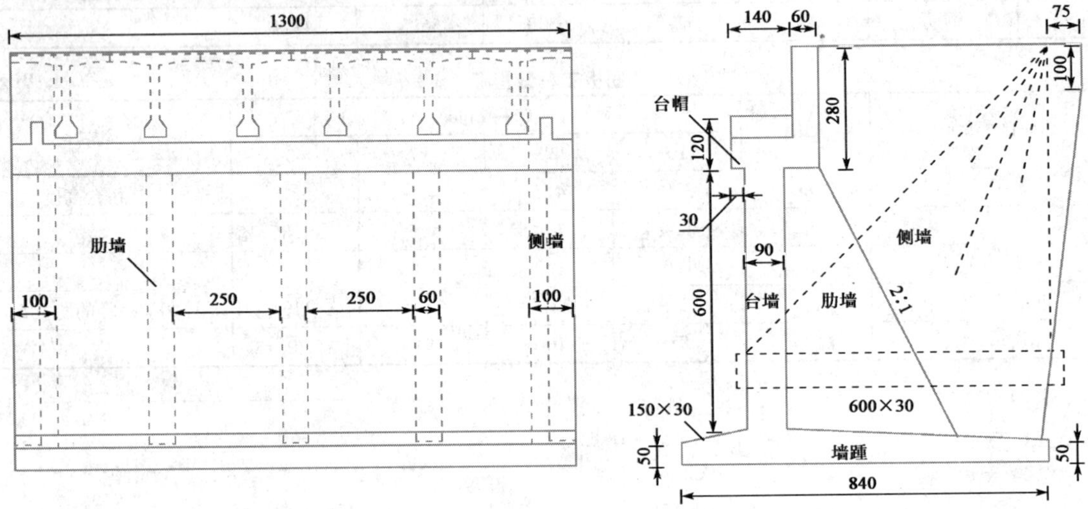

图 8-3　踵板式扶壁桥台

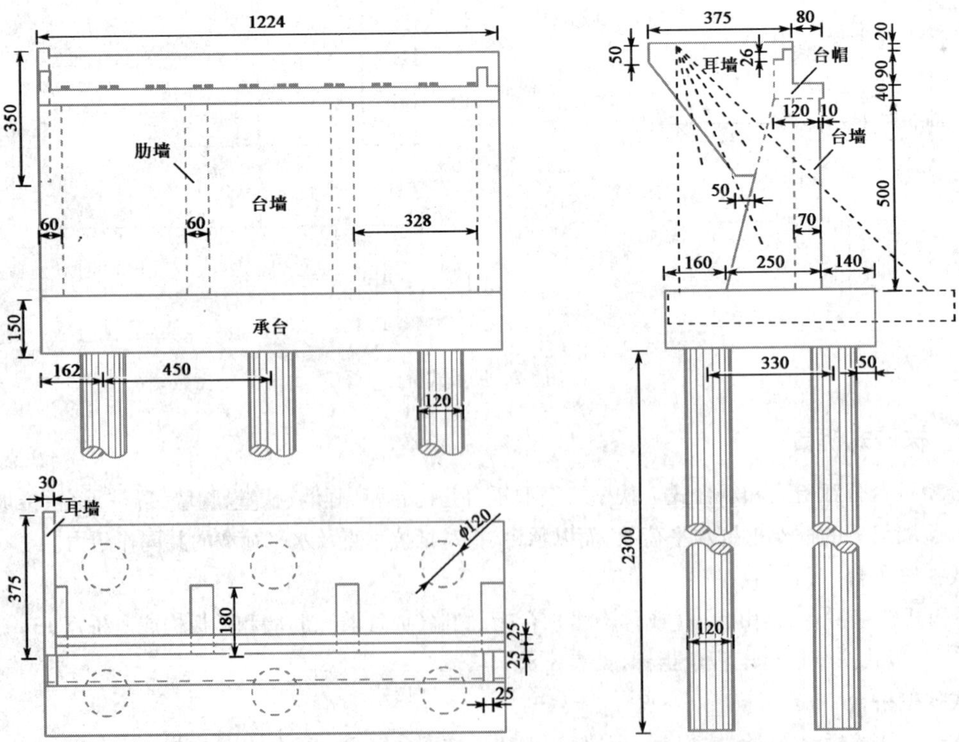

图 8-4　承台式扶壁桥台

8.1.4 混凝土承台

图 8-5 混凝土承台是指为承受由桥梁墩身传递的荷载，在桩基顶部设置的联接各桩的钢筋混凝土平台。承台分为高桩承台和低桩承台，低桩承台一般埋在土中或部分埋入土中，高桩承台一般露出地面或水面。混凝土承台工程量指标，见表 8-10。

混凝土承台工程量指标 表 8-10

项目		单位	跨径 L(m)				备注
			16	20	30	40	
桥宽/桩径		m	13/1.2	10/1.2	12/1.5	38/1.5	一个承台
肋台高		m	3.0	4.4	4.5	5.7	
承台宽度 B_1		m	4.6	5.3	5.4	6.4	
B_2		m	1.5	1.6	1.6	1.8	
L_1		m	3.8	2.8	4.9	5.4	
承台宽度		m	8.2	7.2	9.9	36.6	
承台高度 H		m	1.5	1.5	2.0	2.0	
混凝土		m^3	38.9	41.7	69.7	269.8	
桥跨桥宽每平方米	混凝土	m^3	0.19	0.21	0.19	0.18	
	钢筋	kg	11.6	10.2	11.2	7.5	

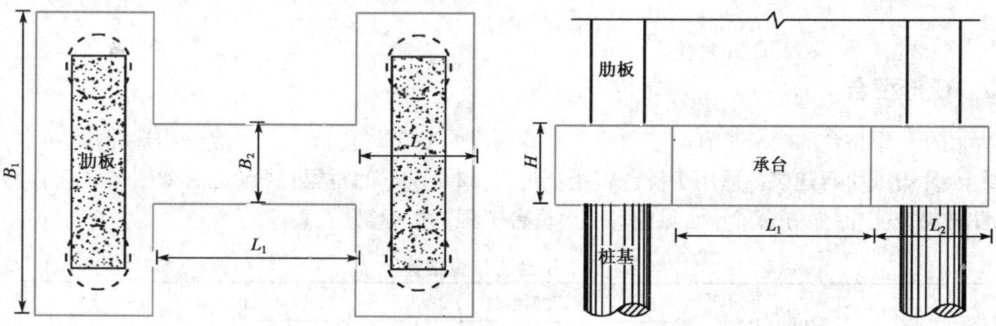

图 8-5 混凝土承台

8.1.5 组合式桥台

图 8-6 是桩基承台上的桥台与挡土墙（或称侧墙）组合式桥台。为使桥台轻型化，桥台本身要承受桥跨结构传来的重力，而台后的土压力则由其他结构来承担，这样就形成了组合式桥台。组合式桥台主要分为锚碇板式组合桥台，过梁式、框架式组合桥台，桥台与挡土墙组合桥台三大类。锚碇板式桥台有分离式和结合式两种形式。分离式是台身与锚碇板、挡土结构分开，台身主要承受上部结构传来的重力，锚碇板设施承受土压力。结合式锚碇板结构与台身结合在一起，台身兼做立柱和挡土板。过梁式、框架式组合桥台的桥台与挡土墙用梁结合在一起的桥台为过梁式的组合桥台，使桥台与桥墩的受力相同。

图例所示桥台高度 5.0m，桥梁设计荷载公路—II 级，桥面宽度为净 8.5m + 2 × 0.5m = 9.5m；上部构造为 20m 装配式后张预应力混凝土筒支空心板，桥面连续；下部构造为桩柱式桥墩，组合式桥台。台后要求设置泄水过滤层和排水设施。组合式桥台工程量指标见表 8-11。

组合式桥台工程量指标 表 8-11

项目		台墙	背墙	侧墙	挡块	承台	桩基	备注
混凝土	m^3	68.0	8.55	33.1	0.26	67.0	54.3	
钢筋	kg	5440	1283	2348	52	3618	4398	钢筋含量平均 74kg/m^3
桥跨桥宽每平方米		混凝土 1.22m^3，钢筋 90.2kg						

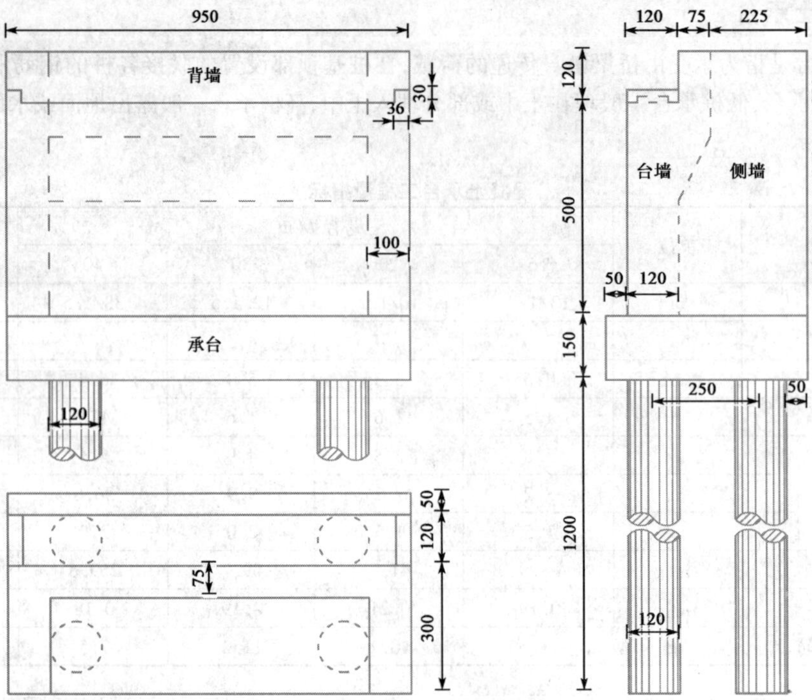

图 8-6　组合式桥台

8.1.6　U 形桥台

图 8-7 所示的 U 形桥台的台身是有前墙和两个侧墙构成的 U 字形构造。其特点是构造简单，可以用水泥混凝土、片石混凝土、片石或块石建筑。适用于桥台填土高度在 12m 以下的桥梁；缺点是两个侧墙之间容易积水，因此应采用透水性材料夯实，并做好台背排水设施。U 形桥台工程量指标，见表 8-12。

U 形桥台工程量指标　　表 8-12

名称		单位	跨径 L(m)						备注
			10	13	16	20	30	40	
B		m	10.0	10.0	10.0	10.0	13.0	12.25	前墙顶宽 $B_1=b_1+b_2+30-20$
H		m	2.5	2.5	2.5	2.5	2.5	2.5	前墙底宽 $B_2=B_1+H/3$
b_1		m	0.8	0.85	0.9	1.00	1.10	1.2	侧墙底宽 $=80+(H+d+e-50)/3.5$
b_2		m	3.1	3.3	3.35	3.85	4.35	4.95	
e		m	1.15	1.40	1.50	2.10	2.70	3.40	
混凝土	台帽背墙	m^3	11.2	13.4	14.4	19.6	32.2	40.7	台帽背墙钢筋 $82kg/m^3$
	U 形台	m^3	98	110	115	148	241	286	或片石混凝土
桥跨桥宽每平方米	混凝土	m^3	1.09	0.95	0.81	0.84	0.70	0.67	
	钢筋	kg	7.4	7.2	6.7	7.4	6.6	8.2	

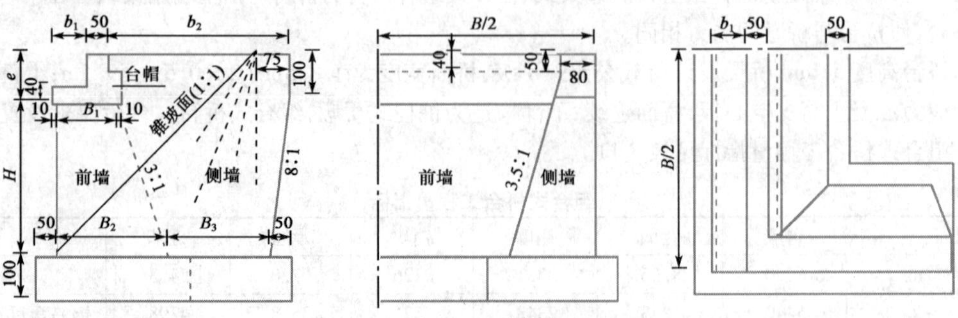

图 8-7　U 形桥台

8.1.7 实体式桥墩

图 8-8 为实体式桥墩,桥墩高度 15.6m,桥梁宽度 16.0m,桥梁跨径 100m。下部设计 3.0m 厚度承台,0.5m 厚度封底混凝土,双排 4×ϕ1.5m 钻孔灌注桩基,施工水深 10m 以内。每根桩内等距离设三根 ϕ50mm×2.5mm 热轧无缝钢管,用于超声波测声法检查混凝土质量,无缝钢管底部应封口,以免混凝土漏入。桩基检测管每延米桩长 9.0kg。实体式桥墩工程量指标见表 8-13。

实体式桥墩工程量指标　　表 8-13

项目	单位	墩身	承台	封底	桩基	备注
混凝土	m^3	448	304	50.6	820	
钢筋	kg	28685	19425	—	50837	检测管 4176kg
桥跨桥宽每平方米		混凝土 1.01m^3,钢筋 64.5kg				

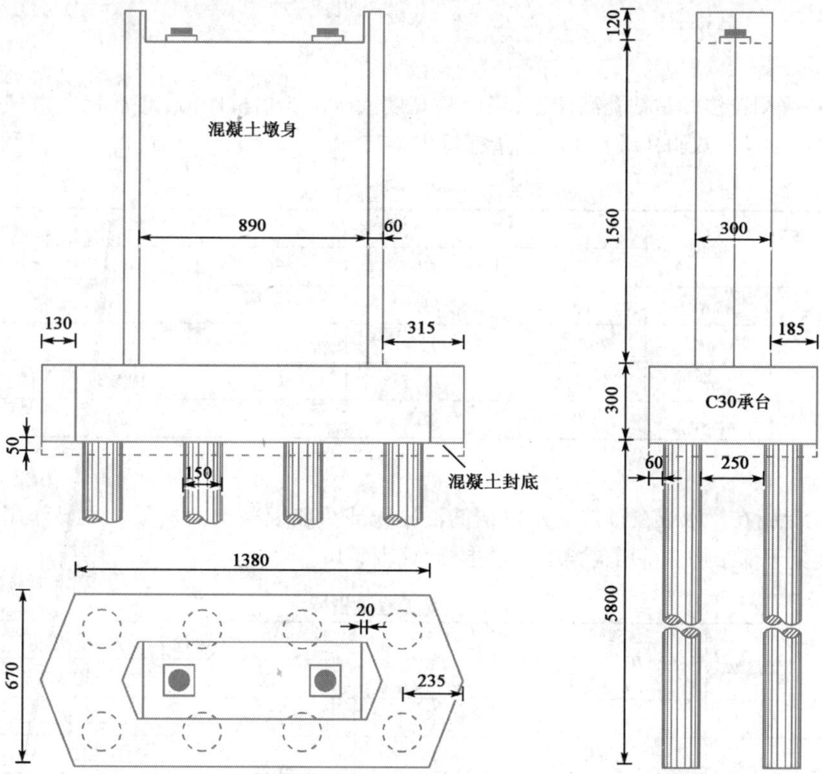

图 8-8　实体式桥墩

8.1.8 圆柱式桥墩

图 8-9 为圆柱式桥墩。圆柱式桥墩的结构特点是由分离的两根或多根立柱(或桩柱),即由基础之上的柱式墩身和盖梁组成。双车道常用的形式有单柱式、双柱式和混合双柱式等类型。常采用的是由钻孔灌注桩、柱与钢筋混凝土盖梁组成,柱桩直接相连。圆柱式桥墩工程量指标,见表 8-14。

圆柱式桥墩工程量指标　　表 8-14

项目		跨径 L(m)				备注
		16	20	30	40	
桥宽		11	12.75	16	40	
混凝土	m^3	145	159	225	621	桩基长度取 28m
钢筋	kg	11236	13491	21716	67686	混凝土含筋量平均 100kg/m^3
桥跨桥宽每平方米	混凝土	0.83	0.62	0.47	0.39	
	钢筋	61.5	50.8	46.7	39.6	

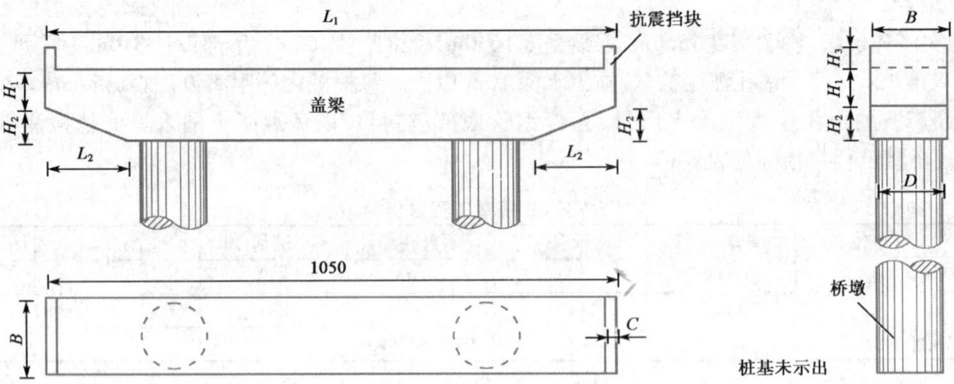

图 8-9 双圆柱桥墩

1. 双圆柱墩身

双圆柱墩身一般采用较多的是钻孔灌注桩，当墩身高度大于 1.5 倍桩距时，通常就在墩柱之间布设一道横系梁，以增加墩身的侧向刚度。双圆柱墩身工程量指标见表 8-15。

双圆柱墩身工程量指标 表 8-15

项目		单位	跨径 L(m)				备注
			16	20	30	40	
L_1		m	10.5	13.0	15.9	38.6	40m 跨径的圆柱 5 个
D		m	1.2	1.3	1.4	1.6	
墩身	混凝土	m^3	22.6	26.5	30.8	100.5	桥墩高度按平均 10m 计算
	钢筋	kg/m^3	94	108	114	120	

2. 桥墩盖梁

图 8-9 桥墩盖梁是指在桥墩或在排桩上设置钢筋混凝土或少筋混凝土的横梁。主要作用是支撑桥梁上部结构，并将全部荷载传到下部结构。桥墩盖梁工程量指标，见表 8-16。

桥墩盖梁工程量指标 表 8-16

项目	单位	跨径 L(m)			
		16	20	30	40
L_1	m	10.5	13.0	15.9	38.6
B	m	1.4	1.5	2.2	2.4
H_1	m	0.7	0.7	1.0	1.1
H_2	m	0.6	0.7	1.0	1.1
L_2	m	1.5	1.9	2.1	1.6
H_3	m	0.4	0.35	0.5	0.6
C	m	0.2	0.2	0.3	0.3
混凝土	m^3	17.9	25.3	65.3	200
钢筋	kg/m^3	132	140	152	144

8.1.9 空心墩

在一些高大的桥墩中，为减少圬工体积，节约材料，减轻自重，减少弱地基的负荷，是将墩身内部做成空腔体，即空心桥墩。空心墩在外形上与实体式桥墩无大的差别，只是自重较实体式桥墩轻。

1. 等截面薄壁空心桥墩

图 8-10 为钢筋混凝土等截面薄壁空心桥墩（主桥边墩），高度 56.7m，承台桩基础，用于桥宽为 12.25m，桥跨 66m + 120m + 66m 连续刚构预应力箱梁。墩身为 6.5 × 4.0m 的矩形空心薄壁截面，桥纵向及桥横向壁厚均为 0.6m。承台厚 3.0m，桩基 4 根 ϕ2.2m 钻孔灌注桩。一个等截面薄壁空心墩工程量指标、等截面薄壁空心墩身工程

量指标,分别见表 8-17 和表 8-18。

等截面薄壁空心桥墩工程量指标 表 8-17

项目		单位	盖梁	空心墩	承台	桩基	备注
桥墩	混凝土	m^3	84.5	678	282.3	274	承台下 50cm 厚,C15 混凝土 39.4m^3
	钢筋	kg	33326	230041	46073	24192	
桥跨桥宽每平方米			混凝土 1.63m^3,钢筋 413kg				

等截面薄壁空心墩身工程量指标 表 8-18

项目	C40 混凝土	钢筋	钢筋网	备注
	m^3	kg		
空心墩	678	218961	11080	每立方米混凝土含钢筋 339kg;桥纵向墩高侧面每隔 4m 设置一道通气孔,墩底设置泄水孔,ϕ10mmPVC 管 21.2m
1m 桥宽墩高	0.98	315	16.0	

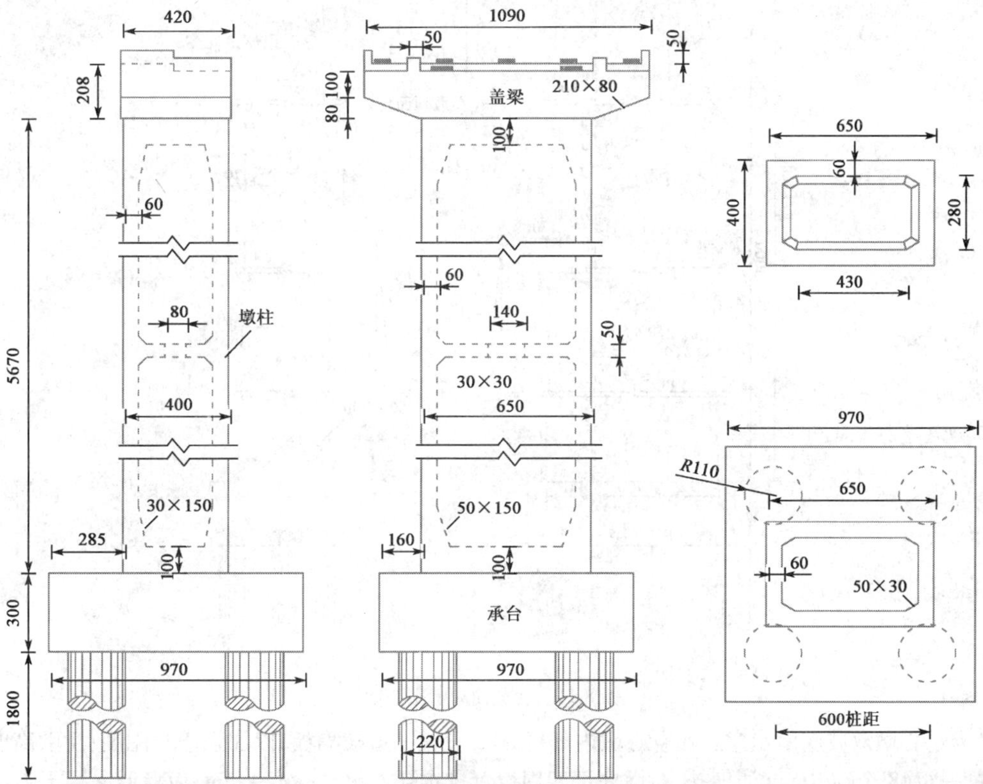

图 8-10 等截面薄壁空心墩

2. 变截面薄壁空心桥墩

图 8-11 为双肢矩形变截面薄壁空心主跨墩,高度 122m;设计桥梁宽度 12.25m,桥跨 96m + 180m + 96m 连续刚构预应力箱梁。为便于爬模或翻模施工,墩身竖向采用斜坡式,横桥向双壁坡率均为 100:1,纵桥向外侧墩壁坡率为 100:1。一个变截面薄壁空心墩工程量指标、变截面薄壁空心墩身工程量指标,分别见表 8-19 和表 8-20。

变截面薄壁空心桥墩工程量 表 8-19

项目		单位	空心墩	承台	桩基	备注
桥墩	混凝土	m^3	4071	1265	2443	
	钢材	kg	694326	123330	184202	承台底钢筋网 2623kg,冷却管 1325kg
桥跨桥宽每平方米			混凝土 3.53m^3,钢筋 456kg			

变截面薄壁空心墩身工程量 表 8-20

项目	混凝土	钢筋	ϕ6 钢筋网	角钢及钢板	备注
	m^3	kg			
墩身	4071	530561	25736	—	混凝土含筋量 137kg/m^3
劲性骨架	—	—	—	138029	
1m 桥宽墩高	2.72	465			泄水孔及通气孔的 PVC 管 75m

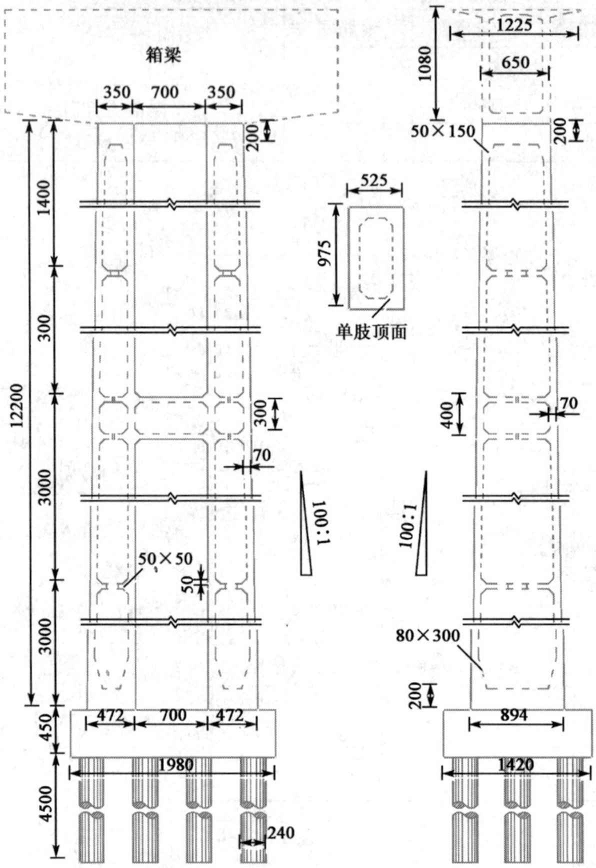

图 8-11 变截面薄壁空心墩

图 8-12 为空心墩双肢底面示意。在空心墩内部每 30m 设置一道横隔板，以加强墩身刚度；桥墩高度范围，四周每隔 5m 设置一组(8 个)ϕ10mm 通气孔；桥墩底部四周设置排水孔。承台厚度 4.5m，为降低混凝土内部温度，一般使用低热微膨胀水泥或水化热较低的矿渣硅酸盐水泥，并掺入适量细质粉煤灰。图 8-13 劲性骨架，节点通过电焊连接。承台需伸出钢筋与劲性竖向型钢∠100×100×10 焊接。

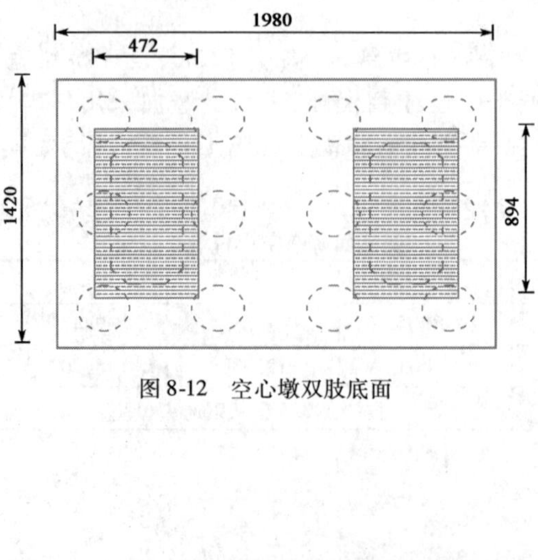

图 8-12 空心墩双肢底面

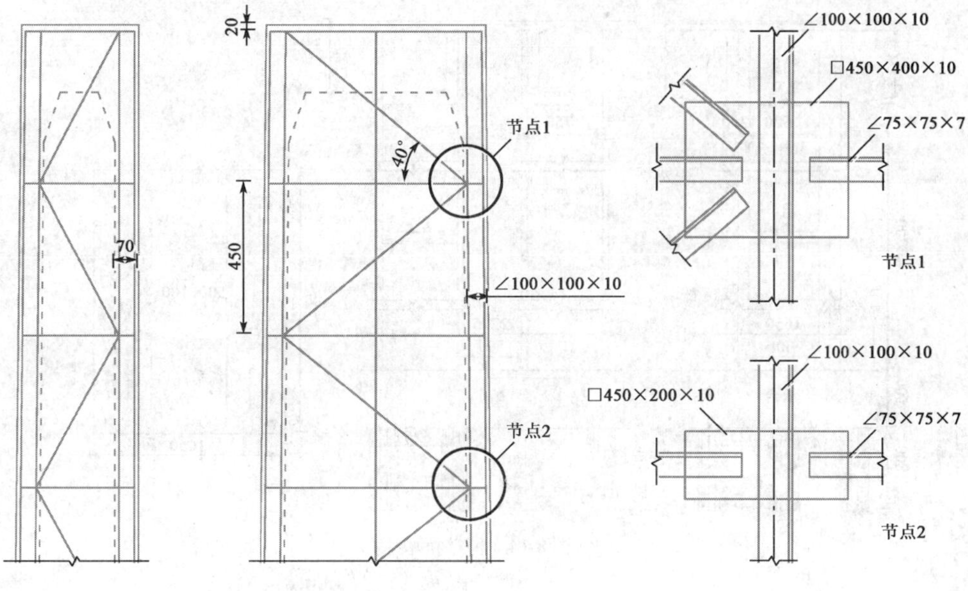

图 8-13　劲性骨架

8.1.10　薄壁墩

图 8-14 为双肢等截面矩形薄壁桥墩，高度 67.0m，承台桩基础，桥梁宽度 2×12.25m，桥跨 66m+120m+66m 连续刚构预应力箱梁。纵桥向双肢桥墩间距 6.0m，壁厚 2.0m；横桥向桥墩宽度 7.5m。承台为全幅整体式结构，厚 5m；桩基 3×4 为 12 根，桩径 2.5m，桩长 18m。薄壁桥墩工程量指标，见表 8-21；薄壁墩身工程量指标，见 8-22。

薄壁桥墩工程量指标　　表 8-21

项目		单位	薄壁墩	承台	桩基	备注
桥墩	混凝土	m^3	4189	1877	1060	
	钢筋	kg	773021	227091	86810	承台冷却管 4787kg，桩基检测管 1901kg
桥跨桥宽每平方米			混凝土 2.42m^3，钢筋 372kg			

薄壁墩身工程量指标　　表 8-22

项目	混凝土	钢筋	钢筋网	备注
	m^3	kg		
墩身	4189	747270	25751	混凝土含筋量 201kg/m^3
1m 桥宽墩高	2.55	471		

8.1.11　方柱式桥墩

图 8-15 为 3m×2m 方柱桥墩，高度 12.5m。设计桥宽 12.75m，桥跨 30m 预应力混凝土 T 梁，先简支后连续。采用两梯级扩大基础，横桥向襟边宽度 1.5m，纵桥向襟边宽度 1.0m。方柱墩工程量指标，见表 8-23。

方柱桥墩工程量指标　　表 8-23

项目		单位	盖梁	矩形墩	扩大基础
桥墩	混凝土	m^3	60	138	117
	钢筋	kg	10327	21243	7956
桥跨桥跨每平方米			混凝土 0.86m^3，钢筋 53.8kg		

8.1.12　钻孔灌注桩基础

钻孔灌注桩基础简称桩基，截面为圆形，是直接在设计桩位上开孔，之后在孔内放入钢筋笼骨架，灌注混凝土而成。桩底要求必须嵌入弱风化岩层，深度不小于三倍桩径。桩基入土深度大于 15m 要求嵌入弱风化岩石至少 2.0m，小于 15m 要求嵌入弱风化岩石至少 3～5m。桩基工程量指标，见表 8-24。

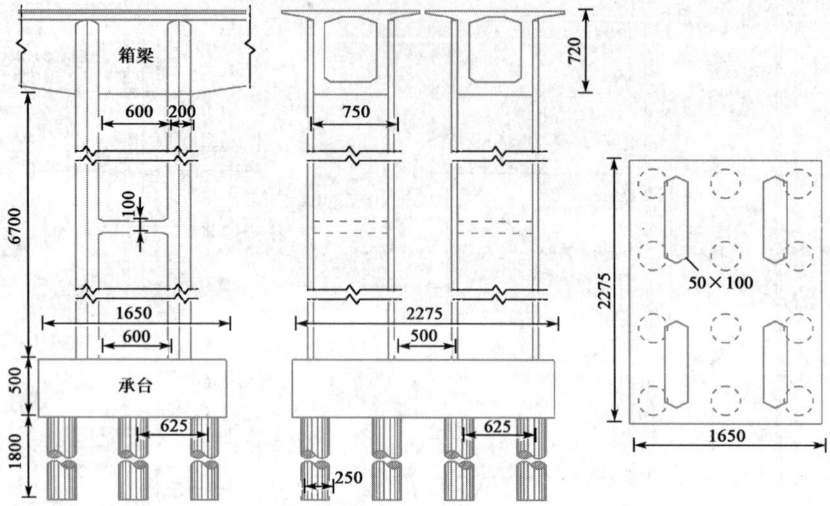

图 8-14　薄壁桥墩

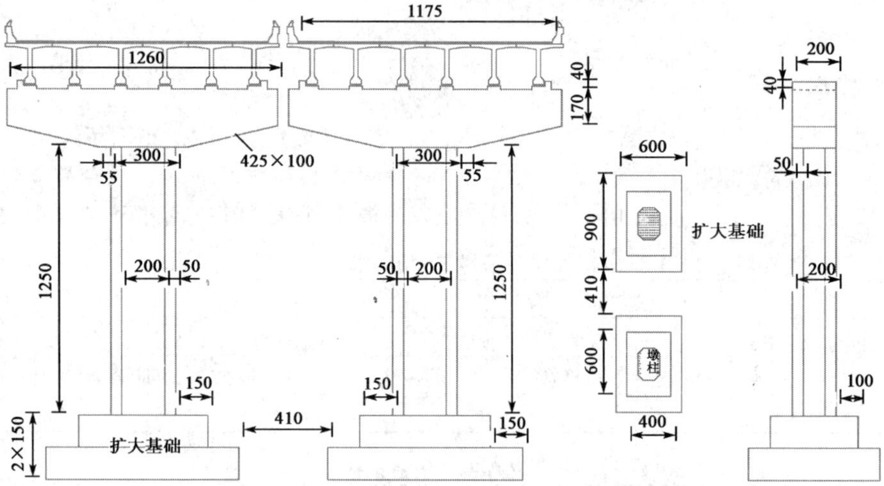

图 8-15　方柱桥墩

钻孔灌注桩基础工程量指标　　表 8-24

名称	单位	桥台				桥墩			
		跨径 L(m)							
		16	20	30	40	16	20	30	40
D	m	1.2	1.3	1.4	1.6	1.5	1.5	1.6	1.8
1m 桩基混凝土	m^3	1.13	1.33	1.54	2.01	1.77	1.77	2.01	2.54
钢筋	kg/m^3	60	60	60	70	70	70	70	70

8.1.13　桩顶系梁

图 8-16 为梁桥桥墩桩基顶部系梁，连接两根桩基，是改善墩柱和桩基受力的结构。系梁工程量指标，见表 8-25。

桩顶系梁工程量指标　　表 8-25

名称	单位	跨径 L(m)				备注
		16	20	30	40	
D	m	1.4	1.5	1.6	1.8	
L	m	5.8	6.8	8.4	8.4	
B	m	1.0	1.2	1.4	1.5	
H	m	1.3	1.3	1.6	1.6	
系梁混凝土	m^3	5.89	8.55	15.8	16.4	含筋量 75 kg/m^3

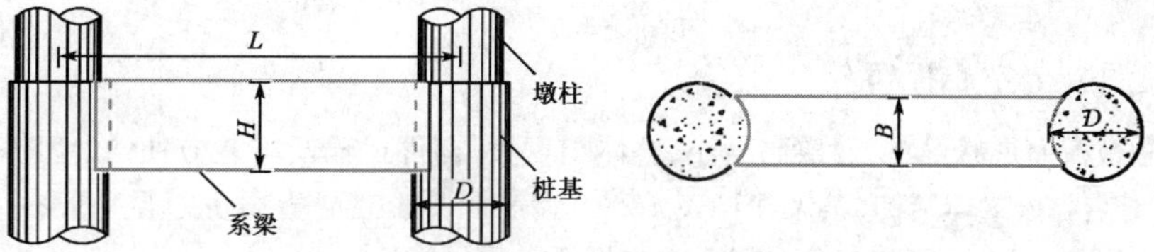

图 8-16　桩顶系梁

8.2 上部构造

上部结构(即桥跨结构)是路线中断时,跨越障碍物的主要承载构造物,包括桥面板、桥面梁以及支承它们的结构构件。如梁(板)、拱、悬(拉、吊)索等,其作用是承受桥面上各种车辆、人群等荷载;除承受车辆和人群及恒载(即自重)外,还要安全地承受各种外来荷载的作用(如风、地震等)。上部结构是桥梁结构的主要承重结构,当跨度较大时,不仅其结构比较复杂,施工也相当困难。上部结构具体指梁(板)桥墩台帽或盖梁顶面以上、拱桥拱座顶面以上的部分。

8.2.1 钢筋混凝土矩形板桥

钢筋混凝土简支板桥的标准跨径不宜大于 13m,连续板桥的标准跨径不宜大于 16m。图 8-17 为 13m 跨矩形板桥桥型,图 8-18 为矩形板及台帽及支座。矩形板桥梁全桥工程量指标,见表 8-26;其分部工程量指标,见表 8-27。表中列出三种跨径矩形板桥,设计荷载均为公路—II 级,设计洪水频率 1/25。下部设计为实体式桥台、扩大基础。

矩形板工程量指标　　表 8-26

项目		单位	跨径 L(m)			备注
			8	10	13	
桥长		m	9.4	11.4	14.4	
桥长桥宽每平方米	混凝土	m^3	0.37	0.43	0.53	桥宽均为 10m
	钢筋	kg	53.4	65.7	99.2	

矩形板桥分部工程量指标　　表 8-27

项目	矩形板	钢筋	台帽	钢筋	台身	基础	备注
	m^3	kg/m^3	m^3	kg/m^3	m^3	m^3	
1－8m	35.1	143	17.4	58	323	100	板厚 $d=0.45$cm,$B=70$cm
1－10m	48.6	154	18.5	56	330	101	$d=0.50$cm,$B=75$cm
1－13m	75.6	189	20.3	52	337	102	$d=0.60$cm,$B=80$cm

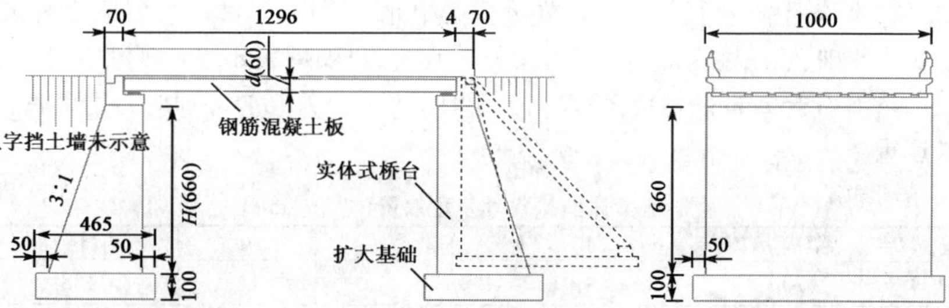

图 8-17　矩形板桥桥型

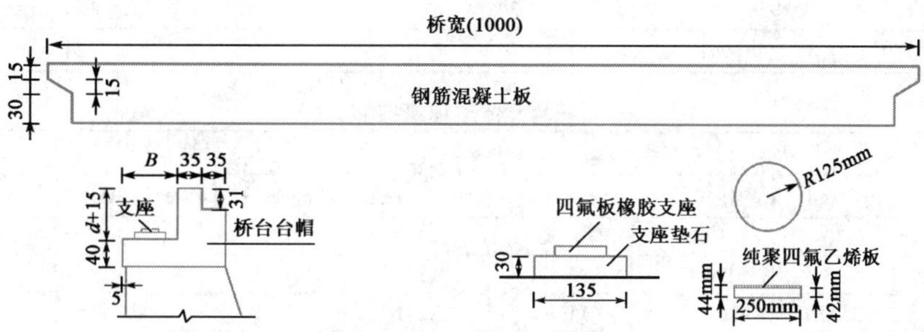

图 8-18　矩形板及台帽及支座

8.2.2 钢筋混凝土空心板桥

钢筋混凝土空心板截面形状简单,建筑高度小,整体刚度大,构件运输及安装方便,在小跨径桥梁中较多使用。图8-19为钢筋混凝土空心板梁体结构,其尺寸见表8-28。钢筋混凝土空心板梁桥跨径一般在10m左右,一片梁体工程量指标见表8-29。表8-30为单跨钢筋混凝土空心板桥工程量指标。

空心板梁体结构尺寸(单位:cm)　　表8-28

跨径 L(m)	梁宽 B	梁高 H	a	b	c	h	钢筋(kg/m³)
8	99	42	13	—	—	12	288
10	149	48	13	—	—	12	321

一片梁体工程量指标　　表8-29

跨径 L(m)	边梁		中梁		封端		一道铰缝	
	混凝土(m³)	钢筋(kg)	混凝土(m³)	钢筋(kg)	混凝土(m³)	钢筋(kg)	混凝土(m³)	钢筋(kg)
8	2.79	776	2.53	767	0.03	—	0.29	38
10	5.63	1305	5.27	1298	0.11	—	0.44	51

钢筋混凝土空心板桥工程量指标　　表8-30

项目		单位	1-8m	1-10m	备注
一跨空心板	混凝土	m³	38.6	52.5	
	钢筋	kg	8899	13771	
桥跨桥宽每平方米	混凝土	m³	0.40	0.44	桥宽12m
	钢筋	kg	92.7	115	

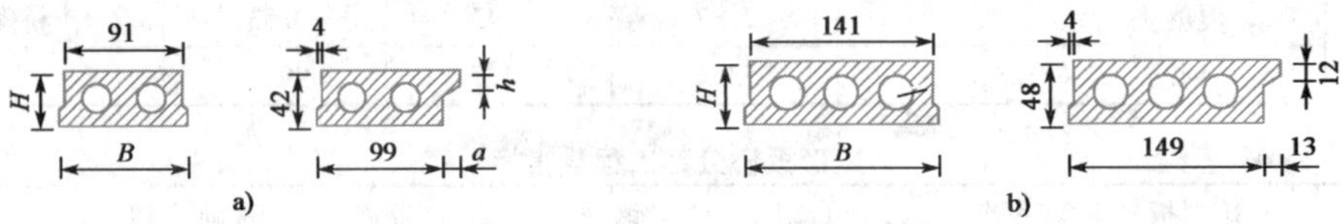

图8-19　钢筋混凝土空心板结构

a)8m跨;b)10m跨

8.2.3 预应力混凝土空心板桥

图8-20为预应力混凝土空心板梁体结构,其尺寸及配筋量见表8-31。预应力混凝土空心板梁桥跨径一般在16m左右,可建造成单跨、多跨的中、小桥梁,在大、特大桥梁中充当引桥;下部构造可配置U形桥台、肋板式桥台、桩柱式桥台,柱式墩、扩大基础、灌注桩基础等。一片梁体工程量指标,见表8-32。预制空心板顶面需拉毛,锚固端面和铰缝面应凿毛成凹凸不小于6mm的粗糙面,以利于新旧混凝土良好结合。预应力钢束张拉端中,已计入60cm的钢绞线预留工作长度重量。

空心板梁体结构尺寸及配筋量(单位:cm)　　表8-31

跨径 L(m)	梁宽 B	梁高 H	a	b	c	h	钢筋(kg/m³)	钢绞线(kg/m³)
13	124	70	33	24	12	12	158	27.5
16	124	80	25.5	24	12	12	145	32.2
20	124	95	25.5	24	12	12	172	34.7
20(宽幅)	159	100	71.5	12	15	15	124	47.6

一片梁体工程量指标　　表8-32

跨径 L(m)	边梁		中梁		封端		预应力	
	混凝土(m³)	钢筋(kg)	混凝土(m³)	钢筋(kg)	混凝土(m³)	钢筋(kg)	钢绞线(kg)	锚具(套)
13	7.20	1083	6.30	1019	0.27	80	198	8
16	9.93	1337	8.57	1293	0.33	93	277	8
20	13.57	2199	11.91	2141	0.42	127	413	8
20(宽幅)	17.32	2059	14.26	1788	0.42	127	679	8

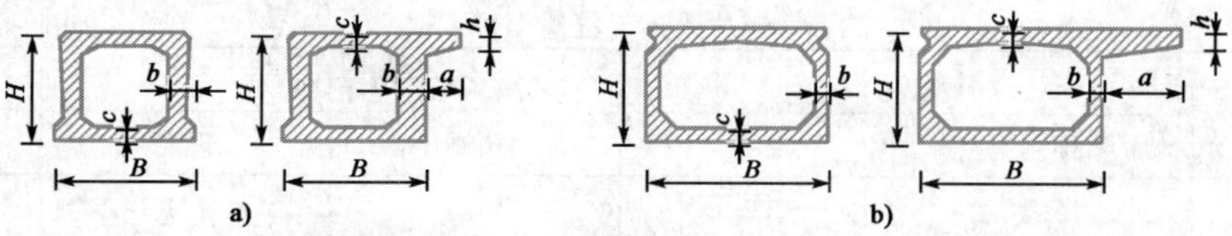

图 8-20 预应力混凝土空心板梁体结构

a)窄幅;b)宽幅

在安装完空心板后,为使板块共同受力,传递剪力,常用企口式混凝土铰连接,即用与预制板同一强度等级或高一等级的细集料混凝土将预留的圆形、菱形或漏斗形企口加以填实。一般采用 M15 号砂浆封填底缝,C40 现浇混凝土封填铰缝;空心板顶面铺筑 C50 混凝土现浇层,厚度不宜小于 8cm。空心板与空心板构件之间施工铰缝见图 8-21,一道铰缝工程量指标见表 8-33。表 8-34 为单跨预应力混凝土空心板桥工程量指标。

一道铰缝工程量指标　　表 8-33

跨径 L(m)	钢筋编号	直径	单根长(cm)	根数	钢筋(kg)	混凝土(m^3)
13.0	N1、N2	12/10	142.6/1052	53/2	80.1	0.78
16.0	N1、N2	12/10	162.4/1326	66/2	111.5	0.93
20.0	N1、N2	12	191.8/1692	85/2	174.8	1.92

预应力混凝土空心板桥工程量指标　　表 8-34

项目		单位	跨径 L(m)			备注
			13	16	20	
桥宽		m	10.7	13	13	
一跨空心板	混凝土	m^3	65.5	108	148	
	钢筋	kg	8920	13948	22796	
	钢绞线	kg	1584	2770	4130	
桥跨桥宽每平方米	混凝土	m^3	0.47	0.52	0.57	含 8cm 混凝土现浇层
	钢材	kg	75.5	80.4	103.6	

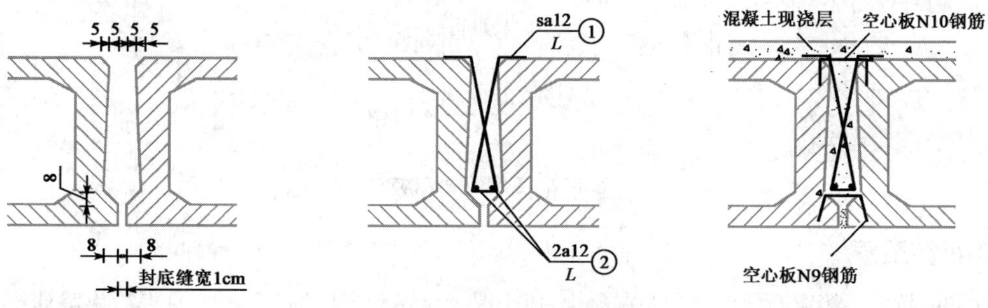

图 8-21 空心板施工铰缝

8.2.4 预应力混凝土 T 梁桥

图 8-22 为 T 形梁桥结构。T 形梁桥跨径一般在 25 ~ 50m 范围,可建造成单跨、多跨的中桥,在大、特大桥梁中常充当引桥。T 形梁体结构尺寸见表 8-35,一片梁体工程量指标见 8-36,表 8-37 为单跨混凝土 T 梁桥工程量指标。

T 梁体结构尺寸(单位:cm)　　表 8-35

跨径 L(m)	B_1	B_2	中梁		边梁	H_1	H_2	H_3	d
			B_3	B_4	B_5				
20	50	20	160	26	27.5	150	20	20	16
25	50	20	170	20	27.5	170	20	20	16
30	50	20	170	20	35	200	20	20	16
35	60	20	170	35	35	230	20	20	16
40	60	20	170	35	35	250	35	25	16
45	50	20	198	26	26	260	25	13	17

一片梁体工程量指标　　表 8-36

跨径 L(m)	中梁(m^3)		边梁(m^3)		钢筋	钢绞线
	预制	现浇	预制	现浇	kg/m^3	
20	15.7	2.2	15.9	1.1	224	25
25	22.3	2.4	22.7	1.2	237	24
30	29.1	2.7	29.4	1.3	205	37
35	38.8	5.2	39.4	2.6	256	32
40	50.0	6.5	51.1	3.2	177	44
45	57.6	6.0	58.0	3.0	199	42

单跨混凝土 T 梁桥工程量指标　　表 8-37

项目		单位	跨径 L(m)					
			20	25	30	35	40	45
桥宽		m	12.75	12.75	12.9	12	12	12.5
一跨 T 梁	混凝土	m^3	106	147	189	216	278	313
	钢筋	t	23.65	34.74	38.66	55.30	49.22	62.25
	钢绞线	kg	2.64	3.52	6.98	6.91	12.24	13.14
桥跨桥宽每平方米	混凝土	m^3	0.42	0.46	0.49	0.51	0.58	0.56
	钢材	kg	103	120	118	148	128	134

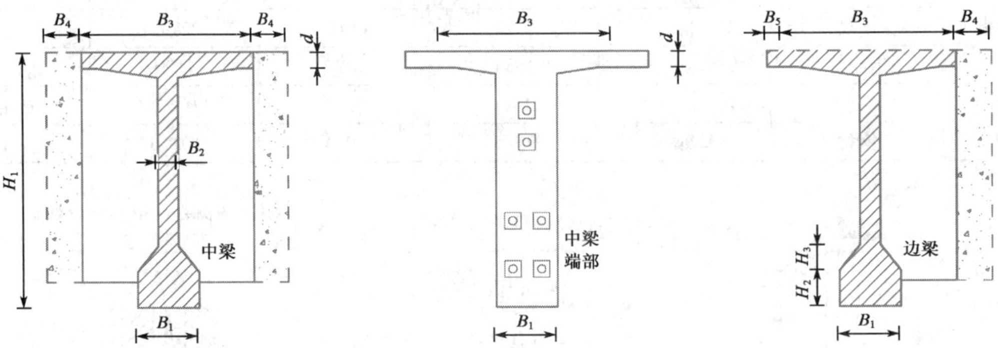

图 8-22　T 形梁桥结构

8.2.5 小箱梁桥

图 8-23 为 30m 桥跨小箱梁断面图。预制混凝土、接头混凝土达到强度的 85% 后，且混凝土龄期不小于 7d 时，方可张拉预应力钢束。梁端(2 × 35cm)封锚施工完成后，用环氧树脂在每片梁边跨非连续梁端贴 2 块 200mm × 200mm × 200mm 的减振橡胶块。小箱梁工程量指标见表 8-38，一片梁体工程量指标，见表 8-39。

小箱梁工程量指标　　表 8-38

项目	桥长桥宽每平方米		备注
	混凝土(m^3)	钢材(kg)	
工程量指标	0.50	94.1	桥宽 20m，计 8cm 混凝土现浇层

一片梁工程量指标　　表 8-39

中梁			边梁			备注
混凝土	钢筋	钢绞线(kg)	混凝土	钢筋	钢绞线	
m^3	kg		m^3	kg		
42.1	5810	2058	42.7	5982	2029	墩位处横梁及跨中横隔板各 1 个

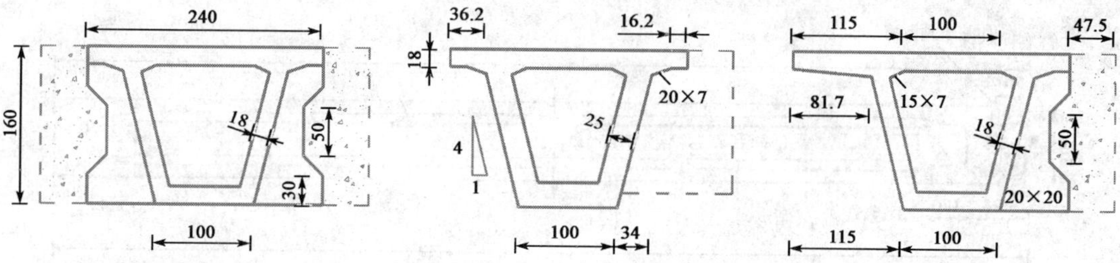

图 8-23 小箱梁结构

8.2.6 现浇箱梁桥

钢筋混凝土箱形截面简支梁标准跨径不宜大于25m，钢筋混凝土箱形截面连续梁标准跨径不宜大于30m。图8-24为现浇箱梁断面图，图8-25为现浇箱梁平面。表8-40为不同跨径现浇箱梁结构尺寸，表8-41为一跨梁体工程量指标。现浇箱梁工程量指标，见表8-42。

现浇箱梁结构尺寸（单位：cm） 表8-40

跨径 L(m)	桥宽	B_1	B_2	H	d_1	d_2	d_3	d_4	d_5
20	8.5m 单箱	450	200	140	15	45	22	50	—
20	10m 二箱	300	200	140	18	50	22	50	50
20	12m 二箱	350	250	165	15	40	22	50	50
20	13m 三箱	266.7	250	160	15	45	26	40	30
25	12m 二箱	350	250	165	15	40	25	50	50
30	12m 二箱	350	250	165	15	40	25	40	40

一跨梁体工程量指标 表8-41

跨径 L(m)	桥宽	断面积	混凝土	钢筋	钢绞线	备注
	m	m^2	m^3	kg/m^3		
20	8.5m 单箱	4.367	87.34	292	—	钢筋混凝土箱梁
20	10m 二箱	5.824	116.5	305	—	
20	12m 二箱	6.729	134.6	332	—	
20	13m 三箱	7.874	157.5	170	26	预应力混凝土箱梁
25	12m 二箱	6.940	173.5	200	30	
30	12m 二箱	6.631	198.9	220	34	

现浇箱梁工程量指标 表8-42

跨径 L(m)	桥宽	桥长桥宽每平方米		备注
		混凝土(m^3)	钢材(kg)	
20	12 二箱	0.56	186	钢筋混凝土箱梁
20	13m 三箱	0.61	119	预应力混凝土箱梁
25	12m 二箱	0.58	133	
30	12m 二箱	0.55	140	

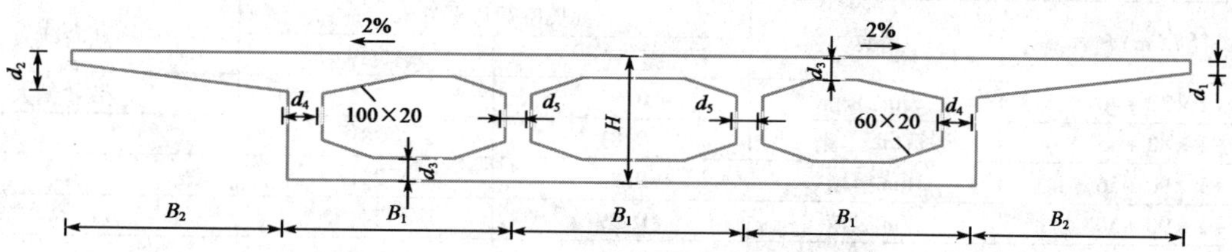

图 8-24 现浇箱梁断面

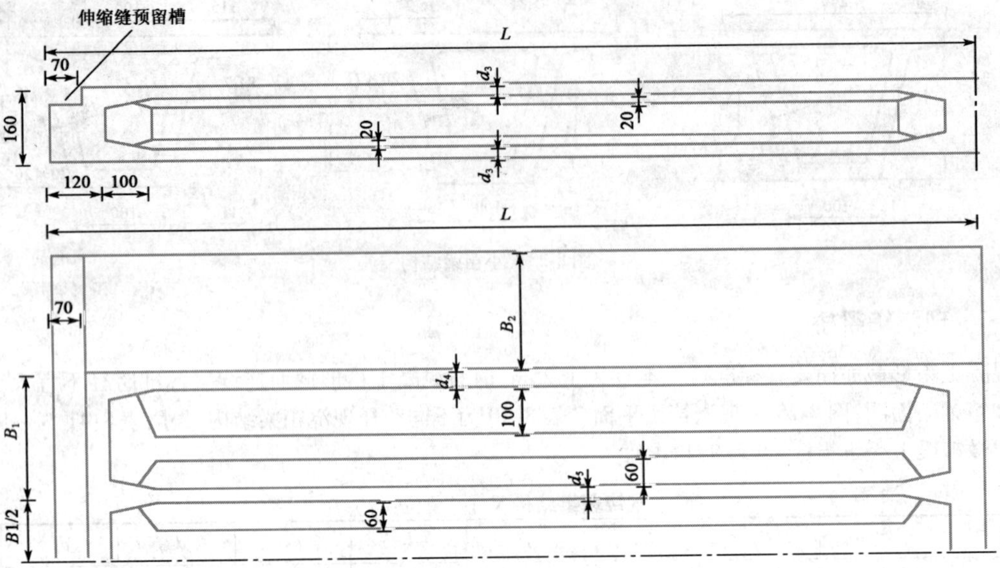

图 8-25　现浇箱梁平面

8.2.7　悬浇变截面箱梁桥

1. 悬浇变截面箱梁断面

图 8-26 为悬浇变截面箱梁。表 8-43 为悬浇变截面连续箱梁结构尺寸，表 8-44 为中跨梁体工程量指标。悬浇变截面箱梁桥工程量指标，见表 8-45。悬浇箱梁分块见图 8-27。

悬浇变截面连续箱梁结构尺寸　　表 8-43

跨径 L(m)	桥宽	结构尺寸(cm)												
		B_1	B_2	B_3	H_1	H_2	d_1	d_2	d_3	d_4	d_5	d_6	d_7	d_8
40 +70 +40	20m 二箱	1400	300		244	444	18	30	30	45	65	55	—	65
45 +80 +45	12.5m	600	85	240	200	450	15	28	28	45	60	58	45	65
56 +90 +56	16m 单箱	850	110	215	315	555.5	20	28	32	55	75	70	42	70
50 +90 +50	17m 二箱	1200	250		292	592	18	28	30	40	70	70	—	55
58 +100 +58	16m 单箱	800	150	250	280	600	15	28	30	40	70	70	35	60
65 +116 +65	16.0m 单箱	800	150	250	310	710	15	28	30	55	80	80	40	75

中跨梁体工程量指标　　表 8-44

跨径 L(m)	桥宽	跨中截面	1 号截面	混凝土	钢筋	预应力筋	备注
		m^2		m^3	kg/m^3		
40 + n ×70 +40	20m 二箱	14.27	22.25	2776	207	59	
45 + n ×80 +45	12.5m 单箱	7.537	12.42	1720	281	65.8	
56 + n ×90 +56	16m 单箱	11.31	18.57	3019	195	62.8	
50 + n ×90 +50	17m 二箱	12.40	20.75	3197	185	58.3	
58 +100 +58	16m 单箱	9.7	17.7	2977	189	75.9	边跨加长段 8m
65 + n ×116 +65	16m 单箱	11.38	22.08	4157	163	65.4	

悬浇变截面箱梁桥工程量指标　　表 8-45

跨径 L(m)	桥宽	桥长桥宽每平方米		备注
		混凝土(m^3)	钢材(kg)	
40 +1 ×70 +40	20m 二箱	0.93	246	数量偏大
45 +1 ×80 +45	12.5m 单箱	0.81	281	
56 +1 ×90 +56	16m 单箱	0.93	241	
50 +1 ×90 +50	17m 二箱	0.99	241	
55 +1 ×100 +55	16m 单箱	0.86	228	
65 +1 ×116 +65	16m 单箱	1.06	241	

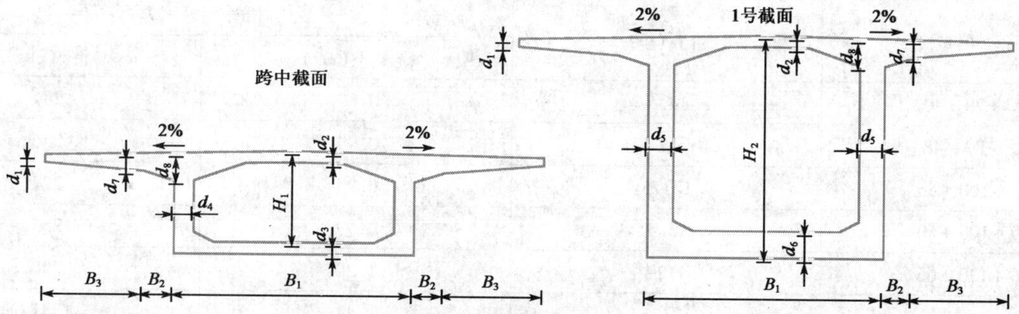

图 8-26　悬浇变截面箱梁

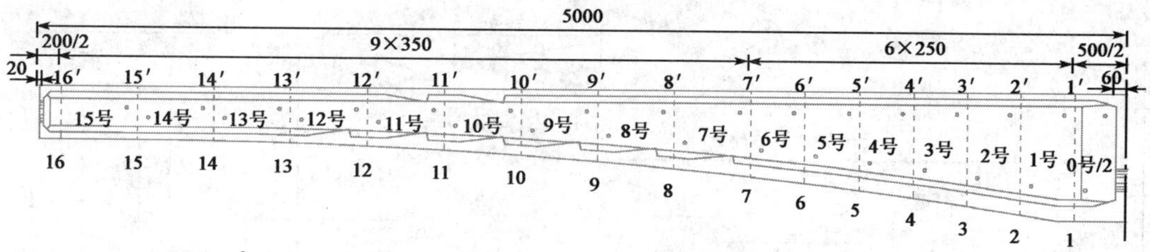

图 8-27　悬浇箱梁分块(边跨)

8.2.8　连续刚构梁桥

刚构桥是介于梁与拱之间的一种结构体系,它是由受弯的上部梁(或板)结构与承压的下部柱(或墩)整体结合在一起的结构。由于梁与柱的刚性联结,梁因柱的抗弯刚度而得到卸载作用,整个体系是压弯结构,也是有推力的结构。连续刚构桥一般采用预应力混凝土结构,有两个以上主墩采用墩梁固结,具有 T 形刚构桥的优点。但与连续梁桥、T 形刚构桥相比,多跨刚构桥更能保持上部构造连续梁的属性,跨越能力大,施工难度小,行车舒适,养护简便。典型的连续刚构体系为对称布置,并采用平衡悬臂施工方法建造。连续刚构桥,有较好的抗震性能,造型轻巧美观。

图 8-28 为连续刚构箱梁构造,表 8-46 为连续刚构梁桥结构尺寸,表 8-47 为中跨梁体工程量指标。连续刚构梁桥箱梁工程量指标,见表 8-48。

连续刚构梁桥结构尺寸(单位:cm)　　表 8-46

跨径 L(m)	桥宽(m)	结构尺寸(cm)												
		B_1	B_2	B_3	H_1	H_2	d_1	d_2	d_3	d_4	d_5	d_6	d_7	d_8
$40+n\times70+40$	14.5	780	170	165	208	408	18	28	30	45	65	65	35	65
$48+n\times80+48$	12	650	80	195	200	460	18	28	28	50	65	70	50	80
$55+n\times100+55$	12.75	680	297.5		280	600	15	28	30	45	70	70	—	50
$60+n\times100+60$	13.5	650	80	270	280	580	18	28	28	50	65	80	50	80
$66+n\times120+66$	12	650	90	185	270	720	20	28	32	50	70	82.4	50	80
$96+n\times180+96$	12.25	650	150	137.5	350	1080	20	28	32	40	72	100	28	75

中跨梁体工程量指标　　表 8-47

跨径 L(m)	桥宽(m)	跨中截面	1 号截面	混凝土	钢筋	预应力筋
		m^2		m^3	kg/m^3	
40+70+40	14.5	9.118	14.58	1800	231	64
48+80+48	12	8.323	14.19	1988	209	63
55+100+55	12.75	8.124	15.83	2549	165	70
60+100+60	13.5	9.758	16.95	2946	190	65
66+120+66	12	9.350	19.06	3624	175	67
96+180+96	12.25	9.172	24.96	6438	156	78

连续刚构梁桥箱梁工程量指标　　表 8-48

跨径 L(m)	桥宽(m)	桥长桥宽每平方米	
		混凝土(m^3)	钢材(kg)
40 + 70 + 40	14.5	0.83	244
48 + 80 + 48	12	0.94	256
55 + 100 + 55	12.75	0.95	224
60 + 100 + 60	13.5	0.99	253
66 + 120 + 66	12	1.20	290
96 + 180 + 96	12.25	1.41	331

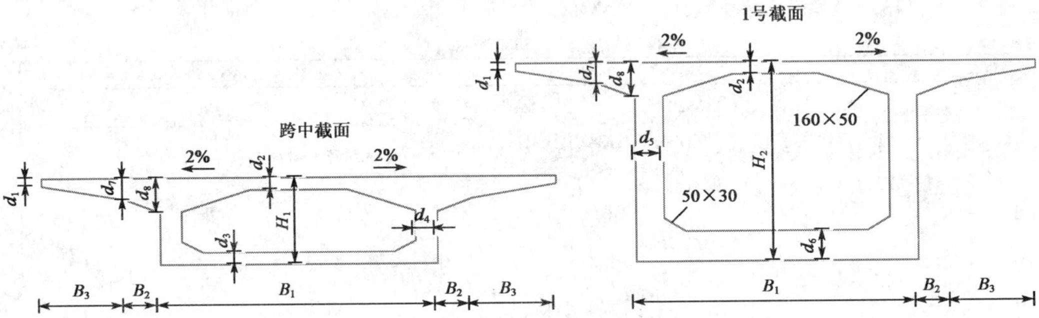

图 8-28　连续刚构箱梁

8.3 梁式桥全桥工程量

8.3.1 简支梁桥

1. 矩形板桥

钢筋混凝土矩形板桥桥型见图 8-17，其桥台采用直墙式桥台配八字翼墙的组合形式，基础采用扩大基础。钢筋混凝土矩形板桥全桥工程量指标，见表 8-49。

钢筋混凝土矩形板桥全桥工程量指标　　表 8-49

项目		单位	跨径 L(m)			备注
			8m	10m	13m	
桥长		m	9.4	11.4	14.4	
桥面系	混凝土	m^3	14.2	17.2	21.7	
	钢筋	kg	2527	3065	3871	
上部构造	混凝土	m^3	35.1	48.6	75.6	
	钢筋	kg	5019	7484	14288	
下部构造	混凝土	m^3	674	684	693	八字翼墙 234m^3/桥
	钢筋	kg	1009	1036	1056	
桥长桥宽每平方米	混凝土	m^3	7.69	6.58	5.49	桥宽均为 10m
	钢筋	kg	91.0	102	133	

2. 预应力空心板桥

图 8-29 为跨径 20m 预应力混凝土空心板桥型，全桥长 70.1m，桥宽为 2×13m。其下部构造采用肋板式桥台和 U 形桥台，桥墩采用钻孔灌注桩、圆柱与钢筋混凝土盖梁的组成形式。预应力混凝土空心板桥全桥工程量指标，见表 8-50。表中 13m 跨径、16m 跨径采用肋板式桥台 + 圆柱式桥墩；桥面铺装厚度均为 10cm，每平方米含筋量为 20kg；防撞栏工程量指标为 0.253m^3/m，其钢筋含量为 136kg/m^3。

预应力混凝土空心板桥全桥工程量指标 表 8-50

项目		单位	跨径 L(m)			备注
			2~13m	2~16m	3~20m	
桥长		m	31	37	70.1	
桥宽			10.7	13.0	13.0	
桥面系	混凝土	m^3	84.1	118	120	
	钢筋	kg	14981	21308	21648	
上部构造	混凝土	m^3	131	216	444	
	钢筋	kg	17840	27896	68388	
	预应力	kg	3168	5540	12390	
下部构造	混凝土	m^3	478.6	478.6	1003	桥台桩基 18m、墩桩基 28m，墩高 10m
	钢筋	kg	35036	35036	41322	
桥长桥宽每平方米	混凝土	m^3	2.09	1.69	1.72	
	钢材	kg	214	187	158	

3. T 梁桥

图 8-30 为跨径 30m 预应力混凝土 T 梁桥型，下部构造采用 U 形桥台、扩大基础，以及双柱墩、扩大基础。桥面铺装厚 10cm。预应力混凝土 T 梁全桥工程量指标，见表 8-51。表中 30m 跨桥台为 U 形桥台，其余各跨径桥梁均采用肋板式桥台，墩柱采用双柱式桥墩。桥面铺装厚度均为 10cm，每平方米含筋量为 20kg；防撞栏工程量指标为 $0.253m^3/m$，其钢筋含量为 $136kg/m^3$。

预应力混凝土 T 梁全桥工程量指标 表 8-51

项目		单位	跨径 L(m)					
			2-20m	2-25m	2-30m	6-35m	6-40m	6-45m
桥长		m	46	56	61.6	215.2	246	276
桥宽			12.75	12.75	12.90	12.00	12.00	12.50
桥面系	混凝土	m^3	77.3	94.1	104	346	395	457
	钢筋	t	14.0	17.0	18.9	62.2	71.02	82.5
上部构造	混凝土	m^3	212	294	378	1296	1668	1878
	钢筋	t	47.3	69.48	77.32	331.8	295.32	373.5
	预应力	t	5.28	7.04	13.96	41.46	73.44	78.84
下部构造	混凝土	m^3	653	816	1014	1634	1675	1919
	钢筋	t	45.2	56.5	18.2	146	149	170
桥长桥宽每平方米	混凝土	m^3	1.34	1.42	1.62	1.00	1.00	0.97
	钢材	kg	191	210	162	225	196	204

4. 小箱梁

图 8-31 为 3×30m 跨小箱梁桥型，桥宽 20m，桥长 97.2m。下部构造采用桩柱式桥台和肋板式桥台，桥墩由钻孔灌注桩、柱和钢筋混凝土盖梁组成，墩柱之间设置一道系梁，增加墩身侧向刚度。30m 跨小箱梁桥全桥工程量指标，见表 8-52。30m 跨小箱梁下部构造，见图 8-32。

30m 跨小箱梁桥全桥工程量指标 表 8-52

项目	桥面系		上部构造		下部构造	
	混凝土(m^3)	钢筋(kg)	混凝土(m^3)	钢材(kg)	混凝土(m^3)	钢筋(kg)
工程量指标	234	43625	906	169380	607.5	56878
桥长桥宽每平方米	混凝土 $0.90m^3$、钢材 139kg					

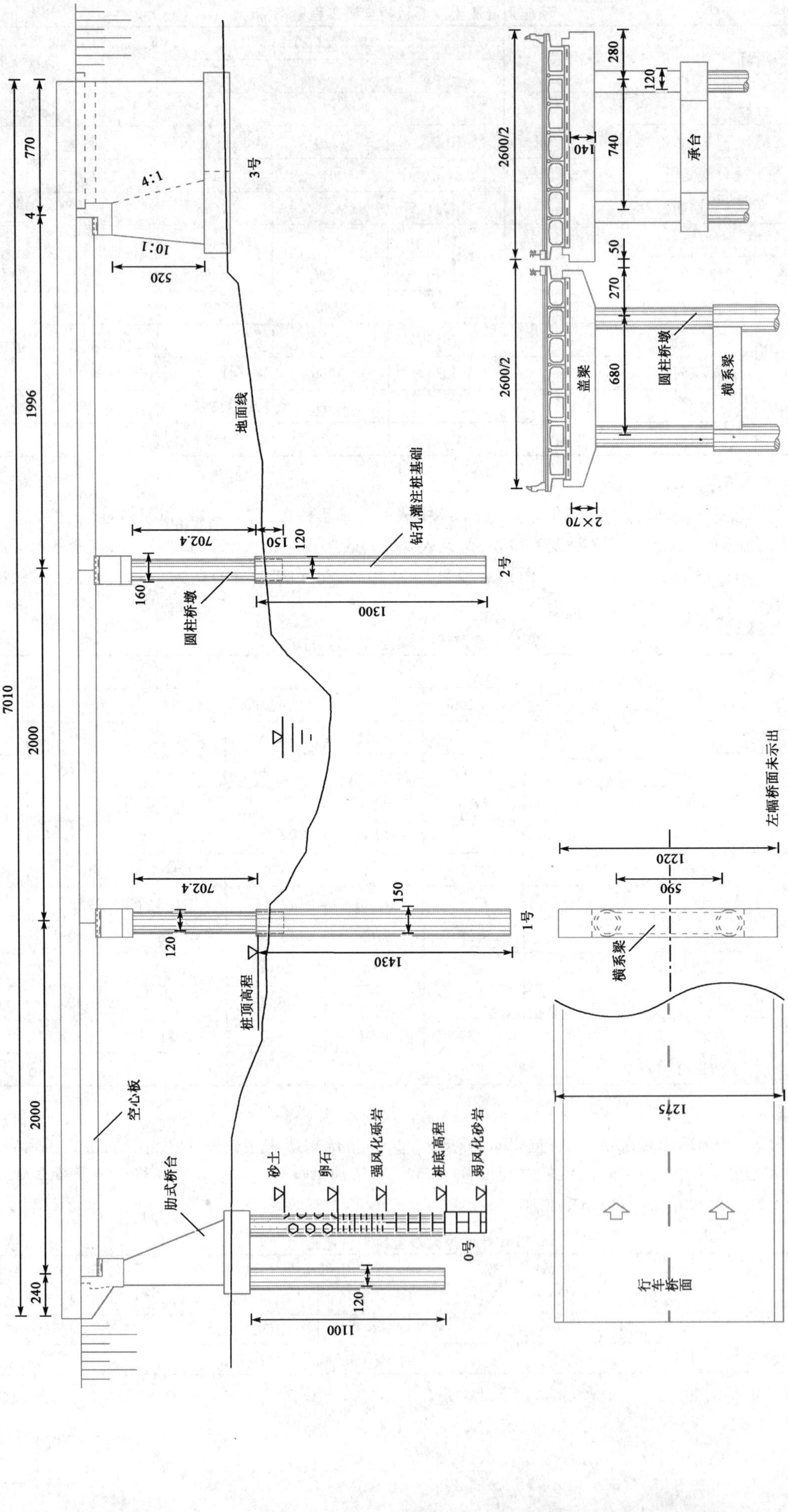

图8-29 跨径20m预应力混凝土空心板桥型

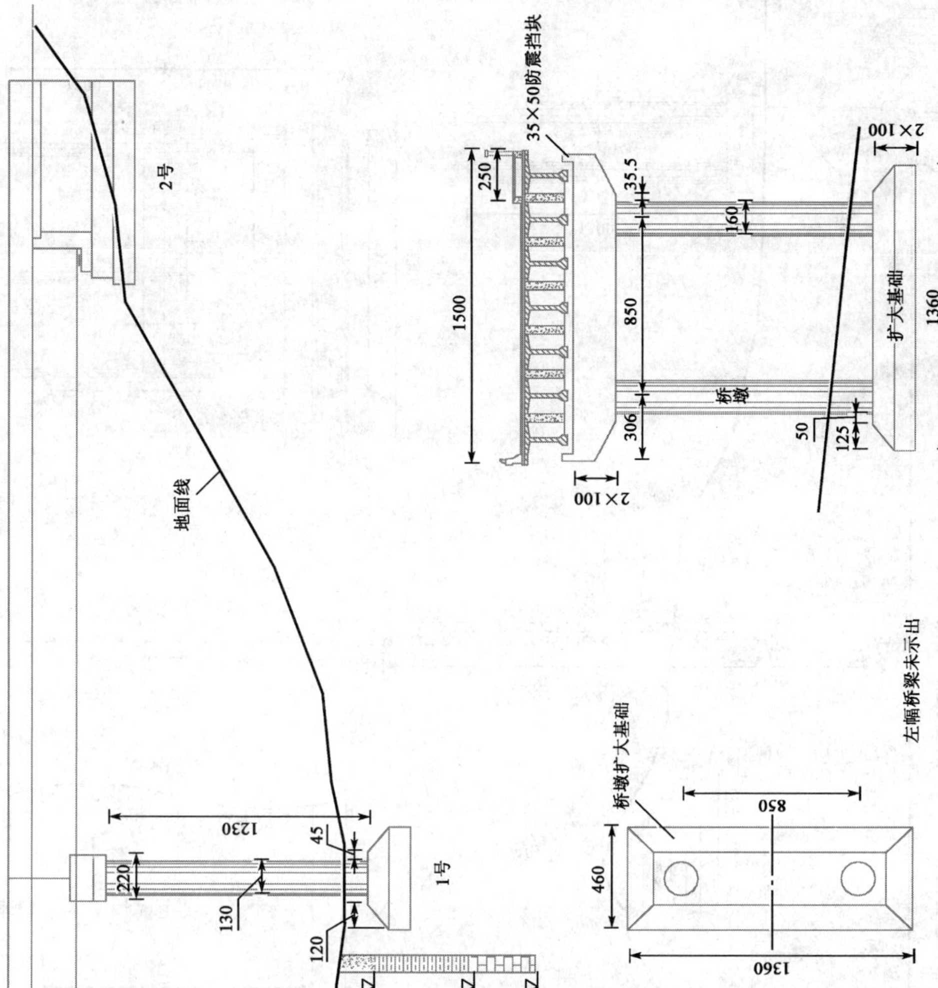

图8-30　跨径30m预应力混凝土T梁桥型

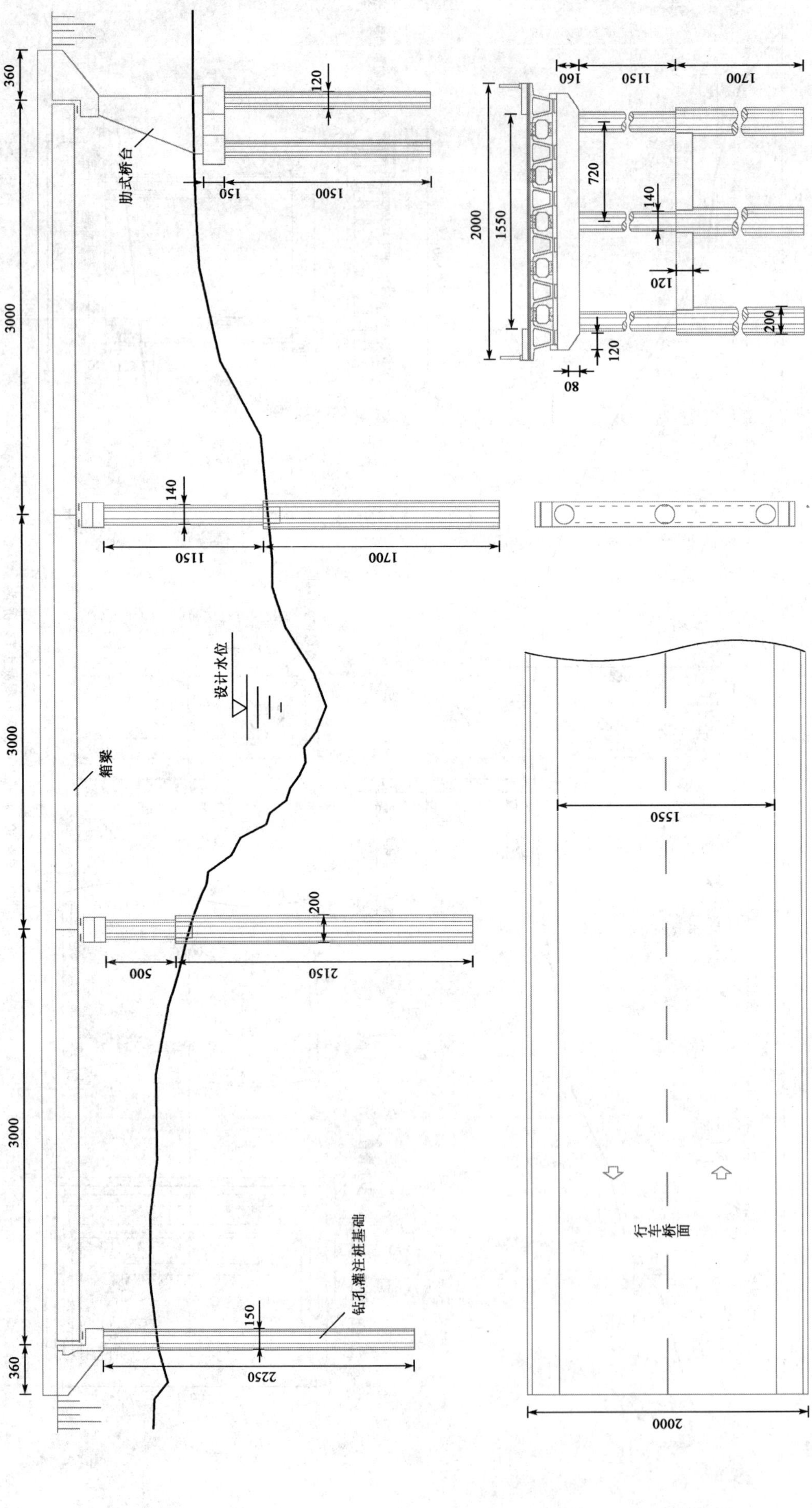

图8-31 30m跨小箱梁桥型

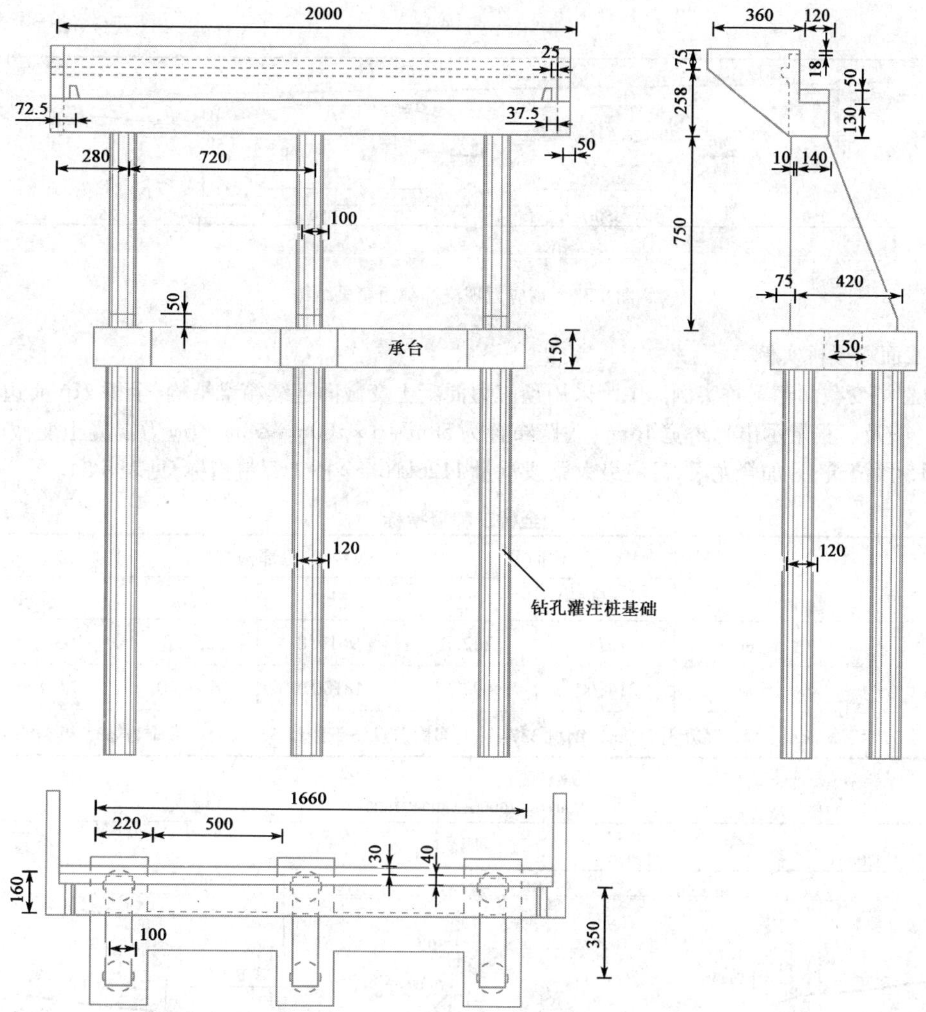

图 8-32 30m 跨小箱梁下部构造

8.3.2 连续梁桥

1. 现浇混凝土箱梁

图 8-33 为 30m 跨预应力现浇等截面箱梁结构示意，表 8-53 为预应力混凝土现浇箱梁桥全桥工程量指标。表中所列桥梁下部构造均采用肋板式桥台、双圆柱式桥墩。

预应力混凝土现浇箱梁桥全桥工程量指标

表 8-53

项目		单位	跨径 L(m)			
			3－20m	3－20m	3－25m	3－30m
桥长		m	66	66	81	95.2
桥宽		m	12	13	12	12
桥面系	混凝土	m^3	106	113	130	153
	钢筋	kg	19062	20382	23394	27495
上部构造	混凝土	m^3	404	473	521	597
	钢筋	kg	134062	80325	104100	131274
	预应力	kg	—	12285	15615	20288
下部构造	混凝土	m^3	763	827	954	893
	钢筋	kg	69960	75790	87450	74304
桥长桥宽每平方米	混凝土	m^3	5.30	5.43	5.35	4.56
	钢材	kg	930	726	769	704

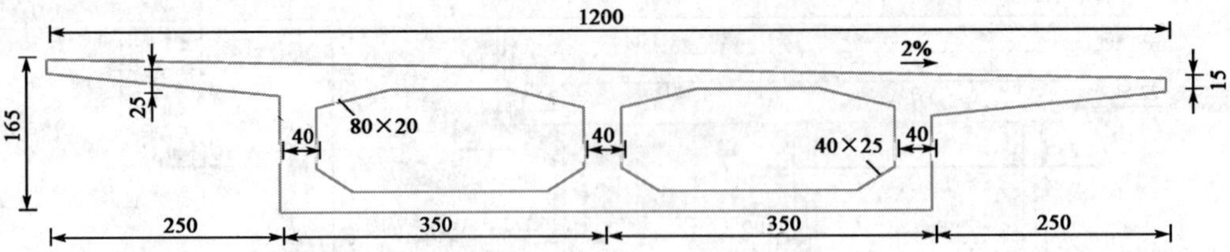

图 8-33　预应力现浇等截面箱梁结构

2. 悬浇变截面箱梁桥实例

图 8-34 为悬浇变截面箱梁桥实例。主跨采用预应力混凝土变截面连续箱梁结构，全桥 716m，边跨为 50m 预应力混凝土 T 梁(图及工程量示出)，桥宽 16m。主跨布置为 58m + 6 × 100m + 58m 预应力混凝土变截面连续箱梁，箱梁单"T"共分 15 段浇筑，另加合龙段，悬浇最大梁段重量 1126kN。全桥工程量指标，见表 8-54。

全桥工程量指标　　表 8-54

项目	单位	桥面系		上部构造		下部构造	
		桥面铺装	防撞栏	悬浇	现浇	主桥墩	过渡墩
混凝土	m^3	1074	362.3	9619.8	351.8	10342.5	1169.6
钢筋	kg	214800	49272	1818075	650440	783496	77667
桥长桥宽每平方米	混凝土 2.0m^3，钢材 337kg；上部构造悬浇钢绞线 583.691t、预应力 ϕ32 粗钢筋 146.220t						

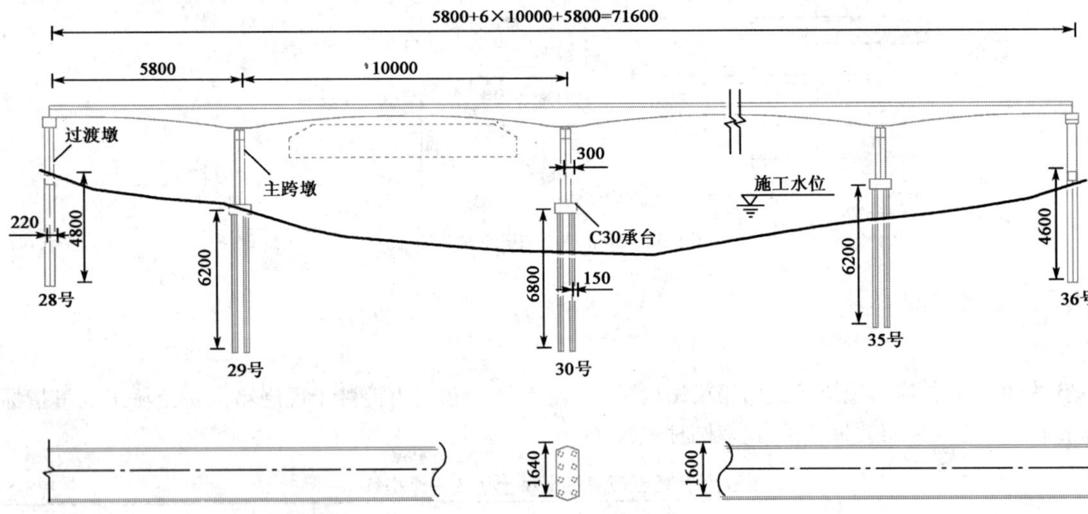

图 8-34　悬浇变截面箱梁桥

(1) 上部构造

箱梁底 0 号块为水平面，1 至 15 号块箱梁底按二次抛物线曲面变化，全桥共 2 个边跨，6 个中跨。边跨合龙段 2m，现浇段长度 7m，现浇段支点附近腹板加厚至 60cm。预应力体系为：纵向采用 9ϕ^s15.2mm 钢绞线，顶板横向 3ϕ^s15.2mm 钢绞线，腹板竖向采用 ϕ32mm 精轧螺纹钢筋。悬浇程序：在各墩上安装支座及托架，浇筑墩梁临时固结及 0 号块混凝土；待强度达到 80% 以上，张拉三向预应力；在托架上立模浇筑 1 号块混凝土，待强、张拉预应力、灌浆；对称安装挂篮，浇筑(两个)2 号块，待强、张拉预应力、灌浆；移动挂篮浇筑 3 ~ 15 号块混凝土等工序；搭设支架浇筑边跨现浇段，待强后对边跨合龙段进行临时刚性连接、浇筑混凝土等；待强度达到 80% 以上，按先长束后短束顺序张拉后期预应力束；拆除边跨现浇段临时支架、模板、临时固结及施工挂篮。按先合龙边跨顺序，对称合龙中跨，直至全桥合龙。箱梁断面尺寸，见表 8-55；箱梁分块工程量指标，见表 8-56。变截面连续箱梁断面，见图 8-35。

箱梁断面尺寸 表 8-55

截面号	0-0′	1-1′	2-2′	3-3′	4-4′	5-5′	6-6′	7-7′	8-8′
梁高	600	600	567	535	505	477	451	427	396
底厚	70	70	66	62	58	55	51	48	44
腹板厚	70	70	70	70	70	70	70	70	60
截面号	9-9′	10-10′	11-11′	12-12′	13-13′	14-14′	15-15′	16-16′	合龙段
梁高	369	345	325	309	296	287	282	280	280
底厚	41	38	36	34	32	31	30	30	30
腹板厚	60	60	60	60	40	40	40	40	40/60

箱梁分块工程量指标 表 8-56

项目	单位	0 号/2	1 号	2 号	3 号	4 号	5 号	6 号	7 号	8 号
长度	m	2.5	2.5	2.5	2.5	2.5	2.5	2.5	3.5	3.5
面积	m^2	18.1	17.7	17	16.3	15.7	15.1	14.5	13.6	12.6
体积	m^3	68.5	44.4	42.6	40.8	39.2	37.7	36.3	50.3	47.1
项目	单位	9 号	10 号	11 号	12 号	13 号	14 号	15 号	合龙段/2	加长段
长度	m	3.5	3.5	3.5	3.5	3.5	3.5	3.5	1	8
面积	m^2	12.1	11.7	11.3	10.6	9.9	9.8	9.7	10.1	9.7
体积	m^3	45.3	46.7	45.4	39.9	34.7	34.2	34	14	77.8

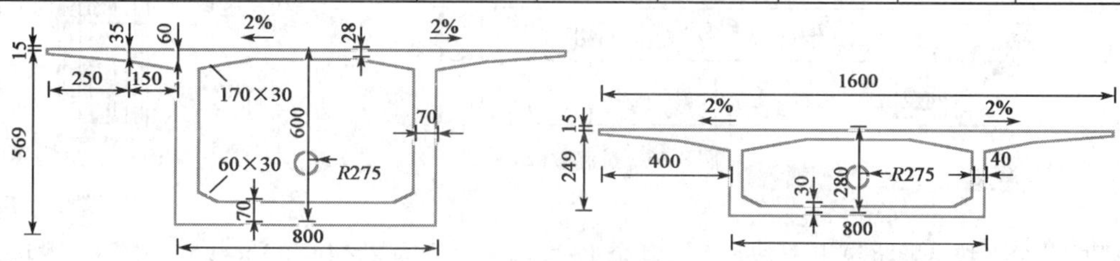

图 8-35 变截面连续箱梁断面

(2)下部构造

主桥 29 ~ 35 号墩为门式轻型桥墩,顺桥向厚度 300cm,横桥向宽度 2 × 320cm。桩基为双排 4 × ϕ150cm 钻孔灌注桩,每墩 8 根,平均桩长约 60m。过渡墩、主桥墩上支座垫石分别按 40cm、37.5cm 计算,过渡墩挡块按截面 40cm × 65cm 计算。门式轻型桥墩工程量指标见表 8-57;过渡墩见图 8-36,其工程量指标见表 8-58。

主桥墩工程量指标 表 8-57

项目	单位	墩身	承台	桩基	备注
混凝土	m^3	2143	2833	5938	下部构造数量指标 1.00m^3/桥梁平方米
钢筋	kg/m^3	64	64	62	过渡墩数量 585m^3

过渡墩工程量指标 表 8-58

项目	单位	盖梁	墩柱	系梁	桩基	备注
混凝土	m^3	95.8	98.6	25.5	364.9	合计 584.8m^3
钢筋	kg/m^3	103	89	62	51	

8.3.3 连续刚构桥

1. 跨径 50m 连续刚构

图 8-37 为跨径 50m 连续刚构箱梁桥,桥梁设计宽度为左幅桥 12.75m,右幅桥 14.75m(外侧加宽非机动车道 2m),全桥长 210m,边跨为 30m 预应力混凝土 T 梁(图未示出并未计工程量),设计荷载技术标准为公路 I,主跨为 30m + 3 × 50m + 30m 悬浇预应力混凝土变截面刚构箱梁桥。箱形梁采用单箱单室断面,梁高按二次抛物线变化。箱梁在薄壁墩顶设置两个 1m 厚度横隔墙,在跨中合龙段设置 0.3m 横隔板,边跨(连接墩)墩顶设置 1.1m 横隔板。连续刚构全桥工程量指标,见表 8-59。

连续刚构工程量指标 表 8-59

项目	单位	桥面系		上部构造		下部构造	
		桥面铺装	防撞栏	悬浇	现浇	主桥墩	过渡墩
混凝土	m^3	536	213	4106	239	4333	866
钢筋	kg	107100	28903	793245	59675	476630	79848
桥长桥宽每平方米	混凝土 1.92m^3,钢材 315kg;上部构造悬浇钢绞线 212.108t、预应力粗钢筋 7.321t						

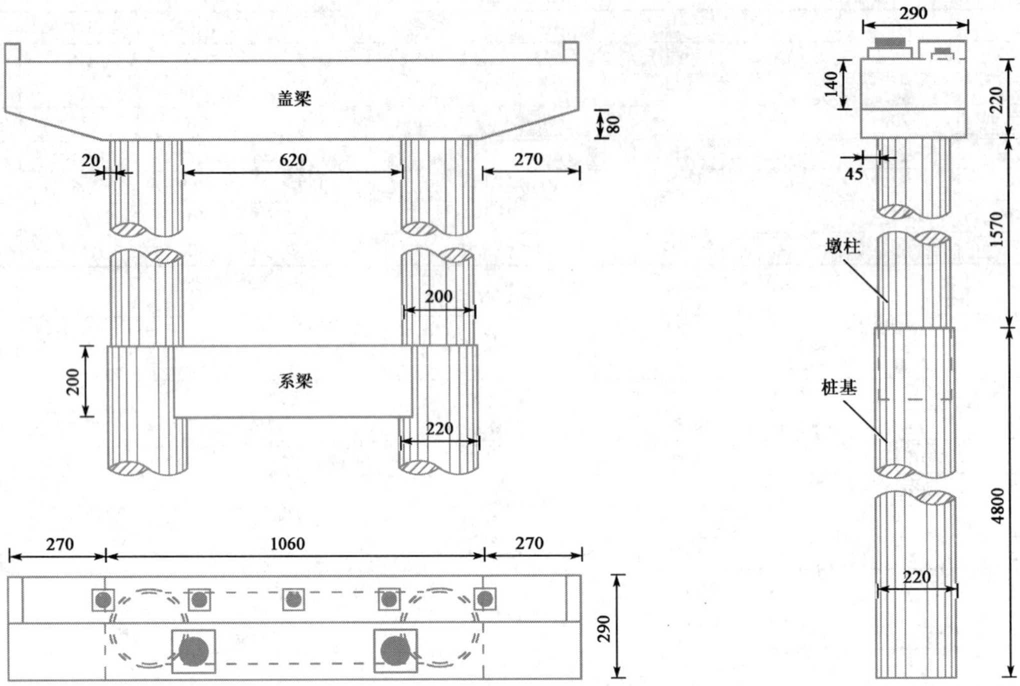

图 8-36　过渡墩(28 号、36 号)

(1)上部构造

箱梁单“T”共分 5 块悬臂浇筑,0 号块长 5m,其余 1 ~ 5 号块分别为 2 × 4m + 3 × 4.5m,中跨合龙段长 2m,边跨现浇段与合龙段合并,长 6m。箱梁底 0 号块为直线,1 号截面至 6 号截面为二次抛物线曲线($y = 0.002163x^2$)变化。箱梁底部布置 ϕ10cm 的排水孔(兼通气),排水孔布置在利于排水处,且距梁段间分界线不小于 20cm;通气孔在两侧腹板每隔 200cm 设置 ϕ10cm 孔一个,距箱梁底面高 120cm。变截面悬浇连续箱梁采用二向(纵、横向)预应力,纵向预应力束根据张拉的时间与形状不同可分为前期直束、前期下弯束和后期束,前期直束和前期下弯束在浇筑“T”时进行张拉,后期束在“T”浇筑完毕以及前期直束和前期下弯束张拉完成后,主桥合龙时或成桥后进行张拉。

箱梁悬浇时的挂篮及浇筑混凝土为对称施工,设计允许最大不对称荷载为 100kN。边跨段现浇混凝土时,通过支架作用在 5 号梁段上的支点力(包括支架重)按 1000kN 设计。主桥按照 14 ~ 17 号墩共四个“T”对称臂悬浇施工。除 0 号块采用塔设托架浇筑完成外,其余梁段均采用挂篮悬浇,悬浇最重梁段左半幅为 1095kN,右半幅为 1155kN。两边跨 6m 现浇段采用塔设吊架浇筑。全桥合龙顺序为:合龙 14 ~ 15 号、16 ~ 17 号墩之间两个中跨,再浇筑两个边跨现浇段,最后合龙 15 ~ 16 号墩之间的中跨。箱梁断面尺寸,见表 8-60;箱梁分块工程量指标,见表 8-61。

箱 梁 断 面 尺 寸　　表 8-60

截面号	0-0′	1-1′	2-2′	3-3′	4-4′	5-5′	6-6′	7-7′
箱梁分块	0 号	1 号	2 号	3 号	4 号	5 号	6 号	
箱梁长(cm)	250	400	400	450	450	450	100	
梁高(cm)	310	310	276	228	228	214	210	210
顶板厚(cm)	35	28	28	28	28	28	28	28
底板厚(cm)	60	45	39	34	29	27	26	26
腹板厚(cm)	70	50	50	50	40	40	40	40

箱梁分块工程量指标　　表 8-61

项目		单位	0 号	1 号	2 号	3 号	4 号	5 号	6 号	5m 加长段
截面积	左幅	m^2	11.3	9.9	9.1	8.4	7.9	7.8	7.7	7.7
	右幅		11.9	10.5	9.7	9.0	8.5	8.4	8.3	8.3
混凝土	左幅	m^3	38.9	39.4	37.1	40.7	38.9	35.0	19.3	38.6
	右幅		40.4	41.8	39.5	43.3	41.5	37.6	19.9	41.6

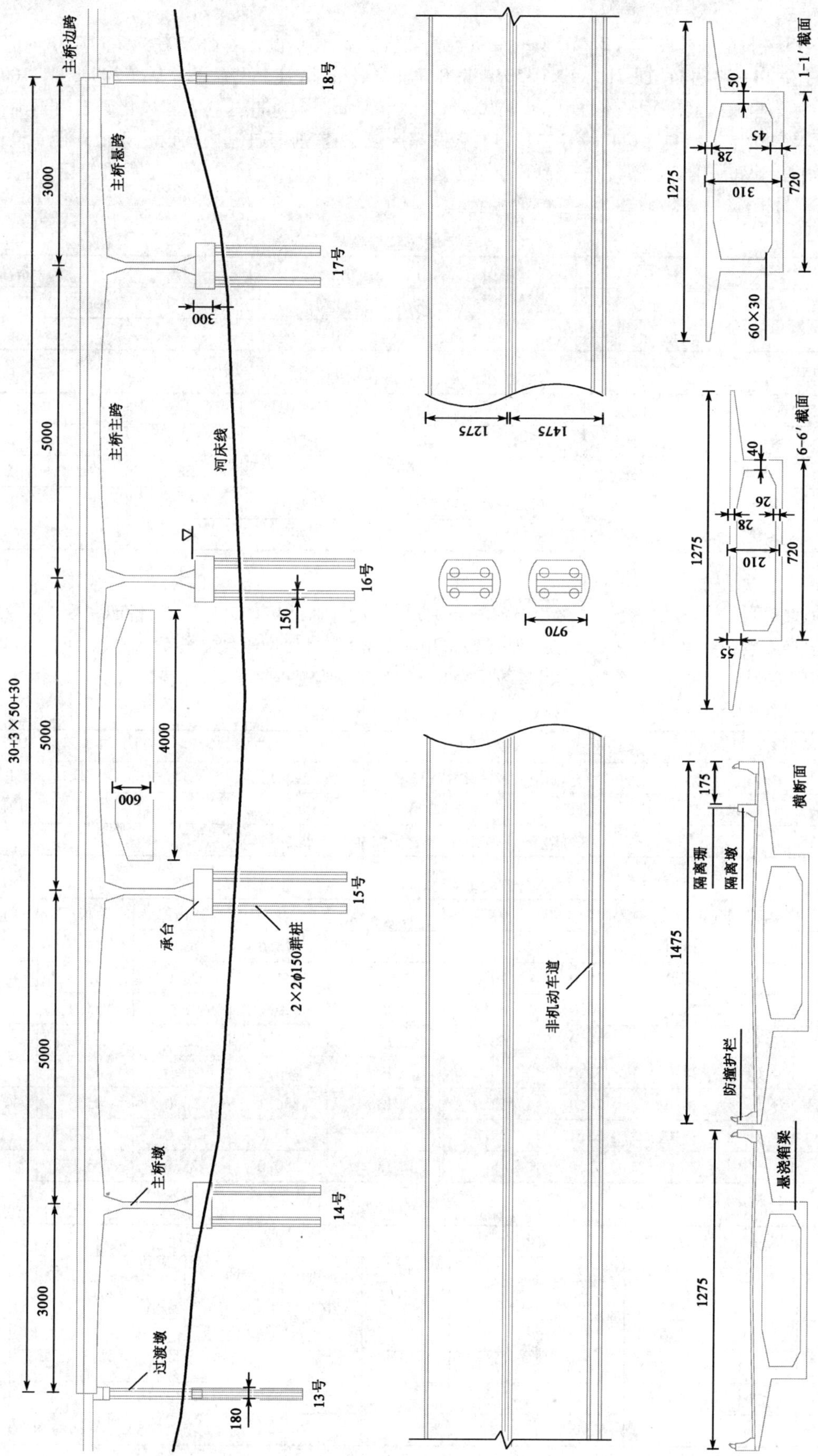

图8-37　跨径50m连续刚构箱梁桥

(2)下部构造

过渡墩13、18号桥墩桩基设计为2×D180cm钻孔灌注嵌岩桩基,桩顶设计系梁,墩柱为2×D160cm圆柱墩,墩顶设置盖梁。主桥14~17号桥墩设计为4×D150cm钻孔灌注嵌岩桩基,其上设置承台厚度300cm、厚100cm封底混凝土,桥墩设计为单肢薄壁矩形实体桥墩、肢厚100cm宽度720cm。全桥桩基嵌入弱风化砾岩内不少于300cm(天热湿度岩石单轴极限抗压强度6MPa)。桩基均要求做超声波检查,所有桩基内均设置3根外径ϕ50mm,壁厚2.5mm的检测钢管,管底用钢管封闭,在桩身断面层呈等边三角形布置。左幅14号桥墩工程量指标,见表8-62;13号(过渡)墩工程量指标,见表8-63。

左幅14号桥墩工程量指标 表8-62

项目	单位	墩身	承台	桩基	备注
混凝土	m^3	138.2	283.2	60.1	
钢筋	kg/m^3	31	70	74	

13号(过渡)墩工程量指标 表8-63

项目		单位	盖梁	墩身	桩基	系梁	备注
左幅	混凝土	m^3	48.1	52.3	91.6	15.2	
	钢筋	kg/m^3	133	89	79	58	桩基检测钢管4043kg
右幅	混凝土	m^3	62.3	52.3	91.6	19.5	
	钢筋	kg/m^3	122	89	79	62	

2. 跨径100m连续刚构

图8-38为连续刚构箱梁桥,桥跨布置为55m+100m+55m。设计荷载标准公路Ⅰ级,桥面宽度2×12.75m,桥面横坡为3%。连续刚构箱梁,见图8-39。其下部主墩采用薄壁高墩,过渡墩采用空心薄壁高墩,见图8-40。100m连续刚构全桥工程量指标,见表8-64。各梁段参数见表8-65,下部结构工程量指标,见表8-66。

100m连续刚构全桥工程量指标 表8-64

桥面系		上部构造			下部构造	
混凝土(m^3)	钢筋(kg)	混凝土(m^3)	钢筋(kg)	钢绞线(kg)	混凝土(m^3)	钢筋(kg)
707	127603	5087	841170	356870	9913	1181858
桥长桥宽每平方米:混凝土2.95m^3,钢材254kg						

连续刚构梁段参数(单位:cm) 表8-65

截面编号	箱梁高	顶板厚	腹板厚	底板厚	截面编号	箱梁高	顶板厚	腹板厚	底板厚
0	600.0	28.0	70.0	70.0	8	375.6	28.0	55.0	42.0
1	600.0	28.0	70.0	70.0	9	351.0	28.0	55.0	38.9
2	562.6	28.0	70.0	65.3	10	329.7	28.0	55.0	36.2
3	527.3	28.0	70.0	60.9	11	309.6	28.0	55.0	33.7
4	494.1	28.0	70.0	56.8	12	294.3	28.0	45.0	31.8
5	463.1	28.0	70.0	52.9	13	284.1	28.0	45.0	30.5
6	434.2	28.0	63.1	49.3	14	280.0	28.0	45.0	30.0
7	403.4	28.0	55.0	45.4	15	280.0	28.0	45.0	30.0

下部结构工程量指标 表8-66

项目	桩基		承台		系梁		墩柱		盖梁	
	混凝土(m^3)	钢筋(kg/m^3)	混凝土(m^3)	钢筋(kg/m^3)	混凝土(m^3)	钢筋(kg/m^3)	混凝土(m^3)	钢筋(kg/m^3)	混凝土(m^3)	钢筋(kg/m^3)
1号	314	85	—	—	65.4	76	162	108	132.4	170
2号	1374	75.5	847	75	—	—	1681	193	—	—
3号	1374	75.5	847	75	—	—	1469	193	—	—
4号	611	80	338	80	—	—	510	180	187.8	130

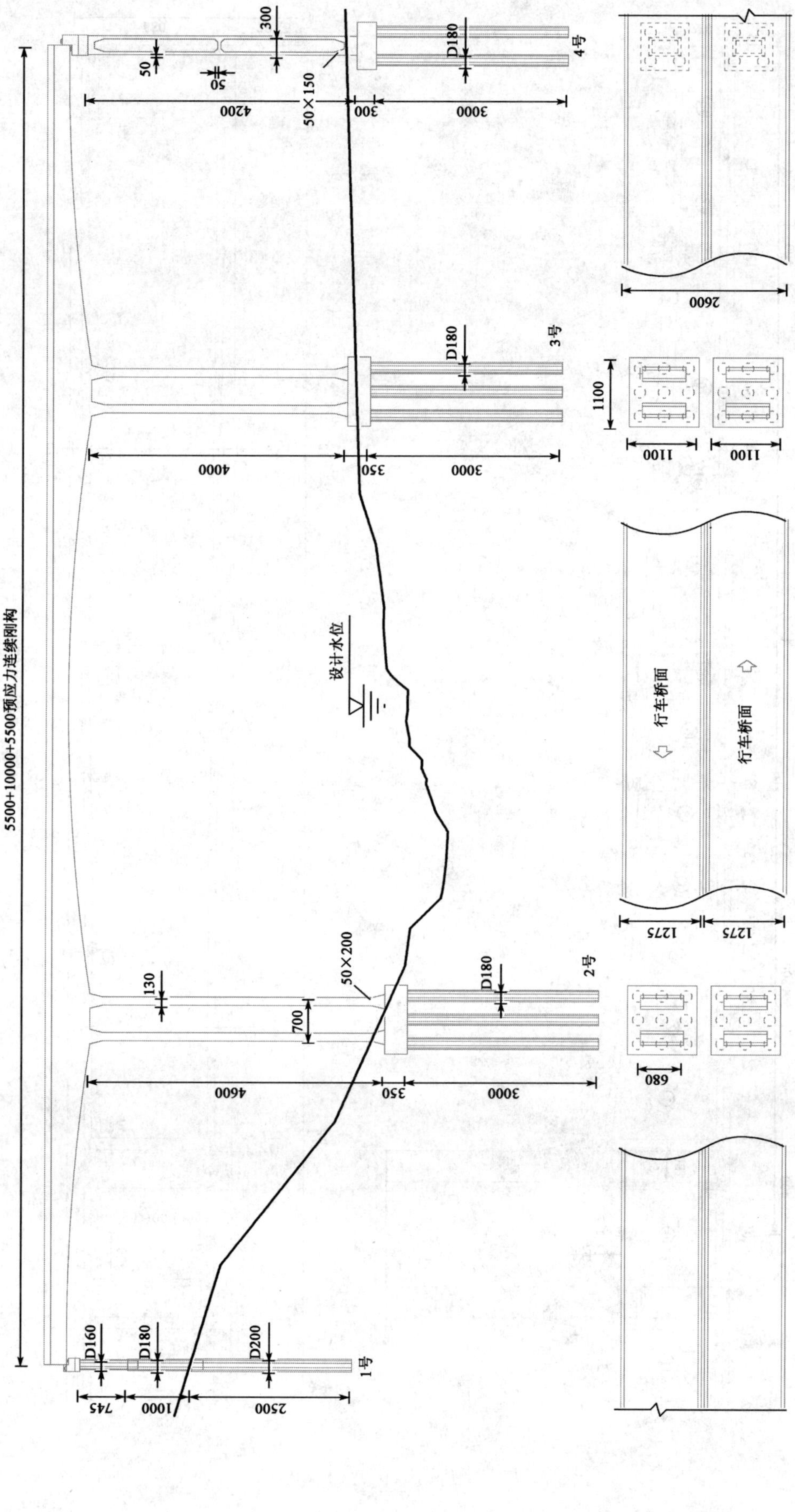
5500+10000+5500预应力连续刚构
设计水位
1号
2号
3号
4号
行车桥面
行车桥面
745
1000
2500
D160
D180
D200
4600
350
3000
700
130
50×200
D180
4000
350
3000
D180
4200
300
3000
50×150
300
50
50
D180
680
1275
1275
1100
1100
1100
2600

图8-38　连续刚构箱梁

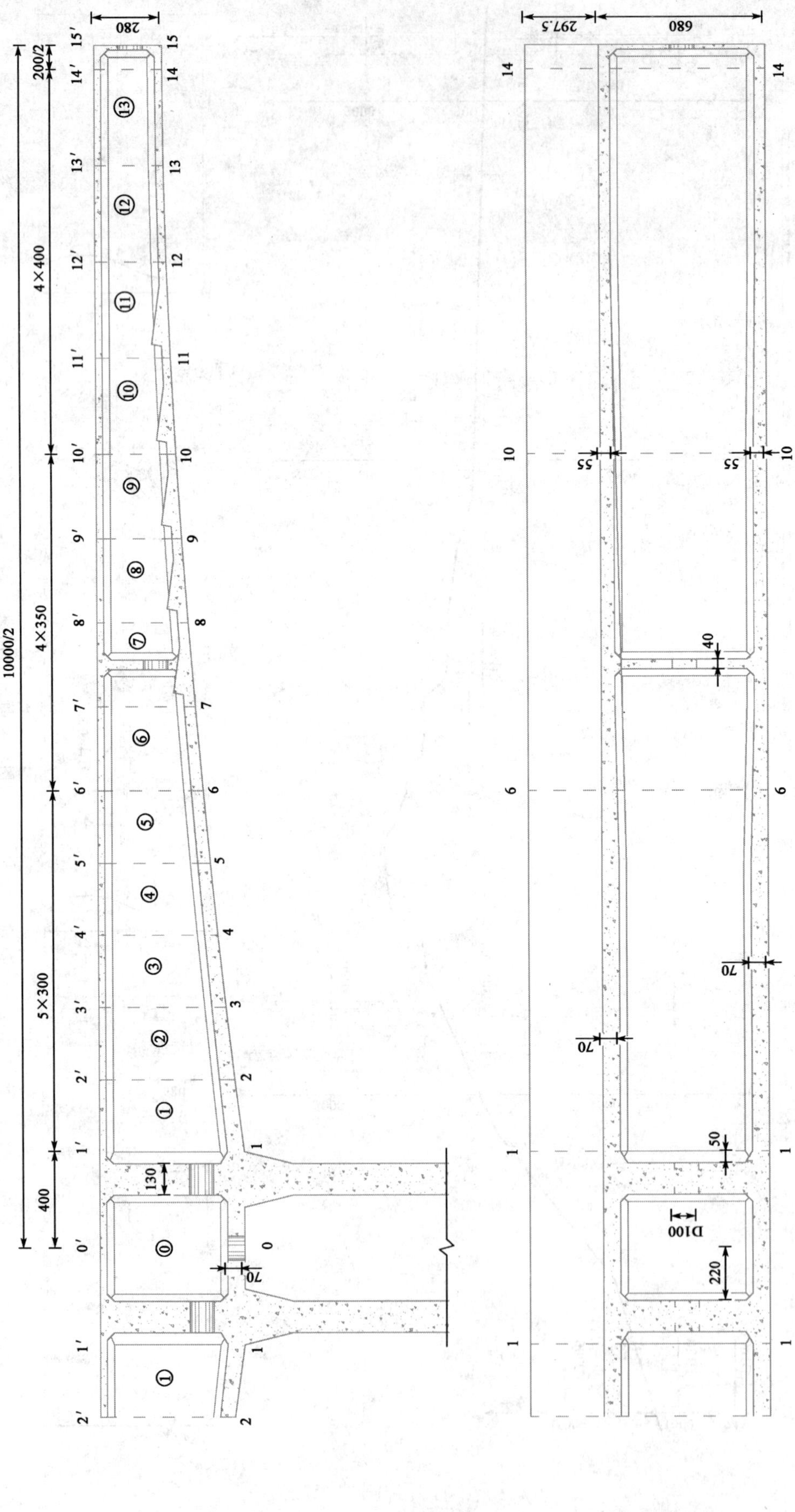
10000/2
4×400
4×350
5×300
400
200/2
280
130
70
297.5
680
55
55
40
70
70
50
D100
220

图8-39 连续刚构箱梁

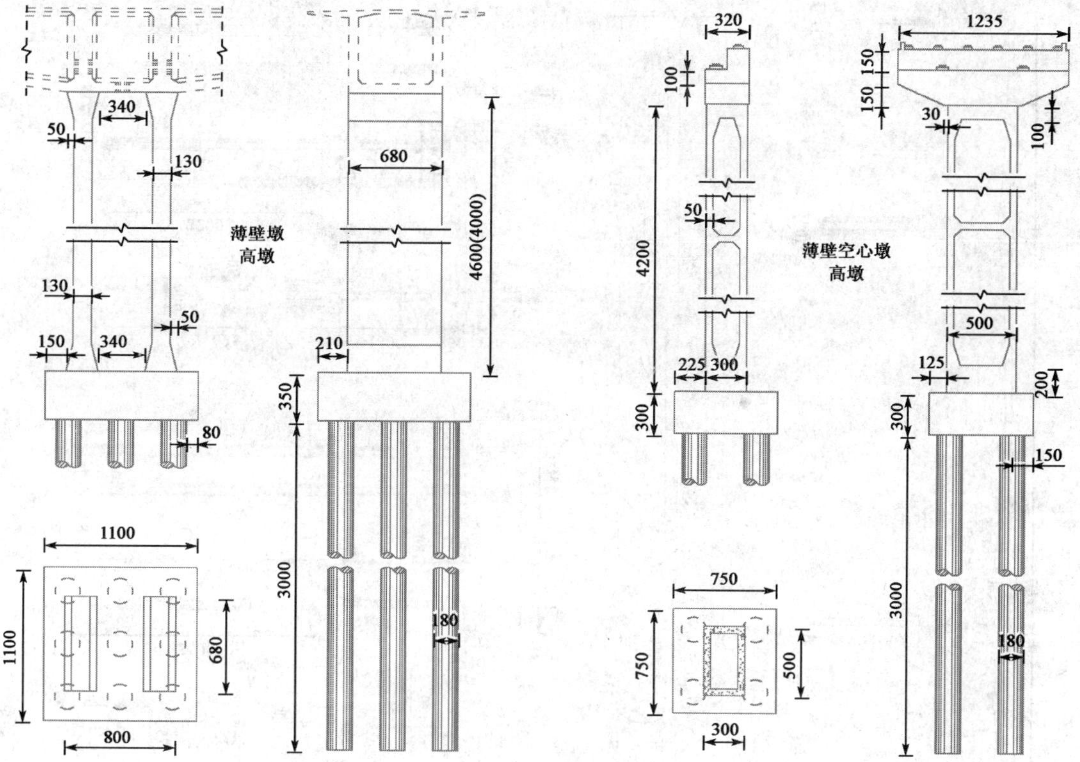

图 8-40 下部构造

3. V 形刚构连续组合箱梁

图 8-41 为 V 形刚构连续组合箱梁桥面布置,设计速度为 80km/h,通航净空为 20m×120m(高×宽),设计通航能力千吨级,地震设防烈度为 VII 度。主桥长 570m,桥宽 30m,为 V 形刚构连续组合箱梁,桥跨组合为 70m+135m+160m+135m+70m,V 形刚构墩高 20m。次跨和边跨墩直径为 180cm、160cm,高度分别为 20m、18m。每个主墩基础为 8 根直径 2.8m 桩,平均桩长 40m,均为低桩承台;采用挖孔施工,用直径 3.1m 厚 14mm 钢护筒振动下放至不透水层,然后开挖。次跨和边跨桩直径为 200cm、180cm,主墩承台尺寸 13m×10m×4m。

左右幅桥独立。每幅箱梁顶板宽 15m,底宽 8m,顶板厚度为 28cm。边跨、次主跨腹板厚度由 70cm 渐变为 32cm,底板厚度由 80cm 渐变为 35cm;主跨腹板厚度由 80cm 渐变为 32cm,托顶梁腹板厚度 80cm 渐变为 70cm(墩中心),托顶梁底板厚度由 90cm 渐变为 70cm。

V 形支撑为钢筋混凝土结构,两斜肢夹角约为 66°,撑体厚度为 2.3m,采用双箱单室箱形截面,为普通钢筋混凝土空心箱形结构,内含由型钢组成的劲性骨架。其宽度与箱梁底宽一致,为 8m。V 形支撑斜腿与主梁固结处梁高为 7m,V 形支撑上部托顶梁跨中梁高为 6m,梁顶位于 4% 纵坡上(竖曲线半径 4500m)。承台顶设 V 撑台座,台座长 6m×宽 8m×高 3.6m。下部构造工程量指标,见表 8-67。V 形墩结构工程量指标,见表 8-68。

下部构造工程量指标(单位:m^3) 表 8-67

项目	盖梁	墩	承台	桩基	备注
主跨	—	4327	2080	3941	
次跨	321.2	407	1200	1810	
边跨	437	290	666	1303	

V 形刚构工程量指标 表 8-68

桥面系		上部构造			下部构造	
混凝土(m^3)	钢筋(kg)	混凝土(m^3)	钢筋(kg)	钢绞线(kg)	混凝土(m^3)	钢材(kg)
2173	397650	17838	3210840	1248660	16782	1877364
桥长桥宽每平方米:混凝土 2.15m^3,钢材 394kg						

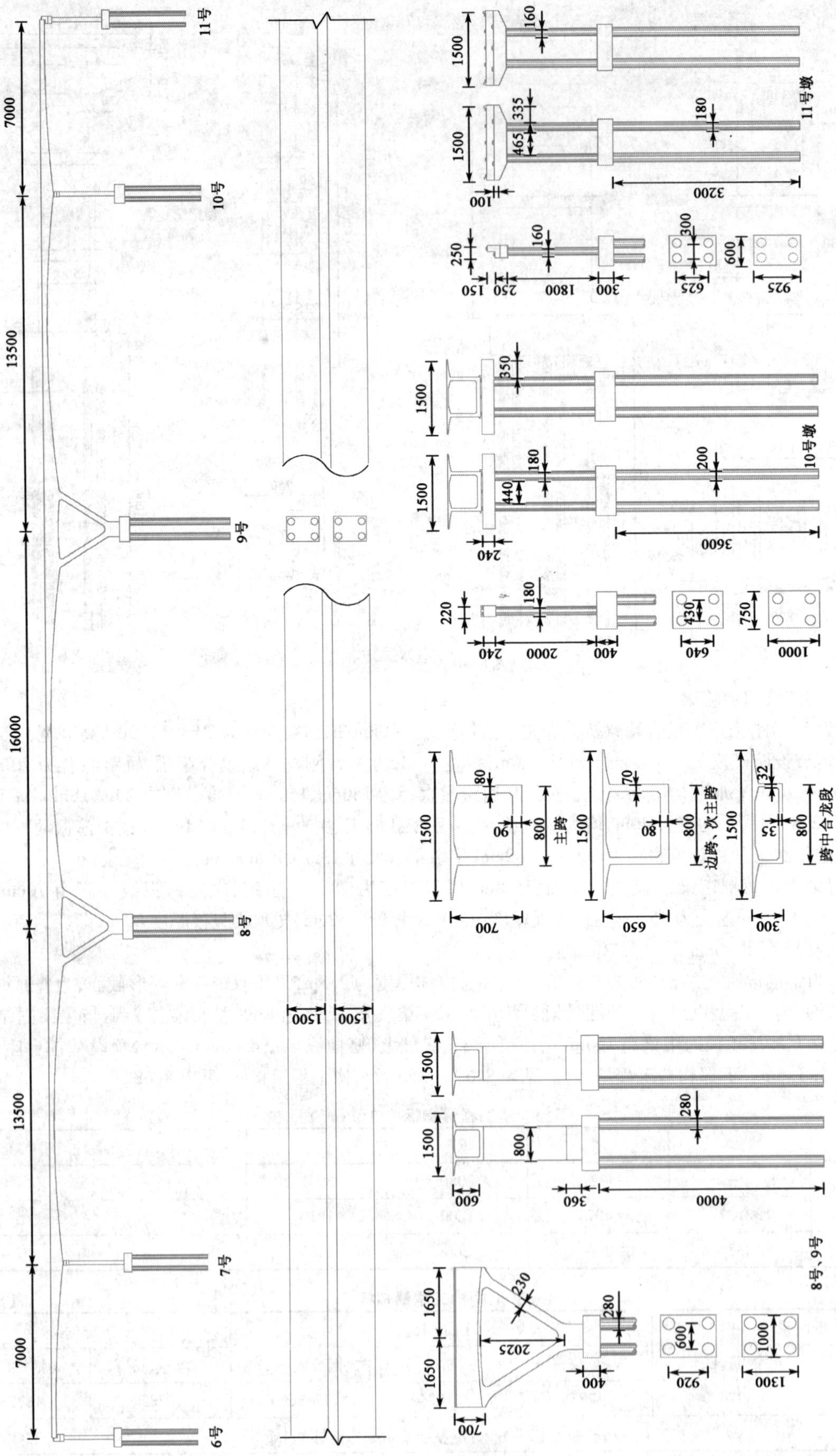

图8-41 V形刚构连续组合箱梁桥面布置

第九章　公路斜拉桥

9.1　下部构造

斜拉桥顺桥方向主塔结构形式有单柱式、A 字形和倒 Y 字形等，横桥方向常用的主塔形式有宝塔形、H 形、钻石形和门式等几种。下部构造一般采用承台桩基础，吊箱围堰施工。

9.1.1　矩形承台桩基础

图 9-1 为矩形承台桩基础，为跨径 275m + 926m + 275m = 1476m 连续半漂浮双塔混合梁斜拉桥的索塔基础，桥面全宽 36.0m。索塔高 236.5m。承台平面尺寸为 42m × 23.25m，厚 8.0m，承台冷却管采用具有一定强度的 $\phi30 \times 2$mm 的输水管。桩基采用 7 × 4 根钻孔桩，桩径 2.5m，平均桩长 76m，桩基沿桩周围内侧等间距设置 3 根 $\phi50 \times 2.5$mm检测管。矩形承台桩基础工程量指标，见表 9-1。

矩形承台桩基础工程量指标　　表 9-1

项目		承台	冷却管	桩基	检测管	备注
混凝土	m^3	7785	—	10446	—	单根桩检测管 8.8kg/m
钢筋	t	934.1	6.85	856.6	18.726	
	kg/m^3	120	0.88	82	—	
桥跨桥宽每平方米		混凝土 0.55m^3、钢筋 54.5kg				

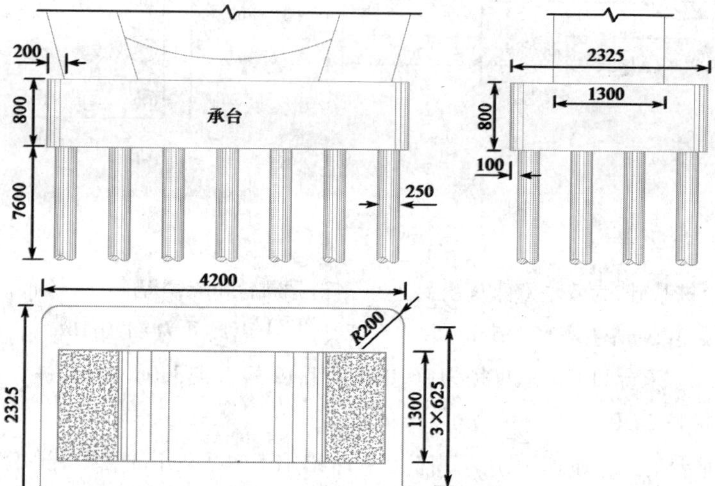

图 9-1　矩形承台桩基础

9.1.2 双肋连体承台桩基础

图9-2为双肋连体承台，用于跨径165m+3×380m+165m四塔预应力混凝土斜拉桥的双柱斜拉桥索塔基础，桥梁全宽28m，塔柱高282.63m。承台平面尺寸为53.0m×31.7m，厚5.5m，混凝土分两次浇筑，后浇段混凝土待先浇混凝土浇筑完成7d后再浇筑。承台钢筋与墩身、桩基钢筋有干扰时可适当调整。在距承台底3cm以上设一层间距15×15cm的直径ϕ12防裂钢筋网。承台冷却管采用具有一定强度的ϕ50×2.5mm的输水管，安装时须注意管道畅通，接头可靠不漏水；冷却管埋设应采取固定措施，在混凝土浇筑过程中应防止堵塞，漏水及振坏；冷却管使用完毕即灌浆封闭，并截除伸出承台的冷却管。每塔布置30根*D*280cm的钻孔灌注桩，均为嵌岩桩，平均桩长60.0m。所有桩基均须做超声波检查，桩基沿桩周围内侧等间距设置4根ϕ50×2.5mm检测管。双肋连体承台工程量指标，见表9-2。

双肋连体承台工程量指标　　表9-2

承台					桩基			
混凝土	钢筋	ϕ12防裂钢筋网	冷却管		混凝土	钢筋	检测管	
m^3	kg	kg	kg	kg/m^3	m^3	kg	kg	kg/m
7349	800074	14315	6467	0.88	11084	819010	15840	8.8
桥跨桥宽每平方米：混凝土1.73m^3，钢筋156kg								

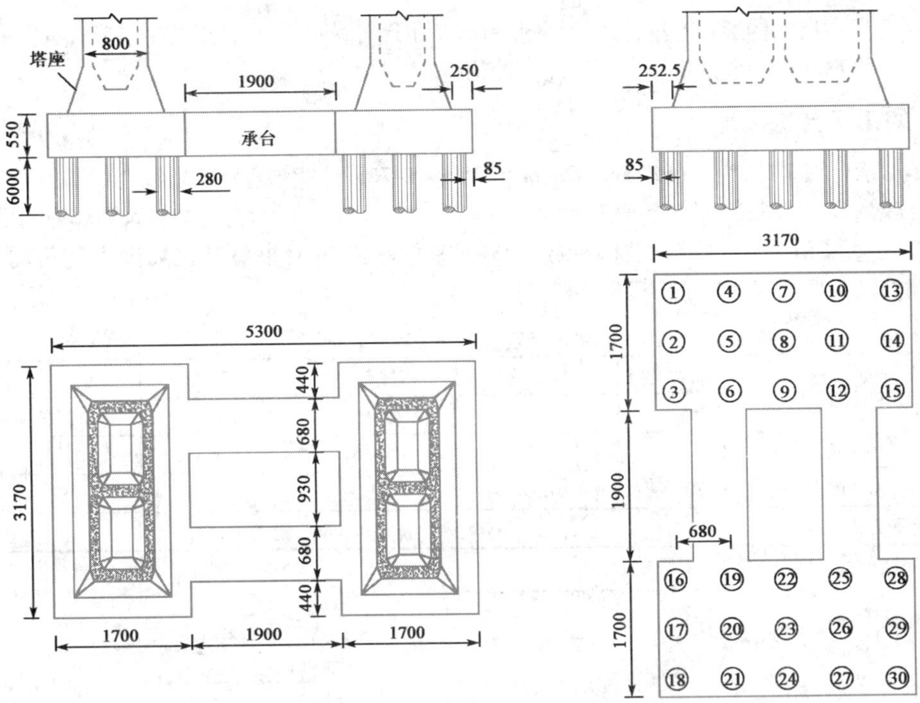

图9-2　双肋连体承台

9.1.3 哑铃形承台桩基础

图9-3为哑铃形承台桩基础，为双塔双索面五跨连续钢箱梁斜拉桥索塔基础，跨径布置为63m+257m+648m+257m+63m=1288m，桥宽32.0m；主塔高215m。承台呈哑铃形，平面尺寸为84.0m(横桥向)×29.0m(顺桥向)，厚7.5m，混凝土封底厚4.6m。承台圆形部分直径为26.0m，采用12根直径3.0m的桩，桩长85.0m；系梁宽10.8m，采用6根直径2.5m的桩，桩长80.0m。

根据海洋地质钻探平台的工作原理，采用将高桩承台基础施工中钻孔用的钢护筒和围水用的钢套箱有机结合，充分利用庞大的钢套箱的结构刚度、良好的自浮能力和钻孔用钢护筒的较大的自身刚度，形成稳定的深水钻孔灌注桩施工平台。承台钢套箱高22.1m。哑铃形承台桩基础工程量指标，见表9-3。

哑铃形承台桩基础工程量指标 表 9-3

项目		承台	箱壁	封底	冷却管	桩基	检测管	备注
混凝土	m^3	10375	4557	5448	—	16776	—	混凝土合计 37156m^3
钢筋	t	1245	341.8	—	9.13	1375.6	28.16	钢筋合计 3005.7t
	kg/m^3	120	75	—	0.88	82	—	设桩基检测管每桩 4 根
桥跨桥宽每平方米		混凝土 1.79m^3、钢筋 145kg						

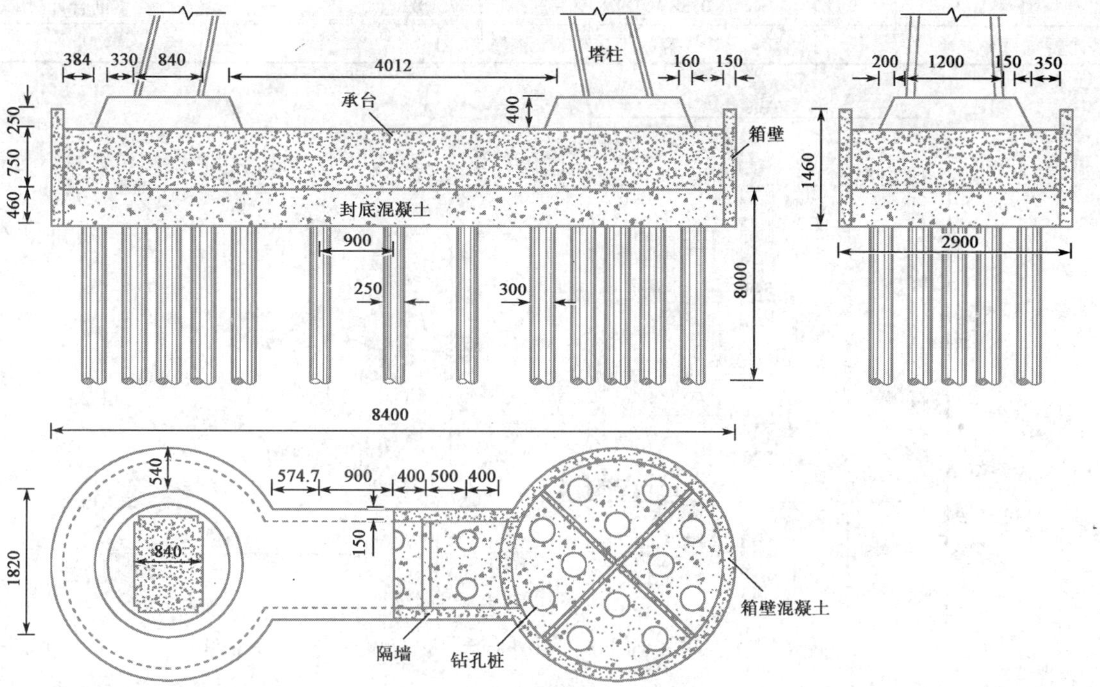

图 9-3 哑铃形承台桩基础

9.1.4 圆形承台钢围堰桩基础

图 9-4 为圆形承台钢围堰桩基础，为双塔面 PC 斜拉桥索塔基础。主桥长为 1152m，桥宽 20.0m，孔跨布置为 80m + 90m + 190m + 432m + 190m + 90m + 80m 的 7 孔一联。塔高 153.03m，桥面以上塔高 105.5m。主塔基础采用灌注桩与钢围堰相结合的组合基础，钢围堰直径 31.0m，井壁厚 1.5m（内浇注水下混凝土），围堰高 49.6m，其上部 15.8m 在塔柱完成后切除。围堰沉至岩面后封底，封底厚 8.0m，围堰既作为围水结构，又作为桩的施工平台。每墩有 19 根直径 2.8m 的钻孔灌注桩，其护筒直径 3.1m，承台为圆形，厚 4.0m。圆形承台钢围堰桩基础工程量指标，见表 9-4。

圆形承台钢围堰桩基础工程量指标 表 9-4

项目		承台	冷却管	箱壁	封底	桩基	检测管	备注
混凝土	m^3	2463	—	4560	3918	7195	—	混凝土合计 18208m^3
钢筋	t	246.3	2.167	342	—	532.4	8.945	钢筋合计 1063t
	kg/m^3	100	0.88	75	—	74	—	
桥跨桥宽每平方米		混凝土 2.10m^3、钢筋 123kg						

9.1.5 吊箱围堰承台桩基础

图 9-5 为吊箱围堰承台桩基础，用于跨径布置为 50m + 180m + 618m + 180m + 50m = 1078m 的双塔双索面钢箱梁与预应力混凝土箱梁混合型斜拉桥的索塔基础。桥面全宽 27.0m，双向六车道；塔高 174.75m。主塔基础采用高桩承台自浮式吊箱围堰钻孔桩基础，每墩基础采用 40 根 D1.55m 钻孔灌注桩，封底混凝土以下平均桩长 79.0m，成行列式排列，共 5 行 8 列；承台平面尺寸为 32.4m × 20.4m，厚 6.0m，承台冷却管布置见图 9-6。由于基础承台较高，故冲刷较小，施工中先插打定位桩基钢护筒，搭设钻孔平台，完成钻孔灌注桩施工后，拆除钻孔平台，分段安装

下沉吊箱围堰（整个围堰能自浮于水中），从而省去了大型的起吊设备。吊箱围堰承台桩基础工程量指标，见表9-5。

吊箱围堰承台桩基础工程量指标　　表9-5

项目		承台	冷却管	封底	桩基	检测管	备注
混凝土	m^3	3966	—	1118	6114	—	承台冷却管 0.41kg/m^3
钢筋	t	475.9	3.49	—	501.3	28.512	混凝土合计 11198m^3
	kg/m^3	120	0.88	—	82	—	钢筋合计 993.2t
桥跨桥宽每平方米		混凝土 0.67m^3、钢筋 59.2kg					

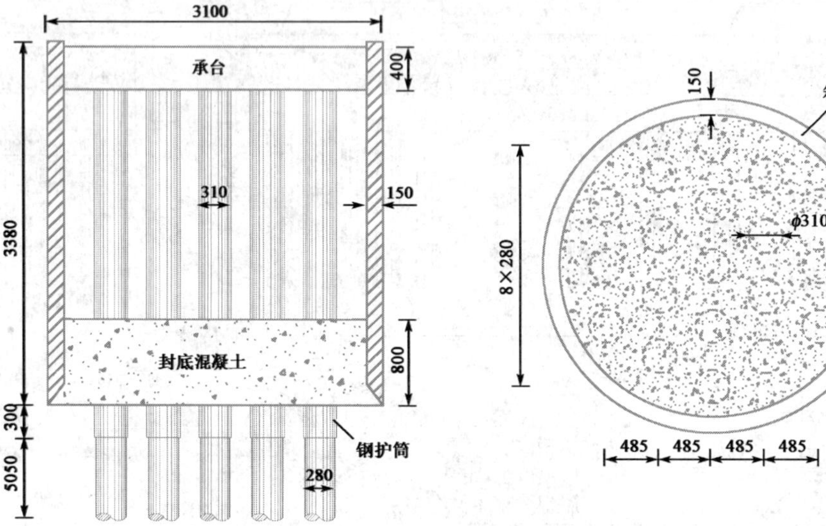

图9-4　圆形承台桩基础

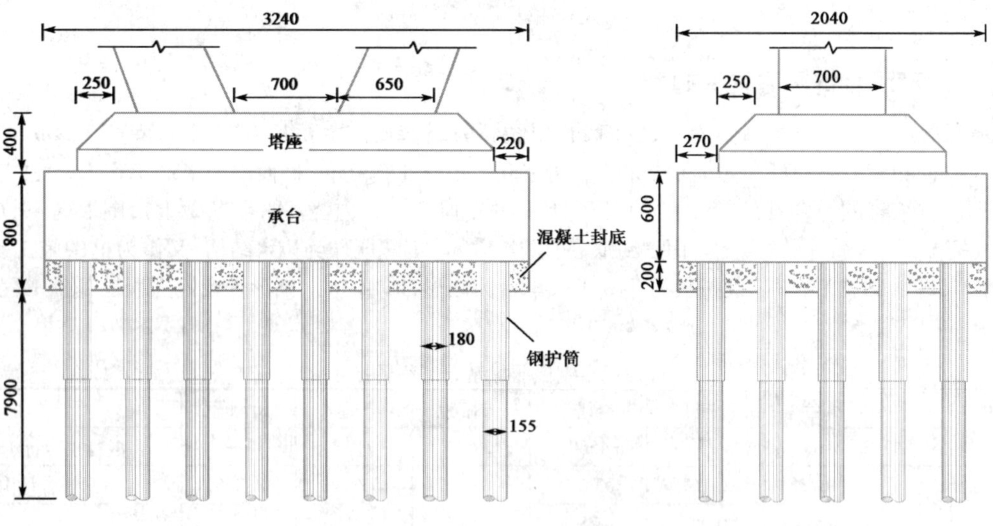

图9-5　吊箱围堰承台桩基础

9.1.6　钢套箱承台桩基础

图9-6为钢套箱桩基础，用于主跨布置为 100m + 100m + 300m + 1088m + 300m + 100m + 100m = 2088m 斜拉桥索塔基础，桥宽为34m，采用六车道高速公路标准。主塔高 300.4m，基础采用 131 根钻孔灌注桩群桩，梅花形布置，桩径为2.8~2.5m 变直径，平均桩长 119m。承台为哑铃形，每个塔柱下承台平面尺寸为 51.35m×48.1m，厚度由边缘的5m变化到最厚处的 13.32m，两承台之间采用 11.05m×28.1m 系梁连接，系梁高 6.0m。根据防船撞要求，封底为 3~5.5m 变厚度。承台钢套箱采用钢双壁结构，对称拼装，在钢护筒上焊接牛腿作为拼装套箱的施工平台，钢

套箱拼装完成后，切割牛腿下沉至设计高程。钢套箱承台桩基础工程量指标，见表9-6。

钢套箱承台桩基础工程量指标　　表9-6

项目		承台	冷却管	封底	桩基	检测管	备注
混凝土	m^3	36927	—	16414	95990	—	混凝土合计149330m^3
钢筋	t	4431.2	32.496	—	7871.2	137.183	钢筋合计12472t × kg
	kg/m^3	120	0.88	—	82	—	
桥跨桥宽每平方米		混凝土4.04m^3、钢筋339kg					

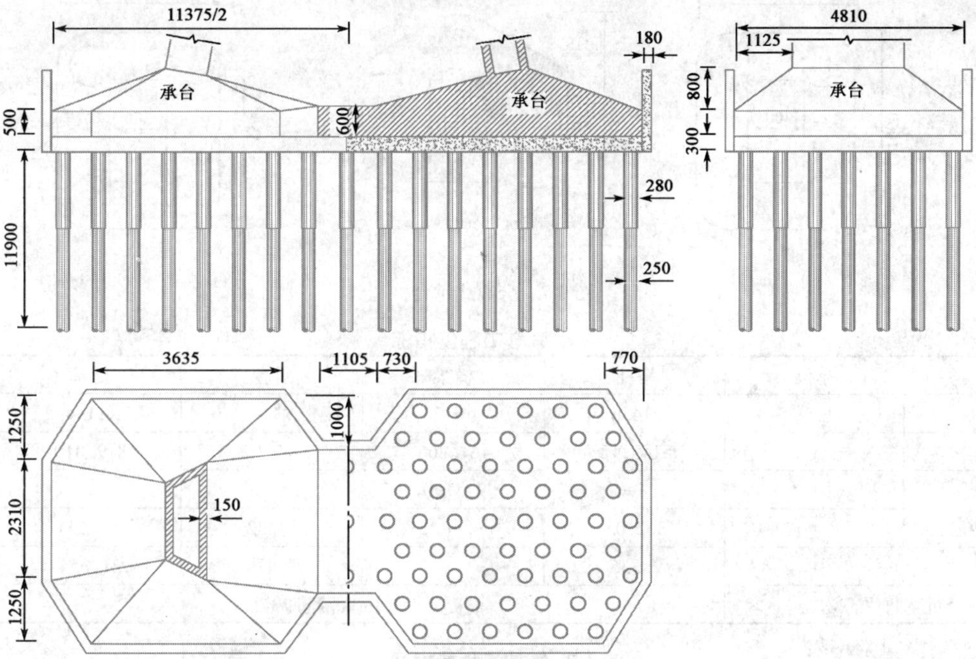

图9-6　钢套箱桩基础

9.1.7　分离式承台桩基础

图9-7主塔基础，用于主桥为110m + 180m + 110m双层预应力混凝土斜拉桥索塔基础，塔高84.88m。桥面宽度分左右两幅对称布置，上层每幅桥面宽14.55m，在箱梁顶面布置3×3.5m行车道，下层每幅桥面宽8m，在箱梁内布置3.5m行车道+4.0m轻轨车道。三塔柱的基础结构设计为三个分离式承台，钻孔桩基础，桩径2.2m、桩长约40m，承台厚4m。主塔基础防撞结构布置在两个主塔基础靠通航孔一侧，防撞结构设计为沿承台航道侧周边与基础结构分离的分体式结构，防撞体由直径0.5m预应力混凝土管桩与厚1.5m、宽2.5m的承台构成，承台周边设计有橡胶护弦，以缓冲撞击作用。分离式承台桩基础工程量指标，见表9-7。

分离式承台桩基础工程量指标　　表9-7

项目		承台	封底	桩基	检测管	备注
混凝土	m^3	1164	291	2129	—	混凝土合计3584m^3
钢筋	t	139.7	—	174.6	4.928	钢筋合计319.6t
	kg/m^3	120	—	82	—	
桥跨桥宽每平方米		混凝土1.37m^3、钢筋122kg				

9.1.8　双柱索塔

图9-8为165m + 3×380m + 165m四塔预应力混凝土斜拉桥的双柱斜拉桥索塔，索塔呈H形，下塔柱采用双柱，空心八边形断面，壁厚1～1.5m；上、中、下塔柱高度分别为52.5m、47m、177.1m，共276.6m。索塔工程量指标，见表9-8；塔柱工程量指标，见表9-9；索塔横梁及预应力工程量指标，见表9-10。

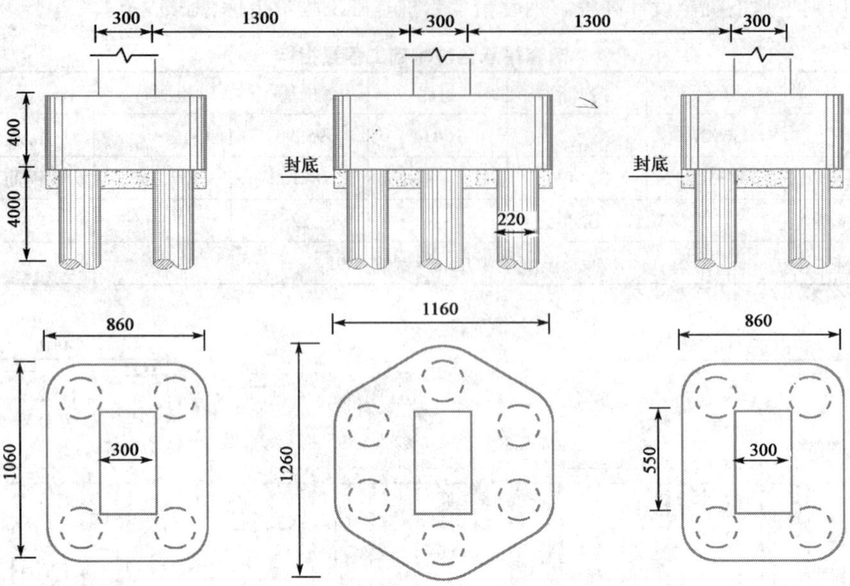

图 9-7　分离式承台桩基础

索塔工程量指标　　表 9-8

项目	单位	塔柱	横梁	承台	桩基	备注
混凝土	m^3	31456	4612	7349	11114	
钢筋	t	5143.12	461.266	800.07	819.010	
钢绞线	t	—	213.90		—	
防裂钢筋	t	362.03	—	14.32		
钢管	t	2.336	—	7.976	21.354	
桥跨桥宽每平方米		混凝土 5.13m^3、钢筋 737kg				

塔柱工程量指标　　表 9-9

项目		单位	塔冠	上塔柱	中塔柱	下塔柱	塔座	备注
混凝土		m^3	98.5	2508.5	2930	23334	2585	
钢筋		kg	9357.5	406377	533260	3966780	227351	
防裂钢筋	面积	m^2	—	3800	4200	30635	—	
	钢筋	kg	—	35070	38762	282730	5470	平均 9.23kg/m^2

索塔横梁及预应力工程量指标　　表 9-10

项目	锚索区	A 横梁	B 横梁	C 横梁	D 横梁	备注
混凝土(m^3)	—	570	1002	1296	1744	
钢筋(kg)	—	45600	86172	93312	130800	
钢绞线(kg)	87004	11188	36590	38590	40531	
定位钢筋(kg)	97303	637	2795	2260	2387	

塔座采用分层浇注，每一次浇注层厚度为 1.5m，每浇注一层宜间歇 7 ~ 12d 再浇注第二层，建议分三次每次约 50cm 厚，在初凝时间范围内分层浇注。塔座外表应采取适当的保温措施，以保证塔座混凝土内外温差不超过 25℃。冷却管采用具有一定强度，外径为 $\phi 50 \times 2.5$mm 的输水管，安装时需注意管道畅通，接头可靠不漏水；埋设时应采取固定措施，在混凝土浇注过程中应防止堵塞，漏水及振坏。冷却管使用完毕即灌浆封闭，并截除伸出塔座的冷却管。塔座冷却管工程量指标，见表 9-11。

塔座冷却管工程量指标　　表 9-11

项目	规格(mm)	共长(m)	单位重(kg/m)	共重(kg)	备注
冷却管	$\phi 50 \times 2.5$ 电焊钢管	2 × 398.55	2.93	2336	

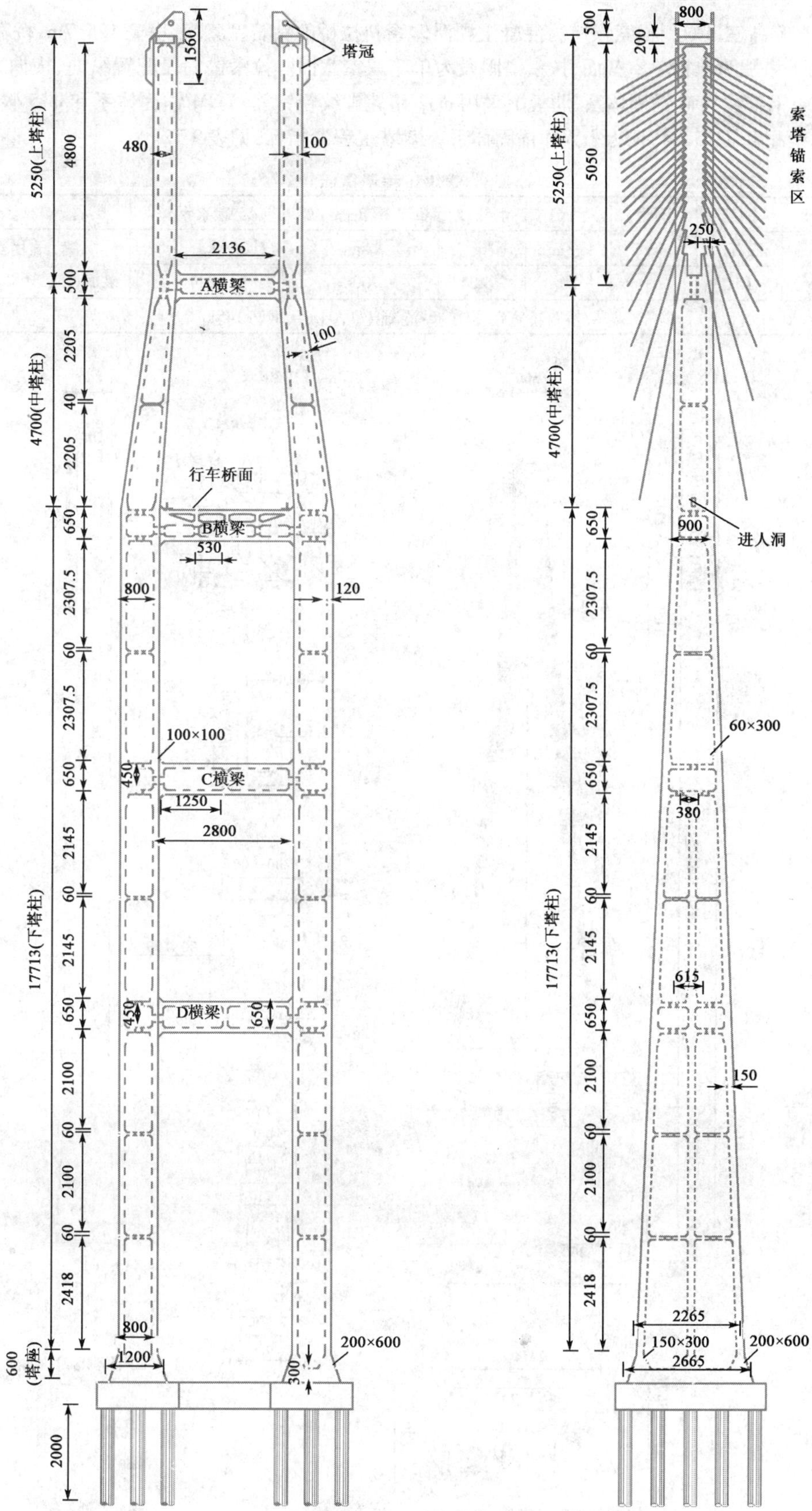
塔冠
A横梁
B横梁
C横梁
D横梁
行车桥面
5250(上塔柱)
4700(中塔柱)
17713(下塔柱)
600(塔座)
索塔锚索区
进人洞
2136
2800
1250
530
100×100
60×300
150×300
200×600
2265
2665

图 9-8　双柱索塔(H 形)

9.1.9 钻石型索塔

图9-9为不等高三塔双斜面索预应力混凝土漂浮体系斜拉桥的钻石型索塔，塔高125.7m，桥宽23m，主跨为3×310m。索塔的下塔腿为单箱单室截面，拉索锚固段为单箱双室截面。拉索锚固段配置纵向、横向预应力钢筋，锚墙上采用ϕ^j15.24钢绞线、YM锚固体系，肋板上采用ϕ32精轧螺纹粗钢筋、YGM锚固体系和ϕ^s5碳素钢丝、DM锚固体系。索塔横梁配置ϕ^j15.24钢绞线、YM锚固体系。索塔工程量指标，见表9-12。

索塔工程量指标　　表9-12

项目	混凝土	钢筋	钢管	型钢	钢绞线	ϕ32 精轧螺纹钢	ϕ5 碳素钢丝	备注
单位	m^3	kg/m^3	kg	kg/m^3	kg	kg	kg	横梁、端横梁、齿板、观光台横梁混凝土$1685m^3$
索塔	5705	151	—	20	39484	7000	9244	
桥跨桥宽每平方米：混凝土$1.04m^3$、钢筋145kg								

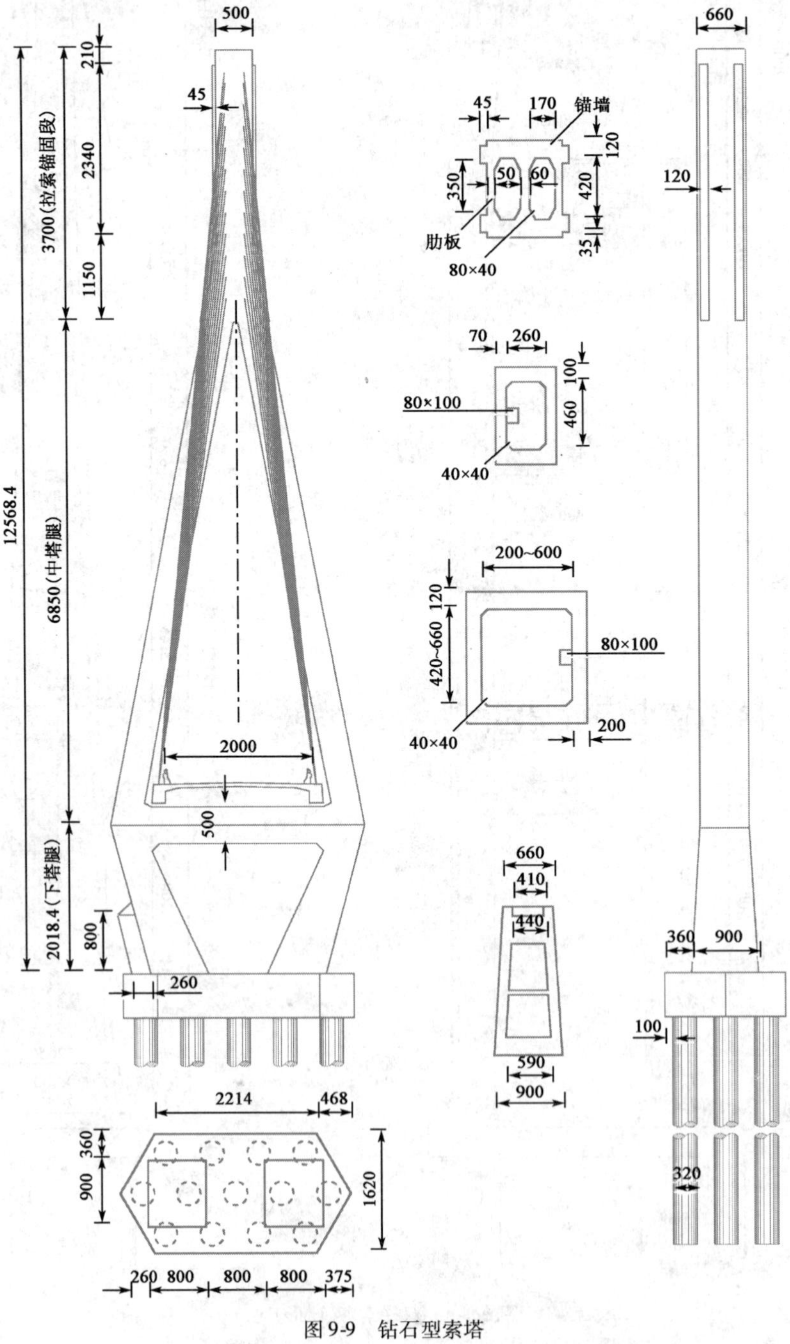

图9-9　钻石型索塔

9.2 上部构造

斜拉桥上部构造主要包括斜拉索、主梁等。斜拉索是斜拉桥的主要承重构件之一,是斜拉桥体系中最敏感的部分,可分为单索面、竖向双索面、斜向双索面。主梁受斜拉索的支承,跨越能力大,梁的建筑高度小。按主梁建筑材料,可分为预应力混凝土主梁、钢主梁、组合主梁。

9.2.1 斜拉索

图9-10为双索面斜拉索,斜拉索钢丝排列成缺角六边形,钢丝相互平行、顺直,同心绞合加工,用于主桥长879.6m、桥宽23m的三塔斜面索预应力混凝土漂浮体系斜拉桥(图9-18)。为加强钢导管与混凝土的黏结,在加劲钢圈80cm范围内焊接长度20cm、ϕ16短工件全桥共4.484t。12号塔柱斜拉索长度及工程量指标,见表9-13。

斜拉索长度及工程量指标　表9-13

拉索规格	钢丝束根数	钢丝根数	拉索单位重	拉索长度	拉索重量	备注
			kg/m	m	kg	
PES7-313	4	313	94.56	807.5	76357	桥跨桥宽每平方米斜拉索重量为82.2kg
PES7-211	6	211	63.74	848.8	54103	
PES7-187	8	187	56.49	1487.7	84040	
PES7-163	20	163	49.24	3205.1	157819	
PES7-151	16	151	45.62	2060.9	94018	
PES7-127	16	127	38.37	1658.5	63637	
PES7-109	20	109	32.93	1606.3	52895	
合计	90	1261		11674.8	582869	

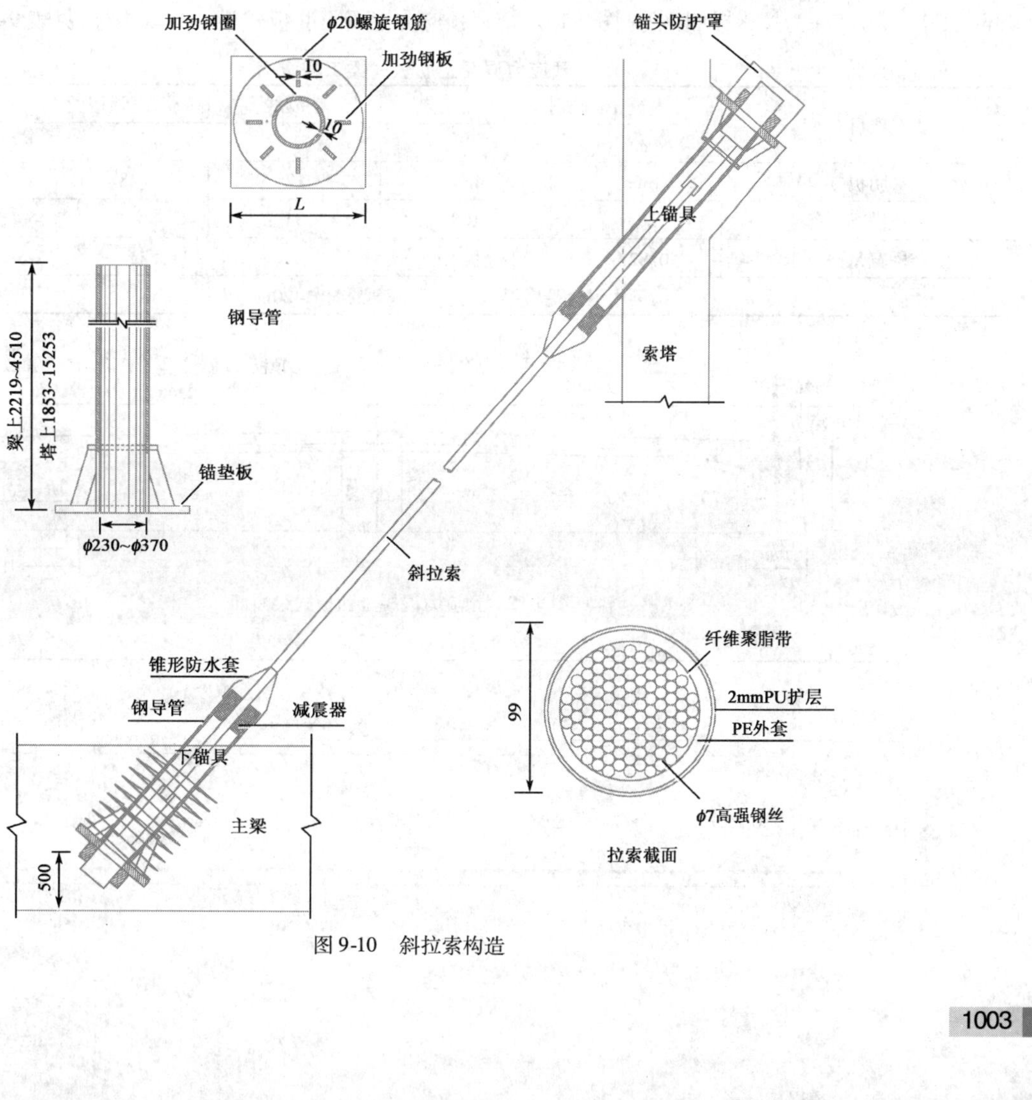

图9-10　斜拉索构造

9.2.2 预应力混凝土实体式梁

实体梁式主梁是混凝土斜拉桥中比较简单的一种截面形式，一般仅适用于双索面斜拉桥。图9-11为实体式主梁结构，肋高2.7m，桥面板厚28cm，4.05m设一道横隔板，索面距离26m。在梁肋中设隐蔽式斜拉索锚箱，锚于梁肋中。根据梁肋宽变化和斜拉索距将主梁分为标准段、加厚段、渐变段和尾部梁段。标准梁段梁肋宽1.8m，索距8.1m。尾部梁段为变截面多室封闭箱，梁长11.1m，梁高6.4m，4对斜拉索背索锚于箱尾，以提高桥梁整体刚度。尾部梁段对边跨与中跨不对称荷载起平衡作用，引桥T梁也支承于尾部箱上，增加平衡压重荷载。主梁设纵横向预应力束。

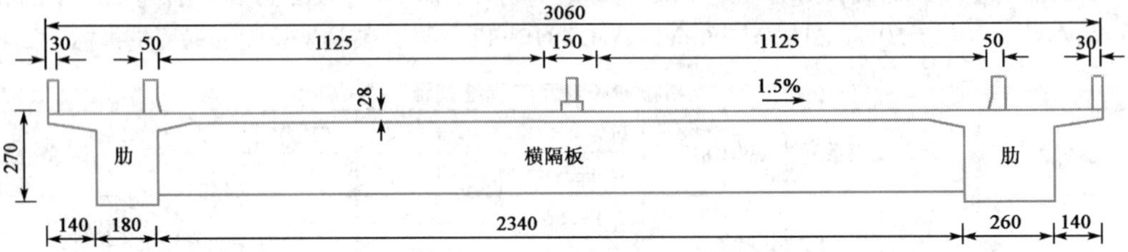

图9-11 实体梁式主梁

9.2.3 预应力混凝土肋板式梁

实体板式主梁包括纯板式和矮梁式截面，矮梁板式主梁是指主梁位于两边，且梁高相对于桥宽来说很小，但主梁间仍有横梁和桥面板相连。

图9-12为预应力混凝土肋板式梁断面，图9-13为1/2主梁正面，主梁高2.5m，肋宽度1.7m，梁顶宽度23m，桥板面厚度32cm。用于不等高三塔双斜面索预应力混凝土漂浮体系斜拉桥，全长879.6m（不含引桥），桥梁宽度23m，其中2×1.5m为拉索锚固区，见图9-19。全桥预应力混凝土肋板式梁工程量指标，见表9-14。

预应力混凝土肋板式梁工程量指标 表9-14

项目	混凝土	钢筋	钢绞线	ϕ7 高强钢丝	预应力 ϕ32 粗钢筋
	m^3	kg/m^3			
肋板	13630	139	12	8	9
横梁	3031	108	34	—	—
桥跨桥宽每平方米	$0.82m^3$	134.5kg			
横梁中另含端横梁、观光台横梁混凝土 $1420m^3$，齿板 $265m^3$					

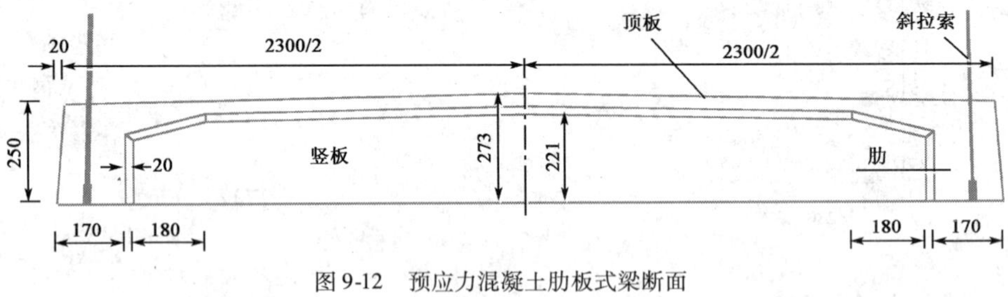

图9-12 预应力混凝土肋板式梁断面

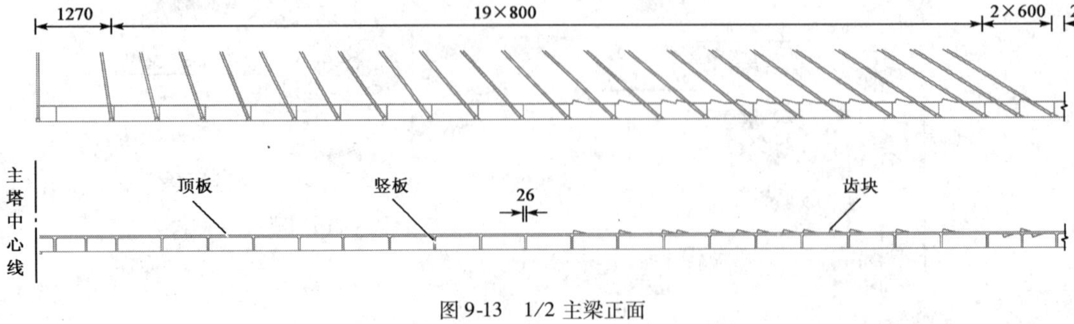

图9-13 1/2主梁正面

9.2.4 预应力混凝土箱梁

图9-14为单箱四室主梁，主梁中心高3.2m，箱梁顶宽27.5m，风嘴部分宽为2×0.25m，桥面设2%的双向横坡，为165m+3×380m+165m四塔预应力混凝土斜拉桥主梁。箱梁底板宽16.17m，斜腹板部分宽4.62m。箱梁截面三种形式，标准截面顶板、底板、斜腹板厚为0.28m，中间腹板厚为0.3m，顶板与腹板设置1.0×0.32m的倒角，底板与腹板相交处设0.6m×0.3m的倒角；加厚截面箱梁顶板、底板、斜腹板及中腹板加厚至0.6m，其余为过渡截面。箱梁各室底板每隔2m左右设置一$\phi10$通气孔，通气孔位置需避开预应力筋和钢筋。每对斜拉索与主梁相交处均设置横梁，横梁在桥梁中心线处高3.2m，厚度为0.35m，至近拉索区厚度过渡到0.65m；箱梁端部无索区设置端横梁，全桥横梁均张拉有预应力束。纵向预应力束及锚具数量，见表9-12。箱梁一般构造图示截面面积为22.45m^2，索塔左右梁端图示截面面积为44.59m^2。

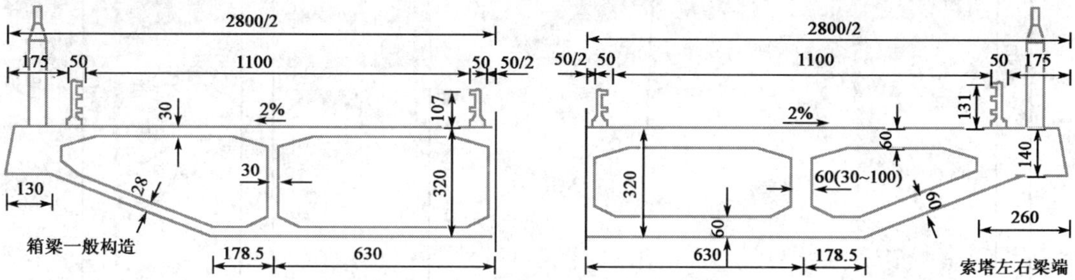

图9-14 单箱四室主梁

9.2.5 钢箱梁

图9-15为钢箱梁，高3.5m，宽38.2m的全焊扁平钢箱梁，采用16Mnq，全桥用钢23000t。标准节段长15m(辅助跨2m)，全桥共93个梁段，最大块件吊重274t。钢箱梁板件尺寸，顶板厚14~20mm，下斜腹板和底板厚12~16mm，上斜腹板厚30mm。箱梁每隔3750mm设一道横隔板，板厚10mm(局部部位加厚)；横向设两道纵隔板，间距15200m，主要是考虑剪力滞效应以及悬臂架设过程中提高横向刚度。顶底板用U形肋加劲，为避免仰焊、保证质量，减轻工人劳动强度，将U形肋采用高强度螺栓连接。箱梁进行节段模型和全桥模型的风洞试验，最长悬臂施工状态颤振临界风速大于110m/s，成桥状态大于120m/s，满足抗风稳定性要求。斜拉锁锚固于钢箱梁腹板外侧的锚箱。

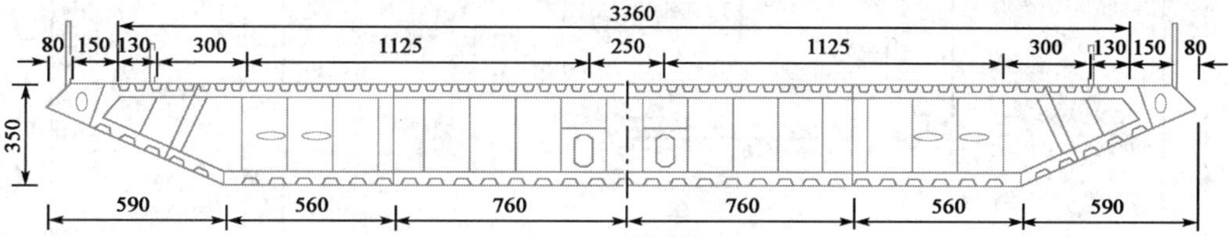

图9-15 钢箱梁

9.3 斜拉桥全桥工程量

9.3.1 四塔斜拉桥

图9-16为165m+3×380m+165m四塔预应力混凝土斜拉桥，对接高速公路路基宽24.5m，设计车速为80km/h，设计荷载为公路-I级。主桥长度1470m，桥梁全宽28m，布置为0.5(防撞护栏)+11m(行车道)+2×0.75(分隔带)+11m(行车道)+0.5(防撞护栏)+2×1.75两侧锚索区，见图9-14。全桥混凝土21万m^3。桥位处不通航。斜拉桥上部构造主梁采用箱形断面；斜拉桥梁端采用LYQZ系列拉压球型支座，5、8号索塔上采用TGTP盆式支座。四塔斜拉桥主桥工程量指标，见表9-15。

四塔斜拉桥主桥工程量指标　　表9-15

项目	单位	桥面系	主梁	桥塔	斜拉索	承台	基础
混凝土	m^3	4173	44266	110856	—	21447	33743
钢绞线	t	—	894.8	876.4	—	—	—
钢筋	t	894.959	7967.88	19937.1	—	2336.2	2476.0
钢材	t	—	45.65	1466	3657.7	18.873	63.917
桥跨桥宽每平方米：混凝土5.21m^3、桥跨桥宽钢材987kg							

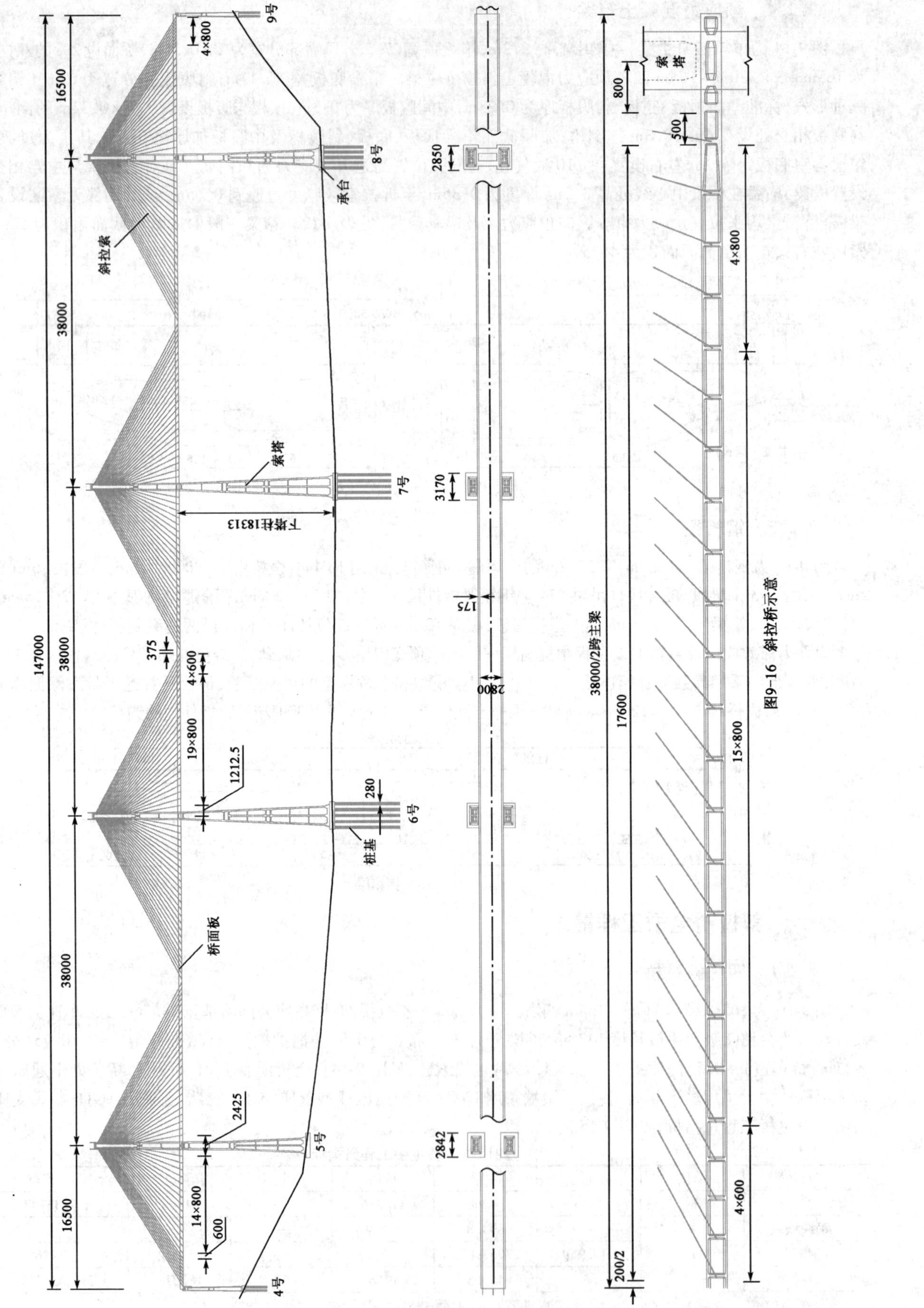

9号
8号
7号
6号
5号
4号
承台
斜拉索
索塔
桥面板
桩基
下塔柱18313
147000
16500
38000
38000
38000
16500
4×800
4×600
19×800
14×800
375
1212.5
2425
600
280
2850
3170
2842
175
2800
38000/2跨主梁
17600
200/2
800
500
4×800
15×800
4×600

图9-16 斜拉桥示意

混凝土：380m 斜拉桥箱梁及 6 号、7 号索塔 B 横梁采用 C55；斜拉索索塔塔身，现浇横向接缝，现浇纵向连续段均采用 C50；索塔承台，桥面现浇层均采用 C40；桥梁桩基础及系梁均采用 C30。配置混凝土所采用的水泥、砂、石、水等材料及混凝土的配合比、拌制、运输和浇筑，均按《公路桥涵施工技术规范》执行。

预应力钢材：钢绞线采用 270 级公称直径 $\phi^s15.2$ 低松弛预应力钢绞线，抗拉强度标准 1860MPa；预应力粗钢筋采用 $\phi32$ 精轧螺纹粗钢筋，抗拉强度标准 785MPa。

普通钢筋：直径 $d \geqslant 40$mm 采用 HRB400 钢筋，抗拉强度标准 400MPa；直径 40mm $> d \geqslant 12$mm 采用 HRB335 钢筋，抗拉强度标准 335MPa；直径 $d < 12$mm 采用 R235 钢筋，抗拉强度标准 235MPa。

1. 上部构造

全桥主跨共划分 201 个梁段，其中塔区梁段共 4×1 个，梁段长 10.0m，标准梁段共 150 个，梁段长 8.0m；边跨密索区梁段长 4.0m、6.0m，共 2×8+2×1=18 个；中跨密索区梁段长 6.0m，共 6×4=24 个；中跨合龙段 3 个，长度均为 2.0m，边跨现浇段 2 个，长度 2.0m。主梁采用预应力混凝土单箱四室箱梁，见图 9-15。全桥纵向预应力束及锚具数量，见表 9-16。

纵向预应力束及锚具数量 表 9-16

预应力束	$12\phi^s15.2$ 总长(m)	张拉端锚具 YM15B-12(套)	YMP15B-12 固定端锚具(套)	YJ15B-12 连接器(套)	$\phi88$ 塑料波纹管 12 孔总长(m)	$\phi8$ 定位钢筋 总长(m)
前期束	50363.36	3232	64	2752	4800.48	57600
后期束	17303.94	620	—	—	20409.38	24491.52
总长	67667.3	3852	64	2752	68409.86	82091.52
单位重(kg/m)	13.224	—	—	—	—	0.395
总重合计(kg)	894832	—	—	—	—	32426

2. 下部构造

(1)索塔基础

5 号索塔采用基础采用分离式扩大基础，尺寸为 28.4m×20m，高 5m。扩大基础上设置 6m 高底座。6 号、7 号、8 号索塔基础均采用群桩基础，每塔布置 30 根 D280cm 的钻孔灌注桩，其平均桩长见表 9-17。承台厚 5.5m，平面布置为哑铃形，6 号、7 号、8 号承台平面尺寸分别为 31.7m×53.0m、31.7m×53.0m、28.5m×55.5m。所有桩基均需做超声波检查，桩基沿桩周内侧等间接设置 4 根 $\phi50\times2.5$mm 检测管。为有利于塔柱内力向承台过渡，在承台顶有 6m 高塔座。5 号索塔扩大基础工程量指标，见表 9-18；索塔承台及桩基工程量指标，见表 9-19。

索塔桩基长度值 表 9-17

塔号	单位	6 号	7 号	8 号	总计	备注
合计桩长	m	2297	1805	1378	5480	
平均桩长	m	76.6	60.2	45.9	60.7	

5 号索塔扩大基础工程量指标 表 9-18

混凝土	钢筋	片石混凝土	C30 混凝土	冷却管	砂浆抹水沟面	备注
m^3				kg	m^3	
5684	559906	23401	953	8001	19.3	

索塔承台及桩基工程量指标 表 9-19

塔号	承台				基础			
	混凝土	钢筋	冷却管	防裂钢筋网	混凝土	钢筋	检测管	
	m^3	kg	kg	kg	m^3	kg	kg	kg/m
5	—	—	—	—	5684	559906	—	—
6	7349	800074	7976	14315	14144	1031694	26887	11.7
7	7349	800074	7976	14315	11114	819010	21130	11.7
8	6749	736008	8152	12958	8485	625261	16111	11.7
6、7、8 合计	21447	2336256	24104	—	33743	2475965	64128	—

(2)索塔

四个索塔均为H形，见图9-8，由上索塔、中索塔、下索塔、塔座、横梁A～D组成，塔柱总高分别为246.63m、277.13m、283.63m、268.63m，采用空心八边形断面，塔顶设置5m高装饰块。索塔塔柱工程量指标，见表9-20。上塔柱顺桥向宽8m，横桥向宽4.8m；上塔柱为斜拉索锚固区，采用U型预应力束张拉，平衡斜拉索水平分力，锚固端局部构造采用凹槽式。中塔柱顺桥向宽由8.0m向下渐变至9.0m；横桥向宽4.8m向下渐变至8.0m。为便于施工、定位，塔内设有劲性骨架。索塔表面(内、外)均需设置冷轧带肋防裂钢筋网，钢筋网顺塔高方向采用$\phi10$骨架，垂直塔高方向采用$\phi6$钢筋。索塔防裂钢筋、横梁、预应力工程量指标，见表9-21～表9-23所示。

索塔塔柱工程量指标 表9-20

塔号	混凝土(m^3)					钢筋(kg)				
	塔冠	上塔柱	中塔柱	下塔柱	塔座	塔冠	上塔柱	中塔柱	下塔柱	塔座
5	98.5	2508.5	3539	14158	2044	9357.5	406377	644098	2406860	213675
6	98.5	2508.5	2930	22490	2543	9357.5	406377	533260	3823300	224174
7	98.5	2508.5	2930	23334	2585	9357.5	406377	533260	3966780	227351
8	98.5	2508.5	3539	17979	2357	9357.5	406377	644098	3056430	189668

索塔防裂钢筋工程量指标 表9-21

项目		单位	防裂钢筋网				塔座冷却管
			上塔柱	中塔柱	下塔柱	塔座	
5号索塔	面积	m^2	3800	4769	18569	—	
	钢筋	kg	35070	44023	171368	4298	1865
6号索塔	面积	m^2	3800	4200	29405	—	
	钢筋	kg	35070	38762	271382	5382	2336
7号索塔	面积	m^2	3800	4200	30635	—	
	钢筋	kg	35070	38762	282730	5470	2336
8号索塔	面积	m^2	3800	4769	23286	—	
	钢筋	kg	35070	44023	214900	4768	1865

索塔横梁工程量指标 表9-22

塔号	混凝土(m^3)				钢筋(kg)			
	A横梁	B横梁	C横梁	D横梁	A横梁	B横梁	C横梁	D横梁
5	570	1086	1113	1596	45600	93396	80136	119700
6	570	1002	1296	1744	45600	86172	93312	130800
7	570	1002	1296	1744	45600	86172	93312	130800
8	570	1086	1113	1596	45600	93396	80136	119700

索塔预应力工程量指标 表9-23

塔号	钢绞线(kg)					定位钢筋(kg)				
	锚索区	A横梁	B横梁	C横梁	D横梁	锚索区	A横梁	B横梁	C横梁	D横梁
5	87004	11180	46780	36590	42727	97304	636.5	2944	2112	2515
6	87004	11180	36590	38590	40531	97304	636.5	2795	2260	2387
7	87004	11188	36590	38590	40531	97303	637	2795	2260	2387
8	87004	11188	46780	36590	42727	97303	637	2944	2112	2515

(3)斜拉索

斜拉索采用镀锌钢绞线，热挤PE，PE层与钢绞线间涂专用油脂，标准强度1860MPa。钢绞线疲劳应力幅不小于200MPa。斜拉索工程量指标，见表9-24。塔上锚块在整个张拉面上设置锚下垫板，垫板厚度20mm；锚垫板、钢导管、加劲钢板、加劲钢圈以及螺栓筋应先焊接成组合构件后再上桥安装。在钢导管外壁加强钢圈以后80cm范围内需焊接20cm长的ϕ16短钢筋，每根钢导管焊接32根。斜拉索锚固块、钢导管及锚垫板工程量指标，见表9-25。

斜拉索工程量指标　　表9-24

拉索型号	拉索根数	拉索总长 (m)	防护套管总长 (m)	拉索单位重 (kg/m)	拉索总重 (kg)	张拉端锚头个数
GJX-73	30	5498.4	5417	90.5	497605	60
GJX-61	140	24665	24299	75.6	1864674	280
GJX-55	106	12805	12512	68.2	873301	212
GJX-43	66	5341.6	5161	53.3	284707	132
GJX-37	42	2994.2	2880	45.9	137434	84

斜拉索锚固块、钢导管及锚垫板工程量指标　　表9-25

项目	锚固块	钢筋	钢导管	螺旋筋	短钢筋	加劲钢圈	锚垫板	加劲钢板
工程量	589	182566	310683	61176	7674	12037	519098	24116

(4)过渡墩及基础

4号、9号过渡墩为变截面独柱式空心墩，墩顶截面尺寸为580cm×360cm(横×顺)，见图9-17，墩身高度分别为66.53m、47.487m。墩身外侧四面应设置ϕ6带肋防裂钢筋网，钢筋间距为10cm×10cm，混凝土净保护层不少于2cm。双幅桥采用整体式承台，承台平面尺寸7.3m×19.9m，高3.5m，基础为4D200桩基础，平均桩长分别为26m、26.5m。过渡墩承台及桩基工程量指标、过渡墩墩身及盖梁工程量指标分别见表9-26、表9-27。

过渡墩承台及桩基工程量指标　　表9-26

塔号	承台				基础		
	混凝土	钢筋	ϕ6钢筋网	冷却管	混凝土	钢筋	检测管
	m^3	kg	kg	kg	m^3	kg	kg
4	508	39320	2135	561	653.5	45136	2485
9	508	39320	2135	561	666.1	44055	2532

过渡墩墩身及盖梁工程量指标　　表9-27

塔号	盖梁		墩身				
	混凝土	钢筋	混凝土	预应力	钢筋	ϕ6钢筋网	劲性骨架
	m^3	kg	m^3	kg	kg	kg	kg
4	180	23099	1715	1593	320686	6114	48096
9	180	23099	1264	1593	229577	4249	34149

9.3.2 三塔双斜面索斜拉桥

图9-18为不等高三塔双斜面索预应力混凝土漂浮体系斜拉桥，全长879.6m，设计荷载标准采用：汽车-超20级、挂车-120、人群荷载3.5kN/m^3，桥梁宽度23m，其中2×1.5m为拉索锚固区。索塔包括两个边塔和一个中塔，分别编为11号、13号墩和12号墩。12号墩索塔高度125.68m，斜拉索悬挂主梁单边跨度179m，全跨358m；11、13号墩索塔高度99.31m，斜拉索悬挂主梁全跨129.8m+131m=260.8m。主梁采用预应力混凝土肋板式连续梁，采用挂篮对称悬浇施工，设计重量包括模板及施工荷载150t。合龙段与塔中采用支架现浇施工。全桥主要工程量指标，见表9-28。主梁构造见图9-19。

全桥主要工程量指标 表 9-28

项目	单位	桥面系		上部构造			下部构造	
		桥面	护栏	悬浇	现浇	斜拉索	索塔	过渡墩
混凝土	m^3	2507	445	14804	3542	—	35703	3332
钢筋	kg	334248	60531	1974272	497592	24658	3865589	478046
钢管钢板等	kg				—	175526	488849	7314
钢绞线	kg			236928	29713	—	104886	—
ϕ7 高强钢丝	kg			118434	—	1250218	—	—
ϕ32 精轧螺纹钢	kg			133239	—	—	16367	—
ϕ5 碳素钢丝	kg			—	—	—	21787	—
桥跨桥宽每平方米：混凝土 2.98m^3、桥跨桥宽钢材 163kg								

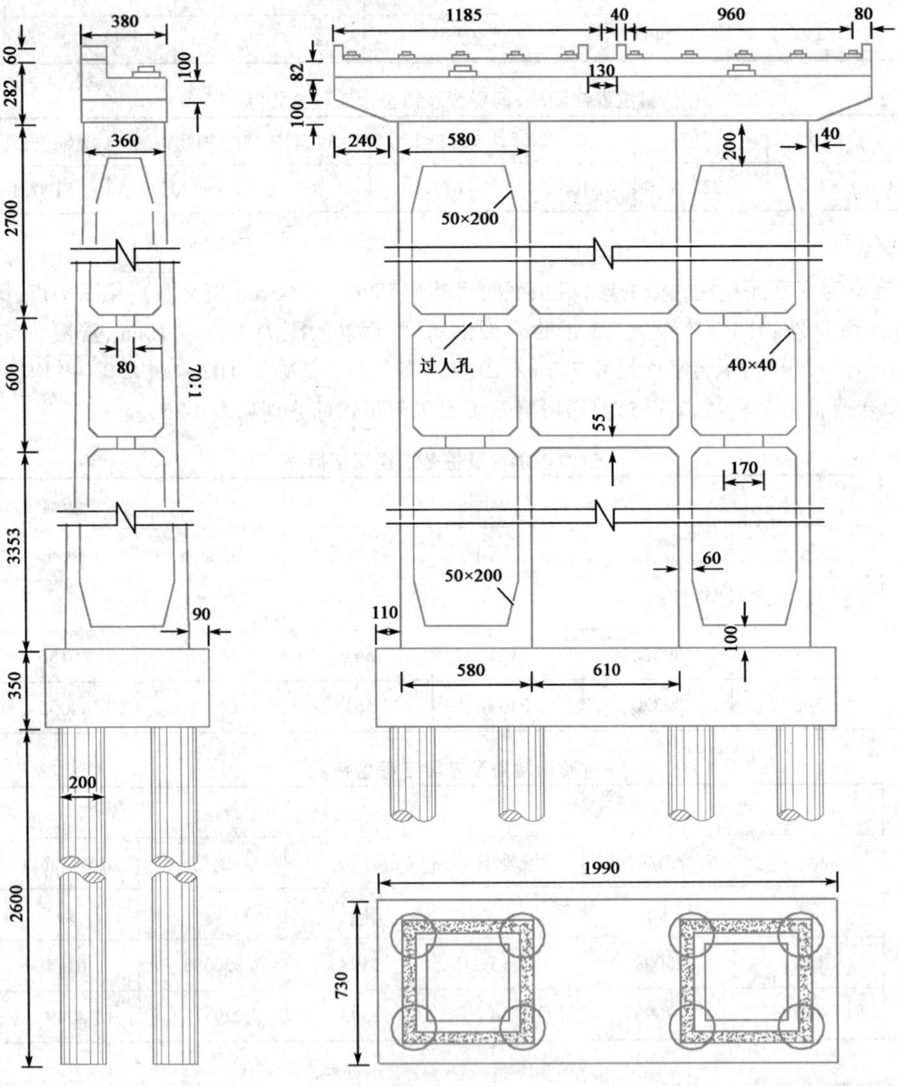

图 9-17 变截面独柱式空心墩

1. 上部构造

主梁肋高度 2.5m，肋宽度 1.7m，梁顶宽度 23m，桥面板厚度 32cm，见图 9-12。预应力布置分前期束和后期束，前期束布置在肋的上、下缘为 48ϕ^{s}7 高强钢丝、DM 锚固体系，桥面板内设 ϕ32 精轧螺纹钢、YGM 锚固体系；后期束布置在中跨跨中区域下缘和边跨梁端区域下缘，采用 19ϕ^{j}15.24 钢绞线、YM 锚固体系。为增加主梁横向刚度，在主梁节段上设置横梁（标准厚度 26、40、50cm 和东西岸端横梁），采用 ϕ^{j}15.24 钢绞线、YM 锚固体系。10、14 号连接墩上的斜拉桥支座采用拉压球形支座，设计竖向压力 3000kN。上部构造工程量指标见表 9-14。

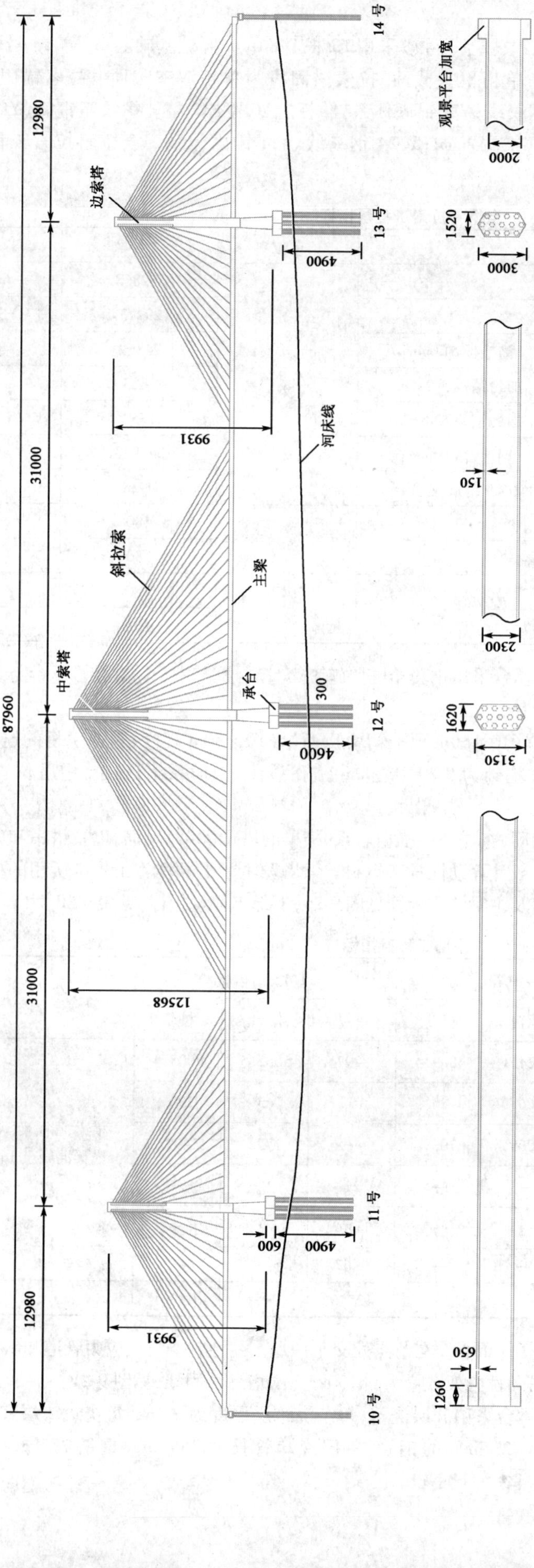

图 9-18　桥型布置

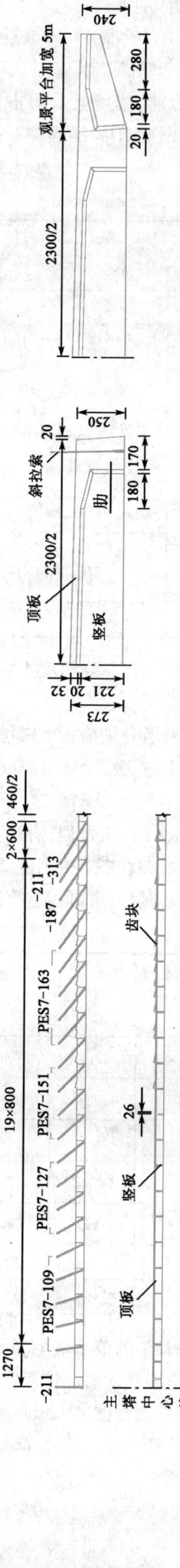

图 9-19　主梁构造

2. 下部构造

12 号墩采用 13 根 D320cm 群桩基础，11 号、13 号墩采用 13 根 D300cm 群桩基础。11 号、13 号墩和 12 号墩承台采用钢套箱施工。索塔的下塔腿为单箱单室截面，拉索锚固段为单箱双室截面。拉索锚固段配置纵向、横向预应力筋，锚墙上采用 $\phi^{j}15.24$ 钢绞线、YM 锚固体系，肋板上采用 $\phi32$ 精轧螺纹粗钢筋、YGM 锚固体系和 $\phi^{s}5$ 碳素钢丝、DM 锚固体系。索塔横梁配置 $\phi^{j}15.24$ 钢绞线、YM 锚固体系。全桥斜拉索工程量指标，见表 9-29。

全桥斜拉索工程量指标

表 9-29

项目			单位	12 号墩	11、13 号墩
斜拉索	$\phi7$ 高强钢丝		kg	582868	667350
	PE 护套			29273	32745
拉索锚固	锚固系：444 个	锚垫板 $\delta42$mm		24869	37355
		加劲钢板 $\delta10$mm		2823	4789
		加劲钢圈 $\delta28$mm		1759	3385
		钢导管 $\delta10$mm		340918	59628
		$\phi20$ 螺旋钢筋		9928	14730
	冷铸锚		套	180	264
	拉索减振器			180	264
	拉索护罩			180	264
	锚头防护罩			90	132

桩底嵌入微风化基岩深度不少于 8m。承台采用钢套箱围堰施工，套箱与桩基钢护筒焊接。承台与索塔根部接触面处治包括凿毛、洗净、凉干。

10 号、14 号墩分别为三塔斜拉桥与东岸（10 × 50m 顶推箱梁）、西岸（10 × 50m 现浇箱梁）引桥的连接墩（过渡墩），为单排三柱桥墩，盖梁 3.8m × 2.5m，基础为 3 根 D300cm 钻孔灌注桩、横系梁连接。中塔位置施工水深约 12m。

在索塔混凝土浇筑过程，需计算临时加固（如中塔腿横向联系、横梁的塔梁固结）钢筋，以及塔吊和施工电梯等设备费用。为增加索塔结构刚度，设计时一般计算劲性骨架钢材。索塔及主梁需预埋施工控制所用的检测件。需计算索塔内检修爬梯、塔冠和避雷针。索塔及主梁体积计算见图 9-20，下部工程量指标，见表 9-30。

下部工程量指标

表 9-30

项目	单位	12 号中塔			11、13 号边塔			备注
		塔身	承台	桩基	塔身	承台	桩基	
混凝土	m^3	5704.7	2824.1	4809.4	8297	5062.5	9005.4	横梁、端横梁、齿板、观光台横梁混凝土 1685m^3
钢筋	kg/m^3	151	66	85	153	65	90	
钢管	kg	—	1065	7039	—	1752	14993	
型钢	kg/m^3	20	—	—	21	—	—	
钢绞线	kg	39484	—	—	65402	—	—	
$\phi32$ 精轧螺纹钢	kg	7000	—	—	9367	—	—	
$\phi5$ 碳素钢丝	kg	9244	—	—	12540	—	—	

中塔劲性骨架的节点未全部示意。各杆件重心线在节点处交于一点。劲性骨架与预应力管道和斜拉索位置发生冲突时，可适当移动劲性骨架位置。中塔劲性骨架数量为 96100kg。中塔劲性固架，见图 9-21。

冷却管布置侧面图中未示意测温孔。承台采用分层浇筑，每一浇筑层厚度为 2.0m，每浇筑一层宜间歇 7 ~ 12 天，之后再浇筑第二层。冷却管采用 D50 × 2.5mm 的钢管，每层冷却管长度 256.6m，重量 752kg，一个承台共

2256kg。设置冷却管的该层混凝土自浇筑时起，冷却管内须立即灌入水冷却，连续通水 12 天。每个出水口流量约为 15L/min。为增加冷却效果，进水、出水流向每天更换两次，且在开始 7 天内，水冷却混凝土后的测量温度应控制在 5～10℃内。三层混凝土，进水、出水口共 9 个。承台冷却管布置见图 9-22。

过渡墩灌注桩基混凝土前应清孔，沉淀物厚度不超过 5cm。每根桩内等距离安装四根 ϕ50×2.5mm 热轧无缝钢管（底部封口），用于超声波测声法检测混凝土质量。浇筑桩顶混凝土时，预埋墩柱及系梁钢筋。浇筑盖梁混凝土时，预埋支座垫石及纵横向限位块钢筋。支座及垫石总高在顶推梁侧为 80cm；10 号墩 50m 顶推梁侧为 76.6cm，14 号墩 50m 现浇梁侧为 76.9cm。过渡墩见图 9-23，过渡墩工程量指标见表 9-31。

过渡墩工程量指标 表 9-31

项目	单位	盖梁	墩身	系梁	桩基	备注
混凝土	m^3	201.4	270.4	49.0	1145	
钢筋	kg	239023				桩基检测管 3657kg
桥跨桥宽每平方米		混凝土 0.56m^3，钢材 81.3kg				桥跨 129.8m

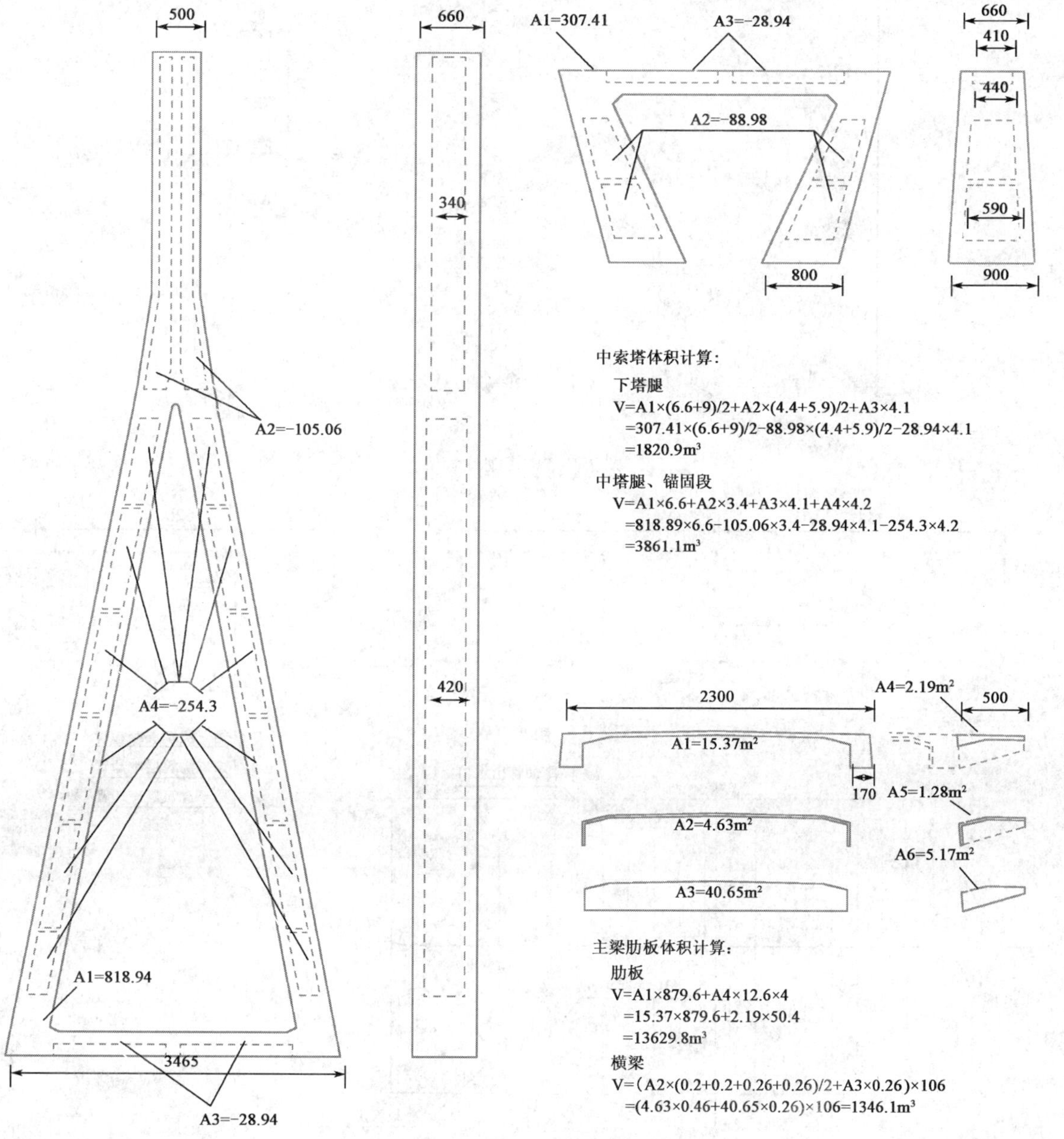

图 9-20 索塔及主梁体积计算

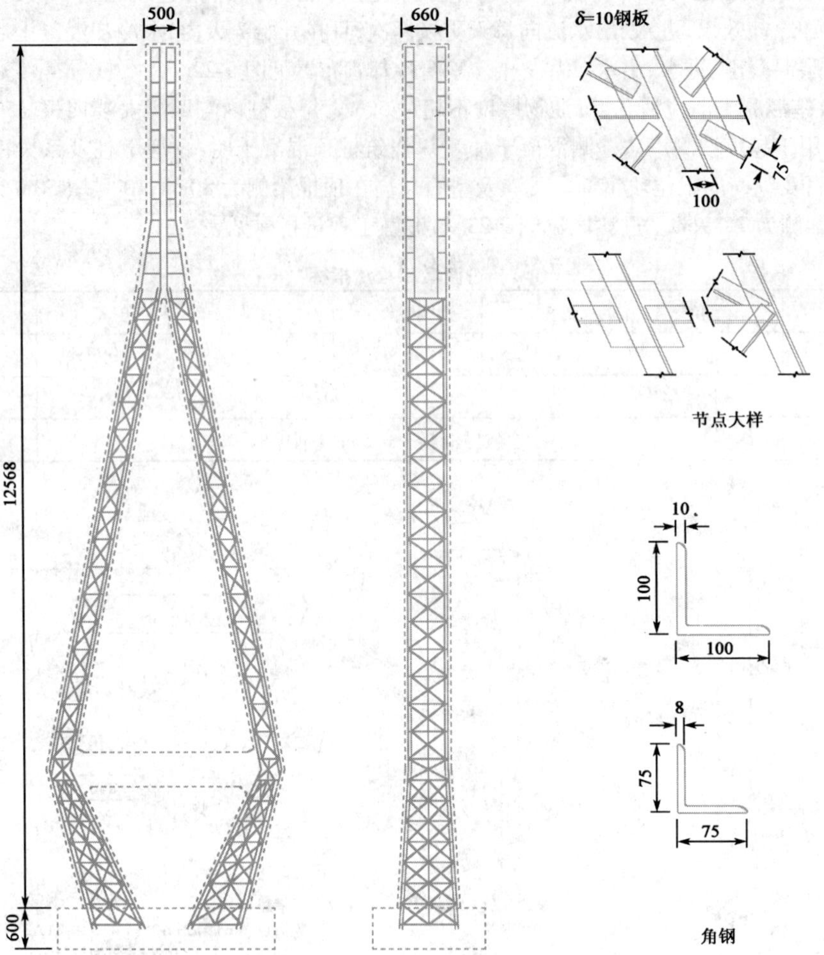

图 9-21　中塔劲性骨架

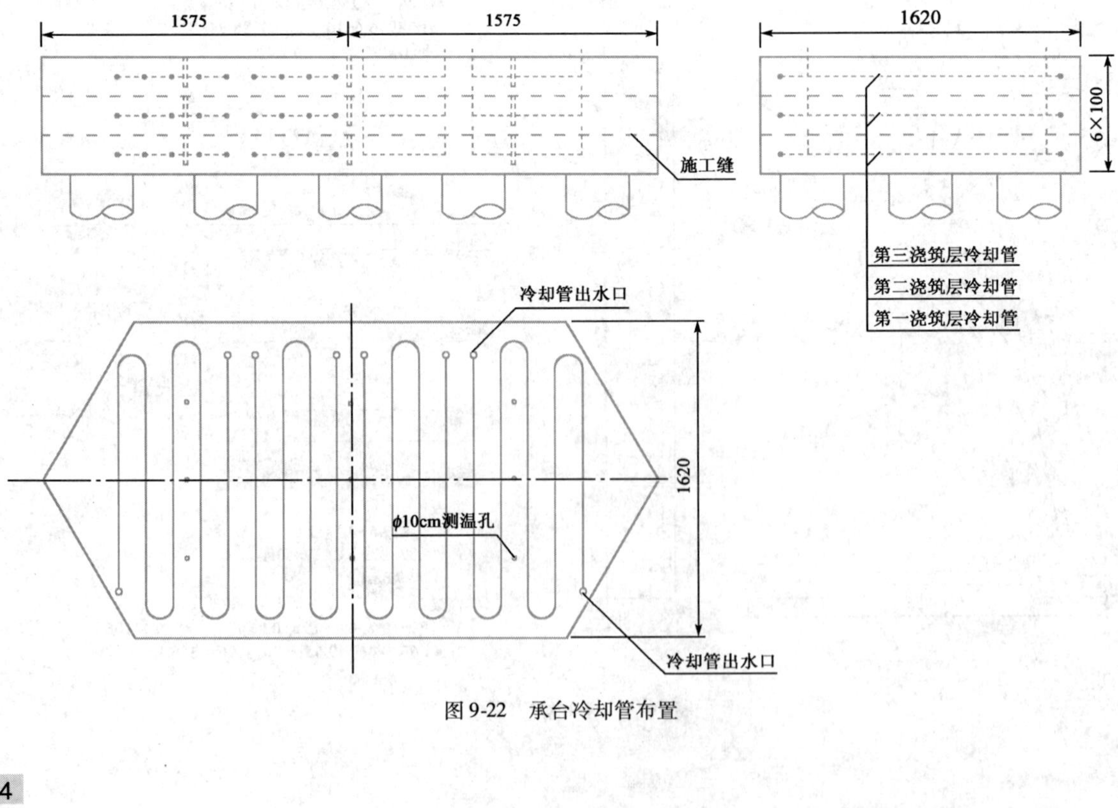

图 9-22　承台冷却管布置

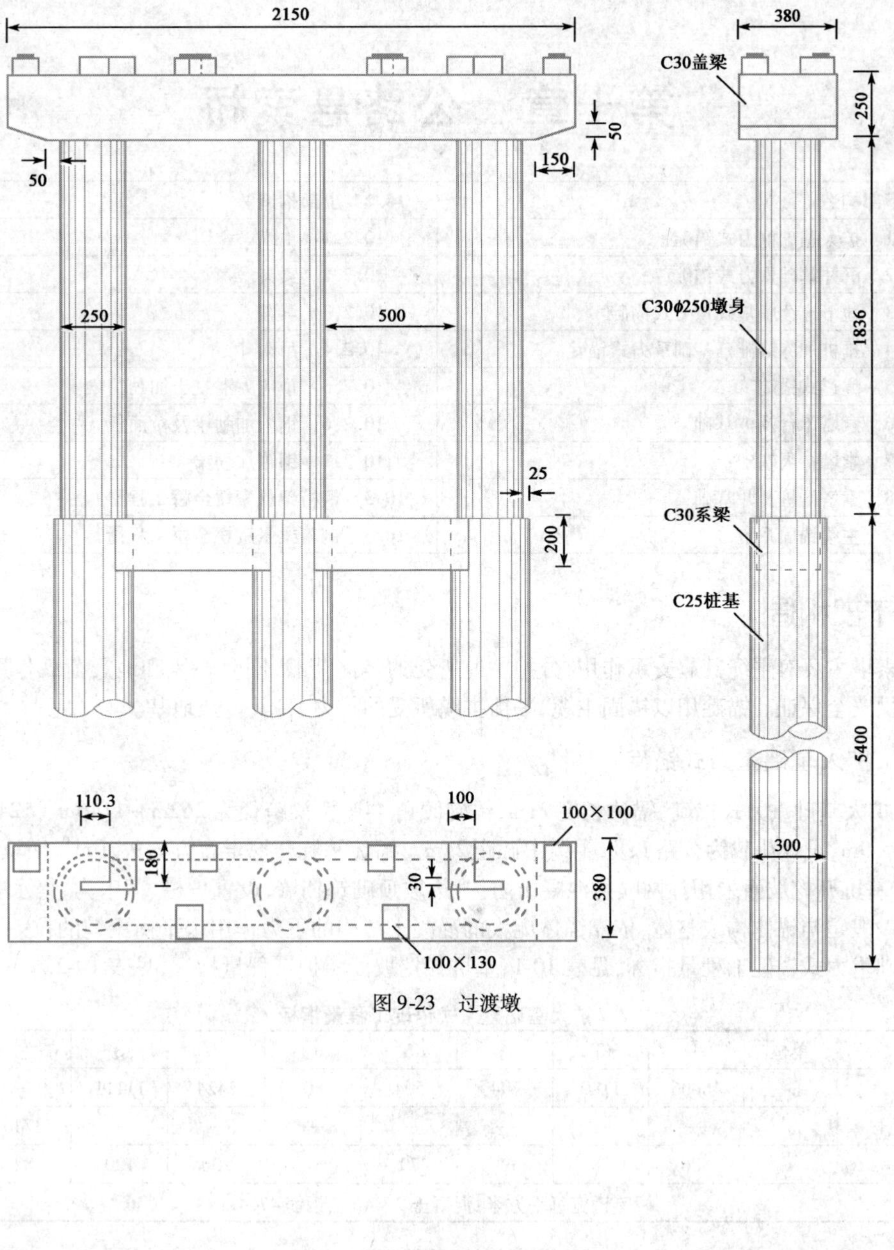
2150
380
C30盖梁
250
50
50
150
250
500
C30φ250墩身
1836
25
200
C30系梁
C25桩基
5400
300
110.3
100
100×100
180
30
380
100×130

图 9-23　过渡墩

第十章　公路悬索桥

10.1　下部构造

悬索桥的索塔主要对主缆其起支承作用，分担主缆所受的竖向荷载，同时在风和地震荷载作用下，对全桥结构的总体稳定提供安全保证。锚碇用以锚固主缆，平衡主缆所受的拉力，将其传至地基。

10.1.1　扩大基础重力式锚碇

图 10-1 为扩大基础重力式锚碇，锚体长度 21m，锚碇倾角 44°，桥梁跨径为 262m + 1146m + 124m 钢桁架加劲梁悬索桥，桥宽 24.5m，设计荷载为公路Ⅰ级，主缆中心距 27m。锚碇基坑开挖土石方 7.9 万 m^3、回填量 1.85 万 m^3，基础垫层 980m^3；基坑开挖坡面采用挂网喷射混凝土防护，边坡顶砌筑挡墙，设置护栏、截水沟、集水井、排水沟等。重力式锚固系统一般是与锚体构成整体，依靠锚体庞大的混凝土结构的重力作用来平衡主缆的拉力，故称之为重力式锚碇。扩大基础重力式锚碇工程量指标，见表 10-1；基坑开挖坡面防护工程量指标，见表 10-2。

扩大基础重力式锚碇工程量指标　　表 10-1

项目	单位	①	③	④	⑤	⑥	⑦	⑧	⑨	合计
C30 混凝土	m^3	46006	1180	794	504	80	2424	11111	—	62100
C25 微膨混凝土	m^3	—	—	—	—	—	—	—	3740	3740
钢筋	t	686	88	63	79	6	206	120	82	1330
桥跨桥宽每平方米：混凝土 2.34m^3、钢筋 47.4kg										

基坑开挖坡面防护工程量指标　　表 10-2

项目	总面积	ϕ22 锚杆	ϕ100mmPVC 管	ϕ6 钢筋网	C20 喷射混凝土	备注
单位	m^2	t	m	t	m^3	
重力式锚碇	5400	5.6	399	12.2	674	
长度	—	L=3.0m	L=1.5m	@20×20cm	—	

重力式锚碇长度 68m、宽度 43m，扩大基础基坑深度 32m（后座），基坑占地面积约 10 亩，坡面防护面积约 5400m^2。扩大基础的基坑开挖数量约占重力式锚碇混凝土的 1.2 倍，基坑回填数量约为基坑开挖数量的 25%。每延米悬索桥（主跨）的重力式锚碇混凝土数量 110m^3，重力式锚碇混凝土配筋每立方米 20kg；每延米悬索桥的扩大基础基坑开挖数量 130m^3。

10.1.2　沉井基础重力式锚碇

图 10-2 是沉井基础重力式锚碇，用于跨径为 336.5m + 1385m + 309.34m 的钢箱梁悬索桥，桥宽 30.5m。锚碇处覆盖层厚达 100m，基础采用深埋矩形沉井高 58m，平面尺寸 69m×51m，井内分 36 个隔舱（7×10m），共分 11 个节段，第 1 节段为钢制沉井，节段高 8m，以上 10 节为钢筋混凝土节段，节高均为 5m。沉井外壁厚 2.0m、隔舱壁厚 1m。

锚体位于基础之上，向后悬出，以使运营节段基底受力均匀。井内取土方法采用空气洗泥法，即高压射水枪和空气吸泥器组合成空气吸泥机。沉井基础重力式锚碇工程量指标，见表 10-3；沉井基础工程量指标，见表 10-4。

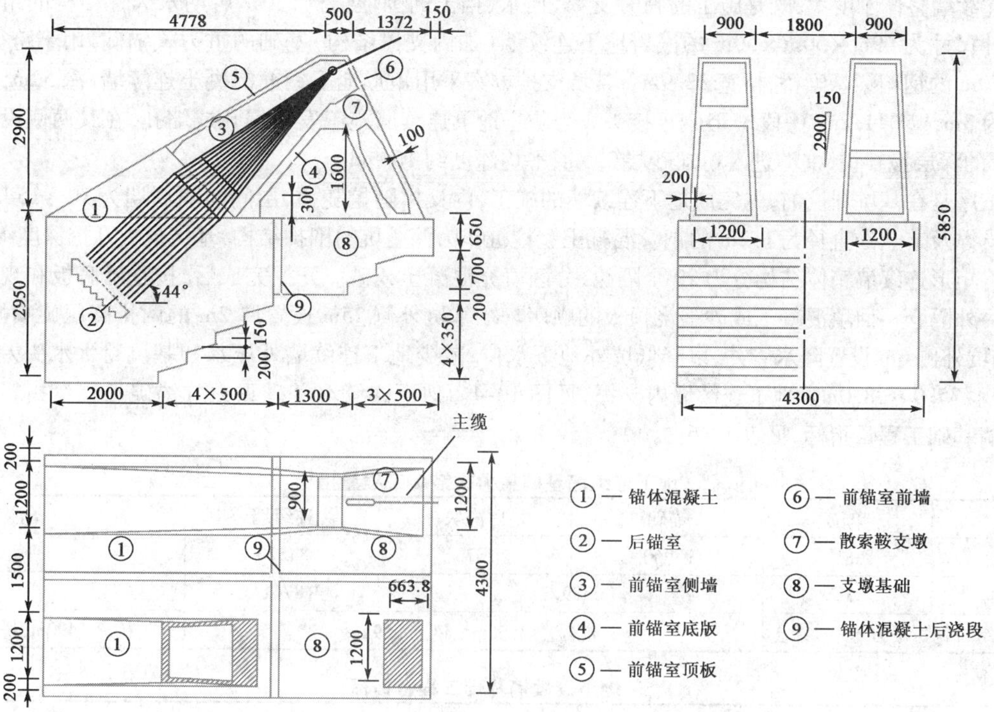

图 10-1 扩大基础重力式锚碇

沉井基础重力式锚碇工程量指标 表 10-3

项目	单位	锚碇	后浇块	沉井	备注
混凝土	m^3	97770	4930	95620	
钢材	t	5178.1		6620.4	其中钢沉井 928t
桥跨桥宽每平方米		混凝土 4.69m^3、钢筋 279kg			桥宽 1385m

沉井基础工程量指标 表 10-4

项目	单位	井壁	盖板	封底	隔墙	备注
混凝土	m^3	26910	13320	24640	30750	桥跨桥宽每平方米： 混凝土 2.26m^3、钢筋 135kg
钢筋	t	1936.4	1465.2	—	2290.8	

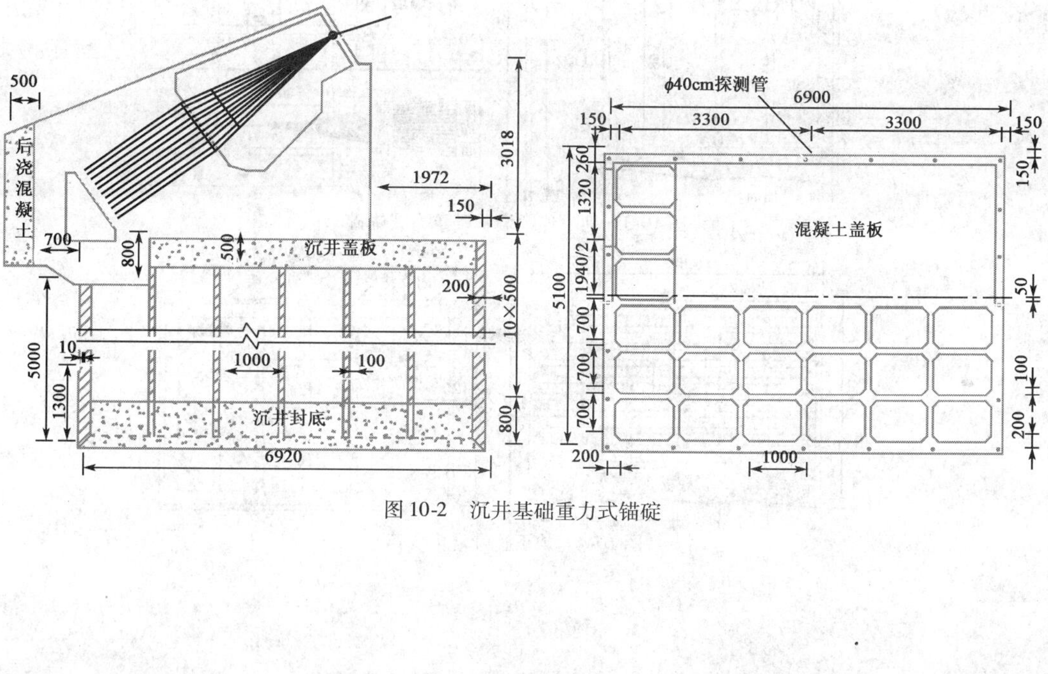

图 10-2 沉井基础重力式锚碇

10.1.3 地下连续墙基础重力式锚碇

地下连续墙整体刚度大，既是施工的临时支撑、挡水、挡土的围堰结构，又是后期永久性结构的组成部分。图10-3是设计尺寸为69m×50m×50m的嵌岩地下连续墙（加内支撑结构）基础的重力式锚碇，用于跨径为470m+1490m+470m的钢箱梁悬索桥，桥宽32.9m。基坑支护方案采用矩形地下钢筋混凝土连续墙，深52m，进入基岩深度平均约为3m，壁厚1.2m，槽段V形钢板接头。为防止地下连续墙施工发生塌孔或缩孔，在其两侧设置2ϕ0.7m、中距0.5m的深层搅拌桩，桩端进入粉细砂层0.5m，平均深度约16.5m。

施工工序是在基坑开挖前，先完成地下连续墙的施工，内支撑随挖随撑，层间间隔周期为10～15d。12道钢筋混凝土内支撑及节点处直径为1.2m的钢管混凝土立柱桩作为深基坑的围护结构，基坑最大开挖深度48m。用三纵四横隔墙将矩形连续墙箱体结构分为20个隔舱，分区填充混凝土或砂。开挖完成后，按基础底板和现浇钢筋混凝土内隔仓→外隔仓→回填混凝土或砂→浇顶板的顺序。在基坑外侧25m设置厚2m的两排高压旋喷帷幕，深度达基岩；在基坑外侧6m设置降水管井，以降低坑外地下水位，减少地下连续墙外压水和基坑封水水头差。降水管井深48m，降水35.0～38.0m。地下连续墙内支撑，见图10-4。地下连续墙基础重力式锚碇工程量指标，见表10-5。地下连续墙基础工程量指标，见表10-6。

地下连续墙基础重力式锚碇工程量指标　　表10-5

项目	单位	锚碇	后浇块	连续墙	备注
混凝土	m^3	93960	1020	84520	
钢材	t	6389.3		8761	
桥跨桥宽每平方米		混凝土3.66m^3、钢筋309kg			桥跨1490m，桥宽32.9m

地下连续墙基础工程量指标　　表10-6

项目	单位	连续墙	内支撑	立柱桩	内衬	底板	顶板	隔墙
混凝土	m^3	11581	23211	135.8	1725	18787	6900	22181
钢筋	t	1853	3017	—	207	—	1242	2218
钢管	t	—	—	224	—	—	—	—
桥跨桥宽每平方米		混凝土1.72m^3、钢筋179kg						

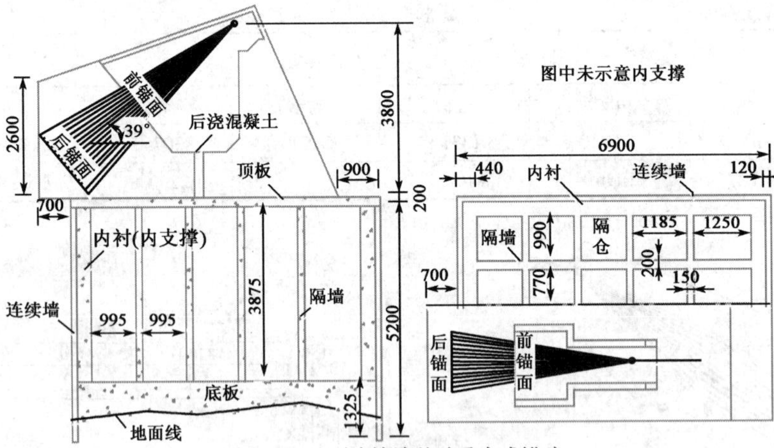

图10-3　地下连续墙基础重力式锚碇

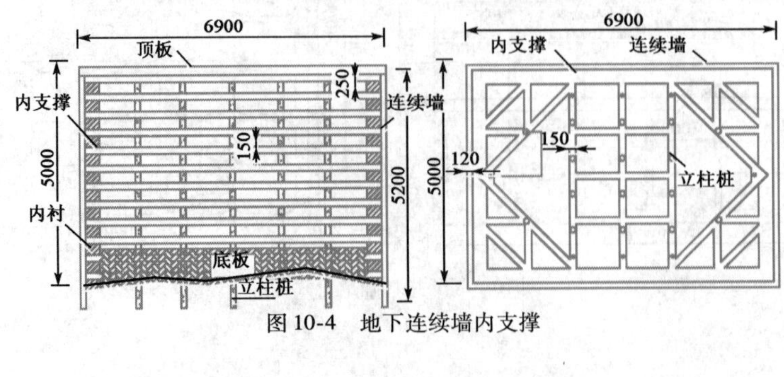

图10-4　地下连续墙内支撑

10.1.4　排桩加冻结帷幕基础重力式锚碇

图 10-5 为排桩加冻结帷幕基础重力式锚碇，用于跨径为 470m + 1490m + 470m 的钢箱梁悬索桥，桥宽32.9m。锚碇基础平面外包尺寸为 70.5m × 52.5m，四周为钻孔灌注桩，嵌入基岩约 6m。基坑四周共有 150 根直径 1.5m 的桩，桩长 35m；排桩加 7 道钢筋混凝土水平支撑组成 29m 深基坑的承力结构；排桩外侧布设冻结孔、注浆孔、卸压孔，混凝土采用 C30。紧贴排桩外侧形成设计平均厚度 1.3m、深 40m 的嵌岩止水冻结帷幕，为此布置 144 根直径为 127mm 钢管冻结器，通过低温盐水热交换循环实现冻结。冻结壁外侧设置 74 个注浆孔，孔距3.5m，在冻结壁底部进行地面预注浆，形成注浆帷幕，使冻结壁不致被渗流水融化；总体注浆量为 1373.4m^3。在冻结孔外侧 1.3m 处设置卸压孔 288 个，直径 0.25m，孔距 0.85 ~ 0.86m，孔内填充护壁泥浆，该布置可将冻胀力控制在 0.1MPa以下。基坑为从上至下逐段挖土、逐段施工水平支撑的混凝土结构，基坑开挖完成并浇筑底板后，内部空间填混凝土。排桩加冻结帷幕基础重力式锚碇工程量指标，见表 10-7。排桩加冻结帷幕基础工程量指标，见表 10-8。

排桩加冻结帷幕基础重力式锚碇工程量指标　　表 10-7

项目	单位	锚碇	后浇块	连续墙	备注
混凝土	m^3	93960	1020	103340	-
钢材	t	6389.3		1871.0	
桥跨桥宽每平方米		混凝土 4.05m^3、钢筋 169kg			

排桩加冻结帷幕基础工程量指标　　表 10-8

项目	单位	排桩	支撑	立柱桩	冻结孔	注浆	压顶梁	填芯	备注
混凝土	m^3	9278	8696.8	2632	—	1373	632	80728	注浆孔 2997m，卸压孔 11664m
钢筋	t	556.68	974.04	236.84	52.84	—	50.56	—	
桥跨桥宽每平方米		混凝土 2.11m^3、钢筋 38.2kg							

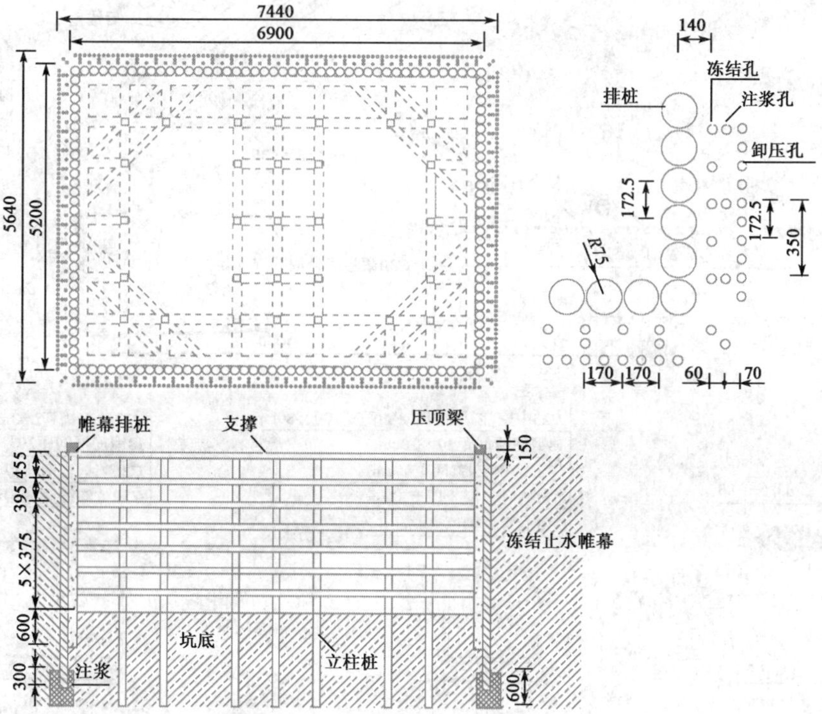

图 10-5　排桩加冻结帷幕基础

10.1.5　隧道式锚碇

图 10-6 为隧道式锚碇，水平交角 33°，锚体长度 40m，用于跨径为 262m + 1146m + 124m 钢桁架加劲梁悬索桥，桥宽 24.5m。左右锚碇大缆中心线距桥轴线 13.5m，后锚室施工人洞总长 70m。隧道式锚碇是借助两岸天然坚固

的岩体开凿隧洞，安装锚固系统后，再浇筑混凝土。该方法是依靠岩洞中的混凝土锚体与岩洞壁的嵌固作用来平衡主缆的拉力，故称之为隧道式锚碇。隧道式锚碇混凝土用量较重力式锚碇节省，经济性更为明显。隧道式锚碇工程量指标，见表10-9。

隧道式锚碇工程量指标 表10-9

项目	单位	明洞	前锚室	锚体	后锚室	支墩	人洞	备注
混凝土	m^3	1122	1220	12293	369	4107	173	混凝土合计 $20707m^3$
喷射混凝土	m^3	—	494	949	153	—	30	
钢筋	t	78.54	200.6	21.78	58.46	115.0	4.13	钢筋合计548t
型钢	kg	—	73.50	—	—	—	—	
隧道开挖	m^3	—	19270			—	—	
桥跨桥宽每平方米	混凝土 $0.585m^3$、钢筋15.6kg							

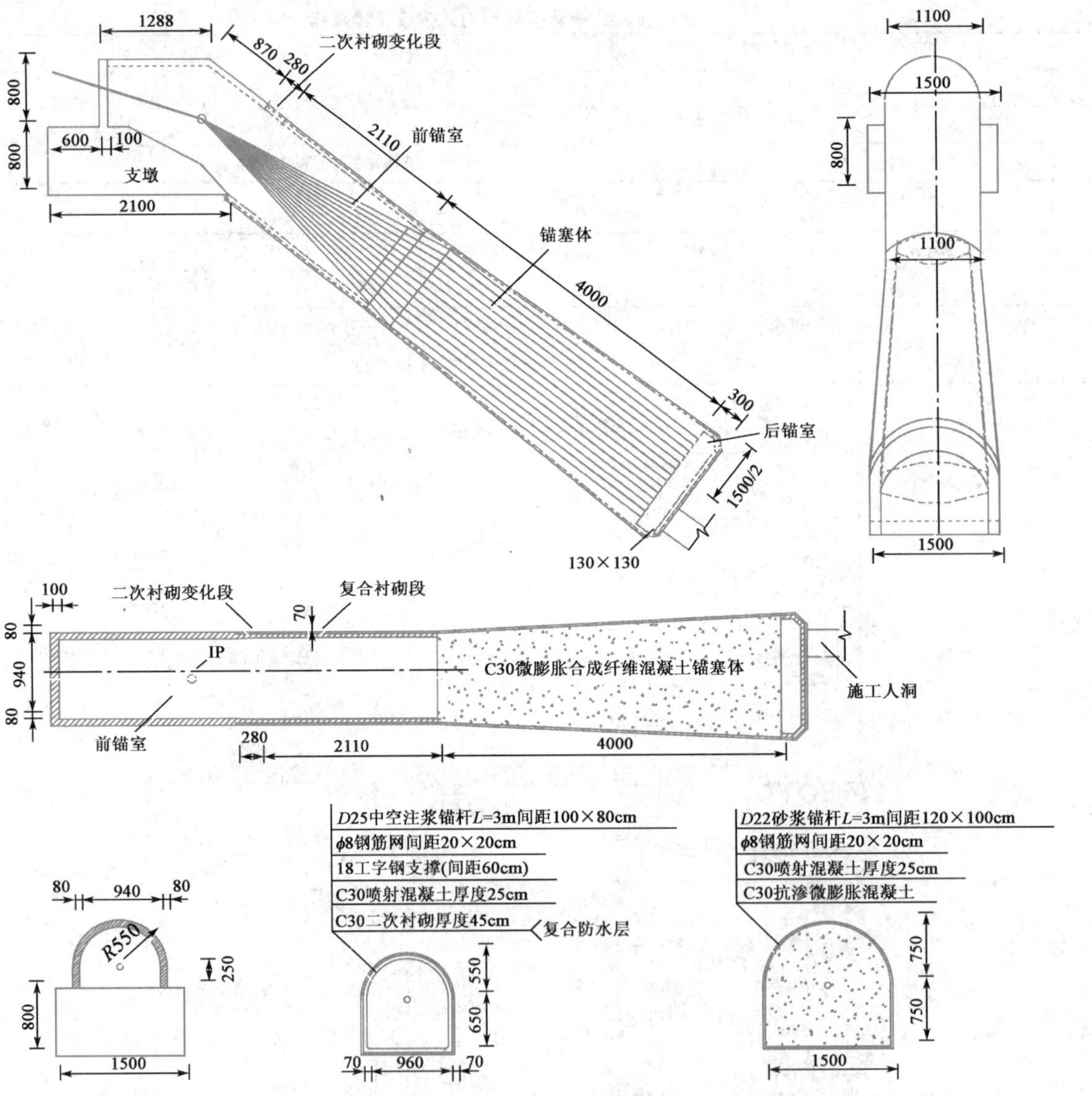

图10-6 隧道式锚碇

后锚室隧道开挖为坚石。边墙及拱部添加复合防水剂为水泥重量的1.5%。施工人洞，见图10-7；施工人洞工程量指标，见表10-10。局部设置20MnSiϕ22药卷锚杆，初期支护为6cm厚C30喷射混凝土，设间距为25cm×25cm的ϕ6钢筋网，二次衬砌为25cm厚的C30混凝土，并采用复合防水层。

施工人洞工程量指标　　表 10-10

项目	单位	衬砌	路面	喷混	防水层	备注
混凝土	m^3	141.4	31.5	30.2	—	开挖坚石 $462m^3$
钢筋	kg	—	—	4127	—	
防水材料	m^2	—	—	—	50.4	
每延米人洞		开挖 $6.6m^3$，混凝土 $2.90m^3$，钢筋 59kg				

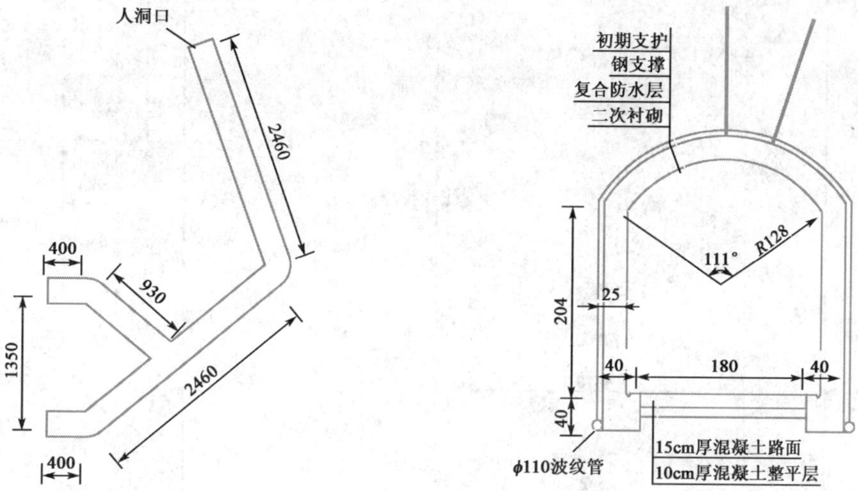

图 10-7　施工人洞

10.1.6　索塔承台及桩基础

图 10-8 为索塔承台及桩基，用于主跨为 1108m 的钢箱梁悬索桥，桥宽 34.5m。索塔为钢筋混凝土门式结构，塔高 193.5m，设两道预应力横梁，横梁为箱形断面，上、下横梁断面尺寸均为 5.5m×11.0m，腹板及顶、低板厚度均为 1m。塔柱采用爬升模板逐段连续施工，每段高 6m；上下横梁设预应力筋，钢束孔道采用真空辅助压浆工艺。每个索塔基础采用 16 根直径 2.2m 的钻孔灌注桩，桩端嵌入微风化基岩 4.4m；索塔承台及系梁呈哑铃状，承台尺寸为 19m×19m×6m，由 8m×28.412m 的系梁将两承台连成整体，系梁与承台等高，承台采用钢桩板围堰施工。索塔承台及桩基础工程量指标，见表 10-11。

索塔承台及桩基础工程量指标　　表 10-11

项目		索塔	承台	冷却管	桩基	检测管	备注
混凝土	m^3	22563.7	5695	—	4622	—	
钢筋	t	4482.8	569.5	50.12	323.54	10.70	钢筋合计 5437t
桥跨桥宽每平方米		混凝土 $0.86m^3$、钢筋 142kg					

承台及系梁混凝土 $=19\times19\times6\times2+8\times28.4\times6=5695.2m^3$；

桩基混凝土 $=1.1^2\times3.1416\times38.0\times16\times2=4622.4m^3$；

索塔混凝土 $=(16.0\times14.6+12.0\times10.6)/2\times2\times2+(10.0\times8.6+8.0\times5.2)/2\times62.0\times2+8.0\times5.2\times(121.3+6.2)\times2+(11.0\times5.5-9.0\times3.5+0.5\times0.5\times2)\times53.5\times2$
$=721.6+7911.2+10774.4+3156.5=22563.7m^3$。

10.1.7　索塔扩大基础

图 10-9 为主跨径 1146m 钢桁加劲梁悬索桥东岸索塔，桥面宽度 24.5m。采用门架式框架结构，塔柱为钢筋混凝土空心方墩，塔柱底部设置塔座，塔柱顶部设预应力混凝土空心横梁。东岸索塔高度 120.8m，塔柱横桥向宽 6m，顺桥向宽 10m 渐变到顶宽 8m，下塔柱壁厚 1.2m，上塔柱壁厚 1.0m。东岸索塔工程量指标，见表 10-12。

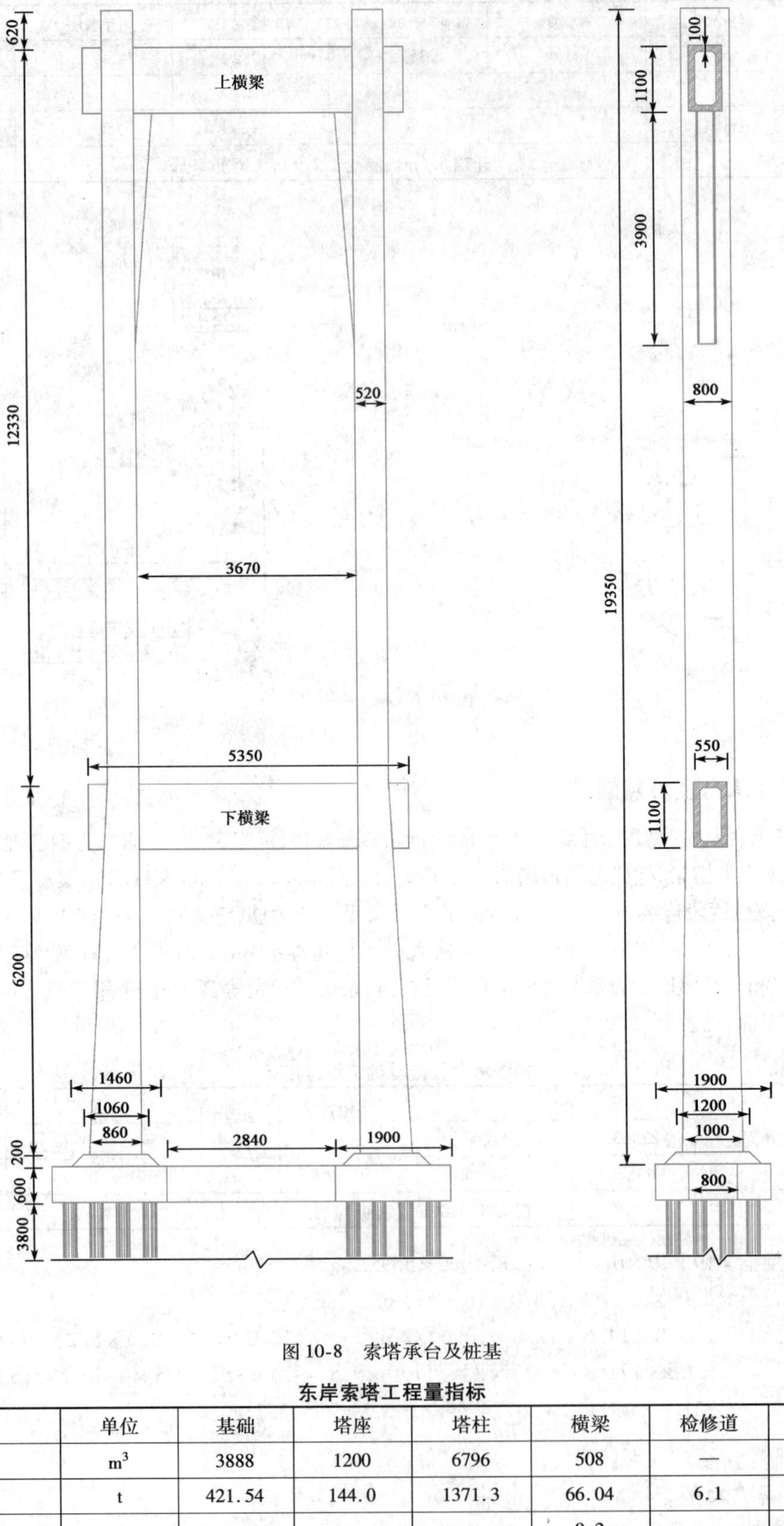

图 10-8　索塔承台及桩基

东岸索塔工程量指标

表 10-12

项目	单位	基础	塔座	塔柱	横梁	检修道	备注
混凝土	m^3	3888	1200	6796	508	—	挖基 4.1 万 m^3
钢筋	t	421.54	144.0	1371.3	66.04	6.1	
钢绞线	t	—	—	—	9.2	—	
型钢	t	12.0	5.0	140.0	6.0	43.0	—
桥跨桥宽每平方米		混凝土 0.44m^3、钢筋 79.2kg					

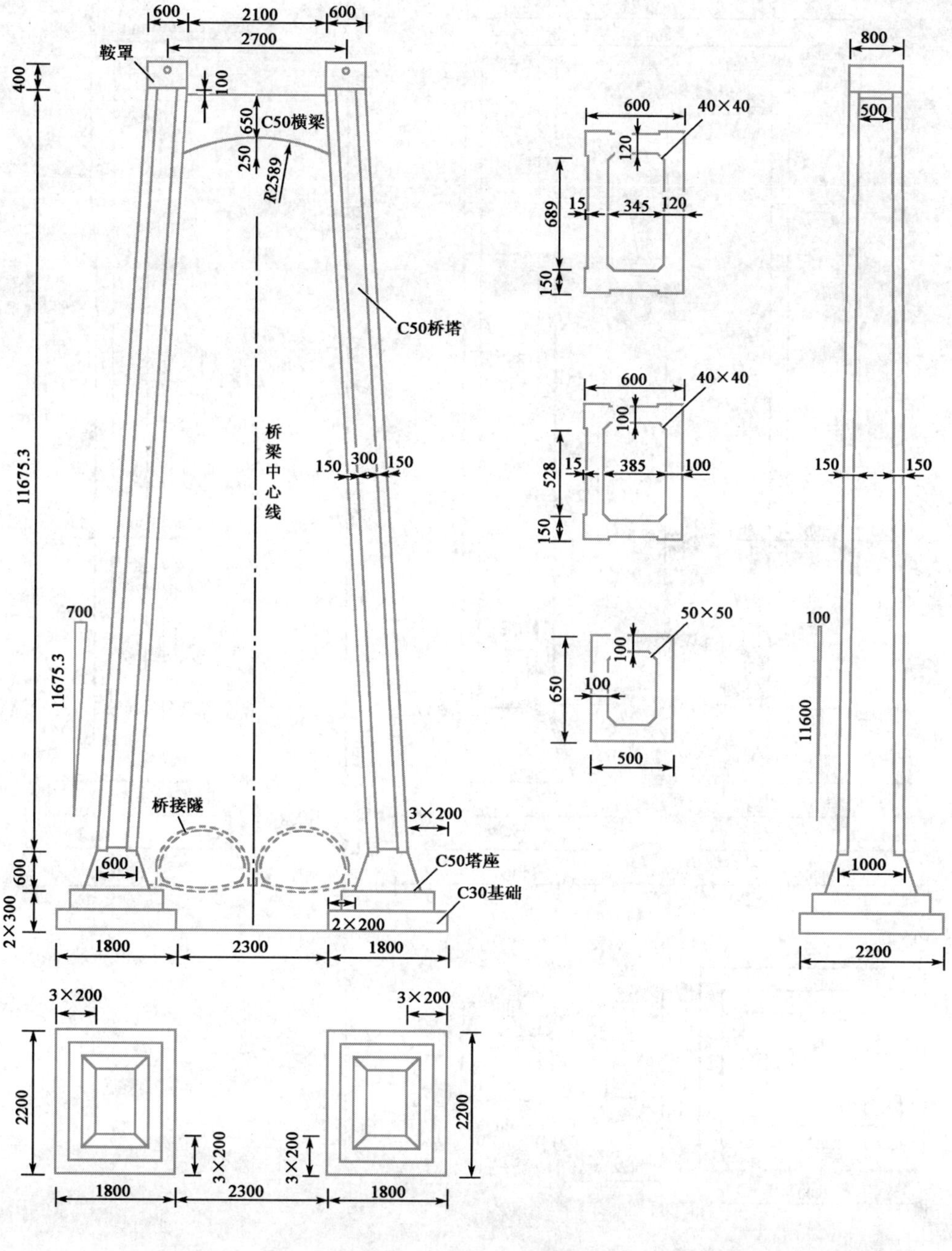

图 10-9　东岸索塔

图 10-10 为主跨径 1146m 桥西岸索塔高度 57.4m，塔柱竖直为等厚空心结构，塔柱横桥向宽 8m，顺桥向 6m、顶宽 7m，塔柱壁厚 1.0m。西岸索塔工程量指标，见表 10-13。

西岸索塔工程量指标　　表 10-13

项目	单位	基础	塔座	塔柱	横梁	检修道	备注
混凝土	m^3	3504	900	3247	366	—	基坑防护中喷射混凝土 $395m^3$、小石子混凝土 $71m^3$
钢筋	t	394.1	108.4	655.0	47.58	2.2	
钢绞线	kg	—	—	—	9.6	—	
型钢		8.8	4.1	64.9	9.5	15.4	
桥跨桥宽每平方米		混凝土 $0.29m^3$、钢筋 47kg					

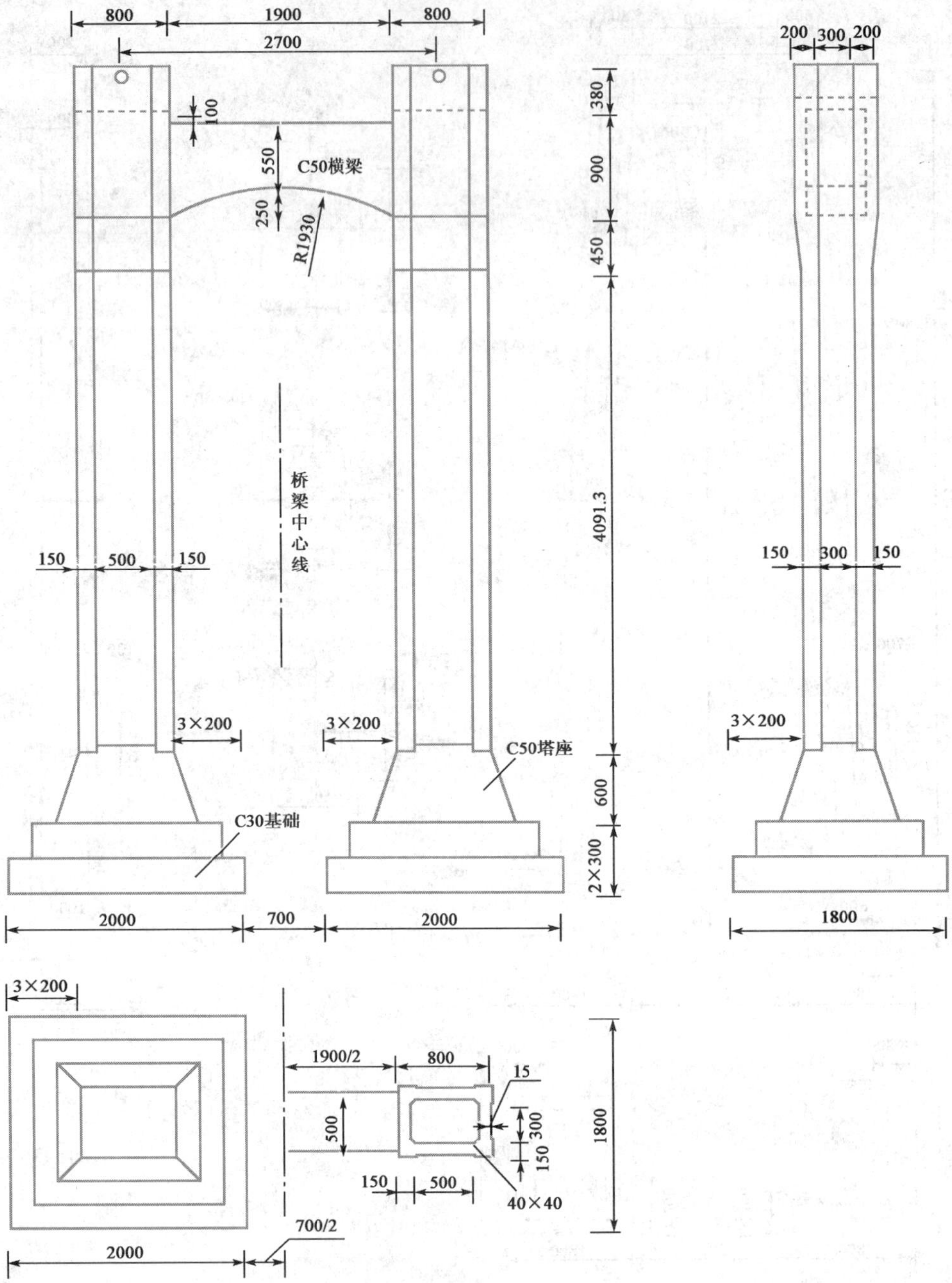

图 10-10 西岸索塔

10.1.8 索塔群桩套井基础

图 10-11 为索塔群桩套井基础,用于跨径为 154m + 452m + 154m 加劲梁悬索桥,桥宽 25.2m。主塔采用上下游分离的群桩套井基础,适应地层岩面高差悬殊、风化程度不一的复杂地质构造。通过单壁钢壳套井中填充混凝土减少桩身的自由长度,与承台横梁形成一刚度较大的框架,提高了基础的刚度。分离的群桩套井基础为单壁钢壳结构,长 11.0m,宽 7.0m,高 15.5m,内设 6 根直径 2.2m 钻孔桩,桩长 18m。单壁套井封底混凝土厚 5m,承台系梁高 5m。主塔为三层门式框架结构,采用 C50 混凝土,承台以上塔柱高 95.10m。塔柱为 D 形空心截面钢筋混凝土结构,外轮廓尺寸为 6.0m × 3.0m,上、中、下三道预应力混凝土横梁。索塔群桩套井基础工程量指标,见表10-14。

索塔群桩套井基础工程量指标　　表 10-14

项目		索塔	承台	封底	冷却管	桩基	检测管	备注
混凝土	m^3	6071	1936	770	—	821	—	
钢筋	t	1214	232.3	—	1.70	67.33	1.90	单根桩检测管 8.8kg/m
钢板	t	—	—	143.0	—	—	—	
预应力	t	38.1	—	—	—	—	—	
桥跨桥宽每平方米		混凝土 0.84m^3、钢筋 149kg						

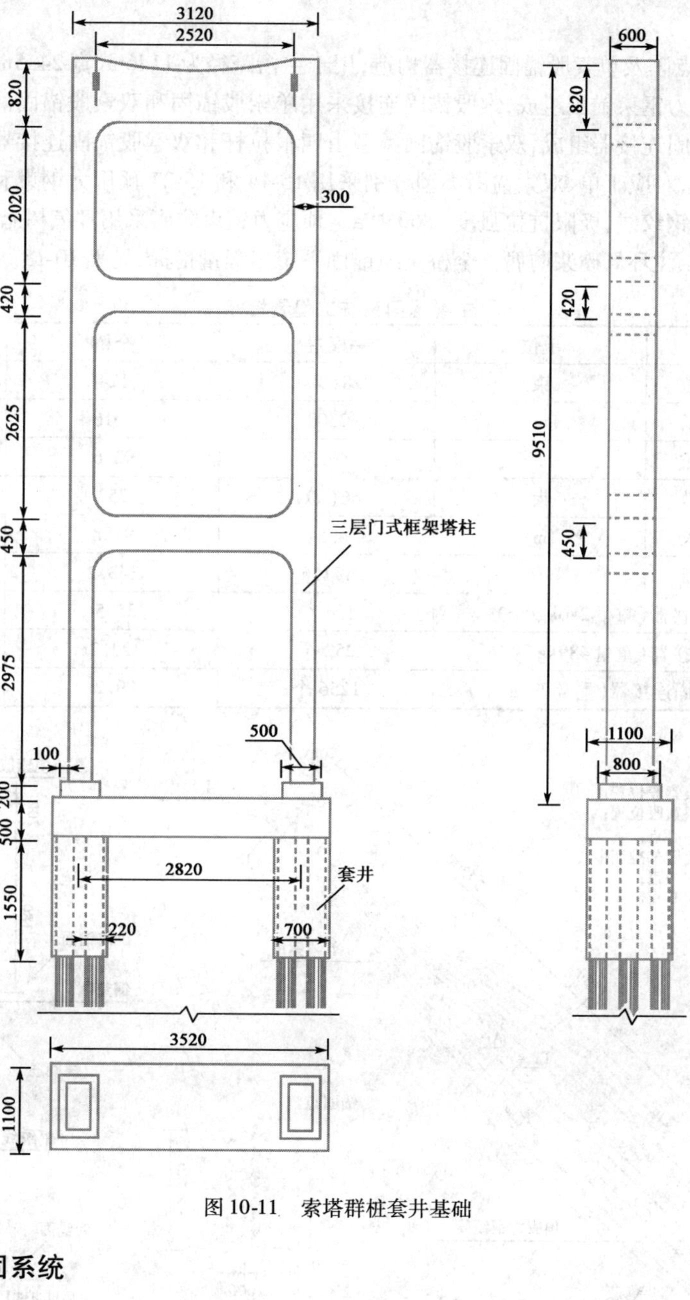

图 10-11　索塔群桩套井基础

10.1.9　主缆锚固系统

1. 钢构架锚固

图 10-12 为索股锚固。重力式及隧道式锚碇的锚固系统中的型钢锚固系统由锚梁、锚杆组成。锚杆主体为一焊接工字形钢梁，尾部与锚梁连接。锚杆前端部是固定锚头的重要部分，也是将巨大的主缆索股拉力传递给锚碇的结合点。因此，锚杆前端部的安全性、施工可操作性十分重要。索股锚固原理是通过锚头承压板将索股力传递到焊接腹板上的加劲板（即传给锚杆）而实现索力传递的。为了将索股拉力直接传到锚梁，需对锚杆作无黏结处理，具

体做法是在锚杆防锈面漆外加涂一次沥青。

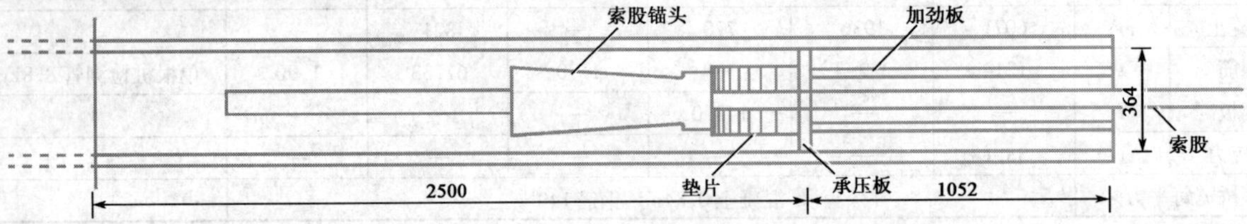

图 10-12　索股锚固

2. 预应力锚固

图 10-13 为主缆锚固点阵及单索股锚固连接器构造,用于主桁跨径为 1146m、宽 24.5m 的悬索桥。主缆锚固系统由索股锚固拉杆和预应力钢束锚固组成,索股锚固连接采用单索股锚固和双索股锚固两种类型。单索股锚固类型由 2 根拉杆和单索股锚固连接器组成,双索股锚固类型由四根拉杆和双索股锚固连接器组成。预应力锚固构造由预应力钢束和锚具组成,对应于单、双索锚固类型分别采用 15-14 和 15-27 预用力钢束和相应的锚具。钢束采用直径 ϕ15.24mm 的底松弛钢绞线,极限抗拉强度 1860MPa。预应力钢束防腐采用环氧树脂钢绞线,管道压注水泥砂浆防腐,前锚面锚头采用压注环氧砂浆防腐。全桥主缆锚固系统工程量指标,见表 10-15。

主缆锚固系统工程量指标　　表 10-15

项目			单位	一根主缆	全桥	备注
钢绞线	15-17	束数	束	28(34)	124	
		总长	m	2308	4616	
		总重	t	46.3	92.6	
	15-32	束数	束	66(60)	252	
		总长	m	4554	9108	
		总重	t	171.6	343.2	
连接器	单根索股连接器(重量 286kg/个)			124 个	35.5t	
	双根索股连接器(重量 489kg/个)			252 个	123.2t	
	(拉杆)双束锚固连接器(重量 79kg/个)			1256 个	99.2t	桥跨桥宽每平方米:21.4kg

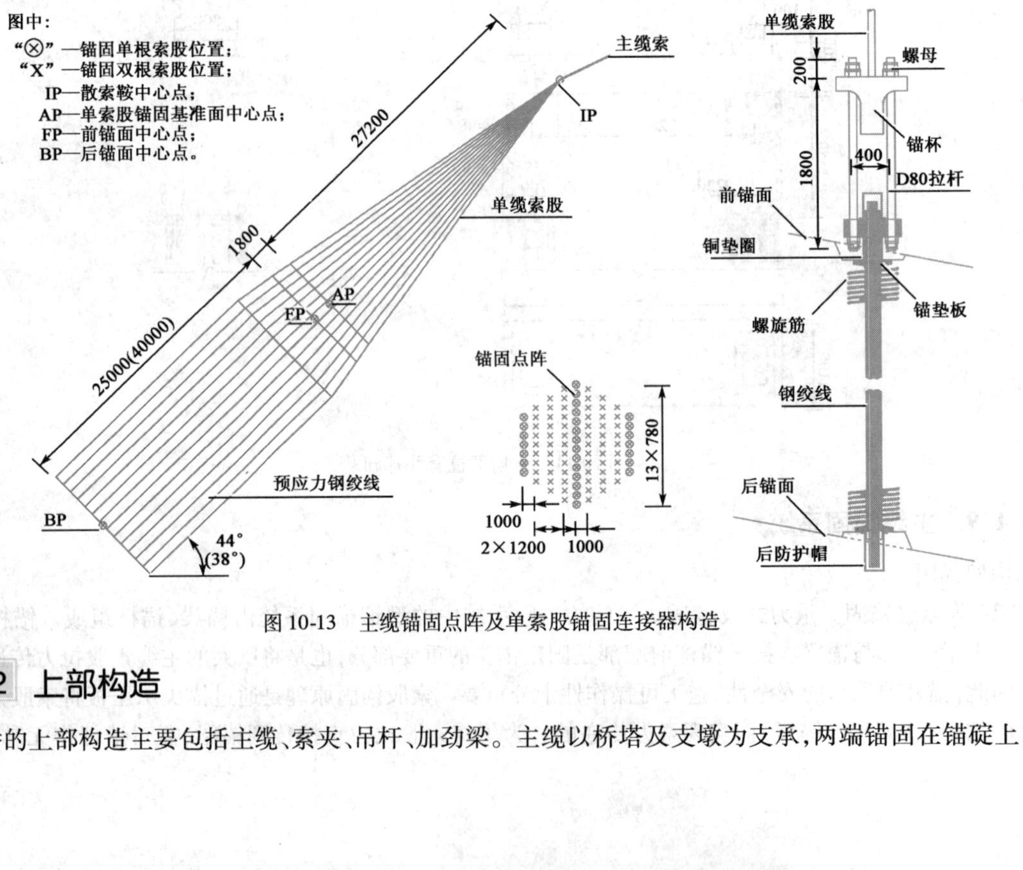

图 10-13　主缆锚固点阵及单索股锚固连接器构造

10.2 上部构造

悬索桥的上部构造主要包括主缆、索夹、吊杆、加劲梁。主缆以桥塔及支墩为支承,两端锚固在锚碇上,并通过吊杆悬挂加劲梁，是悬索桥的主要承重构件。主缆和吊索连接一般采用刚性索夹将主缆箍紧，使主缆在受拉时，产生收缩变形不致滑动。加劲梁是直接承受和传递车辆、风、温度和地震荷载的梁体结构，从某种意义上说，加劲梁又控制着荷载的分布和大小，对保证悬索桥稳定有很重要的作用。

10.2.1 主缆

图 10-14 为主跨 1146m、宽 24.5m 加劲梁悬索桥的主缆索，主缆垂跨比 $F/L=1/9.2$，中心距 27m。主缆索由 154 股×127 丝 $\phi5.1$mm 镀锌高强钢丝组成，通长索股长度 1642.5m，在架设时排列成近似正六边形，紧缆后主缆为圆形，直径约 800mm。主缆工程量指标，见表 10-16。

主缆工程量指标　　表 10-16

项目	单丝直径	单股丝数	单股重	单缆股数	主缆长度	全桥钢丝	备注
	mm	根	kg/m	股	m	t	
通长索	5.1	127	20.366	154	1642.5	10303.0	桥跨桥宽每平方米:369kg
背索	5.1	127	20.366	6	282.1	68.9	

单缆索股用定型捆扎带绑扎，两端采用热铸锚头。在单索股截面右上角设一根基准丝，此钢丝制作误差应根据制作工艺与精度要求确定。每根单索股在长度方向的捆扎带为交错设置，不影响主缆的空隙率。

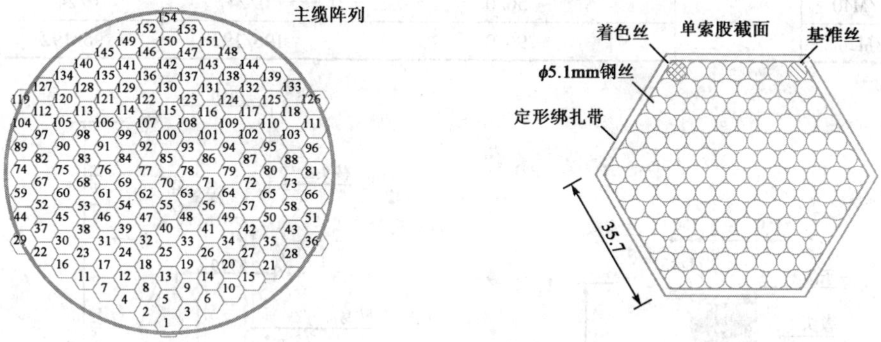

图 10-14　主缆索

10.2.2 索夹

图 10-15 为主跨 1146m、宽 24.5m 加劲梁悬索桥的索夹构造。全桥索夹共分三类：主缆与吊索连接的吊索索夹，主缆紧箍的定型索夹，主索鞍及出口处的封闭索夹。索夹采用铸钢铸造，左右两半成套加工。两半索夹就位后用螺杆紧固，接缝处嵌填橡胶防水条防水。主缆和钢桁架之间纵向有水平位移，使跨中短吊索锚头处产生正负应力交替，易造成疲劳破坏。为防止这种破坏，在主缆跨中设置三对柔性中央扣。索夹工程量指标，见表 10-17。

索夹工程量指标　　表 10-17

项目		单位	吊索索夹						定型索夹		中央扣	合计
			AT 型	A 型	B 型	C 型	D 型	E 型	A 型	B 型		
索夹	数量	个	4	4	30	34	34	26	30	30	6	198
	重量	t	25.5	16.9	78.1	71.1	59.1	31.9	22.4	23.4	24.0	352.4
高强螺栓			1.974	1.518	5.834	4.959	3.306	1.264	2.334		1.604	22.793

10.2.3 索鞍

图 10-16 为主跨 1146m、宽 24.5m 加劲梁悬索桥的索鞍构造。主索鞍采用铸焊结合，由鞍头、鞍身两部分组成，安装后组焊为一体；鞍体下设聚四氟乙烯板便于施工鞍座顶推，鞍槽内的隔板和索股全部就位、调股后，顶部用锌质填块填平，外用钢罩。鞍头部分主要构造是放置主缆索股的承缆槽，槽底有与放置索股形状相适应的纵向弧形槽路，其断面根据索股的排列多呈方形台阶状。台阶槽之间设置隔板将每列索股隔开，一般为厚 3～6mm 的钢板，其高度与入鞍索股的高度相同。隔板在高度上分为 2～3 层，在纵向可分为 3～5 块，每块单件质量不大于 50kg，以利于搬运和安装。底层隔板与鞍槽焊接，焊接必须打磨平整，不能损伤入鞍索股钢丝，上下隔板间有企口互相嵌合。散索鞍鞍头采用铸钢铸造，鞍身采用钢板焊接；索鞍钢底板埋深 45mm，地脚螺栓埋深 995mm，底板以上 275mm，预

先埋入地脚螺栓在散索鞍支墩的混凝土中。索鞍工程量指标,见表10-18。

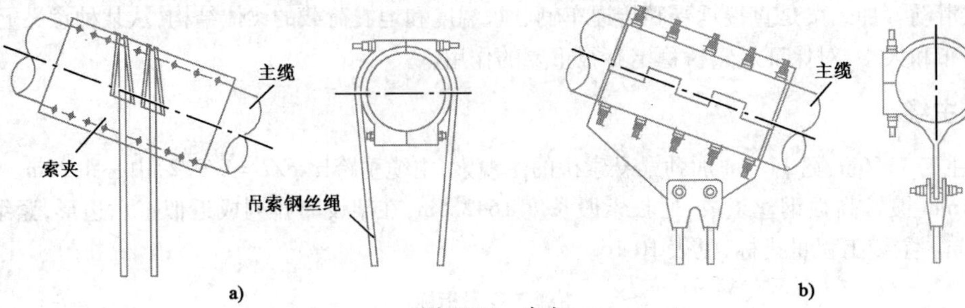

图10-15 索夹

a)骑跨式;b)销接式

索鞍工程量指标 表10-18

项目	单位	散索鞍		主索鞍		备注
		鞍头	鞍座	东岸	西岸	
钢材	t	310.000	148.532	234.597	194.862	合计906.7t
锌		—		9.340	9.340	
螺栓 M64×1500/M40	个	56/0		0/24	0/24	
螺栓 M30×220/M24		96/0		196/192	196/192	

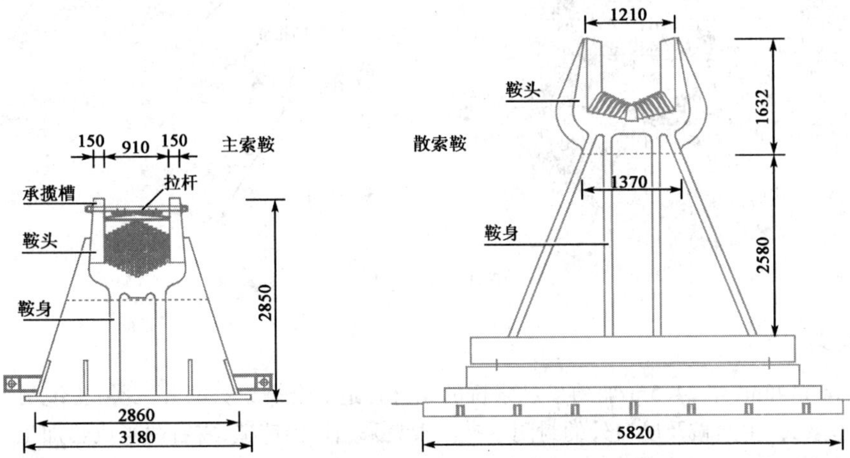

图10-16 索鞍

10.2.4 吊索

吊索将加劲梁竖向力传递给主缆。吊索下端通过锚头与梁体两侧的吊点联结,上端通过索夹与主缆联结。图10-17为主跨径为1146m、宽24.5m的加劲梁悬索桥的吊索。吊索长度及重量,见表10-19。其采用骑跨式钢丝绳吊索,抗拉强度1870MPa;主梁吊索共68根,主梁两端J01、C01因拉力较大采用直径80mm吊索两根,J02~J07、C02~C07采用直径62mm吊索6根,其余采用直径60mm吊索;吊索锚头采用热铸锚,锚具经调质热处理,外表面镀锌。吊索长度超过20m的两根吊索之间设减振架。

吊索长度(m)及重量 表10-19

吊点	J01	J02	J03	J04	J05	J06	J07	J08	J09	J10	J11	J12
长度	181.0	170.9	161.0	151.5	142.4	133.5	125.0	116.8	108.9	101.4	94.1	87.2
吊点	J13	J14	J15	J16	J17	J18	J19	J20	J21	J22	J23	J24
长度	80.5	74.2	68.2	62.5	57.1	52.1	47.3	42.8	38.7	34.9	31.3	28.1
吊点	J25	J26	J27	J28	J29	J30	J31	J32	J33	Z34		
长度	25.2	22.6	20.3	18.3	16.6	15.2	14.1	13.4	12.9	12.7		
C01~C33吊点号长度未示出;吊索67对,钢丝绳413.7t,热铸锚78.8t,夹具等138.2t;合计630.7t												

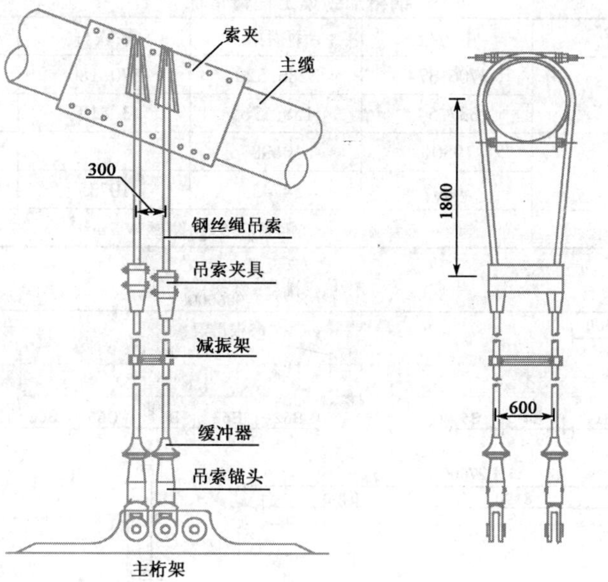

图 10-17　吊索

10.2.5　预应力混凝土加劲箱梁

图 10-18 为三跨双铰悬索桥的预应力混凝土加劲箱梁，桥跨布置为 154m + 452m + 154m = 760m，采用半漂浮体系，两边跨辅助墩顶设主缆限位装置，以约束主缆的竖向变位。主梁宽 25.2m，中心梁高 2.2m，主梁纵、横预应力采用黏结和无黏结束两种。体外束布置在底板顶部，主跨设 27 束通长束。纵向每 6.0m 吊索处设置一道主横梁，主横梁间现浇湿接头处设内圈式副横隔梁。主梁按吊点间距划分节段预制，节段长 5.7m，重约 160t，全桥标准节段 121 个，采用 180t 缆载吊机吊装。每跨两端的非标准节段及节段间 30cm 湿接缝待梁段安装就位后现场浇筑，最后施加纵向预应力束将主梁形成整体，主梁在主塔及边墩处设竖向抗压支座，在塔柱内侧设阻尼器。边墩顶设 XF-120 伸缩缝。全桥主梁混凝土用量 9345m^3。预应力混凝土加劲梁工程量指标，见表 10-20。

预应力混凝土加劲梁工程量指标　　表 10-20

项目	单位	主梁	隔板	现浇	备注
混凝土	m^3	9766	2299	1664	主梁截面积 22.844m^2
钢筋	t	1953	344.9	332.8	隔板截面积 51.095m^2
预应力	t	390.6	—	—	
桥跨桥宽每平方米		混凝土 1.21m^3，钢筋 231kg			

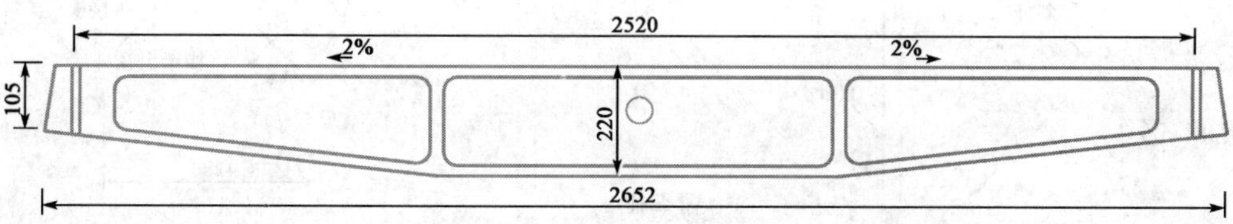

图 10-18　预应力混凝土加劲箱梁

10.2.6　钢桁加劲梁及桥面板

钢桁加劲梁内容包括钢桁架、检修道、钢桁架结构防腐、桥面板等。

1. 钢桁加劲梁

图 10-19 为钢桁加劲梁，用于主跨径为 1146m、宽 24.5m 的加劲梁悬索桥。主跨为带直腹杆的华伦式钢桁架结构，钢桁架由主桁架、主横桁架、上下平联及抗风稳定板组成，梁高（主桁中心线距离）7.5m，钢桁架加劲梁全宽（直杆间中心距离）27m。钢桁架设置上下弦杆、直斜腹杆，横梁设置上下弦杆、直斜腹杆，钢桁架上下层面设置平联杆及风稳定板。在每节处设置一道主横桁架。钢桁加劲梁工程量指标，见表 10-21。钢横梁构造，见图 10-20，主桁架构造，见图 10-21。

钢桁加劲梁工程量指标　　表 10-21

项目		单位	主桁架	钢横梁	平联杆	风稳定板	备注
钢材		t	3706.374	3286.520	570.180	222.915	
高强螺栓			337.54	158.176	3.819	1.493	
防锈	内	m^2	19501	10698	—	—	
	外		30607	54743	10735	4733	
桥跨桥宽每平方米			钢材 295kg，防锈 4.7m^2				

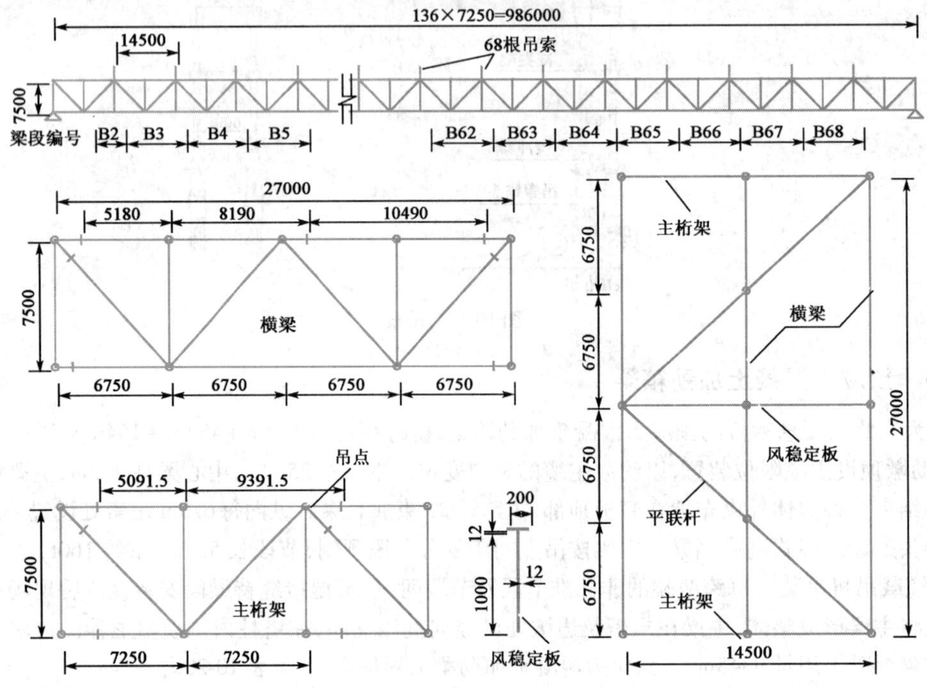

图 10-19　钢桁加劲梁构造

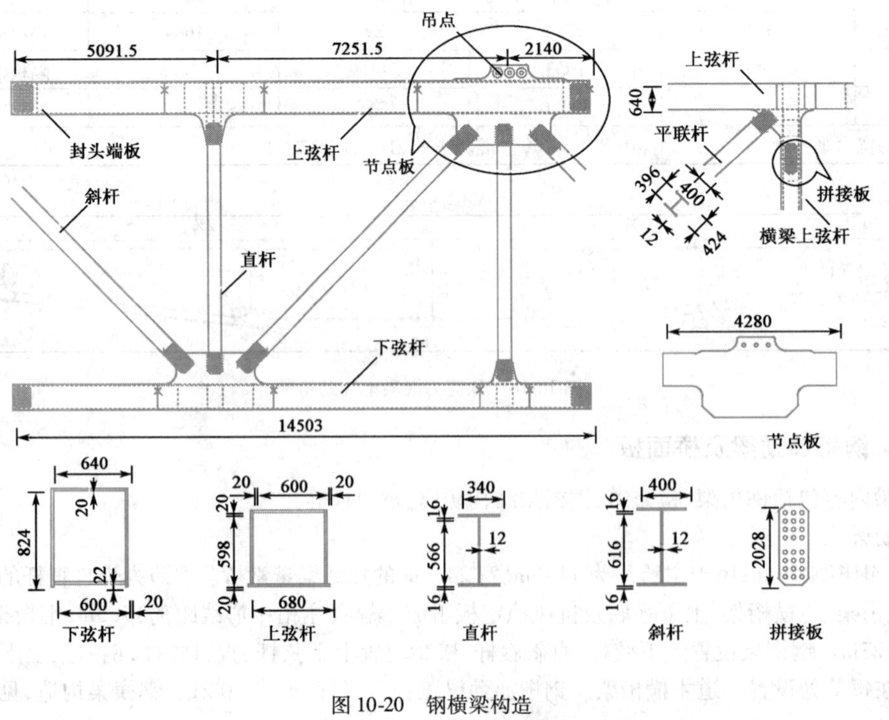

图 10-20　钢横梁构造

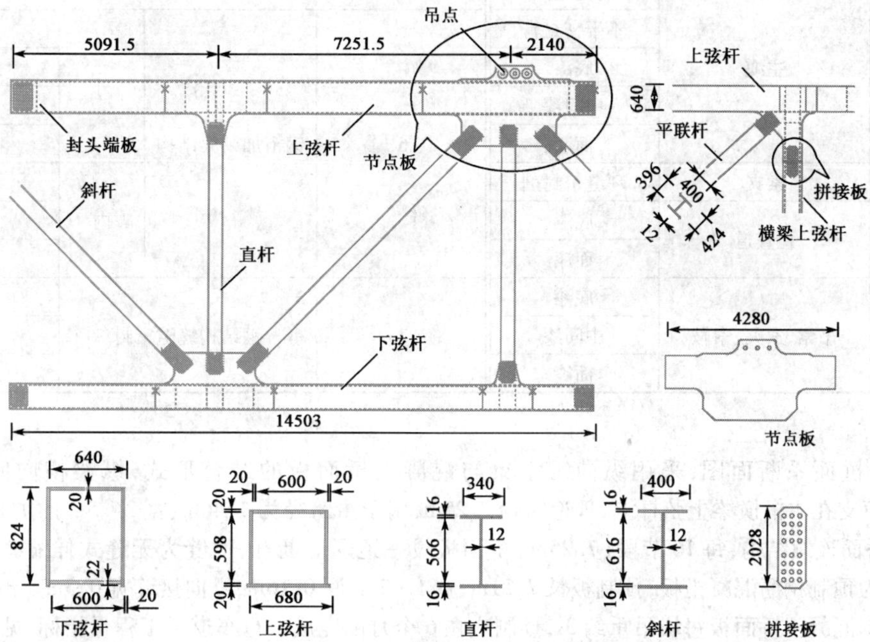

图 10-21　主桁架构造

2. 钢桁架悬索桥的检修道

钢桁架检修道分布见图 10-22，用于主跨径为 1146m、宽 24.5m 的加劲梁悬索桥。检修道工程量指标，见表 10-22。

检修道工程量指标　　表 10-22

项目		托架钢材	钢格板	栏杆柱及钢链	备注
单位重		27.8kg/m	25.1kg/m^2	21.6kg/m	
全桥工程量	数量	5920m	4335m^2	5920m	
	钢材(t)	164.583	108.809	127.872	桥跨桥宽每平方米钢材 14.3kg

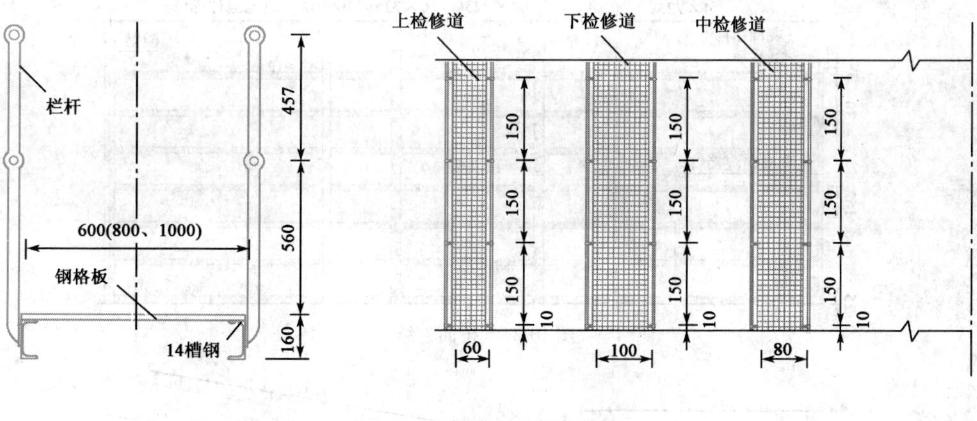

图 10-22　钢桁加劲梁检修道

3. 钢桁架结构防腐

该桥主缆、吊索、钢桁架等钢结构采用长效重防腐方案，锚碇预应力采用环氧树脂全喷涂钢绞线，主塔混凝土表面涂装。上部构造防腐油漆工程，见表 10-23。

上部构造防腐油漆工程　　　　表 10-23

序号	项目	工程内容	序号	项目		工程内容
1	主缆	磷化底漆	5	鞍座		顶口密封剂
		不干密封膏	6	钢桁加劲梁结构	外	表面喷砂处理
		底漆				底漆
		中间漆				中间漆
		面漆				面漆
2	索夹	环缝密封剂			内	表面喷砂处理
3	检查道	底漆				底漆
		面漆				面漆
4	吊索、索夹、索鞍	底漆	7	钢结构缝隙密封		表面处理剂
		中间漆				密封剂
		面漆				面漆

4. 桥面板

图 10-23 为桥面系断面图，采用纵向工字梁与混凝土桥面板的结合形式，纵梁横向间距 1.92m，梁高 0.63 ~0.83m，简支在主桁横梁上弦杆上，理论跨径 7.25m，用于主跨径为 1146m、宽 24.5m 的加劲梁悬索桥。各跨桥面板间采用桥面连续结构，每 16 节段(7.25m)桥面板设一道通缝断开，通缝为无缝式伸缩缝。桥面连续，见图 10-24。桥面板为预制钢筋混凝土板，预制板长 7.21m、宽 1.62m、厚 0.16m，纵向接缝宽 0.3m。预制混凝土桥面板，见图10-25。预制混凝土桥面板每块吊重约 3t，预制应在 6 个月前完成。行车道系工程量指标，见表 10-24。

行车道系工程量指标　　　　表 10-24

项目	单位	钢纵梁	预制板	纵向湿接缝	横向桥面连续	备注
钢板	t	2241.1	—	—	—	
高强螺栓		10.2	—	—	—	
混凝土	m^3	—	3087	919.4	132.6	桥跨桥宽每平方米：混凝土 $0.15m^3$，钢材 142kg
钢筋	t	—	1330.5	359.5	41.3	

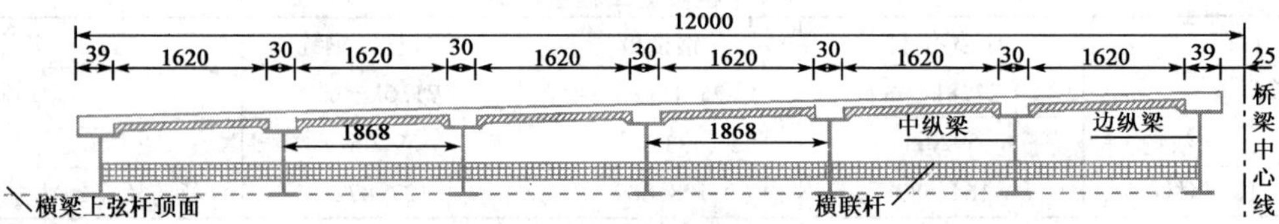

图 10-23　桥面系断面

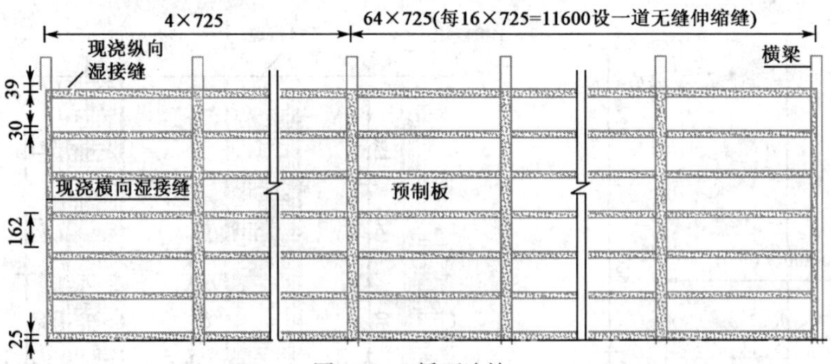

图 10-24　桥面连续

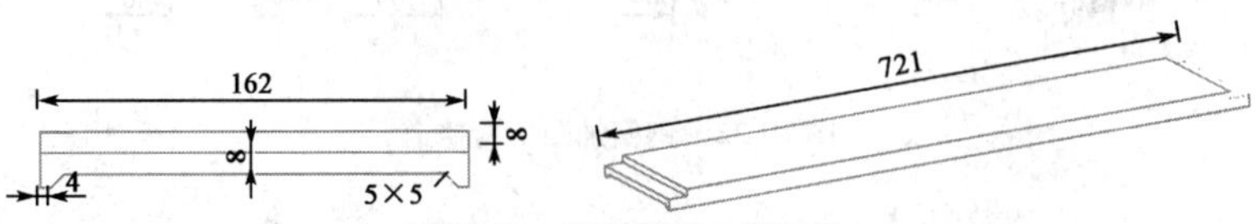

图 10-25　预制混凝土桥面板

图 10-26 为桥面系钢纵梁布置。钢纵梁支座调平钢板中心厚度 15mm，与钢横梁上弦翼缘板电焊连接；钢纵梁需在钢横梁上弦杆翼缘板上焊接限位钢板，分别为 120mm ×10mm ×440mm ×2 块、120mm ×10mm ×320mm。

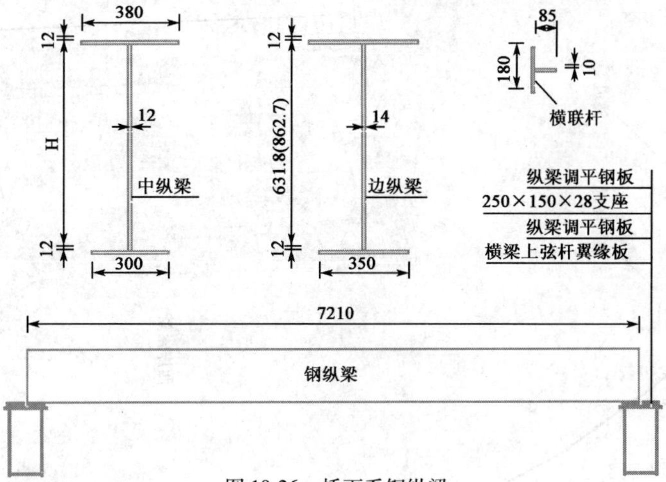

图 10-26 桥面系钢纵梁

10.2.7 钢箱加劲梁

图 10-27 为钢箱加劲梁。悬索桥钢箱加劲梁一般采用流线型扁平箱形结构,以获得良好的空气稳定性。当桥面只供车辆行驶时,加劲梁一般呈梭形,两侧设置导流风嘴,吊索则锚固在钢箱梁风嘴上面;当桥面还需要布置人行道或检修道时,在吊索外侧增设人行道或检修道。钢箱加劲梁顶板通常设置双向横坡,以利排水,底板则水平,以方便制造加工;风嘴构造尺寸则各不相同,需要根据横断面布置和风洞试验确定。各大桥箱梁参数,见表 10-25。

各大桥箱梁参数　　表 10-25

项目	桥长	钢箱梁重	吊索宽	梁高	桥跨宽每 m^3
	m	t	m		kg
润扬长江大桥(南)	1490	23000	34.3	3	150.0
广州珠江黄埔大桥	1108	20010	37.69	3.5	136.9
秦州长江大桥	2160	33600	34.8	3.5	127.7
宜昌长江大桥	960	10591.8	29.2	3	125.9
湖北西陵长江大桥	900	7344	20	3	136.0
虎门大桥	888	11700	32	3	137.2

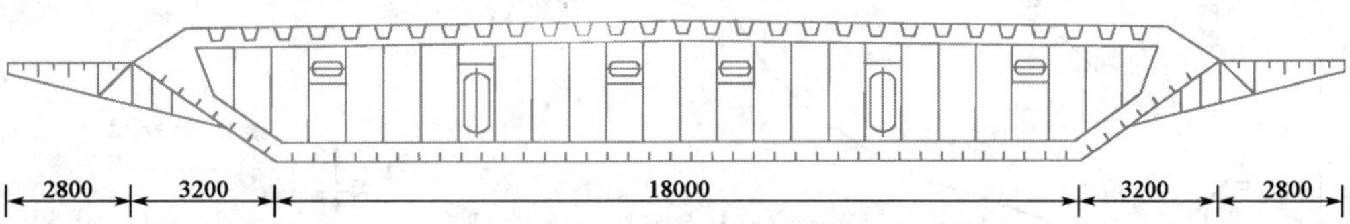

图 10-27 钢箱加劲梁

10.3 钢桁架悬索桥全桥工程量

湘西矮寨双塔钢桁架加劲梁悬索桥,主跨径 1146m,见图 10-28。设计荷载为公路-I 级,桥面系宽度 24.5m。东岸边跨 252m、重力式锚碇,西岸边跨 126m、隧道式锚碇。索塔采用门架式框架结构,塔柱为钢筋混凝土空心方墩,塔柱底部设置塔座,塔柱顶部设预应力混凝土空心横梁,塔基为扩大基础,嵌入微风化岩持力层。全桥主要工程量指标,见表 10-26。

全桥主要工程量指标　　表 10-26

项目	单位	桥面系	上部构造				下部构造		
			钢桁架	主缆	索夹吊索	桥面板	索塔	锚碇	索鞍
混凝土	m^3	—	—	—	—	4139	20409	86547	—
钢材	t	472	8287	11721	1205	3983	3544	1878	907
桥跨桥宽每平方米	混凝土 3.96m^3、钢材 367kg								

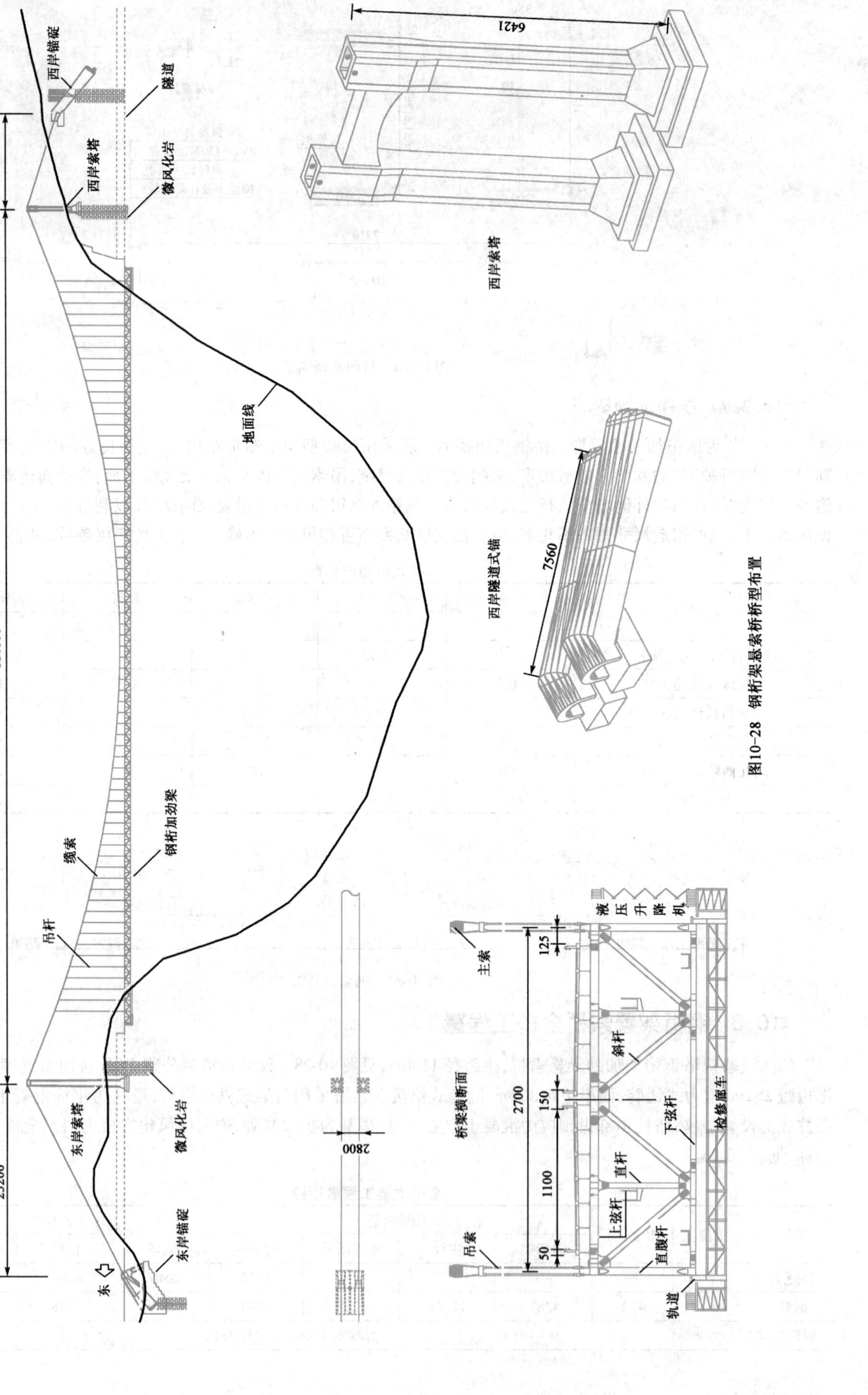

图10-28 钢桁架悬索桥桥型布置

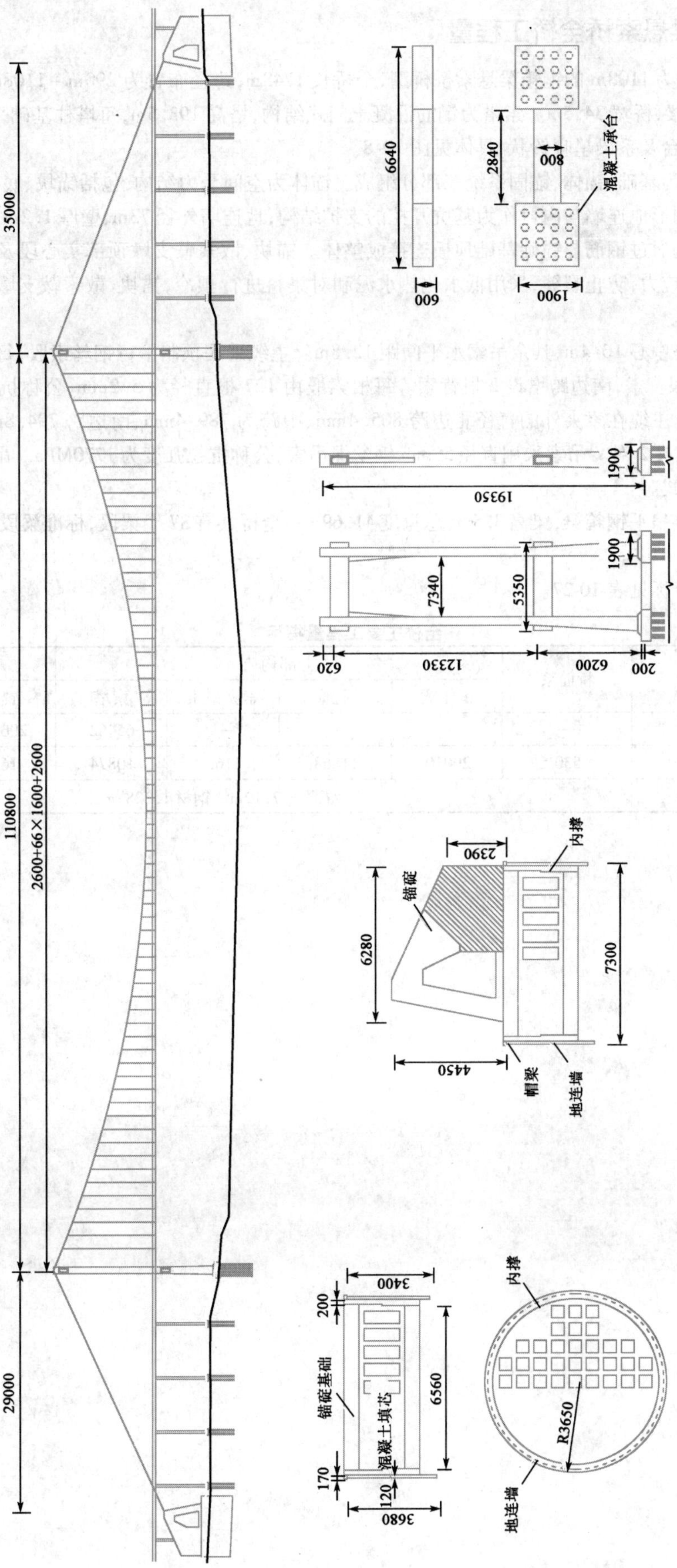

图10-29　钢箱梁悬索桥桥型布置

10.4 钢箱梁悬索桥全桥工程量

图 10-29 是主桥跨为 1108m 的钢箱梁悬索桥桥型，全桥长 1748m，跨径布置为 290m + 1108m + 350m，两边跨引桥为 62.5mPC 连续箱梁，桥宽 34.5m。索塔为钢筋混凝土门式结构，塔高 193.5m，每塔柱基础采用 16 根直径 2.2m 的钻孔灌注桩，索塔承台及系梁呈哑铃状，具体见图 10-8。

锚碇为重力式，分为基础、锚体、锚固系统三部分组成。锚体为空间受力结构，包括锚块、底板、前锚室以及后锚室等。锚碇基础采用圆形地连墙与内衬作为基坑开挖的支护结构；地连墙外径 73m、壁厚 1.2m。基坑分层取土，分层施工内衬。锚体结构通过钢筋与锚碇基础顶板连接成整体。锚块、散索鞍支墩顶部实心段及底板均为大体积混凝土结构，为减小温度应力，防止裂缝，采用低水化热水泥和对集料进行预冷，锚块、散索鞍支墩顶部实心段采用分层浇筑、冷却水管降温。

桥塔侧吊索距桥塔中心 16.4m，其余吊索水平间距 12.8m。主缆采用预制平行钢丝索股，每根主缆有通长索股 147 股，北边跨增设 6 根背索，南边跨增设 2 根背索。每根索股由 127 根直径为 5.2mm、公称抗拉强度 1670MPa 的高强度镀锌钢丝组成。主缆在索夹外的直径北边跨 805.4mm、中跨为 789.4mm、南边跨 794.8mm。全桥中跨有吊索索夹 85 对，无吊索索夹 2 对。吊索采用直径 56mm 钢丝绳吊索，公称抗拉强度为 1770MPa。吊索与索夹为骑跨式连接，与钢箱梁为销铰式。

加劲梁采用全焊接扁平钢箱梁，梁高 3.5m，总宽度 41.69m。全桥共有 87 个梁段，标准梁段长 12.8m，最大吊装节段重 230t。

全桥主要工程量指标见表 10-27。

全桥主要工程量指标 表 10-27

项目	单位	桥面系	上部构造				下部构造	
			钢箱梁	主缆	索夹吊索	索塔	锚碇	索鞍
混凝土	m^3	—	—	—	—	65462	206562	—
钢材	t	530	20010	11868	1165	10874	1625	860
桥跨桥宽每平方米		混凝土 7.12m^3、钢材 1.228kg						

第十一章 路线交叉

11.1 平面交叉

平面交叉是指道路与道路在同一平面内的交叉，简称平交，一般分为十字形、T 形、Y 形、X 形、错位和环形等六种交叉形式。平面交叉工程量指标，见表 11-1。

平面交叉工程量指标 表 11-1

项目	主线(m)		被交叉道(m)		面积(m^2)	备注
	路基长度	路基宽度	路基长度	路基宽度		
十字形平面交叉	42	10.0	41	8.5	850	喇叭口范围内
T 形平面交叉	136	12.0	58	12.0	3100	
Y 形平面交叉	258	24.5	106	24.5	9700	

1. 十字形平面交叉

十字形平面交叉是指四岔公路呈“十”字形的平面交叉。这种交叉形式简单，交通组织方便，街角建筑容易处理，使用范围广，可用于相同等级或不同等级公路的交叉，在任何地方的公路网规划中都是最基本的交叉口形式。图 11-1 为十字形平面交叉，被交道在喇叭口范围内采用主线相同路面结构形式，被交道两侧设置和主线相同的 0.5m × 0.5m 的浆砌片石矩形排水沟。

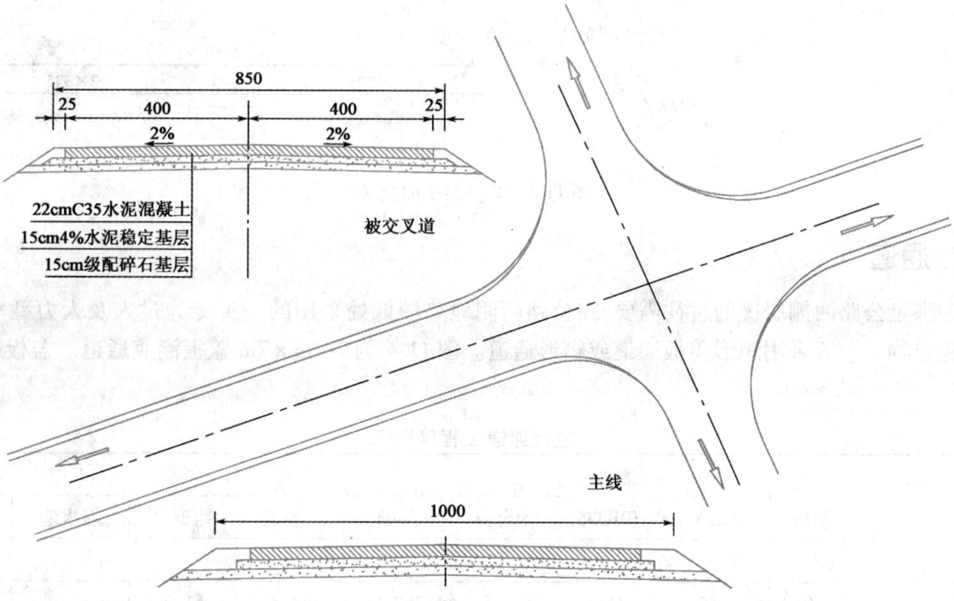

图 11-1 十字形平面交叉

2. T 字形平面交叉

图 11-2 为 T 字形平面交叉，平面交口为不设控制信号的 T 形渠化平交。该平面交叉主线设计车速 60km/h，右

转弯设计车速≤20km/h,左转弯设计车速≤15km/h。

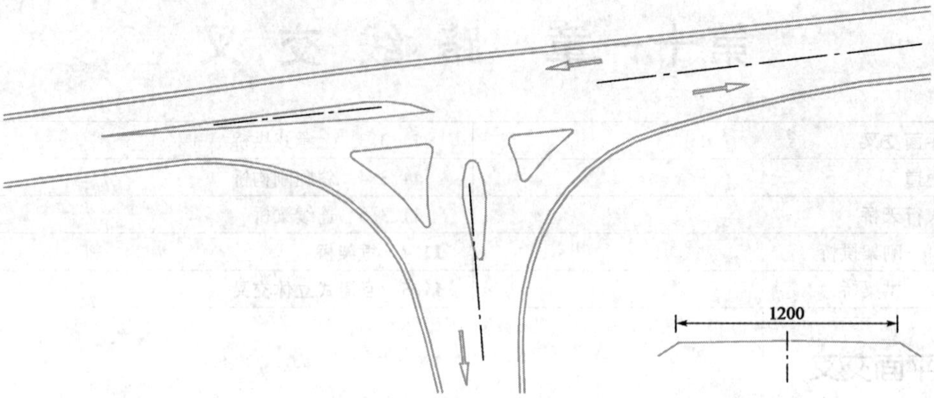

图 11-2　T 字形平面交叉

3. Y 字形平面交叉

图 11-3 为 Y 字形平面交叉示意,该平面交叉主线设计车速 80km/h,右转弯设计车速为 25km/h,左转弯设计车速为 15km/h。

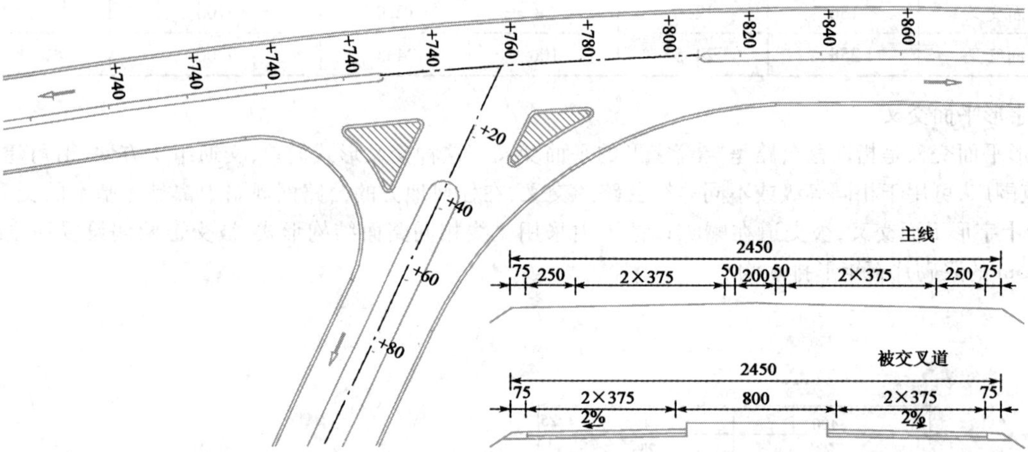

图 11-3　Y 字形平面交叉

11.2 通道

通道是为满足公路两侧居民的过往需要,在公路两侧地势较低处采用的一种专为过人及人力型车辆的类似于过水涵洞的建筑物。一般采用矩形盖板通道或箱形通道。图 11-4 为 2-4m × 7m 盖板涵兼通道。盖板通道工程量指标,见表 11-2。

盖板通道工程量指标　　表 11-2

项目	洞身					洞口			
	预制板	R235	HBR335	涵台身	基础	翼墙	铺砌	隔水墙	帽石
	m^3	kg		m^3		m^3			
工程量指标	76.9	4052	13414	511.5	253.6	48.4	51.2	3.28	3.48
每平方米	混凝土 5.44 m^3,钢筋 100kg($21.86 \times 4.0 \times 2 = 174.88m^3$)								

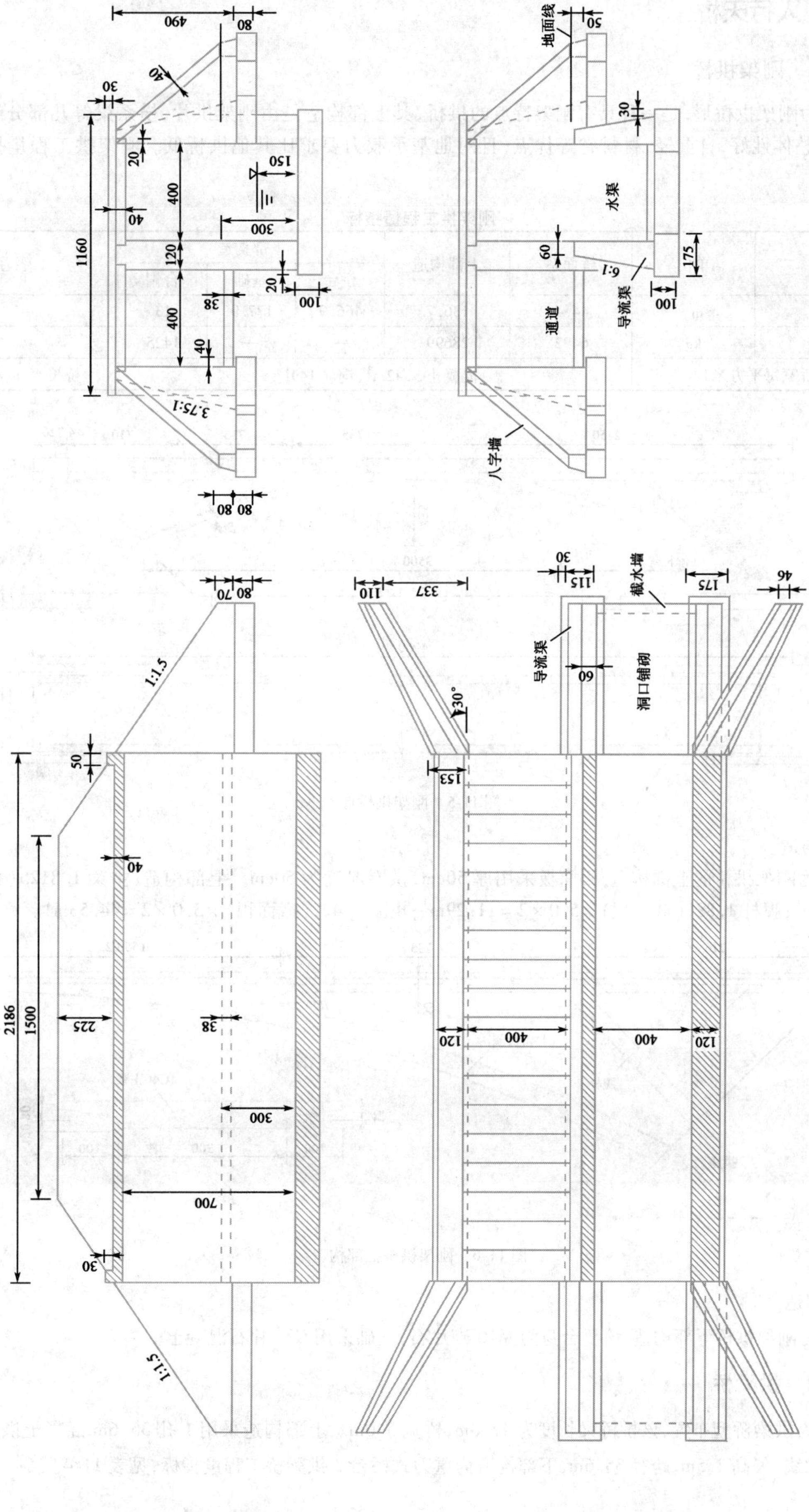

图11-4 2-4m×7m盖板涵兼通道

11.3 人行天桥

11.3.1 刚架拱桥

图 11-5 为刚架拱桥形，是一种具有刚架特点的拱桥，其上部构造是由刚架拱片，横系梁等几部分组成，具有杆件数量少，整体性好，自重轻，材料省等优点，且对地基承载力要求比其他拱桥低。刚架拱工程量指标，见表 11-3。

刚架拱工程量指标　　表 11-3

项目	单位	桥面系	上部构造	下部构造			备注
				桥台	基础	台帽	
混凝土	m^3	44.4	136.7	466.9	177.9	13	
钢筋	kg	6492	28699	—	—	1425	
桥长桥宽每平方米		混凝土 3.42m^3，钢筋 149kg					桥长 49m，桥宽 5m

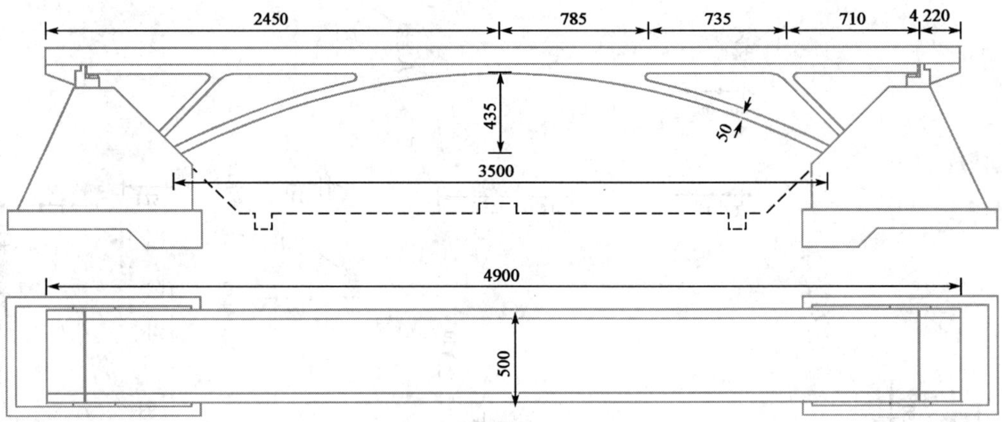

图 11-5　刚架拱桥形

1. 上部构造

图 11-6 为刚架拱桥的上部构造，桥面板采用厚 50cm，拱圈厚度为 50cm。上部构造：主梁 1.8125（截面积）× 44.6 = 80.84m^3；腹杆 1.881（截面积）×5.0×2 = 11.29m^3；拱圈 7.422（截面积）×3.0×2 = 44.53m^3。

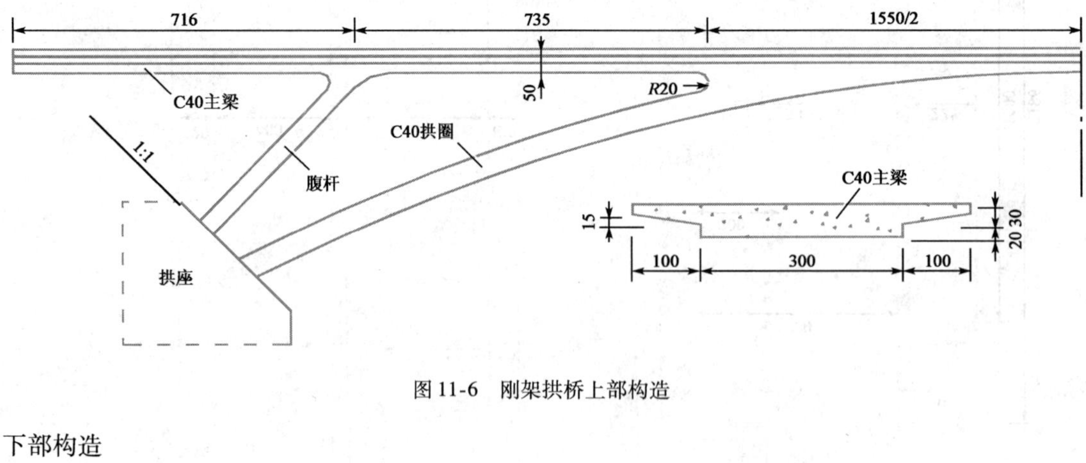

图 11-6　刚架拱桥上部构造

2. 下部构造

图 11-7 为刚架拱桥下部构造，该桥台身为 M10 砌片石，基础采用 C20 片石混凝土。

11.3.2 拱梁桥

图 11-8 为拱梁桥型布置，该桥桥梁长度为 47.8m，桥宽 5.0m。上部构造采用 1 孔 35.6m 混凝土拱梁桥，主拱圈为二次抛物线，矢高 3.5m，跨径 35.6m，下部构造为重力式桥台。拱梁桥工程量指标，见表 11-4。

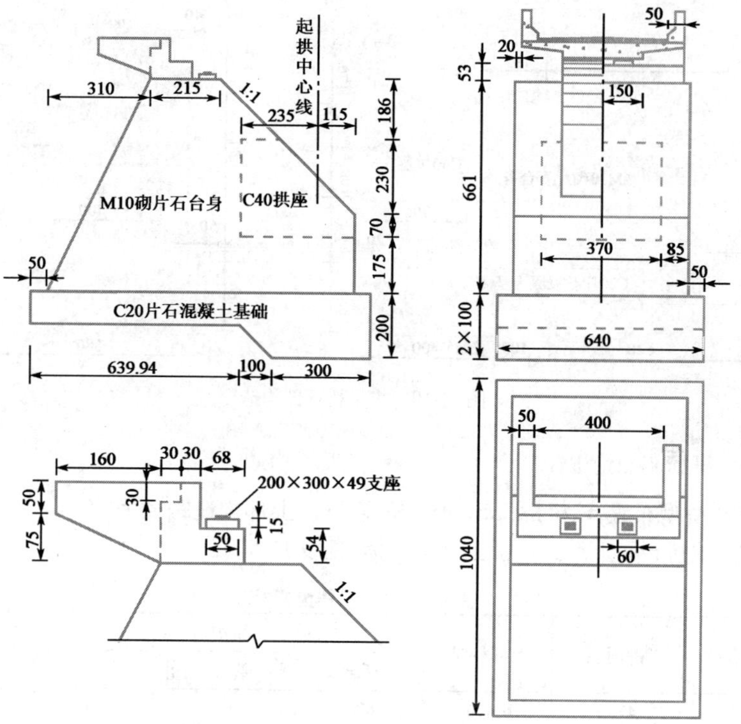

图 11-7 下部构造

拱梁桥工程量指标

表 11-4

项目	单位	桥面系	上部构造	下部构造			备注
				桥台	基础	台帽	
混凝土	m^3	43.3	150.4	510	213.5	12.6	上部构造见图 11-9
钢筋	kg	6350	31583	—	—	1385	桥台见图 11-10
桥长桥宽每平方米		混凝土 3.89m^3，钢筋 165kg					

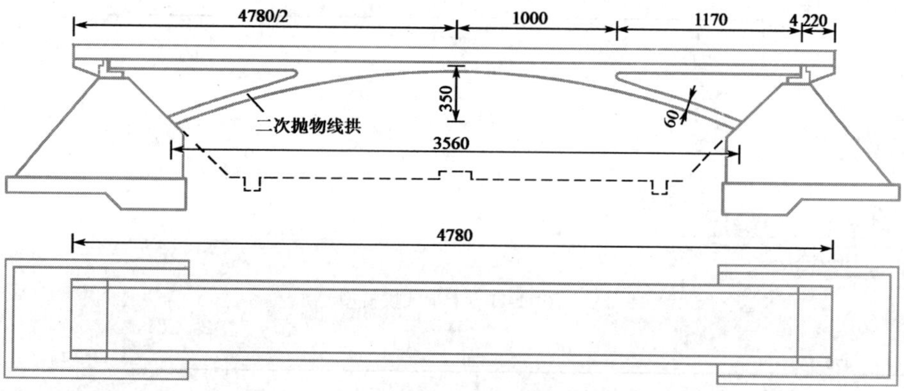

图 11-8 拱梁桥桥型

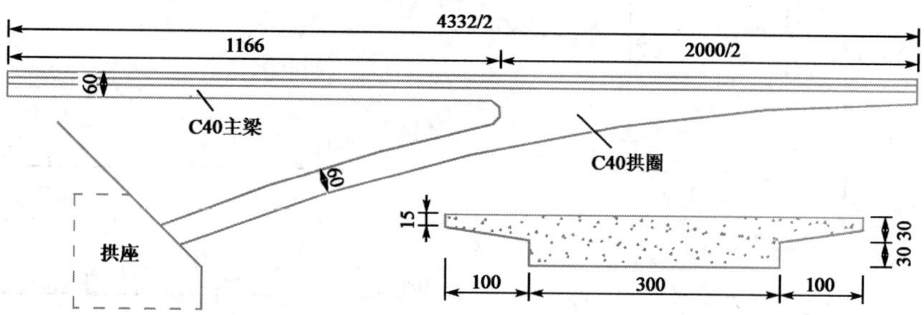

图 11-9 拱梁桥上部构造

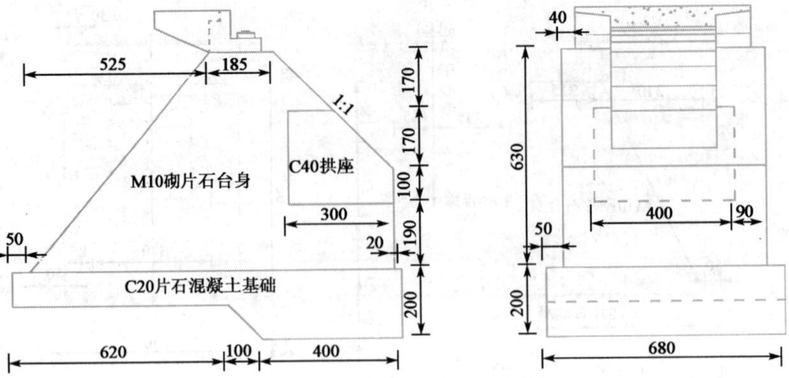

图 11-10　拱梁桥下部构造

11.3.3　上承式拱桥

图 11-11 为上承式拱桥型布置，该桥桥长 52.4m，桥宽 5m。上部构造跨径为 35.4m，矢高 5.9m，拱圈采用二次抛物线；下部构造为重力式桥台。上承式拱桥工程量指标，见表 11-5。

上承式拱桥工程量指标　　表 11-5

项目	单位	桥面系	上部构造	下部构造			备注
				桥台	基础	台帽	
混凝土	m^3	47.5	164.1	575	176	10.7	上部构造见图 11-12
钢筋	kg	6958	34461	—	—	1177	桥台见图 11-13
桥长桥宽每平方米		混凝土 3.71m^3，钢筋 163kg					

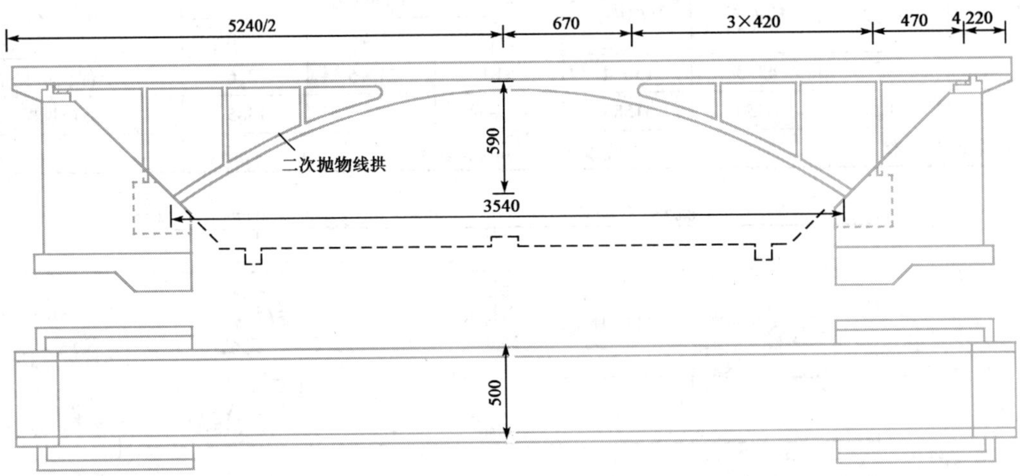

图 11-11　上承式拱桥型

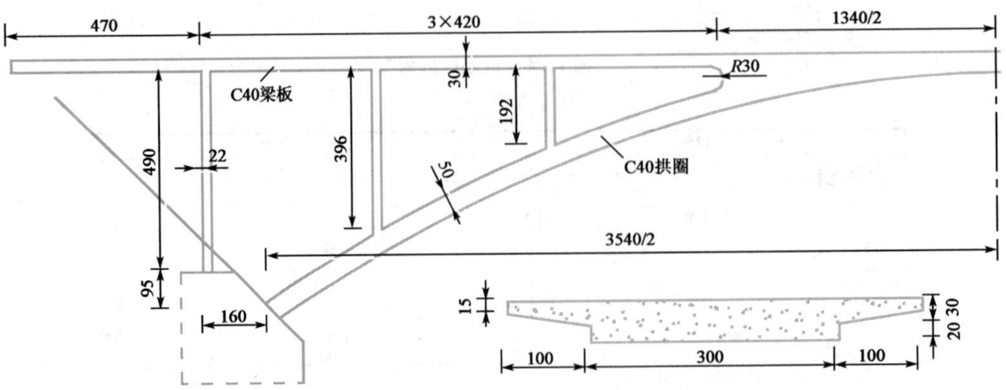

图 11-12　上承式拱桥上部构造

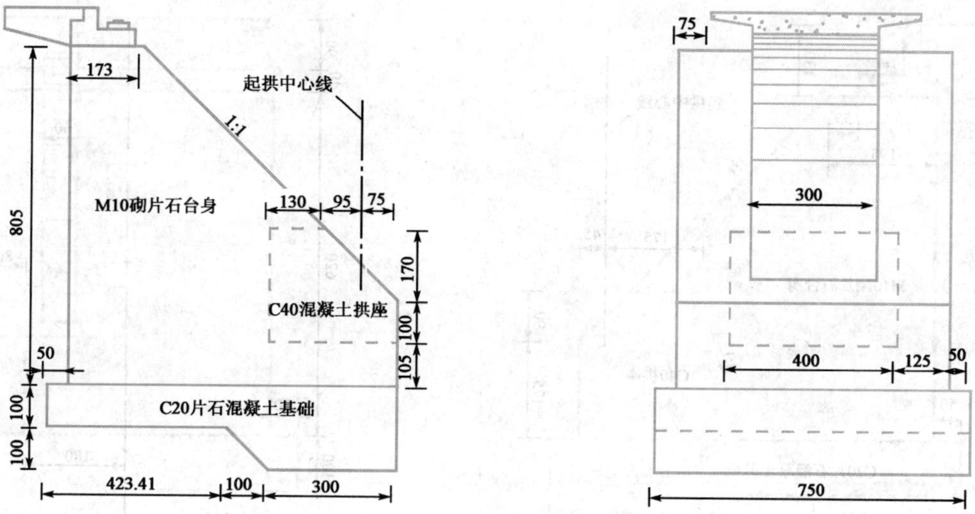

图 11-13 上承式拱桥下部构造

11.3.4 斜腿刚构桥

图 11-14 为斜腿刚构桥型,桥长 49.2m,宽 5m,跨径 34.2m,矢高 4.6m,下部构造采用重力式桥台。斜腿刚构桥工程量指标,见表 11-6。

斜腿刚构桥工程量指标 表 11-6

项目	单位	桥面系	上部构造	下部构造			备注
				桥台	基础	台帽	
混凝土	m^3	44.6	107.7	310	129	10.7	上部构造见图 11-15
钢筋	kg	6535	25848	—	—	1177	桥台见图 11-16
桥长桥宽每平方米		混凝土 $2.45m^3$,钢筋 136kg					

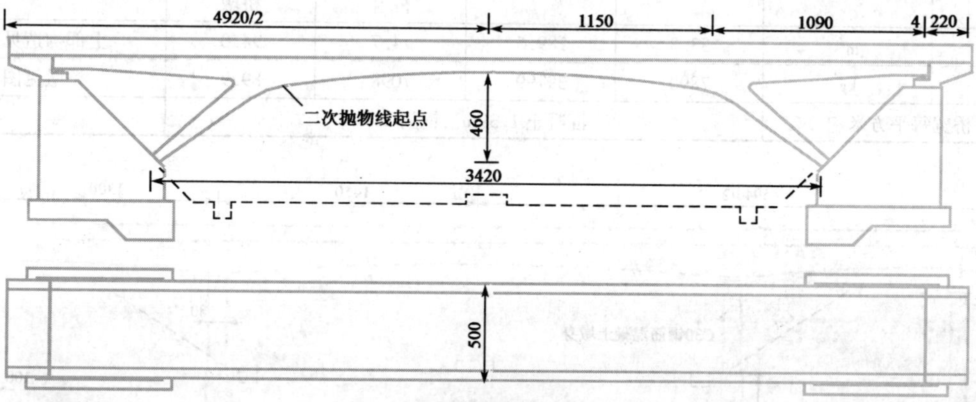

图 11-14 斜腿刚构桥型

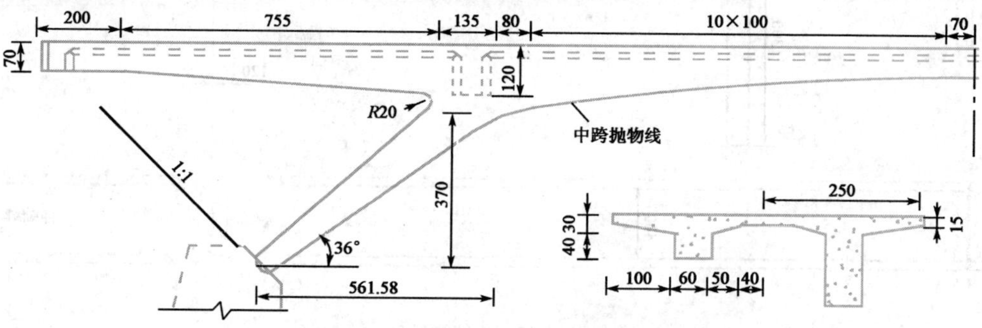

图 11-15 斜腿刚构桥上部构造

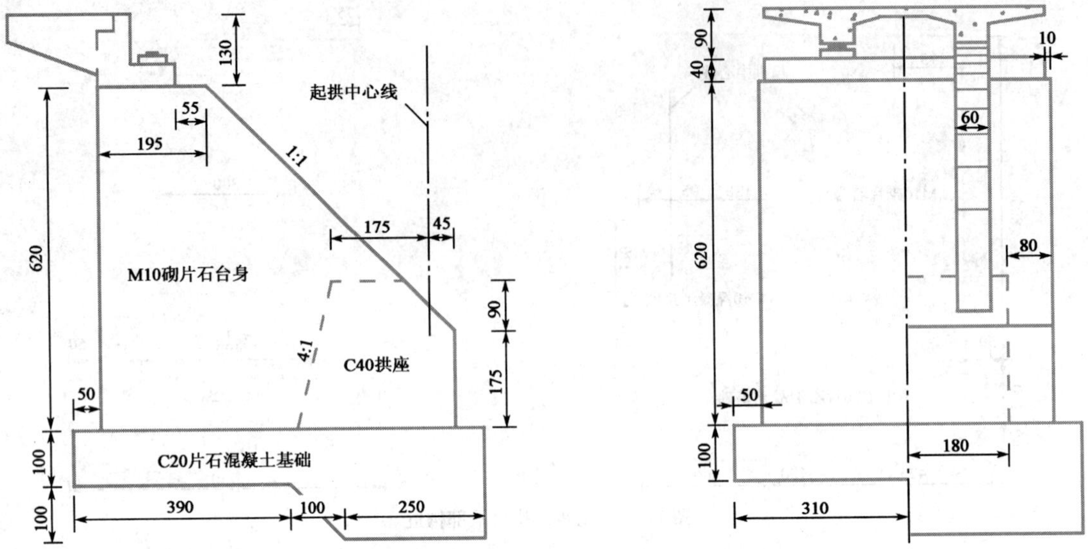

图 11-16　斜腿刚构桥下部构造

11.3.5　连续梁桥

连续梁桥是指两跨或两跨以上连续梁的桥，属于超静定体系。连续梁在恒活载作用下，产生的支点负弯矩对跨中正弯矩有卸载作用，使内力状态比较均匀合理，因而梁高可以减小，能节省材料，且具有刚度大、整体性好、超载能力大、安全度大、桥面伸缩缝少等优点。图 11-17 为连续梁桥型布置，桥长 59.4m，宽 5.0m，连续梁桥工程量指标见表 11-7。

连续梁桥工程量指标　　表 11-7

项目	单位	桥面系	上部构造	下部构造		备注
				桥台	桥墩	
混凝土	m^3	53.8	189.5	74.7	94.0	上部构造见图 11-18
钢筋	kg	7890	39799	7098	8929	桥墩见图 11-19
桥长桥宽每平方米		混凝土 1.39m^3，钢筋 215kg				

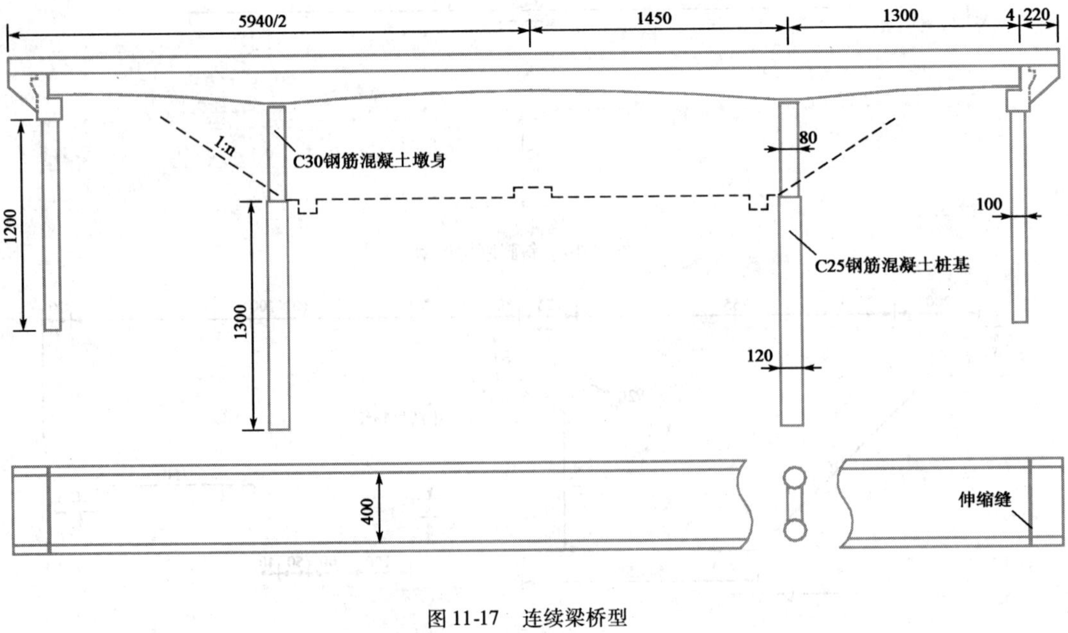

图 11-17　连续梁桥型

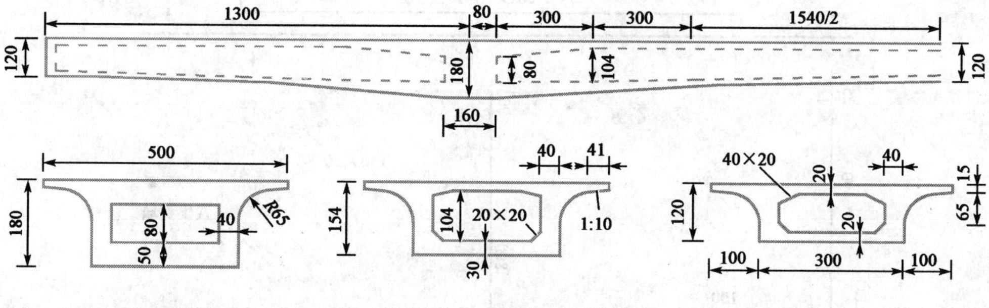

图 11-18 连续梁桥上部构造

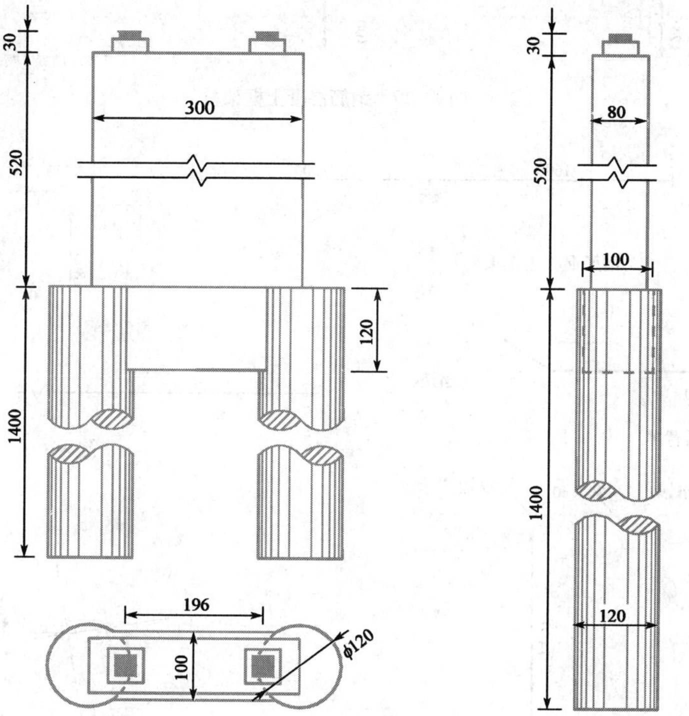

图 11-19 桥台

11.4 框架桥(分离式立体交叉)

图 11-20 为公路与铁路交叉的钢筋混凝土框架桥,净高为 8.0m。基坑施工时,基底须先清淤,夯填片石层,再上铺中砂,然后再在其上制作滑板,滑板表面应尽量光滑平整,高程误差最大不超过 ±3mm,并喷涂润滑剂。工作坑底板顶面用 1:3 砂浆抹平,厚度不大于 2cm,平整度力求最佳,再在其上涂刷 2 ~ 3mm 的滑石粉或石蜡,要求表面光洁平滑,框构底板浇筑前再铺塑料布(或油毡)一层,以减少顶进阻力。浇筑框身混凝土时一般可分为两阶段施工,先浇筑框架底板(应一次浇至加腋顶部不少于 0.5m),当底板混凝土达到适宜强度后,再捆扎上部钢筋,浇筑混凝土。边墙与框架底板混凝土接缝处及每次混凝土施工接缝处,必须凿毛清洗干净后,先涂纯水泥浆,再浇筑混凝土。框架桥工程量指标,见表 11-8。图 11-21 为框架桥施工布置,图 11-22 为框架桥钢筋混凝土栏杆示意。

框架桥工程量指标 表 11-8

项目	单位	框架	后背桩		分配梁	滑板	八字墙	栏杆	备注
			桩身	护壁					
混凝土	m^3	697.6	70.7	31.1	34.4	158	604	7.5	
钢筋	kg	111616	6787	1555	6192	23699	24144	1650	桥长 16m
桥长桥宽每平方米	混凝土 8.35m^3,钢筋 915kg								桥宽 12m

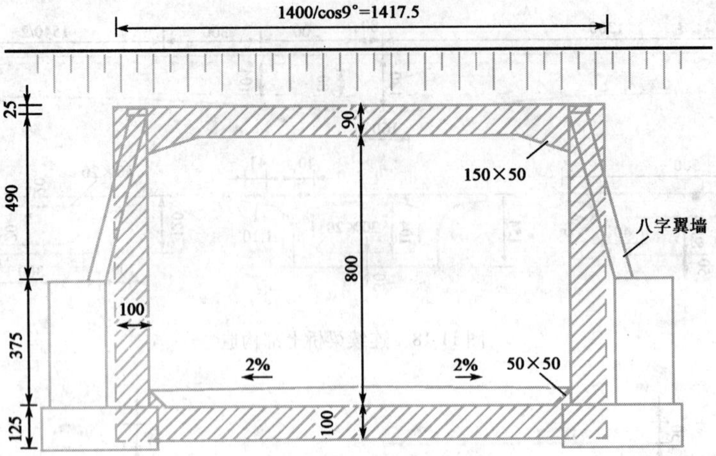

图 11-20　钢筋混凝土框架桥

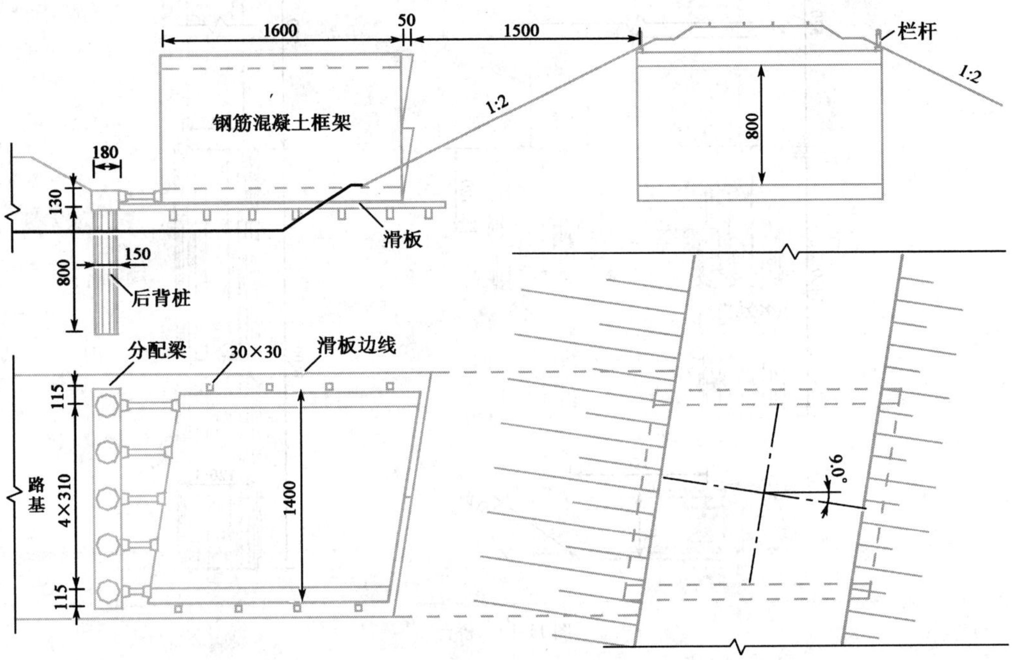

图 11-21　框架桥施工布置

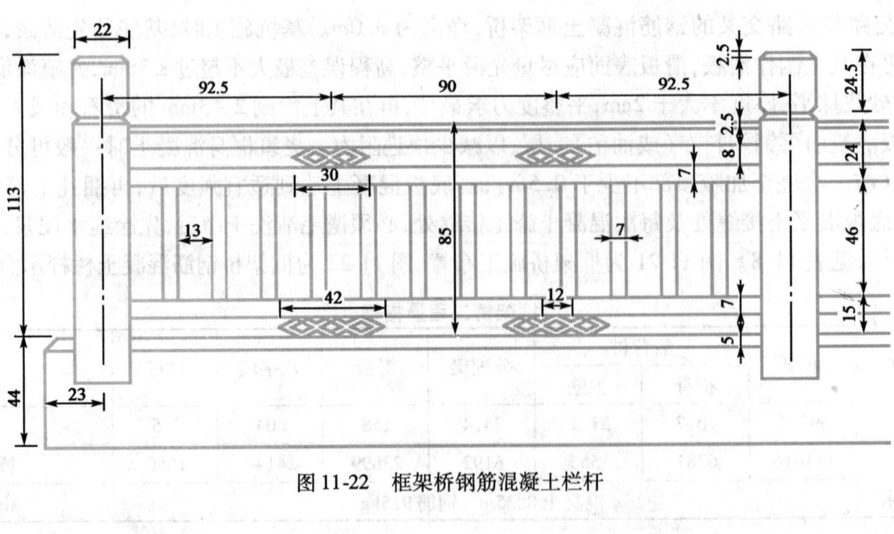

图 11-22　框架桥钢筋混凝土栏杆

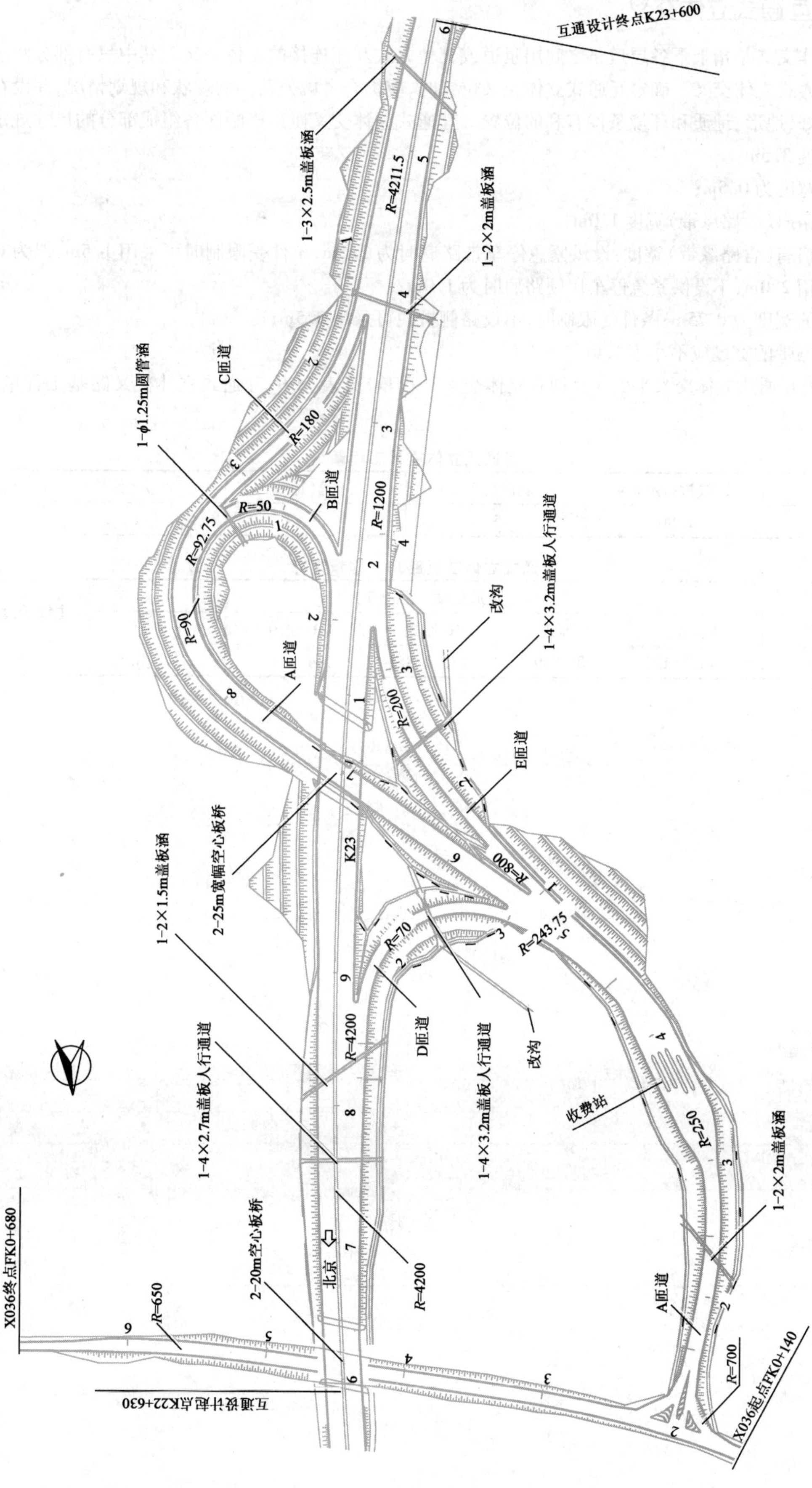

图11-23　互通式立体交叉平面

11.5 互通式立体交叉

互通式立体交叉是指上下各层道路之间用匝道或其他方式互相连接的立体交叉。其中只有部分匝道互相连通的称为部分互通式立体交叉。确定互通式立体交叉位置时,应综合考虑公路网的现状和规划情况,并设在两相交公路线形指标良好,地形、地质和环境条件有利的位置。互通式立体交叉匝道横断面各组成部分的尺寸规定如下:

①车道宽度3.5m;

②路缘带宽度为0.5m;

③左侧硬路肩(含路缘带)宽度1.0m;

④右侧硬路肩(含路缘带)宽度:设供紧急停车带路肩时为2.5m,条件受限制时可采用1.5m,但为对向分隔式双车道时宜采用2.0m;不设供紧急停车用硬路肩时为1.0m;

⑤土路肩的宽度为0.75m;条件受限制时,不设路侧护栏可采用0.5m;

⑥中央分隔带的宽度应不小于1.0m。

图11-23为互通式立体交叉平面。互通式立体交叉工程量,见表11-9;互通式立体交叉路基工程量指标,见表11-10。

互通式立体交叉工程量 表11-9

项目	跨线桥(座/m)	涵洞(道)	通道(道)	改沟(处)	备注
工程量	2/90	5	3	2	

互通式立体交叉路基工程量指标 表11-10

项目	匝道长度/宽度(m)					主线长度/宽度(m)
	A匝道	B匝道	C匝道	D匝道	E匝道	
工程量指标	950/15.5(12)	106.8/9	176.7/8.5	144.6/8.5	225.7/8.5	970/26

第十二章　公路隧道

公路隧道内轮廓标准，即拱部为单心半圆，侧墙为大半径圆弧，仰拱与侧墙之间用小半径圆弧连接。各等级公路隧道标准净宽、拱部半径、内轮廓面积、周长和无仰拱面积等，见表12-1、表12-2、表12-3。

高速公路分离式单幅隧道净宽　　表12-1

设计速度(km/h)	净宽	行车道	侧向宽度	检修道	拱部半径	全面积	周长	无仰拱
	m				cm	m^2	m	m^2
120	15.25	3×3.75	0.75+1.25	1.0+1.0	860	133.52	43.11	106.14
100	10.75	2×3.75	0.5+1.0	0.75+1.0	570	87.15	33.91	75.03
80	10.25	2×3.75	0.5+0.75	0.75+0.75	543	79.96	32.46	69.14

高速公路连拱隧道净宽　　表12-2

设计速度(km/h)	净宽	行车道	侧向宽度	检修道	拱部半径	全面积	周长	无仰拱
	m				cm	m^2	m	m^2
100	10.75	2×3.75	0.5+1.0	0.75+1.0	570	175.0	62.33	145.2
80	10.25	2×3.75	0.5+0.75	0.75+0.75	553	167.9	60.82	158.3

二级及以下公路隧道净宽　　表12-3

设计速度(km/h)	净宽	行车道	侧向宽度	人行道	拱部半径	面积	周长	无仰拱
	m				cm	m^2	m	m^2
80	11.0	2×3.75	0.75+0.75	1.0+1.0	570	86.99	33.87	75.01
60	10.0	2×3.5	0.5+0.5	1.0+1.0	525	75.21	31.47	65.32
40	9.0	2×3.5	0.25+0.25	0.75+0.75	505	70.08	30.35	61.2
30	8.5	2×3.25	0.25+0.25	0.75+0.75	450	57.94	27.56	50.63

12.1 隧道洞口

洞口工程是隧道出入口部分的构筑物，包括洞门、边坡防护、仰坡支挡构造物及排水设施和引道等。隧道洞口段是指隧道洞口暗挖进洞一定长度段，覆盖层厚度小于2倍开挖隧道断面宽度。洞口段一般较洞身围岩条件差，埋深浅，受地形、环境影响较大，如地表水、气候等影响。因此，洞口段建造要求具有很高的抗风化能力和耐久性。

12.1.1 端墙式洞门

端墙式洞门适用于岩质稳定的Ⅳ级以下围岩和地形开阔的地区，是最常使用的洞门形式。端墙也可做成台阶式洞门。

1. 单洞门

图12-1为二级公路隧道单洞端墙式洞门。为增强洞门墙的稳定性，设计洞门与明洞衬砌之间采用两排ϕ22钢筋相连，钢筋长度80cm，环向间距40cm。一般情况洞门挖方工程量，计入明洞工程量表中。洞顶采用60cm×60cm浆砌片石水沟。洞口工程量指标，见表12-4。

一个洞口工程量指标　　表12-4

项目	C20混凝土洞门墙	洞门连接钢筋	边仰坡砌片石骨架	边仰坡砌片石排水沟	仰坡植草防护
	m^3	kg	m^3	m^2	m^2
工程量指标	325	266	23.7	38.8	158

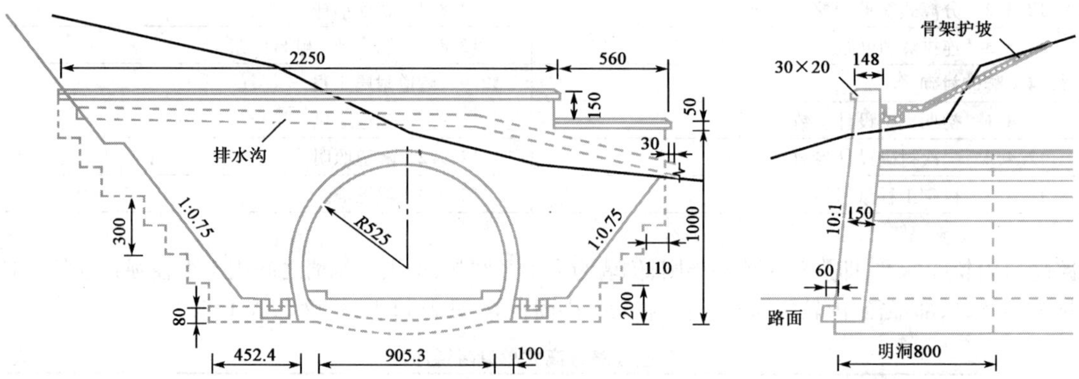

图12-1　单洞端墙式洞门

2. 双洞门

图12-2为高速公路隧道双洞端墙式两车道洞门。洞门厚150cm，上顶宽45.8m。洞门一般设计砌石检查梯，预制混凝土预制块护坡等。洞口开挖及洞门工程量指标，见表12-5；洞口边仰坡排水防护工程量指标，见表12-6。

一个洞口工程量指标　　表12-5

项目	片石混凝土洞门墙	3cm花岗岩镶面	砌片石检查梯	回填土方
	m^3	m^2	m^3	m^3
工程量指标	490	304	5.8	589

一个洞口边仰坡排水防护工程量指标　　表12-6

项目	边坡土工格室	预制块护坡	砌片石截水天沟	砌片石洞顶水沟
	m^3	m^3	m^3	m^3
工程量指标	1667	24.5	88.7	17.6

12.1.2 环框式洞门

图12-3为环框式两车道洞门。当洞口岩层坚硬、整体性好，节理不发育，且不易风化，路堑开挖后仰坡极为稳定，并且没有较大的排水要求时采用。环框与洞口衬砌混凝土整体浇筑。洞口开挖及洞门工程量指标，见表12-7；洞口边仰坡排水防护工程量指标，见表12-8。

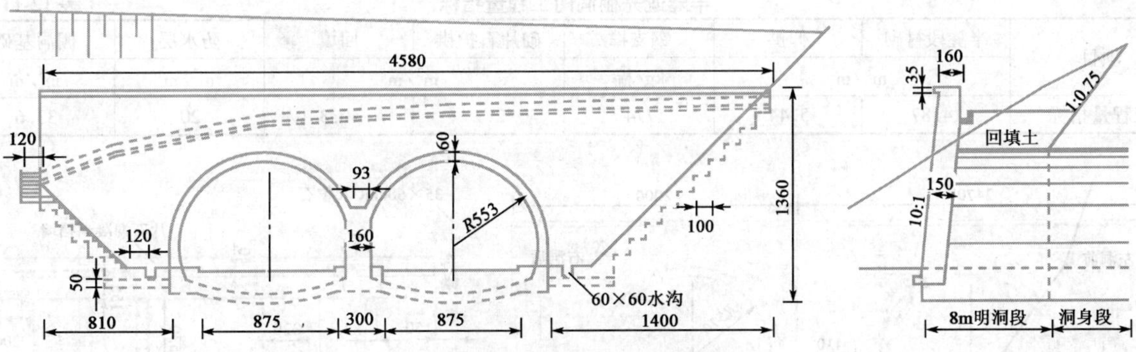

图 12-2 双洞端墙式两车道洞门

洞门工程量指标 表 12-7

项目	乳胶漆洞门饰面	砌石护脚	环框现浇混凝土	夯填土	砂砾垫层	黏土层
	m^2	m^3	m^3	m^3	m^3	m^3
工程量指标	34.3	100	6.8	879	21.2	63.5

洞口边仰坡排水防护工程量指标 表 12-8

项目	预制块护坡	植草	种植土	砌石截水天沟
	m^3	m^2	m^3	m^3
工程量指标	17.4	127	26	39.7

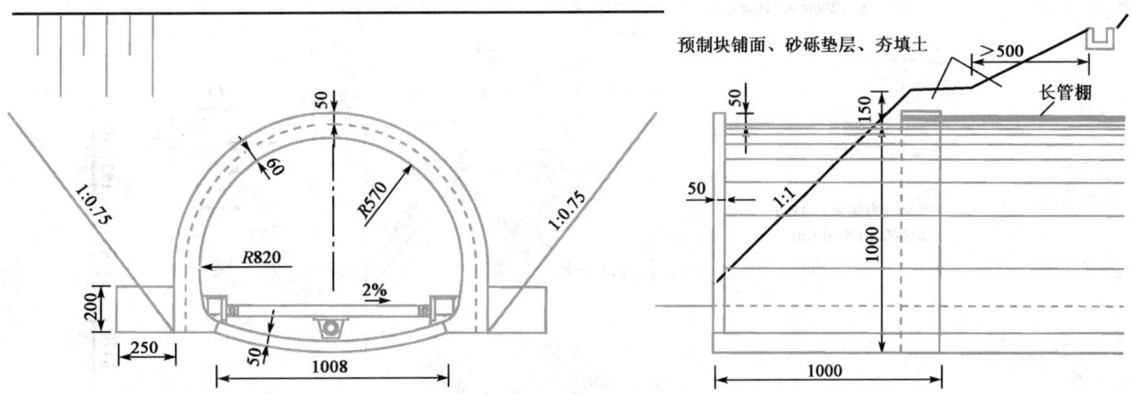

图 12-3 环框式两车道洞门

12.1.3 遮光棚式洞门

图 12-4 为单幅双洞遮光棚式两车道洞门。当洞外需要设置遮光棚时,其入口通常外伸。遮光构造物有开放式和封闭式之分,前者遮光板之间是透空的,后者则用透光材料将前者透空部分封闭。但由于透光材料上面容易沾染尘垢油污,养护困难,所以很少采用封闭式。图 12-5 为棚洞边坡预应力锚索防护。洞门端墙工程量指标,见表12-9;洞口边坡防护工程量指标,见表 12-10;半隧遮光棚洞门工程量指标,见表 12-11。

洞门端墙工程量指标 表 12-9

项目	土方	石方	片石混凝土墙身	C20 帽石	镶面石板	水泥乳胶漆
	m^3	m^3	m^3	m^3	m^2	
左洞	450	2700	248	7.5	173	15
右洞	770	4300	184	5	105	15

洞口边坡防护工程量指标 表 12-10

项目	预应力锚索	喷射混凝土	钢筋网	砂 浆 锚 杆	泄水管
	m	m^3	m^2	m	m
$100m^2$ 工程量指标	11250	10	100	20833	500

半隧遮光棚洞门工程量指标　　表 12-11

项目	半隧段衬砌	仰拱	钢支撑	砌片石护拱	回填	防水层	棚洞基础
	m^3/m		kg/榀	m^3/m		m^2/m	m^3/m
工程量指标	14.87	5.44	774	2.1	40.3	20	33.6

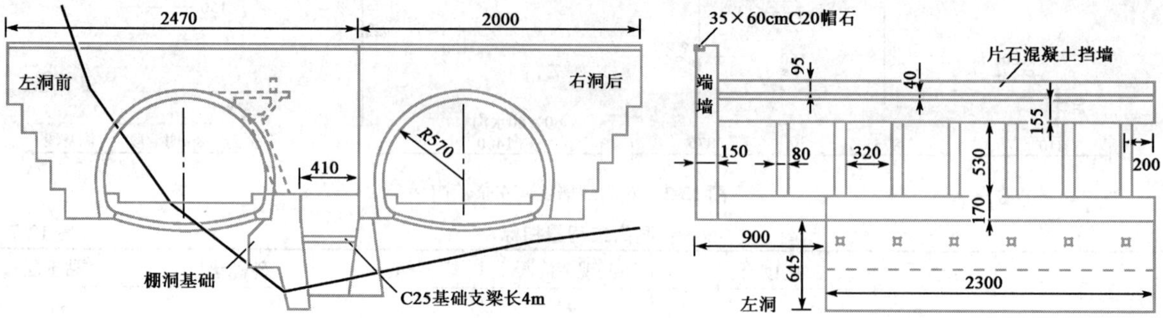

图 12-4　单幅遮光棚式洞门

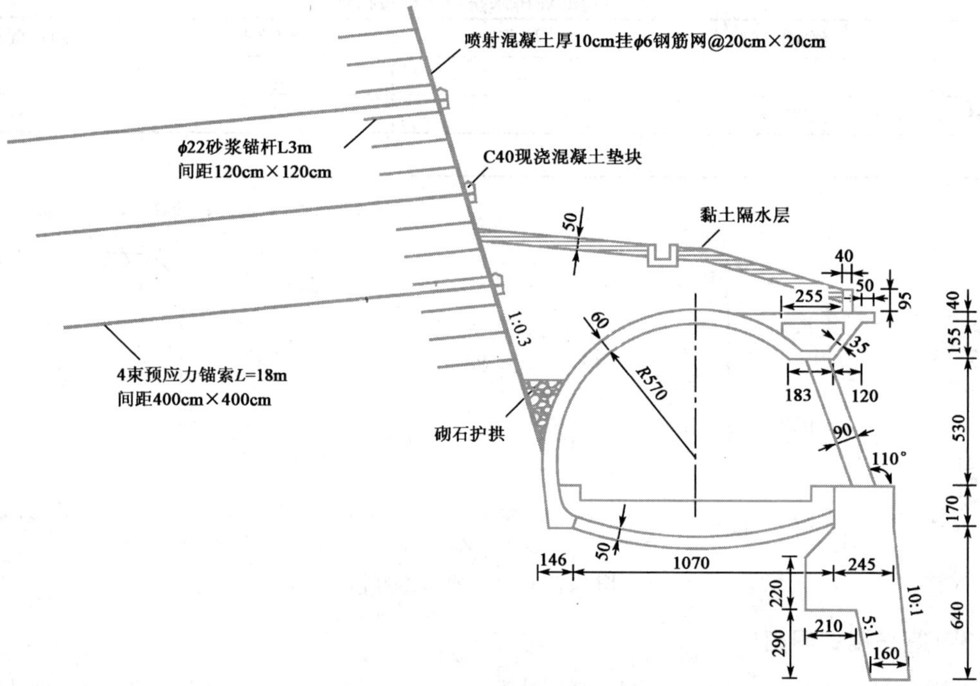

图 12-5　棚洞边坡预应力锚索防护

12.1.4　喇叭式洞门

图 12-6 为双洞喇叭式两车道洞门，喇叭式洞门长 16m。挡土墙采用花岗岩石板贴面装饰，门框采用白色外墙涂料装饰。仰坡面工程内容：夯填土，10cm 厚砂砾垫层，30cm 厚黏土层，20cm 厚砌混凝土预制块护坡。洞门工程量指标，见表 12-12。

洞门工程量指标　　表 12-12

项目	开挖		洞门		
	土方	石方	C25 混凝土	钢筋	涂料饰面
	m^3	m^3	m^3	kg	m^2
左洞	5600	400	178.4	13120	70
右洞	6500	500	178.4	13120	70

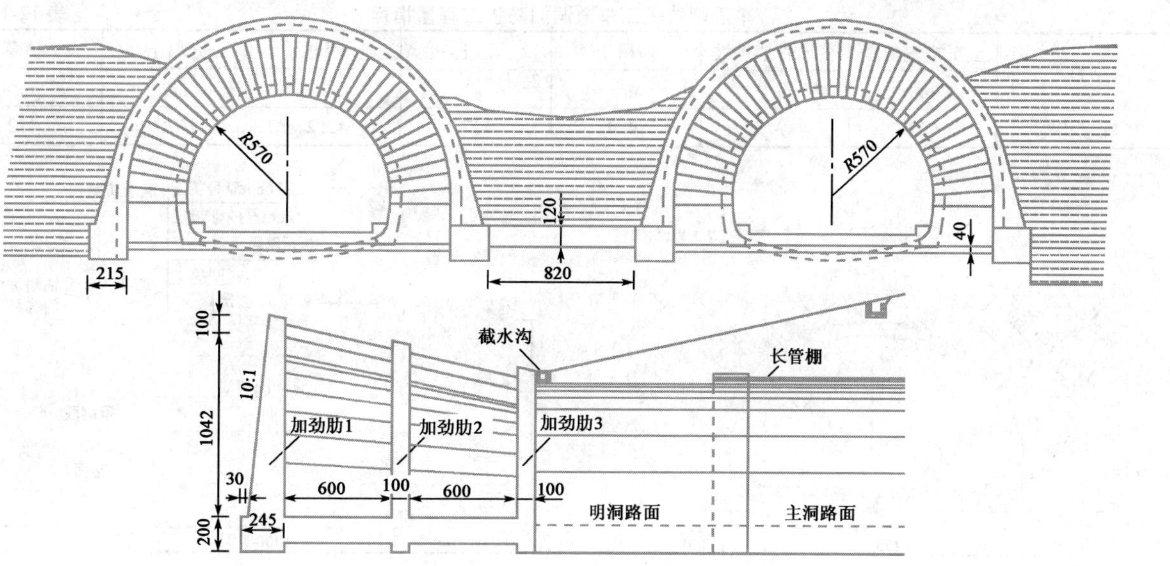

图 12-6 双洞喇叭式两车道洞门

12.1.5 削竹式洞门

削竹式洞门是在洞口段地形比较平缓时选用。此洞门形式可美化周边景观，能够使隧道洞口与周边环境相协调。

1. 单洞两车道洞门

图 12-7 为二级公路单洞削竹式两车道洞门，采用 C25 钢筋混凝土衬砌结构(工程量可计在明洞工程中)。洞口边坡防护设计与洞外路基防护形式一致，洞口仰坡植草绿化。单洞削竹式两车道洞门工程量指标，见表 12-13。

削竹式两车道洞门工程量指标　　表 12-13

项目	洞门衬砌	仰拱	钢筋	仰拱回填	浆砌片石	镶面瓷砖
	m^3	m^3	kg	m^3	m^3	m^2
工程量指标	108	55.4	12668	67.2	4.66	26.8

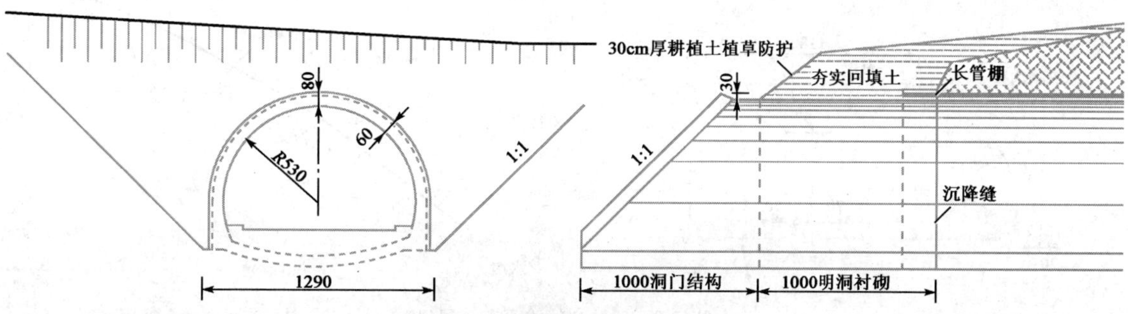

图 12-7 单洞削竹式两车道洞门

2. 单洞三车道洞门

图 12-8 为高速公路分离单洞削竹式三车道洞门，工程量计在明洞工程中。洞门完工后，应修整洞口地形并绿化使之与洞门环境相协调。在截水天沟以内设置高 2m 的洞顶防落网，用于防止洞顶落石。洞门切面采用白色水泥乳胶漆饰面，洞门回填仰坡上采用 7.5 号浆砌片石菱形骨架防护加固，在回填坡面植草。单洞削竹式三车道洞门工程量指标，见表 12-14。单洞削竹式三车道洞门防护工程量指标，见表 12-15。

单洞削竹式三车道洞门工程量指标　　表 12-14

项目	洞门衬砌	仰拱	钢筋	洞门挡块	洞门斜切面装饰漆	洞顶防落网
	m^3	m^3	kg	m^3	m^2	m^2
工程量指标	119	98.84	15249	4.2	37.2	104

单洞削竹式三车道洞门防护工程量指标　　表 12-15

项目	土工格室植草	菱形骨架护坡	种植土	黏土	砂砾	夯填土	植草
	m^2	m^3	m^3	m^3	m^3	m^3	m^2
工程量指标	621	19.5	84.4	127	42.2	1675	422

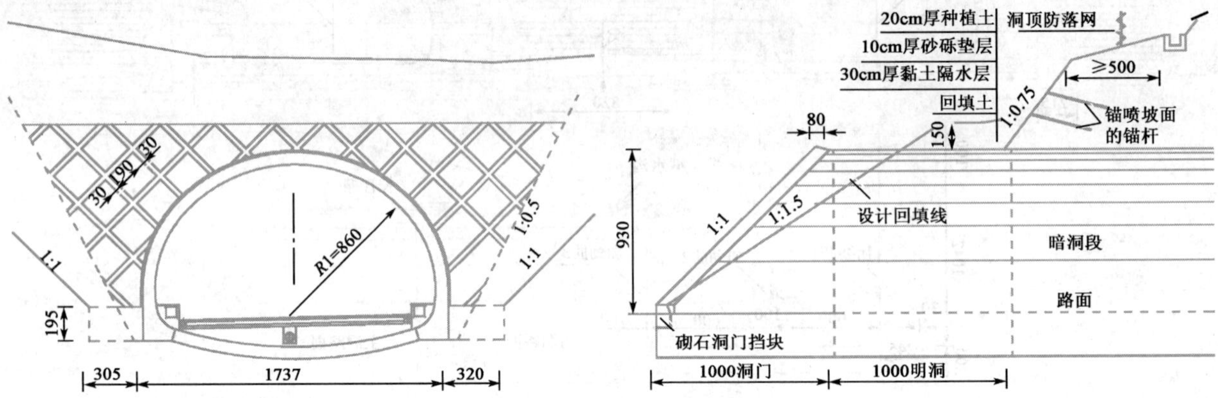

图 12-8　单洞削竹式三车道洞门

3. 双洞两车道洞门

图 12-9 为高速公路连拱削竹式两车道洞门，采用 C25 钢筋混凝土衬砌结构（工程量计在明洞工程中）。洞门工程数量：开挖土方，洞门切面用水泥乳胶漆饰面，浆砌片石检查梯及回填。连拱削竹式两车道洞门工程量指标，见表 12-16。图 12-8 为预应力锚索段防护，喷射混凝土厚度 10cm，钢 $\phi6$ 钢筋网 20cm×20cm，20MnSi$\phi22$ 砂浆锚杆成为 3.0m、间距为 1.2m×1.2m，4 束预应力锚索长 18m、间距 400cm×400cm。边坡高度 17.9m，坡率为 1:0.3。

连拱削竹式两车道洞门工程量指标　　表 12-16

项目	乳胶漆饰面	砌石检查梯	截水天沟	洞顶水沟	砌石急流槽	回填土石
	m^2	m^3	m^3	m^3	m^3	m^3
工程量指标	40.8	3.1	33	1.39	7.9	1890

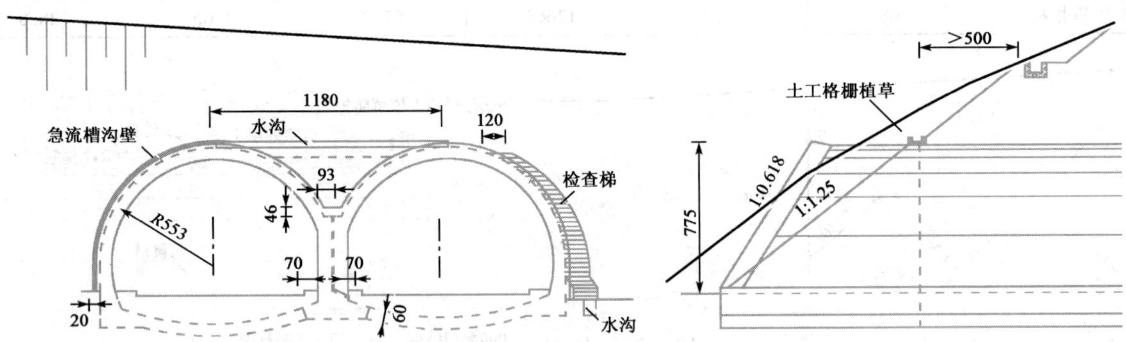

图 12-9　双洞削竹式两车道洞门

12.1.6 翼墙式洞门

图 12-10 为翼墙式两车道洞门，主要由端墙和翼墙组成。翼墙是为增加端墙的稳定性，同时对路堑边坡起支挡作用。翼墙式洞门适用于地质较差的围岩地段，以及需要开挖路堑的情形。翼墙式洞门顶部通常与仰坡面一致，一般设置洞顶截水沟，能够将端墙背面及仰坡面上的地表水排至路堑边沟内。翼墙式洞门工程量指标，见表 12-17。

翼墙式洞门工程量指标　　表 12-17

项目	开挖土方	砌片石翼墙	混凝土端墙	边坡排水	边仰坡防护	洞顶水沟
	m^3		m^3		m^3	
工程量指标	824	147.0	258	21.6	34.3	52.0

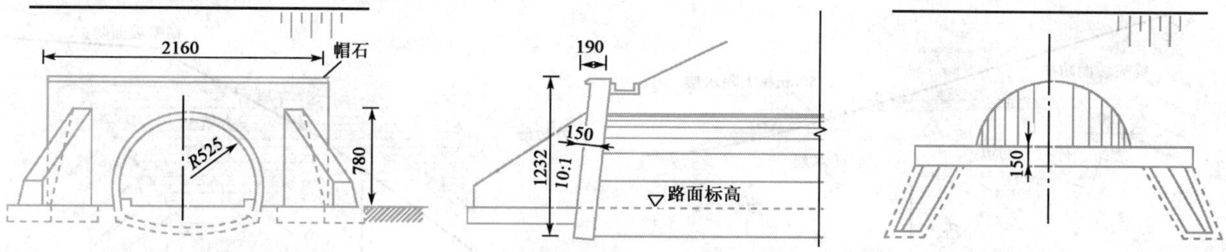

图 12-10　翼墙式两车道洞门

12.2 隧道明洞

明洞边坡开挖应根据设计要求采取岩土体加固措施。明洞衬砌施工应仰拱先行、拱墙整体浇筑。明洞拱圈外模拆除后,应及时按设计做好防水层及纵向盲管,保证隧道排水良好。公路隧道明洞段衬砌设计参数,见表 12-18。

隧道明洞段衬砌设计参数　　表 12-18

项目	单位	两车道分离式隧道		两车道连拱隧道		三车道分离式隧道 120	两车道单洞隧道			
设计速度	km/h	100	80	100	80		80	60	40	30
隧道净宽	m	10.75	10.25	10.75	10.25	15.25	11	10	9	8.5
拱部半径	cm	570	543	570	553	860	570	525	505	450
衬砌厚度	cm	60	60	60	60	70	60	60	50	50
仰拱厚度	cm	60	50	60	50	70	60	50	45	40

12.2.1 单洞隧道明洞

图 12-11 为二级公路隧道明洞,隧道净宽 10m,隧道净高 5m,设计荷载公路—II 级。明洞中包括隧道开挖、坡面挂网锚喷防护、混凝土衬砌、防水层、砌石护拱、回填等工程内容。挂网锚喷防护喷射 C20 混凝土厚度为 10cm,砂浆锚杆长 250cm、锚杆直径 $\phi22$,间距 120cm×120cm,按梅花形布设;钢筋网采用 $\phi6$ 钢筋,网格 20cm×20cm。明洞工程量指标见表 12-19。

明洞每延米工程量指标　　表 12-19

项目	砌片石护脚	碎石土回填	明洞衬砌	仰拱回填	黏土隔水层
工程量指标(m^3)	11.6	77.9	18.71	4.5	11.7

12.2.2 分离式隧道明洞

1. 两车道明洞

图 12-12 为分离式隧道两车道明洞,隧道限界净宽 10.75m,主拱半径 570cm,两车道明洞工程量指标见 12-20。

两车道明洞工程量指标　　表 12-20

半拱明洞段 1 延米	单位	工程量指标	锚喷防护每 100m^2	单位	边仰坡工程量指标
C25 衬砌混凝土(厚 60cm)	m^3	11.36	$\phi22$ 锚杆	m	20833
C25 仰拱厚度(厚 50cm)	m^3	5.1	C20 喷射混凝土	m^3	10.0
C25 外侧边墙混凝土	m^3	27.08	20×20$\phi6$ 钢筋挂网	m^2	100
砌石护脚	m^3	4.01	黏土隔水层	m^3	50

2. 三车道明洞

图 12-13 为分离式隧道三车道明洞。回填土高度 2 ~ 5m,洞顶回填土必须是人工对称分层夯实,分层厚度宜控制在 30cm 左右。拱墙部混凝土掺入防水剂,掺量为水泥用量的 8%。明洞衬砌采用复合式防水层,1.2mm 厚 EVA 防水卷材、300g/m^2 无纺布。明洞基础要求地基承载力达到 250kPa 以上,承载力达不到要求时,视具体情况采取换填、注浆加固、CFG 桩等方式处理。分离式隧道三车道明洞工程量指标,见表 12-21。洞口管棚套拱施工见图 12-14。

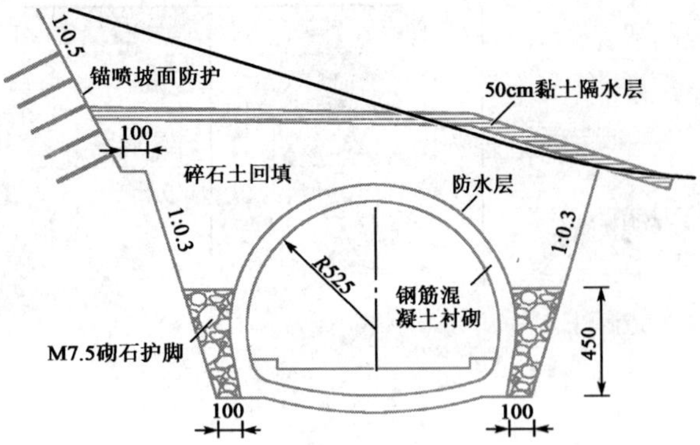

图 12-11　单洞隧道明洞

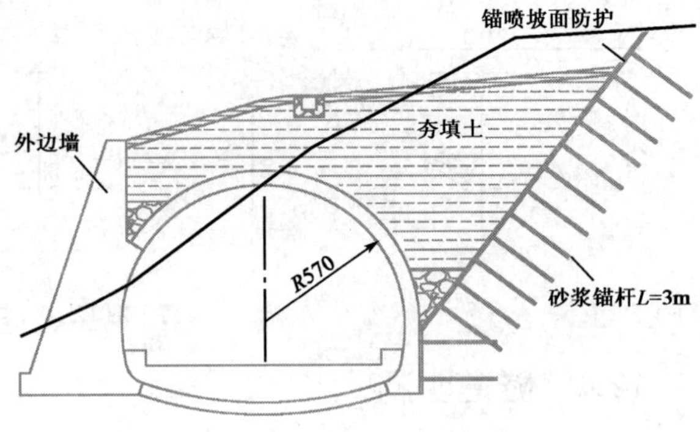

图 12-12　分离式隧道两车道明洞

分离式隧道三车道明洞工程量指标　　表 12-21

项目	衬砌(m^3)		砌石护拱(m^3)	复合式防水层(m^2)		
	拱圈	仰拱		砂浆	防水卷材	无纺布
1m 工程量指标	23.89	9.88	7.23	31.8	31.8	31.8

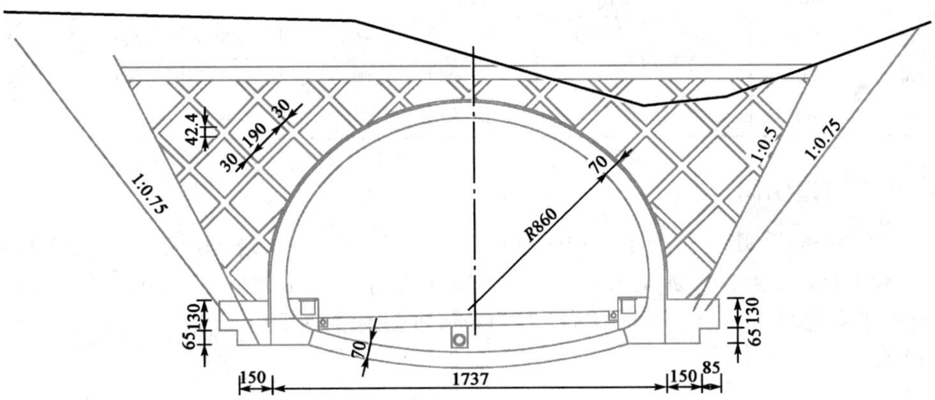

图 12-13　分离式隧道三车道明洞

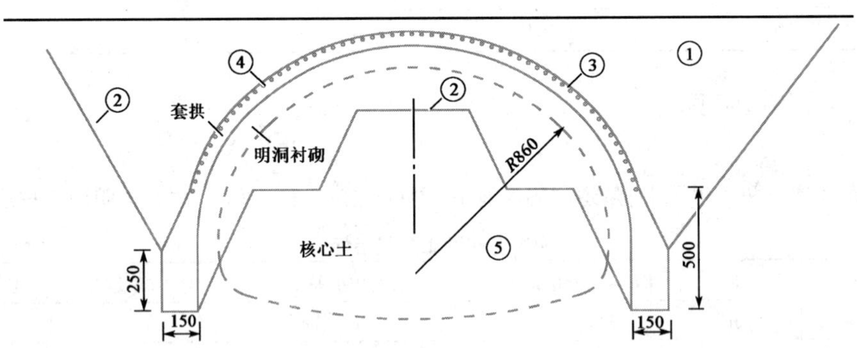

图 12-14　洞口管棚套拱施工

①套拱范围内环形开挖；②临时开挖边坡防护（外侧边坡锚喷防护，核心土坡面作 C15 素混凝土防护）；③施作套拱；④施作管棚；⑤开挖暗洞

12.2.3　连拱隧道明洞

图 12-15 为连拱隧道明洞，隧道限界净宽 10.25m。连拱隧道明洞工程量指标，见表 12-22。

连拱隧道明洞工程量指标　　表 12-22

项目	衬砌	中墙	仰拱	仰拱回填	复合防水板	塑料盲沟
	m^3		m^3		m^2	m
1m 工程量指标	24.17	15.6	9.69	11.8	41.5	3.0

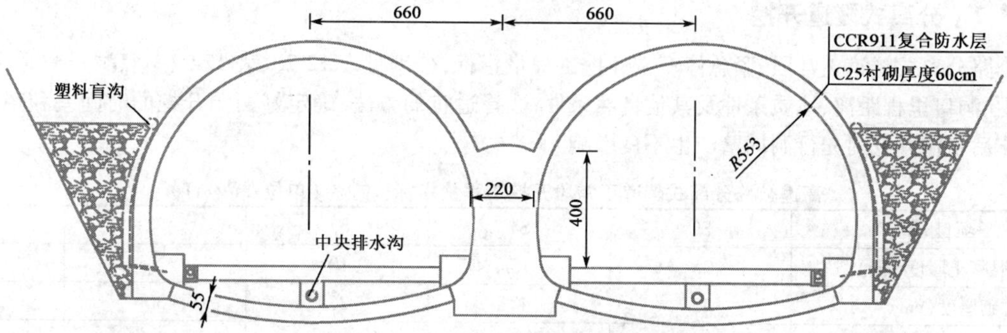

图 12-15　连拱隧道明洞

12.3 隧道开挖

公路隧道设计多采用柔性支护的复合式衬砌结构，洞内各围岩分级的段落均按新奥法原理施工。高速公路隧道围岩分级段落的衬砌代号，见表 12-23；二级及以下公路隧道围岩分级段落的衬砌代号，见表 12-24。隧道开挖工程量指标中未计预留变形量。

高速公路隧道围岩分级段落的衬砌代号　　表 12-23

围岩级别	标准分离式隧道			小净距隧道			连拱隧道
	浅埋段	深埋段	停车带段	浅埋段	深埋段	停车带段	
V 级	S5a	S5b	—	XS5a	XS5b	—	SL5
IV 级	S4a	S4b	TS4	XS4a	XS4b	—	SL4
III 级	S3		TS3	XS3		XTS3	SL3
II 级	S2		TS2	XS2		XTS2	SL2

二级及以下公路隧道围岩分级段落的衬砌代号　　表 12-24

围 岩 级 别	单 洞 隧 道			备注
	浅埋段	深埋段	紧急停车带段	
V 级	S5a	S5b	—	
IV 级	S4a	S4b	TS4	
III 级	S3		TS3	
II 级	S2		TS2	

12.3.1 单洞隧道开挖

全断面法可用于 I ~ III 级围岩的中小跨度隧道，IV 级围岩中跨度隧道和 III 级围岩大跨度隧道在采用有效的预加固措施后，也可采用全断面法开挖。台阶法可用于 III ~ IV 级围岩的中小跨度隧道，V 级围岩的中小跨度隧道在采用有效的预加固措施后亦可采用台阶法开挖。环形开挖留核心土法可用于 IV ~ V 级围岩或一般土质围岩的中小跨度隧道。中隔壁法适用于围岩较差、跨度大、埋层浅、地表沉降需要控制的地段。双侧壁导坑法适用于浅埋大跨度隧道及地表下沉量要求严格而围岩条件很差的情况。二级及以下公路隧道开挖工程量指标，见表 12-25。

二级及以下公路隧道开挖工程量指标（单位：m^3/m）　　表 12-25

项目	S5	S4	S3	S2	S1
喷射混凝土厚度(cm)	25	15	10	5	5
衬砌厚度(cm)	45	40	35	30	30
80km/h、隧道净宽 11m	112.3	106.6	86.77	84.08	84.08
60km/h、隧道净宽 10m	98.78	93.47	76.34	73.86	73.86
40km/h、隧道净宽 9m	92.89	87.72	72.03	69.55	69.55
30km/h、隧道净宽 8.5m	78.77	74.05	60.45	58.19	58.19

12.3.2 分离式隧道开挖

高速公路分离式隧道正常段、紧急停车带开挖工程量指标，分别见表12-26、表12-27。双洞开挖时应根据两洞的轴线间距、洞口里程距离、地质条件及其他自然条件，选择适宜的方法，确定好两洞开挖的时间差和距离差，并采取措施防止后行洞开挖对先行洞周壁产生不良影响。

高速公路分离式隧道正常段开挖工程量指标(单洞)(单位：m^3/m)　　表12-26

项目	S5	S4	S3	S2	S1
喷射混凝土厚度(cm)	25	15	10	5	5
衬砌厚度(cm)	45	40	35	30	30
100km/h、隧道净宽10.75m	112.4	106.8	86.73	84.06	84.06
80km/h、隧道净宽10.25m	104.2	98.76	80.44	77.85	77.85

高速公路分离式隧道紧急停车带开挖工程量指标　　表12-27

项目	单位	TS4	TS3	TS2	备注
喷射混凝土厚度	cm	15	10	5	
衬砌厚度	cm	45	40	35	
100km/h、隧道净宽10.75m	m^3/m	139.1	116.7	113.1	拱部标准半径=747cm
80km/h、隧道净宽10.25m	m^3/m	129.4	108.2	104.7	

12.3.3 连拱隧道开挖

连拱隧道开挖时应考虑其埋深浅、跨度大、地质条件复杂、受雨季地表水影响大的特点。其开挖宜先贯通中导洞、浇筑中隔墙，然后依次开挖主洞。主洞开挖时，左右两洞开挖掌子面错开距离宜大于30m。中隔墙混凝土模板宜使用对拉拉杆。中隔墙混凝土施工时应加强对预埋排水和止水设施的保护。高速公路连拱隧道开挖工程量指标，见表12-28。

高速公路连拱隧道开挖工程量指标(单位：m^3/m)　　表12-28

项目	SL5	SL4	SL3	SL2	SL1
喷射混凝土厚度(cm)	25	15	10	5	5
衬砌厚度(cm)	50	45	40	35	35
100km/h、隧道净宽10.75m	221.4	211.7	182.1	178.3	178.3
80km/h、隧道净宽10.25m	213.3	203.8	176	172	172

12.4 隧道衬砌

隧道洞内初期支护，即以锚杆、钢筋网、喷射混凝土、钢架等共同组成初期支护体系。一次喷射混凝土的厚度大约为4~6cm，二次喷射混凝土达到设计厚度即可。复喷一次喷射厚度拱顶不得大于10cm、边墙不得大于15cm。

12.4.1 初期支护设计参数

初期支护是指采用新奥法进行暗挖施工后，在岩体上喷射或浇筑防水混凝土所构成的第一次衬砌。锚杆支护可用于各类围岩的复合式衬砌、锚喷衬砌，也可用于超前支护等辅助工程措施。锚杆种类较多，有砂浆锚杆、中空锚杆、药卷锚杆等。钢筋网的铺设，是在岩面喷射第一层混凝土后，锚杆安设后进行。钢架应按设计位置架设，钢架之间必须用纵向钢筋连接，拱脚必须放在牢固的基础上，钢架应与围岩尽量靠近。钢架与围岩之间的混凝土保护层厚度不应小于4cm，临空一侧的混凝土保护层厚度不应小于2cm。

1.两车道隧道设计参数

公路隧道初期支护设计参数，内容包括锚杆、钢筋网、喷射混凝土、钢架。单洞隧道初期支护设计参数，见表12-29。标准分离式隧道正常段、紧急停车带初期支护设计参数，分别见表12-30、表12-31。小净距分离式隧道正常段、紧急停车带初期支护设计参数，分别见表12-32、表12-33。连拱隧道初期支护设计参数，见表12-34。

单洞隧道初期支护设计参数　表 12-29

衬砌类型及围岩级别		锚杆	钢筋网	喷射混凝土	钢架
S5a	V	ϕ22 砂浆锚杆 $L=3.5$m (纵)75cm×100cm(环)	ϕ6 钢筋网 15cm×15cm 单层	C25 喷射 厚 26cm	20a 工字钢 间距 75cm
S5b	V	ϕ22 砂浆锚杆 $L=3.5$m (纵)80cm×100cm(环)	ϕ6 钢筋网 20cm×20cm 单层	C25 喷射 厚 24cm	18 工字钢 间距 80cm
S4b	IV	ϕ22 砂浆锚杆 $L=3.0$m (纵)100cm×100cm(环)	ϕ6 钢筋网 20cm×20cm 单层	C25 喷射 厚 15cm	H-15×15 格栅 钢拱架间距 100cm
S3	III	ϕ22 砂浆锚杆 $L=2.5$m (纵)120cm×120cm(环)	ϕ6 钢筋网 25cm×25cm 单层	C25 喷射 厚 12cm	—
ST3	III	ϕ22 砂浆锚杆 $L=3.0$m (纵)120cm×120cm(环)	ϕ6 钢筋网 15cm×15cm 单层	C25 喷射 厚 15cm	—

标准分离式隧道初期支护设计参数(隧道正常段)　表 12-30

衬砌类型及围岩级别		锚杆	钢筋网	喷射混凝土	钢架
S5a	V	D25 注浆锚杆 $L=3$m (纵)50cm×100cm(环)	ϕ6 钢筋网 20cm×20cm 双层	C20 喷射厚 26cm	18 工字钢 间距 75cm
S5b	V	D25 注浆锚杆 $L=3$m (纵)75cm×100cm(环)	ϕ6 钢筋网 20cm×20cm 单层	C20 喷射厚 24cm	18 工字钢 间距 75cm
S4a	IV	D25 注浆锚杆 $L=3.0$m (纵)100cm×100cm(环)	ϕ6 钢筋网 20cm×20cm 单层	C20 喷射厚 20cm	格栅钢拱架 间距 100cm
S4b	IV	ϕ22 药卷锚杆 $L=3.0$m (纵)120cm×100cm(环)	ϕ6 钢筋网 25cm×25cm 单层	C20 喷射厚 15cm	格栅钢拱架 间距 100cm
S3	III	ϕ22 药卷锚杆 $L=2.5$m (纵)120cm×120cm(环)	ϕ6 钢筋网 25cm×25cm 单层	C20 喷射厚 10cm	—
S2	II	ϕ22 药卷锚杆 $L=2.5$m　局部	—	C20 喷射厚 6cm	—

标准分离式隧道初期支护设计参数(紧急停车带段)　表 12-31

衬砌类型及围岩级别		锚杆	钢筋网	喷射混凝土	钢架
ST4	IV	ϕ22 药卷锚杆 $L=3.5$m (纵)75cm×120cm(环)	ϕ8 钢筋网 20cm×20cm 单层	C20 喷射 厚 20cm	16 工字钢 间距 75cm
ST3	III	ϕ22 药卷锚杆 $L=3.0$m (纵)120cm×120cm(环)	ϕ6 钢筋网 25cm×25cm 单层	C20 喷射 厚 15cm	—
ST2	II	ϕ22 药卷锚杆 $L=3.0$m　局部	ϕ6 钢筋网 25cm×25cm 局部	C20 喷射厚 10cm	—

小净距分离式隧道初期支护设计参数(隧道正常段)　表 12-32

衬砌类型及围岩级别		锚杆	钢筋网	喷射混凝土	钢架
XS5a	V 级 浅埋	外侧 D25 注浆锚杆 $L=3.5$m 内侧 R25 预应力注浆锚杆 $L=4.5$m 中部 D25 预应力拉杆筋	ϕ6 钢筋网 20cm×20cm 双层	C20 喷射 厚 26cm	18 工字钢 间距 50cm
XS5b	V	外侧 D25 注浆锚杆 $L=3.0$m 内侧 R25 预应力注浆锚杆 $L=4.5$m 中部 D25 预应力拉杆筋	ϕ8 钢筋网 20cm×20cm 单层	C20 喷射 厚 24cm	18 工字钢 间距 75cm
XS4a	IV 级 浅埋	外侧 D25 注浆锚杆 $L=3.0$m 内侧 R25 预应力注浆锚杆 $L=4.5$m 中部 D25 预应力拉杆筋	ϕ8 钢筋网 20cm×20cm 单层	C20 喷射 厚 20cm	格栅钢拱架 间距 100cm
XS4b	IV	ϕ22 药卷锚杆 $L=3.0$m 内侧 R25 预应力注浆锚杆 $L=4.5$m 中部 D25 预应力拉杆筋	ϕ8 钢筋网 20cm×20cm 单层	C20 喷射 厚 15cm	格栅钢拱架 间距 100cm

续上表

衬砌类型及围岩级别		锚杆	钢筋网	喷射混凝土	钢架
XS3	III	ϕ22 药卷锚杆 $L=2.5$m 内侧 R25 预应力注浆锚杆 $L=4.0$m 中部 D25 预应力拉杆筋	ϕ6 钢筋网 20cm×20cm 单层	C20 喷射 厚 10cm	—
XS2	II	ϕ22 药卷锚杆 $L=2.5$m (局部设置)	ϕ6 钢筋网 25cm×25cm 局部	C20 喷射 厚 6cm	—

小净距分离式隧道初期支护设计参数(紧急停车带段) 表 12-33

衬砌类型及围岩级别		锚杆	钢筋网	喷射混凝土	钢架
ST3	III	ϕ22 药卷锚杆 $L=3.0$m (局部设置)	ϕ6 钢筋网 25cm×25cm 单层	C20 喷射 厚 15cm	—
XST3	III	ϕ22 药卷锚杆 $L=3.0$m 内侧 R25 预应力注浆锚杆 $L=4.0$m 中部 D25 预应力拉杆筋	ϕ6 钢筋网 20cm×20cm 单层	C20 喷射 厚 15cm	—

连拱隧道初期支护设计参数 表 12-34

衬砌类型及围岩级别		锚杆	钢筋网	喷射混凝土	钢架
SL5	V	D25 注浆锚杆 $L=3.5$m (纵)75cm×100cm(环)	ϕ6 钢筋网 20cm×20cm 双层	C20 喷射 厚 27cm	20b 工字钢 间距 75cm
SL4	IV	D25 注浆锚杆 $L=3.0$m (纵)100cm×100cm(环)	ϕ6 钢筋网 20cm×20cm	C20 喷射 厚 22cm	18 工字钢 间距 100cm
SL3	III	D22 注浆锚杆 $L=2.5$m (纵)120cm×120cm(环)	ϕ6 钢筋网 25cm×25cm 单层	C20 喷射 厚 15cm	—
SL2	II	ϕ22 药卷锚杆 $L=3.5$m 局部	ϕ6 钢筋网 25cm×25cm 局部	C20 喷射 厚 6cm	—

2. 三车道隧道设计参数

隧道洞身结构按新奥法施工原理进行设计,即由系统锚杆、喷射混凝土、钢筋网、钢架等组成的初期支护。分离式隧道初期支护设计参数,见表 12-35。连拱隧道初期支护设计参数,见表 12-36。

分离式隧道初期支护设计参数 表 12-35

衬砌类型及围岩级别		锚杆	钢筋网	喷射混凝土	钢架
S5a	V 级浅埋	D25 注浆锚杆 $L=4.0$m (纵)75cm×100cm(环)	ϕ8 钢筋网 20cm×20cm 双层	C20 喷射 厚 28cm	22a 工字钢 间距 75cm
S5b	V 级深埋	D25 注浆锚杆 $L=4.0$m (纵)75cm×100cm(环)	ϕ8 钢筋网 20cm×20cm 双层	C20 喷射 厚 26cm	20b 工字钢 间距 75cm
S4a	IV 浅埋	D25 注浆锚杆 $L=3.5$m (纵)100cm×100cm(环)	ϕ8 钢筋网 20cm×20cm 单层	C20 喷射 厚 24cm	18 工字钢 间距 75cm
S4b	IV 深埋	D25 注浆锚杆 $L=3.5$m (纵)100cm×100cm(环)	ϕ8 钢筋网 20cm×20cm 单层	C20 喷射 厚 20cm	18 工字钢 间距 100cm
S3a	III 浅埋	D22 注浆锚杆 $L=3.0$m (纵)120cm×120cm(环)	ϕ8 钢筋网 20cm×20cm 单层	C20 喷射 厚 20cm	18 工字钢 间距 120cm
S3b	III 深埋	D22 注浆锚杆 $L=3.0$m (纵)120cm×120cm(环)	ϕ8 钢筋网 25cm×25cm 单层	C20 喷射 厚 15cm	—

12.4.2 二次衬砌设计参数

隧道衬砌结构设计的原则是最大限度地利用和发挥围岩的自承能力,根据围岩地质条件、施工条件和使用要求采用衬砌形式。隧道衬砌按功能可分为承载衬砌、构造衬砌和装饰衬砌；按使用材料可分模注混凝土衬砌、石料衬砌及混凝土预制块衬砌等。根据隧道围岩地质条件、施工条件和使用要求可分别采用锚喷衬砌、整体式衬砌、复合式衬砌。公路隧道基本采用复合式衬砌，三级及四级公路隧道，在Ⅰ、Ⅱ、Ⅲ级围岩条件下，可采用整体式衬砌，其他段可采用锚喷衬砌。二次衬砌是相对初期支护而言，指在隧道已经进行初期支护后，用混凝土等材料建筑的第二层衬砌，以达到加固支护、优化路线防排水系统、美化外观、方便设置通讯、照明、监测等设施的作用，以适应现代化公路隧道建设的要求。拱墙衬砌混凝土应由下向上从两侧向拱顶对称浇注；拱部混凝土衬砌浇注时，应在拱顶预留注浆孔。仰拱混凝土浇注必须使用模板，混凝土应振捣密实。

连拱隧道初期支护设计参数 表12-36

衬砌类型及围岩级别		锚杆	钢筋网	喷射混凝土	钢拱架
SL4	Ⅳ	D25 注浆锚杆 $L=3.0$m （纵）120cm×120cm（环）	ϕ8 钢筋网 20cm×20cm 单层	C20 喷射 厚24cm	20b 工字钢 间距75cm
SL3	Ⅲ	D25 注浆锚杆 $L=3.5$m （纵）100cm×100cm（环）	ϕ8 钢筋网 25cm×25cm 单层	C20 喷射 厚20cm	20b 工字钢 间距100cm
SL2a	Ⅱ浅埋	D22 注浆锚杆 $L=4.0$m （纵）100cm×100cm（环）	ϕ8 钢筋网 25cm×25cm 单层	C20 喷射 厚15cm	—
SL2b	Ⅱ深埋	D22 注浆锚杆 $L=4.0$m （纵）120cm×120cm（环）	ϕ8 钢筋网局部 25cm×25cm 单层	C20 喷射 厚10cm	—

1. 两车道隧道设计参数

二级公路单洞、高速公路分离式隧道衬砌设计参数，见表12-37；连拱隧道衬砌设计参数，见表12-38。

公路隧道衬砌设计参数 表12-37

项目	单位	隧道正常段					紧急停车带段		
		S5a	S4	S3	S2	S1	ST4	ST3	ST2
主拱	cm	45	40	35	30	30	45	40	35
仰拱	cm	45	40	—	—	—	45	—	—

连拱隧道衬砌设计参数 表12-38

项目	单位	隧道正常段				
		SL5	SL4	SL3	SL2	SL1
主拱	cm	50	45	40	35	35
仰拱	cm	50	45	—	—	—

2. 三车道隧道衬砌

表12-39为标准分离式隧道衬砌参数，实际施工时，应注意将监控量测和超前地质结果作为衬砌设计的主要设计的依据之一，根据实测结果适当调整衬砌参数。连拱隧道衬砌设计参数，见表12-40。

标准分离式隧道衬砌设计参数 表12-39

项目	单位	隧道正常段					紧急停车带段		
		S5	S4	S3	S2	S1	ST4	ST3	ST2
主拱	m^3	60	55	50	45	45	60	55	50
仰拱	m^3	60	55	—	—	—	60	—	—

连拱隧道衬砌设计参数 表12-40

项目	单位	隧道正常段				
		SL5	SL4	SL3	SL2	SL1
主拱	cm	65	60	55	50	50
仰拱	cm	65	60	—	—	—

12.4.3 衬砌工程量指标

隧道衬砌工程量指标分别对应单洞隧道、分离式隧道、连拱隧道排列，以及包含Ⅴ级、Ⅳ级、Ⅲ级、Ⅱ级围岩等初期支护、二次衬砌每延米工程内容。公路隧道衬砌，见图12-16。

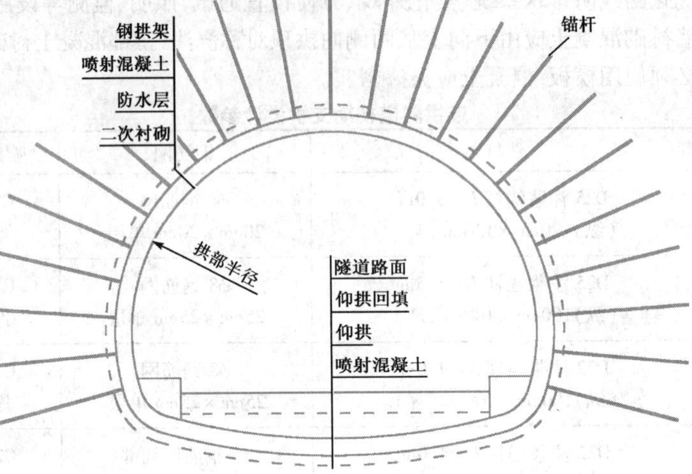

图12-16 公路隧道衬砌

1.单洞隧道衬砌

二级及以下公路单洞隧道衬砌工程量指标，按公路设计速度80km/h、60km/h、40km/h、30km/h编制，分别见表12-41至表12-44。

单洞隧道衬砌工程量指标（设计速度80km/h） 表12-41

项目	单位	S5	S4	S3	S2	S1	备注
喷射混凝土	m^3	9.33	5.53	2.37	1.17	1.17	隧道拱部半径570cm
锚杆	m	72	60	46	—	—	
钢筋网	kg	88.61	67.47	65.41	—	—	
主拱	m^3	11.46	10.13	8.01	6.84	6.84	S5衬砌混凝土含钢筋量77.5kg/m^3
仰拱	m^3	4.42	3.93	—	—	—	

单洞隧道衬砌工程量指标（设计速度60km/h） 表12-42

项目	单位	S5	S4	S3	S2	S1	备注
喷射混凝土	m^3	8.77	5.17	2.23	1.1	1.1	隧道拱部半径525cm
锚杆	m	87	55	44	—	—	
钢筋网	kg	83.63	63.45	62.61	—	—	
主拱	m^3	10.85	9.58	7.52	6.42	6.42	S5衬砌混凝土含钢筋量77.5kg/m^3
仰拱	m^3	3.95	3.51	—	—	—	

单洞隧道衬砌工程量指标（设计速度40km/h） 表12-43

项目	单位	S5	S4	S3	S2	S1	备注
喷射混凝土	m^3	8.50	4.99	2.17	1.07	1.07	隧道拱部半径505cm
锚杆	m	84	55	42	—	—	
钢筋网	kg	81.51	61.96	60.71	—	—	
主拱	m^3	10.57	9.34	7.31	6.23	6.23	S5衬砌混凝土含钢筋量77.5kg/m^3
仰拱	m^3	2.89	3.31	—	—	—	

单洞隧道衬砌工程量指标（设计速度30km/h） 表12-44

项目	单位	S5	S4	S3	S2	S1	备注
喷射混凝土	m^3	7.79	4.58	2	0.98	0.98	隧道拱部半径450cm

续上表

项目	单位	S5	S4	S3	S2	S1	备注
锚杆	m	78	50	40	—	—	
钢筋网	kg	75.18	57.11	55.80	—	—	
主拱	m^3	9.85	8.7	6.69	5.71	5.71	S5衬砌混凝土含钢筋量77.5kg/m^3
仰拱	m^3	3.19	2.83	—	—	—	

2. 分离式隧道衬砌

高速、一级公路分离式隧道衬砌工程量指标，按两车道公路设计速度100km/h、80km/h编制，分别见表12-45、表12-46。衬砌类型S2、S1的工程量指标中未计局部锚杆数量。

分离式隧道衬砌工程量指标（设计速度100km/h） 表12-45

项目	单位	S5	S4	S3	S2	S1	备注
喷射混凝土	m^3	9.38	5.53	2.37	1.17	1.17	隧道拱部半径570cm
锚杆	m	93	60	46	—	—	
钢筋网	kg	88.57	67.45	66.22	—	—	
主拱	m^3	11.46	10.13	8.01	6.84	6.84	
仰拱	m^3	4.43	3.934	—	—	—	

分离式隧道衬砌工程量指标（设计速度80km/h） 表12-46

项目	单位	S5	S4	S3	S2	S1	备注
喷射混凝土	m^3	9.02	5.32	2.75	1.13	1.13	隧道拱部半径543cm
锚杆	m	87	57.5	46	—	—	
钢筋网	kg	85.29	64.89	64.14	—	—	
主拱	m^3	11.1	9.81	7.71	6.58	6.58	S5衬砌混凝土含钢筋量70kg/m^3
仰拱	m^3	4.15	3.68	—	—	—	

3. 连拱隧道衬砌

高速、一级公路连拱隧道衬砌工程量指标，按两车道公路设计速度100km/h、80km/h编制，分别见表12-47、表12-48。衬砌类型S2、S1的工程量指标中未计局部锚杆数量。

连拱隧道开挖工程量指标（设计速度100km/h） 表12-47

项目	单位	S5	S4	S3	S2	S1	备注
喷射混凝土	m^3	15.32	9.03	3.72	1.8392	1.8392	隧道拱部半径570cm
锚杆	m	141	112.5	95	—	—	
钢筋网	kg	154.8	115.3	60.12	—	—	
主拱	m^3	18.74	16.71	14.43	12.55	12.55	
仰拱	m^3	10.19	9.156	—	—	—	
主拱仰拱钢筋	kg	70	60				

连拱隧道开挖工程量指标（设计速度80km/h） 表12-48

项目	单位	S5	S4	S3	S2	S1	备注
喷射混凝土	m^3	14.94	8.81	3.658	1.8056	1.8056	隧道拱部半径553cm
锚杆	m	138	112.5	92.5	—	—	
钢筋网	kg	152.1	115.8	58.2	—	—	
主拱	m^3	18.41	16.42	14.16	12.32	12.32	
仰拱	m^3	9.756	8.766	—	—	—	
主拱仰拱钢筋	kg	70	60				

4. 钢架工程量指标

工字钢拱架工程量指标即一榀钢材数量。工字钢拱架工程量指标，见表12-49；格栅钢拱架工程量指标，见表

12-50；两车道公路钢架工程量指标，见表 12-51；三车道高速公路工字钢拱架工程量指标，见表 12-52。

工字钢拱架工程量指标　　表 12-49

项目	单位	工字钢	钢板	连接套管长 5cm	连接钢筋长 1m	角钢长 18cm
规格		20a		ϕ30×2.5mm	ϕ22-100cm	125×80×10mm
件数或长度	件或 m	38.1	28	76	38	2
单位重	kg/m	27.929		1.695	2.98	15.474
重量	kg	1064.1	140.8	6.4	113.2	5.6

格栅钢拱架工程量指标　　表 12-50

项目	单位	格栅钢筋	角钢长 20cm	连接套管长 5cm	连接钢筋长 1m	钢板
规格		4×ϕ22	100×80×10mm	ϕ30×2.5mm	ϕ22-100cm	360×260×15mm
件数或长度	件或 m	25.64	24	52	26	2
单位重	kg/m	2.98	13.476	1.695	2.984	11.021
重量	kg	305.6	64.7	4.4	77.6	22.0
N4、N5、N6 钢筋	内撑钢筋 ϕ14－28×24.5cm、箍筋钢筋 ϕ10－87×75cm、内撑钢筋 ϕ14－146×41.2cm					

两车道公路钢架工程量指标　　表 12-51

项目		单位	高速公路		二级公路			
设计速度		km/h	100	80	80	60	40	30
工字钢	I18	kg/榀	1193	1148	1192	1117	—	—
	I16	kg/榀	—	—	—	—	956.1	879.3
S4 格栅钢拱架		kg/榀	503.5	487.5	503.5	476.9	465.1	432.6

三车道高速公路工字钢拱架工程量指标（设计车速：120km/h）　　表 12-52

项目	单位	I22a	I20b	I18	备注
S5 衬砌	kg/榀	1954	1857	—	拱部半径 570cm
S4 衬砌	kg/榀	—	1179	964.6	

12.5 衬砌防排水

公路隧道开挖面有大量围岩裂隙水渗漏，因此衬砌防排水是隧道工程的关键工序。衬砌防排水应在混凝土中及衬砌面上方采取敷设聚氯乙烯塑料板或合成树脂防水卷材等防水措施，并将堵渗漏的水通过环向排水管、墙踵纵向水管、横向导水管排至路基中央排水沟中。

12.5.1 衬砌排水

隧道排泄渗漏水是在衬砌之前采取的各项措施，隧道排裂缝渗水是在喷射混凝土面，渗水较集中处设置 Ω 型弹簧排水管的方法。Ω 型弹簧排水管接入环向排水的沿隧道衬砌背面设置的 SH－50 半圆软式透水管排泄渗漏水，其应在敷设衬砌防水板之前安装。环向 SH-50 半圆软式透水管与隧道墙踵纵向排水管连接，其沿纵向通长铺设 2 根 UPVC110mm 打孔排水管，汇集和引排隧道拱墙两侧渗水，并与隧道路面设计纵坡一致。衬砌复合式防排水见图 12-17。衬砌排水管及防水层示意，见图 12-18。隧道衬砌排水工程量指标，见表 12-53。

隧道衬砌排水工程量指标　　表 12-53

每 20 道环向半圆排水管		每 100m 墙踵纵向排水管			备注
半圆式透水管	三通	纵向管	横向排水管	三通	
m	个	m		个	
500	40	200	120	20	单环，拱部半径 570cm

12.5.2 衬砌防水

图 12-18 为防水层示意。防水层可采用 1.2mm 厚 EVA 防水卷材 + 土工布，300g/m^2 无纺布 + 防水卷材，

CCR911 复合防水板 + 无纺布等设计形式。衬砌防水层每延米工程量指标，见表 12-54。

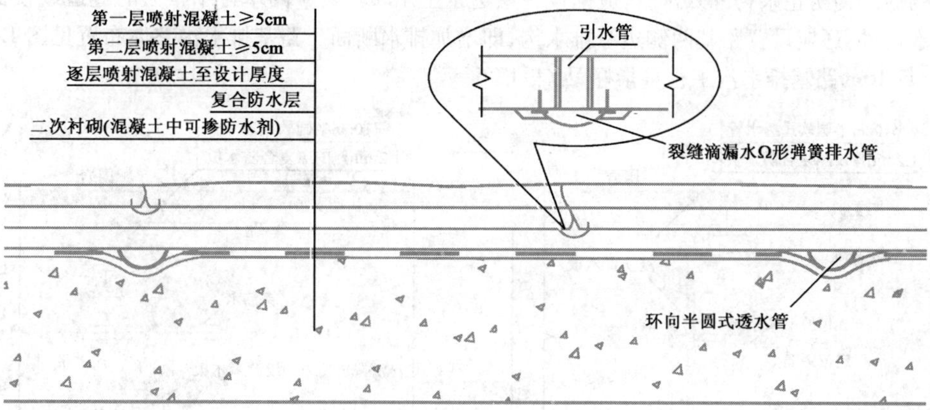

图 12-17 衬砌复合式防排水

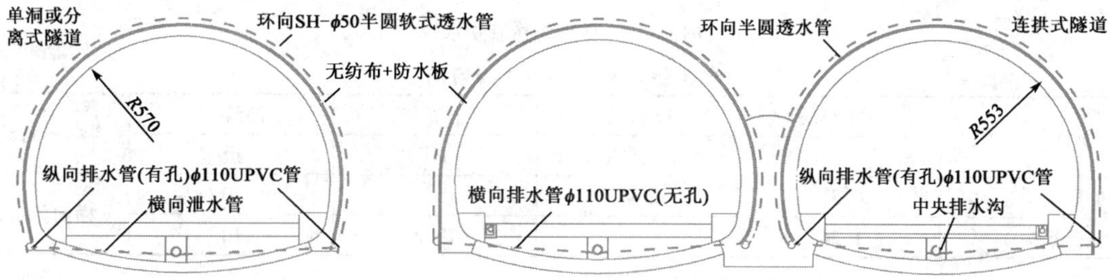

图 12-18 衬砌排水管及防水层示意

衬砌防水层每延米工程量指标(单位：m^2)　　表 12-54

项目	单洞		分离式		连拱式	备注
	正常段	紧急停车带	正常段	紧急停车带		
S3	25.4	29.1	25.4	29.1	40.3	主拱，拱部半径 570cm
S5	25.9	29.6	25.9	29.6	41.0	

12.5.3 变形缝防排水

隧道衬砌在地质变化处、明洞与暗洞分界处均设置变形缝。变形缝处设置遇水膨胀型止水带，缝间空隙用浸沥青木丝板填满。地质变化处变形缝，需设置一道 φ10cm 环向半圆软式透水管，其端部与墙踵纵向排水管相接。明洞与暗洞分界处变形缝，需设置一道环向 φ5cmHDPE 打孔波纹管，明洞衬砌每隔 5m 间距设置一道环向 φ5cmHDPE 打孔波纹管，其端部与墙踵纵向排水管相接。图 12-19 为橡胶止水带安装示意。变形缝防排水一处工程量指标，见表 12-55。

变形缝防排水一处工程量指标　　表 12-55

项目	止水带	定位钢筋	钢筋卡	浸沥青木板	备注
	m	kg	kg	m^3	
单位重	—	0.395	0.395	—	
S3	22.86	33.3	9.24	0.16	拱部半径 570cm
S4	34.07	53.1	13.5	0.27	
S5	34.23	58.7	13.8	0.31	

12.6 隧道路基排水

12.6.1 中央排水沟

路基排水沟采用 φ20cmPVC 双壁打孔波纹管，打孔直径 1 ~ 1.5cm，间距 20cm，梅花形布置，环向打孔范围

270°,要求机械打孔。施工时应先做排水管接口处混凝土垫块,再开槽埋管,并保证中央排水管不被压碎和堵塞,以确保排水系统畅通。为防止杂物漏入水管,应铺设一层透水土工布。对于路基排水量大的隧道或较长的隧道,除设置路基中央排水沟外,还应设置路基两侧边缘排水沟,即增加排水断面。路基排水沟整体布置见图 12-20、路基排水沟见图 12-21。每 10m 路基排水沟工程量指标,见表 12-56。

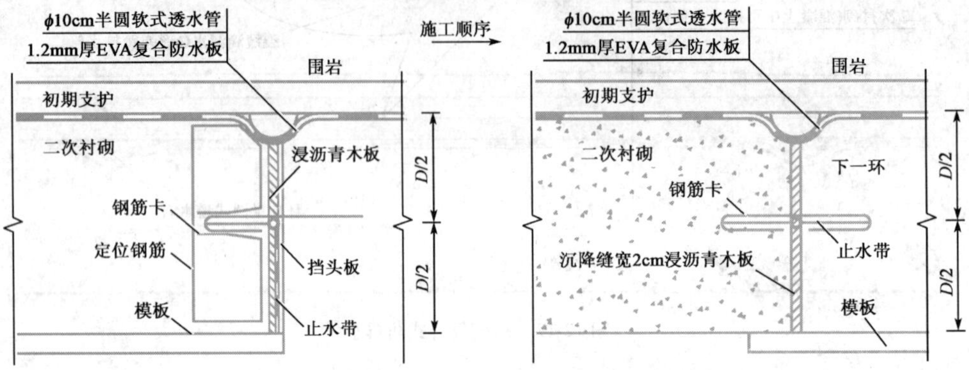

图 12-19 变形缝橡胶止水带

路基排水沟每 10m 工程量指标 表 12-56

项目	预制垫块	碎石层	土工布	波纹管	备注
	m^3	m^3	m^2	道	
中央排水沟	0.51	1.44	15.4	10	横向排水管另计
边缘排水沟	1.34	1.34	13.2	10	

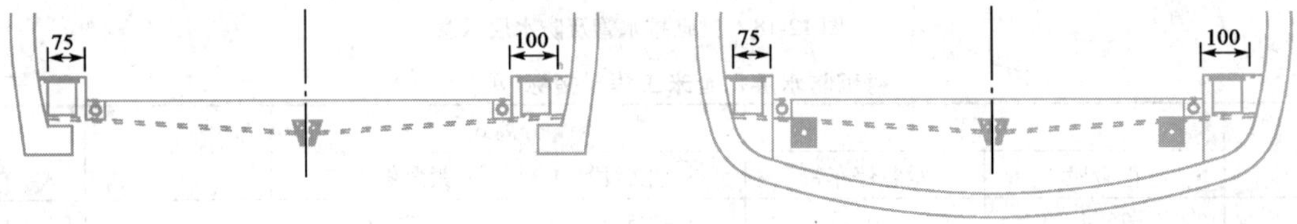

图 12-20 路基排水沟整体布置

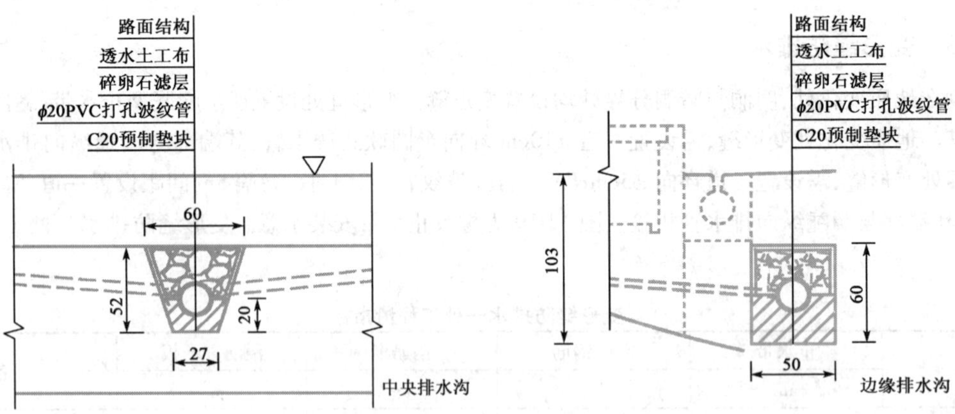

图 12-21 路基排水沟

图 12-22 为中央排水沟检查井。其盖板厚度为 20cm,井口直径 80cm,井深 244cm,采用现浇混凝土,壁厚 20cm。中央排水沟每 10 个检查井工程量指标,见表 12-57。

中央排水沟每 10 个检查井工程量指标 表 12-57

项目	单位	井身混凝土	盖板混凝土	钢梯	备注
混凝土	m^3	28.2	1.57	—	挖基 39.9m^3
钢筋	kg	1146	220	24.4	

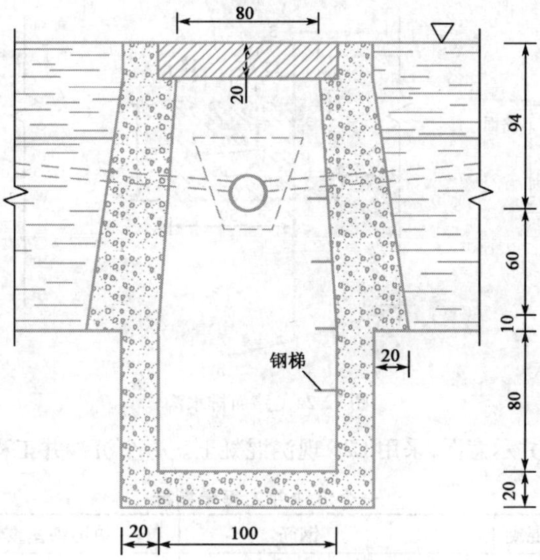

图 12-22 中央排水沟检查井

12.6.2 污水沉淀池

对于路基排水量大的隧道除设置路基中央排水沟外，一般还应设置路侧路基边缘排水沟。污水沉淀池见图12-23；污水沉淀池每10个工程量指标，见表12-58。

污水沉淀池每10个工程量指标 表12-58

项目	单位	井壁混凝土	铸铁盖板	井口圈	备注
混凝土	m^3	35.0	—	0.94	挖基68.4m^3
钢材	kg	3150	1139	132	

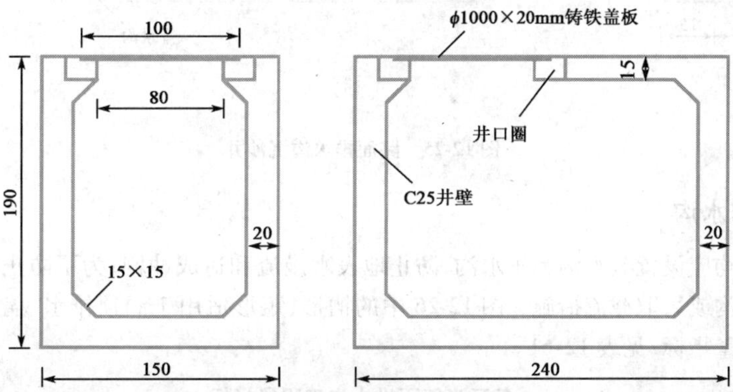

图 12-23 污水沉淀池

12.6.3 路面排水沟

路面排水一般是在路面边缘设置圆形开口排水沟或矩形盖板排水沟，将路面水引排至洞口排水设施。在一定长度范围内设置沉沙井，以防止路面排水沟堵塞。图12-24为路面排水沟，每延米路面排水沟工程量指标，见表12-59。

每延米路面排水沟工程量指标 表12-59

项目	a型		b型		c型		
	混凝土	钢筋	混凝土	钢筋	混凝土	钢筋	盖板混凝土
	m^3	kg	m^3	kg	m^3	kg	m^3
工程量指标	0.16	24.6	0.16	12.7	0.12	9.7	0.018

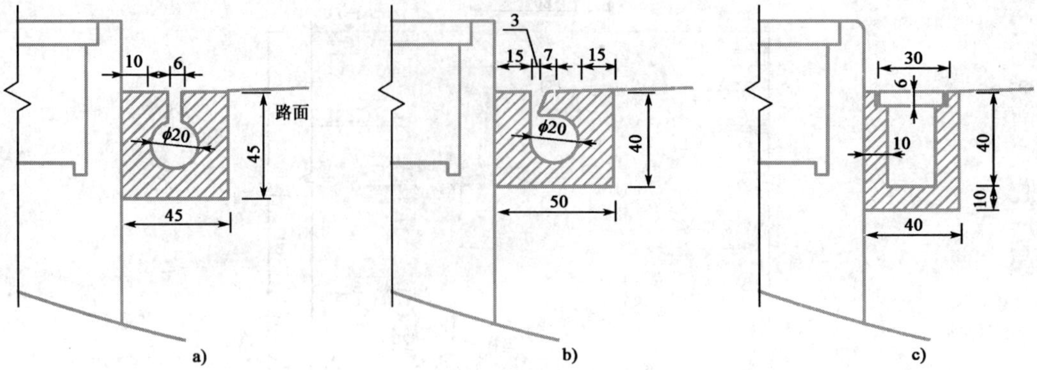

图 12-24　路面排水沟

图 12-25 为路面排水沟沉沙井示意图，采用 C25 现浇混凝土。一个沉沙井工程量指标，见表 12-60。

一个沉沙井工程量指标　　表 12-60

项目	现浇混凝土	钢筋	一块铸铁篦重量	备注
	m^3	kg	kg	
工程量指标	0.18	12.6	43.4	50m 设置一处沉沙井

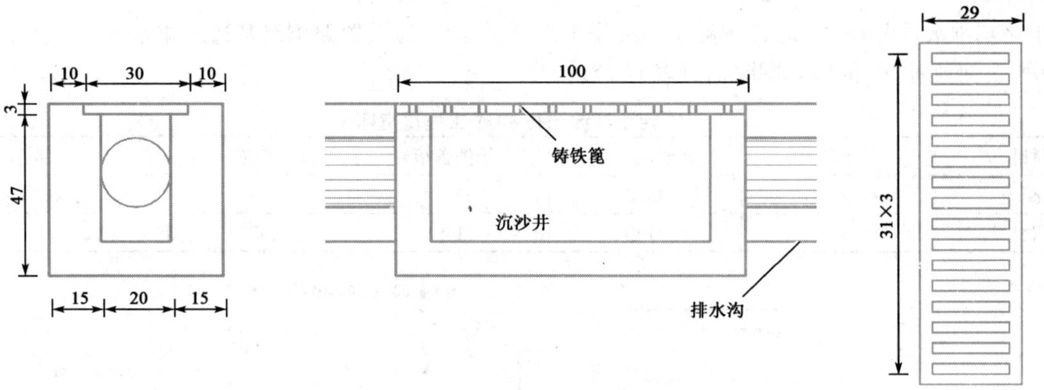

图 12-25　路面排水沟沉沙井

12.6.4　洞外排水沟

隧道洞口及明洞段均应设置截水沟和排水沟，防止地表水漫流和造成冲刷；为了防止洞外水流入隧道洞内，可在洞口外设置反向排水沟或采取截流措施。图 12-26 中的槽形、矩形适用于洞顶排水，盖板型适用于仰坡截水沟。每延米路面排水沟工程量指标，见表 12-61。

每延米路面排水沟工程量指标　　表 12-61

项目	槽形		矩形	盖板型		
	混凝土	钢筋	片石混凝土	混凝土	盖板混凝土	钢筋
	m^3	kg	m^3			kg
工程量指标	0.48	19.2	0.525	0.47	0.07	21.6

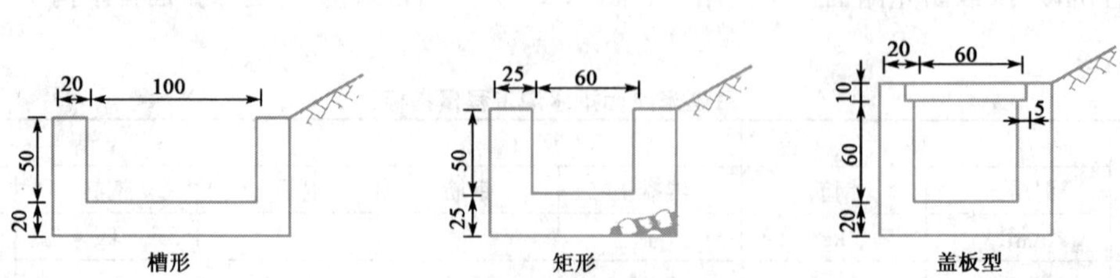

图 12-26　洞顶水沟

明洞段排水，要求明洞顶部必要设置截水沟、排水沟；回填土表面宜铺设隔水层，并与边坡搭接良好；靠山一侧边墙底或边墙后宜设纵向和竖向盲沟，将水引至边墙泄水孔排出；衬砌外缘应敷设外贴式防水层；其与隧道接头处应做好防水处理。

12.7 检修道与电缆沟

人行道或检修道在隧道路面的两侧设置，高度可按20～80cm取值，宽度取值见表12-62，其为步行者的安全限界，也是保护隧道设备的安全限界。

人行道及检修道宽度　表12-62

设计速度(km/h)	高速、一级公路				二级、三级、四级公路				
	120	100	80	60	80	60	40	30	20
人行道R	—				1.00	1.00	0.75	0.25	0.25
检修道J	0.75m或1.0m				—				
步道高度h(cm)	80～60	60～40	40～30	30～25	40～30	30～25	25或20		

电缆沟设置在人行道或检修道下方，沟的净宽×净高一般为60cm×40cm，沟盖板面内侧（靠隧道墙边）和沟内外侧设置5cm×5cm排水槽，保证人行道或检修道、电缆沟内不积水。电缆沟一侧放置强电设备，另一侧放置弱电设备、消防管道。图12-27为电缆沟，该图适用于不设超高路段，超高路段适当调整尺寸即可。防滑槽横向布设，纵向间距5cm，槽身3cm。每延米电缆沟工程量指标，见表12-63。

每延米电缆沟工程量指标　表12-63

项目	现浇混凝土	预制混凝土	盖板	钢筋	备注
	m^3			kg	
道宽0.75m	0.614	0.175	0.07	24.5	盖板半径570cm
道宽1.0m	1.067	0.175	0.09	26.5	

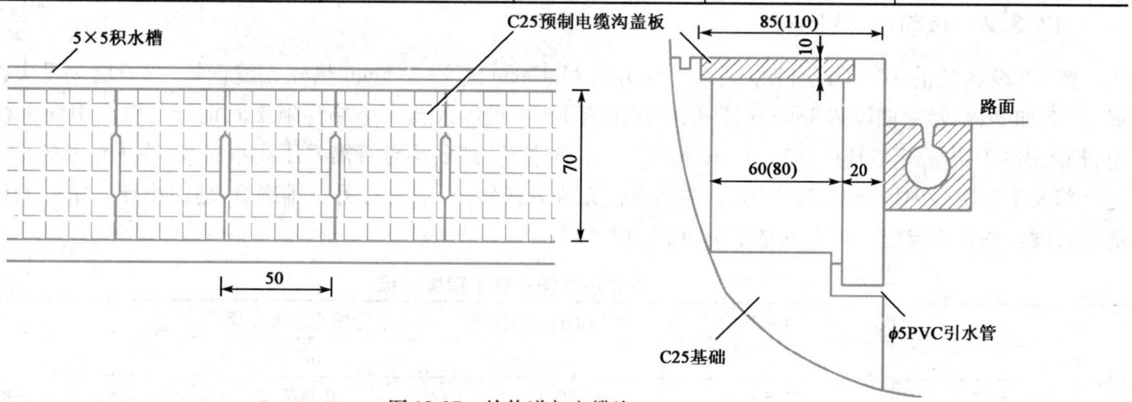

图12-27　检修道与电缆沟

12.8 隧道辅助工程措施

12.8.1 长管棚

图12-28为长管棚设计图。其设计参数为：采用热轧无缝钢管ϕ108mm，壁厚6mm，节长3m、6m，钢管环向间距50cm，仰角1～3°(不包括路线纵坡)；长管棚注浆按固结管棚周围有限范围内土体设计，浆液扩散半径不小于0.5m，并采用分段注浆；套拱宽度一般为2.0m，其中采用的14工字钢起定位作用，避免在浇筑混凝土时导管移位。套拱工程量指标，见表12-64；洞口长管棚主要工程量指标，见表12-65。

套拱工程量指标　表12-64

项目	14型工字钢	ϕ25固定钢筋	ϕ127×4mm孔口管	C25混凝土	配筋
	kg	kg	kg	m^3	kg
单位重(kg/m)	16.890	3.85	12.133	—	—
工程量指标	1333	343	801	31.7	1490

长管棚主要工程量指标 表 12-65

项目	φ108×6mm 有孔钢花管	φ108×6mm 丝扣钢管	钻孔	围岩加固注浆			M30 水泥砂浆
				水泥	水玻璃	缓凝剂	
	kg	个	m	t	kg	kg	kg
单位重	16.869	22 元/个	—	1600			
工程量指标	17257	198	1023	49.5	2574	643.5	1490

注：每 m^3 注浆液材料为 32.5 级水泥 770kg、水玻璃 40kg、缓凝剂 10kg。

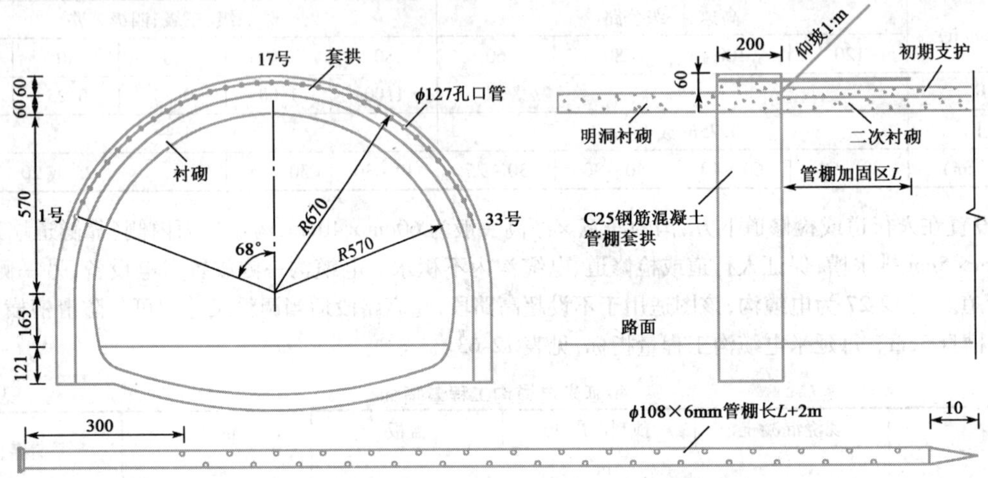

图 12-28 洞口长管棚支护

12.8.2 超前小导管

图 12-29 为超前小导管设计图。小导管采用外径 42mm、壁厚 3.5mm 热轧无缝钢管，钢管前端呈尖锥状，尾部焊接 φ6 加劲箍，管壁四周钻 8mm 压浆孔，但尾部有 1m 不设压浆孔。小导管施工时钢管与衬砌中线平行以 14°仰角，打入拱部围岩。钢管环向间距 40cm，每打完一排钢管后，超前小导管需要压注水泥浆，待达到 75% 的强度后，开挖拱部及第一次喷射混凝土、架设钢架，初期支护完成后，隔 2.25m 再打另一排钢管，超前小导管保持 1.0m 以上的搭接长度。注浆小导管一环工程量指标，见表 12-66。

注浆小导管一环工程量指标 表 12-66

项目	热轧无缝钢管	围岩加固水泥砂浆	钢管填充水泥砂浆	备注
	m	m^3	m^3	
每孔数量	3.5	0.12	0.007	每立方米注浆液材料数量，与长管棚相同
每环数量	115.5	3.92	0.23	

12.8.3 超前锚杆

图 12-30 为超前锚杆设计图，一般用于 Ⅳ 级围岩局部地段，加固拱部软弱岩体。超前锚杆采用 φ22 钢筋，锚杆环向间距 40cm，外倾角约 10°～15°，施工时应根据岩体节理面产状确定锚杆的最佳方向。锚杆应保持不小于 1.0m 的搭接长度，采用水泥药卷作锚固剂。超前锚杆一环工程量指标，见表 12-67。水泥药卷锚杆，是以水泥药卷为锚固剂的黏结型锚杆，是锚固剂和锚杆杆体的合称，一般设计为全黏结型（按黏结范围可有端黏结和全长黏结二种），锚杆杆体一般采用螺纹钢筋（设计会明确的）。

超前锚杆一环工程量指标 表 12-67

项目	φ22 锚杆（单根）	每环数量	备注
	m/根	m	
工程量指标	3.5m/35	122.5	一般设计为全黏结型

图 12-31 为超前自进式锚杆设计图，用于围岩破碎、成孔困难地段，加固拱顶以确保围岩稳定和施工安全。自进式锚杆由钻头、锚杆体、连接套、止浆塞和拱形垫板等组成，施工工艺是将合金钻头与锚杆一端连接，另一端连接上钎套、钎尾后再与台车或手持式钻机连接好，按设计的深度开始钻进，钻进时须加注冷却水。锚杆如需加长，可用连接套进行连接。自进式锚杆分 $\phi28$、$\phi32$、$\phi38$ 直径，长度 L 为 10.0m，环向间距 0.5m。主要工程量指标，见表 12-68。

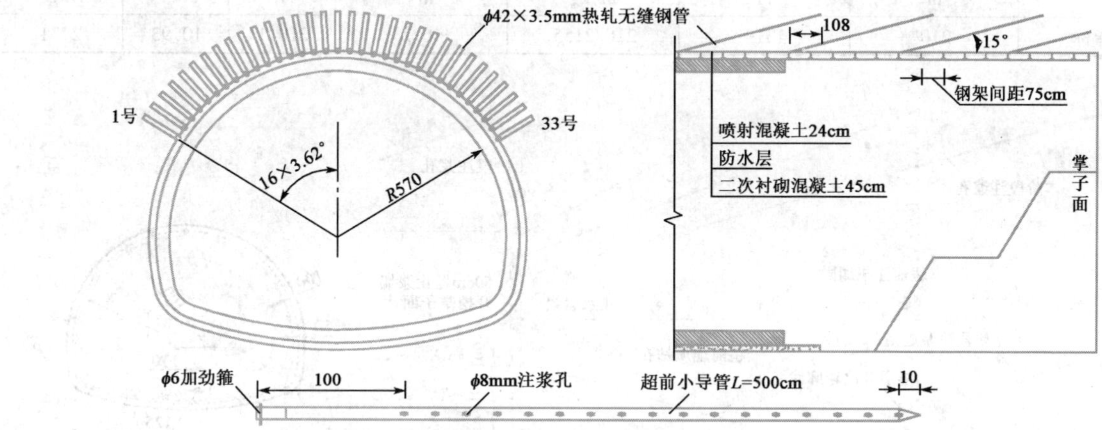

图 12-29　超前小导管

主要工程量指标　　表 12-68

项目	单位	每孔数量	每环数量	备注
$\phi32$ 自进式锚杆	m	10	290	
单液浆体积	m^3	0.28	8.12	水泥浆

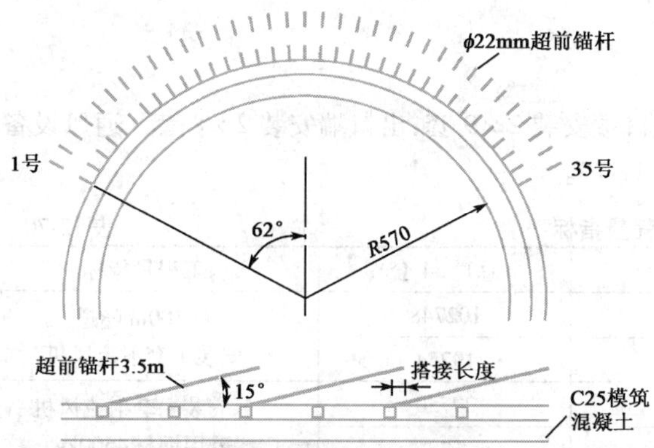

图 12-30　超前锚杆

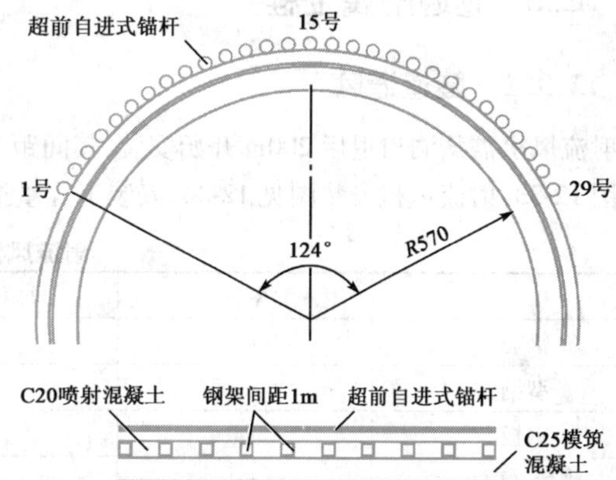

图 12-31　超前自进式锚杆

12.8.4　洞内超前帷幕注浆

图 12-32 为洞内超前帷幕注浆设计图。适用于穿越地下河、地表河及大型充水断层破碎带可能发生突水、涌水的地段。全断面帷幕注浆是把具有充填和凝胶性能的浆液材料，通过配套的注浆机具设备压入所需加固的岩层中，经过凝胶硬化作用后充填和堵塞岩层中缝隙，减小注浆区地层渗水系数及隧道开挖后的渗漏水量，并能固结软弱和松散岩体，使围岩强度和自稳功能得到提高。每 30m 循环超前帷幕注浆工程量指标，见表 12-69，其设计参数如下：

①注浆孔深度一般为 15 ~ 30m，分三环施工；外环设置 26 个注浆孔，孔深 14.2m；中环设置 24 个注浆孔，孔深 21.9m；内环设置 20 个注浆孔，孔深 31.7m；

②注浆孔前段安设 $\phi108\times4$mm 套管，套管长 3m，孔口外露 20 ~ 30cm；

③注浆掌子面以隧道中轴伞状布置，注浆范围为隧道开挖线以外 6m，浆液扩散半径为 2m，相对渗透率 3.5%；注浆孔间距按 1.5 ~ 1.6 倍浆液扩散半径，一般为 2 ~ 3m；套管采用 $\phi115$mm 钻头成孔，后续注浆段采用 $\phi75$mm 钻头成孔；

④注浆液采用水泥－水玻璃浆液，浆液配合比应在实际施工中根据注浆效果调整；初拟参数：体积比＝32.5级水泥：水玻璃＝1：(0.6～1.0)，水泥浆水灰比＝0.8：1～1：1，1m^3 水泥浆的水泥量1348kg。

每30m循环超前帷幕注浆工程量指标　　表12-69

项目	ϕ115mm 钻孔	ϕ75mm 钻孔	ϕ108×4mm 孔口钢管	50cm厚 C25止浆墙	注浆		
					水泥	水玻璃	缓凝剂
	m	m	m/kg	m^3	t	t	kg
工程量指标	210	1319	210/2155	46.2	210.1	10.93	2731

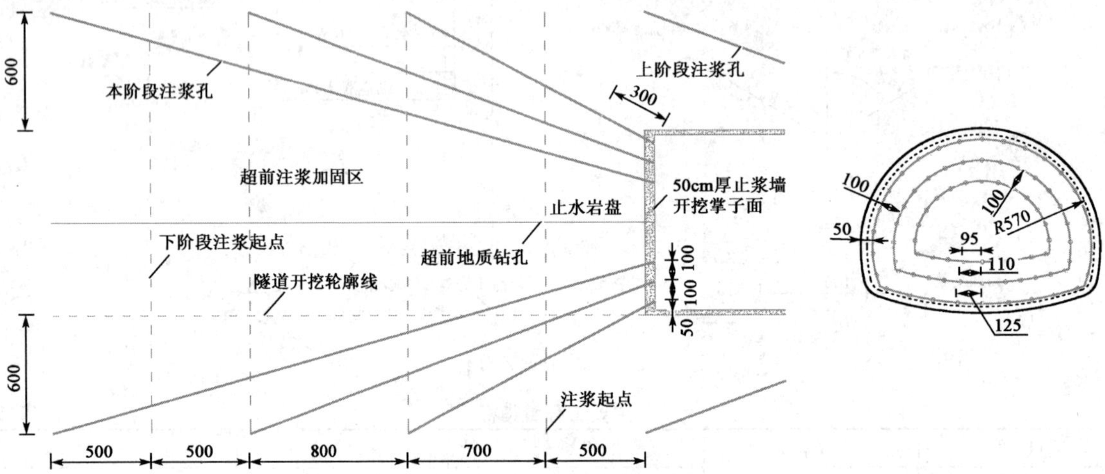

图12-32　洞内超前帷幕注浆设计

12.9　隧道附属工程

12.9.1　隧道通风

射流风机需从洞口退后200m开始安装，其间距110m，进口端安装2×9套，出口端安装2×8套。通风设备布置见图12-33，射流风机安装图见12-34，安装工程量指标见表12-70。

射流风机安装工程量指标　　表12-70

项目	单位	每套工程数量	总量34套	工程量指标
钢筋	kg	3022	102748	每100m隧道安装1套射流风机
型钢	kg	581	19754	
钢板	kg	875	29750	每安装一套射流风机需用钢材4500kg
螺栓、螺母	kg	17	578	

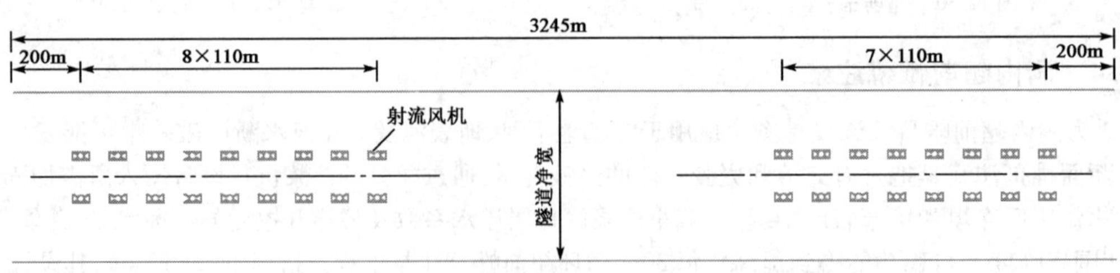

图12-33　通风设备布置

12.9.2　隧道照明

照明设施按隧道纵轴向及两侧建筑限界H高度以外布设。在隧道纵轴向分别划分照明入口段、过渡段、中间段。照明灯具布设又分为基本照明、加强照明、应急照明灯具；入口段布设加强照明灯具间距约为2m，中间段布设基本照明灯具间距约为10m，应急照明灯具按隧道全长布置间距约为10m。照明灯具布置图见12-35，安装工程图见12-36。

高速公路上下行隧道一般共用1座箱式变电站(图12-37),输出功率可达200kW。其箱体约为720cm×260cm×280cm,基座砖块砌体变电站箱座工程量指标,见表12-71。

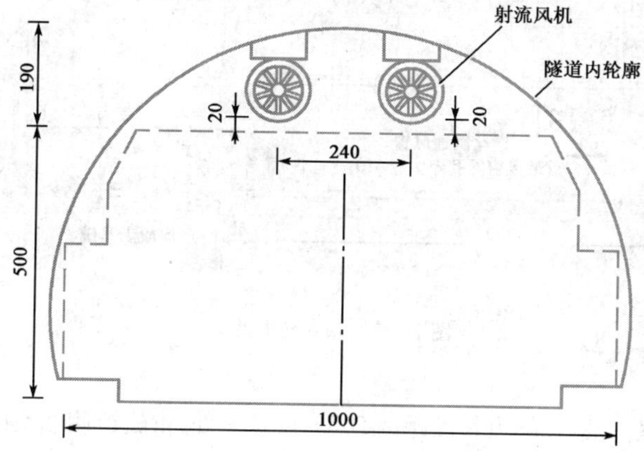

图12-34 射流风机安装断面

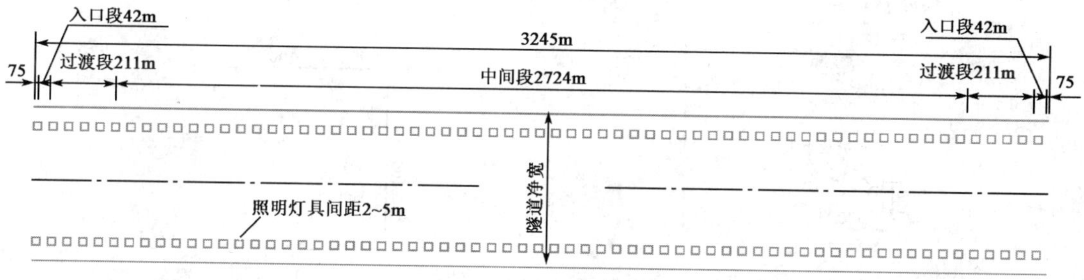

图12-35 照明灯具布置

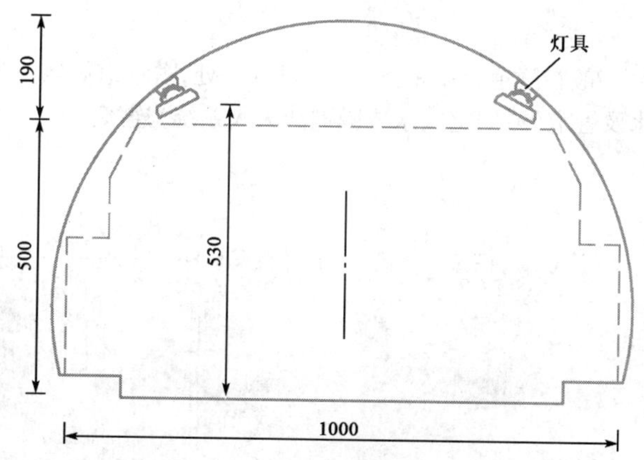

图12-36 照明灯具安装断面

变电站箱座工程量指标

表12-71

项目	砌砖墙	砌砖踏步	混凝土基础	灰土垫层	挖基
工程量指标(m^3)	11.3	1.88	4.0	10.7	43.1

12.9.3 隧道消防

隧道消防设施主要用于当隧道内发生火灾时,提供灭火设施,减少火灾造成的损失,保护人身和财产安全。消防设施主要包括灭火器、消火栓、隧道消防给水及管道等。隧道洞内消火设施一般设有灭火器洞室、消防栓洞室,洞外设施有消防水池等。

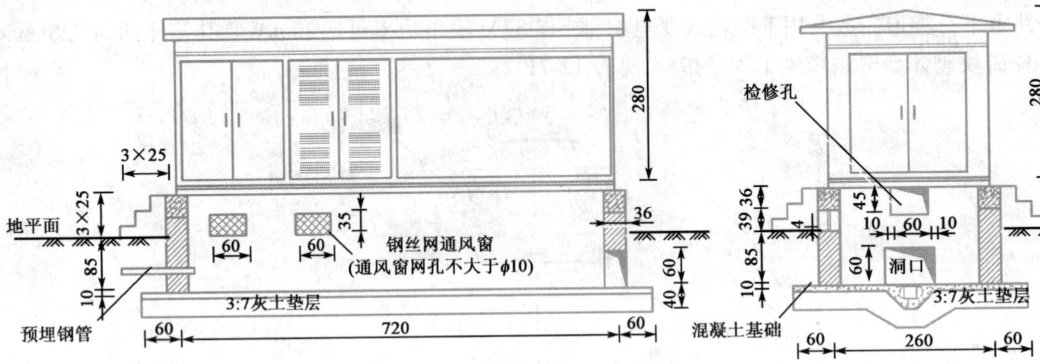

图 12-37　箱式变电站

1. 灭火器洞室

图 12-38 为隧道灭火器洞室，一般在隧道长度距离 500m 设置一处，占隧道侧墙空间体积约为 100cm × 100cm × 30cm。灭火器洞室内放置灭火器。

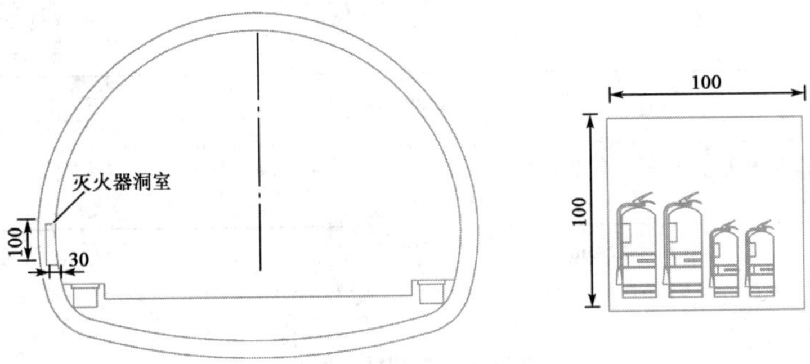

图 12-38　灭火器洞室

2. 消防栓洞室

图 12-39 为隧道消防栓洞室，一般在隧道长度距离 500m 设置一处，占隧道侧墙空间体积约为 160cm × 120cm × 32.5cm。消防栓与隧道消防给水及管道(或固定式水成膜泡沫灭火系统)连接。

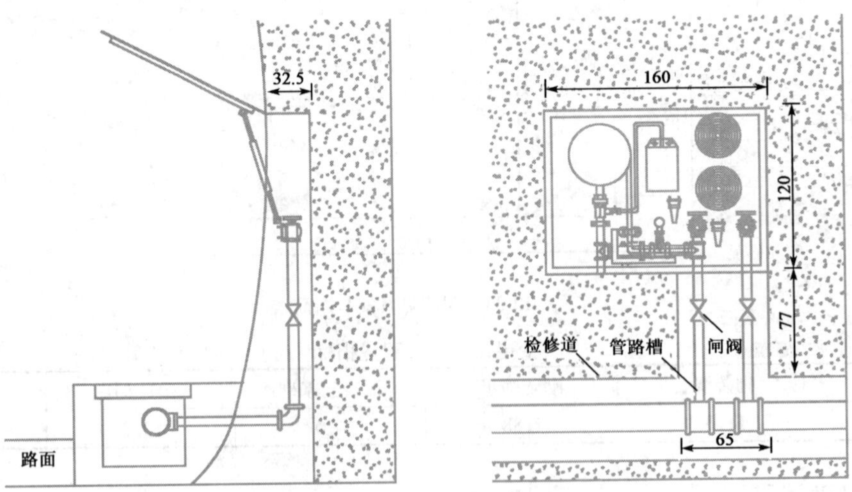

图 12-39　消防栓洞室

3. 消防水池

消防水池是人工构筑物，用来储存天然或市政给水管网水源的消防用水的大水池。消防用水宜与生活、生产用水合用，由此可减少很多环节。图 12-40 为储存水量 $300m^3$ 的消防水池，工程量指标见表 12-72。

消防水池工程量指标

表 12-72

项目	混凝土水池	钢筋	碎石垫层	钢梯	通风钢管
	m^3	kg/m^3	m^3	kg	kg
工程量指标	89.6	160	11.5	296	46.8

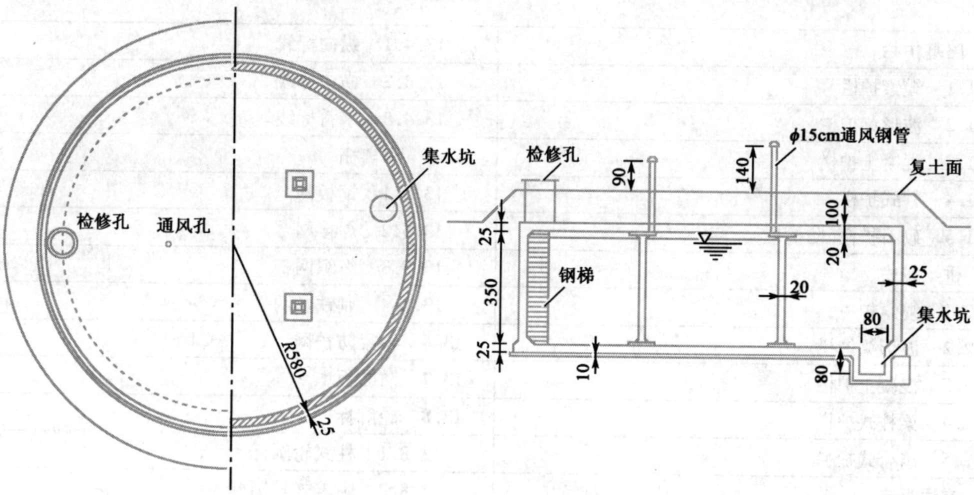

图 12-40 300m^3 消防水池

第十三章　公路安全设施

13.1　路基护栏

公路路基护栏按防撞等级可分为 B、A、SB、SA 和 SS 五级，中央分隔带护栏分为 Am、SBm 和 SAm 三级，适用条件见表 13-1。路基护栏最小设置长度，见表 13-2。

路基护栏防撞等级的适用条件　　表 13-1

公路等级	设计速度(km/h)	车辆驶出路外或进入对向车道有可能造成的交通事故等级		
		一般事故或重大事故	单车特大事故或二次重大事故	二次特大事故
高速公路	120	A、Am	SB、SBm	SS
	100、80			SA、SAm
一级公路	60		A、Am	SB、SBm
二级公路	80、60	B	A	SB
三级公路	40、30		B	A
四级公路	20			

路基护栏最小设置长度(单位:m)　　表 13-2

项目	高速、一级公路	二级公路	三、四级公路
波形护栏	70	48	28
混凝土护栏	36	24	12
缆索护栏	300	120	120

13.1.1　缆索护栏

图 13-1 为路侧 A 级缆索护栏。缆索护栏是柔性护栏的主要代表形式，是由护栏端部结构、中间端部结构、中间

立柱、托架、缆索和索端锚具等组成。缆索护栏可设置在路侧、中央分隔带位置。缆索护栏100m工程量指标，见表13-3。

缆索护栏100m工程量指标　　表13-3

项目		混凝土	钢材	缆索重量	锚具	备注
		m^3	kg		套	
人工安装	B级	2.94	712.2	547.0	3.33	缆索长度103m
	A级	4.04	766.0	656.4	4.00	
机械安装	B级	1.76	685.3	544.8	2.00	
	A级	2.43	732.6	653.8	2.40	

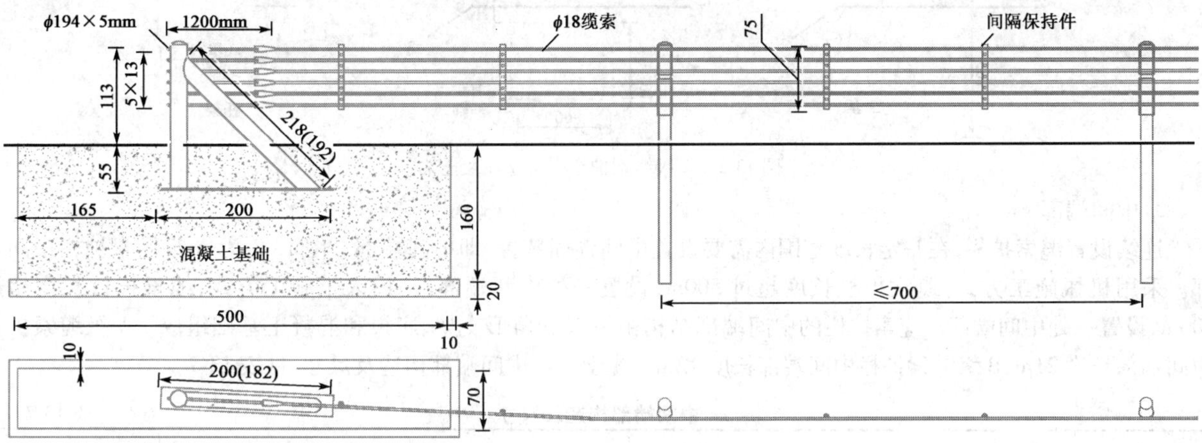

图13-1　路侧A级缆索护栏

1. 护栏端部

缆索护栏端部是指缆索护栏的起终点锚固装置，包括端部立柱、斜撑、钢底板、索端锚固件和混凝土基础，见表13-4。最下一根缆索距地面高度43cm，最大立柱间距7m。

端部构造及尺寸　　表13-4

防撞等级	立柱			斜撑	钢板	混凝土基础
	规格	地面以上高度	埋深			
	mm	cm		mm		cm
B级	φ168×5	100	50	1920	250×9×1800	420×70×150
A级	φ194×5	113	55	2180	250×9×2000	500×70×160

2. 中间立柱

图13-2为A级缆索护栏中间立柱及托架构造。B、A级中间立柱规格为φ140×4.5mm，设置在端部与端部之间，或端部与中间端部之间，或中间端部与中间端部之间，托架安装于立柱上，起支撑并固定缆索的作用。通过小桥的中间立柱埋入桥梁混凝土中；通过通道、明涵等构造物，有地下管线的路段或其他不能达到规定埋置深度的路段，中间立柱可设置混凝土基础。中间立柱构造及尺寸，见表13-5；设置于曲线路段的缆索护栏，应根据表13-6的规定调整立柱间距。间隔保持件间距，为两中间立柱间距的1/3。

中间立柱构造及尺寸　　表13-5

防撞等级	中间立柱			立柱重量（kg/根）	保持件重量（kg/个）
	埋置方式	埋入深度（cm）	地面以上高度（cm）		
B	土中	165	100	39.8	1.02
	混凝土中	40	100	21.1	
A	土中	165	113	41.8	1.24
	混凝土中	40	113	23.0	

路基曲线部的立柱间距　　表 13-6

防撞等级	A 级、B 级			备注
曲线半径 R(m)	$120 \leqslant R \leqslant 200$	$200 < R \leqslant 300$	$R > 300$	
立柱间距(cm)	400	500	600	

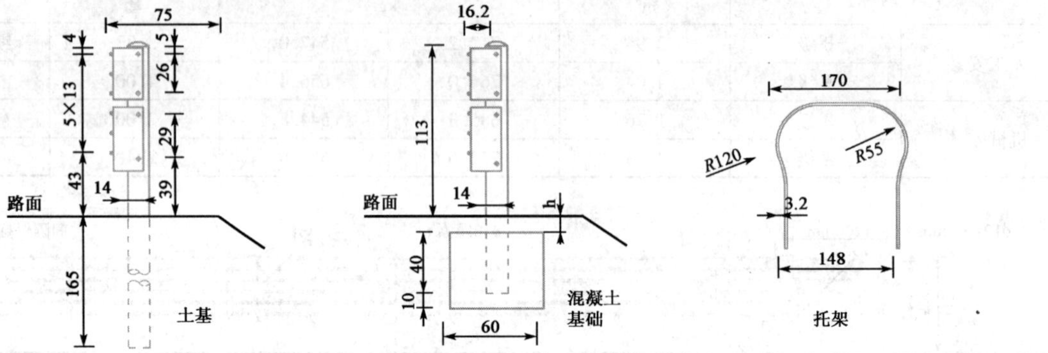

图 13-2　A 级缆索护栏中间立柱及托架

3. 中间端部

连续设置缆索护栏,在一定长度范围内需要设置中间锚固装置,即中间端部。图 13-3 为 A 级缆索护栏中间端部。采用机械施工方式,缆索护栏长度超过 500m,设置一处中间端部;采用人工施工方式,缆索护栏长度超过 300m,设置一处中间端部。缆索护栏的中间端部结构由一对三角形支架、底板和混凝土基础组成。A 级缆索护栏中间端部长度 21m,B 级缆索护栏中间端部长度 12m。缆索护栏中间端部构造及尺寸,见表 13-7。

中间端部构造及尺寸　　表 13-7

防撞等级	立柱			斜撑	钢板	混凝土基础
	规格	地面以上高度	埋深			
	mm	cm		mm		cm
B 级	ϕ168 × 5	100	50	1920	250 × 9 × 1800	420 × 70 × 150
A 级	ϕ194 × 5	113	55	2180	250 × 9 × 2000	500 × 70 × 180

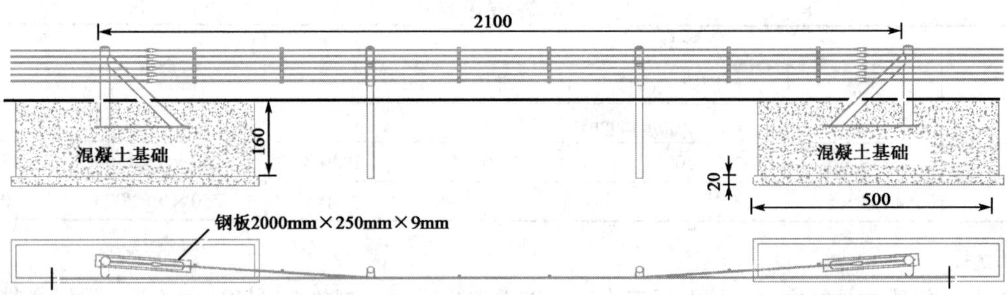

图 13-3　A 级缆索护栏中间端部

4. 缆索及锚具

缆索采用具有优良耐腐蚀性的镀锌钢丝,构造为 3 × 7mm 右拧,外径 ϕ18mm,每延米 1.06kg/根。缆索的外径是指横断面的外接圆直径。索端锚具是用于端部(或中间端部)立柱上锚定缆索的部件,包括锚头、拉杆、紧固件等。首先应把缆索在锚头中固定,选用的方法有铸入合金法和打入楔子法,再用拉杆及紧固件将缆索固定在端部立柱上。索端锚具采用 45 号优质碳素结构钢制造,螺栓、螺母、垫圈采用普通碳素结构钢。缆索护栏的缆索和索端锚具应符合表 13-8 的规定。

缆索和索端锚具　　表 13-8

防撞等级	缆索			索端锚具	
	缆索根数(根)	初拉力(kN)	缆索间隔(mm)	配件杆径(mm)	全长(mm)
B	5	20	130	25	1200
A	6	20	130	25	1200

13.1.2　波形梁护栏

波形梁护栏是半刚性护栏的代表形式，是采用波浪状钢护栏板相互拼接并由立柱支撑的连续结构，它利用土基、立柱、波形梁的变形来吸收碰撞能量，并迫使失控车辆改变方向。波形梁护栏按防撞等级分设二波和三波结构，二波结构设施有 16 种型号，三波结构设施有 10 种型号。波形梁护栏结构，见图 13-4。

1. 路侧波形梁护栏

路侧波形梁栏分为有防阻块和无防阻块两种，常用路侧波形梁护栏按防撞等级可分为 B、A、SB、SA、SS 五级，图 13-5 为路侧 B 级波形梁护栏构造。路侧波形梁尺寸代号，见表 13-9。二波护栏、三波护栏 1km 工程量指标分别见表 13-10、表 13-11。B 级和 A 级波形梁护栏工程量，见表 13-12，SB、SA、SS 级波形梁护栏工程量，见表 13-13。

路侧波形梁尺寸代号　　表 13-9

项目	土方正常段					土方小半径段	
代号	Gr-B-4E	Gr-A-4E	Gr-SB-2E	Gr-SA-3E	Gr-SS-2E	Gr-B-2E	Gr-A-2E
L(cm)	4000	4000	2000	3000	2000	4000	4000
L1(cm)	—	—	—	—	—	2000	2000
项目	石方挡土墙段					石方挡土墙小半径段	
代号	Gr-B-4C	Gr-A-4C	Gr-SB-2C	Gr-SA-3C	Gr-SS-2C	Gr-B-2C	Gr-A-2C
L(cm)	4000	4000	2000	3000	2000	4000	4000
L1(cm)	—	—	—	—	—	2000	2000

二波护栏 1km 工程量指标　　表 13-10

项目	B 级(kg)				A 级(kg)			
	代号	梁板	立柱	混凝土(m^3)	代号	梁板	立柱	混凝土(m^3)
土方正常段	Gr-B-4E	12290	6108	—	Gr-A-4E	16388	—9208	
土方小半径段	Gr-B-2E	12290	12215	—	Gr-A-2E	—16388	18415	
石方挡土墙段	Gr-B-4C	12290	3527	45	Gr-A-4C	16388	5449	60
石方挡土墙小半径段	Gr-B-2C	12290	7054	90	Gr-A-2C	16388	10898	120

三波护栏 1km 工程量指标　　表 13-11

土方正常段				石方挡土墙小半径段				
代号	梁板	横梁	立柱	代号	梁板	横梁	立柱	混凝土
	kg				kg			m^3
Gr-SB-2E	26748	—	18940	Gr-SB-2C	26748	—	11464	120
Gr-SA-3E	27407	11330	14433	Gr-SA-3C	27407	11330	9450	80
Gr-SS-2E	26748	11330	22100	Gr-SS-2C	26748	11330	14627	120

B 级和 A 级波形梁护栏工程量　　表 13-12

名称	B 级			A 级		
	规格	单位重	单件重	规格	单位重	单件重
	mm	kg		mm	kg	
二波波形梁	310×85×3×4320	11.38	49.16	310×85×4×4320	15.17	65.55
立柱	ϕ114×4.5×1950	12.15	23.69	ϕ140×4.5×2150	15.04	32.33
托架	300×70×4.5	—	0.74	—	—	—
防阻块	—	—	—	196×178×200×4.5	—	4.50

SB、SA、SS 级波形梁护栏工程量(单位:kg) 表 13-13

名称	三波波形梁板			立柱		
	规格(mm)	单位重	单件重	规格(mm)	单位重	单件重
SB 级	506×85×4×4320	24.77	106.99	□130×130×6×2540	11.96	30.38
SA 级	506×85×4×3320	24.77	82.22	□130×130×6×2540 和 ϕ102×4.5×501	11.96 10.82	35.80
SS 级	506×85×4×4320	24.77	106.99	□130×130×6×2540 和 ϕ102×4.5×520	11.96 10.82	36.00
名称	横梁			防阻块		
	规格(mm)	单位重	单件重	规格(mm)	单位重	单件重
SB 级	—	—	—	300×200×290×4.5	—	7.5
SA 级	ϕ89×5.5×2994	11.33	33.92	300×200×290×4.5	—	7.5
SS 级	ϕ89×5.5×3994	11.33	45.30	350×200×290×4.5	—	8.2

2. 中央分隔带波形梁护栏

常用中央分隔带波形梁护栏按防撞等级可分为 Am、SBm、SAm 三级,按安装形式分为分设型和组合型两类,分设型与路侧波形梁护栏构造相同,组合型有横隔梁,见图 13-4。中央分隔带波形梁尺寸代号,见表 13-14。二波护栏、三波护栏 1km 工程量指标分别见表 13-15、表 13-16。Am 级波形梁护栏工程量,见表 13-17;SBm 级、SAm 级波形梁护栏工程量,见表 13-18。

中央分隔带波形梁尺寸代号 表 13-14

项目	土方正常段				土方小半径段	
代号	Gr-Am-4E	Grd-Am-2E	Gr-SBm-2E	Gr-SBm-2C	Gr-Am-2E	Grd-Am-1E
L(cm)	4000	2000	2000	2000	4000	2000
L_1(cm)	—	—	—	—	2000	1000
项目	石方正常段				石方小半径段	
代号	Gr-Am-4C	Grd-Am-2C	Gr-SAm-3E	Gr-SAm-3C	Gr-Am-2C	Grd-Am-1C
L(cm)	4000	2000	3000	3000	4000	2000
L_1(cm)	—	—	—	—	2000	1000

二波护栏 1km 工程量指标 表 13-15

项目	Am 级分设型(kg)				Am 级组合型(kg)			
	代号	梁板	立柱	预埋件	代号	梁板	立柱	预埋件
土方正常段	Gr-Am-4E	32775	18415	2434	Grd-Am-2E	32775	18708	2434
土方小半径段	Gr-Am-2E	32775	36830	4867	Grd-Am-1E	32775	7417	4867
项目	Am 级分设型				Am 级组合型			
	代号	梁板	立柱	混凝土	代号	梁板	立柱	混凝土
		kg		m^3		kg		m^3
石方正常段	Gr-Am-4C	32775	10898	120	Grd-Am-2C	32775	11191	120
石方小半径段	Gr-Am-2C	32775	21796	240	Grd-Am-1C	32775	22383	240

三波护栏 1km 工程量指标 表 13-16

项目		代号	梁板	立柱	预埋件	混凝土	
			kg			m^3	
SBm 级	土方正常段	Gr-SBm-2E	53495	37880	4867	—	
	石方正常段	Gr-SBm-2C	53495	22928	—	240	
项目		代号	梁板	立柱	预埋件	混凝土	
			kg			m^3	
SAm 级	土方正常段	Gr-SAm-3E	54813	22660	23867	3245	—
	石方正常段	Gr-SAm-3C	54813	22660	13899	—	160

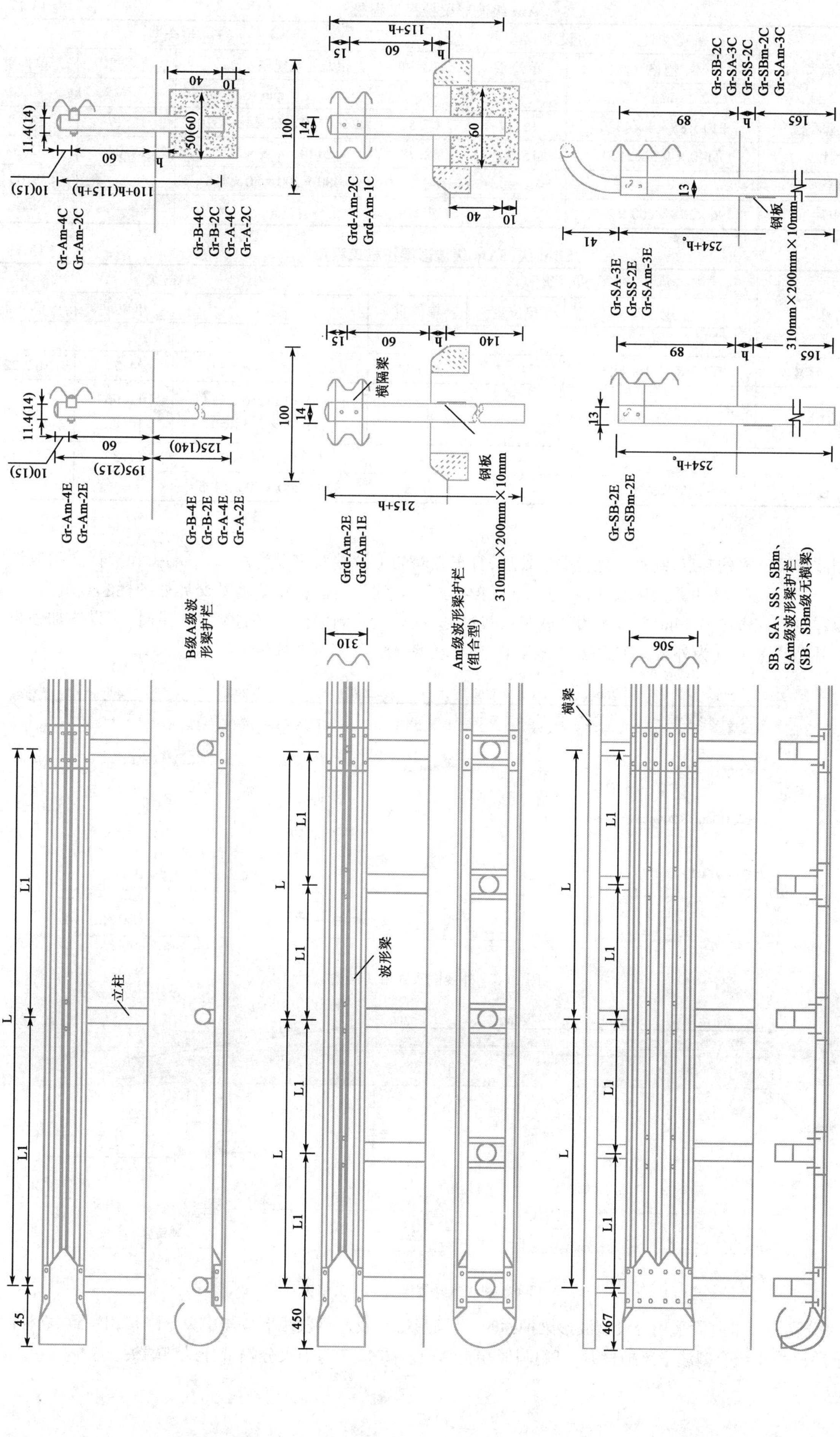

图13-4　波形梁护栏结构

Am 级波形梁护栏工程量 表 13-17

名称	分设型			组合型		
	规格	单位重	单件重	规格	单位重	单件重
	mm	kg		mm	kg	
二波波形梁	310×85×4×4320	15.17	65.55	2×(310×85×4×4320)	15.17	131.1
立柱	ϕ140×4.5×2150	15.04	32.33	ϕ140×4.5×2150	15.04	32.33
横隔梁	—	—	—	480×200×50×4.5	—	5.09
防阻块	196×178×200×4.5	—	4.50	—	—	—

SBm 级、SAm 级波形梁护栏工程量 表 13-18

名称	SBm 级			SAm 级		
	规格	单位重	单件重	规格	单位重	单件重
	mm	kg		mm	kg	
三波波形梁	506×85×4×4320	24.77	106.99	506×85×4×3320	24.77	82.22
立柱	□130×130×6×2540	11.96	30.38	□130×130×6×2540 和 ϕ102×4.5×501	11.96 10.82	35.80
横梁	—	—	—	ϕ89×5.5×3000	11.33	33.98
防阻块	300×200×290×4.5	—	7.5	300×200×290×4.5	—	7.5

3. 波形梁护栏端头

路侧波形梁护栏的起点、终点应进行端头处理,行车方向的上游端头宜设为圆头式,端头和护栏之间应设置渐变段;行车方向下游端头可采用圆头式,并与标准段护栏成一直线设置。在挖填路基交界处护栏起点端头的位置,应从挖填零点向挖方延伸 20m,并设置为外展圆头式;当护栏立柱外侧保护土路肩宽度不足时,应设置加强板或设置混凝土基础。图 13-5 为外展圆头式端头结构,图 13-6 为埋入式外展圆头式端头结构。

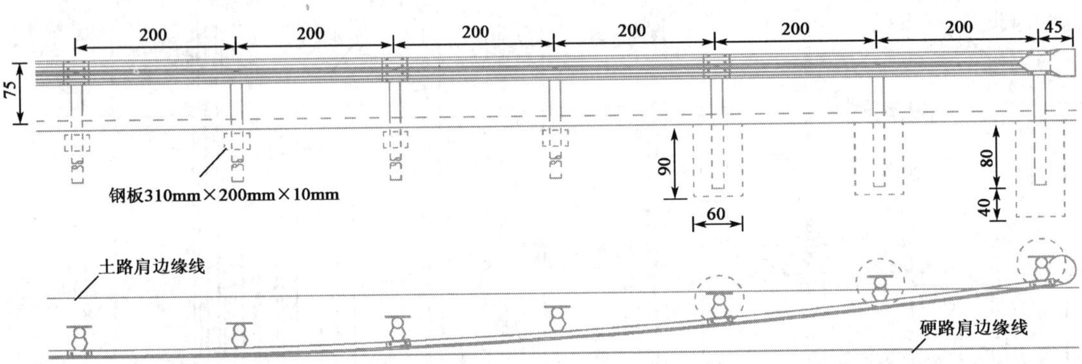

图 13-5 外展圆头式端头结构

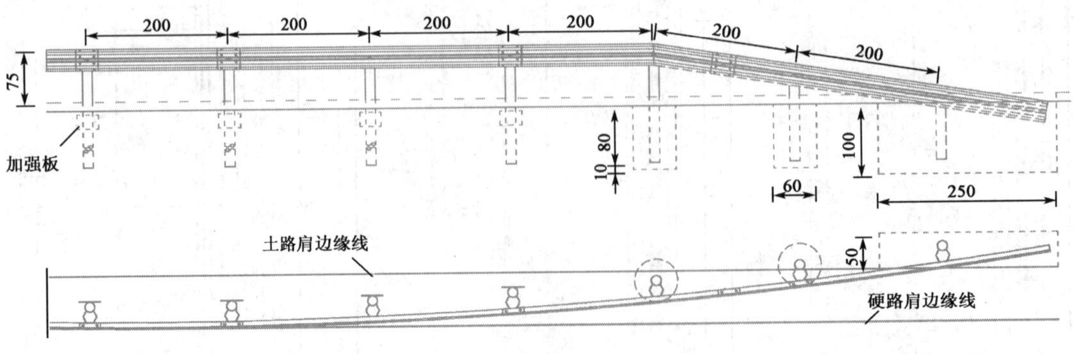

图 13-6 埋入式外展圆头式端头结构

中央分隔带标准路段采用分设型波形梁护栏时,其圆形端头及过渡段线形应与中央分隔带相一致,立柱间距为 2m;标准路段采用组合型波形梁护栏时,可用圆形端头结束。图 13-7 为中央分隔带分设型端头。

交通分流处三角地带的护栏，其构造应与路侧波形梁护栏相一致，并根据三角地带的线形和地形进行布设，其中靠公路主线一侧的8m范围内和匝道一侧的8m范围内立柱间距应减半，并用圆形端头将三角地带范围两侧的护栏连接起来；在迎交通流方向的危险三角地带范围内应设置缓冲设施。

隧道入口处的路侧波形梁护栏宜以抛物线形向洞口壁延伸，并设置满足隧道建筑限界要求的圆形端头，见图13-8；隧道出口处的路侧波形梁护栏可采用与隧道壁搭接的方式，端部护栏板应进行斜面焊接处理。

路基波形梁护栏与桥梁混凝土护栏连接，见图13-9。

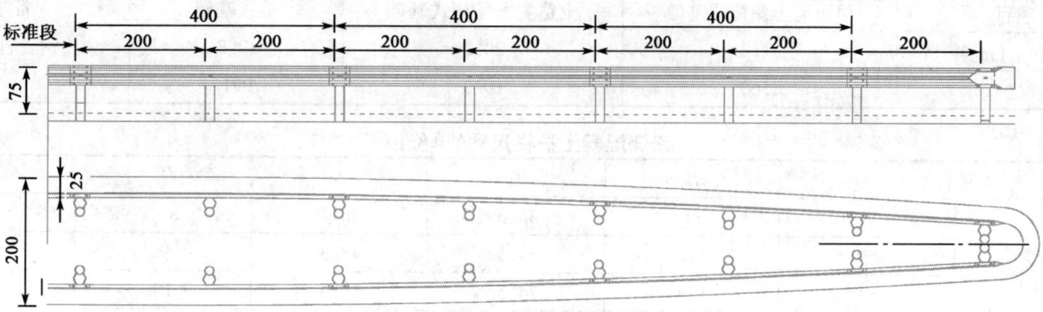

图13-7　中央分隔带分设型端头

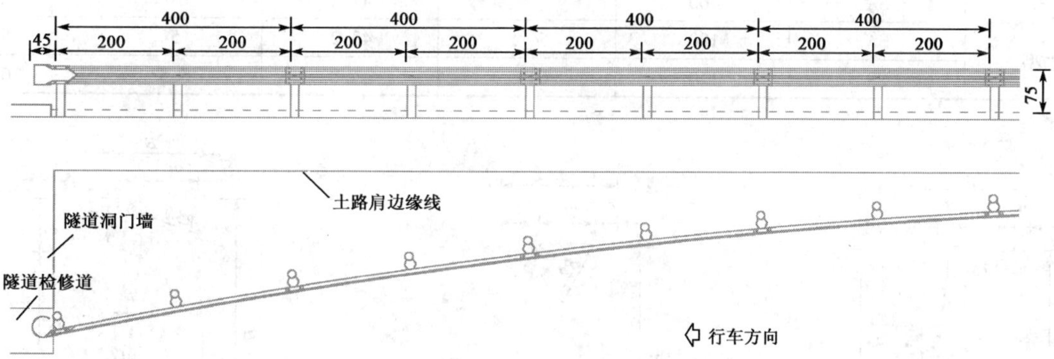

图13-8　隧道洞口护栏端部结构

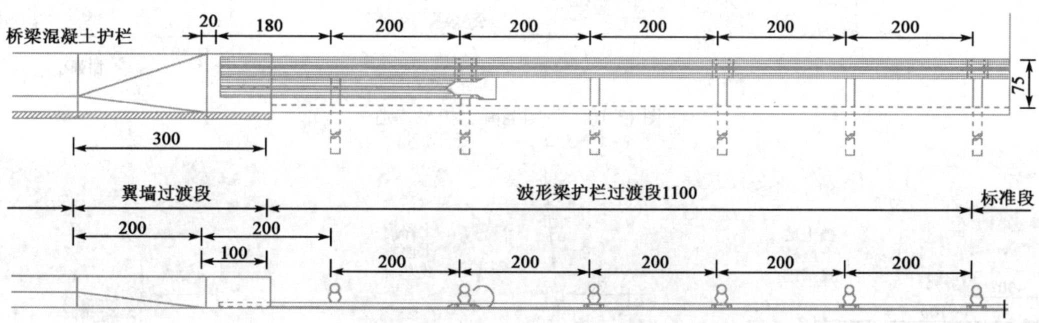

图13-9　路基波形梁护栏与桥梁混凝土护栏连接

13.1.3　混凝土护栏

混凝土护栏称为刚性护栏，其混凝土强度等级、配筋量和基础设置应通过设计计算确定，可设置在路侧、中央分隔带位置。

1. 路侧混凝土护栏

图13-10为路侧混凝土护栏构造。路侧混凝土护栏按防撞等级可分为A、SB、SA和SS四级，按构造可分为F型、单坡型、加固型三种，应根据路侧危险情况选用。护栏基础，见图13-11。路侧混凝土护栏100m工程量指标，见表13-19；护栏基础100m工程量指标，见表13-20。路侧混凝土护栏尺寸见表13-21。

路侧混凝土护栏 100m 工程量指标 表 13-19

项目	F 型			单坡型			加强型	
	A	SB	SA	A	SB	SA	SA	SS
混凝土(m^3)	24.61	28.04	31.95	25.13	29.98	33.54	27.73	31.23
钢材(kg)	3347	3813	4345	3418	4077	4561	3771	4247

路侧混凝土护栏基础 100m 工程量指标 表 13-20

项目	挡土墙上座椅式基础	土路肩上座椅式基础	桩式基础	备注
混凝土(m^3)	31.2	20.2	12.3	钢管桩 4m
钢材(kg)	1560	1010	991	

路侧混凝土护栏尺寸(单位:cm) 表 13-21

项目		H	H_1	B	B_1	B_2
F 型	A	81	55.5	46.4	8.1	5.8
	SB	90	64.5	48.3	9	6.8
	SA	100	74.5	50.3	10	7.8
单坡型	A	81	—	42.1	8.1	14.0
	SB	90	—	44.5	9	15.5
	SA	100	—	47.2	10	17.2
加强型	SA	100	54.5	43.2	5	5.7
	SS	110	64.5	44.8	5.5	6.8

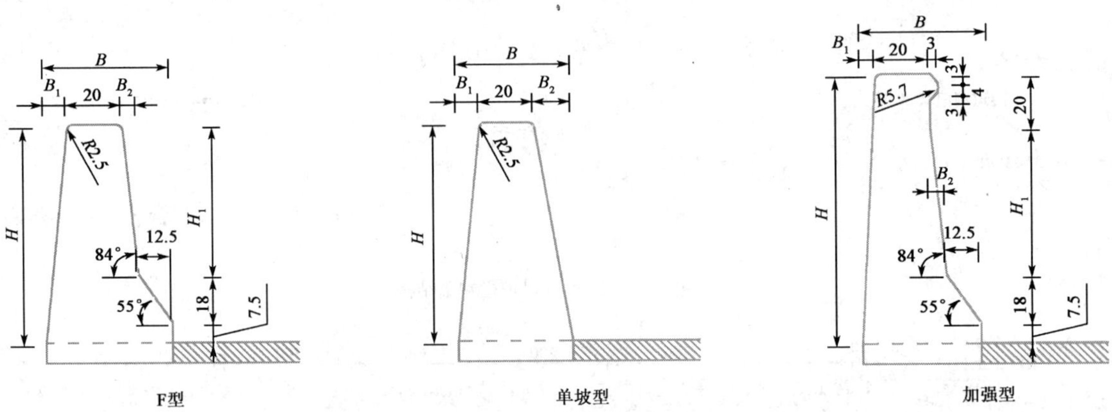

图 13-10 路侧混凝土护栏构造

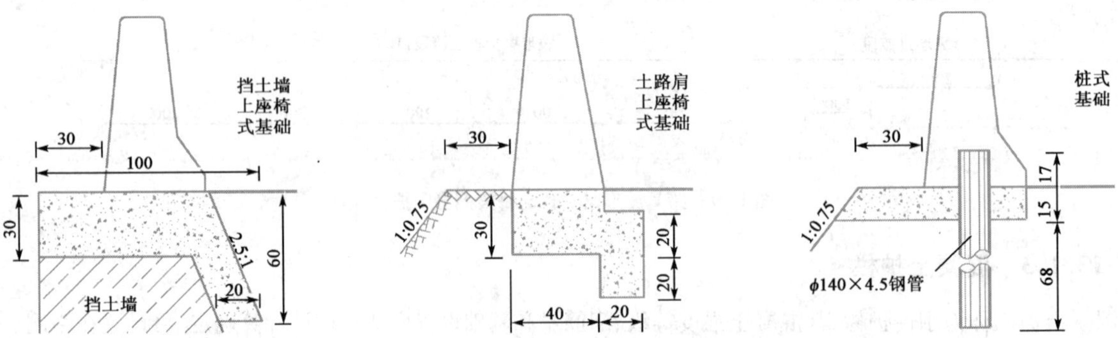

图 13-11 护栏基础

2. 中央分隔带混凝土护栏

图 13-12 为中央分隔带混凝土护栏构造。中央分隔带混凝土护栏按防撞等级可分为 Am、SBm 和 SAm 三级,可分为整体式、分离式两种,整体式、分离式又可分别为 F 型、单坡型两种,其选用是根据中央分隔带的宽度、构造物和管线分布情况予以确定。中央分隔带混凝土护栏 100m 工程量指标,见表 13-22;其构造尺寸见表 13-23。

中央分隔带混凝土护栏 100m 工程量指标　　表 13-22

项目	分离式 F 型			分离式单坡型			备注
	A	SB	SA	A	SB	SA	
护栏混凝土(m^3)	56.18	63.5	71.54	61.96	71.4	82.56	支撑块间距 5m
支撑块(m^3)	0.086	0.080	0.074	0.081	0.072	0.062	枕梁 $30m^3$
钢材(kg)	9145	10140	11233	9931	11214	12731	

中央分隔带混凝土护栏构造　　表 13-23

路侧护栏及防撞等级		H(cm)	H_1(cm)	B(cm)	B_1(cm)	备注
F 型	A	81	55.5	56.6	5.8	
	SB	90	64.5	58.6	6.8	
	SA	100	74.5	60.6	7.8	
单坡型	A	81	—	48	14.0	
	SB	90	—	51	15.5	
	SA	100	—	54.5	17.2	

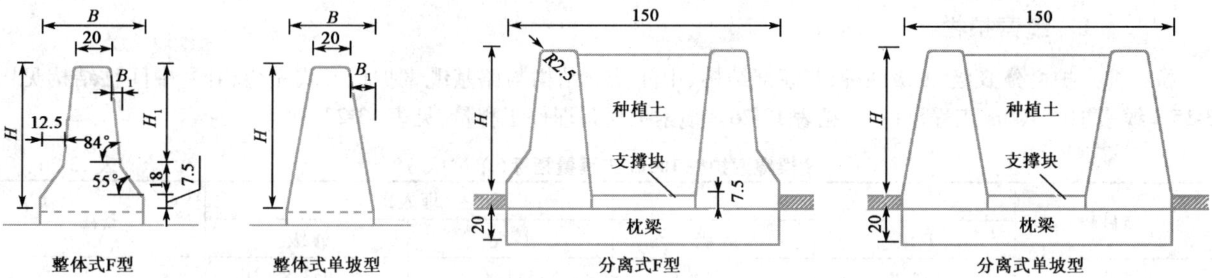

图 13-12　中央分隔带混凝土护栏构造

13.1.4　柱式护栏

柱式护栏预示路堤高填方，用于二级及以下公路，见图 13-13。路侧柱式护栏 100m 工程量指标，见表 13-24。

路侧柱式护栏 100m 工程量指标　　表 13-24

项目	混凝土(m^3)	钢筋(kg)	油漆(m^2)	备注
间距 3.0m	1.07	118	29.3	
间距 5.0m	0.63	69	17.3	

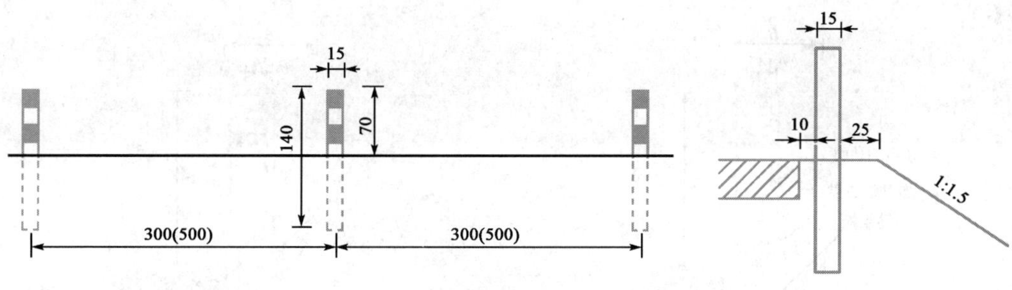

图 13-13　柱式护栏

13.1.5　砌石护栏(防撞墩)

砌石护栏是用砂浆和石块砌筑而成，为早期公路路侧护栏的一种形式，目前多用在山区村道上，预示悬崖、深谷、深沟等险情地段，依靠自重起防护安全作用，见图 13-14。路侧砌石护栏 100m 工程量指标，见表 13-25。

路侧砌石护栏 100m 工程量指标　　表 13-25

项目	挖基(m^3)	砌石(m^3)	抹面(m^2)	油漆(m^2)	备注
间距 2.0m	6.0	18.0	62.0	62.0	
间距 3.0m	4.8	14.8	49.6	49.6	

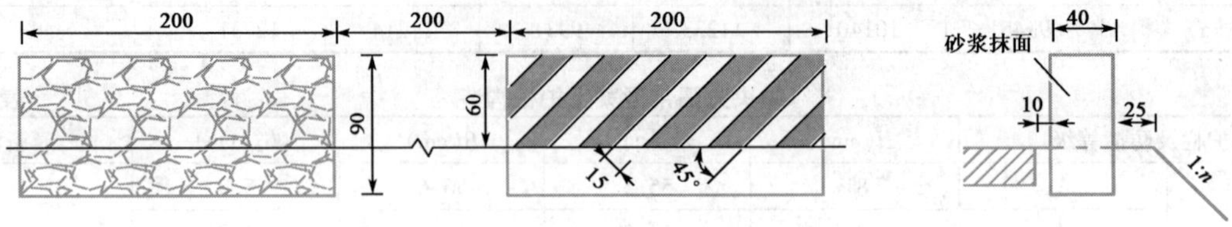

图 13-14　砌石护栏

13.2 桥梁护栏

常用的桥梁外侧护栏按防撞等级分为 B、A、SB、SA、SS 五级，高速、一级公路的桥梁中央分隔带护栏按防撞等级分为 Am、SBm、SAm 三级。

13.2.1 缆索护栏

桥梁缆索护栏分 B 级、A 级两种，其端部结构、中间端部结构与路基缆索护栏形式完全相同，中间柱结构见图 13-15。缆索护栏 100m 工程量指标，见表 13-26。缆索护栏预埋件工程量，见表 13-27。

桥梁缆索护栏 100m 工程量指标(单位:kg)　　表 13-26

项目	螺栓连接		埋入式		备注
	B 级	A 级	B 级	A 级	
缆索	544.8	653.8	544.8	653.8	
立柱	300.7	357.1	413.5	462.4	
预埋件	496	694	372	372	

缆索护栏预埋件工程量(单位:kg)　　表 13-27

名称		B 级			A 级		
		规格(mm)	单位重	单件重	规格(mm)	单位重	单件重
螺栓连接	法兰盘	250 × 250 × 15(10)	—	12.27	300 × 300 × 15(10)	—	17.66
	加劲钢板	20 × 50 × 150 × 10	—	0.412	30 × 70 × 150 × 10	—	0.589
	螺栓	4M20 × 600	2.47	1.48	4M22 × 650	2.98	1.94
埋入式	套管	ϕ245 × 7 × 305	41.09	12.53	ϕ245 × 7 × 305	41.09	12.53
	钢板	□255 × 255 × 5	—	2.55	□255 × 255 × 5	—	2.55

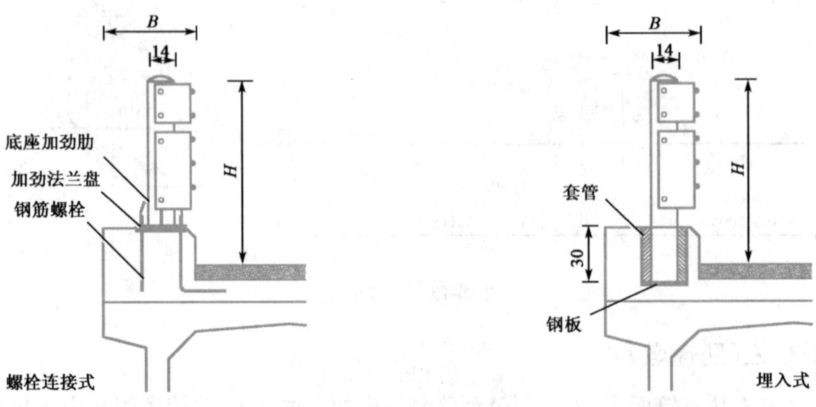

图 13-15　桥梁缆索护栏中间立柱

13.2.2 波形梁护栏

桥梁波形梁护栏分B级、A级、SB级、SA级、SS级、Am(分设型)级、Am(组合型)级、SBm级、SAm级九种防撞等级,分设二波、三波结构,二波结构设施有8种型号(见图13-16),三波结构设施也有10种型号(见图13-17)。相同防撞等级的桥梁波形梁护栏与路基波形梁护栏结构相同,基座不相同。桥梁二波、三波护栏尺寸代号,分别见表13-28、表13-29。波形梁护栏100m工程量指标见表13-30。

桥梁二波护栏尺寸代号 表13-28

	代号	Gr-B-2B1	Gr-A-2B1	Gr-Am-2B1	Grd-Am-1B1
小桥涵段 预埋套筒	L(cm)	4000	4000	4000	2000
	L_1(cm)	2000	2000	2000	1000
小桥涵段 预埋地脚螺栓	代号	Gr-B-2B2	Gr-A-2B2	Gr-Am-2B2	Grd-Am-1B2
	L(cm)	4000	4000	4000	2000
	L_1(cm)	2000	2000	2000	1000

桥梁三波护栏尺寸代号 表13-29

	代号	Gr-SB-1B1	Gr-SA-1.5B1	Gr-SS-1B1	Gr-SBm-1B1	Gr-SAm-1.5B1
小桥涵段 预埋套筒	L(cm)	2000	3000	2000	2000	3000
	L_1(cm)	1000	1500	1000	1000	1500
小桥涵段 预埋地脚螺栓	代号	Gr-SB-1B2	Gr-SA-1.5B2	Gr-SS-1B2	Gr-SBm-1B2	Gr-SAm-1.5B2
	L(cm)	2000	3000	2000	2000	3000
	L_1(cm)	1000	1500	1000	1000	1500

波形梁护栏100m工程量指标 表13-30

项目	预埋套筒(kg)				
	代号	梁板	横梁	立柱	预埋件
B级	Gr-B-2B1	1299	—	523	754
A级	Gr-A-2B1	1639	-	864	754
SB级	Gr-SB-1B1	2675	—	1934	1508
SA级	Gr-SA-1.5B1	2741	1133	1651	1006
SS级	Gr-SS-1B1	2675	1133	2567	1508
Am级分设型	Gr-Am-2B1	3278	-	1728	1508
Am级组合型	Grd-Am-1B1	3278	-	1787	1350
SBm级	Gr-SBm-1B1	5350	-	3868	3017
SAm级	Gr-SAm-1.5B1	5481	2266	3301	325
项目	预埋地脚螺栓(kg)				
	代号	梁板	横梁	立柱	预埋件
B级	Gr-B-2B2	1299	—	341	992
A级	Gr-A-2B2	1639	—	789	1388
SB级	Gr-SB-1B2	2675	—	1575	3171
SA级	Gr-SA-1.5B2	2741	1133	1412	2114
SS级	Gr-SS-1B2	2675	1133	820	3171
Am级分设型	Gr-Am-2B2	3278	—	1277	1452
Am级组合型	Grd-Am-1B2	3278	—	1336	1452
SBm级	Gr-SBm-1B2	5350	—	3150	6342
SAm级	Gr-SAm-1.5B2	5481	2266	2823	4228

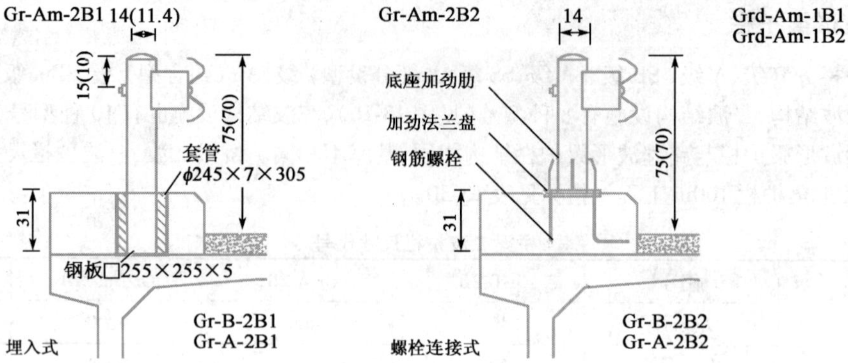

图 13-16　二波护栏结构

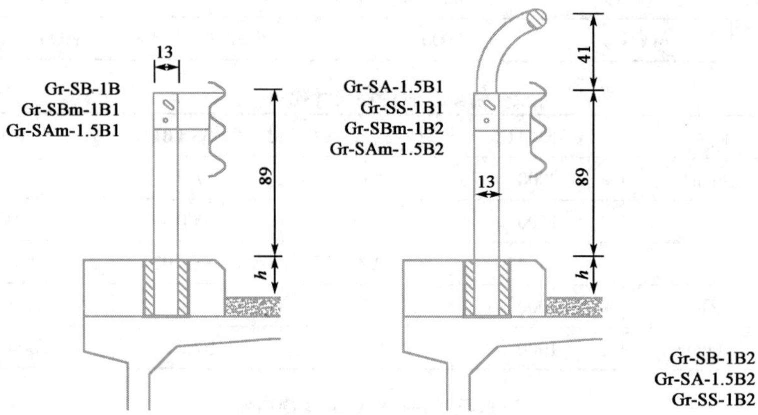

图 13-17　三波护栏结构

13.2.3　混凝土护栏

桥梁混凝土护栏按构造可分为 F 型、单坡型、加强型三种形式，与路基混凝土护栏形式相同，见图 13-18。其构造尺寸及防撞等级见表 13-31，100m 工程量指标见表 13-32，以 H 高度计算。

混凝土护栏尺寸及防撞等级(单位:cm)　　表 13-31

墙式护栏及防撞等级		H(cm)	H_1(cm)	B(cm)	B_1(cm)	B_2(cm)
F 型	A、Am	81	55.5	46.4	8.1	5.8
	SB、SBm	90	64.5	48.3	9	6.8
	SA、SBm	100	74.5	50.3	10	7.8
单坡型	A	81	—	42.1	8.1	14.0
	SB	90	—	44.5	9	15.5
	SA	100	—	47.2	10	17.2
加强型	SA	100	54.5	43.2	5	5.7
	SS	110	64.5	44.8	5.5	6.8

路侧混凝土护栏 100m 工程量指标　　表 13-32

项目	F 型			单坡型			加强型	
	A、Am	SB、SBm	SA、SBm	A	SB	SA	SA	SS
混凝土(m^3)	24.61	28.04	31.95	25.13	29.98	33.54	27.73	31.23
钢筋(kg)	3347	3813	4345	3418	4077	4561	3771	4247

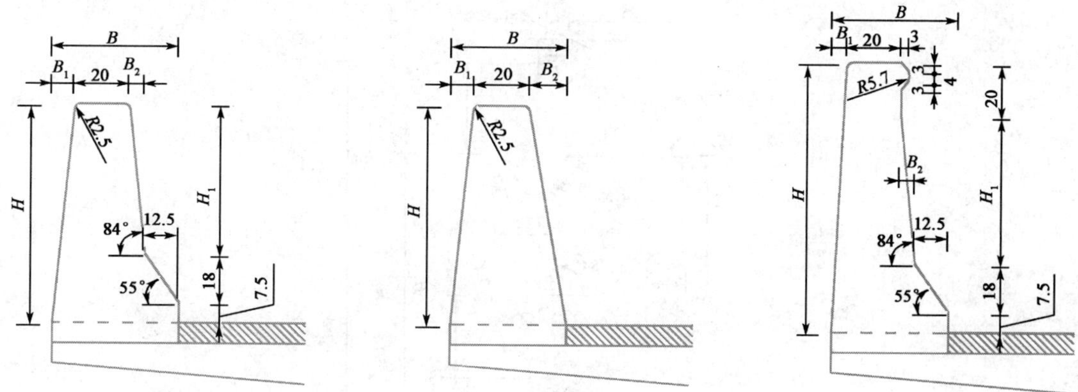

图 13-18　混凝土护栏

13.2.4　梁柱式护栏

对于 B、A、Am 防撞等级的桥梁护栏，可以采用钢筋混凝土梁柱式护栏。其梁的纵向长度 2m，立柱间净距 2m；特点是既有梁柱式结构的通透性，外形美观，又可以使失控车辆在碰撞过程中爬升吸能，导向性好；采用预制安装施工方法，施工速度快，见图 13-19，梁柱式护栏 100m 工程量指标见表 13-33。

梁柱式护栏 100m 工程量指标　　表 13-33

项目	混凝土梁(m^3)	混凝土柱(m^3)	钢筋(kg)	备注
Ⅰ型	16.5	5.4	3390	
Ⅱ型	14.1	5.0	2974	

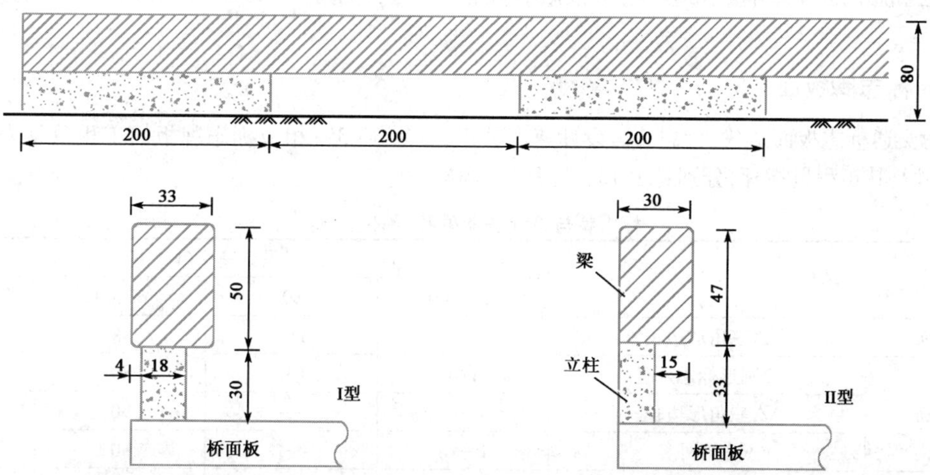

图 13-19　梁柱式护栏

13.2.5　组合式护栏

组合式护栏由下部混凝土护栏与上部金属横梁组合而成，不得随意改变其迎撞面的截面形状，但其背面可根据实际情况采用合适的形状，见图 13-20。组合式护栏 100m 工程量指标，见表 13-34。

组合式护栏 100m 工程量指标　　表 13-34

项目	单位	A、Am 级	SB、SBm 级	SA、SAm 级
H_1	cm	56	65	75
混凝土	m^3	14.66	17.32	19.98
钢材	kg	3545	3907	4268

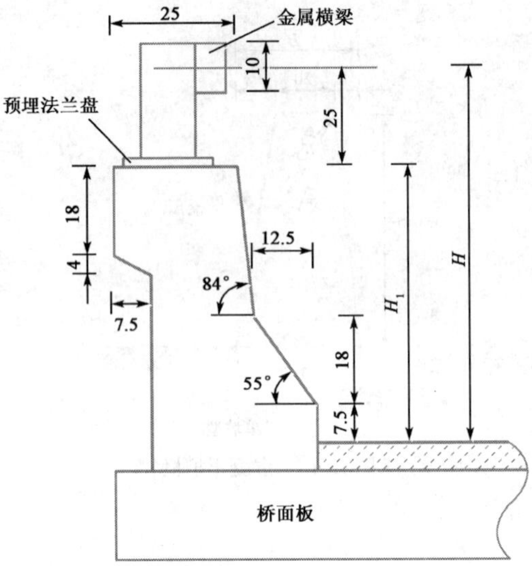

图 13-20　组合式护栏

13.3 交通标志

交通标志体现公路交通特点,使驾驶员准确确定自己所处的位置、找到正确的目的地。交通标志被人们称之为"无声的交警",它向人们提示在行车、走路时该怎样走,应注意的交通情况,对维护交通秩序、保障行车安全起着极其重要的作用。对于二级及以上等级的公路和其他等级的国、省道公路应优先设置指路标志,未设置相关指路标志的公路,经论证可设置必要的警告标志。禁令标志应设置在交通法律、法规发生作用的地点附近醒目的位置,并应避免与其他交通标志的互相影响。限速标志应根据不同路段的通行能力、车型构成比例、车辆的运行速度等分段进行设置。

13.3.1 标志牌板面

图 13-21 为交通标志板面形式,标志牌与设计速度关系,见表 13-35;相应标志牌板面工程量见表 13-36。铝合金标志板面材料及其工程量指标,分别见表 13-37、表 13-38。

标志牌与设计速度关系(单位:cm)　　表 13-35

项目		设计速度(km/h)			
		120、100	80	60、40	30、20
警告标志板面	△三角形边长	130	110	90	70
禁令标志板面	○圆形标志外径	120	100	80	60
	△三角形边长	—	—	90	70
	八角形外径	—	—	80	60
指示标志板面	○圆形标志外径	120	100	80	60
	□正方形边长	120	100	80	60
	□长方形边长	190×140	160×120	140×100	—
	单行线标志长方形边长	120×60	100×50	80×40	60×30

标志牌板面工程量(单位:m^2)　　表 13-36

项目		设计速度(km/h)			
		120、100	80	60、40	30、20
警告标志板面	△三角形	0.732	0.524	0.351	0.212
禁令标志板面	○圆形标志	1.13	0.785	0.503	0.283
	△三角形	—	—	0.351	0.212
	八角形	—	—	0.453	0.255

续上表

项目		设计速度(km/h)			
		120、100	80	60、40	30、20
指示标志板面	○圆形标志	1.131	0.785	0.503	0.283
	□正方形	1.440	1.00	0.640	0.360
	□长方形	2.660	1.920	1.400	—
	单行线标志长方形	0.720	0.500	0.320	0.180

铝合金标志板面材料 表13-37

材料名称	规格(mm)	单位	单位重(kg)	质量/m^3	备注
标志板	合成树脂板2mm	m^2	7.50	3750	用于小板面
标志板	2024-T4铝板厚3mm	m^2	8.40	2800	
角钢	LC4铝30×303	m	0.504	2800	
滑动槽钢	LD铝80×18×4	m	1.35	2850	

铝合金标志板面工程量指标 表13-38

板面规格	面积	板厚	单件重量					合计	单位重
			板面	角钢	槽钢	抱箍	螺栓		
	m^2	mm	kg					kg	kg/m^2
□100×100	1.00	2	7.50	—	1.89	2.22	0.26	11.9	11.87
○100	0.785	2	5.89	—	1.89	2.22	0.26	10.3	13.07
△110×110	0.524	2	3.93	—	1.35	2.22	0.26	7.76	14.81
□2.2×2.5	5.50	3	46.2	4.70	15.5	15.5	5.20	87.1	15.84
□3.4×2.6	8.84	3	74.3	6.00	25.0	21.2	6.20	133	15.01
□3.3×3.3	10.89	3	91.5	6.60	33.4	39.7	8.30	180	16.47
□3×4.3	12.90	3	108	7.40	41.4	54.6	11.4	223	17.27
□4.08×3.94	16.08	3	135	8.10	53.2	46.5	15.6	236	16.08
□3×5.7	17.10	3	144	8.80	52.8	69.4	14.6	290	16.94
□4.4×4.5	19.80	3	166	9.00	84.8	74.4	15.6	350	17.67
□4.24×5.22	22.13	3	186	9.50	91.5	84.3	17.7	389	17.60
□6×5.22	31.32	3	263	11.3	133	84.3	17.7	509	16.27

13.3.2 标志牌立柱

立柱材料采用GB/T 8162—2008无缝钢管，与基础通过法兰盘用高强螺栓连接，立柱与法兰盘焊接。单柱、单悬臂、双柱、门架式标志工程量指标，见表13-39～表13-42。

单柱工程量指标 表13-39

项目		单位	钢管(mm)		
			ϕ152×5×4550	ϕ89×4.5×3380	ϕ50×3.5×2880
立柱	单位重	kg	18.13	9.378	4.014
立柱法兰盘	单件重	kg	50.78	36.42	12.86
基础	尺寸	cm	120×140×110	70×90×80	40×50×50
	混凝土	m^3	1.85	0.50	0.10
	钢筋	kg	19.7	10.1	—
适用条件		—	(双)单板面≤3.0m^2	单板面≤1.13m^2	单板面≤0.4m^2

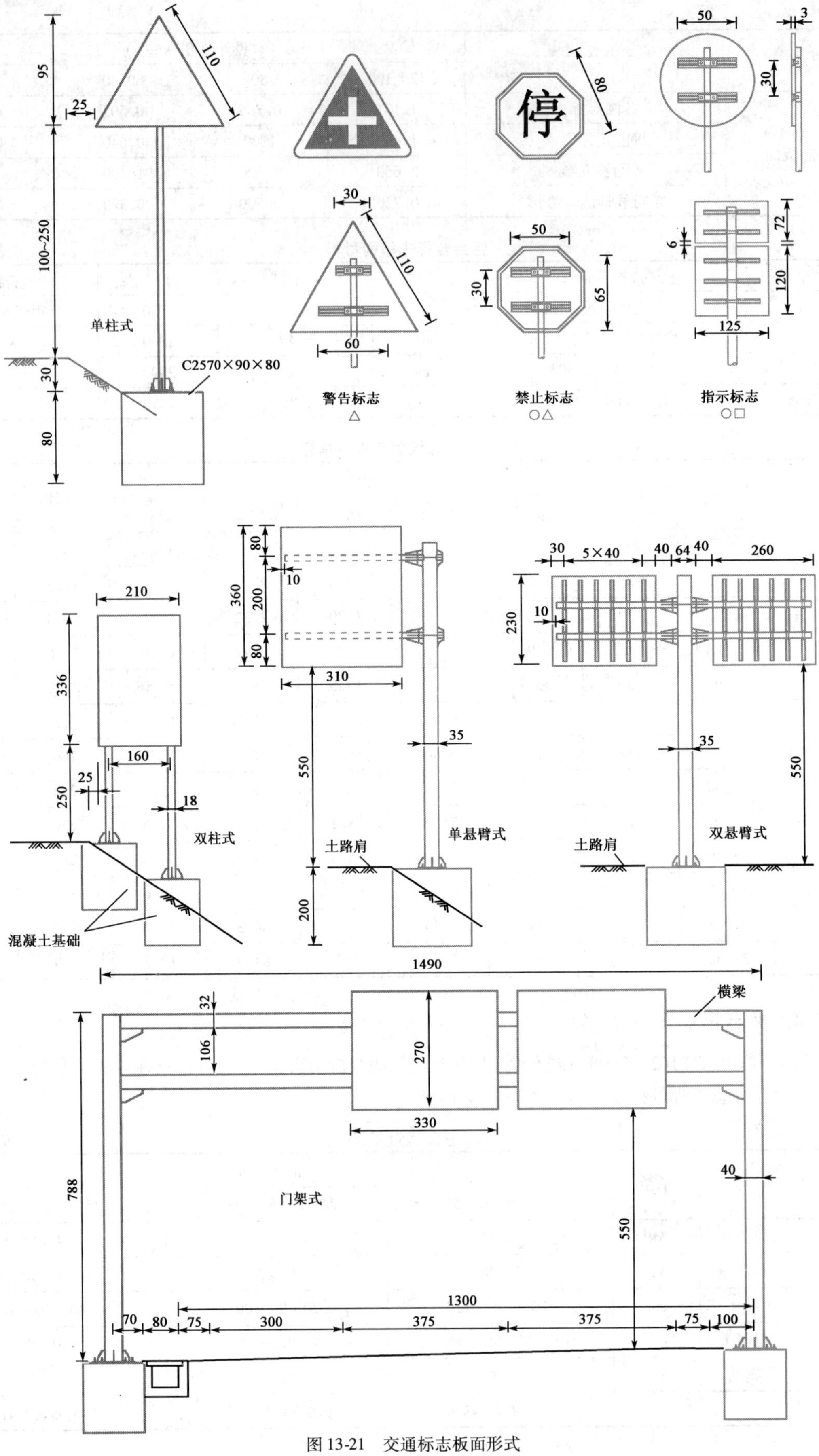

图 13-21　交通标志板面形式

单悬臂工程量指标　　　　表 13-40

项目		单位	钢管(mm)		
			ϕ351×10×9805	ϕ273×10×7080	ϕ180×10×6580
立柱	单位重	kg	84.10	64.86	41.92
立柱法兰盘	单件重	kg	261.9	240.3	193.3
横梁	尺寸	mm	ϕ152×10	ϕ152×10	ϕ152×10
	单位重	kg	35.02	35.02	35.02
单臂法兰盘	单件重	kg	82.75	60.15	60.15
双臂法兰盘	单件重	kg	165.5	120.3	120.3
基础	尺寸	cm	200×260×200	200×260×200	140×200×170
	混凝土	m^3	10.4	10.4	4.76
	钢筋	kg	63.9	63.9	40.1
适用条件		—	板面≤18.0m^2	板面≤6m^2	板面≤1m^2

双柱工程量指标　　　　表 13-41

项目		单位	钢管(mm)	
			ϕ273×10×(8330+10290)	ϕ180×10×(7400+8330)
立柱	单位重	kg	64.86	41.92
法兰盘	单件重	kg	177.1	177.1
基础	尺寸	cm	140×260×180	140×200×170
	混凝土	m^3	13.1	9.52
	钢筋	kg	97.1	80.2
适用条件		—	板面≤18.6m^2	板面≤10.78m^2

门架式标志工程量指标　　　　表 13-42

项目		单位	门架(cm)		
			1915×796	1490×788	1415×786
立柱	钢管	mm	2([40a×15920)+ 2×(□200×18×15920)	2[40a×15760+ 2×(□200×18×15760)	2[40a×15720+ 2×(□200×18×15720)
	单位重	kg/m	115.45	115.45	115.45
横梁	钢管	mm	2([360×100×13×18750)	2[32b×14500	2[32b×13750
	单位重	kg/m	118.236	86.21	86.21
合计		kg	9541	7571	7432
基础	尺寸	cm	140×280×180+200×340×50		
	混凝土	m^3	20.91	20.91	20.91
	钢筋	kg	211.94	211.94	211.94
适用条件		—	6 车道、34.5m 路基	4 车道、26m 路基	4 车道、26m 路基

13.3.3 标志牌基础

标志牌分别有单柱式基础(见图 13-22)、双柱式基础、悬臂式基础和门架式基础,工程量指标见表 13-39 ~ 表 13-42。

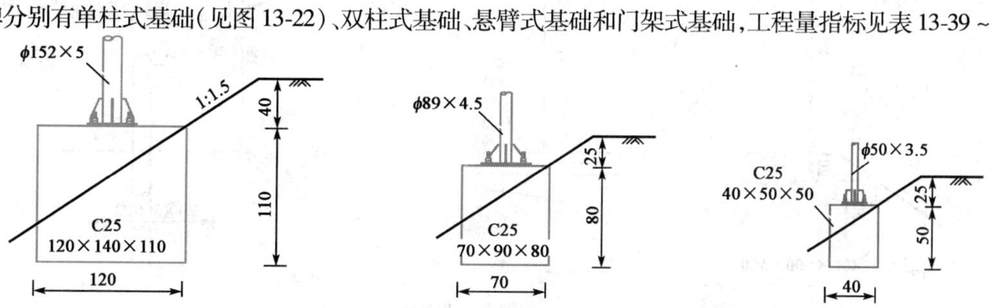

图 13-22　单柱式基础

13.3.4 百米桩、里程碑与公路界碑

百米桩柱体为白色，国道用红色字体、省道用蓝色字体、县道用黑色字体。设在公路右侧里程碑之间，每100m设一个。里程碑用于指示公路的里程，国道里程数字超过4位数时，采用大的尺寸；里程碑柱体为白色，国道用红字，省道用蓝字，县道用黑字，设于公路前进方向的右侧，每隔1km设一块。公路界碑指设在公路两侧用地范围分界线上，界碑为方柱体，界碑为白色，字用黑色。一般每隔200～500m设置一块，曲线段可适当加密。

1. 混凝土百米桩、里程碑与公路界碑

混凝土百米桩、里程碑与公路界碑见图13-23，其100块工程量指标见表13-43。

混凝土百米桩、里程碑与公路界碑100块工程量指标 表13-43

材料名称	单位	百米桩	里程碑	公路界碑
C20混凝土	m^3	0.79	6.00	2.70
钢筋	kg	112	407	259

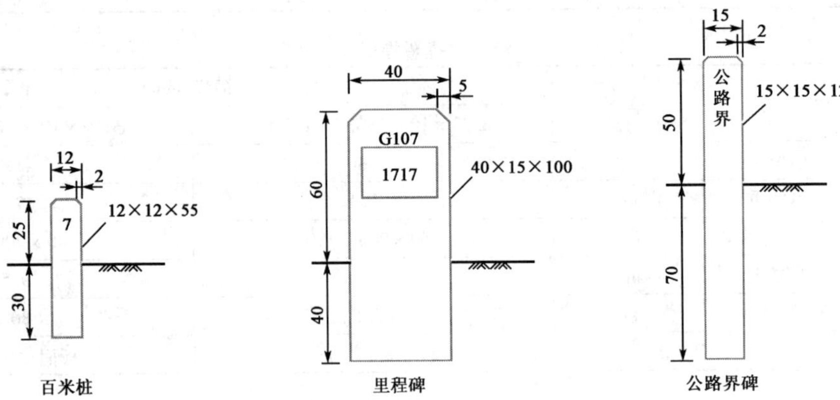

图13-23 百米桩、里程碑与公路界碑

2. 铝合金里程碑

柱式铝合金里程标志碑见图13-24，铝合金里程碑100块工程量指标，见表13-44。

铝合金里程碑100块工程量指标 表13-44

材料名称	规格	单位	路基上	桥梁上	波形护栏上	隧道侧墙上
立柱长度	ϕ50×3.5	cm	200	212	192	87
立柱	4.01kg/m	kg	802	850	770	350
板面	δ=3mm	kg	241	241	480	241
反光膜	三级	m^2	28.7	28.7	57.4	28.7

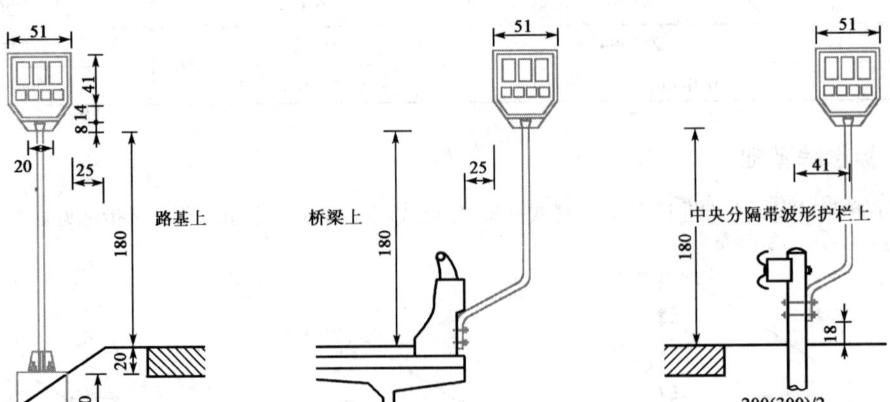

图13-24 柱式铝合金里程标志牌

13.4 交通标线

交通标线是交通设施的重要组成部分，由标划于路面上的各种线条、箭头、文字、立面标记、突出路标和轮廓标等构成。其是引导驾驶员视线，管制驾驶员驾车行为的重要设施。因此，对标线的可见性、耐久性、易施工性等有严格的要求。车辆行驶时，无论是白天或黑夜，都能由于光泽和色彩的反衬而清晰地识别和辨认路面标线。无论是沥青路面或水泥混凝土路面标线涂料必须保持与路面之间的紧密结合，在一定时期内，不会因为车辆和行人来往通行而剥落。

13.4.1 纵向标线(行车方向)

纵向标线 14 种如下：

(1)车行道中心线。颜色为白色或黄色，作用是分隔对向行驶的交通流；

(2)车道分界线。白色虚线，用来分隔同向行驶的交通流；

(3)车行道边缘线。白色，用来表明车行道边线；

(4)停止线。白色，表示车辆等候放行信号，或停车让行的停车位置；

(5)减速让行线。白色，表示车辆必须减速让行；

(6)导流线。白色，表示车辆需按规定的路线行驶，不得轧线越线；

(7)车行道宽度渐变段标线。与中心线一致；

(8)接近路面障碍物标线。颜色与中心线一致，表示车辆须绕过路面障碍物行驶；

(9)停车标线。白色实线，表示车辆停放位置；

(10)港湾式停靠站标线。白色，表示车辆通向专门的分离引道和停靠位置；

(11)出入口标线。白色，是为驶入或驶出匝道车辆提供安全交汇，减少突出部位碰撞的标线；

(12)导向箭头。白色箭头实线，用以引导行车方向；

(13)导向道线。黄色实线，划在路口停车线以外，用以标明导向车道；

(14)导流带。白色条纹带，划在畸形路口或路面，用来分导车流。

高速、一级公路标线，见图 13-25，二级及二级以下公路标线，见图 13-26。图 13-27 为双向车道路面中心线。纵向标线宽度见表 13-45。路线 1km 纵向标线工程量指标，见表 13-46。

纵向标线宽度　　表 13-45

设计速度(km/h)		车行道边缘线(cm)	车行道分界线(cm)	路面中心线(cm)
120、100		20	15	—
80、60	高速、一级公路	20	15	—
	二级公路	15	10	15
40、30		15	10	15
20	双车道	—	—	10
	单车道	—	—	—

纵向标线 1km 工程量指标　　表 13-46

高速、一级公路		二级公路		三级公路		四级公路
4 车道	6 车道	80km/h	60km/h	40km/h	30km/h	20km/h
971	1143	380	380	380	380	65

13.4.2 横向标线

与道路行车方向成角度设置的标线。包括以下两种：

①人行横道线。白色条纹。

②禁停线。黄色网状条纹，一般用于重要单位、部门前，禁止车辆在内停放。图 13-28 为高速公路车距确认标线，图 13-29 为彩色减速涂料标线。

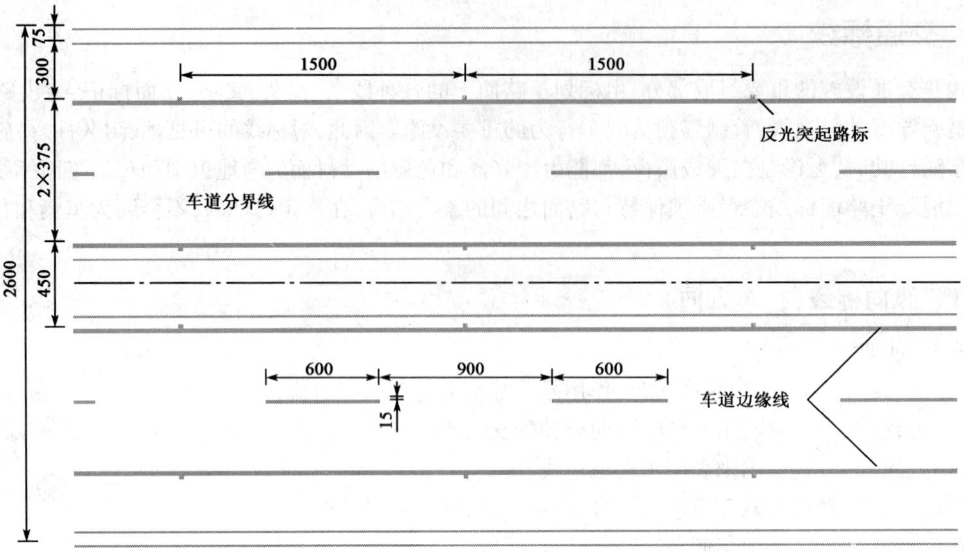

图 13-25　高速、一级公路标线

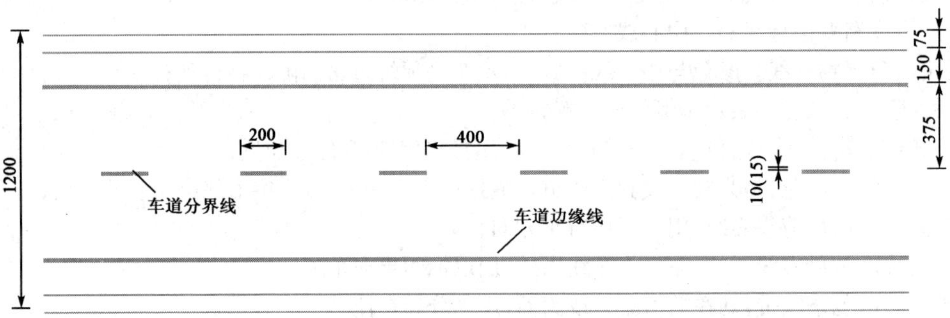

图 13-26　二级及二级以下公路标线

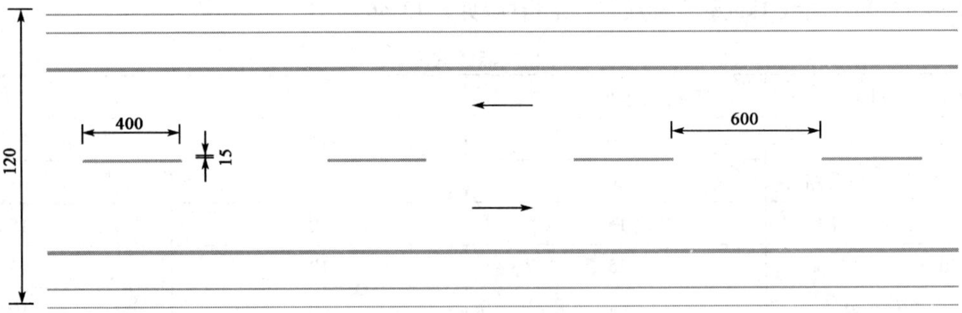

图 13-27　双向车道路面中心线

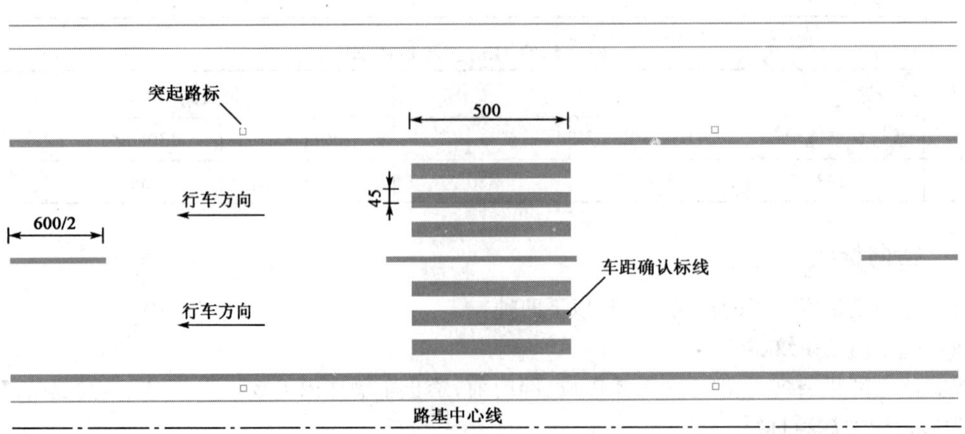

图 13-28　高速公路车距确认标线

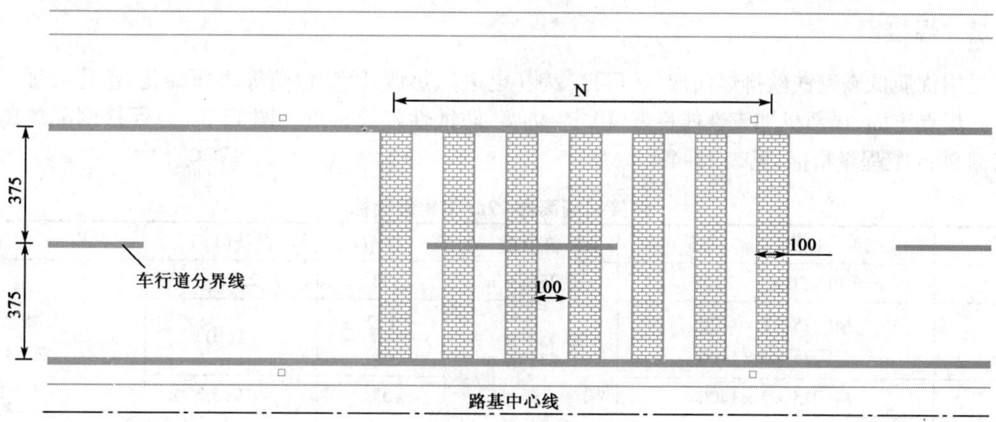

图 13-29 彩色减速涂料标线

13.4.3 字符标线

标画在路面上的文字、数字及各种图形符号,用以指示或限制车辆行驶的标记。

13.5 隔离栅

隔离设施是阻止人畜进入高速公路,防止非法占用公路用地的基础设施。它可有效地排除横向干扰,避免由此产生的交通延误或交通事故,保障高速公路效益的发挥。隔离设施包括设置于公路路基两侧用地界限边缘上的隔离栅和设置于与上跨公路主线的分离式立交桥或人行天桥两侧的防护网。隔离栅的高度应以成人高度为参考值,以距地面高 1.5~1.8m 为宜。隔离栅 $1m^2$ 工程量指标,见表 13-47。

隔离栅 $1m^2$ 工程量指标 表 13-47

项目	钢板网隔离栅	焊接网隔离栅	编织网隔离栅	刺铁丝网
100m 工程量(kg)	1417.1	846.9	1154.4	356.63
$1m^2$ 工程量指标(kg)	8.24	4.62	6.67	2.30

13.5.1 钢板网

钢板网属于金属隔离栅,具有结构合理、美观大方的构造外形,适宜于地势平坦路段,但单位造价较高。钢板网隔离栅构造,见图 13-30,其 100m 工程量指标见表 13-48。

钢板网隔离栅 100m 工程量指标 表 13-48

项目	规格(mm)	单位重	件数	重量(kg)	备注
立柱	$\phi70\times3\times1820$	4.96kg/m	50	451.4	混凝土基础 $2.25m^3$
框架	$\phi32\times2.5\times6656$	1.82kg/m	50	605.7	
钢板网	5mm 厚,100mm 孔宽	$2.5kg/m^2$	50	360.0	每个网片 $2.88m^2$

注:表中为每 100m 工程量指标,应另计终端立柱及基础数量。

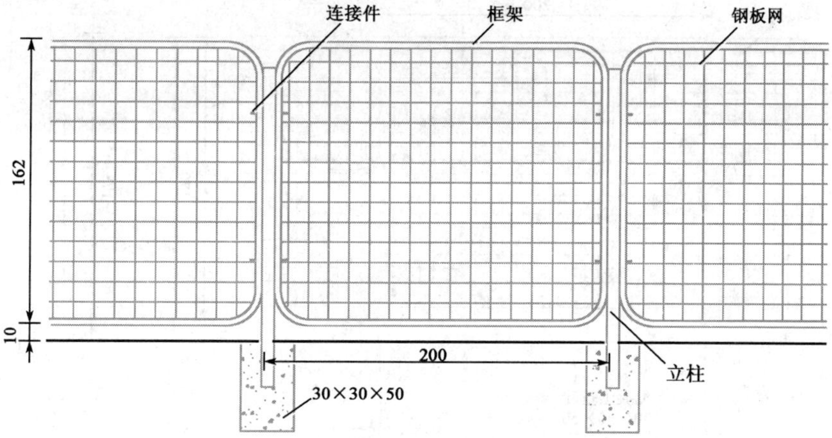

图 13-30 钢板网隔离栅构造

13.5.2 焊接网

电焊网是用优质低碳钢铁丝排焊而成,然后再冷镀(电镀)、热镀、PVC 包塑等表面钝化、塑化处理,具有网面平整、网目均匀、焊点牢固、局部机加工性能良好、稳定、防腐、防蚀性好等特点。图 13-31 为焊接网隔离栅一般构造,焊接网隔离栅 99m 工程量指标,见表 13-49。

焊接网隔离栅 99m 工程量指标 表 13-49

项目	规格(mm)	单位重	件数	重量(kg)	备注
立柱	[50×50×3×2204	3.258kg/m	33	237.0	混凝土基础 $2.64m^3$
框架	横□25×2×1420 竖□25×2×1400	1.444kg/m	132 66	121.0	
网片加强筋	横□25×2×1400		33	19.5	
钢筋网	ϕ3.5 - 150×75 1420×1350 + 1420×310	$1.51kg/m^2$	66	469.4	网片 $3.83+0.88m^2$

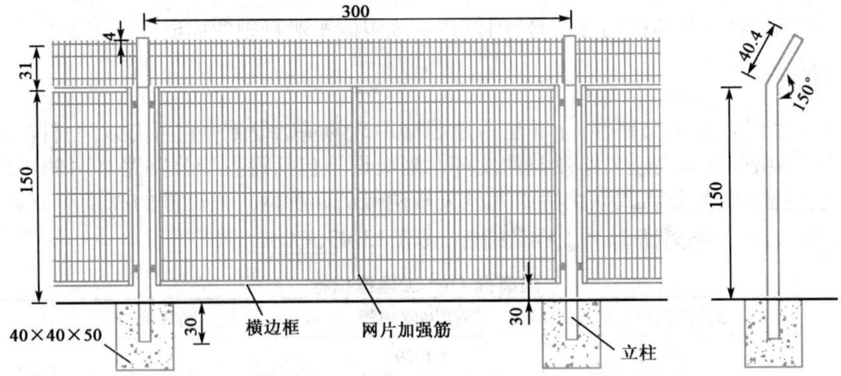

图 13-31 焊接网隔离栅一般构造

13.5.3 编织网

编织网隔离栅比较适宜于地势起伏不平的路段,其一般构造见图 13-32,100m 工程量指标见表 13-50。

编织网隔离栅 100m 工程量指标 表 13-50

项目	规格(mm)	单位重	件数	重量(kg)	备注
立柱	[50×50×3×2080	3.258kg/m	50	338.8	混凝土基础 $2.64m^3$
边框	扁钢 50×4×2000	1.57kg/m	200	628	
钢筋网	ϕ325 - 100×100 670×2000	$1.40kg/m^2$	100	187.6	网片 $1.34m^2$

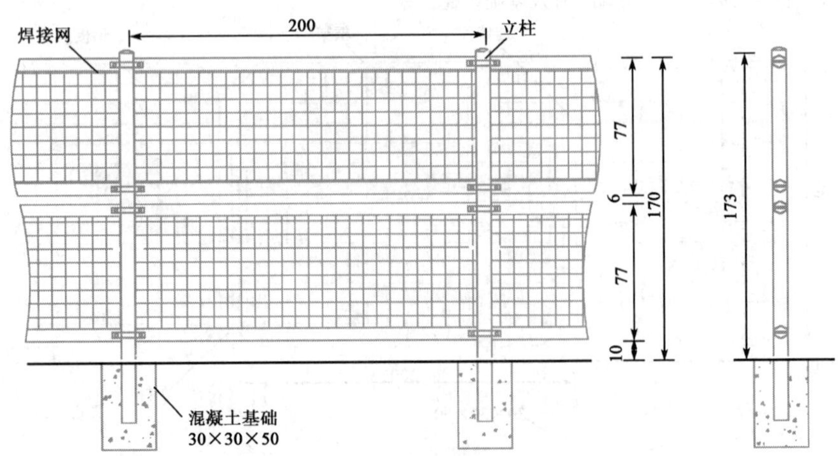

图 13-32 编织网隔离栅一般构造

13.5.4 刺铁丝网

刺铁丝网隔离栅是一种比较经济适用的结构形式，但美观性较差，故主要适用于临时隔离，具体见图 13-33。刺铁丝网 100m 工程量指标，见表 13-51。

刺铁丝网 100m 工程量指标 表 13-51

项目	规格(mm)	单位重	件数	重量(kg)	备注
立柱	[50×50×3×1850	3.258kg/m	40	241.1	混凝土基础
斜撑	[50×50×3×1790		4	23.33	$1.8m^3+0.3m^3$
铁丝网	BWG14×65 BWG14×100 BWG14×125	9.18kg/100m 7.68 kg/100m 7.15 kg/100m	200 160 80	92.92	长度 2.5m 长度 2.5m 长度 2.85m

注：铁丝直径为 ϕ2.2mm，斜撑每 50m 设 1 处。

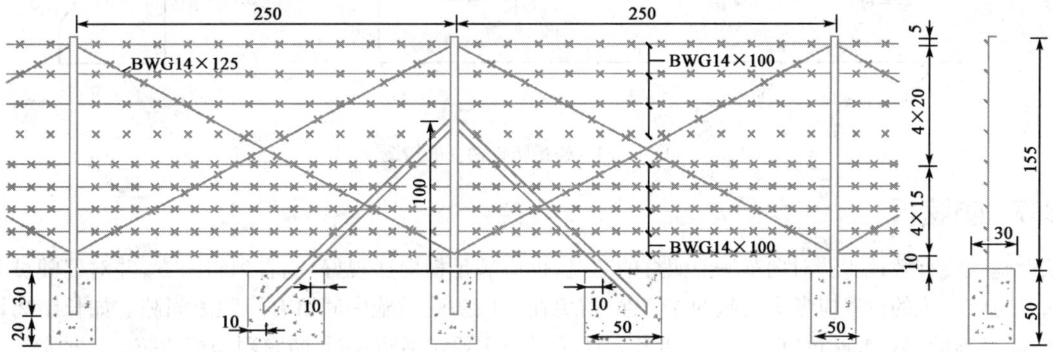

图 13-33 刺钢丝隔离栅一般构造

13.6 桥梁防护网

高速公路上跨桥和人行天桥上有人向桥下抛扔物品，或大风把桥上的杂物刮到高速公路上，或是桥上行驶车辆装载的物品散落到高速公路上。一旦上述情况发生，往往会使在高速公路上正常行驶的车辆猝不及防而引发交通事故。因而在上述结构物的两侧设置防护网是非常必要的。

桥梁防护网的结构形式主要是采用编织网或电焊网，网孔尺寸一般不宜大于 5cm×5cm，以防止危及车辆安全的较大的东西落到桥下。防护网应与桥梁结构作为一个整体统一考虑，注意与周围环境的协调。

桥梁防护网的设置高度为 1.8～2.1m。在交通量大，行人密度高、临近城镇厂矿等地点可取上限，反之则取下限值。防护网宜与桥梁横断面比例协调，避免给人以憋闷压抑感。如桥梁两侧设置混凝土护栏时，网面可从护栏顶部设计。否则，防护网网面应从桥面起算。在空旷的原野，上跨立交桥往往是周围地物中的最高点，在桥上设置金属防护网后，则其遭雷击的危险性大大增强，因而桥梁防护网一般宜考虑防雷保护接地设计。对交通量大、临近城镇厂矿的桥梁更应引起设计者的注意。防雷接地的阻抗一般应小于等于 10Ω。桥梁防护网的结构验算主要考虑人畜的破坏和风荷载，可以参照桥梁栏杆的有关规定取值。桥梁防护网一般构造见图 13-34，其 100m 工程量指标见表 13-52。

桥梁防护网 100m 工程量指标 表 13-52

项目	规格(mm)	单位重	件数	重量(kg)	备注
立柱	ϕ48×2.5×1900	2.805kg/m	50	266.5	
框架	横□25×2×1810 竖□25×2×1475	1.444kg/m	100 100	474.4	
钢筋网	ϕ3.5－150×75 1420×1350＋1420×310	$1.51kg/m^2$	50	194.8	网片 $2.58m^2$
固定件	300×250×6 M20×750	0.462 2.47kg/m	50 200	393.8	

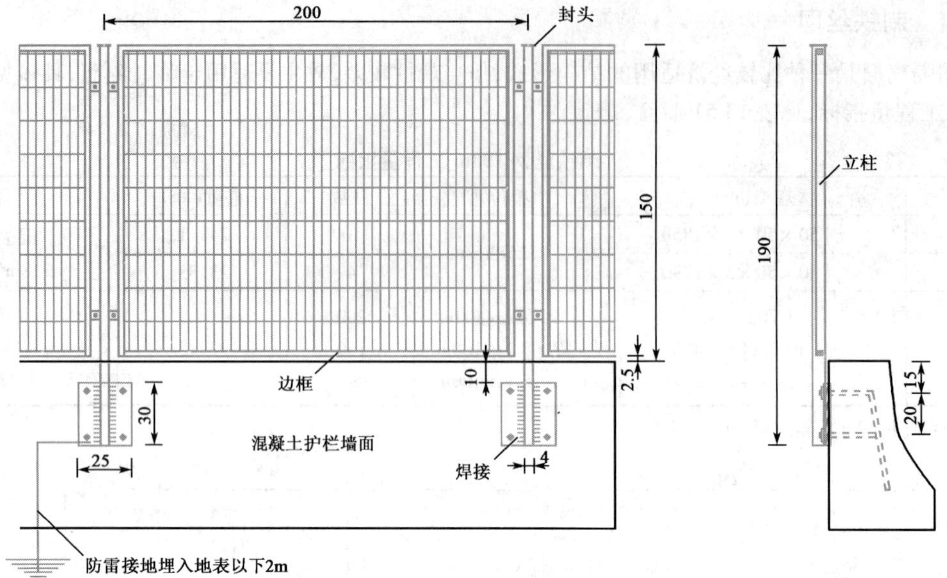

图 13-34　桥梁防护网一般构造

13.7 防眩板

防眩设施既要有效地遮挡对向车辆前照灯的眩光,也应满足横向通视好、能看到斜前方,并对驾驶员心理影响小的要求。防眩设施的设置应考虑设施的连续性,避免在两段防眩设施中间留有短距离间隙。如长距离设置防眩设施时,防眩设施的形式或颜色宜有一定的变化。防眩设施主要包括防眩板、防眩网和植树防眩三种形式。防眩设施应按部分遮光原理设计,直线路段遮光角不应小于 8°,平、竖曲线路段遮光角应为 8° ~15°。

防眩板应以一定长度的独立结构段为制造和安装单元,这种结构段的长度一般小于 12m,视采用材料、工艺情况而定。防眩板设置在道路上,免不了要遭受失控车辆的冲撞而损害。为减轻损害的严重程度,方便更换维修,设计时应每隔一定距离使前后相互分离,使各段互不相连。这样做既有利于加工制作和运输安装,而且从防止温度应力破坏的角度来说也是必要的。防眩板每一独立段的长度可与护栏的设置间距相协调,选择 4m、6m、8m、12m 或稍长一些都是可以的。设置在混凝土护栏上的防眩板见图 13-35,其 100m 工程量指标见表 13-53。

防眩板 100m 工程量指标　　表 13-53

项目	规格(mm)	单位重	件数	重量(kg)	备注
玻璃钢防眩板	240 × 580 × 4 × 2	1.8	100	118.8	
防盗膨胀螺栓	M12 × 95		200	16.87	隔离墩上使用
钢板支架	160 × 4 × 2250		100	113.0	桥上使用
防盗膨胀螺栓	M12 × 95		200	16.87	
钢板支架	130 × 4 × 210 130 × 4 × 55		100 200	130.6	活动护栏上使用
防盗膨胀螺栓	M8 × 75		200	5.93	

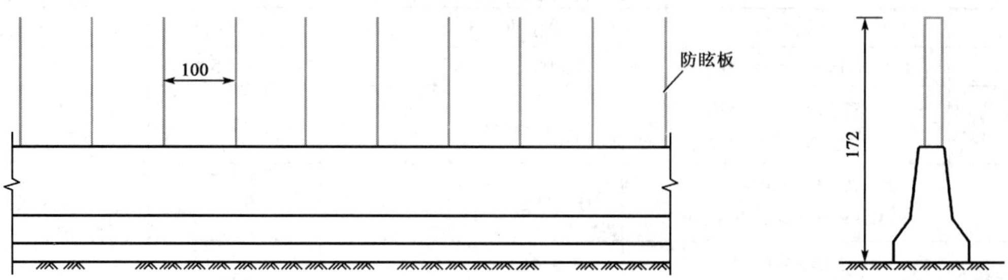

图 13-35　设置在混凝土护栏上的防眩板

13.8 轮廓标

轮廓标用以指示公路方向，是车行道边界的视线诱导设施。高速、一级公路的主线，以及互通立交、服务区、停车场的进出匝道或连接道，应连续设置轮廓标。轮廓标按公路前进方向左、右侧对称设置。路宽变化及有其他危险的路段，应适当加密轮廓标的间隔。

13.8.1 柱式轮廓标

设置于土路肩上的柱式轮廓标，由柱体、反射体和基础组成。柱体为白色，三角形，工程塑料 PVC，内壁有三条加强筋，壁厚 3mm。在距路面 55cm 以上的部分有 25cm 的黑色标志，在黑色标志的中间设一块 18cm × 4cm 的反射体，反射体可由反光片、反光膜制作，反光等级应为二级以上。见图 1-36。柱式轮廓标 1km 工程量指标，见表 13-54。

柱式轮廓标 1km 工程量指标　　表 13-54

柱体	反光片	基础	钢筋	备注
40 根	0.29m^2	6.08m^3	4.94kg	对称设置，间距 50m

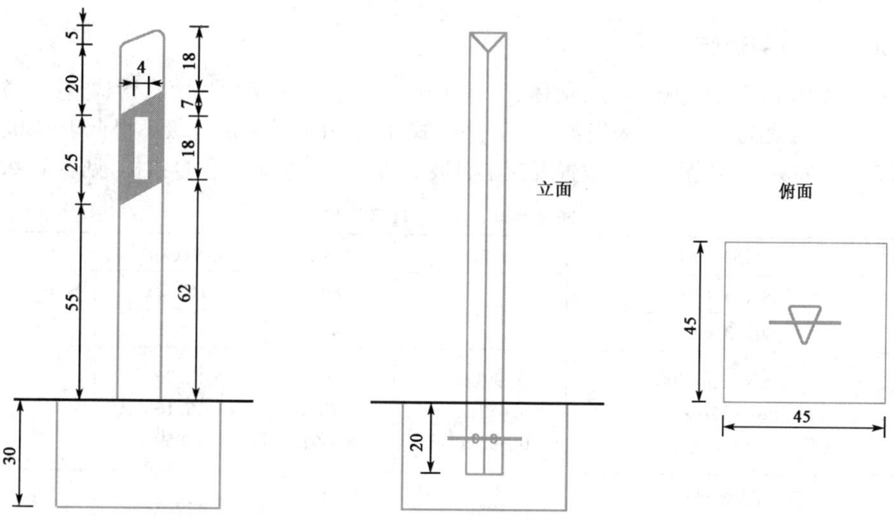

图 13-36　柱式轮廓标

13.8.2 附着式轮廓标

附着式轮廓标由反射体、支架和连接件组成。反射体可由反光片、反光膜制作反光等级应为二级以上。附着式梯形轮廓标见图 13-37。

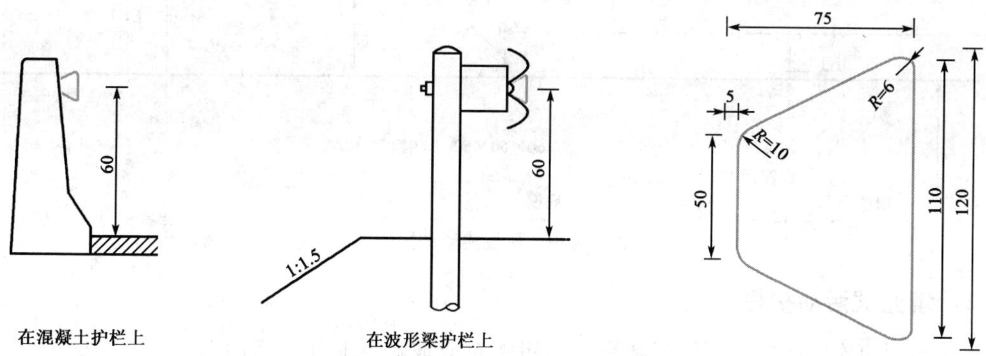

图 13-37　附着式梯形轮廓标

13.8.3 线形诱导

线形诱导标志的颜色规定为：指示性线形诱导标为白色蓝图案，警告性线形诱导标为白底红图案，见图 13-38。

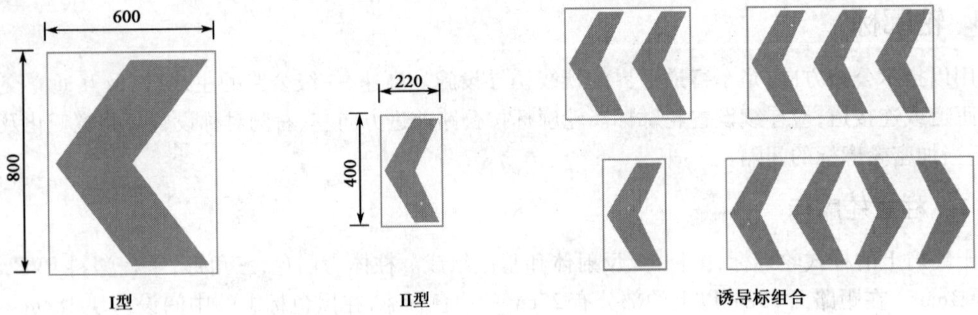

图 13-38　线形诱导标志

13.9 活动护栏

活动护栏是护栏的一种，它是在设立护栏的道路上，为了方便一些特种车辆，如救援车，养护作业车的行驶需要，每隔一定距离取消双向道路中央的护栏而安装的可以自由活动的护栏，如遇紧急情况，管理部门可以打开护栏，以方便这些车辆的通过。

13.9.1 插板式活动护栏

插板式活动护栏见图 13-39，由护栏架、反射体、预埋基础等组成，其中护栏架由直管、弯管、立柱等钢管构件焊接而成。长度为 2 ~ 2.5m 之间。基础可采用预埋套管抽换式立柱基础，其强度等级不得低于 C20。基础套管顶面高程应高出路面 20mm 左右，在套管周边可设置混凝土斜坡。活动护栏 96m 工程量指标，见表 13-55。

活动护栏 96m 工程量指标　　表 13-55

项目	规格(mm)	单位重	件数	重量(kg)	备注
立柱	$\phi60\times3\times1020$	2.00kg/m	80	163.2	混凝土基础 14.4m^3，钢筋 238kg
直管弯管	$\phi60\times3\times5076$		40	406.1	
预埋套管 底板 锚固钢筋	$\phi76\times3.5\times300$ $120\times120\times4$ $\phi8\times78$	1.99kg/m 0.452kg/m 0.395kg/m	80 80 8 × 40	47.76 36.16 9.859	
基础钢筋	$\phi8\times680$ $\phi8\times2260$	0.395kg/m	12 × 80 3 × 80	472.2	

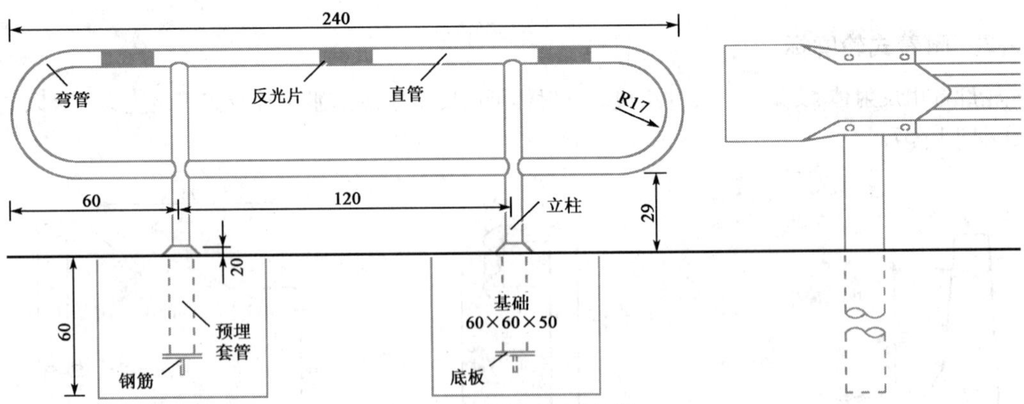

图 13-39　插板式活动护栏

13.9.2 填充式活动护栏

由多块护栏预制块连接而成。护栏预制块可采用塑料或玻璃钢制作。断面形式可采用 F 型或单坡型混凝土护栏的断面形式，预制块中空，可以充填水或细砂。填充式活动护栏预制块的每块长度不应小于 2m，在两端应设置便于护栏块连接的企口。见图 13-40。

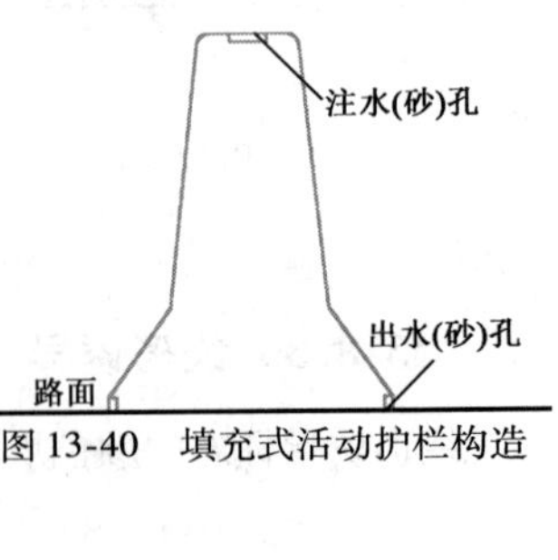

图 13-40　填充式活动护栏构造

13.9.3 移动护栏

图 13-41 为活动隔离护栏，采用铸铁底座、立柱、护栏架结构，适用于服务区、休息区、收费站内等位置，100m 工程量指标见表 13-56。

活动隔离护栏 100m 工程量指标　　表 13-56

项目	规格(mm)	单位重	件数	重量(kg)	备注
立柱	□70×3×770	6.31kg/m	50	242.9	
护栏架	□40×2×4784 □20×1×5880	2.39 0.60	50	748.1	
铸铁底座	—	7250kg/m^3	50	1936	单件重 38.71kg
铸铁柱帽	—		50	70.5	单件重 1.41kg

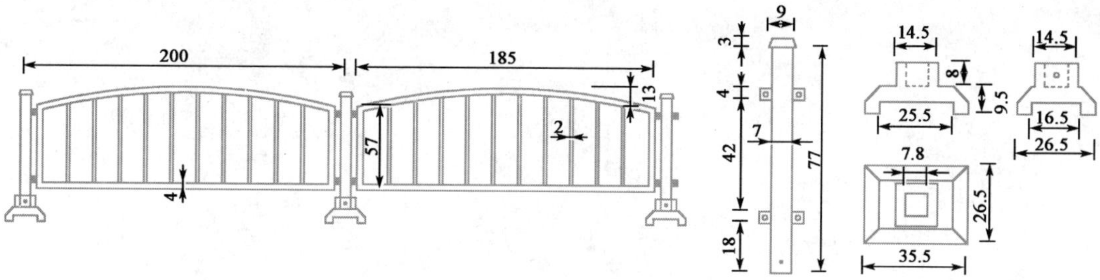

图 13-41　活动隔离护栏

图 13-42 为移动护栏构造，设置于互通双向匝道的中央分隔带等部位。钢管与混凝土墩涂一层油漆，黑黄相间，间距 15cm。上下钢管用 $\phi12$ 钢筋连接为一整体。移动护栏 99m 工程量指标，见表 13-57。

移动护栏 99m 工程量指标　　表 13-57

项目	钢管 $\phi45\times4.5\times3000$(kg)	C25 混凝土(m^3)	$\phi12$ 钢筋(kg)	涂料(m^3)	备注
工程量指标	257.5	2.85	20.38	72.3	

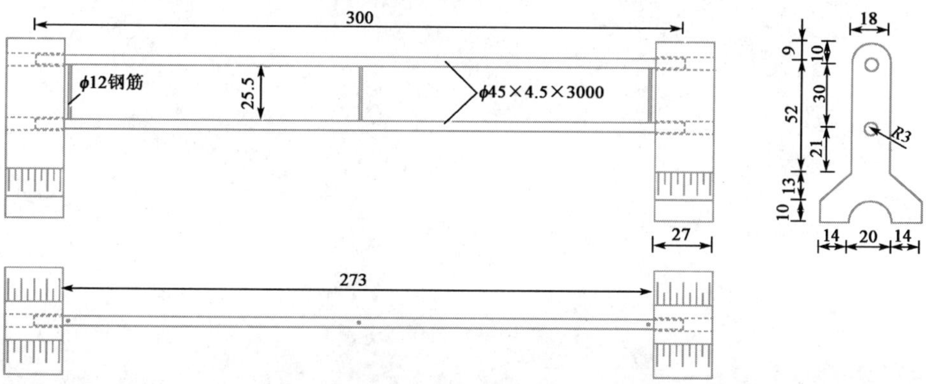

图 13-42　移动护栏构造

伸缩式活动护栏的优点是安装、操作简便。缺点是结构比较复杂，收拢后开口较小，被车辆碰撞后易变形，影响行车安全，铝合金价格高，维修费用高。

工程计价篇

第一章　公路工程计价概念

公路建设是一种投资再生产，存在资金运动的经济现象（财务），形成生产用固定资产。国家交通运输部规定公路建设工程采用定额计价，通过技术评审和主管部门审批工程造价。是针对工程项目做出的一项财务计划。形成公路固定资产有三个过程：一是工程设计后的定额计价，是按国家行政主管部门发布的工程定额、工程量计算规则和人工工日单价、机械台班单价、材料以及设备价格信息及参考同期市场价格，按照规定的计算方法计算直接费、间接费、利润、税金，即全部工程造价。二是施工必须的清单计价，是在建设工程开标前编制的工程量清单，并作为招标文件的一部分提供给投标人，由投标人依据工程量清单进行自主报价，经评审后发布中标人通知的一种计价方式；是在建设工程开标后必须遵循的工程计价文件。三是资产计价，是进行价值核算的另一种方式，是指以一定的货币单位计量公路有形的，无形的资产价值；是用货币表现财产状况，包括成本、费用、收益和损失等的计算。

定额计价的特点是量与价的结合，经过不同层次的计算形成量与价的最优结合过程。定额计价基本程序是工程量计算和工程计价。

1.1　公路工程计价特征

公路工程计价除具有与其他商品计价的共同特点外，特别具有其自身的技术经济特征。公路工程技术经济特征表现了工程实体包含众多的工程技术特性和工程经济特性，由这些特性形成技术经济概念。公路工程计价特征，有单件性计价，组合性计价，多层次计价，多样性和复杂性计价等特征。

1.1.1　单件工程计价

每一项建设工程都有指定的专门用途，所以也就有不同的形态和结构，如厂房、住宅、公路、港口等。就公路而言，其用途是供汽车行驶，但构成公路整体的路基、路面、桥梁、隧道及沿线设施等，各有不同的形态和结构。建设工程都是固定在一定地点的，其结构、造型必须适应工程所在地的气候、地质、水文等自然条件，因而形成在实物形态上的千差万别。在建设这些不同的实物形态的工程时，必须采取不同的工艺、设备和建筑材料，所消耗物化劳动和活劳动也必定是不同的，再加上不同地区的社会发展不同，致使构成价格和费用的各种价值要素的差异，最终导致工程造价各不相同。任何公路建设的工程造价不可能是完全相同的。因此，对公路建设工程只能是单件工程计价。也就是说，公路建设项目的个体差别，决定了每个项目都只能根据各自的具体设计资料和当地的实际情况单独计算工程造价。

1.1.2　分项工程计价

单项工程是指具有单独设计文件的，建成后可以独立发挥生产能力或效益的一组配套齐全的工程项目。公路建设项目规模大，工程结构复杂，不可能简单直接地计算出整个建设工程造价，必须将整个建设工程分解，分解到合理的最小工程结构部位，直至对计量和计价都相对准确的程度。《公路工程基本建设项目概算预算编制办法》（JTG

B06—2007),将公路建筑安装工程内容分解为项、目、节和细目的计价格式,对应一个建设项目(为单项工程)中的单位工程、分部工程、分项工程和细目四个层次。

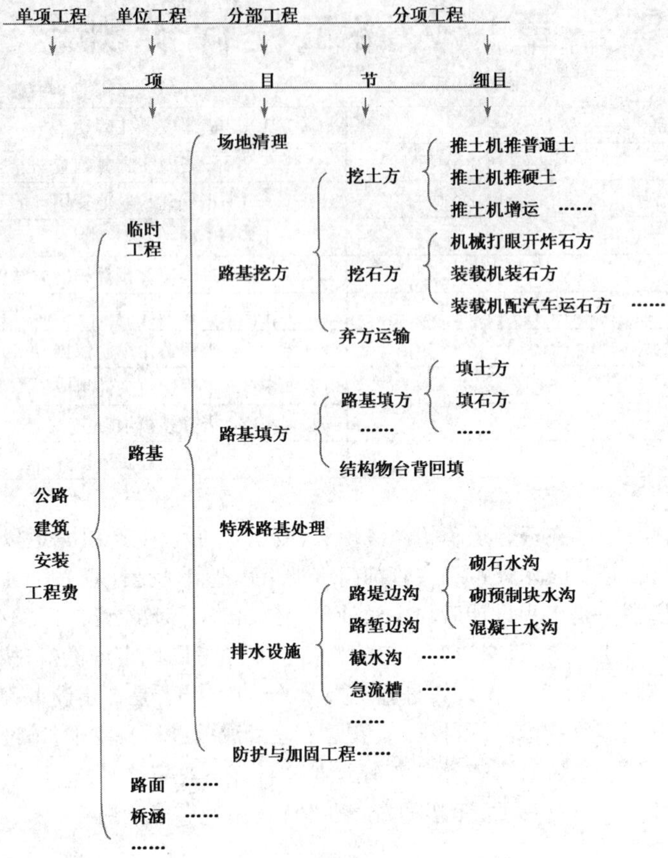

图 1-1 建筑安装工程费组成

公路工程中的路基工程是建筑安装工程中的一项单位工程,其中包含场地清理、挖方、填方、特殊路基处理、排水设施、防护与加固工程六项分部工程。分部工程中又包含若干个分项工程。分项工程中又包含若干个细目。无论建设项目大小,分项工程都有发生,是工程计量和计价的最小单元,是分部工程、单位工程和单项工程计价的基础。

1.1.3 多层次计价

公路建设项目一般规模大、建设周期长、技术复杂、受建设所在地的自然条件影响大,消耗的人力、物力和财力巨大,并且要充分考虑投入使用后的经济效益等因素,一旦决策失误,将造成不可挽回的巨大损失。为了适应工程造价管理的要求,满足建设项目各阶段的不同需要,必须在建设全过程进行多层次计价。公路工程多层次计价过程,见图 1-2。

一个公路建设项目各个阶段的计量计价是相互衔接、由粗到细、由浅到深、由预期到实际的研究过程。前者是后者的依据,后者是前者的修正和补充。工程造价多层次计价有各自不相同的计价依据,对工程造价的精度要求各不相同。

1.1.4 复杂性特征

由于影响公路工程造价的因素较多,工程计量与计价依据较多,主要分为以下几类:

①计算工程量和设备数量的依据,包括工程可行性研究报告、设计文件等。

②计算实体工程的工料机消耗量的依据,包括估算指标、概算定额、预算定额等。

③计算工料机费用的依据,包括人工单价、材料价格、材料运杂费、机械台班费等。

④计算直接费、间接费、利润、税金和工程建设其他费用的依据,包括费用定额和标准。

⑤计算设备购置费的依据,包括设备原价、运杂费、运输保险费、采购及保管费等。

依据的复杂性不仅使计算过程复杂，而且要求计算人员熟悉各种计价依据，并加以正确的运用。

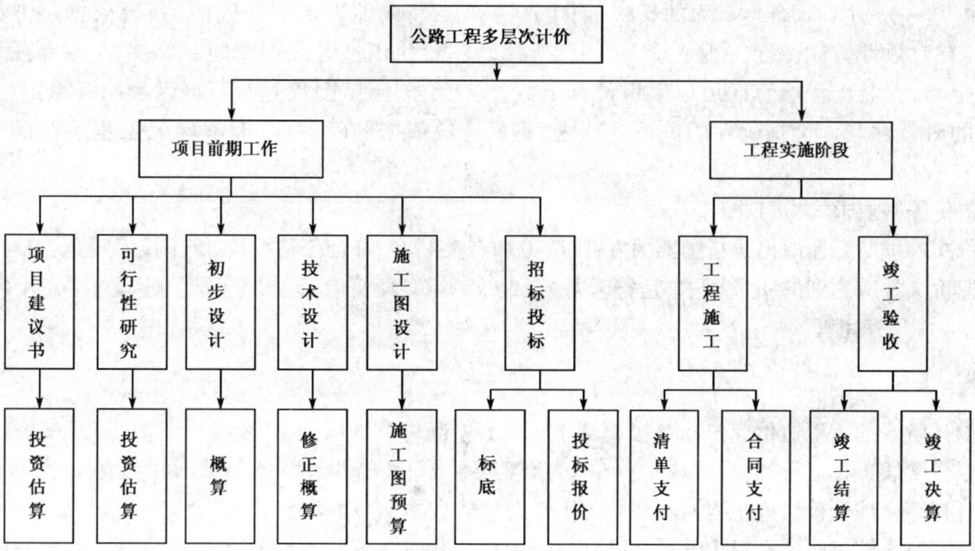

图 1-2　公路工程多层次计价过程

1.2 公路工程计价原则

为构建节约型公路行业，适应公路交通建设发展的需要，在建设项目各阶段需要合理确定工程造价，为建设项目工程实施提供可靠依据。

1.2.1 执行国家有关规定

工程建设投资巨大，涉及国民经济的方方面面，因此国家对投资规模、投资方向、投资结构等必须进行宏观调控。在工程造价编制的过程中，应贯彻国家在工程建设方面的有关法规，如建设部、财政部发布的《建筑安装工程费用项目组成》（建标[2003]206 号）和交通运输部发布的《公路工程基本建设项目概算预算编制办法》（JTG B06—2007），规范工程造价文件的编制，使国家的宏观调控政策得以落实。

1.2.2 合理确定工程造价

合理确定工程造价是工程造价管理的重要内容，而工程造价文件编制的基础资料的准确性则是合理确定工程造价的保证。公路工程采用实物量计价法编制工程造价文件，实物量法也可称为定额计价法。为确保计价过程的准确性，应注意几个方面：

1. 准确计算工程量和工料机单价

公路工程实物量计价方法，即直接工程费 = $\sum$（工程量 × 定额工料机消耗量 × 当时当地的工料机单价）。单项工程建筑安装工程费 = $\sum$单位工程费（$\sum$分部工程费（$\sum$分项工程费））= $\sum$（直接工程费 + 其他工程费 + 间接费 + 利润 + 税金）。因此，准确计算工程量、工料机单价，是准确地编制工程造价的关键。

2. 正确选用定额子目

为适应建设项目在各阶段确定工程造价的需要，交通运输部制定颁发了《公路工程估算指标》、《公路工程概算定额》、《公路工程预算定额》等工程定额。在编制工程造价时，应根据工程项目的具体工程内容和施工方法，合理选用定额子目，才能合理地确定工程造价。

3. 合理使用费用定额

交通运输部颁发的《公路基本建设工程投资估算编制办法》、《公路工程基本建设项目概算预算编制办法》，除规定了工程造价的直接费计算方法及编制方法以外，还规定了建筑安装工程费的其他工程费、设备费、工程建设其他费用、预备费的计算标准，即采用计费标准乘以计费基数的方法取得工程所需费用。这些计费标准，也可称之为费用定额。公路工程造价编制中，按照国家规定的费用定额取费部分占有一定的比例，各项费用定额的使用均应根据工程的实际情况取定。如行车干扰工程施工增加费，一般只有改建工程才能计取，它与公路改建时保持通车的昼夜交通量有关；但计算时还应考虑自然分流的影响，否则这项费用就会比实际发生的费用大。

4. 注意计价依据的时效性

计价依据是一定时期社会生产力的反映,而生产力是不断向前发展的。因而,计价依据一方面具有稳定性,同时也具有时效性。在编制工程造价文件时,应注意不要使用过时或作废的计价依据;编制投资估算时可以采用概算定额,编制工程概算时可以采用预算定额,反之编制施工图预算时不可以采用概算定额等,其原因是工程定额的时效性与计价精确性的关系。总之,注意计价依据的时效性,能够保证工程造价的准确性和合理性。

5. 工程造价编制要求

工程造价文件编制必须严格执行国家的方针、政策和有关制度,符合公路设计、施工技术规范,符合施工方案等要求。工程造价文件应达到的质量要求,是符合规定、结合实际、经济合理、提交及时、不重不漏、计算正确、字迹(打印)清晰、装订整齐完善。

1.2.3 工程造价控制

施工图设计阶段的工程造价应控制在初步设计阶段工程造价范围以内,初步设计阶段工程造价应控制在工程可行性研究报告阶段工程造价的允许范围之内。国家规定不允许由于设计深度不够,而使工程造价得不到控制;要求技术与经济相结合地分析研究工程实际问题与工程造价的关系,合理确定工程造价。

各省、自治区、直辖市交通运输主管部门,可以在《公路工程基本建设项目概算预算编制办法》的基础上结合当地实际情况制定补充规定,并报交通运输部备案。公路工程造价文件编制,原则上执行交通运输部的文件规定,同时参照执行各省、自治区、直辖市交通主管部门制定的补充规定。

1.3 公路工程计价内容

公路工程计价有四个部分内容,见图1-3。其最终结果称为公路基本造价,即估算总金额、概算总金额、预算总金额。其中包括公路每公里技术经济指标、桥梁每米(或每平方米)技术经济指标。

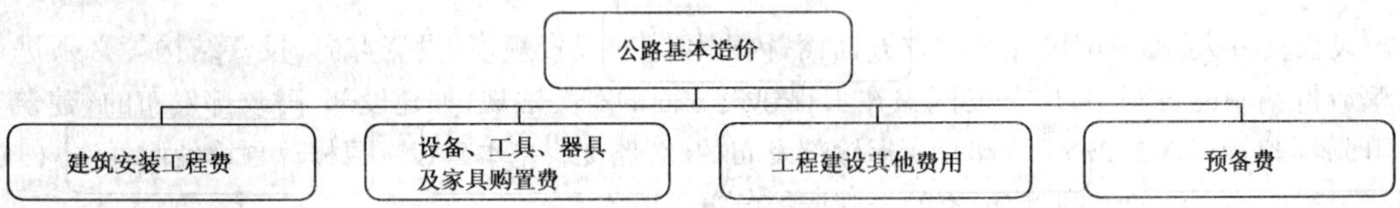

图1-3 公路工程计价内容

1.3.1 建筑安装工程费

建筑安装工程费内容见图1-4,是指施工过程中耗费的构成工程和有助于工程形成的各项费用;是直接发生在建筑实体工程施工过程的费用,施工企业在组织施工过程中间接地为工程支出的费用,以及按国家规定收取的利润和应缴纳税金的总称。即:建筑安装工程费 = 直接费 + 间接费 + 利润 + 税金。其中,直接费 = 直接工程费 + 其他工程费。

1. 直接工程费

直接工程费即人工费、材料费、施工机械使用费之和,按实物量法计算。

(1)人工费

人工费是指列入估算、概算和预算定额的直接从事建筑安装工程施工的生产工人开支的各项费用。包括生产工人的基本工资、工资性补贴、辅助工资、职工福利费四项内容。生产工人每工日人工费单价,仅作为编制估算、概算和预算的依据,不作为施工企业实发工资的依据。

(2)材料费

材料费是施工过程中耗用的构成工程实体的原材料、辅助材料、构(配)件、零件、半成品、成品的用量以及周转材料的摊销量,按工程所在地的材料预算价格计算的费用。编制估算、概算和预算时,需要调查材料原价、供应地点、运输距离等资料。计算材料预算单价,其中计入材料原价、运杂费、场外运输损耗、采购及保管费等内容。材料原价可分为外购材料、地方性材料和自采材料三种方式。概算预算定额中所列材料一般不计回收,只对按全部材料计价的一些临时工程和由于工程规模或工期限制达不到规定周转次数的拱盔、支架及施工金属设备的材料计算回收金额。

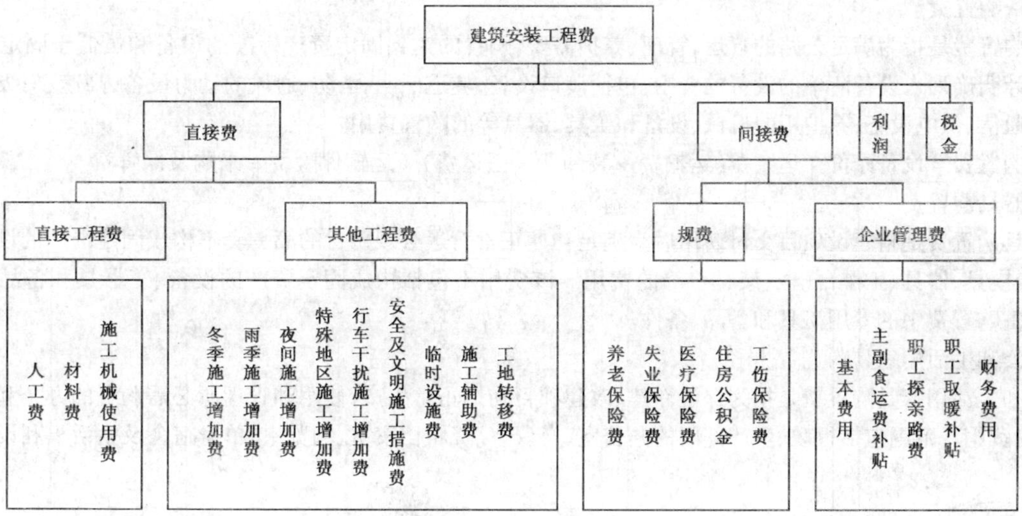

图 1-4　建筑安装工程费计算内容

(3)施工机械使用费

施工机械使用费是指列入估算、概算和预算定额的施工机械台班数量,需按相应机械台班费用定额计算的施工机械使用费和小型机具使用费。施工机械台班预算价格,由不变费用和可变费用组成。

2. 其他工程费

其他工程费是指直接工程费以外施工过程中发生的直接用于工程的费用。内容包括冬季施工增加费、雨季施工增加费、夜间施工增加费、特殊地区施工增加费、行车干扰工程施工增加费、安全及文明施工措施费、临时设施费、施工辅助费、工地转移费等九项。特殊地区施工增加费包括高原地区施工增加费、风沙地区施工增加费和沿海地区工程施工增加费三项。

其他工程费 = 直接工程费 × 其他工程费综合费率,或,

其他工程费 = 各类工程人工费和机械费之和 × 其他工程费综合费率;

直接费 = 直接工程费 + 其他工程费

3. 间接费

间接费由规费和企业管理费两项组成。规费是指法律、法规、规章、规程规定施工企业必须缴纳的四险一金,包括养老保险费、失业保险费、医疗保险费、住房公积金、工伤保险费。企业管理费由基本费用、主副食运费补贴、职工探亲路费、职工取暖补贴和财务费用五项组成。

间接费 = 规费 + 企业管理费 = 各类工程人工费 × 规费综合费率 + 直接费 × 企业管理费综合费率

4. 利润

利润是指施工企业完成所承包工程应取得的盈利。利润按直接费与间接费之和扣除规费的 7% 计算。

利润 = [直接费 + 间接费 - 规费] × 利润率

5. 税金

税金是指国家税法规定应计入建筑安装工程造价内的营业税、城市维护建设税及教育费附加等。

税金额 = (直接费 + 间接费 + 利润) × 综合税率

1.3.2　设备及工器具购置费

设备及工器具购置费,见图 1-5。包括设备购置费、工器具及生产家具购置费、办公及生活用家具购置费三项内容。

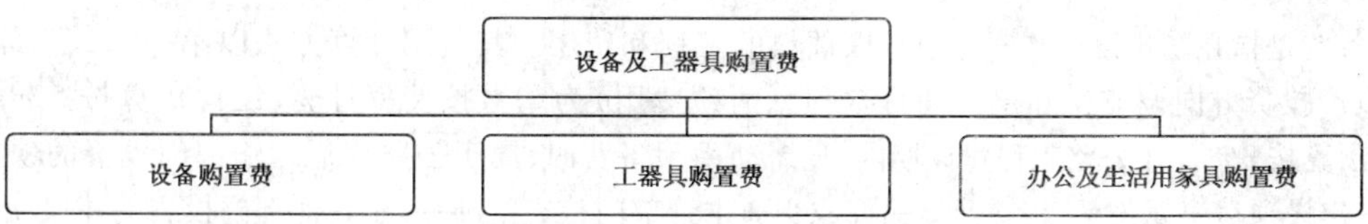

图 1-5　设备及工器具购置费计算内容

1. 设备购置费

设备购置费是指为满足公路的营运、管理、养护需要，购置的达到固定资产标准的设备和虽低于固定资产标准但属于设计明确列入设备清单的设备的费用，包括渡口设备，隧道照明、消防、通风的动力设备，高速、一级公路的收费、监控、通信、供电设备，养护用的机械、设备和工具、器具等的购置费用。

设备购置费 = 设备原价 + 运杂费(运输费 + 装卸费 + 搬运费) + 运输保险费 + 采购及保管费

2. 工器具购置费

工器具购置费是指建设项目交付使用后为满足初期正常营运必须购置的第一套不构成固定资产的设备、仪器、仪表、工卡模具、器具、工作台(框、架、柜)等的费用。该费用不包括构成固定资产的设备、工器具和备品、备件，及已列入设备购置费中的专用工具和备品、备件。

3. 办公和生活用家具购置费

办公和生活用家具购置费是指为保证新建、改建项目初期正常生产、使用和管理所必需购置的办公和生活用家具、用具的费用。范围包括行政、生产部门的办公室、会议室、资料档案室、阅览室、单身宿舍及生活福利设施等的家具、用具。

1.3.3 工程建设其他费用

工程建设其他费用内容见图 1-6，是指从工程筹建起到工程竣工验收交付使用止的整个建设期间，除建筑安装工程费用和设备及工器具购置费用以外的，为保证工程建设顺利完成和交付使用后能够正常发挥效用而发生的各项费用。

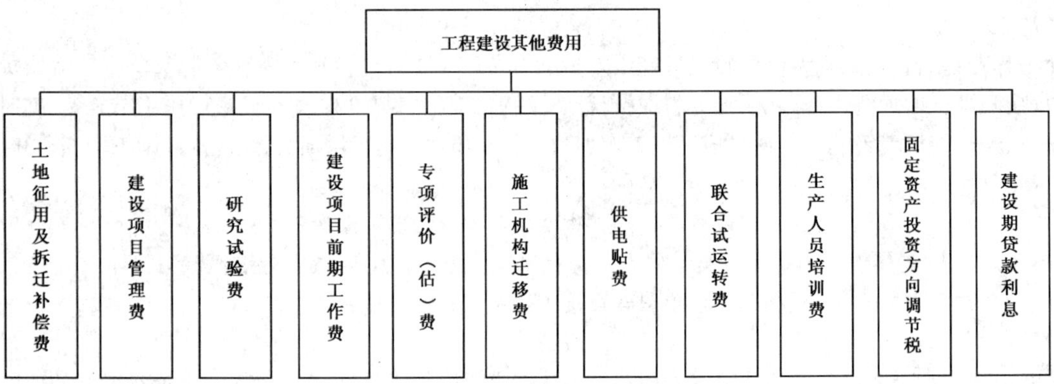

图 1-6　工程建设其他费用计算内容

建设项目管理费中又包括建设单位(业主)管理费、工程监理费、设计文件审查费和竣(交)工验收试验检测费等内容。计算方法是以建筑安装工程费为基数，乘以《公路工程基本建设项目概算预算编制办法》中规定的费率。

1.3.4 工程预备费

预备费由价差预备费及基本预备费两部分组成。

1. 差价预备费

差价预备费是指设计文件编制年至工程竣工年间，第一部分费用的人工费、材料费、机械使用费、其他工程费、间接费等以及第二、三部分费用由于政策、价格变化可能发生上浮而预留的费用及外资贷款汇率变动部分的费用。其费用以概算或修正概算或预算第一部分建筑安装工程费总额为基数，按设计文件编制年始至建设项目工程竣工年终的年数和年工程造价增长率计算。

2. 基本预备费

基本预备费是指在初步设计和概算中难以预料的工程和费用。其费用计算方法以第一、二、三部分费用之和(扣除固定资产投资方向调节税和建设期贷款利息两项费用)为基数按费率计算，设计概算按 5%，修正概算按 4%，施工图预算按 3%。在公路工程建设期内，凡需动用预备费时，属于公路交通运输部门投资的项目，需经建设单位提出，按建设项目隶属关系，报交通运输部或交通主管部门核定批准；属于其他部门投资的建设项目，按其隶属关系报有关部门核定批准。

1.4 公路工程概算预算编制方法

1.4.1 计算顺序

《公路工程基本建设项目概算预算编制办法》统一概算预算计算表格，其中概算与预算的表式相同，编号为01~12表，01-1表为总概（预）算汇总表、02-1表为总概（预）算人工、主要材料、机械台班数量汇总表。概算或预算应按规定表式，规定的计算方法编制。其计算顺序和相互关系，见图1-7。

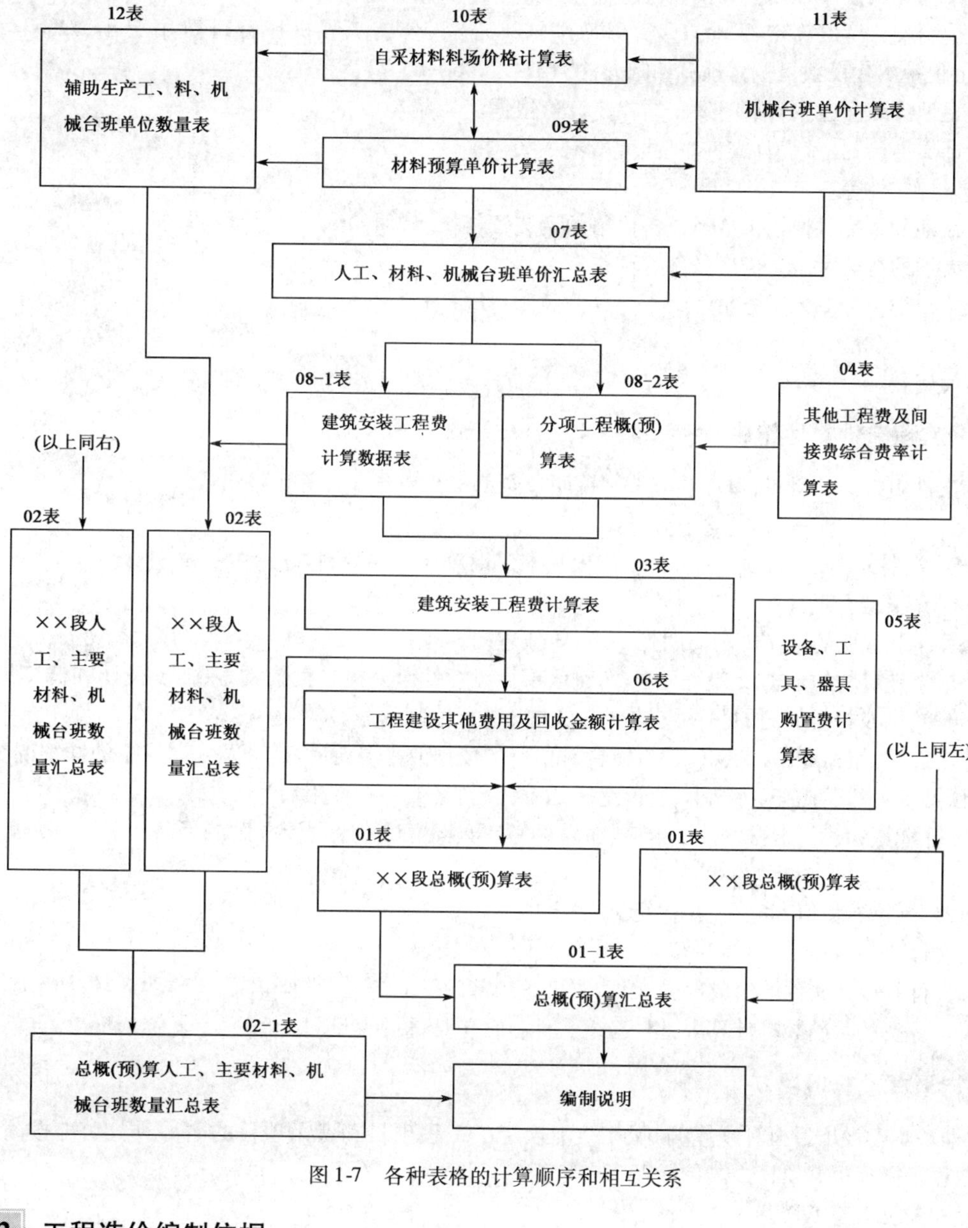

图1-7 各种表格的计算顺序和相互关系

1.4.2 工程造价编制依据

1. 概算（或修正概算）编制依据

①国家发布的有关法律、法规、规章、规程等。

②现行的《工程公路概算定额》（JTG/T B06-01—2007）、《公路工程机械台班费用定额》（JTG/T B06-03—2007）、《公路工程基本建设项目概算预算编制办法》（JTG B06—2007）。

③工程所在地省级交通运输主管部门发布的补充计价依据。

④可行性研究报告（或初步设计文件）的批复等有关资料。

⑤初步设计（或技术设计）文件等。

⑥工程所在地的人工、材料、机械及设备价格的调查资料等。

⑦工程所在地的自然、技术、经济条件等调查资料。

⑧工程施工方案。

⑨有关合同、协议等。

⑩其他有关资料。

2. 预算编制依据

①国家发布的有关法律、法规、规章、规程等。

②现行的《公路工程预算定额》(JTG/T B06-02—2007)、《公路工程机械台班费用定额》(JTG/T B06-03—2007)、《公路工程基本建设项目概算预算编制办法》(JTG B06—2007)。

③工程所在地省级交通主管部门发布的补充计价依据。

④初步设计文件(或技术设计文件)的批复等有关资料。

⑤施工图设计文件等。

⑥工程所在地的人工、材料、机械及设备价格的调查资料等。

⑦工程所在地的自然、技术、经济条件等调查资料。

⑧工程施工组织设计或施工方案。

⑨有关合同、协议等。

⑩其他有关资料。

1.4.3 工程造价文件组成

概算预算文件由封面及目录,概算预算编制说明及全部概算或预算计算表格组成。

1. 封面及目录

概算或预算文件的封面和扉页应按《公路工程基本建设设计文件编制方法》中的规定制作。

2. 概算或预算编制说明

概算或预算编制说明的文字力求简明扼要,一般叙述内容有:

①建设项目设计资料的依据及有关文号,如建设项目可行性研究报告批准文号、初步设计和概算批准文号(编制概算及预算时),以及根据何时的测试资料及比选方案进行编制的等。

②采用的定额、费用标准,人工、材料、机械台班单价的依据或来源,补充定额及编制依据的详细说明。

③与概、预算有关的委托书、协议书、会议纪要的有关内容(或将抄件附后)。

④总概、预算金额,人工、钢材、水泥、木料、沥青的总需要量情况,各设计方案的经济比较,以及编制中存在的问题。

⑤其他与概、预算有关但不能在表格中反映的事项。

3. 甲乙组文件

概算预算文件是设计文件的组成部分,因需要报送的部门不同分为两组。甲组文件为各项费用汇总表,乙组文件为建筑安装工程费的基础数据计算表,甲、乙组文件各自包括的内容见图1-8。

1.4.4 概算预算项目

《公路工程基本建设项目概算预算编制办法》中规定了工程项目和费用项目的名称、层次,即按附录四项目表编制概算或预算。概算预算项目主要包括以下内容:

第一部分　建筑安装工程费

　第一项　临时工程

　第二项　路基工程

　第三项　路面工程

　第四项　桥梁涵洞工程

　第五项　交叉工程

　第六项　隧道工程

　第七项　公路设施及预埋管线工程

　第八项　绿化及环境保护工程

第九项　管理养护及服务房屋

第二部分　设备及工器具购置费

第三部分　工程建设其他费用

- 甲组文件
  - 编制说明
  - 总概(预)算汇总表(01-1表)
  - 总概(预)算人工、主要材料、机械台班数量汇总表(02-1表)
  - 总概(预)算表(01表)
  - 人工、主要材料、机械台班数量汇总表(02表)
  - 建筑安装工程费计算表(03表)
  - 其他工程费及间接费综合费率计算表(04表)
  - 设备、工具、器具购置费计算表(05表)
  - 工程建设其他费用及回收金额计算表(06表)
  - 人工、材料、机械台班单价汇总表(07表)
- 乙组文件
  - 建筑安装工程费计算数据表(08-1表)
  - 分项工程概(预)算表(08-2表)
  - 材料预算单价计算表(09表)
  - 自采材料料场价格计算表(10表)
  - 机械台班单价计算表(11表)
  - 辅助生产工、料、机械台班单位数量表(12表)

图 1-8　甲、乙组文件包括的内容

1.4.5　概算预算费用计算方法

公路工程建设各项费用的计算程序及计算方式　　表 1-1

代　号	项　目	说明及计算式
(一)	直接工程费(即工、料、机费)	按编制年工程所在地的预算价格计算
(二)	其他工程费	(一)×其他工程费综合费率或各类工程人工费和机械费之和×其他工程费综合费率
(三)	直接费	(一)+(二)
(四)	间接费	各项工程人工费×规费综合费率+(三)×企业管理费综合费率
(五)	利润	[(三)+(四)-规费]×利润率
(六)	税金	[(三)+(四)+(五)]×综合税率
(七)	建筑安装工程费	(三)+(四)+(五)+(六)
(八)	设备、工具、器具购置费(包括备品备件)	∑(设备、工具、器具购置数量×单价+运杂费)×(1+采购保管费率) 按有关规定计算
(九)	办公及生活用家具购置费	按有关规定计算
	工程建设其他费用	(七)×费率
	土地征用及拆迁补偿费	(七)×费率
	建设单位(业主)管理费	(七)×费率
	工程质量监督费	(七)×费率
	工程监理费	(七)×费率
	工程定额测定费	按有关规定计算
	设计文件审查费	按批准的计划编制
	竣(交)工验收试验检测费	按有关规定计算
	研究试验费	按有关规定计算
	前期工作费	按实计算

续上表

代　号	项　目	说明及计算式
	专项评价(估)费	按有关规定计算
	施工机构迁移费	(七)×费率
	供电贴费	按有关规定计算
	联合试运转费	按有关规定计算
	生产人员培训费	按实际贷款数及利率计算
	固定资产投资方向调节税	包括价差预备费和基本预备费两项
	建设期贷款利息	按规定的公式计算
(十)	预备费	[(七)+(八)+(九)-固定资产投资方向调节税-建设期贷款利息]×费率
	价差预备费	[(三)+(四)]×费率
	基本预备费	
	预备费中施工图预算包干系数	
(十一)	建设项目总费用	

第二章　公路工程定额计价指导

《公路工程基本建设项目概算预算编制办法》(JTG B06—2007)(以下简称编制办法)、《公路工程预算定额》(JTG/T B06-02—2007)、《公路工程概算定额》(JTG/T B06-01—2007)、《公路工程估算指标》是交通运输部为贯彻执行国家关于建设工程计价制定的规定,本章以分项工程概算和预算为单元予以具体解读。

2.1　临时工程

临时工程是指工程施工实际需要的大型临时工程,内容包括汽车便道、临时便桥、临时轨道铺设、临时输电线路、临时码头等,均应有设计与说明书以及详细的图纸,按分项工程实物量计价。施工企业进行建设工程施工所需的生产和生活的临时建筑物、构筑物和其他临时设施等,通常称为小型临时设施,按编制办法表3-11临时设施费费率的方式计入"其他工程费"中。

2.1.1　汽车便道

汽车便道是为解决施工机具、设备和材料从场外运至施工现场,以及解决其他交通运输问题而建筑的临时工程。若是施工要求常年使用的汽车便道,为保证雨期畅通,应加铺天然砂砾路面;有路面的汽车便道在使用期内,可按规定计列养护公里·月的维护费用。

1. 汽车便道标准

双车道汽车便道的路基宽度为7.0m，路面宽度6.0m。单车道汽车便道的路基宽度为4.5m，路面宽度3.5m。

2. 修建与维护

编制汽车便道修建与维护的概算预算均按设计的汽车便道路基，天然砂砾路面，维护费用，过水便涵内容计价。预算定额7-1-1工程内容，汽车便道包括挖填土方、压实、做错车道、修整排水沟，如遇便道路基有石方开挖时，应参考路基土石方工程计价；汽车便道路面包括铺天然砂砾料、碾压、培土路肩。

3. 利用原有道路

公路项目的新建和改建一般都需要汽车便道，将临近道路作为汽车便道能极大地利用资源，在可能的情况下应充分利用。根据实际需要，编制概算预算均按原有村道整理路基，铺筑天然砂砾料路面计价。

2.1.2 临时便桥

临时便桥是指汽车便道在跨沟跨河处必须修建的临时用桥；或修建大型桥梁时，为两岸运输建筑材料、设备等需要，必须修建的临时用桥。

编制临时便桥的概算预算均按钢桥面长度数量m和钢管桩桥墩数量座计价；预算定额7-1-2工程内容包括打拔桩的全部工序，钢桁架、架设设备、桥面板的拼装、拆除，清理堆放，去污，调刷油漆，钢桁架的拖拉、架设、定位。钢便桥面净宽标准为4m，单孔跨径为21m；钢便桥的钢桁架金属设备摊销费按4个月编制，钢管桩为使用1年的消耗量，若与实际不同时应作调整。

2.1.3 临时轨道铺设

临时轨道是指专为大型混凝土预制构件的出坑、运输、堆放和运至桥上安装铺设的临时运输道路。轨道铺设在预制场内供龙门架行走，连接至路基的桥台前及已架设的桥面上，供大型混凝土预制构件运输车行走。钢轨重量规格分为11kg/m、15kg/m、32kg/m三种，一般根据预制构件的单件重量选用。

编制概算预算均按桥梁建设的铺设轨道长度数量m计价，轨道长度计算L=场内轨道长+路基轨道长+桥梁长。预算定额7-1-4工程内容包括铺设枕木、钢轨、安装配件，铺设道渣并捣固整平，拆除线路、材料分类堆放；如轨道铺设范围内需要设置道岔，每处道岔应根据定额增加规定的消耗量。

2.1.4 临时输电线路

临时输电线路是指在公路工程施工过程中，使用工业电源时需要架设由高压输电网到工地变电站之间的输电线路。工地变电站或自发电厂至施工现场各个作业用电点的线路，不属于临时输电线路。实际中输电线路有干线、支线的区分。

编制概算预算均按输电线路长度数量m计价。预算定额7-1-5工程内容包括挖坑，埋杆、架线，接头，拆除，清理现场；定额中的设备摊销费为变压器使用费用，按施工期2年计算，如工期不同时可作调整。

2.1.5 临时码头

公路建设利用水路运输条件，如建筑材料的运输，或桥梁水下施工时，必须建筑临时码头。预算定额按重力式砌石码头、装配式浮箱码头两种结构形式编制，应根据实际需要选用。

1. 重力式砌石码头

重力式砌石码头一般采用重力式挡土墙结构，砌筑片块石墙身加铺水泥混凝土墙顶。编制概算预算均按码头的建筑长度数量m计价。预算定额7-1-3工程内容包括筑拆围堰、挖基，拌运砂浆，搭拆脚手架，砌石、勾缝、养生，设置沉降缝，浇筑混凝土墙顶的全部工序，回填、碾压，制作、安装系船柱及防撞设施等。

2. 装配式浮箱码头

装配式浮箱码头是由多个用钢板做成的浮箱拼组而成，采用预制钢筋混凝土锚碇固定。编制概算预算均按浮箱码头平面面积数量m^2、钢筋混凝土锚数量个计价。预算定额7-1-3工程内容包括浮箱运输、拼装、铺板、拆除，钢筋混凝土锚碇预制、运输、抛锚、起锚全部工序。定额中含锚绳、锚链消耗；100m^2码头平面面积的浮箱质量为25.365t，设备摊销费用按每吨月90元，使用期12个月计算，如实际质量和施工工期不同时应作调整。

临时用地包括施工场地建设的储料场、预制场、拌和场场地，进场汽车便道、临时便桥等；承包人驻地建设的承包人办公室、住房及生活区，车间与工作场地、仓库，工地试验室修建场地等；临时用地费用在"第三部分工程建设其他费用——土地征用及拆迁补偿"项目中，按面积数量亩计价。临时用地退还前，应恢复到临时用地使用前的状态。

2.2 路基工程

路基是公路建设的主体工程，是路面的土基层，内容包括场地清理、挖方、填方、特殊路基处理、排水设施及防护工程等。

2.2.1 场地清理

场地清理包括公路用地范围，借土场范围内施工场地的清理，挖除旧路面和拆除旧构筑物，以及必要的场地平整。

1. 清除表土

清除表土前应将场地清理范围内的树木、灌木丛等砍伐或移植。场地清理范围内的垃圾、有机物残渣、地表层10～30cm腐殖土，草皮、农作物的根系和表土应予以清除。

清除表土应根据实际情况考虑一部分利用作为绿化种植土，一部分运弃。编制清除表土的概算预算均按设计推土机清除表土，表土运送内容计价。预算定额1-1-1工程内容包括推土机推挖表土，推出路基外。

2. 伐树挖根除草

胸径＞10cm的伐树挖根，预算定额以数量棵为单位（概算定额以面积数量m^2为单位）；胸径≤10cm的砍挖灌木林、除草以面积数量m^2为单位。编制概算预算均按设计的（以棵为单位的）伐树挖根，（以数量m^2为单位的）伐树挖根，挖竹根（m^3），除草工程量计价。预算定额1-1-1工程内容如下：

①伐树包括锯（砍）倒，断枝，截断，运出路基外，场地清理；

②挖根包括起土挖根，场地清理，运出路基外；

③除草包括割草，挖根，场地清理。

3. 平整场地

平整场地是指施工场地建设和承包人驻地建设范围。施工场地建设包括储料场、预制场、拌和场、进场和场内道路等内容；承包人驻地建设包括办公室、住房及生活区，车间与施工机械停放场地、材料及燃料仓库，工地试验室等内容。平整场地分为土基平整和必要的场地硬化。

编制概算预算均按设计平整面积数量m^2计价，概算以套用预算定额计价。预算定额4-11-1工程内容包括厚度30cm以内的挖填，找平及碾压。当土基平整挖填土石方厚度超过30cm时，其开挖土石方量、平整、碾压按"路基土石方工程"项目的有关规定计价。

场地硬化是指场内主要作业区、材料堆放区需要的地面硬化，及场内道路需要的路面硬化。编制概算预算均按设计的面积数量m^2计价。

4. 挖除旧路面

挖除旧路面分为人工挖清和机械挖清，还可分为挖除基层、水泥混凝土面层、沥青面层等内容。编制旧路面挖除概算预算均按设计挖除、废料运输数量m^3计价。预算定额2-3-2工程内容包括人工挖撬或机械挖除，废料清除至路基外，场地清理、平整。

5. 拆除旧构筑物

拆除旧构筑物分为砌石、混凝土圬工和钢筋混凝土圬工等内容。编制拆除旧构筑物的概算预算均按挖除、废料运输数量m^3计价，概算以套用预算定额计价。预算定额4-11-17工程内容包括撬除圬工，凿除或炸除混凝土，拆除木料及铁件，清理现场，整堆材料。

2.2.2 挖方

路基挖方包括挖土方和开炸石方。路堑断面、半挖半填断面的挖方应尽量利用，土石方数量应挖填平衡、挖运平衡；设计的填方、挖方、借方、弃方，一般应均衡合理计价。路基开挖、借土场开挖的土方或石方，应按照开挖的难易程度计价。交通运输部颁《公路工程预算定额》将土壤、岩石分为六级，见表2-1。

土壤岩石六级分类及压实方换算系数

表 2-1

名称		土方			石方			备注
		松土	普通土	硬土	软石	次坚石	坚石	
六级分类		I	II	III	IV	V	VI	
压实方换算成松方的系数	二级及以上公路	1.23	1.16	1.09	0.92			
	三、四级公路	1.11	1.05	1.00	0.84			

注：松方即指天然密实体积，压实方即指达到规定压实度要求的密实方。

1. 挖土方

挖土方一般采用全机械化施工作业方法，部分场地狭窄机械施工困难，需要人工挖运土方，其数量由设计确定。开挖的土方一般先作本桩利用，其次作远运利用或作弃方运送，均由路基设计或施工组织设计确定。机械挖土方施工组织形式有推土机推运土方施工，铲运机铲运土方施工，挖掘机挖装土方配自卸汽车运输施工，推土机推土方装载机装配自卸汽车运输施工等；机械化施工土方运送方式还有手扶拖拉机、翻斗车施工组织形式。

编制概算预算均按设计的挖土方、装车、运输内容，以开挖松方数量 m^3 计价；其中增运以开挖数量 $m^3 \times$ 增运距离计价。土方施工的经济运距、工程内容等，见表 2-2。编制概算预算时还应按施工组织选择施工机械的功率、装载容量和车载质量。

土方施工经济运距

表 2-2

项目	工程内容	经济运距	预算定额编号
人工	挖松，装土，运送，卸除，空回	20 ~ 40m	1-1-6
推土机	推土，空回，整理卸土	20 ~ 80m	1-1-12
拖式铲运机	铲运土，分层铺土，空回，整理卸土	80 ~ 400m	1-1-13
挖掘机配自卸汽车	安设挖掘机，开辟工作面，挖土或爆破后石方，装车，移位，清理工作面	> 500m	1-1-9、1-1-11
装载机配自卸汽车	铲装土方或爆破后石方，装车，调位，清理工作面	> 500m	1-1-10、1-1-11
手扶拖拉机、翻斗车	等待装，运送，卸车，空回	50 ~ 500m	1-1-8

自卸汽车运输定额 1-1-11 工程内容包括等待装、运、卸，空回。

2. 开炸石方

开炸石方施工组织形式有机械打眼开炸石方、控制爆破石方、抛坍爆破石方及配推土机清运施工，装载机装石方配自卸汽车运输施工，挖掘机装石方配自卸汽车运输施工等；机械化施工石方运输方式还有手扶拖拉机、翻斗车施工组织形式。

编制概算预算均按设计的开炸石方、装车、运输内容，以开挖松方数量 m^3 计价；其中增运以开挖数量 $m^3 \times$ 增运距离计价。石方施工的经济运距、工程内容等，见表 2-3。编制概算预算时还应按施工组织选择施工机械的功率、装载容量和车载质量。

石方施工计价内容及经济运距

表 2-3

项目	工程内容	经济运距	预算定额编号
人工打眼开炸石方	选炮位，打眼，清眼，装药，填塞，安全警戒，引爆及检查结果，排险，撬落解小，撬移，清运，装，卸石，空回	20 ~ 40m	1-1-14
机械打眼开炸石方	开工作面、收放皮管、换钻头钻杆，选炮位钻眼，清眼，装药填塞，安全警戒，引爆及检查结果，排险，撬落，撬移，解小，装，卸，人工或机械清运、空回	人工 20 ~ 40m 推土机 20 ~ 60m	1-1-15
挖掘机配自卸汽车	安设挖掘机，开辟工作面，挖土或爆破后石方，装车，移位，清理工作面	> 500m	1-1-9、1-1-11
装载机配自卸汽车	铲装土方或爆破后石方，调位，清理工作面	> 500m	1-1-10、1-1-11
手扶拖拉机、翻斗车	等待装，运送，卸车，空回	50 ~ 500m	1-1-8

控制爆破石方预算定额 1-1-16 工程内容包括开工作面，选炮位、打眼、装药，爆破、排险，清理解小，装、卸、运 20m，安全警戒全部工作；抛坍爆破石方预算定额 1-1-17 工程内容包括小炮改造地形，开挖井室、出渣并支撑，装药

堵塞及敷设导爆线路，设立安全警戒、引爆及检查结果，排险，撬松、解小，人工及机械清运。

3. 挖掘机挖非适用材料

挖除路基范围内非适用材料（包括挖淤泥），工程量应根据实际长度、宽度和深度计算。编制概算预算均按设计挖除和运输体积数量 m^3 计价。挖掘机挖装预算定额 1-1-2 工程内容包括安设挖掘机，挖淤泥、流沙，装车或堆放一边，移动位置，清理工作面。

4. 弃方运输

路线上开挖的土石方一般首先作为本桩利用，其次调配为远运利用填筑路堤，再有剩余的土石方即为废弃方，必须运送至弃土场。编制概算预算均只按设计装车（预算定额 1-1-10）、运输工程量 m^3（预算定额 1-1-11）计价。

弃土场内需要设置排水设施和必要的防护工程，应在"绿化及环境保护工程"项中按砌筑工程数量 m^3 计价；同时按要求种植树木等进行绿化环保，按种植工程数量株计价。

2.2.3 填方

路基填方是充分利用路线上的土石方填筑路堤，以及包括挖除不适用土后的换填、路基设计填缺时需要的借方填筑。土或石方开挖松方换算为压实方的系数，见表 2-1。

1. 换填土

换填土方法可以处理路基不良地质现象，将挖方路床顶面以下、填方路基的不适用土全部或部分挖除（在挖非适用材料项目中计价），分层置换为黏性土（或石渣），并压实到要求的密实度。

编制换填土的概算预算均按设计的填前压实，挖土方（预算定额 1-1-9）、运输，填筑碾压，洒水内容计价。洒水汽车洒水预算定额 1-1-22 工程内容包括吸水，运水，洒水，空回。

2. 利用土方填筑

利用土方填筑是利用路线上的开挖土方，经自卸汽车运送至填方路段作填，利用土方填筑的挖和运输不在此计价（在开挖土方中计价）。编制概算预算均按公路等级和碾压机械种类选择定额子目，以设计的填筑碾压，碾压洒水内容计价。机械碾压填方路基预算定额 1-1-18 工程内容包括机械整平土方，人工解小并摊平石方，拖式羊足碾回转碾压，压路机前进、后退、往复碾压。

3. 借土方填筑

借土方填筑是在路基设计调配确认填缺的情况下，在选好的借土场内挖装土方，经自卸汽车运送到路线上的填方路段作填。编制概算预算均按设计开挖、运送松方、碾压（预算定额 1-1-18）、碾压洒水内容计价。

借土场内需要设置排水设施和必要的防护工程，应在"绿化及环境保护工程"项中按砌筑工程数量 m^3 计价；同时按要求种植树木等进行绿化环保，一般按种植工程数量株计价。

4. 利用石方填筑

利用石方填筑是利用路线上的开挖石方，经自卸汽车运送至填方路段作填，利用石方填筑的挖和运送不在此计价（在开挖石方中计价），编制概算预算均按公路等级和碾压机械种类选择定额子目，以压实（预算定额 1-1-18）内容计价。

5. 填石路堤

填石路堤是利用路基开炸的岩石填筑路堤，编制预算按设计堆砌边坡、填内芯内容计价。概算以套用预算定额计价。填石路堤上方的填土、碾压在利用（或借）土方填筑项中计价。预算定额 1-1-19 填石路堤工程内容包括码砌边坡，填内芯。

6. 结构物台背填筑

结构物台背填筑需要有较高的质量，应能保障行车安全舒适。填筑方法有开挖回填法和预留回填法。通常采用渗水性好、易碾压、易成形的材料，如砂砾、碎石等，编制预算按设计的填土、人工逐层夯实（预算定额 1-1-7）内容计价，或参考基础垫层（预算定额 4-11-5）计价。概算以套用预算定额计价。

2.2.4 路基零星工程

编制挖土质台阶、填前压实、零星回填土方、整修路拱的预算应分别按设计面积数量 m^2 计价；编制整修边坡的预算按设计路基长度数量 km 计价。预算定额工程内容如下：

①人工挖土质台阶定额 1-1-4 包括画线、挖土，将土抛到填方处；

②填前人工夯实、填前机械压实定额 1-1-5 包括原地面平整，夯（压）实；

③零填及挖方路基碾压定额1-1-18包括机械推松、整平土方，压路机前进、后退、往复碾压；

④整修路拱定额1-1-20包括整平，按规定坡度修整路拱；整修边坡包括修整，铺平，拍实。

编制路基零星工程的概算按设计路基长度数量km计价。概算定额1-1-17工程内容包括整修路拱，整修边坡，挖截水沟，挖土质台阶，填前压实和零星回填土方等。

2.2.5 特殊路基处理

公路建设路线通过不良地形、不良地质条件、恶劣环境地段，在这些地段建筑公路路基有明显的特殊性，必须进行专门的技术设计，采取防治和处治措施。软土主要是由天然含水量大、压缩性高、承载能力低的淤泥沉积物及少量腐殖质所组成的土，在路基填筑前必须进行处理。

1. 抛石挤淤处理地基

抛石挤淤是借助填筑材料的自重，使软弱层被强制挤出而进行的换填处理方法。抛填石料应采用较大直径的片石，一般不宜小于30cm。编制概算预算均按设计抛石数量m^3计价；预算定额1-3-11工程内容包括人工抛填片石、整平、碾压。

2. 软土地基垫层

在软土地基上铺设一层垫层，再在其上填筑路堤，称为垫层法。填入的垫层材料为透水性材料，可称为排水型垫层；填入的垫层材料为不透水性材料，可称为加固型垫层。形式有砂垫层、砂砾垫层、石渣垫层和碎（砾）石垫层，编制概算预算均按设计数量m^3计价；预算定额1-3-12工程内容包括铺筑、整平、分层碾压。

3. 袋装砂井处理地基

袋装砂井是在软弱地基中钻孔后，将砂袋挤压入土中，形成密实柱体，此方法可以提高地基的强度。编制概算预算均按其设计长度数量m计价，长度为埋置在软土中的长度（不计垫层内的长度）。带门架袋装砂井机预算定额1-3-1工程内容包括轨道铺、拆，装砂袋，定位，打钢管，下砂袋，拔钢管，门架、桩机移位。

4. 塑料排水板处理地基

塑料排水板是挤压成形的塑料芯板，是排水带的骨架和通道，作用是将滤层渗进来的水向上排出，是淤泥、淤质土、冲填土等饱和黏性土运用排水固结法进行软基处理的好方法，可缩短软土固结时间。编制概算预算均按其设计长度数量m计价，长度为埋置在软土中的长度；带门架袋装砂井机预算定额1-3-2工程内容包括轨道铺、拆，定位，穿塑料排水板，安桩靴，打拔钢管，门架、桩机移位。

5. 砂桩处理地基

砂桩是采用振动或冲击荷载，在软弱地基中钻孔后，再将砂挤压入土中，形成大直径的密实柱体。挤密砂桩用在松散砂土、粉土地基中可以提高地基的强度；用在软弱黏土中有置换作用和排水作用。挤密砂桩桩径一般为30~50cm，石灰砂桩桩径一般为15~30cm，深度均应根据加固要求确定。

编制概算预算均按其设计体积数量m^3计价。石灰砂桩预算定额1-3-3工程内容包括整平路基，放样，人工挖孔，配、拌料，填料并捣实，耙土封顶整平，压路机碾压；挤密砂桩预算定额1-3-5工程内容包括桩机就位，打拔钢管，管内填水加砂，起重机、桩机移位，清理工作面。

6. 碎石桩处理地基

碎石桩是指用振动、冲击等方法在软弱地基中钻孔后，将碎石挤入土中形成大直径的由碎石所构成的密实桩体。桩径一般为40~100cm，桩距150~250cm。编制概算预算均按其设计长度数量m计价；预算定额1-3-4工程内容包括安、拆振冲器，振冲、填碎石，疏导泥浆，场内汽车便道维护。

7. 粉喷桩处理地基

粉喷搅拌桩是采用水泥或石灰粉等材料作为固化剂，通过粉喷机，将固化剂与地基土在原位拌和，制成能够满足要求的固结体。其适用于淤泥、淤泥质土、粉土和含水量较高的黏性土。编制概算预算均按其设计需要的搅拌桩长度数量m计价；预算定额1-3-6工程内容包括清理场地、放样定位，钻机安拆，钻进搅拌，提钻并喷粉搅拌，复拌，移位，机具清洗及操作范围内料具搬运。

8. 高压旋喷桩处理地基

高压旋喷注浆是通过在软弱土层中形成水泥固结体与桩间土一起构成复合地基。需采用钻机钻孔至设计深度，用高压泵和通过安装在钻杆底部的特殊喷射装置，喷射出水泥及化学浆液，在喷射的同时，钻杆以一定的速度旋转并逐渐向上提升，强制的土体与浆液混合，胶结硬化后在土层中形成直径较均匀的圆柱体。

编制概算预算均按设计需要的桩长 m 计价。预算定额 1-3-7 工程内容包括清理场地，放样定位，钻机就位、钻孔、移位，配置浆液，喷射装置就位、喷射注浆、移位，场地清理，机具清洗及操作范围内料具搬运。

9. 土工合成材料处理地基

加筋土是一种利用土工合成材料的力学特性，与填土构成各种复合土工结构的方法。用于公路地基中的加筋材料，主要有土工布、土工格栅、土工格室、土工带等。编制概算预算均按设计面积数量 m^2 计价；预算定额 1-3-9 工程内容，土工布处理包括清理整平路基，挖填锚固沟，铺设土工布，缝合及锚固土工布，场内取运料；土工格栅处理包括清理整平路基(或路面基层)，铺设土工格栅，固定土工格栅，场内取运料。

10. 强夯处理地基

强夯即为强力夯实法，又称动力固结法。是利用大型履带式起重机将 8～40t 的重锤从 6～40m 高度自由落下，对土体进行强力夯实。编制概算预算均按设计需要处理的软土地基面积数量 m^2 计价；强夯软土预算定额 1-3-10 工程内容包括清理并平整施工场地，测设夯点、夯击，满夯表层土(搭夯)，平整夯坑，操作范围内料具搬运。

11. 堆载预压处理地基

堆载预压是指利用路堤荷载的作用，对饱和的软黏土排水、预压、卸载等处理，是一种物理加固路基的方法。编制概算预算均按设计需要处理的软土地基面积数量 m^2 计价；预算定额 1-3-13 工程内容包括测量放线、制作安装沉降盘、堆载、卸载、整平、观测。

12. 路基填土掺灰

如需要增加路基稳定性，可在填料中采用掺灰处治，石灰剂量范围应根据设计要求确定，一般为 5%～10%。编制路基填土掺灰的概算预算均按设计的掺灰处理的路基填土压实方体积 m^3 计价；实际中如为集中掺灰拌料时，运输费用应按自卸汽车运土、石方定额另行计算。预算定额 1-3-14 工程内容包括掺灰、翻拌、闷料。

13. 滑坡处治(抗滑桩)

经路基高边坡验算后有滑坡可能，必须采用卸载土石方、抗滑桩、预应力锚索抗滑桩等方法对滑坡进行处治。抗滑桩是抵抗土压力或滑坡下滑力的横向受力桩，适用于滑坡厚度较薄、推力较小、锚固段地基强度较高的地段。抗滑桩截面形状一般采用矩形，截面尺寸和桩间距离应根据滑坡推力大小容许强度等因素确定；一般采用挖孔桩和混凝土护壁。

编制钢筋混凝土抗滑桩概算预算均按设计的挖孔土和石，护壁混凝土，桩身混凝土，钢筋和钢轨内容计价。预算定额 5-1-26 工程内容如下：

①挖桩孔包括挖(石方包括打眼爆破，清理解小)，装、运、卸、空回，并包括临时支撑及警戒设施等；

②护壁、桩身混凝土包括准备工作，模板及支撑的制作、安装、拆除、涂脱模剂，混凝土配料、拌和、运输、浇筑、捣固、养生；

③钢筋工程包括钢筋除锈、绑扎、制作、焊接，吊装钢筋笼。

编制卸载土石方概算预算均按路基挖土石方，运输等内容计价。

14. 岩溶洞处治

路线经过岩溶地区，在路基边坡上、路基下伏的岩溶泉、冒水洞，应采取排水沟将截水排至路基外。干溶洞在体积不大、深度较浅时采取干砌片石回填，在体积较大、深度较深时应采用构筑物跨越。编制概算预算均应采用排水设施、防护工程、桥梁工程等相应定额分别予以计价。

2.2.6 排水设施

排水设施是指为了排除和减少进入路基或路面的水分而设置的构筑物，主要有边沟、截水沟、急流槽、渗沟等类型。

1. 人工挖截水沟排水沟

截水沟、排水沟的开挖，采用"人工挖截水沟、排水沟"预算定额，编制预算按设计的开挖体积数量 m^3 计价，概算以套用预算定额计价。定额 1-2-1 工程内容挖土质沟包括挂线，挖松，将土挖出筑成挡水埝并修坡；挖石质沟包括打眼、爆破、清理，用手锤及钢钎将水沟断面修整到设计要求。

2. 路基盲沟

山区或丘陵区的小股泉水露头，冒出在路基基底范围时，必须在涌泉水处设置盲沟，将其引排至路基边沟内。编制概算预算均按设计数量 m 计价；预算定额 1-2-2 工程内容包括挖盲沟槽，碎石料盲沟铺土工布，填料及夯实，石料的选择及锤修，干砌片石方洞或安置陶管，铺草皮，填黏土并洒水夯实，将废土运出路基以外并加以整理。

3. 砌石边沟（或截水沟或急流槽或排水沟）

路堑边沟设于路基挖方地段路肩边缘，路堤边沟设于路基填方地段坡脚的护坡道边缘，边沟排除路基和路面范围的地表水。流入路界的地表径流量较大时，应设置拦截地表径流的截水沟，一般设在堑顶坡口 5m 以外。边沟加固沟底、沟坡的护面形式有砌片石、砌块石、砌大卵石、砌混凝土预制块、现浇水泥混凝土等。

编制砌石沟的预算按设计的挖沟土石方、铺垫层，沟身砌筑，沉降缝沥青麻絮内容计价；编制砌石盖板沟的预算按设计的挖沟土石方、铺垫层、沟身砌筑，盖板混凝土、钢筋、安装，沉降缝沥青麻絮内容计价。砌石定额 1-2-3 工程内容包括选修石料，拌、运砂浆，砌筑、勾缝、养生。

编制砌石沟的概算按设计砌体数量 m^3 计价；编制砌石盖板沟的概算按设计砌体沟身、预制安装盖板内容计价；概算定额中已综合了挖沟土石方、铺垫层。

挖沟土石方采用预算定额 1-2-1，即"人工挖截水沟、排水沟"表。

4. 混凝土边沟（或截水沟或急流槽或排水沟）

混凝土沟有现浇和预制块两种形式。矩形沟常用现浇混凝土结构，梯形沟常用混凝土预制块结构。

编制现浇混凝土沟的预算按设计的挖沟土石方、铺垫层，现浇沟身混凝土内容计价；编制现浇混凝土盖板沟的预算按挖沟土石方、铺垫层，现浇沟身混凝土，预制盖板混凝土、钢筋、安装内容计价。编制混凝土预制块沟的预算按设计的挖沟土石方、铺垫层，预制块预制、构件运输第一个 1km、增运（预制场至工地）、铺砌内容计价。预算定额 1-2-4 工程内容如下：

①现浇混凝土沟包括模板安装、拆除、修理、涂脱模剂、堆放，混凝土配运料、拌和、运输、浇筑、养生；

②预制块预制包括模板安装、拆除、修理、涂脱模剂、堆放，混凝土配运料、拌和、运输、浇筑、养生，预制块堆放；

③预制块铺砌包括拌、运砂浆，预制块就位、铺砌、勾缝、填缝、养生。

编制现浇混凝土沟的概算按设计现浇混凝土体积数量 m^3 计价；编制现浇混凝土盖板沟的概算按设计的现浇混凝土沟身，预制安装盖板内容计价；概算定额中已综合了挖沟土石方、铺垫层，盖板钢筋（每 m^3 混凝土计 61.5kg 钢筋）。编制混凝土预制块沟的概算按设计预制块的实体数量 m^3 计价。

5. 路堑渗沟

路堑渗沟顺路基两侧切方边坡设置，是将地下含水层中的水拦截，以降低地下水位，保证路堑边坡稳定，而采用透水材料填筑和铺设混凝土管的沟。编制概算预算以人工挖土石方、运输，铺垫层、铺设混凝土预制管，铺土工布，填碎石料（预算定额 4-11-5）内容，均按设计长度范围内的工程量计价。铺设混凝土管预算定额 1-2-5 工程内容包括基底清理、夯实，基础混凝土配运料、拌和、运输、浇筑、养生，排管、下管、调直、找平，清理管口、调运砂浆、填缝、抹带、压实、养生。填碎石料的概算以套用预算定额计价。

6. 雨水井检查井

编制雨水井检查井的概算预算均按设计挖基，现浇井身混凝土、钢筋混凝土井盖制作、安装混凝土，铸铁篦子内容计价。预算定额 1-2-6 工程内容，钢筋混凝土井身包括模板制作、安装、拆除、修理、涂脱模剂、堆放，混凝土配运料、拌和、运输、浇筑、养生，钢筋制作、绑扎、安放、定位、校正、安装踏蹬；钢筋混凝土井盖包括模板制作、安装、拆除、修理、涂脱模剂、堆放，混凝土配运料、拌和、运输、浇筑、养生，钢筋制作、绑扎、安放、定位、校正，拉手制作安装，井盖安装；雨水篦安装包括清理井口，篦子安放。

所用钢筋已综合在现浇混凝土井身、钢筋混凝土井盖制作安装定额中。

7. 中央分隔带排水

中央分隔带排水是高速、一级公路根据分隔带宽度，绿化和安全设施形式，选择排水方式。编制纵向排水管安装的概算预算按设计的，铺设混凝土预制管（沟），铺土工布，填碎石料内容计价，以设计长度范围计算工程量。纵向排水管安装预算定额 1-2-7 工程内容包括挖沟槽，安放排水管，填碎石，铺设土工布，回填土。

8. 路基横向排水管

路基横向排水管工程可包括中央分隔带、超高路段横向排水两项内容。编制概算预算均按设计路基长度范围的工程量计价，塑料波纹管采用预算定额 1-2-7 计价，混凝土预制管可参考预算定额 1-2-5 计价。横向排水管安装预算定额 1-2-7 工程内容包括挖沟槽，安放排水管，回填夯实。

2.2.7 防护工程

防护工程是用以保证路基及其边坡稳定的人工构筑物。主要有坡面植物防护、坡面圬工防护、坡面喷浆防护、坡面和挡土墙加固等形式。一般情况，计价内容包括挖基、垫层、基础及圬工体。概算预算定额已包括水泥混凝土的拌和费用；已包括植草护坡的黏结剂、保水剂、营养土、肥料、覆盖薄膜等的费用；不另行计算。

1. 人工铺草皮

编制人工铺草皮的概算预算按设计的人工挖运土石方、人工铺草皮、人工播草籽内容计价；人工铺草皮预算定额 5-1-1 工程内容包括铺筑、拍紧、木橛钉固草皮、铺花格草皮挖槽。

2. 植草护坡

(1)人工植草

人工播种草籽是将草籽加土拌和，均匀播种在表土翻松的坡面上。编制人工植草的概算预算均按设计数量 m^2 计价；预算定额 5-1-2 工程内容包括边坡整理，人工撒草籽、植草，初期养护。

(2)机械喷播植草

机械喷播是一种以水为载体的机械化植被种植技术，喷播的种子在较短的时间内萌芽、生长，覆盖坡面，达到迅速绿化，稳固边坡的目的。编制机械喷播植草的概算预算均按设计数量 m^2 计价；预算定额 5-1-2 工程内容包括边坡整理、阴坡，喷播植草、加覆盖物、固定，初期养护。

(3)喷混植草

喷混植草是将草种、营养物、土壤改良剂、土壤稳定剂、种子黏结剂、保水剂和水等充分混合后，用喷枪均匀喷射到边坡上，用无纺土工布覆盖并适当洒水养护，使种子发芽生长的一种植物防护技术。

编制喷混植草的概算预算均按设计数量 m^2 计价；预算定额 5-1-2 工程内容包括边坡整理、覆土，植生混合料拌和，喷植生混合料、加覆盖物、固定，初期养护。

(4)挂网植草

挂网植草的挂网形式有土工格栅、三维植被网和铁丝网等，挂网的目的是将喷混植草的坡面稳定。编制挂网植草的概算预算均按喷混植草、打锚固钢筋、挂网内容计价。挂网预算定额 5-1-2 工程内容包括清理、整平边坡坡面，铺网、固定，钢筋框条制作、绑扎及焊接。

3. 砌石骨架护坡

砌石骨架护坡形式有人字形、方格形、拱形等，框格内坡面植草。编制预算按设计的挖基，铺垫层，砌骨架，框格内植草内容计价。定额工程内容如下：

①砌石护坡定额 5-1-10 包括拌运砂浆，选修石料，搭移跳板，砌筑、勾缝、养生；砌骨架人工工日应乘以 1.3 的系数；

②基础垫层(砂砾、碎石、砾石)定额 4-11-5 包括运料、铺料、整平、夯实；三合土垫层包括配运料、拌铺、整平、夯实。

编制概算按砌骨架，框格内植草数量计价，概算定额 1-3-4 已综合了挖基、铺垫层，且砌骨架人工工日应乘以 1.3 的系数。

4. 混凝土骨架护坡

混凝土骨架护坡形式有人字形、方格形、拱形等，框格内坡面植草。编制预算按设计的挖基，铺垫层，现浇混凝土骨架，框格内植草内容计价。现浇混凝土骨架护坡的定额 5-1-5 工程内容包括清理边坡，模板制作、安装、拆除、修理，混凝土配运料、拌和、运输、浇筑、抹平、养生。

编制概算按设计的现浇混凝土骨架，框格内植草内容计价。

5. 混凝土预制块护坡

预制混凝土护坡形状有矩形块、六边形块、六边形空心块等。编制混凝土预制块护坡的预算按设计的挖基、铺垫层，预制混凝土块、铺砌内容计价。定额 5-1-6 工程内容，混凝土预制块预制包括模板制作、安装、拆除、修理，混凝土配运料、拌和、运输、浇筑、捣固、抹平、养生，块件堆放；铺砌包括整平边坡，制钉小木桩，铺垫层，拌、运砂浆，运混凝土块件，穿连席块或浆砌块件、填缝。

编制概算按设计的混凝土预制块护坡数量 m^2 计价。

6. 喷射混凝土护坡

喷射混凝土护坡是用压力喷射设备将备制的水泥混凝土（或水泥砂浆）浆体喷涂到坡面，形成坡面保护层的防护技术。多用于其他防护技术不易实施的坡面，如陡峭且坡面不平整、有岩石碎落现象的边坡等。

（1）喷射混凝土护坡

编制喷射混凝土护坡概算预算均按设计喷混凝土体积数量 m^3 计价。喷混凝土预算定额 5-1-8 工程内容包括坡面清理及湿润，脚手架的搭设、移动、拆除，排水孔的设置，混凝土配运料、拌和、运输、喷射、养生。

（2）挂网喷混护坡

挂网喷射混凝土护坡又称锚喷防护，编制概算预算均按锚杆埋设，挂网，喷混凝土内容计价。预算定额 5-1-8 工程内容，挂钢筋网或铁丝网包括钢筋网制作，挂网、绑扎、混凝土块支垫、点焊锚杆；锚杆埋设包括放样布孔，钻孔、清孔、移动钻具，锚杆制作、安设，砂浆拌和、灌浆。

7. 抛石护坡

按抛石的方式不同，分为陆上抛填和水上抛填两种。编制抛石护坡的概算预算均按设计抛石体积 m^3 计价。预算定额 5-1-12 工程内容，陆上抛填包括装车运输，抛填，测量检查；水上抛填包括装船，拖轮拖至抛填地点、移船定位，抛填，测量检查。

8. 木桩填石护岸

木桩填石护岸是保护沿路江河的岸坡、以防止水流、波浪侵蚀的工程，即在岸的坡脚处每隔一定距离打入一根木桩，并在木桩上设置横木，在木桩的内侧抛置石料的一种护岸设施。

编制概算预算均按设计木桩实体 m^3 计价；预算定额 5-1-11 工程内容包括制桩、打桩、钉横木、填石。

9. 砌石护面墙

护面墙适用于易风化或风化严重的软质岩石或较破碎岩石的挖方边坡，以及坡面易受侵蚀的土质边坡，边坡不陡于 1∶0.5。其断面形状多为变截面，能适应边坡坡度和防护高度较大的情况。编制预算按设计挖基、铺垫层，砌护面墙数量 m^3 计价；定额 5-1-17 工程内容包括选修石料，拌、运砂浆，搭、拆、移跳板，砌筑、勾缝、养生。

编制概算按设计的垫层，砌护面墙（定额 1-3-4）数量 m^3 计价。

10. 砌石护岸墙

编制预算按设计围堰、抽水，挖基、铺垫层，砌石内容计价，套用定额 5-1-10。

编制概算按设计的垫层，砌护岸墙体积 m^3 内容计价；概算定额已综合了挖基，围堰及抽水等的消耗。

11. 混凝土护面墙

编制混凝土护面墙的预算按设计的挖基、现浇混凝土护面墙内容计价。现浇混凝土护坡（满铺式）定额 5-1-5 工程内容包括清理边坡，铺垫层，模板制作、安装、拆除、修理，混凝土配运料、拌和、运输、浇筑、抹平、养生。

编制概算按设计挖基，混凝土护面墙（定额 1-3-3）数量 m^2 计价。

12. 预应力锚索护坡

预应力锚索护坡是用锚索代替普通锚杆，是应用预应力技术加固边坡的一种防护措施。锚索一般采用高强钢丝或钢绞线，对锚固局部不稳定土石坡面、减少坡面变形具有较好的效果。多用于高边坡及易风化岩石边坡的坡面防护。

编制概算预算均按设计锚索防护坡面的脚手架，地梁，地梁钢筋，锚座，锚座钢筋，预应力锚索钻孔，预应力锚索、注浆内容计价。预算定额 5-1-9 工程内容如下：

①脚手架包括平整场地，底座、垫脚架设，搭拆脚手架及跳板，完工清理及保养；

②地梁及锚座混凝土包括坡面清理，模板安装、拆除、修理、涂脱模剂、堆放，混凝土配运料、拌和、运输、浇筑、养生；钢筋工程包括除锈、制作、焊接、绑扎；

③预应力锚索成孔包括测量放样，操作平台搭设，钻孔机具安装、钻孔、清孔、移动、拆除，套管装拔；

④预应力锚索包括钢绞线除锈、穿架线环、涂油、穿防护管、绑扎成束，锚索入孔、就位、固定，安装锚具、张拉、封锚；

⑤锚孔注浆包括浆液制作、注浆。

13. 砌石护脚墙

砌石护脚墙是在路基坡脚处采取的保护路基稳定的措施，其构造与挡土墙相似，分干砌和浆砌两种形式。

编制砌石护脚墙的概算预算均应按设计的铺垫层，砌护脚墙内容计价；砌筑护脚墙预算定额 5-1-16 工程内容包括挖基础台阶，拌、运砂浆，砌筑、勾缝、养生，踏步安拆。

14. 挡土墙的防渗层泄水层及填内芯

编制挡土墙的防渗层、泄水层及填内芯概算预算均按设计数量计价。预算定额5-1-25工程内容如下：

①铺筑沥青防渗层(m^2)，包括清扫基层，安锅设灶、熬油，人工拌和，摊铺，整形，碾压，初期养护；

②铺筑砂砾泄水层(m^3)，包括装卸砂砾石，铺筑，摊平，夯实；

③填内芯(m^3)，包括人工铺料，找平，洒水，碾压、夯实。

15. 砌石挡土墙

公路路基挡土墙是一种支挡加固防护措施，受土压力作用。根据挡土墙的设置位置不同，一般分为路肩挡土墙、路堤挡土墙、路堑挡土墙。砌石挡土墙是指用石料砌筑而成的重力式挡土墙。

编制砌石挡土墙预算应按设计的挖基、铺垫层，挡土墙基础、墙身，砌锥坡(定额4-5-2)、锥坡填土(定额4-11-2)，泄水管、沉降缝(采用伸缩缝定额4-11-7)内容计价；砌石挡土墙定额5-1-15工程内容包括选修石料，拌、运砂浆，搭、拆脚手架，砌筑、勾缝、养生，沉降缝胶泥制作与填抹，泄水孔下的胶泥铺设与孔口填石。

编制砌石挡土墙的概算按设计的铺垫层，挡土墙圬工体积m^3(定额1-3-4)，锥形护坡(定额5-2-3)，泄水管、沉降缝内容计价，概算定额中已综合了挖基的消耗。

16. 现浇混凝土挡土墙

编制现浇混凝土挡土墙的预算按设计的挖基、铺垫层，现浇混凝土、钢筋，泄水管、沉降缝内容计价；现浇混凝土挡土墙定额5-1-18工程内容包括模板组拼拆、安装、拆除、修理、涂脱模剂、堆放，混凝土配运料、拌和、运输、浇筑(掺片石)、捣固、养生，安装泄水管；钢筋制作、绑扎、入模定位，搭、拆脚手架。

编制概算按设计挡土墙实体数量m^3，钢筋数量t计价；概算定额已综合了挖基、铺垫层、泄水管和沉降缝内容。

17. 加筋土挡土墙

加筋土挡土墙为加筋结构，主要由基础、挡土板、加筋带、帽石、填土构成。

编制预算按设计的挖基，基础下铺垫层，预制、安装基础垫板、挡土板和檐板，钢筋，预制构件运输(定额4-8-3)，加筋带，墙背填土，泄水管、伸缩缝内容计价。定额5-1-19工程内容，预制包括模板安装、拆除、修理、涂脱模剂、堆放，混凝土配运料、拌和、运输、浇筑、捣固、养生，钢筋除锈、制作、绑扎；安装包括修整构件，人力安装、就位，拌、运砂浆，砌筑、勾缝，加筋带配料、防腐处理、铺设。

编制概算按设计加筋土挡土墙混凝土体积m^3计价；概算定额已综合了挖基、铺垫层、墙背填土、泄水管、伸缩缝，预制构件的预制、安装、运输，钢筋、加筋带等内容。

18. 预制安装钢筋混凝土锚碇板式挡土墙

锚碇板式挡土墙采用钢筋混凝土柱、板，钢拉杆与填料组合构成，适用于路堤地段，其墙高不宜超过10m。

编制概算预算均按设计的挖基、铺垫层，预制、安装立柱、挡土板和锚碇板、构件运输，钢筋，拉杆，填料、泄水管、伸缩缝内容计价；预算定额5-1-20工程内容，预制包括模板安装、拆除、修理、涂脱模剂、堆放，混凝土配运料、拌和、运输、浇筑、捣固、养生，钢筋除锈、制作、绑扎、电焊；安装包括修整构件，安装就位，拌、运砂浆，砌筑，勾缝；拉杆包括防锈处理及安装的全部操作。

19. 现浇钢筋混凝土锚碇板式挡土墙

编制预算均按设计的挖基，基础下铺垫层，现浇墙身、墙身钢筋，预制锚碇板、锚碇板钢筋，预制构件运输，拉杆，填料、伸缩缝和泄水管计价；预算定额5-1-21工程内容，现浇、预制混凝土包括模板安装、拆除、修理、涂脱模剂、堆放，混凝土配运料、拌和、运输、浇筑、捣固、养生，钢筋除锈、制作、绑扎、电焊；拉杆制作及拉杆、锚碇板安装包括拉杆制作、防腐，焊接，挖槽埋设拉杆及锚碇板。

编制概算按设计的锚碇板挡土墙圬工体积计价；概算定额1-3-14已综合了挖基、铺垫层、填料、伸缩缝和泄水管的消耗。

20. 钢筋混凝土桩板式挡土墙

嵌岩桩板式挡土墙采用钢筋混凝土结构，由间隔设置的嵌岩桩与桩之间的挡土板构成支挡结构。可用于路堤墙、路肩墙或路堑墙，也可用于小型滑坡处治的边坡坍滑。

编制预算按设计的挖基，现浇混凝土桩柱、桩柱钢筋，预制安装混凝土挡土板、预制构件钢筋，预制构件运输，泄水管计价；定额5-1-22工程内容如下：

①现浇桩柱混凝土包括模板安装、拆除、修理、涂脱模剂、堆放，混凝土配运料、拌和、运输、浇筑、捣固、养生，脚手架的搭拆；

②预制、安装混凝土挡土板包括模板安装、拆除、修理、涂脱模剂、堆放，混凝土配运料、拌和、运输、浇筑、捣固、养生，挡土板吊装定位；

③钢筋工程包括除锈、制作、绑扎、安放。

编制概算应按设计的现浇混凝土桩柱，预制、安装挡土板、构件运输，钢筋，泄水管内容计价；概算定额 1-3-16 已综合了挖基消耗。

21. 锚杆挡土墙

锚杆挡土墙可分为肋柱式锚杆挡土墙、板壁式锚杆挡土墙，适用于路堑地段。肋柱式锚杆挡土墙由肋柱、挡土板、锚杆组合构成，可采用单级墙或多级墙，每级墙高不宜大于 8m，可采用现浇挡土板和预制挡土板形式。板壁式挡土墙不设立柱，墙面仅由墙面板构成，墙面板直接与锚杆连接。

编制预算按设计的挖基，现浇混凝土基础，预制安装混凝土墙身、预制构件钢筋，钻孔及注浆，锚杆制作安装，预制构件运输，泄水管计价；定额 5-1-23 工程内容如下：

①现浇、预制混凝土(m^3)包括模板安装、拆除、修理、涂脱模剂、堆放，混凝土配运料、拌和、运输、浇筑、捣固、养生；

②安装墙身(m^3)包括肋柱、墙面板吊装定位；

③钻孔及注浆(m)包括脚手架搭拆，坡面清理、定位、钻孔，浆液制作，压浆；

④锚杆制作安装(t)包括制作、安装、锚固，锚头处理。

编制概算按设计的基础混凝土，预制墙身、构件运输，构造钢筋，钻孔注浆，锚杆制作安装，泄水管计价；锚杆挡土墙的概算定额中已综合挖基的消耗。

22. 钢筋混凝土扶壁式挡土墙

扶壁式挡土墙为整体式现浇的钢筋混凝土结构。其由挡土板、扶肋、墙踵板和前趾板四部分组成。构造要求墙高不宜超过 15m，扶肋间距宜为墙高的 1/3 ~ 1/2。

编制概算预算均按设计的挖基，现浇混凝土墙身、钢筋，泄水管计价；预算定额 5-1-24 工程内容，现浇墙身混凝土包括模板安装、拆除、修理、涂脱模剂、堆放，混凝土配运料、拌和、运输、浇筑、捣固、养生，脚手架的搭拆；钢筋工程包括除锈、制作、绑扎、安放。

23. 钢筋混凝土悬臂式挡土墙

悬臂式挡土墙由立墙、墙踵板和前趾板三部分组成。立墙外侧表面可设仰坡，内侧面坡度宜为竖直。悬臂式挡土墙的墙高不宜超过 5m，超过 5m 则采用扶壁式挡土墙，编制分项工程概算或预算与扶壁式挡土墙相同。

2.3 路面工程

路面结构一般按材料分类，分为沥青混凝土路面和水泥混凝土路面，结构由面层、基层、底基层和垫层组成。路面各结构层依次分层铺筑。

2.3.1 路面垫层

垫层介于基层与土基之间，实际中并非所有的路面结构中都需要设置垫层。在路基土质较差、水稳状况不良的路段，或路面结构厚度小于最小防冻厚度要求时，应在基层之下设置垫层，起到扩散应力、排水、防冻胀等作用。

编制路面垫层概算预算均按设计垫层的面积数量 m^2 计价；预算定额 2-1-1 工程内容包括铺筑，整平，洒水，碾压。

2.3.2 路面基层

基层是面层的基础，起承重作用。基层主要有无机结合料稳定(半刚性)基层、级配碎石和砾石(柔性)基层、贫混凝土(刚性)基层三大类，厚度较大时一般又分设两层，即基层和底基层。

1. 半刚性基层

(1)厂拌水泥稳定碎石基层

编制预算按混合料拌和(压实的基本)厚度、增减厚度，混合料运输(第一个 1km)、增运内容，混合料铺筑数量 m^2 计价。厂拌基层稳定土混合料的预算定额工程内容如下：

①拌和定额 2-1-7 包括装载机铲运料、上料，配运料，拌和，出料；

②运输定额 2-1-8 包括等待装、运、卸、空回；

③铺筑定额 2-1-9 包括机械摊铺混合料，整形，碾压，初期养护。

编制概算按定额 2-1-7，以混合料拌和铺筑（压实的基本）厚度、增减厚度，混合料运输（第一个 1km）、增运内容计价。

编制基层稳定土厂拌设备安装拆除的预算按路段合理的施工组织设计，以拌和设备数量座，平整场地，场地硬化、垫层，汽车便道内容计价。厂拌设备安装拆除定额 2-1-10 工程内容包括修建拌和设备基座的全部工作，砌筑上料台，拌和设备的安装、调试，竣工后拆除、清理。

编制概算按路段合理的施工组织设计，以拌和设备数量座计价；概算定额 2-1-8 已综合了平整场地、场地硬化、铺垫层、汽车便道的消耗。

（2）厂拌水泥稳定砂砾基层

编制水泥稳定砂砾基层概算或预算，与编制水泥稳定碎石基层相同。

2. 柔性基层

（1）填隙碎石基层

填隙碎石是用粗碎石作主骨料，用石屑填满粗碎石间的空隙，压实嵌锁的一种基层结构，可用于各等级公路的底基层。编制概算预算均按设计铺设的基层或底基层的数量 m^2 计价；预算定额 2-1-12 工程内容包括清扫整理下承层，铺料、整平，撒铺嵌缝料，整形、洒水，碾压、找补。

（2）级配碎石基层

级配碎石是用粗、细碎石集料和石屑各占一定比例组合密实的一种基层结构。编制概算预算均按设计铺设的面层面积数量 m^2 计价；预算定额 2-2-2 工程内容包括清扫整理下承层，铺料、洒水、拌和，整形、碾压、找补。

（3）沥青稳定碎石

沥青稳定碎石是用粗碎石作主骨料，用少量的沥青于碎石层中，压实成型的一种基层结构。编制预算按沥青混合料拌和，运输（第一个 1km）、增运内容，铺筑数量 m^3 计价。预算定额工程内容如下：

①沥青碎石混合料拌和定额 2-2-10 包括沥青加热、保温、输送，装载机铲运料、上料，配运料，矿料加热烘干，拌和，出料；

②沥青混合料运输定额 2-2-13 包括等待装、运、卸、空回；

③沥青混合料铺筑定额 2-2-14 包括清扫整理下承层，人工或机械摊铺沥青混合料，找平，碾压，初期养护。

编制概算按定额 2-1-10，以沥青混合料拌和铺筑，运输（第一个 1km）、增运内容计价。

3. 刚性基层

人工路拌素混凝土基层或农村公路路面厚度约 20cm（预算定额 2-2-17）。编制概算预算均按压实的基本厚度、增减厚度内容计价。

2.3.3 透层封层黏层

为能够使路面各结构层之间黏结紧密和满足施工需要，提高路面结构的整体性，在基层以上的结构层之间采取了透层、封层、黏层等处治措施。透层是指为使沥青面层与非沥青材料基层良好的结合，在基层上浇洒低黏度液体沥青而形成的透入基层表面的薄层；封层是为封闭表面空隙、防止水分浸入基层而铺筑的沥青薄层；黏层是为加强沥青层与沥青层之间的黏结而洒布的沥青材料薄层。

编制透层、封层、黏层概算预算均按设计铺设的面积数量 m^2 计价；预算定额 2-2-16 工程内容包括清扫整理下承层，安设拆除熬油设备、熬油运油，沥青洒布车洒油，人工铺撒矿料；稀浆封层机铺料，碾压，找补，初期养护。

2.3.4 水泥混凝土面层

水泥混凝土路面是以水泥混凝土面板所做成的路面，其形式有普通混凝土、连续配筋混凝土、钢纤维混凝土等结构。

编制水泥混凝土面层的机械拌和摊铺概算预算按面层铺筑的基本厚度、增减厚度，运输（第一个 1km）、增运，拉杆、传力杆及过渡板钢筋内容计价。预算定额工程内容如下：

①水泥混凝土定额 2-2-17 包括模板制作、安装、拆除、修理、涂脱模剂，拉杆、传力杆及补强钢筋制作、安装，混凝土配运料、拌和、运输、浇筑、捣固、真空吸水、抹平、压（刻）纹、养生，切缝，灌注填缝料；

②碾压混凝土定额 2-2-18 包括混凝土配运料、拌和、摊铺、碾压、养生，切缝、灌注填缝料；

③自卸汽车运输水泥混凝土定额 2-2-19 包括等待装、运、卸、空回。

2.3.5 沥青混凝土面层

三层结构型沥青路面有沥青混凝土路面、改性沥青混凝土路面、沥青玛蹄脂路面。

1. 改性沥青混凝土面层

编制改性沥青混凝土面层的预算分细粒式上面层、中粒式中面层、粗粒式下面层，按沥青混凝土拌和，运输（第一个1km）、增运内容，铺筑数量 m^3 计价；沥青混凝土拌和定额2-2-11工程内容包括沥青加热、保温、输送，装载机运料、上料，配料、矿料加热烘干，拌和，出料。

编制概算按定额2-2-10，以沥青混凝土拌和铺筑，运输（第一个1km）、增运内容计价。

2. 沥青玛蹄脂碎石面层

沥青玛蹄脂碎石混合料面层即称SMA表面层。编制预算按拌和，运输（第一个1km）、增运，铺筑内容计价；定额2-2-12工程内容包括沥青加热、保温、输送，装载机铲运料、上料、配运料，添加纤维稳定剂，矿料加热烘干，拌和，出料。

编制概算按定额2-2-10，以沥青玛蹄脂碎石混合料拌和铺筑，运输（第一个1km）、增运内容计价。

3. 沥青混合料拌和设备安装拆除

沥青混合料拌和设备安装拆除的概算预算定额，生产能力为30～320t/h分档。编制预算按路段合理的施工组织设计，以拌和设备数量座，平整场地，场地硬化、垫层，汽车便道内容计价；定额2-2-15工程内容包括修建拌和设备、加热炉、储油罐（池）等基座及沉淀池的全部工作，砌筑上料台，拌和设备、加热炉、输油管线的安装、拆除，设备调试。

编制概算按路段合理的施工组织设计，以拌和设备数量座计价；定额2-2-11综合了平整场地、场地硬化、垫层、汽车便道的消耗。

2.3.6 沥青表面处治路面

沥青表面处治路面的概算预算定额分人工和机械铺料方式，以及铺筑方法分单层、双层和三层结构编制消耗量。编制概算预算均按设计铺设的面积数量 m^2 计价；预算定额2-2-7工程内容包括清扫整理下承层，安拆熬油设备，熬油、运油，铺撒矿料，沥青洒布车洒油，整形、碾压、找补，初期养护。

2.3.7 沥青贯入式路面

编制沥青贯入式路面预算按封层，面层的面积数量 m^2 计价；定额2-2-8工程内容包括清扫整理下承层，安拆熬油设备，熬油、运油，沥青洒布车洒油，铺撒主层骨料及嵌缝料，整形、碾压、找补，初期养护。

编制概算按设计面积数量 m^2 计价，定额中已综合了路面封层消耗。

2.3.8 培路肩

编制培路肩的概算预算按设计培路肩厚度、增减厚度，填碎石、土工布内容计价；预算定额2-3-3工程内容包括挂线，培肩压实，整修路槽。

2.4 涵洞工程

当水流需要横穿路基，即路基跨越水沟或水渠，则应设置过水涵洞。根据实际的地形、地质情况涵洞设置形式有钢筋混凝土圆管涵、盖板涵、拱涵、箱涵，以及倒虹吸涵，洞口有八字翼墙、一字墙或跌水井洞口等形式。

2.4.1 圆管涵

圆管涵管身为集中预制构件，适用于缺少石料地区，一般采用单孔，管身上方应有足够的填土高度。编制预算按设计的挖基、垫层，管身基础，管身预制、安装、运输、钢筋，伸缩缝沥青麻絮，涂沥青防水层，洞口砌基础、洞口铺砌、截水墙，墙身，预制、安装帽石、钢筋内容计价。涵洞预算定额工程内容如下：

①管身预制定额4-7-4包括搭拆临时脚手架、跳板，模板制作、安拆、修理、涂脱模剂、堆放，钢筋除锈、制作、焊接、绑扎，混凝土浇筑、捣固及养生；

②管身安装定额4-7-5包括人工拌运砂浆，整修构件、吊装就位，砂浆嵌缝、养生；

③载货汽车运输（管身）定额4-8-3，第一个1km包括装卸、绑扎构件，移动、安装、拆除装卸工具，汽车等待装卸、运行、掉头、空回；每增运0.5km包括运走及空回；

④防水层定额4-11-4包括搭拆跳板，配料、拌和、摊铺、拍紧、整形、养生，安锅、裁铺油毛毡、熬涂沥青，洒布机洒布防水剂，人工补刷；

⑤浆砌片石(基础、护底、截水墙，墩台墙、拱圈、护拱、拱上横墙、侧墙，锥坡沟槽池、填腹石)定额4-5-2包括选、修、洗石料，搭拆脚手架、踏步或井字架，配、拌、运砂浆，砌筑，勾缝，养生；

⑥预制小型构件(帽石、栏杆、桥头搭板)定额4-7-28包括木模制作、安装、拆除、修理、涂脱模剂、堆放，组合钢模板组拼拆及安装、拆除、修理、涂脱模剂、堆放，钢筋除锈、制作、电焊、绑扎，混凝土浇筑、捣固及养生。安装小型构件定额4-7-29包括构件整修、人工安装就位，水泥砂浆配运料、拌和，铺砂砾垫层，砌筑、灌浆。

编制圆管涵概算按设计的现浇涵身基础，预制安装管身，洞口内容计价；洞口工程量为基础、墙身、洞口铺砌、截水墙、预制安装帽石体积之和。圆管涵概算定额已综合了挖基、垫层，预制构件运输，钢筋，伸缩缝，防水层的消耗。

2.4.2 盖板涵

盖板涵基础分整体式、分离式两种。分离式基础另设置支撑梁、涵底铺砌。编制预算按设计的挖基、铺垫层，盖板预制(定额4-7-9)、运输、安装、钢筋，砌石基础(或混凝土基础、钢筋)，混凝土支撑梁、钢筋，砌石台身(或混凝土台身、钢筋)，涵底铺砌，盖板顶铺装，伸缩缝，防水层，洞口砌基础、洞口铺砌、截水墙，墙身，预制、安装帽石、钢筋内容计价。混凝土基础(含承台及支撑梁)定额4-6-1工程内容包括组合钢模组拼拆及安装、安拆、修理、涂脱模剂、堆放，钢筋除锈、制作、电焊、绑扎，混凝土运输、浇筑、捣固及养生，安拆灌注水下混凝土导管、漏斗等设备，凿除桩头。

编制概算按设计的涵身垫层，涵身，洞口内容计价；涵身工程量为基础、支撑梁、涵底铺砌、台墙、预制安装盖板、盖板顶铺装体积之和；洞口工程量为基础、墙身、洞口铺砌、截水墙、预制安装帽石体积之和。涵身的概算定额已综合了挖基，钢筋，预制构件运输，伸缩缝，防水层的消耗；洞口定额已综合了挖基、垫层。

当盖板为现浇混凝土时，编制概算预算还应按水平投影面积计算支架费用；涵洞拱盔及支架预算定额4-9-1工程内容包括制作、安装、拆除。

2.4.3 石拱涵

拱涵是在涵台之上呈拱形的涵洞，适用于跨越深沟和高路堤，实际中分别有石拱涵、混凝土拱涵两种结构形式。编制预算按设计的挖基、铺垫层，砌基础、支撑梁、涵底铺砌，台墙，拱盔及支架、砌拱圈(定额4-5-3)、护拱，伸缩缝，拱顶台背防水层，洞口砌基础，墙身(或填土、砌锥坡)，洞口铺砌、截水墙，预制、安装帽石、钢筋内容计价。

编制概算按设计的涵身(定额4-1-1)，洞口内容计价；涵身工程量为基础、支撑梁、涵底铺砌、台墙、拱圈、护拱的体积之和；洞口工程量为基础、墙身、洞口铺砌、截水墙、预制安装帽石体积之和。拱涵概算定额已综合了挖基、垫层，拱盔及支架，钢筋，伸缩缝，拱顶和台背防水层的消耗。

2.4.4 箱涵

箱涵(或箱式通道)为整体式框架结构，一般采用钢筋混凝土现浇方式施工。编制预算按设计的挖基、铺垫层，混凝土基础，板涵支架，混凝土涵身、钢筋，伸缩缝，防水层，洞口砌基础、墙身，洞口铺砌、截水墙，预制、安装帽石、钢筋内容计价。定额工程内容如下：

①现浇箱涵定额4-6-7包括搭拆脚手架及跳板，组合钢模组拼拆及安装、拆除、修理、涂脱模剂、堆放，钢筋除锈、制作、电焊绑扎及骨架吊装入模，混凝土运输、浇筑、捣固及养生；

②水泥砂浆灌片石垫层定额4-11-5包括拌砂浆、铺运片石、嵌缝、砂浆灌缝。

编制概算按设计的基础，涵身，洞口工程量计价；概算定额已综合了挖基、垫层，钢筋，伸缩缝，防水层的消耗。

2.4.5 倒虹吸涵

倒虹吸涵的一般结构为过水圆管涵，再外套一个盖板涵。编制概算或预算均按圆管涵、盖板涵内容计价，进、出口形式一般为跌水井洞口。

2.5 桥梁下部构造

桥梁下部构造基础、承台、墩台，墩台系梁，盖梁或帽梁，索塔。桥梁工程的下部、上部构造混凝土拌和站安装、拆除，应按路段合理的施工组织设计以数量座计价；混凝土工程应考虑混凝土拌和费用，超过50m应考虑混凝土运输费用；预制构件，则应考虑构件运输费用；编制预算的混凝土和砂浆设计配合比，与定额配合比不一致时，应按设计进行调整;编制预算的光圆钢筋和带肋钢筋设计用量,与定额消耗量比例不一致时,应按设计进行调整。概算钢筋工程定额5-4-1,内容包括现浇、预制混凝土钢筋工程,以及相应的基础、下部、上部结构钢筋工程定额子目。

2.5.1 筑岛围堰

围堰高度应高出施工水位(包括浪高)0.5~0.7m。围堰外形应考虑河流断面被压缩后,流速增大引起水流对围堰、河床的集中冲刷及影响通航、导流等因素。

1.草袋围堰筑岛

草袋围堰适用于水深1.0~3.0m的情况,堰顶宽度可为1~2.5m,堰外边坡坡度一般为1:0.5~1:1,堰内边坡坡度为1:0.2~1:0.5。

编制预算按设计的围堰长度m,筑岛填芯体积m^3内容计价;如有围堰用土的增运应另行计价。草袋围堰定额4-2-2工程内容包括人工挖土,装袋、缝口、运输、堆筑,中间填土夯实,拆除清理;筑岛定额4-2-5工程内容包括挖运土、砂,分层填筑、夯实及拆除清理。

编制概算按设计的围堰长度m,筑岛填芯体积m^3工程量计价;概算定额5-1-1已综合了围堰用土的增运消耗。

2.竹笼围堰筑岛

竹笼围堰适用于水深1.5~5.0m的情况,围堰宽度一般为水深的1.0~1.5倍。编制预算按设计的围堰长度m,筑岛填芯体积m^3内容计价;如有围堰用土的增运应另行计价。竹笼围堰定额4-2-3工程内容包括选竹、劈竹、制篾、编笼,运石、装笼安放,拆除清理。

编制概算按设计的围堰长度m,筑岛填芯体积m^3计价;概算定额已综合了围堰用土的增运消耗。

2.5.2 钢板桩围堰

钢板桩围堰是采用带有锁口的一种型钢,其截面有直板形、槽形及Z形等。其可在深水中施工,必要时加斜支撑,能按需要组成各种外形的围堰,并可多次重复使用,因此它的用途广泛。例:钢板桩围堰,直径21.9m,设计抽水深度达20m,钢板桩长36m。预算定额中打桩分不同土质、不同机械。

编制预算按设计的打桩工作平台m^2,打桩、拔桩t、桩接头个数计价;定额工程内容如下:

①打桩工作平台(分陆地、水上和船上)定额4-3-7包括制桩、打桩、拔桩及制、安、拆简易打桩架,移动、固定船只,制、安、拆平台;定额中已综合了支撑桩、纵横梁、钢面板等的消耗;

②打钢板桩定额4-3-5包括制作、安装、拆除、移动和固定桩架,移动和固定船只,搭拆脚手架,松紧缆风绳,制作和打、拔导桩,钢板桩装、卸和运输,钢板桩起吊、就位和组拼,钢板桩支撑制作、试拼、安装,打钢板桩;

③拔钢板桩定额4-3-6包括准备拔桩工具,安移拔桩机具,固定船只,钢板桩支撑拆除、堆放,系桩、拔桩,运桩、堆放。

编制概算按设计的钢板桩重量t计价,概算定额按围堰钢板桩材料多次摊销量编制。

2.5.3 钢套箱围堰

钢套箱为单壁钢围堰,其形式分为底模、无底模两种。适用于水深10m以内的基础围堰。编制概算预算均按设计的钢套箱自身钢结构重量t计价;预算定额4-2-6工程内容包括底部金属结构制作、安装,侧面及内部万能杆件、支撑架拼装、拆除,悬吊系统制作、安装、拆除,套箱整体悬吊定位、下沉。

概算预算定额中均综合了止水橡胶条(板)、钢套箱水上拼装、无底模钢套箱的基底处理和外侧加固;支撑、悬吊系统、换柱等钢材已按摊销方式综合在定额中,底模按1次摊销。

2.5.4 地下连续墙

地下连续墙是在地面以下用于挡土支护、截水防渗而构筑的连续墙体。其采用专用的挖槽设备,顺沿设计的连续墙体处挖出一条具有一定宽度的沟槽,在槽内放置钢筋笼,并采用导管法浇筑水下混凝土,筑成单元墙段,依次施工,便可形成一道地下的钢筋混凝土连续墙。

编制预算按设计的导墙开挖、浇筑混凝土、钢筋,连续墙挖土成槽,锁扣管吊拔、清底置换(设计槽段数),浇筑混凝土、钢筋,浇筑内衬混凝土、钢筋内容计价。定额4-2-11工程内容如下:

①导墙开挖包括放样、挖土、整修,浇筑混凝土基座,沟槽排水;

②导墙混凝土包括模板制作、安装、拆除、修理、涂脱模剂、清理堆放,混凝土浇筑、捣固及养生;

③挖土成槽包括机具定位，安放跑板导轨，制浆、输送、循环分离泥浆，钻孔、挖土成槽、护壁整修测量，场内运输、推土；

④锁口管吊拔包括锁口管对接组装，入槽就位，浇筑混凝土过程中上下移动，拔除、拆卸、冲洗堆放；

⑤清底置换包括地下墙接缝清刷，空压机吹气搅拌泥浆，清底置换；

⑥内衬混凝土包括浇捣架就位，导管安拆，混凝土浇筑、捣固及养生；

⑦连续墙混凝土包括浇捣架就位，导管安拆，混凝土浇筑、捣固及养生，吸泥浆入池。

编制概算按设计的导墙开挖、浇筑混凝土，连续墙挖土成槽、锁扣管吊拔、清底置换、墙身混凝土，浇筑内衬混凝土，钢筋内容计价。

2.5.5 扩大基础

如果地基具有设计需要的足够承载力，那么就可以将墩台身的底面根据地基承载力的大小和墩台稳定的需要适当扩大，直接支承在距地面深度不大的地基上。扩大基础的开挖包括无支护加固坑壁的基坑开挖和有支护加固坑壁的基坑开挖。

1. 挖基

(1)人工挖基坑土方

编制预算按设计的湿处基坑抽水，挖基坑体积 m^3 计价。人工挖基坑土石方定额 4-1-1 工程内容包括人工挖土或人工打眼、装药、爆破石方，清运土、石渣出坑外，安拆简单脚手架及整修运土、石渣便道，清理、整平、夯实土质基底，检平石质基底，挖排水沟及集水井，取土回填、铺平、洒水、夯实。定额是按土方运送坑外 10m 范围内编制，如有超过应另按路基土方增运定额计算。

编制概算按设计的挖基坑体积 m^3 计价；概算定额 5-1-3 已综合了增运用工、抽水等的消耗。

(2)人工挖基坑石方

编制预算按湿处基坑抽水，挖基坑体积 m^3 计价。定额是按石方运送坑外 10m 范围内编制，如有超过应另按路基土方增运定额计算。

编制概算按挖基坑体积 m^3 计价；概算定额 5-1-3 已综合了增运用工、抽水等的消耗。

(3)机械单个基坑挖土石方

机械开挖基坑概算预算定额分单个基坑、锚碇基坑开挖两种方式；单个基坑开挖分挖掘机、推土机、卷扬机；锚碇基坑分放坡、非放坡开挖方式；相应分为挖土方、挖石方。

机械单个基坑挖土方或挖石方编制预算按设计的湿处基坑抽水，挖基坑、弃方运输，基坑挡土板计价。定额工程内容如下：

①单个基坑(非锚碇基坑)开挖 m^3，定额 4-1-3 包括安、移、拆卷扬机及扒杆，打眼、装药、爆破，抓、挖、推土至坑外及人工清运石渣出坑外，搭、拆脚手架及整修运土、石渣便道，清理、整平、夯实土质基底，检平石质基底，取土回填、铺平、洒水、夯实；

②基坑挡土板 m^2，定额 4-1-4 包括搭拆简单脚手架，人工夯打桩，挡土板制作、安拆。

编制挖单个基坑概算按挖基坑、弃方运输计价。概算定额已综合了抽水等的消耗。

2. 砌石基础

编制概算预算均按设计的挖基、铺垫层，砌基础内容计价；砌石基础预算采用定额 4-5-2，概算采用定额 5-1-4(其中含混凝土基础)。

3. 混凝土基础

编制片石混凝土基础概算预算按设计的挖土石方、自卸汽车运第一个 1km，挖基、铺垫层，片石混凝土(预算定额 4-6-1)内容计价。编制混凝土基础概算预算按设计的挖基、铺垫层，现浇混凝土(预算定额 4-6-1)、钢筋、冷却管(大体积混凝土基础)内容计价。冷却管的预算定额 4-11-12 工程内容包括冷却管安装、定位、通水(含更换通水方向)，混凝土浇筑完成后通水降温及管内灌浆封孔。

2.5.6 灌注桩基础

当地基土层较软弱且较厚时，常需要采用灌注桩深基础，以满足地基强度、稳定性和控制地基沉降的要求。灌注桩基础较早和广泛应用于各类桥梁的下部构造中，按承载性状，可分为摩擦桩和端承桩；按成桩方法，可分为挖孔桩和钻孔桩。

1. 人工挖孔桩

概算预算定额中分孔深10m以内、10m以上，及挖不同土质子目。编制预算按设计的挖孔土方、石方，现浇混凝土护壁，灌注桩混凝土、钢筋、检测管内容计价。预算定额工程内容如下：

①挖孔定额4-4-1包括人工挖土或打眼开炸石方，装土、石，清理、小量排水，卷扬机吊运土、石出孔，修整孔壁，检平石质基底，临时支撑及警戒设施等；

②护壁定额4-4-1包括模板及支撑的制作、安装、拆除、涂脱模剂，混凝土的浇筑、捣固、养生；

③灌注桩混凝土定额4-4-7包括安、拆导管及漏斗，浇筑混凝土或水下混凝土，凿除混凝土桩头；

④钢筋工程定额4-4-7包括除锈、下料、制作、点焊，焊接骨架，场内运输，钢筋骨架起吊入孔、接长（焊接或套筒连接）、定位等全部工作内容；

⑤检测管定额4-4-7包括检测管截断、封头，套管制作、焊接，对接、定位、焊接、固定，临时支撑保护。

编制概算按挖设计的挖孔土方、石方，现浇混凝土护壁，灌注桩混凝土、钢筋内容计价。灌注桩的概算定额5-1-16中已综合了检测管消耗，不另行计价。

2. 机械钻孔桩

概算预算定额中分卷扬机带冲抓锥冲孔、卷扬机带冲击锥冲孔、冲击钻机冲孔、回旋钻机钻孔、潜水钻机钻孔5种形式，对应孔深、桩径、不同土质、干处和水中子目。

编制预算按设计的工作平台、钢护筒，钻各类岩土层，灌注桩混凝土、钢筋、检测管内容计价。预算定额工程内容如下：

①桩基工作平台定额4-4-9包括打、拔桩全部工序，钢结构及钢面板制作、安装、拆除及清理堆放；

②钢护筒埋设定额4-4-8包括制、安、拆导向架，吊埋就位，冲抓或振动沉埋，拆除；

③卷扬机带冲抓锥冲孔定额4-4-2包括装、拆、移钻架，安卷扬机，串钢丝绳，安滑轮；准备抓具、冲抓、提钻、出渣、加水、加黏土、清孔、量孔深；

④卷扬机带冲击锥冲孔定额4-4-3包括装、拆、移钻架，安卷扬机，串钢丝绳，安滑轮；准备钻具、冲孔、提钻、出渣、加水、加黏土、清孔、量孔深；

⑤冲击钻机冲孔定额4-4-4包括装、拆、移钻架，准备冲具、冲孔、提钻、出渣、加水、加黏土、清孔、量孔深；

⑥回旋钻机钻孔定额4-4-5包括安拆岸上泥浆循环系统并造浆，准备钻具，装、拆、移钻架及钻机，安装钻杆及钻头，钻进、压泥浆、浮渣、清理泥浆池沉渣，清孔、量孔深；

⑦潜水钻机钻孔定额4-4-6包括安拆岸上泥浆循环系统并造浆，准备钻具，吊车就位、移钻机、安拆钻杆及钻头，钻进、提钻、压泥浆、反循环吸渣、浮渣、清理泥浆池沉渣，清孔、量孔深。

编制概算按设计的工作平台、钢护筒，钻各类岩岩土层，灌注桩混凝土、钢筋内容计价。

2.5.7 重力式沉井基础

沉井基础作为基础的一部分，它具有设计需要的壁厚和垂直隔墙。通常用钢筋混凝土、钢材制成沉井。重力式沉井即为钢筋混凝土沉井，其构造为井壁、刃脚、隔墙、封顶盖板等。

编制预算按设计的预制混凝土沉井、钢筋，导向船连接梁，沉井下水、浮运、接高，定位落床，锚碇系统，沉井下沉（挖各类岩土层），封底、填芯、封顶混凝土、封顶盖板钢筋内容计价。定额工程内容如下：

①沉井制作及拼装定额4-2-7包括脚手架、轻型上下架、底垫木的搭设、拆除，钢筋及刃脚、骨架的制作、绑扎、焊接，组合钢模组拼拆、安装、拆除、修理、涂脱模剂、堆放，混凝土浇筑、捣固及养生，钢丝网水泥薄壁浮运沉井铁丝网的铺贴固定及井壁、隔墙、隔板水泥砂浆抹面，钢壳沉井拼装，刃角压浆及灌水试验，拼装船杆件制作、安装、拆除，船舱加固，脚手架搭拆；

②导向船连接梁定额4-2-8包括设备进场、清理、编号，万能杆件桁架拼装，导向船及万能杆件连接梁支座的布置、拼装、底座焊接加拼装、维护与拆除；

③沉井下水轨道定额4-2-8包括铺设轨道，校正轨距，拆除轨道，沉井下水包括拆除制动设备，下滑，下水，浮起；

④无导向船沉井浮运定额4-2-8包括地笼制作、埋设、船坞注水，沉井浮起并运到墩位；有导向船沉井浮运定额4-2-8包括套进导向船，固定位置，浮运到墩位；

⑤沉井接高定额4-2-8包括沉井装船，固定，浮运到墩位，起吊，对接，校正位置；

⑥沉井定位落床定额 4-2-8 包括定位船、导向船设备安拆及定位船、导向船的定位,沉井定位落床;

⑦锚碇系统定额 4-2-8 包括制锚、抛锚、起锚的全部操作;

⑧沉井下沉定额 4-2-9 包括搭拆工作台、三脚架、运土木便道,安拆卷扬机、抽水机及下井工作软梯,井内抽水,人工挖土、石,卷扬机提升,人工运弃土、石至井外,卷扬机带抓斗捞土或在船上履带式起重机带抓斗抓土并配潜水班及高压水泵射水下沉,将土、砂运出井外,清理刃脚,保持井位正确,静水下沉中爆破岩石;

⑨沉井填塞(封底、填芯、封顶)定额 4-2-10 包括混凝土运输、浇筑、捣固及养生,钢筋除锈、制作、焊接和绑扎,安装,拆除灌注桩混凝土的导管及漏斗,脚手架、踏步的搭拆,填芯、填料的夯实。

编制概算按设计的预制混凝土沉井,沉井浮运落床,锚碇系统,沉井下沉(挖各类岩土层),沉井填塞,沉井钢筋内容计价。沉井浮运落床概算定额 5-1-5 中已综合了导向船连接梁、沉井下水、浮运、接高,定位落床;沉井填塞定额中已综合了封底、填芯和封顶内容。

2.5.8 钢壳沉井基础

钢壳沉井又可称为双壁钢围堰,常用于大型深水基础工程的围水和施工平台,它既可增强深水基础的整体性,又能提高水中基础的防撞能力。

编制预算按钢壳沉井制作拼装(定额 4-2-7),拼装船拼装拆除,导向船连接梁,沉井下水、浮运、接高,定位落床,锚碇系统,井壁混凝土,沉井下沉(挖各类岩土层),封底、填芯、封顶混凝土、封顶钢筋内容计价。井壁混凝土定额 4-2-8 工程内容包括混凝土运输、浇筑、捣固及养生。

编制概算按钢壳沉井制作拼装,沉井浮运落床,井壁混凝土,锚碇系统,沉井下沉(挖各类岩土层),沉井填塞,沉井钢筋内容计价。钢壳沉井制作拼装概算(定额 5-1-5)中已综合了拼装船拼装拆除;沉井浮运落床定额中已综合了导向船连接梁、沉井下水、浮运、接高,定位落床;沉井填塞定额中已综合了封底、填芯和封顶内容。

2.5.9 重力式锚碇

重力式锚碇的锚固系统一般与锚体构成一体,依靠锚体庞大的混凝土结构重力作用来平衡主缆的拉力。编制概算预算均按设计的挖基、运土石方、铺垫层,锚块混凝土、钢筋、冷却管、钢筋网,支墩混凝土、钢筋,前锚室混凝土、钢筋,后锚墙混凝土、钢筋等内容计价。预算定额工程内容如下:

①锚碇基坑非放坡开挖定额 4-1-3 包括安拆塔式起重机全部工作,打眼、装药、爆破,挖装、吊土或石渣至坑外,搭、拆脚手架,清理、整平、夯实土质基底,检平石质基底;

②锚碇基坑放坡开挖定额 4-1-3 包括打眼、装药、爆破,挖及推土或石渣至坑外,搭、拆脚手架及整修运土、石渣便道,清理、整平、夯实土质基底,检平石质基底,取土回填、铺平、洒水、夯实;

③现浇锚块(组成锚体)定额 4-6-6 包括搭拆脚手架及跳板,组合钢模组拼拆及安装、拆除、修理、涂脱模剂、堆放,钢筋除锈、制作、电焊、绑扎及骨架吊装入模,混凝土运输、浇筑、捣固及养生。

2.5.10 混凝土承台

承台是将群桩联成一体的结构。承台底面埋设在干处时,可采用明挖基础施工,夯填 10 ~ 30cm 厚垫层后,即可浇筑混凝土;在浅水区时,可采用围堰排水方法施工;在水中时,可采用钢套箱等方法建筑承台。

编制干处承台的概算预算按设计挖基、铺垫层,承台混凝土(预算定额 4-6-1)、钢筋内容计价。编制水中承台的概算预算按设计的钢套箱,封底混凝土、承台混凝土、钢筋、冷却管(大体积承台)内容计价。承台预算定额已综合模板、混凝土浇筑、灌注水下混凝土的导管、漏斗等设备以及凿除桩头的消耗。概算定额 5-1-19 将有底模承台和无底模承台进行了综合。

2.5.11 U 型桥台

U 型桥台可采用砌石、片石混凝土建造。U 型台两侧采用两个 1/4 椭圆锥坡挡土。

1. 砌石 U 型桥台

编制工程预算按设计的挖基、铺垫层,砌基础,砌片石台墙(工程量占 57.2%)、砌块石台墙(工程量占 42.8%),台帽混凝土、钢筋,台背排水,砌锥坡基础、坡面、填土内容计价;定额工程内容如下:

①墩台帽拱座混凝土定额 4-6-3 包括木模制作、安装、拆除、修理、涂脱模剂、堆放,组合钢模组拼拆及安装、拆除、修理、涂脱模剂、堆放,钢筋除锈、制作、电焊、绑扎及骨架吊装入模,钢板手工氧气切割,混凝土运输、浇筑、捣固

及养生；

②台背排水定额 4-11-2 包括取运料，铺夯黏土层，铺碎（砾）石层，筑盲沟；

③粗料石镶面定额 4-5-4 包括选、修、洗石料，搭、拆脚手架、踏步或井字架，配、拌、运砂浆，砌筑，勾缝，养生；

④锥坡填土定额 4-11-2 包括挖、装、运土，洒水，平土，夯实。

编制概算按设计的挖基、铺垫层，砌基础（定额 5-1-4），砌台墙，台帽钢筋，锥坡内容计价。砌石桥台概算（定额 5-2-1）已综合了台帽混凝土、台背回填及填料的运输、台背排水设施的消耗。

2. 混凝土 U 型桥台

编制预算按设计的挖基、铺垫层，片石混凝土基础（定额 4-6-1），U 型台片石混凝土，台帽混凝土、钢筋，台背排水，砌锥坡基础、坡面、填土内容计价。

墩台身（实体式墩台，柱式墩台，框架、肋形埋置式桥台，空心墩，Y 形墩及薄壁墩，支座垫石）预算定额 4-6-2 包括搭、拆脚手架及轻型上下架，组合钢模组拼拆及安装、拆除、修理、涂脱模剂、堆放，定型钢模安装、拆除、修理、涂脱模剂、堆放，提升钢模组拼拆及安装、提升、拆除、修理、涂脱模剂、堆放，钢筋除锈、制作、电焊、绑扎及骨架吊装入模，混凝土运输、浇筑、捣固及养生。

编制概算按设计的挖基、铺垫层，片石混凝土基础（定额 5-1-4），片石混凝土 U 型台，台帽钢筋，锥坡内容计价；U 型台工程量按台身、台帽体积之和计算。混凝土桥台概算定额 5-2-2 已综合了台背回填及填料的运输、台背排水设施的消耗。

2.5.12 混凝土肋形埋置式桥台

肋形埋置式桥台是由承台、肋板、盖梁、耳背墙组成。桥台两侧采用一字墙锥坡挡土。编制预算按设计的挖基、铺垫层，承台混凝土、钢筋，肋板混凝土（定额 4-6-2）、钢筋，盖梁混凝土、钢筋，耳背墙混凝土、钢筋，支座垫石、钢筋，台背排水，砌锥坡基础、坡面、填土内容计价；定额 4-6-4（盖梁、耳背墙、系梁、墩顶固结）工程内容包括木模制作、安装、拆除、修理、涂脱模剂、堆放，组合钢模组拼拆及安装、拆除、修理、涂脱模剂、堆放，钢筋除锈、制作、电焊、绑扎及骨架吊装入模，钢板手工氧气切割，混凝土运输、浇筑、捣固及养生。

编制概算按设计的挖基、铺垫层，承台混凝土、钢筋，肋形台混凝土（定额 5-2-2）、钢筋，一字墙锥坡内容计价；肋形台的工程量按设计的肋板混凝土、盖梁、耳背墙、支座垫石体积之和计算。概算定额已综合台背回填及填料的运输、台背排水设施的消耗。

2.5.13 拱桥实体墩

拱桥桥台既要承受来自拱圈的推力、竖向力及弯矩，又需要承受台后土的侧压力，从结构尺寸上看，拱式桥台一般较梁式桥台大。

1. 砌石桥墩

编制预算按设计挖基、铺垫层，砌基础，砌片石墩身（工程量占 57.2%）、砌块石墩身（工程量占 42.8%），填腹石，混凝土墩帽、钢筋内容计价。编制概算按设计挖基、铺垫层，砌基础，砌石墩身，墩帽混凝土、钢筋内容计价；砌石桥墩的概算定额 5-2-4 按块石 42.8%、片石 57.2% 消耗量编制，砌石拱桥重力式墩未包含墩帽混凝土、钢筋。

2. 钢筋混凝土桥墩

编制预算按设计挖基、铺垫层，片石混凝土基础，混凝土墩身（定额 4-6-2）、钢筋，混凝土墩帽、钢筋内容计价。编制概算按设计的挖基、铺垫层，砌基础，混凝土桥墩、钢筋（定额 5-4-1）内容计价；混凝土桥墩的概算定额 5-2-5 工程量按墩身、墩帽混凝土体积之和计算。

2.5.14 圆柱式墩（台）

柱式桥墩的结构特点是由分离的两根或多根立柱（或桩柱），即由基础之上的柱式墩身和盖梁组成。双车道常用形式有单柱式、双柱式和混合双柱式等类型。当墩身高度大于 1.5 倍的墩距时，应在墩间布置横系梁，以增加墩身的侧向刚度。

1. 桩柱式台

桩柱式台的台柱在桩基中计价。编制预算按设计盖梁混凝土（定额 4-6-4）、钢筋，耳背墙混凝土、钢筋，支座垫石、钢筋内容计价。编制概算按设计的混凝土桥台（定额 5-2-2），钢筋内容计价；桥台工程量按盖梁、耳背墙与支座垫石混凝土体积之和计算。

2. 圆柱式墩

编制预算按设计桩顶横系梁混凝土、钢筋，各高度段墩身混凝土（定额 4-6-2）、钢筋，盖梁混凝土、钢筋，支座垫石、钢筋内容计价。

编制概算按设计的各高度段墩身混凝土（定额 5-2-5），钢筋内容计价；桥墩工程量按桩顶系梁、墩身、盖梁与支座垫石混凝土体积之和计算。

2.5.15 空心墩

山区公路常根据地形设计高架桥。高墩一般做成空心截面，在外形上与实体式桥墩并没有差别，只是空心墩自重较实体式桥墩轻。编制预算按设计各高度段的泵送墩身混凝土（定额 4-6-2）、钢筋，劲性骨架（变截面 80m 以上高墩设置），盖梁混凝土、钢筋，支座垫石、钢筋内容计价。

编制概算按设计各高度段的混凝土空心墩（定额 5-2-5），钢筋，劲性骨架计价；空心墩的工程量按墩身、盖梁与支座垫石混凝土体积之和计算。

2.5.16 薄壁墩

薄壁墩的特点是在横桥向的宽度基本和其他形式的墩相同，但是在纵桥向的墩厚很小。编制预算按设计承台混凝土、钢筋、冷却管，各高度段泵送墩身混凝土（定额 4-6-2）、钢筋内容计价。编制概算按设计承台混凝土、钢筋，各高度段泵送墩身混凝土（定额 5-2-5），钢筋内容计价。

如果墩梁需要固结为连续刚构时，编制预算应增加墩梁固结部分的现浇混凝土（定额 4-6-4 子目）计价；概算定额已综合此内容，不单独计算。

2.5.17 索塔

索塔是斜拉桥、悬索桥的重要结构，是表现桥型个性和视觉效果的主要工程。索塔主要由塔、支撑着塔的承台和基础组成。

1. 斜拉桥索塔

编制预算按设计钢壳沉井，各高度段塔柱混凝土（定额 4-6-5）、钢筋，横梁混凝土、钢筋，劲性骨架，锚固套筒，钢锚箱，铁梯，避雷针内容计价。索塔定额工程内容包括搭拆井字架、踏步及轻型上下架（门式钢支架），组合钢模组拼拆及安装、拆除、修理、涂脱模剂、堆放，钢筋除锈、制作、电焊、绑扎及骨架吊装入模，混凝土运输、浇筑、捣固及养生，劲性骨架制作、安装，安装锚固箱、索鞍、铁梯、避雷针。预算定额中已综合了模板、现浇过程的提升架上升、下降，以及安全网防护栏围护措施等的消耗，不另行计算；但还应增列施工电梯、塔式起重机、提升模架、横梁现浇支架子目计价。预算定额工程内容如下：

①施工电梯定额 4-11-15 包括准备工作、基座放样，基座浇筑的全部工序；清理预埋件及各种支撑的安装、拆除等全部工序；电梯运行、维修、保养；

②施工塔式起重机定额 4-11-16 包括基础专用地脚螺栓埋设、构件运输到位、拼装塔式起重机，附墙预埋件制作、安装，附墙设置，根据高度要求自升降，施工完成后拆除，塔式起重机运行、维修、保养；

③金属结构吊装设备（单、双导梁、跨墩门架、悬臂吊机、悬浇挂篮、提升架、人字扒杆）定额 4-7-31 包括全套金属设备（含起吊设备及钢轨）的安装、拆除，脚手架、绞车平台、张拉工作台、底板工作台、铁（木）梯等附属设备的制作、安装、拆除，混凝土枕块、平衡重的预制、安装，安装设备用的扒杆的移动，机具设备的擦拭、保养、堆放；该定额只包括开始使用前的安装与使用结束的拆除费用，移动费用（如提升架上升、下降，双导梁前移、后移等）已综合在各构件安装的费用中；

④桥梁钢支架定额 4-9-3 按满堂式门式轻型钢支架编制，工程内容包括地梁、轻型门式钢支架、钢管等安、拆，支架上帽梁的安装、拆除。

编制概算按设计钢壳沉井，各高度段索塔混凝土、钢筋，锚固套筒，钢锚箱，铁梯，避雷针，施工电梯、塔式起重机、桥梁钢支架内容计价；索塔工程量按设计塔柱、横梁混凝土体积之和计算。概算定额 5-2-6 中已综合劲性骨架和提升模架的消耗，不另行计算。

2. 悬索桥索塔

编制预算按设计钢壳沉井，各高度段塔柱混凝土（定额 4-6-5）、钢筋，横梁混凝土、钢筋，劲性骨架，索鞍，铁梯，避雷针，施工电梯、塔式起重机、提升模架、桥梁钢支架内容计价。编制概算按设计钢壳沉井，各高度段索塔混凝土、钢筋,铁梯,避雷针,施工电梯、塔式起重机、桥梁钢支架内容计价;索塔工程量按设计索塔立柱、横梁混凝土体积之和计算。概算定额5-2-6中已综合劲性骨架和提升模架的消耗。

2.6 桥梁上部结构

上部结构是桥梁的主要承重结构,包括梁板、拱、斜拉索、悬吊索上部及桥面等,其承受各种车辆、人群荷载,及各种外来荷载的作用。当跨度加大时,不仅其结构复杂,工程材料及施工难度也相应增加。

2.6.1 砌石拱桥

石拱桥是用石料建造,其外形美观,养护简便,并可就地取材。缺点是自重大,跨越能力有限。石料的开采、加工及砌筑均需要较多人工,一般用于小跨径桥梁。

1. 实腹式石砌拱桥

编制预算按木拱盔、木支架,砌块石拱圈(定额4-5-3),砌片石侧墙,砌片石护拱,拱上填料,缘石,泄水管、防水层(定额4-11-4)、伸缩缝内容计价;定额工程内容如下:

①木拱盔定额4-9-2包括拱盔制作、安装与拆除,工作台的搭设与拆除,桁构式拱盔,包括扒杆移动、吊装、拆除,架设及拆除缆风,地锚埋设与拆除;

②砌块石(基础、护底、截水墙,墩台墙、拱圈、护拱、拱上横墙、侧墙,锥坡沟槽池、填腹石)定额4-5-3包括选、修、洗石料,搭拆脚手架、踏步或井字架,配、拌、运砂浆,砌筑,勾缝,养生;

③浆砌粗料石(墩台墙镶面、拱圈、拱上横墙、缘石)定额4-5-4包括选、修、洗石料,搭拆脚手架、踏步或井字架,配、拌、运砂浆,砌筑,勾缝,养生;

④拱上填料定额4-11-2包括取料,铺平,洒水,夯实;

⑤泄水管(及伸缩缝)定额4-11-7包括洗刷、涂沥青、安装。

编制概算按木拱盔、木支架,上部构造砌圬工(定额5-3-11)内容计价;上部构造工程量按砌石拱圈、侧墙、护拱、缘石体积之和计算。概算定额已综合了拱上填料、防水层、泄水管、伸缩缝的消耗。

2. 空腹式石砌拱桥

编制预算按钢拱盔、钢支架,砌块石拱圈,砌块石腹拱,砌片石侧墙,砌片石护拱,砌块石横墙,拱上填料,缘石,泄水管、防水层,伸缩缝内容计价。钢拱盔定额4-9-2工程内容包括全套金属设备的安拆,脚手架、工作台、铁梯等附属设备的制作、安拆,混凝土枕块的预制安装,安装设备用的扒杆移动。

编制概算按木拱盔、木支架,上部构造砌圬工(定额5-3-11)内容计价;上部构造工程量按砌石拱圈、拱上横墙、腹拱,侧墙、护拱、缘石体积之和计算。概算定额中已综合了拱上填料、防水层、泄水管、伸缩缝的消耗。

2.6.2 现浇混凝土上部构造

1. 现浇矩形板

编制预算按钢支架,矩形板混凝土、钢筋,板式和四氟板式橡胶支座,防水层,伸缩缝(定额4-11-7),泄水管内容计价;定额工程内容如下:

①现浇板上部构造(矩形板、空心板、连续板)定额4-6-8包括搭拆轻型上下架,组合钢模组拼拆除及安装、修理、涂脱模剂、堆放,钢筋除锈、制作、电焊、绑扎及骨架吊装入模,混凝土运输、浇筑、捣固及养生;

②安装支座(普通钢支座、板式橡胶支座、盆式橡胶支座)定额4-7-30包括预埋钢板、钢筋的预埋、电焊,支座电焊,板式橡胶支座砂浆拌和,接触面抹平,支座安装;

③伸缩缝(梳形钢板、橡胶条、镀锌铁皮、沥青麻絮等)定额4-11-7包括裁焊钢板、镀锌铁皮,加工、安装锚栓,钢筋除锈、制作、绑扎、焊接,熬化、涂刷沥青,填塞沥青及麻絮,安放橡胶条,安装氯丁橡胶板及上螺栓、螺帽。

编制概算按现浇支架,矩形板混凝土(定额5-3-1)、钢筋,防水层内容计价;概算定额已综合了平整场地、支座、伸缩缝、泄水管消耗。

2. 现浇空心板

编制预算按设计的钢支架,空心板混凝土(定额4-6-8)、钢筋,板式和四氟板式橡胶支座(定额4-7-30),防水层,伸缩缝,泄水管内容计价。编制概算按现浇支架、空心板混凝土(定额5-3-1)、钢筋,防水层内容计价;概算定额已综合平整场地、支座、伸缩缝、泄水管消耗。

3. 现浇T形梁

编制预算按设计的钢支架，现浇T形梁混凝土、钢筋，板式和四氟板式橡胶支座，防水层，伸缩缝，泄水管内容计价；现浇T形梁定额4-6-9工程内容包括搭拆轻型上下架，组合钢模组拼拆除及安拆、修理、涂脱模剂、堆放，钢筋除锈、制作、电焊、绑扎及骨架吊装入模，混凝土运输、浇筑、捣固及养生。编制概算按钢支架，现浇T形梁混凝土（定额5-3-2）、钢筋，板式和四氟板式橡胶支座，防水层，伸缩缝内容计价；概算定额已综合了平整场地、泄水管的消耗。

4. 现浇预应力箱梁

现浇箱梁施工有支架现浇、移动模架现浇两种方法。编制支架现浇箱梁预算按设计的钢支架，现浇箱梁混凝土、钢筋、预应力筋，支座，防水层，伸缩缝，泄水管内容计价。编制移动模架现浇箱梁预算按移动模架安拆，现浇箱梁混凝土、钢筋、预应力筋，支座，防水层，伸缩缝，泄水管内容计价。定额工程内容如下：

①现浇箱梁定额4-6-10包括搭拆轻型上下架，组合钢模组拼拆除及安拆、修理涂脱模剂、堆放，钢筋除锈制作、电焊、绑扎及骨架吊装入模，混凝土运输、浇筑、捣固及养生；

②移动模架安装拆除定额4-7-32包括移动模架的托架、推进台车、主梁、鼻梁、横梁、门型吊架、工作平台及爬梯的第一次吊装、就位和最后一次拆除，机具设备的擦拭、保养、堆放；其中设备摊销费按90元，并按使用4个月编制，如施工工期不同时可以调整；

③支架上现浇预应力混凝土箱梁定额，同样适用于普通箱梁混凝土结构。

编制支架现浇箱梁概算按设计的支架，现浇箱梁混凝土（定额5-3-2）、钢筋、预应力筋，支座，防水层，伸缩缝内容计价。编制移动模架现浇箱梁概算按现浇箱梁混凝土、钢筋、预应力筋，支座，防水层，伸缩缝内容计价。概算定额已综合平整场地、泄水管、移动模架安装拆除消耗。

5. 现浇双曲拱桥

双曲拱桥由拱肋、横系梁、拱波、拱板组成整体主拱圈。编制预算按设计拱盔、支架，拱肋、横系梁，预制、安装拱波，拱板，拱上横墙、腹拱圈，钢筋，护拱，侧墙、拱上填料、缘石，防水层，伸缩缝，泄水管内容计价。现浇拱定额4-6-12按双曲拱、薄壳拱、板（肋）拱三种形式编制，工程内容包括搭、拆脚手架及井字架，模板制作、安拆、修理、涂脱模剂、堆放，钢筋除锈、制作、成型、电焊、绑扎、入模，混凝土运输、浇筑、捣固及养生。

编制概算按设计拱盔、支架，上部构造圬工、钢筋内容计价；上部构造工程量按拱肋、横系梁、拱波、拱板，拱上横墙，腹拱圈，侧墙混凝土体积m^3之和计算。概算定额5-3-9已综合平整场地、拱上填料、防水层、伸缩缝、泄水管，拱波、拱上预制构件的预制、安装、出坑堆放与运输的消耗。

6. 现浇矩形板拱桥

矩形板拱桥是指主拱圈横截面宽度远大于高度的矩形板纵向呈拱状。编制预算按设计的拱盔、支架，矩形板拱（定额4-6-12），拱上横墙、腹拱圈，钢筋，护拱，侧墙，拱上填料，缘石，防水层，伸缩缝，泄水管内容计价。

编制概算按设计拱盔、支架，上部构造圬工（定额5-3-9）、钢筋内容计价；上部构造工程量按设计矩形板拱，拱上横墙、腹拱圈，侧墙、帽石、边梁、端梁体积数量之和计算。概算定额已综合平整场地、拱上填料、防水层、伸缩缝、泄水管等消耗。

2.6.3 悬浇预应力箱梁

悬浇箱梁为无支架施工方法，结构形式有连续刚构和连续箱梁。整桥又分为托架0号块混凝土箱梁施工、挂篮逐段悬浇混凝土箱梁施工、边跨现浇支架混凝土箱梁施工3种情况。

1. 悬浇预应力连续箱梁

编制预算按墩顶龙门架、0号块托架、0号块箱梁混凝土、钢筋，悬浇挂篮、（逐段）悬浇箱梁混凝土、钢筋，边跨现浇段支架、箱梁混凝土、钢筋，预应力钢筋，墩顶临时固结（定额4-7-17），支座，防水层，毛勒伸缩缝、预留槽混凝土、钢筋，泄水管，钢桁架栈桥码头内容计价。定额工程内容如下：

①定额4-10-18（钢箱梁0号块托架安拆子目）包括托架钢构件加工成形，起重机吊至驳船，浮运至墩位，浮吊整体吊装就位，预埋件连接，现场栓（焊）拼接，托架平台搭设、调位，完工后拆除、清理；

②悬浇预应力箱梁定额4-6-11包括组合钢模组拼拆及安装、拆除、修理、涂脱模剂、堆放，内模及翼板支架及脚手架安拆，挂篮设备的推移、就位、过墩，钢筋除锈、制作、成型、电焊、绑扎及骨架吊装入模，混凝土运输、浇筑、捣固及养生，锚固套筒制作、定位、安装。定额中已综合了合龙段劲性骨架的消耗，不再另行计算；

③伸缩缝（毛勒伸缩缝）定额4-11-7包括安装前的检查及准备工作，吊装伸缩缝就位，现场对接，伸缩缝标高调整，对伸缩缝临时固定，伸缩缝与预埋钢筋的焊接，预留槽内浇筑钢纤维混凝土、振捣、养生，解除伸缩缝锁定装置，

嵌入密封橡胶条。

编制概算按设计边跨现浇段支架，上部构造圬工（悬浇、悬拼、顶推预应力混凝土箱梁定额5-3-6）、钢筋，支座，防水层、伸缩缝内容计价；上部构造工程量按设计墩顶0号块、悬臂浇筑箱梁节段、跨中和边跨合龙段、边跨现浇段混凝土体积m^3之和进行计算。概算定额已综合了平整场地、钢桁架栈桥码头、悬浇挂篮、墩顶龙门架、0号块托架、泄水管等消耗。

2. 悬浇预应力连续刚构

编制预算按墩顶龙门架、0号块托架、0号块箱梁混凝土、钢筋，悬浇挂篮、（逐段）悬浇箱梁混凝土（定额4-6-11）、钢筋，边跨现浇段支架、箱梁混凝土、钢筋，预应力钢筋，墩梁固结现浇段（定额4-6-4），支座，防水层，伸缩缝，泄水管，钢桁架栈桥码头内容计价。

编制概算按设计边跨现浇段支架，上部构造圬工（定额5-3-6）、钢筋，支座，防水层、伸缩缝内容计价；上部构造工程量按设计墩顶0号块、边跨现浇段、悬臂浇筑箱梁节段、跨中和边跨合龙段混凝土体积m^3之和进行计算。概算定额已综合平整场地、钢桁架栈桥码头、悬浇挂篮、墩顶龙门架、0号块托架、泄水管等消耗。

2.6.4 预制安装钢筋混凝土上部构造

预制安装钢筋混凝土构件是采用先预制构件，后采取安装的施工方法。构件安装有卷扬机配人字扒杆、卷扬机配木扒杆、汽车式起重机、缆索吊装、跨墩门架等方法；另外有轨道运输配合分单导梁、双导梁安装施工。构件运输方式有手推车、垫滚子、轨道平车、载货汽车、平板拖车、驳船、缆索等。构件出坑堆放运输视同构件安装运输，一般情况只以第一个定额运距单位计一次出坑堆放运输，其方式见表2-4。

构件出坑堆放运输及增运计价 表2-4

项目	出坑运输（运距单位）			增运		
	第一个10m	第一个50m	第一个1km	10m	50m	0.5km
出坑方式	手推车、垫滚子	驳船、缆索	载货车、拖车	手推车、垫滚子	驳船、缆索	载货车、拖车
计价	1次	1次	1次	若超过n个运距单位计n次		

1. 预制安装双曲拱桥

编制预算按设计预制场龙门架（定额4-7-31），人字扒杆设备安拆、简单支架，预制拱肋、横系梁、拱波、腹拱圈、缘石，轨道平车运输（龙门架装车或轮胎式起重机装车）构件2次第一个50m、增运、人字扒杆安装构件，钢筋，现浇拱板、护拱、侧墙混凝土，拱上填料，防水层，伸缩缝，泄水管内容计价。定额工程内容如下：

①预制双曲拱桥构件定额4-7-22包括模板制作、安装、拆除、修理、涂脱模剂、堆放，钢筋除锈、制作、绑扎、焊接、入模，混凝土浇筑、捣固及养生；

②安装双曲拱桥构件定额4-7-23包括扒杆纵向跨墩移动，构件整修、安装、就位、固定，拱肋接头焊接，砂浆拌和、运输、坐浆、填塞、抹缝、捣实及养生，横隔板、系梁接头钢筋焊接，模板制作、安装、拆除、修理、涂脱模剂、堆放，混凝土浇筑、捣固及养生，吊脚手安拆；

③木结构吊装设备（人字扒杆、三角扒杆、摇头扒杆、木龙门架）定额4-7-33包括吊装设备制作、安装、拆除，埋设地锚，拉缆风索；

④轨道平车运输定额4-8-2：第一个50m包括挂钩、起吊、装车、固定构件，等待装卸，起运50m及空回，安拆卷扬机；每增运50m包括运走50m及空回；

⑤桥梁简单支架定额4-9-4包括支架制作、安装、拆除，上料踏步搭设、拆除，地锚埋设、拆除，架设缆风及其拆除。

编制概算按设计上部构造圬工（定额5-3-10）、钢筋内容计价；上部构造工程量按拱肋、横系梁、拱波、拱板、腹拱墩、腹拱圈、侧墙、护拱体积m^3之和计算。概算定额已综合了平整场地、预制构件出坑堆放和运输、预制场龙门架、扒杆及简单支架（缆索吊装设备）、拱上填料、防水层、伸缩缝、泄水管等消耗。

2. 预制安装矩形板

预制安装矩形板分为人字扒杆安装、起重机安装两种施工方法。编制预算按设计预制矩形板（定额4-7-9）、载货汽车装卸运输构件2次第一个1km、增运、起重机安装矩形板，钢筋，矩形板现浇层混凝土，支座，伸缩缝，泄水管内容计价。定额工程内容如下：

①预制（矩形、空心、少筋微弯）板定额4-7-9包括地底模制作、修理、铺塑料薄膜，组合钢模组拼拆及安拆、修

理、涂脱模剂、堆放,空心板端芯头封固,钢筋除锈、制作、绑扎、焊接,混凝土浇筑、捣固及养生;

②安装(矩形、空心、少筋微弯)板定额4-7-10包括构件修整、铺垫油毛毡支座,埋设及拆除地笼,扒杆、起重机纵移过墩,构件吊装;

③载货汽车运输构件定额4-8-3:第一个1km包括(人工或手摇卷扬机或汽车式起重机)装卸、绑扎构件,移动、安装、拆除装卸工具,汽车等待装卸、运行、掉头、空回;每增运0.5km包括(运距在5km以内、10km以内)运走及空回。

编制概算按设计的上部构造圬工,钢筋内容计价;上部构造工程量按预制矩形板、现浇铰缝、现浇层混凝土的体积之和计算。概算定额5-3-3已综合了平整场地、预制构件出坑堆放和运输、支座、伸缩缝、泄水管的消耗。

3. 预制安装空心板

预制安装空心板分为人字扒杆安装、起重机安装、单导梁安装3种施工方法。编制预算按设计预制空心板(定额4-7-9)、载货汽车装卸运输构件2次第一个1km、增运、起重机安装空心板,钢筋,空心板现浇层混凝土,支座,伸缩缝,泄水管内容计价。

编制概算按设计的上部构造圬工,钢筋,支座,伸缩缝内容计价;上部构造工程量按预制空心板、现浇铰缝、现浇层、空心板端芯头混凝土的体积之和计算。概算定额5-3-3已综合了平整场地、预制构件出坑堆放和运输、泄水管的消耗。

4. 预制安装箱形拱

编制预算按设计缆索吊装设备安拆,大型预制构件底座,预制场龙门架,预制主拱圈、钢筋,立柱盖梁、钢筋,预制拱上行车道板、钢筋,构件缆索运输第一个50m、增运,缆索吊装主拱圈、立柱盖梁、拱上行车道板,主拱现浇接缝混凝土、拱上行车道板现浇层混凝土,拱上行车道板支座,主拱圈防水层,伸缩缝,泄水管内容计价。定额工程内容如下:

①缆索吊装设备安拆(塔架、地锚、索道)定额4-7-34包括木塔架制作及钢、木塔架安装、拆除,挖、埋、拆木地锚或挖基、浇筑混凝土地锚以及拴缆风绳,索道、卷扬机、缆风索以及滑车等设备安装、拆除,机具设备擦拭、保养、堆放;

②大型预制构件(平面、曲面)底座定额4-11-9包括放样,开挖基坑,开挖、清理排水沟,拱桥底座的打、拔小圆木桩,铺筑石灰土垫层,砌筑曲面底座的基础及墙身,混凝土底座及钢筋混凝土墙帽的全部操作,底模板的制作、安装、拆除、清理;

③预制箱形拱构件(主拱圈、立柱盖梁、现浇接缝)定额4-7-26包括组合钢模板组拼拆及安装、拆除、修理、涂脱模剂、堆放,钢筋除锈、制作、绑扎、焊接、入模,混凝土浇筑、捣固及养生;安装箱形拱构件包括预制构件修整、安装、就位、校正、固定,构件接头焊接,安装连接螺栓,横系梁钢筋制作、焊接、安装、横向连接钢筋焊接,模板制作、安装、拆除,砂浆配运料、拌和、运输,安砌开口箱盖板,浇筑横缝及开口箱整体化混凝土。

编制概算按设计的箱形拱上部构造,钢筋内容计价;上部构造工程量按预制主拱圈、立柱盖梁、拱上行车道板混凝土,主拱圈现浇接缝、拱上行车道板现浇层混凝土体积之和计算。概算定额5-3-10已综合了平整场地、支座、主拱圈防水层、伸缩缝、泄水管、预制构件出坑堆放和运输、预制场龙门架、缆索吊装设备、构件预制底座的消耗。

2.6.5 行车道桥面

行车道桥面工程有桥面防水层、桥面铺装、桥头搭板等内容。桥面铺装是指在上部构造板面铺筑沥青混凝土或水泥混凝土面层,承受汽车轮胎的磨损和雨水的侵蚀。

编制水泥混凝土桥面工程预算按防水层、面层、钢筋,搭板、枕梁混凝土,钢筋内容计价。编制沥青混凝土桥面工程预算按防水层、面层,搭板、枕梁混凝土,钢筋内容计价。预算定额4-6-13工程内容包括模板制作、安装、拆除、修理、涂脱模剂、堆放,钢筋除锈、制作、成形、电焊、绑扎,水泥混凝土运输、浇筑、捣固及养生,沥青混凝土配运料、拌和、运输、摊铺、整平、碾压及撒砂养护。定额中已综合了模板、水泥混凝土运输,表面刻纹的消耗。

编制水泥或沥青混凝土桥面工程概算按防水层、面层(定额5-3-13),搭板混凝土,钢筋内容计价。概算定额将搭板、枕梁混凝土综合在一个子目中计价。

2.7 隧道工程

公路隧道是穿越山岭障碍,以钢筋混凝土结构为主的构筑物。其可按隧道的长短、埋置深度、围岩级别分类。

隧道工程定额未考虑混凝土拌和费用、混凝土及预制块的运输等,应按桥涵工程定额相关规定计算;未考虑地震、坍塌、溶洞及大量地下水的处理,需要时可根据设计另行计算;隧道监控量测的费用已在编制办法的施工辅助费中综合考虑;隧道超前地质预报费用,可根据设计另行计算;洞内工程如需采用其他章节相关项目的定额时,所采用的人工工日、机械台班数量及小型机具使用费,应乘以1.26的系数。

2.7.1 隧道洞口

洞门是为了保证边坡和仰坡稳定的构筑物。洞门是隧道外露的唯一部分,它的另外一个作用是保护洞口、美化洞口环境和诱导行车。

1.挖土石方

隧道洞口范围的边坡和仰坡上有少量开挖土石方工程,应按洞外工程计价。

2.排水设施

隧道洞口范围的边坡、仰坡、明洞顶范围内的汇水,设计有边沟、截水沟、排水沟,横向排水管,排水涵洞等工程,应按洞外工程计价。

3.防护工程

隧道洞口范围的边坡、仰坡、明洞顶范围内,设计有锚喷混凝土护坡、圬工骨架框内植草护坡、混凝土预制块护坡、植草护坡等工程,应按洞外工程计价。

4.洞门工程

洞门形式有端墙式、翼墙式、双柱式、喇叭式、环框式和削竹式等。洞门墙工程定额分为砌筑墙、混凝土墙两种结构。

编制砌筑墙的概算预算均按设计的挖基,浆砌圬工,墙体饰面内容计价。编制混凝土墙的概算预算均按设计的挖基,现浇混凝土、钢筋,墙体饰面内容计价。预算定额工程内容如下:

①砌筑洞门墙(混凝土预制块、粗料石、块石、片石)定额3-2-1包括搭拆脚手架,砂浆制作,选料,砌筑,勾缝,养生;

②现浇混凝土洞门墙定额3-2-2,片石混凝土洞门墙包括搭拆脚手架,选、修、埋片石,模板制作、安装、拆除、修理、涂脱模剂、堆放,混凝土浇筑、捣固、养生;混凝土洞门墙包括搭拆脚手架,模板制作、安装、拆除、修理、涂脱模剂、堆放,混凝土浇筑、捣固、养生;钢筋工程包括钢筋除锈、制作、电焊、绑扎;

③洞门墙装修定额3-2-3,镶水刷石包括脚手架搭拆,清洗、修补墙面,砂浆制作、运输、打底、弹线、嵌条、抹面、起线、刷石、养生;镶贴瓷砖包括脚手架搭、拆、移,清理修补基层表面,砂浆制作、运输、打底、抹浆、镶贴、调缝、擦缝、清理、养生。

2.7.2 明洞

明洞是采用明挖的施工方法,经衬砌后回填而建成的一种隧道结构。常用于埋深较浅的隧道洞口段,以及易坍方、受落石危害等的路堑地段。

1.开挖土石方

明洞开挖土石方,应按路基工程的相关定额计价。

2.明洞衬砌

编制钢筋混凝土明洞衬砌的概算预算均按明洞设计圬工体积m^3、钢筋重量t内容计价。预算明洞修筑定额3-1-18工程内容如下:

①浆砌片(块)石衬砌包括搭、拆、移脚手架及砌筑平台,选、洗料,砂浆制作,砌筑,勾缝、养生;

②片石混凝土及混凝土衬砌包括搭、拆、移脚手架,选、修、洗、埋设片石,模架制作安装、拆除、移动,模板制作、安装、拆除、修理、涂脱模剂、堆放,混凝土浇筑、捣固、养生;

③钢筋工程包括钢筋除锈、制作、运输、绑扎、电焊。

3.明洞防水层

明洞衬砌外缘拱顶至墙踵,均应敷设防水层。编制概算预算均按设计敷设防水层面积m^2计价。明洞防水层预算定额3-1-20工程内容包括砂浆制作、铺设,防水层制作、敷设,抹水泥砂浆保护层。

4.明洞回填

明洞回填分为拱脚(墙背)回填、洞顶回填。明洞墙背回填一般采用干砌片石、浆砌片石或碎石,洞顶回填常采用石渣或土。洞顶填土表面应设置一定的排水坡度并植草。

编制概算预算均按设计浆砌片石，填土石，隔水层内容，以设计确定的回填数量 m^3 计价。预算定额工程内容如下：

①明洞回填定额 3-1-19，浆砌片石包括选、修、洗片石，砂浆制作，砌筑养生；干砌片石包括选、修片石，砌筑；填筑碎石包括分层夯实、整平；回填土石包括分层回填、夯实。

②明洞防水层定额 3-1-20，隔水层包括黏土隔水层拌和，铺平、夯实、修整。

2.7.3 隧道洞身

隧道洞身采用暗挖岩土空间经衬砌而成。衬砌分初期支护和二次衬砌，之间设置防排水层；其作用是防止岩石风化失稳、保证净空、保持干燥。

1. 隧道开挖

隧道开挖工程定额中已综合了超挖及预留变形消耗量；洞内出渣运输综合运至洞门外 500m，超过的运输距离按路基工程自卸汽车运土石方的增运定额计算。概算预算定额均按人工开挖运输、机械开挖轻轨斗车运输、机械开挖自卸汽车运输施工方法，分开挖的围岩级别、隧道长度（自卸汽车运输方式）、连拱导坑（自卸汽车运输方式）子目编制。人工开挖运输、机械开挖轻轨斗车运输定额按矿山法编制，机械开挖自卸汽车运输定额按新奥法编制。

编制机械开挖自卸汽车运输的预算按各长度段不同围岩级别的开挖、连拱中墙开挖、出渣 m^3，通风、通风管照明线路安装及照明 m，洞内反坡施工排水 m^3 内容计价；机械开挖自卸汽车运输预算定额 3-1-3 工程内容包括量测、画线、打眼、装药、爆破、找顶、修整，脚手架、踏步安拆，一般排水；出渣包括洞渣装、自卸汽车运、卸，道路养护。

编制概算按各长度段的开挖工程量 m^3（定额 3-1-3），洞内反坡施工排水 m^3（套用预算定额）内容计价。

2. 初期支护

初期支护与围岩面接触，又称柔性支护，与二次衬砌组成复合式衬砌。初期支护包括钢支撑、锚杆、钢筋网、喷射混凝土内容；钢支撑分为型钢钢架、格栅钢架两种形式，一般在围岩较软弱的隧道段设置；金属网分为钢筋网、铁丝网两种形式。

编制概算预算均按型钢钢架、格栅钢架，锚杆、钢筋网，喷射混凝土内容计价；型钢钢架、格栅钢架、钢筋网、锚杆按设计重量 t 计算，喷射混凝土设计体积 m^3 计算工程量。预算定额工程内容：

①钢支撑定额 3-1-5 包括下料、成型、钻孔、焊接、修正，安装就位、紧固螺栓，拆除，整理，堆放；

②砂浆锚杆定额 3-1-6 包括搭、拆、移动脚手架，锚杆及附件制作，运输、钻孔、安装，砂浆拌和、灌注，锚固；

③金属网定额 3-1-6 包括制作，挂网，绑扎，点焊，加固；

④喷射混凝土定额 3-1-8 包括冲洗岩面，安、拆、移机具设备，混凝土（或钢纤维混凝土）上料，喷射、养生，冲洗机具，移动喷浆架。

3. 二次衬砌

隧道二次衬砌的拱部、墙部采用现浇模筑混凝土或钢筋混凝土方式施工，围岩较软弱隧道段采用钢筋混凝土。仰拱、仰拱回填无模板现浇混凝土施工，连拱隧道中墙采用有模板现浇混凝土施工。

编制概算预算均按拱部墙部混凝土，仰拱、仰拱回填混凝土，中墙混凝土，隧道钢筋，混凝土运输第一个 1km、增运内容计价。预算定额 3-1-9 工程内容：

①模板台车浇筑混凝土包括清理岩面及基底，台车就位、调整，挡头板制作、安装、拆除、修理、涂脱模剂、堆放，台车维护，混凝土浇筑、捣固及养生；

②模架浇筑混凝土包括清理岩面及基底，模架制作、安装、拆除、移动，模板制作、安装、拆除、修理、涂脱模剂、堆放，混凝土浇筑、捣固及养生；

③中墙混凝土浇筑包括模板及支撑制作、安除、修理，混凝土浇筑、捣固、养生，凿毛；

④钢筋工程包括钢筋除锈、制作、运输、绑扎、电焊；

⑤混凝土运输包括第一个 1km 的等待、装、卸，运行、调头、空回、清洗车辆，每增运 500m 及空回。

4. 隧道防排水

编制防水板预算按防水板，纵向排水管，横向排水管，环向弹簧管、无纺布、塑料盲沟，侧向排水沟内容计价；预算定额工程内容如下：

①防水板定额 3-1-11 包括搭、拆、移工作平台，基面处理，钻孔，钉锚固钉，下料，运至施工现场，拼接就位，焊接，

检查；

②塑料排水管沟定额3-1-12包括取运料，侧式排水沟基底浇筑、填碎石，铺挂排水管沟，联接，固定，移动工作平台；

③环向无纺布定额3-1-12包括取运料，铺设无纺布、塑料布、铁丝网，钻孔，膨胀螺栓固定，移动工作平台。

2.7.4 隧道超前支护

隧道超前支护是保证隧道开挖工作面稳定而采取的超前于隧道开挖的辅助措施。

1. 管棚

管棚是在隧道拱部外缘顺纵向密排的大直径钢管，与钢支撑组成支护结构。编制概算预算均按设计套拱混凝土，套拱孔口管，管棚，注浆内容计价；预算定额3-1-7工程内容如下：

①套拱混凝土包括模板安装、拆除，混凝土浇筑、捣固、养生；

②套拱孔口管包括制作、安装、固定；

③管棚包括场地清理，搭拆脚手架，布眼、钻孔、清孔，钢管制作、运输、就位、顶进；

④注浆包括浆液制作、注浆、检查、堵孔。

2. 小导管

小导管是沿隧道拱部设置前倾密排的钢花管，其端头与钢架相接。编制概算预算均按设计小导管长度，注浆内容计价；超前小导管预算定额3-1-7工程内容包括搭拆脚手架，布眼、钻孔、清孔，钢管制作、就位、顶管。

3. 超前锚杆

超前锚杆一般采用水泥药卷锚杆、自进式锚杆等形式，用于Ⅳ级围岩局部地段、加固拱顶以确保围岩稳定和施工安全。

编制自进式锚杆概算预算均按设计自进式锚杆长度内容计价；自进式锚杆预算定额3-1-6工程内容包括搭、拆、移动脚手架，锚杆运输、钻进，安装附件，砂浆拌和、灌浆、锚固。若需要钢筋、钢筋网、喷射混凝土，则另行计算。

第三章　工程造价理论研究

公路工程造价理论是指关于公路工程技术与经济知识的理解和论述，工程造价编制实际就是工程经济研究工作的一部分。

3.1　工程造价概念

公路建设与国民经济条件密不可分，国民经济是指国家或地区范围内和一定历史时期中整个社会经济活动的总和。国民经济核算包含两个层次，一是实物量核算，二是价值量核算。公路建设工程造价分析，同样需要研究工程实物量和工程价值量。

3.1.1　工程价值

随着建设工程数量的增多、规模和复杂程度的加大，以及需要跨学科的研究，特别是需要从宏观上把握工程活动的本质和规律，目前已经上升到需要应用哲学思维方法研究和分析在工程建设中出现的各种问题。专家认为工程哲学应着重研究建设工程与环境、工程与人和社会文化、工程质量及工程成本等，必须进行工程价值量到工程价值观的研究，在实际工作中应据有其地位。公路建设工程的价值量可以由建设费用简单体现，更重要的是公路和桥梁具有其使用价值、社会价值和经济价值。

1. 使用价值

公路的使用价值是指公路必须具有的使用功能、安全功能和环境功能，其使用价值量不能计算，但其质量的好坏可直接影响使用功能、安全功能和环境功能；可以通过质量检验来评价公路的使用价值，以此不断完善和保证使用价值的完整。

2. 社会价值

公路具有生活资料价值、具有生产资料价值，总的说来具有社会价值。公路建设工程具有创造性价值，公路建设工程的社会作用和价值可以通过国民经济评价等方法分析计算。

3. 经济价值

经济是指社会物质生产，一切经济活动都是力求以最小的耗费取得最大的效益。经济价值是指事物对于人和社会在经济上的意义。公路和桥梁等的经济价值是指其交换价值，需要应用工程实物量等内容进行价值量核算，如某条公路价值多少万元。

3.1.2　工程价值量核算

价值是社会意识的内在规定和组成部分。工程建设必需经过工程价值量核算。核算即为核查计算，其应用非常广泛，公路建设工程价值量核算主要是指在工程设计和施工中计算工程量、工程造价和记录的全过程。

1. 建设项目投资估算

在建设项目整个投资决策过程中，需要依据现有的工程实物量资料和应用工程价值量核算方法，进行建设项目的工程投资额估计。投资估算总额是指从筹建、施工直至建成投产的全部建设费用。投资估算是建设项目在工程可行性研究阶段，确定建设标准、工程规模和建设期限及经过经济分析、落实资金来源等之后的一个重要造价结果，一般需要政府部门批复。

2. 工程概算预算

公路工程概算预算是指在不同的设计阶段,经过勘察设计后在以工程实物量核算的基础上,对工程各部件进行标准取费,即完成工程价值核算确定建设项目的全部工程费用的技术经济文件。其单位工程、分部工程为《公路工程基本建设项目概算预算编制办法》中规定的内容,见表3-1。

建设项目工程价值核算内容 表3-1

第一部分 建筑安装工程费	第六项 隧道工程
第一项 临时工程	第七项 公路设施及预埋管线工程
第二项 路基工程	第八项 绿化环境保护工程
第三项 路面工程	第九项 管理养护及服务房屋
第四项 桥梁涵洞工程	第二部分 设备及工器具购置费
第五项 交叉工程	第三部分 工程建设其他费用

3. 工程计量支付

工程计量是指以该工程施工完成的实体数量为依据,做出正确的计算并以一定的计量单位表述的工程实物量。工程计量是实现单位统一和量值准确可靠的核算过程,由工程承包单位申报经专业监理工程师质量验收合格,才能进行已完工程款的支付。

工程计量支付是企业成本核算的基础。成本核算是指对生产经营管理费用的发生和产品成本的形成所进行的核算。进行成本核算,首先审核生产经营管理费用,看其是否发生,是否应当发生,已发生的是否应当计入产品成本,实现对生产经营管理费用和产品成本直接的管理和控制。其次对已发生的费用按照用途进行分配和归集,计算各种产品的总成本和单位成本,为成本管理提供真实的成本资料。

3.1.3 工程造价的含义

工程造价是广义概念,在不同的场合,由于对象不同,工程造价的含义有所不同。建设工程价值量核算的最终完整结果,即为建设工程造价。因此工程造价可以是工程投资总额,可以是某工程部件的价格,也可以是市场竞争后的工程价款等。

1. 工程投资

从工程投资的角度来定义,工程造价是指建设一项工程预期开支或实际开支的全部固定资产投资费用;也就是一项工程通过建设形成相应的固定资产、无形资产所需的一次性费用总和。工程总投资即为工程造价,即为所建工程的价格。

2. 工程部件价格

按大型工程来定义,公路建设项目也可以被指定为一个单项工程;公路建设项目的工程部件可以分为单位工程、分部工程和分项工程。对应单项工程和单位工程有公路建设工程造价;对应单位工程、分部工程和分项工程有建筑安装工程造价等;它们的工程造价即为工程部件价格。

3. 市场竞争价款

从工程建设的角度来定义,建设工程造价是指在建筑市场中通过招投标程序,由投资者和承包商共同认可的价格,即为工程承发包价格。实践表明工程造价,也可以在市场竞争中形成。

3.1.4 建设工程概算

建设工程概算是初步设计文件的重要组成部分,是依据批复的工程可行性研究报告的建设标准及投资估算控制额度等,根据初步设计图纸、实物量核算和概算编制,确定的建设项目从筹建至竣工交付使用所需全部费用的文件。采用两阶段设计的建设项目,初步设计阶段必须编制设计概算;采用三阶段设计的建设项目,技术设计阶段必须编制修正概算。经批准的建设项目设计总概算的工程投资额,是该工程建设投资的最高限额,是交通运输主管部门批复的该建设项目的工程造价,不得突破。

3.2 工程经济指标

指标是衡量目标的一种方法,是衡量事物的标准。公路工程经济指标是工程技术指标的延伸,是实现公路建设目标的同一体。

3.2.1　指标的概念

评价每一公路建设项目技术方案的经济效益和社会效益，解决工程技术与经济问题总是离不开工程技术指标和经济指标。对于建设项目个体而言，一般应用工程量指标和技术经济指标；对于工程经济研究，需要分析各个体工程量指标、技术经济指标，整体上研究造价指数等内容，它将对建设工程有很多指导意义。一般工程造价文件中都应包含主要技术指标、工程量指标、技术经济指标的说明，还应包括该建设项目确定的工程造价、其与工程造价指数对比的造价水平的说明。

1. 指标的表现形式

公路建设的工程经济研究体现在立项、设计、施工三个阶段，各建设项目的各阶段设计都在寻求合理的工程造价。总之，在工程造价文件中表明实物量单位特征标志的称为工程量指标，表明实物品质特征标志的称为技术经济指标。公路建设工程主要技术指标见表3-2，主要工程数量见表3-3，主要工程量指标见表3-4，技术经济指标见表3-5。

公路建设工程主要技术指标　　表3-2

技术指标名称	单位	指标值	技术指标名称	单位	指标值
交通量预测	Pcu		设计车速	km/h	
公路技术等级	—		设计车辆荷载	—	

公路建设工程主要工程数量　　表3-3

工程名称	单位	工程量	工程名称	单位	工程量
路线长度	km		互通式立体交叉	处	
路基长度	km	路线长减桥隧长	分离式立体交叉	m/座	
涵洞道数	道/m		平面交叉	处	
桥梁长度	m/座		通道道数	m/道	
隧道长度	m/座		天桥座数	m/座	

公路建设主要工程量指标　　表3-4

工程名称	单位	工程量	指标值	备注
土石方	万 m^3			
特殊路基处理	万元			该分部工程组成复杂，可用每km技术经济指标值表现
排水设施	m^3			工可阶段用每km排水防护工程量指标表现
防护工程	m^3			
桥隧长占路线长	%			桥隧长＝主线桥长＋分离式桥长＋互通内主线桥长＋隧道长

注：1. 工程量指标值＝工程量/路基长度，表现为每km工程量指标；

2. 高速公路及一级公路的桥长、隧道长，应按双幅桥长、隧道长计。

公路建设技术经济指标　　表3-5

单位工程	分部工程	分项工程	工程或费用名称	单位	工程量	价值量	指标值	备注
一			临时工程					
二			路基工程	km				
	1		挖方	m^3				
		1	挖路基土方	m^3				
		2	挖路基石方	m^3				
	2		土方填筑	m^3				
	……							
……								

注：价值量可为估算金额、概算金额和预算金额（元）；技术经济指标值＝价值量/工程量。

建设项目工程造价，主要着重研究工程技术与实物量核算、价值量核算两项实质内容。在立项、设计、施工三个阶段中，这两类指标表现为：

①立项阶段对建设项目进行可行性研究，确定最佳的路线方案，合适的技术标准、工程规模，确定最少的资金投入、最大的经济效益。

②设计阶段进行路线安全设计、工程优化，确定对环境的最小破坏、最低的工程成本。

③施工阶段进行人员、材料、设备和现场施工的合理组织，确定最低的资源消耗。

工程量指标与技术经济指标是出自同一个建设工程的一对相辅相成的两组数据，每一组数据对应一组工程，即分部工程或分项工程，它们存在于三个不同的设计阶段的估算、概算和预算中，每个阶段都在研究技术上的可行、经济上有利的效果指标，最终完善以达到技术先进与经济合理的目标。

2. 指标的功能作用

工程量指标与技术经济指标的功能作用，主要是用作工程经济性比较、分析和评价，它表现工程技术和工程经济学理论，为技术政策、技术措施等提供经济方面的基础资料。

①工程技术包括由劳动工具、劳动对象的硬技术，以及工艺、方法、程序、信息、经验、技巧和管理能力的软技术。工程技术是作为实现投资目标的物质形态技术和社会形态技术，是创建与自然和谐的手段和方法。工程造价技术就是工程技术，同属于以生产关系的性质为标准划分的经济社会形态、以生产力和技术发展水平以及与之相适应的产业结构为标准划分的技术社会形态。

②工程技术作为以技术为特征外，它的另一个目标就是工程的经济性，用以经济效果体现工程技术的生命力。在一般情况下，对于经济事件都不能脱离经济效果的标准；对于任何技术方案，都必须对其经济合理性进行分析。

③经济学观点主要提出了在工程建设寿命期内，投资目标或获得单位工程效用所投入的资源节约。

④工程技术生存在自然科学环境和经济环境中，技术是重要的条件和手段，经济是技术的物质基础。有什么样的技术，有什么样的物质基础，就能实现什么样的投资目标。

⑤技术与经济的关系，可以用多层次的宏观和微观、前期和后期的立体性、指导生产的实用性、分析内容的定量性、经济效果的对比性、事先估量的预计性五个方面描述。通过不断实践可以求得经济事件相对准确，即技术上可行和经济上节约的工程方案。

3. 指标的操作流程

工程量指标与技术经济指标两者缺一不可，各有不同的功能作用，两者又都能表现项目工程的建设规模。

①工程技术指标有着工程建设的引领作用，是确定技术方案的代表性参数，用作技术评价、图纸设计、实物量核算和价值量核算的依据。大体上的操作流程是先有工程技术指标→图纸设计→工程量指标→技术经济指标。

②工程技术指标、工程量指标和技术经济指标都能不同程度地体现工程规模，工程设计的工程量是工程规模和工程造价的基础数据；技术经济指标反映技术方案的经济效果，可用作确定技术方案。

③技术经济指标是了解工程造价的工具，其科学地涵盖了技术指标、工程量、材料消耗量及人工和机械工作日消耗量等，是当时当地工程建设资源消耗水平的体现。同样，个体建设工程的技术经济指标应该在合理范围；建设工程的各项技术经济指标个体的合理性，才能使得该建设项目工程造价的合理，这个工程造价才能与工程经济研究的造价指数进行比较，才能了解其工程造价水平的高或低。

④工程量指标和技术经济指标的运用，实质为工程经济分析。通过比较，可在众多方案中选择满意可行的方案。一个工程项目的技术经济指标特别高或低的问题，除查找价值量核算中存在的问题以外，需要分析工程量（指标）中的问题，乃至深入分析工程设计图纸。

⑤技术经济指标是动态的，工程数量指标是相对静止的，它们代表一定时期工程建设预期能够达到的目标值。技术经济指标除了受到技术措施的影响外，还会受到不同时期劳动价格水平等影响。如果将建设工程划分不同地形、地质、水文等类，对应一种地形情况的不同时期的工程量指标相对变化会较小；因此，技术经济指标的运用要结合工程实际。

⑥运用价值工程中的功能评价理论，要正确表达分析对象，去掉不合理的，使经济事件结构更合理。在工程经济指标应用过程中，总的目标是需要正确表达建设工程的造价水平。

4. 指标的统计分析

各建设时期完成的建设项目有不同设计阶段的估算、概算、预算大量的造价文件，均以技术经济指标形式表现了各自工程实体的技术难度和经济价值，可以作为工程经济分析的基础数据。工程经济指标非常实用，它所研究的问题、分析的内容都来源于生产建设实际，其分析和研究的成果又将指导生产实践。

①在各繁多造价文件中，可以进行工程量指标和技术经济指标的统计分析与定性分析，可以形成工程经济性

参数。

②通过对基础数据的研究，可以将构成工程造价的各类因素与造价指数进行对比，可以找出不同类型或相同类型项目与统计分析指标之间的造价差别和原因，从而为当前建设项目管理方面遇到的一些问题提供有价值的信息资料。灵活运用工程经济指标，是今后造价管理的目标。

③工程定额、计价规则等基础工作是进行工程经济指标研究的依据，对合理确定工程造价和有效控制工程造价起着决定性作用。工程经济指标是造价数据库的核心内容。在分析研究工程经济指标的过程中，需要确定指标的合理范围、超标范围、严重超标范围。

3.2.2 指标参数

工程经济指标参数研究是指通过对已完工程项目设计概算、施工图预算及工程竣工结算等资料进行的分析比较，得出能够反映工程特点的价格和数量指标，并应用科学系统的方法建立较完善的工程经济指标体系的过程集合。不同建设项目的工程经济指标的高或低，交错纵横，易使不同的人有不同的理解！因此，需要深入研究工程经济指标的合理范围。

1. 平均指标

某公路建设项目的分部工程或分项工程实体的技术经济指标 P，只能说明当时当地的工程造价内容，只能表现该项工程的技术经济特征。而处于同一时期的不同建设项目，可以运用其相同工程实体的技术经济指标 P_1、P_2……P_n，求出平均值，即为平均工程经济指标，该指标代表了这一时期的平均造价水平，可用式(3-1)计算。

$$\text{平均技术经济指标}\ P_a = (P_1 + P_2 + \cdots\cdots + P_n)/n \tag{3-1}$$

平均工程经济指标可以用来分析投资估算或初设概算或施工图预算结果的正确性，避免处理问题的片面性。同时，是应用在工程造价指数中的重要参数。

2. 经验指标

经验是从已发生的事件中获取的知识。经验是在社会实践中产生的，是客观事物在人们头脑中的反映。如平原微丘区二级公里 12m 宽度路基设计土石方工程量指标，约为 3 万 m^3/km。经验指标不能是自认为，也不能一味的套用，但可以在对比的情况下说明问题。

3. 常量指标

常量指标是国家经济政策规定使用的工程经济指标。如《公路工程基本建设项目概算预算编制办法》中规定，公路建设项目的办公和生活用家具购置费按每 km 计算。

项目建设造价编制，主要着重研究实物量核算与价值量核算这两个方面的实质内容。而平均工程经济指标研究，帮助人们理解实际工程的造价水平。实际工程中有工程量指标偏大或偏小的现象，则将表明工程造价偏高或偏低。

3.2.3 工程分组和指标分类

在工程经济指标体系中主要有工程量指标和技术经济指标，其中还包含工程单价指标，价格指标、成本指标，消耗量指标等，综合运用才能客观反映公路工程技术与经济现象的规律。以某建设项目为例，借此说明建设工程内容和工程经济指标分类。其工程技术指标为二级公路，设计速度 60km/h，路线长度 19.99km，山岭重丘地形，路基宽度 12m。

1. 单件工程

单件工程是指一种工程机械完成的作业。单件工程单价是指一种工程机械完成的单位数量的价格。由单项操作组成单件工程，如该项目的推土机挖路基土方单件工程，见表 3-6，有 3 项单项操作，分别为推土机开挖普通土 1.502万 m^3、开挖硬土 1.0848 万 m^3 和推土总量增运 1.5 个 10m。

推土机挖路基土方单件工程单价　　表 3-6

№	单项操作名称	单位	工程量	建安费	单价
1	推土机功率 105kW 以内推普通土、第一个 40m	m^3	15020	77677	5.17
2	推土机功率 105kW 以内推硬土、第一个 40m	m^3	10848	66179	6.10
3	推土机功率 105kW 以内每增运 10m	m^3	38693	32808	0.85
单件工程价格 = (77677 + 66179 + 32808)/(15020 + 10848) = 6.83 元/m^3					

2. 分项工程

由单件工程组成分项工程。分项工程是按不同的施工方法或不同的材料或不同的材料规格或不同的施工机械等,完成的一项工程。如该项目的挖路基土方分项工程,见表3-7,有3项单件工程,分别为推土机开挖土方、挖掘机开挖土方和自卸汽车运输土方;如该项目的挖路基石方分项工程,见表3-8,有3项单件工程,分别为开炸石方、装载机装石方和自卸汽车运输石方。

挖路基土方分项工程技术经济指标　　表3-7

№	单件工程名称	单位	工程量	建安费	单价
1	推土机功率105kW以内推普通土、第一个40m	m^3	1502	77677	14.3
2	推土机功率105kW以内推硬土、第一个40m	m^3	10848	66179	
3	推土机功率105kW以内每增运10m	m^3	38693	32808	
4	挖掘机斗容量2.0m^3以内挖装普通土	m^3	45675	157608	3.65
5	挖掘机斗容量2.0m^3以内挖装硬土	m^3	20099	82592	
6	自卸汽车装载质量10t以内运土方第一个1km	m^3	65774	428281	6.62
7	自卸汽车装载质量10t以内每增运土方0.5km	m^3	8066	7063	
	挖路基土方=1502+10848+45675+20099=78124	m^3	78124	852208	
挖路基土方技术经济指标=852208/78124=10.91元/m^3					

挖路基石方分项工程技术经济指标　　表3-8

№	单件工程名称	单位	工程量	建安费	单价
1	机械打眼开炸软石推土机功率135kW以内运第一个40m	m^3	375044	6614564	24.3
2	机械打眼开炸次坚石推土机功率135kW以内运第一个40m	m^3	670542	17710181	
3	推土机功率135kW以内每增运10m	m^3	553829	1080645	
4	装载机斗容量3m^3以内装软石	m^3	196703	470120	3.00
5	装载机斗容量3m^3以内装次坚石、坚石	m^3	295054	1003184	
6	自卸汽车装载质量10t以内运石方第一个1km	m^3	491757	5133943	11.81
7	自卸汽车装载10t以内每增运石方0.5km平均运距5km以内	m^3	491757	673707	
	挖路基石方=375044+670542=1045586	m^3	1045586	32686344	
挖路基石方技术经济指标=32686344/1045586=31.26元/m^3					

3. 分部工程和单位工程

分部工程是按不同的施工方法或不同的材料或不同的材料规格或不同的施工机械等,完成的多个分项工程。由分部工程组成单位工程,单位工程完成多个分部工程。

4. 工程量指标

如某项目路线长度19.99km,扣除桥隧长度2647m后,路基长度16.552km,桥隧比(指标)为13.8%。其路基设计土石方工程量为112.371万m^3,每km工程量指标值为6.789万m^3;特殊路基处理工程费用626.5万元,平均每km工程量指标值为37.85万元;路基排水防护工程设计数量为71927m^3,每km工程量指标值为4346m^3;各项指标均在合理范围,见表3-9。

××建设项目工程量指标　　表3-9

项目	单位	工程量	工程量指标	备注
路线长度	km	19.199		二级公路,路基宽12m,山岭重丘地形
路基长度	km	16.552		桥隧长2647m,占路线长13.8%
土石方	万m^3	112.371	6.789	工程量指标=112.371/16.552=6.789万m^3/km
特殊路基处理	万元	626.5	37.85	
排水防护	m^3	71927	4346	
……				

5.技术经济指标分类

技术经济指标分类与工程分组相同,技术经济指标分类如下:

①价值量指标与分组指标。前者是以价值形态反映出来的指标,后者说明需要对众多的技术经济指标进行分组。

②综合指标与单项指标。如路基工程、零星工程等单位工程和分部工程的技术经济指标为综合指标,如挖路基土方、土方填筑等分项工程的技术经济指标为单项指标。

③总量指标与单位指标。如每公里基本造价、每公里路面造价等为总量指标,如每平方米桥梁、每延米隧道的技术经济指标为单位工程指标。

如表3-10,项目路基长度16.552km,路基挖方总量112.371万m^3,挖方工程费用3353.86万元,技术经济指标29.85元/m^3;挖路基土方和挖路基石方的技术经济指标,分别为10.91元/m^3、31.26元/m^3;各项指标均在合理范围。

××建设工程技术经济指标 表3-10

项目			工程名称	单位	工程量	建安费	技术经济指标
单位	分部	分项					
二			路基工程	km	19.199		
	1		挖方	m^3	1123710	33538552	29.85
		1	挖路基土方	m^3	78124	852208	10.91
		2	挖路基石方	m^3	1045586	32686344	31.26
	2		填方	m^3	839407	7754254	9.24
		1	土方填筑	m^3	51926	273184	5.26
		2	石方填筑	m^3	787481	7481070	9.50
	……		……				

按照土方和石方的开挖和运输及填筑工程内容,其综合技术经济指标见表3-11,各项指标均在合理范围。

××建设工程技术经济指标 表3-11

工程名称	单位	计算式或说明	技术经济指标
土方(挖运填)	m^3	(852208+273184)/78124=14.41元/m^3	14.41
石方(挖运填)	m^3	(32686344+7481070)/1045586=37.42元/m^3	38.42

6.技术经济指标表示法

①双计量单位表示法,表示工程量/数量单位的两项指标,如m^3/m、m/座、km/座等,又如劳动生产率用"价值量(实物量)/工日或年"的表示。

②百分率表示法,表示在一总体中某一部分所占比例,如桥隧长度所占路线长度的比例、材料利用率等均用"%"表示。

③指数表示法,表示两个相关的指标,如百万元完成产值等。

7.技术经济指标应遵循的原则

技术经济指标适用于管理部门、生产经营组织,是对各种设备、各种物资、各种资源利用状况及其结果的度量标准,也是技术方案、技术措施、技术政策的经济效果的反映。技术经济指标可以反映各种技术经济现象与过程相互依存的多种关系,反映生产活动的技术水平、管理水平和经济成果。

科学性:即指标必须同技术经济范畴的科学含义相一致,指标值应取决于实际经济的需要和理论研究的完善程度。

实用性:即指标应适应于经济水平、计划水平、统计水平,以及技术与经济的相应变动;对于不同的工程项目、不同的技术方案、不同的技术实践,其指标应有不同,各有侧重。

可比性:即指标应满足统计的需要,在时间、价格、消耗费用等方面可比,要将不可比因素转化为可比因素。

8.技术经济指标的实际意义

在公路建设中,技术经济指标是对生产活动进行组织、管理、监督和检查的重要依据。

①查明与挖掘生产潜力,增加生产,提高经济效益;

②考核生产技术活动的经济效果，以合理利用资源、机械设备、改善产品质量等；

③评价各种技术方案，为工程技术和经济决策提供可靠依据。

9. 技术经济指标的对比分析方法

技术经济指标对比分析方法，可以帮助找出不符合项目建设投资规律、工程量差异和工程费用差异等较大的问题。

①横向指标对比，是指应用不同建设项目、相同技术指标、同一设计阶段技术经济指标的对比。

②纵向指标对比，是指应用同一建设项目的各设计阶段技术经济指标的对比。

③单位工程指标对比，是指建筑安装工程费、设备购置费、工程建设其他费用所占总造价的比例的对比。

④分部工程指标对比，是指路基、路面、桥涵、交叉、隧道、公路设施、绿化环保和管理养护及服务房屋等大项的技术经济指标的对比。

⑤分项工程指标对比，如对同类项目的每平方米、每立方米、每延米技术经济指标的对比，可直接反映出价值量核算的准确性；

⑥工料机消耗指标对比，如水泥混凝土路面每平方米钢筋含量的对比、隧道工程Ⅴ类围岩路段的钢支撑每米榀数的对比等。

3.2.4 工程造价指数研究

工程造价指数是反映一定时期由于价格变化对工程造价影响程度的一种指标，它反映了报告期与基期相比的价格变动趋势。运用工程造价指数，与有代表性的已建工程造价资料的单项价格和综合价格相结合，不仅可使工程造价在“量”与“价”上都具有可比性，而且便于造价在“量”和“价”上的调整，给合理确定和有效控制工程造价带来方便。同时，可以利用工程造价指数分析价格变动趋势及其原因，估计工程造价变化对宏观经济的影响。

1. 工程造价指数的分类

在经济发展过程中，物价水平是动态的、经常变化的，有时上涨快、有时上涨慢，有时甚至表现为下降。报告期是指统计中计算指数、发展速度等动态指标时，与基期(年)对比以取得相对指标的计算时期。基是指统计基数，期是指统计时限，基期是一个基础期、起始期的概念。工程造价指数按照分类准则不同可以分为不同的工程造价指数：

(1)按照工程范围和类别分类

①分项工程造价指数是反映工程的人工、材料及施工机械设备报告期对基期价格的变化程度的指标。

②综合造价指数是综合反映各单位工程或分部工程费用等报告期价格对基期价格变化而影响工程造价程度的指标，它是研究造价总水平变化趋势和程度的主要依据，如建筑安装工程造价指数、路基或路面或桥梁等工程造价指数。

(2)按造价资料期限长短分类

①时点造价指数是不同时点价格对比计算的相对数。如1999/1/1对上一年同一时点。

②月指数是不同月份价格对比计算的相对数。

③季指数是不同季度价格对比计算的相对数。

④年指数是不同年度价格对比计算的相对数。

(3)按不同基数分类

①定基指数是以某一固定时期作为基期，按时间顺序编制的各个时期的指数。编制定基指数数列，可以反映某种经济现象的长期动态及发展变化过程。当采用不变权数时，相邻两个定基指数之商等于环比指数。

②环比指数是指对比基期随报告期(计算期)的变动而相应变动的指数，如月环比价格指数的基期为上月；以上年同期(月指数为上年同月，季指数为上年同季)为基期的指数，叫做年(月、季)距环比指数。

2. 工程造价指数计算

工程造价指数是指数理论在公路建设领域的具体应用，是反映不同时期建设工程总造价即总价值和产品价格以及实物数量等指标方面的变化水平，是以某一确定时期为基期，各时期(即报告期)指标与基期指标的比值。各时期的指数所组成的时间数据序列，不仅能够较好地反映工程造价的变动趋势和变化幅度，更加客观地反映建设市场的供求关系和生产力发展水平，而且还可以运用相关技术获得造价指数的变化规律。据此，可以较为准确地计算各个时期的工程造价水平，这对工程建设经济成本分析以及提高管理水平，都有很好的参考价值。公路工程造价指数按使用性质分为投入品价格指数、建筑安装价格指数、建造价格指数等。

(1)投入品价格指数模型

投入品价格指数是单项指数，有人工、材料和机械使用价格指数等。它从工料机各个角度单独反映价格的变动情况。建设过程中合同周期较长的项目，随着时间的推移，经常受造价指数影响，主要表现在人工费、材料费、机械使用费等动态因素。

①人工成本指数

人工成本指数是由各分项工程人工费按不同的比重加权而成的。人工成本指数中各分项工程的比重与工程类型、地形和时间有关。对于任一计算期 K，相对于基期 o 的某类工程的人工成本指数计算模型如式(3-2)所示(基期为100)。

$$I_{K}^{R}=\sum_{i=1}^{n}W_{ik}^{R}\times\frac{p_{ik}^{R}}{p_{io}^{R}}\times 100 \tag{3-2}$$

式中：I_{K}^{R}——相对于基期 o 的计算期 K 某类工程的人工成本指数；

W_{ik}^{R}——第 i 个分项工程的人工成本在期间 K 的比重，$\sum_{i=1}^{n}W_{ik}^{R}=1$；

n——分项工程个数；

p_{io}^{R}、p_{ik}^{R}——分别为第 i 个分项工程在基期 o 和期间 K 的人工成本。

②材料成本指数

材料成本指数是由各分项工程材料费按不同的比重加权而成的。其指数计算模型如式(3-3)。

$$I_{K}^{m}=\sum_{i=1}^{n}W_{ik}^{m}\times\frac{p_{ik}^{m}}{p_{io}^{m}}\times 100 \tag{3-3}$$

式中：I_{K}^{m}——相对于基期 o 的计算期 K 某类工程的材料成本指数；

W_{ik}^{m}——第 i 个分项工程的材料成本在期间 K 的比重，$\sum_{i=1}^{n}W_{ik}^{m}=1$；

n——分项工程个数；

p_{io}^{m}、p_{ik}^{m}——分别为第 i 个分项工程在基期 o 和期间 K 的材料成本。

③机械使用成本指数

机械使用成本指数是由各分项工程机械使用费按不同的比重加权而成的。其指数计算模型如式(3-4)。

$$I_{K}^{E}=\sum_{i=1}^{n}W_{ik}^{E}\times\frac{p_{ik}^{E}}{p_{io}^{E}}\times 100 \tag{3-4}$$

式中：I_{K}^{E}——相对于基期 o 的计算期 K 某类工程的机械使用成本指数；

W_{ik}^{E}——第 i 个分项工程的机械使用成本在期间 K 的比重，$\sum_{i=1}^{n}W_{ik}^{E}=1$；

n——分项工程个数；

p_{io}^{E}、p_{ik}^{E}——分别为第 i 各分项工程在基期 o 和期间 K 的机械使用成本。

④设备工器具成本指数

设备工器具成本指数由各种主要设备工器具费用按不同的比重加权而成的。其指数计算模型如式(3-5)。

$$I_{K}^{T}=\sum_{i=1}^{s}W_{ik}^{T}\times\frac{p_{ik}^{T}}{p_{io}^{T}}\times 100 \tag{3-5}$$

式中：I_{K}^{T}——相对于基期 o 的计算期 K 某类工程的设备工器具成本指数；

W_{ik}^{T}——第 i 种设备工器具在期间 K 的比重，$\sum_{i=1}^{s}W_{ik}^{T}=1$；

s——主要设备工器具种类；

p_{io}^{T}、p_{ik}^{T}——分别为第 i 种设备工器具在基期 o 和期间 K 的设备工器具成本。

⑤工程建设其他费成本指数

工程建设其他费用内容繁多，比重相对不大，可采用费用总额计算。其指标计算模型如式(3-6)。

$$I_{K}^{L}=\frac{p_{K}^{L}}{p_{o}^{L}}\times 100 \tag{3-6}$$

式中：I_{K}^{L}——相对于基期 o 的计算期 K 某类工程的工程建设其他费成本指数；

p_{K}^{L}——期间 K 工程建设其他费用总额；

p_{o}^{L}——基期 o 工程建设其他费用总额。

(2)公路建造价格指数模型

公路建造价格指数是综合指数，应按一定的层次结构来编制。首先要编制投入品价格指数，然后进一步汇总成本价格指数。公路建造成本价格指数模型如式(3-7)。

$$I_{K}^{C}=W_{K}^{B}\cdot(W_{K}^{R}\cdot I_{K}^{R}+W_{K}^{M}\cdot I_{K}^{M}+W_{K}^{E}\cdot I_{K}^{E})+W_{K}^{T}\cdot I_{K}^{T}+W_{K}^{L}\cdot I_{K}^{L} \tag{3-7}$$

式中：W_{K}^{R}，W_{K}^{M}，W_{K}^{E}——分别为人工、材料和机械费用在各类工程直接费用中所占的比重；

W_{K}^{B}，W_{K}^{T}，W_{K}^{L}——分别为建筑安装工程费、设备工器具购置费和工程建设其他费在各类工程建造成本中所占的比重。对于期间 K 的某类工程，$W_{K}^{R}+W_{K}^{M}+W_{K}^{E}=1$，$W_{K}^{B}+W_{K}^{T}+W_{K}^{L}=1$。

3. 工程造价指数编制和使用

工程造价指数应由管理该部分工程的机构或单位编制。如由政府主管部门的工程造价管理机构编制和使用；非政府投资工程的工程造价资料和指数，由项目管理法人或委托的工程造价咨询单价编制和使用；施工企业为在建筑市场中投标竞争，也应编制用于自己投标报价的工程造价资料和相应的工程造价指数。尽可能使工程造价信息多渠道。

3.3 工程经济指标统计应用

统计指标是反映总体现象、总体数量状况及其具体数值。一项统计指标只能反映现象的某个特征，需要反映客观现象的各个方面，事物发展的全过程，必须有一系列和它相关、相适应的统计指标。研究一系列相互联系的指标，称为统计指标体系。

3.3.1 工程经济指标统计

工程经济指标需要统计，按其反映的内容或其数值表现形式，可以分为总量指标、相对指标和平均指标三种。

1. 总量指标

总量指标是反映现象总体规模的统计指标，通常以绝对数的形式来表现，因此又称为绝对数，例如每公里排水设施工程量、每公里工程造价等。

2. 相对指标

相对指标又称相对数，是两个绝对数之比，如桥隧长度与路线设计长度之比等。相对数的表现形式通常为比例和比率两种。

3. 平均指标

平均指标又称平均数，它反映的是现象在某一空间或时间上的平均数量状况，如每公里涵洞设置数量等。

3.3.2 公路建设工程量指标

1. 路基工程量指标

表中为新建公路的每公里路基的工程量指标值，其不含桥隧长度。当公路建设在山岭重丘区地形时，桥隧比例较大，则表明地形更为复杂，土石方和排水防护工程量指标值会有所增加。各等级公路的路基工程量指标，见表3-12～表3-15。

高速公路路基工程量指标

表 3-12

项目	单位	山岭重丘 4 车道	平原微丘 4 车道		平原微丘 6 车道	
		80km/h	100km/h	120km/h	100km/h	120km/h
路基宽度	m	24.5	26	28	33.5	34.5
土石方	万 m^3	19.3	11.3	13.0	15.0	16.0
排水防护	m^3	8000	2600	2800	3200	3400
桥隧比例	%	≤30.0	—	—	—	—

一级公路路基工程量指标

表3-13

项目	单位	山岭重丘		平原微丘		
		60km/h	80km/h	80km/h	100km/h	120km/h
路基宽度	m	23.0	24.5	24.5	26	28
土石方	万 m^3	16.0	18.0	8.0	9.0	10.0
排水防护	m^3	4400	3200	2200	2400	2600
桥隧比例	%	≤30.0	≤30.0	—	—	—

二级公路路基工程量指标

表3-14

项目	单位	山岭重丘		平原微丘		
		40km/h	60km/h	60km/h	60km/h	80km/h
路基宽度	m	8.5	10.0	12	10.0	12.0
土石方	万 m^3	5.1	6.0	9.8	2.5	3.1
排水防护	m^3	3200	4000	4800	1600	2100
桥隧比例	%	≤10.0	≤10.0	≥20.0	—	—

三级四级公路路基工程量指标

表3-15

项目	单位	三级公路		四级公路			
		山岭重丘	平原微丘	山岭重丘		平原微丘	
		30km/h	40km/h	20km/h			
路基宽度	m	7.5	8.5	6.5	4.5	6.5	4.5
土石方	万 m^3	4.4	1.65	3.2	2.2	1.0	0.65
排水防护	m^3	2000	1200	600	420	350	240
桥隧比例	%	≤10.0	—	≤5.0	≤5.0	—	—

2. 涵洞工程量指标

各等级公路路基宽度对应涵洞最小孔径、路基最小厚度，以及每 km 涵洞工程量指标值见表3-16。

涵洞工程量指标

表3-16

项目	单位	高速一级公路				二级及以下公路					
路基宽度	m	33.5	28	26	24.5	12	10	8.5	7.5	6.5	4.5
涵洞最小孔径 D	m	1.25	1.25	1.25	1.25	1.0	0.75	0.75	0.75	0.75	0.5
基础最小厚度	cm	30					20				
涵洞数量	道	≥3				≥4					

注：1. 基础最小厚度是指一般性土质地基条件下；

2. 涵洞的最小跨径 D 也是涵洞最小净高。

3.3.3 公路建设技术经济指标

1. 路基工程技术经济指标

场地清理技术经济指标见表3-17，挖除旧建筑物技术经济指标见表3-18，路基土石方技术经济指标见表3-19，路基土石方运输单价见表3-20。

场地清理技术经济指标

表3-17

项目	单位	指标(元)	项目	单位	指标(元)
砍挖灌木林(稀)	m^2	5.3	推土机平整场地	m^2	0.82
伐树直径 >10cm 及挖根	棵	27.0	填前挖松	m^2	0.45
挖竹根	m^3	20.4	耕地填前压实	m^2	0.31
清除表土运 1km	m^3	9.2	人工夯实	m^2	2.0

挖除旧建筑物技术经济指标

表 3-18

项目	单位	指标(元)	项目	单位	指标(元)
挖除旧水泥路面	m^3	115	拆除钢筋混凝土结构	m^3	118
挖除旧沥青路面	m^3	81	拆除波形护栏	m	20.2
人工凿除混凝土	m^3	151	移除标志牌	块	460
加铺铣刨	m^2	69	拆除新泽西护栏	m^3	440
拆除砌石结构	m^3	61			

路基土石方技术经济指标

表 3-19

项目	单位	指标(元)	项目	单位	指标(元)
挖台阶(普通土)	m^2	3.0	挖路基石方	m^3	31.3
挖路基土方	m^3	10.9	土方填筑	m^3	5.3
借土方运 5km	m^3	17.2	石方填筑	m^3	9.5
改移水渠	m	860	台背回填石渣运 2km	m^3	26.3

路基土石方运输单价(10t 以内自卸汽车)

表 3-20

运第一个 1km	单价(元)	增运 0.5km 单价(元)		
		运 5km 以内	运 10km 以内	运 15km 以内
运土方	6.51	0.85	0.77	0.74
运石方	10.14	1.33	1.20	1.15

2. 特殊路基处理技术经济指标

软基处理工程内容为清淤换填、砂沟换填、抛石挤淤、袋装砂井、塑料排水板、堆载及真空预压、粒料桩、加固土搅拌桩，工程量指标见表 3-21。表 3-21 中超挖回填石渣，为低填浅挖(土方)路基处理，两次运输，各为 2km。

软基处理技术经济指标

表 3-21

项目	单位	指标(元)	项目	单位	指标(元)
软土深度 $h \leq 1m$	m^2	91	软土深度 $h \leq 3m$	m^2	250
软土深度 $h \leq 2m$	m^2	178	软土深度 $h > 3m$	m^2	340
排水挖淤运 1km	m^3	17.8	溶洞填片石注浆处理	m^3	410
超挖回填石渣	m^3	37.8	处理填土(掺石灰)	m^3	
土工格栅稳定高路堤	m^3	16.8	处理填土(掺水灰)	m^3	
清除滑坡体	m^3	13.5			

软土地基垫层技术经济指标见表 3-22。

软土地基垫层技术经济指标

表 3-22

项目	单位	指标(元)	项目	单位	指标(元)
砂垫层	m^3	88.8	石渣垫层	m^3	24.3
砂砾垫层	m^3	76.9	碎石垫层	m^3	96.3

3. 排水设施技术经济指标

路基矩形边沟、梯形边沟、截水沟和急流槽技术经济指标，见表 3-23 ~ 表 3-26。

路基矩形边沟技术经济指标

表 3-23

项目	单位	工程量指标	技术经济指标指标(元)	备注
60 × 60 砌石矩形边沟	m^3/m	0.72	375/270	图
60 × 60 混凝土矩形边沟	m^3/m	0.315	700/210	
60 × 80 砌石盖板边沟	m^3/m	1.33	442/588	
60 × 80 混凝土盖板边沟	m^3/m	0.6	778/467	

路基梯形边沟技术经济指标

表 3-24

项目	单位	工程量指标	技术经济指标指标(元)	备注
60×60 土质梯形边沟	m^3	2.3	13.6	植草
60×60 砌石梯形边沟	m^3/m	0.85	375/319	
60×60 预制块梯形边沟	m^3/m	0.22	815/181	
护脚砌石边沟(半梯形)	m^3/m	0.413	375/155	不含护脚
路堑砌石浅碟形边沟	m^3/m	0.19	818/153	

路基截水沟技术经济指标

表 3-25

项目	单位	工程量指标	技术经济指标指标(元)	备注
砌石拦水型平台截水沟	m^3/m	0.17	499/85	
预制块矩形平台截水沟	m^3/m	0.085	872/74.2	
预制块斜口平台截水沟	m^3/m	0.066	869/57.3	
60×60 砌石矩形坡顶截水沟	m^3/m	1.26	375/473	
60×60 砌石梯形坡顶截水沟	m^3/m	0.83	375/311	

路基急流槽技术经济指标

表 3-26

项目	单位	工程量指标	技术经济指标指标(元)	备注
1:1.25 山坡砌石急流槽	m^3/m	1.77	375/665	沟宽 70cm
预制块路堤急流槽	m^3/m	0.202	822/166.1	
砌石路堤急流槽	m^3/m	0.67	377/254	
PVC 管路堑急流槽	m	1	182	ϕ315mmPVC 管 150 元/m
砌石路堑急流槽	m^3/m	0.63	375/235	

工程经济学篇

第一章　公路工程经济简介

科学就是追求完善或完美，是社会意识形态之一，其意义平凡于人类的生活当中。与时俱进的公路建设，要追求科技进步，就必须用科学的方法进行研究。公路工程经济是综合运用工程技术、经济学和管理学原理，使投入的公路工程项目资金发挥最大经济效益的一种科学方法。其目的是降低投资风险，使决策科学化、合理化；在工程项目前期进行各种技术方案的论证，在投资前发现问题，及时否定不可行的方案。

经济学研究的是社会如何利用稀缺的资源来生产有价值的商品，并将它们分配给不同的个人。这个定义的背后隐含了经济学的两大核心思想，即物品是稀缺的和社会必须有效的利用。事实上，正是因为稀缺性和追求效益的愿望，才使经济学成为一门重要的学科。

1.1 公路工程经济学的发展

工程经济学是工程与经济的交叉学科，是研究工程技术实践活动经济效果的学科。工程经济学作为一门系统的独立的科学，最早由惠灵顿（A. M Wellington）1887 提出。第二次世界大战之后，工程经济学受凯恩斯主义经济理论的影响，研究内容从单纯的工程效益分析扩大到市场供求和投资分配领域，从而取得重大进展。近十几年来，工程经济学为了适应经济全球化的要求，逐渐改变了过去单一重视微观经济分析，着眼于微观部门的经济效果分析正逐渐同宏观的社会效益研究、环境效益分析结合在一起。国家的经济制度和政策、环境保护和可持续发展等问题已成为当代工程经济学研究的新内容。

我国在建国初期比较重视经济效益，因此，在 56 项重点工程建设中，在借鉴前苏联经验的基础上，形成了一套自己的经济技术论证方法。在这种技术经济论证中，从国民经济角度出发，考虑了工程中的经济因素，尽管是静态的（即没有考虑资金的时间价值），还是起了良好的作用。工程经济分析在我国真正得到发展和广泛应用是 20 世纪 70 年代后期，随着改革开放，传统的计划经济不讲效益的观点被逐渐摒弃，在工程项目的成本核算中，开始出现折现、现金流量等概念。1978 年以后，我国各项工作转移到以经济建设为中心的轨道上来，国家文件多次强调重视前期工作。广大工程技术人员面临工程可行性研究的实际需要，以积极的态度引进和吸收西方国家的过程分析方法，并结合我国的具体实践，探索并制定适合我国国情的条例和方法。

1981 年以后国家开始组织对建设项目经济评价的基础理论和方法进行研究，同时我国一系列世界银行贷款项目都严格按要求进行工程经济分析。之后国家计委组织编写和出版了《建设项目经济评价方法与参数》（1987 年 10 月），为我国进行过程经济分析提出了规范化的方法和参数。1988 年 10 月交通部颁发了《公路建设项目经济评价方法》。因此可以说 20 世纪 80 年代开始，随着我国经济建设的飞速发展，工程经济分析得到了完善和发展。目前，我国在项目投资决策分析、项目评估和管理中，已经广泛应用工程经济学的原理和方法。

1.2 公路工程经济研究对象

公路工程经济研究是项目决策的科学依据，其研究对象主要是工程项目，是技术与经济在工程项目中的具体运用。公路工程经济分析是从数量上对工程项目的经济效益进行分析、计算和评价的一整套方法，是结合交通量预测和公路工程技术研究，比较项目建设费用和效益，进行多方案论证，对项目的经济合理性和技术可行性进行分析和评价。工程经济分析不仅可以帮助解决投资决策问题，而且可以帮助选择设计方案、施工方案、资源配置方案等。工程经济分析是一项投资活动的研究。

1.2.1 投资方向的合理性

各地区或部门是根据国家当前的经济发展政策、自然资源条件及市场的需求预测等，寻求最有利的投资机会，选择最合理的工程项目和建设时期，保证国家有限的投资发挥最大的经济效益。运用国民经济评价中的相关指标以及有关参数，取舍工程项目，促进国家资源的合理分配，有利于抑制投资规模，有利于提高工程建设计划质量。

1.2.2 实现目标的优选

公路工程经济分析解决的主要问题，一是最终评价，即对一个工程项目的经济效益做出最后的评价，为工程项目的取舍提供依据；二是方案筛选，也叫过程分析，即在一个工程项目的规划和设计过程中，按照一定的评价标准，从多种可以替代而又互相排斥的方案中，筛选一个最优的方案；三是项目排队优选，即在资源一定的条件下，对若干个可实施的工程项目，采用经济分析方法，进行效益分析，按照好坏进行排序，优先安排经济效益好的工程项目，使有限的资源得到最合理有效地运用。

1.2.3 投入与产出的对比

工程项目建设，总是希望投入少，效益好，质量好、寿命长。投入通常是指资源、资金、劳力的投入。资源投入是指能源、原材料等自然资源的投入，资金投入是指购买机器、设备等有形资产的投入，劳力投入是指经济活动中人的投入。经济效益就是所获得的有用的劳动成果与劳动投入的劳动消耗之间的比值，这个值越大，经济效益就越好。公路建设项目的经济效益是指给企业带来的经济效益（即财务分析），以及运输费用节约效益、减少拥挤效益、节约旅客及货物在途时间效益、缩短里程效益、减少交通事故效益（即国民经济分析）。公路工程项目经济效益分析，是公路工程经济研究的主要目的。

1.3 公路工程经济要素

公路交通建设是一项系统工程，即用定量和定性相结合的系统思想和方法处理公路建设中的问题，无论是公路建设决策、公路设计与施工，还是公路经营管理，都是一项工程实践。经济要素是确定实体及其目标的表示。

1.3.1 工程

工程是对于土木建筑或其他生产、制造部门，用比较大而复杂的机器，以某组设想的目标为依据，在一个长时间周期内，应用相关的科学知识和技术手段，通过有组织的活动，将现有资源转化为具有预期使用价值的人造产品的过程。工程能被人们接受必须做到有效，即必须具备两个条件，一是技术上的可行性；二是经济上的合理性。

公路建设项目就是一项工程，是指建成后可以发挥其使用价值和投资效益的人造产品。公路工程构造物包括公路路基和路面、公路桥梁、公路隧道，及与之相关的安全设施、监控设施、通信设施、收费设施、绿化设施、服务设施、管理设施等。工程师应遵照既定原则，应用数学、力学等自然科学，解决一些技术问题，建造事物。造价工程师需要工程的概念，应用经济学原理，考虑工程成本，从经济活动中取得经济效益。

1.3.2 投资

工程经济中的投资，是指在工程建设活动中为实现预定生产、经营目标而预先垫付的资金，它是有形资产、无形资产和货币资金的总和。建设投资是指形成企业固定资产、无形资产和递延资产的投资。狭义的有形资产通常是指企业的固定资产和流动资金。广义的有形资产则包括企业的资金、资源、产品、设备、厂房、人才信息等一切生产要素在内。固定资产一定都是有形资产，有形资产不一定都是固定资产。

1.3.2.1 投资构成和资产分类

1. 投资构成

投资是衡量工程项目或技术方案投入的重要经济指标，是项目建设期主要的现金流出项目。按照投资行为的直接程度，投资可分为直接投资和间接投资；按其性质的不同，可分为固定资产投资和流动资产投资；按期投资期限的长短，投资可分为长期投资和短期投资；按用途的不同，投资可分为生产性投资和非生产性投资。

对于工程建设项目来说，项目总投资一般由建设投资、流动资金和建设期贷款利息三项构成。非生产性建设项目总投资构成，见图 1-1 所示。

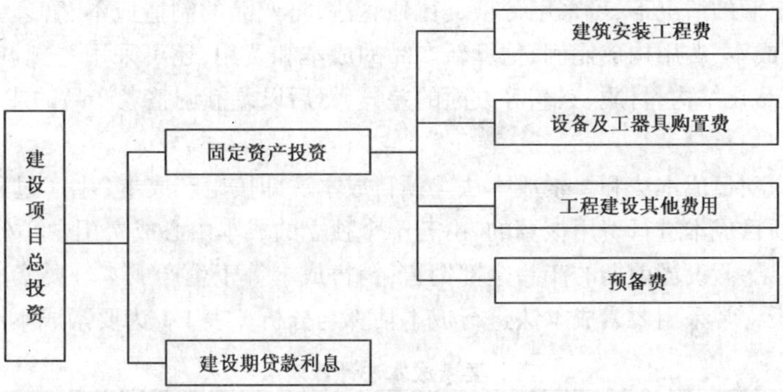

图 1-1 非生产性建设项目总投资构成

2. 资产分类

企业或机构对工程项目投资以后会形成资产，即固定资产、流动资产、无形资产和其他资产（递延资产）。非生产性建设项目总投资只有固定资产投资，没有流动资产投资。

(1)固定资产投资

建设投资中形成固定资产的投资称为固定资产投资。固定资产是指在社会再生产过程中较长时间为生产和人民生活服务的物质资料。企业的固定资产包括使用年限在 1 年以上的建筑物、机械、运输设备和其他与生产经营有关的设备、器具、工具等。不属于生产经营的主要设备的物品，单位价值在 2000 元以上（具体规定按国家有关财务制度和主管部门制定的固定资产目录为准），使用年限超过 2 年的也可作为固定资产。否则，只能算作低值易耗品。

固定资产应该按照取得的实际成本，即原始价值入账。实际成本是指为构建某项固定资产，达到可使用状态前所发生的一切费用，包括买价、税金、运杂费、包装费和安装费等。固定资产的价值通过固定资产折旧费用分期计入产品成本或费用，并通过取得相应的收入而得到补偿。在工程项目中，工程费用、工程建设其他费用、预备费、建设期利息形成固定资产的原始值。

(2)无形资产投资

无形资产投资是指专利权、商标权、土地使用权、非专利技术和商誉等的投入。广义的无形资产包括货币资金、应收账款、金融资产、长期股权投资、专利权、商标权等，因为它们没有物质实体，而是表现为某种法定权利或技术。狭义的无形资产理解为专利权、商标权等。无形资产从开始使用之日起，在有效使用期限内平均摊入成本。法律和合同规定了法定有效期限或者受益年限的，摊销年限从其规定。否则，摊销年限应注意符合税法的要求。无形资产的摊销一般采用平均年限法，不计残值。

(3)递延资产投资

递延资产是指集中发生，但在会计核算中不能全部计入当年的损益，应当在以后年度分期摊销的费用，包括开办费、租入固定资产的改良支出等。递延资产的摊销可以采用平均年限法，不计残值，摊销年限应注意符合税法的要求。

1.3.2.2 投资资金来源

项目投资的资金来源可划分为自有资金（权益资金）和负债资金两大类。项目自有资金是投资者缴付的出资额（包括资本金和资本溢价），是企业用于项目投资的新增资本金、资本公积金、提取的折旧费与摊销费以及未分配的税后利润等。负债资金是指银行和非银行金融机构的贷款以及发行债券的收入等，包括长期负债（长期贷款、应付长期债券和融资租赁的长期应付款项等）和短期负债（短期贷款、应付账款等）。

1.3.2.3 投资估算

投资估算包括建设投资估算、流动资金投资估算和建设期利息估算（即成本估算）。对拟建中的项目进行投资估算是项目建议书和可行性研究的需要。通过投资估算可以了解项目总投资金额，并提前制定资金筹措计划和使用安排计划。科学的投资估算对项目建设过程的控制以及对项目进行合理的经济评价都起着重要的作用。投资估算的主要依据有：项目建议书、建设规模和设计方案、图样以及设备明细表、设备价格、材料预算价格，以及同类型建设项目的投资资料、相关标准和定额等。

1. 概略估算法

在缺乏详细资料和定额的情况下，可采用分项类比估算法，将产品的制造成本、管理费、销售费、财务费与类似产品相比，按相似产品的成本、费用构成比例，估算新产品的成本和费用；还可采用差额调整法，即以老产品的实际成本为基数，比较新老产品在结构、材质、工艺等方面的差异，然后以差额调整老产品的成本，以估算新产品的成本。

2. 详细估算法

详细估算法又可分为项目成本法和要素成本法。项目成本法即按生产成本（生产过程的各个环节）分别估算，现行财务会计制度是按项目成本进行费用核算的，由若干个独立的成本中心或费用中心分别核算销售成本、销售费用和管理费用，为简单起见，假设当前期的产品全部销售，销售成本等于生产成本。要素成本法即按生产费用要素进行估算。工程经济分析中常采用要素成本法进行成本估算与分析。表 1-1 为要素成本法计算表。

要素成本法计算表 表 1-1

序号	成本要素	计算方法
1	外购原材料费	消耗数量×原材料单价
2	外购燃料、动力费	消耗数量×单价
3	工资及福利费	定额人数×工资标准(1+福利标准系数)
4	折旧费	平均年限法、工作量法、双倍余额递减法或年数总和法
5	修理费用	折旧费×修理费系数
6	摊销费用	待摊销资产或费用(无形资产、递延资产等)÷摊销年限
7	财务费用(利息支出、汇兑损失等)	按相应规定计算
8	其他费用	(1+2+…+7)或(3)×其他费用系数
9	总成本费用(固定、可变)	1+2+…+8
10	经营成本	9-4-6-7

注：其他费用是指在制造费用、销售费用、管理费用中扣除工资及福利费、折旧费、修理费用、摊销费用后的费用。

3. 公路工程投资估算

公路工程投资估算按照交通运输部颁发的《公路工程基本建设项目投资估算编制办法》、《公路工程估算指标》编制。

1.3.3 成本

成本是商品经济的价值范畴，是商品价值的组成部分。人们要进行生产经营活动或达到一定的目的，就必须耗费一定的资源，即耗费人力、物力和财力，其所费资源的货币表现及其对象化称之为成本。成本作为一个综合性的经济指标，可以比较清楚的分析项目的经济效果，得出经济评价的结论，作为投资决策的依据。成本与工程设计内容有着密切关系，设计的工艺是否先进，设备选型是否合理，各项技术指标是否经济，劳动定员和机构设置是否合理等都集中反映在成本这个指标上。同时，它又影响着其他经济指标。

在工程经济分析中，为了方便计算，通常按照各费用要素的经济性质及表现形态，把总成本费用分为九类：外购原材料费、外购燃料费、外购动力费、工资、职工福利基金、折旧费、大修理基金、利息支出、其他支出。

1. 产品成本

按各种费用与产品产量的关系，可将产品成本划分为固定成本和可变成本两部分。

固定成本是指在一定生产规模限度内不随产品产量变动而变动的费用。固定成本并非永远不变，固定成本的概念只在产品产量发生短期波动或经营条件发生变化，而企业还来不及根据这种变化调整固定生产要素存量条件下使用。固定成本通常可区分为约束性固定成本和酌量性固定成本。存量是指某一时点上存在的某种经济变量的数值。

可变成本是随产出水平变化而变化的成本，如原料、劳动、燃料成本。可变成本等于总成本减固定成本。可变成本通常是指那些直接用于产品制造与产量成正比的原材料、燃料动力、外购半成品、按产量计提的折旧费、生产工人的工资以及与销售量呈正比例变动的销售费用等。降低可变成本的主要途径应从降低单位可变成本的消耗量入手。

2. 经营成本

经营成本是为经济分析方便，从产品总成本费用中分离出来的一部分费用，是在一定时间内(通常为一年)由于生产和销售产品或提供劳务而实际发生的现金支出。它不包括计入产品成本费用中，但实际没有发生现金支出的费用项目，如折旧、财务费用(利息)、摊销费等。维简费(又称更新改造资金)是从成本中提取，专项用于维持简单再生产的资金。经营成本的计算公式为：

经营成本＝总成本费用－固定资产折旧－财务费用－维简费－摊销费

总成本费用可分为外购原材料费、外购燃料费、外购动力费、工资、折旧费、大修理费、利息支出、其他支出等；固定资产参加生产过程，在多次反复循环的生产周期中，将其价值逐步定期转移到产品价值中去的部分称为折旧费；无形资产或递延资产参加生产过程，转移到产品价值中的部分称为摊销费。在进行工程经济分析时，必须考察特定经济系统的现金流入与流出。

3. 沉没成本

沉没成本是指过去已经支出而现在无法得到补偿的成本。例如，已使用多年的设备，其沉没成本是设备的账面净值与其现时市场价值之差。沉没成本在决策分析中，特别在设备更新分析中是很重要的概念，但它与选择新设备的决策无关。沉没成本是以前发生的与当前无关的费用。经济活动在时间上有连续性，但从决策角度看，以往发生只是造成当前状态的一个因素，当前状态是决策的出发点，当前决策所要考虑的是未来可能发生的费用及能带来的利润。

从成本的可追溯性来说，沉没成本可以是直接成本，也可能是间接成本。如果沉没成本可追溯到个别产品或部门则属于直接成本；如果由几个产品或部门共同引起则属于间接成本。从成本的形态看，沉没成本可以是固定成本，也可能是变动成本。企业在撤消某个部门或是停止某种产品生产时，沉没成本中通常既包括机器设备等固定成本，也包括原材料、零部件等变动成本。通常情况下，固定成本比变动成本更容易沉没。从数量角度看，沉没成本可以是整体成本，也可以是部分成本。例如中途弃用的机器设备，如果能变卖出售获得部分价值，那么其账面价值不会全部沉没，只有变现价值低于账面价值的部分才是沉没成本。

4. 机会成本

机会成本又称经济成本，是将一种具有多种用途的稀缺资源置于特定用途，而放弃在其他用途中所能获得的收益。当一种有限的资源具有多种用途时，可能有许多投入这种资源获得相应收益的机会，如果将这种资源置于某种特定用途，必然要放弃其他资源的投入机会，同时也放弃了相应的收益，在所放弃的机会之中最佳的机会可能带来的收益，就是将这种资源置于此特定用途的机会成本。机会成本在决策中不容忽视，优选方案的预计收益必须大于机会成本，否则所选中的方案就不是最优方案。实际分析中如果某项资源只有一种用途，则其机会成本为零。

机会成本不是指实际的货币支出，而是除此项业务之外的最好的业务收益。机会成本实际上是属于收益概念，不属于成本概念范畴。成本是指投入、消耗，收益通常指产出与成本的相对关系。如果我们在几种资源或投资方案中选择其一，而且这些资源或方案对我们都是有益的，那么由于我们只能选择其一而放弃其他资源或方案，也就相应的放弃了其他资源或方案所能带来的效益。如果所放弃的效益也可以考虑为一种成本的话，那么这种成本显然有别于表示消耗的成本。

5. 平均成本

平均成本是指产品总成本费用与产品总产量之比，即平均单位产品成本费用。实际工作中，通常取平均成本作为单位产品成本。平均成本总是针对一定的产品或劳务而言的。一定时期产品生产或劳务提供平均成本的变化，往往反映了一定范围内成本管理总体水平的变化。不同时期的平均成本可能会有很大差别，通过比较分析，能了解成本变化的总体水平，为深入分析指明方向。

6. 边际成本

边际成本是指每增加一个单位产品产量所增加的成本，由定义得知边际成本等于总成本的变化量除以对应的产量上的变化量。当平均成本等于边际成本时，平均成本最低。边际成本是经济分析中一个很重要的概念。

7. 资金成本

资本是指所有者投入生产经营，能产生效益的资金。资金成本是工程项目或企业在筹集资金时所付出的一定代价，这些代价主要包括筹资费和资金的使用费。筹资费是指在筹集资金过程中发生的各种费用，如委托金融机构代理发行股票、债券而支付的注册费和代理费等，向银行贷款而支付的手续费等。使用费是指因使用资金而向资金提供者支付的报酬。如使用发行股票筹集的资金，要向股东们支付红利；使用发行债券和银行贷款借入的资金，要向债权人支付利息;使用租入的资产,要向出租人支付租金等。由于不同情况下筹集资金的总额不同,为了便于比较,资金成本通常以相对数表示,即用资金成本率来表示。资金成本有以下几个方面的特点:

①资金成本是商品经济条件下资金所有权和资金使用权分离的产物;

②资金成本具有一般产品成本的基本属性即同为资金耗费,但又不同于账面成本,而属于预测成本,其一部分计入成本费用,相当一部分则作为利润分配处理;

③资金成本的基础是资金时间价值,但通常还包括投资风险价值和物价变动因素。

8. 寿命期成本

寿命期成本为建设成本和使用成本的合计额,也就是系统在寿命期内的总费用。工程寿命期资金成本,也就是人们常说的经济成本、财务成本,它是指工程项目从项目构思到项目建成投入使用,直至工程寿命终结全过程所发生的一切可直接体现为资金耗费的投入的总和,包括建设成本和使用成本。建设成本是指建筑产品从筹建到竣工验收为止所投入的全部成本费用。使用成本则是指建设产品建成后在使用过程中发生的各种费用,包括各种能耗成本、维护成本和管理成本等。

用项目寿命期的概念来概括工程项目存在的全过程,即开始到终了时间,可以从整体上描绘项目的轮廓,以便于作全面的分析和研究。通常,一个公路工程项目寿命期可延续 20 ~ 30 年。在公路工程项目的寿命期中,要消耗各种各样的资源,这种耗费相应的称为寿命期费用。公路工程项目寿命期费用是指从开始酝酿,经过论证、设计、施工、投入使用一直到最后废弃该项目的整个期间内,所耗费的研究费用、试验费用、施工费用、养护费用和大修理费用及最后弃置费用的总和。按时间顺序,一个完整的寿命期(或叫项目期)又可分为七个阶段:项目的目标设想,项目的预选、选定,项目的准备,项目的评审,项目的实施,项目的使用,项目后评价。

1.3.4 折旧与摊销

固定资产参加生产过程,在多次反复循环的生产周期中,将其价值逐步定期转移到产品价值中去的部分称为折旧或折旧费。

无形资产或递延资产参加生产过程,转移到产品价值中的部分称为摊销或摊销费。

折旧费提取多少应根据固定资产的有形损耗和无形损耗来确定。固定资产的有形损耗是其在使用和长期保管中由于发生物理化学变化而形成,如破坏、磨损、腐蚀等;无形损耗是指由于同类型固定资产的再生产费用降低或出现了新的更有效地固定资产而引起原有固定资产的贬值。

在项目寿命期或计算期的现金流量中,折旧费和摊销费并不构成现金流出,但是在估算利润总额和所得税时,它们是总成本费用的组成部分。

1.3.5 利润

利润是企业经济目标的集中表现,是企业销售产品的收入扣除成本价格和税金以后的余额。工程投资项目投产后所获得的利润可分为销售利润和税后利润两个层次:

$$销售利润 = 销售收入 - 总成本费用 - 销售税金及附加$$

$$税后利润 = 销售利润 - 所得税$$

在计算所得税时,对销售利润为负的年度(即企业发生亏损的年度),可用下一年度的税前利润弥补,下一年度的税前利润不足以弥补的,可以在 5 年内延续弥补,按弥补后的应纳税所得额计算所得税。5 年内不足以弥补的,用税后利润等弥补。对于企业税后利润一般按下列优先顺序进行分配:

①被没收的财物损失、支付各项税收滞纳金和罚款;

②弥补以前年度亏损;

③提取法定盈余公税金,按照税后利润扣除前两项后的 10% 提取,达到注册资金 50% 时不再提取;

④提取公益金,主要用于职工集体福利设施支出,提取率为 5%;

⑤向投资者分配,企业以前年度末分配的利润可以并入本年度向投资者分配。

企业生产主要目的是在最大限度地满足人们需要的同时获得最大限度的利润。为了实现这个目的,企业要从以下两个方面入手:一是要进行市场调查,了解消费者的当前需求和潜在需求,生产更多的满足消费者需要的产品,增加销售量,进而增加利润;二是企业要增加产量,提高劳动生产率,提高产品价格,因为价格越高,销售收入也随之越高,利润就越高。

1.3.6 税金

我国现行税制工商税金科目繁多，按照课税（即征税）对象的不同性质，税收可以分为五大类，见表1-2所示。与工程投资活动有关的税有流转税、收益税、资源税、行为税和财产税。

税金分类表　　表1-2

税类	具体税种
流转税类	营业税、增值税、消费税、城乡维护建设税、教育附加费
收益税类	企业所得税、外商投资企业和外国企业投资所得税、个人所得税、土地增值税
资源税类	资源税、土地使用税、耕地占用税
行为税类	固定资产投资方向调节税、印花税、契税、车船使用牌照税、关税
财产税类	房产税、车船税

流转税是对商品生产、商品流通和提供劳务销售和营业额征税的各个税种的总称。收益税是指以单位或个人，在一定时期内的纯收入为征收对象的各个税种的总称。资源税是对我国境内从事资源开发或生产应征资源税的单位和个人所征收的一种税，以各种资源和土地为课税对象；多针对级差收入，实行差别征税的办法，以调节由于占用自然资源、土地的数量与质量的差别而形成的收入。行为税是国家规定以某一特定目的作为课税对象所征收的税种。财产税是以纳税人或属于其支配的财产数量、价值为课税对象的税种。

1.4 资源的稀缺性

资源是一国或一定地区内拥有的物力、财力、人力等各种物质要素的总称。分为自然资源和社会资源两大类。资源的稀缺性并不是说资源已经少到了稀缺的程度，而是指相对于人类社会的无穷欲望而言。因此，我们需要对工程项目进行分析，使有限的资金得到最合理的利用。如何利用稀缺的资源以满足人类需要也就成为任何社会都共同面临的基本经济问题。任何经济研究归根到底与资源的稀缺性有关，稀缺性是很普遍的经济问题。稀缺性的经济含义，可从以下几个方面来理解：

1.4.1 工程经济需要选择

在资源相对稀缺的世界里，经济个体的需要不可能都得到满足，必须根据轻重缓急来确定选择的先后次序。选择的同时意味着放弃，如果都不放弃某些事物就不可能有好的成效，一切经济选择都要付出代价。

1.4.2 工程经济需要效率

在资源稀缺的情况下，任何社会和个人必须以最高的效率来使用资源，这意味着经济生产所追求的目标是在既定资源条件下，使产生最大化以满足社会需要，这一状态只有在资源得到充分利用而且不存在资源配置扭曲的情况下才能实现。

1.4.3 经济运作有重要性

在资源稀缺的条件下，选择合理的经济运作机制显得尤为重要。不同的经济运作机制的资源配置效率有着显著的差异。在当代社会，市场经济制度被普遍认为是合理配置稀缺资源的首要选择。

公路工程项目建设需要消耗大量的资源，而资源又是稀缺的，因此，我们对公路工程项目建设方案进行分析、评价、选择时，必须要考虑如何节约有限的资源来达到公路工程项目经济效益的最大化。

第二章　公路工程经济分析

工程经济研究以工程经济学为基础。经济学的理论博大精深，内容涉及社会生活的方方面面。经济学的定义包括研究在经济活动中如何确定劳动、资本和土地的价格，以及如何运用这些价格配置资源；考察金融市场如何将资本配置到其他经济部门等。工程经济分析是以系统的观点，运用数学的、经济的、技术的手段来客观地揭示事物特征的过程。

2.1　工程经济分析原则

对于工程项目或方案，应用工程经济分析原则(以下七项)，从不同的角度进行分析，经综合分析后最终可得出一个较全面的结果。

2.1.1　技术与经济相结合

技术涵盖了人类生产力发展水平的标志性事物，是生存和生产工具、设施、装备、语言、数字数据、信息记录等的总和。技术是以改造环境和实现某种特定目标的方法。

1. 技术的条件性

技术是有条件的，或者说是有前提的。因为世界是客观的，科学规律是客观的，有条件的，技术必须符合科学规律才能发挥作用，显然要受到客观环境的制约，只有在特定条件下才能起作用。

2. 技术的抽象性

技术是总结出来的一种方法，一种抽象行为，高于实践活动。技术抽象性要求人们应该把技术和实际联系起来，并注意到任何技术都不是一成不变的，有待于进一步完善。所以说技术对环境的要求是不断深化的，需要有一个认识过程。

3. 技术的目的性

技术之所以不同于科学在于技术是满足需要的行动方法，技术是有目的，且以人为本。工程技术与经济是密切联系、相互制约、相互促进。工程离不开技术，而先进的技术并不一定在工程中能够应用。因为，先进的技术并不一定能够保证工程的经济性要求。经济是在各种主观与客观、自然与人际条件制约下，如何以最小代价，取得最大的效果。虽然经济有多种含义，但公路工程经济直接涉及成本的节约，即社会活动的经济合理性。技术的实现总是要依靠当时当地的具体条件，包括自然条件、经济条件、社会条件。条件不同，技术所带来的经济效益也就不同。随着事物的发展变化，原来不经济的技术可以转化为经济的技术，原来经济的技术也可能转化为不经济的技术。所以要寻找符合国家政策、满足社会发展方向需要的工程项目或方案，从而创造效益、资源合理利用、保护环境。

2.1.2 定量分析与定性分析相结合

分析过程必须使定量的效益与费用量化，只有用数字说话才有说服力，才能对项目做出较准确的评价。考察的工程项目与社会、科学技术、经济价值等相联系，有些内容很难量化，需要进行定性分析，作为定量分析的补充。

因此，在进行工程经济分析时，应遵循定量分析与定性分析相结合，并以定量分析为主，以定性分析为辅，力求能够正确反映项目或方案在实施中的所费（即费用，如投资、日常投入费用等）与所得（即效益，如过路费等），对不能直接进行数量分析比较的，则应实事求是地进行定性分析。

2.1.3 静态分析与动态分析相结合

静态与动态分析的区别在于是否考虑资金的时间价值。静态分析是指在进行工程经济分析时，对资金的时间因素不作价值形态的量化。这种方法很难反映未来时期的发展变化情况，但指标简单、直观，使用起来比较方便。动态分析则是指在进行工程经济分析时考虑资金的时间价值，用复利计算方法计算资金的时间价值，进行价值判断。动态分析方法将不同时间内资金的流入和流出换算成同一时点的价值，为不同方案和项目的比较提供同等基础，并反映未来时期的发展变化情况。

由于静态分析与动态分析的各自特点，在工程经济分析中可根据工作阶段的要求，采用静态分析与动态分析相结合，以动态分析为主、静态分析为辅的分析原则。

2.1.4 财务评价与国民经济评价相结合

公路工程经济以微观分析来说，是从工程实际出发，分析和考虑工程项目在财务上带来的经济效益，以判断工程项目在财务上的可行性；以宏观分析来说，是从整个国民经济和国家利益出发，分析和计算工程项目对整个国民经济的影响，以判断在经济上的合理性。微观经济效益是个体的、局部的，是宏观经济效益的基础。没有微观经济效益的提高，宏观经济效益的提高也是难以实现的。工程项目在追求微观经济效益的同时不能忽视宏观经济效益，不能以牺牲宏观经济效益为代价而达到发展微观经济效益的目的。总之要正确处理微观经济效益与宏观经济效益的关系，在合理利用资源，保护环境与生态的前提下，以尽量少的劳动消耗，生产和提供更多、更好地符合人和社会需要的产品和服务。

2.1.5 可比性原则

方案的比较是工程经济分析应遵循的重要原则之一，应满足需求上的可比、消耗费用的可比、价格的可比和时间因素的可比。

1. 满足需求上的可比

任何一个工程项目的实施，都是为了满足一定的社会需求，不同工程方案在满足相同的社会需求的前提下才能进行比较。满足需求上的可比分为产量可比和质量可比。产量是指工程项目能够满足社会需求的产品的数量。不同工程项目的产量可比或完成的工作量的可比，是指净产量或净工作量之间的可比。质量可比是指不同工程项目的产品质量相同时，直接比较各相关指标；质量不同时，需要经过修正计算后才能比较。

2. 消耗费用的可比

比较工程项目消耗的费用，而不是依个别国民经济部门或个别环节的部分消耗进行比较，也就是要从总的、全部消耗的观点出发考虑。在企业内部各生产环节之间、在国民经济各部门之间，占用资金、劳动力、资源、运输能力、能源、原材料等均存在着一定的协调关系，某一部门或某一生产环节消耗费用的变化必然会引起其他相关部门或环节的变化。在这种情况下进行方案比较时，可只考虑与方案有直接的、经常性联系的主要部门或环节，而略去关系不密切的部门或环节的消耗费用。

3. 价格的可比

每一个项目或技术方案都要产出或提供服务，同时消耗物化劳动，既有产出也有投入。要量化投入、产出的大小，就要考虑价格因素、利用价格指标。价格的可比性是分析、比较项目或技术方案经济效益时的一个重要原则。

要使价格可比，工程项目所采用的价格指标体系应该相同，这是价格可比的基础。每个技术方案无论是消耗费用还是产值的增加，均按产品的价格计算。理论上讲，产品的价格与价值是一致的，现实中二者却常常背离。所以，在比较价格时不是采用现行价格，而是按合理价格来比较。这个合理的价格反映了国家的最大利益和用户及消费者的正当利益，由国家主管部门确定。这个价格通常仅对工程项目进行经济效益分析时参考使用，对现行价格不产生任何意义上的影响，也不暗示其变化的趋势，只作为比较时的基本条件。

4. 时间因素的可比

时间因素对工程项目的经济效益有直接影响。比较不同工程项目的经济效益，时间因素的可比条件应满足：

①计算期相同。不同的工程项目或技术方案应以相同时间内的计算期作为比较的基础，不能一个长，一个短。

②考虑资金的时间价值。发生在不同时间内的效益和费用，应计算资金的时间价值后再进行比较。

③考虑整体效益。不同的工程项目在投入财力、物力、人力及自然力和产生经济效益的时间不同，其经济效益会有很大的差别，比较时应考虑对社会经济效益、环境及资源等影响。

2.1.6 价值量分析与实物量分析相结合

在工程经济分析过程中应力求把物资因素、劳动因素、时间因素等量化为资金价值因素，对不同工程项目都用可比的同一价值量进行分析比较，据以判断其科学性或进行最优选择。

2.1.7 预测分析与统计分析相结合

进行工程经济分析，既要以现有状况水平为基础，又要做有根据的预测。在经济分析过程中，不仅要对效益、费用流入和流出的时间、数额进行常规预测，还应对某些不确定性因素和风险做出估计推断。决策者要充分考虑工程项目未来的发展或变化的不确定性，又要做出相应的风险分析。

2.2 工程经济分析程序

工程项目决策由粗到细、由浅到深地进行，一般分为机会研究→项目建议书→可行性研究→项目评估→决策审批五个阶段。工程项目经济分析程序分为收集整理基础数据→编制经济分析报表→财务分析→国民经济分析→综合分析与评价五个步骤。

在经济分析之前，需要收集整理建设项目总投资额，分年度的投资安排和资金筹措来源；公路运营期间每年的营运和养护成本，包括原材料、人工、管理费、一般养护费和大修理费等；公路运营期间各年的交通量和收费收入，汽车运输成本等；公路营运期间的效益分配和贷款偿还计划；综合以上数据编制整个公路建设项目计算期内的现金流量表。完成微观分析和宏观分析需要分别编制财务、经济活动报表。收集整理基础数据的过程，实质上是分析项目建成后的财务与经济活动。它可以揭示项目计算期内的财务与经济活动规律，而财务、经济活动报表就是用报表这种形式反映这种规律，作为分析和计算经济指标的工具。

2.2.1 投资机会研究

机会研究是拟建工程项目前期的准确性调查研究，主要目的是对经济环境进行分析，寻找投资机会，鉴别投资方向，选定项目，把设想变成概略的投资建议，确定初步可行性研究范围，确定辅助研究的关键方面。投资机会的识别一般从三个方面进行：

①对投资环境进行客观分析，预测客观环境可能发生的变化，寻找投资机会；

②对企业经营目标和战略进行分析；

③对企业内、外部资源条件分析，主要是企业财力、物力和人力资源力量，企业技术能力和管理能力分析，以及外部建设条件的分析。

机会研究内容包括选定拟建项目的背景和依据；市场与政策分析及预测；企业战略和内外部条件分析；投资总体构想，以及其他具体建议。

2.2.2 项目建议书

项目建议书是在机会研究的基础上，对工程方案的技术与经济条件进一步论证，是对拟建工程项目的一个总体轮廓设想，是根据国民经济和社会发展长期规划、行业规划，以及国家产业政策，经过调查研究、市场预测及技术分析。它着重从客观上对工程建设的必要性、可能性进行初步分析，其主要是围绕建设项目的必要性进行分析研究。项目建议书内容包括：

①市场分析及预测；

②对资源开发项目，要初步研究资源的可利用量、自然品质、赋存条件极其开发价值等；

③初步进行建设方案的策划；

④初步进行投资估算；

⑤初步确定资金来源，即资本金和债务；

⑥初步估算项目收入、成本费用，预算项目的财务内部收益率、资本金内部收益率与借款偿还能力；

⑦初步计算项目的国民经济效益和费用，以及经济内部收益率；

⑧对项目进行初步社会评价；

⑨初步分析、识别项目的风险因素与风险程度。

2.2.3 可行性研究

可行性研究是在项目建议书阶段的基础上，通过对工程项目的有关资料、数据调查，对工程技术、经济、环境等进行最终论证和分析预测，从而提出是否值得投资和如何进行建设的可行性意见，为项目决策审定提供全面的依据。可行性研究主要是围绕项目的可行性进行分析研究，在特殊情况下还可对项目的必要性进一步论证。

可行性研究的内容与项目建议书内容基本相同，但在研究范围上有所扩大，在研究深度上有所提高。

2.2.4 项目评价

在项目建议书、项目可行性研究报告提出后，应由具有一定资质的咨询评估单位对拟建的项目进行技术上、经济上的评价论证。这种评价论证是站在客观角度，对项目进行分析评价，决定项目可行性研究报告提出的方案是否可行，科学、客观、公正的提出对项目可行性研究报告的评价意见，为决策部门对项目审批决策提供依据。

项目评估的基本内容包括：建设必要性评估；建设条件评估；技术评估；财务评估；国民经济评估；不确定性评估；社会评估，即项目建成投产后给国民经济发展带来的间接效益与辅助效益；总评估，建设项目是否必要、建设多大规模，建设条件和生产条件是否具备，技术上是否先进、适用、安全可靠，经济上是否合理，建议等。

项目评估工作程序，一般按照制订计划、收集资料、审查分析和编写报告四个步骤。

2.2.5 项目决策和审批

工程项目主管单位，根据咨询评估单位对项目可行性研究报告的评价结论，结合国家宏观经济条件，对工程项目是否建设、何时建设进行决策和审批。

2.3 资金时间价值理论

货币如果作为储藏手段保存起来，不论经多长时间仍为同等数量的货币，而不会发生数值的变化。货币的时间价值体现在流通中，货币作为社会生产资金参与再生产的过程会得到增值、带来利润的现象一般称为资金的时间价值。资金的时间价值是商品经济中的普遍现象，资金之所以具有时间价值，主要是基于以下两点：其一从社会再生产的过程来讲，对于投资者或生产者，其当前拥有的资金能够立即用于投资并在将来获取利润，而将来才可取得的资金则无法用于当前的投资，因此，就无法得到相应的收益。正是由于资金作为生产的基本要素，进入生产和流通领域所产生的利润，使得资金具有时间价值。其二从流通的角度来讲，对于投资者，其拥有的资金一旦用于投资，就不能再用于消费；而消费的推迟是一种福利损失，资金的时间价值就是体现了对牺牲现期消费的损失所应做出的必要补偿。

衡量资金时间价值的尺度有两个，其一为绝对尺度，即利息、盈利或收益；其二为相对尺度，即利率、盈利率或收益率。重视资金时间价值可以促使建设资金合理利用，使有限的资金发挥更大的作用。

资金的时间价值与因通货膨胀引起的货币贬值是性质不同的概念。通货膨胀是指由于货币发行量超过商品流通实际需要而引起的货币贬值和物价上涨现象。货币的时间价值是客观存在的，是商品生产条件下的普遍规律，只要商品生产存在，资金就具有时间价值。但在现实经济生活中，资金的时间价值与通货膨胀因素往往是同时存在的。因此，既要重视资金的时间价值，又要充分考虑通货膨胀和风险价值的影响，以利于正确地投资决策、合理有效地使用资金。

2.3.1 现金流量概念

现金流量是指拟建项目在整个项目计算期内各个时点上实际所发生的现金流入、现金流出,以及流入和流出差额。拟建项目投入的资金、花费的成本、获取的收益,都可以看成是以资金的形式体现在资金的流入和流出。同一时点上现金流入与流出之差,称为净现金流量。现金流量一般以计息期(年、季、月)为时间单位,用现金流量图或现金流量表来表示。

现金流量图是描述建设项目在整个计算期内各时点上的现金流入和流出序列的图形。现金流量图有三大要素,即:大小、流向和时间点。其中大小表示现金数额,即建设项目流入或流出的资金数额大小;流向是指建设项目的现金性质(即流入或流出);时间点是指建设项目的资金流入或流出所发生的时间。现金流量图的一般形式如图2-1所示。

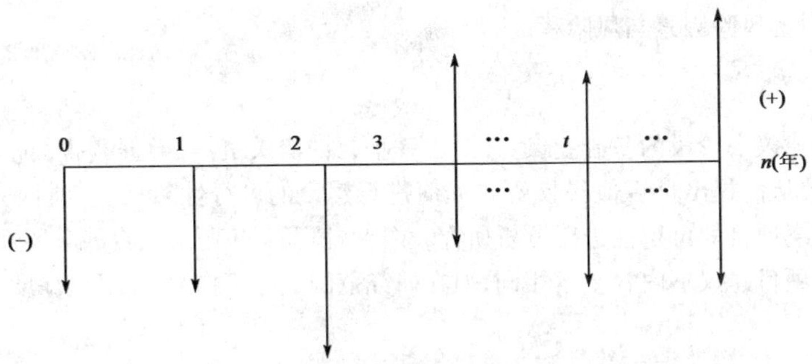

图2-1 现金流量图

在图2-1中,横轴称为时间轴,表示一个从0开始到 n 结束的时间序列,每一个刻度表示一个计息期(年、季、月),如按年计息,则该时间轴上的刻度单位就是年。在时间轴上,0代表时间序列的起始点,n 代表时间序列的终点。从1到 n 分布代表各计息期的时间点。除0和 n 外,每个数字都有两个含义,如2,它既代表计息期的终点(结束),又代表第三个计息期的始点(开始)。各时点上垂直于横轴的有向竖线用来描述现金流量。箭头向上表示现金流入,此时现金流量为正值;箭头向下表示现金流出,此时现金流量为负值。箭头的长度与流入和流出的金额成正比,金额越大,其相应的线段箭头长度就越长。我国工程经济分析实践一般采用计息期末的习惯法。

根据工程经济分析的范围和经济评价的方法不同,现金流量又分为财务现金流量和国民经济效益费用流量,前者用于财务评价,后者用于国民经济评价。

2.3.2 利息与利率

1. 利息

在借贷过程中,债务人支付给债权人超过原借贷款金额(原借贷款金额常称作本金)的部分,就是利息。从本质上看利息是由贷款发生利润的再分配。在工程经济分析中,如果放弃资金的使用权力,相当于失去收益的机会,因此,利息常常被看做是资金的一种机会成本。从投资者的角度来看,利息体现为对放弃现期消费的损失所作的必要补偿。因此,利息就成了投资分析平衡现在与未来的杠杆。由此可见,在工程经济分析中,利息是指占用资金所付的代价或者是放弃使用资金所得的补偿。利息是资金时间价值的一种重要表现形式。

2. 利率

利率作为一种衡量资金时间价值的相对尺度,就是在一定时期内所付利息额与借贷金额(本金)的比值,通常以百分率表示。我国现行存、贷款的计息周期多为年或月。

2.3.3 资金时间价值概念

为了计算资金的时间价值,利用现金流量图对现金流量进行分析和计算,需掌握资金时间价值的一些相关概念。

1. 时值与时点

资金的数值由于计算利息而随时间的延长而增值,在每个计息末的数值是不同的。在某个资金时间节点上的数值称为时值。现金流量图上,时间轴上的某一点称为时点。

2. 现值

发生在时间序列起点处的资金值称为资金的现值。时间序列上的起点通常是评价时刻的点,即现金流量图的零点处。

3. 折现

将时点处资金的时值折算为现值的过程称为折现。折现又称贴现。贴现是银行的放款业务之一。票据持有者为了取得现金,以未到期的票据(包括期票和汇票)向银行融通资金,申请贴现。银行按一定的比例,扣取自贴现日至到期日的利息,然后将票面余额以现金的形式支付给持票人。票期到期时,银行持票据向最初发票的债务人兑现现金,这就是贴现。贴现值是票面金额扣除利息后的余额,即资金在某一时点的时值折算到零点时的值。

4. 年金

年金是指一定时期内每期有相等金额的收付款项,如折旧、租金、利息、保险金、养老金等,通常都采取年金形式。年金有普通年金、预付年金和延期年金之分。年金的收款和付款方式有多种:

①每期期末收款、付款的年金称为后付年金,即普通年金;

②每期期初收款、付款的年金称为预付年金,或先付年金;

③距今若干期以后发生的每期期末收款、付款的年金,称为延期年金。

2.3.4 资金时间价值计算

利息和利率,净收益和收益率是衡量资金时间价值的尺度,故计算资金的时间价值即是计算利息的方法。计算利息的方法有两种,分别是单利法和复利法。

1. 单利法

单利法是以本金为基数计算资金的时间价值(即利息),不将利息计入本金,利息不再生息,所获得的利息与时间成正比。单利利息的计算公式为:

$$I = P \cdot n \cdot i \tag{2-1}$$

单利计算的本利和公式为:

$$F = P \cdot (1 + n \cdot i) \tag{2-2}$$

式中:i——利率;

n——计息期数;

P——本金;

I——利息;

F——本利和,即本金和利息之和。

单利法在一定程度上考虑了资金的时间价值,但不彻底。因为以前已经产生的利息,没有累计计息,所以单利法是个不够完善的方法。目前工程经济分析中一般不采用单利利息的计算方法。

2. 复利法

复利法是以本金和累计利息之和为基数计算利息的方法,也就是通常所说的“利滚利”的方法。复利利息的计算公式为:

$$I = P \cdot [(1 + i)^n - 1] \tag{2-3}$$

复利计算的本利和公式为:

$$F = P \cdot (1 + i)^n \tag{2-4}$$

复利法能够充分反映资金的时间价值,也更符合客观实际。这是国外普遍采用的计息方法,也是我国现行信贷制度正在推行的方法。工程经济分析中普遍采用复利计息。

2.4 多方案经济性比较

工程经济中的所谓项目(或技术方案)是指一种投资的可能性。忽略影响投资的外部条件(比如政治、经济、政策和组织等)的一般工程投资项目,由于沿路线、技术水平等的不同,为了实现某一目标会形成众多的工程方案。为了保证某项投资活动得到较好的预期效益,通常需要制定出多个方案,通过方案比较,选择出较优的方案。方案经济性比较是项目评价的重要内容,也是工程经济分析的一个重要方面,即在一个项目的规划、设计或施工过程中,从多种可以相互替代而又相互排斥的方案中,筛选出一个最优方案付诸实施;或者在资源有限定的条件下各级计划部门对若干个独立的可行方案，按照它们的经济效果好坏，优先安排某些效益好的项目，保证有限资源用到最有利的项目上去。

建设项目的投资决策以及项目可行性研究的过程是方案比选和择优的过程，在可行性研究和投资决策过程中，对涉及的各决策要素和研究方面，都应从技术和经济相结合的角度进行多方案分析论证，根据比较的结果，结合其他因素进行决策。

多方案经济性比较是根据方案的特点，对指标进行计算、比较和分析的一个过程，进而进行方案排序和优选。企业现实中所面临的选择不是单独一个项目，而是一组项目群，所追求的目标不是单一项目的局部最优，而是群整体的最优化，企业必须在项目群所组成的方案中进行优选。

2.4.1 多方案组合关系

1. 多方案组合的相关性

企业在进行多方案比较时，首先必须分析各方案(项目)之间的相互关系，同时选择正确的评价指标，才能以简便的方法做出科学决策。许多工程项目的投资方案之间，在政治、技术、经济，甚至生态平衡等方面都存在着一定的联系和影响。在投资方案的评价、选择过程中，按方案之间的经济关系，可分为相关方案与非相关方案。如果采纳或放弃某一方案并不显著地改变另一方案的现金系列，或者不影响另一方案，则可以说这两个方案在经济上是不相关的；如果采纳或放弃某一方案显著地改变了任何其他方案的现金系列，或者影响了其他方案，则可以说这两个方案在经济上是相关的。影响项目方案的经济相关性的因素有两种。

(1)资金的定量分配

当可用于投资项目的资金不能满足投资主体采纳全部可行的项目时，就产生了资金的定量分配问题。资金限制对项目决策的影响产生了投资决策的资金约束问题，建设项目投资决策问题必然是资金约束条件下的投资决策。无论什么样的投资主体，可用于投资的资金不可能是无限制的，投资资金的限制主要有两方面的原因：一是筹集资金数量的限制；二是资本成本的约束。

一般来说，资金定量分配使投资主体必须从待选方案组中选用某些项目并放弃另一些项目。在资金的定量分配下，选择项目的过程同比较几个互不相容的项目是一样的，但为了决定方案的取舍，必须在各方案之间比较它们的投资机会。

(2)项目的不可分性

全部待选方案组的资金需要量，一般很少正好与可利用的资金额相一致。某些大型项目可能需要可利用资金的很大一部分，而一些独立的较小的项目则只需要较少数量的可利用资金。这样，便可能产生在单一大项目和若干个小项目之间取舍的项目选择问题。换句话说，由于定量分配资金而采用单一大项目，便自然要放弃采用若干个较小的项目。这是因为投资项目被认为是不可分的，即一个项目作为一个完整体被完全采用或被完全放弃。人们总是假设，只要在决策中一个项目被否定了，则整个项目的局部或“一小部分”也不应被采用。

2. 多方案组合类型

投资主体所面临的项目选择往往不是单独一个项目，而是一个项目群，其追求的不是单一项目方案的局部最优，而是项目群的整体最优。系统理论认为，单独每一个项目的经济性往往不能反映整个项目群的经济性。因此，投资主体在进行方案比选时，除考虑每个方案的经济性之外，还必须分析各方案之间的相互关系。现实中的方案间存在着多种关系，如方案相互独立、方案具有从属关系、方案具有互斥关系等，其中最常见的是互斥性多方案、独立型多方案和混合多方案三种类型。

(1)互斥型多方案

在没有资源约束的条件下，在一组方案中，选择其中的一个方案则排除了接受其他任何一个的可能性，则称这一组方案为互斥型多方案，简称互斥多方案或互斥方案。互斥型多方案的特点是方案之间具有互不相容性(相互排斥)。例如，一个建设项目的选址，一座构筑物的结构类型选择，一个工程主体结构的施工工艺的确定等，这类问题决策通常面对的是互斥方案的选择。

(2)独立型多方案

在没有资源约束的条件下，在一组方案中，选择其中的一个方案并不排斥接受其他的方案，即一个方案是否采用与其他方案是否采用无关，则称这一组方案为独立型多方案，简称独立多方案或独立方案。独立型多方案的特点是方案之间具有相容性，只要条件允许，就可以任意选择项目群中的有利项目。这些项目可以共存，而且投资、经营成本与收益都具有可加性。例如,某施工企业投资购置一批固定资产,列出一组方案包括:一架吊车、一辆运输车、一台搅拌机,在没有资金约束的条件下,这3个方案之间不存在任何的制约与排斥关系,它们就是一组独立方案。再例如,个人投资者在资金没有限制的条件下,可以购股票,也可以购买债券,或者投资房地产。

(3)混合多方案

在一组方案中,方案之间有些具有互斥关系,有些具有独立关系,则称这一组方案为混合多方案。混合方案的特点是项目群内有两个层次。混合方案在两个层次上又可组织成两种形式:一是,高层次的一组独立型方案,每个独立方案下又有若干个互斥方案的形式。结构见图2-2a)所示。

二是高层次的一组互斥型方案,每个互斥方案下又有若干个独立方案。结构见图2-2b)所示。

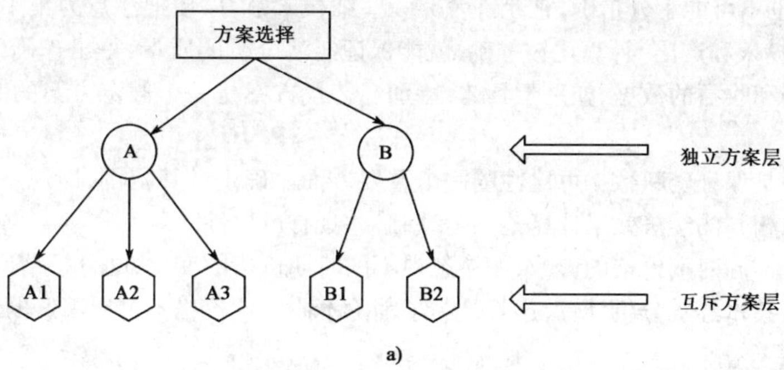

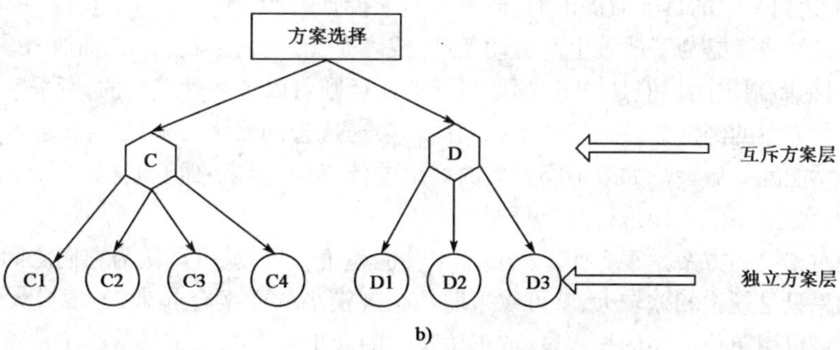

图2-2 混合方案结构图

一般来说,工程技术人员遇到的问题多为互斥型多方案的选择;高层计划部门遇到的问题多为独立型方案选择。不论方案群中的方案是何种关系,项目经济评价的宗旨只能有一个:最有效地分配有限的资金,以获得最好的经济效益,即有限投资总额的总体净现值或者净年值最大。更重要的是,根据不同的项目关系类型,正确地选择和使用简单的评价方法。

(4)其他类型多方案

除了上述的三种结构类型之外,实际工作中还会遇到下面几种类型的多方案。

①条件型多方案。它是指在一组方案中,接受某一方案的同时,又要求接受另一个或多个方案。例如,修一座新机场必须修一条城市与机场之间的高速公路,确定机场高速公路方案时,则必须先确定机场的方案。

②现金流量相关型多方案。它是指在一组方案中,方案之间不完全是排斥关系,也不完全是独立关系,但一方面的取舍会导致其他方案现金流量的变化。例如,某房地产开发商,有相距较近的两个地块,开发两个居住小区,显然这对两个方案既非完全排斥也非完全独立,一个方案的实施必须会影响到另一个方案的收入。

③互补型多方案。它是指在一组方案中,某一方案的接受有助于其他方案的接受,方案之间存在着相互补充的关系。例如,旅游公路方案可以充分发挥其优势增加餐饮、旅馆和观光服务等项目,创造更大的经济效益,接受后者有助于前者的接受。

对于条件型和互补型的多方案,可以合并为一个方案进行处理。现金流量相关型的多方案,可以对方案实施的前后时间安排或对方案本身进行一些改变,使之变成独立方案或者互斥方案,也可以合并成一个方案。因此,一组方案之间的结构类型并不是一成不变的。这是因为方案之间的关系是由内部条件(方案自身特点)和外部条件(环境因素制约)两方面决定的,尽管内部条件一般难以改变,但外部条件的不同,方案之间的关系也会发生变化。当外部条件发生变化时,互斥关系可以转变为独立关系或者独立关系转变为互斥关系。例如,投资者投资两个项目,如果有充足的资金,可以选取两个项目进行投资;如果资金至多只能满足一个项目的需求,则完全可以把它们当成互斥方案处理,因此,此时只能选择一个项目进行投资。

2.4.2 多方案之间的可比性

在对不同方案进行经济比较选择时,必须考虑这些方案在经济上的可比性。可比性原则包括下面几个方面。

1. 资料和数据的可比性

对各方案数据资料的收集和整理的方法要加以统一,所采用的定额标准、价格水平、计算范围、计算方法等应该一致。经济分析不同于会计核算。会计核算要求全面、精确,是事后核算。经济分析是预测性的计算,费用和收益都是预测值,因而不必要也不可能十分精确,它允许舍弃一些细枝末节,以便把注意力集中在主要的经济要素计算上。只要主要要素(包括投入和产出)计算比较准确,就能保证经济分析的质量,得出正确的结论。在实践中,比较方案一般都有具体的费用和收益的数据,如果不具体,特别当替代方案是一个假定方案的时候,则可采用平均水平数据。

确定分析计算的范围是保证资料数据可比性的一个重要方面。确定计算范围,即规定方案经济效果计算的起讫点。方案的比选必须以相同的经济效果计算范围为基础,才具有可比性。

经济分析同样要考虑不同时期价格的影响,如果忽视不同时期价格的变化,则分析结论就会有偏差。一般常采用某一年的不变价格进行技术经济分析计算,这就是为了消除不同时期价格不可比因素的影响。

2. 同一功能的可比性

任何方案都是为了达到一定的目标而提出的,或者是追求投资利润,或者是为了获得一定数量的产品,或者是为了提高已有产品的质量,或者是为了改善生产劳动条件,或者是为了提供某种形式的服务。总之,任何技术方案都是根据项目预定的目标而制定的。但是,达到预期目标的途径则可以是多种多样的,所采取的方法和手段也可以是五花八门的,因而各种方案的经济效益也是各不相同的。参与比选的众多方案的一个共同点就是预期目标的一致性,也就是方案产出功能的一致性。如果不同方案的产出功能不同,或者产出虽然相同,但规模相当悬殊或产品质量差别很大的技术方案,都不能直接进行对比分析。

当然,产品功能绝对相同的方案是很少的。只要基本功能趋于一致,就可以认为它们之间具有可比性。当方案的产出质量相同时,如果只是规模相差较大,就可以采取几个规模小的方案合起来,与规模大的方案相比较。当规模相差不大的时候,也可以用单位产品的投入量,或单位投入的产出量指标来衡量其经济效益。

3. 时间的可比性

一般来说,实际工作中遇到的互斥方案通常具有相同的寿命期,这是必须具备的一个基本可比性条件。理论上寿命期不同是不可比的,因为无法确定短寿命的方案比长寿命的方案寿命短的那段时间里的现金流量。但是,在实际工作中又经常会遇到此类情况,还是必须做出选择。这时就需要对方案的寿命按一定的方法进行调整,使它们具有可比性。

2.4.3 多方案比较的一般性解法

如果投资主体是能够逐个实现的项目,用任何一种合理的评价指标,如净现值、内部收益率或净现值率决定这些项目的取舍,便能做出正确的决策。但在实践中,由于待选项目是有互相联系的,项目的资金定量分配或项目的不可分性等原因,而且往往会出现没有足够的资金实现全部有利的项目。由于有这些限制,选择问题就变得非常复杂。

1. 多方案经济性比较的一般原则

在进行多方案的经济性比较与选择时,企业或投资者总是希望在进行方案比较时方案越少越好,这就要求企业或投资者在进行方案比较前首先对单个方案进行初步考察,从而将不能达到经济上最低要求的方案剔除掉,也就是要删除无吸引力的方案。然后再根据各项目方案的关系采取不同的比较选择方法。

在剔除不能满足经济上最低要求的项目方案后,多方案比选的基本原则有以下几点:

①净现值:$NPV_A > NPV_B$,则方案 A 优于方案 B。

②净年值:$NAV_A > NAV_B$,则方案 A 优于方案 B。

③费用现值:$PC_A < PC_B$,则方案 A 优于方案 B。

④费用年值:$AC_A < AC_B$,则方案 A 优于方案 B。

需要说明的是,上述方案比选原则只是一般性比选原则,具体比较时不同比较标准可能会存在差异甚至矛盾,这要根据不同项目方案的组合关系、方案的目标等选择不同的比选原则进行方案比选。

2. 万加特纳解法

有约束条件的投资方案群优化问题通常称之为罗瑞-萨维奇问题，通用采用万加特纳整数规划解法，其方案群优化模型的目标函数为：

$$\max\sum_{j=1}^{m}\sum_{t=0}^{n_j}Y_{tj}(1+i)^{-t}x_j \tag{2-5}$$

式中：Y_{tj}——方案（项目）j 在第 t 年的净现金流量；

m——备选方案（项目）的个数；

n_j——第 j 个方案（项目）的寿命；

i——基准收益率；

x_j——决策变量。

约束条件根据需要可多可少，一般由下列几类组成：

（1）资源约束条件

$$\sum_{j=1}^{m}B_{tj}x_j \leqslant B_t \tag{2-6}$$

式中：B_{tj}——方案（项目）j 在 t 年耗用资源 B 的量；

B_t——在 t 年可供应的某种资源，这些资源包括投资、人工、材料、燃料、水资源等。

（2）互斥方案的条件

$$\sum_{j\in k}x_j \leqslant 1 \tag{2-7}$$

表示同属于项目 R 的不同方案 k，最多只能上其中一个。

（3）项目之间的从属关系约束条件

$$x_a \leqslant x_b \text{ 或 } x_a - x_b \leqslant 0 \tag{2-8}$$

表示项目 a 只有当项目 b 上马时采用意义，当然项目 a 也可以不上马，但是一旦要上，必须以 b 上为先决条件。

（4）互补项目约束条件

$$x_c - x_d = 0 \tag{2-9}$$

表示项目一定要同时上马，通常采用 x_{cd}，代替 x_c 和 x_d。

（5）非严格互补项目约束条件：

$$x_e - x_{ef} \leqslant 1; x_f + x_{ef} \leqslant 1 \tag{2-10}$$

表示项目 e，f 同时上经济性较好，但并非绝对地要求一定同时上。也可以写成：

$$x_e + x_f + x_{ef} \leqslant 1 \tag{2-11}$$

（6）整变量约束条件：

$$x_j = \begin{cases}1\\0\end{cases} \tag{2-12}$$

以上条件组成了投资项目 0－1 整数规划模型，采用软件可以求出罗瑞-萨维奇问题的最优解，一般要使用电子计算机。

在多年的实践的基础上，专家们还提出了比率指标排序法求解独立型多方案选择问题，差量效率指标排序法求解混合型多方案选择问题。这种经济性工程学解法是简单而富有实效的。

3. 互斥组合法

互斥组合法就是在资金限量条件下对备选方案首先进行互斥组合，然后再从多个互斥组合中选择一组投资总和小于或等于资金限额，而经济效益最大的互斥组合方案作为最优方案，并以此为分配资金的对象。互斥组合是指组与组之间为互斥关系，而组内各方案之间为独立关系的方案组合。一般情况下，当项目各技术方案之间存在非互斥关系时，都可以把它们转换为一系列的互斥组合项目，解决独立型和混合型项目决策的主要方法就是互斥法，即首先利用某种方法把独立型或混合型项目方案转换为若干个相互排斥的组合方案，然后求解互斥方案优选问题。

（1）独立型方案（项目）的互斥化

独立型方案的互斥化是针对资金约束条件下的一组独立型项目进行比选和排序。因为每个项目都有两种可能——选择或者拒绝，故 n 个独立型方案可以构成 2^n 个互斥型方案。当比选项目较少时，这种方法比较简便，但当独项目数增加时，其组合方案数将成倍增加。例如，5 个独立型项目可以组合成 2^5 个互斥方案。由此可见，当数目较大时,用这种方法较麻烦,但该方法可以保证得到已知条件下的最优的项目组合。

(2)混合型方案的互斥化

混合型方案也可以参照独立型方案的组合表转化为互斥方案组合。如果 M 代表相互独立的项目数,N_j 代表第 j 个独立项目中相互排斥的方案个数,则可以组成相互排斥的方案数为:

$$N = \prod_{j=1}^{M}(N_j + 1) = (N_1 + 1)(N_2 + 1)\cdots(N_M + 1) \tag{2-13}$$

2.4.4 互斥多方案选优方法

互斥方案是指方案间存在着相互排斥的关系,在多个互斥方案进行比选时,至多只能选取其中之一。互斥方案的比较可按各个方案所含的全部因素(相同因素和不同因素)计算各方案的全部经济效益,进行全面的对比;也可仅就不同因素计算相对经济效益,进行局部的对比。前者是通用的比较方法,即全面比较法。互斥方案的经济效益评价,一是考虑各个方案本身的经济效益,即绝对经济效益检验;二是考虑一个方案相对于另一个的经济效益,哪一个较优,这就是相对经济效益检验。互斥方案的评价方法与所用的评价指标如表 2-1 所示。

互斥方案的评价方法和评价指标　　表 2-1

评价方法	采用的评价指标	
	绝对经济效益	相对经济效益
全面评价	净现值、年等值	增量投资内部收益率 增量投资净现值
局部比较	费用现值、年费用	增量投资内部收益率 增量投资费用现值

互斥方案比选时一定要注意考察时段及计算期的可比性、费用和收益的计算范围和计算方法的可比性,否则会使评价得出错误的结论。

应当着重指出,通过绝对经济效益评价可以同时得出方案在经济上是否可行和何者为优,据此可以做出方案取舍与否的结论。但是,相对经济效益的评价结果,只是表明比较的两个方案中,高者为优,而即使较优的方案也有可能在经济上是不可取的。因此,只有当互斥方案中必须选择其中之一时,才可以只进行相对效益的检验,并据此做出方案取舍的结论。

1. 净现值法(NPV)

净现值法是指各期的现金流量全部折成现值,再加以分析和比较,是评价投资方案的一种方法。该方法是利用净现金效益量的总现值与净现金投资量算出净现值,然后根据净现值的大小来评价投资方案。净现值为正值,投资方案是可以接受的;净现值是负值,投资方案就是不可接受的。净现值越大,投资方案越好。净现值法是一种比较科学简便的投资方案评价方法。

对于单方案的分析,NPV 为正,说明该方案除能满足预定的利率要求外,还有附加盈利。NPV 为零,则说明刚好满足利率要求;NPV 为负,表明方案达不到预定利率要求。因此,必须满足 $NPV \geqslant 0$,否则项目应放弃。对于多方案,则应选择 NPV 值最大的方案,并进行增额净现值的分析。

多个互斥方案的优选,可以简单地用净现值法来进行,即计算各个互斥方案的净现值,从中选出净现值最大者即可。用净现值法比较方案,要求每个方案的净现值必须大于或等于零。净现值小于零的方案在经济上是不行的,让它们参加经济比较是没有意义的。所以,用净现值比较互斥方案,首先可将 $NPV < 0$ 的方案排除,再比较其余的方案。

2. 最小费用法

在分析比较不同方案时,由于这些不同的方案都具有同一目标,可以只比较这些方案费用的大小,并选择费用最小的方案为最佳方案,这种方法就称为最小费用法。最小费用法可用费用现值来比较,也可用年度费用来比较。费用计算包括各方案的投资总额和各方案在项目寿命期内的各种费用(主要为年运营费用)。

(1)费用现值比较法

费用现值比较法(PW)是一种特定情况的净现值法。在比较方案时,如两个方案的寿命期和生产能力相同,亦即销售收入相同时,或者两个方案的效益基本相同,但有无形效益而且难以估算时,为了简化计算,则可不考虑其相同因素(收入或无形效益),仅比较其不同因素(支出)。此时,净现值法可改称为费用现值法。不过,通常仍简称为现值法或现值比较法。为了计算上的方便,往往将支出值的负号略去,而回收残值的符号则应与支出值的符号相反,取负值。

(2)年费用法

年费用法(AC)是一种特定情况下的年等值法。在比较寿命期不等的方案时,当两个方案的生产能力相同,或者两个方案的效益基本相同。但有无形方案而难以估算时,为了简化计算,仅比较其不同因素(支出)。此时,年等值法一般改称为年费用法。同时,为了方便计算,往往在计算中亦将支出值的负号省去。因此,年费用较低的方案将为可取的方案。

3. 增量法

增量法可用于净现值(净年度等值、净将来值)、内部收益率及投资回收期的分析。

(1)增量投资净现值

设 A、B 是有共同寿命期 n 年的两个互斥的投资方案,B 方案比 A 方案投资额大。两方案的增量投资(差额)净现值可由 ΔNPV 表示,如 $\Delta NPV>0$,表明增量投资可以接受,即投资大的方案经济效果好;反之,若 $\Delta NPV<0$,则投资小的方案可取。

(2)增量投资内部收益率

在多方案比较中,若采用收益率法来分析,则不能按内部收益率的大小来判断方案的优劣,而应以增量内部收益率来分析。增量内部收益率指投资额不等的两个方案之间现金流量的内部收益率。用增量投资内部收益率比选方案的准则为:若 $\Delta IRR>i_c$(折现率),则投资大的方案为优;若 $\Delta IRR<i_c$,则投资小的方案为优。

(3)增量投资回收期

增量投资回收期(ΔN)指用增额净收益回收增额投资所需的年限。将求得的增量投资回收期与标准投资回收期比较,若 $\Delta N\leqslant N_0$,则投资额大的方案较优;否则选用投资额较小的方案。增量投资回收期侧重于评价增额投资的安全性,由于它不考虑回收期外的收益情况,所以不能全面地反映增额投资的经济效益,通常只用于方案的初步比选,并且只作评价的辅助性指标。

(4)增量效益费用比(ΔBCR)

增量效益费用比就是对增加的费用所带来的增量效益进行比较。假定方案 1 与方案 2 两个方案,且方案 2 的费用大于方案 1 的费用,$\Delta BCR\geqslant 1$,则表示投资大的方案比投资小的方案优。基准方案可以是零方案,也可以是某一个 $BRC\geqslant 1$ 的最小投资方案,但不能是 $BRC<1$ 的方案,因为它本身就不可接受,故不能成为基准方案。

4. 计算期不等的互斥型多方案投资决策

只有计算期相同时,方案才能进行经济效益的比较。但是,在实际工作中,常常会遇到计算期不等的方案比较问题。例如,设备的经济寿命的确定就是通过比较设备的使用不同年限的经济性后得出的。一台投资较多的设备常比投资少的设备的使用期长,进行技术改造比不进行技术改造的设备寿命期要久。

为了使计算期不等的方案具有时间可比性,需要使各方案具有相同的计算期。为此可以采取的方法有以下几种:

(1)最小公倍数法

最小公倍数法是以各备选方案的计算期(寿命期)的最小公倍数作为各方案的共同计算期,该方法是通常采用的一种方法,其基于重复型更新假设理论。重复型更新假设理论包括下面两个方面:

①在较长时间内,方案可以连续地以同种方案进行重复更新,直到多方案的最小公倍数寿命期或无限寿命期;

②替代更新方案与原方案现金流量完全相同,延长寿命后的方案现金流量以原方案寿命为周期重复变化的。

最小公倍数法就是将一组互斥方案按重复型更新假设理论将它们延长至最小公倍数寿命期,然后按互斥方案的比选方法进行比较。

(2)年度等值法

一个方案无论它重复多少次,如它的现金流量保持不变,则其等值——年度等值也不会改变。因此,计算期不等的方案的比较,可以简单地求得各方案的年度等值,然后加以比较即可。

(3)以方案中最短计算期计算

这时问题的关键在于方案中计算期(对设备而言就是设备的经济寿命)长的方案因缩短使用,而造成设备残值的重估(增值)。

(4)以方案中最长计算期计算

与上述方法不同,这时要考虑为了将项目延长到计算期所必需的增量投资(在末期投入)和延长到计算期时的设备的残值(贬值)。此法计算难度较大,误差相应也较大,因此,除非有特殊需要,在一般情况下,不考虑采用此种方法。

(5)以某一要求的计算期的比较

根据工作的需要时间或未来市场状况和技术发展趋势来选定一个时期,在实际工作中常常遇到的是要求计算期短于各项目的寿命期的情况。

应当强调指出,选用以上所述各种方法要特别注意各种方法所作的假设。例如最小公倍数法和年度等值法尽管计算简便,但它不适用于技术更新快的产品和设备方案的比较,因为在没有公共的计算期之前,某些方案存在的合理性已经成了问题。同样,也不适用于来处理更新改造项目,因为让不进行改造项目以及进行改造的项目反复地进行多次实际上是不可能的。

2.4.5 独立多方案选优方法

独立方案这一特点决定了其现金流量及其效果具有可加性,存在无约束条件和有约束条件的独立多方案优选。

1. 无约束条件的独立多方案优选

对于经济上彼此独立的常规项目,用净现值法、净现值率法、内部收益率法等任何一种方案进行评价的结论都是一致的。但是在若干可采用的独立项目中,如果有约束条件,只能从中选择一部分项目实施,就出现了资金合理分配的问题,通常要通过项目排队来优选项目。对于一组独立无约束的项目组的决策,决策的结果可能是全部项目被接受、某些项目被接受和全部项目不被接受。因为各个项目是否被接受只取决于项目的本身,而与其他项目的取舍无关。

2. 有约束条件的独立多方案优选

最常见的是由于投资的限制,不可能采用所有经济合理的项目,这时存在着资金的最优分配问题。造成此问题的原因可能,一是主管部门规定了某一时期投资的限额;二是资金成本已经到达或接近企业的边际投资收益率。

(1)方案组合法

方案组合法的原理是,列出独立方案所有可能的组合,每个组合形成一个组合方案(其现金流量为被组合方案现金流量的叠加)。由于是所有可能的组合,则最终的选择只可能是其中一种组合方案。因此,所有可能的组合方案形成互斥关系,可按互斥方案的比较方法确定最优的组合方案,最优的组合方案即为独立方案的最佳选择。具体步骤:

①列出独立方案的所有可能组合,形成若干个新的组合方案(其中包括0方案,即投资为0、收益也为0的方案),则所有可能组合方案(包括0方案)形成互斥组合方案M个;

②每个组合方案的现金流量为被组合的M个独立方案的现金流量的叠加;

③将所有的组合方案按初始投资额从小到大的顺序排列;

④排除总投资额超过投资资金的组合方案;

⑤对所剩的所有组合方案按互斥方案的比较方法确定最优的组合方案;

⑥最优组合方案所包含的独立方案即为该组独立方案的最佳选择。

上述方法即在有约束条件下,独立项目组优选的穷择法——列出所有的可能的和互斥的项目组合,计算出它们的评价指标值,并进行排序。此法的特点是简单、有效。

当独立项目个数增多时,组合方案数将快速增大,此时,用手工计算将是繁琐的,而实际上也是不现实的,可以借助计算机编程进行完成。

(2)内部收益率或净现值率排序法

内部收益率排序法的原理是:计算各方案的净现值,排除净现值小于零的方案,然后计算各方案的内部收益率,按内部收益率从大到小的顺序,依次选取方案,直至所选取方案的投资额之和达到或最大限度接近投资限额。具体的解法步骤如下:

①计算各投资项目的内部收益率,由大到小排序并绘出图。

②标注资金限制和基准收益率限制。

③选择内部收益率大于基准收益率,且资金约束条件允许的项目组合。

净现值率排序法和内部收益率排序法具有相同的原理:计算各方案的净现值,排除净现值小于零的方案,然后计算各个方案的净现值率(净现值率 = 净现值/投资额的现值),按净现值率从大到小的顺序,依次选取方案,直至所选取方案的投资额之和达到或最大限度地接近投资限制。

关于独立方案的比选的排序方法,还可以用净现值排序、加权内部收益率排序等方法。值得注意的是,这些方法均不能保证所选的独立方案组合为最佳的方案组合,不过在方案数量较多的时候,排序法能有效提高比选的效率。

2.4.6 混合多方案选优方法

混合多方案的选择与独立型方案的选择一样,可以分为资金无限制和资金有限制两类。如果资金无限制,只要从各独立项目中选择互斥型方案中净现值或净年值最大且不小于零的方案加以组合即可。当资金有限制时,选择方法比较复杂:

第一种方法是西方工程经济学的方法。即混合型方案群的互斥组合法(见多方案比较的一般性解法),即把混合型方案转化为若干个相互排斥的组合方案,然后求解互斥方案优选问题。

第二种方法是净现值排序法。所谓净现值排序法是在计算各方案的净现值指标基础上,找出在资金限额条件下较优互斥组合,从中选择最优者。较优组合是指至少保证互斥关系中的最优方案得以入选的互斥组合。

第三种方法是差量效率指标排序法。该方法是将差量效率指标按大小顺序,根据指标的大小来选择满足资源约束条件的最佳方案组合的方法,其过程如图 2-3 所示。

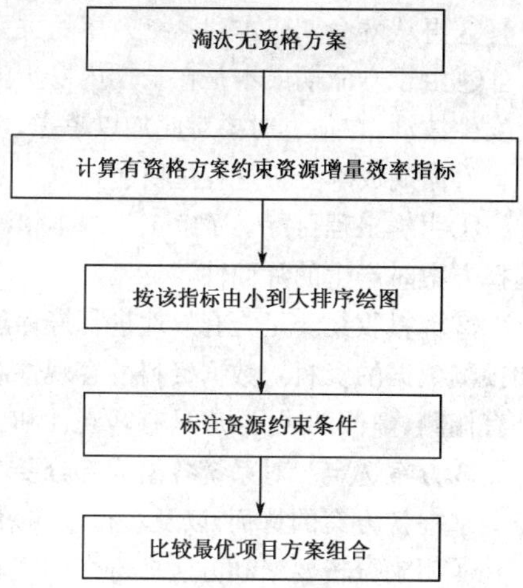

图 2-3 混合型方案差量效率指标排序法比较过程

值得注意的是,在实际工作中,所研究的问题有时不是单纯的经济问题,需要考虑其他非经济因素,如环境保护、援助性投资等,即使这些项目本身的经济效益很低也要排在优先的位置,这部分的投资通常称为"必须上的费用"。

2.4.7 评价指标的应用范围

净现值、内部收益率和净现值率是项目评价、方案比较和项目排队选优中经常出现的指标。一般来说,内部收益率比较直观,能直接表示项目投资的盈利能力,但内部收益率过高或过低时,往往缺乏实际意义。当项目在生产期有大量追加投资时,可能有多个收益,从而得不到正确的解答。这种"非常规项目"在实践中并不多见,当出现这种情况时,应对现金流量作适当处理,使之成为"常规项目",也可得到一个内部收益率。

净现值指标没有上述缺点,但它只能表明项目投资的盈利能力超过、等于或达不到要求的水平(财务评价时为财务基准收益率,国民经济评价时为社会折现率),而该项目的盈利能力究竟比财务基准收益率或社会折现率的要求高多少或低多少,则表示不出来。净现值率是在净现值基础上发展起来的,可作为净现值的一个补充指标,它反映净现值与投资现值的关系。净现值率的最大化,将有利于实现有限投资的最大化。

在独立(单个)项目的经济评价中,用净现值、净现值率和内部收益率来判断项目的可行性所得出的结论是一致的,因此,可选用任一指标作为项目经济评价的指标。在多方案比较和项目排队时,这三个指标有可能导致相反的结论。几个指标的应用范围见表 2-2 所示。

评价指标的应用范围　　表 2-2

项目	净现值	内部收益率	净现值率
项目经济评价(独立项目的可行性判断)	净现值 $NPV \geqslant 0$ 时,可考虑接受	内部收益率 $IRR \geqslant$ 基准收益率 i 时,可考虑接受	净现值率 $NPVR \geqslant 0$ 时,可考虑接受
方案比较(互斥方案优选)	无资金限制时,可选择净现值 NPV 较大者	一般不直接用,可计算差额投资内部收益率(ΔIRR),当 $IRR \geqslant i$ 时,以投资较大方案为优	存在明确的资金限制时,选择净现值率 $NPVR$ 较大者。
项目排队(独立项目按优劣排序的最优组合)	不单独使用	一般不采用	按净现值率 $NPVR$ 大小将项目排序,选满足资金限制条件的项目组合,使净现值最大。

2.5 工程寿命期成本分析

寿命期成本分析是指为了从各可行方案中筛选出最佳方案以有效地利用稀缺资源，而对项目方案进行系统分析的过程或者活动。换言之，寿命期成本分析是为了使用户所用的系统具有经济寿命期成本，在系统的开发阶段将寿命期成本作为设计的参数，而对系统进行彻底的分析比较后做出决策的方法。

在使工程项目具备规定性能的前提下，要尽可能使建设成本和使用成本的总和最低，这也是研究寿命期成本最佳化的途径。在通常情况下，从追求寿命期成本最低的立场出发，工程寿命成本分析要考虑以下四个方面：

①首先是确定寿命期成本的各要素，把各要素的成本降低到普通水平；

②将建设成本和使用成本两者进行权衡，以便确定研究的侧重点使总费用更为经济；

③再从寿命期成本和系统效率的关系的角度进行研究；

④由于寿命期成本是在长期内发生的，对费用发生的时间顺序必须加以掌握。器材和劳务费用的价格一般都会发生波动，在估算时要对此加以考虑。同时，寿命期成本分析中必须考虑"资金的时间价值"。

寿命期成本分析过程主要包括以下步骤：

①明确工程目标。了解工程基本情况，明确建设工程的功能要求、特征、进度、成本、质量等总体要求。避免在选择方案时产生的片面性。

②资料收集。是为有效地进行寿命期成本分析，分析工作所涉及的资料和数据相当庞杂，包括历史的、现实的和预测数据的资料。数据资料的客观性、准确性、完备性直接关系到分析工作的效果，进而影响到决策和对策，不允许有揣测、虚假的成分，应具有客观性和合理性。

③方案选定。对系统各组成部分要考虑多种方案，以便从中选出可以完成目标而且经济效果好的最佳方案，应充分掌握各方案的特征，以及获得预期效果所需的费用概算。

④明确分析要素和方法。寿命期成本分析最终要根据系统的效率（有效度）和费用两个方面进行分析。一般情况费用标准比效率标准较为容易确定，因为建设成本和使用成本费用，即寿命期成本费用的各种计算方法已比较普及，而且资料也较为齐全。计算寿命期成本时必须考虑资金的时间价值，首先要确定不同方案的建设进度和使用年限。

⑤方案评价。对效率很低的方案要进行粗筛选，即以最重要的评价要素为依据对各方案进行一次评价，将评价不高的方案排除掉。再对剩下的方案进行有效度和费用的详细估算。最后对备选方案进行详细的比较、研究，选出最佳方案。方案决策的原则：一是选择效率和费用两个方面都是最优的方案；二是当效率相同，备选方案费用差别不大时，则需要通过定性因素来择优；三是当备选方案各方面都不突出，则应选择预期功能关系大的方案。对于耐用年限期间利益大体相同的两种方案，其优劣难以判断时，可分不同的期限加以考查。

⑥编制评价报告。应抓住重点，将分析的目的、前提条件、使用资料、假设和推定的条件、分析过程和结论等整理成书面评价报告书。对不采用的各种方案，也要说明其未被采用的原因。

2.6 价值工程与价值分析

价值概念是抽象的、相对的。任何产品都有使用价值、交换价值、贵重价值、稀有价值、魅力价值。其中最主要的是使用价值，即具有效用、功能或使用者满足程度。价值工程，也称价值分析，是在项目开发设计阶段对项目的功能、费用与价值进行深入系统的研究，以提高项目的价值为目的，力求以最低寿命期成本实现项目使用所要求的必要功能的一项有组织的创造性活动，也可称其为功能成本分析。价值工程涉及价值、功能和寿命期成本等三个基本要素。价值工程是一门工程技术理论，其基本思想是以最少的费用换取所需要的功能。

2.6.1 功能水平

价值工程认为，功能对于不同的对象有着不同的含义，功能是对象满足某种需求的一种属性。功能实际上等同于使用价值的内涵，功能是使用价值的具体表现形式。任何功能无论是针对机器还是针对工程，最终都是针对人类主体的一定需求目的，最终都是为了人类主体的生存与发展服务，因而最终将体现为相应的使用价值。

价值工程应以恰当的功能水平去实现用户要求的功能。恰当的功能水平，也就是应达到的标准功能水平。在一定的产品市场和企业条件下，标准功能水平主要取决于用户要求，如用户使用功能的环境条件和费用支出的能力。任何功能的使用，包括产品整体功能和零部件功能，必须能够和系统中的其他产品功能或零部件相协调、相配合，整个系统的功能水平决定着各组成部分的性能指标。

如果没有经济条件的影响，人们对功能水平的要求是没有止境的，正是出于经济上的考虑，在一定范围内，用户决定使用某功能时，总要对其费用支出大小和功能水平高低比较、权衡一番，使支出得当，获取合理。因此，要掌握标准功能水平应从使用条件和经济条件两方面去访问用户，调查功能使用系统的技术结构和环境使用条件。

标准功能水平是用户的要求，低于或高于这种水平都是不适宜的。但在实际的工程中，大量地存在着功能过剩或功能不足。功能过剩是指相对标准功能来说，存在着多余的、过剩的功能水平的情形。过分强调技术上的可靠性、先进性，容易在产品中产生功能过剩。同功能过剩一样，功能不足与用户要求是相悖的，对这种情形，应追加成本、提高功能水平，努力达到标准功能水平的要求。

2.6.2 成本概念

成本概念是指人力、物力和财力资源的耗费。其中，人力资源实际上就是劳动价值的表现形式，物力和财力资源就是使用价值的表现形式。因此，价值工程所谓的"成本"，实际上就是价值资源（劳动价值或使用价值）的投入量。

一般来说，生产成本随着产品功能的提高而不断增加，产品功能越好，使用成本越低。图 2-4 表示了总产品成本、生产成本、使用成本的相互关系。

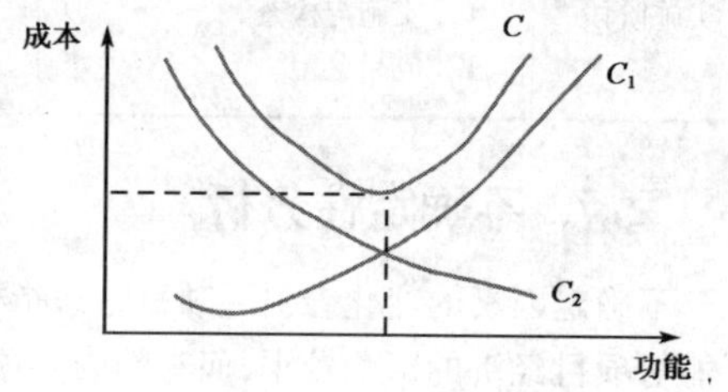

图 2-4　成本 – 功能分析

C-总成本；C_1-设计生产成本；C_2-使用成本

2.6.3 价值概念

价值工程中所说的"价值"有其特定的含义，与哲学、政治经济学等学科关于价值的概念有所不同。价值工程中的"价值"就是一种评价事物有益程度的尺度。价值高说明该事物的有益程度高、效益大、好处多；价值低则说明有益程度低、效益差、好处少。价值工程把"价值"定义为：对象所具有的功能与获得该功能的全部费用之比，即

$$V = F/C \tag{2-14}$$

式中：V——价值；

F——功能；

C——成本。

价值的大小取定于功能和成本。价值工程强调力图以最低的成本可靠地实现用户要求的功能，以提高分析对象价值。价值工程中价值是一比较价值，接近日常生活中的"值不值"的概念。产品的价值综合反映了功能和成本的匹配关系。

2.6.4 价值工程的方法体系

价值工程以功能分析为核心，有一套比较完整、科学的发现问题、解决问题的方法体系。各阶段都有一定的目的、原则和方法步骤。在实际应用中，每种方法不可能也不必要都用到，重要的是根据具体情况，灵活应用。有的方法在这阶段适用，在另一阶段也同样可以应用。在应用中，价值工程作为一门技术经济分析方法，还应和其他管理技术、工程技术结合起来，以达到有效分析问题、合理解决问题，提高研究对象价值的目的。

价值工程的工作程序可以分为四个阶段：准备阶段、分析阶段、创新阶段、实施阶段，如表 2-3 所示。在价值工程的前三阶段分别以"对象选择与资料收集"、"功能分析（功能成本分析）"、"方案创造与方案分析"为主要工作。

价值工程的工作程序　　表 2-3

阶段	步骤	价值的提问	说明
准备阶段	1. 对象选择 2. 组成价值工程领导小组 3. 制订工作计划	1. 价值的对象是什么 2. 它是干什么的	1. 应明确目标、限制条件和分析范围 2. 一般由项目负责人、专业技术人员、熟悉价值工程的人员组成 3. 具体执行人，执行日期、执行目标
分析阶段	4. 收集整理资料 5. 功能系统分析 6. 功能分析	3. 其成本是多少 4. 其价值是多少	4. 贯穿于价值工程工作的全过程 5. 明确功能特性要求，绘制功能系统图 6. 确定目标成本，确定功能改进区域

续上表

阶段	步骤	价值的提问	说明
创新阶段	7. 方案创造 8. 方案分析 9. 提案编写	5. 有无其他方法实现同样的功能	7. 提出各种不同的实现功能的方案 8. 从技术、经济和社会等方面综合分析各方案达到预定目标的可行性 9. 将选出的方案和有关资料编写成册
实施阶段	10. 审批 11. 实施与检查 12. 成果鉴定	6. 新方案成本是多少 7. 新方案能满足要求	10. 主管部门组织进行 11. 制定实施计划,组织实施并跟踪检查 12. 对实施后取得的技术经济效果进行成果鉴定

2.7 不确定性分析

不确定因素的变化会引起项目经济指标随之变化,各个不确定因素对经济指标的影响又是不一样的,有的因素可能对项目经济的影响较小,而有的因素可能会对项目经济带来大幅度的变动,我们就称这些对项目经济影响较大的因素为敏感性因素。在建设项目计算期内,不确定性因素主要有:产品生产成本、产量(生产负荷)、主要原材料价格、燃料或动力价格、可变成本、固定资产投资、建设期、外汇汇率等。工程项目的评价和决策人员要对工程项目进行经济分析和投资决策,就必须采用大量的数据,而被采用的数据,大部分来自对工程项目未来情况的估计和预测,例如投资额、利率、建设年限、建设项目的经济寿命、产量、价格、成本、收益等,这些数据在很大程度上是不确定的,原因是我们对工程项目估计和预测的结果可能与未来的实际情况有较大的出入,甚至有时难以估计和预测出工程项目中各变量未来变化情况,这就产生了对项目未来情况的不确定性分析。

对工程项目投资方案进行不确定性分析,就是对工程项目未来将要发生的情况予以掌握,分析这些不确定性因素在什么范围内变化,以及这些不确定性因素的变化对方案的经济效果的影响程度如何,即计算和分析工程项目不确定性因素的假想变动对方案技术经济效果评价的影响程度。不确定性产生的原因有项目数据的统计偏差,通货膨胀,市场供求结构的变化,技术进步,其他外部影响因素等方面。

不确定性分析包括盈亏平衡分析、敏感性分析和概率分析三种方法,其内容各有不同。对项目进行不确定性分析的内容和方法,要在综合考虑项目的类型、特点、决策者的要求,相应的人力、物力,以及项目对国民经济的影响程度等条件来选择。一般来说,盈亏平衡分析只适用于工程项目的财务分析,而敏感性分析和概率分析则可以用于财务分析和国民经济分析。一般的工程项目只进行盈亏平衡分析和敏感性分析。

2.7.1 盈亏平衡分析

工程项目的盈亏平衡分析又称为损益平衡分析,它是根据项目正常生产年份的产品产量(或销售量)、可变成本、固定成本、产品价格和销售税金等数据,确定项目的盈亏平衡点,即盈利为零时的临界值,通过 *BEP*(盈亏平衡点)分析项目的成本与收益的平衡关系的一种方法。

投资项目的经济效果受到许多因素的影响,当这些因素发生变化时,可能会导致原来盈利的项目变为亏损项目。盈亏平衡分析的目的就是找出这种由盈利到亏损的临界点,据此判断项目风险的大小及对风险的承受能力,为投资决策提供科学依据。

盈亏平衡分析模型,按生产成本、销售收入与产量(或销售量)之间是否呈线性关系,可以分为线性盈亏平衡分析和非线性盈亏平衡分析;按是否考虑时间因素,又可分为静态盈亏平衡分析和动态盈亏平衡分析。按照不确定因素的多少,可分为单个方案盈亏平衡分析和多方案盈亏平衡分析。

1. 线性盈亏平衡分析

在企业中一般将收益看成产品单价与销售量的乘积,尽管产品成本可以在相当大的范围内变动,但收益基本上是呈直线变化的。成本包括可变成本和不变成本,可变成本和产量成正比,不变成本不随产量而变化,因此,成本与产量也是线性的关系。那么,在对工程项目作盈亏平衡分析时,如果项目的收益与成本均为产量的线性函数,就称为线性盈亏平衡分析。

线性盈亏平衡分析的方法有图解法和解析法。图解法即画出盈亏平衡图,求出盈亏平衡点,其是线性盈亏平衡分析中常用的一种方法。解析法是通过数学解析方法计算出盈亏平衡点的一种方法。根据盈亏平衡点的概念,当项目达到盈亏平衡状态时，其收益与成本正好相等。

2. 非线性盈亏平衡分析

在实际生产经营过程中，产品的销售收入与销量之间，成本费用和产量之间，并不一定呈现出线性关系。如，当项目的产量在市场中占有较大的份额时，其产量的高低可能会明显影响市场的供求关系，从而使得市场价格发生变化；及根据报酬递减规律，变动成本随着生产规格的不同而与产量呈非线性的关系，再生产中还有一些辅助性的生产费用随着产品的变动而呈梯形分布。由于这些原因，造成产品的销售收入和总成本与产量之间存在着非线性的关系，在这种情况下进行的盈亏平衡分析称为非线性盈亏平衡分析。

3. 单方案盈亏平衡分析

单方案盈亏平衡分析，又叫"量（产量）－本（成本）－利（利润）"分析。它通过项目产量（销售量）、成本与利润之间的数量关系，分析市场及项目生产经营等内外情况变化对方案实施效果的影响，并据此进行项目经济效果可靠性评价。在单一方案分析中，当项目中有一个因素为不确定状态时，则当期等于某个数值时，会使项目决策的结果达到临界点，此值就是该因素的盈亏平衡点。

4. 多方案盈亏平衡分析

多方案盈亏平衡分析是盈亏平衡分析方法的延伸，它是将同时影响各方案经济效果指标的共有的不确定因素作为自变量，将各方案的经济效果指标作为因变量，建立各经济效果指标与不确定因素之间的函数关系。由于各方案经济效果函数的斜率不同，所以各函数曲线必然会发生交叉，即在不确定因素的不同取值区间内，各方案的经济效果指标的高低的排序不同，由此，来确定方案的取舍。

2.7.2　敏感性分析

所谓敏感性分析是对影响经济效果的各种参数的变化做出估计和预测，并对经济效果的变化做出相应的分析和计算，从而判断经济参数变化时，经济效果的敏感程度。通过敏感性分析，可以找出项目经济效果影响最敏感的因素，并采取有效措施和对策，保证经济效果的准确性。敏感性分析是投资项目的经济评价中常用的一种研究不确定性的方法。它在确定性分析的基础上，进一步分析不确定性因素对投资项目的最终经济效果指标的影响及影响程度。敏感性因素一般可选择主要参数进行分析，若某参数的小幅度变化能导致经济效果指标的较大变化，则称此参数为敏感性因素，反之则称其为非敏感性因素。

1. 对敏感性分析应注意三个方面问题：

①敏感性分析是针对某一个（或几个）效益指标而言，找出其相对应的敏感因素，即具有针对性；

②必须有一个定性（或定量）的指标来反映敏感因素对效益指标的影响程度；

③做出因这些因素变动对投资方案承受能力的判断。

2. 单因素敏感性分析

单因素敏感性分析是就单个确定因素的变动对方案经济效果影响所作的分析。它可以表示为该因素按一定百分率变化时所得到的评价指标值，也可表示为评价指标达到临界点时，某一因素变化的极限变化率或弹性容量。单因素敏感性分析的步骤如下：

（1）确定敏感性分析对象

敏感性分析的对象就是项目经济评价指标。这些评价指标必须是根据投资项目的特点和实际需要来确定，一般选择最能反映经济效益的综合性评价指标作为分析或评价的对象。如内部收益率、投资回收期、净现值等都可能作为敏感性分析的指标。另外，敏感性分析所确定的经济评价指标，往往应该与方案的经济评价指标一致，不宜设立新的分析指标。

（2）选择需要分析的不确定因素

影响项目经济评价指标的不确定性因素很多，但在实际分析中并没有必要对所有的不确定性因素进行敏感性分析，而往往是选择一些主要的影响因素，如项目总投资、建设期、营运成本、营运收入、标准折现率等。选择需要分析的不确定性因素时，主要考虑预计这些因素在其可能的变化范围内对经济评价指标的影响较大，考虑这些因素发生变化的可能性较大。

（3）计算不确定性因素的影响程度

首先，固定其他因素，变动其中一个或多个不确定因素。对所选的不确定性因素，按照一定的变化幅度（如5%、10%、20%等）改变其数值，然后计算这种变化对经济评价指标（如 *NPV*、*IRR* 等）的影响数值，并将其与该指标的原始值相比较,从而得出该指标的变化率。

(4)绘出敏感性分析图

敏感性分析结果通常汇总编制敏感性分析表。根据分析表,以某个评价指标为纵坐标,以不确定因素的变化率为横坐标作敏感分析图,来确定敏感因素,这就使决策者可结合不确定因素变化的可能性和预测这些因素变化对项目带来的风险,采取相应的措施。

实施敏感性分析,一般要考虑几个可变参数。但为了简便起见,通常假设各参数之间是相互独立的,每次只研究一项可变参数,其他参数则保持不变。

3. 多因素敏感性分析

从单因素敏感性分析中,当计算某个不确定性因素对项目投资评价指标的影响时,是基于其他影响因素均保持不变的前提下进行的,但实际中各种因素的变动可能存在着相互关联性,一个因素的变动往往会引起其他因素随之变动。这种同时考虑多种因素同时变化的可能性的敏感性分析就是多因素的敏感性分析。多因素敏感性分析要考虑被分析的各因素可能的不同变化幅度的多种组合,计算起来比单因素敏感性分析要复杂得多,一般可采用解析法和作图法相结合的方法进行分析,同时变化的因素不超过 3 个时,一般用作图法;当同时变化的因素超过 3 个时,就只能采用解析法。

敏感性分析是项目经济评价时经常用到的一种方法,是投资决策中的一个重要步骤,它在一定程度上对不确定因素的变动、对项目投资效果的影响作了定量的描述,得到了维持投资方案在经济上可行所允许的不确定因素发生不利变动的最大幅度。

2.7.3 差量分析

差量分析就是根据两个备选方案的差量收入与差量成本的比较来确定哪个方案较优的方法。如差量收入大于差量成本,前一个方案较优;反之,后一个方案较优。采用差量分析法决策时,关键在于只考虑那些备选方案的预期总收入和预期总成本会发生影响的项目,至于那些不相关的因素,一概予以剔除。

2.7.4 概率分析

概率分析又称为风险分析,是利用概率分析和预测不确定因素对项目经济评价指标影响的一种定量分析法。其目的在于确定影响方案投资效果的关键因素及其可能变动的范围,并确定关键因素在此变动范围内的概率,然后计算经济评价指标的期望值及评价指标可行时的累计概率。进行概率分析具体的方法主要有期望值法、效用函数法和模拟分析法。

1. 期望值法

期望值法在项目评估中应用最为普遍,是通过计算项目净现值的期望值和净现值大于或等于零时的累计概率,来比较方案优劣、确定项目可行性和风险程度的方法。

2. 效用函数法

所谓效用是对总目标的效能价值或贡献大小的一种测度。通过效用这一指标,可将某些难以量化、有质的差别的事物(事件)给予量化,将要考虑的因素折合为效用值,得出各方案的综合效用值,再进行决策。效用函数反映决策者对待风险的态度。不同的决策者在不同的情况下,其效用函数是不同的。

3. 模拟分析法

模拟分析法就是利用计算机模拟技术,对项目的不确定因素进行模拟,通过抽取服从项目不确定因素分布的随机数,计算分析项目经济效果评价指标,从而得出项目经济效果评价指标的概率分布,以提供项目不确定因素对项目经济指标影响的全面情况。

概率分析的一般计算步骤是:

①列出各种应考虑的不确定因素,如投资、经营成本、销售价格等;

②设想各种不确定因素可能发生的变化情况,即确定其数值发生变化个数;

③分别确定各种情况出现的可能性及概率,并保证每个不确定因素可能发生的情况的概率之和等于 1;

④分别求出各种不确定因素发生变化时,方案净现金流量各状态发生的概率和相应状态下的净现值,然后求出净现值的期望值;

⑤求出净现值大于或等于零的累积概率;

⑥对概率分析结果做出说明。

第三章　公路工程经济评价

工程经济评价是在工程经济分析的基础上，运用价值观念，对达到目标的各项目和方案进行定量和定性的论证，进而对各方案做出选择。内容包括国民经济评价和财务评价。其主要作用是在预测、选址、技术方案等研究的基础上，对项目投入产出的各种经济因素进行调查研究，通过多项指标的计算，对项目的经济合理性、财务可行性及抗风险能力做出全面的分析与评价，为项目决策提供主要依据。经济评价的重点是国民经济评价。因为公路建设项目是通过为社会提供运输服务创造价值，这与一般工业生产项目是不同的，所以公路建设项目是以取得社会效益为主。

3.1 财务评价

财务评价是根据国家现行财税制度、价格体系和项目评价的有关规定，从项目的财务角度，分析计算项目的直接效益和直接费用，编制财务报表，计算财务评价指标。通过对项目的盈利能力、清偿能力和外汇平衡能力的分析，来考察项目投资在财务上的潜在的获利能力，据此可以判断建设项目的财务可行性和财务可接受性，为投资决策提供科学依据。

3.1.1 财务评价内容

财务评价既是经济评价的核心内容，又为国民经济评价提供了调整计算的基础。财务评价主要包括以下几个方面内容：

1. 盈利能力分析

盈利能力分析主要是考察项目投资的盈利水平，它直接关系到项目投产后能否生存和发展，是评价项目在财务上可行性程度的基本依据。盈利能力的大小是企业进行投资活动的原动力，也是企业进行投资决策时考虑的首要因素，一般从两个方面进行评价：一是项目达到设计生产能力的正常生产年份可能获得的盈利水平，即主要通过计算投资利润率、投资利税率、资本金利润率等静态指标，考虑工程项目在正常生产年份投资的盈利能力，以及判别项目是否达到行业的平均水平。二是工程项目整个寿命期间内的盈利水平，即主要通过计算财务净现值、财务内部收益率、财务净现值率、投资回收期等动态和静态指标，考察工程项目在整个计算期内盈利能力及投资回收能力，判别项目投资的可行性。

公路建设项目在进行财务盈利能力分析时，计算期内各年采用的预测价格，是在基年物价总水平的基础上预测的，只考虑相对价格的变化，不考虑物价总水平的上涨因素，在投资估算中物价上涨费按零计取。因此，进行财务赢利能力分析时，均以基年物价总水平为基础。

2. 清偿能力分析

清偿能力分析主要是考察项目的财务状况和按期偿还债务的能力，它直接关系到企业面临的财务风险和企业的财务信用程度。清偿能力的大小是企业进行筹资决策的重要依据，应从两个方面进行评价：一是考察工程项目偿还固定资产投资的国内借款所需要的时间，即通过计算借款偿还期，考察项目的还款能力，判别项目是否能满足贷款机构的要求；二是考察工程项目资金的流动性水平，即通过计算流动比率、速动比率、资产负债率等各种财务比率指标,对项目投产后的资金流动情况进行比较分析,用以反映项目寿命期内各年的利润、盈亏、资产和负债、资金来源和运用、资金的流动和债务运用等财务状况,以及资产结构的合理性,考察项目的风险程度和偿还流动负债的能力和速度。

3. 外汇平衡分析

对于产品出口创汇等涉及外汇收支的项目,通过计算财务外汇净现值、换汇成本和节汇成本,进行外汇平衡分析,以考察工程项目在计算期内各年的外汇余缺程度,衡量项目实施后对国家外汇状况的影响。

财务评价的目的主要是从企业或工程项目角度出发,分析投资效果,评价项目竣工投产后的获利能力;确定进行某项目所需资金来源,制定资金规划;估算项目的贷款偿还能力;为协调企业利益和国家利益提供依据。

3.1.2 财务评价方法

财务评价主要采用现金流量分析、静态和动态获利性分析以及财务报表分析等方法。

1. 现金流量分析法

现金流量分析法是以项目作为一个独立系统,反映项目在建设期与生产经营期内各年流入和流出的现金活动,即工程项目寿命期内各年现金流入与现金流出的数量。在项目经济评价前,必须准确无误地预先估计出切合实际的各项现金流入和现金流出量,作好财务和经济效益预测工作,这是项目评价的基础和起点。

2. 静态和动态获利性分析法

静态分析法是一种简易分析方法。它的计算特点是不计算资金的时间价值,所采用的年度资金流量是当年的数值,而不是折现值;计算现金流量时,只选择某一个典型年份(通常为项目达到设计生产能力的正常生产年份)的净现金流量或取年平均值,而不反映项目整个寿命期间的现金流量。

动态分析法是采用折现现金流量的分析方法,它比静态分析较为复杂,其计算特点是考虑资金的时间价值,根据资金占用的时间长短,按照指定的利息率计算资金的实际价值;计算项目整个寿命期内总收益,能如实反映资金实际运行情况和全面体现项目整个寿命期内的经济活动和经济收益,从而能正确地对项目财务做出符合实际的评价。

3. 财务报表分析法

财务报表分析法是根据工程项目的具体财务条件及国家有关财税制度和条例规定,把建设项目在建设期内的全部投资和投产后的经营费用与收益,逐年进行计算和平衡,用报表格式来反映。通过财务报表分析,可以预计项目寿命期内各年的利润和资金盈缺情况,选择合适的资金筹措方案,制定资金筹措及偿还计划,进行偿债能力分析和预测项目总的获利能力。

3.1.3 工程项目财务预测

工程经济分析与决策时所依据的数据很多是通过预测得来的。科学的预测是正确决策的前提条件之一。

3.1.3.1 财务预测分类

工程经济预测从不同角度有多种分类,按预测结果分类有定性预测、定量预测与定时预测。

1. 定性预测

定性预测主要是研究和探讨预测对象在未来所表现的性质。预测者通过对历史资料的分析、加工和整理,结合对未来条件的研究,凭借主观经验和逻辑推理去推测事物未来的性质。常用的定性预测的技术有市场调查法、专家调查法等。

2. 定量预测

定量预测是对预测对象未来的数量加以确定。如对投资额、总产值、销售量、利润额的预测等。定量预测是在历史数据和统计资料的基础上,运用数学或其他分析手段,通过建立模型来计算得出预测对象在未来可能的数量。常用的定量技术有回归法、时间序列法等。

3. 定时预测

定时预测是对预测对象未来的表现时间进行推测。如对某项技术进行预测和预测某项产品更新换代的时间等。应用于定时预测的主要方法有时间序列趋势外推法、包络曲线法、替代曲线法和动态模拟法等。

3.1.3.2 财务预测方法

工程项目财务预测的方法有多种,下面给出一些主要的预测方法。

1. 抽样调查法

调查是一切预测工作的先行工序。调查分普查和抽样调查。当研究对象繁复时，普查工作耗时、费力，经费开支大，所以常用抽样调查。抽样调查法是从所研究的对象（总体）中，抽取一个有代表性的样本来进行调查，通过统计推理对总体量值及其误差做出估计和判断的一种方法。抽样调查一般分为随机抽样调查和非随机抽样调查。

2. 回归分析法

回归分析法是研究某一随机变量（因变量）与其他一个或几个变量（自变量）间的数量变动关系，建立数学模型（回归模型），用以预测当一个或几个自变量变动时对应的因变量的未来值。根据自变量的个数，可以是一元回归，也可以是多元回归。根据数学模型，可以是线性回归，或是非线性回归。

3. 时间序列法

时间序列法是根据预测对象的时间序列数据，找出预测对象随时间推移的变化规律，从而用趋势外推来预测未来的一种方法。时间序列即某一变量（或指标）按时间先后次序，间隔时间相同而排列的一组数据。当间隔时间不同时，要对数据进行相关的预处理。

4. 定性预测方法

主要有德尔菲法、主观概率法和相互影响法。

3.1.3.3　财务预测步骤

1. 预测目标的确定

预测是为决策服务的。因此，要根据决策目标来规定预测目标（预测内容、精度要求以及期限）。

2. 收集分析资料

资料是预测的依据。因此，首先要根据预测目标来收集预测对象本身的以及有关影响因素的历史资料和现状。务必使收集的资料系统、全面。第二是对资料进行分析、加工，剔除那些不可靠的（异常的）和无用的资料，对尚缺的必要资料要进行补选。

3. 选择预测技术

预测方法很多，对某一项目可用不同方法得出预测结果。由于预测方法各有特点，有的适用于长期预测，有的适用于短期预测，对资料的要求以及预测给出的结果的精度也各不相同，在所有实际工作中，应当从预测目标的要求和具体的工作条件出发，根据经济、实用和效果好的原则选择合适的预测方法。

4. 建立预测模型

预测模型是对预测对象发展规律的模拟。时间序列和因果分析预测法都离不开数学模型。数学模型是反映经济现象过去和未来之间、原因和结果之间相互联系和发展变化规律的数学方程式。预测模型的正确选择，是涉及预测结果准确度的关键。

5. 预测模型评价

模型是利用历史资料得出的。因此，要对模型加以分析研究，如用回归技术得到的数学模型要通过有关检验，评价其是否与实际经济现象相吻合和能否用以对未来进行预测。

6. 利用模型进行预测

预测结果通过经济活动及有关经济理论的对比分析，做出经济合理性分析，必要时还应对用不同方法和不同预测模型所得的结果加以对比，做出可信度的判断。

3.1.4　财务评价价格确定

财务评价采用的价格简称为财务价格，即以现行价格体系为基础的预测价格，它是通过工程项目评价人员根据项目的实际情况，实事求是地通过分析、论证加以确定的。

现行价格是指现行商品价格和收费标准，有国家定价、国家指导价和市场价三种价格形式。在多种价格并存的情况下，项目财务价格应采用预计最可能发生的价格。

现行价格的变化受多种因素的影响。例如，因价格政策变化引起的国家定价和市场价比例的变化，以及因商品供求关系变化引起的供求平衡价格的变化等。导致价格变动的因素称为相对价格变动因素。另一类使价格变动的因素是物价总水平的上涨，即因货币贬值（或称通货膨胀）而引起的所有商品的价格以相同比例向上浮动。预测现行价格除必须考虑前一类相对价格变动因素外，原则上还应考虑后一类物价总水平的上涨因素。

在财务评价中，对于不同的价格变动因素，项目财务盈利能力分析和清偿能力分析原则上应作不同处理。即：为了消除通货膨胀引起的财务报表上的“浮肿”利润，使项目与项目之间、项目评价指标与行业财务评价参数（不含通货膨胀的基准收益率和基准投资建设回收期）之间具有可比性，财务盈利能力分析应采用以基年（或建设初期）物价总体水平为基础，并考虑计算期内相对价格变化，但是不考虑物价总水平上涨因素的价格，计算财务内部收益率和投资回收期等指标；同时，为了使项目投资估算、资金筹措及清偿能力的计算与项目实施中实际发生的数值相一致，清偿能力分析应采用时价（既考虑计算期内相对价格变化，又考虑物价总水平上涨因素）进行还本付息等财务平衡计算。

结合我国实际，对物价总水平上涨因素可以区别以下不同情况，分别作不同的简化处理：

①建设期较短的项目，盈利能力分析和清偿能力分析在建设期内各年均采用时价，生产经营期内各年均采用以建设期末（生产期初）物价总水平为基础。

②建设期较长，确实难以预测物价上涨指数的项目，两种分析在计算期内均可采用以基年（建设初期）物价总水平为基础，仅考虑相对价格变化，不考虑物价总水平上涨因素的价格。但应就物价总水平变动因素对项目盈利能力的影响进行敏感性分析。

3.1.5 财务评价指标体系

静态指标就是在不考虑资金的时间价值前提下，对工程项目或方案的经济效果所进行的经济计算与度量。动态指标就是在考虑资金的时间价值（即复利方法计算）情况下，对项目或方案的经济效益所进行的计算与度量。动态指标与静态指标相比，它的特点是能够动态的反应工程项目在整个计算期内的资金运动情况，包括投资回收期以后若干年的经济效益、项目结束时的固定资产余值及流动资金的回收等。财务评价的指标体系见图3-1，除此之外还可根据行业或部门的特点，计算其他的价值指标或实物指标。

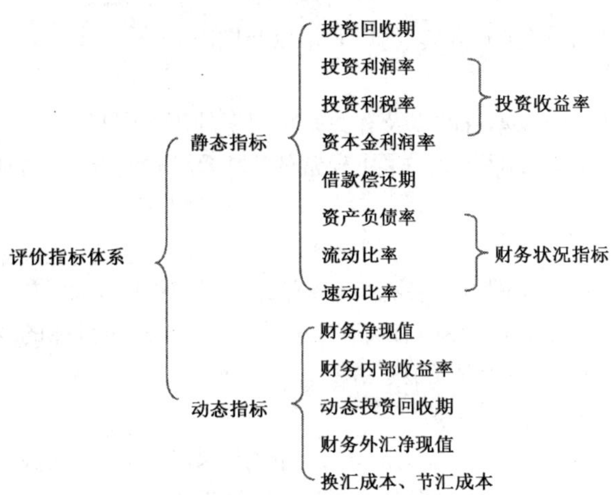

图3-1 财务评价指标体系

静态指标的特点是计算简便、直观，因而被广泛应用来对工程方案经济效果的粗略评价。它的主要缺点是没有考虑资金的时间价值和不能反映项目整个寿命期间的全面情况。因此对工程方案进行经济效果评价时，应以动态分析为主，必要时加某些静态评价指标进行辅助分析。

1. 静态指标

(1) 投资回收期(P_i)

投资回收期（又称投资返本年限）是以项目的净收益抵偿全部投资（包括固定资产投资和流动资金）所需的时间。它是反映工程项目财务上投资回收能力的重要指标。项目评价求出投资回收期(P_i)与部门或行业的基准投资回收期(P_c)比较，当$P_i \leqslant P_c$时，表明项目投资能在规定的时间内收回。

基准投资回收期应由国家根据各工业部门生产企业的特点，在总结过去建设经验和大量统计资料的基础上，考虑国家对于不同工业部门的发展战略和经济政策，统一确定一个较为切合实际的合理回收期限。并且，这种基准投资回收期也随投资机会的条件不同而发生变化。

投资回收期作为静态评价指标，是不考虑资金时间价值条件下以净收益抵偿全部投资所需要的时间，可用财务现金流量表（全部投资）累计净现金流量计算求得。其主要优点是概念明确、计算简单。由于它判别项目或方案的标准是回收资金的速度越快越好，因此，在投资风险分析中有一定的作用。特别是在资金短缺和特别强调项目清偿能力（即强调在一个很短时间内把全部投资回收）的情况下，尤为重要。但是，由于这个指标在计算过程中不考虑投资回收以后的经济效益，不考虑项目的服务年限，不考虑项目最终的回收资金等，因此，它不能全面地反映项目的经济效益，只能作为评价中的辅助指标。

(2) 投资利润率

投资利润率是指工程项目达到生产能力后的一个正常生产年份的利润总额，或项目生产期内年平均利润总额，与项目总投资的比率。投资利润率可根据损益表中的有关数据计算求得。在财务评价中，将投资利润率与行业平均投资利润率对比,以判别项目投资盈利能力是否达到本行业的平均水平。

(3)投资利税率

投资利税率是指工程项目达到生产能力后的一个正常生产年份的利税总额,或项目生产期内的年平均利税总额,与项目总投资的比率。投资利税率可根据损益表中的有关数据计算求得。在财务评价中,将投资利润率与行业平均投资利润率对比,以判别项目投资对国家积累的贡献水平是否达到本行业的平均水平。

(4)资本金利润率

资本金是指企业在工商行政管理部门登记的注册资金。资本金利润率是指项目达到设计生产能力后的一个正常生产年份的年利润总额或年平均利润总额与资本金的比率,它反映项目的资本金的盈利能力。

(5)借款偿还期(P_d)

借款偿还期是指国家财政规定及项目财务条件下,项目投产后使用可用做还款的利润、折旧、摊销及其他资金(当年税前提取的弥补亏损额),偿还固定投资借款金和建设利息所需要的时间。借款偿还期可由资金来源与运用表及国内借款还本付息计算表直接推算,以年表示。涉及利用外资的项目,其国外或境外借款的还本付息,应按已经明确的或预计可能的借款偿还条件(包括偿还方式、宽限期)计算。

(6)资产负债率

资产负债率是反映项目利用债权人提供资金进行经营活动的能力,并反映债权人发放贷款的安全程度。资产负债率可由资产负债表求得,是负债总额与全部资产总额的比率。

(7)流动比率

流动比率是反映项目流动资产在短期债务到期以前可以变为现金用于偿还流动负债的能力。流动比率可由资产负债表求得。一般认为流动比率为200%较适当。

(8)速动比率

速动比率是反映项目流动资产中可以立即用于偿还流动负债的能力。如果流动比率较高,但流动资产的流动性却很低,则企业的短期偿债能力仍然不高。一般认为速动比率为100%较恰当。速动资产包括货币资金、短期投资、应收票据、应收账款、其他应收款项等。

2. 动态指标

(1)财务净现值(FNPV)

财务净现值是指项目按设定的折现率(i_c)将各年的净现金流量折现到建设起点(建设期初)的现值之和。净现值的实质可以理解为一旦投资该项目,就能立即从该项目获得的净收益。折现的意义在于从现时立场来看,扣掉由于资金的时间价值所带来的那一部分收益,剩余部分才是真正反映了投资该项目的收益。因此,净现值的大小,可作为判别该项目经济上是否可行的依据。利用财务现金流量表可以计算出财务净现值。

(2)财务内部收益率(FIRR)

财务内部收益率是指项目在计算期内各年净现金流量现值累计等于零时的折现率。一个工程项目的净现值大小与计算时采用的折现率大小有关。折现率越大,被看做由于时间变化而产生的资金增值则越大,而被看做项目本身所产生的资金增值则越小,即净现值越小;反之,折现率越小,净现值则越大。由于FNPV可作为判别一个项目经济上是否可行的标志,因此FIRR也能作为项目经济性的判别指标,两者的判别结果应是一致的,即若FNPV$\geqslant 0$,则有FIRR$\geqslant i_c$,项目可行;若FNPV<0,则有FIRR$<i_c$,项目不可行。

(3)动态投资回收期

动态投资回收期是自建设开始年(开始投资时)算起,同时还应根据从项目投资年(效益产生年)算起的投资回收期。动态投资回收期是把工程项目各年的净现金流量按基准收益率折成现值之后,再来推算投资回收期,这就是它与静态投资回收期的根本区别。

(4)财务净现值率(FNPVR)

财务净现值率是财务净现值与全部投资额(I_p)之比,即单位投资现值的净现值。净现值率是在净现值基础上发展起来的,可作为净现值的补充指标,它反映了净现值与投资现值的关系。净现值率的最大化,有利于实现有限投资的净现值贡献最大化,它在多方案选择中有重要的作用。

(5)换汇成本

换汇成本是指某出口商品换回一单位外汇需多少元人民币的成本。换言之,即用多少元人民币的"出口总成本"可换回单位外币的"净收入外汇"。

(6)节汇成本

节汇成本是指项目生产出口产品或替代进口产品时,用影子价格、影子工资和社会折现率计算的为生产而投入的国内资源现值(以人民币表示)与产品的经济外汇净现值(通常以美元表示)的比值,即获取1美元净外汇收入或节省1美元耗费所需消耗的国内资源价格(人民币元)。经济节汇成本若小于影子汇率,表明项目生产出口品或替代进口品的经济效益好。经济节汇成本用于分析评价项目实施后其产品在国际上的竞争力,进而判断其产品是否应出口或进口。

3.1.6 财务评价基本步骤

第一步,进行财务基础数据预测,编制财务评价的辅助报表

通过项目的市场调查预测分析和技术与投资方案分析,确定产品方案和合理的生产规模,选择生产工艺方案、设备选型、工程技术方案、建设地点和投资方案,拟定项目实施进度计划等,据此进行财务预测,获得项目投资、生产成本、销售收入和利润等一系列财务基础数据。在对这些财务数据进行分析、审查、鉴定和评估的基础上,完成财务评价辅助报表的基本工作。

第二步,编制和评估财务评价的基本报表

将上述辅助报表中的基础数据进行汇总,编制出现金流量表、损益表、资金来源与应用表、资产负债表及外汇平衡表等五类主要财务基本报表,并对这些报表进行分析评估。一是审查基本报表的格式是否符合规范要求,二是要审查所填列的数据是否准确。为了保证辅助报表与基本报表间数据的一致性,可使用专门的制表工具,完成表格间的数据连接。

第三步,计算财务评价的各项指标并分析项目的财务可行性

利用各基本报表可直接计算出一系列财务评价的指标,包括反映项目的盈利能力、清偿能力和外汇平衡能力等静态和动态评价指标,将这些评价指标值与国家有关部门规定的基准值进行对比,就可得出项目在财务上是否可行的结论。

3.2 国民经济评价

国民经济评价是按照资源合理配置的原则,从国家整体角度考察工程项目的效益和费用,用货物影子价格、影子工资、影子汇率和社会折现率等经济参数分析、计算工程项目对国民经济的净贡献,评价项目的经济合理性。所谓费用效益分析,就是有项目实施和项目不实施的情况下的费用(或效益)比较。经济效益是指在经济活动中,劳动耗费与所取得符合社会和人民需要的劳动成果的对比关系,即投入与产出的对比关系。对于国民经济评价,有一整套参数与指标,这些具体的参数和指标,建立了宏观经济分析的基本观点和基本内容。

3.2.1 基本参数

任何一种经济分析,都有其特定的经济参数。所谓的经济参数是指按照一定的经济分析理论和分析方法要求测定的,用以计算、衡量项目费用和效益的参数。国民经济评价同样有特定的参数,并且这些参数能够反映某一时期的社会经济特征,具有时效性,应不断调整。

1. 社会折现率

社会折现率是建设项目经济分析和评价的通用参数。它表示社会对资金时间价值的估量。实际上,社会折现率就是资金的影子价格(即影子利率),它是按机会成本的原则来确定的,其大小等于因为项目占用资金,从而放弃其他资金使用机会给国民经济所带来的损失。

社会折现率是由中央主管部门确定的参数,它应体现国家的经济发展目标的宏观调控意图,综合反映国家当前的投资收益水平、资金供需情况及资金的机会成本。适当的社会折现率有助于合理分配建设资金,引导资金投向对国民经济贡献大的项目,调解资金供需关系。

2. 影子汇率

影子汇率就是外汇的影子价格,它反映外汇对于国家的真实价值,也是由中央主管部门确定的参数。通过影子汇率可以将外汇转化为统一的国内货币单位。影子汇率应根据国家进出口结构和水平、进出口商品价格变动、通货膨胀的幅度、外汇机会成本、外汇供需状况等因素调整。在项目国民经济效益分析中,一般用国家外汇牌价(或称官方汇率)以影子汇率换算系数得到影子汇率。根据我国现阶段的外汇供求状况、进出口结构和换汇成本,影子汇率换算系数目前取为1.08。

3. 影子工资

影子工资是指建设项目使用劳动力，国家和社会为此付出的代价。影子工资 =（工资 + 福利基金）× 换算系数。其中工资和福利基金合称为名义工资。对于一般项目，工资换算系数为1；对于特殊项目，在有充分依据的前提下，可根据当地劳动力的充裕程度以及项目所用劳动力的技术熟练程度，适当调整。

4. 影子价格

影子价格是投资项目经济评价的重要参数，它是指社会处于某种最优状态下，能够反映社会劳动消耗、资源稀缺程度和最终产品需求状况的价格。影子价格是国民经济评价中项目的投入物和产出物所使用的价格，它反映了对这些货物真实价值的度量。

5. 残值

残值是项目在计算期结束时还能获得的价值（为时值），这也是经济分析时的一个基本参数。公路工程项目的残值按工程费用的50%计算。

6. 计算期

项目计算期与项目经济寿命期相关联（项目还有物理寿命期）。项目经济寿命期是指项目在经济上合理的使用年限（理论上是按影子价格计算的净现金流量降为零时的年限）。

3.2.2 基本指标

1. 经济净现值（ENPV）

经济净现值是指用社会折现率将项目计算周期内各年净效益流量折算到项目建设初期的现值之和。它是反映项目对国民经济净贡献的绝对指标。项目的经济净现值等于或大于零表示国家拟建项目付出代价后，可以得到符合社会折现率所要求的社会盈余，或者还可以得到超额的社会盈余，并且以净现值表示这种超额社会盈余的量值。经济净现值大于零的程度越高，表示项目所带来的以绝对数值表示的经济效益越大，项目的盈利能力也就越高。

2. 经济内部收益率（EIRR）

经济内部收益率就是使经济净现值为零的折现率。它必须大于社会折现率，项目才可以接受。

3. 经济效益费用比（EBCR）

经济效益费用比就是项目计算年限内经济效益总和与项目费用总和的比值。EBCR ≥1 时，项目才可以接受。

3.2.3 费用效益分析

长期以来，公路建设存在投入和产出的矛盾，如何使投入产生较好的效益，是一个非常特殊而在近期内又无法解决的问题。国民经济费用效益分析强调从资源配置经济效率的角度分析项目的外部效果，通过费用效益计算分析及费用效果分析判断建设项目的经济合理性。费用效益分析是项目评价方法体系的重要组成部分，是市场经济体制下政府对公共项目进行分析评价的重要方法，是市场经济国家政府部门干预投资活动的重要手段，是政府审批或核准项目的重要依据。

费用效益分析法是指从国家宏观利益出发，通过识别项目的经济效益和项目费用，求得项目的经济净收益，判断项目经济可行性的过程。费用效益分析的关键，一是准确划分项目造成的经济效益和项目费用；二是确定影子价格等国民经济评价的重要参数。

公路建设项目评价期内的总费用包括建设期费用和运营期间费用。建设期费用是公路建设费用；运营期间费用包括公路大修费用、公路养护费用、交通管理费和残值（负值）。公路建设项目的效益即为项目能为具体的公路使用者提供的收益。包括获得客、货运输成本降低的效益；获得客、货在途时间节约的效益；减少交通事故、货损事故获得的效益；获得诱发新的运输量的效益等。这些效益可根据相关计算模型计算得出。

3.2.4 国民经济评价方法

1. 影响法

影响法是以项目对国民经济的影响来评价项目的经济合理性。主要分析项目的投入产出，对国民经济的初次影响和二次影响，计算出项目引起的国内增加产值。初次影响是指由于项目的上马，引起投入物的需求增加对国民经济的影响；二次影响是指项目产出的经济净增值的分配和使用对国民经济的影响。这种方法的局限性为投入、产出的分类不够清晰、计算时容易造成重复或者遗漏、部分因素量化困难。

2.“有无法”和“前后法”

“有无法”是指根据“有项目”和“无项目”的费用,效益差异分析项目的经济合理性。“有项目”是指所研究的运输系统为满足某种运输需求而拟建的项目,在实施后相关路网将要发生的情况。“无项目”是指不实施拟建项目,现有运输系统在计算期内将发生的情况。项目的效益主要表现在运输费用的节约、运输时间的节约、拥挤程度的缓解、运输质量的提高和设施维护费用减少以及由项目产生的新增效益上。“前后法”是指根据“建成项目前”和“建成项目后的费用”效益差异分析项目的经济合理性。在分析新建项目时,两者是一致的,但在分析改扩建项目时“前后法”会存在一些问题,故一般情况多采用“有无法”。

3.2.5 国民经济评价范围与步骤

一个投资项目对于企业自身的影响是显而易见的,十分具体和直接;而它对整个社会、国家和地区的经济发展,影响也是多方面的,只是影响程度深浅有别。例如,它不仅创造以货币计量的经济收入,带来国民财富的增长,还会在人民的就业、消费、文化教育、科学技术、生态环境、公共安全和社会公平等各个方面造成正面或负面影响。对于这些影响究竟如何考察,即对国民经济评价的范围如何界定,有两种不同的理解方式:

狭义的范围认为国民经济评价应与社会评价分开,国民经济评价仅仅分析项目对国民经济产生的影响,而将项目对生态环境和社会生活等其他方面产生的影响放到社会评价中去。

广义的范围认为可以将费用效益分析方法应用于经济社会的各个方面,将上述各种影响的费用和效益化为统一的可计算量,用统一的货币计量单位表示,并进行比较分析。

从目前的发展趋势看,社会评价已逐渐从原来的国民经济评价中分离出来,而成为一种新的项目评价类型。尤其在大型公共投资项目中应用得越来越广泛,其理论和方法也日趋成熟。因此,将国民经济评价的考察范围定义在经济本身是比较恰当的,这样有助于三种经济评价类型(财务评价、国民经济评价、社会评价)的分工,以免重复或遗漏。

国民经济评价步骤同国民经济评价工作内容是紧密相关的,通常情况下,其主要工作内容包括:①识别国民经济的费用和效益;②测算和选取影子价格;③编制国民经济报表;④识别国民经济评价指标并进行方案比选。与此内容相对应,在财务评价基础上进行国民经济评价的步骤如下:

1. 效益和费用范围调整

删除已计入财务效益和费用中的转移支付,识别项目的间接效益和间接费用,对能定量的因素定量计算,无法定量的则做出定性的评价。

2. 效益和费用数值的调整

包括对固定资产投资、流动资金、经营费用和销售收入等各项数据的调整。

3. 国民经济盈利能力分析

编制项目的国民经济效益费用流量表(全部投资),并据此计算全部投资的经济内部收益率和经济净现值指标;对使用国外贷款的项目,还应编制国民经济效益费用流量表(国内投资),并据此计算国内投资的经济内部收益率和经济净现值指标。投资方案的内部收益率(IRR),反映了投资方案在项目整个寿命期内的平均资金盈利能力。

4. 外汇效果分析

对于产出物全部或部分出口或替代出口的项目,需编制经济外汇流量表、国内资源流量表,并据此计算经济外汇净现值、经济换汇成本或经济节汇成本指标。

对于直接做国民经济评价的项目,其评价步骤与上述大体相同,只是要首先识别和计算项目的直接效益;然后依次进行投资估算、流动资金估算;计算经营费用;识别和计算项目的间接效益;编制有关报表,计算相应的评价指标。

3.3 项目后评价

公路建设项目后评价是指在公路建设项目通车营运一段时间后,对项目的前期工作、实施情况及营运情况等进行全面的跟踪、调查、分析和评价。后评价的目的是通过全面总结,不断提高公路建设项目决策、设计、施工、管理水平,为合理利用资金,提高投资效益,改进管理,制定相关政策等提供科学依据。评价指标的确定和评价方法的选择,是后评价的重点。

1. 项目后评价的任务

对项目全过程的回顾和总结，总结经验教训，找出成败原因；反馈信息，提出补救和改进措施，调整相关政策、计划、进度，改进或完善在建项目；增强项目实施透明度和管理部门的责任心；通过经验教训的反馈，积累基础资料，提供科学依据，以便调整和完善投资政策和发展规划，提高决策水平，改进未来的投资计划和管理，增加投资效益。

2. 项目后评价的基本内容

项目后评价的内容可以有不同的划分方法。从项目运行过程角度来看，项目后评价的内容主要包括：项目前期工作的后评价、项目实施的后评价、项目运营的后评价；从与项目前评价内容相对称的角度，项目后评价的内容可以分为项目建设必要性的后评价、项目生产建设条件的后评价、项目技术方案的后评价、项目经济效益的后评价和项目社会及环境影响后评价等。

3. 项目后评价的类型

根据评价时间不同，后评价又可以分为跟踪评价、实施效果评价和影响评价。项目跟踪评价是指项目开工以后到项目竣工验收之前任何一个时点所进行的评价，又称项目中间评价；项目实施效果评价是指项目竣工一段时间之后所进行的评价，即通常所称的项目后评价；项目影响评价是指项目后评价报告完成一定时间之后所进行的评价，又称为项目效益评价。

从决策的需求，后评价也可分为宏观决策型后评价和微观决策型后评价。宏观决策型后评价是指涉及国家、地区、行业发展战略的评价，微观决策型后评价是指仅为某个项目组织、管理机构积累经验而进行的评价。

4. 项目后评价的方法

项目后评价方法有统计预测法、对比法、因素分析法等，在具体项目后评价中要结合运用这几种方法。

(1)统计预测法

项目后评价包括对项目已发生事实的总结和对项目未来发展的预测。后评价时点前的统计数据是评价对比的基础，后评价时点的数据是评价对比的对象，后评价时点后的数据是预测分析的依据。项目后评价中的预测主要有两种用途：一是对无项目条件下可能产生的效果进行假定的估测，以便进行有无对比；二是对今后效益的预测。

(2)对比法

对比法分为前后对比法和有无对比法。

前后对比法是将项目实施前与实施后的情况加以对比，以确定项目效益的一种方法。在项目后评价中，它是一种纵向的对比，即将项目前期的可行性研究和项目评估的预测结论与项目的实际运行结果相比较，以发现差异，分析原因。这种对比用于揭示计划、决策和实施的质量，是项目过程评价应遵循的原则。

有无对比法是指将项目实际发生的情况与若无项目可能发生的情况进行对比，以度量项目的真实效益、影响和作用。这种对比是一种横向的对比，主要用于项目的效益评价和影响评价。有无对比的目的是要分清项目作用的影响与项目以外作用的影响。

5. 项目后评价的程序

尽管随着建设项目的规模大小、复杂程度的不同，每个项目后评价的具体工作程序也存在一定的差异，但是，总体看，一般项目的后评价都遵守一个客观的、循序渐进的基本程序。项目后评价的一般程序为：提出问题→筹划准备→收集资料→分析研究→编写报告，这五个阶段既有区别又有联系。

①提出问题。明确项目后评价的具体对象、评价目的和要求。

②筹划准备。问题提出后，项目后评价的提出单位或者委托其他单位进行项目后评价，或者自己组织实施。筹划准备阶段的主要任务是组建一个评价领导小组，并按委托单位的要求制定一个周详的项目后评价计划。

③深入调查，收集资料。本阶段的主要任务是制定详细的调查提纲，确定调查对象和调查方法并开展实际调查工作，收集后评价所需要的各种资料和数据。

④分析研究。围绕项目后评价内容，采用定量分析和定性分析方法，发现问题，提出改进措施。

⑤编制项目后评价报告。将分析研究的成果汇总，编制出项目后评价报告，并提交委托单位和被评价单位。

索　引

参考文献

[1] 中华人民共和国行业标准. JTG B01—2003　公路工程技术标准. 北京:人民交通出版社,2004.

[2] 中华人民共和国行业标准. JTG D20—2006　公路路线设计规范. 北京:人民交通出版社,2006.

[3] 中华人民共和国行业标准. JTG D30—2004　公路路基设计规范. 北京:人民交通出版社,2004.

[4] 中华人民共和国行业标准. JTJ 018—97　公路排水设计规范. 北京:人民交通出版社,1997.

[5] 中交第二公路勘察设计研究院有限公司. 公路挡土墙设计与施工技术细则. 北京:人民交通出版社,2008.

[6] 中华人民共和国行业标准. JTG D40—2011　公路水泥混凝土路面设计规范. 北京:人民交通出版社,2011.

[7] 中华人民共和国行业标准. JTG D50—2006　公路沥青路面设计规范. 北京:人民交通出版社,2006.

[8] 中华人民共和国行业标准. JTG D60—2004　公路桥涵设计通用规范. 北京:人民交通出版社,2004.

[9] 中华人民共和国行业标准. JTG D60—2004　公路钢筋混凝土及预应力混凝土桥涵设计规范. 北京:人民交通出版社,2004.

[10] 中华人民共和国行业标准. JTG D61—2005　公路圬工桥涵设计规范. 北京:人民交通出版社,2007.

[11] 中华人民共和国行业标准. JTG D63—2007　公路桥涵地基与基础设计规范. 北京:人民交通出版社,2007.

[12] 中华人民共和国行业推荐性标准. JTG/T J22—2008　公路桥梁加固设计规范 . 北京:人民交通出版社,2008.

[13] 中华人民共和国行业推荐性标准. JTG/T D65 - 01—2007　公路斜拉桥设计细则. 北京:人民交通出版社,2007.

[14] 中华人民共和国行业推荐性标准. JTG/T D65 - 04—2007　公路涵洞设计细则. 北京:人民交通出版社,2007.

[15] 中华人民共和国行业标准. JTG D70—2004　公路隧道设计规范. 北京:人民交通出版社,2004.

[16] 中华人民共和国行业标准. JTG D81—2006　公路交通安全设施设计规范. 北京:人民交通出版社,2006.

[17] 中华人民共和国行业标准. JTG/T D81—2006　公路交通安全设施施工细则. 北京:人民交通出版社,2006.

[18] 公路工程标准规范配套图书. 公路交通标志和标线设置手册. 北京:人民交通出版社,2009.

[19] 中华人民共和国行业标准. JTG B04—2010　公路环境保护设计规范. 北京:人民交通出版社,2010.

[20] 中华人民共和国行业标准. JTG F10—2006　公路路基施工技术规范. 北京:人民交通出版社,2006.

[21] 中华人民共和国行业标准. JTJ 034—2000　公路路基基层施工技术规范. 北京:人民交通出版社,2000.

[22] 中华人民共和国行业标准. JTG F30—2003　公路水泥混凝土路面施工技术规范. 北京:人民交通出版社,2003.

[23] 中华人民共和国行业标准. JTG F40—2004　公路沥青路面施工技术规范. 北京:人民交通出版社,2006.

[24] 中华人民共和国行业标准. JTG/T F50—2011　公路桥涵施工技术规范. 北京:人民交通出版社,2011.

[25] 刘吉士,阎洪河,李文琪. JTG 041—2000　公路桥涵施工技术规范实施手册. 北京:人民交通出版社,2001.

[26] 中华人民共和国行业推荐性标准. JTG/T J23—2008　公路桥梁加固施工技术规范. 北京:人民交通出版社,2008.

[27] 中华人民共和国行业标准. JTG F60—2009　公路隧道施工技术规范. 北京:人民交通出版社,2009.

[28] 中华人民共和国行业推荐性标准. JTG/T F60—2009　公路隧道施工技术细则. 北京:人民交通出版社,2009.

[29] 交通部公路安全保障工程技术组. 公路安全保障工程实施技术指南. 北京:人民交通出版社. 2006.

[30] 中华人民共和国行业标准. JTG B06—2007　公路工程基本建设项目概算预算编制办法. 北京:人民交通出版社,2007.

[31] 中华人民共和国交通部. 公路工程基本建设项目设计文件编制办法. 交公路发[2007]358 号. 北京:人民交通出版社,2007.

[32] 陈明宪,李冠平. 公路工程与造价. 北京:人民交通出版社,2007.

[33] 钱国超. 高速公路创新设计. 北京:人民交通出版社,2008.

[34] 交通部公路司. 降低造价公路设计指南. 北京:人民交通出版社,2005.

[35] 交通部公路司. 新理念公路设计指南. 北京:人民交通出版社,2005.

[36] 刘伯莹,姚祖康. 公路设计工程师手册. 北京:人民交通出版社,2002.

[37] 陈胜营,汪亚干,张剑飞. 公路设计指南. 北京:人民交通出版社,2000.
[38] 杨锡武. 特殊路基工程. 北京:人民交通出版社,2006.
[39] 殷永高,屠筱北. 公路设计指南. 北京:人民交通出版社,2002.
[40] 刘玉卓. 公路工程软基处理. 北京:人民交通出版社,2002.
[41] 李嘉. 公路设计百问. 北京:人民交通出版社,2003.
[42] 邓学钧,黄晓明. 路面设计原理与方法. 北京:人民交通出版社,2002.
[43] 黄晓明,朱湘. 沥青路面设计. 北京:人民交通出版社,2002.
[44] 钱国超,唐述虞,赵景春. 高速公路环境景观设计. 北京:人民交通出版社,2009.
[45] 邵力民. 景观设计. 北京:中国电力出版社,2009.
[46] 刘天玉. 交通环境保护. 北京:人民交通出版社,2004.
[47] 王炜,陈学武. 交通规划. 北京:人民交通出版社,2007.
[48] 裴玉龙. 公路网规划. 北京:人民交通出版社,2004.
[49] 孙家驷. 道路立交规划与设计. 北京:人民交通出版社,2009.
[50] 李杨海,程潮洋,鲍卫刚,郑学珍. 公路桥梁伸缩装置实用手册. 北京:人民交通出版社,2007.
[51] 李杨海. 公路桥梁支座实用手册. 北京:人民交通出版社,2009.
[52] 张青,宋世军,张瑞军. 工程机械概论. 北京:化学工业出版社,2009.
[53] 全国一级建造师执业资格考试用书编写委员会. 公路工程管理与实务. 北京:中国建筑工业出版社,2007.
[54] 中国公路建设行业协会,重庆交通学院,长沙理工大学. 公路工程施工项目管理实务. 北京:人民交通出版社,2005.
[55] 周直,催新媛. 公路工程造价原理与编制. 北京:人民交通出版社,2001.
[56] 朱汉华. 王迎超,祝江鸿. 隧道预支护原理与施工技术. 北京:人民交通出版社,2008.
[57] 钱东升. 公路隧道施工技术. 北京:人民交通出版社,2003.
[58] 黄成光. 公路隧道施工. 北京:人民交通出版社,2001.
[59] 吕康成,崔凌秋. 隧道防排水工程指南. 北京:人民交通出版社,2005.
[60] 周传林,赵丽珠,王中伟. 公路工程经济. 北京:人民交通出版社,2006.
[61] 姜早龙. 工程经济学. 长沙:中南大学出版社,2005.
[62] 邵旭东. 桥梁工程. 北京:人民交通出版社,2004.
[63] 中国公路学会桥梁和结构工程分会. 面向创新的中国现代桥梁. 北京:人民交通出版社,2009.
[64] 姚祖康. 路面. 北京:人民交通出版社,2006.
[65] 朱新实,蒋周平. 公路排水设施. 北京:人民交通出版社,2000.
[66] 周昌栋,谭永高,宋管保. 悬索桥上部结构施工. 北京:人民交通出版社,2003.
[67] 上海市政工程设计研究总院. 桥梁设计工程师手册. 北京:人民交通出版社,2007.
[68] 孙大权. 公路工程施工方法与实例. 北京:人民交通出版社,2002.
[69] 杨文渊. 实用土木工程手册. 北京:人民交通出版社,1998.
[70] 沈其明,刘燕. 公路工程施工安全管理手册. 北京:人民交通出版社,2008.